世界传世藏书 图文珍藏版

世界名人大传

董飞 ⊙ 主编

綫装書局

图书在版编目（CIP）数据

世界名人大传：全 4 卷／董飞主编 .－－北京：线
装书局，2011.8
ISBN 978-7-5120-0398-9

Ⅰ. ①世… Ⅱ. ①董… Ⅲ. ①名人－列传－世界
Ⅳ. ① K811

中国版本图书馆 CIP 数据核字（2011）第 138382 号

世界名人大传

主　　编：董　飞
责任编辑：张媛媛
封面设计：博雅圣轩藏书馆　Boyashengxuan Cangshuguan
出版发行：线装书局
地　　址：北京市西城区鼓楼西大街 41 号（100009）
　　　　　电话：010－64045283
　　　　　网址：www.xzhbc.com
印　　刷：北京彩虹伟业印刷有限公司
字　　数：1360 千字
开　　本：710×1040 毫米　1/16
印　　张：112
彩　　插：8
版　　次：2011 年 8 月第 1 版第 1 次印刷
印　　数：1－3000 套
书　　号：ISBN 978-7-5120-0398-9

ISBN 978-7-5120-0398-9

定　　价：598.00 元（全四卷）

·——·世界大帝·——·

　　古今中外，世界上曾有过多少王国？经历过怎样的改朝换代？涌现过多少帝王？这些帝王，作为一国之君，掌一国大权之后，生杀予夺，任意而行，无所不用其极。

唤醒俄罗斯帝国的伟人——彼得大帝

震惊世界的"军事巨人"——拿破仑

·——·政坛首要·——·

　　各国政要是世界政坛上叱咤风云、声名显赫的人物，他们的荣辱起落，往往是国家政坛变化的晴雨表。

美国国父——华盛顿

剔透玲珑千面客——丘吉尔

·—·—·政坛枭雄·—·—·

他们有鹰一样的眼睛盯着机会；以豹一样的速度扑向目标；用蛇一样的狠毒攻击同类；如狮一样的凶残杀死对手；用一切可能之手段实现目的。——这就是枭雄的本质。

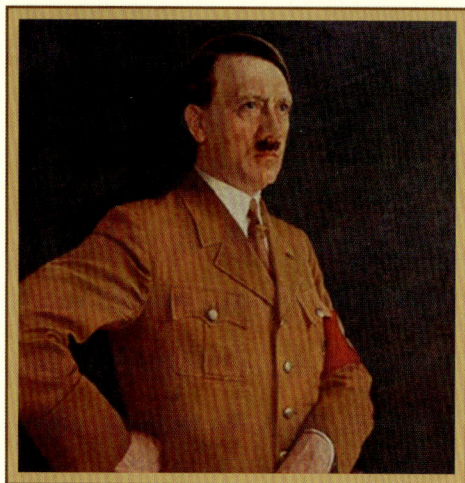

人类历史上最大的魔头——希特勒

制造阿拉伯神话的人——萨达姆

·—·—·女主沉浮·—·—·

她们可以高临权力的峰巅纵横捭阖，也可以身处惊心动魄的风口浪尖指挥若定，更可以在炫目的镁光灯下瞩目万千，她们在奋斗的同时也无声地向所有人说：女人拥有的，不仅仅是芬芳！

创造英国文明的女人——伊丽莎白一世

大英帝国的开创者——维多利亚女王

这里有血与火的交融，有荡气回肠的儿女情长，有催人泪下的英雄故事，有栩栩如生的人物形象。他们的经历曲折而复杂，性格独特而多样。他们的丰富阅历，不但具有欣赏性，也具有启迪性。

"沙漠之狐"——隆美尔

胜利的永恒象征——朱可夫

他们是那些领域、行业的人杰，是社会巨大财富的创造者。其共同特点是具有超人的智慧和非凡的能力，一生艰苦奋斗，成就辉煌；不同特点是他们的鲜明个性，非凡经历不同，高超手段使他们的智慧发挥到极至。

石油大王——洛克菲勒

汽车工业之父——亨利·福特

女性既有家庭，又有事业，能够在某一领域做出突出业绩，巾帼不让须眉，实在令人佩服。看看大人物的生活并不是奢望那种地位，而是作为知识了解和品读。

创造好莱坞"神话"——玛丽莲·梦露

世纪时尚女皇——可可·香奈尔

世界文豪或者世界文学大师一般都具有先进的思想、高雅的情趣、健全的人格和美好的品行，他们的作品闪耀着人性的光辉，传达给世人正义的力量，给人们艺术的享受，而作家本人也享受着人们超越国界和时空的尊崇和爱戴，其作用远远超出了文学的范畴。

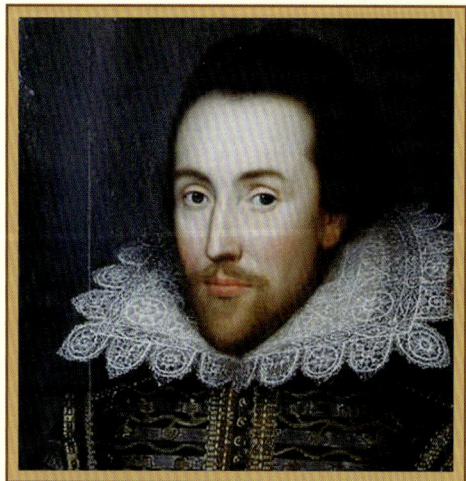

戏剧之王——莎士比亚

德国最伟大的诗人——歌德

倘徉在世界历史的长河之中，有多少智者才俊凭借其超人的智慧为人类文明的进步而开拓创新。在科技高度发达的今天，在享受着先人恩惠的同时，追思他们的事迹会使我们如沐春风，更能激励着我们当下为了推动人类文明的进步而不遗余力。

古希腊的骄子——阿基米德

相对论的创始人——爱因斯坦

· —— ·艺术大师· —— ·

国外的艺术大师和他们的作品汇成艺术的海洋。达芬奇、伦勃朗、维米尔、委拉斯凯支、米开朗琪罗等一个个伟大的名字，他们的成就高不可攀。从文艺复兴到两次工业革命，艺术对经济文化，特别是对人的思想产生过巨大的影响。

大师中的大师——莫扎特

超现实主义大师——毕加索

一个没有思想文化巨匠的民族注定是要衰亡的，因为它不知道探索与创新，本卷将让你领略 "世界思想伟人"的感染力，教你更深刻地认识现代社会、现代人生等等，看穿诸多谎言与真理，提升生命，张扬个性，超越命运，成为一个真正的现代强者。

启蒙思想家——孟德斯鸠

社会主义奠基人——马克思

有些人认为我们在一生之中，有时候必须冒点险以求进步，也许你缺少的就是这样一种精神——冒险的精神。当你读了本书中关于世界著名冒险家的传记，你也许会在心中油然升起一种冒险的冲动。

新航线的开拓者——哥伦布

确认新大陆的第一人——亚美利哥

前　言

挥斥方遒，浓书历史，描绘蓝图，对人类文明的飞速进步起了巨大作用的——是本套书里所收录的——站在世界历史殿堂里发出宏音的英杰伟人。

了解了世界，才能更好地了解中国。作为"地球村"一员，不能没有世界意识。实际上，对外国了解的程度，已经成为衡量一个国家文明程度和发达程度的一项重要指标。作为一个现代化国家的公民，不具备世界史知识，就是文明程度上的缺陷和落后的表现。21世纪是生产力高度发达和交往全球普遍化的世纪，世界上各个国家和各个民族在政治、经济和社会文化等方面的联系越来越频繁与密切。如果对外国事物知之甚少，如果任这种落后状态长期存在，是要付出沉重的历史代价的。

本套丛书不敢奢望有什么新的创造，只是想沟通一条历史上长期人为造成的中外隔绝的闭塞界壕，让读者了解外国历史海洋中灿若群星的英雄人杰，从而为适应人类文化全球化的发展潮流打下知识基础。

"世界潮流，浩浩荡荡，顺之者昌，逆之者亡"，孙中山说的这一名言，很好地说明了潮流和态度二者的关系。潮流是大势所趋，这是客观存在，而对一个国家来说，关键是主观上对潮流的自觉性，要把顺应潮流看成是自身发展的迫切需要，如孙中山所认识的那样，是"昌"或"亡"的问题。为了提高中国公民的综合文化素质，紧随和平发展的时代步伐，适应东西方文化普遍交往的总趋势，必须从全球的眼光观察我国的改革开放问题。对中国和西方科学技术、文化思想有深刻研究的英国著名学者李约瑟，对此讲过一句颇有启发的话"知中可知西，知西更知中"。

总起来说，这套《世界名人大传》，必将为沟通中外历史知识创造有利的条件。我们努力的方向，就是通过对史实的开掘和阐述，揭示人物的精神经历和心灵升华，给读者以人生的启迪和感悟。这种由史实叙述方式，深入到人物精神世界的传记，已经不是一般白描人物生平或综合叙述，也超越了评价功过是非或普通的社会与道德标准。耐心的读者细细品味，就会被展现在眼前的人物所震动，进而对人物的精神发出会心而由衷地感叹。

本书放眼人类文明进程，遴选出对世界历史进程产生重大影响的各行各业名人，分为十二大类，他们是世界大帝、政坛首要、政坛枭雄、女主沉浮、传奇将帅、世界富豪、巾帼女杰、文坛泰斗、科学巨匠、艺术大师、思想伟人、冒险狂人，从创世领袖到军政要人，从革命先驱到思想巨匠，从工商俊杰到科技精英，从文化泰斗到科学大家，林林总总，评说其详。

这套传记营建一座异彩纷呈的名人博物馆，不但人物栩栩如生、呼之欲出、引人入胜，而且用生动真实的史实，把读者引入历史人物的内心深处，发人深思，给人知识，增人智慧。让读者走进世界史的丰富多彩的人物丛林，开始一段愉快的彩色读书之旅，又带着思考人生问题走出这个丛林，从而升华为智力而重返现实人生的行程。

目 录

政坛枭雄

世界大帝

导　语

古今中外,在世界上曾有过多少王国?经历过多少王朝?涌现过多少帝王?这些帝王,是一国之君,掌一国大权,生杀予夺,任意而行。作为帝王,或建功立业,造福于民;或倒行逆施,祸国殃民。一国之内,高山平原,江河湖泊,莫非王土;平民百姓,达官贵人,莫非王臣。帝王在位,住皇家宫殿,吃山珍海味,享尽荣华富贵。正因如此,为保住皇冠,为争夺王位,或密谋策划,宫廷政变;或发动战争,决一死战。

帝王之中,有无恶不作,横征暴敛的暴君;有痴呆变态,昏庸无能的昏君;当然也有雄才大略,安邦定国的明君。

英雄造时势,时势造英雄。只有那些暗合了历史发展走向(无论是顺应还是悖逆)的人才有可能走进名人的殿堂,被历史所铭刻。在这个意义上,是时势造就了英雄。另一方面,在一定程度上,名人甚至可以改变历史的走向,这是英雄引领了时势。

名人之所以成名——不论是美名骂名,还是艳名恶名——自有其与众不同的天资、际遇或不足为外人言道的种种行径,这才是今日之平凡人关注的焦点。本卷《世界大帝》将向你展示帝王们的功过是非,任你评说。阅读这些人物,读者朋友不仅能从中获得世界历史知识,了解各国风土人情,而且还能从帝王们的功过是非中领悟到生活的真谛,从名人身上体验生存谋略与成功智慧,从名人光环背后挖掘成名成家的真正秘诀,为我所鉴。

埃及最伟大的法老

——拉美西斯二世

人物档案

简　历:古埃及第十九王朝第三位法老,在位约67年,是杰出的政治家、军事家、文学家、诗人、建筑家,执政时期是埃及新王国最后的强盛年代,被历史学家称为拉美西斯大帝。他很小的时候就开始在"法老学校"学习,10岁时在军中任职,15岁时父亲带他参战,25岁时已经拥有足够的雄心和顽强的自我意识,他要让自己的壮举超越所有的前辈。于公元前1213年7月以90多岁高龄过世。

生卒年月:公元前1303年2月21日~公元前1213年7月。

安葬之地:帝王谷。

性格特征:他在西方人眼里是一个铁石心肠的暴君,奴役着希伯莱奴隶直到他被摩西击败。

历史功过:拉美西斯二世经过多年战争,巩固了埃及在巴勒斯坦和南叙利亚的统治。拉美西斯二世还发动了对利比亚和努比亚的战争。拉美西斯二世大兴土木,在埃及和努比亚到处建筑或扩建庙宇宫殿,其中尤以卡纳克的阿蒙神庙多柱厅和拉美西斯庙最为知名。

名家点评:人们歌颂着拉美西斯二世的传奇,历史学家们则不无权威地尊称他为拉美西斯大帝,并公认他是古埃及历史上最负盛名的法老。

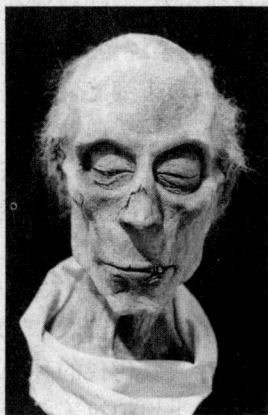

军人后代

公元前1306年,拉美西斯一世荣登埃及王位,拉开了拉美西斯一脉统治埃及的序幕。之所以这样说,是因为拉美西斯家族并非出自王族。这还要上溯到新王国时代的第十八王朝晚期。

当图坦卡蒙无嗣而终后,埃及王位便落在了军人手中。并非王族后裔的军人豪利赫布，和他那同样出身军人的前任法老一样，为了树立自己在埃及上下的威信，极力恢复埃及古老的宗教传统，而这传统正是被阿蒙霍特普四世所推翻的。阿蒙霍特普四世自登基之后，为了防止阿蒙主神祭司权力的日益膨胀给他的权威造成影响，他废除埃及传统的多神信仰体制，转而推出全能之神——太阳神阿吞，而且把自己的名字也改为有着"效力于阿吞神"意义的埃赫那吞，从而创造了一神信仰制。

这引起了埃及人民的极大恐慌。这样的国家旧事，倒给了不具备王族血统的豪利赫布等人以机会。他们一面重新将众神的光辉洒向埃及大地，以恢复传统信仰而使自己的法老之位合法化；另一方面则出兵教训那些胆敢投靠赫梯帝国的努比亚、迦南等属地，维护了埃及边疆的稳定。

一切都布置妥当了，可已至暮年的豪利赫布仍然膝下无子，为了避免身后的王位之争，他封手下得力大臣，同样出身军人的拉美西斯为"全国上下的世袭王子"，即拉美西斯一世。可喜的是，拉美西斯一世有一个儿子，名为塞提。后来，塞提一世按传统继承了父亲的王位，那一年是公元前1305年，而当时，塞提一世的儿子，即后来成为埃及历史上最伟大法老的拉美西斯二世，年已9岁。

小拉美西斯出生于尼罗河三角洲的阿瓦利斯，这里东临埃及的附属地区黎凡特，北依地中海，海陆交通便利，往来经商者络绎不绝。拉美西斯的母亲图雅亦出自将门，她父亲统领着双轮战车队，作战极其勇猛。就这样，小拉美西斯生下来便有着丰富的军事细胞。塞提一世即位之初，便封拉美西斯为"年长法老之子"，以此确保王位在拉美西斯家族间承袭。少年拉美西斯已深谙书写和阅读要领，对埃及神学、历史和文学等领域颇有涉猎。同时，他不忘加强身体锻炼，在射箭和驾驭战车上也毫不逊色。10岁的拉美西斯，已官至军队统领。15岁时，身为联合执政王子的他已开始随父出征。他和埃及军队先是到西边的利比亚平乱；次年又兵发叙利亚，再一次将阿莫尔握入埃及掌中，同时他们还攻下战略要地卡迭什。不过，当埃及军队班师回国时，阿莫尔和卡迭什重新依附于赫梯帝国，这在拉美西斯心里埋下了日后兴兵讨伐的种子。

塞提一世惧怕拉美西斯一脉后继无人，尽管拉美西斯尚未成年，这位父王却早早命他娶妻生子。于是，年仅15岁的王子娶了两位正妻，其中一位就是他一生中最为宠爱的涅菲尔塔丽。到拉美西斯25岁继承王位时，他已有了5个儿子和好几个女儿。

当拉美西斯22岁时，他率军南下努比亚镇压叛乱。两军阵前，他亲自驾驭双轮战车冲锋陷阵，所向披靡。他和他父亲一样，早早地将儿子们带临战场，此时，他那两个4岁和5岁的幼子正仔细听着战场上的兵器碰撞声、厮杀声和惨叫声。紧接着，拉美西斯挥师北上，剿灭一直横行于地中海上的海盗。

在军事征服方面，拉美西斯已驾轻就熟，而作为一个合格的法老所应具备的另一项技能——建筑，他也并未忽略。不打仗时，拉美西斯经常到阿斯旺的采石场去，那里出产的花岗岩是法老们修筑神庙和陵墓的上好材料。

公元前1290年，塞提一世与世长辞，25岁的拉美西斯继承王位，成为埃及第十九王朝的第三任法老拉美西斯二世。之后,拉美西斯扶着父王的灵柩来到尼罗河上游西岸的"帝王谷",将父亲下葬。之后,他在阿蒙的圣城底比斯主持了祭拜阿蒙神的欧拜节,这也是他作为法老的最重要的宗教职责。人们将卡尔纳克神庙里的阿蒙神像搬上装饰华丽的大船,在祭司和大臣们的簇拥下,拉美西斯二世一行在尼罗河逆流而上,最后到达目的地卢克索神庙。在那里,人们全身心地投入到典礼与庆祝活动中,场面蔚为壮观,并且一直持续了 23 天。之后,神像被原路送回。在此期间,拉美西斯二世还完成了一项人事任命。

在埃及,唯一能与法老相比肩的职位就只有阿蒙神大祭司了。当年埃赫那吞之所以采取一神制,就是为了消除阿蒙神大祭司对其权位的威胁。如今,拉美西斯二世却另有他法。当阿蒙神谕选取大祭司的结果公布时,原本志在必得的底比斯祭司推荐人选败下阵来,一位同样来自底比斯的小人物被神选中。拉美西斯二世面无表情,但那些渴望权势的底比斯祭司们却明白了一件事情:他们面前的这位年轻国王绝不是好对付的人,他不会让旁人插手国家的人事任命。

在埃及,法老不仅仅是国王,他还是众神与埃及人民之间的中间人,甚至后者会更突出一些。当法老们不断忙于建造神庙以祈求诸神赐福于埃及时,他们的大部分日常朝政就主要由大臣办理。一般来说,这样的大臣有两个,一个管辖上埃及,驻在底比斯;另一个则在孟斐斯,治理下埃及,那里是卜塔神的圣地。大臣们终日为地方上的公共秩序、治安、征税、分配土地等事务缠身,他们必须树立自己的威信,必须保证办事公平公正、一丝不苟,正如法老在选拔大臣时所言:"你们的差事应该是像苦胆一样的滋味儿,因为它绝非易事。"而在精力充沛的拉美西斯二世手下工作,大臣们还时常被叫到法老面前商议国家大事。那么,这些国家重臣出自哪个阶层呢?

在大臣之下,各级官员以金字塔式排列开来。上有高级财政官员、粮仓总督,然后是各省级政务的监督官员,再往下便是各地方官员。他们管理着埃及各地的财产分配情况,以及各地的税收。当采矿业迅速发展起来时,埃及国内财力大增。此外,还有各附属国的贡赋。不过,埃及尚没有货币,他们依照一套完备的易货系统在国内外开展贸易往来。

从以上体系可发现,神庙和军队全然不在官员治下,它们直属法老管辖。

北征赫梯

即位第四年夏,拉美西斯二世率军北上入侵叙利亚。此次,他一心要将叙利亚牢牢控制住,不让其再有脱离埃及重归赫梯帝国之举。同时,他也很清楚,一旦埃及军队入侵叙利亚,那么势必牵动赫梯帝国,这也就达到了他与赫梯帝国一决雌雄的目的。

赫梯帝国素以双轮战车为其制胜法宝,这种双轮战车载三人,一人驾驶,另两人分别持矛和盾,可攻可防,并且车身宽大结实,冲力十足。相比之下,埃及的双轮战车要轻便一些,车上仅有两人,一人驾驶,一人持标枪拿弓箭,在远距离攻击敌人方面要更具优势。

拉美西斯二世的军队一路兵不血刃,顺利通过迦南,来到一向态度摇摆的阿莫尔。此时,面对埃及大军压境的阿莫尔首领班特史那,又一次地屈膝投降。可埃及军队刚一离开阿莫尔,他又故技重演,急忙向老主子赫梯国王穆瓦塔利什解释,他归顺埃及实乃形势所迫,为权宜之计。为表达对赫梯的一片忠心,他立即宣布绝不向埃及进贡。即便如此,拉美西斯二世的初衷还是实现了,穆瓦塔利什面对埃及人的公然挑衅,决定出兵迎战。

穆瓦塔利什在整个帝国境内征兵,集结起 3.7 万士兵,2500 辆双轮战车。而拉美西斯二世也不甘示弱,他手下军队再加上被掳来的海盗,共计 2 万人,还有 200 辆战车。拉美西斯二世把军队分为四个部分,以四大主神的名字命名,分别为阿蒙、卜塔、拉和塞特。即位第五年,拉美西斯二世率部向赫梯帝国在叙利亚的军事重镇卡迭什进发。

为取得战争完胜,拉斯西斯二世决定对赫梯军队形成南北夹击之势,他率主力部队从陆路北上,而分出一支部队从地中海北上然后转而进攻卡迭什。可令拉美西斯二世意想不到的是,他居然中了穆瓦塔利什的计。

当埃及大军来到离卡迭什仅有几英里之逼的奥龙特河谷时,他们抓获了两个混入军队的贝都因牧民。贝都因牧民老实回答了法老的提问,他们说赫梯人不敢与法老军队正面交锋,所以把军队隐藏在离此地往北 193 千米的阿拜罗。拉美西斯二世信以为真,即刻率阿蒙队先行渡过奥龙特河,来到卡迭什城外扎营。恰在此时,埃及士兵抓到了两个赫梯探子,从他们口中,拉美西斯二世得知赫梯大军就在卡迭什城的另一边。这时候,法老才得知上当,原来,那两个贝都因牧民是穆瓦塔利什派来迷惑拉美西斯二世的。本以为取卡迭什城已如探囊取物,哪知却身陷敌军包围圈。法老急忙命令后续部队速成速跟上来,另一边,他禁不住怒火中烧,大声斥责手下将领竟然对中计之事一无所知,并声称要治他们的失职之罪。而此时的赫梯军队已过奥龙特河,他们对正在赶往卡迭什与法老会师的拉队发动突然袭击。当他们强势将拉队拦腰斩断后,迅速回师北上冲向拉美西斯二世所在的阿蒙队。当赫梯人的战车辗过猝不及防的埃及人的营地时,轰隆隆的声音打断了法老的军事会议。很显然,阿蒙队已是孤军一支,且防线已破。值此千钧一发之时,拉美西斯二世飞身跳上战车,命贴身侍卫跟随其后,飞也似的杀入赫梯人阵中,几进几出,越战越勇。赫梯人本来以为胜负已见分晓,于是纷纷抢夺战利品,结果被拉美西斯二世的奋力拼杀小挫了一下。但后者毕竟势单力薄,时间一长难免抵挡不住。就在此时,从地中海袭击卡迭什尾部的埃及部队及时赶到,双方合力将赫梯军队逼退。当赫梯人退至奥龙特河边时,又迎面碰上了埃及的拉队。拉队见报仇雪恨的机会来了,便狠狠地给了敌军一击。时至傍晚,双方停战。清点伤亡人数,穆瓦塔利什的两个兄弟,他的大臣以及几个军事指挥官,都已战死。此外,他还被埃及军队掳去了许多战车。但埃及军队在士兵伤亡上要更多一些,赫梯人的两次突袭使拉美西斯二世至少丧失了一个支队的实力。但当夜,埃及主力部队赶到。

第二天,双方的主力部队阵前对峙。经过将近一天的激战,双方仍难分胜负。穆瓦塔利什首先提出议和,并得到埃及方面的肯定答复。拉美西斯二世认为赫梯人此举是战败的表现,当他率领埃及军队凯旋时,穆瓦塔利什又重新独占了卡迭什。

　　虽然赫梯人夺去了拉美西斯二世的胜利果实,但这丝毫不妨碍法老宣扬自己神通无边完胜赫梯帝国的辉煌战绩。他命人将此次卡迭什之战的全部经过雕刻在埃及各大神庙的墙壁上,于是,从阿布·辛拜勒神庙到卡尔纳克神庙、卢克索神庙、阿拜多斯的神庙以及拉美西斯神庙,法老用形象的浮雕告诉他的臣民,他独自一人取得了卡迭什会战的胜利。他似乎嫌这还不够深刻,他又命人创作了两首史诗以颂扬这场胜利。就这样,在古代世界的战争记录中,再也没有比拉美西斯二世的卡迭什之战更完备的历史记录了。

　　不过,穆瓦塔利什也没有高兴多长时间,很快赫梯帝国的厄运接踵而至。先是东面的亚述国开始不断骚扰赫梯帝国,然后,穆瓦塔利什去世,但他并没有指定王位继承人。当年幼的墨西利斯三世登上王位时,他时时感到来自其伯父哈图西利斯这位军事领导人的威胁。于是,新任国王不敢离开国土半步,深恐哈图西利斯趁他不在时发动政变而篡夺王位。这两个令赫梯国王感到碍手碍脚的因素,倒给了拉美西斯二世以最大限度的可乘之机。

　　拉美西斯二世先是重新征服了黎凡特,而后他又御驾亲征卡迭什以北地区。公元前 1281 年,埃及军队直捣叙利亚北部地区。一路行军打仗,拉美西斯二世的气势无人能敌,酣战之至,于围攻达波城时,竟至不披挂铠甲就率队攻城。虽然拉美西斯二世逢战必胜,但他所攻下的城池每每在他离开后又归顺赫梯帝国,尤其是叙利亚北部地区,甚至连派驻埃及军队也无济于事。拉美西斯二世似乎意识到自己在做无用功了,因为接下来的文献记载中并没有提及战事的延续。

　　至于赫梯帝国那边,叔侄两个的矛盾最终在赫梯帝国后院燃起战火,并终以伯父取胜并谋得王位、侄子流亡在外而结束。但事情并未就此了结,墨西利斯为夺回王位,万般无奈来到埃及,请求拉美西斯二世发兵讨伐哈图西利斯。而那位伯父自然不会坐以待毙,他仔细分析了自己的处境:东面有亚述危机尚未解除;南面的埃及人随时可能发兵;墨西利斯在国内仍有不小的号召力,一旦他与埃及人联合,将陷自己于危境。哈图西利斯反复权衡利弊,最终决定与拉美西斯坐到议和的谈判桌前。

　　约公元前 1270 年冬,在埃及首都比—拉美西斯,来自埃及和赫梯帝国的六名特使共同拟定出两国的和平协议。埃及不再争夺阿莫尔和卡迭什的控制权,但获得地中海东部海岸向北直到扰加利特的所有港口的使用权,这使埃及牢牢控制了叙利亚西部海岸。同时,两国还签订了互不侵犯条约,指出当任何一国受到其他国家的侵略时,另一国要出兵增援。此外,两国特使还就引渡逃犯问题达成了协议。协议规定除重要人物外的逃犯归国后可被赦免。这样,该条款就把墨西利斯排除在外。

　　当雕刻有和平协议条文的银制书版被送到比—拉美西斯时,法老同样命人把协议条款全部雕刻在拉美西斯神庙和卡尔纳克神庙的墙壁上。就这样，拉美西斯通过外交途径签订了颇具现代感的和平条约。这项和约是现存史料记载中最早的国际军事和约，它与卡迭什会战一起，向世人展示了拉美西斯二世非凡的文治武功。

拉美西斯

随着埃及与赫梯帝国成为友好邻邦，两国经济文化交流日益频繁，这时候，埃及新都比一拉美西斯便越来越多地穿梭着来自亚、非两洲的人，他们目睹这个古老国度的崭新首都如此宏伟、如此繁华，禁不住将对它的无限赞美带到他们去往的任何地方。而这，对于拉美西斯二世来说，无异于又一次尊崇。

公元前1286年，拉美西斯二世为首都选址。他很清楚阿蒙神大祭司在职权上对法老造成的理论威胁，于是，他想到把自己的政治范围迁到北方，这样便与阿斯旺地区的阿蒙神大祭司势力范围疏远开来。当他把目光盯在尼罗河三角洲东部的阿瓦利斯时，故乡的亲切感及父亲在阿瓦利斯的夏宫都令他很有归属感，于是，他确定在阿瓦利斯建造都城，并给首都起名为"拉美西斯之家"。当然，作为一个伟大的法老，他不可能仅思考到这些。作为海陆交通要道，阿瓦利斯已然成为埃及与亚洲国家进行商贸交流的中心地带，能够将政治中心与商业中心合而为一，拉美西斯二世何乐而不为。不过，拉美西斯二世还有一个盘算。阿瓦利斯东临埃及边境，是外族入侵的必经之地，一旦法老镇守于此，对胆敢犯边的侵略者来说，不啻一个极有分量的警告与震慑。拉美西斯二世的魄力可见一斑。

新都建成，尼罗河为其呈上新鲜的鱼虾，还令其周边沃野庄稼丰收，让其粮仓内的粮食堆积如山。埃及内外的人们，南面的努比亚人，西北面的叙利亚和巴勒斯坦人，西面的利比亚人，嗅到这里的奢华气息，纷纷入住于此，尽情享受着拉美西斯二世赐予他们的幸福生活。

当20世纪的现代人把这座沉睡地下几千年的埃及首都挖掘出来时，人们发现它毫不逊色于比它历史悠久的底比斯和孟斐斯两个古埃及首都。当考古学家们捧着古老埃及留存下来的莎草纸文献，流连于这座占地30多平方千米的昔日华都，寻找那"令人目眩的镶嵌着绿松石和天青石的厅堂"，以及那"装饰华丽的晾台"时，他们耳边响起古埃及竖琴、笛子和锣鼓的奏乐声，眼前那些"穿戴节日盛装的年轻人，一丝不乱的头发上抹着香气扑鼻的发油，他们站在门边，手里捧着青青草木"。皇宫和四下里的房屋都笼罩着绚烂的色彩，衬托出城内阿蒙神、太阳神拉、塞特和卜塔神庙的威仪。

与这半边的金碧辉煌相比，城的另一半是规划整严的战略基地，其内军事训练场、兵器作坊、马厩等应有尽有。几千年后，那些躺在地上或倒在高台上的赫梯人的箭矢、长矛和铸盾的模具，仍默默讲述着埃及与赫梯帝国交战与和谈的经过。

还有一个发现让考古学家们大吃了一惊。那是一个15米多长的金属冶炼厂，其规模之大,以及旁边堆积的金属残渣和废弃物,都向人们展示着古埃及的金属生产能力规模之巨大,这足以令与其同时代的国度相形见绌。正是具备了这种生产能力,拉美西斯二世这个有着武士血统的埃及法老才不惧任何民族的挑衅,随时准备让入侵者尝尝他那装备精良的军队的厉害。

如果说比—拉美西斯展现了拉美西斯二世在建筑方面的综合实力,那么,阿布辛拜勒等神庙则足以代表拉美西斯二世在神庙建造方面的天才,同时它们也承载了超越其本身的意义。

雕刻不朽

历届埃及法老都会在刚一即位就忙着建造自己的陵墓和神庙。当然也为埃及主神建造庙宇,或者在前代法老所建神庙的基础上加以改造抑或添加,这一点在卡尔纳克神庙建筑群和卢克索神庙的不断更新上展现得淋漓尽致。

还是塞提一世在位时,拉美西斯便来到卡尔纳克神庙群,为父王监督建造那座著名的多柱式大厅。这座大厅位于阿蒙神庙里,早在阿蒙霍特普二世在位时就开始兴建,但正是拉美西斯二世使它最终完成。建成后的多柱式大厅占地5500多平方米,厅内支撑有134根巨型石柱,最醒目的要算那两排重达12吨的石柱,它们撑起大厅中部的整个大厅的最高处。在他即位后,拉美西斯二世把那座大厅改名为"权力执掌者拉美西斯二世",并且在其内外墙壁上陆续雕刻他的事迹,诸如他的加冕典礼、卡迭什之战以及那份伟大的与赫梯帝国的和平协议。

在卢克索神庙,拉美西斯二世在入口内增建了一个有72根石柱的柱廊和一个巨大的拱门。其中,拱门的墙壁上雕刻有卡迭什之战的场景。

当然,拉美西斯二世绝不会忘记把他的形象烙印在如此重要的神庙里。他在卡尔纳克的阿蒙神庙东面开出一个入口,入口两侧立起他的巨型雕像。此举意在使那些无权进入神庙的百姓将对神的祈求说与他这个中保,他将代为传达。卢克索神庙的那条他自己建造的柱廊入口处,也不例外地矗立起了他的6座巨大雕像。两旁还有两座高耸的方尖碑,其中的一座于19世纪30年代被法国人立在了巴黎的协和广场,用来纪念拿破仑曾对埃及发动的征服战争。

除了以上这些,拉美西斯二世还命令工匠们修建了众多的石碑、雕像等,并且在建筑物上精雕细刻,将自己的名字、铭文以及丰功伟绩广泛刻记,这不仅彰显了自己的权力和与神看齐的地位,而且传达了他希冀达于不朽的心愿。为追求建筑数量,他或者将古老建筑物修复后以自己的名字命名,或者将古老建筑拆散为原材料以省省工时。深谙就地取材之道的拉美西斯二世唯恐后世的法老如法炮制,于是,他改用凹雕手法装饰他的神庙。不仅如此,他还时常亲临现场指挥工匠的工作,到采石场挑选上好的石材。

如果说拉美西斯二世在卡尔纳克和卢克索神庙里的建筑,还只是锦上添花之作,那么,建造阿布·辛拜勒神庙则纯属拉美西斯二世独家手笔。

正如拉美西斯二世远离底比斯建都一样，他为自己一生中最伟大的神庙选址在努比亚地区的阿布·辛拜勒。这里不再属于阿蒙神大祭司的势力范围，他可以把自己的形象提升到与众神相比肩的高度，从而树立一种超越法老职限的权威。而这种权威，还可起到震慑努比亚人的政治作用，使那些时有反叛之心的努比亚臣民不敢轻易造次。

阿布·辛拜勒神庙由山崖开凿而成，正面首先看到的是四尊山岩雕凿而成的拉美西斯二世坐像，高约 20 米，其膝边还围绕着妻子儿女们的小雕像。巨像身后的塔门长为 36 米，高达 32 米。再往里，便是纵深达 60 米的长方形厅堂。大厅两侧，8 尊化身奥里西斯神的拉美西斯二世雕像对称排列，守护着通往后面的神庙圣坛的道路。圣坛上，太阳神拉、拉美西斯二世、创世之神阿蒙、黑暗之神塞特四尊雕像并排端坐。拉美西斯二世如此将自己的雕像置于主神之列，在埃及可谓首开先河；他口口声声说此庙为太阳神拉而建，实则却是用来标榜他与神平起平坐的地位。与他的大胆之举相得益彰的是发生在这座神庙的一种奇怪现象。

每到 2 月 21 日拉美西斯二世的生日和 10 月 21 日他的加冕日时，阳光便透过长长的厅堂，直洒在拉美西斯二世的雕像上。这一奇观令埃及人立即给他们的法老以"太阳骄子"的敬称。但令现代人不解的是，当阿布·辛拜勒神庙因阿斯旺大坝工程而动迁后，阳光照射法老雕像的两个日子都推迟了一天。这成为这座神庙及其主人的一个未解之谜。

阿布·辛拜勒神庙在任何方面都可算得上是艺术瑰宝，但它却命运多舛，先是在建成后不久经历一场地震，后来渐遭废弃以至被沙土所埋。直到 19 世纪初被重新发掘出来，可好景不长，1960 年，又因埃及的阿斯旺大坝的修建而面临灭顶之灾。不过，在联合国教科文组织的倡议下，世界各国专家齐聚埃及，动用了两千多名工人，将神庙切割成两千多块并依次编号，然后按照神庙原来的方位，将神庙在新址重新拼合而成。这一工程自 1964 年开始，直到 1968 年才结束。不过令人惋惜和无可奈何的是，原先阳光照耀法老雕像的日期却延迟了一天。

除了这座伟大的神庙，拉美西斯二世又在努比亚的主要战略基地建起了数座神庙。当然，它们的圣坛上与众神并列的依旧是拉美西斯二世。法老如此不知疲倦地向努比亚人以及所有世人神化他的形象，的确收效甚佳，因为努比亚人于他在位期间再也没有叛乱过。

纵观拉美西斯二世建筑行为，从埃及北部的尼罗河三角洲到南面的努比亚地区，无论是都城还是神庙，其个人形象频繁地被那些雕像、壁画、铭文所神化，他的事迹一遍遍地刻记在那些建筑物上，翻来覆去地呈现给世人。拉美西斯二世已经成功地收获了埃及人像对待众神一样给予他的尊崇。

不仅如此，他那被雕刻的形象还将永世长存，达于不朽。

法老后宫

"当你步履轻盈地走过我身旁，我一下子爱上了你。"这是拉美西斯二世在涅菲尔塔丽陵墓的石碑上铭刻下的文字，表达了法老对她的炽烈爱情。

拉美西斯二世一生至少有 8 位王后和难以计数的王妃，她们为他生了大约 100 个儿女。单看这些数字，就能想象出拉美西斯二世的生活颇具传奇色彩。在他的后宫中，他最爱涅菲尔塔丽。这位王后并非出自王族，她在拉美西斯二世还是王子时就被塞提一世选中，成为尚未成年的王子之妻。在埃及，法老们倾向于娶王家公主为后，因为埃及是按照母系来制定家谱的，王后身份高贵则法老之位就愈加合法化、愈加稳固。同样，在后宫中间，她们也是依照各自出身高贵与否来排列等级的。这些对于涅菲尔塔丽来说，并没有产生负面影响。

法老自与涅菲尔塔丽一见钟情后，便自始至终给了她后宫中最高的待遇。他不断授予她各种头衔，诸如"上下埃及的女主人""伟大的王后"，以此来确保她在埃及的政治地位。他还不忘授予她神权，用"神的母亲"和"神的妻子"的圣名来向人们展示她半神的身份。于是，当两人时常形影不离地出现在国事场合和宗教仪式中时，这些头衔便给漂亮的王后罩上令人瞩目的光环；而当两人一如各种建筑物上雕刻的那样相依相偎时，法老又会情不自禁地说出那些"倾国倾城""温婉甜心"之类的昵称。

在拉美西斯二世即位前，涅菲尔塔丽就让他尝到了做父亲的滋味儿，他们的长子阿穆霍温墨夫出生了，只可惜这位长子没能等到继承王位便撒手西去了。后来，涅菲尔塔丽又给拉美西斯生了 5 个儿女，但这些儿女像他们的兄长一样，都在父王之前去世了。那个时代埃及人的平均寿命只有 40 多岁，像拉美西斯二世这样活到 90 多岁，着实罕见。

涅菲尔塔丽在王后的位子上坐了 20 多年，从未受到过法老的冷落或者臣民的不敬。当拉美西斯二世在上下埃及以及各行省出巡时，时常伴随他左右的便是涅菲尔塔丽。当埃及与赫梯帝国正式签订和平协议时，又是这位王后代表埃及后宫与赫梯帝国王后互致信函予以问候："我的姐妹，我已收到你的来信，愿太阳神和风暴神带给你快乐；愿太阳神赐予我们两国以和平，使两国国王义结金兰。我将永远视你——赫梯王后——为好姐妹，永远珍惜我们的情义。"

在拉美西斯二世的后宫里，还有几位外族公主，其中最为有名的当属那位赫梯公主玛特浩妮洁茹。玛特浩妮洁茹是赫梯国王哈图西利斯的长女，她嫁给拉美西斯二世纯粹是为了巩固两国友好关系。当她初到埃及时，得到了拉美西斯二世的宠爱，她的形象与国王的一起被雕刻在各大神庙上。但没过多久，她的形象便再也没有出现在埃及建筑物上。

不朽传奇

公元前 1224 年,拉美西斯二世走完了他辉煌的 90 多年的生命历程,他在位近 67 年,使埃及进入发展的黄金时代。而拉美西斯二世本人,也在埃及人民心中树立了不朽的传奇,他是人民心目中的伟大国王、百战百胜的将军、无往不利的外交家、多产而永不知疲倦的建筑家和万众敬仰的神。他不遗余力地四处塑造自己的神圣形象,得到臣民的爱戴,令敌人畏惧。如今,当他的遗体被做成木乃伊,双手交叉于胸前,躺进黎巴嫩雪松木棺椁中,他将一如这个古老民族的神话所描述的那样,到冥界化身为神,继续统治那里的世界。

帮助拉美西斯二世完成人神转化的继承人,是他的第 13 个儿子美楞普塔。此前,他已经有 12 个具备王位继承权的儿子去世,美楞普塔虽荣登王位,但已是年过花甲。当美楞普塔护送父亲的棺椁前往底比斯以西的国王谷时,一路上埃及百姓无不洒泪,他们沿着尼罗河列队向法老致敬,目送载着法老灵柩的船队离去。到达拉美西斯二世的陵墓时,美楞普塔带领祭司和官员们抬着父王的棺椁以及众多随葬珍宝,举着火把穿过通往墓室的走廊。当一切仪式完成后,他们退出墓室,并将地面所有的脚印擦去,然后将墓穴入口封死,好让拉美西斯二世永享安定。然而几十年后,盗墓者却光顾了他的陵墓,他们偷走了法老的陪葬物品。这引起了祭司们的极大恐慌,他们唯恐盗墓者在法老的木乃伊上搜寻宝物,于是,他们不停地将法老的木乃伊搬来搬去。直到公元前 1000 年左右,拉美西斯二世的木乃伊才在尹哈比王后的陵墓中定居下来。这是一处极其隐蔽的场所,位于德尔巴哈里南部的一处悬崖底下,陪着法老的还有其他 40 多具隐藏至此的法老木乃伊。虽然这些木乃伊的确安享了 2800 多年的太平日子,但最后他们仍被发掘出来并公之于世。

1871 年,一个盗墓者无意间发现了法老沉睡的墓穴。10 年后这个秘密被泄露,当考古学家们来到这儿,并打开法老棺椁时,他们看到拉美西斯二世那独特的淡红色头发,以及他出众的身高,足有 1.76 米,比他同时代人要高出 10 厘米。当法老这不朽的遗体于 1886 年 6 月入驻开罗埃及博物馆时,越来越多的现代人从世界各地走来,竞相观瞻法老的圣容。时隔几千年,拉美西斯二世仍向世人展示着他不朽的传奇,一次次将人们送往他饱经岁月侵蚀的王宫和神庙群遗址间。人们歌颂着拉美西斯二世的传奇,历史学家们则不无权威地尊称他为拉美西斯大帝,并公认他是古埃及历史上最负盛名的法老。

把地球踩在脚下的"雄狮"

——亚历山大大帝

人物档案

简　历：亚历山大大帝，古代马其顿国王，亚历山大帝国皇帝。世界古代史上著名的军事家和政治家。他足智多谋，在担任马其顿国王的短短 13 年中，以其雄才大略，东征西讨，先是确立了在全希腊的统治地位，后又灭亡了波斯帝国，使马其顿成为当时世界上领土面积最大的国家。于公元前 323 年 6 月 13 日在巴比伦病逝，年仅 33 岁。

生卒年月：公元前 356 年 7 月 20 日~公元前 323 年 6 月 13 日。

安葬之地：埃及亚历山大港的亚历山大陵墓。

性格特征：举止自信，积极活跃，充满热情。遇事冷静、镇定，目光远大。

历史功过：统一希腊，征服埃及，灭亡波斯阿契美尼德王朝，建立亚历山大帝国，开启希腊化时代，促进东西方文化交流。

名家点评：拿破仑评价说："我对于亚历山大最美慕的地方，不是他的那些战役，而是他的政治意识，他具有一种能赢得人民好感的能力。"

王子建功

　　马其顿王国位于希腊北部，公元前 4 世纪，当这个山地王国悄然崛起时，希腊的辉煌时代已经过去。

　　公元前 5 世纪，雅典首席将军伯利克里通过一系列改革措施，振兴了雅典，把希腊推向了繁荣的顶峰。但是,雅典与斯巴达人长期残酷的战争使它日益衰亡。希腊诸邦之间谁也无力统一希腊,而战乱却日甚一日。与此同时,城邦内的阶级矛盾也日益激化,经济出现了萧条。在亚洲,波斯的触角也伸进了巴尔干半岛,干预着诸城邦的内部事务。希腊富有民主的传统,而人们却开始怀疑民主的价值,对自己的体制丧失了信心,对于专制统治的优点他们开始发掘并加以颂扬。总之,历史在此呼唤一个勇猛专横但又不乏圣明的专政者出现,统一希腊,使希腊文明能够远播四方,恩泽世界。马其顿,随着历史的潮汐,开始繁荣强盛,威胁着整个希腊。

马其顿王国出现了几个圣明的国王,亚历山大的父亲菲利浦二世便是其中之一。

菲利浦二世是一个雄才大略的军事领袖,他在即位以前,曾经在当时最强的希腊城邦底比斯作人质。在那里,他受益匪浅,不仅熟悉了希腊的形势,并且从底比斯军事家艾巴密朗达那里学得了"方阵"战术。他做了君主之后,便招募马其顿的牧民和农民,仿照底比斯的军事体制组织了一支强大的军队;这支军队是步兵与骑兵混合的纵队,而当时希腊各邦尚未有骑兵。菲利浦也着手改革了币制,施行"双金制",银本位币与金本位币并用。当时,银币雄霸希腊世界,金币为波斯所采用,而菲利浦则使银币与金币并行,降低了金币的价格,极大地刺激了马其顿经济的发展。

最初,菲利浦率军向东北开疆辟地,一直打到达达尼尔海峡和多瑙河下游一带,接着他便挥兵南下,来征服整个希腊。此时,重新成为希腊各邦雄长的雅典内部分裂成两派,一派以雄辩家伊索克拉底为首,主张联合马其顿,重新发动全希腊对波斯的战争,以雪国耻,同时以战争来解救希腊,使其摆脱内部的贫困,经济的危机和民气的不振,走出衰亡的穷途。另一派以大演说家德谟斯提尼为首,坚决主张制止马其顿的扩张,以保卫希腊各邦的独立与自由。

"如果你自己不能持有武器,那么就应该与持有武器的人为友"——这是菲利浦的雅典拥护者的言论;菲利浦也给予了他的支持者不少帮助,他不吝金钱,他曾说:"驴子驮去黄金,驮回牢固的城堡。"的确,他的外交政策被历史证明十分有效。

"马其顿人的狡猾阴谋毋庸置疑,菲利浦的唯一目的是掠夺希腊,夺走它的财宝和繁荣,它的自由和独立,……"德谟斯提尼发表了多次演说,号召为祖国的独立反对马其顿而战,为保障民主制反对马其顿王的军事独裁而战,其演说汇集成集,即《斥菲利浦》。其言铿锵有力,令人感叹不已。然而这些慷慨激昂的言辞,竟成了希腊城邦政治的最后挽歌。

公元前338年,菲利浦二世在喀罗尼亚一举击溃雅典与底比斯的联军,结束了希腊半岛上城邦林立的局面,此后,希腊诸邦虽然保持了其旧有的政治组织,但在军事和外交上则须听命于马其顿。

喀罗尼亚一役举足轻重,被视为马其顿统一希腊半岛之起点。而在此辉煌的战果中,年轻的马其顿王子亚历山大功不可没。此时他年仅18岁。率军在左翼一举击溃了著名的底比斯神圣兵团,初次显示了他杰出的军事天赋和身先士卒、骁勇善战的卓绝品质。

　　毫无疑问，亚历山大独特的个人品质、出众的智力、敏锐的判断和随机应变的才能较多地得益于他的青少年生活，而他的青少年生活及其出生则富有传奇色彩和神秘雾纱。

　　亚历山大的母亲是希腊——城邦的公主，她性情刚烈，坦率直露。传说菲利浦与这位奥林匹阿斯公主一见钟情，不久即结为伉俪。第二年夏，即公元前356年，亚历山大在马其顿首府派拉降生了。

　　大凡伟大人物，因其卓尔不群，多为附会的征兆和传说所环绕，亚历山大也不例外。

　　传说菲利浦婚后不久就梦见他放了一块封蜡在他妻子的子宫上，醒后他不得其解，便邀当时的大占卜师阿里斯坦解梦。阿里斯坦则说："封蜡只能放在实处，王后已身怀六甲，若日后得子，其禀性必符封蜡上所印图形。"菲利浦说封蜡上是一头狮子，阿里斯坦就恭维说："王子必如狮子般猛迅，可成就霸业。"

　　古代还流传另一种传说。亚历山大降生之夜，小亚细亚的以弗所城的阿耳特弥耳（月亮与狩猎之神）神庙失火，居民忙于救火，而一位历史学家却袖手旁观。尔后发表议论说："女神忙于迎接伟大的亚历山大，庙宇被焚，她也会置之不顾，我等凡人救火何用之有？"神庙的冲天火光中，以弗所城的巴比伦祭司们四处奔逃，声言大难即将临头，亚细亚不久将沦于他手。

　　传说虽为附会，但年幼的亚历山大也确实不寻常，常有非凡之举。他承袭了父母的诸多禀性，母亲奥林匹阿斯性如烈火，耽于幻想；亚历山大从她身上继承了丰富瑰奇的想象力，神秘莫测和反复无常的恶劣脾气，他一生正如其母，狂妄自大，唯我独尊；父亲菲利浦头脑冷静，讲求实际，善于解决实际问题，且富有远见卓识，亚历山大也继承了他父亲的诸多优点，而且表现得比其父更为出色。

　　亚历山大幼时腿脚敏捷，善于奔跑，有人就问他是否愿意在奥林匹克竞技场上较量一番，而目空一切的亚历山大说："是的，假如我的对手都是国王的话。"

　　还有一次，亚历山大与父亲在平川上试马，有匹骏马布斯法鲁斯，性情极野，很难驾驭，无人敢骑，亚历山大却与父亲打赌试骑。他奔向布斯法鲁斯，扭住马头，飞身跃上马背，策马疾驰而去，惊得众人瞠目结舌。当他以合乎规律的姿势驰骋，继而兴高采烈地驰回时，人们不禁大声呼喊，菲利浦高兴得泪流满面，他亲吻着儿子说："我的孩子，去寻找一个配得上你自己的王国吧，马其顿这个小水塘盛不下你啊！"

　　亚历山大青少年时期的许多事迹都体现了他的机智勇敢，桀骜不驯，凭借这些品质，他足以成为一个伟大的君主。但亚历山大更有超凡出众之处，他有探索新知的兴趣，有追求理想并付诸实现的热情。一次远征中，亚历山大负责接待波斯使臣，他友善的态度和有节制的提问令使臣心悦诚服。他没有询问波斯帝国的新鲜事和波斯贵族的豪奢，而是问起该国道路的长度和波斯国王的用兵才能和胆略，还询问了波斯的政治体制和传统，他知道自己需要知道什么。一位使臣最后惊讶说："这个孩子才真是一个伟大的君主，而我们的国王只不过徒有钱财罢了。"

　　生于王族，亚历山大无可避免地习染了不少宫廷环境的观点和习惯，但他热爱荷马史诗,《伊利亚特》中的阿客琉斯是他崇拜的英雄,据说他在睡时始终把荷马史诗与剑置于枕下。他受到良好的教育,尤其是从师于亚里士多德。亚里士多德担任亚历山大的教师历时数年,有三年时间二人朝夕相处。受亚里士多德的熏陶,亚历山大培养了广泛的兴趣,在医学、自然现象、地理学以及珍稀植物等方面颇感兴趣。他常说,他最尊崇的是亚里士多德,他爱亚里士多德甚于自己的父亲,因为后者仅仅生育了他,而前者却教会他怎样做高贵的人。

亚里士多德对亚历山大的影响主要在热爱知识,尊重文化这方面。远征东方期间,亚历山大还命人返回希腊为其运来许多书籍。他赞助了亚里士多德在雅典的研究工作,派了众多人员供其支配,有打猎的、捕鱼的、养蜂的、喂鸟的等等,分布在希腊和亚洲各个地区。这样为亚里士多德建成了一个规模可观的生物实验室,他还曾下令为亚里士多德征集法律政制资料,为其提供费用。

然而,师生二人的思想、作为、性格情趣却无共同之处,亚历山大曾被亚里士多德灌输非希腊人皆为奴隶的思想,而亚历山大在征服东方期间,则力图谋求各民族平等相处社会理想的实现。

关于亚历山大个人的品质,无论现代或古代历史作品中,都曾有过且至今还有种种分歧的看法。有的过于夸大,有的则轻视失当。然而亚历山大具有大智大慧,具有意志力和坚毅的精神,则无可置疑。波里比阿曾说:"此子才智异常,无可争辩。"

亚历山大身材适中,相貌英俊,体型像竞技者,著名的雕刻家吕西玻斯曾为他塑像。从仿制于罗马时代的大理石像看,这位年轻的马其顿王子眼神温柔明澈,脖颈稍向左倾,恬静淡然,透着文雅儒静的书卷气息,你很难与其一生征伐苦战相联系。或许历史的伟大之处就是这样蕴藏在极其深刻的平凡之中。

年轻盟主

喀罗尼亚一役,希腊联军三分之二沦为俘虏,千人战死于沙场,其余则溃散,此后,希腊诸城邦任何反对马其顿的图谋,皆是不足道的了。于此危急存亡之秋,希腊人采取了紧急措施——解放矿场、作坊和农场中做苦役的奴隶,但也于事无补。德谟斯提尼流亡异地,反马其顿党土崩瓦解。

希腊的惨败,缘于马其顿的战术和物资上的优越性,也缘于希腊内部不和及德谟斯提尼的政纲不合时宜。德谟斯提尼的理想是希腊往昔的民主理想,而它在当时已失去了巩固的社会经济的根基,反马其顿党经济上脆弱,人数较少,难以持久抗战。

的确,从前希腊人的爱好自由的精神已如青烟般消散,伟大的政治问题已成为过去,希腊人优秀于蛮族的民族自豪感和战斗精神也一并消失。其时一切都可以买卖于市场,往昔雅典人的关心社会事业,爱国主义,勇敢刚毅,自我牺牲,都换上了唯一的欲望:不纳税、不服兵役,而接受国家的援助。肆无忌惮的利己主义、个人主义已破坏了往昔雅典出色的城邦统一。

国力的衰败，民众的失和与战场上的惨败终于在喀罗尼亚摧毁了希腊人的信心。而被德谟斯提尼斥为蛮人、僭主、暴君的菲利浦二世，则以胜利者的威仪，召集希腊诸邦代表，在科林斯召开了全希腊会议。会议的第一件大事是全面和平，并规定以后希腊结盟的原则。尔后用隆重的言辞宣布私产的神圣不可侵犯，严禁任何以革命为目的重分土地，取消债务，解放奴隶。改组后的希腊联盟与马其顿订立攻守同盟，将组织联军，共同声讨波斯。

科林斯会议标志着东方希腊化（接受希腊影响）的历史新阶段，以马其顿为首的侵略集团形成了。马其顿与希腊的军界、商界中的人士，更是特别地热衷于去争夺东方的巨大财富。

一时间，许多奇谈传说和诗歌幻想，以东方及其秩序、信仰和财富为主题产生出来。

然而，远征波斯的重担似乎并不在菲利浦二世身上，而须由其子亚历山大来承担。公元前336年，菲利浦在其女儿结婚时遇刺身亡。

女儿大婚之日，全希腊王胄贵族云集于马其顿埃加的大剧院里。典礼于清晨开始，长长的仪仗队吹着号角开道前往大剧院，其后是高擎12个奥林匹斯山神像的男人，而菲利浦的雕像也作为第13名神祇尾随其后，不祥之兆似乎已经出现。

菲利浦二世一身素装，顶冠华贵无比，气宇轩昂地走了进来，眉宇间透着凛然的神圣和难抑的喜悦。而此时，一马其顿贵族突然冲出人群，拔剑刺向菲利浦，菲利浦及侍卫尚未回过神来，惊慌中已被一剑刺中，这位力图改变世界的君王，即刻倒于血泊之中。

刺杀菲利浦的阴谋，是一种带有政治性的举动，策划者就是不满菲利浦的极权政治的马其顿贵族，据说波斯王也参与此事。但可悲的是，亚历山大的母亲、菲利浦的弃妇奥林匹阿斯也插手其中，从遭受遗弃那刻起，这位刚烈女子就决意报复自己曾经深爱的男人。

亚历山大的战马

或许仅仅是巧合，喀罗尼亚大战之后，菲利浦纵酒大醉，在战死的雅典及其盟军的尸首之间举行歌舞饮宴，国王以醉声反复唱道："德谟斯提尼，德谟斯提尼的儿子，提议吧，提议啊！"雅典演讲家狄马德斯当时也陷身为俘虏，看见菲利浦，看见菲利浦的行动便惶恐起来，向他喊道："王啊，你在扮演太尔西提斯的角色啊，可是命运已经决定了你做阿伽门农的悲剧角色了。"太尔西提斯是史诗《伊利亚特》中的丑角，阿伽门农是埃斯库伦斯悲剧的角色，他为其妻所暗杀。酒醒之后，菲利浦回想前事,不禁惶惶然,而两年之后,他果然遭到妻子的报复。

菲利浦死于非命之后,当时的历史学家瑟奥庞波斯评价他说:"总而言之,欧洲还从未出现过像菲利浦这样的伟人。"但无论如何,亚历山大以后东征西讨的无比辉煌,他是无法分享的了。

父王被刺后,亚历山大赢得了军队的效忠,从而也赢得了全马其顿,在一片欢呼声中,他被拥戴为马其顿国王。即位后,他便处死了刺杀菲利浦的凶手。这一年,亚历山大年方20岁。

自菲利浦死后,反马其顿情绪在希腊又高涨起来。在雅典方面,反马其顿的民主党抬头了,德谟斯提尼卷土重来,恢复了昔日威信。他穿着盛装,头戴花环,向神作谢恩献祭。然而,反马其顿还未组织起来反抗之时,亚历山大已出现在希腊。亚历山大进兵科林斯,在重兵压境的情况下,同盟大会又一次召开,这位尚显稚嫩但又英姿焕发的国王,挥剑跃马成为远征波斯的领导者。

远征波斯的意图,亚历山大与其父差异很大,他的初衷不仅仅是掠夺财富,他要实现自己一统天下的梦想,他要永久地占据控制整个波斯,甚至他们知道的整个世界。为此,他为远征波斯做了两年准备,扫荡了北部和西部,以便在他真正远征之时,他的后方马其顿及其侧翼能确保无虞。另外,他带来一批科学家和作家到亚细亚做了一番考察,他需要真正了解自己的敌国。

扫荡西部和北部,亚历山大着力于把他的军队锤炼成忠诚无比、所向无敌的一支铁军。他挥师北上,从今天的保加利亚多瑙河,穿越莽莽森林,爬越崇山峻岭,迎受野蛮部落的袭击。亚历山大懂得威慑的力量。他向所到之处的土著炫耀武力,令其震服。其后,他又渡河到现今罗马尼亚,降服了那里的部落,随之挥师北指,入侵南斯拉夫故土。

亚历山大离国之后,反马其顿势力重新勃兴,波斯也不惜金钱予以物资帮助。谣传亚历山大战死,这更加速了各地起义。底比斯率先发难,伯罗奔尼撒若干城市闻风而动,雅典乘机进行征伐,宣布独立……

风云诡谲莫测,亚历山大便火速回师,在十四天内直逼底比斯城(也称忒拜城)。他先礼后兵,让全底比斯人后悔思过,当他们拒绝后,便猛攻底比斯,最终把它焚为焦土,城中仅保存庙宇和诗人品达一家而已。亚历山大警告全希腊:背叛科林斯盟约,定葬身火海;而保存庙宇和诗人品达一家,为了表明自己对希腊文化的尊重和崇仰,也是为了有别于恣意破坏希腊寺庙的波斯侵略者。

毁灭希腊古城底比斯确是一桩滔天罪行,但其比较于以后亚历山大的杀戮劫掠,就黯然逊色许多。然而,古往今来,一、二城池被毁司空见惯,亚历山大较之于其他武力滥施者,却能显其仁慈。纵观其征略一生,总的来说,他对城池、居民一般还是给予了人道待遇。

伊索格拉底这样评价底比斯的毁灭:"底比斯,我们的邻邦底比斯,在一天之内被逐出希腊心脏之外,让他们自受其猖狂的政策的惩罚吧!但是他们之所以盲从和无知,不是由于他们自己的过失,而是神的过失!"

正是由于火与血,宽恕和宽容,亚历山大恩威兼施,迅速平息了叛乱,尔后,向波斯进军,列入了亚历山大的日程之内。

勇胜波斯

公元前334年,亚历山大立即准备征伐波斯。

亚历山大是义无反顾的。出师前,他把所有的地产、收入、奴隶、畜羊分赠友人,假若他一旦出师未捷,纵使其祖国马其顿能够接纳他,他充其量也仅是一衰败贵族而已。而亚历山大则抱着必胜的信心和毅然的决断,他的一个战友问他还有什么留给自己,亚历山大淡然一笑,回答说:"希望!"

他的战友受了他的热情和远征的决心的感动,也效法君主,一时间,全军上下喧腾,士气高涨,同仇敌忾。

出征前两年的西征北战,经过长途行军,攻城陷地,亚历山大的军队已训练有素,骁勇善战。这表明亚历山大并不是一个不顾后果的投机冒险家,他总是缜密地制定和严谨地执行自己的计划。

亚历山大的军队是一支职业军队,由服役并训练多年的马其顿贵族和健壮的农民组织。这支军队在当时别具特色。一是亚历山大善于组建骑兵,他赋予骑兵以横扫千军之勇,使其成为手中一支正规的突击利器,这是其创新之举;其次,亚历山大在一切军事行动中,不论是对阵战,还是可能只有一支小分队参加的小规模遭遇战,他都能够将骑兵、步兵和轻装部队联合运用其中。亚历山大认真从事,善于随机应变,他说:"战术就是思考。"

他的战术是:大队骑兵按兵不动,先静观动态,伺敌军阵线上出现突破口后,便向缺口发起猛攻,并以侧翼包抄敌军。他常用右翼兵力作为突击力量。

亚历山大的著名战斗方阵由9000名马其顿步兵组成。每行16人,256人为一个作战单位。严格的训练与严明的纪律是方阵的突出特点:每两人之间必须留有3英尺的间隔,因为如果军队过于密集,遇到坑洼不平的地面或敌人突然冲锋时,不可避免地会有一大片人摔倒而相互践踏。而这种方阵则是灵活多变,容易调动。战斗方阵一般为矩形,但也可变化为正方形和其他形状。阿里安关于亚历山大的文章曾如此记载:

"亚历山大先命令步兵挺矛直立,然后接既定的讯号,士兵俯身做投掷状,长矛密集,时而向左,时而向右。接着他命令方阵快速前进,先奔向右翼,接着奔向左翼,多次以极快速度调动队形,最后使方阵化作楔形向左朝敌军冲去,敌军被亚历山大阵势的快速变化吓呆,结果无力抵挡,败阵而走。"

此种阵法一则可减少士兵伤亡;二者可利用心理战术迫使敌军不战自降。

亚历山大的军队装备精良,士兵皆戴青铜盔,穿胸铠,着胫甲(护腿),步兵配备盾牌、战剑和长矛,骑兵配备短剑、短梭镖和小圆盾牌。远征波斯的军队共有3万步兵、5千多骑兵,戎装整齐,军纪严明。

出征前夕,据说天上出现了很多不祥之兆,特别是木制的俄尔甫斯神像(希腊神话中的竖琴手,演技出众,其所奏音乐可感动鸟兽木石)出了汗,这件事令众人惊骇。大占卜师阿里斯坦宣称这是因为亚历山大此行创业维艰,需要诗人为之挥汗讴歌。

战争的时机选择得十分适宜,波斯君主大流士三世优柔寡断,朝纲不振,波斯帝国处于深重的内部危机之中,濒临崩溃。西部地区与希腊诸邦多有往来,他们痛感波斯的羁缚,准备依附希腊人了。他们视马其顿为救世主,解救他们于波斯的压迫。此时波斯帝国的存在依赖于武力,而武力所维系的,经不起武力的冲击,况且波斯军队的战术装备并不高,许多方面都抱守残缺,它的农民军非常厌战,军事纪律也十分松懈。而更为可怕的是,倨傲的波斯将领大多轻视亚历山大的军事才能。

亚历山大统率马其顿、希腊军队渡过赫勒斯滂海峡(今达达尼尔海峡),登上了亚洲大陆,船至中流时,他命令向诸神献祭,登陆后又设坛献祭宙斯,雅典娜和赫丘力士,以谢"保佑"。

亚历山大善于用一些非常之举使其行动"神化"、合法化,善于以此宣扬他的正义、勇敢,以达到赢得支持振奋军心的目的。踏上亚细亚土地后,他派中年将领帕米尼欧率主力部队直赴格兰尼库斯河,迎击波斯军队,而他本人则与一些部属直捣特洛伊城。

特洛伊城萦绕着无数的神话传说,也遗留着往昔战争的残痕。900多年前,阿伽门农曾率希腊大军由此入攻亚细亚,为希腊人赢得了骄傲和自豪。而亚历山大则自称是史诗中神勇战将阿基里斯的后裔,此时,他是否会是第二个阿伽门农呢?他要瞻仰特洛伊城的伟姿,要在希腊人的心里唤起千百次自豪的回忆。

特洛伊这座历史名城接受了亚历山大谦恭的巡视,在此,亚历山大把油涂在阿基里斯的墓碑上,然后按照习俗,在墓前裸身与其伙伴赛跑,以显承续伟业慷慨情怀。尔后,他向阿基里斯献上了花环。牺牲献在了雅典娜的祭坛上,酒水洒在了英雄们的墓前,亚历山大默默地屹立着,向他的祖先和英烈们默许心事。祈祷他们能帮他完成伟业。望着色彩斑斓的花环,亚历山大不禁热泪盈眶,他也许在想900年后,是否会有人在他的墓前献祭;他也许感知了自己正在开创一项惊天动地的事业,向神奇的特洛伊,向他所崇仰的英雄们诉说自己的到来。

公元前334年5月,瞻仰了特洛伊城之后,亚历山大立即返回军中挺进格兰尼库斯河。格兰尼库斯河河岸陡峭峻立,河床狭窄,水流湍急,它的岸边,一场血战爆发了。

波斯军中有位将军名叫门农,很有才干。率领着精锐的希腊雇佣军,他深明情势,主张实行焦土政策,避免与亚历山大正面交锋,以期诱其深入波斯内陆,再伺机歼灭。然而,历史并没有成全这位独具慧目的将军,他遭到了同僚们的嘲笑。

波斯骑兵聚集在河岸边沿,后面是步兵,自负的波斯将军们希望马上阵斩亚历山大。

亚历山大观察了对方的阵势,唇角不禁泛起一丝冷笑,敌军骑兵紧临河岸,没有回旋的余地、冲锋的可能,也不可能有凌厉的攻势。亚历山大即下令列队迎敌。

战术家帕米尼欧素以谨慎著称,劝阻亚历山大说:"尊敬的王,此时天色已晚,不宜发起进攻,我军在如蝗如雨般的飞矢和梭镖下渡河作战必定血染清波。"帕米尼欧的担心确实有其道理。

此时,西边红霞满天,夕阳已沉,暮色正笼盖四野,而亚历山大战意已决,他不容许敌军有修正阵形的机会,便挥剑调动兵力。他望着愕然的帕米尼欧说:"在这条蛇般的小溪面前,我们踟蹰不前,这将是赫勒斯滂的耻辱!"

波斯骑兵

在亚历山大眼里,格兰尼库斯河在其大军的铁蹄之下,可轻跃而过。

帕米尼欧指挥左翼,亚历山大指挥右翼,剑拔弩张,列阵于河岸,两军隔河默默相持着。都不敢轻举妄动,突然,亚历山大举剑冲锋,希腊军排山倒海般扑向对岸。

激流汹涌呜咽,浪头朝士兵山岳般地压下,溺水者难以计数;梭镖如滂沱大雨,铺天盖地,惨叫声令人心颤;一些士兵爬上对岸后陷于泥淖,无力自拔,而得以登岸的则遭到了猛烈的攻击。

亚历山大率先登岸,率部奋然迎敌,他头戴闪光的头盔,盔冠两侧的白羽毛迎风飘展,厚厚的亚麻布铠甲早已血迹斑斑。乱军之中,他成为围攻的主要目标,一支梭镖射穿了他的胸铠结,尔后,两位波斯将军策马向他疾冲而来。亚历山大勒马迎战,拼杀之中,长矛折断,他唯能拔剑抵挡。两马交错的一瞬,对方战斧劈向亚历山大头部,他俯身躲闪,头盔被砍落在地,危急时刻,他的总角之交克雷图斯策马救驾,一矛刺穿了敌胸,亚历山大则把另一名波斯将军刺落马下。

待马其顿的方阵渡过河来,敌势已微,波斯军在马其顿骑兵的冲杀之下开始溃败。暮色下沉之时,格兰尼库斯河畔则响起了马其顿士兵的欢呼。

此役,亚历山大的亲兵马队仅损失24人,亚历山大命著名雕刻家吕西波斯为他们雕塑了24尊铜像,竖立在希腊以志纪念,而两个被俘的希腊雇佣军则被戴上镣铐押回马其顿,在荒凉地区从事垦田。

次日,亚历山大埋葬了阵亡将士,并颁布法令免除死者双亲子女的税收。他看望了受伤战士,勉励他们应为自己的战功而自豪。对于敌军尸体他也下令认真掩埋,然后,向雅典人赠送了三面盾牌作礼品,而他送给母亲的,仅是波斯人的面具和一件紫色单袍。

格兰尼库斯河一战,对于亚历山大来说有决定性的意义,他赢得了全军将士的崇拜和希腊后方的热情支持。对于未来,这位青年将领也雄心满怀。

在中亚细亚沿岸有大量的希腊城邦,他们受到了波斯的专制统治。而现在,亚历山大则以解放者的身份来到了这里,亚历山大宣称此行为了恢复民主政权。在

世界大帝

他的号召下,以弗所等诸多的城邦走到了他的阵营中,而在米勒图斯等地的抵抗则不堪亚历山大一击。

他进入了卡里亚地区后,当地土著女王阿达表示希望收他为义子,亚历山大十分高兴地赞同了这个意见。通过继嗣方式,他可以宣布自己为这些野蛮人的君主。

亚历山大知道应怎样维持全军高涨的士气。

他也拥有自己的一支舰队。这支舰队原由一些雅典的战船组成,它们是雅典的抵押品,亚历山大以此舰队来确保那座紫罗兰花环绕的古城不会背叛自己。而现在,他要解散它了。他知道自己的海军同敌人相比处于明显劣势,远征初捷之后,他不愿海军的一次失败影响全军士气,那种影响要比吃败仗本身的影响大得多。解散海军后,他便进入了小亚细亚腹地,在那里他任命了"野蛮人"当两个省的地方总督,初步显示了亚历山大对各民族一视同仁的宽阔胸怀。

公元前333年春,亚历山大抵达戈尔迪乌姆,在这座城市的卫城上有一辆四轮战车。这辆车据说是神话中的皇帝戈尔迪乌姆的战车。车轭上用山茱萸皮打了一个绳扣。传说谁要能解开这个绳扣,就能够统治亚细亚。亚历山大参观了这辆战车,他惊叹于制造战车的技艺,但为了解开绳扣费了不少心思。经过仔细观察,他发现绳的两端都巧妙地藏在结中。于是他拔剑劈开绳扣,绳扣在利刃下断开。亚历山大扔了剑,手舞足蹈,大声喊道"我解开了,我解开了"。

当天夜里,骤然电闪雷鸣,狂风大作,占卜师认为这是上天示兆诣神的意愿将得以满足。占卜之后,亚历山大及其将士欢呼雀跃。而是夜,波斯名将门农的死讯传来,不久前大流士派门农统领海军,计划袭击希腊。而今,一切皆成泡影,亚历山大兴奋不已,便设宴痛饮。

偶有闲暇,亚历山大便在军中安排竞技,进行文学、音乐比赛,十分关心将士的休息娱乐,而他也或挽弓习射,或驱战车格斗,晚饭时他常召见厨师和面包师,问明是否已做好开晚饭的准备工作。

黄昏时,亚历山大则常与朋友们共进晚餐,一同饮酒叙旧,戎马倥偬中,他身负征略重任,与朋友们的关系难免日渐疏远。所以,他便借此来重温旧谊。

经过不时的修整和兵员补充,马其顿士气更为旺盛,其所到之处,攻无不克,战无不胜。不久,亚历山大率部队进入土耳其的奇里乞亚平原。

时值酷暑,天气十分炎热。有天,汗流浃背的亚历山大纵身跳进清凉的基得努斯河中畅游了一番。结果得了病,时尔发冷,时尔发烧,医生菲利普是亚历山大的朋友,他为亚历山大配了剂药方,用于逼便去实,而就在此时,亚历山大收到从大曼送来的帕米尼欧的亲笔信,信中要他提防菲利普,信中说大流士已说服菲利普害死亚历山大,答应赏以重金,并把一个女儿许配于他。亚历山大把信压在枕下秘不示人。当菲利普带着药进来时,亚历山大把信拿给他让他念。

菲利普颇感蹊跷,在亚历山大含笑的目光中打开了信,而亚历山大则不紧不忙地打开药包,就水冲服。

菲利普读着读着,脸色由青变白,汗珠顺着脸颊滴下,他嗓音颤抖,手指几乎捏不住信纸了。终于,他再也无法看下去,惶恐地向亚历山大望去。

亚历山大绝不相信自己的密友会对自己怀有二心,他信任菲利普,服了药,他就看着他惊恐不已的朋友。

两人的目光相遇了,一双眼充满了惊惧,另一双眼则充满了信赖。菲利普惊愕地张开了嘴巴,亚历山大露出了欣慰的笑容。

没多久,亚历山大便已康复,但风传说他需要很长时间才能痊愈,这无疑是诱使大流士进入奇里乞亚平原的一部分,因为该区地形不利波斯军展开阵形。

秋天,亚历山大离开奇里乞亚。但当他获悉大流士进入奇里乞亚时,便立即回师,在当年即公元前333年10月底抵达伊苏斯,当大流士隔品那洛斯河驻扎,两军进行了第二次交锋。

这是一场大会战,波斯国王大流士亲率号称60万的大军参战,亚历山大仅有5000多骑兵,不足3万的步兵先锋参战,二者实力相差悬殊,伊苏斯会战充分体现了亚历山大灵活用兵的杰出才能,是历史上著名的一次以少胜多的战役。

为了赢得战场上的胜利,亚历山大召开军事会议,对敌我军情做了认真的分析。他认为,敌人唯一的有利条件是兵多,但都部署在这块狭窄的地形中,不易机动;而马其顿军则占有开阔地,不受地形限制;波斯军长期沉浸在舒适享乐的环境中,战斗力不强;而马其顿军则拥有一批有才干的将领和欧洲最勇敢善战的士兵。同时,亚历山大也认识到了此役的艰巨性,将与之交锋的是波斯各地区征集的精锐部队,因此,亚历山大指出不利条件后,还针对大流士已有准备,并把大军迂回到马其顿军队背后摆开阵势这一情况作了周密的部署。根据右翼靠山、左翼临海、正面是开阔的这一战场的地形特点,亚历山大把兵力中的主力骑兵摆在左右翼,方阵放在中央,其余骑兵为左翼,并令左翼的帕米尼欧死守海岸,以防波斯军从侧翼包抄。

大流士三世则把他的大部分骑兵部署在靠海的右翼,把另一部分骑兵放在左翼靠山的地方,后又因地形狭窄,骑兵施展不开,又将其左翼骑兵的大部调到右翼,大流士本人则坐阵大军的中央。

亚历山大观察到波斯骑兵几乎都部署在沿海左翼,便立即调整自己的部署,调右翼一部分兵力从方阵背后悄悄转移到左翼,从中央抽调两支部队加强右翼,并命右翼分为两段,形同叉状,一股面对波斯主力和大流士本人,一股朝向占据马其顿后方一些小山的敌军。

暗中调整妥当后,亚历山大遂率部队前进,开始速度很慢以保持队形,进入敌军射程之内后,亚历山大立即率随身部队向敌军扑去,力图尽快进入混战状态。

厮杀异常激烈,冠提斯在描述此景时写道:"亚历山大既是指挥官,又身先士卒,因为大流士趾高气扬地立在战车上,所以其前面景象奇特:朋友们奋身护卫,而敌方凶狠地袭击他。当大流士的兄弟奥克撒拉斯看见亚历山大扑向其兄长时,便率骑兵横在战车前面。奥克撒拉斯身材高大,勇冠三军,冲向他的人一一被砍翻马下。"

"马其顿人簇拥着亚历山大高声呐喊,互相激励,突然出现在阵前,接着是一片令人目不忍睹的惨景,大流士战车四周僵卧着一些高级将领,他们死的光荣,全都脸向地,伤口都在前身。……马其顿人的伤亡也很惨重,无数人悲壮战死,亚历山大本人也股上中剑,这时大流士战车上的马匹受伤狂奔,大流士几欲跌下。"最终,大流士担心丧命,拨转战车落荒而逃。

大流士的败逃极大地影响了波斯军的斗志,结果波斯军全线溃败,被歼十万余人。亚历山大则全力追击。

亚历山大返回伊苏斯后,发现部下已为他收拾了大流士的大帐,帐内陈设华丽,珠宝珍玩琳琅满目,亚历山大立即脱下铠甲走向浴室,他边走边说:"让咱们在大流士的浴室中洗去战斗中的汗水吧!"他的一位朋友答道:"不对,应该说是你亚历山大的浴室,因为被征服者的财产属于征服者。"

浴室中,水管、水罐、首饰盒都是造型优美的金制品,香料和膏脂的香味氲气蒸腾。亚历山大对于东方的豪奢有了深刻的认识。

大流士的母亲、妻子和两个女儿都沦为俘虏,亚历山大知道这消息后,就说:"我的敌手是大流士,敌手只有大流士一人而已,她们本是无辜的,要依照旧时的生活供应她们。"

数年之后,亚历山大为使自己的统治合法化,同大流士的一个女儿结婚。大流士的妻子是极其出众的美人,但亚历山大从未动过非分之想,与大流士之女结合是他第二次娶妻,在这之前他曾同一伊朗贵族之女罗克桑结婚。他的两桩婚姻都是政治交易。另据古文献记载,亚历山大从未有过情妇,他也许无暇接近女色。

胜利次日,亚历山大抚慰了将士,设坛向诸神谢恩,并举行隆重的仪式埋葬阵亡将士。

自亚历山大越过赫勒斯滂以后,历时仅一年半,他赢了两次对波斯的对阵战,驱逐了中亚细亚沿岸的波斯驻军,统辖了小亚细亚,也收复了无数山区部落。为了促进经济繁荣,亚历山大也开始从事公共建筑的建设工作,他重建了以弗所的阿尔特弥耳神庙,他出生当夜这所神庙曾被焚毁。

此外,亚历山大恢复了大多数城邦的民主政体,出征时,他的身份是马其顿国王,科林斯同盟盟主,他以此身份进入了小亚细亚,与此同时,他还是沿海诸希腊城邦的同盟者,一土著女王的义子。

摧毁推罗

推罗城是腓尼基海岸的重要海港,当时最繁荣的商业中心,同时也是波斯舰队最重要的海军基地。

波斯虽然在亚洲大陆连连战败,但其海军却完好无损,依然称雄爱琴海。这支精良的舰队若与希腊反马其顿力量联合起来,亚历山大的运输线就有被切断的危险。那样,兵员补充困难,物资无法补给,马其顿军在亚细亚的战果可能将一举丧失,且有被歼之险。

亚历山大已意识到当时处境的不容乐观,伊苏斯会战绝没有令波斯屈服,当务之急是歼灭波斯海军,巩固自己的后方,保障自己的运输线,而他没有海军。

但亚历山大深信，如果他攻下腓尼基诸城，如果他占领了波斯海军的大本营和基地，那么，波斯舰队就成了海上游魂，水手就会弃船投奔。他的这个推论果然应验了。当马其顿军沿海岸推进时，一个个城市闻风而降，而推罗城例外。

推罗城自有它骄傲和自信之处。新巴比伦王国国王尼布甲尼撒曾率大军围攻推罗，但它坚守城池达十三年之久。它是一个小岛，远离大陆一英里半，城墙由石头砌成，高深坚固，而推罗人尚拥有强大的海军，拥有当时新奇先进的作战器械。

摧毁推罗城，成了亚历山大最辉煌的战绩。

亚历山大兵临城下，推罗人便使出了缓兵之计，派使节献城投降，并希望亚历山大能帮助他们拓展大陆。看了降表，亚历山大说："非常感谢你们的诚意，愿我们能够共享和平的幸福。"他接着和颜悦色地对使节说自己非常想到岛上观光，并去祭祀岛上闪米特族玛尔克特神的圣祠，此神在希腊被认为是赫克里斯，是亚历山大的祖先。"我们都非常崇拜他，只有用虔诚隆重的祭奠，我们才能表达对他的热爱。"

但推罗人拒绝了亚历山大进驻城内。这样，假降的骗局也被揭穿，战争便不可避免地发生了。

据说，大战之前有许多预兆，亚历山大声称他梦见赫克里斯引导他进了城，大占卜师阿里斯坦便说这意味着这场攻城战要付出很大的代价，因为赫克里斯的成就是用力气取得的。而又据说不少推罗人梦见太阳神阿波罗要离开他们到亚历山大那边去，于是他们就把阿波罗的塑像钉在座垫上面，就好像阿波罗是一个叛逃未遂的投敌者。

亚历山大下令修筑一道从陆地通向小岛的宽 200 英尺的长堤。他亲自参加了劳动，不失时机地发表鼓动性讲话，并以重金嘉奖干活出色的人。起初，筑堤工程十分顺利，但当长堤延伸到岛城附近时，水深已达 18 英尺，推罗人从城上袭击筑堤士兵，而且，长堤还不时遭到推罗人战舰的攻击。

马其顿士兵在堤上筑起两座塔楼，外面包上皮革以抵挡推罗人的火箭，楼内安装石弩射击敌舰，在枪林箭雨中，长堤缓慢地向前延伸。

一天，大风从海面吹向海岸，推罗人便划出了一艘火船。宽大的船舱和甲板上满载干柴、树脂和硫磺。两根桅杆的桁端悬挂着装满了燃料的大锅。船的负载使船尾下沉，船首高翘。火船接近长堤时被火把点燃，风助火势，直袭塔楼。由于桅杆被火烧坏，大锅中的易燃品便全部倾出，洒在长堤和塔楼之上，瞬间，塔楼浓烟滚滚，烈焰四窜，马其顿士兵纷纷跳海逃生。

长堤被毁，亚历山大立即命令另筑一道长堤，较之原来要宽得多，上面筑起了更多的塔楼。这道长堤后来被泥污壅塞，所以现在建在推罗城旧址上黎巴嫩苏尔城已是大陆的一部分。

此时，面对推罗人的战舰，亚历山大也须组建自己的舰队与之抗衡。他在腓尼基其他城市及塞浦路斯收降了近 200 艘战舰。接着，为了建造更多的船只，他带军入山采集雪松作船料。

亚历山大青年时代的老师雷西马楚斯也参加了这次远征，因为年迈体衰，差点掉队丧命,亚历山大冒死把他救了出来。当时天色已晚,雷西马楚斯远远落在了队伍后面,亚历山大不愿他只身落伍,便与他同行,两人沿着陡峭的山路前进。是夜寒冷异常,林中远处尽是敌人的篝火,亚历山大悄悄摸到最边的一堆篝火旁,用矛刺倒了两个敌人,抓起了一根燃烧的树枝返回到他那一小队人中。接着他们点起大堆的篝火,故意大声喧哗,利用疑兵之计吓跑了敌人。这些忠于友情与袍泽患难与共的小事和他的骁勇善战一样,使亚历山大深得人心,赢得了全军战士的衷心拥护。

亚历山大组建了一支庞大的舰队,浩浩荡荡地向推罗进发。推罗人见之大惊,便紧闭城门,拒不出战,并封锁了附近的两个塔口。同时全城人倾城而出加固城防,面向堤岸的城墙最后竟达 150 英尺。这段城墙全由巨石掺和胶泥筑成。竣工之后,他们又把一些大石块推进浅海,以阻止船只靠近城墙。

马其顿人用小艇搬运巨石,推罗人就派人潜水割断船锚的缆绳。最后,马其顿人不得不用铁链代替缆绳,并用起重器扫清航路。

经过多日拼抢,马其顿人终于扫清了道路,靠城墙搭起了多座浮桥,亚历山大便下令攻城。

接到攻城命令,早已愤怒的马其顿士兵潮水般涌向城墙,当他们还未来得及架起云梯,墙上便撒下了一面面大网,被套进去撒进深海。得以登城的,又被推罗人用叫作铁蒺藜的兵器拽下城去。亚历山大派遣士兵用大撞锤撞击城门,推罗人就把锋利的镰刀绑在长竿上割断撞锤的绳索。推罗人在城上架起了大铁锅,把沙子烧得滚烫,向城下倒,并把烧红的大铁块投向马其顿的船只和士兵。一些马其顿人被俘,推罗人就把他们推向城头,当众杀死,尸体抛进大海。

这场围攻战历时七个月,马其顿人使用了大撞锤、攻城塔、云梯、穿城螺旋锥等所有的攻城器械,终于击塌了推罗城的一段城墙。亚历山大立即命令战舰朝两个港口疾驶,并调一些战舰在浅水处向城内投掷梭镖,开弓射箭。于是推罗人四面受敌,无路可退。接着,亚历山大又命从另一些船上搭起浮桥,由艾德米图斯率全身披挂的马其顿步兵攀登城墙,亚历山大也在士卒之中。艾德米图斯第一个登上城头,当他向他的部下欢呼时,被一矛刺中,壮烈牺牲。

推罗城终于被攻陷了。

亚历山大下了屠杀令,登时,推罗城内哭声震天,有八千多推罗人被杀,幸存者有 3 万余人,也全被掠卖为奴。

推罗一战,亚历山大的手段无所不用其极,犯下了滔天罪行,他必须攻占推罗,否则他就无法实现向埃及进军的下一步计划。当亚历山大决心实现其目标时,他可以不择手段,虽然他的目标究竟有多大,在当时他也不清楚。

但有一点可以明确,亚历山大的目标并不在掠夺,一个新型社会正在他头脑中酝酿,这些可从他在小亚细亚的行政安排上可以看出:他希望各个民族、各个种族都成为他王国中平等的一员。

围攻推罗期间,亚历山大收到了大流士的一封信,大流士提出了和谈,表示愿意割让幼发拉底河以西领土,赔款一万塔兰特(1 塔兰特约等于现今 1800 美元),

并愿送嫁一个女儿给亚历山大。亚历山大与其友人商议此事时,帕米居欧说:"如果我是亚历山大,就会接受这些条件,结束战争。"亚历山大回答道:"假如我是帕米尼欧,一定会这样做。"他告诫他的友人说:"只有真正结束的战争才会带来和平。"会后,亚历山大傲慢地给大流士回信说:作为全亚洲的统治者,当我有希望取得全部波斯时,我不希望只得到它的一部分。

历史杰作

　　在天涯出现了您美丽的形象
　　您,这活的阿顿神,生命的开始呀!
　　当您从东方的天边升起时
　　您将您的美丽普施于大地
　　您是这样的仁慈,这样的闪耀
　　黎明时,您从天边升起
　　您,阿顿神,在白天照耀着
　　您赶跑了黑暗,放出光芒
　　上下埃及每天都在欢乐
　　人们苏醒了,站起来了
　　这是您,使他们站起来的
　　公元前332年11月,亚历山大以阿顿神的形象出现在埃及,他驱逐了波斯人,把埃及人从暴政统治之下解放出来。马其顿军队享受到了王师之尊,被恭恭敬敬地迎进了埃及。

　　希腊与埃及在此很早以前就互通有无,亲密往来,有不少希腊人迁居埃及,在这里,两种原本不同的文化逐渐融合。埃及的文化古老灿烂,希腊文化在当时占尽风流。埃及人在保持着矜持的自尊心同时,仰慕希腊文化的辉煌和伟大,希腊人对埃及那古朴悠久的文化充满了尊敬,尤其对埃及的宗教倍感神秘,既敬且畏。在所有的存在物中,文化则具有相对较长的恒久性和凝聚力,在彼此仰慕之中,尊重与和睦则集中体现了它无以比拟的力量。

　　于是,亚历山大在这里找到了他最重要的东西——统治帝国的新思想。在他埃及充分感到了希腊文化的地位之重要,影响之巨大,使他更确信了希腊文化的优越性。武力可以暂时维持一个帝国的完整,但无法阻止一个帝国最终破碎分裂的局面出现。唯有人们普遍接受或乐于接受的政治体制,繁荣兴盛的经济贸易,公正理性的法律规范,充满活力且具有无穷魅力的文学艺术,基本一致且善于应变协调的思想观念,甚至相似或因相互影响而趋同的生活方式,才能真正使一个帝国永葆青春,疆土永固且不断开拓。

　　我们无法确切地说亚历山大此时的思想已臻于完善成熟,但至少可以从历史的痕迹中看到,他循着这样的思维去做了。他大兴土木建成了亚历山大港即亚历山大里亚,这座港口在今天依然是世界最大最繁忙港口之一,古希腊文化在此,像太阳神阿蒙一般,光芒辐射四散,他朝拜了在锡瓦绿洲的阿蒙神谕宣示所,被祭司们认作阿蒙的儿子,在埃及取得了与法老同样的合法地位,并得到了埃及人的认同,尤其突出的是,他信任埃及本土人,委之以重任,以其宽宏大量赢得了埃及人的尊重。

亚历山大里亚是亚历山大的杰作,建址于一个叫拉科德的乡村附近,在尼罗河西端的河口以西。由于地中海海流的冲击,这个港口没有泥沙的淤塞。亚历山大之所以能够在短时间选定港址,得益于本人的博学和他随侍在左右的一批科学家。

在亚洲,亚历山大建立了不少城市,也多以其名命名,但其中大多是在原城址上加以整饬或扩建,在原来的居民中加入了一些殖民者,且移居者主要是年老体衰或负伤的士兵。这些"新"城也大多位于战略要地,军事意义尤为重要,而亚历山大港则完全是从无到有,且具有多重作用,它既是继推罗城之后地中海沿岸的商业中心,且是联系东西方的洲际桥梁,另外,它也在后来成为一个大行政中心。

亚历山大港中聚集了许多希腊与马其顿士兵,以及一些希腊移民。在这里,他们把希腊的习俗、法律、艺术和生活方式带给了周围的蛮荒世界,使埃及在此后的希腊主义时代成为尤为重要突出的区域。这座城市,建构、成熟、体现着亚历山大的治国方略。

一座高 400 英尺的灯塔曾守护着这座港口,被誉为世界七大奇景之一。

在兴建亚历山大港期间,亚历山大向利比亚沙漠中的绿洲——锡瓦进行了朝拜,在锡瓦,矗立着宙斯——阿蒙的神谕宣示所,希腊认为它仅次于提佛的阿波罗神谕宣示所。

有关横穿沙漠的旅行,阿里安根据他所收集的史实写道:"他们迷了路,连最好的向导也不知路在何方。这时,他们发现两大毒蛇,这两条蛇发出骇人的声音,向前爬行;笃信神兆的亚历山大便命令向导跟着两条蛇走……"但无论如何,亚历山大终于到达了锡瓦绿洲。

锡瓦祭司们欢迎了他,在他们看来,一个外国人到达锡瓦绝非凡举。公元前6世纪波斯冈比西斯吞灭埃及之后,就亲率大军奔赴锡瓦,企图摧毁令他厌烦的神庙,但在浩瀚的大沙漠,全军覆没,无一生还。事隔两个世纪,亚历山大却比较顺利地到了锡瓦,但那些僧侣们欢迎亚历山大的一个重要原因还在于他们欣赏他的慷慨,只要这些僧侣有所暗示,亚历山大就会把大批的奴隶,肥沃的耕地和无数的珍宝赠给他们。几千年来,贪婪已成为这些历来坐享其成的僧侣们的特征。

神庙富丽堂皇,前所未有。整座大庙犹如一个金石堆成的坚固城堡,全部用黄金涂漆、庙内的甬道路面是银漆的,所有的门道都镀着纯金,建筑十分宽大,一切装饰都是经久不变的。阿蒙神像是名贵的玉石经能工巧匠之手雕凿而成,高大雄伟,庙宇高不可攀,黎明时分,它的光芒像太阳一样直射人面。有一个御座由黄金和名石砌成,庙的正面则竖着许多黄金铸就的旗杆。

亚历山大在由衷的赞叹中被祭司引进了神庙,他单独在庙内领受了神谕,出来后,他仅仅说:"神的意旨与我的旨意完全相同。"其余的一切则讳莫如深,后世不得而知。

在这里，亚历山大成为埃及王权的合法继承人，他被祭司们看作阿蒙的儿子。

埃及的哲学家普萨蒙也给予了亚历山大很大的影响，亚历山大接受了这样的教诲：无论何时、何地、何种情况下，王权与统治都是神的赐予，那么全人类都应服从于神的统治。亚历山大则把这则教诲演化为：神的确是全人类的共有之父。但对于那些人类中最高尚、最优秀的人，他将特别地变成自己的化身。而这最优秀的人，每一个民族都可能出现。

在埃及期间，亚历山大思考了许多，他深知，胜利肯定会带来和平。而和平又令他深思，因为在战场内外同"野蛮人"的接触中，他相信所有人的本质都是相同的。他这样总结说："人们应该把所有好人都视为自己的同族，只有坏人才是异族。"

至今，埃及人民依然敬仰亚历山大这位英雄。埃及现代史学家阿·费克里这样写道："那时，马其顿英雄之星，亚历山大开始在世界地平线高

亚历山大大帝铜像

高地升起……他无疑是伟大的将领，或许可称为古代最伟大的人。他的伟大之处，不仅在于他军事上的勇武，也在于他闻名于世的博学与宽宏气量……他受到了埃及人的欢迎，他曾是埃及人的解放者，把他们从可恨的波斯人手中解放出来……他临终只有一个希望，他忘掉了母亲，忘掉了他的家，也忘掉了他的帝国和他所有的一切。他想到的只是那块绿洲……与埃及人亚历山大有着同样情感的根脉。"

波斯灭亡

居鲁士是波斯帝国的开国大帝，公元前550年，他推翻米底帝国而据有其地；公元前546年，他攻陷两河流域的吕底亚帝国首府萨底斯，掳走其王；8年之后，他又占领迦勒底帝国的首都巴比伦；其子冈比西斯在公元前525年征服埃及；大流士一世东拓疆土至印度河流域，建立庞大的海军，向西与希腊争锋，这个武功赫赫的帝国曾囊括伊朗高原、两河流域、小亚细亚、叙利亚、巴勒斯坦、埃及以及色雷斯。在古西洋史、古西亚史上，在两个多世纪中，它声名远扬，威震四邦，有着难以言述的风流与辉煌。

但是，穷兵黩武与横征暴掠，民族间隙与阶级矛盾，使这个庞大帝国在亚历山大的兵锋之下气喘吁吁，捉襟见肘，亡国之日渐渐迫近。

公元前331年春天，亚历山大在埃及补充了兵员物资之后，便引兵东侵，深入到了波斯帝国腹地。

在底格里斯河河畔，发生了一次月全食，这在马其顿军中引起了极大的恐慌。为了消除疑虑，亚历山大祭祀了月亮、太阳和大地，并请占卜师阿里斯坦卜测。经过一番忙乱，阿里斯坦郑重宣称：献祭的牺牲预示本月可获大胜。

是月，两军果然在高米加拉对阵。

大流士在全帝国广征新兵，添造战车，组织了一支号称百万的大军（主力步兵约八万，骑兵约一万五千）。他选择高米加拉作为战场，是为了避免伊苏斯会战时因地形狭小而引发的失利。为了使带大弯刀的战车有更大的用武之地，他甚至命人铲平了一些山丘。

大流士一直认为对手会突然袭击，也确实有人力劝亚历山大这样办。但是亚历山大扎好营盘后就下令让士兵吃饭睡觉，而他本人则与阿里斯坦德一起在营帐前举行某种神秘的宗教仪式祭祀费尔神。与此同时，帕米尼欧和一些久经沙场的军官们眺望着整个平原上敌军的篝火，倾听从敌营中传出如海潮般的喧声，看来似乎很清楚他们要想在白天击退敌人是不可能的，因此，一等亚历山大祭祀完毕，他们就催促他趁黑夜马上向敌人发起攻击，但亚历山大拒绝了这个建议，他认为在夜袭中会造成混乱和危险，自己军队的精锐优势难以发挥。他最后用幽默的口气对他们说："我不想偷取我的胜利。"说罢便上床睡觉去了。

翌晨，亚历山大还酣睡未起，军官们只好自作主张下令让士兵吃早饭。最后，迫于形势危急，帕米尼欧只好走进亚历山大的官帐，几次直呼其名唤他醒来。他看到亚历山大睡意未消，急得直跺脚，他大声向亚历山大大喊道："我们全军将士的生命和全希腊的前途都在今天决定，而你却好像已经打了胜仗一样。"亚历山大闻言却笑了，反问道："亲爱的朋友，你不认为胜利已经属于我们了吗？我们无须再四处打大流士了，他送上了门，我们不应该睡个安稳觉吗？"

前两日，亚历山大已认真侦察了敌军，知道敌方军队不仅有精锐的中亚骑兵和印度象队，还配置了二百辆装备着锋利刀轮的战车，这种战车具有极大的杀伤力。在一次战前军事会议上，他特别强调了这次作战和过去作战的不同之处：不是为了夺取叙利亚、腓尼基，也不是为了占领埃及，而是要在此解决整个亚洲的主权问题。他要求每个人都必须从全军的安危着想，需要安静时，要做到鸦雀无声；需要搏斗时，要喊出惊天动地的喊声，全军上下都要机敏地服从命令，该进则进，该止则止，互相呼应，紧密协同。会后，亚历山大又进一步对战场和大流士的军事部署做了全面的侦察，掌握了波斯军队的阵形配置情况：两翼是骑兵，中央是一线步兵，二线全部是步兵，中央前方是象队，左翼前方配置了一百五十辆刀轮战车，右翼前方配置了五十辆战车，主力在左翼，大流士位于中央。他针对波斯军的布阵特点，把自己的兵力作了严谨的部署：以步兵为主力，把密集的方阵置于正中，两翼配置轻装骑兵，在第一线背后两翼外侧设一条后备线，正好与第一线成斜角。如果第一线被敌军包围，后备线即迂回到侧翼进入迎击；如果敌军想绕过侧翼进攻，后备线则直接攻击敌军侧翼；如果敌人不这样打，后备线就向内旋转，以增强正面的兵力。在第一线中央方阵前面，他还精心地埋伏了一些优秀的弓弩手和一支标枪队，以打击波斯的战象和战车。从整个部署来看，马其顿军队的阵形为一空心大方阵，具有较大的机动性。后备线可以面对任何方面，各处都可以构成正面。

这天是公元前331年10月1日，一切准备就绪后，亚历山大跨上战马布斯法鲁斯，把长矛换到左手，举起右手祈祷诸神给希腊人和马其顿人以庇护和力量。在行列中骑着马的阿里斯坦身披大斗篷，头戴金冠，他用手指点着亚历山大头顶上飞翔的雄鹰，此鹰随即直向敌阵飞去，这一情景使马其顿人勇气倍增。

大战旋即启幕，为了摆脱波斯战车和战象的冲击，率右翼向右前方斜角推进。大流士担心亚历山大右翼越过平坦开阔的战场，使战车丧失作用，遂命令其左翼前排迅疾绕过亚历山大右翼，企图迫使亚历山大停止前进。亚历山大即派出部分兵力阻击波斯军迂回，并将其击退。当右翼骑兵与波斯军正进行混战时，大流士指挥他的刀轮战车，全力扑向马其顿方阵。但列于马其顿阵前的梭镖手和其他轻装部队刺杀了一些战马，还把另一些骑手拉下马来；冲到马其顿入主战线的战车则发现马其顿人遵照指示分开放他们进去。此时亚历山大已率右翼击退了波斯军左翼的反突击，接着他调上了整个方阵，直冲大流士的步兵方阵。

大流士被这凶猛的攻势吓破了胆，拨转马头，溜之大吉。马其顿的右翼战斗方酣，其左翼也发生了恶战。由于亚历山大向大流士方向猛烈冲击，使马其顿军的左右翼之间形成了一道缺口，波斯将军梅沙乌斯乘机涌进这道缺口，但被马其顿的后备部队顶住，帕米尼欧也迅速向准备追击大流士的亚历山大请援，亚历山大旋即回师，与波斯骑兵展开了激烈的拼杀。战斗异常激烈，亚历山大有60名亲兵横尸沙场，其好友赫斐斯申等人也都负了伤，但大流士逃跑的消息传来，令波斯军士气大落，皆无心恋战，夺路落荒而逃，于是波斯军全线溃败。

亚历山大举行了隆重的祝捷仪式和祭神仪式，以金钱和财产犒赏诸将士，并自诩为亚细亚之主。高加米拉决战，使波斯人元气大伤，一蹶不振，亚历山大便乘胜进军，直逼古都巴比伦。

尚未抵达巴比伦，帕米尼欧在高加米拉战役中的劲敌梅沙乌斯便率军投降。亚历山大尽其一切可能安抚了他们，任命梅沙乌斯当了地方总督，但为了相互牵制，数名马其顿军官则担任了军事和经济方面的职务。对于宗教建筑，亚历山大则命令一一重建，那些庙宇包括马德克庙宇，均毁于波斯人之手。

富庶的波斯行政首都苏萨成为亚历山大的下一个进攻目标。几乎未经什么战斗，苏萨便沦陷，苏萨城经历几代君主苦心经营，储存了五万多塔兰特的金币和金块。城中陈列着一罐罐尼罗河水和多瑙河水，它们象征着伟大统治者的权力无所不在，现今也皆成为战利品。在这里，亚历山大进行了休整，为庆祝胜利举行了祭神大典、火炬赛跑和竞技。

接着，波斯首都珀塞波利斯也被势如破竹的马其顿军攻占，日期为公元前330年2月。亚历山大在此掠走的珍宝不计其数，另外还有贵重的家具和紫色染料。而被掠走的金币和金块共达126,000塔兰特。亚历山大利用掠来的金币和金块，铸成雅典的通行货币。并投入市场流通，他并且大兴土木，建设了许多庞大的公益设施。

而在这里，马其顿军人的豪华奢侈更突出地显现着，亚历山大对部下赏赐十分丰厚,其母奥林匹阿斯也抱怨说,这种大方,简直等于待朋友以君王之礼。一个士兵的战靴上带的是银马刺,另一个居然从埃及用骆驼运来浴用爽身粉,还有一些人竟然不用橄榄油而用贵重的"没药"洗澡。亚历山大也察觉到了这些倾向,便告诉士兵们说:"靠艰苦取胜的征服者比那些被艰苦所征的人睡得更要稳。同波斯人比较,应当懂得奢侈是一种耻辱。艰苦节俭才是一种美德,因为征服的目的是为了避免被征服者的覆辙。"

波利斯王宫是波斯皇帝的得意之作,它雄伟宏大,气势磅礴,其中藏着无数的珍宝和文物,可惜已变化一片焦土,它被亚历山大一把火烧掉。

有这样一件著名轶事,在一次宫里的宴会上,宾客如云,将军满座,妇女也参加了。其中有一个女人叫泰丝,是亚历山大部将普托拉米的女儿,痛饮之余,这个名不见经传的女人说走遍了亚细亚,如果能在薛西斯(波斯国王)的皇宫放上一把火,当子孙谈起时,会说一个随亚历山大征战的女人给予波斯人的惩罚比全体将士所给予的还要重,这样真是太有意思了。她的话引起了一片疯狂的喝彩。亚历山大头戴花环,兴奋地亲自为其开道,于是全体人手持火把把波利斯王宫焚为焦土。

但这不是事实。实际上,只是亚历山大蓄意所为。当王宫在熊熊大火中即将完全倾倒时,亚历山大又下令救火。他之所以有这样戏剧性的举动,是为了向所有的世人宣告:波斯帝国已在火光中灰飞烟灭,人类未来的命运之幕,即将由亚历山大揭开。

悲剧梦想

英雄或伟大人物的许多方面都可以用一个词来概括:孤独。

他们属于一个时代,但他们却往往超越他们的时代,因为他们是本时代的领导者,下一个时代的开创者;他们属于一个群体,但他们的诸多思想、行为与其所处群体的规范、氛围往往有所抵触,甚至背道而驰。因为他们必须身体力行地搜集整理新的事物,而他们也往往率先须领悟它们;他们代表着灿烂辉煌的前景,是生命、生活和世界伟大之处的发现者、创造者。但这些非凡之处,虽甚渺茫,或须经艰苦卓绝的奋斗才可能有所发现,便常被作为无稽之谈、狂妄之想、如此种种,英雄们与平凡人,包括他们的追随者便无可避免地存在着间隙和距离。这些距离正是他们之所以成为英雄,史碑留名的原因,但这段距离也可能造成不解、误会、反对和阴谋的实现。为了拯救自己的事业,英雄不得不使用果敢的手段,而反对者为了自己的尊严、利益、甚至一己之见,也大多当仁不让。于是,悲剧便常在亲人、挚友、领导者与追随者之间发生。

亚历山大在追击大流士远涉波斯腹地以及后来远征中亚途中,这种类似的悲剧发生了多起,他的战友、士兵开始不满,马其顿人与希腊人认为他开始背弃自己的民族和祖国。

亚历山大曾扬言要直捣世界尽头,他的梦想是征服整个世界,按照自己的思想缔造起一个伟大的帝国。杀戮与掠夺，仅是他实现梦想的必要手段中的一部分，安逸享乐，既非他追寻的目的也非他追寻的最终理想。而这些，却被他的大多数部下当作乐事和生存的唯一目的，贻误军机、不服命令经常发生，抗议反对、哗变、背叛、嗜杀的阴谋也时时出现。虽然亚历山大以坚韧无比的精神和能力达到了自己的目的，但那段岁月，毕竟成为他短暂一生中最艰难的一段。

当大流士搜集残部逃到米地亚王国古都埃克巴塔时，亚历山大便立即向那里进发。当他到达该城，大流士已于 5 天前逃之夭夭。

亚历山大没有马上去追击大流士，而是停驻在了埃克巴塔纳。在这里，他与他的将领之间发生了争执。这里是他们那代人所知道的东方最远的地方，许多人进军到此之后可能要问：亚历山大现在还要往前走吗？战争还未结束吗？

满足感和厌战情绪在军中高涨起来，亚历山大在这个都城度过了平静的几个星期之后，便解散了他的希腊盟军，这样做有其妙处，它意味着大希腊复仇战争已告结束。在和希腊城市打交道时，科林斯同盟军依然是有用的工具，但是亚历山大与希腊人在战争中的特殊伙伴关系已不复存在。从此，浩荡前进的将是亚历山大的帝国大军而不再是同盟军。亚历山大给每个士兵发了薪饷并且犒赏一份礼物，言明他们可以回家，还可以留下来以个人名义重新入伍，不少希腊士兵选择了后者。

当亚历山大命令帕米尼欧率军向米地亚地区出发时，遭到了拒绝。帕米尼欧在埃克巴塔纳按兵不动，他认为亚历山大已使不少地区臣服，可以就地收兵。在他身上，集中体现了马其顿人对亚历山大的不满，最终的结果是帕米尼欧被解除了兵权，不久，又因其子叛乱被株连处死。

在德黑兰附近的拉格伊，波斯总督、大流士的弟弟必修斯扣留了大流士，获此信息，亚历山大立即率部向拉格伊进军。

在一个清晨，亚历山大和极少数部下冲入了敌人在达格罕的营地。该地一片混乱，丢弃的财宝金银到处都是，满载妇女、儿童的四轮马车被军队遗弃，歪歪斜斜到处都是。必修斯刺杀了大流士后仓促逃走了。

在一辆四轮马车上，奄奄一息的大流士被发现了，他遍体伤痕，一个马其顿士兵给他端了一点水喝，他让人告诉亚历山大，说他感激亚历山大仁慈地对待他的家小，言毕身亡。

亚历山大将自己的战袍盖在了大流士身上，并下令将他的遗体以君主之礼安葬。数月之后，必修斯被俘，受到了审判，被以屠杀罪、杀害亲属罪等罪名判以死刑，在两棵树上，他被分尸惨死。

在迎击必修斯期间，令亚历山大费神的不是波斯人，而是他的军队，他需要时时向部下做鼓励工作，以保持其命令得以贯彻和起码的士气，需要时时警惕军队的哗变，阻止所有阻碍他前进的思想发展，而同时，为了在所征服地区维持有效的统治，笼络当地人的民心，他要时时注意自己的政策是否正确可行，尽其可能消除亚细亚人的敌对情绪。

有人说，亚历山大的军队征服了亚细亚人的身体，而他们的灵魂则是被亚历山大用衣着赢得的,在某些场合,尤其是隆重盛大的公共仪式上,亚历山大经常穿着波斯服装,他这样做是为了提高亚细亚人的民族精神,逐步消除希腊人和马其顿人的自傲心理,以便使亚细亚人能够和睦相处,共同生活在一个国度之中。但是由此谣言四起,说亚历山大已沉湎于东方的奢华享乐之中,已彻头彻尾地腐化堕落。这一切,严重地离间了亚历山大与其所率军队的亲密关系。

在出发追击必修斯之前,亚历山大着手组织了一次对里海的考察,这次行为遭到了部下们的反对,亚历山大首次面对了一次真正的叛军。

必修斯自封为大皇帝后,亚历山大原计划循直接向东追击,但是由于他的侧翼发生了一起武装叛乱,他被迫引兵向南,进入德朗金纳:在此地他得悉,菲洛塔斯正在策划一个阴谋,菲洛塔斯是帕米尼欧的儿子,也是亚历山大孩提时代的朋友,他专横恣肆,不可一世。过去,马其顿国王与贵族们交往时不拘形迹,二者几乎都是平起平坐的,而此时亚历山大成为万人敬仰的至尊,马其顿贵族便极为不满,形成了以菲洛塔斯为核心的反对派,菲洛塔斯指使人实施武装叛乱的计划,被几名青年军官发觉,于是菲洛塔斯被捕,不久他与父亲帕米尼欧都被处死,亚历山大也充分流露出了他的铁腕手段和刚愎自用。

在东伊朗,亚历山大遭到了他有生以来最顽强最长的抵抗,一场被伊朗民族主义悄悄点燃的游击战争等待着他,疾病、伤亡、哗变、伏击和暗杀屡有发生。

亚历山大占领了巴克特里亚之后,立刻向奥克苏斯河进军追击必修斯,在关键时刻,塞萨利亚人骑兵哗变了,这支精锐部队原隶属于帕米尼欧,在高米加拉及整个远征中战功赫赫。指挥者的被诛杀,征战无了期带来的渺茫感,使他们背弃了亚历山大。别无选择,亚历山大只好将他们调回希腊老家。

处境相当危急,身在遥远的亚细亚,而军队士气不振,一支精锐又离他而去,此时,整个远征军的成败系千钧于一发,甚至可能全军覆没,是否向西回师,功亏一篑而返呢?

决不退缩也是亚历山大的一个特性,他认为应从危难之中找到生的希望。他开始在亚细亚人中征募新兵,大量东方人有史以来被补充进欧洲军队中。

这是一场独特的试验。如果这种种族间的合作能成功,如果这些东方人的部队的确能够效忠且勇敢善战,那么就能说明朝大同世界又迈出了最重要的一步。在不久的将来,肯定会发展出震撼世界的民族融合模式。

斯波塔门斯是索格吉安那部落的杰出领袖,他勇敢刚毅,极富才干,在公元前329~328两年间,领导了抵抗亚历山大的游击战争。他的军队得到了附近居民的积极支持,他采取游击战术,避开亚历山大的主力部队,袭击他的零星部队。亚历山大对此无可奈何。

在索格吉安那,酷暑行军、战斗和叛变、负伤和患病,使亚历山大的军队疲于应付,士兵们的精神濒于崩溃。为了松弛紧张的神经,调整士兵们的情绪,亚历山大经常举行大宴会,他本人很少喝酒,而在马拉坎达的一次欢宴上,他却喝醉了。

席间,一名亚细亚青年唱起小曲讥讽了败阵于斯安塔门斯的军官,使席间气氛开始紧张起来。一些人呵斥他停止哼唱,而亚历山大却喊着让他继续唱下去。亚历山大童年时代的朋友克雷图斯伸出双手,提醒说就是这双手在格兰尼库斯河救过他的命,并说亚历山大是靠了马其顿才有了今天的荣耀,不应当目中无人,要尊重马其顿人。他还说,那些战死疆场的马其顿人比起嘲笑他们的人强十倍。宴会上紧跟着响起一片欢呼声。亚历山大转身指着那些马其顿人对两个希腊人说:"在这群野兽中,你们不觉得是神的后代吗?"言毕抓起一个苹果打中克雷图斯,接着又找他的长剑。

克雷图斯被人推出门外又返回大厅,背诵着欧罗庇得斯悲剧中的一句话:"苍天啊! 希腊出现了一个多么邪恶的政府!"亚历山大从一名卫士手中夺过长矛,一掷结束了他童年伙伴的生命。

这不仅是一桩罪行,而且是个人的大悲剧。一连三天,亚历山大闭门不出,拒绝饮食,口中喊着克雷图斯和他姐姐兰妮丝的名字。兰妮丝曾经带养过亚历山大。众人便出来努力使亚历山大恢复正常的健康状态。为此,占卜师说这件事是酒神狄俄尼索斯出于愤怒杀死了克雷图斯,雄辩家阿非卡楚斯一进亚历山大的门就喊道:"瞧,这就是亚历山大,全世界都注视着的亚历山大。但他就像个奴隶似的在哭泣,难道你不知道宙斯的两旁有正义和法律,就是为了说明世界之主所做的一切都符合法律和正义吗?"

尽管有嫉妒,争吵甚至阴谋和反叛,但远征依然进展顺利,凭借自己的天才和高压手段,亚历山大仍牢固地控制着他的军队。

在中亚期间,亚历山大娶了一个部落首领的女儿罗克珊。罗克珊美丽动人,婀娜多姿,与亚历山大一见钟情。虽然,这场婚姻有不少的政治色彩,但也一时在军中传为佳话。亚历山大也劝说马其顿士兵效仿,娶当地女子为妻,这也是他结束在此的游击战争的举措之一。

曾有人提议尊亚历山大为神。在那无成熟宗教的时代,一些显要人物与神并列司空见惯,亚历山大也有意如此。面对敌人,可以兵来将挡,水来土掩;面对士兵哗变,可调邻近部队换防;而面对一群不大可靠的军官,亚历山大该如何呢? 他决心摒弃其间的伙伴关系,以神化自己的方法来结束人们半心半意的支持和可能出现的阴谋。他认为,时代要求他必须正式成为一个专制君主。但最终亚历山大放弃了这种做法,因为有人公开表示了反对,其中有亚里士多德的侄儿卡里斯塞尼。

随后不久,皇室的年轻侍从人员就策划杀害亚历山大。阴谋被发现后,这些人供认是卡里斯塞尼唆使,于是,卡里斯塞尼及其党羽统统被处死。这件事,亚历山大从未得到亚里士多德的宽恕,也使许多读书人对亚历山大采取了敌视态度。他们也着手把亚历山大塑造为人们所熟悉的形象:起初非常好,但后来却成了一个杀人如麻的暴君。亚历山大在历史上的本来面目也被掩盖了。

面对历史,我们可以发现:亚历山大既非魔鬼,也非神祇,而是一个兼有严重缺陷和崇高美德的人,是一个有着局限和矛盾的人。那个时代,是一个征服的时代,亚历山大作为征服者,冷酷无情,战绩辉煌,而又极端残忍;但继征战杀戮之后又极为宽容。他到每处几乎都要杀戮,但是许多异族人,也多把他当作伟大的解放者,随着征服的胜利,民族融合也将成为他整个帝国的驱动力和聚合力。

兵息印度

　　大军威慑、无情屠杀、堡垒封锁、离间收买,运用了种种手段,亚历山大终于征服了中亚,公元前327年,他率军向印度进发。

　　亚历山大对印度所知甚少,据他所知,印度是世界的最南端和最东端,征服了印度,他那"直捣世界尽头"的狂想便实现了。

　　据说酒神狄俄尼索斯和赫克里斯二神曾到过印度,这对亚历山大的冒险起了极大的支配作用。另外,他还了解到波斯帝国曾一度延伸到印度,而波斯帝国现在已属于他亚历山大,他必须一睹这个帝国的各个角落。

　　他所率军队约有35000人左右,后来又有来自帝国各地的援兵赶来。在印度,亚历山大实行的是血腥的屠杀政策,中亚的游击战争令他吃尽苦头,使他相信只有血流成河才会换来屈服,只有不折不扣的恐怖政策才会令该地人民闻风而降。

　　但印度是一个有着悠久历史文化的国度,当时,已有系统的政治、文化、宗教;印度人民有着不屈不挠的斗争精神和英勇善战的品性。虽然,在征服印度时亚历山大占据了印度河流域的广大地区,但印度人民从未真正屈服过。抵抗和起义行动接踵不断,当亚历山大逝世之后,印度首先从其帝国中脱离出来,重新恢复了原状。

　　当时,印度西北不存在统一的国家,诸邦林立,彼此敌对。塔克拉苏与波鲁斯王国是两个较强大的王国,彼此也是仇敌。亚历山大尚在中亚苦战时,塔克拉苏的头领塔克西尔斯就派特使觐见亚历山大,献塔克拉苏城给马其顿人,企图利用亚历山大攻灭死敌波鲁斯,尔后坐收渔利。

　　亚历山大在越过兴都库什山后,就立刻实行了惨绝人寰的大屠杀,整个的部落被消灭,他的凶残令一些部落风闻他大兵临近,马上焚城逃走。

　　占领阿诺什是亚历山大在印度的突出战绩。阿诺什遗址直到1926年才被找到,该地山势险峻,易守难攻,城堡建在一条名叫帕尔—萨的山脊上。

　　帕尔—萨是由两个陡峭的山脊组成,主峰高7100英尺,5000英尺的峭壁直下印度河;另一条山脊高8270英尺,也有同样的悬崖峭壁,两条山脊成直角接合在一块,接合处是一块800英尺高的锥形巨岩,名叫巴尔—萨。阿诺什在希腊语中是鸟儿也飞不到的地方,为攻克该城,马其顿士兵用了四天时间在巴尔—萨峰下堆了一座山丘才得以成功。

　　海达斯帕斯战役在印度有着重大影响,经过此役,亚历山大征服了波鲁斯王国,俘获了国王波鲁斯。这次战役,也是亚历山大所进行的最后一次对阵战,是最后一次大战役。

　　公元前327年6月,两军在海达斯珀斯对岸列阵。波鲁斯身材魁梧高大,飒爽英武,他有二百多头战象,几百辆刀轮战车,步兵数量众多,但骑兵却占劣势,他在沿岸严密设防,决心阻止亚历山大过河。

河宽水深,强渡极难成功。亚历山大让兵分数路,沿河向不同方向移动,自己也率一部人马来回活动。这样,既可以破坏敌方的物资供应,侦察较好的渡河点,又能诱使波鲁斯到处设防,分散兵力。与此同时,亚历山大审慎选择渡河时机。如果白天渡河,敌人的战象会吓惊马匹,使其落水。基于此,亚历山大决定夜间偷渡,为了使偷渡成功,亚历山大带领部分骑兵高喊冲锋口号,沿河岸来回奔跑。久而久之,敌军习以为常,放松了警惕。亚历山大见敌人中计,便把部队带到事先选好的渡河点,在沿河各处都设置了岗哨,各岗哨处于高度警备状态,彼此保持联络。

一切就绪之后,亚历山大指挥部队到处点起篝火,喧嚷不止,如此一连几宿,连波鲁斯都麻痹大意了。一天夜晚,大雨倾盆,亚历山大调度好部队之后,自己带领五千骑兵率先抢渡。

过河后,亚历山大的人即与波鲁斯的儿子率领的两千军队遭遇。经一番激战,波鲁斯的儿子被杀,所部被歼。这使波鲁斯举棋不定,他须迎击亚历山大,还须阻挡欲在他大本营处渡河的其他马其顿人。波鲁斯决定留下一些战象迎敌,自己率余部迎击亚历山大。

波鲁斯选择了一块沙地作为战场。在4英里长的地段上摆开了他的百余只战象,战象间部署了步兵,步兵和战象构成了波鲁斯的中军,两翼各有两千名骑兵,左右两翼则各有百余辆战车。

当亚历山大逼近敌人时,却下令部队原地休息,他则研究起对方阵式。他没有象队,骑兵也无力与战象对阵。他决定采取的最佳策略是,先攻击波鲁斯的另一部分军队,再从背后攻打象

亚历山大远征波斯

阵。为此,中军他布置为步兵,并嘱咐当敌人骑兵被打垮后再投入战斗。然后在两翼则集中了他的全部骑兵,由他指挥。

波鲁斯看到亚历山大的调兵布阵,就调整自己的阵式,把所有骑兵都调到两翼去迎战亚历山大。亚历山大在这一瞬间做出反应命令两翼骑兵出击。由于马其顿骑兵攻势凌厉,势不可挡,波鲁斯的骑兵慌忙向象队靠拢,结果造成混乱。马其顿步兵趁机便向象队投掷武器,大象受伤后横冲直撞,踏伤了己方的不少骑兵。

这时亚历山大命令步兵把盾牌靠在一起发起攻击,而他和他的骑兵则包围住整个战线把敌人围在其中。

海达斯帕斯之战激战了8个小时,波鲁斯抵挡不住,只好投降。他勒住了战象,下来步行走向亚历山大,态度异常庄重。亚历山大十分赞赏波鲁斯的气概,问他希望受到怎样的对待,波鲁斯回答说:"像一位国王那样。"当亚历山大问他还有

何话说,他说一切都已包括在那句答话之中了。

这场战役,使亚历山大对印度有了新的认识,惊诧于印度人的才干和斗志。为此,他擢升塔克西尔斯由总督变为一个独立的国王,波鲁斯仍旧统治原来的王国。这样,两个印度藩王也和解了。亚历山大希望这个以他为宗主国的自由联盟能够产生影响,之后,他继续东征。

广袤的印度和它众多的人口,酷热和热带季风,无休止的行军作战,使马其顿士兵难以忍受,他们拒绝再向前进军。

亚历山大把军官们召集起来发表了热情洋溢的演说,让他们想到他们正在创造一个繁荣的世界性国家,而且最终的胜利就在眼前。但他的演说迎来的是一片沉默。一个名叫克依努斯的军官站起来鼓足勇气说:"从家乡同来的伙伴现在还有几人呢?我们无数的战友已战死疆场,我们这些幸存者现在也精疲力尽,我们没有别的心愿,只希望能够活着回到故土,能够见到我们日思夜想的亲人。"克依努斯的话引起一阵经久不息的欢呼声,有的甚至泪流满面。

一切都无可挽回。

几天之后,亚历山大宣布回国。

为了纪念这次远征,高大的纪念碑被树立起来,希腊诸神的祭坛也一座座树立起来,巨型的盔甲、马具散放四处,亚历山大知道,他将永远不会再踏上这片土地了。

归途艰险

回国的路线是由亚历山大选定的。

他的许多努力未能说服他的军队,回家是一种迫切难抑的渴望。亚历山大所能做的,只是依顺广大官兵们的要求。没有人想废黜他,因为只有他才能使每个人回到自己的家。横穿印度的计划功亏一篑,闲步地球最东端的梦想也无法实现,于是,亚历山大便以退为进,把归国路线定为:顺印度河直下到大洋,取海道沿伊朗海岸进入波斯湾。

这并非一条直接回国的捷径,而是一条一路激战不已,伤亡惨重甚至几乎全军覆没的艰险路途。

亚历山大欲勘察印度河水系,了解帝国东南部的情况。在海达斯皮斯,他兴建了两座城市,建造了一支拥有近千艘战船的舰队,尼俄楚斯被任命为舰队的统帅,亚历山大的总计划是扫清行路途中的一切障碍,以期尽快到达大洋。骑兵、步兵、弓箭手和其他轻装部队乘舰启航,克拉特鲁斯与赫斐斯申各率大部人马,分别行在左右两岸。

公元前326年11月的一个黎明,舰队启航,行军阵容极其壮观,船只首尾相接蜿蜒数里,旌旗招展,鼓声与船夫的呼号声直冲云霄;两岸,辎重车、驮马队不见首尾。回家,激动着每一个士兵的心,他们欢欣鼓舞,热泪滚滚。

围观的印度人也激动异常。面对着异国军队的庞大阵容，他们唱起了歌，跳起了舞，直至舰队消失在印度河的滚滚清波之中。

前行不久，为了镇压已有异心的印度人，亚历山大立即夷平了一座有 5 万人口的城镇，把一个部落斩尽杀绝，逃难的人被逐进丛林和沙漠。

在马勒镇，亚历山大遇到了顽强抵抗。马勒镇人以其勇敢善战闻名于整个印度，誓死保卫城池，而亚历山大欲把马勒镇作为自己的一个军事据点，也欲以攻克马勒镇来威慑整个印度。

但城高池深，攻城的次次冲锋受挫，亚历山大便愤怒地夺过一架云梯亲自登城，身后只跟了三名侍卫。双方战士都为之震惊，当马其顿人意识到统帅处境危急后，便潮水般拥向城墙。云梯一架架塔起，但由于人多体重，不少云梯被压折，城头上的飞矢、擂石雨点般地飞下。

亚历山大不顾一切地登上城头，与围攻的敌人展开拼杀战。他的三名侍卫一名被杀，另两名也负伤多处，但誓死护卫亚历山大。此时一箭穿透了亚历山大胸铠，卡在肋骨之间，鲜血顿时染满战袍，他跪倒在地，背靠墙上，挥剑拼杀，随即又几处受伤，数次差点晕倒。

他视死如归的英雄气概极大地鼓舞了马其顿人，士兵们都奋不顾身地爬上城头，浴血奋战。马勒镇终被攻克，城中的所有士卒、居民皆遭杀戮。

亚历山大的伤势非常严重，手术后，他的身体一直难以恢复。于是，他死去的谣言传开了，在军中造成了极大的不安，士兵也开始为自己的命运未卜而惶恐不已。缺少亚历山大，便无人有能力率全军克敌制胜，越过千山万水和无垠沙漠返回故土。亚历山大颁下手谕安抚军心，说明了病情，并表示不久将与众将士聚首，同归故里。但很少有人相信手谕的真实，甚至当他的座船驶回军中时，他们还半信半疑，认为船上可能是亚历山大的尸体。

巨舰缓缓驶进众船之中，亚历山大在船头挥手向士兵们致意，他的出现引起了经久不息的欢呼，士兵们欢呼雀跃，高兴得手舞足蹈。在欢呼声中，亚历山大舍船上马驰回营帐，士兵们一拥而上，把他围在其中，争相伸手抚摸他，以证明亚历山大的确活着，无数的花环投向亚历山大，他的赞歌也随之在大营中飘荡起来。

最后，亚历山大又重新顺流而下，一路上他攻城略地，修建城池，沿途的印度人或逃或降，无不屈从，但一些婆罗门教人却对亚历山大视若不见。

在塔克拉苏时，婆罗门就对亚历山大充满了敌意，甚至敢于当面冒犯。一个婆罗门僧侣看到亚历山大走近他时，便跺着脚说："你亚历山大脚下有一片土地，我的脚下也同样有一片土地。"当有人说亚历山大是神时，那些僧侣便说："那么，我也是神。"

在归途中有这样一个传说，生动地描述了亚历山大与婆罗门的一次交往。

有十个印度哲学家，人称裸身智者。他们被俘后，亚历山大决定出道难题来验证他们的聪颖，并且说答错者立即处死，他选了其中一个老者作为裁判。

亚历山大开始提问了，10 个婆罗门泰然自若，似乎胸有成竹。他问第一个人说："生者与死者，哪一个多？"答曰："生者多，因死者已不复存在。"第二个问题是：

"大兽生于海中还是陆地?"答曰:"陆上产大兽,因为海只是大地的一部分。"第三个人被问哪种动物最狡猾,他回答说:"人尚未发现的动物。"第四个人被问你为什么要煽动士兵造反?答曰:"我希望他或是活下去或是体面地死去。"第五个被问道,昼与夜何者久些?答曰:"昼长,但就一日而言。"亚历山大甚表惊讶,他们便说对于难题应以深奥的答案选之。接下去,亚历山大问下一个人:一个人怎样才能真正被人敬爱。印度人回答说:"他必须非常威严但又不使人畏惧。"第七个被问:一个人怎样才能成为神,他答道:"为他人之所不能为。"亚历山大问下一个人:生与死,哪一个更艰难?此人答道:"是生,因其将忍受更多苦难。"问最后一个人的问题是:人活多久最为适宜,答曰:"活到死亡比生命看起来更称心如意。"

　　然后,亚历山大转向那个裁判人,令他做出判决,那个老者说依他看,回答得一个比一个糟。亚历山大更是惊讶,最后将这些高深莫测的智者全都打发走,并以礼物相赠。

　　是年七月,亚历山大到达了印度河三角洲。此时,印度洋也遥遥在望。亚历山大认为他已到达了地球的最南端。在此,他也曾扬帆驶入印度洋,想弄清楚是否还有陆地存在。盛大的祭祀活动也如期举行,亚历山大祈请诸神能保佑他的舰队平安驶入底格里斯河和幼发拉底河。随后,亚历山大在三角洲大兴土木,修建城池,筑造码头,疏浚港口,设置要塞,这些将成为日后帝国贸易的最东南据点。

　　关于如何返回美索不达米亚,亚历山大则兵分两路,尼俄楚斯率领舰队走海道,他本人率万余名士兵走陆路,沿途为舰队供应给养。就这样,亚历山大先期而行,率军穿越了伽德马西亚和卡曼尼亚沙漠。最终,两军在公元前324年初会师于巴比伦境内的奥皮斯城。舰队一路顺风,无甚困扰。而亚历山大在沙漠中却历尽艰辛。

　　行军伊始,亚历山大尚能按原计划沿海岸打井和建立粮食供应点,甚至又建了一座亚历山大城。但不久,他自己的供应便已耗尽,士兵们便划开加封的粮袋,擅自动用了粮食,为此,亚历山大也只好网开一面。在泰罗山,军队不得不穿越200英里的浩瀚沙漠。沙漠中酷热难耐,只好夜间行军。

　　一路上,亚历山大与广大士兵同甘共苦,他下马徒步行军,当有人专门为他送上一点水时,他或立即拒绝或当众把水泼在地上。行至沙漠中心,因粮食已尽,驮运物资的牲口被杀掉,笨重的辎重车也被砸碎。整个军队疲惫不堪,无数的伤病员倒在了路边。

　　到达奥皮斯时,亚历山大的军队已所剩无几,随军的妇女、儿童幸存者屈指可数。但是,到达奥皮斯时,他们倍感自豪与骄傲,一路腥风血雨,如今终到尽头。

　　海陆两队军队会师后,在奥皮斯举行了盛大的阅兵仪式,音乐和竞技比赛也持续了多日。尔后,大军向波斯本部进发,后来抵达巴比伦。

　　此次归国行军的历史意义也十分伟大。尼俄楚布斯探出了一条尚未为人知的海岸,并在东西方间开创了一条航道,直接为以后的东西方贸易开了通途。两军会师标志着亚历山大的10年远征结束,经过浴血奋战,亚历山大建立了一个前所未有的庞大帝国,它的版图,西起希腊,马其顿,东到印度河流域,南临尼罗河第一瀑布,北至药杀水(今锡尔河),首都则定在巴比伦。

逝者如斯

对于艺术品,自然所造就的残缺可以成就一种美,维纳斯的断臂并未减损这精妙绝伦之作的丰韵,相反,她在人们的想象中却生长着无与伦比的玉手,紧握着世人们由衷的赞美。毫无疑问,伟大人物也应是历史造就的艺术品,生命的短暂迅忽,也无疑是他们天然的残缺,而这种残缺,留给世人的是悲叹、感慨和无以弥补的遗憾。历史固然不会有太多的完美以不失其多彩多姿,它也不会满足人们主观的某种愿望和祈求,但它的残缺所造成的损失却完全有理由令人扼腕痛惜。

公元前 323 年 6 月 10 日,亚历山大病逝,时年仅 33 岁。

他是历史长河中一块峻嶒突出的岩石,汹涌的河水在他身上溅出了美丽的壮观景象,他冷铁般的气质和至死燃烧的热情汇入水流,泗进史册,沉积在人们仰望的心中。这一块巨岩,它本可能激起更多的壮丽和惊叹,而在疟疾的侵袭下,轰然倒塌。

若天假以年,我们纵然难以想象出他所创立的帝国的所有繁盛,但起码可以想见这个帝国会日益巩固,各种体制将逐步完善把众多的民族、种族维系在一个国度中,而不至于像历史上的事实那样分崩离析,火烧萧墙;和平也会较长久地在地中海世界给人民带来安定、团结和幸福;西班牙、意大利半岛、小亚细亚、印度、埃及甚至更多的地区将会更加紧密地联系着,人类前进的步伐在那里也可能会更快一些,甚至波及我们的现在。

然而,历史总是水波不兴,镇静自若地掐灭一个个假设,让我们带着叹息来缅怀叱咤风云的英雄人物。

在波斯古都帕萨尔加德的一片荒岭蔓草中,耸立着居鲁士的陵墓。当亚历山大披着征尘拜谒它时,他看到的是一片零乱和凄凉,墓碑横斜在地,坟头的野草在风中抖瑟,原本陈列般严整的林木已七零八落,有的被连根挖走,有的被拦腰砍断,有的则被野火烧焦。亚历山大跃下马背,一步步走向这位昔日雄豪的安息地,碎瓦砾石中,他的脚步愈来愈沉重。居鲁士,也曾挥刀跃马,踩过一道道城池,踏过一团团血洼,也曾把一个帝国搁在剑下;而今,清风冷月,残垣断壁之中便是他的所在。亚历山大所曾仰慕的先辈正在向他诉说一种悲凉之情,这种沧桑巨变的悲怆也随着舞草鸣兽汲进他的心头,亚历山大左手按剑,神色肃穆地在居鲁士的墓碑前站住了。

墓碑上刻着:"人啊,不论你是谁,也不论你来自何处(因为我知道你终归要来的),我,居鲁士,是波斯帝国的缔造者,不要吝惜这一方供我葬身的土地吧!"

逝水流年中,煊赫一世的君主帝王也有这般真实的无奈,亚历山大解剑向居鲁士深深鞠首,在他弯腰的一瞬间,他会想些什么呢?二千多年后的今天我们能否看到他眼中的感伤和忧郁?

回到营中,亚历山大即拨款修葺陵墓,并下令由工匠阿里斯特布鲁斯负责守护。

从远征归来到亚历山大病死,这近两年期间,他竭心极虑地建设着帝国,当他刚刚归来时,迎接他的是混乱的局面,许多希腊人,马其顿人和蛮人的高官辜负了他的信任,亚历山大的儿时伙伴哈帕鲁斯被任命为帝国金库总管,而他于亚历山大在印度浴血征战之时却席卷了大量的财宝逃回希腊,埃及的财务总监贪赃枉法,移居亚细亚的希腊人、马其顿人为争取返回家乡而不时作乱;更多的地方长官则热衷于割据称雄,面对这种局面,亚历山大痛心疾首,无数战士浴血拼杀换来的业绩正被蛀空,他果断地下令拘捕作奸犯科的官员。

但在整治河山的过程中,亚历山大也错杀了许多无辜,他急于清理那些贪官污吏而不惜大动干戈,一些人因轻微的罪行也遭到了极刑,一些人则受到莫须有的罪名的指控而死于他的刀下。十年的征战已使亚历山大对死视作平常之事,一个人的生命在他眼中变得极其轻微,他希望按自己的理想来实现整个帝国的繁荣,不愿任何有违自己意愿的事情发生,暴戾已成为他的最大敌人,自信,狂妄,嗜权在他身上暴露无遗。

身先士卒,战无不胜为亚历山大赢得部下的崇拜。人们对他敬畏不已。而此时滥杀的无情又使人对他充满了憎恨,许多人对自己的命运未卜深感不安和不满。

印度哲学家卡兰努斯曾率先投奔了亚历山大,对亚历山大的思想曾有过深刻的影响,在公元前324年春,他对亚历山大的许多做法表示了不满,并要求火葬,他说:"一个人对自己笃信的事物产生了怀疑时,对自己寄予

亚历山大征服欧亚大陆

厚望的事物无可挽回的失望时,生命还有什么存在的意义,我不如此时死去。"

亚历山大对此感到震惊,便苦口婆心地劝说卡兰努斯,他说:"你没理由就此去死,这个世界有充分的理由挽留你,对于过去的事因为操之过急而有失法度,我负有责任,并以愧悔的心情向你道歉,请你原谅我,因为这一切都源于我对这个国家的美好要求。"卡兰努斯对他的劝说无动于衷,他告诉亚历山大说:"尊贵的人,我恳求你堆起高高的柴垛,用火把它引燃,火焰中我能找到最好的归宿"。

火葬在苏萨的一个广场举行,亚历山大安排了一列全副武装人马的行进式,卡兰努斯头戴着印度式的花环,坐在轿子上。送葬的印度人唱着圣歌送别,当队列行进到柴堆前,卡兰努斯对亚历山大说:"我很快就会在巴比伦与你相见。"

随之卡兰努斯神情庄重地走上柴垛,他环顾了一周后便吩咐点火,登时火舌四

起,浸了油的干柴熊熊燃烧,卡兰努斯渐渐地湮没在烈焰和浓烟之中,一时间,号角齐鸣,士兵们挥戈举盾发出战斗时的呐喊,大象也长声嘶叫。

卡兰努斯的自焚在一定程度上体现出人们思想上的分歧。确实,当时各类思想政见纷纭涌现,希腊人、马其顿人要求取得征服者的身份,享有奴役他族的特权;其他蛮族要求各个民族平等相处,或要求独立自治;不少军官沉溺于享乐之中;驻扎异地的士兵迫切希望能回家与妻儿团聚。如此种种离心力,使亚历山大举步维艰,他迫切的希望能有一种思想或理想,最大限度地把帝国的各个部分紧紧团结起来。他时常穿着波斯服装出现在盛大场合,以便维护波斯人的自尊和自信;他采取了波斯的行政体制。也许在众心不一的情境中专制不可或缺,亚历山大开始乐意接受人们奉他为神明的行为。

种族间联姻,是亚历山大力图融帝国为一体的重要方式,在巴克特拉他曾娶巴克珊为妻,现在,他又娶了大流士的女儿巴尔赛茵。异族通婚获得了官方的赞许和支持。

亚历山大与巴尔赛茵结婚时,他在苏萨安排了一次盛大国宴,参加国宴的有同时结婚的千对新人,每对新人都是异族通婚,这个盛况空前的婚礼是按波斯风俗举行的,新郎成排而坐,宴席后,新娘走进来各自坐在新郎的身旁,然后从亚历山大开始,每个新郎握住新娘左手亲吻,亚历山大给每对新人都赏赐了彩礼,而且对那些多年来与外族女子有永久或短暂结合的希腊、马其顿士兵,也一一馈赠了礼品。

总之,在亚历山大的苦心经营下,一个多民族的帝国日显雏形,各民族的联系和融合日益加深。在行政机构中成千上万的蛮人被委以大小官职,有的甚至占据要职,军队也由多民族组成;各个地区的贸易往来逐渐恢复且更显频繁。很明显,这是一种新的姿态,这是实现一个大同世界的理想,数百年来彼此敌对仇视的人们将共同开创新的生活。

但是,新思想一时并不能为大多数人所理解,在马其顿官兵当中,种族的优越感和征服者的狂妄已根深蒂固,他们认为应当成为他族的主人而不应是朋友。当这种思想遭到批评时,他们便公开流露出怀旧情绪,认为像菲力普那样才是马其顿的英主。不久,在底格里斯河畔,一部分马其顿士兵哗变,亚历山大对此颁令让年老和受伤的士兵回乡,然而军中的年轻人也坚决要求回乡,并挑起了叛乱。

亚历山大下令逮捕了首恶分子,随后他召集了马其顿士兵,登上讲坛。

他说:"我对你们的行为感到羞耻,你们正在抛弃我们十几年来从事的事业,伟大的菲利浦为我们指明了方向,是他唤醒了马其顿人的自尊,并领导我们走出了希腊半岛,在整个世界中为马其顿人争了光荣,我们的王国难道无法超越山之阻隔?我们难道只有在故土上才能创造幸福的生活?难道马其顿人仅有狭隘自私的思想,只愿自己独享神的恩惠,而无力把明媚的日子带给每一个人,无论他是希腊人,还是埃及人,波斯人?菲利浦已经告诉我们,我们十几年也正循着他的指引而去战斗,整个世界才是马其顿人的家,我们必须跨越国界,跨越达达尼尔海峡,让世界的每个角落都充满快乐和幸福,让马其顿人无论走到哪里都会得到感激和颂扬!为此,我们要用公正、无私、勇敢、慈善来回答世界。一个曾经弱小的民族能够支撑起整个世界,十几年来,无数的马其顿人,神的最优秀的子民,为了这个光荣神圣的使命,把鲜血洒在地中海之中,把尸骨抛在了印度河畔。他们死得其所,因为他们开创的是前所未有的伟业。现在,这项事业我们已经完成了一半,我们已经把亚细亚人、埃及人、腓尼基人、印度人都团结在身旁,使他们为我们的事业添砖加瓦。亲爱的战友们! 你们应当明白:真正的主人会拥有宽宏大度的美德,会用微笑和友善的手获得别人尊重和服务,并使一切都合情合理,奴仆们没有怨言,朋友们没有间隙,而你们……"

"是的,你们可以走,我决不阻拦,你们可以回到你们的家,去做儿子,丈夫,去享受安逸但卑微琐碎的生活。走吧! 当你们回到家乡时,你们可以高兴地告诉家人:我们抛弃了祖国的前途,抛弃了国王,抛弃了流血和艰辛,连同责任、使命和一切崇高都抛弃了。是的,你们可以愉快地诉说一切,是的,你们可以回去了。"

一片死寂,已经放下武器、卸下衣甲的马其顿士兵万分沮丧,目送亚历山大走下讲坛,走进自己的营帐。

三天之后,士兵们聚在亚历山大的帐前请求宽恕,亚历山大欣然迎接,士兵们说:"伟大的亚历山大,你不应把外人当作至亲的朋友。"亚历山大释然一笑:"至亲的朋友,你们都是。"

恩仇泯于一笑之间,9000 人参加的盛宴中,希腊人、马其顿人、米提亚人、波斯人、其他各族人等欢聚一堂。

制订计划,举行会议是亚历山大每天生活的一个日程,在他的计划中包括又一个远征方案。但是当一切方兴未艾,亚历山大却在日夜操劳中走到了生命的尽头。

他偶发寒热竟缠绵不愈,最终卧床不起,疟疾,成为这位战无不胜的英雄的克星。他的士兵时刻关注着他的病情,一日,他高烧不止,几乎昏迷,广大士兵知道后不顾阻拦闯入宫中,在亚历山大的床前热泪滚滚。此时,亚历山大已无法言语,他强力支撑着向来者挥手致意,皇家日志详细记述了亚历山大的患病情况,结尾写道:"越二日,薄暮,君薨,天意也。"这时是公元前 323 年 6 月 13 日,亚历山大大帝年仅 33 岁,在位 12 年又 8 个月。

随后不久,帝国分裂,三足鼎立,马其顿仍为一国;将军塞卢库斯占据了亚细亚,普托拉米(托勒密)则开创了埃及托勒密王朝。

罗马帝国的过渡人

——恺撒大帝

人物档案

简　历: 恺撒大帝,罗马共和国(今地中海沿岸等地区)末期杰出的军事统帅、政治家,罗马帝国的奠基者。恺撒出身贵族,历任财务官、祭司长、大法官、执政官、监察官、独裁官等职。公元前44年3月15日,恺撒遭到以布鲁图所领导的元老院成员暗杀身亡,享年56岁。恺撒死后,其甥孙及养子屋大维击败安东尼开创罗马帝国并成为第一位帝国皇帝。

生卒年月: 公元前 100 年 7 月 13 日~公元前 44 年 3 月 15 日。

安葬之地: 古罗马广场的恺撒大帝墓。

性格特征: 性格霸道、专横,尊贵。恺撒嗜杀但是不滥杀,绝对不允许别人拂动他的逆鳞。

历史功过: 与庞培、克拉苏秘密结成前三头同盟,出任高卢总督,征服了高卢全境,袭击了日耳曼和不列颠。加强了中央集权制,巩固统治基础。率军占领罗马,打败庞培,集大权于一身,实行独裁统治。制定了《儒略历》。

名家点评: 恺撒被一些历史学家视为罗马帝国的无冕之皇,以其就任终身独裁官的日子为罗马帝国的诞生日。有罗马君主以其名字"凯撒"作为皇帝称号;其后德意志帝国及俄罗斯帝国君主亦以"凯撒"作为皇帝称号。

生在贵族

尤利乌斯·恺撒于公元前100年7月13日出生在罗马的一个贵族家庭中。尤利乌斯家族是罗马最古老的世家之一,他们的始祖是传说中古罗马的缔造者——女神维纳斯之子埃涅阿斯。尽管拥有显耀的贵族地位,尤利乌斯一族的家史上还没有产生过任何功业显赫的人物。罗马的门第在共和国后期,随着新贵的崛起，已经没有先前那样大的作用了。恺撒一家虽然出身显贵，但家境不太富裕，在传统上却是同反对元老院体制的思想观念相联系的并带有浓厚的改革派倾向。

在恺撒的家族成员中，对恺撒影响最大的是他的姑父盖约·马略。盖约·马略是古罗马杰出的军事统帅、著名的政治家。公元前157年，马略生于阿尔平努姆城附近采列阿特村一个普通农民的家庭。马略出身低微，少年时代在乡村度过，没有受到正规教育。从青年时期开始，马略即已从戎，历任参将和军队财务官。

公元前119年，马略当选为保民官。公元前115年，再度竞选公职，勉强当选为最后一名行政长官。任满之后，出任西班牙行省总督。各种职务和经历锻炼了马略的才能，并且使他积累起相当多的财富，得以跻身骑士行列。

公元前100年，盖约·马略第六次出任罗马共和国的执政官，这是他自公元前104年，第二次出任此职以来连任的第五年了。大约也就是在这一年，马略的妻子尤利娅得到了一个侄子。

对于那个时代的罗马人来说，教育大多是在家中进行的，斯蒂罗的拉丁文法学校在恺撒出生后不久的某一年才在罗马首次出现，后来，罗马又陆续建立了一些拉丁修辞学校。在家庭教育中，父母是主要老师。父亲抱起刚刚出生的孩子，也就意味着他要对这个孩子担负起教育的责任了。

恺撒自幼资质聪颖，小小年纪便带有不服输的劲头。恺撒特别爱读关于英雄事迹的诗歌，他崇拜希腊神话中的大力士海列克斯，崇拜自己的祖先埃涅阿斯。

恺撒家有一位精通拉丁文法的老奴，老奴教给他各种知识，天文、地理、几何、算术、法律、音乐、修辞，等等。每天临睡前，恺撒常常会读些书，而奈维乌斯的《年代记》、老伽图的《起源》、波利比乌斯的《罗马史》则是他枕边的良友。

恺撒十分喜爱修辞学，小小年纪便会模仿大人的语气与人进行辩论，尤利娅早已不是他的对手，他便缠着家中有文化的奴隶、来访的亲朋，与他们辩论。父亲担任大法官时，有时带回来一些诉讼词，他也常常拿来朗读一番，和父亲讨论哪一方有理，哪一方的诉讼词写得更好。9岁的恺撒思路敏捷、口齿清楚，不仅令来往的亲朋吃惊，也令严谨的父亲暗暗称道。

恺撒稍大以后，父亲就带着他出席家庭会议、城邦公众集会，让他听听长辈的言论，让他懂得为人的言行规范。父亲也会带上他出席亲朋好友的宴会，告诉他各种礼仪，让他学习众人的行为规范。

后来，由于马略的提携，恺撒13岁时当选为朱比特神的祭司，使他更加有意识地模仿姑父的处世风格。

公元前184年，朱比特神的祭司恺撒由姑父马略和姑母优利娅牵线，同执政官、民主派秦纳的女儿克妮莉亚结了婚，由此翻开了他人生的又一页。

初历磨难

恺撒的姑父马略就任罗马执政官后，特别重视军事训练，严肃军事纪律，提高了罗马军队的战斗力。这种战斗力,初次显效于朱古达战争,使这场战争连连取得胜利。

改革改变了士兵和统帅的关系,使军队变为一支新的政治力量。由此,罗马的军队开始卷入政治纷争,为军阀制度和军事独裁制的出现创造了条件。马略军事改革的另一直接后果便是苏拉的独裁和恺撒的独裁。

恺撒不仅从马略的军事改革中得到了好处,而且也从马略身上学到了很多治军之道。马略治军,注重身体力行,这也是罗马教育的一大特色。马略当兵时不畏艰苦,当了统帅后,依然能和士兵一样过艰难的生活,挖壕沟,建营寨,总也少不了他。马略对待部下赏罚分明,恩威并施,士兵们也乐于服从他。马略治军作战的方法在日后恺撒的身上也有诸多表现。

马略依靠着他的新型军队,平息了8年的朱古达战争,打退了条顿尼人和森布里人的进攻,保卫了意大利。他也因此受到了罗马人的拥护,被誉为"罗慕路斯第二"和"罗马的救星"。

没有过渡没交代,苏拉随着马略的改革而受挫,威望一落千丈,因此苏拉对跟随马略的恺撒攻击也没放过。

苏拉想尽了办法,也不能使年轻的恺撒屈服,恺撒的倔强激怒了苏拉,使自己陷入困难而又危险的境地。克妮莉亚的嫁妆被全部没收,恺撒本人也被剥夺了继承父亲遗产的权利。

小家庭失去了所有的经济来源,克妮莉亚也因为父亲的亡故、家族的灾难而倍受打击,她终于病倒了。这时,恺撒家的朋友、苏拉的同党听说苏拉准备逮捕恺撒,连忙赶来通风报信,让恺撒先逃出去避避风头。恺撒忙把病中的妻子托付给母亲,自己连夜逃出了罗马城。

为了躲避苏拉的迫害,恺撒在萨宾尼亚人居住的地方流浪了一段日子。

恺撒父亲的亲戚中有些同苏拉有来往,玛莫库斯·艾米科乌斯和奥列利乌斯·科塔还在苏拉的政府中任着一官半职,奥列利娅一方面向他们提出请求,一方面又去向维司塔(罗马神话中的女神)贞女们乞求。

经过多方斡旋,苏拉迫于无奈,勉强答应了对恺撒的赦免,从而他也发现了恺撒背后那些关系的力量。出于一种精明的预见,他对一些人说:"他们爱保就让他们保他吧,只是别忘了,他们如此热心搭救的这个人有朝一日是会给他们和我所共同支持的贵族事业带来致命打击的。要知道,在这个恺撒身上有好多个马略呀!"其后,他又一次警告权贵们,要提防那个不好好束腰带的男孩儿,因为恺撒的腰带总是束得很松。

有人认为,苏拉之所以说出这样一番话,是得到了神的启示,恺撒的命运、罗马的命运已经被神安排好了。

不管怎么说,苏拉网里的一条小鱼溜了。无论恺撒日后是龙是鱼,到现在为止,他还只是一条小鱼。

不管怎样,恺撒在得到正式的赦免以后,仍然认为离开罗马为好,而且,他已经到了参政的年纪。就是说,显贵出身的青年人应当开始在国家政治事务中来寻找自己的仕途了。于是恺撒动身去亚细亚行省，在那里他很快就成了行政长官克温图斯·米努奇乌斯·提尔穆斯麾下的一名军官。不久他便从这里被派到比提尼亚去见该国的国王尼科美德斯，他的任务是要尼科美德斯向提尔穆斯提供作战急需的舰队。

恺撒回到米努奇乌斯·提尔穆斯这里之后，就参加了攻占米提列涅的战斗，他在战斗中由于表现勇敢而得到橡冠的奖赏。公元前78年，他又渡海去奇利奇亚，参加属于苏拉派的执政官普布利乌斯·谢尔维利乌斯·瓦提亚在这里进行的清剿海盗的战争。

公元前78年，一个令人震惊的消息传来，权倾一时的苏拉突然病死。随着时光的流逝，民主派的活动又日渐活跃，各派政治势力都在积聚力量，准备在即将来到的新的权力斗争中一展身手。有着敏锐的政治嗅觉的恺撒认定这是他施展个人政治抱负的极好时机，于是他便在公元前77年离开军队，暂时结束了他的军营生活，回到罗马，开始以合法方式进行职业政客生涯。恺撒深知，欲成大事，先得民心。为此，他有意识地开始在罗马做争取民心的工作。

他发现苏拉的党羽仍然强有力地控制着罗马的局势。冷静的恺撒没有采取任何过激行动，而是非常慎重地采取旁观的态度，以等时局的变化。

公元前77年，恺撒首先拿苏拉派的盖乌斯·科尔涅利乌斯·多拉贝拉开刀，向法庭指控他的勒索罪。

尔后在公元前76年，恺撒受人之托，又控告了另一位苏拉派的官员。这个官员曾任希腊的骑兵长官，有贪污和勒索的劣迹。但由于苏拉派的相互袒护，致使这个贪官逍遥法外。

不久，恺撒再次离开罗马到罗德斯岛去听著名的修辞学家阿波罗尼乌斯·毛路的讲课。在他返回的时候，遇到了一件有趣的事情——他的船在途中被海盗截获。海盗们根据衣着和举止认定他是一个显贵的人物，便向他索取一笔数目可观的赎金。恺撒对此毫不在意，甚至指出海盗们把他估计得太低了，说他们至少应该获得多一倍的赎金。当恺撒的同伴为他筹集这笔款项的时候，他自己带着两名奴仆跟海盗们一起生活了40天。恺撒获得自由后立即装备了几艘船只，尾随海盗，穷追不舍，最后终于夺回了赎金，处死了他们。

政坛新秀

公元前73年，恺撒回到罗马，经过了这么多次的磨难，恺撒变得更加机智、沉稳和圆滑。城中愈来愈复杂的政治斗争使他不再成为元老院仇恨的焦点。随着时间的推移，罗马的政局在发生着悄悄地但却是深刻的变化。苏拉在世时的政治结构和人事状况正在改变，反苏拉力量开始上升。公元前68年，恺撒终于担任了财政官。财政官这一职务十分重要，因为按照惯例，人们只有在担任过财政官这个公职后，才能进入元老院。

恺撒担任财政官后,社交场合更多了。他充分利用自己职务上的影响力,频繁交友。他的温和有礼的作风以及豪奢的交友方式大大有助于扩大他的影响。起初,恺撒的敌人对此并没引起高度重视,认为只要他的财产耗尽,他必然会收敛。但出乎预料的是,恺撒的钱无论如何也不可能枯竭,因为他具有一切贵族出身的青年人的"擅长",即善于借债,并且善于生活在债务里而又不失去生活的欢乐。

这一年,他的姑母、马略的妻子尤利娅去世。尤利娅是位很有政治头脑的女性,她曾经对恺撒思想的发展产生过深刻的影响。鉴于姑母和姑父马略生前反苏拉的政治态度,恺撒觉得有必要把葬礼搞得隆重一些,以此向苏拉派进行政治示威,从而翻过历史的旧案,扩大自己的影响。于是恺撒为姑母举行了隆重的葬礼。在悼词中,恺撒介绍了自己高贵家族的渊源,赞扬了尤利娅和马略。不仅如此,在送葬的时候,他还公然抬出了马略的模拟像,这在当时引起了不小的轰动。因为马略作为苏拉的死敌,他的像过去是被禁止在公开场合出现的,这次出现是自苏拉宣布马略为公敌后的第一次。当时参加葬礼的大多数人对恺撒的举动表示理解和赞许。这次葬礼显示出恺撒锐利的政治斗争锋芒和不断上升的实力。同一年,恺撒的妻子克妮莉亚也去世了。在当时的罗马,按惯例一般对年轻女子是不发表歌颂的演说的,但恺撒却不怕违反习俗,发表了一篇十分动情的演说。

任财政官期满后,恺撒被派到西班牙的长官手下做事。在这里他呆的时间很短,没有什么奇特不凡的经历。但是,有一件事却可以反映出恺撒此时的心情。当时他奉上司之命巡视西班牙各地,在经过加地斯的一座神庙时,他突然看到了马其顿的亚历山大的雕像,于是感慨万千,叹息道:"亚历山大在这个年纪已经征服了全世界,而我到现在却任何一件像样的事情也没有做。"这句话表达出恺撒急于成功的迫切愿望。

恺撒卸任后,从西班牙返回罗马,时隔不久,便结识并爱上了一位姑娘,这位姑娘的名字叫庞培娅,她是当时罗马最显赫的庞培将军的一位远亲,同时也是马略的政敌、已故的苏拉的外孙女。她和苏拉的血缘关系随着苏拉的去世已显得并不重要了,但她和罗马风云人物庞培的亲戚关系,对此时还是个小人物的恺撒来说,是非常重要的。很快恺撒和庞培娅的婚礼便如期举行,时间大概在公元前67年。从此,恺撒在自己的言论和行动上都表明他已站在庞培一边了。

恺撒婚后不久,被任命为阿皮亚大道的监督官。这个职务虽然不高,但对急需扩大影响的恺撒来说,还是十分重要的。

恺撒负责的是从罗马到意大利南部的大道,这是一条干线。这条大道利用率很高,几乎所有的罗马成年人每年都要从这条大道上通过多次。恺撒毫不吝惜金钱,他也舍得动用劳力,因此这条道路始终处于最佳状态。因为他意识到如果能把这条路维护的比较成功,他将会得到广泛的赞誉,从而为自己争得新的群众。

在公共事业中,恺撒想尽方法花钱收买人心;在私人生活中,他也是大手大脚地花钱。实际上,恺撒的铺张只不过是那个时代的一个例子罢了。

虽然有人对恺撒开始表露出明显的不满或反对。但这却是恺撒势力渐增的一个后果。经过这些年的努力,耗去大量的财物,恺撒终于给自己增加了声望,振臂

世界大帝

一呼就会涌出一批响应的人。没有戎马生涯的艰苦，没有在权力顶峰白热化的勾心斗角，没有辗转流离的颠沛，即使身着华装画服，在花天酒地里纵情声色，也不会出人头地。也许，这一段时光也是恺撒生命中时间延续最长的一段时光了。

罗马一位有政治抱负的富商克拉苏，看出恺撒是一个有政治发展的人，他决意拉拢恺撒，在经济上给予支持。克拉苏与恺撒相互勾结，相互利用，结成了同盟。恺撒利用克拉苏的巨额资财继续收买贫民。他还在卡匹托林恢复了马略的纪念像，以此来博得马略派老兵的支持。公元前62年，恺撒当选为大祭司，还被选为行政长官。

这种"成绩"是建筑在金钱之上的，可如果认为恺撒因为钱就愿意屈居在克拉苏的羽翼之下，那就大错特错了。恺撒一方面与克拉苏交好，一方面又积极向庞培靠拢。

这几年里，恺撒在进行争取民心和拉拢上层人物等活动的同时，还参与了罗马的一些政治斗争，特别是钩心斗角的肮脏争斗，这对于那些参与者们来说并不光彩，但对恺撒来说，却经受了一定的磨炼。恺撒并不是一个一开始就走运的人，虽然他出身显赫的家庭，但由于政治斗争的反复性，恺撒的家庭背景还会给他带来一些麻烦。他主要是靠自己的奋斗和智慧来生存和发展。可以说，他绝不是轻松地从一个胜利走向另一个胜利，他前进的每一步都带有风险和痛苦。这一段生活经历对他今后的发展无疑是十分重要的。此时他就已经表现出了一些可贵的特点，这就是在困难面前不泄气、不悲观。

初战告捷

公元前59年，恺撒在成功地完成出任西班牙总督使命之后，又回到罗马参加执政官的竞选。他统观全局，左右逢源，见机行事，运用自己的捭阖之术和超群的才智，巧妙地赢得了当时罗马两位最具影响的军政要人庞培、克拉苏的支持，成功地取得了公元前59年罗马执政官之职。

执政官是罗马最高官职，每年举行一次竞选，选出的执政官任期为一年，执政官手中具有无上的军事权和民政权。作为军事大权的代表者，他是罗马军队的总司令，他有权征调军队、任命手下将官和对外领导军事行动。作为民政权的代表者，执政官负责召集元老院和公民大会，担任会议主席，提出议案和主张，并按照元老院和公民大会的决议去布置实施，同时他还负有领导选举官吏职责。

在罗马每年都选出两位执政官，二人职权相同，他们每个人都有对另一个人的反对权。对于一切重要的民政事务他们共同行动。但对于要求单独领导的某些行动来说，就用抽签或和平协议的办法加以解决。如果发动战争，由一人带兵到前线征战，另一人则留在城中。

执政官身边有12个侍从，在执政官执行自己职责时，他们便跟随在他的身边，手里拿着棍束，作为执政官大权的标记。在城界之外，就是作为总司令官的执政官拥有全权的地方,则在棍束中插上斧头,以代表至高无上的权力。这种棍束的谐音便是"法西斯",这就是沿用至今的法西斯的由来。

恺撒的目的不仅仅是为了当执政官,这只是他长远计划的第一步。

他首先提出了极为激进的法案,建议把人们最关心的土地进行重新分配,还要依靠现有的国家实力积极扩张,拓殖广大的殖民地,从而进一步扩大罗马的版图和声望。

按理说,根据罗马的传统规矩,这些建议应由最激进的护民官提出,方才较为合适,现在恺撒以执政官的身份提出,很不适宜。但颇有计谋而又精于权术的恺撒,就是善于抓住每个最敏感、最尖端的问题,来加强和扩大自己的影响,取悦于广泛的民众。

对恺撒的这种超常做法,一些因循守旧但又享有较高声望、手中还握有大权的元老们,无疑感到极度的愤慨。他们纷纷指责恺撒的这种越权行为,试图阻止恺撒提出的法案的实施。

恺撒对于元老们的反对,却大不以为然。他依旧坚持他的主张,以其坚忍的毅力和不屈不挠的精神,来施行他的计划。那些养尊处优、自命不凡的元老们又一次陷入了他的政治圈套。元老们对恺撒的种种激烈做法,无疑给恺撒留下了可供合理反击的口实。于是恺撒大声疾呼,提出强烈抗议,对事态大加渲染,以求民众的支持和拥护。说他的体恤民意的正义之举如何如何受到那些元老们的干涉,说元老们的各种侮辱谩骂及苛刻的行为如何逼得他走投无路,进而最后只有去寻求最具正义感的民众的支持和帮助。他匆匆地走出元老院,急不可耐地来到群众中间,向他们讲解他如何专心致力于民众的目标与利益,借以表现他良好的愿望和无私的勤政。

这一招果然奏效。当他向那些倍受感染的民众征询对他所提出的法案的意见时,他得到的是热烈的欢呼和赞赏。然后他又用温和、诚恳而又不乏煽动性的口吻向民众寻求援助,请求他们帮助他去对付那些声言要以刀和剑来反对他的人们。结果他如愿以偿,得到了民众的这种援助。更叫他兴奋的是,他赢得了当时拥有罗马军政大权的庞培的拥护。庞培甚至宣称他也将用他的剑和盾去对付那些人的剑和盾,以维护正义的权威、德善法律的实施,以及恺撒的生命安全。

然而恺撒对这些并不满足,尽管他现在已成为罗马城中最有影响的代表人物之一。他比谁都清楚自己的处境,他没有卓著的战功、强大军队,没有丰厚的政治资本。

只沉溺于眼前的利益、安于现有处境,那是无能者的短见。恺撒打破了罗马的常规,运用武力修改了原来元老院为他所做的规定,即在他执政官卸任之后到一个不甚重要的行省去任职。恺撒赢得了在他执政官卸任之后担任当时罗马最为重要的高卢行省总督的权利。

公元前58年,恺撒终于如愿以偿。他带着庞培拨给他的4个军团的大军前往高卢,去实现他长期以来积压在心底的野心勃勃的宏伟征战计划。

历时10年的艰苦卓绝的征战终于开始了。

公元前50年代的高卢,分为三个组成部分:山南高卢、纳尔波高卢和山北高卢。山南高卢也叫"长袍高卢",由于它离罗马较近,交通也比较便利,所以它几乎完全被罗马所同化,因此它的文明程度也较高。山北高卢则称为"长发高卢"或"野蛮高卢",包括今天的法国、比利时的几乎全部领土,荷兰的一部分,瑞士的一大部分和莱茵河的左岸。

这时的高卢地区并不是一个统一的联合整体,它是由许多情况各异的部族所组成。各部族之间差异也很大,有的比较发达、富有,有的比较落后、贫穷。各部族的巨大差异造成了各种矛盾和冲突,相互的兼并厮杀笼罩着整个的高卢地区。

富饶的物产、肥沃的土地、众多的人口、广阔的地域,成了罗马商人、包税人和军事冒险家炙手可热的追逐目标。

然而一切都得之不易。看似极为容易的事情,一旦付诸实施,许多困难的甚至是难以克服的因素便显现出来。因为拥有高卢地区的是一群勇猛好战的强大民族,他们那种作战方式和作战风格,即便是以善战著称的罗马人也不能不为之心惊胆寒。

此时的山南高卢和纳尔波高卢已被罗马所征服。唯有山北高卢仍在罗马高卢行省的管辖之外。这一地区的高卢人常以凶悍、强暴而闻名于周边地区,并时常骚扰归服于罗马的高卢其他地区。

当公元前58年恺撒到达高卢行省的时候,北部高卢地区正处在动荡不安之中,三个较为强大的部落正在那里进行着激烈的争权斗争。其中爱杜伊人以罗马为靠山,而另外两个较为强大的民族则以北部强大的日耳曼族为靠山,形成了两个敌对的阵营。

为了斗争的需要,谢克瓦尼人不惜采取引狼入室,借刀杀人的办法,把日耳曼人的军队引渡过莱茵河,并在长期的斗争中战胜了爱杜伊人。而谢克瓦尼人在取得胜利的同时,也不得不付出一定的代价,就是把自己的一部分土地割让给帮了他忙的日耳曼人。

随着日耳曼人的突入,厄尔维几人——居住在现在瑞士西部的一个部落也动了起来,这个民族是周边部落中一个比较有实力的强大民族。就勇武方面而言,它要远远超过于高卢的其他民族。因为它离文明和教化较远,那些文明世界的商贩很少到达这里,也没有把那些文明世界中萎靡不振的东西带进来。另外它和日耳曼人较近,天天的作战,使他们在战争中形成了勇武好斗的性格。

这时厄尔维几人中有一个最显赫、最富有的人,叫奥尔及托列克斯。出于篡夺王位的野心,他极力劝诱本国人带着他们所有的钱财,离开自己的领土。他说因为他们的勇武超过所有的人,所以要取得整个高卢的霸权是件极为容易的事情。另外再加上周围环境的闭塞,使厄尔维几人感到自己所立足的这块土地是没有发展前途的。

他们要争得新的空间,呼吸群山之外清新的空气,观赏那开阔的原野壮景和那诱人的富足生活。

于是他们决定移居伽鲁姆那河口。

他们烧毁了所有的市镇、村庄、建筑物,以及一大批带不走的储备粮食。这样便把所有回家的希望断绝干净了。他们带着足够3个月的粮食便匆匆上路了。

通往伽鲁姆那河口的共有两条路可供选择,一条是崎岖狭窄但不经过罗马管辖地区的小路,另一条是通过受罗马控制的宽阔平坦的大道。这些自恃强大的厄尔维几人当然要选择大道,因为他们并没有把罗马人放在眼里。

厄尔维几人迁移的消息很快传到了恺撒的耳朵里。恺撒闻讯后火速赶往外高卢,到达与厄尔维几人原先居住地特别近的军事重镇——日内瓦城。

到达日内瓦城后,恺撒丝毫不加停歇,立刻派人拆除了由厄尔维几通往日内瓦城的一座极为重要的桥梁,并率领外高卢唯一的一支仅由5000多人组成的军团在日内瓦城布防,下令在高卢行省大规模地征召军队。

厄尔维几人见此情景,便立刻派一使团与恺撒媾和,请求恺撒允许他们经过由罗马管辖的普洛文奇亚地区,并保证他们在途经过程中不会对当地人有任何伤害。

机敏、果敢的恺撒当然不会答应他们的请求,他们的到来对于恺撒来说真是太及时了。恺撒要雪洗这些凶悍的蛮族以前留在罗马军队身上的奇耻大辱,他要为公元前107年死于这群蛮族部落手中的罗马执政官卡西乌斯报仇。

然而恺撒不是一介有勇无谋的武夫。他知道凭自己现在手中的5000人是无法与这群多达30多万的善战民族相抗衡的。他需要的是时间和援军,所以他以含混的办法回答了厄尔维几人的使者,说他要花几天时间考虑一下,如果他们希望得到答复,可以在4月13日再来。显而易见,恺撒在拖延时间,等待援军的到来和进行开战前的准备工作。

当厄尔维几人的使者第二次走进恺撒大营的时候,恺撒已修筑了一条从列曼努斯湖到犹拉山长达19罗里、高达16罗尺的城墙和壕堑。等待他们的是恺撒坚定的回绝。

厄尔维几人试图以武力冲破这道防线,但只能是徒劳。没办法,厄尔维几人只能选择另外一条比较窄小而又难以通行的道路。

退避不等于安全,恺撒岂能就此罢休? 被他瞄准的目标,休想从他那坚忍而又近于残酷无情的心中逃脱。他把自己的副帅留下来守护他修筑的工事,然后他就到山南高卢去了,并从山南高卢带回了5个军团。

这时恺撒接到爱杜依人的求援,因为他们眼下遭受厄尔维几人的侵扰、屠杀和掠夺。于是恺撒率军日夜兼程、不知疲倦的快速尾追这群进犯之敌。他以其迅猛、快速、坚决、果敢的作战风格,率领军队很快追上了敌人。

厄尔维几人万万没想到恺撒会带兵追来,更没想到他们会来得如此之快。正当他们横渡阿拉河并已渡过了3/4人数时,恺撒率大军赶到,对他们剩下的人进行了奇袭。猝不及防的攻击,使这些身负重荷而未来得及渡河的人遭受了毁灭性打击。他们大多数被杀,剩下的也都四散奔逃,狼狈不堪地躲到最近的森林里。之后他命人在阿拉河上建起了一座桥,带着军队很快渡了过去,继续追击厄尔维几人的队伍。

恺撒的出现,使厄尔维几人大为吃惊。因为他们花了20天才渡过的河流,恺撒却只花 1 天就过来了。厄尔维几人深深地感到，出现在他们面前的这伙敌人是一支不可轻视的劲旅，尽管他们的人数要比自己少得多。

此后恺撒率军继续尾随他们，下令自己的部下不准向厄尔维几人挑战或应战，只需牵制他们就行了。

时间一天天的过去，恺撒紧追不舍，他们已远离了爱杜依人的城区。天气变得日益寒冷起来，粮草给养也日益匮乏，再加上长途的持续征战，使恺撒陷入了极度的困境之中。艰苦的环境，并没有使恺撒退缩。他那顽强的毅力和骨子里对荣誉的向往使他仍旧焕发出极大的热情。他把他这种崇高的荣誉感、高远的志节和英勇顽强的精神融合在一起，灌输到他手下每个士兵的心田之中，使他们和他一样保持旺盛的斗志。

离例行向士兵分粮的日期仅有两天了。为了解燃眉之急，恺撒不得不改变计划，进军爱杜依邦最大、积储最富足的市镇毕布拉克德，这时恺撒的军队离该市镇仅有 18 罗里。就在前往该市镇的途中，恺撒军队遭到了厄尔维几人的奇袭。恺撒面对突如其来的变故，镇定自若，有条不紊地指挥他的军队迎战厄尔维几人。

当他的卫兵把马牵到他面前时，他坚定地说："当我在这次战役中获胜的时候，我将骑着这匹马去追击敌人，但是在目前，还是让我们徒步和敌人去作战吧！"随后他命人把所有的马匹送到很远的地方。

他这样做是想激励大家和他一样同担风险，绝不存逃脱的希望。很快，他们在恺撒的率领下投入到惨烈的战斗当中。

最后，厄尔维几人在恺撒居高临下的凶猛攻势下，败退下来，逃向身后的一座小山，罗马军紧追不舍。常言道：欲速则不达，穷寇莫追。恺撒本想一鼓作气，彻底消灭厄尔维几人。但就在他们即将追上厄尔维几人的残兵败将的时候，他们却遭到厄尔维几人后备留守军的袭击。结果恺撒军陷入了腹背受敌的境地。

这场战斗持续了很长时间，从早晨一直到傍晚。最后厄尔维几人终于抵不住恺撒的军队猛烈进攻，开始退向他们的大本营。这一次恺撒遇到的是更为顽强的抵抗，就是厄尔维几大本营中的妇女儿童也都英勇地投入了这场战斗。战斗直到深夜还在进行。

营垒被攻破了，他们首领的儿子和女儿以及大批士兵都成了恺撒的俘虏。厄尔维几人大约有 1.3 万人得以在这场战斗中逃生。

厄尔维几之役，使恺撒名震高卢、罗马，仅以 2 万多人，竟能把多达 30 多万的善战民族打得丢盔卸甲、溃不成军，不能不说是军事史上的奇迹。

这场战役本来就辉煌无比，恺撒却还要在它的上面锦上添花。他做出了一个在那个年代确确实实称得上极为仁慈和高尚的行为。他把那些侥幸在这场战役中生存下来的大约达 10 万之众的厄尔维几人集合起来，强制他们重新返回被他们放弃的地区和被他们自己焚毁的家园。

恺撒之所以这样做，是因为他担心这块被厄尔维几人废弃的空白地区，很容易被日耳曼人乘虚而入，加以占领。那样的话麻烦就大了。

征服高卢

继厄尔维几战役之后,恺撒又将目标对准了勇猛善战的日耳曼族。

他召集了高卢地区几乎所有公社的领袖。他们不但对恺撒和罗马大加歌颂,而且还跪倒在恺撒——他们这位救世主面前陈述他们的苦衷和他们从日耳曼人那里得到的耻辱,并请求恺撒帮助他们解除这种灾难性的威胁。

然而这种引狼入室反受其害的恶果又能怪谁呢? 当初高卢的塞广尼人和阿弗尔尼人为了和爱杜依人争夺高卢霸权,竟不惜重金雇来日耳曼人,由此日耳曼人到高卢来的越来越多。在沉重地打击了爱杜依人之后,他们就厚着脸皮留了下来,并取得了高卢地区的主宰地位。

恺撒对厄尔维几人的胜利,无疑给高卢地区的各公社注入了一针强心剂,使它们原本奄奄一息的肌体又稍稍充满了一点活力。

而他们又都把自己生存下去的希望寄托在恺撒身上。恺撒见此情景大为高兴,在他看来这又是他确立自己在高卢统治地位的大好机会。

于是恺撒顺水推舟,很快与高卢各公社结成联盟,利用他们的支持来消灭与罗马争夺高卢地区的日耳曼人。尽管在此之前罗马曾同日耳曼族首领阿里奥维斯都斯结为盟友。

继给高卢的头目们开过会之后,恺撒便开始了同阿里奥维斯都斯的谈判。倔强、自负而又自恃自己强大的阿里奥斯都斯绝不肯屈尊于恺撒的脚下,他对恺撒的使者回答说,他用武力所征服的那一部分高卢中,没有什么事情用得着恺撒和罗马人来操心。

面对日耳曼人的桀骜不驯,恺撒保持了应有的克制和理智。他又第二次派遣了使者,以一个庞大帝国的身份向日耳曼人下了最后通牒。

这一次阿里奥维斯都斯变得更加粗野无礼,他狂傲地对罗马使者说,他对高卢地区的征服和罗马对高卢的征服并没有什么区别,所以罗马方面没有权利来指责、干涉日耳曼的这种做法。

恺撒闻此,大为恼火。庞大而强盛的罗马和享有威望的伟大的罗马军统帅,岂能容得一个蛮夷之邦对他的如此冒犯和不敬? 况且这样一个凶悍而又胆大妄为的民族驻足于高卢,无疑会对罗马造成巨大的威胁,而恺撒在实现其长远的大规模的扩张计划,这支蛮族势力也无疑成了强大的难以克服的阻力。恺撒决定要消灭这支日耳曼族的侵略军。

恺撒召集了各个百人队的百夫长。在会上他再一次以自己卓越的军事统率才能和超群的演讲口才赢得了士兵们的拥护,振奋了士兵们的勇气和信心。

他斥责了那些胆小怕事的人,劝他们最好离开他的队伍,因为他不希望看到他的队伍中夹杂他们这样毫无丈夫气概的懦夫。他并且告诉他们,即使他们全都离去,那他也会义无反顾地率领他的嫡系部队——英勇善战的第十军团,去和那些野蛮人交锋。为此,第十军团向他表示了感激之忱和效忠之心,其他军团的士兵也纷纷指责他们的军官。这样一来罗马军队士气大振,恺撒也趁此率领这支群情高昂的军队向阿里奥维斯都斯驻扎的方向进军了。

快速、敏捷是恺撒的特色,他也把这种特色带到军队中来,并把它发扬光大,根植于每个士兵的心里,从而形成了自己这支军队的特色。行军3日,恺撒接到报告:阿里奥维斯都斯率全军去占领塞广尼人最大的储有大批战备物资的军事重镇——维松几阿。于是恺撒率军急急追去,唯恐这个重镇落到日耳曼人的手里。他日夜兼程、风餐露宿,直向维松几阿奔去。

几天的连续快速行军使这支军队疲惫不堪,但恺撒却显示出了旺盛的精力和永不知疲倦的发奋精神。他不仅以身作则,与士兵们共吃同住,共同越山岭、涉泥潭,而且还把自己这种不畏苦劳、坚忍不拔的精神留给每一个士兵,使他们焕发出高昂的斗志。在恺撒的带领下,他们历经艰辛,终于抢先攻占了最有战略意义的军事重镇——维松几阿。随后恺撒在得到充足给养的同时,又开始了对日耳曼人的追击。

很快,两军在今天的阿尔萨斯地区相遇。恺撒的到来,使阿里奥维斯都斯大为吃惊,他绝没有料到罗马人会来追击日耳曼人,既使出于保护罗马在高卢地区的子民的安全,罗马也不敢与日耳曼人相抗争。结果出人意料,罗马人首先向他提出了挑战。

双方一方面谈判,一方面进行小规模的较量,各有胜负。但总体上来说,阿里奥维斯都斯方面总是极力地避免大规模的军事冲突,尽管气盛好战的恺撒想方设法要和日耳曼人进行一场实力的较量。

恺撒通过俘虏得知,日耳曼人对于他的追击感到很突然,这在日耳曼人的心理上产生了消极影响,就连他们的统帅阿里奥维斯都斯也不得不放下那种傲慢的姿态,重新审视自己面前的这个新敌手了。另外,恺撒还了解到,日耳曼人按照传统习惯,请日耳曼圣女对这次战事进行占卜,那个圣女借着观察河水的漩涡、溪流的蜿蜒曲直和河水的溅激之声,做出了日耳曼人在下次出现新月之前不宜出战的预言。

机不可失,时不再来。恺撒率领他的军队向处在沮丧忧惧中的日耳曼军队发动了进攻。

起初,日耳曼人避而不战,后来在罗马军队的一再挑逗激惹之下,终于全线出击,迎战罗马大军。

一场大战在莱茵河西岸5公里的地方展开。战斗是极为激烈而残酷的,双方的实力旗鼓相当。

最后日耳曼军队终于被罗马人击溃,阿里奥维斯都斯带着他的残兵败将狼狈逃窜,而恺撒则率大军乘胜追击,直抵莱茵河畔。在这片广大的战场上,布满了战利品和尸体,只有极少数人得以渡过莱茵河,免于遭受死亡的厄运。这中间就有阿里奥维斯都斯本人,而他的两个妻子在逃跑时死掉了,两个女儿中一个被杀死,另一个则成为阶下囚。

罗马军队取得了辉煌的胜利,尽管付出了较为惨重的代价——但这种代价是以日耳曼人付出 8 万人的生命这样更为惨重的代价来交换的。

对日耳曼人的决定性胜利,使恺撒在高卢地区名声大震,也确立并巩固了罗马在高卢地区的统治基础。

正当恺撒为自己的胜利而高兴的时候,占据高卢大约 1/3 领土的比尔吉人又联合其他部族,准备向驻守在高卢地区的罗马军队发动进攻。

恺撒迅即带兵,日夜兼程,向被比尔吉人蹂躏的高卢地区挺进。由于恺撒的高超指挥和罗马军队的机动灵活、英勇善战的作风,很快击败了高卢地区这一最大的民族。敌人的尸体填满了沼泽和深河,罗马军队得以顺利通过。大批部族纷纷投向罗马这一边,于是恺撒趁机又向诺维人发动了进攻。

诺维人生活在密林深处,神出鬼没,时隐时现。正当恺撒军毫无防范之时,一支大约有 6 万人的诺维人向恺撒尚未扎稳的营寨进行了奇袭。出其不意的进攻,使罗马军队陷入了绝境,罗马骑兵大败,第七和第十二军团被包围,恺撒也身在其中。战斗进行得异常惨烈,恺撒也不得不亲自参加战斗。他从手下的士兵手中夺过盾牌径直冲向前列。他呼喊每一个百人团长的名字,命令他们转入进攻。他左奔右突,始终冲不出包围圈。幸好此时的第十军团从小山顶上冲下来,突破重围,才使恺撒和他的军队免遭大难。结果 6 万名敌军中生存者不过 500 人,在他们 400 名参议员中,生存者不过 3 人。

到公元前 56 年,经过浴血奋战,高卢真正成了罗马的统治地区,恺撒取得了辉煌的胜利。

称雄欧洲

恺撒率领罗马军队,通过猛烈攻击的方法,占领了 800 多座城市,征服了 300 多个部族,同 300 万人作战,并消灭了其中的 100 万人,俘虏了近 100 万。他攻占和并入罗马版图的土地,其面积达 50 万平方公里。这位以健康不佳和柔弱闻名的罗马花花公子,竟然抛弃了舒适的贵族生活,和士兵们一起吃着粗糙的食物,忍受着行军作战生活的艰苦。

通过高卢战争,恺撒获得了丰富的军事知识和政治经验。更重要的是,他的兵力、财力和声望大大提高了。他把从高卢掠夺来的大量财富用于公共娱乐、发放粮食、收买拥有公民权的贫民,扩大了自己在平民中的影响;数不清的金钱和数以万计的奴隶源源不断地流入罗马,在罗马市场上,黄金多到按磅出售,而且它的价格比银子还低四分之一,这使他获得了奴隶主们的支持。罗马的骑士们看到从高卢、不列颠流入罗马的大量财富和罗马版图的扩大,更加拥护恺撒。尤为重要的是,他已经拥有了 10 个久经战火、纪律严明、愿意跟随他到任何地方去战斗的军团。这使他在同自己的政敌斗争中处于优势地位,为他后来实现个人军事独裁奠定了坚实而可靠的基础。恺撒在政治、军事、经济上的崛起,引起以罗马军队统帅庞培为首的保守集团贵族派的嫉恨和反对,进一步激化了恺撒和贵族派之间的矛盾,也使他和庞培之间的裂痕日益扩大,矛盾越来越深。庞培和恺撒都竭力谋求个人独裁,势不两立。恺撒不得不下定决心以武力推翻罗马政府。于是,罗马的一场内战已不可避免。

庞培与元老院勾结起来,要阴谋剥夺恺撒的兵权。然而恺撒对此早有防备,他一面利用罗马的物力与兵力来镇抚高卢,一面又利用从高卢掳夺来的财富控制罗马。当元老院提议取消恺撒的兵权时,曾经勾引恺撒的妻子,现在是恺撒代言人的保民官克罗狄乌斯出来发话了。他指出,为了罗马的安全,有必要保持恺撒与庞培两人的力量均衡,要么同时解除,要么同时保留。

恼羞成怒的庞培与元老院把克罗狄乌斯赶出罗马城,这给了恺撒发动兵变的充足理由。此时庞培又颁布了一道法令,法令的实质是限制高卢总督任期,限他在公元前49年3月任满时立即解职回国。如果他想担任别的行省长官,须等待5年以后方可任职。庞培的这一法令的颁布,引起恺撒的强烈不满,促使恺撒与庞培最后决裂。

恺撒与庞培,一个有从高卢战事中获得的财富、声望和一支久经沙场的军队作资本;另一个有元老院、整个罗马的国库以及除高卢以外的所有行省作后盾,可以用合法政府的名义发号施令。双方都有恃无恐,终于使内战的爆发变成不可避免的事实。

公元前50年,恺撒率军越过阿尔卑斯山,回到意大利边界的拉文那城,顿时恺撒要率领他的全部军队进攻罗马的谣传飞遍了整个城市,罗马的居民极为惊恐。

恺撒与庞培终于兵戎相见,但此时他的绝大部分军队仍留在北高卢,身边仅有1个军团和一些辅助部队以及300名骑兵。然而,庞培在意大利境内共有10个军团,在西班牙有7个军团,还有许多的支队散布在各地。恺撒的战略意图是:用一支精锐的部队,秘密渡过卢比孔河,以迅雷不及掩耳之势,直捣罗马,出奇制胜,一举歼灭庞培。于是,他决定带领自己身边的5000人马在这次战争中首先采取攻势,以先发制人的手段,取得有利的地位。

当恺撒进军的消息传到罗马时,罗马全城呈现出一片惊慌失措的状态。没有人相信恺撒会只率领1个军团和300名骑兵进行远征,人们都认为他是率领着一支庞大的军队杀奔而来。

庞培曾多次说过,他与恺撒的战争是不可避免的,并为此做出了准备。但在恺撒已经越过意大利边境的时候,他才发现自己什么也没有准备好。庞培的手边并没有能够阻挡恺撒的军队,他的主力部队在西班牙。在意大利招募军队需要充足的时间,而恺撒的迅速进军完全打乱了他的计划。庞培深知自己在罗马将无所作为。

显然,这时庞培没有足够抵挡恺撒的兵力,元老们感到罗马城很快就要被攻下来了,开始后悔当初为什么不接受恺撒的建议。恐惧之心终于使他们从党派的愤怒中转向了理智的思考,开始认为恺撒的建议还是十分公平的。于是,有人提出了派使者到恺撒那里议和。经过一番激烈的辩论,通过了一项决议,把最高统帅权交给庞培,理由是谁惹起了这场大祸,就应由谁来了结此事。

对于元老院的推卸责任式的授权,庞培也做出了一个出乎意料的决定,那就是迅速撤离罗马。他说:"只要你们跟着我走,你们就能够保有这些军队,不要想到离开罗马就会惊恐万状,在必要时连意大利也可以离开。"随后,他还补充说,那些想留下来保留他们的财产而不听从指挥的人都应被看作祖国的敌人!

1月17日,庞培离开了罗马,到卡普亚去指挥他的军队,两个执政官跟随左右。其余的长老还处在犹豫不决之中,一起在议事厅度过了十分漫长的一夜。黎明时分,他们也大部分离开了罗马,急匆匆地去追赶庞培,匆忙之中既没有来得及举行战争时应举行的牺牲奉献仪式,也没有来得及把国库带走,甚至个人财产也只带上了一些随身必需品。

恺撒命令里欧率13军团的三个步兵中队向伊古维乌姆推进,自己则带13军团的其余士兵向奥克西莫姆进发。不久,恺撒的军队又迅速穿过了整个皮凯努姆地区,在这些军事行动中几乎没有遇到任何抵抗。这时,12军团也奉命从山北高卢赶到了。

恺撒的军队开到了科尔菲尼乌姆城下,只用了7天时间便攻下了这座城市,活捉了多米提乌斯。随后,恺撒做出了一个有些让人意想不到的举动,就是不加任何伤害地释放了该城的上层人物——元老、骑士、军团司令官——总共50人。尽管被放者中的大多数人又逃回到庞培的身边,但恺撒这一"仁慈"的举动却很快传遍了意大利。

庞培得知科尔菲尼乌姆失守的消息后,就率军经过卡努西乌姆到了布伦狄西乌姆,这里汇集了他新招募的军队。3月17日,庞培的最后一批人马登上了去巴尔干的舰船,原因显然是庞培控制了几乎所有的海上力量。这一优势由来已久,是恺撒所不能匹敌的。

这样,恺撒在短短不到60天的时间里就没有流一滴血地成了整个意大利的主人,而庞培的逃命却引起了人们的极大不满,尤其是庞培的拥护者们。其中,西塞罗的反应最为激烈。尽管还有一些人为庞培辩护,说他渡海是一次十分成功的军事计谋,但事实上,庞培毕竟放弃了他一向苦心经营的老巢,离开了意大利。

庞培在希腊西海岸有一支庞大的舰队,有500只战船和大量轻型警备船,在马其顿有步兵九个军团,斯奇比奥又从叙利亚带来了两个兵团,共有7000骑兵,全部由罗马和意大利训练有素的青年组成。此外还有不计其数的东方的联盟国家和城市派来的辅助军。在这一年的备战申,庞培还亲自参加了步兵和骑兵的种种训练,事事在前,尽管他已经58岁了,他因而得到了士兵们的好评和爱戴。

而恺撒,虽然他手里共有12个军团,但它们的战斗力却参差不齐,许多参加过高卢战争的人早已盼望着退役,从西班牙开来又使士兵们筋疲力尽。最麻烦的是,当恺撒来到布伦狄西姆时,竟没有足够的船只把军队运到隔海相望的巴尔干岛上去。但是,恺撒并没有拖延,他把两万人安排到所有船上,避开了敌人的舰队,在公元前48年1月5日顺利地登上了埃皮鲁斯沿岩。

得知恺撒已经登陆后,庞培便率军前往,以便使恺撒不能占据希腊西海岸的城市。不过，恺撒的动作十分迅速，在登陆的当天就向欧里库姆城推进，不久便占领了包括该城在内的好几个城市。为了不失去另一个重镇杜尔拉奇乌姆，庞培日夜兼程地率先赶到了那里。不久，恺撒的军队也到了。看到敌人有了在那里驻守过冬的打算，恺撒暗自高兴，因为他要等待意大利军团的到来。

但是，冬天过去了，运送军团的舰船仍不见踪影，主要原因在于庞培的舰队司令玛尔库斯·毕布路斯对全部沿岸做了最严格的警戒与监视。形势对恺撒十分不利。

4月10日，玛尔库斯·安托尼乌斯和富里乌斯·卡列努斯按照恺撒的一再要求终于率领满载军队的舰船离开了布伦狄西乌姆，在恺撒和庞培的视线中，沿着伊里亚行进了，并在离意利苏斯不远的地方成功登陆。尽管庞培作了阻止他们会师的努力，但由于安托尼乌斯的巧妙调度，两支大军还是会合在一处。这样，恺撒手下就有了大约3万步兵和1400名骑兵。

即便如此，庞培手中的兵力还是超过了恺撒兵力一倍。但这并没有动摇恺撒进行决战的决心，他甚至想方设法地让庞培接受他的挑战。可庞培自认为处于有利地位，并不急于进攻，而是采取了防御战术，把营地设在一个离海岸不远的高地上。这样，双方都准备打一场阵地战。

恺撒针对庞培兵力集中，部队作战消极的现实，决定先对其进行外围封锁和不断消耗他们的兵力，而后寻机歼敌。

环绕着庞培营寨的是许多高峻而崎岖的山岭，恺撒首先派部队占据了这些山岭，在上面筑起有防御工事的堡垒，然后利用地形筑了一道工事，把堡垒一个接一个地连接起来，用以围困庞培。

恺撒恐怕被敌人舰队在外面反包围，于是在海边造了一条双重的壁垒，一旦遇到两面攻击可坚守作战。但是由于他的工事围起来的这个圈子长达17英里，工程浩大，庞培趁对方工程还未完工，决定进行一次突围。

这种突围和反突围的作战样式，无论就堡垒数目之多，活动范围之广，以及防御工事规模之大，都是罗马战史上没有过的。就军事常规而论，总是强军围困弱军。但在这次，恺撒却用比较弱的兵力包围一支有相当战斗力的军队。庞培的各种物资供应也极为充裕，每天都有大量船只从四面八方赶来，运送给养。但恺撒一方却十分困难，处在极端的窘迫之中。在双方相持中，一个偶然的机会，恺撒的士兵发现了一种叫作"卡拉"的植物根，把这种东西和牛奶混合起来，或者把它做成面包的样子，口感很好，而且"卡拉"数量极多，军队的缺粮现象大大缓解了。在阵地上，庞培部下的人在谈话中取笑恺撒士兵挨饿时，士兵们把这种"面包"扔到他们那边去，使他们大吃一惊。庞培在品尝了这样一片"面包"之后，恐惧地感叹道："天哪！我们简直是在和一群野兽打仗！"

经过几次反复的较量，双方都受到相当大的损失，但决定性的时刻尚未到来。恺撒佯作撤退，向内地推进，庞培进行了追击。在法萨卢附近的平原上，双方摆开了阵势。

应该说，在法萨卢战役之前，庞培在军事上仍然占据绝对的优势。他共有5万多人,是恺撒兵力的两倍半,骑兵所占的优势尤其明显,恺撒有骑兵1000人,而庞培拥有的骑兵达7000人。在战前的发言中,庞培再次乐观而骄傲地指出了自己在军事实力上的绝对优势,得到了将士们的一致赞同,他们纷纷表示自己一定会作为胜利者返回营地。

为了拉开对方的战线,庞培不主动出击而是列队等待敌方的进攻。恺撒发出了进攻的信号。

当中间的骑兵展开了激烈的战斗的时候,正如恺撒所预料的那样,庞培的骑兵冲破了恺撒骑兵的防线,开始迂回到恺撒的没有得到掩护的右翼。见此情景,恺撒立即向早已安排好的第四线步兵中队发出了战斗的信号,而这一突如其来的打击使庞培的骑兵纷纷溃逃,弓箭手由于得不到掩护而被全部消灭。

右翼的胜利决定了整个战局的发展,为支援它,恺撒又投入了第三线的兵力,于是庞培的军队不得不全部的溃逃。

与庞培不同的是,恺撒决不会就此罢休,虽然天气酷热难当,战士们杀得筋疲力尽,但恺撒仍然命令士兵们继续向敌人的营地推进。

被击溃的军队试图先躲到近郊的山地那边去,然后再去拉里撒。恺撒对他们进行了追击,第二天,他们就投降了。恺撒全部赦免了失败者。就在同一天,恺撒率领几个军团赶到了拉里撒。但庞培已经不在了,他已经日夜兼程地直奔海岸,并设法找到了一艘商船,准备在那里渡海逃亡。

在帕尔撒路斯之战中,庞培方面战死了15000人左右,被俘24000人;恺撒方面还俘获了184面战旗和9个军团的鹰帜。使恺撒十分高兴的是,他的一个不共戴天的敌人路奇乌斯·多米提乌斯·阿埃诺巴尔布斯被杀死在附近的小山上。恺撒方面阵亡的士兵好像还不到200人,使恺撒极为痛心的是,这其中竟有30位战功卓著的百人团长!

这样,法萨卢之战一举结束了巴尔干的战事。

恺撒取得的一系列胜利不仅要归功于士兵们的英勇善战和他的指挥有方,还得到了行省和自治城市上层的支持,不管这种支持是主动的还是被动的。在这一点上,他表现出了十分出色的外交才能。

庞培乘一条小船来到了列斯波斯岛上的密提林,接了他在这里的妻子科尼利亚和一个儿子,又乘船来到海上。他在那边受到暴风雨阻碍,耽搁了两天,给他的船队补充了一些快艇,又来到西里西亚,再从那里赶到塞浦路斯。他在那里得知,在全体安条克人以及在那里经商的罗马公民一致同意之下,人们已经武装起来,阻止他前去避难,还派使者说如果他们去,他们的生命会出现极大的危险。庞培了解了这些情况,放弃逃奔叙利亚的念头,他攫取了包税团体的金钱,又向某些私人借了款子,并在船上贮放了大量供士兵使用的铜币。他武装起2000人,率领他们到达埃及。在那边,正好碰上年幼的国王托勒密同自己的姐姐克里奥帕特拉作战。国王在几个月以前,依靠自己的亲友帮助,把克里奥帕特拉逐出了亚历山大。庞培派人到国王那里去,要求他看在自己和他父亲友谊的面子上,允许自己进入亚历山大,并且以他的力量来庇护遭难的人。但他所派去的那些人在完成了使者的任务之后,开始自由自在地和国王的士兵交谈起来。庞培的使者发现,国王的士兵中有许多人原来就是庞培的部下,他们是从叙利亚庞培的军队中抽调到这里的,于是庞培的使者鼓励他们继续忠诚于庞培。使者的言行引起了国王近臣的警觉,他们担心庞培的到来会引起军队的混乱,同样还可能把恺撒得罪了,于己不利。这些大臣经过商量和密谋,认为杀掉庞培才是上策。于是,他们表面上对庞培的使者作了慷慨大度的许诺,暗中却派一个大胆异常的人去杀死庞培。庞培受到他们十分殷勤有礼的招呼。当庞培转过身去的时候,他马上向庞培刺出第一刀,其余的人跟着他刺。庞培的妻子和朋友们远远地看到了这个情况,放声大哭,举手向天空祈祷神明,对破坏誓言者复仇。随后他们慌忙地航海而去,离开了这个国家。

当恺撒在亚细亚停留了几天之后,听说人们曾在塞浦路斯见到过庞培,便猜想庞培仗着自己和埃及国王的交情,一定是去了埃及。他现在随身带着一个军团和另一个从阿卡亚招来的军团,还有800名骑兵,10艘从罗得岛来的和少数从亚细亚来的军舰。

恺撒一到埃及,埃及人就把庞培的人头献给了他。但是恺撒并没有接受这一可怕的礼物,他转过脸去,落了泪。他对这些见风使舵的家伙的卑劣做法十分反感并斥责了他们。庞培尸体的其他部分被人埋葬在岸上,墓前竖立了一块小小的墓碑,有人在碑上题了这样一个墓志铭:

恺撒凯旋图

"对于在神庙中这样富丽豪华的人,这是一个多么可怜的坟墓。"

对于死去的庞培,虽然恺撒失去了表现"仁慈"与"宽大"的机会,但仍然表现出了对他的敬意,下令把帕尔撒路斯战役后被人民从墓座上打倒的庞培像重新树立了起来。

西班牙的战事结束后,恺撒任命盖乌斯·卡尔里那斯为远西班牙行省的总督,随后便踏上了返回罗马的路程。

这次他走的是陆路,并选择了穿过山南高卢的一条道路。在路上他遇到了玛尔库斯·安托尼马斯,这样,他们可以一道回去了。

公元前45年9月13日,在拉提乌姆,离库路姆不远的恺撒私人庄园拉维卡努斯庄园,他作了一段时间的短暂停留,立下了自己的遗嘱,10月初才回到了罗马。

恺撒回到罗马后,用阿底安的话来说,"人们对他的尊敬和畏惧是空前的",几乎所有的罗马社区、所有的行省和罗马同盟的王国把一切光荣都加到他的身上,以取悦于他。

他头戴着橡树的桂冠,被当作共和国的救星受到崇拜。这是罗马人的一个习惯,一个被人挽救了性命的人常使用这种办法酬谢他的救命恩人。他被宣布为"祖国之父",被选为终身独裁官和为期10年的执政官。他的身体被宣布为神圣不可侵犯的。法令还规定了他应该坐在黄金象牙的宝座上处理公务;批准他在出席一切会议时都可以穿着凯旋者的服装和红色的高筒靴——这种靴子是过去的阿尔巴——隆加的国王穿的。

元老院和人民还决定用国库的钱为恺撒在帕拉提乌姆山上修建一座豪华的宅邸;他历次取得胜利的日子被宣布为罗马城每天都要庆祝的公共节日;最高行政长官在他们的宣誓就职辞上增添了这样的内容:自己绝对不反对恺撒的任何命令。

恺撒被神化的活动也愈演愈烈。祭祀、赛会、公共场所和所有一切神庙都竖起了恺撒的雕像,在克里维努斯神庙里,在卡皮托利乌姆山的众王雕像中,恺撒的巨像与罗马城的保护神和远古的先王并列在一起,它所表达的意义是再清楚不过的。此外,法律规定,每五年僧侣们和维斯塔的女祭司们要为恺撒的安全举行一次公开的祈祷,祈祝他万寿无疆,许多神庙干脆被宣布为奉献给了恺撒,像奉献给神一样。其中有一个神庙是贡献给恺撒和仁慈女神的,仁慈女神被雕塑成了拍手的样子,这样,当人们对他的权势感到害怕的时候,就可以在这里恳求他的仁慈的爱护了。

不仅在行动上,恺撒在言辞中也时刻不加掩饰地表现出傲慢和对共和国的蔑视,可以说,这是元老们最不能容忍的。他曾经说:"共和国什么也不是,只是一个没有形体的空名。"还说:"现在人们跟恺撒讲话应当更加谨慎周到一点,应当把他说的话视为法律。"他竟然专横到了这样一种程度,有一次占卜者向他报告牺牲的将士内脏缺少心脏时,他却说:"如果我希望如此的话,那么这样的预兆就是更为吉祥的;如果一个动物没有心脏,不应当被视为怪事。"又有一次,当他自己驾车在凯旋式上从保民官的座席前通过时,其中一个名叫庞提乌斯·阿奎拉的保民官没有起立,恺撒感到十分气愤,竟然怒声喊道:"喂,保民官阿奎拉,你从我这里恢复共和国去吧!"

总之,恺撒已经自觉不自觉地使自己陷入了一个权力的旋涡当中,不能自拔了。权力即使他得到了满足,使他有一种成功感,又使他开始得意忘形,头脑发热,以至于抛开了一切潜在的危险,继续向着金光闪闪的皇帝宝座迈进,在宝座的四周顿时弥漫起了一股阴森恐怖的杀气。

公元前44年3月15日,在元老院入口前面,阴谋者安排特列波尼乌斯拖住他们害怕的玛尔库斯·安东尼。元老们在向恺撒打招呼时,都从座位上站起来表示尊重。以布鲁图斯为首的阴谋者分成两部分:一些人站在恺撒座椅的后面,另一些人则和图利乌斯·奇姆倍尔一道迎着他走去,为被驱逐的奇姆倍尔兄弟进行恳求。阴谋者一面恳求着,一面陪着恺撒直到他的座位的地方。恺撒坐到座位上之后,表示拒绝他们的请求,而当阴谋者更加执拗地请求时,恺撒便有了不满的表示。于是图利乌斯就用双手抓住了恺撒的外袍从颈部拉了下来——这是动手的信号。卡斯卡第一个用刺刀向恺撒的后脑刺去,但是伤口并不深,卡斯卡因为自己这一犯上的行为而感到手足无措。恺撒转过身去抓住了卡斯卡的刺刀,两个人几乎同时叫了起来。受伤的恺撒用拉丁语叫道:"卡斯卡你这坏蛋,在干什么!"而这时卡斯卡则向他的兄弟叫道:"兄弟,快来帮忙啊!"元老们吓得既不敢跑也不敢叫,也不敢挺身出来保卫恺撒。所有的阴谋者都抽出刺刀把恺撒围了起来。不管恺撒朝着哪个方向看,他都好像被猎人包围的野兽似的,受到直接刺向他的刺刀的攻击。因为阴谋者约定,所有的阴谋者都要参加刺杀。

恺撒反抗着,但这时他的私生子布鲁图斯也向恺撒的鼠蹊部位刺了一刀。有几位作家记述说,恺撒在反击阴谋者的时候,一面挣扎一面叫,但是当他看到布鲁图斯手里也拿着刀的时候,他用希腊语说了一句:"还有你!我的孩子!"然后就用外袍蒙住了头,甘愿挨刺了。也许是杀人的凶手自己把恺撒的尸体推到庞培像的台座那里去的,也许是恺撒的身躯碰巧倒在那里的,台座上溅了很多血。可以认为,庞培亲自向倒在他脚下的、遍体鳞伤并且还在血泊中挣扎的敌人进行了报复。

中世纪欧洲第一大帝王

——查理曼

人物档案

简　　历：法兰克王国加洛林王朝国王，查理曼帝国建立者。768 年，在父亲矮子丕平死后，查理曼与其弟卡洛曼分别加冕为王，瓜分法兰克王国。800 年，被教皇利奥三世加冕为"罗马人的皇帝"。806 年，查理曼预立遗嘱，把帝国平分给三个儿子查理、丕平和虔诚者路易。814 年 1 月 28 日，查理曼在亚琛逝世，享年 72 岁。

生卒年月：公元前 742 年 4 月 2 日~公元前 814 年 1 月 28 日。

安葬之地：亚琛主教座堂。

性格特征：生活朴素，对待来宾十分热情。

历史功过：征服西欧大部分地区，使法兰克王国领土达到鼎盛，重视文化发展，促成加洛林文艺复兴。他超越了神圣罗马帝国的版图和世界。

名家点评：德国威廉·吉赛布莱希特在《德意志皇帝史》中评价说："很少有人能像查理大帝那样，将诸多的伟大统治者才能集于一身；也几乎没有任何一位天才，能够获得像查理大帝那样恰当的时机来名垂青史。"

继承祖业

　　查理是法兰克人。法兰克人是被罗马人轻蔑地、侮辱性地叫作蛮族的日耳曼人的一支。其实，他们和罗马人有共同的祖先，不过较罗马人落后而已。西罗马帝国被蛮族灭亡之后，法兰克人在墨洛温家族领导下，在今天的法国东北部建立起法兰克王国。它是日耳曼诸蛮族国家中最强大、持续时间最长的。查理的祖辈是法兰克王国的贵族，历位高官，地位显赫。

　　查理的曾祖父丕平，是法兰克的奥斯特拉西亚的宫相，被称为奥斯特拉西亚丕平。当时的法兰克王国实际上分成了奥斯特拉西亚、纽斯特里亚和勃艮第等三个王国。丕平家族是奥斯特拉西亚最富有、最有权势的大贵族之一。从丕平的祖父起,宫相这一职务就由丕平家族的人世袭。宫相起初只是王宫的总管,是国王的仆人,管理宫廷财产和服务人员,但后来权力日重,渐渐执掌机要。到公元7世纪时,宫相不仅控制内政,"挟天子以令诸侯",也成为军队的最高首领。大多数宫相都由国王任命,但也有由贵族推选的。法兰克墨洛温王朝后期的国王都是些懒散成性、不理朝政的人,被人们称为"懒王"或"庸王",是些一事无成的国王,大权完全掌握在宫相手里。不过,国王的懒散并不是王权旁落的唯一原因。根本原因是封建贵族势力的膨胀,而贵族势力的增长又是历代国王不断把大量土地赏赐给贵族造成的。这种赏赐同时又削弱了王室的力量。一位法兰克历史学家曾这样描述当时国王的无权地位:"除了国王的空洞称号以外,什么都没有了,因为国家的财产和权力都入了宫廷长官——宫相之手,由他们操纵令权。国王是满足于他的空洞称号的。他披着长发,垂着长须,惯于坐在宝座上,扮演着统治者的角色,他倾听来自任何地方的使节的陈词,在他离去的时候,向他说一说别人教给他或者命令他回答的辞句,好像是出于自己的意旨似的。这就是他所执行的唯一职务。因为除了空洞的称号,除了宫相凭自己的高兴许给他的不可靠的生活费以外,他自己只有一处收入很微薄的庄园,此外一无所有。"但也有一些宫相支持国王,反对贵族。纽斯特里亚离罗马较近,受王权至高无上的影响较深。这里的宫相一般都支持国王。奥斯特拉西亚是日耳曼人集中的地方,它的宫相大都是贵族的代表。丕平任奥斯特拉西亚宫相期间,打败了纽斯特里亚的宫相,成为法兰克王国的实际统治者。

查理的祖父查理·马特是丕平的私生子。714年,丕平死,他的妻子把握大权,将查理·马特投入监狱。但随即发生叛乱,查理·马特乘机逃出监狱,召集军队,平定叛乱,继任宫相。查理·马特任宫相期间,法兰克王国面临阿拉伯人从南部、萨克森人从北部的侵略。查理·马特打退了他们的进攻,并在732年的普瓦提亚战役中,击败了阿拉伯骑兵,迫使阿拉伯人退到比利牛斯山以南,保卫了法兰克王国的独立。由于查理·马特在作战时,总是手握一把锤子指挥战斗,因而赢得"马特"(意为锤子)的称号。查理·马特把墨洛温王朝无条件赏赐土地的旧制改为采邑制。在这种制度下,接受分封采邑者,必须服骑兵兵役,这成为后来的骑士制度的基础。受封者死亡,采邑归还封主,不得世袭。但是在9世纪,采邑逐渐变成世袭领地。采邑制的推行,使上下之间结成封主与附庸的关系,领主有责任保护附庸,附庸要宣誓为封主效忠,随时应召为封主作战。大小封主一级一级地封授采邑,从而形成中世纪的封建等级制度。由于封授采邑以效忠封主和服骑兵兵役为前提条件,因而采邑制的推行,大大加强了查理·马特的政治、军事力量,并成为查理·马特控制贵族的重要手段。

741年,查理·马特病故。按照法兰克人遗产平分制度,他的两个儿子,也就是查理的父亲矮子丕平和他的伯父卡洛曼继承宫相职位平分国土,不过,表面上仍听命于国王。他们一上台,就面临外寇入侵的严重威胁,而查理·马特的一个私生子又积极网罗党羽,策划阴谋,反对他们两个兄长,要求继承权。在这种处境下,两人通力合作,战胜了外寇,平定了内乱。随后,兄弟俩又发生冲突。746 年,卡洛曼在兄弟矮子丕平的逼迫下,放弃权力,进修道院做了隐修士。也有人说,卡洛曼窜入空门是出于对世俗事务的厌烦和对忏悔祈祷生活的喜爱。不管是出于那种原因,矮子丕平就这样成了法兰克王国的唯一的实际统治者,但名义上的国王仍是墨洛温家族的希尔德里克。大权在握的矮子丕平对这种虽有国王的权力却没有国王之名的地位十分不满。法兰克人对长期以来都听命于宫相、却还有一个不理事的国王这样名不副实的状态也迷惑不解。贵族要宣誓效忠国王,而国王却不过是宫相的傀儡。矮子丕平决心采取行动,夺取王位。他在取得本国贵族的赞同后,派使臣到罗马谒见教皇扎加利,吁请他给予支持。这时罗马正面临着伦巴德人的威胁,也想得到强大的法兰克王国的军事支持。因此,当矮子丕平的使者问教皇:"是徒有虚名的人做国王好,还是让真有实权的人做国王好?"教皇马上讨好地回答:"在我看来,让真有实权的人当国王好些。"他还宣称:"整个民族可以合法地在同一个人身上把国王的头衔和权力结合起来。而那个不幸的希尔德里克,这公共安全的牺牲品,则应免去职务,剃光头发,关进某个寺庙,到那里去度过他的余生。"有了教皇的支持,矮子丕平就在 751 年正式废掉了墨洛温王朝的最后一位国王希尔德里克三世,把他送进了隐修院,自己登上了王位。在教皇的安排下,为他举行了两次加冕礼。教皇亲自把王冠戴在他头上,罗马主教卜克法斯为他涂上圣油,并祝福。这样,法兰克王国墨洛温王朝就被加洛林王朝所取代,因这个王朝最有名的国王查理的拉丁文名字为"加洛林"故名。矮子丕平当上国王,是连续四世担当宫相的必然结果,是法兰克人的选择。同时,由于加冕,也就成了上帝的选择。日耳曼人的首领成了救世主。丕平的王权是神赐的,反对国王就是反对上帝。基督教也就成了加洛林王朝统治的重要精神支柱。

矮子丕平为酬谢罗马教会对他篡夺王位的支持,在 754 和 755 年间,两次亲自率兵远征意大利,迫使占领拉文纳总督区和罗马地区的伦巴德人交出所侵占的领土,撤兵它去。矮子丕平以"赠献"的形式把拉文纳总督区交给罗马教皇。教会史上把一事件称为"丕平献土"。"教皇国"开始形成。不过"丕平献土"并没把罗马交给教会,因为这时罗马名义上还归东罗马帝国管辖。

矮子丕平是个强有力的统治者,他统治下的法兰克王国也十分强大。768 年,丕平病逝巴黎。按法兰克人的惯例,召开了一次庄严的民众大会,选举他的两个儿子查理和卡洛曼继任国王,平分国土。两兄弟共同管理国事,矛盾不断。查理还能宽容地忍受兄弟的寻衅和干扰,从不招惹兄弟,而卡洛曼的许多党羽则力图破坏他们兄弟之间的联盟,甚至煽动战争。但这种敌对状态,却由于卡洛曼在 771 年病死而意外地顺利消除了。卡洛曼早死才使查理能全部继承祖业,才使法兰克人避免了内战的威胁。查理合并了他兄弟的领土,成为法兰克人的唯一国王,开始大一统统治。而失去了丈夫的卡洛曼的妻子却不甘心就此屈从查理,她偕同她的儿子们和一些贵族逃亡到意大利,寻求伦巴德国王的保护。

东征西讨

查理继承的是一个强大的王国。由于他的先辈的改革和长期统治,这个王国有着一支主要由领得采邑而服骑兵兵役的骑士组成的强大军队,它和罗马教会也保持着良好的关系。从某种意义上说,查理所要做的只是贯彻他的先辈所开创的事业,并把它继续向前推进。

查理是一个典型的中世纪骑士。和他父亲个子低矮相反,他身材魁梧奇伟,精力过人。喜爱骑马、打猎、游泳,直到晚年,还不知疲劳和疾病为何物。他的一生大部分时间都是在战争中度过的。东征西讨,开疆辟土,是他所完成和发展他的先辈所开创的事业中,做得最为出色的。他是一位伟大的军事天才,一位征服者。每年春天,只要农作物有所增长,足以保证兵员和马匹的足够供应,军队就会聚集在练兵场。这是查理发布所有重要政治决定的场合。然后,大军在他的指挥下出发,在战场上度过夏天,秋天回师,解散,进入冬天的休养。就这样,年复一年,这一统治模式几乎无变化地持续了47年。查理一生共进行了53次扩张战争,亲自参加了30次远征,把从他的父亲继承来的疆土扩大了一倍以上。后世流传的歌谣把他形容成战无不胜的神话般的人物。

查理率军征战的头一仗,是由他父亲发动,却没结束的阿基坦战争。那时,他还和他的兄弟分治王国。他请求他的兄弟给予援助,而他兄弟卡洛曼却没有遵守诺言出兵。但查理仍以最大的精力和不屈不挠的毅力不断向阿基坦人进攻,迫使阿基坦的首领胡诺尔德放弃阿基坦,撤退到加斯康尼。查理紧追不舍。他挥兵渡过加龙河,并派使臣去见加斯康尼公爵,命令他交出逃亡者。769年,加斯康尼公爵在大军压境下,不但交出了胡诺尔德,自己管辖的地区也归附于查理治下。

平定阿基坦之后,查理便转而征伐意大利北部的伦巴德王国。查理的第一个妻子就是伦巴德国王的女儿,但这时已被他离弃。他出兵伦巴德可能还想抓获伦巴德国王庇护下的反叛他的弟媳和她的儿子以及一些追随她的法兰克贵族。不过,正式的冠冕堂皇的理由是应罗马教皇安德里安的请求。773~774年,查理亲率大军,翻越高耸入云的阿尔卑斯山,进攻伦巴德王国。他采取分兵奇袭、围困逼降的战术,经五次大战,彻底打败了伦巴德人,俘虏了他们的国王、他过去的岳父,占领了他们的全部领土。随即进入罗马,受到教皇热烈而隆重的欢迎。他向教皇重申了他父亲许下的诺言,把意大利中部奉献给罗马教皇。意大利南部的本尼文托公国在查理的武力威逼下成了法兰克王国的附庸。他的弟媳和她的子女落入查理手中,销声匿迹,不知所终。

772年,查理开始了他征服北部萨克森人的残酷的、旷日持久的战争。居住在莱茵河以东的萨克森人也是日耳曼人的一支,此时,还处在部落社会阶段,崇信鬼神,好斗强悍,被信奉基督教的法兰克人视为异教徒。他们热爱自由,对法兰克人的侵略和奴役进行了顽强的殊死的抵抗。由于力量悬殊,萨克森人曾多次被迫投降,向查理送交人质,并宣誓效忠。但只要一有可能,就立即掀起大规模的起义。782 年的萨克森人的起义,席卷全境。查理调集大军,用残酷的手段把起义镇压了。他一次在同一地点就砍掉了 4500 名萨克森人的头。但萨克森人的起义仍时起时伏,连续不断。经过 18 次战斗、历经 32 年,付出了惨重的代价,直到 804 年,查理才最后征服了萨克森人。在征服萨克森人的过程中,查理还利用萨克森人各部落之间的矛盾,破坏他们之间的联合,甚至不惜以重金收买萨克森贵族。785 年,萨克森贵族的著名代表人物、反法兰克人斗争的最重要的组织者之一,威都金公爵就被丰厚的礼物所收买,背叛了萨克森人,投向查理。查理强行迁徙被征服的萨克森人,使他们离开故土。易北河两岸的约一万居民、连同他们的妻子儿女,被分成多批,移植到日耳曼和高卢各处。他用基督教作为巩固征服的手段,在萨克森地区建立大教堂,强迫所有的萨克森人改信基督教,规定对于侵犯教堂和教士、不信基督教、不守教规、保留异教习惯者均可处死。各地居民都必须给教会提供土地、房屋、劳役和交纳什一税。查理用血腥的手段,强迫萨克森人做他的顺民,并把所征服的大片土地以采邑的形式封赐给法兰克骑士和投降的萨克森贵族。

查理最为人津津乐道、也是最著名的征战是对占据西班牙的阿拉伯人的战争。阿拉伯人被欧洲人称为萨拉森人。他们的一支从北非进入西班牙,建立了哥尔多瓦王国。778 年,查理率领了一支他所能召集的庞大远征军,越过比利牛斯山,兵分两路,进攻西班牙的阿拉伯人,取得了一些胜利,接受了一些城镇和要塞的投降。但在查理准备进一步扩大战果时,传来了萨克森人叛乱的消息,只好放弃进攻,率军撤退。在他回军途中,发生了一次可能并不十分严重,但却非常有名的失利的战争——朗塞瓦尔峡谷战役。查理大军在通过比利牛斯山这一峡谷时,后卫部队遭到山地的土著居民的伏击,全军覆没,辎重全被夺走,有一名叫罗兰的军官也在战斗中身亡。当查理回师援助时,伏击者却在夜色掩护下逃走了。这次战斗由于著名史诗《罗兰之歌》而广为人知。在史诗中,罗兰被颂扬为中世纪骑士的楷模,而查理则是骑士应为之效忠的封建君主的典范。在这之后,查理还多次远征西班牙,经 12 次战斗,夺取了大片土地,把阿拉伯人赶到原布罗河以南。811 年,建立了"西班牙边防区"。

查理在向西、向北扩张的同时,也向东扩张,787 年,巴伐利亚公爵受欲为父亲伦巴德国王报仇的他的妻子的怂恿,与东邻阿瓦尔人结盟,对抗法兰克,向查理挑战。查理立即率领大军进行讨伐。面对查理的强大军队,巴伐利亚公爵束手无策,只好投降。查理几乎是兵不血刃就吞并了巴伐利亚。他废黜了巴伐利亚公爵,把他幽禁在修道院,让他削发为僧。

吞并巴伐利亚后,原巴伐利亚的东邻盟国阿瓦尔汗国就成了查理的兼并目标了。阿瓦尔汗国是亚洲的游牧部落柔然人迁往欧洲建立的国家,曾经强大一时,但这时已非昔比,开始衰落了。788 年,查理发动了对阿瓦尔人的战争。这是除萨克森战争以外,查理进行的规模最大的战争,一直打了 8 年,到 796 年,战争才以查理的胜利而告结束。战争使昔日富饶的潘诺尼亚等地一片荒凉,渺无人迹。可汗的宫殿竟残破得连一丝居住的痕迹也没留下。所有的阿瓦尔贵族都在战争中死亡了,他们长期积累起来的金银财宝被掳掠一空。法兰克人发了大财,一直被认为是很穷的法兰克人富起来了,查理王宫里塞满了劫掠来的金银财宝。

经过这样一系列战争,查理把法兰克王国扩大成为一个西起大西洋、东止多瑙河、南到地中海、北抵波罗的海,其地域囊括今天的法国、比利时、德国、荷兰、瑞士及匈牙利、西班牙和意大利2/3以上土地的庞大帝国。

查理之所以打了无数胜仗,几乎是战无不胜、攻无不克,最主要的是他拥有一支随时可召集起来的、装备精良训练有素的强大军队。他建立了统一的兵役制。他的军队的中坚是骑兵,是由宣誓效忠于他的领取采邑的附庸组成的,还有人数几乎和骑兵相同的由贫苦百姓组成的步兵。打仗时,他的部队组成一个个方阵的战斗队形前进。弓箭手走在最前列。率领这支军队的查理,有让人一见就心惊胆战的威严。一位见过查理大军的人这样描绘查理和他的军队:"他头上戴着铁盔,手上罩着铁手套,他那铁的胸膛和宽阔的肩膀掩蔽在一副铁的胸甲里,左手高举着一支铁矛,右手永远停放在他的无敌的铁剑上面,他的盾牌整个是铁的,他的战马是铁颜色,并有一副铁石心肠。所有走在他前面、走在他身旁、走在他后面的人,整个军队装备都是尽可能地密切效法他。田野和空地上都充满了铁,太阳的光芒被铁的闪光反射回去。"面对如此强大的声威吓人的由铁的统帅率领的铁的部队,许多对手几乎不战而降。

查理治军严厉,赏罚分明。平民立了战功也一定得到奖赏;贵族子弟违反军纪同样受到处罚。在与萨克森人的战斗中,有一次,有两个部卒,组成了一个猛攻队,非常勇敢地破坏了一座极其坚固的城堡的城墙。战后,查理在征得他俩人的主人的同意后,委托一个为莱茵河和阿尔卑斯山之间地区的长官,赐给另一个一块土地。与此同时,有两个贵族子弟担任守卫国王帐篷的职务,却在一天晚上,喝得酩酊大醉,像死人一样,躺在地上。被夜里起来巡视的查理发现。天明,查理召集国内的显贵,问他们对向敌人出卖法兰克国王的人应处于什么惩罚。这些显贵不知发生了什么事,齐声回答应当处死。把那两个玩忽职守的吓得要死,查理看到他们已知自己错误的严重,并已达到教育大家的目的,便只是严厉斥责了他们一顿,从轻发落。这说明,查理治军,不仅严厉,而且很讲策略。对于那些临阵脱逃者,无论是贵族还是平民,一律处死,决不宽恕。

查理之所以不断获得胜利,还因为他的对手相对来说较弱,大都是些矛盾重重、没有联合起来的较落后民族。实际上,查理从未遇到过在人数、装备和训练上和他旗鼓相当、势均力敌的敌人。

当然,查理的胜利和他的军事才能、他的不屈不挠的毅力和他那令人惊奇的无比旺盛的精力是分不开的。他不打无准备的仗。每一次打仗前,他都要收集有关敌人的详细情报,调查敌方的兵力配置、兵器的种类和作战方法。战斗时,他往往兵分几路、从不同的方向发动攻击,打乱敌人的阵脚,然后集中力量攻击敌人要害,一举获胜。

加冕称帝

　　查理十分重视基督教。他的一些战争就是以征伐异教徒的名义发生的。他不仅用战争等强制手段强迫其他不信奉基督的民族改信基督教，而且用战争消灭了威胁罗马教廷安全和地位的伦巴德王国，把意大利中部地区奉献给教皇。查理为罗马教廷消灭了一个个敌人，但也把自己变成了罗马的主子，教皇的保护者。774年，查理第一次来到罗马时，受到罗马教会和贵族的隆重而热烈欢迎，行政官员和贵族们举着旗帜，离城30英里迎接。在弗拉米尼亚大道上，在一英里长的大道两旁，站满了人群，青年高举武器，小孩手执棕榈或橄榄枝，为他们的伟大救星查理唱赞歌。教皇安德里安率领他的教士团在梵蒂冈的门廊上恭候。教皇和查理见面时，像朋友和兄弟一样拥抱，实际上，他们之间的关系并不是像朋友和兄弟那样平等的，查理是以罗马教皇的恩主的身份去罗马的，教皇的安全和地位是由他提供的和保护的。不过，查理也并不十分炫耀自己。他的举止显示他是一个基督教的虔诚信徒，在到达梵蒂冈前面的一排神圣的十字架和信徒们的徽章前面时，他立即从马上下来，领着他的贵族队伍徒步走向梵蒂冈。而当走下那里的阶梯时，他虔诚地亲吻着信徒们进出的通道中的每一台阶。

　　罗马教会们隆重热烈接待，除了显示对查理的感激之情外，还希望，通过和强大的法兰克王国结盟，能摆脱君士坦丁堡的控制，并使罗马教廷多年来孜孜以求的和东方教会争夺基督教首席地位的夙愿能最终实现。因此，他们一再宣扬法兰克王国的伟业，宣扬罗马帝国的复兴，宣扬"法兰克王国在查理国王统治下已成为新的罗马帝国"。但查理对"他是罗马帝国复兴者"之类的别有用心的拍马屁的话却并不那么欣赏。

　　776年，教皇安德里安去世。利奥三世被选为新教皇，但遭到罗马贵族的强烈反对。为了取得强有力的支持，利奥给查理送来了"圣彼得墓"的钥匙和一面旗帜，以象征查理具有统治罗马的权力，并想借此挑起查理和君士坦丁堡之间的矛盾。查理对利奥送来的礼物没有太大的兴趣。他在给利奥的回信中写道："正如我们同您的前任安德里安达成的协议一样，我们同样愿意同您建立牢不可破的关系。这种关系是建立在我们虔诚的信仰和仁爱的团结基础上的。……我的天职是用武力保卫教会，使它不受异教徒的攻击和蹂躏，在教会内部确保教会的纯正信仰。而圣父，您的职责是用祈祷支持我的武力。"查理在这里明确地阐述了双方的关系和职责。799年，利奥三世遭到罗马反对派贵族的攻击，被暴打了一顿，险些弄瞎了眼睛和失去说话能力。在法兰克使臣的帮助下，他仓皇地潜逃出罗马城，向查理求救。查理并没立即行动，直到800年12月，查理才亲自带兵把利奥三世送回罗马，以武力召集所有的主教、神职人员和贵族举行会议，使利奥重新登上教皇宝座。利奥对查理感激不尽，力图报答查理的恩典。这一年的圣诞节，在查理应利奥的请求，身着贵族服装，在圣彼得教堂跪拜祈祷时，利奥突然将罗马皇帝的皇冠戴在这位法兰克国王的头上。在场的所有的人立即发出震耳欲聋的欢呼声："生命和胜利，永远属于由上帝加冕的、罗马人的、伟大、和平的皇帝查理·奥古斯都！"随后，查理的头和身体被隆重地涂上御用的油膏。这样，一位蛮族的国王就成了罗马皇帝，查理成了查理大帝或查理曼。查理曼后来在谈及此当时，强调他事先完全不知道利奥三世要为他加冕，如果知道，他会设法躲开的。但有人认为查理的话不可信，是此地无银三百两。加冕仪式准备那么充分、进行得那么顺利和他自己过去不止一次地宣称要夺回皇帝头衔等都证明加冕称帝，是他向往已久的预谋的行动，他不会事先不知道。

不过，不管加冕称帝查理曼是否事先知道，他对此事的渴望程度的确不如罗马教会。对罗马教会来说，给查理曼加冕，是十分重要的历史事件。它不仅使罗马教会和一个强大的帝国不可分地联结在一起，从而在和东方教会争夺首席地位的斗争中处于优势地位，也极大地提高了罗马教会的地位，皇帝由罗马教皇加冕，也就等于承认罗马教皇的神权高于皇权。因此，罗马教会的确急不可待地要尽早给查理加冕。而且，给查理加冕也得到罗马和西方民众的欢呼和称赞。他们渴望昔日的罗马帝国复兴。

然而，对查理曼来说，加冕称帝的确也有使他犹疑不决的因素。一是他一直在考虑和君士坦丁堡的美丽的女皇艾琳的婚事，想通过联姻使自己成为东、西两个帝国的大君主，加冕，称罗马皇帝，显然侵犯了以罗马帝国的继承者自居的东罗马帝国的权利，不仅婚事告吹，还树立了一个强大的敌人。二是对教皇擅权反感，他不愿意还有一个高于自己的权力的神权。他之所以否认他事先知道利奥要为他加冕，也可能是处于这样一种心态，有意贬低加冕的意义，以显示他是至高无上的。不管查理曼如何考虑，结果是他接受了利奥三世为他加冕，他在加冕式上也许诺维护教会的信仰和特权，随后又向罗马教廷赠送了一笔丰厚的礼物作为加冕的回报。

教皇为查理曼加冕所产生的影响是深远的。它揭开了中世纪神权和王权之间的持续不断的斗争的序幕。

统治帝国

查理曼被称为查理·奥古斯都，加洛林帝国被看成是罗马帝国的复兴。其实，两者是完全不同的。查理曼是虔诚的基督教徒，而奥古斯都时，还没有基督教。奥古斯都也是一个虔诚的宗教信奉者，但只能称是异教徒，耶稣也是被罗马帝国的行省总督送上十字架的。查理曼是被罗马人视为蛮族的日耳曼人的代表，奥古斯都是罗马文明的象征。查理曼帝国和罗马帝国除了疆域广大、基本上统一欧洲这点有些相似外，也毫无共同之处，一个是奴隶制帝国，一个是封建帝国，与其说查理曼帝国是罗马帝国的继续，还不如说是蛮族的法兰克王国的继续。查理曼基本上是走在他的先辈所开创的道路上的。

在查理曼统治下，早就开始了的自由农民转化成依附农民的过程加速了。由于连年征战,大量农民破产,为了求得生存,只好委身于人。委身后的农民可从主人处得到一小块土地,代价是要尽力为主人服务,要优先耕种主人自用地,随主人出征,为主人辩护,向主人缴纳各种捐税等。随着农民的破产和农奴化的加剧,以领主为核心的封建庄园成了查理曼帝国的经济基础。庄园的土地分成两部分,领主自用地和农奴占用地。一个庄园就是一个独立的经济单位。大约在 800 年,查理曼颁布了一个庄园敕令,是给王室庄园管理人员的指令、共有 70 条,对庄园的经营管理作了细致甚至显得过分零碎的规定,成为各地庄园法规的蓝本。敕令命令每个管理员每年必须将庄园的一年的收入向他作详细报告,敕令列举了报告的项目,对庄园的经营和管理也提出了具体的要求。甚至规定庄园内必须饲养天鹅、孔雀等观赏性禽鸟,来增加庄园的美观。庄园有生活设施俱全的厅室,有抵挡敌人的武器,有各种工人,总之应有尽有。王室庄园不仅给查理曼带来大量的经济收入,而且成了他的行宫别墅。查理曼经常带着家属、王室大臣和侍从,巡回于各王室庄园。

面对小农的日愈减少和农奴化趋势的加剧,查理曼曾想以准许较穷的农民每组只出一人服兵役和对最穷的农民豁免一般战场服役的办法来减缓这种趋势,但作用甚微。而军队和军事服役的制度化和委身制和豁免制的推行,却为以后的封建制度的发展奠定了牢固的基础。

查理曼对帝国的统治是一种集权统治。他把帝国划分成 48 个郡,原有的部落大公大部分被消灭了,郡的政务由查理曼任命的伯爵治理。不少伯爵是查理曼的亲信。大部分伯爵是原来的地方上的大贵族,拥有大量地产,在地方上很有势力。伯爵是终身职务,但也常被撤换。有一个故事说明伯爵的任免完全取决于查理曼的好恶。有一次,波斯派使臣给查理曼带来许多礼物。查理曼亲切地接见了他们,并和他们谈得十分融洽。于是,他们便借酒壮胆,向查理告起状来了。他们说:"皇帝陛下,您的威权诚然伟大,但比起流传于东方各国的关于这方面的报道来,却要小得多。"查理曼感到奇怪,反问他们:"你们为什么会有这样的想法呢?"他们乘机回答:"我们波斯人、印度人帕提亚人以及所有的东方居民对您比对我们自己的统治者要畏惧得多。马其顿人、希腊人对于您凌驾一切的伟大感到的恐惧,超过了对爱奥尼亚海的波涛的恐惧。我们一路上经过的所有的岛屿上的居民对您也都是倾心归附。但是,就我们看来,您本国的贵族,除非是在您面前,对您是不那么敬重的。因为,当我们作为远客来到他们那里,并且请求他们看在我们打算晋见您的份上,给我们一些照顾的时候,他们对我们毫不在意,反而把我们赤手空拳地打发出去。"查理曼一听,勃然大怒,下令把这些使臣所经过的地方的伯爵和修道院院长全部免职并罚交大量款项。这些免职者可能想不到竟会由于一次外事活动礼貌不周而丢官吧!伯爵的权力是很大的,他拥有对所辖地区的行政令权。他负责执行国王敕令,征收赋税,维持治安,征集物质和劳役,召集并指挥军队。因此有很强的分离倾向。查理曼为有效控制伯爵和限制地方滥用职权,作了种种努力,采取了不少措施。他规定一个伯爵只能管理一个郡,伯爵要经常向皇帝参觐述职。他和伯爵建立领主和附庸的关系,他授予伯爵采邑,伯爵们则要向他宣誓效忠,802 年,他设

世界大帝

立了被称为"皇帝的眼睛"的巡按使,全国分为若干巡按区,每年都向各巡按区派出数批巡按使,通常一地两人,一教一俗。巡按使是查理曼派往一个特定地区巡国视察的官吏,除传达皇帝旨意外,还设有自己的法庭,仲裁重大案件,甚至有权依法罢免伯爵,负责监督地方的财政司法和教会、行政。巡按使是查理曼派驻地方的钦差,成为地方和中央的重要纽带。查理曼还在边界地区设立权力更大的统领几个伯爵区的边区,任命亲信担任边区侯。侯爵是比伯爵更高一级的官吏。查理曼还向大量没有担任伯爵的地方贵族授予采邑,使他们成为"国王的附庸",其中有一些还享有"特恩权",不受地方的管辖,有司法、征税等权力。他们对地方伯爵起了一定的监督和钳制作用,伯爵之下还有子爵和吏佐。

查理曼在中央设立了自己的私人秘书机构—秘书部,成员大都是教士,他们主要负责为皇帝草拟法令、文书、颁发文告、管理档案。地位不高,作用很大。查理曼还经常不定期召集一些教士、学者、宫廷学校教师、侍从人员和进宫参观的地方官吏及贵族开会,讨论国事。查理曼保留了地位最高的中央机构公民大会,即"五月校场"(因为大会于五月在校场召开故名),但实际上却把它变成了主要由僧侣和世俗贵族参加的贵族议事会。会议的召开和讨论的内容,都取决于查理曼的个人意愿。770~813年,查理曼共召开了35次公民大会。会议对查理唯命是从,很少出现反对意见。但公民大会给查理的个人集权统治多少抹上了一点集体意志的色彩。

查理曼帝国是由许多种族不同、语言各异、发展水平不一、法律和传统习惯差异甚大的地区组成的。因此,要维持和巩固这样一个帝国,就必须制定一部可通行全国、不论那个地区、那个种族都必须遵守的法规。查理曼为此花了不少精力。他下令把帝国领域内一切部族的法律和规章都收集起来,未形成文字的,写成文字,并对原有的法律进行整理,增补所缺少的部分,调和它们的歧义、订正内容或文字方面的错误。他一共颁布了65个敕令,包括1151项条款,其中有政治的、刑法的、教会法规的、民事的、道德的、宗教的和家内事务的,触及社会生活的各个角落。查理曼力图通过这些敕令,统一法规,将全国真正联结在一起。查理曼还改革了审判制度,建立了陪审作证制,但又规定任何人也不得以任何借口出席法庭为无理的人辩护。

查理曼的统治也是一种神权统治。他本人既是虔诚的基督教徒,也是基督教罗马教会的太上皇。他在帝国都城阿亨兴建了一座雄伟、美丽的教堂,饰以金银、配以烛台、正门、旁门都用坚固的黄铜制成,教堂的大理石柱是专门从罗马和拉文纳运来的。只要健康许可,清晨、傍晚、夜间和献祭时,他都到教堂去。他和罗马教皇关系十分密切,得知教皇安德里安去世时,他甚至悲伤得抱头痛哭。但他认为他是罗马教会的保护人,罗马教廷是他的附庸。他从来不承认教皇对他的统治权。在他看来,教会的职责只是"向天堂举起他的双手"为他的事业的成功而祈祷。他也并不认为罗马是基督教的中心,在他统治的47年里,他只去了罗马四次,而且每次都有明显的政治、军事目的,而不只是宗教原因。他实际上是把帝国的首都作为宗教中心,把他自己作为高居于罗马教皇之上的宗教领袖。他命名首都阿亨为"新罗马"。他坚持教会事务和世俗事务一样,都属于他的管辖范围。他对教会实行集权统治,不仅牢牢控制罗马教皇的人选,各地主教的任免权,派自己的亲信操纵教会事务,而且还掌握着召开和主持宗教会议、颁布教会法规的权力。查理曼在位期间,亲自主持了16次宗教会议,会议的决议都以查理曼敕令的形式公布,在查理曼的心目中,教会的主教等神职人员和他属下的封建贵族、地方官吏没什么不同。789年,他颁布了一个有82章的有关教会的敕令,其中规定:主教和修道院院长应该按照所辖教区和修道院规模的大小、财产的多少,为法兰克王国的军队出人出钱。这和对世俗贵族的要求没什么两样。他甚至还经常以"敕令"的形式对宗教信条和宗教仪式的细节予以法律性质的规定,违反者,由国家监禁判罪。宗教法规被纳入了查理曼的统一法规之中。

为了控制和利用教会,查理曼对教会制度进行了一系列整顿和改造。他恢复了早已废弃的大主教区制,设大主教区。到他晚年,全国共建立了22个大主教区,管辖全国22个城市,包括罗马。大主教直接对查理负责,对于辖区内的一般主教有裁决和惩治权。和对世俗贵族一样,他也授给大主教等教会贵族采邑,和他们建立封主与附庸的关系。主教和修道院院长等教会贵族,不但享有世俗封建主的各种权利,还掌握控制人民思想意识和日常社会生活的专属教会的权力,是查理曼帝国的重要支柱。查理曼的许多行政要职也由教士担任,如巡按使等。文职官员一般都是由高级教士担任,因为这些人有文化。

查理曼在重用教会人士的同时,也对他们提出了一系列要求。他专门颁布敕令,要求教会人士必须依照宗教法规过"规律的生活",主教、住持要谦虚、勤勉,为群众做表率。修道院的住持和僧侣要遵守清规戒律,服从主教命令,任何人都不得瓜分教会财产。一切神职人员都要遵照教规和信徒的准则去执行职责,不要过分地追求虚荣和世俗名利。有一个主教,骄傲而又好世俗利,查理曼听说后,想教训他一下,就让一个犹太商人就其力之所及、不管用什么方法狠狠地骗一下这个主教。这个商人常常去迦南圣地,并从那里带回一些稀世珍宝,运往海外国家。听了查理曼的话以后,捉了一只普通家鼠,在老鼠体内填满各种香料,然后拿上它去向那位主教兜售,说这是只前所未见的珍贵动物,是他从犹太国带回来的。主教听了商人的话,认为宝贝到了家门口,是意外的运气,十分高兴,出价3镑银子购买。犹太商人说:"对这样贵重的东西,三镑可真不是个好价钱啊!我情愿把它扔到海里去,也不愿任何人以这样低贱的、可耻的价钱买到它。"这个极为富有但从不济贫的主教为得到这稀世宝货,出价10镑,商人仍不卖,并继续欺骗说:"亚伯拉罕的上帝不许我这样丧失我的劳动和长途跋涉的果实。"主教又增加到20镑,犹太商人仍不松口,假装怒气冲冲地拿上货物要离去。主教被犹太商人的花言巧语彻底蒙骗了,出了大量的银子,才得到这件"无价之宝"。商人把所得银子拿去见查理曼,向他报告了全部经过。几天后,查理曼在王宫召集全体主教和地方首脑开会。会开完后,查理曼叫人把那笔银子全部搬来放在宫殿中央。然后对大家说:"长老们和保护者们,教会的主们,你们应该帮助穷人,或者,更确切些说,帮助附着在穷人身上的基督,而不应追求浮华。但是,现在你们的行为与此相反,你们又虚荣、又贪婪,其程度超过所有其他的人。"他这样把所有的在场的主教和地方首脑责备和告诫了一顿后,接着说:"你们中间有一个人曾经为一只假老鼠,把这全部银子给了犹太人。"那个受骗的主教汗流浃背、羞愧难当,扑倒在查理曼的脚下,请求恕罪。结果又被查理曼严厉斥责了一顿。

802年,查理曼颁布了一道敕令,规定全国人民都必须对皇帝"宣誓效忠"。王国之内的每个人,不管是教士还是世俗人士,都要按照自己的誓言和职业,对皇帝表示忠诚,就像以前他是国王时,对他表示忠诚一样。凡年龄在12岁以上的男子,以前如没有宣誓效忠,必须宣誓效忠。宣誓必须在公共场合、在众人关注下进行。他用这种办法使全国的不同种族的各族人民都成为效忠于他的子民。

复兴文化

复兴文化是查理曼又一被人津津乐道的不世功绩。它的意义甚至可能超过了他的扩疆辟土。

西罗马帝国被蛮族灭亡后,蛮族的剑和铁骑不仅摧毁了罗马的政治和经济,使昔日繁盛的城市成为一堆废墟,农村满目疮痍,也摧毁了不朽的希腊、罗马古典文化。西方的历史进入了被称为"黑暗时代"的中世纪。蛮族的贵族首领都是些除了骑马打仗,别无所能的莽汉,许多人目不识丁,甚至还有贵至国王却写不好自己的名字的。在这样一个崇尚武力,轻视和践踏文化的社会。查理曼的出现,他对文化的重视和提倡,确实是西方文化的一大幸事。

查理曼本人的文化水平并不高,他开始学习文化的时间也很晚。少年时代可能没有学习文化的机会。流传下来的关于他的文化水平的叙说,可能夹杂了不少阿谀和夸张的成分。如当时人写的,被认为每一句都是正确的一本查理曼传中是这样描述查理曼的,"他的谈吐轻松而流畅,能够极其清晰地随心所欲地表达心中的想法。他对自己的母语并不满意,所以花时间钻研外国语,他对拉丁语的纯熟达到了与说母语不相上下的程度,而对希腊语,他的理解要比会话强得多。有时他的话滔滔不绝近于啰唆,他充满激情的汲取人文学科的养料,对那些教他的人满怀敬意并赋予他们很高的荣誉,他试着书写,他习惯于在床上的枕头底下放一些羊皮纸和书板,以使在起卧闲暇之时,练习着写字,不过他这个方面尝试得太迟,结果不很成功。"这里虽用了些可能言过其实的形容词,但却也透露出查理曼的真正文化水平,他的书写能力极差,到晚年也只能学着写字,除讲母语外,会讲拉丁语,希腊语能听懂一点。他的这点文化,如果用今天的标准,还不如小学生。但他的可贵之处,在于他对知识的尊重和对文化的追求和学习的鼓励。正是这一点,有人称赞他是所有君王中的一位最热切地寻求有识之士、并提供一切便利让他们安心痛快地思索研讨的君王。

在他唯我独尊地统治世界西部的开始之时,在他的王国内,探求学问之事几乎已被遗忘。有一天,有两个来自苏格兰的对宗教和世俗之事都颇为精通的人来到高卢海岸，他们在周围群众进行货物交易时，却日复一日在那里高喊："嗨，谁需求知识，请靠近来，从我们手中领取，我们出售知识。"他们希望人们在购买货物时也买些知识，也可能他们是有意如此以便引起查理曼的注意。大家对他们的目的不理解，甚至认为他们是疯子。渴求知识的查理曼听说这件事后，便令人把他们请来，询问。他们是不是真的像传闻那样，随身带来了知识，他们回答说："我们俩人都有知识，并且乐于以上帝的名义把它传给那些配得上寻求它的人。"查理曼问他们要什么代价，他们回答说："啊，国王，我们不要任何代价，只要一个适当的地方来讲学和一些明快的头脑来受业；另外就是要有食物可吃，有衣服可穿，要是没有这些，我们就无法完成我们人生的历程。"查理曼听了他们的回答非常高兴，把他们留在身边。后来他让其中一个留居高卢，给他派去许多男孩子，名门巨第、中等人家和寒门小户出身的都有，供给他们所需要的食物，和适于学习的房屋。把另一个学者送到意大利，并把帕维亚附近的圣奥古斯丁修道院赠送给他，使那些有志于学的人聚集到那里跟他学习。

查理曼这种礼贤下士的举动，使许多博学之士慕名而来。查理曼不管他们来自何方、什么身份，只要真正有学问，都亲切接待，委以重任。这样，当时西方世界几乎所有的知名学者都投入他的门下，聚集在他周围。他们中有意大利的比萨的副主祭彼得，一个颇有造诣的语法学家，可能是查理曼的第一个老师。语法学家和诗人、弗留利的包利努斯，也是个神学家，后来查理曼委任他为阿魁利亚主教。出身伦巴德贵族家庭的保罗，语法学家、诗人、历史学家。西班牙人西奥达尔夫，诗人，也被委任为奥尔良主教并应查理曼之托写下了一系列神学著作。菲利克斯，也是西班牙人，乌尔吉尔的主教。还有爱尔兰人、语法学家克莱门斯、司各特斯。圣德尼的修士邓格尔、查理曼从他那里学到了"黑暗的性质"和在 810 年观察到日全蚀。迪奎尔，对算学、地理学和天文学有所专长。

查理曼周围的这些人的核心是英格兰人阿尔克温。他是位以虔诚和博学而蜚声于世的著名学者，当时人认为他对于学问无所不通，而且高居于那个时代的众人之上。查理曼是 781 年 3 月在罗马碰见这位博学之士的。查理曼邀请他帮助法兰克王国朝廷和教廷的教育和改革，他接受了。查理曼对阿尔克温是非常尊重的，终生都把他留在身边，甚至称自己是阿尔克温的学生，称阿尔克温为他的老师。阿尔克温也全心全意地把自己奉献给查理曼的目标的贯彻。从 782 年到 790 年他主要献身于查理曼本人及其宫廷的教育，后来在图尔的圣马丁修道院从事著述。

查理曼之所以如此尽力网罗并重用学问之士，目的是提高国内的学术和教育水平。这和他扩疆拓土建立一统的帝国的目的是一致的。他需要在精神上统一全国，他是虔诚的基督教徒，他认为，他的权力是上帝给的，他必须保护教会，维持臣民的道德，眷顾他们的信仰，因此，他必须让教士通晓信仰方面的问题，并在他们的布道中传授给人民，而要达到这一点，就必须有一部准确的、完整和统一的《圣经》文本。当时，多数教会只有不完整的《圣经》版本，而且顺序也不尽相同，还有许多歧异和互有出入之处。因此，查理曼要求"将天主教的书籍全部仔细地订正一遍"。这一任务理所当然地落在了阿尔克温身上。阿尔克温在查理曼的关怀下，从

797 年开始，经数年努力，在 800 年圣诞节查理曼登上罗马皇帝宝座的加冕典礼上，把《圣经》订正手稿赠送给了查理曼。这是查理曼在两个不同领域所取得成就的两座高峰的奇妙巧合。阿尔克温的《圣经》文本是在校勘订正各种不同的《圣经》手稿的基础上产生的，被教会普遍接受，成为学习和布道的范本，产生了广泛的影响。其他的"天主教著作"的订正和统一也在查理曼的关注和敦促下一一完成，如礼拜仪式方面的著作。阿尔克温对"圣礼书"进行了修正，查理曼在 800 年后不久，下令在他的领土上统一施行这本修正的圣礼书所记述的礼拜仪式。执事保罗完成了"布道书"，按查理曼的要求，规定了基督教牧师对教徒会众布道时所要遵守的基本要求。在修正整理天主教著作中，查理曼还令人抄写了大量古典和早期基督教的著作加以保存，因此得以流传至今。

同时，查理曼还鼓励并力图在每一个方面都使用文字记录。他令人把那些只是口头代代相传的一些种族的民俗用文字记录下来，处理法律问题的法规要诉诸文字，皇帝的各种指令、赦令以及会议的日程，要留下文字，王室领地的管理人员也必须定期写出财产清单、报告和账目。查理曼的这种做法在当时是十分令人惊奇的。它反映了查理曼的这样一种思想，只有将这些东西一一写下来，国家才可能有秩序、稳定和安定。

查理曼提倡人们学习书写的文字主要是拉丁文，他自己也带头学拉丁语，虽不能书写，但却说得很流利。他周围的那些博学之士都同时是拉丁语法学家。阿尔克温就为他的学生写过拉丁语法书教材。他们不仅用拉丁语写出了一些优秀作品，而且在拉丁语的语法研究方面也颇有成果，丰富了拉丁语词汇。

查理曼把拉丁语作为官方行政和文化语言。各种法律文件、牧师会法规、箴言录和契约都使用拉丁语。拉丁语从查理曼的宫廷里扩展到作为一个整体的法兰克教士阶层中，拉丁语后来成为正统的书面语、教会语、文化和行政语以及欧洲的统一的一个因素，和查理曼的提倡不无关系。

但查理曼也并不排斥其他语言文字。他还想学习希腊语。他对他的母语法兰克语也很重视，他敦促手下人把一些蛮族的诗歌译成法兰克语，这些诗歌歌颂了他们往昔的国王的故事和战斗，他不想让这些事迹被遗忘。他还进一步着手为其家乡提供语法，并用其母语给所有的月份命名，他称 1 月为冬月，2 月为泥月，3 月为春月，4 月为复活节月，5 月为快乐月，6 月为耕作月，7 月为割草月，8 月为收获月，9 月为风月，10 月为葡萄收获月，11 月为秋月，12 月为冬月。在这之前法兰克人所知的月，不是拉丁语的就是蛮族语的，他还给东、西、南、北风起了名字，他也为 12 种管乐器命了名。在他之前，最多只有 9 种有法兰克语的名称。

他虽然使《圣经》的拉丁文本得到修正和传播，并使拉丁语成为礼拜仪式的专用语言，但也不排斥其他语言在祈祷和布道中的作用。他让教士布道时使用人们听得懂的语言，从而使人们可以用每一种语言去崇拜上帝。查理曼对语言的这种态度对欧洲民族语言的产生起了促进作用。

要满足查理曼的要把一切都用文字记下来，把一切可形成文字的都形成文字的要求，就必须有一定数量的受过教育的人，他们能阅读和书写这些文件，正确理解它们,并把它们誊抄下来,而当时这样的人才是非常短缺的。因此,查理曼急切想通过教育来培养这样的人。他自己带头学习。他在自己的宫殿里,设立一个宫殿学校,教育那些被送进宫服侍君王的人,可能还吸收其他一些选送来的查理曼意欲加以培养的学生。他自己和他的王族成员也定时来听课。阿尔克温就曾主持过这所宫廷学校,他讲课时,面对一群难得的听众,有时查理曼也在其中,按他自己的话说,"充分享受",所有的人都静静地聆听着他侃侃而谈的乐趣。有一则故事说,查理曼有一次亲自对这里的学生的学习情况进行考查。他让学得好的孩子聚集在他的右方,而让学得不好的孩子聚集在左方,对在右方的孩子说:"我的孩子们,你们深得我的喜爱,因为你们竭尽全力去执行我的命令。你们今后要继续好好学习,以期达到完善;我将赐给你们主教管区和华丽的修道院,你们在我的眼睛里永远是光荣的。"然后转向左方的孩子,严厉的斥责他们:"你们这些贵族,你们这帮大官们的少爷,你们这群超等的花花公子,你们仗着出身,仗着财产,对我让你们自己谋求上进的命令竟敢置若罔闻,你们忽视探求学问,你们恣纵于奢侈和嬉戏,沉溺于游物好闲和无益的玩乐。"说到这里,他抬起头,举起他的右手,继续怒斥他们:"上帝在上,我看不上你们的高贵的出身和漂亮的仪表;虽然别人或许因此而羡慕你们。千万要明白,除非你们发奋读书,弥补从前的怠惰,你们永远不会得到查理的任何恩宠。"有人怀疑这则故事的真实性。但不管如何,它的流传说明,查理曼鼓励人们努力学习文化,把人的知识看得比人的出身和财富更重要的态度是广为人知并受到赞颂的。

查理曼兴建了许多学校。他在 798 年颁布的《普通告诫》中,要求各教区都"要设立学校教孩子读书,要在每一个主教区和每一个修道院里教授赞美诗及其曲调,教授圣咏,计算和语法,要让教士们都有一丝不苟地订正过的书"。在一封写于794~799 年之间的给一位修道院院长的信件中写道:"由基督的恩典托付给我们管辖的主教区和修道院,除了应遵守修道纪律和宗教生活的实践外,还应当对于那些被上帝赋予学习能力的人因材施教,热心地教他们读书写字。""让我们挑选那些有决心、有学力、并有教授别人的欲望的人来承担这一任务。"

通过设立地方小学,以及主教区和修道院所提供的略高一级的水准的教育,查理曼希望能给基督徒一些基本的宗教知识,同时又能吸收并教育一批能胜任工作的教区教士。当然更希望能给那些贵族出身的、将来要担当世俗和教会的高级职务的人足够的训练和教育。

查理曼对学习的课目和内容也做了规定。主要是基督教义和语法修辞、辩论、算术、几何、天文、音乐等内容的所谓古代七艺。在 805 年发出的一份指示中还列出这样一些内容:"阅读、歌咏、书写以使他们文通字顺、法律、其他学科、计算、医术,"他还让人给学校提供学习用的课本,阿尔克温就编过语法教材。他修正的"圣经",成为全国通用的《圣经》课本。

查理曼自己文化水平不高,但喜欢附庸风雅,爱好文艺。他的书写能力极差,但却用他的名字发表了许多作品。他贵为皇帝,当然有人给他写文章和送他文章,也不会有剽窃之嫌。查理曼还创立了一个帕拉丁纳学院。其实是不定期但经常召开的学术研讨会,出席会议的主要是查理曼和他周围的那些博学之士。在这种会议上,查理曼和他的朋友都不谈国事,全身心地投入到学问的争论中去。他们在会上,忘形地而又很有些情趣性互相起绰号,而不以官衔和名字相称,绰号不是取自《圣经》,就是取自古典作品。查理曼被叫作大卫,阿尔克温被叫作弗拉克斯,安吉尔伯特为荷马,宫廷侍从麦畏弗莱德和管家西奥达尔夫则成了维吉尔诗中的人物塞尔西斯和默纳尔卡斯。会上还有吃喝,据西奥达尔夫的描述,在这种会上,"大卫(查理曼)手握节杖坐在当中主持,分给每人一份吃喝,以免发生混乱"。"阿尔奥纳斯长老(阿尔克温)只管坐着,偶尔冒出几句奇特的话,并用唇和手从容地吃着食物。每当盛着啤酒杯或白酒杯的盘子顺着圆圈传到他手边的时候,他便随意地接下一杯。因为他课教得比别人更好,当他吹起学问之笛时,他的笛管中流出的乐音也更加动听。"西奥达尔夫对其他参加会议的人也一一做了生动的描述。他在说到后来写了有名的《查理曼传》的个子矮小的艾因哈德时写道:"纳达勒斯(艾因哈德)这儿转转,那儿转转,从来闲不住,他都像蚂蚁一样前跑后蹿的停不下来的脚板在地上敲出嗒嗒的音响。一个伟大的客人寄居在这么小的躯壳里,伟大的思想也填满了他那细小心腔的空隙。"西奥达尔夫给我们描绘出一副多么生动的查理曼和他的朋友无拘无束地探求学问的画面。有人评价说,对追求学问的鼓励无疑反映出查理曼性格方面的最纯洁、最可喜的光泽。

显然,倡办文教事业是查理曼的特别受人赞誉的活动。尽管他创办的文教事业,从内容到形式都渗透宗教教育和神学的气味,他鼓励探求的学问大都是神学方面的,他办的学校、教师都是教士,学生学习的内容,也大都是为迷信服务的,它仍然给处在中世纪的黑暗愚昧之中的人们带来一线追求知识、学问的光明,它所取得的成就后来被称为"加洛林文艺复兴"。

蛮族遗风

查理曼的蛮族出身,使他身上保留了不少蛮族的古老传统。他喜欢骑马、打猎、游泳和吃起烤肉来毫无限制,和法兰克人本是游牧民族是一脉相承的。他一生从不知疲倦,马不停蹄的东奔西跑,除了打仗外,平时,他也很少在一个地方长住,不停地在各地巡游,他的这种活动也是民族的习惯所然。法兰克人的游荡生活一般就是消磨在狩猎、进香和军事冒险中的。查理曼的不同只在于,他的奔波、巡游、作战。随员众多和具有更重大的目的而已。

查理曼的穿着也是民族的。他平素喜欢穿法兰克人的服装,里面是麻布制的衬衣、衬裤,外面罩一件镶丝边的外套,脚穿长袜,腿上横缠着袜带,两只脚套在鞋子里。冬天则加穿水獭皮和貂皮做的短上衣来保护臂膀和胸部。他穿蓝色的衬衣,经常佩戴着一支有着金或银的剑柄和剑带的长剑,他不喜欢穿外国服装。只有二次例外。一次是由于罗马教皇安德里安的请求,另一次是罗马教皇利奥的请求,他才勉强穿上长外套、外衣和罗马式的鞋子。他平时的服装与普通人没什么区别,只有在节日，他才穿起织金的袍服、缀有宝石的靴子、外衣系上金束带、还戴上分外耀目的黄金和宝石的王冕，显示他的至高无上的皇帝身份。

查理曼的家庭生活也是法兰克人的，而和昔日的罗马的帝王相差甚远。他从小除传统的骑马、打猎的训练外，没受过什么其他教育，以致成年后还要刻苦学习文化。父亲死后，他按法兰克传统与兄弟卡洛曼分治法兰克，他的母亲和他生活在一起一直到老。他对母亲尊敬备至，从未发生过争执。只有一次例外。就是他的第一次婚姻。他奉母命娶了他可能不愿娶的伦巴德国王的女儿。他母亲死后，他把她葬在父亲埋骨之地圣德尼大教堂里。他只有一个姐妹，叫吉斯拉。她从小就专心过宗教生活，一生都在修道院里度过。

他妻妾成群。这点和西方的皇帝不一样，而有点近似东方的君主。西方的帝王，虽然可以有无数情妇，但决不能同时有两个妻子。查理曼先后迎娶了四位妻子，另外还娶了五个姨太太。这在东方不算什么，但却遭到西方人的非议。被认为是好色的证据。查理曼的第一个妻子是伦巴德国王的女儿。查理曼一开始就不满意，结婚仅一年，就被查理曼以体弱多病，不能生育为由离弃了。随后和出身于士瓦本族的名门望族的希尔迪加尔德结婚。希尔迪加尔德为他生了三男三女。希尔迪加尔德死后，他又娶了东法兰克人、也就是日耳曼人法斯科拉达。法斯科拉达为他生了两个女儿。法斯科拉达死后，又娶了阿勒曼尼族的柳特加尔德为妻，她没有生孩子。他的姨太太或妾为他生了 6 个子女，查理曼的家庭是个人丁兴旺、儿孙满堂的大家庭。

查理曼对他的孩子的教育比他父亲对他的教育要进步，但也没脱离法兰克传统。除了让他的儿子在年龄适合时，学习真正的法兰克人那样骑马和训练他们使用武器和打猎外，他还让他的儿女们全都学习他本人非常重视的语法、修辞、辩论和算术、几何、天文、音乐"古代七艺"。他要女儿们学习毛纺技术、用心操运梭子和线杆，以免闲散怠惰，并使她们养成高贵的品质。

他对继承人的考虑和安排完全是法兰克人式的。法兰克人的继承制度是诸子平分土地。查理曼本人也没有能跳出这一窠臼。平定阿基坦人的叛乱后，他就立其三子路易为阿基坦国王。774 年灭伦巴德王国后，又将他的次子丕平立为意大利国王。781 年查理曼专门访问罗马，请教皇为他的儿子丕平和路易分别正式加冕为伦巴德国王和阿基坦国王。806 年，查理曼经慎重考虑，立下了遗嘱，把他的帝国平分给他的三个儿子查理、丕平和路易。他们三人都是查理的第二个妻子希尔迪加尔德所生。按照查理曼的遗嘱，只要他一死，他的帝国就分成三个国家了，他为之奋斗一生的统一大帝国就不存在了。烟飞星散了。后来，只是由于丕平和查理先于 810 年和 811 年先他而去，他的帝国的分裂才稍稍推迟了。查理曼的这种安排继承人的办法是很原始的，是原始社会后期的平分死者财产的遗风。在查理曼眼中，他的帝国是他个人财产，因此必须由他的儿子平分。

查理曼重视家庭，对他的儿女感情很深。他的长子、次子和长女在他生前就先后去世，从不轻易落泪的查理曼，竟悲痛得不能自持，热泪长流。丕平留下一个儿子和五个女儿。丕平一死，查理曼立即指定丕平的儿子伯纳德继承父位，并把五个孙女接到宫中和自己的女儿一起抚养。

他对他的孩子的疼爱到了无以复加的地步。他一生公务繁忙，但只要在家，总是和孩子们一起吃饭。出游时，也总是带着他们一块去，他的儿子同他一起骑马，女儿跟在后面，有专门挑选出来的侍卫保护。去温泉沐浴游泳，也邀请儿子一起去。他的女儿众多，个个漂亮异常，查理曼对她们竟钟爱得舍不得把她们嫁出去，既不许配给本族人，也不许配给外国人，只有大女儿曾在781年和东罗马帝国的皇帝君士坦丁订婚，但不久婚约又解除了，直到查理曼死，他的女儿竟没有一个嫁出去的。查理曼自己说是因为他不能够离开她们，恋女情绪严重到如此地步，也实在是骇人听闻。

成群的妻妾陪伴还不满足，竟要女儿也常年陪伴在自己周围，这也只有这位蛮族出身的皇帝才做得出来。查理曼这样做不是爱女儿，而是害了女儿。查理曼和他的一个个无比妖艳的女儿的亲密关系，不仅使查理曼名声大损，丑闻秽事远播，也败坏了女儿们的名声。查理曼好色还由于不时发生的许许多多的下流而短暂的爱情活动和他给教堂送去的大量私生子而得到进一步证实。当然，这只是查理曼个人品德的污点，并不会给人民的幸福带来什么严重的影响。他的品德在其他方面似乎是无可挑剔的。在查理曼死后11年，有一个僧人撰写的维尔廷幻境中，查理曼被描写为和一只秃鹰同处于炼狱中，秃鹰一直不停地啄咬他的那有罪的生殖器，而作为他的品德象征的身体其余部分却安然无恙。这个编造的神话，从一个侧面反映了人们对查理曼好色的不满。

查理曼对儿女们也不是一视同仁的。他的那些私生子，是得不到他的爱的，他们生活在教堂里，连父母是谁也不知道。妾生的儿子和妻生的儿子待遇也不一样。他有一个庶子，名字也叫丕平，长得很漂亮，但是个残疾人，被人称为驼背丕平，不为父亲所爱。丕平心怀不平，在785～786年，在查理曼征战在外时，装病在家，和一些法兰克人的首领策划反对父亲的阴谋。这些法兰克人答应事成之后，让他当国王。结果，阴谋计划被查获。查理曼总算还有一点父子之情，没有砍去他的头，而只是剪去了他的头发，送到普鲁米亚修道院，让他去做一名修行的僧人，了其一生。

查理曼身体强壮，但晚年，身体每况愈下，去世前的四年，经常发烧，最后，一只脚也跛了。但即使这样，他也仍自行其是，而不听医生劝告，他甚至有些憎恨医生，因为医生劝他为了健康放弃他酷爱的烤肉改吃煮肉。

他自知来日不多了，813年，他把他仅存的儿子阿基坦国王路易召到首都阿亨来，然后召集全国的法兰克贵族，让他们同意由路易和他共同治理国家，并继承皇帝称号。查理曼把皇冠加戴在路易头上，让大家称他为皇帝和奥古斯都，向他朝贺。查理曼的这一决定得到在场的人的热烈拥护。查理曼自己为儿子加冕也充分说明了，在他的眼中，他自己是高于教皇的，皇权是高于神权的。决定由谁来继承自己的皇帝之位，或如何分配自己的帝国，都是自己的家事，是无须考虑教皇的意见的，即使加冕这样代表上帝的神圣的事，也无须劳驾教皇，自己也完全有这样做的权利。这时教会还只是查理曼的工具，还无法与世俗政权分庭抗礼。倒是路易有点心虚,他继位之后,仍不放心,在816年让教皇替他重行加冕。他已经没有他父亲那样的傲视一切的气度了。

查理曼给路易加冕后,又把儿子打发回阿基坦去了。他自己虽年迈体弱,疾病缠身,却仍不改旧习,还要到距阿亨宫殿不远的地方去打猎,而且乐此不疲,一去就是一个秋天,直到秋尽,冬天来临,才罢猎,并于11月初回到阿亨过冬。在阿亨过冬时染上了严重的热病,并且一病不起。按法兰克人的传统,实行禁食,想通过这种自我锻炼来恢复健康。但结果又并发了肋膜炎,病情更加严重复杂。他却仍继续坚持禁食,只偶尔喝点东西维持体力,这样,一直延续到814年的1月28日才咽下了最后一口气,享年72年,在位47年。

据当时人的记载,查理曼末日临近时,出现了许多怪异的征兆。预示他将去世。如他在世的最后三年,经常发生月蚀和日蚀,太阳连续7天出现黑斑。皇宫和教堂之间巨大坚固的走廊在基督升天节突然倒塌,而且一直塌到房基。一座查理曼花了十年之力,以奇妙的技术修建的横跨莱茵河的木桥出人意外地突然起火,三个小时,就烧得除泡在水里的那部分以外连一片木板也没剩下。还有什么流星掠空而过、阿亨皇宫常常震动等等,这和中国皇帝死前都有征兆的说法是一个调儿。中外的天命观有异曲同工之妙。不过,查理曼对这些征兆毫不在意,他不怕死,也不像中国的秦始皇那样忌讳"死"字。他死前也曾想到他的那些妾生的儿女,他曾立下遗嘱让这些儿女继承他一部分遗产,但他的计划着手太晚,没能实现。不过他死前三年,曾当着朋友们和大臣们的面,把财富、金钱、袍服和其他动产加以分配,他请求在场的人在他死后出面承认和维护他的这种分配。

查理曼还在留下的遗嘱中再一次对他的财产进行了分配。他的遗嘱只是一份分赠文书,一份详细的他的财产的分配方案。人之将死,其言也善,从这份遗嘱,我们可以了解查理曼死前的心理活动和他所最关心的事情。他在遗嘱中说明了他订立这份分赠文书的目的,一是保证用他自己的财富进行基督教徒的布施,二是使财产的分配毫无争执、毫无分歧,因为他把一切都规定得清清楚楚。分配的东西是他的全部财产和动产,包括御库里的所有金、银、财宝和皇宫里一切可搬动的值钱的或不值钱的器物和御用衣服。除了不动产土地庄园房屋外,他的一切财产都在他死后分光,一点不留。分配方式是把他的御库里的财产分成三份,他在写下这份遗嘱时就已经划分好了,放置在御库里,前两份又分成21份,也已分好了,分给他的领域内的21个由大主教管辖的城市,这些城市中包括罗马。第三份,在他未死前,留作日常之需,在他死后又分成四小份,一小份并入上述21份内,第二小份由他的子女及孙子孙女享有,并在他们之间加以公平合理的剖分,第三小份专用于济贫事业,第四小份用来维持宫中服役的男女仆役们的生活。这第三份除了御库里的那份外,还包括宫里的一切器物、武器、衣服和一切可搬动的东西,在储藏室或贮衣室里所能找到的任何其他东西。

从查理曼的这份遗嘱中可看出,查理曼最关心的是教会,他的布施第一个对象就是教会,是21个大主教辖区,这说明查理曼不仅以教会的保护者自居,也是一个虔诚的基督教徒,当然,他这样至死不忘给教会、给基督教徒众布施,不只是为了博得虔诚的乐善好施的美名，也是为了死后进天国。他也十分关心他的家庭成员，他的子女和孙子孙女，但有一点值得注意，遗嘱中没有给他的妻妾分任何财产。这只能是法兰克的传统的结果。遗嘱中还反映了他对穷人的关心。济贫也是他遗嘱中的重要内容，他甚至要求把他大量收藏在他图书馆里的那些书籍卖掉，然后把所得的钱送给穷人。这虽是他的仁慈的一面。但，读书这件事也说明查理曼尽管热心学习文化，终究还是一个缺乏文明传统的蛮族首领。他本来是要把国土也分掉的，只是由于他三个儿子死了二个，才没分成。这种把死者的一切财产都分光的做法显然也是法兰克传统的。遗嘱中唯一不准分的是礼拜堂。礼拜堂的所有物品，包括他本人收集和赐予的，以及从他父亲那里继承来的，都必须保持完整，不得进行任何瓜分。礼拜堂是他死后唯一完整保存下来的东西。

　　查理曼对自己死后的安排，对他自己来说，简直是场悲剧。他为之奋斗一生的统一大帝国，他的巨大财富，他的一切一切，按他的本意，是都要瓜分的，是全部分光的，如何维持他的帝国，如何继承他的事业，竟在遗嘱中找不到一字，好像这已不是他的事，真是死后万事空啊！

　　他的遗体被安葬在阿亨的大教堂里，坟上树立了一座镀金的拱门，上留有他的雕像和铭文。铭文很简单："在这座坟墓之下，安息着伟大的信奉正统宗教的皇帝查理，他崇高地扩大法兰克人的国家，隆重地统治了47年。"这里只突出了两点，一是查理曼信奉正统宗教，一是扩大了法兰克人的国家。对于他的其他功绩和众多的头衔，一字未提，罗马人的皇帝，奥古斯都，复兴文化等等，在法兰克人看来，毫无意义。

　　814年路易继位，因奉教诚笃，被称为虔诚者路易。除对宗教的虔诚和他父亲相比有过之而无不及外，其他方面皆有天壤之别。他既不是一个能干的军人，也不是个合格的统治者，即位只有3年(817)他就把帝国分给他的三个儿子。从而引起了一系列的瓜分斗争，兄弟阋于墙，内战不止。加洛林帝国实际上处于分裂状态。843年，他的儿子们终于签订了凡尔登条约，帝国一分为三，西法兰克王国，占有现在法国的大部分地区，东法兰克王国，占有今德国的大部分，中部王国和意大利王国，包括意大利北部和法德边界两边的一条开阔地带。后又经过进一步瓜分，成为近代法国、德国和意大利王国的源头，三国开始分道扬镳。

开创黄金时代的太阳王

——路易十四

人物档案

简　　历:路易十四,自号太阳王,是波旁王朝的法国国王和纳瓦拉国王。在位长达72年110天,是在位时间最长的君主之一,也是有确切记录在世界历史中在位最久的主权国家君主。登基之初,由他的母亲奥地利的安妮摄政,直到1661年法国宰相红衣主教马扎然死后他才真正开始亲政。

生卒年月:1638年9月5日~1715年9月1日。

安葬之地:巴黎城北的圣丹尼教堂。

性格特征:奢侈、脑瘫、变态、自大、狂妄;是一个非常聪明、有野心和决心的人。

历史功过:在任期间法国成为当时的欧洲最强的国家。开疆扩土,建立起绝对君主专制,发动法荷战争、西班牙王位继承战争和大同盟战争。奖励多位政治家如孟德斯鸠与伏尔泰及其他经济学者所开创的政治思想。发明高跟鞋。

名家点评:拿破仑赞美路易十四说:"路易十四是一位伟大的国王,是他造就了法国在国际中的一流地位,自查理曼以来又有哪位君王能够与他相比?"(暗示只有自己可与查理曼和路易十四相比)

欺主揽权

1643年,路易十三因结核病去世,将皇位传给了他的儿子路易十四。因国王年幼,需要摄政。路易十三在去世前口授的声明中要求:成立由王后、王弟孔代以及政府官员组成的摄政会议。但是王后、奥地利的安娜通过巴黎高等法院废弃了丈夫的遗嘱,由她单独摄政。

安娜把大权交给她宠信的意大利人、红衣主教马扎然。传言两人关系暧昧。

路易十四从小受到盲从首相的教育。在马扎然当权时,他并没有什么正经的大事要干。除了读书外,就是打猎,从事一些社交应酬活动。

马扎然很是专权,力图将荣誉与权力集于自己一身。在战胜西班牙军后,路易十四想跟随他去检阅得胜之师。但是,无论路易十四以国主还是以将士的面目出现,马扎然都不同意。路易十四也没钱犒赏士兵,君主的威严荡然无存。

马扎然既是路易十四的教父,又主管他的教育,还是他的重臣。但是,马扎然并没有好好培养他。据说,在马扎然去世后,路易十四曾说:"如果他再活得长一些,我真不知道自己会干出什么事来。"

他在学习时很担心学不好会使自己的声誉受损,因此显得非常胆怯,再加上马扎然故意使他懂得不多以便永远对自己盲从,整个宫廷都认为路易十四会像他父亲路易十三那样任人摆布。

集权专制

1661年3月9日,首相马扎然去世。23岁的路易十四为他戴孝服丧,接着开始亲政。

路易十四在政治上已经逐渐成熟。多年来对马扎然处理国家大事的冷眼旁观,与路易十四内心蕴含着的强烈的王权观念、事业心猛烈碰撞,他早就跃跃欲试了。

为了吸取马扎然把持朝政的教训,也为了摆脱当时欧洲各国首相们擅权的普遍局面,在此后54年的君主生涯中,他不再委任首相,事无巨细统统亲自处理,王权得到空前强化。

路易十四的口头禅是"朕即国家"。个人意志成为国家法令,一切国事公文都由他签署。他规定每个大臣的职权范围,责成他们定期汇报,不得疏忽。大臣们在任何事情上都不能反驳他,高等法院、三级会议、各地市政府等过去有相当影响的权力机构普遍被他剥夺了对王权的制衡作用。路易十四对当初巴黎高等法院制造福隆德运动更是耿耿于怀。1665年,在他第一次出征和教皇为他举行加冕典礼后。高等法院还想集会讨论国王颁布的敕令。路易十四从万森出发,身着猎装,脚穿大皮靴,手持鞭子,由全体宫廷人员簇拥着来到法院,断然宣布:"你们这些集会带来的祸害大家都知道。我命令你们停止已经开始讨论我的敕令的会议。首席法官先生,我禁止你准许开这类会议,禁止你们之间任何人要求开这类会议。"

路易十四意犹未尽,1668年又来到高等法院,亲手从备忘录中撕下有关福隆德时期的篇页,声色俱厉地说:"先生们,你们认为国家是你们的吗?朕即国家。"随即宣布剥夺巴黎高等法院对国王敕令表示异议的权力。

路易十四把法律变成自己为所欲为的工具。他常签署"密札",随意逮捕为他所不满的人士,只要在密札上填写要逮捕的人名,司法机关就立即予以逮捕,将他们关入巴士底监狱。

为了使宫廷成为国家政治生活的核心,从 1671 年起,路易十四下令在巴黎西南郊营建富丽堂皇的凡尔赛宫,耗费了国库 1 亿 5 千万锂和无数建筑工人的生命,1682 年建成。在宫廷迁入时,还让大批贵族移居那里。

路易十四一改法国宫廷自由散漫的传统,采用西班牙宫廷庄严的仪式,建立了极其严格的礼仪制度,包括国王起床礼、就寝小礼、就寝大礼、用膳礼等等。国王的一举一动都要举行烦琐的仪式,并因此而设立了一系列荣誉职位,其中有御衣官等等,由那些大贵族荣膺,使他们能接近国王,向国王表示恭敬,同时也借此得到丰厚的俸禄和赏赐,过腐朽的寄生生活,从而丧失对抗王权的能力。

大贵族彻底被驯服了。孔代亲王居然也当上了宫廷大总管。那些从来不进宫或几乎不进宫的贵族肯定要失宠。一旦有人替他们向国王恳求点什么,国王便傲然说道:"这个人我不认识。"

在路易十四时代,有才能的人都为宫廷罗致到左右,住在外省是注定不能有所作为的。阿谀的廷臣称路易十四为"太阳王"。一个古玩商为他设计了一个图徽:一轮红日光芒万丈,下书"普天之下无与伦比"。路易十四欣然接受,把太阳作为自己的纹章,取意繁星从太阳取得光和力,法国从他身上汲取光和力。

海外争霸

路易十四的目标,是在国内实行绝对统治,在国外他和"他的"法国受人尊敬。17 世纪末的国际形势对路易十四贯彻其意图有利。

长期以来,欧洲秩序由统治奥地利、西班牙,把持神圣罗马帝国政权的哈布斯堡王朝主宰。但是,它在 30 年战争中遭到严重削弱。英国经历了资产阶级革命,1660 年,斯图亚特王朝虽然得以复辟,但英王查理二世(1660~1685 年在位)不得不仰仗法王,1662 年还把敦刻尔克割给了法国。瑞典、德意志诸国、波兰等在当时欧洲舞台上都显得无足轻重。唯一堪与匹敌的,是信奉新教的贸易强国荷兰。

路易十四利用日益雄厚的财力物力,在法国建立起一支自罗马帝国以来欧洲人数最多、最强大的常备军。其陆军 1667 年为 7.2 万人,在 18 世纪初更增至 40 万。1666 年建立舰队一支,海军迅速发展到大约 4 万人,有近 300 艘战舰。此外,还有 7000 门大炮。炮兵指挥官大多为专门学校毕业的学员。路易十四任用军事工程师沃邦元帅,对边界原有的 200 余旧堡垒进行改建,又新筑 33 个堡垒,并修建一些大的运河和港口,国防得到了巩固。

路易十四持"自然边疆学说"。他心目中法国的东北边界应是比利时——莱茵河。为扩展领土并大振国威,他发动了一系列战争。其中第一次大规模战争,是与西班牙和荷兰的领土争夺。

1665 年,路易十四的岳父、西班牙国王菲利普四世去世,继位的查理二世年仅 4 岁,体弱多病。路易十四乘机对西班牙提出领土要求。他致信哈布斯堡家族的利奥波德一世,直言不讳地提出瓜分西班牙遗产。他索取的地方包括弗朗什孔泰、佛兰德尔、纳瓦尔、那不勒斯。理由是当年西班牙公主玛丽·泰蕾兹出嫁时，路易十四的岳父允诺了非常可观的嫁妆。但由于西班牙长年战乱，民生凋敝，这一承诺从未兑现。因此，这场战争也称"王后权利战争"或"遗产战争"。

战争于1667年爆发。路易十四的近期目标是夺取西属尼德兰。他不宣而战，头顶钢盔，身披铠甲，御驾亲征布拉邦特，包围并占领里尔，同时派孔代占领了弗朗什孔泰。小试锋芒，便获如此大捷，路易十四喜不自胜。次年，他同意讲和，归还了弗朗什孔泰，但保留了很多占领地。

处于尼德兰北部地区的荷兰，担心路易十四的无敌舰队会使法国称霸海洋，遂与英国、瑞典缔结三国同盟。

路易十四本来就为上次战争时荷兰帮助保卫南部佛兰德尔来对抗他而余怒未消，又渴望得到荷兰的领土，因此便用金钱收买英王查理二世，拆散其同盟，亲率大军连下荷兰重镇多处。荷兰执政威廉三世下令掘开阿姆斯特丹堤坝，海水泛滥，才遏止住法军前进。1676年，法国舰队在地中海战胜荷兰与西班牙联合舰队，陆上战争也取得最终胜利，迫使西班牙将勃艮第和佛兰德尔南部的许多地方割让给法国，法国疆土在东南、东北与正东各地都有急剧增广。1678年和1679年，法国分别和交战的荷兰、西班牙、瑞典、丹麦签订《尼姆维根条约》，它开创了用法文代替拉丁文拟定外交文件的先例。从此，法文逐渐成为主要的外交文字。

路易十四还命令设立"属地收复裁决院"，专门调查落实以前历次条约中割让给法国的领土，并以武力强行兑现。1680年至1683年间，蒙贝利亚尔伯爵领地、萨尔的几座城市、斯特拉斯堡及卢森堡等，都并入法国。这些兼并终于得到神圣罗马帝国皇帝和西班牙国王的认可。

路易十四的声威达到顶点。法国在欧洲的威望显赫不已，一切国家在它面前无不诚惶诚恐，被迫卑躬屈节。

俄罗斯帝国教父

——彼得大帝

人物档案

简　　历：俄罗斯罗曼诺夫王朝第五位沙皇、俄罗斯帝国首位皇帝，史称彼得一世。1682 年即位，1689 年亲政，1697 年，派遣使团前往西欧学习先进技术，本人则化名彼得·米哈伊洛夫下士随团出访，先后在荷兰的萨尔丹、阿姆斯特丹和英国的伦敦等地学习造船和航海技术，并聘请大批科技人员到俄罗斯工作。回国后积极兴办工厂，发展贸易、文化、教育和科研事业，同时改革军事，建立欧洲化正规编制的陆海军，继而发动战争。1721 年，彼得一世在与瑞典进行北方战争胜利后，被俄罗斯元老院授予"全俄罗斯皇帝"的头衔。1725 年 2 月 8 日，彼得一世在圣彼得堡去世。

生卒年月：1672 年 6 月 9 日～1725 年 2 月 8 日。

安葬之地：彼得保罗大教堂。

性格特征：勤勉理政，精力充沛，潇洒欢快。但是他性格暴躁，时常发脾气，饮酒过度时就大发雷霆。

历史功过：在政治上，改革的目的是建立完整的中央集权统治，加强工作效率。在社会问题上，彼得也主张实行西方化。另外，彼得大帝也实施了一系列文化改革，包括改善教育体制，普及文化知识，发展科学技术，促进文化交流等。但他也有一些失败和缺陷，如宗教政策失败、战争失败和政治改革不完善等等。

名家点评：俄罗斯联邦总统普京评价说："彼得大帝是伟大的国务活动家、军事家、爱国者，将全部身心奉献给国家。彼得大帝在国家治理、经济、科学、文化、教育方面推行的大规模改革，提升了俄罗斯的国际威望，在很大程度上指明了俄作为强大的主权国家，于未来数百年内的发展道路。"

峥嵘岁月

　　1672年6月9日，古老的莫斯科钟声轰鸣，交相呼应，极其隆重地向臣民宣告：王室添丁进口，一位取名为彼得的皇子已经诞生。欢快的钟声、盛大的庆典，竟日不绝，古都沉浸在一派节日的喜庆之中。但是没有人知道，人们以传统的方式恭迎的将是一位反传统的君主；也没有人知道，新皇子将要度过的是一个留下痛苦烙印的童年。

　　年过四旬的沙皇阿列克谢·米哈伊洛维奇，无法掩饰内心的喜悦，因为他终于有了可供选择的新继位人。已故的第一位皇后曾为他生下11个子女。但5个儿子中，有3人已先后夭亡，存活下的两个也有严重缺陷。年届10岁的费多尔体弱多病，稍小的伊凡智力发育不全，5岁多说话还有困难。失望的沙皇出于立储的考虑，在1671年迎娶了年轻健美的纳塔莉雅·基里洛夫娜·纳雷什金为续弦夫人。第二年，彼得皇子及时降生，沙皇终于如愿以偿。新生儿不仅结实健壮，而且聪明异常。精心的照料，倍受重视的育养，没有人怀疑他寄托着沙皇的未来希望。然而，父皇未能把心中的愿望引导到符合逻辑的地步，就在1676年弃世而去。这一变故，改变了皇子的命运，也使他母亲的地位一落千丈。继位的费多尔是勉强的选择，大权很快就落在外戚米洛斯拉夫斯基家族手中。他们把皇后的拥戴者及家族成员驱赶出宫，彼得母子成为无足轻重的人物。

　　可是，多病的费多尔注定寿命不长，当政6年便一命归西。在大主教若阿辛的建议下，刚满10岁的彼得被立为沙皇。皇后的家族又燃起了新的希望。此时，早就觊觎皇位的彼得的同父异母姐姐索菲亚公主，并不甘心于本家族的失败。她暗中活动，策划了一个利用射击军叛乱来夺取政权的密谋。

　　射击军建立于伊凡四世时期（1550），为俄国最早装备火器的常备军。和平时期，队伍通常分驻各大城市特划区，依靠国家薪饷并兼营部分手工业为生。费多尔当政后，大贵族开始削减前代沙皇给予军队的种种特权，加上从事贸易和手工业的收入也逐渐减少，蛮横的军官经常借机克扣军饷，中饱私囊，这使得这支怨声载道的队伍，随时成为可被利用来引发暴乱的工具。索菲亚依靠自己的党羽，成功地在他们中煽起了对掌权的纳雷什金家族的怒火，并向他们传播谣言，说这个家族已杀害皇子伊凡。

　　怒不可遏的射击军在1682年5月15日，擂响了向宫廷进军的战鼓。被包围的王宫四处响彻着惩办杀害伊凡凶手的呐喊。纳塔莉雅皇后为狂怒的人群所震慑，她手拉伊凡、彼得两兄弟，出现在宫门的台阶上，希望用事实平息射击军的不满。但是，受人唆使的军队不肯善罢甘休，他们在"严惩叛徒领主"的呼喊声中，把多尔戈鲁基亲王拉下廷阶，用乱枪戳死，接着又杀死了辅政马特维耶夫，皇后的两个兄弟亦未能幸免。暴乱变成了有目的屠杀。年幼的彼得，惊恐万状，血腥的恐怖震撼了他的心灵，给他留下了终生难以磨灭的印象。

接下来,事变亮出了它的本来目的:伊凡在射击军的要求下,与彼得并立为沙皇;在他们未成年时,由索菲亚公主担任摄政。索菲亚借助射击军的力量扫荡了纳雷什金家族,以后又把射击军控制在自己的股掌之中。由此开始了索菲亚的7年统治。

失势的彼得母子,被迫迁居京郊普列奥布拉任斯科耶村离宫。在这远离京都的乡间,彼得度过了他那传奇式的少年岁月。这是一个半是沙皇、半是王子,同时又是顽童的奇特的混合时期。作为沙皇,他必须同伊凡一道履行公事、装潢门面,参加教堂的礼拜仪式,"接见"外国使节,在相关文件上签字;作为王子,他必须按规定学习文化,接受皇室的各种教育。由于庄严的活动并不那么频繁,加上负责他学习的启蒙先生也非执教严格的饱学之士,这就使得他有可能更多地扮演顽童的角色。乡间的广阔天地,与农家子弟不分尊卑的交往,冲淡了宫廷传统陈腐思想的束缚,使他的身心在无拘无束的环境中获得健康的发展。彼得把大部分的时间用来干自己爱干的事。有三种令他着迷的事,对他的未来产生了重要影响。

第一,是他从童年时的游戏中逐渐培养起对军事的浓厚兴趣。彼得从小喜欢玩军事游戏。他的玩具几乎全是"军用"品。他经常和小伙伴们一起构筑模拟的堡垒,运用木制枪炮攻打所谓的城堡、要塞,进行小规模的战斗。这些游戏兵玩得很开心,也很投入,经常以假当真、废寝忘食、不知疲劳。渐渐地,木制玩具被真枪实炮所代替,昔日的伙伴也变成少年军战士。彼得开始严格地训练他们,并把他们组织起来,分成普列奥布拉任斯基军团和谢苗诺夫军团。年深月久的操练和实战演习,使这两个团以后成为彼得的军事骨干。许多著名的军事要员都出之于当年的游戏兵团。这种军事游戏以后还扩大到水面上,形成"海上"游戏。开始局限于狭窄的河湾,以后又扩大到宽阔的湖面。水面的"战斗"激发了他对航海和造船的热烈向往,培养了他对大海的最初感情。

第二,是他对手工劳动表现出惊人的热爱。不像他那笃信上帝、气质文静的父皇,彼得从小就喜欢干手艺活儿,热爱体力劳动。他经常熟练地操刀弄斧、抢锤打铁。至成年时,已精通12种手艺,备有木匠、铁匠、石匠所使用的全套工具。他对劳动非常投入,技艺也很高超,许多不知道他身份的人,一旦弄清真相,往往惊讶不已。这种素质培养了他的吃苦耐劳精神,扩大了他的交往范围,对他以后重视学习先进的应用技术,也产生了重要影响。

第三方面的变化,来源于他同西方文化的最初接触。普列奥布拉任斯科耶村紧靠外侨区。生性好奇的彼得常在伙伴的陪同下,到那里领略异国风情。很快,他在那里有了许多西方朋友。他同他们一起聊天、喝酒、抽烟、跳舞。其中有人把西欧的文明讲给他听,也有人教他一些自然科学知识和炮术。在这些朋友中,荷兰人廷麦尔曼,苏格兰人戈登,瑞士人莱福尔特都从不同方面影响过少年彼得。特别是思想开朗、大胆坦率的莱福尔特,最讨彼得喜欢。他善于组织轻松愉快的晚会和各种别出心裁的娱乐活动,诸如公开嘲弄教会的游戏等,来启发彼得的革新意识。在一次活动的高潮中,他还在特意挖成的池塘里搞了一次模拟海战,激起彼得对大海和船只的兴趣。侨区的自由风尚和开放生活给彼得留下了深刻的印象,使他本能地意识到俄罗斯的封闭落后。他开始向往西方的文明和文化。这些都诱导并坚定了他日后同俄国旧传统决裂的信念和决心。

所以,远离克里姆林宫的生活,也许正是造就改革家所需要的生活。随着时间的推移,彼得的外表和精神面貌均已发生变化。乡间的简朴生活和不断的军事操练,赋予他生命活力,使他发育为一个身材高大、体魄雄健的热血青年;广泛的交游和长期深入下层人的经历,使他变得粗犷豪爽、情感奔放。一个富于进取、雄心勃勃的变革新星,开始在俄罗斯守旧传统的上空,冉冉升起。

相形之下,蛰伏宫中、玩弄阴谋的索菲亚,在经历了 7 年的平庸统治之后,已开始走向权力的尽头。她所倚重的射击军,因多次遭受愚弄,已不再简单地听命于她的差遣;由她的宠臣戈利津公爵亲率的两次克里米亚远征,无果而终,大大败坏了她的威信。摄政的统治已开始变得不得人心。彼得的茁壮成长,加重了索菲亚的忧虑,力量日渐雄厚的少年兵团已不容低估;更为重要的是,莫斯科的人心已开始倾向普列奥布拉任斯科耶村。双方的关系已突破过去表面上的平静,公开的敌对已变得日益显明。彼得的拥戴者,对索菲亚与两个沙皇联名签署文件的权力,表示不满;彼得本人则对异母姐姐参与宗教游行的亵神行为,进行公开抵制。新的冲突在 1689 年 7 月达到高潮。如前所述,戈利津公爵奉命攻打克里米亚再次无功而还。为了拉拢军队并提高宠臣威望,索菲亚不惜弄虚作假,组织了盛大的祝捷仪式对全军褒奖。彼得拒不参加奢华的庆功活动,以示对摄政的抵抗。恼羞成怒的公主认为这是对她的直接挑衅。一种新的阴谋开始在她心中酝酿:她想发动一场以剥夺彼得皇位为目的的政变,加快让自己加冕为王。射击军头目沙克洛维蒂受命在军队中展开密谋活动,有关纳雷什金家族要"除掉"沙皇伊凡的流言蜚语,再次不胫而走。射击军会再度兴师问罪吗?至少不会一致行动。再说对方已有两个军团的精锐力量。不过,一切迹象表明,双方斗争的结局就要来临了。正如在一切险恶环境中常见的那样,人们期待的结局,总以出人意料的形式表现出来。

1689 年 8 月 7 日深夜,克里姆林宫警报长鸣,响起了召集射击军的信号。有人放出谣言,说彼得的少年军团正向莫斯科进发。部分拥护彼得的射击军,误以为军队不是去保卫克里姆林宫,而是去讨伐京郊离宫的叛乱者。于是他们飞马直奔普列奥布拉任斯科耶村,向彼得报告了这一传闻。7 年前流血政变的可怕情景浮现在彼得的脑海。他没有多想,即刻身着内衣飞快地逃向附近的丛林。不多时,3 个仆从送来了马匹和衣服,他们连夜向莫斯科北郊谢尔盖耶夫三圣修道院驰去。这里围墙高厚、防守坚固,可望得到教会的保护。第二天,少年军团陪同母后,以及部分射击军都来到他身边。事实证明,昨晚的情报有误,他仅蒙受了一场虚惊。但是,事件暴露了索菲亚急于夺权的野心,沙克洛维蒂策动政变的阴谋已到处传扬。久受蒙骗的军队失去了对摄政的信任,大批地来到三圣修道院,向彼得效忠。贵族领主的态度也开始松动,一些人期待追随青年沙皇去建功立业。索菲亚意识到问题的严重,被迫以退为进,要求讲和。起初,她派大主教前往调解,谁知老者同情彼得,竟一去不返。索菲亚只得亲自出城试探,但行至中途,就被命令返回。彼得已转守为攻,双方的角色已完全调换。索菲亚被迫交出祸首沙克洛维蒂。后者及其同伙,经过严刑拷打,于9月10日被处死。最后,索菲亚被宣布为"无耻之徒",关进新圣母修道院。经历了7年的漫长等待与抗争,血雨腥风的权力之争,最终以彼得的胜利而告终。

战胜索菲亚,也使皇兄伊凡从此无足轻重。尽管直至1696年去世,他仍然以沙皇身份例行公事,但在实际上,彼得已大权独揽。他在17岁零4个月时,已成为全俄罗斯的主宰。

心向大海

索菲亚的倒台,没有改变彼得的生活习惯,他依然沉迷于昔日的战争游戏,对履行沙皇的传统职能缺乏热情。除了必不可少的宗教活动和皇家庆典,他很少在宫廷露面,依旧常住普列奥布拉任斯科耶村,过着轻松、自由,有机会与下层人打交道的生活。自从1690年秋天,他组织了第一次少年军团与射击军的实战演习以来,这种使新军与旧军处于对立地位的"交战",就成为他的习惯。他喜欢射击军扮演战败者的角色,兴致勃勃地观看两军骂阵,继而短兵相接,接着进入激烈的"厮杀",最后是射击军的辎重车队和军旗为对方卤获、司令被俘,演习在礼炮齐鸣、双方举杯共饮的皆大欢喜中结束。

水面的战斗,同陆上的战斗一样引人入胜,佩列雅斯拉夫尔湖宽阔的湖面,已成为海战操练的场所。一座规模不大的造船厂,也在1692年建立起来。彼得经常亲自参加造船劳动。操练和造船交替地吸引着他的兴会,以至于宫廷高级官吏不得不经常前往现场劝驾,请他回莫斯科应付时有发生的国事活动和外交礼仪。

不过,佩列雅斯拉夫尔湖的水域毕竟有限,随着新船的下水,湖面就有些拥挤,也妨碍规模更大的操练。彼得开始渴望宽阔的大海和真正的海船。怀着这一愿望,1693年,彼得率大批随员来到北方海港阿尔汉格尔斯克。这是当时俄国唯一同西欧保持着有限贸易的海口。在这里,彼得第一次看见运来呢绒、服饰和染料的真正海船——来自英国、荷兰和德国的海船。另外一些同类型的船正等着装载俄国的木材、皮毛和其他土特产。他也第一次乘上一艘不大的快艇,做了一次较短的海上旅行。咸涩的海风飘逸着盐的芳香,向站在船头的彼得迎面扑来。面对波涛汹涌、一望无际的大海,他神情激动、思潮起伏、感慨万端。这就是他朝思暮想的真正的大海!只有最勇敢的人,才敢于在这里搏击风浪,只有胸怀广阔的人,才能领略这壮观、动人心魄的风采。海天茫茫,涛声不已。人们的视野可一无阻挡地远达水天一色的尽头,但谁也不能在上面行走,马也不能在上面奔驰。这是个禁区,除非你有船。

"俄国需要的是水域!"年轻的沙皇喃喃自语。

的确,俄国需要的是水域。17世纪的俄罗斯依然处于封闭状态,辽阔的领土事实上被切断了和海岸的联系。莫斯科公国历代沙皇的内陆蚕食政策,缔造了一个空前规模的帝国,但是积久成习的"抗海本能",使它的臣民固守着僻居内陆的祖辈传统,而对航海生涯缺少热情。除了白海出海口——阿尔汉格尔斯克是这里仅有的港口——之外,俄国缺少任何足以同外部发展贸易和交通的出海口。而且白海一年有四分之三的时间被冰块封冻,不得通航,限制着俄国本来有限的外部联系。只有打开一条通向海洋的道路,特别是拥有同西欧国家交往的海上通道,才能打破俄国的封闭落后。这是彼得在巡视阿尔汉格尔斯克之后,留下的深刻启示。

大海充满了诱惑,也充满了挑战,只有拥有海船的人才能征服大海。巡视归来的彼得决心在阿尔汉格尔斯克建造海船,他把这一重任交给了该地总督阿普拉克辛。此人为未来的海军上将,彼得海上事业的执行人。第二年6月,彼得登上刚刚竣工的俄国海船,再度出海。途中遇到狂风暴雨,使他险些葬身鱼腹。两次海上遨游,虽有不同感受,但都激发了他对大海的深沉热爱,对海洋的向往开始成为他的生活,也是事业的一个重要组成部分。

1694年9月,由阿尔汉格尔斯克回来的彼得着手准备一场规模空前的陆上军事演习。在莫斯科近郊的科茹霍沃村,荷枪实弹的两支军队,各自兵员达15000人,在近20多天里,反复进行着包围和防守的激烈操练,形同真正的战争。这是彼得所进行的最后一次军事游戏。通过这一次演习,彼得开始萌生了把游戏变为“真正的事业”的念头。

如果我们把彼得自索菲亚倒台以来,对传统国务活动的冷漠、对军事操练的热衷、对大海的神往,这三件事加以综合考虑,就会不难理解:年轻的沙皇并非真正疏于政事,而是为他们国家传统生活所缺少的另外一些内容所吸引。为改变帝国传统的面貌,他首先要设法满足国家的正常发展所必需的外部条件,也就是,要把俄国从一个单纯的内陆国家变成濒海帝国。

刚刚结束的科茹霍沃军事演习,使彼得十分自信,他相信依靠这支力量,定能夺取海岸,打通俄国的需要的出海口。由于西伯利亚和远东尚处于开发阶段,那里的海岸线不能用于经济需要;西部的波罗的海虽对俄国有重大意义,但控制它的瑞典势力尚十分强大,俄国暂时缺乏必要力量收复沿海土地;只有势力日渐衰落的土耳其所控制的亚速海,或可打开俄国通过黑海进入地中海的水路。因此,彼得决定先对南部土耳其的藩属克里米亚汗国用兵,夺取南部出海口。

1695年3月,南下的军队兵分两路,由莫斯科出发。一路取水道沿莫斯科河、奥卡河和伏尔加河开往察里津;另一路顺顿河径直南下。7月末,俄国抵达亚速城下。亚速城早期曾为顿河哥萨克所占领。1642年为土耳其人所收复。土军通过加固城墙,深挖壕沟,并在顿河河口两岸设置三道铁链,成为阻滞俄军南下的强固堡垒。为了速战速决,俄军兵分三路包围了亚速。但由于缺少舰队,俄军无法阻止源源不断的土耳其援军登陆增援。加上防守严密,俄军经过两次冲击,均以失败告终。10月初,俄军被迫撤出包围,第一次远征无果而终。

但是,失败教训使彼得进行了认真总结。首先,他从实战中认识到,俄军工兵素质太差,用于轰炸亚速城墙的地雷没有炸城墙,却炸死了围城的自己人。其次,部队的指挥系统缺乏协调,发起突击的时间先后不一,各行其是。第三,部队缺乏严格的实战训练,战斗力不强。最重要的是,俄军没有舰队,不能从海上切断敌人从海上的增援,真正实现合围。针对上述弱点,彼得逐一采取新的措施进行了调整。他首先加强了部队的指挥系统,把原先三路平行的支队,集中为陆、海两大系统,分别由谢英大元帅和外籍友人莱福尔特统领。接着,他又通过颁布敕令,吸引了一大批农奴自愿报名应征,扩大了兵源,对他们积极进行新战术原则的训练,使军队的成分和素质发生了明显变化。最后,他决定在顿河岸边的沃罗涅什建立一座大型造船厂,营造适应海上战斗的舰船。经过半年多的经营,当然也是通过极其野蛮的强制手段,到1696年5月,已先后有23艘帆桨战船和4艘火船下水,俄国开始有了第一支真正的舰队。

完成了这些准备之后,第二次远征亚速的战争就拉开了序幕。1696年5月,装备和军容焕然一新的海陆两军挥戈南下,于月底神速地出现于亚速城下。彼得亲任全军总指挥,统一协调陆上包围、海面封锁和发起总攻的军事行动。由于陆上的合围迅速得到海上封锁的呼应,猛烈的炮火无情地投向孤军困守的亚速。城墙被摧毁了,4000名土耳其战舰被拦截在港外,弹尽粮绝的守军被迫投降。俄军第二次远征取得辉煌的胜利。

远征亚速的胜利,是信心、毅力和以野蛮征服野蛮的杰作,是彼得冲出俄罗斯的最初尝试。在这小试锋芒的成功中,彼得已感受到海军建设对俄国未来发展的全部意义。但是,占领亚速仅仅是俄国走向海洋所迈出的一小步,只要刻赤海峡仍掌握在土耳其人手中,俄国就不能进入黑海,从而打通同西欧的联系。土耳其虽已衰落,但相对于俄国仍十分强大。如何发展起一支强大的海上力量,将是巩固对亚速的占领,并进而打开通向黑海的水路的必要条件。

然而,建设一支强大的海军,对于贫穷落后的俄国来说,是一件颇不轻松的任务。首先,它需要大量资金,这意味着全国居民要做出远比征服亚速大得多的牺牲。其次,要改变名门贵胄的生活习惯,他们的子弟必须放弃从小过惯了的舒适环境,踏上陌生的征途,到陌生的边陲去建功立业,接受大海的挑战。第三,它需要借助西欧的技术力量和设备,创造出俄国的专门人才。对于前两者,需要用强力对国内进行敲骨吸髓的榨取,并革除旧的晋升传统;对于后者,需要派遣一个"高级使团"出国学习、访问。在第二次远征胜利归来的途中,沙皇已形成有关强化海上力量的种种设想。而派遣使团出国学习,是他首先要付诸实际的问题。使团要完成考察学习造船理论和技术以及招聘外籍专家、购买各类航海和军事器械的任务,同时也负有一项外交使命:尽可能地联合欧洲诸强,形成一个反土耳其大同盟。

总之,征服亚速是彼得一生致力于为俄国争夺水域的起点,以后争夺的方向虽有变化,但由此所引起的对俄国守旧传统的革新,都是以夺取俄国所缺少的沿海地带为转移,这一方向并未改变。由彼得亲身参加的大使团西欧之行,是这次战争的结果,也是启动他的西化改革的先声。

西行使团

　　1696 年 12 月 6 日，彼得向国家杜马宣布他将亲身参加大使团出访西欧，贵族领主闻讯一片惊愕。组织规模庞大的外交使团出访，这是俄国历史上的创举，而沙皇竟然随团出游，更是背离了俄国传统。在一片反对声中，彼得力排众议，不改初衷，恰当地处理了来自各方面的阻力，从容地致力于使团的准备工作。

　　使团罗致了各方面富有才干的代表性人物。深受信任、交游广泛的莱福尔特被任命为首席大使。作为外籍人能承担如此重要的使命，除了涉外工作的需要，它反映了彼得在人才使用上的开放气度。富有外交经验的戈洛文被任命为二把手。他曾参与签订《尼布楚条约》，享有慎重、老练的外交家声望。由于他最能体会沙皇的外交意图，是使团活动的实际组织者。第三大使的职务，由杜马书记官沃兹尼岑担任。此人稳健少语，但富于计谋，善于在谈判中极为巧妙地保护俄国利益。三人各有所长，有助于取长补短，应付最复杂的外交活动。

　　使团中有 35 名留学生。许多彼得游戏军中的伙伴，以及深受宠幸的亲信，都是其中成员。使团连同各类服务人员，总计达 250 余人。彼得在名义上作为普通成员随团出行，其化名为彼得·米哈伊洛夫。

　　1697 年 3 月，浩浩荡荡的使团从莫斯科出发。它的主要目的地是荷兰、英国，但在沿途的立沃尼亚、库尔兰、普鲁士均有所停留。在哥尼斯堡，沙皇会见了勃兰登堡选帝侯及其夫人和岳母。母女俩留下了有关沙皇仪表的最早记述：

　　"沙皇身材高大，容貌英俊，体态挺拔。可惜他除了天生的一切优良品质之外，他的趣味颇不风雅，殊堪惋惜……他对我们说，他亲自参加造船的劳动，还向我们出示双手，硬要我们摸摸他手上干活磨出的老茧。"

　　8 月初，使团到达荷兰。在造船业中心萨尔丹和首都阿姆斯特丹，彼得混杂在使团的一般成员之中，和他们一道虚心学习荷兰的造船技术。阿姆斯特丹市市长威特靖，身兼荷兰东印度公司经理，由于到过俄国，会讲俄语，他为使团的留学生在该公司造船厂学习，提供了方便。至 9 月初，留学生已学完造船学的初步理论。接着，在一位荷兰技师保罗的指导下，开始参与制造三桅巡洋舰的实践。一个半月后，留学生们亲自制作的"彼得保罗号"巡洋舰正式下水，他们已达到掌握造船工艺技术的标准。"彼得·米哈伊洛夫"特别受到老师的嘉许。他和其余的十多名学生都领到合格的毕业证书。

　　在学习造船活动的空隙时间，彼得特意游览了荷兰的名胜古迹，参加了各种节日庆典和交际活动，观看戏剧演出，并参观了一位教授的生物解剖室。总之，他不放弃对一切使他感兴趣的新鲜事物的了解、学习，这里充满生机的文明生活，吸引着他的全部注意力。

　　但是，随着对荷兰应用造船技术的掌握，使团的成员开始向往与造船技术相关的高深理论，于是他们把行动的目标转向了较之荷兰更为发达的英国。1698 年 1

月,彼得与伙伴们乘快艇渡过英吉利海峡,来到了资本主义文明的中心伦敦。在伦敦,依然隐姓埋名的彼得同成员们潜心于造船理论的学习,同时也走访了许多著名的科学文化中心。他们先后参观了牛津大学、英国皇家学会,以及格林尼治天文台。彼得十分欣赏天文探测、制造钟表等与航海密切相关的技术,同时也对先进的铸造货币技术具有浓厚的兴趣。最使彼得兴奋的是,在英国约请了若干专家到俄国任教,而在荷兰这点却未能如愿。彼得还与宗教界、商业界的一些代表人物进行了广泛的接触,孕育了在俄国实行宗教改革的计划,并同莫斯科外侨区相识者的一些亲友建立了商务联系。英国的议会制度也吸引着沙皇的注意力。他别出心裁地跑到议会大厦的屋顶上,隔着天窗观看那里开会的情景,而拒绝与议员正式晤面。不过,他对英国式的立宪制度能否在俄国实行,持怀疑态度。

在英国一共逗留了4个月,彼得打算按计划赴维也纳与奥皇会晤。此行的目的主要在于与奥地利建立巩固的反土耳其大同盟。但是,在西欧获得越来越多的消息表明:一场即将爆发的西班牙王位继承战争,吸引着列强的注意力,反土同盟大有瓦解之势。不过,沙皇还是没有放弃做最后的努力。

1698年7月,彼得一行辗转抵达维也纳。在这里,由于外交使命所系,沙皇不得不走出幕后,亲自与对手谈判。与奥皇列奥波得的会见,按讲究礼仪的维也纳宫廷的要求,做了精心安排。可是沙皇不拘礼仪的习惯破坏了这种刻板的设计。当年迈的奥皇拖着沙沙发响的脚步缓缓走向会见大厅中央的当儿,血气方刚的彼得却大步流星地迅速走完预定的路程。结果,两人在显然不合外交礼仪的地点晤面,奥地利方面甚是不快。谈判进行了15分钟,无休止的繁文缛节,使生性好动的沙皇如坐针毡。一等会见结束,他立即奔出宫门,跳上花园池子里的一只双桨小船,沿池子奋力划了几圈,才使由于竭力克制的精神松弛下来。

谈判未能取得预期的结果,奥皇无意扩大与土耳其的对立,甚至正在与土方谈判媾和。因为同法国争夺西班牙王位继承权的斗争,转移了他的全部注意力,奥方正希望从多年的对土战争中脱身。了解到这些情况,沙皇不得不放弃早先的打算,不过,他对忠实于反土盟约的威尼斯还抱有一线希望,打算在那里走一趟,并顺便了解一下这个城市国家航海事业的发展。但在这个时候,传来了国内射击军发动叛乱的告急文书。彼得当机立断,结束访问,立即回国。

自7月19日离开维也纳,沙皇日夜兼程向俄国进发。途中又传来了射击军叛乱已经平定的信函。这个消息没有改变他返回的决定,但归程的速度已大大放缓。他开始在沿途作长时间的停留。其间,在乌克兰利沃夫小城拉瓦鲁斯卡,他因会见萨克森选帝侯兼波兰国王奥古斯特二世,停留时间最长。这次偶然的会晤,是这次出访在外交上的一个成就,同时也改变了彼得对外政策的基本方向。

奥古斯特二世与彼得同年,两人都生得身材魁梧,体力过人。但禀赋各不相同。不像彼得,奥古斯特的过人精力,不是用来挥斧学工或操劳国事,而是耽于享乐,贪求风流。他曾以表演斗牛士的勇气和机敏来博取西班牙女郎的顾盼,也曾以高雅的风度和温婉的谈吐在社交界广有交游。他的好客作风和无拘无束的谈吐,很为彼得欣赏。他们之间的交游,很快由于彼此都很喜欢对方,变得亲密无间,当然,是在彼得的影响下,他们之间的会谈不久就深入到两国的外交政策方面。他们发现,他们之间有一个共同的敌人,这就是瑞典。瑞典作为波罗的海的霸主,直接威胁到俄国和波兰的利益,也同它的西部邻国丹麦的矛盾很深。如果两国能协同一致,再联合丹麦,那么,就足以向瑞典的霸权挑战。并且通过这次西欧之行,他明确知道西欧国家正在为西班牙王位继承问题所牵制,他们的联合行动不会受到意外的干涉。两位朋友很快地就相互承担的义务达成口头协议。一待与丹麦谈妥,他们就正式结成反瑞典同盟。

这次偶然的会晤,当然也出之于西行之后对全欧局势的了解,促使彼得坚决地改变对外政策。从此以后,争夺出海口的方向不再面向南方,而是改向西北,冲出波罗的海就成为彼得未来长达21年不变的既定国策。要完成这一使命,彼得需要同土耳其达成和议,以便集中兵力对付瑞典;同时,他要运用这次西行的成就,初步整饬和改变一下俄罗斯古旧的面貌。

改革之始

1698年8月25日,经历了漫长的西欧之行的彼得和随行人员回到了莫斯科。为了给即将开始的变革留下新开端的印记,沙皇一反传统习惯,没有安排臣下用盛大的仪式去迎接他顺利归来。并且在他抵达的当天,甚至没有进入皇宫,而是回到普列奥布拉任斯科耶村他的寓所。因为彼得的心情是沉重的,沿途所到之处,俄罗斯贫穷落后与西欧先进国家的强烈反差,刺伤了他的自尊,他决心要为改变这种面貌而努力。

第二天,获悉皇上回京的朝臣纷纷来到普列奥布拉任斯科耶村,庆贺他胜利归来。领受了西方文明之风的沙皇,用礼貌而又客气的态度首先废除了旧式朝见的跪拜仪式。接下来,他以臣属意想不到的方式宣布革除俄罗斯陈规陋习的决心:他从侍从手中接过剪刀,亲自剪除了领主们的大胡子。位高权重的谢英大元帅最先接受这一"殊荣",号称"公爵皇帝"的罗莫丹诺夫斯基接着也失去了他的美髯,在场的领主一无例外地告别了自己的胡须。几天之后,当然这不再由沙皇亲自动手,大小廷臣纷纷舍弃了自己的胡子。

体面人物失去了胡须,在俄国非同儿戏。因为留须是俄国最古旧的传统之一。东正教会认为,胡须是"上帝赐予的装饰品",是仪表威严、品格端庄的象征,剪除胡须的行为是一种大逆不道的罪孽。但是,彼得正是选择这一传统的禁区,向传统挑战。他把剪胡须提高到普及新文明的高度,作为一种国策来推行。他明文宣布:剪胡子是全民族的义务,必须强制执行;除了宗教界,任何居民要留胡须,必须交纳留须税。

这件旨在改变俄国人外观的举措,看起来似乎微不足道,但实质上是彼得"西化"改革的开端。它表明,一个民族的外观和习尚正是其精神风貌的体现。崇尚守旧象征的胡须,将成为反对新事物的抗议标识。因此,新的变革必须从革除守旧传统的象征开始。

比剪胡子更具风险的变革，是彼得对射击军的"清算"。自索菲亚公主失势以来，射击军在形式上归附了并由沙皇控制。但是，这是一支没有得到彻底改造的队伍。在彼得看来，他们"不是军人，而是一群祸害"。这不仅因为射击军在组织形式上的落后和缺乏战斗力，主要是他们仍是俄国守旧传统的象征。他们从历史上继承下来的那种结构和生存方式，决定了他们反对变革的立场。

射击军从历史上便形成了从事商业和手工业的习惯，因而需要常年固守在大城市，特别是首都莫斯科，并能和家人团聚在一起。但是，沙皇的外交方针却要求射击军戍守边关，不要长期驻留首都。他们曾先后被派驻亚速和西部边境。由于勤务太重，薪饷太少，又失去了经营工商业的条件，所以，他们期望回到莫斯科，重操旧业，并照顾家人。可是这种愿望总是落空。他们开始把自己的不幸和不习惯的重负同彼得联系在一起。由此产生的仇视，使他们本能地成为俄国守旧传统的维护者。彼得出行期间，他们曾两度策动叛乱，最后甚至想扶持索菲亚东山再起。这些变故，以及彼得在执政前与射击军的恩恩怨怨，都促使他要下决心彻底剪除这一守旧势力。

彼得回莫斯科不久，就开始重新审查有关射击军两次起事的原因和处置的情况。他经过听取汇报和周密的了解，认为审讯工作浮皮潦草，处置措施也过于软弱，决定亲自重新审理这一案件。从 1698 年 9 月中旬开始，涉及 4 个团的 1041 名射击军全部押解莫斯科投入监狱，接下来是残酷的折磨和严刑逼供。结果，发现了索菲亚参与叛乱的线索。于是又开始了对公主的审讯。后者矢口否认同射击军的牵连。由于缺乏证据，无法给她定罪，审讯最后不了了之。但射击军叛乱却是事实，不等审讯结束，对他们的死刑判决已开始执行。除了 14 至 20 岁的青少年士兵，射击军共有 799 人被残酷地处死。

从重新处置射击军的过程中，彼得暴露出生性极度的残忍和无情。但是，就整个射击军而论，他们依附于保守势力，蜕变为社会变革的阻力，也决定了其必然灭亡的命运。它是彼得以野蛮的方法和野蛮做斗争的具体表现。

在扫荡了射击军这支守旧的势力之后，彼得把注意力转向海军建设和初步的内政改革方面。10 月下旬，他动身前往沃罗涅什造船厂，视察那里两年来造船工程的进展状况。沃罗涅什，这个顿河岸边默默无闻的小镇，由于造船业的发展，已成为生气勃勃的航海工业中心。著名的阿普拉克辛已从阿尔汉格尔斯克调到沃罗涅什，主持军舰的建造工作。一艘能体现俄国技术水平的大军舰正在建造之中。据说它能装载 60 门发射 6 至 12 俄磅弹丸的大炮。届时，它将为俄国使团赴土耳其签订和约助威。由俄国人自己建造，并由俄国海员掌握的军舰为特使护航，有助于提高国威，是顺利地完成外交使命的坚强后盾。尽管沃罗涅什所造的船在质量上、造型上，还不能同英国或荷兰相媲美，但是它使第一批造船工人取得了经验，并第一次用水手补充了海军的编制，而不再用陆军士兵充数。在源远流长的俄国海军发展史上，这是真正富有实践意义的开端。

反映内政改革的行动，是 1699 年 1 月付诸实际的城市自治建设。赋予城市工商业者阶层一定的自治权利,是商品经济和城市经济繁荣发展的条件。早在1667年,政府就曾许诺城市居民,将为他们设立一个"适当的衙门",以保护和管理商人,使其免于地方行政当局的侵扰和无理干涉。但时过30年,政府的诺言一直未能兑现。1699年,政府的敕令再度论证了成立城市自治机关的必要性,并决定在莫斯科建立市政厅(院),在外省城市设立地方自治局。厅、局分别为管理城市工商业居民的中央和地方自治机关。这些自治机构,由选举产生的工商业者的代表行使管理职能,并负责向国家交纳规定税收。它有助于较为自由地组织工商业活动,同时也为国家提供了及时、可靠的税收来源。

1699年,还有另外两项改革措施付诸实践。一是,2月间的一次庆典宴会上,彼得开始了剪除宽袖长袍的活动。这同剪除胡须一样,也是一次从外观和精神风貌方面革除旧传统的努力。俄罗斯贵族的传统服装宽袍大袖、用料考究,沙皇对这种妨碍行动、多有浪费的华丽衣着,早就深恶痛绝。随着贵族领主一个个失去胡子,沙皇觉得现在也是革除这种宽袖长袍的时候了。在场的宾客相继被剪去了袍袖。彼得安慰他们:"大袖子太碍事,到处惹祸,不是把玻璃杯拂落下地,打个粉碎,就是弄泼菜汤,撒满一身;剪下来的这一段,你还可以拿去做一双靴子。"啼笑皆非的领主,面面相觑,谁也不敢表示反对。不久,有关废除宽袖长袍装束的告示开始出现在大街小巷,沙皇以敕令的形式规定了外衣的长度和内外衣的比例。在这些细节问题上,同样体现了沙皇的习惯:一件小事,一旦付诸实际,他就千方百计将其贯彻到底。

另一件事是,彼得在1699年岁末,接受了以基督诞辰为纪年的新历法,并积极参加了新年庆祝活动。新历法使俄国计算时间的方法与欧洲所有国家趋于一致,深刻地改变了俄国的生活节奏,加速了俄国的西化历程,这对改变守旧落后的传统面貌,是具有积极意义的。

在新的一年,也是新的世纪——1700年到来之际,沙皇为创建一个新的国家已经做了这样几件事:为夺取出海口,已建立海军舰队;城市已取得自治权;由于强制性地剪胡须、剪长袍,以及采用基督新历法,俄国的社会生活面貌已经开始发生重要变化。变化的目标只有一个,就是把俄国通过西方化,提高到现代化国家的水平。俄国能否实现、并巩固其西化改革,取决于她能否争取到影响自身发展的外部条件,并使这种影响持续进行下去。波罗的海诸省的征服,是实现这一目标的基本条件。但对于封建农奴制浓厚的俄国而言,这是一个颇不轻松的任务。战争的旷日持久,及其对国内生活的深刻影响,都使彼得的改革带有浓厚的军事目的。彼得将在夺取出海口的斗争中检验他的改革,深化他的改革,并利用改革成就支持长期战争。1699年11月11日,俄、波、丹三国同盟建立,俄国正一步步走向新的战争。

初战瑞典

1700年8月8日,俄国与土耳其缔结和约的消息传到莫斯科。久久盼望这个的彼得立即通知波兰国王:俄军立即行动,按北方同盟要求,向瑞典宣战。沙皇一声令下,一万辆满载炮火、粮食、装备的大车,绵延数十俄里,蜿蜒向西北方向进发。但是,当大军到达特维尔时,传来一个令人失望的消息:作为三国同盟之一的丹麦,由于瑞典国王查理十二世亲率15000大军在哥本哈根登陆,已在8月8日不战而降。波兰方面,虽先于俄国宣战,但围攻里加瑞典驻军的行动迄无进展。看来,战争的重负已经压在刚刚宣战的俄国身上。彼得已无别的选择,因为瑞典国王率领着18000人,正向里夫兰进发。双方交火的地点将是纳尔瓦。纳尔瓦位于纳尔瓦河下游临近芬兰湾处,是瑞典控制波罗的海的强固据点。平时仅有8000人据守,但都训练有素,如果得到查理十二援军的策应,俄军的形势就不容乐观。

查理十二用兵一贯神速,这时,他像突袭哥本哈根一样,出人意料地来到纳尔瓦。俄军围攻部队多达10万,已连续攻城两个星期,火药、炮弹都已用尽,但却毫无成效。11月19日,集结完毕的瑞典军队向漫散、狭长的俄军围城工事,发动了闪电式的突然袭击。俄军顿时乱成一团。缺乏训练的贵族骑兵高喊"德国人出卖我们了",纷纷落荒而逃。不少士兵因强渡纳尔瓦河,葬身河底;不少人缴械投降,当了俘虏。唯有彼得的两个近卫军团表现出色,但寡不敌众,难以挽回颓势。

夜幕降临时,开始了投降谈判。瑞典军同意俄军携带随身军械撤出营地。但撤退中途还是遭到部分瑞典军的袭击。

纳尔瓦一战,俄军损失惨重:阵亡、溺毙及饿死者,达6000人之众;炮兵连同135门各种口径的大炮、丧失殆尽;高级军官几乎尽数牺牲。可是双方兵力对比悬殊,实际交火的力量:瑞军约12000人,而俄军则有4万之众。

纳尔瓦之战,是军事史上以少胜多的典范。18岁的查理十二,由此获得第一流军事天才的荣誉。

纳尔瓦之败使彼得一世清楚地看到,他的军队是一支腐败的军队,从而迫使他立即实行全面的军事改革和发展工商业的计划。

纳尔瓦之胜,使查理十二过分小看了溃败后的俄国人。他不再把俄国放在眼里,不去继续进攻俄国以扩大战果,而是挥师西进,在波兰和萨克森打了6年仗。这样,就使彼得赢得了休养生息和改组军队所必要的时间。从战略上看,这是查理的一大失误。当然,它也取决于失败者对待失败的态度。事实表明,沙皇并不是一个轻易向失败示弱的人物。失败刺伤了他,同时也鼓舞着他。这种不懈的追求,以及客观形势所提供的可能,都决定双方在未来战争中的不同前途。从失败的一刻起,沙皇已着手锻造走向未来胜利的条件。

首先,他没有放弃同波兰的结盟。尽管事实证明奥古斯特二世是个胆小、自私、无所作为,并在军事上接连失败的君主,但对俄国来说,仍是不可多得的盟友。因为只要查理十二追赶奥古斯特的时间愈长,俄国赢得胜利的机会就愈多。所以,在纳尔瓦新败不久,彼得仍在比尔查与奥古斯特签订了盟约,不惜以大量的人力、物力支持这位地位岌岌可危的国王。除了一个由1.5万人组成的俄国军团,交由波兰方面指挥外,彼得还答应每年津贴国王10万卢布。这种情况一直延续到最后,甚至当奥古斯特在失去波兰王位的情况下,沙皇也没有动摇对波兰的支援。

其次,彼得也十分清楚,北方战争的责任已完全落到俄国身上。所以他必须加大力度进行改革,以适应长期战争的需要。纳尔瓦之战暴露了俄军的虚弱,所以改革须从强化军队开始。有三件事必须着手进行,即:变革军制,开辟财源,重建炮兵。

纳尔瓦的溃败证明,原来的贵族军队是难以在战场上取胜的,他决定实行义务兵役制。依据新军法案,每25户农民必须出一名新兵,按此标准,每年约有3至4万新兵应征入伍。入伍新兵须接受严格的军事训练。战士每天操练3次,稍有懈怠,即遭鞭打惩处。训练常在有经验的外国教官指导下进行。经过一个时期严格操练,新军已经学会怎样组成坚固的阵线,怎样整齐步伐,怎样打开排枪和怎样持枪搏斗等基本功。这种征集和训练方法,一直贯穿整个北方战争。其间,彼得共征兵53次,全国有284000人入伍。新的军制,为俄军提供了源源不断的有生力量,并以新的军事素质取代了松散、落后的贵族队伍。

筹措军费是一项十分严峻的任务。这方面彼得采取了极为野蛮的聚敛手段。他下令让造币厂的机器加速运转,用大批成色不足的钱币充斥市场。仅在两年内,俄国国内市场货币投放额就由200万卢布猛增至4500万卢布。此外,他还接受建议,向全体居民加征新税。自第一项新税——印花税付诸实际以来,名目繁多的各类新税接踵而至,包括马鞍税、马匹税、装具税、造船税、大车税、食品税等等,不一而足。这种残酷的敛财方法,虽满足了国家的战时需要,但也暴露了彼得改革的阶级局限,导致了国内阶级矛盾的激化。

重建炮兵的任务也十分艰巨。为了在短期内恢复炮厂,彼得下令征用教堂和修道院的铜钟。他规定每3个教堂须献出一口钟来铸炮。一年之内,用这种方法铸炮300门,相当于纳尔瓦战役中所损失的两倍多。此外,他还加速兴办各类冶金工厂,开始利用本国铁矿石生产生铁、熟铁、大炮和炮弹。为适应军需供应,由王家主持的军服、制革和呢绒等手工工场也在莫斯科建立起来。

为了解决当时急需的军事专门人才,彼得除大力招聘外籍军官之外,1701年专门建立了航海学校,学员们开始接受天文、算学、几何、航海等课程的系统教育。以后这类学校逐步扩大到炮兵、工兵等军种。

经过这些努力,彼得终于在短期内重建了军队。新军不仅在数量和规模上超过了原来的队伍,而且在组织和装备上取得了很大进展。这样,到1702年,俄军在局部战场上已恢复对瑞典的军事行动,并取得了一些初步的胜利。

为俄国赢得第一个胜利的是舍列麦捷夫将军。这位年届50的沙场老卒,素以稳健、谨慎著称于世,但作战勇敢,雷厉风行。他总结了纳尔瓦的教训,除非自己的兵力超过敌人两倍以上,决不贸然行事。在1702年初同瑞典军的遭遇战中,他以17000人之众,全歼瑞军施利宾巴哈将军所部7000余人,一举旗开得胜。沙皇欣喜若狂,表彰了全军将士,并由缅什科夫代表自己授予老将军一级安德烈勋章和元帅称号。这是最早获得这一殊荣的高级将领。此役一扫纳尔瓦战败后俄军的萎靡状态,对提高士气,具有重要意义。

接下来,俄军把主力集中于涅瓦河一线,希望拿下河口通向波罗的海的几个据点,从战略上分割瑞军。1702年10月,俄军开始围攻诺特堡。诺特堡原名奥列雪克,意为"核桃"。1611年瑞典占领该城堡后,经过加厚城墙,配置大炮,使这里成为一座固若金汤的要塞。沙皇为了围攻它,调集了14个团的兵力,并动用大炮轰击了三天,但是守军顽强抵抗,无动于衷。接下来,遵照沙皇的命令,开始了一场持续达12个小时残酷而又激烈的攻坚战。两军踏着震耳欲聋的炮声,在枪林弹雨中反复拼杀。最后,俄军冲上敌方城堡的高墙,打开一道缺口,优势逐渐转到俄军方面。至黄昏,诺特堡终于投降,"核桃"被沙皇的新军所敲碎。彼得将城堡改名为施利色堡,意为钥匙,即他已掌握通向波罗的海大门的钥匙。

4月末,攻占涅瓦河下游入海口处的尼昂尚茨要塞战役,再度打响。这是争夺出海口的关键一战。俄军水陆两路分别从上游和南面实现了对城堡的合围。5月1日,经过10个多小时的猛烈炮击,尼昂尚茨的残垣断墙上竖起了白旗。三天后,两艘不知城堡已经陷落的瑞典军舰误入河口,俄军冒险以8只小艇勇敢出击,结果击毁并虏获了这两艘军舰。这是俄军在海上取得的第一个胜利。彼得把它称作"史无前例的大捷"。因为使用简陋的、只配备火枪和榴弹的小艇去攻击军舰,是冒了极大的风险,而获得的战绩却是敌人几乎全军覆没。所以,这是一种"空前的收获",它为俄国海军未来的光荣战斗传统奠定了基础。此战使彼得和缅什科夫同获一级圣安德烈勋章。后者自诺特堡战役打响以来,一直冲锋陷阵、不避生死,深受沙皇的钦佩,因而也获得最高褒奖。

攻占尼昂尚茨要塞之后,整个涅瓦河,上起包括施利色堡在内的发源处,下至入海口,已全部落入俄国手中。为了巩固这条伸向大海的通道,彼得决定在原城堡下游更靠近大海的一座小岛上,构筑一个新的要塞,以拱卫海口。这个要塞当时就取名为圣彼得堡,它成为未来帝国首都的摇篮。不过,直到1704年秋,俄军在7月一个月内,连克两座城市,初步巩固了在波罗的海的地位之后,才坚定了把彼得堡变为帝国首都的信念。其中第一座城市叫杰尔普特,第二座就是曾使俄军蒙受失败耻辱的纳尔瓦。前者依赖炮兵一个通宵的猛烈轰击,强行夺取;后者则由俄军装扮成瑞典援军,诱敌出城,聚歼敌人于城下而获成功。

从纳尔瓦之败到俄军胜利地攻克两城,中间相隔整整4年。4年来,俄军已由一群乌合之众,发展为一支强大的武装力量。依靠这支力量,俄军夺得了出口海,切断了瑞典各支军队之间的联系,并开始缔造强大的海军。但是,没有人知道,为这些胜利祝捷的炮声与最后胜利的和平礼炮之间,还相隔17年的岁月。这将是一个经受严峻考验,同时又充满希望的漫长岁月。

走向胜利

当俄军在波罗的海东岸取得局部进展的时候,沙皇的盟友——奥古斯特二世统领的萨克森军队却连连败北,两军的形势形成两个对比鲜明的极端。

奥古斯特二世,由于体格强壮,素有"强王"之称;他能一刀砍下一颗牛头,并能一下子把几个摞在一起的银盘掰弯，但是打起仗来总是接连失败。沙皇曾多次呼吁他给敌人一点"厉害"，但最终都是他先受敌人的"教训"。失败一个接着一个，从克利舍夫、普尔图斯卡到托伦，一无例外。

军事失败动摇了奥古斯特在波兰的地位。1704 年 7 月，查理十二在华沙召开会议废除了奥古斯特的波兰国王称号，另立一位俯首帖耳的年轻人斯坦尼斯瓦夫·列琴斯基为新国王。为了帮助奥古斯特恢复王冠，俄军以盟军的身份开进波兰。到 1705 年 12 月，总兵力达 4 万人的俄军已集结在涅曼河畔的格罗德诺。沙皇给俄军的训令是：全力配合萨克森军参与局部战斗，切勿过于深入，切勿轻率与瑞军决战。但是萨克森军队持续性的失败，使俄军很难有所作为。此后，告警的消息纷至沓来，局势日益险恶。首先，瑞军在 1706 年冬季的酷寒驱使下，已抢先开到格罗德诺城下，俄军面临着被瑞军包围聚歼的危险，其次，萨克森军在最近的弗劳斯塔特战役中已全军覆没——3 万之众的萨克森军在与 8000 名瑞军遭遇时，竟一触即溃。

战争开始落在俄国一国的肩上。

沙皇当机立断：俄军应迅速撤出被敌人包围的格罗德诺。

1706 年 3 月 24 日傍晚，俄军开始撤出城堡，渡过涅曼河，到达对岸。此后，昼行夜宿，继续转移，12 天后，到达布列斯特，才最终摆脱险境。这就是俄国军史上著名的"格罗德诺大转移"。这次转移避免了不利条件下的决战，巧妙地保存了俄军实力，为未来的决战准备了条件。它体现沙皇深远的战略意图和灵活的战争策略。

查理十二在攻占格罗德诺后，没有立即东征俄国，而是再度挥师西进，收拾奥古斯特二世的残部。这使俄军又获得一年的整休时机。调头西去的瑞典军，如风扫残云一般迅速占领莱比锡和德累斯顿，奥古斯特二世的萨克森王冠也面临着被打落在地的危险。在生死关头，奥古斯特决定向敌人投降。1706 年 10 月 19 日，他与瑞典签订了屈辱性的《阿利特兰什塔特和约》，在放弃波兰王位，中断同俄国的联盟，并供养瑞典军队的条件下，保住了他的萨克森领地。新条约巩固了瑞典在波罗的海南岸的霸权，它也意味着，经过修整和补充的瑞军下一个目标将投向俄罗斯。北方战争已变成纯粹的俄、瑞战争。

1708 年 1 月，查理十二率领 4.6 万能征惯战的瑞典军，越过俄境，向莫斯科进发。大军入境，迫使彼得采取了诱敌深入的退却和"焦土"政策。这一策略通常被称作"若尔克瓦防御计划"，因计划的诞生地若尔克瓦城而得名。实施这一计划的目的是：一是保存实力；二是以零星的进攻，以及销毁粮秣等办法"把敌人拖垮"；三是在本国境内相机与之决战，全歼敌人。这一策略成为决战前俄军军事行动的基础。

生性浮躁的查理十二，急于寻找俄军主力决战。但是，在他于 1708 年 7 月 3 日取得戈洛夫奇诺的局部胜利之后，却长久按兵不动。原因很快查明：瑞军因在沿途得不到给养，已经断炊，他正等待莱文豪普特将军的辎重车队。但令人奇怪的是，他还没有等到粮秣和援兵车队，就又上路了。惯于冒险的国王，仍打算自己在沿途解决给养问题。不过,彼得已拿定主意,不管查理十二把他的军队开到哪里,都要使它们陷于十室九空的境地。饥饿已使瑞军陷于极度困难的境地,但国王仍没有坐下来等待粮秣的耐心。他这种难以理解的行动,即使莱文豪普特的辎重车队不停地追赶瑞军主力,也使主力部队因得不到给养,陷于涣散之中。这种情况,为俄军堵截、夹击他的辎重部队创造了条件。

9月28日,携带大量军需、粮草的瑞典辎重车队,在列斯那亚村被俄军团团围定。经过几小时的激战,拥有16000之众的莱文豪普特军团,几乎全军覆没。瑞军已失去把战争持续下去的全部军需和给养。

面对重大挫折,查理十二没有明智地选择罢兵休战,而是把侵俄不久就酝酿的计划付诸实际:改变直取莫斯科的进军路线,折向南方,向乌克兰进发。据说,那里有丰富的物质资源,可就地取得给养,也可获得对沙皇心怀不满的哥萨克的支持。

乌克兰气候温和,物产丰饶,有可能满足瑞典军队的粮秣要求。顿河流域的哥萨克素来也是沙皇政府的一支异己力量。1707年5月,那里发生的布拉文起义震撼了沙皇政府,其影响远及乌克兰。乌克兰的哥萨克统领马泽帕20年来一直居心反叛,但他一直用甜言蜜语和表面上的忠诚,蒙骗着对他至今仍十分宠信的沙皇。前不久,他还一面给彼得呈送表示忠心的奏禀,一面又向查理十二密表他等待国王驾临的焦急心情。正是出于这些考虑,查理十二始终坚持他的南下决心。他希望在乌克兰,也像在萨克森一样,度过一个温饱富足的冬天,来春再行决战。可是,查理的计划很快就落空了;1708年至1709年的冬天,是欧洲人记忆中最冷的冬天,乌克兰也不例外;由于在敌对的农村搞不到足够的物资,大批的瑞典士兵冻死在茫茫的俄罗斯原野上;乌克兰人也没有举行大暴动来协助查理,哥萨克首领马泽帕策动的反叛也被沙皇粉碎,他仅带领2000人马来投奔查理。情况已变得十分严峻。查理和他的军队冒着咆哮的暴风雪,踯躅在乌克兰大雪覆盖的草原上。他们食不果腹,无处栖身,随时遭受袭击,每拿下一个居民点都是一场生死搏斗。兵员在一天天减少,他们已误入歧途。

次年4月,南下的瑞军已抵达南俄重镇波尔塔瓦城下。波尔塔瓦是个战略要地,它的南部有一条通向克里米亚的大道,有助于与土耳其建立联系;北面贯通俄国造船中心沃罗涅什,并可直达莫斯科。占领这一要地,并能在此聚歼俄军主力,就打开了畅通无阻的北上大门,整个乌克兰就会倒向瑞典一边。国王的考虑与马泽帕的游说不谋而合,瑞军开始了围攻波尔塔瓦的全面准备。

远离战场的彼得得到瑞军包围波尔塔瓦的消息后,也认识到争夺该城在双方战略计划中的意义。他决定集结重兵,通过驰援该城,与瑞军进行战略决战。

瑞军也把总决战视为救亡图存的一线希望。但是,双方军事力量和素质与战初相比,已发生重大变化:严冬的折磨,长途行军的消耗,不断战败所带来的兵员减少,都使瑞军失去初战时期的锐气;相反,俄军以逸待劳,又经过不断的军事改革和经常性的后备补充,已变得相当强大。再加上彼得对这次战役的周详安排,以及亲临指挥,都坚定了俄军的必胜信念。

6月27日凌晨,孤注一掷的瑞军倾巢而动,率先向俄军发起进攻。早有准备的俄军首先以密集的炮火给敌人以迎头痛击。当时俄军拥有大炮 102 门,瑞军仅 39 门。在猛烈的炮击配合下,部署在侧翼的俄国骑兵,直贯敌阵,给进攻的瑞军造成巨大伤亡。查理十二因脚部受伤,发着高烧,乘坐在担架上巡视全军,声嘶力竭地激励士气,但仍无法阻止士兵在俄军炮火轰击下的溃逃。激烈的会战持续了两个半小时,瑞军抛下了 8000 具尸体,除了查理在马泽帕的陪同下和少量随从南逃土耳其之外,剩下的约 16000 瑞典官兵全部做了降俘。

波尔塔瓦会战,是战争转向战略决战的转折点。它结束了瑞典占优势时期,并在国际上使北方同盟各国恢复了对瑞典的军事行动,普鲁士也趁火打劫、加入了同盟。俄国乘胜在波罗的海沿岸大举进攻,扩大了原来的占领区。

战争持续到 1712 年,俄国不仅收复芬兰湾,而且占领芬兰南部一些据点,准备将战争推进到瑞典本土去。1714 年 7 月,俄国海军在芬兰的汉科角战胜瑞典海军。这是一次足以和波尔塔瓦大捷相媲美的辉煌胜利。经过这次海战,瑞典本土已暴露在俄军的直接威胁之下。

俄国在波罗的海势力的增长,引起了一贯主张保持波罗的海势力均衡的英国的不安。1719 年 8 月,英、瑞达成协议,英国对瑞典提供经援和军援,并派舰队深入波罗的海对俄国施加压力。但是,由于英、俄之间存在着广泛的商业利益,英国对瑞典的援助仅仅是虚张声势,而没有有效措施。彼得看穿英国的本质后,得寸进尺、步步进逼,不断地以军事胜利向敌方施加压力。瑞典终于发现自己处于孤立无援的危亡之秋;加上,查理十二这位军事天才早在 1718 年已阵亡于挪威前线,瑞典已失去恢复波罗的海统治的任何希望。

1721 年 8 月底,俄、瑞双方在芬兰的尼什塔德签订和约。依据条约规定,瑞典把立沃尼亚、爱沙尼亚、英格利亚和卡累利阿(芬兰湾)割让给俄国;作为交换,俄军退出芬兰,并保留瑞典在里加和雷维尔免税购买价值 500 万卢布的粮食的权利。经过 21 年的长期战争,俄国终于获得了通往欧洲的第一个窗户——波罗的海出海口。俄国从此开始名副其实地成为一个濒海国家;她为自身的发展争取到了外部条件,也使自身成为影响未来欧洲局势的一支重要力量。为表彰沙皇的功绩,元老院加封彼得为:国父兼全俄皇帝彼得大帝。俄国亦开始正式易名为俄罗斯帝国。

持续变革

北方战争的胜利结束,使彼得有可能把全部精力转移到内政改革方面。事实上,他的内政改革实践在漫长的战时环境中从未停止,不过未能全面系统地展开而已。在波尔塔尔大捷以后,彼得曾一度恢复在战前就已着手进行的改革计划,到 1715 年已达到一个高潮。其间,有关设立行省、成立元老院、开办官办手工工场、简化印刷字母等举措,都已开始付诸实践。沙皇特别关注制度改革中的立法建设,他在诏谕中一再指示,要把丹麦、法国、荷兰、英国等西方先进国家的各种典章制度翻译过来,以便为改革中央机构提供借鉴。他还特别重视陆海军的制度化建设,以极大的精力投入《陆军条令》和《海军条令》的编纂工作。此外，他还颁布了关于长子继承制的敕令，关于禁止公务人员承包包工工程的敕令，等等。然而，由于战时环境的影响，这些改革还都不够深入，许多举措都是依照权宜的原则制定的；再加上协调北方同盟、发展波罗的海舰队等因素的牵制，他的改革都是断断续续进行的。其中1715年年底，彼得因养病出国旅行，当然也负有争取同盟的使命，他的"新政"一度被迫中断。直到1717年年底回国后，才又部分恢复。总之，在与瑞典缔结全面的和平条约之前，改革是无法系统、也无法深入进行的。现在，我们把彼得在战时和战后所进行的全面改革，联系起来，加以综合评述。

通常认为，彼得的改革是以军事改革为核心的，这一点在战时尤为突出。纳尔瓦战败后，彼得优先重视的就是军事改革，那些改革在战时已发挥出重要效力，但彼得没有就此却步，而是持续地进行了新的改革。1699年的义务兵役制，是军事改革的起点。其目的在于扩大军队的兵员。1705和1710年，彼得又先后两次颁布敕令，将服兵役的义务由一般农户和工商户，扩大到所有纳税阶层。这一制度，始终使俄军保持着一支庞大兵员，并源源不断地得到补充。

为了提高部队的军事素质，彼得十分重视按新战术原则对士兵进行严格训练。除了经常性的实战操练之外，彼得亲自参加编纂，制定了陆、海军条令，用新战术原则有目的地训练和武装部队。《陆军条令》公布于1716年。它是西欧军事思想和俄国军事经验相结合的结晶。沙皇为编纂条令煞费苦心，甚至在出国旅行期间，还抱病对条令进行大规模地修订和补正。条令全面地反映了俄军在战争年代所采用过的全部新战术，对快速突进、两列横队射击、肉搏战等作战方法做了具体阐述；对部队的组织管理、编制原则和服役期限也给予了明确规定。此外，条令同时也是一部刑事法典，对违犯军纪、破坏军队秩序的行为，也规定了详细的惩处措施。条令对此后百余年来，俄国军事艺术的发展产生了重要影响，培养和训练出了诸如鲁勉采夫、苏沃洛夫、库图佐夫等高级军事将领，使俄军成为一支在欧洲具有较大威慑力量的武装部队。

《海军条令》公布于1720年，是彼得海军建设经验和成就的汇集。条令根据俄国的具体情况，并参照英国、荷兰、法国、丹麦、瑞典五国的海军法规制定的。它对于发展较为年轻的俄国海军起了重要的指导作用。为了强化海军建设，在完成海军条令的制订工作之后，彼得又集中精力投入《海军部章程》的编纂工作。在长达两年多的时间里，他亲自动手，数易其稿，终于使俄国海军在编制、军阶、官兵的权利和义务方面，形成完整的法规依据。

为了用最先进的武器装备武装陆海军，彼得大力发展冶金工业、军火工业和造船工业。这些工业门类的出现和发展，既受军事需要的推动，也对整个经济生活发生着深刻影响。到1725年，俄国已有大型工场233所。其中冶金工业产品不仅满足了军队需用，而且开始向外国出口。军事工业的发展必然要促进民用工业的发展。因为保证军需供应和加强国防，原本是摆脱落后的手段，而且只有在本国经济实力充分发展的基础上，才有可能实现对外政策的目标。所以，彼得已不再简单地通过扩大铸币和增加捐税来解决军队的需要，而是接受西方的经验，重视发展工商业,甚至农业的发展,来提高国力,达到富国强兵的目的。为实现这一目标,彼得一方面鼓励外资在俄国兴办企业,希望经过一段时间的经营再转交俄国人承办;另一方面则直接从国外聘请有经验的技师,由他们帮助兴办官办手工工场。彼得两次出游西欧,都负有这一使命,并收到显著效果,体现了经济改革浓厚的"西化"特点。此外,彼得十分注意发展私营工商业。这不仅体现在他多次颁布地方自治法令,刻意保护工商业者的政治权利和利益方面,而且反映在他直接采用各种优惠办法,诸如贷款、津贴、免税和垄断等措施,鼓励私人投资、兴办企业。为了解决发展工业所需要的劳动力问题,彼得采用强制手段,征用大批农奴进入工场,从事工业生产。1721 年,他颁令规定工场主有权购买农奴和整个村庄。1722 年又法定,逃进工场做工的农奴,不再归还原来的主人。这样的强制措施,基本解决了农奴制条件下工业生产劳动力不足的问题。

彼得也十分重视对国计民生具有重要影响的内外贸易。为了促进国内贸易和全俄市场的形成,彼得主持开凿了维施尼伏洛乔克运河和拉多加环湖运河,大大加速了国内商品流通和内河航运的发展。在外贸方面,他采取了鼓励出口、限制进口,并以高额关税保护民族工业的策略。依据 1724 年的关税税则,进口货物应缴关税的多寡,直接以本国企业满足国内市场需要的能力为转移:某种商品,国内的产量越多,从国外进口同一商品的关税就定价越高,而对俄国输出的商品一般都征收很轻的关税。这些新税制实行到 1726 年,出口货物的价值已为进口货物的两倍。彼得堡的营建,在内外贸中发挥着极为重要的作用,它不仅是俄国对外贸易的窗户,而且是国内商业最大的集散地和中心商埠。

农业在封建农奴制极为强固的俄国,是一个较为落后的产业门类,但是彼得仍给予一定的重视,也取得了相应的进展。针对农民在重税、兵役、劳役重负下,几近破产的现实,彼得在《爱惜耕者令》中指出:农耕者"是国家的动脉,正像通过动脉滋养人体一样,国家也要靠耕者来滋养,因此应当爱惜他们,勿使他们劳累过度,而应保护他们免受各种非难和破产,特别是公务人员应当善待他们"。彼得曾责成各地方长官查明,地主中那些人的田园荒芜是由于农民官差过重而造成的。应将其呈报元老院,由元老院将其领地转拨给别人经营。这些认识和举措虽并非真正同情劳动者,而是出于对地主阶级整体利益的考虑,但在优先发展工商业的同时,能适当地看待农业中存在的弊端,提出一定的改革措施,仍然体现了变革者的远见卓识。除此而外,彼得的诏令中也不乏农业技术改革的内容。例如,当他发现用芟刀收割庄稼可达到更高的劳动生产率时,就专门颁布了改用芟刀的敕令。当运用新方法加工大麻纤维取得超过传统方法的收效时,他就责令按新方法行事。此外,对于扩大耕地面积,推广优良品种,培植经济作物,以及发展畜牧、养蚕等家庭副业,也都给予必要的引导和鼓励。这些,对于开发俄国潜力很大的农业资源,是具有积极作用的。

税制改革是完善国家收入机制的重要举措,在这方面彼得也留下了深刻的印记。17 世纪以来,俄国盛行以农户为单位的征税办法。许多贵族地主为了逃避国税,往往把几个有亲属关系的家庭合为一户,结果发现了人口不断增长,而农户却逐年减少的奇怪现状。彼得经过调查，很快发现了其中的隐秘。于是，他接受总监察官涅斯捷罗夫的建议，决定废除以农户为征税单位的制度，改用按男丁征收"人头税"。人头税实行初期也同样受到地主贵族的抵制。他们中的一些代表人物，在上报所属农民人口清册时，往往以多报少，隐瞒实有农民人数，结果新税法仍未收到实际效果。后来，彼得被迫用死刑和没收被隐瞒的农奴相威胁，但领主们依然置若罔闻。直到1723彼得下令由军官组成专职办公厅，负责审查各地人口表册，这种隐瞒之风才得到一定纠正。审查结果，仍发现被隐瞒的男性农奴100余万。截至1724年春，才形成较为准确的纳税男丁：5400万男性农奴。税制改革扩大了国库收入，为彼得的全面改革提供了财政保证。它削弱了传统贵族的经济实力，但也在一定程度上加重了农民的负担，导致了阶级矛盾的激化。彼得统治时期，多次发生的农民起义就是对这种聚敛政策的一种反应。

贵族是彼得维护其统治的支柱。彼得的改革也未能触动前者旧有的地位。但是，彼得主张要对贵族队伍进行改造，他需要缔造新的贵族队伍支持他的改革。首先，他认为贵族应承担一定义务，他们应与其先辈不同，不能再待在庄园里享受荣华富贵，而应该在陆海军中服务，或从事工商业，为国家的繁荣强大担负责任。彼得规定：贵族子弟应进入陆、海军学院，学习专门的知识和技术，完成国家所赋予的学习义务。有条件的贵族子弟，还应接受国家委派，到国外留学。出国留学在当时是一件十分困难的事。由于经费不足、语言不通，许多贵族子弟对此常常抵制，有些出国的人也想很快回国。彼得往往采用强制性的惩罚手段，如封闭府邸、削减官职、发配劳动等迫其就范。到1714年，彼得终于以新的改革举措取代了对个别贵族和成批贵族的惩罚措施，这就是公布了《长子继承令》。这是彼得在研究西方继承制度之后，旨在一劳永逸地解决贵族承担国家义务的制度化建设。敕令规定：贵族只能由长子继承全部不动产，其余没有地产的儿子必须自食其力，"靠服公务、靠学识、靠经营或者靠其他行当挣取自己的面包"。这道敕令维护了俄国的大地产制，但它迫使众多的贵族子弟去追求军功和商业，发挥各自的创造才能，对于改造旧有的贵族队伍，具有积极意义。

思想文化领域的改革，更体现了彼得鲜明的反传统色彩。因为变革和反变革的斗争总是首先在思想文化领域中表现出来。这方面首先要触及的一个领域是宗教。俄国的国教是10世纪从拜占庭传入的东正教。东正教不像西欧的天主教，它在历史上长期处于对国家政权的依附地位，是沙皇专制制度的精神工具。但是，教会拥有大量土地，控制着全国大约1/5的农业人口；由于垄断了精神工具并出于维护既得利益，他们往往是俄罗斯古风旧俗的维护者。对于彼得的改革事业而言，他们是一股强大的阻滞力量。彼得深知教会在国家政治生活中的地位，所以并不一般地反对宗教，而是主张把教会置于国家世俗政权控制之下，以利于自己的改革。早在1700年，当态度保守的大主教阿德里安去世以后，彼得就开始了谨慎而有计划的限制教权的改革。首先，他有意不指定大主教的继承人，而是任命对改革持温和态度的梁赞地区主教斯特凡·雅沃尔斯基，为"大主教圣座临时守护者"，主持日常宗教事务。接着在1701年，他宣布教士应以古代僧侣为榜样，"用自己勤劳的双手为自己生产食物,共同生活,并用自己的手养活许多乞丐"。从这一年开始,他已禁止寺院购买和交换土地,并着手对教会和修道院的财产进行清理。1721 年,当大规模的军事活动趋于结束时,他发动了对教权最具威胁性的进攻,成立了世俗性的宗教事务管理局,颁布了《宗教事务管理条例》,开始把教会严格置于世俗政权控制之下。条例规定:管理局的成员与世俗机关的官吏具有平等的地位;他们应宣誓效忠皇上,无条件地执行皇上的圣谕;各教区的主教不得插手世俗的事务和仪式;废除忏悔的保密制度;所有神甫应及时向政府密报有"叛变或造反"念头的忏悔者。彼得还力图改变出家人的生活方式和寺院的经济活动,他责令所有神职人员都要学会一门手艺,自食其力;寺院还要以自己的收入担负起赡养老弱残废官兵的义务,并设法为学校提供经费。此外,他还规定僧尼必须学习文化知识,没有受过教育的神职人员子弟不得接替前辈的宗教职位,只有有文化的僧尼才是优秀的神职人员。这些举措大大加速了教会的世俗化过程,对于整个改革的顺利推行具有重要促进作用。

思想文化领域的另一有影响的改革是文字改革和发展各种专业教育。彼得执政时期,俄国的文化水平十分落后,不仅普通百姓,而且在贵族子弟中也存在着许多文盲。为了普及文化,彼得主持了俄国的文字改革工作。文字,是语言交际的工具,也是知识的载体。但是传统的俄文字母是旧式教会斯拉夫字体,不仅构词复杂,而且发音、书写都很混乱,不利于文化推广。彼得统一、并简化了原有字母的笔画,取消了一些发音复杂的字母,削减了节略符号,宣布从 1708 年起,除教会祈祷用书,各类书籍的印刷一律采用新字母。文字改革奠定了现代俄语的基础,对于普及文化、吸收国外的先进技术成就,创造了有利条件。

教育方面,改革的起步是通过创办各类专业学校来实现的。这首先是为培养各种军事人才的需要,有目的地进行的。最先创办的学校,是 1701 年在莫斯科建立的航海学校。1705 年,该校已招收 500 名学员。以后,工程技术学校、医科专门学校、矿业学校,陆续建立起来。在莫斯科还建立了一所格鲁克中学,专门用来培养外交官,以外国语为基本课程。普通教育始于各省城创办的初等数学学校,到 1720 年前后,至少已有 42 个城市开办了这类具有启蒙性质的学校。由于服从战争需要的目的,彼得开办的学校在初期很像军营,学生也往往按新兵一样对待。许多学校都实行军事化管理,常由有经验的优秀士兵监督学生的学习和操行,对于违犯纪律不履行学习义务者,动辄施以鞭笞,而不管其出身如何高贵;徇情纵容者,同样严惩不贷。这种强制性的举措,一定程度上适应了俄国当时的人才需求,至 20 年代,俄国军官中已有 90% 由本国毕业生充任。其他方面的人才也逐步培养出来。

作为一个开放型的君主,彼得十分重视科学在整个文化事业中的地位。早在 17 世纪末随西行大使团赴英国考察期间,彼得就访问过科学中心皇家学会、格林尼治天文台和牛津大学,会见了包括牛顿在内的许多专家学者,并聘请部分学者到俄国任职。战争环境不允许他有系统地投入国内的科学文化建设,但在戎马倥偬的间隙,他仍然积极为科学的发展创造各种条件。除了多次派员勘测堪察加半岛、绘制各地区地图以及不断总结水利工程的经验外,彼得很早就计划兴建俄国科学院。1714年,费多尔·萨尔蒂科夫就为沙皇拟订了在每省建立一所科学院的宏大计划。1718年6月,彼得就在一份报告上批示:"一定要成立科学院。现在就应从本国人中物色学识渊博并有志于此的人。还应着手翻译一些法学和与法学有关的书籍。今年就着手办这些事。"但由于国务烦冗和招聘欧洲一流学者的计划一时难以落实,筹建科学院一事就延宕下来。直到1724年1月,经沙皇批准、元老院议定的建立科学院的计划才付诸实施。彼得坚持,建院方针"不可照搬别国所采用的模式",希望科学院要适合俄国国情,使科学研究与人才培养相结合。1725年8月,俄国第一次科学院院士大会召开,它体现了彼得倡导的,把大学、中学、科学院本身融为一体的新体制。它是对西欧类似机构的实践有选择的否定,既保证了科学研究的正常进行,又加快了人才的造就和培养。彼得为保证科学研究的深入开展,为科学院制定了每年25000卢布的高经费预算,并答应给科学家以"优厚的薪俸"待遇。俄国科学院的研究活动在彼得去世之后才大规模地展开,但彼得奠定了俄国科学研究的基础。

彼得改革中耗时最长,用力最多的是行政机构改革。因为这是传统势力最集中的堡垒,变革很难一蹴而就。自1711年3月2日下令成立元老院以来,至晚年去世,彼得长期致力于国家机构的调整、改革,非战争牵制,无一刻有所松懈。1712至1715年,是他利用战时间隙进行政务改革的一个高潮。在此期间,他曾命令元老院组织人力翻译"外国法典",并初拟了政府机构6个院的具体名称。他还诏令在外国招聘"学者和法学方面的行家里手,以便指导各院的工作"。他特别指示要注意收集丹麦中央机关结构的情报,包括院、州的数量和机构配置;因为他知道强大的瑞典,其国家机构模式是从丹麦学来的,既然战时不能直接研究瑞典的规章制度,那么就应从丹麦学习。彼得中央政府机构改革的核心,是用新建的"院"取代传统的"政厅"。政厅机构庞杂、职权不清,办事效率低下,它与领主杜马一道,是守旧贵族的世袭领地。院的建制将通过立法程序,明确职权范围,提高政府的集中化程度,并打破原有的世族门阀主义用人标准,为国家机构的运作,带来新的活力和效率。彼得的上述设想和初步的实践,由于战时环境,时断时续,直至1721年和约签订后,才全面系统地投入实施。

结合俄国的实际,彼得在元老院之下分设9个院,全面取代了原贵族杜马和诸多政厅的职能。这9个院分别是:外务院、陆军院、海军院、财政院、财务支付院、财务监督院、工厂管理院、矿务院、商务院。其中前3院为"头等"院。院的建制以后扩大到12个,它们统一隶属于元老院。元老院不同于贵族杜马,它虽负责从中央到地方的行政和事务,并在沙皇外出时代行处理军国大事,但其成员均为公务人员,不得世袭,随时可以撤换;此外,元老院比贵族杜马人数要少得多:后者最多时有100余人,而初设的元老仅有9人。各院院长,彼得大都量才录用,不计门阀,许多都是在战争中久受锻炼,功勋卓著而出身低微的亲密朋友。如,陆军院院长缅什科夫出身于宫廷马夫家庭,本人早年曾在莫斯科街头叫卖馅儿饼,由于作战勇敢并富有创新精神,以后被擢升为元帅。外交院副院长沙菲罗夫原为一犹太商人,曾在一家商店当店员,彼得在一次闲聊中发现对方通达数国语言并富有外交才干,当即介绍他到政府任职,以后成为外交方面的重要骨干。除了在用人方面不拘一格,整个院的建制都体现了创新特点,许多院是传统政治机构中所没有的,如海军、工业、矿务等院;许多院更新和扩大了与原政厅相对应的传统职能,如分管财政工作的3个院,不仅分工明确,而且相互制约,适应了对外战争和国内建设的多方面需求。以后增加的3个院:司法、教育、宗教,本身是改革演化的产物,是国家职能在这些重要领域内的延伸。彼得不限于设立新机构,为了使各类机构有章可循,他以极大的精力亲自投入各院工作条例的制订工作。除去前述的陆海军条令之外,《海军部章程》以及各院《总章程》的制订,他倾注的心血最多。这些章程载明了与它管辖范围有关的权利和义务,并规定了对失职人员的处罚办法,是国家体制法制化的重要举措。

除了各种规章条令,1722年还颁布了《官秩表》。这是一道反映彼得向传统的官职晋升制度挑战的敕令。官秩表将官位分为14个品级,每一级官吏的选用、升降,均以其才能、知识和勤勉为据。依据这一制度,非贵族出身的优秀人才可以迅速取得高级官位,它打破了传统的门阀习尚,激发了公职人员的工作热情,对于提高军队和行政部门的工作效率,提供了法制保障,体现了彼得破格用人的一贯主张。

彼得十分重视保障中央政府机构正常运作的监督机制。经过多年的探索,他在1722年成立了以元老院总监察官为首的监察署,实现了由独立于被监督机关的国家要员督促和检查政务活动的机构创新。这不仅对揭露违法事件,而且对防范违法事件的发生,提供了制度化保证。出身于风琴演奏家家庭的雅古任斯基,由于机敏、才干和忠于职守,荣任这一崇高职务,被称作"国家的眼睛"。

地方行政机构的改革,从1708年12月开始施行。为了强化中央集权,彼得用行省制取代了旧有的督军制,全国被分成8个省,由省督统管特定省区的行政、司法和军事要务。1714年,随着北方战争的胜利进展,行省增加到11个。1715年,又在省以下设置了新的县制。1719年,全国又重新划分为50个州,州下设区,各区设行政长官。州的建立没有取消原有的省,但分割了省督的权力,省督仅限于掌管军事,州成为地方行政权力中心。

通过上述这些改革,彼得终于在莫斯科公国的废墟上构筑起现代俄国政治体系的大厦。这个大厦以一定的技术进步和法制精神为基础,经受了长期战争和持续变革的考验,并对二百多年来,俄国社会变迁产生了持久的影响。当然,由于改革的阶级属性所限,改革的成就又是通过残酷掠夺国内人民和蚕食邻国来实现的。

营建新都

彼得堡,它的全称应是圣彼得堡,是彼得对外战争的产物,也是他西化改革的象征。

彼得堡是彼得的创造,是在涅瓦河口一片沼泽地上凭空升起的一座大都会。

自 1704 年,彼得打算把这里确定为新都以来,它就成为俄国得以俯瞰欧洲的窗户和斩断帝国守旧传统的"外偏中心"。这个外偏中心,它距离边境几乎在步枪射程之内,充分显示了沙皇的扩张野心,同时也展示彼得试图借助西方的影响加速俄罗斯文明开化的宏大决心。所以,营建彼得堡是彼得从政和改革的一个缩影,在他的生平事业中占有独特地位。

营建彼得堡的活动,可以追溯到北方战争的最初岁月。如前所述,1703 年 5 月,当俄军攻下尼昂尚茨要塞之后,涅瓦河流域已全部落入俄国手中。为了防止瑞军卷土重来,需要在河口入海处建立一个强固的要塞。当时选中了一个叫卢斯特·艾兰特的小岛(即快乐岛),俄军很快在这里动工修建了一座新的城堡,取名为"圣彼得堡"。这里成为未来帝国首都的摇篮。由于战时的环境,沙皇为保卫这里采取了两项紧急措施:第一,在距彼得堡 30 俄里的科特林岛上构筑了喀琅施塔得要塞;第二,在彼得堡就地建立了一座造船厂。直至 1704 年,俄军先后占领杰尔普特和纳尔瓦之后,彼得才形成把彼得堡变成帝国新都的愿望。此后,大规模营建新都的活动逐步展开。

营建初期,彼得堡的建筑基本沿袭古罗斯的传统:木质结构、布局混乱、街道弯曲。这些建筑物今天已荡然无存,唯一保留至今的是沙皇住过的小木屋。1711 年以后,彼得的夏宫,海军部大楼,以及三圣大教堂开始修建起来。当时最豪华的建筑还数缅什科夫在瓦西里耶夫岛上修建的两层府邸。虽属木质结构,但富有意大利风格,富丽堂皇,令人瞩目。以后阿普拉克辛伯爵、沙菲罗夫等人的公馆,也在海军部大楼附近建立起来。在造船厂周围,七零八落地分布着工匠们的住所。全城当时已有近 800 户人家,8000 多人口。

1713 年,宫廷、元老院和外交使团开始迁往彼得堡,新城堡成为帝国的正式首都。许多居民,特别是贵族,在沙皇诏令强制下开始迁往彼得堡,城市人口已增至35000 余人。城市建筑也开始从木质向石质结构过渡。

1717 年,城建工程进入一个新的发展阶段。法国著名建筑师勒布隆受聘为城堡建设制定了总规划。规划打算通过开凿一些新运河,把彼得堡变成北方的威尼斯。由于气候关系,彼得否定了这个计划,但规划本身加快了城建工程。每天都有大量的石料被运进城区,每年都有数百幢新屋拔地而起。新建的海军部大厦雄伟壮观,气势恢宏。在这座巨型建筑物的一边,横穿着又宽又长、铺满石头路面的涅瓦林荫大道,另一边是能容纳 1 万人的海军部造船厂。修葺一新的海军上将阿普拉克辛的三层楼住宅,坐落在今天冬宫的位置上,它成为新都首屈一指的豪华大厦。在大厦后面分布着总监察官雅古任斯基、海军中将克留斯等显贵的府邸,沙皇的冬宫也选在这里,但它在这片建筑群中毫无出众之处。沙皇的夏宫倒是设计得别出心裁。这是一幢按照中产人家标准设计建造的普通二层小楼,家具陈设朴素无华,但它旁边点缀着一座精心设计的御花园,却使人十分赏心悦目。花园中有独具匠心的小径;修剪得体的乔木和呈立方形、金字塔形和球形的灌木丛;还有花圃、无数的雕像、瓶形花坛、半身雕像、圆柱、喷水池、池塘等。在花园靠近涅瓦河的一边,一条迤逦的游廊直通河岸,人们可乘轻便的帆船,出海遨游或沿宽阔的涅瓦河荡漾。所以,同西欧最美的花园相比,这座花园都毫不逊色。

在距夏宫花园不远的地势略高处,分布着新都颇有名气的两座建筑。一座是海军部军需官基京的旧宅。房主因参与皇太子谋叛案在1718年被处死,没收充公的府宅被辟为博物馆和图书馆。一层博物馆陈列着自沙皇1697年出国访问以来,所能搜集到的一切珍贵收藏品,包括著名解剖学家弗烈德里克·路易斯等人毕生的生物解剖标本,国内的稀世珍宝、珍奇异兽,以及以往战争中使用过的老式大炮和被征服地区的古代文物。二楼是图书馆,收藏着迁都以来的公共文件、私人赠书、药物学著作等,约达11000卷。

另一座是坐落在基京府宅旁的首都第二大工业企业——铸造局。这是一个以制造大炮为主的联合企业,彼得曾来这里参加工人们的铸炮劳动。

涅瓦河对岸是已接近竣工的彼得保罗要塞。它的内部建筑工程最引人注目的是一所大教堂。教堂将成为城内最宏伟的建筑,因为彼得已打算使教堂钟楼塔尖的高度超过莫斯科的最高建筑物——伊凡大帝钟楼。

在瓦西里耶夫岛上,一座号称"十二院大厦"的建筑群正拔地而起。这里将成为元老院,宗教局和中央各院的办公所在地。

正在兴建的博物馆大厦,将成为首都最大的建筑物之一。一座多层塔楼居中矗立,把两翼的侧楼联成一体,它将容纳基京府宅内的所有展品和图书,并将夏宫花园内的霍托尔普地球仪置放在塔楼的顶层。这项工作直到彼得去世之后,才逐步完成。

彼得堡不仅以宏大的建筑规模引人瞩目,而且那里所呈现的经济和文化生活也与帝国的其他城市迥然有别。

首先,这是一个海的世界,在辽阔的帝国,任何地方都看不到这样的景象:湛蓝的涅瓦河水,缓缓地注入欢腾的大海。浪花飞溅的岸边,四处飘逸着海风咸涩的芳香。一望无际的大海尽头出现了映入蓝天的舰船桅杆,飘扬着英国、荷兰、法国国旗的巨型海船,由小变大,正驶向薄雾缭绕的港湾。一等海船靠岸,码头上装御货物的喧闹声即刻连成一片,压倒了大海的澎湃声。数以百计的平底船、轻便帆船、帆桨并用的大船,穿梭般地往来于涅瓦河上,彼得堡又迎来熙攘繁闹的一天。

其次,这里也是国内贸易的物资聚散地。由于新都周围是一片半荒芜的地区,无法为居民和商贾提供必要的生活必需品和出口物资,因而需要从遥远的内陆吸引各类生活用品和原料。伏尔加河中游和乌克兰送来了谷物和面粉;斯摩棱斯克地区提供了亚麻和大麻;远在西伯利亚的德米多夫工厂,通过"运铁船队",辗转送来了俄国出产的生铁。俄国广大农村纺织的夏布和帆布,也源源不断地输送到货物吞吐量最大的商港。彼得堡已取代北方的旧港埠阿尔汉格尔斯克,成为巨大的商业中心。

第三,新都的文化生活也以其丰富多彩、高雅欢快的欧式格调,使古旧的莫斯科相形见绌。为了营造无拘无束的文化气氛,提高上流社会的文化教养,彼得亲自出面组织了寓教于乐的大舞会活动。大舞会不定期地轮流在上流社会中举行,高级军官、达官显贵、舰队技师、知名商贾和学者及其子女,都是邀请对象。每一个客人都可根据自己的爱好自由地安排自己的活动和时间，可以跳舞，可以下棋，可以闲聊或仅当观众。沙皇希望通过这种形式，达到上流社会之间的自由交际、高雅的娱乐，并熟悉社交礼仪。大舞会为人们的交往提供了新场所，减少了传统的宴会活动；同时，它结束了首都妇女的幽居生活，使妇女们走出深闺，来到了人间。彼得堡开始成为西方时尚的示范中心，上流社会的伊甸园。

进军里海

北方战争的胜利结束，不是彼得军事生涯的终点，正如它不是他对外战争的起点一样。沙皇对南部水域和邻国领土的争夺，始终抱有强烈的野心。在长达21年的北方战争前后及其间，彼得曾三次对南部邻国用兵。第一次，是前文提及的征服亚速之战。这是初试锋芒的尝试，经历了转败为胜的曲折过程。第二次是1711年远征普鲁特河的军事冒险。此役孤军深入的俄军被土耳其10多万人围困在普鲁特河畔，彼得被迫以重金收买敌方主帅，并放弃亚速及附近军事设施为条件，幸勉地保存了实力，无功而还。第三次是北方战争胜利结束后，沙皇远征波斯的战争。三次战争，为时甚短，成就有限，但它反映了彼得对南国疆土和热带水域的持久谋划。这即是他对外扩张的组成部分，也对后代沙皇具有传统影响。因此，要完整地再现彼得的军事生涯，远征里海仍是不容忽视的最后插曲。

里海，是连接波斯和俄国的世界上最大的内陆海。沙皇早就奢望通过夺取里海西南的土地，打开一条经由波斯通往印度的道路。1715年，担任波斯专使的阿尔杰米·沃伦斯基就曾奉诏对波斯沙赫进行试探。他试图说服沙赫：波斯与西欧的丝绸贸易，从水路运到彼得堡，比由土耳其的陆路转口更为有利。但是，18世纪初的波斯正处于地方封建割据的混乱之中，分崩离析的沙赫政权无法满足彼得的大胆计划。此外，土耳其封建主已在利用波斯政局的混乱，对波斯的南高加索属地用兵。土耳其人在里海西南部的扩张，将使沙皇经由波斯进入印度洋的计划化为泡影；同时，由于这个传统敌人在边境地区实力的扩大，也将使俄国南部边疆的防务更趋复杂化。因此，当为北方战争胜利祝捷的烟火尚未熄灭的时候，醉心于南部热海通道的沙皇就立刻点燃了远征波斯的战火。在他看来，征服暴乱四起、民怨沸腾、宗教迫害不断加深的南部邻邦，正当其时，且轻而易举。

1722年5月，当波斯人洗劫了俄国商人在舍马哈的商店，当阿富汗人闯入伊斯法罕这些消息在彼得堡开始盛传的时候，由新、旧两京同时开拔的两支队伍就浩浩荡荡地向里海进发。7月，部队抵达阿斯特拉罕。然后兵分两路：步兵从这里渡越里海，向杰尔宾特方向挺进，骑兵从陆上沿海岸南下。参加这次远征的俄军约有4万人，包括5000名水手，2.2万名步兵，9000骑兵，以及一些非正规部队。

这次南下所面临的敌人并不十分强大，途中除了一些小规模的遭遇战，并未太大的障碍。但是，由于骑兵在行军途中严重缺水，渡河的陆军又缺少船只，所以征途备受艰辛。

8月23日,在俄国大军威胁下,杰尔宾特不战而降。沙皇占领了这座曾由马其顿王亚历山大大帝建造的城堡。但这里不是俄军南征的最终目标,沙皇渴望攻占具有重要战略和经济地位的巴库。

占领巴库,俄军面临着两大困难:一是粮草缺乏;二是气候酷热。越过杰尔宾特试图南进的俄军,头顶骄阳,脚踩砾石,找不到河流,看不见小溪,没有一滴水,没有一丝风。疲惫的士兵们绝望地看着湛蓝的天空,没有一块云,他们嗓子冒烟,舌头发干,昏昏欲睡。接着,又传来一个打乱全盘计划的消息:停泊在杰尔宾特港外的运粮船遇到了意外风暴,粮草尽数沉没里海。饥渴的俄军处于一片混乱之中。

彼得立即召开军事会议,决定主力部队撤回阿斯特拉罕,待来年再重整旗鼓。新占领的杰尔宾特、塔尔基等3个城堡,由俄国卫戍部队驻守,算是这次南征的主要战绩。

第二年,陆军没有再次出动,而主要由里海区舰队完成了攻占巴库等地的军事任务。依据1723年波俄签订的彼得堡条约,波斯将里海西部和南部沿岸的土地割让给俄国,俄国以支持波斯对其敌人(指土耳其)的斗争作为交换条件。彼得堡条约是波、俄之间最早的不平等条约,它加强了俄国在里海西南部地区的优势,为19世纪初俄国吞并南高加索,并在波斯北部推行殖民化政策创造了条件。

严惩腐败

远征里海归来,彼得基本告别了戎马倥偬的军事生涯,开始集中全部精力充实、完善他几乎从未停顿的改革大业。巨大的内政建设自北方战争结束已全面展开,许多举措已初见成效。但是,随着改革的深入,改革遇到的阻力就愈大。为了同反对改革势力做斗争,早在1718年,他亲手处决了企图复旧的皇太子阿列克谢。此后,他不惜以严刑酷法为武器,对付一切敢于反对改革、破坏改革的言行和人物。继血雨腥风般地镇压太子余党之后,他开始运用这一武器惩罚所有玩忽职守、侵吞公款和勒索贿赂的腐败行为。沙皇一生对贪污受贿深恶痛绝。随改革的深入,经济生活的活跃,贪赃枉法之风开始弥漫宫廷朝野,许多在战争岁月不避生死追随彼得的亲密朋友开始涉足各种盗窃国家财产的丑闻。彼得不得不把惩罚的屠刀对准这些不肖之徒。

西伯利亚省督加加林公爵,是彼得惩治腐败的第一个牺牲品。这位省督大人利用远离首都之便,不仅屡次通过吃空缺的办法侵吞公款,贪污受贿,而且竟然将为叶卡特琳娜皇后从中国买来的珠宝据为己有。罪不容恕,在铁证面前,加加林抵赖无门,上书认罪,要求皇上恩准他去修道院了此残生。彼得没有送贪污犯去修道院,而是当着高级官吏和他的全体亲属的面,把他绞死在司法院大厦前。

继加加林之后,揭发他的总督察官涅斯捷罗夫也被送上绞刑架。这位总督察官素以大公无私、果敢有为,并善于揭发检举大型贪污要案而蜚声朝野,深得沙皇之器重。但是,这位受命揭发别人犯罪行为的"廉吏",却因一次偶然包庇下属贪赃枉法的过失而触怒了沙皇。特设法庭作了严厉的判决:处死涅斯捷罗夫!

沙皇的另一位战友库尔巴托夫也险遭涅斯捷罗夫同样的结局。这位出身农奴管家的人,曾因上书皇上,通过出售印花税来开辟新财源,而获得俄国第一个聚敛家的褒奖。此后便青云直上,官运亨通,由军械厅的书记官直至阿尔汉格尔斯克省副省督。但是,他同样经不住金钱的诱惑,把手伸进了国库。以后,查明他的贪污款是16000多卢布,其中12000卢布直接盗自国库。只是由于他在结案前几个月去世,才免于被送上绞架的惩处。

在彼得晚年审理的舞弊案件中,沙菲罗夫一案曾轰动一时,特别引人注目。由于犯罪者官高爵显,它十分清楚地反映出政治上层的道德风气和彼得严惩不贷的严厉作风。沙菲罗夫身为元老院元老又兼任副总理大臣,在战争岁月和和平时期,主要承担着国家的外交重任,屡建奇功,不辱使命,多次以微小的让步为俄国赢得巨大的外交利益。加上他能够写得一手漂亮的政论文章,并精通数国语言,深得沙皇之器重,为有数的几大宠臣之一。但是,在彼得远征里海期间,他在元老院和临时总监察官皮萨烈夫——他交恶甚久的政敌,发生了一场激烈的争吵。后者揭露了他一件在当时看来微不足道的舞弊劣迹:他利用元老身份,徇私枉法,使他的弟弟领取了比规定高出一级的薪俸。由于沙菲罗夫知道对方意在报复,并在营私舞弊方面不下于自己,因而不甘示弱,恶语相争,结果元老院会议变成了对骂的场所,喧哗声压倒了正常的国事讨论。最后被迫中断会议。两星期后,余怒未息的双方又发生一场争吵。消息很快传到彼得那里,双方都递了诉状,继续互相攻讦。由里海回来的沙皇即刻组成最高法庭的专案组,进行调查。结果,过分狂妄的沙菲罗夫处于下风。法庭作了严厉的判决:处死沙菲罗夫。1723年2月15日,不避严寒的莫斯科人纷纷来到克里姆林宫,观看副总理大臣的最后结局。肥胖的沙菲罗夫已被按倒在断头台上。元老院的秘书纵马飞驰而来,他宣读了沙皇改判沙菲罗夫流放西伯利亚的敕令,免他一死。流放地以后又改为诺夫哥罗德,并准许家人陪同,但须受严格监视。

皮萨烈夫也受到免官处分,离开元老院去督修运河工程。捡回一条性命的沙菲罗夫心灵受到巨大震动,他不胜感伤:飞黄腾达的宦海生涯结束了,物质匮乏的生活开始了。与其长久地经受贫困的折磨,还不如让刽子手砍开自己的大血管!

在位极人臣的沙皇战友中,也许唯有缅什科夫是个例外。无论贪污受贿,还是盗窃国家财产,他都使前述几人望尘莫及。他一次次地卷入各种贪污丑案,却一次次地逃脱应得的惩罚;充其量被沙皇用大棒教训一顿,或交纳一笔罚金,就会安然无恙。沙皇并非不知道这位宠臣手脚不太干净,他那豪华的府邸、镀金的马车、频繁的宴会,都清楚地向人们昭示他的开销来路不正。但是,缅什科夫并不否认他花过国家的钱。在证据面前,他一方面坚持这些钱是为国家的需要而花,同时他也为国家花过自己的钱;并且,他还能证明:他拿进去的比付出来的要多得多。此外,他是个天生的乐天派,能在处境十分危机的情况下,靠机敏和诙谐摆脱危局和尴尬。据说,一次沙皇在盛怒之下,威胁说要让他提上馅儿饼篮子到大街上去叫卖,干他年轻时的老行当。缅什科夫真的到街上去从一个卖饼小贩手里抢来一篮馅儿饼,回到沙皇面前。沙皇被这个玩笑逗乐了，他笑着向缅什科夫吼道："你听着，亚历山大！别再游手好闲啦，要不然，真叫你去卖馅儿饼就不好了。"缅什科夫离开沙皇时，把自己的货物递给卖主，大声吆喝着："买刚出炉的馅儿饼啊！"

除去这些素质之外，缅什科夫在战时具有无可置疑的勇敢。冒险是他的天性，他总是藐视危险；每逢决定性的战役，他总是一马当先，冲锋陷阵，不计安危；他坚信打中他的子弹还没有制造出来。凡是需要奇袭猛攻、快速出击的地方，沙皇总是派他前往，并总能出色地完成任务。此外，他还有令人赞叹的组织才能，在治理收复地区、营建彼得堡的过程中，他都取得了令沙皇满意的政绩。为执行圣谕，他既不怜惜别人，也不吝惜自己。可以说他有许多过人的美德，唯一的缺陷是：他对财富始终不能无动于衷。

回顾缅什科夫生平活动中的辉煌之点，是想说明：沙皇对侵吞国财的行为严惩不贷，却又对最大的贪污犯宽大包容。这唯一的例外，反映了彼得在用人和执法问题上的矛盾。人们不免认为沙皇也在枉法徇情。如果我们用它来和处置太子案做一比较，也许就会理解彼得的选择，因为在用人和执法之间有一道界线，就是：服从他的改革大业。

尽管如此，缅什科夫的地位到沙皇晚年已大大削弱，他失去了陆军院院长之职，与主上的关系也变得日渐疏远。双方早年那种无拘无束的亲密情感已荡然无存。有人推断，沙皇如果天假以年，活得更久，不知悬崖勒马的宠臣未必不会中途送命。这种判断，也同样适用于沙皇无限信任的御前机要秘书马卡罗夫。后者长期享有干练、规矩、公道的美名，可是到沙皇逝世的前夕，终于发现他也在暗中接受贿赂。

接连发生的违法案件，毒化了彼得晚年的心情，特别是当他身边的头面人物卷入这类案件时，更是如此。他开始困惑不解：为什么自己劳筋累骨、以一当十地向山头冲去，而自己的同胞却成千成百地往山下跑？为什么许多跟随自己多年，南征北战、生死与共的战友，一旦到了和平时期，总不能克制对非分之财的欲望，而不顾忌自己的名誉和信用？！不少的战友已经去世，但更多的战友正以秽行在背离他所开创的事业。彼得无法理解这些变化。他变得不大与人往来而且容易动怒，昔日炯炯有神的目光，如今已黯然失神。他过上了以往自己所不习惯的离群索居生活，常常凝神默想，若有所失。显然，朋友们的劣迹已使他失望，同时，他也在考虑：不惜生命为之奋斗的事业应该交付于谁？

自从皇太子阿列克谢获罪致死以来，彼得就一直没有可供选择的理想继位人。他对皇孙，即阿列克谢9岁的儿子十分慈爱，但不放心由他来继承皇位，因为孙子有可能受外戚的影响承袭其父的立场，而反对祖父的事业。至于他和叶卡特琳娜所生的两个女儿——安娜和伊丽莎白，虽聪明可爱，但他认为都不是他所期望的坚强有力的事业继承者。还有谁呢？十有八九，他选中的是妻子叶卡特琳娜。这位出身卑微的女子，不仅天姿国色、善解人意，而且多年来一直伴君南北征战，备尝艰辛，功勋卓著。特别是在普鲁特河远征期间，大智大勇、自愿牺牲随身佩戴珠宝，贿赂了土军司令，才使俄军死里逃生。此举不仅令彼得长期感念，而且赢得了士兵们的尊敬。此后便恩宠有加,青云直上,成为彼得身边任何人所不可取代的知音和贤助。正是为了为她上台做好准备,彼得在远征里海归来不久,就决定为她正式加冕,让全世界知道:俄国真正的合法皇后是叶卡特琳娜!

为皇后加冕打破了俄国皇室传统,也使全俄舆论为之哗然。为了证明她理应承受此等殊荣,彼得在1723年11月的一份文告中,不惜用许多溢美之词,赞誉她长期随军转战,历尽艰辛,为皇上始终不渝的助手。隆重的加冕仪式及其庆典,从1724年3月持续至5月,历时甚久,耗资巨大,在千人百众的欢呼和一片礼炮和钟鼓声中,昔日的女奴成为头戴金冠、光华四射的全俄皇后。

耗时过久的庆典活动损害了彼得已经十分虚弱的身体,他不得不在庆典刚一结束就到疗养地去休息。但日常琐务仍然分散着他的精力,他的健康已每况愈下。8月末他参加了一艘三桅巡洋舰的下水典礼,然后,又不顾医生的劝告,做了一次长途旅行,主要是参加施利色堡每年举行的占领该城纪念活动,并视察奥洛涅茨冶金工厂和拉多加运河工程。至11月初,他回到彼得堡时,病情开始严重。这时,传来了一件有碍皇后声誉的绯闻:一位年轻的高级侍从走进了皇后的生活。这件事加速了沙皇病情的恶化。

侍从很快因"贪污罪"遭到处决。叶卡特琳娜保住了声名,但夫妻间的关系从此不再心心相印。不知是出于对过去的恩惠的追忆,还是顾忌两个女儿的婚事,彼得没有对皇后绳之以法。但也没有运用手中的权力,把为叶卡特琳娜加冕的意图引导到合乎逻辑的结局。

1725年1月,彼得的病情开始加剧。它使一切问题都退到了次要位置。叶卡特琳娜奉召来到彼得床头,陪伴他度过最后的时日。病痛者已进入痛苦的弥留之际。1月27日。从昏迷中醒来的沙皇,要人笔墨伺候。看来,他已拿定主意,要对继承问题做最后安排。忐忑不安的人们注视着那张决定皇位继承的白纸,只见沙皇吃力地写着:

"一切权力归……"

笔从他颤巍巍的手指中滚落下来,他长喘一口气倒在床上,从此不再言语。看来,沙皇依旧没有对皇位继承做出安排。沙皇应该知道,这时候他的选择该有多么重要,但他仍没有做出选择。这就是所谓盛传的沙皇遗嘱之一。临终前的这几个字是可靠的,但不解决任何问题,虽然可以当"遗嘱"看待,实际上是一纸空文。

据传,沙皇还有一份"政治遗嘱",即征服欧、亚两洲的14点计划。这份"遗嘱"在不同时期存在着不同争议。19世纪,许多欧洲学者认为遗嘱是真实存在的,因为它完整地反映了俄国几个世纪以来对外扩张的意图。这份文件可用来揭露沙皇对外扩张的野心。但到20世纪以后,学术界对这份文件又多持怀疑态度,因为一方面文件组织得系统有序,条理清晰,这在彼得戎马倥偬的军事生涯中是不可能形成的;另一方面,彼得毕生的使命是争夺波罗的海出海口,虽然也有征服亚洲、包抄欧洲的想法,但在当时缺乏实力,提不上实践日程,不可能预先周详地制定一个超出实力的具体掠夺计划。因此,"政治遗嘱"可能系后人伪造。

1725年2月8日,极度痛苦的沙皇终于合上了双眼,他带着困惑和遗憾,留下了未竟的改革大业和正在扩充的疆土，去了。

彼得一世是俄国历史上雄才大略的专制君主。他所推行的西化改革，冲击了俄罗斯的古旧传统，增强了国家的经济实力，提高了俄国的地位，加速了俄国的文明开化，从而开启了俄国现代化的历程。他为争夺出海口而进行的长期战争，满足了俄国正常发展的外部条件，使俄国由一个孤立、封闭的内陆国家，变为开放型的濒海帝国。在除旧布新的持续变革和长期的戎马生涯中，彼得富有魅力的个性特征和独特品格，诸如勤于学习、勇于实践、视野辽阔、大胆接受新生事物和同守旧势力做斗争的勇气和决心，即是他生平事业的组成部分，也是一种时代精神的反映，对于今日的变革也具有启发意义。

正如许多学者所达成的共识：彼得的改革是通过残酷掠夺国内人民来实现的，并为贵族农奴主阶级服务的，因而不可能从根本上改变俄国的社会面貌；他的对外战争早已越出发展经济和和平交往的界线，并严重地损害了邻国利益。但是，如果从历史的角度，将他同他平庸的前辈和同时代许多无为之君相比较，彼得不失为能够顺应时代潮流、富有开拓精神的新兴君主。在数以万计的帝王世界，彼得一世是具有鲜明个性，并为历史留下深刻痕迹的典型人物。

欧洲君主的典范

——腓特烈大帝

人物档案

简　　历:腓特烈二世,普鲁士国王,军事家,作曲家。少年时擅长乐器,1740年即位。1785年组建由15个德意志国家组成的诸侯联盟。1786年在波茨坦去世,享年74岁。

生卒年月:1712年1月24日~1786年8月17日。

安葬之地:柏林郊外的波茨坦。

性格特征:聪明,善学,有野心。

历史功过:主张开明专制,发展普鲁士军事力量,两次发动西里西亚战争,兼并西里西亚,第一次瓜分波兰,获得西普鲁士。

名家点评:拿破仑评价说:"越是在最危急的时候,就越显得他的伟大,这是我们对于他能说出的最高的赞誉之词。"

痛苦的少年

　　1712年1月24日,布兰登堡·普鲁士国王腓特烈威廉一世及其皇后索菲亚生下了他们的第3个儿子,他在受洗后被命名为卡尔腓特烈。由于卡尔腓特烈的两位哥哥均夭折,卡尔腓特烈从出生之日起就成为普鲁士王位的当然继承人。

　　然而,腓特烈的童年并不幸福,他在极其严格的宫廷礼仪的管束中长大。他的父亲腓特烈威廉一世对他的早期教育甚至达到了苛求的程度。腓特烈·威廉一世本人就是一个生活极其严谨的人,尽管贵为国王,但是他平常只穿一件普通的蓝布外套,常年如此,直到穿的衣服破烂才会更换新的外套。与欧洲其他的王室相比,普鲁士宫廷朴素简单,淡然恬静,丝毫没有欧洲其他皇室所一贯追求的铺张奢侈的气派,这种风格与当时欧洲各国皇室攀比炫耀、极尽奢华的风气完全不同。威廉一世自腓特烈小时候起,就要求他讲究效率,学习并掌握一些基本的生活技能。威廉一世对腓特烈的仆人们说:"你们必须设法让他习惯于以人类所可能的最快速度脱衣服和穿衣服,而且要教导他可以在没有任何人的帮助下自己穿脱衣服。"威廉一世还特别提出,不管什么时候,腓特烈都必须看起来干净整洁,不能有任何脏乱的感觉。这些刻板、严格的规定尽管有时不近人情,但是却对腓特烈性格的塑造与磨炼产生了重要影响。在腓特烈·威廉一世的严厉管教下,腓特烈的所有一切似乎都事先做了安排。无论是起床、洗漱、祷告,还是读书,学习音乐,甚至是游戏和玩耍,腓特烈都必须遵照事先安排的程序进行,不得有丝毫违反。

在腓特烈 7 岁时,腓特烈·威廉一世为他安排了各科专任教师,让他尽早掌握知识。腓特烈不仅要学习数学、德文、法文、经济学、政治理论、神学,还要学习音乐、美术、绘画等课程。对于一个年龄只有 7 岁的孩子来说几乎是残酷的,但是这种学习经历却是极其宝贵的,它成为腓特烈一生的一笔巨大财富。因为通过幼年时期艰苦勤奋的学习,广泛地涉猎各科知识,不仅培养了腓特烈强烈的求知欲和学习兴趣,而且更使他获得了丰富完整的知识,锻炼了他出类拔萃的预见能力和判断能力,这为他执政以后实施大规模的社会变革,推进普鲁士改革事业的发展,奠定了坚实的基础。

尽管腓特烈·威廉一世要求小腓特烈博览群书,但因为偏见,他却禁止腓特烈学习拉丁文。他认为,只要熟悉法文和德文,就足够应付普鲁士国王的职责了,为了阅读罗马古典文学而去学习拉丁文,这纯属浪费时间。但这对小腓特烈并不起作用,因为小腓特烈太喜欢古代罗马的故事,太仰慕古罗马君主的丰功伟业了。在与腓特烈关系十分亲近的家庭教师——法国人杜亨·德·约登的帮助下,腓特烈悄悄学习拉丁文。怀着景仰之情,腓特烈仔细阅读了恺撒等罗马帝国历代伟大君主们用拉丁文写作的各种作品,深深地为这些君主们的霸业和人格魅力所折服,尤其是关于战争和哲学方面的论著,对腓特烈影响尤大,为其日后在军事上建功立业播下了火种。与此同时,在杜亨·德·约登的影响下,腓特烈对法国的文化与历史也充满了兴趣,他的德文课程虽然一直成绩不佳,但是他的法文却学得很好,以至法语成为他一生中最常用的语言。

威廉一世规定,小腓特烈除了学习各种语言之外,还须学习各种必要的技能,特别是要学习军事知识,他把担当军事职责,视为君主的一项最重要的职责。因此,他亲自向小腓特烈传授各种军事知识,特别是军事指挥的基本原则、行军打仗的各种要领,甚至经常带着小腓特烈参加各种军事演习,有时还派出一个连队让小腓特烈指挥。当然,这个被称之为"王子小队"的连队全部由小孩组成,其主要任务就是在小腓特烈的指挥下,进行射击比赛。

过度的严格管束使小腓特烈从小产生了一种叛逆倾向,他不时地反对父亲过度专制的行为。腓特烈·威廉一世是一个身体强壮、意志坚决的人,但是他脾气暴躁,说一不二。威廉一世尤其喜欢狩猎、吸烟和从事各种军旅活动,而且在其每次活动时,都要求小腓特烈出席。然而,腓特烈对父亲所钟爱的这些事情却毫无兴趣,他经常用各种办法来表达他对这些活动的蔑视。比如,在父亲外出狩猎时,腓特烈就会突然消失在树林之中,自己躲在幽静的地方,怡然自得地吹笛子。腓特烈明知父亲不喜欢法国的语言和文化,却故意把自己的发型留成法国流行的式样。有时候,腓特烈还会和姐姐维尔哈米娜故意激怒父亲,再跑到母亲房间里藏起来。为此,腓特烈·威廉一世对腓特烈的不肖行为十分生气,曾当面训斥他是个"顽固、不讨人喜欢而且不肖"的人。腓特烈·威廉一世甚至还激愤地说道:"我无法忍受一个不会骑射、嗜好与众不同,甚至把头发卷得像个纨绔子弟般、不注重修剪的文弱青年。"

　　尽管腓特烈的上述行为实际上都是些无伤大雅的举动,但在严厉的威廉一世看来,却都是一些大逆不道的事情,因而他对腓特烈的管教也更加苛刻、严厉。一旦他对腓特烈的举止稍有不满时,就会对其呵斥鞭打,甚至让其断食挨饿。腓特烈·威廉一世的所作所为是如此出格,其对待子女的方式在欧洲大出其名,甚至让欧洲其他皇室都为腓特烈的成长感到担忧。然而,过分严厉的管教并没有起到应有的作用,腓特烈非但没有变成威廉一世所期望的"孝子",反而让腓特烈变得更加叛逆,更加痛恨其父的管束。威廉一世愈是讨厌各种与法国有关的事物,腓特烈就愈是喜欢有加。腓特烈甚至还公然嘲笑父亲的宗教信仰,并且在与其父辩论取胜后,故意显露出某种傲慢姿态,让腓特烈·威廉一世感到愤怒和难过。因此,在腓特烈的少年时代,腓特烈与父亲之间的关系是极其紧张的。

　　然而,尽管腓特烈与父亲不和,但是在他的成长过程中,却并不缺少亲情,缺少温暖。腓特烈与姐姐维尔哈米娜关系异常亲密,两人无话不谈。维尔哈米娜比腓特烈大两岁。在父亲外出时,腓特烈就经常与姐姐一起读书,吹笛子。虽然姐弟俩偶尔也会发生争吵,但是这并不影响他们的亲密感情。即使在他们完全长大成人后,他们的感情也始终没有淡化。两人的姐弟感情如此之深,以至于腓特烈后来说他们姐弟俩是"两个身体,同一个灵魂"。正是在这种亲情的维系和温暖下,腓特烈的内心才没有完全被痛苦和仇恨所占据。

　　腓特烈的母亲索菲亚出身名门望族,与英国皇室有血缘关系。随着腓特烈年龄一天天增长,索菲亚试图让他与英国皇室联姻,准备让他迎娶英国公主阿美利亚。但是,腓特烈·威廉一世却坚决反对这门婚事。为此,腓特烈感到极其绝望,开始产生了设法逃离父亲控制的想法。1728 年,父亲允许 16 岁的腓特烈随普鲁士外交使团出访,访问萨克森的德勒斯登。在德勒斯登,这一地区的时尚与摩登潮流给腓特烈留下了深刻的印象,这甚至使腓特烈错误地认为,只要能够离开柏林,只要能远离父亲的严密控制,他就可以过上自由自在的美好生活了。这一想法始终萦绕在腓特烈的脑海中,挥之不去。后来,又有一件偶然的事件,进一步加强了腓特烈的这一想法。有一天,由于误会,威廉一世一怒之下,派人将腓特烈珍藏的3000 多本书全部焚毁,这让热爱读书的腓特烈伤心欲绝,从而更加坚定了他逃出柏林的想法。为了稳妥起见,腓特烈把自己想要逃亡到巴黎的计划告诉了普鲁士驻法大使,但是,驻法大使的建言使头脑发热的腓特烈逐渐冷静下来。大使认为,王子的出走,将会导致普鲁士王室出现难堪和丑闻,甚至可能还会引发一场战争。面对可能出现的这种恶劣结果,腓特烈思之再三,最终不得不暂时搁置了其逃亡计划。

但是,腓特烈的日子却仍然不好过,他不得不呆在柏林,一天天打发着难挨的日子。在父亲外出时,腓特烈还可以做一些自己感兴趣的事情。但是在父亲巡行归来后,腓特烈的日子就不好过了。特别是当威廉一世满身疲惫时,他经常把怒气发泄在儿子身上。有一次,威廉一世差点用窗帘绳勒死腓特烈。面对残暴又喜怒无常的父亲,腓特烈只得暗自饮泣,一次次容忍父亲的暴虐。在他给父亲的信中写道:"我在此谦卑地请求宽恕,希望我亲爱的父亲能将其表现在行为上的可怕恨意忘记,您的这种恨意令我无所适从。"然而,腓特烈的容忍和退让却招来威廉一世的嘲笑,被认为没有男子汉气概。他甚至对儿子说:"如果我的父亲如此对我,我早就举枪自杀了。你却没有这样的勇气。"或许,崇尚武勇的父亲是希望以此来激发起年轻王子的勇敢和血性,却没想到儿子有着完全不同的想法,所以,他的激将之法产生了相反的效果。腓特烈在父亲的刺激下,最终决定依靠朋友,出逃法国。

在腓特烈18岁时,威廉一世安排他随同巡访普鲁士境内的各个地区。因为这次旅途将经过与法国接壤的边界地区,因此腓特烈决心利用这次机会出逃法国。腓特烈的两个好友凯斯和柯特为他筹集了金钱、地图和衣物,趁着腓特烈·威廉一世不注意的时候悄悄送给了他。腓特烈计划在好友的协助下,穿越边界,到法国避难,然后再从法国前往荷兰。不料,在计划实施的过程中,有几封详细叙述了王子逃亡计划的信件却被误送到柯特堂兄手里,这样,腓特烈的逃亡计划完全败露了。

当腓特烈·威廉一世获悉儿子将要逃亡的消息时,愤怒得急欲发狂,几乎想亲手杀了腓特烈。腓特烈被关禁闭,由卫兵严加看管。但是,腓特烈在事发后首先想到的不是自己,而是他的朋友,他利用各种机会暗示他的朋友赶快逃跑,凯斯安全逃离了,但是在附近徘徊、犹豫不决的柯特却被逮捕了。于是,腓特烈和柯特被送交军事法庭。审判的结果是,柯特被判终身监禁,腓特烈则以逃兵论处。依照普鲁士当时的法律,逃兵是要被处死的。但是法庭认为,此事事关重大,遂以腓特烈身份特殊、法庭无法判决为由,将案件直接移交给了国王。怒气未消的威廉一世亲自判罚腓特烈,并且严令送交库斯德林监狱,而柯特则被处死。为了解恨,威廉一世还特意命令在关闭腓特烈的监牢窗口处死柯特,腓特烈不得不满含泪水,目睹了好友柯特在其眼前被处死的惨况。

逃亡计划的失败以及由此导致好友丧命,这一事件成为腓特烈人生中的一个重要转折点。腓特烈为柯特之死伤心和愧疚,但是在反复思考与痛苦反思之后,腓特烈深深感到,他所制定的逃亡计划是莽撞与幼稚的。通过这一事件,腓特烈也更深刻地体会到王权所具有的巨大威力,它可以左右一切,也可以压服一切。

在腓特烈看来,权力本身并没有任何不当之处,关键问题在于,掌握权力的人将如何行使权力。权力既可以公正理智地得到实施,为国家和个人谋取福利;也可以以偏激暴虐的方式实施,这就会给国家和个人带来灾难。由此,腓特烈开始改变了自己的人生观,他深深地认识到,自己不能只关心个人的好恶,不能只想着如何让自己活得自由自在。既然身为国家的继承人,他就应该肩负起对国家的责任,通过正当地行使权力,确保国家富强和人民幸福。经历这次逃亡事件,腓特烈的思想开始变得成熟起来,他的生活态度和行为方式也由此得以改变。

后来,在众多大臣的劝说和建议下,经过父亲的恩准,腓特烈离开了库斯德林监狱,前往库斯德林所在的城镇,充当政府工作人员,为当地政府服务。但是,威廉一世仍然对腓特烈感到不放心,他甚至对大臣们表示:"希望他最后不会走上刑台,但是我自己都对此觉得怀疑。"为此,腓特烈仍然受到父亲的严厉监管,尤其是其社交活动,更是受到前所未有的限制。然而,正是在这种枯燥乏味的生活中,腓特烈利用大量空闲时间,潜心读书和思考,反复思考国家政务,并且进行自我反省。在腓特烈的积极要求下,当地地方长官向他讲授如何治理城镇,向他传授有关普鲁士和其他日耳曼公国的历史、地理和经济等知识,腓特烈都虚心受教。通过自己的积极努力和切身体验,腓特烈开始逐渐对政府机构的运转和如何治理国家获得了一些认识,这一经历为腓特烈日后荣登大宝、快速承担起国王职责奠定了重要基础。

1731 年 8 月,威廉一世来到库斯德林,看望腓特烈。腓特烈跪在父亲的面前,承认自己曾经想要逃亡的计划是多么愚蠢和错误。父子尽释前嫌,威廉一世深受感动,表示将宽恕儿子,不再计较儿子过去的错误。至此,腓特烈放弃了过去所有的叛逆行为,开始把自己的真实想法深深地埋在心底。他在给友人的信中,对自己的想法做了明确的解释:"你只需行事遵照吩咐。想你所想,但藏在内心深处。"腓特烈明智地意识到,自己的反叛是徒劳无功的,以此激怒父亲,其结果只能造成父子关系进一步恶化。因此,唯一可行的办法是通过表面顺从,改善父子关系。由此可见,腓特烈思想的这种转变,实际上并不是真正向父亲屈服,而是以大局为重所做出的一种明智选择。

王者的思考

17 世纪后期至 18 世纪初,欧洲启蒙思想运动方兴未艾,发展势头强劲,启蒙思想家们竭力宣扬资产阶级的理性,用理性分析自然、社会以及个人,倡导政治民主和大众平等。在启蒙思想运动的作用下,中世纪以来始终在欧洲占据思想统治地位的宗教神学受到强烈质疑,"君权神授"的观念遇到了强有力的挑战,欧洲封建君主专制统治的根基被严重动摇。然而,在生性保守的腓特烈·威廉一世看来,启蒙思想运动中的"理性"是靠不住的。对于一位任意随性、至高无上的君主而言,启蒙思想家们所提倡的政府三权分立和天赋人权,这种说教无疑会侵蚀欧洲已经确立多时的"君权神圣不可侵犯"的观念,进而威胁到君主对民众与社会的控制力。与父亲相反,腓特烈对启蒙思想运动则一直抱有极大兴趣,特别是对启蒙思想运动中的理性主义哲学更是充满仰慕之情。腓特烈认为,每一个领袖都必须具有野心,但是这种野心不是盲目的,它必须是睿智的、稳健的,并且一定要以理性为基础。

虽然从小时候起,腓特烈就被要求天天做祷告,但是终其一生,腓特烈也没有成为一名虔诚的教徒。这并不能说明腓特烈与宗教无缘。腓特烈也曾一度被卡尔文教派的宗教学说所吸引,虽然腓特烈不是卡尔文教教徒,但卡尔文教教义中的宿命论倾向却对他产生了极大影响。这种宿命论观点宣扬,一个人生前死后所受到的奖惩,早已命中注定,与其生前行为无关。或许正是这种宿命论思想,让腓特烈逐渐听从了父亲的各项安排。1732年,腓特烈遵从父命,与布伦斯维克·贝芬公主订婚,并在1733年6月12日举行了婚礼。结婚后,腓特烈虽然尊重自己的妻子,但缺乏热烈的爱情。

腓特烈的婚姻是一桩典型的政治联姻,他们两人的婚约在彼此见面之前就已经决定了。腓特烈·威廉一世选择布伦斯维克·贝芬公主作为自己的儿媳,就是为了让普鲁士王室避免与英国王室联姻,避免由此在政治上受到英国的控制和干预。为了庆祝腓特烈的婚事,腓特烈·威廉一世为新婚夫妇在雷恩斯堡购买了大片土地,并在这块新领地上面修建了一座美丽雄伟的城堡。腓特烈·威廉一世还同意,一旦腓特烈结婚以后,他就可以离开库斯德林,移居到附近一个守军驻防的城镇,担任陆军兵团的团长。从此,借助婚姻,腓特烈重新获得了他渴望已久的自由。

当然,腓特烈对担任陆军团长一事也充满了兴趣,他逐渐对军事产生了浓厚的兴趣,并且竭尽全力履行其职责。1734年,腓特烈率领10000名士兵,组成远征军,抵御侵扰奥地利王国的法国军队。是时,腓特烈尽管只有22岁,但是在他内心深处,已经涌起建功立业的想法,希望能在著名将领尤金的率领下,打几个漂亮的胜仗。然而,让腓特烈感到失望的是,由于法国军队一直不让普鲁士军队靠近,腓特烈没有机会在战斗中一展身手,老天似乎注定要让腓特烈历经磨难,多受挫折。

尽管如此,腓特烈还是在这次远征中受益良多。除了外出巡行外,腓特烈还可以到较远的地方旅行。在旅途中,他结识了许多新朋友,这对于过去被禁闭的生活来说,不啻为一种巨大的奢侈。这次远征成为腓特烈军事生涯中的一次难得的重要体验,强烈地激发了腓特烈亲自率领大军、驰骋疆场的热望。而且,通过这次征战,腓特烈也了解到作为盟友的奥地利军队的一些弱点,这支昔日称霸欧洲的威武之师,其战斗力正在不断下降,不仅军队统帅以及军官的指挥效率不如人们的预想,而且士兵的战斗素质也不容乐观。这些印象深深地印在腓特烈的脑海中,成为腓特烈日后通过武力方式,征伐奥地利,强夺西里西亚的一个重要思想动因。

然而,正在此时,父亲病重,这让腓特烈开始正式考虑王位的继承问题,考虑国王应该担负的职责。不过,腓特烈·威廉一世的病情在此后又开始好转,一方面,腓特烈为父亲的安然无恙感到庆幸,因为纵然父子间有过许多隔阂,但血脉亲情却是永远难以割舍的。另一方面,腓特烈也稍稍感到失望。因为只要父亲健在,他就似乎永远不能摆脱父亲的控制,永远不能实现自己治国安邦的理想。由此看来,腓特烈治理国家的政治理想还需要时日。

在父亲痊愈后不久,腓特烈回到雷恩斯堡,在那里专心读书和思考,度过了几年平静愉悦、悠闲自在的快乐时光。特别需要提出的是,腓特烈在雷恩斯堡的岁月,极大地陶冶和培养了他炽热的音乐爱好。和许多欧洲王室子弟不同,腓特烈生活情趣高雅,音乐是其一生的追求,尤其在笛子吹奏、作曲等方面颇有天赋。音乐对腓特烈产生了巨大的影响,成为其一生的最爱,这不仅在欧洲王室的皇亲贵戚中不多见,而且在欧洲政治家们中也不多见。后来,腓特烈在国家面临战争困境的艰难困苦岁月中,就是凭着音乐给他带来的慰藉,获得了一个精神的避难所,支撑他度过了一段黑暗的岁月。

由于腓特烈精心安排,悉心布置,雷恩斯堡的每个晚上都热闹非凡。人们参加各种戏剧演出、音乐演奏、诗歌朗诵或者其他节目,不管是什么人,只要乐意表演,就可以上台演出,不上台的时候,就在下面充当观众。由于气氛轻松友好,前来雷恩斯堡的客人络绎不绝,腓特烈对他们每个人都热情款待,与他们真诚交谈,结交为友。年轻的腓特烈不仅以风趣机智而名声远扬,而且以真诚和热情赢得了人们的普遍赞誉。

另外,腓特烈还勤于书写,写信和收信是他最乐意干的事情之一。腓特烈经常给他的亲朋好友写信,尤其是他的姐姐维尔哈米娜,两人更是频频书信,以书信传递着姐弟两人的亲密感情。最值得称道的是,腓特烈还开始给名噪一时的法国著名思想家伏尔泰写信,交换思想,互通信息,两人的书信往来一直持续到伏尔泰去世时才结束。只要是腓特烈感兴趣的事或是人,他都会写信联络。由于兴趣广泛,腓特烈的社会接触层面极其广泛,因此他的信件往来也极为频繁。腓特烈所书写的大量信件,不仅取材广泛,而且对象众多,这使他的事迹能够广为人知,也成为后人研究他和他所生活的那个时代的最珍贵的史料。

除了对音乐和书写信件感兴趣之外,腓特烈还对诗歌、哲学、历史、经济、园艺、蓄养动物等感兴趣。腓特烈似乎对任何事物都感到好奇,他有着打破砂锅问到底的好习惯。这种强烈的好奇心使他成为一名知识渊博的人,使他一生都在孜孜不倦地学习和掌握各种新鲜的事情。此外,腓特烈还认真学习政治、战争和历史方面的知识,当时被誉为欧洲最睿智的两个重要学者——苏姆和曼陀菲尔,他们都成为腓特烈的老师,教导他各种政治与历史知识。

总之,在雷恩斯堡期间,腓特烈潜心学习、专心研究,这为他奠定了深厚的学识基础,积累了丰富的知识。为此,人们送给了腓特烈一个高雅的称号——哲学家国王。雷恩斯堡愉快的生活,成为腓特烈一生所度过的最美妙的时光。然而,这种快乐的时光很快随着疾病降临腓特烈身上而渐渐远去了。

由于家族遗传的缘故,腓特烈患上了与父亲相同的病症,当时的医学界对这种家族遗传性疾病束手无策,甚至没有任何办法减轻病人在发病时所引起的疼痛。正是由于饱受这种疾病的折磨,威廉一世的脾气才焦虑暴躁,喜怒无常。现在,被这种家族遗传性疾病所困扰的腓特烈,开始深深受到病痛的折磨,他完全理解了父亲由于病痛而造成的行为失常、秉性失和。但是,腓特烈却采取了与父亲完全不同的方式来转嫁病痛的折磨。每当发病时,他往往独居一处,远离众人,咬紧牙关,静静等待痛苦过去。凭借着顽强的毅力、高昂的斗志以及年轻的体魄,腓特烈一度战胜了病魔,身体逐渐恢复健康。

然而,正当腓特烈的情况逐渐好转之时,其父的健康状况却急剧恶化。威廉一世的健康状况不容乐观,病情始终是时好时坏。随着威廉一世逐渐走向暮年,他在与疾病的较量中越来越力不从心,身体状况每况愈下。1740年春,病魔再一次侵袭,他就此一病不起。预感时日无多,威廉一世开始为自己准备后事,他把腓特烈叫到身边,对他做了最后一次忠告。告诫腓特烈要爱国爱民,忠于职守,任何情况下都不能轻易放弃自己的责任。腓特烈满怀热泪,记住了父亲的临终教诲。

1740年5月31日,腓特烈·威廉一世去世。1740年夏,腓特烈正式宣誓登基,成为普鲁士国王。虽然没有隆重奢华的就职典礼,但是,腓特烈的个人魅力、雄才大略以及野心勃勃,同样使他与众不同,卓尔不凡,使他不可避免地成为欧洲列强瞩目的焦点,人们都在等待这位年轻的国王施展才华。毫无疑问,这位肩负普鲁士民族勃兴重任的年轻君主,注定将会使他的统治不同凡响,腓特烈以自己独特的方式开启了普鲁士的一个新时代,开始了欧洲战略格局新的重组和分割时期。

西里西亚战争

腓特烈初登大宝,旋即开始了勤政为国的帝王生活。在腓特烈继位之初,国事混乱,百废待兴,国家亟待严格的治理和管制。为此,腓特烈雷厉风行地推进振兴国家的改革事业,推行强国强兵政策。腓特烈每天忙于国事,少有懈怠,其工作效率极高,而且异常勤奋,每天工作接近20小时。在腓特烈全力以赴的工作中,普鲁士的政治、经济、军事以及社会发展逐渐步入正轨,走上快速发展的道路。腓特烈认为,普鲁士所面临的最紧迫的问题,是如何对付强敌环伺、争取生存权利的问题。因此,在这一思想的指导下,腓特烈用较短的时间理顺普鲁士国内各种关系,保证国家的各项事业尽快起步并向前发展。然后,他将大部分时间与精力转向国际问题,试图以此尽快改善普鲁士在欧洲的不利境地。腓特烈的第一个重大举措,就是夺取西里西亚。

腓特烈·威廉一世在位时,他一直梦想着振兴普鲁士,其毕生的理想就是得到西里西亚,为此,他进行了长期的军事准备。然而,令人遗憾的是,威廉一世不愿打一场“师出无名”的战争,因此,在矛盾与困惑中,威廉一世为了维护普鲁士的利益,在国际形势不断变化的情况下,与欧洲列强签订了许多协议。这些协议犹如一张严密织就的大网,将普鲁士团团包裹起来,这使普鲁士占有西里西亚的梦想始终无法实现。

腓特烈继位伊始,就确定了用武力解决西里西亚问题的原则。为此,腓特烈进行了周密、细致的军事准备。一方面,腓特烈拥有其父留下的83000多名士兵,其中包括威廉一世亲自挑选的、由身材高大魁梧的士兵所组成的榴弹卫队。但是,这支训练陈旧、战斗力低下、徒具其表的榴弹卫队并不被腓特烈看好,腓特烈很快就毅然决然地解散了这支部队,代之以16个步兵营。为了提高部队的战斗力,腓特烈特别邀请著名将领安哈尔特亲王,亲自对士兵们进行专业的军事训练。安哈尔特亲王按照古罗马时期的行军法,训练普鲁士军队,使这支数万人的大部队行动迅速,不仅可以比敌军更快捷地进入预定战场,而且能够更精确地实施打击,即使这支部队在人数处于劣势的境况中,也能保证取得胜利。另外,在腓特烈的积极支持下,哈尔特亲王还改进了普军的武器装备。经过军事改革,普鲁士军队的战斗力得到了极大提升,这支部队不仅号令严明,而且忠于腓特烈,能够随时奔赴战场。万事俱备,只欠东风,腓特烈现在只需要一个发动战争的借口,奥地利王位继承问题恰好提供了契机。

1740 年 10 月 20 日,奥地利王国的皇帝查理六世去世,其女玛丽亚·特蕾莎继承王位。由于哈布斯堡王室没有男性继承人,为了能确保女儿顺利继承王位,查理六世早在 1724 年就颁布了《国事诏书》,得到了各国的认同。然而,腓特烈却把玛丽亚·特蕾莎继承王位时所出现的混乱局面,视为以武力夺取西里西亚的一个天赐良机。于是,腓特烈指示他的大臣们立刻研究入侵西里西亚的细节问题,找出出兵的正当借口。由于玛丽亚·特蕾莎初登皇位,奥地利局势动荡,无暇顾及西里西亚,腓特烈遂驱兵进入西里西亚,7 个星期后,普军在几乎毫无阻力的情况下占领了富饶的西里西亚。玛丽亚·特蕾莎为此愤怒不已,但却毫无办法。因为尽管欧洲各国舆论都支持她,但却没有一个国家愿意为她提供军事援助。

腓特烈视国家利益高于一切,远远超过君主的个人信誉。由于法国不支持玛丽亚·特蕾莎,而是支持巴伐利亚选侯亚伯特为皇帝候选人,因此,腓特烈就与法国缔结了共同防御联盟,这样,腓特烈便拥有了在对奥地利外交上更大的回旋余地。然而,腓特烈并不以此为满足,为了从奥地利获取更大的利益,腓特烈甚至准备随时毁弃与法国的盟约。在他看来,为了保卫自己的人民,国王应该不惜牺牲个人的言行信用。他曾说过:“国家元首食言总比国民受到灭亡的命运要好。”在思想上,尽管腓特烈对马基雅维里的《君主论》思想提出了严厉批评,但他在军事和外交上的表现,实际上却与马基雅维里的思想如出一辙。不过,腓特烈一贯主张,统治者应该公正仁慈,而这一点与马基雅维里所主张的不择手段的统治方式区别甚大。

为了保住西里西亚的胜利果实,腓特烈在外交上展开积极斡旋。由于普鲁士财政不宽裕,国库紧张,经不起长期战争消耗,腓特烈需要速战速决。于是,腓特烈瞒着其盟友法国,私下和玛丽亚·特蕾莎商议,只要特蕾莎同意普鲁士对西里西亚拥有所有权,他就放弃与法国的盟约。在万般无奈的情况下,玛丽亚·特蕾莎不得不与腓特烈签署停火协议。

后玛丽亚·特蕾莎将普奥双方签署秘密条约公之于众,腓特烈对这一做法非常不满,遂再次挑起对奥战争。2 月 5 日,腓特烈派遣军队进入摩拉维亚,但这个贫穷小国无法提供足够的粮食供应普军所需,而盟军萨克森军队则缺乏大炮,无法攻取要塞。于是,腓特烈不得不亲率大军撤退至波希米亚。5 月 17 日,普奥两国军队在裘图西兹遭遇,双方展开激战。腓特烈亲临战场指挥,双方军队在战争中均伤亡惨重,最终,普鲁士军队艰难取胜。裘图西兹战役宣告了第一次西里西亚战争的结束。奥地利和普鲁士签订《布雷斯洛条约》,腓特烈如愿以偿地得到了西里西亚。第一次西里西亚战争对普鲁士来说意义深远,它既让普鲁士夺取了西里西亚,也让法国和奥地利的军事实力大为削弱。普鲁士的军事力量受到欧洲列强的普遍重视，腓特烈也由此而成为声名显赫的军事统帅。

然而，和平并没有持续很长时间。玛丽亚·特蕾莎并不甘心西里西亚被普鲁士永久霸占，她仍然梦想成为神圣罗马帝国皇帝。于是，欧洲战事再起。玛丽亚·特蕾莎的战争目标是，奥地利不仅要夺回波希米亚，而且还要占领巴伐利亚。战争之初，腓特烈没有直接参战，而是坐山观虎斗。他认为，只要拥有坚固的堡垒、装备优良的军队、关系良好的盟友和丰厚的政府财源，就可以确保普鲁士的安全。他为此评论说："在接下来的几年中，我们必须以保持安定为最高原则，愉快地隔山观火……我们需要和平来巩固我们的国家。"

然而，随着战事的发展，在奥地利与英国联军的打击下，法国和萨克森联军连遭重挫。腓特烈认为，如果法国战败，奥地利的实力必然会增强，这样会形成对普鲁士严重不利的局面。因此，腓特烈开始介入第二次西里西亚战争。5月，腓特烈与神圣罗马帝国皇帝查理七世签署了秘密协定，同意巴伐利亚由腓特烈统治。6月，腓特烈又与法国签订条约，获得法国对巴伐利亚统治权转手的认可。

1744年，奥地利与英国、荷兰结成联盟，准备实施对普鲁士作战。7月，奥地利军队侵入法国。8月，腓特烈率领大军进入波希米亚。9月，普军占领布拉格。随后，普军几乎占领了整个波希米亚。按照当时不成文的规定，战争一般会在冬天自动停止，参战的军队在冬天要么回家，要么驻扎在冬季军营中停止战斗。腓特烈一反常态，他不愿意由于冬天降临而使其胜利成果毁于一旦，因此他没有撤军，也没有解散军队。为了准备来年的战争，腓特烈还下令将皇室的所有银器溶化，以支持庞大的战争费用。

1745年1月，奥地利与英国、荷兰和萨克森缔结为四国同盟，实力大增。相反，作为普鲁士主要盟友的法国的军事实力却不断下降，这让腓特烈倍感忧虑。此外，巴伐利亚的外交态度也发生了逆转，大大出乎腓特烈的预料。因为在此之前，腓特烈在与查理七世签订条约，成为巴伐利亚的保卫者。然而，1745年1月20日，查理七世去世，巴伐利亚新统治者突然转变态度，与奥地利签署了和平条约，这不仅在外交上置普鲁士于被动地位，而且也使腓特烈此前的外交努力付诸东流。

1745年6月4日，在腓特烈的亲自指挥下，普军在霍恩弗莱德堡战役中获胜。这场战役无论是作战计划的制定，还是战略意图的贯彻执行，全部都由腓特烈亲自操刀。在战斗中，腓特烈对奥地利和萨克森军队采取了各个击破的策略，首先以骑兵重创萨克森军队，然后以步兵冲击奥地利军队，结果大获全胜。这场胜利极大加强了普鲁士的国际地位。由于普军的胜利以及由此引起的欧洲战略形势的变化，欧洲列强的外交政策不得不进行了相应的调整。英王乔治二世主动与腓特烈交涉，英普双方于8月26日签订了《汉诺威条约》，英国承认普鲁士对西里西亚的所有权，普鲁士则承认玛丽亚·特蕾莎的丈夫法兰西斯成为神圣罗马帝国皇帝。然而，玛丽亚·特蕾莎仍不愿意放弃西里西亚，仍梦想着夺回西里西亚，并且继续在战场上与普军周旋。然而，腓特烈凭借其卓越的军事才能，克敌制胜，使奥军没有可乘之机。1745年12月，普鲁士和奥地利签署了《德勒斯登和平条约》，正式结束了两国的战争状态。

两次西里西亚战争最后都以普鲁士的胜利宣告结束,腓特烈不仅实现了其梦寐以求的愿望,将富饶的西里西亚牢牢控制在了自己的手中,更是通过战争,向全世界展示了他那无与伦比的军事才能。此后,普鲁士在欧洲的国际地位大为改善,普鲁士开始逐渐登上了欧洲列强的宝座,欧洲再没有哪个国家敢轻视腓特烈,轻视腓特烈领导下的普鲁士。

最后的胜利者

1745年初,腓特烈班师凯旋。他开始准备全面地治理国家内政,重新开始发展国家的文化教育。腓特烈特意为自己修建了一座无忧宫,希望能和自己喜欢的人一起,专研学术,求学问道,过一种无忧无虑的生活。然而,腓特烈所向往的这种悠闲的生活却是可望而不可即的。

1749~1756年间,欧洲出现了一股所谓的"外交革命",即国际外交领域出现了逆转之风。欧洲各国纷纷重新审定其外交政策,原来的敌人成为现在的朋友,原来的朋友成为现在的敌人。奥地利和法国签订秘密协议,俄罗斯和奥地利的关系日益密切,英国和普鲁士结成了盟友。新的欧洲力量分布,使欧洲战略格局变得更加错综复杂,战争的阴霾再次开始笼罩欧洲的天空。

1756年5月,英国对法国宣战。作为英国的盟友,普鲁士面对的对手非常之多,不仅包括奥地利和法国,还包括陆军实力雄厚的俄罗斯。1756年8月,腓特烈敏锐地觉察到,奥地利及其盟国对普鲁士的战争一触即发。于是,腓特烈决定先下手为强,抢占先机,夺取战略主动。腓特烈派出大军,首先占领了萨克森的德勒斯登,此举引发了两大联盟之间激烈的战争。然而,由于腓特烈的士兵举止失措,在占领德勒斯登时粗暴地将萨克森皇后推过了一扇门,这引起了欧洲各国皇室的强烈不满,特别是大大激怒了与萨克森皇后有姻亲关系的法王路易十五,路易十五于是派出10万大军,向普军发动进攻,以此对付腓特烈。但腓特烈沉着应战,指挥得当,很轻松地取得了罗伯锡兹和派尔纳战役的胜利,巩固了普鲁士对萨克森的控制。

然而,幸运女神并不总是眷顾腓特烈,随着战局的步步深入,欧洲战场的形势渐渐变得不利于腓特烈。1757年春,腓特烈率军进入布拉格,与奥地利激战。虽然普鲁士军队取得了胜利,但却损失惨重,死伤士兵达数万人,更严重的是,大约400名训练有素的军官在战场上丧生,这使普鲁士军队的战斗力锐减,腓特烈的厄运由此开始。

在随后的克林战役中,腓特烈遭到失败,又损失了一万多名士兵。为此,腓特烈不得不放弃了布拉格,退守萨克森。1757年7月,腓特烈的母亲去世,这给了腓特烈沉重打击。与此同时,战争形势也越来越恶化,普鲁士军队被法国、奥地利联军团团围困。曾经在战场上所向披靡的腓特烈在屡遭打击之下,不禁情绪低落,他担心自己战败被捕,或者被迫签订屈辱性条约,让他所至爱的普鲁士遭受耻辱。在这种危险情况下,腓特烈的人生信念发挥了巨大作用:"即使遇到狂风暴雨,随时有倾覆的危机,我仍要想得、活得、死得像个国王的样子。"正是这种坚忍不拔的精神力量,支撑着腓特烈,使他不屈服于命运,继续勇敢战斗。在整个战争过程中,腓特烈几乎没有一次正式地上床睡过觉,他几乎完全舍弃了休息,竭尽全力指挥军队作战,想方设法地保障士兵的补给。腓特烈舍己为人的精神以及大公无私的作风使士兵们深为感动,他们发誓忠诚于自己的国王,坚持在极端恶劣的环境、在极其危险的绝境中继续奋战,以此报答腓特烈的赤诚之心。

虽然腓特烈得到英国的经济与军事援助,但仍然无法阻挡强悍的法国、俄国和奥地利军队步步进逼。腓特烈敏锐的观察力和卓越领导才能一度让普军获得了几次小的胜利,甚至使战场形势一度出现转机,但这些都无法从根本上改变战局。1758年3月,普军一批重要补给被奥地利军队截获,之后,普军又连续遭遇失败,尤其是在10月14日的霍克尔奇战役中,正在酣睡中的普军遭到奥地利军队突袭,损失四分之一以上。3天后,腓特烈又得知他所挚爱的姐姐维尔哈米娜去世,这使他的情绪失落到了极点,各种不利的消息集中在一起,让腓特烈备受煎熬,他的健康状况迅速恶化。胃痛、痛风、风湿、头痛、牙痛等诸病缠身,腓特烈曾经这样描述自己的形象:"一个头发灰白,牙齿掉了一半,没有活力、没有幻想的人,简单地说,根本只是个影子。"

尽管如此,腓特烈还是凭借其坚忍不拔的精神、过人的顽强意志,继续维持着他对军队和国家的统治。1759年8月,对于腓特烈来说,战争似乎已经毫无希望。敌军不断攻陷普鲁士的城市,而且每占领一座城镇,就对其施加暴行。1759年8月12日,腓特烈与敌军展开库尼斯多夫战役,普鲁士虽然在战斗之初以少胜多,但很快由于敌军得到源源不断的补给和支援,战争形势逆转。腓特烈自知大势已去,在骑马离开战场时,他放声痛哭:"我全盘皆输。"在写给友人的信中,他描述了战争的惨烈:"这种整天看着甚至亲自造成与我不相识者无端死亡的日子,实在不是万物之灵的人类应该过的,其中没有任何的快乐。"

库尼斯多夫战役之后,因奥地利和俄国并不急于行动,给了腓特烈以喘息之机。在漫长的冬季,当敌军躲藏在冬季军营休整时,腓特烈迅速召集了一支新军,虽然这支军队没有受过任何军事训练,而且后勤补给困难,但迅速补充了普鲁士军队人员的短缺。1760年腓特烈以巨大的代价赢得了柏林南方易北河沿岸托尔高战役的胜利。之后,普鲁士军队又遭受了一连串的失败。在与俄奥联军的对峙与拉锯中,普军完全依靠其毅力和勇气来维持战争的继续,他们装备极差,而且由于周围大小城镇都被敌军占领,无法招募士兵、收购马匹进行必要的军事补充,只能以近乎孱弱的力量承受联军的一次次打击。

眼看普鲁士即将全面沦陷,自己的全部心血将付诸东流,腓特烈心如刀绞,他实在不愿意亲眼看到悲剧发生。然而,正在此时,一个意料之外的事件改变了欧洲战争形势,由此,腓特烈和普鲁士的命运逆转。1762年1月5日,俄国女皇伊丽莎白去世,她的侄子彼得三世继位。新沙皇彼得对腓特烈崇拜至极,即位后立刻命令俄国军队掉转枪头,对准不久前还并肩作战的奥地利军队,并且命令俄军将所占领的普鲁士土地立刻归还腓特烈。俄国战争态度的巨变,导致了欧洲国际形势的剧烈变化。瑞典见风使舵,立即与普鲁士议和。法国和奥地利尽管不愿意放弃唾手可得的胜利成果,但是也无力单独支撑这一旷日持久的战争。1763 年,普鲁士与奥地利、法国订立《贺伯图斯堡条约》,正式收复了西里西亚。

七年战争最终以普鲁士的胜利而宣告结束。已经 51 岁的腓特烈身心疲惫,在百姓热烈的欢呼声中回到了柏林。当腓特烈骑马经过一个村庄时,兴奋的村民们把他包围起来,欢呼庆祝。然而,腓特烈却没有被胜利冲昏头脑,他对胜利保持了一颗平常心,他说:"把一只猴子放在马背上,它也能做得一样好。"甚至为了避开下属为其举行的欢庆活动,腓特烈悄悄潜入柏林市区,静静地待在自己的宫廷中。然而,在普鲁士老百姓看来,腓特烈是一名当之无愧的胜利者,他是世界上最伟大的将领。但腓特烈自己却认为,他最大的胜利就是始终没有放弃,因为坚持而等到了时机,所以他成为战争的最后胜利者。

然而,尽管腓特烈赢得了七年战争的胜利,但是经过数年战争,普鲁士的农业、工业和商业都遭到巨大破坏,人口锐减,到处是破瓦废墟。因此,战争一结束,腓特烈立即着手国家的重建,他将国库剩余的钱全部拿出来用于国家建设,为普鲁士尽快复兴而奔波努力。

开明君主专制

从腓特烈即位之日起,普鲁士历史就进入了一个新的时代,即"开明君主专制"阶段。开明君主制主要是相对于君主专制而言的,其主旨在于将君主的权力与资产阶级所强调的理性结合起来,通过实施各种资本主义化的开明与进步措施,达到富国强兵,维护统治阶级利益的目标。

为了发展国家的文化教育事业,腓特烈表现出对知识和知识分子的极大尊重,这种状况在腓特烈·威廉一世统治时期是根本无法想象的。腓特烈即位后,恢复了柏林研究院,同时召回流亡在外的大部分普鲁士学者,腓特烈还聘请大量的外国科学家来普鲁士任教,提高普鲁士的科学研究水平。腓特烈甚至还将许多启蒙思想家揽进他的宫廷中,朝夕与他们交谈求教,从中受益。其中,腓特烈与伏尔泰的相处最具有戏剧性,这让腓特烈的生活充满了乐趣。腓特烈早在王子时期,就开始和伏尔泰书信交往。在他登基后,腓特烈诚挚地邀请伏尔泰住在王宫中。伏尔泰虽然深受法王路易十五的赞赏,但却从未受到法王的邀请,参加凡尔赛宫举行的各种社交活动,路易十五对他的冷落,与腓特烈对他的热情形成了强烈对比。伏尔泰于 1750 年移居到腓特烈的无忧宫。

然而,令人遗憾的是,腓特烈与伏尔泰两人有着完全不同的行为方式,而且两人个性极强,他们的相聚,就好像两只聚拢的刺猬,总会感觉彼此会受到伤害。腓特烈喜欢嘲弄朋友,有时为了观看朋友们生气的样子,故意挑起朋友间的争论,这让伏尔泰极为不满。与之相对,伏尔泰经常发表充满幽默和睿智的讽刺文章,对国王也毫不留情,这同样让腓特烈感到无比难堪,甚至不得不下令将这些文章没收。

这样，两位强人之间的冲突日益严重，腓特烈甚至一度把伏尔泰赶出皇宫。为了保持两人的友谊，也为了能减少两人间的矛盾，在无忧宫附近，腓特烈特意为伏尔泰另外建造了一幢房子。这样，既可以在两人间保持一定距离，又可以不中断联系、互相交换想法及思想，两人的友情仍然存在。腓特烈在致伏尔泰的信中说："不管发生什么事，至少我曾有幸与你生在同一时代。"

对于人才，腓特烈坚持唯才是用的方针，并且将此奉为任用人才的唯一依据。他不仅留任了父亲统治时期的大部分大臣和谏言官，还大量召回被其父放逐的教师和官员，并根据他们的经验和阅历，让他们担任适当的职务。腓特烈没有大力提拔自己的朋友担任高薪职位，也不故意避免任用朋友为官。只有在确认官员候选人的才华之后，考虑到他能够满足工作之需时，腓特烈才会让他们担任合适职位，任命之后也还特别督促他们努力工作，绝无例外。

腓特烈还特别重视发展农业，并且颁布了一系列有利于发展农业的政策措施。腓特烈特别颁布法令，禁止并限制容克贵族把农民赶出份地，以此保证农民的财产权和继承权。他还颁布命令，给农民减税，支付土地耕种的预付金，提供种子，帮助农民耕种，并且允许流离失所的农民定居在战争中被侵占或荒芜的土地上。鉴于每次战争都会给农业造成巨大损失，为了在战后尽快恢复农业生产，腓特烈下令，将数万匹军用战马拨给农夫使用，增加粮食产量。

为了保证粮食生产与消费的平衡，腓特烈还制定了谷物的合理价格，避免随着收成好坏，出现谷物价格的上下波动，避免由此对农民和消费者产生不良影响。当国家农业生产不足时，腓特烈就会协调农民的利润，确保农产品的价格不会过高；当农业生产过剩时，政府也会以适当价格收购部分产品，甚至帮助农民寻找买主，确保农民的利益不会遭受损失，保持其生产的积极性。此外，腓特烈还建立了一整套农产品的运输和销售系统，使剩余的农产品仍然有销售渠道。腓特烈甚至亲自规划谷物的轮耕制度，提出改良土地的计划，鼓励通过移民的方式，开垦新的土地。为了增加粮食储备，腓特烈鼓励农民多种马铃薯和甜菜，并且有选择性地圈养家畜，以便在粮食产量不足时，不会发生饥荒。最后，鉴于农奴制效率低下，残酷而且不人道，腓特烈废除了皇室土地上的农奴制。1763年，腓特烈甚至想在全国范围内废除一切农奴制，但由于容克地主强烈反对，只能暂时作罢。

在发展手工业方面，即位之初腓特烈就做出指示，命令负责商业和工场手工业部的大臣大力发展普鲁士的羊毛和麻布工厂，尽量多开办一些市场需求量大的手工工场，包括金银制品、丝绸制品、帆布制品、粗印花布、荨麻布、优质纸张、制糖等，后来，这些手工产品还包括仿制中国瓷器。腓特烈经常视察普鲁士各地的手工工场，不断鼓励其发展壮大。在腓特烈大力发展手工业的政策指导下，普鲁士的纺织工业首先蓬勃发展起来。腓特烈还鼓励商人们在柏林开设了普鲁士第一家瓷器制造厂。此外，腓特烈大力资助西里西亚的采矿业，并且使之在很短时间内就在生产与销售上步入正轨。

在发展商业方面，推行重商主义政策。为了增加国库收入，腓特烈竭力推动普鲁士手工产品、农产品出口，扩大对外贸易额度，维持国内外的贸易平衡。腓特烈逐步废除普鲁士国内的关税,消除了人为的关税差距,减少贸易障碍。另外,腓特烈还设立了各种博览会、集市和货栈,鼓励商品流通。为了加快商品结算,简化贸易程序,腓特烈鼓励开设钱庄,实施统一的钱币制度。为了扩大普鲁士商品贸易的规模,加强与国外的商业贸易竞争,腓特烈还下令成立新的贸易公司,扩大贸易进出口规模。通过这些措施,柏林等大城市开始具备了商业城市的雏形。

腓特烈还改革了普鲁士的税收制度。为了增加国家收入,腓特烈仿效法国的税收制度,对原有的宽松、混乱的税收制度进行了改革。新的税收制度由于加重了人们的赋税负担,因而遭到广泛的社会批评,人们指责腓特烈以近乎冷酷的方式,把人民口袋中的钱财全都压榨出来。然而,税收制度改革的直接结果是,普鲁士的财政税收大幅度增加,国库盈余上升。国库的充盈,客观上为普鲁士的国家建设打下了坚实的经济基础。

在法律制度上也实施了改革。废除了国内检查制度,禁止在审判中使用拷打用刑方式,逼迫嫌疑犯供认罪行。而且,腓特烈还废除了宗教歧视。1747年,在腓特烈的大力支持下,《腓特烈法典》颁布执行,普鲁士最高法院开始根据《腓特烈法典》进行审判。无论如何,这部法律成为普鲁士步入近代化社会的一个重要标志。尽管一直到腓特烈去世几年后,普鲁士才真正建立起完备的法律体系,但是无论谁都无法否认《腓特烈法典》在其中所发挥的作用。

最后,腓特烈在军事上实施了最为彻底的改革,而且成效显著。由于不断面临战争,腓特烈不得不在国内实施扩军,为此,腓特烈率先在国内实施普遍的强制义务兵役制,扩大兵源。为了提高士兵作战士气,腓特烈在战争中论功行赏,赏罚分明,根据战功大小来选用军官。为了提高部队的战斗力,腓特烈要求在士兵的训练中,除了施行严格的棍棒纪律外,还推行中世纪宗教骑士团的精神传统,规定逃兵不能忏悔,不能领用圣餐,不能回家。腓特烈还不断地向士兵灌输"国家至上"的思想,让"为国作战"的观念不断渗透到士兵的心灵深处。经过腓特烈的一手培养,普鲁士军队的战斗力大为提高,很快成为欧洲最骁勇善战的一支军队。在七年战争中,普鲁士军队几乎濒临瓦解,但腓特烈却在战后不久信心十足地开始了重建工作,目的是使军队成为"从灰烬中升起的不死鸟"。经过腓特烈的军事改革,普鲁士军事实力快速崛起,成为腓特烈对外扩张和实行强权政治的坚强后盾。法国政治家米拉波对此形容说:"其他西方国家有一支军队,普鲁士军队有一个国家。"

在腓特烈即位之初,他曾经写道:"我希望让普鲁士从尘土中重新站起来……让新教在欧洲、在帝国内昌盛,让普鲁士成为受到压制者的避难所……成为不义者的梦魇。"通过在普鲁士大力推行改革,腓特烈实现了其许下的诺言。虽然其开明君主制实践,根本目的是为了维护以国王为首的统治阶级利益,但是腓特烈所实施的一系列改革,客观上有利于普鲁士资本主义发展,这为普鲁士从封建社会向资本主义社会的过渡做出了重大贡献。

不息的奋斗

　　1775 年，由于长期废寝忘食工作，腓特烈的健康受到严重影响。一时间，关于腓特烈病危的谣言传遍了整个欧洲，奥地利国王之子约瑟夫二世更是摩拳擦掌，准备在腓特烈死后，一鼓作气，夺回西里西亚。然而，令约瑟夫二世气恼的是，腓特烈的健康状况很快得到好转，约瑟夫只得暂时搁置了其计划。1777 年，奥地利做好军事准备，试图夺取巴伐利亚。腓特烈担心，奥地利占领巴伐利亚后，必将实力大增，将来必然会与普鲁士发生战争。为此，腓特烈不得不积极应对，随时准备与奥地利开战。然而，在普奥双方剑拔弩张、一触即发的关键时刻，玛丽亚·特蕾莎提出，普奥双方应该尽量避免战争，以免两虎相伤，让踞守一方、虎视眈眈的俄国和土耳其坐收渔翁之利。1779 年 5 月，普鲁士和奥地利经过谈判，签订和平条约，及时化解了战争危机。

　　为了改善普鲁士的国际地位，增加其周边环境的安全，73 岁的腓特烈开始在外交上展开斡旋，试图在外交上而不是在军事上为普鲁士赢得新的胜利。1785 年，在腓特烈的积极活动下，具有不同宗教信仰的 14 个欧洲国家建立了同盟关系，普鲁士、萨克森和汉诺威成为这一同盟的核心，他们共同商定，一致反对约瑟夫的计划，即以奥地利所属荷兰换取巴伐利亚，以此制止奥地利的扩张。

　　尽管腓特烈年事已高，却丝毫没有停下来的意思。他长期坚持晚睡早起，不管身体承受着多么大的痛苦，他都坚持这一严苛的生活规律。即使双脚浮肿，他也坚持穿着靴子；即使全身酸痛，他也坚持骑马出行；无论健康状况如何，他都坚持长时间工作。然而，岁月无情，死亡成为腓特烈必须要面对的威胁。1778 年，腓特烈的良

法国的朗热堡内展示腓特烈大帝的遗物

师益友伏尔泰辞世。1780 年，老对手玛丽亚·特蕾莎也去世了。尽管腓特烈统治下的普鲁士与玛丽亚·特蕾莎统治下的奥地利长期作战，但是腓特烈并不痛恨她，相反，他非常尊敬这位杰出的女性。他曾经这样评价玛丽亚·特蕾莎："这个女人的成就与一位伟大的男人无异。"腓特烈甚至夸张地认为，整个欧洲似乎只有玛丽亚·特蕾莎的聪明才智和雄心壮志，可以与自己相匹敌，因而，腓特烈为这位知音的辞世感到惋惜不已。

　　由于年事已高，腓特烈的身体状况急剧下降。1785 年，在监督士兵军事操练

时,腓特烈不幸染上感冒,虽然他不承认自己病情严重,但是身体却再也无法听从其坚强意志的控制。感冒开始逐渐转化为慢性肺炎,腓特烈出现了呼吸困难、气喘等症状,头疼也在不断加剧,这让他每晚都难以入睡。于是,腓特烈第一次决定,从寒冷的无忧宫搬往暖和的波茨坦居住,以缓解病情。然而,第二年春天,腓特烈病情稍有好转,便立刻转回无忧宫,继续工作,甚至不时骑马外出。

然而,几乎所有人都知道这位帝王的气息减弱,犹如风中摇曳的烛光,随时可能会熄灭。不久,腓特烈突然发起高烧。高烧退后,腓特烈又坚持起床工作。然而,第二天,腓特烈却很晚都没有能够起床,这是腓特烈一生中从未有过的事。腓特烈醒来以后,还试图对身边的一位将军下达命令,这位将军站着一边流泪,一边聆听腓特烈断断续续的命令。腓特烈时而清醒,时而昏迷,整晚都需要有人在一旁帮助,才能继续呼吸。等到腓特烈再次醒来,他指示仆人拿毯子盖住他的狗,因为天太冷了,这道命令成为腓特烈一生中最后一道命令。1786 年 8 月 17 日,腓特烈在无忧宫去世,永远离开了他热爱并为之贡献了一切的普鲁士。普鲁士全国的百姓都沉浸在深深的悲痛中,悼念这位伟大的英雄。

君主的典范

与 18 世纪欧洲各国君主相比,腓特烈当政的时间非常长,共达 46 年。期间,他给普鲁士乃至整个欧洲带来的影响都格外巨大。他不仅让普鲁士从一个落后的诸侯小邦发展成为一个政治、经济、军事强国,跻身于欧洲列强之列,而且还极大地改变了欧洲力量格局。更重要的是,腓特烈为后世留下了一笔宝贵的精神财富,他严于律己,勤政为民,以国为家,甘于奉献,堪称 18 世纪欧洲君主的典范,而且至今仍对各国统治者们具有借鉴作用。

第一,腓特烈勤俭朴素的生活作风是一般欧洲君主所无法比拟的。正是这一优良品质,使腓特烈能够亲民爱民,为百姓所交口称赞。勤俭朴素的优良习惯伴随其一生没有改变,并在普鲁士塑造了一种简朴之风。有一次,腓特烈骑马外出,发现百姓们正在欣赏一张讽刺漫画。画的内容是,腓特烈在磨咖啡,但各啬得连一颗咖啡豆都舍不得漏掉。当腓特烈走近时,看画的百姓们都等待着看他的反应。腓特烈非但没有让人将漫画撕下来,反而要求他们贴得更低一点,以便人们可以看得更清楚。每天早晨起床,无论任何场合,腓特烈都要穿戴整齐,而他的整套制服,也不过是一件很旧的蓝外套、一条磨得发亮的长裤和一双旧的靴子,尽管衣服很旧,但是非常整洁。

第二,工作勤奋而且忘我,是腓特烈的又一个重要作风。腓特烈曾经说过:"没有懒人戴的桂冠。"在腓特烈看来,人生来就是为了工作。因此,他把自己视为国家"第一公仆",为了他所至爱的普鲁士,他无怨无悔,一直工作到了生命的最后时刻,绝无懈怠。即使是在去世的前几天,腓特烈还口述了一封给税收部门的信件,要求他们在报告中附上一些更详细的资料。腓特烈一生坚持晚睡早起,他曾经吩咐他的仆人,如果他在清晨四点还没有起床的话，就用湿布丢在他的脸上，想办法弄醒他。

腓特烈对任何事情都是事必躬亲，从不授权下属，因此他总有做不完的工作，包括读信、写信、做决策、下命令等。腓特烈的精力极为旺盛，很少有做不到的事。每天早晨，腓特烈都要指导军队训练，然后吃午餐；之后开始下午的工作，到黄昏时，有一会儿短暂的散步，一般到晚上10点，他才吃晚餐。之后，他才用晚上的空闲时间吹笛子和作曲，或者在晚上举行音乐会。周而复始，一年又一年，少有中断。无可讳言，腓特烈辛勤问政的工作风格在普鲁士王国范围内产生了极大的影响，在整个政府机构中产生了重要的示范作用。

第三，勇敢、果断以及善于思考，是腓特烈伟大人格中的又一个重要内容。作为一名杰出的军事统帅，腓特烈大胆创新，革新陈旧的战略战术，经常在敌人出其不意的地方、以出其不意的方式展开进攻。在与优势敌人作战时，他总是想方设法，力求各个击破，从不蛮干。腓特烈还建立了他那个时代快捷无比的骑兵，并且很快就在战场上大显身手，与步兵一样，骑兵很快就成为决定战场胜利的一支重要力量。腓特烈除了以其智慧、勇敢造就军事辉煌之外，更是以其坚忍不拔、永不放弃的毅力取得一个又一个军事胜利。

第四，腓特烈将国家利益置于崇高无上的地位，并且下定决心为国家牺牲一切。腓特烈曾对大臣们说："当有机会可以用正当途径赚取利益时，我们就应该当君子；如果非欺骗不能成功，那我们就做小人。"腓特烈认为，不管是大国还是小国，一个国家要在弱肉强食的国际竞争中生存的基本法则就是扩张，身为国家领袖者就必须要有野心。正是在这种思想的指导下，在很短时间里，腓特烈带领普鲁士一跃而成为欧洲强国。

腓特烈大帝的军事实践和理论上承古斯塔夫二世、杜伦尼、欧根等，下启拿破仑、毛奇等，在欧洲军事发展史上是一个重要人物。他改变了欧洲的政治格局，后来普鲁士能累积到统一德意志的力量，腓特烈大帝时代是一个关键。但也有人认为，腓特烈时代军国主义气息越来越浓的普鲁士，已经可以找到后来纳粹德国的影子。

制度上的优势是普鲁士的强国之本，包括在军事、司法、教育等方面比邻国领先一步的制度优势。令人生畏的"普鲁士精神"其实正是由执行制度的毅力和不可抗拒性所表现出来。相比之下，腓特烈大帝在军事指挥上的艺术只是锦上添花而已。

总之，作为普鲁士历史上最杰出的政治家和军事家，腓特烈的一生都在为普鲁士的强盛努力不懈。在其统治期间，他积极推行开明君主专制，发展普鲁士资本主义经济，争取政治进步，以各种方式捍卫国家利益，为普鲁士的文明和进步做出了无与伦比的贡献。正因为此，腓特烈虽然生前没有给自己冠之以耀眼的头衔，但他的名字腓特烈大帝却被永远载入史册，在历史长河中熠熠闪光。

尽管腓特烈对普鲁士的崛起发挥了重要作用，但是他的许多政策与做法也引起了一系列严重后果。比如，持续不断的对外战争，不仅给普鲁士自身带来了巨大的人员伤亡，而且也给奥地利、西里西亚、巴伐利亚、法国等国人民都造成了严重损失，造成了欧洲形势的动荡与混乱；不讲信誉的大国连横之策，无法使普鲁士拥有真正的盟友，无法完全实现周边环境的安全与秩序，只能恶化普鲁士的国际环境。

　　对于腓特烈的文治武功,我们不能一概肯定或否定。一方面我们要肯定他勤俭朴素的生活作风、勤奋忘我的工作态度、坚忍不拔的毅力、大无畏的精神以及为国尽忠的操守。这些优秀的个人品格,对于一个封建君主来说可谓难能可贵,对于普通人来说则是人生方向,对于今天致力于社会主义建设的每一个中国人来说都是应当学习的。另一方面,对于腓特烈专制统治、穷兵黩武、善变无信等权谋,我们要做深刻分析和认识。腓特烈曾说过:"一个君主真正的信仰应该是他的兴趣和光荣。"对于我们来说,坚守社会主义建设的理想和信仰才能不断获得成功。

征服欧洲的"军事巨人"

——拿破仑

人物档案

简　历：即拿破仑一世，出生于科西嘉岛，法国军事家与政治家，法兰西第一共和国第一执政，法兰西第一帝国及百日王朝的皇帝。于1804年12月2日加冕称帝，把共和国变成帝国。在位期间称"法国人的皇帝"，也是历史上自查理三世后第二位享有此名号的法国皇帝。于1814年退位，随后被流放至厄尔巴岛。1815年建立百日王朝后再度战败于滑铁卢后被流放。1821年5月5日，拿破仑病逝于圣赫勒拿岛。

生卒年月：1769年8月15日~1821年5月5日。

安葬之地：法国塞纳河畔的巴黎荣军院(巴黎伤残老年军人院)。

性格特征：自我、自信、骄傲与残酷构筑了他的野心。

历史功过：颁布了《拿破仑法典》，率军五破英、普、奥、俄等国组成的反法联盟，成了意大利国王、莱茵联邦的保护者、瑞士联邦的仲裁者、法兰西帝国殖民领主。形成了庞大的拿破仑帝国体系，创造了一系列军政奇迹与短暂的辉煌成就。

名家点评：法国总统马克龙评价说："拿破仑是法兰西历史上的重要人物，他是设计师、战略家和立法者，但在恢复奴隶制、独裁等问题上犯了一系列错误。"

军旅生涯

1821 年 5 月 5 日,拿破仑在南大西洋的圣赫勒拿岛上溘然长逝。"我愿意把我的遗骨埋在塞纳河畔,安葬在我如此热爱的法国人民中间。"依拿破仑的遗愿,1840 年,法国政府主持将拿破仑遗骨迁葬回国,埋在塞纳河畔的老残军人退休院。

拿破仑和妻子约瑟芬在花园里

遗骸归葬故国,魂灵归故里,这是法国从未给过别人的荣誉。人们不禁要问:这到底是怎样的一个人物?让我们将卷帙浩繁的世界历史翻到 18 世纪末、19 世纪初的欧洲这一章,来追踪这位曾纵马驰骋于欧洲大陆,要建立古代帝王们憧憬的世界大帝国的人物的一生吧!

在拿破仑出生前相当长的时间里,科西嘉隶属于商业国热那亚。1755 年,科西嘉人在其领袖保利的率领下进行暴动并取得最后胜利,赶走了热那亚人,科西嘉成为独立国家。然而,好景不长,法国国王路易十五就伺机派兵强行进驻科西嘉。1768 年,热那亚政府与法国签订秘密协定,做个顺水人情,将名存实亡的科西嘉的"权力"出卖给法国。拿破仑出生前三个月的 1769 年春,法国军队击溃了保利的队伍,科西嘉成为法国的领土。法国表示:对一切承认法国政权的科西嘉人既往不咎,一概赦免。在等待妻子分娩的那段日子里,性格狂热的夏尔·波拿巴虽然曾是保利领导的反抗斗争的积极参加者(一度任保利副官),但经过反复权衡利弊,最终决定全家加入法国籍。但幼小的拿破仑却因科西嘉的捍卫者保利被赶走而伤心惋惜,并对法国入侵者深恶痛绝。此外,与世隔绝的孤岛,深居山林中的野蛮的居民,部落之间的不断冲突和相互复仇,均对他的心灵有着深刻的影响。

拿破仑从小就缺乏耐性,好动的同时又很阴沉、暴躁。母亲列蒂契娅刚强的性格,给拿破仑勤劳、办事井井有条的作风打上了浓重的底色。拿破仑很爱他的母亲,但有时又要小聪明去蒙骗母亲。他虽然头大脖细,身材瘦小,却精力过剩、淘气任性、打架拼命。

拿破仑七八岁时，夏尔偶然发现这个生性好动的儿子，竟能长时间安静地做数学练习。夫妇俩给拿破仑搭了个小房间，他就一个人整天地待在里面痴迷地演算数学题。数学后来亦成为拿破仑终生的爱好。除此之外，拿破仑还常独自跑到他家附近一座孤零零的岩石洞穴去，或埋头读书，或斜倚着岩石远眺地中海的辽阔天空，少年拿破仑头脑中满是幻化的想象，他已不屑于同兄妹们在花园里草地上玩耍打闹，他是那样的寡言少语，以至于看起来不大合群。在至今还保留着"拿破仑穴"名字的洞穴中，他经常是一个人消磨着宁静而漫长的下午。

多子女的家庭，经济虽不困难却也不富裕，当拿破仑呱呱坠地时，父亲已决定将来把儿子送到法国去上学。后来也正如父亲计划的那样，1779 年，经过一番周折，父亲把两个年长的儿子约瑟夫和拿破仑送到了法国，进奥亭中学读书。同年春天，10 岁的拿破仑转到离巴黎 100 多公里的法国东部布里埃纲城一所公费的军事学校——布里埃纳军校。

在军校中，拿破仑还是个阴沉、孤僻的孩子，他很容易被激怒而且长时间生气。军校的贵族学生都瞧不起这个科西嘉来的乡巴佬。拿破仑从前一直讲意大利语，法语说得很糟糕，还带着浓重的科西嘉口音，那些纨绔子弟夸张地模仿他的口音，嘲笑他穿戴邋遢。自负而好强的拿破仑怒不可遏，同他们几番比试彼此的拳头，并且都打赢了。虽然自己也受了伤并因其行为被关了禁闭，拿破仑一点也不后悔。他的同学都发觉这个小科西嘉人并不好惹。父亲的来信使拿破仑打消了刚刚表露出来的想回家的念头。"……你以往表现的桀骜不驯，我认为只有严格的军校生活才能约束你，让你懂得什么是纪律，学会执行命令，知道什么时候要自我克制。知子莫如父，你是块军人的好材料！……你必须在军校待下去！"拿破仑这一待，就是整整 5 年。"绝不浪费自己的时间和精力"是他在布里埃纳军校时的座右铭。他成了军校最用功的学生，学习成绩名列前茅。课余，拿破仑还大量阅读来充实自己。他所表现的极强意志力使他得到了"斯巴达汉子"的绰号。的确，拿破仑就像从小接受严格体魄锻炼和军事训练，以刻苦剽悍著称的古希腊斯巴达人一样，整整 5 年，他就像父亲信中所期待的那样。实际上一个地道的斯巴达汉子也不过如此。

拿破仑终其一生从未忘怀过这所培养了他的军校。在他生命的最后时刻，他把布里埃纲列入遗嘱，遗赠给这座小镇 40 万法郎。在拿破仑离开母校 70 周年后，拿破仑的上述遗嘱付诸实施。人们在那里修起一座市政府大楼，并在广场上竖立了一座少年拿破仑的青铜雕像——身穿布里埃纳军校的学生制服，执书沉思。在雕像的石座上，刻着拿破仑说过的一段话："在我的脑海里，布里埃纳就是我的祖国，因为在那里，我才首次体会到做人的尊严。"

1784 年，以优异成绩毕业于军校的 15 岁的拿破仑，被送到当时法国首屈一指、众多有志青年向往的巴黎军官学校。一流的教员、丰富的课程，使拿破仑更觉机会的宝贵和值得珍惜。拿破仑对炮兵学产生了浓厚的兴趣。他刻苦钻研，获得教员的好评。该校任教的著名的数学家拉普拉斯甚至破例对拿破仑进行个别辅导，以表示他对这位高才生的赞赏。和在布里埃纳军校一样，拿破仑除了专心学习规定课程外，还如饥似渴地学习能搞到手的书籍，自选读物给他带来了更大的收获。少年拿破仑的心灵被《高卢战记》攫住了。他常常梦见自己追随着恺撒去创造伟大的业绩，一觉醒来，梦中的激动情景又激励着他更加用功地学习。

才在巴黎军官学校进行第一学年学习的拿破仑不能考虑眼下的现实困难。1785年2月，父亲患癌症去世后，家里一贫如洗。家庭的变故，科西嘉人传统的家庭的责任感压迫着才16岁的拿破仑。根据少尉拿破仑的申请，1785年8月，学校分派拿破仑前往驻防在离科西嘉较近的瓦朗斯城的拉费尔炮兵团服役。拿破仑就这样告别了巴黎军官学校。

少尉军官薪俸微薄，大部分薪金寄给母亲后，生活更是艰苦。拿破仑在一家书店的顶楼租了一间斗室。他从不像他的伙伴那样，把时间消磨在喝咖啡和游玩上，他只知废寝忘食地博览群书，做笔记、写心得，也全然不顾似水凉夜，如豆之灯。书店老板为之感动，允许拿破仑随便翻看店中之书。最让拿破仑感兴趣的是军事、数学、地理、旅行等方面的书。他也读哲学著作，而其时正是在书店顶楼的斗室里，他接触了18世纪启蒙学派的古典作家伏尔泰、卢梭、马布利等人的著作。一度，他接受了卢梭的激进思想。《社会契约论》就在床头，每天都会被翻一翻，那震撼人心的"人是生而自由的"学说，很合拿破仑的口味，而卢梭号召人民起来争取"神圣人权"常使拿破仑热血沸腾。他把卢梭的学说当作行动的指南，宣称自己是卢梭的学生和忠实信徒。拿破仑在瓦朗斯期间记下了大量的读书笔记，保留至今的仍有368页之多。除了最感兴趣的那些书外，他也不拒绝小说和诗歌。他总是迫不及待地去阅读任何一本书。他的学习态度就是要尽快地吸收他所不知道的可以充实他的思想的东西。拿破仑善于学习，又注重实践。他十分热爱炮兵工作，在拉费尔炮兵团，拿破仑通过实际操作，掌握了打仗的基本知识。后来的历史表明，他当年的同学，即那些出身贵族的将领们，由于缺乏基本知识这一课，虽然他们在初期看来也很有前途，可大都以不幸的结局结束了军人生涯。在这一点上，拿破仑又一次超越了他们。

初试锋芒

1788年6月，从故乡回到法国的拿破仑随其所在团队开赴奥松城。他像以前一样贪婪地阅读一切能够弄到的书，特别是18世纪军事家所注意的那些军事问题的主要著作。他身上总显示出那种从事脑力劳动和长时间进行思考的能力。他谈到自己的工作的时候，总是带着非常严肃和执着的神情，他为自己巨大的工作能力而感到自豪。

炮兵战术最终成为拿破仑所喜爱的军事专业。在奥松城，他从事写作，除哲学、小说、政治方面的短文外，曾有一篇不长的关于弹道学的论文《论炸弹的投掷》。在生活中，他使自己的热情和欲望完全服从于意志和理性。他这个出身寒微的年轻军官，总是遭到贵族同僚和贵族长官的轻视。对于这样的命运，他是否真正满意呢？未及明确地回答这个问题，更不待说具体地考虑未来计划的时候，他准备登台的那个舞台就动摇了——法国大革命爆发了！

有必要来看一下 18 世纪封建君主统治下的法国是怎么一个样子：社会分为两个敌对的阵营，以国王、贵族和僧侣组成的第一、第二等级为一方；以其他社会成员组成的第三等级为另一方。第三等级占全社会人口的 90% 以上，承担着国家各方面的重负，却没有丝毫权利。他们对法国封建制度充满仇恨，对压迫他们的教士和贵族更是切齿痛恨，法国社会面临着政治、经济、社会等各种危机。在此以前，许多法国人出资出力帮助北美洲兴起的独立革命，结果是美国赢得了独立。第三等级都听到了美国的《独立宣言》，法国人民因此也有了反抗自己国王的思想准备；而且法国的启蒙思想家早已给了法国人民"自由、平等、博爱"的思想武器。法国资产阶级革命的爆发已迫在眉睫了。国王路易十六被迫同意召开三级会议。传统的等级投票制规定：第一、二等级各有 300 多名代表，第三等级有 600 多名代表，三个等级各作为一个单位来投票。因此总是第一、第二等级以 2：1 压制第三等级。第三等级要求一代表一票的投票方式，为路易十六拒绝。国王的专制激怒了第三等级的代表，"在完成新宪法的起草以前，决不离开，除非你们用刺刀！"网球场上的庄严宣誓是对国王的挑战，也敲响了法国君主政体的第一声丧钟。国王企图以暴力镇压"国民议会"的愚行更加速了大革命的爆发。1789 年 7 月 14 日，激愤的民众在炮声中攻占了法国专制权力的象征——巴士底狱。

拿破仑不愿参加王军的行动，所以他执意申请回故乡休假去了。他一回到科西嘉，就号召家乡同胞戴上象征革命的蓝、白、红三色帽徽，拥护法国新生的民主政体。1791 年 6 月拿破仑升为中尉。不久，他又一次返回老家休假。由于在科西嘉待的时间过长，犯了擅离军队罪。通常，法国陆军部不宽恕这类犯罪的军官，所以拿破仑没有回到他的团队，而是去巴黎解释他请假的原因。由于没有得到陆军部的任何任命，他只好在巴黎等待答复。拿破仑是在 1792 年 5 月底到达首都的，他成为这个夏季暴风雨般的革命事件的目击者。23 岁的军官对这几个月中发生的两个重要事件，即 1792 年 6 月 20 日人民群众攻入杜伊勒里宫，迫使国王路易十六戴上革命的标记之一——红色的弗吉尼亚帽向人群低头认罪，以及同年 8 月 10 日人民再度攻入杜伊勒里宫而推翻君主王朝的态度是一致的。由于他只是旁观的偶然目击者，并且是对亲密友人谈论两事件的，他完全不掩饰于表白自己的真实感情和全部天性。他把 6 月 20 日的参与迫宫的人群称作"无赖"，认为路易十六是个懦夫，他不应该放纵那群无赖，而应该以大炮消灭他们。8 月 10 日的起义者更被他骂成是"最无耻的群氓"。指出拿破仑的这种天性是很有意义的：还在青年时代，他就认为炮弹是回答人民起义的最适当的手段，而且他是那样地热衷学习并实践这种刻骨铭心的教训，在以后的与这两次事件极为相似的情况下，拿破仑采取的是全然不同的态度和做法。

当时法国正处于将奥地利军队赶出国境的反侵略战争中，法军缺少大批有经验的军官。革命政府也不再追究拿破仑超假的过失，任命他为上尉，拿破仑又看到了前程。1789 年开始的革命是一个开端，对外省人拿破仑来说，只有现在，个人的能力才能够帮助一个人沿着社会的阶梯往上爬，这的确使他醉心。当 1792 年 9 月

世界名人大传

21日,国民公会宣布成立法兰西共和国时,拿破仑更加坚定了自己的选择,决心为新诞生的共和国赴汤蹈火。

随着法国大革命的深入发展,革命者认为国王与共和国不能并存:1793年1月21日,路易十六被送上断头台。法国革命的洪流在欧洲和各主要封建国家被视为洪水猛兽,有着冲垮自己统治的危险。欧洲各国联合起来,要以武力干涉法国革命,法国国内的保皇党分子则乘机在各地煽起叛乱之火。内忧外患严重威胁着新生的共和国,以罗伯斯庇尔为领袖的雅各宾政权号召法国人民奋起保卫祖国,保卫革命。这是法国大革命的一段艰难岁月:著名的革命者马拉、沙利埃等人被刺杀,在波尔多、里昂、马赛发生了反革命暴动,普、奥、英、俄等国组成了第一次反法联盟。法国人民戴上红色的自由之帽,高唱着新颂歌《马赛曲》,挥舞着"自由、平等、博爱"的标语,成批地开向保卫祖国的战场。9月法军打败英荷联军,战局发生转折。12月奥军被赶过莱茵河右岸,国内局势大为好转,先后收复了马赛、波尔多和里昂,旺代省的叛军也被击溃了。至此,法国革命的重大威胁来自叛城土伦。大批保皇党分子聚集在这个法国南部港口,他们击溃了革命政权的代表,并向航行在地中海西岸的英国海军求援。依仗英国舰队的支持,他们宣布路易十六年仅8岁的儿子为路易十七;被打倒的波旁王朝以土伦为反革命暴乱中心,大有卷土重来之势。革命军从陆地上包围了土伦,由卡尔多所指挥的革命军部署不当而失败。拿破仑向他的同乡、革命军的政治领导人萨利切蒂指出夺取土伦以及把英国海军从海岸赶走的唯一方法,并被任命为包围军炮兵首领的助手。11月最初几天发动的攻势没有获胜,因为负责指挥的军官在紧急关头没有听取拿破仑的意见而命令军队撤退。拿破仑与士兵同甘共苦,战斗中身先士卒的作风,赢得了士兵的信任与爱戴。他的炮兵成了一支战斗力很强的队伍。通过观察地形,拿破仑发现土伦港有两道向东延伸出去的岩岬,靠内侧的克尔岬把内外港隔开,其上炮台既可控制内港的出口,又可由炮火威胁英舰,使其在内外港都无法停留,而英军一旦撤出港外,土伦就不攻自破。拿破仑有关拿下制高点攻打土伦的方案被指挥官戈来埃所接受。拿破仑配置了炮兵进行猛烈的冲击,夺下了控制舰队停泊处的制高点,英舰周围溅起簇簇水花,见自己完全暴露在法军炮火之下,这些往日耀武扬威的军舰立刻仓皇逃出土伦港。英军逃走前击沉了他们无法带走的军火船。1793年12月17日,从炸毁了的军火船上升起的浓烟烈火,如同火山爆发一样壮观,巨大的爆炸声则增添了胜利者的豪情。从那些船上燃起的熊熊大火,犹如一团团的礼花,在庆祝着土伦港的收复。

"我真是无法向您形容拿破仑的功勋。他的知识丰富异常,智力极其发达,性格无比坚强,但这还不够使你对这位非凡的军官的优秀品质有个最起码的了解。"这是杜纪尔将军在向巴黎陆军部队报告中的一段话。他热切希望陆军大臣为了共和国的利益能够留下拿破仑。围攻土伦的整个军团都很清楚拿破仑在配备炮兵、巧妙布置包围、进行射击同,以及1793年12月17日最后发起冲击的决定关头的重大作用。

土伦之战,是拿破仑指挥并取得胜利的第一个战役。虽然后来有着很多大规

葡月将军

拿破仑在土伦之战中的卓越表现,使他得以被雅各宾政权任命为意大利军团的炮兵指挥官。正当他踌躇满志,要在意大利战场上取得更大荣誉之时,法国政局出现了突然的逆转:罗伯斯庇尔主持的雅各宾政权在战胜国内封建势力,将反法联盟赶出法国之后,威望与日俱增。但是,罗氏及其坚持实行限制资产阶级自由竞争的措施及动辄将反对者送上断头台的恐怖政策,已使他的政权实际上处于被推翻的阴谋的威胁之中。热月9日(1794年7月27日),罗氏的反对者促成国民公会通过了逮捕罗氏及其拥护者的决议。未经审判,罗氏和他的21名同伴于次日被执行死刑,雅各宾政权结束了。

大资产阶级政客"热月党人"上台了,紧接着就在全国追捕旧政权的主要负责人的亲信和被认为是亲信的人。由于是被雅各宾政权任命的将军,拿破仑亦遭到了打击。热月9日之后还不到两个星期,他就被逮捕了。拿破仑进行了申诉,因为国民公会负责审查的特派员没有在他的档案中发现任何监禁他的理由,他在被监禁14天后暂予开释。意大利方面军的司令官尼斯对出狱后的拿破仑不予理睬,拿破仑思索后决定回到巴黎。"在巴黎,一个干练的政治家,就决定了一个政党或政府的命运,而在外地,人们就只能听命于拥有最高权力的首都。"他对弟弟路易说。的确,巴黎是当时各种思潮的汇合点,是个特别锻炼人的地方。在巴黎,青年们在各种思潮的激荡中,在令人眼花缭乱的政治变幻中,选择自己的道路。"要在巴黎改变自己的命运!"拿破仑暗下决心。

1795年是法国资产阶级革命史上一个决定性的转折关头,资产阶级革命推翻了专制封建制度以后,于热月10日丧失了自己最锐利的武器——雅各宾专政,大资产阶级在取得政权之后,就走上了反动的道路,从1794年冬到1795年春,热月党国民会议在政治上一直从左向右转。

拿破仑来巴黎寻找出路时,他所看到的只是新贵族们的寻欢作乐和种种丑恶。拿破仑头脑中那些雅各宾主义的理想,就像一个飘飘荡荡的气球,随着松开的细线飘逝了。他的申请没人理会,失意的拿破仑身处欢乐的巴黎却没有些许欢乐,任凭时光流逝却一事无成,成了一位整月遛大街的"马路将军"。

在巴黎城郊工人区发生的反对热月党人国民会议的两次——芽月12日(4月1日)和牧月1日(5月20日)——演变成对国民会议直接进攻的声势浩大的武装游行示威失败了,而保皇党人又蠢蠢欲动了,1795年夏季巴黎出现了新的危机,掌握着三万叛乱武装的保皇党人阴谋暴乱,残酷镇压平民群众的热月党不可能指望民众的支持,手中仅有5000兵力。

当时情况是这样的:根据国民公会制定的新宪法,由五个督政官来领导政权机关,而立法权集中在五百人院和元老院两个议会中。国民公会准备在实行这个宪法之后即行解散。但是在"老的"大资产阶级中间,保皇的情绪正在滋涨,国民公会担心保皇党人会利用这种情绪,采用狡猾手法,大量钻进即将进行选举的五百人院。因此,巴拉斯为首的热月党领导集团在国民会议最后几天,通过了一项特别法令,规定五百人院和元老院中三分之二的成员必须从现任国民公会的成员中选出,只有三分之一的成员可以从其他人员中选出。这项法令,要巩固国民公会中现有的多数统治,并使其无限期延长下去。保皇党人不乐意这项法令,很大一部分金融寡头及巴黎所谓"富有者"(即中心区的上层资产阶级),对这一"专横"的法令也不以为然,巴黎的工人认为国民公会的各种委员会和国民公会本身是自己最凶恶的敌人,根本未考虑要为这个公会在未来的五百人院中保持三分之二多数的权力而战斗;国民公会本身也不会想要首都的贫苦群众来支援它,群众仇视它,它害怕群众。军队也不可靠:热月党政权的将军梅努偏向于选出一个更为保守的议会,他不愿意枪毙那些显贵,他曾在凯旋时被他们夹道欢迎,双方互有深切的好感,他自己也曾是显贵的一员。

保皇党人欢欣鼓舞,他们不是单独作战,并且一切都是顺着他们意愿发展的。葡月12日夜间,热月党首领们听到了来自四面八方的狂呼声,示威游行的行列和洪亮兴奋的呐喊声在首都散布着一个消息,说国民公会正在放弃斗争,可以不发生巷战,法令已经收回,选举将自由举行。但这帮家伙高兴得有些早了,国民公会决定进行斗争。葡月12日的夜晚是多么令人焦虑啊,梅努被革职并被马上逮捕,巴拉斯被任命为巴黎武装部队总司令。是的,要斗争,必须毫不迟疑地在几个钟头之内马上展开战斗。"唉,可我又能指望谁呢?"巴拉斯不是一个军人,他急切地要网罗一个能扭转局面的将军。已是葡月12日深夜了,保皇党人的暴动定在第二天,巴拉斯踱来踱去仍无良策以对付翌日即至的暴动。

突然,巴拉斯想起了一个穿破灰大衣的最近曾经几次找他帮忙的消瘦的年轻人。巴拉斯所知道的就是他是一个退职将军,曾在土伦显示了突出的才能,现在在首都穷困潦倒。巴拉斯命令把他找来。拿破仑来了,巴拉斯问他能否把叛乱镇压下去,拿破仑请求考虑几分钟。他对于保卫国民公会的利益在原则上是否可以同意这一点,没有考虑很久;但他很快就想到了,如果站在巴拉斯一边会有什么好处——这和他来巴黎的目的是统一的。拿破仑同意的条件是:谁也不干涉他的指挥。他说:"等大功告成以后,我才会放刀入鞘。"

这位新任命的巴拉斯的助手无疑是志在必得:他有一个以炮兵狂轰滥炸为基本的行动计划。到黎明时,国民议会大厦前的炮群即已布置完毕,葡月13日,叛乱者拥向国民公会,炮火的迎接使得叛乱者在圣·罗赫教堂门口血肉横飞,叛乱者只有步枪来回击。到中午时,叛乱者留下几百具尸首,拖着伤员四处逃散,有藏到各处住宅中去的,还有马上离开巴黎的……全部结束了。保皇党人寄此一役可得波旁复辟的美梦破灭了。城市上层资产阶级也意识到了,他们太急于用公开的武装暴动的办法来夺取国家政权。同时,又再次显示出,农村的反复辟情绪对军队和士兵群众发生了特别强烈的影响，而军队和士兵群众是完全可以信赖的。他们坚决反对那些直接或间接与波旁王朝有着千丝万缕联系的势力。

在首都巴黎取得的这次胜利给拿破仑带来了远高于土伦战役的声誉。昨天，将军还在街头踌躇闲逛，眉宇间透出一个愁字；今天，他的名字已震荡着全法国，成为具有指挥天才、果断精神和坚强毅力的同义词，优秀的军人！军界人士，一切社会阶层都已确认。督政府的大权在握者看到这把利刀在必要时还可为其所用，指向敌对势力的骚乱……

巴黎人的街谈巷议中，拿破仑——葡月将军，已成为唯一的话题。

出兵北意

葡月13日的化险为夷让督政府对年轻的将军感激不已。拿破仑成了巴黎卫成部队司令，谁也不怀疑他将成为作战部队的独立指挥官的候选人。

年轻将军在忽然晋升之后迷恋上了丈夫在恐怖时期被处死、大他六岁并有两个孩子的约瑟芬·博阿尔内。这个女人曾有过不少风流韵事，对拿破仑并没有什么热烈的感情，但从物质上考虑，葡月13日以后的拿破仑声名显赫，职位重要，能使她和孩子的前程有所保障。而在拿破仑方面，则是为突然激起的并且缠绕着他的情欲所驱使，曾与年轻寡妇有过一段交情的巴拉斯亦是极力促成二人的婚事，他甚至许诺其后他将尽力促使督政府把意大利军团的全部指挥权交给拿破仑。拿破仑也认为娶个伯爵夫人会使自己更快地"法国化"，在社会等级中迈进一大步，有更广泛的机会去结识共和国的显要人物。

1796年3月9日婚礼举行了，11日，拿破仑就与妻子告别，登上驿车赶往军团司令部。欧洲历史上漫长而血腥的一章就这样被揭开了。在他忙碌的一生中，无论是初恋时的德西蒂，还是他深爱着的第一个妻子约瑟芬、第二个妻子玛丽·路易莎，还有雷缪莎夫人，女演员乔治·瓦利夫斯基伯爵夫人，曾经与他有过亲密交往的任何一个女人，都不能对他产生任何显著的影响，这个传统的科西嘉人，对荣誉和权力的追求是永不停止的，没有很多的时间去让感情冲动主宰他。

战争的阴霾布满欧洲上空，毫无疑问，奥地利、英、俄、撒丁王国、两个西西里王国和几个德意志国家（符腾堡、巴伐利亚、巴登等）的联盟与法国在即将到来的1796年春夏两季有一场大厮杀，对峙的双方均认其主要战场当然在德国西部和西南部——法国人企图通过这些地方侵入奥地利本土，督政府挑选了最精锐的部队和以莫罗将军为首的最杰出的战略家进行这次远征，组织得很好的后备供应更反映了法国政府对远征军寄予厚望。

拿破仑将军的意见是：向奥地利及其盟国意大利发动进攻，以防止反法联盟的祸水西渐，首先得从法国南部进入与法毗邻的意大利北部。这个声东击西的行动，将使奥地利在即将展开的战争中，分散对德国这个主要战场的注意力。这个计划无疑是有益的，虽然督政府官员并无大的兴趣，但还是接受了。1796年2月23日，拿破仑被任命为这个战区的总司令。新婚两天后的 3 月 11 日,新总司令挂帅上任。

在意大利军团司令部所在地尼斯,拿破仑检阅了自己的部队,发现他们简直像一群土匪。后备供应极差,因法国军需部门的偷盗贪污行为而加剧了军队的困厄,士气低落,装备极差,饥饿迫使士兵到处抢劫和盗窃,开小差者不乏其人……不只如此,下车伊始的司令官还听到了军队哗变的报告。没有纪律的一群乌合之众怎么能上前线打仗?!而如果等到军队整顿结束后再进行战争,就实际上放过了 1796 年的战争,军团内资历比新司令深得多的将军们,被他的时间观念和果敢手段震撼了,所有部门都对严格时间限制的要求配合以有效的行动。

"士兵们,现在还不能说你们能吃得饱,穿得暖……现在,我想带领你们到世界上最富饶的地方去……你们将收获财富和荣耀。意大利兵团的士兵们,你们有没有足够的勇气跟我前进?"这是 1796 年 4 月 9 日,大军开拔前的演说,发了军饷,补充了给养,又经过整顿的军队欢声雷动。仅仅一个月,他们就变成一支斗志昂扬的必胜之师!

年轻的将军只有这一次向自己的军队这样解释工作。他总是善于建立、加深和维持自己对士兵心灵的感召和统治。显然,他是一个爱兵并得到士兵拥戴的统帅:他在各重要战役中与士兵同甘共苦,关键时刻毫不犹豫地冲锋在前、赴汤蹈火在所不惜的行为,是那么深入人心。当时以致后来老兵的记忆中,士兵深情、亲昵地称自己统帅为"小伍长"。那个概念在士兵间的言谈中,在各人心底永远是栩栩如生的。他已成为一种精神的化身、激情之源。毫无疑问,如果能洞悉战场态势,实施正确的战略战术,他和他的士兵将是不可战胜的。

4 月 9 日,拿破仑率军越过阿尔卑斯山。大军沿着阿尔卑斯沿海山脉有名的"海边天险"前进,沿海岸游弋的英国舰队向疾行的法军送去一阵阵猛烈的炮火,虽然英舰在任何一个点上都可以切断法军的队伍,但他们怠于进一步行动,炮击效果极差,以至于像是在为法军的英勇前进而喝彩送行。危险的行军已经结束,与法军相遇的是协同作战的奥地利军队和皮埃蒙特(撒丁王国)军队,法军连续作战,不给敌军喘息的时间,对联军的作战总计六天,取得六次胜利,这个完整的大战役显示了拿破仑用兵的一个基本原则:迅速集中一切力量,完成一个战略任务,马上转入下一个战略任务,不玩弄太复杂的伎俩,把敌人各个击破;同时拿破仑也善于把政治和战略结成一个不可分割的整体,以战场上的节节胜利为筹码,迫使皮埃蒙特接受了条件苛刻的停战协定及最后和约。据战后和约,皮埃蒙特丧失了包括最为坚固的两个要塞在内的许多据点,并承担了全面的义务:与他国结盟被禁止;尼茨、萨伏依割让给法国;法国军队可自由通过其领土;及为法军提供一切所需的物资。

剩下的就是奥地利军队了。追过波河,践踏了中立国帕尔王国的法军,逼近到阿达河畔,一万奥军在此防守。5 月 10 日,洛迪战役打响了。拿破仑再次感到有必要去冒他司令官个人生命的危险,奥军的密集炮火封锁了桥头,二十门奥军大炮用散弹扫荡着桥身及周围地带。总司令带着掷弹兵向前冲击,桥被拿下了。奥军

世界传世藏书

世界大帝

图文珍藏版

丢下两千伤亡士兵和十五门大炮，溃退了。法军追击前进，5月15日进入米兰，督政府收到"伦巴第现在已属于共和国"的来自意大利军团的报告。

里沃诺、布洛尼、摩纳哥、托斯卡那，相继拜倒在法军脚下，法国大革命的春雷震撼了死气沉沉的意大利。意大利人民在心中呼唤着法国自由主义战士的到来，酝酿着一场反对奥地利殖民统治的民族解放战争。现在，法国人来了，一夜之间，"自由、平等、博爱"被铭刻在米兰所有的高大建筑物上，他们一路凯歌，将奥军打得落花流水，令人振奋！人民的激情还在高涨，城市和乡村多了供应法军需要的一切的义务；金钱、马匹、艺术珍宝这些意大利的财富被源源不断地送往巴黎，法国国库则财源丰富、储备陡增。位居权要的法国政府官员们新添了爱好，他们轮流互访，观赏同僚奢华的来自意大利的珍宝。在意大利，法军得到许可进行劫掠，他们来此之前就已得到允诺，要在此富庶国度中改变自己的困境。

按其自然条件和修筑的工事来说，曼图亚可谓当时欧洲最坚固的要塞之一。法军包围了曼图亚，三万奥军在极有才能的维尔姆泽将军的指挥下，奉命开往要塞。曼图亚城内的人心底掠过一丝被救的希望，憎恨法国军队进入意大利带来资产阶级革命原则的当地教会势力、封建贵族，还有欧洲受法国侵犯的所有国家都感到异常兴奋；成千上万的农民和城市居民也寄希望这支老将出马的援军，能把他们从拿破仑军队横加劫掠的苦难中拯救出来；被击溃的和被迫接受和平的皮埃蒙特则有一股呼应的潜流，在法军后方极为可能的倒戈，将切断法军同国内的交通。在这关键时刻，拿破仑将军还遇到了心烦事：法国政府的几名督政高官认为这位干将太能干了，以至于提出要将意大利军团一分为二，一部分由政府派来另一位将军指挥。咆哮过后的拿破仑亲自向巴黎申述，信至巴黎，无人能与之抗衡，政府沉默了，修剪鹰翼的计划至此成为一页废纸，拿破仑仍是独当一面的司令。

奥地利的所有宣传都发布了这样的消息：8月底之前，奥军将重新占领米兰，意大利将成为埋葬法军的坟墓。拿破仑麾下的优秀将军马塞纳、奥热罗均被维尔姆泽击退了，法军从曼图亚撤围。奥军进入曼图亚，开始预祝即将取得的对凶恶敌人的胜利。但奥地利人高兴得太早了。维尔姆泽的笑容渐渐僵化，他已被所看到的景象惊骇了。在曼图亚和米兰之间的交通线上的另一支奥军被拿破仑军队在三次战斗中都打败了。维尔姆泽率军离开曼图亚城，但与法军的交战他败得惨重。受到重创的奥军败退曼图亚城中，法军再次围城。

和维尔姆泽、卡尔大公、梅拉斯等一样享有殊誉的奥地利帝国的卓越将军阿尔文齐来了，率领的是比拿破仑进攻军多得多的奥军。初战交锋，几支法军不能相敌。拿破仑命令法军从一些据点撤退，他要集中全部兵力给敌人以决定性的打击。阿尔斯拉桥的激烈血战开始于1796年11月15日，到11月17日晚间结束。阿尔文齐部的奥军精锐人多又骁勇顽强。大桥几次易手，法军伤亡惨重。总司令拿破仑又冲在最前面了。意大利军团的旗帜在战火中前进，后面是无畏的愿以牺牲保全、增添她的荣光的法国士兵。三昼夜之后，阿尔文齐的军队被击退并被粉碎。1797年1月中旬与奥军的利沃里血战，意大利军团又增添了胜利的记录。奥军新败之后，曼图亚投降了，出于对勇敢的老军人的敬重，也为了表示自己的谦逊和宽容大度,拿破仑回避了让维尔姆泽不安的受辱地放下宝剑的仪式。

1797 年初春,卡尔大公所部奥军又在一系列战役中为拿破仑击溃,损失惨重。意大利军团已成为一架高速运转的战争机器。督政府新派的骁勇善战的贝尔纳多特将军则使之更加如虎添翼。维也纳皇宫一片混乱。

意大利军团闪电般地逼近,欧洲封建君主们则日益惶惶不可终日。拿破仑的名字已威震全欧,他的战无不胜也不再像开始那样令人难以接受了。神话也是可以被接受并流传的,何况拿破仑和他的军队是无可辩驳的事实!

继续战争是危险的,1797 年 4 月初,奥皇弗兰茨请求议和。在距维也纳约有二百多公里的累欧本,停战协定签订了。为了法兰西的利益,1797 年 6 月,威尼斯这个存在了一千三百年之久的具有丰富多彩的独立历史生活的商业国不复存在了。它成了法军取得莱茵河岸和所有被拿破仑占领的意大利领土对奥国的补偿。

在 1796 年和 1797 年初的这段时间里,法国的其他一些将军们在莱茵河上多次被奥军击败并再三要求给养;而拿破仑却将一群不守纪律、褴褛不堪的乌合之众,变成了一支庞大而英勇善战的军队,他们什么都不要求,同时将千百万金币和大量艺术品运回巴黎。他们占领了意大利,进行了 14 次大战和 70 次战斗,接连消灭了 5 支奥地利精锐部队,迫使奥国屈尊求和,甚至使莱茵河上的失败也蒙上了胜利的光环。这些新功绩使意大利军团在法国军队中独享光荣。他们的统帅拿破仑也在法国确立了他的无可争议的威望。

1797 年夏季的巴黎,保皇党人又在策划推翻督政府了。他们组织得很好,又有来自国内外反革命势力的支援,五百人院的局部选举每一次都是右翼反动派甚或是保皇分子占显赫优势,督政府又在危险中了。五位督政官态度不一,甚至有几位反对采用坚决措施或同情正在策划的运动。巴拉斯、勒贝尔、拉·雷布伊埃·莱波持着对葡月 13 日事件一样的态度,不愿意不经过战斗就交出政权。他们又有些不安:1795 年征服荷兰而出名的皮什格鲁将军现在站在反对派一边,他是国家最高立法机关五百人院的主席。

意大利军团胜利进军的余暇中,甚至公务紧急时,拿破仑的双眼也未曾离开过巴黎,他知道共和国又在危险中了。这更让我们能感受当他意外取得有关皮什格鲁将军与现代亲王的代表秘密谈判背叛共和国的罪证时的那种欢喜。这是他从 1797 年 5 月贝尔纳多特将军的急使所携的没收自一保皇党伯爵的公事包中一些文件中所发现的。三位决定战斗的督政官收到了来自拿破仑的报告及所附的令人吃惊的文件,奥热罗将军从意大利火速前往巴黎去支持督政官,此外还有三百万金法朗的财政支持。

因为拿破仑的有力支持,巴黎果月 18 日(1797 年 9 月 4 日)的第二次粉碎王党复辟活动的事变成功了,共和国得救了。奥地利政府在夏季突然表现出的那种兴高采烈和几乎是威胁的征象消灭了,一直屏息凝神地注视着巴黎的君主制的欧洲的幻想也宣告破产。

1797 年 5 月与奥地利签订的不仅是停战协定。拿破仑将军在签订和约中表现的外交才干,深令谙熟外交手腕的奥国谈判代表科本茨感到了困惑与无奈。他向本国政府抱怨说，很少碰到"这样的诡辩家和毫无良心的人，他像一个疯子"。拿破仑在谈判中狂喊着，用言辞羞辱奥地利，并将科本茨珍爱的俄皇叶卡特琳娜送给他的咖啡盒摔得粉碎。1797年10月17日《坎波福米奥和约》确认了拿破仑在停战协定中所坚持的一切，不论是在已被战胜的意大利，还是在奥地利军根本未被法国将军战胜的德国，他的要求均在地图上得以确认。

1797年12月7日，拿破仑回到巴黎。10月，督政府全体成员在卢森堡宫前举行欢迎大会。暴风雨般地喊声和掌声显示了群众的激动，拿破仑已到卢森堡宫前。督政府官员的热情的欢迎辞，广场上群众热情洋溢的赞颂，28岁的将军都以理所应得的安详的表情接受了。震耳的欢呼声、狂欢的情绪，在他看来，在将他"送上断头台"的那种情景之下，也会出现的。

远征埃及

拿破仑回到了巴黎，并被任命为对英作战军队的总司令。因为在英吉利海峡的英国海军比法国的更为强大，他建议进占埃及，在东方造成进一步威胁英国在印度统治的跳板，他的新计划和1788年春督政府会议对这个计划的讨论，一直受到严格的保密。

很多人认为这将是十分荒唐、冒险的事情，但实际上这个计划却是革命时期和革命以前法国资产阶级的夙愿。近东各国，即巴尔干半岛各国、叙利亚、埃及、地中海东岸及希腊诸岛，很久以来就与马赛和整个法国南部有着极广泛的商业联系。这是可以获得大量利润的地方，又是秩序相当混乱的地方。商业总是需要保护，商人总想在需要时得到援助，长期的商业利益要求法国在这个地方加强秩序。叙利亚、埃及丰富的自然资源因18世纪末以来许多书籍的记述而变得更加诱人。早在荷兰人经营东方贸易时，有远见的大臣就直接上书路易十四，建议进军埃及，从而破坏荷兰在东方的地位。当历史进入到18世纪末时，英国而非荷兰，已通过侵略和征服印度在东方取得优势地位。这样，埃及、叙利亚在法国对英战争中的战略意义就显得十分重要了。外交大臣塔列朗坚决支持拿破仑的计划，督政府被说服了，愿意装备海陆军队来进行这次遥远而又危险的进军。这个计划对他们决不失算：军事政治经济上的好处他们在意大利战争中已经深刻体会到了。同时，即使计划失败了，让这位自作主张签订和约，拒绝分割兵权的不驯服将军到遥远的国度，去进行前途未卜的冒险，督政府也甘心情愿的。因为，拿破仑在督政官们欢迎场面中，所带有的古罗马帝王远征归来才具有的那种态度，已经令他们难以忍受，甚至惴惴不安了。

说实在的，拿破仑并不想离开意大利，在这里，他简直是个国王。但政府已经有些畏惧他的军事成就和威名了，他被委婉地召回并被派往埃及。拿破仑接受了对英作战的任务，准备工作全面展开。

总司令拿破仑表现出比对意战争初期更令人惊叹的才能：他能小处见树枝、大处见森林地权衡、考虑最重大、最困难的措施，而丝毫没有顾此失彼的现象。他视察舰艇，巡视海岸和海军，注意研究世界政局动态，搜集地中海英国纳尔逊舰队活动的情报……他甚至深知将领中哪些人勇敢、坚强、嗜酒，哪些人聪明机灵，哪些人因有疝气而易疲劳……因而，他们几乎是一个个地被选拔出来组成远征兵团的。除此之外，远征军中还有科技人员和渴望探索埃及艺术和文学宝库的法国学者们。从不虚度时光的拿破仑还亲列书单，组建了一个相当丰富的小图书馆。

纳尔逊舰队虎踞直布罗陀海峡，不敢轻举妄动。他们在期待法军的到来，却不知这实是拿破仑散布的假消息。5月19日，法国舰队在土伦扬帆出海，沿地中海东岸经马耳他岛前往埃及。

在船上的拿破仑很多时候都在读书，历史、诗歌或许正是将他引向东方的动力之一。夕阳西下，落日余晖中，他的想象更是丰富瑰丽，马其顿亚历山大的史诗已成昨日，他将向东方前进，建立古代大帝不敢想象的伟业。

当时，埃及名义上是土耳其奥斯曼帝国的属地，实权却操纵在马穆鲁克封建军事集团手中。1789年7月1日，法军在亚历山大港附近登陆。次日的进攻遭到了坚强英勇的亚历山大城居民的抵抗。几个小时后，法军破城，居民们虽作了英勇的抵抗，终因兵力相差悬殊和马穆鲁克守军不战自溃而城破失守。法军的《告埃及人民书》飞散在亚历山大城的大街小巷。拿破仑要阿拉伯人相信他们将被从马穆鲁克骑兵的压迫下解放出来，相信他对"古兰经"和回教的尊重，他们只有彻底服从，否则，将会遭受严惩。法军经由埃及人坚壁清野的座座村庄向南方挺进，深入沙漠。

1798年7月19日，晨曦中隐约的开罗清真寺的尖塔和金字塔巨大的塔身已在拿破仑的视野中了。他容光焕发，擎剑纵马："士兵们，四千年的历史从金字塔上面看着你们！……"法军热情高涨，战斗在因巴贝村和金字塔之间进行。近卫骑兵的落后战术与武器及其头领的妄自尊大使他们遭到了彻底失败，数千人血洒战场，大批骑兵被驱入尼罗河。他们丢下一部分大炮，余部逃往南方。骑兵与志愿军在守土卫城战中是英勇顽强的，但它面对的却是一支刚从法国大革命中成长起来的资产阶级军队，埃及军队的封建腐朽性决定了它在金字塔战役中的最终失败。7月24日，法军占领开罗。

占领开罗后，拿破仑依靠阿拉伯资产阶级和土地占有者在埃及建立起了新的政治制度。新建立的政府组织机构、正规财税制度、警察制度等均保证了在埃及的军事独裁统治。另外，随法军进入埃及的技术人员和学者也开始工作。但法国对埃及的占领并不巩固：首先，纳尔逊舰队对停泊在尼罗河口的法国舰队的毁灭性打击切断了远征军与法国本土的交通联系；其次，土耳其政府也认为法军染指其属地是一种耻辱，已派军前往叙利亚，准备从法军手中夺回埃及。

拿破仑决定主动出击土耳其军队。1799年2月，远征军进入叙利亚，不断有城市向法军投降。3月4日至6日攻占雅法一役，由于雅法拒绝投降，占领军入城后发生了屠城的暴行。4000名投降了的土耳其士兵被惨无人道地集体枪杀了，血水染红了海岸。

3月下旬，法军到达阿克城下，围攻两个月仍不能破城。阿克城的守卫由英国人西德尼·史密斯领导进行，他们有英国从海上运来的粮食和武器，土耳其派驻的守城部队也阵容强大。天气渐热，瘟疫在法军中流行。数千名士兵几日之内即丧失作战能力。5月20日，拿破仑下令撤兵。撤退更为艰苦，已是五月末了，热啊，简直热得让人无法忍受！烈日当头，黄沙漫漫。吃了败仗的拿破仑与士兵一起步行向西边的基地。所有的车辆和马匹都被腾出来运送伤病员，包括总司令本人的坐骑。一侍卫依例牵马给拿破仑骑，结果得到一个巴掌的奖赏和一顿臭骂："全体步行，我第一个走！我难道没有听到命令吗？滚蛋！"

驻足回望的拿破仑不止一次地叹息："我在阿克倒了大霉！"他只要一回想起这次失败，就会念叨起这句话。拿破仑心中的梦想——建立从埃及到印度的庞大东方殖民帝国，现在看来，那只能是一个幻影了。

雾月政变

1799年6月14日，拿破仑的军队回到了开罗。留在这个被征服国家里的时间不会很久了。

7月的一天，旧报里的一则消息让久未与欧洲联系的拿破仑震怒了：在远征埃及时，奥、英、俄和那不勒斯王国再次掀起了对法战争，苏沃洛夫进军意大利，击溃了法军；拿破仑建立的西沙尔平共和国已被消灭，法国边境又在威胁之下；法国本土到处都混乱不堪，以至于接近解体；督政府对时局一筹莫展。"一群笨蛋！意大利丢了，我的一切果实都丢了！我要去！"

8月23日，四只已经配备好的船，载着拿破仑和他选拔的500名士兵，驶向法国海岸。"身后的埃及由克莱贝尔将军统治吧……法国、巴黎，才是我的舞台，时候已到，督政府不能再存在了，国家的最高权力当为我所享。"

10月9日，在避开地中海英舰，与风浪搏斗了40多天之后，拿破仑一行在法国南岸的弗雷尼斯小镇附近登陆。从小镇到巴黎，拿破仑一路受到群众的夹道欢迎。

督政府在它统治的8年中已经证明，它没有能力建立巩固的资产阶级统治，也不能够让革命中建立的新体制充分发挥效率。果月18日政变后，督政府还可指望城乡新的有产阶级和军队、群众的支持，但现在大家都厌恶了这个政府，想要一个独裁政权。

城镇贫苦群众认为，督政府是有钱的强盗和投机分子的制度，是贪污分子肆虐挥霍和心满意足的制度，是使工人、雇农和消费者走投无路、饥寒交迫的制度；显示工人力量与喉舌的巴贝夫及其追随者被督政府镇压，没有出路，工人的愿望是"需要一个能够吃上饭的政权"，任何方面都没有可能让工人去维护督政府了。

对士兵来说，督政府是由一群十分可疑的分子组成的，他们不给军队鞋子和粮食，在几个月中就把拿破仑在十几次战役中占领的地方交给了敌人。军队公开表示对国内贪污公行、叛乱迭起，国外强敌压境的困境的不满……他们又怀念起拿破仑了。

绝大部分有产阶级认为督政府对自己没有什么益处。恢复贸易、发展工业是这些人的美好计划。这均需胜利的和平与巩固的秩序来保证顺利实施,但毫无效率的督政府显然不能胜此重任。

督政府已是声名狼藉了!

法国政局的轮廓就是这样。稳定新的社会秩序,巩固大革命的成果,建立一个稳定的政权,是各阶层共同的愿望。大资产阶级顺应潮流,选择了拿破仑作"佩剑人"。

军队将领、金融界人士、政府官员在胜利大道上每天都络绎不绝,这里有着拿破仑将军的府邸。在法国政坛上总是在出卖自己主子的塔列朗来了。他圆滑机警、政治嗅觉灵敏,看到此时最有希望成为法兰西主宰的只有拿破仑,就投靠过来,出谋划策,支持拿破仑发动政变,推翻他还在其中供职的督政府。惯于玩弄阴谋的督政府警察总监富歇也来了,他竭力要将自己与拿破仑的那不远的未来联系在一起,公开为他服务,以期在未来政权中留任原职。

在拿破仑于 10 月 16 日到达巴黎后,督政府继续存在了三个星期。但,不论是政治上就要完蛋的巴拉斯,还是那些帮助拿破仑断送了督政府政权的那些督政官,在当时都没有怀疑末日即将到来,离确立军事独裁的期限已是以日和时来计算了。拿破仑在这热火朝天的三个星期里,看到许多人靠拢自己,他也对这些人进行了许多极有益的观察,以便于决定其去留。

五位督政官中,值得对付的只有西哀耶斯和巴拉斯,其他三位向来没有什么独立见解,也不会在西哀耶斯和巴拉斯认为不必要的情况下表示自己的意见,他们是不足为虑的。拿破仑发迹之时,巴拉斯帮过他不少忙,但他一定不能采用。巴拉斯的为人及政治作风使他臭名远扬,成了督政府腐败罪恶和瓦解的象征,虽然他在雾月前的热闹日子里也曾让拿破仑知道自己对未来制度的好感,但他无疑会玷污新政权的名声。以《什么是第三等级》在革命初期就名声大噪的西哀耶斯,和大资产阶级心心相印地忍受了雅各宾政权的革命专权。作为他们的代表和思想家,热月9 日他又与大资产阶级一道盛赞雅各宾派的垮台,并参与 1795 年镇压贫民起义的牧月恐怖。身为督政官,他的声誉不算很坏,督政官的身份对于政变过程无疑会提供一"合法的形式",他至少在一段时间内是有用的。在塔列朗的安排下,拿破仑与西哀耶斯会见并结成了临时联盟。五百人院出于对拿破仑的敬畏,推选他的弟弟吕西安为五百人院主席。与督政府陆军部长贝尔纳多特的直接谈判,则使其在最后时刻勉强加入了拿破仑一边。

雾月 18 日(11 月 9 日),政变按预定计划开始。早晨,元老院在杜伊勒里宫开会,议员科尔涅无中生有地说,有一个"雅各宾阴谋"威胁共和国安全。元老院通过决定,将元老院和五百人院的开会地点迁往巴黎郊外的圣克鲁宫;任命拿破仑为首都地区武装部队司令,负责对付"叛乱"。巴黎的控制权被拿破仑掌握了。

督政府的垮台是和平的。塔列朗担负了"说服"巴拉斯立即发表退职声明的使命,巴拉斯体会到了受骗般的无奈和艰涩,他过去可一直是骗人的啊! 被抛弃的督政官签署了声明,在龙骑兵的护送下前往自己的领地。临别时他不无自嘲地说:"很高兴回到普通公民的行列。"

共和国的最高执行机构已经垮台,要推翻立法机关却不是先前预料的那样的顺利。雾月19日,元老院与五百人院在圣克鲁宫开会,拿破仑先派兵包围了会场。"打倒暴君!""打倒独裁者!""立即宣布拿破仑不受法律保护!"年轻议员的喊叫声震聋了拿破仑的耳鼓,他在掷弹兵的救助下逃离了会场内愤怒议员们的围攻。这些议员,与那些由于私利而准备出卖、或由于害怕而俯首屈从者截然不同,他们是伟大革命风暴的残存力量。对他们来说,占领巴士底狱,推翻君主专制,与叛徒进行斗争,"自由、平等、或者死亡"都不是放空炮。他们说,在可以用断头台处死暴君的地方,就应该用断头台处死他;在不能用断头台处死他的地方,就用布鲁图斯的匕首刺死他。拿破仑感到他已被困在一场可怕的风暴之中,以至于他想起了他在奥军枪林弹雨下,打着旗帜占领阿尔科拉桥的可怕时刻。

吕西安是这天五百人院会议的主持者,他拒绝将"立即宣布拿破仑不受法律保护"予以表决。他站在了兄长的一边,并以主席的身份鼓动列队以待的军队。掷弹兵跑步进入会场,清洗开始。缪拉元帅的"把这些都给我赶走!"的雷鸣般的喊声和着掷弹兵前进时的鼓声,对代表们来说是终生难忘、永远回响着的记忆。越窗或夺门而逃的代表被从四面八方逼向会场的军队包围起来。政变需要一件"合法"的外衣,在刺刀威胁下,被抓回来的二十多名代表被迫以"五百人院"的名义宣布将共和国的权力交给以拿破仑为首的三位临时执政,并通过了解散议会的决定。接着,在圣克鲁宫的一个灯火暗淡的大厅里,元老院未经讨论就发布了同样的法令。深夜两点钟了,拿破仑、西哀耶斯、罗歇·杜尔三位新执政宣誓就职,政变至此已告结束。

从在法国海岸登陆到11月9日拿破仑成为法国的主宰,其间历时仅30天。政变一个月后,依新主宰的意志拟订的共和国八年宪法公布了。按照规定,执政任期十年;第一执政享有全权,第二、第三执政只有评议权。

1800年初举行了公民投票,法国人民以压倒多数的赞成票接受了新宪法。投票结果是拿破仑获得权力的可靠保证和历史交给他的掌握法国权杖的通知书。1800年2月7日,法国第一执政拿破仑乘坐六匹马拉的豪华马车,前呼后拥地进入杜伊勒里宫。从此,这座著名王宫的新主人,成了欧洲大国的统治者,并维持最高权力达15年之久。后来,当一位学者问起拿破仑的家谱时,拿破仑意味深长地答道:"我的家谱是从雾月开始的。"

内政改革

在拿破仑看来,进行统治的全部秘密就在于知道在适宜的时候扮演"狐狸"或"狮子"的不同角色。他说"我喜欢权力,就像一位乐师喜欢他的提琴"。而他对权力的运用也确是得心应手的。

督政府留下了一个令人沮丧、忧虑的烂摊子：国内盗贼横行，百业凋敝、民不聊生；国外强敌压境，国家安全受到严重威胁。"革命的浪漫史已经结束了，现在需要切实可行的原则。"第一执政声称。

虽然实际上是他决定一切国家大事，但拿破仑从以往的政治生活中已深知秩序的形式不能被恣意取消的道理。临时执政西哀耶斯、杜科在元老院获得了席位，康巴塞雷斯和勒布伦成为新政权的第二、第三执政。曾经积极参与政变的人物都如愿以偿：塔列朗、吕西安、贝尔蒂埃、富歇分别被任命为外交、内务、陆军、警务各部的部长。

拿破仑夜以继日地让他的国家机器保持良好的运转，以便有效地加强权力、控制全国。"我必须利用晚上使我的铺子生意旺起来……我当然喜欢休息，不过耕牛已经套上了，就应该让它犁地！"春季战争已为时不远了，必须把最紧急的事情处理完。

这个农夫是怎样让他的耕牛犁地呢？

执政府时期，拿破仑建立了最能适应专制君主制度的集中制的国家机构，它确认法国大资产阶级的全部目的为创造条件以能够平稳地经营工商业赚钱，并将它系统地付诸实施。作为资产阶级国家机器的"设计者"，拿破仑取消了地方自治机构。地方服从中央的原则在社会生活各方面都被加以自觉贯彻；在改革税制，整顿财政机构，选拔人才，淘汰冗员，严惩贪污盗窃、营私舞弊者等新措施下，形成了一个意志统一、高效能的近代资产阶级政府。

执政府新设了警务部和巴黎警察总署，它们的任务是将一切阴谋和不轨行动都消灭在萌芽状态，保证新体制有一能够完全发挥效能的和平环境。督政府末期在法国中部、南部杀人越货、袭击乡村并以火刑烤人以得其钱财的"烤人者"感到形势大为不妙，行迹骤敛，执政府统治开始半年后，盗匪活动已告肃清。

执政府对死心塌地的保皇党分子予以武装镇压，但又宣布凡效忠新制度、放弃对抗即可获赦免。这一软硬兼施的政治手腕的运用使以旺代为大本营的保皇党分子的公开叛乱得以平息，数万流亡者陆续回国，而国内的统一、稳定得到加强。

执政府还管制舆论，创立工人手册制度。拿破仑认为"三家敌对的报纸比一千把刺刀更可怕"，"战争时期需要对舆论予以明智的指导"。在他的旨意下，警务部长举起了"鞭子和棍子"，幸存无几的巴黎政治性报刊，均成为新政权的极其驯服的喉舌。剑有双刃，作为大资产阶级的"佩剑人"，拿破仑禁止人民要求什么"自由"和"民主"，禁止工人罢工。《勒·霞不列法》确立的工人手册制度则保证了工商业资本对雇佣劳动的绝对控制——雇主可在各工人所持手册上记载与其雇佣、劳动相关的事项并予以留置。无工人手册就只有失业，并被视同流浪汉可予治罪。

拿破仑坚信"谁有强大的军队，谁就正确"。他在进行内政方面的调整改革的同时，扩充军队，加强训练，使军队处于戒备状态，在地方军队及近卫军中确立起他个人的至高权威。军队也感到自豪和荣耀，确认拿破仑是他们的唯一首领与主人，他们将战无不胜。

拿破仑以非凡的精力解决了一系列迫切的问题，他深知奥地利、英国、俄国和土耳其等国再次组成的反法联盟关系到法兰西存亡和自己掌权时间长久的问题。外交途径的和平努力被倨傲的英国人拒绝了,"和平的……天然保障就是让法国原来的王室复位",只有战争了。

1800年5月,拿破仑率两万军众穿越了险峻严寒的大圣伯纳德山口,七天之后,阿尔卑斯山已在身后,奥军司令梅拉斯发现突然间法军已在自己的后方。相较而言,在联军中承担主攻任务的奥军人多,炮兵弹药也充足,但6月14日在马伦哥,德塞将军率部及时赶到战场,挽救了已在败途中的法军,奥军措手不及至于完全失败,在法军骑兵追击下狼狈溃逃。德塞的战死使胜利蒙上了拿破仑的泪水,刚才还欢欣鼓舞的维也纳宫廷,现在则因第二个信使带来的失败消息而沉寂不安。

叛军舒安党的首领卡杜达尔及其一伙已在肯定波旁将复辟是一确定无疑的事实。波旁王室也在准备返回巴黎了。中立的欧洲也在注意事态的发展,以便在恰当时机加入反法联盟。然而,胜利的炮响来自法军方面,他们的期待落了空。巴黎又在欢庆胜利与新秩序的更加稳固了,杜伊勒里宫周围数不清的人群在向第一执政致意、欢呼。

新胜之后,与奥国订立有利的和约、争取与英国和整个欧洲联盟媾和是两个较为迫切的任务。做到这两点将为法国国内建设提供一个良好的外部环境。

"您的君王和我,我们有责任改变地球的面貌。"从巴黎回国的代表向俄皇保罗详述法国的友好表示。莫斯科回应巴黎,法俄军事同盟订立了。欧洲以日益增长的不安的目光注视着两位皇帝友谊的巩固。直到1801年3月保罗被刺的消息传来,欧洲各国外交官员和王室成员的心跳才恢复正常。法国在外交上对俄政策大转变的这个巨大成就就这样飞散了。"英国人雪月3日(爆炸事件)在巴黎对我的暗算落空了,但他们在彼得堡对我的暗算却没有落空!"拿破仑喊道。

法俄的短期结盟对法奥关系产生了重要影响。1801年2月9日,奥地利代表科本茨在他认为从形式和内容上"都是很可怕的"《吕内维尔和约》上签了字。由于顾及可能的东西方夹击,奥地利显得特别温驯和慷慨。

遭到英国援助的盟国都蒙受耻辱地接受了失败性和约。英国统治集团也被具有和解意愿的阶层所代替,不愿屈服的威廉·皮特下台了。1802年3月26日,新首相艾丁顿、外交大臣霍克斯里爵士代表英国签署了《亚眠和约》。这是延续四分之一世纪的英法战争过程中唯一的一次和解,它令英国感到了沉重,虽然她并未战败。

拿破仑时代的法国和欧洲不会有很长的和平时期,到1803年春与宿敌英国战火再起的两年中,拿破仑主持了十分紧张的因战争而中断的国家行政管理和立法方面的工作。

教会势力在法国是一举足轻重的政治力量,拿破仑尊重客观事实,通过谈判,于1801年7月与教皇庇护七世签订了《政教协议》。拿破仑承认天主教是"大多数法国人的宗教",但主教和大主教必须由拿破仑本人挑选和任命,被任命的僧侣才能得到教皇的教职。同样,主教任命的神父也只有得到政府的批准才能任职。教皇的敕谕、咨文、通告、决定在任何时候都要得到政府的批准才能在法国发表。这样,教会势力在执政府及其后的帝国政权体系中占有了一席之地,并在客观上有利于社会秩序的巩固。《政教协议》被誉为"英明的杰作"。

建立司法部、改组法院、废除陪审制度等司法工作上的改革在马伦哥战役前已告完结,远征归来,中断的立法工作有待继续和加强。时人评述说,"在法国旅行,更换法律如同更换马匹一样频繁"。庞杂混乱的法令难以保证上下一致的行动,对法国资本主义的进一步发展是一个极大的障碍,因此,统一法制已是势在必行。

1800年8月21日,民法法典草案起草委员会依令组建,第二执政、大法学家康巴塞雷斯被委以重任。公务余暇的拿破仑尽可能多地参加法典草案的讨论,并亲自主持了35次会议。草案拟出后的讨论他更是积极参加,早年的学习一切的态度使他能十分内行地引证罗马法典,其中自有其精辟独到之处。

1803年3月,立法院通过法典,1804年3月,拿破仑签署颁行,1852年的敕令确定了"拿破仑法典"的名称。

依法典,所有公平一律平等;婚姻家庭关系方面,否定教会的束缚及封建的父母包办子女婚姻制度,确认妇女享有一定的继承权利;财产所有权关系方面,法典严格保护私有财产神圣不可侵犯的资产阶级原则。但也保护了农民从革命中获得的土地等财产。财产所有关系的稳定、契约自由制度的明定均刺激了资本主义经济活动,从根本上对资本主义的发展产生深远影响。在法国军队对外扩张的同时,法典所确立的这些资产阶级原则也随之传播,动摇了欧洲大陆的封建秩序,促进了各国资本主义的萌芽和发展;而作为多国立法蓝本的法典无疑还是世界法制史上的不朽文献。

基本立法工作中还包括商事专门法典和刑法典,它们松紧程度不同地维护着资本主义生产关系。拿破仑在他生命的最后岁月中曾深情地说:"我真正的光荣并非打了四十次胜仗……有一样东西是不会被人忘记的,它将永垂不朽,那就是我的《民法典》。"

依据《亚眠和约》签订后马上举行的全民投票,以及由此而来的1802年2月议院做出的"全民决定",拿破仑被宣布为法兰西共和国的"终身执政"。显然,法国成了专制君主国家,拿破仑迟早要宣布为国王或皇帝,法兰西仍有共和国的头衔,它也尽早会成为帝国。不论怎么变换形式与称谓,拿破仑政权总是以反革命的大资产阶级为后盾,政权的性质则是军事独裁。

英法利益的对立性使和约只能够延缓战争而不是带来永久的和平。法国各处的造船厂都热火朝天地锤斧叮当不断了。1803年5月18日,英国发出了宣战书,但英国政府仍对保皇党人卡杜达尔组织的袭毙"科西嘉魔鬼"的阴谋抱有希望。随着莫罗将军被流放、皮什格鲁将军被关进牢房、波旁的当甘公爵被处死、卡杜达尔上了断头台,暗杀计划彻底失败。

英国豢养的保皇党阴谋分子惨败之余,发现自己实在是帮了拿破仑一个大忙。富歇已在宣扬波拿巴家族的世袭君主制的必要性——即使拿破仑遭到暗杀,其功业仍将永存。谄媚的请愿书纷沓而至,元老院于1804年5月18日通过决议,授予拿破仑皇帝的称号,法国人民也以压倒多数的赞成票确认拿破仑成为他们的皇帝。

1804 年 12 月 2 日,巴黎圣母院大教堂。数不清的人群都在望着宫廷权贵、文武官员、红衣主教和违背惯例离开梵蒂冈前来参加拿破仑加冕仪式的教皇庇护七世,金碧辉煌的车队驶向教堂。

教皇呆立在惊异与尴尬中了,拿破仑阻止了他的进一步行动,从他手里夺过皇冠戴在自己的头上,约瑟芬的皇冠也是他亲手戴上。加冕仪式中的这一关键性的场景意味着:他只确信根本是宝剑赢得而不是教皇这个所谓的人间的神子赋予他皇权,他只想从自己手里接受皇冠。

惊愕过后仍是欢呼致意:法兰西人在仰望他们那非凡的皇帝。

对外战争

加冕闹剧中,拿破仑听到了远处战车辘辘的声响。重新上台的威廉·皮特主持下的英国政府向盟国悬赏:出动 10 万士兵每年可获 125 万英镑。奥地利首先改组和加强了军队,与俄国组成联军向法国边境推进。革命战争开始后的第三次反法联盟已经得以建立并展开行动。

时移势易,拿破仑放弃了准备已久的侵英计划,帝国大军奉命急行军前往多瑙河,以迎头痛击反法联盟的急先锋奥地利。法军及时插到在多瑙河畔的乌尔姆的奥军和从波兰兼程前来的俄军之间,贝尔纳多特、达武将军以四万兵力出色地在慕尼黑切断俄奥军队的联系。法军方面捷报频传,1805 年 10 月下旬,乌尔姆要塞投降了,16 名将军、三万多奥军主力成了俘虏。前进! 法军马不停蹄,20 多天后,拿破仑已住在维也纳奥地利皇宫中了。

从现在起,联盟的希望都寄托在俄国方面了,而与普鲁士国王订有密约及友好宣誓的俄皇亚历山大则把主要希望寄予普鲁士加入联盟这一点上。英奥也都愁眉略展地估计越过鲁特山脉而出现在战场上的普军将怎样的置拿破仑于死地。

但,所有的希望与估计都落了空,拿破仑决定在普军到来前就展开战斗。法军在维也纳得到充分补给,仅用了一营兵力,通向多瑙河左岸的维也纳大桥就在法军控制下了。联军统帅库图佐夫命令后卫队浴血掩护,牺牲万余人而一退再退,但可怕的投降暂时被避免了。法军主力推进到布尔诺,俄皇亚历山大的残部与奥皇弗兰茨合兵一处,决战在即——此即奥斯特里茨战役,又称“三皇会战”。

联军兵力的数量优势及普军可能赶到的危险要求速战速决。初战形势对法军很不利。俄使来访,对拿破仑的印象是信心不足与胆怯——他甚至要求退兵议和,这实在是他施展的悲剧演员角色的技巧的结果。不懂军事、爱好荣誉的年轻沙皇不加严谨分析,自信取胜毫无问题,使他更为轻敌、武断,完全听不进老将库图佐夫关于避开拿破仑从而避免俄军全军覆灭的劝说。“打,现在就打!”奥皇狂喜地附和着。

1805 年 12 月 2 日,正是拿破仑加冕的周年纪念日,俄奥联军在奥斯特里茨村遭到失败。各有特色的法国将军们像时钟一样准确地执行来自拿破仑的命令,行动扎实有效。联军占领了法军放弃的普拉岑地后又从高地横扫下来包抄法军,他们中了圈套,战线拉长的联军被迅速行动的法军拦腰切断,高地重新控制在法军手中。联军遭到了歼灭性的打击,退至结冰湖面上的士兵因冰层塌陷而葬身湖底,被俘的、侥幸逃走的……俄奥联军事实上已被消灭,俄奥皇帝在颤抖、痛哭。

第三次反法联盟迅速瓦解了。

法国皇帝拿破仑改绘了由许多封建领地拼镶而成的工艺品般的欧洲地图:以法国皇帝的名义及旨意,拿破仑成为意大利国王、新组成的莱茵邦联的"保护人",御兄约瑟夫是那不勒斯王国的首脑,御弟路易是荷兰国王……至1806年奥皇弗兰茨被迫取消德意志皇帝称号,存在了近千年的神圣罗马帝国从此寿终正寝了。

"要给'科西嘉暴发户'一个狠狠地教训!"英国提供经费、俄国怂恿下充当第四次反法联盟急先锋的普鲁士在柏林召开军事会议,要求全国总动员,与法决一雌雄。

战争的叫嚣在拿破仑这里总能得到最强的回音:1806年8月13日,拿破仑已在耶拿前线指挥所等待黎明的到来了。14日天色微亮,好战的普鲁士王后骑着一匹雄健的战马出现在普军中间,向军旗致礼以鼓舞士气。封建雇佣兵组成的普军的作战方式过于传统化了——整齐的队形只适合检阅,法军在讲求军事艺术的拿破仑指挥下迂回、配合非常灵活、完美,下午普军就溃败了。普鲁士王后想是已经忘记上午的吹牛言辞,在骑兵护卫下最先逃走。

法军直捣柏林,拿破仑现在又在欣赏、感受普鲁士王宫的舒适程度了,但也没有忘记在宫前举行阅兵仪式以使普鲁士国王感到羞辱。

海涅诗颂"拿破仑呵一口气,就吹掉了普鲁士"。对耶拿战役,恩格斯曾指出它在世界近代军事史上的重大意义:"由拿破仑发展到最完善地步的新的作战方法,比旧的方法优越得多,以致在耶拿战役之后,旧的方法遭到无可挽回的彻底的破产。"

法军离开柏林赶往波兰,为防止再失去波兰,对奥斯特里茨的惨败耿耿于怀的俄军顶风冒雪迎着法军开来,决心与拿破仑决一死战。1807年2月8日,俄法军队在俄境内艾劳相遇。猛烈的炮击宣告战斗开始,曙光初露的隆冬季节,法军达武元帅冒汗率右翼部队以不可阻挡之势高呼猛进,奥热罗率中路法军迫使俄中军后撤,狂飙突至的哥萨克军队冲破了法军的抵抗,直逼拿破仑的战地指挥所。皇帝还是一如既往地镇静、从容,皇家近卫军奉命迎击突袭军,几乎将对方全歼。夜幕下烽烟未净的冰天雪地的战场上,数万将士永远安息了,濒死伤员凄楚的呻吟声划破寒夜,传入拿破仑耳中。"让敌人与我平起平坐同享胜利的荣誉,这是第一次,但决不能再有第二次!"在喘息休整的时间里,士兵又多了一名——拿破仑。十五个昼夜中,靴子都紧匝着他的腿脚,"谁不想当元帅,谁就不是个好士兵!"就是从这时开始流传下去的。

法军增添了大批有生力量,俄军总司令本尼格森率领的俄军在补给之后准备再战。1807年6月14日,弗里德兰镇在炮火中颤抖。俄军向北退到涅曼河上的提尔西特,对岸就是幅员辽阔的俄国了,法军考虑自己后方的巩固停止了追击,皇帝决定与俄皇握手言和。6月25日,法俄皇帝在涅曼河上的华丽船筏上举行了会晤,《提尔西特和约》在谈判后签署。普俄之间新立了一由法国附庸萨克森国王兼任大公的华沙大公国,易北河以西的普鲁士领土被划入新成立的威斯特伐利亚王国,拿破仑之弟热罗姆任国王。更为重要的是,原来是反法联盟重要成员的俄国,现在变成法国的同盟国。

第四次反法联盟失败了,法国皇帝拿破仑更上升到欧洲大陆独裁者的地位。

巴黎的主人要求她为空前强大的法国增添光辉。法国到处都在大兴土木,依令而建的纪念碑、广场、塑像、凯旋门装点了城市,更令人崇尚胜利和荣誉。

从巴黎辐射出一条条大道通向远方。帝国是空前的繁荣与强大,无子嗣的问题日渐困扰着拿破仑,"这一切都留给谁呢?"对约瑟芬那份最初的情爱及多年的夫妻情分使抉择更是痛苦。"帝国的利益需要你我解除婚约。""政治是不讲感情的。"皇后粉泪横流以至于晕倒在地也是无济于事,判决在1809年12月14日宣布了,杜伊勒里宫灯火辉煌,面色苍白的约瑟芬甚至不能完整地宣读放弃皇后王冠的声明。一步一回头地,约瑟芬依恋而无奈地登上马车,驶向马尔梅松,杜伊勒里宫在身后越来越远,远去的还有她的已告结束的令人心醉神往的昨天。

拿破仑准备以切断英国同所有欧洲国家的贸易联系的经济战来扼杀这个最强大的竞争对手。1806年11月21日,拿破仑签署了著名的封锁大陆的柏林法令。毋庸置疑,整个欧洲直接由拿破仑统治或由他进行严格的、绝对的监督是这一法令取得实效的保证,任何国家的不服从或疏于执行都将使关于封锁的法令成为一张废纸,但英国商品仍将很快以某种途径流向欧陆各地。

伊比利亚半岛因其漫长的海岸线而成为英国在封锁法令发布后向欧陆走私的重要孔道。法军开入半岛,半岛上两国,葡萄牙不战即溃,其王室在英舰护送下逃向美洲;西班牙王室被拿破仑的阴谋赶下了台,御兄约瑟夫被立为西班牙国王。民族自尊心极强的西班牙人民以起义对付法军,也正是这些被拿破仑视为不堪一击的"群氓",最终使强敌法军陷入失败的境地。1808年7月,法军统帅杜邦向西班牙义勇军投降的意义并不限于事件本身:各被占领国家和地区的人民都看到了救国保家的出路。义军被急忙赶来的拿破仑率领的法军打败,奥地利又在"蠢动"了。西班牙的热土养育了一个坚强不息的民族,长达六年的时间里,近30万法军精锐被拖住,东西线同时作战的拿破仑再也无法在兵力上造成绝对优势。1813年,法军被赶出西班牙。这是一次走上下坡路的战争,在圣赫勒拿岛上的拿破仑多次叹言:"正是这西班牙脓疮,把我毁了。"

1809年春,英奥等国组成第五次反法联盟。奥地利查理大公率十几万奥军开出国门,向法国宣战。法军在前线向奥军发动猛攻,五天中赢得了五次血战的胜利。5月22日在维也纳附近的埃斯林村,法奥军队展开了殊死拼杀,战斗未结束,12000多名法军将士已战死沙场,拿破仑抱着被炮弹炸断了双腿的拉纳元帅止不住流下了眼泪……这是他带兵以来第一次真正的惨败。拉纳临终时要他结束战争的忠告并不能阻止他继续战争的决心。风雨交加的夜晚,瓦格拉姆的血战空前激烈,查理大公率部退出战场,法军勉强赢得了胜利。奥皇再次请求休战议和,法军耀武扬威再入维也纳。10月14日,签订了《维也纳和约》。奥地利帝国大大减少了自己的领土,失去了通向海洋的全部通道,并向法国支付巨额赔款。

第五次反法联盟又破产了,但法国统治层中离心离德的情况在日益加深,继续战争的政策将使帝国持续多长时间已成为问题。

为保住自己的权力,拿破仑开始拜倒在"正统"的礼仪下:1810年4月2日,奥地利哈布斯堡这个欧洲最古老的皇朝接受了拿破仑这个女婿,新皇后玛丽·路易丝于次年生下一个男孩,礼炮按波旁王朝对太子诞生的惯例鸣了101响,尚在襁褓中的婴儿被封为"罗马王"。高官显贵们亦得巨赏,封建作风在宫廷弥漫。以一位被处决的行刺未遂的德意志青年的行动为起点,整个德意志都骚动起来。欧洲人民都看到拿破仑及其军队再也不是"自由平等"的传播者了,他到处掀起战争,压迫弱小国家和民族,已成为踩蹒欧洲的暴君。

作为欧洲大国的俄国不甘心对法束手就范,它率先开放港口恢复与英国的贸易。为一种最终打败英国佬、建立世界大帝国的强烈愿望所驱使,拿破仑命令法军于1812年6月开过涅曼河。法国皇帝准备速战速决,俄军司令巴克莱一路弃战,且战且退但避免与来势凶猛的法军决战。擅长于一锤定音的法军感到了敌军司令的精明:战线拉长、给养困难,交通线兵力需要大增,沿途农村、城市的坚壁清野及突然袭击更使困难加大。俄皇在贵族、平民的强烈要求下改任76岁的库图佐夫将军为俄军司令,将军深解巴克莱战术的高明,但决定进行一场不必要的战争。法军欣喜找到了决战的机会。会战在通往莫斯科的大路上一个叫博罗迪诺的村子展开。异常惨烈的血战! 伤亡四万多人后法军夺下了小村,俄军则有秩序地退出了战斗。9月14日,法军进驻莫斯科,发现它竟是一座死寂的空城! 15日夜间,莫斯科的占领者突然间发现自己已成了囚徒——到处都是凶猛的火墙!"多么可怕的景象!"撤出克里姆林宫的拿破仑边走边喃喃自语。库图佐夫率领俄军追击拦截败退的法军,农民、哥萨克骑兵组成的游击队则以不断袭杀的方式对付法军。11月初开始的大雪,更增添了撤退的艰难,法军吃了一连串的败仗。马莱将军在巴黎散布拿破仑战死的谣言掀起了混乱,秩序的动摇使拿破仑顾不得许多,只身兼程前往巴黎。

叛乱者下了狱,但欧洲各国则视侵俄战败为反抗法国统治者的信号:俄普联军在做着入侵法国的最后准备,法国的附属国和占领地的军队随时准备倒戈投向俄国;法军在西班牙已无胜利希望,而死对头英国却增兵西班牙加强了军事攻势;奥地利亦绝不准备给它的女婿多少实惠……比以往任何一次反法联盟规模都要强大的武装力量,又重新组成了。

皇帝不认为帝国已在盛极而衰,他不愿停止他的战争机器:"我要让敌人在法军的鹰旗下屈膝投降!"他重复着这句话,希望人人都和自己一样有坚定的信心。

1814年和1815年的新兵被提前召集。费尽全力拼凑的30万人中有年近古稀的老人和尚未成年的孩子,他们都被开上前线。

1813年10月,法军与联军在莱比锡展开血战。法国盟军萨克森军队阵前倒戈,法军败退莱茵河。85万反法联军四路推进到法国境内。巴黎市民们争先恐后地换上军装,开进首都的各个哨所。前线危在旦夕,众将叛离、诀别妻儿的拿破仑神情坚毅,率领组织起来的三万人的国民自卫军再赴前线。法军停止溃退并在短短数天之中打了几个漂亮仗。奥军统帅甚至致信求和。拿破仑再次展现了他的军事才能,但胜利亦使他对谈判的态度趋于苛刻,以至于谈判根本上就不可能有什么结果而破裂。

拿破仑坚信胜利属于自己,他制订了一个大胆惊人的计划,绕到敌后出击迫使敌人掉头决战而解巴黎之围。但越来越精的联军统帅们只与元帅们的部队作战,避免与他接近,同时保持优势兵力,逼近巴黎。虽然联军的这一策略后来为拿破仑所赞赏,但在当时对他则是一灾难性的事情,它在事实上向联军敞开了通向巴黎的大门,敌后的攻击只能是挠痒而已。

内伊为首的元帅们不愿再冒险了,军队服从了将领。哥萨克骑兵、普鲁士军队、奥地利军队在巴黎显示军威,欢庆胜利。拿破仑仰天长叹:"众叛亲离,大势已去,听天由命吧!"

百日皇朝

1814年4月11日,拿破仑签署了逊位声明。

4月12日,苦闷的拿破仑一整天都沉浸在冥想之中,午夜时服毒欲死未能遂愿。

4月20日,枫丹白露宫前,拿破仑在近卫军依恋、伤感的注视下向他们走去,清脆响亮的声音对近卫军是何等的熟悉啊,但场面却不同往昔地让人感伤!

"老近卫军的军官们、士兵们,我向你们告别了。二十年来,你们一直伴随我走在崇高和光荣的大道上……有你们这样的人,我们的事业绝不会失败……为了祖国的利益,我牺牲了自己的利益。我要走了!……祖国的幸福是我唯一思念的事情。这也是我今后的愿望。不要怜悯我的命运。……再见了,我多么想紧紧拥抱你们每一个人啊! 让我拥抱一下你们的旗帜吧!"

拿破仑将鹰旗捂在胸前,抚摸着:"亲爱的鹰旗,这最后一次亲吻将震撼我们所有老近卫军的心。再见了,老战友们,不要忘记我!"

拿破仑在老战士们的呼喊声中登上马车,向流放地厄尔巴岛方向驰去。"世界历史上最庄严的英勇的史诗结束了——他告别了自己的近卫军。"一家英国报纸这样描述4月20日这一天,但它只说对了一半。

按照占领者的安排:退位后的拿破仑是厄尔巴岛拥有完全主权的领主,年金200万法郎,并可有近卫军一个营的士兵作为仪仗和护卫队。在权力巅峰上滚落的拿破仑,成了这个在他看来,是一声海浪都能击碎的岩礁般的微型国家的"皇帝"。厄尔巴岛面积仅233平方公里,有三个小城市和几千居民。

拿破仑表面很平静地接受了这一切,他以高度的热情和全部精力规划治理这个微型国家。他看起来是那么心满意足,以至于来访的英国代表认为他"除了这个小岛外,对什么都不感兴趣了"。

实际上从 1814 年的秋天,特别是 11 月、12 月开始,拿破仑就注意听取一切有关法国和刚开始的维也纳会议的报告。所有的消息都表明复辟后的波旁王族及其周围诸人的所作所为比预料的还要轻率和荒唐,就是帮助波旁复辟的塔列朗也慨叹"他们什么也没有忘记,什么也没学会"。

联军刺刀保护下重登王位的波旁王族十分仁慈地同意忘掉和宽恕法国的罪过,条件是国家恢复旧日的虔诚与秩序。但波旁尝试后确信要摧毁拿破仑的国家机器并不容易,甚至是不可能的。各省的地方长官、各部的组织、警察、财税制度、拿破仑法典、法院、荣誉勋章、国民教育制度、政教协议,甚至整个官僚机构的结构、军队的组织——拿破仑所创立的一切,都被保留了,区别仅在于一位高高在上的"立宪的"国王代替了专制的皇帝。

路易十八重登王位,随他卷土重来的那一大批最顽固的保皇党亡命分子开始了穷凶极恶的反攻倒算,渴望夺回自己先前失去的一切。路易十六断头台上丧命的 1 月 21 日被定为"国丧日";波旁的百合花旗取代了象征革命的三色旗;残酷的私刑在各地恢复起来,贵族任意鞭打农民,受害者却申诉无门;反动僧侣高举《圣经》,恣妄引证曾经购买过土地的农民将遭"天罚",被狗吃掉……

根据和约,法国仅保留了 1792 年疆界以内的国土,丧失了莱茵地区和意大利等广大土地。反法联盟的苛刻和波旁王朝的软弱无力,使从国外撤回或释放归来的士兵愤懑不已。波旁王室在大量裁军和清洗军官的同时,另外组建了一支由六千名贵族和保皇党分子组成的、享有高薪和特权的王室卫队,军队更是怨声载道了……杜伊勒里宫内的流亡人物小丑般地乱作一团,广大民众、士兵及一部分资产阶级的恐惧和愤怒在积累着,人们又开始怀念起拿破仑了。

时势如此,当 1815 年 2 月一天,巴黎兰斯贵区的区长、青年文官夏布隆乔装来到厄尔巴岛时,拿破仑感到了绝处逢生的喜悦和激动。借着英国特派员正在休假、在海上监视的英舰已离开厄尔巴岛的难得机会,拿破仑奇迹般地避开了在海上的英法巡逻舰船,于 1815 年 3 月 1 日,和他的因经常操练还保持着良好战斗力的千余名近卫军,在法国儒安港安全登陆。海关卫兵向他脱帽致敬。康布罗纳将军带领部分老兵去寻找军火,拿破仑则亲率数百名近卫军向北进发。他又做了一次讲演:"士兵们……现在,我回来了……戴上三色帽徽吧,过去你们曾戴着它赢得了辉煌的胜利。我们决定不再像以前那样,去充当其他民族的主人,但我们也决不能忍受其他国家来干预我国的事务……士兵们,在帝国鹰旗下集合吧!有着我们民族颜色蓝、白、红的雄鹰,将从一座钟楼飞向另一座钟楼,一直飞到巴黎圣母院大教堂!荣誉归于勇敢的士兵们!归于我们的祖国法兰西!"

拿破仑的声音响彻了全国,他坚信自己将一枪不发地赢得法国。前进的队伍枪口朝下,沿路的农民大群大群地聚拢并护送这奇异的队伍进到下一个村庄,另外的人群又接力赛般地护送他们前进。一座座城市向拿破仑敞开大门,"只要他一走近","皇帝万岁!"昔日的将士集结起来迎接他们的统领。拿破仑已在前进中发布命令、派遣急使、接收情报、任命指挥官和大臣了。当甘公爵的血影又浮现在波旁王室及其拥护者的眼前了,这个科西嘉的吃人者会怎样对待他们呢? 波旁王室满是无法掩饰的恐惧。路易十八召命被皇帝拿破仑称作"勇士中最勇敢的人"的内伊元帅前去抗击拿破仑。"我要让他成为俘虏,把他关在铁笼带回来。"内伊保证,他认为皇帝归来意味着与欧洲的战争,法兰西将又处在无穷灾难之中。

麦克唐纳元帅镇守里昂,国王的兄弟阿图瓦伯爵发现军队以死寂而不是表白对王室的忠诚那样对待"国王万岁"的呼语,"皇帝万岁! 打倒贵族!"拿破仑的骠骑兵和甲骑兵已经进入城市,守城军队与之相混合,伯爵和元帅先后逃出城去了。

在里昂,拿破仑正式恢复了自己的统治,波旁的国王被赶下宝座,他们制定的宪法被废除。拿破仑再次申明他要保护和巩固大革命的原则,使法国获得自由和和平。时代不同了,今后,一个法国对他已满足,不再想到侵略。

内伊在里昂与巴黎之间必经的道路上布防,他决心与皇帝对抗。军队先是沉默,继之部分哗变,跑向皇帝那边。"我将像在莫斯科近郊之战后的第二天那样接见你。拿破仑。"这张纸条结束了元帅的动摇,在士兵们山呼"皇帝万岁! 内伊元帅万岁!"的激情中,来自拿破仑的调遣部队的命令被十分准确地予以立即执行。

逃跑! ——波旁王室在惊惶中闪出的第一个念头。

"科西嘉怪物在儒安港登陆。""吃人魔王向格腊斯前进。""篡位者进入格勒诺布尔。""波拿巴占领里昂。""拿破仑接近枫丹白露。""陛下将于今日抵达自己的忠实的巴黎。"——绝对准确地反映了拿破仑的行程,但出于同一编辑部、一些同一的报纸上的消息连贯起来确实有些可笑:这些接近统治集团的巴黎报纸,从过于自信转为完全地泄气和掩盖不住的恐惧,而最后又变成了谄媚。

3月20日,欢呼声笼罩了杜伊勒里宫,拿破仑又在巴黎了。国王全家已于前一天逃走,群众的欢呼加强成持续不断的、震耳欲聋的欢乐的狂涛是前所未有的景象,就是在最辉煌的进军和胜利之后也没有见过。"百日皇朝"开始了,直到六月拿破仑兵败滑铁卢。

自由与和平是皇帝的许诺,但他深知刀剑才是立即要拿起的东西。远征俄国时他拒绝了来自"普加乔夫"(农民革命)的帮助,他现在也不要"马拉"的帮助。皇帝当时和以后都十分清楚革命的高涨,而不是温和的自由主义的立宪的文告对他的重大意义,在对1815年的回忆中他说:"……必须重新开始革命,使我能够从革命得到它的创造的一切手段。必须激起一切激情,以便利用激情的眩感,不这样,我就不能拯救法国。"只有大资产阶级才是他感到亲切并了解其愿望,准备为其利益而战的唯一的他视作自己政权基础的支柱的阶级。

三月奇迹正如滚过头顶的阵阵惊雷,炸响在维也纳会议的上空。关于分赃的争吵沉寂了,各盟国签署了一项联合声明,宣布将运用它们所有的力量与拿破仑决战。远逾百万的干涉军开向法国边境。帝国大军只有十二万六千人。

6月14日,正是马伦哥和弗里德兰两次大捷的同年纪念日,拿破仑侵入比利时,与欧洲的最后一次大厮杀开始了。内伊元帅所指挥的法军左翼行动稍有迟缓,未能牵制住威灵顿率领的英荷联军,戴隆尔将军行动的差池,使两万法军奔走于战场之间,左翼及拿破仑指挥的右翼的胜利终是功亏一篑。17日、18日圣让山高地的争夺战即是著名的"滑铁卢之战",天雨地湿,法军的轰炸计划不能奏效,骑兵也不能纵马驰骋,炮火连天的阵地上烟尘蔽地,人喊马嘶,惨烈空前。近卫军也投入战斗对英军做最后的进攻。"近卫军宁死不降!"法国骑兵在英军炮火下接连倒下,但仍以极度的热情前仆后继地投入战斗。威灵顿向英军下达了"与阵地共存亡"的命令,关键时刻,三万普军赶到战场,法军溃退了。

兵败如山倒,陈尸遍野的惨景在无言倾诉着。英普军队损失也不小,但武装起来的欧洲才开始显示它的力量。这一天,雄鹰跌落滑铁卢,即使胜利了,也只是一次胜利而已:连年战争下的法国已是消耗殆尽了,她已不堪重负。

孤岛遗恨

1815年10月16日,英舰"诺森伯号"载着拿破仑驶向圣赫勒拿岛。贝尔特朗、蒙兰隆将军等人随行。法国、欧洲是越来越远了。死气沉沉的、一望无际的深蓝的大西洋上,站在甲板上的拿破仑沉思着,凝视北方的天空,在那片亮丽的湛蓝下,是他纵马驰骋了二十多年的地方。

没有永远在演着的一幕剧。时候到了,演员就要谢幕退场。滑铁卢的炮火将他击下长空,杜伊勒里宫外的人民还是忠诚地、热情地支持他继续战斗,有胆略的大臣也有同样的建议。但是,当他回过头来寻那捧他上台、他亦为之浴血奋斗的大资产阶级,拿破仑心底里掠过一丝苍凉与苦涩。众议院正竭力迫使他退位——他被自己的阶级抛弃了!"皇帝万岁!""不需要退位!""要皇帝和国防!"在巴黎到处回荡着的呼声始终是那样的遥远,不能接近他的心。当年的那个拿破仑早已随着督政府的垮台而消失了,在对权力与荣誉的追逐中,在对世俗封建势力的妥协中,这个曾称赞并准备追随保利一行的科西嘉人已不能接受人民了。1815年6月22日,拿破仑再次签署了退位诏书,结束了史称"百日皇朝"的统治。6月28日,路易十八在外国军队护送下又一次重登王位,百合花又在法国全土绽放了。

拿破仑决意听凭敌人安排自己的命运。7月15日,身穿近卫军骑兵制服的拿破仑登上英舰"伯雷勒芬"号。欧洲所有的不满分子能不集结于他的周围,保证刚被恢复的秩序不被扰乱吗?这是令人疑惧的。二十多年来(从土伦战役开始),使世界对任何事情都不感到吃惊的正是这个已在手掌中的人物。英国政府不能压制自己的疑惧,精心挑选了距其最近的非洲西海岸,至少在两千公里外的圣赫勒拿岛,作为拿破仑终其天年的地方。就是当时的大篷船快船也得至少两个半月才能完成英国至该岛的航程。再者,岛上所有着陆点都设有炮台防卫,各处悬崖峭壁上设的信号站则完全排除了外来舰队营救的可能。英国政府总算松了一口气。

圣赫勒拿岛上的大树已不如以前那么多了,但总的来说还是草木繁茂,众多的野禽栖居在密实的灌木丛中,岛上降雨充沛,墨绿色的几近陡直的崖石构成坚固的海岸。

首府是詹姆斯敦,但拿破仑依英政府之命前往易于防守的高地"长林"。1816

年 4 月以前,岛上的首长是海军上将科伯恩,其后直至拿破仑逝世,岛上总督是赫德森·洛。有这么个神奇人物做俘虏使洛的愚笨展现极致,拿破仑没有与外界联系的自由,不论是人是信件都有严格的限制。周长 12 英里的三角形地带是拿破仑的自由活动区域,再往前就是哨兵的枪口了。命令是这样的,但是,人非草木,卫队官兵对这个英国死敌不仅尊重,有时还表露出难以掩饰的伤感的情绪。士兵们向他献花,请求他的随从人员允许他们偷着去看他,虽然是拿破仑的原因使他们来到这荒远的孤岛,但同情心却总是向着他而产生。驻岛监视的俄国代表巴尔马因伯爵说:"最奇怪的是,这个失去了皇位、被卫兵看守着的人,这个俘虏,竟能够影响一切与他接近的人……法国人……英国人甚至那些看守他的人……但谁也不敢和他并列。"

戎马一生、桀骜不驯的拿破仑坚毅地忍受着自己所处的境况,还在"诺森伯号"驶向圣赫勒拿岛时,他已开始对秘书拉斯卡斯口述自己的回忆,在岛上这种工作一直持续到 1818 年拉斯卡期被洛总督逐离小岛。蒙托隆和古戈尔将军后来以日记或回忆录的形式作了有意义的记述。

拿破仑在失意和痛苦的情绪中时,叱咤风云的往昔则使他感到憋闷。相较这个弹丸之地,他曾统治欧洲人口的一半,率法军取得奥斯特里茨等一系列辉煌的胜利,"百日皇朝"时人民对他的热爱亦令他自豪。对埃及的放弃及阿克城的撤围则令他惋惜不已——他始终梦想成为东方的皇帝。但,进攻西班牙、远征莫斯科无疑是错了,并使他的帝国从根基上动摇了。滑铁卢在他的回忆中被反复谈到,思来想去,他总认为是不能预见的偶然性帮助英国人赢得了对他的最后的战斗,这尤其让他感到沉痛。写回忆录外,拿破仑以下棋或演算数学题来消遣时光,他也学习英语、看报纸,有时也种花、散步,甚至骑马。

然而,极富传奇色彩的连年征战、宦海沉浮的生活经历,严重消耗了他的精力,年岁在增长,衰老、多病成了 1819 年以后拿破仑的写照。"这是从我内部起来的滑铁卢",拿破仑这样说他的病。癌是他家族的遗传症,另有医生的确诊。病情急剧恶化的拿破仑在心中掠过小儿子的身影,"一切为了法国人民",他在心中反复嘱咐着,一改病痛所带来的倦怠。1821 年 4 月 15 日,拿破仑将先前的口述遗嘱抄写下来并签了字。4 月 21 日,他对蒙托隆口述了改组国民自卫军的方案,以便在保卫领土时能够合理地使用。

1821 年 5 月 5 日,拿破仑在岛上宣布日落的炮声中溘然长逝,终年 52 岁。从他努力张翕的唇中说出断断续续的最后的话语:"法兰西……军队……冲锋……"几分钟后,夜幕降临了大地。

葬礼在四天之后依军葬礼的仪式隆重举行了。以总督为首的文官,拿破仑的仆从、卫队人员以及全体水兵和海军军官都加入了送葬的行列。由优秀英军士兵扛着的灵柩下放到墓穴中的时候,礼炮齐发,山谷轰鸣。又远播重洋,告知死者故里:法兰西最伟大的战士和执政者已然长眠。

政坛首要

导　语

　　各国政要是世界政坛上叱咤风云、声名显赫的人物,他们的荣辱起落,往往是国家政坛变化的晴雨表。本卷所述的传主系近现代以及当代各国的总统、国王、总理或首相,都是国际舞台上的热点人物,对世界的和平与发展起着重要作用,为全球公众所瞩目。因此,他们与世界历史密切相关;我们解读历史,他们是不可不读的一页。

　　人是生物性与社会性,正与误、爱与恨、美与丑、善与恶的矛盾的统一体,仅了解人闪光的一面,也许并不完全真实。本卷可以让你了解首脑人物的风度、能力与品行,以及通过私生活了解其精神、情操、风范、爱好、脾气、秉性等,接近其本人的真实面貌,进而更能把握历史的真实。

　　登上权力宝座的人,大多聪明能干、博学多才,他们不仅具有敏锐的政治头脑,超凡的工作能力,而且还有丰富多彩的生活情趣。在管理国家大事之余,他们有的从事科学研究,有的酷爱文学艺术,有的对体育运动情有独钟,还有的善于美化生活。对他们这些"不务正业"一面的展示,人们或许从中可以获得更多的人生启迪和教益。

　　本卷是一部知识性、资料性、可读性较强的读物。编者用优美流畅的文字,佐以丰富的国际知识,辅之几十余幅生动多姿的图片,真实地展现了一代风流人物的宦海浮沉、事业成败、婚恋家事及心路历程,立体地塑造了驾驭世纪风云的首脑群像,鲜活地勾勒了世界政坛绚丽的风景线。

美国开国元勋

——乔治·华盛顿

人物档案

简　历：美国政治家、军事家、革命家，首任总统，美国开国元勋之一。华盛顿出身于弗吉尼亚的一个富有家庭，早年当过测量员，后曾加入英军参与法国印第安人战争，1789 年，当选美国总统，1793 年赢得连任直到 1797 年。他在两届的任期中多有创举，任期结束后自愿放弃权力，不再谋求第三个任期，1799 年 12 月 14 日在弗农山庄逝世。

生卒年月：1732 年 2 月 22 日～1799 年 12 月 14 日

安葬之地：弗吉尼亚蒙特弗农山庄。

性格特征：相貌堂堂，风度雍容高贵，举止安静威严。

历史功过：带领美国赢得独立战争，获得独立。1787 年主持制定了美国宪法，领导创立了民主政体。1789 年担任美国首任总统，被尊称为"美国国父"。

名家点评：晚清名臣徐继畲在《瀛环志略》中评价说："华盛顿，异人也。起事勇于胜广，割据雄于曹刘。既已提三尺剑，开疆万里，乃不僭位号，不传子孙，而创为推举之法，几与天下为公，骎骎乎三代之遗意。"

出任大陆军总司令

　　1775 年 4 月 19 日，在英属北美马萨诸塞殖民地的莱克星顿镇，一阵密集的枪声划破黎明的天空。北美殖民地民兵与前来查抄军火的英军展开了激烈的战斗。由此，北美独立战争的序幕拉开了。英国在北美的 13 个殖民地从此走上了与英国分道扬镳的革命道路。莱克星顿枪声极大鼓舞了殖民地人民，他们到处进攻并夺取英军的堡垒、兵工厂和仓库，各地的群众大会纷纷表示要为维护自由而奋战到底。人民的呼吁、革命形势的发展迫切需要有一个坚强而有力的领导。为解决这一问题并准备随时抗击英军的镇压,5月,各殖民地政治领袖组成的第二届大陆会议在费城召开。会议决定把汇集在波士顿周围的约两万名民兵组织起来,整编为"大陆军",准备应付即将到来的战争。在讨论由谁来出任大陆军总司令这个问题时,马萨诸塞大律师亚当斯发言指出,这个重要人选应该有丰厚的财产、优秀的品格、卓越的军事才干和丰富的战斗经验,而具备这些条件的人不在别处,就在会议大厅里,那就是来自弗吉尼亚的乔治·华盛顿。亚当斯的话音一落地,几十双赞许、肯定、支持的眼睛便纷纷转向弗吉尼亚代表团的座席。6月15日,会议一致投票提名并选举华盛顿担任大陆军总司令。这一大变化,使华盛顿的全部生活历程都突然为之改观,而且要求他立即奔赴前线。6月20日,他接受委任状,第二天就是动身奔赴前线的预定日期。在这样的时刻,他的思绪又回到了他所十分珍爱的家乡村庄以及他在那里的愉快的农村生活。但是,他所关心的主要还是这种变化给他的妻子所带来的痛苦。在这个问题上,他写给他妻子的信充满了男性的柔情。他写道:"我在家里和你在一起生活一个月所能得到的真正幸福比我在外面呆七七四十九年可以十分渺茫地希望找到的幸福多。但是,命运既然安排我担任这一职务,我就希望把它做好,做得有意义。"在这之前,应民兵军官的要求,他检阅了好几个骑兵民兵连。人人都希望看到新上任的总司令,也很少有人能像他那样完全符合公众心目中司令官的理想。这时,他正当盛年,才四十三岁,相貌堂堂,一表人才,风度雍容高贵,举止安静威严。当他威风凛凛地骑在马上的时候,他的军人气派使人感到赏心悦目。不管走到什么地方,空中都响彻一片欢呼声。他很快就发挥了他杰出的军事才能。他每到一个部队就强调纪律性、组织性对一场战役的重要性。不久,他就将一批纪律涣散、自由散漫的乌合之众训练成一支纪律严明、能征善战的正规部队。

奇袭波士顿

　　华盛顿指挥大陆军的第一仗是与英军争夺马萨诸塞殖民地首府波士顿。对波士顿的围困,实际上在华盛顿当选总司令之前就已经进行了很长时间。大陆会议渴望能够成功地给予敌人某种打击,借以振奋人心,华盛顿也抱有同样的希望。他屡次在军事会议上建议对波士顿发动进攻,但是他发现手下的大多数军官都持反对态度。他本来希望上天赐给一个机会,使军队可以利用港口冻结的时机,从冰上接近这个城市。可是,这一年虽然在入冬时分有些寒冷,整个冬天却是一个温暖的冬季,海湾始终没有冰冻。而城内的英国军官仍然像以往那样,千方百计地尽情娱乐,借以消磨时光,尽管食品、燃料、武器正变得日益匮乏。

　　时机终于来临了。不久,海湾天气骤冷,整个海湾给冻了个结结实实,可以运输军队了。华盛顿主张马上进攻波士顿。尽管他知道进攻会带来很大的损失,但是他相信,如果士兵英勇作战,进攻就会获得胜利。同时,他在默默地着手准备足够的弹药与大炮。通过炮轰,他可以先夺取多彻斯特高地和诺德尔岛。经过几番

波士顿惨案

周折,弹药、大炮终于被送到了华盛顿手里。同时,十几个兵团还前来增援他。此刻,他认为最重要的事情是设法在一个高地上构筑工事,因为一旦这样,大陆军就可以控制很大一部分市区,而且差不多控制了整个港口。

华盛顿心里很明白这次进攻的成败关系有多么重大,为此他在内心也感到痛苦。公众心上还笼罩着一片阴郁和乌云。因为,北边与南边都是危机四伏。蒙哥马利已经在魁北克城下以身殉职,出征加拿大的部队一败涂地。

1776 年 3 月初的一个夜晚,受华盛顿的指挥,托马斯将军率领部队出发了,开始小心翼翼的秘密行军。那天晚上,皓月当空,十分明亮,但双方据点发射的炮弹的闪光和隆隆声及炮弹在高空的爆炸声完全吸引了敌人的注意力。接着,这支部队一分为二,一半前往最接近波士顿的据点,另一半前往最靠近威廉斯堡的据点。在夜色的掩护下,他们十分麻利地筑起了两座初具规模的碉堡,可以抵御小型武器和葡萄弹的杀伤。黎明时分,高地上出现了一座威风凛凛令人生畏的堡垒。

这一天是 3 月 5 日,是波士顿惨案的 6 周年纪念日。华盛顿号召士兵们为惨遭杀害的同胞们报仇。晚上,英军开始行动了。他们准备把士兵运到威廉斯堡的集合地点去。然而天公不作美,一阵强烈的风暴从东方袭来,波涛汹涌地拍打着预定登陆的海岸。进攻只好推迟。大陆军趁机向城内发起猛攻,英军将自己全部暴露于敌方炮火之下。不久,联邦的旗帜——星条旗飘扬在波士顿的上空。第二天,华盛顿本人进入市区,受到市民的热烈欢迎。华盛顿指挥大陆军取得了第一次胜利。华盛顿在整场艰苦的围城战役中的卓越贡献以及他那运筹帷幄、驾驭全军的才能,赢得了全国人民的热烈称赞。

约克镇战役

1781 年 9 月,美军从陆路包围了弗吉尼亚约克镇的 8000 名英军,与美国结成同盟的法国也派出海军封锁了弗吉尼亚海面。华盛顿亲自点燃大炮,向约克镇猛烈炮击,英军则在康华利主帅指挥下拼命抵抗。一次,华盛顿正在视察阵地,一颗手榴弹打在附近的地面上扬起一阵尘土。站在华盛顿旁边的牧师埃文斯先生大吃一惊,他摘下帽子,指着上面的尘土喊道:"将军,你看这儿。"华盛顿看了一看,用开玩笑的语调对他说:"埃文斯先生,你最好把这顶帽子带回家去,让你的夫人和孩子们看看。"还有一次,华盛顿通过一个射击孔观察战斗的进行情况,一位副官说这个地方太危险了,华盛顿严肃地说:"如果你那么想,你可以退到后边去。"过了一会儿,一颗子弹打到射击孔内的大炮上,沿着炮身落在华盛顿脚下。旁边的人抓住华盛顿的手臂喊道:"我亲爱的将军,我们现在不能没有你。"华盛顿平静地回答说:"这颗子弹冲击力没有了,造不成伤害。"就这样,英勇的大陆军挫败了英军突围反抗的企图。英军弹尽粮绝,康华利不得不做出最后选择:放下武器,向联军投降。10 月 19 日下午 2 点,在约克镇的广场上,举行了受降仪式。美、法联军分列两行,美军士兵虽然衣衫不整,但却精神抖擞,情绪高昂。8000 名英军虽然身穿刚刚发的红色上衣,但却脸色阴沉,神情懊丧,垂头丧气地放下武器。他们由奥哈拉将军率领,奥哈拉将军骑着马向华盛顿将军走去。他摘下了帽子,并为康华利由于身体不舒服不能前来表示歉意。华盛顿用庄重的礼仪接待了他,但是他指着一位少将,说这位少将是接受守卫部队投降的军官。此后,英军无力再战,战斗即将接近尾声。约克镇战役是独立战争中最大的一次战役,也是美军决定性的胜利。1783 年 9 月,英国被迫在巴黎与美国签订和约,承认美利坚合众国为自由、民主的独立国家。

倡议制定新宪法

独立战争结束了,华盛顿急流勇退,郑重地把大陆军总司令的任命书交还给大陆会议主席,回到芒特弗农与家人团聚,开始陶醉于庄园生活,享受庄园丰收的喜悦。

虽然他表面上脱离了政坛,但他实际上却一直关注着国家政治的变化,不断通过书信与一些著名政治家讨论治国方略。1781 年成立的联邦实际上是 13 个独立国家的松散联合,各州保持相对的独立,保留征税、征兵、发行纸币等权利,联邦政府无权干涉各州内部事务。到 1786 年,13 个州各自为政,整个联邦面临着分崩离析的危险。华盛顿忧心如焚，开始积极筹划如何拯救合众国。他给政治家麦迪逊写信说："政府软弱涣散的后果是十分明显的。13个主权国家你斗我，我斗你，又一块与联邦政府斗，很快就会同归于尽。可是，如果我们能制定出一部充满活力的宪法，实行严格的相互钳制和监督，我们就可能拯救我们的国家。"

在华盛顿军人的倡议下，1787年5月到9月，制宪会议在费城召开。代表们一致推举德高望重的华盛顿为制宪会议主席。经过4个月的讨论后，美利坚合众国宪法草案被制定出来了，这就是1787年宪法。该宪法规定美国实行三权分立的联邦共和制。中央政府立法权属于参议院与众议院组成的国会，行政权属于合众国总统，司法权属于最高法院。宪法赋予中央政府重大权力，特别是总统权力很大。当时人们都害怕总统建立专制独裁，但一想到他们敬爱的华盛顿会当总统，他们就放心了。

华盛顿对新诞生的宪法做了这样的评价：宪法中规定的防范实施暴政的钳制办法和制约办法比人类迄今所制定的任何体制都多，而且按其性质来说，也更难逾越。我不期望这个世界上有十全十美的东西，但是，现代人类已经在政治科学方法取得一些进展，假如经过试验，人们发现现在放在美国人民面前的这部宪法还可以定得更完善的话，宪法中也明文规定可以加以改进。宪法制定出来之后，随后又呈交给国会，然后分送各州议会，进行批准。在这段时间里，华盛顿又回到弗农山庄过隐居的生活。回到家后，他从来没有怀疑过这部宪法最后会获得批准。事实上，全国人民热烈拥护这部宪法的决心比他预料的还要明显。

当选总统

联邦宪法的通过揭开了华盛顿生活的新的一页。在正式选举以前，全国人民已经异口同声地一致拥戴他出任总统。在考虑当选总统的可能性时，华盛顿十分谦逊，又出自内心地犹豫不决。选举如期举行，很快他就得知他当选为总统的消息，从3月4日起，任期4年。此时，由于亲友们竭力劝说和恳求，也由于他本人愿意为公众谋利益，他已经决定出任总统，因此，他开始安排事务，准备一接到他当选总统的正式通知，就动身前往政府所在地。1789年4月14日，华盛顿在弗农山庄向妻子及子孙们告别，启程前往纽约，参加就职大典。4月30日，就职典礼开始举行。在宣誓仪式上，华盛顿身穿一套深褐色美国制服，手放在推开的圣经上，缓慢地宣读誓词。宣誓一完毕，整个纽约市欢腾起来了。

在华盛顿走马上任的时候，全世界的目光都集中在他身上。他在战场上赢得了桂冠，但是能经得起执掌一个处境困难的国家政权的考验吗？很快，在任总统期间，华盛顿就发挥出他卓越的领导才华。他在内政外交、政治经济各个方面采取了一系列措施，旨在巩固新生的美利坚合众国，发展资本主义经济，达到国家长治久安的目的。一般说来，第一任新政府的重点是处理国内事务，其中最困难的是财政问题。独立战争期间，美国曾向外国借款，并以债券形式向国内人民举债。独立以后,偿还债务的问题迫在眉睫,这不仅关系国计民生,而且直接影响政府的声誉。对此财政部长汉密尔顿提出一切债务包括州的债务都应按债券面值赔付,另外成立国家银行发行纸币以保证政府信用。华盛顿权衡利弊,签署了法案。新政府的财政政策解决了战争遗留下的问题,保证了联邦政府的财政信誉,为稳定政局、推动资本主义工商业发展起了很大作用。

4年之后,华盛顿又当选了第二任总统。期间,华盛顿主要致力于确立外交。1793年,大革命中的法国对英国宣战,美国政府内外都认为法国曾支持美国独立战争,若不支持法国是忘恩负义。但华盛顿独具慧眼,认为今天的法国执政者已非昨天的法国执政者,而且国家大事容不得感情用事,最重要的是美国外交要有鲜明的独立性,不受任何外国的影响。因此,华盛顿不顾朝野一片反对,签署了中立宣言。根据中立宣言,美国同法国、英国均保持和平关系,禁止美国公民参加海上的任何战斗。事实证明,华盛顿的中立外交政策是正确的,是合乎美国利益的,这也成为美国建国初期外交政策的主流。

1796年9月,华盛顿在致人民的告别辞中宣布不再争取连任美国总统,决定退出政坛。就这样,64岁的华盛顿急流勇退,辞官回家。这一举动开创了总统连任不超过两届的先例,赢得了美国人民衷心的拥护。

迟来的爱情

华盛顿虽然在全世界享有盛名,但是他同样是一个普普通通的人,有普通人的生活。华盛顿的爱情艰难坎坷,主要是他不善于同女孩子打交道。但是不久,上帝的爱情天平就向他倾斜了。华盛顿在一次出差的过程中碰上了他的熟人张伯伦先生。在共进午餐的时候,张伯伦先生把一位年轻貌美的寡妇介绍给了华盛顿。这位寡妇名叫玛莎。其实张伯伦不知道,他们两人早年曾相识,只不过没在一起共事过而已。玛莎是一个种植园主的千金小姐,尽管她身材矮小,但却带有南方妇女的那种迷人、可爱的风度。虽然算不上聪明过人,却处事坦诚,了解许多的生活常识。不幸的是,她丈夫过早地离她而去。华盛顿虽然严肃拘谨,却很容易被女性的魅力所俘虏。由于在边疆上戎马倥偬,军务繁忙,整天只看到边疆战场的一派荒凉景象,因此,女性的妩媚便一下子吸引住了他。其实,他们俩人都处在一种一见钟情的心态之中。

午餐的时间似乎太短了,当着众人的面,谁也不会说更多的知心话。但是华盛顿了解到了玛莎失去丈夫的不幸,玛莎也得知华盛顿还没有婚配。第二天,华盛顿单独来到玛莎的庄园。这次见面,两人像是一对非常熟悉的老朋友,谈起话来滔滔不绝。比华盛顿大一岁的玛莎一眼就看上了这个血气方刚的小伙子。华盛顿也被这位楚楚动人的寡妇迷住了。两位怀着同样心事的男女,毕竟是第一次以这样的方式见面,谁都没有说出"我爱你"。而华盛顿却从这次见面中领悟到"玛莎对我有情,玛莎是我的知音"。下午,他高兴地跨上军马,兼程赶往威廉斯堡。

两天之后,华盛顿办完公务,再次去看望玛莎。他关切地问起了她的生活以及对今后的打算。玛莎坦诚地向华盛顿表示了再婚的愿望,以求有人帮她经营农庄财产。华盛顿在离开玛莎家的时候,双手将这个寡妇揽入怀中,向她正式提出求婚。玛莎被这位年轻少校军官的坦诚和热情所感动,立刻满口答应了。此后,华盛顿又多次专程去玛莎的庄园看望玛莎。他们海誓山盟,决定待夺取迪凯纳堡的战役结束后,就举行婚礼。1759 年 2 月 6 日华盛顿与玛莎正式结婚。华盛顿与玛莎结婚后非常幸福。他们和睦相爱,彼此忠实,从不吵嘴。玛莎用自己的心去爱着自己的丈夫,两人没有再生孩子。华盛顿用法律程序将玛莎的两个孩子承认下来,并像对待自己的孩子一样严加管教。华盛顿一生征战在外,驰骋疆场,这给玛莎带来了思念与担忧。当华盛顿功成名就、当选总统之时,玛莎并没有因之欢欣、喜悦。相反,她的眼睛里却充满了忧虑。因为,她意识到,她的丈夫不再属于她一个人,而是属于整个国家。不过她默默地接受了这一切。在华盛顿担任总统期间,她从不参政,做她该做的事情,尤其注意以自身的形象为总统增光。1799 年,华盛顿不幸去世。在以后的三年中,玛莎一直郁郁寡欢,1802 年也离开了人间。

圣胡安山英雄

——罗斯福

人物档案

简　历：华人称为"小罗斯福"，美国历史上首位连任四届的总统。1882年1月30日生于美国纽约州，1904年哈佛毕业，1907年哥伦比亚法学院毕业，1910年当选纽约州参议员，1930年成为纽约州州长，1932年当选第三十二届美国总统，1944年第四次连任美国总统。1945年4月12日，罗斯福在佐治亚州的温泉因突发脑溢血去世。

生卒年月：1882年1月30日～1945年4月12日。

安葬之地：纽约州哈德逊河畔的海德公园。

性格特征：罗斯福具有英俊的容貌、善良的性格和聪敏的天赋。他坚信"困难可以压垮一个人，也可以成就一个人的辉煌"。

历史功过：罗斯福任总统期间，推行新政使美国摆脱了空前的经济危机，进入国家垄断资本主义发展时期；与英国首相丘吉尔会谈，起草了反法西斯战争的《大西洋宪章》；与英、苏、中四国建立了"联合国救济总署"，为联合国的建立奠定了基础。

名家评点：美国记者约翰逊在罗斯福传记中写道："他推翻的先例比任何人都多，他砸烂的古老结构比任何人都多，他对美国整个面貌的改变比任何人都要迅猛而激烈。然而正是他最深切地相信，美国这座建筑物从整个来说，是相当美好的。"

竞选州长

1882年1月30日，富兰克林·德拉诺·罗斯福出生在美国纽约州海德公园的一个村子里。命运赐给了他英俊的容貌、善良的性格和聪敏的天赋。得天独厚的家庭条件使富兰克林从小就与上层社会有着广泛的接触，从而对政治有着特殊的敏感。

1904 年 6 月，罗斯福从哈佛毕业，获文学学士学位。随后进入哥伦比亚法学院学习法律。1905 年 3 月，罗斯福与西奥多·罗斯福的侄女安娜·埃莉诺结为伉俪。

罗斯福在 1907 年从哥伦比亚法学院毕业后，进入华尔街一家著名的律师事务所工作。

1910 年，罗斯福如愿以偿当选纽约州参议员。1912 年，罗斯福助威尔逊竞选成功，威尔逊登上了总统宝座。

第一次世界大战时的海军助理部长生涯，显露了罗斯福的政治才华，也锻炼了这位年轻的政治家，为他日后入主白宫，特别是二战中担当三军总司令的重任积累了经验。

1921 年 8 月 10 日，罗斯福一家乘小帆船去郊游。途中遇到一处野火，罗斯福同家人一起扑灭后，跳到水湾里去冲洗。谁知湾里的水冰凉刺骨，寒气往他的心里钻，身子冻得发颤，手脚也开始麻木了。罗斯福勉强划了几圈，赶紧上岸。

回到家里，罗斯福发起了高烧，两腿的肌肉酸痛，并且渐渐扩散到了胸和背。很快，罗斯福胸部以下的肌肉不听使唤了，两腿完全失去了知觉。

为了使两条腿能够伸直，罗斯福自此以后每天都像踏上中世纪的酷刑架一样，把两腿关节处的楔子往里打进去一点，以便使肌肉放松。为了重新站立和走路，罗斯福让人在草坪上架起两根横杠，他每天数小时不停地在这两条高低不一的横杠上来回挪动身体。渐渐地，他能挂着拐杖慢慢地行走了。

罗斯福把治好病看作是从逆境中崛起的一个基本条件。为此，病情刚有所好转，他就挂着双拐忍着剧痛又回到了办公室工作。病魔没有击倒罗斯福，反而把他变得更坚强，同时，也使他的名字像长了翅膀一样传遍了整个美洲大陆，人们甚至把他看成是一个英雄。

1930 年，在妻子的鼓励和支持下，罗斯福不顾严重残瘫的身体，毅然加入竞选纽约州州长的行列。在激烈的角逐中，罗斯福面带笑容，依靠一副夹板，一根手杖，一只抓东西有力的胳膊，以及自身的才智，一步一步地为自己铺设成功之路。最后，他，一个残废的竞选者，赢得 25000 张选票。挂着双拐坐上了纽约州州长的交椅。

入主白宫

罗斯福取得了州长选举胜利后，就立即开始了争取民主党候选人的提名活动。

1932 年，美国人民在灾难深重的经济危机中迎来了总统大选。共和党推不出新的候选人，仍由刚任职期满的总统胡佛应战。民主党在角逐提名的几个人中，罗斯福资历最浅，但他从 1930 年担任州长后，顺应民心，政绩卓著，无人能与之相比。

罗斯福顺利获得了民主党总统候选人提名。按照传统做法，被提名的总统候选人要等待几个星期，听候党的委员会送来得到提名的正式通知书。罗斯福决心打破这一虚伪的传统，他一得到消息，立即由奥尔巴尼出发前往芝加哥，发表他的接受提名演讲。这篇演讲回顾了美国的经济繁荣和随后的危机，以及共和党政府在应付危机方面的无能，并简要介绍了罗斯福在应对危机方面所要采取的策略。这个策略与共和党的有很大不同，罗斯福称之为"新政"。他在演讲结束时所说的一句话，"我保证为美国人民实行新政"，给千千万万的美国人民带来了希望。

同罗斯福生气勃勃的竞选活动相比，胡佛的竞选则黯然失色。他四年的

罗斯福就任美国总统图

总统履历已让选民看清了他的"富人代表"的面目，现在也拿不出什么新货色，只能用罗斯福的残疾来做文章。共和党人散布谣言说，他的这种病会损伤大脑，影响正常思维。而广大的公众则针锋相对地认为，"遭受经济危机打击的美国就像一个双肢瘫痪的人，只有战胜了这种疾病的罗斯福才能挽救危机"。

这场竞选戏剧没有留下任何悬念，最后选举的结果是：罗斯福得票 2280 万张，胡佛 1575 万张。在 48 个州的选举人中，罗斯福赢得 42 个州，共 472 张，而胡佛只得到 6 个州的 59 张选举人票。这是 1860 年林肯以 212 票对 21 票之比击败麦克莱伦以来，美国竞选史上第二个悬殊的比率。罗斯福终于成为美国第 32 届总统，入主白宫。

推出新政

罗斯福在竞选总统时向人民宣誓要"实行新政"。"新政"（New Deal）这个词，打动了选民的心，使他们生出摆脱危机的希望。但是，在罗斯福本人的思想中也并没有一幅"新政"的清晰蓝图，能够肯定的就是要改变胡佛的"自然调节"的放任政策，进行美国历届政府都没有进行过的某种经济实验。在美国历史上，没有哪一次危机能比胡佛政府卸任与当选总统罗斯福就职期间这四个月的"政府过渡"时期的危机更加引人注目，其范围之广、危害之大是前所未有的。对美国人民来说，这四个月真是最难熬的漫长时期，正逢银行破产和濒临恐慌的混乱局面。

宣誓就职以后，罗斯福就大刀阔斧地开始了"旋风式"的"新政"运动。大危机是由疯狂的股票投机活动引起的金融危机而触发的，罗斯福新政的处方也首先从整顿金融入手。就职后的第三天，罗斯福下令全国所有银行一律停业，从而制止了存款者的挤兑风潮，同时要求国会召开特别会议讨论解决银行危机的立法问题。3月9日，国会通过《紧急银行法》，决定对银行采取个别审查、颁发许可证制度，凡有偿付能力的银行，允许尽快复业，其余的一律改组。

在银行重新开业后，为了使存款户对储蓄安全放心，在罗斯福的倡议下，国会

又通过了 1933 年《银行法》,规定设立联邦储备局和联邦储蓄保证公司,对 5000 美元以下存款(后增加到 2 万美元)由政府保证其安全,商业银行与投资银行分开;全国信贷体系由联邦储备局控制,并监督私人银行。由于采取这些措施,银行信用很快恢复,在不到一年内增加了 10 多亿美元存款。

在解决银行问题的同时,罗斯福还促使议会先后通过了《农业调整法》和《全国工业复兴法》,收到了显著成效。

20 世纪 30 年代罗斯福推行的新政,使美国摆脱了空前的经济危机,使下百万生活贫困的工农群众免于饥寒的威胁,同时也使濒于瓦解的资产阶级民主制度得以保全,为美国在反法西斯战争中充当民主国家兵工厂做了思想和物质准备。更为重要的是,新政大大加强了美国政府在经济生活中的作用,美国由此脱离了"古典资本主义"而进入所谓"现代有控制的资本主义",即国家垄断资本主义发展时期。

见筹联盟

就在国内对新政的一片赞誉声中,四年一度的总统大选又到了。罗斯福大选获胜,他获得了除缅因州和佛蒙特两州的全部选举人票。罗斯福成了门罗总统以来接连两届由本党控制国会两院的第一个总统。

1939 年 9 月 1 日,德国悍然进攻波兰,3 日,英、法对德国宣战,酝酿已久的第二次世界大战爆发。9 月 5 日,罗斯福宣布美国实施《中立法》。

1940 年,又是美国总统选举年。针对纳粹希特勒的疯狂进攻,罗斯福激流勇进,第三次连任总统。

1941 年 3 月 11 日,罗斯福正式颁布《租借法》,它标志着美国孤立主义传统的结束,使美国由中立转变为事实上的反法西斯国家。

苏德战争爆发后,罗斯福在 6 月 24 日的记者招待会上明确表示:"美国准备在可能的范围内,全力援助苏联。"11 月 7 日,罗斯福宣布苏联为《租借法》受援国,美将向苏提供 10 亿美元的无息贷款。

在援助和支持苏联抗击德国的同时,美英两国的战略合作关系也得到了加强。1941 年 8 月初,罗斯福在一支舰队的护航下,乘"奥古斯塔号"秘密来到纽芬兰附近的大西洋海面上,与英国首相丘吉尔举行了战时第一次首脑会议,史称"大西洋会谈"。

在以后的几天里,两位政治家纵谈世界局势,商讨共同的战略方针。在最后一天即 8 月 12 日,他们在"奥古斯塔号"的方形大舱内起草了有关战争目的的联合声明——《大西洋宪章》。

几乎所有反法西斯国家都立刻接受了它。到 9 月 15 日,已有 14 个国家附议了宪章,它的基本原则成为反法西斯国家团结合作的政治基础,并为后来的《联合国宪章》所采纳。

1941 年 12 月 7 日,日军偷袭珍珠港,美军损失惨重。次日上午,罗斯福发表演讲,正式对日宣战。至此,美国直接加入了世界反法西斯的阵营。

构建联合国

1944 年,罗斯福在总统大选中,击败共和党总统候选人,第四次蝉联美国总统。

在第二次世界大战中,罗斯福一直在心中谋划如何建立一个更加符合美国利益的战后世界。1942 年他提出了最初的"四警察"设想,即由美、英、苏、中四大国分管美洲、西欧、东欧和亚洲的地区安全,在此基础上,再组成区域组织的国际联合。第二年他又潜心运构,重新设计了未来世界的蓝图,这就是把原来的"四警察"设想的国际安全组织糅合起来,在已有的国际反法西斯联盟的基础上,建立一个常设的国际安全组织联合国。

罗斯福关于建立联合国的构想很快得到了英、苏两国的赞同,并且出现了最初的联合国组织,这就是 1943 年 11 月由美牵头建立的"联合国救济总署"(简称"联总")。它的任务是向受战争破坏地区的人民提供衣、食、住、行、医疗等方面的援助和服务,以创建一个"更加稳定的世界"。联总的成立及其活动,为以后联合国的建立提供了经验。

紧接着,四大国的外交代表于 1944 年 8—10 月在华盛顿的敦巴顿树园召开会议,讨论建立联合国的具体组织事宜。会议上,四国就联合国组织的总形式和许多具体细节达成了一致。会议通过的《关于建立普遍性国际组织的建议案》,规定了联合国组织的宗旨与原则以及联合国大会、安全理事会、秘书处等重要机构的组织权限。

1944 年 7 月 11 日,三巨头在苏联克里米亚半岛的雅尔塔再次聚首,就有关安理会的否决权等问题进行了讨论。会议还决定,于 1945 年 4 月 25 日在美国旧金山召开联合国成立大会。然而就在旧金山会议召开前夕,1945 年 4 月 12 日,罗斯福却因心血耗尽而溘然长逝,他未能亲眼看到他精心设计的联合国组织的诞生。

在罗斯福逝世 25 天后,作恶多端的德国法西斯宣布无条件投降;他逝世三个多月后,日本法西斯也投降了。全世界爱好和平的人民将永远怀念他在这一伟大战争中所做出的历史功绩。

打开中美关系大门的总统

——尼克松

人物档案

简　　历:爱尔兰血统,美国第 36 任副总统及第 37 任总统,美国共和党政治家,律师。1913 年生于加利福尼亚州洛杉矶市的约巴达小镇;1937 年毕业于迪克大学法学院;1946 年 1 月开始在海军服役三年半,1968 年入主白宫,成为美国总统,1972 年成功连任,但在他连任过程中,因"水门事件"不得不于 1974 年宣布辞职。1994 年,因中风去世,终年 81 岁。

生卒年月:1913 年 1 月 9 日~1994 年 4 月 22 日。

安葬之地:美国加利福尼亚州约巴林达的尼克松博物馆。

性格特征:热情、真诚,很有政治头脑。

历史功过:获得两枚战斗之星,结束越战,访华,成功使中美关系解冻,打开了中美关系紧锁的大门。引发了著名的"水门"事件。

名家评点:《瞭望新闻周刊》评价说:"尼克松在美国是一位颇有争议的人物,但他在 1972 年顶住各种压力,以很大的勇气毅然对中国进行访问,打开了中美关系的大门,结束了两国长期的敌对状态,这一功绩是不会被人们忘记的。"

勤奋的儒将

1913 年 1 月 9 日,理查德·尼克松出生于加利福尼亚州洛杉矶市的约巴达小镇。尼克松的父亲是爱尔兰人的后裔,曾经当过菜农、电车司机和柠檬园主,后来开小杂货铺兼加油站。

尼克松的童年生活是充满艰辛和磨难的。他 3 岁时从马车上摔下来,差点儿因流血过多而死去。4 岁时又得了急性肺炎,差一点要了命。

尼克松从小就帮助父母做家务,稍大一些时,每天从洛杉矶菜市场采购新鲜水果蔬菜,回来后再加工送进店铺。假期中,他做过游泳池的看门人等各种工作。

学生时代,尼克松始终是一个勤奋、认真和敏捷的学生。小学时期他能轻松自如地取得优异成绩。中学时期,他曾代表西海岸参加全国演讲大赛,1930 年,他以全班第一的成绩毕业,并获得加利福尼亚校际联盟学业成绩金印奖以及最佳学生哈佛奖。

1937 年,他从迪克大学法学院毕业。

1941 年 12 月,因一位教授的推荐,华盛顿物价管理局聘请尼克松担任助理律师。在物价管理局工作可以缓役,但当尼克松听到征募海军军官的消息后,立即申请报名并取得军官任命。

1942 年 8 月,尼克松被派到海军军官学校受训。

1944 年 1 月,尼克松被调到布干维尔,因为接近前线,时常会遭到日本轰炸机的袭击。在布干维尔工作一阵,尼克松获准到一个分遣队去担任指挥官。

1944 年 7 月,尼克松奉调回国。1945 年 1 月,他到东部去办理海军包工合同的结束工作。在战争接近尾声的最初几个月中,尼克松夫妇先后在华盛顿、费城、纽约和巴尔的摩等地住过一段时间。1945 年 10 月,尼克松成为海军少校并于 1 月复员,在海军先后服役三年半。

向政府进军

1945 年 9 月,尼克松收到赫尔曼·佩里的一封信,问他是否有兴趣参加共和党众议员的竞选。尼克松欣然同意,决定回加利福尼亚州参加竞选,并着手进行竞选准备工作。

当然,一名无名小卒与政坛宿将对抗,能否成功?尼克松心里也没有底。他的稳重老成、善工心计的性格再次帮助了他。他到国会大厦去拜访众议院少数党领袖乔·马丁,听取他们对对手沃勒斯的评价。

尼克松刚接受共和党副总统提名,来自民主党方面的猛烈攻击便接踵而至。共和党权威人物要求尼克松向全国发表电视讲话,澄清基金事件。1952 年 9 月 23 日,共和党为尼克松提供 7.5 万美元让他作了 30 分钟动人的电视演说。在演讲中他承认自己有这笔基金。为了使公众相信他没有因当官而发财,他列出了自己的财产和债务清单。在演讲快结束时,他承认接受了条矮脚长耳猎犬。他装作十分严肃地说:"现在我只想说,不管人们怎样议论,我们将留下这条狗。"观众的支持信潮水般地涌向共和党全国委员会。艾森豪威尔笑着对尼克松说:"你是我的孩子。"尼克松明白自己已获得一半以上的胜利。

1952 年 11 月 4 日,艾森豪威尔和尼克松分别当选正、副总统,从而结束了民主党对白宫的控制,共和党众议院又获得 22 席,总席位变成 221 对 213。这样,共和党控制了参众两院,尼克松本人也因在竞选中的出色表现而受到党的普遍尊敬。

1960 年尼克松获得共和党提名,同民主党总统候选人肯尼迪对阵。

肯尼迪信奉自由派政策和观点,主张政府对经济进行积极干预,缓和阶级矛盾。尼克松则以保守主义思想为依据,主张健全的私人经济和个人进取心是发展经济的前提。他们之间的分歧主要是政策方法的不同。在整个 60 年代到 70 年代,美国历届总统的基本政策仍然遵循"凯恩斯主义"。最终尼克松以微弱票差败北,但也为日后卷土重来积累了经验。

跻身总统府

尼克松 55 岁生日那天,他决定再次参加总统职位的角逐,他这次的对手是汉弗莱。

1968 年 2 月 2 日下午,尼克松在新罕布什州正式开始了竞选总统的活动。

到 1968 年 10 月 31 日,尼克松与汉弗莱的竞选已进入白热化阶段。在这一天,尼克松夫妇与他们的竞选伙伴同时登上讲台,出席一个有电视实况转播的集会。

到 11 月 4 日,尼克松与汉弗莱的竞争更为激烈。他觉得应该在选举的前夕,尽一切可能做一些对选票有影响的事。尼克松不顾他的顾问们的反对,买下了连续 4 小时的电视节目时间,进行最后的竞选演说。

经过激烈的拉锯战,尼克松终于长舒一口气,他已经赢得了总统职位。

同美国历史上的许多总统不同,尼克松是怀着一种复杂的心情走进白宫椭圆形办公室的。他在高层政界周旋了多年,又担任 8 年副总统,他太了解白宫了。他已为共和党在选举中获胜整整奔波了 22 年。

在同国会打交道时,尼克松想方设法同资深的保守民主党人结成联盟,以赢得立法所需要的关键性投票。民主党众议员威尔伯·米尔斯长期任众院筹款委员会主席,他对尼克松关于税收、收入分成和福利改革的立法提案能否获得通过,起着至关重要的作用。尼克松认为,从他来到华盛顿后的 26 年中,国会已经发生剧烈的变化,它与总统的分歧进一步加深。打击国会等于击中民主党的神经中枢,所以尼克松首先把矛头对准国会。

尼克松通过改革国家预算和税收来打击国会。他知道,国会能发挥很大的政治功能,关键在于它掌握国库收支的大权,为联邦政府制定预算和管理税收。此举直接触犯了东部权势集团的利益。作为国会议员,他们已习惯于迎合本选区和本党领袖的意愿就某一拨款计划进行投票。尼克松控制预算无疑是对这项特权的挑战。对东部财团来说,尼克松的改革实际上是断其财路。多年来他们积极扶植国会中的自由派势力,通过遥控国会来达到自己的目的。

难过"水门"关

1972 年 6 月 18 日,在水门大厦民主党全国委员会总部有 5 个企图进行窃听的人被捕,这一消息被《迈阿密先驱报》披露。两天后,《华盛顿邮报》头版以醒目的标题声称:白宫顾问与窃听人物有关联,是 1972 年 3 月 29 日以前一直在白宫充当尼克松总统顾问的查克·科尔森的助手。民主党向共和党政府发起猛烈攻势,希望在大选之年将尼克松拉下马。水门事件虽然没有成为尼克松连选连任总统的障碍;但却导致他提前下台。

为平息"水门"风波,尼克松先后实施了几套策略。

尼克松对水门事件的最初反应是不以为然,但是当《华盛顿邮报》提到科尔森的名字后,尼克松承认这使他大吃一惊。如果争取总统连任委员会受牵连,问题都不大。然而科尔森是他的助手和顾问,如果他也受牵连,情况就完全不一样了。

水门案发后,尼克松的人很快达成默契,对外声称白宫与此案无关。

亨特作为案件的新线索被《华盛顿邮报》掀出来后,白宫发言人罗恩·齐格勒马上发表声明说:亨特曾任总统特别顾问科尔森的助理,他自 1972 年 3 月起,已与白宫脱离关系,不打算代表白宫就一件三流窃案发表评论。

尼克松不但指示齐格勒出面发表"极为明确有力和结构严谨的声明",而且亲自出面答记者问。亨特和利迪被捉拿归案,尼克松便与其心腹幕僚商定,采取第二套策略,将联邦调查局和公众的视线引向古巴人身上。鉴于被捕者中有几个是古巴侨民,将水门事件解释成是古巴人为了自己的民族利益而进行的窃听活动。尼克松还让手下人在佛罗里达州建立一个古巴人委员会,由这个委员会出面为在水门被捕的古巴人打官司。因为谁都知道,流亡叛国的古巴侨民都担心民主党候选人麦戈文会决定恢复与卡斯特罗的外交关系。从某种意义上说,古巴人、麦科德、亨特互有牵连,正好说明水门窃听实际上是古巴人的行动。

尼克松还准备了第三套方案,就是把戈登·利迪以后的线索掐断,让他承担水门事件的主要责任。水门案发时,他跟亨特正在水门大厦的另一个房间里负责指挥,没被当场抓住。

果然不出尼克松所料,联邦调查局代理局长帕特·格雷接到了中央情报局的电话,要求他不要插手,不久,格雷被告知总统将提名他为联邦调查局局长。

尼克松积极促使中央情报局去进行干涉和限制联邦调查局的调查,任其手下人从事各种对水门事件进行掩盖的行为。米切尔等人想方设法斩断有可能牵连到白宫的线索。他们决定从利迪从事窃听活动的经费来源上入手,重新编造拨给利迪的经费数目,有人还同意出面在调查此案的大陪审闭面前作伪证,他们还用大笔金钱收买被押在狱中的几名犯人,让其守口如瓶,不再提供新线索。

尼克松认定水门事件是民主党拆他的台,深信对付敌手的最好办法是以牙还牙。联邦大陪审团在 9 月 15 日起诉亨特、利迪以及在民主党总部被捕的 5 个人,白宫安然无恙。尼克松大松了一口气。1972 年大选获胜后,尼克松无所顾忌地攻击东部权势集团,大规模削减预算计划,提倡税收分享,改组联邦政府机构。凡此种种都损害了东部集团的传统利益,从而激起国会和最高法院重新操起"水门"事件向尼克松发动反攻。

对尼克松来说,"舍卒保帅"是他唯一的选择。他把赌注压在下属对他的绝对忠诚上,这形同于高空走钢绳,稍有疏忽,就会掉下来,后来问题果然出在这里。除了用大笔钱笼络为他做出牺牲的"走卒"们外,尼克松还允诺在他就任第二任总统时,对他们实行大赦。尼克松决定从当时为抗议越南战争而举行的游行队伍中,逮捕一部分"罪犯"作陪衬,将来同"水门"事件的案犯一起大赦。没想到最知水门事件内情的迪安竟离他而去。为减轻自己的罪状,迪安主动向司法部门自首,在参议院特别委员会听证会上连续揭发了一个星期,将白宫在"水门"事件中的问题,特别是总统本人的问题和盘托出。尼克松知道他再硬挺下去只会招致更严重的后果,决定利用总统权力,为自己安排后事。尽管他辞职的目的是为了逃脱弹劾,但他尽量避免给人留下逃离现场的印象,副总统人选的更替为他提供了预备条件。副总统格纽因"故意未报收入"受到起诉,不得不宣布辞职。由谁来接替他呢?尼克松认为这是一个良机。他想方设法物色一个能够为自己开脱在水门事件中责任的继任人,首先他挑选了康纳州。几经权衡,尼克松选中了拉尔德·福特。此人是全面支持尼克松的几个共和党议员之一。

果然,福特的提名在参众两院顺利过关,他也为尼克松在"水门事件"中的表现辩护。1974 年 8 月 8 日,尼克松宣布辞职。1994 年,因中风去世,终年 81 岁。

英国最伟大的首相

——丘吉尔

人物档案

简　历:英国政治家、历史学家、演说家、作家、记者,第 61、63 任英国首相。出身贵族家庭,毕业于桑赫斯特皇家军事学院。历任殖民、海军、财政和国防大臣等职。1941 年苏德战争爆发后,立即发表声明援助苏联。同时还极力争取美国的援助,为反法西斯战争的胜利做出贡献。1945 年败选辞职,1946 年发表"铁幕演说",揭开冷战的序幕。1965 年 1 月 24 日,丘吉尔因脑溢血在家中与世长辞。

生卒年月:1874 年 11 月 30 日~1965 年 1 月 24 日。

安葬之地:伍德斯托克布伦海姆宫附近的巴拉顿的"圣马丁教堂的家族墓地"。

性格特征:精明、圆滑、务实、孤傲、保守,工于心计,坚韧不屈。

历史功过:两度任英国首相,领导英国人民取得二战胜利。1953 年荣获诺贝尔文学奖,以及诺贝尔和平奖提名。二战后却没能观察国际大势,违背人民意愿,不得不递交了辞呈。

名家点评:英国《星期日泰晤士报》在战争期间这样评论说:"丘吉尔是我们的秘密武器。在这个伟大的时刻,我们在伟大领袖的英明领导下战斗,感到无比幸福。今天,丘吉尔不仅是英国精神的化身,而且是我们的坚强领袖。不仅英国人,整个自由世界都对他无比信任。"

当选议员

丘吉尔的家庭有着一段不寻常的历史,他的父亲伦道夫·丘吉尔勋爵是马尔巴罗家族第七代公爵的儿子。

丘吉尔出生于 1874 年 11 月 30 日，在刚成年时就考进了桑赫斯特军校的骑兵学科。毕业以后，进入英军第四骠骑兵团，从此开始了戎马生涯。这以后，丘吉尔曾随部队到过印度和南非。在南非与布尔人的战争中，丘吉尔立下战功。作为随军记者，丘吉尔从印度和南非战地向国内发回不少战地报道，受到读者的欢迎。他还把在印度的经历写成了一本书，此后又在军旅征战的间隙写出了第二本书。

丘吉尔从南非参战回国后，不仅成了英国的民族英雄，而且还给他带来了梦寐以求的巨大的政治资本，有十一个选区询问他是否愿意代表他们去当选议员。就在这时，英阳首相——保守党人索尔兹伯里解散了议会，宣布 1900 年举行下院选举，这样丘吉尔又迎来了一个参政的机会，他紧紧抓住了这次机会。

丘吉尔在竞选上保守党议员以后，为了能够在官场更好地进行唇枪舌剑的说理斗争，施展才干，练就了一套"过硬的"演说本领。他的演说不仅思想深刻，逻辑性强，而且对听众有着极强的感染力。于是，随着时间的推移，丘吉尔在议会的能量越来越大，威望也越来越高。

千面政客

1903 年 5 月 15 日，张伯伦在伯明翰发表演说，引起了巨大反响。张伯伦建议建立一个包括英国和其殖民地在内的关税同盟，而对帝国之外的国家则实行关税壁垒。丘吉尔对此正确地估计了形势，公开地站在反对张伯伦的方面。为了不使政府陷入更加困难的境地，丘吉尔把关税问题与"民主保守派思想"联系起来，并于 1903 年 9 月 9 日迫使张伯伦和不主张自由贸易的大臣们全部辞职。

于是，巴尔弗首相着手组织新政府。对丘吉尔来说，这是一个决定性的时刻。但是，巴尔弗并不愿向丘吉尔提供这种机会，他把一个政府大臣职位交给了另一个同样年轻的保守党政治家鲍纳。于是，丘吉尔经过考虑决定离开保守党，投奔自由党。

自由党领袖坎贝尔·班纳曼于 1905 年组织政府，并确定 1906 年 1 月举行下届议会选举。贝尔福的辞职结束了保守党人的十年执政，开始了自由党统治英国的时期。可见丘吉尔投奔自由党并未失算。劳合·乔治当上了贸易大臣，丘吉尔担任殖民地事务部次官的职务。1908 年，丘吉尔进入内阁，担任贸易大臣。

丘吉尔在退党转党问题上，奉行的哲学是有奶就是娘，谁对他有利就倒向谁。1922 年 10 月，随着劳合·乔治的联合内阁的倒台，丘吉尔失去了大臣的职位。不久，在对待日益强大的工党——在他看来是一个社会主义政党的策略上，他与自由党领袖阿斯奎斯产生了严重分歧。他力劝后者同保守党合作，组成反社会主义联盟，以遏制工党，但遭到拒绝。为此，丘吉尔离开了自由党。两年后，当保守党迫于时势放弃关税改革政策时，出于反对社会主义的共同目标，他又重返保守党，并出任财政大臣。

丘吉尔这种见风使舵,随机应变,退党转党又返党的做法,很受时人的鄙夷。人们因此把他称为是"千面政客"。

临危受命

1933年1月30日,希特勒出任总理,给德国以至欧洲带来严重的不安。他强烈反对共产主义,反对民主主义,反对犹太主义,并叫嚷要把日耳曼民族统一在德意志帝国周围,到处煽动德国民众的战争狂热。

希特勒在德国上台后,丘吉尔越来越多地在思考纳粹的威胁这个问题。他意识到,纳粹分子上台后,德国军国主义复活,这不光给苏联,也给英国利益带来致命的危险。

二战爆发后,一直实行绥靖政策的张伯伦政府引起人们的强烈不满。1940年春天,多数下院议员都明确表示政府无能,应当辞职。在对政府的信任投票中,张伯伦惨遭失败,这样政府必须辞职。

丘吉尔成为首相无可争议的继承人。1940年5月10日下午,国王终于授权丘吉尔组织政府。

丘吉尔任首相后的最初阶段困难很多。德军突破了马其诺防线,战火向法国北部蔓延,危及巴黎,英国远征军有被歼的危险。针对此种情况,丘吉尔政府需立即着手解决几个问题。要千方百计延长法国的抵抗时间以便给德国军队造成最大创伤,同时也为英国加强同防——训练陆军、空军并为准备生产武器赢得时间。

不久,在法国北部的英法两国的大部队被德军截断。经过苦战,英国远征军和法军虽然最终撤了出来,但几乎所有装备都丢弃在了法国。这样英军在1940年遭到惨重失败,英国继续同德国作战的前景十分暗淡。

在这种不同寻常的时刻,丘吉尔表现出了特有的坚定和勇敢。他向英国人民发表慷慨激昂的演讲,号召人民团结起来,继续抗敌。在这种特殊的时期,丘吉尔的演讲起到了极强的稳定人心和鼓舞士气的作用。

智斗希特勒

英国政府在法国失败之后仍坚持作战,这进一步提高了丘吉尔在广大人民群众中的声望。英国人民在同纳粹德国的不断战斗中,意志锻炼得更加坚强。

1941年春天,希特勒派鲁道夫·赫斯访问英国。赫斯是此前从飞机上跳伞后被英国抓获后放回的。丘吉尔抓住这个难得的机会,运用自己出众的智谋,给希特勒设计了一个很大的陷阱。在与赫斯秘密谈判时,丘吉尔向他抛出了这样一个诱饵,即德国在进攻苏联时可以得到英国的某种支援,从而推动希特勒去冒险攻打苏联。而希特勒一旦真去冒险,则给他以坚决的回击。赫斯是希特勒丢给丘吉尔的诱饵，现在丘吉尔却要让他自己吞下这个诱饵。此前希特勒一直不敢在东西两线同时作战，丘吉尔的这种表态使他没有了后顾之忧。

在 20 世纪 30 年代，希特勒曾不止一次地玩弄过英国的首相和其他国务活动家，而这次丘吉尔却愚弄了希特勒，并给他带来了毁灭性的后果。

1941 年 6 月 22 日凌晨 4 点，丘吉尔得到了德同进攻苏联的消息。

1941 年 12 月 7 日，日本偷袭珍珠港，太平洋战争爆发。至此，苏联和美国同时参战，英国取得了战争胜利的战略性的实际保障，英国得救了。

1942 年底，英军在北非战场转入反攻，并取得阿拉曼战役的重大胜利；很快美军在太平洋转入反攻；1943 年 2 月，苏军取得了斯大林格勒战役的胜利。第二次世界大战发生了转折性的变化，盟军由防御转入反攻。

巧谋登陆

1942 年，是决定反法西斯战争胜败的关键一年。为了减轻苏联战场的压力，盟军决定开辟第二战场。

由于苏德战场上苏军的节节胜利，在欧洲开辟第二战场的"霸王计划"终于在 1944 年 6 月 6 日开始了。1944 年上半年，苏军发动了大规模的战略进攻，德军一再溃败，希特勒只得把大量的预备队和西线兵力调往东线阻止苏军。这为盟军开辟欧洲第二战场创造了有利条件。丘吉尔召集英美参谋长会议讨论登陆地点，最后确定在法国北部的诺曼底。

6 月 6 日凌晨，盟军开始在诺曼底地区实施登陆，到当日夜晚，有将近 10 个师的部队连同坦克、大炮和其他武器已经上岸，后续部队还在源源而来，不断扩大盟军对德国守军的优势。希特勒大肆吹嘘的"大西洋壁垒"已被突破，从而为摧毁西线德军奠定了基础。

德军虽然组织了一些反攻，但规模都有限，无法把盟军赶下海去。而且盟军后续部队源源而来，补给物资不断增加，滩头阵地逐渐扩大，逐渐向纵深发展。在盟军的强力推进下，法国迅速解放了。与此同时，苏军在 1944 年夏已经开进中欧和东欧。

1945 年 2 月，德军已被压在东面的奥德河和西面的莱茵河之间。4 月间，艾森豪威尔指挥盟军分别在易北河和捷克斯洛伐克境内与苏军会师。另外一路盟军则在奥地利与由意大利北上的盟军会师。

4 月 16 日，苏军发起进攻柏林的战役。25 日，苏军在波茨坦以西包围柏林，并在柏林西南的托尔高地区与美军会师。27 日，进入柏林。30 日，希特勒自杀身亡。5 月 2 日，柏林守军投降，各地德军也相继投降。5 月 7 日，德国代表同艾森豪威尔签订投降书。5 月 8 日，又在柏林向苏军元帅朱可夫签订投降书。至此，欧洲战场的反法西斯战争胜利结束。

丘吉尔领导英国人民和英国军队，为欧洲反法西斯战争的胜利做出了巨大贡献,使英国能以反法西斯大国的地位屹立在战后世界上,这使丘吉尔感到非常欣慰和自豪。但是没过多久,丘吉尔便又为战后的国际秩序而忧心忡忡。

政策违民意

二战结束后,丘吉尔却不明察国内国际的形势,充当了"冷战"旗手的角色,政策严重违逆民意。在反法西斯战争接近胜利的 1945 年春天,丘吉尔提出一个战后的施政纲领,这个纲领把苏联视为潜在巨大威胁,这就当时英国人民的意愿完全背道而驰。1945 年,整个欧洲,包括英国,人民群众的思想是"向左转"的。英国人民希望同苏联继续保持联盟与合作,在民主的基础上改善国内生活。而丘吉尔没有理解,也没有看到这一点,逆时代潮流而动,结果"失道寡助",遭到了他一生中最沉重的打击。

1945 年 7 月 5 日,英国议会举行战后的第一次选举。结果完全出乎丘吉尔的意料之外,他所在的保守党以惨败被撵出了政府,而工党以绝对优势取胜,艾德礼当上了英国的新首相。对此,他无法想得通,他也不明白曾经和他一起抗敌的英国人民为什么会抛弃他。但是,他必须面对这个现实,尽管心有不甘,他还是递交了辞呈,离开了他曾驾轻就熟的政治舞台。

这以后,丘吉尔主要在家中休养,并且进行绘画创作。另外,他还撰写了六卷本的《第二次世界大战回忆录》。这部著作保留了很多第二次世界大战的珍贵史料,后来还获得了诺贝尔文学奖。

后来在保守党重新上台后,丘吉尔再一次就任首相。可是直到退休,也没有再表现出大的作为。1965 年 1 月 24 日,丘吉尔因患脑溢血在家中与世长辞。

布尔什维克党的创始人

——列宁

人物档案

简　　历:无产阶级革命家、政治家、理论家、思想家。曾任苏联人民委员会主席(即苏联总理)、工农国防委员会主席等重要职务。生于伏尔加河畔辛新比尔斯克城,23 岁时列宁来到彼得堡,将马克思主义与工人运动相结合,这之后,长期的监狱和流放给了他进行革命理论研究、筹划新兴政党的机会;1905 年,列宁清楚地认识到斗争发展的必经之路,迅速地准备起义。经过艰难的筹划准备,1917 年 11 月 7 日起义成功,成立了工农苏维埃政府,列宁被选为主席;1924 年 1 月 21 日,列宁因脑溢血停止了呼吸。

生卒年月:1870 年 4 月 22 日~1924 年 1 月 21 日。

安葬之地:莫斯科克里姆林宫旁红场。

性格特征:热情诚信,意志坚强,领袖风采,学者襟怀,战士本色。

历史功过:创立布尔什维克党,领导十月革命,缔造苏维埃政权,缔造世界上第一个社会主义国家。列宁领导的武装起义,改变了整个世界历史的方向,开创了人类社会由资本主义向社会主义过渡的新时代。具有争议的是列宁当选政府主席后却把沙皇一家赶出家门。

名家评点:2022 年 2 月 24 日,俄乌冲突的当日,普京在战前演讲中提到了列宁说:"列宁一生最大的错误就是把一个统一的国家改造成了联盟,现在意义上的乌克兰国家根本就不存在,是列宁等人为了创建苏联,从俄罗斯手中夺走领土而创建的国。"

生在革命之家

　　1870年4月22日,伏尔加河畔的辛比尔斯克城(现改名为乌里扬诺夫斯克)一个伟大的俄罗斯人民的儿子在这里诞生了。他就是弗拉基米尔·伊里奇·列宁。

　　列宁的父亲伊利亚·尼古拉也维奇·乌里扬诺夫,是国民教育视察员,出身于一个贫苦的小市民家庭,依靠半工半读求学。他性格坚强、工作勤奋,终生献身国民教育事业。列宁的母亲是一位内科医生的女儿。她擅长外国语和音乐,读书很多,待人周到、亲切,并以刚毅过人著称。还有列宁的妹妹名叫玛·乌里扬诺娃。

　　乌里扬诺夫一家所有的孩子都成了革命者。

　　弗拉基米尔·乌里扬诺夫是一个健壮而勇敢的孩子,喜欢热闹的游戏,喜欢欢蹦乱跳。五岁时,他母亲就教他读书,他也很勤奋读书。他每次到了农村就尽心参加各种儿童游戏。就在这里,他第一次接触贫困的俄国农村。他九岁上了中学,是一个优等生。

　　早在学生时代,他就以能够系统而周密地工作见称。拿他在学校作文的方法来说。首先,他撰写一个简明的大纲,包括引言和结论;然后,他拿张纸一折为二,左面打草稿,有配合写作计划的各种数字和文字;以后的几天里,他在纸的右面写上补充、改正和添改的文字以及从书上参考来的东西等等;最后,他根据这个草稿写出文章——一般先是草稿,然后誊清。

　　这种对一切工作细心准备的作风成为列宁终身的特征。后来,每写一篇报上的文章或做一次演说,他总是写一个简明的大纲。他准备写一本小册子或一本书时,总要起稿几次,一次比一次详细精确。他同样细心地编辑必要的引文、数字和材料。弗拉基米尔·乌里扬诺夫刻苦努力,以训练工作所必需的恒心和能力。

　　列宁的父亲还在上小学时就开始了解俄国工人和农民所受到的残酷压迫。他受他哥哥的影响很大,他哥哥亚历山大·乌里扬诺夫是一个意志坚强、坚定冷静又善于思考的青年。亚历山大·乌里扬诺夫是一个优等生,他正在准备进行科学研究工作。他是一个革命小团体的成员并属于"民意党"这个组织。亚历山大·乌里扬诺夫也在工人中间进行宣传,他读过马克思的《资本论》,可以说是站在"民意党"和马克思主义之间的立场。

　　1886年,列宁的父亲去世,这是乌里扬诺夫一家一个极大的不幸。那时,列宁正在中学最后一年。1887年,列宁的哥哥亚历山大·伊里奇因谋刺沙皇亚历山大三世案被捕并惨遭杀害。哥哥的悲惨遭遇使他终生难忘。

　　亚历山大被捕及遇害后,从前的亲友大都同他家疏远了,因为同一个革命者的家庭保持友好关系是危险的。

　　哥哥的死加强了他的革命倾向,但是他探索的是一条与他哥哥不同的、跟专制制度做斗争的道路。

世界传世藏书

世界名人大传

图文珍藏版

哥哥的被害使列宁不得不思考到他终身事业的问题。他清楚地认识到,必须反对的敌人是专制制度、地主、资产阶级和一切剥削者。他知道纯粹的文化教育工作(即他父亲终身从事的工作)不能推翻剥削者和解放人民。但是,他也清楚采用恐怖手段也不可能取得胜利,而只会造成阻碍。"民意党"人谋刺亚历山大二世成功了,但是另一个沙皇又取而代之。沙皇制度依然存在。许多高级的警宪官吏被杀死了,但沙皇、地主和厂主的政权并没有推翻。而最重要的是,这种斗争方法对于组织劳动群众和提高他们的阶级觉悟毫无帮助。相反,它对工作有害,因为革命党人的主要精力都浪费在恐怖活动上。它破坏了革命党人同群众的联系,给革命党人和全体人民对于反对专制制度的任务和方法造成极其错误的观念。

读过他哥哥手里的马克思和恩格斯著作,他就向这些著作请教:劳苦大众应该如何进行革命斗争来求得解放。

他认真地研究其他国家革命斗争的历史以及各民族过去反对专制制度和地主的斗争经验。

1887年秋,列宁进入喀山大学。在这里,他结识了一批有革命思想的学生。

同年12月,他参加了反对大学里的警察制度的学生抗议大会。因此他遭到逮捕,被开除学籍并流放到喀山附近的柯库什基诺村。

在柯库什基诺村,列宁认真观察了农民的情况。一年以后,获准回喀山,可是不准回大学。列宁于是认真学习并研究马克思主义。他在乡间度过夏天,先是在柯库什基诺村,后来来到萨马拉省阿拉卡也夫卡村。

那时,喀山已有一个马克思主义小组,列宁很快成为小组的一个积极分子。就在喀山,列宁开始研究马克思的《资本论》第一卷。

1889年,列宁移居萨马拉(现名古比雪夫)。他在那里生活了四年半,这正是他埋头读书的时候。列宁学了几种外国语,特别是德语,目的是阅读马克思和恩格斯的著作,因为这些著作大部分还尚未译成俄文。

同时,他还认真阅读了秘密出版的俄国革命书籍,特别是社会民主主义的"劳动解放社"的出版物。这个团体是由普列汉诺夫、阿克雪里罗得等人1883年在国外组织的。它在俄国进行了广泛的马克思主义宣传。

在萨马拉,列宁准备国立大学的考试。1891年,他第一次到首都圣彼得堡。他考得很好,得到文凭,因此可以注册为律师助手。他的业务,尽管收入微薄,但使他可以独立生活了。

这时,人们感到惊异的是,他这样一个仅仅二十一岁的青年,就能阅读德文、法文著作,懂得英文,已经认真钻研了马克思的《资本论》,还熟读了其他马克思主义著作。

这时,列宁把马克思和恩格斯的《共产党宣言》从德文译成俄文,这种译本在萨马拉的革命青年中间流传了很久。在萨马拉,列宁和阿·斯克略连柯、伊·拉拉杨茨组织了一个马克思主义小组。

在喀山和萨马拉的期间,列宁对马克思主义奠基人的著作进行了彻底的研究,为自己参加革命斗争进行准备。他切实地着手掌握马克思主义的方法,而后来他能够发展马克思主义并把它运用到一个新的历史环境。列宁继承了马克思的伟大事业。

马克思在他主要的著作(《共产党宣言》和《资本论》)里指出,资本主义社会的基本力量是资产阶级和无产阶级。资产阶级是资本主义社会的统治阶级、剥削阶级。无产阶级是社会上最受压迫的阶级,是资本主义的掘墓人,它是能够推翻资本主义社会而创造新的社会主义社会的唯一力量。

马克思透彻地阐述并证明:正因为无产阶级是社会主义社会的创造者,在不屈不挠的阶级斗争过程中,无产阶级将推翻资产阶级政权而建立它自己的专政。无产阶级专政的学说是马克思理论中的基本内容。

无产阶级专政是工人阶级的无限权力。无产阶级用这权力消灭了剥削阶级——地主和资产阶级,摧毁了阶级社会,建立了社会主义社会。

马克思的著作是列宁准备在理论上和实践上从事革命工作的基石。

马克思所讲的无产阶级胜利的道路也指明了俄国无产阶级必须怎样进行革命斗争。除了研究马克思著作和革命运动,列宁还必须使自己懂得俄国经济发展的特殊条件。

列宁认真研究了当时俄国的经济情况,以及俄国和国外工人阶级生活和斗争情形。他准备在无产阶级解放运动中积极工作,并发动劳动人民去推翻专制制度和资本主义。

在萨马拉,他在仔细研究统计材料的基础上,撰写了他的第一个论述俄国农民生活状况的科学文献。在这篇论文里,他指出资本主义已经侵入俄国农业,农民分成了阶级,而绝不是像民粹派所说的那样是一个整体了;他指出富农如何剥削贫农和一部分中农。

列宁关于农民的知识,不仅是来自统计资料和经济著作,而且是从直接观察农民生活得来的。他夏天住在萨马拉附近乡村,这对他在这方面有很大帮助。列宁不仅仔细观察各阶层农民的生活状况,而且常常与农民长谈,向他们提出问题,倾听他们所要说的话。

同一时期,列宁还熟悉了马克思主义反对者的著作(90年代民粹派的著作),并且不止一次地在研究小组和会议上猛烈地抨击他们的观点。

就是在早年,列宁对一切与他接触的人已产生了一种磁石般的力量。人们同他谈话以后就会感到一种异常喜悦的振奋。

在列宁身上,生活的兴致和乐趣是同非常的机敏与朴实结合起来的,他的精深的马克思主义修养是同他对自己力量的坚定信心相配合的,他战斗的革命热情是同推理的逻辑性和前后一致性以及表达的明白清楚相结合的。

在萨马拉,列宁已经发展成为一个马克思主义革命家了。他已找到了他一生的目标。

然而,在萨马拉没有进行革命工作的机会。那里几乎没有无产阶级,没有大学。列宁渴望到革命中心,到大工业中心去。他决定移居圣彼得堡。

他想在1992年去那里。那时,乌里杨诺夫家刚刚遭到一个新的打击。列宁的妹妹奥里珈,一个有才气的优秀姑娘,因伤寒病死了。她的死对她母亲是一个沉重的打击。只有别的孩子在她身边才能减轻她的悲伤,因此,列宁决定在萨马拉再多留一些时候。

无产阶级革命创始人

在萨马拉的几年,是列宁一生中的重要年代,他灿烂的思想火花在这里迸发,他的马克思主义世界观在这里形成,他找到了一主的奋斗目标。他需要更广阔的活动天地,渴望到革命中心投身于大规模革命斗争的舞台。因此,集中了大批无产者并开展着波澜壮阔革命活动的大工业中心吸引了列宁。1893 年 8 月,列宁离开萨马拉前往彼得堡。

列宁来到俄国政治生活和工人运动的中心彼得堡,开始为建立马克思主义政党进行大量的思想和组织工作。列宁在彼得堡注册为律师助理,以律师工作作为进行革命活动的合法掩护,并很快就与彼得堡的马克思主义者建立了联系,不久就加入了主要由彼得堡工学院学生组成的马克思主义小组。这是一个人数不多的小组,它在少数先进工人中间宣传马克思主义理论,但在列宁到来之前,他们还不善于把马克思主义学说与俄国工人阶级的迫切政治任务结合起来。年仅 23 岁的列宁来到彼得堡时,已经是一个掌握了马克思主义理论,决心为工人阶级解放事业而奋斗的马克思主义者了。因此,他的到来,使彼得堡的马克思主义者开始朝着与工人运动相结合的方向前进。当时的列宁已经认识到,要完成俄国革命,不能指望那些具有所谓村社传统的农民,也不能指望那些具有献身精神、准备牺牲生命、单枪匹马干革命的革命知识分子,俄国革命只能由俄国工人阶级来实现。因此,俄国马克思主义者的任务就是把科学社会主义思想灌输到工人群众中去。列宁以对马克思主义的真知灼见,卓越的组织才能和对工人阶级事业的必胜信念,博得了大家的衷心敬佩。不久,他便被公认为马克思主义者的领袖。

鲜红勇敢的列宁旗帜

列宁积极地在彼得堡无产阶级中开展工作。他访问工人小组,经常出席在工人住所举行的会议,并且自己领导了几个工人小组。他仔细地研究工人的状况和他们的情绪,了解他们的需求、他们的观点。列宁经常给工人小组讲课,他的课讲得简明扼要,生动具体,令人信服。列宁不愧为杰出的宣传家和鼓动家,他具有深切的信念,对问题又有深刻的了解,他善于把理论同活生生的现实联系起来,提纲挈领地解释自己的思想,从而使理论明白易懂。由于列宁在彼得堡无产者中的积极工作.彼得堡的工人运动进入了一个新的阶段,即由原来在狭小的小组圈子中进行的马克思主义宣传过渡到群众政治鼓动的阶段。1895 年 11 月 18 日,托伦顿工厂的工人为抗议厂方压迫和要求改善待遇而发动了罢工。这是马克思主义和俄国工人运动相结合的开始。列宁后来写道:"从 1895~1896 年起,从著名的彼得堡罢工时期起,开始了有社会民主派参加的群众性的工人运动。"

列宁在工人群众中进行组织和宣传工作的同时,也积极开展了反对民粹派分子和民粹派思想的斗争。1894 年,秘密出版了《什么是"人民之友"以及他们如何攻击社会民主主义者》,严正批判了小资产阶级民粹派的经济理论观点和改良主义的政治纲领,第一次提出建立工农联盟是推翻专制制度的主要手段,同时也明确地主张建立一个适合于俄国条件的工人政党。

为创建俄国无产阶级政党,列宁积极进行组织工作,并为此做出了坚持不懈的努力。当列宁从萨马拉来到彼得堡的时候,马克思主义已经在俄国得到广泛传播,彼得堡和其他城市都已建立马克思主义小组,并在工人中进行宣传活动。但这些小组及其活动是分散的,缺乏经常的联系和统一的领导。1895 年秋,列宁亲自把彼得堡 20 多个马克思主义小组联合起来,建立了"工人阶级解放斗争协会"。这是俄国无产阶级政党的萌芽,第一次在俄国实现了社会主义和工人运动的结合。列宁领导的工人阶级解放斗争协会,在工人中进行了巨大的组织工作和政治鼓动工作,他们举办"星期日学校"等,向工人宣传马克思主义思想,引导工人从经济斗争逐步转向反对沙皇专制制度的政治斗争上来。列宁指出:沙皇政府最害怕知识和工人的结合,工人有了知识,他们就有了自己的能力,就有了力量。

1895 年 5 月,肺病初愈的列宁以疗养为名,带着与 1883 年在日内瓦创立的俄国第一个马克思主义团体——劳动解放社建立联系和了解西欧工人运动情况的使命前往瑞士。警察当局就列宁出国一事特地通令国境线上各关卡注意,国外的间谍机关也奉命对列宁的活动和他在国外的关系进行严密监视。列宁取道奥地利直奔日内瓦。在日内瓦列宁第一次拜会了格·瓦·普列汉诺夫。

通过这次会面,使列宁更加坚定地走上了筹建俄国社会民主党的道路。

列宁在瑞士逗留了三个星期左右,接着前往巴黎,以便了解法国工人运动的情况。在巴黎列宁会见了法国和国际工人运动的著名活动家、卡尔·马克思的女婿保尔·拉法格。列宁从拉法格那里了解到恩格斯病得很重,经不起打扰,因此取消了去伦敦拜谒这位科学社会主义巨匠的计划。在巴黎住了将近一个半月,列宁又回到瑞士,然后前往德国,在柏林市郊住了下来,他的大部分时间是在柏林的公共图书馆中度过的,在这里他研究国内看不到的马克思恩格斯的著作,作摘要写提纲。同时,他还注重研究西欧工人运动,并参加那里的工人集会。9 月列宁返回俄国。他用一只夹底皮箱从国外带回了秘密的马克思主义书籍。这些书籍在彼得堡和其他城市的社会主义者中间广泛传阅。

沙皇密探早就注意到了列宁的活动。1895 年 12 月 21 日,列宁和彼得堡工人阶级解放斗争协会的一大批会员遭到了沙皇政府的逮捕。在监狱里,列宁的牢房既是狱中斗争的指挥部，又是同狱外联系的中心。长期的监禁生活常常严重地损害他的身心健康，列宁在这里表现出坚韧不拔的革命精神和革命乐观主义态度。在同探监的亲属会面时，他总是镇定自若，开朗愉快，并用他富有感染力的笑声来驱散亲属的忧虑。列宁还通过密信不断鼓舞狱中的同志们。在狱中列宁给自己订了一个严格的作息制度，整天排满了工作，临睡前他还一定要做体操。

列宁为长期的监禁生活做了安排，他决定利用这段时间为他计划写作《俄国资本主义的发展》一书收集资料。狱中有一个藏书丰富的图书馆，囚犯们也被获准从"外面"得到书刊杂志，这些为列宁的写作开了方便大门。大批书籍送进监狱，堆满了牢房的一角。从早到晚，他孜孜不倦地研究各种经济著作和摘录统计汇编资料，并写下了许多如《论罢工》之类的小册子和《告沙皇》等传单，送出去指导狱外的革命斗争。同时，他还继续努力于建党工作，通过各种形式发表自己的意见，并在狱中拟订了《党纲草案》，后来又写了《党纲说明》。《党纲草案》和《党纲说明》分明写于 1895 年 12 月和 1896 年 6~7 月。这个《党纲草案》是列宁所写的第一个俄国社会民主党纲领。

1897 年 2 月，列宁在彼得堡的监狱里度过了 14 个月以后，被判决流放西伯利亚 3 年，他经莫斯科来到了西伯利亚流放地，位于西伯利亚东部叶尼塞河畔米努辛斯克县的舒申斯克村。初到这里时，由于住在边远的乡村，脱离直接的革命工作，使列宁感到很烦恼，甚至不愿拿起俄国欧洲部分和欧洲的地图。一打开地图，看到上面是星罗棋布的黑点，心里就难受；几个月之后，列宁逐渐适应了流放地的生活，他深切关注着俄国和其他国家的革命运动。由于亲属和各地革命同志的帮助，列宁在流放地不仅保持了与俄国革命运动及在国外的劳动解放社的联系，而且得到了必要的书籍。在流放中列宁进行了大量的理论研究，写了 30 多部论著。1899 年写成了《俄国资本主义的发展》。在这部著作中，列宁系统地阐明了俄国革命的不可避免性，论述了马克思主义关于市场、再生产和危机的理论，从思想上最后完成了粉碎民粹主义的任务。列宁在流放时期，一直保持着紧张而有规律的生活方式。1897 年底完成的小册子《社会民主党人的任务》论述了俄国社会民主党人的政治纲领和策略，是党的主要纲领性文件之一。这本小册子于 1898 年由劳动解放社在日内瓦首次出版，它不仅在社会民主党人中间，而且在先进俄国工人中间广泛流传。

列宁在西伯利亚的 3 年，是他为新的斗争做准备的 3 年。1901 年，他开始使用"列宁"这个笔名。据亲属推测，很可能是选了西伯利亚一条美丽而雄伟的河流"勒拿河"的名字来纪念这段生活。

19 世纪末 20 世纪初，资本主义进入帝国主义阶段，无产阶级革命问题开始提上日程。当时俄国已是一个封建、军事的帝国主义国家，集中反映着帝国主义一切矛盾，成为帝国主义链条上的薄弱环节。因此，俄国无产阶级革命的条件要比西欧各发达国家成熟得多。俄国的工人不仅数量多而且集中，更为重要的是它身受垄断资本主义和沙皇专制制度的双重剥削和压迫，因而有强烈的革命精神和坚强的斗争意志。从 1895 年至 1904 年的 10 年间，罢工总数达 1765 次，参加人数达 45 万人之多。农民运动、学生运动、少数民族反抗民族压迫运动也在工人运动的影响下发展起来。但是,这些反对资本剥削、反对沙皇专制的斗争,由于没有一个无产阶级政党的领导,一直处于自发的斗争状态。19世纪末20世纪初的俄国工人运动迫切要求有无产阶级革命政党来领导。因此,建立一个新型的无产阶级革命政党就成了最迫切的任务。

1898年3月,俄国各地的无产阶级解放斗争协会曾在明斯克召开社会民主工党第一次代表大会,宣告了党的成立。但大会未能制定党纲党章,选出的中央委员会不久也被破坏。所以,党实际上并未建立起来。在流放后期,列宁的全部思考都集中在如何实现建立无产阶级革命政党的计划上。他在1899年为《工人报》撰写的《我们的当前任务》和《迫切的问题》两篇文章中,提出和论证了把党建成集中统一的组织的任务和计划。如何真正从思想上组织上把党建立起来呢?列宁认为,唯一正确可行的办法是创办一份全国性的政治报纸,以便首先为统一全党奠定思想基础。

流放期满后,列宁选择了一个与彼得堡联系最方便的地方——普斯科夫居住。

盼望已久的一天终于来到了。1900年2月11日早晨,列宁一家离开了舒申斯克村。由于克鲁普斯卡娅还必须继续在乌法省流放一年,列宁一家从西伯利亚到达乌法。列宁帮助岳母和克鲁普斯卡娅在新的地方安顿下来,年轻的夫妇要分开了,但他们从来都是把他们所献身的革命工作放在第一位。列宁独自来到了普斯科夫,并在那里以统计局的统计员身份活跃于整个普斯科夫,为实现他出版全俄党报和建党的计划作积极地准备。然而1900年4月,遍及南方的大逮捕使党的"二大"筹备工作遭到了严重的破坏。严酷的现实,使列宁清醒地认识到,在专制主义的俄国,要实现他的计划是不可能的。5月,列宁领到了当局准许他到德国的出国护照。但为了取得社会民主党人的支持,为未来的报纸建立巩固的可靠据点,列宁完成了一系列组织工作之后,延至1900年7月才出国。他先来到瑞士,同普列汉诺夫及其领导下的"劳动解放社"进行了磋商。这时,他们都是列宁的拥护者。列宁同普列汉诺夫协商出版报纸的事情进行得很不顺利,常常出现好像立刻要完全破裂的局面。列宁专为克鲁普斯卡娅所写的题为《"火星"怎么会差一点熄灭了?》的札记,记载了他和普列汉诺夫关于出版《火星报》一事的戏剧性冲突,反映了他对报纸的命运充满了痛苦和焦虑的心情。经过几番周折,终于达成了出版《火星报》和《曙光》杂志的协议,决定《火星报》在德国出版,报纸的编辑部设在慕尼黑。8月下旬,列宁到达慕尼黑。他集中精力筹备报纸出版,寻找印刷地点、购买俄文铅字,这都是不能通过公开途径所能办到的非常困难的组织工作。1900年10月,单页出版了列中所写的《〈火星报〉编辑部声明》;1900年12月,《火星报》创刊号在德国莱比锡出版。报头用了俄国十二月党人用过的一句名言:"行看星星之火,燃成熊熊烈焰"作为题词。列宁创办俄国马克思主义者的全俄秘密政治机关报的计划终于得到了实现。

1902年列宁写成《怎么办?》,阐明了革命理论的伟大作用,并提出了建党的基本原则和计划。长期以来,这部书成了党员的主要指南。在列宁领导下,《火星报》编辑部经过激烈斗争,制定了党纲草案。列宁在这一时期的理论著作和实践活动,为在俄国建立一个新型的无产阶级政党奠定了思想基础。

1902年,《火星报》的活动引起了沙皇政府保安局的恐慌,德国和沙皇的警察密探都发现了《火星报》的踪迹。根据列宁的提议,编辑都决定选择伦敦作为出版地点。1902年4月的一天,列宁和克鲁普斯卡娅一起来到了伦敦。

1903年春天,在"劳动解放社"的坚持下,《火星报》迁往日内瓦出版。5月初,列宁和克鲁普斯卡娅离开伦敦,前往日内瓦。在这里列宁夜以继日地为党的第二次代表大会做紧张的准备工作,起草了党章草案、制定了会议的议事日程及其规则。

1903年7月30日,在比利时布鲁塞尔的一个大面粉仓库里,秘密地召开了俄国社会民主工党第二次代表大会。这次会议有43位代表参加,共代表26个地方组织,会议由普列汉诺夫主持,列宁当选为代表大会副主席并参加了代表大会各个主要委员会。由于比利时警察当局发觉会议可疑,出面进行干涉,会议被迫中断不得不转移到伦敦继续开会。大会的主要议程是制定党纲、党章和选举中央领导机构。由于参加这次代表的代表有《火星报》派和反《火星报》派,还有《火星报》派中的机会主义分子,在反《火星报》派中也有改头换面的经济派分子以及民族主义崩得派。所以,大会一开始就展开了激烈的争论。

大会在讨论党纲时,就关于无产阶级专政的条文问题展开了激烈的斗争。经济派分子阿基莫夫借口反对党纲问题上的阴谋主义、布朗基主义来反对无产阶级专政,企图把无产阶级专政的条文从党纲中勾掉。

列宁代表《火星报》派坚决地驳斥了经济派分子的机会主义观点。在会议期间,列宁发挥了极为重要的作用。团结在列宁周围的坚决的《火星报》派同经济派分子、崩得派、中派分子、不稳定的和"温和的"《火星报》派即马尔托夫的拥护者展开了激烈的斗争。普列汉诺夫在代表大会上与列宁站在一起,虽然在某些问题上也表现了动摇。大会通过了写有社会主义革命的"必要条件就是无产阶级专政,即无产阶级夺取政权来镇压剥削者一切反抗"条文的党纲。这是国际共产主义运动史上第一个列入无产阶级专政要求的党纲。在大会上,围绕党章第一条党员要不要参加党的一个小组的问题出现了尖锐分歧。在列宁提出的党章草案中,明确规定党员应参加党的一个组织;而马尔托夫提出的草案中却认为只要在党的机关监督和领导下积极工作就可以成为党员。这两个草案的根本区别在于是否把党看作工人阶级有组织的先锋队伍。马尔托夫把所有机会主义者和动摇分子联合起来结成同盟,因此大会通过了马尔托夫提出的党章第一条条文。

大会后期五名崩得分子和两名《工人事业》的代表退出了大会,因此大会力量的对比发生了有利于坚定《火星报》派的变化,他们成了大会的多数派,在选举中央机关时,列宁派居多数进入中央委员会,马尔托夫派居少数进入中央委员会。

从此,拥护列宁的多数派,按照俄语的音译称为布尔什维克;拥护马尔托夫的少数派,被称为孟什维克。这样的划分实质上导致了两个政党即真正的无产阶级政党和小资产阶级妥协政党的形成。

大会还选出了由列宁、普列汉诺夫、马尔托夫三人组成的《火星报》编辑部。

俄国社会民主工党第二次代表大会是俄国社会民主党和整个国际工人运动的转折点。列宁为建立革命的无产阶级政党,为建立与第二国际各改良主义政党有原则区别的新型政党而进行的伟大斗争,终于在代表大会上获得了胜利。从此,才真正建立起一个无产阶级革命政党。

领导武装起义

初期的革命使大批革命者从俄国到外国来,他们把斗争进展的详细情况告知了列宁。信件和报纸上新闻报道的数量增加了。工作越来越紧张,前途有了光明。

每天,列宁似乎看着革命军事行动地图,发出指示,指挥各部队的斗争。

大部分中央委员(克拉辛、波格丹诺夫等)在俄国,但是中央委员会的工作却开展得无精打采。

列宁不满意中央委员会的工作,认为它没有正确地预测新的形势。

列宁想让中央委员会印发传单和出版简报。

列宁坚决要求立即举行中央全会,因为有许多问题必须解决。他指出,第四次代表大会快要到了,准备工作也必须做起来了。他号召中央委员们要认真地开展工作:"更勇敢更广泛地去接近工人"。关于组织无产阶级斗争的一切问题,他都对中央委员会作了指示。

1905年秋,列宁清楚地看到无产阶级斗争发展的必由之路,主要的事情是迅速地准备起义。列宁提议,把群众组织成成千成万的战斗队伍,这些队伍应该尽力把自己武装起来,并且进行各种可能的准备。

在圣彼得堡,建立了一个隶属于党委员会的战斗委员会以准备起义。但是这个委员会工作得并不紧张,列宁斥责它只是空谈武装,却不采取实际步骤,"到青年中去,马上在各个地在,在大学生中,特别是在工人以及其他人中成立战斗队。"这一指示里,列宁缜密地、具体地、连最细微之点也不放过地指导人们,怎样来切实准备武装起义。

组织战斗队伍,开始必须只有两三个人。这些队伍应该尽力把自己武装起来一用步枪、左轮枪、炸弹、建筑街垒用的铁锹、铁丝、对付骑兵用的钉子等等武装起来。

列宁列举了训练这些队伍的方法:他们应该筹措武器,进行各种侦察,弄到监狱、警察局和内阁各部的地图,寻找适合于进行巷战的房屋等等。

客观的事实的确在飞速地发展着。莫斯科印刷工人的罢工很快地发展成为总罢工。在其他城市里也发生了罢工,到处都修筑了防御工事,一些地方军队拒绝向工人开枪。

10月20日(俄历10月7日),在莫斯科—喀山铁路上爆发了罢工。第二天罢工就已扩大到莫斯科的全部铁路线而且还继续蔓延着。全俄铁路工人大会起草了一张列举各项要求的意见表给政府。到处是集会与示威,跟哥萨克与军队发生冲突的事也接着发生。工厂与作坊也罢了工,运动还波及了学校。布尔什维克在列宁领导下拼命地工作着,党中央委员会和地方委员会散发了许多传单,党的鼓动者与组织者在工厂、作坊里、铁路站上持续不断地工作着。它的代表们在集会上不倦地发表演说,把布尔什维克的口号解释给群众听,号召他们对沙皇政府展开坚决的斗争。罢工继续扩大。

到 10 月 25 日(俄历 12 日),俄罗斯帝国所有的铁路,除了芬兰以外都罢了工。总罢工卷入了莫斯科、圣彼得堡、波尔塔瓦、库尔斯克、萨拉托夫、萨马拉及其他城市。

10 月 26 日(俄历 13 日),在圣彼得堡的所有工厂和作坊里举行了工人代表苏维埃的选举,当晚就举行了苏维埃的第一次会议。

甚至资产阶级知识分子也开始加入了工人的罢工。律师、公务人员、国家机关中的雇员、药剂师等等都行动起来了。

在圣彼得堡,电话局接线员和电报局报务员罢了工,在国家银行和财政部里爆发了罢工。在莫斯科,军队包围了大学,因为大学里正在召开革命集会。在南高加索、波罗的海地区和波兰都爆发了起义。全国到处发生了与军队的武装冲突,并发生了巷战。农民运动席卷全国,地主的庄院被焚毁了。

专制政府被迫让步,以求不致垮台。10 月 30 日(俄历 17 日)沙皇发表了一个宣言,答应召集一个代表人民的国家杜马。沙皇答应给人民以"自由"。

革命取得了第一次胜利。

第二天,10 月 31 日(俄历 18 日),沙皇的宪兵司令,以残酷迫害革命者而臭名昭著的特列波夫下了"不要吝惜子弹"的命令。在圣彼得堡工艺学院那里,枪弹向群众密集射击。为执行政府的命令,黑帮分子在全国各地大肆屠杀。

列宁,布尔什维克们从来不曾被政府的许愿所欺骗。列宁在《无产者报》上写道:"政府口头上做了让步而立刻开始在实际上准备进攻。"

自由的唯一保证是武装民众的力量。布尔什维克发动群众,以推动武装推翻沙皇制度的斗争。

布尔什维克党从秘密状态中走出来了,党的报纸与宣言开始在合法的印刷所里印刷,党的会议几乎是公开地召开。

工人们没有被沙皇的承诺所欺骗,他们知道这些全是空话。斗争继续下去。工人阶级在党的领导下,为彻底推翻专制制度而斗争着。

然而沙皇政府也在匆忙地集结它的力量。宪兵与警察继续在全国对犹太人进行大批的杀戮,并且屠杀革命工人,枪杀革命无产者与农民。

列宁决定返回俄国来,他让斯塔索娃留在日内瓦作为中央委员会的代表以便为党在国外保持联系并取得帮助。在他离开前,列宁又一次试图把普列汉诺夫争取到布尔什维克方面来,请他为布尔什维克的报纸工作,但是普列汉诺夫继续同孟什维克在一起。

1905 年 11 月,列宁回到了俄国。马上召集了中央委员会的一次全体会议,列现在列宁直接在当地领导党与革命斗争了。从清晨到深夜,他和从圣彼得堡以及其他城市来的同志们谈话,给他们指示并且把国内的政治形势解释给他们听。他指导着中央委员会的工作,在党的会议上讲话,并且对孟什维克与社会革命党人进行了激烈的斗争。党感到它的舵手在掌着舵,用一只坚强的手领导着无产阶级的斗争。革命的领袖现在是在革命群众之中了。布尔什维克的理论正在斗争中受到检验。

在圣彼得堡出版了一种布尔什维克的报纸《新生活报》。列宁通过这张报纸领导党,写了不少文章,估计当前的形势与阶级力量的对比,并且指明应该做的是什么。

在列宁看来苏维埃是起义的机关,是人民政权的胚胎。列宁指出,苏维埃必须被用来进一步加强与组织无产阶级,以及准备反对沙皇制度的一场新的进攻。

在莫斯科、罗斯托夫、叶卡德琳堡(斯维尔德洛夫正在这里工作)、萨马拉、哈尔科夫、叶尼塞斯克、克拉斯诺雅尔斯克及其他城市都成立了工人代表苏维埃。布尔什维克主持着这些苏维埃,并根据列宁的指示把苏维埃变成了革命的战斗中心。

1905年11月,全俄国组织了邮电工人的总罢工。黑海舰队里爆发了新的兵变。军队里也到处酝酿兵变。

布尔什维克党,在列宁的领导下,不倦地组织群众,发展他们的战斗组织,积极地领导国内的革命斗争。它坚定地执行列宁的计划:组织一个全国性的武装起义以推翻沙皇政府。

由于列宁的发起,12月在芬兰的塔墨尔福斯召开了布尔什维克第一次代表会议。预定的党代表大会未能举行,这部分是因为有许多代表正在领导着发展迅速的革命斗争,无法离开工作地点;部分是因为铁路罢工。所以召开代表会议以代替大会。

由于列宁的提议,塔墨尔福斯会议把党的土地纲领按照第三次大会的决议加以改变。党宣称它拥护农民的革命手段,包括没收地主的全部地产。

斯大林是南高加索的代表,他积极参加了这次代表会议。

正是在这里,他和其他许多代表第一次看到了列宁。列宁像平常一样,在许多代表到会以前,就毫不耽搁地到达会场,并且立刻在一个角落里和一些先到的人谈了起来。他总是纯朴而谦和的,可是人人又都知道,这个外貌很不引人注意的矮个儿,是无产阶级政党的伟大领袖,他的每一句话他们都听了进去。

整个俄国是处于革命的阵痛之中。在1905年的最后三个月里,·将近有一百五十万人起来罢工。农民反对地主的起义,是在工人阶级革命斗争的直接影响之下发生的。1905年春,只在俄国百分之十七的地区中发生了农民起义,而到1905年11月,则已有百分之五十二的地区发生了农民起义,千百座地主的庄园被烧毁了。工人阶级的革命斗争与农民起义动摇了军队这个沙皇制度的支柱。1905年春夏两季,陆军与海军中只发生了零星的骚动,但在秋季就有八十九件革命的骚动。布尔什维克在军队中进行了广泛的鼓动工作,出版了很多给士兵看的报纸。

1905 年 12 月，政府对革命进行了一次猖狂的进攻，圣彼得堡工人苏维埃的代表被捕了。革命仍在进行着，它对政府以牙还牙。根据党的决议，在莫斯科开始了一个总罢工，发生了暴风骤雨般的示威运动并且与军队发生了冲突。由布尔什维克莫斯科委员会领导的罢工，发展成了武装起义。全城到处都筑起了街垒，沙皇从圣彼得堡调来了炮兵与近卫兵团镇压工人。

在莫斯科，沙皇的军队围攻革命队伍集中的普列斯尼亚区，炮兵摧毁了最后的街垒，工人们大批被捕，遭到枪杀。莫斯科的起义经过了长期的浴血奋战后被镇压下去了，其他城市里的起义也都被镇压下去了。

无产阶级的革命运动在这些日子里发展到了更高的阶段。群众的罢工已经发展成了起义，但胜利还没有来临。

列宁总结了当时的形势，指出十二月起义是无产阶级斗争向前迈进的新的一步，他提议党应该学会这次起义的经验而更有组织地准备对沙皇的一次新的进攻。包括普列汉诺夫在内的孟什维克们在十二月起义失败以后，竟放弃了他们所有的革命立场而宣称：“他们本来就不该拿起武器的。”他们竟诋毁无产阶级的英勇斗争。

1906 年初，俄国正在准备国家杜马选举。列宁指出，革命尚未结束，人民夺取政权的斗争还在进行着。必须准备一个新的高潮，必须准备起义。国家杜马是一个笨拙地伪造出来的人民代表机构，工人和农民不能把他们的代表选入杜马。参加选举不会加强，而只会瓦解无产阶级的战斗准备。参加选举会使民众相信，杜马也许可能为劳苦大众的解放做些工作。因此他们无论怎样不能参加杜马，必须抵制杜马。主要的事情应该是准备革命的一次新的进攻。

布尔什维克遵循列宁的领导拒不参加选举，孟什维克赞成参加选举。他们想迅速地从革命转入和平状态，他们羡慕欧洲的改良主义者，他们所要求的是国会中的空谈。他们想很快地同资产阶级达成默契，并且准备与专制政府妥协。

列宁号召工人农民继续向沙皇制度进攻。

党仍然进行购买与输入军火的工作。李维诺夫、斯托莫尼亚科夫和其他布尔什维克受列宁的嘱托，到各国去购买军火。李维诺夫装成一个厄瓜多尔的军官，购买了来福枪，在保加利亚装上快艇，谎称是运给土耳其的阿尔明尼亚人的。一场暴风雨妨碍了这次装运，但是购买军火的事并未停止。

列宁那时是在使党准备着新的战斗。

革命之火可以燎原

列宁在彼得堡秘密地活动了一年多，在这期间，为了躲避警察，列宁不得不经常在各地流动，在回到彼得堡后不到一个半月的时间里就变换了 8 次住址，而在 1906 年，主要的过夜地点变换了 15 次以上。1906 年 9 月，列宁搬到离彼得堡仅 1 小时路程的芬兰考卡拉距火车站不远的库沃卡拉站上一个叫“瓦沙”的别墅。这所坐落在林边的幽静的别墅,列宁到来后成了真正的指挥布尔什维克一切活动的司令部,同志们每天都到这里,给列宁送来各种信件、报纸和材料,并接受他的指示和命令。1907年春,俄国社会民主工党在伦敦召开第五次代表大会,列宁参加了代表大会的领导工作。列宁被选入主席团,多次主持会议,做报告和发表演说。这次大会布尔什维克成了胜利者,从而在许多问题上都贯彻了列宁的主张。

1907年8月,德国西南部城市斯图加特汇集了来自五大洲25个国家的886名代表,第二国际将在这里召开第七次代表大会。列宁作为俄国代表团成员出席了大会。在这次大会上,如何对待军国主义和帝国主义战争是引起激烈论争的中心问题之一。列宁提出了彻底反对军国主义的问题,竭力使大会在这个问题上通过一项革命的决议。他和卢森堡等人对倍倍尔的决议草案进行了重大修改。这些修改强调了社会民主党的任务不单是反对战争,而且要利用战争所引起的危机来加速资产阶级的崩溃,这个说法已经包括了列宁后来提出的"变帝国主义战争为国内战争"这个口号的萌芽。这次会议上,列宁代表布尔什维克党成了国际社会党执行局的一员。过去,第二国际中的机会主义者策划种种阴谋阻挠列宁进入这个中央机构,而且总是站在孟什维克一边,反对布尔什维克。现在,他们不得不让步,因为他们已经无法否认俄国强有力的工人政党是由这位伟人缔造和领导的。

俄国1905年革命失败以后,在俄国历史上出现了一个以沙皇内阁总理斯托雷平为代表的"斯托雷平反动时期"。斯托雷平内阁对革命力量进行残酷的镇压,监禁和处死大批革命者,在经济上,资产阶级采用同盟歇业、集体解雇的办法迫害工人。沙皇政府向革命阵营发动了猖狂的进攻。布尔什维克党考虑到列宁的安全,把他送到芬兰内地赫尔辛基附近的一个小车站奥格利比尤,在这里列宁也不能久住,因警察和密探受沙皇的指令,正到处搜寻革命领袖的踪影。布尔什维克中央决定列宁再次移居国外。1908年1月,为了避开密探,列宁必须去一个小岛上躲藏,去海岛大约要在冰面上步行3俄里。夜深了,列宁在冰面上艰难地行走着,一瞬间,冰块在他的脚下裂开了,人随着流动的冰块前后左右地晃荡着。列宁立刻直起身子往前走,跳过面前的一道冰缝,加快了脚步。列宁冒着生命危险逃往芬兰,绕道瑞典斯德哥尔摩,再次来到熟悉的日内瓦,开始了他第二次长达9年的流亡生活。

1909年1月,俄国社会民主工党第五次代表大会在巴黎举行。列宁作为俄国社会民主党中央委员会的代表出席了大会。当时,社会民主工党内部出现了崇拜资产阶级合法性、放弃党的秘密组织和秘密工作的取消派,也出现了拒绝利用合法机会在杜马(议会)中进行斗争的召回派和最后通牒派,以及其他机会主义分子。在极其困难的条件下,列宁坚信革命必将取得胜利。处于革命失败的时刻而能看到无产阶级必将最终胜利的曙光,这种坚定的革命乐观主义,始终是列宁这样的无产阶级革命领袖所特有的本质。代表大会经过激烈的辩论,大多数人倾向列宁一边,尖锐批判了取消派和召回派。列宁及时总结了1906年抵制第一届杜马(议会)的经验教训,在革命处于低潮阶段,党必须及时改变策略,要采取秘密斗争与合法斗争相结合的方针。1909年2月,列宁与布尔什维克内部召回派的斗争越来越激烈,他与波格丹诺夫及其他召回派分子的关系已经破裂,这使列宁感到很难过。因为他们曾长期携手工作,共同斗争。这种激烈斗争严重地耗费了列宁的精力。为了使布尔什维克团结起来同召回派做斗争,6个月以后,在巴黎召开了《无产者报》编辑部的扩大会议,列宁领导了这次会议,同召回派和最后通牒派作了坚决的斗争,并将那些小资产阶级的同路人从布尔什维克队伍中清除出去。

1910年8月,列宁率领俄国社会民主党代表团前往丹麦哥本哈根,出席第二国际的第八次代表大会。这是列宁出席的第二次国际代表大会。在会上,列宁把第二国际的左派力量团结起来,毫不妥协地与机会主义分子、妥协分子和各种调和分子做斗争,因而使大会的决议都带有革命性。

为了培养坚强的布尔什维克干部,1911年夏,在巴黎郊外的龙寿姆成立了党校,列宁亲自给学员讲课。他能把极其复杂的政治问题讲得透彻而又简单明了,又能毫不费力地表达出每个基本原理的精确含义。从他口里说出来的每一句话就像不是出于他自己,而确实是出于历史的意志。革命领袖为训练布尔什维克党的干部树立了典范,教会他们独立思考、深入钻研,不断扩大自己的知识领域。这里培养出来的学员,后来大多数成了党的杰出领导人和苏维埃国家的得力干部。1912年1月5~7日,列宁领导的布尔什维克在布拉格召开了党的第六次代表大会。列宁具有听取意见和了解情况的独特风格和能力.在短短的时间里,他能用适当的方式接近每一位代表,并熟记了他们的名字,使同志们倍感亲切。会上,列宁坐在会议桌旁,用手掌托着下颚,全神贯注地听取每一位代表的发言。在会议上列宁做了关于当前形势和党的任务的报告,无情地揭露了托洛茨基的两面派手段和背叛行径,敏锐地指出昔列汉诺夫对布尔什维克的态度必然会导致自己最终与取消派为伍,充分论证了考茨基那种用一些美丽的辞藻掩盖着的中派立场,对于工人运动来讲甚至比伯恩施坦主义更加危险。这一报告为大会指明了方向,大会通过了《关于取消主义和取消派集团》《关于国外的党组织》的决议,决定把孟什维克、取消派开除出俄国社会民主工党。至此,布尔什维克正式形成独立的马克思主义政党,后称为俄国社会民主工党(布),从而结束了布尔什维克同孟什维克在一个党内的形式上统一的局面。

在这个时期,由于世界帝国主义种种矛盾的发展以及俄国革命的影响,欧洲工人运动日益高涨。帝国主义国家为了瓜分世界,争夺霸权,寻找出路,加紧策划战争。在国际共产主义运动内部,围绕战争、和平、革命等一系列问题,斗争十分激烈。从这些斗争中,列宁看到修正主义日益严重地渗入了各国党的肌体。马克思主义是否已经过时?修正主义的本质是什么?为了回答这些问题,从1908年到1913年,列宁写了《马克思主义和修正主义》等许多重要著作,系统地论述了马克思主义的基本原理,对修正主义这种国际现象做了全面分析,指出它的阶级基础是小业主阶层。列宁主义成为帝国主义和无产阶级革命时代的马克思主义的重要标志。这些理论阐述,为十月革命作了理论上的准备。

世界大战加深了帝国主义的危机,促成各交战国革命形势的高涨。1917年1月,列宁预言:"我们不要为欧洲目前死气沉沉的静寂所欺骗。欧洲孕育着革命。"

果然,同年俄国二月革命就爆发了。这次革命推翻了延续370年的沙皇专制制度。

1917年4月16日,列宁从瑞士回到彼得格勒,在车站广场受到成千上万群众的热烈欢迎。列宁站在铁甲车上发表演说,号召无产阶级和广大革命士兵为社会主义的胜利而斗争,最后高呼"世界社会主义革命万岁!"许多人激动得热泪盈眶,人们用经久不息的"乌拉"声向这位杰出的革命家欢呼致敬。第二天,在布尔什维克会议上,列宁发表了著名的《四月提纲》,明确提出了从资产阶级革命过渡到社会主义革命的计划和策略。根据当时形势估计到革命和平发展的可能性,提出了"全部政权归苏维埃"的口号。《四月提纲》是列宁创造性地运用马克思主义理论解决俄国革命问题的典范,它是列宁的社会主义革命理论的具体化和新发展,它为布尔什维克党准备和实现社会主义革命,起了巨大的指导作用。三天后,这个提纲在《真理报》上发表。列宁的主张引起了很大争论,普列汉诺夫干脆说它是"梦话"。但是,列宁深入群众进行宣传、演讲,很快使布尔什维克内部统一了认识,列宁并且坚决驳斥了机会主义者反对社会主义革命的谬论。

1917年5月,俄国社会民主工党(布)第七次全国代表大会在彼得格勒召开。这次会议有151名代表,他们代表78个大的党组织的约8万名党员,具有充分的代表性,因而起到了党代表大会的作用。这也是第一次在俄国自由的条件下举行。列宁领导了会议的全部工作,作了目前形势、修改党纲和土地问题等主要报告,起草了代表会议的几乎全部决议草案。他明确指出:19世纪马克思和恩格斯考察了各国无产阶级运动,曾不止一次地预言社会主义革命将由法国工人开始,而由德国工人完成。这种预言与当时这些国家民族的历史特点是相符合的。但是随着历史的发展改变了这一远景,列宁自豪地宣布:现在"开始进行这个革命的伟大光荣任务已经落到俄国无产阶级身上了"。在这些日子里,列宁以充沛的精力领导着中央委员会和《真理报》编辑部的工作。他旺盛的革命干劲和对胜利的信心感染和激励着每个无产阶级的革命战士。

6月中旬,召开了第一次全俄苏维埃代表大会。在会上,孟什维克首领策烈铁里企图证明同资产阶级保持联盟的必要性。当他讲到俄国没有哪一个政党准备单独掌握全部政权时,话音未落,会场中便发出洪亮的声音:"有这样的党!"列宁大步登上讲台,庄严宣布:"有的!任何一个政党都不会放弃这样做,我们的党也不放弃这样做,它每一分钟都准备掌握全部政权。"

7月16~17日,约15万人参加了反对临时政府施行帝国主义政策的示威游行。这是一次拥护列宁和布尔什维克的无产阶级力量的大检阅。当示威群众经过花园街和涅瓦大街的十字路口时,突然从花园街的右方传来了一阵震耳的枪声,人群遭到射击,一场和平示威就这样被淹没于血泊之中,这就是众所周知的"七月事变"。他们解除首都工人的武装,捣毁了《真理报》编辑部,逮捕了许多布尔什维克的领导人。接着,临时政府下令逮捕列宁。7月的乌云笼罩着整个俄国的上空,列宁处在险境之中。布尔什维克党中央委员会通过了列宁转入地下状态的决议。之后,列宁化装离开了彼得堡,隐居到拉兹里夫湖畔的草棚中。列宁幽默地称这里为"绿色办公室"。在这座"绿色办公室"里,列宁继续理论与实践等重大的国家问题的研究。8~9月,他写成了《国家与革命》这一光辉著作,深刻地论证了无产阶级专政的根本原理,阐明了社会主义是共产主义第一阶段的重要思想。9月,列宁秘密寓居芬兰。在那里他也从没有中断紧张的工作。列宁同布尔什维克党中央保持着密切联系,指导着党的活动与斗争。他的文章总是非常及时地发表在布尔什维克的报纸上,这引起了敌人的注意,他们断言列宁就在彼得堡。一天,列宁看到一份俄国报纸上有篇文章说,侦探已找到了列宁的下落,并吹嘘"即日内便可拿获"。读到这里,列宁意味深长地笑了,他眯起眼睛诙谐地自言道:"真可惜,真替列宁难过,多糟糕!"接着,他又开玩笑似的对房东讲:"要抓住我,得有一个比克伦斯基本事更大的人才行。"

"七月事变"表明革命和平发展的可能性已经不存在了。8月,在列宁指导下,布尔什维克党秘密召开第六次代表大会,制定了举行武装起义,夺取政权的社会主义革命方针。9月,布尔什维克党领导武装群众粉碎了科尔尼洛夫叛乱,国内阶级力量对比发生了重大变化,布尔什维克在人民群众中的威信迅速提高。群众的革命热情使苏维埃恢复了活力,它再次成为战斗的革命机关。布尔什维克党再次提出"全部政权归苏维埃"的口号。武装起义的时机成熟了。列宁紧紧把握形势的脉搏,向党中央发出两封重要信件。《马克思主义与起义》一信就如何把握武装起义的时机和应有的措施做了具体阐述。他指示立即把武装起义提上日程,"等待就是对革命的犯罪。"此刻的列宁心急如焚,唯恐坐失良机,决定赶紧回国。

大决战前的10月20日,列宁乘坐一辆煤水车,从芬兰秘密回到彼得堡。10月23日晚上,列宁在匿居3个月以后,第一次出席布尔什维克中央委员会秘密会议。剃了胡须,戴着斑白假发的列宁受到与会同志热烈亲切的问候。会议专题讨论准备武装起义的问题。列宁做了关于日前形势的报告,他对当时国内革命形势的科学分析得到了与会多数委员的支持。他指出,苏维埃夺取政权的时机在政治上已经完全成熟了。中央委员会通过了列宁提出的具有历史意义的决议,成立了以列宁为首的中央政治局。29日,中央委员会举行扩大会议,批准了关于武装起义的决议,并根据列宁的提议,会议选举了以斯大林为首的领导起义的党总部,担负起指挥起义的实际工作。

两天后,正当中央和地方的武装起义的准备工作全力进行的时候,加米涅夫在半孟什维克的报纸《新生活报》上以他和季诺维也夫的名义发表短评,声称他们反对中央关于武装起义的决定,从而把党的秘密决定泄露给敌人。这是可能给革命事业造成无可挽救的损害的骇人听闻的背叛行为。列宁对此极为愤慨,痛斥他们是工贼,指责他们的行为是背叛,坚决主张把他们开除出党。列宁和布尔什维克党在揭露和批判自己队伍中反对武装起义分子时,展开了更有利于起义的实际准备工作。列宁特别注意革命武装力量的准备工作。在彼得堡各区和国内其他许多城市组织了新的工人近卫队、革命委员会,训练和武装赤卫队员,这些是十月革命的主要战斗力量。

1917年11月6日晚,起义开始了。列宁身穿旧大衣,头戴鸭舌帽,在腮帮上扎了一条肮脏的绷带,顶着朦胧的夜色,与中央交通员拉海亚一起飞快地向武装起义的指挥部斯莫尔尼宫走去。路上遇到了巡逻兵的盘查,拉海亚机灵地挡住了士官生,故意与他们争辩,而列宁没当回事地照旧往前走。巡逻的士官生以为这两个是喝醉的工人,也就没有继续追问。

列宁以无产阶级革命领袖在危险时刻所具有的惊人胆量、沉着和机智地克服了路上遇到的所有障碍,当天晚上来到革命的司令部——斯莫尔尼宫,直接指挥起义行动。

斯莫尔尼宫彻夜不眠,彼得堡通宵激战。各种报告从四面八方送到列宁手里,列宁及时地给予最宝贵、最准确的指示。

7日凌晨,除了临时政府藏身的冬宫和军区司令部大楼外,整个城市都已掌握在武装的无产阶级和革命部队手中。

11月7日晚上,革命的"阿芙乐尔号"巡洋舰响起了历史性的隆隆炮声。攻击冬宫开始了,经过几个小时,起义的工人和士兵胜利占领冬宫。

11月7日夜里,全俄苏维埃第二次代表大会冲破孟什维克和社会革命党人的重重阻挠,在斯莫尔尼宫隆重开幕了。

凌晨4时,胜利攻占冬宫这个最后的反革命堡垒和逮捕临时政府部长的消息传到全俄苏维埃第二次代表大会,会场上响起了雷鸣般的"乌拉"声。大会在热烈的掌声中通过了列宁起草的《告工人、士兵和农民书》,它宣布中央和地方全部政权一律归苏维埃。工农的苏维埃国家诞生了。

已经整整两昼夜没有合眼的列宁,认为胜利已确定无疑之后,才同意去离斯莫尔尼宫不远的邦奇·布鲁也维奇家去休息片刻。但他仍无法入睡,夜深了,列宁悄悄起身,把一本书放在膝盖上,着手起草土地法令。当大家都沉浸在无比激动、欢乐的时刻,列宁已经在考虑明天的事了。

11月8日晚上9时,全俄苏维埃第二次代表大会第二次会议开始举行。列宁来到了会场,大会代表和挤满大厅的工人、士兵爆发出热烈的欢呼声。列宁登上主席台,以执政党领袖身份向全世界宣告:人类历史上的新纪元已经开始! 现在我们要着手建立社会主义的秩序!

大会通过了苏维埃政权的第一批法令:和平法令和土地法令。成立了第一个工农苏维埃政府,列宁被选为人民委员会主席。

十月革命的胜利具有深远的世界历史意义,正如毛泽东同志所说:"十月社会主义革命不只是开创俄国历史的新纪元,而且开创了世界的新纪元。"它"改变了整个世界历史的方向,划分了整个世界历史的时代",开创了人类社会由资本主义向社会主义过渡的新时代。

巨星的陨落

整个1919年和1920年,列宁几乎是不休息地工作着,只是有时在星期天去郊游或去打猎。到国内战争结束时,列宁开始出现严重的过度疲劳、失眠和头痛。

1921 年是苏维埃国家的第一个和平年,也是向新经济政策过渡的一年。这一年里,列宁的工作不但没有减轻,反而更加紧张。此外,人民群众在饥饿的 1921 年所遭到的苦难,不仅意味着每天都必须进行坚韧不拔的斗争来克服这些困难,而且这种困难本身也严重影响列宁的心情。到夏天,他的健康状况已经开始令人担忧。中央政治局通过决议让列宁休假。但在休假期间,列宁也从未停止过工作。8 月列宁在给高尔基的信中自己也承认"我累得精疲力尽"。过度的操劳严重地损害了列宁的健康。

1921～1922 年冬天,列宁的重病出现了初期的征候。他在过去几年中过于紧张的工作开始发生影响了。列宁在医生与党的坚持下不得不几次停止工作。

尽管有病,列宁却带着他一贯的认真态度为未来的第十一次党代表大会做了准备。这是有列宁发言的最后一次大会。

在十一大以后,列宁建议选举斯大林担任中央委员会的总书记。因病而不得不离开工作的列宁把他最亲密的战友放在党领导机关最重要的岗位上。

经过了几年的耐心与坚持不懈的工作以后,斯大林以卓越的才识,选定了开始进行坚决进攻的时机,这就是列宁在第十一次大会上曾经说过的进攻。在斯大林领导下,党以成功的工业化与农业集体化为基础,很成功地进行了反对国内资本主义分子的坚决斗争。

春天,列宁到莫斯科郊外的高尔克去。5 月 26 日,列宁的病(动脉硬化症)第一次严重发作。他的右臂与右腿部分地失去了作用,说话也出现了障碍。据医生说,列宁的病是他用脑过度所致。在三星期内,他的健康略有起色,可是在夏天他的病又几次复发。在他患病期间,列宁作为党的领袖的工作由中央委员会总书记斯大林执行。斯大林常常去看列宁,向他汇报情况,和他讨论当前的问题,并接受他对中央委员会的指示。

8 月,列宁通过斯大林向全俄党的会议致敬,并且希望他不久能重新工作。10 月,列宁的确恢复了工作。他主持了人民委员会,参加了中央委员会的会议并且在全俄中央执行委员会的一次会议上讲了话。

11 月,他在共产国际第四次代表大会上做了关于俄国革命五周年纪念的演讲。他指出各国共产党应该学习新经济政策的经验,因为工人阶级对农民的态度问题,对于各国的党都是极为重要的。他在演讲结束时指出,无产阶级必须学习再学习。他说我们必须提高群众的文化水平,然后才能建立社会主义社会。外国的共产党必须学习以便消化我们的经验,并在他们争取社会主义的斗争中加以利用。

列宁费了很大的力气作了这个报告,报告做完就精疲力尽了。他的病症已经对他有了严重的影响。

11 月 20 日,列宁在莫斯科苏维埃全会上演说。这是他最后一次的公开演说。他在最后指出:"社会主义现在已经不是一个遥远的将来,或是什么抽象幻景,……我们把社会主义拖进日常生活中了.我们应当弄清这一点。这就是我们当前的任务,这就是我们这个时代的任务。让我在结束讲话时表示一个信念:不管这个任务是多么困难,不管它和我们从前的任务比起来是多么生疏,不管它会给我们带来多少困难,只要我们大家同心协力,不是在明天,而是在几年以内,我们大家同心协力无论如何会解决这个任务,这样,新经济政策的俄国将变成社会主义的俄国。"

在这次演说后,列宁把他关于对外贸易垄断制的备忘录委托斯大林转交中央委员会全会。在这个备忘录里,他主张必须保持对外贸易的垄断制。

在1922年的最后几个月里,党在列宁指示下,为成立苏维埃社会主义共和国联盟进行准备。列宁把主要的工作委托给斯大林,斯大林将于1922年12月底举

列宁勋章

行的全俄苏维埃第十次代表大会上做关于这个问题的报告。

尽管列宁的健康还是很坏,他还是想在大会上演说。但是他不能参加,因为在12月16日他受到了第二次病魔的袭击,这次右半身瘫痪了。

在1923年1月与2月里,列宁的病稍有转缓。在疾病发作的间歇期内,他口授了他最后的几篇文章,因为他现在已经很难执笔了。

10月初,他决定去趟莫斯科。10月19日,列宁坐车来到克里姆林宫自己生活和工作过的地方看了看,在归途中还游览了市容、参观了农业展览会。列宁的身体状况在逐渐好转,有人甚至估计到夏天就能复原。1924年1月9日,加里宁在全俄苏维埃第十一次代表大会上致开幕词时向代表们宣布:为列宁治病的著名医师们认为,列宁有可能重新进行国务活动和政治活动。这番话引起了代表们暴风雨般的掌声和"乌拉"的欢呼声。

但是,人民希望列宁恢复健康的心愿未能实现。1924年1月21日下午6点,列宁的病情发生了激变,他脸色苍白,呼吸困难,体温迅速升高,很快失去知觉。6点50分,因脑溢血引起的呼吸器官麻痹,使他再也没有苏醒过来,当代一颗最伟大的心脏停止了跳动。

为了人民的幸福和无产阶级事业的胜利,列宁一生都在奋不顾身地工作,在他晚年患病期间这一点表现得更加突出。"鞠躬尽瘁,死而后已"。在对列宁遗体解剖时,所有医生都对眼前这种从未见过的现象感到愕然:脑血管已经硬化到钙化的严重程度,用金属镊子敲击血管,好像敲在石头上一样。血管壁的增厚使流血渠道几乎堵塞,一根头发都不能通过。尽管病情严重到如此地步,但这位伟人还在顽强地思考着世界的现在和未来。这是什么样的意志在支撑着……

列宁逝世后,中央执行委员会根据人民的意愿做出决定,在克里姆林宫墙旁红场上建造保存列宁遗体的墓穴。人们冒着严寒,夜以继日地施工,许多外国侨民也争先恐后地前来志愿参加。

1月26日,党和政府在莫斯科大剧院召开了隆重的追悼大会。27日,是一个晴朗而又寒冷的冬日。祭火燃烧着,烟气弥漫了整个街头。列宁的灵柩由工会大

厦移往红场,安放在专门建筑的台上。午后4时,冬日的薄暮开始降临,整个俄国停止了呼吸,列宁的灵柩徐徐放入陵墓。从此至今,几十年来,红场上每天都有肃穆的队伍,缓缓走向列宁墓。

国际共产主义活动家

——斯大林

人物档案

简　　历：格鲁吉亚人，苏联无产阶级革命家、政治家、军事家，苏联党和国家最高领导人，苏联大元帅，对二十世纪苏联和世界影响深远。出生于格鲁吉亚哥里镇一个鞋匠家庭。1894年进入第比利斯神学院；1917年4月当选为全俄布尔什维克党中央委员；成为列宁最坚强的支持者；1922年4月被选为苏共中央总书记；1953年3月5日，因脑溢血逝世。

生卒年月：1879年12月21日~1953年3月5日。

安葬之地：俄罗斯莫斯科克林姆林宫墙附近列宁墓后边。

性格特征：深谋远虑，做事利落，简单粗暴，铁石心肠。

历史功过：领导苏联工业化和农业集体化，领导苏联卫国战争取得胜利，援助国际共产主义运动，扶植社会主义阵营。二战中指挥苏军从防守转为进攻，大败德军，迫使德国在1945年5月投降；斯大林在任时进行过两次残酷的"大清洗"运动，这是他为了自己权利犯下的不可饶恕的错误。

名家评点：毛泽东评价斯大林说："赫鲁晓夫反斯大林的秘密报告，一是揭了盖子，这是好的，二是捅了娄子，全世界都震动。揭开盖子，表明斯大林及苏联的种种做法不是没有错误的，各国党可根据各自的情况办事，不要再迷信了。捅了娄子，搞突然袭击，不仅各国党没有思想准备，苏联党也没有思想准备。这么大的事情，这么重要的国际人物，不同各国党商量是不对的。事实也证明，全世界的共产党都出现混乱。"

穷鞋匠的儿子

约瑟夫·斯大林生于 1879 年 12 月 21 日,父亲是格鲁吉亚哥里镇的一个鞋匠,母亲是农奴的女儿,双亲都是目不识丁的下层劳动者。父亲对斯大林的愿望是长大以后做个鞋匠,母亲则梦想她的儿子成为一个传教士。但是约瑟夫·斯大林的长相很凶暴,无论如何不像一个传教士。他身材不高但很健壮,一条手臂长,一条手臂短,黝黑的脸上有天花留下的斑痕,而且时常目露凶光。

1894 年夏,斯大林由校方推荐进入了第比利斯神学院的这所神学院,学生思想很活跃,是反对沙俄封建势力的中心,斯大林在此读了大量的进步书籍。1898 年秋,斯大林参加了社会民主党组织的"麦撒墨达西社"。在宣传马克思主义和反对沙皇的斗争中,斯大林先后 7 次被捕入狱,6 次被流放。1917 年 4 月,在全俄布尔什维克党代会上,斯大林当选为中央委员。5 月,斯大林当选为政治局委员。10 月,俄共中央决定由斯大林领导武装起义。在列宁领导的十月社会主义革命中,斯大林一直是最坚强的支持者。哪里有危机,哪里最困难,斯大林就被派到哪里。1922 年 4 月 3 日,苏共中央根据列宁的建议,选举斯大林为苏共中央总书记,从此奠定了斯大林在苏共中央和苏维埃共和国的统治地位,也使他具备了入主克里姆林宫的资格。

也就在此时,斯大林阴谋家的本性开始显露出来。他暗地里策划并挫败了有才能的对手,手段极不光彩。此时,病中的列宁也觉察到了这一点,为此,他在去世前一年写了一份政治"遗嘱"。这份"遗嘱"广为流传,要求撤免斯大林的总书记职务。来自列宁的这一文件可能毁灭斯大林的一生,但是斯大林惯有的好运和善于玩弄手段,使得这一文件在他一生中都未受到别人重视。

1924 年 1 月 21 日,列宁逝世,斯大林发起了对这位死去的领袖过度的、类似拜占庭式的崇拜。第二年,他通过把察里津改名为斯大林格勒,激发人们对自己的崇拜。从此,斯大林成为名副其实的苏联共产党和苏维埃共和国的最高领导。在此后将近 30 年的岁月中,斯大林一直牢牢地控制着最高领导权,占据着克里姆林宫。

残酷的"大清洗"

俄罗斯民族曾经有过漫长的封建专制主义政治历史,广大的农民阶级对无限皇权的天然的崇拜之情弥漫于十月革命以后的各个阶层,而辽阔的土地又使臣民的绝对忠诚成了社会通讯的捷径。于是,苏联的领导者阶层除了列宁等极少数人以外,都对个人崇拜的政治遗产爱不释手。在这种环境下,个性刚烈的斯大林被推到无限权力的顶峰。他已容不得任何不同的意见,而且他固执地相信随着革命的不断胜利,绝望的敌人会越来越多地跳出来反扑。因此,必须用监禁、流放、处决来回应敌人的挑战。

1934 年末，斯大林发动了一场政治恐怖运动，肃清"令他不悦"的共产党人，受迫害和受牵连的人遍及社会各个阶层，数以万计。在这场"大清洗"中，"滥捕无辜"的行动大都在夜间进行，人人自危，风声鹤唳，神经高度紧张，生怕深夜有人敲自己的门。

一天晚上，莫洛托夫和卡冈诺维奇在斯大林别墅的花园中夜宴闲谈时，为天上一个星座的名称争论起来。莫洛托夫说是猎户座，卡冈诺维奇说是仙后座。由于二人争执不下，在一旁笑听争论的斯大林认为此事容易，给天文馆打个电话就可以搞清，便吩咐秘书给天文馆打个电话。谁知原天文馆馆长、一位天文学家已与其他几位著名的天文学家一起被"清洗"，而新上任的天文馆馆长并非天文学家，而是内务人民委员部的军官，也回答不了这个问题。对斯大林秘书的电话，这位新馆长当然不敢怠慢，急忙派车去找一位尚未被"清洗"的天文学家。而这位天文学家与新近被"清洗"的那些天文学家亦是好友，因此惴惴不安。他家住楼上，在夜里两点半突然被急促的门铃声和敲门声惊醒，见一辆小汽车停在楼下，以为自己的大限已到。这位年届花甲的老人不愿再受凌辱，便纵身从窗口跃向夜空，结束了自己的生命。几经周折后，这位天文馆馆长终于在凌晨 5 点钟打听清楚了星座的名称，急忙给斯大林的别墅挂电话："请转告莫洛托夫同志和卡冈诺维奇同志，那个星座是……"但值班人员回答说："没人可以转告，他们早就睡觉去了。"

希特勒的克星

第二次世界大战期间，在经过了胜利希望渺茫的开始阶段后，斯大林逐渐成为交战国中所产生的最为成功的最高领导人。

1939 年 8 月，斯大林试图与西方强国结成反希特勒同盟，但没有成功。随后，他同希特勒签订条约，这项条约怂恿这个德国法西斯独裁者进攻波兰，于是第二次世界大战爆发了。

但是，斯大林的德国盟友背信弃义，仍忙于东线战事。斯大林不得不加强其西部边境防务，德国吞并了波兰东部、爱沙尼亚、拉脱维亚、立陶宛和罗马尼亚的一些地区后又进攻芬兰，强行租借芬兰领土。1941 年 5 月，鉴于德国进攻苏联日益增长的危险性，斯大林任命自己为人民委员会主席（政府首脑），这是自 1923 年以来他所担任的第一个政府职务。

1941 年 6 月 22 日，希特勒向苏联发动突然袭击，德国的闪电战突破了苏联的国防线，暴露了斯大林战前国防措施的软弱无力，而后德军深入苏联腹地。赫鲁晓夫后来回忆说，斯大林当时被这场猛烈的进攻震惊得不知所措。但即使如此，斯大林仍很快重新振作起来，任命自己为最高统帅。当德军于 1941 年冬逼近莫斯科时，斯大林留在危急中的首都，督促组织大规模反攻。在斯大林的英明指挥下，1942 年冬，苏军在斯大林格勒战役中获胜，并于 1943 年夏在库尔斯克战役中大败德军。德军开始撤退,苏军转入反攻,迫使德国在 1945 年 5 月投降。

作为战时统帅,斯大林始终对各条战线、军队后勤和战时经济实施他个人的严密控制。像希特勒一样,这位苏联大元帅起初多通过电话下达不适当的命令,后来才渐渐学会通过做出军事决定的办法来进行。但即使如此,斯大林仍不失为一名杰出的军事统帅,并在二战中发挥了重要的作用,连他的敌人希特勒都认为他是一个"了不起的人"。

宿敌赫鲁晓夫

众所周知,赫鲁晓夫上台后,将已经去世的斯大林开棺移尸,两人之间似乎结了很深的仇怨。

这件事得从赫鲁晓夫的儿子说起。卫国战争期间,赫鲁晓夫的儿子列昂尼德在古比雪夫市的部队中服役。有一次他酗酒闹事,开枪杀死了一名红军指挥员,因此被逮捕入狱,等待审判。这已是他第二次被捕入狱了。古比雪夫市的事件发生后,赫鲁晓夫为了救儿子一命,便向斯大林求情,让他饶恕自己的儿子。斯大林同意了赫鲁晓夫的请求,让列昂尼德上前线立功赎罪。于是,再一次逃脱惩处的列昂尼德被送到了前线。不过由于赫鲁晓夫的影响,他没有被送到惩戒连作战,而是按他的专业分配到了空军做歼击机驾驶员。可就在第一次战斗中,列昂尼德驾驶的飞机却突然调转了航向,飞到了德军的阵地上,从此便销声匿迹了。

当得知赫鲁晓夫的儿子落入德军之手后,几乎所有的人都认为,列昂尼德飞到德军阵地上无非有两种可能:要么是他自愿投敌,要么是因机械故障迫降。事实证明是前者。列昂尼德是第二名落入敌手的苏共政治局委员的儿子,另一名是斯大林的儿子雅可夫·朱加施维里。凑巧的是,两人分别都是斯大林和赫鲁晓夫第一次婚姻所生的儿子。弄清列昂尼德的身份后,大喜过望的德军决定利用他搞一场宣传战,以瓦解苏军的斗志。众所周知,德军同样的企图在雅可夫身上遭到了失败,雅可夫宁死不屈,坚决拒绝与德军合作,可赫鲁晓夫的儿子列昂尼德却卑躬屈膝地投降了敌人,成了法西斯德国宣传战中的王牌。

斯大林得知这一情况后异常震怒,他下令要不惜一切代价把赫鲁晓夫的儿子从德军手里绑架出来并送到莫斯科审判。斯大林的命令得到了不折不扣的贯彻。赫鲁晓夫的儿子被绑架出来送到了莫斯科,搜集到的有关列昂尼德变节投敌的材料也一并被送到了莫斯科。莫斯科军区军事法庭据此判处列昂尼德死刑,定于几日后执行枪决。

得知儿子被押回莫斯科后,赫鲁晓夫急得像热锅上的蚂蚁。短短几天里,他几次三番地向斯大林求情。当得知军事法庭的判决后,赫鲁晓夫不顾一切地要求召开政治局全会,想撤销军事法庭的判决。斯大林出人意料地同意了赫鲁晓夫的请求,召开了苏共历史上这次最荒诞不经的政治局会议。与会的许多人都纷纷表示维持原判。最后发言的是斯大林,他以严峻的语调说:"尼基塔·谢尔盖耶维奇

（注：这是赫鲁晓夫的名及父名，俄国人这样称呼别人时表示尊敬或庄重），你应当站稳立场，如果这样的事发生在我儿子身上，作为父亲，我会怀着深深的痛苦接受这一公共的判决！"斯大林一锤定音，赫鲁晓夫的儿子这次终究没能保住性命。赫鲁晓夫对斯大林等人的怨恨也由此而生。

斯大林逝世后不久，赫鲁晓夫掌握了大权，凡是参与处死他儿子的人都遭到了厄运。斯大林本人则在苏共二十大上被赫鲁晓夫宣布为暴君和人民的奴役者。

孤独的晚年

在妻子自杀、儿子牺牲、所有亲戚都离开之后，斯大林的晚年过得十分孤独，而且神秘。也许是他自己愿意这样，也许是他不得不这样，站在权力顶峰上的人物也许不可能是别样。

一切都是秘密。全国都以为他住在克里姆林宫。克里姆林宫内高于宫墙的一个窗子特意彻夜亮着灯光。而实际上，每到深夜，几辆吉斯牌大型轿车便驶出克里姆林宫的博罗维茨基大门。这些车开得飞快，装甲汽车的深色防弹玻璃令人无法看清里面坐的是谁，所有汽车都是一个样子，没人知道斯大林究竟坐在哪一辆车里。只有在驶进别墅前，他的汽车才开到车队的前头，其余的汽车跟在后面。他住在离莫斯科不远的孔策沃别墅里，这栋砖结构别墅是1931年建成的，妻子死后他就搬到这里住了。别墅四周是5米高的围墙，1938年又建了带监视孔的第二道围墙。别墅内有休息室和一个大餐厅，内务人民委员部的军官和女仆在别墅中服务。

在别墅的众多房间里，斯大林选用一间，实际上他只住在这一间房子里，睡在这里的沙发上。他的桌子上堆满了书籍和文件，吃饭就在这张桌子的边缘上，把书往里面推一推就行了。

斯大林很愿意和保卫人员谈话。那些文化程度不太高的警卫员现在成了他的主要朋友。他同他们聊天，给他们讲当年他怎样过流放生活，像一般老头子那样给故事添枝加叶。他越来越喜欢讲过去的故事了。"他很孤独，怪可怜的，他老了。"一位警卫员这样说。

斯大林计划的又一场大"清洗"已经开始了，到处都在进行。就像1937年一样，他私人卫队中的人开始失踪。关于每一个失踪的人，斯大林都会悲痛地说："老头儿没能证明自己无罪。"他的确可怜他们，不过他必须这样做。所有的老工作人员都应该消失，因为他们知道的秘密太多了。在"静静的1950年"，许多人被秘密杀害。按照斯大林的命令，几十个军事将领在1950年8月的某个夜晚被枪杀，其中包括戈尔多夫、雷巴利琴科、基里洛夫、克鲁佩尼科夫将军，以及空军元帅胡佳科夫等。这又是一场血雨腥风。

该死的都死尽了，终于轮到斯大林自己了。他躺在孔策沃别墅餐厅的地板上，已经没有力气爬起来了。中风发生以后，已经过去了几个小时，但斯大林身边一个人都没有。最后，他的警卫们，由于长久未见他在别墅窗外活动而感到不安，就胆怯地进了房间。但是,他们却没有权力立即召唤医生。斯大林,这位人类历史上最强有力的人物之一,此时却不能指望得到及时的帮助。只是在过了 10~12 小时以后,惊慌失措的医生们才被带到垂死的领袖身边。但一切都太晚了,这轮曾经"光芒万丈的太阳"终究落山了。

苏共最后一任总书记

——戈尔巴乔夫

人物档案

简　历：俄罗斯人，苏联政治家，苏联末任领导人，曾任苏联共产党中央委员会总书记、苏联唯一一任总统。1931年3月2日诞生于北高加索。大学毕业后回到家乡入区团委宣传鼓动部副部长；1971年当选为苏共中央委员，步入中央领导层1980年10月，升为苏共中央政治局委员。1985年至1991年间，担任苏联总书记、总统，推动苏联的经济、政治和军事等多项领域体制改革。1991年12月25日，宣布辞去苏联总统一职。1993年5月24日，在国际绿十字会成立大会上当选为该组织第一任主席。1990年10月15日，获得诺贝尔和平奖。2000年3月11日，当选为俄罗斯统一社会民主党领袖。2005年6月，德国统一委员会给他颁发"阿尔法检查站"德国统一奖。2008年9月18日，在美国受颁自由勋章。2012年5月3日，被俄罗斯时任总统德米特里·阿纳托利耶维奇·梅德韦杰夫授予俄罗斯最高荣誉圣安德烈勋章。当地时间2022年8月30日，戈尔巴乔夫因长期重病医治无效于莫斯科的俄罗斯中央临床医院去世，终年91岁。

生卒年月：1931年3月2日~2022年8月30日

安葬之地：莫斯科新圣女公墓。

性格特征：性情开朗，聪明过人，诚恳正直，性格软弱，缺乏信心，心慈手软，有很强的组织能力和艺术修养。

历史功过：纵观他的一生有人认为他是苏联的伟人，世界和平的推进者，结束了美苏两个超级大国的冷战状态，同时开启苏联外交的新时代；也有人认为他是俄罗斯的罪人，作为苏联共和国的领导人，一系列的政策改革的失败导致国家解体，一个超级大国就这样分崩离析。所以到底是功大于过，还过大于功我们无法考证，也不必得出结论。因为任何事物都存在褒贬不一的情况。历史没有对错，一切都是为了推进世界的先进发展。

名家评点：西方一般对戈尔巴乔夫有很高的评价，戈氏在1990年获得诺贝尔和平奖,欧洲大部分居民认为戈尔巴乔夫是比普京优秀的国家领导人。而普京则对戈尔巴乔夫评价道:"他是历史上最大罪犯,是一个把权力扔在地上,让疯子去捡的懦弱者! 但他在外交、经济、社会挑战全面发生复杂、急剧变化的时期领导了俄罗斯"

平步青云

　　1931 年 3 月 2 日,戈尔巴乔夫诞生于北高加索斯塔夫罗波尔市西北赤卫队区普里沃尔诺耶村,其祖父和父亲都是农民。1941 年夏天,希特勒出动装甲部队入侵苏联,1942 年德军打到斯塔夫罗波尔,戈尔巴乔夫的父亲在战争中死亡,年仅 11 岁的戈尔巴乔夫成了孤儿,与祖父、祖母相依为命。在战乱中,他不可能获得读书的机会,战后,由于家庭贫困,他一半时间下田,一半时间上学念书。当时的生活很是艰苦,他家的状况就是按当地的标准衡量也算是贫困的。在他 15 岁念中学期间,每逢暑假,他就到农田里开收割机,1949 年,他获得了"劳动红旗手"的称号和勋章。少年时期这段艰苦的生活,练就了戈尔巴乔夫同逆境做斗争的韧力和决心,这对他后来的平步青云是大有裨益的。到了 1950 年,中学毕业的戈尔巴乔夫已成为一名模范拖拉机工人,而且加入了共青团,因为表现突出,斯塔夫罗波尔地区的党组织保送他进入了苏联最有名的莫斯科国立大学,在该校法学院学习法律,从此,戈尔巴乔夫掀开了人生中的崭新一页。戈尔巴乔夫性情开朗,聪明过人,诚恳正直(根据曾任捷共中央书记姆利纳日的评价,他在"布拉格之春"事件中倒台),有很强的组织能力和艺术素养。他积极地参加大学的共青团工作,后来当上了法学院共青团的书记。1952 年,正式加入了苏联共产党。这是很重要的一步,因为他从事过共青团的工作,攻读的又是法律,加入共产党几乎肯定使他能到党的机关里工作。戈尔巴乔夫在大学中最幸运和成功的事情当属他的初恋的成功。这个曾立志要刻苦学习不在大学期间谈恋爱的年轻人,在一次例行的周末舞会中见到莫斯科大学哲学系四年级学生赖莎·马克西莫夫娜时,他的想法被彻底地改变。经过一年的追求和热恋,戈尔巴乔夫打败了众多对手,于 1953 年 9 月与莫斯科大学男生们普遍认为高不可攀的美丽公主赖莎结婚。1955 年毕业后,戈尔巴乔夫回到自己的家乡斯塔夫罗波尔,在塔斯夫罗波尔边疆区团委宣传鼓动部担任副部长。那时,戈尔巴乔夫家乡的省城一片破败,没有三层以上的楼房,几乎所有的两层小破楼的顶部都被住户加盖了一个木房来解决住房的紧张。戈尔巴乔夫费尽九牛二虎之力找到了一间 11 平方米的出租小屋,小屋内唯一的家具是个锈迹斑斑、破旧不堪、中心已快塌到地面的铁床。戈尔巴乔夫买了两把椅子,这个家就算安置停当。赖莎停止了快要完成的莫斯科大学硕士学业,也来到边疆斯塔夫罗波尔落户,两人的财产则是十几大箱书。戈尔巴乔夫大部分工作时间是下乡,他常年住在乡下很少回家,每天都要在泥泞的乡路上奔波。而赖莎则多年承受着一人在家带孩子操持家务的辛苦。1956 年春天,苏共二十大时,赫鲁晓夫秘密会议报告公布,戈

图文珍藏版

尔巴乔夫在边疆区党委看到了中央的通报信和赫鲁晓夫的报告。戈尔巴乔夫毫不隐瞒自己的观点，当众表示赞同赫鲁晓夫的报告和他的勇气。同时，他发现机关中对于报告的反应相当混乱，甚至可以说是张皇失措。许多人不露声色，静观事情的进一步发展，等待下一步的指示。

戈尔巴乔夫后来在回忆录中写道，"一些人根本不相信报告中列举的事实，绝对接受不了对斯大林的评价。还有一些人（这种人还不少）并不怀疑事实的真实性……他们坚持说斯大林在30年代清洗的，是那些骑在人民头上作威作福的人，那些人是罪有应得。这个说法居然出现在一个曾在30年代经历过血腥大屠杀大清洗的边疆区！"1956年，他升任斯塔夫罗波尔市团委第一书记。以后戈尔巴乔夫一直上升为边疆区共青团第一书记，并一直干到1962年4月。

这段时间戈尔巴乔夫不但对边疆建设贡献巨大，而且对赫鲁晓夫发动的反对斯大林个人崇拜运动进行了深刻的反思。戈尔巴乔夫认为，极权主义的问题不是独裁者的坏性格的问题，而是制度的问题，没有最起码的法制制度，单纯的反"个人崇拜"只能使国家用一种崇拜代替另一种崇拜。

1962年，戈尔巴乔夫调任更加重要的职务——边疆区集体农庄和国营农场生产管理部门的党组织负责人。他大搞调查研究，针对农村的问题进行了改革。赖莎是他的得力助手和调查员，向他提供了农村管理弊端的许多情况。戈尔巴乔夫大力改革农业管理，工作很出色。1963年，戈尔巴乔夫被调到新成立的农业边疆区党委去当组织部长，戈尔巴乔夫深知，要在农业工作上做出一番漂亮的业绩来，单靠法学院的文凭是不行的。于是，戈尔巴乔夫白天当干部，晚上到斯塔夫罗波尔农学院读夜校.一读就是五年，到1967年才考得农艺学文凭。经过多年的努力，戈尔巴乔夫与当地人民一起改变了一个最贫穷农庄的面貌，使得这个农庄成为边疆区的先进农庄。原先随处可见的不透光的破败茅草房不见了，到处是质量良好、设备齐全的房屋。街道铺上了沥青路面，有了学校、图书馆、医院、漂亮的文化宫。前些年逃往四面八方的人们纷纷返回家园。后来，申请加入这个著名农庄的人排起了长队。由于他的农业工作干得非常出色，1966年，他再次得到提升，担任了斯塔夫罗波尔市委第一书记的重要职务。1967年举行的苏共二十一大时，36岁的戈尔巴乔夫作为党代表大会的代表参加了会议。当时赫鲁晓夫为了推进现代化建设，推行了"专家治国"的路线。戈尔巴乔夫生逢其时，他是正规大学的毕业生，在知识化上占了很大的优势，为他的脱颖而出奠定了基础。1968年，他被任命为斯塔夫罗波尔边疆区党委第二书记。1970年，39岁的戈尔巴乔夫被任命为斯塔夫罗尔边疆区委第一书记。在担任斯塔夫罗波尔边疆区委第一书记期间，戈尔巴乔夫博得了革新者的美名。他在离皮亚季戈尔斯克不远的一个小集体农庄里进行了试验:他增加了农庄庄员的自留地面积，规定种出的庄稼归庄员自己所有，剩余的允许拿到城镇去出售。结果，这个农庄很快富有起来，成了一个模范集体农庄。在当时这样做是要冒很大风险的，要顶住反对改革者的压力，但戈尔巴乔夫坚定不移地努力保证他的试验成功，实践证明，他的这个试验是成功的。在20世纪70年代，苏联农民的自留地只占苏联全部可耕面积的3%，私养牲畜占苏联牲口总头数的

25%,但是,这种个体经济却生产了苏联 60%的土豆和鸡蛋,供应了全国 40%的水果、蔬菜、肉类和奶制品,30%的羊毛。

1971 年,戈尔巴乔夫当选为苏共中央委员,跻身于真正的执政集团。次年 10 月,他率领代表团到布鲁塞尔去同比利时共产党举行会谈,那次会谈对苏联具有重要意义,因为比利时当时对于是否忠于北大西洋公约组织举棋不定。戈尔巴乔夫的访问坚定了比利时对北大西洋公约组织的信心。1974 年戈尔巴乔夫当选为最高苏维埃青年事务委员会主席。1975 年 5 月,他再次率领苏联代表团出国访问,到西德去参加德国共产党庆祝希特勒垮台三十周年集会。1976 年 11 月,应法国共产党的邀请,他率领苏联州委市委书记代表团访问巴黎。一个比较偏僻地区的区委书记在这么短的时间内三次出国访问,而且是担任代表团团长,这已经明显地说明,戈尔巴乔夫在党内的地位已经越来越重要了。

在戈尔巴乔夫平步青云的同时,他的家庭生活也和谐美满。1970 年,戈尔巴乔夫夫妇得了一个女儿,取名为伊琳娜,后来在音乐学校读书。他的妻子赖莎在斯塔夫罗波尔的一所小学当教师,他们找了一个女管家来帮助他们照管孩子和家务,他们同社会地位不断上升的所有青年夫妇没有什么两样。

进入莫斯科

1978 年 7 月 18 日,戈尔巴乔夫的恩师和老上级——中央书记处负责农业的书记库拉科夫因突发心脏病猝然逝世,戈尔巴乔夫作为治丧委员会的成员出席了在红场举行的葬礼,并发表了讲话。在库拉科夫去世后不久,47 岁的戈尔巴乔夫接替他担任中央书记处农业书记,新官上任就旗开得胜,第一年就是苏联历史上最好的年景,全国粮食总产量达到二亿三千七百四十万吨,超额完成了国家指标。鉴于所辖部门成绩辉煌,1979 年戈尔巴乔夫荣升为中央政治局候补委员,成了政坛上升起的一颗新星。在政治局里,有两个同斯塔夫罗波尔有重要渊源的人,苏斯洛夫和安德罗波夫,他们正逐渐成为真正的实权人物,同样来自斯塔夫罗波尔的戈尔巴乔夫受到他们的青睐,这为他逐渐走近政权核心创造了十分有利的条件。在短暂的一年之后,1980 年 10 月 20 日,正是得益于苏斯洛夫和安德罗波夫的大力提携,49 岁的戈尔巴乔夫成为政治局正式委员,成为勃列日涅夫的最高领导班子中最年轻的成员。

1982 年 11 月,安德罗波夫接替勃列日涅夫担任总书记,他支持戈尔巴乔夫推行的一些农业改革措施,比如在 1983 年 3 月政治局批准了集体农庄和国营农场实行集体承包,而这在勃列日涅夫时期是不可能得到批准的。

进入苏共中央后,戈尔巴乔夫对底层人民的关心和对农业发展的热情仍然不减当年,屡屡碰壁和挫折后,他失望地看到,他身历其中的是一个矛盾丛生、严重僵化的政治体制,要改革,任务艰巨,道路漫长。

20 世纪 70 至 80 年代,戈尔巴乔夫的地位使他能够经常出国访问,他先后访问了意大利、比利时、法国等一些西方国家,这些旅行很深地影响了他的政见和对社会的认识。他在回忆录中写道:"我对罗马的法律尤其入迷。令人叹为观止的是,人们在很久很久以前就能够制定出这样清楚的法律准则,它为后来的欧洲文明缔造者们提供了无法估量的帮助,又成了对市场和平民社会进行调节的基本原理。而我们苏联到了改革期间,到了 20 世纪末,却还在证明这二者的必要性。"

1983 年,戈尔巴乔夫向中央请求去加拿大访问,他说,我必须去看看加拿大的农业,我一直想弄清,促使获得如此高效益的那根发条究竟隐藏在什么地方。5 月中旬戈尔巴乔夫赴加拿大进行 7 天访问。在温哥华郊区,他参观了国立畜牧研究中心、温室种植园、农场、农产品加工企业和温莎区大载重量飞机制造厂。随后又前往多伦多,去加拿大最大的畜牧和粮食产区艾伯特省,参观了卡尔加里近郊的几个大型畜牧场,那里有长年在草场上露天饲养的肉用牲畜。戈尔巴乔夫还访问了艾伯特一家规模相当大的农场,戈尔巴乔夫临离开前问农场主去年一年经营结果如何。农场主为难地看着陪同的加拿大农业部长,部长笑着说:"你就实说吧!"农场主答道:"如果说实话,我只能说,没有政府的津贴和贷款,我就没法过日子。"戈尔巴乔夫意识到,一个国家农业的发展和发达,离不开农民个体的自由经营,更离不开政府的实际有效的财政支持。

在安德罗波夫执政时期,戈尔巴乔夫在苏联政权中的地位越加显赫。他在中央书记处担负的责任从主管农业扩大为主管整个经济,并且兼任负责党的人事工作的中央委员会书记处书记。在安德罗波夫当政后提拔到中央书记处的两个新书记雷日科夫和利加乔夫(他们分别担任中央经济部长和组织党务工作部部长)都属戈尔巴乔夫领导,渐渐地,他以党的意识形态工作负责人的身份出现了。

安德罗波夫在担任总书记的十五个月里,苏共最高领导层进行的人事调整,有助于加强戈尔巴乔夫在领导层里的权力基础。在安德罗波夫去世之后,契尔年科继任为总书记。1984 年 4 月 11 日,在新的最高苏维埃的第一次会议上,在戈尔巴乔夫等的支持下,契尔年科担任苏联最高苏维埃主席团主席,而契尔年科则让戈尔巴乔夫主持书记处的工作。这明显表明,他已经是党内第二号人物。实际上这是契尔年科同他做的一笔交易:他让戈尔巴乔夫执掌书记处大权,从而换取戈尔巴乔夫支持他担任最高苏维埃主席团主席这个国家元首的职务。

1984 年 12 月,戈尔巴乔夫率领代表团访问英国,他同英国首相玛格丽特·撒切尔夫人的会晤成为西方大众媒介瞩目的中心。戈尔巴乔夫此次英国之行给西方留下了良好的印象,他的这次访问进一步加强了他在莫斯科的地位,为他担任领袖产生了重要的影响。

1985 年 3 月 11 日,苏联总书记契尔年科病逝,在政治局中元老、外长葛罗米柯(据称赖莎是葛罗米柯的外甥女)等人的大力支持下,戈尔巴乔夫在契尔年科逝世的当天就举行的中央全会上接任苏共总书记,成为苏联的最高统治者。

着手改革

　　戈尔巴乔夫接任苏共总书记时所面临的形势是非常严峻的:政治极端腐败,经济大幅滑坡,民族矛盾公开尖锐化……戈尔巴乔夫认为社会发展已经到了不改革就难以为继的历史关头了。戈尔巴乔夫借鉴和吸取赫鲁晓夫时期的改革经验和教训,以列宁时期的新经济政策为蓝本,加快步伐开始对苏联社会进行了一场艰难而又雄心勃勃的改革。

　　1985 年 4 月 24 日,苏共中央召开全会,会议认为"国家已经处于濒临危机状态","必须进行根本性的变革和改造",会议提出了"加速国家社会经济发展的战略方针"。四月全会的召开,标志着戈尔巴乔夫的改革拉开了序幕。

　　戈尔巴乔夫认为,改革的成败在很大程度上取决于干部对改革必要性的认识,因此,他根据对改革的态度,大力调整和整顿干部队伍。在上任的半年里,便免去了吉洪诺夫、罗曼诺夫、格里申等人的政治局委员职务,提升了利加乔夫、雷日科夫、谢瓦尔德纳泽等四人为政治局委员,完成了对政治局的改组。他更换了部长会议主席和六位副主席,撤换了四十多名党中央和政府的部长,撤换了近五十名共和国州委第一书记,中下层干部也进行了大范围的调整和整顿。如此大规模的人事调整,把拥护自己的改革者推上了领导岗位,为推行改革创造了条件。

　　1986 年 2 月,苏共召开了第二十七次代表大会,这是苏联发生转折的一次重要会议。戈尔巴乔夫在大会上的报告以及大会通过的新党章和决议中,提出了不少新观点,对苏共传统的社会主义理论与实践提出了挑战。这些新的理论观点,为苏联的社会经济改革提供了理论依据。在社会主义发展阶段理论上,新党章中以"有计划和全面地完善社会主义"的提法取代了建设"发达社会主义""成熟社会主义"等提法。这种改变表明了他对过去那种急于向共产主义过渡的不切实际的理论的否定。在生产力与生产关系两者的关系上,戈尔巴乔夫在报告中对那种认为社会主义条件下,生产关系与生产力发展的性质会"自动相适应"的传统理论进行了批评,他认为,在社会主义条件下,生产关系与生产力之间存在着"非对抗性的矛盾",随着生产力的发展,生产关系应当经常加以调整和完善,无疑这一理论为苏共的经济体制改革提供了理论基础。戈尔巴乔夫在报告中还首次提出了社会主义所有制不单纯是一种归属问题,而是"具有丰富的内容",它包含着"人与人之间,集体与集体之间,部门与部门之间,地区与地区之间在利用生产资料和生产成果分配的一整套多方面的关系和一整套经济利益",他明确提出要不断调整这种关系,并把这种调整与"社会经济自治"联系起来。戈尔巴乔夫的上述观点,无疑是对苏共传统理论的重大突破。大会还提出了对外政策的"新思维",认为世界大家庭中的成员之间是相互联系、相互依存的,世界在很大程度上是一个整体;强调苏联的外交战略任务是为国内建设创造和平的国际环境。戈尔巴乔夫在政治报告中进一步阐述了"加速国家社会经济发展是战略方针",同时指出必须对苏联经济机制进行根本"改革"。大会还更新了党的领导机构,二十七大的召开,最终确立了戈尔巴乔夫的领导地位,并确立了戈尔巴乔夫的改革路线。

苏共二十七大以后,戈尔巴乔夫在实践上加快了改革的步伐。1987年1月全会上,提出了必须重新审视关于社会主义过时了的观念,并建议采纳一系列社会和国家民主化的激进措施。同年,苏共六月全会制定了"改革的完整构想",指出"加快社会经济发展的最主要条件是根本改革经济管理"。在戈尔巴乔夫主持下,苏共中央六月全会制定了一整套经济管理体制,基本内容是:从行政的领导方法向经济领导方法过渡;从过分集中的指令性管理体制向民主化体制和调动个人积极性的体制过渡;企业和联合公司向完全经济核算、自负盈亏和自筹资金的经营机制过渡;企业自主解决从内部生产组织直到选举企业领导人的自治过渡。这套管理体制的核心,是"将企业改成完全经济核算制,同对国民经济的集中领导进行重大改革结合,自下而上地形成一个统一的整体",同时辅以一系列配套措施。制定了《关于根本改革经济管理的基本原则》和《企业法》,其基本思路就是给企业放权,使企业实现"三自一全",就是完全自主经营,扩大企业自主权。戈尔巴乔夫的"加速战略"仓促上马,阻力很大,同时,对长期形成的畸形经济结构的调整和对农业体制的深入改革未予重视,对企业改革的宏观决策缺乏具体可行的配套措施,以致各项改革都没有取得很好的效果。例如,企业自主权扩大以后,企业滥发工资和奖金,造成职工收入的增加速度大大超过劳动生产率的增长速度,同时,苏联财政失控,通货膨胀加剧,市场供应紧张,生产和人民生活水平进一步下降。在经济改革出师不利的情况下,戈尔巴乔夫等人的思想又发生了重要变化,将重点转向政治改革,政治思想向民主社会主义倾斜。

1987年11月,戈尔巴乔夫发表《改革与新思维》一书,该书强调"改革的最终目标"就是要"最充分地展现出我们制度的人道主义性质",并说"新思维的核心就是承认全人类的价值观的优先地位,即承认人类的生存"。1987年12月,戈尔巴乔夫访问华盛顿,与美国总统签署了历史上第一个《核裁军条约》,标志着新思维外交政策的启动与走出"冷战"的开端。1988年他宣布从阿富汗撤军。戈尔巴乔夫于1989年5月15—18日对中国进行了正式访问,中苏两国领导人举行高级会晤,实现了中苏两国、两党关系正常化。

戈尔巴乔夫的政治改革是以公开性拉开帷幕的。他强调,政治改革就是全面发扬民主,扩大社会生活各个领域的公开性,充分揭示社会制度各方面的人道主义性质。戈尔巴乔夫说:"苏联社会的进一步民主化,是党在政治体制改革中的中心任务";"苏联共产党坚决让党和人民知道一切,公开性原则是社会主义民主的实质所决定的";苏联社会主义的本质就是"一切为了人,为了人的幸福"。戈尔巴乔夫大声疾呼:人们有权"了解有关过去的全部真相。必须废除关于档案的禁令,使任何文献都成为公开性的财富,如实地恢复我们所经历过的一切的本来面目"。

公开性像一阵狂飙首先在思想文化界刮起。"原来被出版检查打入冷宫的作品纷纷出笼",一批揭露斯大林体制给苏联人民造成灾难的影视作品、文学作品、历史著作以及一大批遭到迫害流亡国外的思想家的著作得到开禁。在面对这些被强行尘封的思想与智慧时,戈尔巴乔夫回忆录写道:"当时我脑子里首先想到的是:真可惜,大学时代竟然没能读到这一切! 是的,我们这一代人缺少精神营养,只准许吃一份单纯意识形态的可怜口粮,却被剥夺了亲自去比较、对照不同流派的哲学思想并作出自己选择的机会。"到1988年底,数千部以前被称为特殊作品的著作(包括托洛茨基、李可夫、克伦斯基、邓尼金等的著作)同读者见面。

戈尔巴乔夫进而提出"取消意识形态垄断"。他认为,把马克思主义作为指导思想是"精神垄断"。他强调意识形态要多元化,他甚至公开说:共产主义并不理想,一个多世纪以来,国际共产主义运动的"主航道"是错误的。

1988年6月,苏共中央第十九次代表大会召开,戈尔巴乔夫在会议上指出:十月革命后建立的政治体制不久就发生了"严重的变形",从而导致斯大林独裁,形成了高度集中的行政命令体制,"我们现在所遇到的许多困难,其根源也都在这一体制",他指出,现行的政治体制,口头上宣布实行民主原则,行动上搞的却是独裁专行;在讲坛上颂扬人民政权,而在实践中搞的却是唯意志论和主观主义。他强调解决苏联问题的关键是改革体制。会议决定,把政治体制改革放在首位。

在这次会议上,戈尔巴乔夫首次提出了"人道的民主的社会主义"的概念,实质内容是建立"真正的人民政权制度"。进而戈尔巴乔夫提出"党的地位不应当依靠宪法来强行合法化","苏共要严格限制在民主程序范围内"去争取执政地位。主张把权力从独家控制的共产党手中交到按宪法本应属于通过自由选举产生的人民代表的苏维埃手里。会议还决定首先是向实施1917年之后的第一次自由选举议会过渡。

他在会议上还说:"法治国家的主要标志是要切实保证法律的至高无上的地位。无论是国家机关公职人员、劳动集体、党组织或社会组织,还是个人,都必须服从法律。公民对自己的全民国家负责,同样,国家政权也要对公民负责。公民的权力应当得到切实的保护,不受政权及其代表的专横行为的侵犯。"他还提出司法工作要严格遵守"当事人的辩论原则和平等原则、公开性、排除成见和起诉的倾向性、坚决实行无罪推定的原则"。在法制和无罪推定原则指导下,1987年9月苏共中央政治局建立了一个委员会重审历史案件。在一年半的时间里,委员会为约100万公民平反。其中意义深远的是,斯大林的政治反对派(布哈林、季诺维也夫、加米涅夫和托洛茨基等人)的几十年沉冤得到了平反昭雪。赫鲁晓夫也得到了部分平反,1989年首次发表了赫鲁晓夫在二十大上所做的"秘密报告"。一些在勃列日涅夫时期被剥夺了苏联国籍的持不同政见者和人权活动分子被恢复了国籍,著名物理学家萨哈罗夫从流放地回到了莫斯科。

在紧接着的七月全会和九月全会上,戈尔巴乔夫完成了对党的领导机构的改革:调整了政治局成员,削弱了中央书记处的职能。这说明戈尔巴乔夫已经在将他的思想逐步地付诸实践。

1989年1月,中央委员会核准了苏共参与选举的政治纲领。戈尔巴乔夫主持进行了政权机构的改革,首先建立了一个新的国家最高权力机构——人民代表大会,人民代表大会的常设机构是最高苏维埃。

3月,苏联举行了第一次全国人民代表大会代表的选举,通过民主选举,20%的非党人士获得了胜利,引人注目的是代表民主激进派的叶利钦和著名的持不同政见者萨哈罗夫都成功当选,而苏共的一些领导人则纷纷落选。1989年5至6月,苏联第一届全国人民代表大会召开,大会选出新的最高苏维埃,戈尔巴乔夫当选为苏联最高苏维埃主席。此后,政权便开始转交到苏维埃手里。

戈尔巴乔夫对中苏关系十分重视,早在1985年春、冬,就在莫斯科两次会见中国副总理李鹏,1988年12月,又会见了中国外长钱其琛,并就中苏关系问题达成了一些共识。

1989年5月15日,戈尔巴乔夫访问中国,这是继赫鲁晓夫1959年9月30日到北京参加中国国庆十周年活动后,苏联最高领导人首次踏上中国的领土。戈尔巴乔夫在首都机场发表了一篇颇有亲和力的讲话,他说,苏中两国有个一样的民谚,叫作"百闻不如一见",对中国的改革,真可谓是百闻了,我们今天来,是为了一见,我将和中国的领导人谈谈,与老百姓聊聊,尽可能多看看。

5月16日上午10日寸,戈尔巴乔夫会见了中国领导人邓小平,双方进行了友好会谈,坐在邓小平这位曾震撼过世界的"传奇人物"身边,戈尔巴乔夫的崇敬之情显而易见,似乎有些紧张,他打开随身带的手提箱,一支笔突然从箱内掉落在地,发出小小的响声,戈尔巴乔夫对这个小小的"闪失"有些尴尬,邓小平以长者的大度,为戈尔巴乔夫掩饰尴尬,他笑着进入会谈,开门见山地说:"我们这次会见的目的是八个字:结束过去,开辟未来。当然,对过去的事完全不讲恐怕也不好,总得有个交代。"邓小平指出:沙俄"侵占"了150多平方公里的中国领土,从中国得利最大,以后延续到苏联,"真正的实质问题是不平等,中国人感到受屈辱。"在谈到20世纪60年代的中苏论战时,邓小平指出,经过20多年的实践,回过头来看,"双方都讲了许多空话,现在我们也不认为自己当时说的都是对的"。见戈尔巴乔夫有些紧张,邓小平话锋一转,说,历史账讲了,这些问题就一风吹,把重点放在未来。接着邓小平花了20多分钟时间谈发展马克思主义和建设社会主义两大问题,强调各国必须根据自己的条件建设社会主义,固定的模式是没有的,墨守成规只能导致落后,甚至失败。

对邓小平的讲话,戈尔巴乔夫一直聚精会神地听,不时边听边记、边点头,连连说:"对""是的""同意""完全赞同",对中苏关系的风风雨雨和恩恩怨怨,戈尔巴乔夫也做了回应,他说,(1)对俄中、苏中关系的某些问题,苏方有自己的看法;(2)对两国在不太久远的过去所产生的问题,苏方也感到有一定的过错和责任;(3)同意过去的问题就讲到此为止。

1989年11月26日,戈尔巴乔夫在《真理报》上发表长篇文章,他说:"如果前几年苏联的改革只是完善过去的制度的话",那么现在"必须改建我们(苏联)整个的社会大厦——从经济基础到上层建筑"。他还力主"促进多元化",提倡议会民主和三权分立。苏共党内随即形成了以叶利钦为代表的"激进派",以利加乔夫为代表的"传统派"和以戈尔巴乔夫为代表的"主流派"。

1990年3月,苏联第二次人民代表大会召开,戈尔巴乔夫主持对宪法进行了重大修改,取消了苏共的领导地位,允许多党制和政治多元化,实行三权分立的政体和议会民主,确立了总统制,提出了向可调节的市场经济过渡。戈尔巴乔夫当选为苏联的第一任总统。

7月,苏共二十八大召开,通过《走向人道的民主的社会主义》的决议,提出修改苏联宪法中关于"苏联共产党是苏联社会的领导力量,是苏联政治体系、国家单位和社会团体的核心"的条文,修改这一条文的目的是向政治多元化、多党制过渡。

1990年12月,第三次人民代表大会召开,决定实行总统直接领导下的内阁制,并设立副总统职务。亚纳耶夫在这次人代会上当选为苏联副总统。至此,戈尔巴乔夫的政治改革的设想已基本完成。

戈尔巴乔夫的改革措施,终于撬动了苏维埃联盟这块巨大的顽石,各加盟国家纷纷掀起了民主的浪潮。1989年和1990年春天,先后有立陶宛等11个共和国发表主权宣言,宣布独立,联盟形势岌岌可危。为了挽救联盟,戈尔巴乔夫决定让苏联全体人民来决定联盟的命运,1月15日,他签署总统令,决定全民公决,3月17日,苏联全民公决,结果大多数公民主张保留联盟。

但在1991年5月选举上台的俄罗斯总统叶利钦显然不满意这一结果,他代表的"激进派"鼓动矿工罢工和在一些城市组织游行集会,要求改组政府和最高苏维埃,实行军队"非党化"和没收苏共财产,并明确要求戈尔巴乔夫辞职。

而此时的戈尔巴乔夫显然还在幻想通过改革来挽救国家命运。1991年苏共中央七月全会,戈尔巴乔夫提出"对党进行脱胎换骨的改造",通过了一个"新党纲"决议案,"允许党员自由地选择自己的信仰","全面实行私有化和市场化"。面对即将分崩离析的联盟,戈尔巴乔夫作了最后的努力,他想通过妥协与退让来换取国家形式上的完整,因此,在8月,他颁布了新联盟条约,规定各共和国拥有本领土内的全部主权,并改国名为"主权苏维埃共和国联盟",想把苏联变为一个松散的联邦,该条约定于20日举行签字仪式,但在8月19日,副总统亚纳耶夫等8位苏共中的保守派发动政变,他们组成了"国家紧急状态委员会",宣布解除正在克里米亚度假的戈尔巴乔夫的总统职权,并软禁了戈尔巴乔夫一家,在莫斯科实行紧急状态,试图保住苏联帝国,但是没有得到人民、军队和大多数苏共党员的支持,政变仅仅维持了三天便宣告失败。但是,获释后的戈尔巴乔夫声望大跌,而俄罗斯总统叶利钦则声望大增,他加紧了对权力的争夺。8月23日,叶利钦发出限期解散机关、企业和军队中的苏共组织的命令,查封了苏共中央和苏共莫斯科市委等5000多个各级领导机关。面对步步进逼的叶利钦,权力已经被架空的戈尔巴乔夫毫无办法,迫于形势,8月24日,戈尔巴乔夫宣布辞去苏共中央总书记职务,并建议苏联共产党中央自行解散。29日,苏联最高苏维埃通过决议,"暂停苏共在苏联全境的活动",而此时,戈尔巴乔夫只能发出软弱无力的抗议。11月5日,叶利钦下令停止苏共和俄共在俄罗斯联邦境内的活动,并解散其组织机构,苏联共产党从此解体。

在这种形势下,各加盟共和国纷纷宣告独立,1991年9月,戈尔巴乔夫被迫承认波罗的海三国的独立。9月到10月实际上所有的共和国都宣布了独立。戈尔巴乔夫再想用"主权国家联盟"把这些国家维系在一起已经不可能了。12月8日，俄罗斯、白俄罗斯和乌克兰三国领导人在白俄罗斯首都明斯克签署了一个关于成立独立国家联合体的协定，要求苏联停止存在。21日，俄罗斯等11个苏联前加盟共和国作为独立国家在哈萨克斯坦共和国首都阿拉木图举行了独立国家联合体首脑会议，25日，戈尔巴乔夫宣布辞去苏联总统和武装力量最高统帅的职务，并将核按钮交给叶利钦。当晚，克里姆林宫降下苏联国旗，俄罗斯联邦的三色旗升起。第二天，苏联最高苏维埃联盟院宣布苏联停止存在，苏联正式解体，戈尔巴乔夫也从此从政治中心消失了。戈尔巴乔夫的改革失败了，其原因是多方面的，它给真正坚持马克思主义、走社会主义道路的人们留下了深刻的教训与思考。

凄惨晚年

戈尔巴乔夫并不甘心寂寞地了此残生。1992年初，他刚从权力中心退下来，就创立了"戈尔巴乔夫基金会"，致力于政治、经济、社会问题研究。他经常以基金会主席的身份发表观点，参与社会活动。女儿伊丽娜是基金会的副主席。

起初，戈尔巴乔夫也不甘心被历史推出政治舞台，颇有"主动出击"之举。1996年，他出马竞选俄总统，却只获得了0.5%的选票。1999年，俄罗斯社会舆论基金会就"20世纪的俄罗斯领导人谁对国家发展给予最坏的影响"题目对俄罗斯民众问卷显示，戈尔巴乔夫的得票率以占被调查者34%高居榜首，叶利钦以30%居第二位。2001年的民意调查显示，高达66.1%的俄罗斯人认为戈尔巴乔夫、叶利钦应对当前国家的困境负责。

2000年，戈尔巴乔夫成立"统一社会民主党"，并出任党主席，但在政党林立的俄罗斯，这个小党至今未在俄议会大选中取得过任何席位。他不知疲倦地发表演说，针砭时弊，从"普京的政策""俄乌天然气争端"，到"哈马斯获胜"，所有热点问题他都要评论一番。戈尔巴乔夫仍然希望对政治发挥一些影响，他曾说："我曾是一国元首，万人簇拥。如今我虽然只能从侧面观望，但仍然能够发挥影响，阐明观点。"

2005年，当普京大刀阔斧地试行社会福利改革的时候，戈尔巴乔夫跳了出来，他指出，普京推行的社会福利改革导致人民的生活更加贫困，并不无讽刺地说："人民的工资应增加4倍，才能跟得上改革的速度。"

对环保和儿童事业的关心，倒为戈尔巴乔夫赚了些名声。因为领导、创建全球性环保公益组织"国际绿十字会"，安南曾向他致电表示赞扬；2004年，他同美国前总统克林顿、意大利影星索菲亚·罗兰为俄罗斯音乐剧《彼得和狼》一起配音，令他意外地获得了格莱美奖。这年年底，由他的基金会筹建的儿童血液及器官移植中心在圣彼得堡竣工。

2006年3月2日是戈尔巴乔夫75岁生日。按照常理，75岁该是一个老人颐养天年、含饴弄孙的年纪，然而，戈尔巴乔夫的晚年生活可谓多姿多彩：出回忆录、拍广告、评论时政、热心公益与慈善事业……可以说，戈尔巴乔夫从来没有在人们的视线中消失过。

此前一个月，与他同岁的俄罗斯前总统叶利钦刚刚庆祝完生日。不过，戈尔巴乔夫的境遇可比不上叶利钦。每月4万卢布（约合1400美元）退休金，住在普通的公寓，与俄政府给叶利钦的待遇相差甚远。

尽管都曾占据过苏俄政坛第一把交椅，戈尔巴乔夫过生日的排场却比不上叶利钦。眼看着叶利钦在克里姆林宫大宴宾客，他只能动用自己的基金会，于2月28日在莫斯科国际音乐厅举办慈善音乐会，为自己庆祝生日。

戈尔巴乔夫恐怕无法抱怨生日的冷清，因为从1991年苏联解体后，他的地位就一落千丈。75岁生日前一周，俄社会舆论基金会公布了一项民意测验结果：超过半数的俄民众认为，戈尔巴乔夫作为苏联领导人"过大于功"，持相反观点的受访者不过11%，仅有14%的人对他表示好感，反感的人则为28%，大多数民众对他"漠不关心"。

苏联解体后几年，俄国经济陷入历史上最困难的时期。通货膨胀使戈尔巴乔夫的退休金大为贬值，仅有的8万美元存款也因银行破产付之东流。不过，可别小看戈尔巴乔夫赚钱的能耐。1997年，他带着外孙女一起上镜，为一家快餐店拍广告一下就赚了16万美元。

写书是戈尔巴乔夫收入的一个重要来源。从苏联解体至今，戈尔巴乔夫至少已经出版了10本回忆录形式的书籍，其中既包括反思苏联解体的《八月事变的原因与后果》《不幸的改革者》，也有洞察当今俄罗斯社会的《新思路？全球化时代的政治》《关于过去与将来》等等。他的书以大胆新锐的观点而著称，有些内容直指当今俄罗斯政府的弊端和不足。因此，每本新书的面世，都会带来不小的影响。

从1992年到2006年，他的作品多达80部，多数是对改革时期的回忆与反思，其中最畅销的《真相与自白：戈尔巴乔夫回忆录》已成为世界各国研究冷战历史的宝贵资料。这本书还让他赚到了数百万美元的版权费。2006年2月，他将新作《理解改革》作为献给自己75岁生日的礼物。此外，到大学演讲也是他最热衷的事，以"现身说法"讲述十几年前苏联解体惊心动魄的一幕幕，是他永恒的话题。刚退位的几年，他的演讲费可达到每场2万~10万美元，现在有些缩水，基本上是1万美元一场。

作为冷战末期的重要人物，西方世界一直将戈尔巴乔夫列为座上宾。他的书在欧美十分畅销，西方各国的政府、大学及民间机构还纷纷颁发给他形形色色的奖项和荣誉称号，1990年他甚至被授予诺贝尔和平奖。

所谓"树大招风"，戈尔巴乔夫名声在外，自然也带来不少烦恼。其中最让他厌烦的就是自己的名字和肖像频频出现在伏特加酒瓶和通心粉的外包装上。2003年，戈尔巴乔夫索性宣布，将自己的名字和昵称统统登记注册成商标。第一家被授权使用"戈尔巴乔夫"商标的，是俄罗斯一家小有名气的伏特加酒厂。

戈尔巴乔夫的商业头脑还不仅限于此。20世纪90年代初，他决定筹建"戈尔巴乔夫国际社会经济政治理论研究基金会"。为了解决资金不足的问题，他接拍了包括必胜客比萨饼连锁店、美国苹果电脑在内的一系列电视广告,并获得了相当高的商业酬劳。

面对有些人说他"掉进钱眼里"的批评,戈尔巴乔夫毫不在意地说:"我从来都是靠自己的劳动养活自己!"

自从1999年痛失爱妻赖莎后,戈尔巴乔夫一直无法从巨大的痛苦中解脱出来。每当谈及妻子,他都无法抑制悲哀。在46年婚姻生活中,他们始终深爱着对方。

如今,唯一的女儿伊丽娜成了他的生活支柱。他们几乎天天见面,伊丽娜卖掉位于市区的大房子,用卖房的钱在郊外买了所小房子,为的是离父亲近些。伊丽娜对父亲的饮食起居关怀备至,戈尔巴乔夫和女儿一家经常在一起过节假日,他们喜欢找偏僻的地方休假,譬如希腊的克里特岛、多米尼加的乡村。

戈尔巴乔夫在莫斯科还有一套三居室的房子,那是他和赖莎一起住过的地方,室内布置保持原样。戈尔巴乔夫经常去那儿坐坐。在午后和煦的阳光下,在黄昏夕阳的余晖中,回忆与赖莎共同走过的日子……

2022年8月30日晚上,戈尔巴乔夫因长期重病医治无效,于莫斯科的俄罗斯中央临床医院去世,享年91岁。

南斯拉夫铁人

——铁托

人物档案

  简 历:杰出的无产阶级革命家,国际共产主义运动活动家,南斯拉夫社会主义联邦共和国总统,不结盟运动的创始人之一。1892 年 5 月 7 日出生于南斯拉夫克罗地亚西北的一个小村庄,一战中被俄军俘虏。十月革命后加入了红色国际纵队。1952 年当选为南共联盟总书记。1953 年起任共和国总统和武装部队最高统帅,并连续当选南斯拉夫联邦总统近三十年。1969 年当选南共联盟主席,1974 年被确定为终身主席。1980 年在卢布尔雅那逝世,享年 88 岁。

  生卒年月:1892 年 5 月 25 日~1980 年 5 月 4 日。

  安葬之地:塞尔维亚首都贝尔格莱德南部的雅布兰卡山上。

  性格特征:性格刚毅,坚韧不拔,意志坚定,不畏牺牲。

  历史功过:他坚持独立自主的思想,为不结盟运动的发展奠定了基础。在与斯大林对抗的同时,在国内进行全面的改革,逐步实行"非国家主义化和分散管理",扩大自治的职能和权力。

  名家点评:铁托去世后,中央人民广播电台的广播评论对他予以高度评价,称其为"南斯拉夫人民的伟大领袖""杰出的无产阶级革命家"。

投身共产党

  1915 年冬天,第一次世界大战正激烈进行。在喀尔巴阡山麓,寒风卷着大雪在山谷肆虐,奥匈帝国的军队正守在这里,士兵被冻得瑟瑟发抖,有些人因冻饿而仆倒在地。此时,俄国军队发动突然袭击,毫无任何战斗力的奥匈帝国军队纷纷败退,死的死,伤的伤,大部分成了俄军俘虏。

俘虏中有一个身材高大的士兵伤势很重,伤口流出的鲜血染红了军装,在高寒下结成了冰块,伤兵已处于昏迷中,很快被送进战俘医院。医生看了直摇头,连声说:"恐怕没救了!"不巧的是,这名伤兵进医院不久,又得了肺炎,还染上了斑疹伤寒。值班医生认为必死无疑,已放弃了治疗。

但几天后,奇迹出现了,伤兵不仅睁开了眼睛,而且伤势逐渐好转。这名从死神手里逃出的伤兵,便是后来成为南斯拉夫人民领袖的铁托。

铁托原名约瑟普·布罗兹,1892年5月7日出生在南斯拉夫克罗地亚西北部一个叫库姆罗韦茨的小村庄。铁托的父母是贫苦的农民,有15个孩子,铁托排行第七。由于孩子多,生活异常艰难。铁托小时候常帮父母干活,每天清晨3点便起床,到地里除草,掰玉米,或者帮大人耕地,回到家里还推磨磨面。

铁托7岁那年,村里办起了一所初级小学,很多农民不愿让孩子上学,怕减少劳动力。但铁托的父母非常开明,认为小孩读书是最重要的,便让他上了学。铁托一面读书,一面劳动,放学回来,经常边放牛边读书。12岁那年,他终于念完了初级小学。

念完小学后,铁托开始独立谋生。他先帮舅舅看牛,后来到了离家90多公里的西沙克小镇,在一家饭店当招待员。工作虽然不是很累,但没有时间读书,铁托觉得不理想,便离开饭店,到镇上一家锁厂当学徒工,这里工作辛苦,工资也少,但每周有两个晚上可到徒工学校去上课,铁托十分高兴。

徒工学校毕业时,铁托已18岁了,他要出外闯世界。于是,他先到奥地利的卡姆尼克,再到捷克斯洛伐克、德国,后来到了奥匈帝国的首都维也纳。但不久,铁托就被征召入伍,进入奥匈帝国第25近卫团服役,参与世界大战,并成为俄军的俘虏。

铁托在俄军战俘医院,伤口一天天痊愈,病情一天天好转,闲下无事,他便在医院自学俄语。战俘医院对面住着几个中学生,铁托常常向他们借书看,在这里,铁托阅读了托尔斯泰、屠格涅夫等俄国进步作家的作品,思想上也深受感染和教育。

铁托伤好后,与战俘一起被押解到乌拉尔,准备再押到西伯利亚去。乌拉尔天气寒冷,战俘在这里不断有人冻饿而死,引起国际社会关注。不久,国际红十字会给战俘送来了救济品,但这些救济品并没能到战俘手中,全被铁路工段长侵吞了。对此,铁托十分气愤,他向国际红十字会告发了这件事。结果,遭到俄军的报复,铁托被毒打一顿后,关进了监狱。

俄国二月革命后,铁托被放出监狱,重回俘虏营,这时,他认识了一位波兰籍工程师,是个布尔什维克。在工程师家里,铁托认识了另外一些布尔什维克,他们在一起阅读列宁的文章,受到革命影响。不久,一些与铁托有联系的布尔什维克被捕,铁托也面临被捕的危险,在波兰工程师的帮助下,铁托跳上一辆运粮的火车逃了出来。

铁托先逃到彼得堡,后来又到了西伯利亚的鄂木斯克,这时俄国发生十月革命,当地已被布尔什维克的赤卫军占领。赤卫队员告诉铁托,俄国政权已归苏维埃,战俘营也建起了红色国际纵队。

听到这些消息,铁托十分激动,他立即回到战俘营,申请参加了红色国际纵队,并在 1919 年初,成为俄国布尔什维克的一名党员,参与了消灭自卫军的斗争。

1920 年 1 月,铁托与俄国姑娘佩拉吉娅·贝卢斯诺娃结婚,组成了一个幸福的家庭。这时,俄国苏维埃政府决定,让红军中所有外国公民复员回国。铁托离开自己的祖国已整整 6 年了,他十分思念自己的国家与亲人,于是他带着妻子,回到了南斯拉夫。

铁托回国后,很快加入了南斯拉夫共产党,先在萨格勒布一家机器厂当工人,并做工会工作,后来又到离首都贝尔格莱德 60 公里的火车车厢厂做工。这一时期,铁托利用一切机会在工人中宣传列宁思想,宣传十月革命,并在报纸上发表文章,报道工人的艰难困苦,深受工人群众的爱戴与拥护。35 岁那年,党组织让他担任全克罗地亚的五金工会书记。这是他一生中重要的转折。从此,铁托全身心投入工人运动,成为一个职业革命家。

1921 年夏天,由于一些年轻的共产党员进行暗杀活动,先是向国王亚历山大投掷炸弹,后又暗杀内务部长,引起政府的恐惧。于是,政府从议会里驱逐了所有共产党议员,并宣布共产党为非法党,南斯拉夫共产党只好转入地下活动。

1928 年 6 月,南斯拉夫的政治形势更加险恶,国王亚历山大准备解散议会,公开实行独裁统治,在全国逮捕共产党人。8 月 4 日,一伙警察闯进铁托的住所,用枪托一阵乱打,铁托当场被打得吐血,随后,警察将他送进了监狱。

铁托被捕后,党组织考虑到他妻子佩拉吉娅·贝卢斯诺娃处境危险,便安排她带上儿子扎尔科去了苏联。此后,他妻子没有机会再回南斯拉夫,便在苏联改嫁了。他们的儿子扎尔科在苏联长大后参加红军,在莫斯科保卫战中失去了一条胳膊。二战后期回到铁托身边,参加了南斯拉夫的民族解放战争。全国解放后,扎尔科勤奋为党工作,从不炫耀自己是铁托的儿子,一直在贝尔格莱德市政府当一名小职员,直到退休。

11 月 7 日,萨格勒布的地方法院开庭审理铁托的案子,南斯拉夫的青年工人和学生对这次审讯十分关心,从各地来到这里,对铁托表示敬意。

审讯开始,貌似威严的首席法官问道:"你是否认为你有罪?"

铁托抬起头,他眼镜后面两只灰色眼睛冷冷瞪着法官,机警而沉着地回答:"起诉书上说我是有罪的,但是,实际上我是无罪的。"

首席法官提高声音说:"不仅起诉书上说你有罪,实际上,你也犯了罪,你知道犯了什么罪?"

"我承认我是非法的南斯拉夫共产党的一名党员,我承认我曾经宣传过共产主义,我向工人指出过一切不义行为。我并不认为这是犯罪,是你们资产阶级法庭认为我犯罪。可是,我不承认资产阶级的法庭,因为我认为,资产阶级法庭是保护少数人利益的,是虚伪的,我只对我的共产党负责。"铁托的话铿锵有力,像钢铁一样敲打在法庭上,旁听的人群中响起热烈的掌声。

世界传世藏书

政坛首要

图文珍藏版

二三五

首席法官连声喊："安静！安静！"然后转向铁托，再次提问："你懂不懂国家保卫法？"

铁托不屑一顾地说："是的，我听说过这个法律，但是我没有读过它，我不知道，因为我对它确实不感兴趣。"

首席法官只好自己回答："这个法律禁止各种各样的共产党宣传，你知道这点吗？国家通过它来反对你们共产党人。"

铁托据理反驳说："我知道，这是一项临时法律，而且这项法律不是由人民通过的，也不能约束人民。我一点都不怕它，如果共产党人被一个临时法律吓倒的话，那是一件不幸的事。"

法庭上再次响起雷动的掌声。

首席法官恼羞成怒，威胁说："你这种固执，只会无谓牺牲你们年轻人的生命。"

铁托毫不畏惧，坚定地说："是的，我是准备去忍受的。"

这时，法庭上开始骚动，旁观者中大声喊出口号："共产党万岁！第三国际万岁！"

首席法官见此状况，只好匆匆宣布休庭。

11月15日，法庭在不准铁托和辩护律师辩护的情况下，强行宣布判决，铁托被判处苦役5年。

1934年3月12日，铁托服完苦役，受党组织委派，先到维也纳，与党的中央委员会联系，详细报告国内情况。然后，到了莫斯科，在共产国际工作，担任共产国际巴尔干书记处候补委员。这一时期，铁托利用工作之余，如饥似渴地读了大量经济、哲学、军事和文学著作，提高了自己的文化素养。

1937年，南斯拉夫共产党总书记戈尔基奇被共产国际撤职。随后，共产国际让铁托担任南共临时总书记。铁托受此重任，迅速回国，担当起这巨大的历史责任。

铁托回国后，整顿、改组了党组织，加强与人民的血肉联系，在工作群众中，在青年战士中发展党员，使南斯拉夫共产党不断得到壮大，走向成熟。

抵御法西斯

1941年4月6日，是一个晴朗、温暖的星期天，人们像往常一样开始一天的正常生活，南斯拉夫首相杜桑·西莫维奇的女儿将在这一天举行婚礼。

然而，当早上的太阳刚刚露出笑脸，突然风云巨变，德国法西斯对南斯拉夫不宣而战，黑压压的德国战斗机急驰而来，对几乎没有设防的贝尔格莱德狂轰滥炸，住宅、医院、学校、图书馆都是轰炸的目标，到处硝烟弥漫，战火焚烧，死伤者不计其数。随后，德国陆军在保加利亚、匈牙利军队的配合下，从东面、北面侵入南斯拉夫。4月13日，贝尔格莱德被德军占领，国王佩塔尔及其政府官员逃离国境，仅仅12天，南斯拉夫彻底失败，被德国、意大利、匈牙利、保加利亚等国占领和瓜分。

面对法西斯的侵略，铁托主持召开南共中央紧急会议，决定以民族解放和社会解放为目标，发动起义，开展武装斗争，驱逐法西斯，在占领的地区建立政权。同时，为了更好地领导全南斯拉夫人民的反侵略斗争，决定党中央领导机关从萨格勒布迁到贝尔格莱德。

6月22日，南共中央发表《告南斯拉夫各族人民书》。7月12日，南共中央再次发表《告全国人民书》，号召人民为自由进行最后的战斗，尽快行动起来，发动起义，把全国各地变成阻止法西斯侵略者前进的堡垒。

铁托随南共中央领导机关来到贝尔格莱德，他住在一位共产党员符拉迪斯拉夫·里布尼卡尔的家里，里布尼卡尔表面上是自由派报纸《政治报》的股东，实际上做革命工作。为了铁托的安全，他在家里做了一个十分隐蔽的秘室，当洗澡盆挪开后，便出现一个入口，进入下面通道，一直通往密室。这个密室，离德军司令官的家不远，这是法西斯怎么也不会想到的。

铁托的工作十分繁忙，他每天在城里各处奔走，了解、掌握敌人的各种情报，各界人士的政治态度，组织各种反抗活动和起义。在铁托领导下，贝尔格莱德的共产党员最先对德国法西斯展开了斗争，他们剪断电线，使敌人失去联系；他们袭击德国士兵，夺走武器，使敌人惊惶不定；他们炸毁军用卡车、仓库、办公楼，使敌人后勤指挥中断；他们出版报刊，向人民宣传抗敌、鼓舞人民士气等。这些斗争产生了巨大的政治影响。

苏德战争爆发后，南共中央决定在各地起义的基础上，建立反侵略的武装斗争总司令部，由铁托担任总司令。9月16日，铁托离开贝尔格莱德，前往塞尔维亚中部瓦列沃附近的游击司令部，从此，铁托结束了地下党的秘密活动，开始了军事指挥员的战斗生涯。

当时，在南斯拉夫抵抗德国法西斯侵略军的武装部队，除了铁托领导的游击队外，还有一支由前南斯拉夫陆军上校德拉查·米哈依洛维奇领导的"切特尼克"，最初，这支部队也曾抗击过入侵的德国法西斯军队，但不久便以保持实力为名，躲进了森林，并继续扩充自己的力量，以巩固实力，控制地盘。

为了团结一切愿意与德国法西斯斗争的人们，铁托与米哈依洛维奇进行谈判，提出合作抗德问题。而米哈依洛维奇却没有诚意，他一方面与铁托谈判，一方面却偷偷摸摸与伪政权勾结。

铁托一方面继续争取与米哈依洛维奇的合作，一方面独立自主地开展广泛的游击战争。9月24日，铁托指挥游击队向德军占领的塞尔维亚重要城市乌日策发动进攻，以迅雷不及掩耳之势攻破敌人防线，一举解放了这座城市，全城市民兴高采烈欢迎游击队入城。

进城后，铁托指示，利用城市的有利条件，改善游击队的经济和装备等方面。于是，游击队收缴了银行的5500万第纳尔，接手了一个月产400多支步枪和一定数量子弹的军工厂，大大增强了游击队的战斗力。

德国法西斯不甘心失败，纠集军队卷土重来，向乌日策市合围过来。米哈依洛维奇见铁托遭遇危机，不仅不进行救援，反而配合德军向乌日策市发动突然袭击，企图让游击队腹背受敌,达到彻底消灭游击队的目的。

铁托毫不畏惧,亲临前线指挥作战,极大鼓舞了游击队的士气,大家奋勇战斗,拼死杀敌,使米哈依洛维奇的部队溃不成军。但米哈依洛维奇并不甘心失败,他向在伦敦的南斯拉夫流亡政府发出电报,要求给予支援。同时,还派特务潜入乌日策市,炸毁了军工厂,断绝了游击队军需装备的来源。

南斯拉夫流亡政府在英国支持下,给米哈依洛维奇空投了大量物资。于是,米哈依洛维奇又神气起来。11月11日,米哈依洛维奇和德国侵略者举行秘密会谈,达成联合作战,消灭游击队的协议。从此,米哈依洛维奇公开地和德国法西斯一起,共同对付铁托领导的游击队。

重新装备的米哈依洛维奇部队与德军再次向乌日策市发动进攻,天上飞机狂轰滥炸,地面步兵、坦克野蛮推进,企图一举消灭游击队。

铁托敏锐地感到,形势十分严重,为了保存力量,必须撤退。11月29日,铁托下令,游击队放弃乌日策市,向兹拉蒂博尔山转移。在转移时,铁托留在部队的最后面,敌军开进乌日策市后20分钟,他才离开。

铁托率领部队撤离乌日策市后,于12月24日组建一支新型的军队——无产者第一旅,它标志着南斯拉夫人民以新的规模组建了武装部队。此后,在铁托领导下,武装部队不断扩充,继续与德国法西斯进行顽强的斗争。

1943年1月,德国法西斯纠集意大利军队、米哈依洛维奇军队,向铁托领导的武装部队发动了大规模进攻。铁托率领部队向门的内哥罗转移。敌人在奈雷特瓦河沿岸设置各种障碍,企图阻挡铁托的去路,铁托指挥部队英勇作战,击溃意大利军一个师,缴获大量武器。本来,可以马上渡过奈雷特瓦河,但大量伤病员、老人、孩子、妇女也随部队转移,还没到齐。在此情况下,铁托命令,一定要等这些人到齐后才能渡河。

为了牵制敌军,铁托派人破坏了奈雷特瓦河上的所有桥梁,然后派主力部队去阻击敌人。第二天拂晓,铁托指挥战斗部队占领了河对岸,然后,部队、伤病员和老百姓用了7天时间才渡过奈雷特瓦河。过河后,部队快速前进,解放了黑山的大部分和几乎整个山扎克地区。

5月,德国、意大利和保加利亚组成15万的联军向黑山、山扎克地区发动疯狂进攻。情况十分紧急,铁托决定将所有部队分成两部分,铁托及总司令部其他成员与第一师、第二师渡过苏捷斯卡河,向波斯尼亚突围;第三师和伤病员渡过塔拉河,向桑贾克撤退。

铁托及其战友渡过了苏捷斯卡河,但遇到了德国飞机的狂轰滥炸,游击队伤亡严重,铁托的警卫员牺牲了,铁托的左臂也被炸伤。法西斯欣喜若狂,他们在向柏林的报告中说:"彻底消灭铁托军队的时候来到了。"然而,敌人的希望落空了,铁托率领游击队不仅奇迹般突围,而且还解放了汉皮耶萨等一些地方。铁托的部队越战越强,到1943年9月8日,意大利投降后,铁托的部队已达到30万人左右。

1944年10月20日,铁托的部队和苏联红军联合解放了南斯拉夫首都贝尔格莱德。这一天举行了盛大的阅兵式,铁托用激昂的声音发表了演说:"在战争最困难的时候,在可怕的敌人进攻下,我常常暗自思忖:'我们在贝尔格莱德发动起义,我们将在贝尔格莱德胜利地结束这一战斗。'这个伟大的日子现在已经来临,在我们中间,从 1941 年就开始战斗的人已寥寥无几,他们用生命奠定了自由和人民希望的国家的基础。"

1945 年 3 月 20 日,铁托命令武装部队在 5 条战线上转入对入侵敌人的总攻击,迅速打败了德国法西斯和伪军,解放了祖国,取得了民族解放战争的伟大胜利。

对抗斯大林

第二次世界大战胜利后,铁托与斯大林的关系十分密切。铁托两次访问苏联,与斯大林商谈并缔结了南苏第一个贸易协定和苏联援南等事宜。1947 年,斯大林提出建立"共产党情报局",铁托积极响应并参与了筹建工作,情报局成立后,其书记处等机构初期就设在贝尔格莱德。

但这种"蜜月"并没有维持多长时间,铁托慢慢感觉到苏联政策的支配主义性质,在与斯大林的交往中,感到自己处于不平等地位。在南苏经济合作的谈判中,铁托提出了南斯拉夫独立自主的工业化计划,斯大林却表现相当冷淡,他公开说:"你们要重工业干什么?我们乌拉尔有你们需要的一切东西。南斯拉夫最好集中力量开发它丰富的矿产资源,以满足苏联的能源需要,至于工业方面,苏方可以向南斯拉夫提供全部重工业产品。"

铁托坚决不同意,他认为如此一来,南斯拉夫便成了苏联的附庸。同时,在解决南斯拉夫与意大利边界、南斯拉夫与奥地利边界问题上,斯大林更是粗暴地干预南斯拉夫内政,在没向南斯拉夫打招呼的情况下,就俨然以太上皇面貌出现,代表南斯拉夫擅自同意西方关于南意、南奥边界的方案,让铁托深感气愤和震惊,他明确宣布斯大林不能代表南斯拉夫。由此,铁托与斯大林分歧越来越深。

对铁托坚定的独立性和桀骜不驯的态度,斯大林十分恼火,暗暗下定决心,必须寻找机会,狠狠教训一下铁托,甚至不惜把他搞掉。

由于边界问题,南斯拉夫与邻国奥地利和意大利以及美国关系十分紧张。1948 年 2 月 10 日,斯大林召集南斯拉夫和保加利亚领导人在克里姆林宫开会,讨论巴尔干形势。会上,铁托提出与保加利亚、阿尔巴尼亚结成巴尔干同盟的建议,保加利亚领导人季米特洛夫当即表示赞成。斯大林却坚决反对,他大发脾气,对铁托和季米特洛夫进行了严厉指责。

在高压面前,季米特洛夫屈服了,他当即表示撤回建议,不参加巴尔干同盟。但铁托却不肯屈服。3 月 1 日,他回到贝尔格莱德后,马上召开中央会议,做出了不理睬斯大林指示的决议。

铁托的举动,大大激怒了斯大林,南苏关系迅速恶化。3 月 18 日,苏联军事代表团团长巴斯科夫将军通知南斯拉夫总参谋长,宣布从南斯拉夫撤出全部苏联军事顾问和教官。第二天,苏联代办宣布,从南斯拉夫撤出全部苏联非军事顾问,理由是他们在南斯拉夫"处处受到敌视"。对此,铁托毫不示弱,断然拒绝斯大林的指责,坚定地走自己的路,独立自主地建设自己的国家。

在内部施加压力无济于事的情况下,斯大林便调动"共产党情报局"这一欧洲共产党的共同机构来反对铁托。在斯大林授意下,1948年6月下旬,情报局在罗马尼亚首都布加勒斯特召开大会,专门讨论南共党内的状况,通过了《关于南斯拉夫共产党状况的决议》,决议以激烈的语言抨击了以铁托为首的南共领导人,说他们采取"民族主义"立场,呼吁南共内部的"健康力量"行动起来,迫使其领导人承认和纠正错误,或者以"新的国际主义的领导"取而代之。这个决议,意味着把南共开除出情报局组织。一年后,即1949年11月,情报局又通过了《南共在杀人犯和间谍掌握中》的决议,进一步对铁托和南共进行恶毒攻击。自此,斯大林与铁托完全处于敌对状态。

这期间,苏联及东欧盟国同时还对南斯拉夫进行经济封锁和军事威胁,企图迫使铁托就范。当时,南斯拉夫95%的投资项目都与苏联、东欧等国有关系,它的煤、焦炭全是从苏联进口,现在一切中断,南斯拉夫的经济建设遭到极大的困难和损失。在国际社会,南斯拉夫几乎完全孤立了,在东方社会主义阵营里,它是被开除的一员;在西方,它是社会主义国家,与资本主义毫不相容,为资本主义国家所敌视。当时西方人士认为,很难想象南斯拉夫还能在地球上继续生存下去。他们预言:"铁托完蛋了,铁托的南斯拉夫末日到了。"

在黑云压城城欲摧的情况下,铁托没有倒下,也没有完蛋,他不低头,不屈服,勇敢地面对面前的一切。

1948年7月21日至29日,铁托主持召开了南斯拉夫共产党第五次全国代表大会,讨论南共面临的境遇及今后的任务。铁托要求每一位要求发言的代表都能充分讲话,他认真听取代表们的发言,尊重他们的意见。最后,在新的中央委员会选出后,在众目关注下,铁托以坚定的步伐走上讲台,向大会致闭幕词,他说:"我代表新选出来的我们党的中央委员会最诚挚地感谢你们的信任,我们目前正处在困难的境地里。我们的党正面临着一种严峻的考验,但是只要我们保持高度的警惕,保持我们党的团结和坚定,只要我们不丧失勇气,我们必定会赢得胜利。"全场报以热烈的掌声。

面对南斯拉夫被孤立的严峻现实,铁托开始努力,发展与世界各国的关系,寻求如何在复杂环境中保持自主与独立。1955年的万隆会议使铁托深受启发,他由此产生了不结盟的思想。

为了促进不结盟运动的展开,铁托不辞劳苦访问了很多亚洲、非洲国家,动员、劝说这些国家参加不结盟运动。在铁托的努力下,有20多个国家的代表在开罗举行了不结盟国家的筹备会,商定了参加会议国家的条件:必须采取或赞同不同社会政治制度国家和平共处与不结盟的独立政策;支持民族解放运动;不参加大国军事集体;不缔结双边军事同盟;不得为大国提供军事基地等。

1961年9月,由铁托、尼赫鲁、纳赛尔、苏加诺、恩克鲁玛5人共同发起,在贝尔格莱德举行了第一次不结盟国家政府首脑会议。在会议上,铁托发表了长篇演说,阐发了自己关于不结盟运动的一系列重要思想。这次会议,使铁托的不依附任何大国,不屈服于大国压力,坚持独立自主的思想不仅为参加国所接受,同时也成了这些国家的共同愿望,为不结盟运动的发展奠定了基础。同时,通过这些外交活动,南斯拉夫打破了在国际上被孤立的困难局面。

铁托在与斯大林对抗的同时,在国内,以马克思主义为指导,依靠工人阶级和广大群众,积极探索一条与苏联模式不同的社会主义发展道路。从 1950 年起,铁托对经济管理体制进行全面改革,逐步实行"非国家主义化和分散管理",扩大自治的职能和权力。在政治体制方面,则从中央集权制向自治社会政治体制转化。这些改革,在初期和中期都取得了较好的成效,积累了一定的经验。但随着改革的发展,出现了对马克思主义和自治理论的教条式理解,诱发了一系列问题,为后来出现危机埋下了祸根。

不管是内政,还是外交,铁托都尽心尽力地参与主持,他努力工作,鞠躬尽瘁,耗费了精神,损害了身体,他终于病倒了。1980 年 5 月 4 日,铁托,这位 20 世纪的伟人与世长辞,终年 88 岁。

5 月 8 日,南斯拉夫人民为铁托总统举行了隆重的葬礼,世界上 200 多个国家党政代表团和党派组织代表参加了葬礼,有多位总统、国王、总督及国家元首的私人代表,30 多位总理和副总理,以及其他许多高级官员。中国也派出了党政代表团参加铁托的葬礼。这一天,许多国家都下半旗志哀。许多国家领导人、著名人士纷纷发表文章和谈话,悼念铁托总统,颂扬他为南斯拉夫人民、为世界和平建立的伟大功勋。

铁托生前在谈到大人物在历史上的作用时曾说:"伟大人物只有在了解人民的需要和愿望并且同人民打成一片的条件下,才能创造历史并且在其中起巨大的作用。如果一个人把自己同人民割裂开来,而且总想被高高地供起来,那么他只会引起畏惧和憎恨。"

南斯拉夫人民按照铁托生前的意愿,将他居住过 30 年的官邸庭院里的一座小花园,稍加整理,铁托便被安葬在花丛中,墓的正中竖着一块白色大理石墓碑,碑上镌刻着"约瑟普·布罗兹·铁托(1892~1980)"9 个金色大字,没有其他头衔和赞扬的词句。在花香鸟语中,铁托静静地躺在这里。

南斯拉夫是个多民族的国家,其主体的塞尔维亚人,占了 40%。但铁托是克罗地亚人,因此常常会忽视塞尔维亚人的需求。此外,铁托还做出了一个十分匪夷所思的操作,原本大家都认为自己是南斯拉夫人,但铁托偏偏要根据居住地的不同,把国民分成了数个民族,这也为之后的混乱埋下了伏笔。铁托死后,南斯拉夫瞬间陷入了群龙无首的状态,各民族间谁也不服谁,谁都想当南斯拉夫主席,之后东欧剧变的发生又让许多民族首领觉得不如自立门户。因此曾经盛极一时的南斯拉夫不可避免地走上了分裂的道路,成了如今的:塞尔维亚、克罗地亚、斯洛文尼亚、波斯尼亚、波黑、科索沃和马其顿。

越南国父

——胡志明

人物档案

简　历:越南无产阶级革命家、政治家,越南民主共和国的主要缔造者,曾任越南民主共和国(今越南社会主义共和国)主席、政府总理,越南劳动党(今越南共产党)中央委员会主席。1890年5月19日出生于越南中部义安省金莲村,1969年9月2日在河内病逝。

生卒年月:1890年5月19日~1969年9月2日。

安葬之地:越南首都河内巴亭广场。

性格特征:灵活、务实,既有狠劲又有韧劲,对社会主义革命无比热情。

历史功过:领导越南人民建立起了人民的革命政权;在中国共产党的帮助下,解放了越南北方,使越南成了一个有首都、海港,有领海、领空主权和国际地位的主权国家。领导越南人民坚决地进行反美斗争。

名家点评:毛泽东评价说:"胡志明是杰出的无产阶级革命家,中国人民的亲密战友。"

南北驱驰

1924年12月,中国的广州依然气候温暖,满城一派春意。此时,孙中山在大元帅府欢迎苏联派来的政治顾问鲍罗廷。鲍罗廷一行走进大厅,与孙中山握手,互致问候,这时,鲍罗廷身后一位身材清瘦、约30多岁的青年以流利的中文、俄文进行翻译,赢得了在场各方人士的一致好评,他就是后来成为越南国父的胡志明,当时名叫阮爱国。

胡志明出生于 1890 年 5 月 19 日,越南中部义安省南檀县南莲乡金莲村,原名阮生恭,上学时取名为阮必成。此时,越南沦为法国殖民地,越南人民对法国殖民主义者进行了不屈不挠的反抗斗争,这些深深影响了胡志明。胡志明从初小读到中专,到藩切市育青学校教了八九个月的书,便到了西贡,考入一所专门为法国巴松公司培养海员和技工的职业学校。还没毕业,他就在法国"杜拉舍·特莱维勒"号海轮上找到一个厨房二等杂役的工作。经过几年的海员生活,他积蓄了一小笔钱。1914 年初,胡志明离开海轮,到英国居住,在这里,他一方面学习英语,一方面参加英国工人运动,得到了很好的锻炼。1917 年,胡志明来到正进行第一次世界大战的法国,并改用"阮爱国"的名字。1918 年,第一次世界大战结束,胡志明认为为祖国争取独立、自由的时刻已经到来,立即与各殖民地代表团联系,并代表越南向参加巴黎和会的法国代表团提出一份请愿书,要求给予越南自治、恢复人民自由、民主和民族自决权等,随后,他将请愿书印了 6000 份广为散发,一部分还寄回越南。这是历史上越南人第一次向全世界宣布争取民族独立的主张。

十月革命胜利后,胡志明开始学习马克思主义、列宁主义著作,思想有了极大提高,他结识了各国革命者,找到了真理和救国道路,而且学会了做宣传和组织工作。1924 年,共产国际第五次代表大会在莫斯科召开,胡志明受邀参加大会,来到俄国。大会后,胡志明被任命为共产国际东方部常务委员,直接领导该部南方局工作。12 月,鲍罗廷被派任孙中山的政治顾问,胡志明便以翻译的身份从莫斯科来到广州。

当时,在广州,有一个叫"心心社"的越南青年组织,成立于 1923 年,领导人叫胡松茂。胡志明到广州后,即与"心心社"取得了联系,他紧紧握着胡松茂的手说:"你们做了很好的工作,要想革命成功,就必须建立一个强大的政党来组织、领导国内群众进行斗争,进而发动起义,夺取政权。"胡松茂表示赞成。1925 年,胡志明以"心心社"为基础,建立了"越南青年革命同志会",明确其奋斗目标为驱逐法国帝国主义,争取民族独立,进而实现共产主义。

为了培养革命骨干,胡志明在广州举办了大约 10 期青年政治训练班,专门吸收从越南国内来的革命青年参加,在两年时间里,有 200 多人参加了培训,不少学员后来成为越南革命的领导人,如陈富、阮良朋等。

1927 年,蒋介石叛变革命,屠杀共产党人和革命群众,胡志明随苏联顾问鲍罗廷一起离开中国去苏联。他所播下的革命种子,在越南各地生根、萌芽。1928～1929 年,越南各地爆发了多次罢工,随着斗争的发展和复杂化,越南青年革命同志会内部出现了分歧,分成 3 个组织,在北部的改为"印度支那共产党",在中部和南部的改为"印度支那共产主义联盟",原越南青年革命同志总部则改为"安南共产党",三个组织自成体系,竞相扩大自己在群众中的影响,因而互相削弱了自己的力量。

组织的分裂不利于革命的发展,胡志明深感忧虑。1930 年 2 月 3 日,胡志明在香港召集三个共产主义组织的代表举行会议,会上,胡志明对地方主义和宗派主义作了适当的批评,他十分严肃地指出:"三个组织必须捐弃成见,真诚合作,当前最紧急的问题,便是实行越南国内几个共产主义组织的统一。"

胡志明的发言使大家深受教育,与会者一致决定,三个组织实行统一,统一后的组织改为"越南共产党",并立即着手起草党纲党章,会议还根据胡志明的提议,通过一项简要纲领,指出越南革命的性质是资产阶级民主革命,革命对象是帝国主义和封建势力,革命任务是使越南获得民族独立,使越南人民获得民主权利,进行土地改革,实现耕者有其田。越南共产党的成立具有重大意义,标志着越南人民有了自己工人阶级的政党,对于推动革命运动的发展有十分重要的作用。后来,2月3日被定为越南共产党的成立纪念日。随后,越南共产党中央委员会召开第一次会议,决定把党的名称改为印度支那共产党,以便指导越南、柬埔寨、老挝三国的革命,并选举陈富为党的第一任总书记。

胡志明在领导越南共产党成立后,他个人在香港的处境越来越困难,英国巡捕得知胡志明在香港的消息,加紧了在香港的布防,胡松茂、际辉奔、杜玉喻,甚至越共中央总书记陈富等先后被捕。法国政府向香港警察发出通报,如抓住胡志明,将奖给一笔巨款,而法国派船将胡志明押解回越南,在那里,宜安省荣市法院早在1929年10月就宣判了胡志明的死刑。

胡志明住在香港三龙186号一栋两层楼房中。1931年6月6日清晨,胡志明刚刚起床,他洗完脸正准备去晾毛巾,小楼大门被人用力冲开,一群英国警察冲了进来,一名手持手枪的头目大声喊道:"原地不动,举起手来!"

胡志明没有说话,上来两个警察,给他戴上手铐,随房间号外一个同志,被押解到了香港警察局。

在警察局的过道上,一个身材高大的人正被押出,胡志明眼睛一亮,那是胡松茂,胡志明即向他使了个眼色,胡松茂也丢了个眼色,表示会意。胡志明在警察局并没有经过审理,便被投进维多利亚监狱。

胡松茂出狱后,即找到英国进步的民主律师,香港法律家协会主席罗士庇,告诉他:"我们有一位杰出的政治活动家宋文初(胡志明当时的代名),曾被法国缺席判处死刑,今天上午遭英国当局逮捕,准备交给法国当局,我们请求您希望您能把这位活动家救出来。"

罗士庇并不认识这位叫宋文初的胡志明,但出于职业良知,决定营救这位印度支那革命者。几天后,罗士庇在监狱见到了胡志明,两人用英语交谈了很久,胡志明说:"我很感谢您的关心,但我没有钱委托您做我的辩护律师。"

罗士庇诚恳地说:"我为您辩护是为了尊严,而不是为了金钱,我只需要您说出那些可以用来辩护的依据,我相信您可以给我许多帮助。"

于是,胡志明也十分坦诚地将很多情况告诉了罗士庇。以后,罗士庇又多次去探望,了解了整个被捕的过程及一些有利于辩护的依据。

7月4日,由一名在香港华人事务所工作的英国人威廉·汤姆森前来取证。在问了姓名、年龄、籍贯后,汤姆森直接提问:"有人说你是进行共产主义宣传的共党分子,有劣迹。"

胡志明据理力争："我不接受这种罪名,我不是共党分子。我信仰国家主义,目的是推翻法国的统治。我不清楚我为何被捕。"

"你到香港有多长时间?"

"大约有 7 个月。"

"住在什么地方?"

"我从一位姓王的朋友那儿租用了三龙 186 号这栋房子,我来居住并交了房租。王先生是商人,不是革命者。"

"你在这里认识什么人吗?"

"不认识。"

取证后,法庭要公开审讯,这是香港当局无法回避的。法庭先后 9 次开庭审讯,罗士庇律师与他的好友詹金律师九次出庭,为胡志明进行辩护。在他们的努力下,香港当局以无罪释放胡志明,并提供 400 美元,让他离开香港。

胡志明恢复自由后,即乘船离开香港,前往新加坡。但船到新加坡后,当地警察以"新加坡不必遵循香港的法令"为借口将他拘捕。然后押回香港,胡志明再次被关进原来的监狱。

胡志明正在焦虑思考如何逃脱时,看到了一名熟悉的狱警,便请他帮忙告诉罗士庇律师。

罗士庇律师得知自己的"客户"再次被监禁后,十分气愤,觉得港英当局玩弄花招,出尔反尔。他急忙拜见香港总督彼尔,要求释放自己的"客户",香港总督怕事情闹大,有损自己的声誉,便同意放人。罗士庇律师为免发生不测,要求自己领人出狱。

于是,胡志明随罗士庇律师离开监狱,先在"中国天主教青年会"宿舍"寄住"一晚,第二天,登上一艘国际海轮,离开香港,到了上海,摆脱了牢狱之苦。

缔造共和

第二次世界大战爆发后,胡志明来到中国桂林,住在桂林八路军办事处,与印支共产党海外部的负责人冯志坚、黄文欢等人一起,指导海外部的工作。胡志明认为,以共产党名义公开活动不方便,因此让黄文欢等约请胡学览以"越南独立同盟"名义进行公开活动。越南独立同盟是胡学览和黄文欢等越南爱国者于 1936 年向中国南京政府当局登记过的组织,是合法的。在越南独立同盟的号召下,黎广波、黄森等 40 多名越南革命者都来到广西,胡志明召集他们开会,布置他们在广西的中越边境做群众工作。此时,日军侵入越南,形势发生进一步变化,胡志明又担负起领导越南人民抗日斗争的重任。

1941 年 2 月 8 日,胡志明回到阔别 30 年的祖国,参加印支共产党第 11 次中央全会。当时,越南各地党组织派出代表,越过敌人的重重封锁前来参加会议。在胡志明主持下,会议成功召开。这次会议确定了党在新形势下的总路线,即通过建立农村根据地,建立人民武装和建立广泛的民族统一战线,发展和壮大革命力量,准备条件成熟时在全国范围内发动起义,夺取政权,建立独立、自由的新越南。胡志明根据形势的变化,提出建立"越南独立同盟"的组织,并建议,暂时取消土地革命的口号,代之以"没收法国殖民者,越奸和叛国者的土地分配给农民"的口号,大会接受了胡志明的建议。选举党的负责人时,代表们建议胡志明担任党的中央委员会总书记,直接领导全党工作。但胡志明谢绝了,建议仍由国内工作的同志担任党的领导职务。虽如此,与会的全体同志仍然把胡志明看作是越南革命的导师,全党的领导者。

5月19日,在胡志明直接指导下,越南独立同盟举行成立大会,胡志明被推选为主席。6月6日,胡志明发表《告全国同胞书》,号召:"全国同胞们!赶快起来,仿效中国人民的英勇斗争精神,快快起来组织救国团体,开展抗日、抗法的斗争。"

"越盟"成立后,胡志明认为,在新形势下,争取得到各同盟国的承认,正式成为国际反法西斯战争的一个组成部分,是摆在"越盟"面前一个十分重要的问题。如这一目的达到,在反日反法斗争中,"越盟"就可能得到外来的支援,战争胜利后,也就可以取得应有的地位。

为此,胡志明决定以国际反侵略协会越南分会代表的名义亲自出国活动。1942年8月,胡志明越过边境,进入中国广西,准备到重庆去会见蒋介石,争取他的支持。不料,刚到广西天保县足荣镇,就被国民党地方当局逮捕。之后,胡志明被辗转押解到靖西、桂林、柳州之间13个县的18个监狱,受到非人的待遇。但胡志明以坚韧的毅力忍受着这一切,他十分乐观,曾在一首汉文诗中写道:

身体在狱中,精神在狱外。

欲成大事业,精神更要大。

后来,国民党第四战区司令张发奎得知胡志明就是阮爱国,并对他的身世、德才有所了解后,致电国民党政府行政院,说情请予释放,得到许可。1943年9月,胡志明终于获释。

1944年,胡志明回到越南。这时,越北高平、北洴、谅山等地的一些党的负责人认为发动武装起义的条件已经成熟,准备发动起义。胡志明听了汇报后,清楚地意识到从当地局部情况来看,虽然具备了发动起义的一定条件,但从世界反法西斯战争的全局以及日本侵略者和法国殖民者在越南的联合统治还相当稳固这一基本情况来看,起义的时机还尚未成熟。于是,胡志明反复向这些地方负责同志做工作,讲解世界总体形势。他说:"现在革命和平发展的时期已经过去,但全民起义的时期尚未到来。如果我们目前的活动仍限于政治斗争,那已不能促进运动向前发展;但是如果立即发动武装起义,敌人就将集中力量对付我们。因此,当前的斗争形式必须是从政治斗争向军事斗争过渡,但政治斗争目前来讲还是应重于军事斗争。"因此,胡志明不仅不同意立即发动武装起义,也否定了当地一些领导人准备正式创建越南解放军的决定,他及时发出指示,在当前条件下,只能成立"越南解放军宣传队",它的任务是"政治重于军事,宣传重于作战",即做好宣传,促使人民觉醒,为将来的起义打下政治和群众基础。

胡志明的决定,避免了革命遭受重大损失,使革命根据地免遭敌人破坏,对保存革命力量,准备将来进一步开展武装斗争,扩大解放区起了重要作用。

1945年初,国际形势进一步发生重大变化。欧洲战场上,苏军将德军全部赶出苏联国境,并开始向德国本土发动进攻,美英联军在法国诺曼底登陆,开辟了第二战场;在太平洋战场上,英军打退了在缅甸的日军,美军在菲律宾登陆,中国人民的抗日战争有了进一步发展。在越南,日军发动突然袭击,解除了法军武装,扶持安南傀儡皇帝保大和亲日分子组成政权,出现了法国殖民主义统治已瓦解,而日本侵略者统治尚未巩固的局面,形势对革命极为有利。

在这种情况下,胡志明召开印支共产党中央常委紧急会议,分析形势。有人认为发动全国总起义的时机已经成熟。胡志明深谋远虑,他认为,全国总起义的时机还没成熟,但现在是举行局部起义和组建军队的时候了。大会接受了胡志明的建议,提出新的口号:"赶走日本法西斯,成立人民的革命政权。"

根据会议精神,活动于各地的越南解放军宣传队与一些救国军联合,组成了越南解放军,有些地方还组成了自卫队和游击队,有些地方发动起义,建立了地方人民政权,逐渐形成了农村包围城市的形势。

1945年8月13日,胡志明主持召开印支共产党全国代表会议,会议进行过程中,传来了日本无条件投降的消息,胡志明当机立断,决定在全国范围发动总起义。印支共产党即发出第一号军令,号召人民发动总起义,攻占各大小城镇,夺取政权。

在印支共产党的号令下,武装起义席卷全国。在河内,起义群众冲进伪北越总督府,夺取了政权;在顺化,起义获得胜利,傀儡皇帝保大被迫宣布退位,结束了帝国主义羽翼下的阮氏封建王朝的统治,在西贡,起义也获得成功,以人民委员会代替了旧政权。

随后,越南民族解放委员会和"越盟"总部迅速从越北解放区迁入河内,并组成了越南民主共和国临时政府,8月30日,胡志明来到河内。

9月2日,在河内巴亭广场举行了有50多万人参加的群众大会,人声鼎沸,红旗招展,胡志明以越南民主共和国临时政府主席的名义,庄严宣告越南独立。从此,9月2日成为越南独立日,即国庆节。

但时隔不久,风云突变,9月21日,法国军队在英军和尚没被解除武装的日军掩护下在西贡登陆,并很快占领西贡和其他一些地方。美军麦克阿瑟将军以盟军总部的名义,命令在越南的日军不得向越南解放军缴械。

年轻的共和国处于极端困难和危险之中,面对这一严重局势,胡志明领导新政权做出了一系列重大决策和采取了许多策略性措施:首先,动员全党和"越盟"领导全国人民组织普选,以产生国会和正式政府,使人民政权合法化;其次,扩大民族统一战线,团结各方面人士;再次,将越南解放军和各地武装力量统一整编,扩大为越南卫国军;同时,对法国采取"力求和平解决,以便继续前进"的策略。

胡志明与法国政府多次谈判,但没取得好的效果,1946年12月,法军攻入河内,越南军队奋起抵抗,从此,越南人民的全国抗法战争开始。21日,胡志明发表致越南人民、法国人民和各同盟国人民书,向全世界宣告:"越南民族任何时候都不愿再做奴隶,越南人民宁死也不肯丧失独立和自由。"

战争开始后,法军企图以10万左右的兵力速战速决,首先,占领大中城市和交通线,消灭越南政府的首脑机关,寻歼越南军队的主力,然后控制中小城镇和农村,肃清抗战力量。

胡志明分析形势后,制定了越军的战略指导方针,即坚持持久战,保存主力,占领广大农村,进行分散的游击战。

胡志明领导越南军民在河内进行两个多月的保卫战后,转移到北方老解放区,同时动员群众彻底破坏铁路、公路等交通线,阻止法军机械化部队前进。

胡志明从河内撤出后,住在太原、宣光一带的山林里,并且经常转移。他的办公处常常是一间只有六七平方米的高脚小竹楼,他的行装十分简单,只是一个背包而已。当敌人扫荡时,胡志明只带着8个工作人员在丛林里与敌人周旋。部队领导要求派一个营的军人来保卫,胡志明严肃地说:"不行,有力量应该拿去打敌人,只有打败了敌人才能保卫自己。"就这样,胡志明在敌人的包围圈中转来转去,度过了艰苦的反扫荡的日日夜夜。

经过两个多月的战斗,法军既抓不到胡志明和越南的首脑机关,也未能与越南的主力部队正面接触,战争进入旷日持久的相持阶段。

正当胡志明领导越南人民进行艰苦的抗法战争之时,新中国成立了。1950年1月18日,刚成立不久的中华人民共和国宣布承认越南民主共和国,从此,越南有了中国这个辽阔广大的后方。不久,中国方面决定派遣20年代胡志明在广州时的老战友陈赓大将到越南协助胡志明指挥战役,并派韦国清率援越军事顾问团到达越南。

7月,骄阳似火。在太原省解放区,胡志明紧紧握住陈赓的手,连声说:"欢迎,欢迎!"20年代,他们在广州,为中国革命并肩作战,今天,为了越南革命,他们又走到了一起。他们一起商定了边界战役的作战方案,又亲赴高平前线、东溪前线视察。胡志明十分高兴,当场赋汉文诗一首,赠给陈赓将军,诗云:

> 携杖登高观阵地,
>
> 万重山拥万重云。
>
> 义兵壮气吞牛斗,
>
> 誓灭豺狼侵略军。

胡志明在陈赓协助下,指挥边界战役全面展开,经过20多天的奋战,敌军沿中越边境4号公路设置的封锁线被彻底粉碎,3000多敌军被歼,取得了这一战役的全胜。从此,在北部战场上,越军掌握了主动权。

1951年2月11日,在胡志明领导下,印支共产党第二次全国代表大会召开。胡志明在大会上指出,印支共产党原是领导越南、柬埔寨、老挝三国的党,三国国情各异,想通过一个党领导实际上不可能,而中央领导机关中并没有柬埔寨人和老挝人,因此,他建议,组成名正言顺的越南的党,这个党的名称为越南劳动党。大会接受了胡志明的建议,正式建立越南劳动党,胡志明当选中央委员会主席。

会后,越南人民在胡志明为主席的劳动党领导下,展开了英勇的抗法战争,

1954年3月，胡志明在中国军事顾问团协助下，发动了奠边府战役，经过近两个月的战斗，全歼法国精锐部队16000多人，取得了抗法战争以来最大的一次胜利。

5月8日，关于印度支那问题的日内瓦会议召开，在周恩来为首的中国代表团和莫洛托夫为首的苏联代表团支持下，法、越双方于7月21日达成协议，在北纬17度附近的边海河上划出临时军事分界线，双方停战，恢复和平。

1954年10月10日，越南民主共和国接管河内，1955年1月1日，在10年前胡志明主席宣布越南独立的巴亭广场举行了盛大的越南民主共和国政府还都仪式，至此，整个越南北方获得解放，成为一个有首都、海港，有领海、领空主权和国际地位的主权国家。望着欢乐的人群，胡志明脸上露出了欣慰的微笑。

鞠躬尽瘁

越南北方在胡志明领导下，走上了社会主义道路，而南方却没有统一。日内瓦会议后，法国匆忙将早已"退位"的末代皇帝保大送到南越当"元首"，由吴庭艳当"总理"，法国远征军撤走后，吴庭艳在美国支持下，推翻保大，自任"总统"，成立所谓越南共和国。

按照日内瓦协议规定，越南北双方应于1956年7月举行全国大选，实现南北统一，但吴庭艳却予以拒绝。为此，胡志明为首的劳动党中央决定在南方开展自卫战争。在胡志明亲自部署下，1960年12月，越南南方民族解放阵线成立，随后，南越人民武装力量成立了统一的指挥部，武装斗争在各地农村广泛展开，逐渐形成了包围城市的广大解放区。

就在南方政权即将瓦解之时，美国开始进行干预。1962年4月，美军特种部队在南越登陆，对南方人民发动"特种战争"。1964年8月3日，美国以所谓"北部湾事件"为借口，调集大批战舰驶往越南海域，并派大批飞机对越南北方的义安、清化、鸿基等沿海港口进行轰炸，从而把战火烧到越南北方。

面对美军的猖狂进攻，胡志明反抗的决心坚定不移，他在《告同胞书》中庄严宣告："战争可以延长5年、10年、20年或者更长的时间，河内、海防等城市以及一些企业可能被摧毁，但越南人民是吓不倒的！独立、自由比什么都更为珍贵。到了胜利的时候，我国人民将重新把自己的祖国建设得更加堂皇，更加壮丽！"

在越南人民反美斗争最关键时刻，中国人民伸出了援助之手。早在胡志明还都河内之时，中国政府无偿赠送8亿元人民币给越南人民，支援越南经济建设。这一次，又给越南以抗美斗争各项军事、物资、技术等无私的援助。1965年5月，胡志明又受邀来到中国。

初夏的长沙绿荫葱葱，凉风习习，胡志明与中国人民的领袖毛泽东会面了。一见面，胡志明便诚恳地说："我这次到中国来，有三个目的，第一是问候你和中共中央其他同志的健康；第二是代表越南劳动党、越南人民向中国共产党和中国人民表示感谢，感谢你们给予我们抗美斗争的各项援助；第三是祝贺中国第二颗原子弹爆炸成功。"

毛泽东微笑着说:"第一点,第三点我接受,第二点不接受。你们抗击美军,全世界人民都感谢你们,感谢越南,不是你们感谢我们。"

胡志明十分感动,他真诚地说:"还是我们感谢你们,不只是我个人这样看,全体越南人民都这样看。"

接着,胡志明向毛泽东介绍了越南人民抗美斗争的基本情况,并请求中国继续予以帮助。

毛泽东慷慨答应,他鼓励胡志明说:"美国打不了20年。美国打不赢你们,他们怕你们,你们将打赢美国。对你们的斗争,中国人民一如既往地支援,我还是那句话,中国是越南的大后方,要人,要物,你说。"

面对坦诚的毛泽东,胡志明真切地感受到兄弟的情谊,他摸了一下已经雪白的胡须,对这样的朋友,他还有什么需要客气的呢,于是,胡志明将越战形势、越军面临的困难及请求中国援助的方面等,向毛泽东和盘托出,毛泽东听得十分仔细,不时提出问题,两位伟人谈得那样入神,那样融洽。

这次会谈后,中国向越南派遣了防空、工程、铁道、后勤等总数达30多万人的援越人员,并给予多方面的物资援助。中国援越物资总值超过200亿美元,包括足以装备陆、海、空军和民兵游击队200多万人的轻重武器、弹药和其他军用品,成百个生产企业和修配厂,三万多辆汽车,三亿多米布,200万吨汽油,500多万吨粮食,同时,帮助越南修建了几百公里铁路,供应了全部铁轨、机车和车厢;援助越南3000多公里的油管等。

在中国人民的帮助下,胡志明领导越南人民的抗美斗争取得巨大胜利。1968年底,美国总统约翰逊表示愿与越南谈判,越南政府即表示同意。越美会谈后,美国宣布暂停轰炸北方,和平正逐渐向越南走来。

然而,胡志明并没有能在有生之年迎来越南和平统一的曙光。1968年,胡志明健康状况严重恶化,但他仍不知疲倦地工作,毛泽东、周恩来对胡志明非常关心,多次将他接到中国的广州和北京,派最好的医生予以治疗。在中国医生医治下,胡志明病情一度有所好转,他关心自己的国家,很快返回河内。

1969年初,胡志明病情复发,毛泽东、周恩来即做出决定,派专机送最好的医生、护士赴越南协助治疗。8月23日,胡志明病重,中国又派出第二个专家医疗组赴越。三天后,第三个医治组飞赴越南。专家组一下飞机,便直奔主席府,投入紧张的抢救工作,但仍不能控制病情。毛泽东、周恩来知道后,即批示派第四个专家医疗组赴越。

9月2日,胡志明病情急转直下,处于极度昏迷中。这天清晨,胡志明醒来,他眼中放出光芒,十分留恋地望了望他的战友和周边的越南、中国医护人员,想说什么,嘴张了张,又说不出来,一会儿,又昏迷过去。9时47分,胡志明的心脏停止了跳动,结束了他为越南人民英勇奋斗的一生。此时,中国第四个专家医疗组的专机仍在赴越途中。

胡志明的遗体安放在水晶棺里,他依然穿着一套褪色的咔叽中山装,9月6

日,河内成千上万的群众参加了向胡志明告别的仪式。9 日,在巴亭广场举行了有 10 多万人参加的追悼会,中国周恩来总理和许多国家的领导人远道前来参加,这在越南历史上,是空前的哀悼。

　　胡志明逝世后,越南人民化悲痛为力量,在南方加强反美斗争,北方积极支援,终于迫使美国政府于 1973 年 1 月在巴黎与越南民主共和国政府签订了越南结束战争、恢复和平的协议。3 月底,美军全部撤离南越。1975 年 4 月,越南南方全部解放,越南实现了和平统一。越南人民欢欣鼓舞,庆祝这一胜利。胡志明若地下有知,他一定也会兴奋无比,他一定会告诫越南人民,胜利来之不易,要珍惜这来之不易的胜利,也要珍惜中国人民对越南人民无私的情谊。

朝鲜领袖

——金日成

人物档案

简　历:原名金成柱,朝鲜民主主义人民共和国建国主要领导人以及朝鲜劳动党、朝鲜人民军、主体思想的创建者。1912 年 4 月 15 日出生于朝鲜平安南道大同郡一个农民家庭。1929 年至 1946 年领导了朝鲜反日独立战争,并于 1946 年 2 月 8 日担任朝鲜临时人民委员会主席。1994 年 7 月 8 日凌晨 2 点,金日成因心脏病突发于在平壤逝世,享年 82 岁。

生卒年月:1912 年 4 月 15 日~1994 年 7 月 8 日。

安葬之地:遗体被永久保存于平壤锦绣山太阳宫内的水晶棺。

性格特征:热情真诚,吃苦耐劳。外向爽朗,是豪放派,开怀大笑的神态很有感染力。

历史功过:1950 年至 1953 年领导朝鲜人民在中国无私的援助下击败了美国的入侵。取得了反美战争的胜利,这之后,他尽力提高国内人民的生活水平,争取祖国的统一。

名家评点:斯大林评价说:"金日成是一个真正的无产阶级国际主义战士,共产主义运动的一个生动例子。在远东他以血的代价,用手中的枪捍卫了苏联,反击了帝国主义的侵略。"

反日争独立

1929 年暑假的新学期,在吉林市毓文中学一年级乙班,著名的历史学家、中共党员尚钺,正给学生上语文课,他在一课时内把长达 120 回《红楼梦》的庞大内容讲完了,提纲挈领,又不断插入一些重要情节,让学生听得如痴如醉。尚钺老师讲完,整个教室寂静无声,学生还沉浸在小说的故事情节中。

"老师,我想提个问题。"一个学生的清脆声音打破了寂静。

尚钺顺着声音看去,一个长着圆圆脸蛋、个子中等的学生站了起来。"你叫什么名字,有什么问题?"

"我叫金成柱,我想问您,为什么没有介绍作者的生平和家史?"

尚钺连忙解释:"上课因为时间不够,所以省略了作者简介,如果你想知道,课后你可以来找我。"

这个叫金成柱的学生,就是后来成为朝鲜劳动党中央总书记、朝鲜民主主义人民共和国首相的金日成元帅。1912年4月15日,金日成出生于朝鲜平安南道大同郡古平面南里(今平壤市万景台)一个农民家庭,父亲金享稷因从事反日独立运动遭迫害,移居中国东北,在长白县八道沟定居,后又到抚松县。1926年父亲病逝后,金日成进入吉林毓文中学学习,正好尚钺担任其语文教员。

尚钺对金日成的提问并没有在意,没想到,第二天,当尚钺在操场散步时,金日成找来了。于是,尚钺将这个虚心好学的学生带回了自己家里,并向金日成详细介绍了《红楼梦》作者曹雪芹的生平和家史。

听完介绍后,金日成继续提问:"作者的出身与作品的阶级性是否存在必然的联系?"

尚钺耐心地回答:"作者的出身影响作品的阶级性质,这倒是事实,但决定其性质的绝对因素并不是作者的出身,而是作者的世界观。"并以曹雪芹为例说:"曹雪芹虽然生在一个受康熙皇帝特殊优遇的贵族家庭,在富裕的环境中长大,其作品却能形象地反映处于衰亡时期封建中国的内幕和它灭亡的必然性,这是因为他的世界观是进步的。"

尚钺先生的话,征服了金日成年轻的心,他抬头望见了书房中的大书架,上面摆满几百本书,一下子被吸引住了,他问道:"老师,要把这些书读完,需要多长时间?"

"勤则三年,懒则百年。"尚钺答道。

"老师,如果我要限三年内把这些书读完,那么您可以把书架对我开放吗?"

"可以,不过有个条件。"

"只要您肯借书我看,什么条件都可以。"

"我很早就想培养一两个能够为无产阶级革命做出贡献的青年作家,你是否可以成为其中的一人呢?"

金日成稍加思索,便诚恳地说:"老师,您这样相信我,实在感激不尽。说实在的,我对文学课特别喜爱,对作家这个职业也十分憧憬。可是老师,我们是被日本霸占了祖国的亡国之民的子弟,我父亲为光复祖国奔走一生,在苦难中去世了。我决心继承父亲的遗志,将来献身于反日独立斗争,就将是我的职业。"

尚钺先生倚着书架,深情地点点头,显然,他为金日成的志气与坦诚所感动,他把手放在金日成肩上,鼓励说:"好样的,如果你的理想是为反日独立而斗争,我的书架统统向你开放。"

此后，金日成常到老师这儿借书，历史的、政治的、马克思主义的都借回去，如饥似渴地读，从中汲取营养，并不断地写文章，开展各种形式的宣传，进行反日本侵略的斗争和活动。

1929 年 10 月，金日成被南京国民政府以宣传马克思主义嫌疑的罪名逮捕。出狱后，没再能回学校，便在东北地区从事反日独立的革命活动，走上职业革命家道路。

1932 年 4 月 25 日，金日成创建了安图抗日游击队，与中国军民一起，痛歼日寇。11 月，金日成率安图抗日游击队赴汪清，与汪清抗日游击队、宁安抗日游击队合并扩编为汪清抗日游击大队，梁成龙任大队长，金日成任政委。1933 年下半年，中共满洲省委决定建立东北人民革命军，汪清抗日游击大队改编为第二军独立师第三团，赵春学任团长，金日成任政委。

1935 年 12 月，金日成所率第三团与候国忠所率第四团联合发起老黑山战役。这天，部队先派小股武装吸引老黑山日军倾巢出动，进入我军伏击地带，中朝两国战士英勇出击，作战仅半个多小时便大获全胜。不幸的是，金日成在指挥战争时负了伤。当时，已是深夜，战士们即用担架将金日成抬到宁安一个叫金京玉的农民家里。

金京玉见担架上躺着一个身体魁梧的人，便连忙上去给这个伤员脱鞋，可两只鞋都冻成了冰块，脱不下来，急忙找来菜刀打下冰块，才解开鞋带，将伤员安置在炕上。金京玉的妻子忙着烧开水煮小米粥，并把备作药用的蜜汁也取出来，同小米粥一起熬给伤员吃。这一夜，金京玉一家通宵未眠，一直守候在伤员身边。直到第二天，伤员好转，睁开眼睛，露出感激的神情，以后好多天，金京玉一家精心照顾伤员，但他们并不知道，这位伤员就是金日成将军。金日成伤好些后，便抢着帮金家劈柴担水，做家务事，他们相处得完全像一家人似的。

15 天很快过去，金日成伤愈归队时，十分感激这家中国农民，他拉着金京玉的手深情地说："感谢你们的照顾，真不知道怎么报答你们才好！"

金日成归队后，东北人民的抗日斗争风起云涌。1936 年 2 月，根据中共中央指示，东北人民革命军改为东北抗日联军，金日成为抗日联军第二军第三师师长。5 月 5 日，朝鲜祖国光复会成立，金日成被推选为会长。金日成发表《祖国光复会宣言》，制定了著名的《十大纲领》，号召"朝鲜人民总动员起来，实现广泛的反日统一战线，推翻日本帝国主义强盗的统治，建立真正的朝鲜人民政府"。

6 月，抗日联军第一军与第二军胜利会师，合编为东北抗日联军第一路军，杨靖宇任总司令，王德泰任副总司令，魏丞民任政委，金日成部由原来的三师改为六师。

1937 年 6 月 4 日，金日成率部渡过鸭绿江，攻打国境警备要地普天堡。在金日成指挥下，部队迅速冲进普天堡，消灭大量敌军，捣毁日寇统治机构，取得了战斗胜利。朝鲜男女老幼热烈欢迎人民军队的到来，金日成向欢呼的人民群众发表具有历史意义的讲话，他说："普天堡战斗向全世界宣布，朝鲜人还活着，并没有死，他们还在抗击日本帝国主义，只要同日寇做斗争，就能获得胜利。"

随后，金日成撤回中国东北，以长白县为主要根据地，转战临江、抚松、濛江等地，经常出奇制胜，痛歼日军，深受广大人民群众的赞扬与爱戴。

1941年，抗日战争进入艰苦年代，东北抗日联军为适应形势，改为支队编制，金日成为第一支队队长。部队改编后不久，即由东宁县撤往苏联境内。1942年，又组成东北抗日联军教导旅，旅长周保中，副旅长李兆麟，下设4个教导营，金日成为第一教导营营长。

1945年8月8日，苏联对日宣战，东北抗日联军各部按统一部署进行配合作战。教导旅的中国同志组成57个小组，配合苏军在东北作战，而以金日成为首的朝鲜同志，则配合苏军进入朝鲜，开展斗争。

在此大好形势下，金日成命令朝鲜人民革命军各部队迅速行动起来，投入解放祖国的圣战。于是，朝鲜人民革命军同苏联军队一起，向罗津、清津、南阳、雄基等地分路挺进，发起总攻击，到处打击和消灭顽抗的日军部队，迅速解放了朝鲜北部。

10月14日，金日成在苏联顾问的陪同下回到平壤，受到10多万群众的欢迎。金日成满怀激情地在大会上发表讲话，他说："我们民族从历时36年的黑暗生活中获得了解放和自由，我们祖国的三千里江山好似灿烂的晨曦，放射着希望的光芒。我们朝鲜民族为建设新的民主祖国而把力量团结起来共同前进的时候已经到了。"

11月19日，朝鲜成立北方五省行政局，主席不是金日成，而是朝鲜民族主义领袖曹晚植。曹晚植在抗日战争中是极受尊重的朝鲜民族领袖，但他对苏联人反感，将苏军当作日本军队一样的占领者，于是斯大林决定撤换他。当时，在朝鲜的苏联占领军负责人什特科夫便推荐了年仅三十出头的金日成，斯大林立即表示同意，他说："朝鲜是一个年轻的国家，需要年轻的领导人。"

1946年2月8日，在苏联占领当局一手操办下，朝鲜临时人民委员会宣告成立，委员会主席由金日成担任。这也标志着三八线以北的朝鲜地区建立了一个主权的国家，金日成反日争独立的愿望在北朝鲜得到实现。

反美卫和平

1950年6月25日，朝鲜半岛爆发了战争。金日成希望借此实现朝鲜南北的统一，在他的指挥下，朝鲜人民军迅速越过三八线，向南方挺进。27日，美国对此做出反应，总统杜鲁门发表声明，宣布美国将从军事上支持南朝鲜军队作战，随后，便派出飞机、军舰和地面部队进行武装干涉。在联合国军的旗帜下，十几个国家的军队卷入了这场战争。

面对强敌，金日成表现出英勇无畏的精神，他号召朝鲜人民，坚决反对美国干涉，保卫国家，保卫和平。在金日成的号召下，战争开始，朝鲜人民军的作战比较顺利，7月底，人民军已经进抵洛东江，整个南朝鲜军队只剩下几万人，连同前来增援的近10万美军，被围困在朝鲜最南端的釜山港一带狭小的范围里，眼看统一朝鲜的战争将进入尾声了。

这一切，让金日成倍感兴奋，他即向朝鲜人民军发出命令，对釜山的敌人发动总攻击，不惜一切代价把美国人赶下海去。9月11日，一声爆炸打破清晨的寂静，朝鲜人民军向釜山防御圈发动总攻击，美军节节败退，仅9月5日一天，美军102人阵亡，420人受伤，587人失踪，伤亡总数达1245人。

然而，正当战争即将奏响凯歌之际，却发生了戏剧性变化。美军统帅麦克阿瑟将军实施所谓"蓝心计划"。9月15日，美军在汉城附近的仁川港，一举成功登陆。首批18000名美军顺利占领仁川港，朝鲜人民的主力部队被拦腰割断在朝鲜半岛南端，面临全军覆灭的危险。9月25日，汉城陷落，美军占领尚州、安东，并向清州方面发展，而人民军在釜山的进攻战宣告失败，美军开始大举北进，情势万分危急。

金日成全面分析战争态势后，认为情况十分危急，单靠朝鲜自己的力量已无法挽回局势。28日，金日成召集了朝鲜劳动党中央政治局紧急会议，会议一致认定，由于大部分人民军主力部队未能撤回，在汉城陷落后已无法阻止美国军队越过"三八"线，剩余的人民军不可能进行有效的抵抗，北朝鲜将不可避免地沦为美国的殖民地，因此，应向苏联和中国寻求直接的军事援助。于是，金日成于10月1日直接给毛泽东和中共中央发来求援急电。在这份紧急电报中，金日成首先叙述了朝鲜战后的演变，并着重介绍了美军仁川登陆后朝鲜人民军所处的困境，然后向毛泽东、中国党和政府提出请求说："目前，敌人乘着我们严重危机，不予我们时间，如果继续进攻三八线以北地区，则只靠我们自己的力量是难以克服此危机的。因此，我们不得不请求您给予我们以特别的援助，即在敌进攻三八线以北地区的情况下，急盼中国人民解放军直接出动援助我军作战。"与此同时，金日成还向苏联斯大林发出了同样的请求。

中国方面接到金日成紧急电报后，毛泽东主持召开中央政治局扩大会议，通过认真讨论研究后决定：以中国人民志愿军名义入朝作战。

正当中国人民志愿军整装待发之时，苏联驻华大使紧急约见周恩来，原来商定的苏联方面出动空军部队配合中国人民志愿军入朝作战事，以没有做好准备为由，决定暂缓出动，周恩来迅即向毛泽东汇报，毛泽东听后脸色变得十分严峻，他与周恩来反复商量后，决定周恩来去莫斯科，亲自向斯大林通报，中国也暂缓出兵。

周恩来离京去莫斯科后，毛泽东三天三夜没睡觉，考虑入朝作战问题，苏联不出动空军支援，我军无空中作战条件，很难白天作战，如果中国真的暂缓出兵，朝鲜难以阻止美军的进攻，情况会更严重，他左思右想，最后决定通知周恩来转告斯大林，不管苏联方面是否出动空军，中国都要出兵。

对中国的决定，金日成万分感动，因为前一刻，斯大林通知他，说中国不出兵，金日成已做了放弃北朝鲜、北撤中国东北的准备。他知道为了这次出兵，中国顶住了多大压力，克服了多大困难。10月19日，金日成冒着弹火硝烟，来到大榆洞附近一个矮小潮湿的矿洞，迎接中国人民志愿军司令员彭德怀。

"金日成同志，你好！毛主席让我代他向你问好。"一见面，彭德怀就热情地转达毛泽东的问候。

"你就是彭德怀呀！我可是久仰你的大名了。"金日成紧紧握住彭德怀的手，深情地说："感谢中国共产党和中国人民的支援。请转达我对毛泽东主席的问候，感谢他派来你这位大将军援助我们。"

紧接着，金日成便和彭德怀一起分析战场形势，认真研究作战方案。此后，金日成与彭德怀指挥两国军队协同作战，在短短一个多月时间内，就夺取了两个战役的胜利，给气焰嚣张的美国军队以狠狠的打击。

眼看志愿军把美国人打得节节败退，以印度为首的11个中立国家的政府联名向北京发出呼吁，要求中国和北朝鲜的军队务必停在"三八"线上，以便终止这场战争。同时，印度、英国在联合国的代表也积极活动，一面与已经来到联合国的中国代表伍修权频频接触，了解中国方面停战的条件，一面提议建立由联合国大会主席等三人组成朝鲜停火委员会，在朝鲜先停火后谈判。

苏联方面否定了停火谈判的建议，这也符合毛泽东的想法，毛泽东希望通过战争把美国人赶出朝鲜去。

金日成得到美国有意谈判的情况通报后，从朝鲜自身利益考虑的较多，他认为，短期内不存在解放南朝鲜的可能性，而支持长期战争，北朝鲜会付出很大代价，因此，他倾向于停战谈判。他亲自到北京，与毛泽东会谈。鉴于这种情况，毛泽东开始考虑停战问题。

1951年7月10日，朝鲜停战谈判正式开始。谈判中，很多问题较好地达成了妥协，但在战俘问题上，却在意料之外出现了僵局，中朝方面坚持战俘全部遣返，美国和南朝鲜方面则提出"自愿遣返"，两方就此相持不下，使谈判无限期地拖延下去。

1952年7月13日，当美国把同意遣返战俘人数从最初7万人增加到8.3万人之后，金日成的态度发生了变化。因为美国人同意遣返的8.3万人中，7.6万人是朝籍战俘。中国战俘只有6400人，还不到中国被俘的三分之一，在关键时刻，金日成的立场站在了本国利益方面。7月14日，金日成给毛泽东发了电报，建议接受美国人的提议，他明确讲，因为几万名战俘，北朝鲜方面正在经受着巨大的损失。他建议接受美国人的提议，尽快就停战问题达成协议。

毛泽东不愿就此让步，他坚持认为必须遣返全部战俘。7月15日，毛泽东在给金日成回电中明确告诉他："对这个问题我们进行了两天的研究，一致认为，正当敌人对我们狂轰滥炸之际，接受其实际上没有任何让步的、具有挑拨性和欺骗性的建议，对我们来说是极不利的。它必然会使敌人更加傲慢并有损我们的形象。"

金日成虽然不高兴，但也无可奈何，因为朝鲜战争完全靠中国的帮助。另外，斯大林也支持毛泽东，他明确讲："对美国必须强硬。"

然而，1953年3月5日斯大林突然逝世后，苏联态度发生变化，莫洛托夫率先在苏共中央内提出一份关于立即在朝鲜停战问题的备忘录，得到苏共中央和苏联部长会议主席团的同意。随后，苏联方面给毛泽东和金日成发出相同信件，认为"继续执行迄今为止推行的路线是不正确的，要在停战问题上表现主动精神"。

金日成见苏联态度发生变化，便不失时机地向中国方面提出尽快结束战争问题。既然苏联态度变化，朝鲜方面又如此着急，毛泽东自然不能单方面坚持遣返全部战俘的立场,很快,中国方面公开表示有条件地接受美国的所谓"自愿遣返"原则。于是,金日成、彭德怀就联合国军司令克拉克2月22日发出的关于交换伤病战俘问题的呼吁,做出了积极回答。然后,金日成和中国总理周恩来分别发表声明,说明和积极解决战俘问题,保证朝鲜停战和缔结和约的时机已经到来。此后,经过一系列交涉,双方终于就战俘问题于6月8日达成妥协。7月27日,交战双方正式签订了朝鲜停战协定,朝鲜战争结束。在这种条件下结束朝鲜战争,对中国来说,未必是一种最好的选择,后来,毛泽东不无惋惜地说:"如果再打8个月,我们可以打垮他们的全部阵地。假如在这之后进行和谈,我们可以取得更有利的条件。可是,这个时候斯大林逝世了。"

对金日成来说,这种结果让他感到欣慰,北朝鲜毕竟保住了,在他看来,北朝鲜能够存在,就会有整个朝鲜统一的一天。

鞠躬尽瘁为统一

朝鲜战争结束后,北朝鲜经济十分困难,金日成面对断垣残壁,焦土余烟,开始思考战后经济恢复问题。一方面,金日成号召北朝鲜人民焕发激情忘我工作,尽快医治好战争的创伤,建设好社会主义朝鲜,另一方面,他仍然希望得到中国的援助。

1953年11月11日,金日成率领朝鲜政府代表团访问中国。此时此刻,金日成心潮起伏,思绪万千。中朝两国一江之隔,历史上两国人民为了各自民族的命运,为了反对共同的敌人,相互支持,并肩作战。特别是在刚刚结束的朝鲜解放战争中,中华民族的优秀女儿——中国人民志愿军以生命和鲜血与朝鲜人民一道抗击美国侵略者,赢得了这场战争的胜利,保卫了朝鲜民主主义人民共和国。这种深情厚谊,朝鲜人民将世代铭记,他这次访华,就是要把朝鲜人民的感激之情带给伟大的中国人民。

下午3时,金日成乘坐专列到达北京,受到了周恩来、彭德怀、董必武、邓小平等党和国家领导人及数千群众的热烈欢迎,这种热情让金日成一下了感到冬日的北京异常温暖。

在中南海丰泽园菊香书屋,金日成与毛泽东亲切会见,他紧紧握着毛泽东的手,连声说:"感谢中国人民!"对三年来中国人民在朝鲜保卫祖国的斗争中给予的无私援助表示真诚谢意。他尤其称赞中国人民志愿军不怕牺牲的精神,说:"中国军队敢打硬仗,他们的国际主义精神和光辉业绩将载入朝鲜史册,千古流芳。"

毛泽东热情称颂朝鲜民族是一个勇敢、刚毅的民族,他说:"朝鲜战争胜利的事实有力向全世界证明:一个国家命运掌握在自己手中的民族,是任何力量也不能战胜的,朝鲜人民的胜利对殖民地、半殖民地国家人民的反帝斗争是一个极大鼓舞。"

随后,金日成向毛泽东详细介绍了朝鲜停战后的局势,朝鲜战后的重建和经济恢复工作,说明朝鲜处境十分困难,希望得到中国的帮助。

毛泽东十分爽快地表示,中国人民将一如既往地支援朝鲜人民战后重建工作,希望看到一个繁荣昌盛的朝鲜出现在鸭绿江畔。

11月14日至22日，金日成与周恩来为首的中国政府代表团在相互谅解、诚挚融洽的气氛中进行了为期4天的工作协商，双方就两国政治、经济及文化关系中的有关问题达成了协议。

金日成此次访问中国的成果巨大，中国人民再次无私地帮助了朝鲜。鉴于朝鲜方面在医治战争创伤和恢复国民经济工作中开支巨大，中国政府决定将1950年6月25日美军发动侵略战争开始，到1953年底这一时期内援助朝鲜的一切物资和费用无偿地赠送给朝鲜政府，同时，从1954年到1957年4年内，中国政府再拨款人民币8亿元，无偿赠送给朝鲜。中国政府还承诺，协助朝鲜政府修建被战争严重破坏的铁路交通，并供应机车、客车和货车；派工程技术人员去朝鲜有关部门协助工作；请朝鲜的工程技术人员和留学生来华学习。

在中国人民强有力的支援下，在金日成的正确领导下，朝鲜人民以忘我精神建设自己的国家，迅速改变贫穷落后的面貌，推动社会主义建设不断向前发展。

此后的日子，金日成多次访问中国，每次都受到毛泽东热情欢迎和高规格的接待，令金日成十分感动。毛泽东逝世后，金日成继续与邓小平为代表的第二代中央领导集体保持亲密的联系，使这种唇齿相依的友谊不断加深。

经过几十年的建设，朝鲜经济有了很大发展，但是还不尽人意，特别是农村，还比较落后，存在很多问题，金日成希望农村能尽快发展起来。1982年9月，金日成来到中国，他向邓小平提出，希望学习中国农村的改革，看看中国农村的新面貌。于是，邓小平陪同金日成来到四川成都郊外的双流县白象公社顺风大队第二生产队。

这天，金日成兴致很高，他随邓小平穿过竹林掩映的乡间小道，受到村口数百村民的热烈欢迎。

在这美丽的村庄，金日成什么都想看，邓小平提议："今天请你看看我们农村的沼气。"金日成点头同意。于是，他们来到队长曹德昌的家。这是一幢红砖水泥砌成的二层小楼，共8间房，200多平方米面积。曹德昌全家7口人高高兴兴把贵宾带到宽敞的厨房，金日成站在镶着瓷砖的灶台前，观看了使用沼气的炉灶、炉具，还弯下腰仔细查看沼气管子是如何接进来的。曹德昌在锅里放了些水，将沼气点燃，一会儿，锅里水便煮沸了。金日成十分惊奇，连声说："好，这个东西很好！"邓小平接着介绍说："这东西很简单，可解决了农村的大问题。光这个省，每年就可以节省煤炭600多万吨。"

听到这里，金日成转身将随行的平壤市党委书记徐永锡叫到面前，要他仔细看看，并说："这个东西的确很简单。"

从曹德昌家出来，邓小平说："再看看沼气池吧！"

他们来到社员周道根家后面的一口沼气池旁，邓小平介绍说："这里面是人粪、猪粪和草，发酵以后就可以产生沼气。沼气能煮饭，还能发电。一家搞一个池子就能煮饭、照明，几家联起来就能发电。搞沼气还能改善环境卫生，提高肥效。"

金日成十分仔细地听邓小平介绍，听完后饶有兴趣地说："这个确是很好，我们朝鲜有条件,有人粪、牛粪,还有草,我们也可以搞。"

在离开生产队时,金日成紧握着双流县委书记王知深的手,真情切说:"谢谢你们的经验,我们回去要在农村好好推广。"王知深连忙说:"感谢首相的鼓励,我们也要学习朝鲜人民的好经验。"

金日成回朝鲜后,专门召开中央工作会议讨论研究朝鲜农业发展问题,希望找到对策。近几年来,朝鲜农业形势一直不好,据说有的地方饿死了人,但各级领导不敢上报。金日成对农村问题的严重性并非完全不知,他自己也常到农村考察,找农民座谈。一次,金日成来到一户农民家里,询问收成情况,这家农民连声说:"托金主席的福,日子一天比一天好过了。"

金日成听了并不相信,他环顾四周,堆的是一些破破烂烂的家当,大人小孩都是面黄肌瘦的模样,心头不禁一阵酸楚,他轻轻叹了一口气说:"我们当年革命时,农村的生活也不过如此,革命这么多年,没想到农村还是这么穷,这是为什么? 革命的目的就是让劳动人民当家做主过好日子,看来是我没有领导好,我对不起你们!"

金日成在朝鲜农村也搞了些新政策,做了些工作,但成效不大。

金日成内心深处确实希望自己的国家尽快富强起来,他拼命工作,殚心竭力,完全忘记自己是已过80岁的老人。

1994年6月,美国前总统卡特为解决朝鲜的危机问题赴朝鲜访问,这次访问,卡特带来了一个令金日成激动不已的信息,韩国方面提议邀请金日成访问汉城。

卡特在平壤待了三天,每天都与金日成会谈,而且时间都很长。最后一次会谈加上参观、宴请活动,一共持续了6个小时,中间仅休息了20分钟。金日成的夫人金圣爱看在眼里,急在心头,几次提醒金日成,是否休息一下。而金日成与卡特谈得十分高兴,精神一直处于亢奋状态,根本没有在意。

送走卡特后,金日成并没休息,又坐在了办公桌前,认真处理堆放在桌上的一大堆文件,直到午夜,才躺下休息。第二天凌晨,金日成就起了床,召集中央专门会议,亲自布置南北首脑会谈各种准备工作,制定方案,同时,修改与克林顿的谈判方案。

会议结束后,金日成又风尘仆仆地赶往农村调查,他总是惦记着农村、农民和农业生产。在农村考察后,金日成赶往他的夏季办公地妙香山别墅,那里还有很多公务等着他处理。

7月7日深夜,金日成先乘坐火车一路颠簸来到熙川,又乘汽车赶到妙香山别墅,这时的他已经感觉有些疲惫不堪,他好想痛快地睡上一觉,但又觉得不行,如果一躺下,很多事情又得搁到明天。金日成没有休息,叫来秘书,让他把近日发生的情况详细报告。

秘书报告的第一个消息就是75岁的赵明选上将病故,这个消息让金日成万分心痛,赵明选从14岁就参加革命,追随金日成抗日打游击,可以说生死与共,情同手足,没想到竟先他而去,岁月无情啊,一种衰老的感觉突然在金日成心中升起。

随后,金日成便追问赵明选的病因,秘书告诉他说死于脑溢血,金日成再问采用了什么救治办法，秘书顿了顿说："听医生讲，采用的是保守疗法。"

金日成一听，万丈怒火从心里烧起，大声斥问道："为什么不开颅抢救？这些医生就是怕负责任，是不是住的烽火医院，把院长给我找来，当面给我解释清楚！"

金日成越说声音越大，满面通红，全身打起了哆嗦，身边的同志连忙上前劝说，哪知越劝他气越大，突然，他一口气没接上来，倒在地上。人们顿时慌作一团，手忙脚乱，保健医生检查后认定是心脏病急性发作。由于金日成以前从没有过心脏病，因而整个别墅里竟找不出救治心脏病的药来。

经过紧急商量，决定把金日成送进平壤的烽火医院抢救。直升飞机奉命前来，但由于当天夜里突降暴雨，山区能见度太差，赶来的直升机撞在半山腰上坠毁了。无奈，第二架直升飞机再次起飞，经过一番努力，好不容易才在离别墅 50 米处的地方降落，一行人打着伞，七手八脚把金日成用担架抬上飞机，急送平壤烽火医院。

烽火医院是全朝鲜最高级的医院，医院马上集中最优秀的医生实行紧急抢救，但为时已晚，终无回天之术。1994 年 7 月 8 日凌晨 2 时，朝鲜民主主义人民共和国开国领袖，第二次世界大战首批社会主义国家中的最后一位开国领袖，第二次世界大战中产生的政治家中最后一位世界性政治家——金日成的心脏永远停止了跳动，终年 82 岁。

7 月 9 日，朝鲜劳动党中央委员会和中央军事委员会、朝鲜民主主义人民共和国国防委员会和中央人民委员会、政务院发表告全体党员和人民书，宣告了金日成逝世这一不幸的消息。告全体党员和人民书最后说："今天，在我们革命的最前列有革命事业的伟大继承者，我们党和人民卓越的领导者，我国革命武装的最高司令官金正日同志。我党娴熟的领导是完成金日成同志开创领导的革命事业，使之世代相传的坚实有力的保证。"

金日成逝世后，他的儿子金正日继承他的事业，成了朝鲜最高领导者。

国际顶尖反美斗士

——卡斯特罗

人物档案

简　　历：全名菲德尔·亚历杭德罗·卡斯特罗·鲁斯，又称老卡斯特罗，是古巴共和国、古巴共产党和古巴革命武装力量的主要缔造者，被誉为"古巴国父"，是古巴第一任最高领导人。1945年卡斯特罗考入哈瓦那大学法律系，1950年获得法学博士学位。1961年4月，卡斯特罗向全世界宣布"古巴实行社会主义革命"。卡斯特罗1962年任古巴社会主义革命统一党第一书记，2008年2月19日，古巴官方媒体称，古巴领导人菲德尔·卡斯特罗当天辞去国务委员会主席和革命武装部队总司令职务。2011年4月正式隐退。2016年11月25日，卡斯特罗逝世，享年90岁。

生卒年月：1926年8月13日~2016年11月25日

安葬之地：古巴第二大城市圣地亚哥市圣伊菲热尼亚墓地。

性格特征：性格稳定而平和，态度积极，但不激动。风趣、坚强；才思敏捷，记忆力过人。

历史功过：卡斯特罗是拉美及国际上久负盛名的"反美斗士"，因为他在长期革命生涯中形成了强硬的政治主张、治国理念，使得古巴和卡斯特罗直到今天仍然在拉美世界具有重要的影响力。

名家评点：中国国家主席习近平评价说："菲德尔·卡斯特罗是古巴共产党和古巴社会主义事业的缔造者，是古巴人民的伟大领袖。他把毕生精力献给了古巴人民争取民族解放、维护国家主权和建设社会主义的壮丽事业，建立了不朽的历史功勋，也为世界社会主义发展建立了不朽的历史功勋。"

反美巨人

　　卡斯特罗在通过革命取得古巴的领导权以后,这位长着一脸大胡子的领导人就在思索着如何带领古巴走上富强的道路。1959年,卡斯特罗在古巴推行了类似社会主义的土改政策,立即遭到了美国政府的强烈谴责,认为这是卡斯特罗在古巴掀起的一股赤色潮流,是对美国的挑战,宣称要对古巴进行制裁。这时,卡斯特罗已清楚地看到,与美国保持友好关系已经不可能,相反,与美国的斗争已经开始并将会长期地持续下去。于是,他毅然带领古巴走上了社会主义道路。美国驻古巴大使邦塞尔说道:"我们不能指望同卡斯特罗达成任何一种谅解了。"古巴和卡斯特罗很快成了美国的"眼中钉"。随后,美国宣布对古巴进行长期的经济、金融和贸易封锁,并长达40余年,对此,卡斯特罗戏称"都可以申请吉尼斯世界纪录大全了"。尽管封锁对古巴造成了数百亿美元的损失,但古巴和卡斯特罗并没有被因此压垮。他先后与美国10位总统进行过较量,在他们面前,卡斯特罗认为自己"是一头不会顺服的雄狮"。

　　卡斯特罗有着一张善于雄辩的嘴,因此他每每用自己富有激情的演讲来抨击美国的霸权主义和强权政治。2001年6月23日上午,在这盛夏来临的时节,75岁的卡斯特罗不顾炎热的天气,头顶烈日、身穿军装在哈瓦那郊区考托罗镇举行的有6万人参加的群众集会上发表反美演讲。当他连续站立发表激昂演讲达两小时之久后,声音突然开始颤抖,觉得体力不支,一下靠在演讲桌上。在这种十分异常的情况下,保安人员急忙将精神虚脱的卡斯特罗搀扶下台。随即,外交部长费利佩·佩雷斯·罗克拿起话筒,向群众解释说:卡斯特罗主席为准备当天的演讲,前一天晚上整夜未眠。他还要求吃惊、担心的群众保持镇静。

　　然而,过了不到10分钟,并没有倒下的卡斯特罗精神状况良好地重新走上讲台。他告诉激动而又感动的广大群众说,请大家不要担心,他只是有些疲惫,睡几个小时就好了。他戏称自己是在"排练死亡","是为了看看(他晕倒后)人民有何反应"。接着,他的神色严肃起来,表示为事件引起人民担忧而致歉。随后,他离开了会场,于当天晚上天气凉快一些时在电视上完成了他的演讲。就在卡斯特罗重新回到讲台时,数万名群众感动不已地热烈欢呼起来。广大群众为领袖卡斯特罗的超凡意志激动万分,于是抑制不住兴奋地相互亲吻,来表达他们对卡斯特罗的敬仰。从当晚的电视画面上看,卡斯特罗的脸色很好,精神也很好,因为他在电视中一直不停地与弟弟劳尔·卡斯特罗和其他作陪的政治局委员说笑。他在电视上向全国人民发表讲话时说,他知道很多人在为他的健康担心,对此他感到过意不去。

　　2004年10月20日晚,在这个已经充满凉意的深秋时节,卡斯特罗出席了在圣克拉拉市举行的全国艺术师范学校毕业典礼。然而,在他演讲结束后走下台阶时不慎摔倒,当他右侧身倒地时,先是膝盖和臀部着地,然后是肘部和肩膀,导致左膝盖和右臂骨折。这天,卡斯特罗依然穿着一身军装,在他摔倒仅过一分钟后,仍然顽强地重新出现在镜头前,而脸上还在冒汗,但他镇静自若地"向工作人员要过麦克风,告诉出席典礼的听众不要因此而惊慌,并为这一'不幸时刻'向全体古巴人表示歉意"。卡斯特罗还若无其事地微笑着说:"我将努力尽快恢复健康,但正如你们看到的,我还能走路,我还能继续工作。"当他看到现场有许多外国摄影记者和摄像机时,还幽默地说:"外国媒体已经捕捉到了这个镜头,明天我一定会出现在不少报纸的头条。"另外,他要求现场的活动继续进行。当救护车赶到时,卡斯特罗拒绝坐救护车去医院,而是坐着他的奔驰车离开现场前往医院的。2004年他是在面对6万人的反美演讲中晕倒的,但这次摔倒显然没有2001年那么严重。

近年来,国际社会上有些人猜测卡斯特罗患有多种疾病,而且年事已高,身体状况每况愈下,但卡斯特罗的私人医生胡赛因对此透露,卡斯特罗的健康状况非常好,他预言卡斯特罗至少能活到120岁。10月22日,由于卡斯特罗的坚决要求,他在没有全身麻醉的情况下进行了膝盖骨手术。他通过电视台告诉为他担心的全国人民说,就连在手术过程中他也与自己的秘书保持直接联系。他还说,由于不慎跌倒,造成他的左腿膝盖骨骨折,在经过长达3小时15分钟的手术后,医生达到了一个满意的结果,目前他的身体完全令人满意。

10月26日,胳膊上缠着绷带的卡斯特罗在电视上发表了谴责美国的讲话。他坐在一张巨大的桌子后面,仅露出胸部以上的部分。他在讲话中强烈谴责美国政府针对古巴的一些举措,如游客在古巴花销美元等。因此,他宣布停止美元在古巴境内的流通。这是卡斯特罗摔伤后第一次回击美国,以此充分证明他并没有像美国政府希望的那样倒下,他仍然有足够的力量抗击美国。虽然卡斯特罗已经78岁,但他的伤势正在奇迹般地恢复,恢复的速度不亚于一个青年人。正如美国医生劳伦斯·多尔说:"他能够恢复到重新出现在公众面前并处理日常事务,证明他的身体状况很好。"

面对美国咄咄逼人的态势,步入晚年的卡斯特罗不仅保持着自己反美斗士的意志,并积极和亚非一些国家进行联络来抵抗美国的霸权主义和强权政治,而这些国家是多年来抵抗美国霸权并被美国贴上了"无赖国家"的标签。2001年5月间,卡斯特罗对这些国家进行了一系列的访问。5月10日,卡斯特罗首先抵达伊朗进行访问,在与总统哈塔米见面后,两人一见如故,由于都受到美国强权政治的压迫,两国自然而然地团结在一起,共同站在抵抗美国霸权行径的立场上。在伊期间,卡斯特罗和哈塔米进行了多次亲切友好的会谈,最后达成了共识:"无论在政治、经济、军事上有多么强大,谁也无权将它的意志强加给别国。"卡斯特罗的此次伊朗之行取得了巨大的成功,引起了国际社会的广泛关注,而古伊两国也结成了反美的友好伙伴。5月15日,卡斯特罗结束对伊朗的访问后,对利比亚进行了为期两天的友好访问。在访问期间,他与利比亚元首卡扎菲就一些共同关心的问题进行了会谈。卡斯特罗在与卡扎菲会谈时声称:这次访问是"同他的一个老朋友相会"。此外,他们还就双边关系、地区和国际问题举行了两次会谈。在十分友好的会谈中,他们一致强调:非洲和拉丁美洲之间加强合作对国际和平与安全十分重要。

然而,卡斯特罗在严厉抨击美国政府的同时,十分注意将美国人民同美国政府区别开来,并称赞美国人民是伟大的人民,希望美国人民在维护世界和平稳定方面发挥更大的作用,这些年来,他热情地接见了许许多多的美国参众议员、企业家、艺术家、大学生代表团,还与他们进行了很多的沟通和交流。

"9.11 事件"以后,全球政治形态改变,形成了"冷战"终结之后多极化时代的一个分水岭,使国际社会进入了防不胜防的非传统威胁的尴尬中,反对恐怖主义已经成为世界绝大多数国家的共识。美国成为恐怖分子的众矢之的,深受其害。尽管美国政府并没有改变对古巴的政策,但卡斯特罗仍然表示支持这个几十年的宿敌进行反恐斗争,显示出了一个革命家宽阔的胸襟。

2002 年 5 月 25 日,卡斯特罗在圣斯彼里图斯市举行的大规模群众集会上发表讲话时宣称:美国人民在反恐斗争中将获得友好、慷慨的古巴人民的支持。卡斯特罗还说今天的讲话可以说是告美国人民书。他接着指出说:"美国政府的封锁政策给古巴人民带来了巨大的痛苦,但古巴人民不会把这笔账算到美国人民头上,不会将斗争的矛头指向美国人民。"他进一步对此指出说:"尽管受到歪曲宣传和诽谤的影响,古美两国人民之间的关系仍在不断改善。"随后,卡斯特罗在讲话中猛烈批评美国政府对古巴进行造谣、污蔑,企图欺骗美国人民。他还用洪亮的声调声明说:"古巴从来就没有考虑过要生产生物武器。古巴科研人员的使命和所受的教育是挽救生命,而不是摧毁生命。"卡斯特罗接着严厉谴责了美国无端指控古巴支持恐怖主义。他尖锐地指出说:"古巴革命胜利 43 年来没有对美国进行任何恐怖行动。相反,来自美国的恐怖活动给古巴造成了重大的人员伤亡和财产损失。"他还指出:"这一点必须让美国人民知道,而不要被谣言和诽谤所迷惑。"

2004 年底美国总统的大选争夺战已经达到高潮,小布什最终凭借大选前夕出现的本·拉登讲话录像带一举击败克里并最终获得大选的胜利,对此,卡斯特罗对这个讲话的录像带的真实性表示怀疑,认为这是竞选中有些人玩的一个花招。卡斯特罗指出:那盘所谓的本·拉登讲话录像带很有可能是有人幕后策划,借此刺激美国民众,从而达到让那些中间派把票投给布什、顺利帮助布什胜选的目的。当布什在大选中获得连任之后,卡斯特罗立即在古巴国内电视台上发表评论。他指出说:"我们已经看过太多这样的骗局和不知羞耻的事情了,这不得不让我们联想到这一系列的事件都是有人事先安排好了的。本·拉登在美国大选前夕的讲话看来确实对美国大选起到了决定性的作用。"

对华友好

由于同为社会主义国家,特别是中国综合国力不断增强,在国际上的影响力越来越大,地位越来越高,因此,卡斯特罗对这个社会主义国家充满由衷的钦佩,充满了一种特殊的感情。他于 1995 年和 2003 年两度访华,中国领导人也多次访问古巴,加强了中古这两个东西方社会主义国家之间的友谊。

1995 年 10 月,李鹏总理访问墨西哥,代表团途经坎昆时临时请示中央同意,特意绕道加勒比海对岸古巴,在哈瓦那机场会晤了卡斯特罗等古巴领导人。李鹏当面向卡斯特罗再次发出访华邀请,并商量有关安排事宜。卡斯特罗表示,访问中国一直是他多年的愿望,并说中国领导人都很忙,他的时间好安排。李鹏讲了那以后一个多月的中央重要活动安排后,建议他在中央经济工作会议后去中国访问。他当即表示同意。经过中古双方外交途径的进一步磋商,由江泽民主席正式发出邀请,卡斯特罗于1995年11月29日首次踏上中国的国土,对中国进行为期八天的国事访问。通过参观访问和与中国政府的多次亲切友好的会谈,更加加深了卡斯特罗对这个东方社会主义国家的感情。在此次访问期间,卡斯特罗受到了中国人民的热烈欢迎。12月7日,是卡斯特罗一行到达深圳的第二天,并且按计划参观中华民族园。为了安全,当时组织了3000人游园,后来不知什么原因,人一下多了起来,男女老少,人山人海,但秩序非常好,既热情又礼貌,人们发自内心地欢呼雀跃,深深地感染了卡斯特罗。他说,他到过许多国家,经历过各种群众欢迎场面,但从来没有像今天这样激动人心。在欢呼的人群前,一位约20多岁的出租车司机跷起大拇指回答说:"好样的,敢跟美国人干!"卡斯特罗在中国老百姓心目中的形象,从这里可见一斑。

2003年2月26日至3月1日,卡斯特罗第二次踏上了中国的国土。欢迎仪式后,卡斯特罗一边与江主席聊天,一边走向会谈室。领导人间这样的亲密举动也是不多见的,许多摄影记者赶忙上前,记录下这一镜头。江主席开门见山:"你是从远方来的,我愿意听你先谈。"卡斯特罗回答说:"刚才江主席问古巴的情况怎么样,对于这个问题,古巴的同志一定会说'很好'。但我这次要十分小心,因为中国的情况非常好。不过,我还是要诚实地回答,古巴的情况是很好的。"卡斯特罗在会谈中表示,古巴重视与中国的关系。在建设自己国家的伟大事业中,古巴愿意借鉴中国的经验。会谈比原计划延长了半个多小时,结果这条消息没能赶上当天的中央电视台新闻联播节目。

卡斯特罗对中国老一辈革命家怀有深厚的敬意,并不由回忆起了过去的峥嵘岁月。早年间,卡斯特罗率领起义军在马埃斯特腊山打游击时,他和战友们都十分仰视毛泽东,尤其是对毛泽东的有关游击战的战略战术佩服得五体投地。他最喜欢读毛泽东的《论持久战》,从中吸取了战略战术的经验。与此同时,他要求司令部将毛泽东关于游击战和人民战争的著作油印成小册子,下发到各部队,让广大指战员认真学习,以提高部队的作战水平。当起义军中的干部战士读到毛泽东的这些军事著作时,十分喜欢,有的官兵甚至爱不释手。由于从中获取了许多宝贵的作战经验,被起义军称为"来自中国的粮食"。毛泽东的有关游击战的著作对卡斯特罗领导的起义军最终取得战争的胜利起到了很大作用。因此,多年以来,卡斯特罗一直为没能结识毛泽东而深感遗憾。他曾多次对人谈起这种遗憾。由于卡斯特罗对毛泽东怀着深深的景仰之情,于是他经常用中文唱中国的红色歌曲《东方红》。每当唱起这首经典红色歌曲的时候,他总是怀着无比激动和兴奋的心情。一唱起这首歌,他便会回忆起过去打游击时期的峥嵘岁月。2004年3月22日,穿着一身军装的卡斯特罗在电视上唱起了《东方红》这支歌唱毛泽东和中共的歌曲。他的声音虽然有些沙哑,但却十分洪亮有力,而且还高兴地挥动着右手。卡斯特罗并没有唱完整首《东方红》,但他唱得非常认真,非常投入。由此可见,这大概是他最喜欢唱的歌曲之一。

卡斯特罗这次二度访华,是对前一次江泽民主席访问古巴的回访,在3天的访问中,他还去了南京熊猫电子公司及其电视机工厂参观。这个安排源于2001年4月江主席在古巴访问期间的一件事。当时,卡斯特罗主席全程陪同江主席访问古巴。在中国电子产品展览会上,江主席亲自向卡斯特罗解释了电视机逐行扫描和隔行扫描技术的区别。当时,卡斯特罗曾表示,希望能从中国进口电视机。古巴人很爱看电视,20世纪60年代初,当我国普通家庭还没有电视机时,美国制造的电视机就在古巴相当普及。但后来,随着美国与古巴断交以及苏联解体,古巴人看电视遇到了麻烦。当时,只有有亲属在海外和有外汇来源的居民才能在外汇商店买到彩电。后来,在江主席亲自指示和中国有关部门的努力下,100万台中国彩电运抵古巴。在南京熊猫电器集团帮助下,古巴已建立了电视机的装配厂。

2004年11月22日,在这并不寒冷的初冬时节,中共中央总书记、中国国家主席胡锦涛对古巴进行国事访问,这使中古关系迈向新的高度。此前,当中方得知卡斯特罗在不久以前的反美演讲时摔伤后,为两国元首即将举行的会晤表示担心。但由于卡斯特罗的伤势正在奇迹般地恢复,两国元首的会晤仍如期举行。卡斯特罗对胡锦涛的来访万分重视,因自己不能亲自前往机场迎接胡锦涛,于是派自己的弟弟、国务委员会第一副主席兼部长会议第一副主席劳尔·卡斯特罗迎接胡锦涛。在机场,劳尔为胡锦涛举行了隆重的欢迎仪式。欢迎仪式结束后,劳尔还陪胡锦涛向何塞·马蒂纪念碑献花圈。卡斯特罗不顾伤痛,热情友好地会见了胡锦涛,而且很随意地交谈着。22日下午,卡斯特罗与胡锦涛举行了正式会谈。在会谈开始时,他首先坦率地向胡锦涛介绍了自己的伤势。他说:这次摔得比较重,左膝盖骨碎成了8块,右臂又骨折了;幸亏摔倒时先伸出了右手,才没有碰伤头部。卡斯特罗还微笑着介绍说:每天要做3个小时的康复运动,由于身体的底子很好,恢复起来比较快。胡锦涛听完卡斯特罗的介绍,为此感到很高兴,他关切地对卡斯特罗说:看到卡斯特罗主席身体恢复得很好、很快,我们就放心了。随后,会谈进入正题。胡锦涛对卡斯特罗说:"回顾中古建交44年来的历程,我们两国关系经受住了国际风云变幻的考验,我们始终相互帮助、坦诚相待。我们两国是朋友,是兄弟。发展中古友好合作关系,不仅符合两国人民的根本利益,而且有利于维护世界和平、促进共同发展。"

当卡斯特罗与胡锦涛坐在一起亲切交谈了许久时,有工作人员提醒他该拍照了。于是,他扭过头来,兴奋地对着镜头笑了。这时,他突然挥起左手高喊了一声:"中国万岁!"随后,他忍着腿痛毅然站了起来与胡锦涛合影。此情此景,令所有在场的人都感动不已。在长达近5个小时的接待活动中,卡斯特罗始终精神抖擞,神采飞扬,谈锋甚健,完全忘了自己是个受伤的病人。11月23日中午,卡斯特罗在革命宫举行隆重仪式,向胡锦涛授予象征古巴国家最高荣誉的"何塞·马蒂"勋章。仪式开始时,古巴军乐队首先演奏古中两国国歌。当国歌响起时,全体起立。这时，卡斯特罗颤抖着拄着一根拐杖，坚毅地随着大家一起站了起来。由于奏乐要持续几分钟，他最后险些摔倒，但他以超人的毅力坚持着站住了。此情此景，使包括外长李肇星在内的中国代表团成员都十分感动。这就是典型的卡斯特罗精神和个性。由此可见他是何等重视古中关系。同时，他把胡锦涛当作最尊贵的客人，没有任何一个国家的元首能在古巴享受到这样的礼遇。

谁来接班

关于是否退位休息的问题，卡斯特罗说道："如果你们愿意的话，我承诺我将跟你们在一起，只要我还觉得自己有用，只要这不是自然注定的事情，不会少一分钟，也不会多一秒。现在我明白，在我生命的最后时刻，我也不能休息。"卡斯特罗虽然已经达到82岁高龄，但他仍然充满了充沛的工作精力，一演讲起来仍然是几个小时，一工作起来有时会连续工作二三十个小时。另外，他还频频与其他国家的元首、政客举行会晤，仍然活跃在国际政治舞台上。

随着年龄的逐渐增大.卡斯特罗的身体状况也开始令人担忧，由于在两次演讲的意外事件以后，更加加剧了人们的担忧，西方国家纷纷猜测谁将是他的"接班人"。对此，卡斯特罗在不同场合都表示：如果有一天谁问我，你某天突发心脏病、脑溢血或突然死亡，谁有能力和经验接替你的位置？我可以告诉他，这个人就是劳尔。

卡斯特罗表示，劳尔是古巴最有经验的领导人，知识丰富，完全有能力带领古巴人民前进，因此"我对古巴接班人问题毫不担心"。卡斯特罗也强调，他给予劳尔如此高的评价，并不是因为劳尔是他的弟弟，而是基于他对劳尔的了解。

与哥哥菲德尔·卡斯特罗相比，劳尔·卡斯特罗的国际知名度的确要小得多。但在古巴国内，劳尔的威望仅次于哥哥。他现在担任古巴国务委员会第一副主席、部长会议第一副主席兼革命武装力量部部长、古共中央第二书记。西方媒体习惯上将他称为古巴第二号人物。

从革命一开始，劳尔就在菲德尔的左右。两人既是兄弟，又是战友。劳尔是菲德尔最得力的助手之一，但他在公众、媒体面前一直比较低调。有意思的是，兄弟俩很少一起在公共场合出现，但这并不是说他们之间有什么矛盾，而是一种默契。

劳尔的主要工作是抓军队建设和干部建设，20世纪90年代初，随着东欧剧变，古巴进入"特殊时期"（经济困难时期），人民生活水平急剧下降。劳尔指出，古巴面临的经济困难既有外来的因素，也有主观的因素。他提出要查找内部原因，改进工作作风。劳尔的务实精神对古巴经济的恢复和发展产生了积极影响。除了抓部队建设，劳尔负责的另一项重要工作是干部管理。在古共中央政治局，劳尔和另外3名政治局委员组成书记处，负责高级干部管理工作。在中央政府，劳尔和6位部长组成干部政策委员会。这些机构专门负责省部级以上高级干部的考核、任免工作。在谈到古巴革命和社会主义时，劳尔曾表示，古巴人民当然是希望卡斯特罗越长寿越好,但人的生死是自然规律,长生不老是不可能的,即便卡斯特罗离开了人世,古巴社会的现行制度也不会改变,要变的话,也是向更好的方向发展。他表示,只要社会主义不灭亡,卡斯特罗和其他革命者的精神就永远不会死。

几十年来,古巴领导人菲德尔·卡斯特罗一直是拉美地区的反美旗手,被称作"20世纪最后的象征"。如今,他因为年事已高,特别是在80岁生日前夕入院动手术时,47年来首次交出了手中的大权。在国内,其弟弟劳尔·卡斯特罗是古巴政权的接班人。而在国际上,在"后卡斯特罗时代",其革命衣钵的真正传承者将是委内瑞拉总统乌戈·查韦斯。他将接替卡斯特罗的位置,以石油为利剑,成为拉美地区的反美代言人。

自从卡斯特罗宣布入院动手术后,国际社会的注意力马上集中在卡斯特罗和他的弟弟劳尔身上。不过,有一个人也值得留意,他就是卡斯特罗的坚定盟友、委内瑞拉总统乌戈·查韦斯。在布什政府积极推动古巴"和平演变"的同时,查韦斯挺身而出,动用数百万石油美金帮助古巴实现平稳过渡。查韦斯是布什政府的公然反对者,也是现今拉美地区最有影响力的领导人之一。在过去的6年里,查韦斯都从"鼓鼓的钱包"里拿出金钱资助古巴政府,他希望维持古巴现政权的稳定,当然,也就可以使美国被继续拒之门外。华盛顿研究美洲关系的专家丹尼尔·埃利克松说:"查韦斯给古巴发出的信息是'我爱你',这对于劳尔·卡斯特罗而言简直是天籁之音。"当然,对劳尔是个好消息,对美国政府却是个坏消息。与美国抗衡,手中必须要有王牌,而查韦斯的王牌就是石油。委内瑞拉是世界第五大石油出口国,也是石油输出国组织欧佩克成员中唯一的拉美国家。油价的飙升让委内瑞拉赚取了大量的外汇。有了金钱开道,查韦斯便积极开展"石油外交"。他给拉美国家提供廉价的石油,加强了他的地区影响力,也帮助了与他政见相似的政客赢得大选。2016年11月25日,古巴革命领袖菲德尔·卡斯特罗去世,享年90岁。

卡斯特罗领导的古巴在与历届美国政府敌视古巴的政策不断碰撞、冲突、对抗中迎风破浪,越过暗礁险阻,勇往直前,胜利前进,而且千千万万的接班人将会继续卡斯特罗的革命事业。

"沧海横流,方显英雄本色。"

一生独特的"角斗士"

——戴高乐

人物档案

简　　历：法国军事家、政治家、外交家、作家，法兰西第五共和国的创建者。法国人民尊称他为"戴高乐将军"。1890 年 11 月 22 日出生于法国里尔市小贵族家庭。1912 年毕业于圣西尔军事学院。1943 年 6 月 3 日成为法兰西民族解放委员会主席，战后，一度离职，1968 年 5 月戴高乐重新组阁，成立了法兰西第五共和国。1970 年 11 月 9 日戴高乐永远地离开了法国人民。

生卒年月：1890 年 11 月 22 日～1970 年 11 月 9 日。

安葬之地：科隆贝双教堂村的公墓。

性格特征：性格刚强，有惊人的意志力。在原则面前毫不退让，让部属敬畏有加。

历史功过：他具有独特的品质，特别是在战后西方唯美国马首是瞻的年代，成就了法国的独立自由之路。正是他的刚正，让戴高乐缺乏相应的灵活性。以至于在战后丧失了民众的信任，不可避免地走到了政治生涯的尽头。

名家评点：毛泽东评价说："戴高乐是反对法西斯侵略和维护法兰西民族独立的不屈战士"。

军校战场双显才

1890 年 11 月 22 日，一个伟大的生命在法国里尔市公主街的一个小贵族家庭里诞生了，他就是 20 世纪杰出的国际风云人物，连任法国两届总统的夏尔·戴高乐。

少年时的戴高乐非常喜欢文学和历史，进入中学以后，他的数学成绩也非常突出，在全校的学生中名列前茅。

1909年8月，戴高乐通过了圣西尔军事学院的入学考试。第二年10月见习期满，成为正式学生。

戴高乐在圣西尔军事学院勤奋地学习了两年，于1912年10月1日毕业，在毕业考试中得了第13名，军衔是少尉。填写分配志愿时，戴高乐选择了在凡尔登战役中重挫德军的第33步兵团，这个团的团长是被赞为"英雄"的菲利普·贝当上校。

第一次世界大战爆发后，戴高乐所在的第33步兵团赴比利时对德作战。在阻止德军渡莫斯河的战斗中，戴高乐腿部负伤。伤愈后他立即返回前线，又执行了许多次危险的侦察任务。由于表现出色，他受到表彰，并被提升为上尉。

1916年3月1日，在与德军的一次遭遇战中戴高乐身受重伤被俘。此后，他在巴伐利亚度过了两年零八个月的囚禁生活。直到第一次世界大战结束，他才从德军的俘虏营获释回国。

由于战争期间的出色表现，1917年7月，戴高乐获得了一枚最高荣誉骑士勋章。

1921年10月1日，戴高乐调往圣西尔军事学院担任战术史教员。第二年11月，他考取了高等军事院校。

从高等军事院校毕业后，戴高乐出版了他的第一部著作—《敌人内部的倾轧》。5年以后，他又出版了第二本著作《剑刃》。这本书详尽地阐述了戴高乐的哲学观点，在他看来，领袖人物都具有超常的品格和气质，令人捉摸不透的人才会有威望。从戴高乐的一生看，他确实具有这样的品质，也一直在追求着这种独特的品质。

自由勇士独抗敌

1939年9月1日，希特勒出兵波兰，并在短短的16天就占领了这个国家。9月17日，苏联军队也从东部进入了波兰。曾经在《洛迦诺公约》中对波兰领土保持完整做出保证的法国和英国还未做出反应，这场入侵就已经结束了。实际上，如果英法在西线采取行动的话，这场世界大战即使不能避免，至少一开始就会给希特勒当头一棒。

戴高乐目睹风云变幻，忧心如焚，他当即向最高统帅部和政府要人提出系列应对策略。但是他的具有战略性眼光的建议，没有被短视的政府采纳。很快，法国灾难性的时刻终于来临了。1940年5月10日，希特勒的军队于拂晓时分侵入荷兰、比利时、卢森堡，在西线发动了攻击。紧接着入侵法国，并于1940年6月14日攻陷了巴黎。这时的法国政府虽先后迁都两次，表示抗敌，但不久就在投降派的怂恿下投降了德国。在这国家存亡的关键时刻，戴高乐独立树起了抗击德国法西斯的大旗。他通过英国广播电台向全世界宣布：自由的法兰西将继续战斗。"无论发生什么情况,法兰西抵抗的火焰不应该熄灭,也决不会熄灭"!

随后,戴高乐奔走于英法之间,得到了最重要的同盟国英国的支持。他的爱国行为也激励了大批不愿意投降的法国军官和士兵,纷纷前来投奔他。很快,一支"自由法国"的部队组织起来了,并随即对德军进行了轰炸,一场正义的抗敌救亡战争打响了。

戴高乐深知,要战胜强大的德国,除了要组建一支精良的军队,还必须要有自己的抗敌基地和大后方,同时,还需要获得国际上的广泛支持。所以,当德军占领法国后,戴高乐首先在英国竖起抗战的大旗,随后,又在广袤的北非和西非树专"六一八"的旗号,使抗敌的武装力量遍布了敌人的大后方。

存取得英国的支持后,戴高乐又开始谋划取得美国的援助。1941年5月19日,戴高乐派勒内·普利文为全权代表来到华盛顿,同美国建立起经常性联系,并通过租借法案,得到美国提供的不少作战物资。

1941年12月7日,日本偷袭珍珠港,美国也卷入第二次世界大战。

1942年7月中旬,戴高乐把自由法国改名为"战斗法国",这时抗德斗争的规模也有了更大的发展。

经过几年的浴血抗战,戴高乐已成为国内外公认的抵抗运动的领袖和旗帜。1943年4月15日,战斗法国全国委员会通过决议,一致拥护戴高乐提出的成立一个拥有实权的执行委员会的建议。5月中旬,这个"全国抗战运动委员会"正式成立,由戴高乐出任主席。5月27日,全国抗战运动召开第一次全体会议,以正式声明的形式宣告一个以戴高乐为主席的临时政府将在北非成立。6月3日再次开会,成立法兰西民族解放委员会。至此,法国抗战运动进入了一个新的阶段。

战场外的"独特"较量

随着反法西斯同盟军在各条战线的胜利,特别是苏联红军在斯大林格勒保卫战所取得的伟大胜利,改变了欧洲战场的局势,盟军从防御转为反攻。1943年7月26日,墨索里尼垮台,德意法西斯联盟宣告破裂。从各方面的态势来看,1944年将是一个决胜之年;对于法兰西民族来说将是从德国法西斯侵略魔爪下光复的一年。戴高乐决心让由他领导的武装力量在解放法国的战役中,发挥最大的威力。9月18日,戴高乐签发了一项备忘录,分别送给美、英、苏三大国,要求法国军队一定要参加在地中海沿岸以及未来的横渡英吉利海峡的战役。

但是,美国和英国一直比较轻视戴高乐统领的军队的战斗力,因而不少大的决策并不让他参与。关于意大利的停战谈判,戴高乐开始几乎一无所知。为了谋求与美英同等的国际地位,戴高乐在得知此事后当即就发表声明,指出法国应该也必须参加一切对意条约的制定。经过戴高乐不懈的努力,后来战斗法国终于成为意大利咨询委员会的成员。

德黑兰会议结束后,当时英国和美国的报纸都透露,罗斯福有意在战后的法国成立一个由英美控制的军政府。对此戴高乐向丘吉尔表示,他强烈反对罗斯福的计划。战斗法国既然能在北非站住脚跟,也必定会胜利地返回法国。谈话后的第二天,戴高乐邀请丘吉尔检阅了他统率的军队。队伍接受检阅时,群情激动,热烈欢呼。

戴高乐蔑视罗斯福的"法国不能再拥有原来的殖民地"的说法。1945年1月30日,在布拉柴维尔召开的非洲领地会议上,戴高乐发表讲话,指出法国的事务只能由法国自己来决定,法国将独立行使自己的主权。戴高乐还为此规划了未来包括法属殖民地在内的所谓"法兰西联盟"。

诺曼底登陆成功后,英美联军在一周内占领了60英里长的一条滩头阵地;战斗法国积极配合作战。在这期间,戴高乐又一次会见罗斯福,再一次申明了法国有能力管好自己的国家,法国的事情应该由法国人自己做主,美国无权插手的立场。终于促使美国国务院于12月发表一项声明,表示美国政府确认法兰西民族解放委员会有资格在解放后的法国行使管理的权力。

7月底,解放法国的战斗进入了新阶段。盟军诺曼底登陆后,德国军队迅速溃败,通向巴黎的大门打开了。8月18日,戴高乐从阿尔及尔经直布罗陀回国,这时,解放巴黎的战斗正在展开。24日夜晚,战斗法国第二装甲师的前锋深入巴黎心脏,巴黎市区此时已经结束了战斗,德国侵略军已同法国共产党领导的武装力量达成停火协议。第二天,战斗法国第二装甲师举行了入城式,美军第四师的一部分也随法军进入巴黎。德军驻巴黎卫戍司令冯·柯尔梯茨签署了停火协议,命令城内德军放下武器。

至此,法国人民在戴高乐的领导下,英勇战斗了4年,终于打败了强大的德国法西斯,获得了最后的胜利。戴高乐也重新回到了他一直为之战斗为之自豪的祖国。

战后执政失民意

战后的法国并非一片宁静,政坛上党派林立,政见不一,纷争不已。而戴高乐对于如何治理战后的国家,一时也没有一个完整清晰的思路。在这种情况下,他经过慎重考虑,又做出了一个出乎所有法国人意料之外,而他认为是明智的举措,就是辞掉所有职务,先退出政坛,静观风云变幻,以后再视情况待机而举。

在离职后的这十几年里,戴高乐一直在冷静地观察着国内局势。同时,他对世界形势的看法,对东西方关系的看法,对于法国应该在世界上占据什么地位,已经逐渐形成了一整套的观点,一旦出来执政,很快就可以成为法国独立的政策。在这种情况下,戴高乐认为时机已经成熟,于是,他毅然地再度出山了。

戴高乐重返政坛组阁以后,立即抓了三件大事:第一,起草一个加强总统职权的新宪法,以取代战后成立的第四共和国的宪法;第二,解决阿尔及利亚殖民问题以及其他殖民地问题;第三,振兴法国经济。由于新宪法的实施,法兰西第五共和国诞生了。

1968年5月,法兰西第五共和国迎来了它第十个春天,一切似乎都是那么平静。但是在平静的表面下潜伏着一股暗流,1968年春天从北美到西欧此伏彼起的学生运动蔓延到了法国,这场学生运动引发了震撼整个法国,从根本上动摇了戴高乐政治统治的"五月风暴"。5月13日,几十万工人和学生举行联合总罢工和示威游行,第二天,工人们又占领了南特飞机厂及其他许多工厂。

面对如此混乱不堪的局面,戴高乐此时也只得做出一些让步。为了缓解工人和学生们的对立情绪,他打算在下步推行劳资合作,借助社会民主主义的改良措施缓和激化的矛盾。

紧接着,戴高乐又宣布解散了议会,重新进行大选。选举的结果让戴高乐暗松了一口气,戴高乐派得346席,其他各党派共得117席。戴高乐在经历了一段一筹莫展的痛苦之后终于又取得了一个胜利。

然而,在随后不久举行的公民投票中,戴高乐却又遭到了意外的失败。戴高乐设计的投票内容有两项:地区改革和参议院改革。本来戴高乐认为这次投票可以通过,不料想,他的反对派们抓住这个机会联合起来一致反对他,就是在戴派内部这次也发生了严重的分歧,只有少数几个部长支持他。这样,最后投票的结果是,赞成票仅占47%,没有过半数。

这样的结果是戴高乐始料不及的,也使残留在他心头的最后一点希望完全破灭了。就这样,戴高乐又一次戏剧性地退出了政治舞台,而这种退出,对曾经叱咤风云的他来说无疑是悲怆的。

1970年11月9日傍晚,一颗红得耀眼的太阳向大海那边缓缓落下。正在科隆贝的一座小阁楼里写回忆录的戴高乐伏案睡着了,永远睡着了。11月20日,从法国各地赶来的几十万人聚集在凯旋门下,为戴高乐送行。巴黎城哭声一片,人们为这位法国伟人的离去而悲哀,而哭泣。

政坛枭雄

导　语

　　他们有鹰一样的眼睛盯着机会;以豹一样的速度扑向目标;用蛇一样的狠毒攻击同类;用动物界一切可能之手段实现目的;如狮一样的凶残杀死对手。——这就是枭雄。

　　枭雄,有才而无德,甚至是有大才,靠自己的才能成功,这里的无德仅指为自己的私利、自己的目标不择手段或装孙子、搞阴谋等等;英雄不仅有德、有才、有功,其更重要的一个特点是不为自身谋、自家谋,而是为天下谋、大众谋,是顺应时代或历史潮流而为而动,而非逆之而动,若为自己的私利、权力的长久、统治的牢固,无论他富可敌国或王天下都不能算英雄,顶多像希特勒那样算一代枭雄而已。

　　古龙说:"智者无欲,枭雄无情。"他为何要将智者和枭雄放在一块,因为智者和枭雄是两个完全对立的两种性质的人。枭雄无情然而有欲,智者无欲却是多情。就是说枭雄会执着于某一伟大目标,为达目的可以不择手段,无所不用其极。

　　枭雄和智者是在一个层面上的,而比他们更高一层的便是英雄,他是枭雄和智者的综合,取两者之优点,去两者之缺点。总的来说,枭雄是功过相抵,智者是无功无过,英雄是有功无过。作为一个英雄,应是有血有肉,七情六欲俱全的,而且还必须是高尚的情欲,低俗的情欲只能算是兽欲。

　　因为衡量英雄及历史人物的唯一的根本标准是看它是否顺应历史发展潮流,而非他成功的统治多少年、当多大官、发多大财、干多少大事。另外,还需要说明一点:奸雄并非一无是处,英雄并非没有缺点。正如罗曼·罗兰所说:"英雄并非没有卑下的情操,而是永不被压倒罢了。"

　　认识政坛枭雄,就从本卷开始。

名震天下的铁血宰相

—— 俾斯麦

人物档案

简　　历：德意志帝国首任宰相,人称"铁血宰相""德国的建筑师"及"德国的领航员"。俾斯麦担任普鲁士王国首相期间,在1866年发动了普奥战争并取得胜利。1870年又进行普法战争,打败了法军。年底南德四邦加入了德意志联邦,成立了德意志帝国,俾斯麦任德意志帝国宰相兼普鲁士首相。俾斯麦靠"铁血政策"自上而下地统一了德国,还帮助法国凡尔赛政府镇压巴黎公社。他对内颁布《反社会党人非常法》,残酷镇压工人运动;对外力图运用联盟政策,确立德国在欧洲的霸权。1890年3月被德皇威廉二世解职。俾斯麦下台时被封为劳恩堡公爵。此后他长住汉堡附近的弗里德里希斯鲁庄园。1898年7月30日,俾斯麦病逝,享年83岁。

生卒年月：1815年4月1日~1898年7月30日。

安葬之地：弗里德里希斯鲁庄园(在汉堡附近)。

性格特征：强壮的体格,粗野的个性,对待农民的残忍,追求目标的毅力和不择手段,以及现实主义的态度。

历史功过：他发动领导王朝战争,统一德国,同时镇压德国工人运动,对外组织军事集团,巩固德国在欧洲大地的霸权地位。

名家点评：德国杜塞尔多夫大学现代史教授克里斯托弗·诺恩评价说:"俾斯麦是帝国的缔造者,现代化的拦路虎和白色革命家、军事家、老百姓、战争发动者、和平主义政治家、民族英雄和天才,德意志邪恶的幽灵和魔鬼。"

钻营投机

1815 年 4 月 1 日,俾斯麦出生在柏林以西申豪森的一个普鲁士容克地主家庭。年少时进了柏林的普拉曼学校,在这里俾斯麦学习很用心,并学习了游泳和击剑。中学毕业后,进入了当时德国最先进的大学——汉诺威的格廷根大学。

1844 年夏,一直精心经营庄园的俾斯麦结识了约翰娜·冯·普特卡默尔小姐,经过三年恋爱,于 1847 年 7 月底举行了婚礼。新婚旅行对俾斯麦来说具有重大意义,他们在威尼斯遇见了普鲁士国王,而且国王还请他们吃了饭。虽然国王对俾斯麦谈不上热情,但是却对他留下了很深的印象。

俾斯麦出生和成长时期的德意志是一个奇特的国家。根据 1815 年维也纳会议所成立的德意志邦联,是一个非常松散的联合体,内部分为大小不等的 34 个邦国和 4 个自由市,形成国中有国的局面。每个邦国都是独立主权国家,有自己的政府、军队和外交代表。因此,德国国家政治的主要问题就是国家的统一;而普鲁士国王也梦想成为统一的德意志帝国的皇帝。

1848 年 12 月 5 日,普鲁士国王公布了新宪法。宪法确认了君权神授的原则后,规定设立一个由两院组成的议会。俾斯麦抓住这个机会四处活动,最后,被勃兰登堡市提名为候选人,并最终竞选成功。

这时的普鲁士和奥地利是联邦中两个实力最强的国家,两国的国王也都想成为德意志统一事业的主宰,两国为此而发生了激烈的矛盾,关系日益紧张。1850 年 5 月,奥地利人的代表和德意志各邦的代表们在法兰克福召开会议,恢复了原有的邦联议会,想通过这个议会来控制整个德意志。腓特烈·威廉国王把这看作是对普鲁士的挑战,两个德意志强国剑拔弩张,战争一触即发。这时,俄国沙皇尼古拉一世装出一副公正面孔,要做普鲁士和奥地利之间的裁决者。在沙皇的压力下,威廉四世只好向奥地利表示和解,承认奥地利在法兰克福议会的地位。

俾斯麦是个强硬派人物,对这种所谓的和解自然心里持反对态度。但是为了取悦国王,他不断在议会上发表演讲,对国王的行为大唱赞歌。俾斯麦的这种言论最终还是赢得了国王的好感,于是,在 1851 年 4 月,他被国王任命为普鲁士驻法兰克福议会的特使。

铁血生涯

1858 年 3 月,俾斯麦又被任命为驻沙俄公使,1862 年 5 月 22 日,又改派巴黎任驻法大使。9 月 24 日,俾斯麦被任命为普鲁士王国首相兼外交大臣,从此开始了他那令人惊叹的,在政治、外交、军事等方面施展才干和阴谋的非凡生涯。

在任首相的第 6 天,俾斯麦就在下院发表了一个著名的讲话,强调了迅速采取措施改革军队的必要性,并且声称:"维也纳条约所规定的普鲁士的国界是不利于健全的国家生活的,当代的重大问题不能用演说和多数决议来解决,而是要用铁和血来解决。"显示了他的铁腕强硬策略。不久这句名言便被叫作"铁和血"在民间流传开来。

俾斯麦面临的是当时处于四分五裂的德国,于是作为铁腕人物的他在上台伊始,便开始了着手统一德国的伟大使命。

当时石勒苏益格和荷尔斯泰因这两个公国,几百年来一直受丹麦统治。俾斯麦首先联合奥地利,一起攻占了这两个同家。但是,他的最终目标是普鲁士独自兼并这两个公国,对此奥地利自然不会允许。于是,这两个德意志大国之间的关系又剑拔弩张起来。

为了使普鲁士能达到独占两个公国的目的,这个时候俾斯麦又大展拳脚,巧妙地实施起外交手腕来。他先促成了法国和俄国不与奥地利结盟,而后又通过这两国,对奥地利多方施加压力。最终,奥地利妥协屈从了,普鲁士达到了自己的目的。对此威廉国王感到很满意,可是俾斯麦却认为所签的协定还不完善,还需要进行补充。

由于俾斯麦具有极强的扩张野心,在此后一年的时间里,他不断寻找各种借口煽动国王对奥地利开战,以从其手里获取更大的利益。终于,威廉国王在1866年7月正式宣布对奥地利开战,7月3日,普奥两军在今捷克境内的柯尼希格雷茨摆开战场。这次参加战役的人数超过了44万,其规模在欧洲历史上是空前的,直到第一次世界大战,还没有一次武装冲突的规模超过这次战役。普奥两军在柯尼希格雷茨附近的萨多瓦展开激战,大战持续了8个小时,最后以奥军的失败而结束。战后两国在布拉格签订条约,普鲁士由此吞并了汉诺威、拿骚、石勒苏益格—荷尔斯泰因、法兰克福;奥地利退出德意志联盟,并宣布解散德意志邦联。1866年8月,24个北德意志国家,包括3个帝国自由市在内,共同缔结了一个联邦条约。1867年4月通过德意志联邦宪法。普鲁士国王是联邦主席,俾斯麦任联邦首相。从此,在北德联邦内部取消了各种关税限制和交通限制,统一邮电管理、币制;各邦对外贸易由联邦统一主持安排。这一切大大促进了北德意志资本主义的发展。

1870年7月19日,普法战争爆发。战争一开始,德军就取得了一系列胜利。把麦克马洪的军队打败在巴伐利亚,并乘胜追击,8月底把其包围在色当。9月2日法国色当要塞陷落,法军损失12万人,拿破仑三世被俘。当这位法国皇帝的马车离开前线驶向囚禁地时,俾斯麦站在路旁,目送着马车无限感慨地说:"一个王朝在那儿消逝了。"

在攻陷巴黎以后,俾斯麦邀请巴伐利亚、乌滕堡、黑森等派代表团来到凡尔赛,开始进行关于成立一个新的德意志联盟的谈判。

当然,最终谈判的结果是,在俾斯麦的压制下,各公国同意由普鲁士的威廉国王重建德意志帝国。

新的德意志帝国在1871年1月18日,由俾斯麦宣告正式成立,威廉一世就任帝国皇帝。俾斯麦终于用"铁和血"完成了对德国的统一。

失宠去职

南于俾斯麦坚持现实主义的外交政策,并且把握调整与列强相互关系的分寸,在诸大国中巧妙周旋,冷静应付,从而为德国赢得了20年的和平发展时间,使德国的经济实力大大地增强了。

德国统一后,经济发展速度很快。在19世纪最后的30年里,德国完成了英国用一百多年才做完的事情——把一个落后的农业国转变为具有现代高效率的工业技术国家。这里面的原因主要有三个方面:一是英、法、美等发达资本主义国家的影响,先进技术、投资、管理体制和方法的引进;二是德国统一后的各种有利因素的推动;第三,也是最重要的一点,就是不断成长壮大的德国工人阶级通过自己的辛勤劳动对社会做出的贡献。

1888年3月9日,91岁的德皇威廉一世在柏林逝世,帝位由他的儿子弗里德里希三世继承。可是这位57岁的新皇帝患有喉癌,只在位99天就与世长辞了,于是帝位又传给了他的儿子威廉二世。这个29岁的年轻皇帝野心勃勃,刚愎自用。俾斯麦对这个新君在政治上缺乏经验但又异常自负非常反感,曾公开表示反对。这样一来就触犯了骄横的新皇帝,由此这两个意志坚强、独裁成性的人物发生冲突也就势所难免。双方经常在"政策谁做主"的问题上发生摩擦。威廉二世不能容忍权力过大的首相对自己的掣肘,他公开对其亲信说:"我只想让这个爱唠叨的老头子再喘6个月的气,然后我自己亲政。"

威廉二世登基后,反俾斯麦集团也开始在皇帝面前群起攻击俾斯麦。于是,这个年轻的皇帝准备向老首相的权威挑战了。

1889年10月,俾斯麦提出一个反社会主义者的法令草案,想使过去每隔三年更新一次的《非常法》成为永久性的制度。而威廉二世在从土耳其访问回国后,也提出了一项有关工矿企业劳动时间和劳动条件的法案,其主要内容是保护妇女和儿童。劳工法一类的法案向来是由首相负责提出的,威廉正是在向首要进行挑战。他已经做好了准备,必须让俾斯麦"听话",不然就让他辞去首相职务。

过了几天,威廉皇帝派人给俾斯麦传话:要么取消反社会主义法,同意他有关劳工问题的提案,要么就递交辞呈。到了这一步,俾斯麦心里非常清楚,他与威廉二世的矛盾已经无法化解。为了最后维护住自己的权威,俾斯麦仍表示不能同意威廉的提案,并被迫在第二天向皇帝递交了辞呈。时间是1890年3月18日。

离职以后,俾斯麦的生活主要是在乡间庄园和到处旅游中度过的。另外,他还专心致志地撰写自己的回忆录。

1898年夏天,俾斯麦患上了肺炎。经过治疗逐渐康复以后,在7月30日病又复发,当晚11点刚过就病逝于家中,享年83岁。

纳粹德国的元首

——希特勒

人物档案

简　　历：纳粹德国元首，武装部队最高统帅，第二次世界大战的发动者，民族主义和反犹太主义的狂热信徒。1889年4月20日，希特勒出生于当时奥匈帝国的因河畔布劳瑙，1914年8月，参加第一次世界大战，1919年9月，加入德国工人党（纳粹党）并担任党主席团委员，1921年7月，成为纳粹党元首，享有指挥一切的权力。1923年11月8日，希特勒发动啤酒馆暴动失败，1933年上台成为德国元首。1939年9月1日，入侵波兰，掀起第二次世界大战欧洲战场的序幕，1939年到1941年相继占领了欧洲的14个国家，并且把罗马尼亚、匈牙利、保加利亚、南斯拉夫变为自己的仆从国。1941年6月22日，进攻苏联，之后陷入苏德战争的不利局面。1945年4月28日希特勒和爱娃·布劳恩正式结为夫妇，1945年4月30日下午3点30分，希特勒在德国总理府地下室开枪自杀。

生卒年月：1889年4月20日~1945年4月30日。

安葬之地：德国马格德堡。

性格特征：有轻微晕血症，人性分裂，半夜飙车，整容爱好，秘密隆鼻，会议爱使用长桌，恋手癖，形体私密。有野心，平易近人，仇视犹太人。

历史功过：建立纳粹党魁，发动第二次世界大战，屠杀生命，灭绝犹太人。

名家点评：约翰·托兰评价说："阿道夫·希特勒也许是属于亚历山大、恺撒、拿破仑这一传统的大冒险家兼征服者中最后的一个，由他主导的这段二战历史也成为人类历史上最血腥、最恐怖的梦魇。"

维也纳的流浪汉

维也纳,这个十九世纪以来欧洲极富魅力的城市,依山傍水,蓝色的多瑙河多情地流过,一个世纪以来整个欧洲的才子佳丽们都被吸引至此,为这里古雅的博物馆、富丽堂皇的巴洛克式歌剧院,为欧洲第一流的美术学院,为海顿、莫扎特、贝多芬、舒伯特的音乐,为迷人的约翰·施特劳斯圆舞曲而倾心,而陶醉。1907 年 10 月,年方 18 岁的希特勒为实现自己做画家的梦想也前来维也纳投考这里的美术学院。

在维也纳奢靡华丽的氛围里谁也不会对这位踯躅街头、身材瘦削的年轻人过多关注,而这位未来帝国的元首出身也并不显赫。希特勒祖籍瓦尔德维尔特尔迪,虽然距首都维也纳不过 50 英里之遥,但这里一幅穷乡僻壤的景象,仿佛维也纳的奢华与开放之风从未飘到这里。然而希特勒的家庭却与这穷乡僻壤的保守之风有着截然不同的气质。祖父约翰·希特勒是一名打短工的磨坊工人,为招揽活计常年在外走村串户,1842 年老约翰娶了 47 岁的农妇玛丽亚·安娜。这是老约翰的第二次婚姻。新婚妻子陪嫁的资财中有一名 5 岁的私生子阿洛伊斯,他就是未来帝国元首阿道夫·希特勒的父亲。阿洛伊斯 10 岁那年母亲去世,此后 30 年老约翰浪迹天涯,销声匿迹,阿洛伊斯由叔父抚养。30 年之后,84 岁的老约翰云游归来才正式认子归宗,阿洛伊斯第一次有了自己的姓氏:希特勒。

阿洛伊斯秉承了老约翰的习性:喜好游荡、缺乏固性。18 岁时在奥地利萨尔斯堡附近做了一名海关的边境警察,九年之后提升为海关小职员。他生性浪漫、我行我素。第一位妻子安娜是一位海关官员之女,虽然年长 14 岁,但给阿洛伊斯带来了财富和地位。1883 年安娜病逝。而在此前一年阿洛伊斯已经与一位年轻的厨娘同居,并生下了希特勒同父异母的哥哥小阿洛伊斯,安娜去世后他名正言顺地娶了第二房,三个月之后希特勒便又有了一位同父异母的姐姐安吉拉。

希特勒的生母克拉拉是父亲阿洛伊斯的第三位妻子,年轻的克拉拉不仅比丈夫小 23 岁,而且是阿洛伊斯的外甥女。1889 年 4 月 20 日希特勒出生在勃劳瑙镇的一家小客栈里。年幼的希特勒跟着不安分的父亲在奥地利林嗣附近的村庄里搬来搬去,不停地更换着学校。然而不安分的父亲却希望儿子子承父业,有一份安定的工作。一天,年老的父亲把年幼的儿子叫来:

"我希望你以后做一名公务员。"

"什么,公务员? 不! 不! 我决不做公务员! 我一想到坐在办公室里,毫无自由,不能自由支配我的时间,把我一生的时光花在填写各式各样的表格上面,我就要作呕! 我要做个画家,当一名艺术家!"

"什么画家? 艺术家? 你发疯了!"

"我没发疯,我不是开玩笑!"

"艺术家? 不行! 只要我剩一口气,我决不答应!"父亲怒不可遏。

"我也决不改变我的决心!"希特勒声嘶力竭。

　　为迫使父亲改变初衷,希特勒不惜代价,从此荒废学业。本来在小学里成绩一贯良好的他在中学里却坏得异乎寻常,终于没有拿到毕业证便不得不辍学在家。父亲指望儿子成为一名公务员的梦想破灭了,1903 年父亲离世,希特勒打赢了人生的第一次战斗。

　　1907 年维也纳的博物馆、艺术画廊人流如潮,人们都在为一位艺术家的作品而赞叹、而流连,大家都在传颂着一个神奇的故事:一位新的世界著名画家崛起在维也纳! 他就是阿道夫·希特勒! ——这当然只是一个梦想,是坐在维也纳美术学院考场的希特勒的梦想。当时的希特勒年方 18,像一匹野马,两眼闪烁着幻想的光芒,对自己成为一名艺术家的辉煌前程充满了自信。

　　然而他落第了!

　　希特勒不灰心,第二年卷土重来,但再次落选!

　　希特勒不能忘情于艺术,他稍稍改变了志向,决定学建筑,然而他又一次失败!

　　或许是命由天定,或许是这个世界在劫难逃,当年那些和希特勒一同投考美术学院的幸运者中并没有诞生出世界一流画家。善良的人们总是在想假如当年的考官稍徇私情录用了希特勒,也许这个世界只不过多了一名第三流、第四流的画家。而当年考官手中那支红笔轻轻地一勾,也许就能拯救 6000 万生灵!

　　祸不单行,在一连串的失败之后,1908 年 12 月希特勒的母亲患乳腺癌去世了!希特勒深爱自己的母亲,母亲的离世对希特勒是一次可怕的打击,"她的去世使我的宏愿突然不能实现,贫困和残酷的现实迫使我做出一个迅速的决定:我面临着想办法谋生的问题。"1909 年希特勒只身来到维也纳,开始了他一生中最悲哀的时期。

　　维也纳街头,希特勒身穿一件匈牙利籍犹太旧衣商送给他的黑大衣,长至足踝。头戴一顶油腻发光的黑呢帽,四季不换。前额头发斜梳,一头乱发。两颊和下颌胡髭丛生,身后背着一个破旧的画架,他从一个街头流落到另一个街头,绘制一些拙劣的维也纳画片,画着圣斯蒂芬大教堂、歌剧院、伯格剧场、舒恩布伦王宫等等景物,卖给小贩装饰墙头、卖给商人嵌在陈列出售的画框里,或者被家具商买来钉在廉价的沙发和椅子靠背上。白天以卖画得来的钱在小酒店或候车室里买些廉价食品充饥,夜晚或在公园的长椅上或随便哪家的门洞里过夜。生计无着落时便典当衣物,直至身无旁物,饥饿难耐时便加入施粥所流浪者的队伍里去接受一份施舍。从 1909 年到 1913 年维也纳街头的希特勒没有朋友,没有亲人,没有家庭,没有工作,没有居处。"对许多人来说,维也纳是个尽情享乐的天堂,寻欢作乐的场所,但是对我说来,它却是我一生中最悲哀的时期。即使到今天,这个城市在我心中也只能引起我不愉快的想法。对我来说,这个逍遥自在的城市的名字,所代表的就是五年艰苦贫困的生活。在这五年中我被迫求职糊口,开始当小工,后来当小画家。收入之微薄,不足以填充我每日辘辘的饥肠。"后来的帝国元首如此回忆着当年的维也纳。

　　然而尽管当时的希特勒一贫如洗,穷困潦倒,但他并没有自暴自弃。在与贫困、饥饿每日斗争的同时,这位未来的纳粹领袖深信自己不是凡夫俗子,对自己的前途有着奇特的不可抑制地信心,对于未来的世界,希特勒怀着一种魔鬼般的使命感,正是这一使命感促使他忍饥挨饿,等待天机。

囚犯的宣言书

1913 年春光明媚的季节里希特勒带着阴郁的心情告别维也纳,来到他向往已久的德国。在德国南部城市巴伐利亚州的慕尼黑游荡一年之久后,希特勒梦寐以求的天赐良机降临了!1914 年夏第一次世界大战爆发了,在战争阴云密布、几百万人对前途茫然无措之时,25 岁的希特勒却欣喜若狂,8 月 3 日他上书巴伐利亚国王路德维希三世,国王批准他以志愿者的身份参加巴伐利亚步兵团。"平生最伟大而最难忘的时期,就这样开始了!"战争不仅使希特勒摆脱了贫困,而且在希特勒看来,战争给他提供了一个参与改变世界的良机,"在热情冲动之下,我跪下来,衷心感谢上苍有眼,赐给我这个能够活在这样一个时代的幸福机会。"

希特勒并不是德国人,但他渴望德国取胜,他深信日耳曼民族是优秀民族,只有振兴日耳曼民族,才能拯救这个腐败的世界。因此希特勒全身心地投入了这场战争。作为一个下士通信兵,希特勒在硝烟弥漫的战壕里来回奔波。他从不要求休假。对于前线的肮脏、虱子、泥泞、恶臭从无抱怨,战斗间歇中他双手抱头,默默沉思,有时突然跳起来诅咒无形的敌人——那些反战派。在战争中他两次受伤,两次受奖。1916 年 10 月在松姆战役中,希特勒腿部受伤被迫离开前线,然而腿伤恢复之后他坚决重返战壕。1914 年 12 月他获得一枚二级铁十字奖章,1918 年 8 月他只身俘获了 15 名英军(一说为法军),帝国军队授予他一枚一级铁十字奖章,这种奖章在帝国军队里是极少授予普通士兵的。10 月,希特勒在前线中毒,眼睛暂时失明,被迫离开前线来到柏林附近一家陆军医院疗养。

在希特勒养伤的日子里,德意志帝国正发生着剧烈的动荡。前线德国军队兵败如山倒,陆军元帅兴登堡对德皇威廉二世力陈要害:立即停火,军队不能再等待 48 个小时!后方德国工人运动风起云涌,反战情绪急剧升温,然而德国海军司令部拒不投降,下令基尔港拥有近 8 万水兵的远洋舰队出海,与强大而稳操胜券的英国海军决一死战,以卵击石也在所不惜,海军部宁愿拥有 8 万水兵的德国舰队"光荣沉没",也不愿看到帝国不惜血本建造起来的远洋舰队完好无损地拱手让给死敌英国。然而基尔港水兵的革命情绪与反战运动如地火运行,浪潮汹涌而暂无缺口,海军部的冒险命令终于掘开了大口,德国十一月革命爆发!11 月 3 日基尔港水兵起义并迅速建立了苏维埃政府。11 月 8 日,革命除柏林之外席卷全国。9 日,柏林起义爆发,德国共产党的创建者李卜克内西率领起义者夺取了皇宫,德皇宣布退位,逃往荷兰,德意志第二帝国土崩瓦解!11 月 10 日,德国资产阶级组建了临时政府,11 月 11 日以艾伯特为首的临时政府代表德国在巴黎附近的贡比涅森林与对手签订了停战协定,德意志战败投降了!

希特勒得知德国战败投降时正忍受着眼痛的折磨,然而战败的消息仿若晴天霹雳,希特勒失声痛哭!这是他自母亲去世以来第一次放声悲哭!希特勒和德国右翼资产阶级一样决不相信德意志会战败,如此优秀的民族竟打不过那些"杂种"、那些劣等人群!我们一定是被出卖了!被那些可恶的马克思主义者、那些犹太人、那些所有的"十一月罪人"!在那些痛苦的夜晚,希特勒的心中充满了仇恨。军队只不过是那些可卑的政客手中的卒子。"政治""政治",希特勒在不停地反思,全然忘掉了他的眼痛。痛定思痛,希特勒抑制住满腔仇恨。"我终于看清了我自己的前途。我决定投身政治。"

1918年11月初希特勒伤愈回到巴伐利亚州,在慕尼黑陆军司令部供职,主要负责同"危险思想"——和平主义、社会主义、民主主义做斗争。战败后的德国政局动荡,各种思潮沉渣泛起,魏玛共和国的民主氛围又为这些无名党派、各类思潮提供了温床。希特勒年届三十,无产无业,无一技之长,又无强硬靠山,但他不忘从政的宏愿,等待着时机。

1919年9月,希特勒参加了一个无名小党——德国工人党的聚会,会后希特勒决定参加这个党派,并利用它来实现自己的抱负。希特勒加入之后,德国工人党很快在众多的党派中脱颖而出。1920年4月希特勒把德国工人党更名为国家社会主义德国工人党(即Nazi,简称纳粹党)。1920年12月,纳粹党以6万马克买下负债累累的亏本报纸《人民观察家报》,作为纳粹的喉舌,为纳粹大造舆论。希特勒亲自为纳粹党制定党纲,1921年希特勒升为纳粹党的领袖,并确立了领袖原则。这期间希特勒还亲自制定了纳粹党旗:红底白圆心,中间嵌黑色卍字,红色象征纳粹的社会意义,白色象征民族主义,卍字象征亚利安人胜利的斗争使命。1921年纳粹组建了冲锋队,成员身着褐衫,后来冲锋队发展成为足以和德国国防军抗衡的军事力量,1934年希特勒为争取国防军的支持下令解散了冲锋队。此时,希特勒一面营造纳粹党,一面注意网罗"人才"。不久,日后影响德国历史的几个重要的纳粹元凶便聚集到希特勒身边:1920年鲁道夫·赫斯加入,1919年罗森堡加入,1923年成为《人民观察家报》的主编、纳粹党的思想领袖。1921年戈林参加,1922年担任冲锋队队长。纳粹势力日渐壮大。

1922年德国爆发了经济危机,全国经济萧条,民不聊生。1923年1月法国为催逼德国交纳战争赔款,和比利时一同制造了鲁尔危机,法比军队占领了德国重工业区鲁尔,德国政局动荡不安。希特勒认为革命时机已经成熟,11月8日纳粹党在慕尼黑发动政变,逮捕了巴伐利亚州的军政首脑,希特勒在慕尼黑的一家啤酒馆宣布他们已推翻了柏林政府,但第二天柏林政府下令镇压政变,希特勒的冲锋队几乎没做什么抵抗便宣布投降,法西斯党徒作鸟兽散,戈林受伤逃往奥地利,希特勒、赫斯、罗姆等锒铛入狱,未来的帝国元首成了囚犯。

对许多人来说监狱意味着失败、甚至是生命的终结,然而对纳粹党的领袖希特勒来说,监狱反而成为他人生的新的起点,而且在做囚犯的日子里希特勒赢得了前所未有的声望。

1924年从2月26日开始巴伐利亚州对纳粹政变犯进行了长达24天的公审。

政坛枭雄

希特勒敏锐地抓住时机,把审判台变成宣传纳粹思想的讲坛。他口若悬河,面对众多的法官、德国各大报纸、世界各国报纸的新闻记者,面对成百上千的听众,全然忘记了自己囚犯的身份:

"我一个人负全部责任,但是我并不因此而成了罪犯。如果我今天以一个革命者的身份站在这里,我是一个反对革命的革命者,反对1918年的卖国贼,是根本谈不上叛国罪的。"

"天生要做独裁者的人不是被迫的。他的愿望就是如此。这并没有什么骄傲自大的地方。难道一个努力从事繁重劳动的工人是骄傲的吗?难道一个有思想家的大脑、日夜思考、为世界发明创造的人是自大的吗?凡是觉得自己有天赋义务治理一国人民的人没有权利这么说,'如蒙召唤,我愿从命。'不!应该责无旁贷地站出来!"……希特勒的诡辩与演讲第一次产生了魔力,听众们鼓掌欢呼,法官们的同情溢于言词。按德国刑法规定希特勒法西斯党徒应判无期徒刑,但法官违心地只判了5年。即使这样法官还一再向激动不已的群众解释:保证希特勒在狱中会得到最好的照顾,保证6个月之后可以假释……

希特勒出名了!德国各大报纸头版头条宣传慕尼黑的纳粹党如何有组织性,其领导人希特勒如何善于雄辩。人们争相传颂着、议论着,世界各地的传媒也纷纷予以报道。鲜花、礼物、同情的信札川流不息地送到了希特勒的囚房。然而表面嚣张的希特勒下了审判台却在冷静地思考,"平心静气地说,这是我一生中最轻率鲁莽的决定。"啤酒馆暴动失败了,但10年之后希特勒成为德国总理。这次滑稽的政变摇身一变成为德国历史上"永垂不朽"的史诗,希特勒下令在此修建了纪念碑,每年11月8日都在此隆重集会,以志纪念。

鲜花与仰慕并没有使希特勒陶醉,相反在难友赫斯的帮助下,他每天伏案沉思,一章接一章地撰写他改造德国、征服欧洲的宏伟蓝图——《我的奋斗》,一本臭名昭著的自传,一个囚犯对整个世界的宣言书。

"要使战败而混乱不堪的德国在太阳底下占有比以前更伟大的地位。""大自然并没有为任何民族或种族保留这片土地(欧洲)的未来占有权,相反,这片土地是为有力量占有它的人民而存在的。""不能用和平的方法取得的东西,就用拳头来取。""法国将要灭亡,奥地利、捷克斯洛伐克、波兰要并入德国版图。然后要征服俄国。""凡是想生存的必须奋斗,不想奋斗的就不配生存在这个永恒斗争的世界里!"

"我们今天所看到的一切人类文化,一切艺术、科学和技术的果实,几乎完全是雅利安人创造性的产物。这一事实证明:只有雅利安人才是一切高级人类的创始者,是我们所谓'人'这个名称的典型代表。"希特勒认为,世界上凡是不属于优良种族的人都是糟粕、是垃圾,他们就是犹太人、斯拉夫人,既然是糟粕、是垃圾就应该被奴役、被毫不犹豫地清理掉。希特勒本人与纳粹党的神圣使命便是在政治上把过去从未统一过的优秀民族统一起来,纯洁他们的种族与生存环境,使他们强大,使他们成为地球的主宰。这个未来的帝国要由元首来实行独裁统治,独裁只可能使强者更强,绝不允许民主那种"无聊的东西"在帝国存在!

假如人们稍稍回顾一下二战初期欧洲的惨况,谁都会震惊《我的奋斗》并非病者的狂呓,并非儿语!希特勒早就对这个世界发出挑战,然而欧洲那些一流的政治家,那些古老而文明的国家太骄傲了,他们怎么能对一个囚犯的几句厥词予以重视呢?!那些为世界创造了无穷财富的犹太巨贾,那些为人类文明贡献了辉煌才智的斯拉夫人怎么能相信他们是"糟粕"而予以警惕呢?!人们已经习惯了国际法则,习惯了自己家园的概念,谁又能去在意一个囚犯的承认与不承认呢?!于是张伯伦相信希特勒对捷克斯洛伐克真的只有对"苏台德地区那么一点点要求";犹太人在毒气室门前相信希特勒让他们排队等候分配工作;波兰相信希特勒不会进攻他们;苏联相信德国不会背信弃义!殊不知囚犯是认真的,《我的奋斗》1933年卖了100万册,1940年卖了600万册,德国人几乎人手一册,德国的少年、青年都被灌输了第三帝国的思想、法西斯的蓝图,《我的奋斗》已深入脑海,化成血液,流淌在几乎每一个德国人的血脉里。

唇舌征服德国

中国历史上有许多纵横家、清谈名士,世界历史上也有无数雄辩家、演说家,这些靠唇舌影响国家政策、左右人心的专家们毫无疑问没有一个能超过纳粹党魁希特勒的。至今人们还能从一些历史镜头中目睹希特勒演说的情景:纳粹头子声嘶力竭、振臂一呼,观者无醉如痴。1918年那次中毒差点毁掉了希特勒的嗓子,命运真是捉弄人,嘶哑的噪音反而成了希特勒的独特魅力。有人说演说是希特勒的天赋。有人说这一天才是在维也纳街头练就的。不管怎样,希特勒靠他的唇舌、他的四处演说赢得了支持,赢得了1930年的600多万张选票。

5年的徒刑不到9个月就结束了,1924年12月20日希特勒出狱。从1925年至1929年魏玛共和国经过了共和国初期的混乱后终于稳固下来,美国等国资本家通过道威斯计划将贷款源源不断地投到德国市场,德国经济如同被输过血的病者、充了气的皮球迅速恢复起来。1927年德国经济恢复到战前水平,1929年超过英法,再次成为仅次于美国的世界经济强国。德国政治经济的稳定对于希特勒来说并非好事,希特勒再也无法在街头兴风作浪了。百姓生活安定,再也无心去街头听纳粹分子摇唇鼓舌了。因此1925年到1929年是纳粹时运不佳的几年,然而从囚房出来的希特勒已今非昔比,经过冷静思考,他决定放弃政变方式,而利用现有的、被他一再唾骂的民主制度,通过争取选民的方式夺取政权。虽然1925年到1929年的稳定使纳粹时运不佳,但希特勒用顽强的毅力发展了纳粹党的组织。

希特勒周密筹划,建立起纳粹的各类基层组织,从大区到小区、从小区到街道办事处建立遍布全国的纳粹网络。1925年纳粹党徒只不过2万,1927年就有7万,1929年则达到近18万之众。冲锋队改编成武装组织,1926至1929年希特勒又亲手培植忠于他个人的卫队——党卫队,由海因里希·希姆莱负责,党卫队后来发展成为德国乃至欧洲整个德占区人人谈虎色变的可怕组织。到1929年纳粹党已成为全国的重要党派之一,而这一巨大成绩的取得除了希特勒的毅力,便是他的魔鬼般的演说才能。

还在啤酒馆暴动之前,一些阔佬阔少即被希特勒的言辞吸引,当场解囊相助。富有的钢琴制造商的妻子海伦·贝希施坦因太太第一次见到希特勒便为之折服,不仅赞助当时起步维艰的纳粹党,而且帮助希特勒在富人之间广为宣传和募捐。一位名叫恩斯特的阔少听了希特勒的一番"宏论",当场借给纳粹党1000美金,这在当时马克急剧贬值之际对纳粹党是一笔惊人巨款。

希特勒的演讲不仅争取来了经费,而且使许多猜疑的、不相信的、高傲的人都最终心悦诚服地归到门下。许多人听说了希特勒的名字,根本不相信他的神话,某一次聚会偶尔去了,开始时鄙视,继而好奇,然后相信、激动、狂呼,最后成了希特勒分子。戈培尔的归服便是一个杰出的例证。

小希特勒八岁的戈培尔在24岁之前读了八个大学。先后在波恩大学、弗雷堡大学、伍兹堡大学、科隆大学、法兰克福大学、慕尼黑大学、柏林大学求学,1921年24岁在海德堡大学获哲学博士学位。戈培尔懂德文、拉丁文、希腊文,对哲学、历史、文学、艺术有着深厚的修养。言辞激烈、文笔犀利。然而这位博士听了中学尚未毕业的希特勒一次演讲之后激动难眠,连夜给希特勒写了一封这样的信:

"你像一颗初升的明星,出现在我们惊异的眼前,你所表现的奇迹廓清了我们的思想,而且在一个充满怀疑和绝望情绪的世界里,给了我们信仰。你高高在群众之上,充满信心、掌握未来、有着坚强的意志……你在我们面前表现了元首的伟大。你所说的话是俾斯麦以来德国境内最伟大的话。……你所说的话是新的政治信仰的大纲,这种政治信仰是在一个崩溃的、无神的世界的绝望中产生的,我们都要感谢你。有一天,德国也要感谢你……"

戈培尔投降了,不久他就成为大柏林区纳粹党的主席,一辈子为希特勒的纳粹主义摇旗呐喊,是第三帝国的喉舌。戈培尔的归服至死不渝,1945年4月29日纳粹末日已经降临,4月30日希特勒自杀身亡,戈培尔让妻子以及六个儿女随他一起服毒自杀为元首殉葬,他的遗言再一次向世人表达了其对希特勒的忠心:"如果我不能生活在元首身边,并为他服务,生命对我个人来说没有任何价值。"

纳粹党终于羽翼丰满起来,然而离夺权的道路却仍很漫长。当时德国第一大党派社会民主党在全国拥有深厚根基,并控制着局势。希特勒费尽了心思,但1929年之前纳粹党在德国议会里仍不过排名第九。然而希特勒政治生涯中最重要的一次机遇来到了:1929年10月从美国华尔街开始,在全世界刮起了一场黑色风暴。仿佛命运再一次证明人类在劫难逃,刚刚从一战的废墟中稍复元气的世界各国无一例外地被卷入到这场风暴中去,它就是改变了世界历史进程的1929年世界经济大危机。

20年代繁荣异常的美国哀鸿遍野;一战中大发战争财的日本经济崩溃;拿到不少战争赔款的法国经济也一片萧条;日不落帝国在危机冲击下几乎撑不住门面;外国资本家纷纷撤走投放在德国的资金,德国经济一泻千里。失业、饥饿、失望、恐惧、怨恨、仇视笼罩着德国。德国政府坐不住江山了,总理像走马灯似的换过一轮又一轮,谁也没有回天之力,群众不满了,人们又走上了街头。垄断资本家不满了,四处寻找自己的代理人。这个时候希特勒又站到演讲台上去了,他抨击政府,他向垄断资本家许愿保证给予他们足够的市场,他向工人保证不会失业,向农民保证会有土地,向商人允诺不征重税,仿佛他的帝国比社会主义、共产主义更激进,他也不在乎了,只要有人支持他,只要人们去选票站投他的票。冲锋队、党卫队身穿制服,雄赳赳、气昂昂地走过颓丧的人群,吸引无数人羡慕的眼光,青年人反正无事可做,不如去参加冲锋队,又有饭吃,又神气。冲锋队壮大了。垄断资产阶级慷慨解囊,给纳粹党提供巨额资金,给源源不断的冲锋队新队员发放装备,组织大型、巨型的演讲会,让更多人加入纳粹党的阵营中来。冲锋队员在街头搭起施粥站,饥荒的人们如同当年维也纳街头的帝国元首感激涕零:纳粹党真是太好了! 1930 年纳粹党徒由 1929 年的 17 万猛增到 35 万,这一年纳粹获 600 多万张选票,一跃而为全国第二大党,第三帝国的美梦只是一步之遥。

　　而跨过这一步之遥竟然也有希特勒唇舌之功劳。1932 年 1 月 27 日,德国 300 多名垄断巨子在德国杜塞尔多夫秘密开会,希特勒被邀请。当时垄断巨子们对希特勒尚存犹豫,希特勒那些在演讲台上比布尔什维克更布尔什维克的言辞令巨子们不安。希特勒深知没有这些人的支持第三帝国将成为空中楼阁,第三帝国的楼阁将靠这些垄断巨头们来支撑。于是,希特勒当场表明心迹,发表了长达数小时的演说:"民主将摧毁一个民族的真正价值","经济生活中应树立个人权威,政治领域同样如此","布尔什维克的世界观如不被阻止,势必把整个世界化为废墟","德国应该大张旗鼓地扩军","德国军队由 10 万、20 万或 30 万人组成,这并不重要,重要的是我们是否拥有 800 万后备军",这些军队将要为德国去争取"生存空间",去世界各地争取市场! 当希特勒演讲结束时,全体资本家起立向他狂热欢呼! 垄断巨子们的心放到了肚子里,他们联名致信总统兴登堡,一致要求希特勒组阁。兴登堡这位前陆军元帅尽管怎么也看不起这个奥地利下士,也不得不将国家重任交给希特勒。1933 年 1 月 30 日,希特勒被兴登堡任命为德国总理,维也纳的流浪者如今已是一人之下、万人之上的显赫了。

虎狼也有情

　　希特勒已是人所共知的恶魔,但并非不食人间烟火。在登上权力之峰以前,希特勒和普通人一样也很重亲情和友情。上中学以前他是村里的孩子王,上中学以后,希特勒日益孤僻,加之从小体质较弱,常给人神经质的感觉。年长以后,希特勒不再与儿时的伙伴玩街头的游戏,而是整天将自己关在房子里作画和阅读。他酷爱自己的母亲,在母亲病重之际,他从维也纳赶回,主动承担一切家务,全力侍奉病重的母亲,而且不惜以破产的代价来换回母亲的生命。母亲去世后,希特勒悲痛欲绝,连那位替希特勒母亲治病的犹太医生也感叹:我从未见过母亲去世如此悲痛的人。希特勒对这位医生非常感激,表示有生之年一定报答其对母亲的照顾之恩,后来这位犹太医生终因这份报答之心而幸免于难。母亲离世后不久,希特勒的姐姐安吉拉带着两个女儿守寡在家,还要抚养希特勒的妹妹保拉,尽管希特勒当时在维也纳流浪街头、衣食无凭,但希特勒仍主动让出父亲去世后政府每月给他的抚养费,让给妹妹保拉,以贴补安吉拉姐姐的家务开支。维也纳的房东太太也曾说过:希特勒先生经常阴沉着脸,不同任何人打招呼,好像对谁都视而不见,但他是个好心人,也从不拖欠房租。同房租住的朋友们在希特勒离开维也纳前往德国谋生时,也真心挽留他,认为他虽然一无所有,但能帮忙时总是尽力帮忙。

18岁时希特勒第一次坠入情网,那天他与18岁的斯坦芬妮·詹斯坦在林嗣的街头相遇,斯坦芬妮身材苗条,性格文静,一头秀发,美丽动人。希特勒激动不已,背地里为她写了许多情诗,但只是悄悄地朗读给当时他唯一的一位好友库比席克听。库比席克怂恿希特勒去跟斯坦芬妮交谈,但希特勒说:用不着说一句话,一切都会清楚的。我们是美妙的一对,彼此靠眉目传情便足够了。所以希特勒从未与他热恋的女子说过话,斯坦芬妮当时根本就不知道这位未来的帝国元首曾经如此迷恋过她,不久斯坦芬妮与一位中尉订婚,希特勒的初恋便如此结束了。

第一次世界大战结束后决定投身政治的希特勒把有限的精力都投身于政治,个人的情感世界几乎一直是孤寂的,然而他却不断有关于女人的"精辟"之语:"对我来说,群众、人民就是一个女人";"谁若不懂得群众之内在女性,他就不能有效地演讲。你问问自己,女人希望男人之身上有什么?干脆利落、决心、权力、行动,假如你能妥善地与她交谈,她就会骄傲地为你做出牺牲";"政治是个女人,你要是不高高兴兴地爱她,她就会把你的头都咬掉";"我永不结婚,我的父国(德国)是我唯一的新娘";"在这个世界上判断一个男子汉有两种方法:一是看他娶什么样的女人,二是看他怎么个死法"。

1925年希特勒在慕尼黑已名气不小,在贝希特斯加登他终于有能力租下一套房子,这时他遇到了16岁的米茨。米茨年轻活泼,清纯可人,长得和希特勒的母亲极像,对母亲刻骨铭心的留恋使希特勒对米茨一见倾心,尽管希特勒大米茨20岁,但不久米茨便成了希特勒的情侣。希特勒不再谈什么政治影响,经常带着米茨参加党的聚会,米茨要求结婚,但希特勒只答应在慕尼黑租一间房子和她同居,米茨成为希特勒第一位公开的情妇。

1927年大选结束后,纳粹党在全国影响进一步扩大,希特勒买下了贝希特斯加登的房子,房子是一所简朴的乡舍。屋子四周有一木制走廊,天然雅趣,屋顶是用大石压住木瓦。第一次有了自己的家,但希特勒并不打算让米茨成为女主人,他激动地打电话给正在维也纳的姐姐,恳求姐姐前来当房子的女主人。不久安吉拉带着两个女儿费莱德尔和吉莉来到了慕尼黑,吉莉的到来差点改变了希特勒的一生。

吉莉和米茨年龄相仿,但吉莉生性活泼,满头浅棕色的头发非常迷人。赫斯太太说她具有维也纳姑娘那种迷人的魅力。希特勒的好友、摄影师霍夫曼说吉莉天真烂漫,令所有的人倾倒。希特勒本性内向,活泼美丽而十分可爱的吉莉令他神魂颠倒,希特勒有生以来真正地对一位女子倾心。吉莉要去游泳,希特勒不惜推迟重要会议,亲自拎着野餐篮,开车到湖边去,看吉莉游泳,然后给她准备食物。米茨被冷落了,她将晒衣绳一头系在门上,另一头绕着脖子,试图自杀。虽然米茨侥幸被救活,但希特勒的心毕竟已随吉莉而去。

1929 年纳粹党在全国已炙手可热,正逼近权力之巅。工业巨头们纷纷对希特勒"投之以木瓜",希特勒的钱库财源滚滚,他在慕尼黑最繁华的街道上购置了一座 3 层楼房,作为党的全国总部。整个二层 9 间房子成为希特勒的寓所,吉莉随希特勒来到慕尼黑,一边学医,一边与舅舅同住。希特勒一面扮演着看护人的角色,禁止吉莉与他人来往,一面小心谨慎地、公开地追求吉莉。希特勒经常眼含痴情,陪着吉莉上街购物。吉莉十分任性,经常又试帽子又试鞋,一捆一捆挑选面料,还长时间地与售货员聊天,然后一样都不中意,空手走出店门。希特勒对此非常讨厌,但每次都像温驯的羔羊跟着她。希特勒的司机莫里斯说,"他爱她,但这是一种奇怪的爱,一种不敢表露出来的爱,因为他自尊心极强,不敢承认迷恋女色,害怕毁灭他的政治生涯"。"他爱吉莉,爱得至深"。

此时的希特勒已成为女人追逐的对象,在这种氛围中,一个偶然的机会,在霍夫曼的照相馆里,希特勒初遇 17 岁的爱娃·布劳恩。爱娃说当时希特勒"一直目不转睛地注视我,好像要用眼睛把我吞下去",此后希特勒经常去会爱娃,送爱娃鲜花和糖果,但一直非常秘密。

希特勒痴爱着自己的外甥女,但既不敢公开与她结婚,又小心谨慎地扮演着舅舅的角色。他禁止吉莉与其他男人来往,生性活泼的吉莉极度压抑。1931 年 9 月 18 日,吉莉又与希特勒发生激烈争执。希特勒走后,本已十分生气的吉莉又从他的外衣口袋里发现了爱娃的情书,晚上希特勒的女佣在楼下就听到了一声沉闷的响声,由于吉莉任性惯了,佣人并未在意,第二天早晨发现吉莉已中弹身亡。

希特勒当时正奔驰在去汉堡的路上,那里的群众集会正等着他去演讲,一辆出租车拦住了他,说赫斯打来电话有要事转告,希特勒回到旅馆接电话,外面的人只听见希特勒发疯似的在喊:"赫斯,回答我! 是真还是假? 她还活着吗?!"希特勒的狂乱感染了旁人,司机将油门踩到底,一路呼啸着赶回慕尼黑,然而吉莉真的离开了人世。死时年仅 23 岁。

希特勒几乎崩溃了! 他一个人在房子里不停地踱步,走来走去,不吃不喝,拒绝进食,拒绝讲话,整整三天三夜! 周围的人偷偷拿走了希特勒的手枪以防他自杀! 几年过去了,爱娃成了希特勒的情人,但希特勒仍对秘书说到吉莉,"爱娃非常好,但在我生命中,只有吉莉才能真正激起我的情欲,我永远不想与爱娃结婚,唯一能使我将我的生命与她联结在一起的女人是吉莉!"

然而爱娃却用痴情和极度忍耐打动了希特勒。此时希特勒已贵为"元首"了,许多女人都渴望与他交往。爱娃脾气温顺,不去计较,同时又用加倍的痴情等候。爱娃的父亲是位教员,母亲是一个修女,行为严谨的父母竭力反对女儿与希特勒的关系。为不使父母得知自己与元首关系亲密到何种程度,爱娃找借口请求在她的卧房单独安置一台电话。然而远在柏林的希特勒很少有电话来。希特勒的起居本来没有什么规律,繁忙的政务更使希特勒无暇顾及远在慕尼黑的爱娃了,偶有电话,希特勒总是匆匆从公用电话亭里打来,稍稍安抚几句便又杳无音信。只有希特勒偶尔有政务回到慕尼黑,爱娃才有幸被召去,每次希特勒让两位女秘书陪同,轻易不让爱娃单独去找他。爱娃去希特勒的寓所也总是从旁门进出,虽然希特勒身边的人都知道他们的关系,但爱娃不被允许出入大厅。然而爱娃对偶尔一次的"宠幸"非常珍惜,爱娃在日记里写道:"他如此爱我,真令我幸福无穷,希望永远如此"。之后爱娃又陷入漫长的等待,"三个月不给我写一句安慰的话,难道这就是他常向我表白的伟大的爱情吗?""八天没听到他的消息了,我真希望生病才好,现在我要买安眠药了……"希特勒的爱已变成爱娃的整个生命,而希特勒却拒绝与她成婚:"我会享受不到婚后的快乐,只能看到被忽视的妻子的怒容,否则我就得对工作马马虎虎——婚姻之坏处在于它创造出权利,这样,找个情妇比娶妻要好得多,这可减轻负担,可将一切都建立在赠予的权利水平上"。爱娃终于忍受不了长时间的冷落、寂寞和情感的煎熬,她两次试图自杀。第二次是在 1935 年 5 月 29 日,"今晚 10 时还得不到答复,我就吞服 25 粒药丸,轻轻地睡到另一个世界去。"但爱娃没有死成,此事却震动了希特勒,爱娃的痴情、吉莉自杀的教训使希特勒对爱娃多了一份关怀和体贴,希特勒指令手下的人在慕尼黑寓所附近为爱娃专门租了房子,添置了家具,爱娃和妹妹一起搬了进去。

1936 年,替希特勒看管贝希特斯加登那处房子的姐姐安吉拉决定再婚,姐弟俩有些不愉快,希特勒不大愿意姐姐再嫁,安吉拉不喜欢希特勒带回的爱娃·布劳恩,反对他们的暧昧关系,对爱娃十分冷淡。安吉拉出嫁后,爱娃便成为贝希特斯加登这所房子的主人。从此爱娃像一只无可奈何的候鸟苦守在这所夏宫里。

成为元首后的日子里希特勒十分注意自己的言行。吉莉自杀后,希特勒开始吃素食,说吃火腿就像"吃尸体一样"。每周希特勒一有时间就邀请私交圈子里的人与他共进晚餐,但晚餐食谱简单,常令那些奢华惯了的显赫们无以下咽。对于女人,希特勒也更加言行谨慎,爱娃逐渐成为他唯一的情感依托。

爱娃身材苗条,最迷人的是一头美发。与吉莉充满诱惑力、十分任性截然不同,爱娃显得质朴、脾气温驯。爱娃头脑简单,也不好过问政治,希特勒也反对女人干政。爱娃唯一一次是替赫斯太太求情,当时赫斯只身驾机逃往英国,家室受牵连。但希特勒毫不留情地拒绝了。爱娃只好背着希特勒偷偷地送点津贴给赫斯太太。在上萨茨尔山漫长的等候中,滑雪、听音乐、购物成为爱娃的主要生活日程。

1944 年 7 月,希特勒在大本营被密谋分子的炸弹炸伤,当时他头发烧焦、两腿灼伤、耳膜震坏,脊背被落下来的一根椽子划破了,特别是右臂扭伤后暂时不能动作,在医生给他把右手用绷带包扎好后,希特勒赶紧用左手在打字机上像小鸡啄米般地给远在慕尼黑的爱娃写信,希特勒称爱娃为"小丫头",他告诉他的小丫头,他很好,只是有点累,"我希望能早日回来,把我交给你,好让我休息休息,我非常需要安静"。爱娃收到信后,立刻复信,"得悉你险遭暗算,我痛不欲生",爱娃表示倘若希特勒身遭不测,她也不准备活下去。"从我们初遇时起,我就立誓跟你走遍天涯海角,即使死后也是如此,你知道,我的整个生命的意义就在于爱你。"

爱娃极少抛头露面,就是在最亲密的朋友面前,希特勒与爱娃也装得彬彬有礼,从不在外人跟前显示亲热。希特勒甚至极少允许爱娃到柏林去。然而1945年4月15日,爱娃飞到了柏林,决定在她的"阿道夫"最艰难的时刻陪伴他。4月28日,红军已逼近总理府,这天在一连串噩耗冲击之下的希特勒又从广播里得知他钦定的接班人希姆莱继戈林之后又擅自与盟军洽谈投降事宜,希特勒在破口大骂一番之后气昏了过去。爱娃非常难过:"可怜的阿道夫,所有的人都抛弃了他,出卖了他。宁肯死一万人也不能让德国失掉他"。

希特勒决定留在柏林自裁以后,让空军找来一架飞机,准备让爱娃等贴身人员逃出柏林。爱娃走到希特勒跟前,抓起希特勒那双已经苍老的双手,微微一笑,好像对孩子说话似的:"你是知道的,我要与你在一起,我不许你叫我走"。已是众叛亲离的希特勒感动至深,破天荒地当众吻了爱娃。

爱娃曾多少次哀求希特勒与她结婚,这种为人情妇的感觉使得爱娃即使在希特勒很亲密的朋友圈子里都深感自卑,然而希特勒咬定了一个原则:"只要我还是帝国元首,我就不能与你结婚"。如今第三帝国已经坍塌,元首的末日就在跟前,4月29日,希特勒正式同爱娃结婚,以感谢十多年来爱娃对他的一片真情。在苏联红军的炮声中希特勒与爱娃举行了婚礼,爱娃在做了希特勒15个小时的合法妻子之后,和希特勒一起自杀身亡,几分钟之后又与她的"阿道夫"一起化成灰烬。

绝灭犹太人

自公元8世纪犹太人便陆续来到欧洲大陆。虽然历史上欧洲大陆的反犹运动屡有发生,但是自18世纪以来启蒙运动、科学理性主义和宗教宽容在欧洲广泛传播,法律面前人人平等的思想也随着资产阶级政权在欧洲的普遍建立而深入人心。尽管这一切尚不足以剔除许多世纪以来欧洲的反犹主义沉渣,但已经名正言顺的获得公民权利的欧洲800万(苏联除外)犹太人有足够的理由相信:前途是光明的。

在纳粹反犹运动开始前,欧洲犹太人在经济领域已经拥有了强大的基础,在欧洲的科学和文艺领域里,人们也可以看到许多犹太人光辉的名字。然而希特勒不承认,"我们今天看到的文化,几乎全是雅利安人创造的",非雅利安人与其说属于人类,不如说是野兽,镇压这些"像臭虫一样繁殖"的东西是十分必要的。欧洲犹太人,甚至德国本土的犹太人对于这些反犹主义的叫嚣并未重视,相信它正如历史上司空见惯的反犹思想一样总会烟消云散。然而随着纳粹的上台,这种非人的理论便成了德国人的正式信仰。甚至德国的一些著名教授和科学家也支持这种癫狂。一位著名的物理学家郑重其事地承担起把"犹太人爱因斯坦的腐败学说"从科学中清除出去的任务,核物理学在德国简直成了犹太人的学说而无人敢问。海德堡大学的教授莱纳特居然也声称:实际上,人们创造的一切都是由种族和血统决定的!

1933年法西斯乌云腾空而起,海涅、托马斯·曼、爱因斯坦、左拉、弗洛伊德的著作化成了烟云,纳粹宣传部长戈培尔声称:"新智慧的长生鸟将从这些废墟上展翅而起,旧的已化为灰烬,新的东西将从我们内心的火焰中升腾起来。"之后,门德尔松的音乐成为"罪恶","堕落"的艺术家毕加索、马蒂斯、塞尚、科柯施卡等的画幅从博物馆清除了,爱因斯坦、弗洛伊德加入了流亡者的行列。

1935 年 9 月希特勒和法西斯党徒在纽伦堡聚会,从此犹太人被宣布为德国的非法公民,禁止犹太人与高贵的日耳曼发生任何接触。希特勒亲自给犹太人重新定义,根据祖父母中犹太血统的多寡,德国出现了一大批四分之三犹太人、二分之一、四分之一犹太人,根据血统比例予以不同处理。纽伦堡法颁布不久德国就有八千犹太人自杀,七万五千人流亡国外。

1938 年希特勒下令戈林负责清理犹太人的财产,以此为纳粹重整军备而搜刮金钱。戈林则以最低廉的价格强行购买犹太企业,甚至全部没收。许多犹太人为使自己辛苦经营的企业免遭厄运,请真正的"日耳曼人"作为公司的名义经营者,即使如此,戈林仍穷追猛打,使更多的挂名日耳曼人的犹太企业被没收。希特勒十分高兴,敦促戈林:"你要将这些猪猡身上的每一个硬币统统都搜出来!"

戈培尔也不甘落后,1938 年 11 月 9 日夜晚,在戈培尔的煽动下法西斯党徒在柏林街头四处乱窜,见到犹太人商店与教堂就乱砸乱抢,柏林街头火光冲天,凄厉的叫声和玻璃的破碎声不绝于耳,柏林市 7000 家犹太商店被捣毁。200 座犹太教会遭焚烧,柏林街头到处是玻璃碎片,城市的上空青烟弥漫。

进入 1939 年犹太人的命运更加恶化,对波兰的征服使波兰西部 200 万犹太人处于德国统治之下,一开始希特勒只是下令剥夺犹太人公民权利和财产,然后将其驱逐出去,但到 1941 年苏德战争爆发前,在不到两年的时间里纳粹德国占领了丹麦、挪威、尼德兰、比利时、卢森堡、法国、南斯拉夫、希腊,德占区犹太人剧增到 400万,世界已分裂成两大对立阵营,驱逐出境、移居国外已经不可能,希特勒一面下令将各国犹太人就地关押,一面指示德国有关部门尽快制定出处理这批犹太人的方案来。

从 1939 年到 1941 年欧洲各国的犹太人几乎都被关进集中营。由于车辆短缺,纳粹分子强迫犹太人步行,饥饿与折磨使大批犹太人死在路上。1940 年德国外交部计划将欧洲 400 万犹太人移居马达加斯加,但不久最后解决犹太人的计划获准,马达加斯加计划被否决。

最后解决犹太人计划由海德里希、希姆莱直接领导,盖世太保负责执行,阿道夫·艾希曼担任总监。从 1940 年开始纳粹分子便在欧洲东部建立屠杀犹太人的死亡营,臭名昭著的奥斯威辛集中营、达豪集中营、布痕瓦尔德集中营等纷纷建起,同时纳粹不惜人力、物力、财力,从西欧、斯大林格勒战役之后又从波兰、苏联占领区大量运送犹太人前往集中营集体处死。这一大规模运送犹太人的计划一直未停,1944 年法西斯在战略物资、交通设备极其困难,1945 年法西斯在败局已定的情况下,希特勒仍拒绝减少提供运送犹太人的车辆!

由于战争的延长,希特勒批准改变立即将犹太人处死的办法,在犹太人送入集中营之前将身强力壮者拉去做苦力。许多工厂甚至直接开在集中营附近,这些"有劳动能力"的犹太人其平均寿命也不过三个月。其余老弱病残妇女儿童则被牲口般地赶入集中营。这种集中营在德占区有 30 多个,其中以奥斯威辛为甚。

奥斯威辛集中营有五个毒气室,装修成浴室模样,使用一种名叫"齐克隆—B晶体"的药物。集中营的法西斯分子骗犹太人说要给他们重新安置、或分配工作,要他们淋浴。当犹太难民挈妇将雏地进了浴室,毒气便从顶部放入,3~10 分钟室内人全部被毒死,半小时之后尸体便被火化。奥斯威辛五个毒气室每 24 小时可以杀死 6 千人。犹太人的头发、金牙、人造假肢被统统抢光,骨头用来造磷肥,油用来做肥皂。1940~1944 年党卫军头子鲁道夫·赫斯担任奥斯威辛集中营总司令,1945 年在纽伦堡的法庭上赫斯承认至少有 250 万人(包括非犹太人战俘)在奥斯威辛被处死!有人认为奥斯威辛的死难者高达 400 万,其中犹太人 200 万!而1945 年 1 月苏联红军解放奥斯威辛时,那里只有 5 千名幸存者!

由于苏联红军反攻速度太快,许多犹太人来不及被运往德国人的集中营,于是波兰、乌克兰、白俄罗斯、拉脱维亚和立陶宛等地残存的犹太人几乎全部就地被仓促消灭,为节约子弹,纳粹分子还惨无人道地消灭犹太人:如集体淹死、烧死、活埋、用毒气车毒死等。希腊罗德岛上的数百名犹太人被塞进几条破船,而后将船沉入爱琴海。意大利法西斯头子墨索里尼虽然也是二战的元凶,但他强烈反对德国对犹太人的态度,拒绝与德国一起迫害犹太人,在北部阿尔卑斯山区的犹太人受到墨索里尼的保护,那里也是欧洲被追杀的犹太人冒死前往的圣地。然而随着盟军在西西里岛的登陆,罗马政权岌岌可危时,德国法西斯军队开入了意大利,意大利犹太人的末日降临了。1944 年匈牙利被德军占领,80 万匈牙利犹太人随之遭到迫害和屠杀,这年夏天仅奥斯威辛一地就处死了近 40 万匈牙利犹太人。整个欧洲成了屠宰场!1945 年德国人已经感到败局将至,然而法西斯并不因此而放松对犹太人的屠杀。希姆莱下令,位于前线附近的集中营囚徒全部步行撤退!数十万名关押者步行进行了"死亡进军",行军在寒风苦雨中,没有任何必需品和食物,押解的党卫军随意射杀弱病者,更不用说企图逃跑者。饥饿、极度口渴、射杀以及到达指定集中营后的拥挤,约 25 万犹太人毙命。如果希特勒的反犹思想没有变成德国人的信仰,这样规模浩大、历时经久的屠杀怎能做得如此彻底、如此丧心病狂?!

战争结束时,纽伦堡国际法庭的判决书指出,按照德国保安总局犹太事务处头目埃希曼的统计,纳粹分子总共屠杀了约 600 万犹太人,基中 400 万是在专门的屠宰场被杀的!这 600 万犹太人中有 100 万犹太儿童!被杀的苏联和波兰犹太人达456.5 万,德国为 12.5 万、奥地利 6.5 万、捷克斯洛伐克为 22.7 万、匈牙利为 40.2万、法国 8.3 万、荷兰 10.6 万、罗马尼亚 26.5 万、南斯拉夫 6 万……受害犹太人占当时世界犹太总人口的 1/3 以上。1945 年日耳曼征服世界的美梦化为乌有,而希特勒绝灭欧洲犹太人的目的却几乎全部实现!

纳粹分子为此而受到了正义的惩罚,除战后国际法庭在纽伦堡的正义审判外,幸存的犹太人把追捕纳粹逃犯作为一项神圣的事业,至今未止。犹太人发誓,即使掘地三尺,也要将这些沾满犹太人鲜血的纳粹分子挖出来。1961 年杀害犹太人的头目埃希曼在南美阿根廷隐藏多年之后,终于被犹太国以色列的摩萨德发现,以色列特工人员在麻醉了埃希曼之后,成功地骗过阿根廷海关,由参加该国国庆的以色列领导人专机带回。埃希曼在被捕之后没做任何抵抗,因为他深知逮捕他的人绝不会是旁人。当埃希曼被押至以色列时,以色列全国沸腾了！当时的以色列几乎每个家庭都有亲友在集中营被处死,有的甚至本人便是集中营的幸存者。以色列本没有死刑判决,可为了表达对法西斯的痛恨,对死难者的追悼,以色列总统、以色列议会破例批准对埃希曼处以绞刑！

不战屈人国

中国伟大的军事理论家孙武有句名言:"不战而屈人之兵、善之善者也"。这一理论的精髓反映在风云变幻的国际政治舞台便是"不战而屈人之国",而这一点对于 30 年代的希特勒来说,他已将之发挥到极限。可以毫不夸张地说,30 年代的欧洲外交被希特勒玩于股掌之中,在战争爆发前,英法苏三个欧洲大国已屡次败在德国门下。

希特勒出身下层,又没有受过高等教育,用人的原则便是使用非专业人员,于是建筑师管理军工生产、飞行员治理全国经济、酒商里宾特洛甫升为德国外交部长。里宾特洛甫虽然在 30 年代往返奔驰在各国外交大楼之间,但只是希特勒的奴仆和传声筒。希特勒不用常规办法思考,喜爱别出心裁,往往产生意外效果,然后在别人目瞪口呆之际沾沾自喜。他毫不尊重资产阶级道德观,在国际外交场合谎言连篇,其诚恳的态度令人泪下,而其对手在连连受骗之后,他又指天发誓,保证信守诺言,并拍着胸脯,嘴里毫不迟疑地说着:"我希特勒从不撒谎"。希特勒的对手们:张伯伦、达拉第、艾登,包括并不仁慈的斯大林,捷克斯洛伐克的君子们,奥地利的许士尼格总理等等,他们吃惊地看着希特勒出乎常理的、根本不同的方法,在未能明白、或正确评价希特勒的意图时,希特勒已基本实现了自己的目标。希特勒的模式是:欺骗人的准备阶段,这时他设法转移别人对他的既定目标的注意力,并一再向潜在对手保证,他不会去做他们害怕他可能做出来的事情。对手放心了,但突然出现了既成事实,当对手愤怒而未采取行动之际,他又天花乱坠地再作大量保证,说什么既然德国渴望和平,类似这种行动,这是最后一次。当对方的恐惧减弱时,他又定下采取下一行动的计划。通过这种办法的一次次操练,希特勒否定了凡尔赛和约和洛迦诺公约而未招致报复,却增强了德国的军事力量;他吞并了奥地利,英法只是发了一通脾气;他割走捷克斯洛伐克的领土,而让张伯伦兴高采烈地回家;他放心地去夺取欧洲,在东方不留一兵一卒,而让俄罗斯的狮子们在家信守君子诺言。

希特勒首次重要的欺骗行为是 1933 年 5 月的一场和平攻势:"我不得不代表德国人民和德国政府发表如下声明:德国已经废除了军备,它已经遵守和平条约所强加给它的一切义务,其程度远远超过公正和合理的程度……德国十分乐意遣散它的全部武装部队,销毁保留给它的为数极少的武器,如果邻国也以同样彻底的手段并采取同样的做法。……德国准备赞同任何庄严的互不侵犯条约,因为德国并不想攻击人家，德国仅想获得安全……"和平演说感动了国联的代表，全世界报以热烈的欢迎。英国人表示同情，但是英国需要保持海军以维持日不落帝国；法国人相信德国的诚意，但法国需要较大规模的陆军……希特勒有了借口，既然普遍裁军做不到，为公正合理计，必须允许德国扩充军备，否则德国没有必要参加裁军会议；既然德国在国联只是一个受制裁、受诽谤的对象，参加国联就毫无意义。于是当年10月希特勒就给日内瓦扔了一颗炸弹：德国宣布退出国联和裁军会议。希特勒不仅为重新武装德国赢得了道义上的借口，而且从此可以放手重整军备而不用再听国联指手画脚。

德国虽然摆脱了国联，但凡尔赛条约仍罩在头上，而此时德国军队实力是不堪一击的。尽管凡尔赛和约将德国国防军限制在十万之众，但德国人从未放弃扩充军队。希特勒上台之后敦促国防军继续把每一名士兵训练成军官，在航空公司和体育俱乐部的名义下培训空军。然而这种秘密发展并不是长久之计，考虑既不要引起英法的制裁，又发展了军队，希特勒又开始冒险。1935年3月9日星期六，希特勒试探性宣布德国空军正式建立，英法几乎没做什么反应，一个星期之后，又是星期六，希特勒突然宣布德国实行全面义务兵役制，规定和平时期陆军为12个军（36个师）、接近50万兵员，两倍于法国驻欧洲陆军！希特勒规定的时间与规模令德国自己的将军们都大吃一惊！德国在几年内根本不可能给新增的军队提供足够给养。英法紧急呼吁国际联盟，但语气是温和的。为缓和西方焦虑，5月希特勒又发表了和平演说："战争仅仅意味着负担和灾难，在过去300年中，欧洲大陆上横流的鲜血同这些流血事件带给各国的后果相比，是很不相称的……德国需要和平、渴望和平！"

1936年3月7日，又是一个星期六，希特勒喜欢在星期六下赌注，因为他知道英国内阁的先生们以及其他高级官员此时都离开伦敦，到乡间去度周末了。这一天希特勒采取了他平生最大的冒险之一：派兵开入莱茵非武装区，公开向英法挑战。根据洛迦诺公约的规定，法国有权对德国进入这一非军事区采取军事行动，而根据同一个条约，英国有义务支持法国。但希特勒相信法国不会出兵。而希特勒的将军们却几乎吓破了胆，陆军首脑勃洛姆堡在约德尔和大多数高级军官支持下，要求立即撤回已经越过莱茵河的三营军队，否则会引起一场大战，而此时一旦爆发战争，德国将毫无抵抗能力。然而希特勒成功了！希特勒此举不仅征服了英法，而且制服了国内那些桀骜不驯的将军们，将军们做梦也没有想到在他们看来需要周密筹备、调兵遣将、牺牲无数生命才能夺取的莱茵非武装区，希特勒游戏式地就完成了！在目瞪口呆之后，许多人成了希特勒的崇拜者。战后许多评论家说，如果此时英法能高瞻远瞩、正确估计到德国的威胁，那么英法只要稍做抵抗，希特勒很可能就被制服了。

而到1938年德国已经强大到足够与英法抗衡，为了避免战争，英法只剩下对德国妥协了。而希特勒又及时抓住了英法的心理，一面准备战争，一面又利用战争威胁英法，迫使英法不停地满足德国越来越大的胃口，而希特勒却从容地获得了一个个有利的军事要地，完成了战略部署。

1938 年 2 月 12 日,奥地利总理许士尼格被骗到阿尔卑斯山伯希特斯加登希特勒的别墅,在去之前许士尼格得到希特勒尊重奥地利独立的一再保证,文雅的许士尼格在见到希特勒时不免赞美赞美伯希特斯加登的美景,然而希特勒却粗暴地打断了他:"我们不是请你到这里来谈风景和天气的"!接着希特勒便开始怒斥奥地利政府,许士尼格毫无插话的余地,"现在我再一次,也是最后一次,给你谈成条件的机会",希特勒要许士尼格在一星期内把奥地利政府让给纳粹分子,不然就下令向奥地利进军。在武力威胁面前,许士尼格被迫屈服。回国后,许士尼格不甘心让奥地利的独立葬送在自己的手里,决定让全民公决是否愿意维持奥地利的主权与独立。希特勒闻讯后,勃然大怒,立即派兵开入了奥地利,奥地利在中欧版图上消失了,成为纳粹帝国的一个行省。英国首相张伯伦在下院发表演说,说什么这只是两国政府的某些内部变动,并不意味着奥地利丧失了独立。法国在奥地利事件发生时连政府都没有,夏当总理及其几位部长已经辞职,新政府直到德奥宣布合并之后才匆忙组成。

奥地利是希特勒的祖国,可纳粹元首对于德意志的爱情远远超过了对其祖国的忠诚。奥地利灭亡之后,希特勒组织了一场盛大规模的衣锦还乡仪式,在林嗣这个使希特勒连中学都不能毕业的地方发表了激动人心的演说:

"在多年前离开这个市镇时,我怀着完全和今天同样的信仰。在那么多年后,我能够使这种信仰得以实现,我现在感动至深。如果上帝曾经叫我离开这个市镇去当德国领袖,他这样做一定是赋予我一个使命,而这个使命只能是使我亲爱的祖国重归德国。"

希特勒不费一枪一弹,没有遇到英法的干涉,轻而易举地撕毁了凡尔赛和约中禁止德奥合并的条款,德国一夜之间增加了 700 万子民,拥有了维也纳这个通向东南欧的大门,而且使德国军队三面包围了捷克斯洛伐克。夺取捷克斯洛伐克的机会又降临了。

不像奥地利那样直截了当地去夺取,希特勒对捷克斯洛伐克采取了国际上惯常所用的计谋:除了一面做好充分军事准备,另一面希特勒让纳粹的特洛伊木马们埋伏在捷克斯洛伐克的苏台德日耳曼人地区,鼓励他们要求独立,要求加入德国,不停地提出种种让捷克斯洛伐克政府无法接受的要求,并制造骚乱。希特勒的军队陈兵捷克边境。捷克斯洛伐克也一度宣布局部动员。当捷克政府不得已答应全部满足苏台德日耳曼分子的要求时,希特勒又指使他们中断谈判,战争的恐怖气氛已经形成。

此时英法大肆渲染不能只是因为捷克斯洛伐克这样的小国的边界问题而冒战争的危险。英国首相张伯伦决定亲自拜访希特勒"寻求和平解决的办法"。张伯伦的决定使希特勒大喜过望,纳粹元首深知捷克斯洛伐克已经指日可待,而且无须动枪弹了。

49 岁的希特勒坐镇伯希特斯加登,而 69 岁并且从未坐过飞机的张伯伦在经过 7 个小时的飞行,3 个小时的火车爬行之后终于见到了架子十足的元首。张伯伦表示愿意就苏台德地区的自治问题与希特勒谈判,希特勒说不是自治,而是割让苏台德。张伯伦惊讶,但表示原则同意,答应回去与捷克斯洛伐克政府以及同法国商量。1938 年 9 月 22 日,张伯伦得到法国谅解,并一再许愿保证捷克在割让苏台德后的新边界的安全,在得到捷克承认之后,又一次飞到德国,然而希特勒轻描淡写地说:只割让苏台德地区已经过时了,还应该扩大到日耳曼人占半数的地区,并把捷克斯洛伐克国内波兰人与匈牙利人居住区分别割还给波兰和匈牙利。希特勒像一个成竹在胸的投机商看穿了英法害怕战争的本质,张伯伦气愤不已,明知这意味着瓜分捷克斯洛伐克,但害怕希特勒挑起世界大战而又一次妥协了。9 月 29 日,在张伯伦提议下,英法德意就希特勒的新要求在慕尼黑召开国际会议,四大国为满足德国的野心而达成一致,而主权国捷克被关在门外,捷克只允许派了两名代表在隔壁房间等待判决。慕尼黑协定达成后,捷克丧失了 1/5 的国土和 1/4 的人口。

英法以为从此万事大吉,张伯伦满面春风地回到唐宁街,伦敦市民举行了盛大的游行,激动不已的张伯伦对集会的群众高呼:"在我国历史上,这是第二次把光荣的和平从德国带回到唐宁街来……我相信这是我们时代的和平……我建议你们安然睡觉去吧!"

在英法安然睡觉的时候,希特勒又进一步策划了斯洛伐克的"自治",并在自治政府要求保护的借口下德军顺利开入斯洛伐克。1939 年 3 月 14 日,希特勒把捷克总统哈查叫到德国,强迫哈查在德捷合并的文件上签字,捷克斯洛伐克并入了德国;捷克斯洛伐克 40 个装备精良、训练有素的师加入了德国;闻名欧洲的斯科达兵工厂在 1938 到 1939 年产量几乎是全英兵工厂产量之和,如今已沦为德国的资产,德国占领捷克斯洛伐克进攻法国便无后顾之忧(法捷是盟国),进攻苏联有了桥头堡,进攻巴尔干有了前沿阵地,而且随着捷克的加入,德国已三面包围了德国的下一个目标:波兰。

在准备波兰战争前夕,为使德国免遭东西夹击,希特勒又出奇招,和他一贯鄙视的共产主义国家苏联签订了互不侵犯条约。在德国控制了几乎整个欧洲之后,希特勒仍使苏联人相信他是如此地信守诺言,以至于 10 年的互不侵犯条约期限紧紧地束住了俄罗斯巨狮的每个蹄子。苏联人谨小慎微,生怕加强防卫、或多生产些大炮会被希特勒当作破坏条约的借口。然而 10 年只过了不到两年,希特勒的军队便风卷残云般地袭击了毫无防范的苏联,纳粹的车轮滚到离克里姆林宫只有 20 多公里才被止住。

下士指挥将军

1939 年 8 月 31 日,希特勒在柏林的办公室里签发了入侵波兰的"白色方案",数百名将军和 150 万德国法西斯军队开入波兰边境的前沿阵地,9 月 1 日破晓,德军分北、南、西三路大举进攻波兰,德国的飞机吼叫着扑向波兰毫无准备的军队、飞机场、军火库、桥梁、铁路、居民区,坦克轰鸣着横冲直撞,德国摩托化部队直逼华沙。第二次世界大战爆发。在长达 6 年的时间里欧洲大陆到处是厮杀和死亡,希特勒这个奥地利的下士指挥着数千名德国将军和上千万的德国士兵从欧洲的东部打到西部,又从西部打到东部;从欧洲打到非洲,从天空打到海洋。战争初期的巨大胜利,周围文武官员的阿谀奉承,希特勒十分相信自己的军事天才,他取消了国防部长的职务,在战争期间又罢免了陆军总司令的职务,当人们猜疑将由哪位资深的将军荣升此职时,希特勒任命自己为陆军总司令。为贯彻他的军事天才,他痛斥那些受过正规教育的将军们,随意地罢免他们。然而正是这种狂妄的自负,在战争的几次重要关头断送了德军获胜的重要机遇,希特勒的军事天才"造就"了德军的失败。

然而希特勒毕竟也有许多过人之处,他习惯于不按常规行事,往往产生意外效果。大胆、欺诈和突袭在战争初期为希特勒的惯技,他的这些战略确实也征服了那些循规蹈矩的将军,并产生了巨大影响。

1939年10月10日,希特勒召集高级将领举行会议,会上根本没有征询将领们的意见,就发布了西进的作战指令。西进意味着入侵中立的比利时与荷兰,而对于比利时的中立,希特勒多次在公开场合诚恳地保证过的。不少将军们犹豫,有的从道义上反对这次进攻。希特勒却对他的将军们说:"胜利者在事后是没有人问他当初说的是不是实话,在发动战争和进行战争时,是非问题是无关紧要的,紧要的就是胜利。"这就是希特勒战略思想的理论基础。唯有大胆,才能去欺骗;唯有欺骗,才能有突袭,而突袭自然会产生意外之效果。

1940年3月1日,希特勒同意海军将领的请求,暂时推迟了西进计划,而北上进攻挪威、丹麦,此举的目的之一是为了保证德国从瑞典进口铁矿砂的道路畅通无阻;二是冲破英国海军的封锁,为德国海军夺取在北海的挪威港口。希特勒亲自制定了进攻北欧的"威塞演习"计划。3月1日进攻开始,希特勒指示:使用于威塞演习的兵力越少越好,数量上的弱点,应以大胆行动和出奇制胜来弥补。在原则上使这一行动像是一次和平占领……必要时举行海空军示威,以便为行动提供必要的压力,如果示威不行,就用一切军事手段加以击溃。而且进攻丹麦与挪威的行动必须同时进行。希特勒甚至指示入侵挪威的海军舰只在必要时可以悬挂英国国旗。希特勒的计划实现了,丹麦不战而降,挪威的抵抗也很快被制服。德国海军轻而易举地获得了进入北大西洋的缺口,而不再像第一次世界大战那样被英国海军封死在内港,希特勒的空军获得了进攻英国的更近的基地。德国的军事威望又一次膨胀,希特勒更加得意忘形。

北欧的战役尚在进行,希特勒就敦促进攻西欧的战略部署。早在波兰战役后将军们制定了代号为"黄色方案"的入侵西欧计划,黄色方案与第一次世界大战时德国进攻法国的"施里芬计划"相似,主攻方向也在右翼,希特勒认为旧调重弹、易为对方料及,达不到突袭性。将军们又重新制定计划,将黄色方案中的主攻方向改为引诱英法联军主力出击的助攻,而把真正的主攻方向放在中段的阿登山区。这里林密路窄,地形复杂,缺乏铁路和公路网,又与宽阔的马斯河相接,被公认为机械化大部队难以通过的天险。然而,难以通过不等于不能通过,何况这里正是法军设防的薄弱环节。如能隐蔽地集中兵力、并掌握制空权,就可以出其不意,抢先通过险区，强渡马斯河，突入法国平原地区，拦腰切断联军南北两个重兵集团之间的联系，直趋英吉利海峡，兜底包抄，截断联军退路，取得决定性胜利。这一修正计划正合希特勒超出常规、大胆用兵的胃口，希特勒采纳了修正后的黄色方案。1940 年 5 月 10 日希特勒亲自指挥 136 个德军师猖狂进攻西欧，法军果然重兵驻守左、右两翼，中路阿登山脉一段防守十分薄弱，德国中路军长驱直入。大胆设想、突然袭击、空中与地面相配合的大规模机械化用兵战术使英法军兵败如山倒。

希特勒的欺骗与空袭战术屡见奇效，如果说波兰、北欧国家的被骗尚可理喻，那英法再次遭到希特勒的突袭从战术上说就咎由自取了。英法对于希特勒已多次采纳的战术麻痹到熟视无睹的境地，更不用说 1941 年的苏联了。希特勒在入侵英国的"海狮计划"搁浅后，决定东进苏联。战争初期的巨大胜利使希特勒忘记了拿破仑兵败俄国的惨痛历史，也忘记了俾斯麦严防法俄联手而使德国两面夹击的国训。然而纵使如此，希特勒的惯技：大胆、欺骗、突袭又一次取得了辉煌战绩。希特勒一面指示西线将领们在英吉利海峡大造声势，准备渡海作战；一面利用往巴尔干前线运送部队为借口调动千军万马，在 1941 年 6 月前在苏德前沿阵地集结了 190 多个师，而苏联人仍然相信德国人不会突袭苏联的。希特勒为欺骗苏联，不惜转让德国研制的最新军事技术。希特勒是如此狂妄，相信当这些新技术被苏联人用到军事上来时，德国已经击败了苏联。当苏联的将军们遵照斯大林的指示信守互不侵犯有效期为 10 年的诺言时，希特勒的军队已经兵临城下。1941 年 6 月 22 日一天内苏军就损失了 1200 架飞机，其中 800 多架是在地面上被击毁的，苏军官兵伤亡惨重。希特勒的攻势直逼苏联首都莫斯科。希特勒高兴得手舞足蹈："俄国熊彻底完蛋了！"戈林也叫嚷，"俄国现在就是一座纸房子，轻轻踢一脚，房子就会坍塌！"

然而战争的最后胜利毕竟是靠实力来决定的，德国资源匮乏，经不起长期战争，所以只有靠突袭击溃对手。然而战争初期德国的巨大胜利使德国人自己相信了自己吹起来的神话，希特勒对自己的军事天才更是深信不疑，他四面树敌，而又武断行事，越来越听不进将军们的合理建议，他狂热地指挥着战争，将军们稍不如意就被罢免。希特勒的武断导致了德军的必然失败。

第一次是在敦刻尔克。1940 年 5 月 10 日，德军分左、中、右三路大军进攻西欧，中路大军以古德里安的坦克部队为先导首先攻入法国，很快攻下色当，英法联军被赶至法国北部。同时右路德军在 5 天之内迅速击败荷兰，也突入法国北部，离英吉利海峡只有 50 英里。右路军与中路军将约 40 万英法联军追至海峡边上的敦刻尔克一块很小的三角地带，前面是波涛汹涌的大海，后面是如狼似虎的追兵，盟军丢盔弃甲、溃不成军。此时古德里安的坦克部队已经能望见敦刻尔克了，而且中路军与右路军摆好阵势准备最后一击，全歼英法主力。然而此时德军接到一个奇怪的命令：停止前进！这是希特勒自开战以来下达的一个最大的错误指示。将军们抗议但无济于事。而英法联军在一连串的被动挨打、狼狈逃跑之后终于抓住时机、趁德军喘息之机，加强了防御力量，巩固了阵线，同时英国海军部及时发出通知，开始执行"发电机计划"。860 多艘各种类型、各种动力的大小船只编成的舰队，从巡洋舰、驱逐舰到英国渔民自愿驾驶的、哪怕只能载3到4人的小帆船全部开到敦刻尔克抢运被围的盟军。希特勒发现了自己的错误，但挽回不了局势。4万名法军固守着阵线，英国皇家空军控制着海峡的制空权，戈林的飞机不能扭转局势，海军强国的海上力量再显神威，希特勒无可奈何地看着几乎已成瓮中之鳖的英法联军约33.8万之众安然出逃，这些人无疑将是日后反攻的生力军。

在苏德战场上，希特勒的自大狂则是灾难性的。在突袭的巨大成功的鼓舞下，希特勒狮子大开口，决定把进攻莫斯科的主力分出一部分北上和南下，同时吞下列宁格勒和南部乌克兰、高加索地区。将军们坚决反对，主张全力进攻莫斯科，希特勒对这些不能赞赏他战略天才的陆军元帅和将军们进行了严厉的批评，骂他们是一批"脑袋已被过时理论弄得陈腐不堪"的人。陆军总参谋长哈尔德在日记中写道："不能忍受！闻所未闻！莫此为甚！"他建议陆军总司令勃劳希契和他一起辞职，以抗议希特勒对陆军总司令部与总参谋部的"不能允许"的干涉，但胆小怕事的陆军元帅和从前一样向那位以前的下士屈服了。莫斯科战役失败后，希特勒恼羞成怒，下令解除南路司令官伦斯德元帅的职务，冯·仓克元帅被免职，曾立下赫赫战功的古德里安被解除职务，陆军总司令勃劳希契被希特勒斥骂为"稻草人"。勃劳希契免职之后，希特勒自己接管了陆军总司令之职。

1942年11月希特勒又一次兵分两路，一路进攻斯大林格勒，一路南下高加索，夺取苏联油田，希特勒甚至计划南路德军直逼伊朗，在印度洋与日本会师。由于战线太长，德国兵力不够，希特勒只好起用仆从国的军队。在俄国雨季来临前，战地的将军们一再提醒希特勒：主攻斯大林格勒的保罗斯第6军团的顿河侧翼防卫太弱，在长达350英里的顿河至沃罗涅什的战线上毫无掩护。希特勒在这里用匈牙利、罗马尼亚、意大利的乌合之众守着这条生命攸关的战线。将军们指出如果顿河侧翼垮下来，不仅斯大林格勒方面的德军要受到被包围的危险，而且高加索方面的德军也将被切断。但希特勒对其将军们大手一挥：放心吧，俄国人已经完了！

纳粹元首到战争后期越来越凭主观臆测指挥三军。而且随着战争的长期化、僵持化，希特勒脾气越来越暴躁，根本听不进将军们的客观分析。一天，参谋部派人送给希特勒一份非常客观的报告，报告上说，斯大林于1942年在斯大林格勒以北、伏尔加河以西地区仍能集结120万生力军，在高加索的55万还不包括在内。报告还指出苏联为前线生产的坦克，每月至少达1200辆。希特勒未等听完，便挥着拳头、嘴角挂着白沫，把念报告的人大骂了一顿，不许他今后再提这种"愚蠢的废话"！陆军总参谋长哈尔德再次提醒希特勒：斯大林可能将150万大军用于斯大林格勒和顿河侧翼。希特勒恼羞成怒，罢免了哈尔德的总参谋长职务："我现在需要的是国家社会主义的热情，而不是专业的能力。在你这样的旧军官身上，我是得不到这种热情的"！希特勒从此便靠这种无限膨胀的热情来指挥作战。然而没有多久，正如哈尔德所料，150万苏联红军以顿河侧翼为突破口，一举围歼了（包括生擒保罗斯本人）德军第6兵团。苏德战场出现逆转。

1944年6月英美盟军在诺曼底登陆，攻势十分凌厉，西线德军伤亡惨重。此时希特勒计划再创一次阿奇迹，而在阿登组织大规模反击则意味着取消对东线的增援。当时东线德军正在为对付苏联红军将于次年一月发动的冬季攻势做准备，急需兵员与物资补充。希特勒拆东墙补西墙的做法引起负责东线战场参谋总长古德里安的抗议，希特勒是这样痛斥古德里安的：

"用不着你来教训我！我已经在战场上指挥了五年德国陆军，在这一时期我所获得的实际经验，参谋总部无论谁也比不了。我曾研究过克劳塞维茨（普鲁士将军、著有著名的《战争论》）和毛奇（第一次世界大战德军总参谋长），而且把他们所有的军事论文都读过。我比你清楚得多！"

阿登战役虽然延阻了盟军在西线的攻势，但正如古德里安所担忧的，苏军很快突破德军的东部防线，以惊人的速度攻入德国本土，不久柏林就被苏军坦克包围，将军们纷纷投降，下士的末日也降临了。

万世留骂名

"希特勒正将德国人民推向万劫不复的深渊，希特勒无法在战争中取胜……德国人呵，你们愿意让人们用同样的标准来衡量你们和纳粹骗子手吗？你们愿意让自己的子女后代遭受犹太人的同样厄运吗？我们要做举世痛恨和唾弃的人民吗？不！那么，请和那些纳粹贱胚们一刀两断！请以行动来证明，你们与纳粹的思想不同！……不要相信，德意志的幸福在于国家社会主义的胜利！一伙罪犯不可能为德国赢得胜利！……请给抵抗运动以大力支持！请将传单广泛传播！"这就是二战期间德国人民反纳粹的白玫瑰传单。纳粹的罪恶已经激起德国人民自发的抵抗，在人们的心中，希特勒已经从元首变成了罪犯。

1944年7月20日上午12时，希特勒在大本营召开每周三次的国内驻防军司令的例行会议，讨论给在苏德战场上伤亡惨重的师团补充兵员。12点刚过陆军元帅凯特尔和国内驻防军总司令弗洛姆将军的参谋长施道芬堡走进了会议室。希特勒坐在桌子一边的中央、背对着门，他的右首是陆军副参谋总长兼作战处长豪辛格将军、空军参谋总长科尔登将军和豪辛格的助手海因兹·勃兰特上校。凯特尔元帅进来后站到希特勒左边，他的旁边是约德尔将军。施道芬堡站在豪辛格和勃兰特中间，离希特勒右手约几英尺远，他把手中的皮包放到桌子底子，离希特勒的腿约6英尺。在无人注意的情况下，施道芬堡离开了会议室。豪辛格正在做报告，勃兰特正全神贯注地听他的将军讲话，他俯身到桌子上去，想更清楚地看一看地图，发现施道芬堡那只鼓鼓囊囊的皮包碍事，用手把它拎起来放到桌子底座的靠外一边。当豪辛格谈到"如果我们在贝帕斯湖周围的集团军不立刻撤退，一场灾祸……"这句话还没有说完，"轰"的一声，施道芬堡的那只皮包爆炸了！然而，由于勃兰特的"举手之劳"，使得那个厚实的橡木底座救了希特勒一命，勃兰特当即身亡，希特勒只受了轻伤！这一次炸弹事件是自开战以来密谋分子刺杀希特勒最成功的一次，然而希特勒依然躲过了惩罚。

但是希特勒的日子已经所剩无几了，苏联红军的隆隆炮声彻底击碎了纳粹元首第三帝国的美梦。而在德国人民为希特勒的种族主义、霸权主义付出极大代价之后，末日降临的希特勒竟然要求德意志民族同他一起毁灭！1945 年 3 月 20 日，希特勒下达命令：所有工厂，所有重要的电力设备、自来水厂、煤气厂、食品店、服装店，所有的桥梁、铁路和交通设备，所有的河道、船只，所有的机车和货车，必须摧毁！对于这一命令，希特勒是这样解释的：

"如果战争失败，这个民族也将灭亡。这种命运是不可避免的。没有必要考虑这个民族维持一个最原始的生存基础的问题。恰恰相反，最好由我们自己动手把这些基础破坏掉，因为这个民族将被证明是软弱的民族，而未来只属于强大的东方民族。而且，在战争以后留下来的人不过都是劣等货，因为优秀的人已经战死了。"

倘若不是盟军与苏联红军的攻势神速，倘若不是纳粹阵营里一些良知尚存的官员联合起来、四处奔走阻止希特勒的焦土政策，战后德国人民赖以生存的基本设施早已被那些死心塌地服从命令的军官和纳粹党棍们炸毁。面对一片废墟，这个曾被希特勒无限热爱和崇拜、如今又被如此唾弃和鄙视的德意志民族如何生存不堪设想！

1945 年 4 月 28 日，苏联红军的先头部队距总理府只有几条街，红军战士们正从东面、北面和西面逐步向总理府推进。希特勒放弃了离开柏林的计划，决定在德国首都结束他的一生。4 月 29 日，戈培尔找来一位议员主持了希特勒与爱娃的婚礼，之后希特勒下令将戈林、希姆莱开除出党，任命邓尼茨海军元帅为德国总统和武装部队最高统帅。4 月 30 日午餐之后，希特勒与爱娃·布劳恩同地下室里的伙伴们一一告别之后，回到自己的寝室。戈培尔等人在外面走廊等候。过了一会儿，他们听到一声枪响，他们等待着第二次枪声，但是却没有声音了。他们再等了一会，轻轻走进"元首"的房间。希特勒的尸体趴在沙发上，还在滴血。他是对着自己的头部放了枪的。爱娃躺在他的身边，她没有用枪，而是服毒死去的。死前希特勒下令将尸体火化，"我不愿给敌人以任何机会将我碎尸万段"。4 月 30 日下午 3 时，党卫军将希特勒及爱娃的尸体浇上汽油烧成灰烬。是年，希特勒 56 岁。

欧洲的一场噩梦终于结束了，噩梦醒时，欧洲已是物是人非，一片荒漠。苏联在二战中仅军队伤亡达 1620 万。英国 130 万，德国 1170 万。在空战中仅德国就扔下了 200 万吨炸弹。德国有 250 万所房屋成为废墟，英国有 50 万所房屋毁于战火。二战主要参战国经济损失总计达 16000 亿美元，其中德国 3000 亿美元，美国 3500 亿美元。此外，还有占欧洲犹太人三分之二、人数近 600 万的犹太人死于非命。

当代一位历史学家曾这样写道：

纳粹政权一共存在了十二年零四个月，但在这历史的一瞬间，它在地球上却造成了震撼一切的火山爆发，其强烈和破坏程度是空前的。它把德国人送到了一千多年以来从未达到过的权力顶峰，使德国人一度成为从大西洋到伏尔加河，从北角（曾被认为欧洲极北点）到地中海的欧洲主人，而在世界大战结束后，它却把德国人投入到毁灭和痛苦的深渊。这场世界大战是他们的国家残酷无情地挑起来的，并且在大战期间对被征服的各国人民实行恐怖统治，蓄意屠杀生命和摧残心灵。

这种恐怖统治超过了历代所有的压迫和暴行。

希特勒的一生在历史的长河中也不过瞬间而已,然而他对世界人民的摧残,对世界文明的破坏无与伦比、贻害无穷。他的思想和他本人将永远受到人们的谴责和唾弃!他已被牢牢钉在历史的耻辱柱上。

意大利的法西斯独裁者

——墨索里尼

人物档案

简　历：意大利政治家、首相、独裁者，是意大利法西斯主义的元凶，第二次世界大战的主要战犯。早年为新闻记者、社会党党员。1943年7月25日，由于军事上失利和国内反法西斯运动高涨被撤职，并被监禁在阿布鲁齐山大萨索峰顶。9月被德军伞兵救出后，在意大利北部萨洛出任"意大利社会共和国"傀儡政府总理。1945年4月27日在逃往德国途中为意大利游击队捕获，4月28日被枪决并曝尸米兰广场示众。

生卒年月：1883年7月29日~1945年4月28日。

安葬之地：普雷达皮奥的圣卡西亚诺墓地。

性格特征：性格乖戾、暴躁、敏感、不坚定。

历史功过：对内取消一切政党，对外扩军备战；侵战阿比西尼亚，与希特勒签订协定，成立柏林-罗马轴心。

名家点评：凤凰网周瑛琦评价说："一个独裁者和他的建筑梦就这样灰飞烟灭。其实意大利的每个城市都有某种重要的、实质性的、具有历史价值的、与墨索里尼的名字有着这样那样联系的东西。他这一生，交织着两种欲望，政治和艺术，独裁和建筑，孰轻孰重，似乎很难说清。直到临死前，他还念念不忘自己在意大利各地留下的建筑。"

寸笔挫群雄

　　意大利北部的波伦亚城山色迷人，自中世纪以来，这个城市有一个非常显赫的家族——墨索里尼家族。公元1270年前后，一位名叫乔瓦尼·墨索里尼的英雄成了这个城市的领袖，在省城的历史记录中还记载着墨索里尼家族的徽章：黄制服上缀着六个黑色标志,象征着勇敢、胆略和力量。后来家族衰微,逐渐变成了一个自食其力的中下等家庭。在辛苦度日之中,1883 年 7 月 29 日,家族又一名男性成员诞生了。家庭的男主人是一名五金匠,身强力壮,人称亚历山德罗大力士。男主人同情穷人,厌恶豪富,愤恨人世间的尔虞我诈和人剥削人的丑恶现象,满脑子社会主义的思想,又十分崇拜墨西哥的民族英雄、平民总统本尼托·胡亚雷斯,五金匠望子成龙心切,给儿子取名为本尼托·墨索里尼——希望儿子长大之后,为平民谋福,受人尊敬。

然而墨索里尼从小骄野任性、顽皮打闹、爬墙上树、偷鸡摸狗,无所不为。母亲本来是一位小学教员,勤恳本分,怎么也管束不住骄野的儿子。1890 年夫妇俩决定把儿子送到邻村去启蒙,但不到两年,蛮性不改的墨索里尼由于经常打架被学校开除了。母亲只好求人将儿子转学。在老师们的帮助下,墨索里尼渐渐知道用功了,很快他的聪明在全校出名,教师们都夸他是"栋梁之材"。然而狂野的本性依然难改,有一天市政府召开音乐会,墨索里尼没有购票,门卫凶狠狠地挡住了他。他灵机一动,翻窗而入,抢占了一个座位。少年时期墨索里尼就口才夺人。有一次口试,他一口气讲了半小时,尽管答非所问,老师给了个零分,但后来那位老师仍忍不住夸赞墨索里尼的口才。放假时,墨索里尼经常站在桌子上手舞足蹈地练习演说,母亲问他干什么,他说,"长大以后,我一定要让意大利听我的指挥。"

十三、四岁时,墨索里尼前往福林波波利的师范学校学习,虽然常常违犯纪律,但终于熬过了长达六年的学生生涯。毕业后墨索里尼在哥尔替瑞获得一个乡村小学校长之职。然而天性好动的墨索里尼怎能耐得住乡村教书匠的寂寞,校长当了一年,再也忍受不了。1902 年墨索里尼卷起行李,一挥手离开了哥尔替瑞的小乡村。他要去考察世界,周游四海,非干出一番轰轰烈烈的大事业不可!

他衣着整洁,漫无目的地游荡着,不知道这一番伟大事业该从何下手。走到基亚索后,正好有开往瑞士的火车,他于是决定先到瑞士去。在候车室,墨索里尼顺手买了一份《米兰报》来阅读,报纸上赫然印着社会党勃烈达标暴动失败,社会党领袖锒铛入狱。墨索里尼惊讶地发现被捕者之一竟是自己的父亲亚历山德罗·墨索里尼! 怎么办? 是留下来去救父亲、去安慰母亲? 还是继续前行? 墨索里尼茫然无措,捏了捏口袋里仅剩的两个里拉,他决定继续前行。

在瑞士的生活令墨索里尼终生难忘。他做过泥瓦匠、脚夫、缝工、帮厨。第一次干泥瓦匠的活,老板指责他衣服穿得太好,干下等的活,还要穿着体面的衣服,没几天就辞退了他。不久墨索里尼来到瑞士洛桑,在这里他一边找活干,不管干什么活,墨索里尼坚持一条原则:不借债、不乞求他人,靠自己的劳动维持最低标准的生活;同时他又一边在洛桑大学旁听政治经济学和哲学课,年幼时的顽劣不好学仿佛与他无缘了。墨索里尼刻苦自学,1904 年又辗转来到日内瓦,继续半工半读。这一时期,他不仅研究政治经济学和哲学,翻阅了大量书籍,而且还刻苦自学了法语、德语和英语。墨索里尼的才干和文采也开始显露,他为意大利和瑞士报纸撰写文章、并经常在街头演讲。他言辞犀利、态度鲜明,演讲也极富煽动力。

有一次墨索里尼前去听法国社会主义者绍雷斯的演讲,绍雷斯大谈基督的正义,墨索里尼此时已无法维持乡村小学校长的整洁了,他衣衫不整地站在听众中间,旁人以为他是无政府党人。绍雷斯刚演说不久,墨索里尼便举手表示反对,并且口出狂言,激起群众公愤,听众愤怒地轰他,墨索里尼却大以为然,他大声喊道,"我有发表意见的权利"! 大家正要动手打他,绍雷斯表示等他演说完毕,允许这位反对者申说一番。

墨索里尼跳上讲坛,面对众多听众大谈教会对于罗马帝国之罪恶,他口若悬河、引经据典、条理分明、极富思想性、又简单明了,引起听众们一阵阵喝彩。但瑞士的警察早已盯上了这个言辞激烈、蛊惑人心的演讲者,第二天墨索里尼被驱逐出境。

1908年墨索里尼移居奥地利,并正式开始了记者生涯。他一开始编辑《特伦托新闻报》,后来又在《人民报》做助理编辑。桀骜不驯的天性和社会主义的思想决定了墨索里尼一做记者便不是一个温和的操刀者,他利用报纸猛烈攻击奥地利的宗教势力,力主恢复意大利北部已失去的土地,鼓动特伦托地区的人民脱离奥地利的管辖,不久墨索里尼继瑞士之后,再次被捕入狱,最后被奥地利当局驱逐出境。

在浪迹一圈之后,墨索里尼又回到了他生命的起点——他的家乡,他父亲的铁匠铺。在老社会党的父亲引荐之下,墨索里尼成为意大利社会党的一员。然而今非昔比,在经过种种磨难和斗争实践之后,墨索里尼已成熟多了。他决定自己办报,为自己的伟大事业呼风唤雨打天下,这张报纸名为《阶级斗争报》,墨索里尼办报十分认真,他表示"报纸不是堆积文字,而是党的灵魂",报纸很快带有墨索里尼浓厚的个性色彩。他到处树敌,既攻击共和党,又抨击社会党右翼。在一片争议与反击之中,墨索里尼越战越勇,文思如涌,很快声名鹊起。1912年能言善辩、能写能骂的墨索里尼被推举为意大利社会党的机关报——《前进报》的主编。

墨索里尼成为主编后,《前进报》的文风为之一变,墨索里尼大手一挥,对手下的编辑人员说道:"我不喜欢不痛不痒的文字,文章要尖锐泼辣、要像闪电、象炸药、一定要富于煽动性"! 文风大变的《前进报》发行量骤然增至十多万份,党员人数也由五万人发展到十五万人,舆论工具的摇旗呐喊不仅壮大了社会党的队伍,而且大大改善了党的经济状况,许多人把墨索里尼视为全国的英雄。不久第一次世界大战爆发,意大利是德奥为核心的三国同盟之一,墨索里尼手操笔杆、大肆呼吁意大利保持中立,不做德奥的走狗。1914年11月,他又发表文章,在审时度势之后又呼吁意大利加入协约国一方对德作战,他抨击德国是所有叛逆、耻辱、奸诈的来源。当时意大利在欧战爆发后第三天即宣布中立,气得德国威廉二世暴跳如雷,连声咒骂意大利国王无耻下流! 然而意大利并非不愿打仗,而是在等待协约国与同盟国预付的筹码。当时意大利国内动荡不安,社会党反对参战,而墨索里尼等力举参战。"我说'战'这个字声音很大,我信仰心很重,我豪气很盛! 因为我是对诸位青年人说的,对诸位在历史上有责任的人说的!""非战不足以奋发有为,非战不足以改变平民政治所养成的人民的惰性,非战无以收复我河山!"墨索里尼抨击散漫自由惯了的意大利人只图苟安、不肯前进,人人装聋作哑,希望他人吃苦冒险。墨索里尼此文一出引起一片抗议,但他全然不顾,依然威风凛凛。1914年11月,意大利社会党在米兰开会，墨索里尼跳上讲台："从今以后，我与畏首畏尾不敢说话的人、不主张参战的人，势不两立！"台下群情愤怒，高喊"打死他！打死他！"墨索里尼拼命解释参战之好处，但无人理睬，盛怒之下，墨索里尼抓起桌上的水瓶，在"轰"的一声暴响之后，墨索里尼与社会党决裂了。几天之后，社会党登文宣布开除墨索里尼的党籍，并撤销了他总编职务。

许多人相信墨索里尼的政治生涯走到了尽头，离开社会党时，囊中又只剩下五个里拉了。墨索里尼生性豪放随意，从不在乎私有财产。然而墨索里尼并没有饿死，也没有从此一蹶不振。几天之后，在一些主战的垄断资本家的支持下，墨索里尼又办起了另一份报纸——《意大利人民报》。报纸的创刊号上十分醒目的印着两句名言，一句是布朗基说的："谁有铁，谁就有面包"，另一句是拿破仑的："革命是一种理想，须要有刀枪维持"。报社设在米兰保罗街一座古老的房子里，墙壁因年久失修，多半已经脱落，屋里桌椅也残缺不全，但墨索里尼纠集了一伙臭味相投的人在这里与所有的反对派"文斗"。房内充满了火药味，墨索里尼的写字台上堆满了各种报纸、资料、书籍和文稿，写字台后面挂着意大利战时敢死队的黑旗，旗旁放着白骷髅和刀子。墨索里尼写作时，桌子上放着一支手枪，枪口向着自己。写作时全神贯注，不容他人打扰，甚至威胁谁要敢打扰他，他就要开枪。1915 年 1 月他创建了他自己的政党"革命同志会"，很快党员发展到五千余人。4 月 11 日，墨索里尼第一次被罗马当局送进了监狱，罪名是煽动战争。但出狱后墨索里尼继续著文，与人相争，"我想要意大利国基巩固，必须要改造国会，至少要把十几个卖国议员枪毙！"1915 年 5 月，在一番讨价还价之后，英国首先答应了意大利扩张领土、瓜分殖民地的要求，意大利遂宣布加入协约国一方作战。墨索里尼成功了，他激动不已，"刀枪相接的时候，我们只有一句话要说：就是'意大利万岁！'"9 月 3 日，墨索里尼对《意大利人民报》的同仁说："我去前线作战了，希望后面要有保障，要睁开眼睛，尽力奋斗。谨祝诸君努力！"为了这场战争，墨索里尼曾经挥动了数千次笔杆，如今战争降临，他却投笔从戎了！

不战降罗马

前线，交战双方争夺激烈，硝烟迷漫，意大利军队伤亡惨重。墨索里尼已由一名士兵升为排长，此时他正率领全排发起进攻。他身先士卒，英勇顽强。本来在入伍之初，团长就知道他的团有个墨索里尼，很会写文章，执意让墨索里尼留下来，替团里写战史，但墨索里尼拒绝了，"我是来打仗的，不是来写文章的"。此时已是 1917 年 2 月 22 日，墨索里尼所在的部队正在法国边界作战，突然一声巨响，地雷爆炸，墨索里尼失去知觉。送入后方医院后，墨索里尼死里逃生，前后动了 27 次手术，从身上取出大小 44 个弹片，总算捡回了一条命，但前线已不能再上了，他又回到了米兰他的报社。

1918 年 11 月 4 日，意军占领特兰托与的里雅斯特，奥地利战败，要求休战。意大利在近 4 年的时间内,败仗不少,然而这一胜利是以意大利经济崩溃和 70 万生命的代价获来的。墨索里尼在他的报纸上慨叹:"吾人回想战争之苦,能不战栗吗?我们只有拭泪说:'意大利万岁'。"

1919 年 1 月 18 日,意大利首相奥兰多以战胜国的身份来到法国巴黎的凡尔赛宫,第一次世界大战战胜者对战败者的宰割、对海外殖民地的瓜分将在此举行。意大利是四强之一,更何况 1915 年参战时英国绅士们是拍着胸脯信誓旦旦许了愿的。全意大利都眼巴巴地注视着巴黎和会,期待着一个奇迹从巴黎带回,意大利从此百病消除。

然而结果差强人意,意大利在开战之初脚踏两只船,参战之后的行动对欧战大局没有多少改观,加之国家贫弱,经济上又仰赖英、法、美,因而奥兰多只不过是一个跑龙套的配角。美国主张"民族自决",反对英法过分控制欧洲,对于意大利梦寐以求的巴尔干土地竭力阻挠。奥兰多几次申辩独霸亚得里亚海、占领阜姆港的要求,并以没有阜姆他不能回国以及意大利将发生暴动来要挟,但英法美置之不理,装着没听见,奥兰多气得一甩手回到国内,英法美仍不予理睬,奥兰多只好忍气吞声自己悄悄又重返巴黎。6 月,条约终于签订,意大利在北部获得了一部分奥地利的土地,和英法美一起获得了对爱琴海沿岸的色雷斯地区的控制权。而对色雷斯的控制权也在三年之后随着土耳其革命的爆发和土耳其共和国的建立而化为乌有。德国的海外殖民地坦噶尼喀、卢旺达——布隆迪、喀麦隆、多哥、西南非洲、加罗林群岛、马绍尔群岛、萨摩亚和新几内亚等地,被英、法、日、比和南非联邦瓜分一空,意大利在非洲只获得几块没有出海口的不毛之地。环地中海帝国的美梦在付出惨重的代价之后,竟是竹篮打水一场空!

奥兰多回国之后,意大利民怨沸腾。战争的创伤无从医治,工厂罢工,农民暴动,到处都是反饥饿的人群,垄断资产阶级更是愤怒不已。奥兰多下台了! 尼蒂政府组阁,在群众运动的冲击之下很快也宣布倒台,饶里蒂又摇旗上台,但局势仍然动荡不安,250 万军人复员,失业与不满犹如地火。此时墨索里尼已于 1919 年 3 月份组建了法西斯政党。

墨索里尼喜好语不惊人不罢休,他创建法西斯党也要别出心裁。他的党全称"战斗的意大利法西斯",党名就充满浓厚的挑战性与火药味。他亲手设计的党徽是一束棒子捆在一起,中间捆着一柄斧头。棒子象征人民,斧头象征领袖。拉丁文"棒束"为 fasces,音译为法西斯,此即法西斯的由来。棒子又是古罗马高级执法官的标志,因此法西斯的党徽不仅寓意着人民绝对服从领袖,而且象征着意大利的光荣。所有党员身着褐衫,行罗马式敬礼,唱青年进行曲,以"信仰、服从、战斗"为口号,要服从命令,不准空口说白话,目的明确,不顾一切为法西斯而战。

法西斯党建立之际,墨索里尼脑海里或多或少还残留着一些社会主义的思想,为吸引中下阶层加入政党,他宣布"实行八小时工作制""确定最低工资标准""把工厂或公共事业机构的管理权交给无产阶级的组织""对资本课以累进性特别重税""没收宗教团体的全部财产""实行普选"等。然而意大利当时中下阶层主要受社会党影响,对新建的法西斯不够了解,反资本、反教会的措施又引起垄断资本、封建势力的反感,尽管巴黎和会之后,意大利民怨沸腾,墨索里尼乘风破浪,但 11 月的选举法西斯党一败涂地,无一人选入国会,许多法西斯分子失去信心,年底 9000多人的法西斯队伍只剩下 870 人。

墨索里尼决定改变党的方向,投靠垄断资产阶级。1920 年 5 月墨索里尼重整旗鼓,再次颁布法西斯党纲。法西斯由过去同情和支持工农运动转而采用残酷的手段疯狂破坏工农革命组织,公开参与军警对群众的镇压,与之合谋白色恐怖。更有甚者,法西斯专门组建了行动队,殴打社会党人,冲击社会党的聚会,焚烧社会党的《前进报》馆。1921 年法西斯党第二次参加选举,法西斯匪徒在墨索里尼的授意下四处出击,谁不投黑衫党的票,重者将招致毒打,轻者被灌喝蓖麻油,墨索里尼自己也身先士卒,与政敌进行武斗,“决战决胜,视死如归”。1921 年法西斯党选票剧增,在国会获 35 席,虽然人数不多,但成为国会的主要威慑力量。垄断资产阶级与封建势力余力全消,转而全力支持法西斯党。

1922 年 7 月,意大利走马灯似的政府已换上了法克达内阁。19 日,墨索里尼致信法克达:“法克达总理先生,我告诉你,你的内阁不能再维持下去了。从各方面看来都是不相宜的。虽然你的朋友以慈悲为怀而捧你,但是你的内阁还是不能生存,我警告它不能再得过且过地维持寿命了,而且你所依靠的人,都是和你一样的无用之徒”。

10 月 20 日法西斯总部下令全国总动员,并发表对全国国民的檄文,宣布进军罗马。法西斯劝告军警不要和他们作战,劝慰有产者不要害怕,声明保护工农的正当权益,扬言对皇室尽忠,只是要推翻腐朽的统治阶级。法西斯大军一路攻克克雷莫纳、亚历山大里亚和波伦亚,沿路政府军队和警察严守中立,不敢出击。各资产阶级政党也纷纷屈膝投降。法克达总理请求宣布戒严,国王拒绝签字。法西斯军队很快兵临罗马城下,垄断资产阶级乘机施压,10 月 29 日,国王下令召唤墨索里尼前来罗马负责组阁。11 月 1 日,墨索里尼将《意大利人民报》交给其弟阿纳尔杜负责,自己驱车前往罗马组建法西斯政权。罗马政权不战而降。

罗马新恺撒

公元前一世纪,古罗马帝国,裴力斯·恺撒与庞培、克拉苏结成三头同盟。公元前 59 年恺撒当选为罗马大法官,第二年他亲率罗马大军远征山北高卢(法国、比利时),8 年间几乎征服高卢全境,前 55 和前 53 年越莱茵河攻袭日耳曼,前 55 至前 54 年渡海入侵不列颠!前 48 年大军攻入古埃及,杀庞培、拥立克类巴特拉为埃及之皇,之后又挥师小亚细亚,平息叛乱,继而经北非、西班牙、凯旋罗马!在古罗马帝国历史上裴力斯·恺撒被破例选为五年执政官、终身保民官、兼领大将军、大教长荣衔,拥有“祖国之父”之尊号。恺撒文韬武略,修罗马大图书馆、筑广场、神庙、剧场,制订第一部太阳历。他亲自撰写的《高卢战记》《内战记》,文体简洁、脍炙人口。由于他的独裁统给与武力扩张,罗马极度辉煌。

墨索里尼十分崇拜恺撒,因而一上台就竭力模仿,试图建立起恺撒式的独裁,并创下恺撒式的伟业。他一面大赦犯人造成虚假和平的空气,另一方面强化专政力量。他将法西斯黑衫军改编为国民保安志愿民团,这些人多为旧军人和惯于寻衅斗殴的流氓打手,以维护"治安"。墨索里尼将过去由皇家、政府以及普通警察组成的三支警察力量收编成一支,取缔一切秘密社团。不久墨索里尼又组织了一个法西斯大议会,并逐渐使之发展成为法西斯意大利的立法机关,法西斯大议会组建之后,意大利国会形同虚设。1925 年政府颁布法令,取缔一切反法西斯团体与活动,法西斯借此机会排斥异己,建立一党专政。不久墨索里尼又颁布一系列法令:取消集会和结社自由,取消言论自由,授予墨索里尼独裁权,要求内阁大臣像士兵一样,一切行动听从"领袖",墨索里尼担任政府首脑和法西斯大委员会主席。到 1929 年,墨索里尼身兼党、政、军数职,集国家大权于一身。2 月,他与教皇庇护十一世签订了拉特兰协议,意大利政府承认梵蒂冈为罗马教廷绝对所有,天主教为意大利国教,从此天主教会成为墨索里尼法西斯制度的主要支柱之一。

独裁统治终于建立起来了,墨索里尼出语不凡:大凡独裁者,才是真正的民族英雄。然而正当独裁的恺撒在表面极度显赫的同时,反对、诅咒、甚至刺杀独裁者的密谋始终不息。墨索里尼敢于在信仰自由、民主的意大利大张旗鼓地独裁专政,反对独裁者、刺杀墨索里尼的密谋也随之前仆后继。

1925 年 2 月。墨索里尼突然从演讲台上消失了,法西斯广播里数日听不到"领袖"的训导,正当人们疑惑之际,法西斯政府不得不宣布:墨索里尼病重! 墨索里尼被一场突如其来的大病击倒了。因为种种原因,他的病由、病情一直未予宣布,反独裁的人民群众、反对党以及密谋分子们十分高兴。墨索里尼卧床 40 天,未出房门一步,但正当人们欢庆独裁者的末日时,墨索里尼奇迹般起死回生了! 密谋分子在失望之余,开始了行动。

1925 年 11 月 3 日,意大利举行盛大的阅兵式以纪念一战的胜利。墨索里尼将在罗马的巴拉若琪日临街阳台上亲自检阅。刺客日尼邦尼得到法西斯将领卡佩洛暗中支持,他身着少将制服,在巴拉若琪日对面旅馆包定了房间,计划等墨索里尼一出现,便狙击独裁者。时间一分一秒地在过去,离检阅只有一小时了,日尼邦尼再一次检查了伪装得十分巧妙的来复枪。这时有人敲门,日尼邦尼装着没事打开了门,不到几秒钟,日尼邦尼束手被擒,法西斯秘密警察制止了第一次谋杀。

1926 年 4 月,墨索里尼正在日内瓦参加国际医药大会。一天,墨索里尼看见一名英国妇女微笑着款款向他走来,墨索里尼正准备上车,看着款款而至的英国妇女,墨索里尼站在车旁迟疑着,仿佛等待着什么。突然那位妇女拔出手枪,没等墨索里尼做出反应,子弹已呼啸着射来,然而天不长眼,子弹从墨索里尼鼻孔处穿过,居然只伤了一层皮! 倘若再往前一丁点,法西斯领袖便一命呜呼了!

不久第三次谋杀接踵而至。意大利青年卢切蒂对法西斯专政、对墨索里尼刻骨仇恨,他从法国回国,身负炸弹,在波达皮亚潜伏了 8 天 8 夜。这一天终于等到了墨索里尼的专车,车子倏忽而过,卢切蒂扔出了愤怒的炸弹,一声巨响,墨索里尼的车被炸翻了,但墨索里尼竟安然无恙!

1926年10月31日，墨索里尼到达波伦亚，当地法西斯分子组织群众欢迎法西斯领袖，在领袖与群众"同乐"的氛围中，人群中一名青年手持冲锋枪冲了上去，对着墨索里尼一阵狂射，但墨索里尼再次幸免一死，枪弹只烧破了他的衣服，并未击中皮肉。

墨索里尼十分欣赏恺撒的名言："懦夫在未死以前，就已经死过好多次；勇士一生只死一次"。法西斯领袖故意装着大义凛然，置生死于度外，依然我行我素，照常出席各种集会，照常在大庭广众之下口若悬河。有时工作疲惫了，狂野的性情又浮上来了，突然跨上摩托车，带着他的孩子们去风驰电掣一番，害得警察们猝不及防、连忙组织车队追赶、沿途加以保护。几次遇刺奇迹脱险，更使墨索里尼张狂不已，他相信苍天必将委大任于他，他必将成就一番伟业。

与恶狼为奸

19世纪末，非洲大陆爆发了一件惊天动地的大事：贫穷落后、社会经济发展几近原始的阿比西尼亚（今埃塞俄比亚）黑人打败了欧洲白人——意大利入侵者。这一场在阿比西尼亚阿杜瓦城进行的较量是整个非洲在殖民主义时代唯一取胜的战争！有着洋枪洋炮的意大利军队死伤6500人、被俘2500人，而只有长矛大刀的阿比西尼亚军队只损失3000人。这是非洲人民的骄傲，自然意大利的法西斯分子们则把它视为奇耻大辱。

墨索里尼夺取政权后，一再煽动民族情绪，扬言要"一雪阿杜瓦之耻"，"要严惩这个野蛮的国家"。墨索里尼疯狂扩军备战，一上台就筹划入侵阿比西尼亚的详细计划，试图一显罗马帝国之威风。不久，意军向驻扎在奥加登省瓦尔绿洲的埃塞俄比亚部队发动突然袭击，事后反诬埃塞俄比亚人挑起争端。面对意大利的挑衅与战争威胁，埃塞俄比亚皇帝海尔·塞拉西一世一面下令军事动员，一面向国际联盟呼吁调停。而国联的主宰英法两国各怀鬼胎。法国在1933年希特勒上台后，面对德国日益严重的威胁，竭力想与墨索里尼结盟、共同对德。瓦尔事件爆发后，法国外长赖伐尔急赴罗马，与墨索里尼达成协议：法国默许墨索里尼在埃塞俄比亚"自由行动"；在奥地利独立和完整受威胁时，法意互相协商；意大利逐步放弃在法属突尼斯的特权地位；法国将法属突尼斯和法属索马里的一些地区划给意大利，并将吉布提亚的斯亚贝巴铁路公司2500股份让给意大利。英国不如法国那么露骨地讨好墨索里尼，英国表面上要竭力维护国联的地位，对海尔·塞拉西的正当请求不能置之不理，另一方面英国又不敢惹怒墨索里尼，以免把意大利推入德国的怀抱。在英法的祖护下，国际联盟直到9月才开始讨论埃塞俄比亚的争端。而在此期间，墨索里尼已做好全面战争准备。

1935年10月3日凌晨，意大利军队从北、东、南三路入侵埃塞俄比亚，意大利飞机、坦克长驱直入。海尔·塞拉西一世下令迎战，但埃塞俄比亚全国仅有200门野战炮，500挺机枪和不能用于作战的13架老式飞机，意大利北部阿杜瓦等重镇很快失守。1936 年 1 月,侵埃意军已达到 40 万人。

意大利公然入侵埃塞俄比亚,在全世界引起一片抗议,英法操纵的国联迫不得已宣布制裁,制裁包括武器禁运、财政制裁、禁止进口意大利货物和禁止向意大利输出某些货物。然而此时英法仍不敢过于得罪墨索里尼,在禁运物资中将重要战略物资,意大利严重短缺的石油、煤、铁等不列入禁运范围。英国控制的苏伊士运河也畅通无阻。美国在战前即颁布了中立法,以免卷入埃塞俄比亚纠纷,战争一爆发,美国即表示对交战双方实行"道义禁运",但美国商人对此置之不理,反而加大对意大利石油输出。德国法西斯在埃塞俄比亚事件爆发后兴奋不已,希特勒一面冷眼旁观制裁者的软弱制裁,一方面利用墨索里尼对英法国联的愤怒,极力拉拢墨索里尼,支持并提供包括所有武器在内的战略物资,墨索里尼逐渐依赖德国法西斯。1936 年 5 月,埃塞俄比亚在孤立无援的情况下,首都沦陷,海尔·塞拉西流亡英国,意大利国王自封为埃塞俄比亚国王。

埃塞俄比亚沦陷之后,英法又竭力与墨索里尼修好,国联制裁很快取消了。但不久,希特勒的机会又来了。1934 年,地中海重要国家西班牙的反动势力前往意大利求援,以推翻人民阵线执政的西班牙共和国,建立法西斯政权。墨索里尼早想控制西班牙,并壮大法西斯力量,他亲自保证在西班牙法西斯分子发难之日即提供一万支步枪、二万颗手榴弹、二百挺机关枪和足够资金。1937 年 7 月,法西斯分子在西属摩洛哥首先叛乱,首领为佛朗哥。

西班牙叛乱爆发时,希特勒正在参加德国盛大的瓦格纳音乐会,在轻歌曼舞中,侍者进来报告:西班牙佛朗哥的使者紧急求见。希特勒一听连忙指示安排接见。希特勒深知自他上台之后,几次派使者与墨索里尼修好,都受到冷遇。特别是德国长期觊觎的奥地利,意大利一直严加防范。希特勒心想,如果西班牙内战的时间越长,意大利与英法的矛盾将更深,德国拉拢意大利的机会就不请自来了!希特勒同时下令空军元帅戈林与陆军元帅勃劳希切立即赶来会见,希特勒一面满口答应佛朗哥的使者,一面下令马上制定支持佛朗哥的计划。戈林将空军最精锐的"秃鹰军团"飞行大队派往西班牙,陆军也携带上最新式的武器越过比列牛斯山。从此德意法西斯在镇压西班牙人民的战场上携起手来。整个西班牙内战期间,希特勒共派出 16000 人的支援部队、600 多架飞机、200 辆轻型坦克,援助总值约 5 亿帝国马克。而墨索里尼付出了更多的筹码:意大利共派出官兵 73000 人,飞机 700 多架,坦克 700 多辆,军援总值约 140 亿里拉。

意大利在经过埃塞俄比亚与西班牙事件之后,元气大伤,无力再与德国争夺奥地利,而且两场战争使意大利更加依赖德国。因此在德意共同干涉西班牙的战争中,"柏林—罗马"轴心形成了。1936 年 10 月 25 日,德国外长里宾特洛甫和意大利外长齐亚诺签署了正式协定。一个月之后,德国法西斯又与亚洲军国主义国家——日本法西斯签订了《反共产国际协定》,1937 年 11 月 6 日,墨索里尼宣布意大利也加入此协定。三个法西斯国家结成了"柏林—罗马—东京"的侵略轴心,从此狼狈为奸。

1938 年 2 月 20 日,希特勒将奥地利总理许士尼格传至伯希特斯加登希特勒的别墅,迫令奥地利政府将政权交给奥地利纳粹党人,并停止任何抵抗。1934年奥地利纳粹党人发起政变时,墨索里尼立即派出四个师的兵力奔赴意奥边境,希特勒只好作罢。此后,墨索里尼一再表示将保证奥地利独立。然而在西班牙内战中,墨索里尼与希特勒结盟,并表示"意大利对给奥地利单独站岗早已厌倦了"。许士尼格被迫接受希特勒的条件后,立即让驻罗马的奥地利武官转交一封密函,通知意大利领袖,说他打算举行公民投票,希望得到墨索里尼支持。墨索里尼在二十四小时之后致电警告许士尼格不要进行公民投票。"如果投票有满意的结果,人们会说是伪造的,如果结果不好,政府的地位就受不了;如果结果是没有决定性的,则投票毫无用处。投票是一个错误!"但许士尼格仍决定做最后努力。

3月11日,奥地利决定全民公决国家独立问题的消息传至德国,希特勒勃然大怒,立即下令实施三军入侵奥地利的"奥托"计划。清晨5时,许士尼格被奥地利警察局长的电话惊醒,警察局长报告:德奥两国铁路交通已被中断,德国军队正向奥地利边界聚集!许士尼格立即向墨索里尼求援,墨索里尼慢悠悠地说:"我想德国人不会这样做的,因为戈林曾经亲口向我保证这一点"。而此时戈林正在给奥地利纳粹头子赛斯英夸特打电话,让奥地利统治者立即交出权力,"如果在4个小时之内他还不明白,那我们就在4分钟之内让他明白"!

然而如此公然入侵一个主权国家,毕竟理屈词穷,德国还想寻找什么借口。而且公然入侵意味着欧洲战争将提前爆发,希特勒色厉内荏,德国将领们更加紧张,战备不足,德国在中欧立足未稳,此时参战胜负难料。当晚戈林在空军大楼举行一年一度的冬季晚会,参加晚会的有1000多人,驻柏林的各个公使也应邀出席了这一盛大晚会。然而德国即将入侵奥地利,很可能意味着欧洲战争的爆发,谁都无心跳舞。柏林芭蕾舞团开始演出歌舞时,在大楼的休息室里戈林紧急约见了英国驻德大使亨德森,亨德森表示"即使许士尼格的做法过分,德国也没有理由对一个主权国家这样大动干戈,"戈林扫兴之余,仍试探着问如果此事发生,英国将作何打算,亨德森表示,英国政府对此将会十分遗憾。戈林放心了,希特勒也放心了,英法对于奥地利决不会采取什么实质行动。然而阿尔卑斯山那边的墨索里尼的态度令德国法西斯焦虑不安。舞厅里的意大利外交官们个个面色凝重、眉头紧锁,连他们自己也无法判断墨索里尼对德国入侵奥地利会做何反应。希特勒早已派特使菲利普亲王飞往罗马,德军坦克、飞机马达隆隆,正等待最后的指令。而此时希特勒还在等待菲利普的回话才能最后定夺。

电话铃响了,接线员报告:罗马菲利普电话!希特勒奔过去一把抓过电话。菲利普告诉希特勒:"我才从威尼斯宫回来,意大利领袖以非常友好的态度对待整个事情。他向你问候。他说许士尼格已经告诉了他德国将要入侵的消息……墨索里尼说奥地利对他是无关紧要的……意大利出兵干涉是完全不可能的事……"希特勒大喜过望,"请你转告墨索里尼,在这件事情上,我决不会忘记他……一俟奥地利问题解决,我甘愿与他同甘共苦共患难,不论发生任何情况……我永远也不会忘记。如果有一天他需要什么帮助,或发生什么危险,他可以确信,不论发生什么情况,即使全世界和他为敌,我将坚决同他站在一起。"奥地利孤立了,奥国政府被迫投降！德国军队长驱直入，奥地利灭亡。曾经信誓旦旦保证奥地利独立的墨索里尼帮助希特勒消灭了一个主权国。

1938年9月，墨索里尼再次助纣为虐，在捷克斯洛伐克事件中大显身手。墨索里尼在德国授意下提出了解决捷克危机的所谓意大利建议，9月29日，墨索里尼亲往德国慕尼黑，与希特勒、张伯伦、达拉第一起制造了慕尼黑阴谋。在墨索里尼的强大支持下，希特勒再次兵不血刃吞并了中欧另一个主权国家。

1939年欧洲局势空前紧张，墨索里尼的女婿、意大利外长齐亚诺在得知德国将在波兰采取行动时，连忙会见德国外长里宾特洛甫，希望在三年之内避免让意大利卷入战争。而此时一贯冷静的墨索里尼却突然心血来潮，指示齐亚诺向新闻界发表声明：意大利将与德国签订军事同盟！1939年5月22日，这一被称之为"钢铁同盟"的军事条约签订。在经过一年多的犹豫徘徊之后，就在这一时冲动之下，墨索里尼将自己的命运与希特勒无可变改地拴在一起了。齐亚诺在震惊之余，不得不服从领袖的冲动。法西斯钢铁盟约规定，两国由于它们主义的内在血缘关系而团结在一起，决心并肩协力行动。如一方陷入与另一个国家或几个国家的军事纠纷中，另一个缔约国将立即以盟国身份，以其全部军事力量在地面、海上和空中予以援助和支持。一旦发生战争，两国中的任何一国都不得单独停战或媾和。之后，希特勒表示，地中海的政策将由意大利主持。狐假虎威，墨索里尼开始实施他称霸地中海的计划。

打劫地中海

1939年4月7日，黎明，一支意大利军队不宣而战，在阿尔巴尼亚登陆。阿尔巴尼亚国小兵弱，毫无防范，短暂相接之后，意大利军队很快占领了这个山国。阿尔巴尼亚本身对于意大利没有更多的诱惑力，关键是它是墨索里尼鲸吞希腊、征服巴尔干、称霸地中海的跳板。

正当墨索里尼为入侵希腊而筹划时，德国入侵波兰，在欧洲大陆率先挑起了大战！意大利与德国有钢铁盟约，意大利必须马上做出参战的决定。对于德国来说，希特勒根本没有把意大利放在眼里，苏德签订互不侵犯条约，墨索里尼被蒙在鼓里。德国挑起世界大战，对墨索里尼一再坚持的和平解决方案置之不理。墨索里尼并非有着和平主义的天性，而是意大利力不从心。资源本来匮乏，又要维持在埃塞俄比亚与阿尔巴尼亚的巨额开支和消耗，根本无力卷入一场欧洲大战。希特勒极力拉拢墨索里尼，表示将提供意大利参加一场大规模欧洲冲突的所需物资。墨索里尼得信后，迅速招来三军会议，拟定一份作战12个月所需最低军备清单，齐亚诺说，这份清单"足以气死一头牛，如果牛认得字的话"。清单包括700万吨石油、600万吨煤、200万吨钢、100万吨木材、600吨辉钼矿、400吨钛、20吨锆、150门高射炮等等。希特勒收到清单之后，知道墨索里尼无力参战，但坚持"意大利不应使外人知道它所打算采取的态度，至少在战争开始以前应当如此，因此，我诚恳地请求您，用您的报纸和其他手段在心理上支持我们的斗争，我还要请求您……在军事上采取示威性措施，至少要牵制住一部分英法军队，即使不能如此，无论如何也要使他们狐疑不定"。希特勒对意大利已不抱多少希望了。墨索里尼非常难过，难得的理智暂时控制住了他的好战与狂野的本性，极度的虚荣感也不得不服从国贫兵弱的现实。半年多过去了，墨索里尼这头困在罗马威尼斯宫的狮子眼睁睁地看着德国横扫欧洲：波兰灭亡了，北欧屈服了。强烈的嫉妒心使墨索里尼坐卧不宁。1940年5月，希特勒百万大军又猖狂进攻西欧，英法联军节节败退，5月26日英法联军主力约40万之众被围困敦刻尔克。英法马上要战败了！整个世界将会被德国人控制！意大利的狮子再也坐不住了！再不参战，战争就要结束了，意大利将什么都得不到！墨索里尼召来了陆军总参谋长巴多格里奥元帅，表示意大利将于6月初向英法宣战。元帅马上抗议：如此草草宣告参战，不啻是自杀行为！意大利独裁者瞪起两只眼睛，厉声说道："元帅，阁下实在缺乏判断事态的冷静头脑。战争将在9月告终！我为了以战胜国的一员坐镇在和平谈判的席位上，不惜牺牲数千名战斗员，阁下懂得我的意思吗？"6月10日，墨索里尼向英法宣战。6月16日贝当接任法国总理，6月17日法国请求停战。此时意大利约32个师才进行了一周的"战斗"，他们在阿尔卑斯山前线和南方的海岸一带，丝毫没有迫使背后还遭到德国威胁的6师法国军队后退一步！6月21日，法国投降协议即将签订，意大利军队在仍进行抵抗的法国第一道防御工事的阵地前，没有前进一步。墨索里尼十分丢脸，希特勒也毫不客气不准墨索里尼参加德国胜利者操纵的法国投降仪式。希特勒还断然拒绝了墨索里尼分一杯羹的要求：由意大利占领土伦和马赛在内的罗讷河流域，并使科西嘉、突尼斯和吉布提解除武装。墨索里尼想趁火打劫，巩固地中海霸权的算盘落了空。

墨索里尼气恨难平，准备自己干一番事业，于是把目标对准地中海南岸的埃及。正当意大利大张旗鼓准备攻打时，墨索里尼忽然得知希特勒要进军罗马尼亚！罗马尼亚、南斯拉夫、希腊这些巴尔干小国早已是意大利自认为的"盘中之物"，失去巴尔干，意大利地中海帝国从何谈起？更何况希特勒曾保证地中海事务由墨索里尼主持。墨索里尼暴跳如雷，希特勒又不打招呼，擅自行动，"这只鬼狐狸，老是强迫别人接受既成事实，这一回我要给他一点颜色瞧瞧，不久，他就可以从报纸上看到我占领希腊的大标题了。"

1940年10月28日驻扎在阿尔巴尼亚的意大利军队大举入侵希腊，然而希腊不是阿尔巴尼亚，希腊军队早已严阵以待。面对法西斯意大利的入侵，希腊军民顽强抵抗。29日，应希腊政府的请求，英军占领了克里特岛。几天之后英国首相丘吉尔电告英国空军参谋长，速派四个轰炸机中队取道马耳他岛飞往克里特岛或希腊，丘吉尔表示："如果我们坐视希腊崩溃，不助一臂之力，这将对土耳其和战争的未来产生致命的影响！"英国海军地中海舰队在海军上将坎宁安的指挥下，很快突袭了意大利舰队。仅此一战，墨索里尼的战舰至少有一半在6个月内不能恢复战斗力。意大利陆军对希腊的第一次进攻也被击退，损失重大。不久，希腊军队即转入反攻，意大利一个山地师全军覆没，墨索里尼精锐的阿尔卑斯"朱利亚"师团被包围,2万名死伤,5千名被俘。到年底意军沿整个战线从阿尔巴尼亚边境后撤了三十英里,意军统帅部被迫下令停止进攻。

12月4日,墨索里尼只得又一次忍气吞声请求希特勒出面收拾残局。希特勒在意军入侵希腊后气得七窍生烟:墨索里尼不自量力,捅下了马蜂窝!"由于阁下的此举,南斯拉夫、保加利亚、法国的贝当政府,越不想加入轴心国的阵营作战了。然而却引起了苏联对巴尔干的关心。如此,势必在东方产生一种新的威胁!……由于贵国进攻希腊……英国也得以在希腊设置了海、空军基地,对罗马尼亚及意大利南部实施破坏轰炸。……这次行动对在埃及即将进行的沙漠作战也产生了严重的影响……虽然我们老不愿意,但到了来年,势必得派遣军队到希腊帮你收拾残局"。墨索里尼忍受着希特勒的指责,慨叹道:"我的时运多么不济啊,使唤的人尽是一些没有价值的窝囊废!"前法西斯党书记斯达拉杰将军也叹道:"意大利军队只要稍动一下干戈就一败涂地了。"

希特勒与墨索里尼

1941年1月18日,墨索里尼硬着头皮前往德国与希特勒会面,希特勒表示将派10个师的兵力通过保加利亚入侵希腊。然而希特勒此举在某种程度上不过一顺水人情而已。1941年春,法西斯德国正筹划入侵苏联的"巴巴罗萨"计划,要保障顺利入侵苏联,德国首先必须将巴尔干的南翼掌握在手中。2月28日,保加利亚在得到希特勒已经打赢战争的保证之后,同意德军入境。当晚30万德军渡过多瑙河,从罗马尼亚进入保加利亚。3月德国又迫使南斯拉夫加入轴心国集团。但南斯拉夫部分军官发起政变推翻了现政府,希特勒勃然大怒,下令德军全面进攻南斯拉夫,4月17日南斯拉夫战败投降。之后德军15个师(其中4个为装甲师)疯狂进攻希腊,英国急忙从利比亚派遣约4个师前往支援,但他们和希腊人一样被德国装甲部队和空军的猛烈进攻打得一败涂地。很快,北部的希腊军队向德军投降。同时也硬着头皮向手下败将意大利投降。之后仅仅4天,德军坦克开入雅典,在三周内德军征服了除克里特岛的全部希腊国土。墨索里尼在整个冬天连遭惨败的地方,希特勒只有几天功夫便收拾了残局。墨索里尼摆脱了困境,但他实在高兴不起来。

有了德国法西斯做靠山和主力,在攻占克里特岛的战役中,意大利军队总算能直一直腰板了。4月24日德意军队将英国远征军、希腊军等追至希腊海岸,英国又一次面临敦刻尔克式战役。然而此一时,彼一时。在敦刻尔克战役中,制空权总的来说，是操在英国人手里的，而此时德国人完全地、绝对地控制着天空。但英国海军凭着卓越的能力连续五夜，从希腊本土救出了50662人，相当于派往希腊部队的80%。希腊战役的重心移至克里特岛。5月初，德国和意大利空军从希腊和爱琴海的基地起飞，对克里特岛有效地实行日间封锁，使得盟军对克里特岛的人员与物资援助无法靠岸。在5月的头3个星期，运往克里特岛的重要武器有27000吨，到达该岛的还不足3000吨，其余物资不是被迫转回，就是损失在途中。克里特岛的守军总共不过28600人。5月20日，德军作为主力开始进攻该岛。德军第一次使用了空降部队，但第一批5000余名亡命之徒降落到克里特岛后不久立即被击毙。但德军不顾一切，在战斗机的护航、轰炸机的强烈空袭下，又将大批德军空降至克里特岛，德军开始巩固阵地。海上的战斗也十分激烈。意大利海军早在3月份被坎宁安指挥的海军编队击毁了两艘巡洋舰而势力大损。此时，英国海军少将罗林斯指挥的强大舰队击沉了满载德军的轻帆船不下12只和轮船3艘，德军当夜溺毙者达4000之众。英军在克里特岛附近海域损失2艘巡洋舰和3艘驱逐舰，尽管如此，英国海军死守克里特岛的海防，直至克里特岛沦陷，没有一个德国人从海上登上该岛。但岛上的守军已经弹尽粮绝，德军空降部队已经控制了该岛，英国海军在有限的空中保护下，不得不再次面临惨痛的撤退守军的任务。希特勒与墨索里尼的空军和海军严密封锁，力图消灭克里特岛的22000名守军。丘吉尔下令在埃及的英国中东军总司令韦维尔将军要不惜一切代价撤走该岛守军。从5月28日到6月1日，共抢运出17500人。希腊国王与英国公使脱险，指挥守军作战的弗赖伯格将军也安全撤出。未能救出的守岛军人约5000人除绝少数人投降外，其余全部被希特勒与墨索里尼的党徒杀害。墨索里尼终于在希特勒的支持下打赢了希腊战役。然而地中海那边，非洲沙漠里的几场鏖战将把法西斯领袖再次拖向深渊。

难圆非洲梦

波兰战争爆发后，意大利迟迟不肯参战，并非墨索里尼不好战，而是另有谋算。法西斯领袖的眼光盯住了北非的地盘。在意大利宣战前，意军不仅在埃塞俄比亚、厄立特里亚和索马里有大量驻军，而且另有115000人驻扎北非各地，共计15个师。1940年6月，法国战败投降，意大利在北非的军队再也不用提防来自法属殖民地突尼斯的威胁，而且英国人正在本土进行着生死存亡的搏斗，德国最高统帅部作战局局长约德尔将军在6月30日就谈道："德国对英国的最后胜利，现在只是一个时间问题，敌人再也不可能进行大规模的进攻作战了。"于是英国在非洲的殖民地简直成了无人看管的肥肉了。墨索里尼指示北非的意军将领格拉齐亚尼元帅立即行动，做好充分准备，一举夺取埃及。墨索里尼甚至开始设想，一旦埃及被征服，意大利在埃塞俄比亚、厄立特里亚、昔兰尼加的广大殖民地将连成一整片，到那时整个北非都将是意大利的国土了，就是裘力斯·恺撒复活也不过如此！墨索里尼不停地督促北非意军加快从的黎波里塔尼亚、昔兰尼加到埃及的公路铺设，并在公路沿线的班加西、德尔纳、托卜鲁克、巴迪亚和苏卢姆逐渐建起军火库、兵站和供应站。到了秋季，野战军和沿海岸一系列庞大供应站中的意大利人，至少有 30 万。墨索里尼电令格拉齐亚尼元帅以最快的速度攻下埃及，把埃及驻防的英军有限力量消灭在沙漠中。

8 月意军全线进攻，8 月 3 日意大利 3 个步兵营、14 个殖民地步兵营、2 个山炮大队和配备中型坦克、轻坦克和装甲车辆的几个支队攻进了英属索马里，索马里英军指挥官下令撤退，意军攻入埃及本土。9 月 13 日，格拉齐亚尼率领意军主力也越过埃及边境，向埃及要地尼罗河三角洲挺进。埃及局势危在旦夕。

英军当时正处于战争最低潮，一面是希特勒对本土的狂轰滥炸，一面是墨索里尼对英帝国致命的挑战。然而到 1940 年 10 月，希特勒进攻英国的"海狮计划"基本上面临破产，丘吉尔在严加防范的同时，加大了埃及的防务力量。7 月间，坎宁安海军上将的地中海舰队不仅重创了墨索里尼的舰队，而且将大量人员、物资与军备运抵亚历山大城，埃及局势正在向不利意大利一方转化。

正当墨索里尼磨刀霍霍，埃及局势发生微妙变化时，得知希特勒入侵罗马尼亚，墨索里尼气恨之余下令意军全面进攻希腊。希腊战争拖住了意大利大量兵力，而墨索里尼又不自量力，同时下令格拉齐亚尼元帅对埃及做"最后一击"。而在格拉齐亚尼犹豫之际，英国中东军司令韦维尔早已完成了反攻部署，英联邦军队昼伏夜行到达西迪巴拉尼，12 月 9 日主动出击，几天后，三个墨索里尼的精锐师不是被歼灭，就是被俘获。被俘的意军士兵和军官占了约 200 多英亩大的一片地方！到 12 月 15 日，英联邦军队扫清了埃及境内的所有意军，韦维尔还下令英军出击埃塞俄比亚，为埃塞俄比亚的收复奠定了坚实基础。1941 年 1 月，在稍做休整后，韦维尔将军下令乘胜追击。5 日，英军攻克巴迪亚。21 日，英军再克重镇托卜鲁克。2 月 6 日，英军又攻占班加西，7 日，整个昔兰尼加被英军占领。至此英联邦军队前进了 500 英里，歼灭意军 9 个师，俘虏 13 万人。与此同时，另一支英军在韦维尔命令下进攻苏丹，肃清苏丹境内的意军，与北非沿岸的反攻形成呼应。2 月，他们乘胜攻入意属索马里，3 月 17 日，意属索马里被英军收复。在英军的配合下，海尔·塞拉西一世率领游击队打回了埃塞俄比亚。5 月 5 日，亚的斯亚贝巴首府一片欢乐，塞拉西在流亡 5 年之后复位，埃塞俄比亚光复。墨索里尼功败垂成，他无限憧憬的非洲帝国化成了泡影。

1941 年 6 月 22 日，德国法西斯悍然发动了入侵苏联的战争，法西斯军队 190 多个师从空中到地面全线出动，越过苏联边境足足半个小时之后，正在熟睡中的墨索里尼被一阵急促的电话铃吵醒，外长齐亚诺告诉他：德国大使转达了德军进攻苏联的消息。在北非一连串打击之下的墨索里尼揉了揉疲惫的眼睛，强压住心头的不满，马上下令立即对苏宣战！齐亚诺劝诫墨索里尼：既然希特勒事先不打招呼，说明希特勒根本不在乎意大利是否参战，也不欢迎意大利部队开上俄国前线。将军们也力劝把准备投放俄国前线的兵力放在非洲，也许能挽救非洲危局。但墨索里尼不听，仍主张将 20 万意军投入东方战线。一年之后，德军在苏联战场严重遇挫，戈林作为希特勒特使前来意大利请求援兵，墨索里尼不顾许多人反对再次决定向苏联战场提供9个师的意大利炮灰。希特勒也表示增派更多的德军前往非洲，再次帮助墨索里尼收拾残局。

　　早在2月，苏德战争尚未打响，墨索里尼的军队在利比亚沙漠狼狈逃跑时，德国将领隆美尔受希特勒指派前往非洲。隆美尔在波兰战争中就崭露头角，后来他又率领他的装甲师率先打过马斯河，第一个进抵英吉利海峡，从此为希特勒看中。2月14日，一艘运兵船在意大利利比亚殖民地的的黎波里港口登陆，隆美尔的士兵第一次踏上了非洲。墨索里尼对这位希特勒赏识的将军起初并没有太高的奢望，只求守住的黎波里塔尼亚(利比亚的一部分)就行。而隆美尔座机在北非战场巡视一圈后，发现英军疏于防备，后勤补给线太长，而且英国人把利比亚最精锐的师已派出去挽救希腊了，隆美尔表示他将征服开罗、占领苏伊士运河。3月19日，隆美尔带着他的进攻计划飞抵柏林，总参谋长哈尔德不以为然。时值德国紧锣密鼓为侵苏准备，哈尔德不便挑明。当哈尔德听到隆美尔将征服埃及和苏伊士运河，并有可能夺取东非时，竟不由自主发出了不礼貌的笑声。哈尔德问：为达到这一目的，你还有什么要求？隆美尔答：我还需要两个装甲军。哈尔德说：即使我们能派出两个装甲军，你如何养活他们？隆美尔竟答到：这对我无所谓，那是你的事情。

　　3月31日，隆美尔的攻势开始了，这一次意大利在德国人的影响下精神大振，有了德国军队作主力，意大利的进攻居然也卓有成效，敢打敢拼了。英国很快败退，不仅班加西失守，而且英军司令部痛失沙漠作战经验丰富的两位将军尼姆和奥康纳，总司令韦维尔也差点遇难。2月份意大利人的灾难现在落到英国人的头上，英国军队在北非沿海铺设的公路上丢盔弃甲、拥挤不堪。4月希特勒又为隆美尔增派了强大的装甲师，配备了400多辆坦克，墨索里尼的舰队在德意空军护航下向北非运送了大量军火与物资。隆美尔又连续发起进攻，6月英军镇守的重镇卡普措堡失守。丘吉尔下令印度总司令奥金莱克前往北非取代韦维尔，同时命令海空军加强马耳他岛上的防御与打击力量，以加大对墨索里尼运输船只的袭击，试图缓解北非危机。12月英军发起"十字军行动"，解救了托卜鲁克之围，隆美尔被赶回3月发起进攻的地点。英军在地中海海、空军力量加强后，墨索里尼对北非前线的补给约60%被击沉在地中海。12月7日，墨索里尼的东方盟友日本偷袭了美国的太平洋舰队，意大利又得与庞然大物美国宣战，非洲局势足令墨索里尼寝食难安，美国参战更是火上加油，墨索里尼忧郁不已，法西斯的前途不容乐观。

　　1942年1月隆美尔又大胆出击，希特勒在海军将领雷德尔的怂恿下加大了在地中海的争夺，马耳他岛盟国军队自身难保。英军新司令奥金莱克不敢主动出击，重要阵地不做拼死抵抗便轻易放弃，而且将好不容易征集的战备物资几乎完整地留给隆美尔。1942年6月20日，北非战场出现了墨索里尼最乐意看到的奇迹：德意军队攻克了托卜鲁克，埃及大门洞开，英军33000人未做有效抵抗便向人数只有他们一半的德意军队投降了，德军获得了足供3万人3个月消耗的物资和1万余立方米的汽油。而当时墨索里尼千辛万苦运抵北非的物资不够德意军队一月之需。从托卜鲁克前往埃及有铁路相通。墨索里尼颓丧了一年多的心情终于阳光灿烂。非洲帝国的美梦似乎又在向他招手了。

而在英吉利海峡的那边，丘吉尔像受伤的狮子一样在房子里走来走去。隆美尔的军队最多时不过十万之众，而且其中一半是勇敢精神与战斗能力都欠佳的意大利人。而隆美尔却靠他的胆略和勇气让北非战场上 75 万英国军人谈虎色变，败绩连篇！"隆美尔、隆美尔！只要打败他，其他都好办！"丘吉尔下令加大地中海的打击力量，同时改组中东军司令部，两名爱将亚历山大与蒙哥马利被派往中东。蒙哥马利到达北非时，英军士兵说他们过去常常在利比亚的班加西过圣诞节，然后回开罗过新年。蒙哥马利斩钉截铁地回答：以后再也不会发生这种事了。他几次动员、鼓舞士气，号召大家为大英帝国的声誉而战！

当时盟国在开战后一连串打击之下，终于有了回击的能力。希特勒在斯大林格勒倾注了巨大赌本，苏联红军正在逐日聚集大反攻的力量。美国参战，英美正秘密筹备北非反攻的"火炬"计划。而此时上千辆的坦克正在美国、英国的舰队上从海路运往中东。隆美尔在开战之初不以为然的后勤补给已严重束缚了他的手脚。8 月，隆美尔 30%的军需品被击沉于海底，9 月又是 30%，10 月达到 40%。本来希特勒陷于斯大林格勒，给予隆美尔的援助极其有限，墨索里尼的家底也已近枯竭。部队、坦克、大炮、军械、卡车、食品、医疗用品，尤其是石油不断地被击沉在地中海，连墨索里尼都惊恐不已：如果船只按照这个速度被击沉的话，不到 6 个月的时间，意大利就只剩下渔船充当运输队了。

北非战役主要在沙漠展开，沙漠是一片辽阔的、几乎寸草不生的旷野，地面上的任何行动都无法逃过飞行员的双眼。当时因地制宜、隐蔽军队的唯一办法，是把军队伪装起来，以敌人觉察不出来的速度徐徐向前移动。蒙哥马利准备反攻的阿拉曼周围一片空旷，沙石坚硬，灌木矮小，但英军成功地将 15 万人，包括一千辆坦克，一千门大炮，还有几千辆军车和数万吨物资安置完毕。

1942 年 10 月 23 日晚，阿拉曼前线，皓月当空，埃及西部沙漠一片寂静。隆美尔因日益严重的心脏病和北非十分危急的后勤补给问题，已经飞往德国了。英国的战略隐蔽瞒过了号称"沙漠之狐"的隆美尔，他相信英军近期不会有大规模行动而动身回国了。当时隆美尔的汽油只剩下一个星期的供应，弹药只够 9 天激战使用。

10 月 23 日晚 21 点，英军千百门大炮齐鸣，整个沙漠被染得通红，阿拉曼战役打响了。此时隆美尔正在奥地利阿尔卑斯山养病，急促的电话惊动了病中的隆美尔，德国陆军元帅凯特尔告诉他阿拉曼的盟军开始了反攻，隆美尔的副手为摸清英军意图奔赴前线，已摔死在中途。隆美尔决定立即返回。飞机在飞抵北非前，隆美尔再次拜会了墨索里尼，请求无论如何向北非运送军火和汽油。

然而阿拉曼的德意军队已经溃败。有限的坦克、装甲车、卡车、大炮都在熊熊燃烧，德意军队又在重演北非沙漠之战以来经常出现的一幕：狼狈逃跑、拥挤不堪。许多德国士兵抢到了车，驾车逃跑。意大利士兵要么投降，要么步行逃出那火烟滚滚、风沙炙热的荒原漠野。

阿拉曼的崩溃使墨索里尼气急败坏，他一面大骂隆美尔，一面又不得不再次组建运输队，以挽救溃败的意大利军队。然而这支装满汽油和弹药的运输队，原本可望在 72 小时运抵北非，但电报被英军破译，丘吉尔马上派出了 20 多架战斗机，半个小时便把隆美尔翘首以待的全部军需品报销了。隆美尔再也无力组织反攻，他只有尽全力收罗残兵败将，有秩序地撤退。在经过长达两千多公里的逃跑之后，隆美尔率领他的剩余兵力，在英军没能围歼之前成功地退入突尼斯。但这并不能挽救德意法西斯的命运，英美盟军的"火炬"计划即将实施，北非东西两路大军不久将彻底清除北非轴心国的军队。

阿拉曼战役虽然使德意军队损失不过 5 万余人，和二战史上其他著名战役相比，其消耗与惨烈程度并不突出，但它在二战史上产生了十分重要的战略意义。英帝国得以保住它的生命线，盟国对苏联人民卫国战争的大量后勤补给得以畅通，希特勒在中东、南亚与日本会师的美梦、墨索里尼非洲帝国的设想彻底破产了！墨索里尼被击倒了，他脸色苍白、面部不停地神经质抽搐，胃溃疡的老毛病又犯了，胃部剧烈疼痛。他清楚地意识到：阿拉曼不仅埋葬了他的非洲帝国，而且透过阿拉曼的烟雾，他看到了他的末日。

为伊人憔悴

墨索里尼年轻时颇为英俊，身材魁梧。他言辞激烈、好战、喜欢刺激，经常在大庭广众之下侃侃而谈，周围总有一帮乌合之众追随左右，着实引来许多姑娘的爱慕。成为法西斯领袖之后，墨索里尼几乎平步青云，很快掌握了全意大利的生杀予夺的权力，墨索里尼也变得肥头大耳了，但这并不影响他继续成为女人们追逐的对象。墨索里尼不像他的法西斯朋友希特勒，希特勒除了在演讲台上喋喋不休外，个人性格比较内向，对待女人相对拘谨得多。希特勒对戈林、戈培尔、希姆莱之流玩弄女人、追凤引蝶总是睁一只眼、闭一只眼，但他自己非常注意。和爱娃·布劳恩的关系虽然人人都清楚，但爱娃·布劳恩从不抛头露面，希特勒也从不在旁人面前显示与爱娃关系不一般。而墨索里尼天性狂野，从不在乎追逐女人会引起别人的议论。他的女友和情妇随其情绪变化而变换。但终其一生，有三个女人对墨索里尼产生了重大影响，她们是妻子拉凯莱、女儿爱达、情妇克拉拉·佩塔奇。

认识拉凯莱时，墨索里尼几乎一文不名。但墨索里尼的如簧巧舌终于打动了姑娘的心。拉凯莱聪明贤惠、楚楚动人。然而结婚不久，拉凯莱便发现丈夫每天冲冲杀杀，令人揪心不已。有一天，他在米兰办《前进报》，听说日内瓦某咖啡店主毁坏他的名誉，尽管瑞士当局早已驱逐墨索里尼，不准他去瑞士，他仍带了一个朋友，冒着被警方逮捕的危险，跑到那个咖啡店，对店主一阵拳打脚踢，然后在瑞士警察的一路追赶下，跑回米兰。拉凯莱心惊肉跳地在家等候着，直到丈夫平安归来。那个时候墨索里尼正鼓动意大利加入协约国一方作战，每天在大会小会上与政敌们斗得精疲力竭，回到家后，拉凯莱总是柔声细语地宽慰他，墨索里尼当时唯一满足的是拉凯莱为他营造的家，一个温馨的港湾。斗闹了一天回来后，墨索里尼握着拉凯莱的手居然感慨道："我不需要什么，我的一生只是一个可怕的挣扎，我的家是我唯一的甜蜜宁静的安慰者,好像沙漠中的一块绿洲"。

1915 年 5 月,意大利终于参战了。墨索里尼竟放下了手中的笔杆,上前线打仗去了。拉凯莱争辩了一番,但也只能默默忍受。两年提心吊胆的日子过去了,但坏消息还是降临了:墨索里尼身负重伤。拉凯莱守护在丈夫身边,直到前后二十七次手术、墨索里尼身上大大小小四十四块弹片全部取出。

1922 年法西斯进军罗马,墨索里尼一跃而为意大利总理,拉凯莱此时已贵为总理夫人,但拉凯莱的日子并不好过。墨索里尼在瑞士流亡时期半工半读,留下了严重的胃溃疡,做妻子的总是牵肠挂肚。然而墨索里尼在私生活上的放纵令拉凯莱气愤不已。高居威尼斯宫的墨索里尼自战争爆发以来诸事不顺,身边的情妇们也争风吃醋,因此墨索里尼逐渐疏远了妻子,拉凯莱偶尔才能接到丈夫一次礼节性的问候。克拉拉·佩塔奇走进墨索里尼的生活后,墨索里尼更是乐此不疲,拉凯莱几乎被气疯了。

1945 年 4 月,墨索里尼眼看末日即临,决定带上情妇克拉拉一同逃往瑞士,临走之前,还算记得自己有妻子,他给拉凯莱发了一封电报,说他正处于生命的最后阶段,历史的最后一页,并破天荒地请求妻子原谅他一生中对她做下的"一切错事"。

爱达是墨索里尼的爱女、掌上明珠。爱达从小聪明活泼,非常可爱。墨索里尼回家后,不管多么不顺心,女儿的歌声笑声总能给他许多宽慰。可爱的爱达与温柔的妻子曾是墨索里尼的"绿洲",尽管以后墨索里尼几乎抛弃了这块绿洲,但对女儿的爱心并没有受多大的影响。爱达并未能左右父亲,但爱达的爱情生活却给墨索里尼带来了非凡的影响。

有了有权势的父亲做靠山,爱达得以在全世界游玩。1929 年春,爱达来到中国,游山玩水时偶遇一意大利青年,这位青年当时仅是意大利驻中国使馆的普通外交人员,名叫齐亚诺。年轻人很快相知相恋,1930 年正式结为夫妻。齐亚诺当时虽功未成名未就,但其家族在意大利也是妇孺皆知。齐亚诺的父亲科斯坦佐·齐亚诺是海军上将,很早就成为法西斯运动的成员,是墨索里尼的密友,出任过部长和议长,齐亚诺家族还有着贵族头衔。1926 年科斯坦佐甚至被正式委任为墨索里尼的继任人,1939 年病逝。齐亚诺 1925 年毕业于罗马大学法律系,不久进入外交界。成为墨索里尼的乘龙快婿之后,更是平步青云。

30 年代国际风云变化莫测,意大利奉行着"两面外交",在希特勒德国与英美集团之间周旋。在德国日益强大时,墨索里尼有意追随希特勒,齐亚诺利用自己的特殊地位,迅速领悟了墨索里尼的意图,避开外交部,为"柏林—罗马轴心"做准备。1936 年齐亚诺看时机成熟,力主意大利与德国结盟,在外交部发起一场攻势,墨索里尼全力支持,6 月齐亚诺正式成为意大利外交部长。1937 年柏林—罗马轴心正式形成,齐亚诺多次陪伴墨索里尼出访德国,有时代表墨索里尼单独前往,替墨索里尼出谋划策。墨索里尼的所有重大决定几乎都有齐亚诺的痕迹。1940 年 6 月,意大利参战。由于军事上的软弱,连遭惨败,意大利成为德国奴仆,柏林—罗马轴心使意大利失去了独立。齐亚诺感到前途黯淡,主张脱离德国,与英美盟国单独嬅和,因而对墨索里尼越来越不满。1943年2月,墨索里尼先发制人,对政府机构进行"大清洗",几乎所有部长都被解除了职务。齐亚诺被免去外长职务,改任意大利驻梵蒂冈大使。爱达对于丈夫的改变非常担忧,一面听着父亲的警告,一边又认为丈夫对德国人的判断没有错。爱达也提醒齐亚诺不要卷入对父亲墨索里尼的反对派阵营,有时甚至大发脾气,但齐亚诺仍然参与了1943年7月的政变,并投了墨索里尼的反对票,墨索里尼被赶下台,随即被逮捕。

墨索里尼被赶下台后,国王埃曼努埃尔决定不让法西斯政权的显赫人物加入新的内阁,齐亚诺与爱达决定流亡西班牙,但政府却迟迟不发给他们出国护照。与此同时,意大利法院开始调查墨索里尼政府的贪污案。第一批受审的人员中就有齐亚诺,齐亚诺被软禁在家,不得外出。爱达的命运已与齐亚诺息息相关。在齐亚诺的策划下,爱达与德国驻意大使馆取得联系,1943年8月27日,爱达与齐亚诺乘德国军用卡车逃到罗马的一个机场,接着改乘飞机逃到慕尼黑。齐亚诺夫妇离开了动荡的意大利,但前途未卜,希特勒痛恨齐亚诺,很快将夫妇俩软禁。9月,意大利局势突变,意政府向盟国投降、退出了战争。希特勒立即命令纳粹军队抢占了意大利的北部山区,9月13日党卫队救出了墨索里尼。在慕尼黑爱达立即去探望了被救出的父亲。爱达痛哭不已,请求父亲原谅他们。齐亚诺也希望与墨索里尼言归于好。虎毒不食子,墨索里尼竟动了恻隐之心。希特勒闻讯大怒,指示必须处死齐亚诺,至于爱达,用戈林的话说:"狠狠抽她一顿鞭子"。墨索里尼屈服了,这时墨索里尼在纳粹扶植下已在意大利北部建立了"社会共和国",爱达回到意大利,请求父亲同意齐亚诺在新的共和国里任职,但墨索里尼用不祥的沉默代替了对女儿的回答。

10月,齐亚诺从德国押回了意大利,关进了维罗纳监狱。12月,爱达终于绝望:父亲宣判了丈夫的死刑!任凭爱达哀告、请母亲出面说情都已无能为力。爱达对墨索里尼的怨恨、对丈夫的爱情迫使她铤而走险。原来,齐亚诺在任职期间,掌握了德意关系内幕的大量秘密资料,并把它们运用到自己的日记中。墨索里尼当局与德国情报部门十分清楚,齐亚诺的日记和文件一旦落入英美等国手中,对他们将是十分不利的。爱达把搭救丈夫的最后一线希望寄托在日记上。德国情报部门甚至同意了爱达的条件,但当德国党卫队换上法西斯黑衫党的衣服,准备冲击监狱时,突然接到希特勒的命令:"停止行动"。原来德国情报部门受希姆莱唆使,里宾特洛甫得知后担心齐亚诺日记会危及自己的地位,给政敌希姆莱以某种借口,立即报知了希特勒。

爱达最后的一线希望是公开发表齐亚诺日记,迫使父亲改变主意。墨索里尼至此之前仍对自己的女儿多少有一份爱心,收到女儿带有条件的信后,墨索里尼痛苦不已,"爱达逃跑了,扬言如果三天之内不释放齐亚诺,她威胁要公布我们与德国关系的全部文件。……公布齐亚诺的日记,证明德国在完全结盟时对我们的背叛,将有可能招致无法挽回的后果!所有的人,甚至包括我的女儿,都背叛了我!"但爱达的希望又一次落空了。1月11日曾经助纣为虐的意大利外长齐亚诺被枪毙。爱达为表示对丈夫的爱,仍然冒着生命危险,把自己打扮成有身孕的农妇,把日记藏在裙子里，带出了国境，交给了美国芝加哥《每日新闻》报的记者，齐亚诺的日记终于留传下来，向所有的人展示着德意法西斯相互勾结的种种内幕。

克拉拉·佩塔奇是一位摩登女郎，年轻美丽，风流娇艳。1926 年在一次舞会上偶尔结识了当时年届 43 岁的墨索里尼，克拉拉只有 20 岁，却对墨索里尼倾慕不已。墨索里尼虽然周围簇拥着的女友、情妇众多，但对克拉拉特别垂青。游山玩水、周末消遣都非常精意地带着她。克拉拉也毫不隐讳，"我非常爱他，我们俩心心相印。我不能没有他，只有在他身边，我才觉得自己活着"。克拉拉认识墨索里尼所有的情妇，好在她没权嫉妒，但克拉拉总是逢人便说：只有她才能支配墨索里尼的心和他的情感。

墨索里尼对克拉拉的垂青引来了许多麻烦。拉凯莱夫人气得神不守舍，经常想方设法去追踪。齐亚诺在日记里都这样写道：拉凯莱夫人几个月来不安而多疑，忙于与她无关的许许多多事情，像个侦探一样。她甚至打扮成砌砖匠、平民妇女，到处打听。天知道她还打扮过什么。情妇们、女友们也争风吃醋。有一次忙了一整天的齐亚诺回到家里，墨索里尼曾经很亲密的一位女友海阔天空地谈了一番闲话后，见爱达上楼去了，突然神秘地对齐亚诺说：领袖刚对我说，他对克拉拉已经没有爱情，甚至有点讨厌她了。她还抨击克拉拉家族搞坏了意大利和领袖的身体。齐亚诺只好不置可否地笑了笑。

墨索里尼与克拉拉的亲密往来，不仅在朝野闹得沸沸扬扬，而且克拉拉自己也日益骄奢淫逸、经常招摇过市，令墨索里尼十分狼狈。更招人侧目的是，佩塔奇家族兴风作浪，敲诈勒索。克拉拉的兄长佩塔奇尽管人人都知道他不学无术，但被作为外交官派驻西班牙。父亲佩塔奇博士尽管并没有什么战功，却致信墨索里尼要求授予他特等功勋——"法西斯和国家功勋。"1942 年正当北非战役吃紧、意大利国库空虚、民不聊生之际，佩塔奇家族参与巨额倒卖黄金案，案发后警方仅一次就没收黄金 18 公斤。墨索里尼既难堪又愤怒，下令严厉查办。克拉拉跑去大吵大闹，最后与佩塔奇家族无关的人受到处罚。

1945 年 4 月，法西斯轴心国败局已定，墨索里尼决定逃往国外，试图摆脱即将面临的末日审判，他带上了克拉拉，指望余生仍和这个使他声名狼藉的女人在一起，但终究未能逃过历史的公正判决，克拉拉与墨索里尼一同被处死。

米兰魂西归

1942 年 11 月 8 日，英美盟军 11 万在北非的卡萨布兰卡、奥兰和阿尔及尔登陆。墨索里尼被这意外的消息惊呆了，他面色苍白，很长时间说不出话来。法国维希政府在当地的 20 万驻军纷纷倒戈。英美联军由西向东，直指突尼斯，与自东向西的英军遥相呼应。1943 年初蒙哥马利指挥的英军也逼近突尼斯，被压缩在突尼斯北部的德意军队处在东西夹击之下。3 月下旬，总数约 60 万的两路盟军会师，被围在比塞达的 25 万德意军队（德军占半数以上）前临大海，后有追兵，弹尽粮绝，

5月13日全部自降。7月10日,盟军乘胜追击,在与意大利本土隔海仅3公里的战略要冲西西里岛登陆,十多万意军被杀被俘。意大利本土面临被征服的危险。国内反墨索里尼、主张向英美投降的反对派加紧了活动,这个圈子以国王埃曼努尔为核心,包括墨索里尼的女婿、爱达的丈夫齐亚诺。

1943年7月23日深夜,罗马威尼斯宫的鹦鹉厅里,墨索里尼一手扶植的大枢密院正在开会。格兰迪将军建议就墨索里尼是否应该下台进行表决。投票结果很快出来了:19票赞成,8票反对,1票弃权。其中19票赞成票中就有齐亚诺一票。墨索里尼艰难地站起来,没有说一句话,迈着沉重的步子,跟跟跄跄地离开了会场。大厅里鸦雀无声,大家默默地目视着那位独裁者走出去。

第二天上午,墨索里尼正强打精神接见日本大使,突然接到下午5点埃曼努尔国王将在萨伏依别墅接见他的通知。拉凯莱夫人劝他别去,但他坚持必须向国王表明:意大利与德国订有条约,还得提醒国王他本人也签了字的。不能罢手背约,一定要打下去,而且要惩办那些叛徒。

下午,墨索里尼如约来到国王别墅,国王神经紧张。墨索里尼向国王报告了大枢密院里发生的事情,并不以为然地说这事无关紧要,也没有法律效力。墨索里尼还请求国王同意他更换几位不听话的大臣。国王严肃地说:"大枢密院是国家机构,是你亲手创建的,它的构成经过议会两院批准,所以大枢密院最微小的决定都具有最重要的意义。"墨索里尼一言不发。国王接着说:"我亲爱的领袖,不行了,形势万分严重,意大利已在毁灭之中,军队完全失去了斗志。……对意大利的事情你不要再抱什么幻想,目前你是全国最不受欢迎的人。我是你剩下的唯一朋友,不过,你不必为你的人身安全担心,我会保护你的。"国王直截了当地告诉墨索里尼,他的职务已由巴多格里奥接替,巴多格里奥已经得到军队和警察的支持。墨索里尼这才明白,这场起自后院的烈火是早有预谋的。他感到一阵晕眩,嘴里勉强说着:"如果陛下说得对,我就该提出辞职。"国王说:"很好,我无条件地接受你辞去政府首脑的职务。"

墨索里尼走出国王别墅,向自己的汽车走去,脑子里好像一片空白。一个宪兵队长走到他面前,敬了一个礼,说:

"领袖,听说您遇到危险,我们特来保护您!"

"我有自己的卫队。"

"不,我是奉命来保护您的。"

"那好吧,既然是奉命,就到我车上来吧!"

"不,领袖,请跟我来。"队长指着一辆救护车说。

"荒唐透顶!我从没有乘过这种车。"

"我在执行命令!"

墨索里尼这才无可奈何,登上救护车。一开始,他还真的以为是为了保护他的安全,但后来发现自己上厕所、睡觉都有人把守,这才明白自己已沦为阶下囚了。过了两天,墨索里尼在宪兵和警察的押送下,几经周折,到达了一个荒凉的小岛。岛上只有100多个宪兵驻守,一片凄凉,上面有一个过去英国人修的别墅,如今成了墨索里尼的牢房。8月26日，墨索里尼在别墅前的平台上乘凉，见一架德国飞机正在低飞盘旋，飞行员的脸都可以看得清清楚楚。29日，墨索里尼被送回国内，安置在海拔2000多公尺的格兰萨索皇帝营，这里是墨索里尼自称的"世界最高监狱"，他被关在一个小房间，房间小得往前两步是墙壁、往后两步也是墙壁。9月8日，大山顶上的墨索里尼得知意大利已经停战，他预感到他不仅是巴多格里奥的囚徒，而且从此也是盟国的战犯。9月10日和11日，他分别从阿尔及尔电台和柏林电台得知，盟国根据条约，要求意大利交出墨索里尼。墨索里尼绝望了，要求发还他的手枪，然而不仅手枪不发还，他的刮脸刀和小刀也被收走了。

柏林，7月25日晨，希特勒得知他的意大利盟友墨索里尼被赶下台、并被秘密关押。意大利决不能没有墨索里尼，再说早在奥地利事件中，希特勒曾发誓要不忘墨索里尼的。于是希特勒下令：必须想方设法救出墨索里尼。只许成功，不许失败！

希特勒的伞兵司令选中了党卫军成员斯科尔策尼，斯科尔策尼受令后先拜见了"元首"，然后直飞罗马。他从高价收买来的奸细口中获悉，墨索里尼已转移到一个小岛，正当斯科尔策尼的飞机在马达莱纳岛发现墨索里尼，准备营救时，墨索里尼又被转移了。几天以后，德国特务组织截获一份电报，其中一句是"格兰萨索周围的保安措施已严密布置"。斯科尔策尼小组迅速做出判断：墨索里尼关押在格兰萨索！

9月12日星期日，皇帝营三楼窗口，有一个秃子双手交叠在胸前惊奇地望着12架滑翔机准备着落，他看着穿制服的德国兵从机上跳下来，还有一个意大利军官——他是被斯科尔策尼抓来做人质的，墨索里尼赶紧向看守他的宪兵高喊："不要开枪！不要开枪！有一个意大利将军，不要紧的！"斯科尔策尼迅速冲到三楼，走到墨索里尼跟前，立正报告说："领袖，是元首派我来的，您自由了。"墨索里尼张开双臂拥抱斯科尔策尼："我知道我的朋友阿道夫·希特勒是不会抛弃我的。"意大利投降后，希特勒立即派兵占领了意大利北部，墨索里尼被救出后不久，希特勒不顾墨索里尼想从政界引退的申请，强令他在意大利北部重新掌权，墨索里尼只得再次粉墨登场，在意大利北部草草组建了"意大利社会共和国"。

墨索里尼又苟延残喘了一年多，由于盟国将重点从地中海转向西欧，意大利战场直到1945年1月才开始大反攻。此时希特勒的阿登反击也失败了。墨索里尼彻底绝望，而且几乎精神失常了。1945年4月25日傍晚，墨索里尼仓皇带领少数死党从米兰逃往科摩湖，企图从这里去瑞士过流亡生活。26日墨索里尼的车队到达边境城市东戈附近，这个城市已经被意大利游击队控制。

在一个村口，游击队员发现了一支有德意军人在内的车队，于是鸣枪命令车队停住、接受检查。随即一支由8人组成的游击队巡逻队走了过去，为首的青年名叫贝利尼。贝利尼命令车队停止前进、立即投降。车队为首的一名德国军官用流利的意大利语自我介绍，并解释他们奉命回德国本土作战，他们无意与意大利人作战。贝利尼和他的同伴们商量后，在敌我力量极为悬殊的情况下，当即决定：德国人可以放行，但必须接受下一站的检查，意大利人必须留下归游击队处理。

这时墨索里尼正躲在一辆卡车的驾驶室里,用毛毯裹着肩膀,一听说要交游击队处理,急忙竖起军大衣的领子并压低头上的钢盔,故意使人看不见他的脸。一名叫拉扎罗的游击队员走过来,看见此人形迹可疑,很像墨索里尼。他走上卡车,拍拍蜷缩在一起的人的肩膀,"同志",没反应。拉扎罗第二次拍拍他的肩膀讽刺地说:"阁下!",还是没反应。拉扎罗火了,他大声叫道:"本尼托·墨索里尼骑士!"那人这时身子不安地动了一下,拉扎罗确信他就是墨索里尼。人们听到叫嚷声也围拢过来,拉扎罗摘掉那人的头盔,取下他的墨镜,翻下他的衣领,人们很快都认出来了:这就是那位曾经令人无限崇拜、后又被严厉诅咒的法西斯领袖、秃头墨索里尼。墨索里尼又一次被监禁了。

　　这时,一位游击队员前来报告:"有一位西班牙领事要马上动身,他要立即去瑞士,因为他有一个约会,能放他走吗?"拉扎罗说:"等一等,我去检查一下","西班牙领事"操着流利的意大利语向拉扎罗居高临下地发起了牢骚。拉扎罗坚持看一下他的证件,发现证件上有一个图章是印上去的。原来车上的"西班牙领事"不是别人,正是克拉拉·佩塔奇的哥哥。克拉拉·佩塔奇也在车上,他是墨索里尼逃跑时特意带上的,车上还有克拉拉的嫂子和两个侄儿。游击队很快扣留了佩塔奇一家,不久贝利尼就弄清了那个穿着华丽皮衣的女人便是墨索里尼臭名昭著的情妇。

　　墨索里尼被捕的消息迅速传开,不时有人前来审讯他,游击队总部为防止法西斯分子再次"营救",决定就地正法。墨索里尼请求给予克拉拉特别照顾,但人们早已恨透法西斯和臭名远扬的佩塔奇家族,而克拉拉就是万恶之源,游击队决定将她与墨索里尼一同处死。4月28日墨索里尼与克拉拉被带到一所别墅的篱笆旁边,叭叭两声枪响,两人同时倒地。晚上,俩人的尸体和其他同时被处决的15名死党像死猪一样被装上卡车,运到米兰。

　　4月29日,米兰洛雷托广场,早起的人们发现广场的路灯杆上吊着一排尸体,消息迅速传开,许多人蜂拥着去观看墨索里尼及其情妇的末日形象,人们边看边骂。

　　墨索里尼在米兰曝尸数日。米兰是他发家的起点,洛雷托广场曾经无数次成为墨索里尼威风凛凛的演讲台,意大利人民曾经给予他无限希望,但他丧心病狂、不自量力、疯狂扩张,把意大利人民紧紧绑在德国纳粹的战车上,意大利被推到万劫不复的深渊。上百万的意大利儿女徒劳地变成了炮灰。如今正义终于战胜了邪恶,墨索里尼受到了人民的审判! 墨索里尼被人民处决并曝尸米兰的消息震惊了柏林地下室的另一名法西斯头子,希特勒决定与情妇一起自杀,并下令焚尸灭迹。

　　5月1日,墨索里尼与情妇克拉拉被合葬在米兰玛基欧尔公墓的贫民墓地。坟墓上只有简单的编号384。不过,一年之后,一些法西斯分子盗走了墨索里尼的尸体,意大利政府好不容易将其寻回。接下来,为了防止盗尸再次发生,墨索里尼的尸体一次次被移来移去,直到1957年,应墨索里尼的遗孀请求,他的尸体终于被运到他的出生地普雷达皮奥的圣卡西亚诺墓地下葬。

叱咤风云的巴勒斯坦国总统

——阿拉法特

人物档案

简　历：巴勒斯坦民族解放阵线主席，巴勒斯坦争取民族权利的斗士。1948年阿拉法特参加第一次阿以战争。1950年进入开罗大学土木工程系学习，并当选为巴勒斯坦学生联合会主席；开罗大学毕业后，进入埃及军事学院学习。1956年在埃及参加第二次阿以战争。1957年到科威特公共工程部任工程师。1958年参与秘密筹建巴勒斯坦民族解放运动组织"法塔赫"及其军事组织"暴风"突击队。1969年2月当选为巴勒斯坦解放组织执委会主席。1971年兼任巴勒斯坦革命武装力量总司令。1987年4月再次当选巴解执委会主席。1989年4月在巴解组织中央委员会会议上当选为巴勒斯坦国总统，1991年9月蝉联总统。1994年5月被任命为巴自治领导机构主席。1996年4月再次当选巴解组织执委会主席。2004年11月11日在法国巴黎逝世。

生卒年月：1929年8月4日~2004年11月11日。

安葬之地：拉姆安拉官邸。

性格特征：坚强、不屈不挠。

历史功过：创建巴勒斯坦民族权力机构，对内不搞"窝里斗"，对外主张"和为贵"。

名家点评：原中国国家主席胡锦涛评价说："阿拉法特主席是巴勒斯坦事业的卓越领导人，是杰出的政治家，毕生致力于争取恢复巴人民合法民族权利的正义事业，深受巴人民尊敬与拥戴，在国际社会也享有很高的声望。阿拉法特主席是中巴关系的奠基人和积极推动者，为巩固与发展两国和两国人民之间的友谊做出了突出贡献。"

伶俐的武器贩卖者

阿拉法特1929年8月2日出生于埃及开罗，他的童年是不幸的。4岁时，母亲因病去世。父亲便把他兄弟俩送到叔叔萨利姆家。萨利姆是地地道道的一贫如洗。尽管叔叔和婶婶倾其所有抚养这两个孩子，他们仍是饥一餐饱一顿的。

阿拉法特不喜欢在学校学习，经常逃课。经常有人打电话给姐姐，要她把他送到学校里去。但是伊娜姆刚把阿拉法特送到学校，他又偷偷地逃走了。

少年时期的阿拉法特就对政治产生了浓厚的兴趣。他一方面积极参加各种游行示威活动，另一方面试图到政府部门去看一看政治是怎么运作的。

阿拉法特在十三四岁时，到埃及议会当了一名服务员。这个职务最大的好处是能自由地出入要人们的聚会场所，听到和看到埃及上流社会的政治倾轧和斗争。这使他初步接触到了政治的严酷性。后来，阿拉法特又在不同的政府机关充当服务员。

随着年龄的增长，阿拉法特开始从事真正的政治活动。当时在巴勒斯坦出现了反抗英国人和犹太人的武装斗争。武器是武装斗争所急需的，在埃及开罗就有许多人向巴勒斯坦的地下组织偷运武器。阿拉法特虽然年仅17岁，已成为武器运送最关键的人物。开始，阿拉法特是搜集有关武器供应商的情报，了解他们能供应武器的数量和种类。后来，他直接参与武器交易。由于他的阿拉伯语带有开罗口音，武器供应商们均把他当成了埃及人，不敢任意提高价格。

由于埃及的控制，购买武器变成了危险的事情，阿拉法特提出要在沙漠部落中寻购武器。但是携带大量的金钱要冒被土匪抢劫或杀害的危险。阿拉法特自愿承担了这项危险的任务，成为一名真正的军火商人。为巴勒斯坦地下组织购买军火的壮举，使他成为人们心中的英雄。

1950年，21岁的阿拉法特重新进入福阿德大学学习。

1954年，阿拉法特第一次宣布要建立独立的巴勒斯坦国。1956年7月，阿拉法特大学毕业，成了工程师。大学毕业后，阿拉法特依然关注着巴勒斯坦的局势。当纳赛尔宣布使苏伊士运河国有化时，阿拉法特感到时机已经到来，马上志愿到埃及军队服役，并被授予少尉军衔。

退役以后，阿拉法特在1957年到达了科威特。旋即在英国和当地政府合资的一家建筑公司任职，并分配到了一间平房，此后，阿拉法特每天到建筑工地当工程监理。这项工作虽然艰苦，但是工资高，当时阿拉法特的年薪为3万美元。后来因为发现有大量的石油，科威特变成了一个巨大的建筑工地。阿拉法特决定不再为别人打工，他要建立自己的公司。不久，阿拉法特成立了一家建筑公司，时间不长他就成了百万富翁。他有一辆雷诺放在黎巴嫩，一辆福特在大马士革，还有一辆雪佛兰放在科威特。

作为百万富翁的阿拉法特总是不能忘记巴勒斯坦，他决定成立一个以武装收复巴勒斯坦为目标的地下武装组织。这个武装组织是完全不受任何国家控制的。

阿拉法特变卖了资产，投入到了武装斗争的生涯。

成立秘密组织

1957年10月，阿拉法特建立了第一个地下秘密小组，共5个成员。但是还不到24个小时，便有人宣布退出。最后，只剩下阿拉法特和另外一个朋友。

面对逆境，阿拉法特没有气馁。他知道必须开展卓有成效的宣传活动，才能发动人民参加战斗。他们决定创办一份定期的杂志，经过反复思考，阿拉法特将这份刊物定名为《我们的巴勒斯坦：生命的号角》。

随着杂志的不断出版发行，加入的成员越来越多，再也不是惨淡经营的时候了。

《我们的巴勒斯坦：生命的号角》共出版了40期。到最后一期出版时，越来越多的人同阿拉法特联系，希望能加入他的武装斗争的行列中。法塔赫是阿拉法特定的一个组织名称。阿拉法特又一次抓住了机会。

在正式成立这个组织之前，阿拉法特希望他应该是政策的最后决定者，因为是他和阿布·杰哈德发起并推动这个运动，他不仅在同级人员中是首席代表，而且是他们的领袖。但是为了动员更广泛的社会力量，必须要有其他有影响力的人物参加，于是阿拉法特实际上被降级了。从日后的运作情况看，权力主要集中在阿拉法特和哈拉德·哈桑两人身上。哈拉德·哈桑千方百计制约阿拉法特的权力扩张，防止他成为独裁者。

法塔赫奠定了巴勒斯坦解放事业的坚实基础。阿拉法特为了争取他做出最后决定的权力，奋斗了许多年，最后才成为法塔赫至高无上的领导人。

1964年5月28日，400多名巴勒斯坦和阿拉伯国家的代表，在耶路撒冷举行巴勒斯坦人国民大会，决定成立巴勒斯坦解放组织（简称巴解组织），这给中央委员会中以哈拉德·哈桑为代表的稳步开展斗争的路线派以沉重打击，阿拉法特武装斗争的方针，得到了委员会的认可。阿拉法特掀起了波澜壮阔的武装斗争。

阿拉法特必须寻找一个得力的助手，担任参谋长和军事行动的协调者。这个职务最适合的人选是老朋友阿布·杰哈德。可是阿布·杰哈德脱不开身。后来阿布·杰哈德推荐了新婚的妻子英蒂沙来担任参谋长。这位女参谋长对阿拉法特事业的帮助特别大。

第一次中东战争

1948年4月的一天，阿拉法特与一名同学及一名埃及少校动身去巴勒斯坦。然后，他们三人又分头行动。1948年5月15日凌晨，阿盟五个成员国分别向以色列开战,打响了第一次中东战争,也被称为巴勒斯坦战争。阿拉法特英勇地投入到了战斗之中,他用迫击炮击毁了以色列的一辆坦克。因在战斗中机动灵活,战功卓著,阿拉法特引起对方的重视,把他列为重点搜捕对象之一。看来,阿拉法特传奇的人生在第一次中东战争中就已初见端倪。

阿拉法特曾经直言不讳地谈到他对第一次中东战争的看法,他说:"我不能忘记,当阿拉伯军队开进巴勒斯坦时,我在加沙地带。一位埃及军官来到我们分队,命令我们放下武器。开始我不相信我的耳朵。我们问:'为什么?'这个军官说,这是阿拉伯联盟的命令。我们抗议,可是没有用。军官给了我一张收到我的来福枪的收据。他告诉我,我可以在战争结束后取回。这时我明白了我们被这些阿拉伯国家出卖了。我自己被他们的背叛深深触痛了。"

第二次中东战争

1956 年,阿拉法特参加了苏伊士运河战争。纳赛尔是这场战争埃及方面的统帅和英雄,阿拉法特也在这场战争中受到洗礼。1956 年 7 月,阿拉法特完成了在开罗大学的学业,成为一名工程师。当纳赛尔发出全民总动员后,他立即主动报名,自愿到埃及部队服役。埃及方面授予他少尉军衔,由他带领一批工兵前往塞得港地区,负责清理未爆炸的炸弹。阿拉法特进入战区后,面临着生死的考验。他早已把生死置之度外。每天,他都冒着敌人的炮火进入阵地进行作业。他面临的是双重危险,一是来自敌方的危险;二是来自处理未爆炸弹和地雷的危险。胆大心细的阿拉法特凭借自己的经验和胆识,出色地完成了任务。

苏伊士运河战争结束后,阿拉法特回到开罗。埃及军方有关负责人对他说,他是一名处理炸弹的专家,有很高的技术水平,如果愿意留在埃及军队工作,可以得到提升,从事教官训练工作。阿拉法特拒绝了这项工作,他说:"我告诉他们,我已另有工作。我知道,假如我留在部队,我就必须遵守各种规章制度,我就不能自由地开展组织工作。"于是,他毅然离开埃及,到科威特创建巴解组织。

第三次中东战争

1967 年,阿拉法特参加了第三次中东战争。因战争于 6 月 5 日打响,所以又称"六·五战争"。在"六·五战争"过程中,阿拉法特领导"法塔赫"所属的"暴风部队"在以色列占领区作战。他与"法塔赫"代理司令乘车前往戈兰高地作战前线侦察敌情,协同叙利亚军队进行战斗。法塔赫的战士们作战勇敢,在阵地上与以军展开激战。与此同时,他们还派出一些战斗小组,携带迫击炮等武器,到敌人后方作战。阿布·杰哈德说,以色列司令承认,以色列推迟了进攻时间,因为他们的部队遭到了来自背后的打击。在以色列军队腹背进行作战的正是巴勒斯坦"法塔赫"

这些年轻的战士。

第三次中东战争结束后，阿拉法特仍然留在巴勒斯坦，在以色列占领区生活战斗了四个多月。他经常生活在巴勒斯坦农民中间，效仿当地的农民戴方格头巾。他对这种头巾有专门的解释。他说，黑白方格代表巴勒斯坦农民；红白方格代表沙漠中的贝都因人；方格中的白色代表城市中的居民。自那时起，他一直戴这种头巾，借以显示他的独特风格，也表达他对巴勒斯坦人民的真挚感情。

第四次中东战争

第三次中东战争后，中东处于"不战不和"的局面。1973年10月6日，第四次中东战争爆发，战争爆发日为犹太教赎罪日，战争期间又值伊斯兰的斋月，故又称"赎罪日战争"或"斋月战争"。阿拉法特对"不战不和"的局面感到焦虑，对被驱逐出约旦感到恼恨，对巴勒斯坦有些激进组织搞暗杀、绑架、劫持飞机等行为感到不妥但又无法控制。在战前召开的协调会上，阿拉法特承担的任务是指挥一支巴勒斯坦武装力量，穿插到以色列占领区，在敌后形成第二战场。战斗打响后，巴勒斯坦游击队员们大显身手，四处出击。巴勒斯坦这支特别纵队在以军腹部神出鬼没，使以军惶惶不可终日，感到非常头痛。就这样，阿拉法特指挥的巴解游击队严重威胁到以军的后方，对以军的行动形成很大牵制，使以军首尾难以兼顾，从而有力地配合了埃及和叙利亚前线的战斗。四次中东战争未能解决巴勒斯坦问题，阿拉法特仍在斗争，他的生命安全不断受到威胁，几经死里逃生。

参战九死一生

在争取巴勒斯坦建国的历程中，被以色列视为"眼中钉肉中刺"，乃至"恐怖分子"的阿拉法特可谓九死一生：

1969年初，一名以色列"摩萨德"安插的巴勒斯坦内奸混进阿拉法特的办公处，偷偷地把窃听器和波型脉冲雷达发射器安装在阿拉法特的专车车底下，企图以此为以色列战斗轰炸机指引目标。但阿拉法特及时发现了这个装置。

1969年年中，在约旦"法赫德"游击队营地里，阿拉法特对刚刚寄到他办公室的一个邮包产生了怀疑，当阿拉法特的卫兵刚把邮包带到办公室外，邮包炸得粉碎。

1971年，阿拉法特的专车在叙以边境附近遭伏击，阿拉法特的司机中弹身亡，但阿拉法特安然无恙。

1973年，一架利比亚客机被以色列击落，机上的100多名乘客和机组成员悉数遇难，而原计划搭乘该航班的阿拉法特因临时决定改乘其他航班而逃过一劫。

1982年，时任以色列国防部长的沙龙亲率大军侵入黎巴嫩，把设在贝鲁特西区的巴解总部团团围住,将阿拉法特等巴解最高领导人困在其中狂轰滥炸两个半月,但阿拉法特却毫发未损。这期间,最惊险的一次据说是一名以军的狙击手已经瞄准了阿拉法特,但鬼使神差一般,有一颗冷酷之心的狙击手在扣动扳机前犹豫了一下,就这么一秒钟的功夫,他永远失去了打中阿拉法特的机会。

1985年10月1日,以色列空军突袭位于突尼斯城南郊的巴解总部,一举将巴解总部夷为平地,伤亡数十人。可阿拉法特当天因迟到15分钟而再次逃过这一浩劫。

此外,阿拉法特还屡因意外与死神照面:1969年1月,阿拉法特驱车从安曼赶往巴格达途中,因其座车车速过快而在超车时撞上一辆载重车的集装箱,阿拉法特座车车顶撕裂,而浑身全是血的阿拉法特居然没有大碍。

1992年4月7日晚,阿拉法特乘坐的阿尔及利亚民航的"安—26"飞往利比亚萨拉地区视察巴勒斯坦游击队营地途中遭遇到一场特大沙暴,结果阿拉法特的专机与地面无线电联络中断,连机带人失踪。这一消息举世震惊,可阿拉法特居然再次在机身断成三截的情况下死里逃生。

出席联合国大会

1974年11月13日,阿拉法特踏上了联合国大会的讲坛,让整个国际社会选择"橄榄枝还是自由战士的枪"。抛开这惊世宣言不说,仅仅是这名巴勒斯坦领袖在联合国的出现已经是巴勒斯坦民族历史上的一个分水岭。

和平曾在咫尺之遥

以色列总理拉宾和巴解组织主席在白宫的草坪上,在欢呼的人群前把手握在了一起。这次握手是两个曾经的死敌在公众面前的第一次握手,也标志阿以和平宣言的签署,即奥斯陆协议。在协议里,以色列同意在1994年4月之前从加沙地带和西岸撤军。当地会进行投票以选出巴勒斯坦自治政府。

在白宫前克林顿总统把两位领导人介绍给了被邀请的客人们,站在克林顿旁边的是前总统吉米·卡特和老布什,他们两个人都曾在执政期间为了和平的实现而奔走斡旋过。

克林顿说,"勇者的和平只在咫尺之遥。整个中东都期待着能够过上平静的生活。但是我们知道这条道路有多么艰难,每个和平都有它自己的敌人。"

拉宾在对来宾的讲话中说,"我们曾经和你们巴勒斯坦人浴血奋战过,今天在这里,我要大声宣布,我们已经流了足够的血和泪,足够了。"

阿拉法特也说,"今天我们在这里达成的协议是一个需要用巨大的勇气去达成的协议。"这次在白宫的握手看似带来了和平的希望,但是阿拉法特却因此遭到了巴解组织的强烈谴责。

而这次历史性握手的两年以后,拉宾被犹太极右派分子暗杀了。巴以和平也因此再起风波。

爱情故事

阿拉法特,几乎是镇静与勇敢的代名词,他的勇气来自对巴勒斯坦的爱。阿拉法特是当今世界上唯一没有国土的国家元首,1929年出生在耶路撒冷—逊尼派穆斯林家庭。阿拉法特这个名字就来源自耶路撒冷老城附近的一座山峰,意为"神与吉祥"的意思。

阿拉法特是一位不苟言笑的人,黑白相间的阿拉伯方格头巾,墨绿色的军便装,加上九死一生的经历,阿拉法特给人一种威武傲岸的印象。其实,阿拉法特也表示向往美好的婚姻。实际上,阿拉法特早年有两次不成功的恋爱:第一次是在埃及开罗大学读书期间,阿拉法特就曾经有过一个恋人。他甚至向女孩的父母求婚,但却被女孩的父母拒绝了;第二次恋情是在约旦。阿拉法特在约旦与一个黑发黑眼睛的女孩不期而遇,一见钟情,一段时期内两人来往频繁。但由于他当时正全身心地投入对抗以色列的斗争,没有时间花前月下卿卿我我,怕耽误了女孩的青春,就主动地终止了来往。后来这个女孩远嫁英国,做了他人妻。

苏哈·塔维尔

1989年阿拉法特访问法国时,偶然遇到一位苗条漂亮的金发女郎,这位女士叫苏哈·塔维尔。那年阿拉法特60岁,苏哈的美貌与才华吸引了阿拉法特。阿拉法特了解到,苏哈一家都信奉基督教,但是苏哈热爱巴勒斯坦事业。他们冲破宗教隔阂于1991年10月在突尼斯秘密结婚,那年阿拉法特62岁,苏哈28岁。在阿拉法特看来,爱情和自由战士形象是自相矛盾的。他以及他的同僚都用"没有时间"来避开爱情这个话题。有三个女人走进过他的情感世界。在与他相差34岁的金发女郎苏哈相遇后,终身不娶的誓言终于……初次成为新郎的阿拉法特已经62岁。

婚后这对老夫少妻不可能像普通人一样新婚宴尔度蜜月,更不可能出双入对,苏哈连参加公开活动的机会都不多。阿拉法特几乎没有时间和她一起过假日,她几乎成了一个摆设。苏哈不止一次地抱怨说,她没有私生活。也许只有嫁给阿拉法特的人才知道这种婚姻的苦楚。婚后聚少离多,苏哈每天都在为阿拉法特的安全担心。阿拉法特浪迹天涯,行踪不定,为了保密、防止遭人暗算,他很少与苏哈联系。苏哈说:"我珍惜我们的婚姻,就像我与阿拉法特钟情于巴勒斯坦事业一样。"这就是性情中人阿拉法特在危情中的爱情。

娜达·亚斯鲁

与前两次恋爱比起来,他与娜达·亚斯鲁之间的爱情故事可谓刻骨铭心。娜达·亚斯鲁是一个家庭富足的阿拉伯女性,思想开明,以第一名的成绩毕业于贝鲁特的一所大学,后来嫁给"法塔赫"的一位领导人。1971年,当阿拉法特与娜达·亚斯鲁在贝鲁特相遇时,她的丈夫已经在一次工程意外事故中丧生。

这位30多岁风韵超群活力十足的女性深深吸引了阿拉法特,两人很快就堕入了爱河不能自拔。1975年,黎巴嫩内战爆发,由于娜达和交战的双方都有深厚的友谊,她承担起了斡旋的重任,为双方平息战争而奔波操劳。有一天夜里,她刚参加完一次会议,从位于贝鲁特的总统府返回住处时被人暗杀。阿拉法特得知消息后痛不欲生。

伊沙贝尔·皮萨诺

20世纪80年代初,阿拉法特与西班牙著名记者伊沙贝尔·皮萨诺相遇相识,从而再次尝到了爱情的甘甜。伊沙贝尔·皮萨诺是一个事业心极强的新闻从业者。1977年7月丈夫去世后,她就一心一意地投入到新闻采访工作当中,先后采访过古巴领导人卡斯特罗、伊拉克总统萨达姆·侯赛因等人,在新闻界小有名气。

皮萨诺几经周折到突尼斯见到了阿拉法特。她赶到阿拉法特住所的时候已经到了吃午饭的时间,阿拉法特邀她共进午餐。采访前她认真准备了40个问题,但阿拉法特根本用不着她提问,不论是国际形势、以巴冲突还是个人嗜好,都滔滔不绝,令她大感意外。此后,皮萨诺和阿拉法特陷入了爱海之中。然而,尽管他们相爱,但因为两人都是事业心极强的人,所以这段跨国情缘最终没有结果。

死因之谜

2012年7月,洛桑大学辐射物理研究所发布最新报告指出,巴勒斯坦已故领导人阿拉法特是钋中毒而死的,该研究所对阿拉法特遗孀苏哈提供的阿拉法特个人用品进行了检测,发现上面含有大量的钋。该研究所主任弗朗索瓦·博查德指出:"我可以证实,我们在沾有阿拉法特体液的衣物上发现了无法解释的大量钋-210。"研究所在阿拉法特穿过内衣上发现的钋-210含量足以杀死20人。巴勒斯坦消息人士2012年11月12日指出,巴勒斯坦方面开始为挖开阿拉法特墓做准备工作,为即将进行的开棺验尸做准备。巴方与瑞士和法国代表团以及俄罗斯专家进行协调,届时他们将前来进行开棺取样。

放射性遗物

2012年7月3日,媒体披露阿拉法特生前衣物被发现含有高剂量放射性物质钋,由此引发阿拉法特可能是中毒身亡的猜测。巴方随后同意为阿拉法特开棺验尸以查明其真正死因。

位于瑞士洛桑的放射物研究所发言人透露,他们的研究人员在阿拉法特的遗物中发现了钋-210,而且放射线水平"出奇地"高。但他强调,阿拉法特的医疗报告中并没有出现过钋-210的相关内容,因此,还不能就阿拉法特是否被毒死下结论。

瑞士这家研究机构是在对阿拉法特的私人物品进行检测后发现放射性元素钋的,这些物品是阿拉法特的遗孀交给他们的。研究人员在阿拉法特的衣服、牙刷和阿拉伯头巾上发现了超出常规水平的钋元素,这是一种非常罕见的放射性元素。2006年,俄罗斯前特工利特维年科就死于钋元素中毒。瑞士研究所所长弗朗索瓦博许德说:"我可以向你肯定,我们在带有阿拉法特体液的物品中发现了来源不明的钋-210元素。"博许德还表示,唯一能证实这些放射性元素来源的方法是对阿拉法特的尸体进行钋-210检测。他还告诉半岛电视台:"我们必须尽快进行检测,因为钋元素在不断衰变,如果我们等待太久,可能存在的证据将消失殆尽。"

阿拉法特的遗孀苏哈指出,她将要求开棺验尸。她说:"我们必须深入探查,将阿拉法特的遗体挖掘出来,向整个阿拉伯世界公布真相。"

有专家对阿拉法特的病历进行深入分析后指出,阿拉法特在前往贝尔西军医院前,就已经患上了"弥散性血管内凝血症",一种严重的出血紊乱病症。拉姆安拉的医生指出他只是得了普通的流感,直到病发15天后,才开始给他注射抗生素,那时距离阿拉法特转往贝尔西军医院只有2天。专家指出,阿翁接受抗生素治疗太晚了,没能抑制细菌在体内迅速繁殖,导致大出血,而大出血引发的中风最终夺去了他的生命。

在阿拉法特是如何被感染以及受到何种细菌感染等问题上,专家也不能得出确切结论。苏哈事后反对尸体解剖,医生们也无能为力。阿拉法特的私人医生库尔迪曾多次表示,阿拉法特是被以色列人毒死的。这种说法也得到了巴勒斯坦多名高级官员的认同。但贝尔西军医院的病历报告明确排除了阿翁中毒身亡的可能性。法国医生曾将阿拉法特的活体组织标本送往3家毒物实验室进行分析,但没有发现任何毒物。而且,阿拉法特的肾脏和肝脏没有出现大面积损害,而这两个脏器是最有可能受到有毒物质侵袭的器官。

2012年8月阿拉法特遗孀苏哈·阿拉法特和女儿扎赫娃向楠泰尔地方法院递交的诉状,要求进一步检验阿拉法特的遗体。巴勒斯坦民族权力机构同意为阿拉法特开棺验尸。

死因查明系中毒身亡

阿拉法特死因调查委员会12日在约旦河西岸城市拉姆安拉举行的新闻发布会上宣布,根据现有材料和阿拉法特生前临床症状可以推断他是中毒身亡。

具体毒药尚未确认

阿拉法特死因调查委员会医学组负责人、巴民族权力机构主席阿巴斯的约旦私人医生阿卜杜拉·巴希尔当天在新闻发布会上说,根据法国贝尔西军医院提供的医学报告和阿拉法特生前临床症状推断,其并非死于某种疾病或自然死亡,而是中毒身亡。

巴希尔说:"但由于当时未对阿拉法特进行尸检,目前暂时无法确认是哪种毒药导致其身亡。"他表示,由于缺乏对钋中毒案例和临床症状的研究,日前卡塔尔半岛电视台披露的阿拉法特遗物含大量钋元素无法成为其死于钋中毒的决定性证据。

慎重处理开棺验尸

当被问及将在何时对阿拉法特进行开棺验尸时,巴希尔指出,考虑到阿拉法特在世界范围内的声望,巴民族权力机构将慎重处理对其开棺验尸一事,"我们还需要进行司法和宗教上的程序"。

2012 年 9 月 22 日,巴勒斯坦阿拉法特死因调查委员会医学组负责人阿卜杜拉·巴希尔指出,来自法国与瑞士的调查小组将于 2012 年 11 月底抵达约旦河西岸城市拉姆安拉,为巴前领导人阿拉法特开棺验尸。应巴民族权力机构的请求,法国检察机关和瑞士放射物理学研究所将各派遣一支调查小组,于 11 月底抵达阿拉法特墓所在地拉姆安拉,通过共同合作的方式为阿拉法特开棺验尸,以查明其真正死因。

2012 年 11 月 12 日巴勒斯坦消息人士指出,巴勒斯坦方面已开始为挖开阿拉法特墓做准备工作,为即将进行的开棺验尸做准备,阿拉法特墓前的一条街道被封,墓地院子的正门被幕布围起,无法看到院内的情况。挖掘工作预计于 15 日开始,因为阿拉法特棺木深埋于地下,无法使用重型机械,使用人力挖出棺木需要一定时间。巴方已与瑞士和法国代表团以及俄罗斯专家进行协调,届时他们将前来进行开棺取样。

开棺现场戒备森严

2012 年 11 月 27 日凌晨 4 时,巴勒斯坦前领导人阿拉法特灵柩已经打开,专家正取出阿拉法特遗骨,并提取样品以备调查死因。

墓地四周到处停着安全人员的车辆,戒备极为森严。一周以来,巴官方封锁了阿拉法特墓地附近的道路,并把墓地前门和墓地内的纪念堂以及清真寺都用幕布围了起来。

凌晨 5 时多,拉姆安拉当地刚刚结束了穆斯林的晨礼,三辆满载巴民族权力机构主席府卫兵的吉普车就抵达了主席府的停车场。卫兵们身着佩有绸带的军装,提着卡拉什尼科夫冲锋枪,列队整齐地通过主席府侧门进入阿拉法特墓地。估计他们要为打开阿拉法特灵柩举行简单的军礼仪式。

不久,卫兵们退了出来,重新回到车上。此时阿拉法特灵柩大概已经打开,开始提取阿拉法特遗体样品工作。墓地没有什么动静,只有安全人员时不时打开幕布探出头来,观望四周的情况。

过了大约 1 个小时,卫兵们又匆匆跳下汽车,小跑进入阿拉法特墓地。据巴勒斯坦消息人士透露,由于阿拉法特的遗体只剩下骨头,所以没有将灵柩取出,而是在原地提取尸骨样品后将遗体重新掩埋。之前计划的军事葬礼也取消,这些卫兵为重新安葬阿拉法特遗体举行简单的葬礼。

又过了约半小时,从墓地走出一些穿白大褂的巴勒斯坦医务人员,以及为阿拉法特举行葬礼做祈祷的宗教人士。整个过程中,记者都没有看见外国专家的身影。但就在葬礼结束前,记者注意到阿拉法特墓后面的路上,有几辆闪着警灯的警用摩托车护送一辆小巴经过,估计是专家携带着遗体样品从墓地后门离开。

英医学杂志支持中毒说

2013 年 10 月 13 日,英国世界权威医学杂志《柳叶刀》支持巴勒斯坦民族权力机构已故主席阿拉法特系死于钋中毒的说法。英国知名医学杂志《柳叶刀》刊登了瑞士科学家的有关调查报告,证实阿拉法特系放射性元素钋 210 中毒死亡。13日,巴勒斯坦官员向记者否认关于阿拉法特死于中毒的说法,称巴尚未接到正式的尸检结果。

《柳叶刀》为世界上最悠久及最受重视的同行评审性质的医学期刊,《柳叶刀》始终在一些重大的医学议题上以直言敢说闻名。

阿拉法特尸检报告排除钋中毒可能性

瑞士和俄罗斯研究人员关于巴前领导人阿拉法特的尸检报告排除了阿拉法特死于放射性物质钋中毒的可能性。

官方回应证实阿拉法特为非自然死亡

2013年11月8日,巴勒斯坦官方证实,前领导人阿拉法特为"非自然死亡"。此前据俄新网消息,路透社周三援引收到尸检结果的巴勒斯坦前领导人遗孀的话称,专家有关亚西尔·阿拉法特2004年的死因报告证实对其死于钋中毒的怀疑。

制造阿拉伯神话的沙漠枭雄

——萨达姆

人物档案

简　　历：全名萨达姆·侯赛因·阿卜杜勒-马吉德·提克里提，出生于伊拉克萨拉赫丁省，伊拉克政治家、军人，伊拉克前总统。1957 年加入阿拉伯复兴社会党，1962 年参加复兴党开罗支部领导工作，1969 年 11 月担任革命指挥委员会副主席，1973 年晋升为中将，1976 年 1 月晋升为上将，1979 年 7 月 16 日任复兴党地区领导机构总书记、革命指挥委员会主席、共和国总统和武装部队总司令。担任伊拉克总统期间，大量引进外国先进技术，实行以石油工业为中心的"高速全面发展"的经济方针，全面实行免费医疗和国民义务教育制度，主张阿拉伯统一，发动了"两伊战争"。2003 年伊拉克战争中，萨达姆在逃亡 8 个月后被美军抓获，经伊拉克法庭审判，于 2006 年 11 月 5 日被判处绞刑，并于 2006 年 12 月 30 日被处决。

生卒年月：1937 年 4 月 28 日～2006 年 12 月 30 日。

安葬之地：提克里特奥贾村。

性格特征：暴戾、冷峻，狂妄而坚毅、勇敢。

历史功过：参与对政府最高官的暗杀，发动两伊（伊朗）战争与海湾战争，最后爆发伊拉克战争。

名家点评：《新民周刊》评价说："无论是当权还是失势，萨达姆·侯赛因都称不上一个政治家。他的发迹、他的思维方式、行为方式，都使其'英雄'形象毁誉参半，凭空增添了'无赖'和'暴君'的气质。"

渴望出头

1937 年 4 月 28 日，萨达姆·侯赛因生于一个名叫提克里特的小镇。父亲早在他出生之前就已死去。母亲带着他迁到沙维什村。萨达姆 10 岁前，来往于舅舅家和易卜拉欣叔叔家。萨达姆从小就养成了迫害人的心理。当时，在提克里特村，叫"萨达姆"这个名字的人并不多。"萨达姆"的阿拉伯语含义是"打架者"或"不怕危险的人"。萨达姆常常手里拿着一根铁棒，用铁棒同别人打架和驱散村里的野狗。

18 岁时，萨达姆逐渐明确了自己的奋斗方向，他要统治整个阿拉伯世界，让西方人瞧瞧，阿拉伯人也有英雄！

20 岁时，萨达姆加入阿拉伯复兴社会党。此时的萨达姆虽算不得魁梧伟岸，却也长得粗壮敦实。他性格中受压抑而形成的孤傲和狂暴成分，在政治的驱动下，更加暴戾、冷峻、狂妄和坚毅而勇强。

在萨达姆加入复兴社会党不久，卡里姆·卡塞姆将军发动军事政变推翻了费萨王朝，王室成员也被斩杀殆尽，有的甚至暴尸街头。卡塞姆对政府反对派的血腥镇压激起更激烈的反抗，流血事件不断发生。

1959 年初，一个提克里特市政府官员被杀，当局怀疑是萨达姆所为，遂将其逮捕。他被关进当时伊拉克司法系统特有的监押所。这是一种不同于正规监狱的地方，犯人们具有某种程度的行动自由。萨达姆白天和难友们聚在一起讨论各种政治问题。晚上，便偷偷溜出去从事反政府活动。萨达姆甚至说服了几个看守人员，让他们把复兴社会党员也抓进监押断，以躲避当时的逮捕。待在监押所反倒使他们如同进了避风港。不久，萨达姆被政府当局释放。

1963 年 2 月，复兴社会党谋求政权的希望终于得以实现了。复兴社会党骨干艾哈迈德·哈桑·贝克尔发动政变成功，卡塞姆被处决。但由于复兴社会党领导的软弱，执政仅 9 个月，军政大权就落在了卡塞姆的堂兄、无党派人士萨拉姆阿里夫的手中。哈桑·贝克尔被免职，复兴社会党人再次遭到镇压。这时被召回国内、在党中央农民局任职的萨达姆被迫转入地下。

萨达姆回国后的亲身经历，使他看清了当时党内存在的种种弊端。这种严酷的现实，促使萨达姆决心在伊拉克建立一个强大的、集中统一的政党。

1964 年 9 月，萨达姆在筹划另一次政变时不幸暴露被捕，他被投入塔吉监狱。他不能等死，他决心越狱。1966 年，萨达姆越狱后，成功地策划了第十装甲旅旅长支持他的革命活动。阿卜德尔·拉扎克·纳依夫为首的"青年军官集团"即将发动推翻阿里夫政权的兵变。重获自由的萨达姆迅速活动起来。

1966 年 7 月 17 日凌晨，31 岁的萨达姆身着戎装，同拉扎克·纳依夫一起指挥政变部队向总统府发起突然袭击，并很快控制了局势。政变成功后，党的元老贝克尔就任总统，复兴社会党再次掌握了政权。

登上王位

　　1979 年 7 月 17 日,萨达姆·侯赛因正式就任伊拉克共和国总统和革命指挥委员会主席。

　　阿拉伯有一句格言叫"吾家即天下"。萨达姆把这句话发挥得淋漓尽致。

　　他的第一个妻子在伊拉克的地位是一人之下万人之上。萨达姆的弟弟瓦特班的妻子是时任总统艾哈迈德·贝克尔的女儿。在萨达姆攫取政权之后,瓦特班跟妻子离了婚,再娶萨达姆妻子的妹妹为妻。就是因为这个聪明的举动,使他后来成了伊拉克的内政部长。萨达姆因非常担心家庭中出现背叛者,越来越依赖非亲属当他的政治顾问。

　　1980 年 4 月 1 日,伊拉克全国学生联合会和亚洲学生联合会共同发起召开的世界经济讨论会,在穆斯坦西里大学开幕。一个名叫萨米尔的青年向出席大会的伊拉克副总理阿章兹投掷了一枚炸弹,又向人群中投掷了一枚炸弹,当场炸死几人。事件发生时,萨达姆正在外地访问。他似乎已经闻到了战争的火药味,感到伊拉克称霸海湾的时候终于来了!

　　随着阿拉伯的霸主和盟主相继落马,萨达姆自然不会放过这个机会。他不仅要顶替埃及充当阿拉伯世界的新旗手,而且还要成为海湾的新霸主。

　　萨达姆在执政期间,大力发展军事力量。同时伊拉克军队在购置武器装备上的费用也逐年增加。到 1980 年,伊拉克军队已拥有 1900 辆坦克、1600 辆装甲车、1000 余门火炮、500 架固定翼飞机、700 架运输直升机、120 架武装直升机、440 枚地对空导弹、43 艘舰艇。与伊拉克相比,伊朗军队的发展就相形见绌了。

　　1980 年 9 月 22 日拂晓,萨达姆命令伊拉克飞机倾巢出动,对伊朗的军直目标进行了毁灭性的打击。经过一天的猛烈轰炸后。伊拉克军队在 1200 辆坦克的轰鸣声中,向伊朗大举推进。伊拉克军队的北路部队为 3 个装甲师;中路采用步坦协同的方式,连克伊朗的边境重镇梅赫兰等;南路,工兵冒着伊朗军队的炮火架起了浮桥。伊拉克的坦克和装甲车直扑伊朗主要石油产地阿士瓦、炼油中心阿巴丹和阿拉伯港口城市霍拉姆沙赫尔,迅速逼近伊朗守军,双方展开了一场激战。天亮以后,伊朗空军和海军开始投入战斗。空军轰炸了伊拉克境内的 16 个重要目标;海军则炮击了伊拉克唯一的海港法奥。

　　开战两周后,伊拉克占领了伊朗 2 万多平方公里的领土,并控制了伊朗境内总长 600 公里、宽 20 公里的地带。

　　1981 年 1 月 5 日,双方为了取得战场上的主动权,再次调兵遣将。萨达姆为了鼓舞士气,亲自来到前线督战。9 月,伊朗在中部和南部战场了发起了全线反攻。伊拉克军队节节退却,石油中心又回到伊朗人手中。伊朗军队反攻的势头越来越猛。在胜利的鼓舞下,伊朗军队士气高昂,又在中部发起 b 大规模反攻战役。仅用几天的时间,伊朗便收复失地 2000 平方公里,毙伤伊拉克官兵 2.5 万人,俘虏 1.5

万名,缴获坦克和装甲车近百辆。

伊朗军队的此次行动,切断了伊拉克南北两个战场的联系,并迫使萨达姆决定后撤。经过一段时间的准备后,伊朗军队又集中兵力发起了收复失地的"圣战"。在这次作战中,伊朗军队当天就收复了800平方公里土地。伊拉克守城部队的司令战死,副司令被俘。

萨达姆面对败局,只好屈膝乞和了。但伊朗人不买账。为了更有效地打击伊拉克,伊朗军队在空降兵的配合下,突然越过了中部边界,猛攻边防重镇曼达利。伊朗军队是想打通通往巴格达的坦途。

从此,两个阿拉伯国家进入了长期的消耗战,一拖就是8年。

两伊的大战,使萨达姆声名大振。他非常吃力也非常得意地过了一把"阿拉伯英雄"的瘾。自1980年9月22日至1988年7月中旬,两伊大战耗资8000亿美元,150万人付出鲜血和生命,7万军人被对方捕获,城市和油田成为废墟,双方终于宣行停火。萨达姆不能认输,他在四处寻觅猎物,寻找替代他失败的牺牲品。

海湾战争

1990年7月17日,萨达姆严厉指责海湾国家不负责任的石油政策。仅从去年下半年至今,他的国家就为此蒙受损失达140亿美元。第二天,伊拉克副总理兼外长阿齐兹直接点名指责科威特超产降价,破坏石油市场的供求关系。他还指责科威特在伊、科边境地区伊拉克一侧偷采石油,价值达24亿美元之多。同时,他还批评科威特侵入伊拉克境内建立石油设施。阿齐兹警告科威特,限期拆除设施,否则,后果自负。

科威特断然否认其无理指责。但萨达姆自认"公理"掌握在他手里。在1990年8月2日凌晨2时,萨达姆亲手点燃了一场更大规模的战争。

在大批战斗机和武装直升机掩护下,伊军10万地面部队和350辆坦克越过伊科边境,沿科威特国际公路滚滚南下。拂晓时分,伊军已兵临科威特城下,他们摧毁郊区的防空炮火,在直升机配合下,迅速占领机场,并攻陷了王宫、国防部、电台电视台和其他政府机构。

伊拉克入侵科威特,震惊了全世界,谴责的声明和撤军呼吁铺天盖地。以美国为首的多国部队大兵压境。然而,萨达姆天生反叛的性格,决定了他决不肯低头。他梦想依靠伊斯兰教,发动整个阿拉伯世界进行"圣战"。

1991年1月17日,经过数月的对峙,大战终于爆发。多国部队数百架飞机对伊拉克轮番轰炸,战斧导弹和激光制导炸弹的毁灭性攻击,使伊拉克防空系统陷于瘫痪,进攻飞机开始向伊拉克和科威特境内倾泻炸弹。

伊军的防御是纵深布置、梯次支援防御,机动纵深力量进行反击是其基本的作战原则,其中尤以纵深为主要特点,伊军防御的韧性和反击的锐势都源于纵深。因此,萨达姆在军事战略上采用的是避其空中优势。他把取胜的希望放在地面战上,这也有他的比较实际的考虑：从战术的角度看，伊拉克在作战和防务方面确实具有丰富的经验。在军队方面，由于经受了8年两伊战争的磨炼，作战技能上可称得上王牌劲旅。

萨达姆军队严阵以待，迫使盟军发动地面攻势。

在地面战前夕，大批盟军被暗中调至西部，并在战斗中迅速穿插到伊军右翼，避开了伊军强大的正面防御，直插敌方防线的心脏。这自然令萨达姆叫苦不迭。4天的地面战斗，多国部队只遇到些"微弱"的抵抗。而伊方第一天被俘1.4万人，第二天这个数字上升到5万人，其中还有19个将军。15万伊军精锐共和国卫队退回伊拉克境内，盟军方面轻易取胜，这是战争史上绝无仅有的"神话"。

自1991年1月7日至2月27日，伊军40多个师被歼或完全丧失战斗力，4230辆坦克中损失了3700辆，2870辆装甲运兵车被摧毁了1856辆，3110门火炮中有2140门被缴获，至少有8万士兵被俘，伤亡8.5万。盟军部队距巴格达只有60公里，假如以美国部队里唱主角的M-IA1坦克推进的话，巴格达不消两小时就会倾覆在它的履带下。

极其惨重的损失，使萨达姆心痛如割，这个"阿拉伯民族的英雄"终于清醒地走出"神话"而面对现实了，于是他选择了举白旗的上策。

历时42天的海湾战争宣告结束。海湾战争令萨达姆一败涂地，共付出2万条生命和2000亿美元的代价。

伊拉克战争

2003年3月20日，美英联军在未经联合国安理会授权的情况下向伊拉克发起军事行动。4月9日，美军攻入巴格达。5月1日，美国总统布什宣布在伊主要战事结束。7月13日，成立伊拉克临时管理委员会。12月13日，萨达姆在其家乡提克里特附近被美军抓获。

美国的"先发制人"战略和单边主义倾向造成了大西洋联盟的内部分裂，美欧、美俄矛盾凸现。但在伊拉克战后重建和游击战的双重压力下，美英又不得不借助联合国多边框架并提出提前向伊拉克方面交权的时间表。

2003年7月22日，萨达姆·侯赛因的两个儿子乌代和库赛在住所中被美军击毙；12月13日伊拉克时间晚上八时（北京时间12月14日凌晨一点），他在家乡提克里特被捕。经过一次迅速的DNA测试，确定是萨达姆·侯赛因本人。2004年1月10日，美国正式宣布根据日内瓦公约确定萨达姆·侯赛因为战俘，并获得战俘待遇和权利。

审判过程

2004 年 6 月 30 日,美军向伊拉克临时政府移交了萨达姆·侯赛因和前政权 11 名高官的司法羁押权(包括司法管辖权),但仍由美军负责看守,并宣布,萨达姆·侯赛因不再是战俘的身份,同日,伊拉克临时政府司法部门正式宣布逮捕萨达姆·侯赛因。伊临时政府特别法庭,伊拉克管理委员会根据《伊拉克特别法庭规约》而成立的一个司法机构,其合法性已由生效的伊拉克临时宪法进行确认上进行了萨达姆的第一次聆讯(听证),法官对其宣读了控告书,萨达姆·侯赛因拒绝承认有罪并拒绝在法庭文件上签字。萨达姆·侯赛因的辩护律师并未出席第一次聆讯,萨达姆·侯赛因的第一任妻子随后雇用了一个国际律师团为萨达姆辩护。随后法庭的现场录像向公众公布,这是萨达姆·侯赛因自被捕以来,第一次出现在公众面前。

伊拉克特别法庭指控萨达姆的罪行包括:

一、1982 年,萨达姆下令处决 140 多名杜贾尔村人,拷打并监禁一千余人,以报复其对自己刺杀未遂的行动。

二、1987-1988 年,萨达姆下令实施安法尔(Anfal,意为战利品)行动,在伊拉克北部对库尔德人进行种族灭绝计划,有证人披露,仅 1987 至 1988 年间,就有 50 万库尔德人或被迫害致死,或被当场处决。

三、1988 年,使用化学武器袭击库尔德人城镇哈莱卜杰,造成大约 5000 名库尔德人死亡,1 万人受伤。

四、1990 年,入侵科威特,并且占领科威特 7 个月。

五、1991 年,在伊拉克南部镇压什叶派穆斯林起义。

六、从 1991 年起推行所谓"阿拉伯化计划",强行驱逐库尔德人,没收他们的土地,剥夺他们的食品,将数千名库尔德人从伊拉克北部驱逐到伊朗。

七、萨达姆在 1983 年,下令杀害库尔德民主党领导人巴尔扎尼所在部族 8000 人。

八、萨达姆在 1991 年镇压什叶派起义后,下令在伊南部湿地修堤筑坝,破坏伊拉克南部湿地。

九、萨达姆被控炮轰伊拉克东北部城市、石油重镇基尔库克。

十、萨达姆在 1974 年处决 5 名什叶派宗教人物。

十一、下令暗杀反政府政治活动人士。

十二、迫害宗教团体。

十三、迫害非宗教团体。

十四、迫害和镇压政治团体。

审判于 10 月 19 日当地时间午后不久正式开始。法庭是前复兴社会党全国指挥部内的一个房间。伊拉克特别法庭以反人类罪正式对萨达姆进行审判。萨达姆拒绝说明身份，并拒绝承认有罪。萨达姆反问法庭的合法性："你们是谁？这个法庭想怎样？""我仍保有身为伊拉克总统的宪法权利，我不承认授权你们的组织…以不公正为基础的就是不正当…我不会回答这个所谓的法庭及其所有相关人士的问题。"法庭宣布对前总统萨达姆的审判已经结束，将休庭至 2006 年 11 月 28 日再次开始。伊拉克特别法庭审判长阿明表示，推迟对伊前总统萨达姆审判的主要原因是许多证人由于过于害怕不愿出庭作证。伊拉克警方 10 月 20 日称，一名萨达姆及 7 名前政权高官辩护律师团成员萨阿敦·萨吉尔·贾纳比在巴格达办公室中被武装人员绑架。伊拉克律师协会一名官员 10 月 21 日说，遭绑架的萨达姆案辩护律师贾纳比已被杀害，警方已经找到了他的尸体。英国《星期日快报》10 月 23 日报道，负责审讯萨达姆的 5 名法官和主要检举律师已与美英政府达成一项"台下交易"：一旦审萨工作完成，他们与其家人将被获准移民美英两国重新开始"新生"。11 月 8 日，又一名辩护律师团的律师在巴格达乘坐的汽车里被枪手开枪打死。同车的另一名律师中弹受伤。死亡的律师名叫祖拜迪，他负责替前副总统拉马丹辩护。

2006 年 11 月 28 日，法庭在巴格达重新开庭，萨达姆向法官发难，谴责法庭对他的"非人待遇"。2006 年 12 月 5 日，辩护律师杜莱米对审判萨达姆的特别法庭的合法性提出质疑，但首席法官坚持继续进行审判程序。辩护律师们走出法庭表示抗议，审判不得不再次休庭。一个多小时以后，律师重新返回法庭，审判恢复。第一位证人艾哈迈德·哈桑·穆罕默德也在法庭上露面，他描述了杜杰勒大屠杀的情况。2006 年 12 月 6 日，一位女证人在幕后作证，出于安全考虑，她的声音经过处理。后来因技术原因，法庭下令暂时休庭。这时，萨达姆大喊"我再不到这个没有公正的法庭来啦，你们都给我见鬼去吧"。12 月 7 日，由于萨达姆拒绝出庭接受审判，审讯曾经中断几个小时。后来，法庭在萨达姆缺席的情况之下继续进行审判。2006 年 12 月 21 日，萨达姆在审判他的巴格达法庭上指称，美国人殴打和折磨他。美国白宫发言人严词否认萨达姆的这一说法。负责审讯的雷德法官表示，萨达姆声称曾被虐待的指称没有证据。

2006 年 1 月 15 日，伊拉克高等法庭发表声明，证实主审法官阿明由于"个人原因"提出辞呈。1 月 23 日，审讯萨达姆的特别法庭发言人表示，法庭决定任命拉乌夫·阿卜杜勒-拉赫曼为主审法官。1 月 29 日，萨达姆案复审后不久，萨达姆辩护团、萨达姆本人以及其他几名被告便离庭抗议特别法庭的程序问题。2 月 1 日，伊拉克高等法庭对萨达姆的审判再次开始，但萨达姆本人及其聘请的辩护律师团没有出席庭审。2 月 13 日，萨达姆出庭再受审，高呼打倒布什口号。2 月 14 日，萨达姆在法庭上宣称，为抗议主审法官以及其上司开展的"不公正审判"，自己同其他三名被告开始绝食。2 月 27 日，萨达姆的首席辩护律师杜拉米透露，由于健康原因，萨达姆已于一周前停止了坚持 11 天的绝食斗争。

2006 年 3 月 1 日，萨达姆在法庭上承认，杜贾尔村事件后，他亲自下令对村民进行报复。2006 年 3 月 15 日，萨达姆首次出庭直接作证，他称对自己的审判是一场"闹剧"。2006 年 4 月 5 日，萨达姆出庭受审时猛烈抨击伊拉克内政部杀害了数千名伊拉克人,并要求由国际机构对检察官出示的有关文件上他的签名进行鉴定。4月17日,萨达姆及7名同案被告再次出庭受审。法官宣读了一份刑事专家的报告,称当初与杜贾尔村村民被判死刑的有关文件上的萨达姆签名是真实的。萨达姆的辩护律师说,这些鉴定专家是内政部成员,"由于他们和内政部的关系,他们无法做到独立"。他要求法庭指定其他专家重新对签名进行鉴定。2006年5月31日,萨达姆的辩护律师庭审中指控控方证人海德里作伪证,要求法庭对所有控方证人证词的可靠性进行调查。

2006年6月21日,萨达姆的主要辩护律师之一哈米斯·奥贝迪遭武装分子绑架后被杀害。萨达姆和其他7名被告开始绝食,以抗议奥贝迪被枪杀。6月23日,驻伊美军说,萨达姆已经结束绝食活动。7月11日,萨达姆和他的律师再次拒绝出席庭审,以此对奥贝迪遇害表示抗议。7月23日,萨达姆因绝食多日被送入医院治疗。7月26日,萨达姆出现在庭审现场,他称自己是被强行带到法庭的。他还表示,如果被判死刑,希望被枪决,而不是绞死。

2006年11月5日,伊拉克高等法庭宣布对杜贾尔村案的判决结果,萨达姆被判绞刑,罪名是谋杀和反人类罪。12月26日,伊拉克上诉法庭维持下级法院判决,宣布萨达姆的审判程序已经完成,不得再提起上诉。12月27日,萨达姆表示愿意为伊拉克牺牲成为烈士,他呼吁伊拉克人民团结起来,共同反抗美国侵略者。萨达姆手下的阿拉伯复兴社会党则警告,如果萨达姆被处以绞刑,复兴社会党将报复美国。声明称美国应为萨达姆绞刑负责,因为决策者是美国,而不是伊拉克"傀儡"政府。

镇压库尔德人案

2006年8月21日,伊拉克高等法庭开庭审理萨达姆和其他6名前政权高官涉嫌镇压库尔德人一案。9月13日,首席检察官法鲁恩指责主审法官阿米里允许萨达姆发表与此案无关的政治性言论是在偏袒被告,并要求他辞职。9月14日,主审法官阿米里在庭审过程中说,他相信萨达姆不是一名独裁者。9月19日,伊拉克政府撤换了主审法官阿米里为穆罕默德·乌拉比,声称他已经失去了作为法官的"公正性"。9月20日,萨达姆的辩护律师团抗议撤换主审法官,并集体退出庭审。10月30日,萨达姆的辩护律师杜莱米递交了一份结束联合抵制审判的条件书。条件书共提出12项要求。主审法官乌拉比拒绝了条件书的大多数提议,并与律师发生争执。杜莱米随即走出法庭。法官为萨达姆指定了辩护律师,但萨达姆认为这不符合法律程序。

哈拉卜贾事件

伊拉克军队在1988年使用化学武器对哈拉布贾村发动袭击,在一天之内造成5000人死亡。特别法庭有人证实,指是萨达姆下令进行大屠杀,但萨达姆在他第一次接受法官问询的时候声称,他是从媒体上得知哈拉卜贾事件的。

据前伊拉克坦克指挥官的阿里·拉伊·卡里姆作证称:当年,卡里姆带领着坦克车队开进了库尔德人聚居的哈拉布贾村。在部队进驻时他们被告知伊朗军队匿藏在哈拉布贾镇里,总统"直接命令"用化学武器消灭伊朗士兵。卡里姆的坦克奉命向哈拉布贾镇发射了多枚炮弹,弹头里携带着芥子气和神经毒气。

据前萨政权高级军官尼萨·卡兹扎吉称,(哈拉卜贾事件)是萨达姆和他的堂弟马吉德干的。负责卡兹扎吉一案的特别检举人威斯伯格则说,她手上有一些1987年5月和6月的军事命令的证明文件。一份传达到第一军指挥卡兹扎吉手中,写道,"士兵有权力消灭这个地区内所有的人和动物"。另一份是马吉德下的命令,命令第一军在一些村子里消灭17~70岁的任何人。卡兹扎吉则说,当时可能有这些命令,但他没有执行。

据美国中央情报局的专家斯蒂文佩尔蒂埃2003年在《纽约时报》撰文指出,中央情报局对从现场搜集到的有毒物质样品进行检验认定:造成库尔德人大量死亡是伊朗的氰化物基毒气。

杜贾尔村案

2005年7月16日,伊拉克特别法庭主审法官拉伊德·朱希宣布即将审判萨达姆,并表示针对萨达姆·侯赛因的第一项正式指控是,萨达姆·侯赛因涉嫌在1982年针对他的一次未遂暗杀事件后杀害了位于巴格达以北60多公里处的杜贾尔村的143名什叶派穆斯林居民。7月28日,特别法庭就该项指控举行了预审听证会。萨达姆·侯赛因在两家约旦报纸8月21日刊出的一封信中指出,他会为了阿拉伯大业牺牲自己。他在透过国际红十字会转交一名约旦友人的这封信中说:"我的灵魂和我的存在将为我们弥足珍贵的巴勒斯坦和我们挚爱、坚忍而受苦受难的伊拉克牺牲。"8月23日,萨达姆·侯赛因证实除了一位伊拉克律师杜莱米之外他已解雇了整个国际律师辩护团。8月28日,伊拉克总统贾拉勒·塔拉巴尼表示,如果萨达姆·侯赛因被判死刑,他不会在萨达姆·侯赛因的死刑执行令上签字,塔拉巴尼在两周前签署了自萨达姆·侯赛因政权倒台之后的首份死刑执行令,而有更多的死刑执行令尚未签署。一旦杜贾尔村屠杀案的指控得以成立的话,萨达姆·侯赛因将有可能面临死刑判决。伊拉克过渡政府发言人库贝于9月4日证实对萨达姆·侯赛因就杜贾尔村屠杀什叶派居民一案的第一次审判将从10月19日开始,而10月15日将就新宪法举行全民公决。与萨达姆·侯赛因一起受审的还有七名前政权高官。9月6日来自伊拉克临时政府的消息,审讯萨达姆·侯赛因获得重要证据,并且萨达姆·侯赛因已经在证词上签字,包括像"亲自下达处决令"发动1987年至1988年的安法尔战役这样的口供,但萨达姆·侯赛因坚称自己的行为在他的统治期间合法。10月18日,英国《泰晤士报》报道,参加审判伊拉克前领导人萨达姆·侯赛因一案的有关法官近几个月在英国接受了秘密培训。

枭雄的末日

伊拉克法庭于2005年10月19日开始对杜贾尔村案进行庭审,共收录证词130份。2005年11月5日,伊拉克高等法庭宣布,萨达姆在杜贾尔村案中犯有反人类罪被判处绞刑。随后萨达姆提出上诉。伊拉克上诉法庭法官阿里夫·沙欣

12月26日宣布,上诉法庭支持对萨达姆的死刑判决,对萨达姆的死刑将在30天内执行。上诉法庭的判决意味着"杜贾尔村"案审理尘埃落定,萨达姆和他的辩护律师团已没有回旋余地。

一名伊拉克官员称,伊拉克总理马利基在12月29日就已经下达了处决令,并且已经获得伊拉克总统和司法部长的认可。尽管如此,在30日中午开始的"宰牲节"可能会推迟萨达姆的行刑时间,如果伊拉克无法与美国方面达成最终协议。该协议包括行刑地点以及如何处置萨达姆尸体等问题。

立即处死萨达姆可能会让想树立威信的马利基政府欢颜,但显然会激怒支持萨达姆的逊尼派人士,以及一些库尔德人。这些库尔德人希望看到萨达姆被判对他们的种族屠杀罪名成立。

英国《泰晤士报》称,萨达姆的最后一顿早饭吃的可能是美式快餐,因为这种快餐在巴格达国际机场和克鲁伯兵营最为方便。仿佛是为了凸显自己与其他囚犯的不同身份,萨达姆当天并没有穿一般的橙色囚服,而是一身黑衣打扮——黑色的外套、长裤、帽子和光亮的黑皮鞋。最后的遗言经书送给班德尔,当他被美军士兵架出囚房时,萨达姆挣扎了几下,但是很快他就恢复了镇静。他随后被移交给了伊拉克警方,后者将戴着手铐和脚镣的萨达姆带到了刑场。一名法官当众宣读了对萨达姆的死刑判决。当被问及还有何临终遗言时,萨达姆回答说没有,然后将随身携带的一本《古兰经》交给旁观的官员说:"我想把这本《古兰经》送给那个人,那个叫班德尔的人。"一名逊尼派宗教人士为萨达姆做了最后的祷告,这位即将70岁的老人也随着祷告声附和了起来。祷告结束后,萨达姆被架上了绞刑台。最后的性格拒绝戴上黑头套 按照惯例,伊拉克在绞刑处决死囚时,会给死囚头上罩一只黑色的头套。当头戴面罩的刽子手要给他戴上头套时,萨达姆却表示了拒绝,刽子手于是把头套围在了萨达姆的脖子上。就这样,这位昔日的领导人亲眼看着几名刽子手将粗大的绳索套在自己的脖子上,保留着最后一份尊严死去。在绳子套上他的脖子前,他大喊道:"真主是伟大的。这个国家将赢得胜利,巴勒斯坦是阿拉伯的。"伊拉克官员称,目睹整个行刑过程的人员全部为伊拉克人,美国方面并未插手此事。除官员和拍摄人员外,行刑现场还有一名医生。据悉,伊拉克总理马利基并没有亲临现场,只是派了一个助手作代表。萨达姆的辩护律师团在死刑过后发表声明说,萨达姆在最后时刻依然是无畏、正直、并且头脑清楚的。最后的警告不要信任伊朗人。

"我们立即听到了他脖子折断的声音,我们甚至看到绳套上有一点血迹,他们让他在那里吊了大约10分钟,后来一名医生进来证实他已死亡,他们这才把他解开,将尸体装在一只白色的口袋中。"伊拉克总理马利基的政治顾问阿斯卡里说。在后来播放的镜头中,萨达姆的尸体被一块白色裹尸布包裹,他的脖子向一侧扭曲,左脸颊上看起来好像有血迹或者瘀伤。

萨达姆被处死的消息传出时,伊拉克当地天还没亮,巴格达街头处于全面戒严状态,空无一人,非常平静。而在萨达姆的家乡提克里特,今天5点左右就开始了为期4天的全城戒严。

为了防止对萨达姆的处决引发新一轮暴力冲突，伊拉克政府之前一直对整个行刑的细节秘而不宣。

伊拉克当局对萨达姆的行刑是秘密进行的，行刑后，对相关细节也闭口不谈。

以机智管理利比亚

——卡扎菲

人物档案

简　历：利比亚政治家、军事家、政治理论家，逊尼派穆斯林，利比亚革命警卫队上校，利比亚九月革命的精神领袖，前任利比亚最高领导人。1969 年 9 月 1 日，卡扎菲领导"自由军官组织"发动政变，推翻伊德里斯王朝，建立了阿拉伯利比亚共和国，任革命指挥委员会主席兼武装部队总司令，并晋升为上校。1970~1972 年，任革命指挥委员会主席兼国防部长，后改国名为大阿拉伯利比亚人民社会主义民众国。1982 年至 1983 年，任非洲统一组织主席。2008 年 9 月，在地中海港口城市班加西，200 多位顶着王冠或手握黄金权杖的非洲国王、酋长们将"万王之王"的头衔授予了利比亚领导人穆阿迈尔·卡扎菲。2011 年 2 月 17 日，利比亚爆发"愤怒日"大规模示威抗议，要求政府下台。3 月 19 日起，英国、法国、美国等多国军队发动对利比亚的空袭，卡扎菲号召其支持者抗击反对派武装和北约。卡扎菲在电话中警告英国前首相布莱尔，如果自己丢掉政权，恐怖集团将在中东崛起并必将攻击欧洲。8 月 22 日，利比亚反政府武装攻入首都的黎波里，宣称夺取控制权，卡扎菲政权正式倒台。10 月 20 日，执政当局占领卡扎菲残余的最后一个据点苏尔特，卡扎菲及其接班人穆塔西姆死于枪杀。执政当局武装将两人遗体送至米苏拉塔一处肉类冷藏库中向市民展览了 4 天后秘密下葬。卡扎菲身亡后，利比亚分崩离析。

生卒年月：1942 年 6 月 7 日~2011 年 10 月 20 日

安葬之地：安葬在茫茫的撒哈拉大沙漠上。

性格特征：性格乖张，狂妄自大，不相信任何人。

历史功过：推翻伊德里斯朝，建立利比亚共和国；以和平手法解决石油问题。

名家点评：南非前总统纳尔逊·曼德拉评价说："卡扎菲是我们这个时代的革

命偶像之一。"

学生领袖

  1942年6月7日，在利比亚南部费赞沙漠地区的一座羊毛制成的帐篷里，一个男孩呱呱落地了，他就是27年后发动震撼非洲大陆的利比亚"九一"革命的领导人奥马尔·穆阿迈尔·卡扎菲。

  卡扎菲的父亲阿布·迈尼亚尔属于柏柏尔人的卡发达小部落，平时以放牧为主，也种植少量大麦供自己食用。童年时期的卡扎菲经常帮助父亲种地和放牧，从小就养成了勤劳简朴和吃苦耐劳的性格。

  卡扎菲是家里唯一的儿子，备受父母的器重。为了让他能出人头地，他们卖掉了骆驼和牛羊供卡扎菲读书。因为本村没有学校，他就跟随一个巡回教师学习认字，并学会了读《古兰经》。在极其艰苦的条件下，卡扎菲读完了小学课程，并拿到了毕业文凭，他父亲高兴地鼓励他说："我就知道我儿子会有出息，他会闯出自己的路来的。"

  年少的卡扎菲有一个崇拜的偶像：奥玛尔·穆赫塔尔。他是一名杰出的爱国者。为了反对意大利对利比亚的占领，穆赫塔尔组织了一支数千人的游击队，总是在夜间袭击意军，打得意军措手不及，因此赢得了"夜间总督"的称号。后来被意大利侵略军头子处死。

  穆塔赫尔的事迹深深地激励着卡扎菲，也在卡扎菲的心灵中埋下了反抗的种子。

  二战结束后，利比亚也于1951年12月24日宣告独立，后来改名为利比亚王国。国家独立时，卡扎菲还在西尔特的一所小学念书。学习条件相当艰苦，周末他徒步跋涉40多公里的沙漠回到家中，第二天下午再带着一星期的口粮回到学校。

  在这里，卡扎菲结识了阿卜杜拉·萨利姆·贾卢德，并吸引了一批志同道合的朋友。这时的利比亚正处在觉醒时期，卡扎菲和他的伙伴们在思考如何使国家摆脱贫困。他们拼命看报纸、杂志和书籍，试图找到解决的办法。

  对少年卡扎菲影响最深的书籍，除《古兰经》外，就是纳赛尔写的宣传泛阿拉伯主义的小册子《革命哲学》。纳赛尔激烈的革命言辞和描绘的革命蓝图，启发了卡扎菲。

  沉默寡言的卡扎菲变成了口齿伶俐的鼓动者，经常向同学们慷慨陈词。贾卢德甚至随时带着小板凳，以便听卡扎菲演讲。

  1961年10月5日早晨，卡扎菲带领一批学生冲进市中心的广场，高举着纳赛尔的画像。卡扎菲站在小板凳上抨击外国人使用利比亚的军事基地，同时他号召所有的人捐款支援埃及的纳赛尔总统。游行的学生和警察发生了混战，20多个学生被捕，卡扎菲当天晚上也被逮捕了。

  一个月后，由利比亚教育部长亲自签署的开除令送到中学校长的手中。在卡扎菲的父亲领着他找赛弗求情时,赛弗同意为卡扎菲另找一个学校。在新的中学,卡扎菲又开始了地下活动,并声称已经得到了"数以千计的支持者"。这个数字令人怀疑,但是卡扎菲确实重新得到了学生的拥戴。

除了在学校中开展政治活动,卡扎菲还与国外许多组织建立了联系。卡扎菲的秘密团体开始制定了严格的纪律,规定所有的成员不许喝酒、玩牌、玩女人,要定时祷告。卡扎菲积极地发展革命组织,还把触角伸进了利比亚军队。

1963 年,卡扎菲进入利比亚皇家军事学院学习。当时利比亚的正规军装备很差,军官严重缺乏,国王下令建立了这所军官学校。

登上王位

1965 年毕业,被授予少尉军衔。早在 1959 年,利比亚发现了大量的石油,到了60 年代末,利比亚成为世界上第四大产油国。但是这并没有给利比亚人民带来多少好处,大量的金钱落入了王室人员和政府官员的腰包里。英国、美国的石油公司也进入利比亚,引起了利比亚人民强烈的不满。卡扎菲目睹了外国人在他的国家作威作福,而本国人民却生活在水深火热之中,了解到统治者残酷剥削镇压人民的罪行,领略到贫富之间的巨大悬殊,更加坚定了要变革现实的决心。

1966 年,他在英国桑赫斯特军事学院受训,回国后任讯号兵团上尉代理副官。1969 年,卡扎菲秘密成立了"自由军官组织",并担任该组织中央委员会的主席。卡扎菲为军官们制定了严明的军事纪律,要求他们以革命为重,行为检点,不饮烈酒。没有经费,他就拿出自己的薪水。这年 9 月 1 日,革命的战斗终于打响了。参加政变的武装力量逮捕了正在出席宴会的国王警察部队的高级将领,顺利占领了电台和其他要害部门。此时,正在国外度假的国王曾向英国发出紧急呼吁,要求出兵进行干预,但遭到英国的拒绝。9 月 5 日,哈桑王储发表声明:放弃对王位的一切权利,支持新政权。至此,"九一"革命不发一枪,不流一滴血而取得成功。埃及、伊拉克、苏丹、叙利亚等国政府立即承认了利比亚新生政权,英国和美国也宣布不对利比亚干涉,政变取得了圆满的成功。

卡扎菲的大名开始出现在埃及最有名的报纸上,说卡扎菲是年轻有为的,他们是成熟而有理想的新一代阿拉伯主义者。

赶走西方人

1969 年 10 月 29 日,卡扎菲命令利比亚外交部将一份照会分别送到英国和美国驻利比亚使馆,要求他们尽快撤出他们的基地。结果美国同意在 1970 年 6 月完全撤出军队,英国也同意于 1970 年 3 月这样做。

卡扎菲随即下令将英国在利比亚开办的巴克莱银行全部国有化。卡扎菲采取了这些措施后,美国和英国政府并没有因此而断绝与利比亚的关系,反而加强了同利比亚政权的联系。美国人和英国人不愿为了无用的军事基地而失去利比亚的石油利益。

卡扎菲委托新政府的总理贾卢德少校处理外国石油公司问题,他采取了各个击破的方式对待外国石油公司。他开始找规模比较小的美国哈默石油公司,要求它按照石油输出国组织的协议,将产量减少一半,否则将关闭这家公司。他对哈默石油公司的代表说:"如果你们同意把每桶石油30%的利润交给利比亚,就可以将产量恢复到原有的水平。"结果哈默石油公司投降了。1970年叙利亚关闭了将沙特石油运往地中海的输油管道,世界石油价格暴涨了35%。贾卢德于是要求所有在利比亚的外国石油公司都要仿照哈默公司的做法。

由于英国和美国的其他石油公司拒绝了利比亚的建议,1971年12月7日利比亚宣布对英国石油公司50%的股份实行国有化。同哈默公司一样,外国的石油公司全部向卡扎菲树起了白旗。

卡扎菲在短短的3年时间里,以和平的手法打败了骄傲的西方人。卡扎菲可以轻而易举地调动数十亿美元的资金,他已经成为阿拉伯世界最有钱的国家领导人之一。

褒贬不一

埃及总统纳赛尔一直是卡扎菲的偶像。然而,卡扎菲意识到,要巩固自己的地位和实现阿拉伯的统一大业,必须要创立自己的理论体系。从1972年年初开始,卡扎菲同利比亚革命指挥委员会其他成员的关系开始出现紧张,他们提出了不同于卡扎菲的看法,经常指责他把过多的精力和时间花在阿拉伯统一的梦想上,忽视了利比亚的建设和发展。同时,他们还批评卡扎菲盲目扩充军备和发展同国外恐怖主义组织的联系。

卡扎菲对同事们的指责和批评置之不理。然而他开始感觉到,应该创立更加活跃的革命理论,把利比亚革命推向新的阶段。随后,卡扎菲召开了一次革命指挥委员会会议,会议结束后,卡扎菲回到老家的一个绿洲上,在那里冥思苦想了两个多月。

1973年4月15日,卡扎菲回到了的黎波里,提出要在利比亚进行一场自我革命,打乱现有的法律和制度。这个大转变使革命指挥委员会的成员们目瞪口呆。

卡扎菲提出了著名的五点计划:停止现行的法律,所有民事和刑事案件要根据伊斯兰法律审判;彻底消灭利比亚国内存在的"政治毒瘤",清除共产主义、穆斯林兄弟会和复兴社会党在利比亚的影响;在利比亚实行全民皆兵政策;撤销所有行政机构;在全国开展"文化大革命",清除一切西方国家的腐朽文化影响。

卡扎菲的矛头对准了利比亚的政党、军队、政府、知识界和法律界,涉及了社会的各个方面。他要求在群众的监督下,组成人民自治委员会实施革命的五点计划。

卡扎菲的呼吁很快转化成为实际行动,1973年5月7日,利比亚各地都选举出了人民委员会,负责管理从政府机关、大中小学校、工厂、商店到村庄的所有事务。

卡扎菲理论的重要组成部分之一是对外政策。卡扎菲反对资本主义和共产主义。卡扎菲在一次聚会上说:"世界第三理论体系是一种呼唤人类返回天堂的思想学说,是能战胜资本主义的实用主义和共产主义的无神论思想的强大理论武器。世界第三理论能使迷途的人恢复理智。让人们摆脱邪恶的诱惑,自觉地走到造物主的道路上。"卡扎菲对自己的理论颇为得意,并向埃及推广。卡扎菲访问埃及时,在一次同埃及知识分子的座谈会上,他说:"你们这里也需要发动一场革命,使你们的社会更加民主。"卡扎菲的言论激怒了埃及总统萨达特。一个星期后,卡扎菲在对800名埃及妇女代表发表讲话时,说由于妇女生理学上的缺陷,她们只能待在家中。遭到了妇女们的强烈抗议。

经过多年的酝酿,卡扎菲的第一本革命著作终于于1975年出版了。这本阐述世界第三理论的著作是一本薄薄的绿色封皮的书,名字叫作《民主问题的解决办法》。

1977年第二本绿皮书出版了。这本书只有4000多字,是其三本著作中最薄的一本。这本书谈论的是如何解决经济问题,提倡利比亚革命的最终目标是实现一种特殊类型的社会主义。认为自然社会主义蔑视商品社会中的利润、金钱、工资等庸俗的东西,每个人都是国家的合伙人,他们的住房、交通、食宿、衣服、教育等均由国家供给,公民的职责只是自觉工作。

第三本绿皮书的题目是《世界第三理论的社会基础》。这本书是卡扎菲三本若作中最不引人注意但是最有趣的书。在这本书中,卡扎菲探讨了英雄与历史、妇女与家庭、艺术与体育、宗教与社会等问题。

卡扎菲表示了自己对个人崇拜的厌恶,也时刻告诫人们停止对他的个人崇拜。但是走在利比亚的大街小巷,你随时都可以感受到卡扎菲的存在。

卡扎菲的思想甚至渗透到流行歌曲中,宣传部门把卡扎菲的语录和思想谱写成了流行歌曲歌词,谱上迪斯科的节奏。卡扎菲的画像到处都是,在的黎波里的一间小小的裁缝店中,窗户和墙壁上居然贴着14张卡扎菲不同姿势和表情的大幅照片。

卡扎菲确实有资格让利比亚人民尊敬他。他把石油工业收归国有,让石油直接服务于广大人民,国民年均收入超过了英国人的平均水平。所有的利比亚人都有自己的住宅、公寓和汽车,电视机、电话、冰箱普及率同西方发达国家相比也毫不逊色。

首上联大

2009年9月23日,首次在联合国亮相的利比亚领导人卡扎菲,在联大一般性辩论上发表演讲。卡扎菲在演讲中表示,安全理事会应该改名为恐怖理事会。他要求安理会进行全面改革,取消五个常任理事国的反对票,增加常任理事国数量,尤其是增补非洲国家的代表。卡扎菲还说自从联合国1945年成立以来,世界上发生了65次战争,联合国根本没有能力阻止这些战争的爆发。

卡扎菲当天的发言就排在美国总统奥巴马之后,但是奥巴马和希拉里等高级政府官员在演讲之后立刻离开会议大厅,避免听到卡扎菲的演讲。虽然联大给每个国家领导人的时间是15分钟,但是卡扎菲的演讲时长一小时36分钟,由于接近午餐时间,大会堂中有将近一半的代表都中途离场。古巴领导人卡斯特罗1960年曾在联大发表演讲四个半小时,是联大一般性辩论历史上最长的演讲。

卡扎菲在抵达纽约之后按照习惯,在纽约以外的一块出租庄园中临时搭建的帐篷里过夜。卡扎菲此前曾希望在纽约中央公园搭建帐篷,但是遭到居民强烈抗议而作罢。

强硬表态

随着法国战机19日对利比亚境内的政府军目标开火,多国大规模军事干预利比亚的行动正式展开。军事干预行动开始后,利比亚领导人卡扎菲强硬表态,称"要武装人民对抗西方"。

法国战机19日率先对利比亚境内目标实施打击,并摧毁了数辆利比亚政府军的装甲车。随后美英等国战机也陆续投入军事行动。大规模的军事干预全面展开。

利比亚国家通讯社20日凌晨援引军方发言人的话称,首都的黎波里、卡扎菲的家乡苏尔特以及班加西等地都遭到西方国家军队的导弹袭击和炮击,"多处民用设施被毁"。

利比亚国家电视台此前报道,一架法国战机在的黎波里地区被利比亚防空系统击落。对此,法国总参谋部发言人予以否认,他说,所有参与空袭的战机均已返航。

多国军事干预行动展开后,卡扎菲20日通过利比亚国家电台发表了简短但措辞极为强硬的讲话。他指责有关军事行动"野蛮",是"不公正的十字军式侵略"。

卡扎菲威胁将对地中海沿岸的军事和民用设施进行打击,并警告"地中海国家和北非国家的利益处于危险之中"。他说,"地中海已陷入战争",卡扎菲已命令打开各地的军火库,"民众可以拿起武器保卫家园,赶走西方军队"。2011年3月18日,联合国安理会通过了第1973号决议,决定在利比亚设立禁飞区。多国随后为此展开了紧张的军事部署。利比亚当局也宣布接受安理会决议并停火。但有未经证实的消息说,利比亚政府军19日攻入了反对派大本营所在地班加西。

针对多国军事行动,俄罗斯外交部发表声明表示遗憾。但俄方也呼吁利比亚尽快停火。国际红十字会则呼吁在利比亚进行军事行动的各方尊重国际人道法律,该组织说,任何针对平民的攻击都违反了国际法。

UCLA 的非洲学者著文指出参与军事行动的国家之动机与利益关系严重影响其行为，可能做不到"do no harm"原则："The likelihood that coercive intervention would satisfy this principle is severely constrained when evaluated against the historical record, logistical realities, and the incentives and interests of the states in a position to serve as the would-be external interveners." 这名非洲学者认为通过强制干涉改变利比亚政治结构会带来严重后果。

被逼下台

2011 年 5 月 27 日，八国领导人在峰会后发表联合声明，指出："卡扎菲和利比亚政府已不能继续履行保护利比亚人民的责任，并失去所有合法权利，他在一个自由和民主的利比亚没有前途，他必须下台。"

利比亚民众于当地时间 2011 年 2 月 16 日举行反政府示威，联合国在 2011 年 3 月份通过保护利比亚平民议案，北约部队开始干预利比亚，进行持续空袭。

值得关注的是，俄罗斯一直批评北约对利比亚的军事行动，但报道指出，俄总统梅德韦杰夫也同意卡扎菲已失去领导利比亚的合法权利。法国总统萨科齐表示，联合声明的措辞收紧了，得到俄罗斯的完全支持。

据香港《文汇报》报道，俄罗斯方面表示，外长拉夫罗夫前日与利比亚总理通电话，利方希望俄方协助调停，并开始磋商停火条件。

据悉，英美法在 G8 峰会上也促请俄罗斯进行调停。在峰会后的记者会上，俄总统梅德韦杰夫表示将调停利比亚局势，包括派高级非洲特使前往班加西，与反对派接触。他还强硬警告卡扎菲，称国际社会已不再视他为利比亚领袖，促请其下台，但表示拒绝让他流亡俄罗斯。

此外，法国总统萨科齐称，北约计划加强军事行动。意大利总理贝卢斯科尼表示，G8 领袖普遍认为卡扎菲政权正逐渐崩溃。俄副外长里亚布科夫表示，卡扎菲已失去在位理由，应该下台，而且 G8 国对此意见一致。

反人类罪

北京时间 2011 年 6 月 27 日 7 时 30 分，位于荷兰海牙的国际刑事法院宣布，正式对利比亚领导人卡扎菲发出国际逮捕令。这是国际刑事法院历史上第二次对一个国家的在任国家元首发布逮捕令。国际刑事法院逮捕令一经发出，终身有效，永不撤销。2009 年 3 月，国际刑事法院发出对苏丹总统巴希尔的逮捕令，这是第一个针对主权国家在任总统发出的逮捕令。

2011 年 5 月 15 日，国际刑事法院检察官办公室表示，经调查，已掌握足够的证据起诉卡扎菲，包括谋杀罪、迫害罪、反人道主义罪等。国际刑事法院总检察官奥坎波16日随即向国际刑事法院法官提出通缉卡扎菲等三名利比亚高官的请求。这三人除卡扎菲(69岁)外,还有曾被认为是卡扎菲接班人的其儿子赛义夫·伊斯拉姆·卡扎菲(39岁),以及利比亚情报部门最高负责人阿卜杜拉·阿尔·塞努希(62岁)。

一个多月时间内,由三名法官组成的小组对检方提交的证据和材料进行了分析。

2011年6月27日,国际刑事法院宣布向卡扎菲等三人正式发布国际通缉令。国际刑事法院指,卡扎菲从2011年2月中旬开始,对其反对者犯下"反人类罪"。

卡扎菲不会离开利比亚,因此国际刑事法院将要求利比亚人把卡扎菲押送国际刑事法院。

家人流亡

2011年8月29日阿尔及利亚外交部发布新闻公报,宣布利比亚领导人卡扎菲的夫人萨菲亚、女儿艾莎、两个儿子汉尼拔和穆罕默德,以及他们的孩子,于当地时间29日8时45分经由两国边界进入阿尔及利亚境内。

被俘死亡

利比亚"全国过渡委员会"武装2011年10月20日称在苏尔特已经俘获了卡扎菲。据利比亚过渡委武装一名官员称,被俘的卡扎菲双腿受伤。图为"过渡委"官员公布的卡扎菲被俘照片。利比亚"全国过渡委员会"在苏尔特前线的指挥官穆罕默德·布拉斯·阿里20日说,前领导人卡扎菲当日中午在苏尔特受重伤身亡。

在利比亚三次战地采访国的记者邱永峥认为:"依我在利比亚三度战地采访来看,他只有死路一条,因为过委会所有的人都要他死在现场,而不是审判,因为过委会高官是前政府高官,身上不干净;二是他口才太好,容易把审判台当战场。卡扎菲死了,全部就结束了,因为卡扎菲把自己当成了一切。苏尔特久攻不下,外界认定卡扎菲就在其中,我问过所有的人,他们也这样认为。如果你认为萨达姆死的也是替身,那么就相信2011年死的是卡扎菲的替身喽。中国参加战后建设有两大基础:1、过委会高层反复跟我说,中国是五大常任理事国,新利比亚就算有情绪也没办法;2、中国承认过委会时间与时机也说得过去;3、民间的反中国情绪如果假以时日,以及措施合适,也没有问题,毕竟中利民间基础还可以。卡扎菲也向阿拉伯兄弟国家,中国,以及几乎所有的国家挑战,只向着倚靠他的邻国弱国,因为他梦想是建立一个他领导的非洲联邦国家。利比亚不太可能成为第二个伊拉克。原因是:1、利比亚民众愿意过好生活,并且有过好生活的条件与基础。2、利比亚部族色彩淡,是卡扎菲去部族化的结果;3、利比亚普遍的教育程度高,对国家统一的认同度高。"

秘密下葬

在国际社会的压力下,利比亚执政当局 24 日承诺对卡扎菲的死因展开调查。一名验尸的医生 23 日说,卡扎菲死于枪伤,对于卡扎菲死于交火还是处决已有答案,需要获得上级批准才能公布。据最新消息,利比亚"过渡委"一名高官称卡扎菲遗体将于 2011 年 10 月 25 日秘密下葬。但具体地点不明(据参加过卡扎菲葬礼的过渡委官员称,卡扎菲被埋葬在茫茫的撒哈拉大沙漠里),下葬处不会有墓碑等标识,会有宗教人士出席。

侵华的祸首

——近卫文麿

人物档案

简　　历:日本首相,日本侵华祸首之一,法西斯主义的首要推行者,曾三次组阁,最后日本投降后被逼自杀。

生卒年月:1891 年 10 月 12 日~1945 年 12 月 16 日。

安葬之地:不详。

性格特征:虚伪、好战。

历史功过:他曾三次组阁,为太平洋战争铺平了道路,同时开展"新体制"。

名家点评:《朝日新闻》评论道:"近卫公爵缺乏战争责任感"。

名门之后

　　1891 年 10 月 12 日,近卫文麿出生于东京。近卫家族是日本古老而显赫的大贵族。近卫远祖中臣镰足是大化革新时期的功臣,645 年曾协助中大兄皇子发动政变,一举诛灭跋扈于朝廷的豪族苏我氏;同时,引进唐朝律令制度,推行改革。中臣镰足因功勋卓著官拜内大臣,中大兄皇子当上天智天皇后,赐姓藤原氏。从 7 世纪中后期至 12 世纪中期,藤原氏作为律令制度下最大的官僚贵族,通过嫁女当皇后,垄断摄政、关白(相当于宰相)、内大臣等重要官职,专擅朝政。其间,藤原氏子子孙孙繁衍不断,形成南、北、广、京家等四大家族,以北家最盛。12 世纪后期,武士阶级问鼎中央,藤原家族也由盛而衰。北家逐渐分成五个家族,即近卫、九条、鹰司、二条、一条等五家。五个家族惨淡经营于大权衰落的朝廷,轮流出任摄政、关白之职,称"五摄家"。"五摄家"中又以近卫家族地位最高,垄断族长位置。关白近卫基实是近卫家的始祖。传至第十六代近卫信尹,因无子,后阳成天皇将四皇子应山入继近卫家,取名近卫信寻。再传 11 代就是近卫文麿了。近卫的曾祖父近卫忠熙是明治天皇之父孝明天皇的心腹重臣。1884 年明治政府颁布《华族令》,设公、侯、伯、子、男五等爵位,近卫家族为世袭公爵之家。其:父近卫笃麿(1863—1904)在明治时期历任学习院院长、贵族院议长、枢密顾问官等要职。生母衍子是旧加贺藩主前田庆宁的女儿,在近卫文麿出生八天后,因患产褥热去世。继母贞子是衍子的妹妹。近卫文麿是笃麿的长子,另有同父异母弟妹四人,即秀麿、直麿、忠麿和武子。近卫文麿是近卫家250年来第一个由正妻所生的长子,作为藤原家族的嫡流,自出世之日起即被视作掌上明珠,爱宠无度。

由于近卫家族与天皇家族渊源密切,近卫从小便受到效忠皇室、做"天皇藩屏之臣"的严格家教与训练。其父近卫笃麿号霞山,是一个狂热的大亚细亚主义者和国家主义者。他认为华族尤其应为天皇尽力,扩展帝国的基业。1891年笃麿任东邦协会的副会长,1896年任贵族院议长,1898年创立东亚同文会。其政治主张历来认为日本与韩、中两国命运相连,故"保全支那"和"扶植朝鲜"是日本当务之急。他热衷于宣扬"东洋乃东洋之东洋论",实质是鼓吹日本独霸东亚。1900年八国联军侵华,沙俄乘机兵站中国东北。近卫笃麿立即成立国民同盟会,攻击沙俄染指日本的势力范围,以至病倒在床。1903年成立对俄同志会,主张对俄强硬,叫嚷武力解决"满洲"问题,呼唤着即将到来的日俄战争。1904年1月日俄战争爆发之前,41岁的笃麿病亡。

同年11月近卫文麿继承公爵爵位并成为近卫家族的族长。父亲的去世,令近卫悲伤不已。除了亲情的因素外,最让他铭刻在心的是昔日门庭若市的近卫家如今变得冷冷清清。那些以前受笃麿关照过的人全都换了一副面孔,常常到近卫家索要债款,甚至搬走近卫家的物品作抵押。因家庭开支拮据,近卫家族内部摩擦和纠纷不断。家道中落使年少的文麿备感世态炎凉的苦楚。走上社会以后近卫文麿总是对富豪们抱有不信任感,对于金钱不以为意,都与少年时的痛苦记忆有关。

1909年4月,近卫从贵族院学习院中等科毕业,转入东京第一高等学校英文科学习。一高时期的近卫常因父亲死后的金钱纠纷所困扰,心中"不知不觉产生了对社会的反抗心。从中学到高中时期,我沉溺于阅读西欧传奇文学之中,是个有很多偏见而忧郁的青年"。一高德语教师岩元祯教授对近卫影响很大,近卫视其为希腊式的哲学家,认为他"人格高尚"。近卫还曾对帮他补习德语的风见谦次郎说,将来要辞去爵位,专攻哲学,当一名大学教师。就读一高期间,近卫最苦恼的事情是:"同学们表面上保持交往,但又因我是公爵而存在隔阂,教授们也是这样。回到家也是同样,和母亲一个月才见一次面。"出身名门的近卫从青年时期起,就摆脱不了其一生具在的孤独感,体尝"高处不胜寒"的贵族的悲哀。

进入一高三年级后,近卫对社会科学产生兴趣。1912年一高毕业后,近卫进入东京帝国大学哲学科,同年10月又转入京都帝国大学法学科。第二年,近卫与毛利高范的二女儿千代子恋爱结婚。在京都帝大时近卫师事于西田几多郎、户田海市、米田庄次郎等哲学家,并同河上肇教授有过一些接触。当时,河上肇正在从事有关马克思主义的研究,时常建议学生读一读马克思的著作。近卫一度对社会主义理论颇有热情,还曾经买糕点送给贫穷邻居。近卫谈论社会主义,不只是心血来潮,还与其父死后家境的变迁使他产生的社会反抗心理有关。近卫步入政坛后,表面看上去礼贤下士、平易近人的态度，及其"叫花子也是宾客"的口头禅，为他博取了不少好名声。

在京都帝大时，近卫还了解并认识了当时被称为"最后元老"的自由派贵族政治家西园寺公望。西园寺公望(1849—1940)出身名门，早年留学法国，深受自由主义影响。1881年西园寺曾创办《东洋自由新闻》，出任过伊藤内阁的文相、枢密院议长。1903年西园寺任政友会总裁，1906年、1911年两度组阁。1912年第二届西园寺内阁因与要求增设两个师团的陆军对立而解体。军阀的横暴引起社会的普遍不满，以护宪为中心的大正民主运动蓬勃展开。每天报纸上新闻连篇，这使得以前视政治为庸俗之物的近卫开始关注政局动向，也对西园寺产生好感。西园寺曾向近卫的曾祖父学过书法，并同其父是朋友；所以，当某日身穿学生服的近卫前去拜访他时，西园寺感到很亲热。虽然两人辈分为叔侄，但西园寺对名门之后的近卫常以"阁下"相称，表示尊敬。从此，近卫与西园寺结下了恩恩怨怨的政治联系。

1917年近卫文麿从京都帝国大学毕业，一度进入内务省地方局工作，步入政坛。1918年近卫在《日本及日本人》杂志上发表了一篇题为《排斥以英美为本位的和平主义》的文章，公开了其政见。近卫认为，当今世界流行着以人类平等观念为基础的民主主义和人道主义思想。但英美的所谓和平，是要维持对其有利的现状，而且冠以人道之名，加以美化。第一次世界大战是"维持现状国"和"打破现状国"的战争，英美对殖民地垄断的现状"有悖于人类机会均等的原则，威胁各国民平等的生存权"，"德国想打破此种现状，诚为正当之要求"，"日本不能不给予深切的同情"，"日本为了自己的需求，不能不像战前德国那样，采取打破现状之举"。近卫还认为，在即将召开的议和会议上，日本加入联盟的先决条件，应当是主张"排斥经济帝国主义，使英美垄断的殖民地开放，作为商品倾销市场或原料供给地，供各国平等利用"；强调日本不能盲听盲信"以英美为本位的和平主义"，而应以真正的人道主义为原则，为贯彻本国的主张而努力。近卫这篇文章的基本思想，反映了后起的帝国主义国家重新瓜分殖民地的要求。不难看出，从青年时代起，近卫就树立了日本优先、侵略有理的思想基础。近卫的上述思想在以后屡有发挥，并贯穿在他一生的活动中。

1919年1月18日，巴黎和会召开。日本派遣以西园寺公望为首的全权代表团出席会议，近卫作为随员同行。会议期间，帝国主义列强的激烈争夺，给近卫留下深刻印象。在他所写的《议和会议所感》一文中，近卫认为巴黎和会显示了"大国的横暴""实力支配"的铁的原则。从基于正义、维持和平的国联精神来说，"人种平等"的提案，理应被采纳，但由于它是"力量不足的日本"提出的而未被采纳；与此相反，"不合道理的门罗主义"却由于是"力量强大的美国"所提出的而被纳入国联规则之中，大行其道。近卫颇为日本在大国俱乐部中受冷遇而愤愤不平。其实，日本的所谓"人种平等"只是为日本争平等，企图与美英法"平等"地分割势力范围而已。因此近卫的一番言论不过是对帝国主义列强分赃不均的抱怨。正是在这次会议上，日本强夺了德国在中国山东的殖民权益。

1919年6月28日《凡尔赛和约》签署后，西园寺等回国，近卫则获准前往德法等国旅行。战后的欧洲民主风潮涌动，与德法人士的接触，给年轻的近卫以很大的冲击。他感到华族社会的习惯、风气、礼仪等很不合理、没有意义。回国后，近卫在《妇人公论》上发表文章，谈论其感想：日本虽不是"生活舒适的国家"，但必然会成为"值得生活的国家"。他所以对本国的种种事物不满，是出于忧国热情。另外近卫在《战后欧美见闻录》一文中，进一步阐述了他在《排斥以英美为本位的和平主义》一文中的观点。他认为"国土面积狭小、人口过多"的日本，对外扩张诚为"自然之势"，日本国民"应堂堂正正地为自己的生存而要求发展之地"。《见闻录》是对其"忧国热情"的诠释，说明帝国主义强权政治的观念已支配了近卫的思想。

高贵的门第，不断见诸杂志、报端的政论文章，使从国外归来的近卫逐渐被人们熟知。1921 年 12 月年方 30 岁的近卫被推选为临时议长。1924 年 6 月宪政会总裁加藤高明组成护宪三派联合内阁后，近卫就任贵族院研究会的常务委员。在第五十届国会讨论普通选举法案时，贵族院许多议员百般反对，法案难产，近卫上下活动，居中斡旋，9 月法案最终通过。近卫在政坛上的活跃，引起社会的关注。

除国会活动外，近卫为贯彻自己的政治主张，还积极从事各种带有民间色彩的政治活动。1922 年近卫担任"东亚同文会"的副会长。同年又同华族织田恒信、有马赖宁等人组织了"十一会"。1926 年近卫出任"东亚同文书院"院长，并访问了中国。在 20 年代他还参与组建"火曜会""日本青年会""新日本同盟""二五会"等名目繁多的团体，培植势力，扩大政治影响，俨然政界新星。到了 30 年代初，近卫文麿便逐渐接近权利中枢。1931 年出任贵族院副议长。

1929 年纽约股市大暴跌，世界经济恐慌骤发。这给严重依赖国外市场的日本经济以致命的打击，股票行情纷纷下跌，大批企业倒闭。农村中农民的破产人数猛增，卖儿卖女，十分凄惨。经济危机激化了社会矛盾，工农运动高涨，中间势力躁动不安，国内局势动荡。在国外，美英对日继续采取排斥政策，迫使日本政府推行不情愿的"协调外交"。在帝国主义争霸远东，包括中国东北的过程中，日本一时处于下风。1928 年张作霖被关东军炸死后，张学良在果断实行"东北易帜"，接受南京政府领导的同时，引进英美资本，着手建设威胁"南满铁路"垄断地位的葫芦岛港和铁路，对抗日本的侵略。日本在"满蒙"的殖民阵地不稳。1930 年 4 月滨口内阁签订了《伦敦海军裁军条约》，以此为诱因，法西斯势力活跃起来。军部把摆脱危机的筹码压在发动侵略的军事冒险上，以中国东北为首要目标，叫嚣"以武力解决满蒙问题"，对内则宣扬"政治革新""改造国家"。日本面临重大选择，统治阶级虽然作为一个整体而言，还没有下定彻底实行法西斯主义的最后决心，但法西斯化的浊流日益喧嚣。

在这种情况下，对国内动向不太关心的近卫，也在改变其政治观点。1931 年 5 月，近卫在驹泽高尔夫球场与阔别十年的政友会前干事长森恪重逢，一席谈话使近卫的思想明显变化。森恪（1882—1932）早年在中国投资创办中日实业公司，谙熟劫掠对华权利的门道。后来从政，当过议员、外务省政务次官，追随军部，执行大陆政策。在近卫的记忆中，20 年代的森恪对宪法研究、外交问题、特别是贵族院改革问题颇感兴趣。但久别重逢之后，近卫才知道森恪早已不是"政党政治论者"。森恪甚至说："世界正在发生巨大变化，若不改变诸如政党、贵族院之类的狭隘思想，将会发生意想不到的事情。"此次受到森恪谈话的刺激，近卫说："我的注意力才转向新时代的潮流方面。"此后近卫经常与热衷法西斯化的森恪会晤，对其耸人听闻的言论越来越感兴趣。后来，在近卫家的客厅里，日益频繁地出现皇道派少壮军人和军部外围团体右翼组织的代表人物，牵线搭桥的就是森恪和治贺直方。治贺曾在近卫之父笃麿任学习院长时就读于该校，他念念不忘受过笃麿的恩惠，为报答其恩情甘心为近卫效劳。一来二往，近卫接触的范围中总有法西斯分子给他灌输所谓"革新"的言论。皇道派及右翼经常高唱的"国体观念"和"国防论"给寄生于近代天皇制下的近卫以某种安全感。

1931年一批关东军军官制造了"九一八事变"，1932年日军又挑起侵略上海的"一·二八事变"。同年3月，关东军导演了宣布东北"独立"，成立伪"满洲国"的把戏。这期间日本国内的法西斯日益猖獗。1931年10月，发生被称为"十月事件"的陆军少壮军官策划的流产政变；1932年2月和3月原藏相井上准之助和日本经济联盟三井总公司理事长团琢磨被法西斯团体"血盟团"暗杀；5月叫嚣"国家改造"的法西斯青年军官和与民间法西斯联合行动袭击首相官邸、警视厅、日本银行等处，杀死犬养毅，制造了震惊日本国内外的"五一五事件"，政党政治垮台。

近卫在其1933年所写的《改造世界的现状》一文中，为"九一八事变"作了无耻的辩护，把日本侵略中国东北的行动说成是"为了国家的生存"。至于其理由也十分荒谬，即"战争起因于国际间存在不合理状态"。如果一方面是"繁殖力"强，充满"发展能力"的民族被"强迫困处在狭隘的领土中过着拮据拥挤不堪的生活"，另一方面则是拥有广阔的领土，人口稀少，资源得天独厚，就造成了"领土分布"的不合理。要改变这种不合理状态并达到真正的和平，就至少必须使"经济交往的自由"和"移民的自由"得到承认，日本需要迅速找到出路，深知以真正的和平为基础的"经济交往自由"和"移民自由"在最近的将来不可能实现，所以日本才选择了"为了今日的生存，只有向满蒙推进的唯一途径"等等。

此文一经发表，近卫立即在军部及右翼组织中获得了好感。其为侵华提供了理论依据，其名门出身以及其与皇室、元老、重臣们有亲密关系，使法西斯势力认为他在法西斯化进程中利用价值很大。

"五一五事件"后元老西园寺公望奉诏进宫推荐首相人选。近卫赶在西园寺动身前拜访了他，面陈意见。近卫认为挑选组阁首相人选有两种途径。一是从政友会中物色，以便日本能够继续实行政党政治；一是放手让军部担负责任。此举虽有危险性，但这样一来军部就不会作为"政府之外的政府"而控制政局了，即使军部对政治全面负责，而后却会搞不下去，也可因此清算"军部的政治立场"。老谋深算的西园寺主张仍由政党组阁，但判定让缺乏国民信赖的政党担当政局，势必加大与军部的摩擦，而军部当权则又难以预料会把国家引向怎样过激的方向上去。最后西园寺认为组成中间内阁最为稳妥，近卫碰了个软钉子，悻悻而归。

内心里近卫对西园寺的中间内阁论很不赞成，为此他写成《元老、重臣与我》一文，认为：日本选择的方向，"是世界形势使然"。日本军人是否采取行动，"满洲事变"是否发生均无关紧要,一切都取决于日本"必须选择的命运"。他指责西园寺等待少壮军人恢复冷静后,实行协调主义外交是迂腐之见。只要政治家缺乏对"国民的命运"的认识,那么军人的激情和狂热就绝不会冷下来。让军人来指导国家很危险,但为尽早从军人手中收回政权,必须首先让政治家认识到"日本的命运之路",让军人打头阵并进行一些必要的革新。近卫的所谓"命运之路",其路标就是少壮军人自"满洲事变所推进的方向"。显然易见,这条"命运之路"不过是不断升级的侵华战争。可以说,早在出任首相之前,近卫已确定了侵华的基本方针。

按照西园寺的意见,陆军大将斋藤实组成了标榜"举国一致"的中间内阁。中间内阁是政党政治向法西斯专政的过渡形态,其内外方针并不带折中性。1932年9月斋藤内阁承认伪"满洲国",订立独霸中国东北的《日满议定书》,1933年退出国联。在军部压力下采用首相、外相、藏相、陆相、海相等五相会议的形式,决定军国大事,扩大军人发言权,挤压政党势力。元老西园寺原有意让近卫组阁,但鉴于时机不成熟,就策划先让近卫出任贵族院议长,在将来适当的时机再让近卫出任首相。1933年6月近卫文麿当上了贵族院议长。一方面,西园寺认为近卫是"人才","没有人可以替代"。另一方面,西园寺很担心日益和"革新势力"同一步调的近卫会卷入政治旋涡之中,最终成为军部的傀儡。所以西园寺叮嘱近卫要"超脱""慎重"。

随着日本加剧对华北的侵略,日美矛盾日益突出。西园寺以为近卫是协调日美关系的最合适人选,极力促成近卫访美。1934年5月近卫以出席留学美国的长子文隆的毕业典礼为理由,以访美特使的身份前往美国。访美期间,近卫与罗斯福总统、赫尔国务卿举行会谈,还与各界人物接触,竭力说明日本的立场,以得到美方的理解。近卫在美滞留五十余天,其间国内海军大将冈田启介组阁。近卫出国时首相斋藤相送,回国时新首相冈田率阁僚迎接。首相换了人,但接送规格没有变化,表明近卫已俨然是政界大人物。访美归来的近卫颇使西园寺失望,而近卫也对西园寺的政党政治论日益不满。有一次借听取石川县警察头目富田健次汇报之机,近卫恣意抨击政党政治。当富田反映由于政党无能、腐败和对时局缺乏认识,国民和军官们已忍无可忍时,近卫立即评论说"政党、议会都起不了作用","军人发怒是难免的"。他甚至说:"为挽救今日的日本,必须要打倒议会主义"。

1934年日本通告废除美英法意日五国华盛顿会议上订立的海军裁军条约,开足马力扩军备战。日本在国际上日益孤立,更加紧国内镇压。1935年右翼议员猛烈批评美浓部达吉博士的天皇机关说,军部、在乡军人会、法西斯民间团体掀起神话天皇的"国体明征"运动,强化思想控制。右翼势力策划近卫出山。政友会也对近卫抱有幻想,试图拥戴近卫,创立新党,重振政党势力。但近卫并不急于出山,继续等待时机,直至军队内部争斗尘埃落定。

这一期间,在军队中"皇道派"和"统制派"的冲突越发激烈。"统制派"利用手中的权力,排挤"皇道派"。1935年7月罢免"皇道派"大头目、军队教育总监真崎,改由"统制派"的渡边锭太郎接任。一个月后"皇道派"骨干、中佐相泽三郎,公然用军刀将陆军军务局长、"统制派"骨干永田铁山少将砍死在办公室里。"统制派"

乘机大搞"军纪整顿",准备把"皇道派"控制的军队调往中国东北。"皇道派"狗急跳墙,在 1936 年 2 月,制造了血腥的"二二六"兵变事件,后迅即被镇压。"二二六"事件吓坏了元老西园寺,为了抑制军部在政治上过于飞扬跋扈,只好起用曾令其失望,但对军部、右翼势力有影响的近卫。重臣们也对近卫所能起到的作用抱有期望,统治集团上层又在酝酿近卫出山。但近卫认为自己和西园寺的政治观点颇有差异,对如何处理发动"二二六"事件的"皇道派"军人的善后颇感棘手。于是,以健康为由,婉拒出任首相。

1936 年 3 月,外务官僚广田弘毅组阁。这届内阁在军部操纵下,加快了法西斯化步伐。上台不久,就推出"庶政一新""广义国防"的两大使命,复活了军部大臣现役武官制,颁布思想镇压法令。同年 8 月的五相会议,制定"北进""南进"并举的《国策大纲》,加紧扩充空军、海军力量,11 月同纳粹德国订立"日德反共协定"。即使如此,军部仍不满意,1937 年 1 月在陆相寺内寿一的无理要求下内阁总辞职。1937 年 2 月陆军大将林铣十郎组阁。这届内阁完全听命于"统制派",排挤政党势力,强调"祭政一致",鼓吹建立临战体制。在 4 月举行的总选举中,政友会、民政党掀起倒阁运动,搞得内阁手忙脚乱。军部又视其无能而加以抛弃,林内阁只得于1937 年 5 月全体辞职。

两届短命内阁之后,西园寺虽然不很信赖近卫,但考虑到在抑制军部这一点上,再没有比近卫更合适的人选了,只好勉强为之。而近卫由于拒绝组阁,反而在政界和民间赢得声誉,不明真相的世人对这位少壮贵族政治家的期望盲目增高。两届短命内阁接连倒台,为近卫执政扫清了道路,这回近卫该出山了。

全面侵华

1937 年 6 月 4 日,近卫文麿接受天皇的组阁命令,组成第一届近卫内阁,时年46 岁,为此前历届内阁中最年轻的首相。一帮御用文人卖力地吹捧近卫,制造近卫受人欢迎的印象。德富苏峰肉麻地说:"近卫内阁成立的消息,使我们国民有了乌云散尽见青天的感觉。"岩渊辰雄也不甘落后,说:"五摄家的首席青年华族当上总理大臣,使国民有了一种新鲜的感觉。他是首席华族,也是天皇的分身。人们觉得在聪明而温和的首相领导下,会使混乱恢复为协调。"

近卫在组阁宣言中,声称其内阁的任务对内是"缓和摩擦","实行社会主义";对外"实行国际主义"。实际上,他的所谓"缓和摩擦"就是"以天皇为轴心,把军部、官僚和人民结合起来",所谓"社会主义"就是加速法西斯化;所谓"国际主义"就是扩大对外侵略。他认为"如无世界领土的公平分配,国际主义就是不彻底的"。公然主张属于"非持有国"的日本"必须确保民族自身的生存权",为此必须彻底贯彻"大陆政策"。鼓吹新内阁负有实现"国际主义"的使命,而实现国际主义的较好方法是,所谓"三大自由",即"获得资源的自由""开拓销路的自由""为开发资源所需劳动力移动的自由"等等。在这里,近卫已为全面侵华战争准备下侵略理论。

近卫组阁令裕仁天皇十分满意。由于皇室和近卫家族关系密切，天皇对他如待亲戚，十分欣赏刚上台的近卫充满自信的"潇洒"。同样，近卫也对天皇亲近有加。近卫晋见裕仁时，经常谈笑风生、不拘礼节，有时还边说话边摇晃着二郎腿，颇为内阁得到皇权有力支持而兴奋不已。

过分得意的近卫在组阁后，提出大赦建议，以缓和国内的对立。此建议不仅引起陆军首脑们的非议，就是皇室成员以及元老重臣，甚至连天皇也摇头反对，这使近卫感到有些沮丧。不久，军部又给他制造了更大的难题，挑起"卢沟桥事变"。全面战争的火焰在近卫内阁成立一个月后点燃。尽管对于事变的肇事者，近卫在其手记中觉得"我方有点可疑"，但面对日军侵略造成的事实，还是采取事后认可的立场。冲突发生后，近卫内阁最初采取"不扩大"和"就地解决"的政策。陆相杉山元、军事课长田中新一以及参谋本部第三课长武藤章为代表的强硬派叫嚣，"只要出动三四个师团，不出三个月就可以解决一切问题"。他们竭力鼓吹扩大事态，以强硬的武力手段迫使中国方面屈服。以参谋本部第一部长石原莞尔及陆军省的柴山兼四郎为代表的"慎重派"生怕陷入侵华战争泥潭不能自拔，从对苏战备防卫角度出发，主张尽可能避免事态进一步扩大。石原还建议近卫到南京与蒋介石会谈。由于近卫错误地料定中国势必屈服，倾向于"强硬派"的主张，同意向中国大量派侵略军。7月11日，内阁发表向华北派兵的声明，声称：中国军队在卢沟桥发动"不法攻击"，对日方在现地进行的交涉"没有诚意"，因而酿成所谓"华北事变"；为"维持"华北"治安"，日本必须增派军队。同一天，近卫首相在官邸邀集贵众两议院、新闻界、财界的代表，要求他们一致行动，协助政府。于是，日本的大小报纸一起大造战争舆论，颠倒事实地叫嚣"膺惩暴支"，煽动侵华战争狂热。外相广田弘毅、藏相贺屋兴宣和内相马场瑛一以及财界的头面人物纷纷发表谈话，鼓吹对华强硬，气焰十分嚣张。然而，侵华日军遭到中国军队顽强抵抗。陆军头面人物所谓"日本军队一过山海关，中国军队就会崩溃"的狂言成了笑柄。另外，近卫对大言不惭、热衷抓权的陆军"强硬派"内心不满，对事变的前途充满疑惧。为使事态迅速解决，近卫打算亲赴南京会晤蒋介石，但又担心这样做可能损害日本在国际上的形象而最终作罢。近卫和军阀们一同乘坐上侵略战车，越跑越远。

8月13日，日军在上海制造"八一三"事件，淞沪抗战爆发。近卫采纳了陆相的建议，向上海增派了两个师团。8月15日，近卫内阁发表声明，宣称要进行"膺惩中国"的"圣战"。日本海军的飞机开始对南京狂轰滥炸。9月3日，近卫内阁发表通告，将"华北事变"改称为"中国事变"。这一称谓的改变，表明日本决心将侵略战争扩大到全中国。4日，近卫又在72届临时国会上鼓吹对华采取"断然一击"的措施，其调门与军部完全一致。

与此同时，为了把日本人力物力投入侵略战争，1937年9月近卫内阁发起"国民精神总动员"运动，大肆宣扬"举国一致""尽忠报国""坚韧持久"三大方针，加快法西斯化步伐。10月设立国民精神总动员中央联络会，由海军大将有马良桔担任会长。同月，近卫内阁将企画厅与资源局合并为企画院。并接连订立各种经济统制法律,将国内经济纳入战争轨道;吸收军、财、政代表人物充当内阁临时参议官;11月在宫中设立大本营等,为全面侵华费尽九牛二虎之力。由于内阁与军部密切合作,日军的侵略步步深入。7月底侵占了华北地区。11月12日侵占上海。12月13日侵占南京,制造了骇人听闻的南京大屠杀,遇难的中国军民超过了30万人。尽管近卫拼命标榜"举国一致",其实连内阁都难以协同一致。随着日军在战场上取得"赫赫战果",军部势力日益嚣张,时常使近卫有被架空之感。他曾对西园寺的秘书原田熊雄抱怨"陆军大臣(杉山元)完全靠不住"。有时向天皇自嘲说:"我这样的人完全像个时装模特儿,什么都不让我知道,却被牵着鼻子走,这实在叫人为难,真是对不起。"近卫打算笼络军部、财界的头面人物,以突出内阁的"领导作用",但收效不大。

在侵占南京之前,近卫试图凭借武力压蒋投降,试图通过谈判来创造内阁的政绩。11月2日他指使外相广田向德国驻日大使戴尔克逊提出对华和平条件。11月5日德国驻华大使陶德曼又将此条件转达给蒋介石。未等蒋做出答复,陆相杉山又提高了和谈的价码。不久南京被攻陷,近卫内阁与大本营召开联络会议,对原来提出的和平条件做了大幅度的修改。主要内容有:(1)中国正式承认伪"满洲国"。(2)中国放弃容共、反"满"抗日政策,对日"满"防共政策予以协助。(3)在华北设置在"中国主权之下,实现日、满、华三国共存共荣的适当机构",并赋予其广泛的权限,尤其应保证日、"满"、华经济合作的成果;在华北及内蒙古设立非武装地带。(4)在内蒙古设立防共自治政府。(5)日中双方共同维持上海治安秩序、发展经济。(6)就日、"满"、华资源开发、关税、贸易、航空、通信等缔结"必要的协定"。(7)中国对日本给予"必要的赔偿"。(8)对内蒙古、华北以及华中的特定地区,在必要期间由日本军队实施保护占领。上述苛刻的和平条件实际上是把中国当作战败国来恣意勒索。蒋介石从陶德曼处得到日本提出的新条件后,未予答复。1938年1月蒋介石通过德国转告日本:和平条件过于抽象,要求提出具体的内容,拒绝了日本的无理要求。

得到国民政府答复后,近卫召开了大本营、政府联络会议。参谋本部出于对苏联作战考虑,主张应继续与国民政府谈判,巩固现有侵略成果。然而陆军"强硬派"却主张停止谈判,扩大对华侵略战争。近卫、广田及其他阁僚也赞成停止谈判。1月16日近卫内阁通过陶德曼转告国民政府停止和平谈判。陶德曼的"和平工作"也至此收场。同日,近卫以首相的名义发表第一次声明,宣称"今后不以国民政府为对手",而是期待着"足以同帝国真正合作的新兴中国政权的出现",即把希望寄托在汉奸政权的身上。声明发出后,立刻受到一些尚能进行正常思维的知识分子和某些自由主义国会议员的质疑,认为近卫抛出了"愚蠢的声明"。他们说:在头脑冷静这一点上,国民对近卫曾寄予信赖和期望,但这个声明则将其打破了,等等。石原也警告近卫说:"这种政策必将带来无穷的后患。"近卫听到上述言论后,气急败坏地回答道:"我的力量太弱!"实际上,发出声明后,近卫也感此举有些仓促,担心这样一来,日本必走进死胡同。近卫左右为难,疑团满腹。

1937年夏秋之间,议会通过了各种管制经济和思想的法案。但1937年12月围绕73届议会上讨论的电力国家管理法和国家总动员法时,议员意见分歧。急于通过法案的陆军态度强硬。1938年3月陆军省军务课的一个课员、中佐佐藤贤了竟对质疑的议员大吼"住嘴!"在近卫的配合下,1938年4月两法案最终通过,军阀操纵政权的力量大为增强,政友会、民政党形同虚设,议会里穿军装的人态度越来越狂傲。这期间,近卫一度考虑辞职。但由于后任首相暂时找不到合适人选,西园寺等人劝他留任,近卫只好硬着头皮干下去。

1938年5月,日军攻占徐州后不久,近卫以为出现修正"不以国民政府为对手"的声明误差的好时机。为此他着手改组内阁,试图将"强硬派"头目陆相杉山、外相广田等退出内阁,恢复内阁的"领导能力"。但入阁的外相宇垣一成、陆相板垣征四郎、文相荒木贞夫等同样是一批战争狂人。宇垣上任后,立即接受了陆军的要求,将原驻德大使馆武官大岛浩提升为驻德大使,任命外务省亲德意派官僚白鸟敏夫为驻意大使,密切与德意法西斯的关系。外相宇垣对于"和平方针之决定"与"对华外交之一元化问题",虽然"希望以坚定的决定实现之",但完全听命陆军扩大战争的安排。板垣就任陆相不久,大本营就决定进攻武汉、广东,侵华的野心愈来愈大。近卫恢复"领导能力"的想法完全落空。

于是近卫再次冒出辞职的念头。西园寺得知此事急忙劝说近卫:"待武汉攻略战结束,选好时机再堂堂正正地辞职为好。"暗地里西园寺认为近卫"终于能坚持干到今天,是因为陆军的支持",如果按近卫的想法让其转任内大臣"也就等于陆军的势力达到了宫中,那可是非常糟糕的"。

1938年10月,日军侵占广州和武汉。近卫内阁一面向蒋介石施加压力,迫其早日投降,一面扶植听命的走狗,开展了所谓的"汪兆铭工作"。中日战争转入战略相持阶段,为了避免陷入持久战的灭顶之灾,近卫内阁对国民党政府转而采用以政治诱降为主、军事打击为辅的新方针,并将军事进攻的重点转向敌后根据地。在此背景下,11月3日,近卫发表关于"东亚新秩序"的第二次声明,强调"日满华三国"共同"建设确保东亚永远安定之新秩序"。他宣称:"国民政府如能抛弃过去的方针,改变人事组织,取得更新成果,参与新秩序的建设,当然不会加以拒绝。"改变了撇开国民党政府的老调门,设法拉拢汪精卫出逃重庆。1938年12月汪精卫溜到河内,开始了建立"新兴政权"的活动。12月22日,近卫发表第三次声明,提出所谓"善邻友好""共同防共"和"经济合作"的三原则,作为调整对华外交的新方针。12月30日汉奸汪精卫发表"对日和平"声明,与近卫遥相呼应,上演了妄图共同灭亡中国的政治丑剧。

至1938年底,大本营被迫停止速战速决的侵华作战方针,转而采用持久战略。日军的军事进攻基本上达到极限,诱蒋投降的阴谋也未见实效。近卫内阁的侵华对策一筹莫展。加之在与德国签订军事同盟上与陆军发生分歧,1939年1月4日第一届近卫内阁总辞职。1月5日平沼骐一郎内阁成立。

从1937年6月至1939年1月,第一届近卫内阁执政期间,日本发动了全面侵华战争。在这一过程中,贵族首相近卫虽与军部"强硬派"有些分歧,但说到底,双方分歧只是策略之争,在本质上别无二致。正因为如此,近卫才与军阀们基本步调相同,犯下了不可推卸的战争罪行。八年后,近卫也因此受到了应有的历史惩罚。

两次组阁

1939年1月,第一届近卫内阁总辞职,近卫转任枢密院议长。原枢密院议长平沼骐一郎接替近卫,当了下一届内阁的首相。平沼内阁热衷于形成德意日轴心国集团,以反苏排英。关东军同年5月挑起诺门坎事件,日苏军队在蒙古大草原上激烈交战。同年8月23日苏德签订"互不侵犯条约"。与日本订立《反共产国际条约》的德国竟然与假想敌国握手,使平沼内阁目瞪口呆,不知所措。8月28日平沼向记者冒出一句"欧洲形势复杂奇怪"的"名言",宣布内阁总辞职。

平沼下野后,元老、重臣们连忙选定下任首相,共提出五名人选。其中近卫名列前茅,但他表示无意接受提名,广田弘毅受到陆军反对只好作罢,池田成彬过于亲英美令重臣们不放心,林铣十郎又有短命内阁的不光彩记录,于是只得选任陆军看好的陆军大将阿部信行。8月30日阿部内阁成立。由于从属侵华战争的战时经济体制压缩民用工业,加上1939年日本大旱,米价上涨与日用品不足并发,国内民怨沸腾。政党乘机发起倒阁运动,陆军也决心抛弃阿部,陷入困境中的阿部内阁在执政不到五个月后,于1940年1月14日下台。

在阿部内阁总辞职的一周前,陆军首脑人物又在为近卫组阁奔走起来。1940年1月7日军务局长武藤章拜访近卫,当面表示欢迎他出任新内阁首相,反对政党总裁和"前皇道派"首领宇垣一成出任首相。近卫依旧表示无意组阁。13日近卫会见陆相畑俊六,希望陆军方面接受他所推荐的宇垣、池田为下届首相人选。烟烟六担心激怒陆军死硬派,婉言拒绝了近卫提出的人选。

这时,海军元老冈田启介跑出来推荐海军大将米内光政为继任首相,宫中势力表示支持。1月16日米内内阁成立。近卫对米内出任首相并不赞成,但天皇"大命"已降,也只得保持沉默。至米内内阁出台,欧洲形式巨变,纳粹德国的侵略连连得手,陆军首脑愈加起劲地鼓吹与德意法西斯结盟,决心尽快推倒倾向于协调美英的米内内阁。7月8日陆军省次厅阿南惟几告诉内大臣木户幸一:"政变即将发生","陆军一致希望近卫公爵出马"。于是近卫再次粉墨登场。

1940年7月至1941年10月,近卫两次组阁。两届内阁分别扮演不同的角色:1940年7月至1941年7月第二届近卫内阁完成了日本的法西斯化,1941年7月至1941年10月第三届近卫内阁为太平洋战争铺平了道路。

法西斯化是一个前后相续的过程。在日本,1919~1930年为提出法西斯学说、法西斯化的启动时期。1919年8月旅居上海的北一辉写成一本小册子《国家改造案原理大纲》鼓吹三年内停止实行宪法,解散国会,设立国家改造内阁、议会;宣布全国戒严,统治经济、思想、文化;北取俄国,南攻英国,占领"满洲"和东南亚,建立以日本天皇为最高君主的"亚洲联盟"并进而征服世界。北一辉的小册子被捧为"圣典""指南",影响越来越大。与此同时,北一辉和大川周明组织了第一个民间法西斯团体"犹存会"（1919），此后类似的团体"天剑党"（1926）、"一夕会"（1926）、"樱会"（1930）纷纷成立。

1930～1936年为法西斯化逐步展开时期，其特点主要是民间法西斯团体与少壮派军人法西斯团体相互配合，制造多起血腥事件。从1930年"爱国塾"刺杀民政党总裁、首相滨口雄幸到1932年法西斯军人杀死政友会总裁、首相犬养毅，推翻政党内阁，法西斯力量迈出结束"宪政常道"，取消政党政治的第一步。继而围绕法西斯化途径问题，军内斗争日益激烈。到1936年2月，主张自上而下有步骤实施法西斯化的"统制派"压倒试图以武力政变尽快建立法西斯独裁的"皇道派"，确立了军部主导、操纵内阁的法西斯化路线。

1937年6月至1941年10月为法西斯化的完成时期。这一时期，先后出现了三届近卫内阁和平沼、阿部、米内等三届短命内阁，六届内阁共执政52个月。其中，近卫执政时间共34个月，其他三届内阁平均执政六个月。仅从执政时间长短来看，亦可说法西斯化完成于近卫内阁执政时期。三届近卫内阁所执行的内外政策，是引出前述理论的更有力依据。当然，由于形势和日本统治阶级需求的不同，三届近卫内阁法西斯化的重点有所不同。

第一届近卫内阁时期，侧重建立"战时体制"，以应付逐步升级的侵华战争。第二届近卫内阁执政时期，以"新体制运动"为法西斯化的基本内容，并借助这一运动开展，最终完成了法西斯化。

早在第二次组阁前，近卫已经对新体制运动做了许多思考。1940年6月24日，从轻井泽疗养地返回东京的近卫，向聚集在周围的记者发表了关于建立新体制的谈话。近卫说："无论是谁，都认为必须建立强有力的政治体制，以应付国内外未曾有过的变局"。他于当天辞去了枢密院议长之职，声明"要为建立新体制而尽微薄之力"。"新体制"一语既出，记者们立即竖起耳朵，听近卫进一步说明。近卫接着说："新体制的最大目标是使国策"浑然一体""举国一致"。为此，"所有政党、派别、经济、文化团体都必须贯彻公益优先的精神"，"实践翼赞大政之臣道"，建立"高度国防国家"。在某种意义上说，近卫是拿着"新体制"这个法宝，再次出场的。

近卫关于"新体制"的谈话，受到各方面的关注。官僚、军部、政党等政治势力一直期待通过某种契机，以某种形式扩大各自的地盘，打破斋藤中间内阁以来的均衡。"七七事变"以后，军部反复强调建立"强有力的内阁"是因为全面侵华战争爆发后，造成日军在国共合作全民抗战的坚壁下很快陷入被动，需要一种能实现其"制服"中国的"神化的外力"。在军部看来这种"外力"就是当时在国民中很有影响力的近卫及其"新体制"。军部中，以陆军省军务局长武藤章为代表的陆军"统制派"把推行"新体制"以建立德国纳粹式极权统治当成救命稻草，希望搞出一个能发挥国家总体力量的"国防国家"，以征服中国，并同英美争夺东亚等势力范围。

1933年由近卫的亲信后藤隆之助、蜡山真道等组成的昭和研究会成了近卫的智囊团。这个团体纠集新官僚、革新学者策划"新体制"运动。他们的构想是使国民组织化，借此扩大官僚的发言权，试图对盛气凌人的军部有所牵制，竭力拥戴近卫组阁。

"五一五"事件后处于风雨飘摇中的政党,也把近卫及其"新体制"当作是打破困局,重新夺回政治主流地位的机会,因而寄希望于"新体制",急欲在"新体制"中占据一席之地。政党内部亲军队势力日益活跃,1940年3月25日,政友会中岛知久平、久原房之助,民政党永井柳太郎,社会大众党麻生久等热衷于亲军队的新党运动论者,组成"贯彻圣战议员同盟",叫嚷取消所有政党,组成一个强有力的政党。在他们的设计中,新党总裁非近卫莫属。

　　军部、官僚、政党三股势力不约而同地支持近卫,因此当近卫出马的声明发出后,"新体制"运动立即启动。从1940年6月到8月,社会大众党、政友会、民政党等政党相继解散,争先恐后地赶来乘坐"新体制"这部公共汽车。这样,在日本出现了宪政史上无政党状态的奇妙现象。8月23日,政界、财界、新闻界和右翼团体的代表,加上内阁成员,组成了"新体制"准备会。军部所设想的一国一党式的"新体制"遭到宫廷势力集团和右翼的强烈谴责,认为"它侵犯天皇大权"。近卫认为"万一对翼赞出现分歧时,则需仰赖圣断"。"一切臣僚必定统一于'承诏必谨'之大义"。担心"扰乱我一君万民国体之本义",也不赞成国民运动采取所谓一国一党的形式。8月28日"新体制"筹备会上发表了近卫有关"新体制"的声明道出了其打算,即是为建设"高度国防国家"需要建立"万民翼赞"天皇大政的"国民组织",以"下意上达""上意下达",在政治上集结国民的总体力量。为此"需要开展一次由政府积极指导下的国民运动"。10月12日,"大政翼赞会"宣布成立,近卫自任总裁。其口号是"万民翼赞""承诏必谨",加紧精神动员。

　　按照近卫内阁发布的政令,居住在不同地域的所有日本人以十来户为单位,组成邻组,在城市设町内会,在农村设部落会。1940年9月,内务省发表了《整顿加强部落会、町内会纲要》,明确规定部落会,町内会、邻组是"使国策广泛贯彻到国民中"的翼赞会基层组织。国民相互监视,受到比幕府时代的"五人组"连环保制度更为严密的控制。

　　另外,按职业、年龄、性别将从业人员加以组织的"报国会"也纷纷出笼。7月30日成立产业报国联盟,一切工会都被解散。11月近卫内阁颁布《确立劳动新体制纲要》,实行劳动动员。11月23日,产业报国联盟改组为"大日本产业报国会"由厚生大臣任总裁,干部均由"特高"官僚,三井、三菱、住友、川崎等大公司财阀的代表和各种法西斯分子担任。1941年,产业报国会已达6.5万个,成员近500万人。在农村,建立了"农业报国联盟""农业实行协会"。此外,还有"京论报国会""美术报国会""大日本联合青年团""国防妇人会""复员军人会"等,形形色色,不一而足。把法西斯统治的触角伸向社会生活的不同领域,进行思想毒化和言行镇压。

　　在开展政治"新体制"的同时,近卫内阁也在建立经济"新体制",由经济阁僚恳谈会负责实施。12月8日,内阁会议通过《确立经济新体制纲要》,提出"官民合作","公益优先"等口号,把以往以追求利润为目标的自由主义经济体制,变成从属于战争的经济体制,强化战时经济。继而,近卫政府改革银行、储蓄、票据、保险等金融行业,成立了集中全国资金解决战争经费的全国金融协改会。又公布了《银行等资金运用令》《财政金融基本方案纲要》《重要产业团体令》等等,在各个产业和金融部门中成立统制会,全面统管原料、资源的分配,生产的分摊,劳务和利润。垄断集团为了确立支配权和获取血腥的更大利润,一度对战时经济体制颇感兴趣;但财阀很快发现"所有权与经营权分离"对其不利,转而攻击"公益优先"的原则具有"无视利润观念的社会主义思想",对"新体制"运动戒心重重。三菱、住友等银行先后停止向大政翼赞会提供金融资助。

另一方面,1941年3月,有马赖宁事务总长和后藤隆之助组织局长下台后,内务省官僚,乘机改组大政翼赞会,道府县支部长由知事兼任,连最初翼赞会所提倡的"上意下达,下意上通"也因"下意"不合"国体"原则而改为"下情上通"。这样,改组后的翼赞会完全变成了内务省官僚控制下的御用机关。当初被炒作得沸沸扬扬的"新体制"运动很快就露出破绽。近卫试图统一各种政治势力、实行政治一元化,以对军部有所抑制并未如愿。但无论怎样说,近卫的"新体制"运动,还是从政治、经济、劳动、意识形态等方面,完成了日本自上而下的法西斯化。

1940年7月,在外交方面近卫内阁也遇到了难以驾驭的挑战,随即采纳了陆军策划、制定的三国同盟方案。近卫认为"与德、意、苏联合",能"形成与英美对抗的势力均衡",对"处理中日事变有利";对"解决日美问题""稳固日本国际地位是必要的"。但鉴于时机尚不成熟,决定"首先缔结日德意三国同盟条约,将来再努力使苏联加盟其中"。为此,7月26日制定了《基本国策要纲》。这个国策要纲宣称"以皇国为核心,建设以日满华坚强团结为基础的大东亚新秩序",以及"刷新国内体制","确立强有力的新政治体制"。7月27日大本营与政府的联络会议进而通过《适应世界形势演变处理时局要纲》,宣称:迅速促进解决"中国事变",同时捕捉良机实施"南进";强调为此从速加强同德意两国的政治结盟,大力调整日苏外交,改善两国关系;举行日美谈判,尽量让美国理解日本的"公正主张";利用德国横行西欧的良机,以英国为主要对象,诉诸武力,夺取其殖民地,也要考虑到同美国开战的可能性而做好准备等等。从此文件可以看出,近卫内阁决心发动一场更大规模的侵略战争。

8月1日,外务大臣松冈洋右发表讲话,宣称"我们当前外交政策的直接目标是,根据皇道的崇高精神,建立以日满华集团为链环之一的大东亚共荣圈"。"大东亚共荣圈"口号的抛出,表明日本的欲壑已不限于侵占中国,而是要建立一个囊括东亚的庞大殖民帝国,在所谓的"经济协同"的幌子下,由日本帝国主义掠夺、剥削和主宰东亚各国。据此方针,近卫内阁对法属印度支那当局进行强硬交涉,9月23日,日军进驻印度支那北部,跨出"南进"的第一步。9月27日,德意日三国在柏林签订了三国同盟条约。对于是否缔结三国同盟,日本国内也有反对意见和慎重论观点,对此近卫不予理睬,他在手记中写道:三国同盟缔结的目标,是防止美国参战和建立日苏亲善关系。在走向太平洋战争的道路上,近卫不撞南墙不回头。1941年4月日本同苏联签订《日苏中立条约》。

日本大举"南进"和三国军事同盟的签订,使日本与在东南亚拥有殖民地的英法美荷之间的矛盾空前尖锐,日美摩擦日益加剧。为完成"南进"准备,近卫内阁命驻美大使野村吉三郎联系同美国进行谈判事宜。4月16日,美国国务卿赫尔提出日美谅解的四原则,日美交涉正式开始。近卫认为日美关系可能因此改善,但外相松冈洋右对此强烈不满,主张对美采取强硬态度。这使近卫感到十分棘手。组阁时近卫挑选松冈任外相,曾遭到天皇等周围许多人反对,但近卫还是起用了他。因而对于此时是否令松冈辞职,以便继续同美交涉,近卫举棋不定,甚至考虑采取内阁总辞职。但木户认为访欧归来并订立《日苏中立条约》的松冈过于居功自傲,言行超轨,令其辞职的理由很充分,无须内阁总辞职,近卫遂打消了这一念头。

1941年6月22日,德国进攻苏联。7月2日的御前会议再次决定"南进"政策,并"不惜与英美一战"。近卫在手记中道出其中奥秘:此举是为遏制"北进论"而确保"南进"方针的实施。日本决定不马上参与对苏作战,却在7月至9月中,令70万关东军在中国东北进行特别大演习,制造"北进"假象,加紧"南进"的准备。为此,需要继续同美国谈判,但从中作梗的松冈令近卫十分不耐烦。7月16日,近卫以阁员意见不统一为由宣布内阁总辞职。17日木户召集的重臣会议仍一致推举近卫为首相。18日近卫第三次组阁,基本起用原班人马,外相由丰田贞次郎取代松冈洋右。

新内阁成立后继续推行既定的"南进"方针。7月23日,日本与维希政府的法属印度支那当局订立占领印支南部的方案。25日罗斯福总统下令冻结日本在美资产。7月27日,日军占领印支南部。8月1日美国进一步禁止除粮食和棉花外一切物资对日出口。这样,在第三届近卫内阁成立半个月后,日美关系急剧紧张。日美一旦交战,日本前途未卜。

近卫对此有所估计,但他仍然参与了7月2日御前会议"不惜与美英一战"的决定。美对日经济制裁,特别是石油禁运,使日本的战争机器有陷入瘫痪的危险。海军原来在对美关系方面一直持慎重论,但美国掐断石油来源后,海军突然变得强硬起来,决心孤注一掷。这使近卫陷入了窘境,在日记中说"德苏战争胜败难以决定","如今不弄清苏联的向背,却要与美国发生冲突,没有比这更危险的了","本人不能不越发痛感到有必要使日美谈判弄出个结果来"。动辄甩手不干的近卫,一反常态,全力以赴地投入"首脑会议"的准备工作中。8月7日丰田外相训令驻美大使野村对美做出首脑会谈建议,8月28日,野村向罗斯福递交了近卫的信件。日美谈判从9日起重新开始。在此同时,军部愈益要求进行对美开战的准备,并限定谈判时间。近卫在提出与罗斯福首脑会谈时,也在口头上同意对美开战的准备同时进行。9月6日,又在近卫参加的御前会议通过了《帝国国策实施要领》,提出:"帝国为完成自存自卫,以10月下旬为目标,完成战备准备","通过前项外交谈判,至10月上旬仍不能贯彻我要求时,决心立即对美英荷开战",即定下了对美开战的时间表。另一方面,美国的罗斯福和赫尔对近卫的"和谈"诚意也持怀疑态度。10月2日美国要求日本承认赫尔四原则,从中国、印度支军。

10月12日是近卫的50寿辰。形势紧迫,近卫也顾不上庆贺,再次把陆、海、外三相和企划院长铃木召集到荻外庄私邸协商和战问题。陆相东条英机反对从中国撤军,叫嚷无论发生任何情况也不能让步。近卫主张继续谈判,说:"外交谈判或诉诸战争,两种办法都是危险的,问题是应选择最有确实把握的办法。我本人对外交谈判有较大的自信,所以打算选择这条路。"海军方面认为军队无法决定是否进行战争,海相及川表示"海军愿意完全由首相做主"。东条坚持陆军无意改变御前会议的决定。会议不了了之。近卫认为"战争若无百分之百的把握就必须避免"但又说服不了东条等人,苦于无计可施。在铺平了通向战争的道路后,近卫于10月16日提出内阁总辞职。10月18日东条组阁成立。

东条组阁后,日美谈判成了纯粹的战争掩护行动。1941年12月8日,日本联合舰队偷袭珍珠港,太平洋战争爆发。太平洋战争初期,日军战局处处得手,气焰嚣张。但中途岛海战、所罗门海战和瓜岛争夺战之后,战争的主动权完全落在美军手中,日军节节败退。独揽大权的东条集首相、陆相、外相和参谋总长四个要职于一身,并进一步加强"特高"警察和宪兵的监督与镇压。日本统治集团内部惶恐不安。在东久迩、高松宫、秩父等新王以及冈田、若槻、近卫等重臣看来,东条已不堪重用。在海军和议会也早就出现了反东条的动向。正在形成的危及天皇独揽大权的"国体"的战败危机,使对维护国体十分敏感的宫廷势力和重臣,开始考虑走马换将。1944年7月,近卫向木户建议:为维护国体,建立停战内阁。重臣、皇族、海军反东条的运动,得到财界广泛支持,最终迫使东条于1944年7月18日下台。

7月18日下午,重臣会议物色接替东条的人选。近卫以少有的积极态度多次发言,主要谈论对爆发革命的忧虑。近卫说:"打败仗是可怕的事,但革命却更可怕得多,打了败仗,我们经过一定时期还能恢复,但是左派革命起来了,却会破坏国体"。近卫希望对"左翼革命"予以深切关注,主张下任首相人选应以能否控制不同政见分子并少受陆军牵制为宜。最后,决定陆军大将小矶国昭继任组阁。

小矶内阁从任职起就没什么明确的章法,发挥不了影响。于是,近卫为战败时仍能维护天皇制国体而四处奔走。1945年初,近卫接连与高松宫,米内海相以及冈田启介等密谋善后事宜。近卫认为战败势所难免,鉴于裕仁在战争中的责任,留任天皇已不可想象。近卫主张依照历来传统,裕仁应在彻底失败之前,让位给皇太子明仁,由高松宫摄政,自己引咎出家当和尚。但由于动作过大,没能得到支持,天皇也因此而忌恨近卫。

1945年初,美军在菲律宾战役中节节胜利,2月初开进马尼拉。对于国家前途感到忧心忡忡的天皇,召见重臣,征询意见。2月14日近卫晋谒天皇,直率地面陈意见,认为败局已定,除非短期实现和平,否则日本将陷入政治和军事深渊。他还将前一年7月写给木户看的意见书上奏天皇,表示"在维护国体方面,最为担忧的,与其说是成败,毋宁说是随着战败而可能发生的共产主义革命","尤其值得忧虑的则是军部一伙人的革新运动,多数少壮军人似乎相信我国国体可以同共产主义并存","围绕着他们左右的一部分官僚及民间人士则怀有诱导他们进行共产革命的意图"。在谈论了一番"共产革命"的威胁后,近卫鼓动天皇针对那些造成时局恶化的军部内的那伙人采取行动,否则"属于右翼和左翼的朝野各界分子将与这一派相呼应,而在国内掀起大动乱"。在天皇看来,当务之急是维护国体。为此还要倚重梅津等主战派。对近卫的看法,天皇是"顾左右而言他",近卫不得要领而归。

1945 年 3 月美军发动冲绳战役,战火即将烧到日本本土。小矶内阁黔驴技穷,只得于 4 月总辞职。在近卫等重臣的推荐及天皇的授命下,枢密院议长海军大将铃木贯太郎组阁。

5 月 7 日纳粹德国向盟国投降,日本成为美军的空袭对象,除农村外,东京、大阪等大城市一片废墟。5 月 14 日最高战争指导会议决定,请苏联出面进行停战斡旋,谋求对日本有利的结局。7 月 10 日最高战争指导会议决定派遣近卫作为特使访苏,近卫奉命准备前往莫斯科。但这时,苏联已决定对日出兵,日本的所有对苏交涉均化为泡影。

7 月 26 日,反法西斯盟国发表《波茨坦公告》,敦促日本无条件投降。8 月 6 日和 9 日美国对广岛和长崎相继投掷原子弹,8 月 8 日苏联对日出兵作战。8 月 9 日,毛泽东发出《对日寇的最后一战》的号令,中国军民开始了大反攻。"大日本帝国"行将崩溃。8 月 10 日御前会议决定在维护"国体"即保存天皇制的前提下,接受《波茨坦公告》。高松宫亲王,近卫和木户幸一内大臣等在促成天皇裁决的过程中发挥了作用。8 月 10 日,日本通过瑞士通告英、美、中、苏四国,日本决定接受公告。15 日中午广播天皇的"终战诏书",日本战败投降。

拒捕自杀

1945 年 8 月 15 日,日本国内风声鹤唳,一片慌乱和茫然。为稳定人心,东京电台广播了"终战诏书",日本战败投降。8 月 17 日,组成东久迩宫稔彦亲王为首的皇族内阁。近卫文麿再次被启用,入阁担任相当于副首相职务的国务大臣,重返政界。但形势已是今非昔比,社会舆论对近卫发起猛烈攻击,谴责他在"七七事变"中罪责难逃,指责他把日本引向太平洋战争,要求罢免他。在经历了所有困苦和牺牲后,以前人们对他送去的尊敬的目光和微笑变成了白眼和诅咒。近卫非常紧张,惶惶不可终日。

8 月 28 日,美军陆续登陆,单独占领日本。8 月 30 日盟军最高司令官麦克阿瑟抵达厚木机场,君临日本。把前途委之于麦克阿瑟的近卫,急欲去见盟军最高司令官。但外相重光葵出来挡驾,借口外交应由外相对天皇直接负责,阻止了这次会见。9 月 3 日重光葵等签署了投降书。9 月 11 日盟军总司令部(盟总)发布逮捕东条英机等 39 名战犯的命令。风声越来越紧,近卫如同热锅上的蚂蚁。9 月 13 日下午 5 时,他终于越过外相,经原口初中将的旧友伊格伯格将军斡旋,跑到横滨拜见了麦克阿瑟。但谈了半天,未涉具体问题,加上日裔美国人翻译水平不高不能充分传达近卫意思。一个小时里,只是麦克阿瑟一个人在指手画脚滔滔不绝,近卫根本没有机会说出他想说的话。

近卫想说些什么呢? 外相重光葵倒是快人快语,他说:东久迩和近卫都想逃避责任,想把挑起战争和虐待俘虏的责任说成与己无关,坏事都是东条大将等一帮军阀干的。近卫想通过《朝日新闻》《纽约日报》的记者之笔,发表天皇对袭击珍珠港一事完全不知的通讯，为裕仁洗刷罪责。

近卫与麦克阿瑟的前述第一次会谈短暂而带有礼节性、象征性。10月4日下午，近卫以国务大臣的身份，正式访问麦克阿瑟。毕竟是战败国的阁僚，进了"盟总"大楼，被冷落在接待室。心情烦躁、颇感不快的近卫20分钟后，才被副官带进麦克阿瑟的办公室。一番寒暄过后，近卫打开了话匣子，他说："前次会见时未能尽所欲言，今天想充分地谈谈。军阀和极端国家主义者破坏世界和平，使日本陷入今日的惨破局面，这是没有疑问的；但我感到，美国方面对皇室和财阀界所发挥的作用及其功罪问题，似乎有相当错误的看法，以为他们与军国主义相勾结而造成了今日的事态。而事实上，他们在努力发挥抑制军阀的制动器作用，这从他们当中几位名人成为军阀的暗杀对象一事中就可明了。"近卫深知美国的反共立场，故话锋一转，用心险恶地说："满洲事变以来军阀和国家主义者就叫嚣激进的革新运动。在他们背后活动着'左翼分子'。这些'左翼分子'利用军阀把日本驱入战争。因此造成日本陷入今日的惨破局面的，是军阀与左翼勾结的势力。今日的破败局面让军阀们灰心丧气，但对'左翼分子'来说则正中下怀。在这种情况下，如果把皇室、财界等既成势力如同军阀和国家主义者一样消灭掉，日本就极易被'赤化'。为防止日本赤化，使日本成为建设性的民主国家，必须消除军阀势力；但另一方面，也要使皇室和财界存在下去，以渐进方式，建设民主主义。"麦克阿瑟对近卫的讲话颇感兴趣，几度插话询问，表示得到许多有益的建议。近卫见状忙问："您对政府的组织和议会的构成如有什么指示，本人虚心领教。"麦克阿瑟竖起手指说："第一，要修改宪法，必须充分注入自由主义要素；第二，现有的议会是反动的，必须扩大选举权。"告别时，近卫频频点头致意说："从我个人来说，过去由于种种情况，未能去做自己所想之事，但从今以后，愿在您的鼓励忠告下，为国家效力。"麦克阿瑟说："很好。公爵虽出身于所谓的封建家庭，但也是世界知名人士，了解国际形势。公爵还不老，要勇敢地站在领导的前列。如果公爵能把自由主义者联合在自己的周围，提出有关修改宪法的草案，我想议会也会拥护您的。"

结束了与麦克阿瑟一个半小时的会见后，近卫打道回府。在归途中，近卫兴奋不已，对译员奥村说："今天，麦克阿瑟说得很好嘛。"近卫以为此次与麦克阿瑟会面后，可避免受到战犯的追究，精神为此一振。

战争结束以来，近卫最担心被指为战犯。现在，麦克阿瑟授意其修改宪法，这使近卫十分放心和满足。

就在近卫和麦克阿瑟会谈的当天，"盟总"向日本政府下达备忘录：要求取消对政治、民事、宗教自由的限制，自由讨论天皇问题，释放政治犯，撤销思想警察，废除各种统制法。东久迩宫拒绝执行，10月5日内阁总辞职。深受麦克阿瑟授意鼓舞的近卫，一度考虑出马组阁，不过由于已内定由币原喜重郎担任后继内阁首相，近卫遂更加卖力主持修宪工作。

10月8日近卫率高木八尺，松木重治，牛场友彦等人拜访"盟总"政治顾问艾奇逊，领取删除天皇立法权等12点关于修改宪法的指示。随后，近卫又拜访了内大臣木户幸一，谈及10月4日他同麦克阿瑟的会面和同艾奇逊面谈的经过，说如果错过着手修改宪法的时间,恐怕"盟总"会突然提出修改案,而使日方难堪,改宪宜早不宜迟。10月9日币原组阁,10月11日,得到币原同意后,近卫被任命为相当内大臣顾问的"御用挂",并于13日与同样被任命为"御用挂"的宪法学者佐佐木总一开始在内大臣府研究修改帝国宪法问题。近卫等内大臣的修宪活动,引起币原内阁的警觉。币原无意让内大臣府抢夺改宪头功,就以宪法的调查研究是最重要的国务活动为理由,强调应由内阁负责。13日内阁会议决定成立以国务相松本烝治为主任的宪法问题调整委员会。于是,出现了内大臣府和内阁各搞一套宪法调查研究的局面。内大臣木户授意近卫,借助与天皇联系便利之机,与币原争夺改宪权。

但未容近卫施展拳脚,舆论再次把矛头指向近卫。日本报纸转摘了一篇美国报刊的社论,指责如果让近卫公爵在战后的日本担当什么角色,"无异于让吉斯林当挪威总统,让赖法尔当法国总统,让戈林当欧洲盟军司令",媒体一齐向近卫开火。"盟总"开始改变态度,11月1日"盟总"的声明说:人们对近卫公爵在修改帝国宪法方面所起的作用存有误解,"盟军当局并未指定他修改宪法"。"声明"说:在东久迩内阁总辞职前,近卫公爵曾以其代理首相的副首相身份接到总部要求日本政府修改宪法的通知。但次日东久迩内阁总辞职,"所以在盟军当局看来,近卫公爵与这个问题没有任何关系"。"声明"还特别解释说:盟军最高统帅已向币原新首相发出了关于修改宪法的指令。此后,近卫公爵与改宪问题的关系,仅来自他与皇室的关系,而不是来自盟军总部的授权。

"盟总"突然变卦,是为了摆脱舆论的攻击,为争取主动,"盟总"还下令今后禁止与近卫接触。这些措施,使近卫十分狼狈。木户等人迫于压力,只好让近卫赶快收场。

随着改宪调查研究突然中止,近卫长久以来深恐被指为战犯的心再次悬到了半空。11月19日美国战略轰炸调查团传讯他,更使近卫头晕目眩,倍受刺激和打击。

传讯是在一艘美国海军的鱼雷艇上进行的。讯问者虽然客气地称他为"近卫先生",但追究起在"卢沟桥事变"上的责任和参与谋划日美战争来却毫不留情。传讯前后持续三个小时,近卫神色紧张地支吾搪塞,闪烁其词,不是将罪行推诿于军部,就是谎称自己记忆不清。总之,近卫对1941年7月以后的行为没有做出任何令人信服的辩解。后来他心有余悸地对别人说:"我度过了可怕的几个小时,他们就像在审问一个战犯。美国也好像终于下了决心,我也要作为战犯被抓起来了呀!"

在度过许多心惊肉跳的不眠之夜后,11月22日,近卫向天皇裕仁递交了辞掉公爵的报告。先前近卫出任首相时,对近卫态度亲热的裕仁这时却态度冷淡,因为天皇已经知道近卫的名字已经上了盟军最高司令部的战犯名单,急于摆脱与近卫的干系。走出皇宫的大门,近卫的心情显得分外沉重。11月27日,近卫来到多年来他最喜欢的轻井泽的别墅,请《朝日新闻》的记者小坂德三郎参考近卫以前零零碎碎写下来的记录,整理成笔记,近卫称其为"政治上毫无虚构的告白",他的"政治遗书"。这部手记连同太平洋战争期间近卫所写的其他手记,在近卫死后,以"遗失的政治"为题,公开出版。

近卫前往轻井泽炮制"政治遗书"的八天前,11 月 19 日,"盟总"指定首相小矶国昭,阁僚荒木贞夫等 11 人为战犯嫌疑人,下达逮捕令。12 月 2 日,又下令逮捕梨木宫以下平沼骐一郎、广田宏毅、池田成彬、有马赖宁、后藤文夫等 59 名战犯。12 月 6 日,又下达针对近卫、木户等 9 名战犯的逮捕令。近卫在轻井泽听到这个消息时,显得比较平静。曾做过近卫秘书的高村坂言在名古屋听到这一消息后,连夜赶来拜访近卫。高村希望近卫能在军事法庭上针对战争陈述日本的立场,说明不能只追究日本的战争责任的理由。鉴于追究战犯可能波及天皇,届时,近卫是为天皇辩护的最佳人选。近卫露出苦涩的表情,回答说:"美国根据其政治意图来进行审判。您提的两点很难实现。如为天皇效力,我什么都可以做,但在军事法庭上则不可能。战争的最高指挥责任要归结到作为大元帅的天皇。如果美国决定惩处天皇,我觉得自己无力为他辩护。"谈话间,近卫多次表示忍受不了作为战犯受审判的"耻辱"。

在轻井泽的最后日子里,近卫曾对新闻记者感慨其走过的路:"战争之前,人们因我反战而嘲笑我软弱;战争期间,人们因我主和而诋毁我是和平论者;而时至今日,我又被指控为战犯,我是命运的玩偶"。又说:"对一个人一生的评价,只能是盖棺决定。不,即便盖了棺,也可能要经过数十年,数百年,后世的史学家才能给其以公正的判断。"这些似是而非的议论,只能说明近卫死将临近,仍不悔罪,甚至期待有朝一日,有人跳出来为其喊冤叫屈,重翻历史的铁案。

不久,近卫接到要求他务必于 16 日前往巢鸭监狱报到的命令。11 日晚,近卫由轻井泽回到东京,仍然在绞尽脑汁,设法逃避审判。近卫问来访的富田,"作为战败国,在无条件投降之后,对战败国人员进行裁决审判,这在国际法上是否可行?"近卫让富田赶快就此问题找伊藤述史先生寻找法律依据,试图以国际法为掩护,拒绝到监狱报到。很快,伊藤做出回答:"不可能"。于是,又有人为近卫出主意,以"健康状况不好"为由,推迟去监狱报到。富田去找负责收容战犯的中村丰一公使,通过中村和"盟总"交涉,结果被严词拒绝。当富田将交涉结果转告近卫时,近卫脸色阴沉,一声不响。

在逃避罪责的挣扎均告失败之后,12 月 16 日清晨近卫在美国宪兵到来之前,在寓所内服氰化钾身亡。自杀前,近卫留下遗书,内称:"自对华战争之后,我所犯政治错误甚多,对此痛感负有不可推卸之责任。但我无法接受在美国人的法庭上作为战争嫌疑犯而接受审判。……对被美国人怀疑我为战争罪犯,深感遗憾","期待将来社会上舆论恢复'冷静'和'正常的时候'神的法庭会做出正义的判决"。在亲笔留给世人的最后文字中,近卫的立场没有变化。因此,说近卫是带着花岗岩的脑袋见上帝,也并不过分。

近卫自杀后,《朝日新闻》发表文章评论道:"近卫公爵缺乏'战争责任感'。纵容以东条英机为中心的军阀横行霸道,重臣负有重大责任,而近卫是重臣之首。何况这场战争的前提——日中事变是在近卫组阁期间发生的。可以充分判明:从性格来说,近卫是不好战的,但他的性格弱点使战争轻易爆发。对于一个政界领导人来说,个人性格的弱点就是'国家的罪恶'。在这个意义上,近卫犯了政治罪,他无疑负有战争责任"。《每日新闻》的评论说:"总之,近卫公爵的死是悲剧性的。在疾风怒涛似的时代,作为政治家,近卫暴露了他的性格缺陷。在日中战争的爆发、大政翼赞运动的展开、三国同盟的缔结上,近卫负有重大责任。同时也存在使近卫充任政治家的时代责任,可以说近卫扮演了并不适合其身份的角色。"

上述评论文章大体上代表了战后初期日本社会反省战争所持有的立场。尽管这些文章有些夸大了近卫性格因素的作用,称其为悲剧性的人物,但在追究其战争责任,历数其罪责方面,态度比较鲜明,立场比较一致。较之50年后那一伙鼓噪翻案,为"大日本帝国"之灵举幡招魂并肆意攻击东京国际军事法庭正义审判的无耻之徒来说,要客观得多,也清醒得多。人们对历史的认识,本来应该是距之愈远,认识愈清。在战后日本却有些人距战争结束时日越远越糊涂,甚至越来越嚣张。其中原因,发人深思。

一个门庭显赫的贵族政治家不得善终服毒自杀。表面看起来似乎是悲剧。实际上,其无缘寿终正寝,是罪有应得。正是这个名门之后,虽然对权柄不像那些政治暴发户们得志便猖狂,他时常推辞入阁之请,自视甚高,甚至有时还要和陆军的"强硬派"闹闹矛盾;但一旦入主首相官邸,同样忠实地执行既定的帝国侵略方针,成为这架侵略战争机器中疯狂转动的一个主轴。因此,在个人悲剧之后是天皇制军国主义体制的历史性错误、历史性的悲剧。何况由于近卫特殊的政治背景,使他在法西斯化、侵华战争和太平洋战争中,经常能发挥其他首相难以发挥的特殊作用,陆军"强硬派"们所以对近卫情有独钟的原因即在于此。近卫死了,死有余辜。

疯狂的战争恶魔

——东条英机

人物档案

简　历：日本陆军大将，政治家，第40任首相，日本法西斯统治集团的重要魁首，也是侵华的祸首之一。东条英机自幼就受到军国主义思想和武士道精神的熏染。1911年～1915年，东条英机就读于日本陆军大学，毕业后坚决支持日本军部的右翼法西斯分子，谋划、策动武装侵略中国东北的"九·一八"事变。"九·一八"事变后，东条英机出任关东军宪兵司令官来到中国东北。"七·七"事变后，东条英机率日军直扑察绥和晋北，并炮制伪"察南自治政府"。1941年10月，东条英机担任日本内阁首相。同年在御前会议上通过了对美国、英国和荷兰开战的决定。1941年12月7日，偷袭珍珠港，太平洋战争爆发；同日，日军根据东条英机的命令，陆续开始对泰国、马来西亚、菲律宾、关岛等地发动进攻。1944年4月中旬，为加强中国大陆日军与南洋日军的联系，东条英机命令尽快打通横贯中国的平汉、粤汉和湘桂铁路。同年7月18日，由于日本在与美国的海战中屡遭重创，在侵华战争中连遭失败，东条内阁被迫辞职，东条英机退出军政舞台。1945年8月，日本宣布无条件投降；9月12日，日本头号战犯东条英机自杀未遂，被捕入狱。1948年11月12日，远东国际军事法庭以发动战争、侵略别国、反人道罪等罪行判处东条英机绞刑。12月23日，东条英机被执行绞刑，时年64岁。

生卒年月：1884年12月30日～1948年12月23日。

安葬之地：日本热海伊豆山兴亚观音寺。10年后建起了堂堂正正的"七士之碑"，由首相吉田茂题写碑名。东条英机灵位被供奉在日本靖国神社内。

性格特征：忠诚愚鲁，凶狠残暴，杀人如麻，嗜血成性，短于思考。

历史功过：在中国东北大肆镇压与屠杀抗日义勇军，侵占东北、华北多处地方；并挑起太平洋战争，攻击珍珠港。

军校磨砺

1884年12月30日，新年即将来临。一个男婴在军官东条英教的家中降生。这个男婴就是东条英机。东条英教的祖先是东京人，后来被盛冈藩召去当"能乐教师"，于是举家迁至日本东北地区的岩手县，明治初年返回东京。1877年，东条英教曾参加过平定西乡隆盛叛乱的"西南战争"；1884～1885年又作为陆军大学的首批学生直接受到德国军官麦克尔的熏陶和培养，由下级军官逐步升迁。中日甲午战争时已任"大本营"的高级参谋，为侵华出谋划策，博得了"智将"的绰号。1904～1905年日俄战争期间，英教任姬路旅团长，率军在中国东北与沙俄对垒，为日本殖民扩张立下"赫赫战功"并晋升为中将军衔。东条英教晚年著有《战术麓之尘》一书，被吹捧为日本"陆军之宝典"。在儿子东条英机出生之前，英教已同德永千岁生了两个孩子，但都夭折了。于是东条英机成了长子。前两个孩子的名字都是英教取的，可惜短命，而东条英机这个名字是其祖父东条英俊取的。"英机"二字的日文发音是Hideki，据说这样起名能使孙子顺利成长、吉祥如意。

19世纪末的日本已逐步摆脱了沦为半殖民地的险境。通过明治维新日本迅速发展起来，不但成为亚洲唯一维护了主权和领土完整的国家，而且也变成了野心勃勃对外扩张的好战国家。此时的朝鲜、中国都已遭受过日本的侵略和蹂躏。在日本国内，军国主义思潮的泛滥造就了大批东条英教式的人物。生长于这样的国度和家庭环境之中，东条英机从小就被着力培养灌输标榜"忠君爱国"的"武士道"精神，对其人生道路的选择产生了重大影响。英教特意请人教东条英机学习"神刀流剑术"，培养其杀身成仁的精神。这种武士剑术似乎颇合东条英机的兴趣，他很快就掌握了技巧并时常博得喝彩。年幼的东条英机决心像他父亲那样为天皇东征西讨，誓死效忠。

1890年，东条英机进入东京四谷小学就读。他的成绩并不太好，但也有闻名全校之处，就是常和同学打架。即使对方人多势众或者比自己年长很多，也从不服输。这个坏学生使家长和老师都伤透了脑筋。老师甚至以勒令退学相威胁，但东条依然故我。家长的管教还是十分严厉的，然而似乎东条的性格天生如此，难以改变。1899年9月，15岁的东条进入东京陆军地方幼年学校学习，成为该校第三期学生。这里的生活与军队无异，尽管东条在学习上有了些许进步，但爱打架的毛病仍然不改，还得到了"打架王东条"的绰号。一般的同学对他都"惧而远之"。可是从第二年起，东条突然开始发奋学习。据说这是因为某次他被群殴之后，认识到个人的力量毕竟有限，若要手握权力征服世界，还得靠"学问"。其实，东条突然发奋努力与日本政府对外扩张步伐加速关系甚为密切。

1900 年,中国爆发了大规模的反帝爱国的义和团运动。日本借口保护在华侨民利益,同英法等其他七国共同出兵干涉,八国联军一路烧杀抢掠攻入北京。日本强盗的行径较那些老牌的殖民主义者有过之而无不及,他们大肆抢劫中国户部的库银,罪行累累,还准备与其他帝国主义国家瓜分中国。正是在这种形势下,日本走向军国主义道路的步伐不断加速。为了尽快培养帝国的军事人才,日本政府开始在地方幼年学校也实施"战时教育方针",即从年幼的孩子开始大力灌输侵略思想并在教育中实行军国主义方针。学校实行分科教育,东条英机被分入步兵科。1902 年 9 月,他转入陆军中央幼年学校,受了一年半严格的战时教育和训练,这时的日本,举国上下都沉浸于政府所鼓吹的对俄"复仇"狂热中。尤其是军界,更加强烈地准备与沙俄一战,以雪前仇。因为中日甲午战争后,在俄德法的干涉下,日本被迫将辽东半岛退还给中国,其中沙俄出力最多。因此 1904 年日俄战争爆发后,日本政府立即将中央幼年学校的学制由两年缩短为十个月。学生们也都"异化"成"复仇机器"的零部件和"战争的渴望者"。东条就是其中颇为突出的一个,1904 年 6 月他成为陆军士官学校第十七期的学生。此时其父东条英教已出征中国东北,与沙俄血战去了。很快,1905 年 3 月东条英机就毕业了。渴望到"满洲"去"建功立业"的动力,促使他发狂般地拼命学习,在 363 名毕业生中名列第十,成绩不俗,天皇授予他少尉军衔。东条还"欣喜"地被分配到中国东北任职。只可惜这时日俄战争已近尾声,东条只是以一名守备队军官的身份短暂停留,并未直接参加战斗。日俄战争的结果日本夺占了沙俄在中国东北的大部分殖民权益,韩国沦为日本的保护国。沙俄则遭到惨败。日本国内的好战势力更加猖狂,各种对外扩张寻找发展空间的论调甚嚣尘上。战争中,以"肉弹战术"出名的乃木希典大将名声大噪,成为东条终生崇拜的偶像。

回国后,东条英机进入近卫步兵第三联队并升为中尉。1909 年,26 岁的东条同胜子结婚,胜子对东条意欲"耀皇威于海外"的"远大志向"深表钦佩,从此开始夫唱妇随的军国生涯。在步兵联队,东条做了几年下级军官。1912 年在其父朋友的推荐下,东条进入陆军大学。在这里,东条学习了作战指挥和参谋等课程。为以后的升迁和从政积累了资本。1915 年,在"陆大"毕业的东条被授予大尉军衔并任近卫步兵第三联队中队长。从 1916 年 8 月起,东条开始任陆军省副官,其办事作风渐有名声。他既自命不凡又确实极为勤奋,笃信"只要努力工作就能干出一番事业来"。其最大的特点就是很会迅速区分事情的轻重缓急,一有事,就掏出小本子记下来,立即着手处理。因此,陆军省的人都称他为"办事专家",这种干脆利落的工作作风颇得上司们的好感。1920 年,已升为少佐的东条被派往柏林任日本驻德国大使馆武官。在那里,他结识了永田铁山、小畑敏四郎、冈村宁次等人。这些人经常在莱茵河畔的巴登巴登温泉聚会,商讨日本国内外的政治军事形势,约定回国后将致力"消除派阀、刷新人事、改革军制、建立总动员态势",此即所谓的"巴登巴登密约"。这批少壮派军官日后成为日本法西斯"统制派"的骨干力量,其中包括东条英机。

1922 年 11 月，任满回国的东条英机被任命为陆军大学的军事学教官，与长于阴谋的板垣征四郎成为同事。东条讲课态度严厉、要求苛刻，标榜"快刀斩乱麻"式的办事作用。因此得了个"剃（头）刀东条"的绰号。1924 年东条被授予陆军中佐的军衔。1928 年 3 月任陆军部整备局动员课长。就在这一年的 6 月，日本关东军高级参谋河本大作等人指使日军在沈阳皇姑屯附近炸死了张作霖，制造了"皇姑屯事件"。这个事件表明一方面日本帝国主义加快了武力侵华的步伐；另一方面也反映出日本军部与政府之间的争斗。身负家仇国恨的张学良将军毅然决定东北"易帜"，举起了反日的大旗。立宪民政党猛烈攻击内阁，被"皇姑屯事件"弄得焦头烂额的田中内阁于 1929 年 7 月辞职。实际上，这个事件只不过是日本军队法西斯化的一种先兆而已，内阁和军部查明了真相也不公布，直接责任者并未受到任何处罚。以巴登巴登密约为起点，永田铁山、东条英机等人回国后，于 1923 年建立了"二叶会"，讨论改革陆军等问题，其成员就包括策划"皇姑屯事件"的河本大作，另外还有板垣征四郎、土肥原贤二等中央级幕僚军官。在二叶会刺激下，1928 年一批更年轻的军部佐、尉级军官又建立了"木曜会"。这两个法西斯组织很快合流，于 1929 年 5 月 19 日统一为"一夕会"。在合并会上做出决议：要求刷新陆军人事，解决"满蒙"问题，并拥立荒木贞夫、真崎甚三郎和林铣十郎三将军建设"纯正的"陆军。一夕会组织庞大，它在日本军队法西斯化的过程中起到重要作用，其活动得到大多数中上层军官的支持，逐渐成为统制陆军的实力团体。

1931 年 9 月 18 日，日本关东军制造了震惊中外的"九一八事变"。从此，日本在战争和法西斯化的道路上越走越远。12 月，政友会的犬养毅内阁成立。一夕会成员荒木贞夫任陆相。以荒木、真崎和小畑敏四郎等为首的一批人宣扬"皇道精神"，提倡国体明征、天皇亲政，鼓吹精神主义而不十分重视军备现代化和总体战思想，被称为"皇道派"，其主体是急于发动政变的法西斯青年军官。而以永田铁山为核心的原"一夕会"部分成员同其他一些军官则形成了与之相对的"统制派"，主张不打乱现存的军内秩序，自上而下地顺序法西斯化。东条英机就是其中的得力干将。两派意见分歧，争论激烈。围绕国家改造的手段、改造顺序乃至"南进"还是"北进"等问题，双方尖锐对立。"皇道派"坚持应实行自下而上的政变，先改造国内；并主张立即对苏联开战实行"北进"战略。"统制派"则持相反意见，认为改造国家应尽量采用合法手段，并且应该先外后内；同时不应急于同苏联开战而应先解决"中国问题"，扶植"满洲国"；在国内，则实施总动员计划，增强国力，以图"南进"。由于"统制派"得到大多数中上层军官的支持，因此在 1934 年初荒木辞职，林铣十郎继任陆相之后，逐步取代"皇道派"确立了对陆军的支配，掌握了军部的领导权。

1932 年 3 月，伪满洲国建立，日本迅速予以承认。中国东北完全沦为日本的殖民地，成了日本帝国赖以生存的"生命线"。针对"九一八"事变等一系列事件，国民政府要求"国际联盟"予以调查，英美等老牌殖民国家担心在华利益受到日本的威胁，派团进行无关痛痒的"调查"。尽管如此，时已扛上少将金色肩章的东条以军事调查部长的身份，声称要"拒绝国际联盟的意见，退出国际联盟"。东条的狂言代表了相当一部分少壮派法西斯军人的态度。1933年3月，日本退出国联。同年1月，欧洲的法西斯魔王希特勒上台，把德国引向战争的深渊，国际形势急剧恶化。

1929年开始的世界性经济危机深刻地影响了国际形势及各国的经济。对资源缺乏、市场狭小的岛国日本的打击十分沉重。日本国内形势趋向不稳，这为军国主义分子趁乱上台提供了有利的客观条件。作为陆军统制派骨干的东条英机，其强硬的态度甚得军部势力的推崇。永田铁山军务局长评价说"东条是将来担负指挥日本陆军的人物"。军内的派系斗争和相互倾轧愈演愈烈，1934年11月陆军士官学校的"皇道派"分子策划军事政变被揭发，有关人员受到处分。其后陆相林铣十郎进行整军，"皇道派"的真崎甚三郎被免去了教育总监的职务，两派的矛盾激化。1935年8月12日，"皇道派"军官相泽三郎中佐持军刀闯入"统制派"首脑永田铁山的军务局长室将其刺杀。事后，"皇道派"极力为相泽三郎辩护，使其不但未受什么惩处，反而被看作是"爱国"的行动。军内的斗争更加激烈。尽管"皇道派"分子可以公然持刀杀死永田，但日本军界尤其是陆军省的实权仍然掌握在"统制派"手中。其中一个重要原因，就是"统制派"控制着最大的一支武装——关东军。关东军号称"皇军之花"，1937年就拥有五个现代化装备的精锐师团和独立的航空军事力量。其中包括一千多架先进的战斗机、轰炸机和一千多辆坦克。它控制了从朝鲜半岛到中国东北再到内蒙古东部的广阔地域，担负着维护日本"生命线"、扼制苏军的重任，因此，关东军虽远在中国东北却对日本的军政两界有着至关重要的影响。而这时的东条已于1935年9月21日被任命为关东军宪兵司令，从此他与关东军的关系愈发密切，在中国的东北华北犯下滔天罪行。

逞凶中国

1935年9月，身材矮小、脑袋光秃的东条再次踏上中国的土地时，中国东北已几乎完全沦陷了。关东军司令部、关东厅、领事馆和"满铁"彼此协调，由关东军统揽军政、外交和经济大权。特任关东军宪兵司令并兼任驻"满"行政事务局警务部长的东条英机从上任开始就加紧镇压，果然像锋利的"剃刀"一样对东北人民进行了敲骨吸髓的统治和迫害。他将关东军宪兵队由原来的200人增加到1935年的1000人，以后为了镇压日益壮大的抗日武装力量，宪兵队又增加到2000人。伪满洲国期间，东条的宪兵队参与了无数屠杀和暴行并且都处于指挥和核心的地位。关东军的镇压机关遍布各地，整个东北都笼罩在血腥恐怖的气氛之下。1936年3月30日关东军宪兵队在吉林柳河县大荒沟一带抓走百余人全部砍杀，制造了"大荒沟惨案"。10月23日，又破坏了中共柳河县委，逮捕一百六十余人并集体屠杀六十余人。东条在中国东北还迫使各地人民迁出世代居住的村落，建立所谓的"集团部落"和"无人区"，强迫东北人民做天皇的"忠顺臣民"。关东大地出现一片片所谓"无人区"的荒凉地带和由其隔开的"集团部落"，"部落"里没有人身自由，人民生活极端困苦,遭受残酷的剥削和压迫。日军的残酷镇压和封锁使在东北的抗日武装遭受重大损失,东北抗日联军的给养成了问题。由于游击区遭到破坏,不少战士在严寒和风雪中,几天都吃不到一粒米,著名的抗日民族女英雄赵一曼就是在这时负伤被捕,英勇就义。但是,抗日的怒火不会被扑灭,人民的反抗斗争更加高涨。

正当东条在中国东北大发淫威、疯狂屠杀之际,日本国内出现了令东条始料不及的局面。1936年2月26日清晨,雪后的东京还是一片静谧。突然,枪声大作,由"皇道派"控制、负责警卫首都的第一师团和京畿近卫师团近1500名少壮派军人发动了军事政变。哗变官兵很快占领了首相府、警视厅、陆军省、内务省和参谋本部等中枢机构,还控制了《朝日新闻》社等宣传喉舌。内大臣斋藤实、陆军教育总监渡边锭太郎、大藏相高桥是清等人被当场杀死,侍从长铃木贯太郎也被刺成重伤。政变军队叫嚣"尊皇讨奸""昭和维新",要求建立"皇道派"掌权的法西斯体制,威压苏联。顿时整个东京陷入一片混乱,天皇虽然主张镇压叛军,但陆相川岛义之行动不力,局面僵持不下。

政变的消息传到"满洲",东条不禁暗暗吃惊,因为身为"统制派"骨干的东条也是政变的"皇道派"分子刺杀的目标,尤其是关东军内部也有不少"皇道派"的同情者。一回想起当年相泽三郎持刀杀死好友永田铁山的情形,东条就坐立不安。正当东条心神不宁之时,情报处长又向他报告了更加"不幸"的消息:驻哈尔滨的第十一特混旅团的真川少将已发出通电声称支持国内的兵谏;驻"东满"的116师团也已自行开拔,正赶往"新京"即长春;佳木斯守备营发生暴动,且已占领东站、拦截火车……紧要关头,东条又显示出其"剃刀"的锋利:为了保住自己的性命和实力,必须先下手为强!在两个小时内,东条分别向各师、旅团及分散于各地的宪警长官发出了密电和密令,要求立即处决叛国乱军者。于是宪兵队迅速逮捕毙杀了驻长春的全部"皇道派"高级军官。同时,东条也向天皇和军部发出通电,声称关东军反对兵谏,坚决支持天皇。通电称:"皇道派逆徒戮帝国重臣,以武力逼宫,辱我皇威乱我政纲,致举世骇怒。今全体关东军声明矢忠于万世一系之皇统,不惜以武力歼灭任何反叛,以靖神国。今已誓师讨逆勤王。敦请军部立即通令拘捕败类并整肃全国。"皇道派"叛军如尽早举械以降,可免重刑。如顽抗不冥,关东军必振武奋击,代行天惩!"以东条为代表的关东军的强硬态度支持了东京的平叛行动。28日,东京戒严司令部发布"奉敕命令",陆海军一齐出动,将叛军团团包围。29日,叛军纷纷投降,不久,17名带头闹事的军官和法西斯主义理论家北一辉等人均被处决。"二二六兵变"最终以失败告终。"统制派"压倒"皇道派"。

东条英机在"二二六兵变"中的突出表现及其对天皇的忠心不二,令天皇大为赞赏,认为他杀伐决断,不同凡响。1936年12月1日授予东条中将军衔,1937年3月1日又任命其为关东军参谋长,让他实际上成了关东军和"满洲"的主宰者。爬上高位的东条个人野心急剧膨胀,6月9日,他以关东军参谋长的身份向陆军省次官梅津美治郎和参谋总长今井清提交《关东军关于对苏对华战略意见书》,鼓吹大举侵华,叫嚣:"从准备对苏作战的观点来观察目前中国的形势,我们相信:如为武力所允许,首先对南京政权加以一击,除去我背后之威胁,此最为上策。"7月7日,震惊中外的"卢沟桥事变"爆发,从此日本开始了全面侵华战争。东条英机迫切希望为天皇征战,"建功立业"。他亲自指挥由关东军组成的"察哈尔兵团"于1937年7月31日从多伦和沽源等地南下长城一带,直扑察哈尔、绥远地区。此前的7月16日,日本的近卫内阁已经派兵10万侵华,17日又下令向中国华北增兵40万。东条欣喜若狂,8月17日即离开长春到张北设立了司令部,亲临战场指挥。"察哈尔兵团"采用"闪电战术",沿平绥线会攻南口、居庸关、怀来和张家口。8月22日在张北击溃国民党军刘汝明部,突破长城占领万全县;8月29日又占领了张家口,然后迅速由察南转向晋北进攻,大同的国民党守军望风而逃。9月13日大同沦陷。日军所到之处,烧杀掠夺奸淫,无恶不作,几乎是在预演不久之后的"南京大屠杀"。在华北大逞淫威之后,双手沾满鲜血的东条乘飞机回到"满洲",又开始策划"北进",准备对苏联作战。

1937年9月1日,日本政府在国内实行所谓的"国民精神总动员",向国民大力灌输称霸亚洲乃至世界的"八纮一宇"侵略思想,同时加紧国内思想控制。在欧亚大陆的另一边,怀着同样野心的战争狂魔希特勒也正准备发动大规模的侵略战争。而意大利法西斯头子墨索里尼则已兵占埃塞俄比亚。1936年11月25日,德日两国在柏林签订了《反共产国际协定》,到1937年11月6日,意大利也加入进来。形成了以苏联为假想敌的集团势力。为了实现反共反苏的"北进"方针,东条英机又参与了军部策划的"张鼓峰事件"。

张鼓峰是中苏边境附近,位于图们江口上游二十多公里处东岸,海拔仅有150米的小块高地。1938年7月13日,关东军谍报机关截获了远东苏军欲在香山洞以西配置兵力的一份电报。香山洞位于张鼓峰东北约12公里,苏军在这里布防,无疑是要防备日军的偷袭。日本军部经过密谋策划后,驻朝鲜的日军司令官中村孝太郎密令第十九师团长尾高龟藏中将将军队集结于边境地带准备进攻。7月29日日苏军队在张鼓峰发生武装冲突。7月31日尾高命日军发动夜袭,占领了张鼓峰高地和沙草峰。日军深入到苏联境内4公里后,受到苏军航空和装甲兵的猛烈攻击。日军104师团向战区移动,侧援前线日军。8月6日苏军开始全线反击。激战到10日,双方互有伤亡,停止战斗。8月11日,苏联外长莫洛托夫和日本驻苏联大使重光葵签署停战协定,日军撤回。在这次武装冲突中,526名日军被击毙,914名被击伤。东条等策划和支持的对苏军冒险行动以失败而告终。

1938年初,为了加强所谓的"军政一体化"和对陆军的统制,陆相、教育总监和参谋总长三长官协商后,决定杉山元陆相辞职,而起用年轻的板垣征四郎中将。东条英机随之开始"鸿运高照"。1938年5月30日,他奉命调回东京任陆军次官,负责陆军省的日常工作。11月3日,首相近卫提出了"建设东亚新秩序"的口号,为了表示对天皇的无限忠诚,东条"废寝忘食殚精竭虑"地为对外侵略出谋划策,甚至连周日和假日都不肯休息。随着职务的进一步升迁,东条的扩张野心也更加膨胀起来。1938年11月28日,他在军人会馆召集军需产业界代表的恳谈会。传达新的侵略方针,即日本要"对苏中两国同时作战,同时也准备同英、美、法开战"。

公开将"五相会议"上的分歧公开化。因为在7月间召开的由首相、外相、陆相、海相和藏相参加的"五相会议"上,陆相主张与德国同步调,将英法作为假想敌国;海相和外相主张继续以苏联为敌,认为德国的海军力量难以同英国匹敌,并无必胜把握。双方意见对立,会议未能取得一致意见。而以东条为代表的陆军将领们强烈主张与德国签署一个同时针对苏美英法四国的军事同盟条约。尽管这种主张遭到外务省和海军方面的反对,但东条还是肆无忌惮地发表了上述看法。东条的狂妄言论一在报纸上发表,立即在日本国内引起巨大震荡。人们预感要大难临头,有价证券的持有者们纷纷抛售股票,一时间日本股市大幅下跌。政府官员也觉得与苏美英法同时开战的计划太过冒险,为此惶惶不可终日。身为陆相的板垣慌忙为东条打圆场,声称其目标只是想鼓励军需生产,以防备一旦苏军进攻日本能进行有效的抵抗。东条的演说是一种宣传,不要误解等等,但东条作为军国主义的"新宠",他只不过是以"发言人"的方式把陆军的计划和目标公之于众而已。为平息事态欺骗舆论,陆军省将东条由次长降为航空总监兼航空本部长。

实际上,仅仅是侵华战争已令资源奇缺的岛国日本深感力不从心了。战争需要庞大的兵员和财力。1938年4月,近卫内阁颁布了"国家总动员法"。狂言"三个月灭亡中国"的计划已成为泡影,尽管以24个师团即占日军总数70%的兵力占领了广州和武汉,但已是"强弩之末",再也无力完成原定计划了。军部与政府的矛盾更趋尖锐。

1939年1月4日近卫内阁总辞职,使日本政界更加混乱。此后内阁有如走马灯似的更迭:同年1月5日,枢密院议长平沼骐一郎组阁,但七个月后就因苏德签订互不侵犯条约,痛感"欧洲形势复杂奇怪"而总辞职。同年8月30日,阿部信行内阁上台。两天后德国入侵波兰,欧洲形势急转直下。到1940年1月14日,执政不到半年的阿部也被迫下台。1月16日,由米内光政取而代之;7月16日,米内又倒台了。于是7月17日,重臣会议紧急协商确定新首相的人选,决定请近卫第二次组阁。近卫认为要组阁就必须先确定外交国防等方针大计及其执行者。7月18日,陆相、参谋总长和教育总监又紧急协商,决定起用适应国策需要的强硬派军国主义分子东条英机任陆军大臣。但东条也未必能把握住瞬息万变的国际形势。

大约在一年前的1939年5月11日,野心勃勃的日军在中蒙边境挑起了"诺门坎事件"。希特勒发出日军可以在远东有一番作为的信号。然而,苏军根据《苏蒙互助友好条约》立即开始反击日军。在朱可夫将军指挥下,苏联空军、装甲兵和骑兵相互配合,以压倒优势兵力,对日军展开了大规模的战斗。结果日军参战的主力第二十三师团几乎全军覆没,重武器损失大半,惨败而归。但事情还远未结束,8月23日,希特勒背着日本人与斯大林签订了《苏德互不侵犯条约》。消息传来,日本政府上下一片震惊,立即向德国政府提出严重抗议,平沼内阁被迫辞职。于是9月15日,日本也被迫与苏联签订了停战协定。东条英机只能在他的官邸里大骂希特勒是混蛋,发发满腹的怒气,却已无力改变现实。日军在诺门坎的惨败使东条等人感受了苏军的威力,加之欧洲的那位"盟友"实际上并不可靠,"北进"的野心只好暂时收敛。

1940年7月22日，第二届近卫内阁正式成立。此前，7月19日，近卫已与东条、松冈洋右等聚会，确定了新内阁执政方针：（1）强化日德意三国轴心；（2）日苏缔结互不侵犯条约；（3）将"东亚新秩序"扩展到英法葡荷在东南亚的殖民地，准备"南进"；（4）排除美国的实力干涉。7月27日，大本营政府联席会议通过了军部提出的《适应世界形势演变处理时局要纲》作为在世界新形势下指导对外侵略扩张的基本纲领。其中"关于对南方的施策，应利用形势的转变，抓住良机努力推进之"；"如果内外形势的发展特别有利，也可以使用武力（南进）"。据此，东条等趁英法在欧洲惨败之机，向其在东南亚的殖民地下手了。7月29日，日本迫使法国维希政府驻印度支那殖民当局正式签订了《日法共同防卫印度支那协定》。同一天，25000名日军进驻印度支那南部。8月1日，外相松冈洋右发表讲话，宣称"我们当前外交政策的直接宗旨是，根据皇道的崇高精神，建设以日满华集团为链环之一的大东亚共荣圈"。这个口号的出笼，表明日本的扩张野心已不仅限于侵占中国，而且还要建立囊括东南亚、印度乃至新西兰、澳大利亚在内的殖民大帝国。在建立"大东亚共荣圈"的鼓噪声中，日本迈出了"南进"的侵略步伐。同时，为了寻求盟友、重新瓜分世界，日本加紧了与德、意两个法西斯国家的勾结。

1940年9月27日，《德意日三国同盟条约》在柏林签订。其中规定：日本承认德意对欧洲的统治权，德意则承认日本在亚洲的统治权；三国采取政治，经济和军事等一切手段相互援助。东西方法西斯轴心国共同称霸世界的野心已昭然若揭，世界局势更加动荡不安。为了解除后顾之忧，也因为两次对苏军的冒险遭到惨败，日本与苏联于1941年4月13日签订了《日苏中立条约》。条约规定"如果缔约一方成为第三者的一国或几国的战争对象时，缔约另一方在整个冲突过程中将保持中立"。这样，日本进一步"南进"的时日愈加临近了。在侵华战场上，日军深陷于中国全民抗战的泥淖之中难以自拔。日军在正面战场受到国民党的正规军的抵抗；在敌后则遭到中国共产党领导的抗日武装的打击。1940年8月20日至12月5日，八路军为打破日军在华北实行的"囚笼"政策，以100多个团40万人的兵力发动了一次大规模破袭战，即"百团大战"。激战持续三个半月之久，共毙伤了日伪军46000多人，其中日军21000多人；攻克日伪军的据点2993个，破坏铁路470余公里，公路1500多公里，缴获了大量的轻武器。骤受重创，日本军部恼羞成怒，撤掉了华北方面军司令多田骏的职务，改由刽子手冈村宁次接任。日军随即对华北抗日根据地发动了残酷的"扫荡战"，实行野蛮的"三光"政策。根据地军民在极端困难的情况下，坚持抗战，给日伪军以有力杀伤。

侵略战争的升级，给日本带来越来越多的问题。为煽动战争狂热，转移国内视线，首相近卫在全国搞起模仿纳粹党的"大政翼赞运动"，而身为陆相的东条则大肆鼓吹武士道精神。1941年1月，他签发《战阵训》，并作为陆军省训令的第一号向全军和全体"皇国臣民"发布。《战阵训》鼓吹对天皇绝对服从，为了建立"东亚新秩序"，每个人都要有"献身奉公"的精神，与近卫一唱一和。但是，围绕外交选择，东条与松冈意见对立。外相松冈洋右主张日本应该与德国结盟、与苏联合作以对付英美，坚决反对同美国谈判。但以东条为首的陆军则认为应暂时避免日美武装冲突,乘机充实国力,目前应通过同美国谈判达到目的。1941年5月8日松冈拜谒天皇,力陈"如果美国加入欧战,日本应该支持轴心国,进攻新加坡",他又预言同美国的谈判肯定不会成功,"如果谈判能成功,那也只能意味着要牺牲德国和意大利安抚美国"。东条对松冈告御状十分不满,策划逼迫松冈辞职。但倔强的松冈拒不辞职。实际上,东条和松冈在向外侵略扩张这一点上并没有什么本质的区别,不过是采取的策略、进攻的方向选择不同罢了。但美日之间的谈判并不顺利,日本要求美国承认"满洲国"并且同意日本可以和平手段获取南方资源;而美国则要求日本从中国撤军。双方各不相让,而松冈外相对美谈判的消极态度使美国人更加恼怒。1941年6月21日,美国国务卿赫尔要求日本取消三国同盟条约中相互援助的义务,并要求日本放弃在中国和太平洋的领土野心,还特别说:只要日本还有支持纳粹德国征服政策的领导人,美日交涉就不会有实质性成果。美国的强硬态度使松冈大为恼怒,也使近卫和东条等人颇为震惊。然而第二天发生的事件则更具震撼力,它进一步打乱了美日关系,东条等人又面临着新的抉择。

6月22日凌晨3点,希特勒开始实施蓄谋已久的"巴巴罗萨计划"。德军一百九十多个师的海陆空精锐部队对苏联发动了偷袭。苏德战争全面爆发。战争初期,突遭重创的苏军被迫后撤。东条虽早已获悉希特勒要进攻苏联,但局势骤变仍不免有些无所适从。倒是外相松冈喜出望外,急忙晋见天皇,对天皇保证说德国一定能够击败俄国,主张日本应该推迟"南进"侧援德国,立即进攻西伯利亚。天皇对同时向南北两个方向开战感到没有把握,并命外相应同首相商量此事。天皇的表态鼓励了东条等人,他们立即对松冈发起猛烈反击,以为不能急于同美苏两国同时开战,海相及川也支持东条。纳粹德国一改先前极力唆使日本进攻新加坡的态度,不断要求日本协助德国进攻苏联。德国外长里宾特洛甫声称:"贵国向太平洋进军固然意义重大,但考虑到准备不足,不妨先解决俄国问题,参加德国对苏战争,俄国溃败后,贵国就解除了后顾之忧,可以放手南进了。"德国驻日大使奥特也称:"鉴于事态的迅速发展,日本应迅即对苏俄采取军事行动。""若日方在苏俄被击溃后采取行动,势必影响其道义的政治地位。"德国人的想法并未引起东条的多大兴趣,当他得知德国在侵苏的战斗中并未获得自称的那种"辉煌战果"时,更坚定了"南进"的决心。在东条的鼓动下,7月2日,御前会议确定《适应形势变化的帝国国策纲要》,在对苏备战同时,为"南进"不惜与英美开战。为了顺利实施"南进"的计划、排除阻碍,东条向松冈开刀,要求内阁总辞职以便另选支持"南进"的外相。7月16日,第二届近卫内阁辞职。18日第三届近卫内阁成立,丰田贞次郎取代松冈出任外相,内阁阁僚几乎是清一色的军人。留任的东条在代表陆海军发言时做了如下"自白":"关于如何应付当前局势的国策大纲,已仰承圣断。虽内阁更迭,然上述国策不得有丝毫动摇。为此,政府全部机关应一致发挥战时内阁的职能,借以促进战时体制的巩固,提高政战一体的实效,切望予以协力。""战时内阁"关于建立"战时体制"的"自白"不啻一份宣战书,杀气腾腾,气焰嚣张。

近卫第三次出任内阁首相并未给他带来多少喜悦。相反,来自以东条为首的军部要求"开战"的压力使他坐卧不宁。与此同时,国外制裁的加剧,也让近卫焦头烂额。7月25日，美国冻结日本在美资产。7月26日、27日，英国与荷兰也采取了相同的措施。8月1日，美国宣布对日实施飞机燃料和润滑油的全面禁运。对日本实行的汽油禁运将直接导致日军飞机、坦克、军舰难以动用。另外据军部情报人员侦察，美日两国实力差距巨大：钢铁比例是20∶1，石油超过100∶1，煤10∶1，飞机5∶1，海运2∶1，劳动力5∶1，总比例是10∶1，而且这种差距还会随着战争的进行不断扩大。因此，近卫内阁倾向于以外交谈判解决美日之间的矛盾。8月7日，外相丰田奉命训令驻美大使野村向美方提出近卫与罗斯福会谈的建议。十天后，美方要求日方必须从中国和法属印支完全撤军，双方僵持不下，外交毫无进展。以东条为首的军部势力则反对从中国和法属印支撤军，为此不惜对美一战。东条认为"在中国驻军对陆军是生死攸关的问题"，绝对"不能妥协"；"如果完全屈从于美国的主张，中国事变的成果就将毁于一旦，满洲也将难保朝鲜的统治也将陷于危机。"在这种情况下，9月3日军部和内阁做出决定："为保卫和维护帝国的生存，以10月上旬为初步截止时间，在此之前，做好战争准备。到那时，如果有必要，就决心与美国、英国和荷兰开战。"在9月6日的御前会议上，东条等人的观点占了上风，《帝国国策遂行要领》，确定在10月下旬完成对美、英、荷三国开战的准备。10月5日，大本营下令联合舰队准备作战。10月6日，又下达命令，组成南方军战斗序列，准备兵侵南洋。

10月12日，近卫招集海、陆、外相和企划院总裁举行会议，讨论和战问题。在这次会议上，近卫与东条发生了正面冲突。近卫要求东条对重大决策应"谨慎"行事，东条则坚决反对从中国撤军并以轻蔑的口吻回敬近卫说："有些时候，我们也要有勇气去做点非凡的事情——像从清水寺的平台上往下跳一样，两眼一闭就行了。"这个战争赌徒把日本国家命运都赌在了这闭眼一跳上。东条还狂叫："关于撤军，我半点让步也不做！"如果撤军就"意味着美国把日本打败了——这是日本帝国历史上的耻辱！"然后，他又话锋一转，指责海军特别是及川海相说："身为大日本帝国的海军省身为海相，不敢坦率地公开表态是否能打败美国。没有打败美国人的信心，根本不配做大日本帝国的海军，大日本帝国的海军不应该是这样。"讨论和战的协商会议变成东条大放厥词的一言堂，近卫等都紧闭嘴巴默不作声。几天后，东条的目的达到了，10月16日第三届近卫内阁总辞职。而收拾局面的工作又交给了重臣会议。

军阀首相

第三届近卫内阁总辞职的第二天，即1941年10月17日宫内大臣木户幸一召集重臣会议，讨论新首相的人选问题。到会的有前首相清浦奎吾、若槻礼次郎、冈田启介、广田弘毅、林铣十郎、阿部信行和米内光政；还有枢密院议长原嘉道等人。刚刚下台的近卫未参加会议。会上，木户、阿部、林、广田等提名东条。重臣们都知道正是以东条为首的陆军推翻了近卫内阁，因此都乐得顺水推舟。17日下午天皇召见东条,命其组阁。并特任其为大将,准许东条以现役将官身份出任首相兼陆相。18日内阁正式成立。其主要成员如下:首相兼陆相、内相:东条英机;外相:东乡茂德;藏相:贺屋兴宣;海相:岛田繁太郎;法相:岩村通世;文相:桥田邦彦;商工相:岸信介;国务相:铃木贞一;厚生相:小泉亲彦;书记官长:星野直树。东条集各种大权于一身,任首相并兼陆相、内相,以后又兼任文部相、商工相、军需相以及陆军的参谋长等职,权势赫赫,这种情况几乎与明治前的幕府将军一样。因此东条内阁被人讥讽为"东条幕府"。在就职声明中,东条叫嚷"完成支那事变,确立大东亚共荣圈"乃帝国既定之国策,宣称要在"皇威之下,举国一致,为完成圣业而迈进"。东条内阁的建立,表明日本帝国决心将战争机器更加疯狂地开动起来,直至其灭亡。

　　11月1日东条内阁召开了政府大本营联席会议讨论局势。东条打算"一切从头做起"提出三点解决方案:一、避免战争、卧薪尝胆;二、决心立即开战,确立各种政略战略措施;三、在决心开战的前提下,继续备战和进行外交活动,为开战创造有利条件。至11月2日深夜,多数人同意第三种方案并最后由东条拍板。于是,外交谈判成了掩盖战争行动的烟幕弹。在11月5日的御前会议上,正式通过所谓的《帝国国策遂行要领》,决定12月上旬对英美宣战。这个"要领"要求:一、帝国为打开目前困难局面,建立大东亚新秩序,现已决心对美英荷开战,并采取如下措施:(一)将发动战争的时机定为12月初,陆海军做好作战准备;(二)对美谈判按附件要领进行;(三)谋求加强同德意的合作;(四)在发动战争之前,同泰国建立紧密的军事关系。二、至12月1日午夜零时,如果对美谈判获得成功,则停止发动战争。对美谈判共有甲乙两种方案,即甲,从中国、印支撤军,无差别贸易,三国同盟消极化;乙,除印支外不向其他地区进行武力扩张,美日也不妨碍日中和平努力。作为交换条件,美国取消财产冻结,恢复石油供应,停止援蒋。但美方早在1940年12月就已提出四项原则:"尊重日美及所有国家的领土主权完整;实行不干涉他国内政原则;实行包括贸易机会均等的平等原则,维持太平洋现状。"纲要"与"四原则"充满对立和意见分歧,日美谈判的成功可能性微乎其微。东乡外相认为:"外交方面几乎没有回旋余地了,成功的希望极其渺茫。"和谈不成,战争难以避免。海军的山本五十六和陆军的畑俊六、梅津美治郎等力主避战论。但东条却顽固地相信:"到1942年德军必然击溃苏军,英国肯定会投降,美国丧失斗志。只要一年时间,日本自然获得胜利。"战争胜利在东条英机看来是唾手可得。但为了迷惑美国,御前会议还是决定派前驻德大使来栖三郎到美国去充当假和平说客,协助驻美大使野村吉三郎谈判。东条为他们定下按乙方案谈判的"调子",如果美国同意日方条件,日本就可以不"南进"。尽管美国早已破译了日本的密码电报,获悉日本"假谈判,真战争"的意图,但罗斯福总统及其幕僚们似乎认为战争不会很快爆发,因此防卫措施并不完备。11月8日,东条和联合舰队司令山本五十六规定12月8日进攻珍珠港。此前两天东条英机已下令南方军与南海支队完成编制并作攻取南方要地即"南进"的准备,并任命了各军司令官。其中,寺内寿一为南方军总司令,下辖四个军的精锐部队。冢田中将为参谋长,计划全面占领美、英、荷在东南亚的"属地"。由山下奉文率第二十五军占领马来西亚和新加坡；本间雅晴率第十四军占领菲律宾。山本五十六作为进攻珍珠港的联合舰队司令，他与东条英机一样，都是狂热的军国主义扩张分子，对1904年日俄战争中东乡平八郎海军大将奇袭旅顺军港和对马海峡之战的"英勇事迹"佩服得五体投地。这次偷袭夏威夷，山本希望重现东乡当年的"辉煌"。他将赌注压在了两个看起来又似乎不太可能的大胆假设上：第一，美国的太平洋舰队在日本偷袭时恰好正停泊于珍珠港内；第二，一支大型的日本航空母舰编队能顺利地横穿半个太平洋而不被发现。为了纪念东乡在对马海峡发出的著名的"Z"信号，山本将这次行动命名为"Z"作战计划并给旗舰"赤城号"发出当年东乡发过的电报训令："皇国兴废，在此一战，我国将士务须全力奋战。"大战前的调兵遣将开始迅速进行。

　　11月16日，偷袭珍珠港的联合舰队开始集中，这意味着所有准备工作完成，已是箭在弦上。这支舰队包括了6艘航空母舰、2艘轻型巡洋舰、9艘驱逐舰、3艘油船和1艘补给船。6艘航母上载有360架飞机，包括战斗机81架，鱼雷轰炸机40架，高空轰炸机104架以及俯冲轰炸机135架。强大的日本航母"翔鹤号"与"瑞鹤号"是最新型的巨舰，可与美国最大的"企业号"航母相对抗。11月17日，南云忠一指挥的旗舰"赤城号"悄悄驶出军港，此后舰队以不同时间间隔出发，向着千岛群岛中的择捉岛附近海面驶去，攻击舰队将在那里集合、然后扑向珍珠港。进攻发动的时间定为东京时间12月8日即夏威夷时间12月7日。那天是休息日，美国太平洋舰队的大部分军舰都将停泊于港内，而气象条件也将非常适合偷袭，午夜到日出这一段时间都将是月光皎洁。当大本营的永野修身大将请天皇下诏批准12月8日为"X"日（即开战日）时，天皇立即同意并批准了偷袭珍珠港的"Z行动"。为了进一步迷惑美国、掩护偷袭行动，12月5日和6日东条还下令组织3000名军校学生身穿海军服在东京大街上招摇过市，并利用新闻媒体大肆报道，制造日本海军仍在本土的假象。

　　夏威夷群岛位于太平洋中部，靠近北回归线。首府檀香山距离美国西海岸的旧金山约2100海里，距日本东海岸的横滨约3400海里。这里四季常青、气候宜人，是世界旅游胜地。然而这串"珍珠"在军事家的眼里却并不那么浪漫，它是东西两半球在浩瀚的太平洋上的交汇处，具有极重要的战略意义，控制它就几乎等于控制了整个太平洋，12月7日（夏威夷时间星期日）清晨7时左右，在奥帕纳山岗上雷达站值班的两个新兵在屏幕上好奇地发现了密密麻麻的闪光斑纹，几经调试，他们坚信这是一支正向珍珠港飞近的强大机群。然而值班员泰勒中尉却对此不屑一顾："不用担心，那是我们自己舰队的飞机，就是从美国西海岸飞来的B-17轰炸机。"7时40分，港内停泊的军舰按惯例举行升旗仪式。远处突然传来了嗡嗡的机群轰鸣声，但美国官兵只是感到有些奇怪，而未做任何防备。海岸上教堂的钟声依然悠扬地响起，余音未消，由183架舰载机组成的日本机群已如蝗虫般飞临珍珠港上空并立即向机场、防空阵地、舰船等目标扑去。炸弹自天而降，一时间，整个珍珠港浓烟四起，火光冲天，爆炸声震耳欲聋。山本五十六的第一攻击队反复轰炸了毫无戒备的美国太平洋舰队。亚利桑那号战列舰被投下的鱼雷炸成两截；其他战舰也纷纷中弹,舰内弹药被大火引爆,远远望去像火山爆发一样。许多舰上官兵葬身海底,停放在机场上的飞机多数被就地炸毁。8时55分,日军167架舰基飞机又进行第二轮狂轰滥炸。待一切恢复平静后,美国太平洋舰队已几乎全军覆没了:击沉战舰6艘、伤2艘、炸沉炸伤各1艘、炸沉油船2艘、炸伤轻巡洋舰6艘、驱逐舰和辅助舰各3艘,飞机损失近300架,官兵死伤近4000人;而日军仅损失了29架飞机,大小潜艇6艘,死亡100人。日军以极微小的代价击垮了强大的美国太平洋舰队,消息传到东京,东条英机不禁欣喜若狂。东条等人密谋策划"珍珠港事件"引发了全面的太平洋战争。

几乎与此同时,日军开始对东南亚发动进攻并在泰国、马来亚、菲律宾、关岛、威克岛、吉尔伯特群岛实施蓄谋已久的"南进"计划。12月10日,日本航空兵击沉了号称"不沉之舰"的英国"威尔士亲王号"战舰和"却敌号"战舰。新加坡、马来亚先后陷于日军之手,英国在东南亚的殖民势力遭到沉重打击,大势已去。在马尼拉,美军的远东航空大队也遭到日军毁灭性轰炸,驻菲美军总司令麦克阿瑟在坚持抵抗了三个月后,1942年3月11日撤往澳大利亚,临走时声言:"我还会回来的!"不久菲律宾全境沦陷。3月2日,日军已占领荷属东印度,控制了当地石油及其他矿藏物产。至5月中旬,美英荷等国驻守东南亚各地的军队节节败退。缅甸战役结束,英军退入印度,中国军队退入云南,滇缅公路被切断。在不到半年的时间内,日本侵占了380万平方公里的广阔土地,沦陷地区的人口达1.5亿之众,创造了可与德国相比的"奇迹"。

珍珠港事件发生的当天,日本向美英宣战,美英也对日宣战。9日,中国对日德意宣战。11日,德意对美宣战。在这一天德意日又缔结了新的协定,声称三国"在对美、英联合作战取得胜利以前,决不放下武器",在任何情况下都决不单独媾和。同时这个新协定再次"规定"了三国瓜分世界各自的势力范围,商定在战争取得胜利后,缔约国应根据三国同盟的精神,联手建立"世界新秩序"。这样,以德意日法西斯势力为一方的"轴心国"同以美法苏中等为另一方的"同盟国"展开了史无前例的惨烈大战,这场战争将决定人类的未来命运:走向光明还是坠入黑暗?

靠卑鄙的偷袭一时得到的"辉煌战果",令东条英机更加头脑发昏。1942年1月21日,东条在日本国会演说时公然叫嚣:"大东亚战争的关键,一方面在于确保大东亚的战略据点,一方面在于把重要资源地区收归我方管理和控制之下。由此扩充我方的战斗力量,同德意两国密切合作,互相呼应,更积极地展开作战,一直打到使英美两国屈服为止",并提出了"战争即建议,建议即战争"的狂妄口号,企图尽快建成所谓的"大东亚新秩序"。一个月后,在军政首脑联席会议上,由东条英机和统帅部策划,东条政府做出了所谓的以"日本、满洲、中国及西南太平洋地区为资源圈"和以"澳洲,印度等地为补给圈"的决定;制定了详细的资源掠夺计划,即在今后15年内,从东南亚各国掠夺钢铁3000万吨,铁矿6000万吨,焦炭1.2亿吨,煤2亿吨、石油2000万吨,铝60万吨,铝矾土260万吨。在各占领区,日军烧杀淫掠无恶不作,以各种残忍的方法致人死命以取乐或显示"英勇"。在日军的刺刀下,押送盟军俘虏的"死亡行军"把许多人活活累死;在宪兵队的刑讯室中,灌水、炮烙、电击、悬吊、坐钉板等酷刑成为折磨抗日军民的常用手段，日军甚至集体吃人肉，其罪恶行径令人发指。

另一方面，东条加紧了在政治上的欺骗活动。1943年11月5—6日，东条将"大东亚共荣圈"中的"各国领袖"召至东京，召开了所谓标志"东亚民族已经觉醒"的"大东亚会议"。泰国的温依、菲律宾的劳雷尔、缅甸的巴莫、印度的鲍斯、中国的汪精卫以及伪满洲国的张景惠等都趋之若鹜。在东条的监督下，傀儡们一个个地在所谓的《大东亚共同宣言》上签了字，声称："在正义与互相尊重独立、主权和传统的基础上，建立共存共荣新秩序；在互惠基础上，努力加速发展经济；结束任何形式的种族歧视。"正当东条陶醉于"大东亚会议"的"成功"喜悦中时，战争的天平早已向有利于正义力量的一方倾斜。

法西斯的暴行势必要遭到正义力量的有力反击。1942年4月18日下午，正当东条英机准备向庆祝"圣战胜利"的人群发表演说的时候，东京的防空警报突然尖叫起来，紧接着银座和浅草方向传来了猛烈的爆炸声，黑烟腾空而起。16架经过改装的美国B—25双引擎舰载机在东京、川崎、横须贺、名古屋、神户等市上空投弹后从容离去。这些轰炸机并未给东京造成多大的破坏，但领航指挥行动的詹姆斯·杜立德中校被东京的大多媒体描绘成魔鬼，说其轰炸机队对日本进行了"鬼鬼祟祟非人道的、嗜血的狂轰滥炸"，表现出十足的"魔鬼"行径等等。尽管美国人给日本留足了面子：并未轰炸皇宫，然而这一行动对自信日本本土不会遭到攻击的日本国民的精神和心理却是一个巨大的打击，也给了正在兴头上的侵略者们一个教训：恶有恶报。这实在是东条英机之流咎由自取的结果。

由于这次"意外"被袭，东条对太平洋上的美国海空军基地——中途岛恨之入骨，恶狠狠地声言"应该把它从地图上抹掉"。中途岛位于檀香山西北约1900海里，因为它恰好处于亚洲和美洲之间，故名。它的陆地面积只有4.7平方公里，人口也不过两千多，但它的战略地位是显而易见的。二战爆发后，这里成为美国在太平洋上重要的海空军基地，同时也是美军机动部队接近日本本土的重要巡逻基地。这个小岛成了东条等人的眼中钉、肉中刺。开战以来日本不断胜利，而损失却很小，海军首脑们更加嚣张。尤其是山本五十六大将力主攻占整个中太平洋，从占领中途岛开始，进而进攻夏威夷，然后再拿下阿留申群岛；为此，应尽快在太平洋上与美舰队决战，彻底击垮美国的海上力量，而不能与英美进行消耗战。山本的意见得到了东条的支持，又一次赌徒式的冒险开始。山本和东条都充满自信地希望偷袭珍珠港的一幕重演。于是，1942年5月28日，一支数量空前庞大的舰队驰离濑户内海的柱岛锚地集结准备出击。这支由山本指挥的攻击力量包括11艘战列舰、22艘巡洋舰、8艘航空母舰、2艘水上飞机航母、65艘驱逐舰和21艘潜水艇，连同后勤舰只整个舰队共计200余艘。东条决定孤注一掷。但是这一切都被美军从破译的日军电报中获悉，美军开始夜以继日地准备对日军的决战。6月4日凌晨2时45分，南云忠一攻击舰队已聚集于距中途岛240海里的海面上。4时30分第一批准备偷袭的180架零式飞机从航母上起飞直扑中途岛。但当飞机飞临中途岛上空时遭到了猛烈的防空炮火的打击。美国战斗机也对日机采取了攻击行动。原以为稳操胜券的日机仓促间应战,因此未能完成原定的轰炸任务,还需要第二轮轰炸。始料不及的南云于是命令第二批飞机卸下鱼雷装上重磅炸弹。7 时 28 分日本侦察机向南云报告发现了美国的十艘军舰。南云断定这后面必定还有美军的航空母舰。正当第一批日机返回降落,第二批飞机尚未起飞,大批鱼雷炸弹堆放于甲板上之际,尚未完成对美舰攻击准备的南云舰队遭到了美军舰载飞机的猛烈轰炸,数十架俯冲轰炸机直扑日舰"赤诚号"和"加贺号"航母,另一批美军飞机则对准"苍龙"号猛烈攻击。冰雹般的炸弹、鱼雷从天而下,南云的"赤城号"爆炸起火,在沉入海底之前,他沿缆绳滑下,狼狈地栽入一艘小汽艇,捡了一条命。不久,庞大的"赤诚号""加贺号"和"苍龙号"三艘航母相继沉入波涛汹涌的太平洋洋底。10 点 50 分得知噩耗,山本五十六像输红了眼的赌徒一样,又命令第二分舰队指挥官山口多闻向美舰发动猛攻,急欲同美舰队决一死战。山口奉命率航母"飞龙号"进入战区,中午 12 时他击沉了美军航母"约克顿号",正自得意扬扬地向山本五十六报告,美国的轰炸机突然飞至头顶一阵猛轰,"飞龙号"不一会儿就被炸瘫在了海面上。颜面无存的山口令阿部大佐从护卫舰上发射鱼雷将"飞龙号"击沉,自己和数百名水兵也与航母共沉海底。山本接到山口炸沉美航母的消息不禁大喜,哪知片刻之间"飞龙号"和山口等人葬身海底的惨讯又到,舰队的主力舰只已几乎损失殆尽。山本知道这次行动已完全失败,大势已去,但还是向部下撒了个弥天大谎,自欺欺人地宣称:"几乎已遭到全军覆没的敌人舰队正向东败退。"6 月 5 日凌晨山本不得不在"大和号"上下令,"取消占领中途岛的行动"。中途岛一战,日本损失了大型航母 4 艘,重型巡洋舰 1 艘,飞机 400 多架,兵员 3500 多人,尤其严重的是其中包括了几百名熟练的空中飞行员。而美军只损失航母 1 艘,巡洋舰 1 艘,飞机 147 架,兵员 307 人,可谓以微小的代价取得了重大的胜利。从此,日军再也无力在太平洋上随心所欲地主动进攻了。连东条本人都不得不承认:"太平洋的主动权转入敌人之手"。东条对战况的变化显然估计不足,于是他采取了欺上瞒下的可鄙伎俩。6 月 6 日他觐见天皇时,对中途岛一战失利的惨况只字未提;又指示大本营对陆军严密封锁消息,对海军人员也严格保密,并把参战的死里逃生的水兵隔离,连随舰记者都未能幸免。东京电台还大肆吹嘘日军在阿留申群岛的"赫赫战果"以掩盖在中途岛的惨败。不但如此,6 月 10 日东京大本营还大言不惭地宣布,日军"终于确保了在太平洋上的皇威","这场战争确系一战而成定局"。然而,纸终究包不住火,随着时间的推移,越来越多的人认识到中途岛海战只不过是日本无望的征服战争失败的开始罢了。东条面临的将是愈发难以收拾的局面。

幕府垮台

封锁中途岛战败消息,丝毫也不能改变日军在战争中节节败退的颓势。无论在国际还是在国内,东条内阁都已失去了主动和支援。东条政权已处于风雨飘摇之中。

虽然日本海军大败于中途岛,但占领了东南亚的陆军却仍然保存了有生力量。为了切断美国对澳大利亚和新西兰的补给线,保护日军新占领并正在修建海军基地的新不列颠岛腊包尔,日军占领了所罗门群岛的图拉吉,并在瓜达尔卡纳尔岛开始修建一个机场和陆海军基地。美国的战略恰好与此针锋相对,就是要力保澳、新反攻基地。为此则必须在澳大利亚东北方占领一系列的海空军基地,而瓜岛就是其中极其重要的目标。1942年8月7日,美军对瓜岛进行了猛烈的空袭和炮击,8月击溃了日守军的微弱抵抗占领该岛,1.9万名官兵中有1.1万人登陆。东条获悉美军反攻的消息又惊又怒。原以为美军决不会如此迅速地反攻,因此急令腊包尔三川将军的第八舰队驰援瓜岛日军。8月8日三川舰队在所罗门群岛的萨沃岛海域一举击沉了美军的重型巡洋舰"堪培拉号""芝加哥号""昆西号"和"文生斯号"以及驱逐舰"帕特森号"。美军伤亡近2000人。这次失败致使登陆瓜岛的美军处于孤立无援的境地。日军很快就发动了反攻瓜岛的行动。美军的指挥官对此却早有准备,双方在瓜岛这一战略要地展开了激烈的争夺战。国力强大的美国逐渐占据上风控制了制空和制海权。日本国内越来越多的人认识到,东条叫嚷的"大反攻"迷梦已经破灭。尤其是军队内部,围绕钢铁等重要资源的分配问题,陆军与海军又闹起了内讧,焦头烂额的东条陷入了进退维谷之境。1943年1月4日,东条等不得不下令联合舰队和第八方面军从瓜岛撤退。而此时日军已被击毙15000人,另有9000人病死,1000人被俘。4月18日,山本五十六乘座机从腊包尔飞往布因城途中,遭到事先获悉此事有所准备的美国战斗机的伏击,座机中弹坠毁,山本也当场殒命。紧接着在1944年2月份展开的所罗门群岛和新几内亚战斗中,日本海军出动大部分军舰、6000多架飞机和10万部队,而陆军更是出动了27万人,飞机2000架,但最终仍然以惨败而告终,日军投入的战斗机几乎损失殆尽。兵员、军舰、运输舰只均损失惨重。太平洋战场的惨败使东条已没有太多的回旋余地了。

几乎与瓜岛战役同时,斯大林格勒保卫战和北非战场的胜利使战局已开始向有利于反法西斯同盟军的方向发展,东条的末日近在眼前了。1942年7月19日至1943年2月2日,德军初以27万兵力,1200架飞机的强大精锐部队向斯大林格勒猛攻,遭到了苏军的坚决反击。后来双方在市内又展开激烈的巷战。至11月19日,苏军调集110万兵力,近1500辆坦克,15000多门火炮和1350架飞机,经过周密部署,对30万德军展开了猛烈的反攻,结果毙敌14万,俘虏了包括德军司令鲍鲁斯元帅及其以下24名将军、2500名军官在内的9万多残敌。斯大林格勒保卫战的胜利,使苏德战场出现了根本性的转折,同时也是整个第二次世界大战的关键性胜利。东条内心十分沮丧。盟军在北非登陆和意大利投降迫使东条再难以借"国际形势大好"来蛊惑人心。在北非,英军在蒙哥马利元帅的指挥下与"沙漠之狐"隆美尔指挥的德意军队进行了一场沙漠消耗战——阿拉曼战役。结果德意军队被迫西撤1200公里才免于全军覆没,北非的东线要地全部处于盟军控制之下。紧接着艾森豪威尔指挥大军在北非西部登陆,东西两线遥相呼应,将德意军压缩在突尼斯,并迫使其于1943年5月13日全部投降。北非战斗的胜利结束,给德意法西斯以迎头痛击。尤其是意大利,已彻底暴露于盟军的攻势之前。7月25日,意大利

世界传世藏书 图文珍藏版

发生政变,墨索里尼政权垮台,其本人也成为阶下囚,国王任命总参谋长组成新政府与英美谈判,并于9月3日投降。法西斯"三国轴心"实际上已垮。与此相对,盟国为了加速反法西斯战争的胜利进程召开了几次重要会议。11月22日至26日美英中三国首脑在开罗举行会议并签署了《开罗宣言》,规定"日本必须将所占中国之领土归还中国"并"使朝鲜自由独立"。11月28日至12月1日苏美英三国又在德黑兰召开会议,商定将于1944年5月在法国北部开辟欧洲第二战场,希特勒的末日也要到了。国际形势的巨大转折对日本的东条英机来说却是接踵而至的打击。

国内形势的变化更使东条坐卧不宁。刚上台时,东条就身兼首相、陆相和内相三职,为明治政府成立以来绝无仅有。为了加强钳制人民思想的力度,东条实行了恐怖的宪兵政治,他以"间谍""嫌疑犯"等莫须有的罪名指使警宪在各地大肆逮捕所谓有"危险思想"的人,许多人都遭到了迫害。就连右翼势力人物如"东方会"的中野正刚也因对东条的独裁和宪兵政治不满,被逮捕羞辱,愤而剖腹自尽。肆行镇压使东条的政治名声更加败坏。为了控制内阁,东条在1942年4月还实行了所谓的"翼赞选举",由"大政翼赞会"这个驯服于法西斯淫威的政治工具协助强拉选票,从而使东条终于"顺利当选"。5月20日,前首相阿部信行为会长由国会议员组成的"翼赞政治会"又成立了。它与"大政翼赞会"成了支持东条对外侵略、对内独裁的得力工具,但遭到政党势力的抵制。不仅如此,在战局日渐吃紧的情势下,东条以"保证统帅与国务统一"为借口兼任参谋总长。此举遭到了军方许多实力派人物甚至"皇亲"秩父宫亲王的反对。但东条仍然一意孤行,大权独揽。与政治、军事上的失利相比,国内经济的萧条和破产以及由此引起的国力严重削弱是迫使"东条幕府"垮台的另一重要原因。战争使资源本来就十分贫乏的日本雪上加霜,因此除了在各殖民地国家大肆掠夺之外,东条内阁还在国内实行所谓"经济总动员"。到1944年时,直接用于战争的资财已占到国民生产总值的50%以上,大批青壮劳力被强征当兵,工农业生产受到严重影响,美英加紧封锁海上运输线,战场又接连失利,国内人民的生活极其困苦,陷入忍饥挨饿、挣扎于死亡线上的悲惨境地。东条在此时仍然用"每天吃一餐,也无损于健康"的谎言愚弄人民。人们气愤地称东条为"日本的希特勒""东方的恶人"。人民的不满和上层势力的倒阁活动使东条处于政治破产的边缘。

为了摆脱被动,东条于1944年1月参与策划了"一号作战命令",命令在中国的日军打通纵贯大陆的平汉、粤汉和湘桂铁路交通线,以便将大陆日占区与南洋日占区联为一体。豫湘桂战役自4月打响历时八个月,国民党的正规部队五十多万被日军击溃,一百四十多座城市失陷。这是东条在垮台前夕所犯下的新罪行。然而东条并未摆脱被动,因为6月6日,盟军在法国的诺曼底顺利登陆,开辟了欧洲第二战场,苏联也已经反攻,正向德国挺进,希特勒虽然负隅顽抗,但败局已定。在太平洋战场,6月15日美军开始攻击马里亚纳群岛。在海战中,日本舰队遭到惨败,陆基飞机损失殆尽。九艘航母被击沉了三艘,四艘受重伤;7月6日,曾在中途岛一战中惨败的中太平洋舰队司令南云忠一下达自杀性反击令后自尽身亡。7月

9 日,美军攻占塞班岛。

战场上的连续失败,加剧了国内反对势力的倒阁风潮。秩父宫亲王讥称东条英机是"东条天皇",陆军中的一些人则称东条内阁为"上等兵内阁"。被东条倒阁赶下台的近卫更是到处活动,希望一雪前耻。包括木户内大臣在内的"重臣"对东条开始施压并提出东条留任首相的三项条件:一,参谋总长与陆军大臣两职分离,以健全统帅机制;二,任命新的海军大臣;三,邀请重臣入阁,以示举国一致。但身为重臣的米内光政和广田弘毅坚决拒绝入阁,使试图通过改组内阁而继续执政的东条陷入了绝境。7 月 18 日,东条召开最后一次内阁会议,宣布了辞职的决定。就在四年前的同一天,不可一世的关东军参谋长爬上了陆相的高位,然而四年后的他只能灰溜溜地下台。尽管如此,东条仍以"重臣"的身份对局势发挥一定的影响。

东条内阁总辞职后,小矶国昭内阁成立,继续推行战争路线。声称"决心团结大和民族,坚决把战争进行到胜利结束"。大本营也于 1945 年 1 月 20 日实行"本土作战计划"。然而,美军在元旦展开的莱特岛战役中使日军地面部队伤亡近 7 万人。因此,小矶内阁不到九个月就垮台了。继任的铃木贯太郎内阁也不能阻止日本失败的命运。6 月 21 日,美军占领了距日本仅 600 公里的冲绳岛。日军守军 10 万人除 1.1 万人被俘外尽数被歼。在欧洲,1945 年 5 月 2 日柏林守军投降。8 日德国签署了投降书,欧洲战场迎来了反法西斯战争的最终胜利。7 月 26 日,盟国发表《波茨坦宣言》,敦促日本无条件投降。8 月 6 日和 9 日,刚刚核试验成功的美国把两颗原子弹分别投在广岛和长崎。8 月 8 日,苏联对日宣战,苏军兵分三路突入中国东北,对关东军施以毁灭性打击。苏军以 175 万兵力,5200 多辆坦克,5000 余架飞机,3 万门炮,十天的时间歼灭关东军 8.4 万人,俘虏 60 万。遭到四面痛击的日本已经走投无路,不得不于 8 月 10 日接受要求其无条件投降的《波茨坦公告》。8 月 15 日中午,天皇的"终战诏书"广播,日本战败投降。

历史惩罚

1945 年 9 月 2 日,在"密苏里号"战舰上的日本投降签字仪式结束后,逮捕和审判战犯势在必行。盟军总司令部的《新闻通报》上刊登了许多日本人揭露东条英机罪行的文章,各种谴责东条罪行的信,从四面八方寄到东条家。信中责骂东条:"因为你,我的儿子才战死的!""你有三个儿子却一个没战死!""趁早自杀,向国民谢罪!"东条成为众矢之的,惶惶不可终日,这个策动太平洋战争和侵华战争的头号战犯深知即将到来的惩罚将是无法逃避的。但求生的欲望又使他试图逃避历史的惩罚,曾想逃出东京躲到深山里去,或者出庭受审,总算有个交代。但是一想到是作为战犯被捕受审,又颇为不甘,脑子里不禁冒出了自杀的念头。这样,既能捞到"为天皇尽忠"的美名,又能避免被美国人处以极刑而丢尽脸面。于是,他偷偷写下遗书,开始销毁笔记、信件、文书、档案等各种罪证,只保留勋章和照片,并且大言不惭地声称,这是为了防止日后有人为他树碑立传时不知道立过何等"奇功"。9 月 8 日晚，魂不守舍的东条找来住在自家对面的医生铃木，要他在自己的左胸上画了个标志心脏确切位置的圆圈，以备自杀之用。这个双手沾满各国人民鲜血的战争狂人如同笼中之鼠，昔日里飞扬跋扈的嚣张气焰荡然无存。

9 月 11 日，盟军总司令部下达了逮捕东条等 39 名战争罪犯的命令。这天上午，坐在客厅看报纸的东条神情恍惚，想起昨天两名美国记者忽然来采访，总感到心神不宁。午饭过后，吉普车一辆接一辆地驶来，从车上跳下许多手持照相机的记者和荷枪实弹的美国宪兵，东条听到车响人声，心里一阵阵发紧，神经几近崩溃。下午 4 时许，美国宪兵队军官保罗·克劳斯乘车来到东条家下令包围住宅逮捕东条。当敲门声响起时，东条故作镇静地将家人打发走，一个人留在办公室，隔着衬衫向自己开了一枪。听到枪声，美国宪兵迅速冲进房门，见东条浑身是血，扑倒在地。急救车迅速驶到，宪兵们把东条抬进了医院。东条是个左撇子，开枪时枪口偏高了一点，子弹未击中心脏，因此经过一番抢救，东条清醒过来。两名陪同翻译急忙记录东条的"死亡演说"。"要这么长时间才死，我真遗憾。"表情肌不断抽搐的东条故作镇静地低声说。这是他对自己畏罪自杀未遂丑剧发表的最初感想。待体力稍有恢复，东条继续其政治表演，色厉内荏地说："大东亚战争是正当的，正义的！"继而又提醒在场的人别忘了他的身份，说"我不去你们的法庭，我做过大日本帝国的首相，我是大英雄！"挣扎半天，东条又跌入沮丧之中，假惺惺地说什么"我对不起我国和大东亚各国所有民族"。最后又故作姿态地呻吟："我不愿在征服者的法庭上受审，我等待着历史的公正裁决。"东条仍然幻想美国人会饶他一命，给他以"公正裁决"；或者有朝一日，有人替他翻案，为大日本帝国招魂。

1946 年 1 月 19 日，麦克阿瑟据美国总统的授权，发布特别命令，成立"远东国际军事法庭"审判日本战犯。法庭由中美英苏等 11 国法官组成，由澳大利亚韦伯爵士任审判长。首席检察官由国际检察局长、著名美国律师季南担任。鉴于东条自杀未遂，美占领军将东条转移到了第十一监狱第二号室，即原来收容盟国被俘人员的"大森俘房收容所"。不久，东条又被转移到位于东京西北部的巢鸭监狱，住在第四十四号单人牢房。在 1946 年的最初几个月中，东条一共被特别检察团审问 51 次，计 124 小时。但东条态度蛮横，极力为自己狡辩，声称应受责难的，起初应该是中国人，以后是美国人、英国人；由于日本逐渐处于各国的"包围"之中，为了"自卫"才被迫行动等等。4 月底，正式开庭的准备工作都已完成。以"反和平罪""杀人罪"和"通常战争罪犯及反对人道罪"等三大罪名，指控 28 名罪大恶极的战犯。起诉书竟长达数十万字。5 月 3 日，第一次公审开始，东条英机、木户幸一、松冈洋右、广田弘毅、平沼骐一郎、永野修身、岛田繁太郎、铃木贞一、荒木贞夫、东乡茂德、土肥原贤二、坂垣征四郎、大川周明、星野直树、畑俊六、小矶国昭、松井石根、重光葵、梅津美治郎等等战争罪犯都出现在被告席上。

在法庭上，东条为自己辩解的"技巧"似乎也颇合乎他行事的强盗逻辑。他对自己所做过的事情从策划、决策再到付诸行动都一概承认，但他却拒不认罪，狡辩说那些侵略的行为"都是必要的和不可避免的"。东条声称："日本的大东亚政策，是由于第一次世界大战后,随着世界经济的集团化,有必要谋求近邻相互间的经济合作而提倡。后来由于东亚的赤化和中国的排日政策,爆发了中国事变。因此,日本企图靠防共和经济合作来调整日华邦交,恢复东亚的安定。然而,由于美、英、苏的直接或间接的援蒋(介石)行为,形势日趋恶化,为了对抗美英对日压迫,日本终于不得不采取自卫行为"。在这里,东条将第一次世界大战后日本的侵略罪责推得一干二净,并倒打一耙,把战争责任扣到盟国头上。这说明东条至死仍顽固不化,决心带着花冈岩头脑见上帝去了。值得注意的是,至今仍有人一再重弹东条式的"自卫战争论",篡改历史,否定侵略,可谓东条阴魂不散。到1948年4月,战犯们的自我辩护结束。整个审判历时2年,开庭时间达417天,有12000人提出了口头或书面的证言,控辩双方提出的证据达5200件之多。桩桩血写的事实,有力地揭露了东条们的侵略罪行。

1948年11月4日远东国际军事法庭再次开庭,宣布判决结果,宣判地点是原日本大本营大楼。庭长韦伯宣读了长达1500页的判决书。法庭提出大量不可否认的事实,对东条等人的侵略行径与这些事实之间的关系进行了深入的调查认定。判决书指出:东条作为关东军参谋长时主张进攻苏联;任陆相、首相时作为决策者主张侵华、灭亡中国并付诸行动;同时也是挑起太平洋战争的元凶,将战祸强加给太平洋地区的各国人民,实属罪大恶极。此外,作为日本政府大政方针的决策和实施者,东条对虐待战俘,在中国实行野蛮的"杀光、烧光、抢光"的"三光政策"负有不可推卸的责任。11月12日下午,判决结束。法庭裁决:"根据各种控告的理由",判处东条有罪,处以绞刑。与东条受到相同裁处的还有土肥原、广田、坂垣、木村、松井和武藤等六名战犯,东乡和重光葵分别被判处20年和7年有期徒刑;木户等则被判终身监禁。这伙战争的鼓吹、煽动、策划和实施者受到了历史的正义审判。

11月24日,麦克阿瑟批准了法庭的判决。12月21日,第八宪兵司令官和巢鸭监狱长接到命令:把东条英机和其他六名战犯的死刑执行日定在1948年12月23日午夜零时1分。得知死期将至的东条写下拒不认罪的遗书,诬称"审判具有政治性质,是由胜利者进行的"。为日后军国主义余孽翻案定下调门。在最后结尾处东条写了两首"和歌",其中有"去复来兮归故土","待到日本花香时"的字句,表达了这个把各国人民,包括日本人民带入战争苦难的恶魔不甘心失败,还妄想复活军国主义的险恶用心。12月22日夜,东条等战犯在临刑前,向神佛上香,并梦呓般地叨念着"天皇陛下万岁!大日本帝国万岁!"极力装出满不在乎的样子。在被押赴刑场时,战犯们为给自己壮胆,一边口诵"南无阿弥陀佛",以掩饰内心的恐惧与沮丧,一边无可奈何地走向绞刑架。23时58分,头套墨罩的东条被处以绞刑,得到其应有的下场。

东条死了,死有余辜。在全世界热爱和平、维护国际正义的人们心中,战争恶魔东条英机罪行累累,铁案如山。值得注意的是,在今天的日本,仍有一伙人随着日本政治、军事大国化的步伐,起劲地为东条翻案。1998年出笼的日本电影《自尊——命运的瞬间》标榜客观立场,用正面形象为这个战争狂魔歌功颂德,重弹当年东条的陈词滥调。"树欲静而风不止",任何一个有责任感的人都不能不警惕军国主义沉渣泛起,不能不关注东条的徒子徒孙们的新举动,并给予必要的揭露与抨击,绝不能让东条的阴魂肆意游荡,危害来之不易的和平。

勇敢的和平使者

——拉宾

人物档案

简　历:以色列政治家、军事家、诺贝尔和平奖获得者。出生于耶路撒冷,以色列政治家,诺贝尔和平奖获得者。曾于 1974 年 6 月~1977 年 4 月及 1992 年 7 月~1995 年 11 月两度出任以色列总理。1968 年 1 月退役从政,同年任以色列驻美国大使,1973 年回国任劳工部长,1974 年 1 月当选为议员,1974 年拉宾当选为工党领导人,同年 5 月出任内阁总理,1974 年至 1975 年曾兼任交通部长。1974 年至 1977 年 4 月首次出任以色列总理。1977 年 4 月因拉宾夫人非法在美国存款事被揭露而弹劾下台。1984 年 9 月至 1990 年在工党与利库德集团组织的联合政府中,拉宾担任国防部长。1992 年 2 月拉宾再次当选为工党主席,1992 年 6 月,工党在以色列大选中获胜,拉宾再次出任总理,和巴勒斯坦人和解,直至 1995 年 11 月 4 日被犹太激进分子刺杀身亡。他是首位出生于以色列本土的总理,首位被刺杀和第二位在任期间辞世的总理。

生卒年月:1922 年 3 月 1 日~1995 年 11 月 4 日。

安葬之地:耶路撒冷的赫茨尔山公墓。

性格特征:倔强、自信的性格,但有时也很腼腆,甚至沉默寡言,还好他在学业上勤于思考,精益求精。

历史功过:推动以色列建国进程,同时推动中东和平进程所做的努力而获得诺贝尔和平奖,其在经济、外交、国防也有令人瞩目的业绩。

名家评点:江泽民致电曾说:"拉宾总理是中东和平进程的积极推动者,以色列人民杰出的领导"。

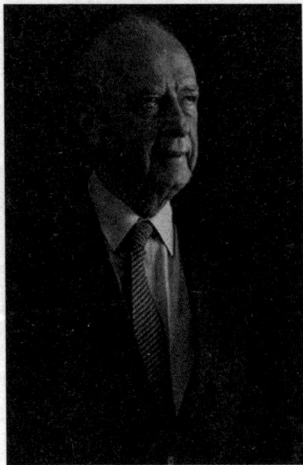

少年壮志

伊扎克·拉宾于 1922 年 3 月 1 日出生于巴勒斯坦的圣城耶路撒冷。回归耶路撒冷，在巴勒斯坦创建美丽的犹太家园，是 2000 多年来世代犹太人神圣的使命和梦想。拉宾父母正是满怀希望与梦想来到巴勒斯坦的。

父亲内哈米亚·拉宾出生于乌克兰一穷人家庭，艰苦的生活环境塑造了他坚强的性格和坚定的毅力。为了躲避 1905 年革命失败后沙皇政府对犹太人的镇压，内哈米亚被迫远走美国。正是在那里，他加入了犹太裁缝联合会，逐渐对犹太复国主义运动产生了浓厚兴趣。后来，他怀着满腔热血报名参加了英国为与土耳其争夺巴勒斯坦而组建的犹太军团，抵达圣城耶路撒冷。在那里，他与罗莎邂逅相遇，两人一见钟情，喜结良缘。罗莎生长在俄国，人品、才貌均非常出众。她早年跟随外公经营木材生意，并很快成为一名精明的木材商。1919 年，不愿意同布尔什维克一起生活的罗莎决定离开俄国，前往瑞典或美国。但一次偶然的机会使她受到了犹太复国主义的影响，因而义无反顾地奔赴巴勒斯坦。

内哈米亚夫妇热衷政治，积极支持和参与犹太复国主义运动。他们的家成为工党积极分子"聚义"的场所，许多重大决定均是在那里决定的。当父母同客人们激情昂扬地发表高见之际，懂事的小拉宾兄妹俩就承担起了收拾桌椅和添茶倒水等事。经过不断的潜移默化，犹太复国主义政治在小拉宾身上打下了深深的烙印，并最终成为他生命的一个重要组成部分。小拉宾从小立下了坚定信念，他希望自己成为叱咤风云名垂青史的"大卫王"，将犹太人从痛苦和迷惘中拯救出来，让巴勒斯坦家园重现希望之光。

由于父母事务繁忙而无暇照顾，小拉宾被送往一所实行严格集体主义教育的工人子弟学校。正是在那里，小拉宾接受了艰苦的劳动和严格的纪律训练。这种自觉遵守纪律约束、厌恶浪费、崇尚勤劳勇敢的校风对拉宾的影响很大。不过，宁静的校园生活没有带给小拉宾宁静的心情，因为他时常牵挂着母亲的健康。母亲心脏不好，身体每况愈下；雪上加霜的是，母亲后来居然患上了癌症。不论什么时候，只要一听说母亲病情加重，小拉宾都要发疯似的跑向医院。拉宾 16 岁那年，母亲不幸去世，他为此悲痛欲绝。失去母爱的伤痛给拉宾留下了巨大的心理创伤，他发誓要用刻苦学习来填补母爱缺失的空间。很快，他便在学校中脱颖而出。

初中毕业后，拉宾不负众望，考入了北加利利地区的卡杜里农业学校。在当时，学习农业技术是许多年轻人的第一选择，他们往往怀着犹太复国主义的美好憧憬——将荒漠变成良田。拉宾希望自己将来成为一名优秀的灌溉工程师，以便实现西奥多·赫茨尔的理想，将贫瘠的巴勒斯坦变成富饶美丽的犹太家园。

不幸的是，阿犹两族的矛盾和冲突不断冲击着这所学校，打断了正常的教学进程，小拉宾也逐渐卷入了政治漩涡中去。正是在那时，他结识了学校的毕业生伊加尔·阿隆。阿隆以勇敢、果断和机智而小有名气，被当地誉为"加利利之王"。拉宾为结识这样一位兄长和朋友而深感荣幸。在阿隆的指导下,拉宾接受了基本的军事训练,并一度被委任为一名"加菲尔",即为基布兹(集体农庄)担任警卫工作的编外警察。学校恢复正常秩序后,拉宾将精力集中在学习上,并表现出了非凡的才智。毕业时,他以全班第一的优异成绩荣获英国高级专员亲自为他颁发的奖章。此外,英国政府还给他一个去英国伯克利大学攻读水利工程的奖学金名额。在决定人生道路的十字路口,拉宾没有被眼前利益所迷惑,他毅然放弃了这个令许多人垂涎的深造机会,决定留在巴勒斯坦。因为他深知处在腥风血雨之中的巴勒斯坦需要他。

"帕尔马契"使拉宾找到了用武之地。在那里,他不断吸取各种知识,并发展了自己的才能,特别是洞察能力和军事指挥才能。帕尔马契即"犹太武装突击队",是二战中英国试图阻止德意法西斯军队进攻巴勒斯坦而组建的一支编外军事力量。由于英美军队在北非地区的成功军事行动,使得德意军队始终未能打过来。后来英国逐渐改变了对这支部队的态度,将其视为对自身的一种威胁。1945年,英国宣布帕尔马契及其参与者均为非法。在哈加纳(犹太自卫队)领导人的坚持斗争下,这支部队得以保存下来,并在安置和接待移民方面发挥了重要作用。

拉宾的才能很快引起了指挥官们的注意。1943年,21岁的拉宾被任命为帕尔马契的一名排长。在当时,帕尔马契的编制仅为3个连共9个排。两年后,帕尔马契以营为单位扩大了编制,拉宾被提升为第一营训导主任。在这年10月间,他利用"里应外合"之术成功营救出被英军关押在埃特里特集中营的约200名犹太移民。这次行动充分表现了拉宾的指挥才能,他因此遭到英国委任统治当局的仇视。1946年6月,英国委任当局突然拘捕了拉宾,并抓走了他的父亲内哈米亚,因为他们不相信年仅24岁的拉宾会是帕尔马契的重要人物,认为其父才是幕后的操纵者。还好,可怜的老头儿仅在监狱里"呆"了两个星期便被"无罪"释放了。

二战后,随着犹太移民的不断增加和英国委任统治的行将结束,关于巴勒斯坦地区的领土安排问题已提上解决日程。阿犹双方的矛盾已达到白热化阶段,流血冲突时有发生。事实已十分清楚,双方必须通过战争来决定自己的命运。1947年初,本·古里安等领导人开始着手加强犹太武装力量。10月,在联合国就巴勒斯坦分治问题进行表决前夕,拉宾被提升为帕尔马契的副司令官兼作战部长。这年拉宾才25岁,真可谓英雄出少年!

拉宾深感自己肩负责任之沉重。当时,犹太武装力量的总数仅万人左右,而真能打硬仗的就只有帕尔马契的几千人。更令人担忧的是,武器装备严重短缺,正规战中所需的大炮、坦克、装甲车几乎为零,更不用提飞机和战舰了。用这样一支游击队伍怎样对付数10万计的阿拉伯正规军呢?

11月29日,联合国大会通过了将巴勒斯坦一分为二的分治决议。阿拉伯人立即宣布不承认该决议,并随即展开了对犹太人的包围和进攻。居住在耶路撒冷的10万犹太人首当其冲,被阿拉伯军队团团包围。情况万分危急,因为城内居民和战士的食品、武器和医药全靠外面接济,而从特拉维夫通往圣城的交通线又被阿方所控制。打通"补给线"成为事关整个战局的成败。在这关键时候,哈加纳指挥官们想到了英勇善战的拉宾。

4月15日，年仅26岁的拉宾被提升为"哈雷尔旅"的上校旅长。这一天，他率部发动了著名的"纳赫松行动"。这次行动是以色列建国前"为交通运输而斗争"的战略行动中一场最重要的战役，目的在于确保特拉维夫和耶路撒冷之间的交通畅通。尽管拉宾几次突围成功，并将物资成功运抵圣城，但由于阿方军队凭借优势火力和有利地势负隅顽抗，打通的交通线得而复失，耶路撒冷频频告急。

情况表明，在敌我力量悬殊的情况下强攻交通线是徒劳的。拉宾主张"不要用头往墙上撞"，而且将这一想法直接呈报给了本·古里安。谁知本·古里安听后勃然大怒，并扬言要处分胆怯之人。拉宾没有因此放弃自己的主张，他冷静分析了敌我形势和地形特征，建议开辟秘密的"缅甸小路"。该通道避开敌军驻守的阿特隆山口迂回向东通往圣城，能保证物资源源不断地运抵目的地。

"缅甸路"的开辟展现了拉宾非凡的军事谋略。它证明了拉宾勇于接受挑战，能在错综复杂的问题面前提出并坚持切实可行的解决方案。同时，它也体现了拉宾的一贯主张：只要有可能，就避免正面冲突，尽量寻找能够同样实现目标的其他便捷途径。这一主张贯穿他的一生，并在其晚年得以淋漓尽致地发挥。

1948年5月14日，本·古里安庄严宣布以色列国成立。这是多么令人鼓舞的消息，它是千百年来世界各地犹太人梦寐以求的伟业。以色列全国上下为此举行了隆重的庆祝活动。当电台广播本·古里安宣读《独立宣言》和人民的庆祝实况时，拉宾正与精疲力竭的战士呆在耶路撒冷附近的一个基布兹里。喜悦和兴奋像电一样刺激着每一位战士的神经，他们忘记了疲惫，一直狂欢到深夜。鲜花、掌声和热泪并没有消释拉宾的焦虑，因为他明白，以色列的建立必定会进一步激怒阿拉伯人，双方的战争和冲突将会更加惨烈和持久！不出所料，阿拉伯国家立即宣布不承认新建的以色列国。它们的代表在联合国说，犹太人无权对巴勒斯坦提出任何要求，因为大卫和所罗门在公元前3000年建立的古以色列国只存在了短暂的72年！

很快，阿拉伯军队展开了对耶路撒冷更为激烈的进攻，双方陷入了难分胜负的拉锯战。在这关键时刻，以色列得到了宝贵的外援，大批训练有素的犹太志愿人员从世界各地奔赴以色列，大大充实了以军实力。最令拉宾感慨的是，军火主要是由捷克在苏联的默许下提供的。拉宾后来说："如果没有捷克按照苏联旨意提供的武器，我们能否打赢这场战争是值得怀疑的。"加强了实力的以色列军队随即展开了反攻，阿拉伯军队由于内部不统一而连失城池。这一时期，拉宾参加了争夺耶路撒冷的战斗以及占领内格夫和埃拉特的"霍雷夫行动"。

1948年8月，阿以双方实现了短暂停火。在此期间，拉宾完成了其人生的一次重大选择，他与莉娅喜结良缘。二人的相见相爱是非常浪漫和富有诗意的。1943年夏天的一个酷暑天，在特拉维夫城阿伦比大街的一家冰淇淋室里，拉宾与莉娅相遇。姑娘的纯情与美丽立即吸引了拉宾的目光。拉宾的心怦怦直跳，无法抑制住那份激动。也许是上帝的特意安排，姑娘也注意到了年轻英俊的拉宾，她立刻被那灼热的目光打动了。正如莉娅在自己的回忆录中所说："拉宾长着浓厚的浅棕色头发,灰蓝色的眼睛流露出不可思议的热情。而最令人注意的是,则是他那掩饰不住的帕尔马契战士的举止。帕尔马契战士是当时年轻姑娘们的偶像,因为他们是年轻的犹太卫士,肩负着保卫基布兹和创建犹太国家的神圣使命。"

经过几年的热恋,两人终成眷属。婚宴选择在特拉维夫的贝特·沙龙大厦。尽管婚宴简单,但却热闹非凡,双方的亲朋好友和战友们齐聚一堂。面对拉比,拉宾当众宣布:"这绝对是我最后一次结婚。"拉宾没有食言。在半个世纪的夫妻生活中,无论是腥风血雨的战争岁月,还是拉宾两度出任总理的日子,他们始终相亲相爱,一往情深。在半个世纪的风风雨雨中,他们共享幸福与快乐,共担困难与挫折。正如在结婚24周年纪念日,拉宾给莉娅的一封信中所说:"当我回顾以往24周年的生活时,我想尽管我们之间也有恼人的争吵,但在我们熟悉的范围内,再找一对像我们这样的夫妻是不容易的……毫无疑问,同你结婚是我生活中的一大幸运,你也知道我有多么珍惜它……在生命的关键时刻,我们共同闯过了那多少难关,我们生活的内容似乎体现了家庭的所有意义。"

人们常说,每个成功男人背后都有一位伟大的女性。拉宾夫妇便是一个明显的例证。在半个世纪的岁月里,莉娅始终怀着无限热忱与敬慕之情支持丈夫的事业。这不仅表现在她悉心照料家庭和儿女,也体现在她积极参加各种公益和公务活动。特别是在拉宾两次出任总理期间,她多次会晤萨达特夫人、约旦努尔王后、希拉里·克林顿,为推动中东和谈积极奔波;她还不留余力地呼吁国际社会和以色列人民关注中东的难民问题,并因此得到了国际社会的好评。

锋芒初露

第一次中东战争以后,以色列百废待兴。大批军人需要转业,拉宾又一次面临何去何从的选择。经过反复的思考与分析,他意识到阿以双方的矛盾并未因停战而结束,冲突和战争一触即发;新生的以色列要长久屹立于中东地区,唯有加强军事建设而别无选择。因此,他决定留在部队。总参训练部长哈伊姆·拉斯科夫很赏识拉宾的才能,请拉宾负责教导他主办的营长训练班。拉宾很好地抓住了这次机会,他的出色表现赢得了上司的青睐。

1953年,拉宾被派往英国坎伯利皇家参谋学院进修1年。以色列挑选了一批优秀的年轻军官并把他们送往英、法、美等国深造,他们的身上背负了以色列未来安全与稳定的希望。当时的形势是严峻的,要想在众多敌国的包围下求得生存,以色列必须拥有大量的优秀指挥官和经过正规训练过的国家军队。坎伯利皇家参谋学院是英国较为出名的一所军事院校,注重培养学员的组织和指挥能力。正是在那里,拉宾学到了不少有关大兵团作战的要领和战略策划等方面的知识,这无疑对他后来的军旅生涯有很大的帮助。

以色列国父大卫·本·古里安很欣赏在英国受过训练和在英国军队服役过的高级军官,这无疑也是拉宾选择到坎伯利皇家参谋学院学习的一个重要因素。回国后,他受到了总参谋长摩西·达扬的重视,随即被委任为以色列国防军训练局局长。筹建以军参谋学院是拉宾面临的第一项重要任务,这正好将他在英国所学应用于实践。为此,他不断奔波忙碌,还和手下的人夜以继日地就学院的课程设置和组织结构进行讨论。良马遇伯乐,拉宾不久又被达扬提升为北方军区司令。

或许,有得必有所失。1956年,埃及封锁了苏伊士运河,第二次中东战争随即爆发。在整个战争期间,拉宾一直呆在北方军区司令部里,他为未能亲自参加南方的战斗深感惋惜。拉宾私下抱怨说,由于自己不是本·古里安领导的巴勒斯坦工人党的成员,不具备选择任职岗位的特权,因而失去了许多良好的发展机会。不过,当南方战事平息后,北部和东部边界逐渐成为以色列与阿拉伯游击队的冲突地带。拉宾的才能这时才开始得到体现,他逐渐练就了处置边境冲突和管理非军事区的能力。他命令士兵驾驶装甲拖拉机强行耕种非军事区的土地,在遭到叙军的炮击后,他又指挥以军越过加利利海袭击叙利亚渔船和工厂以示报复。很明显,这是一场以色列主动挑起的边界冲突。为什么以军蓄意挑起事端呢?有人分析说,拉宾的真正意图在于扩大事态,将美国拖进来,以此加速以美军事同盟的进程。不过,也有人指出,拉宾的用意在于吸引世人的目光以弥补自己未能参加南方战事而带来的损失。

1957年,一向器重拉宾的哈伊姆·拉斯科夫出任总参谋长,幸运女神又一次向拉宾伸出了双手。一个偶然的机会将拉宾提前推上了作战部长的职位。1959年4月,以色列武装部队进行了一次动员演习,电台用希伯来语、法语和英语等多种语言发布了动员令。由于组织工作出现了问题,致使许多人包括重要的政府官员均认为战争真的爆发了。演习的警报声撕裂天空,引起全国上下一片混乱和恐慌。后来,人们戏称这一晚为"上当之夜"。阿拉伯国家抓住这一把柄,攻击以色列穷兵黩武,欲谋再次挑起战争。以色列也做了笨拙的解释,但似乎是欲盖弥彰。本·古里安为此大发雷霆,一气之下免除了总参作战部长和情报部长的职务。随即,在拉斯科夫的建议下,拉宾顺利出任作战部长。

上台后,拉宾才发现事情远非他想象的那样乐观。以色列所面对的国际局势十分不利。国际舆论,包括许多欧美国家都纷纷谴责以色列的外交政策,说它"制造事端"。以苏联为首的东欧集团更是公开站在阿拉伯一方,对以色列发动了"媒体战",它们还慷慨地向埃及等阿拉伯国家提供了大量武器和经援。英法两国只同意出售有限武器给以色列,生怕再次惹火烧身。美国的态度也十分暧昧,一方面在外交立场上支持以色列,同时又极力拉拢阿拉伯国家,试图表现出"中立"和"不偏不倚"。在国际社会,以色列已是四面楚歌。

如何做出明智的战略抉择从而提升以色列的战略地位呢?经过慎重思考,拉宾主张同美国加强联系。他的理由是:以色列可以利用美国在世界的影响力和它与其他国家的关系,从而全面提升以色列的国际地位;以色列还可以加强同美国的军事合作,从美国采购到所需的大量先进武器装备。他援引1960年以色列未能及时对埃及可能发动的进攻做出反应一事,论证以色列需要更为有效的预警系统,从而主张从美国采购这些武器。

拉宾的主张遭到国防部副部长西蒙·佩雷斯的强烈反对。佩雷斯早年是哈加纳的重要成员,在独立战争中立下过汗马功劳。他没有任何政治背景,全靠自己的能力得以升迁。1952 年,年仅 29 岁的佩雷斯被任命为国防部办公厅主任,主要负责武器采购和核武器研究。这一时期,他的得意之作便是使以色列与法国建立了良好的协作关系,不仅从法国购得了大批军火,而且在法国的帮助下建立了以色列第一个核反应堆。因此,从经验出发,佩雷斯强烈主张继续加强与法国的合作,反对亲美疏法的政策主张。

其实,双方的分歧不仅仅体现在军火采购问题上,两人还在总参谋长一职上明争暗斗。佩雷斯认为,自己不仅有雄辩的才能,而且还有显赫的政绩,总参谋长一职非己莫属。然而,他失算了,本·古里安看中的却是行伍出身的拉宾,因为他觉得总参谋长一职应由熟悉军事的人来担任。1964 年 1 月,新总理艾希科尔按照本·古里安的嘱托,正式任命拉宾为以色列第七届总参谋长,擢升为中将。是年拉宾 42 岁,从士兵到将军仅仅用了 23 年的时间。

20 世纪 60 年代初以来,中东局势又趋紧张。美苏两国趁机在中东展开了全面角逐。苏联以修建阿斯旺水坝为契机,开始大规模援助埃及,向后者提供了一系列经济和军事援助。同时,苏联还极力拉拢伊拉克、叙利亚、也门等国,瓦解美国在中东的营垒。美国在逐渐失去阿拉伯国家的同时,决定大力武装和援助以色列,以确立它对阿拉伯国家的军事优势。正如后来的美国总统尼克松在犹太复国主义组织举行的一次集会上说,以色列应该拥有"一种军事技术上的优势,以抵消其敌对邻国的数量优势并绰绰有余"。中东各国随即展开了大规模的扩军备战,阿犹双方的摩擦和冲突又增多了。

如何加强以军的实力从而确保以色列的国家安全呢?这是荣膺总参谋长的拉宾面临的首要挑战。当时,以色列空军较阿方强大一些,但陆军仍相形见绌。阿方装备了性能良好的苏制 T—54 和 T—55 型坦克,这对只拥有少量 10 式"谢尔曼"式坦克的以色列构成了巨大的威胁。而雪上加霜的是,法国此时已调整了自己的全球战略和中东政策,决定停止向以色列提供武器。拉宾犯难了,一旦阿以双方再次交战,以色列拿什么跟对手较量呢?

机会终于来了。总理艾希科尔准备出访美国,拉宾抓住时机,全面陈述了加强以美军事合作的重要性,建议总理从美国采购一批先进飞机和坦克。艾希科尔的努力总算没有白费,美国答应向以色列提供 250 架"空中之鹰"战机和约 400 辆先进坦克。随即,按照自己的军事战略思想,拉宾对军队进行了大刀阔斧的改革。他主张,应该以苏联武器为训练目标,演习要针对苏联的军事学说,因为以色列在未来战争中的对手是用东方集团的武器和军事理论装备起来的。他还使以色列做好在多条战线上作战的准备,以克服以色列"缺乏战略纵深"这一不利因素。此外,他还着力加强以色列空军建设,以确保在最短的时间内摧毁敌军主力。这些改革大大加强了以军的攻击和防守能力,使以军在后来的"六·五"战争中取得了惊人战绩。

战争英雄

1967年春季以来,中东形势迅速恶化。4月,为了报复叙利亚在边境上不断地骚扰和破坏,以色列惩罚性地击落了6架叙利亚米格21战斗机,以叙冲突迅速升级。艾希科尔和拉宾相继发表强硬声明,公然威胁要对叙利亚发动"闪电战",要"占领大马士革"。埃及认为以色列即将发动对叙的武装入侵,遂煽动其他阿拉伯国家的反以情绪,并组成了以埃军为首的阿拉伯联合部队。5月15日,正当以色列庆祝建国19周年之际,埃及总统纳赛尔宣布全国处于紧急状态,并公开声称:"消灭犹太人,我们将把他们扔进大海!"随即,埃及坦克部队进驻西奈半岛。

埃军的行动使人自然联想到纳赛尔曾对以色列发动过的"神经战"。1960年1月,以军总参突然收到情报,说大批埃及坦克部队正在苏伊士运河以西地区集合。情况万分危急,以色列慌忙实行紧急动员,全国上下一片恐慌。等以色列精疲力竭之时,纳赛尔命令部队悄然撤退,然后大肆宣扬自己的胜利。许多人认为纳赛尔故伎重演,因而主张消极防御。

拉宾却有不同的看法。他认为,以色列不可避免地面临一场战争,应该立即采取行动。按照他的部署,大批以军主战坦克随即全速驶向南方边界。鉴于以色列的实际国情,拉宾主张先发制人,因为以色列无法承受一场持久的消耗战。但是,拉宾的主张遭到了大多数内阁成员的反对,他们连珠炮似的向拉宾发难:如果以色列孤军作战,它能与整个阿拉伯世界对抗吗?如果采取闪电战而不能速战速决,以色列将面临怎样的后果?而一旦双方陷入消耗战,国小力薄的以色列又能坚持多久呢?拉宾的主张几乎无人理解,这使他感到非常的孤立。更让拉宾犯难的是,总参谋部是决定开战与否的关键一环,拉宾必须承担决策后果的几乎全部责任。

手足无措的拉宾不得不去征求外长埃班的意见,他甚至还特地拜访了早已退休在家的本·古里安。本·古里安毫不掩饰他对拉宾的怀疑态度,他直截了当地质问拉宾:"你怎么能把以色列国防军推到同整个阿拉伯世界对抗的境地呢?"他坚持认为,只有在得到英法等国明确支持的情况下,以色列才能承受一场战争。拉宾愤然回答道:"如果以色列不准备依靠自己的力量以战争手段保卫国家安全,以色列国防军的威慑力便一钱不值!"

5月23日凌晨,埃及封锁了蒂朗海峡。随后,又传来叙利亚军队在戈兰高地大规模集结的消息。中东局势更趋紧张。那么,纳赛尔挑起事端的真实意图是什么呢?后人常有四种推测:一、阿以冲突的升级势必引起安理会对此问题的关注,安理会的讨论和调解可以缓解紧张的阿以关系。二、消耗以色列的国力,使其不攻自破。三、纳赛尔以此举巩固和提高他在阿拉伯世界的地位。四、拥有精良装备的阿拉伯军队企图一举摧毁以色列,重新统一巴勒斯坦地区。无论原因怎样,纳赛尔已经开始铤而走险了。

拉宾的主张开始得到同行们的理解和支持,情报部长亚里夫和作战部长魏茨曼不断敦促总理艾希科尔早下开战决心。在随后的一次内阁防务会议上，拉宾力陈展开空袭、夺得制空权的必要性；他还特别强调时不宜迟，呼吁大家抓住战机，一举取胜。会上，反对开战的声音仍然十分强烈，这其中包括总理艾希科尔。艾希科尔对以色列取胜的信心不足，他强调只有在美国等西方国家首肯的情况下，以色列才能发动战争。最令拉宾感到焦虑的是全国宗教党领袖夏皮拉尖刻的质问。夏皮拉一直反对开战，并以退出内阁相威胁。他情绪激动地对拉宾叫嚷道："听着，你难道真的相信你们这个艾希科尔—拉宾班子要比本·古里安—达扬班子更有胆略吗？以色列1956年战争就曾得到过英法的协助，而现在我们得到了吗？如果以色列先发制人，你愿意承担开战的一切后果吗？"

夏皮拉等人的强烈反对，意味着内阁想通过任何军事行动的决议都是不可能的。拉宾为此变得烦躁不安，开始显得越来越没有耐心。他的神情举止被其他军政官员看得清清楚楚。正如达扬在他的自传里所说："伊扎克看来不仅疲倦（这是自然的），而且对自己也缺乏信心。他精神紧张，茫然不知所措，一个劲儿地抽烟，缺乏那种'急着要打'的神态。"后来，拉宾在自己的回忆录中也承认，他一生中从未"如此接近沮丧的边缘"。

5月24日这一天，拉宾已到了精疲力竭的地步，只一个劲儿地狠命抽烟以摆脱心中的焦虑和烦闷。很快，桌上的烟头就堆成了小山。为了找到共鸣和支持，他通知其副手埃泽尔·魏茨曼到家里来谈谈。他征求了魏茨曼关于形势的看法，并问自己是不是应对以色列目前所陷入的困境负责，是否应该提前辞职。当时，魏茨曼鼓励拉宾继续干下去。但后来魏茨曼却在外面说，拉宾想辞职不干并执意请他代行指挥权。拉宾为此感到十分气愤。

由于极度疲劳加之吸烟过度，拉宾被诊断为"严重疲劳过度"，在药剂的强制下休息了一整天。这就是所谓的"尼古丁中毒"事件。拉宾的意外病倒引起人们的非议，许多人认为他已经精神崩溃，并要求他尽快辞职。其实，拉宾并非精神崩溃，更谈不上害怕战争。作为一名军人，临危受命、为国捐躯是他毕生的选择。他只是考虑太多、压力太重而已。但在关键时刻，以色列仍听到了他那铿锵有力的声音。26日一早，拉宾精神抖擞地回到了总参谋部，他用坚定而自信的声音宣布，以色列准备战斗！一切怀疑和顾虑都消失了，将军们欣喜地发现，昔日那个帕尔马契老兵又回来了！

为了鼓舞士气，拉宾不辞辛劳到前线部队做了一系列鼓动宣传工作。他深入前线哨所，了解士兵们的情况，以自己的热情和忠诚感染每一个战士。拉宾遇害后，莉娅夫人在飞机上听到这样一个动人故事。一位以色列军官走过来，他激动地对莉娅说："我想告诉您一件事，伊扎克救过我的命……"他说，"六·五"战争前他是一名驻守前线的哨兵。一天，摩西·达扬视察前线，这个爱虚张声势的将军告诉这位当时还是一名机枪手的哨兵："一个士兵守这样的哨位，如果对方火力猛烈，4分钟之内就会一命呜呼。"达扬的这番话非但没有激起士兵不怕牺牲、英勇作战的勇气，反而使这位年轻人惊慌失色、不知所措。拉宾显然看出了士兵的烦恼，环顾四周后，他建议这位士兵同他一起去看看几码之外的一个小土堆，结果发现这个较为安全的地方可提供同样的射击角度。拉宾于是说："把哨位移到这儿来吧!"显然,当这位军官回忆这段往事时,感激之情是难于言表的。拉宾的一系列鼓动和宣传表明,以色列的战车已经开动!

1967年6月5日,在美国的默许下,以色列对埃及、约旦和叙利亚发动了突然袭击。以色列空军全部出动,以迅雷不及掩耳之势攻击各个预定目标。在短短3个小时之内,埃及的300余架飞机还未起飞就被悉数炸毁于地。战争进程完全符合拉宾的预料。初战告捷大大鼓舞了以军士气,赢得了战略上的巨大回旋空间。在继续痛击南部埃军的情况下,拉宾下令以军先后攻击东面的约旦和东北面的叙利亚。事实证明,这种集中主力进攻主要敌人,然后对其他阿拉伯国家各个击破的战略是十分成功的。

尽管"六·五"战争仅仅持续了6天,但以军取得的战绩却是十分惊人的。以色列不仅摧毁了埃、叙、约等国的主要军事力量,还占领了埃及的西奈半岛、加沙地带、约旦控制下的约旦河西岸、叙利亚的戈兰高地等地区,其控制下的土地面积骤然扩展至原来的4倍,达到81600平方公里。不过,最具有历史性意义的胜利应数耶路撒冷的重归统一。在完成对戈兰高地的控制后,6月7日,以军伞兵挺进所罗门圣殿遗迹——西墙(又称"哭墙"),东西耶路撒冷重归统一。"圣殿山在我们手里了!"以色列将士们欢呼着,他们纷纷扑在那堵著名的石墙上,嘴唇颤抖泪流满面,抚摸着墙上的巨石久久不愿离去。

随即,拉宾来到了西墙,一批穿着病房睡衣的轻伤员早已等候在此,一见他们的指挥官,战士们纷纷涌上前去,同他拥抱,围着他欢呼雀跃。一位手拄拐杖的伤员一瘸一拐地挪动过来,他告诉拉宾他是如何的高兴和自豪。拉宾被这位战士的真情所感动,他搀扶着这位战士慢慢走向西墙,帮助战士把他早已写好祝愿词的小纸条塞进了巨石缝隙中……人们看到,一位将军和一位士兵一起抚摸着西墙在动情的哭泣!

回归耶路撒冷,是2000多年来世代犹太人的神圣使命。按以色列人的说法,以色列没有耶路撒冷,就如同一个人没有心脏一样。在逾越节家宴上诵读的犹太教典籍《哈迦达》中有这么一句结束语:希望"明年相聚在耶路撒冷",表达了犹太人回归耶路撒冷的强烈愿望。一切来得那么突然,那么出乎意料,幸福和喜悦令许多人一时难以承受。拉宾将自己终于抵达西墙看作是"一生中的巅峰"和"梦想的实现"。

以色列人以特有方式感谢自己的战斗英雄。6月28日,希伯来大学在耶路撒冷的斯科普斯山校园举行隆重仪式,授予拉宾名誉哲学博士学位。数千名的师生、校友聚集在操场上,雷鸣般的掌声响彻山谷。随即,拉宾致了答谢词。他盛赞以色列人的顽强精神,赞扬了为和平而奋斗的前线战士,并勉励以色列人朝着民族的神圣目标而继续奋斗!

本·古里安在收音机里听到拉宾的演讲后大为感动,随即写了一封情真意切的赞扬信。信中说:"你为以色列国防军官兵感到自豪,这是对的。但我感到自豪的却是你的讲话。我理解他们为什么给了你那么多掌声,这是别人未曾得到过的。

我以前没有听过你的演讲,你的演说不是用'成功'一词可以描绘的。在我们光荣的军队创下最辉煌业绩的时刻,他们有了你这位总参谋长而感到荣幸,而你则是当之无愧的!"

驻美大使

"六·五"战争是以美关系的一个重要转折。战前,"山姆大叔"对以色列的军事能力仍然半信半疑,许多美国人也认为到以色列旅行如同到第三世界国家去冒险。就连美国犹太人也瞧不起以色列,他们总是抱怨:"我们把钱投到这个国家,而他们又干出了什么样子来呢?"然而,耶路撒冷重归统一改变了一切。不仅美国犹太人为之欣喜若狂,美国对以色列也不敢小觑了。当时美国在越南战场上进退维谷,"六·五"战争的辉煌战绩对美国人来说如同一个美丽的传说。

拉宾敏锐看出了实现以美关系根本转变的历史契机。他决定主动请缨出使美国。不过,这一打算也包含了拉宾对个人前途的考虑。当时,4 年的总参谋长即将期满,拉宾面临着离开军界何去何从的问题。他对经商不感兴趣,决意步入政坛,从而实现自己的远大抱负。驻外使节不仅可以实现从军界到政界的过渡,还可以积累大量的政治阅历。有趣的是,并非所有人都支持拉宾的选择。当拉宾把这一想法告诉总理艾希科尔时,艾希科尔夸张地高声喊道:"快抓住我,别让我从椅子上掉下来。"他无法想象一向不善言辞的拉宾居然自荐出使美国,去应付那没完没了的鸡尾酒会和社交活动。

艾希科尔说这话的时候,也许他想到了拉宾过去的一些"轶闻趣事"。那是 1949 年初,埃及、以色列两国在希腊举行停战谈判,年轻的拉宾由于熟悉南方战线而被选派作为一名代表参加谈判。很快,拉宾发现自己遇到了麻烦,倒不是如何准备花哨的谈判辞令,而是如何系领带。乡下长大的孩子是很少有机会接触那玩艺儿的,更何谈把它系到脖子上去呢?万般无奈之下。拉宾只得硬着头皮请教司机。好在司机是个有耐性的人,他不知疲倦地教了拉宾足足一顿饭工夫,才让拉宾明白那东西的奥妙所在。

拉宾无所顾虑,他准备去认真地学,因为他越来越意识到美国对以色列的国家安全起着不可替代的作用。在当时,许多人仍然将法国看作主要的支持者和武器供应者。经过艾希科尔和拉宾的深入分析,他们认为:任何欧洲国家都不会在将来的中东战争中支持以色列,而美国才是维护以色列利益和实现中东和平的希望所在。按照自己的理解,拉宾迅速拟定出了自己的工作目标:一、谋求美国对以色列长期的军事和经济援助。二、谋求美国对以色列做出安全承诺。三、以美共同协调中东政策。外交部的官员们对拉宾的计划甚为满意,这就意味着他即将开始崭新的大使生涯。

1968 年 2 月,拉宾携家人飞赴美国,走马上任。当时,美国政党两派正在紧锣密鼓地展开竞选活动。驴象之争,鹿死谁手?在与两党候选人进行广泛接触后,拉宾决定支持共和党候选人尼克松。尼克松的亲以色列色彩比较明显，在与美国犹太人领袖的一次会晤中，他信誓旦旦地保证一旦上台，必定坚决支持以色列。

其实，拉宾与尼克松的交情可以追溯到 1966 年。那年夏天，尼克松作为议员访问以色列，拉宾出席了尼克松的欢迎晚宴。在宴会厅里，拉宾询问了尼克松的日程安排，并邀请他到以军总参谋部访问。在总参谋部，拉宾组织了隆重的欢迎仪式，并特地铺上"红地毯"以示欢迎。尼克松大为感动，他深情地感谢拉宾对他的热情接待。也许，当两年后尼克松入主白宫后，他一定会怀着感激之情回忆起在以色列总参谋部所受的"特殊礼遇"。

1969 年 1 月，尼克松击败对手，入主白宫。在负责对外事务的新人名单中，有国务卿罗杰斯、助理国务卿西斯科和国家安全及外交事务顾问基辛格博士。拉宾很注意发展同他们的关系，不仅与他们建立了良好的工作关系，而且还建立了深厚的个人友谊。他们的许多观点也深深影响了拉宾，给了他不少启发。

很快，基辛格就美国新政府的中东政策向拉宾做了阐述。他告诉拉宾，美国有自己的利益和考虑，美国的国家利益与以色列是有差异的，以色列"将不得不生活在那些(国家)边界之内"。他还说，美国的主要目标着眼于中东的和平进程。跟拉宾私交很深的助理国务卿西斯科也向拉宾表达了同样的看法，他说："我们在中东的利益不仅仅只集中在以色列一国身上，如果我们的友谊只会导致美国被阿拉伯世界抛弃的话，那无疑是美国外交政策的一个灾难性后果。"

作为一名久经沙场的军人，拉宾深知军事问题在外交活动中的重要作用。如果以埃再度交火，美苏势必介入中东问题并展开争夺，美国因此会调整它的中东政策，这将有利于以色列的安全。于是，按照拉宾与梅厄夫人的商议，从 1970 年 1 月到 3 月，以军战机不断对埃及腹地发动大面积的猛烈空袭。埃及各大城市和重工业设施遭到了极大的破坏。1 月 22 日，纳赛尔飞赴莫斯科紧急求援。随即，苏联发表了措辞严厉的声明，威胁以色列不要玩火自焚，并敦促美国出面迫使以色列停止军事行动。此后，大批苏联战机和战舰集结中东，苏联在阿拉伯世界的影响力骤然上升。美国自然不甘示弱，尼克松针锋相对，警告苏联应谨慎从事，否则美国也会采取相应行动。鹬蚌相争，渔人得利。白宫很快宣布，在提供了 50 架鬼怪式飞机的基础上，再向以色列提供 24 架鬼怪式飞机和 24 架空中之鹰式战机。

拉宾欣喜地看到，在他任内的两年时间里，以美关系得到了实质性加强，美国向以色列提供军援的障碍已基本扫清。以色列外交部的官员们还特地发来了贺电，赞扬拉宾的出色表现。年迈的梅厄夫人还特地致电以色列情报系统，要求他们直接向拉宾大使发送情报，拉宾因此成为以色列历史上权力最大的驻外使节。

1970 年 1 月开始的以、埃冲突对觊觎中东已久的苏联来说无疑是天赐良机。苏联逐渐加强了介入力度。从 7 月开始，苏联飞机开始直接在苏伊士运河上空巡逻。苏联明目张胆的挑衅行动激怒了美国白宫。基辛格暗示拉宾，以色列可以以它"认为比较适合的方式处理这件事"。这无疑向拉宾言明，以色列可以适可而止地给苏联一记耳光。拉宾深知这场斗争意义重大，以美扼制苏联势力进一步介入中东和以色列证明自己的能力将在此一役。因此，他特地致电国防部，要求"不战

政坛枭雄

则已,战则必胜"。

以色列空中骄子们激动不已,因为他们终于等到了报仇雪恨的日子。早在7月25日,2架以色列战斗机在运河区遭到8架苏联飞机的截击,一架以机中弹负伤。空中骄子们觉得蒙受了奇耻大辱,他们发誓要报仇雪恨。7月30日,以军给美国一个满意的答复,10架以军战机在不到1分钟的时间里击落了12架苏联米格21战机中的5架,苏联飞行员2死2伤,而以方则毫发未损。空战的胜利证明了拉宾军事主张的正确性。在任总参谋长之际,他曾多次强调,以军演习和训练应针对苏联的军事理论和武器装备。在这次空战中,空中骄子们正是利用了苏联飞行员拘泥于教条而致使飞行动作过于死板这一点。

美国见机行事,它利用苏联这一"难言之隐",以雅林名义提出了新的停火倡议。有趣的是,埃及的态度出现了重大转变,答应在有保留条件的基础上进行谈判。经过反复的激烈争吵,以埃双方终于在8月7日实现了停火。整个国际社会为此大大松了一口气。美国处理中东事务的主导权得到了进一步加强。

1个月后,历史再一次对以色列提出了考验。9月18日晚,基辛格突然打来电话,急切地对拉宾说:"约旦国王侯赛因来电,谈到他目前所处的困境,他请我转达他的要求,请你们迅速出兵攻击叙利亚。"这就是所谓的约旦"黑九月事件",约旦军队同巴解组织发生了一场严重冲突。面对即将瓦解的巴解组织,叙利亚迅速出兵相救,并扬言要把坦克开进安曼。美国希望集结力量支持侯赛因国王,因为哈希姆王朝对西方历来比较友好。

约旦危机的发生早已在拉宾的预料之中。侯赛因国王原来对巴解组织持同情态度,给它提供了许多便利。但后来的局势逐渐令他坐立不安。巴解组织常在以约边境上向以色列展开军事挑衅活动,而以色列则以打击约旦境内的巴解组织进行报复,这样势必造成大量约旦平民伤亡和经济损失。约旦因此吃了不少哑巴亏。"六·五"战争后,随着大批巴勒斯坦难民涌入约旦,巴解组织迅速得到加强和扩充。它逐渐为所欲为,自行控制了许多地区并负责管理其居民的行政、税收和安全问题,俨然成了"国中之国"。它甚至鼓吹推翻国王的统治,在约旦建立一个巴勒斯坦国。侯赛因国王忍无可忍,决定给予坚决回击。于是,"黑九月事件"爆发了。

接到基辛格的电话后,拉宾感到无比欣慰。以色列利用好这一机会,一方面可进一步在中东强化自己的实力和地位、改善以约关系;另一方面可以借机向美国要价,取得美国对以色列的安全承诺。他迅速将此事汇报给了正在美国访问的梅厄夫人,建议军队立即派出飞机侦察敌情,并尽最大努力与约军取得联系。随后,他就像一名拥有了紧俏商品的销售商一样,神气十足地向美国开出了一系列报价:如果埃叙因此重开战事,美国要公开支持以色列;如果苏联因此直接威胁以色列,美国要立即提供安全保证;而且美国还要长期向以色列提供先进武器。一向思维敏捷能言善辩的基辛格好像换了个人似的,半晌才支支吾吾地答应了拉宾的要求。

短时间内,大批以军集结戈兰高地,一排排坦克在前线纵横驰骋,扬起的沙尘遮天蔽日;以军战机频频出动,在叙军阵地上空呼啸着来回穿梭。以色列向叙利亚发出严重警告,谴责它发动了对邻国"赤裸裸的大规模入侵",并命令它退出约旦边境。以色列不战而屈人之兵,约旦在没有外部干涉的情况下按自己的意愿解决了内部问题。两个月后,当侯赛因国王会见美国助理国务卿西斯科时,盛赞了以色列的仗义相助,并对西斯科说:"请一定要向拉宾夫妇转告我最诚挚的感谢和最良好的祝愿。"

尼克松总统特地致电以色列总理梅厄夫人:"美国永远不会忘记以色列在防止约旦局势恶化以及粉碎推翻约旦企图方面所发挥的巨大作用。美国对在中东拥有像以色列这样的盟友深感荣幸,美国在未来的事态发展中将会充分考虑到这一点。"后来的事实证明,尼克松履行了他的诺言。美国始终在战略上将以色列作为盟国对待,以色列因此成了与美国没有签约的盟国。

绰号由来

有目共睹的是,在拉宾任驻美大使期间,以美关系得到实质性加强。特别是在政治和军事方面,双方关系达到了前所未有的历史高度。许多人认为,在中东问题上拉宾是一个典型的强硬派人物。但也有一些人认为,拉宾在寻求加强以美关系的同时,也为以埃达成"脱离接触协议"作了不懈的努力,因此,他们认为拉宾追求和平的历史应该从这里算起。

美国一直试图掌握中东和谈的主导权。早在"六·五"战争结束1周后,约翰逊政府就抛出了和平解决中东问题的五项原则。1967年6月,美国以腊克斯的名义抛出了"腊克斯七点方案",这一倡议遭到了以色列的断然拒绝。尼克松入主白宫后,在推动中东和谈上不遗余力,希望因此而名垂青史。不过,此后的和谈努力均告失败。1970年初,以埃边界狼烟再起,关注和平的人们再一次发出了无奈的叹息!

不过,和平的曙光很快映照中东。这次打破僵局的是埃及新总统安瓦尔·萨达特。他原是纳赛尔总统的助手,在1970年9月纳赛尔因心脏病突发去世后出任埃及总统。当时,世人均没有对这位其貌不扬默默无闻的埃及总统投以过多的目光。美以政界要人也对他做过许多刻薄的评论,达扬公开称他像从尼罗河河谷走出来的庄稼汉,其价值还不如以军的一枚迫击炮弹。但很快,萨达特以极富开创性的政治举动和纵横捭阖的手法在中东掀起了一阵阵的壮阔波澜,向世人证明了他才是20世纪70年代中东舞台上的耀眼明星!

萨达特上台即表现出了新的姿态,他放出了一个试探性气球:埃及愿意重开苏伊士运河国际水道,条件是以军从运河东岸后撤20公里。尽管这个建议不甚新鲜,但拉宾敏锐捕捉到了萨达特的政治用意。他认为,这个建议没有将和平协议的签署与以色列无条件归还领土直接联系起来,单就这一点来说,以色列都应做出积极反应。美国对此也十分关注,西斯科对拉宾说:"以色列理应重视埃及这个新建议,以埃双方应该进行谈判,一来可以减轻国际社会对以色列的压力,二来还可能达成以埃之间的单独媾和。"但以色列内阁却老调重弹,僵硬的答复令人大失所望。

基辛格直截了当地对拉宾说:"如果以色列继续这样下去,中东和平是不会来临的;如果有朝一日美国切断你们的军需供应,以色列又会怎样呢?"

反应机敏的萨达特见势不妙,立即使出了杀手锏:他宣布停火期限到了3月6日不再延长!中东再度出现山雨欲来风满楼的景象。拉宾开始变得坐卧不安,他发现自己处于前所未有的两难境地。一方面,作为以色列驻美大使,他必须代表自己的国家和政府行事,因而处处都应表现出强硬姿态;另一方面,他又理解美国的苦衷,处处都考虑到美国的态度,因为他知道任何导致以美关系疏远的做法都是不明智的。更让拉宾提心吊胆的是,梅厄夫人将于12月1日访问美国。梅厄夫人是一个直性子人,喜怒哀乐全挂在脸上,因而她经常会使外交会谈陷入尴尬境地。那么,老太太这次又带来了什么呢?

面对梅厄夫人,尼克松献上了诱人的胡萝卜。他慷慨允诺满足以色列的军事采购需求,以此稳住急欲搞到"定货"的梅厄夫人;同时,他又明确表示美国对中东和谈停滞不前的状况深感不安。基辛格甚至表明,如果美国不能于近期在中东和谈上取得突破,美国将考虑把这一问题提交来年的美苏首脑会晤或联合国去讨论。在这一关键时刻,拉宾施展了灵活的外交手段,一举打破了僵局。首先,他向美国领导人转达了自己对国家的理解:美国应同所有国家,包括像以色列这样的小国通过平等谈判和协商来解决分歧,美国应让以色列自行处理在中东面临的问题。而后,在与基辛格的会谈中,拉宾情不自禁地做了一件越权的事。他向基辛格说,他个人认为以色列在有条件的情况下可以向后撤30公里。基辛格会心地笑了,因为他掌握了制服梅厄夫人的最有利的"武器"。

在随后同梅厄夫人的会谈中,基辛格扔出了拉宾"炸弹"。他试探性地问道:"您对拉宾大使的部分解决方案有何看法?"被惊得目瞪口呆的梅厄夫人总算克制住了恼怒情绪,沉思半晌后,她缓慢回答道:"那并不全是以色列的立场。"基辛格见机行事,他穷追不舍道:"拉宾大使的这个想法,是否可以构成部分的解决基础呢?"一旁的拉宾如坐针毡,恨不得上前捂住基辛格那张贫嘴。他在想,老太太肯定不会放过自己的。但令拉宾深感惊讶的是,梅厄夫人给了基辛格一个满意答复,她基本上同意了美国提出的和解协议。12月10日,梅厄夫人和基辛格就以埃之间脱离军事接触协议达成共识。

事后,拉宾遭到了梅厄夫人的一顿训斥。他承认自己越权犯了"错误",并希望老太太"原谅"自己的过失。不过,拉宾为自己的"错误"深感欣慰,他一连高兴了不知多少天!

在华盛顿,拉宾同新闻界建立了广泛的联系,一大批著名的新闻工作者都成为他的朋友。其中包括凯瑟琳·格雷厄姆、约瑟夫·艾尔索普和斯图尔特·艾尔索普等人。说来也奇怪,美国新闻界对这位操一口希伯来式英语的以色列大使很感兴趣,富有影响力的《新闻周刊》还将他评为120位驻美大使中的5位最佳大使之一。这似乎让拉宾自己都吃惊不小,因为他们全忘了他的另一雅号——"闯进瓷器店的野牛"。

这一形象比喻,用在这位不善交际和应酬的驻美大使身上再适合不过了。那还是尼克松刚入主白宫不久,拉宾接到一份印有"白领带"的制作精美的请柬,请他参加白宫组织的一个鸡尾酒会。白领带,难道是让自己系上一条白领带去参加宴会吗?困惑的拉宾百思不得其解。无奈之下,他只得硬着头皮去请教自己的朋友、麦迪逊大酒店的老板科亨。尽管科亨对拉宾"不修边幅"早有所闻,但他还是不敢相信堂堂驻美大使竟然对礼仪常识一无所知。他用惊异的目光将拉宾从头到脚打量了一番,然后叫来了自己的缝纫师,告诉他为自己的朋友制作"一条白领带"。缝纫师会意地笑了。不久,"白领带"送到了拉宾府上,原来它指的是一套礼服,包括一件黑色燕尾服,一件衬衣和一个白色的蝴蝶结。

更令拉宾头疼的是,他还必须出席没完没了的应酬舞会。他天生不喜欢这种场合,在出任大使之前,几乎从未进过舞池。不过,在莉娅夫人的百般耐心指点下,他总算能在音乐的刺激下勉强挪动那僵硬的身躯了。一次,法国大使官邸举办了一个舞会,拉宾与莉娅夫人应邀出席。舞曲奏响时,法国大使携夫人款款走来,他笑容可掬彬彬有礼地将莉娅夫人请进了舞池。而对法国大使夫人的热情邀请,拉宾的心怦怦直跳,涨红的脸上好似有千万只蚂蚁在爬动。情急之下,他抓起酒杯跟法国大使夫人聊天,以求混过舞曲时间。但那位女士或许是一个爱好交际的"舞林"高手,硬是连哄带逼地将拉宾拖下了舞池。尽管音乐非常明快,可慌张的拉宾老是踩不上节奏,倒是用笨拙的大脚狠狠地"惩罚"了舞伴几下。那一曲,整个大厅的目光全都集中在拉宾身上,人们甚至可以通过闪烁的灯光看到拉宾额上豆大的汗珠。

初任总理

就在1973年3月1日梅厄夫人访问美国之时,拉宾大使的任期即将结束了。那一天正是他的生日,尼克松总统当着梅厄夫人的面送了他一件礼物,并盛赞了拉宾的才能。他笑着说:"我对这位杰出的大使即将离开华盛顿感到十分惋惜,我希望他回国后,你能好好使用他……而且,如果你感到为难的话,我们很乐意在华盛顿给他找个位置。"不料,总统的当众赞扬令梅厄夫人大为不悦,因为意志坚强的老太太是不喜欢有人"干涉"她的内政的。

回国后,梅厄夫人以人事不宜调动为由推掉了拉宾的任职要求。这一时期,拉宾经常自嘲为"前军人"和"前大使"。1973年10月,以色列即将举行议会大选,拉宾决定作为梅厄夫人的工党成员参加竞选。尽管参加竞选对于一向腼腆的拉宾来说并非乐事,但他还是全力以赴。他风风火火地投入到工党的宣传中去,夜以继日地准备各种宣传材料,周游全国慷慨激昂地发表演说。他的组织能力和审慎思维能力再一次得到了证明。在工党的议会竞选名单上,他排在第20位。对于刚刚完成由军界到政界转变的拉宾来说,这一位置是比较合乎情理的。

吉人自有天相。正在这时,中东爆发了一场震惊世界的战争——埃、叙对以色列发动的"赎罪日战争"(也称"十月战争")。正是这一战争,将奇迹降临到了拉宾身上。10月6日，埃、叙等国向以色列发动了一场先发制人的战争。萨达特之所以选择这一天，因为10月6日是犹太教的赎罪日，依照犹太教教规，当天以色列全国上下都处在宗教活动中。人们不得进食、喝水和抽烟，必须做祈祷，就连前线的士兵也不例外。因此，以色列全国上下都戒备松懈。这一天，埃及集中了250架飞机和4000门大炮，突然向苏伊士运河东岸的以军阵地发起了猛烈攻击，以军遭到了前所未有的巨大伤亡。100多架飞机和数百辆坦克成为废墟，2500张军人阵亡通知书令只有390万人口的以色列朝野震动。"以色列不可战胜"的神话被粉碎了。

数以千计的年轻人成为牺牲品，多少家庭为此悲痛欲绝。人们纷纷责问，为什么在埃、叙军队频频调动之下，以色列竟表现出异常的疏忽呢？谁应该为此负责呢？1974年4月，厄运降临在风头正劲的梅厄夫人头上，她以"使以军未能迅速动员而招致巨大打击"而备受朝野指责。摩西·达扬也未能逃过厄运。这位1967年战争的传奇式战斗英雄被人们愤怒地指责为罪魁祸首，人们责怪他所倡导修建的"巴列夫防线"就如法国的马其诺防线一样，是误导以色列产生虚假安全观的"陷阱"。梅厄内阁走投无路，宣告解散。

梅厄夫人的下台并不意味着工党从此失利。尽管在随后的选举中，工党的得票率从46%降至39%，但它仍获得了组阁权。不过，工党必须选出一位能负众望的新人，否则组阁难以成功。与此同时，工党内干部年轻化的呼声日甚一日，拉宾作为"六·五"战争的英雄，优秀的驻美大使和无需对赎罪日耻辱负责而备受青睐。

这次，工党内出来跟拉宾较量的是老对手西蒙·佩雷斯。这位有着雄辩之才的政坛老将先后出任过移民安置部部长、运输和邮电部部长、新闻部长等重要职务。人们估计，这将是一场难分胜负的龙虎斗。不过，佩雷斯同达扬关系过于密切被认为是他的一大不利因素。同时，在关键时候，梅厄夫人和财政部长萨皮尔等工党元老公开表示支持拉宾。这样，形势轻易地发生了变化，拉宾最终以多出对手44票的优势出任以色列第6任总理。人们分析，梅厄夫人之所以不支持佩雷斯，大概因为老太太一直对佩雷斯曾经退出巴勒斯坦工人党而另立山头组建以色列工人党一事耿耿于怀。

成功组阁是拉宾面临的首要任务。按照事先的约定（拉宾与佩雷斯在竞选前达成一项协议，失败者将成为党内第二号人物，并出任国防部长），佩雷斯出任国防部长。后来，拉宾为此任命深感遗憾，因为没有实战经验的佩雷斯拟订了许多拉宾看不上眼的计划和方案。拉宾内阁以年轻化著称，是年拉宾52岁，其他内阁成员也大都50来岁。这是以色列政界的一个巨大变化，标志着权力由"大人物"一代过渡到了"土生土长的以色列人"。尽管如此，拉宾推翻了人们对他的能力的怀疑，以丰硕的政绩显示出了自己卓越的政治才能。在这一时期，他领导以色列与埃及达成了第二次脱离军事接触协议，并成功领导了从恐怖分子手中解救人质的"恩德培行动"。

"赎罪日"战争的枪声停止后，中东又恢复了平静。萨达特认为，埃及和叙利亚发动的战争打破了以军"不可战胜"的神话，恢复了民族尊严，同时也赢得了与以色列进行对等谈判的条件。因此,他决定采取主动外交行动寻求在直接谈判中解决争端。战后,以色列元气大伤,经济状况持续恶化,通货膨胀率一度攀升至50%。只有实现了长久和平,以色列经济才能得到持续健康的发展。拉宾认为,同埃及签署和平条约乃是实现中东永久和平的必要前提。

拉宾欢迎基辛格在10月到中东推动以埃和谈。他对基辛格的敏锐观察能力甚为钦佩。在"赎罪日"战争临近尾声之时。以军将埃及第3军团围困在西奈半岛,并试图将其一网打尽。基辛格紧急致电以色列,要求它停止对该军团的攻击,因为他清楚意识到,要想彻底击败萨达特是不可能的,给他带来的羞辱也将会成为日后以埃和谈的巨大障碍。失去理智的以色列将军们对基辛格破口大骂,但作为战争的局外人,拉宾对基辛格报以深深的同情与支持。现在,拉宾需要迅速建立与萨达特的个人联系,然而,他对这位埃及总统又了解多少呢?这时,基辛格来了。凭着自己对阿方领导人了如指掌的把握,他绘声绘色地向拉宾描述了阿方领导人的性格特征。后来拉宾之所以能在很大程度上预测到阿方领导人对某种姿态的反应,部分功劳应归功于基辛格的"个人指点"。

由于以埃双方在和谈要求上分歧太大,基辛格的第一期穿梭外交没有取得实质性进展。美国对此深表遗憾。当时,美国白宫新主人——福特总统在中东采取了比前政府更为急迫的态势。一则他试图抑制苏联重开日内瓦谈判,二则他对阿拉伯国家在1973年—1974年针对西方国家发动的"石油战"而心有余悸。然而,众口难调,拉宾进退维谷:一是以色列能再后撤多远。公众对以土地换和平的政策从来都抱有不同看法,以利库德集团为首的强硬派极力反对以军后撤。在耶路撒冷和特拉维夫的大街上,不断出现群众示威活动,"基辛格滚出去""拉宾滚开"等标语随处可见。二是埃及能给以色列什么回报。拉宾希望以归还有限领土换取萨达特作出不侵略保证,这将是他用以说服国内强硬派最有力的武器。然而,在当时这只不过是一厢情愿的想法。

1975年春季,基辛格在以埃之间再次"穿梭"。他不知疲倦地往返于耶路撒冷和开罗之间,在以阿领导人之间展开周旋。他有过人的充沛精力,经常上午还在开罗同埃及领导人会谈,下午却神不知鬼不觉地出现在以色列总理府。为了免除疲劳之苦,拉宾及其他谈判人员便晚睡晚起,以适应基辛格的谈判时间。穿梭外交为世界历史增添了精彩的一页,也给基辛格自己赋予了传奇式的色彩。

基辛格认为,谈判的关键一方在以色列,只有它才掌握了谈判中最好的牌。因此,他的主要目的是压以色列做出实质性让步。但以拉宾、佩雷斯等人组成的谈判班子寸土必争,态度十分强硬。在以色列从西奈后撤的深度和埃及对以色列后撤的回报这两个主要分歧上,双方各持己见,谈判陷入了僵局。基辛格也逐渐丧失了耐心,他不断指责以色列为谈判制造障碍。很明显,以色列的顽固立场令他深感失望。在一次会谈中,拉宾对基辛格说,如果埃及愿意与以色列达成部分或全面和解协议的话,以色列可以考虑将西奈半岛部分或全部归还给埃及。这一建议是具有建设性意义的,事实上后来也成为以埃和解的基本框架,但考虑到当时埃及与阿拉伯世界的实际情况,单独媾和无疑如同风中的橄榄枝,美好却难以企及。

在基辛格起飞回国之际,拉宾前往机场为他送行。面对愁眉紧锁的基辛格,拉宾上前紧紧握住他的手,道出了发自肺腑的话:"我对每一个以色列士兵都要负责,几乎把他们当作自己的儿子看待。你知道,我的儿子是西奈前线的一个坦克排长,我的女婿是那儿的坦克营长。我不是不知道一旦开战他们将面临什么样的命运,但以色列决不会接受目前这种条件的协议,我没有其他选择,只能担负起全部重任,无论是对我们的国家还是对我们的人民。"基辛格深为感动,他紧紧拥抱住拉宾,声音低沉地说着话,眼里闪动着泪花。在场的记者均被感染了,不少人偷偷地擦着泪水。

挟以埃和谈失败之余愤的基辛格建议福特总统重审美国的中东政策。很快,福特总统宣布从3月到9月,美国将不与以色列签署任何新的军售合同。事实表明,以美关系突然陷入自苏伊士运河战争以来最大的危机之中。在国际社会,以色列的声望继续下降。1975年11月,联合国大会通过了3379号决议,谴责以色列在被占领土上建立"种族主义政权",贬斥"犹太复国主义"为"种族歧视的一种形式"。为了打破孤立处境,在拉宾的授意下,总参谋部提出了一个和解方案,提议以军撤到吉迪山以北和米特拉山口以南,但控制两山口东面的山坡。这是一个"两全其美"的方案,以色列让埃及得到了更多的实惠,而自己也没有损失多少。富有洞察力的基辛格看出了以色列的脆弱心理防线,决定再次"穿梭"中东。这次,他满怀希望而来,也相信将满载而归。

1975年9月4日,以埃签署了第二个"埃以军队脱离接触协议"。埃及收回了部分被占领的领土,苏伊士运河地区的军事对峙局面得到缓解,疏浚并重新开通苏伊士运河成为可能。这为以埃今后的谈判打下了较好的基础,并最终导致了萨达特1977年对耶路撒冷的历史性访问,1978年底的戴维营谈判和1979年以埃签署正式和平协议。基辛格决定给拉宾一些"犒劳":被中断的美国武器供应得以恢复,特别是重要的F—16战斗机;以美还秘密签署了两个协议备忘录和《美国政府对以色列的保证》文件。文件重申了美国对以色列的生存与安全负有充分的责任,同时还保证向以色列提供长期的军事、经济和能源援助。以色列从以埃和谈中得到的利益是明显的。

除了公开和谈外,在1976年,拉宾还与约旦国王侯赛因和其他阿拉伯国家领导人进行过多次秘密会晤。由于他还没有与阿方单独媾和的坚定决心,因而未能在中东和谈上取得新的突破。无疑,这些尝试为后来贝京政府在中东的成功奠定了基础。遗憾的是,后人很少提及这些。

中东地区一直是国际恐怖主义萌发的温床,因为这里有世界上最激烈的民族、种族、文化和宗教矛盾。1967年"六·五"战争之后,许多巴勒斯坦人对前途产生绝望,选择了用恐怖手段与以色列斗争的方式,恐怖主义组织得以迅速发展。早在1972年,"黑九月"组织就在德国慕尼黑劫持并杀害了11名以色列运动员。当时在任的梅厄夫人发誓对恐怖主义组织以牙还牙,在全世界发动了对恐怖主义的严厉打击。然而,道高一尺,魔高一丈。恐怖主义活动防不胜防,厄运再一次降临到以色列人身上。

1976 年 6 月 27 日,拉宾突然接到报告:凌晨零时许从特拉维夫飞往巴黎的法航 139 次航班被一伙身份不明的武装分子劫持。拉宾大为震惊,他强烈意识到,这又是一次针对以色列的恐怖主义活动。他迅速组建了一个紧急处理小组,包括副总理兼外长阿隆、国防部长佩雷斯等人。凭直觉,拉宾断定这次恐怖活动又是可恶的哈达德干的。此人是国际恐怖组织"解放巴勒斯坦人民阵线"的头目,阴险狡猾,手段狠毒。自 70 年代以来,他多次组织针对以色列的恐怖活动。其恐怖策略为"以人质换同志",即用劫持到的以色列人质换出他们被关押在监狱中的成员。1968 年 7 月,他就用劫持到的一架从罗马飞往特拉维夫的班机换出 20 多名关押在以色列的成员。

时间一分钟一分钟地过去,拉宾的神经也跟着班机飞速运转。次日凌晨,以色列情报机构摩萨德送来了准确情报:飞机降落在乌干达首都坎帕拉的恩德培国际机场。恐怖分子要求释放分别被关押在以色列、西德、瑞士、肯尼亚和法国的 53 名所谓的"自由战士"。令拉宾感到异常棘手的是,乌干达独裁者阿明是一名典型的暴君。此人在国内实行恐怖政策,动辄将反对他的人处于死刑,他甚至将活人投入鳄鱼池中而聚精会神地欣赏鳄鱼的"表演"。在国际上,阿明痛恨西方国家,早在赎罪日战争前他就把本国的以色列顾问悉数赶走,并断绝了与以色列的关系,而全然不顾他原来接受了以色列的多少馈赠。

拉宾要求先制订出几套方式不同的解救方案,但遭到了国防部长佩雷斯的反对。佩雷斯主张以暴制暴,派遣突击队前往乌干达夺取人质,强烈反对屈服于恐怖分子的任何方式。他激愤地对拉宾嚷道:"除了战斗,我们没有选择!"拉宾何尝没有动过武装解救的念头? 他以"铁拳"政策名震中东,主张对恐怖分子施行严厉打击。早在任总参谋长时,他就下令部队对滋事的巴勒斯坦人毫不手软。现在,他的主要顾虑是:一旦武装夺取出现破绽和疏忽,后果将不堪设想! 因此,他回敬道:"很好,那么飞机现在在什么地方? 原则上赞成采取拯救行动是一回事,找出切实可行的办法是另一回事!"

拉宾之所以采取拖延战术,是因为所有方案不那么切实可行。最后,由军方和情报机构摩萨德联合拟定的方案提交给了拉宾。该方案定名为"大力神计划",载有以军突击队员的飞机将利用机场正常起降的间隙在恩德培机场降落,然后对恐怖分子发动突然袭击。很快,与佩雷斯素有深交的肯尼亚总统莫伊答应为以色列提供方便。拉宾认为,武力营救人质的时间已经成熟。在 7 月 3 日下午 2 点的内阁会议上,拉宾突然宣布,他已下令突击队员飞赴乌干达了。与会部长全都大吃一惊。沉默片刻后,大厅里响起了热烈的掌声。接着,拉宾对这次行动做了详细解释,并坚定地说:"我知道这次营救人质行动难免有伤亡,但只要能给恐怖分子以沉重打击,这就是我们的胜利。"

"恩德培行动"进行得十分顺利。飞机安全降落在恩德培机场上,突击队员以迅雷不及掩耳之势袭击了候机大厅。6 名恐怖分子全部当场击毙,解救出的人质迅速被送回以色列。突击队员干得十分干净利索,整个营救过程不超过 30 分钟! 消息传出后,整个以色列沸腾了。自赎罪日战争以来,以色列人一直生活在战争阴影之下，人们似乎对强大的国防军和干练的摩萨德失去了信心。但现在，人们总算扬眉吐气了。以色列卫士们以他们的行动向世人证明了自己的能力。

"恩德培行动"是国际反恐怖主义的一项杰出军事成就，在世界范围内受到了广泛的赞誉。拉宾因此而名声大振，其"铁拳"政策再次震惊世界！

屈辱下野

拉宾在位3年，国防建设和外交工作都取得了令人瞩目的成绩，但令人遗憾的是，经济建设成效甚微。通货膨胀没有得到很好控制，政府财政赤字越积越高，失业率不断攀升，而拉宾政府却拿不出适当的对策。一些内阁成员和反对派人士开始指责拉宾缺乏内政经验，误导国家。老百姓也因生活问题怨声载道，他们纷纷提出质问，为什么国家的经济状况持续恶化？人们怀疑在政府里有一批昏庸无能却啃噬国库的蛀虫。

很快，捕风捉影的新闻记者首战告捷，他们发现存入不列颠—以色列银行的一笔巨款不翼而飞，而嫌疑人正是以方总裁米切尔·佐尔，他一向深受政府重用并与拉宾私交甚深。不久，总工会也卷入了经济丑闻。以色列工总"患者基金会"的负责人阿谢尔·亚德林因涉嫌贪污被拘留。全国一片哗然，因为亚德林刚被拉宾任命为中央银行行长。人们展开了丰富联想，关于拉宾的流言蜚语不胫而走。更令人啼笑皆非的是，亚德林那笔赃款并没有流入自己的腰包，而是献给工党了。人们纷纷指责工党的腐败已无可救药了。反对派借机兴风作浪，给工党以迎头痛击。尽管拉宾与这些经济丑闻没有直接瓜葛。但很快，别有用心之人将矛头直接指向了拉宾。

1976年12月，以色列首次接收了美国运送的F—15战斗机。由于空中加油和其他复杂原因，飞机在安息日前的星期五下午才飞抵以色列。拉宾同几位部长前往机场，主持了简单的接收仪式。在机场，他发表了热情洋溢的讲话，感谢美国对以色列一如既往的支持和帮助。正当他沉浸在喜悦之中时，一个宗教党提出了对政府的不信任案，理由是政府违反了安息日戒律。原来，举行接收仪式的那天是星期五，仪式结束后部长们的轿车尚未到家时太阳已经落山了。按照宗教教规，人们在安息日不得进行非宗教活动并严禁以车代步。那一天，以色列的工厂、学校都必须停止上班，大街小巷的店铺都得关门，人们到附近的会堂里去做祈祷。教规明确规定，星期五晚太阳落山的那一刻为安息日的开始。

这件在外人看来微不足道的小事，却在以色列掀起了轩然大波。反对派抓住这一把柄，肆意进行攻击。实际上，以色列并非人人都虔诚地笃信宗教，也并非人人都严格遵守教规。在一些特殊情况下，违反教规也在所难免。人们还记得，1976年7月3日也是安息日，拉宾紧急召开内阁会议讨论是否用武力营救人质时，许多部长也是驱车前来的。迫于内阁内外压力，拉宾决定就不信任案进行公开投票。他自信能挫败这个小题大做的动议。然而，投票的结果出乎意料，这个动议竟以

55 票对 48 票获得通过。因为在最关键的时候,全国宗教党的两名部长背信弃义地投了不信任票,这是拉宾万万没有想到的。议会厅里,反对党议员们的喝彩和叫嚣声震耳欲聋,工党内的许多人也指责拉宾破坏了同宗教政党建立的多年关系。这些给拉宾的刺激非常深。

投票的结果意味着拉宾成了一位看守总理。他宣布,以色列将于明年 5 月提前举行大选。他相信,一小撮别有用心的势利小人的一时得逞只是暂时的,老百姓才是最终的判断者。他认为,工党政府 29 年的英明执政是能够继续赢得人民信赖的。然而他想错了。由于几十年的执政党地位,一些工党领袖已不思进取,思想日渐僵化保守。正如美国记者劳伦斯·迈耶所说:"工党已不再是变革和革命的政党,它成了一个维持现状的党。"人们希望看到新鲜面孔。显然,作为反对派的利库德集团的逐渐得势并非偶然。

1977 年初,正当拉宾全力准备大选之际,美国新总统卡特向他发出了访问邀请。许多人奉劝拉宾在关键时候不要舍近求远。但他认为,美国民主党政府刚刚上台,以色列必须尽快明确它的中东政策和立场,这对以色列来说是至关重要的。或许拉宾也有自己的个人考虑。如果能顺利确定以美关系,并得到新政府对以色列的保证或承诺,这对打破自己在国内的艰难处境也是意义重大的。

很快,拉宾的想法破灭了。卡特一再声明,美国准备同苏联筹备日内瓦会议。他认为,美国要想解决中东问题,必须改善它与阿拉伯国家的关系,并且重视苏联在和谈中所起的作用而不是将它拒之门外。更让拉宾感到吃惊的是,卡特要求拉宾答应"巴勒斯坦问题的解决要保证巴勒斯坦人民的合法权利"和"支持建立巴勒斯坦家园"。而这两点在以色列是异常敏感的话题,也是历届政府所不予考虑的。由于分歧太大,拉宾与卡特总统的 3 次会谈均不欢而散。在离开华盛顿之前,卡特总统公开宣布"巴勒斯坦人有权建立自己的家园"。

由于各种原因,拉宾同美国政府的关系进入了十分困难的时期,这对他在国内的处境无疑雪上加霜。回国后,他受到了党内外的两面夹攻。利库德领导人贝京对他冷嘲热讽、恶语相加,佩雷斯则公开宣布同他竞争工党总理候选人。拉宾曾试图同佩雷斯达成一项长期的谅解协议,以增加佩雷斯的权力为条件换取他放弃竞选,但未能如愿。双方展开了激烈的角逐,有趣的是拉宾仍以微弱多数领先。但天有不测风云,一件意外之事将拉宾彻底推向了深渊。

1977 年 3 月,报纸揭露了一桩特大新闻,说拉宾夫妇在美国拥有存款。根据当时财政部的《通货法》,以色列公民都必须将外汇存入国内银行以支持国家经济建设。"非法账号"的敏感报道很快家喻户晓。出于本能,拉宾含含糊糊地解释说他在任驻美大使期间的存款额为 2000 美元。这一短暂喘息机会没能解决问题,因为调查部门很快查明,存款总额最高达到 20000 美元。这一下,全国一片哗然。各大报纸连篇累牍不厌其烦地进行炒作,几乎用尽所有的贬义词。人们指责他不仅违法了,而且是一个十足的伪君子。更有人将其同先前国内的经济丑闻联系起来,扬言要查拉宾的财务状况。财政部长拉比诺维茨不满足于罚款了事,最高检察长阿哈隆·巴拉克坚持将拉宾夫人莉娅推上法庭。

拉宾夫妇没有及时取消账号可能由于一时疏忽，并非有意违法，很难想象世界上其他国家的领导人会因为这样的问题而受到严厉的处罚。具有讽刺意味的是，6个月后，《通货法》做了重大修改，在国外拥有存款合法了。然而，倒霉的拉宾却时运不济。

拉宾独自做出了三条决定：辞去总理职务，放弃竞选下届总理，和夫人一起承担账号问题的责任。值得一提的是，拉宾夫妇始终并肩站在一起，共同面对挫折和困难。在莉娅受审的日子，拉宾坚持要陪伴妻子出庭，以给她起码的精神支持。莉娅夫人勇于接受任何挑战，她断然拒绝了丈夫的要求，因为她不想给拉宾带来更多的伤害。人们看到，拉宾亲自驾车将莉娅夫人送到法庭门口，并当着众人的面用一个深深的吻将她送进法庭。正如莉娅夫人后来说："他并没有埋怨自己的辞职是我的过失引起的，他一直在我的身边，就像在战场上坚持留在负伤战友的身边一样。"

令拉宾感到欣慰的是，人们没有忘记他。下台后的他声望依然很高，特别是他取得的军事和外交成就仍然是人们津津乐道的话题。无论在国内还是国外，他都是一个极为受欢迎的演讲者，人们对他的好奇和拥戴并没有减弱。许多年轻人自发聚集在拉宾身边，用他们的热情和活力支持拉宾，这是他们对拉宾被粗暴和不公正地排挤出政府的响亮回答。

鹰爪鸽派

在1948年的《独立宣言》中，以色列并没有明确界定边界。在当时，边界问题在政治中也并不突出。1967年"六·五"战争后，以色列的国土面积空前膨胀，达到了联合国分治决议划给以色列领土的6倍。如何处理被占领土，是归还抑或吞并？围绕这些问题，以色列形成了政见不同的两派，即人们通常所说的鹰派和鸽派。鹰派主张全部吞并被占领土，以实现"大以色列国"的梦想；只允许巴勒斯坦人实行有限的"人的自治"；要求在不归还领土的条件下与阿拉伯国家缔结条约，其口号为"以和平换和平"。鸽派主张部分归还被占领土，并支持巴勒斯坦最终实现自治，其口号为"以土地换和平"。

长期以来，拉宾一直被认为是一位"鹰派"色彩较浓的政治人物。他在"六·五"战争中立下了赫赫战功，指挥以军取得了辉煌战绩；他曾为建立以美同盟关系，争取美国军援方面不遗余力；他提出"铁拳"政策，以主张无情镇压巴勒斯坦人的反抗和打击恐怖分子而名震中东。但是，自20世纪80年代以来，他的思想逐渐发生了巨大转变，提出了一系列创见：呼吁分阶段解决中东问题，力主以色列脱离黎巴嫩"泥潭"，要求降低军费开支，将更多的钱用于发展基础设施和公共事业。所有这些，为他成功复出奠定了基础。那么，是什么因素促使拉宾的思想发生如此巨大的转变呢？

赋闲在家的拉宾感觉到了前所未有的轻松，他利用充裕时间深刻反省自己所走过的道路，从另一个角度来思考以色列的历史和未来。他对利库德政府的一系列政策持保留看法。他认为，在利库德集团卵翼下兴盛起来的宗教党派对以色列社会是一个威胁，因为以色列的社会目标是使国家逐步世俗化。同时，他反对政府加速扩建西岸犹太定居点，认为这是一种政治入侵行为，而且还给国防预算带来了难以承受的负担。他相信现在这些定居者不是增强了以色列的国防能力，而是相反。因此，在许多场合，拉宾都比较节制地抨击了利库德政府的政策。

具有讽刺意味的是，正是利库德政府实现了以埃之间的长久和平。当时拉宾正在美国作巡回演讲，在得知埃及总统萨达特将于 11 月 9 日星期六的傍晚到达耶路撒冷后，他立即"冲"往机场，搞到一张以色列航空公司的机票，飞回特拉维夫。拉宾出席了在机场的欢迎仪式。当同萨达特握手的一刹那，他的激动是难以描述的。在自己的回忆录中，拉宾描述了萨达特的风采：虽然我是第一次亲见其人，但他在这种千载难逢的情况下泰然自若的举止给我留下了极其深刻的印象。他的访问是与以往有刻骨铭心仇恨的敌人们互相问候开始的，虽然一个接一个，每个人的谈话时间仅以秒计，但他同每一个人的谈话都非常得体，而且均有不同的话题。

拉宾敬佩萨达特的伟大气魄。他是第一个不顾其他阿拉伯国家反对而毅然踏上以色列土地的领导人，从而迈开了埃以单独媾和的步伐。他曾在埃及议会上发表了著名的演说，他说他"完全可以跑到地球的尽头去，如果这样做可以让埃及儿童一个也不在战争中死伤！"渴望和平的以色列人自发地簇拥在街道两侧，热烈的欢呼声响彻耶路撒冷。许多久经沙场的老兵也加入欢呼的人群中，为和平的来临兴奋不已。正如埃及《金字塔报》所言："这比人类第一次踏上月球还了不起！"

在以色列议会里，萨达特发表了精彩的讲话，他以"我知道你们需要的是安全而不是土地"一句话慑服了每一个以色列人的心。拉宾后来说，这是以往任何一位阿拉伯领导人都没有坦诚说过的话。在漫长的历史长河中，犹太人四处颠沛流离，无数次惨遭凌辱和屠杀，难道他们不是希望和平吗？是的，阿以双方都有一个共同的愿望：和平！拉宾突然感悟到，中东地区和平的实现多么需要以阿双方的互相理解和同情啊！

从其回忆录中，我们可以看出拉宾为失去与萨达特握手言和的机会而深感惋惜。他曾与埃及直接谈判达成了第二次军事脱离接触协议，也曾委托摩哥国王哈桑二世转达他愿意与萨达特总统会晤的信息，甚至直言如果埃及做出不侵略承诺的话，以色列可以考虑从西奈半岛撤军。但由于历史机遇的欠缺，使他与萨达特的直接会谈的机遇"擦肩而过"。

拉宾对贝京政府重开以埃和谈抱以真诚的支持。正如莉娅所言："伊扎克无私地对这一成就表示祝贺，他在分享这一成就中表现出的坦诚是他最伟大、最值得尊敬的人格特点之一。"1978 年 9 月 6 日，以埃双方在美国举行会议，签署了中东和平进程中划时代的《戴维营协议》。拉宾为此感到欣慰，他同当局要员一同前往华盛顿表示祝贺。在途中，他甚至对记者开玩笑说："如果我当总理的时候签订这个协定，以色列大街上恐怕会出现流血事件。"拉宾的助手谢维斯曾借用经济学中的术语形容说："伊扎克是'净以色列人'，而其他政治家则是'毛以色列人'。"

随后，在以色列一家晚报上，拉宾撰文表达了他对时局的看法。他对以埃单独媾和给予了积极的肯定，并说这是"迈向中东和平之路的铺路石"。不过，过度的乐观显然是不适合的，因为尽管贝京政府对以埃和平做出了创造性举动，但它并没有改变对巴勒斯坦地区的看法。

贝京政府决定在西岸和加沙地区加快修建犹太定居点。当时，具体执行这一政策的是农业部长和定居委员会主席沙龙，此人以对巴勒斯坦人誓不两立而著称。他是 1967 年和 1973 年两次战争的英雄，出色的战术家和富有魅力的人物。在内阁中，他就像在战场上指挥千军万马纵横驰骋一样，是一头地地道道顽强而好斗的公牛。给人印象是，他是态度粗暴、观点偏激，但藏在粗鲁外表和直率谈吐后面的是精明的头脑和分析复杂情况的非凡能力。沙龙的强硬立场受到了利库德集团的青睐。作为回报，在他刚被任命为国防部长的 14 天后便公布了在整个西岸地区建立新的犹太定居点的"沙龙计划"。他公开宣布："我们将留下一张没有人能忽视的完全不同的地图。"到 1982 年以色列在西岸的定居点已达 101 个。尽管拉宾对沙龙在被占领土上加快修建犹太定居点持有不同看法，但在如何对待巴勒斯坦人的反抗这一问题上，他与沙龙有着许多相同观点。他也曾一度器重沙龙，对他特殊关照。1975 年，拉宾曾不顾国防部长佩雷斯的反对，坚决任命沙龙为"国家安全顾问"。

贝京政府的扩张行为很快激化了阿以双方的紧张关系，许多巴勒斯坦人发誓要用武力反抗以色列的政策。巴解组织得到了迅速扩充，它以黎巴嫩为基地，对以色列展开了一系列袭击活动。1982 年 6 月 30 日傍晚，以色列驻英大使阿尔戈夫被阿拉伯恐怖分子袭击受伤。以色列决定采取大规模报复行动。沙龙随即发动了对黎巴嫩的入侵战争，目的是清除巴解力量并建立一个亲以的黎巴嫩政权。英勇的巴解组织全力抵抗，誓死不屈。在这关键时候，拉宾匆匆赶赴战场，亲自勘察地形，为沙龙出谋划策。他支持沙龙用切断城市水源的办法来收紧对贝鲁特包围的计划，沙龙干得十分干净利索，但也做过了头，允许巴解组织的死对头黎巴嫩长枪党去屠杀赤手空拳的巴勒斯坦难民。贝鲁特西区变成了一片坟场。

《耶路撒冷邮报》评论说："1982 年将作为耻辱的一年留在人们的记忆中，因为我们已被全世界当作西贝鲁特那场可怕屠杀的帮凶。"世人同声谴责以色列的暴行，一向支持以色列的美国政府也宣布暂停对以色列的援助和武器供应。切断水源的建议使拉宾受到了牵连。人们为此感到气愤，纷纷指责他变成了利库德集团的可恶帮凶。后来，拉宾自己解释说，他并没有主张攻陷贝鲁特，也不支持以军继续向黎巴嫩北方挺进，但他认为切断水源不失为一个迫使巴勒斯坦人和他们的黎巴嫩同伙停止抵抗的良策，从而减少双方的流血牺牲。一方面，他热爱和珍惜自己的军队；另一方面，他又强烈反对利库德集团的许多对外政策，这常使他陷入两难境地。

不过，拉宾很快就向人们证实了自己的立场。1984 年，拉宾被推荐出任工党—利库德集团联合政府的国防部长。国防部长在传统上被认为是以色列政府的第二个最重要的职务，这也是拉宾所钟爱的职业。上台后，拉宾力主从黎巴嫩撤军，以期将以色列从"泥潭"中拯救出来。在过去的两年中，以色列没有从占领黎巴嫩南部得到好处，这使拉宾想到了当年美国在越南战场上所面临的尴尬处境。他为此做的准备工作包括加强南黎巴嫩军的力量和在南黎巴嫩建立一个安全区。由于准备工作关系到撤军后的以色列安全，因此拉宾为此付出了巨大的心血和努力。1985年1月，也就是任职后约4个月后，拉宾提出了在5到6个月时间内分阶段从黎巴嫩撤军的计划。6月，以色列撤出了留在黎巴嫩的大部分军队。

在拉宾就任国防部长期间，最复杂的危机应数"因提法达"运动。"因提法达"指的是西岸和加沙的巴勒斯坦人反对以色列统治的暴力斗争，其意为"震动、发抖、颤抖"，表明了阿拉伯人反抗以色列统治的信心和决心。这一运动爆发的起因是1987年12月1辆以色列民用卡车在加沙撞死4名阿拉伯人。巴勒斯坦人相信，这一事故是以色列人蓄意所为，任何解释都难以令人信服。随即，在加沙和西岸地区爆发了史无前例的大规模群众抗议活动。巴勒斯坦人纷纷走上街头，用手中的石头向以色列军警发出了愤怒的吼声。以往，巴勒斯坦人采用孤立的恐怖袭击事件和袭击活动反抗以色列当局，这往往给以色列军警的镇压提供了口实。而现在，他们放下了手中的武器，无疑向世人表明了他们需要的仅仅是和平，这说明巴勒斯坦人的观念发生了根本的变化，民族自觉意识得到了空前提高。

当"因提法达"运动爆发时，拉宾正在美国康涅狄格州拜会基辛格博士。得知消息后，他命令军方做好准备，打击一切骚乱制造者。他相信巴勒斯坦人的反抗只不过是例行的一次暴动而已，用不着大惊小怪。然而，1个月过去了，反抗活动不但没有停止，反而愈演愈烈。当男人和小孩被投入监狱或遭到拘禁后，妇女和母亲便用她们的身躯毫不畏惧地同以色列大兵们做斗争。许多人开始谴责拉宾的镇压措施不力。

于是，1988年1月，拉宾宣布军方将以"铁拳"来对付巴勒斯坦人，对肇事者予以尽可能地"狠狠打击"。此言一出，全副武装的以色列军警们便大开杀戒，许多年轻的巴勒斯坦人因此付出了生命。电视里经常是这样的镜头：以色列士兵用黑洞洞的枪口瞄准了一个个稚气未脱的巴勒斯坦小青年，然后无情地射击。以军暴行激起了世人的愤怒，道义的天平再一次倾向巴勒斯坦人。

与1982年不同的是，这一次人们谴责的不再是沙龙，而是拉宾了。人们指责他，威胁要"敲碎他们（巴勒斯坦人）的骨头"。《耶路撒冷邮报》形容拉宾使用了"刺耳的兽性语言"。长期以来一直支持以色列的美国人罗森塔尔甚至在《纽约时报》头版发表文章，要求拉宾辞职。后来，拉宾曾多次否认自己说过这样的话，并说他发出的每一道指令均是经过细心推敲的。拉宾曾要求每一个士兵都要小心约束自己，以适当的方式回应对自己的攻击。他曾对士兵说："为了控制一伙投掷鸡尾酒瓶的示威者，你肩上扛着枪，手里拿着木棒，那么你只能使用木棒。"因此，拉宾认为，过激行为的发生不是以色列人的过错。

不管怎样，巴勒斯坦人史无前例的大规模反抗给拉宾的触动非常深。它使拉宾更清楚地意识到：以色列不能统治异族。事后，拉宾反省说："动员我们的士兵使用暴力一无所获。只有当双方坐在一起讨论我们提出的妥协方案时，问题才能得到解决。我们需要找到能创造条件使我们在这一地区共处的途径。"1988年，他在一次电视采访中谈道："解决传统的军事问题容易得多，但要面对被占领土上反对我们的统治、利用非武器系统进行暴力活动的130万阿拉伯人，则困难得多。"毫无疑问，巴勒斯坦人的反抗是和平进程的催化剂，它使拉宾看到，只有政治途径才能从长远意义上解决问题。

拉宾开始尝试用政治手段来解决巴勒斯坦问题。1989年初，他提出了一个和平计划：巴勒斯坦人承诺放弃一切反抗活动，6个月后，以色列同意巴勒斯坦人举行自由选举，巴勒斯坦人还可以选出一个同以色列进行谈判的小组。当年9月，拉宾在访问埃及时同穆巴拉克总统讨论了他的这个在中东实现渐进和平的计划。正当他雄心勃勃一展风采之机，内阁危机爆发了。

1990年初，工党—利库德集团联合政府已陷入空前的危机之中。工党中越来越多的人对总理沙米尔感到不满，因为他坚持在西岸建设定居点的顽固立场以及拒绝与巴勒斯坦人进行和平谈判的强硬路线疏远了美国，以美关系迅速降温。同时，国内经济持续恶化，人们对此怨声载道。通货膨胀率居高不下，一度高达400%。尽管以色列也采取了一些经济措施，但政府的扩张性政策不可能扭转严重的经济和政治危机。3月12日，当工党领袖佩雷斯拒绝为利库德集团支持的8个定居点拨款后，联合政府立即宣告垮台。拉宾作为国防部长的任期也宣告中止。在随后的议会选举中，由于佩雷斯在组阁一事上考虑欠妥致使工党再次痛失江山。

20世纪90年代初，国际局势风云变幻、扑朔迷离。它促使富有智慧的领导人审时度势，用新的眼光重新审视世界。1991年1月，海湾战争爆发了。拉宾认为："海湾战争是一场不牵扯以色列的中东战争。"不过，他对美国下决心制裁萨达姆·侯赛因的决定十分赞赏，并主张以色列对盟国予以积极支持和配合。尽管以色列每天都面临来自伊拉克的导弹，但以色列没有进行报复，它始终没有发出一枪一炮。拉宾劝告那些主张对伊拉克实施报复的同胞要静观时变。他明白，以色列的反击只会中了萨达姆的圈套。很明显，虽然以色列遭到了不小的损失，但此后它得到的好处是明显的：它在中东的战略地位明显上升了。更让拉宾震惊的是，1991年底，存在了近70年的苏联宣告解体。俄罗斯给予叙利亚这类国家的援助枯竭了。拉宾敏锐地看出，这将是中东和平进程得以向前推进的重要因素之一。

令人遗憾的，沙米尔政府的政治眼光极为短视。它无视对己有利的国际形势，一味强调继续增建犹太定居点，并声称即使放弃美国100亿美元的贷款也在所不惜。同时，它也拒绝美国提出的解决巴勒斯坦问题的倡议。所有这些引起了美国政府的极大不满，双方关系跌至50年来的最低点。1992年初，处境艰难的沙米尔不得不宣告辞职，历史又一次向拉宾展开了双臂。

铸剑为犁

1992年6月23日晚，拉宾同往常一样和自己的儿孙们聚在电视机旁。不同的是，屋内的空气特别沉闷和紧张。拉宾神情严肃地坐在屋子的一角，不停地用手轻轻敲着桌面,这是他遇到紧张或烦恼时常有的动作。大家都在焦急盼望着10点钟以色列大选的统计结果。

时间滴滴答答地过去,全家人的心也越来越紧张。10点钟,播音员出现在屏幕上,她轻轻地吐出一个词"MA'APACH'(回归、倒转、转折)"。对拉宾来说,这个词代表了一切,意味着在野15年的他将重返政坛。7月14日,以色列议会批准了由工党组织的内阁,拉宾再次出山,正式就任第11任以色列总理。

工党的祝捷会是一片欢乐的海洋,情绪高昂的人们高唱《以色列等待拉宾》。在致答谢词时,拉宾对帮助他重返政府而辛勤工作的人们表示深深的感谢。然后,他用铿锵有力的声音说:"我将握住舵把,我将掌握航向,我将引导大家一往无前!"后来,这句话被传颂一时。

为了顺利远航,必须配备好船员。在16名部长组成的内阁中,大多数都是赞成和谈的鸽派人物。拉宾邀请自己的老对手佩雷斯出任国防部长,因为他深知佩雷斯有良好的国际形象和高超的外交才能,也是以色列政坛闻名的鸽派人物,让他出任国防部长,无疑能给停滞不前的中东和谈注入一剂兴奋剂。后来的事实证明,两位老人抛弃前嫌,在推动中东和谈进程中成为一对"黄金搭档"。

上台后的拉宾即刻显示出了新的姿态。正如佩雷斯在内阁会议中所言:"我们已处在一个罕见的关键时刻,它迫使眼光敏锐的政治家进行跳跃性思维。"无疑,拉宾正是这样具有远见卓识的领导。在他走马上任不到1周的时间里,他便频频挥动橄榄枝,向中东阿拉伯世界发起了一场令人眩目的"和平"攻势:邀请叙利亚、约旦和黎巴嫩领导人访问耶路撒冷;鼓励阿拉伯领导人像埃及前总统萨达特一样来圣城举行非正式的建立信心的会谈;他还声称:"已做好了今天或明天去安曼、大马士革和贝鲁特的准备。"在就职演说中,拉宾还对"安全"做了新界定。他说:"安全并不仅仅意味着坦克、飞机和导弹;它还意味着,或许更重要的意味着男人和女人——以色列的国民。安全还意味着人的教育、住房、学校、街道和邻里,意味着一个人成长的社会……"

中东阿拉伯世界对拉宾的新姿态给予了谨慎的肯定。美国政府十分重视拉宾的和平倡议,它相信自己的老朋友会给中东带来和平。拉宾没有让人失望,他决心破釜沉舟,义无反顾地踏上和平不归路,让阿犹之间"化干戈为玉帛",实现中东长久和平。在自己3年多的总理生涯中,他确实谱写了一首首惊天动地的壮丽诗篇。

修复和加强以美关系是拉宾政府的首要工作。拉宾深知美国在中东和平进程中的特殊作用,它对以色列国家安全和经济建设所具有的重要意义。他始终认为,美国的积极介入和支持是中东和平进程不可缺少的。在工党的竞选纲领中,加强以美关系是其中重要一点。美国政府对拉宾的复出表示欢迎。1992年6月24日工党获胜的消息刚一公布,美国国务卿贝克即表示,布什政府将同以色列新政府密切合作,努力"加强甚至深化美国同以色列之间的伙伴关系"。这同两年前沙米尔重新上台时美国"面有难色"形成了鲜明对照。

上台刚刚1个月,8月10日,拉宾应邀正式访美。第一次会面安排在缅因州肯班波特的总统家中进行。这是一个美丽的庄园,不仅环境舒适、整洁,而且还有整套的娱乐设施——网球场、钓鱼池和骑马场。世人极少有人应邀来此做客。会见有意安排在此,足可见布什总统对拉宾此行的重视。

拉宾此行意在获得被美国前政府冻结的 100 亿美元的贷款担保。布什总统首先表示,他愿意向工党政府提供担保,但这必须是有条件的。他要求拉宾就以色列的政治立场向美国做出承诺。拉宾反复强调现政府的政治立场将会有许多变化,但他坚持贷款担保不与政治挂钩,这是拉宾坚持的总的精神和原则。他坦率地对美国国务卿贝克说:"我不骗你。凡是我对你讲的事,你都可以查查看。我们可能有不同意见,但你可以相信的就是我们不会欺骗你、误导你。"随后,他嘱托美国中东事务特别协调员丹尼斯·罗斯转告贝克:"国务卿把我当作过去的伊扎克(指前总理伊扎克·沙米尔),告诉他,我是现在的伊扎克。"贝克对拉宾政府的态度转变了。很快,布什总统批准了向以色列提供 100 亿美元的贷款担保。这表明,一度僵化的以美关系得到了修复。

1993 年 5 月,拉宾再次飞赴美国。白宫的主人已不再是布什总统,而是比尔·克林顿了。克林顿总统为拉宾组织了盛大的欢迎仪式。在他的欢迎词中,他盛赞拉宾执政以后在内政外交上取得的显著成就,并声称美国将继续支持以色列新政府的立场。为了向国人证明新一代领导人的形象,克林顿总统极其重视中东问题,试图在此问题上取得突破并往自己脸上贴金。他向拉宾表示,美国保证每年继续向以色列提供 30 亿美元的援助,用于支持以色列的经济和国防建设。在拉宾表明了自己在中东和谈问题上的让步姿态后,克林顿总统答应支持以色列研制"箭式"反弹道导弹,并承诺美国将继续提供以色列所需的先进武器和军事技术。正如法新社在评论这次访问时说:"拉宾从克林顿那里得到了一切。"以美关系的进一步发展无疑大大提高了以色列的国际地位,为他在中东和谈中取得了更多的资本和筹码。

拉宾的一生,都在为加强以美关系孜孜不倦地努力。他的真诚和奉献精神赢得了美国人的理解和信赖。许多美国人都成了他的朋友,包括美国前总统尼克松、福特、布什,现任总统克林顿,前国务卿基辛格和贝克等人。贝克在与拉宾上台前的利库德集团打交道时可谓历经坎坷和磨难,但他同拉宾却建立了良好的工作关系和个人友谊。离开政坛后,贝克常携夫人到以色列访问并到拉宾夫妇的寓所共进晚餐。后来当听到拉宾遇害的消息时,贝克正在一个公共场合,他的眼泪立即夺眶而出。

在拉宾的和谈日程上,巴勒斯坦问题被放在了第一位。在以埃达成和解之后,巴勒斯坦问题成了制约中东和谈进程的核心问题。上台之初,拉宾就采取果断措施,调整自己的外交立场,向中东阿拉伯世界展示了和谈诚意。1992 年 7 月 16 日,拉宾刚上台后第 3 天,财政部长肖哈德和住房部长本·埃利泽联合提议,暂时冻结在被占领土约旦河西岸和加沙地带修建新的犹太人定居点的所有计划。这一决议无疑向阿拉伯世界发出了明显的信号:以色列愿意接受"以土地换和平"的原则。紧接着,以色列释放了 800 名在押的巴勒斯坦"政治犯",取消了前沙米尔政府在 1986 年通过的视巴解组织为恐怖组织而拒绝与之接触的法令,有条件地同意被占领土之外的巴勒斯坦人参与中东和谈。这就为以巴高层人物往来和以巴和谈扫清了障碍。他还充分意识到埃及对以阿双方的特殊作用,1992年7月下旬,他毅然出访埃及,在同穆巴拉克总统会谈中表示他将坚定不移地致力于同阿拉伯国家实现和平,哪怕这种和平"将要遇到阻碍和付出代价"。他希望穆巴拉克总统将以色列的立场和态度转告给其他阿拉伯国家。拉宾的和平姿态得到了国际社会的一致好评。

实际上,拉宾自己对巴解组织和阿拉法特具有强烈的憎恨心理。他一直视巴解组织为无恶不作的恐怖组织,视阿拉法特为杀人的魔鬼。在1987年以军镇压巴勒斯坦人的反抗时,他就说过:"巴勒斯坦恐怖主义组织正试图在力所能及的地方伸出肮脏的手,够到并伤害我们!"他命令军方给敢于滋事的人以"尽可能地狠狠打击"。

然而,为什么上台伊始他就抛弃陈见,向阿拉法特频频挥动橄榄枝呢?主要有以下两个原因:第一,巴勒斯坦人不屈的反抗精神触动了拉宾。特别是1987年被占领土上阿拉伯人持续半年的"因提法达"运动使他意识到:以色列对巴勒斯坦人的统治不能给自身带来安全。士兵们反映,就连刚刚学会走路的巴勒斯坦儿童都手持石块站在街旁,对以军士兵怒目而视。每每想到此,拉宾总是不寒而栗。第二,多年的观察和思考,使拉宾意识到只有选择巴解组织作为和谈对象才是最为明智的。拉宾最初曾试图与叙利亚总统阿萨德达成一项"贝京—萨达特"式的协议,从而迫使阿拉法特就范。但很快拉宾发现这是很不现实的,因为阿萨德对以叙单独媾和不感兴趣,并且始终坚持强硬立场。而阿拉法特则不同,他明确表示愿意与以色列坐到谈判桌前。当时,阿拉法特面临执政以来最严峻的考验,一则因为在海湾战争中站错了队而受到国际社会的制裁;二则因为宗教极端势力日益强大,严重威胁着巴解组织的统治地位。因此,他极欲从外部寻找到突破口,以挽回颓势。

当时,拉宾面临着来自美国的压力,克林顿总统告诫拉宾,如果不立即与巴解谈判,未来的谈判对手将只能是哈马斯!这不是危言耸听。哈马斯,又名"伊斯兰抵抗运动",自20世纪80年代以来发展十分迅速,主张通过采取暴力行动建立一个包括整个巴勒斯坦土地的伊斯兰国家。1989年,当时任国防部长的拉宾宣布它为非法组织,取缔其一切活动。1992年12月,哈马斯在1周内接连发动3次突然袭击,打死4名以色列士兵,绑架并杀害了以色列边防警官托勒·达诺。这一连串的暴力事件激怒了拉宾,他决定挥舞一下自己的"铁拳"。1500多巴勒斯坦人被逮捕,其中被强制驱逐出境的人数达到415人。消息传遍全球,谴责声又一次涌向以色列,联合国甚至威胁要对以色列实施经济制裁。尽管在美国的庇护下以色列幸免于难,但拉宾认识到稳固巴解在巴勒斯坦人中的地位,对以色列的安全和整个和平事业都至关重要。因此,当阿拉法特伸出和谈之手时,拉宾便迅速迎上前去。

1993年1月20日,就在以色列议会宣布废除禁止与巴解接触的法令的第二天,在挪威国王的精心安排下,以色列和巴勒斯坦高级代表在挪威首都奥斯陆会晤,揭开了巴以和谈的序幕。为了掩人耳目和确保安全,挪威外交大臣霍尔斯特花了不少功夫。会谈安排在远离市区80公里的僻静保尔高德庄园里进行。谈判人员不准带领随从秘书,整个会谈期间必须闭门不出,几乎完全与外界隔绝。为了防止联络时泄密,佩雷斯代号为"爹爹",副外长贝林代号为"儿子",而拉宾代号为"爷爷",只有阿拉法特和其他4名高级官员知道以色列领导人的代号。保密工作之所以用心良苦,乃是因为在中东这块敏感地区,秘密谈判往往会比公开谈判收到更大的效果。

谈判是异常艰苦的。佩雷斯亲自参与谈判,多次飞赴埃及,与埃及总统穆巴拉克、驻埃巴解高级官员会晤。佩雷斯不辞辛劳地奔波忙碌使谈判逐渐取得了突破。随即,拉宾任命国家安全总局官员约西·杰诺萨为自己的首席联络官,负责同阿拉法特联系。关于约西与阿拉法特会面的情况,世人无从知晓。有一次,阿拉法特在他的内阁会议上说,他已同拉宾建立了热线联系。他还特地告诉约西:"你就是热线,但我没打算告诉我的内阁。"从此以后,拉宾就将约西称为"热线"。

从8月起,拉宾对和谈采取了积极态度。他亲自指挥谈判,参与制定草案中每一条细则。经过几轮的艰难谈判,双方原则上达成了以色列从加沙和杰里科同时撤军的框架,巴以原则协议的草案最终形成。这个协议规定:"在被占领土上建立巴勒斯坦自治,为期5年。"在这5年中,双方将继续谈判,从而彻底解决诸如耶路撒冷、边界、巴勒斯坦难民等问题。8月19日,佩雷斯飞赴挪威。在挪威外交大臣霍尔斯特举行的晚宴上,人们发现了一位神秘客人,阿拉法特的特使阿拉。无事不登三宝殿,阿拉此行意在同前来的佩雷斯会晤,草签达成的协议草案。当两人握手致意、互相庆贺成功时,时间已经到了次日凌晨。加沙—杰里科首先自治协议的草签,标志巴以和谈取得重大突破。

8月29日,以色列内阁每周一次的例行会议在政府办公大楼举行。当主持会议的拉宾宣布本次会议将听取并讨论佩雷斯外长与巴解负责人最后达成协议的报告时,与会部长们全都惊得目瞪口呆。佩雷斯微笑着站起身来,异常兴奋地向大家讲述了整个谈判过程并宣读了双方达成的这一自治协议。他的报告整整持续了近两个小时,场内不时爆发出欢快的掌声。接着,拉宾解释了自己的立场。他非常坦率地说:"在历史上,没有谁比我更仇恨巴解组织。过去,它是以色列的敌人,今天仍然没有改变。但以色列必须学会跟敌人打交道,这是历史给我们的教训和启示!"

推心置腹的话语慑服了每一位与会者的心。翌日上午,内阁开了一个不同寻常的会,投票表决巴以达成的协议草案。18名部长中有16人赞成,仅有2人投了弃权票。在感谢了各位部长的支持后,拉宾充满深情地注视着佩雷斯,用热情的话语感谢他为此所做出的不懈努力。看到自己的愿望和努力得到了实现并得到了众人的支持和理解,年届古稀的佩雷斯激动得热泪盈眶。

是的,他不仅为自己的成功而激动,也为与拉宾的愉快合作而感慨万千。在长期的政治生涯中,两位同龄人多次针锋相对,甚至互相揶揄和攻击。在拉宾自己的回忆录中,也有许多对佩雷斯的贬抑之词。他曾讥讽佩雷斯为"漂亮的演说家",而在实际中却"无所用处"。然而,今天,世事沧桑和生活阅历使两位老人终于明白了真诚合作的必要。拉宾需要佩雷斯的外交才能和办事细腻的作风,佩雷斯也认为拉宾的决断和远见卓识为自己提供了广阔的展示空间。于是两人互相配合，在中东刮起了一阵又一阵和平旋风。

1993 年 9 月 13 日，全世界的目光都聚集在美国首都华盛顿，世人在期待一个神圣时刻的到来——以巴签署《原则宣言》。宣言宣布了以色列与巴勒斯坦之间"对抗与冲突"的结束，并为通过自治逐渐实现"全面的和平道路"奠定了基础。克林顿总统将地点选在 1978 年埃以签署戴维营协议的华盛顿白宫南草坪，是具有深远意义的，它向世人展示阿以双方的和平进程，同时也显示出美国在中东和谈中的作用与影响。当中东两位巨人握手言和时，全场爆发出雷鸣般的掌声，许多与会者难以抑制住激动，喜极而泣，这其中包括美国前总统卡特和布什，以及以"穿梭外交"闻名世界的基辛格博士。

拉宾对克林顿总统和阿拉法特说，对于他们 3 人，此时都是一生中特别重要的时刻。阿拉法特接过话题，加重语气道："确实是一个重要时刻。"然后他转向克林顿总统："总统先生，现在该由您为支持这一和平进程发挥作用了。协议要靠您使其付诸实现。"

人们从画面上看到，那天拉宾表情十分严肃，脸上很少洋溢着自然的笑容。也许，他的心情是非常复杂的。他一向痛恨巴解组织，这是众人所知的。同阿拉法特握手，是他为追求和平而做出的抉择！在草坪上，拉宾发表了发自肺腑的讲话："我们无意报仇。我们不恨你们。我们同你们一样是正常的人，是希望建立家园、营造园林、谈情说爱的人，我们将与你们平安相处……让我们一起祈祷吧，当我们说永别了武器的时候，和平的日子就要来临了！"

然而，并非人人都愿意放下武器。在以色列，以巴和解协议遭到利库德集团的激烈反对。新任主席本亚明·内塔尼亚胡呼吁，"要使用一切合法手段在议会和街上阻止刚刚达成的巴勒斯坦自治协议"；他还发誓，如果他上台执政将不会遵守这项协议。无疑，这一协议加深了以色列国民的分裂。国内不断出现反对和谈的示威游行，"拉宾是犹太人的叛徒"的传单遍布大街小巷。

拉宾没有被困难所吓倒，他已走上了以巴和解的不归路。1994 年 5 月 4 日，以巴代表在开罗签署了"开罗协议"，为以巴和解协议的实施达成了一系列具体的步骤。随即，阿拉法特组建了自己的内阁，并建立了一支上万人的警察部队。按照协议的规定，他接管了商贸、税收、教育和卫生等 30 多个方面的行政管理权。尽管以巴双方都面临来自内部的反对和阻挠，但拉宾与阿拉法特又在华盛顿签署了关于扩大巴勒斯坦自治的协议，即塔巴协议，以巴和谈又向前迈出了坚实的一步。

实现以色列与约旦的和平一直是拉宾的愿望。早在任驻美大使期间，拉宾就曾为以约关系的发展做过努力。1970 年，约旦爆发了"黑九月事件"，正是以色列的介入才令叙利亚对约旦的入侵望而却步。拉宾第一次出任总理时，曾于 1975 年与侯赛因国王进行了秘密会议。当时，会谈地址安排在埃特拉的一个僻静地点，以便掩人耳目。不料，新闻界仍然听到了风声。很快报纸上登出了一幅有趣的漫画，拉宾在埃特拉，侯赛因国王在亚喀巴，两人隔着红海打网球。1985 年 3 月，拉宾在伦敦又秘密会晤了侯赛因国王，他还赠给国王一支以色列制造的精美的加利利突击步枪,当时拉宾担任以色列国防部长。拉宾所送礼物的用意何在呢?世人无从知晓。

侯赛因国王也早有和谈之意,但鉴于中东阿拉伯世界的统一立场和复杂情势,他不敢冒天下之大不韪,决定慎重从事,等待时机。1993年9月13日以巴签署和解协议后,实际上已冲破了阿拉伯四国五方达成的不单独与以色列媾和的禁令。侯赛因国王抓住历史契机,主动伸出和谈之手。9月14日,就在和解协议签署的第二天,以约两国便迫不及待地开始了实质性的谈判,达成了《谈判议程框架协议》。

中东和谈激起了以色列国内强硬派的强烈不满,他们声称不承认任何由工党政府签署的和平条约。拉宾知难而进,决定迅速实现以约和解从而提高政府的声誉和威望,以减少国内反对派对政府造成的压力。1994年6月,以约代表在死海附近举行了正式会谈,就边界安全和水资源分配等问题进行了磋商。7月20日,佩雷斯亲自飞赴安曼同约旦外交大臣进行公开谈判。在佩雷斯的努力下,以约就双方关心的一系列问题达成了一致看法,和解协议草案基本达成。

7月25日,也是在美国白宫南草坪,拉宾同侯赛因国王握手言和,签署了具有历史意义的《华盛顿宣言》。宣言确定了两国的正式边界和水资源分配等问题,从而结束了两国长达46年的敌对状态。那一天,拉宾非常高兴,在同侯赛因国王握手时,他显得轻松、自如,犹如与故友相逢一般。他对与会者说:"耶路撒冷与安曼之间开车仅需70分钟,但两个城市却相互隔绝了46年。"

尽管面临来自国内的巨大压力,拉宾仍然一往直前。10月26日,在克林顿总统的精心安排下,拉宾与侯赛因国王在以约边境阿拉伯河谷再次相遇。双方签署《以约和平条约》,从而实现了两国关系正常化。随后。以约正式建立外交关系。它是继埃及于1980年2月同以色列建立外交关系之后的第二个与以建交的阿拉伯国家。

拉宾为推动和谈所做出的努力很快赢得了世人的称赞与肯定。1994年10月,诺贝尔和平奖评选委员会决定将和平奖授予拉宾、佩雷斯和阿拉法特3人,以肯定他们"采取了双方需要有极大的勇气才会采取的政治行动,这一行动为在中东建立新的兄弟关系创造了机会"。

12月10日,拉宾飞赴挪威奥斯陆参加授奖仪式。在装饰豪华的市政府大厅里,72岁的拉宾神采飞扬、精神抖擞。在接过挪威国王奥拉夫五世颁发的奖章之后,拉宾慷慨陈词:"我们正在缔造和平。承担这项工程的设计师们和工程师们,即使在今晚也在一砖一瓦地营造着这座和平大厦。这项工程难度极大,复杂而艰巨;错误的决策和施工会使整个建筑坍塌,给我们带来灭顶之灾。"然后,他用坚定的目光环视大厅,充满自信地说:"我们一定会取得胜利,因为我们把这座和平大厦视为对我们子孙后代的赐福。我们把它视为对我们周边邻国,对和我们共同从事这项事业的国家的赐福。"最后,拉宾引用了一句犹太人传统的祈祷词以表达他的深切企盼:"上帝将赋予其人民以力量,上帝将赐予他的人民——我们所有人——和平。"

掌声和欢呼声久久回荡在大厅里。年轻的姑娘和欢快的儿童向拉宾献上了束束鲜花，人们纷纷涌上前来与他握手致意。这位古稀之年的老人在和平道路上所表现出的勇气和气魄，一如当年指挥千军万马披荆斩棘一样，是那样的令人敬佩和崇敬！

对遥远的中国，拉宾始终怀着深深的向往之情。一睹华夏悠久灿烂的文化艺术和锦绣河山是拉宾已久的心愿。1993 年 5 月，佩雷斯应邀访问中国，他向中国领导人表达了拉宾总理来中国访问的意愿。10 月 1 日，拉宾飞抵北京，受到中国人民的热烈而真诚的欢迎。访华期间，他满怀喜悦之情游览了长城和故宫，并赴上海参观了一些犹太人曾经生活过的旧址。他饶有兴趣地品尝了多种中国饭菜，并对此赞不绝口。拉宾为成为第一位访华的以色列总理而感到高兴。他特别指出，中国是巴以和解协议签署后以色列总理访问的第一个中东地区之外的国家。他强调，双方应拓宽交流渠道，加强在政治、商贸、文化等领域的合作，并希望中国能在中东和平进程中发挥更大作用。

献身和平

拉宾对国内建设倾注了大量心血。正如 1992 年他在一次竞选演说中所说，犹太人不是回巴勒斯坦打仗的，而是按照西奥多·赫茨尔的愿望建设一个幸福和平的国家。因此，他特别强调新政府的任务在于提高人民的福祉，发展国内经济。

在 3 年多的时间里，拉宾政府使国家实现了年均 6% 的增长率，失业率也从12% 降为 6%~7%。他努力增加对工业、住房建设、教育和基础设施的投资。国内经济的发展进一步促进了海外投资的增加，诸如约翰逊、麦克唐纳这样的美国大公司都大幅度提高了对以投资。以色列开始出现繁荣景象：私人小汽车以年销售量15 万辆创下历史最好纪录；到海外旅游的人数达到每年 50 万人，如果考虑到以色列的人口总数，这一数字是高得惊人的。

拉宾 1992 年 7 月出访埃及时，盛赞了埃及前总统萨达特，称他是阿拉伯世界的英雄，是"不惜以生命为代价毅然献身于和平事业的伟人"。然后，他坚定地对埃及总统穆巴拉克说，他将不遗余力地支持中东和平进程，哪怕这种和平是"将要遇到阻力和付出代价的和平"。拉宾的判断没错，和平的到来不是一帆风顺的。

奥斯陆协议和塔巴协议的达成，犹太极端主义势力的"大以色列"梦随之破灭。以色列内部的矛盾和冲突开始突显出来。利库德集团等右翼势力一再就和谈对工党政府提出不信任案，以图推翻工党政府，其代表人物沙米尔扬言塔巴协议"将不会成为事实"。极端主义分子甚至发誓用鲜血保卫上帝赐给他们的土地。他们到处散布传单，发动群众抗议示威，他们公开宣称："政府不保护我们，我们就得自卫。"

利库德集团领导人乌兹·兰道公开污辱拉宾是一个"不学无术的蠢材，对犹太教和犹太复国主义一无所知"。就在拉宾遇害的 1 个月前，在耶路撒冷爆发了一场反政府的示威游行。本雅明·内塔尼亚胡在锡安广场的平台上声嘶力竭的演讲，不远处便是拉宾身穿纳粹军服的一幅巨照。在街上的墙上、电杆上、路标上随处可见反政府的宣传海报，上面画着拉宾围着巴解主席阿拉法特的头巾。极端分子得寸进尺，逐渐凶相毕露。1993年9月，他们聚众围攻耶路撒冷警察局；与此同时，一些主和派部长不断遭到身份不明者的暴力袭击，教育部长阿洛尼遭到无端殴打。

拉宾没有退缩。在一次内阁会议上，他号召所有政府成员团结一致，度过艰难时期，将中东和谈推向更高阶段。为此，极端分子们恼羞成怒，一些人扬言要"杀死"拉宾。拉宾对此一笑置之，他自豪地说："我在军队中有比这更艰难的经历，我经历过无数次致命的炮击和扫射。"接着，他异常坚定地大声说："我并不害怕这种威胁，我是不会吓得扭头跑掉的，他们不能使我保持沉默。"许多支持者深为感动，因为他们看到一位大无畏的和平斗士，一位以色列的真正英雄。

1995年11月4日晚8时，以色列特拉维夫国王广场，10万兴高采烈情绪激昂的以色列人正在这里举行"要和平、不要暴力"的和平集合。广场上，旗帜纷飞，欢声如潮。人们挥舞着拳头，不断欢呼着："拉宾，我们爱你！"场上的气氛令拉宾感动不已。更令他感到欣慰的是，埃及、约旦和摩洛哥等国也派出了代表参加这次规模空前的盛会。这是第二个奥斯陆协议签订以来第一次"胜利的集会，也是对一个月以前耶路撒冷锡安广场上那场集会的一个反示威"。

在佩雷斯结束了简短的开幕词后，拉宾信步走上讲台，激昂慷慨地发表了他"最后"的演讲。他说："在这个政府存在的3年多时间里，以色列人民已经证明争取和平是可能的，和平为更好地发展经济和改善社会生活敞开了大门。和平不仅仅是一种祈祷——在我们的祈祷中和平是最重要的，它也是全体犹太人的渴望，一种对和平的真正渴望。"整个会场响起了雷鸣般的掌声。

"这个大会就是要向以色列人民，向世界各地的犹太人，向阿拉伯世界，向全世界传达一个信息，那就是：以色列人民希望和平、支持和平。"在以富有感召力的和平呼唤结束演讲后，拉宾与佩雷斯紧靠在一起，在著名歌星米里·阿隆尼的领唱下，同全场群众一起高唱《和平之歌》。"唱一首爱的赞歌，不要再称颂战争……在城市每个广场上，只为和平而欢呼。"数十万人的齐声高唱响彻大地，和平呼声久久飘荡在中东上空。

突然，拉宾转过身去，同站在身边的佩雷斯紧紧拥抱在一起，这样的场面以前从来没有发生过。两人表现出的前所未有的团结赢得台下一片欢呼，"拉宾—佩雷斯""拉宾—佩雷斯"的欢呼声一浪胜过一浪。所有在场的人都被这一意外之举感动了，许多工党成员激动得热泪盈眶。20多年来，两位政坛宿敌为争夺工党领袖和政府总理宝座明争暗斗，在许多政治观点上也进行过长期的交锋。然而，为了整个中东的和平事业，两位老人抛弃前嫌、携手共进、互相勉励，演绎出一首首"壮丽的篇章"。一位好奇的记者挤上前来问拉宾，两人是不是头一次在公开的场合拥抱，拉宾笑着说："事情在变，不仅是世界和中东在变，我们也在变。"

在人群的簇拥下，两位老人并肩走下讲台。谈笑风生中，拉宾忽然对佩雷斯说："你跟我说过，在这个会上有人要行刺，不知道这人群中谁会开枪。"说完，自行哈哈大笑起来。佩雷斯跟着开心大笑,他根本没有想到在这最后一刻,凶手正伺机以待。

10多分钟后,正当拉宾和夫人走向自己的座驾之际,一个暗藏杀机的青年突然跨步上前,将罪恶的枪口对准了拉宾。连续几声枪响后,一代英杰倒在了血泊之中。身上满是鲜血的拉宾被火速送进了医院。1个多小时后,以色列政府向全世界宣布,以色列国总理兼国防部长伊扎克·拉宾在特拉维夫不幸遇刺身亡。

凶手很快被擒,并交代了自己的作案动机。他叫伊加尔·阿米尔,27岁,是巴尔伊兰大学的学生,是一个不知名的"犹太复仇组织"的成员。他受宗教极端主义和右翼势力的影响极深,对拉宾在和平进程中所做的努力深恶痛绝。他经常以"叛徒"和"刽子手"称呼拉宾,就是在众人面前也毫不隐瞒。在参加了多次右翼势力组织的示威活动之后,他总结出只有杀死拉宾和佩雷斯,先知留下的土地才不会被出卖。在被捕后,阿米尔坦白说,1995年他曾3次试图行刺拉宾,但都因条件不成熟而未得逞。

悲痛之余,人们为拉宾视死如归的精神所感动。保安人员曾多次建议他穿上防弹背心,以预防国内越来越多的暴力恐怖事件。但拉宾却无所畏惧。就在这一次和平集会之前,贴身保镖约拉姆·鲁宾曾对拉宾说:"伊扎克,我想让你知道,我们曾接到警告,说一位想自杀的伊斯兰恐怖主义者试图混入今晚的人群。"他请求拉宾穿上防弹背心以防不测。拉宾笑着说:"此刻我觉得像呆在家里一样安全。"毅然走上和平之路的拉宾完全抛开了个人安危,他心里想到的仅仅是和平和人民的福祉。正如他的座右铭上所镌刻的一句话:"为取得安全与和平,我愿意献出整个生命。"

拉宾罹难的噩耗震惊了以色列,震惊了中东,也震惊了整个世界。在世界的每一个角落,人们都以不同的方式向这位无畏的和平斗士致哀。中国国家主席江泽民特致电以色列总统魏茨曼,对拉宾的不幸遇害表示最诚挚的哀悼。电文说:"拉宾总理是中东和平进程的积极推动者,以色列人民杰出的领导。"他希望"拉宾总理为之努力的中东和平事业排除干扰,继续前进"。美国总统克林顿发表了充满深情的讲话:"世界失去了最伟大的一个人物。他是为其国家的自由而斗争的勇士,现在成了为其国家的和平而献身的烈士。拉宾是我的伙伴和朋友,我十分钦佩他,我非常热爱他,由于语言无法表达我的真情,我只能用希伯来语说,'沙洛姆·恰瓦尔'(别了,朋友)!"

11月5日,以色列举行了葬礼,送走了自己伟大的儿子。上百万以色列人自发地为他送葬,葬礼从当天一直持续到次日,人们点燃了成千上万支蜡烛,许多人泣不成声。44位外国国家元首和政府首脑参加了对拉宾的送别。这里,既有欧、美、亚洲许多国家的元首和政府首脑,也有中东地区如埃及、约旦和巴解组织的代表,甚至连没有同以色列建立外交关系的阿曼和卡塔尔都派代表参加葬礼。

各国领导人都发表了深情的悼词,约旦国王侯赛因,这位一直敬佩拉宾的领袖,为失去了一位朋友和战友而深感痛惜。他哽咽着说:"您作为一名战士而活着,您作为一名争取和平的战士而死去。我从未想到我会在此时来到这样一个场合,

政坛枭雄

我要在此悲痛地悼念自己失去了一位兄长、一位同事和一位朋友,人们失去了一位真正的男子汉和一名勇敢的士兵,一个即使在战场上也受到对方尊敬的士兵。"这位国王坚定地说,"当最后时刻轮到我的时候,我希望能像我的祖父和伊扎克那样死去!"

守丧期间,一群群以色列阿拉伯人从小村镇赶到拉宾的家,向莉娅夫人及其孩子们表达他们的哀伤。令人感动的是,巴解组织领导人阿拉法特也不期而至。为了表达对逝者的真挚敬意和哀悼,他第一次踏上了以色列的国土。他详细而动情地描述了暗杀令他多么震惊,失去了和平进程中的伙伴令他有多么的痛心和难过。他上前握住莉娅夫人的手,噙着泪水深情地说:"我的好姐妹,拉宾是一位和平英雄,他的不幸遇害使我失去了一个真诚的朋友,我和整个和平进程都将深深怀念他!"

世人将永远缅怀拉宾。正如基辛格博士在接受 CNN 新闻媒体采访时说:"他走上了一条孤独的路。但是,如果他所做的一切很有意义的话,那就不能说他是一个孤独的人。"爱好和平的人们将在拉宾倒下的地方继续前进。伊扎克·拉宾离我们而去了,但他的精神和思想将永世长存!

世界传世藏书 图文珍藏版

世界名人大传

董飞◎主编

线装书局

目　录

女主沉浮

导　语

　　2005年,随着铁娘子默克尔荣膺德国"第一位女总理"头衔的同时,人们的目光再次聚焦在了那些驰骋于各国政坛上的女性领袖。她们不仅在政坛上赢得了"第一"的头衔,而且都以非凡的魅力感染着她们的支持者。

　　世界历史上的女政要,在庞大的政治群体中是个十分独特而显眼的团体,进入21世纪以来,女性在政治经济决策方面的参与程度不断加深,影响力正稳步增长。虽然在由200多个国家和地区组成的星球上,只有不到10%的政治实体由女性主导,但她们的存在对世界妇女却是一个鼓舞。看看现今的世界,女性担任国家领导人和政府高层官员的越来越多:菲律宾前总统阿罗约、利比里亚前总统约翰逊·瑟利夫、智利前总统米切尔·巴切莱特以及英国前首相撒切尔夫人、德国总理默克尔……她们中的一部分也曾对世界历史进程产生过巨大的影响,向历史这个公正的裁判证明了"杰出政要"的称号不是男人的专利。将她们单独归为一类,按照对历史的影响大小排排座次,是件很有意思的事情。

　　她们可以高临权力的峰巅纵横捭阖,也可以身处惊心动魄的风口浪尖指挥若定,更可以在炫目的镁光灯下瞩目万千……乌克兰前总理尤利娅·季莫申科,新西兰三连任前总理海伦·克拉克,菲律宾总统前阿罗约……这样一群冲杀在以男人为主的政坛上的女政要们的出现使得人们眼前一亮,她们在奋斗的同时也无声地向所有人说:女人拥有的,不仅仅是芬芳!

　　女人从政,或许注定要比男人成熟的更多。她们无怨无悔,她们从容面对。即使付出再多心血,身顶再大压力,她们仍旧一如既往。机遇只垂青那些有准备的人,女人敏锐,往往更容易抓住机会;女人执着,能够赢得机遇。女政治家与机遇相逢的故事不断发生。女性是一股软性力量,她们或许能以柔制刚,让百炼钢化作绕指柔,在风起云涌的政治世界里,以柔软的柳絮之身,把劲风轻卸掉,不会像杨木那样,轻易"折腰"。

　　本卷全方位地描述了女政治家艰难的奋斗足迹,展现了她们卓越的政治风采,透析了她们丰富的心路历程。

用女色维护王位的埃及艳后

——克娄帕特拉

人物档案

简　历：出生在亚历山城。是埃及国王托勒密十二世的女儿，公元前51年其夫去世，17岁的她成了埃及女王，以其美貌和出众才华先后征服了罗马历史上叱咤风云的恺撒和安东尼，为埃及带来了统一。

生卒年月：公元前70年12月或公元前69年1月～公元前30年8月12日。

安葬之地：不详。

性格特征：聪慧、果断、坚强，美丽迷人，心怀叵测，擅长手腕。

历史功过：她曾使埃及国土一度得到统一，并使罗马得以改观。其设计建造的亚历山大灯塔被称为古代世界第七大奇迹。

名家评点：被称为"埃及艳后"。莎士比亚在《恺撒大帝》中将她描述为"旷世不遇的肉欲妖妇"。但丁在《神曲》中甚至要"恶狠狠"地将这个"荡妇"投到地狱之中。海涅为她写了无数赞美诗篇。

美丽艳后

在一本名为《震惊世界的女人》的书中这样描述克娄帕特拉："她有像青春少女那样的苗条体态；有一双乌黑发亮的大眼睛，高高隆起的鼻子比普通妇女更显得高贵；一头乌黑发亮的长发，衬托出细腻白皙的肌肤，使裸露的肢体如脂似玉；微微翘起的嘴唇，似笑非笑，蕴藏着一种高深莫测的神秘。可以说她既具有东方美女的妩媚，又具有西方美人的丰韵，可谓天姿国色。"

全世界的人们只要一提起"埃及艳后"，马上就会联系到绝色美女这样的词语，就像中国人说的"巫山神女"一样，似乎总带着一些难以言说的香艳味道。从古至今,有多少文人墨客对她的美丽用尽一切华丽的辞藻,大书特书,她先后诱惑了罗马元首恺撒和安东尼,这其间的细节让无数人浮想联翩。"埃及艳后"几乎就成了风流妖冶的同义词。莎士比亚在名作《恺撒大帝》里将她描述成"旷世不遇的肉欲妖妇";海涅为她写了无数赞美的诗篇;大诗人但丁在他著名的《神曲》里甚至"恶狠狠"地将这个"荡妇"投到地狱之中。20世纪的文学大师萧伯纳称她为"一个任性而不专情的女性"。埃及艳后不仅深得埃及人的喜爱,更是全世界的永恒话题。法国哲学家帕斯卡在《思想录》中这样描绘:"要是克娄帕特拉的鼻子长得短一些,整个世界的面貌就会改变。"而美国著名影星伊丽莎白·泰勒更是在银幕上把埃及艳后演绎得美艳绝伦。

一生充满传奇色彩的"埃及艳后"克娄帕特拉一直被认为是位绝代佳人。然而英国大英博物馆几年前曾经展出了"埃及艳后"艺术品展。这些雕像显示:这位公元前1世纪的古埃及统治者貌不出众,绝非现代人心目中的美女形象。

英国博物馆披露"埃及艳后"其实是丑女,引起了全世界的震惊。英国《泰晤士报》曾披露:美丽的古代"埃及艳后"原来是个又矮又胖的丑女人。据说,她个头矮小短粗,不到5英尺,身材明显偏胖。她的衣着寒酸,脖子上赘肉明显,牙齿也已经坏到要找牙医的地步。英国国家博物馆推出埃及女王克娄帕特拉的展品展览。展品中有11尊女王的雕像,从雕像看,女王不过是个长相一般,脸上轮廓分明,看起来较为严厉的女人。负责此次展览的馆长苏珊·沃克尔博士说:"虚构的故事通常都与事实相距甚远。"

银幕上的"埃及艳后",曾经由索菲亚·罗兰和伊丽莎白·泰勒扮演,她是一个肤色黝黑的美人,她和恺撒之间的感情纠葛,她在自杀前凄美哀怨的眼神,施展的种种魅力,的确有摄人心魄的力量,令无数男人不可阻挡地为她着迷,为她疯狂,让英雄一世的恺撒和安东尼拜倒在她的石榴裙下。在她死后的几千年里,有关她绝世美艳的传奇一代代流传,然而,真实的克娄帕特拉真是一个有着鹰钩鼻、矮胖、满口坏牙的女人吗?那么她又是凭什么俘虏了那个时代两个最强势男人的心呢?

埃及人无疑是艳后美丽形象最坚决的维护者,他们寻找各种证据证明克娄帕特拉的美艳。埃及大学文物学院前院长布鲁菲苏尔说:"克娄帕特拉的脸部细腻光滑,富有神韵,这是无可辩驳的。她那挺拔的鼻子和端庄的五官在古今世界女王中再也找不到第二个……"埃及文物局局长扎西哈瓦斯博士说:"英国人说克娄帕特拉丑陋和肥胖是毫无根据的,他们应该到埃及卢克索神庙去看一看,这座神庙里有保存完好的克娄帕特拉的浮雕。如果克娄帕特拉像英国学者描述得那样丑陋,那为什么两位罗马将军会不顾一切地爱上她呢?"在埃及人看来,克娄帕特拉充满了美貌和智慧,她不但是一个大美人,一些学者甚至认为她具有比美貌更加出众的智慧,他们认为她"更像是一个女学者而非热情似火的情人。她的第一语言是希腊语,但她也说拉丁语、希伯来语、亚拉姆语和埃及语"。有位学者说:"尽管克娄帕特拉不像她与罗马将军的爱情故事中所描写得那么漂亮,但我确信她是极聪明的,她应付罗马用的不是美人计。"

实际上,克娄帕特拉17岁的时候就继承父位成为女皇,她统治埃及凭的是聪明智慧和丰厚的文化底蕴。她与罗马将领们相处的三件武器是泼辣、聪慧和温柔，美貌也许并没有文艺作品和传说中那么夸张。"埃及艳后"到底长得什么样，我们很难知道历史的真相，对于她外貌的猜测使全世界的目光一次次聚焦在这个早已离我们远去的女人身上，同时由于她的故事、传奇，那个时代的动荡又被蒙上了一层神秘而迷离的色彩。

公元前331年，亚历山大大帝刚刚征服了埃及，但就像他征服波斯时一样，他不想以平凡的希腊人身份统治埃及。于是，他带领一队人马勇敢地闯进埃及西部浩瀚的大沙漠，仅仅是为了寻找一个传说的圣殿。虽然实际上一无所获，但他宣传说他在沙漠中得到了埃及主神的确认，并由此成为埃及的保护神。

"埃及艳后"是亚历山大麾下战将托勒密的后裔，在亚历山大死后，他的帝国也随之一分为三，托勒密在埃及开创了托勒密王朝。

她出生在亚历山城——一个由亚历山大建立的城市。

少女登基

公元前69年，克娄帕特拉出生在埃及托勒密王朝的皇室。小公主一生下来就非常漂亮，粉嫩嫩的小脸，光滑的皮肤，深深的眼窝，尤其是那高挑笔挺的鼻子，惹得很多人无比怜爱。宫里成长的日子，小公主就像一朵渐渐开放的花朵，她无忧无虑地生活着，从一个天真烂漫的小天使慢慢长大。克娄帕特拉就是亚历山大城里一颗耀眼的明珠。

然而，埃及公主对于克娄帕特拉来说仅仅是一个称呼而已，因为实际上无论是她本人还是她的祖先对这个地处尼罗河上游的国家都知之甚少。这个国家的信仰并不是她的信仰，管辖着这儿的神明也不是她的保护神，她并不是埃及人，而是马其顿人的后裔。这也许是克娄帕特拉一生中最快乐宁静的一段时光，小公主的眼里只有娇艳的鲜花、美丽的首饰、迷人的大海，对于周围的一切，她几乎一无所知。

托勒密王朝的国王把埃及全部土地都视为己有。他以当然的最高土地所有者的身份，把这些土地的一部分收归王室经营，称为"王田"；其余的统称为"授田"：或赠予神庙（神田），或赐给官员私人（赐田），或分配给军人作为份地。留在国王手中的土地由王田农夫（劳伊）耕种。他们主要采取短期租借的方式取得一块土地，交纳实物佃租，种子由国王提供，收割后必须归还。田里种植的作物品种由国王决定。王田农夫虽不是奴隶，但他们未经许可，不许离开村庄。除耕种土地外，王田农夫还要服必要的劳役，如修堤坝、开运河等。他们还须交纳名目繁多的苛捐杂税，连租带税占一年收成的50%以上。神田和赐田上的耕种者可能也是类似于王田农夫的农民。原神庙的土地开始时大部分转归国王直接管理，但在公元前2世纪，祭司们趁王权削弱又扩大了神田。赐田的数目因人而异，托勒密二世的财务大臣阿波罗尼阿斯在法雍一地就有近7000英亩的土地。军人份地数量不等，一般在3.5英亩到70英亩之间，分布于全国各地。军人的境况比王田农夫稍好一些。

平时种地,战时服兵役,以服兵役代租,但仍须交纳各种税收。最初,军人对份地只有使用权,后来份地接近于私产,亲属可以继承。到公元前 2 世纪末,埃及人开始作为军人领有份地。在埃及,私有地的存在是被允许的,如住宅用地,园圃以及偏远的贫瘠土地,但它们无一能逃脱国王的税收之网。

税收和垄断既是托勒密王朝的经济控制手段,也是国王所有制的重申与体现。托勒密王朝的税收可谓多如牛毛,无孔不入。土地、房屋、园圃、家禽、牲畜、奴隶、人头、财产继承、买卖交易、关卡交通,以及各种物品、各种活动都在纳税之列。即使一个人去打鱼,也要有官员监视以保证 25%的鱼作为税收转入国王手中。估计埃及的税收种类在 200 种以上。这些税除土地税交实物外,大部分以货币纳税。国王有时为了简便,就把税包出去,实行包税制度。托勒密王朝的垄断是多方面的,最主要的是对油料的垄断。政府对油料作物从种植到销售的每一阶段都实行完全的控制。油料必须在当地政府监督下在国家的油坊里加工,然后以固定价格出售。此外,纺织、皮革、矿业、盐业、钱庄,甚至印染、皮毛、香料、化妆品、玻璃、陶器、酿酒等行业也都由国家垄断或控制。这种制度同样适用于托勒密国外的属地。严格的税收制度与垄断经营,使托勒密王朝搜刮到尽可能多的财富。仅垄断专利一项每年收入就达约 15000 塔兰特。

为扩大商业利益,加强对外贸易,托勒密二世时(公元前 282~前 249 年)凿通了往昔法老开工未竣的连接红海与尼罗河的运河。他还派人开发非洲东海岸,建立了一连串远达索马里的据点,派出海军、卫戍队保证商路的安全。当时的进出口贸易十分活跃。埃及输出谷物、亚麻布、玻璃、奢侈品;地中海的金属、木材、大理石、紫色染料,南阿拉伯和印度的肉桂、药物、香料等都源源不断地流入埃及。

国王把通过税收、垄断、贸易搜刮到的财富,一部分用于维持庞大的政府官僚机构和军队,一部分供应宫廷的消费,还有一部分用来扶植文化事业。托勒密王朝虽以武力开国,却附庸风雅,对文化事业慷慨解囊。都城亚历山大里亚取代雅典成了地中海最大的文化中心,城中有国王兴建的博物园和藏书 70 万卷的图书馆。优厚的待遇,高贵的社会地位,便利的研究条件吸引了各地的许多学者。亚历山大里亚的学者利用希腊和东方文化的优秀成果,在天文学、地理学、动植物学、物理学、数学、文学、史学上都取得了辉煌的成就,对后世产生了深远的影响。

克娄帕特拉的父亲是托勒密十二世,他是一个平庸甚至软弱的君王,纵情声色,他缺少征服世界的野心,甚至完全没有一个君主对权力强烈掌控的欲望。这个爱吹笛子的国王其实就是罗马当权者的傀儡。但罗马人却并不急于取托勒密而代之,他们宁愿让托勒密把埃及和塞浦路斯的领地传给自己的两个私生子,让他们在各自的领地上过着花天酒地的生活。他们越是放荡不羁,就越能从他们手上榨取财富。罗马的那几位实权派都在暗中等待着托勒密王朝的自我颠覆,他们就将抓住这个机会攫取大权,把这个神奇而富有的国度据为己有。对于这种事情,罗马人一向喜欢赋予它一层神话色彩,在潜移默化中实现自己的计划,而不是开诚布公暴露自己的欲望。托勒密国王就这样被罗马贵族们玩弄于股掌之中。每过几年,他都会被罗马人叫去,然后像一只被吃饱了的猫逗弄够了的小老鼠一样,重新遣返回国。而且,每次回国后,他都必须从传说中的托勒密宝库中取出数额巨大的黄金珠宝贡奉给那些逗弄他的人。只有这样,罗马的元老院才肯承认他的埃及国王地位是合法的。

公元前 59 年,恺撒当上了罗马执政官,不过那时他还有一个重要的竞争对手,那就是克洛狄乌斯。在当时的罗马,克洛狄乌斯具有最高的权势,恺撒也无法和他匹敌。克洛狄乌斯来自罗马古老显赫的贵族家庭,他早年经历和其他罗马贵族类似。埃及国王托勒密十二世的弟弟是塞浦路斯王,塞浦路斯也是埃及领土的一部分,因此他本人也是埃及的大臣。塞浦路斯王年年要向罗马人进贡大量的金银财物,然而贪婪的克洛狄乌斯却并不满足。最终,他将塞浦路斯的王位废黜,并趁机占领了塞浦路斯,扩大了罗马帝国的版图。此时的克洛狄乌斯可谓是一手遮天,恺撒对塞浦路斯王废黜这件事很不满,但他也无力阻止。弟弟的被废黜对埃及国王来说竟然是无关痛痒的一件事,他从未对此表示过任何异议或者激愤。这个爱吹笛子的人甚至还想从国外聚敛更多的财宝用来贿赂恺撒和他的党羽,以求自保,希望他们不要侵犯自己的私人财产。他的软弱使埃及处在极其危险的境地,这时的亚历山大城可谓是山雨欲来风满楼,全城都出现了混乱,城中的权贵、教士、地主和皇宫中的官吏都清醒地意识到,这时鼓动埃及老百姓把他们的国王从王位上赶下去是一件极容易的事。于是托勒密十二世赶紧逃到了罗马。国王的长女贝勒奈西,也就是克娄帕特拉的姐姐由她的追随者推举登上了王位,同时,国王的弟弟塞浦路斯王服毒自尽。

发生这一切时,克娄帕特拉才仅仅 10 岁。美好的童年早早地离她而去,对于眼前发生的一切她感到震惊、不安甚至是痛心。这也促使了克娄帕特拉的早熟,她的家族历史几乎就是用鲜血来书写的。在前后 250 年的时间里,一共有 13 位托勒密国王先后继位,他们都曾经受到过妻子或子女的挟制或迫害。毒药、匕首、毒酒、鲜血这些东西存在于托勒密家族的长久记忆中,给无数人带来了生死浩劫。为了争权夺利,为了享受更奢侈更放纵的生活,他们不惜骨肉相残。生活在皇宫中的人,如果没学会先发制人,就随时有身首异处的危险。年幼的克娄帕特拉过早地接触了权力,接触到了处于政治漩涡中的血腥与丑恶,但这也使她变得坚强,成为一个充满智慧而且作风强硬的少女。随着时间的流逝她愈来愈鄙视自己那个跑到罗马去摇尾乞怜、哀讨王位的父亲,同时也让她对自己的叔父——那个不堪屈辱服毒自尽的塞浦路斯王肃然起敬。而就在这时,克娄帕特拉也受到了缪塞恩的哲学家们的教导,让她清楚地认识到,即使发生了这么多残酷的宫廷斗争,仍然有比王位和黄金更珍贵的东西,那就是国王的荣誉。年仅 10 岁的克娄帕特拉已经知道束缚着她父亲心灵的枷锁其实不名一文。与之相比,毒药反倒更能维护国王的尊严,在困窘时它还是一种能够帮助自己尽快得到解脱的东西。这个观念深深地烙在她的心里,虽然始于童年,却永不磨灭。荣誉和尊严永远高于一切,胜过生命,这就是克娄帕特拉一生铭记的人生格言。

此时的埃及女王贝勒奈西为了寻求支持,派出使团去和罗马人讲和,请求他们的原谅,并希望与罗马人结成同盟。可是罗马人却不买女皇的账,贝勒奈西先后嫁

女主沉浮

了两个丈夫,期望能够给自己多一些的帮助,然而她最终没能如愿。刻薄而又傲慢的罗马人虽然居住在北方目不能及的地方,却有可能从天而降,到这里来烧杀抢掠,毁灭这里的一切。

罗马人之所以不支持女王贝勒奈西,是因为他们与原来的托勒密国王达成了协议,如果罗马人能帮助他复位,他就会付给他们大笔的财物。这时的罗马帝国,由于在波斯战争中失利而耗尽了钱财,同时罗马政坛也改变了格局,形成了恺撒、克拉苏、庞培三足鼎立之势。他们互相之间勾心斗角,都想独占埃及,尤其是觊觎托勒密家族的黄金珠宝,于是,他们都愿意拉拢支持这位流亡海外却极其富有的老国王。托勒密十二世和罗马人签下了巨额的高利贷债务,答应向罗马人俯首称臣,他还继续向罗马人乞求恢复他的皇位,而渐渐长大的小克娄帕特拉也凭借过人的智慧与胆识开始有了自己的追随者与支持者,她的执政呼声甚至超过了无所作为的姐姐。

罗马人闯进了埃及,用武力护卫着苍老的国王回到自己的王宫。恺撒从高卢回到罗马并依据他颁布的《朱利安法》宣布,这位国王是"罗马人民的同盟者和朋友"。很快,他收回了自己的王冠和权杖,并且将自己的女儿贝勒奈西以重罪处死。看着姐姐的人头落地,克娄帕特拉的心头一颤,同时她知道,自己的机会终于来了。

三年之后,也就是公元前51年,声名狼藉的托勒密国王去世,年仅17岁的克娄帕特拉与其15岁的幼弟托勒密十三世一同登基为王。新一代的埃及女王诞生了。

女王被废

虽然登上了王位,克娄帕特拉的日子也并不好过。相反,她更是进入了阴谋与斗争的漩涡中心。除了已经被处死的姐姐贝勒奈西外,克娄帕特拉还有一个十三岁的妹妹阿尔西诺伊和一个年纪更小的弟弟。即使同是皇家骨血,这几个亲兄弟姐妹实际却是最大的敌人,他们代表了不同的派系,有各自的势力和支持者,一旦某个权力集团掌权,其他的几个就很可能受到压制、流放,甚至是谋杀。围绕着王位,这些集团之间展开了激烈的争斗。按照古埃及法老的习俗,共同继承王位的克娄帕特拉和她年仅10岁的弟弟托勒密应该结为夫妻。这也是托密勒十二世为了保全王室的和平与稳定所立下的遗嘱,他还委托罗马人做他遗嘱的执行人。他希望罗马的元老院像神明一样庇护着希腊人,庇护着这个富有但弱小的国家。这也是托密勒十二世一生的统治哲学,那就是,不惜用埃及皇帝的权力为代价来换取罗马人的支持与保护。

然而事实上,克娄帕特拉和他的弟弟并没有完婚,他们俩甚至可以说是水火不相容,在大事小事上争论不已,年幼的托密勒十三世刚愎自用却又缺乏智慧与才干。这时候,年轻的格内奥斯·庞培奥斯出现了。在克娄帕特拉刚刚即位时,有一批罗马人在埃及驻扎作为护卫队,这些人主要由凯尔特人和日耳曼人为主,他们完全是一群散兵游勇,士气低落,毫无军纪可言。这些人在埃及娶妻生子,建立了自己的家庭,根本无心作战,只是想躲在埃及,逃避被派到波斯战场送死。不仅如此,他们为了抵抗服役,还杀死了罗马总督的儿子,这使罗马的统治者们大为恼火。罗马人的颜面尽失,让长期处于屈辱地位的埃及人很是得意,克娄帕特拉却表现得很理智,她把这些罗马叛军绑起来交给他们的总督处理。然而,罗马高官却并没有怎么处置这些叛军,而是把他们又押送给埃及女王,他们要告诫克娄帕特拉:即使是叛军,也只有罗马的官员才有权力和资格逮捕和处置他们,女王把他们绑起来关押是越权的行为。过了一段时间,另一队罗马人踏上了埃及的土地,这就是著名的格内奥斯·庞培奥斯,罗马长老庞培的儿子。这是在亚历山大发生的一场残酷的争夺权力的斗争,格内奥斯·庞培面对的将是声名远扬的恺撒。很多人都在支持庞培,克娄帕特拉也一样,她积极地为庞培打开进入亚历山大港的通道,还给他送船只和财物,年轻而英俊的庞培给克娄帕特拉留下了很好的印象,她甚至幻想着庞培战胜恺撒成为罗马的统治者,之后就可以给予自己极大的支持。那时的克娄帕特拉还没有见过真正的恺撒,显然,她完全低估了恺撒无与伦比的才干。

克娄帕特拉对庞培的盲目信任和支持反而成了她的众多反对者出击的一个极好的理由。当时埃及皇宫里真正掌权的是小托密勒的三位老师——一个将军、一个太傅、一个内侍的总管,年幼的托密勒十三世几乎被他们控制了,克娄帕特拉虽然很有才能,但她毕竟势力不够,还没有力量抵挡这些强大的反对者。所以,她选择了退守,她不会像自己的父亲那样不顾尊严、卑躬屈膝地去乞求罗马长老的庇护,她宁愿离开王位。

公元前 49 年,20 岁的埃及女王克娄帕特拉被废黜并遭驱逐,托密勒十三世独踞王位。克娄帕特拉带着自己的人马逃到了红海阿拉伯人的游牧部落,并以那里为据点,开始积蓄力量,不断招募军队,她要跟自己的弟弟抗衡。

几乎就在克娄帕特拉被废黜的同时,不可一世的恺撒开始了他的征战,数日之间,他率军渡过鲁孔比河,在法萨卢斯彻底打败了庞培。所有人都惊奇不已,几乎没有人能料想到恺撒能够这样大胜庞培。曾经不可一世,掌握着埃及国王任免权的庞培只得带着所剩不多的残兵游勇直奔亚历山大城,来投奔年轻的克娄帕特拉姐弟,寻求庇护。当庞培到达埃及的培琉喜阿姆后,托密勒王朝的实权人物内侍总管波狄诺斯决定杀死战败的庞培,以此来讨好地位越来越重要的恺撒。庞培被埃及人杀死了,他的头颅和显示罗马最高权力的戒指也被献给了恺撒。

恺撒的名字,从此成为罗马历史上最辉煌的一页篇章。此时的克娄帕特拉也已经与托密勒的王朝形成了对峙之势,她将为王冠而战,为尊严而战。红海两岸,新的历史大幕即将拉开。

迷住恺撒

恺撒是克娄帕特拉一生中遇到的第一个最重要的男人。

　　恺撒(约公元前100~前44年)出身于罗马的名门贵族,年轻时就渴求取得罗马的最高权力。为此他学习了讲演和写作技巧,成为一位出色的演说家,他的努力使他成为当时知识最渊博的人物之一。他初生牛犊不怕虎,年轻时就敢于控告罗马总督贪污腐坏,并为此赢得了极高的声誉。当时的罗马处于共和时代的后期,元老贵族和民主派之间斗争尖锐。享有公民权的只是罗马城内的奴隶主和自由民,而城区以外,意大利各地和海外行省的自由民享受不到罗马的公民权,却要担负着和罗马自由民一样的义务。恺撒接近平民,进行着反对元老贵族的活动,这样他在平民中的声望越来越高。公元前60年,他和罗马另外两个统帅庞培和克拉苏结成反对元老贵族的秘密同盟,这是罗马历史上有名的第一次"三头执政"。为了巩固这一同盟,恺撒把自己的女儿嫁给了庞培,尽管她当时已与别人订过婚。第二年,恺撒当选为执政官,再一年,恺撒担任高卢行省的总督。在高卢,恺撒征服了骁勇强悍的高卢民族,不到10年时间,他占领了800多个城市,歼灭和俘虏了200万人,使高卢成为罗马的行省。恺撒还在罗马的边境推进到莱茵河岸。不久,他又越过海峡攻入不列颠岛(现在的英国)。恺撒的显赫战功和卓越的军事才能,使他在罗马人中的威望日益高涨。这使庞培嫉妒和不安。这时克拉苏死于远征波斯途中,庞培便利用自己的权力,颁布法律,要解除恺撒的兵权,命令他立即从高卢返回罗马。恺撒知道这是庞培的阴谋,他经过深思熟虑,决定带领军队打回罗马,趁机夺取罗马的最高权力。公元前49年初,恺撒率师打回罗马。庞培没有料到恺撒会如此果断进攻罗马,他迎战不及,仓皇逃往希腊。恺撒进入罗马,成为罗马的"独裁者",随后又得到统治整个意大利半岛的权力。第二年恺撒率军进攻希腊,讨伐庞培。庞培被打败,逃到了埃及,恺撒也追到埃及,埃及国王为讨好恺撒,派人刺杀了庞培。埃及国王把庞培的首级和戒指献给他。看着庞培苍白而熟悉的面孔,恺撒流出既感伤又欣慰的泪水。他为昔日的同盟和女婿,今日的敌人举行了正式的葬礼并追杀了谋害庞培的凶手。

　　"恺撒"这个名字在克娄帕特拉的心里几乎就是无敌英雄的化身,虽然没有见过恺撒,她却听说了很多关于恺撒的传言。他出身名门,有着俊朗的外形和良好的气质,很高的个子加上一身戎装使他看起来非常英武。在战场上,他绝对是骁勇善战的帅才,坚毅、勇敢、充满机谋,面对强敌毫不畏惧,也从不放弃。同时,恺撒还具有明显的贵族气质,他喜欢打扮,对住处的环境和仆人的外表都要求严格。甚至在行军打仗的时候,他也会一点不嫌麻烦地让人随军带着大理石和马赛克砖。恺撒很会享受贵族式的生活习惯,他也凭着自己的魅力赢得了无数女人的青睐,他有过很多的女人,这其中包括他的初恋科涅利亚,他们之间曾经有过6年真挚的感情;有苏拉的孙女,年轻而迷人的庞培亚,她先后成为恺撒和克洛狄乌斯的情人。由于对恺撒的背叛,她是恺撒心中的一个痛;有出身高贵,端庄稳重的卡普妮娅,她曾作为正式的妻子和恺撒生活了十九年;还有著名的塞尔维莉娅,一个比恺撒大好几岁,欲望强烈的女人。另外,还有很多王公贵族的夫人、公主都与恺撒有过一夜之欢。恺撒精力极其充沛,一生风流,结过三四次婚,但他也有一个很大的遗憾,那就是年过五十却还没有一个儿子。

　　尽管生活奢侈、风流成性,恺撒还是得到了许多平民百姓的支持和爱戴。在那些所谓下等人的心目中,他就像个慈父,温和儒雅,从来不趾高气扬,更重要的是,他让百姓们吃饱了饭,还让他们获得了很多与贵族平等的权利。恺撒,就是这样一个让人尊敬却又敬畏的伟大领袖。

　　恺撒与克娄帕特拉的初次相见是在女王18岁的时候。当时,由于和弟弟托密勒的矛盾,恺撒来到埃及为她们调解纷争,克娄帕特拉为了逃脱弟弟的谋杀,将目光第一次投向了恺撒,在恺撒的身上,她看到了霸气和不可阻挡的力量。另一方面,18岁的她对爱情充满了憧憬,却不得不面对父亲要将她嫁给仅仅15岁的弟弟这样的现实。此时的恺撒,野心勃勃,才干超群,满足了她作为少女对男人的全部幻想。她决定用整个埃及和自己作为礼物,她要让恺撒爱上自己,爱上宽广肥沃的埃及土地。克娄帕特拉采取了一个极其聪明的办法,这也成了一个经典的传奇,被称为"恺撒的礼物"。

　　那是一个轻风徐徐的夜晚,一个忠心的仆人从水路来到了恺撒的寝宫,他是克娄帕特拉的使者,他要献上女王的礼物,这是一条精美的东方地毯,当这位仆人将地毯渐渐展开,恺撒的目光呆住了,毯子里竟然卷着一个美丽的少女,那就是风姿卓绝的克娄帕特拉。就在这个瞬间,恺撒被俘虏了,这个充满智慧和灵气,浑身洋溢着青春气息的少女就像一颗刚刚从蚌中取出的珍珠,熠熠发光。尽管是情场上的老手,尽管女王并不能算是绝顶的美女,恺撒还是没能抵挡住克娄帕特拉妖冶又不失清纯的独特魅力。垂涎埃及土地已久的恺撒,当然收下了这份历史上最著名的礼物。克娄帕特拉以超人的智慧和非征服恺撒不可的不屈不挠的意志,打动了已经54岁的恺撒。她的计划成功了。

　　第一次的相见,使克娄帕特拉彻底获得了恺撒的青睐和迷恋,当她被逐出埃及,流亡在叙利亚时,她最最思念也最最需要的正是恺撒。恺撒带着几千人杀气腾腾地来到了埃及,虽然人数不多,托密勒的两万多大军却产生了极大的恐慌,他们长年疏于作战,早已疲沓不堪,缺乏战斗力,他们的将领更是昏庸无能,优柔寡断。这时,懦弱的托密勒十三世扮演了和他的父亲无异的角色,他带着他的内侍总管、太傅和大将军一并卑躬屈膝地投靠了恺撒。而恺撒不费一兵一卒就成了这个城市的主人。他占据了埃及人的皇宫,确立了严格的秩序,他强调已故国王的遗嘱必须立即执行,埃及人要想得到和平,就必须尽快用现金偿还托密勒十二世欠下的所有的债务。

　　恺撒对埃及最初的兴趣主要还是黄金,托密勒十二世欠了罗马人一大笔钱没有还,恺撒很需要这笔钱,他和庞培打的那场大仗虽然以辉煌的胜利告终,却背上了沉重的负担,他需要给士兵们发军饷,需要用黄金扩充自己的军队。在埃及,恺撒最想见的就是克娄帕特拉,然而她现在却远离故土流落在沙漠中,她需要恺撒的拯救。于是,战争打响了,恺撒和克娄帕特拉并肩作战。恺撒完全没有想到,克娄帕特拉竟是这样一个神奇的女子,一个美丽而坚强的女战士。她勇敢而富有创造力,冒失却又不失狡猾,她总能提出一个又一个奇思妙想,在战场上她胆识过人,处变不惊,在战争中,她完全成了恺撒的谋士、间谍、副手、心腹之臣。他们同甘苦,共患难,在战斗中培养了深厚的感情。此时,克娄帕特拉对于恺撒绝不仅仅是一个性感的女人,更是深深依恋的爱人,是实现理想的战友,是创造帝国的同盟。

战争结束了,恺撒帮助22岁的克娄帕特拉重新登上了王位,她的弟弟托勒密十三世在逃亡过程中丧命。而她最小的弟弟与她联合执政。依照古埃及法老的习俗,他也成了克娄帕特拉名义上的丈夫,他实际上只是一个年幼,几乎没有是非辨别能力的孩子。克娄帕特拉仅剩的一个妹妹阿尔西诺伊由于企图篡夺王位,成为阶下囚。虽然征服了埃及,恺撒却保全了埃及的独立,他并没有要求埃及从属于罗马。克娄帕特拉和恺撒终于获得了成功,他们可以安安稳稳地享受爱情了。不久以后,埃及艳后和恺撒开始了两个月的旅行,他们沿着尼罗河直抵丹德拉,克娄帕特拉在那里被尊为法老。就在那一年,他们的儿子出生了,取名托勒密俄斯·恺撒,也就是小恺撒。公元前45年,埃及女王和他的孩子离开了亚历山大城,前往罗马恺撒为他们建造的宫殿里,开始了新的生活。

无冕之王的陨落

恺撒先是赢得了罗马内战的胜利,又在埃及取得了极大的成功。这时候,恺撒达到了个人生涯的巅峰,但巅峰过后,他将面对的又会是什么呢?

公元前45年,恺撒带着"埃及艳后"返回意大利,罗马为他们举行了空前盛大的欢迎仪式。庆典仪式持续了四天,展示的财宝多到了令人咋舌的地步,其中仅金王冠就有二千八百多顶,金银一百三十多万公斤,还有无数的俘虏。

凯旋仪式后,恺撒就用这些财富慷慨地犒赏全体军民。从普通平民、士兵到将军,每人都得到不同数量的一份。恺撒还举办了盛大宴会和演出招待罗马民众。

这时,恺撒的个人威望在罗马到达了顶峰,罗马人民大会和元老院授予了他终身荣誉头衔——"大将军"和"祖国之父",以表彰他的功绩。之后,恺撒开始了真正全面的统治,他把主要的精力放在了对罗马共和制度的改革上,他采取了一系列的措施:一方面,当时的元老院已是腐败得无可救药,并与恺撒长期作对,恺撒决心改组元老院,他将罗马元老院增补了三百名成员,他们多数出身平民,来自一向被人轻视的商业和一般职业阶层,甚至有被征服国的代表,他们宣誓绝不反对恺撒的任何命令,这些人都成了恺撒的亲信。另一方面,恺撒给自由奴隶的子女和高卢人公民权,给受迫害的犹太教徒以宗教信仰的自由,他将居民移居到法国、西班牙、希腊等地,而且为罗马招募了数千名的清洁工和市容美化工人。他扩大了各行省的自治权并把罗马的公民权扩大到一些行省,还建立了殖民地以安置退役的老兵和居民。同时,他制止了税收官在各地勒索商人及农民财物的投机活动。他改革了币值,使货币稳定流通。他还制订了对各地总督的任使制度,打破以往总督职务由元老院恩赐的传统。

另外,恺撒还请一位希腊天文学家将罗马历法改为阳历:每年365天,每4年中有一次闰年。在埃及境内,尼罗河每年6月开始涨水,7至10月是泛滥期,这时洪水挟带着大量腐殖质，灌满了两岸龟裂的农田。几个星期后，当洪水退去时，农田就留下了一层肥沃的淤泥，等于上了一次肥。11月进行播种，第二年的3至4月收获。尼罗河还有一个特性，那就是每年的涨水基本是定时定量，虽有一定的出入，但差别不是太大，从没有洪水滔天淹没一切的大灾。这就为古埃及人最早创建大规模的水利灌溉系统和制定历法提供了方便。古埃及人发现尼罗河每次泛滥之间大约相隔365天。同时，他们还发现，每年6月的某一天早晨，当尼罗河的潮头来到今天开罗附近时，天狼星与太阳同时从地平线升起。以此为根据，古埃及人便把一年定为365天，把天狼星与太阳同时从地平线升起的那一天，定为一年的起点。一年分为12个月，每月30天，年终加5天作为节日，这就是埃及的太阳历。埃及的太阳历将一年定为365天，与地球围绕太阳公转一圈的时间（回归年）相比较，只相差四分之一天，这在当时已经是相当准确了。但是，一年相差四分之一天不觉得，可是经过4年就相差一天。公元前46年，恺撒决定以埃及的太阳历为蓝本，重新编制历法。恺撒主持编制的历法，被后人称为"儒略历"。儒略历法对埃及太阳历中每年约四分之一天的误差，做了这样的调整：设平年和闰年，平年365天，闰年366天。每4年置1个闰年。单月每月31天，双月中的2月平年29天，闰年30天，其他双月每月30天。

恺撒给人民带来了一个最公平、最仁慈、最开明的时期。甚至有人认为今天的西方文明，是在恺撒的罗马帝国的古老基石上逐渐建立起来的。

恺撒的权力越来越大，渐渐走向军事独裁，公民大会和元老院把所有的荣誉都加在了恺撒身上，他被推举为终身独裁官、终身保民官等等。只有一个荣誉没有给他，那就是国王，或者说皇帝。罗马名义上还是共和政体，实际上恺撒已是极权的君主。关于恺撒要废除共和制登基称帝的说法已是沸沸扬扬。他把军、政、司法和宗教大权统统揽在手中，开始了独裁统治。在他看来，罗马的共和政体已经名存实亡了。他对亲信讲："共和国，这是一句空话，现在已经没有内容了！"因此，有些原来支持他的人渐渐地感到了失望。而恺撒的很多做法也在一定程度上削减了贵族们的特权，这引起了部分固守罗马共和传统的元老贵族们的严重不满。他们为了自己的利益，组织了一个阴谋集团要杀害恺撒。

踌躇满志的恺撒绝没有想到厄运会降临到头上。公元前44年3月15日，他像往常一样，来到元老院的议事厅，虽然之前有人警告过他这天有人要暗杀他，他还是没有带卫队，只身一人来开会，一生戎马倥偬的恺撒从来没有把这种暗杀放在心上。他从容地向黄金宝座走去，还没有坐稳，一些元老就围拢过来，向他述说着事情，有的甚至还亲吻他的手，请求他答应自己的请求。这些反常举动引起了恺撒的怀疑。当他站起身呼叫侍卫时，一个元老抢到他面前，用力扯开他的紫袍，这是行动的暗号。所有阴谋者一拥而上，刀剑像雨点般落在他的身上。在这些人中，恺撒看到了布鲁图——他最信任的义子，也正是他给了恺撒最致命的一刀。可怜一世英雄的恺撒倒在血泊之中，无力挣脱，他的身上中了23刀，其中3刀是致命的。他在他旧敌庞培的雕像底座前倒地身亡。

伟大的恺撒就这样结束了他的一生，他不但是个天才的军事家，在世界古代军事史上写下了著名的篇章,同时他也是个杰出的文学家,《高卢战记》和《内战记》是他的主要著作,这里面记述了他一生中亲身经历的重大战役,有对战争的回顾和总结。优美朴实的文笔,巧妙的构思行文,使之在世界文学史上也占有一席之地,至今仍然是许多拉丁文初学者入门的必读之书。恺撒在身后留下了一个空前强大的中央集权帝国,还有一部用他的名字命名的历法——儒略历,这部历法也成了现代大多数国家通用的公历的前身。恺撒虽然没有真正称帝,他却成了历代帝王君主极其崇拜和效仿的楷模,他卓绝出众的才干,仁慈大度的风格一直为人们称道。"恺撒"在一些西方帝国,成了皇帝的代名词。作为一位出类拔萃的真正的政治家,他对人民的安抚政策有效地治愈了战争给罗马带来的创伤,也正是恺撒,罗马帝国成为古代最负盛名的帝国之一。

除了罗马帝国,恺撒还留下了一个人,这就是 25 岁的埃及女王。恺撒死后,克娄帕特拉带着儿子从罗马返回埃及的亚历山大城。失去了恺撒的庇护,埃及的命运,女王的命运又将会是怎样?

征服安东尼

公元前 44 年,恺撒的部下马克—安东尼在恺撒遇刺后掌握了罗马的统治权。安东尼(约公元前 82~公元前 38 年),是著名的古罗马统帅。公元前 57~公元前 54 年安东尼在巴勒斯坦、埃及任骑兵指挥官。公元前 53 年起成为恺撒的部将,参加高卢战争。罗马内战中积极支持恺撒。公元前 48 年参加法萨罗之战。前 44 年任执政官。恺撒被刺后他与屋大维(传为恺撒的私生子)发生权力之争,不久言和,并联合李必达结成"后三头同盟"。安东尼是个很有才干的人,他在罗马东部行省很有作为,驱逐暴君、重建城市、免除赋税、赦免敌人,把治下的各行省管理得井井有条,获得了百姓们的拥护和爱戴。

安东尼利用恺撒的威望,煽动平民和士兵冲击元老院,把反对恺撒的元老派贵族吓得东藏西躲,逃出了罗马。同时,他为了笼络人心,壮大自己的势力,又宣布赦免了一批谋杀恺撒的阴谋分子。正当安东尼费尽心机准备上台的时候,一个只有 19 岁的青年人出来向他挑战了。这个青年就是后来被称为"第一公民"的盖约·屋大维。屋大维是恺撒妹妹的孙子。恺撒曾经把他收为义子,让他继承自己的大部分财产。但是,屋大维的身份长期没有得到承认。原因之一,就是他出身低微:祖父是磨坊主,父亲是个小城镇的高利贷者。恺撒遇刺的时候,屋大维正在希腊学习军事。他得到这个消息后,同恺撒的一些老部下秘密商议了一番,悄悄从希腊渡海回到意大利。他住在一个小村庄里,收集关于罗马局势的情报。当他了解到安东尼的所作所为以后,决心到罗马去同安东尼较量较量。他的母亲苦苦恳求他不要去冒这个险,因为他手中一无权,二无兵。屋大维却说:"我有长矛和盾牌,还有义父恺撒的威名。"屋大维带领很多自愿护送他的人到了罗马,立即找到安东尼,并且要求安东尼把恺撒的财产还给他,因为他是恺撒的财产继承人。屋大维告诉安东尼,他要根据义父的遗愿,把金钱散发给广大平民。他还声色俱厉地指责安东尼不但不替恺撒报仇,反而包庇重要阴谋分子布鲁图等人。

屋大维是一个很有计谋、手腕灵活的政治人物。他知道,要取得政治上的权力,必须具有军事实力。他在罗马广场上拍卖自己的财产,用所得的钱来招募恺撒过去的部下,很快就组成了一支装备精良的军队。公元前43年7月,他趁安东尼在北方和布鲁图余党作战的时机,带兵进入罗马,胁迫元老院进行特别选举,选举他当执政官。元老院也正想利用屋大维来反对安东尼,就顺水推舟,把他抬了出来。这样,屋大维在罗马的政治地位就和安东尼不相上下了。但是,屋大维清醒地看到,安东尼还有不小的实力,元老贵族也还能够左右政局,要建立他自己的独裁政权,还不到时候。于是,他和安东尼、李比达(恺撒手下的骑兵指挥官)结成了政治联盟,共同执政。罗马古代史上把这三个人称为"后三头同盟"。公元前42年,"后三头同盟"消灭了他们的共同敌人——以布鲁图为首的元老贵族以后,联盟内部三个巨头的争斗接着开始了。雷比达在公元前36年被屋大维剥夺了军权。三头政治变成了安东尼和屋大维两雄并立的局面。安东尼掌管包括埃及在内的西罗马,屋大维掌握着东罗马的统治权,这两个人开始对峙,战争一触即发。

这时的克娄帕特拉正统治着埃及,埃及对于罗马来说有着非常重要的作用,其兴衰甚至关系到罗马的命运。古埃及人很早就掌握了相当完善的灌溉系统,在尼罗河肥沃的三角洲地带,每年因为河水泛滥给埃及人带来了极好的发展农业的条件。埃及几乎成了全世界的粮仓,它更是罗马人赖以生存的粮食基地。恺撒的暴死,使克娄帕特拉一下子失去了依靠,埃及的名分、罗马对埃及的庇护都成了未知,克娄帕特拉必须要获得新的统治者的支持,安东尼成了她的下一个目标。恰在此时,安东尼也开始考虑埃及这个富庶的地方,对于他来说,埃及的重要性固然不能忽视,而只要克娄帕特拉和小恺撒还活着,他在雅典的政权的根基就无法根深蒂固,他开始产生了占领埃及的念头。而同时,克娄帕特拉的名字他早有耳闻,关于这个女人的才干、美貌以及传奇的经历使他产生了浓厚的兴趣,不管怎样,他决定要与克娄帕特拉见面。

不久之后,安东尼到埃及巡游,克娄帕特拉带上了无数的奇珍异宝乘船前往小亚细亚的塔尔苏斯城与安东尼会面。在一条游船上,他和克娄帕特拉相见了,这次见面又一次改变了世界的格局和罗马历史的轨迹。一见面,安东尼便故作威严地指责克娄帕特拉在为恺撒复仇的战争中没有尽力,说她对恺撒缺乏忠诚。可是这位女王非但没有恐惧,反而开始慷慨陈词,她绘声绘色地描述了自己为帮助恺撒党人所做的努力和经历的种种危险。这番话起了意想不到的奇妙作用,令安东尼明白了为什么恺撒会一直迷恋着她,并把她推为埃及女王。克娄帕特拉又一次施展了自己的魅力,28岁的她不但美艳动人,更是多了一份成熟的风韵,克娄帕特拉又一次以她的美艳和聪慧俘虏了一位叱咤风云的罗马将军。

有一个著名的关于珍珠的传说,讲的就是克娄帕特拉和安东尼的故事。据说安东尼在恺撒死后占领埃及时,设宴款待罗马将军。在豪华的酒宴上,女王打扮得珠光宝气,光彩照人,除了盛宴和美酒外,她成了整个宴会上最诱人、最令人垂涎的一道菜,真是秀色可餐。她脚步款款地走到安东尼的身边,并没有倒酒,而是示意仆人端来一个盛满醋的金色酒杯,在众人迷惑不解的目光中,克娄帕特拉风情万种地从耳环上取出一颗大珍珠,这颗珍珠价值五百万金币,让人心跳加速地是女王并不是在卸妆,而是将这颗大珍珠投入了那个盛满醋的金杯里,待醋把珍珠溶化之后,再往酒杯里加入美酒。然后,她轻轻地举起酒杯敬安东尼,娇媚地说:"愿罗马和埃及永远繁荣。"当她要取下另一只耳环上的珍珠时,安东尼笑着制止了,据说,这只耳环后来流传到罗马,成为万神殿中爱神维纳斯的耳环。

还有一种说法是克娄帕特拉并没有靠美色诱惑了安东尼,而是运用过人的智慧与才干治国安邦。荷兰历史学家彼得·万·明尼曾在德国柏林博物馆的一具古埃及木乃伊身上发现了古老发黄的草纸,根据研究推断,这是古埃及时代的一份正式文件。纸上写满了密密麻麻的文字,文件抬头的年份是公元前33年2月23日,正是埃及艳后克娄帕特拉统治下的托密勒王朝。文字是出于一名男性官员之手,具体内容是埃及国王答应给罗马帝国大将军卡尼迪斯以优惠的商品进出口关税——允许他每年免税向埃及出口1万袋小麦,进口5000安普耳的上好埃及美酒。这份文件的末尾有一个娟秀的单词,跟文件内容的字体完全不一样,而且明显是女性的笔迹,这就是克娄帕特拉的亲笔签名。这项重大发现引起了人们极大的兴趣,关于安东尼庇护埃及的原因也变得复杂起来。可以肯定的是,克娄帕特拉在政治上也采取了明智的策略。

历史细节已是难以考证,但无论通过什么手段,埃及女王确实赢得了安东尼的心,甚至使他荒废了政务,把整个帝国作为礼物献给了自己的爱人。安东尼还和自己的妻子、屋大维的妹妹屋大维娅离了婚,正式迎娶了克娄帕特拉。安东尼就像变了一个人,他身上原有的英气和野心似乎都被美艳的女王溶化了,他常常穿着传统的东方服饰,和新妻子出双入对,他竭尽一切办法讨好女王,享受着奢华安逸的生活。

安东尼,克娄帕特拉的第二个男人,她很快给他生了一对可爱的双胞胎。也许,和恺撒的爱恋太过短暂,成熟的女王这次终于有了真正的丈夫,一个掌握着帝国命运的男人,至少在相当长一段时间里,埃及的命运又一次被克娄帕特拉保全了。

最后的战役

正当安东尼在埃及沉浸于爱河之时,屋大维正在罗马城里虎视眈眈,他要抓住这个绝佳的机会扩大自己的势力,给对手以沉重的打击。安东尼与埃及女王缔结了新的联盟,这成了屋大维发动战争最好的理由。他还到处演讲游说,把安东尼描绘成堕落的海格拉斯,一位向女巫屈膝称臣,并放弃了尊严与灵魂的旧日英雄。屋大维四处宣扬安东尼在东方堕落糜烂的生活,贬低他在罗马人心目中的形象。克娄帕特拉完全被描绘成一个淫荡而邪恶的女巫,从屋大维的宣传中,罗马人看到了一个充斥着巫师、妖术、祭献和各种可怕行为的埃及。在那里，一半的人间恶魔得到祭拜，丑陋的宦官将统领部队攻打罗马。

利用舆论的支持，屋大维不失时机地驱逐了罗马元老院中占有半数以上席位的安东尼支持者。随后，他向全体罗马市民公布了从神庙中抢到的安东尼的遗嘱。在这份遗嘱中，安东尼将治下的罗马帝国领土亚细亚包括塔尔劳斯、普兰尼、克利特岛、塞浦路斯和巴勒斯坦等诸行省赠予克娄帕特拉女王以及女王与安东尼、与恺撒的子嗣。这无疑激起了罗马人的愤怒。屋大维的一系列举措非常奏效，几个星期后，群情激愤的罗马人纷纷要求屋大维对埃及和安东尼宣战，安东尼也被宣布为罗马公敌。

公元前 31 年，在希腊的亚克兴海角，屋大维率领的海军和安东尼以及埃及女王的舰队展开了决战。长期耽于声色的安东尼丧失了作战的意志，短暂的交手过后，安东尼从精神上彻底垮了，他的军队也疲惫不堪，缺乏战斗力。几天以后，安东尼居然自己逃跑了，当舰队抵达伯罗奔尼撒半岛南岸的迪那隆时，官兵们突然发现自己的指挥官很久没有露面了，而很多议员都已经投靠了敌人。军队里顿时传言四起，军心四散，但消息并没有被证实，过了几天，安东尼的部下阿格里帕才正式发布了安东尼临阵逃脱的真相。这时，这支被遗弃的军队才相信这一消息是真实的。但是，安东尼的步兵并没有立即投降，仍然顽强抵抗。

失去了指挥官的军队一盘散沙，舰队全军覆没，但是，他的步兵似乎依然坚不可摧。因此安东尼下令堪尼丢斯率领步兵穿越马其顿进入小亚细亚境内。经过反复思量，他觉得自己还可以仰仗剩下的十九个步兵军团和一万骑兵，现在认输尚为时过早。对这些不避危险仍旧追随自己的逃亡军队，他一如既往地表现出了大方与豪爽，下令给他们送去了一艘满载金银财宝的埃及战船。同时，他又分别致信科林斯和雅典的安东尼派，然后继续随女王驶向埃及。

屋大维几乎不敢相信到手的胜利果实是真的。这一仗基本上是阿格里帕替他打赢的。难道命运就如此突然地垂青于他，让他成为罗马的主宰？整整十三年来，他一直患得患失地在各种各样的军事交锋和党派斗争中挣扎向前。就在几年前，他还被年轻的庞培打得节节败退，甚至就在昨天，他还是每一位罗马人都厌恶的执政官。他之所以一直被容忍只是因为恺撒提携他，收他为养子！现在，他，这位年仅三十岁的新一代独裁者，应该把他的好运归功于他的养父——卓越辉煌的恺撒将军遗赠给他的财富，也应该归功于他最强大的对手的失误。正是这些使得他——一位放债人的孙子，竟然在一夜之间成了整个西方世界唯一的霸主！由于屋大维身上没有胜任这一使命的必备素质——传统、想象力和情感，因此打胜仗后随之而来的第一件事——接管新士兵，就成了一件让他极其窘迫的事情。因为安东尼的大部分军队都转而投奔他，可他连自己的军团都无法发军饷，又哪来实力再满足这些残兵败将呢？在这种情形下，他唯一想到的事就是复仇。屋大维几乎不敢袒露自己内心深处的意愿，并且总喜欢把自己装扮成高贵的斯多噶哲人，所以他像平时一样，授意部下把安东尼那边过来的人处死。在这样一场关键性的胜仗之后，他竟然还有时间、兴致和机会来为以往的个人私怨复仇。例如，福尔维娅的首任丈夫、多年前屋大维的手下败将库里奥从来没有善待过少年时期的屋大维,现在库里奥的儿子作为曾与安东尼并肩作战的战俘落入了积怨良久的屋大维之手后很快就被处死了。

诚惶诚恐的罗马人为屋大维准备了丰盛的庆功宴会,在相当长的一段时间里,屋大维纵情酒乐之中。就在几个月前曾阻拦他拿走安东尼遗嘱的神庙贞女们也到城门外迎接他的归来。安东尼战舰上的鸟嘴形船头被拴到了恺撒的神庙前。在罗马广场上人们搭起了凯旋门。全意大利都在争先恐后地塑造屋大维的塑像。没有人愿意承认自己曾经支持安东尼。在元老院,安东尼的生日被宣布为不吉利的日子。而且,所有的罗马人都一致要求征讨埃及。

此时的屋大维内心仍然有压力。在亚克兴战役的三个月后,这位胜利者又继续进军小亚细亚,为的是扫清安东尼的余部,并与埃及一决雌雄。因为,在尼罗河口,还生活着唯一一个让他害怕的敌人:恺撒真正的儿子。必须将他与埃及一起消灭。

安东尼的兵败,使克娄帕特拉又一次陷入了巨大的危机,埃及也处在了危险的边缘。克娄帕特拉被罗马人囚禁起来,面对命运的挑战,她不可能再去抱怨丈夫安东尼的安于享乐、软弱无力,她要再一次扮演民族的女战士,像面对恺撒和安东尼一样,再一次拯救陷入危亡的祖国,她要做最后的抗争。她决心把所有的招数一个接一个地使出来,淋漓尽致地把女人的诱惑和说服的武器发挥出来。然而,这一次,面对屋大维,一个比她年轻的男人,她完全失去了前两次的胜算,屋大维非但没有被她打动,还胁迫她签订一系列不平等的条约。埃及,克娄帕特拉再也无法凭借一己之力保全它,女王终于感觉到了失败,无法挽回的失败。这一年,她39岁,已不再年轻,却依然美丽,然而美丽也已无力挽回一个帝国的辉煌与荣誉。

永远的克娄帕特拉

在众多历史传说和记载中,两千多年前的埃及艳后克娄帕特拉是在被罗马统帅屋大维打败后,不甘被罗马人侮辱而用毒蛇咬死自己的。然而在近代,有很多法理学家和犯罪学家提出了"埃及艳后死于政治谋杀的说法"。他们提出了七大疑点和破绽,证明埃及艳后并非自杀身亡,而是死于罗马统帅屋大维的谋杀。在今天,也许很多人还是宁愿相信女王是自杀,因为这样的结束方式更符合她的个性,可以为埃及与罗马这段曲折而充满戏剧的历史画上一个悲壮凄美的句号。

安东尼在兵败如山倒时,克娄帕特拉已经被罗马人软禁,安东尼疯狂地寻找自己的爱人却没有找到,他便以为克娄帕特拉已经死去,极大的悲痛中,他举剑自杀。但就在生命的最后一刻,他终于知道了爱人的下落,他命人将自己抬到女王的宫殿,在她的房间外最后一次倾诉了自己真挚的爱的宣言,最后死在了克娄帕特拉的怀抱之中。安东尼留下了最后的遗嘱:在死后,他的遗体要在罗马城里郑重地巡游,他要在自己的祖国完成人生最后的时刻,他还要和自己的爱人克娄帕特拉合葬在一起。此时的埃及女王已经心痛欲碎，万念俱灰，她给屋大维写下一封密函，恳求他允许自己死后和情人安东尼葬在一起。屋大维看到这封信之后，意识到她要自杀，于是立即派人前去阻止。当仆人们赶到的时候，一切都已经结束。曾经叱咤风云，成功"俘虏"了恺撒大帝和安东尼的克娄帕特拉安静地躺在金色睡椅上，离开了人世。她的两个女仆，埃拉斯和沙尔米恩，一个已随主人而去，另一个正在拼尽全身最后一点力气帮克娄帕特拉整理头上的王冠。她们选择了用同一种方法自杀：眼镜蛇噬身。

短短的 39 年生命，克娄帕特拉就像上帝送给埃及的一个天使，一个绝妙的礼物。她不仅拥有被后世几千年津津乐道的美丽容颜，还是一个富有才华的早期数学家、化学家和哲学家。她的统治对埃及的发展起到了很大的推动作用，相比懦弱、昏庸的父辈、兄弟，她更展示了埃及人的勇气与力量。

克娄帕特拉曾写过好几本科学书籍，甚至每周都要和一组科学专家开会讨论科学难题，虽然这些著作最终没有保留下来，但考古学家和历史学家还是证实了这些史实。在千百年前，古埃及著名的亚历山大图书馆曾被人纵火焚毁，可能是一位穆斯林将军，他希望摧毁伊斯兰可兰经出现之前的一切文献，许多古埃及书籍，包括埃及艳后自己撰写的科学书都被付之一炬。

一些中世纪阿拉伯作家，像艾尔·巴克里、亚库特等人都曾在文章中谈到过埃及艳后克娄帕特拉，称克娄帕特拉当年在亚历山大城设计的建筑计划"史无前例地庞大"。被称为古代世界七大奇迹的亚历山大灯塔，尽管希腊文献记载是在公元前270 年左右，由亚历山大大帝称霸埃及的手下托勒密·索特命建筑师兴建的，但阿拉伯历史学家伊布恩·阿布·艾尔—哈卡姆却认为，亚历山大灯塔可能是埃及艳后克娄帕特拉的杰作。

长久以来，人们对埃及艳后有严重的误解，历史学家艾尔·达利称，人们之所以只将埃及艳后看作是一个爱勾引男人的风流女王，只因为后人对她的认知全都来自她的敌人。艾尔·达利道："我们当前所有有关埃及艳后的认知，全都是来自于她当年的敌人——罗马人。罗马人对她相当轻视，将她描绘成一个性感亡国的尤物。"艾尔·达利指出，古埃及钱币上铸刻的克娄帕特拉，只是一个很普通的女人，并不是人们常识中的"美人典型"，她的敌人之所以将她形容成性感尤物，只是想让世人以为，她不是靠自己的才华、只是靠风流手段才令罗马的两大统帅拜倒在她裙下俯首称臣。

埃及艳后的死，标志着一个时代的结束，一个乱世的终结。当屋大维回到罗马时，他已经成为同恺撒一样的伟大人物。屋大维时代，罗马帝国的疆域北起多瑙河，南到非洲（包括埃及在内的北非一带），西起比利牛斯半岛，东到两河流域和小亚细亚半岛，形成了古代史上一个最庞大的帝国。地中海成了帝国的内湖。为了统治这样大的一个帝国，屋大维把许多权力集中到自己手中，成为罗马帝国实际上的皇帝。但是，他为了避免遭到和恺撒同样的命运，一直努力保持共和国的外衣。他坚决不要"皇帝"这个称号，只称自己是"第一公民"，也就是元首的意思。他还保留了共和时代的元老院。但是，旧的元老贵族剩下来的已经很少，大多换成了

女主沉浮

"新人"。这些新人,不是新提升起来的贵族,就是依附新政权的世家。所谓"全民会议",变成了通过屋大维提出议案的工具。公元前 27 年 1 月,屋大维装作不堪拒绝人民请求的样子,接受了元老院授给他的"奥古斯都"的称号。"奥古斯都"有"神圣""至尊"的意思,这是比皇帝更光荣的称号。实际上,屋大维是第一个没有"皇帝"称号的罗马皇帝。从此,连续了 500 年的罗马共和国时期结束了,罗马帝国时期开始了。屋大维从公元前 30 年开始独掌大权,统治罗马帝国 40 多年,死于公元 14 年。罗马帝国在将近 200 年的时间里维持了比较稳定的局面,经济、文化都有比较大的发展,被称为"罗马的和平时期"。当时,各个行省都修筑了一些新的大道。这些大道把帝国的各个部分联结成一个整体,罗马成了这些大道的中心。所以,后来有人用"条条道路通罗马"这句话来形容罗马帝国交通发达、商业繁荣的景象。

罗马人从此迎来了长达 200 多年的和平与稳定。

埃及历史上,托勒密王朝一共出现过六位叫作克娄帕特拉的女王。她们分别是:

克娄帕特拉一世,古埃及托勒密王朝托勒密五世的皇后,前 180~176 年在位。为叙利亚王国塞琉古朝安条克三世之女。其父在第五次叙利亚战争中打败埃及,媾和结果,他们两人结了婚,但两国关系并未因此好转。丈夫死后(公元前 180 年),与其子托勒密六世共同统治埃及。

克娄帕特拉二世,古埃及托勒密五世和克娄帕特拉一世所生之女,为托勒密六世和托勒密八世的亲姐妹。在六世和八世的争斗中,她先同托勒密六世结婚(公元前 163~145),和其共同统治,生克娄帕特拉三世;后又嫁与托勒密七世;七世死后,又同托勒密八世结婚(公元前 144 年)。八世也同其侄女结婚(公元前 142 年),成为纠纷的祸源。

克娄帕特拉三世,托勒密六世和克娄帕特拉二世之女,后嫁与叔叔兼舅舅托勒密八世,生托勒密九世、十世。公元前 110 年起摄政近十年,其间托勒密九世、十世之间像走马灯一样地更迭了几次王位。

克娄帕特拉·柏伦尼斯三世,据说为托勒密九世之女,曾先后嫁与九世、十世,公元前 80 年又与十世子、后夫托勒密十一世共同执政,不久王位转入九世之子托勒密十二世之手。

克娄帕特拉·柏伦尼斯四世,托勒密十二世之女,公元前 58 年起代其父摄政三年,公元前 55 年托勒密十二世复位。

克娄帕特拉七世,古埃及托勒密王朝最后一位女王。据说其父是托勒密十二,其母是十二世的姐姐克娄帕特拉五世。因父亲的弊政而导致的首都暴动,使她也流亡罗马。回国后,其父去世,与弟托勒密十三共同统治埃及(公元前 51 年)。由于姐弟的对立和廷臣的暗中活动,她被暂时逐出亚历山大。但她向因追杀庞培而来到埃及的恺撒求助保护,在反对恺撒的混乱中,托勒密十三死亡。恺撒使她和其弟托勒密十四共治埃及(公元前 49~前 47 年)。公元前 44 年女王暗害了托勒密十四世,以恺撒里恩为王,称托勒密十五世,为共主。

以上就是六位克娄帕特拉埃及女王的生平，我们所描写和介绍的这位克娄帕特拉是其中最杰出、统治时间最长的一位，也是托密勒王朝的最后一位统治者。

　　在历史上诸多赫赫有名的女性当中，"埃及艳后"克娄帕特拉永远是一位焦点人物，她的真实面目也许将会越来越清晰地浮出水面。在克娄帕特拉统治时代，古埃及仍保持着极度繁荣。

　　——这便是"埃及艳后"美丽与智慧的最大体现。

西班牙帝国的女王

——伊莎贝拉一世

人物档案

简　历：卡斯蒂利亚王国女王，被称为"白衣女王"。西班牙帝国的建筑师，是一位富有长远眼光的政治家。1468 年 9 月，伊莎贝拉被恩里克四世立为王储。1474 年 12 月 13 日，伊莎贝拉在塞戈维亚举行了登基加冕仪式，宣布自己为卡斯蒂利亚王国伊莎贝拉一世。1475 年，卡斯蒂利亚王位继承战争爆发。1479 年，与葡萄牙签署《阿尔卡科瓦斯条约》，继承战争宣告结束。1482 年，开始同格拉纳达王国进行战争。1492 年 2 月，征服了格拉纳达王国。同年，伊莎贝拉一世同哥伦布签订了《圣大菲条约》，拨出经费，使哥伦布的远航得以成行。1504 年 11 月 26 日，伊莎贝拉一世因病去世，享年 53 岁。

生卒年月：1451 年 4 月 22 日～1504 年 11 月 26 日。

安葬之地：格拉纳达皇家礼拜堂。

性格特征：思维敏捷、意志坚强，是个精力充沛、才干非凡的虔诚的天主教徒。

历史功过：资助了哥伦布的壮举，发现了新大陆，从而为西班牙带来了一个世纪的广阔发展空间，确立了世界霸权。一生勤政，她建立的审判制度一直影响着西班牙，对犹太人和穆斯林进行了迫害。

名家评点：美国作家詹姆斯·艾·米切纳评价说："她是那个时代的巨人，一个支持哥伦布发现新大陆的女人。"

高塔恋歌

辽阔的地中海与更加辽阔的大西洋连通的狭窄的直布罗陀海峡，自古就是西亚北非的阿拉伯人与南欧诸国的天主教徒相互争夺的咽喉之地，而作为欧洲大陆向地中海突出的一块半岛,伊比利亚一直就同时受到穆斯林与基督徒的眷顾,战争与混乱也把精明的犹太商人吸引了过去。于是整个伊比利亚半岛就在残暴的贵族、荒诞的国王、狡猾的商人、贪婪的士兵的共同占有下,孕育了独特的西、葡文化,诞生了两个伟大的殖民者:西班牙和葡萄牙。

公元15世纪的50年代,地球上诞生了好几个影响世界的人物,就在1451年前后,麦哲伦、达·芬奇、哥伦布接连出世。然而此时在伊比利亚半岛中部的卡斯蒂利亚高原上,卡斯蒂利亚王国的宫廷里,人人却在等待着另一个人的出世。卡斯蒂利亚王后,来自葡萄牙的伊莎贝拉公主就要分娩了。卡斯蒂利亚高原上阳光明媚,现在叫"高塔恋歌"的小村子就是以前的卡斯蒂利亚王宫,坐落在一片颇具地中海特色的奇异森林的包围中。

此刻,年轻伊莎贝拉王后正在痛苦地挣扎着——她是卡斯蒂利亚国王的第二任妻子,国王前任的妻子在将她的独子恩利克成功地养大之后就悄然死去了。而这个恩利克王子也继承了他父王的软弱和无能,于是在这位葡萄牙公主到来之前整个卡斯蒂利亚王国的表现也像胡安二世和他的儿子恩利克那样软弱和无能,整个王国的大权分散在大大小小的贵族手中,而国王的权力此时也被一个叫德·卢纳的首相牢牢地掌握在手中。国王并非是一个完全的傀儡,而是他对这个首相过于倚重和相信,他自己并没心思去管理这个国家,结果很显然,首相逐渐变得专横跋扈,无法无天,大肆敛财,甚至根本不把国王放在眼里。

达·芬奇

胡安二世对这一切都无所谓,甚至对首相昭然若揭的不敬也视而不见。但恩利克王子却对这权力有着强烈的欲望,他非常不愿意这种情况持续下去。恩利克尽管有着雄心勃勃的野心,却缺乏应有的果断,他与首相的矛盾已经不可化解,而他却只知道对立,却不知道如何解决问题。

这种情况直到他的父亲娶了第二个妻子之后才发生了改变——这位伊莎贝拉拥有显著的王室成员的气质和勇气,更重要的是,她具有很高智慧。

伊莎贝拉的出现给了这个孱弱的王国带来一些年轻的气息。她是葡萄牙王室的一个公主,身上带有葡萄牙统一之后产生的霸气,尽管初来乍到,但她迅速就确立了该怎样建立一个有效的政治联盟。她和王子很快结成了同盟,此时他们有着明显的共同利益:维护王室的权益。这是一个推翻首相的联盟。

仅仅一年,首相的权力就被这个联盟给削夺大半。而软弱无能的国王既没有对即将出世的这个孩子感到喜悦,也没有对这场王室与权臣的斗争采取任何措施,他甚至表现得如同一个胆战心惊的孩子,对这场政治争夺战感到恐慌,他不知道自己将被推挤到什么位置,他完全像个失去甲壳的软体动物一样,虚弱地躺着,等待着自然的死亡或者是被杀。

随着一阵清亮的啼哭，一个女婴降世了，伊莎贝拉生了一个漂亮的小女孩，她被用母亲的名字命名，同样也是叫伊莎贝拉。于是卡斯蒂利亚王国的伊莎贝拉王后生了伊莎贝拉公主的喜讯马上传遍了卡斯蒂利亚高原，但这个时候王国的人民显然还仅仅认为这不过是那个无能的王室又增添了一个无关紧要的小公主而已，所有的人都认为这不过是个长大后只会远嫁他方的女孩，不会跟卡斯蒂利亚王国有多大的关系，因为卡斯蒂利亚的王位肯定是由恩利克王子继承的。此时人们更感兴趣的还是那位葡萄牙王后。

从生完孩子的疲倦中恢复过来的伊莎贝拉王后恢复了她无畏的精神，着手恢复王权。当王室的权力焦点重新出现后，王国的贵族们也自然还是分裂，王后和恩利克王子正在积聚力量。

在伊莎贝拉公主快两岁的时候，她母亲和恩利克王子终于成功地发动了一场政变。德·卢纳以贪污的罪名被判了死刑，然而德·卢纳的死却给了胡安二世很大的震动，他对德·卢纳的死感到了一种兔死狐悲，当权力失去平衡的时候，他这个本来就没有多少分量的筹码立刻变得多余。于是可怜的卡斯蒂利亚国王卧床不起，而这一次他没等多久就奄奄地死去了。此时他美丽的伊莎贝拉王后给他生的王子阿丰索才刚满8个月。年幼的伊莎贝拉公主也不知道她优裕的公主日子就在她糊涂的父王死后就到头了，她从此开始了不幸的童年。

阿雷瓦洛的太阳

冬天对地中海沿岸的人来说是个好季节，地中海气候让卡斯蒂利亚王国的冬天很湿润，很温暖，全然不像夏日那般干燥炽热。

胡安二世的葬礼办得并不隆重，他一直以来就没有给别人留下好印象，特别是他容忍首相胡作非为更让他的臣子伤心，也招致国民对他的厌恶。他的死，国中百姓居然没人主动为其祭奠，连贵族大臣也都不屑大肆祭奠。王后也劝恩利克丧事从简，恩利克当然对此相当满意，他现在继承的王国和王室多年衰败，实际上已经一贫如洗。他的卡斯蒂利亚王国虽然是伊比利亚半岛上最大的国家，但却是个纯粹的农业国家，国内的商业手工业大都被来自南方格拉纳达王国的伊斯兰人和犹太人掌握，加之这个古老的王国贵族很多，他们垄断了无尽的财富，但他们所缴纳的税款却极少。

葬礼草草，伤心的人也不多。

恩利克不久后即位，称为恩利克四世，正式执掌这个伊比利亚半岛上最大的国家。在帝位尚未巩固的时候，他一如既往地对伊莎贝拉王太后恭敬有加，对他不满三岁的伊莎贝拉妹妹和刚一岁的阿丰索弟弟还算疼爱，但不久后他就装厌好人了，尤其对这个受人爱戴的王太后更加不满，因为她现在对权力依然表现得非常热衷，这显然是一个危险的信号。在联手对付德·卢纳时这位王后已经表现得相当杰出，恩利克的担心并非毫无道理，也许这位王后会取代他，也许这位王后会想办法把王位传给他的弟弟阿丰索,而恩利克相信,这位王后如果有这样的意图,那么就是一个远比德·卢纳危险的人物。

当伊莎贝拉公主三岁的时候,恩利克四世下令,将王太后和她的儿女三人驱逐出了王宫,他们被送到了一个叫阿雷瓦洛的村子。也许,在马基雅弗利主义者看来,他犯了一个严重的错误,他应该杀了王后三人,而不是用驱逐。

恩利克此时表现的果断倒是颇令伊莎贝拉太后感到意外,然而她此时却毫无办法,恩利克得到了王国的支持,她现在根本不具备反击的基础。她显然没有意识到恩利克会将她驱逐出王宫。

这个叫阿雷瓦洛的地方,是卡斯蒂利亚高地上贫瘠的小村子,她们突然从王国的巅峰位置跌落到王国的底层,现在他们和平民毫无二致,一样的贫困、一样的困惑、一样的前途渺茫。年幼的公主从此开始了她苦难的童年,她对王宫甚至还没有多少印象。

平民的生活对王后来说无疑是艰难的。他们此时如此贫困,伊莎贝拉王后甚至经常能品尝到饥饿的滋味,尽管伊莎贝拉王后在宫廷政治中表现得出类拔萃,但显然她不知该如何度过生活苦难,很快,这位不幸的王后就用一种最好的办法来躲避了这种失落——她精神失常了。

以后的日子,生活的重担就落在了年幼的伊莎贝拉身上,她一面得照顾更加年幼的弟弟,一面还得照顾失常的母亲。虽然附近的村民也会时不时给他们送些好的饭菜,也有人常常帮他们做点家务,但很多事还是要伊莎贝拉自己做的,她得学会做饭,帮弟弟洗澡,长大一些后还得自己去买日常的生活用品,因为保姆只负责帮他们买食品。年幼的公主虽然比她母亲适应性强,却也常常为贫困和屈辱苦恼。虽然在王宫里生活的时候她还不谙世事,但那两年却永远存在了她心里,她一直认为自己不该过这种贫苦的生活,所以对这种常人的生活感到越加的凄苦。慢慢的,伊莎贝拉就从苦难的生活中找到了支点,她开始信仰上帝,相信全能的上帝只是在考验她,不久就会除去她身上的枷锁,还给她自由与高贵,她成了一个虔诚的天主教徒。在漫漫凄苦的童年,上帝给了她生活的勇气,让她在困顿的环境中也能健康快乐地成长,没有像她母亲那样怨天尤人,而是坚强地、乐观地生活了下去。

母亲的精神失常对伊莎贝拉来说也带来了幸运的一面,当王太后发疯的消息传到了王宫后,恩利克四世觉得他的威胁解除了。而此时他不再认为伊莎贝拉公主和阿丰索王子会像他们母亲一样能构成新的威胁。这个公主对王国的用处还很大,因为他只有这么一个妹妹,他需要她进行政治联姻。所以他派了萨拉曼卡大学的优秀教师去阿雷瓦洛教导伊莎贝拉。

这位叫安娜的女教师是个善良的、知识丰富、思维敏捷的人。她的到来给伊莎贝拉带来了很多的乐趣,也让伊莎贝拉看到了生活的希望。作为一个虔诚的天主教信徒,她更是加深了伊莎贝拉对上帝的虔诚和拥戴。在其以后的生活中我们常常能听到她默默自语:"主啊,让我把你的福音传得更远些吧!"安娜不仅教会了伊莎贝拉诸多知识,也教会了她坚强和不屈。

尽管生活给了她诸多的不幸,但伊莎贝拉公主坚强地走了过来。10年的时

图文珍藏版

间,她并没有被压倒,而是健康、乐观地长大了。12 岁就长成了一个亭亭玉立的漂亮姑娘,而且还是一个聪明、机智、坚强、乐观的漂亮姑娘。

走入历史

10 年的时间,说短不短,却也是弹指一挥间。卡斯蒂利亚高原仍旧是土地肥沃,夏天炽热,冬日温润,而卡斯蒂利亚王国的国王却仍然命运多舛。

恩利克四世并没有比他父亲高明多少,贵族还是一天天横行,不受国王管束。他们掌握铸币征税等大权,甚至比国王还富裕,但他们还不满意,还想进一步扩大势力。而国王也拿他们毫无办法,只有缩着头,夹着尾巴做人。1463 年夏,王宫里突然传出一阵婴儿的啼哭,王后生了一个女儿胡安娜的消息立刻传遍整个王国。原来恩利克四世实际上患有严重的阳痿,所以一直没有儿女,他的第一个王后就是因为他"不能共寝"才跟他离婚的,王国的国民们一直尊敬地称他为"阳痿国王"。他的第二个王后,来自葡萄牙的年轻美丽的公主进入王宫以后,恩利克也没表现出什么兴趣,仍然冷淡,无能。但就这样几年之后,王后却突然生下了个女儿,这就成了一个轰动整个王国的事件。

这个事件就给反对国王,想要进一步扩大势力的贵族找到了借口。他们联合起来,共同宣称作为王位继承人,王后的女儿不是国王的骨肉,而是王后与关系暧昧的骑士贝兰特兰公爵有染之后产下的孩子。他们对恩利克四世提出了不信任案,要求国王辞职,让被赶走的小王子阿丰索做新国王。对这个要求恩利克当然不可能接受,他一方面向外界宣称胡安娜是他的亲生女儿,一面向另外的贵族求救。于是又有一部分贵族联合了起来,支持国王和胡安娜公主,两派的斗争一触即发。

生活在阿雷瓦洛的伊莎贝拉并没有听到传言,仍然在一边学习一边困苦地生活着。突然有一天,他们姐弟就被接到了一个贵族的城堡里,重新过起了奢侈生活。而卡斯蒂利亚王国也出现了两个国王,王位争夺战爆发了。

年幼的伊莎贝拉此时已经能渐渐明白贵族的用心,知道虽然他们把自己和弟弟接了出来,但却是为了扩大他们自己的利益,损害的是王国的利益。她不愿做损害祖国利益的事,更不愿看到两个兄弟手足相残——当然,她已经继承了母亲对政治的敏感,也受到了良好的宫廷教育,年幼的伊莎贝拉公主此时采取了一个聪明的办法。她和弟弟尽管得到了一些贵族的支持,但国王不但实力雄厚,而且得到了葡萄牙的支持,阿丰索难以取胜。因此,伊莎贝拉公主主动到恩利克的王宫充当了人质,而且声明谴责她的弟弟,不该背叛国王。

令人厌烦的内战持续了整整三年,伊莎贝拉也在恩利克的王宫里被软禁了三年。三年后,她深谙政治,也许她应该感谢这段王宫的囚徒岁月,她的政治能力得到了一个适当的环境,内心的权力欲望很好地得到激发。

终于,伊莎贝拉得到了一个机会,她果断地逃了出去,一路千辛万苦,经过三天三夜的跋涉,终于到了她弟弟的城堡,回到了弟弟身边。时隔三年,她已经是个 15

岁的成熟姑娘了,而她的弟弟 13 岁的阿丰索也成熟了许多。

然而世事难料,她姐弟重逢不久,1467 年初她的弟弟就因为急症去世了——事实上,阿丰索的死颇为令人怀疑,一直以来总有人认为他实际上是死于毒杀。这个打击让伊莎贝拉感到震惊,她疯疯癫癫的母亲早已去世,今天她的弟弟也突然死去,这立刻让她感到恐慌,作为政治核心之一的阿丰索意外死亡必然会导致政治势力失去平衡。

而此时卡斯蒂利亚王国的内战并没有因为阿丰索的死而结束,贵族们还在拼抢着。原来拥立阿丰索一方认为没了国王有些师出无名,于是不久后,他们找到了在修道院里清修的伊莎贝拉,想让她继承她的弟弟做卡斯蒂利亚王国的女王。这时的伊莎贝拉终于如愿以偿,但她认识到自己此时仍然不具备击败恩利克的实力,因此,远比实际年龄成熟得多的伊莎贝拉公主对贵族们说:"在我王兄恩利克国王在位期间,我们所有人都没有权利夺取他的王位,他的王位是先王胡安二世传给他的,是上天赐予的权利。自从你们拥立了两位国王,以后我们的国家就充满了灾难,战争频频,大家可知道这些死去的人都是我们的兄弟啊,我相信这是上天对我们拥立二主的惩罚,上天决不承认一个国家有两个国王。所以,在我王兄在位期间我不会,我也不允许任何人去抢夺他的权利,我将尽力辅佐我的王兄。"

恩利克听到了这个消息顿解愁眉,伊莎贝拉的态度让他又是惊奇又是喜悦。他也知道妹妹是承认了他但并不承认他的女儿——实际上,他们达成了一个协议,伊莎贝拉不再向恩利克发起挑战,但恩利克也不得将王位传给他的儿女。恩利克尽管拥有优势,但也无法取得完全的胜利,这也许是一个良好的折中建议。他接受了,因为这样至少暂时解除了他的危机。

他恢复了对妹妹的友好态度。接着他下了特赦令,赦免了阿丰索及拥立他的贵族的一切罪名,又同国民议会代表协商,共同承认了伊莎贝拉为卡斯蒂利亚王国的王位继承人。

一场持续了 4 年的内战结束了,叛乱的贵族看到师出无名,并且形势不利没有再战的必要,就弃械投降了。然而战胜一方的贵族向国王要求给予更多的自治权得到应允,失利的一方为了公平也向国王要求更多自治权,竟也得到应允。他们都没想到仗打败了却得到了最初的目的。而伊莎贝拉也名正言顺地进驻王宫了——这是一个在阿雷瓦洛的时候难以想象的机会,而且还是以王位继承人的身份回来的。恩利克对她也恭敬有加,他向来就和他父亲一样软弱,贵族的反叛曾经让他一度不知所措。

重回王宫的伊莎贝拉对这个不大的宫廷既熟悉又陌生,被软禁在王宫那三年她是一刻不停地想着怎么离开,现在则是在想着怎么留下来。

私订终身

伊莎贝拉回到王宫的那年冬天,天气很好,王宫四周的森林里仍然是树木繁茂。伊莎贝拉也已经 16 岁了，"苗条的身材，发亮的金发，玉样润白的肌肤，青绿的眸子快活地闪动，眉清目秀鼻梁高耸"，一个不错的公主，而且富有——她现在拥有巨额财富。

在伊莎贝拉小时候，她的母亲伊莎贝拉王后就曾想过要把她嫁给阿拉贡的王子，比她还小一岁的斐迪南王子。现在她的恩利克正在打算用她来和强大的葡萄牙联姻，以求获得更加巩固地位。但恩利克一向是个优柔寡断的人，他有时似乎觉得法国更合适，因为法国远比葡萄牙更为强大。然而，就在他左思右想的时候，伊莎贝拉公主另有打算。

这位倔强的小公主梦想是自己主宰命运，而不是像欧洲绝大多数公主那样仅仅是一个用来进行政治联姻的工具。于是年底的时候，她派了她的亲信教士到各国去了解她哥哥提起的那些人的情况，自己则在王宫里焦急地等待。不久，教士带回了消息，法国的居也纳公爵是个懦弱无能担当不了什么大事的人，而葡萄牙国王则已经是个年过四旬的人，虽然是个有抱负的君主，但年纪确实过于大了，容貌也不敢恭维，而阿拉贡的斐迪南王子却是个"极像样的年轻人"，长得伟岸英俊，精神饱满，是个大胆心细很有抱负的青年，"一眼望去就知道他无论想做什么都可以愉快胜任的"。得到了这个信息，伊莎贝拉自然知道该选谁了，他派出去的都是老实可靠的教士，自然不会说谎，连过多的吹捧也不会，他们既然这样说斐迪南王子，那证明斐迪南王子一定是个很不错的青年。伊莎贝拉只根据教士们的介绍就对斐迪南王子产生了很大的好感，她甚至觉得自己已经有些爱上这个斐迪南王子了。

然而就在她想着怎么向王兄提起这件事的时候，恩利克已经派人来请她了。原来恩利克已经决定将伊莎贝拉嫁给四十来岁的葡萄牙国王阿丰索五世了，因为这次葡萄牙已经派来了使节。伊莎贝拉做梦也没想到恩利克没跟她一句，这么快就定下了她的婚事。在会见使节的时候，她一直在想怎么办怎么办，自己可不能嫁给一个糟老头子。使节仿佛对她很满意，不住地点头，轮到她说话的时候她突然想到一件事，就说："大家可曾想到一点，我母亲也是葡萄牙王室的，而且与现在葡萄牙国王有很深的血缘关系，而教会是不允许近亲结婚的。""我可以派专使去罗马，请教皇特许这门亲事。"恩利克无所谓地说。

这让伊莎贝拉吃了一惊，而且无言以对。恩利克对这门亲事看得很重，他不会仅仅因为令人厌烦的教规而影响政治。

这立即让伊莎贝拉感到不安，她现在明白，必须做点什么了，要么去葡萄牙当王妃，要么把赌注压在那位斐迪南王子身上。现在恩利克的专使已经在向罗马进发，她必须要在这段时间里决定自己的命运——现在只有靠他了，虽然他们并不认识。她写了一封信，派两名使者马上去阿拉贡，将自己的信面呈给斐迪南王子。她信中写到了对王子的敬仰和倾心，又说了她现在遇到的麻烦，说愿意与王子马上成亲。

斐迪南王子接到信后很爽快地答应了这门亲事——斐迪南同样也是一个敢作敢为的人，他早已听到过议论，伊莎贝拉公主的美貌众所周知，而且善良和贤能，于是马上签署了这份婚约，并让使者给公主带去了一条价值 4 万金币的项链。他自己也给公主写了一封信，诉说了自己对她的倾慕，又向公主解释说由于父王失明，母亲病重，国家正处混乱中，希望能让他将混乱清除后再来迎娶公主。

伊莎贝拉公主收到斐迪南的项链和信后可谓又欣喜又担忧，她明白，恩利克绝对不会允许她私订终身，现在她只能期盼斐迪南能先一步到来。

然而恩利克的特使还是走在了斐迪南的前面，伊莎贝拉公主于是果断地决定：逃出去！这已经是伊莎贝拉公主第二次逃出王宫。很幸运，她顺利地逃到她曾经呆过的修道院，找到了那里的大主教。在大主教的帮助下她找到了一支愿意帮助她的军队，于是在主教的陪同和军队的护送下，她来到了离王宫很远的一个叫奥卡尼亚的城市。而这一路也让公主要与阿拉贡的斐迪南王子联姻的消息传遍了全国，他们的婚事得到了全国人民的支持。

然而伊莎贝拉知道国王如果率大兵来镇压，这些一时兴奋的人是挡不住的，护送她的这支小型军队也不会是一道坚固的长城。此时，伊莎贝拉公主表现得已经完全像是一个统帅、一个帝王——她派人秘密前往阿拉贡，请斐迪南王子务必马上化装潜来奥卡尼亚，他们得马上举行婚礼，然后合法地前往阿拉贡，这样她就可以名正言顺地前往阿拉贡王国。

与伊莎贝拉堪称珠联璧合的斐迪南王子得到公主的紧急通报以后，立即将这个消息告诉了他父亲，这时候他的王国已经平定了混乱，而他父亲为了他体面地结婚，已经把西西里给他了，他现在是西西里国王了。他父亲听了他的描述，就说："你现在已经是国王了，有些事你还是自己拿主意吧！"于是斐迪南和两个仆从化装成骡夫混进了一个前往卡斯蒂利亚的商队里，经过十来天的跋涉，他们终于混进了卡斯蒂利亚王国。

终于，他们到了奥卡尼亚。此时是1469年的10月份，伊莎贝拉18岁，斐迪南仅17岁，两人就在没有长辈在场的情况下，举行了隆重的婚礼，婚礼也是当地百姓组织的，参加的人很多，很热闹，就如同两个农民的儿女的婚嫁，但这对伊莎贝拉来说却是一次命运的转折。婚礼后百姓们又狂欢了两天，之后这对新人开始了他们愉快的蜜月之旅。

这对相亲相爱，志同道合的夫妻终于走到了一起，以后也是相爱如初，一路相伴直到伊莎贝拉的去世。

继承之战

阿拉贡王国在利比亚半岛的东南部，包括一个很大的呈三角形的阿拉贡平原，这是整个利比亚半岛上最大的平原，也是唯一称得上平原的一块土地。这里在古地质时期是一片浩瀚的内陆湖泊，后来湖水流入地中海，湖泊慢慢变成了干涸的陆地。阿拉贡平原常年气候宜人，雨水充沛，土质肥沃，被称为富饶的"风水宝地"，既是天然粮仓，又是重要的葡萄、柑橘等水果产地。

伊莎贝拉在这里度过了一个相当不错的蜜月。她能猜想出此时恩利克的心里如何。

在她的祖国,恩利克国王无奈地大发雷霆,他不得不向葡萄牙做出解释。一怒之下的恩利克作为报复随即宣布取消伊莎贝拉的王位继承权,改立他的女儿胡安娜为王位继承人。他的王后是葡萄牙国王阿丰索五世的表妹,胡安娜就是阿丰索的外甥女了。这个决定立即得到了葡萄牙的支持,当年他立伊莎贝拉为王位继承人的时候,葡萄牙国王就以威胁的口吻数次发信劝阻。这是一个重大的政治事件,恩利克却如此草率地做出了决定,显然,一场战争不可避免了。

谁也不清楚恩利克自己是否知道这个所谓女儿到底是不是货真价实的王国继承人,王后的誓言无法说明什么。但他深信一个道理——空穴来风未必无因。而且胡安娜不管是不是自己的女儿,但却肯定是阿丰索的外甥女,这是无疑的。当时他也面临着巨大的压力,他的人民无论如何不会支持一个来路不明的女王,而葡萄牙人也在以战争相威胁。但现在,一切都被伊莎贝拉自己决定了,她背叛了恩利克,恩利克也就别无选择,他只能改立他的女儿胡安娜为王位继承人。

听到这个消息的时候,伊莎贝拉已经回到了卡斯蒂利亚,暂住在一个支持她的省份里。她觉得恩利克的决定太草率了,怎么可以把王位传给一个身份可疑的人呢?于是她向恩利克和议会递交了自己的反对书,声称自己并没有犯任何错,国王和议会没有权力剥夺她的继承人身份,而且一再强调了自己愿意继续忠于国王。但恩利克已经不会再容忍伊莎贝拉,伊莎贝拉几次三番地递交反对书,国王那边却没有任何反应。

强硬的伊莎贝拉随后向外宣称自己仍然是王位的法定继承人,自己绝不放弃继承王位的权利。

显然,这就是战争宣言。

恩利克也立刻通报全国王室和议会不承认伊莎贝拉的王位继承人身份,并开始聚集兵力,发布诏书讨伐伊莎贝拉。听到这个消息,卡斯蒂利亚国内爆发了更大的暴乱,很大一部分身份显赫的人物公开宣称支持伊莎贝拉公主,一些大贵族也宣称支持伊莎贝拉继承王位。恩利克尽管预料到会有反对的声音,但没想到民众的反应这么激烈,他此时的犹豫不决又占了上风,他没有真正发动战争。但实际上,伊莎贝拉与胡安娜的战争已经开始。

这是一段战前的力量积蓄,伊莎贝拉必须在这段时间里充分获得支持,否则她的命运就将再次交到别人手中。

伊莎贝拉开始学习管理国家,她让她颇有治国经验的丈夫陪着她到支持她的省份四处巡视,有时也陪着丈夫到他的封地巡视。

1474 年 12 月,他们夫妻俩巡视到了卡斯蒂利亚的塞哥维亚城,那是一个山间城堡,坐落在群山间的一小块平坡上。这个城堡不大,却是卡斯蒂利亚很有威望的一座城市,因为这里是卡斯蒂利亚王室财产所在地。他们到这里不久,斐迪南就接到消息:阿拉贡国内发生叛乱,他于是马不停蹄地赶了回去,平定叛乱,拯救他年迈的父亲。就在伊莎贝拉在塞尔维亚逗留期间,12 月 12 日,卡斯蒂利亚王国的恩利克四世突然去世了。消息很快传到了塞哥维亚,伊莎贝拉一边等候丈夫一边焦虑地考虑着她要不要立即宣布即位。而塞哥维亚的居民似乎比她更急,消息传到的第二天就有很多人站在她的居所外面请愿了,他们高呼让公主加冕的请求。一连几天,请愿的人越来越多,终于伊莎贝拉应热心民众的要求,在塞哥维亚大教堂里加冕成了卡斯蒂利亚王国的女王。加冕仪式很简单,王冠是王室库藏里的,没有很多的宝石镶嵌在上面,朴素而大方,现场也没有其他的王室成员,只有当地的几个贵族和神职人员。然而当主教将王冠戴在她头上,拉她起来的时候,她却表现出了一种帝王的威仪,她的演说也很短:"从此以后,我将以改善国民生活为我的神圣天职。"

加冕后的第二天,身穿洁白丧服的伊莎贝拉女王就出现在塞哥维亚民众面前,第一次以女王的身份对她的国民进行了检阅,在市民的欢呼声中彰显帝王的威仪。很快,女王加冕的消息传遍了卡斯蒂利亚全国,国民在热烈欢呼的同时也表示拥戴年轻的女王,全国大部分的城市和村庄都表示承认伊莎贝拉为卡斯蒂利亚的女王。得到国民支持的女王很快也在议会里寻到了支持者,国民议会也承认伊莎贝拉女王的地位。

然而与此同时,前国王正式宣布的王位继承人胡安娜也在部分葡萄牙的贵族支持下宣布为卡斯蒂利亚女王,并宣称伊莎贝拉是无耻的篡位者,是个贪婪的阴谋家。而不管怎么说这位原本合法的继承人现在并没有得到国民和议会的支持和承认,而且成了一小撮的反叛势力。伊莎贝拉知道她的所谓侄女也宣布为女王的消息就立即对外宣布,希望胡安娜等反叛势力尽早归顺,她不会追究任何人的责任,胡安娜依然是卡斯蒂利亚的公主,那些反叛的贵族依然享有他们本来的权利。而胡安娜当然不可能轻易地放弃,他们虽然势力单薄,但她相信她才是合法的继承人,合法的女王,为了达到目的她不惜发动战争。她写信给她的舅舅,葡萄牙国王阿丰索五世,请求他发兵支持她。而此时阿丰索刚刚取得了对摩洛哥战争的胜利,意气风发踌躇满志,对外甥女的请求毫不犹豫地答应了。他本来就觊觎着卡斯蒂利亚肥沃的土地,丰饶的资源,但为了出师有名就向他外甥女提议,他们两个如果联姻的话他就是卡斯蒂利亚国王了,就可以名正言顺地出师卡斯蒂利亚了。此时他已是40多岁,而他的外甥女才12岁,但为了能得到卡斯蒂利亚,胡安娜也欣然同意了她舅舅的求婚,这种在我们看来荒唐可笑的婚姻就这样产生了。于是阿丰索五世立即出师卡斯蒂利亚开始了争夺王位的战争。

就在伊莎贝拉加冕为卡斯蒂利亚女王的时候,她的丈夫斐迪南正在阿拉贡平定叛乱,当他听说这个消息的时候他明白应该立即支援伊莎贝拉,但现在情况却有些微妙——因为就在他们结婚的时候,伊莎贝拉曾许诺说过以后如果她做了卡斯蒂利亚女王,斐迪南也将成为卡斯蒂利亚国王——他们的协议实际上也是一桩政治婚姻,只不过显得完美得多。他们曾达成一个协议:当伊莎贝拉成为女王后,斐迪南也可以成为国王,但实际的统治权应该是伊莎贝拉的,没有她的同意斐迪南无权任免官员和神职人员。此时斐迪南的臣僚和教会明显也知道他们的约定,却仍然展开了激烈的讨论,最终他们大部分人都认为伊莎贝拉女王应该把权力交给斐迪南,自己做一个贤妻良母式的女王。但斐迪南似乎并不愿意违背诺言。当伊莎贝拉加冕后不久就回到阿拉贡,此时她已经对他的犹豫和臣僚的议论耳闻目睹。但很快,这对夫妻弥补了裂痕,他们并没有受到这场争论的影响,伊莎贝拉与斐迪南仍然按照当初的约定继续生活。而且,对斐迪南来说,他也将成为阿拉贡的统治者。

不久,葡萄牙开始入侵的消息传到阿拉贡,伊莎贝拉马上辞别了斐迪南赶赴国内,斐迪南也表示马上带兵前去支援。伊莎贝拉一回到国内就调遣了卡斯蒂利亚军队向西北进军,阻挡葡萄牙和卡斯蒂利亚叛军的南下。

阿丰索五世是个老谋深算又富有战争经验的老色鬼,伊莎贝拉的卡斯蒂利亚军队面对阿丰索五世时总是处于下风,节节败退。不久,当斐迪南带领阿拉贡士兵赶到后情况就大为改观。他作为卡斯蒂利亚的国王,自然担当起了战场的总指挥,由于他也多次平定国内的叛乱,所以也称得上足智多谋,颇具指挥才干。形势也因此逐渐好转,渐渐与葡萄牙战成平手,稳住了阵脚。到了战争的后期,由于伊莎贝拉和斐迪南的卡斯蒂利亚军队一直能得到充足的补给,士气高涨,斐迪南领导的卡斯蒂利亚军队不断取得了诸多胜利。

1476年3月,斐迪南与阿丰索在托罗附近会战。这场战役于黎明时分爆发,尽管他们此前进行了漫长的争斗,但只用了半天时间,斐迪南就歼灭了阿丰索的主力。傍晚的时候,葡萄牙王子若奥率领援军赶到,双方又进入了僵持状态。这对葡萄牙来说颇为不利,他们的补给相当艰难,而斐迪南则能源源不断地得到来自阿拉贡和卡斯蒂利亚的物资。

这一役彻底让胡安娜及支持她的贵族感到绝望了,他们向伊莎贝拉提出了求和,伊莎贝拉答应了她的请求,只要葡萄牙一退兵她们就议和。然而当胡安娜向阿丰索提出让他退兵的时候,阿丰索却一口回绝了,战场上的失败让他恼羞成怒,他让若奥王子回国理政,自己则再率大军继续与伊莎贝拉作战。伊莎贝拉则充分发挥了她的组织才能,积极筹备军需,并亲自上前线慰问士兵,士兵也被她的无畏精神所感动,士气高涨,誓死保卫女王和国王。而斐迪南则充分发挥他的指挥才能,运筹帷幄,身先士卒率领士兵奋勇杀敌,冲锋陷阵。到了1479年的时候,战争结局已经很清晰了,但阿丰索仍然不死心,终于在最后一次战役中一败涂地,损失惨重。他无可奈何,只好带着他的外甥女兼未婚妻灰溜溜地回到葡萄牙,于是卡斯蒂利亚王位继承战争也就宣告结束。

这场战争立即让伊莎贝拉树立起了威信,她女王的地位获得了巩固。斐迪南的表现也得到了卡斯蒂利亚国民的认可,大家对这个新国王也推崇有加,卡斯蒂利亚国民从来没有像现在这样对自己的未来充满了希望。

伊莎贝拉时代

就在葡萄牙退兵的时候,斐迪南接到消息,他父亲病重,很快这位阿拉贡的老国王带着虔诚的心陪伴上帝去了。斐迪南成了阿拉贡的国王。伊莎贝拉则留在卡斯蒂利亚处理政务,斐迪南回到阿拉贡继位,这对鸳鸯不得不暂时分离。

不久斐迪南就对外宣称伊莎贝拉也是阿拉贡的共同统治者,卡斯蒂利亚与阿拉贡合并成了一个由他和伊莎贝拉共同统治的国家,这个国家也就是西班牙的雏形,实际上,他们已经开始为完成一个伟大梦想开始努力,那就是伊比利亚半岛上多年的愿望:统一西班牙。但实际上这个统一的王国还是由两人分开管理的,拥有不同的社会结构和传统的两个国家。由于两人都是虔诚的天主教徒,教皇亚历山大六世授予了两人"天主教两王"的称号,承认了卡斯蒂利亚与阿拉贡的合并。而此后伊莎贝拉事实上一直与斐迪南共谋划策,正是由于这个原因,卡斯蒂利亚和阿拉贡进行了很多相同的改革,两国的相似性也在逐渐增加,这也为以后的西班牙统一奠定了基础。

伊莎贝拉对国内形势并不满意,她觉得这十来年发生的种种变故都是由于国内贵族势力过大,横行跋扈造成的,她要巩固自己的统治,就必须加强王权,加强中央集权,也就是说要削减贵族的权势。不过这样做很有可能会引发叛乱,贵族的武装势力不容小觑,而且引发战争势必会生灵涂炭,但如果不削减贵族势力,自己今后的改革也就无法开展下去了。在这左右为难的时候,她又想到了斐迪南,最终在斐迪南的支持下,她团结市民、教会、小封建主,共同对抗大贵族。斐迪南也派遣了很大一部分军力进驻卡斯蒂利亚,极大地震慑了封建贵族们,于是伊莎贝拉开始逐个地清除大封建主的城堡,并没收了他们侵吞王室的土地,剥夺了他们铸币和征税的特权。也是由于斐迪南军队的威慑作用,贵族们反抗得很少。

伊莎贝拉为此也希望能建立一支能忠于女王的强大军队,但是议会是不会同意在和平时期维持太大的常备军的。伊莎贝拉遂以将对格拉纳达用兵为由征得了议会的同意,并以此作为维护自己统治的一种手段。格拉纳达是南方的伊斯兰国家,早在数百年前卡斯蒂利亚和阿拉贡的统治者们就在打算着把格拉纳达这样的伊斯兰国家赶出利比亚半岛,而现在这些伊斯兰国家也真的逐渐被消灭了,只剩下了格拉纳达这么一个国家,而格拉纳达能在这么多战争中幸存下来也可见其国力军力非同小可。伊莎贝拉以征服格拉纳达为由拥兵自然不会受到反对,因为这是历代帝王的遗愿,但伊莎贝拉也不是完全把这个作为幌子,作为一个虔诚的天主教徒她非常希望让整个利比亚半岛都处在基督的照耀下,因此征服格拉纳达也可以说是她最宏大的理想。

当维持了一支强大的常备军之后,伊莎贝拉又壮大了国内的警察队伍以减少犯罪,而后她又将市长委任权收归国王所有,设立了神圣兄弟会武装控制市政生活,使议会形同虚设——这可以大大减少议会对君主的牵制。经过这么多的改革,卡斯蒂利亚的王权达到了一个从未有过的高度,贵族势力完全被伊莎贝拉压制下去了,中央集权得到了前所未有的加强。

而伊莎贝拉也并没有违背她加冕时所说的话,她将以改善国民生活作为自己的神圣职责,她也深深地相信,上帝制造了国王就是为了让他们能尽心尽力地去服务国民,去想办法让国民生活得更好。于是她作为卡斯蒂利亚的女王就有责任爱护她的国民,建设她的国家,让她的国民生活得更安全、更幸福、更快乐。作为女王,她也像她刚结婚那时一样,四处巡游,致力于解决当地的问题,并寻找当地有用的政策,以便能推广到更多的地方去。她也不拘吃住,经常栖身于当地的修道院,和修女们共同食宿,一门心思地工作:"在女王工作的屋子里,常常是将近黎明时分还闪烁着灯光。"她为了提高国民生活质量,经常废寝忘食地工作,她的5个孩子出生在全国的不同地方,就是因为她在怀孕期间也不休息,仍然成年地东奔西跑,甚至还因此多次流产。

终于在伊莎贝拉不倦的工作下,卡斯蒂利亚逐渐从一个荒芜破败的封建割据的国家变成了一个强大而富饶的集权王国。

天主教徒

伊莎贝拉及其丈夫都是虔诚的天主教徒,他们甚至被教皇授予了"天主教两王"的称号,这足以看出他们对天主教的虔诚。我们知道伊莎贝拉是在苦难的童年中形成对天主教的信仰的,她也因此视基督为自己的父亲,时刻愿意为基督奉献自己的生命,接受上帝的使命。这种疯狂的信仰也让她觉得只有天主教才能合法地存在,任何其他的教义都是对上帝的亵渎,是不能被允许的。

当时伊比利亚半岛上居住着西班牙人、葡萄牙人、法兰克人、犹太人、加泰罗尼亚人、巴斯克人、阿拉伯人等诸多民族,其中阿拉伯人信仰伊斯兰教,犹太人信仰犹太教,其他的人大多信仰天主教,于是半岛上的三种宗教一直存在着,相互的影响和斗争。而伊莎贝拉夫妇却反对这种并存的状态,他们认为其他宗教都是异端邪说,都应该被禁止,于是就开始了天主教的统一运动。他们首先宣布了卡斯蒂利亚和阿拉贡地区的犹太人和阿拉伯人必须放弃犹太教和伊斯兰教的命令,然后在1480年设立了宗教异端裁判所,即臭名昭著的宗教法庭,用来对付那些表面上改信了天主教背地里却仍然信奉自己原来宗教的犹太人和阿拉伯人。宗教法庭以后传入了欧洲的其他国家,也被那些国家的统治者接受,以至于在以后的一百年间欧洲成了最黑暗的宗教迫害地。

宗教法庭最初是由法官、陪审团、起诉人和警方调查人等权力机构组成的,乍听之下倒和一般的法庭没什么区别,但实际上这些机构都是充当秘密警察和打手的角色的。宗教法庭的审理过程异常简单和粗暴,使用的手段令人不堪入目,凶狠残忍,一旦有人受到怀疑便极难摆脱对自己的控诉,因为这些审判的人从来不审问你是不是,只要让你承认他们什么方法都会使用。嫌疑犯不会知道原告姓什么叫什么,也不知道自己被控诉的罪名和证据,有时候倒是会被提供一些证据,但是这些所谓证据也是口说无凭而已。嫌疑犯们如果否认自己的罪行就会被殴打至亲口承认这些所谓的罪行,在这里因不肯承认对自己的控诉而被殴打致死的大有人在。可以说,一入宗教法庭,不管是认罪还是不认罪,面临的往往都是死路一条,即便不死也会落得一个终身残疾的下场。也正是由此宗教法庭才对人们产生了很大的威慑作用,很多犹太教徒和穆斯林都只有免去所有的宗教礼节,即便在家里也只敢在心里继续他们对自己宗教的信仰。伊莎贝拉创立的这个宗教法庭也成了她一生无法除去的污点。

最初创立宗教法庭的时候伊莎贝拉任命她的私人忏悔神父，对女王非常忠诚的狂热天主教僧侣托马斯·汤戈马达作为其总头目，这个神父也就在这个位子上将女王的命令添油加醋的实行了起来。伊莎贝拉颁布禁止犹太教和伊斯兰教的命令后的几年里，虽然有一批原"异教"教徒表面上改信了天主教，但仍有大部分的犹太教徒公开反抗这个命令，而他们绝大部分都住在犹太人聚集地，伊莎贝拉也就没有过于强求，她知道这种事得慢慢来。后来，狂热的汤戈马达一再向伊莎贝拉提议要强求那些犹太人改信天主教，到了 1492 年的时候，伊莎贝拉和斐迪南共同发布了一个命令，如果卡斯蒂利亚和阿拉贡地区的犹太人不放弃犹太教改信天主教的话，他们就必须在 4 个月内离开卡斯蒂利亚和阿拉贡，并且不能带走财产。而当时卡斯蒂利亚和阿拉贡地区有大约 20 万的犹太人，他们是当地最精明最富有也是最勤奋的一类人，而且他们可以说是控制了当地的手工业和商业的命脉，在社会的经济生活中扮演了最重要的角色。而这 20 万人也并没有留恋他们留在这里的财产，绝大多数的人都选择了离开卡斯蒂利亚和阿拉贡，从此开始他们背井离乡的生活。而这些人的离开最终带给卡斯蒂利亚和阿拉贡的不是王室充盈的财产，而是经济的滑坡和崩塌，其带来的打击让卡斯蒂利亚和阿拉贡陷入了长久的经济低迷期。

然而就在伊莎贝拉夫妇赶走犹太人之前，卡斯蒂利亚和阿拉贡国内的经济高速发展，国力强盛，军队也强大了起来，他们就想到了祖先的遗愿，那就是让天主教光复西班牙。1491 年，伊莎贝拉女王和斐迪南国王率领大军，浩浩荡荡地向南开进，那里的格拉纳达王国成了这次行军的目标。伊莎贝拉等了这么多年终于等到了这一天，完成祖先的遗愿，让上帝的福音传遍整个伊比利亚半岛。

格拉纳达也是一个强大的国家，他们对自己的伊斯兰教也像伊莎贝拉他们对待天主教那样虔诚，他们绝不允许别人侵入自己的国家，欺辱他们的真主安拉。这是两个国家的战争，更是两个宗教的战争，由于对宗教的虔诚，这势必会是一场艰苦而惨烈的战争。战争一打响，伊莎贝拉便转到二线，运用她出色的组织交际能力，居中调度，让自己的丈夫无后顾之忧。她积极地调运物资支援前线，在国内又不断地鼓动青年参加这场为上帝的作战，所以战争期间前线一直兵源充足，而且她还修建了战地医院，及时地救治了伤员。与此同时，斐迪南在前线指挥作战，他丰富的经验让他显得足智多谋，战争不断向天主教这边倾斜。尽管如此，这场战争还是进行得异常艰苦，士兵伤亡惨重，军中渐渐有人开始怀疑这场战争的意义。

就在斐迪南焦头烂额的时候，伊莎贝拉带领援军来到了前线，她用她灵巧的口才说服了将士们，让他们相信这是一场正义的战争，他们是在为上帝作战。

经过 8 个月的激烈战斗，1492 年他们终于攻下了格拉纳达城，完成了西班牙民族 700 年来的收复失地运动，从领土上统一了西班牙（尽管卡斯蒂利亚和阿拉贡实际上还是分而治之的两个国家，实际的统一将由伊莎贝拉和斐迪南两人的外孙来完成）。

领土上完成了西班牙的统一，伊莎贝拉还想着思想上统一西班牙地区，即用天主教的教义去统一。这时候他们刚刚赶走了执迷不悟的犹太人，只剩下了阿拉伯的顽固分子，然而收复格拉纳达的时候他们与格拉纳达国王曾签订协议，其中规定在西班牙地区定居的阿拉伯人可以继续信仰伊斯兰教。这样忍了几年后，女王就开始尝试宣布要求全体伊斯兰教徒改信天主教，但受到阿拉伯人的一致反对。到了1502年，西班牙的统一稳固了下来，经济也从赶走犹太人后的低迷中恢复了过来，女王觉得必须采取行动了，于是她与斐迪南国王同时颁布了类似1492年的法令，命令居住在西班牙地区的伊斯兰教徒要么改信天主教，要么留下财产，不然会受到严厉的惩罚。于是又有大规模的阿拉伯人迁徙出了西班牙，背井离乡开始流浪，剩下的阿拉伯人不得不选择背弃信仰，另外坚持自己的信仰被处以火刑的人不计其数，还有更多的人被处了其他种种残酷的刑罚。宗教裁判所也重新盛行了起来，大批改信天主教的阿拉伯人被指责背地里仍然信奉他们的伊斯兰教，于是惨死在宗教法庭里的阿拉伯人也不计其数，其中很大部分真正已经改信天主教的人，仍然免不了被屠戮的厄运，这也可以说是天主教的悲哀了。

伊莎贝拉虽然是个虔诚的天主教徒却依然把王室和民族的利益放在首位，她创立宗教法庭也有另一个目的，就是以此减少教皇对王国的控制，宗教法庭虽然是得到了教皇的许可，但实际掌控权却在王室的手里。王室通过宗教法庭可以牢牢控制住国内的贵族和教会，在欧洲的其他各国贵族和教会都拥有强大的实力，与国王的权力相制，但在西班牙，国王可以通过宗教法庭镇压那些敢于公然反抗的贵族和教会。通过宗教法庭国王甚至实现了政教合一的统治，连教皇也干涉不了。于是她和斐迪南通过宗教法庭终于成功地将西班牙的天主教握在了他们的手中，而不是教皇的荫庇之下，这极大地加强了君主的权力，加强了中央集权。

经过残酷的镇压和驱赶，伊莎贝拉终于完成了对西班牙思想的统一，也最终完成了天主教的光复，让整个西班牙成了天主教的领土，让生活在上面的人都成了天主教的信徒。然而这给西班牙带来的影响却远不止伊莎贝拉所能看见的，她对犹太教和伊斯兰教的镇压和驱逐深深地禁锢了西班牙的文化，以至于以后欧洲文艺复兴的时候，西班牙无所适从，任何创新的思想均遭到压制，这就使西班牙海上帝国的盛景犹如昙花一现，最终没落下去。而这种压抑的文化气氛以及罪恶的宗教法庭也随着西班牙对中南美的殖民被带到了那里，于是直接导致了现在中南美比之于北美的严重落后，特别是文化的僵硬。这些是伊莎贝拉所万没有想到的，但却是她实实在在犯下的错，也是她光辉一生的极大污点，但归根结底，这也是狭隘的宗教意识导致的世界性的盲目与自私。

开创美洲新纪元

在伊莎贝拉时代，还有一件事是至今令人纪念的，那就是这位女王做了一次成功的赌博：她资助了哥伦布的远航。

世界传世藏书

图文珍藏版

伊莎贝拉的时代正是欧洲大航海兴起的年代,欧洲航海经过数百年的积累,已经完全具备了远洋航海能力,而科学技术的发展也能让船只在茫茫大海上得到有效的方位辨认、气候适应和洋流利用等。当时"地球是圆的"这个说法正在逐渐被人接受,但一直以来还没有人进行过真正的航海验证。按照这种说法,从西班牙出发不一定非要绕过非洲的好望角向东航行,而是应该一直向西航行也能到达传说中盛产丝绸、香料和黄金的中国和印度。哥伦布就是这种说法的痴迷者,他也是一个对航海有浓厚兴趣的人。

　　哥伦布一般被认为是意大利人,1451 年生于热那亚,与伊莎贝拉同岁。他最初希望能得到葡萄牙的支持,因为那时葡萄牙是世界第一海洋大国,在海洋上它远比西班牙要强大得多。但这个可怜的人在葡萄牙被认为是一个近似疯狂的骗子,葡萄牙国王拒绝了他的所有请求。

　　不得已,哥伦布只好来到西班牙碰碰运气。斐迪南国王和伊莎贝拉女王一起接见了他,但斐迪南和许多贵族一样,认为他不过是个骗子,并且对他说的航海计划嗤之以鼻,认为那不过是天方夜谭。况且,对阿拉贡来说,地中海远比大西洋重要,即使哥伦布成功了,那么对阿拉贡也几乎没有什么益处。斐迪南很快就抛弃了哥伦布的所有说法。

　　但伊莎贝拉却对眼前这个人产生了兴趣,尤其他说的地球是圆的这个说法时,而且,伊莎贝拉凭着一种女人的直觉相信,眼前这个意大利人并没有说谎,也许他的说法是错误的,但显然,在伊莎贝拉看来,他不是在行骗,而是真的希望进行一次远航。而且,伊莎贝拉毕竟是一位富有长远眼光的政治家,她已经看到葡萄牙正在寻找通过非洲好望角通向东方的航线,而西班牙的航海业正在向葡萄牙发起挑战,如果哥伦布能够成功,必然会为西班牙带来无尽的利益。

　　但此时伊莎贝拉帝国正在向格拉纳达发起战争,她此时既没有精力也没有足够的财力来支持哥伦布。因此,哥伦布只好在西班牙居住下来。

　　哥伦布为此在西班牙整整等待了 6 年。而在这 6 年中,哥伦布渐渐受女王的感染而对天主教的意义产生了更深的理解,正是这种理解让他在日后的远航中增添了一种宗教意义:他不仅仅是一个航海者、冒险者,他既然是一个天主教徒,那么就有义务把天主教传播到世界的每一个角落去。

　　1492 年,哥伦布终于得到了一个犯错的机会——直到他死去,他一直以为他发现的大陆是印度。

子女与大帝国

　　伊莎贝拉女王终于在进入 16 世纪初与世长辞,她于 1504 年 11 月 26 日去世。当她结束了传奇的一生后,她为这个世界留下了四个女儿和一个儿子,但她的儿子胡安不幸在 1479 年死去,她的女儿胡安娜后来成为维也纳哈布斯堡的美男子菲利普一世的妻子,他是哈布斯堡的继承人,也是勃艮第王国的王位继承人,这是伊莎贝拉缔结的最成功、最宏大的一桩政治婚姻。后来胡安娜的儿子、伊莎贝拉的外孙查尔斯五世继承了欧洲历史上最大帝国之一的帝位——神圣罗马皇帝,神圣罗马帝国是当时欧洲势力最庞大的帝国,帝国疆域包括现在的西班牙、德国、荷兰、比利时、奥地利、瑞士、意大利的大部分,部分法国、捷克斯洛伐克、波兰、匈牙利和南斯拉夫,当然,还有欧洲以外大片的殖民地。

最重要的是,伊莎贝拉的子孙还继承了她近似疯狂的宗教热情,查尔斯五世和菲利普二世都是狂热的天主教徒,他们几乎把伊莎贝拉在西班牙实行的宗教法庭政策完整地复制到了欧洲核心地带,这最终导致了一场恐怖的宗教禁锢。

伊莎贝拉是西班牙的缔造者,如果没有伊莎贝拉的话,西班牙的统一没人知道会在什么时候完成,甚至会不会有今天的西班牙还未可知。尽管宗教法庭的噩梦至今还令人不寒而栗,但这却在实际上为西班牙扫清了分裂的根源,西班牙不会再因为宗教问题而分裂;伊莎贝拉对哥伦布的赌注也让她得到了为时 500 年的纪念,而也正是这次远航,开创了西班牙的殖民盛世。

与彼得大帝并驾齐驱

——叶卡捷琳娜二世

人物档案

简　历：俄罗斯罗曼诺夫王朝第十二位沙皇，俄罗斯帝国第八位皇帝，也是俄罗斯历史上唯一一位被冠以"大帝"之名的女皇。出生于德国斯特丁一个普鲁士部落贵族家庭。14岁随母亲来到俄国，后嫁给了俄国女皇叶丽萨维塔的外甥彼得，并皈依俄国东正教，成为俄国王位继承人。1762年彼得被杀，她登上了俄国女沙皇的宝座。在位34年。

生卒年月：1729年5月2日~1796年11月17日。

安葬之地：圣彼得堡的彼得保罗大教堂。

性格特征：刚强倔强，虚伪狡诈，凶狠残暴，聪慧坚韧，富有心计。

历史功过：在位期间对外两次同土耳其作战，三次参加瓜分波兰的战争，把克里尔汗国并入俄国，打通黑海出海口，建立了人类历史上空前绝后的俄罗斯帝国。

名家评点：法国外交官舍瓦利耶·迪昂评价说："大公夫人看起来热情洋溢、充满激情。她的眼睛炯炯有神，犹如野兽的眼睛一般清澈、明亮。她天庭饱满，美好的前景好像刻在她额头上似的。她为人善良，和蔼可亲。"

女人的蜕变

叶卡捷琳娜，在俄罗斯的历史上以玩弄权术而著称。但她的成就则是整个俄罗斯历史上唯一可与彼得大帝比肩的人。作为一个女人，她那传奇的一生将通过历史的阶梯展现在我们的面前。

当历史最终离我们越来越远的时候，也许一切的功过是非已经失去了它本来的意义,而我相信,这个女子的 67 年生命历程不会随着时间的流逝而褪色。

1729 年 4 月 21 日,一个平凡的生命降生在普鲁士一个没落的贵族家庭,大概谁都没有想到过这个被命名为索菲亚的普通女子是足以影响以后几十年沙俄、甚至世界历史的传奇人物。

在历史的盛名和重压下,当她作为女人面对现实环境中所不可避免的艰辛时,当她在各种严峻复杂的生存条件下,学会如何在相互倾轧的钩心斗角和你死我活的惨烈较量中做到游刃有余举重若轻的时候,已经无人怀疑她的过人之处。她的性格更多的是在她远嫁俄国之后形成的,是宫廷争权夺利尔虞我诈的气氛和对地位权势的盲目崇拜和勃勃野心使她在寄人篱下的环境中养成了虚伪狡诈又凶狠残暴性格,是孱弱无能的丈夫和荒淫无度且权倾天下的伊丽莎白女王共同努力的结果。

1745 年 8 月,普俄两国开始了一场政治联姻。

当时,一个普鲁士的没落贵族之女,依靠她与生俱来的社交天赋,倚仗着虽不惊艳却青春逼人的外貌游走在上层社会中,成为名噪一时的社交名媛,她的交际才华除了吸引无数贵族的眼光之外,也使得当时的普鲁士国王腓特烈选定她作为政治交易的筹码——让年仅 16 岁的索菲娅远嫁俄国,通过她完成与俄国的政治联姻。

在这场政治婚姻中,索菲亚无疑是腓特烈的牺牲品,这位智慧出众、口才不凡的年轻君主是生性残暴而又富有文化修养的普鲁士国王腓特烈·威廉一世的儿子,他在年少时毫不热衷于权术和战争,只对文学和艺术感兴趣。

1740 年,父亲死后他继承了普鲁士王位,腓特烈在大权在握后,就显现出了与生俱来的政治手腕和超群的军事能力。

为了扩张他的王国,在接下来的 23 年里,他不断与邻国交战,为了取得更加有利的战略优势,他经常与俄国和法国联盟。而这一次筹码显然是押对了地方。历史证明,在腓特烈最后被彻底击垮,连柏林也被俄奥联军占领,绝望得快自杀时,掌管俄国的女沙皇伊丽莎白的突然去世挽救了他,继位的彼得三世的王后正是他挑选的那个叫索菲亚的普鲁士没落王公之后,她的知恩图报让奥地利面对俄国和普鲁士的联合力量,被迫接受普鲁士的条件,放弃了对西里西亚的领土要求。然后这两国瓜分了波兰,使得普鲁士在之后许多年里成为欧洲最强大的力量。

当得知自己被选定为俄国未来皇位继承人的未婚妻后,少年的索菲亚·奥古斯特激动万分,立即在母亲的陪同下,随身仅带两三套衣服、一打衬衣、一打袜子和手绢,经过长途跋涉,来到了彼得堡。

这座叫作彼得堡的城市正是那个被万人景仰的彼得大帝所建造的都市,如果说这个城市打开了俄国面向西方的窗口的话,那么是这个叫索菲亚的女子使得俄国打开了面向世界的大门。

让我们把历史再往回推 50 年,在 17 世纪末 18 世纪初,俄国出现了一个叫彼得的人,他就是日后被所有俄国人骄傲地成为"彼得大帝"的那个英雄。彼得是沙皇阿列克谢一世的第四个儿子。他的父亲和兄长去世后,10 岁的他和病弱的同父异母哥哥伊凡共同继位为沙皇,由他们的姐姐索菲亚·阿列克谢耶芙娜摄政。

十几岁时,彼得就显出与众不同的一面,他完全蔑视传统的宗教和政治仪式。17岁时彼得以谋反为由逮捕了摄政王(他的姐姐),并把她关在一家修道院里,她在那里度过了她的余生。之后他完全掌控了整个帝国,他的哥哥伊凡则有名无实。彼得在青年时代的欧洲巡游让他成为一个励精图治的改革家,他花了16个月微服私访了德国、荷兰、英格兰和奥地利,曾在英格兰和荷兰做过一段时间造船工人的传奇经历则成为他旺盛的学习热情的佐证。

回国时,彼得雇用了许多西方工匠、工程师、士兵、水手、建筑师和艺术家来帮助他实现俄罗斯的现代化。确切地说这是一场近代化的过程,他以钢铁般的意志和极其巨大的勇气颁布了3000条法令,以西方的方式改革了行政机关和军队,建立起供养其军队的工业,并派选优秀的俄国青年去海外学习制度和技术,对于优雅的法国文化和庞杂臃肿的英国议会制度毫无兴趣的彼得大帝在俄国的土地上大刀阔斧地进行着一场前无古人的改革,如果说后有来者,除了如今被整个俄罗斯视为英雄的普京之外,也就只有叶卡捷琳娜一人了。

叶卡捷琳娜一世早已被人们看作为麻雀变凤凰的标志,这位大北方战争中,在马里恩波尔附近成为俄军的俘虏的立陶宛农民之女,在被彼得一世宠幸后皈依东正教并且改名叫叶卡捷琳娜,而后她作为彼得一世并不幸福的家庭生活中的一个特例,成为罕有的能与性格暴虐的彼得和谐相处的女子,而在丈夫驾崩后,叶卡捷琳娜作为彼得大帝晚年得宠的情人,得到近卫军的支持,于1725年加冕,史称叶卡捷琳娜一世。如今被很多人误以为是叶卡捷琳娜二世所建的气势恢宏的叶卡捷琳娜宫,其实早在1723年就破土动工,显而易见这是彼得大帝为讨好他的情人而建的宫殿,当然最后他慷慨地把整个国家都送给了这个外邦之女。

虽然历史给了她神秘的面纱,但我们依稀可以揣测20年后,当同样不是俄国贵族的年轻的索菲娅来到沙皇面前时,她为自己改下这个名字的一些用意。同时如果您稍加留意,会发现那个被彼得一世幽禁的姐姐的名字也叫索菲亚,名字上的相同让人相信这个女子与彼得一世有着某种关系。

作为彼得一世改革的继承者,叶卡捷琳娜同样在机构改革和习俗欧化上成绩斐然,不仅在位期间建立起中央更集权的统治,巩固了沙皇的独权地位,她更广泛网罗西欧的知识分子,使得彼得堡成为西欧一个重要的文化中心。在她辞世后的60年,俄国国家活动中,几乎所有的变革都显得微不足道,与叶氏激越的改革理想形成了鲜明的反差。这从另一个侧面证明了叶卡捷琳娜富有理想并且具备实现那种理想所需要的无限勇气。

再次把目光回到1727年,叶卡捷琳娜一世登基后仅仅两年就去世了,彼得二世作为彼得一世的孙子登基,但好景不长彼得二世也随祖父祖母而去,然后是安娜·伊万诺夫娜,这是彼得一世的侄女了。等到了伊凡六世,这就更远了,他是安娜·伊万诺夫娜的外甥女的儿子。1741年,伊丽莎白·彼得罗芙娜,也就是彼得一世和叶卡捷琳娜一世的女儿登基。这段历史曲折离奇,当中若是生出任何差池,大概历史都已经被改写了吧,幸好,历史没有如果,而我们也只能感慨这期间命运的神奇了。

　　这位女沙皇虽然也以奢侈淫意留载历史，但她没有结婚，自然也就没生育子女，于是伊丽莎白远渡重洋去德国把自己姐姐的儿子领来，也就是彼得一世的外孙，彼得三世准备继承皇位。这个同样有着一半德国血统的男人自然就是叶卡捷琳娜二世的丈夫。这个半俄国人的德裔妻子在 1745 年 8 月通过一场婚姻走进了代表着至高权力和无尚荣耀的皇宫，走进了她人生的另一个世界。

　　俄国王储迎娶这位德国公主时，俄罗斯的工匠专门为新娘做了一件紫红袍。这件紫红袍腰身狭窄，裙摆宽大，直径超过 1 米。它的面料为织有银丝的锦缎，上面布满双头鹰图案的刺绣，裙边和下缘绣有银色花朵和叶片，里面采用白色貂毛皮做内衬。只是很可惜，这么华贵的婚装却未能保证这对夫妇婚姻的幸福，使看起来前途无限的夫君并没有帮助叶卡捷琳娜完成从女孩到女人的蜕变。

　　直白一点说，这是一个有性功能障碍的男人，他的狂妄自大、才能平庸、头脑简单，甚至在俄国的皇廷还不忘表演普鲁士的社交礼节，他的冷淡和无趣让叶卡捷琳娜年轻躁动的生命犹如一潭死水。

　　无奈之下，这个年轻的女子只好把蓬勃的生命力和旺盛的精力投入到对沙俄文化的学习中。无论是对东正教礼仪的研习还是对沙俄历史的考究，或者是对俄语的虔诚攻读都卓有成效。据说当她用标准的俄语虔诚地朗诵东正教誓言时，竟使在场的天主教和众教徒感动得流下了眼泪，这些无疑都成为其日后纵横俄国政界的有力砝码。

　　而更为关键的是她在这样看似枯燥无聊、日复一日的学习中逐渐领悟到做一个成功的君主的关键和要义，而作为直接的实践，便是在恶劣的社会环境中学会取悦女皇，慑服达官显要，赢得大小朝臣的同情。

　　在这个时候，她几乎已经决心放弃她那个每天只会在床上摆弄小木偶来对阵的百无聊赖的丈夫。

　　由于丈夫在性生活上的无能，叶卡捷琳娜的处女之身在她入宫后被完好地保存了八年。彼得三世治好了疾患之后，反而经常将自己与情人的事如同背书一般向妻子汇报。这八年着实显得有些荒诞怪异，尤其与之后她以年轻和艳丽征服无数情人的磅礴历史相比。

　　作为皇储，伊丽莎白开始为彼得三世的子女问题劳心劳力，她甚至动用她的权力安排了一个名叫塞提科夫的侍臣去引诱叶卡捷琳娜，这个 26 岁的女人在良久的挣扎之后终于抵不过内心的渴望，而在她与宠臣生下第一个孩子之后，在这个孩子被女沙皇无情地抱走之后，叶卡捷琳娜的生活轨迹发生了扭转，孩子的得而复失让她更加彻底地领悟到宫廷生活的要义，于是她用女皇抱走孩子所给的钱笼络大臣贿赂人心。令伊丽莎白也始料未及的是，她走上了一条欲念的不归路。

　　其实，无论有没有这个孩子的出生，有没有伊丽莎白女王煞费苦心的安排，这个毕生游走在权利与欲望高峰的女子，都会在某个时候选择这样一条属于她的道路。

　　这时她会让我们想到另一个女人，一个在中国历史上写下过传奇篇章的女人，她就是武则天，那个同样在强敌林立、危机四伏的政治背景下功名显赫的女人，那个出生在更为中庸人家的武氏同样也是年轻进宫，同样利用在寺庙的无聊时光潜心研学，同样善于运用权势和手段，她们所取得的荣耀与权势，无不是这两个女人以生命为赌注，不断努力抗争得来的，她们的专权，她们的开明，甚至是冷酷残暴以及个人生活都是如此惊人的相似。也许站在莫大的荣光里，站在无边的权力背后，她们显得比任何君主都要残忍一些，但她们所受到的威胁也远非一般君主可堪比拟，用他人的鲜血和尸骨铺就起一条狭长的通向王位的道路，完成历史赋予她们的使命，令人心冷齿寒之余，也不禁对如此让人惊异的女子滋生出些许怜惜和敬重。

与武则天对丈夫连骗带哄的态度不同，这个一千年后的欧洲女皇，在运筹帷幄了良久后，通过一次看似普通的宫廷政变，将作为沙皇的丈夫轻而易举地铲除，并且没有给他任何反击的机会。

欲望与权力的替身

叶卡捷琳娜不露痕迹的蓄谋了一场改变沙俄之后几十年历史的宫廷政变。当时她依然对伊丽莎白顺从，伪饰出对皇家规制的心怀敬畏，好像她除了疯狂地学习俄国礼仪文化和历史，让自己更好地融入这个民族之外毫无他心。她开始渐渐赢得人心，无论那些贵族是出于利益判断还是因她的美色诱惑，已经开始对她言听计从。而此时的叶卡捷琳娜把握着适度的分寸，小心谨慎地在后宫中积蓄自己的力量，等待他日厚积薄发，一举成功。

1754 年，也就是她的第一个孩子刚刚出生的这一年，叶卡捷琳娜认识了对她来说至为重要的一个男人，这个男人就是格里戈夫·奥尔洛夫，也就是习惯上所称的"波将金"。这当然并不是她的第一个情人，也自然不会是最后一个情人，但却是叶卡捷琳娜最著名的一个情人，而原因除了波将金收到的那些直白热烈的情书外，除了他们共同孕育了叶卡捷琳娜的第二个也是最后一个儿子阿列科谢外，更重要的是这个独眼将军是打造叶卡捷琳娜帝国最为重要的功臣，他们的关系早已超越了肌肤之亲，更为重要的是他几乎和女皇共同坐拥着广袤的土地和无数的臣民。无论是发动宫廷政变还是远征土耳其，但凡关于国家命运和叶卡捷琳娜存亡的事件都有他穿梭奔忙的身影。以至后世一直有人揣测他们是否为秘密夫妻，虽然目前无史料证明这一点，也许对于他们是否结婚已经不再重要，因为事实上他们在共同分享过整个俄国。

他们的相识也显得那么机缘巧合。在某天与彼得三世又发生争执之后，叶卡捷琳娜一个人郁闷地在后宫幽深的庭园里哀叹，其实这时的准王后刚刚甩掉情人亚历山大瓦西里科奇夫，她郁郁寡欢的哀伤表情让伟岸的将军顿生怜惜，而将军强壮的阳刚之美散发着野兽般的气息，多情的叶氏被震慑了，她迷恋这个男人周身所散发的血性和张扬，他的蛮暴和力量深深吸引着她。只是擦肩而过的惊鸿一瞥已让这个生性浪漫的后宫之主不能自持，她甚至立马提笔写信给自己的小姐妹，让她秘密安排与波将金的幽会。

而这个近卫军的中尉似乎也沉醉于这个女人的温柔眼神里,虽然已不是清纯少女的清澈,但成熟、妩媚、娇艳的眼神也许更能占据这个铁血将军的心。于是他们很快在涅瓦河上的一个小岛上的一间小房子内幽会。从此,拥有了俄国军队作为其坚实的后盾,她的政治野心开始渐露端倪。

1761 年对于叶卡捷琳娜而言,无疑是极其重要的一年,正是在这一年,那个幽禁她、操控她,让她的生活一度暗无天日的执掌朝政 20 年之久的伊丽莎白女王在 12 月 25 日驾崩,彼得三世依律继任王位,成为沙皇。

这并不是一个不爱民的皇帝,这也不是一个完全没有理想和抱负的君主,只是和几乎所有被女人赶下台的男性帝王一样,他的性格过于懦弱,他的政治目标过于理想化,更可悲的是他碰到了一个敢于将他从最高峰颠覆的女子。要成为这样的女子,除了自身的计谋和智慧外,更需要这位君主的积极"配合",而她的夫君恰恰是一个德国出生的、对俄国毫无爱国热忱的并且有些幼稚和自命不凡的君主。在这一点上,叶卡捷琳娜则以一个日耳曼血统的后裔,怀拥着对俄国无限的热爱,甚至让后人在评价她时总是惊叹于她的种族。

而彼得三世,这个曾经以自己的好恶随意改动俄国制度和法令的君主所推行的种种政策的君王无疑损害了贵族和教会利益,无论对内对外,他都显得很不得人心。他的统治仿佛在配合着叶卡捷琳娜膨胀的野心和欲望,在为这个女子日后的丰功伟业做着积极的准备。

叶卡捷琳娜毫无疑问是一个具备智慧和美貌,并且懂得合理地安排自己才色的女子,她通过与波将金及其兄弟的情人关系间接地掌控了俄国庞大的军队,而此时由于彼得三世改善底层人民生活的政策措施伤害了大地主及贵族的利益,更是给了野心勃勃的叶卡捷琳娜夺位的契机,而驾崩的伊丽莎白不曾料想她的辞世不仅解除了束缚在叶卡捷琳娜身上的枷锁,更给了她一个极好的表演和展示的机会。也许所有的俄国人永远都不会忘记,在那个淫雨霏霏的国丧典礼上,在万千目光的注视下,与彼得三世的平静甚至漠然相比,叶卡捷琳娜显得非常忧伤,甚至有些让人怜惜的悲怆,仿佛离开的不是那个折磨她的伊丽莎白女王,而是和她一起带着简单行囊奔赴彼得堡的那个生身母亲,仿佛这场丧礼不是对过去的苦难岁月的告别,而是等待更加艰辛岁月的到来。而事实上,这样的举动,这样的行为礼仪,注定让这个女子可以站在历史的高峰上迎接属于她的辉煌和绚烂,迎接那些连绵的掌声和不朽的赞誉。至少我们可以认定,她在当时的俄国,已经赢得了足够的尊重和认同,从贵族地主到百姓,他们心中的天平无一不从彼得三世偏向了她。

她在行动前多次问奥尔洛夫兄弟,"近卫军有什么问题吗?"得到的除了是令她期待中的回答——"我们近卫军一定效忠您"外,还有"这件事情恐怕还需要外国人的支持",这一宝贵的提醒几乎成为决定这场政变的最为关键的因素,两天之后,叶卡捷琳娜就召见了英国、法国以及普鲁士的大使,经过一番斡旋和谈判,她获得了英、法、普这三个欧洲最强大的国家的支持。

此后叶卡捷琳娜又陆续得到了其他几个欧洲大国的支持,站在公平的角度客观地说,这不仅证明了她身为女人的个性魅力,更有力地证明了她具备成为一个政治家或者说一个君主的潜质和天赋。在政治斗争面前她显得从容镇定,处变不惊,即使有失败甚至死亡的危险,她依然可以举重若轻,游刃有余。这并不仅仅是胆识过人,而是对于到来的决斗,她已有了充分的准备。

而当一切准备就绪之后,这场原以为会声势浩大的宫廷政变就那样安静地发生了,甚至没有来得及动用那誓死效忠她的近卫军,也没有让外国王室和俄国大地主们大动干戈。

1762 年 6 月 28 日,叶卡捷琳娜里应外合顺利地将还未来得及防备的彼得三世赶下了宝座,而之前彼得三世在这个皇位上仅仅坐了 180 天,他的雄才大略和为民造福的远大理想成为又一个虚幻的美梦,他的挥斥方遒也变成摇尾乞怜。彼得三世被抓后狼狈地跪地求饶,他甚至表示甘愿让出王位,只要女皇放他一条生路,他宁愿流亡海外,但是彼得三世看错他的老婆了,这个女人不会给他任何可以反抗的机会,在她登上沙皇宝座的三天后,她将这个跟她仅有夫妻之名且已经毫无利用价值的男人秘密地处死了。

这个登上王位的女人,命人为自己打造了一顶华丽而又奢美的皇冠,叶卡捷琳娜的钻石情节也许就从那个时候开始了,她对钻石的痴迷程度几近疯狂,每天都佩带款式不同却同样价值不菲的钻石饰品。由于女皇对钻石切割和镶嵌的工艺的极高要求,在当时涌现出许多技艺精湛的钻石切割者,这些人成了俄国历史上最为出色的钻石切割专家。天才的宫廷珠宝匠波吉耶无疑可以名列其间,他为叶卡捷琳娜二世加冕典礼制作的大皇冠以其富丽精美赢得世人称赞,这个皇冠的镶钻数目之多、主钻之奢靡恐怕在俄国的沙皇中无人可以出其右了,而这美轮美奂的皇冠更是成了一个时代的标志,象征着那个沙皇专制统治全盛的时代,象征着那个崇尚奢靡浮华生活的时代,更象征着这个风情万种的女人的统治的正式开端。

在此,我们不得不提一个人,他就是生不逢时的伊凡六世。他是众多沙皇中命运最悲惨的一位。刚满 13 个月时便被送进了监狱,小伊凡离开了借他之名胡作非为的父母,终日与牢房为伴,他自小到大从未见过蓝天和白云,也没听过鸟鸣虫叫,除看守他的士兵外,也从未见过其他人。等这个孩子年满 16 岁时,被秘密押送到施利色堡单独关押,任何人都不知道他的姓名和真实身份。人们知道的只是他的代号——"一号囚徒"。奉命看守伊凡的两个禁卫军军官弗拉谢夫和车金直接向伊丽莎白女王宣誓,定期呈报秘密报告。

长年的牢房生活,使伊凡的体质、心理、性格都发生的严重畸变。他头发蓬松,脸白如纸,身患多种疾病,呆滞的双目不时露出愤懑之光。他每天除了读《圣经》和《使徒列传》,就是在沉思遐想。而当叶卡捷琳娜二世踏着丈夫的尸体登上了沙皇宝座后,她居然害怕这样一个孱弱少年危及她的统治,或者说动荡的时局中她深深恐惧有人拥戴伊凡六世而危及她的宝座,于是在 1764 年 7 月 5 日晚,人们发现"一号囚徒"身中数剑,倒在血泊中,且已气绝多时。是的,年仅 24 岁的伊凡,在度过了 23 年的铁窗生涯后,终于成了俄国宫廷政治的又一牺牲品。

此后,叶卡捷琳娜女皇开始了更为宏大的政治演出,她拥有了更为盛大和自由的舞台,也拥有了更为庞大的观众队伍,有更多人会拥护她的统治,也有更多人会站出来会反对她,她会审时度势地将其铲除出核心政治集团,甚至是不惜代价地将其置于死地。在可能反对她的农民和地主之间,她非常现实地选择了大地主,她甚至公开宣布自己是俄国"第一大地主"。

她一上台就用扩大贵族特权的方式取悦了帮助她谋求到皇位的贵族,她没有付出任何代价,受到残酷剥削的只有农民。她分封土地给每一个给过她实际或间接帮助的贵族,连同居住在土地上的农民也一起分封,此举成为她统治开始的标志,如同一个坐标一样,向俄国农民宣告着彼得三世所带来过的美好时光早已成为幻梦,那些被圈禁在土地上的农民,那些在彼得一世农奴制改革后依稀看见希望的曙光的底层农民,瞬间又跌入了万劫不复的深渊。而在叶卡捷琳娜统治期间,贵族所拥有的可以随意在市场上买卖的农奴数超过全国农民数的一半,而那些侥幸没有因为女皇的慷慨而成为农奴的农民的生活也相当惨淡。也许是生活在自己所打造的假相下太久了,叶卡捷琳娜大帝最后也相信了自己编造的谎言,确信自己的统治强大了沙俄,富足了国民。她给伏尔泰写信,饶有兴致地介绍说俄国农民都可以吃上鸡,事实上那些没有划归为农奴的农民所耕种的土地是非常贫瘠的,他们的祖辈在上一次改革中所欠下的巨额债款更让他们生活变得没有了盼头。

1762年宫廷政变的风烟终将散去,留给历史的是一个清晰而有力的转折点,无论这个女子是通过何种手段和途径获得了皇位,是牺牲了多少人的鲜血和生命甚至还有她血液里最后仅存的那一丝仁爱,抑或是以皇权与贵族以及地主之间的再次苟合达到的短暂的政治平稳……当历史的风尘散尽的时候,我们依稀可见的是一个盛大王朝的开始,是一个中央高度集权而又相对安定平稳的沙皇政权,是一个俄国日渐强大走向世界的身影,在这个模糊的轮廓中,我们仿佛已经窥见这个女子激越的人生理想和远大的政治抱负。

开拓帝国版图

历史的长河中,这个凶悍的民族总是在每一次沉沦之后似乎总能获得一种凤凰涅槃式的再生。而每一次失败和胜利几乎都来自战争。贯穿整个俄国历史的、处于支配地位的主题就是疆界的扩张。对外扩张、建立军事强国、追求帝国势力和威望,一直贯穿于俄罗斯政治文化和对外交往的全过程,而强烈的宗教意识和救世主义理念成了推动俄国大规模向外扩张的思想基础。时间渐渐滤净了曾经弥散的硝烟,我们不得不承认,是不断的侵略行为造就了俄国辉煌而又厚重的历史,是不灭的扩张野心抒写下坚韧磅礴的民族性格。

叶卡捷琳娜大帝正站在这历史的洪流中,面对欧洲豪强虎视眈眈的窥探眼神时,这个年轻貌美的女子毫无惧色,激流勇进。当时的世界,早已经完成了新大陆的发现,某些地区性关联随着时间的推移或更加紧密或更加稀松。对于俄国而言,或走向世界华丽的舞台成为权力的一个领舞者,或坐拥着广袤的森林迎接周遭艳羡且嫉妒的目光,是非常关键的选择。

这个时候,叶卡捷琳娜适时地出现在历史的名册中,不仅继续扶植军队使其在国内一直拥有至高的地位,并通过各种手段和权术使近卫军誓死为她效忠。纪律严明、作战有力的军队,再借以个人出色的外交才华和侵略手段,数10年间,通过三次对波兰的瓜分,两次对土耳其的攻略,以及一次出征瑞士,她作为一个重要的参与者推进着国际格局的变化,在俄国日渐扩张的版图上,叶卡捷琳娜舞出最绚丽的政治之舞。

　　她使波兰消失和土耳其迅速衰落的同时,使俄国更加强大,统治力量进一步逼近欧洲心脏地带,并在即将到来的拿破仑战争时代立于不败之地。这位不可一世的女沙皇使俄国成为巨大、强盛且令人恐惧的国家。

　　正是这个骨子里流淌着日耳曼血液的女人,在34年里竭尽全力地完成着彼得一世未尽的心愿。因为这个日后被俄国人亲切地称为"我们的小妈妈"的俄国女沙皇,充分利用了当时欧洲复杂的力量结构和多个强国相互牵制的局势,频繁、熟练地运用其非常擅长的外交艺术,分化列强,利用矛盾,才使得政治制度并不先进、经济生产落后的俄国在较短的时间内迅速崛起成为欧洲强国。

　　事实上,自从俄罗斯摆脱了蒙古人的统治后,它所面临的威胁几乎全部来自西方,它在国际舞台上的起起落落也与西方密切相关。而在东方,俄罗斯的地位要巩固得多,它对东方的领土扩张基本上一帆风顺。落后的东方国家用一种畏惧和惊恐的目光注视着这个强大的、侵略成性的邻国,而俄罗斯则用同样畏惧和惊恐的目光注视着比自己更先进的西欧国家。

　　当时的西欧一直是俄国国土安全最主要的威胁以及阻碍其扩张的最大阻力所在,但同时也是俄国实现强国梦的力量和榜样,俄国的荣辱兴衰在很大程度上是与西方联系在一起的,这决定了叶卡捷琳娜的对外政策依然是以西方国家为重。

　　她的政治理想起初只是巩固俄国在波罗的海的地位,随后增添了兼并乌克兰和白俄罗斯。之后愈发膨胀得令人难以想象,但她通过一次次惨烈的战争一步一步地实现着她的政治理想,相信是在普鲁士长大成人的经历,让叶卡捷琳娜更明白俄国本质上是一个农奴制色彩浓厚的落后国家,不论在地缘政治方面还是在地缘经济方面都不占优势,所以她在位期间国家外交的主要活动方向,甚至外交战略的轴心就是与西方强国的关系。而关于亚洲,大概只有18世纪末,在其统治末期,向东进军吞并了楚科奇半岛,并进而越过白令海峡,吞并了北美的阿拉斯加,才可以见证叶卡捷琳娜征服东方的魄力。

　　瓜分波兰是彼得大帝的一个梦想。这些懦弱的波兰贵族们占有大面积的欧洲领土,扼守着良好的港口,但这个国家却圈养着一群只知道身披裘衣剥削农民的废物,他们毫无作为,在丛林政治中,他们理应成为鱼肉。俄国雄踞欧亚大陆的北方,但却一直没有一个良好的不冻港,这导致俄罗斯多少年来一直困苦不堪,彼得大帝曾梦想在黑海沿岸获得一个港口,但由于英法的干涉和土耳其坚决的反抗,彼得大帝最终也没有实现这个全俄国人的梦想。而在叶卡捷琳娜时代,这个机会来了,俄国和普鲁士、奥地利达成了秘密协议:瓜分波兰。叶卡捷琳娜迅速发挥出她的优势,在1763年波兰选王会议上,叶卡捷琳娜和普鲁士、奥地利联合行贿,贪图微利的波兰可怜虫们随即把叶卡捷琳娜的情人波尼亚托夫斯基推上波兰王位。在控制了波兰国内政治局势之后，俄罗斯随后与普鲁士、奥地利于 1772 年出兵，波兰第一次被瓜分，叶卡捷琳娜得到了白俄罗斯和拉脱维亚的一部分。波兰农民进行了灭亡前毫无疑义的抵抗，在没有贵族的支持下，这场抵抗变成了一场屠杀。而愚蠢、徒具虚名的波兰爱国党在 1791 年通过了《五三宪法》，企图用一种幼稚的政治宣言来表明自己的力量，他们竟然宣布废除自由选王制和自由否决权，这种可笑的宣言自然成了俄国和普鲁士最好的入侵借口。很快叶卡捷琳娜再次联合普鲁士对波兰展开攻击，俄国军队攻占华沙，并宣布《五三宪法》无效，波兰第二次被割去大面积领土，叶卡捷琳娜如愿地得到了西乌克兰、白俄罗斯和立陶宛的一部分，在 1793 年波兰的最后一次议会上，懦弱无能的波兰贵族们以"沉默表示同意"的形式通过了这个协约。

此时，叶卡捷琳娜已经预谋第三步，完全把波兰这个对欧洲毫无意义的国家从地图上抹掉——这样俄国与欧洲大陆之间就不再存在任何屏障，俄罗斯帝国主宰欧洲大陆的远大理想也就近在咫尺。此时再为那位波尼亚托夫斯基保留一个傀儡王位显然变得多余，而且还会为俄国留下后患。于是，当 1794 年波兰所谓的救亡起义风起云涌的时候，波兰人再次为俄国和普鲁士制造了一个借口，这仅仅是在 1793 年第二次波兰被瓜分的一年后。通过三次战争，叶卡捷琳娜的帝国领土增加了 46 万多平方公里的土地，而波兰却从此在历史上消失了相当长的一段时间。

从 1763 年到 1794 年，关于波兰的战争几乎贯穿了这个女人辉煌的执政历程，无论是作为一个见证一路陪伴她的政治生命，还是作为这三次侵略战争本身，叶卡捷琳娜都表现出了一个统治者的果敢、坚韧以及对于局势至上的掌控能力，她不会轻易放过任何一个机会，同时也不是好大喜功狂妄专横之人。与之相比，在中国悠久绵长的历史上，所留下过名字的女人大多是以她们非凡的美貌或善于宫廷斗争的权术闻名，即使是当年也曾镇压过起义的武则天，与有着如此磅礴政治野心的叶卡捷琳娜依然相去甚远。只是历史无法回答，她对于领土扩张的热爱是出自对于彼得一世遗志的遵从，还是源于个人对于近卫军近乎偏执的热爱？

叶卡捷琳娜二世于 1763 年令人参照近卫团军装的样式为她做成了一套"制服"，由长裙外衣和衬裙两部分组成的制服显出的不仅是军人的英武之气，更有一个帝王的雍容华贵。绿色绸缎烫上金属线作为镶边，并且在衬裙中间镶上了金带，这套华丽奢靡的制服无疑将当时盛行的法兰西时装风格和俄罗斯的民族特色糅合得天衣无缝。在叶卡捷琳娜的"凤袍"中，"军装"成了非常特别的珍藏。今天当它躺在博物馆的陈列架上的时候，我们依稀可以看见叶卡捷琳娜女皇在位期间，在每一次战役的开始前，在每一次近卫军举行重大节日庆典时，她穿着这套军装的飒爽英姿。我想历史也会记得当叶卡捷琳娜身着戎装、挥舞着宝剑指挥近卫军团出发时，那些近卫军军官们如痴如醉的表情。或许这也是这支俄国军队具有如此战斗力的又一个重要因素。

除了对波兰的瓜分，叶卡捷琳娜还对土耳其发动了战争。

其实她之所以能在其如此多的前人失败过的地方取得成功，是因为有几个对她有利的因素在起作用。首先，波兰和土耳其这两个以往一向与俄国争夺对乌克兰的所有权的强国迅速衰落了，而俄国惊人的领土扩张以及强固的中央集权制政府,正在稳步地变得更加强大起来。叶卡捷琳娜是一位极好的外交家,她巧妙地利用了国际形势所提供的每一机会,与奥地利的约瑟夫二世和普鲁士的腓特烈大帝分别缔结协约。这些协约使她能在不和欧洲任何主要强国发生纠葛的情况下,放手进行对土耳其的战争;叶卡捷琳娜还具有选拔第一流的顾问和将军的才能。最杰出的是亚历山德·苏沃洛夫将军,他是一位军事天才,是执行叶卡捷琳娜的政策的忠实工具。此外,在从彼得大帝发动战争以来的80多年中,俄国农民谨慎、耐心地把他们的拓居界线向南推进,从而使得苏沃洛夫得到了一个比彼得所曾有过的更坚固的作战基地。

1768 年,叶卡捷琳娜再次发动了克里米亚战争,目的就是完成彼得大帝未竟的事业——为俄国寻找一个更加良好的出海口。但实际上叶卡捷琳娜也对这场战争没有十足的把握,因为从实力上来衡量,俄国与对土耳其势均力敌,俄国并不具备明显的优势。但叶卡捷琳娜的这次赌博在开始阶段收获颇丰,俄罗斯军队在多瑙河、克里木、高加索和爱琴海四条战线竟然全线获胜,这样叶卡捷琳娜就控制了克里米亚半岛,并且直接吞并了克里米亚汗国。克里米亚半岛上的战略地位非常突出——它是连接欧洲与中亚的交通枢纽,同时也通过黑海可以直接进入地中海,这等于俄国势力直接扼守了欧洲的东方通道。

当然,这场战争远没有结束,由于英国和法国的联合干涉,叶卡捷琳娜不得不吐出很多已经到手的胜利果实,叶卡捷琳娜遂决定发动第二次克里米亚战争。从1787 开始至1792 年,俄国的军事统帅苏沃洛夫做得很不错,战争再次赢得的辉煌。但此时,苏沃洛夫的胜利之巨大,也引起欧洲的不安,因为普鲁士和奥地利对俄国朝地中海的势不可挡的推进惊恐起来。而此时叶卡捷琳娜出色的外交智慧又一次得到了施展,她机敏地利用了 1789 年法国革命的爆发,向奥地利和普鲁士的统治者指出,巴黎的革命运动比起俄国在近东的扩张,是一个大得多的危险。

普奥的统治者继续的纵容,使得叶卡捷琳娜能把她对土耳其人的战争进行到1792 年土耳其人接受推西条约之时。这一条约使俄国获得了从东面的库班河到西面的第聂伯河的整个黑海北岸。在与土耳其的较量中,俄国又获得了空前的成功,无论是战争本身的军事胜利,还是得到对于俄国走向世界具有重要里程碑意义的这个黑海口岸。

年过花甲的妇人终于手握整个乌克兰,她站在广袤的草原上的时候,不知有没有为自己显赫的战功感到骄傲和自豪。或许在她心中仍有更加远大的理想。她说过"我两手空空来到俄国,现在我终于给俄国带了我的嫁妆,就是克里米亚和波兰。如果让我活两百岁,我将征服整个欧洲",虽然她的生命不够绵长,但我想即使是今天的俄罗斯人民,依然会感到自豪,为他们曾经拥有过这样一个女皇而自豪,因为她所具备的不仅仅是无畏和勇气,更有过人的军事智谋和政治天赋。

在这里,忍不住要提及一个中国的男人,一个几乎跟叶卡捷琳娜同时代的统治者。乾隆这个好大喜功的中国君主,一生的文治武功与叶卡捷琳娜女皇的历史贡献相比显得有些苍白,而耗费巨大的"十全武力",仔细推敲下大多是平定内部的叛乱,并且有些局部的骚动根本没有必要那样穷兵黩武地拉出一整支军队。当然乾隆最可悲的地方还不在于此，在于他对于欧洲近代文明的漠视和对于科技力量的无知，这个曾被认为中国历史上最有个人才华的皇帝之一的君主，不仅野蛮地赶走了前来窥探情况的英国使臣，更在晚年关闭了中国南方的港口，中国便在这紧缩封闭的观念下继续着自己小农经济的模式，继续着越发集权的统治制度，也继续着对欧洲和世界的隔阂。

而在这几十年间，住在我们北面的这个邻居，正在发生一场巨大的西化，从统治集团的内部构架到贵族的生活习俗，从科学技术的蓬勃发展到资本主义商业的欣欣向荣，沙俄正在进行着一场平稳的改变，这场看似平静的变化背后是俄国波澜壮阔的近代化之路。当我们回顾历史的时候，我们有理由相信正是叶卡捷琳娜的开明专制带给这个国家最大的光荣，并且赋予了民族更大的自信和更多的机遇，是她帮助俄国在世界大扩张滚滚的历史洪流中成为世界的中流砥柱。

开明与专制

当我们穿过历史漫长的隧道，回到几百年前的沙皇统治时代，或者更加确切地说回到叶卡捷琳娜二世统治的历史中，我们看见的是一个在挣扎和阵痛中前行的俄国，看到是一个挥舞着"开明君主专制"的旗帜庇佑着贵族、大地主和新兴资产阶级利益的统治集团。我们看到的是一个在科技文化进步和创新的过程中大刀阔斧却也保留自己原则的底线的君主……俄国在近代化的历史进程中所突现出的种种矛盾在叶卡捷琳娜的统治中都依稀可以看到痕迹，在她34年的统治中，暴力和文明前所未有的相互撞击着，我们甚至无法判断，这个女人带给俄国的究竟是开明君主专制的温柔，还是令人心寒齿冷的暴虐统治。或许这会成为一个永远的谜团，那么我们就记住她曾经竭力带给俄国的那些先进和文明吧，这也许是符合她的初衷的。

说起"开明专制"，不禁又一次想到了那个和叶卡捷琳娜遥遥相对的中国女性。是的，在1000多年前的中国国土上，坐拥着华夏的女皇所实行的也是叫作"开明专制"的统治政策，只是在18世纪的欧洲大陆，这种政治思潮才开始风行，在欧洲许多宫廷都已宣布实行"开明专制"。而叶卡捷琳娜二世在俄国实行"开明专制"，与其说是受欧洲宫廷的政治风气同化，不如说是受法国启蒙思想家的思想宣传、推动所致。

女皇与法国启蒙思想家们普遍地建立起了频繁的书信联系，她与伏尔泰的私交甚好，经常书信往来。信中，把自己说成是农奴制度的反对者，强调"让那些出生是自由的人沦为奴隶，是同基督教和正义格格不入的"。而事实上，叶卡捷琳娜在位期间扩大了贵族和教会势力，并且为此极大地牺牲了农民的利益，全国超过一半以上的农民都成为她送给贵族和地主的礼物，而那些在自己贫瘠的土地上以黑面包为生的农民们，更加具有讽刺效果地揭露出这个伟大统治者的虚伪。

或者我们可以认定这是一个乐于自我标榜的君主，她并不是不清楚何为善何为恶，她有选择地吸收启蒙思想家的思想，并且积极实践，力主实现"君主与哲学家的结合"。她甚至经常在发言中引用伏尔泰的经典论述，以证明她对启蒙思想的认同和理解，这一举措，为叶卡捷琳娜赢得了知识分子的尊重和认可，使得她的伪善的"开明专制"得以在俄国推行了10年以上,而女皇对于文化事业的投资也可谓慷慨,她曾经动用16000金币买下百科全书派代表人物狄德罗的私人图书馆,并且以50万卢布的薪水聘任他为图书馆的馆长,如此的热诚和慷慨使得狄德罗随后带着感动和友善,来到俄国,按照叶卡捷琳娜女皇的说法,这位启蒙思想家的来到,将推进她的政治改革的进程。只是我们都知道,这不过是一场美轮美奂的表演。

叶卡捷琳娜二世在治理俄国的时候,她为俄国引进了欧洲流行思想,她把欧洲当时最先进的思想引入了俄国这个庞大、但没经历过文艺复兴的帝国中来,为这片冻土带来了一股"叶卡捷琳娜开明统治"之风,她说:"我只希望上帝让我统治的那个国家繁荣富强;上帝是我的见证人……自由是万物的灵魂,没有自由,一切都将死气沉沉。我需要人人遵守法律,但不需要奴役。我需要一个使人得到幸福的总目标,不需要破坏这个总目标的任性、奇想和暴政……"

这个女人以其敢作敢为的风格一举打破了沙俄帝国盛行了数个世纪的农奴制度,但可惜叶卡捷琳娜采取这个历史步骤有些迟了。普加乔夫,这个彼得三世的冒充者其实为俄国农奴们帮了个倒忙,他不合时宜的起义导致叶卡捷琳娜终止了本来即将付诸实施的农奴解放改革。

1773年9月17日,普加乔夫率领80多名哥萨克人组队伍去攻打雅伊克城堡,结果获得了不可思议的成功,随后他们乘势向奥伦堡进军。

但奥伦堡不是无足轻重的雅伊克城堡,这里是当时俄国在东南地区的一个军事重镇。奥伦堡城防坚固,叶卡捷琳娜在这里留有重兵,还配备了70门大炮。普加乔夫的农奴军队自然无法完成这样艰巨的攻城作战。而他本人则扮演了斯巴达克斯的角色,企图用宣传、演讲、蛊惑、威胁等手段建立起一支强大的军队,他用诱惑性的辞藻说,要把俄罗斯丰富的河川、土地、草原、薪饷、武器和粮食给哥萨克人、巴什基尔人、哈萨克人、卡尔梅克人和鞑靼人。他有针对性的号召鼓动了各族人民,参与到这场企图推翻叶卡杰琳娜二世的起义中来。

起义军很快发展到3万多人,叶卡杰琳娜意识到了世态的严重,随即连夜调动三路大军,增援奥伦堡。在三路援兵作战效果不佳的情况下,1774年春天,叶卡捷琳娜再次派出援兵,女皇的处变不惊激励着近卫军的战士,这一次双方在谢季塔瓦展开激战,起义军遭到失败。

4月1日,起义军在萨马拉激战中再次受挫,只好从奥伦堡撤退,向巴什基尔地区转移。之后近半年时间里,普加乔夫在每一次撤退和西进途中,沿途都有无数群众加入起义的队伍中来,但当叶卡捷琳娜将在土耳其战场上骁勇善战的苏沃洛夫的部队调回俄国时,战局的结果似乎已经奠定。

8月25日凌晨,双方在萨尔尼科夫展开决战,起义军被击溃。普加乔夫带领200多名残部,东渡伏尔加河,逃往草原深处。队伍不断缩小,最后剩下不到50人。而深究这一场战斗,是非功过也许真的已经成为历史的秘密,无法再有人知晓,我们只是在历史的光华间依稀看见这一段斑驳的阴影,看见这一场宫廷势力与民间力量的殊死搏斗。最终农民起义的阶级局限性和军事力量上与近卫军的巨大差距使得普加乔夫起义以被镇压的命运告终。

1775 年 1 月 10 日，普加乔夫被戴上手铐脚镣装在木笼里运回莫斯科，她把这个冒充她先夫彼得三世的农民起义领袖残虐地砍头、肢解、焚烧以泄她心头之恨，鲜血流淌在莫斯科的土地上，流淌过普加乔夫所经过的所有山川和河流，这样一场历时一年半的农民起义使得叶卡捷琳娜辛苦营造的开明专制的光辉形象几乎毁于一旦，但这个女人不会放弃，她依然要为自己建立起让后人景仰的丰碑，依然想要成为俄国历史上"开明君主"的典范。

于是，当政局稍稍稳定之后，在 1776 年叶卡捷琳娜又组织人力撰写出了一部法律著作《圣谕》，在这部高唱着民主和平等的法律中，包括如下条文："在温和的国家里，最下等的公民财产与荣誉，也都受到尊重"，"不伤害任何人的生命，除非祖国反对它。然而祖国是不伤害任何人的，祖国首先给他们以一切自卫手段"……甚至在公布的一百年后《圣谕》依然被认为是俄国真正欧洲生活的开端，从内部靠拢欧洲文化的标志，甚至有激进的俄国人认为正是在《圣谕》发布之后，俄国人第一次获得称为公民的权利。

而叶卡捷琳娜女皇也对自己的这一举措不无骄傲，她甚至给友人写信说："我断言，我的《圣谕》不仅是好的，而且甚至是卓越的，极合时宜的，因为贯穿其存在的 18 年，它不仅未产生任何的恶，而且一切由它引起的，有口皆碑的善，都来自它所确定的原则。"这些充满着自豪的言辞背后究竟是她对于残酷现实的粉饰，还是她也沉迷于这个自欺欺人的美好景象中，真的以为自己的行为所代表的就是公正、平等、民主和自由？

事实上，叶卡捷琳娜二世的独裁统治可以获得成功，其主要依靠的无疑是贵族、农奴主和新兴的工商资产阶级，这是历史的必然要求和趋势。在那个资本主义逐渐兴盛起来的时代，若不依靠贵族和新兴资产阶级的力量，等待这位胸怀天下的女皇的，大概只有和她仙逝的夫君一样的命运。除了大肆奖励帮助她政变成功的贵族和地主之外，叶卡捷琳娜更将贵族的特权变为有据可考的法律。

1785 春天女皇下诏颁布《俄国贵族权利、自由和特权诏书》，宣布贵族拥有占有农奴、土地、矿山、森林、水源的权利，拥有在城市购买房屋、土地，投资建厂的权利。这个诏书如同春风，拂过俄国广袤的土地，它从法律上确定了贵族是俄国的特权阶层，使得这个阶层不承担任何国家义务，除去图谋反对沙皇的罪名之外，不受任何法律限制和处罚。

城市工商资产阶级作为尚在成长中的阶层以自己的工商活动获得了相应的政治权利和社会地位，就在颁布《俄国贵族、自由和特权诏书》的同一天，叶卡捷琳娜的沙皇政府颁布了《俄罗斯帝国城市权力和利益诏书》。同样的，这是一个具有倾向性的文件，同样的使得叶卡捷琳娜的统治得以加固，同样的使得女皇日后在行政方面的改革受到贵族阶级和尚处于上升地位的资产阶级的欢迎而得以顺利推进，而我们所熟悉的"贵族女皇"的封号也许是契合那执政的 34 年的贵族专政的黄金时代的，也由此可见，专制制度的强势发展是与女皇极力张扬的"开明专制"分不开的。

当我们拨开时间的层层遮掩，可以清晰地看到，叶卡捷琳娜二世的"开明专制"在客观上促进了西方先进思想的传播，具有一定的进步意义。她在位期间实施了 11 年的"开明专制",她的政策在欧洲赢得了一片称誉之声。作为一个重要的历史时刻,1767 年 8 月 10 日是一定会被铭记的,因为在那一天,新法典编纂委员会通过了授予叶卡捷琳娜二世"英明伟大的皇帝和国母"称号的建议,叶卡捷琳娜二世有些意外却终于得偿所愿地被尊称为"大帝",稍有俄国历史知识的人都会知道,在俄国绵长的历史上,这样的殊荣只有彼得一世和叶卡捷琳娜二世享有过。

罗蒙诺索夫

实际上,叶卡捷琳娜推行"开明专制"的真正原因,是因为她看到了欧洲的繁盛的原因:无法阻止的资产阶级发展,他们是现代世界的真正勃兴力量,俄国如果仍然执拗地拒绝资产阶级,不但会威胁到叶卡捷琳娜的帝位,而且整个俄国也会因此与欧洲的差距越来越大。她聪明地寻找到了一个平衡——保持专制的同时,打开一些门。在叶卡捷琳娜时代,俄国对本国的资本主义工商业也采取了类似欧洲大陆那样的鼓励政策,这自然收效明显。

叶卡捷琳娜颁布法令,宣布工商业者可以进行自由贸易,并同时取消对贸易的各种落后的限制,尤其出口商们向欧洲出口柏油、亚麻籽、蜡、油脂、铁矿石和钾碱等,甚至包括大麻,这些都是俄国丰富的商品,能赚取大量的外汇。叶卡捷琳娜为此建立专门委员会负责更新金融制度,完善金融秩序和市场。

面对俄国东部大量资源丰富而人口稀少的领土,叶卡捷琳娜也建议政府鼓励向人口稀少的地区移民,这如同美国开发西部一样,叶卡捷琳娜也对这些移民给予各种鼓励和保护性政策,这促使很多俄国人向东部移民,不但减缓了西部的人口压力,而且大大激发了东部的开发。

从 1762 年开始,叶卡捷琳娜时期的俄国手工工场已经从最初的 984 家增加到 1796 年的 3161 个家。生铁产量在 40 年间从 1760 年的 6 万吨增加到 1800 年的 16 万吨。

此时,资产阶级的蓬勃发展也促进了人口的城市化,在 17 世纪中期,俄国城市人口为 50 万,但到了第三次瓜分波兰的时候,在 1794 年,城市人口已经增长到 228 万人。俄国开始迅速向近代工业化国家迈进。

在军队方面,叶卡捷琳娜几乎是不遗余力地为军队的建设大力投资,她深深懂得在一个帝制国家中军队的重要性——当政治稳定的时候,军队是开疆拓土的利器;在动乱年代,军队就是帝王最重要的支柱。经济的发展也让叶卡捷琳娜拥有相当丰厚的资金,因此她可以对军备进行可观的投资,这也是叶卡捷琳娜时期能够把俄罗斯领土从 1642 万平方公里扩展到 1705 万平方公里的主要原因。

当然,经济与文化是一对孪生姐妹,叶卡捷琳娜女皇远比大多数受过良好教育的俄国贵族清楚文化与经济的关系,她在对欧洲文化发展进行了详细的考察之后,也努力建设俄国自己的文化事业。她曾拨巨款发展俄国科学院,把冬宫内著名的

女主沉浮

爱尔米达什博物馆进行了扩建。

至于各种学校,她则几乎完全按照欧洲模式进行建设。因此这一时期俄国也基本跟上了欧洲科学和文化的前进步伐,贵族们也依照女皇的愿望而去欧洲留学,莫斯科大学也因此能聘任到一些俄罗斯族的教授,当然,对那些贵族来说,他们控制着俄罗斯的各种资源,必须也给他们一个良好的场所以便他们这些顽固的脑袋接受些新东西。为此她建立了一批贵族学校。

叶卡捷琳娜女皇与克里斯蒂娜一样,对文学有着特别的爱好,她们两人颇为相似的一点是,她们都喜欢自己登台演出,叶卡捷琳娜甚至还自己编写剧本。叶卡捷琳娜放开了禁锢多年的出版限制,言论自由因此得到相当程度的发展。

1783 年俄国取消了国家对出版事务的垄断,准许私人开办印刷所和出版社。与此相适应,书报检查制度也在一个时期内变得相当宽松。这才让拉吉舍夫的《从彼得堡到莫斯科旅行记》、诺维科夫的讽刺杂志《公蜂》《画家》《钱袋》、冯维津的讽刺剧等有机会与大众见面。

叶卡捷琳娜女皇对于高雅文化的热爱还表现在她对艺术珍品的热衷上,不过我们无法辨明到底是由于她真诚地热爱着艺术,还是附庸风雅。叶卡捷琳娜二世当政之后结束了在彼得堡和莫斯科之间摇摆的历史,彼得堡成了帝国的唯一首都。女王着手规划整个圣彼得堡的格局,按照自己的更为传统的艺术风格策划修建了一些建筑物。尤其以位于涅瓦河畔的馆艾尔米塔什博物馆为典型,这是与伦敦的大英博物馆、巴黎的卢浮宫、纽约的大都会艺术博物馆一起,被称为世界四大博物馆。博物馆最初诞生于叶卡捷琳娜二世时期。正是这位女皇收集的大量艺术品构成了这座博物馆典藏的基础。当时俄国正在崛起,为了巩固至高无上的统治地位,需要借助艺术进行自我形象塑造。女皇不仅效仿所推崇的法王路易十四等大国君主,还把自己比作文艺复兴时期梅迪奇家族的女人,很愿意成为艺术品的收藏家和赞助者。

虽然女皇承认自己不精通甚至并不爱好艺术,只是一个艺术收藏方面的"美食家",但经常能以合理的价格买到最好的东西。女皇与狄德罗、伏尔泰、克里姆、罗蒙诺索夫这样的国内外知名人士保持着良好的私人关系,收藏于是具有了相当水准。不仅狄德罗等人能够提出有价值的意见,像法尔科内这样世界著名的雕刻家以及俄国有教养的外交家戈利钦等贵族人士,也都不遗余力地协助她进行着文化建设。

女皇通过这些人用适度的、商量的或强制的方式去收集或订购;派人在拍卖会尚未敲定之前抢得某件杰作的购买权。在多笔成功的交易之后,欧洲艺术史自文艺复兴以来凡是知名画家都有作品归于俄国皇室名下,以至于女皇所藏的绘画能清晰地反映出欧洲特别是西欧绘画发展历程。这不得不说这是这位以政治的冷酷著称的女皇给这个世界的文化带来的一丝暖意。

正如我们所知道的,叶卡捷琳娜执政时期是俄国专制制度的黄金时代和巅峰时期,而"开明专制"的尝试为俄国专制制度增加了许多新的内容,叶卡捷琳娜对于俄国政治现代化进程产生了深远的影响不必再赘述。俄国最高统治者——沙皇以及上层统治阶层的一些人士在之后的历史中基本继承了官方自由主义的统治特色,在某些时期对西方资产阶级思想在俄国的传播采取鼓励的态度,引进西方的先进思想、先进技术和管理方式,亲自主持或支持在俄国进行经济、政治和社会等方面的改革。看尽历史沧桑之后,我相信这已经成为叶卡捷琳娜对于俄国国内社会最为关键的历史贡献,官方自由主义为俄国的政治现代化推开了一扇虚掩的门。

女皇的情人册

如果要问是什么力量让这个女人得以名留青史,是赫赫的战功还是冷酷的性格,抑或是她对于俄国现代政治的贡献?也许答案是否定的,这些关于国家、权力、野心以及战争的金戈铁马、剽悍风情都只是这个女子传奇生命的一个部分,她的神秘更在于那摇曳身姿、膨胀的欲望,甚至是被定义为骄奢淫逸的生活,这个至爱珠宝并且情人无数的女人一生游走在欲望和权利的巅峰。或许她不是最精致的女皇,但是她穿着军装在军前呼喝的样子让近卫军的众将无不倾倒;或许她不是最妩媚的女人,但是她对于性对于爱的渴求却勇敢地让人惊愕之余不得不暗暗敬畏;或许她不是最有权术的女人,但凭借自己的妖冶她轻易地获得了征服威武英雄的法宝。

帮助她实现政变的近卫军军官格里戈夫·奥尔洛夫,无疑是叶卡捷琳娜大帝出名的情人,他是和这个终身沉陷于欲望和权柄的女人最为长久的男人,他也是在一起时获得最为公开的爱恋的男人。无论是如雪花满天飞扬的情书还是奔放热情的文字,抑或是这个男人成为女皇的第二个儿子阿列克谢的生父,虽然最终王位被长子保罗一世继承。但我想在叶卡捷琳娜的两个儿子中,这个儿子会得到更多的关爱和尊崇,因为他的父亲陪伴这个伟大的女皇打下了令人不得不景仰的基业,因为他的父亲一直到死都是女皇最为忠诚的战友。虽然那个时候,他们已经不再是情人。相比女皇对她的情人在物质方面的慷慨,在情感方面她却是个极易厌倦的女子。但我想无论如何都不影响这个男人成为叶卡捷琳娜女皇最著名,恐怕也是最长情的情人。

这个被后人称为格里戈夫·波将金的男人,或者会是因为那个"波将金村"的典故为世人熟知。在那个充满讽刺意味的说法背后是一个男人为取悦他的女人,或者说他的女皇,人工制造了粉饰太平的布景式的繁华景象,这个情人精心炮制并且亲手奉上的"波将金式农庄"确保了在女皇巡视新征服地区的时候为她和世人呈现出这一番景象。历史记载说,这些"农庄"仿佛精美的舞台布景一般,由热闹繁华的城镇和快乐悠闲的农奴组成,这些繁华和美好的景象可以在转瞬之间消失得无影无踪,留下一地的破败和无奈,而波将金会带上这个庞大浩瀚的工程奔赴下个据点,等待女皇的一路巡视检阅。

曾经恬静美好的农庄更多地反映出叶卡捷琳娜二世本人在国体改革等方面缺乏真心诚意以及好大喜功的一面,大概所有的统治者都会用类似的方式表彰自己的丰功伟绩。如同乾隆六下江南,名义上是考察工作实际上是粉饰太平,甚至演技精湛地欺骗过自己,最后连同自己也相信自己是一个不折不扣的仁义君主,而辛苦了那些操办的臣子;如同曹寅为了康熙的南方之行而债台高筑最终祸及子孙一样,

图文珍藏版

波将金对此的付出也可谓鞠躬尽瘁,但若就此来认识波将金却未免太有失偏颇和公平。作为那个时代俄国的政治家、军事家和社会活动家,这个男人在军事和政治方面的才华足以让他无愧于自己的盛名,相信他的盛名并不单纯如一些无稽流言里那样只是女皇诸多面首中最重要的那个。

如果说叶卡捷琳娜二世跟彼得三世的婚姻不过是一场政治和经济的结盟的话,那么波将金跟女皇的爱情故事也许颇具罗曼蒂克风味。他们的相识、爱情关系的发展奠定,失去与挽救、争吵和分歧,以及最后的分裂,凡此种种,都让我们有理由相信,波将金为他的女人,为他的女皇的帝国事业殚精竭虑,倾尽了自己所有的智慧和能力,这一切,大概真的是源于他对一个女人至深至诚的简单的爱。

但是,当这个男人在被残酷战争折磨之后仍然因为皇权高高在上而无法真正施展自己的才华和抱负的时候,当女皇为达目的不顾惜普通士兵的牺牲与悲惨境遇时,波将金选择了离开,他并不是带着愤怒离开的,只是在走的时候,面对女皇真诚的挽留,他只是不无遗憾地说"我指挥军队却孤独一人"。这个孤独的将军最终离开了曾经辉煌的舞台,但是相信时间会记载下他显赫的战功会留存他为叶卡捷琳娜大帝的统治所做出的贡献。

而就女皇而言,我相信波将金是各方面与她最能匹配的人,宫廷生活的寂寞和统治集团内部斗争的惨烈,都促使女皇必须寻找到一个可以来分享她的哀伤、无奈和痛苦的人。波将金从来不只是一个欲望的化身或者是权力的工具,叶卡捷琳娜是倾心于这个血性的男人的,她所渴求的是与这个男人一起分享生活,如同寻常百姓一样的简单,但遗憾的是,她们所要共同背负的除却简单生活的快乐悲伤以外,更有关于一个帝国的事业,所以不可避免地在对普加乔夫的处置上的意见分歧促使了他们的决裂。

在战争的滚滚烟尘飞扬而过的时候,鬓角已染微霜的叶卡捷琳娜二世语带辛酸地说道,他们两个人都被诅咒了。历史给予他们的关系太多界定,究竟是情人与情人,女皇与臣子,主人与助手,又或者是妻子与丈夫,也许无论历史上是否存在过一场盛大的婚典,他们早已如夫妻一般生活过,而这个女人甚至把她的帝国与她的这个情人分享过,但是最终她的地位身份决定了他们不可能像对正常的夫妻一样平等地相处,他们甚至不能名正言顺地结婚,至少目前没有任何证据能够证明女皇和波将金曾经秘密结婚,虽然女皇的确经常在书信中称呼他为"最最亲爱的丈夫"。如同在此前100年的中国,有一个女人和另一个男人的一场婚姻爱情与权力的角逐中,是否有过一纸证书或者一场庆典虽然在被后人反复论证,但于事实本身,这已经显得不再重要了,因为我们都明白,这桩联姻逐渐发展为一场政治合作。

在中国,那个曾经呼风唤雨的多尔衮为了自己心爱的女人一次又一次地放弃了"荣登大宝"的机会而甘为人臣,而在更为辽阔的沙俄统治下,波将金则为了自己的女人一次次地奋勇抗敌,血洒战场,叶卡捷琳娜二世一度也像对待皇帝一样对待这个对自己的江山举足轻重的男人,让他和自己分享这片广阔的国土。在国政方面,女皇事无巨细都要和波将金共同商讨,并和他一起在扩大俄国疆域和远征土耳其等重要战略上大展宏图。但可惜的是,当女皇的政权稳固之后,波将金所提出的平等意义上的要求都渐渐被认作是对沙皇权威的挑战。这一切其实早已注定,注定了在这个关系圈里,波将金所有的政治理想都只能是为女皇的宏图大志服务,但或许为女皇殚精竭虑的这个英伟的男人是以此为幸福的吧,若如此,一切便已经足够了。

让我们再来认识一下这个男人,因为我相信从这个男人身上我们便可以看见叶卡捷琳娜女皇对于男人的态度。在所有可以查实的波将金的资料里,他的光辉的政治生涯让我们更多地感慨这个男人是用如此的方式在爱一个他不能与之平等生活的女子,这个全名叫格里戈夫·亚历山德罗维奇·波将金的男人1791年在今罗马尼亚雅西市(Jassy)附近去世。对于这样一个盖世英雄,评价自然是多种多样的,无论生前还是死后,但在许多人的印象中,他被看作是一位富有统帅天赋的人。

毫无疑问,作为叶卡捷琳娜二世的情人和宠臣中最非凡的一个,他是一个足够出色的帝国的军事和政治的管理者,但有时欠缺自控。放荡、奢侈,而军人的特质又让他对平凡生命缺乏足够的尊重,甚至在疆场上他对于牺牲和就义也抱着豁达或者漠视的态度,这些与其说是他品格上的缺陷,不如说是他吸引叶卡捷琳娜的重要法宝,女皇所宠幸的男人几乎有一个共同的特点,就是血性。13位在册的情人大多是近卫军的将领,是军人的血气方刚征服了不可一世的女皇,是男人与生俱来的那种不经驯化的野性力量带给叶卡捷琳娜一次次的冲击和享受,无论是在翻云覆雨的美妙时刻,还是在安静的彼此相对时分,男人骨子里所渗透出的雄性之美是最让女子倾慕的,即便她只是一个普通的主妇也会对这样的气势无法抵抗,更何况她是一个对权利和欲望充满着征服欲的君主,这股在血脉里蓬勃的顽强的生命力无疑会成为致命的吸引。

另一方面,波将金是极其忠诚并且宽宏大量的。我们并不知道当他为曾经的情人挑选新的男宠时的心情是否会夹杂着些许忧伤和疼痛,只是当我们目睹他为女皇所精心挑选的情人的名册时,我们还是会对这个男人赤胆忠心表示尊重甚至敬畏的。当叶卡捷琳娜为自己对男人的沉迷津津乐道时,当这个女人即使到了垂暮之年,仍然喜欢被那些衣冠楚楚的小伙子们讨好时,波将金为她推荐和保举了一个又一个候选人,这样的行为方式在平等的男女看来实在是有些讽刺和心酸的,但我们应该相信,在沙皇时代,在一个专制统治的时代,他不过是在用他的方式爱一个女人,为她挑选她一定会热爱的情人,只是因为他足够了解她而已。

有资料显示波将金的头发长而油腻,而且由于不爱洗澡,他全身上下散发着难闻的气味。很多女人觉得这令人作呕,然而叶卡捷琳娜二世却酷爱他的强壮、魅力和阳刚之气。这样的说辞未免有些夸张了,但我们从历史留存的文字档案中可以看出,和这个独特的男人在一起时,她宁愿暂时放下女皇的尊严。在他们感情最为炽烈的时刻,只要他们俩分开一小会儿,哪怕只是几个小时,热辣辣的情书就会雪片般地向波将金飞去,同样作为一个有血有肉懂得爱和被爱的人,叶卡捷琳娜女皇是一个"女"皇,在爱情面前她也是一个真情真性的热烈地燃烧着自己生命的平凡的女人。只是当她回归到沙俄帝国的舞台,她又彰显出另一种天赋,背负起另外的责任。只是我们不知道在看似自然的角色转换背后,这个女人是否也曾为此黯然神伤过。

当然历史论断这个女人的时候，大概都会有苛责地告诉我们，她更在乎的并非爱情而是性，让她的风流名垂千古的并非她的温柔多情，而仅仅是让她身体里本能的欲望的膨胀力量，而对于此，我想我们的确不容否认。甚至她曾经写道："要是没有了爱情，哪怕只有一个小时，我的心都会不满足，这真是不幸啊！"

之前我们已经知道当时叶卡捷琳娜的大部分"候选人"都是由女皇的前任情人，独眼将军格里戈夫·波将金物色并进贡的，这个曾经因为高傲的气质、过人的幽默感以及高超的床上功夫深深吸引过女皇的粗犷豪放的军官，也没有完全地获得女皇全部的爱。

叶卡捷琳娜女皇在给一位密友的信中，这样写道："我刚摆脱了一个绣花枕头，取而代之的简直是这个'铁器时代'最棒、最奇特，也是最有趣的人，我也不知道自己怎么会有这种想法。"正如我们之前所提及的，在波将金自己能力不及，无法带给女皇"性福"的时候，他亲自为自己过去的女主人挑选了相当多的"选手"，先是扎瓦多夫斯基，然后是佐里奇、里姆斯基—科尔萨科夫、兰斯科依、厄尔莫洛夫、玛莫诺夫等等。冗长的名单让我们甚至觉得有些骇然。

当然除却波将金的推荐之外，想被女皇看中可没那么容易。强健的体魄、英俊的面孔和风趣机智的谈吐是他必须具备的。女皇所有的"准情人"除了必须拥有高贵的血统外，还要通过严格的考核。叶卡捷琳娜手下有一批专门负责考核和测试面首的宫女，她们的工作就是审查这些"选手"是否具有让女皇心满意足的"实力"。这在历史上是具有传奇色彩而又有证可考的事情，无疑被作为女皇风情万种的见证被历史记录。我们甚至难以想象这个女人的精力旺盛程度，她每天工作超过12小时。

每一个经历了层层选拔，通过了女皇的密友的亲身检查而被送入皇宫别院的新宠，都拥有着自如的谈吐和英俊的脸庞，在开始的时候，他们都会感受到女皇情窦初开般的宠幸。但是对于他们每一个人而言，都仿佛是一个同样轨迹的重复，因为不久之后，女皇便会借以这样那样的理由把他打发掉了，这对于一个男人自尊心的刺伤应该是相当大的，尤其当他们是一个年轻并且有为的男人时，然而即便如此，还是有很多人为着失宠后所可以得到的丰厚奖赏或者高官厚禄而争先恐后地蜂拥而上，为的只是成为女皇曾经的男人之一，这是这些男人的可悲，还是权力所向的必然？

可靠历史资料表明，1776年扎瓦多夫斯基失宠，当时的法国驻俄公使谢瓦里耶·德·考尔伯隆曾这样记载："女皇赏赐给他5万卢布，外加5000卢布的养老金，并在乌克兰赐给他4000个农奴（当时农奴和牲畜一样可以供人买卖），这可是一笔不小的财富啊……你不得不承认，我的朋友，取悦女皇终究是一件不错的差事。"而女皇的另一位前情人斯坦尼斯拉斯·奥古斯都·波尼亚托斯基伯爵甚至被封为波兰国王，历史证明这个慷慨的赠送在日后她夺取大量波兰国土时起到了至关重要的作用，当豪气冲天的女皇将波兰超过40万平方公里的版图并入了自己的国土时，我想是因为她对这个情人的充分了解才让她用兵如神。而她的旧情人又会否感激这个女人如此的慷慨，因为换算成今天的货币，叶卡捷琳娜二世赏给情人的财物相当于十几亿美元。

女皇的朋友,法国启蒙思想家伏尔泰曾经巧妙而温和地批评女皇走马灯似的换情人,女皇却说其实自己绝对是"忠贞不贰"的。"你问我对谁忠贞?当然是对漂亮脸蛋了。漂亮脸蛋总是让我心动不已。"这样大言不惭的"真诚",大概寻遍中外历史,能够与之比肩的也只有那个我们之前也提及过的武则天,这两个女人无论在政治上卓越的成就还是在个人生活上大胆的作风都已经成为她们符号化的标记牢牢地铭刻在历史上,纵然世事变迁,依然清晰可见。

如果说男性君主可以没有任何疑义地坐拥三宫六院,可以借传承皇族血脉之名而在不同的女人身上寄托自己的感情,发泄自己的欲望的话,那么作为女性君主她们的大胆为何要受到如此苛责呢?向她们诌媚的男人们又为何只是作为百姓生活中的闲谈茶资被人以蔑视和不肖的态度记下呢?

这究竟是历史的不公还是社会男女角色的定位早已分定,究竟是否作为女人就只有以辅佐自己的男人建功立业为目标才是可取的呢?究竟这样在历史上留下过绚烂的印记的女人是否最终都会因为她们的传奇色彩而成为争议的对象呢?究竟作为一个女性统治者,她的所作所为够不够资格被所有的俄国人民缅怀和纪念呢?

太多的悬疑在等待我们。

历史的尘土

穿过历史厚厚的尘埃,当我们把目光远眺,当我们站在今天的台阶上极目远眺的时候,我们看见那样一幅波澜壮阔的画面——从 1500 至 1763 年的近代时期是人类历史上一个较关键的时期。正是在这一时期里,地理大发现预示了世界历史的全球性阶段的来临。也正是在这一时期里,欧洲人凭借他们在海外活动中的领导能力,上升到世界首位。这些中世纪发展起来的某些全球性的相互关系自然随着时间的推移而更加紧密起来。

概而言之,从 1500 至 1763 年的这些岁月构成了从 1500 年以前时代的地区孤立主义到 19 世纪欧洲的世界霸权的过渡时期。而英国工业革命开端而向西欧扩散。第一次大浪潮拉大了各大文明区的发展差距,完成了资产阶级革命的英国以及彻底地进行着一场革命的法国,而德意志民族也已经经过普法大战整装待发准备向现代化进军,可以说在短短几十年间,西欧因为制度和科技的力量,迅速崛起成为现代政治和工业文明的中心。

到 18 世纪的后一段时期,规模巨大的洲际贸易已在历史上首次发展起来,那种有限的奢侈品贸易由新的、体积庞大的必需品的交换转变为大规模贸易。第一次国际分工已大规模地完成。世界正在成为一个经济单位。南北美洲和东欧(与西伯利亚一起)提供生产原料,非洲提供人力,亚洲提供各种奢侈商品,而西欧则指挥这些全球性活动,并愈益倾全力于工业生产。而那些古老的拥有绵长历史的国家,比如在中东、印度和中国的古老的文明中心,诸土著民族如人们可能预料的那样，相对西欧的变革和积极进取而言，正在一种自我膨胀里消耗着自己的盛年。

如果说200年后中华民族依然傲然挺立于世界民族之林是一个不争的事实的话，那么在200年前我们开始堕落消沉也是无法改变的历史，当一个好大喜功的君主带着父辈的基业耗费哗哗白银在自己的国土里显示自己的兵力的时候，在世界的其他角落却在上演一场又一场关于侵略与反抗、殖民与斗争的角逐。在这浩瀚的世界化的滚滚浪潮中，出现过很多被历史铭记的王者或者英雄。有一些已经飘散在时光的风尘里渐行渐远，还有一些则被沉淀下来，安静地成为光荣的历史，比如战功卓著个性突出却最后惨遭滑铁卢的拿破仑，比如成为美国乃至世界历史标杆式人物的华盛顿总统，比如伟大的启蒙思想领袖伏尔泰，比如我们一直在提及的这个经常引用伏尔泰的话发言的实行着沙俄专制统治的叶卡捷琳娜女皇。

她为推动俄国政治的现代化做了最大的努力，当她为俄国开拓疆土的时候，当她站在黑海岸边极目远眺的时候，她会为自己给这个国家所带来的富强而自豪，相信那是臣服在她脚下的臣民和今天俄罗斯的不少人民都会把她和彼得一世一起当作是俄国历史上最为伟大的君主，而作为一个统治者，她必然要面对后世的责问和质疑，或许她活到今天依然会傲然地承认她那超过13个的情人名录，承认她是通过推翻自己的丈夫的统治才登上沙皇的宝座，同样也承认为了赢得这艰难险恶的政治斗争，她曾经轻易地伤害了无数无辜的生命，包括残忍杀害伊凡六世，以及那无法计数的被她慷慨赠送的农奴。从这些惨淡中我们依稀看见了这个女人的残虐和冷酷，看见她那堂皇的开明专制下严酷的君主集权，也看见叶卡捷琳娜大帝关于政治，关于统治成功背后的些许遗憾。作为一个成功者，她推进了俄国的近代化，她曾经在一个时期促进了俄国人民接受新的思想。

而作为一个女人，她的放纵和骄奢淫逸又是如此张扬，她的女伯爵要为她亲身检验男宠的性爱技巧，她的旧情人会为她物色保举合适的英俊青年，而她自己也乐于将房事的乐趣一一记录下来与周边的人分享，并且用官爵或地契作为对那些过期情人的奖赏，所赠官爵之大和土地之多，尤以把波尼亚托夫斯基推上了波兰国王的宝座为典型，这样慷慨的礼物相信不是每个女人可以送给情夫的，甚至不是每个女皇可以舍得送给至爱的男人的。

也许是她之前的五位统治者都太庸碌无为，导致她的很多精力归于整肃动荡年代留下的残局，又或者是因为她之后的统治者都有缺憾，而使得俄国的经济、文化的发展都没有质的突破，甚至相比叶卡捷琳娜大帝对于收藏和自己打造艺术珍宝的兴趣以及对于知识科技文化传播的热忱，俄国在之后的几十年里渐渐落后于西欧和美国，以至于在第二次科技革命席卷而来的时候，俄国政治和经济已经无法跻身先驱之列了。

历史的车轮滚滚向前，但我想无论走向何方，俄国人民都会记得这位女皇，记得他们的叶卡捷琳娜大帝。

大英帝国的开创者

——维多利亚女王

人物档案

简　历：名为亚历山德里娜·维多利亚。其父是肯德公爵爱德华，自小受到严格的教育，会五种语言，1837年登基，时年18岁，成为英国女王，掌管英国达64年之久。1876年成为印度女皇。1901年1月22日，维多利亚女王在英国怀特岛逝世，享年82岁。

生卒年月：1819年5月24日~1901年1月22日。

安葬之地：佛洛哥摩尔王家陵园阿尔伯特亲王之侧。

性格特征：端庄美丽，为人直爽热情，坦率、诚恳、聪慧、睿智。

历史功过：对外推行殖民主义扩张政策，1875年取得了苏伊士运河的控股权，鼓励发展科技，如伦敦的流水排放系统，街头出现白炽灯，1891年对所有小孩实行免费教育。

名家评点：人们曾这样评价维多利亚女王："没有一个坐上帝位的女王像维多利亚一样既出色地完成了女王的职责又拥有平凡女人的幸福。"她去世时伦敦演戏到一半的演员走下舞台为她祈祷，纽约的股票交易所为她关停了整整一天。

维多利亚时代

在大英帝国以及整个世界历史上，维多利亚时代是世界帝国时期最辉煌的一个时代，它当时的强盛即使与今天的美国相比也毫不逊色。1850年至1873年被称为维多利亚中期大繁荣时代，1848年时，英国铁的产量占世界的一半，而此后又继续增加了两倍，其中生铁主要用来制造船舶、修建铁路，加拿大、澳大利亚、阿根廷及印度的主要铁路干线都是由英国修建的。1860年时英国人口只占世界总人口的 2%，但却生产了世界 40%～50% 的工业品，在欧洲也占到 50%～60%（英国人口占欧洲的 10%）。大英帝国也几乎垄断着世界的航运业，世界船舶 60% 的吨位是在英国注册登记的，这是与它奉行自由贸易分不开的，这极大促进了英国本国和欧洲的航运业发展，同时由于英国本身就是世界的工业中心，自然也就成了原料进口大国和工业产品出口大国，维多利亚时代的英国港口是最繁忙的。在纺织业上，英国几乎垄断了对印度和整个东方的纺织贸易，同时也支撑了美国南方棉花种植园经济和澳大利亚羊毛原料供应经济。在国际投资方面，英国是当时世界上最大的对外投资国，在国际贸易方面，英国相当于法国、德国和意大利的总和，在 1850 年，英国拥有世界 20% 的贸易量，在工业贸易额中更是拥有高达 40% 的贸易量。在短短的 20 年间，英国的出口总产值从 1830 年的 6900 万英镑增至 1850 年的 1.97 亿英镑，英国生产世界上 40% 的机器，约 50% 的棉纱和铁，2/3 的煤，其中英国对煤铁等工业能源和原材料的垄断更是惊人，那时人们常说："现在大法官还习惯坐在羊毛口袋上看紧他的家当，但羊毛早就不是英国最赚钱的买卖，他应该坐在一口袋煤上，虽然这不太舒服！"从 19 世纪中期维多利亚时代进入大繁荣期，直到 1880 大英帝国仍然是世界的天堂。

英国的资产阶级革命自 1640 年就已经开始，而维多利亚时代的欧洲大陆则刚刚开始大革命，但欧洲的革命进行没多久，无论是革命的果实还是帝王的权杖又迅速被拿破仑风暴席卷一空，维多利亚即位时的欧洲大陆就如同刚刚经历了卡特里纳飓风的新奥尔良。相反在英国，到了维多利亚时代，资产阶级已经不再是个闹革命的小子，而已经是一个进入上升阶段——资本主义扩张的时代，因此英国没有拿破仑战争后那种风起云涌的革命气氛。1848 年的大革命之后，欧洲又来了一次倒退，"1854 年至 1871 年间，有两个因素阻止了这个时代实现彻底的社会和国际的和平，并为通往战争的道路做了准备。第一个因素是有些王室的宫廷企图恢复不平等的特权，并且干涉思想、写作和教育的自由；第二个因素则是在维也纳会议上，由各国外交官所规定的国界不可能实现。"（《世界史纲》，英，H.G. 威尔士，陕西师范大学出版社，363 页）相反，英国这时期国内政治显得非常平和，欧洲的风暴不但没有为王室带来恐慌，相反为整个帝国带来了巨大的利益，英国这时候尽力扩展自己的海外殖民地，把殖民经济推向了最高峰；也不遗余力地在欧洲大陆施展"大陆均衡"策略，以至维多利亚和她的内阁大臣们就像是整个欧洲大陆政治背后的导演，欧洲所有大事最终几乎都是由英国确定基调，有时候干脆一锤定音。

维多利亚女王首先是一位幸运的女王，她没有出生在查理时代，因而没有遭到资产阶级和失去土地的人民的痛恨；也没有出生在一战与二战时期，那时候整个大英帝国和欧洲都处在强悍的德国的挑战中，虽然英国最后还是倾尽全力制服了德国，但大英帝国也从此没落。

维多利亚其次是一位幸福的女王，她的时代帝国如日中天，这让她不必担待太多的责任，也恰到好处地昭显王权的不可或缺，内阁大臣们如同手握重权的将军，但他们总是需要一个灵魂才能团结在一起，才能行之有效地工作，才能信心十足地征战沙场，维多利亚女王扮演就是这样一个角色——英帝国的灵魂。

维多利亚还是一个完美的女人，这并不是说她拥有倾国倾城的美丽，而是说她享受了一个女人能享受的一切：至高无上的权力、对她来说称职而又忠心的丈夫、一个从小就和她同床共枕的女教师兼同性恋情人，还有墨尔本这样睿智而又充满男性魅力的老道情人、与女王关系暧昧的宫廷医生，还有一位舅父留下的忠贞而又精明强干的幕后阁僚，甚至她还有一匹"种马"以及庞大的家族，她还缺什么呢？也许什么也不缺，她就是历史上最幸福的女人。

但维多利亚不是一个只拥有幸福而没有头脑的女人，在大英帝国女王的位置上，必须同时要照顾到三种利益：帝国的利益、王权的利益和女人的利益，这就让维多利亚女王变成了一个复杂的角色。

在预言中筹谋

1802 年，在直布罗陀海峡西班牙一侧的海岸线上，一个吉卜赛女人曾对一位英国军官预言说"你将有一个孤独的女儿，她没有兄弟姐妹陪伴，但她将继承王位。"然而此时这位军官却像是个输光了的赌徒，尽管他就是英国国王乔治三世的第四个儿子，肯特公爵爱德华，但人们却更熟悉他的另一个绰号："伍长"，那是因为这位公爵根本谈不上什么王者之尊，这时候他已经负债累累，他的能力平平，连一次发生在法国的小小兵变都无能为力。

但他也许是真的相信这个预言，也许这个预言根本就是他自己的杜撰，这个预言直到今天仍然真假难辨，这也许就是一个游戏：肯特公爵认为：君权神授是理所当然的，虽然这只是一个吉卜赛女人的预言而已，但他也为此感到很愉快。

如果维多利亚是当然的王权继承人，那么这个吉卜赛女人就是自讨没趣，但当时维多利亚还没有出生，她的父亲也还没有结婚，他甚至还不知道该向谁求婚。这并不奇怪，肯特公爵此时多少算是一个独身主义者，因为他只是乔治三世的第四个儿子，按照大英帝国王权继承制度，王权看起来是那样遥不可及，因为王位要在国王的子嗣中按照男女长幼的顺序继承，国王如无子嗣，则在其兄弟子嗣中按照长幼顺序进行继承。

1802 年，英国国王乔治三世派遣他的第四个儿子肯特公爵爱德华去直布罗陀，因为那里的一个英国军营发生骚乱，爱德华的使命是去恢复秩序，因为他是军纪官。然而肯特公爵不是一个合格军事指挥者，因为他根本没有办法平息这场骚乱，他面对军营的混乱显得束手无策，最终只好沮丧地逃回英国，并因此退出了军界，从此开始和他喜爱的钟表为伍，当然，这并不意味着他也退出了政坛，他的兄长仍然厌恶他，他也还是和欧文那样的空想社会主义者来往密切，他也还是反对辉格党的支柱之一，这肯定不是因为他有什么出类拔萃的口才，而是因为他的皇室血统。

也许，他在直布罗陀唯一的收获就是那个预言。我们至今无法确信真有这样一条预言，但我们却能肯定肯特公爵在五十多岁的时候抛弃同居了 27 年的圣劳伦斯夫人、然后第二次向萨克斯—科堡的公主求婚的目的,那就是为了王位。但与我们所想的不同的是,这不是密室中的阴谋,而是光明正大地进行着。

当时的英国王位继承出现了这样的状态,以至本来没有什么希望的肯特公爵看到了一丝曙光。乔治三世在王位的最后几年实际上已经无法履行职责,他的神志不清,常年居住在温莎城堡,因此从1811年开始其长子正式成为摄政王,代替父亲履行王权。乔治三世驾崩后摄政王于1820年正式即位,成为威廉四世,但在此前,即1817年11月6日,英国王位的法定继承人、摄政王的独生女夏洛特公主突然难产身亡,顿时让王权的继承一事变得扑朔迷离。因为此时的摄政王也已经是一个老人,而他的结发妻子卡洛林早在1796年生下夏洛特后不久就已经和他离婚,也就是说,摄政王已经不可能再有子嗣,王位的继承人也就只能在其几位兄弟的子嗣中按照男女长幼的顺序依次寻找,但偏偏他的几位弟弟的婚姻都不尽如人意。摄政王有六位弟弟,按其顺序是约克公爵、克莱伦斯公爵、肯特公爵、坎伯兰公爵、苏塞克恩公爵和坎布里奇公爵。

约克公爵尽管是个放荡公子,他的妻子也是普鲁士公主,这本来符合王位继承者的要求,但也许他过于放荡了,或者他的妻子过于古怪了——一位普鲁士公主喜欢的不是男人,而是鹦鹉、猴子和狗,他们没有一儿半女,并且这位公爵大人更喜欢纸醉金迷的生活,对他来说,得到帝位并不比现在好到哪里去,他现在醉心于赛马、惠斯特纸牌和克拉克夫人。

克莱伦斯公爵和约克公爵几乎是一丘之貉,他有一位称得上婚姻的妻子,她就是漂亮的女演员乔丹夫人,他们在坐落于泰晤士河上的蒲榭园同居了许多年,并且生养了一堆孩子,但后来克莱伦斯公爵又看中了富有的威克姆小姐,这最终让他鸡飞蛋打,古怪的威克姆小姐流水无情,而乔丹夫人也在巴黎抑郁而终。尽管他有很多孩子,但孩子的母亲只是一个漂亮的女演员而不是高贵的欧洲公主,因此这段婚姻没有得到国王的认可,他的子女也就没有资格得到王位。

接下来就是肯特公爵爱德华,他的品行纪录还算是良好,他曾经向欧洲正统皇室之一的撒克逊—科堡·萨尔菲尔德大公弗朗西斯的女儿维多利亚·玛丽·路易莎(也就是夏洛特公主的丈夫利奥波德王子的姐姐)求婚,此时她刚刚孀居,但得到的回答是,她要以孩子和领地为重。直到结婚前,他一直与圣劳伦斯夫人同居,他们有长达27年的同居生活,但他们一直没有孩子。

肯特公爵与圣劳伦斯夫人的同居而非婚姻使维多利亚女王的出生有了可能,这并不是肯特公爵不爱这个女人,相反,他说我们"年龄相同,患难与共,难舍难分","她出身名门,从未做过女伶,我是第一个、也是唯一一个和她同居的人。她的无私一如她的忠贞",但他本人惧怕结婚后的义务,这让他相信独身主义对男人来说更有利,他这样描述自己对婚姻的恐惧:"每逢想到结婚将成为我的义务,只有上帝才知道我要做出的是怎样的牺牲。"

但当夏洛特公主突然死去之后,王位就突然对肯特公爵出现了诱惑,因为它几乎就在脚边,只要他的三位兄长一直都没有孩子,现在只要他结婚并且快点生个孩子,王位就顺理成章成了这个孩子的。

自然，英国公众对王位继承人的猜测早已开始，敏感的女人总是对这类事情能得到最准确的预感——当夏洛特公主刚刚死后一两日，英国《时事晨报》就开始猜测王位的继承人可能是谁——他描述道："和每天早晨一样，我把报纸习惯性地递给餐桌对面的圣劳伦斯夫人，然后便开始拆看我的私人信件，但刚看了不一会儿，突然，圣劳伦斯夫人喉咙里发出一种奇怪的声音。"

　　还应该提一下的是排在肯特公爵后面的两位弟弟，坎伯兰公爵的名声不大好，有传闻说他为了男仆的妻子而谋杀了这名男仆，他娶了一位日耳曼公主，但他们也没有孩子。苏塞克恩公爵在诸多兄弟中最具文学气质，修养颇好，他的妻子奥古斯塔·默里小姐，并已有了两个孩子，但他们的婚姻亦未经国王批准。最后的坎布里奇公爵，他住在汉诺威，他几乎是一位被人遗忘的公爵，他总是自言自语，与他说话就是一种痛苦，他的神志一直被人认为不太正常，而他也没有结婚。

　　除了兄弟之外，肯特公爵此时还有五个仍然活着的姐妹，她们中结婚的有两位：符腾堡王后和格洛斯特公爵夫人，但她们同样都婚后无子，另外三位尚未结婚的公主是奥古斯塔、伊丽莎白和素菲亚，而她们都已年过40，也就说生育可能已经微乎其微。

　　现在情况已经很明朗，对肯特公爵来说，依照摄政王的年龄，再婚生育已无可能；约克公爵的妻子看起来仍然喜欢那些狗、猴子和鹦鹉，她不会关心她的丈夫或者王位的；唯一的障碍可能是克莱伦斯，如果他不结婚，或者无子，那么按照继承顺序，下一个就是爱德华。现在他必须考虑是否选一位欧洲公主结婚，他现在已经五十多岁了，如果再晚些恐怕就无能为力了。

　　他终于作了决定，他终于对媒体说"将随时准备听从国家对我的召唤"，同时，他也已经有了两位妻子候选人：巴登公主和萨克森—科堡家族的一位公主。萨克森—科堡家族的这位公主就是他曾经求过一次婚的维多利亚·玛丽·路易莎。这是一个矮小、肥胖的女人，她有着棕色的眼睛和头发，脸色红润，看起来总是那么兴奋，总是穿着华贵宫廷服装，但看起来就像是个粗鲁的农妇，然而这其实是个相当睿智的女人。1803年，当她还是一个17岁少女的时候，她与被拿破仑弄得家破人亡的莱宁根大公结婚，这时的莱宁根大公实际上已经是一个破损的老雕花枕头，但这个老色鬼还是让这位公主给他生了个女儿。此时，1814年莱宁根大公命丧黄泉，公主一个人带着孩子在丈夫遗留下来的一块小小的领地里苦苦挣扎着——她嫁过来仅仅三年后，拿破仑横扫欧洲，弗朗西斯大公国山河破裂，在丈夫亡过之后，她成了大公国的摄政王，这倒是有效地锤炼了她的王者之气。相隔四年，当肯特公爵再次向她求婚的时候，她立即爽快地答应了，也许，她在此时也看到了英国王室继承人逐渐明朗化，她还年轻，有生育能力，并且，她可以抚养她的孩子。

　　1818年5月29日他们举行了婚礼，这年公主仅仅32岁。

　　然而，就在他们结婚一个月后，克莱伦斯公爵也突然宣布了一桩婚事：他要和萨克森—莱宁根大公的女儿结婚——王室的伦理关系真是乱得一塌糊涂！肮脏的欧洲王室其实除了头顶那个璀璨的王冠和手中令人恐惧的权杖，他们其实与市井之徒、贩夫走卒毫无区别，甚至更为险恶和肮脏，就如同法国宫廷与荒淫罗马帝国

女主沉浮

一样,而这些王室对权力、财富和地位的贪婪更是令人惊诧。谁也不知道克莱伦斯公爵的这桩婚事是为了王位还是为了这个女人,但无论如何这给肯特公爵带来了不小的阴影。

对肯特公爵来说,他和科堡公主的婚姻不仅仅是继承王位这个好处,对他来说,如果他的子嗣有希望继承王位的话,那么还有一个更现实的好处就是他有可能得到高达2.5万镑的财产,这可以帮助他解决那烦人的债务问题;他也不想让人们一辈子叫他"伍长",那可是个最低级军官的名称;他更不想一辈子让他的妻子总是穿同一件衣服、戴同一件首饰。然而,为王室增加财富的提案被议会否决,拿破仑风暴和英国子民自由权利意识的上升让王室受到了种种限制。

1819年5月24日,肯特公爵和怀孕的公爵夫人经过漫长的旅途回到英国后,公爵夫人生下了一个女婴。肯特公爵本来已经一贫如洗,旅途的花费不菲,但肯特公爵依然决定回到英国,因为要想成为英国国王,最好把孩子生在英国;另外,还有一个原因,那就是克莱伦斯公爵的孩子尽管比他们的孩子早出生两个月,但那个不幸的孩子夭折了。

尽管克莱伦斯公爵夫人很年轻,克莱伦斯公爵又放荡成性,他们很有可能再次生育,但威廉四世(当时他还是摄政王)还是突然参加了肯特公爵女儿的洗礼,对此,外界有两种截然相反的猜测:一种认为威廉四世素来与肯特公爵不合,他不希望看到肯特公爵的女儿继承王位,所以他要参与这个女孩的洗礼,用自己的权力阻止肯特孩子将她取名为伊丽莎白,因为伊丽莎白一世可是大英帝国伟大的女王;另一种猜测是威廉四世并不看重他的这位弟弟,但他甚至比肯特公爵更爱这个女孩,更关心她的未来,因此他坚持要用俄国沙皇亚历山大的名字,因为亚历山大沙皇是欧洲最强有力的统治者,是拿破仑那恶魔的克星。

坎伯雷大主教为这个女孩举行了洗礼,她的名字被威廉四世和肯特公爵共同取名为亚历山德里娜·维多利亚,一个时代的名称就这么定下来了,但在当时,这却是个普通极了的名字。

洗礼举行之后不久,肯特公爵就决定带全家去西海默思度过这个冬天,因为他觉得温和的海水浴会对他的妻子大有好处,海滨的腥咸的空气对孩子也是一种熏陶,相反伦敦一年中这几个月是最令人厌恶的。也许这算一个理由吧,但更让人信服的说法是,他在肯辛顿宫住得并不愉快——他实在太穷了。然而,他没想到,这却是他最后一个决定,他最终却没能度过这个冬季,他得了肺炎,而他留给妻子的是高额的债务和一个仍然希望渺茫的孩子,仅此而已。

失落童年

在肯特公爵死后的第六天,他的父亲乔治三世也驾崩,摄政王继承了王位。

1821年初,克莱伦斯夫人的第二个孩子伊丽莎白公主出生三个月便又夭折了。这样一来维多利亚小公主成为女王的可能性就大大增加了,人们已经在逐渐把她看成未来的国王,以至王室终于将肯特公爵夫人的薪俸增加了一倍,并且肯特公爵夫人也获得了3万镑作为维多利亚公主的抚养费。

对肯特公爵夫人来说,此时已经没什么可忧虑的了,克莱伦斯夫人再次怀孕是唯一阻止维多利亚公主登基的障碍,但她的孩子似乎总是那么不幸,这已经让人难以相信她还能产生什么障碍。肯特公爵夫人剩下来的事就是恪尽职守把维多利亚公主培养成一个真正伟大的君主。此时欧洲两个矛盾正在同时发展着:资本主义平等、自由、博爱的思想正在获得越来越多人的支持,而欧洲王室则被拿破仑搅得一团糟,面对这种比拿破仑更可怕的思想,他们正在努力遏制着;另一种矛盾是,普鲁士和意大利都在寻求变得独立、强大,他们要打破欧洲那些古老帝国的城堡,建造一个更为强大的帝国,欧洲主要国家的边界正在面临威胁。

然而英国王室几乎没有受到什么冲击,英国人对王室的愤怒已经在1640年发泄得差不多了,现在他们更看重的是欧洲各国忙于打群架的时候所空出来的广阔殖民地,这正是个好时候。因此,肯辛顿宫中的君主培养仍然按照古老的传统按部就班地在进行。

令人欣慰的是,在阿蒙巴赫所遭受的苦难造就了肯特公爵独立、坚强、不屈服的性格,同时,她在阿蒙巴赫履行摄政王职责时也积累了相当丰富的经验,尽管那只是一个狭小的领地,但所面对的种种困难不比任何一个欧洲大国小。这样,她不仅是一位称职的母亲,还是一位最佳的帝王启蒙老师,更是一位严厉的管家。英国王室和肯特公爵夫人为维多利亚小公主安排了适当而又严格的教育,几乎每一个环节都安排了最恰当的人担当小公主的老师——公爵夫人为小公主请来了汉诺威一位牧师的女儿费洛珍·莱恩小姐,她成了维多利亚的启蒙老师,因为她非常熟悉如何与那些儿童打交道,耐心和善于沟通是她最大的优点,她教会了维多利亚公主拼写和阅读;接着费洛珍·莱恩小姐又向公爵夫人推荐了她的密友——施巴特男爵夫人,这位男爵夫人擅长的是制作各种手工,这对儿童来说至关重要,非常有益于启发他们的逻辑思维能力和进行空间想象,也能引导他们进行创造性思维;然后是泰格莉尼,现在该教怎样保持王者的仪态;而拉布拉奇则是音乐教师,他同时也负责教会公主如何运用语言和语气,而不是依靠她那天生的尖嗓门传达她的不满;切斯特副主教仍然给小公主讲授基督教史;诺瑟姆伯兰公爵夫人则负责安排小公主的每一门课程,她是个精通儿童教育心理的良好人选。

维多利亚从小就受到了严格的教育,好在她的性格也受到非常正常的引导,并没有因此产生什么不良影响,她的知识进展程度很快,同时她的个性也没有被打磨得过分圆滑,而且,她似乎已经学会了如何管理身边的事务——她的众多的布娃娃每一个都是编了号的,并且位置和名称都已经安排好,她已经不允许仆人将她的布娃娃弄乱。

维多利亚公主熟悉三种语言:德语、英语和法语。当然,她的德语来自她的母亲,这实际上是她真正的母语,因为她的英语比起她的德语来说总是显得有些不够流畅,尤其在英语语法方面,她运用得并不得心应手;她还能使用意大利语和拉丁语。

在维多利亚公主 11 岁时曾进行了一次考试,这是按照肯特公爵夫人建议进行的——是时候了,应该对小德玲娜来一次考核,这样他们才能认识到教育是否存在错误,以及该怎么加以纠正。考试是由两位德高望重的主教进行的,考试的范围几乎可以说包罗万象,但结果令人满意——"最高最纯的基督教淑女"。其实肯特公爵夫人是接受了当时正任拉格比学校校长的大教育家阿诺德博士的教育观点,他认为教育目的的第一要义就是要使学生成为绅士或淑女,当然,肯特公爵夫人的教育目的远比这深远和宏大,她要的是让维多利亚公主成为一个最伟大的女王,而不仅仅是一个淑女。

"我觉得我的坚信是我一生中最重要、最庄严的事件,我也确信它将对我的心灵产生良好的影响。我对过去所犯的一切过错深感懊悔并坚信万能的上帝一定赐予我力量,使我舍弃一切的恶,追随一切的善与真,我将带着坚定的决心去做一个真正的基督教徒。我也会尽力地安慰亲爱的妈妈,不会让她感到忧愁,做一个乖女儿;我也要听亲爱的莱恩的话,她为我付出了那么多的辛劳。"13 岁的维多利亚公主已经学会了用日记的方式来记录自己的每一天——也许,女王能够保持客观分析事物的能力。其中一个原因应该归功于她有一种能经常审视自己的能力,这从她习惯于用第三人称写作中看得出来,如,在她的情人、苏格兰男仆约翰·布朗死后她在给曾任印度问题顾问的克兰布鲁克子爵的信中如此描绘:"也许历史从没有如此强烈和真挚的爱慕之感,从没有像她和她最忠诚的布朗之间一样,存在于君主和仆人之间,如此温暖和亲爱的友谊。"而且,她的日记完全像是一个虔诚的基督教和一个女儿,可以看出她的心是平静的,似乎她已经意识到了自己并不是一个普通女孩,她的责任不是任何一个人能代替的——那是一个宏大的帝国! 其实早在她6 岁的时候,她就已经觉察到她的帝王之尊,当鲍尔弗将军的小女儿简·埃利斯小姐(与维多利亚同龄)被她的祖母带到肯辛顿宫的时候,她看到了地上的玩具,儿童的天性立刻让她开始摆弄这些玩具,但维多利亚小公主却突然出现在她面前,当简·埃利斯小姐像称呼其他伙伴一样称呼维多利亚的时候,维多利亚小公主以平静而不容辩驳的口气说道:"你不许碰它们,那是我的! 另外,我可以叫你简,而你不许叫我维多利亚!"

当威廉四世有一次偶然问维多利亚小公主:"你喜欢什么乐曲? 我的乐队可以为你演奏。"维多利亚小公主镇定自若地说:"《天佑君王》,陛下!"

少女时代

和所有的女孩一样,维多利亚同样首先是一个平凡的女孩,然后才是一代君王。但对她来说,肯辛顿宫是一个封闭的环境,而且她接触到的大多数都是女人,这让她在女孩最初的阶段感情所依赖的都是她的老师和母亲,她"最为忠诚的朋友"就是她的启蒙老师"宝贝的莱恩"。莱恩小姐朗读塞维奈夫人的信札时"多么的幽雅自然,充满了天真、聪颖和魅力";而切斯特主教算是她最敬重的老师之一,他在讲解马太福音评注时"充满真知灼见和美好的情感"。维多利亚小公主已经亭亭玉立,这些的确是她感到温馨的,但这远远不够,因为同性的关爱和友情与异性的阳光迥然不同,怀春少女就像是阳光下的向日葵,她们的眼睛总是被那些男孩子们吸引过去。

"我们骑马跑了很久,可爱的小罗西跑得棒极了! 晚上 6 点 40 分我们去看歌剧,鲁比尼出场唱了一首《安娜·布莱娜》中的歌曲,还不错。我们 11 点 30 分回家。"

在她的那些欧洲王室的同龄男孩子亲戚朋友没有出现之前,她的生活就是这样,她的日记也只能记些这样的东西,显得单调而纯洁。

1833 年,14 岁的维多利亚小公主忽然见到了来访的符腾堡亚历山大王子和欧内斯特王子,这两位王子都算得上是维多利亚小公主的表兄弟,欧洲王室之间频繁而长久的通婚造成了整个欧洲王室成员差不多都是亲戚。这两位王子带给肯辛顿宫一股异样的气氛,那是完全不同于肯辛顿宫修道院一般的氛围的,情窦初开的小公主难免对这两位王子注视一番。1835 年,维多利亚公主的另外两位表兄弟费迪南德公子和奥古斯特王子来访,当这两位年轻人再次出现在肯辛顿宫的时候,维多利亚公主的日记也发生了变化,她的日记中不再是单调的骑马、歌剧和基督教历史——

"亲爱的费迪南德已经赢得了许多人的好感,因为他毫不做作,他的容貌和风度都是那样的出众。他俩都很迷人! 奥古斯特也很和气,和他交谈总是让人赏心悦目,因为他很有见识。"

"亲爱的费迪南德跑来和我坐在一起,温和地和我谈话——啊! 我是那样的爱他! 亲爱的奥古斯特偶尔也会坐在我身旁,他也不错。"

"但我觉得费迪南德比奥古斯特更漂亮,因为他的眼睛是那样的迷人,表情又是那样的生动聪慧,俩人的谈吐都同样可爱,而费迪南德在说笑时的表情真是动人,他是那么好。"

最终,她的目光停留在萨克斯·科堡大公(按照中国辈分的计算,这是她的大舅)的儿子身上,也就是欧内斯特和阿尔伯特。其中此时对阿尔伯特的关注也许就是她日后选择婚姻的最主要原因,但阿尔伯特其实并不受人欢迎,因为他的兴趣主要是集中在广博的知识上,对人情世故倒是并不十分在行。阿尔伯特身材高大,蓝色的眼睛,日耳曼人式的鼻子,最为吸引维多利亚公主的可能还是他百科全书式的知识。欧内斯特和阿尔伯特在肯辛顿宫停留了三周,这宝贵的三周他们赢得了维多利亚公主的爱慕,大英帝国的婚姻由此奠定:"当我和亲爱的舅舅和那最亲爱的表兄弟在一起的时候,我真是感觉非常幸福! 我非常爱他们,远远地胜过爱任何别的表兄弟。给人印象不错的费迪南德、好心的奥古斯特都让我感到很愉快,但我觉得欧内斯特和阿尔伯特更吸引我。"

第二父亲

"他是我的第二父亲，甚至是唯一的父亲。"

在维多利亚的日记中有这样一句话，这位第二父亲指的就是她的舅舅萨克斯·科堡的王子、威廉四世独生女儿的丈夫利奥波德。

利奥波德这个阴险狡诈的老殖民主义者与他的姐姐不同，他有着日耳曼贵族男人的气质和严谨，并且他也同样博学多才，而当他日后成为比利时国王的时候，他却能让小小的比利时跻身欧洲殖民大国的行列，在对抗拿破仑的年代里也曾令人刮目相看。维多利亚的父亲、肯特公爵在维多利亚出生后不久就死去，这样小维多利亚一直生长在一个没有父亲的环境中，而利奥波德却很好地填充了这个角色。以利奥波德的睿智，看来他不仅仅是因为喜爱这个外甥女那么简单，谁都清楚，小维多利亚就是日后的大英帝国女王，而大英帝国在欧洲的地位举足轻重，这就决定了利奥波德必须要交好这位未来的帝国女王，这对比利时日后的利益来说至关重要。事实也正如此，比利时之所以能够在欧洲大陆众多强国中占有一席之地，与维多利亚女王的支持密切相关，英国几乎总是在比利时与其他殖民大国发生冲突的时候暗中协调。

利奥波德的妻子本来是英国王位的继承人，但她的难产去世导致利奥波德的梦想随之破灭——在夏洛特公主没有去世前，英国民众已经对这位利奥波德将来如何影响大英帝国有了种种猜测，因为夏洛特公主实在就是个平凡的女人，而利奥波德却像个运筹帷幄的君主，以至没有人怀疑，如果夏洛特即位，利奥波德才是大英帝国事实上的君主。

夏洛特公主出人意料地意外死亡导致利奥波德与统治英国的梦想失之交臂，但他没有立刻离开英国，他仍然在伦敦西南伊谢尔附近的克莱尔蒙特居住着。没有了妻子，但利奥波德的机会并没有完全丧失，他还有成为比利时国王的可能，而且，他看起来居住在英国并不是那么安逸，因为他一直和他的日耳曼医生在一起，而这位日耳曼医生实际上是一位非常深沉的政治顾问，也就是那位日后影响了维多利亚许多决定的日耳曼医生。利奥波德促成了他的姐姐和肯特公爵的婚姻，正如当初肯特公爵帮助了他和夏洛特公主的私通一样。

他在英国居住期间唯一的使命就是对幼小的维多利亚施加影响，从历史来看，利奥波德达到了他的目的，维多利亚终其一生一直将他称为第二父亲，甚至是唯一的父亲。1820年肯特公爵在西海默思突然亡故，而他留给公爵夫人的只有一屁股债和一个前途渺茫的女王梦想，而事实上公爵夫人此时连返回伦敦的路费都没有了。利奥波德于是适时地向公爵夫人许诺将给予她一年3000镑的资助。

从维多利亚的日记来看，维多利亚幼年时感到最快乐的就是去克莱尔蒙特，这常常让她兴奋好几天，而利奥波德则总是不失时机地与小维多利亚交谈，并且总是用他的头脑为小维多利亚思考，启发她该如何面对难题。这种情况一直延续到

1830 年,此时小维多利亚已经 11 岁,而利奥波德则需要去比利时担任国王,但他已经成功地在小维多利亚内心深处种下了父亲的种子。此时,维多利亚已经能够写信,于是在此后的漫长岁月里,维多利亚和利奥波德的通信联系从没有中断过。

"他的谈话是那么生动深刻,也那么直截了当。谁都清楚他是第一流的政治家——每当谈起政治,他是那样从容不迫,却又坚决果断,往往能一针见血。"

此时,维多利亚的母亲肯特公爵夫人却与威廉四世矛盾公开化,他们的政治见解几乎完全背道而驰,国王对公爵夫人所支持的辉格党厌恶至极,并对公爵夫人背后庞大的科堡家族充满了不信任。为此,他颁布命令禁止公爵夫人的日耳曼亲戚来英国,因为他已经觉察出在这位公爵夫人的背后实际上一直有一个欧洲日耳曼皇族利益集团,因此威廉四世甚至一度想将维多利亚与奥林奇王子联姻来阻断这种血缘政治的强大影响力,他觉得他们早已开始利用公爵夫人是王位继承人母亲的地位在施加对英国政治的影响。

比利时国王的利奥波德自然是威廉四世英国政策的反对者,他的信对此措辞激烈:"你们那位老迈国王的野蛮行为真令我大吃一惊,他竟然邀请奥林奇王子,想将他的意志强加于人,这真让人无法忍受!就在昨天我收到一份来自英国消息,你们的国王在暗示我,他在告诉我说你的亲戚最好不要来英国。但是,你们国王的亲戚们,天晓得有多少,却可以成群结队地涌向英国,他们企图控制一切。而你的亲戚却被禁止入境!你是清楚的,你的所有亲戚对英国国王无不忠诚和爱戴,但他竟然这样对待你的亲戚,这在整个欧洲闻所未闻,我相信你对此也有同感。现在奴隶制即使是在英国的殖民地里也已经被废除了,我不明白为什么唯独你的命运还停留在英国的一个奴隶的位置上,难道你是供英国国王消遣的白人奴隶吗?不,他们从不曾将你买下,因为我不知道他们曾在你身上花过一个英镑,甚至你的国王也不曾在你生活困苦的时候掏出过一枚六便士硬币!"

这种对峙几乎从肯特公爵回到英国开始一直延续到威廉四世即将病故的 1836 年,这一年国王生了一场大病,此后他的精神一落千丈,到了 6 月份,整个欧洲都已经知道威廉四世即将离开人世。利奥波德于是迅速做出了一个决定:让他的日耳曼医生斯托克玛去英国,陪伴在维多利亚身边——这位日耳曼医生实际上日后成为维多利亚女王幕后最重要的政治幕僚。

"我曾反复对你说,作为政治家的一个要遵守的基本原则,就是要勇敢、坚决、真诚,像你一直所做的那样。"

1837 年 5 月 24 日,18 岁的维多利亚迎来她法定的成年日,这一天,威廉四世为这位即将继承自己王位的维多利亚公主显得很信任,他甚至让科宁厄姆勋爵送来一份礼物:王室将提供给维多利亚个人一万英镑的年薪,而且这笔钱可以由她本人自由支配。他的这种态度与对待她母亲的政治态度截然不同,没有人真正知道他为何这样做,到底是因为他相信维多利亚是一位能捍卫大英帝国利益的继承人还是仅仅出于一种希望。

1837 年 6 月 20 日凌晨,威廉四世驾崩。

"对那个日渐临近的重大时刻,不必惶恐,不必匆忙,还是我告诫过你得,要勇敢、坚决、真诚。"利奥波德的忠告这时候比母亲的嘱托显得更为响亮，因为她将迎接的使命是帝王的职责，而来自父亲角色的叮嘱显然更是适合些。

这是维多利亚从没有出生就被赋予的使命，而这时候的她已经被锤炼得异常平静而自信："既然上帝将我放置在这个位置上，那我就将竭尽全力履行我的职责。是的，我还年轻，在很多事情上还很缺乏必要的经验，不过我相信，我比任何人都更有热情和自信，这会让我将事情做得更为合情合理。"

上午9点，首相墨尔本勋爵身着全副朝服来拜谒新的国王。维多利亚轻松地说："让您和现内阁成员继续执理帝国事务是我一贯的主张。"

11点30分，她来到红色大厅主持她的第一次御前会议。

摆脱母亲的影响

"我每天都有那么多由大臣们送来的文件，这些都需要我签署，我总是有一大堆的事要做，我对做这种工作很高兴。"

如果说在维多利亚即位前她首先是个少女然后才是国王的话，那么现在她就必须调整过来，现在，她首先是国王，其次才是个女人。现在，她已经是一个真正的女王了，她已被国会授予38.5万英镑的年金，此外英国纳税人会负担女王家中的各项费用，她还享有兰切斯特的采邑约3万英镑。

然而这些仅仅是作为女王她表面应得的，但实际上，女王要想保持自己真正的权力和地位，还有她的尊严的话，那么她必须要向英国和世界表明她是个独立的人，不会被任何人支配。其实，维多利亚女王和其他国家刚刚登基的帝王一样——得到王位之后还必须索要权杖，否则永远只是某个势力集团的影子。

在维多利亚即位之初，对王室拥有巨大影响力的仍然是她的母亲和她的日耳曼集团，这是一个非英国利益的势力。维多利亚要想保持女王的尊严就必须首先摆脱母亲的影响。公爵夫人早在维多利亚基本被确认为王位继承人后她就已经显出了在前夫领地担任摄政王的时的权力欲望，她不是一个平凡的女人，而是一个政治女人。但此时她没想到维多利亚几乎和她一样，并且远比她出色，维多利亚登基后枪口对准的第一个人竟然就是自己——"亲爱的妈妈，希望您能答应我作为女王向您提出的第一个要求：让我独自待上一个钟头。"

此时，她已经理解了威廉四世为何与她的母亲分歧如此之大，她的母亲代表的是一股欧洲大陆日耳曼集团利益而不是英国利益。但现在，维多利亚是英国女王而不是日耳曼女王，因此，她无论如何是无法与她的母亲站在同一立场上。也许，威廉四世正是看到了维多利亚与她母亲必然的不合才支持维多利亚继承自己的王位。当公爵夫人假借维多利亚公主需要熟悉英国各地的名义而出游的时候，她实际上是在英国扩展她的影响力，她坚持所到之处当地应该按照迎接英国皇室的礼仪来表示欢迎；如果是在海上，那么所有的军舰和炮台都应该向她们的游艇致以皇家礼仪。维多利亚记得，那时英国报纸报道公爵夫人的篇幅远远大过报道维多利亚公主的篇幅，人们谈论更多的是这位日耳曼口音浓重的公爵夫人，而不是维多利亚公主。其实，从那时起，维多利亚就已经表现出了对母亲的厌烦，当威廉四世与母亲进行不愉快地交谈的时候，维多利亚内心倾向的是威廉四世而不是母亲，她这样在日记中描写威廉四世："他是古怪，十分古怪而又乖戾，但是他的主张常常遭到误解。"

维多利亚对母亲的蛮横和混乱不堪的私生活更为恼火，在她十几岁的时候，她甚至就将母亲和管家约翰·康罗伊的床上绯闻传了出去，因为她直到登基后才和母亲分居的，此前她们一直起居在一个房间里。在肯辛顿宫，她经常和莱恩小姐、施巴特夫人结成一个联盟以对抗母亲和约翰·康罗伊、弗洛拉·黑斯廷斯小姐。

当维多利亚要求她母亲不要再在她耳边喋喋不休之后不久，她就再次做出了一个决定：从她母亲的卧室里搬出去。

另外，作为强硬一面的展示，维多利亚对母亲的日耳曼集团中的核心人物、她的第二父亲利奥波德也给了警告：当比利时与法国、荷兰在殖民地问题上产生矛盾时，利奥波德急需要英国的支持，"我所请求陛下做的一切，只是请您偶尔地向大臣们，尤其是向尊敬的墨尔本勋爵表示，只要不违背英国的利益，您不愿意自己的政府率先采取这样的态度，以致顷刻间毁了这个国家和您的舅舅及他的家庭。"但他的信件迟迟没有得到维多利亚的回复，或者他得到是一封充满对第二父亲热情洋溢的亲情表达，但对英国在这场风波中的态度却只字未提，而这封信的内容无疑是要被法国了解的——欧洲各国的情报部门对来往于欧洲各王室之间的信件总是习惯性地拆阅偷看的，其实这正是利奥波德教给维多利亚的手段之一："任何信件几乎无一例外地在邮递中要被人拆看，这无疑很不方便，但一旦运用得好，也往往能收到意想不到的效果。"维多利亚这样做无疑是在告诉法国，英国无意卷入比利时和法国的殖民地矛盾中去。

"你是知道的，此前我从未求过你的任何帮助，但是，如我曾经所说，假若我们不够谨小慎微，我们就能看到一个多么严重的后果，而这必将多多少少影响到家族的每一个人，这才是最值得我们处心积虑的事情。我亲爱的维多利亚，我依然是你亲爱的舅舅利奥波德。"利奥波德的最终回信显得有些无可奈何，他的外甥女、差不多相当于他的女儿，已经表现得和她的母亲越来越像，她并不是真正要完全抛弃利奥波德，也不是完全不顾及比利时的利益，而是不希望任何人过分地影响她作为女王的尊严。

墨尔本夫人

尽管维多利亚在索要权杖上取得了一系列的成功，她几乎将她母亲的影子赶出了整个王宫，她事实上也的确得到了王位和权杖，但在如何使用权杖上，她就不得不有所选择。一个原因是英国王室在 1640 年革命中已经失去了封建帝王的那种权力，现在英国实际上处在资产阶级和保守势力共存的状态中，英国王室被宪法高高地悬架在英伦三岛上,现在行使国家权力的主要是首相和他的内阁大臣们。但这不等于说英国王室已经完全被架空,正相反,英国王室仍然拥有巨大的影响力,无论是代表新兴资产阶级的辉格党还是代表保守贵族势力的托利党都希望得到王室支持。英国王室即使是对一般英国民众来说也仍然拥有潜在的影响力,所以,在英国事实上存在三股政治势力,那就是保守贵族势力、新兴资产阶级势力和王室中间势力。在威廉四世长期执政的时代(他的父亲在位时后期神志不清,无法理政,因此很长时间一直由威廉王储担任摄政王,行使事实的王权),威廉四世尽管厌烦辉格党,但由于肯特公爵夫人支持辉格党,因此肯辛顿宫内外基本都是辉格党的人,包括维多利亚的家庭教师和管家、仆人,以致后来维多利亚根本没机会接触到托利党的人。另一个原因是,维多利亚不是革命家,她只能在英国现有的政治策略中做出选择,当然,她并非完全彻底地支持某一个政党或者利益集团,作为王室,她代表的三种利益:英国王室的利益、英国的利益、还有就是在不违背前两者利益的时候,可以适当地选择支持她情感倾向,如支持利奥波德的比利时利益、支持她的暧昧情人墨尔本首相等。

也许是辉格党长期的政治影响,维多利亚登基后仍然选择了支持辉格党,放弃了威廉四世支持的托利党,但她这样做对王室来说是有利的,维多利亚实际上是聪明地迎合了正处于上升阶段的资产阶级势力——19世纪正是英国进行工业革命的时代,资本主义经济在英国突飞猛进,即使是在维多利亚刚刚即位的时刻已经显露出了强劲的发展势头。

登基后不久,新任首相墨尔本勋爵向女王建议,更换她身边的两个侍女,因为这两人的丈夫都是与威廉四世关系密切的人。但年轻的女王这样回答说:"我不会换掉其中的任何一个,我对她们的政治观点不感兴趣,因为我不需要和她们讨论政治问题。"维多利亚进一步警告她的政府,如果政府漠视她的存在,她有权解除任何一位大臣的职务!并且,她用诏书的形式将自己的意愿公之于众,这就为维多利亚时代奠定了一个基调:尽管大英帝国已经是一个君主立宪制国家,但谁也不能无视维多利亚女王的权威。

维多利亚很快赢得了墨尔本首相的尊重,这个一向桀骜不驯、为所欲为的首相变得对女王恭敬有加。但墨尔本首相是一个与利奥波德一样出色的老练政治家,而且,他对女人也相当熟悉,知道怎样征服每一个女人。的确,新女王初来乍到就用女王的权威慑服了整个英国政府,但一个成熟的政治家和男人是知道该如何征服女人的。

墨尔本首相是年58岁,出身贵族世家,母亲原本就是辉格党显赫的人物。墨尔本学识渊博,性格优雅洒脱,颇有一代豪情政客的味道。而年轻的维多利亚女王实际上是一个涉世未深的年轻女人,墨尔本对她来说丝毫不亚于她的第三父亲,而且是一个颇具魅力的男人。作为职业政治家,墨尔本和所有政府首脑一样,并不会幼稚地完全遵守竞选时的诺言,实际上,他的政治信条是——政府的职责实际上是在于防止违法乱纪和维持社会契约,而并不是领导社会。这相当于中国黄老哲学中"无为而治"的思想,对于大英帝国来说,这种政策其实不失为一种良好的政策,因为它为处于大发展阶段的资本主义经济营造了一个相当宽松的环境,资本主义经济可以迅速向社会、向海外、向高级阶段发展,政府没有成为这种发展的障碍,而是起到了稳定的作用。墨尔本首相几乎在利用每一个与年轻女王接近的机会与女王倾心长谈,他在处理朝政时经常是一幅慵懒、闲散的状态,似乎对任何事情都胸有成竹——来访者经常在卫生间一边看他精心地刮胡子一边简洁明快地处理政务;受到接见的官员经常会看到他在办公室里躺在堆积了报纸和杂志的一张绷床上;他也会像个老顽童一样在办公室里吹着一根羽毛,一面漫不经心地和你交谈。这有些时候招来些非议,但更多的时候为他赢得了良好的名声,很多政治家敬重这位沉稳、老练的政治家,因为他让大英帝国面对复杂的世界变化显得那么有信心。但他在年轻的女王面前则总是像一个长者和一个重臣,语重心长地与女王交谈,没有丝毫的不恭敬,这让维多利亚感到这是一个朋友,一个能为她带来良好政策的"第三父亲",他的魅力正在感染着女王。

　　小巧的布朗冬太太、颇具才华的俉顿夫人,接下来又可能是维多利亚女王……英国人逐渐从维多利亚女王与墨尔本首相的默契配合看出些什么,托利党反对者甚至当着女王的面称呼女王为"墨尔本夫人"。的确,这样的默契程度看起来只有情人才能做到,而且,墨尔本勋爵与女王的交谈已经远远超出了政务,女王已经知道他为什么直到17岁时还一直保留着长发;也了解他为什么不喜欢带怀表;女王甚至对他的女人发生了兴趣,那个卡罗琳太太,她此时正和英国大诗人拜伦闹得满城风雨,而他却像个事外人一样若无其事……

　　维多利亚女王登基时间并不长,对如何处理棘手的事务还不是那么成熟,但她很快已经学会了如何与墨尔本首相配合。1839年初,托利党突然借助一场绯闻发动了对辉格党的攻击,这最终导致了墨尔本勋爵和他的内阁总辞职。这场绯闻的主角就是维多利亚女王所厌恶的一个女人:弗洛拉·黑斯廷斯小姐,男主角则是维多利亚母亲的情人、那位约翰管家。事情起因是这样的:弗洛拉·黑斯廷斯小姐跟随公爵夫人去苏格兰,但当她们返回时人们却发现黑斯廷斯小姐的身材发生了明显的变化:她好像怀孕了! 于是人们很自然地把这件事的男主角归结到那位约翰管家身上,因为他风流成性,不会仅仅满足于维多利亚的母亲的。其实无论这件事是真是假,本来在宫廷中根本算不上什么事,欧洲任何一个宫廷几乎每天都上演着各种各样的绯闻韵事。但这件事却被托利党炒的越来越大,逐渐由玩笑变成了一件可怕的道德事件,这逼迫黑斯廷斯小姐最后只好向御医詹姆斯·克拉克先生求助,希望借助医生的诊断消除人们的议论。但为时已晚,托利党不会让这件事就这样不了了之,于是,没有人知道詹姆斯·克拉克医生处于何种目的,他似乎更乐于对这种"玩笑"推波助澜。结果,绯闻弄得全英国人所共知,这已经不再是一件简单的宫廷绯闻,托利党开始借助这件事发起了攻击,公爵夫人此时才发觉这件事已经有些棘手,只好让詹姆斯·克拉克和另外一位医生再次共同做一个妇科检查,当然,是为了证明黑斯廷斯的清白,詹姆斯·克拉克和另外一位医生只好共同签署了一份医学证明:黑斯廷斯小姐并没有怀孕。

　　然而黑斯廷斯家族也是英国一个颇有影响力的家族,他们成了这件事的主角,怎么能就此罢手？黑斯廷斯勋爵要求女王解除詹姆斯·克拉克的职务，但维多利亚女王只是向黑斯廷斯轻描淡写地道歉了事，她本来就对这位从小就与她作对的女人感到厌恶，现在女王好像有点感情用事，似乎更愿意看到这位小姐出丑。但这却让人们看到了女王的经验不足，于是，托利党立即将矛盾的焦点对准了女王和白金汉宫，整个英国的报纸开始大肆报道白金汉宫里的种种丑事，而黑斯廷斯小姐此时反而倒像是这个丑恶王宫里的一个受伤害的女人，变得惹人同情。

事情一直延续到3月底，而此时矛盾开始转向对女王执政能力的不信任上……要知道，女王登基之初，议会选举中，辉格党仅仅以348票对310票的微弱优势取得组阁权，而托利党明白，女王是倾向于辉格党的，这就让他们不得不抓住任何一个反击的机会夺得组阁权。

黑斯廷斯家族已经成功将自己渲染成了一个受害者形象，此时，他们又开始将矛盾转向了女王和墨尔本勋爵的个人关系上，显然，这是在出最后一张牌：逼迫墨尔本辞职。立刻，伦敦的报纸纷纷开始映射女王与墨尔本的关系，女王由此被一些托利党人直呼为"墨尔本夫人"。5月初，在一次议会表决一项提案的时候，辉格党仅仅取得了五票的微弱优势，这说明墨尔本辞职已经是唯一的选择了。

结果，不久以后，托利党成功取得组阁权，托利党人罗伯特·比尔爵士代替了墨尔本勋爵。

然而，这时维多利亚女王却已经显得相当成熟，她很快批准了墨尔本的辞呈，然后就如当初拒绝墨尔本更换身边侍女建议一样，同样严厉地拒绝了比尔勋爵的同样要求，他和墨尔本当时一样，认为女王身边布满了辉格党人。而她却在不久以后给墨尔本勋爵写信说道："罗伯特爵士的表现很糟糕，他坚持要我放弃我的女侍，对此我回答说我决不同意，而我从没见过一个男人如此惊慌失措。我是冷静的，但也非常坚决，我想您看到我的镇定与坚决一定会很高兴；英国的女王是决不会向这种诡计屈服的。请您做好准备，不久便会用着您。"看来女王此时已经胸有成竹，她很自信如何驱赶比尔勋爵——她几乎在所有问题上都不同意托利党的意见，这必然导致比尔勋爵无法正常工作，要知道，没有女王的同意，即使是有宪法支持的首相同样也难以在这样的环境中工作。

而墨尔本勋爵则在他的别墅中安静地等待女王的召唤。

自然，女王如愿以偿。

一个好丈夫

如果说墨尔本勋爵的老练影响了女王对英国政策的决策的话，那么利奥波德国王则同样成功地促成了阿尔伯特和女王的婚姻，而阿尔伯特也从此成为女王最为倚重的人之一。

维多利亚女王与丈夫的密切合作与西班牙女王伊莎贝拉和其丈夫费迪南的通力合作颇为相似，不同的是伊莎贝拉和费迪南都各有自己的王国，关于维多利亚女

王和阿尔伯特的婚姻,有一个著名的小故事:

有一天,王子怒气冲冲地把自己紧紧地关在自己的房间,不见任何人。不久,女王来敲门。

"是谁?"他明知故问。

"英国女王!"

门没有开,女王只好再次敲门。

"是谁?"

"维多利亚!"

门依然紧闭,敲门声只好再度响起。

"是谁?"

"你的妻子!"

门开了。

然而在刚开始,维多利亚女王对这段婚姻是加以排斥的,因为这是她母亲的家族从小就为她计划好了的——科堡家族的目的再明显不过了,尽力把维多利亚女王留在科堡家族内。甚至这种婚姻连阿尔伯特幼时的保姆都非常了解,她有时会对小阿尔伯特提起"英国的小小五月花"(指维多利亚小公主,她生于5月)。

维多利亚对这段婚姻的排斥并非对阿尔伯特本人感到厌烦,相反,她仍然清楚地记得17岁那年与阿尔伯特相处的愉快三周,那时候她甚至已经给利奥波德写信这样表达对阿尔伯特的感情:她说阿尔伯特具有"可以期待使自己获得完美生活的一切素质",并请求亲爱的舅舅"应该关心一个人的健康,这个人现在对我来说是如此重要,您要将他置于特别照顾之下",然后继续说道:"我希望并相信这件对我具有那么重要的事情能一帆风顺。"而是因为与母亲的矛盾使她本能地对这段婚姻发生抵触。另一方面,当她登基之后,她的整个身心此时也发生了转移,她已经被墨尔本勋爵深深地吸引过去,墨尔本勋爵实际上成了她的第一位异性情人,她不但在政治决策上深受墨尔本的影响,而且对自身的婚姻大事也受到墨尔本的影响——1839年俄国王子亚历山大二世来伦敦庆祝维多利亚20岁的生日,当亚历山大二世表现出对维多利亚的殷勤时,维多利亚也对风流倜傥的亚历山大二世表示了爱慕,此时她已经将这种爱慕告诉了首相夫人。墨尔本立即奉劝维多利亚远离亚历山大二世,因为俄国的利益与大英帝国的利益有太多的冲突,许多矛盾无法调和,如果维多利亚与亚历山大二世联姻必然有违英国的利益,维多利亚很快放弃了这段昙花一现的恋情。

不久,公爵夫人和利奥波德国王开始共同对维多利亚施加压力,他们必须促成这段婚姻,这对萨克森·科堡家族来说实在太重要了,他们可不希望任何其他人取代阿尔伯特对维多利亚女王产生什么影响。1839年,当亚历山大二世表现出对维多利亚浓厚的兴趣之后,英国朝野产生了震动,于是女王的婚姻很快被提上日程,无论是内阁还是普通英国民众都对女王的婚姻表现出了关切。

而维多利亚女王则毫不掩饰地对墨尔本勋爵说:"此时,我的情绪对结婚十分反感,也不怎么想见阿尔伯特,因为整个事件是桩讨厌的事。"同时,她也给利奥波德写信说:"我们之间并无婚约。"即使维多利亚对阿尔伯特本人颇有好感,但"今年也不能最后定约,因为这种事情要等两三年以后再说"。她甚至有些恼怒地对利奥波德说"非常讨厌"有人企图改变自己目前的生活。

但最终女王还是按照母亲和利奥波德的安排与阿尔伯特再次见了面,那是在1839年的10月10日晚上,阿尔伯特和欧内斯特一同来到温莎城堡,那天是星期三,而当到了周日的时候,维多利亚的态度发生了重大逆转,她突然宣布说"我已大大地改变了对结婚的看法,我已经决定和阿尔伯特结婚"。

也许是因为重温了与阿尔伯特初恋似的那三周美好时光,这让她再次回到了阿尔伯特的怀抱;也许是因为她对阿尔伯特重新进行了评估,她凭借惯有的自信相信自己能把他摆在一个安分守己的丈夫位置上,而不对英国政府事务多嘴;也许是因为她实在也没有太多的选择,应该知道,世界没有哪个国家的帝王的婚姻是真正自由的,他们的婚姻多数时候都是一种政治安排。如果放弃阿尔伯特,维多利亚则必然与萨克森·科堡家族决裂,那将引起一场政治地震。另一方面,阿尔伯特的个人品质与他的父亲利奥波德完全不同,他对政治此时没有表现出多少兴趣,他的主要兴趣一贯地集中在对科学知识上,这也许是维多利亚接受这桩婚姻的另一个原因。

阿尔伯特,全名萨克森·科堡·哥达的弗朗西斯·查理斯·奥古斯特·阿尔伯特·伊曼纽尔,出生于1819年8月,实际上维多利亚是他的表姐。阿尔伯特在外貌上很像他的母亲:金色头发,蓝色眼睛,气质上则几乎就是正统、严谨的日耳曼学者。在阿尔伯特王子的坚信礼上,照例在城堡的"巨人厅"举行,内庭牧师雅各比博士提问王子是否打算忠于福音派教会,阿尔伯特王子回答说:"是,并且我下定决心永远忠于公认的真理。"

阿尔伯特的博学多才也是众所周知的,他17岁时就写过一篇《论日耳曼人的思维模式及日耳曼文明简史》的论文,他要"反省我们时代的弊端,呼吁所有的人从自己做起以矫正这些弊端,并由此而为别人树立起一个好榜样"。1838年,当他去意大利旅行时,与教皇格利高里十六世进行的一次会见中曾谈到艺术,教皇认为希腊人的艺术是从意大利西北部的伊特拉斯人那里传过去的。"不,我认为他们的艺术是从埃及传入的……"阿尔伯特坚持了自己的观点。

维多利亚与阿尔伯特的婚姻相当完美,阿尔伯特总是能给维多利亚一些很好的建议,尤其在工业革命大发展的时期,有博学多才的阿尔伯特在女王身边,这让英国的工业和科学技术得到了一个更好的保障。正是由于阿尔伯特的设想,女王才接受了在英国举行世界博览会的提案,1852年的世界博览会成为英国展示强大工业成就和科学力量的最好的一次机会,不但让世界了解了英国的强盛,也让英国了解了世界在各个工业领域的实际进展状态。阿尔伯特有许多诸如著名的数学教授阿道夫·葛德莱这样的终身朋友,这可以让他为女王提供更加客观的意见。

婚期很快被选定在1840年2月10日,那是一个盛大的场面。但结婚后不久,阿尔伯特就发现,女王只想让他做一个称职的丈夫,而不希望他参与任何她的事情,其实早在订婚期间,维多利亚就已经明确地表示过这种想法:"英国人非常反感外国人干涉其国家政治,已经有一些报纸提出希望你不要干涉英国内政,现在,尽管我知道你决不会,但如果你受了封爵,他们仍然会说,那个外国佬想要干预政治了。"

阿尔伯特显然还是对女王如此坚决地禁止他参与政治感到有些恼怒,也许,外界此前关于阿尔伯特无心参与政治、只对科学感兴趣的说法过于简单化了,其实阿尔伯特王子对政治有着很高的天赋,这甚至让维多利亚和整个英国惊讶,继而报之以赞许,最后授予阿尔伯特在维多利亚出现意外的时候可以行使摄政王的权力,这几乎是给了他最大的信任。

阿尔伯特王子的这种天赋并没有掩盖多久,一方面利奥波德在女王身边的代理人、那位日耳曼医生斯托克玛一直忠实地执行着利奥波德赋予的使命,没人记录这位医生的一切言行,但每逢重大政治事件,总能看到他的影子;另一方面,阿尔伯特本来就是萨克森·科堡家族的重要成员,他明白他与女王的婚姻不简单就是一桩普通的婚嫁,而是载有家族利益的使命——"为自己新国家的利益而生活,而牺牲,运用他的权力和努力来实现一项伟大的目标——促进民众的幸福"。另外,他本人也有着相当自负的气质,不会允许女王如此怠慢他。

与维多利亚结婚后,阿尔伯特才发现他原来并不能成为白金汉宫的男主人,这里真正的主人只有一个,那就是维多利亚女王;其次,还有一个女管家,那就是与维多利亚有同性恋关系的莱恩男爵夫人,她的卧室就在女王的隔壁,女王的所有私生活几乎由这位管家打理,包括女王所有重要的私人信件。女王与这位男爵夫人的关系已经从维多利亚一出生就开始了,她是女王的启蒙老师,是她的挚友,是她的"宝贝",她们的关系非同一般。阿尔伯特反倒像是个偷情的男人,他的一切行为几乎都在男爵夫人的注视之下。

另外,阿尔伯特希望能有个自己的秘书,但女王和墨尔本却指定了一位辉格党人乔治·安森担任他的秘书,当他抗议这种硬生生的安排时,女王却同样硬生生地回答说:"已经被任命了,就这样吧!"

再有就是阿尔伯特具有日耳曼传统军人式的生活方式,而维多利亚则一贯生活在英国王宫,英国人那种高傲、慵懒、奢靡的宫廷生活让阿尔伯特一时难以接受。

阿尔伯特的政治才能很快在结婚后得到体现,这是因为英国托利党与辉格党的权力争夺正在进一步演变。1839年5月墨尔本首相被迫辞职之后,女王是凭借个人情绪和能力将托利党的首相驱赶出政府的,然后再次启用了墨尔本,但这激起了托利党和英国民众的强烈不满,因此,墨尔本的位置就显得不稳定。罗伯特·比尔爵士再次成为首相实际上已经成为大势所趋,女王和墨尔本都不得不接受这个现实。而女王怎么也难以和罗伯特·比尔沟通,她对这位爵士的敌意仍未消除。阿尔伯特就成为最理想的女王与罗伯特·比尔谈判的最佳角色。而阿尔伯特却借此不失时机地展现出他的政治谈判才能,谈判的核心仍然是女王身边的侍女问题,他和比尔爵士最终达成协议;在托利党执政前不对宪法相关内容进行修改,但罗伯特·比尔组阁之后,女王身边主要的辉格党侍女将被解除职务,罗伯特·比尔届时可以派出新的人选。这是一个两全其美的办法,女王保住了颜面,托利党获得了满足。

维多利亚十分满意这种谈判结果,这实际上保全了王室的面子,避免了王室与托利党的矛盾加深和公开化。女王写信给利奥波德说:"我最亲爱的丈夫对我确实是一个极大的安慰。他对所进行的事怀有极大的兴趣,既能够体谅我、关心我,又恪守本分。他能使我避免偏激,我们现在交谈甚多,而且我也正越来越相信你曾说过的,他的判断总是正确的,而且能够公平、平和地把事情处理得很妥当。"

当然,墨尔本勋爵不得不离去了,但他也像利奥波德当年离开英国时一样,希望继续对女王施加影响,于是他向女王推荐了海茨伯雷勋爵。而女王对墨尔本的推荐言听计从,甚至她在任命海茨伯雷勋爵为驻奥地利大使的时候,几乎就是把墨尔本的话重复了一遍。这让阿尔伯特和斯托克玛大吃一惊,他们继而发现,墨尔本仍然像是一个恶魔的影子一样继续缠绕着年轻的维多利亚女王,他的信件经常送到女王手中,而女王对他建议的各种人事安排和对各种政策的意见大多是奉行的。这让阿尔伯特和斯托克玛感到一种不安,于是他们共同写了一份与备忘录,指责墨尔本勋爵这种不在其位而谋其政的做法违背宪法,而且,他身为反对党领袖和女王的亲密关系也是一种严重不当的行为。这份备忘录最终起了作用,墨尔本勋爵不得不中止与女王的信件往来。

接下来,阿尔伯特和斯托克玛要做的就是把女王身边另一个关键人物也驱赶出女王的视线,那就是女王的密友莱恩男爵夫人。对阿尔伯特来说,这已经不是很困难,维多利亚毕竟还是一个相对正常的女人,她对丈夫的兴趣正在变得越来越浓厚,阿尔伯特首先从维多利亚女王的心灵中把莱恩男爵夫人的影子抹掉了,然后轻而易举地就彻底将她从女王的身边驱逐出去,这个女人最终回到了汉诺威巴恰堡,从此再也没能回到白金汉宫。

此时,年轻的维多利亚已经处在丈夫阿尔伯特和斯托克玛、母亲和舅舅利奥波德重重影响之中,其中尤其是对丈夫的爱越来越深厚,当她从丈夫的故乡德国旅行回来后给利奥波德舅舅信中如此描述:"对于我们可爱的德意志,我有着一种难以描述的情感,当我在罗塞努(阿尔伯特的出生地)的时候这种感觉最深厚,这种情绪时刻打动着我,扣动着我的心灵,令我不禁想落泪,而在其他任何地方我从来没有感受到像在那里所感到的那种深沉的欢乐与宁静。恐怕我是太爱它了!"

此时,她已经完全像一个普通女人一样享受婚后丈夫的爱,"哦!我最亲爱的舅舅,我想您一定知道我是多么快乐、多么幸运、多么骄傲,拥有了我丈夫这样一位完人!"以至她偶然翻看以前的日记的时候,当看到"说到'君主的信任',上帝知道!从来没有哪位大臣,哪个朋友像这位确实非凡的梅尔本勋爵那样,得到过我的信任!"这一句话的时候,她立即在旁边写下这样一段话:

"重读此语,我禁不住要说当时我的快乐是多么的矫情,而如今我从敬爱的丈夫那里得到了真正而充实的快乐是多么的幸运,任何政治或世间的挫折都无法改变这种幸福。当初本来也不会耽搁得那么久,因为墨尔本勋爵毕竟是一位仁慈而卓越之人,对我又是那么的好,但我的快乐只有在交际场上方能得到,生活只是建筑在那种肤浅的消遣之上,当时我竟以为这就是快乐!感谢上帝!为自己也为别人，我知道了什么是真正的幸福。"

铁腕统治

在维多利亚登基后不久，欧洲爆发了大规模的革命，这场革命到1848年达到了顶点。但这场革命风暴却被狭窄的英吉利海峡所阻断，这场风暴对大英帝国的影响并不大。尽管这一时期曼彻斯特流派开始在英国流行——那是一种奉行自由放任主义的流派，英国民众的宪章运动也曾风起云涌，但大英帝国拥有几个明显的优势可以躲避这场风暴：无与伦比的殖民地，由此英国人不必着急把矛头指向女王，他们的资源异常丰厚，这足够他们好好地享受一段时间的生活了；成熟的两党制，这让所有的英国国内矛盾都能在议会和选举中解决掉，而不会危及女王的地位；及时的工业革命，这场革命为英国带来巨大的发展，因此无论是哪一个阶层都从中受益，因此，没有人对女王怀有像法国人那样怒不可遏的怨气；优良的军队，这起码能遏制任何一个欧洲大国称霸大陆，也能为英国开疆拓土，英国殖民地能得到良好的保护，而不是像300年前的西班牙一样经常遭受抢劫和攻击；还有一个重要的原因就是，英国人对王室的怨气已经在1640年发泄过一回，因此这时候更愿意享受殖民地和工业革命带来的利润，而不是参加血腥的革命，人们对贵族已经相当宽容，而且，这些贵族实际上多半已经成了资产阶级贵族，而不是传统意义上的贵族。

在维多利亚成为女王后不久，她的帝国就迎来了盛世，大英帝国的辉煌无人能及，世界上所有国家都无法企及，甚至连法国和奥匈帝国、俄罗斯帝国这样的欧洲大国也无法与大英帝国相提并论。女王的丈夫此时也显露出了他的另一种才能——展现帝国辉煌的才能。

当阿尔伯特成功解决了女王与罗伯特·比尔勋爵之间的矛盾后，比尔勋爵也给了他一个恰当的回报：当时英国正筹备成立一个委员会来管理帝国的美术，比尔勋爵毫不犹豫地推荐了阿尔伯特，这对对哲学、艺术和音乐颇有修养的阿尔伯特来说是一个非常好的工作——恰如其分又能展现他早已有的一个想法，就是筹办一个万国博览会。阿尔伯特用他那特有的艺术和哲学修养轻松地叩开了人们的心理大门：当委员会有一次争论建筑上的艺术雕刻该不该体现一种道德标准的时候，阿尔伯特说道，应该，当然应该，虽然看起来从这些雕刻前走过的人们只是走马观花，但每一个艺术家都知道，不是所有人都是在走马观花，他们中也总有人会用深邃、思考的眼神来研究这些雕饰。

实际上，在女王婚后不久，英国就开始了一个事实上的阿尔伯特时代，阿尔伯特非常恰当地既发挥了他的能力也施展了强大的影响力，而他也明智地知道，无论他有多么大的魅力，他的立足点只有一个：女王的丈夫，他的影子可以尽力扩张，但他的身子永远只能呆在女王的身旁，而不是女王的椅子上，英国人可以欣赏他的能力，但绝不答应他任何谋权篡位的企图。阿尔伯特适当地扮演了一位"幕后"角色,而且相当成功——从英国王宫内的复杂调整到为英国军队制定条例、从主持成果辉煌的万国博览会到支持普鲁士的统一努力、从与帕麦斯顿的较量到成为日耳曼科堡家族的中流砥柱……他几乎从不高调出现在英国人面前,但每当他的声音传出来就一定会赢得尊重,而当他在42岁英年早逝的时候,整个欧洲都知道英国的一个"阿尔伯特时代"结束了,人人都清楚这对大英帝国来说是一个莫大的损失。

阿尔伯特在将女王的同性恋情人、她的挚友和老师莱恩男爵夫人驱逐出王宫后,就彻底改变了英国王宫的混乱与奢靡,让这座王宫日益变得像个日耳曼宫廷,一切开始变得井井有条。实际上,阿尔伯特和他的老师斯托克玛成了白金汉宫的大管家,阿尔伯特依据斯托克玛做出的调查报告,将原来互相掣肘的宫廷大臣和管家两位实权派系做了调整,大管家被解除职务,所有宫廷事务统一由总务长来管理和协调。以前,一扇玻璃的里面归宫廷管家而外面却由宫廷大臣的人来擦拭,往往里面的一尘不染,外面的却污迹沉沉;以前,女主管、僮仆和侍女由宫廷大臣来调配,而厨师、搬运工、园艺工却由宫廷管家来支配,因此一件工作时常中断而无人理睬;以前,王宫的账务混乱不堪,以至一笔名为"红房子酒"钱被一个警卫冒领了多年;以前,一个叫琼斯的小子竟然能数次偷入王宫,甚至在女王的隔壁卧室呆上三天,直到他自己无聊地发出怪声才被从沙发下拖出来;以前,当女王询问为什么餐厅壁炉里总是没有火的时候,她会得到这样的回答:"因为宫廷管家管置架,宫廷大臣管点火。"现在,一切都变了,阿尔伯特用日耳曼人的严谨将整个白金汉宫管理得像是一块瑞士手表。

在19世纪30~40年代,英国成为世界上第一个完成工业革命的国家,整个大英帝国由此进入一个巅峰时代,到1850年前后,这个帝国已经超越了历史上任何一个大帝国,连罗马帝国都无法与其相提并论,在英国的势力范围内,太阳永远不会落下。大英帝国的殖民势力几乎在向世界所有的方向扩张,非洲、澳洲、印度、中亚甚至包括东方大清帝国也不得不屈服在英国远征舰队的炮口下,1842年英国迫使这个衰落的帝国签署了《南京条约》,这让整个欧洲世界看到了如何与这个老大帝国打交道:"先揍他一顿,然后他会乖乖地吐出银子来!"与此同时,大英帝国内部的现代工业革命已经完整的建立起来,类似纺织机器、火车,蒸汽机这样能创造工业化规模的利润创新发明一项接着一项从英国出现,这又大大加强了英国的本身的竞争能力,因此,维多利亚时代成为大英帝国最辉煌的时代,阿尔伯特非常清楚这种强大竞争力的后果:令人畏惧! 所以,他需要一个展台,他开创了一个工业革命时代的实力展示外交政策,即用万国博览会的方式将英国的强盛充分展示给世人,让他们从民间到政府都记住,大英帝国无与伦比!

阿尔伯特从238种设计方案中选中了约瑟夫·帕克斯的巨型花房设计方案,这就是那栋后来著名的第一届万国博览会建筑。1851年5月1日,第一届万国博览会(后来改名为世界博览)在伦敦的海德公园举行,那是一个盛大的场面,而且,举办的非常成功,仅举办方从这次活动中获利就超过16万英镑,而它的影响则根本无法用金钱形容。女王主持了开幕式,阿尔伯特非常成功地为他的妻子建造了一个时代象征。展览会进行了半年,约有600万人来到这里,在那个时代这几乎相当于一次人口大迁徙。维多利亚仍用她的日记习惯记录了自己当时的心情:这一天是我最无法忘记的日子,是我最美丽、最庄严、最辉煌的一刻,也是阿尔伯特最成功的一刻……世人会因此记住阿尔伯特,感谢上帝让我与这样一个人结为夫妻。

当博览会在女王婚典12周年纪念日那天结束后,维多利亚和阿尔伯特却陷入一场烦恼中,让他们头痛的就是英国历史上著名的帕袁斯顿勋爵。这是一个纯正的英国人,他既有英国绅士的刻板也有英国人桀骜不驯、不循常理的特性。他有一次需要从奥斯本返回伦敦,但延误了火车,他竟然要求为他开一趟专列,谁都清楚,列车不按照时刻表运行会造成多么大的危险,而他却根本无视这些,坚持如此,好在最终他平安抵达伦敦。尽管英国王室地位已经不能与伊丽莎白一世时代同日而语,但王室的权威在英国还是根深蒂固,实际上英国国王对政策的影响还是相当深,尤其是在重大的外交政策上。而维多利亚女王也是一个同样傲慢、任性的女人,她绝对不会允许任何人对她无礼,更别说无视她的存在。

帕麦斯顿曾三次担任英国外交大臣(1830年~1834年,1835年~1841年和1846年~1851年),后来还担任两届英国首相,最后一任时间是在1855年~1858年,他担任外交大臣和首相的时期是英国走向巅峰状态的时期,英国国力最为强盛,而他本人也是一位颇有能力的政治家,他的外交理论就是要凭借英国的实力不遗余力地扩展英国的势力范围,维护大英帝国的利益,甚至可以撕掉所有道德伪装。他是英国炮舰外交的创始人,他曾说过:在外交上所谓的国际法,其实仅仅适用于文明国家,那些野蛮国家可能拥有古老的文明,但这不是对他们尊重的理由。帕麦斯顿为他的炮舰外交所使用的遮羞布是保卫文明论,也就是要用大英帝国的炮舰来保卫英国和欧洲的文明。而他的那一句著名现实主义外交格言则非常恰当地解释了他为什么不拘一格:"没有永远的盟友,也没有永远的敌人,只有我们的利益才是永恒不变的。"当英国远征舰队攻打中国大沽炮台首战失利,海面上"海鹭鸳号""破风号"和"呼潮鸟号"被击沉,陆地上2万蒙古骑兵又阻止了陆战队士兵的前进,消息传到伦敦时帕麦斯顿派系的报纸立刻沸腾起来,伦敦《每日电讯》写道:

"大不列颠应攻打中国沿海各地,占领京城,将皇帝逐出皇宫,并得到物质上的保证,担保以后不再发生袭击……我们应该用九尾鞭抽打每一个敢于侮辱我国民族象征的穿蟒袍的官吏……应该把这些中国将军们个个都当作海盗和凶手,吊在英国军舰的桅杆上。把这些浑身纽扣、满面杀气、穿着丑角服装的坏蛋,在桅杆上吊上十来个示众,让他们随风飘动,倒是令人开心和大有裨益的场面。无论如何应该实行恐怖手段,再不能纵容了!……应该教训中国人重视英国人,英国人高于中国人之上,应成为中国人的主人……我们至少应该夺取北京,如果采取更大胆的政策,则应该在夺取北京以后永远占领广州。我们能够像占有加尔各答那样把广州保持在自己手里,把它变为我们在远东的商业中心,从而使我们为俄国在帝国满洲边境所取得的势力找到补偿,并奠定新领地的基础。"(见马克思《新的对华战争》)

此后,帕麦斯顿利用自己强大的政治影响,促成了英国内阁向中国派出了一支远征舰队,这是一个规模庞大的舰队,包括各种舰船48艘,共计舰炮540门,士兵

女主沉浮

4000人的,这支"东方远征军"目的就是想对当时还是令欧洲敬畏的大清帝国发动大规模战争,而如此重大的事情帕麦斯顿竟然没有申请女王的奏准,这让维多利亚和阿尔伯特颇为恼怒。

1846年,帕麦斯顿接替阿伯顿第三次出任英国外交大臣,上任伊始,西班牙女王伊莎贝拉的婚事成了欧洲的焦点。因为欧洲王室之间历来互相通婚,而这种王室通婚制度实际上是与欧洲各国政治势力的延伸有着深远的关系。西班牙是欧洲一个重要的角色,法国和英国历来对西班牙都非常重视,伊莎贝拉的婚事自然也就成了谁能主导西班牙的一场角逐游戏。法国路易·菲利浦希望他的儿子蒙邦塞公爵能迎娶伊莎贝拉,而英国自然支持科堡家族的另一位候选人,也就是阿尔伯特的一个表兄。这场游戏的戏剧性在于路易·菲利浦得到一个秘密消息:伊莎贝拉的一位候选表兄卡蒂斯没有生育能力。这让路易·菲利浦设计了一个安排,即伊莎贝拉应该和她的表兄卡蒂斯结婚,这样可以避免英法矛盾加深,而他则另外安排蒙邦塞迎娶伊莎贝拉的妹妹菲娜达,因为按照西班牙王位继承制度,如果伊莎贝拉无后,那么她妹妹的子嗣就将继承王位,这样西班牙就等于归附了法国王室。然而,这个秘密实际上是一个公开的秘密,维多利亚和阿尔伯特自然清楚路易·菲利浦的打算。英法交涉的结果是,英国可以不支持科堡家族的候选人,但法国必须保证伊莎贝拉结婚并生育之前,蒙邦塞公爵不迎娶菲娜达公主。

然而,当帕麦斯顿接替阿伯顿出任外交大臣之后,他以他惯有的强硬、蛮横、无所不用其极的手段企图推翻这纸协约,因为他认为这是对法国的退让,他希望能重新修订协议。因此,他在给英国驻马德里的公使的信件中故意提到应在伊莎贝拉的候选人名单中加上科堡家族的名字,深为职业外交家,他清楚地知道,这份公函一定会被法国人窥视,同时,他开始宣扬西班牙的暴政,对西班牙施加压力,消息果然传到了法国国王的耳朵里,路易·菲利浦没有与英国人重新谈判,而是直截了当地与西班牙拥有实权的王太后达成了协议:英国人对西班牙抱有敌意,西班牙应该和法国联合起来对抗英国。

于是,伊莎贝拉与其表兄卡蒂斯的婚礼、蒙邦塞与菲娜达的婚礼在同一天举行,在维多利亚看来,精明的帕麦斯顿干了件蠢事,法国国王也毫不留情地撕毁了协议。

作为对法国的报复,英国撤销了对法国需要的援助,这导致法国没有足够的力量对付已经山雨欲来的底层革命,仅仅一年半后,1848年的欧洲革命爆发,法国发生了二月革命,路易·菲利浦的七月王朝被驱赶到了英国。

然而,其实这正是帕麦斯顿的过人之处,他深邃的目光已经看到了法国革命已经无法遏止,路易·菲利浦屁股底下的不是王座而是一座活火山。他是英国杰出的外交家,他看得比维多利亚和阿尔伯特都远,他上任伊始就轻松地点燃了英法之间的矛盾之火,失去英国巨大援助的法国必然无力对抗这么波澜壮阔的底层革命,而这种革命却不会越过英吉利海峡,相反,对英国来说,法国的衰落可以使英国更容易对付这个老对手。帕麦斯顿实际上是在执行坎宁的欧洲大陆均势思想,尽管法国王室得到了西班牙,而他在本土却行将崩溃,法国王室的没落必然扩大英国对欧洲大陆的影响。帕麦斯顿是大英帝国利益的忠实捍卫者,而维多利亚和阿尔伯特却多少顾及欧洲王室的利益,仍然在使用过时的王室联姻手段来主导欧洲。

维多利亚和阿尔伯特对帕麦斯顿开始感到恐惧,因为英国宪章运动也在呈现上升态势,而这种矛盾必然要危及王室利益。帕麦斯顿引发了英法矛盾,也等于点燃了1848年的革命,这让维多利亚和阿尔伯特担心这场风暴也许会促使英国宪章运动掀起更大的波浪,女王与帕麦斯顿的矛盾几乎已经公开化,实际上等于是英国王室利益与英国新兴资产阶级利益的矛盾。

实际上,帕麦斯顿对国内政治经济和社会状态了如指掌,他奉行的是保守的自由主义,他有时会坚决拒绝改革,有时又会显得很激进,有时又会什么也不做,而他的种种态度其实都是按照一个原则进行,那就是对现实是否有益,而他认为最好的改革就是"使进步变得稳妥而有效",而不是混乱不堪或者急风暴雨。而维多利亚和阿尔伯特既对帕麦斯顿的保守性自由主义政策感到担忧又对他几乎无视女王存在的做法感到恼火。

当然,维多利亚女王也不是一个只懂得忍耐的女人,她在保持英国政治平衡的同时,也会偶尔反戈一击,当1850年女王和阿尔伯特出于对日耳曼人的同情而支持普鲁士对丹麦的关于什列斯维希、霍尔施坦两地的争端时,帕麦斯顿已经敏锐地觉察到了普鲁士已经有取代法国成为新欧洲强国的趋势,因此按照大陆均衡原则支持丹麦,这又形成了维多利亚与帕麦斯顿的新矛盾,这一次,维多利亚给帕麦斯顿写了一封亲笔信:

我认为有必要防止将来产生任何误会,因该将我对外交大臣这一职位阐述简洁要求:一、他应该清楚地说明他在某一个既定事情上的意图,以便我能明白我将要批准的是什么;二、所有方案,一旦已经被我批准,那么外交大臣应不得擅自修改,发生这种行为即是对英国国王的不忠,我会按照宪法罢免这位大臣。

然而,帕麦斯顿却根本没有把这看作是什么严重的威胁,仅仅在表示了略微的收敛后,又继续为所欲为。1851年12月2日,法国发生政变,路易·拿破仑建立法兰西第二帝国,而这一次,帕麦斯顿却立即召见法国驻伦敦大使,表示支持拿破仑三世。显然,他是因为担心普鲁士成长得过快,而希望法国恢复秩序来遏制普鲁士和俄罗斯,他是对的,但他错在有一次在事先没有奏请女王批准的情况下就擅自表明了英国的态度,这等于他以个人的态度代替了大英帝国女王和政府的态度。这次,维多利亚也表现出了她强硬的一面,她坚决要求罢免帕麦斯顿,议会和首相当然知道维多利亚的愤怒已经达到无以复加的地步,最终只好罢免了帕麦斯顿。

然而,罢免帕麦斯顿的事件却让英国民众感到不满,因为此时正是克里米亚战争进行得如火如荼的时候,而帕麦斯顿是坚决支持向俄国开战的,理由人所共知,一旦俄国控制了土耳其,那意味着英国与印度及整个东方的联系都将受制于俄罗斯。相反,阿尔伯特却支持俄罗斯,这让英国民众再次怀疑他究竟站在哪一边?甚至伦敦的小报已经开始谣传阿尔伯特和维多利亚已经被囚禁在伦敦塔中,因为他们背叛了英国。阿尔伯特立即意识到了这种不信任对他来说有多么危险,他也就马上开始转向支持英国向俄罗斯宣战,1854年3月,女王对俄国宣战。

另外,维多利亚也清楚,英国民众更支持帕麦斯顿是因为帕麦斯顿是英国利益的捍卫者,这整个欧洲都清楚,而且,他尽管老迈,却能力非凡。维多利亚以君王借口阿伯顿在克里米亚战争中表现欠佳而重新邀请了帕麦斯顿,而这十余年实际上又被称为帕麦斯顿时代。

亲王之死

1861 年对维多利亚来说是最为不幸的一年,在这一年年初,肯特公爵夫人突然患病,之后一病不起,仅仅几个月后就溘然长逝。对维多利亚来说,更大的打击还在后面,11 月,当阿尔伯特去视察桑德伯斯特新军校的时被淋了一场大雨,这不过是一场大雨而已,没人在意,阿尔伯特自己也没有在乎,他只是觉得有点感冒罢了,以致他再次赶往剑桥看望他的长子、英国王位的继承人威尔斯王子,但谁也没有想到,他竟然在回来后就一病不起。

这时,维多利亚又犯了一个致命的错误,她过分相信了那个宫廷庸医詹姆斯·克拉克医生,这位曾在黑斯廷斯小姐事件中扮演了不光彩角色的宫廷医生仍然有办法让维多利亚继续相信他,他与维多利亚的关系一如既往。他对阿尔伯特的诊断至今令人怀疑,因为当阿尔伯特已经明显病入膏肓的时候,他仍然坚持说没什么可大惊小怪的。很快,不到一个月的时间,1861 年 12 月 14 日清晨,另一位医生看过阿尔伯特之后说道:"我想已经应该让他的亲人来和他告别了,不然连这也办不到了!"

阿尔伯特时年仅仅 42 岁,他与女王相伴度过了 21 年,他在大英帝国的金字塔顶端用一种日耳曼严谨求实的精神和杰出的能力为这个帝国编织了一个璀璨的光环,直到今天,整个欧洲都清楚,没有阿尔伯特,维多利亚不会如此辉煌。后来的英国首相迪斯累里说:"这位日耳曼王子用一种大英帝国历代君王所未曾表现出的睿智和精力统治了这个国家长达 21 年,如果他能比我们这些老家伙活得更久,他也许会让我们有幸得到一个独裁政府。"

维多利亚女王的悲痛无须赘言,她那厚厚的日记记录了她无比的悲伤。此后相当长的一段时间,维多利亚几乎没有出现在任何公共场合,也没有履行女王的职责,她甚至躲出了伦敦,几乎过上了一种隐居的生活。即使偶尔不得不出现在伦敦的一些仪式上,也总是一身黑色服饰,那代表着对阿尔伯特无尽的爱。

对英国来说,他们失去了一位亲王,同时也丢失了女王,首相无法每一件事都从伦敦赶往 600 英里之外的女王隐居地去聆听她的意见,这不是一个短暂的时间,女王为阿尔伯特身穿丧服几乎长达十几年,这个帝国因此不得不加强首相的权力,这倒是促进了国家权力进一步向以首相为核心的政府转移。

失去了阿尔伯特的平衡,女王变得更加固执己见和强硬。此时,欧洲正在酝酿另一场风暴,那就是德国的崛起,俾斯麦这位后来被称为铁血宰相的德国强硬人物已经主导了普鲁士。但女王固执地仍然按照阿尔伯特在世时的想法去支持普鲁士,这让帕麦斯顿颇为不满,因为今时不同往日,法国的衰落导致欧洲大陆失去平衡,普鲁士崛起为新欧洲强国的趋势已经非常明显,而这又可能打破均衡政治。女王坚持说,保持欧洲和平的唯一机会就是不要支持丹麦。

石勒办益格和霍尔施泰因两地居民主要是日耳曼人,他们也加入了日耳曼联邦,但这两个地方属于丹麦国王的私人领地,而丹麦国王一直希望将这两个地方正式并入丹麦,这就为俾斯麦统一普鲁士创造了良好的借口。帕麦斯顿最后不得不妥协,英国在总体上选择了支持普鲁士,而俾斯麦又运用灵活的策略保持了法国的中立,当战争的条件完全具备后,俾斯麦于是一举击败了丹麦,为普鲁士的统一奠定了基础。紧接着,俾斯麦就发动了对奥地利的战争,仅仅七周就从奥地利手中夺回了日耳曼联邦的主导权,这样,接下来就是走最后一步,那就是对法宣战。

女王依然沉湎于对阿尔伯特的回忆中,她让人集结了阿尔伯特的平生演讲,又让马丁先生撰写了阿尔伯特的纪事,她本人也提供了许多生活与政治细节,这是一个浩大的工程,历时 14 年才最终完成(至 1880 年全部完成)。女王又在英国各地修建了许多阿尔伯特雕像,在肯辛顿宫与万国博览会毗邻的地方她又修建了一座阿尔伯特纪念堂,这座纪念堂由英国最杰出的建筑家斯科特先生设计,耗资 12 万英镑,费时七年,而其中的阿尔伯特雕像就置身于这座按照神庙的氛围设计的殿堂中,俨然就是一尊伦敦的保护神。

女王的"种马"

阿尔伯特去世的时候维多利亚正值盛年,他们同岁,维多利亚和世界上绝大多数寡妇一样,有了一个自己的"种马",就是那位苏格兰人约翰·布朗。他们之间的关系其实早已开始,并且在维多利亚时代就成为英国上流社会茶余饭后的谈资。女王和这位苏格兰人的关系事实上是处在一种半公开的状态,以至维多利亚的儿女们也毫不避讳地把这位仆人直截了当地称为"妈妈的情人"。阿尔伯特于 1861 年 12 月去世,而在 1864 年女王就已经公然携带布朗先生去她位于怀特岛的奥斯本宫。在阿尔伯特死后相当长的一段时间内,女王几乎从公众的视线中消失了,连政事参与得都相当少,而此时陪伴在她身边的就只有这位苏格兰人。

甚至,女王也像所有女人一样,希望再有个男人作为她的寄托,而且,同样希望有一个"名份"。

1883 年 3 月,布朗先生因患丹毒病去世后,女王的悲痛丝毫不亚于阿尔伯特去世时,她在日记中写道:"他的去世令我无限悲伤!"

当然,善良的英国人今天早已原谅了女王,就像原谅了戴安娜王妃红杏出墙一样,以至女王这段秘密恋情后来还被拍成电影《布朗夫人》。

"骚乱不安"的五年

1868 年至 1874 年对维多利亚来说，是一个灰暗的时期。

1868 年 11 月，格拉斯顿在大选中取胜，成为新一任首相，而他是自由党魁首，他奉行的是自由主义政策。1848 年欧洲大革命后，自由主义运动已经横扫欧洲，这也是工业革命传入欧洲后引起的必然变化，在英国一度沉寂的宪章运动受欧洲大气候的影响也再度兴起。

维多利亚女王也不可避免地被自由的民众当成靶子，谁让她是整个欧洲坐得最稳的国王呢！烦恼首先从民众对女王奢侈的花费开始，的确，英国政府每年要拨给王室 38.5 万镑，人们很自然地问，女王用这么多钱究竟做了什么？一本名为《她用此做了什么？》的小册子在伦敦的街头巷尾一度非常流行，前后竟然印刷了上百万册。加之自阿尔伯特死后，维多利亚长期远离政治核心，人们就更加要质疑：我们为什么要花费巨额金钱供养一个寡妇？

英国人的质疑并非毫无根据，维多利亚时代是英国最繁荣的时期，英国宫廷生活也和欧洲其他王室一样，到处充满了骄奢淫逸，女王尽管外表上较为洁身自好，奉行简朴的生活，但实际上无论是媒体还是高层人物都清楚，女王远非她的形象那样光辉灿烂、白璧无瑕，而自由的英国媒体也总是喜欢窥探女王究竟在过着怎样的生活，民众因此也总是能得到些女王奢靡、荒淫的消息。据英国后来统计，维多利亚女王去世前仅个人财产就高达 200 万英镑，在那个时代这就是一个天文数字。

1871 年，当维多利亚女王要求国会拨给路易斯公主 3 万英镑的嫁妆及 6000 英镑年金的时候，英国民众举国哗然，自由激进派开始大肆攻击女王，要求英国学习法国建立共和制，查尔斯·狄尔克爵士一次在纽卡斯尔的集会上发表演讲，希望英国借鉴法国，布拉德劳斯在特拉法加广场对数十万民众进行煽动，把他们称为"王侯的乞丐们"。

自然，仅仅是这些民众集会是不会对女王构成什么严重的威胁，但自由党的改革却让女王不安。自帕麦斯顿在 1865 年 10 月去世，由于此前帕麦斯顿一直是奉行实用主义政策，因此对涉及长远的改革计划不感兴趣，尽管帕麦斯顿可以说是自由党的创建者，但他本人却几乎对任何改革都嗤之以鼻，因此他成了英国改革的最大阻力。而当他去世后，他的继任者罗素和格拉斯顿则根据实际情况的变化将改革不断提上日程。还在帕麦斯顿没有死的时候，1860 年 3 月罗素就提出了扩大选举资格的改革法案，建议将城市选民的财产资格降为 6 英镑，并重新分配议席的名额。但罗素也知道这样大幅度地扩大选举资格几乎不可能，那个时候根本就不具备这样的条件，他真实的目的是想把改革问题揽过来，他清楚地知道，这个法案仅修正案就多达十几个，光是讨论这些修正案就要很长时间，所以他根本也没指望议会通过这个法案。但这至少已经说明，改革的苗头已经出现，权力不可能长久地保持在贵族和王室以及资产阶级新贵手中，民众迟早要得到本来属于他们的东西。

1866 年,帕麦斯顿一死,格拉斯顿就立即提出了议会改革,他要求将城市选民的资格从 10 英镑降到 7 英镑,乡村从 50 英镑降到 14 英镑,并提出消减衰弱的小城镇在议会中的议席数量,这样就扩大了选举人范围,权力也将向大城市倾斜,这更有利于资产阶级的权利要求。保守党自然反对这一提案,两党的争执最后总是要争取女王的支持,女王巧妙地告诉反对格拉斯顿的人:不要那么猛烈地针对格拉斯顿,对改革这个重要问题,应该用他对他的党的影响,不是基于政党,而是用一种能解决它,尝试达到某种一致的观点来对待这个问题。

最终,格拉斯顿的改革在 1866 年失败,自由党内阁因此倒台,那是因为女王巧妙地争取了自由党中拥有重要影响的阿达拉姆集团的支持,这个集团代表的是中产阶级和原辉格党中的土地贵族的利益。保守党接替自由党上台,狄斯累里这位老道的政治家清楚尽管格拉斯顿的改革提案失败了,但这个提案是迟早还要卷土重来的,那么不如由保守党来提出法案,这样至少可以控制改革的节奏,女王支持了狄斯累里。狄斯累里提出了 14 点计划,他说应当增加英格兰和威尔士乡村和城市的选民,他高调说道,让一个阶级或势力集团长久地凌驾于社会之上是违反王国宪法的。在狄斯累里和格拉斯顿反复较量中,最终改革法案在 1867 年 8 月通过,上院仅仅作了微小的修改,维多利亚批准了这个法案,成为正式立法。

改革的结果是底层社会获得了更大的选举权,新增的选民中一半是工人和城市居民。

另一方面,当格拉斯顿成为英国首相后,他又开始对文官制度进行了大刀阔斧的改革,其中对女王影响最大的莫过于两件事。一件是废除鬻买衔位,另一件就是对军队的改革。后者将使军队远离王室,尽管名称上海军和空军仍然挂着皇家的旗号,但军队将不再直接对女王负责而是转而对国会负责;至于前者,女王将失去对一些贵族进入军队的批准权,因为贵族将不再允许购买军职,他们在军队中的提升也将按照严格军事晋升条例执行。这样,无论如何,女王都能感到军队在远离她,这种将王室高高架起的事态在这短短的五年当中越来越明显,这就如同维多利亚女王是在被工业革命造就的民众权利浪潮中冲浪,而且她已经被高高地推向了峰顶浪尖。

维多利亚并不喜欢格拉斯顿,他僵硬的表情和种种对王室不利的改革一直让维多利亚难以欣赏这位在英国历史上叱咤风云的著名首相,但维多利亚女王还是理智的,她清楚,尽管他推行改革,而目的并不是要推翻君主立宪,只不过在顺应潮流,把大英帝国这艘船开得更平稳些。她所欣赏的是狄斯累里,但这是一个短命首相,在那段时间,他真正成为英国政治核心的时间只有 9 个月,维多利亚的这段灰暗的岁月直到 1874 年狄斯累里重新上台后才算结束。1875 年,狄斯累里为维多利亚花了 400 万磅买下了苏伊士运河,这也许应该可以让这段灰暗岁月翻过去了。1876 年 5 月英国议会通过了让维多利亚女王成为印度皇帝的议案,1877 年 1 月 1 日,维多利亚正式宣布即位,那颗来自印度拉合尔名为"科伊努"、重达 109 克拉的巨大钻石被镶嵌在维多利亚女王的王冠上。

女主沉浮

欧洲的祖母

在克里米亚战争结束后不久，欧洲又迎来了一场婚事，那就是普鲁士王室与英国王室的联姻。

维多利亚一生子女众多，而她本人又在位长达 60 余年，在整个维多利亚时代，英国王室与欧洲各国王室之间的婚嫁频繁不断，在女王的宫殿中，有一幅油画描绘的就是女王的一家——那是一个庞大的家族，仅家庭直系成员就多达 50 多人，而这些子孙多是欧洲各国王室成员，因此，维多利亚女王也被因此成为欧洲王室的祖母。

女王不仅在捍卫英国利益、王室利益、家族利益上表现出强硬和固执，同时，她也在对待子女的婚事上表现出捍卫女王家长利益的态度，而且同样固执，一切习惯和道理都不为所动。

1858 年，维多利亚女王的女儿普希公主与普鲁士王子的婚事即将举行，但双方在婚礼举行的地点上发生了分歧。因为按照普鲁士的皇家传统，王子的婚礼应该在柏林举行，维多利亚却固执地认为，英国女王的女儿的婚礼应该在伦敦举行，至于普鲁士的皇家传统，她觉得无足轻重，因为不是每天都有娶英国公主的事。她通过外交大臣告诉普鲁士大使，不要在这件事上认为女王会让步，女王绝对不会同意她的女儿在柏林举行婚礼，普鲁士王子在柏林迎娶大不列颠公主的想法是可笑的，不管普鲁士王室有什么惯例，可不是每天都有迎娶英国公主的事发生，这件事已经被认为是确定无疑，再无须争辩。

自然，普鲁士王室不会因为这样的小节而失去与英国王室的联姻，婚礼在伦敦的圣·詹姆斯教堂举行。日后，这个和母亲同名的普希公主成为德国菲烈特三世的皇后。

维多利亚一生拥有 9 个子女，其中 4 个儿子 5 个女儿，大女儿维多利亚（与母亲同名，即普希公主）成为德国腓特烈三世的皇后；第二个孩子是后来即位的英国国王爱德华七世；第三个孩子阿丽丝成为德国西南黑森亲王路易四世的王妃；另外三个女儿其中两个是德国南部巴登堡和德国北部石勒苏益格·荷尔斯泰因亲王的王妃，还有一个嫁给苏格兰的一位公爵，后来成为加拿大的总督。而儿子们则都是娶了丹麦、俄国和德国各地的公主、郡主们为妻。

她的一个外孙就是德国皇帝威廉二世（正是他策动了第一次世界大战），一个外孙女后来成为希腊王后，一个孙女是挪威国王哈康七世的王后，一个外孙女是俄国末代沙皇尼古拉二世的皇后，另一个外孙女是现在英国女王伊丽莎白二世丈夫菲利普亲王的外祖母。

以下是维多利亚女王子女的生卒年及婚姻简表：

维多利亚长公主（1840 年 11 月 21 日~1901 年 8 月 5 日），1858 年和腓特烈三世结婚；

爱德华七世(1841年11月9日～1910年5月6日),1863年和丹麦的亚历山德拉公主结婚;

艾丽斯公主(1843年4月25日～1878年12月14日),1862年和黑塞和莱茵大公路德维希四世结婚;

阿尔弗雷德王子,萨克森·科堡和哥达公爵和爱丁堡公爵(1844年8月6日～1900年7月31日),1874年和俄国的玛丽亚·亚历山大罗夫娜女公爵结婚;

海伦娜公主(1846年5月25日～1923年6月9日),1866年和石勒苏益格·荷尔斯泰因·索恩德堡·奥古斯腾堡的克里斯蒂安亲王结婚;

路易丝公主(1848年3月18日～1939年12月3日),1871年和约翰·道格拉斯·萨瑟兰·坎贝尔,第九世阿盖尔公爵结婚;

亚瑟王子,康诺和Strathearn公爵(1850年5月1日～1942年1月16日),1879年和普鲁士的路易丝·玛格丽特公主结婚;

利奥波德王子,奥尔巴尼公爵(1853年4月7日～1884年3月28日),1882年和瓦尔戴克·皮埃蒙特的海伦娜公主结婚;

比阿特丽斯公主(1857年4月14日～1944年10月26日),1885年和巴腾堡的亨利亲王结婚;

值得一提的是,在维多利亚的一生中,她悄悄将一种遗传性疾病——血友病传播到几乎整个欧洲王室,而这种疾病却成为鉴别王室成员的一种办法。

无论如何,在维多利亚看来,这是一个完美的大家庭,维多利亚女王本人也经常带着她孩子和阿尔伯特一起去苏格兰高地居住一段时间,这是一个享受苏格兰淳朴田园风景、享受天伦之乐的家庭。女王很喜欢苏格兰高地,她经常和阿尔伯特一起去这里,并且他们还在这里买下了巴莫罗别墅,甚至他们夫妻还会偶尔"失踪"一下——他们偷偷去到阿特·纳吉乌河塞克的"堡塞"冒险居住了一两天。1855年,阿尔伯特甚至特意推翻了这个庄园,重新自己设计了一个城堡,这成为女王的一个"庄园宫殿"。

君王与女人和谐一体

1877年,俄罗斯不甘心在克里米亚战争中的失败,希望再次攻击土耳其夺取一个黑海的出海口,它利用巴尔干斯拉夫人的民族战争,借口支持斯拉夫族人的解放而联合罗马尼亚,于1877年4月达成协议,4月24日即出兵攻击土耳其。但当时的外交大臣是德比勋爵,他却在这件事上犹豫不前,没有立即向俄罗斯发出强硬的信号,这致使俄罗斯军队长驱直入,俄罗斯军队和罗马尼亚军队一起攻占了普列文;与保加利亚军队一起攻占了索菲亚和亚德里亚堡,这样俄罗斯军队已经兵临君士坦丁堡城下,土耳其由于得不到英国和法国的支持节节败退。

女王对英国政府这种拖延怒气冲天,她曾以逊位来威胁英国政府,她在给肯斯菲尔德伯爵的信中说道,如果你们要英国去吻沙皇的脚趾,那我绝不参与这种有辱英国的行动,我将逊位!当俄罗斯军队兵临君士坦丁堡城下时,她曾一天内三次写信要求英国对俄罗斯开战。

但外交大臣德比仍然坚持反对开战,女王不得不与首相狄斯累里商议罢免外交大臣,女王建议起用素以强硬著称的保守党人索尔兹伯里。很快,索尔兹伯里就扭转了这一情况,俄国建议根据 1878 年 3 月《圣斯特凡诺条约》,建立一个由俄国"保护"的庞大的保加利亚公国,索尔兹伯里联合奥地利坚决反对该和约。于是最终有关各国于 1878 年 6~7 月在柏林召开了谈判会议,重订和约。1878 年 6 月,索尔兹伯里联合德国、奥地利迫使俄罗斯在柏林缔结了《柏林条约》,根据这个和约,俄国重新获得比萨拉比亚南部,在亚洲获得巴统、卡尔斯、阿达等地。实际上,这个和约将俄罗斯军事胜利的成果化为乌有,亚历山大二世并没有达到最初的作战目的,反而肢解了奥斯曼土耳其帝国,打碎了一座王宫,却种下了巴尔干这个战争火种。

1880 年,狄斯累里在大选中败给格拉斯顿。格拉斯顿重新上台,这让维多利亚感到不舒服,不仅如此,整个大英帝国也已经越过了巅峰,维多利亚时代开始渐渐出现了颓势。

一般来说,坏事总是一件接着一件:

爱尔兰的农民因为大量廉价的北美农作物入侵而遭到严重损失,这些剽悍的爱尔兰人开始信奉巴奈尔的说教,他们要争取自治。1882 年 5 月,新任爱尔兰总督卡文迪许爵士在都柏林的凤凰公园被爱尔兰极端主义者杀害。巴奈尔随后成立"爱尔兰国家联盟"。

1881 年,英国人在南非打了一个败仗,布尔人给了英国人一个很好的提醒:殖民主义时代就要过去了!特兰斯瓦尔独立了;

1885 年,在苏丹,马赫迪的反英大起义让英国军队在这儿也吃尽了苦头;

在印度,甘地的非暴力不合作运动让英国人异常恼火却又无可奈何;

爱尔兰人的匕首也开始针对维多利亚女王,爱尔兰人曾五次行刺维多利亚。但这不等于说大英帝国这个大厦会在一夜之间崩溃,正相反,在维多利亚时代的最后时期,整个大英帝国又一次呈现出欣欣向荣的一面,只不过静水流深,当工业革命在整个欧洲和北美普及开来后,一场经济危机也开始酝酿,这最终导致了第一次世界大战。然而在维多利亚女王最后的十余年里,尤其是索尔兹伯里任首相的 14 年里,大英帝国还看不到即将衰败的迹象,英国人继续在非洲不断扩展殖民地,乌干达、肯尼亚、苏丹、利比亚等相继成为英国殖民地。1887 年,维多利亚女王即位 50 周年,6 月,伦敦举行了盛大的维多利亚女王登基 50 周年庆典。

1897 年,伦敦再次举行盛典,庆祝维多利亚女王即位 60 周年,当 80 多岁的维多利亚女王走向圣保罗大教堂的时候,没人知道能否再举行 70 周年庆典,但这已经不重要,一个维多利亚时代已经完整地镶嵌在大英帝国的历史上,这已经足够完美了。

一年之后维多利亚被检查出得了白内障;1901 年,她记忆中的阿尔伯特开始模糊,她甚至已经不能回忆起他们最快乐的那段时光,她得了失忆症;之后,她连语言也忘记了,她得了失语症。

维多利亚的丧礼使用的是陆军仪式,而没有使用皇家海军,这让许多人感到困惑。当阿尔伯特号将遗体运到朴次茅斯的时候,改用一辆炮车运载棺木。丧仪在温莎城堡的圣乔治教堂举行,2月4日,维多利亚女王的遗体被安葬在佛洛哥摩尔王家陵园阿尔伯特亲王之侧。

"我的个子,对于女王来说,有点太矮小了。"维多利亚仍然是一个平凡的女人,对自己的相貌耿耿于怀——她的外貌丝毫没有王者风范,也与童话中漂亮、善良的公主无关,她甚至看起来有点像是个农妇,矮小、粗胖的身材,粗糙的皮肤,有时会像个泼妇一样发泄暴躁的脾气,有时又固执己见,丝毫不让步,但她仍然是历史上一生过得最完美的女人——一个女人怎么才算是最完美的呢? 她拥有至尊的地位,她的帝国无与伦比,无论是她的皇权地位还是她的帝国,都没有太多的忧虑,甚至有时候根本没有什么天敌;她有一个不错的婚姻;权力、财富、帝国、荣誉、婚姻、情人、女人的伤怀、帝国的繁盛,作为女人,她既拥有了女王的尊贵,也拥有了平凡女人所应经历的一切;作为帝国的统治者,她的帝国在她的年代达到了鼎盛,开创了一个维多利亚时代,她还没有什么不够完美的吗? 她甚至还留下一点遗传疾病,为整个欧洲皇族打下维多利亚基因烙印——而正是这一点也恰好给后人留下了一点点悬念:维多利亚很可能根本就不是肯特公爵的女儿,因为历史上英国王室多少都表现出偏执狂的症状却没有血友病的表现,而维多利亚之后的英国王室成员偏执狂从此消失了,取而代之的是血友病;因此,她真正的父亲很可能是那位宫廷管家、肯特公爵夫人的男秘书约翰·康罗伊,因为他们其实早在肯特公爵没有去世前就已经私通很久,甚至,连肯特公爵的死亡也因此披上了一层薄雾,毕竟,他死得过早、过于突然了。但无论如何,历史已经形成了,而且,这种小小的瑕疵恰到好处地提示了我们一个哲学问题:不要追求完全的"完美",人类没有至善至美,但如果你足够幸运,一样可以令人艳羡。

女主沉浮

创造奇迹的"铁娘子"

——撒切尔夫人

人物档案

简　历：原名为玛格丽特·罗伯特斯，出生在伦敦西部的格林瑟姆市。1947年毕业于牛津大学化学系，在校期间当上牛津大学保守党俱乐部主席，1961年第一次进入政府部门工作，1970年保守党获胜，她出任教官大臣，1975年，击败对手，成为保守党女党魁。1979年率领保守党重夺政权，展开保守党长达18年执政。其领导保守党在1979年、1983年和1987年三次大选中接连胜出，仅次于哈罗德·威尔逊。1990年未能击败党内对手迈克尔·赫尔塞廷，宣布辞职，其后她所属意的候选人财政大臣约翰·梅杰参选并最终获胜，11月28日正式离任，结束长达11年半的执政。1990年下台后，继任的保守党约翰·梅杰政府以及工党安东尼·查尔斯·林顿·布莱尔政府，依然沿行了她所推行的经济变革，该政策方向持续到2008年世界金融危机爆发。2013年4月8日，撒切尔夫人因中风病逝，终年87岁。

生卒年月：1925年10月13日～2013年4月8日

性格特征：自信、果断、勇敢、聪慧、理智、干脆强硬、孤僻、高傲。

历史功过：她把"撒切尔式的革命"由财经和工业扩展到新的政策领域，将英国经济带出低谷，进入了一个高速发展的时代，出现了"中兴"的局面，与中国签订《中英关于香港问题的联合声明》为香港回归奠定了坚实的政治基础。2013年4月8日，撒切尔夫人因中风病逝，终年87岁。

名家评点：美国总统奥巴马评价说"l美国失去了一名'真正的朋友'，一名自由和独立的捍卫者。作为一国首相，撒切尔帮助英国重拾自信心和自豪感。'作为美国的大西洋同盟，她知道只要有力量和决心，我们可以赢得冷战。'"

学生时代

1925 年 10 月 13 日,玛格丽特·罗伯特斯(即后来的撒切尔夫人)出生在英国伦敦西部的格兰瑟姆市一家杂货店主的家中。格兰瑟姆位于英格兰东部的林肯郡,形成于撒克逊时代,中世纪时因羊毛贸易而繁荣起来,是个历史悠久、充满人文气息的小城。

那里的居民闲暇时会自豪地谈起两个世界级名人:一个是伟大的物理学家和数学家艾撒克·牛顿,另外一位则是英国历史上的第一位女首相——玛格丽特·撒切尔。

罗伯特斯一家过着简朴的生活:没有花园,没有浴室,也没有室内卫生间。玛格丽特的父亲阿尔弗雷德是个商人,通过刻苦的自学改变了自身的命运,担任过一届格兰瑟姆市长。她母亲是做裁缝的。

小时候,玛格丽特深受父亲宠爱,他试图通过女儿的卓越成就实现自己的雄心。玛格丽特很像她父亲,因而商人兼州议员和兼职卫理公会传教士的阿尔弗雷德宠爱玛格丽特,决心将她塑造成能使自己理想得以实现的人物,他让她明白她能做到自己所希望的一切,从不以性别因素对她加以约束限制。

父母为玛格丽特树立了最初的人生路标。玛格丽特曾经说过:"在我的一生中,父母对我的影响最大,影响了包括政治态度在内的我的全部生活态度。"

玛格丽特 5 岁时进入了离家一英里远的小学。1936 年,她就读于凯斯蒂文和格兰瑟姆女子文法学校。该学校按学生成绩分为甲、乙两班,玛格丽特一开始被分到了乙班,她是要强的女孩,学习很刻苦,两年后便升入甲班。

女子文法学校校长吉丽斯后来曾经这样评价玛格丽特:"她无疑是我们最出色的学生之一,她几乎每年都是第一名。她总是雄心勃勃、如饥似渴地学习。""很小时,她便口才出众。"

不过,在学生眼里,玛格丽特是个孤僻、高傲的女孩,在学校里她几乎没有朋友。她的一位同学说:"她聪明、刻苦,在 5 岁时便庄重得像个大人。"许多母亲在批评自己的子女的时候都喜欢以玛格丽特为榜样:"你为什么不能学学玛格丽特·罗伯特斯呢?"这使同龄女孩因为嫉妒而疏远她。玛格丽特只好把更多的精力投入学习。

玛格丽特 5 岁时开始学钢琴,9 岁赢得诗歌朗诵赛,在赛后校长表扬她:"玛格丽特,你真幸运。"玛格丽特直言不讳:"我不是幸运,我应该赢得。"作为一个好辩手,玛格丽特是高中辩论队成员,她也是学校里最年轻的曲棍球队队长。据她的老朋友玛格丽特·戈德维奇说,她是个好学生:"在很小的时候,她便能准确应用词汇。"

玛格丽特在父亲的影响下,很早就表现出了对政治的热情。1935 年英国大选时,10 岁的小玛格丽特就热心地帮助保守党候选人折叠竞选讲稿,并参与核对投票人数登记表。她还在父亲的引领下常常参加一些政治集会。学校的演讲会几乎是她的天堂，往往当演讲结束时，玛格丽特都会一马当先提出严谨、恰当、逻辑性很强的问题，这使老师学生都对她刮目相看。她还是学校辩论俱乐部的成员，学校每年一次的辩论活动是她施展才能的舞台。在这方面，玛格丽特表现得很出色，她总是充满信心、滔滔不绝，毫不怯场！

少年时代最让她记忆犹新的是买了收音机。几十年后，她依然充满深情地回忆起往事："那是一件了不起的事情。有一天晚上，当我知道我们将有一台收音机的时候，我兴奋极了……它给我们打开了一个崭新的世界。"至今，她还记得当时的许多节目。

在父亲当市长后，由于兼任地方治安官，她有机会旁听各种案件的审理，使她对法律产生了兴趣。15 岁时，玛格丽特中断了钢琴学习，专心学业。

1941 年，玛格丽特进入六年级学习。这时，她已经给自己制定了一个高远的目标：考取牛津大学的索姆维尔学院。这是牛津大学最早的一个女子学院，声名显赫。牛津大学是世界名牌学府，也是政治家的摇篮，有着参与政治的传统，许多英国政界要员、首相都是这所大学毕业的。

1943 年 9 月，玛格丽特如愿以偿。

立志远大

玛格丽特是个庄重而宁静孤独的女孩，她从不去看电影、跳舞，因为这些享受在罗伯特斯家庭中是不允许的，这是她父亲教条式的宗教虔诚性所决定的。她早年努力和坚持不懈的事例，是她必须有 4 年拉丁语课程知识，才能获得牛津最好的女子学院萨默维尔的奖学金。她将 4 年课程用 1 年学完，获得萨默维尔的半奖资助。到了牛津以后，她从不跳舞，仍然过着追求卓越成就的自律简朴的生活，以符合宠爱她的父亲的期望。她父亲从小就教她不要迎合别人，常对他说："千万不要人云亦云，你自己要有主见，而且还要设法让别人跟着你干。"父亲的话在撒切尔夫人的幼小心灵里深深扎下了根。

不过，在初中时候的坏毛病并没有改变多少，她依然滔滔不绝地炫耀自己的父亲，依然很势利地结交对自己有帮助的人，依然固执己见。这使她的同学很反感，因此玛格丽特的牛津生活依然缺少朋友。这使她常常感到孤独："我总是想家，当你在家的时候绝对不会体会到孤独的滋味。"她在回忆起这段生活的时候说："起初我是自我封闭的。"

玛格丽特在学习上非常努力，常常一天只睡三四个小时，然后又精神抖擞地开始新一天的学习。不过她的专业成绩并不完全令人满意，有些老师认为那是她缺乏必要的才智，但也有人认为玛格丽特过于醉心政治活动，这分散了她的精力。

牛津大学的政治氛围相当浓厚，许多英国的政治家们都出身于此。玛格丽特积极参加了学校的各项活动。她是牛津大学保守党俱乐部最积极的成员，她用于俱乐部的活动时间甚至比她待在化学实验室的时间多。正因为这样，玛格丽特入学不久，就被选进牛津大学保守党委员会；三年级时当上牛津大学保守党俱乐部主席。她是第一个担当这一职务的女生。这样的努力与成绩在牛津大学都鲜有匹敌者。

她深受保守党的政治熏陶，十分崇拜丘吉尔首相，立志要做丘吉尔这样的人。但她也知道，在英国这样一个传统观念浓厚的国度里，一个女人跻身政界，在一个男人一统天下的领域获得一席之地是困难的。但这对于她来说，挑战既是刺激，也是一种激励。

1945年又是大选年，玛格丽特为保守党候选人四处奔走拉选票，但这次保守党最终以失败告终，丘吉尔首相黯然辞职，这对玛格丽特产生了极大的触动："对我来说简直难以置信，温斯顿·丘吉尔做了那么多事，国家竟然抛弃了他……"

1946年，玛格丽特作为牛津大学保守党俱乐部的主席和代表，第一次出席了在布莱克普尔召开的保守党年会。通过这次会议，玛格丽特对保守党好感倍增："这个组织人人都有共同的思想和目标，我知道成为这样一个组织的成员意味着什么。"

在大学生活即将结束之前，她回到距格兰瑟姆约10英里的小村考比格伦参加了一场舞会。她所谈的某些内容以及谈论时的方式，引起了一位男士的好奇："你真正希望做的是成为一名议员，不是吗？""对，那正是我想要做的！"玛格丽特几乎不假思索就做出了回答。

在牛津大学求学期间，玛格丽特谈过几次恋爱，但都以失败告终。她的初恋对象是一个伯爵的儿子，也是牛津大学保守党俱乐部成员。玛格丽特像所有初恋的女孩一样，毫不掩饰自己对意中人的感情，经常在别人面前过于热情地谈论。但在见过伯爵夫人后，他们就分手了。玛格丽特痛苦地进行了分析，认为自己的家庭背景和社会地位让伯爵夫人认为不般配。

当他找到第2位男友时，家中的经济条件改善了不少，她鼓足勇气把男友带回家。这位男友对她家的印象很不错，玛格丽特感到几许安慰。

不久，她有了第3位男友。她曾很珍惜这段感情，当这个男友送一株石竹花给她的时候，她非常激动，为了不让花枯萎，她甚至听从别人的建议用阿司匹林来延长花期。不过，这段感情还是以失败结束。

议员竞选

1947年，玛格丽特从牛津大学获化学学士学毕业，在本迪克斯航空公司谋得一份工作。同事们认为她过于高傲，严肃而且不苟言笑，因此称她为"女公爵"或者"玛格丽特大婶"。

这对才20多岁的玛格丽特来说是非常残酷的，她只好在她热爱的政治活动中寻找解脱。她加入了当地的保守党组织，并经常在周末到伦敦或者更远的地方参加保守党会议和政治聚会。

1948年秋天，玛格丽特以牛津大学毕业生俱乐部代表的身份出席保守党年会。在这次聚会中，玛格丽特结识了达特福市保守党协会主席，并在他的鼓励与帮助下，玛格丽特申请成为达特福选区保守党议员候选人的努力获得成功。

为通过玛格丽特为达特福选区保守党候选人，该市保守党协会举行了一次集会，会后又为玛格丽特举办了晚宴。由于当时缺少一位男宾，组织者邀请一个叫丹尼斯的保守党成员客串。宴会结束后，丹尼斯用车送了玛格丽特一程，两人开始了交往。

这就是玛格丽特的终身伴侣丹尼斯·撒切尔。

丹尼斯比玛格丽特年长10岁，二战时曾经服过兵役，战后从事实业，20世纪40年代末成为一家油漆公司的常务董事，收入不菲。丹尼斯是个性格外向、脾气温和的人，而且富有幽默感。两人有不少共同语言，他们都是保守党协会的活跃分子，都喜欢音乐和开车度假。这些都是让玛格丽特动心的，但她也曾举棋不定过，因为丹尼斯有过一次失败的婚姻。玛格丽特的父母都是虔诚的卫斯理宗教徒，玛格丽特从小就深受影响，而卫斯理宗教是强烈反对离婚的。

经过激烈的思想斗争，玛格丽特决定摆脱宗教教义的束缚，保持并发展与丹尼斯的关系。

在此期间，玛格丽特开始了人生的第一次选举，虽然最后无缘下院，但她赢得了婚姻。在1951年12月13日，玛格丽特和丹尼斯走进教堂，交换了戒指。根据西方的习俗，婚后的玛格丽特·罗伯特斯称为玛格丽特·撒切尔。

结婚后，家庭成为撒切尔夫人生活中最重要的内容之一，她曾坦率地表示："家庭非常重要！绝对重要！家庭生活幸福与否，会对一个人产生巨大的影响。"只要时间允许，撒切尔夫人总是尽心尽职地履行一个家庭主妇的职责。读书的时候，玛格丽特远离厨房；但结婚后，她把进厨房视为一种义务，并乐此不疲。即使后来入阁担任教育大臣，她依然不忘为家人采购食物。一次会议将结束的时候，她看了看手表说："我还来得及赶到街口的食品店给丹尼斯买点熏肉。"她拒绝别人代买，因为"只有我知道他爱吃哪种肉"。在采购物品时，撒切尔夫人和一般的家庭主妇没有什么两样，也喜欢比较价格，她自诩是个讨价还价的能手。

撒切尔夫人喜欢装饰房间，她经常亲自上商店挑选油漆，购买墙纸，回家后换上宽大的工作服，按照自己的设想把房屋装点得焕然一新。撒切尔夫人还经常干一些修理搁板和调换保险丝之类的杂活，并把这视为一种很好的休息方式。

1953年8月，撒切尔夫人生了对双胞胎，一男一女，男孩叫马克，女孩叫卡洛尔。撒切尔夫人很重视孩子的启蒙教育："我对孩子并不十分严厉，但我会告诉孩子什么是正确的，什么是错误的。"

正式步入政界后，由于工作关系，撒切尔夫人回家时，孩子们往往都已经上床睡觉了，为此，她定了一条严格的规矩，即每晚6点钟打电话给孩子们道晚安。

教育大臣

撒切尔夫人在享受家庭生活的同时，一刻也没有忘记政治。

她早在牛津读书的时候就已经认识到了司法和政治之间的关系，因此，她曾对一位朋友说："我不应该读化学的，而应该去读法律。"为了政治，撒切尔开始利用业余时间攻读法律课程，结婚后也没有间断。在当时，读法律是需要一大笔钱的，但是丹尼斯的收入解决了这个问题，撒切尔也常常感激地说："丹尼斯的钱为我的成名帮了大忙。"

1953年12月，撒切尔夫人顺利通过考试，并获得了律师资格。其后，她在多个律师事务所实习，并开始专攻税务法。当时的税务法领域基本是男性的天下，撒切尔的涉足使许多律师以为她根本就是走错了方向。面对种种挑战，撒切尔用努力和冷静沉着应对。

1959年，撒切尔夫人如愿以偿，从芬奇莱选区进入威斯敏斯特宫，成为保守党下院议员，撒切尔夫人朝着自己的政治理想向前迈进了一大步。来下院工作不久，玛格丽特就以她出众的演讲才华震惊四座。英国《每日电讯报》评价她具有"前座议员的水平"。

1961年，撒切尔夫人第一次进入政府部门工作，担任年金和国民保险部财务副大臣。撒切尔夫人正规教育经历中一个有趣现象是，从幼儿园到萨默维尔学院都是妇女学院，从不需要为引起男生注意而竞争。更有趣的是，她以后还要从男人手中攫取权力，去国会和政府部门其他职位中与他们针锋相对。

很显然，她在学校中的女榜样鼓舞她与男子竞争，而不去寻求他们的认可，这也可能与她所处的"男盛女衰"的世界政坛中的形象有关。撒切尔夫人后来自己认为她的精神气质形成来源于自己所接受的多方面教育，她描述自己先是一位科学家，"你要观察事实，然后推出结论"，然后又做律师，"你学习法律，了解了上层建筑……你判断证据，而当法律在今日社会力不从心时，你创造制定新法律"。她成为税法专家，这在她那个时代的妇女中是少见的，但撒切尔并没被男子权力统治堡垒的偏见所吓倒，撒切尔解释她对税法的选择说："我对政治中的经济问题极感兴趣，因而我进入了法律的税收领域"。所有这些都为她打下了从政的基础，因为现在她已熟悉商业、法律、税收和科学领域的各自过程。

1964年工党上台，保守党成了反对党，撒切尔夫人随之进入影子内阁，曾在多个部门工作过。1970年，保守党在大选中战胜了工党，爱德华·希思受命组阁，撒切尔夫人出任教育大臣，她是保守党历史上第二位进入内阁的女性大臣。

撒切尔夫人就任教育大臣后，针对教育中的某些弊端提出了自己的看法和改进意见。但她的一些保守观点也不为人们所欢迎。而她的两项经济政策，更是犯了众怒。这两项政策分别是：一、停止免费向小学生供应牛奶；二、不再给大学生贷款。前一项措施招致了学生家长的强烈不满，而后一项措施则造成了保守党和大学生之间的冲突，一个学生组织扬言要绑架她。然而，撒切尔夫人并没有因为社会各界的压力和舆论改变初衷，用她自己的话说："我照旧做下去。"自幼养成的这种不回头、不怕别人议论、不为他人左右的性格，在初登政坛的撒切尔夫人身上突出地表现出来，构成了"铁娘子"性格的重要组成部分。她从来没有公开承认过错误，即使她后半生的主张与前半生相矛盾的时候，她也不做任何解释。

撒切尔夫人全身心地投入了工作，她要求她的下属像她一样敬业，如果发现有人工作出了差错或者投机取巧，她就会大发雷霆，甚至挖苦讽刺那些人。因此，在教育科学部工作人员眼中，撒切尔夫人俨然是个严肃的教母，人人望而生畏。只要她在场，所有的人都会感到很大压力，一旦撒切尔外出休假，员工都会如释重负。

在希思内阁中，虽然教育大臣处于权力金字塔的底层，但撒切尔夫人在内阁会议上的发言，往往超越了教育的话题，由于准备充分、论证严密，她发言的质量也超越了其他的议员。虽然希思不喜欢不同意见者和女人，但撒切尔夫人以她出色的才华让人不得不对她刮目相看！

女流党魁

1974 年，工党在大选中获胜，希思政府倒台，保守党内部人心浮动。为了稳定士气，重整旗鼓，不少保守党人开始考虑更换党魁。最初，撒切尔夫人是拒绝参加竞选的，"一个女人成为英国保守党的领袖或者首相，那将是很多年以后的事情，在我的有生之年绝不会出现这样的可能性。"

然而到了 1974 年末，鉴于竞选人出现重大变化，撒切尔夫人改变主意，决定挑战希思的保守党领袖位置。她说："因为我是个真正的保守党人，我坚信保守党人能比其他任何人都出色地管理这个国家。然而我发现保守党正在急剧地向左转，没有一个人能代表我的主张和思想，所以我认为我参加竞选对国家是极其重要的。"

撒切尔夫人树立了必胜的信念。投身政界是她终身为之奋斗的目标，为了达到这一目标，撒切尔夫人对自己进行了相应的"外包装"。比如说，人们只知道她是一位一本正经的女人，但在公众的心目中女性的温柔形象无疑会增加她在大选中的成功率。她开始对自己进行一次"再改造"，以期给公众一个温柔的形象。她重新整理了自己的头发，因为有时她的头发实在蓬乱。

关于外表与竞选之间的关系，撒切尔夫人本人也曾经说过："我确实相信，如果你看上去端庄动人，人们对你就热情。"竞选需要演讲，以阐述自己的施政纲领。但撒切尔夫人的口音和演讲都有需要改进的地方。她在牛津大学读书时，她的地方口音得到了矫正，可是她讲话的语言尖刻傲慢，这对她竞选也是不利的。为了纠正这些对自己不利的因素，撒切尔夫人进行了耐心细致的练习，讲话低调，并以一种让人感到亲切的声音表达自己的主张。

经过一系列的刻苦训练，撒切尔夫人以一个崭新的形象出现在广大公众面前。

需要说明的是,撒切尔夫人这样做不是出卖自己的个性,博得公众青睐,而是为了自己的理想和政治上的需要。从表面上看,她似乎是压抑了自己的性格,但实际上她能够在短时间内克服自己的不足,对自己进行"再改造",这件事本身足以说明她性格的坚强和超人的自我克制力。

1975 年 1 月,撒切尔夫人在《每日电讯报》上阐述了自己的竞选纲领:"我们使人民失望了,否认这一点没有好处……然而我们从经验中得到了两个教训:第一是从长远看,直线上升的通货膨胀是最可怕的敌人;第二,我们再也不能让宏观经济学的偏见和工业的增长蒙骗我们……"

撒切尔夫人和她的追随者对未来都充满了信心,虽然有人批评她和希思一样冷漠无情,"在他们两人之间变换党内领导权,就像从爱斯基摩人的圆屋顶跳出来,再跳进冰川一样,毫无意义。"

在人们议论纷纷的时候,撒切尔夫人用有力地举动证明了自己。1975 年元月,她在下院辩论中,对工党财政大臣发动了全方位的攻击。撒切尔夫人的伶牙俐齿获得了如潮好评。1975 年 2 月 4 日,撒切尔夫人在第一轮投票中,以 11 票的优势击败了主要竞争对手希思,在不久的第二轮投票中战胜其他竞争对手,成为保守党历史上第一位女党魁。

当有记者采访她时,她踌躇满志地说:"我当之无愧!"

1975 年 10 月,撒切尔夫人第一次以保守党领袖的身份出席保守党年会,这使她感到前所未有的紧张。在登上主席台时,一个老年妇女送给她一把蓝色的羽毛掸子,她拿在手上先是迅速地掸了掸放讲稿的小台架四周,接着又在会议主席的鼻子前挥了一下,这番轻松幽默的表演征服了全体与会代表,大厅里笑声一片。撒切尔的紧张情绪也随之倏忽而去,她充满信心,神采飞扬。演讲结束后,会场一片欢腾,喝彩声此起彼伏。

当天晚上,撒切尔夫人得意地声称:"现在,我是名副其实的领袖了!"

1976 年 1 月,撒切尔夫人在肯辛顿市政府厅发表了一次措辞严厉的演讲,她不但尖锐批评了工党政府,还谴责了苏联政府,说苏联是个独裁国家,统治者思想顽固,一心想统治世界,应该被"扔进历史的垃圾堆"。

苏联的反应十分强烈,苏联官方新闻机构塔斯社将撒切尔夫人称为"铁娘子""冷战分子"。撒切尔夫人听到这个绰号后不但没有生气,反而引以为荣,"那是他们对我最好的赞扬"。

3 年后,在一次竞选演说中,她豪气干云地宣称:"俄国人说我是个铁娘子,他们说对了,英国就是需要一个铁娘子!"

当选首相

成为保守党第一号人物之后,撒切尔夫人很自然地将目光盯住了唐宁街 10 号,她决心要在英国政治史上留下浓重的一笔。

1979年3月28日,撒切尔夫人在争夺唐宁街的斗争中赢得了一次关键性的胜利。这天,议会下院就保守党对工党政府提出的不信任案进行辩论、表决,撒切尔夫人强调了必须解散议会,举行大选,让选民来决定下一届议会的人选。经过7个小时的激烈争论,保守党最终以一票的微弱优势获胜,而前两年的提案都是工党获胜。这是1924年以来,反对党第一次成功地迫使执政党进行大选,意义非同寻常!

当晚,撒切尔夫人按捺不住激动的心情:"真是太高兴了,这样的夜晚一生中恐怕只有一次!"

大选定在5月3日进行。紧张的竞选活动随之展开,撒切尔夫人及其助手通常早晨7点起床,然后一直忙到凌晨三四点就寝。为了尽可能地争取各阶层选民,保守党竞选班子煞费苦心,尽量淡化撒切尔夫人"铁"的色彩,增加"柔"的成分。出现在竞选海报上的撒切尔夫人多是手提菜篮的形象,或者在行人如织的路边采购,一幅贤妻良母的样子。

5月4日凌晨,撒切尔夫人在丹尼斯的陪伴下,来到唐宁街保守党中央党部,各地传来的消息表明保守党已经胜券在握,人们纷纷上前祝贺撒切尔夫人。

当助手将一篇准备好的演讲稿读给她听时,一段话让她热泪盈眶:"哪里有矛盾,我们就在那里倡导和谐;哪里有谬误,我们就要在那里宣扬真理;哪里有疑虑,我们就要在那里鼓舞信心;哪里有悲观,我们就要在那里传播希望!"

无论对于撒切尔夫人还是英国王室,1979年5月4日都是个历史性的一天,他们迎来了英国的第一位女首相!在英国历史上,前后共有6位女王入主英国王室,而上下两院、政府清一色是男人的天下,女首相并且是以"铁娘子"闻名的女首相,在历史上是第一次,因此,撒切尔夫人成为唐宁街10号首相府的主人,不仅是她本人的一件大事,而且也是英国政治史上的一件大事。

这一天,伊丽莎白二世召见撒切尔夫人,授命她组建新一届政府。在接下来的24小时里,撒切尔全力以赴,组织新内阁。

撒切尔夫人的到来,完全改变了唐宁街10号的工作、生活节奏。她仍然和以前一样,将睡觉视为"奢侈",每天早晨6点半就早早起床了,8点半就开始办公,经过繁忙的会议和公务之后,她往往要忙到深夜。撒切尔夫人很少有娱乐时间,即使儿女想和她去趟剧院,得到的回答是:"3个月之内压根就甭想。"

撒切尔夫人还经常在晚上召集会议,同僚们都疲惫不堪了,她还一边喝着饮料一边热烈地讨论着,这个时候她的思维往往特别敏捷,许多精明的决策就是这样产生的。当美国《时代》周刊杂志的记者采访她时,她的回答让人吃惊:"我觉得这很好,我没有感到疲劳过度。虽然生活总是那样的紧张,但我乐此不疲!"

撒切尔夫人一般不拒绝求见者,但她说话很尖锐,往往会毫不客气地指出别人的错误。尽管人们对她有各种各样的看法,但在一些服务人员的眼里,她是个体贴的领导。有一次,撒切尔夫人在首相别墅宴请内阁成员,一个年轻的女服务员不小心弄翻了盘子,汤汁泼到了一位大臣的裤子上。撒切尔夫人见状,拥住这个服务员轻声进行安慰,后来又把她拉进厨房,说什么事情都不用害怕。有人认为,这可能与撒切尔夫人出身平民有关。

重建英国

撒切尔夫人执政之初，英国经济形势很恶劣，失业人数一度突破300万，创英国20世纪失业人口之最。为了快速扭转这一局面，撒切尔夫人及其新政府顶着一片反对之声，采取了一系列较为激烈的经济措施。

两年后，撒切尔夫人终于看到了曙光。英国经济形式开始逐步好转，1981年的工业产值攀上了二战后的最高点，关键的通货膨胀率也大幅下降至4%。这不仅巩固了撒切尔夫人的首相地位，而且为她以后的连任打下了基础。

北爱尔兰问题是历史遗留问题，撒切尔夫人对之一向持强硬态度。1981年3月，贝尔法斯特一所监狱的几十名爱尔兰共和军囚犯举行绝食斗争，以争取政治犯的待遇。到十月份的时候，已经有10人死去。这一事件导致北爱尔兰局势迅速恶化，敌对情绪高涨，但撒切尔夫人拒绝让步，最后，爱尔兰共和军自己取消了这场绝食斗争。

撒切尔夫人在外交上特别注重发展英美关系。撒切尔夫人一直强调，英美关系不是一般的外交关系，美国是英国"最主要的盟国"。对待当时另一超级大国苏联，撒切尔夫人一贯持强硬态度，甫一上台就宣称西方与苏联的矛盾是两种社会制度的生死之争。

"重建英国的自信及世界地位"是撒切尔夫人在外交活动中追求的主要目标之一。英国在与阿根廷争夺马岛的冲突中表现得淋漓尽致。马岛全称马尔维纳斯群岛，英国和阿根廷在19世纪就开始争夺此岛，一直难有定论。1982年初，在一次谈判破裂后，阿根廷派军占领了马岛。

英国反应强烈。撒切尔夫人紧急召集全体下院议员开会，她在会上发表了咄咄逼人的演说："福克兰群岛及其属地依然是英国的领土，任何侵略行为都不能改变这个单纯的事实。"撒切尔夫人决意利用这一机会重振大英帝国的军威。

1982年4月5日，英国派兵向马岛逼近。在随后的两个多月里，撒切尔夫人密切关注着马岛的形式发展，有时整夜整夜地待在办公室里，就为等待前方传来的情报。由于综合国力的悬殊，阿根廷输掉了这场战争。

当捷报传到伦敦，整个英国陷入狂欢时，撒切尔夫人显得很平静，只说了声："太好了！"在撒切尔夫人的心目中，马岛战争是英国历史上具有转折意义的辉煌篇章，她在7月3日的民众集会上慷慨激昂："我们不再是个日薄西山的国家，我们已经寻回了信心……我们感到高兴的是，英国已经和过去的世世代代一样重新闪耀出夺目的光芒，而且今日的光荣绝不逊色于以往！"

随着1997的临近，中英香港问题被提上议事日程。在最初的一段时间里，撒切尔夫人不愿意正视香港问题，她坚持认为香港是英国的主权领土。1982年9月22日，撒切尔夫人首次访华，中国政府拒绝在主权问题上做任何让步。此后，邓小平多次与她会面，明确表示主权问题是不能谈判的，中国将于1997年对香港恢复行使主权。

　　经过一系列艰苦的谈判，1983 年 3 月，英方态度有所松动，6 月，中英关于香港问题的谈判第一阶段告一段落。1984 年 12 月 19 日，邓小平和撒切尔夫人在人民大会堂签署了中英关于香港问题的《联合声明》。根据这份声明，中国政府将于 1997 年 7 月 1 日恢复对香港行使主权，这是中英两国历时两年 22 轮会谈所取得的成果。

蝉联首相

　　马岛战争的胜利和经济形势的好转，促使撒切尔夫人决定在 1983 年提前举行大选，经过大张旗鼓地竞选宣传，1983 年 6 月 10 日，保守党再次取得了胜利，并且是压倒性的胜利，撒切尔夫人成为 20 世纪英国唯一一位蝉联的保守党首相！

　　在第二个首相任期内，撒切尔夫人继续紧缩开支，1983 年至 1984 年度的公共开支被压缩了 5 亿英镑，其中国防开支被砍掉一半，公共卫生开支则减少四分之一。

　　撒切尔夫人对待工会的态度很明确：必须削弱工会的作用。因此，撒切尔夫人和工会之间出现了激烈的冲突。1984 年 3 月，英国爆发了煤矿工人大罢工，在撒切尔夫人及其政府的高压下，罢工无奈结束。

　　就在罢工运动风起云涌的时候，撒切尔夫人差点进了鬼门关。1984 年 10 月 12 日凌晨，撒切尔夫人和其他内阁成员下榻于英格兰南部海滨城市布莱顿，到了凌晨 3 点左右，发生了爆炸事件，整个宾馆都在晃动，撒切尔夫人房间的浴室受到了严重的破坏，她本人却毫发未损。事后，爱尔兰共和军宣称对这一事件负责。撒切尔夫人在后来的会议上说："我们虽然感到震惊，但依然镇定，这足以显示这次攻击已经失败，恐怖主义摧毁民主的所有企图都将失败！"

　　撒切尔夫人的第二任首相任期内并不是所有事情都一帆风顺，她曾差点半路下台。1986 年初的威斯特兰德危机，就几乎断送了撒切尔夫人的政治生命。威斯特兰德是英国唯一一家直升飞机制造公司，由于经营不善，导致亏损。在救援方案中，有两个值得考虑，一是美国方案，二是欧洲方案。这两个方案分别得到了贸易工业大臣布里顿和国防大臣赫塞尔廷的支持。两位大臣及其支持者各执己见，互不相让。撒切尔夫人虽然表面上持中立态度，实际上却偏袒美国方案，排斥欧洲方案，同时还对内阁施加影响。赫塞尔廷一怒辞职，此举使威斯特兰德危机成为轰动一时的新闻，不少人批评撒切尔夫人飞扬跋扈、作风专断。接着，布里顿被指责涉嫌泄密，迫于巨大压力也提交了辞呈。下院就此危机进行辩论，有些议员要求撒切尔夫人引咎辞职，撒切尔夫人坚决回绝。岌岌可危之际，形势突然发生了逆转，保守党内部持不同意见的议员为了本党的利益纷纷改变立场，就连赫塞尔廷也表现出了顾全大局的姿态，撒切尔夫人在最后关头化险为夷。

　　1987 年 5 月，经过一年多的酝酿，撒切尔夫人决定将 1988 年的大选提前到

1987年6月11日举行。在这次竞选活动中,撒切尔夫人着重强调了英国经济在她主政下的持续稳定增长,以及英国在国际事务中的地位也得到了提高。她的独立核防务理论也是她得分的重要砝码之一。

这次大选不出人们的预料,保守党再次获得了胜利,撒切尔夫人第二次连任首相。在新的首相任期内,内政方面除了继续推行国有企业私有化政策外,撒切尔夫人还在教育、住房、福利制度和地方税制等方面实施了一系列改革。

在外交方面,撒切尔夫人一如既往奉行亲美政策,对欧洲一体化毫无兴趣。基于这样的执政思路,撒切尔夫人一度对欧洲货币联盟持强硬的不合作态度,致使英镑长时间地游离于欧洲货币体系之外,直到1989年6月,她才勉强承诺英镑将加入欧洲货币汇率机制。

自1989年夏末开始,东欧各国政局急剧动荡,撒切尔夫人对此表示了谨慎的乐观,她后来写道:"这些事件是我有生以来最欢迎的改变……现在要精确地预测将会出现什么样的政府还为时过早。"

泪别首相

1990年8月2日,伊拉克悍然入侵科威特,由此引发了震惊全球的海湾危机。正在美国访问的撒切尔夫人迅速做出强硬反应,一个小时之后,便下令英国海军的两艘舰艇驶往波斯湾。

就在海湾危机闹得沸沸扬扬的时候,英国保守党内部也上演了一出逼宫大戏,撒切尔夫人在竞选党魁过程中受到了前所未有的挑战。

从1989年下半年开始,英国民众对撒切尔夫人及其政府的不满情绪日益滋长,原因是多方面的,但经济因素起了决定性作用。80年代末、90年代初,由于政府开支增加和货币发行量上升,一度好转的英国经济再度低迷,1990年通货膨胀率达到了11%,是西欧各国平均数的两倍。撒切尔夫人后来采取的措施都让民众不满,保守党的支持率一路下滑。在这种情况下,保守党宁肯更换党魁,实际上也就是更换首相,来化解危机,保住执政党地位。

此外,人际关系紧张也动摇了撒切尔夫人在党内的地位。撒切尔夫人向来以精明、自信、顽强闻名于政界,而她的弱点也相当明显——固执、傲慢、好斗,有时简直到了令人难以容忍的地步,在她执政后期更为严重。在她执政的最后一年,先后有6位大臣挂冠而去,到1990年11月,1979年时的内阁成员已经无一在位!

对此,撒切尔夫人仍然没有意识到问题的严重性。她固执地声称:"我只要10秒钟就能判断一个人,而且以后也很少改变看法。"

长期积累的不满终于爆发。1990年11月初,曾任外交大臣的副首相杰弗里·豪由于"不敢恭维首相在欧洲问题上的观点"愤而辞职。他在辞职演说中公开号召保守党议员"在对领袖的忠诚和对党及国家的忠诚之间做出抉择"。此举揭开了逼宫的序幕。

威斯特兰德危机的主角之一、前国防大臣赫塞尔廷随即决定竞选保守党党魁，这其实是向撒切尔夫人的相位发起挑战。

11月20日，撒切尔夫人在巴黎获悉了大选第一轮的投票结果，虽然她以204票对152票战胜了赫塞尔廷，另有16票弃权，但由于多数票尚未超过总票数的15%，按照规定，必须进行第二轮投票，以决定最后的赢家。

11月21日回到伦敦后，撒切尔夫人找内阁大臣和各部要员谈话，他们虽然大多表示了支持，但众口一词地认为，她在这次竞选中绝无胜算，这其实是在暗示她放弃唐宁街10号。撒切尔夫人当然不会听不出弦外之音，她彻底绝望了。

11月22日，经过仔细地权衡利弊，撒切尔夫人决定退出保守党党魁的第二轮竞选，一旦新领袖选举产生，立即辞去首相职位。

1990年11月28日上午，面对生活了11年之久的首相府，即将乘车离去的撒切尔夫人再也控制不住自己的感情，潸然泪下！

离开唐宁街后，撒切尔夫人的生活骤然清闲了许多，不再门庭若市，也不再有人前呼后拥。撒切尔夫人偶尔会到美国等地做些演讲以赚取收入。丈夫丹尼斯以前收入不错，但绝对算不上很富有。在她离开唐宁街时，她的账户已经严重透支了。

撒切尔夫人自2002年起不再发表公开演说。她在2002年10月过77岁生日时，壁炉架上只有4张贺卡。一个采访她的电视制片人写道："我本以为会看到几十张，曾经的玛格丽特·撒切尔每天都值得报纸一提。她作为一个偶像活着，这个昔日的女强人已被人遗忘了！"2003年6月26日，与撒切尔夫人相濡以沫半个多世纪的夫君丹尼斯也因身患癌症不幸辞世。80岁的撒切尔夫人如今已是名副其实的"孤寡老人"。

英国《星期日泰晤士报》这样形容她的晚年生活：孤单落寞、没有朋友、体弱多病、记性也越来越差……现在的撒切尔夫人经常独处一隅，几乎没有朋友来看望暮年的她，而她却需要安慰和鼓励。她身体状况非常不好，几次轻微中风让她行动感到不便，精神也时常恍恍惚惚，特别爱重复自己的话，总是一遍又一遍地问同样的问题，而转眼又忘记别人的回答。

撒切尔夫人在2003年接受采访时，曾经轻声对记者说："有时我会忘记一些事情。"

但她"决不会忘记、也决不原谅"让她下野的人。

评价不一

当年意气风发的"铁娘子"也许不会想到，2004年5月在英国人纪念撒切尔夫人上台25周年之时，英国《卫报》在回忆那历史性的一刻中用嘲讽的语气写道："即使是她最坚定的支持者恐怕也很难举出一个例子，可以证实她执政11年中给我们带来的'和谐'。"

虽然布莱尔在2000年11月22日,也就是撒切尔夫人下台10周年之际就宣布"撒切尔夫人时代已经结束。"但他同时也不得不承认:"我们今天是在一个新的时代……但是我们必须要对付从过去那个时代延续下来的问题。"时至今日,不少英国人仍然感到,他们的生活和这个现在常年深居简出的老妇人息息相关——她仍然影响着这个国家。

"布莱尔的新工党和撒切尔夫人的遗产——好的方面和坏的方面,塑造了今日的英国。"一家英国媒体这样写道,"尽管撒切尔夫人执政只有11年,但她的影响会一直持续数十年的时间。"把"撒切尔夫人的遗产"归为英国发展中的负面因素源于她保守主义的经济思想,这也是撒切尔夫人最受争议的政策。撒切尔上台前,英国在工党卡拉汉政府领导下,很多地区不断出现罢工而瘫痪。

25年前,当"铁娘子"面对这样的一个英国时,她开出的药方是:限制工会力量、推行私有化。之后英国经济果然有了起色,但是用英国《独立报》撰稿人约翰·雷图的话说:"在那些年里,英国的贫富差距急剧加大。有些人生活的确得到很大改善,但英国社会为此付出了很大的代价,犯罪率上升,社区破裂和分化。"

撒切尔夫人带来的不仅是英国人社会的分裂,还有英国人思想的分裂。她离开唐宁街10号时的眼泪在英国民众中掀起一场轩然大波:支持者认为她带领英国走出了经济困境、提高了英国的国际地位;反对者认为她就是一个不折不扣的独裁者、自大狂、几乎毁掉了英国的福利制度。演员、社会活动家Ricky Tomlinson至今仍然记得那一刻"那是我一生中最幸福的时刻之一。"

十几年过去了,撒切尔夫人在普通民众中的分裂形象依然存在。2002年,在BBC举办"100名最伟大的英国人"评选中,她名列第16位——排在她前面的包括丘吉尔、黛安娜和莎士比亚。

仅仅一年后,英国电视台Channel 4举办了一场"你最痛恨的100个最坏的英国人"的民意调查。参选条件是"目前还活着而且没关在监狱中或者正被起诉的人"。撒切尔夫人荣登探花,排在她前面的是现任首相布莱尔和以胸大出名的艳星乔丹。直到现在还有很多人记得这个"判决"——"她辜负了英国人"。

英国人对撒切尔夫人爱恨交加,但世界上其他国家的人大部分对撒切尔夫人都非常尊重,尤其是在不少国家的女性心中,撒切尔夫人是20世纪最杰出的女性,她证明了女人不但可以做到男人做的事,而且可以完成男人无法做到的事。所有人印象中的撒切尔夫人都是一身职业套装,她女儿曾经回忆说,母亲根本没有休闲衣服,因为她从来没有"闲"过。

当年撒切尔夫人当政时,英国曾经流行这样一个笑话:一个女孩问男孩:"你长大以后想做什么?"男孩说:"当首相。"女孩很吃惊:"男人也能当首相吗?"

撒切尔夫人自己的看法是"如果你想让什么东西被说出来,去找个男人;如果你想让它实现,去找个女人。"她首先是位女首相,其次才是首相。很多媒体都喜欢用撒切尔夫人给丈夫做早饭的一张照片来证明:女强人也必须兼顾家庭。但实际上,撒切尔夫人从来都是个不折不扣的女权主义者。大学时代,年轻的撒切尔夫人就曾经写道:"假如伊丽莎白女王即位,真能消除反对有抱负的妇女登上最高权位的最后一丝偏见的话,那么一个妇女解放的新时代,就真的即将来临了。"当她当选首相后觐见英国女王时,感到非常紧张"我知道,我作为一名女性首相,要是干得不好的话,英国就将不可能再有另外一名女首相了。"

但是,保守的英国人并不喜欢一个女人在政治舞台上指手画脚,女人的强硬总是比男人刺目。当年,就有人批评她漠视失业劳工的状况,"作为一个女人,你应该具有同情心",而对此撒切尔夫人的丈夫丹尼斯的反应是"同情这个词从来就没有出现在她的字典里"。直到现在,当英国论坛上讨论撒切尔夫人的功过得失时,仍有人明褒暗贬"有得就有失,有功就会有过。作为一个女领导人,还是非常值得钦佩的。"更有人分析撒切尔夫人当初在香港问题上最终向邓小平让步的原因时说"与邓相比,她只是一个女人。"

专栏作家帕迪·申南在纪念撒切尔夫人上台25周年时写道:"25年前,她是英国最有权势的女人,而现在,这个光荣已经属于同样有'恶魔'称号的安妮·罗宾森(英国著名电视节目主持人,以一袭黑衣和冷硬的表情闻名于世)。"

2005年10月13日,撒切尔夫人80大寿,不管是多年的朋友还是曾经的政敌,很多人专门发来生日祝福,高度评价她,英国女王和布莱尔首相等嘉宾都出席她的生日庆祝会。

2009年3月,撒切尔夫人已过83岁高龄,虽然"铁娘子"健康状况良好,但英国当局已为她准备身后事,一旦她百年归老,英国将为她举行国葬。英国首相中,迄今只有丘吉尔受此殊荣。

"女铁人"辞世

英国前首相撒切尔夫人于2013年4月8日因中风病逝。她连续三届担任英国首相11年,经历了冷战高潮和苏联解体的前夜,与中国签署归还香港的联合声明,她还带领英国打了马岛战争。她是西方国家的著名领袖,对有限重振英国经济也做出了贡献。有人说,撒切尔夫人代表了大英帝国的余威,她的离去标志着一个时代的终结。

撒切尔夫人是西方世界的第一位女首相,但却是出了名强硬的"铁女人"。她执政时的尖锐冷战可谓"时势造英雄",那是政治领袖们的"黄金年代"。那个时期的很多东西方政治家都被后人记住,撒切尔夫人是其中的实力派。

政治人物常常是复杂的,撒切尔夫人身后留下的爱和恨都很鲜明。她与里根联手,在搞垮苏联的冷战后期扮演了重要角色。马岛战争前后,她的不谈判、不犹豫、果断使用武力尤其留给世人深刻印象。她的强势风格在之后的西方政治家中无人能及。

因为香港回归,撒切尔夫人与中国有了特殊的交集。中英谈判之前,英国在马岛战争中"完胜",英国国内主张对中国强硬的人很多。中英谈判因此一波三折。但是撒切尔夫人能够看清中国不是阿根廷,香港不是马岛,最终顺应大势,与中国签署联合声明,奠定了香港回归的政治基础。

应当说,在香港回归问题上,这位"铁女人"在正确的时间、朝着正确的对象做了她在首相位置上的最大一次正确"妥协"。尽管中英之后的摩擦一直持续到香港正式回归,这个评价依然大体成立。

撒切尔夫人重振英国经济,不仅是大不列颠,也大体是"老欧洲"经济辉煌的尾声。她的非国有化运动,保护强者的减税,尤其是对工会运动的强硬和不妥协,至今仍让欧洲的经济和政治学者感慨万千。

然而势比人强,撒切尔夫人下野后的世事变迁在反复证明这一点。整个欧洲政坛不再有"铁男人"或"铁女人",一些原因是,不断衰落的欧洲列强已经支撑不起对外的铁腕式强硬,西方选举文化的极端发展也让政治家们在国内问题上更加软弱。

如今看来,冷战结束很可能代表了一种地缘政治传统的终结。美苏对抗崩塌了,这样的对抗很难在全球范围内重现。中美已不可能走美苏冷战的老路,中美关系的探索有着全人类的意义。倒是欧洲新一代领袖很像缺少历史的前瞻性,他们犹犹豫豫,方向感不足,他们似乎没有撒切尔夫人在中英谈判时看中国的远见,也缺少她与苏联打交道时的那种判断力。

撒切尔夫人这位风格鲜明的女政治家走进历史,她经历的那个时代也发生了转折。你死我活的零和游戏大致走到尽头,中国带给国际政治的共赢精神在不断成长、扩大。作为中国人,我们没有理由不对这位《中英联合声明》的签署人表达尊敬,同时我们也想说,世界应当往前走一走了。

正如当年信奉自由主义和货币学派的撒切尔,执政期间也不得不保留了福利国家的最基本框架一样,尽管"后撒切尔时代"的历任英国首相分属不同党派和阵营,却都不得不在很大程度上延续"撒切尔主义"的核心做法,如私有化进程的延续,产业结构调整的深化,以及对福利社会体系的进一步简化,等等。无论如何,"撒切尔主义"并未随着撒切尔时代的结束和撒切尔夫人的去世成为逝去的历史,而仍然在英国乃至世界经济生活中发挥着深远的影响。

亚洲最柔性的传奇女总统

——阿基诺夫人

人物档案

简　历：她是菲律宾和亚洲首位女总统。出生于菲律宾打拉省。13岁迁往美国，1953年毕业于圣文森特学院，1984获名誉博士学位，其夫是前总统马科斯的政敌，被暗杀后，阿基诺夫人登上政治舞台，1986年成为总统。1992年卸任。

生卒年月：1933年1月23日~2009年8月1日。

安葬之地：不详。

性格特征：文静、柔和、勇敢，朴实无华，随和亲切，聪慧、坚韧、正直，自信独立。

历史功过：拨乱反正，组建一个文官政府，挽救菲律宾政府。对外劳务输出有了较大提高，并成为菲律宾的一大支柱产业。制造品和纺织品也有所复苏。大力改革菲律宾政治陋习，极大改善了国家面临的严峻局面。

名家评点：最让菲律宾民众感动的是她的仁慈。在阿基诺夫人任内，亲马科斯的势力曾多次企图发动政变，但阿基诺夫人都"仁慈地"予以宽恕。

华人后裔

1933年1月23日，科拉松·阿基诺出生于菲律宾打拉省一个名门望族，她的闺名叫"科拉松·许寰哥"，昵称"科丽"，婚后随夫婿姓氏加上阿基诺，全名为"科拉松·许寰哥·阿基诺"。

"科拉松"实际上是西班牙语，意思是"心"。虔诚信仰天主教的父辈给她起名"科拉松"，是希望她将来成人后有一颗爱国家、爱人类的心。科丽兄弟姐妹6人，她是老四，上有一个哥哥、两个姐姐，还有一个弟弟、一个妹妹，他们都学有所成，事业兴旺。

科丽的曾祖父是华人，名叫许尚志，又名许玉寰，菲律宾华人尊敬地称他为许寰哥。久而久之，许寰哥成了许家的姓氏。许家祖籍是中国福建省龙海市角美镇鸿渐村。阿基诺夫人卸任后，曾经到这里访祖寻根。1861年，年仅20岁的许寰哥，因生活所迫，漂洋过海，历尽险阻，到达当时还在西班牙殖民主义统治下的菲律宾。他最初在马尼拉落脚，1865年辗转到布拉干省马洛洛斯镇，在当地租赁小片土地耕作兼顾承包一些建筑工程，后来种植与建筑业规模日益做大。

许寰哥勤劳精明，善于经营，后又到打拉省发展，渐渐地成为该省首富。到科丽的父亲何塞·许寰哥二世这一代，许家已是菲岛有名的望族。菲律宾人民普遍信任天主教，其东西合璧的文化更具备融合性，华裔在这里更容易融入当地文化，参政的热情也比较高。许氏在菲律宾发展到3代后，不仅拥有上万亩甘蔗地，还投资银行业。

此外，科丽的外祖父是参议员，曾竞选菲律宾副总统。她的父亲和哥哥都担任过国会议员，她的叔叔和堂兄当过参议员，这个家族可称得上是政治世家。

科丽的母亲出身于菲律宾黎刹省赫赫有名的"苏慕隆家族"，但仍勤劳节俭，恭亲家务，相夫教子，与人友善。她的美德对科拉松影响很大。科丽很幸运地出生和成长于这样优越而温馨的家庭中。

科丽从小就按照一个大家闺秀的标准被培养，她在一所天主教会的贵族女校——马尼拉女子学校接受教育，这所学校以保守而闻名，许多大家闺秀从小被送到这里，接受传统的修道院式的教育，以便养成各种传统的美德。科丽为人随和，在学校养成羞涩、不与人争辩的气质和习惯。1946年科丽13岁时，随父母去美国，继续念书，并于1953年毕业于纽约的圣文森特山学院。

16岁那年的夏天，科丽回国度假，并见到了有"神童"之称的贝尼格诺·阿基诺。当时正值二战的尾声，贝尼格诺·阿基诺是《马尼拉时报》最年轻的战地记者，只有17岁，他们在舞会上再次邂逅。

贝尼格诺于1932年11月27日在菲律宾北部打拉省出生，其家族的历史可以追溯到菲律宾独立战争以前。他的祖父塞维拉诺·阿基诺是菲律宾反抗西班牙殖民主义者时期的一位将军，他的父亲曾是菲律宾国会议员，母亲当过菲律宾女子大学校长，做过30多年的教会工作。

这并不是他们的初次相见。早在他们的孩童时期，他们在双方家长举行的各种宴庆场合就见过面了。她记得清楚的一次是在阿基诺家给阿基诺的父亲过生日，当时的贝尼格诺似乎给科丽留下了不好的印象："我当时只有9岁，我记得贝尼格诺吹嘘他在学校里比我高一年级，所以我根本不屑于同他讲话。"

但17岁的贝尼格诺已经变得成熟和聪明，他见到科丽后，开始追求科丽，并不停地给她写信，用他优美的文笔打动了科丽。科丽后来回忆说："他比过去聪明多了，成了我遇到过的最能说会道的家伙。我在纽约的最后一整年中，我们情书往来，鱼雁不断。他的情书打动了我。那些情书并不是卿卿我我那一套。作为恋人，他并不感情冲动。"

但科丽的稳重在恋爱中也体现了出来，尽管她认为自己已经爱上了贝尼格诺，但他们终究是用书信联系在一起的。科丽因此认为，他们的感情还属于不确定的阶段，始终没有把尼诺介绍给父母。后来发生了一件意外，促成了科丽和贝尼格诺的结合。

有一次，贝尼格诺开了一辆很拉风的白色敞篷车，约科丽去看电影，一同去的还有大姐何塞芬。在看完电影回家的时候，突然后面一辆吉普车撞在贝尼格诺的车上，当场把科丽姐妹撞飞出去。科丽本来已经和母亲说好要到碧瑶去会合，出了这样的事情，贝尼格诺只好陪着她去。科丽的父母见到女儿们的样子担心地说："你可别再坐他的车了。"

1954 年 10 月 11 日，科丽和贝尼格诺在帕隆伊城圣母教区的教堂结成夫妻，从此，科丽成为阿基诺夫人。科丽是一个传统的家庭女性，她在婚后把全部精力用来操持家务、照料丈夫，他们一共有 4 个女儿和一个儿子。同时，她还继续修习了另一个学位。

丈夫遇害

贝尼格诺·阿基诺先生是一位活跃的政治家，在菲律宾政坛上，他素有"神童"的美誉，因为他曾是菲律宾最年轻的市长、省长和参议员。他长相英俊、善于演讲、思想激进而且洞察敏锐，其他的候选人与他相比，无论才华还是表现力都相差一大截。

1955 年，他 23 岁时，便在家乡当选为康塞普西翁市长。1959 年，当选为打拉省副省长；1963 年，年仅 31 岁的阿基诺当选为省长。他的才华，受到了菲律宾总统马科斯的妒忌，想尽一切办法排挤这位冉冉升起的政坛新星。1967 年，阿基诺参加参议员竞选，并成为自由党竞选人中唯一获胜者。但因为还差几天才到 35 岁，不够法定岁数，马科斯集团为此对阿基诺当选提出非议，参议院选举法官团不得不进行表决，以证实他的当选是合法的。

在 20 世纪 60 年代末，菲律宾与世界上其他地方一样，经历着反战思潮的兴起，学生在国会前集会，抗议菲律宾卷入越南战争。阿基诺支持学生运动。此外，人们对马科斯经济政策的批评越来越多，对马科斯政府成员贪污腐化更为不满，阿基诺打出了反腐败的旗帜，正是与马科斯集团针锋相对。

但当时正是马科斯权力欲望膨胀的时代，专制即将到来。1973 年，马科斯连任两届总统期满，根据菲律宾宪法，他不能参加下一届总统选举。因此，许多人预料反对党领袖阿基诺将登上总统宝座。1972 年 9 月 23 日，马科斯采取了铁腕统治，宣布在全国实行军管。军管后，议会被解散，电视台和报刊被接管，游行抗议被禁止，成千上万的人被拘留，这其中首当其冲的就是阿基诺。马科斯自己清楚，他的最大威胁来自阿基诺。

为了达到致阿基诺于死地的目的，当局给他安的罪名是"策划谋杀、颠覆以及非法拥有武器"。按照军管法，这些罪名，只要有一项成立，就足以被判死刑。

　　对阿基诺的审讯前后持续了4年之久。阿基诺坚决否认军事法庭的合法地位，拒绝抗辩。1977年11月，军事法庭宣判阿基诺死刑，阿基诺对此毫无畏惧，他写了一封信给最高法院的法官。他在信中形容军事法庭的行动是"下流而又不道德的"。他说："我宁可被枪手处决，也不在这个军事法庭中为自己辩护。"

　　菲律宾民众对给予阿基诺的判决的反应极其强烈，马科斯不得不再次审度阿基诺的地位。他并不想处死阿基诺，这样会造成国内形势恶化，而且还会使阿基诺成为国民心目中的英雄。他曾经私下找人去说服阿基诺自愿流亡，但被阿基诺拒绝。

　　1980年初，阿基诺在狱中心脏病发作，提出到美国接受心脏手术，马科斯不仅同意，而且主动提出让自己的夫人伊梅尔达出面担任保释人，条件是到美国后不从事反马科斯的政治活动，手术后仍然回狱中。这样，阿基诺实际上踏上了流亡的旅途。在美国达拉斯的贝勒大学医疗中心进行心脏旁道手术后，阿基诺通知马科斯他准备回国，但得到的答复是他可以留在国外，想留多久就多久。马科斯的意愿很明白，希望他的老对手永远不要再出现。

　　1981年1月，马科斯总统宣布结束军事管制。4月7日，又通过公民投票再次修改宪法，决定采取法国式议会制，总统由选民直接选出，任期6年。阿基诺当时是反对党的实际领袖，闻讯后非常高兴，他在一次公开发言时说："我必须做出抉择，是做美国人，还是做菲律宾人。"阿基诺说，如果他返回菲律宾，将采取甘地式的"非暴力斗争，把民主带回菲律宾"。

　　在菲律宾，政治总是带着血腥气，无论地方选举还是全国大选，呼声较高的候选人突然死在竞选前夜是经常发生的事情。一些与阿基诺暗中交好的人士警告阿基诺说，菲律宾军警正在收集阿基诺的资料，目的很明显，就是为了暗杀。

　　在这样不利的条件下，阿基诺仍然决定于1983年8月返回祖国。7月30日，阿基诺接受了法新社记者蒂奥多罗·贝尼诺的采访，说："假如你问我，菲律宾人对智力和勇气的评价哪个更高？答案当然是：勇气！我知道，回国就可能牺牲自己的生命，但不管发生什么事情，我绝不是失败者！"

　　当时，菲律宾国会选举已定于1984年5月举行，阿基诺认为，如果他不能够返回国内，将不能利用这有限的机会重建国家的民主与和平。8月13日早晨，阿基诺去教堂做完弥撒后，告别妻子和孩子们，义无反顾地踏上了回国之路。

　　8月18日，阿基诺由吉隆坡南下，经柔佛回到新加坡，然后取道台北。当日，华航驻马尼拉分公司电告总公司说，按菲政府通知，已不让反对党领袖阿基诺登机回国，并说他目前大概仍在波士顿，很可能将经由旧金山、东京、台北返回菲律宾。

　　8月21日上午7时，阿基诺给妻子科拉松打电话，科拉松给他念了一段圣经。他又同孩子们通了话，他哭泣起来。并给妻子写了一封诀别信：

　　最爱的科丽：

　　数小时后，我就要踏上没有保障、仅凭信念的险阻归途。也许，这就是我一生从事战斗的终幕。从窗口下望那条不知名的小河,微弱月光反射着水面的涟漪,往事如烟,让我想起我们生活在一起的时光。这一生,每当我忧患时,你总在我的身边为我分担苦难。

抱歉的是,当你遭遇到伤心事,我已无法在你身边。我只求你原谅我的自私,因我确信你会宽恕我,所以我才会有信心踏上这条路。我这一辈子,从来不懂如何去聚财,因此,未能给孩子们留下什么,我只做了一些我应该做的事,那就是把我自己奉献给国家和国民大众。总有一天,人们对我的牺牲会有评价,那就是我留给你们的唯一遗产。我虽然不能留给你们有形的财产,但我为你们留下了用钱买不到的荣誉!

想对你说很多话,可是千头万绪,不知从何说起才好,也没有太多的时间了……现在,我只是急着说一句话:"我爱你!"你对我终生不渝的爱与奉献,我能回报的竟是那么微少。虽然,我从未说出口,你的存在,对我而言是珍贵而不可缺少和替代的,因为有你,我才会有今天。明天,如果获得允许,我会在晚上以前打电话给你,如果不能,就请在梦中与我相会。

我会特地祈求万能的主,赐给我恩宠,因神从未抛弃我,希望这次也如此。

你的丈夫尼诺伊

尽管阿基诺已经知道会有暗杀,并因此穿上了防弹背心,但他还是没有想到,当权者会这样肆无忌惮。8月21日下午1点12分,当阿基诺乘坐的飞机降落后,他立刻被几名全副武装的男子抓走,和他同机而来的记者和朋友被挡在飞机上。一两分钟后,传来一声枪响。阿基诺被枪杀的地方距离飞机是如此之近,有多名乘客目睹了全过程——这是明火执仗的谋杀!

22日凌晨,科拉松被电话吵醒了,实际上她根本没有入睡。按照她和丈夫的约定,他应当在晚上和她通话。打电话的是一名记者,他告诉阿基诺夫人,美联社和合众社都发消息说她的丈夫遇刺。

科拉松毅然决定飞到她的丈夫身边,她带着5个孩子于8月24日晚回到马尼拉,此时这里已经是一片黄色的海洋。

当选总统

阿基诺的死唤起了菲律宾人民的革命斗志,敲响了独裁者的丧钟。他的葬礼成为人民表达意志的聚会。当他的遗体被送往马尼拉最大的教堂圣多明戈教堂,许多人走很远的路,守在大路边,就是为了看一眼他的灵柩。8月31日上午10时,马尼拉大主教辛海绵在圣多明戈教堂为阿基诺主持了弥撒。在从圣多明戈教堂通往马尼拉公墓的30公里路途上,挤满了送葬的人群,他们挥舞着象征人民力量的黄色彩带和旗帜,呼喊着阿基诺的名字和反独裁的口号,媒体估计那天起码有两三百万人参加了葬礼!

此时,在马拉卡南宫的马科斯也听到了人民的呼喊。自从阿基诺遇害后,马科斯就卷入了巨大的漩涡中,他第一次感觉到这次风暴不比寻常。马科斯已经老迈,他的经济政策正在把菲律宾引入歧途,而他的独裁统治正在被人们所反对。阿基诺遇刺的第二天,菲律宾就陷入混乱之中,马尼拉市学校停课,政府机关停止办公,全市停电,银行出现了挤兑,超市出现了抢购现象。马科斯感觉到,所有的这一切,都是对他的背叛,他用 20 年时间组成特权阶层,正在摇摇欲坠。

马科斯在菲律宾执政达 20 年,他的贪婪和他的夫人伊梅尔达的奢侈都是举世闻名的。他的势力形成了一个被称为"亲友资产阶级"的特富阶层,这个阶层掌握着全国 80% 的资产。他们控制了军队和中央到地方的各级政权机构。马科斯明白,要维持他的腐朽统治,就要求得到美国人的支持,所以他一直采取亲美的姿态,换得美国人对他的支持。

科拉松·阿基诺就这样被推上了历史舞台。

作为阿基诺先生的遗孀,她具有其他人无可比拟的号召力,她把失去丈夫的悲愤转化为工作的力量。她克服羞怯,在公众场合发表演说,号召人民为阿基诺未完成的事业而奋斗。她在丈夫的葬礼上说:"贝尼格诺一直都深爱菲律宾,爱菲律宾人民,现在,轮到菲律宾人民爱他,实现他生前的理想,那就是反对独裁,实现自由民主!"

在国内外强大的舆论压力下,马科斯政府不得不作了一些表面文章,逮捕了一些谋杀阿基诺的嫌疑犯,包括一些被目击者指认出来的军人,并于 1984 年开始审判。可以预想的是,这些审判不会有任何结局。

1984 年,菲律宾国会选举举行。在这次选举中,反对党再一次掀起浪潮,获得了三分之一的席位,这让马科斯感觉到这个国家不再由他一手掌控。同时,这个国家的情况再糟糕不过了,1984 年,菲律宾的经济下降 5.5%,通货膨胀高达 63.8%,全国有一半的工厂处在半停工状态,有上千万人失业。由于外债累计,菲律宾政府已经走到破产的边缘。

1985 年,马科斯预感到反对力量随时都可能爆发,为了缓和社会矛盾,他宣布于 1986 年 2 月 7 日举行总统选举,"以便国民选择他们认为合适的领导人。"

马科斯自有他的如意算盘。在菲律宾,他的统治已经受到了人民的唾弃,再坚持下去有可能会爆发内乱。而且,他有信心通过玩弄权术操纵选举,最终以民选的名义坐稳宝座。

而这个时候阿基诺夫人,还没有做好竞选总统的打算,她始终认为,适合做总统的应当是像她丈夫那样的男子汉。但是她无畏的热情最终爆发了出来,她说:"为了翻过 20 年独裁统治后新的一页,我愿意作为候选人参加竞选!"

马科斯根本没有把这个瘦弱的女人放在眼里,他一再在许多公开场合贬低阿基诺夫人,宣扬自己的"强有力"。阿基诺夫人为了巩固自己的形象,跑遍了全国各地,征集到 150 万个支持者的签名,这一举动大大增加了各反对派对她的信心。1985 年底,13 个反对派宣布推举阿基诺夫人为唯一的总统候选人。马科斯此时已经后悔,但太晚了。阿基诺夫人看上去脆弱憔悴,根本不是一个强有力的竞争者的形象,但是,正是她的这种形象,唤起了人民的同情,所有反对马科斯的人,都会把票投给阿基诺夫人,这其中也包括教会。菲律宾大主教辛海绵在选举的最后关头拒绝马科斯的恳请,声明支持阿基诺夫人。

为了赢得大选的胜利,马科斯在全国采取了金钱利诱与威胁并行的方法。在许多投票站,马科斯的竞选人员站在选举站门口,他们给每个前来投票的人递上一个信封,信封里装着一张大钞和一张已经签上选举马科斯记号的选票。如此明目张胆地贿赂,也算是世界一绝。

同时,马科斯还直接收买计票人员,涂改和替换选票。结果,到了2月8日晚,第一轮投票结果刚刚计算出来时,菲律宾出现了奇怪的现象,马科斯和阿基诺夫人都宣告自己在选举中的得票数遥遥领先。

关于政府在选举中的各种丑闻源源不断地披露出来,在计票过程中,许多计票点竟然发生了停电。有的计票点人员宣布罢工,他们揭发说,马科斯的竞选人员竟然直接进入计票站替换封存的票箱。2月15日,受操纵的菲律宾议会宣布马科斯在竞选中获胜。消息传出后,阿基诺夫人宣布不承认这一结果,并号召人民抵制这一结果。当日,马尼拉再次爆发了数十万人的游行。

在菲律宾,除了人民以外,能够主宰国家方向的还有两股力量,那就是教会和军队。2月16日,菲律宾大主教辛海绵公开发布谴责马科斯政府的言论,他说,政府采取了各种不正当的手段以获得大选胜利,这给了马科斯当头一棒。在天主教徒占据人口的85%的菲律宾,教会弃他而去,等于道义也离他而去。然而,更大的打击还在后面。

2月22日,菲律宾军方发生兵变,宣布脱离马科斯,支持阿基诺夫人,带头人赫然是马科斯的表弟、国防部长恩里莱和武装部队代参谋长拉莫斯。马科斯得知这一消息后惊呆了,在他20年的统治中,这是军队第一次对他表示不忠。要知道,为了拉拢军队,他多次动用总统的权力,扩张军队的权限,加大军费开支。他先是大怒,然后他发现,所有的军队实际上都已经不再听从他的命令,他发布的平叛命令无人执行,他终于意识到自己走到了穷途末路。

2月25日,阿基诺夫人宣布她将在这一天宣誓就任菲律宾总统。马科斯闻讯后,也匆匆忙忙地在这天中午举办了"就职仪式"。在庆典中,他听到了围在总统府外的群众的口号。最后的几个小时,他拨通了美国特使的电话。晚上8点30分,4架美国提供的"愉快的绿色巨人"式直升飞机在马拉卡南宫降落,马科斯一家及其随从匆匆忙忙地飞向美国空军基地,再从那里转机前往美国檀香山。

马科斯一行逃离马卡南宫后不到一小时,菲律宾电台和电视台就播放了这一消息,人们从四面八方像潮水般地涌进马拉卡南宫,在这里欢庆胜利,并高呼口号:"科丽万岁!"

"铁腕"改革

马科斯逃走了,但他遗留下来的,完全是一个烂摊子。菲律宾的经济已经连续倒退，外债高达 250 亿美元，国家甚至不能支付外债的利息。

没有任何从政经验的阿基诺夫人面临着严峻的考验。

阿基诺夫人上台后所做的第一件事，就是组成审判团，对她的丈夫阿基诺先生之死展开调查和审判。1986 年 6 月 6 日，菲律宾成立了一个以最高法院前法官康拉多·瓦斯克斯为首的 3 人特别委员会，重新审理阿基诺谋杀案，并推翻了菲律宾反贪法院过去对涉嫌的前武装部队参谋长贝尔和其他 25 名嫌疑犯做出无罪的判决。

1987 年 8 月 19 日，菲律宾反贪污法院重新开庭审理阿基诺被杀案这个案件的审判从 1985 年开始，到 1989 年仍未完全结束，被称为菲律宾的"世纪审判"。到底谁才是真正元凶，最后也没有结论，被法庭传唤的证人，前后超过 100 人。在法庭上，菲律宾职业摄影师亚历山大·洛伊纳斯出示了 39 张大照片和 40 张幻灯片。这些照片显示，枪杀阿基诺的子弹是从阿基诺背后射入的，子弹穿过他的头部后从下巴出来。这些证据表明，阿基诺是在走下飞机时被人从他身后高处开枪击毙的。而当时站在阿基诺身后的都是士兵。

尽管有现场目击者，甚至还有记者的现场录音，但是，关于政治谋杀，真正的主使永远无法查清，只有一些直接参与的人被判处漫长的有期徒刑。

虽然丈夫的遇害难给阿基诺夫人留下了无法弥补的损失，但美满愉快的家庭使她得到了一些补偿。她有四女一子，大女儿作他的秘书，是政务上的得力助手，二女儿从不出头露面，鲜为人知，三女儿在银行工作；小女儿则喜欢交际，长大后想当电影明星，唯一的儿子对政治不感兴趣，现在一家建筑公司工作。尽管儿女们兴趣不同，但对母亲关怀备至。每到周末，他们谢绝一切外出活动，携带子女团聚在母亲周围，一家三代人同享天伦之乐。

阿基诺夫人担任菲律宾总统时期，主要的任务还在于拨乱反正，将菲律宾从政治和军变的漩涡中解救出来。从 1987 年到 1990 年，阿基诺夫人经历了 6 次政变。这些政变中的活跃分子，包括在 1986 年宣布支持她的恩里莱，此公堪称菲律宾军界的变色龙，在历史上多次改变阵营，以为自己谋得利益。他的身上可以看出菲律宾军界普遍存在的问题，即对政府的不信任和干政的随意性，把军队的利益置于国家利益之上。独裁者马科斯能够维持 20 年的统治，和他纵容收买军队高层领导有着重要关系。除了这些腐败分子外，一些有改革思想的军官由于看到了军队现状的种种弊端，又发现在这样的环境里根本无从改革，认为只有通过政变才能把自己的思想迅速传播。加之阿基诺夫人只是一介女子，在军队中并无势力，政变这一严肃严重的事件在菲律宾就演变成了寻常事。有时候，政变者甚至宣称他们只是为了改善军队的福利待遇而发动政变。

尽管在阿基诺夫人的任期内，这些政变都被强力支持阿基诺夫人的军队强人拉莫斯平息下去，但这对阿基诺夫人施展政治抱负起到了迟滞的作用。更多的政变，只能使阿基诺夫人越来越依赖于军队。她原先有很大的抱负，企图一改菲律宾政治顽疾，最后却不得不与现实妥协。在她之后的几位总统，更加缺乏她的声望和勇气，到现在，军变仍然是困扰菲律宾政坛的一大要素。

在她就任期间，有一件事情可以看出阿基诺夫人面临的挑战以及她的勇气。1987年发生政变后，有媒体报道说，政变的时候，阿基诺夫人吓得躲到了床底下。后来，阿基诺夫人看了报道，亲自把记者领到她的卧室，参观了她的床——床底根本就是密封的，并说："我根本没有打算躲到床底下去！"

在政坛上，阿基诺夫人继续保存了她作为一个家庭主妇朴实无华的风范。她在执政头一年，常穿黄色的衣服，这倒不是她喜欢黄颜色，而是为了纪念"菲律宾革命"和向"人民力量"致敬。她着装有一个标准，贵于200美元的衣服从来不买。与她形成鲜明对比的是前第一夫人伊梅尔达，当她和丈夫马科斯乘直升飞机逃往后，人们在她的宫殿里发现了3000多双鞋、2000多副手套、1000多个手袋。后来，根据阿基诺政府的估计，马科斯贪污了大约250亿美元的国有资产，相当于菲律宾外债的总和！马科斯于1989年病重时，曾经希望与阿基诺夫人和解，自愿拿出90%的资产捐献给菲律宾，阿基诺夫人志在伸张正义，最终没有与马科斯达成金钱换自由的协议。

在推动菲律宾经济方面，阿基诺夫人也做出了巨大努力，她组建了一个文官政府，力图挽救菲律宾经济。在她的鼓励下，菲律宾的对外劳务输出有了较大的提高，并发展成为菲律宾的一大支柱产业。此外，制造业和纺织品业也有所复苏。但总的来说，她的政治成就高于经济成就，她改革菲律宾政治陋习的勇气，远远高于后来的历届菲律宾总统。

阿基诺夫人是一位深谋远虑的政治家，她意识到，如果目光只局限于为夫报仇，将会损害到这个国家的长远利益。从上任伊始，她就在筹谋出台一部新的宪法，以取代旧宪法。这一决定在1986年6月通过电视台向全国直播，此举直接架空了副总统劳雷尔和其他旧政客的权力，也是导致她执政期间兵变不断的一个重要原因。在她的推动下，1987年，国会讨论和通过了新的宪法，其中有很重要的几条，包括总统任期为6年，军人不得干预政治，以及废除死刑等等。新的宪法结束了菲律宾的专制时代，在阿基诺夫人之后，菲律宾各届总统尽管都想重新修改宪法，但最后，这些提议总会被否决，因为阿基诺夫人的典范在前。

其他的总统在离开马拉卡南宫时或许会恋恋不舍，但阿基诺夫人于1992年卸任由菲德尔·拉莫斯接任时，却觉得卸下了一副重担。她在告别演讲时说，她终于完成了历史赋予她的重要责任。

不过，阿基诺夫人卸任后仍然不断参加一些重要的政治活动。1997年，阿基诺夫人获得拉蒙·麦格赛国际谅解奖，这是对她广阔胸襟的隆重表彰！1997年，拉莫斯支持者企图修宪将国家改为议会制，阿基诺夫人与辛海棉于9月21日发动60万人反修宪游行，最后拉莫斯表态不会竞选连任。在1998年总统大选中，阿基诺夫人与辛海棉支持华裔候选人林雯洛，结果落选。2001年1月，阿基诺夫人参与了"二次人民力量革命"，总统艾斯特拉达被迫下台，她所支持的阿罗约夫人接任菲律宾总统。

传奇将帅

导　语

　　有统计表明，人类文明5000年，没有战争的生活只有290年。在无数次不同性质、不同规模的战争中，涌现出大批著名将帅。这些驰骋沙场的将帅，或在某一次战争中发挥了重大作用，对军事理论做出过重要贡献；或具有杰出的指挥才能，对历史产生过巨大影响，从而在世界军事史上具有特殊地位。《传奇将帅》通过对世界传奇将帅人生经历的描述，从某些侧面展示了若干波澜壮阔的战争画面，再现了著名将帅的军事生涯和军人风采，反映了世界军事的历史进程。

　　这里有血与火的交融，有荡气回肠的儿女情长，有催人泪下的英雄故事，有栩栩如生的人物形象。他们的经历曲折而复杂，性格独特而多样；他们的丰富阅历，不但具有欣赏性，也具有启迪性。书中展现的史实真相和深层内幕，以及将帅的雄才大略和丰富的内心世界，会让您对世界历史和将帅的人格特征有一个全新的认识。

　　本卷对军事将领的选取和评价持严肃的科学态度，注意以近、现代为主，注意选取不同政治主张的将帅，注意关照不同国家、地区的军事史实和人物，尽可能做到客观和全面；在具体编写中，注意将人物的军事业绩与人生经历结合起来，通过对其所处时代历史背景及其军事生涯中重大事件、主要业绩的描述，尽可能准确地反映人物性格与行为的发展轨迹。同时本卷以将帅一生中重大的、有代表性的事件为基础，兼顾家庭生活、轶闻趣事，较多层面地展示其人生历程和心路历程，追求描述的生动活泼，追求尊重历史事实基础上的取舍有度，选择最典型、最生动、最有情趣的人物史迹，以求雅俗共赏，引人入胜。

战争史上的"太上皇"

——麦克阿瑟

人物档案

简　　历：美国陆军五星上将，著名军事将领。出生在美国阿肯色州小石城。1903 年 6 月 11 日从西点军校毕业，进入工兵营，前往菲律宾服役；1917 年赴法国参加世界大战，参加了巴黎保卫战；1942 年 4 月 18 日，任命为西南太平洋区统帅，参加了中途岛、瓜达尔卡纳尔之战，"车轮"战役；1945 年，被任命为盟军驻日本占领军最高司令官。1952 年，参与美国共和党总统初选，但未胜出。1964 年 4 月 5 日，麦克阿瑟因胆结石去世，终年 84 岁。

生卒年月：1880 年 1 月 26 日~1964 年 4 月 5 日。

性格特征：被人称为"狼性"，性格中带着凶狠和决断。

历史功过：他领导的美军与日本进行太平洋战争，歼灭了大量日本有生力量，为反法西斯胜利做出了贡献。和尼米兹共同指挥太平洋战场上的作战，他根据美军的海空优势，提出了越岛战术，大大加快了战争进程缩小了美军损失。

名家评点：尼克松评价说："麦克阿瑟是美国的一位非凡人物，一位传奇式的人物，就像一则传奇故事一样，包含着各种矛盾和对立。他既是一位善于思考的知识分子，又是一位趾高气扬、惟我独尊的军人；既是一位独裁主义者，又是一位民主主义者；他是一位天才的、很有感染力的演说家，喜欢发挥丘吉尔式的雄辩口才，打动过千百万人的心，同时也使许多自由主义者气得晕头转向。"

将门虎子

道格拉斯·麦克阿瑟于 1880 年 1 月 26 日出生在阿肯色州小石城的军营里。

他有两个哥哥,二哥 6 岁时死于麻疹。

麦克阿瑟的父亲阿瑟·麦克阿瑟,是苏格兰移民的后代,1845 年生于马萨诸塞州。17 岁就参加了第 24 威斯康星州自愿步兵团,开始了他的军旅生涯。

老麦克阿瑟以令人畏惧的勇敢和顽强精神,荣获国家最高奖赏——荣誉勋章。19 岁时成为联邦军队中最年轻的上尉,1865 年复员。一年后,阿瑟·麦克阿瑟又重披军服,几经辗转。后晋升为中校。1898 年,阿瑟·麦克阿瑟作为陆军准将赴菲律宾参加了美西战争,开始了他军人生涯的鼎盛时期。战后,他又经过十几次浴血战斗镇压了菲律宾人民要求自由的战斗,成为美国驻菲律宾最高军事指挥官,并成为该岛的军事总督,后离开菲律宾回国,不久被任命为中将。

道格拉斯·麦克阿瑟的母亲玛丽·平克尼·哈迪于 1852 年生于弗吉尼亚一棉花商人家庭,她以优异的成绩毕业于巴尔的摩一所中等专科学校。1875 年 5 月 19 日与阿瑟上尉在弗吉尼亚诺福克的哈迪种植园结婚。

麦克阿瑟的父母对他性格的形成和职业的选择都产生了非常深远的影响,使他长大后在任何困难时刻都能以爱和理想鼓舞自己坚持下去。

麦克阿瑟 4 岁那年,他的一家到了新墨西哥州一个位于湖畔的小哨所——塞尔察堡。后来麦克阿瑟在回忆这段生活时曾说:"甚至在我学会说话和走路之前,就学会了骑马和打枪。我母亲在父亲的帮助下,开始教育她的两个儿子,启迪我们的责任感。对于该做的正当之事,不管个人做出什么样的牺牲,都要去实现它。我们的国家永远高于一切,永不说谎骗人,永不惹是生非。"在麦克阿瑟成长的关键时期,他的母亲给了他许多教益,在她的南方人优良传统的熏陶下,麦克阿瑟形成了贵族的气质,坚定的家庭观念和维护荣誉的责任感。麦克阿瑟坚信:"他命中注定"会成为像他父亲一样的"伟人"。

麦克阿瑟 6 岁时开始在堪萨斯州的利文沃思堡接受正规教育。这 3 年,他的学习成绩不好,以后他进入首都华盛顿军队公立小学学习了 4 年,成绩依然平平。13 岁时,全家搬到休斯敦,他进入西得克萨斯军校。这时他在体育和学业方面显露出才华。4 年学习期间,他始终名列前茅。

1897 年在毕业典礼上,他代表毕业生致告别词。麦克阿瑟曾回忆说:"这是我的起步之处。"从此,麦克阿瑟也就把做一名像他父亲一样的军人,作为他一生追求的目标。

为了进入著名的西点军校,麦克阿瑟的母亲曾陪他在密尔沃基的一家旅馆里住了一年多时间,来准备考试课程。1898 年春,赴考的前夜,由于紧张麦克阿瑟无法入睡。母亲以她坚强冷静的信念,使麦克阿瑟鼓起了勇气。她说:"如果不紧张慌乱,你肯定可以取胜,你必须相信自己,我的儿子。不然的话,别人谁也不会相信你。要树立信心,要依靠自己的力量,纵使不能取胜,你也会知道你尽了最大的努力。现在去吧!"考试结束,她的儿子——道格拉斯·麦克阿瑟果然独占鳌头。

一战显勇

1899年6月13日,年轻英俊的道格拉斯·麦克阿瑟进入了"名将的摇篮"——西点军校,这是他"孩提时代全部梦想的实现"。多年后他回忆道:"做一个西点军校学员的那种自豪和激情,从来没有稍许消失过","我仍然可以说,'这是我最大的光荣'"。在这里麦克阿瑟受到许多磨炼。在校4年,他的表现十分突出,有3年名列全班级第一。他二年级时被任命为连队下士,三年级升任连队上士,四年级时成为学员队第一队长。

1903年6月11日,23岁的麦克阿瑟以98.14分的总成绩毕业,据说这是25年来学员所取得的最高成绩。

毕业时,按照西点军校高才生的传统,麦克阿瑟选择了工兵。他进入第3工兵营,前往菲律宾服役,但很快便因患了疟疾而被送回旧金山,一年后病愈。

1905年10月,麦克阿瑟被派去给他父亲当随从参谋,他父亲作为日俄战争官方观察员住在日本。他到达日本时,日俄战争已经结束。父子两人所面临的任务,就是分析估价日本的军事力量。这时期,日本的扩张野心给麦克阿瑟留下了深刻印象。他写道:"既然已经征服了朝鲜和台湾,他们势必要伸手去控制太平洋,称霸远东,这是显而易见的。"

父子两人受命把情报收集活动扩大到整个远东。他们做了一次长达9个月的旅行,到了中国香港、新加坡、仰光、加尔各答、孟买、爪哇、暹罗、印度支那和中国上海。这段经历使年轻的麦克阿瑟眼界大开,加深了对东南亚的认识。

1906年秋,麦克阿瑟父子回国。此时战事沉寂,军人无用武之地,军界谋事很难。麦克阿瑟中尉回到驻在利文沃思堡的第3工兵营,任连长。他的母亲曾意图让他改行,但由于对军队生活的酷爱和他父亲的榜样,他拒绝了。1912年,被麦克阿瑟奉为楷模的父亲,在向南北战争时期的老战士发表演说时,猝然逝去。为照料母亲,他请求调到了华盛顿陆军部工作。次年,他成为陆军参谋长伦纳德·伍德将军参谋部的成员。

1914年第一次世界大战爆发后,麦克阿瑟晋升为少校,当了陆军参谋长兼陆军部长牛顿·D.贝克将军的助手,同时兼任陆军部新闻检查官。

1917年,美国参加第一次世界大战后,从各州国民警卫队抽调人员组成第42步兵师。麦克阿瑟出任第42步兵师参谋长,晋升为上校,赴法国参加世界大战。他声称该师人员来自美国各地,犹如跨越长空的彩虹,故该师亦称"彩虹师"。

1918年2月中旬,该师开进洛林南部一个"平静的防区"吕内维尔,这时恰逢几十年最寒冷的冬天。该师在洛林地区前线不断地进行战斗,麦克阿瑟虽然是个参谋官,但他不断深入前线,身先士卒,不避艰险,率领和激励士兵勇敢作战,以超人的勇气和突出的作用获得了他军人生涯的第一枚勋章——十字军功章,并获得美国陆军银星章。6月26日麦克阿瑟被提升为陆军准将。7月在保卫巴黎的战斗中以作战英勇而获第二和第三枚银星章。10月在攻击夏蒂隆山的战斗中,麦克阿瑟严重中毒,几乎双目失明,但他却拒绝住进医院。11月战事结束。麦克阿瑟因为勇猛善战,战功卓著,在大战中被授予两枚优异服务十字勋章,一枚优异服务勋章、7枚银星章、两枚紫心勋章及数枚法国勋章,成为战争中受勋最多的军官之一。潘兴将军盛赞他为"我们所有的最伟大的将领"。

同年11月,麦克阿瑟在大战结束之后担任彩虹师代师长。

婚姻二度

第一次世界大战结束,麦克阿瑟于1919年4月从欧洲归国。6月,他被任命为西点军校校长。当时西点军校比较混乱,课程陈旧,学员知识面极为狭窄。新任陆军参谋长佩顿·马奇对此深为不满,他对麦克阿瑟说,西点军校有悠久的历史,要使军校恢复起来,重放光彩。麦克阿瑟开始尽力推辞,最后勉为其难,偕其老母,走马上任。他在西点军校当了整整3年的校长。其在任职期间排除各种障碍,开拓新路,使西点军校适应迅速发展变化的世界,开始了现代化的军事教育。他还念念不忘亚洲对美国的重要性,下令在校内张挂亚洲地图,供学生们阅读。

麦克阿瑟在3年任期内,成绩斐然。美国著名传记作家詹姆斯博士写道:"人们一致认为,是他而不是任何别人领导西点军校踏进迅速发展变化的世界,开始了现代化的军事教育。确实,他在美国军事院校方面所做的开拓新路的努力,是他对建设现代化军队做出的最重要的贡献之一。"

此间,年逾40的麦克阿瑟第一次坠入情网。他与一个35岁的富有寡妇路易丝·布鲁克斯相爱。1922年2月,两人结为伉俪。由于她厌倦军旅生活,7年后与麦克阿瑟离异。

麦克阿瑟于1922年6月结束军校工作之后,前往马尼拉担任军事总督伦纳德·伍德将军的副手。

1925年2月15日,麦克阿瑟晋升为少将。这时他45岁,是陆军中最年轻的少将。他奉调回国,统辖第3军区。先后在亚特兰大和巴尔的摩任军长。同年,麦克阿瑟在米切尔准将(主张建立独立的空军)案件中奉命担任审判官,以致后来不得不在回忆录中为自己辩解。

麦克阿瑟于1927年秋出任美国奥林匹克委员会主席,率美国代表队参加1928年在阿姆斯特丹举行的奥林匹克运动会并获得冠军。陆军参谋长为此致电祝贺:"你不仅获得了美国人决不撤退的美誉,而且获得了美国人深知如何获胜的光荣。"1928年夏天,麦克阿瑟再次被派往马尼拉,担任美国驻菲律宾部队司令。他对再次赴菲十分高兴,他在回忆录中写道:"没有什么委任比这更使我高兴了。"他同参谋人员相处得十分融洽,他常常能见到菲律宾参议院议长——他的老朋友奎松。他和美国当时驻菲律宾总督史汀生建立了亲密的友谊。

1930年8月5日,麦克阿瑟收到陆军部长发来的电报,胡佛总统决定由麦克阿瑟出任陆军参谋长之职。当时资本主义世界正处于世界经济危机之际，和平主义情绪高涨，军队预算缩减，麦克阿瑟认为此时如去担任参谋长必将面临严峻的考验，所以有推辞之意。其母得知此情后，立即拍去电报，力劝儿子接受这个职务，她说："如果你表现出怯懦，你父亲在九泉之下也会感到可耻。"

11 月 21 日，麦克阿瑟宣誓就职。这一年他 50 岁，是美国陆军史上最年轻的参谋长。任内，麦克阿瑟用机械化装备代替马匹，提高了部队的机动能力和速度；制定战争总动员计划；为诸兵种建立统一的采购制度以减少浪费；建立航空队司令部以提高地空部队的协调效率；反对国会因经济原因而欲裁减陆军机构的企图；反对削减军官队伍，声称"一支陆军可以缺乏口粮，可以居住简陋，甚至可以装备破旧，但如缺少训练有素及指挥有方的军官，则在战时注定会被歼灭。胜利与失败的不同，全在于有无干练而有效率的军官队伍"；每年均成功地阻止削减陆军员额的议案，并为陆军的战备辩护。

需要特别指出的是，作为陆军参谋长的麦克阿瑟于 1932 年不惜亲自披挂出马镇压华盛顿的美国退伍军人的"退伍金进军"。当时，由于美国正处于经济危机之中，人民生活困苦，1932 年春天和夏天，25000 多名曾参加第一次世界大战的军人及其家属纷纷从各地向华盛顿举行"饥饿进军"，要求政府立即发放退伍金——根据 1924 年通过的国会法令，应在 1945 年发给他们。麦克阿瑟根据胡佛总统的命令，竟然亲自出马，进行驱赶和镇压。

7 月 28 日发生流血冲突，作为陆军参谋长的麦克阿瑟竟派骑兵、坦克对付退伍军人，他还身穿装饰着一排排勋章的军装，亲自指挥杀戮，用武力驱散了曾为他胸前的勋章流过血而今日难以糊口的战友。这一切使麦克阿瑟在陆军中的形象黯然失色。麦克阿瑟出于反共本性，直到临终前还深信索取退伍金进军是赤色分子的阴谋，认为自己的行为不是野蛮而是明智的。

1938 年，富兰克林·罗斯福就任总统，为挽救财政危机，他命令麦克阿瑟把陆军预算削减 50%。尽管在麦克阿瑟当面直言力争和以辞职要挟下，罗斯福总统做了一定的让步，但实际上军费还是被削减许多，致使陆军不得不节约俭省，连最有魅力的新式武器也不得不拒绝接收或延缓装备部队。而此时日本人却在远东积极侵略，希特勒也在扩建陆军和空军。凡此种种，激起陆军的极大愤怒，他们把这一切归咎于麦克阿瑟一人。

1935 年，麦克阿瑟参谋长任期结束，他接受菲律宾自治政府总统奎松的邀请，担任菲律宾军事顾问，这是他第三度赴菲。菲律宾自美西战争后即成为美国的殖民地。1934 年，美国国会通过了泰丁斯—麦克杜菲法案，批准菲律宾于 1935 年建立自治政府，1946 年完全独立，届时美国部队全部撤出。美国的如意算盘似乎是鼓动菲律宾在美国"援助"下，逐渐建立起一支军事力量，在 1946 年获准独立时能够达到自卫的程度，使这块美国势力范围不落入潜在敌人之手。麦克阿瑟就是在这背景下出任菲律宾军事顾问的。

1935 年底，麦克阿瑟带着复杂的心情"乘胡佛总统"号班船离开旧金山，赴菲律宾"军事顾问"之任。同行的有他 87 岁高龄的母亲（这位一生曾给他无数教益的母亲于两个月后,在马尼拉溘然长逝),还有他的前副官、现任参谋长的德怀特·艾森豪威尔少校——后来的五星上将,美国总统。

在旅程中他还结识了在身世和个性上酷似他深爱的母亲的琼妮·费尔克洛思。琼妮·费尔克洛思是一位富商的女儿,1937年4月他们在美国结婚,1938年2月生下一个男孩。麦克阿瑟一行抵达菲律宾以后,迅即着手实施组建菲律宾军队的计划,计划规定,至1946年菲律宾将拥有40个师——一支40万人的地面部队,一支拥有250架飞机的空军和一支由50艘鱼雷快艇组成的海军。其目的是要把这个美丽富饶而又具有重要战略地位的岛国,建成为美国在远东太平洋地区的堡垒,并企图永远占有它。

麦克阿瑟曾为此大肆吹嘘说:"到1946年,我将把这个群岛变成太平洋的瑞士,任何侵略者必须付出50万人、3年时间和50亿美元的代价才能征服它。这些岛屿必须守住,而且也能够守住。我是遵照上帝的旨意来这里的,这是我的使命。"这个计划由于经济、政治等多种原因而基本流产,麦克阿瑟的夸口后来在日本侵略者面前也彻底破产。1936年,麦克阿瑟接受奎松总统授予菲律宾陆军元帅的军衔,与此同时,他正式退出了已服役37年的美国陆军。麦克阿瑟在菲律宾俨然是个殖民主义大老爷,他月薪为16500美元,免费住有空调和讲究的住房。他经常在楼顶平台上散步,俯瞰风光旖旎的马尼拉湾。他身穿自己设计的荒唐可笑的"陆军元帅"服,服装用白色雪克斯金丝呢制成,翻领的下边缀着红色肩章,镶有4颗星,手中还提着一根金短杖。美国的自由主义批评家评论麦克阿瑟是"吕宋的拿破仑"。

败却受荣

1939年德军突袭波兰,第二次世界大战爆发,希特勒迅速在欧洲取得大胜,日本也在远东积极扩张,侵略了东方古国中国并占领了印度支那半岛。华盛顿不得不冷静地对待世界形势,制定了范围广泛的全球军事战略。1941年7月麦克阿瑟应召服役,以中将军衔任远东美军司令,统管全部远东陆军和空军,下辖温赖特指挥的第1军和帕克指挥的第2军。

12月7日,日军偷袭珍珠港,同时向南洋大举进攻,日美交战,太平洋战争爆发。

12月8日凌晨3时,马尼拉得到日本偷袭珍珠港的消息。美军指挥部估计到日本飞机可能偷袭菲律宾美军基地,但是在中午时分,当从中国台湾起飞的日本轰炸机飞临吕宋美国空军基地时,美军仍被打了个措手不及,大半飞机未及起飞便被炸毁在地面上。次日,日机又袭击了菲律宾甲米地美国海军基地。美军保卫菲律宾的海空力量损失殆尽。

12月10日,日军发起了对菲律宾的地面进攻。麦克阿瑟麾下美军1.9万人,菲军11.2万人,未能挡住日军进攻。到12月24日,日军已在吕宋岛多点登陆,向马尼拉实施向心突击,并在其他各岛登陆。

日军随后多次进攻巴丹半岛,但未能成功。当日本广播电台的"东京玫瑰"嘲笑美国太平洋舰队的时候,麦克阿瑟要求陆军部派遣飞机飞越菲律宾上空以打击"敌人宣传的气焰",稳定守军士气。然而,这种要求没有也不可能得到满足。

麦克阿瑟看到马尼拉势所难保,虽战无益,决定弃城,将吕宋岛守军全部撤到巴丹半岛,据守科雷吉多要塞,扼住马尼拉湾进出口咽喉。于是麦克阿瑟宣布了马尼拉为不设防的城市,并于1942年1月1日前将吕宋岛守军撤到了巴丹半岛,他的司令部随迁该地。1942年1月2日,日军开进马尼拉。

麦克阿瑟将全部8万守军沿巴丹半岛长约20英里的颈部一线展开。温赖特将军和帕克将军分兵各守西、东岸。两部被横亘其间的纳蒂布山分隔开来,彼此几乎失去联系。

麦克阿瑟没有海上和空中支援,半岛军需贮备仅够一个月之用。药品奇缺,热带雨林的流行疫病侵扰着美军。守军处境异常艰难。

此时,日本大本营认为菲律宾战役已基本结束,剩下的仅是扫尾,攻占巴丹半岛如探囊取物,遂将精锐部队移向其他战场,只留下一些新兵居多的部队。

1942年1月9日,日军65旅开始对巴丹半岛进攻。美菲军坚守阵地,挫败日军进攻。日军进攻两周未果,便集中了两个精锐团,改用中间突破战术,直插温赖持和帕克两军中间,左右扩展,将守军分割开来。

麦克阿瑟命令全军从第一防线退至半岛中部的第二防线,扼守半岛南部。

日军进行了不间断地连续进攻,激战两周,终未突破美菲军第二防线。

至此,日军已强攻巴丹半岛月余,损兵折将7000余人,另有上万人染上疟疾和登革热或脚气病。日军暂停进攻,等待援兵。据守半岛的美菲军却无援兵可待,给养也供应不上,处境更加恶化。在日军再次发动进攻之前,日美两军对峙了1个多月。

南进势如破竹的日军在巴丹半岛受挫,气急败坏,声言将活捉麦克阿瑟,将他绞死在东京帝国广场上。

由于美国政府执行先欧后亚,先打败德国再战胜日本的战略方针,因此,对菲律宾的美菲军队难以及时增援。奎松总统抱怨美国政府,人们辱骂美国,再加上麦克阿瑟不去巡视部队,又风闻他还在尝着美味,过着豪华的生活。因此,在巴丹半岛上流传着一支讽刺麦克阿瑟的歌谣:"麦克阿瑟狗,躺着心发颤,不怕遭突袭,不会挨炸弹。麦克阿瑟狗,吃喝在巴丹,且看他部下,饿死无人管。"

华盛顿对援菲问题一再拖延,以至菲律宾总统奎松发怒,发电报给罗斯福总统要求独立,并宣布菲律宾为中立区。罗斯福当然不会同意,但他一面授权麦克阿瑟向日本投降,一面安排舰艇护送奎松和麦克阿瑟前往澳大利亚。

当时新几内亚和澳大利亚也面临着严重威胁。为保住澳大利亚这一反攻基地,罗斯福总统和陆军参谋长马歇尔一致认为有必要任命一位新的盟军总司令,麦克阿瑟成了当然的理想人选。

马歇尔向麦克阿瑟转达了罗斯福总统要他撤离的命令,命令麦克阿瑟将守军交给温赖特将军，他本人离开被围之半岛，前往澳大利亚担任新成立的西南太平洋战区盟军总司令。但麦克阿瑟坚持只有总统亲自下令他才撤离，为的是不让人指责他胆怯。

3月11日，麦克阿瑟登上PT—41号鱼雷艇，在其他3艘鱼雷艇的护航下，乘夜雾悄然离开科雷吉多岛，逃出日本海军封锁线，抵达卡加延港，然后搭飞机飞往澳大利亚。3月17日上午9点30分，麦克阿瑟终于踏上澳大利亚国土。这次出逃海空行程1500英里，历时5天，几经险境。

麦克阿瑟再乘飞机飞抵澳大利亚中部的艾利斯普林斯，然后转乘火车前往墨尔本。在阿德蒙德停留时，记者请麦阿瑟发表讲话。他说："美国总统命令我冲破日本人的防线，从科雷吉多来到澳大利亚，目的是组织对日本人的进攻，主要目标是解放菲律宾。我脱险了，但我会回去的！"

4月9日，巴丹的9000多名美军和45000名菲军向日军投降。哥黎希律要塞的守军抵御了日军长达1个多月的围攻，直到弹尽粮绝，无法进行抵抗时为止。5月6日下午美远东军司令温赖特请求投降，7日深夜通过马尼拉电台命令菲律宾所有美菲军队无条件投降。当麦克阿瑟将军听到哥黎希律陷落时，他写道："它用自己的炮口写下了自己的历史……我将永远有一幅图景隐现在脑际：一群神情严酷、形容憔悴、像鬼一样苍白的好汉们，依然无畏地挺立着。"麦克阿瑟逃离哥黎希律出乎日本人的意料之外，使他们生俘麦克阿瑟并在东京帝国广场当众绞死的梦想破产。后来，麦克阿瑟在回忆录中这样写着："我一点也没有想到5年之后，在占领军的首次阅兵式中，我就在预言执行我死刑的地点作为盟军最高统帅而接受献礼。"

在太平洋战争开始盟军连遭惨败的最黑暗时期，麦克阿瑟在巴丹半岛英勇阻击日军进攻10周之久，使他成为英雄。

当麦克阿瑟到达墨尔本、驱车驶入市内时，他受到成千上万群众的热烈欢呼。

罗斯福总统授予他荣誉勋章，更为他的业绩增添了光彩。而他骗过狡猾的日本人安然逃离战区，则几乎使他成为神话般的人物。

但是在澳大利亚，麦克阿瑟绝无英雄凯旋的兴奋，有的只是沮丧。他这个盟军司令尚无一支强大的陆军和空军。到处是失败主义的情绪，士气低落。他意识到，他所许诺的返回菲律宾的道路将是漫长而艰难的。不久，从巴丹半岛传来的消息更使他沮丧到了极点。

轴心国的发言人兴高采烈地称麦克阿瑟是一个"逃跑将军"，是"胆小鬼"。麦克阿瑟怒不可遏，发誓要雪此大辱。他认为只有解放菲律宾，才是洗刷罪责、挽回美国及他本人名誉的唯一途径。

逐岛反击

1942年4月18日，麦克阿瑟被正式任命为西南太平洋区统帅，尼米兹担任南太平洋区指挥官,开始布置策划太平洋的防务。西南太平洋与南太平洋的划分原以东经1600为界,后又改为1590,因为瓜达尔卡纳尔岛是海军陆战队防区,要归入南太平洋区的海军地盘。

麦克阿瑟到达澳大利亚后迅速建起他的司令部。随后,澳大利亚帝国陆军第6师、第7师和美国陆军第32师、第41师调拨给他指挥。同时,澳大利亚开始实施组建10个陆军师的计划,其中8个师已经开始接受训练。美国陆军参谋长马歇尔还下令组建有8个大队的以澳大利亚为基地的空军,其第一线的轰炸机和战斗机有535架。美国金海军上将给他派去了6艘驱逐舰、2艘潜艇补给舰和6艘老式S级型潜艇,并着手改造澳大利亚基地的20艘潜艇。

麦克阿瑟在澳大利亚东北部建起新的机场网,使轰炸机离日军的所罗门、新不列颠和新几内亚的基地大为接近。

7月,麦克阿瑟将盟军司令部从墨尔本移到布里斯班。

此时,日军为切断美澳海上交通线,在占领了所罗门群岛的图拉吉岛并登上瓜达尔卡纳尔岛之后,又开始在新几内亚的布纳登陆,欲图攻占东南亚重港莫尔兹比。

日军先遣队约2000人于7月21日从布纳登陆后,直向莫尔兹比扑去,29日占领了科科达。8月中旬,日军南海支队主力13000人陆续从布纳登上新几内亚。9月14日,日军进攻部队指挥官堀井已登上了莫尔兹比港背后的伊米塔山脊。

麦克阿瑟组织了反击,迫使日军停止了向莫尔兹比港进军,并从科科达山道撤向布纳,在戈纳—萨纳南达—布纳一线绵延10英里的海岸建起了滩头阵地。

11月6日,麦克阿瑟在莫尔兹比港设立前线指挥部。

11月14日,麦克阿瑟命令左翼澳军第7师攻击并扫荡戈纳—萨纳南达之敌,右翼美军第32师攻击并扫荡布纳之敌。11月16日,两师发起攻击,但遭到日军顽强抵抗。美澳军伤亡惨重,补给跟不上,丛林疾病猖獗,大雨不断。进攻开始后两周,盟军完全陷入困境,士气低落,裹足不前。

11月30日,麦克阿瑟撤掉了前线指挥官哈丁将军,命令新编美第1军军长艾克尔伯格少将接任。麦克阿瑟对艾克尔伯格说:"我要让你到布纳任司令官,撤掉哈丁,我送你去。我要你撤换所有不会打仗的军官,如有必要,撤换团级和营级指挥官,让中士负责营的工作,下士负责连的工作,只要会打仗,由谁负责都可以。时间至关重要,日军在任何一个晚上都可能登陆增援。我要你夺取布纳,否则就别活着回来。"

第二天,艾克尔伯格飞往布纳前线。他整顿了队伍,撤换了所有畏缩不前的军官,组织调动了大批的补给,重新发起进攻。他身先士卒,率众冲锋陷阵,一寸一寸地向前推进,到12月14日,艾克尔伯格终于攻占布纳,左翼澳军也拿下戈纳。

但是日军防线并未崩溃,数千日军仍在死守阵地。麦克阿瑟及时派去生力军。得到增援的盟军部队于12月18日再次发动进攻。激战两周,日军溃退。

1943年1月21日,麦克阿瑟用新几内亚的全部盟军,以钳形攻势,围歼了沿岸登陆的全部日军。新几内亚莫尔兹比战役以盟军胜利告终。此役美澳军伤亡8500

人,歼敌12000人,挫败了日本在南太平洋的战略企图,为美军在这一区域实施战略反攻创造了有利的条件。

在此后的半年里,新几内亚岛上的地面战事暂告沉寂。盟军据守莫尔兹比、布纳一带,日军占据莱城、萨拉茅阿一带。为减少日后进攻日军占领区的阻力,麦克阿瑟以其辖下的海军和空军,全力阻击日军从海上向新几内亚运送增援部队。

麦克阿瑟所辖海军以布里斯班为基地,主要由潜艇组成,力量不大,但是由肯尼将军任司令的空军部队则是一支举足轻重的力量。肯尼的飞机不断从莫尔兹比、来尔恩湾和布纳的前线基地出发执行任务,架次越来越多,战绩日益显著,除给日军阵地施加压力外,还多次摧毁向新几内亚运送援兵给养的日军舰船。

3月初,麦克阿瑟通过可靠情报得知将有一支运送援兵和给养的日军庞大船队驶往莱城,当即命令空军拦击。肯尼在新几内亚集结了207架轰炸机和150架战斗机,组成了强大的突击机群。此外他还在澳大利亚东北部各基地集中了80架轰炸机和95架战斗机,作为预备队待命,随时准备出击。

3月2日,肯尼捕捉到日运输船队,立即实施攻击。第二天,又先后派出400多架飞机,组成巨大机群,几乎将这支日军运输船队和护航驱逐舰全部击毁,运输船上的日军绝大多数丧生鱼腹,船队装载的给养、军需用品,也全部沉入海底。麦克阿瑟称这次袭击日军运输船队的战斗为"俾斯麦大海战"。巨大的机群给日军船队以毁灭性打击,炸沉了全部12艘运兵船,击沉10艘护航战舰中的6艘。据麦克阿瑟总司令部的战报,歼敌15000人。据日方战报,日军损失3000人。

肯尼在3月4日午夜唤醒麦克阿瑟,报告了袭击日船队大获全胜的消息。麦克阿瑟当即对飞行员发出嘉奖:"请向全体将士转达我对他们的感谢和祝贺。作为一次在任何时候都可以看作是最彻底的歼灭战,它不能不被载入史册。我为你们全体人员感到的骄傲和满意,是无限的。"

越岛战术

日本侵略者南进之后,势如破竹,连连取胜。但是,通过1942年和1943年初的中途岛、瓜达尔卡纳尔岛之战,日本在太平洋战场上开始逐渐转攻为守,完全丧失了主动权。盟军从1943年开始对日军发动局部反攻,美国的战略目标是进攻日本本土诸岛,但这一目标是通过一种越岛进攻的战术来实现的。

美军参谋长联席会议于1943年3月28日确定了当年太平洋战争的新计划:仍以新不列颠岛上的重要港口腊包尔为主攻目标,盟军轰炸机由此逐步前移。西部战区,在麦克阿瑟直接活动范围内,夺取莱城、萨拉茅阿和新几内亚附近的几个地区,并在新不列颠南部登陆。东部战区,在哈尔西海军上将直接活动范围内,夺取所罗门群岛中的新佐治亚和布干维尔,两战区联合作战,麦克阿瑟为总指挥。

麦克阿瑟和哈尔西制定了代号"车轮"的进攻计划,并积极进行了战役准备。

6月30日,麦克阿瑟发动了"车轮"战役。这是一次极为复杂的军事行动,战线绵延 1000 英里的陆地和海域,有美国、澳大利亚、新西兰等多国陆海空部队参战。盟军两路出击,一路指向所罗门群岛,一路指向新几内亚东海岸,对腊包尔形成钳形合围之势。

右翼哈尔西的两栖部队在 6 月 30 日首先开始攻击新佐治亚,经 1 个月的激战,于 7 月底完成占领,8 月 15 日占领佛拉拉佛拉岛。到 10 月 1 日,盟军在新佐治亚和佛拉拉佛拉已经有了 4 个前进机场,下一个进攻目标布干维尔处在盟军飞机的作战半径之内。

左翼,麦克阿瑟麾下的美军第 6 集团军司令克鲁格上将也于 6 月 30 日挥师进攻。他首先攻占了伍德拉克和基里维纳。麦克阿瑟在那里建立了空军基地。这两个岛屿距布干维尔很近。与此同时,美军还拿下了萨拉茅阿以南 60 英里的拿骚湾,掌握了向萨拉茅阿和莱城跃进的前进站。

7 月,麦克阿瑟向萨拉茅阿进军。日军撤退。

9 月,麦克阿瑟进攻莱城,这是二战中最漂亮的行动之一。进攻是在极其缺乏两栖舰艇和海上护航舰只的情况下实行的。麦克阿瑟的计划是:以澳军第 9 师从海上进攻莱城;美第 503 伞兵团同时在莱城的纳德扎布机场空降,占领机场;而后肯尼将澳军第 7 师全部空运过去,从背后攻打莱城,与第 9 师形成夹击。

9 月 4 日日出时,对莱城的进攻开始了。巴比海军上将的 5 艘驱逐舰炮轰莱城以东的滩头阵地之后,澳第 9 师潮水般涌上海岸,向西直抵莱城日军要塞,一路几乎未遇抵抗。

次日,肯尼出动由 302 架飞机组成的庞大机群,将第 503 团空投在莱城背后的纳德扎布机场。伞兵上午 10 时 20 分开始跳伞,数分钟后,全团 1700 人全部着陆,随即占领机场。日军未做顽强抵抗。

麦克阿瑟在一架 B-17"高级将领"式轰炸机上观战。战前,他曾探望伞兵。肯尼在编队中驾驶另一架 B-17"高级将领"飞机。由于这次飞行,麦克阿瑟被授予空军勋章。

攻打莱城的战役按计划发展。澳第 7 师空运到莱城背后,盟军夹击莱城。日军于 9 月 15 日弃城败逃。澳第 7 和第 9 师胜利会师莱城。麦克阿瑟下令扩大战果,发展胜利。澳第 7 师乘车和飞机一气向北推进 200 英里,直抵拉穆峪,攻占了卡亚皮特和杜姆普。澳第 9 师各部于 10 月 2 日夺取了芬施哈芬。至此,盟军从日军手里夺回了新几内亚大部。

此间,罗斯福、丘吉尔和盟军联合参谋部的参谋长们商定,为免使麦克阿瑟在直接进攻腊包尔防区时遭受重大损失,将置腊包尔于不顾。"车轮"计划以占领布干维尔和新不列颠南部告终。

11 月 1 日,右翼哈尔西的部队在日军防线最弱点布干维尔的奥古斯塔皇后湾西岸登陆,33000 人上岸后站住脚,建立了环形防御地带,并开始修建机场。

为了击退进攻布干维尔的盟军部队,日军从特鲁克向腊包尔派去一支庞大的巡洋舰队。麦克阿瑟盟军司令部的情报部门破译了日军密码,肯尼和哈尔西的侦察机很快就发现了日舰队的行踪。麦克阿瑟和哈尔西决定将日舰队放入腊包尔港,然后用飞机摧毁。

11月5日上午11时30分,哈尔西的两艘航空母舰上的100架舰载机袭击了腊包尔,将日军防空力量吸引过来。1小时后,肯尼的100架飞机集中袭击新开进港内的日本舰队。这次袭击取得成功,炸伤日巡洋舰6艘和驱逐舰2艘。日舰队严重受创,被迫撤离腊包尔,取消了对进攻布干维尔的盟军部队的所有海上攻击行动。

在进攻主轴上,萨拉茅阿—莱城—芬施哈芬战役结束之后,麦克阿瑟于12月中旬发动了对新不列颠的进攻。两支美军部队于12月15日和16日分别在南岸的阿拉维和西北端的格罗斯特角登陆,并站住脚。

一直在新几内亚北部海岸作战的澳第7师和第5师向马丹推进。日军节节败退。澳军第7师占领了锡奥后,又得到澳第5师的增援,追击逃窜之日军。澳军1944年2月中旬占领达塞多尔,3月攻下马丹。

此间,麦克阿瑟的另一个进攻目标是阿默勒尔蒂群岛的马努斯岛。麦克阿瑟决定采用肯尼的建议,先用小股部队迅速占领马努斯岛附近的洛斯罗内格罗岛,修建机场,为进攻马努斯岛提供空中支援。

进攻前,他先让空军对该岛进行侦察,发现该岛主要机场完全废弃,敌人防御阵地薄弱,遂决定于2月29日晨发动进攻。当美军在该群岛的洛斯内格罗斯岛登陆时,由于日军对这次突袭毫无准备,只遇到轻微的抵抗,两小时后就占领了主要目标莫莫特机场。当天夜里,日军组织反攻,但为时已晚,盟军已建立起滩头环形防线,不久,大批增援部队在空军的掩护下陆续登陆。3月底,盟军即全部占领了阿德米勒尔提群岛,4000日军除75人被俘外,其余全部战死,盟军仅损失320多人。

不久,肯尼的机群从洛斯内格罗岛上的机场起飞,掩护克鲁格的大部队登上马努斯岛。美军全歼岛上守军4500人。麦克阿瑟掌握了阿默勒尔蒂群岛连同重要港口锡阿德勒港。

占领马丹后,麦克阿瑟原计划下一个目标是汉萨湾。但汉萨湾和威瓦克有日本第18集团军的5万人防守,是两个强固据点,一时难以攻下,即使攻克,最远也只能跃进200多英里。因此,麦克阿瑟决定越过这两个强固据点,进攻艾塔佩与荷兰的亚,这样就可以一次向前挺进500英里。

据情报部门了解,荷兰的亚将成为日本设想的新防线的堡垒,日军在那里修建了一些机场,并将该地作为海上补给线的终点,修建队已着手实施庞大的港口扩建计划。这些情报表明,盟军占领荷兰的亚,在战略上有重要意义,空军可以控制到新几内亚最西端的鸟头半岛,盟军西进的时间可提前几个月。麦克阿瑟决定在荷兰的亚两侧,即享博尔特和塔拉梅拉湾登陆,同时用一小股兵力在艾塔佩登陆。占领荷兰的亚的部队集中到内地三个机场的侧翼,占领艾塔佩的部队控制战斗阵地,阻止威瓦克与荷兰的亚日军彼此会合。进攻日期预定在4月22日。进攻时,尼米兹的太平洋舰队将全力予以支援。

此外,麦克阿瑟还制定了欺骗日军计划。他一面命令空军在汉萨湾和威瓦克上空投放照明弹,模拟照明侦察,投放假降落伞;一面让海军把空橡皮舟遗弃在海滩上,造成盟军要进攻汉萨湾和威瓦克的假象。通过照相侦察和破密情报证实:日本第18集团军果然加强了这里的防御。荷兰的亚日军机场有三四百架飞机,部队有12000人,多是勤务保障部队。这时,美国空军已拥有许多P-38战斗机,其航程足以掩护重型轰炸机到达荷兰的亚,但为了进一步麻痹日军,麦克阿瑟严令这些战斗机不准飞越艾塔佩以远。集中在阿德米勒尔提群岛北部、由113艘舰船组成的盟军特混舰队(不包括从尼米兹那里借来的8艘小型航空母舰),也只准向西北与攻击目标荷兰的亚和艾塔佩平行方向行驶,以使日军摸不清盟军下一步棋会怎么走法。

待到进攻荷兰的亚前夕,即3月30日、31日和4月3日,美国空军突然每天派出由75架P-38护航的约65架重型轰炸机,还有171架中型和轻型轰炸机对荷兰的亚连续进行了3次袭击。这3次袭击,几乎全部摧毁了荷兰的亚的日本空军力量,并炸毁了弹药库、维修设施、兵营和食堂。一直在攻击目标荷兰的亚和艾塔佩平行方向行驶的盟军特混舰队,这时也突然向南一转,直指荷兰的亚。

4月21日傍晚,盟军小股兵力驶向艾塔佩,准备登陆。22日凌晨4时,继续前进的特混舰队一部迅速驶向荷兰的亚北部20英里的塔拉梅拉湾,主力护航队则直接向亨博尔特湾驶去。天一亮,海军重炮向岸上目标进行了猛烈的炮击,空军也向岸上目标予以饱和轰炸。盟军部队登陆时,比想象的要简单得多,日军执勤部队没有怎样抵抗,即向大山或丛林逃去。荷兰的亚和艾塔佩一被占领,威瓦克和汉萨湾的日军就成了笼中之鸟,不久亦被盟军所消灭。

从1943年7月到1944年4月的9个月的时间里,麦克阿瑟占领了新佐治亚、佛拉拉佛拉、奥古斯塔皇后湾、萨拉茅阿—莱城、芬施哈芬、格罗斯特角、锡奥、赛多尔、马丹、洛斯内格罗斯—马努斯。"车轮"行动的大铁钳从东西两个方向合围了腊包尔要塞,盟军机场形成了半圆形包围圈。腊包尔的主要补给基地特鲁克岛也被封锁,另有10万日军被困在布干维尔、腊包尔和卡维恩。至此,"车轮"行动以胜利告终。

麦克阿瑟对布干维尔、腊包尔和卡维恩诸岛被困之敌围而不打,直接跃向下一目标,将他们甩在后面,这是一种越岛进攻的战术。

对日军的西南太平洋的最重要海空基地腊包尔围而不打,即是应用越海战术的典型一例。日军被困死在岛上,无所作为,坐以待毙。美军每获得一个据点,便立即修建机场,然后以机场为出发点,夺取新的据点和修建新的机场。这种越岛进攻的战术打破了日军的逐岛防御体系。东条英机曾认为,越岛进攻战术是盟军胜利的主要原因。当然,东条英机的说法只不过是为他的失败寻找借口,但这种战术确实使日本处于穷于应付的被动地位。

率部攻菲

至 1944 年春、夏，美军已攻占阿留申群岛、吉尔贝特群岛、所罗门群岛、新不列颠岛、新几内亚岛、马绍尔群岛、加罗林群岛和马利亚纳群岛等。美军这时在太平洋上已拥有绝对优势，问题是下一步的进攻目标在哪里。对此，麦克阿瑟和中部太平洋盟军司令尼米兹上将意见不一，各有主张。

麦克阿瑟要迅速攻占菲律宾，理由之一是在中国台湾登陆是冒险的；之二是一旦攻克吕宋，可进攻冲绳而完全绕开中国台湾；之三也许是最重要的，出于政治上的考虑，他要实现 1942 年春天离开菲律宾时所许下的诺言："我还要回来！"

尼米兹认为在棉兰老取得空军基地之后，孤立吕宋，进攻中国台湾和沿海，进而打击日本本土，可以缩短战争进程。陆军总参谋长马歇尔和海军作战部长金各为自己部下撑腰，僵持不下。

最后，罗斯福出面仲裁，他于 1944 年 7 月来到珍珠港，召集两员大将开会商讨，经过两天激烈的辩论，特别是麦克阿瑟向总统力陈述首先占领菲律宾的政治和军事意义。最后，尼米兹做了让步，总统接受了麦克阿瑟的建议。

麦克阿瑟进攻菲律宾采用中间突破战术，首先攻打中部的莱特岛。

日军守岛主力是第 35 集团军第 16 师约 2 万余人，集团军司令铃木宗中将任指挥，协助守岛的还有空军的大量飞机和海军的大量舰艇。

美军攻岛部队是鲁格将军的第 6 集团军，有 4 个突击师，共约 20 万人。麦克阿瑟辖下的第 7 舰队司令金凯德海军上将集结 700 余艘舰船，肯尼将军集结 4700 架飞机，负责运送部队和支援进攻。

10 月 16 日，麦克阿瑟登上金凯德的旗舰"纳什维尔"号，亲率进攻部队出战。菲律宾流亡政府总统奥斯默纳也乘"约翰·兰德"号运输舰一同出发。由 800 艘舰船组成的舰队浩浩荡荡地向莱特岛驶去。这是有史以来最庞大的舰队。麦克阿瑟后来回忆当时的情景时写道："我们顶风停下，等候天明进入莱特湾。低头俯视，是阴森森的海水；抬头仰望，是黑漆漆的天空，我们好像被裹在一个无形的斗篷里。"

天亮时，进攻开始。金凯德军舰上的舰炮进行了炮火准备。10 时，美军登陆梯队在莱特岛附近的杜拉格和塔克洛班两个小岛首先登陆。

10 月 19 日，盟军在莱特湾诸岛迅速登陆。麦克阿瑟将军身着卡其布军装，戴着墨镜，头顶着他那"人人都知道的"战斗帽，带着来自他父亲的可以使他"永远都不会被活捉"的手枪，跳下水，冒着日军迫击炮和狙击手的射击，穿过登陆舰被击中后发出的"壮烈的火焰"涉水上岸。

10 月 20 日，克鲁格将军的部队分三处在莱特岛东岸和南端登陆。

麦克阿瑟率部在莱特岛登陆之后，在菲律宾总统的陪同下，从广播车上激动地宣称："菲律宾人民，我回来了！……让巴丹半岛和哥黎希律岛上的那种不屈不挠的精神发扬光大。在战线推进到你们所在的地区时，起来战斗！利用每一个有利机会,打击敌人! 为了你们的故乡和家庭,战斗! 为了你们神圣的死者,战斗!"就这样,麦克阿瑟在离开菲律宾两年半以后,又回来了。

菲律宾是日本从南方供应石油和橡胶的生命线。失去菲律宾,就意味着日本将输掉整个战争。所以日本大本营下令实施"捷1号"作战计划,决心投入一切可以集中的力量,摧毁哈尔西第3舰队和金凯德第7舰队,并将登陆盟军部队赶出滩头,坚决守住菲律宾。

从10月23日到26日,在莱特湾展开了二战中规模最大的海战,双方共投入战舰282艘。在这次海战中,日军首次使用"神风特攻队",采用人机一同攻击目标、同归于尽的"特攻战术"。在4天激烈的海战中,日军损失航空母舰4艘,战列舰3艘,飞机100架,人员2800人。

在莱特岛战役即将取得最后胜利的时候,12月15日,美国国会授予麦克阿瑟新设置的五星上将的军衔,以表彰他的功绩。该新军衔相当于其他国家的元帅军衔。麦克阿瑟是获得这种军衔的将领之一。

美军在莱特岛战役获胜后,立即将进攻矛头指向吕宋岛。麦克阿瑟首先派遣一支登陆部队占领了离吕宋岛航程较近的民都洛岛,控制了岛上机场,并将美国第5航空队调到岛上,为进入吕宋提供强大的空中支援。

退守吕宋岛的日本第14方面军陷于困境,粮食极其缺乏,自11月中旬后,每人每天的主食减少到300克,武器弹药等军需品也供应不上。方面军司令山下奉文大将决定以其主力确保吕宋北部的重要地区,以其一部兵力确保马尼拉东面的山地与克拉克西面的山地。

占领民都洛岛后,麦克阿瑟计划让盟军第8集团军驻扎在吕宋岛南部的海岸以外,准备在莱加斯比、巴丹和其他南部港口登陆,对敌造成威胁,把大部分日军吸引到南来。第6集团军以两栖战术包抄无掩蔽的吕宋岛北部海岸,并从那里登陆,然后迅速向纵深发展,迫使南部日军退回北部。这时,第8集团军再次登陆并向纵深发展,造成南北夹击日军之势。根据这一计划,麦克阿瑟命令空军不停地轰炸吕宋岛南部地区,其他飞机对巴丹、塔亚巴斯地区进行摄影侦察。运输机在同一区域的上空飞来飞去,伪装为空降部队。鱼雷快艇在吕宋岛的西南方,最北达到马尼拉湾的沿海进行巡逻。登陆舰船向这些地区的海滩靠拢,当日军向它们开火时,就溜走。如此安排,果然使日军中计,他们把部队从北方调到南方来,造成北方空虚的局面。

1945年1月9日,由164艘舰艇组成的庞大的美国舰队到达吕宋岛的仁牙因湾。民都洛岛上的美机对吕宋岛的日军各机场进行了猛烈轰击。7时20分,美军在仁牙因湾登陆,主力占领圣伐比安。日军进行了顽强的抵抗。但是美登陆部队迅速由海岸向马尼拉推进,2月3日,开始攻入马尼拉市区。2月7日,麦克阿瑟随第37师进入市区。2月26日,马尼拉守军司令官岩渊三次少将自杀,市区战斗于2月底结束。

3月4日,美军占领了马尼拉。5月中旬,菲律宾群岛的大规模战斗行动基本结束。美军占领了菲律宾。

麦克阿瑟将军回到他父亲曾战斗、他母亲长眠于此的马尼拉。而后他的部队攻占了科雷吉多和巴丹，面对着无数战士浴血的地方，麦克阿瑟将军感慨万分："我相信它将作为世界上的一次决定性的战役载入史册。"

在马尼拉市，麦克阿瑟到了圣托马斯和老比利比德监狱，探望 5000 名美军被俘人员，其中 800 名是巴丹半岛幸存下来的。麦克阿瑟在回忆录里写道："在我一生中充满了激动人心的场面，但我不记得哪一次比这一次更令人感动……当一个战俘气喘吁吁地说：'你回来了！'我回答说：'我回来晚了，但我们到底回来了。'"

美军在莱特登陆时，菲律宾人民抗日军就积极配合盟军的攻势，对日军展开了大反攻，切断日军后方重要交通线，他们为抗日战争胜利做出了重大的贡献。但是，当美军重返菲律宾之后，那号召菲律宾人民战斗的麦克阿瑟又露出了帝国主义者反共、反人民的真面目，视人民抗日军为他们独占胜利果实的障碍。1945 年 2 月 5 日，美军解除攻打马尼拉的人民抗日军的武装；7 日，又突然袭击人民抗日军第 77 支队，100 多名战士竟被活埋。

1945 年 7 月菲律宾群岛战役以日军的惨败而结束，麦克阿瑟赢得了菲律宾人民对他永存的感激之情和忠诚。在后来东南亚政局动荡的岁月里，菲律宾群岛大都是亲美的，成了美国至关重要的战略基地。

战后驻日

1945 年 4 月 6 日，太平洋战区的美军进行了整编。美国总统罗斯福任命麦克阿瑟指挥所有地面部队，尼米兹指挥所有海军部队，空军上将阿诺德组建并指挥战略空军部队。

1945 年 7 月，在麦克阿瑟的统一指挥下，澳大利亚的陆军和海军配合美国第 7 舰队，占领了婆罗洲，控制了巴厘巴板的油井和炼油厂，切断了日军的石油来源之一。婆罗洲战役之后，美军参谋长联席会议命令麦克阿瑟停止南进，集中力量攻打日本本土。

由于中国和亚洲各国人民坚持长期抗日战争及盟军在太平洋战场的胜利反攻，1945 年 7 月，日本法西斯已经是"人命危浅，朝不虑夕"了。8 月 6 日和 9 日，美国投掷两颗原子弹，屠杀和伤害了大量的平民百姓。8 月 8 日苏联出兵对日作战，8 月 15 日，日本宣布无条件投降。同一天，杜鲁门任命麦克阿瑟为盟国驻日占领军最高司令官，受命处理 3 个法西斯帝国之一的日本的接收工作——处理军事投降人员，在日本本土登陆，建立军事占领政府，实现《波茨坦公告》的各项条款。麦克阿瑟对任此职务深感荣幸，他在给杜鲁门的致电中说："我对你如此慷慨地给予我的信任深为感激……"在他的回忆录里有这样的描述："此刻，堆在我面前的贺词、贺电和勋章多得无法计数……从最早的童年时代以后，我就未曾哭过。这时，我激动得热泪盈眶。"

8 月 28 日，麦克阿瑟命令艾克尔伯格将军的第 8 集团军最先进驻日本，先遣队分乘 48 架飞机抵达东京附近的机场,开始以盟国占领军的名义占领日本。

同日,拥有 383 艘军舰,1300 架舰载机的哈尔西将军的第 3 舰队开进东京湾。

1945 年 8 月 30 日下午,在距横滨约 20 英里的厚木机场,麦克阿瑟佩有"巴丹"标记的座机降落在日本的土地上,机场上只有一支小得惊人的武装部队。麦克阿瑟将军叼着玉米芯烟斗步出机舱,他没有携带任何武器,他的随从也是一样。

此后一周里,美第 8 集团军和第 6 集团军共 46 万人陆续进驻日本,控制了各大城市和战略要地。

1945 年 9 月 2 日,在停泊于东京湾的哈尔西的旗舰"密苏里"号战列舰上,举行了日本正式签署投降书仪式。

8 时 30 分,盟国占领军最高司令麦克阿瑟将军登上"密苏里"号。8 时 50 分,盟国九国代表及其他将领相继登舰。九国代表是:美国尼米兹海军上将,中国的徐永昌将军,英国的弗雷泽海军上将,苏联的杰烈维亚科中将,澳大利亚的布拉梅,加拿大的科斯格雷夫,法国的勒克索,荷兰的赫尔弗里克,新西兰的艾西特。

8 时 55 分,日本新任外相重光葵、陆军参谋总长梅津美治郎及其他人员登舰。盟国代表严峻地默视日方人员的到来。

9 时,受降仪式开始,由麦克阿瑟将军主持。他首先发表了简短演说:"我以盟国占领军最高司令名义,在此声明……以正义和宽容来履行我的职责;同时,为了彻底、迅速、忠实地遵守投降条件,将采取一切必要措施。"

接着,战败国日本的代表首先在投降书上签字,然后最高司令麦克阿瑟签字,最后美中英苏澳等九国代表依次签字。仪式仅用了 14 分钟。

麦克阿瑟在签字受降时,特意安排太平洋战争初期即被日军俘虏了的美国将军温赖特和英国将军珀西瓦尔站在身后的荣誉位置,然后动用 5 支笔签署英日两种文本的投降书。第 1 支写完"道格"即送给温赖特;第 2 支笔续写"拉斯"之后送给珀西瓦尔;第 3 支笔签完"麦克阿瑟"而后送交美国政府档案馆;第 4 支笔开始签署其职务和军衔,而后送给西点军校;第 5 支笔是从军服口袋内掏出的粉红色小笔,签完其职务和军衔,而后送给麦克阿瑟夫人。

当麦克阿瑟宣布"仪式完毕"时,天空传来嗡嗡的机群声。从关岛起飞的 400 架 B-29 式轰炸机和从美航空母舰起飞的 1500 架舰载机同时出现在东京湾上空,宣告第二次世界大战结束。

这次仪式举行后不久,杜鲁门总统两次邀请麦克阿瑟回国庆祝胜利,但均被麦克阿瑟以日本的"形势复杂而困难"为由加以拒绝。杜鲁门对此甚为恼怒,他们之间的关系也由原来的友好渐渐转入紧张。

麦克阿瑟的权势非但未因战争的结束而削减,反而更加炙手可热。作为盟国驻日本占领军最高长官,他到达了权力的顶峰。在美国历史上,不曾有任何人拥有过麦克阿瑟在日本所拥有的那种至高无上的权力。这位 65 岁的将军,是一个有 7500 万人口的国家的绝对统治者,是独裁者,是太上皇,是日本幕府时期的大将军,是沙皇。他的这一地位保持了 5 年零 7 个月,战后日本的历史无疑印下了他深刻的痕记。

受降仪式6天之后,麦克阿瑟和总司令部迁往东京,原美国大使馆作为他私人官邸,司令部设在东京商业区第一大厦——一家日本大保险公司的大楼上。

战争结束的这一年,麦克阿瑟已经65岁了,但他又以盟军最高统帅的身份执行了占领和改造日本的任务。他将资本主义民主强加给日本人,用专制独裁的手段使日本摆脱了封建专制与法西斯主义,走向了现代民主主义,使日本历史掀开了新的一页。由于阶级的局限,他也成功地限制和镇压了日本的民众运动,为把日本建成美国的远东反共小伙伴而竭尽全力。

麦克阿瑟仇视共产党和人民革命运动。这种态度在战后表现得极为突出。他在回忆录中写道:"我在那里(远东)担任最高统帅那么长久,以致我已成为自由世界的一种象征……一个遏制共产主义的堡垒。"

解职回国

根据雅尔塔和波茨坦会议的协议:战后朝鲜将成为一个在美、俄、英、中四国共同控制下的托管国,时间约为25年。1945年9月麦克阿瑟指挥下的第24军占领了38度线以南的朝鲜。为平息南朝鲜的政治动乱,美国抬出了一位流亡在国外的朝鲜人李承晚,试图恢复南朝鲜的秩序。朝鲜爱国者金日成在北朝鲜也建立了政府机构,开始在这个被日本奴役了40多年的土地上进行社会主义建设。1948年8月15日,李承晚在汉城宣布就任"大韩民国总统"。麦克阿瑟发表谈话说:"就我本人而言,我愿做我能做的一切来帮助和保护朝鲜人民。我将像积极保卫美国免遭侵略一样去保卫他们。"于是在美国陆军的指导下,南朝鲜刚刚成立的政府开始了建军工作,到1949年中,已建成8个师10万人的陆军。对于一个刚刚成立的"民主"国家,这就不单单是防卫了。

1950年6月25日,在朝鲜半岛上爆发了战争。

美国总统杜鲁门为了挽救李承晚政权,控制整个朝鲜,于6月27日宣布美国军队"支援"南朝鲜军队,并命令麦克阿瑟从日本调出美国占领军的两个师去朝鲜。与此同时,杜鲁门命令第7舰队侵占台湾海峡,以武力阻止中国人民解放台湾。7月7日,联合国安理会在美国操纵下通过决议,成立由各国派遣人员组成的"联合国军",杜鲁门任命麦克阿瑟为总司令。这样,朝鲜战争由原来的内战迅即转化为国际性战争。

6月29日,麦克阿瑟乘飞机在汉城以南20英里外的水原着陆,以便实地观察朝鲜战场的形势。当他看到南朝鲜军队正处于全面瓦解和溃逃之中时,他要求政府派地面战斗部队入朝。经华盛顿批准后,他选派迪安少将指挥的第24师开进朝鲜,结果迪安被俘,全师几乎被消灭。

麦克阿瑟竭力主张扩大侵朝战争,执行一项更冒风险的政策,要求政府增派军队介入战争。7月底,他擅自决定飞往中国台湾,同蒋介石磋商所谓"军事防卫问题"。

8月,麦克阿瑟起草了一份演说稿,并在正式发表前广为散发,攻击所谓"鼓吹太平洋绥靖政策和失败主义情绪的人",力图使美国政府对朝鲜进行更大规模侵略和进一步干涉中国内政。麦克阿瑟认为,五角大楼军人集团的人员海外阅历局限于欧洲,观点基本上是欧洲式的。他还认为杜鲁门和他的军事顾问们并未竭尽全力阻挡共产党的"侵略"。麦克阿瑟上述一些行动引起了世界舆论界的注目,公开暴露了他和美国政府在策略上的分歧,使美国政府处于被动地位。

杜鲁门为此大为恼火,他下令麦克阿瑟收回这份演说稿。八九月间,美李节节败退,最后龟缩在东南部釜山一隅。美国政府以挽救李承晚政权为借口,最终走上了扩大侵略战争的道路。

当时麦克阿瑟提出在仁川登陆的建议,这个计划遭到华盛顿军方的反对。

经过一段时期的激烈争论和麦克阿瑟的坚持,8月底,参谋长联席会议才同意由两栖部队在仁川实施一次"转向行动"。9月12日,麦克阿瑟在佐世保登上"麦金利山"号舰,向登陆地点驶去,亲自督战。

9月15日美国调集了它在远东的几乎全部陆军约4万多人,以及300多艘军舰,500多架飞机,在朝鲜中部的仁川登陆。登陆部队向东开进,并与釜山防御出击的沃克将军的队伍合力攻打汉城。30日,攻陷汉城。

这时麦克阿瑟踌躇满志,贺电纷至沓来,杜鲁门也为桀骜不驯的麦克阿瑟喝彩说:"干得好,干得漂亮。"10月4日美军越过三八线,10月15日杜鲁门同麦克阿瑟于威克岛会谈整个局势和下一步行动。当总统走下飞机的时候,不修边幅、傲慢的麦克阿瑟敞着衬衣、戴着一顶旧帽子,上前迎接。一副墨镜、一套褪了色的卡其布军装、一顶旧帽子和一支玉米芯烟斗,这是人们非常熟悉的在第二次世界大战期间麦克阿瑟的形象。在会谈中,麦克阿瑟大言不惭地说:"我认为到感恩节,正规抵抗在整个南北朝鲜就会停止。我本人希望到圣诞节把第8集团军撤至日本。"在离开威克岛时,杜鲁门授予麦克阿瑟优异服务勋章。

战火迅速向北延伸,终于飞机开始轰炸鸭绿江——中国边界的界河。在美国日益扩大的侵略战争面前,中国政府多次发出警告。

但麦克阿瑟之流置中国严重警告于不顾,继续疯狂向北推进。10月21日,侵占平壤,侵略的战火燃烧到中朝边境。面对武装入侵的危险,中国人民掀起了抗美援朝、保家卫国运动。10月下旬,以彭德怀为司令员的中国人民志愿军应邀入朝参战,同朝鲜人民军并肩战斗,严惩侵略者。

到1951年5月,中朝军队胜利地进行了5次大规模战役,将麦克阿瑟赶回三八线。美国在朝鲜战场上的失败加剧了美国统治集团内部的矛盾以及美国与其盟国之间的矛盾,反对美国侵略的呼声日益高涨。美国政府被迫开始寻求停火,但是麦克阿瑟反对任何停火企图,公开与美国政府唱对台戏。

1951年3月24日,麦克阿瑟竟然发表声明,声称要把战争扩大到中国沿海地区和内地,对中国人民进行战争威胁,并狂妄宣称:"我随时准备与敌军总司令在战场上会谈。"接着,4月5日美国众议院少数党领袖小约瑟夫·马丁在众议院发表了麦克阿瑟3月20日给他的复信,信中麦克阿瑟尖锐抨击了政府政策,要求在亚洲对共产主义扩大战争。麦克阿瑟上述言论轰动世界,美国舆论哗然,使杜鲁门政府尴尬到极点。

1951年4月11日凌晨,杜鲁门总统发表公告:"陆军五星上将道格拉斯·麦克阿瑟已不能在涉及他所担任职责的问题上全心全意地支持美国政府和联合国的政策。根据美国宪法赋予我的特殊责任和联合国赋予我的责任,我决定变更远东的指挥。因此,我解除了麦克阿瑟将军的指挥权……"

于是,麦克阿瑟在一夜之间便从辉煌的顶峰跌落,成为一个悲剧性人物。杜鲁门撤销麦克阿瑟的一切职务,标志着美国侵略政策遭到严重失败,是杜鲁门推卸朝鲜战场上一切失败责任的"脱身计"。

然而,有意思的是,由于通信故障,麦克阿瑟自己开始还不知道被撤职的事,是从妻子琼妮那里获悉被解职的消息的,而其妻子则是别人从广播中听到后告诉她的。当麦克阿瑟听到这一消息时自我解嘲地说:"琼妮,我们终于要回家了。"他的52年戎马生涯从此结束。麦克阿瑟对杜鲁门不宣而撤的方式耿耿于怀,认为对他是一种"嘲弄和侮辱"。后来他写道:"就是对办公室的勤杂工、干粗活的女佣或者随便什么样的仆人,也不能这样无情无义,不顾一般的体面,随便打发呀!"

1951年4月16日,麦克阿瑟将军在远东渡过了14年的时光后,踏上了回国的旅程。当他回国时,仍受到英雄凯旋般的欢迎。

麦克阿瑟返回美国后曾在国会发表演讲,继续主张扩大侵略战争,对中国实行经济封锁,怂恿蒋介石反攻大陆等政策。美国国会亦曾举行麦克阿瑟听证会。1952年,麦克阿瑟企图获得共和党总统候选人提名,但未能成功。不久,任兰德公司董事长,著有回忆录《往事的回忆》。从此,他与妻儿隐居在纽约曼哈顿的一座公寓里,安度晚年。

1960年,年已80的麦克阿瑟患了前列腺炎,此后,体质渐衰。他曾做过包括摘除胆囊在内的几次手术。

菲律宾人没有忘记他,1961年他被邀请参加菲律宾独立15周年纪念活动。所到之处,这位依旧身着卡其布军装、戴着墨镜的81岁的年迈老人,受到了隆重热烈的欢迎。

1962年5月,麦克阿瑟将军在西点军校发表演说:"我的生命已近黄昏,夜色已经降临,我昔日的风采和荣誉已经消失。"

1964年4月5日下午2时30分,麦克阿瑟在沃尔特·里德陆军医院病逝,终年84岁。

二战中的血腥将军

——巴顿

人物档案

简　　历：第二次世界大战美国著名的军事将领。1918 年 8~9 月，率领自己组训不久的坦克旅参加了圣米耶尔战役和阿尔贡战役；1942 年，被派往大西洋彼岸的非洲战场作战；同年，执行"火炬"战役计划；1943 年 2 月参加制定和准备实施"爱斯基摩人"作战计划；欧战结束后被任命为巴伐利亚州军事长官。1944 年 1 月，到英国就任美国第 3 集团军司令；1945 年 3~5 月，巴顿率领部队突破德国"齐格菲防线"，强渡莱茵河，突入德国腹地，进至捷克斯洛伐克和奥地利边境；4 月，晋升为四星上将；5 月 9 日，对德战争结束，巴顿被委任为巴伐利亚军事行政长官，因政见不同被解职；10 月，任第 15 集团军司令；12 月，外出打猎时突遇车祸而受重伤，21 日，不治在德国海德堡去世，享年 60 岁。

生卒年月：1885 年 11 月 11 日~1945 年 12 月 21 日。

安葬之地：安葬在欧洲西部的小国卢森堡。

性格特征：内向，喜欢独处，口无遮拦，善良敏感。

名家评点：赫尔曼·巴尔克将军评价说："巴顿将军是第二次世界大战中杰出的战术天才。我至今仍将曾与他对抗看做是一种莫大的荣幸和难忘的经历。"

出身名门

　　乔治·史密斯·巴顿 1885 年 11 月 11 日出生在加利福尼亚州圣加夫列尔一个具有文韬武略的传统家庭里，曾祖父是美国独立战争时期大陆陆军的一名准将，祖父和父亲都是弗吉尼亚军事学院的毕业生。祖父在南北战争中曾任联邦上将，而父亲则是一名律师。母亲是一位参加过独立战争，后来成为田纳西州众院议长的后裔。

巴顿年幼深受双亲的宠爱,在牧场中度过了愉快的童年。他在少年时代就喜欢骑马且骑术精湛。他对历史特别有兴趣,很早就已决定当军人。

18 岁时,巴顿进入私立弗吉尼亚军事学院,一年后他又获得入西点军校的保送资格。第一学年因注重队列练习而忽视数学,被留级一年,但这并未影响他发奋努力。巴顿在初期受挫面前毫不退却,经过刻苦努力,数次刷新了学校田径比赛纪录;第四年又升为令人羡慕的学员副官。毕业时,他的队列训练成绩名列第一。

1909 年 6 月,巴顿军校毕业,随即以少尉军衔赴伊利诺伊州谢里丹堡美国第 1 集团军骑兵部队服役。

1910 年,巴顿与马萨诸塞州纺织业巨头的女继承人比阿特丽丝结为伉俪。他的婚姻极其美满,生有一男二女。巴顿夫妇腰缠万贯,生活阔绰,经常出入上层社会,结交了不少军政要员。

1911 年,巴顿调到华盛顿附近的迈耶堡服役,这是他一生事业的第一转折点,他在这里和政府中的要人有了进一步接触的机会。他曾经临时担任当时陆军参谋长伍德和陆军部长斯蒂姆逊的副官,后者在第二次世界大战期间再度出任部长。巴顿深知"争名于朝"的道理,他一方面培养那些将来可能作为后援的关系;另一方面又努力上进,研究他的本行。

巴顿喜欢并擅长体育,骑马游泳样样在行。他经常参加各种马术比赛。1912 年,他自费前往斯德哥尔摩,参加第 5 届奥林匹克运动会现代五项的比赛。游泳比赛中,当他游完 300 米到达终点时,因过于拼命,力量耗尽,人们不得不用船钩将他从池中捞上来。在 4000 米越野赛中,他又因精疲力竭而晕倒在终点线上。但他在 43 名参赛者中获得了第 5 名,是美国正规军官中表现最出色的一个。回国途中,他特意绕道前往法国,到著名的索米尔骑兵学校学习了一段时间的剑术。次年,他又专程赴法进修,不断提高剑术。由于他刻苦训练,获得"剑术大师"称号。巴顿在参加多样的体育活动中练就了强健的体魄,为以后从事艰苦的军事训练和紧张的战斗奠定了基础。

1915 年,巴顿调到布里斯堡第 88 骑兵团,在潘兴将军手下服役。这期间他有了表现自己的机会。1916 年,潘兴率领一支部队深入墨西哥追剿土匪,他把巴顿带在身边做一名临时的副官。巴顿身兼数职——助理情报官和司令部指挥官,并且还要亲自担负传令和联络的工作。他每战都身先士卒,赢得了英勇的美名。巴顿曾率领 14 人,分乘 3 辆汽车,去突破敌人占领的一个牧场,这也许要算是美国陆军史中的第一次摩托化行动。

一次,他奉命冒险追捕墨西哥革命领袖弗朗西斯科·维拉。他没能追上这位革命领袖,但是在一个牧场里击毙了维拉的警卫。当时巴顿抽枪射击的动作极为迅捷,这与其说是一次军事行动,倒不如说是一场西部的打斗。巴顿追捕的成绩虽然不大,但颇出风头。这位实干的年轻军官得到潘兴的赏识,潘兴称赞他:"是一个真正的斗士!"

1916 年 5 月 26 日,潘兴将军将他提升为中尉。从少尉到中尉,巴顿等了 7 年

图文珍藏版

的时间。而这还属破格提拔。和平时期陆军晋升十分缓慢，一次小小的提升可能要等 15 年之久。但是巴顿自这次晋升之后，便开始扶摇直上了。从 1916 年到 1918 年不到两年的时间里，他从中尉逐级升至上校。

1917 年初，巴顿随潘兴凯旋。

在这期间，巴顿曾以潘兴为心目中的指挥官楷模。他研究潘兴如何自律，如何判断他的部下，如何做出决定。他也像潘兴一样，坚持严格的纪律，绝对恪尽职守，从上到下打成一片。他重视部队的仪容和礼节，像潘兴一样，他的观点和行为都是完全讲求实际，他相信努力工作注意观察才能保证成功。

组建新军

1917 年美国参加第一次世界大战，巴顿又随美国远征军总司令潘兴到了法国。巴顿担任副官兼营务主任，晋升上尉。巴顿天性好动，喜欢表现自己，对在参谋部任职不感兴趣，于是去见潘兴，要求调到战斗岗位上去。恰巧，潘兴这时正设法组建美国的坦克部队，便提出两个职位供其选择：或者去指挥一个步兵营，或者去坦克部队。当时，坦克还是一种发明不久、尚有争议的武器，仅在英国和法国的部队中使用。巴顿一时拿不定主意。

于是他写信征求岳父的意见，那位波士顿纺织业家回信说："我是一个爱好和平的人，对战争一无所知。我对你的劝告是：应该选择那种你认为对敌人打击最沉重、对自己伤亡最小的武器。"这句话言简意赅，使巴顿定下了去坦克部队的决心。从此时起，巴顿和坦克结下不解之缘。

1917 年 11 月，巴顿受命去组建美国第一支坦克部队。他刚接触坦克时并不怎么喜欢，把它称之为"带轱辘的棺材"，但不久却热情地投入了这一组训工作。巴顿的具体任务是在美国远征军中训练和指挥出两个坦克营，然后组成坦克第 1 旅。

对于训练和指挥这一新兵种，巴顿一窍不通。因此，他从零做起，在进行训练以前，先到英国博文顿坦克学校和法国夏普勒坦克学校学习专业，钻研坦克技术，研究坦克参战的战例，摸索使用坦克的规律，并且爱上了这个他称之为"早产而患有无数先天疾病的婴儿"。

后来，巴顿根据他自己熟悉此种武器性能和用法的优势，写了一份详细的报告，这也就成为关于美国坦克的基本文件。他在报告中论述了坦克的构造、修理和维护，兵员的训练以及战术等问题，其主要思想就是用坦克支援步兵来突破对方的防线。

1918 年初，巴顿在马恩河上游的朗格勒附近建立了一个训练中心。这时，他将最初的怀疑态度转为无限的热情。他说："在我看来，没有坦克我们就无法打开缺口，这一点越来越肯定无疑了。杀人武器很多，但我相信，不断改善的坦克最能克敌制胜。"

法国援助了巴顿少校所需的 22 辆坦克，这批坦克在一个月色当空的夜里运到布尔附近的铁路支线上,当时在训练中心劳累了一天的巴顿正在寝室里蒙头大睡。晚上11时,他的传令兵闯进室内:"少校,坦克运到车站了,需要你去接货。"

巴顿穿上衣服,直奔车站,接着用了4个小时将坦克从平板车卸下来,送进库房。每辆坦克都由他亲自操作,因为训练中心只有他一人会驾驶坦克。

此后,巴顿开始了艰苦的训练工作。当年3月他晋升为中校。

到1918年7月,巴顿组建了6个坦克连。这是公认的美国远征军中最厉害的部队。而巴顿也以远征军中"最残酷最严格的"教官而声名远扬。

1918年8~9月,巴顿率领自己组训不久的坦克旅参加了第一次世界大战中的两个战役。当时坦克的时速很慢,装备也很差,这个坦克旅参战对整个战役当然不会起多大作用,但却显示了巴顿勇猛和富有攻击精神的指挥特色。

8月22日,巴顿奉命参加圣米耶尔战役。因为坦克之间无法联络,于是,他不时出没在坦克内外,时而在前头引导坦克前进,时而又到坦克后边去督促,他的足迹踏遍了整个战场。后来,他竟一人开着坦克,冲入德军的防线之内,差点送了命。当他在冒险之后兴高采烈地跨进上司的办公室时,立即遭到了严厉地训斥,并要解除他的指挥职务。巴顿一再检讨,事情才算了结。9月26日,巴顿第二次参加作战,在阿尔贡战役中,他早已把上次的教训抛到脑后,这次他离开坦克,冒着枪林弹雨,带头冲锋,结果身负重伤,被送入医院。

第一次世界大战结束后,巴顿由于组训坦克旅和作战有功,晋升为上校,还获得了"优异服役十字勋章"。

痴迷坦克

1919年5月,巴顿回到美国。此后20余年里,他大多在"和平的军营里"消磨时光,十几次调动,等待战争的召唤。

回到美国之初,巴顿被派往米堡坦克训练中心。经过第一次世界大战,巴顿认识到坦克在未来战争中的潜力,因此在训练中心致力于这种武器的研究、发展与训练工作。可是,战后美国孤立主义思潮抬头,军备受到限制,加上陆军部对发展坦克缺乏热情,因而巴顿的工作十分困难。他常常得自己掏腰包购买训练坦克用的汽油或解决坦克的一些技术问题。他与人合作,为加农炮和机枪发明了同轴架,以便于射手瞄准目标,但军械署拒绝使用这种发明,而这种同轴架在以后的第二次世界大战时成为中型坦克的标准设备。当时,有人设计了一种提高行驶速度的"M19"坦克,巴顿发现后就安排在米德堡表演,并说服陆军部的7名将军,得到了肯定。据说,后来苏联购买了这种坦克,成为20世纪30年代苏军坦克的骨干。

但巴顿的努力很快便付诸东流。1920年,美国国会通过了一项国防法案,改组和削减陆军。装甲兵归步兵建制,坦克全年经费仅为500万美元。正规军的军衔也普遍降低,巴顿由上校转为正式上尉。他不愿加入步兵,便又回到骑兵部队。

在和平时期,巴顿同其他军官一样,调动频繁,有些职务纯属闲差。巴顿有很多时间阅读书刊和参加社交活动。巴顿夫妇拥有自己的游艇、良种马、最新式的摩托车。他参加各种赛马活动，当上了陆军马球队的队长，还学习驾驶飞机。他曾驾驶自己的游艇去火奴鲁鲁岛。他还进行飞靶射击、打网球、玩手球。他在最擅长的马术比赛中，得过400枚奖章和200个奖杯。

巴顿衣着讲究，仪表堂堂。他的制服都是由他自己设计而特制的。他总是随身佩带一支擦得锃亮的珍珠镶嵌的手枪。他的奢侈生活十分引人注目，人们称他和他的妻子为"公爵和公爵夫人"。

除了参加体育和社交外，巴顿夫妇都喜欢读书。他们拥有自己的家庭图书馆，军事藏书相当丰富。巴顿特别重视军事史的学习，曾熟读拿破仑、李·格兰特、腓特烈大帝等所进行的各次战役的书，可以复诵某些重要段落和名言。他还攻读战略、战术以及新技术兵器方面的著作，以提高自己的军事素养。他不时地给《骑兵杂志》撰写文章，阐述自己的学术观点。

巴顿在对他个人和部队的要求方面受他的老上司潘兴的影响颇深，他要求部属坚持严格的纪律，整洁的军人仪表，绝对忠于职守，上下打成一片，在平时训练和作战时刻都强调部属要坚强勇敢。他的口号取自普鲁士国王腓特烈大帝："果敢、果敢，永远果敢。"他为人豪爽，对下属有同情心，但又经常表现粗暴，满口脏话。因此，他在部队中绰号很多："血胆将军""绿色大黄蜂""赤心铁胆老头儿"等。他的5岁小孙子在晚祷中也祈求上帝"保佑这血胆老头"。

其间，巴顿还曾先后在赖利堡骑兵学校、利文沃思指挥参谋学校和华盛顿陆军大学学习和深造。

1935年，巴顿被派到夏威夷军区担任情报处长。当年4月26日，他写了一份报告，论述未来太平洋的风波以及夏威夷群岛在太平洋的战略地位。他在结论中说，日本对珍珠港发动突然袭击既是潜在的危险，也是很可能发生的事，而这样一次袭击对美国来说将是灾难性的。他的这一见解没有受到重视，但历史证明他的话绝非危言耸听。在夏威夷任职期满后，巴顿调任驻赖利堡的第9骑兵团团长，同时兼任教导主任。1938年7月，巴顿终于晋升为上校，调任驻克拉克堡的第5骑兵团团长。

20世纪30年代开始，欧洲和亚洲的战争风云日益紧急。随着新的战争的迫近，新的军事理论和新的兵器技术不断涌现。当英国的富勒将军和法国的戴高乐上校关于使用坦克的新理论被本国的当权者置若罔闻的时候，希特勒的将军们却接连发表了许多关于装甲兵在未来战争中使用的新原则。古德里安和隆美尔的著作和主张传到美国后，在美国的决策人物中少有反响。但巴顿和部分有识之士却非常重视这些观点，他贪婪地阅读从公开报纸和内部资料得到的材料，从而使他对于在未来战争中发挥坦克突击性的思想更加明确起来。

巴顿加紧研究德军的最新军事论著，根据德军的全新战例指导沙盘演习，预言"不要听那些老顽固对未来战争中乘马骑兵的前途如何高谈阔论，我还是对你们说，当战争来临时，在美国军队中不会有几匹马"。他因而被某些人称为"克拉克堡的疯子"。

巴顿奇特的个性，锋芒毕露的言行，受到一部分有眼光的将领们的赏识，但在高层军政领导中树敌不少。夏威夷军区司令威廉·鲁思文·史密斯将军对他下的评语是："此人在战时会成为无价之宝，但在和平时期却是一个捣乱分子。"有一段时间他十分消沉，郁郁不得志，买了一所庄园作为退步之计。

受到重用

正当此时，华盛顿上层的政治变革也在进行，一度默默无闻的巴顿好友马歇尔受到罗斯福总统的赏识，从上校被提升为陆军参谋总长。马歇尔上任后，意识到战争的临近，他按照罗斯福的意见立即着手人事改组，把那些身居高位而实则老朽的高级军官调离，同时物色一批富有进取精神的将领充实指挥岗位。

巴顿的军事才能得到了马歇尔的赏识，被认为是在战场上能够对付快速机动的德军并取得决定性胜利的优秀人才，是美军克敌制胜绝对不可缺少的人物。就在 1938 年 11 月，巴顿调任第 3 骑兵团团长兼迈尔堡驻军司令。

1939 年 9 月，第二次世界大战全面爆发。美国面临战争，罗斯福总统改组了陆军总参谋部。马歇尔上将出任陆军参谋长，他将巴顿调到华盛顿附近的迈尔堡，以便随时召用。

1940 年 7 月，马歇尔批准组建装甲师，巴顿受命组建一个旅，并被晋升为准将。

同年，巴顿被任命为第 2 装甲师师长，晋升为少将。巴顿主张的作战要领是"运用手中的一切手段在最短时间内给敌人造成最大伤亡的破坏"。在他率部参加的1941 年田纳西州演习、得克萨斯州—路易斯安那州演习和南北卡罗来纳州演习中得到较好的体现。

1941 年 12 月珍珠港事件之后，美国对德日意宣战。1942 年 1 月，巴顿升任第 1 装甲军军长。

1942 年 3 月，巴顿被调往迪奥沙漠训练中心，负责坦克部队干部的培训工作。不久，美国参加对德战争，巴顿被派往大西洋彼岸的非洲战场作战。

1942 年 7 月 30 日，陆军参谋长马歇尔在华盛顿紧急召见巴顿，命令他去执行英美联军在法属北非登陆的"火炬"战役计划，指挥这个战役中的美国特遣部队。在第二次世界大战中，他是第一位率领美国军队参加战斗的美国将军。

执行"火炬"作战计划是一个十分艰巨的任务，因为要横渡大西洋。巴顿看到这个战役的详细计划后，怒气冲冲地打电话给马歇尔的副手说："我需要数量大得多的人员和舰只去执行这项任务。"马歇尔听到这个口信后，只说了一句话："命令巴顿回到迪奥去。"巴顿接到命令后回到了沙漠训练中心，但思想受到了极大的震动。两天后，他打电话给副参谋长说："在此期间我想了很多，得出结论，我也许能用你那些笨蛋参谋人员所愿意给我的兵力去完成任务。"这样，巴顿又回到华盛顿，为实施"火炬"计划而努力工作了。

当时，无论美国或英国的高级军事领导人对执行这一计划都忧心忡忡，认为前途莫测。根据英国陆军部有关将领的估计,完成这一使命,需要 11 个师,最大的困难是海军支援力量和登陆艇不足,以及要对付深秋时节大西洋的汹涌波涛。马歇尔为了了解英国方面对这个计划的态度,派巴顿去伦敦调查。巴顿在伦敦待了 10 天,为"火炬"战役计划大展口才,走访伦敦的"关键部门",不断进行游说,终于使英国的高级将领们赞同了这一计划。巴顿的态度也使马歇尔坚定了实施这一计划的决心。有人说,如果没有巴顿富有感染力的热情和乐观主义,"火炬"作战计划可能会束之高阁,这也许不是夸张之言。

1942 年 9 月下旬,美英两国参谋长联席会议在伦敦确定了实施在西北非登陆的"火炬"作战计划的细节,决定两国军队于 11 月 8 日在摩洛哥的卡萨布兰卡、阿尔及利亚的奥兰和阿尔及尔三处同时登陆。

巴顿将军被任命为在摩洛哥登陆的西线先遣队总指挥。

10 月 24 日,巴顿登上"奥古斯塔"号旗舰,率领由 36 艘运输舰、货船和油船运载的美国特遣队 4 万多名官兵,在 68 艘军舰的护航下,从弗吉尼亚州的诺福克港出发,横渡 3000 英里的大西洋,前往法属摩洛哥的海滨。11 月 8 日,美国特遣队在卡萨布兰卡地域登陆,经过整整 74 个小时的战斗,终于迫使驻摩洛哥的德军投降。北非登陆成功,为盟军顺利地完成北非战局部署创造了有利的条件,并使盟军控制了通过苏伊士运河、从大西洋向印度洋进行的海上运输。1 月底,盟军占领了摩洛哥、阿尔及利亚,并突入突尼斯境内。

巴顿将军被任命为美国驻摩洛哥总督。他作为总督在摩洛哥的所作所为引起了英国人的非议。

巴顿打仗内行,但当总督、搞政治外交却不是天才。一旦对手放下武器,巴顿也就尽量显得宽宏大度,他同法国维希政府在摩洛哥的军事长官打得火热,允许法国法西斯分子和亲纳粹分子组成执政机构继续掌权,默许他们继续实行迫害犹太人的种族主义政策。巴顿的司令部变成了一个社交中心,像是一个豪华的宫廷。美国副领事对巴顿的行为大为不满,他描述当时的情况说,维希法国人决定同美国人合作后,对美国将军百般献媚,博取欢心,在富丽堂皇的现代化寓所里举行各种美妙的晚会,令人乐而忘忧。在最高层,巴顿迈着大步,手枪摆弄得嘎嘎作响,颐指气使,自我欣赏。英国特工认为巴顿在摩洛哥"和魔鬼打得火热",向丘吉尔首相做了报告。丘吉尔为此两次写信给罗斯福总统,表示不满。若非艾森豪威尔因战事需要将巴顿调到前线,真不知他还会搞出什么名堂。

接任军长

1943 年 2 月 2 日,艾森豪威尔指令巴顿参加制定和准备实施在西西里岛登陆的"爱斯基摩人"作战计划。西西里岛是 1 月在卡萨布兰卡召开的英美两国首脑会议上所确定的下一个作战目标。参加此役的地面部队将是蒙哥马利的第 8 集团军和预定由巴顿指挥的美国第 7 集团军。"爱斯基摩人"作战计划定于 1943 年 7 月中旬实施。英美两国估计那时非洲战事将告结束,可以移师东渡。但是此时,突尼斯战役正酣。

退守突尼斯境内的隆美尔于2月中旬在南部集结了两个坦克师,对弗雷登多尔的美第2军发起突然进攻,弗雷登多尔治军不严,指挥不力,美第2军几乎溃不成军。德军突破美军防线,向北纵深推进150公里。盟军急忙向被突破地带调去一个加强装甲师,并出动大量空军,才堵住缺口,迫使德军退却。至5月25日,美军防线恢复原来态势。

3月5日,艾森豪威尔将弗雷登多尔调离第2军,派巴顿接任军长。

其实,巴顿早就期待着到突尼斯前线去。他对人说,他对隆美尔的书不知读了多少遍,对这家伙了如指掌,早就盼望着和这个"厉害的杂种"厮杀一场并亲手击毙他。艾森豪威尔告诉巴顿,他必须立即重振萎靡不振的第2军的士气,使其恢复高昂的战斗精神。

巴顿3月6日晚到达设在库伊夫山的第2军司令部,当时在250英里外的梅德宁正展开激战。巴顿将军显出一副令人生畏的神情,头戴两颗星的擦得亮亮的钢盔,就像一个战车驾驶员一样,站在装甲车上,开进那个满是土屋的小村庄。

巴顿的使命首先是重振萎靡的第2军,使其恢复战斗力。他的做法在许多人看来,只不过是"一个狂暴急躁的严厉军官的小动作"而已。巴顿规定早饭在7时30分前结束,参谋人员上班不得迟到。他重申军容风纪条例,要求所有军人戴钢盔,包括护士在内。他亲自四处巡视,检查执行纪律情况。他将那些没戴钢盔的官兵集合起来,训斥说:"我对任何不立即执行命令的兔崽子都不会容忍。我给你们最后一个选择机会——要么罚款25美元,要么送交军事法庭。我可要告诉你们,送交军事法庭是要记入档案的。"

这些人被迫拿出25美元,对这位新军长咒骂不已。

有人认为巴顿注重的仅是鸡毛蒜皮的小事,但是他正是通过抓军容风纪震动了第2军,迅速改变了全军涣散的软弱状态。新任副军长、后来的集团军群司令布莱德雷说:"每当战士扎上绑腿和扣上钢盔时,他们就不能不想起现在在指挥他们的是巴顿,以前的日子结束了,纪律严明的新时代开始了……尽管他的做法未能使他赢得众人的好感,但是在人们的头脑中留下了不可磨灭的印记:第2军的老板是巴顿。"

巴顿从到达第2军的那天起,便全力以赴地整肃军纪。他视察了所属的4个师的每一个营,每到一处都发表一通鼓舞士气的讲话,话里常夹杂着不三不四的脏话。这期间,他督促参谋人员迅速落实作战计划,其余的时间便去搜寻那些不戴钢盔、不打绑腿或领带的官兵。他一丝不苟,上厕所忘戴钢盔的人也要受罚。

3月17日,英美联军开始进攻。英第8集团军和美第2军分别从东、西两个方向夹击德军。

进攻前夕,3月16日晚,巴顿将军向部队发出号召:"明天我们要开始进攻了,不成功便成仁!"

巴顿的第2军面目一新,猛攻猛打,进展迅速,很快与蒙哥马利的第8集团军胜利会师,在突尼斯北部完成了对德军的合围。

在英美联军发起最后进攻前5天,4月14日,艾森豪威尔将巴顿召回摩洛哥,由副军长布莱德雷接任第2军军长。

此时西西里战役已迫在眉睫。艾森豪威尔认为巴顿已经完成了他在第2军的使命,现在需要他全力以赴地准备"爱斯基摩人"作战。

回到摩洛哥不久,巴顿晋升为中将,准备担任在西西里岛登陆作战的美国第7集团军司令。

耳光事件

1943年7月9日,盟军发起西西里岛登陆战役。

这天下午,盟军登陆部队在马耳他集结,当晚实施登陆和空降。攻占西西里是历史上规模最大的水陆两栖作战之一。盟军投入了两个集团军共13个师、3个独立旅和5个特种侦察登陆部队,总兵力达47.8万人,并动用了舰船3200艘和飞机5500架。

蒙哥马利的第8集团军在岛东南登陆,逼近墨西拿湾的东海岸,切断敌军。巴顿的第7集团军保护英军的后方和侧翼。但巴顿不满足于此,他要求进而攻取巴勒莫。盟军副总司令亚历山大同意了巴顿的建议。

7月18日,巴顿兴冲冲地回到西西里岛。他命令凯斯指挥他的临时军第二天开始进攻巴勒莫。这个军从其占据的滩头阵地向西北挺进,只有第2军的两个师在岛中部到恩纳一线支援第8集团军。

巴顿第7集团军主力向100英里之外的巴勒莫进攻,粉碎了敌军的抵抗,大获全胜,这一胜利很快以头条新闻见诸报端。他的训练有素的部队进展神速。凯斯直到逼近市郊还未动用留作预备队的坦克部队。然后,凯斯命令坦克部队突然出击,沿街道向市中心开进,巴勒莫市于7月22日晚向凯斯投降。此役美军共损失200余人,而敌军死亡2900余人,投降53000人。巴顿进驻豪华大厦,那种梦幻般的情景,连他自己也不敢相信是真的。

尽管夺取巴勒莫并无战略价值,但是这一胜利却激动人心,鼓舞士气。消息传到美国,举国欢腾。艾森豪威尔闻讯,喜不自禁。

此时,蒙哥马利在东海岸的进攻受阻,进展异常缓慢。亚历山大决定改由巴顿的第7集团军从巴勒莫沿北部海滨公路向墨西拿推进,与沿东部海滨公路推进的第8集团军遥相呼应。7月23日,亚历山大命令巴顿进击墨西拿。

第2军在特罗伊纳受到德军的顽强阻击。在这里发生了西西里战役中最为激烈的战斗。也正是在特罗伊纳,发生了两件巴顿打人事件。

在诺曼底登陆后展开的1944年7月25日的"眼镜蛇"攻势中,巴顿第3军团的装甲部队攻陷汤斯,越过莱塞山隘,闯进法国心脏地区的大门,又直扑法国边境。在南方、东南方接连攻克马延、拉瓦耳;在西方将德军赶出了布列塔尼半岛的内陆,并和美军第 1 军团、英军第 2 军团将德军反击部队近 20 个师包围在法莱兹、莫尔坦之间的狭窄地带。接着巴顿将第 3 军团编成若干坦克群，不顾一切地向前猛冲。曾参加二次大战的英国记者亨利·莫尔叙述说：巴顿"曾命令部下：'以尽快的速度，向一切可以推进的地方前进！'"最后歼灭了敌人的大量有生力量，取得了惊人的战果。

当战斗进入高潮时，8 月 3 日，巴顿到尼科西亚视察后方医院，发现一个叫库尔的士兵无伤住院。巴顿问："孩子，你有什么病吗？"库尔说："没有，我只是受不了。"巴顿问他是什么意思。库尔说："我就是受不了去当炮灰。"巴顿说："你是说你开小差？"他突然眼泪直流。医生诊断他得了"急躁型中度精神病"。这是库尔第三次到后方医院了。

巴顿勃然大怒，痛骂库尔，用手套打他的脸，然后将他推出帐篷，怒吼道："我不允许你这样的胆小鬼藏在这里，你卑劣的懦夫行为败坏了我们的名声。"叫他站起来，归队去，做一个堂堂正正的男子汉，库尔遵命回去了。

后来，库尔得了疟疾，体温升到 40℃，医务人员把他送到北非医院。由于人们忙于打仗，这件事并未立即引起反响。

8 月 10 日，巴顿在特拉斯科特部队后方医院视察时，又发现一个未受伤的士兵住在医院里。此人叫贝内特，据称患有"炮弹休克"症。他在床上哆哆嗦嗦，缩作一团。他说："我的神经有毛病。我不怕炮弹飞来的声音，就怕爆炸声。"巴顿又愤怒地吼起来："你的神经，滚蛋！你这婊子养的胆小鬼……真该枪毙你。"

他掏出手枪威吓贝内特，并挥手打了他一个耳光。贝内特号啕大哭，巴顿继续打他，将他的钢盔打掉。医生劝阻，巴顿对医生大吼："你给我把这个胆小鬼赶出去，决不能让这些胆小鬼躲在医院里。"此事也未立即掀起波澜。

8 月 17 日，巴顿抢在蒙哥马利之前拿下了墨西拿城。盟军占领了西西里岛，德军退到意大利本土。

这时，巴顿打人事件终于被披露出来。第 7 集团军许多人已风闻巴顿打了人。一些随军记者对此十分关注。《星期六晚邮报》记者德马雷·贝斯进行了彻底调查，证明传闻属实，向艾森豪威尔提交了一份详细的调查报告。

军医们不同意巴顿的做法，他们向艾森豪威尔提出了抗议。其他一些人也写信控告巴顿。艾森豪威尔认为巴顿是个不可多得的将才，是盟军夺取胜利不可或缺的人物，不愿因此失去他。

8 月 17 日，艾森豪威尔致信巴顿，附有军医官控告信副本。艾森豪威尔在信中说："我十分明白，战场上，严厉和硬心肠是必要的，有时需要采取严厉措施。但这不能成为打骂病人的理由。"他要求巴顿认真检讨自己的行为，写出报告，保证不再重犯，并要求巴顿向西西里全体部队道歉，从而使新闻界保证不得将此事宣扬出去，避免了公众提出撤换巴顿的要求。但同时艾森豪威尔又决定，巴顿的职务不能高于集团军司令。11 月，当美国公众知道这次打耳光事件后，仍有人感情用事，要求撤换巴顿，但是艾森豪威尔断然加以拒绝。

巴顿意识到问题的严重性，按艾森豪威尔的要求一一做了。他复信给艾森豪威尔，表示对此事追悔莫及。他说："你对我有知遇之恩，我本当赴汤蹈火，但却给你惹来麻烦，我诚感悔恨、内疚和痛苦。"

这件事并未就此平息。3个月后，波澜又起。新闻界大谈此事，轰动了国会，也惊动了白宫。最后由陆军部长史汀生将事件的经过、处理情况和考虑提交参议院军事委员会主席。史汀生强调处理此事必须考虑到战争的需要。他还举行了两次记者招待会，说明情况，使事件渐渐平息。

巴顿被保护过关，但失去了指挥美国第5集团军进攻意大利的机会，也失去了指挥美第一梯队在诺曼底登陆的机会。他被免去第7集团军司令的职务，晋升为正式少将的时间也被推迟。

公众心目中的巴顿形象和现实生活中的巴顿本人相差极大。巴顿实际上是一个性格内向、喜欢独处、善良敏感的人。他喜欢独自骑马、看书，也喜爱作诗、写小说和论文等等。然而，巴顿更认为，一个优秀的军官必须具有"男子汉"气概，所以他尽力掩饰自己沉默寡言的一面，而表现出豪爽、直率和暴躁的一面。他讲话时爱咒骂，语言粗俗，这也是他有意塑造的军官形象。

巴顿认为"美国士兵唯一不具备的气质就是狂热。当我们与狂热者作战时，这是一个极为不利的因素"。巴顿试图用那种粗鲁、泼辣和咒骂的语言来唤起那种狂热气质，努力使士兵仇恨敌人。巴顿是依据这样的原则来行动的，即他的使命是勇猛、迅速、毫不留情地消灭德国人。战争是毁灭，而不是好事，人们不能文质彬彬地投入战争，因为这种斯文人一定打不过嗜血成性的刽子手。

第二次世界大战中所有隶属于巴顿的师长们几乎毫无二致地认为，巴顿那种特有的粗俗语言，是其领导艺术的内容之一。当然也有例外，如第87师师长弗兰克·丘林少将说："巴顿讲话就像个密苏里州的赶骡汉，试图哄骗那些顽固的骡子，替他载上重负。"

当有人问巴顿讲话为什么粗俗时，他回答说："他妈的，你没有粗俗劲就无法指挥军人。"在巴顿看来，他用的是士兵们所能理解的语言，也许这是对少数人的冒犯，但为的是多数人。

在巴顿手下工作的士兵更知道巴顿的严厉只是外表，而内心是善良的。他的领导艺术所以切实可行，获得成功，主要依靠的是为士兵着想并尊重他们，而不是其他的东西。他认为一个优秀的军事将领首先应当像一个技艺精湛的工匠那样，懂得如何使用工具，所不同的是，将领使用的工具是士兵。巴顿常对他的指挥官们说："士兵们有兴趣的一切，将官也必须有兴趣，有兴趣就会了解到许多情况。"巴顿是一位亲临第一线的领导者，士兵们到处可以看到他的身影，一会儿在滩头卸船，一会儿在泥水中帮士兵推车，他对士兵的甘苦关怀备至，确保他们吃好、穿暖、休息足，不要担无谓的风险。士兵中的英雄事迹一出现，他当场授勋。对受重伤的士兵，巴顿常在战场上或病床前向他们颁奖。奖章由他的副官随身携带，并同时记下立功表现作为立功报告的依据，巴顿相信拿破仑的格言："只要有足够的勋章，我就能征服世界。"

纵横驰骋

1943 年 10 月,暂无任职的巴顿奉命带了 10 余名参谋人员到科西嘉、马耳他等地游荡。盟军司令部利用德国人对他的注意,布下疑兵之计,使敌军对盟军的重点作战目标产生错觉。

1944 年 1 月 22 日,他奉命去伦敦另有任用。他到达后得知被任命为第 3 集团军司令,该集团军将在诺曼底登陆以后投入陆上的作战,它的士兵大部分还在美国。但处于当时情况的巴顿,仍然以感激的心情接受了这项任命。盟军司令部为了隐蔽诺曼底登陆的企图,决定在位于加来海峡的多佛设立一个假司令部,受到德国人注目的巴顿在这里扮演着这个虚构司令部的司令,这使他大为生气。巴顿的第 3 集团军司令部暂时设在曼彻斯特和利物浦之间一个叫克纳兹福德的小城里。就在此时,他又闯了一次祸。该地一个妇女俱乐部开会欢迎美军的到达并邀请巴顿发言。巴顿在会上讲了一些无关痛痒的话,但这些话被记者们一编造就出现了政治问题,美国国会议员攻击他"干预政治""诬蔑俄国盟友"。这场小小的风波再次使巴顿处于困境,他不仅失去晋升的机会,还可能被免去第 3 集团军司令的职务。但艾森豪威尔在权衡轻重之后,还是决定留下巴顿,从而使他又越过了一道"险滩"。

1944 年 6 月 6 日,诺曼底登陆战打响。盟军出动各种舰船 9000 余艘,飞机 13700 多架,总兵力达 287 万人。作为后续梯队的巴顿第 3 集团军仍留在英国海岸。巴顿急于投入战斗,如热锅上的蚂蚁,受着等待的煎熬。唯一可告慰的是:德国人仍以巴顿的行止判定盟军将在加来海峡实施主要登陆,不肯将加来海岸的庞大兵力调援诺曼底。

7 月 6 日,巴顿奉命从英国飞往战场,但他的第 3 集团军还没有集结完毕,仍然不能很快参战。他原来的副手、现在的上级布莱德雷也生怕巴顿对他俩职务上的变更心存芥蒂,唯恐掌握不了巴顿,因而迟迟没有让巴顿率领第 3 集团军投入战斗。直至 7 月 28 日,当布莱德雷发动"眼镜蛇"战役取得进展,需要发展时,他才允许巴顿以第 1 集团军副司令的职务,到前线监督第 8 军的作战。巴顿求战心切,顾不上计较职位高低,一旦到了前线,早忘记了他只是监督职务,下令把两个装甲师调上来开路,一举夺取了通向布列塔尼的"大门"——阿夫朗什,为扩大战果创造了条件。

1944 年 8 月 1 日,巴顿终于可以指挥他的第 3 集团军作战了。第 3 集团军在布莱德雷任司令的新组建的美第 12 集团军群之内。

巴顿受领的任务是从阿夫朗什地区向南推进,直插雷恩,然后挥师向西,占领布列塔尼,夺取圣马洛和布勒斯特,打开半岛港口。但是巴顿认为用 1 个集团军攻占布列塔尼既浪费兵力,又将失去战机。他命令编成内米德尔顿的第 8 军西攻布勒斯特,海斯利普的第 15 军主力向东推进,沃克的第 20 军掩护集团军主力随时准备进攻。

命令发出后,巴顿便以超人的精力和近似疯狂的热情检查、督促、协调、干预,甚至隔级指挥各部。

巴顿坐着吉普车到处巡视,后面跟着一辆装甲车。他时不时停下车去干预他喜欢或不喜欢的事情。在阿弗朗什,看到装甲车和步兵在过分拥挤的街道上缓慢蠕动时,他爬上一个岗亭,指挥交通整整一个半小时。

至8月8日,第3集团军部队围困了布勒斯特,并向东占领了卢瓦尔河上的勒芒市,从而打破了盟军被阻于诺曼底"灌木篱墙"地区的局面。

8月9日,巴顿下令向东进攻的部队向北发起进攻,以便配合美国第1集团军和蒙哥马利的部队,从背后迂回和包围莱兹地区的德军。

8月12日,第1军推进到阿尔让当,巴顿给集团军群司令布莱德雷打电话,要求允许他的部队越过和英军的分界线,迂回和包围法莱兹村区的德军。蒙哥马利不同意美军越过分界线,艾森豪威尔和布莱德雷指示第15军停止越线向北发起进攻。但北翼的英军和加拿大部队推进缓慢,延误了3天才到达合围点,致使德军大部得以从缺口逃走,丧失了一次漂亮的歼灭战的机会。巴顿异常恼怒。

此后,第3集团军一部继续向东追击,渡过塞纳河,粉碎了德军沿河设防的企图。8月底,巴顿进抵马斯河。据可靠情报,此时德军的西部堡垒——齐格菲防线已是一座虚空工事。希特勒没想到这座工事还会派上用场。巴顿打算乘虚而入,突破西部壁垒,强渡莱茵河,插入德国腹地,置敌于死地。他千方百计推行他的计划,四处游说,但毫无结果。在蒙哥马利的强烈要求下,艾森豪威尔决定仍按既定计划以整个后勤系统保障英军在北部向鲁尔地区展开大规模攻势。巴顿的第3集团军作为侧翼配合行动。给第3集团军的油料限制在最低限度,一些卡车也被调走。巴顿对此大为恼火,他命令部队不要停顿,把四分之三的燃料集中起来,保障四分之一的坦克部队继续高速前进。

巴顿决心不理睬盟军司令部的限制,想方设法找到汽油加速前进。在他的授意下,集团军后勤人员搞汽油达到不择手段的地步。他们采取劫持,偷别的部队的油库,或冒充第1集团军的人员领油。巴顿为了引起重视,自己驾驶着油箱里只剩下最后一点汽油的吉普车到布莱德雷指挥部去,要求让他在集团军群的汽油站把油灌满。

此时,希特勒正准备在阿登地区发动一次反攻,妄图扭转形势。他认为最大、最直接的威胁是巴顿突进。他招来赫赫有名的巴尔克将军,命令他不惜一切代价"制止巴顿"。

而此时艾森豪威尔也下达了限制巴顿突进的命令。

敌我双方都发出了"制止巴顿"的呼声,这无疑是整个战争中最不可思议的咄咄怪事。

巴顿不肯就范。他已经到达默兹河并冲过了凡尔登,距梅斯35英里,距萨尔不到70英里。

8月30日,巴顿命令队伍继续前进,冲过马恩河和默兹河,直捣莱茵河。"我只需要那可恶的 40 万加仑的油料,就能赢得这场该死的战争。"他吼道。其实他还不止需要油料,给他的其他供应物资也已经到了接应不上的地步。

8 月 31 日,第 7、第 5 装甲师相继越过默兹河,在凡尔登建立了桥头堡。第 9 师已抵达兰斯,第 4 装甲师已从康麦斯和默兹桥两处越过默兹河,而这一天,第 3 集团军已用尽最后一滴油料。

9 月上旬,当巴顿部队再次获得了油料和集团军群司令布莱德雷的支持,开始新的进攻时,战机已经失去。希特勒已下令把各地闲散部队集中起来,拼凑了 13.5 万人把防线重新布置起来,以阻止巴顿的横冲直撞。因此,巴顿部队虽然攻占了南锡,但终于未能攻破齐格菲防线,进攻受到了阻滞。

阿登战役

1944 年 12 月 16 日,希特勒不顾其他将领的反对,拼凑了 25 个师,在阿尔登地区实施反扑,企图以优势兵力突破盟军防线,越过默兹河,直插西北方向的安特卫普和布鲁塞尔,以断绝经安特卫普的海上运输,将盟军分割歼灭,以便而后集中兵力对付苏军。

在阿登一线驻防的美军第 1 集团军的第 5、第 8 两军共 6 个师,猝不及防,当即被德军冲垮。12 月 17 日和 18 日,米德尔顿将军的防线被打开缺口,形势异常危险。12 月 19 日,艾森豪威尔在凡尔登召集高级将领开会,紧急做出反击部署。

巴顿根据德军兵力集结的情报,对这次反扑及其方向已经有所察觉,他在 16 日的早晨就下令他的参谋部拟订一个计划,让第 3 集团军放弃东进,来一个 90 度的大转弯,向德军反扑的侧翼——北部的卢森堡方向实施进攻。因此,当盟军为粉碎德军反扑进行紧急部署调整时,艾森豪威尔问巴顿你的部队何时可以对德军发动进攻,巴顿回答说,12 月 22 日早晨即可开始。这个回答不仅使与会的司令部人员大为惊讶,连艾森豪威尔也以为巴顿在故意挖苦,气恼地说:"别胡闹,乔治。"

巴顿不动声色地解释说:"不是胡闹,将军。我已经做好了安排,我的参谋人员正在全力以赴地拟定作战细节。"他介绍了自己的计划,又补充说:"我肯定可以在 22 日发起强大攻势,但只能投入 3 个师。在 22 日我不可能投入更多的兵力,几天后可以。但我决心在 22 日发起进攻,不能等待,否则会失去出其不意的效果。"

散会以后,巴顿和他的司令部参谋人员立即投入了紧张的准备工作。

12 月 22 日早 6 时,巴顿用第 3 军的 3 个师如期在南部发起进攻。战斗进展顺利。在西面第 4 装甲纵队攻到布尔农和马特兰格。在右翼,第 26 师向前推进了 16 英里后在朗布罗赫—格罗斯伯斯地区与敌交火。第 80 师前进 5 英里后在梅尔齐遇到德军阻击,经激战占领该城。

到 24 日,巴顿已摧毁了德第 7 集团军在左翼建起的保障中央进攻的屏障依托。

紧接着,巴顿命令第 4 装甲师"拼命狂奔",前去解救陷于德军重围的巴斯托涅。巴斯托涅是美军阻挡德军推进的一个钉子。18000 美军死守孤城,顽强抗击希特勒两个最凶猛的军团的进攻。

26 日凌晨,加菲将军的坦克冲进巴斯托涅与守军会师。次日,大部队沿打通的道路驶入城内,最终粉碎了德军的围攻。加菲将军的第 4 装甲师随即在第 9 装甲师和第 80 步兵师的支援下,开始扩大通道并打通了阿尔隆通往巴斯托涅的公路。

12 月 29 日,巴顿挥师沿公路向赫法利策进军。突破阿登美军防线的德军受到南北夹击,被迫撤回,战线恢复。

阿登战役是第二次世界大战中西线最大的一次阵地战,也是第 3 集团军遇到的最残酷的一次血战,战死 1 万余人,受伤 7 万余人,对此,一向以勇敢无畏著称的巴顿也产生了与他性格迥然不同的某种悲哀情绪。

1 月 16 日,第 3 集团军经过血战后在乌法利兹胜利会师,当时,全军都在为胜利而欢呼雀跃,而巴顿却躲进自己的办公室,悄悄地写下了一首凄婉忧伤的小诗,表达他对战争的残酷性的深刻认识:

噢! 乌法利兹,小小的城镇,

我看见他们依旧躺在那里;

起伏破碎的街道,

只有飞机在上空翱翔。

夜色如墨的街道,

见不到一丝可怜的灯光。

永恒的希望和恐惧被带入地狱。

晋升四星

打退德军阿登反扑之后,盟军最高司令部确定,以蒙哥马利元帅的第 21 集团军在北部发动主攻,巴顿的集团军在原地进行防御。巴顿对此大为不满,决定不执行原地不动的命令,下令第 3 集团军的部队分别向普吕姆和比特堡方向推进。至 3 月 12 日,北翼部队完成了对萨尔河和摩兹河三角地带的清剿,攻克了德国境内的特里尔市;南翼部队推进到莱茵河畔,并肃清了该河以西的德军。

巴顿在取得以上胜利后,毫不放松地扩大战果,但为了加速渡过莱茵河向法尔茨推进,他很需要增加一个装甲师。3 月 16 日,艾森豪威尔的飞机因风雪阻滞在巴顿的机场做短暂停留,巴顿立即抓住了这个机会,在短时间内组织了隆重的欢迎:机场安排了仪仗队,当天晚上举行了丰盛的宴会,找来了 4 名漂亮的红十字会女士作陪,当晚宴会气氛达到热烈高潮时,巴顿以战场的好消息打动艾森豪威尔,并提出,根据第 3 集团军作战进展情况,能否再拨给他一个装甲师,最高司令官马上一口答应下来。

巴顿抓住部队后,立即发起了向莱茵河畔的科布伦茨和美茵兹推进的作战,突破了齐格菲防线,并将溃退了的德军两个集团军大部歼灭,余部逃过了莱茵河,从而抢在蒙哥马利之前在莱茵河东岸建立了两个桥头堡。巴顿在渡河部队打退了德军的反扑、巩固了桥头堡之后,给布莱德雷打了电话,他扯着嗓子大喊道:"快向全世界宣布,我们已渡过了河。""我要让全世界知道,第3集团军在蒙哥马利尚未渡河之前就渡了过去。"3月24日,巴顿乘车过了莱茵河,当车开到浮桥中间,他让车停下来,朝河里吐了一口唾沫,以表示他的胜利和对德国人所吹嘘的天险的轻蔑。巴顿越过莱茵河后,继续向卡塞尔和富尔达快速推进,粉碎了德军想在埃德河和韦拉河一线组织防御的企图。

4月10日,第3集团军已开始向穆尔德河进军。巴顿的装甲部队长驱直入,把埃尔富特、魏玛、耶拿和格拉甩在后面,一直推进到克姆尼茨才住脚,5天共推进80英里。

4月14日他应邀去参加在美茵兹的莱茵河桥通车典礼剪彩时,他拒绝别人递给他的一把大剪刀。"他妈的,给我拿把刺刀来!"他嘟嘟哝哝地说,"你把我当成什么人了,裁缝师傅吗?"

4月中下旬,巴顿率领第3集团军推进至捷克斯洛伐克西部边境,根据和苏联达成的协议,巴顿未被允许进入捷境,奉命改变进攻方向,向西南方向推进,以粉碎德国的所谓"全国防御堡垒"。据盟军司令部获得的情报说,一些狂热的纳粹分子,正准备在阿尔卑斯山大规模地集结部队和物资,企图拖延战争,这处山地要塞被称为"全国防御堡垒"。

4月16日,巴顿接到向该堡垒进军的命令,翌日,他在巴黎看到他被晋升为四星上将的报道,巴顿只是略表高兴地说:"很好,但是如果早在第一批发表的话,我会更高兴。"

4月20日,第3集团军开始转向南方发动新的攻势,进攻未遇德军顽强抵抗。巴顿的3个军沿阿尔特米尔河、多瑙河和伊萨河一线,将德军赶进奥地利。事实上德军并未在阿尔卑斯山一带集结重兵设防,所谓"全国防御堡垒"是德军的欺骗宣传,并不存在。

4月21日,巴顿率第3集团军推进到克姆尼茨近郊方才停住。

这时,欧战结束的日子已屈指可数。4月25日,布莱德雷的部队在易北河之畔与苏军乌克兰第1方面军的部队胜利会师。4月30日,希特勒自杀身亡。5月2日,苏军攻克柏林。

5月4日,进抵林茨的巴顿获准再次转向,进攻捷克斯洛伐克。5月5日,巴顿请求布莱德雷允许他占领布拉格,并提出以他失踪几天为掩护,使他争取时间占领该市,以便造成既成事实。但布莱德雷不敢贸然行事,他打电话请示艾森豪威尔,艾森豪威尔断然命令制止巴顿盲目行动。因为在此之前的一天,艾森豪威尔已和苏军参谋长安东诺夫商定,美军应根据协定停止在此一线,不得在捷境越过最初划定的界线,以免军队之间出现混乱。艾森豪威尔命令布莱德雷,不论巴顿在哪里都要把他找到,并告诉巴顿,在任何情况下都决不可强行越过布德魏斯—比尔森—卡尔斯巴德一线,更不要去碰布拉格这座城市。当巴顿接到布莱德雷电话时,他大声抗议,但布莱德雷没有再理睬他就挂上了电话。

5月7日晚,巴顿看到来自盟国远征军司令部的一份电报:"德国的最后投降定于5月9日柏林时间午夜零时一分。"

5月8日,德国投降。

巴顿完全清楚战争的残酷无情,但他却深深地热爱战争,以至于5个月后,德国政府签署无条件投降书、欧洲战事结束时,巴顿却感到可怕的孤独和惆怅。他为战争结束而感到遗憾,为无仗可打而感到无限的苦闷,于是他想在空军司令阿诺德来访时,让他在马歇尔面前替他讲讲情,准许他参加远东对日战争。同时他自己也给马歇尔写了好几次信,表示宁愿降职,哪怕指挥一个师也行,让他参加远东战争。然而,巴顿虽然雄心勃勃、斗志高昂,力争彻底摧毁法西斯主义的最后一个巢穴,但他最终未能再走上战场。

车祸身亡

欧战结束后,巴顿成为仅次于艾森豪威尔的最受欢迎的人物。他曾引起的种种风波一时统统被人忘怀。他和其他人一样沉浸在胜利的欢乐之中。欢呼的人群,无数的鲜花,盛大的游行,使他兴奋异常。在伦敦,在波士顿,在丹佛,在洛杉矶,在卢森堡,在所到之处,他都受到英雄凯旋的欢迎。在巴黎和斯德哥尔摩,他参加了隆重的授勋仪式。

不久,巴顿被任命为巴伐利亚州军事长官。

巴顿对苏联人有着深刻的偏见,当他听说苏联人曾经杀害了数千名波兰军官和其他一些人的消息时,这种偏见简直变成了一种不可更改的憎恨。欧战结束不久,巴顿参加了盟军的阅兵仪式,苏军的高级将领们对他这位美国著名的将军显然比较注意。他们不时地向巴顿投以微笑,但巴顿则紧皱眉头,表现极不友好。当一名苏联将军派一名翻译来邀请他在阅兵之后去饮酒时,他竟然愤怒地说:"告诉那个俄国的狗崽子,根据他们在这里的表现,我把他们当成敌人,我宁愿砍掉自己的脑袋,也不同我的敌人去喝酒。"巴顿命令那个被吓坏了的翻译一字一句地翻译过去。那位将军听后哈哈大笑,很幽默地说,他对巴顿的看法和巴顿对他的看法一样,既然如此,巴顿先生为什么不能同他一起饮酒呢?这次几乎酿成一场小小的尴尬的外交事件的舌斗就此了结,巴顿最后还是同意了去喝酒。巴顿对不少苏联的高级将领都有一些刻薄的描述,反映了他对社会主义制度有着深刻的成见,也反映了他的保守的政治偏见。当他听到苏联人抱怨在他管辖地段中的几支德国部队的遣散和拘禁工作太迟缓时,他怒不可遏,扬言要把他掌握的德国军队武装起来,把那些"该死的俄国佬赶回俄国去"。

巴顿对苏联人的憎恨和对德国纳粹分子的偏爱形成鲜明的对照。

在捷克斯洛伐克,他曾被当作解放者受到热烈欢迎,但几天后,由于他下令迁走约1500多名波兰法西斯分子以使他们免于惩罚,激起了捷克人的愤怒。他还雇佣了一个原德国党卫队的人,并对清除一批有纳粹主义污点的银行家和企业家提出质疑,为此他受到公开批评和责难。德国人很快看出巴顿是他们的朋友,他被称为救星而到处受到欢迎,这使巴顿更加忘乎所以。于是他重蹈覆辙,就像他在摩洛哥任总督时一样,再次和魔鬼打得火热。他甚至召开记者招待会,抨击盟军所实行的非纳粹化计划,声言如果军管政府雇用更多的纳粹党员参加管理工作和作为熟练工人,就会取得更好的效益。一名记者问他,大多数德国人参加纳粹党是否和美国人参加共和党与民主党差不多。他没有意识到这是一个圈套,不假思索地回答说:"是的,差不多。"当记者以醒目的标题报道了他的谈话时,舆论反应是迅速而强烈的。

这时,巴顿引起的轩然大波已不像战时那样容易平息了。艾森豪威尔不再迁就,撤掉了巴顿第3集团军司令和巴伐利亚州军事长官的职务,改任他为无声无息的第15集团军司令。其实这称不上一个集团军,只是一个有名无实的空架子而已,这个集团军的任务是整理欧战史。1945年10月7日,巴顿忍泪告别了第3集团军。

巴顿在他生命的最后两个月里,强压心头激愤之情,外表轻松而懒散地打发着日子。1945年12月9日,当他乘车到莱茵法尔地区的施佩耶尔附近森林中去打鸟的途中,他的轿车和一辆卡车相撞,巴顿受了重伤,颈部折断,颈部以下瘫痪,处于病危状态。

12月21日,在妻子守护的德国海德堡一家医院病床上,巴顿带着平静的微笑,永远地停止了呼吸。

世界各地的许多报纸都发表了消息和社论,向巴顿致哀。《纽约时报》的社论写道:"历史已经伸出双手拥抱了巴顿将军。他的地位是牢固的。他在美国伟大的军事将领中名列前茅……远在战争结束之前,巴顿就是一个传奇式的人物。他引人注目,妄自尊大,枪不离身,笃信宗教而又亵渎神灵。由于他首先是一个战士,因而容易冲动而发火;由于他在急躁的外表之下有一颗善良的心,所以易受感动而流泪。他是一个奇妙的火与冰的混合体,他在战斗中炽热勇猛而残酷无情,他对目标的追求坚定不移。他绝不是一个只知拼命地坦克指挥官,而是一个深谋远虑的军事家。"

巴顿无疑是一代名将。

但巴顿不是帅才,他的短处和他的长处一样突出。对战略,特别是政治战略的浅见,作风的粗暴与骄浮,使他不仅在平时备受非议,即使在战时也是几经沉浮,最终在被免职遗恨中谢世。

保卫大英帝国的陆军元帅

——蒙哥马利

人物档案

简　　历：英国军事家、政治家、陆军元帅，第一代阿拉曼的蒙哥马利子爵。1908年，桑赫斯特军事学院毕业，到皇家沃里克郡团服役；第一次世界大战期间，参加了对德作战；第二次世界大战期间，参加了哈勒法山之战、阿拉曼会战、奥吉拉会战，打败了德国常胜将军"沙漠之狐"隆美尔；继而挥师攻入意大利，并率军参加诺曼底登陆；1944年实施市场花园行动失败，但仍向德国腹地推进。1945年在吕讷堡接受德军投降，任盟国管制委员会英方代表盟军联合统帅部副统帅。1946年后相继任英国参谋总长、西欧联盟常设防御组织主席、北大西洋公约组织欧洲盟军副总司令等职。1958年退役。1976年在汉普郡奥尔顿逝世，享年88岁。

生卒年月：1887年11月17日~1976年3月25日。

安葬之地：爱德华王子岛卡文迪什社区公墓。

性格特征：稳重、谨慎、坚韧、冷酷、孤僻、固执，刚愎自用，宽厚、大度，和蔼而富有人情味，粗犷、干练。

历史功过：成功掩护敦刻尔克大撤退，第二次阿拉曼战役战胜隆美尔，领导制定诺曼底登陆计划，参与诺曼底登陆，吕讷堡受降。

名家评点：被韦维尔将军誉为"我们所拥有的头脑最清楚的军官之一，是一个卓越的军队训练者"。

出生伦敦

蒙哥马利1887年11月17日生于伦敦。他的母亲名叫莫德，是维多利亚女王时代一个名叫法勒的教长的女儿。莫德16岁时嫁给亨利·蒙哥马利，当时亨利已

34 岁,在法勒手下任副牧师,伯·劳·蒙哥马利是他们的第四个孩子。蒙哥马利两岁时,他们全家迁往偏远荒凉的塔斯马尼亚,后来父亲在那里做了大主教。

离开繁华的伦敦,蒙哥马利一家跌入了艰难的境地,以致后来他在回忆录中说:"我的童年是不幸的。"当然,这种"不幸"只是相对艰苦而已,因为事实上并没有什么特别凄惨、特别尴尬的事情发生。蒙哥马利的这种印象,也许与其家世有关。他的祖先是爱尔兰人。1066 年,蒙哥马利家族从诺曼底的法莱斯迁到英国。18 世纪末,他的祖上塞缪尔·蒙哥马利经商发财,在福伊尔潟湖畔购置了 1000 英亩地,并盖了一所叫"新公园"的住宅。蒙哥马利的祖父罗伯特曾远走印度,在那里做过一个省的副总督,并被封为爵士。因此在蒙哥马利一家看来,他们应该算望族,望族受到艰苦的磨难显然是令人吃不消的。

参加一战

蒙哥马利年少时天真无邪,但同时有些冷酷和孤僻。他曾在圣保罗学校读过书,稍大,入了桑赫斯特军事学院。在这两所学校里,他都很难算是好学生,成绩一般,又有些喜欢说大话,据说还曾差一点被军事学院开除。那时的蒙哥马利别说元帅,当个好士兵都不能说是合格的。1908 年,蒙哥马利毕业,因为成绩太差,没有如愿被分往印度,而是到了条件一般的皇家沃里克郡团服役。正是这个条件一般的团队,成了他迈向事业巅峰的第一级台阶。

1914 年第一次世界大战爆发,蒙哥马利所在团作为英国远征军的一部分开赴法国前线。10 月,蒙哥马利参加了对德作战。当时,他所在的第 1 营奉命进攻一个叫梅泰朗的小村子,已是排长的蒙哥马利表现得勇敢机智。在村边,他遭遇了一名德国兵。后来他回忆说:"千钧一发,必须当机立断。我纵身向那个德国人猛扑过去,用我全身的力气猛踢他的下腹部,正好踢中他的要害。"这个德国兵于是成了他平生抓获的第一个俘虏。此后,他又指挥全排上刺刀冲锋,顺利攻克梅泰朗村。战斗中,蒙哥马利身负重伤,被送回英国治疗,同时被授予优异服务勋章,提升为上尉。这是 1914 年 12 月。1 个月后,蒙哥马利伤愈出院,惊奇地发现自己已被任命为旅参谋长了,这时他只有 27 岁。1916 年,蒙哥马利返回法国前线,任第 35 师旅参谋长。第二年,升任第 33 师二级参谋,并很快升任第 9 军二级参谋。1918 年,他出任第 47 伦敦师一级参谋。第一次世界大战结束时,蒙哥马利 30 岁,军衔为中校。

战争使蒙哥马利迅速成熟起来。1920 年 1 月,他获准入坎伯利参谋学院深造。在他认为纯粹是教一些"完全过时和不现实的东西"的这所军事学府里,他最初形成了自己关于军事、战争以及军事家品格的思想。蒙哥马利认为,第一次世界大战中英军一个不可饶恕的错误,就是因为计划不当而造成伤亡惨重,由于不必要的伤亡和高级指挥官不亲临前线而造成士气低落。所以,他的一些想法和军事学术观点与学院是相左的,被认为是固执、非正统和刚愎自用。一年后,蒙哥马利毕业回到部队。1926年,他作为教官又返回这所参谋学院,在这里执教3年。1934年,他被任命为奎达参谋学院的首席教官,又执教3年。前后6年的教官生涯,对蒙哥马利最终由职业军人转变为军事家是十分重要的。这期间,他发表了《步兵训练教范》等军事著述,较系统地简述了他的军事思想。其中最引人注目的,是他关于部队士气的观点。他认为,士气是一个军队能否取得胜利的至关重要的因素,不能把部队看作是"被驱赶着在金属屏障后面向前冲的一堆人肉",应该爱兵,使士兵感到温暖,从而激发他们的勇气和献身精神。他反对并极端蔑视高级司令部人员不与前线士兵接触,主张尽全力消除各级指挥员与士兵之间的"信任鸿沟"。他还说:"我的战争经验使我相信,参谋机构必须为部队服务。"不仅如此,在教学中,他还特别关心学员,注意培养那些有潜力的青年军官。这些思想和做法,都深为同事和学员称道,并且成为他以后军事生涯中的不变准则和制胜法宝。

蒙哥马利1927年40岁时与贝蒂·卡弗结婚,这次婚姻对他影响很大。贝蒂是一位阵亡军官的遗孀,带有两个孩子,嫁给蒙哥马利后,再没生育。这3个人,也就成了蒙哥马利后半生亲情的全部寄托。贝蒂是位艺术家,性情温和而执拗,她反对蒙哥马利所崇拜的大部分事物,包括他的军事、政治观点和忘乎所以的热忱。但他们在一起非常和谐幸福,原因就是互相关爱但互不干涉。贝蒂原谅蒙蒂(对蒙哥马利的爱称)的怪癖,蒙蒂则处处保护贝蒂,不让她做家务,不跟她谈论琐事,而让她专心致志搞艺术。在这种婚姻的温情中,蒙哥马利变了,变得更加宽厚、大度、和蔼而富有人情味。当然,作为军人,他还有着性格的另一面,粗犷、干练和虎虎雄风。这一切,奇特地融合在一起,成了他成长为军事家而非单纯军人的重要内因。所以,当10年幸福婚姻骤然终结时,他的精神几乎崩溃,他跌入的是一个"心灵的黑夜"。他后来说:"我回到朴次茅斯的住宅,这儿原来要作为我们的家。我独自待在那儿许多天,谁也不见。我全垮了……我好像堕入一片黑暗之中,心灰意懒。"贝蒂·卡弗是1937年10月被虫咬中毒而死,此后,蒙哥马利再也没有结婚。

1937年夏天,也就是贝蒂去世前几个月,蒙哥马利被提升为驻朴次茅斯的第9步兵旅准将旅长。这个旅属南部军区的第3师。南部军区司令是当时英国陆军著名的改革派之一韦维尔将军,他的现代战争思想后来影响了蒙哥马利。在9旅,蒙哥马利开始贯彻他探索已久的军事思想,尤其是步兵训练方法,出色地指挥和参与指挥了几次军事演习。被韦维尔将军誉为"我们所拥有的头脑最清楚的军官之一,是一个卓越的军队训练者"。1938年10月,蒙哥马利因出色的工作和军事才能被提升为少将,奉命负责巴勒斯坦北部地区军事指挥并组建第8师。这时,战争的阴影已经迫近,巴勒斯坦地区动荡不安。蒙哥马利接管防务后,立即着手分段治理,建立情报系统,组织突然行动,迅速控制了该地区局势。到1939年春,巴勒斯坦北部地区秩序井然。

天才军人

有人说蒙哥马利是个天才军人，这种军人对战争有着猎豹般的机敏和不顾一切地献身精神。所以，当1939年夏秋战争降临前夕，他执意角逐第3师师长职务。他相信，这个第一次世界大战时的老牌"钢铁师"，全英最优秀的陆军师之一，将在战争爆发时最早开赴前线。铁血冷月，马革裹尸，他渴望率领一支铁流驰骋沙场，去抒写自己的人生辉煌。

在世间所有谜一般的事物里，战争是极具戏剧性的。1939年9月，当蒙哥马利的第3师随英国远征军雄赳赳地跨海作战时，谁也料不到他们将尴尬地败退而归。

1939年9月3日，英国政府在德军入侵波兰两天后，向全国发出战争动员令，向德国政府发出最后通牒，同时，由陆军部下达组建英国远征军及其编备配属训令。9月底，英国远征军第1军、第2军及空军部队总计16万余人在法国里尔以东地区集结，隶属盟军总司令部下属东北战区的第1集团军群。这时的英国远征军，虽士气不错，但实在不具备进行大规模作战的能力。首先是装备太差，像第3师这样的全英第一流陆军师，反坦克装备只是一些能发射两磅炮弹的炮，再有就是步兵0.8英寸战防炮和能发射1磅炮弹的小炮，其他都是轻武器。其次是缺乏实战经验，战争爆发前几年，英军甚至都没有组织过一次实战演习，通讯设备落后，后勤供应跟不上，运输能力差，没有健全的指挥系统。类似蒙哥马利这样的军中有识之士早就预感到，他们将遭受一些挫折，但想不到最终竟差不多到了落荒而逃的地步。

英国远征军总司令是英军总参谋长戈特勋爵。蒙哥马利一直认为，任命戈特统率远征军是一个错误。戈特属于那种豁达、赤诚、好心肠的人，在部队担任过的最高主官是步兵旅长，所以他注重战术，对军事战略却似懂非懂。1939年冬季，蒙哥马利预感到德军很可能在来年向盟军发动攻击，率部进行严格的冬训，并设置了大量反坦克障碍、掩体、堑壕和铁丝网。第2军军长布鲁克对此大加赞赏，认为蒙哥马利的一些想法、做法和训练方法使他大开眼界，蒙哥马利是一个具有非凡前程的高级军官。但这些都没有引起戈特的注意。1940年10月底，布鲁克吸取了迪尔、蒙哥马利等人的意见，正式向戈特提出，德军将很快有所动作，无奈戈特仍心存侥幸。1941年1月，希特勒果然下达了入侵荷兰、比利时、卢森堡等低地国家的"黄色战役"命令。

"黄色战役"第一次打击，于1941年5月10日凌晨3时降临到荷兰和比利时头上。英国远征军立即按预定作战方案，以蒙哥马利的第3师为先头部队向东急进，越过边境，进驻迪尔河南岸的罗文南北地区，准备接替比利时第10师防务。5月11日凌晨，比利时士兵还沉浸在睡梦中，蒙哥马利部队就在迪尔河畔展开了。随后德军扑来，比利时第10师慌忙撤走，蒙哥马利部队开始向德军炮击。这是5月14日。5月的阳光灿烂地照耀着比利时美丽的土地，阵地侧畔鸟语花香，然而蒙哥马利眼前却阴云密布。战争形势的急剧恶化超出了他的想象，鹿特丹遭到轰炸,荷兰要求停战,德军装甲部队全线挺进,比利时军队后撤,英军右侧的法国集团军垮了……几乎没有一个消息是令人鼓舞的,整个盟军陷入了一片慌乱。在残酷的战争面前,蒙哥马利再一次显示了一个杰出军人的良好素质。他表现得异常镇定。许多人后来回忆说,蒙哥马利在那段时间不仅从容自信,甚至还养成了巡视前线、指挥作战、进餐、就寝等等一切都严格按计划进行的刻板习惯,说他"具有一种在自己周围创造沙漠中的宁静绿洲的诀窍"。蒙哥马利的自信和镇定,使第3师在险恶的局势中巍然屹立,极为有效地阻击着德军的进攻。

此后盟军开始潮水般地后撤。第3师一直坚守到最后关头,才开始有秩序地撤离。5月17日,第3师撤抵布鲁塞尔。18日,英国远征军第1军行动迟缓,布鲁克接管了其第1师。这个师的师长,是哈罗德·亚历山大少将。于是,后来统率英军驰骋非洲战场的3位著名将领布鲁克、亚历山大和蒙哥马利,就在一种令人尴尬的境地里走到了一起,第一次合作,并挽救了深陷重围的英国远征军。

后撤的英国远征军采取环形防御,边打边退。但是5月27日夜,比利时国王利奥波德却命令比军向德军投降,使这条环形防御带的左翼出现了一个缺口。当时,蒙哥马利的第3师正在鲁贝前线与德军对峙,布鲁克急令他们立即前往堵住这一缺口。第3师连夜强行军,在黑暗崎岖的道路上运动25英里,28日拂晓前工事已经做好了,然后是整整一天的阻击。5月29日深夜,第3师进入敦刻尔克桥头堡左翼的海滩阵地,在这里掩护大部队撤离。由于战事险恶,伦敦方面决定尽快把远征军中的优秀将领撤回国去。30日,布鲁克接到撤离命令。这位具有远见卓识的著名将领,向伦敦总部力荐他属下3个少将中资历最浅的蒙哥马利接替他出任第2军军长。当天下午,蒙哥马利以新任军长的身份出席了戈特总司令召集的关于最后撤退的紧急会议。会上,戈特按照伦敦方面的要求,命令第1军最后撤离,同时指定第1军军长巴克中将在他回国后接替他指挥部队。蒙哥马利认为巴克年纪太大,能力不足,不能够担此重任,于是直言举荐亚历山大出任此职,戈特采纳了他的建议。5月31日深夜,第2军开始撤离。第二天,蒙哥马利所部冒着炮火在敦刻尔克港集结并安全撤回多佛尔。两天后,亚历山大冷静而机智地指挥远征军残余部队撤抵英国。

英国在第二次世界大战中的第一次出击就这样多少有些难堪地结束了。

这是一次带有很大盲目性的军事行动,它暴露了英国军队在装备、训练、指挥等等许多方面的问题,使得他们有可能在以后的战争中避免更多的错误和伤亡。对于蒙哥马利,跨海作战则成了他军事生涯的新起点,他在军队中的地位、声望都因此有所提高,他成了英军最有希望、最受重用的将领之一。后来许多人对这一时期蒙哥马利军事思想的迅速成熟给予了很高评价,认为正是从此起,他才开始真正成为一位军事家。这一印象当然还与以下事实有关。敦刻尔克撤离之后,蒙哥马利向帝国陆军部提出,他不再担任军长职务,而重新出任第3师师长。他要把这个在跨海作战中遭受重创的钢铁师再造成一流部队,以肩负未来反攻重任。

蒙哥马利再次统领第3师后,只用了10多天时间就在萨摩塞特完成了整编,接受了新装备。随后,他向前来3师视察的首相丘吉尔提出,将国内满街乱跑的公

传奇将帅

共汽车征调一部分入伍,装备第3师使之成为机动能力更强的可以打运动战的师。这一建议很快被采纳,当然,得到了汽车的第3师并没有立即上前线。但这时他和布鲁克相继提出的进攻性防御理论,即在沿海前线建立一条相对薄弱的防线,尽力阻击入侵之敌,而在后方部署高度机动的战斗部队,乘敌立足未稳实施集中打击的思想,却被认为是非常有创见的"军事哲学思想"。

1940年7月,蒙哥马利被任命为第5军军长。他在这个军里推行了一系列大刀阔斧的改革,清除了一批他认为年龄偏大的和懒惰、缺乏才干、没有献身精神、不被士兵敬重的而可以看作是"朽木"的中下级军官,举行师以上大规模军事演习,培养士兵的吃苦耐劳精神和实战本领。他要求部队"无论雨、雪、冰、泥,无论好天气还是坏天气,白天还是黑夜,我军都必须比德军善战"。一年后,当他调任东南军区司令时,第5军已经成为一支能在任何恶劣条件下英勇作战的第一流的部队。然后他又在东南军区推行他的军事训练和军队改革方案。东南军区辖肯特郡、萨里郡和苏塞克斯郡,是德军最有可能突袭的地区。蒙哥马利从实战出发训练部队,其逼真刻苦程度在英军中绝无仅有。他的战略思想是训练一支"不会退却的部队",使全体官兵保持旺盛的斗志、攻击精神和乐观自信精神,然后,构筑一种蛛网般的防御体系,无论德军走到哪里,都必将遭到强有力的反击。这样就到了1942年。

1942年的最初几个月里,由蒙巴顿将军领导的"联合作战指挥部"以及英、美两国一些领导人,一直在研究如何实施分别定名为"围捕"和"大锤"的两项作战计划。前者为大规模进攻欧洲大陆的代号;后者则表示在俄国危急或德国即将垮台时,对法国实施小规模突击。到4月时,"大锤"计划被认为不可能在近期进行,"围捕"也只有到来年才有实施的可能。这样,整个联合作战指挥部对未来的战事就有一种隐约的悲观情绪,这导致了后来甚有争议的"迪耶普袭击"。

袭击迪耶普,是因为联合指挥部认为盟军必须占领一个可以进退英吉利海峡的港口,而迪耶普最合适不过。这个港在战斗机航程内,而守备力量又不足,只有一个机场、一个雷达站和各种炮兵连。袭击的任务按计划交由加拿大部队执行,加拿大部队当时配属东南军区,所以,蒙哥马利实际上是这次行动的最高指挥官。6月5日,蒙哥马利主持了袭击行动的作战会议。会上讨论了是否按计划预先用重型轰炸机轰炸迪耶普的防御设施,由于英军和加拿大部队都有人反对这项计划,预先轰炸便被放弃了。这显然是个错误,但蒙哥马利并没有像他后来在回忆录中记忆的那样纠正这个错误。因此,西方战史研究家中有人认为,蒙哥马利应对这次代号为"拉特"的行动失败负有某种责任。这次行动8月19日正式打响,加拿大部队5000人苦战9小时,最后以被俘、伤亡3300多人而告失败。蒙哥马利是8月19日晚得到这一消息的,当时,他正在第8集团军司令部里以司令官的身份款待首相丘吉尔。他对失败的震惊程度正如后来听到有人议论应由他负一部分责任一样,是很难用语言表达的。因为事实上,他的确没有纠正放弃轰炸的错误,却是更明智地、很早就提出应取消这次行动。他曾给国内武装力量总司令佩吉特将军写信,指出这次行动由于参与部队多,又数次延期,早已泄密。他说:"如果要对欧洲大陆进行袭击的话,无论如何应让他们选择迪耶普以外的其他目标。"历史常常是这样,错误是许多因素共同铸成的,而预料到并力图阻止错误的人,却令人尴尬地成了这许多因素中的一个。

当然,这一切伴随着蒙哥马利入主第8集团军司令部,都显得有些无足轻重了。机遇又一次垂青了这位雄心勃勃而又有些自以为是的军人。

指挥若定

第二次世界大战的北非战场,若干年后成了蒙哥马利辉煌军事生涯的里程碑。但在1942年8月中旬前后,那里差不多是死亡之海。德国大名鼎鼎的以沙漠坦克战著称的常胜将军"沙漠之狐"隆美尔,指挥着他的黑甲虫般的坦克群,把这里搅得天昏地暗。而这时作为隆美尔直接对手的蒙哥马利,对沙漠战还几乎是一无所知。8月12日,蒙哥马利飞抵开罗,次日,巡视沙漠战场。他认为他必须办4件事:第一,在集团军内树立良好的自身形象和权威;第二,整顿指挥机构;第三,建立一个与他的性格和作战理论相适应的指挥系统;第四,打败隆美尔。

打败隆美尔,这在当时是一个神话,但是蒙哥马利料定它会成为现实。隆美尔的北非兵团由两种不同成分的部队构成:一是固守部队,以意大利军为主,没有多少装甲兵;二是机动部队,主要是由德军精锐部队装甲第15师、第21师和所谓"轻兵"第90师编成的装甲军团。隆美尔的作战特点是不断攻击,在1942年8月,他最大的企图就是早日攻下开罗和亚历山大。他有点焦躁。蒙哥马利认为这有机可乘。当时的第8集团军,以蒙哥马利的话说是"危如垒卵",训练指挥系统不灵,有一批他认为是"朽木"的军官在不紧不慢地工作;后勤供给差;部队没有齐装满员,尤其没有一支可与隆美尔装甲军团抗衡的装甲部队。但这一些,蒙哥马利认为,正是可以向总部提要求的条件。后来,在撤换了许多"朽木"之后,总部果然就同意了蒙哥马利的计划,编成一个下辖第1、第8、第10三个装甲师和一个新西兰师的军,番号第10军。一段训练之后,第8集团军事实上已面貌一新。而正是在这段时间里,隆美尔的部队却

蒙哥马利元帅在二战时的军服

在悄悄地发生着衰败。先是隆美尔本人的健康状况非常糟糕,他不仅疲惫不堪,而且患有胃溃疡和鼻病,血液循环也不好。接着是部队构成出现问题,他的各个师共缺员1.6万人,战斗装备数量比编制规定的少210辆坦克、175辆装甲运兵车,弹药匮乏、口粮不足状况也相继出现,燃料储备出现问题。最不利的是因为苏联战场吃紧,德军许多空军中队赶往支援,隆美尔失去了空中优势。尽管如此,蒙哥马利仍判断隆美尔会不顾一切再次发起进攻,因为北非战场是德军"大钳形运动"攻势的

一部分,希特勒不会同意隆美尔撤退;而隆美尔的固执与自尊心,使他明知此时最好的办法是撤往阿莱曼休整,但他决不会这么干。于是大战不可避免,于是蒙哥马利就有了机会。

1942 年 8 月 30 日夜,隆美尔正如蒙哥马利预料的那样开始了攻击,但他没有想到,蒙哥马利为他设计了一个英国军队从未使用过的陷阱。这样,就有了哈勒法山之战。这场战役被奉为二战"典范"之作,或者叫"第一个典型的蒙哥马利式战役"。

蒙哥马利的陷阱,是在隆美尔攻击正面部署新西兰师箱形阵地;在这个阵地与哈勒法山之间的缺口处,部署第 22 装甲旅;哈勒法山顶,部署步兵第 44 师的两个旅;哈勒法山顶南部,部署第 8 装甲。陷阱开放部设有地雷场,并有第 7 装甲师机动待命。蒙哥马利用于设置陷阱的全部战车约 400 辆,形成三面钳制态势,只要隆美尔进攻,无论向哪个方向突击,都会遭到合围。同时,英国沙漠空军的庞大战斗机、轰炸机群也将随时听从蒙哥马利指挥,投下后来很长时间都令隆美尔心惊肉跳的"地毯式炸弹"。

英国沙漠空军 8 月 30 日黄昏先于隆美尔攻击就出动了,他们轰炸了隆美尔的装甲车停车场,使德军大伤元气。隆美尔第二天的仓促攻击,很大程度上是英国空军诱导的。8 月 30 日夜,隆美尔非洲军团突入蒙哥马利的地雷场,爆炸此起彼伏。德军第 21 装甲师冯·俾斯麦将军被地雷炸死,其余受伤官兵甚多。直到第二天凌晨 4 点,才勉强打开一条通道。隆美尔命令部队向北作预定的左包抄运动,这样,他们就又遭遇了早已埋伏好的英军第 22 装甲旅。当德军首批 87 辆坦克慢慢地在地平线上出现时,英军步兵旅的反坦克炮和装甲旅的"格兰特"式坦克几乎同时开火。战斗进行得异常激烈,双方伤亡都很大。不久,英军预备队第 23 装甲旅、第 5 皇家坦克团和苏格兰龙骑兵第 2 团投入战斗,德军开始疲于招架。这一天的傍晚,隆美尔许多部队被迫放弃燃料、弹药消耗殆尽的坦克。晚上,非洲军团遭受了二战以来第一次羞辱性打击——英国皇家空军的照明弹、炸弹以及英军第 13 军炮兵的轰击整整陪伴了他们一夜。而这一夜,蒙哥马利却照常进入梦乡。9 月 1 日晨,蒙哥马利从容洗漱,悠然进餐,关于战役进展,他一句都没有过问。

9 月 1 日,哈勒法山战役接近尾声。上午,有两次小规模的局部战斗。下午,蒙哥马利采取了两个欺骗性行动:一是下令制定"进行夺取主动权的反击"计划;二是命令第 10 军做好追击准备,并把预备队推进到代巴地区。隆美尔错误地认为蒙哥马利已强大到足以与他就地决战,立即下令开始第一阶段撤退。9 月 3 日,非洲军团撤退速度明显加快。英军官兵中有人提出追歼,但蒙哥马利拒绝了,为此他曾受到不少责难。然而事实是,第 8 集团军当时也已是疲惫之师,而且如果追击过猛,隆美尔就会一下子退到奥吉拉地区,在那里他将占据有利地势并得到充足补给。蒙哥马利没有这么干,他下令结束哈勒法山战役。

哈勒法山战役是典型的军团会战,张弛有度,并在英军所希望的状态下结束,它使蒙哥马利在军中的威望达到了前所未有的高度。后来有人评价这次战役,认为蒙哥马利从中赢得了 3 个非同寻常的收获:一是成为军中"偶像"。蒙哥马利镇定自若、潇洒果决的指挥风格给了第8集团军官兵深刻印象,他们对他信任极了。从哈勒法山战役时起,蒙哥马利便开始戴一顶澳大利亚军帽,这顶黑色扁平软帽上,除有一枚英军帽徽外,还缀有蒙哥马利视察一个战车团时,他们送给他的一枚装甲兵军徽。这顶双星软帽后来成了蒙哥马利同时也是"胜利"的标志,它的出现具有不可思议的号召力。直到二战结束,蒙哥马利一直戴着它,它像它主人的名字一样惹人注目。二是改革了装甲兵运动战术,开了装甲兵打伏击的先河。三是完善了指挥系统。他调配了下辖3个军的军长,从英格兰调用了何若克、李斯两位优秀的"少壮派"师长分别任第13军和第30军军长,又提升第1装甲师师长卢姆斯登为第10军军长,同时,调配了高级参谋人员和随军高级牧师。这个指挥阵容,蒙哥马利认为是十分难得的,因为它非常机敏干练,而机敏干练,在蒙哥马利看来是克敌制胜的法宝。

哈勒法山战役洗雪了第8集团军,特别是其第7装甲师的所谓"沙漠之鼠"的耻辱。蒙哥马利伺机扩大战果,以在适当的时候彻底歼灭隆美尔大军。这样,就有了阿拉曼会战。

阿拉曼会战是哈勒法山战役结束的同时就在蒙哥马利头脑中构想好了的。1942年8月和9月,他将这一构想变成作战计划。蒙哥马利设计了两套方案,代号都叫"轻步",作战目标是突袭隆美尔从地中海岸边向内延伸至盖塔拉洼地大约45公里纵深的防线。这个防线只能正面进攻,因此必须保证袭击的突然性。

会战计划经英伦白厅批准后,蒙哥马利再次导演了欺骗隆美尔的行动,他为这个欺骗计划拟订代号为"伯特伦"。"伯特伦"9月28日起实施,首先是伪装前沿地区的巨大的弹药库和作战物资仓库;其次,频繁在前沿地区调动部队与坦克、车辆,使隆美尔对大量部队集结习以为常;然后是挖战壕埋伏步兵;最后是做出在南面前敌部位发动主攻的假象。架设无线电,调动装甲运兵车。这种捉迷藏的战术持续到10月21日,战略目的即使在集团军内也是保密的,按军衔高低分批传达,10月21日传达到普通士兵,而两天后,按计划是阿拉曼会战打响的日子。这个欺骗计划被认为是二战中沙漠战最精巧的欺骗计划。隆美尔毫无察觉,后来他在回忆那场惨败时说:"在黄昏来临之前,23日那天过得像阿拉曼前线上的任何一天一样。"

10月23日到来了。这一天像往常一样,有鸟叫,有晨曦,阿拉曼前线一片宁静。然而就在这一片宁静中,第8集团军所辖3个军以及希腊军1个旅、法军2个装甲旅、2个步兵旅,总计19.5万部队悄悄地展开了。他们共拥有装甲车435辆、坦克1029辆、野炮和中型炮908门、反坦克炮1451门。而隆美尔的德意联军,这时仅有兵员10.4万人,装甲车192辆、坦克496辆、野炮和中型炮约500门、反坦克炮约850门。蒙哥马利占据了足够的优势。隆美尔后来无可奈何地评述说:"这一仗在射击开始之前就由军需官们打了和决定胜负了。"这天清晨,蒙哥马利出席了记者招待会,下午来到靠近第30军司令部的前线指挥部,晚上看了一会儿书就早早上床休息,因为他觉得自己已无事可做了。晚上9点46分,攻击开始,第8集团军所属部队1000余门火炮同时开火,阿拉曼前线地动山摇,一片火海,然后,1200多辆战车开始进攻。隆美尔的非洲军团乱作一团,随后便盲目还击。这时,隆美尔的小心细致帮了他的大忙。还在哈勒法山战役之后，隆美尔就转攻为守，把防御区设在两个大型地雷场和若干条地雷带构筑的箱、网形结构后，这些雷区共布设地雷44.5万颗，若按3%即1.4万颗杀伤人的理论概率算，那也是一个惊人的数字。第8集团军进攻开始不久，就陷进了雷区，然后不得不边排雷边进攻，推进速度明显变慢。直到10月24日早晨8点，北翼方面的两条走廊地带，还没有被第10军的装甲师完全打通。蒙哥马利不得已下令各装甲师自行杀出一条通道，向开阔地进击。

阿拉曼会战第3天双方陷入胶着状态。由于第10装甲师行动不利，第30军又没有突出南部走廊，战场形势令人沮丧。到10月26日，蒙哥马利便不再能安稳悠然地读书和睡觉。第8集团军及其所属其他部队的步兵伤亡严重，新西兰师大约伤亡和失踪1000人，南非师600人，澳大利亚师1000人，高地师2000人，整个集团军损失总数约6100余人，坦克损失300多辆。26日中午，蒙哥马利重新部署部队，将作战重心转移到澳军步9师辖区，改面北向海岸回旋，来了个180度大转弯。3天后，攻击奏效，隆美尔全部德军集结北部，防止英军突破。10月30日，蒙哥马利利用隆美尔高度集结所露出的战线过窄、人员过密、不利于展开等破绽，大胆制定了代号"超装药作战"的行动，命令集团军所属部队在10月31日和11月1日待命，准备全线出击，第30军向西推进，第10军向西北、西和西南推进，第13军向南佯动。11月2日凌晨1点，"超装药作战"行动开始，第8集团军在正面3650米、纵深5500米的开阔沙漠地带全线出击，非洲军团措手不及迅速败退。至傍晚，第8集团军俘获德军1500多人，隆美尔率部西退。

11月5日，阿拉曼会战形势进一步明朗，蒙哥马利完全控制了战场主动权。他于是命令全线追击，他的口号是："挺进！挺进！挺进！最大限度地挺进！"他的目标是的黎波里，为此，必须攻占隆美尔最后也是经营最久的防线奥吉拉，阿拉曼会战便变成了奥吉拉会战。

奥吉拉会战的前奏是长途奔袭。第8集团军先后以第10军、第30军为先头部队，在沙漠空军强大机群掩护下，冒着滂沱大雨，13天内挺进了900千米，同时，部队得到27.2万吨弹药和1.84万部车辆的补充，空军也切断了隆美尔的黎波里和奥吉拉之间的后勤补给线，决战时机成熟。12月上旬，蒙哥马利将详细作战计划交给第30军军长李斯，命令按计划进行战役准备并于12月15日发动总攻。之后，他飞回开罗英军总部。蒙哥马利星期日晚上出现在圣乔治礼拜堂时，迎接他的是狂风暴雨般的掌声。由于哈勒法山战役和阿拉曼战役，蒙哥马利已经成了打败"沙漠之狐"的英雄，成了英国家喻户晓的名人。

奥吉拉会战12月15日如期打响。新西兰步兵师按计划直插敌后，第7装甲师以锐不可当的气势向前猛扑，两个师形成夹击态势，德军被分割成许多小股。16日激战一天，隆美尔遭到了强有力的拦击和空中打击，伤亡惨重，但最终在付出巨大代价后向西突围成功。蒙哥马利适时下令停止追击，宣告奥吉拉会战结束。

从阿拉曼到奥吉拉，蒙哥马利率部追击2000千米，重创不可一世的隆美尔非洲军团，埃及从此"安若磐石"。1943年1月23日凌晨4点，第8集团军进入的黎波里。

　　1943 年 3 月 20 日,蒙哥马利追逼隆美尔非洲军团至突尼斯境内的马雷斯防线,以整编后的第 30 军 3 个师、新西兰步兵师、第 10 军 2 个装甲师和强大的空中打击部队,与隆美尔激战。7 天后马雷斯战役结束,德军被俘 2500 余人,伤亡惨重,残部逃过盖布斯峡谷。4 月 6 日,第 8 集团军与非洲军团在盖布斯以北鏖战一天,俘敌 7000 余人。4 月 8 日,第 8 集团军与由加夫萨东进的美军第 1 集团军在盖布斯以北会师。5 月 6 日,美第 1 集团军和英第 8 集团军一部,联合对突尼斯德军发起攻击,英第 7 装甲师最先攻入突尼斯。第二天,英美联军占领比塞大和突尼斯。5 月 12 日,德军有组织的抵抗全部停止,被俘 24.8 万人,仓库、堆栈、重兵器和装备器材等全被英美联军缴获,除极少数溃窜崩条半岛外,德非洲军团全军覆没,非洲战争宣告结束。这个胜利,令英国首相丘吉尔欣喜若狂。6 月初,他在蒙哥马利的纪念册上写道:"从西北非登陆战役开始,到阿拉曼会战的胜利,到现在的大获全胜,真让人感到无比辉煌、无比自豪。望再接再厉,取得更加光辉灿烂的成绩。"

强壮作战

　　西西里岛在第二次世界大战开始后相当一段时间是非常平静的。德国人、意大利人都不大相信盟军会直捣意大利本土。然而,1943 年 7 月 10 日凌晨,风大浪高的西西里岛东南部的锡拉库萨港附近,却突然出现了登陆艇和英军第 5 师的皇家苏格兰燧发枪团的士兵。他们抢占滩头阵地后,立即向港口挺进,傍晚,占领锡拉库萨。在更偏南一点的诺托湾,英国第 30 军也登陆成功。南部海岸,美军 3 个师苦战一天登陆成功。同时,英军第 1 空降旅、美军第 82 空降师也突然出现在锡拉库萨和杰拉内陆上空。西西里岛变成了战场。这一切都源于 1943 年 1 月同盟国在卡萨布兰卡的一次会议。这个会议决定,在清除了非洲大陆的敌人后,立即开始彻底击溃意大利的作战。第一步就是攻占西西里岛,行动代号为"强壮作战"。

　　"强壮作战"是盟军第一次大规模联合登陆作战,是诺曼底登陆的预演。1 月 23 日,联合参谋长委员会任命艾森豪威尔为"强壮作战"行动的最高统帅,亚历山大为副统帅,海军上将坎宁安为海军部队指挥官,特德为空军部队指挥官。艾森豪威尔受命组建一个特别参谋部,并任命地面部队指挥官。蒙哥马利被任命为东部特遣部队司令官,这个部队最初称 545 特遣部队,实际上就是第 8 集团军,下辖第 13 军和第 30;巴顿任西部特遣部队即 343 特遣部队司令官,这支部队也就是美军第 7 集团军。这两支部队都在亚历山大司令部的指挥下作战,该司令部起初叫第 141 部队,后来则干脆将所辖两个集团军番号数字相加,称为第 15 集团军群。对这次作战和人事安排,蒙哥马利大致是满意的。他清楚地意识到非洲沙漠时代已经成为过去,现在是与美军共同作战,要忠诚于共同的事业而不是狭隘的民族利益。事实上,他为此做了很大努力,譬如在作战计划上、后勤供给上都一再妥协,但他执拗的个性使他又一再与美军将领们发生不愉快。3 月 23 日,他曾宣称:"本集团军指挥官打算用第 8 集团军的名称和声望来影响这次作战,因此打算尽可能使用第8集团军的名称,而不使用东部特遣队的名称。"这一举动很有些自我炫耀、自命不凡和闹独立性的意思,触怒了美国人,艾森豪威尔和巴顿都十分不满。但他们同时又都是以大局为重的人,因此只能一再容忍蒙哥马利。蒙哥马利后来反省自己:"我们现在已由自己的小天地汇入了北非作战盟军的主流,我们必须学习如何调整本身的作风,使之能适应全局战争的环境与要求,这也正是一般所谓的'折中'。"他说:"我们将不得不学习如何和别人共事,并且,为了整体利益将不得不牺牲自己的利益。但有一点我绝不松口,就是绝不容许第8集团军在一种拙劣计划的驱使下,随随便便地投入战斗,绝不许将官兵们宝贵的生命虚掷于暴虎冯河式的冒险勾当。"在"强壮作战"行动过程中,蒙哥马利的意见与艾森豪威尔、巴顿多次相左,最终都是在这一大的原则下得到解决的。在这个过程中,他们也增加了相互之间的了解,为联合行动的胜利奠定了基础。

西西里岛登陆成功后,盟军面临的第一个问题就是如何攻占墨西拿。墨西拿是意大利的大门,但"强壮作战"计划却没有把如何占领这个"大门"讲得很清楚。亚历山大的想法是将这个岛"截为两半",直捣大门。蒙哥马利也有这个意思,他电告亚历山大他想向北进攻,以实现亚历山大这一意图。当时,只有两条比较好的公路可供机械化部队使用:一条是经过埃特纳火山的东翼侧向北延伸的114号公路,蒙哥马利准备让第13军使用;另一条是向西北方向延伸而经过卡尔塔吉罗内—恩纳—莱昂福泰的124号公路,但这条公路位于美军作战区域内。攻击开始后,德军凯赛林部抵抗非常顽强,蒙哥马利推进迟缓。亚历山大向帝国参谋总长报告,他打算用第13军经由卡塔尼亚向墨西拿进攻,并命第30军先到圣斯特凡诺海岸,然后转攻墨西拿。7月16日,亚历山大将这一计划变为命令下达,使巴顿和美第2军军长布莱德雷十分不满,他们认为他们完全有能力攻占墨西拿,而亚历山大的命令却表明"只有蒙哥马利才被允许去进攻墨西拿"。巴顿立即派人乘飞机去找亚历山大说理。亚历山大权衡再三,于7月25日召开了一次协调会议,会上把向墨西拿突进的任务交给了美第2集团军。7月26日,墨索里尼下台,意大利的主要防线由德军接管,凯赛林命令德军尽可能安全地撤离西西里,战役变得相对简单多了。8月16日傍晚,第8集团军突击队进入墨西拿,迎接他们的却是满脸胜利喜悦的美军第3师第7步兵团。

巴顿抢先一步进入墨西拿,成了英雄,蒙哥马利感到失落与苦恼。当然,这并没有从根本上影响蒙哥马利的情绪,他是那种具有进攻型、挑战型性格的人,他决心在以后的战争中创造奇迹。

这一年的8月底,进攻意大利本土的最后战役计划制订完成,由英第8集团军北渡墨西拿海峡,进入意大利作战,代号"贝镇作战";由美第5集团军在萨勒诺登陆,进入意大利作战,代号"雪崩作战"。9月2日,蒙哥马利以其惯有的激情和做法,发布了"告集团军官兵书",鼓励大家说:"第8集团军是同盟大军踏上欧陆本土的第一支队伍,对于我们,这是一种无比的殊荣。这次行将来临的会战将只有一种结果,这种结果就是'另一次成功'。"9月3日凌晨4时30分,"贝镇作战"开始。这一天,恰好是战争爆发纪念日,蒙哥马利后来回忆说:"成千上万发炮弹开始向墨西拿海峡对岸轰击。这些炮弹是第30军密集部署的炮兵部队发射的,由于从巴顿的第7集团军借来了80门中型炮和48门重型炮,这次炮击的火力格外猛烈。与此同时,15艘战舰轰击了海峡南端的雷焦的敌防御部队。驻在内陆的重型轰炸机也做出了贡献。这一切都是'贝镇'行动的雄伟序幕。大约300艘登陆艇和渡船在一种差不多像节日一般欢乐的气氛中把13军的第5师和加拿大第1师送上了意大利本土。"

由于道路状况和后勤保障不够理想,踏上意大利本土的第8集团军有劲使不上,组织不起大规模进攻。自9月底起,第8集团军在意大利作战的过程就是从一条河向另一条河稳步推进的过程。在特里尼奥河,第8集团军遇到了第一次真正意义上的抵抗,德军第76装甲师在冷雨、泥泞中坚持了很长时间才被赶跑。此后,第8集团军就逼近了桑格罗河。

夺取桑格罗河及河岸后部地区之战,是蒙哥马利在意大利组织的最后一次战役,是罗马战役的第一阶段,是英美联军协作的新的一页,同时,又被称作是在意大利进行的第一次重要的"蒙哥马利式"战役。然而,它没有以盟军的胜利而告终。蒙哥马利将失利原因归结为恶劣的交通和气象条件。德军在桑格罗河65千米的正面部署了4个师,蒙哥马利以5个师正面强攻,时间定在11月20日。在那些日子里,桑格罗河地区或者暴雨倾盆,或者阴雨连绵,或者下雪,洪水泛滥,道路泥泞不堪,攻守双方都被搞得十分狼狈。第8集团军的攻击部队如新西兰师、印度师和第78师,甚至都无法获得一块干爽的或者稍微坚固一点的阵地。德军凭借自然条件顽强地坚守着,直到第8集团军不得不主动撤出战斗。这是二战开始以来,最令蒙哥马利无可奈何的一个战役。

反攻欧洲

如果今天让人们列举第二次世界大战中影响最深远的事件,相信绝大多数人都会说是诺曼底登陆。诺曼底登陆是世界军事史上的奇迹,是永垂史册的反对侵略战争的辉煌篇章。但是一般人并不知道,这个被称为"霸王战役"的作战计划,1943年8月中旬魁北克会议被通过时,叫作"摩根将军纲要"计划。它只打算用3个师的兵力对巴约附近的诺曼底海滩进行一次类似西西里战役式的突击,在欧洲大陆上夺取一个立足点,以备以后进攻欧陆时作为桥头堡。这个计划在1944年的最初5个月里被做了重大调整,到1944年6月初,英伦三岛上聚集了盟军的300多万军队,其中英军约有175万,美军150万。此外,还有作战飞机1.3万架,训练和预备队飞机数千架,空降滑翔机3500架,战舰1200多艘,登陆艇4000多艘,运输船1600多艘。这是一个史无前例的庞大作战阵容。当时人们开玩笑说,如果不是因为大不列颠上空飘动着大量的拦阻气球,英伦三岛就会让这些军队压得沉入海底。诺曼底战役的作战目标,也由建立反攻欧陆桥头堡,改为直接反攻欧洲并给德国法西斯以毁灭性打击。

蒙哥马利在诺曼底战役中有两点特殊贡献。第一，他以军事家的敏锐、历经战事磨炼的果决和善于抓住问题实质的独特才能，及时地发现、提出并促使决策层修订了作战计划中不彻底的部分。同时，由于他的正确判断和出色指挥，避免了登陆作战最容易陷入的登陆面过窄，部队展不开不能很好地巩固滩头阵地并向纵深发展的弊端。第二，他参与了战役的核心指挥。1943 年 12 月底，蒙哥马利被英国陆军部任命为第 21 集团军群总司令，调离了他指挥了一年多的第 8 集团军。这次升迁，使他有机会施展军事才能，在更广大的战线上创造辉煌战绩。当时，熟知蒙哥马利的美国将军艾森豪威尔已就任第二战场最高统帅，他十分倚重蒙哥马利。1944 年 3 月 10 日，艾森豪威尔发布命令说，蒙哥马利"要负责制定计划和指挥参加这次战役的一切地面部队，直到盟军最高统帅给美国第 1 集团军群司令官划定责任区域为止……"这就是说，在这一年的 8 月 1 日之前，也就是巴顿接管美第 3 军、布莱德雷接管美第 12 集团军群之前，蒙哥马利在艾森豪威尔领导下，实际上全盘指挥地面战斗，因此，在诺曼底登陆总体计划的批准和执行期间，蒙哥马利是主要负责人，他的指挥，对诺曼底战役胜利起了直接作用，是这个战役获胜的诸多重要因素之一。

诺曼底登陆前的作战计划是改了又改的，这主要是因为盟军最高统帅与战场指挥官在一些具体细节上未能迅速达成一致。在等待最后作战命令的日子里，蒙哥马利做了两件事。第一件是旅行和演讲。他在国内许多公共场合露面，向大量平民，特别是工厂中加班加点的工人讲解他的作战意图。他访问了许多工厂。1944 年 2 月 22 日，他在尤斯顿车站向铁路工人代表做了一个半小时的演讲，赢得了铁路工会干事们的支持。3 月 3 日，他到伦敦港口，向大约 1.6 万码头工人、搬运工人和驳船工人讲话。随后，又参加全国储蓄委员会主持的"向军人致敬运动"。他告诉人们："不论是在前线作战的士兵，还是国内生产线上的工人，我们都属于一支伟大的军队。工人们的工作同我们的工作一样重要。我们的共同任务是把工人与士兵连成一个整体。"他说："我决定在讲话中号召全国人民鼓励军队为伟大事业而战。"同时，他还乘坐"轻剑号"专列，检阅了参加诺曼底登陆的每一个部队，告诉士兵们他们将干什么，怎样干。他的这些活动曾一度惹恼过政界、军界要人们，他们怀疑他有什么政治企图。第二件，是整顿部队和落实作战准备计划。这段时间起至 8 月底，先后有 1 个集团军指挥官、3 个军长、36 个师长因被认为不能胜任战役指挥而遭解职。蒙哥马利还将诺曼底登陆区域划分为 5 个独立的部分或登陆点，由不同的部队负责，制定独立的登陆计划。同时，组织两支海军特遣队，分别用来支援英军和美军的登陆行动。空中，则统一调配打击力量。他计划登陆这一天，英军出动各种战斗机、轰炸机 5510 架，美军出动 6080 架，总计 11590 架。蒙哥马利在战前的准备工作是精细而谨慎的，这差不多可以算是他的一贯作风。

诺曼底战役攻击开始日定在 1944 年 6 月 5 日。然而从 6 月 2 日起，英吉利海峡气候骤变，艾森豪威尔不得不在 5 日凌晨 4 时召开紧急会议，将攻击顺延 24 小时。这样，这场决定欧洲和世界反法西斯战争命运的激战，实际上是 1944 年 6 月 6 日打响的。

6月6日,英吉利海峡万舰竞发。虽然德军没有正确判断出盟军登陆区域,但由于已调任该防区司令官的隆美尔生性谨慎,早已在诺曼底滩头布设了大约500万~600万枚地雷、大量的防登陆艇墩桩,以及密集的炮火和坚固的滩头阵地,还是给盟军登陆作战造成了极大困难。由于海上波涛汹涌,登陆艇在离岸还有20千米左右就不得不下水。士兵们挤在狭小的艇体中,浑身透湿,冷得发抖,战斗力受到影响。在美军第1师登陆地奥马哈海滩,由于战舰炮火和美军第8航空队轰炸受气候影响没有准确打击滩头,德军的岸边防御几乎完好无损,同时,岸上的敌人,除原来的防御部队德军第716师外,6日,又增加了第352机动师,所以战斗比预想的要残酷得多,由取胜变为求生。最后,美第1师在伤亡了3000人后,终于在滩头站住了脚。这一天,奥马哈滩头有3.4万人登陆。美军第4师攻击的犹他滩头情况要好一些,26辆水陆两栖坦克全部安全上岸,269架中型轰炸机将德军滩头阵地摧毁一空,2.3万人没有遇到顽强抵抗就登陆成功。在英军和加拿大军队登陆地的戈尔德、朱诺和斯沃德滩头,蒙哥马利的两个战略构想起了作用。一是空降部队策应,虽然大多空降部队降落地在恶劣气候影响下不符合战役计划,并且伞兵们相互联系也出现了问题,但还是扰乱了德军正面防御;二是水陆两栖坦克快速跟进,装甲部队几乎与登陆艇同时上岸,工兵部队扫雷、架桥衔接得也比较好。所以,这些滩头的进攻相对顺利一些。当6月6日的黄昏到来的时候,诺曼底的硝烟渐渐向内陆飘散,德军防线退缩了6.5~10千米,伤亡巨大。在美军的两个滩头阵地上,约有57500余名官兵登陆,还有空降部队15500人,伤亡约6000人;英军和加拿大部队共有75215人登陆,空降7900人,伤亡、失踪4300余人。诺曼底战役登陆打击首战告捷。

蒙哥马利是第二天早晨乘驱逐舰抵达诺曼底滩外海面的。这时滩头纵深处还在作战,蒙哥马利先驶入美军控制海域,靠上布莱德雷将军的指挥舰,与布莱德雷交换了对战役进展情况的看法,随后驶回英军控制海域,听取了邓普塞将军和魏安将军关于步兵和海军作战情况的报告。6月8日清晨,蒙哥马利踏上了诺曼底海岸,并将指挥部设在克勒里的一座花园里。

在全面分析了诺曼底战况后,蒙哥马利提出在接下来的作战中,盟军的战略要点主要有三个:一是将各个滩头阵地连成一个相互衔接、相互支援的便于统一指挥、统一行动的战线;二是保持战场主动权;三是在德军重新配置兵力并得到有效增援之前,在狭窄的占领区内建立起行之有效的行政后勤系统。6月12日,第一个战略要点实现,盟军控制了一个长80千米、纵深13~20千米的地带。6月18日,蒙哥马利下达了攻占卡昂和瑟堡的命令,他计划以这两地为支撑展开全面进攻。攻占卡昂行动亦称"赛马场"作战,因英吉利海峡风暴又起,延迟至6月25日进行。这次作战,在卡昂南面形成大钳形攻势,当面德军有第1装甲军、党卫军第10装甲师和第9装甲师、党卫军第2装甲师、勒尔装甲师以及第21装甲师等,是块"硬骨头"。蒙哥马利把这块硬骨头留给英军啃,而将德军设防薄弱的瑟堡让给美军主攻。结果,美军几乎没遇到德军装甲部队任何抵抗就攻陷了瑟堡,英军却遇到了大麻烦。英军拥有绝对的空中优势,700多门大炮,第8军、第30军和第1军全部部队,然而战斗进行得却异常艰苦。到 7 月 1 日,按蒙哥马利的设计,担任正面主攻的第 8 军,也不过只巩固了第一道河障——奥东河对岸的桥头堡。但蒙哥马利设计这次战役,目的不是为了攻占地盘,而主要是为了有效地吸引、消耗德军预备队,为诺曼底战役全胜奠定基础。所以,卡昂、瑟堡作战后,蒙哥马利认为诺曼底战役发生了重大转折,盟军已经完全控制了战局。

此后便是攻克卡昂和"古德伍德"作战。这是诺曼底战役中蒙哥马利遭到指责和误解最多的两次军事行动。攻克卡昂,是因为试图分散德军进攻美军的注意力。蒙哥马利将英军第 1 军所属 3 个师全部投入战斗,同时配有 450 架重型轰炸机。在付出伤亡 5500 多人的惨重代价后,第 1 军于 7 月 9 日攻入卡昂。蒙哥马利被认为是不会维护英国利益的"傻瓜"。"古德伍德"作战意图很简单,就是用 3 个装甲师越过奥恩河,踏上东岸,然后一直向南攻击,以牵制大量德军作战。7 月 18 日开始后,出现了装甲部队、步兵和空中支援衔接不紧密的情况,进攻一直不顺利。而蒙哥马利由于消息闭塞和考虑不周,竟在这一天的下午发报给帝国总参谋长说进攻顺利,晚上更将这个错误扩大化。他发表了一份特别文告,用了"突破"字样,并说:"蒙哥马利将军对这场战斗第一天的进展感到十分满意。"这显然有过早邀功的意思,因为他所谓的"突破""胜利"等等其实还不存在。此后,战局并未给蒙哥马利的报告以弥补,而是进一步恶化。7 月 20 日,倾盆大雨将战场变成一片泥潭,攻守双方都不能采取有效行动。"古德伍德"作战只能不了了之。"古德伍德"作战的失利,使蒙哥马利陷入各盟国领导人、公众和新闻舆论的一片失望抱怨声中,他几乎不可能将失利的客观原因以及自己更为长远的战略意图解释清楚。因此这段时间,蒙哥马利是很苦恼的,唯一可聊以自慰的,是他的攻击给了宿敌隆美尔以最后的致命一击:这次战斗中,隆美尔的指挥车因受英国空军袭击撞在树上,隆美尔负伤,部队大乱。后来,隆美尔虽伤愈出院,但被怀疑参与推翻希特勒的行动,没有再回部队。这年 10 月,他在希特勒的逼迫下服毒自尽。

诺曼底战役以后又进行了一系列作战,至 8 月 19 日,在历时两个多月后胜利结束。这场战役,英军伤亡 6.8 万余人,美军伤亡 10.2 万余人,付出了总计伤亡约 17 万人的代价,取得重创或歼灭德军 40 个师,毙伤德师长以上高级将领 22 人,毙伤德军约 30 万人的重大胜利,创造了世界战争史上大兵团作战的典范。蒙哥马利在这场战役中表现出的非凡的军事指挥天才和他那好胜的、不易与人合作的个性一起,成为他作为一个杰出军事家的鲜明标志,为世人熟知和接受。

1944 年 8 月 31 日晚,蒙哥马利意外地收到丘吉尔首相的急信,信中说:"非常高兴地通知阁下,经我提议,英王陛下极为愉快地批准,自 9 月 1 日起晋升阁下为陆军元帅。王室对阁下亲临法国指挥这场值得纪念、也许是决定性的一战所建立的卓越功勋,深表嘉奖。"这封信使蒙哥马利高兴极了。自入桑赫斯特军事学院,蒙哥马利就认定自己会成为一个非凡的军人。他深入研究军事理论,刻苦磨炼自己的意志,在战场上忘我厮杀,目的都是为了建功立业,但他没有奢望当元帅,这个目标太远大了。所以,当他确信自己真的攀上了这军界最高阶梯时,禁不住欣喜若狂。第二天,英国广播电台在新闻节目中发布了这一消息,艾森豪威尔立即发来热情洋溢的贺电,英第21集团军群将士为自己统帅获得晋升欢欣鼓舞,美军、加拿大军乃至敌对的德军也都对这颗帅星的冉冉升起十分瞩目。后来,蒙哥马利从国王的私人秘书艾伦·拉塞尔斯爵士那儿听说,晋升他为元帅的命令,是8月31日早上,国王去医院探望发高烧的丘吉尔首相,首相趁机送上呈文,国王便在首相病床的枕头上签署的,这大约是世界军衔晋升史上罕见的特例。蒙哥马利为此十分感动。晋升元帅,加重了蒙哥马利在盟军指挥机构中的砝码,也使他暂时走出与美军合作中的分歧所引起的不快。

这分歧是盟军1944年8月25日攻克巴黎后,在确定塞纳河北岸进攻战略时产生的。诺曼底战役和巴黎作战后,德军实际上已被击溃,蒙哥马利认为结束欧战实在是"唾手可得",因此,他拟订了集中挺进计划。蒙哥马利设想,盟军在横渡塞纳河后,即以第12和第21集团军群总计约40个师的兵力,组成强大兵团,集中全力快速向东北方向推进。第21集团军群扫荡海峡沿岸加来海峡省、西佛兰德,占领安特卫普和荷兰南部;第12集团军向阿登行动,直捣亚琛和科隆。此外,龙骑兵从法国南部出发,攻占南锡和萨尔。这个计划,是要迅速拿下鲁尔,摧毁德军的最后防线,尽快结束欧战。蒙哥马利认为事实上英国已对战争不堪重负,无论经济状况还是人民心理,都无法承受更长一些的持久战。然而,当时正值美国总统选举年,美国国内舆论对美军的胜利要求很高,同时德军在诺曼底战役之后也得到了一个短暂但有效的喘息机会,美军将领们特别是艾森豪威尔,并不认为盟军可以速胜。于是,他们提出了"宽大正面战略",将兵力平均分布于海峡对面德国的布伦、根特、阿纳姆、杜塞尔多夫、科隆、科布伦次、曼海姆、斯特拉斯堡、第戎等地,造成全面进攻态势。同时,艾森豪威尔还决定,由他亲自指挥地面部队作战。这两种战略,指导思想各有侧重,理应由双方加强沟通与协调。但好胜的蒙哥马利固执地认为,美军的计划是要造成一个美军起战争主导作用的印象,尤其是地面部队改由艾森豪威尔亲自指挥,更让他不能接受。诺曼底战役以来,他已经习惯了地面部队指挥官的角色,所以,他一再反对美军将领们的计划。当然,他的计划也同样遭到了来自美军高层的激烈批评。

蒙哥马利晋升元帅后,情况有了一些变化。艾森豪威尔更多地加强了相互间的协调工作,给了蒙哥马利一定的地面指挥权限,采纳了他关于空中支援和后勤供给的一些意见,但整个战略构想并没变。因为蒙哥马利的计划即使在军事上百分之百地可行,在政治上也是绝对行不通的。美国公众以及罗斯福、马歇尔和美国参谋长联席会议决不会同意在他们看来是"极大的背叛行为"的不利于美国及盟国利益的冒险军事行动。这一点,艾森豪威尔清醒,而在政治上十分幼稚天真的蒙哥马利却浑然不觉,他甚至一直斤斤计较于谁任地面部队指挥官。所以,当他奉命实施"宽大正面战略"作战时,心情是闷闷不乐的。他决心进行一次快速作战,以表明他也能像巴顿一样迅速前进。

按照蒙哥马利的战术思想,英军坦克部队在1944年9月初的第一个星期内,向东横扫了400千米。9月3日,警卫装甲师突入布鲁塞尔;第二天,第11装甲师攻占安特卫普。面对胜利,蒙哥马利忽视了打开通往安特卫普航道的重要性。希特勒及其参谋部却迅速反应过来，下令通过布雷、炮击和地面增援，使通往安特卫普的斯海尔德河不能通行。9 月 17 日，蒙哥马利按照"宽大正面战略"的总体构想，指挥英第 21 集团军群及由英第 1 空降师、美第 82 空降师、美第 101 空降师和波兰伞兵旅组成的盟国第 1 空降军，开始了旨在突击阿纳姆、拿下莱茵河上桥头堡的"市场花园"作战。盟军动用 10095 人，92 门大炮，500 辆吉普车，300 辆摩托车，400 辆拖车，数百架飞机和滑翔机，结果只把大约 700 人送到了莱茵河大桥这一战略要点上。主要原因在于艾森豪威尔、蒙哥马利等盟军高级指挥官不同程度的轻敌和指挥不够协调。战役突击曾预计 9 月初进行，结果推迟至 9 月中旬，使德军第 2 党卫队坦克军等主力部队得以完成整编，恢复了作战能力；盟军的右翼掩护和空中支援、后勤供应也都出现了一些纰漏。所以，当实施空降突击时，德军的阻击是强有力的，英军第 1 空降师及其他部队伤亡 3716 人，被俘 2200 多人，美军第 82、第 101 空降师伤亡 3542 人，"市场花园"失利。

此后，盟军又于 1944 年 12 月 16 日至 1945 年 1 月 16 日施行阿登战役，但这是一个噩梦。希特勒对这次作战早有准备，将其看作是第二个"敦刻尔克"，命陆军元帅龙德斯特指挥作战，动用 800 辆军列集结了整编一新的第 6 装甲集团军，使盟军的进攻重重地碰了一次钉子。进攻开始日，蒙哥马利感到自己需要休整，乘飞机去埃因侯温打了几局高尔夫球，而这时，布莱德雷指挥的美第 12 集团军群正遭到德军的分割包围，战斗异常酷烈。其后不久，蒙哥马利回到前线，命令他的部队要确保右翼和右后方安全。1945 年 1 月 7 日，蒙哥马利在战役最紧张的关头，召开了一次记者招待会，描述了他所做的贡献。德国人迅速而又巧妙地辑录了他的讲话内容，搞成一个精心歪曲的讲话稿，对盟国的团结造成了危害。后来蒙哥马利曾反省说，"根本不该举行什么记者招待会"。因为他的一些说法实在是太不慎重了，比如他说："后来，局势开始恶化。但整个盟军队伍团结一致，迎击这种危险，狭隘的民族之见被抛到一旁，艾森豪威尔将军令我指挥整个北部战线。我调用了英国集团军群全部可用的力量。"这一点曾被人指出是错误的，他并没有调用"全部可用的力量"，因为阿登战役后的伤亡统计数字是：美军阵亡 8497 人，受伤 46170 人，失踪 20905 人；英军阵亡 200 人，受伤 969 人，失踪 239 人。毫无疑问，是美军承受了大部压力和牺牲，蒙哥马利做得并不像他说得那样好。他将自己竭力打扮成一个救世主的做法，损害了他在盟军和盟国公众心目中的形象。在盟军最高统帅部，美国将军们一致抱怨艾森豪威尔对蒙哥马利的宽容，唆使他和蒙哥马利一刀两断。连马歇尔都曾电告艾森豪威尔："在任何情况下都不得做任何性质的让步。你不仅得到我们的完全信任，而且，如果你做出这一让步，将会在国内引起极大的愤慨。"这些，都表明作为一个杰出军事将领的蒙哥马利，在政治上实在是太不成熟了。

阿登战役失利的阴影很快就被扫荡一空。1945 年 3 月初，盟军连续进行了"诚实"作战和"手榴弹"作战，打垮德军 19 个师，毙伤 9 万余人。莱茵河西岸大部解放，德国法西斯气数已尽，欧战行将结束。3 月 23 日夜，蒙哥马利大军强渡莱茵河，开始了战争结束前最后一次大的作战行动，代号"大表演"。

蒙哥马利是那种好胜、也许还是好表现自己的军人，但他同时也是正直、严谨、优秀的将领和元帅。民族的和全世界爱好和平人民的共同利益,在他心目中始终是第一位的。所以,尽管有着各种争执和不愉快,蒙哥马利还是极其负责地执行盟军最高统帅部和最高统帅的命令,率部进行彻底消灭德国法西斯的最后一战。这时,英军在欧战中的地位事实上已开始衰退。相比苏联红军在东部战场、美军在西部战场的排山倒海般的攻势,英军在北部战场的攻势和气势都羸弱得多,因此蒙哥马利对"大表演"格外看重,集中了 660 多辆坦克、4000 多辆装甲运输车和 3.2 万辆其他车辆,3500 多门大炮,以英国第 2 集团军和当时属蒙哥马利指挥的美第 9 集团军实施正面突破。战役气势如虹。到 3 月 27 日,进攻部队全部越过莱茵河,建立了宽 55 千米、纵深 32 千米的桥头堡,歼敌、俘敌近 2 万人。此后,蒙哥马利甚至还有丘吉尔想挥师直取柏林,但没有被盟军最高统帅部批准。4 月底,蒙哥马利根据艾森豪威尔的命令挥师东进。5 月初,攻占波罗的海的维斯马和卢卑克,封锁丹麦半岛,并建立起由此向易北河的东西两条防线,俘敌 50 多万人。

1945 年 5 月 1 日,德国电台广播了希特勒死亡的消息,德军在继任总统、海军上将邓尼茨的指令下陆续投降。5 月 4 日,蒙哥马利在他的吕内堡荒地上的军营中,接受了由德国海军总司令、海军上将弗里德堡率领的投降代表团递交的投降书,接受荷兰,包括一切岛屿在内的德国西北部以及丹麦境内全部德国武装部队的无条件投降。同时,美军、苏联红军也在各自的战区内接受了德军投降。在欧洲大陆鏖战经年的 3 支重要的反法西斯武装力量——英军、美军和苏联红军胜利会师,欧战结束。

走出战争

走出战争的蒙哥马利元帅,情绪的亢奋和某种情感的失落几乎并存。作为军人,他毫无疑问已经登上了事业的巅峰。当统率大军纵横欧陆时,他对民族的忠诚,对人民的热爱,对反法西斯战争胜利的贡献,对军事理论与实践的发展,一如无形的丰碑,树立于欧洲乃至世界爱好和平人民的心里。然而,作为一个有着独特个性的人,他往往过高估计自己功业、过分看重荣誉的想法和做法,却使他对战后国家利益的划分和政治家、军事家贡献的评价,感到不尽如人意。当然,他不是斤斤计较于一己私利,他曾经否定有人要给贡献卓著的将领们一笔巨额奖金的动议,他认为"除国王的荣誉勋章外,金钱的奖赏是过了时的东西"。他需要的是与轰轰烈烈的戎马生涯相称的最广泛的理解和拥戴,是英雄般引人注目的荣誉。这种心态显然不适合于和平年代人们的普遍心理,所以在克服这种心态时,蒙哥马利是痛苦的。在此后的漫长的和平年代里,他渐渐地学会了做一个告别血与火、习惯会议和外交斡旋的军事家。

德军投降后,蒙哥马利首先着手解决遗留军事问题。当时英第 21 集团军群辖区内,有 100 多万难民、100 多万德国伤病员和 150 万德军战俘,蒙哥马利划分了 4 个军区来管理相关事务,同时,他担任了英国占领军司令兼盟国对德管制委员会的英方委员,协同民事部门处理占领区内军民生活及其他问题。其次,他对自己在第二次世界大战期间的一些军事思想进行了梳理。他认为,军事将领必须有一个好的参谋班子和一位第一流的参谋长协助工作,要关心士兵,了解士兵,减少士兵伤亡。他认为,战争后勤至关重要,在作战意图和后勤物资两者之间,必须建立一个明确而长期的关系。他认为,有作为的高级指挥官必须果断,敢于下决心,敢于"驱使"部下去干,同时要学会"争取军心"。他认为,"要卓有成效地从事高级指挥,必须具有忍受痛苦和审慎准备的无穷能力,也必须具有一种有时超越理性的内在信念"。这些军事观点,在后来的英军指挥官特别是高级将领中,产生了广泛而深刻的影响。

1945年7月13日午夜,盟国远征军最高统帅部正式撤销,这意味着第二次世界大战欧洲战场的善后事务进入一个新的阶段,蒙哥马利同艾森豪威尔,同其他一道战斗过的盟军将领们依依不舍地分手了。回首过去的许多岁月,他们感慨万千。在处理了一些事务后,蒙哥马利决定去看望他指挥过的加拿大第3师。他的座机在降落中坠毁,他受了战争中都未曾受过的伤,两根腰椎骨被撞断。蒙哥马利忍着剧痛向加拿大第3师的军官们做了演讲之后,便疼得动不了。此后大约一年多时间,蒙哥马利的健康状况一直不好,常患感冒,还得了胸膜炎、关节炎和脊椎变形。有一段时间,他甚至以为自己再也不能像以前那样工作了。

但情况很快就发生了变化。1946年1月26日,蒙哥马利被确定为英军参谋总长人选,并被通知5个月后上任。这一意外的喜讯,非常有利于蒙哥马利康复。不久,他便再一次奇迹般地康复,并开始正常工作。他把出任军队最高长官,看作是对他军事才华和战争贡献的莫大褒奖,心中对国家、对赏识他的政府首脑充满感激。在准备去白厅上任的前几个月里,他着手研究军队改革并部分付诸实施。首先,他草拟了《战后陆军问题》,提出要解决战后英国陆军的组织问题,使官兵生活方式现代化,创建一支士气旺盛的、人人引以为自豪的强大军队。其次,他制定了一个内容广泛的陆军战术概则,并征询了海军、空军首脑的意见,确定在就任参谋总长后进行一次陆军演习。再次,他计划在上任后,提出亲自担任陆军最高统帅,掌握陆军。最后,他决定逐一访问驻有英国武装部队的地中海国家。1946年6月,他先后到过埃及、巴勒斯坦、印度、希腊、意大利,了解其国情、驻军状况,对军事整顿及防务问题进行了重点研究。这样,在去白厅上任前,他已对其任上的工作和今后英国军事战略做了认真思考和充分准备。

蒙哥马利担任英军参谋总长后,着重加强军队正规化建设。在第一次参加陆军委员会会议时,蒙哥马利就正式提交了《战后陆军问题》。这份文件,是蒙哥马利战后军事思想的集中体现,共涉及13个较大的问题。这些军事思想,是蒙哥马利战争经验的总结,也是他对和平时期世界军事理论,特别是军备和陆军建设理论的贡献。当然,由于受强烈民族意识和特定意识形态的影响,蒙哥马利军事思想中也有一些明显局限。

1946年8月,蒙哥马利出访美国、加拿大。1947年1月起,他又先后访问了苏联、澳大利亚、埃及等国家和地区,会见了美国总统杜鲁门、苏联党和国家领导人斯大林等,会见了二战时的战友艾森豪威尔以及他曾指挥过的美军、加拿大军、澳大利亚军和新西兰军等军队,就战争和军事防御问题与这些国家的政府首脑和军队领导人广泛交流了看法。海外之行,使蒙哥马利对世界政治、军事格局有了新的了解,反观英国和英军内部,他感到存在不少亟须解决的问题。于是蒙哥马利有一段时间十分爱挑毛病,被看作是白厅中"讨厌的人"。

蒙哥马利惹一些人"讨厌"的第一件事,是主张在和平时期实行国民兵役制。二战后,英国政府大量裁减兵员,但当时,巴勒斯坦局势动荡不安,埃及内乱,波斯湾油田纷争不息,全世界差不多都笼罩在动乱或者叫作"不稳定的和平"的阴影里,军队兵员过少,士兵服役期过短,显然不利于国家和地区的稳定。于是,蒙哥马利提出反对议会把兵役期限从 18 个月缩短为 12 个月的决定。他向首相建议,"陆军当务之急是稳定",解决兵员不足唯一最好的办法是从 1949 年 1 月 1 日起实行服役两年的国民兵役制。1948 年 10 月 19 日,蒙哥马利召集陆军委员会军方成员开会,向政府提出建议。11 月 1 日,他调离陆军部,11 月下旬,政府决定仍实行一年兵役制。他的想法最终是由他的继任比尔·斯利姆实现的,兵役期限维持 18 个月。第二件事,是要求保证有足够数量的陆军正规军。1948 年 1 月,蒙哥马利接到国防部通知,陆军在 6 亿英镑军费中所占份额为 2.22 亿,正规军人数 18.5 万,国民军人数 10.5 万。他立即表示反对,要求增加军费,并将陆军正规军人数增至 20 万。第三件事,是建议改组白厅防务组织。关于白厅防务,蒙哥马利自 1946 年 6 月进入陆军部不久,就提出了 4 点弊端:一是国防大臣亚历山大不称职;二是国防部秘书处"中不用";三是三军参谋长气质各异,不协调;四是在人力、物力均极为匮乏的情况下,三军各为自己打算。他认为,从国家战略、和平时期军队发展长期计划、战争计划以及和平和战争时期海外军事计划的长远需要看,白厅防务组织必须改组。这 3 件事,使蒙哥马利在议会和白厅中大出风头,遭到一些人的嫉恨。1948 年 9 月,当西方联盟各国总司令委员会需要一名主席时,英国陆军大臣亚历山大理所当然地想到了蒙哥马利。这一年的 11 月,蒙哥马利赶赴法国枫丹白露,出任总部设在那里的西方联盟各国陆海空总司令委员会的常任主席。

1949 年 4 月,美、英、法等 12 国参加防务联盟,签署了北大西洋公约,北大西洋公约组织成立。蒙哥马利在"北约"服务。1951 年 4 月 2 日,西方联盟各国陆海空总司令委员会改编为欧洲盟军最高司令部,艾森豪威尔出任最高统帅,蒙哥马利为副统帅。此后到 1958 年,蒙哥马利一直在这一任上,先后在艾森豪威尔、李奇微、艾尔·格仑瑟、诺斯塔德 4 位美军派任的最高统帅手下工作过。1958 年 9 月,蒙哥马利退休。

蒙哥马利是那种把自己的一生都奉献给军队和战争的军人。自 1908 年从军,他在军中服役 50 年,时间超过威灵顿、马尔巴勒等英军名将,是 1855 年英国取消军械局成立陆军部以来,英军中服役时间最长的军人。他又是那种个性非常鲜明的军人,有才华,有智慧,有贡献,有棱角,有缺点,有失误,不是一句话就能说得清的。他还是那种十分敬业的军人,戎马一生,战功卓著,他把自己融入了英国军队的历史进程中。蒙哥马利的晚年,仍然保持着他所认为的英国士兵的形象,艰难时坚定沉着,胜利时仁慈宽大。直至生命的终了,他都是一名军人。1976 年 3 月 25 日,蒙哥马利元帅在原籍平静去世。

指挥魔鬼之师的"沙漠之狐"

——隆美尔

人物档案

简　历：纳粹德国陆军元帅，军事家。1914年，第一次世界大战爆发后作为野战炮团的一名排长奔赴法国战场；第二次世界大战期间，入侵波兰、攻破马其诺防线、攻克了圣瓦勒雷城；在北非他指挥德国非洲军团的兵力，在环境极为恶劣的情况下多次击败英军，因此被称为"沙漠之狐"；指挥了诺曼底抗登陆战役。1944年，隆美尔被卷进了密谋推翻希特勒的计划中，在希特勒的逼迫之下，隆美尔被迫于 1944 年 10 月 14 日服毒自尽，时年 53 岁。

生卒年月：1891 年 11 月 15 日～1944 年 10 月 14 日。

安葬之地：乌尔姆近郊赫尔林根的教堂墓地。

性格特征：青年时代的隆美尔性格坚毅，腼腆内向，不吸烟，不饮烈酒，不近女色，始终过着严谨的斯巴达式的禁欲生活。坚忍不拔，富于感情，有想法。

历史功过：迅速扭转北非战局的初期局势，创作《步兵进攻》，发展进攻力学。第二次世界大战这场人类历史上空前规模的大悲剧在希特勒的策划下，由隆尔美亲手拉开了帷幕。

名家评点：时任英国首相温斯顿·丘吉尔评价说："这个人一到北非，便以闪击战术屡败我军，不仅挽救了处于危险中的意大利军队，而且还扭转了整个北非战场的战略态势，仅数月的时间，他就吞噬了我军在北非战场上的所有战果，并把战线推到阿莱曼地区。为此，人们都称他为'沙漠之狐'。一个勇敢的对手在同我们作战，虽然我们双方在战争的格斗中相互攻杀，但请允许我说，他是一位伟大的将军。"

早年岁月

1891 年 11 月 15 日，隆美尔出生在德国瓦登堡邦首府乌尔门附近的海登海姆。他父亲是当地的一位中学校长。他母亲是当地职位显赫的政府官员冯·鲁斯的女儿。

隆美尔从小偏爱机械学，想长大做一名飞艇师。14 岁时，他和朋友制作了一架盒式滑翔机，并使它飞上了天。可是，在父亲的鼓动下，他却走上了戎马生涯。

18 岁时，他参加军队，很快被选入但泽皇家军官候补生学校学习。

但泽是一个漂亮的港口城市，四处林立着宏伟的建筑。在当地的一次舞会上，一个清纯美丽的女孩闯入了隆美尔的眼帘，隆美尔严肃古板的样子也引起了女孩的好奇。女孩名叫露西，她与隆美尔很快相识并热烈地相爱。隆美尔常常按照当时普鲁士流行方式戴上单片眼镜逗得露西哈哈大笑。

军校毕业后，隆美尔被授予中尉军衔。1914 年，第一次世界大战爆发，他匆匆告别心爱的露西，作为第 49 野战炮团的一名排长奔赴法国战场。

在战场上，他作战勇猛，带领士兵爬过一百码带刺的铁丝网，闯进法军的主要阵地，占领了四个地堡，并凭借这些地堡打退了法军一个营的反攻。这使他获得了一枚铁十字勋章——这在全国还是第一次授予一个中尉如此的殊荣。

1915 年 10 月，隆美尔被调任伍尔登堡山营连指挥官，整训一年后奔赴德俄激战的罗马尼亚前线。

在这里，他出类拔萃：身材纤弱的他似乎总是被一种神圣的热情所鼓舞，不知疲倦；他仿佛总能洞察敌方，知道他们可能做出什么样的反应；他的计划往往是惊人的，出于本能而又自然，很少含混不清；他有一种罕见的想象力，总能在最棘手时找出意想不到的解决方法；在危急关头，他总是身先士卒地召唤士兵跟随他冲锋陷阵，仿佛根本无所畏惧。士兵们都被他那富于魅力的个性所吸引，把他当作偶像来崇拜，并无限地忠诚于他。

1916 年底，在战争的间歇，隆美尔请假回到但泽，和露西结婚。婚后不几天，他便重返前线，夫妻俩只能靠书信倾诉彼此思念之苦。

1917 年 9 月，隆美尔又被调往一个更为紧迫的战场——意大利北部。在这个地形十分险恶的战场上，隆美尔学会了如何应付突变的局势——甚至不怕违抗上司的命令。为了出其不意地进攻敌人，他率领自己的部下，经历了人类所能经受的一切艰难困苦。他们爬越新雪初落的山梁，负载稍重一点的人很容易在那一地带陷落；他们攀登陡峭的悬崖，即便是熟练的山民也会裹足不前；他们冒着种种危险，让少数勇敢的步兵和机枪手绕到丝毫没有察觉的意大利士兵的防御工事背后，用机枪猛烈地扫射。结果，数量上占优势的意大利军队常常被打得溃不成军。

1917 年 12 月，为了表彰隆美尔的杰出表现，德皇特授予他一枚至高无上的功勋奖章。隆美尔非常珍视这份荣耀，他总是用一根绶带把这枚与众不同的十字勋章挂在自己的脖子上，并对朋友得意地说："你简直无法想象军官们对我的功勋奖章多么嫉妒！在这一点上根本谈不上什么战友之情。"

第一次世界大战结束后，隆美尔回到妻子身边。这时的露西已是一个仪态大方、相貌端庄、性格刚毅的成年女子了，但泽舞会上那迷人的青春时代已一去不复返。她依旧爱笑，笑声依旧又响又长，却已丝毫没有了放荡不羁的意味了。隆美尔也不再是一个体弱的年轻人，而是一个壮实的成年汉子。严峻的战争生活已把他造就成为一个刚强、坚毅的人。他用阅兵场上那刺耳的咆哮和粗鲁的举止，以弥补自己性格上的不足，夫妻俩相得益彰，生活美满。

1928年，露西生下一个男孩子。隆美尔欣喜万分，给儿子取名为曼弗雷德。

1929年10月1日，隆美尔被派往德累斯顿步兵学校任教官。"我们在战场上应该流汗，而不是流血。"隆美尔对学员们强调道。他以自己的战斗经历为示范讲解战略战术，并鼓励学员们有自己的见解，受到了学员们的热烈欢迎。

1933年春天，希特勒上台。作为一个爱国者，纳粹的爱国口号对隆美尔产生了强烈的吸引力。但是，作为一个军人，隆美尔又对冲锋队（纳粹组织）的飞扬跋扈十分反感，故而与纳粹保持着一定的距离。

1934年6月，希特勒对冲锋队进行了残酷的清洗，同时，他又向军队表示，德意志显赫的武功一定要得到恢复和发扬。此举赢得了军人们的真心拥戴，隆美尔也不例外。

1935年，隆美尔被派往波茨坦——普鲁士军国主义的摇篮。"这标志着我已经成了新的波茨坦陆军学校一名成熟的教官。"他兴奋地在给妻子写信道，"这是绝密！到波茨坦来吧！不要告诉别人。"

在教学中，隆美尔特别强调身体素质的重要性。当他向学员咨询对教学训练有什么意见时，有个学员说："清晨两个小时的体育训练太多了，我们太累，不能很好地听课。"隆美尔咆哮着把他骂走。同时，隆美尔也注重培养学生们在军事理论方面的独立思考能力。当学员在他面前引证克劳塞维茨（著名军事理论家）的讲话时，他指出："别理会克劳塞维茨怎么说，关键是你自己怎么想！"

闲暇时，隆美尔锻炼身体、骑马，沉醉在自己的爱好中。他熟记对数表，几乎和著名的数学家不相上下，并且能够惊人地心算出任何随意抽出的17位根数。而且，他还努力按照自己的理想塑造年幼的儿子。

一次，他让儿子爬上游泳池边高高的跳台。

"要勇敢并不难，"他对儿子喊道，"你只要克服第一次的恐惧就行了。现在你往下跳吧，一、二……"

可是儿子并未听从命令。

"快跳啊！"

"我害怕，你知道我不会游泳。"

"不要紧，我会来救你的。"隆美尔安慰儿子道。

"可是，你穿着马靴。"儿子指着他的靴子道。

"这有什么关系。如果有必要，我会脱掉它的。"

"那你现在就把它脱掉。"儿子悻悻地说。

环视了一下四周围着的学员，隆美尔拒绝了这个要求。于是，他的试验宣告失败。

儿子7岁时，隆美尔把他带去骑马。这事是悄悄干的，因为露西认为孩子太小，不能骑马。孩子的双脚被塞进马蹬皮带里，因为他的腿太短，还够不着马蹬。结果，那马挣脱了缰绳，拖着一条腿挂在马蹬皮带里的孩子跑了很远。孩子的头划破了一个口子，隆美尔吓得面如土色，他在孩子手里放了一枚硬币说："回家时，如果你告诉母亲这是从楼上摔下来的，你就能得到这枚硬币！"

回到家里，隆美尔用碘酒给儿子洗了伤口，儿子疼得放声大哭。隆美尔大发雷霆，叫他把钱还回来。然而狡黠的儿子早就把钱藏了起来。从那以后，隆美尔再也不让儿子骑马了。

"我父亲，"隆美尔之子曼弗雷德回忆道，"对我有三点希望：他要求我做一名优秀的运动员，一个伟大的英雄和一名出色的数学家。可他的三个希望都落空了。"

平步青云

1936年9月，隆美尔被任命为希特勒的警卫部队指挥。当时，纳粹党在纽伦堡集会。这种正常的例行公事，使隆美尔担负着比一般安全警卫更大的责任。

一天，希特勒决定外出兜风，指示隆美尔，他的车后最多只许跟六辆车。

到了指定时间，部长、省长、将军们的汽车将希特勒公寓的马路挤得水泄不通，他们争相随驾出游。然而，隆美尔让前面六辆车通过后，便威风凛凛地站在路中间，命令其他车子停止前进。纳粹党要员们大声诅咒道："真是无法无天，我们要将此事报告给元首！"

当天晚上，希特勒召见隆美尔，赞赏他执行命令果断。这次召见为隆美尔的晋升奠定了基础。

不久以后，另一件事又使希特勒留意到隆美尔。在波茨坦任教期间，隆美尔整理了自己的讲课稿，然后又把它们写成了一部井井有条而又激动人心的书，并把它交给当地的一个出版商。1937年初，这本书以《步兵攻击》为名公开出版。它是当时有关步兵教程的最佳读本，受到广泛赞扬，并多次再版。

这两件事使隆美尔在希特勒眼里身价倍增，很快得到了希特勒新的任命。1938年，他突然被晋升为元首大本营的临时司令官。元首的赏识重用，加上9月份希特勒在苏台德不流血的胜利，到1938年底，希特勒已经成了隆美尔心目中最完美的领袖了。当许多他的同行军官还在对纳粹哲学感到无所适从的时候，隆美尔的转变无疑是十分彻底的，他甚至在写给朋友的私人明信片上也要签上"嗨！希特勒！你诚挚的隆美尔"的字样。从此，他成为希特勒的忠实信徒，为希特勒的战争政策效尽犬马之劳。

现在，一个新的职务正等待着隆美尔。因为希特勒要吞并奥地利，于是决定让隆美尔到维也纳附近的一所军官候补生学校任司令官。到任后，隆美尔一家住在一所迷人的平房里，四周是一个大花园，巨大的城堡式建筑便是学校的校舍。隆美尔雄心勃勃地要把这所学校办成全德国最先进的军事学院。

尽管远离首都柏林，隆美尔依旧摆脱不了来自希特勒总理府的吸引力。1939年，希特勒两次派隆美尔去指挥他的流动司令部——一次是在3月15日占领布拉格；另一次是3月23日，希特勒乘船到默默尔的波罗的海口岸监督立陶宛"自愿归属"德国。希特勒在侵占捷克斯洛伐克一事上所表现出的超人胆识给隆美尔留下了深刻的印象,他给妻子写信道:"结果好就证明一切都好,我们的这些大邻国只是对事态摆出一副恼怒的面孔而已。"

不久,希特勒又准备对波兰下手。

1939 年 8 月 25 日,隆美尔就任元首司令部的指挥官。这时的德国首都柏林沉浸在酷暑的热浪之中,希特勒和外交部长里宾特洛甫一起宣布:将在次日拂晓时分进攻波兰。

然而,英国立即宣布与波兰结盟,意大利则拒绝站在德国一边宣战。最新的国际动态迫使希特勒推迟了进攻。

8 月 27 日,隆美尔飞往柏林探问究竟发生了什么事情。

"除去有和元首同桌进餐的特权外,没有别的新消息,"他向妻子透露说,"部队在焦急地等待前进的命令,然而我们军人需要的就是忍耐。意外的障碍是不可避免的,得花费一定的时间去加以清理。毫无疑问,无论元首做出什么样的决定都是恰当的。"

几天以后,隆美尔谈得更加具体了:"我倾向于认为,这次进攻可能告吹,我们会像去年收复苏台德地区那样从波兰得到一小块土地,英、法和波兰的勇气实在不可小瞧。"

8 月 31 日,隆美尔又说:"等待令人心烦,但又不能不这样。我深信元首知道怎样做对我们更有利。"

几乎在同一时刻,电话来了,命令他准备行动。当天晚上,在隆美尔召集军官的火车站候车室里,电话里又传来了希特勒的命令:"明天凌晨 4 点 45 分开始进攻。"

没有任何人,至少可以说隆美尔本人当时也没有意识到,9 月 1 日德国入侵波兰的军事行动,竟然会无情地把一个又一个国家卷入了战争的漩涡,延续达六年之久,使四千万人死于非命,整个欧洲和大半个亚洲惨遭战火的蹂躏。就这样,第二次世界大战这场人类历史上空前规模的大悲剧便在希特勒的精心策划下,由隆美尔亲手拉开了帷幕。

德军势如破竹,不到一个月便几乎完全使波兰覆灭。10 月 5 日,希特勒在隆美尔陪同下在华沙举行胜利大阅兵。隆美尔的赫赫战功得到了希特勒的高度赞扬。

魔鬼之剑

东线获胜以后,希特勒决定在西线对英法展开决战。

1940 年 2 月,隆美尔受命前往莱茵河的巴特戈德斯贝格指挥第七装甲师。

隆美尔的到来震动了全师。他的第一个行动便是让师里的指挥官们休假,并宣布:"在我自己掌握情况之前不需要你们。"随即他又解除了一位无视军规的营指挥官的职务,并勒令他在 90 分钟内离开军营。这一切都使全师为之肃然。

　　在这里，隆美尔认真地观察坦克演习，并对此进行了深入的分析。不久，他便创造出许多新颖独特的坦克战术。他命令部下编成各种大小不一的队形组织，用快速的、熟练的无线电指挥和重炮轰击的形式进行越野训练。每天晚上，他都要向所有军官做一些简要的指示，然后再处理文件，直到 11 点钟休息。早上 6 点钟他便起床，沿着莱茵河边的林荫小道慢跑，保持良好的精力和身体状态以准备投入即将来临的大战中去。

　　1940 年 5 月 10 日清晨，德军在西线发动了进攻。

　　隆美尔率装甲师一马当先，冲锋在前。他们冒着暴露侧翼和后方的危险，大胆地向前推进。有时由于前进得过快，他们远远脱离了大部队，仅仅与后面的后勤补给保持着单线联系。这时，若对方采取迅速而坚决的行动便可折断这个咄咄逼人的指头。然而，正如隆美尔估计的那样，敌军过于恐慌，陷入混乱状态，根本无力采取果断行动。

　　为了达到军事目的，隆美尔发明了残忍而野蛮的火海战术。进军时，他往往命令士兵把沿途所有房屋迅速点燃，使得装甲师得以在烟幕的掩护下迅速前进。为了找到哪些村庄有敌军驻守，他发明了著名的烟火开屏——整个装甲师一齐开火，以引诱对方暴露自己的位置。

　　在迅速占领比利时之后，隆美尔率军直扑法国。

　　漫长的马其诺防线横亘在他们眼前。

　　这个坚固的地堡防线前沿是一片森林，法国人在森林里构筑了前沿工事。隆美尔命令坦克的全体成员一枪不发，一律坐在坦克外面手摇白旗迅速通过森林。法军对此不知所措，眼看着他们通过森林。

　　穿越森林后，隆美尔命令一个营掉转车头，迅速歼灭森林里的法军。其余的坦克则向前边的地堡群发射烟幕弹，担任突击任务的工兵则迅速上前，用喷火器烧毁一个个地堡。

　　很快，第七装甲师开始隆隆滚过地堡线上被炸开的缺口。前导坦克向前面的黑夜开火猛轰，其余的坦克用舷炮射击不停，把法军打得不敢抬头。

　　这样，法国人经营多年、自吹为"坚不可摧"的马其诺防线被奇迹般地摧毁了。

　　在阿拉斯，飞速前进的隆美尔部队遇到顽强的抵抗。"当敌人的坦克一次一次冲了过来的时候，"隆美尔在手稿中写道，"每一门炮都必须迅速开火以打退敌人的进攻。我把炮兵指挥官们提出的反对意见抛在一旁，坚决地命令炮手们一炮接一炮地射向敌人。"就在这里，副官在身旁阵亡，隆美尔依旧镇定自若地指挥战斗。部下大受鼓舞，经过一天的浴血奋战，取得了胜利。

　　6 月 12 日，隆美尔攻克圣瓦勒雷城，法国第九军指挥官在市政广场向隆美尔投降，他身后跟着 11 名英国和法国的将军。

　　局势到了如此不可收拾的地步，英国人感到十分恼火。法国人抽着香烟，默认了自己的失败。

　　一位足以做隆美尔父亲的法国将军拍拍隆美尔的肩膀赞赏地说："你的行动可谓飞速，年轻人。"另一个法国人则怀着病态的好奇地问隆美尔指挥的是哪一个师。隆美尔告诉了他。"天哪!"这位法国人叫道,"又是魔鬼之师!最先在比利时,接着是阿拉斯,现在又到这里。它一再地切断我们的进军路线。我们可是真正领教了你们的厉害!"

6月17日,法国提出停战呼吁。希特勒命令德军迅速占领法国濒临大西洋的海岸线,直抵西班牙边境。隆美尔挥师向南疾驰。

6月18日,隆美尔在高速行进中攻克了瑟堡——那天的行程超过了220英里。这样,隆美尔在法国的闪电战到此宣告结束。在法国战场上仅仅六周的时间里,隆美尔率军共推进了350英里。他的魔鬼之师俘获97000名敌军官兵,而自己仅损失了42辆坦克。

纳粹宣传家们大肆宣扬隆美尔的战功。"他的装甲师就像一支魔鬼的舰队,"一位宣传家这样写道,"他的魔语是速度;英勇无畏是他的资本。他的故事就如一幕电影一样,正在上映之中,孤胆英雄式的作为正闪耀着迷人的光辉。他眼神中流露出的坚定和无畏深深打动了我。"

纳粹宣传部长戈培尔则拍摄了一部《西线的胜利》来夸耀隆美尔的战功。各大纳粹报刊连篇累牍地登载隆美尔的消息,他成了人们注目的中心,英雄的美誉环绕四周。

法国投降后,隆美尔驻留法国西海岸,为入侵英国做准备。

1941年,希特勒决定放弃入侵英国的计划,转向别的目标。

一项新的重大任务正在等待着隆美尔。

驰骋沙漠

在德国西线大捷的同时,墨索里尼统治下的意大利企图趁火打劫,在北非的意属殖民地利比亚聚集大军,对驻埃及的英军发起攻击。但是,狂妄的意军很快被挫败。英军稳住阵脚后,发起反攻。意军不堪一击,节节败退。墨索里尼慌忙向老朋友希特勒求援。

1941年2月,隆美尔被希特勒委任为德军驻利比亚总司令,挥师直指北非,援救意军。

世界上最大的沙漠——撒哈拉沙漠便位于北非。这里沙漠广布,气候异常炎热干燥,故而步兵作战大受限制,以坦克为主力的装甲部队才能充分发挥作用。隆美尔在北非指挥的部队主力便是第五装甲团,这是一支富于献身精神的专业化精锐部队。

他们很快便在利比亚的黎波里登陆完毕。为了欺骗英军的空中侦察,隆美尔命令部下用木头和纸板做了几百辆可以乱真的假坦克,并让卡车和摩托在这些"坦克"之间绕来绕去,而真正的坦克却悄悄地转动着履带开过了沙漠对英军发动了进攻。

英军大吃一惊,急忙后退。到1941年3月4日,隆美尔军队已将战线推进到离的黎波里480英里的地方。

3月19日,隆美尔飞往柏林。第二天,希特勒召见了他,给他胸前佩戴了一枚橡树叶勋章,同时命令他守住现有的战线,不要轻举妄动。希特勒这样做是因为纳粹准备入侵苏联,无力在北非投入更多的兵力。不明内情的隆美尔大为不满,失望地飞回北非,并决心违背这项命令。

这时的英军正在迅速后退,德军迅速占领了利比亚重镇阿杰达比亚。

隆尔美命令部下稍事休整后,分北、中、南三路向昔兰尼加(利比亚东部的一个鳞茎状半岛)挺进,截断英军退路。

英军惊惶失措,对班加西(利比亚东北部的重要港口)大肆破坏一番后,仓皇后撤。

德国最高统帅部闻讯后大为气恼,勒令隆美尔停止推进。但这位善使诡计、刚愎自用的冒险家一意孤行,继续挥师东进。这时,意大利指挥官也接到停止冒进的指令,他要求隆美尔解释。而隆美尔只是咧嘴笑着说:"不论如何,没有必要在我们势头正旺之时打击战士们的士气。"意大利指挥官固执倔强,坚持服从命令,二人僵持不下。这时,德国统帅部又电示隆美尔执行命令,他看完电报后竟对意大利指挥官说,元首已给了他绝对的行动自由。意大利指挥官无可奈何,只好作罢。

隆美尔挥师展开跨越昔兰尼加的战斗,4月9日,德军攻陷梅奇尼要塞,很快包围了重镇托布鲁克。英国首相丘吉尔从伦敦发来命令,要求英军"死守托布鲁克,决不允许产生撤退之念"。隆美尔军在托布鲁克久攻不克,只好留一部继续围攻托布鲁克,另一部向南绕过托布鲁克,一直推进到埃及边境,并占领了埃及城市萨卢姆。

这一时期中,隆美尔取得胜利的原因有一点是他做梦也想不到的。在战争中他与德国最高统帅部的全部秘密通讯全都是由艾尼格马密码机传送出去的。纳粹密码专家宣称这种密码绝对安全,无法破译。然而,英国人已成功地破译了它。他们对德军统帅部的命令了如指掌,殊不料,隆美尔不止一次地违背艾尼格马电码发给他的命令。这使得不知就里的英国人如陷迷雾,处处被动。

托布鲁克是个极具战略意义的港口,供给充分的英军在此扼守,成为隆美尔的心腹之患。因为他们随时可以冲下来切断隆美尔的补给线,使他不敢轻易发动对埃及和尼罗河流域的远征。

隆美尔清楚地认识到这一点,指挥部下连连发起猛攻。然而,英军又宽又深的反坦克壕使德军坦克派不上用场;严密的防守使得德军寸步难行;猛烈的炮火使得德军伤亡惨重。隆美尔只好承认遇到了真正的对手。"英军士兵打起仗来十分惊人,他们远比我们的士兵训练有素,"他私下给妻子写信道,"就我们的现状而言,迅速用武力征服托布鲁克是不太现实的。"于是,他下令停止进攻,让部下挖壕固守,避免不必要的流血牺牲。

在阵地战方面,隆美尔颇具天才。"他是个搞蒙蔽和伪装的老手,"他的一位部将后来回忆道,"他总是干那种很少有人意料得到的事。倘若敌人认为我们在某地的兵力最强,那么你可以肯定那里恰好是我们力量最薄弱的地带。而当敌人认为某处是我们的弱点并冒险接近的时候,我们又会变得确实十分强大。'和你们这位将军打交道,我们简直不知道自己在什么地方。'——这是一位英军俘虏所发的牢骚。如果他发动进攻的同时又有佯攻伴随,敌人就总是把假的当成了真的,并把他们的炮弹全部倾泻到佯攻的地方。如果敌人根据判断,认为是典型的佯攻而采取行动的话,那么下一次的情况就很快会发生变化,他们接着又得上当。如果他们把这些进攻看成是摆样子而加以忽视,而实际上这却是真正的进攻。"

"有一次,"另一位部将回忆道,"我们把托布鲁克的敌人惹恼了,他们用炮火轰击了我们的观察哨。于是隆美尔命令迅速重架观测塔。所有的电线杆都被锯倒,一夜之间在托布鲁克周围竟出现了30余个这样的塔楼,而且都有全副武装的假人在不停地活动,不时顺着楼梯上上下下——这些假人由躲在防空洞里的士兵用绳子操纵。敌人十分疑惧,向这些观测塔发射出一连串猛烈的炮火。在以后的几天中,他们将无以计数的炮弹都倾泻向这些观测塔,有些塔楼被炮火打塌了,但许多仍伫立在那里。过了不久,英军发现了真相,放弃了原先的做法——而就在这时,我们把假人换成了有血有肉的真正的观察兵。"

在这个新的环境里,隆美尔还创造了一种新的战斗指挥风格。他喜欢把混合作战部队放在后方,让意大利高级军官及下级指挥员之间保持着一种永久的联系,然后率领指挥部的一小部分成员乘坐几辆敞篷车离开部队,后面跟着无线电流动卡车,以便和作战部和部队之间保持联系。这种做法自然会带来许多问题,因为电台在异常的气候条件下经常会失灵,电池消耗也很快。同时,由于在汽车的挡泥板上插有黑、白、红三色指挥旗,敌人很容易辨认出隆美尔的位置,他的安全也经常受到威胁。但是,隆美尔认为,这些都是次要的问题,关键是,这样他便可以在任何一个战斗最激烈的地方出现,并亲临现场指挥作战。

一旦战斗打响,隆美尔常常废寝忘食,几片面包或一份冷餐便一连维持好几天。他坚定顽强,同时他也如此要求自己的部下。一次,他发现一位部将在清晨6点半时还在慢条斯理地用早餐,于是便怒气冲冲地对那人呵斥道:"滚回老家去!"起初,达不到他的要求的指挥官人数很多,随后便发生了很大的转变。由他指挥的意大利部队也逐渐崇拜起他来了,这些士兵和军官很少看到哪一位意大利将军会出现在战场上,因而乐意看到隆美尔对那些顶撞他的脑满肠肥、无所用心的意大利将军的粗暴态度。1941年10月,德国情报局甚至得到一个对这些士兵们的调查报告。他们认为:意大利应该由像隆美尔这样有才干的德国人来领导。

1941年6月,英军实施"战斧"行动计划,对德军发起反攻。两军在沙漠灼热的高温和令人窒息的尘雾中展开厮杀。德军英勇顽强,在隆美尔指挥下挫败英军。到6月18日,英军退回原先阵地。在整个战斗中,德军损失20辆坦克,却摧毁了英军200余辆坦克。隆美尔激励士兵道:"让英国人再来进攻吧,他们将被杀得片甲不留。"

这时,隆美尔在德国国内的声誉达到了顶点。当宣告隆美尔胜利的嘹亮的喇叭声仍在帝国广播电台里回荡时,许多人认为,现在可以给隆美尔写一部完整的传记了。"我想着手写一部有长远价值的作品,"一位上校给隆美尔写信道,"它将表现我们时代一位典型的年轻将军,要把他作为后代子孙的榜样,为激励尚武精神高潮的到来提供一个起点。"

信件像雪片似的飞向隆美尔。纳粹妇女组织寄给他许多巧克力——尽管在沙漠的酷热中吃这样的食物是难以想象的。一个十岁的小女孩在新闻纪录片中看到她的这位偶像后,从奥格斯堡写信给他:"……我并不害怕像别人一样,从您那里得到冷淡的回答。对于您——隆美尔将军,我可以从心底倾吐自己的语言,我非常崇拜您和您的军队,并热切地希望您赢得最后的胜利。"

纳粹陆军统帅部则决定晋升隆美尔为上将,同时设立"隆美尔装甲兵团"。"这么年轻我就被提拔到了如此高的地位,这太令人高兴了,"隆美尔志得意满地说,"然而如果可能的话,我将在自己的肩章上添上更多的星。"

与此同时,隆美尔吃惊地获悉希特勒已入侵苏联。德军在苏联战场初期的胜利使得希特勒大喜过望。他得陇望蜀,设想消灭苏联后,南下攻占伊拉克与叙利亚,然后从东面侵入埃及,和隆美尔师在北非胜利会师。这样,隆美尔在利比亚的任务便被正式纳入了希特勒的远景规划。

6月28日,德军统帅部指示隆美尔为此拟定一个草案。"我们在俄国取得巨大的胜利。"隆美尔写信告诉露西,"或许比我们料想的还要快得多。对我们来说,最重要的是,我们必须一直坚守到俄国的战役结束。"现在他终于明白,在前一段时期内他迅速取胜的设想是多么不着边际,因为他没有考虑到进攻苏联的战役。

7月31日,隆美尔飞往东普鲁士狼穴——希特勒的大本营。希特勒高兴地接见了他,并批准了他大规模进攻托布鲁克的计划。

返回前线后,医生们诊断隆美尔患了严重的黄疸病。但他仍坚持巡视前线,加紧周密部署进攻。

这时,英军获得增援,发动了"十字军远征",企图一举消灭隆美尔军。双方力量对比悬殊,英军在战役中投入724辆坦克,此外还有200多辆坦克作后备,而隆美尔军只有414辆坦克(包括意大利军队的154辆坦克)。战斗时断时续地打了三个星期后,至12月8日,隆美尔只好下令德军收缩战线。

"十字军远征"行动严重搅乱了隆美尔的计划,但丝毫没有影响他进攻托布鲁克的决心。他决定迅速实施"仲夏夜之梦"行动计划,猛攻托布鲁克。

在德军潮水般的攻击下,英军的抵抗眼看就要崩溃。不料埃及的英军在获得大量增援后,迅速东进,对隆美尔军形成了合围之势。

这时的德军伤亡惨重,给养严重不继,尤其是汽油严重匮乏,装甲部队难以维持。为了避免被围歼,隆美尔指挥德军虚晃几招以后,向西撤去。

英军尾随而至,德军只好且战且退。在紧靠阿米达比亚的地方,隆美尔发现两个英军旅之间有一个诱人的突破口,于是马上派军冲击。在两次熟练和胜利实施的进攻中,大量英军被歼灭。英军一蹶不振,德军获得了喘息之机,到1942年1月,在的黎波里附近的布雷加港一线,德军站稳了脚跟。"暴风雨已经过去,我们重又看到了蔚蓝色的天空。"隆美尔兴奋地宣布道。

不久,希特勒给隆美尔运来50多辆坦克和2千吨航空汽油。这使德军的给养得到充分的补充。

并且,意大利间谍盗窃了美国驻罗马大使馆,并且拍摄了"黑色密码"的附件。这样,意大利和德国的密码侦破人员便可以偷听美国绝密的通讯联系了。它的宝贵价值在于:美国驻开罗的武官波尼尔·费勒斯上校拍回华盛顿国防部的报告便采用的是此密码。而费勒斯上校是一个极有洞察力的战地观察家,并始终注意着英军进攻隆美尔的计划和它对德国装甲兵团下一步行动的估计。这使得隆美尔获得了大量有重要价值的军事情报,对英军活动了如指掌。

经过一小段时间的休整后,隆美尔认为大规模反攻的时机已经成熟。他决定对英军发动突然袭击,使其猝不及防。

为了保守机密,他禁止炮兵用胡乱发射的炮火对英军进行轰击,禁止所有的卡车在白天向敌方运行。与此相反,他故意让卡车运输队直到黄昏还在向西方运行,然后,在黑夜的掩护下再把车辆掉转头驶向敌军。坦克和大炮也都做了巧妙的伪装。他甚至把这一秘密瞒着柏林的最高统帅部,无线电没有发出任何讯号。对于士兵,他也只是通过那些通往前线的所有客栈的通告牌告诉他们:发起进攻的时间是1月21日上午8点30分。当这一时刻接近时,天空被建筑物的火焰映得通红,沿海岸的船只也被隆美尔有意点燃,借以迷惑英军。

发起进攻的时刻终于到了。隆美尔身先士卒,指挥在海岸公路上的战斗部队穿越布雷区。与此同时,他的部将在右翼也发起攻击,两军配合得天衣无缝。第二天早上,德军攻占阿米达比亚,英军狼狈逃窜。德军以3名军官和11名士兵阵亡及三辆坦克被毁的微小代价,击毁了299辆英军坦克和装甲战斗车、147门大炮并俘获了935名俘虏。

1月26日,隆美尔决定不顾一切地继续进攻,直指梅奇里。英军火力被一支佯攻梅奇里的德军所吸引,对于经过长途跋涉突然出现在身后的德军主力猝不及防,束手就擒。

在伦敦,丘吉尔在议会中被有关北非危机的愤怒质问所包围。他自己早先炫耀的不久英军将进入的黎波里的大话现在听起来显得十分空洞可笑。现在,全世界报刊上的英雄不是丘吉尔,而是一个戴着有机玻璃眼镜,佩着功勋奖章的德国坦克将军。"我只能告诉你们,"丘吉尔对议员们说,"眼下昔兰尼加西部前线的形势很糟。因为我们的对手是一个十分大胆而又精通战术的人,若撇开战争的浩劫而论,他是一位了不起的将军……"

1月29日,德军攻占班加西。第二天,希特勒在自己的演说中高度赞扬隆美尔,提升他为标准上将,并托人带话给隆美尔,"告诉隆美尔,我钦佩他"。隆美尔则兴高采烈地回信道:"为元首,为民族,为新的思想贡献微薄之力使我感到十分荣幸。"他再接再厉,直指埃及边境。

"在我们向埃及边境猛插期间,无论在哪里都能找到隆美尔。这位军人总是把他那奇怪而又不可思议的力量传播到官兵身上,甚至直接倾注到每一名士兵身上。人们私下里对他都直呼其名,他和士兵谈话时也直言不讳;他不和他们一道唉声叹气,然而却以诚相待;他常常言辞严厉,但也同样知道如何称赞他们,鼓励他们,知道怎样提出自己的建议,怎样把复杂的问题深入浅出地使他们容易理解。大家彼此了解,并有着沙漠特有的忠诚和友谊。士兵们了解自己的将军,并且知道将军和他们一样吃着沙丁鱼罐头。"一位随军记者这样写道。

这时,德军面临着英军的卡扎拉防线,它顺海岸而下,进入沙漠,延伸到托布鲁克以西四十英里的地方。沿着这条防线,英军埋下了一百万枚地雷,并切断了所有的理想的沙漠小道。隆美尔决定让军团迂回到南面,对英军进行侧翼包抄。他下令士兵在卡车上安装上巨大的螺旋桨,放在战线正面,让螺旋桨高速转动卷起的风沙吸引英军的火力。

进攻开始时,德军取得了胜利,但随后,隆美尔和他的士兵们便陷入了重围。因为情报部门的情报有误,在他们为隆美尔准备的地图上,漏掉了一个敌军装甲旅和四个旅群,英军仅仅上了一半圈套。隆美尔似乎也失去了对战斗的控制力,情况十分危急。幸亏他与德国空军指挥官瓦尔道取得了联系,瓦尔道派出 326 架飞机扫荡战场,局势才开始变得对隆美尔有利。

到 6 月 18 日,经过残酷厮杀的德军包围托布鲁克。

这时的托布鲁克已远不及 1941 年被围时牢固,沙暴填平了又宽又深的反坦克壕,英军士气低落,给养匮乏。

在空军火力的配合下,隆美尔军经过两昼夜苦战,终于攻克了托布鲁克。

消息传出,整个纳粹帝国欣喜若狂。一座新落成的桥以隆美尔之名命名;鲜花和贺电淹没了隆美尔家;希特勒则宣布晋升隆美尔为陆军元帅。

隆美尔踌躇满志,挥师东下。英军节节败退,直到一个污秽的小火车站阿拉曼附近才稳住了阵脚。尼罗河湿润的河风轻轻拂拭着士兵们被沙漠烈日烤得焦黑的脸庞,开罗便矗立在不远处。这是英军在尼罗河前的最后一道防线了。

墨索里尼和一批法西斯要员已经飞抵利比亚,焦急地等待着进入开罗的庄严时刻。领袖们的白马嘶鸣不已,准备美餐尼罗河畔青青的牧草。

一场惊心动魄的大战即将在阿拉曼展开。

棋逢对手

面对着德军的威胁,指挥英军的奥钦莱克将军几乎失去了信心,他开列出一张在德军占领埃及前必须破坏的项目表:电台、电报和电话系统,石油和汽油装置,交通以及动力供给系统。防御工事正在金字塔附近修建,埃及首都已宣布进入紧急状态。德国特工人员通知隆美尔,英国军队已经接管了开罗。隆美尔的威名在他本人之前启程了。他知道,厌恶英国人统治的埃及人正怀着难以抑制的兴奋心情等待着他的到来。他希望随之而来的反英骚乱扰乱英国人的后方。在他与外交部保持永久联络的特别通讯车里,一份电报发往柏林:"陆军元帅隆美尔要求在埃及尽快展开积极的策反宣传活动。"

在伦敦,英国首相丘吉尔则陷入了议员们的猛烈攻击之中。为解燃眉之急,他决定起用自敦刻尔克(1940 年)战役后一直赋闲的蒙哥马利将军取代奥钦莱克将军,任北非英军总司令。

矮小结实的蒙哥马利长着一副鸟一般的相貌,他那高昂并带鼻音的嗓音听起来刺耳而又不友善。蒙哥马利有许多方面都和隆美尔相似,两人都很孤僻,在自己同行将军中,敌人多于朋友;两人都很专横、傲慢,是缺乏文化素养的职业军人;在受到约束时,两人都是难以对付而又抗上的军官,然而在一切由他们支配时,却又是最优秀的和有独到见解的战地指挥官;两人都不吸烟,也不喝烈性酒,而且都喜爱冬天的运动和注意保持身体健康。

蒙哥马利注重与领袖保持良好的关系。他用靠近海滨浴场的舒适住所招待丘吉尔,并给他提供白兰地和美味的食物。同样,隆美尔也重视他对希特勒的忠诚以及和戈培尔的友谊。两人都挑选出类拔萃、年轻有为的军官组成自己的"军事家庭",并且都很注重自己的名誉。正像隆美尔戴着他那著名的帽子和有机玻璃风镜一样,蒙哥马利则是用带有团队徽章的不协调的澳大利亚丛林帽子来装饰自己。孩提时代的隆美尔对鸟类和动物曾有过短时间的残忍行为,他用放了辣椒的食物喂天鹅,并对它们的痛苦哈哈大笑。蒙哥马利在学校上学时,便是一个调皮鬼,还有着恶霸的名声。

然而在战场上,他们却截然不同。隆美尔是个勇武的军人,与他对垒的英军也不否认这一点。蒙哥马利则命令士兵们:"无论在哪里,发现德国人就打死他们。"这赋予了这场沙漠战争以新的特点,而隆美尔却谨慎地避免这种残忍;蒙哥马利是个行为古怪的人,而他的纳粹对手隆美尔却是一个正统的军事指挥官,并主要以随机应变的能力和深邃的战术洞察力而著称;隆美尔总是在战场上冲杀在前,身先士卒,蒙哥马利则决不会冒着生命危险走上前线;隆美尔完全依靠自己的才智,蒙哥马利则更懂得运用别人的智慧。

还有一点必须强调:在情报方面,蒙哥马利也远比隆美尔占优势。隆美尔与德军统帅部之间的许多绝密电报,几小时后便会被英国情报机关破译后送呈蒙哥马利。而此时,美驻开罗武官费尔斯已奉召回国。德情报机关通过破译他和华盛顿之间电报以获取情报的渠道便不复存在。

抵达阿拉曼的德军可以说已是强弩之末,疾病大为流行,许多士兵染病丧失战斗能力。并且可投入战斗的德军坦克仅203辆,英军则是767辆。更为致命的是,德军的燃料供应严重不足,整个装甲兵团的汽油仅够行驶100多英里。

面对这种情况,隆美尔决定速战速决。

1942年8月30日晚,一轮苍白的明月挂在波浪起伏的沙漠的上空,隆美尔选择了克拉克山作为突破口,发起总攻。

殊不料,这一情报被英军获得。英军在这里密布地雷,设下圈套。德军闯入布雷区后,整个阵地被英军伞兵的照明弹照得通明透亮,英空军对德军实施了凶猛的空袭。德军死伤惨重,俾斯麦将军等重要战将相继阵亡。拜尔莱因上校挺身而出,临时担任前线指挥,带领德军拼命向前冲杀。

第二天清晨,德军终于突破到布雷区尽头。拜尔莱因上校余勇可贾,向隆美尔请命继续进攻。隆美尔鉴于德军损失惨重,犹豫不决。上午8点35分,他电告装甲师:"原地待命。"拜尔莱因争辩说,眼下放弃进攻,对那些为突破布雷区做出牺牲的士兵是一种嘲弄。隆美尔只好同意了他的看法,但却对作战计划做出了灾难性的修改。不是按原计划向东推进二十英里到达左侧那座令人生畏的阿拉姆·哈勒法山脊,再迂回过山脊从后方进攻敌人的主力,而是让全部主力此时尽快地横跨山脊。

这种进攻路线正是蒙哥马利求之不得的,他正打算在阿拉姆·哈勒法山脊彻底打破沙漠之狐不可战胜的神话。

趁着沙漠风暴,隆美尔军顺利推进到山脊下。这时天放晴了,集结在山脊上的英军坦克和大炮立即开火,轰炸机也铺天盖地而来。前线指挥向隆美尔报告,装甲兵团已经受困,并且所剩燃料只够行驶二十英里了。

9月1日拂晓,隆美尔驱车前往战场时看到在这片狭窄的地段上,铺满了德军坦克残骸,许多坦克还燃着熊熊的大火。英军发起了六次轰炸。空气几乎令人窒息——硝烟灼热呛人的气味夹杂着细沙,使人无法呼吸。冰雹一般打来的岩石碎片加大了爆炸和子母弹的威力。德军被压得抬不起头来,伤亡惨重。面对这种情况,隆美尔下令装甲兵团迅速回撤。

这一决定在很大程度上延误了战机。因为德军虽伤亡惨重,但士兵们仍勇猛拼杀,已从侧翼包围了英军所谓的最后希望的防线。

蒙哥马利获悉后,兴奋地宣告:"埃及已经没有了危险,我将最终消灭隆美尔是确定无疑的。"

事实上,这次战役英军的胜利,与其说是物质上的,倒不如说是心理上的。隆美尔利用保留被占领的英军布雷区和重要的卡伦特·希梅麦特高地进一步加强了自己的防御线,使蒙哥马利的南翼受到了严重威胁。同时,英军虽牢牢站住了脚跟,但却比德军付出了更大的代价,他们损失了68架飞机、27辆坦克和比德军更多的伤亡人数。然而,英军能够迅速弥补这些损失。隆美尔却无能为力,特别是此次战斗使德军消耗了400余辆卡车,使德军的运输工具严重不足。

这时,隆美尔的健康状况严重恶化。希特勒召他回国治疗休养,命施登姆将军暂时接替他的职务。

9月23日,隆美尔动身回国之前,把有关在阿拉曼战线上必须继续加紧工作的最强硬命令交给了施登姆。他认为,由于无法对战线进行侧翼包围,蒙哥马利很可能会从正面插入。为了减少英军炮火和空中轰炸的影响,隆美尔设计了十分全面的防御系统。英军的主要攻击目标将是连绵的德军布雷区战线,所有的布雷区均无人驻守,但却布下了成千上万的地雷和陷阱。这条防线的前沿将由德军战斗前哨部队守卫,每一个步兵营抽出一个连的兵力。在布雷区后面大约2000码处是主要的步兵防御阵地,后面有布局巧妙的更大型的反坦克炮,防御阵地后方作为机动后备力量的是装甲和摩托化师。

这些主要的防御地带便是隆美尔著名的"魔鬼的乐园"。大多数地雷的威力都足以炸断坦克的履带或摧毁一辆卡车。而其中百分之三的地雷具有多种毁灭性的杀伤力,或通过电线引爆,或是一触即响,接着这些地雷就像玩偶匣似的飞向空中爆炸开来,无数的钢球将飞溅到四面八方。在蒙哥马利发起进攻之前,德装甲军团埋设了249849颗反坦克地雷和14509颗杀伤地雷,加上南线上占领的英军布雷区,隆美尔的防御线上一共有445000多颗地雷。

隆美尔的基本战术计划是让敌军的进攻陷入他的布雷区,然后德军再从战线的北端和南端发起反攻,使蒙哥马利的精锐部队落入他的圈套。

"一旦战斗打响,"他向施登姆保证说,"我将立刻放弃治疗,返回非洲。"

隆美尔回国后,形势进一步恶化。英国的情报机关接连截获德军运输船即将到来的消息,于是派出飞机和潜艇在海上等候,并将它们摧毁。德军燃料供应严重不足,士气低落。

英军司令蒙哥马利获悉这些情况,并知道隆美尔的部队无论在哪一方面都不能与他的大军匹敌。他告诉军官们,隆美尔已"告假养病",德军战斗力衰竭,军粮不足,汽油弹药短缺,英军发起总攻的时机已经到来。

"你们训练有素,眼下正是杀敌之时,"蒙哥马利动员士兵道,"向坦克开火,向德军开火吧!"

1942年10月23日,英军发起凌厉攻势。施登姆将军亲临前线指挥德军作战,不幸阵亡。10月25日,隆美尔急忙赶回前线。当他跨进司令部的汽车时,阿拉曼战役的大厮杀已进行了48小时。英军的炮声震耳欲聋。隆美尔询问为什么英军集结进攻时他们不用炮火轰击。托马将军和威斯特法尔两人解释说,施登姆将军严禁进行炮击,以免浪费炮弹。在隆美尔看来,这简直铸成了致命的大错。正因为如此,英军才能以排山倒海之势轻而易举地压过前沿阵地,占领了德军的布雷区。

英军进攻的重点在北部,他们以步兵为突击队,在浓郁的烟幕掩护下从布雷区杀开一条通路,以便坦克突破防线。在这些通道之间兀立着可作为炮兵观察所的光秃秃的28号高地。但此高地已落入英军之手。

隆美尔率军向这块高地发起了殊死的反攻,但是,数次冲击均告失败,德军反而在这块无法隐蔽的地段上,遭到英空军的无情轰炸。

此时还有一项战术措施可以运用,那便是后撤几英里,退出英军炮火射程之外,再诱英深入,使对方坦克卷入激战,以优势兵力全歼之。然而,隆美尔已无足够汽油支持实施此计划,并且德国空军此时也无力支援。

隆美尔感到心灰意冷,但他仍向指挥官们发布命令,指出此乃生死攸关时刻,任何人都必须绝对服从命令,都必须战斗到底。

很快,蒙哥马利又发动了一次大规模的攻击。德军勇猛拼杀一夜,终于击退了对方的攻势。蒙哥马利被迫重新考虑战略部署。

这时德军燃料已所剩无几,并且,英空军的狂轰滥炸也使德军招架不住。隆美尔清楚地认识到:要是他的部队固守在原地,一旦英军突破防线,就会形成包抄之势,德军那时插翅也难飞了。

于是,他命令所有的非战斗部队撤到富卡防线更远的西部——梅尔沙马特鲁地区。就这样,隆美尔神不知鬼不觉地开始了撤退。

他向希特勒汇报了这一打算,然而希特勒拒不批准,并电令他:"你可向你的部下指明,不胜利,毋宁死,别无他路!"

隆美尔只好命令前线部队继续坚守阵地。这使得很大一部分部队错失撤退良机,惨遭覆灭。到11月4日,德军南线总指挥凯塞林元帅赶来给部队打气时,前线德军只剩下22辆坦克了。

"我觉得应把元首的电报看作是呼吁,而不是一成不变的命令。"凯塞林指出。

"我认为元首的指令是绝对不能更改的。"隆美尔诚惶诚恐地说。

"但必须随机应变,"凯塞林反驳说,"元首并不愿意你和你的士兵葬身此地。"

凯塞林劝他立即电告希特勒:"就说部队损失惨重,人员剧减,不可能再守住防线。要在非洲立足的唯一机会完全取决于此次撤退的成功与否。"凯塞林同时答应亲自向希特勒电告此事。

不久,希特勒回电隆美尔,悻悻道:"既然事已至此,我同意你的要求。"

就这样,隆美尔七万人的残部开始了艰难的大撤退。

很少有这样残酷的环境,竟然在一支军队撤退时如此恶毒地消耗着它的精髓。然而,隆美尔依旧表现了身处逆境时那种惊人的狡诈。好多次,蒙哥马利的炮火还在向德军轰炸不止,可是德军早已悄然后撤,只留下数以百计的地雷阵在恭候前来探头探脑张望的英军。

虽然疾病缠身,头晕目眩,但隆美尔仍率七万德意联军,穿越了北非海岸线数百英里荒无人烟的沙漠。一路上,他们忍受着热带白昼酷热的煎熬,经受了疾风暴雨的吹打,硬挺着寒冷彻骨的黑夜。这支首尾长达 60 英里,由坦克、大炮以及各种载人车辆拼凑起来的队伍,一路上经常遭到无情的空袭。有好些日子,由于缺乏燃料,整个撤退行动不得不瘫痪下来,与此同时,隆美尔那些身经百战、忠诚不渝的士兵在缺水少粮的情况,仍然在为掩护撤退做着殊死的抵抗。几星期、几个月过去了,终于,突尼斯的青山丛林映入了眼帘,隆美尔才长长松了一口气。

在突尼斯,隆美尔受到了凯塞林、突尼斯德军总指挥阿尔尼姆以及意大利最高统帅部的合力排挤,只好于 1943 年 3 月称病告别了非洲。

在他离开两个多月后,北非的德军接连溃败,只好举手投降。

火中取栗

德意联军在北非彻底失败后,意大利便直接暴露在英美盟军面前。这时的意大利国内局势也日益不稳,墨索里尼的地位岌岌可危。

希特勒急忙任命隆美尔组建一个新的集团军司令部的参谋班子,并指示他:一有紧急情况,便进占意大利。

1943 年 7 月 9 日,英美盟军用伞兵和登陆艇对意大利的西西里岛实施进攻。

7 月 25 日,意大利发生政变,墨索里尼被囚。虽然新政府宣布不背弃德国,但希特勒根本不相信这一点。他强烈主张立即进军意大利,扶植墨索里尼重新上台。隆美尔却力主采取谨慎的行动,逐步渗入意大利。经过一番争论,希特勒冷静下来,同意了隆美尔的意见。

于是,隆美尔开始不慌不忙地把部队直接渗入意大利北部。他计划:横跨从热那亚到里米尼(意大利中部靠近亚得里亚海的重要港口城市)的意大利北部,占领一条战线,然后再把忠实可靠的德军遍布意大利。他认为,德军先应在西西里打一场旷日持久的战役,然后沿意大利的"靴形"地势(意大利在地图上很像一只斜放着的靴子)撤退北上,在横跨意大利的科森察(意大利西南部的重要城市)至塔兰托(意大利东南部的重要港口城市)之间的一系列防线上进行防御,最后再沿亚平宁山脉进行抵抗。总之,他认为:"与其在自己的国土上打仗,不如在意大利进行战斗。一定要拒战争于德国本土之外。"

7月29日,希特勒获得情报——意大利的新政权正秘密与敌人接触,停战指日可待。他急忙下令隆美尔执行秘密入侵意大利的阿拉里奇行动计划。

隆美尔对突击营的指挥官扼要交代说:"你们要对意大利人保持友好和睦,避免摩擦。"

"他们要是抵抗呢?"

"那就谈判,"隆美尔说,"如果他们向你们进攻,你们就还击。切勿使用意大利人的电话线。与后续部队一定要保持紧密的联系,使意大利人无法将部队插进来。"

德军迅速占领了意大利北部边界地区的关隘。等意军反应过来,大批德军已滚滚而来,占据了意大利北部的各战略要地。意大利最高统帅部对此非常恼怒,他们将大批军队调往北部抵挡德军,同时加紧同英美盟军接洽投降事宜。

为协调德军在意大利的行动,希特勒调凯塞林元帅指挥南部军队作战,让隆美尔专门负责指挥北部德军行动。

9月8日,意大利宣布向英美盟军投降,德国最高统帅部用电话向隆美尔和凯塞林下达代号为"轴心"的命令,让他们立即快刀斩乱麻地收拾意大利军队。

德军行动迅速,很快占领罗马和各大城市。意大利新政府要员和王室逃跑到英美盟军那里,乞求援助。

第二天,美军第五军团在那不勒斯(意大利南部的重要港口城市)南部的萨莱诺从海上进攻。从破译的美军无线电通讯密码中得知,意大利人已将战略部署泄露给敌人。凯塞林接到希特勒的直接命令:"如果有必要",边打边向北撤,向罗马方向运动。但是美军和德军防守部队一交锋便被打垮。这未免令人手痒,凯塞林决定就在当地及时吃掉敌人。

与此同时,隆美尔在北部将一切力量都投入到了海岸防线,并不再保留后备部队,准备拒敌于海面。

9月10日,隆美尔因阑尾炎住进了医院。躺在医院时,他不止一次听到了空袭警报。这使他意识到在奥地利的家也已不安全,急忙写信给妻子要她迁居外地。

凯塞林极想遏制住盟军的攻势,甚至把他们赶下海去,但这几乎是梦想。9月12日,他得到反攻的许可,但是英美盟军已经有八个师登陆,正以优势兵力压向德军的四个师。于是德军开始边撤边退。希特勒授权凯塞林一路上破坏桥梁、公路、隧道和铁路等设施,阻止敌人的推进。

这便是27日隆美尔出院时的局势。那天下午,陆军元帅凯特尔从最高统帅部打来电话,要隆美尔飞回"狼穴"(希特勒设在东普鲁士的大本营)参加会议,与希特勒讨论秋季战略。这一回凯塞林也出席了会议。

隆美尔和凯塞林向希特勒汇报了在意大利的战果:他们解除了80万意大利士兵的武装,取道北部押送了26万8千人到德国服苦役,缴获了448辆坦克、2000门大炮和50万支步枪。然而这并不是最令人叹服的战果。在拉斯佩齐亚的三条隧洞里，隆美尔的部队发现了为意大利潜艇和军舰贮藏的燃料油，共有38000桶，相当于165万加仑。正是这个意大利最高统帅部，一边窝藏着这么多的燃料油，一边说海军没有燃料，不能为船只护航，无法把给养物资运给在北非的隆美尔。在随后的几个星期里，别处也找到了更多的意军秘密贮藏的燃料油。

出席会议的戈林插话道："我们还缴获了数百架第一流的意大利战斗机。"

"这些家伙怎么竟干得这样神不知鬼不觉呢？"希特勒吃惊道。

戈林冲动地说："意大利和墨索里尼多年来一直在有意捉弄我们。意大利人把飞机和原料藏起来，墨索里尼怎会一无所知？真该一枪把他崩掉。"

这些话并不对希特勒的心思。他依然费尽心机，把墨索里尼从被关押的山庄里搭救出来，并帮他重新建立起政权。"真正的过失全在国王和他的将军们身上，"希特勒强调道，"他们策划这次叛变是蓄谋已久了。墨索里尼和他们不同，他是我们的朋友。"接着，他转向凯塞林和隆美尔说："我们在意大利坚守的每一天、每一周、每一个月，对我们都是生死攸关的大事。我们必须赢得时间，因为只要把战争拖延下去，就能使对方屈服。"

然而，隆美尔不能保证的也正是时间。他建议最好的办法就是依次安全迅速地沿意大利半岛撤至罗马以北90英里的地方。

可是，凯塞林却要求在罗马以南90英里只有先前一半长的战线上进行最后的防御战。他相信至少能在即将到来的冬季守住这条防线。这一建议比隆美尔的建议显得更为乐观，并且更合希特勒的意。

然而，隆美尔指出，凯塞林的计划中有一个明显的漏洞，因为对方若在罗马的任意一边，海上或更远的北部绕过这条防线，德军就会腹背受敌。

凯塞林为自己辩护说，若北部德军严阵以待，密切配合的话，此防线必然固若金汤。故而他要求由一人通盘指挥意大利战事。

10月17日，希特勒派人请来隆美尔，让他独自指挥意大利战场的德军，但同时要求他依凯塞林计划行事，至少要在整个冬季守住凯塞林现在控制着的从加埃塔到厄托纳的防线。隆美尔则提出了强硬的保留意见。他要求在接受"意大利最高司令官"一职前，必须亲自视察凯塞林的战区，再根据实际情况制定作战计划，不同意盲目执行别人的计划。希特勒对此大为恼怒。

10月19日，希特勒决定将意大利的最高指挥权授予乐观的凯塞林。

那么隆美尔该做什么呢？他那齐心协力的参谋部又该怎么办呢？难道隆美尔该靠边站了，这对德国来说是无法理解的。希特勒此时陷入了进退两难的窘境，该给这位他自己的宣传机器鼓吹出来的神秘元帅分配什么工作呢？希特勒做出了第一个十分不当的决定，让隆美尔集团军的参谋班子原封不动，在必要时可以给他出谋划策。这虽然迎合了隆美尔的数学头脑，因为数学是一门充满了"寻求问题答案"的科学，但是对隆美尔本人而言，这不过是让他蒙受耻辱，丢尽脸面罢了。他感到自己终于被抛在了一边。

负隅顽抗

　　希特勒的战略顾问约德尔将军提出了解决隆美尔问题的方法。10月30日,他把德国军界年事最高、资格最老的陆军元帅,西线总司令伦斯德的连篇累牍的报告呈交给希特勒。该报告指出,自1942年8月以来,在欧洲与英国隔海相望的海岸线上,希特勒曾大肆鼓吹的"大西洋壁垒"事实上已经不堪一击。以英美盟军在西西里和萨莱诺成功登陆的实力来看,"大西洋壁垒"根本无法阻挡对方决意进行的入侵,必须尽快地彻底检查和加固海岸防御工事。约德尔的建议认为:这对隆美尔及其参谋班子来说是一项很合适的工作,无论对方从什么地方发动攻势,从战术上来说,隆美尔都可以胜任反入侵的指挥任务。但是希特勒并不想做得太过火,他要约德尔起草一份适合于隆美尔的命令,只说是"研究任务",而不指明"战术指挥"这样的概念,因为那样做未免过分了点。

　　11月5日晚些时候,希特勒在"狼穴"把这项命令下达给隆美尔。他着重指出,这项工作对德国具有重要意义。"敌人要是从西线进攻的话,那就将是这场战争的决定性时刻。"希特勒说,"那么,我们必须举国上下全力以赴。"遵照希特勒的直接命令,隆美尔开始着手研究在盟军获得立足点之后必须采取的防御计划和可能的反攻措施。

　　希特勒暗示隆美尔,如果战斗打响,他可能要担任战术指挥。可是,希特勒并未把这个意思告知西线总司令伦斯德。相反,希特勒却事先派最高统帅部司令凯特尔秘密前往巴黎,向伦斯德担保他可以稳坐总司令的宝座。

　　与希特勒短暂愉快的会面,使隆美尔倍受鼓舞。他兴致勃勃地写道:"元首的精力多么充沛！他给他的人民以巨大的鼓舞和坚强的信心！"

　　希特勒之所以选派隆美尔的原因是:在纳粹指挥官里唯有隆美尔具有数年与英美军队作战的经验,盟军非常畏惧他;此外,希特勒也想给隆美尔一个挽回声望的机会。

　　在视察过与英国隔海相望的全部海岸防御工事后,隆美尔认为:若发动进攻,盟军首先会以猛烈的空袭开路,然后在海上军舰和空中战斗轰炸机的火力掩护下,用数以百计的突击艇和装甲登陆艇在广阔的战线上从海上登陆,与此同时,在离海岸不远的内陆投下空降部队,从后面打开"大西洋壁垒",从而迅速地建立桥头堡。故而,唯一有效的防御手段便是在滩头就歼灭入侵之敌。

　　为了实施这一计划,隆美尔决定在整个大西洋壁垒地带构筑一道六英里宽的坚不可摧的由地雷阵地和钢筋水泥掩体构成的防线。

　　他四处巡视,监督士兵们加紧修建防线,并且独出心裁地发明了各种新的防御技术。他建议用救火胶管的射流把笨重的木桩打入海滩下面。结果这个主意很奏效,木桩在3分钟内就能整根地打到沙地下面,而用常规的打桩机则要花费45分钟。接着,隆美尔命令士兵把地雷紧紧地捆在障碍物上,并给障碍物插上锋利的铁刺和参差不齐的钢板,这样它们就可以保证把登陆艇炸得粉碎。为了克服地雷的短缺,隆美尔创造了利用 120 万颗废炮弹的方法。这种致命的"坚果"地雷是一颗嵌在水泥障碍物上的炮弹,其中安有一块木板,作为临时触发器,一旦船只从旁经过,就会引起爆炸。为了把笨重的障碍物运到较远的海滩,他还绘制了有关使用浮漂起重机、船只和马拉队,以及滑车等技术的草图。设计图和使用方法印制出来后便分发给整个防区的指挥官们。为了克服物资的不足,他开办了生产水泥和四方体障碍物的工厂,修建发电站,重新开采矿山等。尤其值得一提的是,隆美尔的创业精神在西线激发了士气,士兵们的情绪日益高涨。

1944 年初,英美盟军在欧洲开辟第二战场的意图日趋明显。

3 月 19 日,希特勒在伯格霍夫召见隆美尔,对他说:"显然,英美即将联合对西线发起进攻。在任何情况下,都不允许敌人的进攻持续几个小时。要坚决歼灭他们,这将使罗斯福不能蝉联美国下一届总统之职,英国人则会产生厌战情绪。而且一旦西线胜利,我们就能全力对付东线。因此,这场战斗关系到我们国家的命运!"

同时,希特勒还指出:英美的联合进攻一旦开始,诺曼底海岸将是他们的进攻目标,而战略目标则是夺取瑟堡港。

隆美尔却不同意这一判断,他认为敌人可能进攻的海岸线必定是自比利时延伸至法国索姆河的第十五军团驻守的地段。

果然英军侦察机频繁骚扰第十五军团防区,他们的空袭也集中在这一地区。

5 月 20 日,德军在索姆海湾抓到两名英军突击队员,他们正在从事侦察活动。

接着,隆美尔在北非时的部将克拉默因患严重的哮喘病被英国人释放回国。他跑来找隆美尔告诫说,敌人进攻选在索姆河附近地区。

所有的迹象都表明,英美盟军进攻的目标是靠近英吉利海岸的第十五军团的防区。

隆美尔对自己的判断更是深信不疑,他将这一地区视为防御重点,加固工事,投注重兵。1944 年 6 月 6 日,自认为万无一失的隆美尔回到家中,愉快地去给妻子露西过生日去了。

殊不料,他中了老对手蒙哥马利的圈套。正是 6 月 6 日这一天,盟军在隆美尔防御最薄弱的诺曼底登陆。

闻讯赶回的隆美尔立即组织抵抗,但终未能阻止住盟军排山倒海的攻势。

十天后,隆美尔对德国的败局确信无疑,他上书希特勒阐明德军处境,请求希特勒考虑和英美盟军谈判议和。他对希特勒说:"现在,政治应该起到它应起的作用了,否则,西线的局势很快将恶化而难以收拾的地步。"

"这不是你应该关心的事。让我来决定吧!"希特勒冷冷地答道。

6 月末,德军在诺曼底作了最后一次反攻,但很快失利。

7 月中旬,隆美尔和另一位陆军元帅克鲁格联名敦促希特勒从政治上考虑,做出最后的决定。并且,他还在手下的将领中竭力宣传自己的主张。

"要是元首拒绝我的建议,那我就敞开西线,让英国人和美国人先于俄国人到达柏林。"他对第 17 空军野战师作战部长瓦宁说。

不久,他与装甲群指挥官埃伯巴赫将军秘密会晤。

"我们不能再这样继续下去了。"隆美尔指出。

埃伯巴赫模棱两可地问道:"只要元首在台上一天,你能想象情况会有什么变化吗?"

隆美尔摇摇头说道:"我希望得到你的支持。为了德国人民的利益,我们必须合作。在以往的类似行动中,人民总是慷慨激昂的。"

"那将会在德国引起一场内战。"埃伯巴赫忧虑地说。

"是啊!唯愿元首同意我的计划。"隆美尔答道。

7月17日,隆美尔视察第一党卫装甲军。他问军长迪特里希:"你愿永远执行我的命令吗,甚至这些命令和元首的命令相抵触的时候?"

这位党卫军将军伸出那瘦骨嶙峋的手对隆美尔说:"你是头儿,陆军元帅阁下。我只听从你的,不管你打算干什么。"

殊不料,在返回途中,隆美尔的汽车遭盟军飞机轰炸,摔进一条沟渠里。他头部受了重伤,被送到巴黎郊外一家医院进行治疗。

祸起萧墙

1944年7月20日,德国国内发生了谋杀希特勒事件。密谋分子施道芬堡把一只装有炸弹的皮包放在东普鲁士希特勒的作战会议室里,结果炸弹仅使希特勒受到轻度烧伤和撞伤,暗杀宣告失败。

隆美尔被深深地牵连进这次谋杀案之中。密谋分子供出了与隆美尔关系亲密的克鲁格元帅和隆美尔的参谋长斯派达尔中将。希特勒解除克鲁格的职务并召其回国,克鲁格知道在劫难逃,就吞下了氰化毒剂自尽身亡。斯派达尔在审讯中,宣称一位密谋分子曾将暗杀阴谋告知了他,而他则及时地向隆美尔报告了此事,若隆美尔没有上报这个警告,那就不是他本人的过错了。

秘密警察相信了这一供词,并写成报告交给了希特勒。本来就对日益悲观、持失败主义论调的隆美尔大为不满的希特勒怒气冲天,指出斯派达尔尚可饶恕,隆美尔则罪不可赦。

8月8日,隆美尔被送回德国家中养伤之时,已被秘密警察监视起来。

10月,希特勒决定处死隆美尔,但仍对他的爱将施舍了最后的恩惠。希特勒为其指出两种选择:一是如果隆美尔否认他人的指控,就向元首当面交代,否则理应受到处决。对于隆美尔之死,希特勒也为其指出两条路:一是作为人民公敌被公开处死;二是自杀,对外宣布自然死亡,死后享有一个陆军元帅应有的一切荣誉,家属不受任何牵连。

就这样,希特勒给他宠爱的陆军元帅出了最后一把力。对于那些被吊死在钢琴弦上的密谋分子,他从来没有过这样的恩惠。人民永远不会知道隆美尔和叛变分子沆瀣一气,甚至隆美尔的妻子露西也被蒙在鼓里。希特勒同样不让戈林和邓尼茨这些纳粹高级将领得知事实的真相,隆美尔的人事档案中也没有任何蛛丝马迹表明他参与过密谋,他的一生"清白而无瑕"。

1944 年 10 月 14 日,陆军人事部部长布格道夫、陆军人事部法律处长官迈赛尔少将亲自来到隆美尔家里处理此事。

书房里,布格道夫宣布:"元帅阁下,你被指控为谋害元首的同案犯。"接着他将斯派达尔等人的书面证词递给了隆美尔。

这些证词构成了毁灭一个人的起诉书,隆美尔看完后,一种极度痛苦的表情浮现在脸上。他现在是有口难辩,他怎么说得清楚自己没有参与暗杀阴谋,甚至时至今日都一无所知呢。

他所盘算的"一切",难道就不是无论元首同意与否都要与蒙哥马利达成单独停战的尝试吗?即便如此,他也必须承认,这也足够引起元首的忌恨,把自己送上绞刑架了。

"元首知道此事吗?"隆美尔怀有一线希望地问。

布格道夫点点头。

"那么,我承担一切后果。"隆美尔两眼闪出绝望的泪花道。

布格道夫告诉隆美尔,元首允诺:如果他自尽,将对他的叛国罪严加保密,不使德国人民知道原因。为了纪念他,还将树立一座纪念碑,并为他举行国葬,而且保证不对他的家属采取非常手段。此外,其妻露西还将领取陆军元帅的全部抚恤金。"这是对你从前为帝国建树的功勋的肯定。"布格道夫强调道。

隆美尔被这突如其来的晴天霹雳搞得目瞪口呆。他请求给他几分钟的时间收拾一下东西。他心力交瘁,步履蹒跚。这该是多么具有讽刺意味的一幕。他,隆美尔,在两次世界大战中经历了多少枪林弹雨,多少次出生入死,而现在却要为他从未参与过的一次失败的阴谋去死,而不是马革裹尸,为国捐躯!

"我可以借用你的小车安静地开到别处去吗?"他问布格道夫,"恐怕我不能很好地使用手枪。"

"我们带来了一种制剂,"布格道夫温和地答道,"它在三分钟内就能奏效。"

布格道夫说完便退出了房间。隆美尔则上楼去和妻子诀别。"15 分钟之内我将死去,"他木然地对露西说,"我被牵连进了 7 月 20 日的阴谋之中,在劫难逃了。"露西没有哭,泪水只是以后当她孑然一身时才潸然而下。他和她谁也没有意料到这场离别。露西顿时感到头晕目眩,天昏地暗,然而她却勇敢地迎接了他最后的拥抱。

接着,隆美尔叫来儿子,从衣兜里掏出家里的钥匙,把它连同钱袋一并交给了他,并告诉他:"斯派达尔对他们讲,我是 7 月 20 日阴谋的主犯之一。我不能再和你们生活在一起了,你要照料好妈妈。"

最后,他走出门,安静地和布格道夫一起钻进了车子的后座。那位司机,党卫队的一名军士长,松了一下离合器,车子随即消失在路上,朝着前面的村庄驶去。

这位司机当时 32 岁,叫海因里希·多斯。他后来讲述了接下去的一幕。车子行驶了两百码以后,布格道夫命令他停车。"我下了车,"这位司机说,"迈赛尔将军和我一道,沿着公路往回走了一段路。过了一会儿,大约四、五分钟,布格道夫叫我们回到车子那里。只见隆美尔坐在后座上,正处于弥留之际。他已神志不清,颓

世界传世藏书

传奇将帅

图文珍藏版

二〇一

然倒下,啜泣着——并非是死前的那种挣扎或呻吟,而是在啜泣。他的帽子落下来,我把他的身子扶正,给他戴上帽子。"

第二天,德国报刊上登出了隆美尔因病去世的讣告,他终年53岁。

悲剧英雄

战争刚一结束,隆美尔的名字便和刺客施道芬堡周围的密谋分子联系起来,也许这是不可避免的。1945年4月,在布格道夫与迈赛尔将军登门拜访后,隆美尔便因病去世。这足以让人们去猜测他的死因。当时,还有许多别的高级军官被这个阴谋牵连而自杀身亡,人们在揣度隆美尔的死因时也就会自然而然地作如是之想。但是,隆美尔的家人依然认为反希特勒的阴谋是卑怯的,效忠希特勒是一个陆军元帅唯一本分的职责,把隆美尔的名字与密谋分子施道芬堡混为一谈是玷污了这位陆军元帅的荣誉。1945年9月9日,隆美尔的遗孀露西声明道:"为了使隆美尔的名字洁白无瑕,为了维护他的荣誉,我要把此事的真相公诸于世。我丈夫并没有参与7月20日的阴谋。我丈夫一向直言不讳,他曾开诚布公地把自己的见解、意愿和计划向最高当局陈述过,虽然他们并不喜欢他这样的做法。"

这是千真万确的事实。但是,密谋分子的标签已经贴到了隆美尔的身上。

英国人和美国人喜欢抓住隆美尔的神话不放。他们把隆美尔视为抵抗运动的英雄,认定他们所敬畏的纳粹分子隆美尔一定参与过反对他们的头号敌人希特勒的密谋。

当然,密谋分子隆美尔的神话还要归功于斯派达尔。1946年,即使是个白痴也清楚,当时,在战后的德国,只有被证明与施道芬堡密谋分子有联系的人才被认为是可信赖的反纳粹分子,才能得到权力。斯派达尔曾经是隆美尔的参谋长,若隆美尔被塑造为一个令人肃然起敬的密谋分子并能长期保持这一角色的光彩,那么斯派达尔作为一名密谋分子的凭证显然将变得更为合情合理;如果隆美尔被树为战后德国身价极高而又恰如其分的人物,那么,与之有联系的斯派达尔也必然得到高升。他于1946年在美军集中营里曾很坦率地对另一位德国将军说:"我想使隆美尔成为全体德国人民的英雄。"

斯派达尔在获释后发表的一本书中继续编造这个神话。他提出的论据认为:从1944年4月开始——此时他作为隆美尔的新任参谋长刚刚到任——一批排成四路纵队的密谋分子齐步走进了城堡司令部的大门,隆美尔在那里热烈地欢迎他们,并许诺支持他们的计划和手段,表示愿意在希特勒被推翻后上台执政。

显然,斯派达尔的这招深思熟虑的棋很快就奏效了,隆美尔成了永垂不朽的神话元帅,而斯派达尔本人则在其光荣的回光返照之下,从一名战俘一跃而成了德意志联邦共和国陆军的新任司令官,继之又步步高升,当上了北大西洋公约组织的高级将领。

那么,历史的真相到底是什么呢?

毋庸置疑,到1944年6月中旬,隆美尔已多次耳闻纳粹集中营大屠杀等残暴事件,逐步认识到希特勒政权的滔天罪行。当诺曼底战役对他形成不利局面时,隆美尔便沉溺于白日梦中。他开始左右摇摆地产生了与希特勒背道而驰的念头,想直接和敌人打交道。然而他自己可能也明白,他绝不会这样做。

有一段插曲是隆美尔这种个性气质的最好写照。它发生在 1944 年诺曼底登陆前那令人疲惫不堪的最后几周里。隆美尔在短途巡视中,常常在德国娘子军为他的士兵开办的旅店里停下来吃午饭或喝午茶。漂亮的空军姑娘和护士们时常围住他,要他签名留念。有的少女被这位大名鼎鼎、气宇轩昂的军人迷得神魂颠倒,她们送给他礼物、纪念品,并温情脉脉地向他暗示,这一切弄得隆美尔十分尴尬。然而有一天,姑娘们的热情和浓烈的法国香水味甚至也挑逗得这位严肃固执的陆军元帅动了心。当他出了房间朝等待着他的车子走去时,对陪同的工兵指挥官梅斯将军说:"你知道,梅斯,"他狡黠地一笑,"有些姑娘真是迷人,我差不多要为之倾倒了。"然而,隆美尔明白自己绝不会陷进去,因为他对爱情是忠贞不渝的。

在政治方面,他动过反对希特勒的念头,但他就像一个在感情方面非常忠诚的丈夫偶尔在不规矩的奇思怪想中得到满足一般;但绝不会真的去寻花问柳。"我差不多要为之倾倒了!"他对梅斯这样说。但无论如何也只是"差不多要",事实上却并没有。

再者,比起其他的将军来,他更为有胆识,敢于向希特勒陈述自己的观点。1944 年 6 月,他就曾口头对希特勒建议与英美盟军议和。7 月,他更是与克鲁格元帅一起向希特勒上书建议此事。并且他还想写一封给蒙哥马利的信,自愿把诺曼底战线开放给盟军,天真地希望德、英、美三国联合对抗苏联红军等等。

然而,我们看到,这些与希特勒政策相背离的想法和计划,虽时时出现在隆美尔的头脑中,并常在他与朋友的谈话中流露出来,但这并不意味着隆美尔会在行动上背叛希特勒。如同当年在但泽的婚礼仪式上他向妻子发的誓一样,1934 年他和每一个军官对元首的宣誓足以使具有隆美尔这种信念的军人不会去干那种背叛元首的违背神圣誓言的勾当。此外,隆美尔和一些积极的陆军元帅还在 1944 年 3 月在给希特勒的第二份效忠书上也亲自签名发过誓。双重的誓言更使得隆美尔不敢越雷池一步。非日耳曼民族的人一定很难接受这样的事实:一位刚直不阿的将军竟然会由于自己的效忠宣誓而被这种极权统治捆住手脚。但他们确实就是这样,他们的整个军事生涯都被这种形式所支配。一种绝对服从上级命令的民族气质牢牢控制了他们。接连不断的胜利由此产生,而失败往往也起源于此。一位德国将军的观点可以说是代表了包括隆美尔在内的许多德国将军的普遍观念,他说:"我深信,誓言永远是誓言,它永远也不可违背,尤其是在危急关头,就更要恪守誓言,用鲜血和生命去捍卫它。"

最后,对于隆美尔其人我们又能说些什么呢?

跟别的婴儿一样,他呱呱落地时并没有什么特别的形容词可以用来修饰他;他在襁褓和孩提时代得到的不寻常的形容词也几乎寥寥无几;作为学生,他纤弱但勤奋上进;作为青年,他守纪律、坚忍不拔而且喜欢发明创造;作为丈夫和父亲,他不但富于感情,有想象力,而且忠诚不渝。

他在军队中出人头地,勇猛无畏,足智多谋,但有时也轻率莽撞,自以为是;他虽然也意识到自己出身寒微,只是一个教员的儿子,但具有非凡的抱负;他憧憬远大的目标,时刻渴望着权力和高官厚禄。在生命的最后几周,他对儿子说:"你知道,还只是一名陆军上尉的时候,我就已经懂得怎样指挥一个军团了!"在整个一生中,他从未表露过个人的畏惧,甚至明知是去赴死,他也一如既往,迈着坚定的步伐毅然前往。

但是,实事求是地说,由于年龄的增长、思想的成熟和官爵的升迁,他变得固执武断,对同僚和上司的劝告置若罔闻,他鲁莽草率,傲慢无礼,对别人的指责和非议常常神经过敏。

正如希特勒在 1944 年 8 月评论他的那样:"他不是一个真正持之以恒的军人。"隆美尔只是一个有其不足之处的普通的军官,在取得接二连三的胜利之后,他对士兵来说确实是个鼓舞人心的源泉;但一经失败,他顷刻之间就丧失了勇气。

作为一个战略家,隆美尔目光短浅。他只重视军队眼前的战斗,却看不到战争全局的势态发展。譬如 1941 年,他对希特勒即将进攻俄国的野心勃勃的战略竟一无所知,从而导致了在利比亚战线拉得太长的灾难性事件。1943 年,隆美尔也居然看不到为争取时间而拖延战争的好处,从而被希特勒调离意大利战场。事实证明,凯塞林秉承希特勒意旨在意大利的抵抗曾使罗斯福和丘吉尔一时被缚住手脚,动弹不得。事实上,有时隆美尔似乎只有一个主导思想——在力所能及的范围内将部队尽快地撤回德国本土。他先从利比亚撤到突尼斯,以后又力主从意大利南部加速撤退到阿尔卑斯山。这样便首先把巴尔干暴露在敌人的进攻面前,然后又使德国南部遭到英美盟军的战略轰炸。

不过话又说回来,尽管隆美尔有这些缺陷,他的能力和才智还是不可否认的。有人曾这样评价他:"他不仅对别人,而且对自己都极为严格。他精力充沛,从不姑息自己。由于有能力创造丰功伟绩,所以对自己的下属也要求甚高,意识不到一般人的体力和智力毕竟有限。"他具有不凡但又显得呆板的军事天赋,因此我们不大容易忘记隆美尔这位天才的军事家。战斗过程中的士兵们可不是一群傻瓜和白痴,他们能辨认指挥官的伟大与否。不容否认的是,隆美尔的士兵们,不论他们是由什么民族组成,都毫无例外地钦佩和崇拜他们的指挥官——隆美尔。

历史永远不会忘记,在两年的时间里,隆美尔曾在硝烟弥漫的北非沙漠中指挥着仅仅两个装甲师和为数不多、装备较差、后勤供应不足的步兵,与整个英帝国对垒,并且还能屡出奇兵,轰动一时。

今天,在隆美尔的坟墓上竖立着一具孤零零的十字架。千里之外的利比亚沙漠中也矗立着一块石碑,它俯瞰着长眠在此的德军士兵们。当年幸存下来的德军士兵一年一度来到这里,以隆美尔的名字向牺牲的战友们志哀。这就是隆美尔的另一种纪念碑:他永远活在他们心中。当狂风呼啸,天空弥漫着炙热的飞沙走石,沙漠风暴又开始怒号时,或许人们能够听到隆美尔那渐渐远去的呼喊:"冲啊!"于是,装甲纵队的发动机响起了雷鸣般的吼声,朝着东方,滚滚而去。然而,命运注定了隆美尔只能是一个悲剧英雄,因为他所从事的事业是反动的、非正义的,这一切也决定了他所从事的战争只能以失败而告终。

偷袭珍珠港发动太平洋战争的赌徒

——山本五十六

人物档案

简　历：日本帝国海军将领,大将军衔,第二次世界大战期间担任日本海军联合舰队司令长官,偷袭美军珍珠港和发动中途岛海战的谋划者。1916年毕业于日本海军大学校,曾于1919~1921年在美国哈佛大学学习。历任驻美武官、第1航空战队司令、海军航空本部长、海军次官。大力发展航空母舰和舰载飞机,并组织部队进行严格训练,对日本海军航空兵的发展起了重要作用。1939年,山本五十六任日本联合舰队司令,是旧日本海军中,反对日本加入轴心国的高级军官。反对日本对美国所在势力发动侵略战争,但在日本右翼势力庞大的压力和日军高层的压力下最终发动了太平洋战争。试图先发制人,在对美开战之初以舰载航空兵袭击了珍珠港,消灭美国的太平洋舰队主力,确保日军进攻东南亚的翼侧安全。同时重视海军航空兵在海战中的作用,但未能完全摆脱"巨舰大炮制胜"理论的束缚,企图在美太平洋舰队得到加强前以海上决战的传统战法将其歼灭,结果导致日本海军在中途岛海战和瓜达尔卡纳尔海战中遭惨败。1943年4月18日,山本五十六在视察部队途中,因座机被美军击中而身亡,终年59岁。

生卒年月：1884年4月4日~1943年4月18日。

安葬之地：东京日本天皇居住地南面的日比谷公园。

性格特征：刻苦、固执、好胜、忠诚、疯狂、残忍,赌博成性。

历史功过：参与策划侵华战争,策划偷袭珍珠港,发动太平洋战争。

名家评点：曾经的美国海军司令小威廉·弗雷德里克·哈尔西当时就信誓旦旦地说:"必须让山本五十六受到惩罚,要用铁链将他牵到宾夕法尼亚的大街上游行,让所有美国人来踢他的屁股以宣泄心中怒气。"

初涉航空

1884年4月4日,日本长冈市武士高野贞吉家的第六个儿子呱呱坠地了。因为这一年高野贞吉56岁,所以给儿子取名为高野五十六。

这个贫困武士的儿子,自幼具有坚强的意志和争强好胜的进取精神。17岁那年,他考入江田岛海军学校,1904年毕业后任"日进号"装甲巡洋舰上的少尉见习枪炮官,参加了日本海军名将东乡平八郎指挥的1904~1905年的日俄海战。在战斗中,他负了重伤,左手的食指、中指被炸飞,下半身被炸得血肉模糊,留下了累累弹痕和终身残疾。由于他只剩下了八个手指,同僚们给他起了个"八毛钱"的绰号。1914年,他以上尉军衔进入海军大学深造,1915年晋升为少佐。1916年,他从海军大学毕业后,登记为山本带刀之养孙,改姓山本,由高野五十六成为山本五十六。

他是一个孝子,当军官后还常常回乡为高野、山本两家的祖坟扫墓,大部分薪水都寄给了母亲,接济哥哥、姐姐,有时还为亲戚和老师的子弟缴纳学费。据说这是他迟迟不成家的一个重要原因。1918年8月,山本和故乡一位朴实、美貌的挤牛奶姑娘礼子在东京举行了婚礼。婚后他们生有两男两女。

山本五十六身材短粗,略显驼背,但却很结实。他身高只有1.59米,与他崇拜的偶像东乡平八郎恰好一般高。他外表文质彬彬,神情忧郁,显得心事重重,内心却倔强刚健,胆大心细,深谋远虑,富有带兵才能。1924年,山本刚调到霞浦航空队任副队长时,这里的飞行员留长头发,蓄小胡子,军容不整,军纪松弛。他决心加以整顿。可那些散漫惯了的飞行员,起初根本看不起这个其貌不扬的外行长官。年已40的山本,除严格要求部属履行自己的职责外,每天主动像小伙子一样接受几小时的飞行训练。没过多久,他的飞行技术超过了不少青年学员,达到了单飞教练机的水平。他以自己的意志和才干,在飞行员中建立了威信。在山本的组织指挥下,霞浦航空队的训练和军纪焕然一新。1926年,山本调任赴美时,队员们十分惋惜。当山本乘坐的"天洋丸号"起航时,一个中队的飞机出现在该船上空,飞行员们驾机俯冲掠过,向他们尊敬的上司道别。

偷袭扬名

1928年,山本从美国归国,先后在巡洋舰"五十铃"号、航空母舰"赤城"号上担任舰长和海军航空部技术处长、第一航空队司令官等职。1930年和1934年两次赴伦敦参加海军裁军会议。1934年晋升中将,就任航空部部长。在此期间,山本最感兴趣的是飞机,他大肆鼓吹"空军本位主义","以航空母舰为基地的进攻战"。

1939年9月1日,在德国入侵波兰的当天,山本当上了联合舰队司令官。从这时起,他基本上可以放手按他的观点建设现代化日本海军,训练重点放在以航空母舰为基地的航空兵方面。在 1940 年的一次春季演习中,当他看到航空兵在训练中取得理想成绩时,转身对他的参谋长说:"训练很成功,我想进攻夏威夷是可能的。"从这时候起,山本就着手准备珍珠港之战了。

珍珠港位于日美之间太平洋东部的夏威夷群岛,距日本 3500 多海里,距美国本土 2000 海里,是美国太平洋舰队最重要的基地。1941 年 1 月 7 日,山本写信给海军大臣及川古志郎,正式提出了偷袭的设想。此后就和几个参谋一起,极端秘密地制订"Z"作战方案。6 月,正式方案提出后,曾在日本上层引起争论,一些人不相信庞大的舰队横渡 3500 海里而不被发现,对这一计划的可行性表示怀疑。山本固执己见,甚至以辞职相要挟。日本统治集团为了"南进",于 10 月中旬批准了这个计划。于是。山本指挥联合舰队选择了与珍珠港相似的鹿儿岛湾,开始了紧张的模拟训练。

1941 年 12 月 7 日凌晨,从 6 艘航空母舰上起飞的第一攻击波 183 架飞机,穿云破雾,扑向珍珠港。7 时 53 分,机群发回"虎、虎、虎"的信号,表示奇袭成功。此后,第二攻击波的 167 架飞机再次发动攻击。仓促应战的美军损失惨重,8 艘战列舰中,4 艘被击沉,1 艘搁浅,其余都受重创;6 艘巡洋舰和 3 艘辅助舰艇被击伤,188 架飞机被击毁,数千官兵伤亡。日军只损失了 29 架飞机。日本联合舰队的军官们额手称庆,欣喜若狂。山本虽故作镇静,而但他的部属们仍看得出他激动得满脸通红,露出开心的笑容。

珍珠港事件发生后,美国总统罗斯福把 12 月 7 日宣布为"国耻日",而大洋另一边的日本则举国欢庆。山本五十六立即成为家喻户晓、妇孺皆知的大英雄。山本策划和创造了世界海战史上远距离偷袭的奇迹,使得他威名大震,显赫一时。

赌徒失利

山本面对其一生的最得意之作,并没有丧失理智。他深知,当时美国的生产能力数倍于日本,美国的战争机器一旦开动起来,日本断难获胜。出于赌徒的本能,山本想对美国再进行一次奇袭,进攻珍珠港西北 1300 英里的中途岛。

1942 年 2 月,当第一阶段作战即将结束之时,山本指示联合舰队司令部拟订下一阶段作战计划,即中途岛作战计划。1942 年 4 月 18 日,美国航母"大黄蜂号"运载的 B-25 轰炸机 16 架空袭东京、横滨、川崎、横须贺等城市,这是日本本土自开战以来第一次受到轰炸,引起了不小的震动,为了进行报复和消除来自中太平洋方向的威胁,山本所坚持的中途岛作战计划立即顺利通过。

1942 年 6 月初,山本亲率作战舰只 200 余艘开赴中途岛和阿留申群岛。山本认为,取得这次决战的胜利,对美国的战斗意志将是一次更为沉重的打击,但进攻中途岛的行动企图被美军发现。美军破译了日军的密码,赢得了作战准备时间,调兵遣将,布下了伏击日军的陷阱。美国太平洋舰队司令尼米兹选择了最佳时机对由南云指挥的航空母舰编队实施了突然而集中的打击,以劣势兵力重创日军,击沉了日本的4艘航空母舰,一艘重巡洋舰,重伤1艘重巡洋舰和2艘驱逐舰,击毁日机332架,数千日军包括许多富有经验的舰载机飞行员丧生。美军仅损失航母1艘、驱逐舰1艘,飞机147架。这一挫折,沉重打击了山本的自尊心,日本海军也从此开始走下坡路。

此战以后,山本无可奈何地说:"我将向陛下直接请罪。"日军大本营于6月10日发布消息称,中途岛作战击沉美军航母2艘,日方航母1艘沉没,1艘重伤。为了防止真实情况外露,南云舰队生还的官兵只准在基地内活动,不允许和外人接触,甚至和家人见一面也不准,不久他们就被遣往南洋作战去了。这就是山本所说的一切由他负责。

因袭而亡

1943年2月,在瓜岛作战的日军残余部队1.3万人最终撤出,战况对日军更加不利。4月,山本将司令部由特鲁克移至靠近前线的新不列颠岛腊包尔基地。他此行的目的是为了执行一个代号为"阿号作战"的计划。该计划是把联合舰队的舰载机300余架转移到腊包尔陆上基地,企图以集中的轰炸,把美军近期夺去的前进基地拔除一至两个,以挫败美军的攻势。从4月1日至14日,日机共进行5次攻击,出动飞机652架次,分别攻击了瓜达尔卡纳尔岛、图拉吉岛和新几内亚岛上的基地和附近海面的船只。"阿号作战"结束后,山本突然宣布,在返回特鲁克岛基地以前,他要到离瓜达尔卡纳尔岛前线较近的肖特兰地区各基地巡视一天,以提高守卫部队的士气。

山本的行程以电报通知了各基地,1943年4月,美军情报人员再次破译了日军的密码。美国对这个偷袭珍珠港的策划者恨之已久,自然不会放过这个除掉他的良机。罗斯福总统亲自做出决定:"截击山本。"

4月18日晨,山本率领舰队参谋长宇垣中将等分乘两架轰炸机由腊包尔机场起飞,预定在市根维尔岛南端的一个小岛——布因岛降落。他的座机由6架战斗机护航。当座机飞抵布因岛上空降落之前,从瓜达尔卡纳尔岛起飞的美军飞机16架,乘日军护航战斗机离开的瞬间,接近目标,一举将两架座机击落,山本摔死,参谋长宇垣受重伤。第二天,日军找到了座机残骸。山本五十六依然被皮带缚在坐椅上,他头部中弹,仍挺着胸,握着佩刀,但垂下了头。山本之死在日本引起很大震动,日本海军拖了一个月后才将山本的死讯通知其家属。5月21日,日军大本营公布"联合舰队司令长官海军上将山本五十六于本年4月在前线指挥全盘作战时遭遇敌机,在机上壮烈战死"的消息。日本当局追授山本元帅军衔,并赐国葬。山本的国葬于1943年6月5日在东京的日比谷公园举行,百万人参加了葬礼。

苏联"军神"

——朱可夫

人物档案

简　　历：苏联杰出的军事家、战略家，苏联元帅。生于农民家庭。1915年应征参加沙俄骑兵部队。1918年参加红军，1919年加入俄共（布）。1939年在诺门坎战役指挥对日军作战，后参加苏芬战争；1941年1月31日出任苏军总参谋长；第二次世界大战期间，指挥了莫斯科保卫战，赢得了莫斯科战役的最后胜利，指挥了斯大林格勒战役，粉碎了德军的"堡垒"计划，指挥了奥得河战役、柏林战役。1946年任国防部副部长兼陆军总司令。后被外放为敖德萨军区司令员。赫鲁晓夫在任时升至国防部长，一度进入苏共中央主席团。1957年被免职退休。1974年在莫斯科逝世，享年77岁。

生卒年月：1896年12月1日~1974年6月18日。

安葬之地：莫斯科红场克里姆林宫墙外的墓地。

性格特征：性格棱角比较分明，不够圆润，吃苦耐劳、诚实稳靠，自大骄傲，树敌较多。**历史功过**：苏德战争中指挥斯大林格勒战役、列宁格勒战役、柏林战役，屡挫德军，诺门坎战役击溃日军，四次荣膺苏联英雄荣誉称号。

名家点评：朱可夫的友人艾森豪威尔赞颂道："牺牲的军人们到达天堂时，一定会得到另一枚荣誉勋章，那就是朱可夫勋章，这种勋章将被每一位赞赏军人的勇敢、眼光、坚毅和决心的人所珍视。"

少年磨难

19世纪末期，俄国千百万农民虽然摆脱了农奴制的桎梏，但仍生活在沙皇的残酷统治之下，饥饿、繁重的劳动、早夭像瘟疫一样流行着。那时的莫斯科，虽不是最繁华的城市，但也高楼林立，巨商富贾汇集。一掷千金的阔太太、声色犬马的纨绔少年比比皆是。然而一出莫斯科,便是贫穷落败的农村。莫斯科西南的卡卢加省斯特烈耳科夫卡村,便是这无数个穷村之一。一条没膝深的小河从村边缓缓流过,村里树木葱茏,但美丽的自然风光总掩不住贫穷,村里没有一座像样的农舍,大人孩子们面黄肌瘦、衣衫褴褛。村子中央有一幢很破旧的房子,房子的一角已几近坍塌,墙壁和屋顶疯长着绿苔和野草。其实这房子总共只有一间房,低低地开着两扇窗户,只有晴朗的日子才有阳光光顾这间漆黑一团的房子。然而就是在这样的房子里,1896年12月2日诞生了一个男孩,有谁能料到,在那添丁添张嘴、苦苦度日的岁月里,这个声音洪亮的穷孩子日后竟成为国家民族安危系于一身、百万敌人闻名丧胆的英雄呢? 也许真的应了那句古话:自古英雄多磨难。

这个男孩名叫格奥尔基·康斯坦丁诺维奇·朱可夫。朱可夫的父亲是一个可怜的弃婴,三个月时被发现在孤儿院的门口台阶上。一位名叫安努什卡·朱可娃的寡妇无儿无女,生活十分凄凉寂寞,在他父亲两岁时将其领养到家。八岁时,朱可娃去世,年幼的父亲就开始到附近的鞋厂当学徒,后来终于在莫斯科的维义斯制鞋厂找到了工作。年届五十时父亲娶了邻村的一个寡妇,她就是朱可夫的母亲。父亲在莫斯科辛苦挣钱,但那时由于作坊主与资本家的残酷掠夺,工人收入十分微薄,父亲每月寄回来的工钱根本无法糊口。母亲是田间劳动的主力,身强力壮,农闲时还要帮人送货,挣点少得可怜的钱贴补家用。朱可夫有一个比他大两岁的姐姐玛莎,朱可夫五岁时,母亲又生下小弟弟阿列克谢。弟弟十分瘦弱,而饥饿威胁着全家,母亲不得不把不满一岁的弟弟交给七岁的玛莎照看,自己仍外出帮人送货。阿列克谢不到一岁便死了,朱可夫和姐姐看着悲痛的父母安葬了弟弟。祸不单行,不久他们那摇摇欲坠的房子终于倒塌了。母亲流着泪卖掉了家中唯一的一头牛,总算在冬季到来之前筑起了新房。多少年之后,已垂垂老矣的朱可夫回忆起当年的情景感慨道:"我们这些贫农家的孩子,都看见过妈妈们日子过得多么艰难。每当她们流泪时,我们心里也十分难过。"

苦难使人早熟,朱可夫八岁便已经下地干活了。第一次干农活是跟父亲去割草。八岁的孩子想到的不是累,而是觉得自己终于成为一个对家庭有用的人了。他干活十分卖劲,手上很快打满了血泡,但他不声不响,一直到血泡破了,不能再干为止。繁重的农活锻炼了朱可夫的吃苦耐劳精神,培养了健康结实的体魄,成为日后事业的基石。不久朱可夫进了一所教会小学。虽然衣衫破旧,书包也是母亲用粗麻布缝制的,但穷困遮不住聪明,小朱可夫成绩非常优秀。1906年父亲因参加罢工被驱逐回乡。由于见过世面,又有技艺,替乡人修鞋制鞋尽量少收工钱,因而父亲颇受尊重。朱可夫非常尊敬自己的父亲,但父子俩脾气都固执,父亲气极了,朱可夫免不了常常挨揍。一次朱可夫又挨打了,他和姐姐玛莎商量好,自己便跑出家门,在一片大麻地里躲了起来,玛莎每天给他秘密送饭。儿子出走后,父亲懊悔不已,母亲焦虑不安,不停地数落着,直到第三天一位邻居发现朱可夫,把他送回家。父亲表示以后再也不打儿子了。就在这一年朱可夫从三年制小学毕业了。母亲专门为他做了一件新衬衣,父亲亲手为他制作了一双皮靴,庆祝朱可夫成为"有文化的人"。日子太艰难,继续深造无望,母亲让儿子在家待了两年,13岁时,父母决定让儿子去莫斯科学手艺。

"1908年夏天到了,每当我想到我就要离开家、离开亲人和朋友们去莫斯科的时候,就感到心情紧张。我知道,我的童年实际上就此结束了。过去这些年只能将就说成是我的童年,可是我又能奢望什么呢?"那时学艺也得有熟人,母亲想到了自己的兄长,已经发了财的毛皮作坊主米哈伊尔·皮利欣。1908年夏天,父亲领着儿子去米哈伊尔·皮利欣的避暑山庄,因为母亲求情还不算,老板要看看徒工身体如何。快到皮利欣家时,父亲对朱可夫说:

"看,坐在门口的就是你未来的老板。你走到他跟前时,要先鞠个躬,说声'您好,米哈伊尔·阿尔捷米耶维奇。'"

朱可夫反驳说:"不,我要说'米沙舅舅,您好!'"

"你要忘掉他是你舅舅。他是你未来的老板。阔老板是不喜欢穷亲戚的。千万要记住这一点。"

米沙舅舅躺在门口的藤椅上,父亲走上去向他问好。舅舅没有起身,也不搭理,转身看了看朱可夫:身体结实,个子不高,但肩膀很宽。舅舅点了点头。"识字吗?"舅舅问了一句。父亲连忙递上朱可夫的奖状,舅舅满意了,答应收外甥为徒。朱可夫要远行了,当时做学徒的往往四五年不准回家。母亲包了两件衬衣、两副包脚布和一条毛巾,这些便是朱可夫的所有家当。老父亲的眼圈红了,眼泪不住地往下淌。母亲忍不住伤心痛哭,把儿子紧紧搂在怀里,仿佛一生一世再也见不到了。母亲把儿子送到村口,朱可夫问:"妈,你记得吗? 就在三棵橡树旁边那块地里,我跟你一起割麦子,把小手指都割破了。""孩子,我记得。当妈妈的对自己孩子的一切,都记得。只是有的孩子不好,他们往往忘记了自己的妈妈。"朱可夫坚定地说:"妈妈,我绝不会那样!"

朱可夫第一次坐火车,第一次来到莫斯科,那时他还是一个孩子,一个穷孩子。有谁能料到二十多年后,这个城市受到威胁时,率领千军万马保卫它的,竟是这个穷孩子! 朱可夫来到舅舅开在季米特洛夫大街(后称普希金大街)的作坊,他是最小的徒弟。除了学艺外,他每天还要打扫房间,为大小主人擦鞋、点灯、熄灯,帮厨师洗餐具和生茶炉子,还要经常跑到外面帮师傅们买烟打酒。每天早上6点起床,晚上11点才能睡觉。熬到第三年,朱可夫当上了徒工的头,指挥着6名徒工。尽管生活很苦很累,朱可夫却渴望读书。老板的儿子亚历山大与朱可夫年龄相近,对朱可夫也很不错,帮助朱可夫读书。老板不在家时,朱可夫便抓紧时间学习,晚上爬到后门楼道的高板床上借着厕所透过来的光线读书。在老板两个儿子的游说下,老板终于同意朱可夫去上课程相当于市立中学的文化夜校。老板希望聪明好学的朱可夫能带动他那两个不上进的儿子,再说几年下来朱可夫吃苦耐劳、诚实稳靠也使老板对他颇有好感。老板时常打发朱可夫去送货,给他几个戈比的车马费。朱可夫总是一路小跑去,省下钱来买书。最后,朱可夫以优秀成绩通过了中学的全部课程考试。

1911年,离家四年的朱可夫终于盼到了十天的假期,老板允许他回家探亲。离家时他还是一个孩子,刚来莫斯科时那种对亲人、对家乡的思念常使得性格本来十分刚强的朱可夫暗自流泪。在老板的责骂，甚至殴打下，对亲人的思念只好藏在心底。如今朱可夫已长成威武少年。母亲赶到小站去接，差点认不出自己朝思暮想的儿子了。母亲哭着，摸着自己的儿子："我以为我死以前看不到你了。"回到家时，天已经黑了，父亲和姐姐在门前的土台上迎着，姐姐已长成大姑娘，父亲驼着背，老泪纵横："我终于活到了这一天，看到你长大成人了。"

返城不久，朱可夫学徒期满，当上了师傅，月薪10卢布。这在当时的工人阶层中算是高收入了。米哈伊尔非常信任朱可夫，经常派他到外面联系业务，办理托运。朱可夫利用外出的机会，了解了俄国当时的政治情况，一有机会便阅读布尔什维克的《明星报》和《真理报》。朱可夫百看不厌，报纸仿佛说出了自己的心里话，又使他懂得了为什么工人和资本家、农民和地主之间的矛盾不能调和。1914年，第一次世界大战爆发了，在沙皇的宣传鼓动下，不少有钱人的孩子被"爱国主义"激励，纷纷参军了。老板的儿子亚历山大也决定去，并极力劝朱可夫去，一开始朱可夫真动心了，后来他去找他最尊敬的费多尔·伊万诺维奇商量。伊万诺维奇说："亚历山大的心愿，我是理解的，他父亲有钱，他有理由去打仗。你呢？傻瓜，你为什么去打仗？是不是因为你父亲被赶出莫斯科？是不是因为你母亲被饿得发肿？你被打残废回来了，就再也没有人要你了。"

朱可夫放弃了当兵的想法。那时他正与房东的女儿玛丽亚恋爱，并开始商量结婚，然而美好的生活计划被破坏了，沙皇前线兵员不足，败仗连天。1915年7月，沙皇决定提前征召1896年出生的青年，朱可夫只好上战场了。到那时为止，朱可夫并不知道自己还有军事天赋。

军事天赋

参军后，朱可夫很幸运地分到骑兵连。骑兵是人们当时心目中的英雄，驰骋疆场，威风凛凛，剽悍潇洒。但当了骑兵之后，朱可夫才知道骑兵的辛苦。除了学习步兵的科目外，还要学习马术，学会使用马刀等冷兵器，每天还要刷三次马。朱可夫十分坚强，两条大腿都磨出了血，刚结了疤，又磨破了。发给他的那匹烈马起初并不怎么看得起这个矮壮的主人，重重地摔了朱可夫好多次，但烈马发现主人越摔练的时间越长，最后只好屈服，朱可夫很快掌握了骑兵的基本技术。在等级森严的沙皇军队里，朱可夫作为最下层的一员，感受最深的是军官们的军阀作风。军官高高在上，根本不与士兵交流，士兵与长官之间除了上下级关系外，心理距离很大。特别是有些军官随意毒打部下。朱可夫记得很清楚，当时他们骑兵训练班一个小小的军士就曾打掉好几个士兵的牙齿。因为在沙皇军队里，打骂士兵谁也不认为它违反什么法规，士兵也从来没有权利为自己辩护。那些处事公道、性情温和的旧军官在士兵们心中拥有很高的威望。旧军队的经历给朱可夫留下了太深的印象，以后朱可夫成为红军高级将领后，从不责骂士兵，处事公道，凡事以身作则。

训练结束后，朱可夫获得准军士衔。1916年8月朱可夫就随部队上前线了。

时间不长，朱可夫在一次侦察时踏上地雷，被从马上掀了下来，受了严重震伤，昏迷了一天一夜后，被送往后方医院。这时朱可夫获得了两枚乔治十字勋章。一枚是因为俘虏德军军官被授予的，另一枚则是因为这次受重伤奖给的。伤愈后，他被派到骑兵连训练新兵。不久俄国国内爆发了二月革命，彼得格勒建立了工兵代表苏维埃，沙皇被赶下台，统治俄国300多年的罗曼诺夫王朝灭亡。2月27日凌晨，朱可夫所在的骑兵连突然集合，大家都不知道发生了什么事情，朱可夫问排长，排长问连长，连长只知道到团部集合，其他也不清楚。朱可夫的连到达团部时，工人"打倒沙皇！打倒战争！工兵代表苏维埃万岁"的游行队伍包围了过来。很快连长和其他一些军官被捕，朱可夫的连被苏维

着常服的朱可夫元帅

埃政府接管。局势非常混乱，11月7日，列宁率领布尔什维克再次起义，推翻了资产阶级临时政府，建立了苏维埃政权。政权建立以后，列宁立即宣布退出战争。1918年1月又决定组建苏维埃自己的武装力量——红军，红军宣布官兵一致，人人平等，团级以下军官由军人代表大会选举产生。它极大地调动了广大士兵的积极性，8月朱可夫加入红军。他被编入莫斯科骑兵第一师第4团。团长是铁木辛哥，师长就是当时正值盛名的布琼尼将军。从1918到1922年，朱可夫投入到保卫苏维埃新生政权的血战中。当时苏维埃政府立足未稳，外有英法德日的武装干涉，内有沙皇、地主、旧军阀的武装叛乱。朱可夫出生入死，其军事天赋开始崭露，在实践中他的作战经验日渐丰富，职务也一再提升。正是在这一时期，朱可夫加入了布尔什维克。他后来在《回忆录》中这样谈到"现在，许多事情都记不得了，但我被吸收入党的这一天，却终生难忘。"

　　1919年9月，布琼尼所在的师成为保卫察里津（后改名斯大林格勒）的主力之一。朱可夫英勇地加入了战斗，战斗中朱可夫又一次负伤。第二年，由于作战勇敢，朱可夫被选派到骑兵训练班学习，训练班用半年时间授完了正规军校两年的课程，训练班结业后，朱可夫成为一名红军正式军官。军人事业初现成效，但初恋的情人玛丽亚却不愿等待，朱可夫伤心地看着自己的情人出嫁了。此时朱可夫成了排长，一次朱可夫率领全排追剿残匪，由于朱可夫指挥有力，身先士卒，残匪被全歼，而全排无一人伤亡，不久朱可夫又被升为连长。1922年苏维埃内战结束，红军大批裁员，但一批有指挥能力的军官被留下来。朱可夫不仅没有被裁掉，反而由连长升到了骑兵第7师第40团的副团长。1924年7月朱可夫以团长的身份被派往列宁格勒高等骑兵学校学习。朱可夫很轻松地通过了考试，并名列前茅。和他同时入学的有罗科索夫斯基、巴格拉米扬和叶廖缅科等后来苏联著名将领。朱可夫在这里受到了高等军事理论的训练。"像其他许多学员一样，我是第一次到列宁格

勒。我们怀着浓厚的兴趣参观了该城的名胜古迹,走遍了十月革命时作过战的地方。当时我哪能想到,17年后我会指挥列宁格勒方面军,抗击法西斯军队,保卫列宁城!"深造班结业后,朱可夫和其他三名同学决定不乘火车而是骑马返回明斯克。路程963公里,计划7昼夜,这么远程的集体乘马行军当时在世界上还很罕见,领导批准了,但不提供沿途的给养与食宿。第七天,他们克服了许多意想不到的困难到达明斯克,到达时马匹减重8至12公斤,人员减重5至6公斤。朱可夫获得了政府的奖金和首长的嘉奖,并允许短期休假。

朱可夫又一次回到了阔别的家乡。老父亲已经离世了。母亲也苍老多了,但仍像以前那样辛勤劳作着。姐姐已经出嫁,并有了两个孩子。两个小外甥毫不客气地掏着出息了的舅舅的箱子。朱可夫深刻地感到农民的日子尽管并不富裕,但情绪好多了。特别是新经济政策颁布后,农民的日子逐渐好起来。告别母亲后,朱可夫回到营地,此时他被任命为团长兼团政委。由于朱可夫从严治军,经常率领全团野外训练,从而使朱可夫所在团威名远扬。布琼尼(骑兵集团军司令)和叶果罗夫(白俄罗斯军区司令)先后光顾该团,并给予高度赞扬。1929年朱可夫再次获得深造的机会,他被派往著名的伏龙芝军事学院高级干部深造班学习。这次学习,令朱可夫终生难忘。此时,正值苏联军事学科形成时期,朱可夫带着浓厚的兴趣研读了伏龙芝的军事著作,沙波什尼科夫的《军队的头脑》,图哈切夫斯基的《现代军队的作战特点》等。特别是图哈切夫斯基对坦克在未来战争中作用的描绘,引起朱可夫的高度重视。从此,朱可夫开始研究坦克。1933年3月,朱可夫接到命令,他被委任为骑兵第4师师长。第4师是骑兵第1集团军的核心,并以伏罗希洛夫的名字命名,布琼尼曾任该师师长,率领该师出生入死,立下赫赫战功。朱可夫十分高兴,收拾停当就赶往4师驻地列宁格勒。此时朱可夫不再是独来独往了,他已经有了自己的小家:妻子亚历山德拉和女儿埃拉。布琼尼亲自主持了朱可夫的授职仪式。朱可夫的军事才能已引起高层领导人的重视。

担任师长后,朱可夫越来越意识到建立大规模坦克部队的重要性。当时苏联红军已经成立了第一批机械化军,每军编成两个机械化旅、一个步兵机枪旅和一个独立高炮营,一个军配备500辆坦克和200辆汽车。尽管如此,苏军内部对于组建专门的装甲部队意见分歧较大,不少高层领导人认为装甲部队应分散在步兵和其他军队中才能发挥作用,这一观点直接左右着斯大林。由于苏军关于装甲部队的设置首先在骑兵部队中开始,朱可夫在实践中指出,现代坦克可以起独立作用,这个新的强有力的武器不应和行动缓慢的步兵部队一道展开,这样会降低它的威力。装甲部队不仅要坦克与炮兵相配合,而且必须配备摩托化步兵,否则就不能充分利用远距离作战的机械化部队所取得的成果。但朱可夫的这些观点直到1941年苏军在德国装甲兵团的凶猛攻打下大规模溃败时,才予以重视。

1935年苏军实行军衔制,布琼尼、伏罗希洛夫、叶果罗夫、图哈切夫斯基、布留赫尔成为第一批苏军元帅。此时朱可夫的第4师由于作战训练与政治训练表现出色,获得了政府的最高奖励——列宁勋章。朱可夫本人也获得了一枚列宁勋章。布琼尼元帅亲自到第4师授勋。布琼尼紧紧拥抱着朱可夫激动不已,宽阔的手掌重重地拍打着朱可夫的脊背,感谢朱可夫为他的师赢得至高的荣誉。不久苏联国防人民委员伏罗希洛夫又视察了第4师。1936年秋,由伏罗希洛夫举荐,并经斯大林同意,朱可夫离开骑兵第4师,参加了苏联派往西班牙的军事观察团。朱可夫和其他军事专家一起利用这一机会考察了苏制坦克的性能和现代战争的特点。1937年朱可夫回国担任骑兵第3军军长,7个月后又调任第6军军长。1938年夏,朱可夫到中国担任军事顾问,考察日本作战战略与战术,以对付将来与日本可能的战争。同年冬,朱可夫又被召回国,委以白俄罗斯特别军区副司令员之重任。白俄罗斯是苏联西部的重要门户,德国纳粹的威胁首当其冲。此时,斯大林在国内掀起了大规模的肃反运动,军队内部受冲击十分严重。大批高级将领被以希特勒内奸的名义处死,第一批授勋的五名元帅只剩下两名:布琼尼和伏罗希洛夫。据苏军自己人士分析,这是由于斯大林与两位骑兵元帅曾经生死患难(特别是保卫察里津),因而对骑兵很信任。朱可夫大概托此宏福,在大清洗时期不仅没有受牵连,反而得以提升。历史将会证明,这不仅是朱可夫一人的福分,而且是苏联人民的万幸。

奔赴远东

1939年6月1日,明斯克,朱可夫正与白俄罗斯军区的高级将领就刚刚结束的首长——司令部演习进行讲评,军区军事委员苏赛科夫匆匆走进会议厅,对朱可夫说:刚才莫斯科电话通知,命令你立即动身,明天向国防人民委员报到。

朱可夫草草收拾了一下,立即搭乘火车前往莫斯科。2日清晨,朱可夫走进了伏罗希洛夫的接待室。伏罗希洛夫的助手告诉朱可夫:

"你进去吧,我马上去命令给你准备远行的行装。"

"什么远行?"

"进去吧,人民委员会告诉你一切的。"

进去后,伏罗希洛夫对朱可夫说:"日军突然侵犯我友邻蒙古的边界。根据1936年的苏蒙条约,苏联政府有责任保卫蒙古不受任何外敌侵犯。这是入侵地区5月30日的情况图。……日军的海拉尔警卫部队侵入蒙古人民共和国领土并袭击防卫哈勒欣河以东地区的蒙古边防部队,我认为这里孕育着严重的军事冒险。无论如何,事情并没有到此结束……你是否立即飞到那边去,而如果需要的话,把部队的指挥权接过来?"

"我马上可以起飞。"朱可夫回答。

"非常好,"伏罗希洛夫说,"你乘坐的飞机16点可准备好,在中央机场。你到斯莫罗基洛夫(代副总参谋长)那儿去,在他那里你可以拿到必要的材料,同时商量一下今后同总参谋部的联系问题。派给你几个专业军官,在飞机上等你。再见,祝你成功!"

6月5日朱可夫一行人到达驻扎在蒙古的塔木察格布拉克的苏军第57特别军司令部。朱可夫发现司令部对前线缺乏了解,司令部里除政委基舍夫外没一人到过发生冲突的地域。朱可夫建议立即到前边去就地考察，但军长借口莫斯科随时可能来电话找他，让政委陪朱可夫一同上前线。到了冲突地段，经过一番了解，朱可夫迅速得出结论：单靠57军的兵力无力阻止日军的军事冒险。朱可夫马上电告参谋部：增派航空部队，增调不少于3个步兵师和1个坦克旅的兵力，并大大增加炮兵力量，否则无法获胜。第二天，总参谋部同意请求，并增派了21名荣获苏联英雄称号的飞行员，领队是朱可夫早在白俄罗斯军区就很熟悉的斯穆什克维奇。总参同时送来了新型飞机——现代化的伊—16和"鸥"型飞机。当时日军在哈勒欣河的目标是：围歼哈勒欣河东岸的全部苏蒙军队，渡过哈勒欣河，前出至河的西岸，消灭苏蒙预备队，夺取并扩大哈勒欣河西岸的登陆场，保障日后的行动。日军把第6集团军从海拉尔调来，计划在秋季到来前结束在蒙古境内的全部军事行动。日军把握十足，战役之前甚至把一些新闻记者和外国武官请到作战地区，观看他们的胜利进军。被邀请的客人中就有希特勒德国和法西斯意大利的记者和武官。

7月3日拂晓，蒙军苏联总顾问阿福宁上校到巴英查冈山视察蒙军第6师的防御，但他很快发现那里已被日军占领，蒙军第6师已退至巴英查冈山西北，日军乘夜色已经偷渡过了哈勒欣河，情况十分紧急。朱可夫此时已接任苏军第57军军长之职，得到情报后立即命令所有预备队出击，坦克、装甲和炮兵部队受

1939年7月在塔木

命在行进间向敌人进攻，同时命令航空兵对敌人进行轰炸和强击。在苏军实施反突击的预备队到达以前，用航空兵的袭击和炮兵的火力把日军钳制并阻止在巴英查冈山。炮兵还受令向哈勒欣河渡口进行炮击。上午9时，苏军坦克第11旅的前卫营先头部队已抵达作战区域，很快苏军投入坦克第11旅（有150辆坦克）、摩托化装甲第7旅（154辆装甲车），还有装备45毫米加农炮的蒙军装甲营第8营。并召来了所有的航空兵，苏联英雄的飞行员们发挥了高超的作战能力，虽然当时总兵力苏军远不及日军，但苏军集中了全部火力进行反突击并充分发挥了坦克部队的威力。到第5日，日军抵抗被最后粉碎，日军开始仓皇向渡口退去，但他们自己的工兵由于害怕苏军坦克突破，把渡口炸毁了，日军军官全副武装跳入水中，溺死者甚众。日军严重遇挫后，开始全面建立防御，运木材、挖堑壕、筑掩蔽部、加固阵地等。而朱可夫并没有陶醉在胜利中，他正加紧准备大反攻，以最后粉碎侵入蒙古的所有日军。

朱可夫考虑到战役战术的突然性是决定此次战役取胜的决定因素。苏军要以突然行动使日军无法抵挡苏军歼灭性的突击，也无法进行反击。朱可夫还注意到日军没有良好的坦克兵团和摩托化部队，无法迅速从次要地段和从纵深调来部队

抗击苏军的突击集群。为完成战役准备,朱可夫调动了近3000辆卡车和1000多辆油罐车,从距哈勒欣河至少650公里的供应站运来了55000吨作战物资,朱可夫甚至将部队的火炮牵引车都派去运送物资。为了达到战役的突然性,除行动与作战计划绝对保密外,苏军指挥部还制定了一系列蒙蔽日军的计划,达到了预期的目的。它们包括:

——隐蔽运输和集中为加强集团军从苏联调来的部队。

——隐蔽调动在哈勒欣河东岸进行防御的兵力兵器。

——部队和物资储备隐蔽地渡过哈勒欣河。

——对出发地域、部队的行动地段和方向进行现地勘察。

——参加此次兵役的各兵种特别隐蔽地演练各种科目。各军兵种隐蔽地实施补充侦察。

——发布假情报,欺骗敌人。如用易于破译的密码发布关于建立秋冬防御的命令;印制几千张传单,传单内容是战士防御须知;模拟夜间部队调动的各种杂音(飞机飞行、火炮、迫击炮、机枪及各类枪支射击的声音),在战役开始前12~15天便开始实施,使日军习以为常等。

1939年8月20日,哈勒欣河战役打响。这是一个星期日,哈勒欣河西岸风和日丽,日军指挥部深信苏蒙军队不想进攻,毫无防备,不少军官甚至获准休假,有的还跑到海拉尔娱乐去了。5时45分,苏方炮兵对日军高射炮和高射机枪突然开始猛烈袭击,部分火炮还对航空兵即将袭击的目标发射烟幕弹。之后,哈勒欣河的天空立即出现了苏军150架轰炸机和100架歼击机,一个半小时之内日军炮火无力进行还击,敌人的观察所、通信联系、炮兵阵地被彻底摧毁。苏蒙军队顺利渡河,渡河之后与日军发生了激战。日军进行了顽强抵抗,到26日日本第6集团军终于被苏蒙军队合围。但分割歼灭的战斗仍然十分艰苦。哈勒欣河流域流沙、沙坑、沙丘众多,日军指挥官告诉士兵苏军枪杀俘虏,被围的士兵极为顽固,战至最后一人,宁可自杀,也拒不投降。8月30日,侵入蒙古边界的日军第6集团军被全部歼灭。此次战役苏军伤亡1万人,而日军伤亡5.2万到5.5万人。伏罗希洛夫代表国防部给哈勒欣河的指挥员与士兵以高度赞扬和嘉奖。朱可夫获苏联英雄称号。9月15日,苏联、蒙古与日本在莫斯科签订协议,双方同意交换战俘,并建立一个委员会来划定哈勒欣河地区蒙古与中国满洲之边界。远东的战事逐渐沉寂下来。

1940年5月,朱可夫接到莫斯科命令,去人民委员部另行分配工作。朱可夫抵达莫斯科后马上被授予大将军衔,并被委任为苏联第一大军区基辅军区司令员。赴任前,斯大林亲自召见了这位远东战役的英雄。朱可夫第一次见到斯大林,非常激动。斯大林在短暂寒暄后问道:"你认为日军怎么样?""与我们在哈勒欣河作战的日军训练不错,特别是近战,他们守纪律,执行命令坚决,作战顽强,特别是防御战。下级指挥员受过很好的训练,作战异常顽强。下级指挥人员一般不会投降,'剖腹'自杀时毫不迟疑。军官,特别是中高级军官,训练差,主动性差,习惯于墨守成规。"朱可夫认为日军的技术装备是落后的,与苏军作战的是日本精锐部队。斯大林又问:"我们的部队打得怎样?"朱可夫回答说:"我们的正规部队打得很好。

但如果没有两个坦克旅和 3 个摩托化装甲旅,肯定不可能如此迅速地合围敌人,我认为应大大扩充装甲坦克部队和机械化部队。"朱可夫坦率地谈了自己的看法,斯大林最后说:"现在你已经有作战经验了。你到基辅军区去,利用自己的经验训练部队。"带着殷切的希望与嘱托,朱可夫又一次踏上了征程。

总参谋长

　　1940 年 5 月朱可夫匆匆赶赴基辅军区任职之时,国际局势日益紧张。希特勒德国已拥有欧洲的半壁江山,虽然苏联已与德国签订了互不侵犯条约,但谁都心里明白,这不过是缓兵之计。1939 至 1940 年,苏联红军建立了东方战线,将国境线向西推进了 200 至 300 公里,苏军与芬兰、波兰、罗马尼亚等国军队发生了直接战斗,特别是苏芬战争,苏军在开始之初严重受挫。苏军在武器、组织、训练、指挥各个环节暴露了许多弱点。1940 年 3 月苏共中央召开了政治局会议,大会批评了苏军的战斗训练与教育问题。斯大林还亲自参加军事会议,号召将领们研究现代战争。5 月中旬,伏罗希洛夫被免职。铁木辛哥出任国防人民委员。这一系列变化使朱可夫多年来压在心底的想法得以实现:国家终于重视现代战役的特点,坦克部队、机械化兵种的配合作战终于引起了高层领导人的重视,回想 1939 年斯大林曾下令取消坦克部队真令人心寒。5 月朱可夫拜访了乌克兰党中央第一书记赫鲁晓夫(基辅为乌克兰首府),朱可夫介绍了远东战役的情况,并请求乌克兰对军区在物质生活方面提供帮助。赫鲁晓夫对朱可夫很有好感,后来赫鲁晓夫在回忆录中曾这样谈道:"朱可夫是一位天才的组织者和强有力的领导人。他在战争中表现出是有气概的。可惜的是,像铁木辛哥和朱可夫这样的人是少数。在老的近卫军被清除之后,像麦赫利斯、夏坚科、库利克这样的人跑了上来,国防人民委员部成了疯狗窝。"6 月,朱可夫亲自走访了基辅军区几乎所有的部队和兵团。他带着军区司令部在塔尔诺波耳、利沃夫一带进行了大规模的野外作业。一年之后,德国法西斯正是在这一带对乌克兰实施了主要突击。在野外训练中朱可夫发现,担任集团军、兵团及司令部领导职务的大多为年轻军官,而且刚从较低职务上提升上来,战役战术基础很差,尤其对现代战争了解甚少,而对旧的教科书上的条条框框奉若神明,朱可夫十分担心。朱可夫一面把自己在远东作战的经验变成军事条例贯彻到基辅军区的训练中,一面把经验汇集起来提供给总参谋部,制定新的军事条例,但欧洲战争发展太快了,这些宝贵的经验来不及实施战争便爆发了。

　　1940 年 9 月,朱可夫接到总参谋部通知,要他参加 12 月在莫斯科举行的高级将领会议,并指定他在会上做题为《现代进攻战役的特点》的报告。通知还说,会议期间将进行大规模战役战略演习,朱可夫被指定为"蓝方"。12 月底,苏联最高统帅部在莫斯科召开了这次极其重要的会议,各军区、各集团军司令员、参谋长,各军事院校校长,各兵种监察部部长,苏共中央政治局全体成员都参加了会议。会上朱可夫的报告使众将领形成了广泛运动战的共识。在会上朱可夫还尖锐地指出苏军在西线边境线上的防御离边境太近,敌人的火力足以达到全部防御纵深,建议防御线大大后撤,这一宝贵建议因引起争论而被搁置。6个月后德军的猛烈进攻将证明这一建议的搁置使苏军付出了惨重的代价。会议结束后当天晚上,斯大林召见各位代表,建议各司令员待演习结束后再离开。1月12日,演习开始,总指挥为铁木辛哥和总参谋长麦列茨科夫。演习的前提是假设苏联遭到德国进攻,朱可夫与波罗的海沿岸军区司令员库兹涅佐夫代表进攻方"蓝方",西部特别军区司令员巴甫洛夫和克里莫夫斯基代表防御方"红方",双方兵力:蓝方60多个师,红方50多个师,双方都有强大空军支援。演习中双方都用了很大心思用进攻部队深入敌阵,以击败大量的敌方部队。演习中充满戏剧性的情节,这些情节与1941年6月苏军遭到德军进攻后所发生的一些情况在很多方面极为相像。演习中暴露了许多问题,特别是双方都没有给第二梯队和预备队留下足够的兵力,主要进攻方向的兵力优势,是以削弱方面军次要地段的兵力达到的。演习结束后,铁木辛哥组织了讲评。斯大林出人意料地亲自打来电话,建议在克里姆林宫再进行一次讲评。斯大林的决定使总参谋长麦列茨科夫手忙脚乱,心情紧张。他的报告很不连贯,显得支离破碎,他作的一些结论和建议脱离了实际,斯大林极不满意。副国防人民委员库利克更令斯大林恼火,这位军方重要负责人居然大谈"组建坦克和机械化军团,目前还不宜开始",建议把步兵师编制人数增至16000~18000人,要求炮兵用马匹牵引。会后斯大林下决心更换军方高层领导人,国家已到了十分危急的时刻,已没有更多的时间考虑了,当晚政治局召开会议,对军队高层领导人进行了一系列任免。

第二天上午,斯大林召见朱可夫。他叼着大烟斗,神情十分严峻,说:

"政治局决定解除麦列茨科夫总参谋长的职务,任命你接替他。"

朱可夫愣住了,太出乎意料,他一下子不知如何作答,沉默了一会儿,朱可夫说:

"我从没有在司令部工作过,我始终在部队里。总参谋长我干不了。"

"政治局决定任命你,你应该服从。"斯大林一脸严肃,特意把"任命"二字咬得很重。

朱可夫知道任何反对都无济于事,他立即表示感谢最高统帅对他的信任,然后又强调说:"如果发现我不是一个称职的总参谋长时,我将请求再回部队。"斯大林总算满意地点点头。朱可夫赶到铁木辛哥的办公室,铁木辛哥微笑着说:"我听说了,你拒绝担任总参谋长的职务。刚才斯大林同志给我打电话了。现在你回军区去,然后尽快回莫斯科。基尔波洛斯上将(列宁格勒军区司令员),将受命接替你当军区司令员。"

1月31日,朱可夫正式出任苏军总参谋长。此时苏军总参谋部人才济济。第一副总参谋长是闻名全国的瓦杜丁中将,此外还有索科洛夫斯基和华西列夫斯基等优秀将领,朱可夫率领参谋部和铁木辛哥配合加速推动军队改革、改组机构、淘汰不称职的军官,反对军事上的官僚主义。朱可夫还亲自向斯大林发出警告:大量德军集结在东普鲁士和波兰、巴尔干一线,而苏联西部各军区都缺乏足够的战斗准备。然而这种担心并没有转变成积极防卫。此时德国进攻俄国的"巴巴罗萨"计划早已送到希特勒案头。"德国武装部队必须在英国战役结束之前就准备好以快攻战击溃俄国……陆军必须为此运用所有部队,留下若干部队用以防止被占国家遭受突然袭击。海军仍应集中主力攻打英国!……必须大胆作战,坦克分四路深入,以消灭俄国西部的大量俄国陆军;必须防止枕戈以待的敌方部队退入俄国的辽阔地区。"德国人很明白俄国地大物博,资源丰富,必须采用闪电战,用绝对的优势兵力在极短的时间内消灭其有生力量。因此"巴巴罗萨"选择了白俄罗斯作为主攻方向。为达到战役的突然性,德军采用了各种欺骗措施,德国外长亲自访问莫斯科,并邀请苏方人员回访德国,一再表白苏德友好,同时在英吉利海峡大造声势,作渡海作战的各种逼真伪装。军队的调动采取极为隐蔽的形式,直到战争爆发前夕,德军才在边境线上实施集中,坦克部队仍配置在很远的地方,6月21日夜间才进入出发地域。而苏联一方在德方周密布置天罗地网时,做出了一个又一个的错误判断。首先斯大林认为德军主攻方向将在乌克兰。乌克兰是苏联粮库,煤炭资源极为丰富,后面有高加索的石油宝库,当时无论斯大林,还是朱可夫的参谋部对于德国的闪电战没有足够认识,认为苏德战争将是一场长期战,而且像以前一样先会在边境交战几天,之后双方主力才进入交战。而闪电战的特点是战争在很短的时间内结束,根本无需考虑资源问题,哪里兵力薄弱,哪里将成为突破口。当时德国几乎拥有整个欧洲,已拥有足够的人力与物力资源。斯大林对主攻方向的判断,尽管朱可夫等将领都在场,但并没有引起大家的怀疑。

战争的前夜紧张不安,各种情报真真假假纷至沓来。斯大林作为最高统帅心里很清楚和德国的战争不可避免,但他始终贯穿一个愿望,那就是尽可能避免战争,竭尽全力制止战争,实在避免不了则尽量往后拖。因为无论斯大林,还是身为总参谋长的朱可夫都非常了解苏军当时的情况:军官年轻缺乏足够训练;1941年才开始恢复组建机械化师和坦克师,朱可夫任总参谋长后要求至少配备20个机械化师,但一年之内苏联根本就生产不出32000辆坦克;1941年4月才组建空降军,战争爆发时,空降兵只能当步兵用,所有的训练根本来不及。战争爆发时,苏军在西部边境虽有149个师,但每师编制仅8000人,而德国进攻动用了190个师每师编制为15000人。越来越多的迹象表明战争一触即发,朱可夫寝食难安。6月13日,他和铁木辛哥再次前往克里姆林宫,请求使部队进入一级战备状态。斯大林着急了:"这就是战争!你们懂不懂?"斯大林很清楚他不能轻举妄动。

然而,战争终于突然而至!

6月21日晚,朱可夫接到基辅军区参谋长的电话,报告有一名德军司务长投诚,说德军正在进入出发领域,将在22日晨发动进攻!朱可夫立即和铁木辛哥赶往克里姆林宫,铁木辛哥建议立即命令前线部队进入一级战斗准备。斯大林仍表示也许问题还可以和平解决,最后在斯大林指示下用平和的语调下达了一级战备令。21日晚总参谋部和国防人民委员部全体人员奉命留在各自岗位上,朱可夫通过电话电令西部各军区司令员在岗位待命。22日凌晨3时30分,西部军区报告,德军空袭白俄罗斯13分钟后,基辅军区报告乌克兰遭德军空袭!3点40分,波罗的海沿岸军区报告敌人开始进攻!战争终于爆发了!朱可夫感到全身的血液仿佛一下子全集中到头上,脑袋嗡嗡作响。铁木辛哥大声命令朱可夫给斯大林打电话,电话要通了,朱可夫报告了德军轰炸苏联西部各城市的消息,请示允许还击。斯大林惊呆了,好一会儿没有声息,电话那端的朱可夫着急了:"您听懂了我的意思吗?"仍然是沉默!最后斯大林疲惫地说:"你和铁木辛哥到克里姆林宫来一趟,通知政治局全体委员。"人员到齐了,长时间难以承受的沉默,最后斯大林说道:"下命令吧!"然后顽强地从椅子上站起来。

保卫首都

1941 年 6 月 22 日拂晓,德国法西斯对苏联发动突然袭击,一个半小时之后才正式向苏联宣战。意大利、罗马尼亚、匈牙利、芬兰也相继参加了侵苏战争。法西斯 190 个师(153 个德国师)、4300 辆坦克、5000 架飞机、总兵力 550 万人从波罗的海到黑海 1500 公里的战线上全面突进。一天内苏联就损失约 1200 架飞机,成千上万的苏军被合围,被消灭,损失惨重!9 月,北路德军包围了列宁格勒,中路推进到离莫斯科约 400 公里的斯摩棱斯克,铁木辛哥亲自指挥斯摩棱斯克的保卫战,但几乎全军覆没!斯大林在盛怒之下要罢免铁木辛哥,被朱可夫力阻。南线德军一路攻至第聂伯河,乌克兰首府基辅危在旦夕。

7 月 29 日,朱可夫请求斯大林紧急接见,一到克里姆林宫朱可夫分析了局势,建议从西部与西南方向,以及统帅部预备队各抽调一个集团军立即加强莫斯科所在的中央方面军,同时建议西南方面军立即撤过第聂伯河。斯大林警觉地问,"基辅怎么办?"朱可夫明白放弃基辅谁都接受不了,但作为总参谋长,朱可夫告诫自己不能感情用事,他断然回答:"基辅不得不放弃。"难堪的沉默,朱可夫试图再解释什么,斯大林终于发火:"把基辅交给敌人,亏你想得出来!"朱可夫也急躁起来,请求解除总参谋长职务,上前线去实地指挥。斯大林同意了,沙波什尼科夫出任参谋长,朱可夫战争开始后第一次奔赴前线。从 7 月 30 日到 9 月 9 日,朱可夫在距离莫斯科最近的防线叶利尼亚突出部成功地组织了一场反突击,苏军收回了叶利尼亚,德军在付出 5 个师的代价后被迫后撤,此役在败绩连篇的战争初期极大地鼓舞了苏军士气。而同一时期基辅保卫战在残酷地进行着,9 月 19 日基辅失陷,约 65 万名苏军官兵被德军俘虏,苏军指挥员赫鲁晓夫、布琼尼、铁木辛哥等差一点儿当了俘虏。在残酷的事实面前,斯大林承认当初朱可夫的建议是明智的,从此以后战场上所有重大问题,斯大林都注意听取朱可夫的意见。

9 月 9 日晚朱可夫被突然从前线召回,斯大林直截了当地对他说:"你到列宁格勒去,接替伏罗希洛夫指挥方面军和波罗的海舰队。"列宁格勒是苏联的北方门户,1924 年朱可夫作为一名骑兵高级指挥官曾在此接受培训。此时的列宁格勒已被包围,指挥列宁格勒方面军的伏罗希洛夫元帅几乎完全失去了信心。斯大林意识到列宁格勒一旦失守,德芬军队必将会合从北面进攻莫斯科,苏军不得不消耗准备用于保卫莫斯科的预备队来开辟北面的新战线,而且将不可避免地失掉强大的波罗的海舰队。危难之际朱可夫飞抵列宁格勒。朱可夫一到立即颁布一系列稳定战线的措施,他亲自部署了海、空兵种的火力配置,下令波罗的海舰队除炮火支援外,水兵组建水兵师投入列宁格勒保卫战。同时下达死守列宁城的命令。列宁格勒的居民被动员起来挖战壕,筑街垒,全体军民做好了保卫每所房屋、每条街道的准备。惊慌失措的情绪很快被稳住,德军装甲部队攻到距列宁格勒约9公里、4公里处仍被苏军顽强击退。到9月底一方面希特勒准备进攻莫斯科,不得不从列宁格勒抽调部分兵力,另一方面由于朱可夫指挥下的苏军拼死抵抗,攻占列宁格勒的企图不得不放弃。列宁格勒最危险的时刻终于熬过来了。但之后希特勒采取封锁战术,列宁格勒军民一直被饥饿困扰,直到1943年才突破封锁,这期间约60多万市民被活活饿死!

　　1941年10月5日,正在列宁格勒指挥作战的朱可夫突然接到斯大林电话,斯大林命令朱可夫立即返回莫斯科。此时莫斯科方向局势十分紧张。9月30日德军发起了对莫斯科的总攻,德军投入了180多万兵力,1700辆坦克和1390架飞机。10月2日德军从中部突破了苏军防线,6日德军南北合围了保卫莫斯科的西方面军、预备队方面军的4个集团军!苏军虽浴血奋战,但绝大多数被歼被俘,从10月2日到10日苏军仅被俘人员就达66万之众!7日朱可夫飞抵莫斯科,斯大林说"你立即到西方面军司令部去一趟,我无法从西方面军与预备队方面军得到有关真实情况的详细报告"。当时西方面军已与最高统帅部失去了直接联系。朱可夫不敢有片刻停留,从总参谋部要来西部方向的地图,马不停蹄地赶往前线。由于时间紧迫朱可夫只好打着手电在颠簸起伏的汽车里研究地图。在列宁格勒的20多天里朱可夫几乎没有睡过整觉,现在更没时间打盹了,困得实在不行时,朱可夫只好让司机停下车,他跑上一段路再往前开。

　　天开始下起小雨,空旷的田野大雾弥漫,汽车开过了朱可夫的家乡,那熟悉的一草一木很快将成为战场,朱可夫想起了年迈的妈妈,还有姐姐,如果真的德国人打来了,妈妈她们很可能成为俘虏!有那么一瞬间朱可夫有些心动,车子只要拐一下就可以接走亲人,但理智告诉他:军务紧急,不可有片刻延误!车子开过了村边那条熟悉的小河。三天后,朱可夫派人接走了母亲及家人,两个星期后,朱可夫家的房子连同整个村庄被德军烧成了灰烬。

　　朱可夫找到了西方面军与预备队方面军司令部,在向斯大林汇报完情况后不久,斯大林正式命令两个方面军合并为西方面军,由朱可夫任司令员。朱可夫以他特有的充沛精力和工作效率开始了他的新任务。他立即与副司令员科涅夫和参谋长索科洛夫斯基开会,当场决定在莫斯科正西方向,从沃洛科拉姆斯克到卡卢加一线建立防御带,建立第二梯队和方面军预备队,同时组织被围的苏军实施突围。但突围未能成功,英勇的红军官兵在被合围的情况下仍不屈不挠地战斗,虽付出了巨大牺牲,却为朱可夫争取了建立新防线的宝贵时间。

　　10月13日德军在通往莫斯科的所有方向上发起猛烈进攻,当天朱可夫下令放弃卡卢加,莫斯科附近的塔鲁萨与阿列克辛两个城镇失守,德军还包围了莫斯科南方门户图拉。战斗十分激烈,莫斯科附近10月的防御战在苏联人民保家卫国的战争史上可歌可泣！朱可夫在战后的回忆录中也十分感慨地谈道：他一生最难忘的是莫斯科保卫战的日日夜夜。那时几乎所有的预备队都投到了战场，莫斯科步兵指挥学校学员被混编成步兵团派往前线最重要的地段，临行前校长发表了演讲："凶恶的敌人要闯入我们祖国的首都莫斯科……现在没有时间进行你们的毕业考试了。你们将在前线，在与敌人的战斗中经受考验。我相信，你们每个人都会光荣地通过这次考试！"学员们急行军85公里，于10月7日达到前线，他们不怕危险，不怕牺牲，一直牢固地守住了防线。10月20日开始，莫斯科实行戒严，在此之前中央机关与所有外交使团已疏散到古比雪夫，斯大林决定留在莫斯科。莫斯科的工人、职员、学生被动员起来建立了4个民兵师，几十万莫斯科人不分昼夜构筑环绕首都的防御工事，这一主要由妇女与少年组成的修筑大军用自己的双手挖出了300多万立方米的土，修建了近13万米长的战壕、7.2万米长的防坦克壕、近8万米的断崖。整个10月份德军虽然前进了200多公里，推进到离莫斯科仅60多公里处，但德军被拖得精疲力竭，希特勒在10月中旬攻战莫斯科的计划破产了。

11月7日斯大林在征询朱可夫意见后，在德国军队几乎兵临城下的危局中，在莫斯科"马雅科夫斯基"地铁车站举行了纪念十月革命24周年庆祝大会，并在莫斯科红场举行了传统的阅兵式，极大地鼓舞了苏军士气。11月15日德军向莫斯科发起了第二次进攻。从15日到18日德军疯狂已极，德军坦克不惜任何代价试图冲进莫斯科，27日德军攻占了离莫斯科仅24公里之遥的伊斯特腊，德军用望远镜可以望见克里姆林宫的顶尖。深夜，朱可夫正在司令部里组织反击，突然斯大林来电话："你坚信我们能够守住莫斯科吗？我怀着内心的痛苦在问你这个问题，希望你作为共产党员诚实地回答。"朱可夫坚决地说："毫无疑问，我们能够守住莫斯科！"此时德军虽没有放松进攻，但已到了强弩之末。到12月5日德军第二次进攻被彻底粉碎。6日朱可夫下令西方面军从莫斯科南北两面开始反攻。朱可夫已严重睡眠不足，但仍靠坚强的毅力支撑着。10多天的反攻使疲弱已极的德军在冰天雪地中后撤了150~300公里。希特勒一面撤职查办伦斯德、古德里安等，一面下令拼命死守，德军才没有全线崩溃。红军解放了克林、加里宁、卡卢加等城市，赢得了莫斯科战役的最后胜利。苏联报纸刊登了朱可夫的巨幅照片，朱可夫作为拯救莫斯科的英雄而举世闻名。

激战斯城

莫斯科战役之后，朱可夫负责指挥苏联西方面军和加里宁方面军对德军实施不断突击。进入1942年后，希特勒决定主力进攻苏联南部。1942年4月5日希特勒正式签发了作战指令：一切可用的军队将集中到南翼的主要战线，其目的是在顿河这边消灭敌人，以夺取高加索油田和进入高加索山区的隘口。希特勒特别强调："无论如何，必须竭尽一切努力到达斯大林格勒市区。或者至少使这座城市处于重炮射程之内，从而使它不能再成为工业中心和交通枢纽。"丘吉尔在他的回忆录中曾这样谈道:斯大林格勒的诱惑使希特勒着了迷。这座城市的名字本身就是对他的挑战……这座城市成为一块吸铁石,把德国陆军与空军的主力都吸引过去了。

由于德军在整个冬季作战中伤亡了110多万人,德军兵员严重不足,希特勒亲自出马在轴心国集团中搜罗到52个师,并将其中41个师派到苏联南部。尽管德军将领并不十分赞成用盟国军队充数,但德军现在要防守漫长的防线,同时要保证南线进攻,早已力不从心,而这些素质极差的盟军,后来证明不仅成事不足,反而败事有余,加速了德军在斯大林格勒城下的溃败。

1942年7月23日,德军以5个师的兵力进攻防守在顿河西岸的苏军,揭开了长达200天的斯大林格勒大会战。7月25日德军在给予苏军强大打击之后,企图在长拉奇附近强渡顿河,直扑斯大林格勒。希特勒还特意从南高加索抽调第四坦克兵团前往斯大林格勒,德军攻势凌厉。苏军顽强抵抗,粉碎了德装甲兵团在"行进"中占领斯大林格勒的计划,但德军主力仍然渡过了顿河,已经逼近了斯大林格勒。8月23日,德军坦克冲入维尔佳奇地域,将斯大林格勒的防御分割为两部分,同时德军进行了侵苏以来第二次规模最大的空中攻击,一昼夜出动了2000架次飞机狂轰滥炸,全市成为一片火海!

斯大林格勒岌岌可危! 形势发展不堪设想! 一旦城市沦亡,将切断苏联欧洲部分南北水陆交通、将切断中央与南方重要经济区高加索的联系。不仅如此,从斯大林格勒沿伏尔加河北上,可以威胁莫斯科;或由高加索南下切断英美经伊朗向苏输送物资的供应线。8月27日,正在西方面军负责牵制德军、以减少斯大林格勒方向苏军压力的朱可夫,突然接到斯大林电话:"你必须尽快到最高统帅部来,留下参谋长代理你的工作。"晚上,朱可夫赶到克里姆林宫。斯大林说:德军可能占领斯大林格勒,国防委员会决定任命你为最高副统帅,并派往斯大林格勒地域。末了斯大林问:"你打算什么时候起程?""我需要一昼夜时间研究情况,29日能飞往斯大林格勒。"斯大林点点头,十分郑重地说:"你必须采取一切措施。不然的话,我们会丢掉斯大林格勒!"朱可夫再一次临危受命!

29日朱可夫飞抵伏尔加河地域。9月3日,在朱可夫指挥下,苏军近卫第一军团发起进攻,但在德军的强大阻击下,只前进了几公里就被迫停了下来。德军离斯大林格勒仅有5公里之遥,形势急剧恶化。9月5日,朱可夫在斯大林格勒地域再次组织反突击,但德军仍很顽强,经过一天交战,苏军进展甚微。9月6日,苏军仍被遏制,10日朱可夫再一次巡视了各集团军的部队,他得出一个结论:目前,苏军在斯大林格勒地区浴血奋战,只能蒙受沉重损失。以现有的兵力是不能突破敌人的战斗队形并消除其分割苏军而形成的走廊。

12日,朱可夫奉命飞往莫斯科,汇报前线形势,总参谋长华西列夫斯基也被叫去,当二人汇报完情况后,斯大林聚精会神地研究着地图。为了不打扰斯大林,朱可夫和华西列夫斯基走到离桌子稍远的地方,低声地说:"显然需要找个什么别的解决办法。"斯大林突然抬起头来问道:"有什么别的解决办法?"朱可夫和华西列夫斯基十分惊讶斯大林的听力,连忙走到桌前解释,斯大林说:"这样吧,你们到总参谋部去,好好想想,在斯大林格勒地区应该采取什么措施。"

第二天,朱可夫和华西列夫斯基向最高统帅斯大林提出如下建议:苏军继续以积极防御来疲惫敌人,然后发动一次特大规模的反攻,在斯大林格勒围歼德军,从而根本改变南部战略形势。斯大林有些意外地问:

"现在有足够力量实施这样大规模的战役吗?"

朱可夫说:"根据我们计算,过45天,战役可得到必要的兵力和兵器保障,而且能够充分准备完毕。"当时配备有苏联最新式T-34型坦克的装甲兵团正在组建。斯大林又提出了几个问题。朱可夫与华西列夫斯基解释说,战役分为两个主要阶段:第一阶段是突破德军防御,合围德军斯大林格勒集团并建立牢固的正面防线,以隔绝该集团与外部敌人的联系;第二阶段,歼灭被围的敌人并制止敌人解围的企图。

正当苏军计划组织反攻时,德军统帅希特勒却做出了十分狂妄的决定:同时拿下斯大林格勒和高加索!陆军总参谋长哈尔德竭力主张集中兵力攻占斯大林格勒,并一再陈述德军根本没有力量能在不同方向同时进行两场重大战役的意见。而希特勒反驳说,苏联人已经"完了"。当有人提醒他说苏军于1942年仍有可能在斯大林格勒附近集结到100万生力军,并证实苏联每月能为前线提供1200辆坦克时,希特勒暴跳如雷,不许今后再有人提及这些愚蠢的废话。

虽然希特勒的狂妄完全忽视了苏联的巨大潜力,一场涉及150万兵力的大反攻正在进一步酝酿之中,但斯大林格勒的局势仍在恶化。9月13日,朱可夫飞抵前线,历时两个月的斯大林格勒市区争夺战开始了。17万德军在近500辆坦克和1700门火炮的掩护下攻入市区,斯大林格勒的每条街道几乎全成了激烈的战场,双方短兵相接,逐街逐屋反复争夺。一号火车站一星期内易手13次。红军战士为保卫斯大林格勒的每寸土地顽强战斗着,巴甫洛夫中士等24名战士在一幢楼房里,顶住一个师德军反复冲击58天,守住了大楼。10月,德军占领了城市的大部分,有的地区甚至推进到伏尔加河边。苏军背水奋战,寸土必争。11月下旬,高加索方面德军的攻势也因兵力不足而被阻止。希特勒既没有拿下斯大林格勒,也没有占领高加索,反而因兵力分散,捉襟见肘,不得不把斯大林格勒战线侧翼交给战斗力极差的意、罗、匈等国的军队去掩护,暴露了自己的薄弱点。而苏联红军则不仅度过了最艰难时刻,而且大反攻的一切准备已经就绪,一百多万进攻部队在德军毫无知觉的情况下进入了进攻地域。

1942年11月19日早晨,经朱可夫、华西列夫斯基、斯大林等周密筹备两个月的大反攻终于开始。苏军110万兵力,1500辆坦克、15000门火炮、1350架飞机分两路,首先向战斗力薄弱的罗马尼亚第3集团军阵地发起冲击,罗马尼亚军队惊恐万状,很快土崩瓦解。苏军迅速渡过顿河,直捣德军后方。另一路苏军从斯大林格勒南部发起进攻,突破罗马尼亚第4集团军防线后,迅速向西北推进,11月23日在卡拉奇与北路苏军会合,从而完成了大反攻的第一阶段,德军第6集团军22个师约30万人被紧紧压缩在包围圈中。苏军突然而强大的反攻,打得希特勒晕头转向,他急忙把冯·曼施泰因元帅从列宁格勒调到南方组建"顿河"集团军,以解救被围的德军。

12月12日,曼施泰因来不及等部队全部集结完毕就向斯大林格勒方向猛冲,19日,这支不顾重大伤亡、被称为"同死神赛跑"的军队离斯大林格勒仅40公里时被迫停住,此时被围德军因燃料短缺,坦克跑不了40公里,眼睁睁地看着死里逃生的机会倏忽而逝。苏军在朱可夫等指挥下又一次南北两路冲击顿河集团军,而对潮水般涌来的苏联军队,曼施泰因担心的不再是被围的30万德军,而是如果继续往前,自己的军队也将面临被包围的处境,曼施泰因被迫下令德军往南撤退,希特勒解围计划成为泡影。

被围的德军处境越来越差,希特勒一开始还赌咒发誓保证他们的供给,到1943年1月,希特勒也明白斯大林格勒城下败局已定,从而将重点放到建立新的防线上,对被围德军处境无动于衷。1月10日,苏军开始围歼被围德军,1月30日希特勒下令授予第6集团军总指挥保卢斯元帅军衔,指望他能战斗到一兵一卒,然而第二天保卢斯就投降了。2月2日,被围德军全部投降或歼灭,经过200天的鏖战,这场二战中最大的一次战役结束。这一战役极大地鼓舞了苏联人民和全世界人民反法西斯的信心和勇气,它成为整个战争的转折点。

战役结束后,朱可夫再次受到隆重表彰。他与华西列夫斯基等将领一起获得苏沃洛夫一级勋章,而且朱可夫获得第1号苏沃洛夫一级勋章。在斯大林格勒战役尾声,1943年1月18日,朱可夫被晋升为苏联元帅,朱可夫的名字再次享誉全世界。

进军柏林

斯大林格勒战役后,希特勒决定于1943年夏季实施"堡垒"进攻计攻,试图夺回苏德战场上的主动权,而苏军一方也在摩拳擦掌,争取彻底粉碎"堡垒"计划,从根本上击败德军。朱可夫作为最高副统帅又一次被派往交战地域库尔斯克。苏军配备了130多万兵力,3444辆坦克和强击火炮,近20000门火炮,近3000架飞机。7月5日双方开始激战,经过10天左右的战斗,德国在强大的苏军攻势面前开始后撤,8月3日和5日苏军攻克别尔哥罗德和奥廖尔城,5日晚苏联首都莫斯科120门大炮齐鸣12响,卫国战争以来苏联国土上第一次响起祝捷礼炮。8月23日,乌克兰第二大城市哈尔科夫被解放,至此苏联卫国战争中最大的一次会战以苏军的胜利而结束,德军为他们的"堡垒"计划又损失了50多万兵力和至少1500辆坦克。朱可夫元帅又一次获得苏沃洛夫一级勋章。

1943年12月,朱可夫奉命回到最高统帅部,总参谋部决定就1943年的总结和近期战争前景征询元帅的意见。经过几天的全面总结和局势分析,苏军最高统帅部决定在1943年冬和1944年初展开北由列宁格勒南到克里木的大范围进攻。1944年年初朱可夫奔赴苏德战场的核心:乌克兰方面军与德国南方集团军群战场,朱可夫负责协调乌克兰第1、第2方面军,总参谋长华西列夫斯基负责乌克兰第3、第4方面军。在朱可夫指挥与协调下,乌克兰第1和第2方面军向前推进了200

多公里，全部解放了基辅州、日托米卫州、基洛夫格勒等重要地区。1944年1月，乌克兰1、2方面军在科尔松—舍甫琴柯夫斯基地域又合围了德军包括9个步兵师、1个坦克师和1个摩托化师在内的强大集团，尽管由于经验不足，一批德军得以突围，但仍消灭了55000名德军。2月18日，莫斯科为负责合围战役的乌克兰第2方面军鸣放礼炮。3月，由于乌克兰第1方面军总指挥瓦杜丁大将负伤牺牲，朱可夫又被正式任命为1方面军司令员。朱可夫元帅率领1方面军在南线掀起一股旋风，28天作战，解放了16173平方英里的苏联领土，3个乌克兰中心城市，57个城镇。在喀尔巴阡山山麓乌克兰第1方面军击溃德军，并前进到捷克斯洛伐克和罗马尼亚边境，莫斯科数次响起向乌克兰第1方面军致敬的礼炮，朱可夫打到哪里，胜利便降临哪里的神话到处被传颂。

4月22日，朱可夫奉命回最高统帅部，讨论1944年夏秋季战局。此时驱逐德军于国门之外，完全解放被德军占领的苏联领土成为夏秋战役的目标，为此斯大林、朱可夫、华西列夫斯基等缜密筹划，准备通过10次战役完成这一任务。此即苏联史书上常说的10次打击。经过10次接连不断、此起彼伏的重大打击，苏军解放了列宁格勒州、全部乌克兰、敖德萨、克里木半岛。击败芬兰军队，芬兰当局停战求和。白俄罗斯全境解放，波罗的海大部分领土收复，迫使保加利亚、罗马尼亚退出战争，并对德宣战。包围了匈牙利首都布达佩斯，俄军攻入捷克斯洛伐克与南斯拉夫境内，北线逼近华沙与德国的东普鲁士。

华沙—柏林方向的进攻很快成为苏军的主攻方向，白俄罗斯第1方面军被配置在这一重要方向上。苏联众多战绩赫赫的将领都渴望成为指挥进攻柏林这一光荣任务的候选人。然而由于斯大林的厚爱，这一美差落到了常胜将军朱可夫的头上。1944年11月16日，他被斯大林任命为白俄罗斯第1方面军司令员。原司令员罗科索夫斯基被调任白俄罗斯第2方面军司令员。这两支部队与科涅夫大将指挥的乌克兰第1方面军共250万人成为即将攻克柏林的主力。然而朱可夫面临挑战，在柏林战役正式打响之前，在著名的维斯瓦河—奥得河战役结束后，苏联战略正面的几个方面军基本处于同一线上。虽然斯大林对朱可夫很器重，但战场上的主动权则由各位实地作战的将军们掌握的。特别是指挥乌克兰第1方面军的科涅夫，原本就对最高统帅将白俄罗斯第1方面军指挥大权交给朱可夫不服气，此时更是信心十足决心与朱可夫一较高低。

1945年4月1日，斯大林召回了朱可夫与科涅夫两员虎将，商议柏林战役的最后准备工作。此时英美盟军已打过莱茵河，为未来的政治前途计，盟军也试图攻克柏林。斯大林问两位将军："现在谁将要攻克柏林，是我们还是同盟国？"

还没等朱可夫开口，科涅夫抢先回答：

"我保证苏军一定能先攻占柏林！"

斯大林问科涅夫："你的主力部队在南翼，你怎样建立一个攻占柏林的突击集团呢？"科涅夫表示方面军将保证在规定的时间内完成战争部署。

朱可夫不慌不忙地站起来请求承担主攻柏林的任务，理由是白俄罗斯第1方面军战略正面直接对准柏林，而且离柏林最近。朱可夫坚持白俄罗斯第1方面军可以独立攻占柏林。最后斯大林为科涅夫的主动精神所感动,默许了科涅夫的计划,但斯大林同时也给了朱可夫同等的机会:那就是以柏林东南约 60 公里的吕本为界,哪个部队先到达吕本,哪个部队就参加攻占柏林。

返回前线的路上朱可夫心情并不轻松。攻占柏林对一位苏联将领来说无疑将是最光荣、最辉煌的一页,是名垂青史的重大事件,朱可夫决不甘心落后。然而令朱可夫更担忧的并非谁将获得头功,而是法西斯困兽犹斗将使柏林战役空前残酷。

德国法西斯派出了以海因里希上将为司令的强大集群部队来抵抗朱可夫的进攻。海因里希与朱可夫曾在莫斯科战役中交过手。他惯于采用一套独特的防御战术,那就是准确判断对方的进攻时间,然后在敌方发起进攻前将自己的部队迅速后撤到第二道防御线,使对方进攻时猛烈的炮火全部落在空无一人的第一道防御线上。等苏军炮火一停,又重新占领原先的前沿阵地。1945 年 4 月 15 日,海因里希又一次准确判断出苏军的进攻时间,在 4 月 16 日朱可夫发起进攻时将前沿部队后撤。然而朱可夫不甘示弱,一是将进攻时间由以往的清晨改在晚上,同时别出心裁地使用了 140 部,耗电总共 1000 多亿度电的巨型探照灯。德国阵地被照耀得如同白昼,黑暗中的目标全部显露,德军士兵被突如其来的强烈光柱震慑。然而朱可夫的进攻遇到了强大阻击。在朱可夫部队进攻柏林途中的泽劳弗高地是柏林接近地最后的屏障,被德国人称为"柏林之锁",在德军的强大火力面前,朱可夫部队一次又一次的冲击都被击退。而此时科涅夫大将的乌克兰 1 方面军攻势顺利,很快接近柏林城郊,斯大林甚至同意科涅夫的两个坦克集团军向柏林进发。朱可夫激动了,下令苏军发疯似的进攻,18 日泽劳弗高地终于被攻克。20 日,朱可夫手下的第 3 突击集团军在库兹涅佐夫上将指挥下首先向柏林市区开炮,而科涅夫的军队于 21 日晚逼近柏林市区防御圈,两员战将的攻势再次难分高下。关键时刻斯大林发话:市区攻坚战一分为二。但科涅夫认为斯大林仍然偏心地将柏林市的象征国会大厦划到了朱可夫一方。战功卓著、久经考验的朱可夫再一次领受了最艰巨的作战任务。

希特勒决定死守柏林,柏林的战役因而十分惨烈。德军利用楼房,高大厚实的墙壁,纵横交错的防空通道、地下室、下水道等组成了严密的防御。朱可夫指挥部队不分昼夜不停地进攻,白天第 1 梯队、晚上第 2 梯队,分割德军,各个击破。从 4 月 21 日到 5 月 2 日,单朱可夫的部队就对柏林发射了 180 万发炮弹,相当于 36000 吨钢铁重量。市内攻坚战开始后,苏军铺设了专门的路轨,将每发重半吨的要塞炮运抵战场,有的德军驻守的楼房仅一发要塞炮便可顷刻拔掉。4 月 29 日朱可夫的部队离希特勒的总理府仅一街之隔了,30 日凌晨希特勒自绝身亡。30 日早晨,朱可夫的部队开始攻打国会大厦,朱可夫的部队与党卫军精锐部队进行了一场近距离血战。苏军占领了下面各层后,上面楼层的德军仍拼死抵抗,苏军不得不每个房间、每个楼层地与德军搏斗,直到夜间国会大厦才升起了苏联的旗帜。亲自指挥这一历史性战斗的库兹涅佐夫拿起电话机,兴高采烈地向朱可夫报告:

"国会大厦上升起了红旗!元帅同志,乌拉!"

朱可夫激动不已,14 年卫国战争,多少牺牲,多少困难,终于盼来了这一历史性时刻！朱可夫激动地下令继续战斗,完全彻底地击溃法西斯!

5月1日,德国汉堡广播电台发表声明:

"我们的元首阿道夫·希特勒同布尔什维克主义战斗到最后一息,今天下午在德国总理府的作战大本营里为祖国牺牲了。4月30日,元首任命海军元帅邓尼茨为他的继承人。"邓尼茨政府试图讨价还价,但遭到苏联坚决回绝,5月2日德军柏林城防司令魏德林将军率残部投降,柏林战役胜利结束。

战斗一结束,朱可夫匆匆赶赴帝国办公厅,想亲自查实希特勒之流自杀的情况,然而苏军的重炮毁掉了所有痕迹。正当朱可夫带着扫兴的心情准备离开帝国办公厅时,忽然有人报告发现了戈培尔6个孩子的尸体,久经沙场的朱可夫不忍心去目睹这一悲剧,匆忙离开了。经过详细调查,朱可夫确信希特勒自杀属实。当朱可夫向斯大林报告希特勒已自杀身亡的消息时,最高统帅也不顾及文雅不文雅,冲口大骂:

"完蛋啦?这个混蛋!可惜没能活着把他抓到!"

5月7日,邓尼茨政府在艾森豪威尔的盟军总部签署了无条件投降书。斯大林十分气恼,要求德军投降书应在反希特勒联盟所有各国的最高统帅部面前签署,地点必须在法西斯的侵略中心柏林。斯大林的建议为盟国所接受。5月9日,德国无条件投降仪式在柏林正式举行,朱可夫作为苏军最高统帅部的全权代表端坐在正中。5月9日零点43分,签字仪式结束。苏、英、美、法各国代表欢庆一堂,柏林上空响起了胜利的礼炮,朱可夫一身戎装,情不自禁地跳起了"俄罗斯舞",在欢快的旋律和互相亲切的祝愿中,一个时代结束了。

元帅离世

战争刚结束的那段日子,朱可夫的声望达到了高峰。在柏林还在举杯同庆胜利的时刻,朱可夫得到了艾森豪威尔、蒙哥马利等著名将领的称赞。在国内,各类报刊上大篇幅地登载着朱可夫满佩勋章、喜气洋洋的文章与照片。斯大林对朱可夫的器重,几乎全世界人民都有目共睹。1945年6月24日,莫斯科红场举行了盛大的阅兵式,隆重庆祝反法西斯战争的胜利,斯大林特意安排朱可夫担任阅兵首长,自己退到幕后。同时朱可夫被委任为四国对德管制委员会中苏方最高长官,协调各国对德国问题的处理。朱可夫获得了美国政府与英国政府颁发的荣誉勋章。尽管有不少分歧,朱可夫和艾森豪威尔之间忠诚的友谊逐日加深,8月12日在苏联体育节检阅那天,两位将军在列宁墓的检阅台上热烈拥抱,红场上的苏联人民热烈欢呼,为和平的未来,也为两位战争英雄的珍贵友谊而欢呼。然而祸兮,福兮!极大的成功、至高的荣誉,与一位即将成为美国总统的人的不同寻常的友谊,加之元帅本人倔强、果断、喜欢自夸的性格,这一切的一切在未来的岁月里,给将军带来了不少麻烦。或许人们要说将军此时功成名就,急流勇退就好了,免得之后几十年风风雨雨,大喜大悲,阅尽政坛险恶,尝尽世态炎凉。然而人在高处时,有几人能主动走下神坛？更何况历史的车轮在滚滚向前,朱可夫元帅也和许许多多重要人物一样,战争一结束,便卷入到苏联变幻莫测的政治漩涡中。

1946年2月14日,朱可夫尚在柏林即被选为最高苏维埃代表,他的名望仅次于斯大林,是斯大林身后最耀眼的明星,选民们甚至用"乌拉"来欢颂他。4月10日,朱可夫离开柏林,回国就任苏联陆军总司令。然而暴风雨悄然而至,7月份,《真理报》不动声色地刊登了一则消息:朱可夫被调到敖德萨军区,担任一个不重要的职位。一时间到处在传说着朱可夫被贬的原因,连美国的艾森豪威尔将军也在分析:人们对于他实际上已不公开出面所推测的原因之一是:他与我有人所共知的友谊。我不相信这是原因。实际上元帅的被贬是几种原因造成的:一是战争结束后,斯大林作为最高统帅,他在二战中的作用与地位绝对不能受到旁人的威胁,斯大林不能容忍朱可夫的名望太高而喧宾夺主。将军在二战中的赫赫战功在群众心中正光芒四射,加之将军喜欢自夸的个性更加渲染了他的军事天赋,许多要人开始不满。有一次朱可夫出席党的会议,会议主席十分粗暴地大声对他嚷道:"我们胜利的功劳不属于你,而属于党和领袖!"此外便是将军的直率,朱可夫对于斯大林坚持把战争胜利归于他的天才,越来越轻蔑,继而反感,在一些场合元帅直抒胸臆,公开表示不满,秘密警察们一字不漏地报告了斯大林。第三是固执地坚持军队的职业化,轻视党和政治工作对军队的影响。在战争期间,斯大林让了步,军队取消了政治委员,但现在仗打完了,斯大林再也不能容忍朱可夫对党的工作人员的排斥态度。

朱可夫离开了他仅坐了三个月的陆军总司令的交椅,老对手科涅夫取而代之。朱可夫的下坡路还没走完。朱可夫在敖德萨任职期间,在列宁格勒被围战役中有过严重分歧的戈沃洛夫,以监察部长的身份视察了敖德萨,早就对他怀恨在心的戈沃洛夫向国防部递交了一份对朱可夫极为不利的报告,朱可夫再次被贬,他被调到乌拉尔更低的岗位上。

元帅无法承受这一次次不明不白的打击,他请求离开他为之终身服务的军队,他抗议政府对他的功绩一笔勾销,抗议秘密警察没完没了的盘查,但请求没有得到任何回音。然而元帅生命的转折又降临了,1953年3月5日,一代巨人斯大林因患脑溢血突然离世,3月6日凌晨,莫斯科电台宣布了斯大林逝世的消息,同一天,朱可夫被任命为国防部副部长,并同时负责苏联陆军部队。

元帅生命的春天又一次来到。一代巨星斯大林陨落后的星空,朱可夫又一次成为耀眼的明星。这在巨人逝世后的年代里对于稳定军心与民心产生了积极作用。斯大林时代之后继之而起的赫鲁晓夫,需要将军的帮助,仰赖军队的支持,更何况朱可夫的美国朋友成了美国总统,在美苏冷战激烈的时代,或许元帅与艾森豪威尔的私情能化解东西方的坚冰,总之,朱可夫很快又大红大紫起来。他参与了处置贝利亚集团的重大事件,对秘密警察的切齿痛恨使元帅对贝利亚毫不手软。军队在苏联的柱石作用重新得到了承认。1955年7月,朱可夫以军方代表身份出席了赫鲁晓夫与艾森豪威尔在日内瓦举行的美苏高层会晤。然而令艾森豪威尔伤感的是,元帅已今非昔比,会晤时讲的话仿佛在背诵台词,嘴里轮回地念着冠冕堂皇的辞藻。那个独立而充满自信、敢作敢为、精明果断的将军已成了永恒的记忆。但将军的固执依旧,他对军队实行军事首领的一长制终身不逾,他坚持文职当局必须放手让军事司令员处理军队事务,而不要让政治委员来干涉。在朱可夫的领导下,苏联军队进入了一个新的时代,军官重视军事理论,而党的观念淡化了,不少政治干部因没有前途,纷纷离开军队。这是一种潜在的危机。党的领导视为这是军队对党的挑战,对元帅而言,这一思想与客观现实将再次成为他跌向低谷的重要原因。

此时的朱可夫尚不能离开政治核心,赫鲁晓夫深知要在政治强手如林的政治漩涡中站稳脚跟,还离不开朱可夫。1957年4月马林科夫、莫洛托夫、卡冈诺维奇开始向赫鲁晓夫发难,他们抨击他的各项政策,大家异口同声地谴责这个以反斯大林个人崇拜而扬名的人搞个人崇拜,要求赫鲁晓夫立即辞去党的第一书记职务。赫鲁晓夫在目瞪口呆之余终于回过神来,坚持立即召开全体中央委员会会议,以决定他的去留。危难之际朱可夫毫不迟疑地支持赫鲁晓夫,并命令国防部迅速派军用飞机把分散在全国各地的中央委员火速接到莫斯科。赫鲁晓夫赢了,马林科夫等人作为"反党集团"被清洗。由于三人又曾经是30年代对红军指挥人员血腥清洗的重要参与者,军人集团对这个反党集团有着特殊的怨恨,朱可夫也决不手软地要清算这笔血债。元帅在政治舞台上似乎有些忘乎所以,他痛斥反党集团是害群之马,他公开呼吁为30年代蒙受不白之冤的军官们平反。也许出于对朱可夫的感激,赫鲁晓夫默许了元帅的种种建议:图哈切夫斯基元帅和布留赫尔元帅平反昭雪了。苏军总政治部向党中央直接报告的制度停止了,转而向朱可夫报告工作。军队派代表参加秘密警察领导机关的活动,对内务部的军队和国家安全委员会的边防军都有权指挥。正式和公开地谴责斯大林时代对军队的清洗等等。然而元帅不懂得党的领袖们始终是一个整体,他们在许多方面,几代人都是一脉相承。元帅似乎肆无忌惮地向党的隐蔽处进攻,显然触犯了政治敏感的神经。元帅出席各种集会的机会多了,对自己往日的功劳也许表白得太多。"朱可夫想干什么?"这一问题在党的领袖们脑海里挥之不去。"不能让他为所欲为",赫鲁晓夫暗自决定。

1957年10月,朱可夫春风得意地在南斯拉夫、阿尔巴尼亚访问。访问结束后,朱可夫原计划取道克里木去检阅那里的部下。赫鲁晓夫的秘书打来电话请元帅直飞莫斯科,说是11月7日革命节的40周年盛大军事检阅有许多事情等着老将军回来定夺。朱可夫压根没有想到,那个得到他大力帮助的赫鲁晓夫早已为他准备好了陷阱。

朱可夫被免去了国防部长的职务,这一新闻立即传遍了世界各地。朱可夫又一次突然从社会和政治生活中消失了。新任国防部长马林诺夫斯基操纵《红星报》说:一个高级军人被他自己成功的军事经历迷住了心窍,他为此犯了严重的错误,受到了党的严厉制裁。朱可夫的亲密战友和部下如罗科索夫斯基、索科洛夫斯基、扎哈罗夫等异口同声地声讨他。老对手科涅夫元帅决心一鼓作气把这个竞争者彻底搞臭,他竭力贬低朱可夫在战场上的功劳,说朱可夫占领德国国会大厦是他的乌克兰第1方面军让出来的,朱可夫窃取了不应有的荣誉云云。那个幸亏朱可夫而免遭灭顶之灾的赫鲁晓夫公开表示："就一个生命来说,一个细胞死亡,另一个细胞代替它,生命才能继续下去。"苏联战争史在悄悄改变,朱可夫的功绩被一点点遮盖。元帅又一次面对精神与肉体的摧残,在中央委员会全体会议上,元帅自己投票赞成把他从主席团清除出去。

朱可夫退休了,在莫斯科郊外的一幢别墅里悄悄地度着自己的晚年。外界的风雨时而也敲打着将军的窗棂,但将军已经习惯地漠然处之。1964年,68岁的元帅离婚,与比他年轻25岁的格林娜结婚,不久老将军晚年得女,小玛莎的活泼与格林娜的温柔给心灰意冷的元帅带来了慰藉。

历史的车轮滚滚向前,克里姆林宫再次更换了主人。1964年10月勃列日涅夫担任苏联党的第一书记。1965年5月9日,反法西斯战争胜利20周年纪念日,莫斯科红场举行了盛大的阅兵式,在列宁墓顶上,人们又看到了久违的英雄——朱可夫元帅。许多人感动得流下了热泪。

1969年,朱可夫著名的回忆录——《回忆与思考》在苏联出版了,第一版就发行了60万册。1966年12月,为庆贺老将军70岁生日,最高苏维埃主席团授予朱可夫国家最高级勋章——列宁勋章,致贺的电报、亲切的问候纷至沓来。同年8月,蒙古人民共和国授予元帅英雄金星勋章。面对荣誉和善良的人们忠诚地问候,老元帅激动不已,荣辱兴衰,宦海沉浮,沙场浴血,世态炎凉,往事如烟,一切都交给后人评说吧!

然而历史不会忘记那些对历史做出了贡献的人们,人们也不会忘记那些挽救了历史的英雄,朱可夫元帅的伟大贡献将不仅被苏联人民铭记,而且将永远被全世界人民铭记。

1974年6月,朱可夫在莫斯科安然离世。

世界富豪

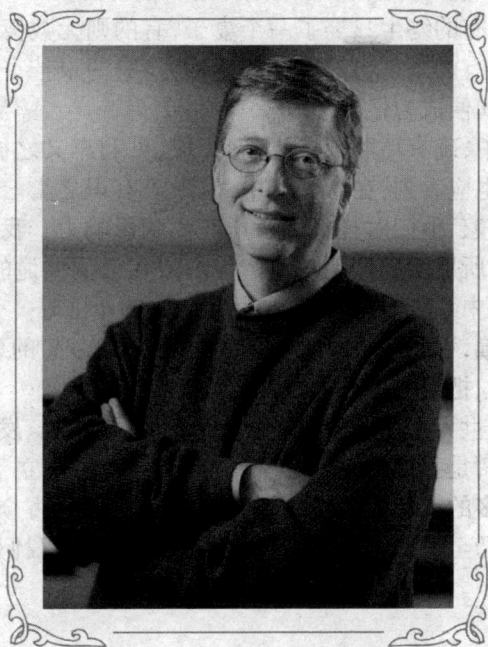

导　语

每一位富豪都有一个成功的人生，走的却是不同的成功之路，行的是不同的成功之法，积累下来的也是不同的成功秘诀……

他们是各个领域、各行各业的人杰，是社会巨大财富的创造者。其共同特点是都具有超人的智慧和非凡的能力，一生艰苦奋斗，成就辉煌；不同特点是他们都各具个性，经历不同，所运用的手段及智慧发挥的方式各异。他们中有的是富而见仁的慈善家、福利家，有的则是越富越自私的守财奴、吝啬鬼；有的是一个行业的顶尖人物，有的则是一专多能的多面手；有的只知道积攒财富，不知享受人生；有的则是挥金如土、藏娇养艳；有的终生只娶了一个妻子，有的则无数情人却没有一个满意的；有的是龙门虎子，有的则是出身贫苦的普通人；有的艰苦奋斗了一辈子才发家致富，有的则一夜之间便成为亿万富翁……

诚然，在富豪当中，确有巧取豪夺、盘剥榨取、见利忘义之徒。这些人，便是为富不仁。然而，我们也应看到，在富豪当中，也不乏有识之士。我们更不能无视那些有亿万资产的企业家，他们对现代经济所产生的影响力。我们也不能抹杀他们在发家致富的过程中所展示的聪明才智。他们或在云谲波诡的商海里翻波逐浪，或在变幻莫测的股市中跌打滚爬，或在兴办实业中奋斗拼搏……他们敢为人先，敢冒风险；他们高瞻远瞩，积累起雄厚的资金，建立起自己梦想的事业，同时也充分显示了一个人战胜自我、把握命运的大智大勇。

本卷详细介绍了世界上最有名的富豪大亨的生平、成长、发迹史及其一生中的趣闻轶事。国富民强，是我们的世纪之梦。中华民族，要屹立于世界民族之林，要使经济腾飞，要使更多的人脱贫，要使更多的人致富，那么，古今中外这些富豪们的成功业绩、失败教训乃至他们在创业中所表现出的才干，对我们不无教益。

美国金融巨头

——摩根

人物档案

简　历:世界头号金融大亨,摩根集团的创始人,美国钢铁公司的创始人。于1861年创立摩根商行;1892年撮合爱迪生通用电力公司与汤姆逊-休士顿电力公司合并成为通用电气公司;1901年组建美国钢铁公司。1913年3月31日,摩根在去埃及开罗的旅行途中突然去世,终年76岁。其后遗体送回纽约,华尔街降半旗以示敬意。

生卒年月:1837年4月17日~1913年3月31日。

安葬之地:美国纽约。

性格特征:性格温和,意志坚韧,品质虚心,人格真诚。

历史功过:摩根是进步时代显赫的金融家,对效率及现代化的追求和贡献,令美国经济从此改头换面。

名家评点:阿德里安·沃尔德里奇称摩根为美国的"最杰出的银行家"。华尔街日报曾这样评价他:"约翰·摩根在1901年重新组织了这个世界。"

一船咖啡

摩根家族的祖先于1600年前后从英国迁移到美洲。传至约瑟夫·摩根的时候,又卖掉了马萨诸塞州的农场,到哈特福定居下来。

约瑟夫最初以经营小咖啡馆为生,同时还卖些旅行用的篮子。如此苦心经营了一些时日,逐渐赚了钱,就盖了个很有气派的大旅馆。他还买了运河的股票,成为汽船业和地方铁路的股东。但使他赚大钱的,还是保险业。

1835年,约瑟夫投资开设了一家叫作"伊特那火灾"的小型保险公司。哈特福是全美保险业的发祥地,而当时的保险公司仅仅有屈指可数的几家。所谓投资,也不要现金,只要你在股东名册上签上姓名即可。投资者在期票上署名后,就能收取投保者缴纳的手续费。只要没有火灾,这无本生意就稳赚不赔。出资者的信用就是一种资本。

然而不久,纽约突发了一场特大火灾。

投资者聚集在约瑟夫的旅馆里,一个个面色惨白,急得像热锅上的蚂蚁。

不少投资者显然没有经历过这样的事件,他们惊慌失措,纷纷要求放弃自己的股份以求不再负担火灾保险费。约瑟夫通通买下了他们的股份,说:"为了付清保险费用,我把这旅馆卖了也在所不惜。不过得有个条件,下一次签约时必须大幅度提高手续费。"

成败与否,全在此一举。一位朋友也想冒这个险,两人凑了10万元,派代理人到纽约处理赔偿事项。

从纽约回来的代理人带回了投保者的现款,这钱是新投保者付的比原来贵一倍的手续费。

"信用可靠的伊特那火灾保险"已在纽约名声大振。

这次火灾后,约瑟夫·摩根净赚15万。

这笔钱,奠定了摩根家族的基业。

约瑟夫·摩根的儿子杰诺斯·斯宾塞·摩根到波士顿的商行当学徒时,年仅16岁。约瑟夫退休后,出资5万元买下了哈特福的干菜店,当时杰诺斯23岁。就在干菜批发店开张的那一年,他娶了皮尔庞特家的女儿。皮尔庞特是波士顿的牧师,还是个热情的诗人,狂热地主张废除奴隶制和实行社会改革。

1837年,一场前所未有的金融恐慌和接踵而至的经济萧条笼罩了美国,成千上万家银行倒闭,企业破产,大批工人失业,国内建设停滞不前。

就在这年的4月17日,在康涅狄格州哈特福亡命者街的一所砖造住宅里,一位将振兴美国经济的财政巨人诞生了,他就是本文的主人公约翰·皮尔庞特·摩根(J·P·摩根)。

杰诺斯不仅视儿子为掌上明珠,并且预感到儿子是个不一般的人物。怎能让他在这样的陋室中成长呢?于是卖了旧房子,重新在一片荒地中盖起一幢豪华新居。

后来,杰诺斯与银行家皮鲍狄合伙经营乔治·皮鲍狄公司。公司设在伦敦,专门经营债券、股票生意,这是英国第一家以发行证券和组织股份公司为业的银行。

约翰·皮尔庞特·摩根上学以后,同学们都觉得他的名字很啰唆,干脆称之为"皮柏",于是,皮柏的名字一直沿用下来。

皮柏传奇的经济业绩,始于他20岁时一次冒险的商业投机。

1857年,皮柏从德国格廷根大学毕业,进入父亲朋友在纽约华尔街开设的邓肯商行实习。此前先到康涅狄格州的邓肯别墅去度假。就在那儿,皮柏巧遇了一心想成为著名歌唱家的咪咪。咪咪是昵称,她的本名叫做亚美狄亚·斯塔杰。

咪咪温文尔雅,端庄妩媚,有如山间百合那样婀娜多姿。她和邓肯夫妇聊起音乐或美术时,更是神采飞扬,楚楚动人。皮柏一见就倾心了。

有一次,他去古巴的哈瓦那,采购了鱼、虾、贝类及砂糖等货物。在回来的途中,他发挥了自己的冒险精神。

当时,轮船停泊在新奥尔良,他信步走过了充满巴黎浪漫气息的法国街,来到了嘈杂的码头。码头上,晌午的太阳烤得正热,远处两艘从密西西比河下来的轮船停泊着,黑人们正忙碌着上货、卸货。

"哥儿们,怎么样? 想买咖啡吗?"一位陌生白人从后面拍了拍他的肩,问道。

那人自我介绍说他是往来巴西的咖啡货船船长,因受托到巴西的咖啡商那里运来了一船咖啡。没想到美国的买主已破产,只好自己推销。如果谁愿意出现金,他可以以半价出售。这位船长大约看出皮柏穿戴考究,有一种有钱人的派头,就拉他到酒馆谈生意。

皮柏考虑了一会儿,就打定主意买下这些咖啡。然后发电报给纽约的邓肯商行:"已买下一船廉价咖啡。"

然而,邓肯商行回电严加指责:"不许擅用公司名义! 立即撤回交易!"

"他妈的!"皮柏抗议公司的命令,马上发电给在伦敦的父亲。在父亲的默许下,用他伦敦公司的户头,偿还了原来挪用邓肯商行的金额。他还在那名船长的介绍下,买了其他船上的咖啡。

皮柏赌赢了! 就在他买了这批货不久,巴西咖啡因受寒而减产,价格一下子猛涨了2~3倍。皮柏大赚了一笔,不但邓肯对他赞不绝口,连他远在伦敦的父亲也连夸儿子:"有出息,有出息!"

这次商业交易的成功,使皮柏更加看重自己家族的力量。他不仅非常欣赏自己的家谱,而且对前辈的商业冒险、经济思维心领神会。据华尔街老板们说,皮柏对17世纪时横行海上的著名大海盗亨利·摩根很为敬仰,为了纪念这个祖先,他把自己的一条游艇漆成黑色,命名为"海盗号",并在船桅上高悬一面以骷髅和大腿为标志的海盗旗,漂游海上,以此为荣。

生命体验

年轻时的皮柏,身体很差,经常生病,因为担心伦敦的雾有碍健康,就到瑞士去读高中,毕业后进入德国格廷根大学去深造。

该校不但教授阵容强大,而且学生也是来自各国的优秀人才,在历史上该校的数学和自然科学一向是世界闻名的。

下课之后,皮柏常与英、法、德各国的同学一起顺着莱茵河漫步,畅谈自己的感受。不同国家的同学一起和睦相处,让人真有一种"四海一家"的感受。

受过良好教育的皮柏并不是一切都以理性的商业利己为自己的价值判断、行为取向,在他的情感深处,关怀与爱也是人生的一大需要。

皮柏的第一次婚姻就是这种生活哲学的一次生命体验。

1861年10月7日,皮柏不顾父母的反对,坚决地同身患重病的咪咪小姐结婚。这是一个与众不同的婚礼。尽管每个人从心底对新婚怀着无尽的祝福,但现场仍充满着寂静、哀伤的气氛,婚礼犹如葬礼。

婚礼在新娘娘家的豪华宅邸举行。

首先由牧师作了简短祈祷,随后新郎新娘宣誓永远相爱,并交换了戒指,互相拥抱、接吻。整个过程用不了10分钟,然而头戴面纱,身穿雪白长礼服的新娘已因为贫血而支持不住,需要新郎来搀扶她。

当新人互相拥抱之后,屏风随即关闭,新娘的双唇一下地如同火烧般炙热,不由自主地倒在了床上。两个女仆赶忙换下新娘的礼服,并喂她吃药。新娘面如纸色,眼珠子一动不动,如同断了气一般。

穿着大礼服的新郎站在屏风外的客厅里,和大家共饮香槟,接受亲朋好友的举杯祝贺。新娘的母亲泪流满面,拉住新郎的手恳求道:"无论如何,您要救救可怜的咪咪!"

新郎双手扶住岳母的肩,信誓旦旦地保证说:"您放心,我一定会竭尽全力医好咪咪的病的!"

他的态度真诚,毫无虚假的表情。他实在是想治好新娘的病呀!他俩是真心相爱的呀!

新郎的穿着切合时宜:黑色礼服的衣领中露出白色的衬衫高领。瘦高的身材,更是显得英武勃发。他走进屏风内,换了一套外出服,轻轻抱起咪咪。

咪咪现已进入肺结核第三期。病情恶化,瘦得皮包骨头,常常不停地猛咳,像要断气似的。她躺在新郎怀中,额头还在轻微地发烧,不断渗出细密的汗珠。

皮柏抱着咪咪下楼,出了庭院,一辆康科特黑色双马马车已在门外等候。他们在参加婚礼的亲友们护送下来到布鲁克林码头,准备搭乘由纽约前往英国利物浦的汽船,皮柏打算在阿尔及尔中途下船。

主治医师曾建议他们,找个温暖的地方去疗养说不定会有收效。皮柏经他这么一指点,心底又燃起了最后一丝希望。他在寻找妻子养病的地点时,曾想到了大学期间曾旅游过的阿尔及尔。

阿尔及尔是地中海对西非贸易的重要转口港,非常繁荣。从16世纪起,海盗们曾占据了这一小岛。这儿气候温和,风景秀丽,山丘坡度和缓,在山丘上北非式的城堡星罗棋布;而山丘下,伊斯兰教的清真寺错落有致。在北非式城堡上,可以俯瞰翠绿的山丘,眺望碧波万顷的地中海。

"你就在这样一个景致秀丽的地方疗养……"

"谢谢,皮柏,我的病一定会好的!"

甲板上的新婚夫妇,正亲昵地低语,对未来怀着无限憧憬。

在阿尔及尔,皮柏和咪咪借住在一家法国人的公寓里,从窗口就可俯瞰湛蓝湛蓝的地中海,享受那柔柔的海风和暖暖的太阳。

然而,一切无济于事,咪咪的病情每况愈下。

后来,他们又到法国南部尼斯求治。不久,又到巴黎治疗。在法国医生作了"毫无痊愈希望"的判决后,咪咪年轻的生命在巴黎的医院里结束了。

葬礼在伦敦举行,距他们的婚礼还不到3个月。

皮柏完全变成了另外一个人,他身穿黑上衣、黑长裤、黑色背心和雪白衬衫,还打紧领带。整天目光冷淡,沉默寡语,喜怒不形于色。

深不可测

咪咪死后,皮柏带着妻子的骨灰盒和一颗破碎的心,由巴黎返回纽约。但邓肯商行不欢迎这位后生再来上班了。

杰诺斯得知邓肯的拒绝后勃然大怒,立即电告儿子:"不必再和邓肯共事!自己办一家公司来!"

望子成龙心切的父亲给了他极大的支持。在曼哈顿岛纽约证券交易所对面的一幢油漆都已脱落的旧木制建筑里,二层楼上新添了一块招牌——摩根商行。这个位置对于摩根以后大展宏图,起了不小的作用。

不久,经声望很高的皮鲍狄公司鼎力推荐,摩根在纽约证券交易所拥有了一个席位。

皮柏从此开始他的金融生涯。

就在这一年,发生了美国历史上著名的南北战争。战争不仅塑造了战争英雄,也为冒险家们的商业投机制造了机会。

有一天,一位青年投机家克查姆来拜访摩根。小伙子果敢机智,很有才干,皮柏和他谈得很投机,都有一种相见恨晚的感觉。

"近一段来北军伤亡惨重……"克查姆说。

"金价又要涨了!"皮柏预感到。

"我们先同伦敦的皮鲍狄先生打个招呼,通过他的公司与你的商行共同付款方式,购买四五百万的黄金——当然要秘密进行……"

"不错。"

"然后,将买到的黄金的一半汇往伦敦皮鲍狄,剩下一半我们留着。一旦皮鲍狄黄金汇款之事流传出去,而查理斯敦港的北军又战败时,黄金价格肯定会暴涨;那时候,我们就堂而皇之地抛售手中的黄金,岂有不大赚一笔之理!"

听了克查姆的一席话,皮柏高兴得跳了起来:"非常好,奇妙无比!"

摩根因汇兑大宗款项走漏了风声,社会上许多人都说大亨皮鲍狄购置了大量黄金,"黄金非涨价不可"的舆论甚嚣尘上。于是,很快形成了争购黄金的风潮。由于这么一抢购,一下子就把金价抬了起来。

摩根见火候已到,把手中黄金全部售了出去,大赚一笔。

《纽约时报》对这次莫名其妙的金价暴涨进行了深入调查。结论是:纽约的一名青年投机家——J·P·摩根,是这一事件的实际操纵者。

此时,深不可测的摩根,再搭配上短粗的浓眉、胡须,会让人感觉到他是一个深思熟虑、老谋深算的人。

摩根清楚地认识到,战争提供的巨大商机比和平时期更多,关键是谁能迅速掌握信息,这是商战中致富的一个法宝。

于是,在摩根商行,设立了电信情报检索部门,这在美国金融机构中是第一家。许多商人都还在电信部门办理电讯业务时,摩根商行已自己开展了电报通信工作。

一次,克查姆到商行来,不解地问:"摩根先生,你的商行怎么搞起电信业务来了?这可是电信部门的事。"

摩根边笑边指着一位新招聘来的青年人说:"这位史密斯先生,是摩根商行的电讯人员。他负责商行的电报通讯工作。"

原来,史密斯刚刚从军队复员不久,过去曾做过陆军部电报局的接线生。摩根看中他的一点是北军的主要首领格兰特将军的电报秘书文尼尔上校与史密斯交往甚密。这样一来,摩根很容易得到这场南北战争中前线的军事情报。商场如战场。在战争中欲求得商行发财,没有正确的军事判断,是办不到的。听完摩根的解释,克查姆兴奋地说道:"真了不起,真有眼光!"

没有过多久,电报这种新式武器就发挥出了显而易见的威力。

与摩根一起出入"煤炭厅"地下黑市交易的克查姆,很快从"新式武器"中获益。

1862 年 10 月 28 日,北方政府的马克利兰将军的波多马克部队,向威灵顿发起猛攻,迫使南军撤退。

自然,这条情报是史密斯从电报室中得到的。而这条情报仅仅是在南军撤退几分钟,就收到了。

克查姆惊喜道:"几分钟!我的天!真是时代不同了!"

摩根笑了一下,说:"别忙,还有呢……"

不一会,史密斯拿着一份电报从电报室中出来。

"摩根先生,这是一份从华盛顿发来的电报……"

"念念吧!"

"好!'选举后 11 月 5 日,林肯总统决定由班塞特接替马克利兰将军的总司令之职'。"

克查姆兴奋得满脸通红,拍案大叫:"形势大好!卖了!又可以捞一笔!"

无疑,"新式武器"为摩根商行的商业交易插上了翅膀,生意越做越红火。

一天,史密斯送过来一份由摩根的父亲杰诺斯和皮鲍狄从伦敦发来的电报:

"南军用以突破北军海上封锁线的许多炮舰,都是由英国人的造船厂提供的。美国为此一再向英国提出抗议……林肯总统和斯瓦特国务卿已通过驻英大使亚当斯向英国政府提出了最后通牒,要求停止为南军供应炮舰。你要特别注意华尔街的动向。"

摩根心领神会,不仅密切注意华尔街的反应,而且密切注视华盛顿的动向。

他来到电报室,令史密斯向华盛顿方面查询。

史密斯"啪啪啪"一阵电键响过,传来了新的情报:林肯总统已下最大决心,为炮舰事件不惜与英国断交。

紧接着,父亲杰诺斯又发来电报:

"英国已答应美国的要求,决定停止为南军承造炮舰,但提出一个先决条件:美国须于 5 月内拿出 100 万英镑的赔偿费,用以向英国各承造厂家的赔偿。"

接着,杰诺斯再次来电:

"美国大使亚当斯奉命游说,但更改先决条件的希望终于落空。美国政府只好委托皮鲍狄公司于 24 小时内准备好价值 100 万英镑的黄金,作为赔偿费。此消息绝密! 除总统、国务卿外,再无人知晓!"

杰诺斯获知天机,为儿子带来了一捆捆的美钞。

看完电报的摩根,高兴得直拍桌子:"此乃天赐我也! 买进黄金!"

他立即筹款买进大批黄金;皮鲍狄果然大量收购黄金。这样一来,黄金价格飞涨起来;摩根趁涨价,又全部抛售出黄金。

他轻而易举地大赚了一笔。

1863 年,皮鲍狄已是事业上取得很大成就的人了,由于年纪大而退居幕后。

在他退休的时候,英国女王维多利亚曾有意授予他英国贵族的爵位和封号,然而他却以身为美国籍为理由,委婉地谢绝了女王的这一好意。他的拥有 2000 万美元资金的皮鲍狄公司,由于他的退休,不能再继续使用皮鲍狄这一名称了,于是就用他的继承人杰诺斯·摩根的名字来命名,改称"J·S·摩根公司"。

父亲杰诺斯地位、势力的提高,为皮柏飞黄腾达,提供了便利条件。

铁路争霸

1865 年 4 月 9 日,南军总司令李将军向北军总司令格兰特将军投降。历时 4 年之久的南北战争以北部的完全胜利而告结束。

美国南北战争的结束,为经济大发展、大繁荣带来了大好环境。皮柏决定抓住机遇,大展宏图,为建立一个垄断美国经济的大帝国而奋斗。

为了扩大公司规模,皮柏将银行家查尔斯·达布尼·古特温拉了进来,并将摩根商行改名为"达布尼·摩根商行"。

1866 年,皮柏再次结婚了,新娘是一个名叫法兰西丝·崔西的律师。

1867 年,摩根的独生子出世,其子与父同名,世称"小摩根"。

这时的摩根事业、爱情双丰收,翅膀坚硬起来了。

他已是具有丰富投机、经营经验的银行家了,在华尔街名声大噪。

摩根贪婪、深邃的双眼盯上了铁路投机事业,让更多的美金滚滚而来。

铁路在美国资本主义经济发展史上占据一种独特的地位。美国是世界上少数几个由私营公司拥有并经营着全国铁路的国家之一。南北战争中,铁路的价值得到了充分的体现。可以说,北方之所以打败南方,部分原因就是拥有较好的铁路。美国人明白:铁路运输是使美国发展和安定的最好方法。铁路运输公司决定把铁路继续扩展到美国西部一些不稳定的地方去。计划在 1869 年,铁路将把太平洋沿岸连接起来。

机会再一次撞在了摩根的枪口上。

华尔街再次成为战场。华尔街的少壮派投机家乔治·顾尔德与贪婪的吉姆·费斯克联手,对付在美国铁路运输和船舶工业界赫赫有名的凡德毕尔特。轰动一时的萨斯科哈那铁路争夺战如火如荼。

摩根中心外观图

双方为了争夺这条铁路,不惜收买法官、警官,甚至酿成许多人死亡的血案。

为什么萨斯科哈那铁路对投机者有如此巨大的吸引力呢!

因为萨斯科哈那铁路有着异乎寻常的重要性。

萨斯科哈那铁路从纽约州的首府奥尔巴尼通到宾夕法尼亚州州境的北侧的宾加姆顿。路程其实并不长,只有 227 公里,然而它具有极为优越的地理位置。宾加姆顿城自古便是煤炭集散地,现在更是如此。而且在宾州北部,也就是宾加姆顿周围,有不少铁路通往各煤炭产地。这样,萨斯科哈那铁路便成为联结东部工业城市与煤炭产地的大动脉。这条铁路南接伊利铁路,西达美国中部重镇芝加哥。匹兹堡的钢铁以及产油河的石油都经过这条铁路运抵纽约。

萨斯科哈那铁路是如此重要,所以,华尔街铁路大王之一的顾尔德便不惜一切代价同赫赫有名的凡德毕尔特争夺铁路控制权。顾尔德在渥多维剧场的地下室里,印制虚增的萨斯科哈那铁路公司的股票。而后又利用法院干涉萨斯科哈那的股东大会。几经周转之后,萨斯科哈那铁路便到了顾尔德手中。

凡德毕尔特并不甘心失败,他联合被撤销职务的原萨斯科哈那铁路公司总裁拉姆杰向顾尔德反击。考虑到双方实力的对比悬殊,他们敌不过顾尔德,便决定向艾德·摩根——前任纽约州长求援。艾德就推荐 J·P·摩根,他相信堂弟摩根的能力,应付这件事绰绰有余。

J·P·摩根在详细地问明了事件的前因后果后,向法院起诉。以一封无懈可击的上诉书使法院推翻原判决令,撤销了停止拉姆杰职务的命令。

初战告捷。但事情并没有到此结束。

在铁路股东大会上,还有决定性的一场较量。

摩根分析了整个形势,拿出认为可以取胜的方案反复推敲,做了充分准备。然后派韩特律师先一步出发到会场所在地奥尔巴尼做一些布置,并指定这次股东大会由韩特担任幕前指挥。

他们觉得,股东大会的选举,已有稳操胜券的把握。

突然有人想起他们忘了一个关键性的问题:顾尔德、费斯克乃卑鄙小人,很可能在选举不利于自己时,拿出杀手锏以武力威胁。

怎么对付这些无耻小人。摩根说："这件事交给我,我自有办法令顾尔德一伙束手就范。"

至于什么办法,摩根没有细说,但众人皆知他并非虚言。

在股东大会开幕的一天,当摩根一行驱车来到股东会场时,恰遇费斯克在一伙全副武装的打手簇拥下来到会场。

费斯克在向拉姆杰等嬉笑怒骂。

摩根站起,报以冷笑,然后道:"费斯克先生! 你早啊!"

费斯克正欲反唇相讥,只听大喝一声:"费斯克! 你被捕了!"

费斯克还未明白怎么回事,数十名穿着警察制服、端着枪的警察已冲到跟前,并三下五除二地给他戴上手铐。

那些耀武扬威的打手们见势头不对,纷纷抱头鼠窜而去。逮捕费斯克的"警察""警察局长"均系摩根花钱雇来的角色所扮演,而费斯克一时未辨真伪,在未曾见到出示逮捕证的情况下老实就范,实是恶人尚须恶人制,正所谓"魔高一尺,道高一丈"。

费斯克被捉,打手作鸟兽散,顾尔德原来的全盘计划皆被打乱;而摩根,则一步一步按既定计划行事,将顾尔德击了个一败涂地。

股东大会的结果不难预料了:选举拉姆杰为总裁,摩根为副总裁。

摩根取得萨斯科哈那副总裁职务后,掌握着萨斯科哈那铁路的经营发言大权。其实际地位已超过了拉姆杰。第一次接触铁路投机业的摩根旗开得胜,在华尔街崭露头角,获得了众人的高度评价,提高了知名度。

第一次尝到甜头后,摩根开始拼命地争夺美国的铁路控制权。

投机发迹

约翰·皮尔庞特·摩根是美国经济发展史上的一个重要人物。摩根从一个无名小辈,经过艰辛的努力、奋斗,在对手如林的金融业中站稳脚跟,并一一击败对手,终于发展成为华尔街的第一号人物,荣登美国经济霸主的宝座。

华尔街发展成世界金融中心,是与摩根的成功分不开的。在"摩根时代",华尔街主宰着美国,而摩根则主宰着华尔街。掌握了美国经济命运的摩根,成了权势和意志的化身。《华尔街日报》说:"上帝在公元前4004年创造了这个世界,摩根在1901年重新组织了这个世界。"

作为励精图治、披荆斩棘、不断创造经济奇迹的摩根家族和华尔街的基石,他的经营思想与战略,是资本主义经济由幼年迈向壮年的体现和反映。

像摩根这样的资本家除剥削工人外,还推动了社会前进,使国家富强,客观上也造福了人类。其奋斗创业、出奇制胜等尤值得我们借鉴。

与众多白手起家的大财阀的发迹史一样,摩根财产的聚敛,首先是从投机钻营开始的。

前述的投机黄金成功刺激他去进行更大的冒险。

1862年,美国内战正酣。

由于北方军队准备不足,前线的枪支弹药十分缺乏。在摩根的眼中,这又是赚钱的好机会。

"到哪儿才能弄到武器呢?"摩根在宽大的办公室里,边踱步边沉思着。

突然,克查姆来了,他是又为摩根提供生财的消息了:"知道吗?皮柏,听说在华盛顿陆军部的枪械部内,有一批报废的老式霍尔步枪,怎么样,买下来吗?大约5000枝。"

"当然买!"这是天赐良机。5000支步枪!这对于北方军队来说是多么诱人的数字,当然使摩根垂涎三尺。

枪终于被山区义勇军司令弗莱蒙特少将买走了,56050美元的巨款也汇到了摩根的账下。

"这是比南军更可怕的武器。"由于错买了这些废枪,而以渎职罪免去司令职务的弗莱蒙特少将发出了这样的感叹。同年,北军总司令格兰特向国民揭露道:"一些不法承办商送到的枪支中,有许多是非常危险的……"虽然社会舆论一致声讨不法商人,但既然政府没有指名点到摩根头上,摩根依然我行我素,按照计划干着他认为必须要干的事。

春天的阳光分外明媚,天空万里无云。窗明几净的摩根商行办公室里,摩根开怀大笑:"哈哈……我们现在又是爱国者了!"

"我向你表示祝贺,你创造了一个经济奇迹。"克查姆恭维说。

他们为什么如此开心呢?

原来,联邦政府为了稳定开始恶化的经济和进一步购买武器,必须发行4亿元的国债。在当时,数额这么大的国债,一般只有伦敦金融市场才能消化掉,但在南北战争中,英国支持南方,这样,这4亿元国债便很难在伦敦消化了。如果不能发行这4亿元债券,美国经济就会再一次恶化,不利于北方的军事行动。政府的代表问及摩根,是否有法解决。

"会有办法的。"摩根自信地回答道。别人一筹莫展的事对摩根却有着无穷的诱惑力。他毅然承担了帮助政府消化其中2亿元国债的任务。

摩根对自己的自信并不过分,他的确有着与众不同的谋略手段。

一开始他并未急于推销,他首先向美国的报界、新闻界施加影响。他经常主动出席有着众多报业、新闻界人物参加的各种聚会。在席中,他向这些人宣讲阐明自己对美国经济发展趋势,以及战争中将会产生的变化。由于他的口才,以及精辟的分析、有条不紊的逻辑推理,使这些舞文弄墨的新闻报业界也不得不对他刮目相看了。

这样,新闻报业界,开始越来越多地阐发他的观点。摩根的观点,通过宣传媒介,为更多的美国人所认识。另外,对于那些在美国有着巨大影响的报纸,摩根向他们资助重金,使这些报纸最终能有力地、不失时机地配合他的推销活动。

条件具备后,摩根不失时机地放手大干了。

他不辞劳苦,从缅因州到弗吉尼亚州,从纽约州到加利福尼亚州进行了一系列火一般的游说演讲。

这位贩卖劣枪的人,竟在美国人民中,大力宣讲爱国主义,激发人民为民族独立、为正义而战的烈火。在这里他带头为前线捐献,在那里亲自走街串巷大声疾呼,同时辅以新闻界的推波助澜。

美国人民被动员起来了,各地都开展了不同形式的支持南北战争的运动。当然,购买国债成为表现爱国主义的最好的体现。很快,这2.6亿的国债在美国本土奇迹般地消化了。

当国债销售一空时,摩根也理所当然名正言顺地从政府手中拿到了一大批酬金。

更重要的是:舆论界开始大肆吹捧这位摩根先生,他成了美国的英雄。上至总统,下至庶民,都对他刮目相看了。

摩根先生作为一个事业的成功者,仅仅凭他的精明与投机手段自然是不够的。摩根成功的根本原因就在于他有着比别人更胜一筹的谋略,他有一套特有的战略战术。

摩根投机发迹,聚敛了一大笔财富。令别人眼红的钱财在摩根看来只是"小意思"。他不满足于现状,他的精力已从简单的商业投机,转移到进行银行投资业的开发上。

希望与困难并存。

1871年,普法战争以法国的失败而告终。法国因此陷入一片混乱中。法国要给普鲁士支付50亿法郎的赔款,恢复崩溃的经济,这一切都需要巨额资金来融通。法国政府要生存,它就必须发2.5亿法郎的巨债。

摩根被法国当局从纽约请到了巴黎一个豪华的别墅中。如此巨大的债券吓退了所有的金融巨子,唯有雄才大略的摩根决定承揽这个重任。摩根开始动脑子了。

能不能把华尔街各行其是的所有大银行联合起来,形成一个规模宏大、资财雄厚的国债承购组织——"辛迪加"。这样就把需要由一个金融机构承担的风险分摊到众多的金融组织头上,这5000万美元,无论在数额上,还是所冒的风险上都是可以被消化的。

当他把这种想法告诉亲密的伙伴克查姆时,后者大吃一惊,连忙惊呼,"我的上帝,你不是要对华尔街的游戏规则与传统进行挑战吗?"

克查姆说得一点也不错。摩根的这套想法从根本上开始动摇和背离了华尔街的规则与传统。甚至是对当时伦敦金融中心和世界所有的交易所投资银行的传统的背离与动摇。当时流行的规则与传统是:谁有机会,谁独吞;自己吞不下去的,也不让别人染指。各金融机构之间,信息阻隔,相互猜忌,互相敌视。即使迫于形势联合起来,为了自己最大获利,这种联合也像小孩的脸蛋,说变就变。各投资商都是见钱眼开的,为一己私利不择手段,不顾信誉,尔虞我诈。闹得整个金融界人人自危,乌烟瘴气。当时人们称这种经营叫"海盗式经营"。

而摩根的想法正是针对这一弊端的。各个金融机构联合起来,成为一个信息相互沟通、相互协调的稳定整体。对内,经营利益均沾;对外,以强大的财力为后盾,建立可靠的信誉。摩根故意要克查姆把这消息透漏出去,一场风暴不可避免地降临华尔街。他要凭借着自己过人的胆略和远见卓识见风使舵,抓住机会。

消息一传出,立刻在平静的华尔街掀起了风暴:"摩根太胆大包天了","他是金融界的疯子"。摩根一下子被舆论的激流旋入这场争论的漩涡中心,成为众目所视的焦点人物。

一切都在摩根的预料之中,他泰然自若,最终取得了胜利。辛迪加成立了,法国国债消化了。

这是一个强者的大胜利。

由于摩根在销售债券方面显示出出色的才能,1871 年,他从杰伊·库克手中争得了美国财政部发行的 2 亿美元债券的一部分。

1873 年初,财政部准备发行年利率 6% 的 3 亿美元国债,在征得父亲的同意之后,摩根再次向杰伊·库克发起挑战。由于摩根以年利率 6%、票面 100 点、承购 3 亿美元的优厚条件,来阻挠杰伊·库克独家承购的计划。最后,政府放弃了打算让库克独家承购的方法,改为由库克及摩根各承购一半的国家债券。

摩根轻而易举地就处理了自己的一半国债,而杰伊·库克则遇上了麻烦。

1873 年 9 月,华尔街风云变幻。相继有两家大投资金融公司倒闭了。

其中的一人正是杰伊·库克。由于他不能迅速地处理掉债券,致使他的资金周转不灵,最后拖垮了他的商业银行及投资银行,导致最终破产。

杰伊·库克——费城票子街及纽约华尔街的投资金融界的头号人物一倒闭,一场经济恐慌马上在华尔街引发了,多达 40 家的大公司在费城及华尔街因株连而倒闭。

而摩根的商行却在这次经济大混乱中脱颖而出,一举成为全国最有力的投资金融商行。它就以这种资格继续在欧洲分配主要证券,统治着美国公债市场。

华尔街,宽敞的公司办公室里,德雷克歇感慨地长叹:"库克和德尔的破产,是不是意味着时代的交替。"摩根站在一旁,默默点头,表示同感。

"目前,以往的投资方法已经过时了,这个时代迫切需要新的投资战略!"摩根又动脑子了:"我们投资银行家要给总统施加些压力,同时应继续加强实力,以后的美国政治,应该是资本家的政治!"

1877 年,摩根又承购了 5000 万元无人敢问津的美国财政部国债,欲借此机会对美国的财政政策施加影响。

摩根又成为大赢家。

年仅 42 岁的摩根,已取得了辉煌的成就。雄伟壮观的"德雷克歇——摩根商行"大厦,巍然屹立在华尔街一块三角地上,跟美国联邦政府的财政金库和纽约股票交易所相邻,成为全美金融界举足轻重的一面旗帜。摩根在麦迪逊街 219 号,购买了一栋昂贵而豪华的住宅;他在哈得逊河畔还购买了一座大别墅,豪华而宽敞,场地内有网球场等,可随时到此度假;在哈得逊河畔,他买下一个码头,以供自己的"海盗号"游艇进进出出……

摩根坐在他的商行的大厦内，聆听着厦顶悬挂的星条旗猎猎作响，俯瞰着纽约城街道、建筑、河流，一种豪气油然而生。

"这座大厦，应该是整个美利坚基础工业的指挥塔！"摩根信心坚定地说。

铁路大王

一个智者的高明之处就在于能及时地从别人的失败中吸取教训，摩根就是这样一个智者。从库克的倒闭中，摩根看到旧的华尔街投资的弊端：华尔街金融界的投资，与其说投资于产业部门，不如说投机于产业部门。他们的投资并非意在促进产业部门的发展，而首先是利用投资，并通过宣传，扩大影响以多多发行巨额股票，从中获利。摩根敏锐地感觉到，今后的金融投资家，首先应重视投资对于产业界的促进，金融家的财源应是进行投资的产业界，而不是投资本身。谁占领未来美国的支柱产业，谁才能真正成为金融霸主。

美国的支柱产业是什么呢？是铁路、钢铁、石油。

一天，摩根正在思考统治铁路的大计，忽然，秘书推门而至："摩根先生，凡德毕尔特求见。"机会来了。

拥有纽约中央铁路产业的凡德毕尔特说："摩根先生，我想把中央铁路的股份开放！"

摩根忍不住心头的惊喜，问道："你打算让多少呢？"

"35 万股！"

"每股多少价？"

"120 点到 130 点左右吧！"

按理说，这个价并不算高，但因时下的困难，凡德毕尔特只有忍痛割爱了。

讨价还价是一种经营艺术——特别是乘人之危，杀价更为有利可图。

"恕我直言，这个价在目前似乎高了些，115 点吧！"

"可以。"

凡德毕尔特站起来，高兴地握住摩根的手。摩根突然意识到这场交易还可以再加筹码，他飞速地运用自己的大脑细胞，稍加思索，然后又提出了几项于己有利的条件。

纽约中央铁路的股票由伦敦的 J·S·摩根商行销售，实际上，销售出去的总额是 2500 万美元。摩根赚了 300 万美元，利润在 10% 以上。

摩根通过这次交易，在纽约中央铁路布下了阵势，他本人也已经成了铁路的负责人之一。在铁路业中渗透"华尔街指令"的目的达到了，不仅如此，同时，还有附带着的收获，也就是在伦敦的信用与日俱增。摩根在伦敦的地位也更加稳固了，因为他有一个计划，这个计划翔实而又精密，表明了他打算把纽约中央铁路的网路加以扩大改造，降低车费，以此来嘉惠顾客。

由于农产、煤炭、钢铁、石油等的运输量急剧增加，在短短的 32 公里的纽约州的都奥尔巴尼和五大湖湖畔的水牛城之间,虽然有 4 条铁路并行,但铁轨的宽度各不相同,轨间的距离也各不相等。货物从支线运来就必须转到铁路干线上。因而,中继站里停有各种类型的蒸汽机车、客车和货车等,形成一片混乱,因而要设法把铁轨宽度和轨间的距离统一。而同时也有个大问题——中继站的转运设备严重不足,影响转运。虽然总投资已有 40 亿美元,但由于各自为政,铁路建设简直没有一点规则,铁路业主还漫无节制地发行公司债券,根据估计,铁路公司的公司债券及负债总额高达 20 亿美元。

在纽约和芝加哥之间,有 5 条铁路干线建造完成,另外,还有两条铁路正在兴建。

其他如西海岸铁路、宾夕法尼亚铁路、南宾夕法尼亚铁路,或是行将倒闭,或是正在扩展。全国铁路业进入了混乱的状态。

面对如此的混乱形势,摩根决定对全国的铁路股票进行购买,取得控制权,对铁路业进行调整改组,实行铁路运输大联盟。

1882 年 2 月,摩根在极其机密的情况下,在麦迪逊街 219 号——他的寓所中宴请了美、英、法等投资企业的代表,以及全国主要铁路的所有人。

秘密会议在摩根的书房中进行。所有与会者围在橡木长桌边,正襟危坐,摩根主持着这次企业界的群英会。

会上,摩根同各铁路所有人达成了联盟的协议,铁路运费共同提高。这样就消除了因铁路之间的竞争而使运费降低,使铁路公司不再白白地受到无谓的损失。

美国的历史学家将摩根这次召开的会议称之为"历史性的摩根会议"。而《纽约时报》的报道是:"这是投资金融家商讨促成铁路大联合的阴谋会议。纽约投资银行有的在此会议中取得了胜利……成为那些面临倒闭却仍互不相让的铁路的新人。"

摩根大搞铁路兼并战。

摩根用 7000 万美元的巨款购买了长达 640 公里的西海岸铁路。

摩根又同纽约中央铁路签了 199 年的租约。然而,墨迹未干,与他签约的凡德毕尔特猝然死亡!这是意外死亡,还是人为,一时难以结论,但中央铁路这条盈利极丰的大动脉,从此彻底归属于摩根。

摩根凭借着自己的金融优势击败了洛克菲勒家族支持的顾尔德,从而确立了他在铁路运输业中的独霸地位。

摩根不断地把各家倒闭的铁路公司收买下来,划归自己的麾下,加以调整、改组,最后派出自己的亲信前去经营,管理各家公司。

摩根为了制定这个战略,可以说是费尽心思。他的这个战略的实施,有五种方法及阶段,可以说是天衣无缝。

第一,组织一个调查小组,派出得力助手,深入铁路企业内部的财产管理,对企业财务状况进行彻底调查。然后推算出最低收入,定下改组的期限,将股票置于无红利的状态。

第二,实施增资计划,给予他们再投资的机会。

第三,约定分红的股票,必须以低价格发行。

第四,收取极高的契约费。

第五,派出自己的人介入各铁路。让四五个得力人员组成介入小组,即所谓的"信托委员会",权限要在股东大会之上。

由于执着地追求,加上方法得当,摩根在铁路行业势如破竹地前进。统计起来,他控制的铁路达 12 多万公里。无人能与之匹敌。

摩根是当之无愧的"铁路大王"。

摩根雄风

1884 年,克利夫兰出任美国第 22 任总统。从此,摩根开始直接参与白宫财政事务,他在美国的政治生活中开始起着举足轻重的作用。

摩根的信条可以说是石破天惊:

"如果政府和法律不做,我自己来!用以推动世界的不是什么法律,而是金钱!金钱!"

此话成了美国几个世纪以来的名言。

克利夫兰总统面临严重的经济危机。因为在《厦曼白银购买法案》严重冲击之下,美国企业受到了重大打击,相继有数十个企业倒闭,黄金大量流往伦敦,美国国库囊空如洗。

在这种情况下,财政部长卡利史尔公开募集 5000 万美元的公债——他是事先瞒着投资银行家的情况下进行的闪电战。这,无疑侵犯了摩根等人的利益。

正在摩根余怒未息之际,克利夫兰总统又将摩根请到白宫,向其求援,企盼摩根施法使黄金从伦敦流回美利坚。

但总统却碰了一鼻子灰。他领教了摩根的桀骜不驯。

摩根出言不凡:"总统先生,并非我不爱国。承购国债,行,但有一条,要么是全部,要么是零!""解决陷入破产状态下的国库,只有一个办法,即由我组织'辛迪加'。不过,何去何从总统须作决策,否则我的资金也将流入伦敦。如果不信,我可以马上拍电报,把 1000 万美元的黄金汇至伦敦!——因为伦敦方面早就催我这样办了。"

总统和财政部长商量良久……

最后,总统摊开双手,无可奈何地说:"摩根先生,可以接受你的'辛迪加'提案。"

摩根答应率领一个辛迪加认购 1 亿美元用黄金支付的公债去向欧洲人出售,以缓解债券兑换黄金的风潮。

当时纽约国库分库的黄金储备已降至 900 万美元,而且有一张 1200 万美元的支票尚未付现。摩根告诉总统:"如果今天有人兑现这张支票,那么一切都完了。"幸好,这张支票没有被要求兑现。

摩根不仅销售了1亿美元的公债,而且与欧洲金融界商议达成了一个国际协定:销售公债的筹款工作完成之前,他们不拿美元兑换英镑或是购买美国黄金。

后来,克利夫兰总统问摩根怎么会知道欧洲银行家会购买这些债券。他回答道:"我只不过告诉他们,这对于维护公众信誉和促进行业内部的和平是必需的,他们就买下了。"

这个故事表明,到19世纪末,摩根在商业界的声望超过了美国政府。

1893年,对美国打击最大的一场经济危机爆发了。大批大批的中小企业纷纷破产,一些大银行、大工业公司也自顾不暇。摩根的公司虽受冲击,但自恃实力雄厚,手段多变,当一些公司有求于他时,倍加索求,强行吞并。

这一年,摩根不但没有在这场经济危机中受损,反而借着危机在加强铁路控制权之后,进一步把大量资本转向工业部门,以空前巨大的规模组织托拉斯。

这一年,摩根组织成立了后来著名的通用电气公司,并控制了许多其他企业。

也是这一年,克利夫兰东山再起,二进白宫。

在第二个任期内,克利夫兰面临的主要问题是经济危机,于是摩根出任克利夫兰的主要财政顾问,出谋发行公债以举借黄金,一切商洽由总统的法律顾问、后来任摩根公司律师的司台特森经办。

摩根和一群华尔街银行家把政府发行的一批又一批债券抢购一空,然后上市卖高价,转手间获取厚利。摩根公司更是居于优越的地位。

克利夫兰为了报答摩根,派兵去伊利诺伊州,血腥镇压摩根财团所属的普尔曼车辆公司工人罢工斗争,制造了美国历史上第一次大规模的流血惨案。

1894年,德雷克歇离世,"德雷克歇——摩根商行"改名为"摩根公司"。

1896年,在摩根等金融家和企业家支持下,共和党人威廉·麦金莱出任美国第25任总统。

麦金莱入主白宫,正值美国垄断资本迅速发展,美国由资本主义经济强国迅速向帝国主义经济强国发展的时期。他上台不久便召开国会特别会议,通过提高关税率的《丁利关税法案》,后又于1900年通过《金本位法案》,以期进一步保证本国工业发展。他大力扶植工业联合企业,促进托拉斯组织迅猛发展和国内经济繁荣,同时致力于把实力日趋雄厚的美国推向世界的舞台。

1898年4月,美国与西班牙发生了战争,4个月后,美国以胜利者的姿态结束了战争,美国从西班牙手中攫取了波多黎各、西印度群岛、关岛及菲律宾。

但美国也欠下了战争债。为此,总统决定发行2亿美元的债券,准备直接卖给全体国民。

摩根可以说是从承购国债中起家的,深知好处有多大,自然不会放过这个发财的机会。

深得摩根好处的麦金莱只好让步,结果摩根及其联合募购组织承购了2亿元的债券,发了一笔大财。

摩根与墨西哥政府做了笔生意,为其发行1.1亿美元的国债,发了一笔大财;承购了阿根廷7500万美元的国债,又发了一笔;承购了1.8亿美元的英国国债,再发一笔……

一场战争,造成几家欢喜几家愁,对摩根来说,是多多益善,而老百姓却大受其苦。

饱受战争之苦的人民群众在华尔街游行。"华尔街是战争的挑拨者。""埋葬摩根、洛克菲勒、卡内基。""杀掉麦金莱。"

示威呐喊的声音,从宽敞的窗户传了进来,是那么的刺耳。但摩根却置之度外,面不改色心不跳,苦苦思索着如何到美属菲律宾和中美洲、日本、中国投资的问题。

"今后将成为国际投资的时代。"这个念头火花般闪过脑际。

摩根陷入了近乎疯狂的思考之中。

搜购美国铁路的时代已经过去了。但世界的铁路事业方兴未艾,需要钢铁。

钢铁的时代来临了。美国必须制造大炮、军舰,需要钢铁。

还有,石油时代也迫在眉睫了。咳,真遗憾,在石油这方面,洛克菲勒这家伙无论如何也不会放手的……

这么一来,那只有钢铁了……

自南北战争后,美国钢铁工业迅速发展,美西战争和布尔战争又为钢铁工业开辟了巨大市场,钢铁价格上涨,利润猛增。

起先,美国钢铁工业中占主要地位的是安德鲁·卡内基的公司。该公司的钢产量占全美钢产量的四分之一。摩根原来只想合并一些企业与卡内基竞争,分享利润,后来野心更大了,干脆计划高价收买卡内基的公司。

钢铁业是工业的基础产业,不把钢铁拿到手,就很难控制全美企业,这是摩根最明白不过的。他着手进行兼并了。

他悄然把触角伸向兴旺发达的明尼苏达铁矿公司,并伺机以它为根基搞钢铁联合公司。

机会来了。

一位叫约翰·盖茨的绰号"百万赌徒"的人,在新泽西州联合7家钢铁丝公司,组建了一个拥有7000万元资金的"美国钢铁·钢丝公司"。他准备以该公司为基地,进而称雄美国乃至世界的钢铁业。

他向明尼苏达铁矿公司提出了与美国钢铁·钢丝公司合并的方案时,不料对方却提出了一个条件。

"合并可以,但业务全权须委托给摩根先生。"

"摩根财大气粗,将业务大权交到这号人手里,那不是羊入虎口吧?""盖茨先生,那么您是不肯答应这个条件了?"

"还不完全如此。我只是一时拿不准,所以请您去谈判合并事宜,从中也摸摸摩根的脉……"

加利出马以后,经常与摩根及其律师史登松接触。接触中,摩根有意拉拢加利为己所用。加利自然对财大势强的摩根也频送秋波。

加利回去向盖茨汇报说:"摩根先生只是事业心很强的人,为人倒是坦诚正义……"

于是,盖茨拿出一个投资高达2亿美元的"联邦钢铁公司"的构想方案,建立了一个排斥卡内基在外的中西部各州钢铁大联合企业。

加利带着这一使命去见摩根。

摩根说:"排斥卡内基,也是我的战略。可是盖茨没有想到薄铁生意。"

加利忙问,"什么薄铁,盖茨倒是没有提及。"

"现在出现了一个汽车业,方兴未艾,却大有潜力。目下福特一些人正全力以赴……汽车外壳全部由薄铁制成。所以薄铁业的发展前景看好!"

加利听了,觉得腰缠万贯的摩根先生原来如此有眼光。他暗暗钦佩不已。

摩根提出另加265家薄板企业,成为一个企业复合体。

"联邦钢铁公司"终于在纽约正式成立了。

成立大会之后,摩根突然宣布由加利担任公司总裁。这既未征求盖茨的意见,也未征求加利本人的意见。他以闪电手法造成事实的效果更佳:一是令盖茨措手不及;二是令加利死心塌地地跟着自己。

"摩根先生,我一定不辜负您的厚爱和期望。"加利信誓旦旦。

"现在,我来谈一谈建立该公司的设想。加利先生,我们的目光不能只瞄着国内市场,还应该看得更远一些,比如说,欧洲、亚洲、非洲、中南美洲……这些地方,不仅需要大量的钢铁、钢铁制品,还需要其他许许多多的美国商品,当然,主要是钢铁。东北亚的日俄之间,据我观察,一场战争势必发生;中日之间麻烦也不小;中国内部也不稳定;欧洲各国之间也在争战不息……他们迫切需求钢铁和钢铁制品,车辆、武器,都得由钢铁来制造。钢铁的需求是无穷无尽的。联邦钢铁公司的前景,无限美好!你我大展宏图、抱负的时刻到了,我们将支配这个世界!"

这铿锵有力的话语,久久地回荡在加利的耳畔。

摩根的野心,也激发了加利的雄心,决心跟着"摩根帝国"好好搏一搏。

加利已经摸透了摩根的心思。他把卡内基年收入的明细表放到摩根面前。

摩根边翻边轻声念到:"三年净赚700万美元……去年净赚4000万美元!啊,这个讨厌的家伙!竟然他赚了6倍!如此增长率,今年他该赚几倍!"接着,摩根发怒了:"我恨卡内基!我恨那些居然超过摩根的人!我一定要坐钢铁业的第一把交椅!"

美国华尔街,确实是人才汇集、龙争虎斗的地方。就在摩根注意卡内基之时,突然又冒出了个叱咤风云的莫尔。

莫尔系芝加哥的投机家,来到华尔街后,称雄一时,真有点叱咤风云的味道,甚至有人评论道:"华尔街的皇帝,究竟是摩根,还是莫尔,倒很难说清。"

卡内基开出3.2亿美元的价码,定下半年期限,先付100万美元的定金作保证。

结果是莫尔胃口太大,半年内怎么也拿不出3.2亿美元的巨款,生意告吹,100万美元的定金也蚀了。

现在就看摩根的了。

摩根早就暗中买通了卡内基的心腹许瓦布。最终以4亿美元收购了卡内基的钢铁公司。

1901 年 4 月 1 日,摩根的"美国钢铁公司"正式宣告成立。该公司资金为 8.5 亿美元。

一个月以后,公司举行新闻发布会,宣布:"美国钢铁公司是一家持股公司,下有十几家经营公司,几百个工厂,从原料开采到成品加工全部都有,拥有资产 13.7 亿美元(美国头一家超过 10 亿美元的工业公司),职工 16.8 万人,钢产量占全国的 65%。"

这样,美国钢铁公司独占着美国钢铁业这一重大基础工业,被称为"钢铁王国"。

摩根高兴了:"我现在成了当今世界的'钢铁大王'!哈哈⋯⋯"

以美国钢铁公司成立为标志,美国的垄断资本主义进入托拉斯帝国主义新阶段。

此时的美国,工业生产已跃居世界第一位,产品占全世界的三分之一。

摩根的美国钢铁公司和洛克菲勒的美孚石油公司几乎占去了全国企业总产值的三分之一。托拉斯经济产生了帝国政治,帝国政治又服务于托拉斯经济。

美国女记者马丽·黎斯在一篇报道中写道:"美国政府是一个由华尔街所有、华尔街所治、华尔街所享的政府。"

登峰造极

在托拉斯风云中,能左右美国经济的财团除了摩根之外,就是洛克菲勒财团。

摩根对洛克菲勒一直怀有妒心,力图排挤洛克菲勒的势力。

一天,加利对摩根说:"美国钢铁是美利坚空前的伟业;但这样一来,如购买不到洛克菲勒的五大湖铁矿,公司则将面临原材料匮乏的危机。"

五大湖畔的梅瑟比矿山是全美最大的铁矿产地,藏量 5000 万吨。矿石品质比摩根自己占有的矿山的出品还要优良,居全美之冠。因此,听了加利的提议之后,摩根决定拿下它。为了这笔生意,摩根只好硬着头皮来到纽约西区 54 号洛克菲勒的豪华宅邸。

两个人彼此都很面熟,尽管只见过一面。经人介绍后,他们只是轻轻握了握手,没有说过一句话。

摩根被请到客厅里,他没有寒暄,直接切入正题:

"我想购买梅瑟比矿山和五大湖的矿石输送船。"

"都买下?果然⋯⋯"带着假发的洛克菲勒就此打住。

"您到底要卖多少?"摩根穷追不舍。

"哦,梅瑟比矿山嘛,我已经交给犬子管理了,我现在不管事了。待会儿我让他去华尔街拜会先生。"

洛克菲勒此时用的是缓兵之计。他需要一点时间与儿子商量如何跟摩根斗。

　　小洛克菲勒接到父亲指示后来到了摩根公司,一番寒暄后,他从容地挺挺胸,开门见山地说:"摩根先生,我此行不是为了卖梅瑟比矿山而来。"

　　这话大出摩根意料之外。

　　"那——你来这儿有何贵干呢?"

　　"家父要我转告您,对于您的梦想,他无意阻挠。"

　　摩根大惊,转念一想,这位老兄的话未必可信。于是他单刀直入:

　　"你们到底要卖多少?"

　　"7500万元。"小洛克菲勒淡然地说出了谁也料想不到的庞大金额,接着补充:"价款必须用 US 钢铁股票支付。"

　　自从合并 US 钢铁后,摩根在华尔街多了一个绰号——"宙斯"(众神之王、天之主神)。

　　此刻,这位"宙斯"心中,陡然涌起一种冲动:

　　"卡内基也要求 US 钢铁股票,连洛克菲勒的后代,也想攫取我的股票吗?"这一刹那,他完全陶醉在胜利感之中了。当然,这种感情丝毫也不会表露在他脸上。

　　摩根伸出右手,默默地却又是坚定地握住这年轻人的手:

　　"转告令尊:今天的美国必须由东部的新领导阶层这一来自纽约的巨大力量来推动! 新的时代来到了。我们必须彼此信赖……"

　　矿山终于并入摩根的 US 钢铁公司。

　　1901 年 9 月 14 日,美国第 25 任总统麦金莱被人暗杀,其时他已再度当选。

　　听到这个消息,前往码头乘坐海盗 3 号出航的摩根又回到了自己的办公室,仰天长叹:

　　"这是我生平听到的最悲痛的消息! 这种事怎么可能发生?"

　　麦金莱对美国资本主义的发展立下了汗马功劳。他通过美西战争扩张领土;对内,实行对输入品课以重税的保护政策,对外,要求各殖民地门户开放,以掠夺市场。同时,他也是对大资本的独占垄断协助最积极的共和党总统。

　　所以,摩根在听到麦金莱遇害的消息后竟哀叹这是他生平最悲痛的消息。

　　国家不可一日无主。42 岁的副总统西奥多·罗斯福一跃登上美国总统宝座。

　　西奥多·罗斯福系后来二战中美国著名总统富兰克林·罗斯福的堂兄。

　　罗斯福是在美国跨进 20 世纪时出任总统的。其时,19 世纪末迅速发展起来的托拉斯垄断组织引起人民普遍不满。罗斯福上台后,一方面向国会提出反托拉斯议案,努力革除托拉斯"弊端",限制腐败力量,一方面则采取一系列保护劳工和维护公共利益的措施,宣扬以公正方式调解劳资纠纷,从而缓和了国内阶级矛盾。

　　罗斯福执政后,先后对 40 家垄断企业提出起诉。历史上称他为"托拉斯破坏者"。

　　1902 年 2 月 19 日晚,摩根在他麦迪逊大街 219 号的寓所举行宴会。宴会进行间,电话铃声大作,把摩根召唤过去,接完电话回到座位,他握着杯子的手因愤怒而微微发抖,满脸毫不掩饰地气愤:

　　"司法部长诺克斯在罗斯福命令下提出无理控告,说北方证券公司违反反托拉斯法,必须解散。这个混蛋!"

晚餐桌上,摩根严厉攻击罗斯福,暴跳如雷:

"一定要把他从总统宝座上踢下来。下一任总统是马克·汉那!"

就在诺克斯提出控告后第三天,摩根晋见了总统,随同的俨然已是他的参谋的共和党全国委员长——马克·汉那。

华尔街股票开始暴跌,情况岌岌可危! 假如法院受理总统对摩根的控告而那个年轻的罗斯福又胜诉的话,接着受到起诉的就不只是北方证券公司了……,US钢铁公司的所有的托拉斯都将难逃法网,如骨牌般相继倒下。

据估计,当时全美各界形成的托拉斯资本总额高达 130 亿美元,所以,罗斯福攻击的对象不只是摩根。此时的美国企业界人人自危,一片恐慌,真是"山雨欲来风满楼"!

摩根与年轻的总统面对面坐着,马克·汉那介于其间,神情诡异的司法部长诺克斯则坐在总统的稍后方。

"您为什么径自提起诉讼,却不事先通知当事人我。"摩根满嘴火药味。

跟他的前任相反,人高马大、胸脯宽厚的罗斯福并不惧怕纽约金融界。控诉提出后的当夜,支持总统的电话、信件就如雪片一样飞来,这使罗斯福的信心十足:

"我才不事先通知呢! 古巴出兵以来,我的一贯方针就是决定后立即执行! 哈哈哈……"

"总统如果认为我们的企业违法,请司法部长同我们的律师互相协调不就可以了吗?"

"不,不可以!"总统斩钉截铁地将摩根的抗议重重顶了回去。

"走着瞧吧!"摩根也不退让,携马克·汉那的手站起身来,拂袖而去。

司法部长送走客人后,又回到办公室。

总统笑着对他说:"这就是华尔街大佬所想的! 他把堂堂美利坚合众国总统当作他的一位投机竞争对手! 把我当成要毁掉他公司的人! 一旦情势于他不利,便提议妥协了。"

"妥协吗?"

"不! 因为屈服的不是我!"总统毅然回答。

1904 年 3 月 14 日,联邦最高法院终于宣布司法部长控告北方证券公司一案终结。9 名最高法官表决结果,5∶4,总统的控告获胜,摩根败诉。

1904 年正是大选之年!

总统跟共和党间发生了巨大变异,这是只有美国才有的变异,令人摸不着头脑。共和党选举委员会的捐献金钱资助总统选举名单通过新闻媒介公诸于世,弄得美国民众百思不得其解。

罗斯福获得了庞大的政治捐献金,那就是财界提供的 210 万美元,这在当时,数目是异常庞大的。

摩根原计划支持马克·汉那竞选总统取代罗斯福的事告吹。因为马克·汉那卧病不起。

摩根估计了一下形势,觉得罗斯福在马克·汉那不能参加竞选的情况下,连任总统的可能性很大。他决定玩弄伎俩,小小教训一下罗斯福,以令其以后能驯服一点。

摩根通过焦炭大王佛里克之手向罗斯福捐赠了 15 万美元。

摩根抓住这一点大做文章,为抨击罗斯福大造舆论。

佛里克也不甘落后,谴责道:"罗斯福表面装得公允、强大,但事实是他唯恐竞选失利而答应同我们妥协,即在他保证不会对铁路、钢铁部门动手才提供政治捐款。但他重登宝座就违约了!让我们白花了冤枉钱!"

"摩根他们在撒谎!"罗斯福发表声明断然否认。

华尔街显然支持摩根,那里传出这一首歌谣:

"据说除了罗斯福,全美都撒谎。挺着宽胸脯,来来回回撒谎的总统,是铁打的吗?不,他只是看来如此,其实只是个泥人⋯⋯"

嘴硬心虚的罗斯福不久就退让了。

在摩根财团为他起草,由他发表的国情咨文里说得再明白不过了:

"我们不要毁灭大企业。因为大企业对于现代工业发展具有重要作用。我们不可对大企业进行冲击,而只能对付那些随之而来的弊端。"

总统妥协了!

摩根乐了:"哼!我摩根没有妥协;妥协的是总统!哈哈哈⋯⋯"

讨伐垄断企业,这是老罗斯福倍受称赞的一手,被称作"公正的政治"。然而,他却栽在了摩根手中。可见,推动美国政治的是金钱!

在美国资本主义从自由竞争进入垄断阶段中,摩根公司利用种种特权和手段,经过激烈的竞争,不断削弱和击败对手,逐步固定和发展了自己的地位,成了美国金融界最有势力的统治者,迅速扩大了摩根财团的势力范围。

美国总统西奥多·罗斯福不得不公开承认摩根在金融界的"独霸局面"。和摩根竞争的约翰·洛克菲勒等人,也曾一度表示"听命"于摩根。华尔街的金融巨头们把摩根公司当作"银行家的银行家"。

摩根到达了辉煌的顶点。

巨星勋落

1913 年 1 月,北风飕飕地在摩根的庭院里肆虐,院里的大花盆因结冰而裂成两半。

7 日,摩根乘亚得里亚号前往开罗,出发前,他悄悄地立下遗嘱:

"把我埋在哈特福,葬礼则在纽约的圣·乔治教堂举行。不要演说,也不要人给我吊丧,我只希望静静地听黑人歌手亨利·巴雷独唱。"

2 月 7 日,船抵开罗,但摩根在开罗期间,体力迅速衰退。于是船由那不勒斯开至罗马,下榻后,随从的电报发往纽约:"摩根病危。"

"啊,我现在要爬上山喽!"华尔街大佬与世长辞时,说了最后一句话。

76岁的摩根带着微笑离开了人间。直到将死,他也要往高处走。

丧事按他生前的遗愿有条不紊地进行。

摩根死时的1913年,据美国国会发表的《货币托拉斯调查报告书》,1912年,摩根财团控制着53家大公司,资产总额达127亿美元,包括金融机构13家,30.4亿美元;工矿业公司14家,24.6亿美元;铁路公司19家,57.6亿美元;公用事业公司7家,14.4亿美元。

然而,这位大款的个人财产金额之小,出乎人们料想之外。不动产总额为6600万美元。继承遗产(银行账款个人名义的股票等)为2000万美元。

遗产是这样分配的:长子小摩根分得230万美元,3个女儿各继承100万美元,遗孀法兰西丝100万美元。余下的作为信托基金的年金,由法兰西丝保管,每年支付给所有的佣人。

摩根死后,他的独生子小摩根同摩根公司的合伙人托马斯·拉蒙特一起领导摩根财团。

摩根虽死,但摩根财团雄风未减,摩根霸业更加显赫。

1914年至1945年的30年中,摩根财团的垄断地位上升到前所未有的高峰。

在第一次世界大战后10多年里,摩根财团进一步扩大控制范围,在美国国民经济各个部门占据明显优势。它所属的金融机构的组织情况发生较大的变化。根据美国1933年新的银行法,杰·普·摩根公司改为商业银行,把原来的投资银行业务由新设立的摩根士丹利公司包办。后者由亨利·摩根(老摩根的孙子)和哈罗德·斯坦利经营。该公司很快就成为美国最大的投资银行之一。

1940年以后,一向以合伙形式经营的杰·普·摩根公司改为股份有限公司,并开始经办信托业务,利用经营的信托资产,继续对工商业施加控制。财团所属金融机构的控制情况又有了新的进展。1929年,摩根公司、保证信托公司、银行家信托公司、纽约第一国民银行的总资产达40亿美元,相当于洛克菲勒财团控制的银行总资产的4倍。

杰·普·摩根公司的17个合伙人,占有72家金融和非金融公司的99个董事席位,这些企业的资产合计200亿美元。其中主要的金融机构有保证信托公司、银行家信托公司、互惠人寿保险公司、谷物交换银行、纽约信托公司;主要的工商企业有美国钢铁公司、通用汽车公司、肯尼科特铜公司、标准商标食品公司、得克萨斯海湾硫磺公司、大陆石油公司、普尔曼车辆公司、通用电气公司、费城和里丁煤铁公司、通用柏油公司、鲍德温机车公司、联合百货公司、蒙哥马利——华德公司;主要的公用事业公司有联合公司、费城电力公司、国际电话电报公司、全美(海底电缆)公司;铁路有北太平洋铁路、艾奇逊——托佩加一圣太菲铁路、西太平洋铁路、芝加哥和厄尔铁路等11条。

摩根财团还通过银行家信托公司、保证信托公司和纽约第一国民银行在更多的公司中出任董事,扩大控制范围。这些企业主要有美国熔炼公司、联合化学和染料公司,美国和国外电力公司、公平信托公司、古德里奇橡胶公司、纽约人寿保险公司、北美航空公司、纽约黑文——啥特福德铁路等等。

在金融业以外,摩根财团除了原有的某些企业外,还着重公用事业和汽车工业等部门增加投资。1929 年组织公用事业的持股公司,名为联合公司。该公司开办时,资产仅 1.5 亿美元,一年后就上升到 7.5 亿美元,它的子公司拥有 51.2 亿美元的资产。加上其公用事业垄断组织,摩根财团在公用事业中的垄断程度很高。在 1935 年美国电力生产有 35% 在它的控制之下。

20 世纪初,汽车工业刚刚兴起时,摩根认为油水不大,通用汽车公司创办人杜兰特要他入股,他只投下 50 万美元。第一次世界大战后,汽车工业迅速崛起,利润大增。1920 年,摩根的儿子资助尼莫尔·杜邦买下杜兰特的股权,和杜邦家族一起取得了通用汽车公司的控制权。

摩根财团也很早就同杜邦财团一起插手化工、航空和飞机制造业。

关于摩根财团对美国经济的控制情况,美国官方也无法否认。国会的国家资源委员会发表的《美国经济结构》一书透露,1935 年摩根财团所属企业的资产总额达到了 302 亿美元,占当时八大财团总资产的一半左右,远远地超过其他任何财团。这时,摩根财团对美国经济的垄断地位已经达到了最高峰。

但是,正当摩根财团的垄断地位盛极之时,30 年代的经济危机沉重地打击了美国垄断资本,摩根财团也无法幸免。

第二次世界大战期间,摩根财团也捞取大量战争利润,不少企业不断扩大。但它再也不能像第一次世界大战时那样独揽西欧金融、军需采购业务,在飞机制造等新兴工业部门拿到订单较少,扩张势头受挫。

总的说来,直到第二次世界大战结束,摩根财团所控制的企业资产总额继续增长,仍为美国最大的财团,影响遍及各个经济领域。

树大招风。随着垄断财团发展不平衡加剧,其他财团把摩根财团作为进攻的主要目标,打击了摩根财团的力量,阻挡了它的扩张步伐。这样,从 30 年代下半期开始,摩根财团的垄断地位便相对下降,对美国金融界的领导权和政治经济的决策作用,也有所削弱。

自从第二次世界大战结束以来,摩根财团的总趋势还在扩张。它所支配的金融力量还是相当雄厚,特别是在信托方面占据优势地位。它和欧洲主要资本主义国家的联系仍然是密切的。它的工业基础比以往更广泛,投资范围更加多样化,对美国的经济控制又有所加强。另一方面,摩根财团的某些大公司已为其他财团的势力所渗入,形成共同控制的局面,它们之间互相渗透、互相竞争的情况又有了新的发展。

最后,需要指出的是:摩根财团是对外扩张的老手,早已是一个国际性的垄断财团。它在国外的势力已遍及整个资本主义世界,但重点在西欧和加拿大。

美国在第一次世界大战中大发横财,由债务国一下子变为债权国,登上国际金融霸主的地位。摩根财团成为美国金融向外扩张的急先锋之一。大战期间,它曾组织了美国国际公司,战后又组织了国外金融公司。自 1919 年至 1933 年间,摩根财团的银行曾给法国、英国、意大利、德国、日本、古巴等 14 个国家贷款,共达 22 亿美元。

摩根财团以"欧洲重建"为契机,加紧直接投资,进而控制了欧洲等地的许多企业。它的银行由于把持了"马歇尔计划"的大部分金融业务而得到进一步的加强。

摩根信托公司在资本主义世界金融界有着广泛的联系,在许多国家开设办事处,其活动的基础是很广泛的。

摩根保证信托公司还在国外开办了好多机构,包括分行和办事处,承揽跨国公司的资金、信贷业务。

摩根财团所属的制造业企业,特别是电子、电器、汽车、化工等企业,大举入侵西欧。它们吞并了西欧许多大公司,把西欧视为最好的市场。

摩根财团也是向亚非拉扩张的急先锋。摩根财团的银行插手巴拿马运河,在巴拿马和玻利维亚建造铁路,在中南美洲设立 22 家银行。

摩根财团将其触角伸到了古老的中华帝国。早在 20 世纪初,它就企图从旧中国夺取广州至汉口的铁路建筑权,后因英国作梗未能如愿,便向清王朝勒索了 675 万美元的赔款。

1909 年,在瓜分中国铁路借款时,摩根代表美国出资 750 万美元。1910 年,摩根财团又对中国货币改革贷款 1250 万美元。摩根财团的制造企业在中国设立了多个分支机构。

美国石油大王

——洛克菲勒

人物档案

简　历：美国实业家、超级资本家、美孚石油公司创办人。1855 年毕业于克里夫兰高级中学；1859 年与克拉克合伙开办公司；1870 年创立标准石油；1882 年成为美国历史上第一个托拉斯。1890 年创办了美国芝加哥大学，1901 年创办了洛克菲勒大学。1937 年 5 月 23 日，洛克菲勒去世。2009 年 7 月，《福布斯》网站公布过"美国史上 15 大富豪"排行榜，约翰·洛克菲勒名列榜首。

生卒年月：1839 年 7 月 8 日~1937 年 5 月 23 日。

安葬之地：美国"美孚石油公司"前总部所在的湖景公墓。

性格特征：沉默寡言，神秘莫测，善于伪装，条理清晰，口齿伶俐，很有激情，风趣，养成了尽可能不露心声的习惯。

历史功过：创立了标准石油，在全盛期垄断了全美 90% 的石油市场，被人称为"石油大王"，美国第一位十亿富豪与全球首富，创办芝加哥大学和洛克菲勒大学。

名家评点：洛克菲勒合伙人克拉克评价说："洛克菲勒有条不紊到极点，留心细节，不差分毫。如果有一分钱该给我们，他必取来。如果少给客户一分钱，他也要客户拿走。"

天生商才

美国东部的纽约州有一个偏僻小镇，名叫里奇菲尔德。这个不太起眼的小镇，景色平淡无奇，却有个吉利的名字，"里奇菲尔德"的意思是"富庶之地"。

1839 年 7 月 8 日，离小镇不远处的一个农场的一间普通的小屋子里，一名男婴呱呱坠地。他清脆的哭声在旷野中久久回荡着,给寂静的大自然平添了几分生机。这个被起名为约翰·D·洛克菲勒的男婴,就是本文的主人公——大名鼎鼎的世界商业巨子、石油大王洛克菲勒,他也是洛克菲勒家族事业的第一代创始人。

洛克菲勒的祖先是法国人,后来于1723年移民美国,又与英国人联姻,所以洛克菲勒家族拥有混合血统。

约翰的父亲勇敢、富于冒险精神,他老家原有些田产,但他绝不是一个安分守己的农夫:他把自己的田地交给佃户去耕种,自己则到外乡去经商。他一出去便好几个月,靠推销杂货和行医行骗赚些钱财,回来的时候,总是满载着华美的服装和醇香的美酒、强壮的马匹,引来邻居们一片惊奇的目光。

母亲的个性与丈夫完全相反,她出身于一个富农家庭,是个内柔外刚的妇女,虔诚的基督教徒。她勤劳、俭朴,对孩子们的教育十分严格。是她的美德和宗教信仰对约翰的一生产生了深刻的影响,其程度不仅超过了他的父亲,甚至也超过了她自己的想象。

每当黑夜降临,约翰常和父亲点燃蜡烛,相对而坐,话题常常是生意经。

7岁的一天,约翰在树林中玩耍,突然发现了一个火鸡窝。小毛孩就动了心思:如果我把小火鸡抱回去养大,到时再卖出去,一定能赚不少钱!说做就做,他飞快地抱走了小火鸡,在自己的房间里精心地喂养起这些小家伙们。感恩节到了,他把长大的火鸡卖给了附近的农民,于是,约翰的存钱罐里,绿色的钞票便增加了许多。而他并不急于花掉这些钱,而是把它们贷给耕作的农民,等他们收获庄稼之后再连本带利地收回。一个7岁的孩子,不仅懂得卖火鸡赚钱,还知道贷款取利,不可不谓奇迹!

中学时代的约翰,读书用功,成绩也很不错,但并没有表现出什么特殊的才华。他读到高二便辍学了。主要原因是:父亲不断地向他灌输的金钱和商业意识。"人生只有靠自己,做生意要趁早。人生就是钱!钱!"约翰满脑子都是父亲教的生意经,他决定早一天从商,他对美国多姿多彩的实业界向往已久。

这位十几岁的高中生发誓说:"我要成为一个有10万美元的人,我一定会成功的!"

中学教育练就了他认真谨慎的好习惯,使他得以发挥出自己求真求精的潜力,当他一步入社会,便能把这些东西派上用场。

1855年夏天,美国北部靠近伊利湖的克利夫兰,骄阳似火,少年约翰头顶烈日,正在挨家挨户地寻找他的第一份工作。苦苦找了3个星期,他终于来到休威特·塔特尔商行当上了记账员(会计助理)。

约翰买来一本个人账本,把第一次找到工作的日子恭恭敬敬地记了下来:"1855年9月26日。"

这个值得纪念的日子后来成为他个人日历上的喜庆日,他把它当作自己的第二个生日来庆祝。

约翰上班的第一天,戴一顶丝织高帽,穿一条条纹牛仔裤,背心上挂着金链子,小小年纪却派头十足。当他被带到一张放着账本的办公桌前时,他深深地向秃顶的老板休威特鞠了一躬,然后就开始了他的工作。虽说约翰是个初出茅庐的新手,但显得训练有素,有条不紊,令同事们感到惊讶。

约翰的具体工作是审查单据和存货,核对托售商品的买入和卖出的一个个项目,收取佣金。不久,他便培养出了一名记账员对数字应有的敏锐目光。

约翰工作认真、勤恳,三个月后便被正式雇用了。一次公司从佛蒙特州购进一批大理石,可打开一看,却发现这批高价购进的大理石材有严重的瑕疵。约翰马上想到:一定是运输过程中出现了失误,错把劣质的大理石运输回来。由于判断正确,经过周旋,约翰终于为公司挽回了一笔可观的经济损失。老板极为欣赏约翰的能力,用手拍拍约翰的肩膀说:

"好,小伙子。好好干,我一定不会亏待你的!"

果然,约翰第一年的年薪很快调整为 300 美元,第二年又升到 500 美元,如此之快的加薪,在该公司实属罕见。

每天面对办公桌处理一大堆账目,对一般人来说,未免感觉枯燥,可正是约翰兴趣所在,丝毫不觉得单调。不仅上班时间工作,甚至晚上回家他还忍不住再工作一段时间。因为他对数字太着迷了,一拿起来便放不下。他擅长心算,并且很自豪地发现自己在速算方面能"打败犹太人"。

约翰把当记账员看作是学习做生意的绝好机会。他和两位老板同在一间办公室工作,直接观察到老板做生意的一切经络,还能听到老板关于出纳问题的交谈。

有心的约翰在替老板工作的同时,也暗地为自己总结出一套好的业务政策:诚信、名声和注意细节。他不是甘于平庸的人,他相信,总有一天,他会有自己的事业。

大概是约翰对商界的一种天生的预感,刚刚参加工作的第一年 5 月份,他感到房地产生意有利可图,大胆进行了第一次房地产投资。就在这一年,他又贷款给自己的两位老板,获取利息。

在他的私人账本上,每一项收支情况都无遗漏:捐款、膳食、洗衣、租马、杂项、等等,其中有这样的记载:教会捐献 0.1 元、救济贫困男子 0.25 元、救济贫困女子 0.5 元。

至今还保存在美国无线电公司大楼洛克菲勒家族档案里的分类账第二册上,他按时间顺序记下了从 1858 年 4 月到 12 月的一笔猪肉生意的收支情况:

给父亲 27.24 元,

给母亲 6.59 元,

给威廉弟弟 8.7 元,

自己获利:159.39 元。

这是他以中间商的身份,向父亲、母亲和弟弟借钱,投资在猪肉和猪油上而记下的账目。小小年纪,竟然在自己的家人中做起了生意!

约翰从工作一开始就养成的记账的习惯,一直坚持到老,从未间断。不仅自己记,而且还传给了他的儿子小洛克菲勒,又由小洛克菲勒传给了他的孙子们,可谓洛克菲勒家族的一大传统。

约翰在雇佣的公司受到了重用,他不仅主持会计工作,还负责外联工作。和约翰打交道的人各行各业、形形色色。老板在城里的许多产业,也交给约翰去收租。这一切为约翰提供了难得的实践机会,为他日后的发展打下了基础。

一次,约翰在新闻中听说,英国不久将发生饥荒。他想,如果现在趁机把货物运到纽约,一定能够赚大钱。于是他就自作主张地购进了小麦粉和高价火腿,还有肉干、玉米等。约翰想等到钱赚到手以后再给老板一个突然的惊喜。

谁知,老板很快知道了,认为是越俎代庖,很不高兴。

果然,英国发生饥荒,休威特公司把囤积的货物向英国出口,获得巨额利润。

从此,克利夫兰的人们都认为约翰是个"天才商人"。

约翰认为自己对公司的贡献已经超出了公司付给他的年薪,便提出将年薪提高到 800 美元的要求,老板没有答应。

于是约翰决定辞职不干了。通过两年的锻炼,约翰自信已有相当资本,可以独闯天下了。

不久,约翰结识了一个从英国移民来的人,叫莫里斯·克拉克。此人比约翰大10 岁,也是一位炒老板鱿鱼的人,两人一拍即合,都想干一番事业。

于是两人各出资 2000 美元,合伙开办一个谷物和牧草经纪公司。

约翰虽然提前取得了父亲分他的 1000 元遗产钱,父亲却要扣除 16 个月的贷款利息。这父子俩同样精于算计,习惯于契约关系。父亲还喜欢出其不意地向儿子提款,目的是要看约翰能不能付得出,认为这样做给儿子压力,同时也给他动力。

1859 年 3 月 18 日,是一个值得纪念的日子,克拉克和约翰合开的经纪商行开张了。这是约翰·D·洛克菲勒平生成立的第一家公司。两人分工合作:克拉克当"外场",对付顾客和委托商品,约翰大部分时间干"内场",经营账目和业务资金。他精于此道,沿袭了做记账员时锱铢必较的精细传统。

有一次,公司急需资金,克拉克束手无策,而约翰挺身而出,从银行贷款 2000元。从此,约翰在公司占据了上风。

他们勤奋经营,生意兴隆。第一年的营业额 45 万美元,净获利 4000 美元,约翰分得 2200 美元。第二年盈利升至 17000 美元,真是吉星高照。

约翰步入商界的 19 世纪 50～60 年代,正是美国百业待兴的时代,千百万的美国青年带着他们的发财梦想闯荡商海,一显身手。约翰就是他们中的一员。他野心勃勃又踏实肯干,年仅 19 岁便开办了他的第一家公司,并且经营有方。然而,约翰并不满足,他的目标远大,他的好运气还在后头呢!

理财能手

1859 年 8 月 27 日,是一个在世界工业史上值得大书特书的日子:埃德温·德雷克在美国的宾夕法尼亚州成功地钻探了第一口油井! 这是世界上首次以工业或商业目的钻探石油,它震动了克利夫兰,震撼了整个美国。

霎时间，成千上万的人涌向泰特斯维尔勘探石油，那些渴望能快发财、发大财的投机者和骗子也随即而来，接着想从有钱人身上赚钱的供应商、赌棍、酒吧老板、娼妓也纷至沓来。

1860年的秋天，约翰·D·洛克菲勒只身一人骑马背枪秘密勘察石油开发情况来了。当德雷克打出第一口石油井时，约翰发亮的眼睛就悄悄地盯上了这一领域，密切关注着石油行情的变化。这是他一生中最重要的事业的开始。

约翰没有像那些盲目的冒险家一样，立即冲向油田，他是个有心人，想看看情况再说。通过细心的考察，约翰认定石油价格将会下跌，所以，他决定先不在宾州的石油上投资。

在把握时机这个问题上，约翰无疑是个天才。在他一生中的几个关键时刻，准确无误的判断使他的事业步步高升。当一个时机来临时，他能比别人更敏捷地抓住；当时机尚不成熟时，他又能耐心等待，不随大流。这是他成功的一大秘诀。

约翰情投意合的女友叫罗拉。罗拉的父亲斯皮尔曼是一位颇有社会影响的州议员。他以政治家的敏锐，预测到美国的南北战争肯定要打起来。而约翰对战争和政治统统不感兴趣，他只关心生意。他向女友父亲问道："要是发生战争，北方的工业家和南方的大地主，哪个更赚钱。"

于是，约翰开始向银行借更多的钱，大量囤积食盐、火腿，还有西部的种子、谷物，还有南方的棉花、铁矿石、煤炭……

南北战争爆发后，对政治和战争毫无兴趣的约翰兴奋不已，因为他等待的发财机会终于到了！战争使克利夫兰一下子成了东西交通的重要枢纽。洛克菲勒充分利用这一优势，加紧赚钱。除了照例向欧洲贩卖食品外，还大量向华盛顿联邦政府出售食盐、食品。眼看着绿色的钞票源源不断地流进自己的腰包，洛克菲勒不仅仅是兴奋，他的野心也同时在膨胀。

洛克菲勒为了逃避军役，找人做替身，还给北军捐款。他找过30个替身，这并不意味着他不关注这场战争。

他没当战斗员，却花25美元买来一张很大的美国地图挂在自己的小屋里。从华盛顿传来的最新战况和政治新闻都被他用醒目的红图钉钉在地图上。他是通过对战局的分析来把握做生意的方向。

洛克菲勒与北军交易频频得手，赚了不少钱，不断为他的经纪行购进货物。他的事业逐渐扩大。洛克菲勒凭借自己的实力独揽公司大权，缺少主见的合伙人克拉克则相形见绌。

有了颇具规模的公司，并积存了一些资金，洛克菲勒远远不满足。他想开创新的事业。

敢于反传统、具有怀疑精神与冒险性格正是他的特点，他是属于不安分的人，喜欢独立思考，执着于自己的事业。他的目光一直没有离开方兴未艾的石油业。他在观察、在等待。

"打先锋的赚不到钱"，这是洛克菲勒一贯的策略和哲学。他创业的信条是：少说、多听、多看。

当听到石油产地泰特斯维尔要修铁路时,洛克菲勒认为时机已到,决定投资。而老伙计克拉克极力反对:"你想投资暴跌的泰特斯维尔原油?简直是疯了!"洛克菲勒无可奈何,错失了一次良机。

1863年的克利夫兰已经成为一座新兴的石油城。一名英国化学家——安德鲁斯来到了这里。他找到了洛克菲勒,组建了安德鲁斯——克拉克公司,公司在交通十分便利的地方修建了炼油厂。安德鲁斯了解石油加工工艺,负责工厂的设计和运转操作;克拉克负责同石油区的生产商搞原油交易;洛克菲勒负责财务和推销工作。

1864年,洛克菲勒迎来了他个人生活中的一件大事:他将和自己的心上人罗拉结婚了。婚礼于9月8日在教堂举行。一对新人租来了一辆黑色的梦幻马车顺河而下,到尼亚加拉瀑布等地游山玩水,尽情享受。

善于理财和记账的洛克菲勒,把感情方面的开销也一丝不苟地记在账本上:买鲜花0.6元、0.5元、1.5元,订婚金刚钻戒指118元,婚礼费20元,结婚证1.1元,观赏大瀑布0.75元,为新娘买垫子0.75元。

洛克菲勒全神贯注于他那兴旺发达的石油生意,便想出一个罚自己款的方式向爱妻表达内疚之情。这真是新奇又罕见的方法。

公司的生意越来越好,洛克菲勒一心要添置煤油设备,扩大生产,而克拉克没有他那样的胆量与魄力,两人的关系越来越僵,无法再合作下去了。

于是三个合伙人:洛克菲勒、安德鲁斯、克拉克决定拍卖公司。出价最高的一方将得到这家石油公司。克拉克出价500元,洛克菲勒加价到1000元,两人各不相让,价格扶摇直上。当标价喊到5万元时,双方都意识到,标价已经超过了这家石油公司的实际价值,可喊价还在上升,最后,洛克菲勒以72500元获胜。洛克菲勒把这一天看作是一个关键性的时刻:"那是我一生中最重要的一天。这一天决定了我一生的事业。虽然那时我深感事关重大,但我镇定自若。"

26岁的洛克菲勒一下地拥有了一家炼油厂,成了真正意义上的老板。克拉克退出后,公司更名为"艾克赛尔斯勒"("提高希望"之意)公司。

随着石油工业的欣欣向荣,洛克菲勒大展宏图,放心大胆地扩充企业,增加炼油设备,扩大厂房,年销售额达到了百万美元。实力雄厚的洛克菲勒还分别买下了克利夫兰和匹兹堡的几十家小型炼油厂,石油生意真是越做越大。

洛克菲勒的公司,不但自己做各种产油需要的用品,而且还不断利用残余物品来生产副产品。如他们利用石油的剩余物制造铺路用的沥青,还有石蜡及凡士林,并且制造挥发油和润滑剂。

洛克菲勒凡事均有计划,经营有条不紊。他富于远见、雄心勃勃又小心谨慎。在他的手下,没有人可以马虎行事,没有人敢随便估价、随便清点和计量任何产品。严格有序的企业管理,如同军队有铁的纪律一般,是打败对手的有力保证。

因此,洛克菲勒公司一直处在稳步发展的态势上。

时势造英雄,百万富翁也不例外。约翰·D·洛克菲勒等人作为一个新兴的商人阶层,在19世纪60~70年代登上了美国的社会舞台。他们是美国资本主义飞速发展,从传统的农业国向工业国转变时期的产儿。他们依靠有利的历史机缘,在激烈的竞争中,采取合法或不合法的手段获得了巨大的成功。

这些百万富翁们热衷于经营企业的风险和刺激,他们追求名誉和权势可能带来的好处。他们对美国的工业化进程起到了很大的推进作用,从而使19世纪下半叶的美国经济迅速地走到了世界的前列。

巨人出世

洛克菲勒1870年创立的"标准石油公司"是一个工业巨人,一个巨大的托拉斯。

洛克菲勒把全部的热情和才智都倾注在工作中,不知疲倦。他的生活始终是简单的重复,一天又一天,他刻板地发动着自己,就像发动一架机器。石油事业就是他钟情的人。

早在1866年,当美国石油业出现萧条时,洛克菲勒把目光盯上了广阔的欧洲市场。以他的胃口,美国国内市场已经不能满足,而是要走向世界,寻求更大的发展。于是他叫来了弟弟威廉,让其去纽约开设一家名叫"洛克菲勒公司"的公司。兄弟两人发誓要:"扩张、扩张、再扩张,我们要独霸世界。"

洛克菲勒仍坐镇克利夫兰,指挥全局。

安德鲁斯继续凭他的专长管理生产和技术。经过不断研制和改进工艺,石油精炼过程中的浪费越来越少,从原油中提炼出的产品越来越多。洛克菲勒在勘探和开采石油这些所谓的"上游"行业拥有16家工厂,每周出产煤油900桶;为了输送精炼油,洛克菲勒买进了特殊设计的大功率设备,把精炼油抽到附近的断崖上,再利用自然的落差,使精炼油自动顺管道流到河边。

为了扩大规模,洛克菲勒拉来精明的商业天才佛拉格勒入伙,原来的洛克菲勒——安德鲁斯公司改组为洛克菲勒——安德鲁斯——佛拉格勒公司,公司注入了新的血液。佛拉格勒不仅为公司投资了金钱,更重要的是投入了他的聪明才智和创造力。

佛拉格勒与铁路公司签订了运输石油的秘密契约。这种秘密契约毁掉了企业的自由竞争精神,但洛克菲勒占了很大的便宜。

为了能够吸收投资又保证自己的领导权,洛克菲勒把"标准石油公司"改为合资的股份公司。新的股份公司资本额为100万元,分成一万股,每股100元。洛克菲勒为董事长,占有2667股。随着"标准石油股份公司"的创立,洛克菲勒的事业又上一层楼。

1870年夏天,欧洲大陆血雨腥风,普鲁士和法兰西进行厮杀。

战争影响了美国的经济,尤其是石油业。而洛克菲勒却乘人之危发动了一场企业间的吞并战。他出价收买与之竞争的炼油厂,合并公司、统一管理、统一价格,从而使标准石油公司大大节省了人力、物力和财力。可见,洛克菲勒是最早认识兼并价值的一位先驱者。

1871年冬天，洛克菲勒与铁路大亨们联合组建了"南方开发公司"。该公司规定铁路部门定出高运价，然后给参加联盟的标准石油公司等回扣。这样洛克菲勒的竞争对手又得付出惨重的代价。有人将此称之为"美国工业史上最残酷的死亡协定"，毫不夸张。

在激烈的兼并竞争战中，洛克菲勒用以吞并小企业的办法是：彼此交换股份。小企业面对压力，只好将自己的企业解散并入洛克菲勒的公司，以换回股票。

洛克菲勒就是利用威胁利诱、软硬兼施的手段，一个个征服了他的对手。

这场石油大战结束后，洛克菲勒的战果是：在克利夫兰已具有能精炼10000桶原油的能力，垄断了克利夫兰的炼油行业。标准石油公司的资本额已增到250万美元，包含了4个大小企业，大约1600名员工。

一个组成大企业的王国的计划，一个称雄世界市场的大企业家理想，正在逐步实现。

许多美国历史学家对洛克菲勒在石油大战中的非凡表现都感到十分震惊。他们认为：洛克菲勒不是一个简单的人。一个普通人若是被舆论攻击得体无完肤，势必深感受挫，并会崩溃瓦解，然而他却像什么事情也没有发生一样，仍沉迷于他的垄断幻想之中。正是由于他具有常人无法理解的幻想和坚忍不拔的斗志，所以他不会因受挫碰壁而一蹶不振。在他心目中没有任何障碍阻止他达到垄断的目标。

洛克菲勒不仅有面对攻击无动于衷、冷静克制的本领，而且还有快刀斩乱麻的气魄。他说："当红色的蔷薇含苞待放时，唯有剪除周围多余的枝叶，才能在日后一枝独秀，绽放出艳丽的花朵。"

"蔷薇开花"的战略成了洛克菲勒的传家宝。当他的势力逐步向全美扩展，不断吞并更多的竞争者时，他所采取的正是这种战略。

标准石油公司虽已控制了全国1/4的炼油能力；洛克菲勒也拥有了令人嫉妒的巨大财富，如有占地700英亩的庄园等等。可他是一个永不满足、远离安逸的人，在独霸世界的热情的驱动下，他马不停蹄般地向前奔跑。

他又策划实行新的经营方针，再图发展。他又派佛拉格勒与铁路公司商量，降低了运费；他们计划除生产灯油及挥发油之外，再增产其他的副产品，如染料、油漆、蜡烛、润滑油等。

善于挑选人才、使用人才是洛克菲勒的又一优点。他对于一般员工也和蔼可亲，并且能记得他们中许多人的名字和面孔。他是个温和而又专断的人，在重要问题上，要求别人服从他。他始终保持着谨慎和节俭的习惯。

有一次，他走到5加仑火油罐的封装现场，看到每只油罐需用40滴焊料，要求工人用38滴，结果漏油，但用39滴却一点也不漏油。他马上通知所有的封装工人，一律采用39滴封油罐。他还减少了装石油的木桶上的铁箍，以降低成本。

每当谈起他的节俭，他不无得意地说："一大笔钱，全是我们这样省出来的。一大笔钱啊！"可见，勤俭致富一直是他的传统。

垄断之父

1872年9月，"全国炼油工业协会"成立，由洛克菲勒出任总经理。

而在原油产地，人们疯狂地开采石油，造成生产过剩，价格暴跌。正在混乱之时，人称"大蟒蛇"的洛克菲勒闯到这里，做出了一个令人费解的决定：以每桶4.75元的高价向原产地收购原油。这样一来，人们更加疯狂地开采石油。突然，洛克菲勒下令终止4.75美元一桶的合同，改为2.5美元一桶。原油开采者发现上大当时，已是悔之晚矣。

洛克菲勒利用善于鼓动的亚吉波多去煽动原产地的炼油企业加入他的标准石油大家庭。亚吉波多舌巧如簧："加入标准公司吧！一定会对你有好处的，而且他们不会撤掉你的职务，你可以照样经营你的厂子……"有些人终于被说动了，并加入了标准公司。而那些坚持独立经营的炼油商们在强大的竞争压力之下，很快就无力支撑，纷纷倒闭、破产。眼看自己苦心经营的事业毁于一旦，他们或上吊、或以手枪自杀，不计其数。他们是被冷酷无情的洛克菲勒逼死的。游说有功的亚吉波多很快被晋升为标准石油公司的副董事长。

洛克菲勒的一系列计划、诡计完成之后，克利夫兰的石油业已为其一家独霸。然而他仍不满足，他要扫平全美国的石油企业。

1974年1月29日，洛克菲勒的独生子降生了，他的事业有了继承人，他更加坚定了向全国进军的步伐。

他在萨拉托加古战场展开了一场新的没有硝烟的战争——石油吞并大战。

面对着竞争对手们，洛克菲勒发出了热情而强硬的声音：

"二年前，我就控制了克利夫兰的石油业。现在，克利夫兰的石油已在我的垄断之下。我买我卖，价格由我来定，谁也别想从那儿捞到一点油水。目前，纽约中央铁路和伊利铁路的货物转运权也在我手中，纽约也在我的控制之下……。因此，我们绝对有必要并肩作战，石油企业合并之后，就成为所有运输业的核心，不但可以控制全美的石油价格，还可以支配铁路，受益无穷呀……"

全国的石油大亨被他说服。洛克菲勒的石油公司虽然没有挂上大联盟的头衔，但实际上已经成为大联盟的基础。

并入标准石油公司的洛克哈特石油公司，并没有马上公开成为标准石油公司的一部分，这是老奸巨猾的洛克菲勒的又一阴谋。这是大蟒蛇悄悄设下的伏兵。这样的公司就像一张巨大的罗网，撒向全国各个角落，把所有石油业都要罗织在标准石油公司之中。

铁路方面得知洛克菲勒的萨拉托加密谈后，以史考特为首组建"帝国运输公司"对抗洛克菲勒。

"大蟒蛇"无所不用其极，他在幕后策动铁路工人掀起了一场声势浩大的罢工运动。损失惨重的史考特再也支撑不住这场沥血的苦战了，火速赶往洛克菲勒处求和。洛克菲勒乘人之危要用 340 万元买下帝国运输公司。

洛克菲勒又胜利了！他成功地挤垮了这个全国最大的铁路公司，买下了它在匹兹堡的全部炼油企业。更让他兴奋的是，这场战争使他接受了史考特在新泽西建造的大型贮油槽。从此，他以新泽西为进出口的桥头堡，大力发展他的世界性大企业。

在与史考特的垄断大战中，洛克菲勒更加认识到控制油管的重要性。他决计建造自己的有系统的油管来垄断原油的运输。然而聪明的宾森等人却捷足先登，先于洛克菲勒建成了 370 公里的输油管道。

此时的洛克菲勒，正坐在标准石油公司的总部所在地——纽约百老汇大街 26号的办公室里愁眉苦脸。

从白天到深夜，洛克菲勒绞尽脑汁，终于又想出了一条毒计。

他出钱收买一些人跑到银行去造谣：宾森领导的泰特华德公司贪污混乱，千万不能给它贷款。洛克菲勒制造泰特华德公司内乱，乘机吞并的计谋很快又实现了。

洛克菲勒一方面致力于石油管大战，同时并没有停止吞并对手、垄断全国的步伐。到了 1875 年，标准石油公司已增资达 350 万美元。洛克菲勒组织发起了"中央炼油协会"，协会的主旨是：控制所有原油的买卖、规定精炼油的价格，并由协会出面与铁路公司及油管公司谈运费、分回扣。这个"中央炼油协会"其实就是洛克菲勒的梦中王国，现在它已经由一个简单的炼油厂扩张成连锁的企业王国了。

到了 1887 年，标准公司已经扫平了全国绝大部分的竞争对手。只是在纽约，还有几家零散的炼油厂在独立经营。这是洛克菲勒有意留下的少数"竞争者"。他可以避免别人指责他进行垄断。

洛克菲勒不仅对美国石油行业的垄断达到了空前的水平，而且几乎垄断了世界照明灯市场。代表标准公司产品的蓝色木桶充斥着欧洲、亚洲和北非市场。可以这样说，世界的各个角落，只要有船抵达的港口、火车到达的驿站、骆驼和大象经过的地方，几乎都在洛克菲勒的控制之下了。

1879 年，美国大发明家爱迪生经过反复试验，研制成功了世界上第一盏白炽灯，从而揭开了人类照明史上新的一页。

洛克菲勒是个聪明人，他知道这一发明对他的事业意味着什么。但他仍潜心于他的石油王国的建设，他考虑怎样让这些被吞并的公司合法地受制于标准公司，使标准公司对外能合法地占有各个工厂，对内能使各个工厂联合起来，步调一致。

洛克菲勒就是美国托拉斯的鼻祖。

洛克菲勒所重用的一个叫多德的律师针对美国反垄断的法律，提出建立"托管委员会"的建议，具体内容是：形成"托管委员会"，选出受益人。股东设于"托管委员会"名下而受益人才是有实权管理业务的人。多德律师的解释是："主旨上我们要合一，但又不能违反法律，所以我们不可避免地要将各州的公司财务各自分开，各有各的账目、股票和董事，这样在法律上各个公司仍是独立的、分开的，不必重复交税。但我们可以命令各州的分公司都用相同的名字、相同的经营方式，并且由一个共同的执行委员会来指挥。然后，把整个企业的股票交给托管委员会经营。公司将以托管的名义发行证券,使各股东凭此券,每年分得应得的红利。如此一来,看似分散的各公司,实际上都控制在托管委员会手中。"

1882 年元月 2 日,标准石油公司召开股东大会,正式组成 9 人的托管委员会,掌管所有标准公司的股票和附属公司的股票。这一天,标志着标准石油托拉斯的正式成立。

托管委员会的权力是至高无上的。他们不仅拥有企业联合体,还代管股份,在经营上更加得心应手。在发行的 70 万张证券中,约翰·D·洛克菲勒、威廉·洛克菲勒、佛拉格勒、亚吉波多 4 人就占了 46 万多张。

拥有资本 7000 万美元的标准石油托拉斯,陆续在全国各地创设了许多带有"标准"名字的子公司。

标准公司拉进的 40 家公司中,有 14 家公司的股票完全由它控制,另 26 家公司的股票部分由它控制。它的体制错综复杂,其中有各种合法的组织机构,简直就像一座高深莫测的迷宫。从托拉斯的协定来看,是没法搞清楚究竟谁拥有什么产业,或者谁负责什么活动的,"根据他的财产来说,它是存在的,然而又绝对无法证明它的存在。"

标准托拉斯是美国历史上第一个托拉斯。它的出现,使这种企业联合形式不久闻名于世了。托拉斯对美国工业界产生了巨大的影响。它为企业合并、确立其垄断地位找到了一种合法的组织形式,它是资本和生产力高度发展的必然产物。

洛克菲勒创造了无与伦比的工业巨人——托拉斯,在他进入不惑之年的时候,他登上了美国石油工业的最高峰。

在标准石油托拉斯中,洛克菲勒的确是个出色的领导者,一个够格的总裁。他并不试图单独经营这个庞大的标准公司。他心狠手辣、老奸巨猾得像只狼,但他不是一只孤独的狼,而是一群狼中的头领。

洛克菲勒始终认为,培养人员是他的首要任务。他说:"标准石油公司成功的秘密就是一批人来到一起,自始至终一心一意地进行合作。"纽约中央铁路首脑人物凡德毕尔特认为:"他们都是具有非凡才能的企业家。我从未碰到过像他们这样精明能干的人……,我不相信,通过任何一州或所有州的立法规定,或者通过任何其他方式,你们就能将这批人压下去。办不到啊! 他们总是跑在你们前面。"

真是强将手下无弱兵。与洛克菲勒长期共事的人,个个出色能干。这个人才济济的队伍是全美国最能干的管理队伍。当他们讨论问题时,就像是在召开内阁会议。

洛克菲勒充分信任他所任用的人,真是用人不疑。他从不拍桌子瞪眼睛地对待下属,也不干涉具体的事务处理。当其他人发言时,他总是静静地倾听,偶尔插一二句话,发表自己的看法。

他的用人观是:"要物色这样一个人,他能够完成你所需要他为你完成的具体任务,然后,你就放手让他去做。"

洛克菲勒不喜欢让一群唯唯诺诺、毫无主见的人把他包围住。他左右的这些同事,都是凭自己的本事工作的,有权力、也有魄力。在标准托拉斯中,没有其他一些商业帝国明显具有的种种矛盾、私仇和激烈对抗,内部的团结是使标准公司在竞争中上升的主要原因之一。

在标准托拉斯的高层领导中,有充分议论的民主和分工合作,更有集中。它的每个大员都在洛克菲勒的严格控制之下。洛克菲勒的话在同事们中具有很高的权威,因为他的话是对的,是富有远见的。

在经营方面,洛克菲勒的托拉斯对石油业的各个部门无所不包:经营油田、控制油管、炼油、生产石油副产品、制造与炼油相关的物品。

在管理方面,托拉斯好比一架机器,由许多部分组合而成。平时,各部门各自为政,有问题时,便要总部来解决。

公司的一切方针由执行委员会决定。所有营业、财政、产品、内外销市场等,全都由委员会订立方案。任何需要经费在5000元以上的工作都必须呈报委员会。

执行委员会下面还有各种特别的委员会:如制造委员会、润滑委员会、生产委员会、出口委员会等等。这些委员会每天收到无数封由炼油厂、经销商、代理商、推销商等各方面寄来的信件,经过委员们过目整理,分类精选,再连同自己的意见反映到执行委员会。可见,各特别委员会是连接工厂和高层行政部门的一座桥梁。

执行委员会大多采取午餐会的形式进行讨论。

执行委员会主席洛克菲勒通过这些机构控制着这样一个庞大的企业。操纵中央控制权的洛克菲勒能够准确查阅报上来的成本和开支、销售以及损益数字,以此来考核每个部门的工作。洛克菲勒堪称是统计分析、成本会计和单位计价学的一名先驱。

在标准托拉斯,严密的查账制度控制了所有的机构,每三个月,总部派人到各分公司、各部门核查各种账目,由成本到售价,由投资到红利,没有一项能逃过核查人员的眼睛。

财富越多,洛克菲勒越是节俭。核算成了一种狂热,提炼一加仑原油的成本竟然计算到小数点后三位数。

"低成本,大市场"是洛克菲勒制定的基本政策。他不允许有太多的利润,而是坚持薄利多销,这一方面是为广大消费者着想,另一方面是通过自己少赚钱,把竞争者挤出石油行业。

雄霸美国

前面已经提及:爱迪生发明的白炽灯似乎为以煤油为生的洛克菲勒敲响了丧钟。

然而天不灭此人!

正当爱迪生发明的电灯代替了洛克菲勒生产的灯油时,内燃机发明了!它不仅改变了现代工业的能源基础,而且救了洛克菲勒的命,直至把洛克菲勒推向他自己也想不到的财富顶峰。因为随着内燃机和其他各种机器的发明,作为燃料油的汽油开始有了很好的销路,保护机器的润滑油也开始畅销。

与此同时,美国社会反托拉斯的呼声越来越高,民众斗争促成了国家的立法行动。许多州的宪法颁布了反托拉斯法律。洛克菲勒又面临着考验。

老狐狸经过细心观察,认准了控股公司这一办法。

1899年6月,标准公司改组,将在新泽西标准公司重新登记,令其有权交换属下20个公司的股份,资金由1000万美元增至1.1亿美元,并发行100万股的普通股票和10万份的优先股。

6月19日,董事会宣布,所有属下的20家公司与托拉斯已废除的股票都应换成新泽西公司的股票。于是,分散的公司又重新团结为一体。股票集中后,标准石油公司一变而成为世界上最大、最富裕的公司。1906年,公司的总资金是3.6亿,每年的纯收入是8312万美元。洛克菲勒的梦想变成了现实。

可是,好景不长。

1908年,美国举行总统大选。由于共和党总统麦金莱被杀,副总统西奥多·罗斯福继任总统。罗斯福认为垄断市场、勾结铁路公司必将危害社会,不除不足以快人心,要拿洛克菲勒开刀了。1911年5月15日,最高法院做出了历史性的判决:长达2万字的判决书以标准公司确有垄断市场、妨碍他人经商自由的罪名,命令标准公司的股权公司必须在6个月内放弃所有的子公司,并把他们曾经换成新泽西标准石油公司的全部股票,过户退回给原来的子公司股东。

标准公司这个洛克菲勒苦心经营近半个世纪的企业王国终于瓦解了,它被分成了38个独立的企业,并各自成立董事会。

由于最高法院的判决是针对公司,而不是针对公司的股东,所以公司瓦解后,洛克菲勒摇身一变,成为拥有33个不同石油公司原始股票1/4的人,掌握着24.55万份最大的股权,仍然控制各大公司。他的财富非但没有减少,反而比以前更加富有。

随着石油业前景光明,石油公司的股票猛涨。新泽西标准石油公司的股票从360点涨到595点,上涨了近一倍;纽约标准公司的股票也上涨一倍以上;洛克菲勒所属其他股份的价格也大幅上扬。因而洛克菲勒的估计财产,由1901年的2亿美元上升到1913年的9亿美元以上。

除垄断石油业之外,洛克菲勒还把手伸向了钢铁和金融业。

美国铁矿石产量巨大。最著名的富矿位于明尼苏达州的梅萨比山脉,它能提供全国60%的铁矿砂。这座富饶的矿区的主人就是洛克菲勒。他还买下了矿山铁路。1901年3月,另一富豪摩根和洛克菲勒达成了交易:梅萨比矿区资产作价8500万美元,其中一半付新的"美国钢铁公司"的优先股票,一半付普通股票,另付现款850万美元买下运输系统。洛克菲勒家族一举成为美国最大的公司——美国钢铁公司的主要股东,洛克菲勒的儿子小约翰也进入了该公司的董事会。

19世纪末,洛克菲勒意识到了金融业的重要性。洛克菲勒和弟弟威廉首先在纽约花旗银行进行投资。后来,威廉·洛克菲勒的两个儿子和花旗银行的大股东、总经理詹姆斯·斯提耳曼的两个女儿结亲,两亲家于是成为银行的最大股东,控制了银行的权力。该银行1955年的海外存款约7.25亿美元。

20世纪20年代,随着洛克菲勒石油事业的进一步发展,要求有更强大的金融支柱做依靠。洛克菲勒买进了公平信托公司的控制股份。公平信托公司买进后,凭着洛克菲勒巨额的财产迅速扩张,到1920年,它已拥有2.54亿美元的存款,成为全国第八大银行。

同时,洛克菲勒在和摩根争夺大通国民银行的激烈斗争中占了上风,取得了这家银行的控股权。

通过大通国民银行,洛克菲勒还取得了对都会和公平这两家人寿保险公司的控制权。

30年代,洛克菲勒进而控制了大通国民银行所属的投资银行——大通证券公司。不久,这家投资银行吞并了另一家华尔街老牌的投资银行——哈里斯·福布斯公司,改名为大通——哈里斯·福布斯公司,后来还吞并了第一波士顿公司。1934年,一家独立的投资银行第一波士顿公司正式成立,实权掌握在洛克菲勒家族手中。

这样,洛克菲勒家族在金融界的实力迅速增加,逐步取得了与金融界霸主摩根家族抗衡的力量。

作为世界级的大富豪,晚年的洛克菲勒究竟有多少财产,请看他的家底:

他掌握着价值3000万美元的国际收割机公司的股票;他是摩根的美国钢铁公司的最大股东;他对通用汽车公司有大量投资;他继续掌握着统一煤矿公司和科罗拉多燃料与铁矿公司的支配性股份;他在已解散的标准公司的各个组成公司中还占有相当的股份:新泽西23%、俄亥俄18%、加利福尼亚15%、印第安纳10%。

染指海外

洛克菲勒始终不渝地致力于托拉斯的发展,他看好石油业,他对石油业始终是乐观的,而且始终如痴如狂的乐观。

这时国际市场上一场新的斗争正方兴未艾,标准公司拥有雄厚的实力而在斗争中处于优势。洛克菲勒早就意识到了石油出口的重要性。但标准公司在争夺海外市场时,既无后台撑腰,也不能指望得到任何方面的支援,只能孤军作战;其心狠手辣的程度,正像它在争夺国内石油开采权的时候一样,它一贯藐视外国政府的法令,也正像它在国内藐视州的立法一样。

由于俄国在里海开采巨大的巴库油田,洛克菲勒的美孚(标准)公司在国际石油市场的垄断之墙出现了缺口。到了1883年,通往黑海的铁路已经建成,沙皇邀请诺贝尔兄弟以及罗恩柴尔德家族去协助开发俄国这些巨大的石油财富。到1888年,俄国在生产原油方面超过美国,数年间尚默默无闻的俄国火油则已经垄断了30%的英国市场,并且正在向欧洲其他地区扩展。

在这种危急形势下,美孚公司的智囊团在百老汇大街26号开了会,并着手采用削价战术进行反攻。它决定消灭掉那些它以前利用过的欧洲进口商号,而建立起一套国外分支机构的系统来取而代之——例如英美石油有限公司(在英国),德美公司等等。它派遣约翰·阿奇博尔德出国同罗恩柴尔德家族进行秘密交谈,其着眼点是所谓欧洲市场"合理化"的问题。它谋求收买竞争对手,同时还通过秘密购买股票的方法打进他们当中去。它取得的成就给予人们深刻的印象,但是也并未取得彻底的胜利。从1864年到1889年,美国出口到欧洲的石油虽增长5.5倍,但美孚公司最多也只能保持欧洲市场的60%而已,这种情况维持到1914年第一次世界大战时才全改变。

美孚公司在扩展其海外业务方面,同联邦政府的关系要比它在处理国内业务时为佳。人们或许认为美孚公司构成了一种国内的威胁,但它在国外活动时,它却是美国的化身。它的繁荣昌盛就是美国的繁荣昌盛;它的命运是和美国的命运息息相关的。

洛克菲勒意识到了这一点,并充分利用了它。美孚公司利用美国驻外领事们和大使们的秘密报告,掌握他们在欧洲、在中东、在东南亚竞争对手的经营活动。

到了上个世纪的90年代,美国石油已渗入地球上那些尚未开发的地区。正像美国作家康拉德的一篇小说所描述的,美孚代理人使用舢板、骆驼、牛等来运送他们的货物,甚至使用当地土人肩挑背扛,深入到了世界各地的黑暗地区。他们沿着苏门答腊东海岸前往暹罗、婆罗洲以及法属印度支那。在他们面前正展现着一个横越海洋的帝国,用布鲁克斯·亚当斯的话来说,美国经济称霸的时代已经开始。

全世界都知道美孚石油公司,美孚公司的触角伸到了全世界。

特别值得一提的是美孚在打开中国市场方面,从政府得到的非同寻常的支持。美国驻华公使约翰扬简直成了美孚公司的特聘宣传人员,他向中国方面提供了一份中文通告,竭力宣传火油作为照明剂的效果。而当时中国国内仍以食物油作为照明剂。面对中国人的固执,美国官员的态度更是执着,他们碰壁、失败后仍不气馁,把宣传洋油好处的中文通告一份一份地分发出去。众多的驻华外交官员们担当起了宣传员、推销员的角色,他们与美孚公司的职员一道四处奔走,一边宣传,一边免费赠送用白铁皮制作的油灯。

当欧洲殖民主义者威胁要关闭广阔的中国市场时,美国国务卿海约翰还发出了有名的所谓"门户开放"照会,这就意味着美国的军事力量间接地保护了美孚石油公司和其他美国公司在对华贸易中兜售它们货物的权利。

中国人从此结束了点植物油照明的历史,不论是沿海城市,还是偏僻内地,家家户户的灯盏里用上了美孚石油公司生产的"洋油"。

慈善巨擘

洛克菲勒的事业越大,他在公众的名声越臭。洛克菲勒已经成为"滴血的钱"的代名词。洛克菲勒为打倒同伴所使用的那些手段,包括行贿,秘密收买,同铁路公司达成秘密协议,掐断对手的原料供应等等,不断披露于世。1853 年,有一部戏剧中有这样的台词:"打倒一切霸主! 该死的标准石油公司!"

腰缠亿贯的洛克菲勒始终心安理得,认为标准石油公司之所以能够战胜对手、确立垄断地位,并不是因为使用了卑鄙的手段,因为那个时代的美国并不存在什么商业道德,他的手段任何一个公司都会使用。使标准石油公司独占鳌头的是它的组织和严格的管理。

愤怒的美国公众可不这样认为。

1902 年,美国专栏作家艾达·贝塔尔的《标准石油公司史》开始在《麦克卢尔》杂志上连载,这件事成了导致公众释放愤怒的导火索。社会各界对洛克菲勒的怀恨攻讦从业务扩大到他的私人生活。报纸、杂志的编辑们把他看作垄断资本家的原始模型,竭尽全力对他进行大肆攻击,洛克菲勒的精神受到很大的打击,他还没有学会用钱购买荣誉。

到了 19 世纪 90 年代,他走到了他人生旅程的另一个十字路口。这之前,他既没有怀疑也没有反省的闲暇时间,他在年轻时代,仅仅是发大财的想法就曾使得他高兴得咔嚓一声脚跟并拢,立正致敬。现在他已度过了一段漫长的人生历程,积累了一大笔财富。同时,他却不得不把时间消耗在无休无止地筹划安排他的收入和支出、投资和慈善事业、公司战略和法律辩护等事务中,这样就产生了一个疑问——究竟是金钱主宰着他,还是他主宰着金钱。

在那些年代里,他掌握的公司的股份不断增加,并且随着标准石油公司这台巨型的敛财机器轰隆隆地奔向 20 世纪,庞大得令人难以置信的股息也就源源不断地进入了他的腰包。他努力以进行投资的方式来处理那些巨额股息,然而他过度操劳,已经力不从心了。

在过去的 40 年中,他要钱不要命,以致积劳成疾,他的身体开始造他的反。洛克菲勒在和妻子的通信里常提到自己的失眠。同时,他开始患起严重的消化功能紊乱症,他的医生坚持他必须停止操劳。

洛克菲勒渐渐地开始放松对公司的控制。到 1898 年,他就不再每天到百老汇大街 26 号他的私人办公室上班。第二年,他根本就不去了,委托约翰·阿奇博尔德当他的代理人,只通过通往他家里的直线电话与代理人每天保持联系。

他的生涯并没有就此结束。这位托拉斯大老板在波及全美国的揭丑运动中,成了千夫所指、万人唾骂的恶魔、骗子手、金钱狂、吝啬鬼。洛克菲勒怎能甘受此辱,他要反击。但反击的办法不能是对骂,一张嘴是骂不过万张嘴的……

他要创建一种机构,一种比他的托拉斯更可以笼络人心的机构。他赚了大钱,现在他要利用它来确保他的子孙在社会上不致像他那样遭人咒骂。他的垄断者的习性不知不觉地改变了,变为了一个慈善家的习性。慢慢地,这位成功地获得巨额财富的人开始了脱胎换骨的变化,他从一部赚钱的机器变成了美国人的大施主。

帮助洛克菲勒彻底改变形象的人,竟是一位年仅 38 岁的牧师,他的名字叫弗雷德里克·T·盖茨。

起初,洛克菲勒只身闯入慈善领域,进行一些零散的投资,但是,他很快就发现这里对他来说是一片陌生的天地，他就像一头误入长满荆棘丛林的狮子一样，东撞西投，不知所之。在他的百老汇大街 26 号办公室里，乞求信车载斗量，他完全陷入困境，无力解决它们。

盖茨的出现，改变了洛克菲勒后半生的生活，成为洛克菲勒今后生涯中一个关键人物。

洛克菲勒与盖茨的初次见面，是在他同浸礼会的全国组织就赞助创办芝加哥大学进行的马拉松式谈判时。盖茨的生机勃勃、精力充沛给他留下了深刻印象。

1891 年 3 月，洛克菲勒邀请盖茨去他的百老汇大街 26 号晤谈。当盖茨被引进他那间陈设简单的办公室时，洛克菲勒以少见的坦诚开门见山地说：

"盖茨先生，我现在进入了尴尬的境地，有许多人要求我捐助，实在压得我透不过气来。我担负着那么重的职务，哪有时间和精力去恰如其分地处理这些要求呢？在我没有仔仔细细调查研究一个事业的价值以前，我是不愿意把钱送掉的，我一向是这样的。但进行这种调查研究所耗费的时间和精力比我花在石油公司本身的还要多。"

他请求盖茨牧师为他工作。

3 个月后，盖茨开始以洛克菲勒的首席施赈员的身份为他工作。盖茨的出现并没有引起世人的重视，然而，他从事的工作却成为美国社会发展事业的一个重要组成部分。

有一次，聪明过人的洛克菲勒竟然给盖茨提了一个问题：

"我从前捐赠给一个教会组织 10 万美元，被毫不客气地退了回来。人们为什么不接受我的慷慨捐赠呢？"

盖茨解释道："金钱的赠予也是一门复杂的'艺术'，如若在处置金钱的方式上不讲求'合理化'，那不但是无益的，甚至是危险的。您的财富正像滚雪球那样积累起来，积累得有发生雪崩的危险了！您必须以快十增长的速度来把它分配掉，要不，它会把您压得粉碎，把您的子女压得粉碎，把您的子子孙孙压得粉碎。"

盖茨为洛克菲勒绘制的宏伟蓝图就是建立一个企业式的慈善机构，它的管理方式应该同标准石油公司相同的，而且，在未来的慈善领域里，它也将同标准托拉斯一样，触角伸及全国，乃至世界的各个角落，在各个社会生活里独占鳌头。

盖茨的思维方式与洛克菲勒几乎如出一辙，只不过他是在慈善领域投资，洛克菲勒是在商战领域。

盖茨的企业型慈善机构思想就是一个活脱脱的托拉斯梦想，自然地，他会得到洛克菲勒的青睐。

盖茨为洛克菲勒的慈善事业做的第一件有意义的事就是建立一个以洛克菲勒的姓名命名的医学基金会——洛克菲勒医学研究所。半个世纪之后，他的孙子戴维将它改为洛克菲勒大学。

洛克菲勒医学研究所创办于 1901 年，它成为全美国第一所这种类型的组织，首批创立基金为 20 万美元。一年之后，为了在纽约市的东北部建立一个该研究所下属的实验室，洛克菲勒又追加了 100 万美元的捐款。

该所于 1905 年成功地研制出了治疗流行性脑膜炎的血清,对脑膜炎这种世界常见病的防治起到了不同寻常的促进作用。此外,该所还在黄热病预防疫苗的研制以及小儿麻痹症、肺炎的治疗方面做出了卓越贡献。更为重要的是,该所还致力于医疗和公共卫生知识的推广教育工作,它所制订的推广教育方案通过洛克菲勒基金会和其他慈善事业机构传播到了地球上每一个偏远的角落,为改善世界上落后地区的医疗卫生状况做出了一份特殊贡献。

　　钩虫是导致美国南部各州棉花工工厂工人中广泛流行的嗜眠症的病源,而受这种疾病影响的患者已达数百万人之多。这种病实际上非常易于治疗和预防,它只需花 50 美分就能彻底治愈。然而非常遗憾的是,政府当时却拿不出或不愿拿出这笔经费来扑灭这种疾病。是洛克菲勒出钱为数百万人解除了痛苦,防治钩虫病的运动取得了辉煌的成就,洛克菲勒的名字也被人们以尊敬的语气传颂着。数百万受惠者及更多的老百姓再不像过去那样唾骂他了。

　　盖茨深知洛克菲勒的垄断原则,并将此原则用于慈善事业。

　　1903 年,他建议洛克菲勒成立了一个托拉斯式的慈善组织——普通教育委员会。他还督促洛克菲勒给钢铁大王卡内基写信,邀请他担任该委员会的受托管理人。

　　普通教育委员会从成立伊始就成为实施垄断原则的一个实例。

　　它选择南方黑人教育作为工作对象。它开始以它的财政力量支持已于 1904 年在南方教育委员会的主持下联合起来的结合体。这个结合体包括了已列为美国最早的慈善事业基金范例的皮博迪——斯莱特基金会,也包括了塔斯基吉——汉普顿教育综合组织,这个综合组织已经控制着南方重建运动时期(1867~1877 年)之后获得自由的黑人所享受的"高等教育"。

　　塔斯基吉——汉普顿教育综合组织的势力不久就独霸南方了,而普通教育委员会又扩大其活动中心,使之遍及美国的其余地区。

　　1905 年,洛克菲勒在给普通教育委员会捐赠的最初基金之上又补充了 1000 万美元,并附上一封信,指定这笔钱必须用于"一种推进美国高等教育的综合体制"。

　　教育是一项影响千百万人,并造福百年的事业。洛克菲勒在认识盖茨之前就已经是教育事业的热心捐赠者了。

　　早在 1887 年,他就捐助了一笔高达 60 万美元的巨额奖金给予芝加哥大学。该大学的前身是斯蒂芬·道格拉斯于 1856 年创立的摩根·帕克神学院。有人认为,如果能使该学院重整旗鼓,使之成为美国东海岸的一所首屈一指的综合性大学,那么它就可以在美国西部势单力薄的浸礼会学校中树立起一所强大的母校,从而对那些由于西部边疆迅速扩展而新设的各州施加重大的宗教影响。

　　洛克菲勒也加入到了这项伟大的事业中了。

　　他全神贯注于这所大学的重建和管理工作。他的工作日程被排得满满的,其中许多都是学校筹建事务。

　　洛克菲勒虽忙得头晕目眩,却毫无怨言。他的投资和辛劳得到了连他自己也意想不到的回报。

1896 年,洛克菲勒参加芝加哥大学的校庆典礼,在这里,他竟然受到了社会各界人士的欢呼致意,而不是常见的带着敌意的眼光和尖刻的言辞。

"我们欢迎伟大的约翰·D·洛克菲勒!"

"洛克菲勒万岁!"

他听了这些震天动地的欢呼声后,再也忍不住了,激动得老泪夺眶而出。

这位精神矍铄的老人,富有传奇色彩,他以 30 多年的不遗余力,把美孚石油公司推入了事业的顶峰,使之成为美国企业史上的一个奇迹。但是,为了美孚王朝的建立,洛克菲勒本人也付出了极为巨大的代价;美孚石油公司在其扩大势力的争斗中所施行的所有有违法律与道德的行为都与洛克菲勒本人分不开,仇恨与唾骂就像铁屑附着在磁铁上一样,死死地缠着他。他走到哪里,哪里就有仇视他的目光。

然而,今天,他却清清楚楚地听到了"洛克菲勒万岁"的欢呼声。他敲打了自己的头颅:这不是在做梦,是现实。

他觉得慈善这条路是走对了。从此以后,捐赠的热情更加高涨。

洛克菲勒普通教育委员会的工作又向新的领域扩展,它开始致力于将洛克菲勒医学研究所对医学方面的注意力同它自己对教育方面的注意力结合起来,以推进一项新的宏大的运动,即对整个医疗专业训练体制的改革。为此,洛克菲勒捐赠给医学教育事业 4500 万美元的发展经费,享受该笔特殊经费的计有:约翰斯霍普金斯大学、耶鲁大学、芝加哥大学、哥伦比亚大学以及哈佛大学等 20 多所高等学府及其他机构组织。

从此,这些学府和组织就成为医学教育领域内具有典范意义的学术机构。

盖茨牧师为洛克菲勒建立了慈善托拉斯。他一直替洛克菲勒考虑着比洛克菲勒医学研究所、普通教育委员会重要得多的事情。盖茨在写给洛克菲勒的一封信中说:

"我同您的这笔巨大财富每天生活在一起已有 15 年了。对于这笔财富,特别是对于怎样使用它,我什么都已考虑过了。对于偌大的这笔财富的最后归宿这样一个重大的问题置之不问,一向是不可能的。"

他还建议说,对于洛克菲勒来说,处理这笔家当最好的途径,是"为人类的利益而举办永久性公司形式的慈善事业,从而对这笔财产做出最后的安排"。

1910 年,体现出洛克菲勒的财富担负着世界性任务的一个重大机构成立了,这便是举世闻名的洛克菲勒基金会。

洛克菲勒出手不凡,他捐出了价值达 5000 万美元的美孚石油公司证券作为 1 亿美元的洛克菲勒基金的最初资金,为此,他并签字认可将这笔资金的产权转让给三位受托管理人——盖茨、小洛克菲勒及他的女婿、国际收割机公司财产的继承人哈罗德·麦考密克。

次年,小约翰·D·洛克菲勒的岳父,国会中一个最有影响的人物纳尔逊·奥尔德里奇,在国会提出一项法案,目的是为这个将成为世界上最大的慈善事业的基金会取得联邦特许权。

好事多磨。直至 1913 年,洛克菲勒基金会才获得了特许状。洛克菲勒马上拨

出 1 亿美元供这个机构运用,该机构所宣布的宗旨是:

"增进全人类的福利。"

洛克菲勒基金会成立之后的 12 年内,事实上已经成为一个国际性机构,它在国内国外参与了各种救济工作与教育运动,它也在太平洋地区的热带土地上大力开展扑灭钩虫和黄热病。

洛克菲勒对盖茨所主持的慈善工作所取得的卓越成绩感到满意。盖茨经过煞费苦心所建立起来的这些机构,不光是洛克菲勒本人改善形象、获取实惠的工具,它同时也成为洛克菲勒后人们的全部生活的基石,它使他们得以摆脱严酷的公众舆论的追击,并在老洛克菲勒所企及的巅峰基础上向着另一个更高、更诱人的高峰迈进。盖茨开创的事业要待到洛克菲勒的子女的时代才会真正发扬光大。但这个与美孚石油公司一样具有权威性影响的慈善机构已经在西半球崛起了。

洛克菲勒的慈善事业日益发挥出它的特殊作用。随着时日的缓缓推进,公众对洛克菲勒这个名字的态度开始慢慢转变了。

这是一种出自人们内心的,自然而然的转变,然其作用是非凡的。

洛克菲勒从"大恶人"转变成了"大善人"。

人格魅力

当上了托拉斯大老板的洛克菲勒,已经成为全美国最富有的人士之一。

但他并不喜欢夸耀,这是他的个性。他尽量避免出风头。他没有进入克利夫兰的社交界,没有参加这个城市的社会或公民活动。政治对他没有诱惑力;他不喜欢文学艺术,在克利夫兰,他们全家从不去看歌舞或戏剧表演,直至搬家到纽约之后,他才偶尔光顾,以附庸时尚,并非出于兴趣。

他信仰基督。如果有时间,他只阅读他崇拜的《圣经》。教堂的聚会他从不缺席,并且愿意出钱出力,为教会办些实事。他没有什么爱好和情趣,他把所有的时间都贡献给了他的事业、他的家族和教堂。

如果说他还有什么嗜好的话,那要算是骑马了。这是他休息大脑、放松身体的唯一运动。当他感到疲倦时,他就会去骑马。他的骑术不错,时而在原野上飞驰,时而又在森林中漫步,倾听大自然的鸟鸣风动,呼吸大自然的清新空气。一小时后,你会看到他又精神抖擞地出现在办公桌前。

有一次,他的一个炼油厂不慎起火,他来到火灾现场后,并没有跑来跑去发号施令、组织灭火,而是静静地站在那里,手里拿着铅笔和纸,在画一幅将代替这个燃烧的工厂的新厂的图样。

洛克菲勒务实的个性构成了他生活的单调。他不像有些大富翁那样有传奇般丰富多彩的生活和感情经历。他忠于自己的家庭和妻子,几十年如一日,过着平淡的生活,他没有什么婚外的罗曼史,他对女人似乎没什么兴趣。

他虽是美国大富豪,但在纽约的家远远谈不上豪华气派,也谈不上漂亮和雅致，一切布置都只是从实用的角度出发。他喜欢阳光，于是，家里的大厅的窗户全都不用窗帘。家具也不讲究色彩，只求自然和实用，用的是当时非常普通的沉重的桃花心木。在他的家中，看不到美观、豪华、气魄，而是单调、实用、朴素。

洛克菲勒庄园

洛克菲勒对衣食均无特别的嗜好。他只求穿得干净整齐，很少添制新衣。吃饭更是随便，只爱吃面包、喝牛奶，但不喜欢吃热食。与家人共餐时，常常是家人们先吃，听他说话，等菜、汤凉了他再大吃。他还喜欢吃苹果，在他的卧室窗台上，常常放着一袋子苹果，他几乎每天临睡前都要吃上一个。

洛克菲勒不仅教自己的子女挣钱、存钱，还不许他的雇员有假期，原因是：雇员们在假期有机会增加他们的储蓄而不是把钱花在娱乐上。如果给他们放假，不用说，他们准会把钱愚蠢地花掉。他的一个雇员在圣诞节领到 5 美元奖金后，高兴地和妻儿度了假期，但他的 5 美元奖金又被扣回去了。

洛克菲勒经常在办公完毕后，到处走走看看，还顺便把厨房的煤气关低一点，以免浪费。有时候，他会和正在工作的人和蔼地闲聊一阵。这位大富翁从不教训人，他通常只是一个好听的客人，一边听，一边用眼睛望着讲话人，点头表示他的理解。

有　次，他打电话时，手中没有硬币，借了乔治·罗杰斯 5 分硬币。在当他归还钱时，乔治忙说算了。洛克菲勒一脸的严肃："那可不行，罗杰斯。别忘了这也是一笔买卖，它是一美元整整一年生下的利息啊！"世上只有他才会这样去计算。

洛克菲勒的大脑，像一个有条不紊地大账本，每种东西的价格都清晰地印在其中。1915 年，当他 41 岁的儿子小洛克菲勒请求他同意购买普拉克西蒂利的著名雕像"维纳斯女神"时，洛克菲勒回答说："你现在出的价钱是我们当初准备买进的价格的 4 倍，以后变卖了它不知是否值这个数呢？"

老年洛克菲勒享受着孙子绕膝的天伦之乐，众多的孙子很喜欢他，也绝对敬慕他。他对待精力充沛的男孩子顽皮淘气的花招，是付之一笑。他和孩子们一起玩瞎子游戏。为了取悦孩子们，他双眼被蒙上，双臂张开，高喊自己是瞎子在找伙伴。孩子们高兴得叫着躲开他，以免被"瞎子"抓住。

在孩子们的眼中，洛克菲勒还是个故事大王。他的故事大多讲的是一些说到那里算那里的童话，不含任何道理的说教，为此孩子们倒是很感激他。

洛克菲勒沉着、耐性、慈祥和自信的性格给他的每一个孙子留下了深刻的印象。他是一位家庭教育的大师。洛克菲勒家族的兴旺与他的言传身教不无关系。

洛克菲勒为人严谨、细致。每天吃饭、睡午觉、散步、坐车出游、打高尔夫球、干股票投资工作，都有规定好的时间。他每天的活动，就像千篇一律的仪式似的，极少变动。

他喜欢打高尔夫球，每天都打，其热情经久不衰，或许打高尔夫球能代表他的性格：沉着、准确和稳重。那是 19 世纪末，高尔夫球刚刚开始在美国风行。一次宴会上，洛克菲勒和妻子罗拉在友人的鼓励下，玩了几杆高尔夫球。学了几次以后，洛克菲勒竟爱不释手，在自己波坎蒂科庄园的主宅旁边，建了一个 4 个洞的小型球场。他不但请了名师来教授，而且想尽各种办法提高球艺。比如，为了纠正击球姿势，他让人用棒球的球门压住自己的高尔夫球鞋，使自己站在适当的位置；为了改善挥击，他让人拍成电影，使他能琢磨自己的动作究竟错在哪里，其热情和专心只有他从事的石油事业的劲头才能相比。

他每天都打高尔夫球，风雨无阻。即使冬天的积雪深达几英寸，他派一队仆人去铲除了积雪后，还是坚持打。

乘车出游散心的节目也是每天必不可少的。不管天气好坏，他装束停当就驾车出行。有时候，他的装束很有趣：身穿薄背心，戴上飞行员的护目镜和防尘帽，帽边垂在脸的两边，活像猎狗的两只耳朵。

洛克菲勒是个老寿星，他活到了 97 岁。

他长寿的秘诀有三：一是不忧愁，不烦恼，凡事向前看，保持心境愉快。二是有节制的饮食。三是坚持有规律的户外运动，打高尔夫球和乘车外出散心是他长寿的关键因素。

1937 年 5 月 23 日，这位生活了近一个世纪的老人走完了自己的人生旅途。这天凌晨 4 时零 5 分，他毫无痛苦地去世了。

约翰·D·洛克菲勒的遗体安葬在他石油事业的发祥地——克利夫兰的湖景公墓的树木葱郁的山坡上，和他的妻子罗拉并排埋在一起。他的坟墓和他生前的生活一样简单，只有一块 28 英寸宽、14 英寸长的墓石。

自 1853 年这位巨人 14 岁时发誓"要成为一个拥有 10 万美元的人"之后，这个誓言便伴随着他奋斗与崛起的卓越超群的人生岁月，几十年后，他便成功了。那个心怀凌云之志、意气风发的洛克菲勒成为一个富可敌国的超级大富豪、名震美利坚的风云人物和震撼世界的石油霸王。他拥有的不仅仅是 10 万美元，而是 10 亿美元的资产和一段美国的或许是世界的发展史——"缔造了托拉斯的辉煌，开创人类之先河；谱写了人类文明史的一段新篇章，掀起了慈善事业的新浪潮。"

这位洛克菲勒王朝的缔造者是美国历史上第一个 10 亿富豪，是美利坚的传奇人物。

他改写了美国的历史，他让这个国家短暂的民族史变得丰富而灿烂。

他把洛克菲勒这个姓氏变成了一种权力与财富高度集中的象征。

因为他的成功而在他的光环下诞生的洛克菲勒家族和营造起来的洛克菲勒王朝，成为美利坚大帝国的一柄达摩克斯利剑，在很长的一段时间里，挥舞这柄利剑就是挥舞这个世界第一强国的金融、政治、外交、工业……等等。

当年,洛克菲勒家族这个庞大的"帝国",同美国的摩天大楼有着同样的影响力、震撼力和象征性。他们雄霸在美国,甚至在美利坚的疆土以外,都发挥出一股强大而持久的力量。这个王朝的触角伸到世界 80% 的角落,不同程度地影响着这些国家和民族的文化与经济。它一定程度上支撑着美国的金融、石油、政治、外交、慈善机构,甚至包括华尔街的股市指数。

"这是梅隆、福特等其他几大家族所无法比拟的。"所有了解洛克菲勒帝国史的人都这么认为,"它在美国历史上起了多么深远的影响,是它,同许多辛迪加、卡特尔和托拉斯式的企业组织,把美国推上了今天的世界之巅,很难想象,如果没有它,美国的历史和今天的美国将会是多么的黯淡失色。"

家风永续

洛克菲勒的独生子名叫"约翰·戴维森·洛克菲勒"。

洛克菲勒在第一次看到儿子并把他抱在怀里的时候,简直是高兴极了。

"我要给他世界上最大的财富,我真为他感到骄傲。"为此,他干事业更起劲,早出晚归,成了一个工作狂。

洛克菲勒的妻子雪蒂(罗拉的爱称)是一位真正的贤妻良母,对孩子们要求非常严格。洛克菲勒在经营公司时的一丝不苟精神被她应用到家庭管理上。孩子们在家里不准玩纸牌,星期天不吃热餐,平日的行为举止要稳重大方。小洛克菲勒就是在这种环境中成长起来的。

小洛克菲勒注定将是一笔举世无双的巨大财产的继承人,但他童年时并没有受到溺爱。

当他能写字时,父亲送给他一枝崭新的笔和一本练习本作为礼物。

母亲给他拿来了一大厚本写满家庭格言的本子,对他说:"约翰,洛克菲勒家的人就是按照上面的话来做事的。现在你能写字了,就把这上面的话多抄几遍,把它记熟了。但最重要的是,你也要记住按照上面的话来做事。"

小洛克菲勒每天都要趴在桌子上,一遍一遍地书写那些格言:"能克制自己的人是最伟大的胜利者。"……

童年的他就用那些格言来指导自己的行动了。不到 10 岁的他,在外祖母的鼓动下,参加儿童禁酒会议,发誓一辈子不吸烟、不酗酒、不亵渎神灵。

后来,父亲又交给儿子一个账簿,就像他自己用过的那样,他把小约翰郑重其事地叫道身边说:"洛克菲勒家的巨额家产是上帝交给我们掌管的,因此,应该小心谨慎地使用,不能胡乱花钱。账簿就是管家。"他告诉儿子,今后的零花钱的总数,各项花销的数量,哪怕是买了一块糖也应该记在账簿中。

小洛克菲勒在纽约的小学读书时,成绩很好,每次他拿着成绩单回家。雪蒂都会高兴地对他说:"我的儿子,我真为你感到骄傲。"父亲则会很含蓄地给他一笔小钱作为奖励。这也是洛克菲勒家族表达感情的独有方式。

小洛克菲勒在布朗大学读书时，艰苦朴素，穿着袖子已经烂了的衣服，从不挥霍金钱，并以优秀的成绩毕了业。

在老洛克菲勒的精心栽培下，小洛克菲勒茁壮成长。父亲完全放心了，便对儿子说："照你认为正确的去干，约翰。"

洛克菲勒父子之间建立起一种互相信任、互相钦佩、互助坦诚的感情。小洛克菲勒一直把父亲作为楷模，努力学习他，听从他的教诲。而且父亲要儿子凭经验揣摩、学习，并且自始至终支持他。

石油给老洛克菲勒带来了无法计数的巨额财产。石油给小洛克菲勒带来了极好的在政治、经济各方面大显身手的机会。小洛克菲勒带领他的家族开始了海外石油的远征。他成功了。

1929 年，美国经济危机的年代。

为了鼓舞人们战胜经济困难的信心，小洛克菲勒斥资 1.2 亿美元在纽约建立一个体现现代建筑风格的娱乐场所与商业设施的复合体，这就是日后闻名遐迩的洛克菲勒中心。

小洛克菲勒在总结他人生的经验和体会时，认为印象最深刻的就是他工工整整地在练习簿上抄下的那些家庭格言。他继承并充实了它，用自己的一生把这些变成信仰和行动的指南。

小洛克菲勒是世界上第一个拥有 10 亿美元的亿万富翁。尽管富可敌国，但他对儿女们的家教观念，可谓高人一等。

俗语说："富到穷，三代中。"小洛克菲勒意识到：富家子弟之所以浑浑噩噩，是因为他不为挣钱糊口发愁、为职业事业拼搏，终日锦衣玉食，秦楼楚榭，到头来必将碌碌无为，一事无成。因此，他非常注重对子女的教育。

小洛克菲勒认为，做父亲的应尽量多地花时间教导孩子，念书给他们听，让他们懂得什么是对什么是错，逐步纠正他们不当的言行。他是爱孩子的，当子女们生病发烧时，父亲总会耐心地坐在他们床边，替孩子们搓背，一直搓到退烧为止。

但在儿女们的童年时期，小洛克菲勒没让他们享受亿万富翁家庭的设施和条件，如没有游泳池、网球场，他们只能玩简单的游戏，跟着父母去远足、伐木或骑马。

每个孩子到 7 岁时，小洛克菲勒就开始向他们灌输"金钱"的观念。每周每人3 角钱的津贴，要求他们既要花，又要储蓄，还要施舍。每个孩子还领到一个小账本，他们要在这上面记载每一分钱的用途和时间，每笔开支都要有理由。到周末检查时，谁漏记一笔账，就得被罚 5 分钱，记录无误的便可得到 5 分钱的奖金。

小洛克菲勒说："我要他们懂得金钱的价值，不要糟蹋它，不要乱花乱用，把钱花在益处。"每周只有很少的津贴，就是要让孩子经常处于经济压力之下。

孩子们仅仅靠父母掏不出太多钱，唯一的办法是靠劳动去挣。如拍死 100 只苍蝇，可得 1 角钱，捉住一只老鼠得 5 分钱，背柴火、垛柴火或锄地、拔草都能挣钱。三儿子劳伦斯 7 岁时，二儿子纳尔逊 9 岁时，取得了擦全家皮鞋的特许权：清晨 6时起床就开始擦皮鞋，皮鞋每双 5 分，长筒靴每双 1 角。有一年，男孩子们在波坎蒂柯册创办了一个菜园，他们种的西葫芦、南瓜大获丰收。小洛克菲勒笑嘻嘻地按市场价格向 6 岁的儿子温思洛普买他种的黄瓜,其他的孩子则把他们的产品用儿童车推到市场上,卖给了当地的食品杂货店。

小洛克菲勒还亲自教男孩子们缝补自己的衣服,并告诉他们:烹饪和缝补的事决不只应该由妇女来干。

小洛克菲勒严格而又行之有效的教育,为子女们后来的人生和事业都奠定了很好的基础。

1960 年 5 月 11 日,事业辉煌的小洛克菲勒去世了。

一个时代结束了,可另一个时代仍在继续。第三代成员仍然沿着老洛克菲勒的道路,继往开来,奋勇向前。

小洛克菲勒的 5 个儿子个个成才有为:

长子约翰逊毕业于普林斯顿大学,后来从事慈善事业,成为洛克菲勒基金会、普通教育委员会等 30 多个慈善组织的理事。他还是世界计划生育运动的创始者。

二儿子纳尔逊毕业于达特默思学院,天生有政治家的敏感和韬略,再加上洛克菲勒家族"基本功"的训练,使他纵横捭阖,叱咤政坛。1968 年,纳尔逊曾令美国人大开眼界:那时,他正在竞选美国总统。一天,他坐在竞选飞机上,碰巧他的裤子后缝裂开了。这位家财亿万、正在争取共和党提名为总统候选人的人物,却不慌不忙地从自己的旅行袋中取出针线包,自己动手将裤子缝好。1974 年,他宣誓就任美国第 41 任副总统。

三儿子劳伦斯成为美国最有名的航空工业巨头、军火商人。

四儿子温思洛普求学于耶鲁大学,建立了温洛克企业公司,经营农业、塑料管制造和房地产业。1967 年被选为阿肯色州州长。

五儿子戴维毕业于哈佛大学,他是美国金融霸主之一,拥有 350 多亿美元资产,曾被认为是仅次于美国总统的最有权力的人。

世界钢铁大王
——安德鲁·卡内基

人物档案

简　历：美国钢铁大王，出生于苏格兰古都丹弗姆林，苏格兰裔美国实业家、慈善家，卡耐基钢铁公司的创始人，被世人誉为"钢铁大王"和"美国慈善事业之父"。1865 年与人合伙创办卡耐基科尔曼联合钢铁厂，1881 年与弟弟汤姆一起成立卡耐基兄弟公司，1892 年组建卡耐基钢铁公司。1901 年 2 月，卡耐基以 5 亿美元的价格将卡内基钢铁公司卖给摩根。1919 年 8 月 11 日，安德鲁·卡耐基因支气管炎病发与世长辞。

生卒年月：1835 年 11 月 25 日~1919 年 8 月 11 日。

安葬之地：美国纽约州的睡谷公墓。

性格特征：为人正直，始终充满进取的精神。

历史功过：卡内基与洛克菲勒、摩根并立，是当时美国经济界的三大巨头之一。从不名一文的移民到堪称世界首富的"钢铁大王"，而在功成名就之后，他又将几乎全部的财富捐献给社会。

名家评点：《让你爱不释手的极简美国史第 2 版》评价说："在美国工业史上，卡内基占据着浓墨重彩的一页，他用钢铁征服了世界，一度成为美国首富，后来又几乎将全部财产捐给社会。所以在美国人心目中，他不仅是一个创业英雄，也是一个有着社会责任感的企业家，为后来的美国大企业家树立了一个良好典范。"

平步青云

安德鲁·卡内基 1835 年 11 月 25 日出生于苏格兰古都邓弗姆林。1848 年，激烈的革命风潮席卷了欧洲大陆，时代进入转型期。受其影响，卡内基一家背井离乡，远走美国。13 岁那年，卡内基在匹兹堡进入大卫·布鲁克斯的电报公司当信差，从而开始了他的创业生涯。

美国是电报的始祖。当时,在匹兹堡,只要有人提起自己和电报公司有关,都会洋洋得意,即便是一个微不足道的电报信差,也如同现在可接触高科技工业一样引以为荣。身穿绿色制服的卡内基好不得意,这仅仅是他平步青云的开始。

1853 年,宾夕法尼亚州铁路公司西部管区主任斯考特看中了有高超的电报技术的卡内基,聘他去当私人电报员兼秘书,每月薪水 35 美元。当时卡内基已是 18 岁的大小伙子了,他怀着强烈的上进心走进了这个更为广阔的世界。

在宾夕法尼亚铁路公司的十余年中,卡内基平步青云,24 岁就升任该公司西部管区主任,年薪 1500 美元,并逐步掌握了现代化大企业的管理技巧。这种技巧是他后来组织庞大的钢铁企业时所必不可少的。

与此同时,卡内基也抓住时机,初试牛刀,参与投资,而且频频得手,慢慢积累得小有资财,为他以后开办钢铁企业奠定了一定的经济基础。

1856 年,斯考特劝说卡内基买 10 股亚当斯快运公司的股票,共计 600 美元。当时,卡内基的全部积蓄不过 60 美元,但他决心设法凑足这笔钱。他与母亲商量,母亲提出以房屋作抵押来贷款。就这样,卡内基以贷款进行了第一次投资。不久,一张亚当斯公司 10 美元红利的支票就送到了卡内基的手里。

不久,卡内基又充当"伯乐",将卧铺车的发明者伍德拉夫引荐给宾夕法尼亚铁路公司,建立了一家火车卧铺车厢制造公司。卡内基通过借贷投资买下该公司 1/38 的股份。仅 200 余美元的投资,一年之间分得的股票红利高达 5000 美元。卡内基又抓到一只会下金蛋的鸡。到 1863 年,卡内基在股票投资上已成为行家里手。

攀上巅峰

1865 年,卡内基果断地辞掉了铁路公司的职务,开始一门心思地干自己的事业。他创办了匹兹堡铁轨公司、火车头制造厂以及铁桥制造厂,并开办了炼铁厂,开始涉足钢铁企业。

19 世纪 60 年代,美国的钢铁生产经营极为分散,从采矿、炼铁到最终制成铁轨、铁板等成品,中间需经过许多厂家。加上中间商在每个产销环节层层加码,致使最终产品的成本很高。卡内基深知传统钢铁企业的这些弊病,他决心建立一个面目全新的、囊括整个生产过程的供、产、销一体化的现代钢铁公司。

1872 年,卡内基认为在炼钢事业上大干一场的时机业已成熟。首先,从技术上讲,成本低廉的酸性转炉炼钢法已经发明,他特地亲赴英国考察了发明者贝西默在生产中运用该法的实际情况。其次,美国的钢铁市场十分广阔,供不应求。而铁矿在美国极为丰富,密执安大铁矿已进入大规模开采阶段。再次,就财力而言,卡内基已拥有数十万美元的股票及其他财产,他决定改变四处投资的老法,将资金集中到钢铁事业中来。最后,最令卡内基信心十足的,是他在钢铁公司十余年间所掌握的管理大企业的本领。于是,到 1873 年底,他终于与人合伙创办了卡内基—麦坎德里斯钢铁公司。公司共有资本 75 万美元。卡内基投资 25 万美元,是最大的股东。在随后的 20 多年间,卡内基使自己的财富增加了几十倍。

1881 年,卡内基实现了童年的梦想,与弟弟汤姆一起成立了卡内基兄弟公司,其钢铁产量占美国的 1/37。

1900 年,年逾花甲的卡内基已经功成名就,他决定用自己的巨额财产去做他早已想做的事。于是,他毅然从他那蓬勃发展的钢铁事业中隐退,以 5 亿美元的价格将卡内基钢铁公司卖给金融大王摩根。然后,他就开始实施他的把财富奉献给社会的伟大计划。

1901 年,即他引退后的第一年,他首先拿出 500 万美元为炼钢工人设立了救济和养老基金,以向帮助他取得事业成功的员工们表示感谢。接着,为帮助有志上进而家境贫穷的年轻人,他当年在纽约市捐款建立了 68 座图书馆。这个图书馆建设事业持续了 16 年,他总共捐资 1200 万美元,兴办图书馆 35000 座。

第二年,他捐款 2500 万美元,在华盛顿创立"卡内基协会",由美国国务卿约翰任会长,主要用来发展科学、文学和美术事业。该协会曾建造一艘"卡内基号"海洋调查船,修正了世界航海图。此外,还在加州山顶上建造威尔逊天文台来观察太空。对这个协会,卡内基在随后的一些年里一再追加资金,累计捐款达 7300 万美元。

与此同时,卡内基在他的第二故乡匹兹堡创办了"卡内基大学"。后来,又在美、英各地捐资创办了各种学校和教育机构。这类用于建造教育设施的捐款,达 9000 万美元之巨。

在随后的几年中,卡内基又设立了若干项基金。他捐资 500 万美元,设立"舍己救人者基金",对在突发事件中为救助他人而牺牲或负伤的英雄及其家属予以奖励或救济。他捐资 3900 万美元,设立"大学教授退休基金",以保障教育家的晚年生活。他还设立了"总统退休基金"和"作家基金",对美国总统或作家的晚年给予资助。此外,他向 11 个国家提供了"卡内基名人基金",并以 1000 万美元设立"卡内基国际和平财团",专门资助为世界和平做出贡献的人们。

1911 年,年迈的卡内基夫妇由于 10 年来一直直接参与捐献工作,身心都深感疲惫,因而,卡内基决定再以仅余的 1 亿 5 千万美元设立"卡内基公司",让公司人员代理他们做捐献工作。

直至生命结束之前,卡内基都在为社会奉献着他的财富,其捐献总额高达 3 亿3 千多万美元。当然,在他身后,"卡内基公司"及各项卡内基基金依然在实施他的捐献计划,况且这笔巨款还会不断地增加利息,或赚进红利,实际上他在世界上捐献的数额远大于这个数字。

1919 年 8 月 11 日,84 岁的卡内基在美国雷诺克斯市的别墅中因肺炎而谢世。这位出生于苏格兰的伟大人物,从不名一文的移民到堪称世界首富的"钢铁大王",而在功成名就后,他又将几乎全部的财富捐献给社会。他生前捐赠款额之巨大,足以与死后设立诺贝尔奖奖金的瑞典科学家、实业家诺贝尔相媲美。从一个贫穷的少年变成乐善好施的巨富,卡内基这富有传奇性的一生,简直就像是《天方夜谭》里的故事一样。

汽车工业之父
——亨利·福特

人物档案

简　　历：美国汽车工程师与企业家，福特汽车公司的建立者，他也是世界上第一位使用流水线大批量生产汽车的人。

生卒年月：1863 年 7 月 30 日～1947 年 4 月 8 日。

安葬之地：美国底特律的福特公墓。

性格特征：勤奋好学，拥有十分聪慧的头脑，拥有超人的经济思维。

历史功过：创办了福特汽车公司，是世界上第一辆汽车的发明者。是一位多方面的创新者和精明的商人，负责生产 T 型和 A 型汽车，以及广受欢迎的福特森农用拖拉机、V8 发动机、潜艇追击机和福特三引擎"天鹅"客机。

名家评点：被人们誉为"汽车大王"。美国学者麦克·哈特所著的《影响人类历史进程的 100 名人排行榜》一书中，亨利·福特是唯一上榜的企业家。

少年技师

亨利·福特生于 1863 年 7 月 30 日。

他的祖父乔治·福特是爱尔兰人。由于爱尔兰发生了马铃薯中毒和伤寒感染，许多人纷纷逃离故乡，福特家族就成了这群移民队伍中的一支。

爱尔兰移民大军远渡重洋，来到美国。福特家族经过五大湖，沿着鲁裘河前进，最后定居在有瀑布和沼泽的迪尔本。这里还有一大片未经开发的森林。

乔治·福特带着妻子、儿女和弟弟一行 10 人面对眼前这片茂密的森林，爱尔兰人天生的斗志顿时油然而生。

"好！就伐木出售，一定可以大赚一笔！"

众所周知，美国第 35 任总统肯尼迪和第 37 任总统尼克松也都具有爱尔兰血统。爱尔兰民族所具有的生性顽强、极具野心和挑战性，在他们身上都明显地表现出来。当然，在福特家族的人身上也强烈地表现出来了。

乔治·福特不久就以 350 美元买下 80 英亩森林。开垦森林的劳动很繁重，乔治不得不强迫儿女们一块干。

后来，有些儿子去加州淘金，从此一去不回，音信皆无；而一名叫威廉的儿子，则在密执安中央铁路铺设时，离开迪尔本，加入筑路工程，成了一名铁路工人。

这位威廉就是后来汽车大王亨利·福特的父亲。

中央铁路铺设完毕后，威廉又回到家乡迪尔本当木匠。熊和野狼出没的大森林，为这位木匠提供了用武之地。

不久，威廉就和木匠领班的女儿玛丽结婚。

婚后，威廉·福特暂时住在丈人家，但勤奋的威廉和好强的玛丽不愿这样寄人篱下。他们用积蓄和借贷的钱向老丈人买下了 40 英亩的土地。

小两口辛勤工作，用汗水换来的钱买来森林，还盖起了一座两层楼，有 7 个房间。汽车大王亨利·福特就出生在这座建筑里。

有了孩子后，威廉的干劲更大了，他要创建一个像样的家，为子孙后代谋福利。

当时，威廉把住宅周围约 90 英亩的土地都买了下来。他除了在这块土地上种植小麦和玉米外，还把部分土地开垦成果园和草地，甚至饲养了羊、马。据说，威廉还创办了冶炼厂、水力制粉厂和羊毛纺织厂。然而，这份相当厚实的家产怎么也引发不起长子亨利·福特的兴趣。亨利甚至对这位勤劳的父亲连好感也产生不了。

亨利对使用铁锹、锄头去干农活及挤牛奶之类的事情从来就很厌恶，而他父亲则常常不惜用体罚来强迫他劳动，所以他对父亲很是怨恨。

亨利的母亲在他 12 岁时突然逝世。但她坚强的性格对亨利的一生产生了极大的影响。

亨利继承了母亲"清洁""秩序""忍耐""勇气""锻炼"的优点，并以此作为自己的座右铭。他曾说：

"我从母亲那儿学到了现代社会中的生存方式；母亲还教我，家庭幸福是一个人幸福的基础。另外，母亲绝不允许我撒谎，如果我一犯戒，她就会好几天都不和我说话，这是最令人难受的了。"

不愿干农活的亨利从小就显示出超常的机械天才，对修理农具和拆卸钟表之类的活计情有独钟。

少年亨利自小就有七种"秘密武器"藏在自己的床头柜里。它们是：钻孔机、锉刀、铁锤、铆钉、锯子、螺栓和螺帽。这些工具中有几种还是 7 岁的亨利自己改装制作的。

福特家里的人总是把钟表藏在最保险的地方，因为稍不留神，家里的钟表就会被小小的福特运用他的"七种武器"拆得七零八落，即使是一些华丽昂贵的怀表，也难以幸免。家里新买回的农机具，一到家也往往被福特肢解一番，看个究竟。

少年福特遇到了两位令他终生难忘的成年朋友。这两位成年人在机械结构和动力方面都刺激了他的强烈好奇心,令他兴奋不已。

当自己家里人一看见福特都纷纷藏起钟表的时候,家里雇佣的一名德国移民——阿德夫却特别乐意福特这个淘气鬼打开自己的金表,并热情而详细地为小福特介绍金表的内部结构和原理。

另一位成年人是底特律火车站的列车长。

在一个北风呼啸的冬日,7 岁的福特跟随父亲来到了底特律火车站。他第一次看到了火车头。

小福特对这个大怪物如此感兴趣,以至于这位好心的列车长允许他进入火车头,并为他开动车头,这大大地满足了他的好奇心。小福特还坐上驾驶台,把汽笛按得"叭!叭!"作响。

小福特回到家里,兴奋得整夜没有睡着。第二天一早,他瞒过母亲,从厨房偷来两个水壶,在其中一个里面放满烧得火红的煤炭,另一壶装上烧开的开水,然后从贮藏室取出雪橇,沉浸在自己的欢乐之中。

后来,亨利在学校制造小蒸汽引擎时,引起了一次小小的事故。原来,亨利制造的引擎发生了爆炸,铜片、玻璃、铁片四处飞散,他的嘴唇也被割破了,同伴中有的人头部受了重伤,爆炸的威力甚至使学校的栅栏都震倒了。

小亨利却没有丝毫的畏惧和懊丧:

"这是因为我制造的蒸汽引擎不够理想,在应该慢慢加入煤的过程中不小心加过量的缘故!并不是我的蒸汽引擎没有希望!"

随着这声巨响,7 岁的亨利·福特已经是轰动全村的天才少年了。

早已觉得故乡的舞台不够他表演机械魔术的福特在 16 岁那年,悄然离家出走。

亨利来到底特律城,在密执安车厂当见习生,日薪 1.10 美元,准备好好干下去的福特,工作还不到 6 天却被解雇了。为什么呢?并不是因为他偷懒或打架,而是因为这位 16 岁的少年一连数日修好了那些老资格的工人无法修理的机器,而且是不费吹灰之力。这使那些元老们很没面子,很不高兴,便炒了福特的鱿鱼。

但亨利并未因此而懊恼,反而从这件事中得出了教训:

"无论什么事,都不要把自己知道的全部表现出来!"

亨利·福特随后便来到底特律的一家黄铜工厂,作为见习生,每周只能拿 6 美元,每周必须工作 60 小时。

打工期间,福特曾萌发出制造大众化价格手表的念头:日产 2000 只,每只售价 30 美分。但精打细算后才发现,扣除材料费和工资,非得日产 60 万只才够本!60 万只手表卖给谁呢?

福特的设想虽然触了礁,却预示着他日后那种大规模生产大众化汽车的福特式生产方式。

试制汽车

亨利·福特在黄铜工厂干了6个月便主动辞职了,因为"这里已经学不到东西了"。

福特第三次打工是在底特律的一个造船厂。这儿的工资少得可怜,周薪2美元,而房租每周就要3.5美元。他只得节衣缩食,并且到处要找"兼职"工作。

福特虽然吃着"杂草"(便宜的豆制面包中夹有马利筋叶),却对蒸汽内燃机发生了极大的兴趣,这对他以后开发内燃引擎有很大影响。

一天,亨利从一个同事那儿借来一本《世界科学杂志》,其中有一篇介绍德国的可拉斯·欧特的文章。

欧特是内燃引擎的开发者之一,对内燃机的改进有重大贡献。

在1867年的巴黎博览会上,欧特以四行程循环的自由活塞动力机名噪一时。他预言:

"蒸汽引擎过于庞大,为适应小型工厂的需要非得开发内燃引擎不可。"

亨利看到这里也有同感,认为蒸汽引擎时代早就过去了!他立志开发出自己的内燃引擎。

后来,福特因为自己出众的机械才能,被专门生产优良的移动式引擎的西屋公司聘为移动式引擎的示范操作员,日薪3美元。这在当地是很高的待遇,同时这项工作又很有趣,亨利因此学到了不少蒸汽引擎的知识。

然而,福特强烈的"发明欲"驱使他返回自己的家中。冬天,故乡的原野上白雪皑皑,所有的农活便都无法干了。福特正是看在这一点上,想在冬闲时在家中静心地做一些研究。

福特把自己关在家中的储藏室中,以此为作坊干了起来。

福特的一位工友施特劳斯回忆说:

"亨利经常想着要试做一些东西,有一天,他掏空钱包凑了1.20元钱买了试制引擎用的金属模型,此后,亨利的脑子里产生出一个接一个的新构想。

"我也成了他的帮手,但是他从未完成过任何东西。试造蒸汽锅炉失败,白白浪费了6元钱。这6元钱还是我伸手向母亲要来的。后来他又想制造可以连走8天的手表,但仍然失败了。然后亨利又说要做船,于是我们两人合资出钱买了木板和材料,结果还是失败。每个星期天他一定会说:'这次一定要成功。'但每次都是失败。"

这就是亨利独自摸索时代的趣事。

亨利捡回了父亲用旧而丢弃掉的手推式割草机,想运用自己所掌握的引擎知识把它改造成可用来进行农耕的牵引机。

亨利把自己关在储藏室中,开始了辛勤的探索。他不断地试制自己设想的牵引机,一台、两台乃至二三十台。试制过程十分辛苦。

这项工作经历了整整两年,在第二年冬去春来之际,亨利终于完成了以木材为燃料的蒸汽引擎牵引机。

为什么亨利不学别人制造使用煤炭为燃料的蒸汽引擎呢?是因为亨利故乡的煤价昂贵,农民负担不起,而迪尔本盛产木材。他来了个因地制宜。

亨利·福特制成的这台引擎机像无轨车一样大小,拖着一个装满木柴的车厢,"呼呼呼"地冒着白色蒸汽,从福特家的储藏室里冲将出来。家人闻声前来观看。

"哈——成功了。"亨利大声喊叫着。

燃料很快烧完了,牵引机在地上走了 10 公尺就停住了。大家一阵叹息。亨利马上抱了一大堆柴丢进燃料车厢,这台庞然大物又鼓足了劲,一边发出巨大的吼声,一边向前驶去。

福特开发制造引擎机的时代是一个英雄辈出、龙虎风云交相际会的时代。美国产业界的巨人们都纷纷迈出了坚实的步伐。

与迪尔本隔伊利湖相望的克利夫兰小镇,未来的石油大王洛克菲勒正在建造炼油工厂,为垄断石油市场做准备。在距迪尔本不远的底特律,已经发明了电灯泡的爱迪生建造了一个火力发电厂,同时进行各项研究工作。

洛克菲勒、爱迪生、福特三人,就像钟表中两枚齿轮和一个操纵器一样,相互牵动,相互影响,并且各自扮演着不可缺少、举足轻重的角色。

回故乡潜心于发明创造的亨利·福特一晃就是 3 年。在一个飘着雪花的新年舞会上,戴着一只有四根针手表的福特,引起了一位芳龄 18 岁的美丽少女克拉拉的极大注意。克拉拉一头棕色长发,一双湛蓝的大眼睛,是当地的小美人。她满脸红晕地对父母说:"亨利带着一只有四根针的手表喔!真是了不起!"

使亨利一下子就从众多追求克拉拉的小伙子中脱颖而出的那块四针手表,不用说是亨利这位业余钟表匠自己的杰作。表中有一根长针和一根短针是用来指示底特律地方时间的,另外两根针则能显示当时已经开始实施的铁路标准时间。

为了进一步获得克拉拉的好感,亨利还另外做了一辆带翘的绿色马橇,经常邀请她一同出游,并同时展开情书攻势。

4 年后,1888 年 4 月 11 日,两人在双方亲友的祝福声中结为伉俪。这时亨利 24 岁,克拉拉将近 20 岁。

婚后,父亲威廉·福特给了儿子 40 英亩森林:

"你如果肯务农,我就再给你 80 英亩。"父亲一直希望儿子从事农业。

可儿子想的是把 40 英亩森林砍光,把林中的榆树、柳木、榕木卖到底特律的造船厂去,将卖来的钱存起来,作为以后研究内燃引擎的基金。

美丽善良的克拉拉对丈夫的事业和一切奇思怪想均予以绝对的支持。她还在森林的空地上为丈夫设计了一幢正方形的实验室。

"克拉拉!快拿纸来!"一个周末晚上,亨利忽然疯狂地大叫起来。

克拉拉当时正坐在客厅的风琴前,听到亨利的喊声,本能地抓起乐谱,递给了亨利。乐谱背面是空白的。亨利一拿到乐谱,立刻在上面潦草地画出了一个引擎的简图。

克拉拉认真地看着纸片,发现上面画的是利用旧车床的整速轮和齿轮做成的长仅 3 公分的气管,管中还装有活塞。这是一个实验用的简单的机械设计。

"就是这个! 克拉拉! 这是我正在设计的汽车构造。"亨利像个小孩似的兴奋地大声说。

这是亨利·福特在汽车制造方面的一次"宣言",对于在小屋中一心帮助丈夫、与丈夫同甘共苦的克拉拉而言,当是最能理解丈夫此刻的心情了。聪明贤惠的克拉拉非常清楚丈夫正在干什么。

当时,福特夫妇都预料不到,就是这个画在乐谱背面的引擎设计草图,日后将成为称霸全美的福特 T 型轿车的模型,并且行销全球。

福特当时所处的时代正是马车退出历史舞台而新兴的汽车正日益崛起的过渡时代,当时对汽车流行的称呼是"无马马车"。

世界范围内的汽车设计师们的成果捷报频传,每一项成就都给亨利·福特莫大的鼓舞和启发。

德国人戴姆勒于 1883 年开发出优越的四行程 900 转内燃引擎。戴姆勒发现:以 9% 的空气和 91% 的汽油相混合,最终能达到爆炸的效果。于是,他成功地研制出了汽化器,发明了用白金制造的新式点火装置,并研究出将气冷式变为水冷式的方法。几乎与此同时,另一位德国人本茨开发出了与戴姆勒不同类型的内燃引擎。

1876 年,美国人薛尔登开发出轻型的三汽缸引擎。1886 年,发明家夏克发明了使用液化煤油的液体燃料车。

这些汽车先锋们东西南北,彼此呼应,彼此竞赛。一个崭新而迷人的汽车时代即将来临。

亨利·福特敏锐地嗅到了汽车时代那芬芳的汽油气味,痛感自己在电气方面知之甚少,而只有底特律工业中心才能提供这方面的学习和研制条件。他毅然决定移家底特律。尽管妻子克拉拉看着他们才盖起 3 个月的新婚之家泪流满面,但还是背着行李跟随固执的丈夫在底特律穷人区租了一间公寓住下。她对丈夫有一种潜在的信任感,认定他一定会成功。

亨利·福特在发明大王爱迪生的照明公司找到了工作。先是负责修理蒸汽引擎,月薪 45 美元,生活很是拮据;后来调到火力发电机部门,升为工程师,月薪升至 100 美元。

福特做实验需要水和电,于是家里的厨房被改成实验室。他把自己设计制作的内燃引擎放在厨房的地板上,并反复把插头插入插座,以使电流通过燃料而发出火花。打开手制的真空管,把木桶中的汽油注入引擎,由于在狭窄的厨房中无法放体积较大的点火装置,因此为了启动内燃引擎,不得不用手去转动附有螺杆的车轮,而转动车轮的工作,则都是由身怀六甲的克拉拉代劳。

克拉拉就是在这样的艰苦工作环境中生下了她和福特唯一的儿子爱德歇尔。

亨利·福特如此不顾娇妻的"死活",并非不爱妻子,而是他倍感形势逼人。1892 年,美国人查尔斯·杜里埃发明了美国第一辆汽车,震动了整个新大陆。1900 年,他开始出售第一辆电动马车。与他相比,福特感到自己的研制工作有些滞后。更令他坐卧不宁的是：仅仅在底特律附近，起码有 300 名年轻技师都像他那样立志开发汽车。他们既是福特的竞争对手，又是福特的"汽车同志"。

1896 年 3 月，底特律的报纸上登载了金研制开发出全美第二辆、底特律第一辆汽车的消息。金是一位汽车工程师，他制造的四行程引擎汽车重 1300 磅，外貌不扬，而且行驶中会发出巨大的轰隆声。一位 30 多岁的男子，满脸络腮胡子，骑着自行车亦步亦趋地紧随其后。

这位跟在金的汽车后面骑车的男子正是亨利·福特。这是他生平第一次目睹汽车试车，从这里他看到了汽车工业的光辉前景。从这天起，32 岁的福特拜 28 岁的金为老师。

1896 年 6 月 4 日，即金试车后的 3 个月，亨利·福特的第一辆汽车在凌晨两点钉上最后一颗铆钉。

"终于完成了！"亨利边用手背擦掉脸上的汗水，边低声说道。

然而，这部"伟大的作品"是在一间煤炭仓库中制成的，已经大到无法从这小屋中开出去了。

亨利马上奔回家，取回一把斧头，举起就往嵌在煤仓砖墙上的小门两侧砍去。

还没有入睡的克拉拉从床上跳起，早已进入梦乡的邻居们也被这噪音惊醒，纷纷跑出来看个究竟。

只见亨利从屋里开出了自己亲手制造的第一辆汽车。人们不禁欢呼了起来。

这辆汽车是一辆汽油机"四轮车"，底盘是安装了四个自行车轮的马车架改装的；气冷式发动机有两个汽缸，是利用改造了的蒸汽机排气管制成的，动力传送是用一根连接发动机与后轮的皮带进行的。四个车轮和把手都是福特手工制作的。他买来自行车的轮胎和约 70 公分的车轮框，在框内侧用钻孔机打洞，再装上自行车的轮辐。安装在驾驶室里的方向盘也是亨利亲手制作的，他把船的舵柄改造成方向盘，安装了电线和按钮式电铃，从对轴到油门之间的驱动力量，则设计了锁链带动装置。

试制这辆四行程四汽缸式汽车时，亨利原本打算制造二行程车。但在实验中，发现二行程汽车容易使汽油过早燃烧，而使汽缸内活塞的移动无法与气体的燃烧速度相配合，因此才改为制造四行程车。

这辆车的速度分为两档，分别为时速 16 公里和 32 公里，若再加上空转装置则共有 3 档速度。车体重 227 公斤，可谓非常轻便。但它的一个最大缺点是没有后向齿轮，只能前进，不能后退。需要倒转车头时，只能由二三个人抬起来才能改变方向。

第一辆试制车已经达到亨利·福特最初设想的速度，而他并不满足，仍要作一段时间的秘密研究，等到将刹车器和点火装置加以改良后，再作一次正式的展示。

T型旋风

试制第一辆汽车的亨利·福特此时仍是爱迪生照明公司底特律分厂的雇员，他"不务正业"研制引擎和驾驶着他那辆轰隆作响的"破车"载着妻子、儿子到发电厂上班，引起厂长强烈的不满。

一次在纽约曼哈顿岛召开的总公司代表大会上，底特律分厂厂长特意把亨利·福特介绍给了爱迪生：

"这位就是前一阵子在底特律研制内燃引擎汽车并且试车成功的亨利·福特。"

厂长此举是试探爱迪生的反应。若是受到爱迪生的赞许，自己也能沾点光；若爱迪生否定这种试车，那就会让福特受到一次应有的打击，自己也出了一口恶气。

爱迪生允许福特坐在自己身旁给大家讲解内燃引擎汽车。

兴奋不已的福特按捺不住跃跃欲试的心情，开始用近乎咆哮的声音解说。

一向以爱打瞌睡著称的爱迪生破例地抬头发问。他的问题十分准确，堪称行家里手：

"点火装置是爆发式的，还是接触式的？"这个问题正是关键所在。

"我是试着用半接触方式实验的。本来是用活塞的移动来调整开关的，但现在我正在考虑采用其他方式。"

面对爱迪生一个又一个非常老辣的问题，福特边回答边出冷汗，汗水浸透了内衣。爱迪生的问题似乎没完没了。突然，这位大发明家拍着桌子大声说：

"好的！福特先生！继续这个实验吧！电气汽车的电瓶太重，蒸汽汽车的汽锅也是！而你的内燃引擎车就像自己扛着发电厂走一样，构想很不错！"

亨利·福特受到爱迪生赞扬这事非常重要。他由此信心大增，感到自己毕竟是正确的。

福特从纽约回到底特律后，试着开车回故乡迪尔本，好友金骑着自行车跟在后面。"怪物"汽车一路颠簸地行驶在乡村小路上，在到达福特父亲的农场时，许多马匹因受惊而乱成一团。汽车开到家门口，老父亲和村民们都绷着脸。兴奋的福特受到了冷遇，没有多久，福特又驾车返回底特律。

老父亲一直不能原谅儿子弃农从工，尤其生气的是，儿子为了内燃引擎的研究，将父亲送给他的山林弄成了光秃秃的，所有的树都砍伐卖光了。媳妇克拉拉也跟着他受累，以至于生了一胎后就再也没有生育了。直到爱迪生赞扬儿子的消息传到迪尔本，老父亲才改变了态度，表示愿意出资赞助儿子的汽车制造。但亨利·福特拒不接受，以示报复。

或许是因为和父亲之间的对立导致心神不宁，当亨利开车载克拉拉上街时，撞倒一位行人，幸好在这个人跌倒时，车便立即刹住了，由于车身轻，所以没酿成悲剧。这是底特律历史上的第一次汽车交通事故。

　　为了筹措第2号汽车的试制经费,福特只好忍痛割爱,以200美元的价格卖掉了自己的第1号汽车。

　　亨利·福特的汽车试制,引起了底特律一些嗅觉灵敏的投资者的兴趣。他们看准投资汽车有利可图,便在1899年成立了底特律汽车公司,福特被聘为总工程师。但这里制造的汽车是一种不合市场需求的昂贵赛车,销路不好。

　　这时赛车在美国已成为最时髦的娱乐竞技项目,男人们利用赛车赌博,投下巨额赌注。方兴未艾的赛车已取代了以前时髦的赛马。当时美国赛车分为竞地和竞速两类,最高奖金高达2万美金。

　　福特后来说道:"我终于明白了所谓的公司不过是以赚钱为目的而创办的。我发誓再也不听命于人。在我辞职后,底特律公司开始制造凯迪拉克车。我则另外租了一间小仓库作为工作室。这是一个砖造小仓库,在这里,我静心思考何种汽车才是我需要的。对我来说,这间小仓库是极为重要的实验室。"

　　亨利·福特在他的小仓库里决定了自己的开发路线:目标是轻型的大众车。为了以飞快地车速在战略上抓住大众的心,必须先试制赛车。这种赛车绝对不允许引擎方面有任何缺陷。

　　这次研制赛车,福特花了5000美元的巨款。1901年10月10日,福特驾着自制的赛车参加了底特律的一次全国性赛车比赛。赛车场上挤满了百来辆从全国各地来参加比赛的赛车。赛车发出的恐怖噪音和排出的废气,使附近的马匹受到了很大的刺激。

　　比赛的压轴戏是1英里的竞速,福特以普通车参赛,结果落在了最后。

　　最后的比赛是10英里的竞距赛,更是惊心动魄。福特驾驶新车大显身手,仅用了13分23秒跑完,大获全胜。新闻界称誉他是"全美第一流的司机",还评论说:"他的赛车妙极了。"商业杂志《无马时代》称福特为"速度之魔"。底特律的居民把福特当成英雄看待。

　　但福特对这辆车并不满意,决定制造两辆更快速地拥有80马力的大型四汽缸赛车。福特又在他的作坊里废寝忘食地干了起来。两辆车的名字他都取好了,一辆鲜黄色,叫999号车,另一辆鲜红色,叫亚罗号。新的高速赛车的引擎、机械、油箱都露在外面,车身长10英尺,引擎回转速度每分钟1500转。1902年10月的全美赛车大赛中,福特和他的999荣获第一名,威名大震。

　　此时,底特律的一个煤炭商马尔科姆森邀请福特合伙创造一个新的汽车公司。1903年,福特公司诞生了。由银行家兼制造商格雷任公司总裁,马尔科姆森任司库,福特任副总裁兼总经理。公司资本由前两人筹措,共2.8万美元;福特则以技术入股。

　　由于上次与人合伙创办底特律汽车公司失败的教训,这次福特十分谨慎,以独到的见解阐述投资理论:

　　"当时我对于商业上的投资理论体系一直感到无法理解。投资们都认为,在经营事业上投下一定的资金,从而生出相当于银行利率似的收益,这是理所当然的。可这种看法却正是生意失败的根源。我认为,金钱对于事业的意义只在于用这些钱去购买工具、机械,并进而生产物品罢了。那些想从投下的资本中立即获取利润的资本家们实在应该另寻他路,像存放银行什么的,而绝不可在商业上投资。这也就是说,投资者应期待从生产以后所获得的利益中得到自己的那部分,在生产进行过程中就企图获利的观念是错误的。"

福特公司的三位合伙人共同商议决定,在任何情况下都要优先生产大众车。

福特雇佣了 12 位具有丰富的制造货运马车经验的工匠,日薪是 1.50 美元。福特亲自监督汽车的设计工作。

此时,整个美国已经迈进了汽车时代。汽车工厂在东西南北出现,汽车一天比一天多地奔向公路。而底特律逐步集中了美国生产引擎和零件的厂家。群雄并起的汽车制造商既给福特造成莫大的压力,也给他带来了莫大的动力。

1903 年,福特汽车公司开始大批量生产汽车。公司收到了堆积如山的零部件以及道奇兄弟的机械厂制造的汽车底盘和引擎。福特看着这些宝贝疙瘩,喜气洋洋,带领各位工程师、机械师和装配工开始进行引擎测试。然后在底盘上加装铁板,并分别装上引擎及零件。

新车迅速装配出来,福特用脚踢了一下车轮,像给自己的儿子命名似的说道:"这辆车就叫 A 车吧!"大家一致通过福特的提议。就这样,福特公司的第一辆 A 型车就开动了起来。

这辆 A 型车属小型车,宽 1.8 米,长 3 米,有两个汽缸,8 马力的引擎,时速 48 公里。车体后部有篮型小座位,车篷可以从座位拉出,是一辆附有车篷的敞篷小汽车。

"这辆车最棒!绝对不比其他公司的差。只要稍稍加强生产,一定能达到日产 15 辆的目标!"福特的兴奋之情早已溢于言表。

一位芝加哥医生买下了第一辆没有车篷的 A 型车,售价 750 美元,有车篷的则是 850 美元。马尔科姆森迅速为福特算了一笔,展示公司的辉煌前景:每辆车以 750 美元卖出能有 100 美元利润。如果大批量生产,每辆车起码可赚 250 美元。

福特公司用刚刚赚到的钱大做广告:

"福特 A 型车有着强劲有力的引擎,无论你在何方,它都能安全舒适地送你回家。"

订单纷至沓来。福特没黑没明地泡在工厂里,每天工作时间多达 16 小时。

福特公司的 A 型车既实用,又便宜,受到公众的青睐;开张 15 个月,就卖出 1700 辆,扣除税收及扩大再生产资金,净剩红利高达 10 万美元,相当于实收股金的 3 倍。

马尔科姆森被胜利冲昏了头脑,在福特公司之外,又独资建造汽车厂,生产价格 2000 美元的高档豪华车,结果产品积压,负债累累,不得不将自己所占有的全部股份卖给福特和另一个股东柯恩斯。福特和柯恩斯用 10 万美元的银行贷款买下了这些股票。从此,福特的股权从 25.5% 上升为 58.5%,成为公司最大的股东。总裁格雷去世后,福特继任总裁,柯恩斯任财务总管。福特负责生产,柯恩斯负责销售;两人配合默契,产销两旺,一季可销 5000 辆,仅从公司股票面值推算,净盈利率

　　1907 年,美国经济大萧条。许多汽车厂家产品滞销,负债累累。而福特汽车公司却获利 125 万美元。福特本人也因决策有功,月薪从 300 美元提升到 5000 美元。

　　福特公司的迅速发展,引起了其他制造商和金融家的嫉恨,他们千方百计地欲置福特公司于死地。然而,极富挑战性格的福特凭借自己的大智大勇,战胜了这些人为设置的困难。打官司反而提高了福特公司的知名度。福特公司步履稳健地迈向了辉煌。

　　福特在 5 年间一共推出了 8 种车型,按英文字母 A、B、C、F、K、N、R、S 的顺序排列。直到 1908 年,迎来了 T 型车生产的高潮。

　　早在 1905 年,福特就从法国进口了一辆著名的雷诺大众型轿车,把它拆得七零八落,逐件检查观摩,试图借鉴生产一种标准化的万能汽车。1906 年,福特下定决心,生产一种标准化、统一规格、价格低廉、能为普通大众接受的新车型。

　　福特认为,自己公司的汽车产品如果不制成像"别针、火柴和面包"那样的统一规格,大规模、低成本的生产就永远遥遥无期,生产过程的混乱状况就无法克服。他把公司的开发方向定为不是着眼于那些富豪和体育明星,而是致力于生产一种普通公民都买得起的通用、万能型汽车。它的引擎是活动的,可拆下来临时用来锯木、汲水、带动农机和搅拌牛奶。

　　在福特主持下,公司的经典名车 T 型轿车问世了。1908 年,福特郑重宣布,他的公司从今以后将只生产 T 型汽车。它集中了福特公司以前所有各种型号汽车的最优良的特点。

　　在研制 T 型车时,福特在汽车性能上刻意求新,一切从实用出发。T 型车浑身上下找不到一丝装饰和可有可无的东西,百分之百的质朴实用。它实际上是一种"农用车"。后来经改进,将一种附加设备与它连接起来,即可带动皮带传动或农机具进行工作,是一种标准的通用车。

　　福特 T 型车无论外形、颜色完全一致,故容易保养,产品统一标准化,产品价格也大为降低,每辆以 950 美元出售,而且随着销量逐年增加,价格逐渐降至 300 美元。美国的农民、黑人、低收入家庭都买得起 T 型车。

　　T 型车的机械原理很简单,只要稍加学习训练,所有的人都会很快地驾驶它。T 型车构造精巧、轻盈便利,又坚固耐用。

　　当时的美国正是马车时代的末期,各大汽车公司的汽车都面临着征服马车时代遗留下来的马路的难题。在广阔的美利坚原野上,根本找不到一条像样的公路,至于山区的道路就更加令人望而生畏,有的地方根本没有路。一般汽车在各州极其复杂的土路和危险陡峻的山路上,都纷纷退缩不前,瘫在那里。福特公司特意聘请车手驾驶 T 型车在北美大地各种地段勇闯难关,T 型车结果征服了一切艰难得令别的车型举步维艰的各种路况,名声大震。T 型车之所以大显神通,是因为它的每个零件、每道装置都是针对一个马车时代向汽车时代过渡的道路状况而设计的。T 型车的底盘高,可以像踩高跷那样顺利通过乱石累累或沼泽密布的路面,越野性能极好。

1909 年举行了从纽约到西雅图横跨北美大陆的汽车大赛。这是一次路程遥远，路况复杂，横跨沙漠、泥潭、砾石滩、腐殖土壤的艰难赛事。T 型车在众多赛车中脱颖而出，第一个到达终点。

1912 年，T 型车又获农田车越野赛一等奖。同时，T 型车还在各类爬坡比赛中屡次夺冠。全美的其他汽车厂商不得不叹服 T 型车的综合性能优良。

福特不仅是制造和开发汽车的大师，同时也深谙销售之道。T 型车的销售战略十分精彩。

福特让广告师为 T 型车设计了十分浪漫的广告。底特律的市民每晚在华灯初上时，都能在歌剧院屋顶上，看到 T 型车的霓虹灯广告牌。上面先显示"请看福特 T 型车驶过"，随即显示一位长发飘飘的娇艳时髦美女坐在一辆疾驶中的 T 型车中，车轮飞转，动感强烈。

1908 年，福特和柯恩斯秘密地策划了 T 型车销售战略。公司秘密地印发了 T 型车的商品目录，T 型车的照片也附印其上，然后秘密地将这些目录散发给福特汽车的主要经销商，目录上附有详细的说明书和价格表。经销商们都十分欢迎这种奇妙的做法。

商品目录还强调 T 型车的几大显著特点：一是使用了软质坚固的钒钢合金材料制造；二是四个汽缸都在由两个半椭圆形的钢板支撑着的同一个铸模内，发动机体积较小；三是变速器全部隐藏在车体内，不像以前的车型露在外面；四是方向盘设计安装在左边。福特给经销商们的定价只有 825 美元。

福特于 1908 年 10 月 1 日正式拉开 T 型车广告销售攻势，世人为之震惊，堪称史无前例的创举。各大报纸、杂志大篇幅的广告对公众轮番轰炸，还在全美展开了空前浩大的邮寄广告方式。福特公司还利用最快捷的电话和电报方式向消费者推销。

次日清晨，即 10 月 2 日，1000 多封邮寄来的汽车订单雪片似的飞向福特公司。接下来，订单更是多得用麻袋装，销售部的工作人员全都累得瘫倒在地。

T 型车受到社会各阶层的广泛欢迎，特别是小镇和农村的欢迎。仅用了一年时间，它就跃居各类畅销车的首位，成为头号盈利产品，一年内销售了 1.1 万辆。福特公司在销售量和利润上，都超过了其他制造商。从 1908 年起，福特 T 型车很少外出兜售，而是顾客自己找上门来购买。

1914 年，福特又采取了给顾客回报的做法，每个顾客给回扣 50 美元，这使公司一年总共多开支 1550 万美元。但这换来了四面八方对 T 型车的赞扬之声。甚至赢得了不轻易开口说好的美国国家税务上诉委员会的好评：

"T 型车是一种很好的经济实惠车子。它的声誉极好，在 1913 年已完全确立了它的地位。各阶层的人都使用它。它是市场上最便宜的车子，而按它的价格来说，它的实用价值又超过任何别的车子。由于价格低，对它的需求大大超过任何别的车子。按它的价格，大多数人都买得起，因此，大家都争相购买。市场的需求量比任何别的公司的车子都大。"

截至 1909 年 3 月 31 日，也就是 T 型车销售后的第 6 个月，福特公司共卖出 2500 辆 T 型车。这时，福特立即下令改变 T 型车的颜色和外形，一改过去单调的黑色。根据车的用途将车漆成三种颜色：充满活力的红色旅行车，朴素实用的灰色大众车和高雅气派的绿色豪华车。

福特 T 型车前面镀铬的散热器上，镶嵌着一个经过注册的"福特"商标。这个商标设计制作十分醒目，800 米外就能清楚地看到，十分美观大方。

福特 T 型车所掀起的汽车普及潮给美国人民及美国城市都带来了前所未有的好处。汽车使人们的出行更加方便快捷。在大城市的街道上，成堆的马粪、流淌的马尿都消失了。城市卫生状况因马车消失大大改观。

福特 T 型车所追求的经济目标是 1 加仑（约 1.78 公斤）汽油可跑 35 公里，并且时速 75 公里，最后使每辆 T 型车的成本降到 260 美元。

T 型车自 1908 年问世以后，到 1927 年停止生产为止，整整 19 年间，总共出产 15007033 辆，创下前所未有的惊人纪录。任何知名的世界名牌汽车都无法与它相提并论。在一段时期，世界汽车市场的 68% 都属于福特 T 型车。

广大公众青睐 T 型汽车，这些像雪片一样飞来的汽车订单，向福特提出了新问题，显然只有提高生产能力，才可以满足社会的需求。

流水作业

世界汽车制造史上的"福特生产方式"，即大规模低成本用流水装配线生产汽车的模式，曾深刻地影响了人类的产业进程，是汽车制造方式上的一次革命。

美国芝加哥是全美肉类食品工业中心。这里的机械化屠宰场由一条条流水线组成。一头头活牛被赶进屠宰流水线的起点，到流水线终端时，整牛已被分解成一块块"零件"。

这样的肉类食品工业屠宰流水线是福特汽车流水装配线所借鉴模仿的直接样板。芝加哥的屠宰流水线是将一头整牛一块一块肢解成"零件"；而福特创造的汽车生产流水线则是将一个个汽车零部件组合成一辆整车，二者的流程刚刚相反。

市场上对 T 型车的需求量急剧增长时，福特公司还是靠技术精良的技工手工组装。福特渐渐意识到，这种原始的生产方式——组装技术与工序应该和马车一样退出历史舞台了。

考察了芝加哥屠宰流水线后，福特深受启发。他果断地下令：

"向外采购引擎和零件的方式应停止使用，此后要改为引擎、零件的装配拼装流水作业的方式。"

说干就干。福特从各地拉来了几位管理和设计高手来实施福特公司生产方式的转换。

弗兰德斯这位管理精英在接受福特的聘请时要价颇高：必须允许他自定工资、自由干预生产。出乎人们意料之外的是，福特全部答应了弗兰德斯的条件，而且还主动提出:如果能在一年内生产1万辆汽车,将会获得2万美元的奖金。

弗兰德斯果然不负众望,就任福特公司生产经理后,不但改装了旧设备,添置了新设备,而且简化了1000多名工人的工作程序,使工厂大为改观,为实施流水装配线打下了坚实的基础。

年轻的建筑师阿尔巴顿则被福特聘来设计公司的新工厂。新工厂面积60英亩,被阿尔巴顿设计成长260米、宽23米,四方形的4层楼建筑,以钢筋混凝土为材料,并且玻璃占建筑物外观总面积的75%。这样的建筑结构完全适合福特式生产方式的要求。

一辆福特汽车大约有5000个零件,过去的组装方式犹如建筑工人呆在一个地点,将一幢房子从地面慢慢造出来,效率不高,场地上零件堆放无序混乱。福特决定改变这种生产方式。因此,他醉心于研究大规模的生产流水装配线,渴求汽车生产的连续化、专业化、合理化,使各种设备井然排列,使工件能不受阻滞地从一台机床"流向"下一台机床,连续高效地生产。

为了尽快实现设想,福特把家搬到了工厂,并亲临第一线,从不放过每一个改革和创新的机会。年近五旬的百万富翁——福特,每天早晨7点钟就开始巡视在工厂的各个部门之间。

在公司专家的精心设计下,厂里进行了一次又一次流水线的试验。1913年8月,在新工厂成功地进行了"运动中的组装线"试验。

整条组装线由一台卷扬机上的一根钢丝绳缓缓牵动,试验以汽车底盘开始运行,以成品T型车终止。行进中的组装线每一分钟都处于"生产"之中,6名组装工随工件移动,一会儿在地上行走,一会儿坐在车架上随车移动。所有的零部件和必要的工具都放置在流水线沿线选好的特定位置上,伸手可取。当一辆车缓缓行进到终点,组装便宣布完成。这次成功的组装试验,结束了以前总装线上拥塞不堪的局面,并把组装一辆T型车的所需的时间缩短了50%。

亲临现场验收的亨利·福特欣喜若狂,比他当年制成第一辆汽车还要兴奋,他当即下令立刻建造两条移动式总装线。

1914年1月,公司安装了第一条全过程链式总装传送带。3个月后,创造了93分钟内从无到有地组装一辆汽车的世界纪录。不久,总装配线两边又安装上了悬空的移动式供给线,解决了场地部件的拥塞问题。

但由于传统带系统的日益复杂,总体装配线越来越受局部牵制,生产线上任何一处发生严重事故,都会导致全线停车。如何把各种部件定时定量、准确无误地送至总装线的问题尚待进一步解决。由于当时福特T型车的许多部件仍靠手工制作,所以次装配线常常落到总装配线之后,生产上很难协调一致。

此时的福特公司人才济济,闯过这道难关易如反掌。经过三位青年经理索伦森、马丁、努森、机械师埃姆、"千里眼"摩根那、"探子"劳德雷、"检查官"韦德罗等人的攻关,最终使次装配线得以适应总装配线,崭新完善的"福特生产方式"终于诞生。这种"流水装配法"当时称之为"福特制"。福特制继承和发展了老派的泰罗制原理,可以对整个工艺过程同时进行管理。

福特认为这种新的生产方式的革命之处在于：它使工业劳动的陈旧套路为之一新。他说：

"问题在于当所有的机器连续开动时，新方式是把作业向人移动，而非过去老一套是人向作业移动。过去那种弯腰从地上把工具及零部件提起来的劳动并不是生产劳动，而是劳累。所以，材料应该全部放在工人齐腰的高度。"

流水作业所创立的新的劳动原则或劳动哲学是：第一，工人在劳动中不需要走动；第二，工人在劳动中不必弯腰。这种流水作业法和生产标准化，缩短了作业工时，节省了搬运时间，缩短了整个生产周期，提高了劳动生产率。但由于输送线大大加快，工人的劳动强度大大增加了，工人工作时感到的只是紧张和压力。

这时，福特公司的总体生产厂也已落成。到1915年，公司已在27个地区建立了装配工厂。从底特律地区的工厂运送零件到装配工厂比较省钱，因为零件体积不大，所以比运整辆的成品汽车容易得多。大量的零件可以在各装配工厂贮存起来，节约了底特律工厂的仓库，并且在每年的业务淡季可以照样生产零件，从而消除了直上直下的生产曲线。装配工厂也可以在他们所在的地区建立直接的供应基地。推销商可以从这些装配工厂获得大量零件；在许多情况下可以从装配工厂把汽车开到交货地点，而不用通过铁路运输。

福特生产方式使福特公司各工厂的面貌为之一新，连创世界汽车工业划时代的生产纪录：到1920年2月7日，福特工厂创造了每分钟生产一辆汽车的纪录。到1925年10月30日创造出10秒钟制成一辆汽车的世界纪录，令全世界的汽车制造商无不望尘莫及。

亨利·福特这位农家子弟，自试制汽车的那一天起，他就为自己确定了奋斗目标：以每一分钟的速度生产一辆汽车，让汽车走进千家万户。福特生产方式实施以后，这个愿望终于实现了。所以福特在他59岁那年宣称：

"人类发现了一位神明。大规模的生产已成为人类新的弥赛亚（救世主）。"

事实上，福特的话一点也不过分。"福特生产方式"确实掀起了全球范围内具有历史进步意义的大量生产的产业革命，为后来高度发达的工业生产奠定了基础。世界各地的任何一家工厂，无不得益于对福特生产方式的学习和借鉴。所以，许多人认为，福特生产方式的历史作用与瓦特发明蒸汽机的历史功绩完全可以相提并论。

福特革命

随着福特汽车公司流水装配线的诞生和T型车的畅销，亨利·福特在产业开发上步入辉煌。然而，福特公司在这样激动人心的年代里也存在着巨大的阴影，这就是资本主义企业都感到棘手的劳工问题。劳资关系如果处理不好，任何繁荣、辉煌充其量只不过是昙花一现而已。

福特汽车公司装配流水线的工人每天工作9小时，1913年最高日工资是2.34

美元。这个工资额在当时美国汽车行业中还说得过去,既不高,也不低。关键问题在于:严密的编制和高速的装配流水线使工人难以应付,往往造成每天10%的旷工率,只得雇佣大量临时工顶替。仅1913年雇佣的临时工人数是员工的4倍。

此时的福特汽车公司对劳资关系还掉以轻心,对装配流水线真正的主体——工人的情绪和处境体察不够;而是把赚到的钱全部投资于扩大再生产,投资于机械设备的更新。工人们对夜以继日的高强度劳动制度早已不满,已到了忍无可忍的地步。

埋头于扩大生产事业的亨利·福特对这样严重的问题毫无觉察,整日陶醉于不断攀升的汽车数量上。

"自古英雄出少年。"福特的独生子爱德歇尔敏锐地发现了这个重大问题。

T型车问世时,爱德歇尔14岁。大学毕业后,爱德歇尔作为家族唯一继承人进入福特公司任职,致力于流水装配线的研究。他不仅对研究部门的技术开发得心应手,兴趣浓厚;同时对经营管理的艺术也十分留意。

1914年1月6日,周末,亨利·福特与爱德歇尔在工厂区随意漫步巡视。路上碰到的所有工人都带着礼貌和敬意向这一对父子问好。福特心情颇好。

可巡视完工厂后,爱德歇尔忧心忡忡地问父亲:

"爸爸,我发现职工们看你的眼神似乎不太对劲,您注意到了吗?"

福特经儿子一提醒,回味了一下,也突然有所发觉。虽觉奇怪,但不明白是为什么。通过与儿子交谈,福特承认自己近来与职工沟通、交流少了。

爱德歇尔告诉父亲,他从公司职工们的眼神中发现了一种不满的情绪,虽然不是很强烈,但发展下去,前景堪忧。T型车越是畅销,生产规模越大,职工们的情绪反而低落,他们对现行劳动制度有所不满。

儿子的感觉和发现着实使老亨利大吃一惊。这位向来崇尚实干的老人于第二天(星期日)召开公司干部紧急会议。

会上,福特首先把矛头指向了公司的生产主管苏伦森。此人在工作能力、工作态度和技术水平方面无可挑剔,深得福特赞赏。他是一个工作狂,白天干活从不休息,每天还要开夜车,他主张一周工作60小时。他生性喜欢吹毛求疵,看不起水平比他低的人,经常不问职工的想法,命令他们加班加点。工人叫苦连天。

福特问苏伦森:

"现在工厂的平均日工资是多少?"

"两美元。"苏伦森不假思索地答道。

"太少了,苏伦森先生,加到5美元。"福特坚定地说。

公司的干部都不同意给工人加薪,担心引起全美企业的愤怒。

福特向来从善如流,能听取各种不同的意见。但这次却产生了逆反心理,突然宣布:

"请不要再讲了,我已决定,从明天开始,福特汽车公司的工人每天最低薪资升为5美元。"

这个在美国产业史上革命性的决定就这样出台了。

全场干部无不目瞪口呆,有的怀疑福特说错了,有的怀疑自己听错了,不相信地又问了一遍。

福特平静地说:"就是5美元。"

福特的这个决定可以说全美国的任何一个人都没有想到,就连专门替工人说话的世界产业工人工会联合会也没有想到。该会虽然主张给工人加薪,但增加到5美元也是连想都不敢想的。可见,福特用5美元工资制解决劳资问题确实比世界产业工人工会联合会的设想还要激进,在美国产业史上写下了高薪制度历史性的第一页。

福特汽车公司自开办以来,口碑较好。它付出的工资高于其他公司,还先后为工人开设了医院、食堂和商店,为职工子弟开办了一所中等专业学校。但这些都比不上"5美元革命"的风暴。

在福特汽车公司举行的记者招待会上,福特向云集而来的记者说:

"本公司出于劳资双方的共同利益,本着利润共享的原则,决定将工人的工资额提高百分之百,实行5美元工作日。任何合格的福特工厂工人,即使是最低工种,即使是车间清洁工,也不例外。本公司还将实行8小时工作制,废除过去的9小时工作制。并设立工种调换部监督工人的工种调换,以保障他们找到合适的工种。公司保证雇员一年内的职业,在生产淡季也不随意解雇工人,而将他们送去农场劳动。厂内工头如随意解雇普通工人,将要受到工人上诉权的制约。"

福特的助手柯恩斯随即以一种政治家的口吻宣称:

"这些政策措施是福特公司在工人报酬方面实行的一项工业界迄今为止未曾有过的最伟大的革命。"

福特最后说:

"本公司倡导的这项改良,将是工业新秩序的起点。本公司宁愿有两万名富裕、满足的工人,也不愿出现一小撮新的工业贵族。本公司在实行5美元工作制的同时,将招收4000名新工人。"

亨利·福特的宣言,引起了全美各界暴风雨般的反响。

许多报刊当即发表文章,高度评价福特的这一创举。认为5美元制是划时代的利益分享政策,这项政策的受益者包括全体职工。福特的8小时工作制也是保护劳工的一大创举。这是美国劳工史上的大革命,这阵革命的风暴势必为欧洲带来很大的影响。

但反对福特的舆论也甚嚣尘上。《华尔街经济日报》攻击福特是个发神经的"乡巴佬",5美元制简直是想毁掉资本主义制度。一个清洁工一天挣2.34美元已够意思了,现在居然升到5美元,实在令人难以容忍。这简直是"经济犯罪"。

美国的工业大亨们对福特此举表示集体的愤怒、忧虑、攻击。他们担心福特的革新计划与社会主义"同流合污"。"福特的计划具有社会主义的所有优点而无其任何缺点"。

而美国的社会主义者却组织声势浩大的集会,反对福特。他们大肆攻击福特的措施实际上是一种资本家的欺骗性伎俩,目的不是为劳工好,而是为了避免罢工以获求更大的利润,福特的行为是卑鄙下流的。

还有人断言,福特计划是地地道道的乌托邦幻想,从它诞生起就包含着自身的失败。

"5美元革命"不仅引起社会轰动,而且还引发了美国的一次人口大迁徙,犹如今日中国的"民工潮"。福特计划发布的第二天,公司正门被成千上万的求职者围得水泄不通,他们一边动手猛烈敲击工厂紧闭的铁门,一边发疯似的叫道:"5美元! 5美元!"

1月17日,来自全国各地的职员、工人、农民求职者高达12000人,聚集在福特公司周围,场面混乱,致使福特工厂上班的正式职工无法通过。最后警察不得不用高压水龙头驱散他们。

福特计划赢得了一大批普通群众的拥戴,他们把福特当成"美国英雄"。

1914年7月,继福特公司推出与工人的"利润分享"计划后,福特又宣布了一项与购车者的"利润分享"计划。内容是在福特公司售出的30万辆汽车中,每个购车者都可分享到50美元的利润。福特公司仅此少赚1500万美元。

福特公司的两大利润分享计划一实施,可谓把汽车产业的两大对象,生产者和消费者都紧密地团结在一起了。福特公司把工人和顾客都紧紧地绑在了一往无前的福特汽车上。人们称赞福特是第一位把大规模生产和消费结合起来的资本家。

当福特提出"利润分享"计划时,公司内部的管理人员大都迷惑不解,认为公司损失太大了。而福特解释说,只有实行这样的看似激进的计划,公司才能取得劳动力市场的精华,就可以降低劳动成本,从而使福特公司在历史上第一次真正盈利。

在美国产业史上,福特可谓是超一流的资本家和企业家,他在改革方面不惜孤注一掷,勇往直前。福特以慈善家、改革家的形象和姿态出现;他以宽厚战略取胜的经济方案,成效非常卓著。

"5美元"的日薪制驱使工人们"服服贴贴"地为福特公司工作。工人都明白:要挣到5美元,就必须服从5美元工资的纪律。无故旷工的人大大减少了。

福特公司还因此获得了大批技艺精良的工人;工厂取得了更高的劳动生产率,获得了更大的利润。职工们为高工资所刺激,发挥更大的干劲,公司产量猛增,产品成本降低。福特公司所获的利润远远超过了提薪的花费。公司1914年的纯收入3000万美元,而到1916年时猛增到6000万美元。其利润增长之快,使当初咒骂福特的人目瞪口呆,望尘莫及,对福特这种以小破费获大盈利的高超手段惊叹不已。

"5美元革命"表明福特是美国产业革命大舞台上的一个天才演员,他十分绝妙地扮演两个角色:一个是为纯个人目的而努力的精明商人;一个是为更多人谋福利的社会慈善家。只有福特这个演员会同时扮演这两个角色,二位一体。

一封来信

"5美元革命"在福特公司如火如荼。亨利·福特一直认为,这场革命不仅是降低成本的最佳措施之一,是一笔好生意;而且也是人道主义,是为广大职工谋福利。福特正踌躇满志地注视着日新月异的大好变化。

突然,福特收到工厂一名爱尔兰移民职工的妻子写给他本人的亲笔信。亨利·福特被这封信所揭示的严酷问题深深地震惊了。

这位工人的妻子坦率地写道:

"我以一位职工妻子的身份,向您投诉,若有冒犯之处尚请包涵。我经多方面考虑,毅然决定呈上这封信。

对于丈夫的调薪我们由衷感激,但事实上,贵工厂的作业方式无异于南北战争前芋草田的奴隶制度。我的丈夫由于工作的负荷和夜班的增加,几乎丧失了人性。贤明的福特先生,相信您应了解人绝非机器,不能光工作而不休息。近日来,我经常祈求上帝让我的丈夫不要每天从工厂回来后,总是精疲力竭地躺下。

一天5元的薪金,虽是您的恩赐,但是如此的作业制度十足毁灭了我的家庭!"

福特捧着自己的爱尔兰同胞写的这封信,心情无法平静。谁会想到,轰轰烈烈上马的5美元工资制竟变成足以毁灭普通工人家庭幸福的恶魔。好不容易盼来了礼拜日,亨利·福特在妻子和儿子的陪伴下,来到故乡迪尔本教堂,向司祭长撒母耳·马季斯求教:

"司祭长,这一次我把工厂职工的薪资增加到一天5美元,本是想制造出更好的汽车,但是事实和我的想法相反。我想请教您的看法,是不是我对职工过分恩惠了,或者是违背了上帝的旨意?我相信我所做的已产生了影响。我想今后会有成千上万的新劳工加入汽车生产行列,我希望能建立一个更宽厚、更人道的组织。"

当时的底特律是一个新兴的工业城,大大小小的汽车工厂和装配工厂如雨后春笋随处可见,杂乱无章。在寒冷的冬季,工厂的劳工们困在家中,不是酗酒闹事,就是投注于赌马或赛车,日子过得昏天黑地,毫无亮色和希望。

现在,大老板福特先生终于关注这些社会问题了。司祭长马季斯感到由衷的高兴。他马上答应和福特一起关注此事,并辞去了司祭长一职,成为福特公司的一员,担任工厂新成立的社会福利部顾问。

据福特汽车公司社会福利部调查:福特公司共有15000名职工,其中大多数是外国移民,在"日薪5美元"计划实施时,他们的文化水平还很低,尚未美国化。

工人妻子的来信使福特非常注意随时调适职工的生活,更使福特深深地认识到关心照顾职工生活的重要性。

福特先生说:

"物质生活提高后,接下来就要改善精神层面。我自认为福特公司应该是国家全体人民生活水准的代表,甚至是其他国家追寻的目标。"

"工作应该是人生最大享受,而不会令人憎恨。对献身于事业的人,应由事业上得到最大的报酬。在结束了一天的工作后,职工们并不只单单需要物质上的报酬,他们更热烈期待的是家庭的温馨。像这种追求物质和心灵满足的职工,对工作的热诚心一定很高,这对他个人及社会都是好的。"

　　福特和马季斯在提高职工的精神生活方面下了一番功夫,取得了很大的成就。

　　1918 年,许多美国汽车制造商已把工资标准上升到 5 美元。福特当初标新立异的"5 美元日薪制"已成为产业界的普遍工资制。福特看到自己首创的"5 美元革命"的光辉日渐黯淡,已失去魅力,工厂里劳工不满情绪开始增长,大有失去人心的危险。

　　1919 年 1 月 2 日,福特又一次斩钉截铁地宣布:"从今天起,职工工资最低为 6 美元。"这个办法再一次稳定了职工的情绪,而且由于随即把流水装配线传送带的速度加速到"6 美元的速度",福特公司的利润以更快的速度增长了。1919 年,仅是1918 年二分之一的人员,就使产量翻了一番。福特不无得意地说:

　　"八小时工作日,5 美元日工资,是我们降低成本的最出色措施之一,而 6 美元工作日比它们更便宜。"

　　福特的诀窍是:付出的工资越多,成本更低,获利润就更多。

　　到了 1926 年,亨利·福特又宣布在公司实行 5 日工作制,工人一周休息两天。这一举措给职工带来的好处是不言而喻的。

　　有评论家认为,福特此举是"工业慈善事业的里程碑"。

　　福特曾说:

　　"为正义事业当傻瓜不是一件坏事。最妙的是这些傻瓜通常活得很长,有足够时间证明他们不是傻瓜——或者他们创始的工作影响深远,足以证明这些工作不是愚蠢的行为。"

　　"我们这一代需要的是深刻的信仰,深信在工业中可以贯彻正义、公道和人道主义。如果我们没有这些品质,那么我们最好还是不要工业。事实上,如果没有这些品质,工业的日子也就屈指可数了。但是我们可以得到它们,而且正在去得到它们。"

　　一封工人家属的普通信件,不光是引起了福特公司的重视,提高了工人的待遇,缩短了劳动时间,更重要的是促发了福特思维观念的大转变。他开始大讲"人道主义",赢得了大多数美国人民的称赞。

　　1923 年的全美民意调查中,福特成为名列第一的总统候选人。此时的福特公司也如同它的主人福特一样,如日中天,纯收入竟高达 5 亿美元。

制止战争

　　由于开创了汽车流水装配线生产方式和"5 美元革命",福特在国际间名声大震。但他仍然带着出生于迪尔本农家子弟和一位崇尚手工实践的技师那种质朴的作风。福特虽在富人区为自己购置了一套豪华新宅,但他很快又卖掉了这幢豪宅,因为这个社区的贵族风气使他感到厌恶,他认为这里是寄生虫生活的污秽地区。

落叶归根。亨利·福特决定定居在出生地迪尔本老家。他看中了家乡大森林中的一块空地,位于鲁裘河西北部大约 15 分钟车程的地方,面积 2000 英亩,林木葱郁,鸟语花香。

福特以石灰岩为材料建筑起简朴大方的家园,同时还建造了一个小型的高尔夫球场和一个网球场。鲁裘河穿过这片森林,福特还利用河流建起了私人的水力发电厂。

一架带支架的望远镜安置在书斋的阳台上。福特不时地用望远镜遥望鸟儿和走兽,其乐融融。

但是,第一次世界大战的爆炸声打破了迪尔本世外桃源般的宁静。

"底特律怪杰"福特看见一篇简单的新闻报道,就会推算出一串使他认为战争造成的惊人浪费的数字。他毫不认为战争是刺激市场的大好良机。这与其他企业家的看法正好相反。

为了备战,美国陆军部提出征用福特汽车公司的海兰德公园工厂,改为军械工厂。福特毫不犹豫地严词拒绝。他痛心疾首地说道:

"欧洲大陆这些笨蛋,难道他们不知道一发大炮炮弹便可以生产一辆福特 T 型车?一个来复枪弹夹可以换得半个汽车火花塞?现在战场上使用的火药原料硝酸,如果用作氮肥,则撒遍全世界的农场还绰绰有余。"

"生产活动中耗费最大、最浪费的一个过程就是战争。旧大陆这些发动战争的笨蛋已经不知道如何去创造新的事物;他们难道真的只对破坏有兴趣吗?"

福特言行一致,在拒绝军队征用工厂后,又拒绝军方的军用武器订单。

福特从少年时代起,就是一位对创造新事物感兴趣的人,崇尚创造和发明。而一切战争都是破坏性和消耗性的,所以他本能地反对战争。

福特的反战言论顿时引起轩然大波。那些主战的工业商业主纷纷取消福特汽车的订单,一些报纸拒绝为福特汽车刊登广告。

福特性格倔强,不仅没有改变自己的反战主张,反而更加深入地参加到美国的反战和平运动——草根运动中。草根运动的发起者认为,战争不可能在一夜之间停止,因此要把反战和平运动像草根一样持续不断地推至世界的各个角落。

草根运动的发起者们决定从美国派遣一艘开往欧洲的和平巡礼船,除了访问各参战国的港口外,并向各参战国元首阐明战争的不智。让战壕里的军人回家过圣诞节。

亨利·福特承揽了租船的巨额费用。他亲自选定了一艘尚停泊在布鲁克林码头的丹麦一万吨级邮船——奥斯卡二世号。

1915 年 12 月 4 日下午 2 点钟,奥斯卡二世号从纽约哈德逊河口码头起航。福特邀请了社会名流搭乘和平巡礼船。码头上人山人海,草根运动的反战歌曲《养儿不是为了送他上战场》响彻云霄。

和平巡礼船在茫茫的大西洋上航行。突然,无线电波传来了美国准备参加世界大战的消息。船上顿时群情激愤,十分混乱。紧接着,船上的反战派和主战派针锋相对,大打出手。

和平巡礼船终于抵达挪威奥斯陆港。此时的福特莫名其妙地发起高烧,昏迷不醒,经诊断,是流行性感冒。陪同福特的马季斯万般无奈,只得组织秘密撤退。他用毛毯将不省人事的福特裹起来,趁着茫茫夜色,搭汽车离开奥斯陆码头,辗转回到美国。

等待福特回国的不是鲜花,而是谩骂:"福特沽名钓誉。""福特是叛徒。"福特对此毫不介意,只是下令开足马力生产 T 型汽车。

1917 年的一天,运送福特工厂生产的耕耘机的船队被炮火击沉。福特闻讯后怒发冲冠。他不能容忍自己的工厂、自己的工人千辛万苦制造出来的机器毁于战火中。

福特亲自驾驶一辆 T 型车,昼夜兼程赶到华盛顿,到白宫见威尔逊总统,提出"用战争制止战争"的主张。

此后,这位美国汽车工业的大亨开始涉足军需工业,筹建生产鱼雷艇的现代化工厂。

当日本、德国、意大利的法西斯恶魔挑起第二次世界大战后,福特再次呼吁"用战争制止战争",坚决响应罗斯福总统"把美国建设成民主制度的伟大兵工厂"的号召,在密歇根州建造了专门生产 B24 型轰炸机的工厂。

福特公司的军需工业和其他工业也就发展起来了。

福特公司除生产各种汽车、卡车和拖拉机外,还从事飞机、坦克、雷达、弹道导弹、军用卫星的研制和生产,并兼营铁矿、煤矿、冶金、工具、玻璃、造纸、橡胶等企业。

福特汽车公司成为世界排名第三的巨型工业公司。

福特二世

亨利·福特是一位伟大的美国人。他是美国社会从乡村向城市发展时期诞生的杰出人物。他最先理解了大规模生产的价值,开发制造让绝大多数人买得起的产品。他坚持诚实的原则,在销售中不做手脚,维持卖主和买主之间的长久关系,福特的口头禅是:

"卖掉一件产品,不等于说制造商同顾客的关系已经结束了。一定要关心买主买回去以后的情况。"

这种负责到底的精神赢得了市场。

福特汽车公司在短短的 20 年里就发展成为当时(20 年代)世界上最大的汽车公司。它的福特牌 T 型汽车,深深地影响着人类生活的方方面面:从工业生产、农业劳作、山地旅行到生活方式。

亨利·福特因此也成为美国名列前茅的亿万富翁。1920 年 5 月以后的 17 年半中,福特家族为私用而从公司提取的红利,平均每天高达 2.5 万美元,薪金尚未计算在内。在 20 年代中期的几年中,福特的纯收入高达 5 亿美元。直到 1944 年,他握有福特公司 58.5% 的股权。福特在汽车方面的股权账面价值就达 10 亿美元。当时,福特的财产在美国居第二位,仅次于石油大王洛克菲勒家族财产的总和。

福特公司是美国汽车工业的支柱,福特成为美国人民心目中的"大英雄",被誉为"给世界装上轮子的人"。

然而,金无足赤,人无完人。

福特这位美国"圣贤",也有诸多过失。

老年时代的福特一改创业时期的精明,变得专横霸道起来了。

福特认为 T 型车市场永无止境,主张把利润全部迅速投入生产,大大扩充生产规模。副手柯恩斯则担心发展过快,难以收拾,劝福特谨慎从事。偏执的福特大为恼火,当场批准柯恩斯的辞呈。柯恩斯离开福特公司后,当上了底特律市市长。

赶走柯恩斯后,福特竟把为公司发展立下汗马功劳的人全部踢开。他们是:"推销世界冠军"霍金斯、"最伟大的汽车工程师"威利斯、"技术之魔"埃姆、"机床专家"摩尔根……

人才的流失使福特公司迅速步向下坡路。1929 年福特汽车公司的市场占有率为 31.3%,到 1940 年,跌至 18.9%。到 1936 年,在轿车销售量上,福特已排在通用公司和克莱斯勒公司之后。到 1945 年,福特汽车公司每月亏损 900 万美元,濒临破产。同年 9 月,亨利·福特不得不退位。

1947 年 4 月 7 日,亨利·福特因脑溢血逝世,终年 84 岁。

亨利·福特的独生子爱德歇尔先于父亲病故,因而,福特公司的重担便落到了亨利·福特的孙子、爱德歇尔的儿子——亨利·福特二世的肩上。

亨利·福特二世成了这个汽车工业王国的世袭君主。

福特二世与祖父不同,他受过正规的高等教育。当他 1945 年 9 月被衰老的祖父任命为福特汽车公司总经理,年仅 26 岁。他将凭自己的知识和勇气重建福特帝国,完成福特汽车公司的现代化进程。

福特二世面对行将死亡的公司大动手术,进行彻底的改革。

首先是招纳人才。当时的福特公司 500 名高级管理人员中,还没有一个大学生。福特二世就用重金挖来了通用汽车公司副总经理布里奇。

布里奇不愧是超一流的管理高手,善于起死回生。他在福特公司任职第一年就使公司扭亏为盈,第二年盈利 6636 万美元。1948 年,福特公司净收入 9434.6 万美元。1949 年的利润 1.77 亿美元,1950 年则高达 2.58 亿美元。这真是一个神话,一个令人难以置信的神话。

福特二世的第二招是:"以一种荣誉感把整个公司的人拧成一股绳,把公司管好,使它有节奏地进行活动,让大家处于一种稳定状态。"

福特二世的第三招是依靠布里奇建立了一套行之有效,可使公司兴旺发达的财务管理制度。

改革前,福特汽车公司的财务报表像乡下杂货铺的账簿一样,混乱不堪。"这对于一个现代化企业来说,太可怕了。"布里奇坚定地进行财务整顿,完全废弃了以往称不上财务制度的财务操作过程,建立了一套科学的财务运行机制。

福特二世在布里奇等人的帮助下使福特汽车公司起死回生。

随着福特汽车公司的再度辉煌。福特二世也像祖父晚年一样,变得越来越专断。这究竟是遗传原因,还是家族公司和家长式管理制度的原因,一时难以说清。

50 年代后期,福特二世与公司高级管理阶层关系恶化,1960 年,他终于忍不住了:

"亲爱的布里奇先生,我已经毕业了。"

于是,布里奇这位功臣不得不离开福特汽车公司。

福特二世赶走布里奇之后,随后继任的是李·艾柯卡。

艾柯卡是一个意大利移民的后代,精明、勤劳、乐观;大学毕业后,又拿到了硕士学位。1946 年 8 月,他来到福特汽车公司,从事推销工作。

在推销中,艾柯卡绞尽脑汁,大胆提出"花 50 美元买福特牌 1956 年新车"的计划。具体办法是任何购买 1956 年福特牌新车的顾客,只要第一次付现金 20%,接着以后每月再付 56 美元。结果,福特汽车销量犹如火箭腾空,不到 3 个月,他所负责地区的福特汽车销售量从全国最后一名升到全国第一名。

1960 年 11 月,艾柯卡被提升为福特汽车公司的副总经理。苦干精神加美好的梦想使他情绪高涨,早晨迫不及待地去上班,晚上迟迟不愿离开办公室,和同行们不断琢磨新生意,不断试验各种汽车模型。

艾柯卡在深入研究消费心理后提出:"我们不能生产那些不能吸引年轻顾客的汽车,要吸引年轻人,汽车必须具有式样新颖、性能出色、价格便宜的特点。"他终于组织研制出"马斯腾"新型汽车,出产的第一年就卖出 40 万辆,头两年的利润达 17 亿美元。

1970 年 12 月,艾柯卡得到了福特汽车公司总经理的职位,实现了他多年的梦想。在任职期间,他殚精竭虑,为公司的腾飞效力,但由于 1973 年他支持设计"菲埃斯塔"小型汽车,引起了固守世袭经营管理体制观念的福特二世的反对。两人矛盾愈来愈深。1978 年 7 月 13 日,他终于被公司解雇,并规定他如果不到其他企业供职,公司每年为其提供 1120 万美元的薪俸。

这样,艾柯卡不得不结束他在福特公司任职的生涯。

1980 年 1 月 1 日,在经济危机中走投无路的克莱斯勒公司请艾柯卡出山。他毅然放弃了福特公司的高薪厚禄,接任了克莱斯勒公司的董事长和业务主管。他大刀阔斧地改革,使克莱斯勒公司起死回生。艾柯卡又成了美国人谈论的传奇式人物。1983 年的全美民意测验中,艾柯卡是"左右美国工业部门的第一号人物"。1984 年,由《华尔街日报》进行的"最令人尊敬的经理"调查中,艾柯卡居第一位。

艾柯卡领导下的克莱斯勒公司起死回生后,青春焕发,对福特汽车公司造成了致命的竞争压力。

同时,美国舆论对福特二世的家长制作风进行了猛烈的抨击。

福特二世痛定思痛,决心再度改革,从福特汽车公司的路易斯维尔装配厂开刀,重整旗鼓。

改革前的路易斯维尔装配厂管理不善,纪律松弛,工人无精打采,劳资关系紧张。

福特二世授权贝克大胆改革。

贝克的改革从细微做起。工人抱怨在休息或用餐时无处可坐;不久,工厂就出现了桌椅。工人抱怨厂区脏乱差;不久,厂区环境卫生就搞得干干净净。这些小动作收到了大效果,换回了工人的心,劳资关系由紧张走向缓和。

贝克还制定了一项"雇员参与计划"。在工厂建立由工人组成的"解决问题小组"参与管理工厂的一切问题。贝克还聘请兰多咨询公司的专家来厂专门训练"解决问题小组"的成员。兰多公司专家还以中立者的身份提出了客观的建议和意见。

贝克还让工程师把图纸、零件、实物模型等陈列在装配线旁,不但对工人不保密,反而请工人进行评议。工人有了主人翁意识,积极献计献策,提供了数不清的合理化建议。

路易斯维尔装配厂的初步改革成功,特别是一种崭新精神面貌的出现,令福特二世十分满意。他决定向该厂投资7亿美元制造兰吉尔载重卡车和布朗科I型轿车。

1981年,在一座200万平方英尺的生产厂房里,安装了一条11英里长的现代化装配线,焊接车身、安装和平衡车轮等工序全部实现自动化。这条装配线每小时能装配75辆汽车。在美国,只有通用汽车公司的生产速度才能与它媲美。

随着新装配线的开通,路易斯维尔厂进一步实施新的生产管理制度。厂方要求每一个工人保质保量。工厂每30名工人配备3名"质量提高员"。他们帮助工人处理各种技术难题,确保产品质量万无一失。

福特二世还使用了机器人和其他自动化设备,采用统计控制,改进设计,加强检验制度,提高用户使用标准等等。当然,这些都不重要,最重要的是福特公司的劳资双方通过改革都已树立了对汽车质量的负责精神。

福特汽车公司又一次进入了发展、兴旺阶段。

目前,福特汽车公司是全球第二大汽车制造商,仅次于通用公司。福特公司年产汽车720万辆,占有全球市场10.1%的份额。福特公司旗下的6个汽车品牌,在美国市场为福特、林肯和墨丘利,在英国市场是美洲虎和阿斯顿·马丁,在日本市场则拥有马自达汽车公司1/3股权。

1999年1月28日,位于美国密歇根州的福特公司总部宣布,将以64.5亿美元的代价买断瑞典沃尔沃集团轿车制造公司的业务,沃尔沃成为福特公司所拥有的第七个品牌。

这一震惊世界的举措,意味着福特汽车公司的汽车年产量接近800万辆,将大大增强福特公司的全球竞争地位,扩大市场空间。

福特汽车公司仍然是强大的。

日本经营之神

——松下幸之助

人物档案

简　　历：出生于日本和歌山县海草郡和佐村千旦之木（现为和歌山市根宜），二十世纪实业家、发明家。是日本著名公司"松下"（松下电器产业株式会社、松下电器产业、松下电器制作所、松下电气器具制作所）的创始人，被人称为"经营之神"。1989年4月27日上午10点6分，松下幸之助因支气管肺炎在大阪府守口市的松下纪念医院去世，享年94岁。

生卒年月：1894年11月27日～1989年4月27日。

安葬之地：日本。

性格特征：为人谦和、细腻，能掌大局，吃苦耐劳。

历史功过：首创了"终身雇佣制"和"年功序列制"等日本企业的管理制度。很注重对员工的教育。每周都要在员工大会上做演讲，并制订了员工守则，还创作了松下的歌曲，使团队凝聚力大大提升，令每个员工都以自己是松下的一员而自豪。所以在松下公司很少出现劳资纠纷的情况。

名家评点：丰田汽车公司董事长丰田英二说："我担任专务时，曾率技术人员参观松下电器工厂，松下干部列队，盛大欢迎。最前头的，竟是松下先生本人。他对顾客的重视、恭敬，真是无人能比。他始终贯彻顾客至上的精神。他还集合干部，带头向丰田人员作深入地发问。他这种谦虚和以身作则的精神，令人觉得他不愧是位优秀的经营者。"

吃苦耐劳

松下幸之助于1894年11月27日出生在日本和歌山县海草郡的一个小山村——和佐村。他在兄弟姐妹八人中排行最小。父亲松下正楠早年在村里还是个头面人物,一边务农,一边在村公所干事。

1899 年,因做大米投机生意失败,松下正楠不得已把祖辈留传下来的田地拱手让人,然后带着全家老小背井离乡,移居到和歌山市谋生。

起初,他开了家木屐店,本小利微,不足以养家糊口,不久便倒闭了。松下全家陷入"贫病交加"的境地。接着,悲痛一次又一次地光顾可怜的松下一家。

先是辍学在家帮助父亲干活的长子因病夭折。继之,次子和长女也在同一年内病死。在八个兄弟姐妹中,除了松下幸之助和他上面一个姐姐外,其余六人都没有活过 20 岁。

这种悲惨遭遇在松下幸之助的幼小心灵上打下了终生难以磨灭的烙印。

没有实现重整家业梦想的父亲,满怀失意和惆怅,把一切成功的希望寄托在幸之助身上。

1904 年 11 月,年仅 9 岁的松下幸之助未及初小(四年级)毕业,便离开学校到大阪的宫田炭盆店当学徒。第二年,炭盆店倒闭,他又转入以销售进口自行车为主的五代商会。后来,他回想起五代一家对他的关心,给他经济上的帮助和使他享受到城市生活、受到各方面教育的那些往事,仍不无深切怀恋之情。

那时,当一名专职自行车赛手,是少年松下的憧憬。虽然他的脚还够不着车镫子,但他仍坚持每天早上 4 点半起床,骑着车拼命练习。不久,他作为"少年赛车手"参加了比赛。他的训练一直持续到碰断肩膀骨为止。

该店附近的船场,是产生大阪商人气质的摇篮。在柳树成荫的堤岸上,排列着许多批发店和零售商店。商品陆续从海上水路运来,再卸到陆地上。船场进行着商品贸易和实际的商品买卖。它与办事处的事务贸易有很大区别,所以它要求实际、大胆,只说不做是空洞而无意义的。人们对于贸易倾注着全部热情,贸易成功就是一切。

年仅 10 岁的幸之助,这时已开始做点买卖挣钱了,他回忆说:"经常有客人要求我代他们买烟,我就集中购买。到商店里每买 20 根烟,店里就多给一根。如果一次买下许多,再把它转卖给顾客,我就既节约了时间又赚了钱,而且客人还及时得到足够的烟,也很高兴。"

在他心目中的英雄里,最让他崇拜的是发明大王托马斯·爱迪生。

决定他意志的要素有两个:直观地判断和支配直观判断的细致的事实分析。

他父亲对他说:"如果想在做买卖上成功的话,不一定非得受很好的教育,能雇佣优秀的人才,也能弥补自己没有受教育的不足。"

"即使失败了,我扔下原来的工作改行摆卖面条的小摊也可以。不过如果那样的话,我要把面条做得比哪一家的味道都鲜美,都更吸引顾客。"

从这里,可以看到他干事业的哲学,即如果有从一无所有做起的勇气,那么自己就应该充满自信,面对创业的不确定性和人生的失败,毫不畏惧。因为他深知:害怕失败也没有用,依靠勇气和信念,下决心去干,自然会有无穷的精神力量。

此时,大阪市里通了电车。已经具有了商人的灵敏嗅觉的松下想:"有了电车,自行车的需求必将减少。而电气事业将来一定大有前途。"

就在这种思想支配下,16 岁的松下不辞而别,离开了自行车铺,到大阪电灯公司去工作了。在这里一干就是 7 年。

在电灯公司,他勤奋好学,进步很快。1916 年,22 岁的松下被提拔为令人羡慕的检验员。他不但工作成绩卓著,而且发奋学习,全面了解电气知识,不顾白天的劳累,晚上徒步走很远的路程去关西商工学校夜间部学习。

松下幸之助平日喜好研究有关自己所担当的各项业务,当充任工程领班,每逢做工时,他常感到所使用的电灯灯头制造不够完善。这种电灯灯头里面有两只螺丝钉,电线放进以后,将电线内的两股细线绕在螺丝钉上,再用锡焊牢,这一手续很麻烦。他认为是多余和浪费。于是,他打定主意改良这种电灯灯头。为此,在饭前饭后的空余时间里,在去公司上下班的路上,他都在琢磨此事。功夫不负有心人。他在多次试制之后,终告成功。

这一实验品的灵感来源于一次他为一位穿着日本式高跟木屐的老太婆修理破裂的高跟木屐,木屐中间已近断裂,他用一块薄金属片把将断裂的两部分连接了起来。他突然想到可以用一只薄金属片代替螺丝钉,电线放进灯头内,和薄金属片接触,即可生效。这样便省去了螺丝钉,减少了一道焊接手续。松下幸之助极为高兴地将此实验品交给公司当局看,不料公司方面反应冷淡,认为构想不够周全,没有采用。这无疑给满腔热情的松下幸之助当头一盆冰水。然而,松下幸之助并没有气馁,他于当年向日本标准局申请专利,翌年,他的实验品专利获得批准,并颁给"实用专利第 42129 号"专利许可证。

此后,松下幸之助独立创业的愿望越来越强烈。结合当时自己的生存状况和自身的身体条件,松下就形成了自己制造电器的动机。

松下幸之助天生的"蒲柳之质",自己常常为此思虑。大阪电灯公司对于员工的薪资,系按日薪计算支付的,员工如有一天休息,即扣除一天的工资。幸之助体弱多病,如迫不得已休息几天,那就难以养家糊口了。因为自身的条件所迫,生活的责任感与不安感促使年轻的松下幸之助,赶紧独立起来,创造事业。

松下幸之助在自行创业之前,已有了将近 14 年的工龄。童年时代的家境贫穷,使他比一般人命运多舛,曲折坎坷,生活极不安定。然而,正是这样的命运锤炼主人公的意志,培养了他一生百折不挠的忍耐力和坚强不屈的个性,使他成为一位精神主义者,使他产生了如此的见解:"不要失望,拿出勇气来!按部就班地本着原来的目标去做,自然会有办法出现的。一个人若能心不旁骛,精神集中,此时此地,即可听到福音从天而降。所以我们大家常要保持精神坚定,不可因小挫折而颓废,则世间就没有办不成的事了。"

松下幸之助的精神至上,是使他成为一代大家的坚强而厚实的基石。

白手起家

1917 年 6 月,23 岁的松下幸之助自行创业了。这种主观的愿望表现了他的精神与意志力。然而客观条件极其不佳。

首先是创业的资金不足。他以 33.2 日元的退职金、62 日元的各种存款和 100 日元的借款作本钱。这些钱简直是少得可怜。

其次是制造技术太差。创业之前，他虽有大阪电灯公司 7 年的工作经验，但他的经验多是工程安装方面的，而电灯制造方面的技术几乎没有。虽然请来了两位老同事森田延次郎和林伊三郎，但这两位的制造技术与他本人也不相上下。

世上无难事，只怕有心人。就在如此恶劣的条件下，松下幸之助开始了他一生事业的最初一步。

工厂设在大阪市一个叫猪饲野的地方。松下租赁一间不足 10 平方米的房间。这与其说是一家工厂还不如说是家庭小作坊更准确。而老板及工人共 5 人：松下幸之助、其夫人井植梅之、其内弟井植岁男，还有前面提到的两位同事。

他们就在这个小作坊里开始了改良型电灯灯头的制造。确切时间是 1917 年 8 月 11 日。

当时这种灯头外壳的制造，尚属新兴工业，生产它的厂商非常保守秘密。他们根本不知道这种外壳是用什么东西调配而成的，只猜到可能是用沥青、石棉、滑石三种东西为原料而塑成的。但这些原料从何处采购？如何调配？怎样去制造？他们只有按照自己的思路去试制，试制的结果自然是一无所获。他们以巨大的忍耐与毅力去努力着，有时为讨论原料的比例、调和的方法而废寝忘食，有时为试制灯头一遍又一遍地制造，从凌晨到夜晚，从半夜到凌晨。这样的努力工作几十天后，仍无结果。

天无绝人之路。正当他们一筹莫展之时，遇上了同在大阪电灯公司的另一位同事。这位先生是个技术工人，在他的指点下，松下三人才明白了制造灯头外壳所有原料的调和方法的秘诀。至 10 月中旬，完成首批目标中的插座。

产品问世了，但这不能算胜利；只有将它销售出去才能说是胜利了。

森田延次郎手持样品，走街串巷，挨家挨户，走遍了大阪市内所有出售电灯的商店推销这一产品。结果，销售额在头 10 天只卖出 100 个，收入还不到 10 日元。

由于生活无法维持下去，商量之后两位同事林伊三郎和森田延次郎先生离开工厂另寻出路。小作坊里只剩下松下及其妻子、内弟三人了。

失败并没有使松下幸之助灰心丧气，他依然如故地坚持做实验，重新改良，并决定自己亲自出马推销产品。

人生的苦境，只不过是对人本身的考验。历经磨难的松下幸之助临危不惧，以持之以恒的心态和坚定不移的意志面对一切艰难困苦。

山重水复疑无路，柳暗花明又一村。

松下幸之助在经历了一生创业之初的最严峻考验之后，机会终于在 1917 年底出现了。

有一次，松下小作坊生产的改良型灯头被大阪市空心街的阿部电器商店老板注意到了。而引起阿部老板注意的并不是灯头本身而是灯头的体壳，因为阿部老板正在寻找一家能生产电风扇底座的厂家，而制造电风扇底座所用的材料与松下生产的改良型灯头的体壳一样。松下就像抓住了一根救命稻草，迅速制造了1000片电扇底座。厂家对松下产品非常满意，不仅支付了160日元酬劳，而且又签订了2000个的订单。松下终于有了一次喘气的机会。而事业也因此有了相当的基础。

小试成功的甜蜜之后，松下幸之助又想起了自己的初衷——生产和销售电气器具，他没有忘记自己辛勤研制的改良型灯头。

这时，猪饲野的家庭小作坊已不能满足生产电扇底座和制造新型电气器具的需要。松下幸之助不失时机地将小作坊搬迁到了大阪市大开街，他对"大开"二字有种直觉的满意，"大开"含有"展开""盛开""开阔"之意，果然迁址以后他的事业如日中天，日益兴隆。

1918年3月7日，松下幸之助搬进了大阪市的大开街，在新居挂上了一面"松下电气器具制造厂"的招牌。这一天，松下幸之助的家庭小作坊没有了，代之的是一家正规的工厂。他终于有了自己的工厂，在这里他继续生产电扇底座，同时又开始生产电灯灯头。

这一天，被松下幸之助定为建厂纪念日。至此，松下幸之助的创业终于得到了社会的承认。

松下幸之助成功后的体会是：在荆棘道路里，唯有信念和忍耐才能开辟出康庄大道。并且，信念和忍耐能化不可能为可能。

好像任何事情都离不开这个原则。虽然不见得会完全照着预期的方式进行，但只要咬紧牙关忍耐下去，而出现了一条可行的道路。或许是那种坚忍不拔的毅力激起外界的共鸣或援助，虽然可能与先前预定的大不相同，但终究是曲曲折折地迈向了成功。

在新的工厂里，他一方面开展生产，另一方面坚持科研。他利用自己的经验和自己对市场需要的敏感，发明了一种"双灯用插头"。试销证明：这是一种深受广大顾客欢迎的新产品。根据这次的成功经验，松下幸之助认识到，任何产品必须具备"新、奇、怪"，必须以品质的优秀赢得顾客从而赢得市场。

新产品问世后，松下幸之助特别重视销售环节，并从这次的推销行动中获得了许多宝贵的经验。

当时，大阪吉田批发商店代销市场上畅销的"双灯用插头"。谁知半路上杀出了个程咬金。东京一家生产同类产品的制造厂以削价的办法与松下电器厂竞销。各地用户要求吉田代理店降价，吉田商店因此对代理业务产生悲观情绪，于是向松下要求解除合约。在万般无奈的情况下，松下与吉田解除了合约。松下幸之助只好自己设法开拓销路。

松下幸之助不辞辛劳，亲自拜访了大阪东京等地的批发商，用诚恳的态度向他们询问销售之道，并由此获得了若干推销方面的秘诀，并确立了自己的销售路线。经过这样的诚心努力之后，总算克服了一次空前的危机。

此次经历使他意识到：首先要看准机会，看准之后，便不迟疑，有勇气做出决策，大胆投资，并且奋勇直前，再接再厉，不达目的誓不罢休。其次，通过创造、生产、销售三大环节的密切关系，一定要均衡这三者，平行前进，其中若有一项落后，则可能造成全盘失误。这种感觉深深地扎根在松下幸之助的精神田野上，成了他一生成功的基本保证。

在大开街创办工厂期间，松下幸之助的创业——松下电器制造厂进入了快速迅猛、业绩辉煌的年代。生产电扇底座，生产电灯灯头、双灯用插头，这时期有来自四面八方的大量订单，虽然生产设备已大量扩充，还是供不应求。在生产部门、销售部门不断地增员。到1919年前夕，松下电器厂的员工，已超过了20人。松下幸之助一面以身作则参与工厂的创造、生产与销售环节，一面思考如何对厂里的员工进行合理化的管理。

工厂里的劳动是非常辛苦的。松下幸之助不搞特殊化，没有"老板"的架子，和员工一样劳作，有时忙得连饭都无暇顾及。松下幸之助的身板虽然屡弱，然而仍然忍耐着这样辛苦的操劳。这种精神来源于他那长期的学徒生涯，来源于一种精神动力。正因为有了这两条，他虽然累得"小便出血"，但对事业成功的追求一刻也不放松。

松下幸之助对自己和家人要求甚严。1920年，妻弟井植岁男在东京推销松下产品，借住在学生宿舍里。夏天到，蚊子叫。井植花了三日元买了一顶麻制蚊帐。当他向大阪汇报后，却接到了松下寄来的严厉的批评信。主要内容是：

"以现在松下电器用品制造所和你的身份来看，无论有什么样的理由，居然用三日元买了一顶蚊帐简直岂有此理。用一日元左右的钱买棉蚊帐已经足够了。绝不允许这样奢侈。"

后来的松下电器老板(幸之助)和三洋电机的老板(井植)，谈及这件往事时，都觉得挺可笑的。但由此却真实地体现了松下严厉、朴素和勤俭的作风。

再接再厉

松下幸之助一直以"研制新产品"、生产新产品为松下电器制造厂的宗旨。更以此创造信誉。因而几乎每月都有与电灯电线相关的各种新式电气器具问世。

松下幸之助对于先人一步的构想有这样的认识："我的做法和想法，经常都是具有前瞻性的。我深切地感受到超越他人一步的重要性。说起来一步好像很容易，但其他的公司在工作上莫不全力以赴，所以这一步也就更加困难。稍一不留意，立刻被他人超越，而且一步变成百步、千步，使我觉得一日都不能安闲。同时，也认为要更迅速地工作，尤其有些工作是非常费时的……在人生的旅途中，任何事情都要比别人走在前面一步。先发制人就是成功的捷径。"

松下电器的成功与松下幸之助坚强的信念、必胜的信心、坚忍不拔的生命力、吃苦耐劳的精神力量、信诚仁义的高贵人格密不可分。

松下恪守的信条是：只要努力去做，一定会有回报。他在成功时能够洞察到潜在的危机；在挫折失败时能够看到希望之光。

1927年，在松下幸之助的创业史上，是相当重要的一年，也可以说是他事业发第一件是他决心步入"研制、生产、销售"连成一线的发展轨道。

第二件是他制定出了以后可以说四海皆知的松下电器的独特商标。

中国有句古话叫"名不正则言不顺"。松下在推销自己生产的产品时，同样也要讲个"名正言顺"。他在给松下产品寻找合适的名称时，绞尽脑汁，苦思冥想。他选出了十几个商标名称，都不尽如人意。就在他为寻找商标名殚精竭虑、快要绝望时，他在报上看见一串英文字母 International 时，他的脑海里仿佛有一股电流通过，这一股非常神奇的电流把他弄得很激动，他不熟悉英文，不知这一串英文字究竟是什么意思，当打开词典，看到这一串英文被解释为"国际的"，去掉前缀词 Inter 后则可释为"国民的""国家的"之后，其欣喜之情不可言状，他如获至宝，立刻将"National"定为自己的产品的商标名。若干年后，随着松下事业的发达，松下电器给全球民众带来的实际利益的增多，这个品名也就誉满全球了。

起名之事再度说明：松下以大众的需求作为自己追求的目标，正如他自己所说："一种事业的存在，不知多少人要依靠它生活，有多少人由它而致富，这事业必以提高人民生活水平，使整个社会进步、改善、国家强盛为条件。"

得到了满意的商标名的松下，信心更足了，他制定了一套异于常人的推销办法：拿一万只车灯送给大众免费享用。虽然承受了巨大的经济损失，却显示出他的胆识与魄力。

松下的促销策略打开、扩大了市场，这就更加坚定了他将"研制、生产、推销"当成一个完整的系统来思考的决心，同时，也证明了松下本人在推销产品方面具备的潜质，这信心与潜质客观上也带动了松下的员工们的积极性、创造性。

初战告捷的松下乘胜追击，于 1928 年又增加两项新产品："反射式电炉""锁轮型电灯灯头"。这一年，他的工厂扩展为 3 个，员工增加到 200 人。其事业可以说是日新月异。

1928 年秋天，松下幸之助准备扩大工厂，增加规模，这时的他 34 岁，创业整整10 个年头了。

松下在自己钟爱的大开街旁选中了一块 500 坪的土地，非常理想，经测算，收购土地需要 5.5 万日元，建厂房、住宅需 9 万日元，购置内部设备需 5 万日元，差额部分只有向银行贷款。

松下对"借钱干什么"有着独特的见解。他说过："我一生都在做着赚钱的行当，可我没有成为金钱的奴隶。"资本或金钱就等于润滑油一样的东西。我们只能利用润滑油去工作，为了达到目的而工作。而为了使达到目的的工作更有效率，就必须要有润滑油。所以，金钱只是一种工具，最主要的目的还在于提高人们的生活。"

松下不仅这样说，而且要照此想法切实地去做。他的所有电器产品，说到底，都是为了改变人们的家庭生活水平，从而提升人类的生活质量。贷款也好，盈利也罢，其目的都是为了大量生产，降低产品成本，使产品大众化。

所以，有眼光的银行家都愿意借钱给他，甚至主动扶持他，给他的事业提供足够的润滑油。日本有名的住友银行一下就提供了 15 万日元的贷款。

1929 年 3 月，外观堂皇美丽的新工厂建成。

松下幸之助没有放弃这一在他事业发展史上的又一重要机遇。他趁新厂落成之际，把"松下电气器具制造厂"的厂名更改为"松下电器制造厂"。并制定了公司的纲领与信条。

纲领：顾念公司营利与社会正义的协调，谋求国家工业的发达，并期望能使社会大众生活有所改善与进步。

信条：事业发展扩大，非有全体员工友爱团结、协力奋斗不可；希望每个人牺牲自我，以互助互让的精神，一致为公司的业务而效力。

至此，松下幸之助有了自己的工厂、自己的产品、自己的商标、自己的企业精神；一个标准模样的企业在他手中形成了。

10 年耕耘，10 年辛劳，松下幸之助以他独特的构想、经营策略完成了创业的第一阶段。这以后，他便着手收购、兼并其他小工厂，不断发展、壮大自己的事业。

第一个被松下收购的工厂是位于大阪明石地方的桥本电气公司。该公司管理松弛，经营散漫，面临破产。松下以 10 万日元将它改组为股份制，并派龟山武雄担任总经理。龟山带去了松下电器厂的企业精神、经营手法、管理方式，用 3 年功夫，使这个奄奄一息的工厂奇迹般地复活，成为模范工厂，生产合成树脂配电器具。

第二家归于松下幸之助麾下的工厂是国道电机工厂。这家以专门制造收音机知名的工厂成了松下的第七工厂。

松下幸之助的目标是想要研制出"外行人也会使用的收音机"。松下不怕别人嘲笑，将这一高难课题交给了研究室主任中尾哲二郎，并鼓励他排除万难，潜心研制。

果然，在松下幸之助下达命令 3 个月以后，中尾通过努力，研制出了合乎标准、接近理想的收音机。可喜的是，松下幸之助的收音机在"日本广播协会"举办的收音机比赛中，一举夺魁。取得这个成绩不易。因为从研制、生产收音机来讲，松下的时间并不长。以短短的时间，能压倒同行前辈，一跃而成为后起之秀，一方面让同行们刮目相看，给同行带来了不小的竞争压力。

松下幸之助就是这样一个人，当他觉得自己的产品有利于大众消费并能提高大众的生活水平，他就会实施其大量生产理论。

新型收音机一研制出来，他就立即制定了大量生产与大量销售的计划，意在保持这种一等奖产品在同行中的优越地位。

1931 年 9 月 20 日，松下又收购了大阪地区的一家干电池厂——小森工厂，并将它更名为松下电器公司的第八工厂。他原封不动地接收了该厂以前的所有员工，没有派松下总公司的任何一个人前往该厂进行监督。他的这种开阔胸襟、信任他人的工作作风，在日本实业界被人称道。

到 1931 年底，松下电器公司的业务范围已扩大为四个大部门：1.配电线器具；2.电热器具；3.收音机；4.车灯干电池。产品品种达到 200 多样，依靠松下企业生活的从业人员近 1000 人。

但是,松下事业并非一帆风顺。

同制造电灯插口一样,他的收音机一开始也遇到了失败。首先是产品质量不过关,故障频发,退货堆积如山。另外,没有调试和修理收音机的经销网点也是导致失败的原因之一。经过这次失败,松下幸之助便命令自己的技术人员研制高质量的收音机。1931年"国民"牌收音机"R—31"诞生。这一产品质量高、性能高,但每部45日元的价格显得太昂贵。因而它最终没有成为大批量生产的销售的商品。

使松下幸之助在收音机领域打开局面、站住脚跟的,是他的这样一句名言:"热门商品一出现,你就要把它视为竞争对手的商品!"这也是他的"自来水哲学"的必然归宿。

1934年4月,收音机事业部开发出"R48"型收音机,每台售价50日元,比当时大学毕业生的月薪还要高。松下幸之助到工厂视察,手里拿着一只制作精巧的闹钟,对工厂负责人说:"如此精美的制品才卖收音机这个价格,相比之下,收音机太贵了。"

"R48"型收音机在5年之内销售量累计达27万台,被称为"不朽之作"。可是松下幸之助仍然要求技术开发人员降低造价:"'R48'有销路这很好。但每台50日元,价格太高了,难以普及。人们都希望购买收音机,希望能在一年内把价格降低一半。"

技术开发部负责人中尾反驳说:"一年之内要把价格降低一半,这种收音机做不出来。"

但松下幸之助对他说:

"如果你把'R48'视做别的公司的产品,而且畅销无阻,那么你就会考虑对应之策了。不要在合理化上下功夫,对'R48'加以改进,以求降低10%~15%的原价,而是要完全撇开它,从零开始。这样,你就一定能够做到。"

果真,中尾从根本上改变思路,终于在1935年研制出"R48"型新产品,售价仅23日元;接着,又推出在日本首先采用塑料外壳的"R11"型高档产品,每台价格为27元。

松下这种不断追求优质低价的思想使"国民"牌收音机的市场占有份额很快超过了生产收音机的老牌厂家。

另外,"R10"和"R11"两种新型号的收音机大幅度降低售价的原因还有:一是采用了新材料(塑料);二是实现了传送带流水作业的生产方式(日产400台),从而降低了成本,同时提高了劳动生产率。

松下幸之助对事业的追求永无止境。

1933年,松下又向银行增借30万日元,新建总厂新房。在落成典礼上,松下幸之助对众多的来宾说:"建设新厂房所需的资金,大部分是从银行借来的。"众人几乎不敢相信自己的耳朵。因为所有的企业家都不会当众承认自己资金短缺。但松下幸之助却自我揭短,暴露真相,他的做法与想法确实是独辟蹊径,与众不同。因为他对自己所经营的事业,抱有必定成功的坚强信心。

松下幸之助,只有松下幸之助才有如此的胆量与气魄,敢作敢为,又不失周到之心、周到之计。

1935年,松下电器公司各部门完成了改组为股份有限公司。这时,松下幸之助又突发奇想,生产电灯泡,向当时市场竞争十分激烈的日本电灯泡制造业界进军。

这又是一次果敢的行为。

"明知山有虎,偏向虎山行"。

1936年2月新工厂建成,5月试制品问世,6月便投下资金10万日元,设立国际电灯泡股份有限公司。

就在松下电器公司倾尽全力开拓市场时,日本电灯泡工业联合会原有的各会员公司,对它直接或间接抵制。尽管如此,他主意打定,绝不后退。

这就是松下幸之助的风格,不论起步多低,他的目标永远是向第一流挺进。为此,他不惜冒无法销售的风险。因为他相信自己一定能胜、一定能赢。果然,1937年8月,电灯泡销售业务移归松下干电池股份有限公司管理,通过干电池已经获得成功的推销路线,国际牌电灯泡迅速地打进日本全国各地的销售市场。

感悟使命

在生产与销售脚踏车灯的过程中,松下电器厂名声大噪。年仅29岁的松下幸之助已使自己的事业挤入中型企业的行列。但这还不算是他的最大收获。而最大的收获是和山本商店订立大阪府地区独家代销的合约。山本商店店主山本武信是松下幸之助一生最佩服的人物之一,也是教导他"经商之道"的恩人。

山本武信是制造肥皂、化妆品,做批发生意及经营出口业务的厂商。当时已是很不错的企业家。在松下幸之助眼里,他是非常了不起的成功者,对他怀着由衷的敬佩。

与山本武信的合作给松下留下了深刻的印象。在他的《工作·生活·梦》一书中,有这样的叙述:

"当时最使我们惊讶的是在谈妥交易时,他说设定每月要10000个脚踏车灯,3年之间就负责推销36万个灯;如果没有达到这个数字,他愿意承担损失。为此,现在就把货款一次全部付清。"

"他的想法非常有趣,他说:'脚踏车灯是你首度开发出来,也是刚刚在市场上推出的商品,所以你一定感到疑惑,推销是交给山本了。'"

他虽说一个月要卖10000个,但是否能真的做到呢?如果自己做是否会比他做得更好?"你虽然已经答应和我交易,但心里仍旧不放心,还有着犹豫,内心是不安的。这种心理我十分了解,所以要使你安心地获得成功。如果认为推销不出去,我是不会答应的。只要经过我认定一个月能卖出10000个,就等于是已经卖出去了。根据我做生意的经验,可以这样断言。所以3年份的货款都先给你。"山本毫不含糊地说。

他一口气交给我 3 年份的 36 张支票。

他成功的原因，正如他本人所说，就决定在一切都这样光明正大的做法上。

这样，松下幸之助同山本武信订立了一场不同寻常的一次合约。这对松下来说是从未有过的。在松下幸之助的长期能与这样的人来往，使他在经营方针上获得很大的胆量。

山本商店是炮弹型脚踏车灯大阪地区的代理商。由于销售数量增加，山本商店竟将车灯直接卖到大阪市内的批发商手里，而这些批发商又把车灯再推销到各乡镇以至乡镇以外的甲地、乙地……这样，各地方车灯的代理店遭受了排挤。于是向松下电器厂陈述此事。

松下幸之助以良知判断，支持各地代理店的意见，希望山本商店在推销产品过程中注意方式。但山本商店认为自己没有违犯合约，坚持己见，丝毫不让步。

松下幸之助一方面对山本武信的见着权利就不让步的做人态度感到愤慨，另一方面山本武信又完全代表着传统的大阪商人的根性，对他信念坚强、"择善固执"、无所顾虑的精神，暗中深深佩服。

这个问题圆满解决（松下委托山本商店为全日本的总代理商）后，松下幸之助深深地佩服山本武信经商的卓越才能与处理事务所具有的坚强自信力。同山本商店的生意交涉，松下幸之助学到了许多的东西。他切实地了解到，销售犹如生产一样也应先人一步，捷足先登，出奇制胜，勇往直前，胆大心细，就不能不坚持下去，不达目的誓不罢休。更重要的是松下幸之助意识到网罗人才对事业发展的重要性。在与山本武信的多次交涉中，使他看到大批幕僚人员跟随山本武信左右为他出谋划策，竭忠尽职，山本武信事业的成功与这些幕僚人员密不可分。其中的木谷经理和加藤大观给松下幸之助留下了深刻的印象。

在松下幸之助就炮弹型车灯的销售方式与山本武信的交涉过程中，木谷经理都参与其中，每当松下与山本的意见对立时，木谷马上加入发言，言辞委婉，缓和了松下幸之助与山本武信的冲突，促使整个谈判的氛围和谐、融洽。而在山本武信没有注意到的细节上，他又从旁提醒老板，做适当的补充，说出自己的主张。这一切使松下幸之助意识到如果自己的事业要成功，同样需要这样的帮手。孤家寡人毕竟不是长久之计。

加藤大观则是一名和尚。他少年时代，腿部有毛病，无法站立，行动十分不便。他一心想治好腿疾，于是以虔诚之心走向了信仰之路。医学已无法治疗他的腿疾，他皈依佛门，诚心诚意信佛。这样过了 3 年，他的腿疾居然奇迹般好了。由此，他的信心更加坚定，终于真正出家做了和尚。如此的生活经历，使他的信仰比一般人更加坚定而强烈。松下幸之助遇上他时，加藤正是山本的顾问，生意场上的重大事务都是两人商议决定。在松下幸之助的自传《经营成功之道》中，对加藤有这样的叙述：

"从他们的谈话之中，我感觉到加藤老师的确是这位老板的顾问，他的判断当然考虑到老板的立场；但大部分时候，也能考虑到交易对象——我的利益。因此，我认为这个人很了不起。在一般情况下,都只会考虑到自己顾主的利益,这也是许多事情都不能谈妥的原因,即使成功了,如果有一方不满意,也很难维持永久。

加藤老师的看法是,想要使一项契约成交,必须要用双方都满意的方式。利益应双方共享,应以工作的成效做适当的分配。老板和松下先生都要这么做。虽然彼此可以讨价还价,但必须充分考虑到双方的立场,而在这样的基础上做判断。他始终在一旁以这种方式进行谈判,所以这项契约得以成交。

山本武信请这样一位和尚作为他的幕僚足见他对经商的虔诚之心。其实,世间的事——经商、信佛……都是"条条大道通罗马"。这也使松下幸之助悟出了经商的真谛,使他在后来的岁月里更加重视人才的选拔与运用。

中国古人云:"君者舟也,庶人者水也,水能载舟,亦能覆舟。"松下幸之助对此话亦有深刻的领会。他曾说:"国家的兴盛在于人,国家的灭亡亦在于人,古圣先贤,早有明训;回顾古来历史,可谓丝毫不爽。经营事业的成败,不容讳言,与治国同一道理,在于人事安排是否合理。拥有多数好人的事业,定会繁荣;否则,此一事业单位必趋于没落。"

在松下幸之助一生的企业经营中,除山本武信给他带来的影响外,还有一人,他就是美国汽车大王亨利·福特。

福特是美国最有名的汽车制造商,其研制的"T型"汽车轻便价廉,是公众最实用的交通工具,他的汽车生产实施了名闻世界的装配作业线。福特采用主动降价的方法扩大购买阶层,不仅自己赚了钱,而且给社会公众带来了好处。

松下幸之助非常赞赏福特这种把事业和社会发展紧密结合起来的思想,他说:"这种思想对任何事业都是极其需要的。至于按时代的情形要做到什么程度,是根据每个人的思想、人生观、社会观,会有高低或迟早的差别。但福特的事业观还是能活用到今天的事业里,'使汽车迅速发展并大众化',他就是促成这样动机的人。"

松下幸之助对福特怀有仰慕之心,于是他特意去横滨参观了福特汽车制造厂。他看到:将体积很大的汽车用一贯作业制造……这个工厂竟没有产品的库房,原因是产品无堆积。

松下幸之助兴奋地说:"我读福特传记时,就已受到很大的感动,现在亲眼看到他的工厂,听到说明,确实感到福特的做法非常彻底,这也是事业别具风格的一种经营法。"

可以说,福特对松下幸之助产生了极大的影响,因而松下决意接受福特的经营法,甚至是模仿与效法。

在松下看来,他的个人经历、性格与福特有着那么多的相似之处。

他从福特的经营实践中,悟出了大道理:一个成功的企业家,无论经营什么、制造什么,都必须要有现实的根基,而这个根基就是大众的需求。

他在《职业之梦·生活之梦》一书里写道:"没有人能像福特那样处处为社会大众着想,时时挂念着自己制造的产品,将对千千万万的民众、广大的社会产生什么影响;他以这样的人生观立身行事,勇往直前。"

可见，松下幸之助在人生关键的年龄读了一本关键的书。亨利·福特的传记影响着他的经营观念，大量生产→降低价格→创造需要理论在他的脑海里扎下了根。

十年的经营实践使松下懂得：生意人不单单是赚钱，或者说，赚钱不是唯一目的；经营应该是一桩事业，这事业必定要与社会、国家、民族利益连缀在一起。

汽车大王福特的成功，仿佛是空谷足音，使松下茅塞顿开，欣喜异常。

从此，辛勤劳作的松下事业有了突飞猛进的发展。在他的内心世界里，"我是一个企业家"的思想已经深深地扎下了根。所以，他思考问题的方法、经商的手段以及经营的目标，无不站在一个实业家的高度。

松下幸之助是一个善于分析、观察事物的人。在昭和七年（1932 年），其基本思想能达到如此的境界，是有原因的。

这年 3 月，他访问了天理市天理教本部。在此之前，松下从没有对任何一种宗教给予特别的刮目相看。他自己解释这次会见时，就这么说："各种各样的宗教都有自己所独具的睿智，对我来说就像十分丰盛的宴会酒席一样，每道菜都各具风味。"

但是，当他看到号称信徒 200 万的天理教会中，有 5 万余人没有受过任何人的启发和强制，自发地并且十分严肃认真地尽力为宗教事业工作时，他被深深地感动了。他通过以依靠精神的安定而达到人生幸福为目标的天理教教义，领悟到了经营企业的真正使命。这就是：依靠物质生产，消除贫困，使人们得到生活的安定和幸福。

他写道："过去，我经营松下电器公司，不过是按照以往多少人沿袭下来的做法去做。然而现在，我知道公司应该走的道路了，我能够把握住企业家、公司经营者真正的使命了，这里有经营者的真谛。"

松下幸之助认识到：天理教实在是卓越的"经营"，在教主（经营家）的经营下，使广大教徒充满喜悦的心情，认真而努力地工作着，不但自己而且也希望别人也一同享受快乐……他说，企业的经营和宗教的经营，同样都是神圣的事业，而且同样是不可缺少的经营；我们的经营和我们的事业应该成为比宗教事业规模更加宏大和繁荣的神圣事业。企业为什么会关闭和缩小呢？这就是经营不当！只顾自己利益的经营，脱离正义的经营，没有觉悟到肩负神圣事业的信念的经营——这种单纯生意经式的经营，单纯立足于传统习惯的经营，都是经营不当；自己必须从这种观念中摆脱出来。

松下幸之助常说："任何人都不会阻拦一个陌生人喝点自来水。尽管水管里的自来水需要消毒，也需要送水工人的劳动和时间，但因为它非常便宜，所以大家都觉得你用一些没关系。这件事是一个契机，他使我初次领悟到'丰富'的意义。我觉得，物质生产者的使命就是向人们提供像自来水一样丰富而廉价的生活用品，以满足他们的生活需要，使他们生活幸福。"

"自来水深刻地教育我们懂得生产者的使命，是把贵重的生活物质像自来水一样无穷无尽地提供给社会。无论什么样的贵重东西，生产的数量多了，就可以达到几乎无代价地提供给人们的程度。这样,才能逐渐消除贫穷。因贫穷而产生的苦恼,也可逐渐解除。这就是所谓的真正的经营。经营的真正使命也在于此! 这就是松下电器的道路,归根结底要选择的一条道路!"

得到这个正确结论,他顿时精神振奋,热血沸腾,斗志昂扬。

就这样,松下幸之助从参观天理教总部联想到企业家的伟大使命,从自来水联想到真正的企业经营。他从前在开发产品和开拓市场等方面有过不少成功,并使他感到极大的兴奋和喜悦。但这一次在领悟到经营企业的真谛之后所产生的喜悦与激情却是过去任何一次都无法比拟的。

他决心实践这一"自来水哲学"。松下电器厂实际成立时间是 1918 年 3 月 7 日。但是为了向职工阐明企业的真正使命,他特将 1932 年 5 月 5 日作为第一个"创业纪念日"。

是日上午 10 时,松下召集他的员工在大阪的中央电气俱乐部礼堂开会,庄严地向他的员工们诉说他关于松下企业真正使命的构想。据当时在场的人回忆,当天的松下幸之助气宇轩昂,双颊红润,表情自信而严肃,近乎一个布道者。他那铿锵有力的声音在大礼堂回响着:

"实业家的所谓使命,就是克服贫困,把整个社会从贫穷之中拯救出来,实现富有。商业和生产的目的不在于繁荣商店和工厂,而在于通过劳动使社会富裕起来。使社会富裕和繁荣是商店和工厂活动的原动力。商店和工厂的繁荣只能是第二位的。那么,为实现企业家的使命——克服贫困、增加财富,应该做些什么呢? 不言而喻,只能依靠物质的生产、生产、再生产。无论社会状况发生什么样的变化,企业家的使命——生产、生产、再生产也不容有片刻的疏忽。增进生产才是产业人的真正使命。"

听了他的讲演,广大职员们也欢喜异常,在允许的 3 分钟的发言时间里,踊跃发言,慷慨激昂,纷纷陈述他们誓死完成使命的决心。

这一天,成为辉煌的一页载入松下电器制造厂的历史里。

为铲除贫穷——这个人生最高最尊贵的事业做出贡献,他要求所有员工(包括自己)必须刻苦耐劳,勤勉从事,不停地工作,不停地生产,增加物资。

松下幸之助的彻底性还表现在:他要将这一崇高使命量化为时间,也就是说,他要计算出要在一个多长时间段内,才能完成"自来水哲学"所昭示的崇高使命。根据他的设想,至少需要 250 年的时间才能实现自己的梦想,即:经过十个阶段(每个阶段 25 年,一直到 250 年之后),建设一个使所有人都富有、舒适、幸福的乌托邦。

"其具体内容是:最初的 25 年可以分为三个时期:10 年用来建设,10 年全力以赴地工作,然后在公司有所成就的基础上,用 5 年时间为社会做贡献。在这里听我讲话的职工们的工作,在下一个 25 年里,承担为下一代人造福的责任。以此循环往复,每 25 年重复一个周期,用 250 年的时间就实现了我们的目标:使社会进步,使人类富有。将来,以后的几代人还应该有一些新的、未知的、而且是更崇高的理想。"

这样的使命感,也许是他从年轻时因患肺类黏膜炎而面临着死亡的考验而得来的。当时,医生命令他三个月内绝对安静,不准工作,不准活动。然而,家里没有那么多钱供他休养,他得工作补贴家用。"那简直是宣判了我的死刑。我强迫自己正视自己,并在考虑究竟该怎样做。最后我认为:接受命运。死就死了,活就活了。反正如果真的死了,现在不工作,成天休息也没意义。因此,我决定拼命地工作。"

他恢复工作。几个月后,病也痊愈了。这件事情在他看来是"因下定决心完成使命而拯救了自己"的一个例证。

用人"魔鬼"

幸之助从一开始就把产品的质量作为企业信誉的根本,不能不说他已经走在了时代的前面。1932年,他在小公司的"精神诞生日"这一天宣布:"企业的健康发展的目标,就是尽力提供价格便宜、质量优异的产品,为社会服务。"这种"异端之说",在后来的激烈的市场竞争中,益发显示出它的真正价值。

幸之助常常发出些带点辛辣味的警告:喜欢不公平竞争或欺骗消费者的企业家,只要生活在真正意义上的自由企业体制中,"不知什么时候,就会受到社会惩罚",而且注定要走向毁灭。

就建立建设性的劳资关系的方针来说,幸之助的一贯主张是:"我要让职工看账本,让他们清楚地了解公司现在的状况。"在他出版的各种书籍中,他不惜篇幅,以自己为例,反复告诫人们:企业家要让职工了解自己的观点和目标。

从雇有7~8名员工时开始,松下幸之助就每月将各人经费与店里经费分别计算,并将结果向全体公布。其目的就是要做到所谓的公开经营,从而让每位员工都了解企业的发展状况,产生一种想要更加努力的向心力。不但如此,而且公开一些属于企业的机密,以增加透明度。比如,当时各公司都把原料配方视为最高机密,可他却认为应该公开。甚至对新进的工人,也都明白无误地教给他们。有些同行替他担心,并劝告他。松下幸之助却回答说:"有什么好担心的呢?只要事先说明哪些是属于该保密的范围,他们反而不会如你们所想象的那样轻易背叛或泄密。我认为雇主间最重要的是要有信赖感。拘泥小节的经营态度,非但于推展事业有碍,也不是培育人才应有的态度。我也不是随便向人公开秘密,但只要遇上相当有水准的人物,哪怕是新上工的人,也一样让他实际参与。"光明正大,绝对公开的经营态度,不仅能提高员工士气,更可以有效地培养经营人才。

他说:"经营时做出的许多决策都对部下产生直接影响。由于自己的骄傲而懒得考虑职工们的想法,这样在缺乏意见交流的情况下,互相离心,不仅二者之间的关系不和谐,而且实际上在没有得到员工们的意见反馈时做出的决定往往是错误的。"

1922年,年末,照惯例要进行大扫除。幸之助在巡视时注意到,工厂有50多名工人,竟没有一个人去打扫厕所。他察觉到工人们好像有些对立情绪,劳资关系有点紧张。幸之助选择的解决策略是：自己打扫厕所。这样，他在把厕所打扫干净的同时，也把那种劳资关系上的紧张气氛一起扫掉了。

"打扫厕所时，我体会到，自己如果没有考虑到工人的想法就生气，并表现出自己的急躁情绪，给人的印象会很不好。作为工厂的主人，首先必须率先做出榜样。我亲自打扫厕所，起到了缓和紧张局面的作用，同时我也得到一个重要的启示：即作为主人，不能仅仅依靠权威。当然我的收获还远不仅于此。我还懂得了培养谦虚精神和耐心的重要性，而且如果在经营中以身作则，你可以得到很多意想不到的效果。"

他的经营哲学就像他在工会成立时的贺词中表白的那样："工会和经营者，是公司经营车上的两个轮子。只有当两个轮子处于谐调、均衡状况时，我们才能真正得以生存、发展和繁荣，厂方和员工也才能得到收益，两方面本来就是相互依存的。"

1965年，松下电器先于日本其他大企业采取5天工作制；另外在工资体系方面，废除年功序列制；1966年，实行男女工资平等制；奖励工人的个人开发，设置较充足的以国语教研室为主的教育设施和工人闲暇活动服务设施。工人一到35岁就要有一套自己的住宅也成为公司的一个目标。

1929年，世界性的大萧条。

日本的工厂纷纷倒闭，公司接连破产，经济陷入空前大混乱之中。松下也不例外，销售额锐减，库存急剧增加。管理人员不得不向幸之助提出忠告，要大幅度削减生产，把工人裁掉二分之一。正在病床上养病的幸之助为之焦虑不安，反复思考。最后，他提议："工人一个不减，生产实行半日制，工资按全天支付。"与此同时，他要求职工利用星期天、休息日的闲暇时间，竭尽全力地做产品推销工作。没有几个月的时间，库存清除了，生产恢复正常。

当企业面临倒闭的危机时，沉着地做出这样的决策并非轻而易举的。但幸之助正是通过总结自己在与激烈动荡的现实生活的搏斗中所得到的一个一个胜利或失败的经验和教训，才一步一步地建立了把以人为本作为经营哲学的松下公司，也发展了这种"松下哲学"。

1923年，松下制造出在设计、功能方面都有划时代意义的自行车电池灯。但无人理睬。怎么办？幸之助不顾一切，孤注一掷，继续投入资金，做了几千个样品灯，并免费配置，点燃后，放在自行车商店的铺面上。确实，这些灯燃烧寿命长，顾客们看到了感到很新鲜，纷纷抢购。

他在晚年回忆说："当时在日本，这样的推销方法几乎是没有先例的。如果这种实验失败的话，也许公司当时就倒闭了。"

从这次经历中，他得到的启示是："不管是什么决断，都是既面临风险，也会有某些成功的可能性的。关键是决断的前景、可行性难于把握。在很多情况下，这都具有不确定性……当然，你必须注意，在没有认准的情况下，就不要过分自信一定能取得成功，但在确认有某种程度的盈利可能时，就必须毫不畏惧地迎接挑战。"

另外，特殊的日本式感受力给予他的经营思想以很大影响。就在当他推销自行车电池灯犹豫不决时,有一天,他和两个朋友走访了一座寺庙。在寺院里,偶然发现一块点景石,幸之助便提议以是否能把这块石头举起来作为试试大家运气的根据。结果,比他健壮得多的两个朋友失败了,相反,他却试着举了起来。

他说:"当时,我脑海中闪过一个念头:如果举起这块石头,那么实行这个销售计划,就一定有利可图。"

10年后,他又提起了这件事:"虽然人们说直觉并非科学,但依靠长期的训练而磨炼出来的直感,有时比科学的方法更有判断的基础。大概要了解直感的价值,也应该反复在生活中磨炼吧!"

在古老的东方文化中,强调事业成功的条件是:"天时、地利、人和。"松下幸之助也非常迷信这一点。他为了在极限范围内取得最大胜利,对电器公司内部组织实施重大改革,做到:各施其政,各行其权,各尽其责。

在松下幸之助的经营思想中,概念化的东西极少,他所有的经营之道都源于自己身体力行的经验。他是以经营一家小作坊到小工厂、小企业一步一步起家的,在工厂规模小时,凡事他作为一个厂主可以亲自躬问,而今公司下属各个分厂各种电器生产已具相当规模,就他一人要什么都能了解,什么都能当机处理已是不可能的事了。于是他想到了叫谁来负责的问题。

松下幸之助在《经营成功之道》中说:"当我想到叫谁来负责去做之时,我的脑海里又出现了一个问题,既然叫人来做,则一切责任都应该让那人负起来才合道理。如果一般场合,每逢制造产品,我常会对这位主管其事的人说:'请你仅仅负责制造!'往往如此一谈,事情就完了。但是,这一次我没有那样做,我的想法复杂了,我向这一负责的人讲:'我们计划生产电热器,想成立电热器部门,请你来担当这个责任!同时,我已经详加研究,凡属于这一部分的制造也好,销售也好,或其他什么事情也好,都算一个职位应该负担的工作。换言之,这数项工作,是要让一个人员负全部责任。你可否多劳一下,担当这个职务?将来如遭遇非常重大问题,自然可以来和我商量!目前因为有很多其他重要业务需要我亲自处理,所以忙得无法开脱,实在没有余暇再来照料配电线器具或电热器方面的事务。然而,由于顾客们的恳切希望及时代之要求,我们公司非开始制造电热器不可,因此,现在才决定去做。我分不出身来,希望你来担起此一任务!'当说出'希望你来担起此一任务'之时,那就等于说任命此人为这个部门的最高主管。而所谓最高主管者,亦即将这一部门的全部业务,整个委托他负责办理,部门虽小,全部责任一个人承当,事情也不算简单了。松下电器公司的分权组织制度,便是如此这般产生的。"

松下幸之助这一构想产生后,便立即施行,其具体做法是,以每一种产品的生产部门为一独立单位,赋予各独立部门极大权限。1933年,他将公司内部分为三大部门:第一部门为收音机部;第二部门为脚踏车灯及干电池部;第三部门为配电线器具及电热器之制造与销售部。在运作一段时间后,松下觉得上述分权办法,不够完善,不够彻底,认为既然施行责权区分组织制度,就应该做到名实相副,遂于1934年3月,再一次着手改革组织。将电热器具制造与销售分开,分别成立电热器具之制造部、销售部。这样销售部成为独立的部门,统管其他三部分的销售业务。

在松下,生产部门与销售部门各自独立又互相联系,以推动整厂产销工作。这样分权组织制度,就彻底加强了生产销售两方面人员的职责。

每个部门主管拥有很大的权力,公司以各部门的首长之名义在银行设立户头,办理存款或借款的业务。这样各部门必须单独报算利益,处理业务完全自主。在销售方面,每个独立部门,均按照其需要情形,各自设立联络事务所或营业所,各自开展营业推销活动。

这样的分权组织制度,在当时的日本企业界尚属首例,充分显示了松下幸之助的雄才大略。他凭借着自己经营事业的经验和基于创办企业的理想,构想出这样一种制度,并让它运用于实践,取得了很大的成功,不能不说是个奇迹。

松下创设这种分权组织制度的用意有二:一是事业经营者必须对公司尽责。公司内部分成了若干独立部门,各部门的盈亏各自单独的核算,绝不允许以某部的盈利来弥补其他部的亏损;也就废止了从前各部相互间的损益抵补办法。各独立部门要负责任地凭自己的努力和创意去争取营业利润,以此利润贡献于公司之成长、壮大。二是培养经营管理人才,真正做到"松下电器,生产电器具,也培养人才"。

此后,随着松下电器公司的发展,分权组织制度的形式和运用的重点,有了微妙的变化,然而它的基本精神,却始终保持至今,形成了松下电器公司在经营管理上的一大特色。

松下电器公司在宏观上进行了分权组织制度后,为了配合这一制度在微观上制定了公司用人规则的总章程、制定了五条"松下精神",举行朝会、晚会典礼等一系列办法。

松下的用人规则大致有以下几个特点:

(一)此一项规则适用的范围,在工人部分,区分为常雇工人和临时工人两种。

(二)雇用的工人,在雇用当时,其年龄限制明记为未满40岁的人;如有特殊技能的人,不在此限。

(三)松下电器公司设有"步一会",凡雇用的工人,都有入会的义务。工厂主对每一位会员每月补助日币5角。

早在1920年3月,松下为了团结公司内部从业人员,就组织了这个类似于工会形式的"步一会"。设立目的,在于会员间亲爱和睦、互相救济及增进福利;大家协力促进该会本身业务扩充,并进一步使松下电器制造厂业务发展。

"步一会"自成立以后,一直起着团结公司内部上上下下的作用,对公司从业人员有其凝聚力、向心力。

自1932年5月5日,松下电器公司举行第一次公司创业纪念典礼后,公司内部群情振奋,同心同德,励志图强。从此,松下电器公司的作风更为改善与完美。松下幸之助为了使其作风成为公司的传统风范,便于1933年7月23日向公司全体员工颁发厂主书——"制定松下精神的书函":

"径启者:时令已届酷暑,敬请注意起居,诸位珍重!本厂业务逐渐发展,现于同行业中,业绩显著,众人瞩目,此均为各位同事勤力同心、热诚工作之结果,至堪欣慰,然而,最近常蒙各方人士垂询,松下电器公司如此惊人扩充,其原因何在?或者用何秘诀能将事业经营到此等地步?对于这般人士,我想提供一些正确资料,使他们清楚认识本人公司何以能够存在及壮大起来。同时,这些正确资料,亦是确定本公司全体员工必须遵守的指导精神,指导精神是什么?兹正式发表于下:

一、产业报国之精神。

二、正大光明之精神。

三、亲睦合作之精神。

四、奋斗向上之精神。

五、遵守礼节之精神。

至此,松下幸之助早年对公司用人的理想终于实现了。"松下精神"成为其公司攻无不破、战无不胜的灵魂。

松下电器公司很多年以来,每天工作开始以前或傍晚工作结束以后,松下幸之助都会以老板的身份,向全体从业人员发表自己的感想。自1933年4月起,松下公司把朝会和晚会作为制度,每天必须举行。

朝会的内容是公司全体员工各在自己工作的地点,高声朗诵五条松下精神。

晚会时,则大家还要一齐合唱公司之歌:

荣耀扶桑工商大都,

企业起飞大阪城廓;

丰硕成果冠绝斯界,

松下电器我等光辉。

松下幸之助用以身作则的教化感昭着他的公司成长,使其团体成为严密的整体,上下齐心协力共同向繁荣、幸福迈进。

"企业即人"。1962年,松下幸之助在其第一本总结企业经验的著作《我的想法与做法》中说:"古圣先贤说,人能兴国,人能亡国。回顾自古以来的历史,如实地证明了这句名言。毋庸讳言,事业的成败同样在于人。拥有优秀的人才,事业就兴盛,反之事业则衰败。这在实业界是常见的事情。松下电器能够有今天,可以说是由于得到了人才的缘故。"

后来,他又进一步阐述这种"人的因素第一"的思想。他在《实践经营哲学》一书中说:

"无论什么样的经营,只有得到了合适的人才,才能够发展。无论有多么光辉的历史和传统的企业,如果得不到正确继承其传统的人,也会渐渐地衰落下去。经营的组织和方法固然重要,但它是由人来推动。无论建立了多么完善的组织,引进多么新的方法,倘若没有善于推动它的人,也无法取得成绩,从而也就无法完成企业的使命。因此,企业能否为社会做出贡献,并推动自己兴旺发达,关键在于人。"

松下幸之助认为:发现和培育人才是重中之重。

那么,怎样才能培育人才呢?他说:"具体的做法很多,但是最重要的是要有'这个企业是为什么而存在并如何去经营'。换句话说,就是要在企业中坚定地树立起正确的经营思想和企业使命观。"

"要向职工经常地进行企业的使命观和经营思想的教育,使它渗透到人们的心中。与此同时,重要的是放手下级去工作,让他们能够在自己的责任和职权范围内自主地进行工作。"

松下幸之助由于高明的用人之道而被称为"可怕的用人魔鬼"。

还是在制造电灯插口和电风扇底盘的年代,松下幸之助在用人问题上就表现出了他高人一招的才能。

前面提到的公开工厂生产的技术机密就是典型的一例。公开配方不仅没有造成泄密,而且收到了良好效果,职工们因受到信赖而心情舒畅,劳动热情更高了。

信任可以使部下心情舒畅,干劲倍增,大大地激发部下的工作积极性和主观能动性。

在这方面,使松下幸之助引以为自豪的一个例子是,昭和初期他任命一个初中毕业生、参加工作仅两年的年轻人做主任,让他带领两个学徒到日本西海岸的金泽市去开办营业所。他诚恳地对这个年轻人说:

"你已经20岁了。按说,20岁在古代已是武士到阵前取回敌方大将首级的年龄了。你中学毕业后,又经历了两年见习店员的锻炼,有了一定的经验,一定可以胜任。至于做买卖的方法,你认为怎样做得对就怎样做。你一定会搞好,你要相信自己。"

这个年轻人果然不错,推销工作开展顺利,两年后营业员增加到7人。

松下幸之助因此得出的结论是:"人只要有了自觉性和责任心,就有力量完成乍看起来好像不可能完成的困难任务。"

曾经晋升到松下电器贸易股份公司代表专务董事的斋藤周行也有过这样的经历。

1934年,23岁的斋藤从福岛高等商业学校毕业后进入松下电器产业公司。在第一事业部的仓库里干了一个月的体力劳动之后,便做了营业部见习推销员,半年之后,被松下委以在神户地区开展推销活动的主任。

"在松下电器公司,你是第一个有学历的推销员。你不单单是要开展推销活动,而且还肩负着代表松下电器公司,作为我的代理人同用户打交道的重要任务。不要忘记,用户满意即是松下电器公司的成功,你自己便是公司的代表。希望你以这种精神努力工作。"

进公司还不到一年的斋藤一想到"代表公司,代表公司总经理"就精神抖擞,浑身充满了力量。他感激松下对他的器重,不知疲倦地在自己负责的地区内搞宣传,争取用户,和同行开展竞争。他废寝忘食,拼命工作,很快打开了局面。

为了扩大收音机的销售量,斋藤提出实行售后服务和建立网络的建议。为此,他实施建立"连锁店系统"计划,在各城市设立了"国民经营研究会"。到后来,它发展成为遍及全国的松下电器公司的销售网——"国民店联盟""国民店会"。斋藤还率先在该地区推行了当时还鲜为人知的"分期付款购货方式"。

1936年春天,在神户地区取得优异成绩的斋藤又被破格任命为新设立的东京营业所主任。这一委任对他来说真是"晴天霹雳"。因为按照当时公司的规定,见习职员要工作1~2年才能晋升为最低一级的正式职工——三级职员,若干年之后,才有可能被提升为主任,而他却由见习职员直接被提升为营业所主任。这是一般人不敢想象的事情。

在松下面前,他制定了两项工作计划:

一、为推进争取零售店的工作,打算免费招待每月购入10台收音机的零售店老板到大阪总公司参观和宝冢二日游。

二、向这些零售店赠送一台收音机,作为该店参加特约店的招牌。

经过斋藤的不同寻常的努力,到了这一年的10月,已争取了300家零售店参加松下电器公司销售网。

为招待这些零售店老板到关西参观,松下电器公司向铁道省租赁了专用列车——"国民专列",11节车厢一律配备来自银座酒吧间的高级女招待。列车从东京站开往大阪,一路上又吃又喝,载歌载舞,热闹非凡。松下幸之助等总公司领导干部专程从大阪赶到京都,提前登上列车,陪同客人们到大阪。无论是参观工厂,还是游览宝冢,也无论是住宿还是饮食,都安排得十分周到。在下榻的饭店里,松下电器公司的职工逐一检查房间里是否放了高级化妆品,地板上、洗澡间里是否有纸屑和毛发,连早晨入浴时的水温都要事先测定一番。

从此以后,松下电器公司在东京地区的销售网点又翻了一番,增加到600家,作为一家关西企业,松下电器公司就此在关东地区站稳了脚跟。

这个大好的局面竟是松下幸之助依靠一个年仅25岁的新职员开创出来的。

松下幸之助自幼身体病弱,创业之后,依然是病魔缠身。他说,正是自己身体健康状况不佳,才不得不依靠别人。另外,因为他出身贫贱,没有学历,所以他从心底里看得起任何一个人。

20年代初,一位医生一边给他治肺病,一边给他讲述为人处世的道理,使他在身心两方面获益匪浅。松下也把医生当作知己,向他倾吐自己的理想。他曾提出,将来自己既要边经营企业,也要边培养人才;使物质生产和人才培养同时进行。他想把企业经营和学校教育合二为一,作为一个事业。

1934年,松下幸之助就决定创办店员养成所(职工培训学校),经过两年左右的积极筹备,松下电器店员养成所于1936年开学,松下幸之助亲自任所长(校长)。按照他的设计,这所学校从小学毕业生中择优录取学生,在3年学习期间,每天学习4个小时,实习4个小时,结业时学完5年制中学的教育课程,可以比普通中学毕业生早两年参加工作。

松下经营

正当松下电器一步一步地向前推进之时,日本政府发动了罪恶的侵华战争,点燃了第二次世界大战的战火。

为了实现独霸世界的狼子野心，日本军国主义在国内加强经济统治，压迫民族工业，强迫大部分工业制造厂家直接或间接地转向军需生产。松下幸之助的企业也是在劫难逃。

1937 年起，松下电器公司所属的干电池工厂接到军方命令，开始制造军用干电池。

1938 年，松下金属股份有限公司接受"陆军省"的订货单，为陆军方面制造补给机关枪子弹的简单金属部分，后来又奉命开始制造各种兵器。松下收音机股份有限公司则于同年设置无线电通信部门，1939 年 9 月，设置军需品部门，开始制造军用无线电收发报机的零件，如海军舰艇上的无线电收发报机的电键、线圈、可变电容器等。从此，松下电器公司的生产重点转向了军需物品。为此其经营方针也有所转变。

松下迫于当时国内的时局，不得不将生产转向军用，但他仍未忘记对民用物品的生产愿望。

1942 年，太平洋战争如火如荼。

日本政府大量造舰，并怂恿松下经营造船事业。松下幸之助虽无造船经验，但出于产业报国思想，接受了军方的要求，决心按照自己独特的构想着手设厂制造。

其构想是，效法福特汽车制造厂的"装配线作业方式"，动用他自己总结出来的大量生产理论，建立一条造船作业流水线，每 6 天要使 1 条船下水。

1943 年 4 月，松下幸之助投资 1000 万日元，设立松下造船公司，在大阪府的土界海岸购得 3 万坪土地，建筑了厂房。公司员工在松下幸之助和总经理井林岁男的督促下，克服种种困难，一边研究，一边生产，夜以继日地拼命，终于在半年之后，第一艘船只下水了。以后果真是 6 天造出一艘船。这在当时的日本引起了很大的轰动。昭和天皇莅临工厂参观慰问。

松下造船公司获得了划时代的成功。因为在当时，以这样的一贯作业方式系统造船的船业公司，全世界几乎没有，而在内行看来，松下幸之助奇异的造船法实在是难以理解和接受。可结果是松下幸之助这样的奇想取得了成功，并且造船效率非常高。这不能不说是一个奇迹。

由于松下幸之助的造船业绩，引起了海军当局的关注。海军要求他以这种方法生产飞机。1943 年成立松下航空工业公司，松下又一次投资 3000 万日元。到 1945 年春天，按照预定进度完成第一架飞机，飞行速度达到了预期的目标。这不能不算是一次成功。然而就在松下幸之助成功地让 3 架木制飞机上天时，日本已战败宣布投降，战争结束了，松下生产的飞机连 1 分钱也没有收到，欠了一大笔债。

1945 年 8 月 15 日，日本宣布无条件投降。

这个突如其来的打击使松下幸之助忧虑万端，一筹莫展。8 月 15 日，他辗转反侧，无法入睡，脑子里不停地闪一现：今后该怎么办呢？又能有什么事可以去做？一夜的思考，他终于决定："既然失败了，哭也无济于事。今后应正式兴起和平产业，重建日本，大力从事生活必需品的生产。"第二天，松下幸之助提早上班，召集全公司职工开会，他说："松下电器应采取的路线，必须是复兴日本，重建日本之路。

我们要集中全力在生活必需品的生产上,这就是我们当前的使命。员工不能有一个辞职。就算把失业者都找来帮忙,恐怕还嫌不足,我们非得携手合作,增加生产不可。"

在《松下公司史》中,这样简洁地记载着:

"8月15日,战争的噩梦终于结束了。第二天,松下社长召开会议,宣布公司的生产转入和平产业。整个国家倾倒在战争的硝烟之中,成为一片废墟。社长要求全体公司员工发奋图强,为重建国家而积极工作。"

这种把企业的繁荣和国家的繁荣视为一体、把企业的命运与国家的命运密切相连的日本经营方式,始终是松下经营思想的主干。

战后,松下幸之助的处境极为困窘,正如他自己所说:"从财产税而言,在当时我可能是日本负债最高的人。我常向朋友商借10万、20万用来维持私生活。因为他们没有被指定是财阀能自由使用,我就到处向这些人借钱,不但我个人当时的货币计算有几百万的负债,对于公司等也有几百万的负债。因此,我成为对财产税没有资格缴一文钱的全国最穷的人。"

就在这样的艰难困苦中,松下幸之助却无时无刻不在思考着个人及事业的未来与前途。他仍然关注着关于社会的繁荣,为此,他发起了"PHP运动"。

PHP是英文缩写。其意义为:"由繁荣带来和平与幸福"。这个理想含有着极大的宗教热情,也表明松下幸之助对生命本身的接近。1946年11月3日,在松下幸之助积极倡导与组织成立的"PHP研究所"成立典礼上,他发表了热情洋溢的演说:

"我成立本研究所的目的,就是希望向许多前辈汲取智慧和精华,尽快在我们生活中的各个方面实现这种愿望。"

"PHP研究所"成立后,积极开展社会启蒙运动,其内容主要有以下10项目标:

1.勤劳工作的人,应享有丰裕的生活。

2.让人们自由愉快地工作。

3.对于"民主"的意义,要有正确的理解。

4.劳资双方,应彼此协调,并各尽其责。

5.戒除浪费。

6.减少公家经费,增加工作效率。

7.租税负担,要正当公正。

8.由企业详细划分而促成空前的繁荣。

9.要使工作的人发挥最大的效能。

10.教育的目的,是培植人们具有完整的人格。

为了推动这一运动的进展,松下幸之助于1947年4月,创刊"PHP杂志",从1948年2月开始,他本人在该杂志上将自己的想法命名为"PHP之声",每期写一篇文章,公开刊载发表。

该杂志除日语版外,还有英、西语版,发行量已逾150万册。

　　通过这一运动的发起与推动,松下幸之助在自己的生活中重建了新的精神世界,并且由己及人使一系列的"PHP"思想——物质上的繁荣和精神上的安宁与充实——推而广之,不仅使松下电器公司员工受益,而且存留于世,昭示后人。

　　至此,松下幸之助已不是一般意义上的企业家,而是一位有深刻内涵的思想家了。

　　那么,他有哪些思想呢?

　　首先,要了解人的本质,了解恢复人本来面目的方法。

　　他曾这样回忆说:"我几乎没有受过正规教育,因为一心一意做买卖,对哲学一窍不通,与社会运动和教育运动没有丝毫关系。对自己应该走的道路,也看得不很清楚。因而,我认为,暂且不管如何使人感到唐突,首先必须就我们大家共同关心的问题进行对话。因此,我亲自组织 PHP 聚会,谈自己的教育使命;会见审判官、律师;学习各种知识;同时就日本的现状,发表自己的意见;当然也与医大教授们交谈;也找一些曾在京都寺院里生活、学习过的男孩子们,就宗教、社会的责任与他们进行商讨。"

　　不久,对话渐渐变成国际性的了。的确,幸之助为了"易于在全世界普及",PHP 的宗旨是用英语写的。这种活动的独特之处在于它并不强迫别人改变自己原有的信仰。

　　幸之助除了用讲演、写作与个人和集团进行对话外,他使得这个活动得以普及的唯一文字工具是杂志《PHP》,松下让人们借助于铅字的形式进行公开讨论。

　　在《人的思考》一书中,他把追求人类应该走的道路,最后结论表述为"人道"。作为贯注于他的一切活动之中的是,他在经济活动的世界中亲自掌握的经营哲学,这可以说是具有更一般形式的东西。

　　其中,他多次提及、强调的几个词,对任何企业、机构的运转和发展来讲都具有普遍意义。

　　首先是"生长""发展"。它的意思是:诞生、生长、发展、变化。而且旧事物消亡的过程就是新事物渐渐生长、发展的过程。

　　其次是"众知",即集中"很多人的智慧",也就是说,集中从古至今的全部人类智慧。

　　再次是"诚挚"。诚挚一般指的是老实、顺从。但幸之助却认为:"真正意义上的诚挚之心,它是包含着强有力的积极内容。""诚挚"之心是"不受任何偏见所束缚,自然而然地把事物原来是什么样就看成是什么样的心灵"。

　　所谓"人道"就是人类在认识到自己有支配万物的能力的基础上,走应该走的道路。

　　当读《人的思考》一书时,人们从他谈论关于诚挚之心作用那部分的文字里,好像看到幸之助那无法用言语表述的、蒙娜丽莎似的独特的微笑。

　　"所谓诚挚之心,就是光明磊落之心,是不受任何偏见的束缚,把事情原来是什么样就看作是什么样的心灵。有了这样的心灵,可以抓住事物的真正本质。在此基础上,激发起去做应该做的事,排除不应该做的事情的勇气。在诚挚之心中,也包含着爱，即爱本应该憎恨的对手，也去帮助别人改正错误，并引导他走上正确道路。另外，明哲与远见，也都来自诚挚之心。一言以蔽之，诚挚之心，就是人类正确、坚强、聪明之心。"

"虽然，这样的诚挚之心，是一个人培养、提高的，但在集中众人智慧的基础上，磨炼一个人的智慧，是基本而又重要的。没有诚挚之心，互相之间束缚于各自利害得失或感情之中。与其说是：由于互相争斗而难以集中产生出来的人类智慧，还不如说这会招致与智慧对立和抗拒的不幸。"

因此，人如果能正确地认识自己的本质，尽力培养诚挚之心，不束缚于利害得失或感情之中，集中人类智慧的话，那么就能在任何时候都最大限度地发挥自己优秀的本性。而且迫切追求物质精神的协调发展，本来就是许多人的真诚意愿。

1982年6月，他仍然强调："毋庸置疑，优秀的经营，无论在什么时候、什么地方都是优秀的经营。成功的经营哲学放之四海而皆准。"

"只要有正确的经营思想，就会有事业的发展。这不管是在日本、欧洲还是在美国都是相同的。经营者必须优先考虑到人们的需要，把消费者利益置于首位，恐怕即使在社会主义国家里这一点也行得通。只要在人人满意的基础上进行经营，无论走到世界上哪个国家，要做到优秀的经营都是可能的。无论如何，经营所必须遵从的经营原则是相同的和相通的。"

"一个人的示范作用有强大的影响力。尽管是一个人，但只要你把更好的作法向大家耐心地解释清楚，让人们全都理解，最后你也能发挥强大的影响力。但在那个时候，首先不能认为自己比其他人聪明。启用聪明人是很费力气的，关键在于你是否有虚心学习的姿态。"

他坚信：以"人道"的思想为主，包括政治、社会丰富的内容在内的经营哲学是在他的经营实践中反复锤炼出来的，它经得起时间的考验。人的本质即使过1000年以后，再回到这个世界上也几乎不会有什么变化。

正因为如此，以不断改变人们的生活方式为努力效果的经营，究竟怎样做才好就成了他考虑的中心课题。

他已成为对人类的存在问题有综合观察能力的实践哲学家了。

1975年，他出版了名为《人的思考》的著作。行文中，他对人类现存的各种问题，充满了信心。1981年，在出该书的英译本时，他向读者呼吁：希望听到对自己观点的批判和意见。幸之助就是这样，虽然，他的思想穿着日本经验和价值观的外衣，但从青年时代起，他就常常努力地、有意识地对具有普遍性事物进行思考。而且强调对各种各样的情况要灵活处理的幸之助常常使用似是而非的表现手法。他对自己居然能充当教育者的角色感到出乎意料。因为他认为自己不是一个乐观主义者，而是一个悲观主义者。

"如果我是一个乐观主义者的话，那么我就不会介入这样的事情了。正因为我对人类的现存问题是悲观的，所以才认为大家都要不断努力，克服缺点，发挥（人的）本质中美好的东西，过上一种和平、和谐的生活。"

松下幸之助绝不是一个思想狭隘的企业家。他是一个敢于、善于向别人学习

世界富豪

的实践哲学家。

他曾说过:"我很穷,不得不独立地白手起家开创道路。因为没有学历,所以自己看到其他人,都觉得他们是优秀的。我总觉得,与其看别人的缺点,不如学别人的长处。这样想的结果就是,尽可能地向别人学习,广泛地倾听别人意见。"

战后,松下公司的盈利额名列第一,整个日本的企业界都沿着松下的道路走而取得了可观的成就。从20世纪80年代开始谈论的"日本式经营"成为欧美经营理论中一种流行的观点。西方企业界都认为这种成功的经营方式起源于日本独特的民族文化和民族心理,然而幸之助并不认为这种革新了的经营方法,只能溯源于日本传统和文化。

按松下的看法来解释,日本企业之所以成功是因为:"尽管我们所选择的学习榜样的方法有很多错误,但总而言之,我们的许多方法来自欧美,正因为在吸收他们的知识和经验方面,我们有反复的实践,并积累了长期的经验,才取得成功,也才使战后的日本强大起来。"

看战后日本繁荣的情况,欧美的经济学家感叹道,要从日本学的东西太多了。日本人的勤奋工作精神,用句不好听的话说,就像工蜂那样,有一种孜孜不倦的工作嗜好。松下电器就是在这种精神的基础上建立的。

但是,松下却说,并不是那样。在松下电器不能只像机械那样地工作,而是应该在工作中取得快乐。由此可以清楚地看出,松下并不推崇那种工蜂式的工作方式。

松下关注的问题是工作的成果,即取得了什么成绩。从这个意义上看,松下既是理想主义者,也是浪漫主义者。

老骥伏枥

经历了二战浩劫的日本,经济上完全垮了;一般民众的心态,还停留在战争带来的创伤之中,精神方面也失去了支柱。

松下幸之助在战争期间为军方造船、造飞机,欠下一大堆债务,但他没有消沉、颓废。他于1949年秋天,不顾旅途劳顿、交通拥挤,从北面的北海道起,到南面的九洲岛上,遍访松下电器的代理商,与这些代理商交换意见,真诚谈心,终于建起了全国性的推销网络。松下此计甚妙,且领先于同行,奠定了他战后商战胜利的基础。

他在1950年7月17日,迅速召集公司的干部恳谈,阐明自己对今后商业发展的打算,征询每一位干部对公司往后发展的意见。

他在恳谈会上,做了言辞真诚的演说:

"蒙各位先生关心公司的前途,由第二次世界大战停战迄今,大家怀抱忧虑,隐忍负重,我个人至深感激。现在时机已经来了,从此,我们可以自由活动,能够去做想做的事,过去的事,就让它成为过去罢!今后只有积极工作,专心从事业务。"

这时的松下幸之助,非常谦逊,仿佛忘记了以前的光辉业绩,大有从零做起的味道。他热情、进取,不断吸收新知识。

他于1951年一年之中两次赴美,目的是考察美国的销售市场以及美国企业的经营策略。除学习别人的经营法之外,还有一个重要的目的——寻找技术合作伙伴。最后选中了荷兰的菲利浦公司,合作项目包括电灯泡、日光灯、电子管三种。这在松下电器公司的历史上,又写下了光辉的一页。

松下幸之助出国考察获得的另一重要成果:效法欧美企业,建立起松下自己的中央研究所。

1953年8月,他在门真地区兴建了一座占地2300平方米的研究所;1954年7月,他在总公司内成立了"综合技术委员会",研究开发具有诱惑力的产品。

1955年,日本发生了"消费革命"。

这时,日本民众的消费水平达到、超过了战前水平;电视机、电冰箱、洗衣机成了群众追逐的三大件。松下幸之助早年确立的"大量生产、降低成本、繁荣社会"的经营思想又有了社会基础。

松下电器公司很快研制出电视机、电冰箱、洗衣机、电风扇、电唱片等等新产品。松下电器进入千家万户,松下开始腾飞了。

战后,日本企业多实行"借债经营",负债额往往为企业资本的数倍乃至数十倍。这使企业经营处在极不稳定的状态之中,景气时还能过得去,一旦不景气,金融紧缩,利率提高,企业就有可能因负债多、资金周转发生障碍而倒闭。松下幸之助针对这种状况,根据自己的切身经历,提出了"水库式经营"的思想。这个口号是他于1965年2月在一次研讨会上提出的。

所谓"水库式经营",就是在经营的各个方面都备用有"水库",以应付外部形势的变化,而不受其很大影响,并能稳定而持续地发展。"设备水库""资金水库""人才水库""库存水库""技术水库""计划和产品开发水库"等等,在各方面都要修筑"水库",换言之,就是要进行留有余地、有备无患的经营。

松下幸之助强调:"更重要的是在此之前,应首先建立起无形的'心理水库'。这就是要有'水库意识'。"

"留有余地,量力而行"——这也是松下幸之助经营思想的重要组成部分。是在30年代创业初期,他就开始实践这种与众不同的企业经营办法。向银行借钱时,需要1万日元,则借2万日元,然后将其中的一半存入银行。将高利息借款变为低利息存款,这似乎是违背经济学常识的做法。然而松下幸之助并不认为这不划算,他将这笔钱当作"保险金",以防万一。在他认为必要的时候,这笔存款可以随时取出,因此,在资金上就有了富余。他常说:"借钱也要留有余地。"

"集思广益的全员经营"——这也是松下幸之助一贯遵循的原则之一。他相信,在经营越能发挥全体职工的智慧,公司也就越发展。

松下幸之助在《实践经营哲学》一书中,曾对"全员经营"做过精辟的论述:

"无论是有学问的人,还是精明能干的人,都需要'集思广益'。没有这一点,就不会取得真正的成功。这是因为,不论是多么优秀的人,只要他是人,就不会像

世界富豪

神一样无所不知,无所不能。人的智慧是有限的,只凭自己有限的智慧去工作,就会发生各种意想不到的问题以及看问题的片面性。这些往往会导致失败。正如俗话所说:'三个臭皮匠,顶个诸葛亮。'必须集中多数人的智慧,这是上策。"

"重要的不在于形式,而在于经营者的思想准备。这就是说,真正认识了集思广益的重要性,平时就会努力倾听大家的意见,并且造成一种职工自由发表意见的气氛。如果平时做到了这一点,那么遇事即便是经营者一个人做出判断,判断之中也就包含着群众智慧了。"

为了达到集思广益的目的,松下幸之助主张职工积极地甚至越级地提合理化建议。企业各级领导对此要持欢迎态度,要有热情。从 50 年代起,全公司上下开展了名为"无限的献身"的合理化建议活动。

1978 年正值松下电器产业公司创业 60 周年。在这个年度,全公司 6.3 万名职工共提合理化建议 177 万项,其中电视机事业部 24.1 万项,在全公司内遥遥领先,平均每个职工提合理化建议约 189 项,多则可达上千项。其中一名职工在一年内提出了 4000 多项合理化建议。

松下电器产业公司的合理化建议活动是以小组形式进行的。公司设有八等奖,入选者一等奖 2 万日元,二等奖 1.5 万日元,最末一等(八等奖)1000 日元。

这些建议被采纳的虽然只有 6.5%,多则 10% 左右,但都是职工们认真研究和思考的结晶,并非为应付差事而胡乱编造出来。职工们的合理化建议活动全部在业余时间进行。一个小学生看见妈妈天天埋头写合理化建议,就奇怪地问:"妈妈不上学了,为什么总是做家庭作业?"由此不难想象,松下的职工们为开展合理化建议活动要额外付出多大的代价。

正是合理化建议活动使职工与企业融为一体,形成了牢不可破的命运共同体关系。

昭和 57 年(1982 年)1 月 10 日,约 7300 名干部聚集在大阪府枚方市的松下体育馆,依惯例召开了自昭和 15 年(1940)以来,每年一次的经营方针发表大会。此时的山下俊彦当总经理已经 5 年了。

这期间,松下电器的事业发展一帆风顺,成绩斐然,年营业额从山下初任总经理时的 1 兆 4345 亿日元上升到 2 兆 3460 亿日元,增长了将近一倍;利润也由 970 亿日元增至 1705 亿日元。

昭和 56 年(1981)的营业额比上一年增长了 16%,利润增加了 25%。在山下担任总经理的五年中,所取得成就令人刮目相看。

尽管如此,这次经营方针发表大会却是在异常紧张的气氛中开始的。

依照惯例,会议的程序是,首先应由总经理山下发表经营方针,然后是松下正治会长发言,补充意见,陈述勉励之词,最后由松下幸之助高级顾问发表鼓舞士气的讲话。在融洽的气氛中圆满结束。

这次,松下幸之助却出人意料地率先登台发言。

松下显得极其激动,包括中间插播了 40 分钟的录音,他前后滔滔不绝地讲了近一个半小时。而且,这次与其说松下在鼓舞士气,还不如说是在向大家提出警告。

松下已年过 80,声音很小,加之他天生声带较弱,发音含混不清。因此,在场的 7300 名干部很难听清他讲话的内容,只是静静地注视着松下怒气冲冲的面容。

尽管松下的声音确实小得令人难以听清,但当他声嘶力竭地喊出:"喂,听得见吗? 后面听见了请举手"时,结果与会者全都举起了手。

这种令常人忍俊不禁的场面充分体现了松下所期望的团结一致、坚如磐石的精神。而且每当这时,大家也能意识到是松下电器的一员。

松下越讲越激动,脸上显得怒气冲冲。

整个会场都鸦雀无声,呈现出异样的气氛。

与会者都明白:松下的目的是告诫大家,无论业绩多么好,都不能忘记松下电器的基本方针。

为此,在松下讲话过程中,特意串播了 40 分钟的高桥荒太郎的演讲磁带,这是高桥在松下电器贸易公司做的题为《关于基本方针》的演讲磁带。

被称为"松下教传教士"的高桥演讲的主题是:"松下精神就是松下幸之助本身"。松下对高桥的这个演讲非常赏识。

放完磁带后,松下接着说:

"最近,听到有些干部说:'松下电器不能变成金太郎糖(日本名糖,无论怎样切,断面都有传说英雄金太郎的脸)!'说这种傻话真是岂有此理。为什么变成金太郎糖不行呢? 松下精神难道不是要使全体成员团结一致,坚如磐石吗? 希望大家牢记基本方针,奋发图强。"

显然,松下幸之助是对以女婿松下正治会长为首的全体职员的忠告。

松下希望宁可先将基本方针像经文一样进行反复咏颂,从而深深地铭刻在职员的头脑中。就像僧侣修行那样,即使根本不解其意,也要先从念经开始。时间一长就会逐渐开始理解了。

松下很担心,若不经常敲打,全体职员会因忽视基本方针而变得松懈。"最重要的是让大家知道我发脾气。"这是松下老翁别具一格的一贯做法。

老年松下虽然退隐真真庵,表面上过着悠闲静谧的生活,可内心里继续思考着企业使命、人文关怀等等重要问题。

他常常对人说:"仅仅成为日本一家优秀的公司或技术比别家进步,我们还不能满足;当年明治维新的志士是使用武器、手握刀剑,将日本造成为一个近代文明国家。我们绝不许用那种杀气腾腾的凶器,我们要把目前所持有的力量,做境界更高、效果更大的运用,即以近代的经营与近代的技术,促进世界的开化与文明,天下平等互惠,万邦共存共荣,种和乐之果,开太平之花。日本本土不说了,即使在海外任何地方,都将看到我们的事业:大和民族的工艺技术,在那里扎根、成长,年年月月扩展其影响力。我深深盼望这一天早日到来!"

纵观松下幸之助的一生,他始终把企业关怀与社会关怀、民族关怀并重,从未忘记自己的使命,从未把赚钱当成人生的唯一目标;在企业经营方面,他总能在关键时刻力挽狂澜,总能将自己新奇的构想付诸实践,并取得成果。可见:他是一位真正的企业家。

创新先锋

——盛田昭夫

人物档案

简　历：日本著名企业家，索尼公司创始人之一，前总裁，被誉为"经营之圣"。生于日本爱知县，大阪大学理学部物理学科毕业。1999年10月3日上午10点25分，盛田昭夫因患肺炎在东京都济生会中央医院逝世，享年78岁。

生卒年月：1921年1月26日~1999年10月3日。

安葬之地：不详。

性格特征：温文儒雅、天性乐观。

历史功过：盛田昭夫一步一步带领自己的团队创建了全球消费电子帝国——索尼，在1970年在美国成功上市，成为国际商界英雄，其中所折射出的日本创造精神，值得每个人学习。

名家评点：中央电视台评价说："他最伟大的成就，是以举家迁往美国为开端，以10年不盈利为代价，打开美国市场，第一个实现日本企业国际化的梦想。"

黄金搭档

井深大于1908年生于枥木县，自幼就喜欢动手制作玩具等物品，可谓心灵手巧，天资聪慧。1933年，井深大以优异的学习成绩从早稻田大学理工学院毕业，成了一名爱动脑筋的电子技术专家。

第二次世界大战期间，井深大发明了用于防止窃听电话的低频发电机，因而受到日本军部的重视。他作为日本测量仪器股份公司负责技术工作的董事，为军部生产真空管电压计和其他电气测量仪器，还曾着手研究红外线制导炸弹，但未获得成功，战争结束了。

再说盛田昭夫吧！

当井深大已是13岁的翩翩少年时，也就是公元1921年1月26日，日本的"爱迪生"——盛田昭夫在离名古屋不远的知多半岛上的小铃谷村呱呱坠地。

盛田昭夫虽然出生在酿造"子日之松酒"为业的酿酒世家里,但他感兴趣的却是能发出优美旋律和纯净音质的电唱机的制作问题。在盛田昭夫看来,那些电线裸露、七拼八凑的大杂烩式电唱机简直就是人间奇迹。

中学时代的盛田昭夫买了一大堆电子学书籍和杂志。每天一放学,他就一头扎进这个电器小天地里,依样画葫芦地干起来。

功夫不负有心人,他还居然装出了自己的收音机、电唱机。

酷爱电子的盛田昭夫费了九牛二虎之力考入大阪大学物理系。

然而,昭夫的大学学业并不顺利,刚进大学,适逢战争,他的老师浅田教授的物理实验室也被强行编入了海军研究部门,教学与研究工作均受到掣肘。

昭夫刻苦好学,担任浅田教授的研究助手,有时还替老师代笔撰写一些科研文章。

大学毕业后,盛田昭夫应征入伍,来到了横须贺航空技术工厂。

井深大和盛田昭夫在第二次世界大战期间效力于日本军部,实属人生不幸。但因为战争,这两个年龄相差 13 岁的人碰在一起,又是不幸中的大幸。

战争正在激烈进行之时,研制红外线制导炸弹的井深大在横滨举行的一次秘密的"战时研究委员会"会议上,认识了刚从大阪帝国大学毕业的海军见习中尉——盛田昭夫。两人跨越了年龄差异,一见如故,意气相投,志同道合,成了忘年之交。

1945 年 8 月 6 日上午 8 时 15 分,原子弹在广岛上空炸响。日本即将完蛋了。

8 月 15 日,日本天皇向国民发表广播讲话。虽然日本民众无法听懂天皇使用的旧式的宫廷语言,但主要的意思再清楚不过了:

日本战败了!

战争结束了!

对绝大多数的日本人来说,战争似乎是一场不堪回首的噩梦。而战争的结束,并不意味着从噩梦中醒来。

井深大和盛田昭夫是最早从噩梦中醒来的人。

面对战争造成的废墟,大多数人手足无措;而井深大知道该如何干。

1945 年 8 月底,井深大带着 7 名技术人员和若干机器设备——全部资产不足 50 万日元,从疏散地长野县回到了东京。

战后的东京,失去了昔日的繁华,不仅形同废墟,而且粮食等日常用品也极度匮乏。光靠配给的口粮是难以维持生计的。为了同伙人的生活,井深大经常要派人到农村去购买粮食,同时还得想尽办法制造日用产品,推销出去赚钱。他们曾试制过计算尺,设计过高尔夫球用具,研制过电饭锅等等。结果却令人十分的遗憾:没有成为能够打动"上帝"的商品。

战争期间,为了防止收听"敌国"电台播音,日本人拥有的收音机都被"特别高等警察"切断了短波装置。战后,美国人在日本推行民主化改革,日本民众开始了解外部世界。1945 年秋天,井深大在东京最繁华的商业区——银座的白木层商号租借了厂房和门市部,从修理收音机、制作可收听短波广播的调频器和留声机扩音器等,开始走上战后创业的漫长道路。

即使在当时为糊口果腹而奔波的困难条件下,井深大没有丧失他作为一个技术专家的独创精神。作为新的技术方向,他开始摸索把电子技术与机械技术融合在一起制造日常生活用品的途径。

井深大曾这样回忆当时的思想状况:

"我们认识到,既不能与现有的公司对抗,又无法同这些公司已经着手研制的产品进行竞争。应该搞其他公司不曾搞过的产品。我就是抱着这种基本想法出发的。"

再说盛田昭夫吧!

战争结束后,盛田昭夫被送回了家。

就在昭夫对前途感到迷茫的时候,他获知了战争结束前一直音信全无的井深先生的消息。

井深大改装、制造短波收音机的消息在当时拥有大量读者的《朝日新闻》重点报道后,盛田昭夫高兴得跳了起来:

"太好了,这下我可找到他了!"

盛田昭夫拿着报纸,急匆匆地找到了井深大。

一到井深大的新公司,昭夫为这帮人的艰苦创业精神所感动。在井深大的劝说下,他决定加入这家公司。

可是,问题出来了。盛田昭夫是盛田家的第 15 代长子,按理应成为盛田家族酿酒事业的法定继承人,如果跑去与别人合办公司,那不是置祖业于不顾的不孝行为吗?怎么说服父亲成为摆在昭夫和井深面前的棘手问题。

当井深和昭夫乘着一辆破旧不堪的汽车,一路颠颠簸簸风尘仆仆地往小铃谷村进发时,心中始终是忐忑不安的。他们几乎想象得出昭夫父亲那震惊的表情和激愤的话语。

然而,出乎意料之外的是,父亲不光热情接待了他们,而且还较为顺当地答应了他们的请求。父亲用直率的语言打破了二人因担心而制造的沉默:

"虽说,我盼着昭夫继承盛田的家业,但孩子大了,总会有自己的志向的,我尊重他的选择。"

事情如此顺利,大大出乎井深和昭夫的预料之外。两人高兴得跳了起来。

39 岁的井深大和 26 岁的盛田昭夫从此结成了黄金搭档。井深大将精力只集中于研究、开发方面。盛田昭夫逐渐转向经营和销售等部门,成为一名杰出的经营管理人才。

年轻的盛田作为年长的井深的辅佐者,常常出谋划策,想尽一切办法,使这个技术集团公司的经营走上正轨。

以资金 19 万日元开始创业置身于电子行业的东通公司(索尼前身),在短时期内成为在外国知名度很高的企业之一,不用说,这是井深大和盛田昭夫的合作取得的成果。两个人中缺了哪一个,都不会有今天的索尼。

如果从组织的创建和组织本身发展来看的话,毋庸置疑,盛田所起的作用是很大的。

井深作为索尼的创始者提出了"做别人没有做过的事"的企业经营理论,一味追求技术水平的提高。但为了实现井深的梦,而开辟市场和创建索尼企业组织的是盛田。

井深和盛田的合作,正好形成理想主义和现实主义的鲜明对照。当然,井深是理想主义,盛田是现实主义。

在索尼的晶体管收音机、晶体管黑白电视机等新产品辉煌地登上出口产业第一线,并毫无遗憾地闪烁着其神话色彩的时代,评论家田口宪一氏出版的《索尼公司的秘密》一书中,谈到了两人的区别:

"井深的信念是,只要是好的产品就必定能销售出去。盛田好像没有原封不动地接受这种信念。盛田却说,好的产品不一定会无条件地销售出去。即使好的东西也需配上适当的推销战略。如果不在营销上付出相应的苦心和努力,也不能销售出去。"

这种区别是理想主义和现实主义自我意识的区别。换言之,就是一边燃烧着发明的热情,一边在孜孜追求理想的井深和肩负着实现这个理想之梦的盛田,在立场上所具有的区别。

从根本上说,如果具有理想气质的技术专家井深和必须在处理所有事情时都随机应变并参与实务的盛田都考虑相同的事情,都采取相同行动的话,那么,今日的索尼就不可能存在了。

新型事业

井深大和盛田昭夫逾越了年龄的鸿沟,并决定在东京大干一场。

1946 年 5 月 7 日,井深大和盛田昭夫等人合资的"东京通讯工业公司"正式宣布成立了,合股资金为 19 万日元(约合 500 美元),实在少得可怜,职工仅 20 人。

尽管如此,井深大和盛田昭夫还是高起点、严要求,一心一意搞好新型事业。

井深大挥笔写成的公司创立宣言展现了他们的理想,在关于"创立公司的目的"中写道:

"建立应能最大限度地发挥认真的技术人员的技能的自由豁达而又愉快的理想工厂。"

"在技术方面和生产方面从事有益于重建日本和提高文化水平的活动。"

"迅速地将战时各种非常进步的技术应用到国民生活之中去。"

"及时地把各大学和研究所等方面最有价值的优秀研究成果应用到国民生活中去,变成商品和产品。"

由此可见,井深大为东京通讯公司定位的起点是很高的,因为井深的目标,就是要研制开发在日本属于首创的产品。

　　井深和昭夫在十分有限的资金中拿出 3.6 万日元买了一辆旧的国产小型长车,两人既是公司领导人,又是汽车驾驶员,诸如运货、采购原材料、跑邮局取信件包裹什么的,他们都得亲自干。

　　作为电子技术专家,井深大对新技术独具慧眼,有着深刻的洞察力,能够发现一般人尚未发现的极具发展潜力的东西。

　　最初,他们把眼光放在钢丝录音机上,实际上,他们也只见过一种德国造的钢丝录音机,但可以试着干。制造钢丝录音机的关键是磁性钢丝,它的直径只有十分之一毫米,精密度要求极高。井深得知住友金属可以生产这种钢丝,就立即赶去大阪,与住友公司洽谈。可对方嫌订货太少,不愿做这笔赔本生意。接连跑了好几家,一一碰壁。现实迫使他们放弃这一想法。

　　有失才有得。制造钢丝录音机计划的流产,使得他们有机会将全部的精力投向一个更高、更远的目标——生产盒式磁带录音机。他们避免了一次走弯路,去生产将会被淘汰的产品。

　　1949 年,井深大为盟军司令部民间情报教育署控制下的 NHK(日本广播协会)制造广播用调音装置,优质产品送到 NHK 本部后,受到美国军官的赞许。井深大在美国人的办公室里看到一台磁带录音机。

　　这种磁带录音机是美国威尔科克斯公司制造的,秒速为 19 厘米,噪音极小,音质又好。井深大为这种高质量的产品所倾倒。这比他一直在研制的钢丝录音机不知要高出多少倍。于是他就下定决心,无论花多少钱,也要把这种产品制造出来,提供给广大消费者。

　　当时的日本还没有磁带录音机这种产品。

　　井深大为了让职工们了解这种有前途的新产品,曾到 NHK 向那位美国军官借用这台录音机。一开始,美国军官还表示为难,后经井深大一再恳求,这个美国佬才亲自护送这台录音机到东京通信工业公司。职工们围着录音机看完之后,大都相信井深大的决断是正确的。

　　可是,半路杀出了个程咬金。

　　公司的财务部长却认为井深大生产录音机的计划是好高骛远之举。为了说服此人,井深大和昭夫携手对他做工作。他俩设置了一桌丰盛的酒席,请来部长,乘着酒兴,轮番发起进攻:他俩一一列举了磁带录音机的好处,并阐明公司开发这种产品的必要性、紧迫性,并称这是电子工业界的一场产业革命。不知是酒肉起了作用还是话语起了作用,最终,这位反对者点头同意了他们的计划。

　　他们一开始就打算不仅制造录音机,而且也制造磁带。这是因为:如果只出售录音机体,那么磁带的生意就会被竞争对手夺去。

　　对于一直制造真空管电压仪、继电器、扩音器、室内无线电通讯机以及电铃等电子仪器的东京通信工业公司来说,要制造录音机的机械部分和电动部分并不是件困难的事情。关键是磁带。

　　公司内部的人均对磁带工艺一窍不通,日本国内也没有人懂得磁带制造技术,又无法从美国进口。可井深大就是不信邪,决定自己动手研制录音磁带,走上了这条艰苦的科研创业之路。

　　材料问题成了横在他们面前的头项难题。当时的日本还没有塑料,可供选择制作录音磁带的原材料十分有限。井深大和技术人员就把赛璐玢(玻璃纸)切割成宽约6厘米的长条,在上面涂上各种材料做试验,结果都失败了。最好的玻璃纸只要录一两次音,就会变形,录上去的声音也不真切。他们改用厚一些的玻璃纸,结果也不理想。请化学专家设法增加玻璃纸的强度亦没有成功。后来,还是盛田昭夫找到了他在本洲制纸公司工作的表哥小寺五郎,请他帮助制造菲薄坚韧的油光纸。经过反复实验,效果相当不错。

　　第二道难关是如何在油光纸上涂磁粉。一开始,他们把磁铁粉均匀地涂抹上去,由于磁性太强,结果遭到失败。从实验中他们发现,需要弱磁性材料。于是他们从药品商店买来蓚酸锌酸盐。没有电炉,就在铁锅里加热,用木勺搅拌,细心观察火候,使蓚酸锌酸盐变成茶色和黑色。茶色物质是氧化二铁,黑色物质是氧化一铁。将茶色粉末取出,掺上透明的真漆,用风枪把它吹到纸带上,效果不佳。多次失败后,他们才找到最佳的涂抹方式:用毛笔把磁带涂在纸上。这就是日本最初的录音磁带。不言而喻,它的质量不高,录上去的声音也有些含混不清,但毕竟是成功了。

　　这次成功坚定了井深大既制造录音机、也制造磁带的决心。

　　1949年底,公司生产出了第一代盒式磁带录音机。它就像一只大皮箱,重约45公斤,定价17万日元。在50年代的日本,这是没有多少人买得起的高级消费品。因为大学毕业生就业时的月工资还不到1万日元。

　　可井深大与盛田昭夫却天真地认为,只要自己的产品质量优越,就一定会受到人们的欢迎。

　　八云产业公司的常务董事仓桥正雄,是一位矮小精悍、性格外向的男子汉,思维敏捷,尤善辞令。他对这种日本人自己生产的磁带录音机很感兴趣,并且认为富于独创性,因而表示要代销这批产品。50台开价600万日元。

　　然而,出乎预料的是:3个月内,只有东京车站附近一家饭馆老板买去一台。现实给乐观自信的人们上了一堂课。

　　经过调查,滞销的原因找到了:一是价格过高,二是人们不会操作,三是人们不知道这种产品有什么用途。

　　对于井深大和盛田昭夫来说,这是个新课题。他们虽然懂技术,但谁也没有搞过推销。他们原以为只要有好东西,消费者自然会来抢购,从而就可以赚大钱,企业就会迅速发展起来。面对堆积如山的产品,他们认识到,只是开发独特的技术和产品,还是无法办企业的,重要的是把产品销售出去。

　　从此以后,盛田便放弃自己喜欢的技术工作,专事推销活动。因为他知道,井深大精通技术,有独创精神,为让他专心致志地研究开发新产品,只能由自己挑起这副重担。

　　自愿担当推销员的盛田,走公司,下学校,为人们一遍遍地表演录音机的妙处,诸如录上人们的说话声、唱歌声,再放给他们听。他简直都快成了街头艺人。可盛田昭夫陷入了惶然之中:推销比发明还要难……

一天,忧虑的盛田闲步街头,无意间来到一家古董商店跟前,他看见一个顾客正在购买旧花瓶,那花瓶的价格要高出他们的盒式磁带录音机好几倍,可那位顾客竟毫不犹豫地掏钱买下了。

为什么这样一个在旁人看来毫无用处的旧花瓶会有人出那么高的价来购买呢?盛田苦苦思索这个问题。

对了,答案有了。他忽然意识到,这里面包含着一个商品的基本道理:就是购买者必须要懂得那商品的价值,他才会去购买它。那些不愿意购买录音机的人,不就是因为没有认识到这种录音机的真正价值吗?于是,他开始思索这种东西到底对谁最有用。

他发现,战后人才奇缺,速记员便是一例。他还了解到,法院由于速记人员紧缺,现有的人员不得不超负荷工作。

有门!他火速带上录音机,在法院演示给他们看。首战成功,当天就卖出了20台!

找到了正确的思路,盛田便拓展自己的进攻面。

有消息说,由于战争时期军事当局禁止国民使用和学习英语,目前国内英语人才奇缺,美国占领军因此强调要在学校中加强英语视听教育。作为文教部,当然要按美军的指示办。可是,当时日本学校里视听器材几乎是一片空白,仅有的几部十六毫米英语字幕影片,其程度也不适合日本学生的低英语水平,于是有人提议采用录音机磁带教育的方法。

井深大和盛田昭夫针对这种情况,把中小学校作为打开铺路的突破口。他们认为,每所学校购置一台录音机是绝对不成问题的。

井深大在了解学校的预算情况之后,把全部技术人员集中起来,带到伊豆半岛的著名风景区——热海去,关在一座饭店里,集中力量解决磁带录音机的体积大、价格高的问题。他提出的目标是每台售价6万日元。经过技术人员10天的努力钻研,终于又研制了一种结构简单、坚实耐用、体积小、价格便宜的机型——H型磁带录音机。这种新机种比手提包稍大,速度只有一个,即每秒大约19厘米,价格为8万日元。

盛田开着卡车,拉着录音机,到全国各地的学校去做宣传,介绍录音机的功能和用法。这一行销战术成效显著,迅速地打开了录音机的销路。

两年后,全国4万所中小学校的三分之一都购置了H型磁带录音机。接着,消费范围又扩大到法院、警察局、广播电台、银行、公司以及个人等等。

这是一个良好的开端,说明公司在产品设计与开发方面向商品化迈进了一大步。功能简单、经久耐用的H型录音机使公司的声誉迅速提高。公司从以前的废墟上的破屋里搬了出来,在御殿山盖起了美观气派的办公大楼。

更为重要的是:从前的技术专家盛田昭夫认识到了行销是一种交流,生产者和消费者应直接见面。因此,他在全国各地设立了专事经销活动的公司,建立起独自的销售网络。

盛田将自己的经验归纳为：每当开发新产品时，要首先教育市场（消费者），厂家不是在向消费者出售自己的新产品，而是首先要出售自己的新思想，要让消费者把目光转向其尚未认识到的和尚未得到满足的要求上来，也就是说，厂家应该创造市场，而不是消极地满足市场的需求。

创造产品，创造市场——这就是井深大和盛田昭夫的新型事业。

他们将为之奋斗终生！

再接再厉

随着东京通讯工业公司的不断成长，井深大和盛田昭夫着意于开发在技术上领先于世界前列的产品。

起初，公司的产品是采用直流偏磁方式，它的杂音和失真度较大。他们了解到，日本科学家永井建三博士发明了高频率交流偏磁方法，而且早在战前，就在国内和美国申请了专利。

井深大意识到，要使公司产品具有进入国际市场进行竞争的能力，就必须掌握最先进的技术。于是，他决定购买该项专利的所有权。想到就做，他们率先在日本购买了该项专利权，然后，向世界所有磁带录音机厂家发去了信函，通知对方，若要使用该项技术的录音机进入日本市场，务必首先取得本公司签发的许可证。

果然，没有多久，他们获知东京的一家贸易公司从美国进口了一批含该项技术的磁带录音机。但他们进口时并未获得东京通讯工业公司的批准。公司去函商洽，对方却置若罔闻。

打官司是不可避免了。

井深大态度坚定：不管花上多少钱，一定要与对方斗争到底。因为按照日本的民事诉讼法，原告必须根据诉讼金额大小，预先向法院支付一笔可观的手续费。

官司打下来，他们胜诉了。法院查封了对方公司的金库。由于这是日本的一家不知名的小公司与美国商人抗衡，引起了新闻界的极大关注，各大新闻媒介纷纷报道了这条重大新闻。人们普遍将此事看作日本企业从美国的控制下走向独立的标志。

最终，那家美国公司答应了东京通讯工业公司的要求，对他们在日本销售的所有交流偏磁式的磁带录音机都向东京通讯工业公司缴纳了专利使用费。

井深大和盛田昭夫早在1948年就从美国贝尔实验所的研究报告上知道了美国人威廉·肖克利发明半导体晶体管的消息。他们认为：这是一项了不起的发明创造。

1952年，为考察磁带录音机的使用情况和磁带的制作技术，井深大到美国访问了3个月。

在他眼前展现的是一个陌生而庞大、富庶的国家。这个国家发达的程度是他在日本怎么也想不到的,他只能啧啧称奇了。但美国的强大更加激发了他的进取之心,他发誓要为日本赶上美国尽心尽力!

回国前夕,他下榻在纽约时报广场的丛林饭店。他的老朋友、在美国工作的山田志道告诉他,威斯汀电气公司计划出售它拥有的半导体晶体管技术——肖克利专利。井深大听到这个消息后,兴奋得彻夜不眠。他在思考又一项宏伟的事业:用半导体晶体管制造收音机。

第二天,他想会见握有肖克利的威斯汀电气公司的专利科长,但对方借口工作太忙而拒绝了。

不达目的,誓不罢休。这是日本人的一贯作风。

1953年8月13日,盛田昭夫又飞到了美国。这次美国之行,就是为了签订购买晶体管技术专利,顺带到欧洲考察一些先进企业。

事实上,晶体管技术当时还仅仅停留在科学研究阶段,实际应运也只是能生产助听器之类的小玩意儿。可井深和盛田的目标不能定在这类市场潜力极有限的产品上,他们要开发具有技术首创意义和市场广阔的产品。他们想到了晶体管收音机。

由于老式的收音机都使用电子真空管,它耗电高、体积大,极不经济实用。从日本人的习性中他们发现一点,顾客往往喜欢一种灵巧精致的产品,比如套盒、折扇等类。倘若把收音机设计成能够放进衣服口袋里随身携带的样式,不是会大受消费者欢迎吗?晶体管是解决这个问题的唯一途径。

井深大认为,东京通讯工业公司目前已具有足够的技术力量,公司120名职员中,大学毕业生占了三分之一,因此,开发晶体管技术的能力是具备的。他们也急于借助这项被称为"电子学领域内的大革命"的新技术来促进公司的尽快发展与壮大。

与美国公司签订合约的事情进展顺利,可国内反倒出现了障碍。为履行合约,东京通讯工业公司必须向美国公司支付25000美元的专利使用费。可日本通产省以战后控制外汇外流为由拖延这笔提款的审批,迟迟不予办理。而在当时,没有通产省的许可是谁也不能将外汇提取出国的。尽管井深大利用各种关系进行争取,这件事仍然拖了半年才予获准。

这件事被认为是日本通产省官僚主义的典型例子,受到了日本国民的强烈指责。日本政府也引以为戒,提高了办事效率。

离开美国,盛田并没有立即返回日本,而是马不停蹄地飞往了欧洲。这次欧洲之行,给他又留下了终生难忘的印象。

在西德,他看到了战后不足10年的短短时期内,它已从战争的一片废墟中站立起来,其建设的规模和速度都是令人震惊的。盛田将西德与日本进行比较,深感日本从战争中恢复起来的速度太慢了。

在西德遇见的一件小事,也使盛田的民族自尊心受到了刺激。

一天,他在一家冷饮店吃冰淇淋,其上插了一把小花伞。服务员出于友好,对他说:

但盛田的心里却不好受：难道说这就是日本产品在外国人心目中的形象吗？他不胜感慨，心中暗暗发誓，一定要研制出令世人刮目相看的产品。

离开西德，进入荷兰，他要去参观誉满全球的菲利普公司。

荷兰之行再次令盛田震惊不已。荷兰几乎可以说是一个比较落后的农业小国，周围一片中世纪的古朴风尘。可就在这样的一个国家里，却出现了菲利普这样以产品征服全球的工业奇迹。更令人惊讶的是，举国闻名的菲利普公司，竟然坐落在一个偏远的小镇里。

他思索着，荷兰国民可以创造出这么一个具有高度技术水平的世界性大企业，同为小国的日本为什么就做不到呢？

从这时起，他给自己定出了终生奋斗的目标："菲利普能做到的，我们也能做到！"

回国后的盛田立即建议东京通讯工业公司快速行动起来。井深大听取了盛田的建议，组织了一个由物理学家、电气工程师、化学家和机械工程师参加的四人特别攻关小组，由物理学家岩间和夫领导，夜以继日地开展工作。

为了掌握美国的先进技术，井深大和岩间再赴美国。

在威斯汀电气公司，当美国佬得知日本人打算用半导体晶体管做收音机时，先是愕然，后是嘲讽。因为美国已有 10 多家公司在试制用于收音机的高频率晶体管，但还没有一家成功。

在美国逗留期间，井深大和岩间根本无心思去游山玩水，两人拼命地工作，马不停蹄地到有关公司、工厂和研究所去参观、学习。他们去了贝尔实验所，在西屋电气公司参观高频率发电机，在中西部看到了半导体的烧结炉。晚上，两人便把日间的所见所闻写下来，邮寄回国。留在东京的特别攻关小组成员接到邮件后，马上根据信中的指示进行研究、实验。3 个月的考察结束后，井深和岩间写给国内的业务信竟有厚厚的四大本。

井深大、盛田和技术人员根据肖克利专利，继续进行艰苦的、创造性的研究开发。他们要提高晶体管的频率，否则无法用在收音机上。他们想尽了各种办法，使用了各种材料。

贝尔实验所肖克利发明的半导体晶体管材料使用了铟合金锗板，即两层铟夹一层锗，锗为负极，铟为正极，呈正一负一正结构。阴电子比阳电子运动快，那么改变极性不就可以得到高频率吗？但这需要寻找新材料，做正极的铟不能用来做负极。他们用镓和锑做试验，结果也不好。

这时，不知谁说了句：为什么不试用一下磷呢？

但是，马上有人反驳：

"这个方法贝尔实验室早用过了，没有获得成功。"

当时有一种说法："贝尔实验室的声音就是上帝的声音"，因此，没有人敢对其提出质疑的。但是，东京通讯工业公司的研究人员就是不信这个邪，他们要再次做做贝尔实验室的人曾做过并下了定论的"磷掺杂法"。

无畏的精神和不懈的努力终于有了回报。在他们渐渐增大磷使用量的过程中,发现了较为理想的效果。一年之后,他们果然成功了。

当他们将研究成果发表之后,贝尔实验所的人一片震惊,因为东京通信工业公司的研究成果,正是建立在他们半途而废的磷掺杂的基础之上的。

更为可喜的是,在用磷研究晶体管的试验过程中,公司的研究员江崎玲于奈发现了二极管的隧道效应,并由此得出通过震动可以使基本粒子穿透障碍物射的全新理论,从而打破了基本粒子不能穿透障碍物的旧理论。江崎因此获得了1973年度的诺贝尔物理学奖。

取名"索尼"

也就是在开发晶体管收音机的时候,井深大和盛田昭夫想到了更改公司名称的事情。

在对外交往过程中,他们总是感到"东京通讯工业公司"这个名称拗口,又不易记忆,极不利于在国外提高知名度。

为了起一个上口又便于记忆的公司名称,井深和盛田可谓绞尽了脑汁。起初,他们曾考虑过使用"东通工"三个字的第一个字母,拼成TTK,可转念一想,在美国,什么ABC、NBC、RCA之类,举不胜举,TTK混于其中,很难被人辨认。他们的考虑是,新公司名称要有独特的风格,醒目、简短,能用罗马字母拼写,而且这一名称无论在哪一个国家,发音必须相同。

他们两人就像学外语的中学生一样,一人抱起一本英日大词典翻阅起来,通过查找,最后两人的眼光不约而同地集中在两个词上:

"SONUS"和"SONNY"。

"SONUS"的发音类似日文中的"生意"一词。"SONNY"的意思为"可爱的小家伙"。他们所期待的公司的形象,应是乐观、开朗的特征,于是两相权衡,在"SONUS"和"SONNY"当中,选择了后者。

然而,"SONNY"一词在日本语中的发音和"损你"相近,对于买卖人来说,这太不吉利了。最后,他们将其中的一个N字母去掉,变成"SONY"(索尼),巧妙地解决了问题。从此,"索尼"便成为该公司所有产品的商标。1958年1月,东京通信工业公司更名为"索尼",成为日本第一家用拉丁字母表示公司名称的企业。

名称取定,他们决定在新生产的收音机上印上按新名称设计的商标。他们将商标设计为:第一外文字母,"S"如闪电亮光一般,寓意着公司所从事的主要产业电子业,后面上规范字母"ONY"。

在商标的设计上还有一个小插曲。

刚开始,他们打算把商标设计成呈四方形的标牌,镶嵌在产品上。可后来,盛田从他在纽约街头看见的川流不息的车流上受到了启发。那些车,无论是"福特""雪佛莱"或是"卡迪拉克",均只在车头上写出各自名称,不再如以往嵌有特殊标牌。他想,这些厂商也许是出于两方面的考虑:一来可节省大量用于制作标牌的资金,而把这些钱转到广告宣传上;二来商标与产品名称统一,也便于广大公众记忆,因为要让所有的人记住复杂的标牌,往往需要漫长的时间。

高层领导的改名决定是具有前瞻性的。用现代企业形象战略来看,这是其基本的"形象一致原则",所有形象设计方案必须遵循的。可是当时的人们并不理解这一点,大多数员工反对领导层的这一决定。他们认为,"索尼株式会社"的名称有些不伦不类,在当时的日本还没有人以假名作公司名称的,取这么个洋化的名称,弄不好不知内情的人还以为从美国来了索尼公司把东京通信工业公司给兼并了呢。可井深和盛田力排众议,以极大的勇气坚持用"索尼"作为公司的名称。而今,"SONY"之名已成为现代企业形象设计的范例,被人称道效仿,可见,早在40年前,索尼的创始人就是有了超越常人的经营眼光与魄力。

既然创立了牌子,就要使它成为在世界上叫得响的名牌。

他们从两个方面向这一远大目标努力:一是生产出有独创性的、质量可靠的产品;二是精心维护品牌声誉,视商标为企业生命。

1955年,第一台晶体管收音机终于在索尼公司问世了。可是随之也出现了一个问题:当初公司的许诺,是要生产出一种便携式"口袋"型收音机,这种机型可让人装入口袋里随身带走。而这次生产出的收音机比一般男式衬衣口袋要稍大一点,装不进去。这给推销员带来了麻烦。因为,他们必须在推销时示范给人看。盛田灵机一动,计上心来,马上为推销员定做了一批衬衣,这种衬衣与一般衬衣的不同之处,读者一定会想到:衬衣口袋特大。于是,推销员在为客户演示时,可以轻松自如地将收音机从口袋里放进取出了。

新产品一面市,大受顾客欢迎。

在市场上立稳脚跟之后,索尼公司的人开始了他们雄心勃勃的品牌宣传计划。

1957年,他们在羽田国际机场竖起了第一块"SONY"巨型广告牌;同年年底,又在银座寄屋桥的拐角处竖起了第二块广告牌。

1958年1月,公司的股票正式以"索尼株式会社"命名,在东京证券交易所上市。

为了防止"索尼"这一名称被别人盗用,他们分别在170个国家的所有产业部门进行了登记。公司还以"索尼小家伙"漫画的形式大做广告,并请漫画家冈部冬彦绘制了漫画故事,在《朝日绘画》连载。

经过一番大张旗鼓的宣传,"索尼"可谓家喻户晓了。

正在这时,一起商标侵权案的发生更从另一面扩大了索尼的知名度。

有一家食品公司,看到"索尼小家伙"的形象深受顾客特别是小朋友的喜爱,便生产了一种"索尼巧克力",不但用了"索尼"之名,甚至还用了漫画形象,后来,索性连公司的名称都改为"索尼食品"。

这是明目张胆的窃取。

社会不明真相的人甚至以为:索尼公司经营不善,为解决财政压力问题不得不搞起了食品生意。

索尼领导层的态度很明确:商标和公司名称并不是随心所欲的应景之物,它是企业的生命,必须不遗余力地捍卫它。

他们立即向法院提出了起诉。

案件的审理较为艰难,因为侵权公司已在巧克力制造业和快餐业中登了记,而索尼公司当初的登记并不包括这两个行业。但索尼公司提出,这家食品公司是在索尼之名已为广大公众所熟知并爱戴的情况下才登记的。它虽不涉及专利法和商标登记法,但却明显地违背了反不正当竞争法,属典型的不正当竞争行为。对方的辩护律师则认为"索尼"这一名称是一个社会共有财产,可他查遍了所有能找到的字典,也没找到"SONY"一词。因为,这的的确确是井深大和盛田昭夫为代表的索尼人的独创,在世界上是独一无二的,属于他们的杰作。

出于无奈,对方只得认输。

这场官司真称得上旷日持久,因为,它前前后后持续了整整4年。但最终,索尼公司获得了胜诉。

通过这例日本历史上第一家不涉及专利法而只涉及反不正当竞争法的案例,索尼公司的名字也更加深入人心了。

后来,有些好心人劝索尼公司改变一下"索尼"商标的字体以顺应潮流。井深和盛田权衡再三,终于决定不做丝毫更改。用他们的话说:"索尼还很年轻,机体尚无任何损坏,不需要修理。"

冲向世界

井深大与盛田昭夫创立索尼公司,可不是以在日本国内的小打小闹为满足的,他们心中都有着比这更高、更远的目标。

对日本市场和国际市场,两个都有着清醒的认识。首先,日本是一个资源贫乏、购买力有限的小国,日本企业要在竞争中获胜,就必须走产品出口这条路。

所以,立足国内市场,开拓海外市场,让"索尼"冲向世界,成为井深与盛田这一阶段的主要奋斗目标。

1958年的日本社会,还处于低购买力的相对贫困阶段,彩色电视机的拥有量只占家庭总数的百分之一,洗衣机为百分之五,电冰箱仅为百分之零点二。以这样的国内市场状况,不将海外市场纳入自己的视野,则公司事业的发展是极为有限的。

然而,开拓海外市场也绝非易事。日本货质量低劣在世界上是出了名的。"日本制造"等于劣等货的代名词。因此,创出具有良好信誉的牌子是开拓海外市场的首要任务。

创牌是一门很微妙的学问,在扩大国内市场时他们曾有过教训。公司在推出磁带录音机之初,曾别出心裁地为这种产品取了个"泰普柯达"的新名词。因为国内消费者不知磁带录音机为何物,"泰普柯达"的名字很快就传开了。但是,麻烦接踵而至:当别的公司相继推出同类型产品时,人们一律称之为"泰普柯达","索尼"之名反被人遗忘了。后来,当公司在海外市场推销便携式立体声单放机时,就十分慎重。经过周密的策划和详尽的市场调查,他们选用了"沃克曼"这一名称,由于它是非规范英语,所以不易重复,但是另一方面,人们又都懂得它的含义,特别是英、美两国的年轻人还特别欣赏这一名称,所以产品面市后受到了普遍欢迎。为了避免上次情况的发生,这回公司特意在产品上印制了显著的"SONY"标志。

为了做好广告宣传,他们雇了一批青年人,每逢假日,就边听"沃克曼",边漫步在城市的繁华地带。这批招摇过市的青年广告宣传员引来行人的驻足关注,"沃克曼"和"索尼"之名也广播四方。

一般的营销理念是:占领市场就是满足消费者的需求,投其胃口。因此,市场调查成为产品开发的主要依据。

井深大和盛田昭夫却不这么认为。

由于索尼公司的主要产业是电子产品,一般消费者对其中原理及奥妙一无所知,要让他们头脑中产生对未来商品的清晰印象是不现实的。因此,市场调查的作用极其有限。他们更看重的是新技术的发明和新产品的设计开发,他们要用新的产品去引导人们的消费,成为市场的"先驱者"而不是消费者的"追随者"。在此观念的支配下,索尼公司并不在市场调查方面投入过多的精力,而是集中力量探索新产品及用途的各种可行性,通过与消费者的直接交流,教会他们使用这些新产品,从而达到开拓市场的目的。

前面提到的"沃克曼",便是这一观念的产物。

"沃克曼"的发明源于一次偶然的灵感。

有一天,井深抱着一台笨重的录音机,头戴耳机来到盛田的房间。他无意识地对昭夫说:"我要听音乐,又不能妨碍别人,所以只好戴上耳机。但总不能成天守在这台笨机器前听吧!唉,就只好走哪儿都带上它,真是自讨苦吃。"

听了井深先生的话,昭夫联想到了那些比井深更加离不开音乐的年轻人。无论是在东京还是纽约街头,不是时常都能看见肩扛笨重录音机的年轻人吗?他的女儿直子每天回家,都是跟父母打声招呼都来不及,便直奔二楼听她的立体声去了。

盛田灵机一动:如果设计一种体积小巧,不用喇叭,只用耳机听的单放机,不是会大受消费者欢迎吗?他把想法对公司的同事一说,立即招来一片反对之声:

"谁会买一部没有录音机功能的东西呢?"

职工们几乎众口一词,他们从消费者的立场上来推断,认为如果自己是消费者的话,也不会购买。

然而,盛田昭夫的立场是坚定的,他相信自己的直觉,认为这将是一种引导消费新潮流的全新产品。

索尼公司的员工们是好样的,虽说对领导层的决策持有异议,但这一点不影响工作热情;说归说,干归干。研制工作有条不紊地进行着。突然,盛田又想到了消费者的承受能力问题。因为这种想象中的产品的定位是主要面向青年人。因此,他要求产品在价格上一定要与青年学生的钱包相称。他提出一个明确的要求:零售价不可能超过3万日元。

财务部门对此表示强烈反对。他们认为,新产品至少也不应低于高性能小型录音机的价格基准线。但盛田不这么看,他认为宁愿牺牲性能方面的优良性,也要将成本压下来,使之成为具有畅销可能性的普及型产品。因为,他坚信该产品一定会在青年人当中走红。

单放机出来了。它体积小,音质好,令井深和盛田非常满意。这种小型单放机由于取消了高功率的喇叭,因而只需消耗干电池中少量的电力,就能通过扩大器使微型耳机发出音乐。从这种新式耳机中发出的声音,失真度之小,甚至出乎人们的意料之外,这使索尼人乐不可支。

盛田把样机带回家中,一遍一遍地试听、琢磨,他发现,假如用两个耳机,其效果比原来的用一个耳机更佳。他提出这一改进意见,一个星期以后,装有两个耳塞插孔的另外一种样机也生产出来了。

可销售部门坚持认为该产品不会受大众欢迎。出于无奈,盛田只好自己负责销售工作。

最后的结果是:盛田昭夫胜利了。他的便携式立体声单放机投放市场后,空前畅销,并很快成为一种人人效仿的时尚。一个不起眼的小小产品,一夜间改变了世界上几百万、几千万人的音乐欣赏方式,它成为个人超脱于纷繁现实、忘情于音乐的美妙世界的最佳途径。最使盛田感到自豪的是,连卡拉扬·梅塔马歇尔这样杰出的音乐家,都纷纷订购他们的产品"沃克曼"。这就证明了当初设想的卓越性和产品的优良性。

"沃克曼"成功了,它先是突破了500万台销售大关,后又突破了2000万大关,真是世界销售史上的奇迹!

"沃克曼"不断创新,机型达70种以上,其中还包括高档的"防水型""耐砂型",并经常推出新产品。

索尼公司的袖珍型半导体晶体管收音机在日本一口气销售了100万台。

索尼公司在垄断了日本国内市场之后,又把目标转向发明半导体晶体管和制造世界上第一台半导体收音机的美国。

盛田昭夫带着产品,到纽约的电器零售店去推销。价格是每台29.5美元,然而,美国人对此没有什么兴趣,鲜有问津者。

原因何在?

因为美国人有着与日本人完全不同的消费心理,他们住宅大、房间多,不需要小玩意儿。

盛田不信邪,决心要说服美国佬!

"正因为你们住宅大,每个家庭成员都有自己的房间,为了互不干扰,才更需要这种小型收音机。仅纽约就有20多家电台,人手一台,不是各自都可以在自己的房间里选择收听自己喜爱的节目吗?"

精诚所至,金石为开。订货单源源而来。

这时,布罗巴公司一下提出要订购 10 万台。这个数字使盛田昭夫大吃一惊,难以置信,因为这是二倍于索尼公司年生产能力的数字。但是这家公司有一个附加条件:要贴上布罗巴公司的商标在市场上出售。

盛田打电报给东京。总公司回电说:"10 万台数量可以实现,同意接受订货。"

然而,盛田考虑再三后,还是回绝了对方。对方起初以为他是在开玩笑,可当看到盛田严肃认真的表情后,就认为他简直是疯了。

"我公司是具有 50 年历史的名牌公司,你们不利用本公司的牌子,要在美国打开市场,能行吗?!"

盛田有自己的想法:将在外,军令有所不受。索尼公司决不能做别的公司的承包商,应以本公司的商标在世界上推销商品,建立本公司的信誉。

盛田于是理直气壮地回答道:

"50 年前,贵公司正如我们现在一样没有名气。我们正在和我们公司的新产品一道迈出 50 年后的第一步。50 年后,我们公司一定会成为一个不亚于贵公司的著名企业。"

后来,运气再次光临。一家拥有 150 家连锁商店的大买主向他们发出了数目可观的订货申请,订货数从 5000 台、1 万台直到 10 万台。

1960 年 2 月,盛田在纽约设立索尼美国公司,开始独立自主地在美国市场上推销产品,5 个月内,便在美国各地建立起销售网点。

常言道:入乡随俗。

美国与日本有着完全不同的社会习惯和民族心理,要想在美国市场站稳脚跟,就必须熟悉美国、了解美国人。

盛田昭夫初到美国时,还是按日本人的方式去生活、行事。他吃快餐、住低档旅馆。后来,有熟悉美国的朋友提醒他:为了不失自己的自尊和公司的声誉,无论如何也得住高档旅馆、吃高级饭店。朋友还解释说:与其住低档旅馆中的高级房间,不如住高级旅馆中的低档房间,价格基本相当而又保住了形象。要学会气派地出入高级旅馆及餐饮场所,落落大方地去享受那里的周到服务。

盛田从善如流,住进了高档旅馆。而一般的日本人去了美国后,都画地为牢,将自己封闭在一个狭小的日本人为主的圈子内,很少直接与美国人接触,对美国的了解极其有限。而盛田则通过过地道的美国人的生活,达到了学习美国人、了解美国人的目的。

1963 年,盛田昭夫举家迁往美国。

索尼不仅在美国成功地建立了营销网络,而且还在美国建立了几个分公司,在美国土地上生产索尼牌家电产品。艰苦努力、勤奋开拓使索尼在美利坚站稳了脚跟。

在与欧洲伙伴的合作交往中,盛田昭夫对欧洲有了较深的认识与了解。此时,索尼在美国的事业已走上正轨,而欧洲市场还是一片空白。他开始考虑进入欧洲的时机与方式。

昭夫跨进欧洲的第一步,是在巴黎最繁华的地段、世界著名的街道香榭丽舍大街开设索尼商品陈列馆。接着,又在瑞士的苏格成立了索尼海外公司。

盛田昭夫一直向往工业革命的发源地英国。1970年,英国王子查尔斯来日本参加世界博览会。在他下榻的宾馆房间装上了索尼电视机。盛田做梦也没想到:王子主动上前向他道谢,并问及索尼是否打算到英国建厂。他还幽默地说:"如果你以后决定来英国建厂的话,可要优先考虑我的领地威尔士啊!"

盛田记住了查尔斯王子充满真诚的话语。后来,索尼到英国建厂,果然选择了威尔士的布里简德。1974年,英国索尼工厂正式投产,盛田特意请求英国原驻日大使邀请查尔斯王子来参加新工厂的开业典礼。为纪念这一荣耀之事,该工厂的入口处特别树起了一座用英文和威尔士文书写的纪念碑。

英国索尼工厂生产的电视机有一半以上出口欧洲大陆和美国,占了英国彩电出口总数的百分之三十。为表彰索尼公司对英国电子工业做出的巨大贡献,伊丽莎白女王特授予索尼公司"女王奖"。

1981年,索尼在布里简德建立了一个彩色显像管工厂。查尔斯王子委派戴安娜王妃前来参加新工厂的开业仪式。只见具有迷人魅力的王妃头戴写有"SONY"字样的帽子,在摄影记者的簇拥下,视察了整个工厂。这是英国王室对索尼公司的最大支持。

为表彰盛田昭夫"在引进和运用工业技术、开发产品设计和录像装置、促进产业关系和世界通商关系的发展方面做出的贡献",1982年,英国皇家艺术院授予他"阿尔伯特勋章"这一无上光灿的荣誉。

目前,索尼分公司遍布全球,索尼产品进入了世界五大洲的寻常百姓家。

图像王国

以井深大和盛田昭夫为代表的索尼人并不满足于在音响世界遨游称雄。为使公司成为真正的世界一流电子产业集团,他们要问鼎更为新奇美妙的图像王国。

早在1962年,索尼公司就开始了对录像技术的研究开发。他们的目标,是试制出一种家用录像机。

当时,世界上所出现的第一批录像机是由美国的安派克公司试制成功的专供广播电视业使用的录像机。这种录像机的体积几乎有一个房间那么大,价格更令人咋舌,高达10万美元以上。

"索尼小家伙"从来就与庞然大物无缘。他们要另辟蹊径。井深想,现在小型立体音响已为家庭所普遍拥有,如果能生产出家庭用小型录像机,不会没有顾客来光顾的。

缩小录像机体积,首先就得解决录像带尺寸问题。安派克公司的录像机所用卷盘式录像带幅宽达二英寸,使用起来极不方便。经过反复的验证,索尼公司最终生产出一种录像带幅宽为四分之三英寸的盒式磁带录像机,他们为它命名为"优美型"。

"优美型"的问世结束了大型录像机的时代,各厂家竞相模仿,连电视台也不再使用二英寸的大型录像设备,转而青睐这种轻便、小巧的机型。一些产业界人士也看好这种"优美型"录像机,将它用作培训其技术人员的有效工具。福特汽车公司一下子就订购了 5000 台,其他公司接踵而来。直至今天,"优美型"仍在全世界范围内生产、使用着。

井深大和盛田昭夫没有为"优美型"的成就而满足,他们的目标是真正的超小型家用录像机,而"优美型"离这一目标还有一定距离。继"优美型"之后,他们又研制了录像带宽幅只有二分之一英寸的、世界上最早的家用型全晶体管录像机。这还不是终点,他们要力求完美。

一天,刚从美国回来的井深大将一本书扔在桌上,对录像开发小组的成员说:"这就是我理想当中的录像带规格,你们要努力达到这个目标,至少要让它容纳一个小时的录像节目。"

挑战的结果,世界上最为先进的"贝达马克斯方式"诞生了。

彩色电视机是索尼公司又要攻克的一个堡垒。

彩色电视机于 50 年代开始在美国普及,60 年代起在日本开始普及。在索尼公司进入这一领域之前,世界各国的电视机厂家都采用美国无线电公司的"遮蔽屏式"技术。

作为专业的音响厂家,井深大自然不会无视彩色电视机这一新的映像技术的出现。他早就看到了这一市场几乎无限广阔的前景。然而他不愿意蹈常习故。他想开发一种不同方式的,如果可能的话,开发一种更好方式的彩色电视机。

正是这种不愿步人后尘、独出心裁的思想,使井深大吃尽了苦头,而最终诞生的单枪三束显像管彩色电视机,大大推动了世界彩色电视机技术的发展。

在黑白电视机生产方面,索尼公司堪称老大。可在彩色电视机领域,索尼公司是后起厂家。因为它把全部精力都放在使用晶体管的小型电视机上。直到 1961 年,它还没有明确制定打入这一领域的计划。

1961 年 3 月,井深大去纽约参加电气电子学会年会,因而有机会看到了阿奈斯特·罗伦斯 1950 年发明的彩色摄像管。罗伦斯博士还因此荣获诺贝尔奖奖金。

井深大对它"一见钟情",倾心于它的明亮而清晰的画面。

这项专利掌握在派拉蒙影片公司手里,并且已被军方利用在识别障碍物的显示器上。

经过技术上的可行性调查,井深大于 1962 年获得了彩色摄像管专利的使用权,制定了研究开发计划:抢在 1964 年东京奥运会之前推出自己独特方式的彩色电视机。攻关小组由技术课长吉田进领导。

派去美国实习的技术股长大越明男和在美国搜集技术情报的公司职员荒井好民两人,在派拉蒙影片公司的子公司、制造彩色摄像管的自动特技公司,过起了紧张而又艰苦的生活:白天到生产车间实习,晚上回忆和总结实习情况,写出报告,第二天一早,用航空邮件发回东京,然后再赶去上班,天天忙碌到深夜,星期六和星期天还要到美国无线电公司和全国电视公司等处参观。

经过两年的研究开发，索尼人才发现，这一技术实在太难了。用这种技术制造出的彩色电视机质量不过关，售后服务费用太大，因而这种型号的电视机只生产了1.3万台，便停产了。

为了研究彩色摄像管，索尼公司投入巨额研究经费和众多的技术人员，但是难关久久不能攻克，索尼深深地陷入了泥潭。技术人员将彩色摄像管称作"苦劳魔管"（彩色摄像管的英语发音"CHROMATRON"与日语"苦劳魔"的发音相似）。

看来，只剩下最后一条路了，那就是自行研究开发显像管技术。

井深大与技术人员夜以继日地泡在实验室里，持续攻关。无数的心血和汗水终于有了回报——具有划时代意义的单枪三束彩色显像管方式新技术诞生了。

所谓单枪三束彩色显像管方式不同于三枪的三角形方式在于：它将原来的三支电子枪并成一支，发出三种电子射束，透镜也由原来的几个合并成一个大的，以此达到小型化和高效率的目的。另外，它还以一种刻有细长槽纹的普遍金属格子，取代了栅控彩色显像管的金属网格子或遮蔽屏。这种方式，可使电子的穿透率增长百分之三十，发射到屏幕上的电子射束也比遮蔽方式多得多，因而不仅使亮度增强了一倍，同时也大大节省了电力消耗。

有了自己独创的新技术，索尼公司着手生产能够为美国消费者所接受的电视机型。盛田昭夫充分运用了他的经销天才，对美国彩色电视机的需求市场进行了透彻的分析。他看到，当时美国拥有彩电的家庭已达1000万户，但是，它们均为安装在起居室内的大型电视机，索尼要想挤入市场，就必须开发那种能在厨房、寝室使用，或白天带到户外观看的轻便型小彩电。他熟知美国人的生活方式，知道美国人一般都喜欢在院子里野餐或拉上吊床睡觉；所以，那种轻便小巧、能随手带到屋外、图案鲜明的小电视机一定会受到美国人的青睐，而这正是索尼的优势。

于是，他们开始生产12英寸和7英寸的单枪三束彩色电视机。这种彩色电视机投放市场后，尽管售价偏高，但购买者踊跃，他们所耗费的巨额的研制费用在不长的时间内就已收回。后来，以这种技术他们甚至生产出了能装进口袋里随身携带的超小超薄型彩色电视机，他们为此而骄傲。

井深大开发的三束彩色显像管技术于1972年荣获美国电视艺术协会颁发的"埃米奖"。

索尼探秘

在短短的时间内，索尼成为屈指可数的国际性企业。对它的迅速成长，人们给予极高的评价，称之为"索尼之神话"。

索尼把日本人不敢奢想的"日本产品饮誉海外"变成了现实。它的商标在国内、国外市场上到处可见，它依靠独立的技术，一瞬间席卷了国际市场。

独立的技术力量和以出口为主的经营战略，这是索尼崛起、成长、发展所必不可少的两个条件。但更为重要的是它有具备强烈个性的经营者和优秀的企业家。

在日本有神话般色彩的企业家中,再没有比索尼会长盛田昭夫更能连续忙碌工作的了。

与国际企业索尼日益繁荣的形势相适应的,国际经营者盛田昭夫每月要从10至15日在国内、在海外奔波。他无论是在日本国内还是去国外,白天一天他完全埋在指定的业务会议和面谈上。中午饭和晚饭都是与有工作关系的人在一起吃,边吃边谈。

索尼会长读报告、批准文件几乎都在疾驰的汽车里或飞机的座舱里。汽车里装上了电话,对部下给予指示,向他们询问情况,盛田昭夫一般都用车里的电话。

在盛田出差到海外的时候,因为人不在日本公司本部,他对部下极不放心。回到旅馆后,一想到疑点和要核对的事情,就不管是不是深夜——这是欧洲或美国的深夜——向因时间差关系尚在繁忙地工作着的日本公司本部打国际电话。

他往往是夜里一个人上床以后突然想到经营上的各种各样的主意和打算。而且,因为他挂念着公司的经营,睡觉时也不停地想着,有时突然醒来,想到了一件什么应该办的事,或者什么新设想就随手抓起他放在枕边的小纸片匆匆忙忙地记下来,然后又放心地睡去。

早晨一起来,他就立即把备忘录夹在表带里,拿到公司交给秘书。秘书把写在备忘录上的主意和指示,或通知到公司内有关的工作岗位,或自己酌情加以处理。

后来,取代备忘录用纸的是枕边的微型盒式录音机,他把自己想到的事情立刻录进录音带里,第二天早上把它拿给秘书听。

除了熟睡的时候,盛田昭夫的精力全部用在工作上,他的工作能量是惊人的。

一般人可能认为,休息日他大概在自己家里(或在海外的旅馆里)安心地休息吧!其实不然,他在和朋友一起汗流浃背地活动在运动场上。40年代,他喜欢打高尔夫球,到50年代他的兴趣又转向网球。因为比高尔夫球更激烈的网球运动能防止人身心衰老。

年过六十后,盛田那种搞技术出身的好奇心仍不减当年。与索尼业务有关的音频、视频商品自不待言,即使是照相机,如果有显著的技术进步的话,其新产品一问世,盛田也必定购买,拿来自己用用看,体会它新性能的优势所在。

正因为如此忙碌,疯狂工作的盛田只能在往返太平洋两岸的飞机上才得以进入梦乡,让短暂的睡眠来松弛一下过于紧张的身心。

他在30年间,飞行里程达44万公里,可以绕地球100周。而且,他出差到海外的时候身边从来没有侍从、陪同者。

以精力饱满而著称的盛田,把他的全部心血都集中在一个地方了,即把索尼培育成"国际的企业"。为此,他要使自己锻炼成一个"国际经营者"。

盛田的这种努力无疑是成功了。SONY的商标在世界所有地方都证明是一流产品。曾三次成为《时代》杂志封面人物的盛田是海外知名度最高的经营者。

一个能将全部注意力倾注到工作上,有旺盛精力和出众的能力、天赋的人,如果瞄准目标,全力以赴的话,果真任何事情都能成功吗?虽然这个课题的答案在不同的人那里各不相同。但盛田昭夫却的确是一个不容置疑的成功者。

世界富豪

索尼的技术人员组织是以井深大为首集中起来的。这个技术集团的创造和动态在 10 年内成了大众的话题。中心人物井深大引人注目也是极其自然的了。

然而,企业只有可观的技术是不能成功的。尽管技术是引人注目的,可成为一时的话题,但只靠技术把企业的组织规模,从街道工厂变成大企业的实例大概是没有的。

公司为了企业的成长,必须开拓销售商品的市场。同时,投入资金和录用人才也是不可忽视的重要因素。换句话说,组织的创造、组织的调整是企业在其成长过程中首先应该注意到的。

"索尼精神"的守则里说:索尼公司是个先锋,从不模仿他人。"在进步中,索尼要为全世界服务"。公司将"永远追求未知",同时,"先锋的路崎岖而艰苦,但是索尼人永远亲密和谐地团结在一起。因为参与创造发明是一种享受,贡献个人才智以达成目标,更是一种光荣。索尼尊重并鼓励个人才智的发挥——人人适才任用——相信个人,发展能力,将潜能发挥到极致,这就是索尼最大的力量"。

索尼的理念在于:"人"是一切活动之本。索尼的领导总是尽可能地认识自己的员工,拜访每一个下属单位,并亲自和每位员工认识与接触。并鼓励公司所有的经理去认识员工,而不要只是整天坐在办公桌后。

索尼领导层强调:在企业里,如果所有的思考工作者由管理阶层来做,企业就会遭到很大的危险。每一位员工都应该贡献他的才智,基层员工对企业的贡献更不应该局限在简单的例行工作上,要求每一位员工除了劳力之外,也必须劳心。索尼每年平均从每一位员工身上,可以得到 8 条建议,大多数的建议都是为了让他们工作更轻松,错误更少,更有效率而提出的。

盛田认为,如果我们只是执行上司认为对的事情,这个世界就永无进步。他常常告诉员工不要太在意上位者的指示,"动手就做,不要等指示"。"年轻人总是有创意与弹性,主管不该向他们填塞现成的观念,因为这样做可能会扼杀了原本很好的创见"。

在索尼,常常聚在一起的员工,会产生一种自我激励的气氛,年轻的员工是公司行动的力量来源。管理阶层有这一批精力充沛的员工来执行任务,自然就可以全力计划公司未来的方向。他们认为把员工个人的职权规定得太清楚,是既不聪明,也不必要的做法,因为大家都像一家人一样,会全力做好该做的事情。

在索尼,如果出了差错,而主管追究责任,会被认为是非常恶劣的行径。别人觉得这个做法很危险,而索尼的看法是:责备犯错误的员工并不重要,重要的是找出犯错误的原因。一家分公司的经理曾对盛田抱怨:公司里出了差错,但他不敢找出该负责任的员工。盛田说,这种现象其实是好事,因为如果大家都知道该受处罚的对象,就会打击全体员工的士气。任何人,包括公司的最高负责人井深大和他本人都犯过错误,在 Chromatmn 系统的开发上赔了钱;另外,开发出来的"超卡"(L-cassene)系统(一种音响效果绝佳的大型卡式录音带),在市场上也惨遭败绩。错误和失败虽是人为的,但任何人都可能会犯这些毛病。从长远来看,这些并不足以危害公司。如果一个人因犯错误而被摒于升迁管道之外,他以后可能会再也提不起劲,也无法再对公司做出任何贡献。

另一方面,如果犯错误的原因能够澄清并公诸大众,犯错者将永志不忘,其他人也不会再犯同样的错误。盛田告诉同仁:"放手去做你认为对的事。纵使你犯了错误,也可以由此学到经验,只要不再犯同样的错误就好。"

盛田不希望管理阶层认为自己是上帝派遣来的选民,领导着一群无知的属下去成就了不起的功业。在中国,管理者可以不断地犯错而不让他人察觉,管理者可能把账面上搞得很漂亮。盛田认为,管理者的绩效应由下列各方面评估:他如何掌握部属,如何激励部属发挥全力,组织每个人的工作,并圆满地完成工作。

在盛田昭夫的经营思想中,"人"处于核心地位。他认为,从长远的观点看,无论企业领导人具有多大的能力,取得多大的成功,企业的将来归根结底还是掌握在全体职员的手中,是他们在主宰着企业的命运。因此,建立企业领导人与职员之间健康的关系,使公司上下形成一个情感与共、和睦共处大家庭,是企业成功的关键。

在这种思想的指导下,他特别注重对职员的培养、教育,并努力去沟通与职员之间的感情。为此,他给自己立下了一个不成文的规矩:每逢一年一度的新职员欢迎仪式上,他一定要亲临参加,并即席发表讲演。40年如一日,这一方式他一直坚持了下来。

在索尼公司,推行着日本普遍采用的终身雇佣制。这样,劳资双方都将企业看作共同利益的实体,一荣俱荣,一损俱损。

盛田昭夫常说,企业领导人应该懂得,人并不仅仅是为金钱而工作着,因而,绝不能认为只有工资才是调动人们工作积极性的唯一有效武器。要使人们努力工作,就应该诚心诚意地把他们请进企业这个大"家庭"中来,以对待每一位家庭成员的方式和情感去尊重他们。

在自己的管理实践中,盛田昭夫始终视每一个职员为自己的"同事"和"伙伴",与他们保持着经常的交流和持久的友谊。他与公司的许多职员"私交甚好"。

盛田昭夫说,与股东相比,职员才是企业的原动力,他们的地位不应低于股东。同股东相交,不外乎分取红利时笑脸相迎、躬身相送,而与职员相交,则是天长日久的合作,是真情的沟通。企业不是几个头头的,而是全体职工的。

索尼公司始终都贯彻"每个职工都是索尼大家庭的一员"的方针。例如,英国索尼工厂开业前,为了培养英籍工程师及管理人员的"家庭"观念,盛田昭夫把他们召集来东京,与总公司的日本职员一起工作,一道训练,着统一制服,吃职工食堂,从而树立起管理层与普通职工只有分工不同,没有贵贱之分的观念。在英国索尼工厂,厂长与职员们在同间办公室办公,甚至连办公用品也是一样的。

盛田昭夫也清楚地看到了终身雇佣制所暗含的消极一面,那就是抑制了人的创造性和活力,限制了人的能力的发挥。为此,索尼领导层努力在公司内部创建一种允许人才合理流通的体制,以利于调动人才积极性和挖掘人才潜力。

盛田昭夫认为,一个人在一个岗位上工作时间太长了,紧张感就会丧失殆尽,因而,倒不如经常让他们变换一下工作环境更好。在他的授意下,公司小报上开辟了每周一次的"求人广告"专栏,由一些缺乏人员的部门在小报上发布招聘请求,允许职员们自由地、或秘密地前去应征,他们的上司绝不能阻止他们的流动。同时,公司原则上每隔两年便可以让员工们调换一次工作,特别是对精力旺盛、干劲十足的职员,不是让他们被动地等候工作变动,而是主动地给予他们一个能施展才干的机会。

盛田昭夫认为,如果允许人们自由地选择自己将要干的工作,那么他们投入到工作中的热情就会成倍地增长,成功的可能性也就要大得多,这对职工个人和公司都是一件好事。可绝大多数的日本公司是不允许职工自由选择工作岗位的。盛田昭夫决心以自己的实践,打破这种封闭、保守的局面,闯出一条企业人才使用的新路子来。

盛田昭夫用人不看学历,只重有无实干的能力。公司在雇用新职员时,一律不看学历,平日相互间也不问学历,只凭实际能力、工作成绩或发展潜力来进行评价。

盛田昭夫十分注重保护职员的个性,主张在公司内部鼓励职员们尽量旗帜鲜明地表述自己的观点和想法,即使和别人的想法相矛盾,也不必介意。因为只有在分歧与冲突中,才能分辨出什么是更好的意见。

还在盛田昭夫任公司总经理期间,他与任公司董事长的田岛道治先生发生了意见不合,田岛是个旧派的绅士,当时还担任政府要职。盛田稍有顶撞,他便大发雷霆。可盛田就是寸步不让,据理力争。田岛暴跳如雷:

"盛田君,你我意见相左,我不愿意再呆在对立意见层出不穷的公司里了,我要辞职。"

盛田反唇相讥:

"依我的看法,假如我和你的意见完全一致,我们俩才没有必要呆在同一个公司里。我们的公司之所以能少犯错误,并获得今日之发展,不正是由于我俩意见相左吗!"

田岛的怒气消退后,两人又和好如初,就像什么也没有发生过一样。

作为公司技术灵魂的井深大也是这样的。在他的周围,团结了一大批人,他们为实现井深的技术理想而努力奋斗着。井深大从来不搞单枪匹马式事情,他的成功全在于他那对年轻技术人员虚怀若谷的气度,以及善于纳谏、大胆扶植后生的美德。

索尼公司的纲领性文件——《索尼之魂》中有这样的名言:

"让每一个人都尽其所能、百炼成钢、奋勇开拓。开拓者索尼把最大限度地发掘人才、信任人才、鼓励人才不断奋进视为自己的唯一生命。"

为了培养职员的合作意识,增强每一个人的"家庭"观念,盛田昭夫努力做到与他们保持良好的关系。在公司规模还不大时,他坚持与每一位职员进行接触。几乎每天晚上,他都与年轻的职员们一起吃饭、聊天,直到深夜。随着公司规模日益扩大,要做到这样已不太现实了,但他仍尽可能利用一切机会与下层职员接触,增进了解与感情。

一天,盛田去市中心办事,刚好有几分钟的空余时间,他就去街上闲逛。偶一抬头,他看见"索尼旅游服务公司"的牌子。这个店他还从没听说过,于是他就跨了进去。说：

"各位认识我吗？想必已在电视上或报纸上见过了吧！今天我特意来，让你们瞧瞧我的尊容，看与电视上有什么两样。"

大家都被他的话逗乐了，气氛一下地轻松起来。虽然三言两语，交谈只进行了几分钟，但相互间建立起一种亲切、信任的情感。

还有一次，盛田来到加利福尼亚州的一家索尼小工厂，美方的一位管理干部请求他分别和每位职工单独照张相。他和40多位职工一一照相，丝毫不觉辛苦，反而愉快无比。

盛田昭夫反对一切都由企业领导人全包全揽的做法，他认为好的管理者并不是一个发明创造家，而是一个善于组织者，集体之中蕴藏着无穷的智慧。

在索尼公司内部，如同在大多数的日本企业中一样，职工的献计献策活动是受到鼓励的。他相信，一个普通工人的工作，不仅仅是在机械地重复体力劳动方面，他同样也有智慧的含量。由于索尼充分调动员工的创造性，平均每个职工一年需向公司提交十三个改革方案，而其中许多方案都有可取之处，或是使生产操作简单化，或是使生产流程效率化，或是致力于提高公司产品的信誉度。这些职工都长年工作在生产第一线，他们最熟悉每一个生产环节，对生产中存在着的弊端与不足也最有发言权，因而，他们的意见最值得重视。

盛田反复告诫职工："对上司的意图千万不可囫囵吞枣，照抄照搬，而要开动脑筋，自己主动去工作。"

对于企业各级管理者，盛田是这样教诲他们的：

"一定不可低估下级的才能和独创精神，特别是年轻人，他们思维敏捷，勇于创新，因此，管理人员不应对他们抱有先入之见，那只会扼杀他们的独创性和积极性。"

当然，索尼不是靠陈旧的家长恩情主义来维系职工与企业生死与共的情感，索尼不宣传"皇恩浩荡""士为知己者死"等等中国封建传统思想，而是推行战后形成的一种崭新的命运共同体平等主义经营思想。

盛田昭夫经营思想中的另一个重要内容便是极力主张技术应与市场结合。

技术上的独创性，无疑是企业生存的关键。但是，创造性必须与市场眼光相结合，二者融为一体，才会产生真正的效益。这是盛田昭夫的一贯主张。

战后的日本，民用技术领域之所以有突飞猛进的发展，是同技术的发展完全与军事目的相分离有关。欧美技术多为军事产业的附属物。而日本的技术革新则被广泛地运用于商业领域，日本的民用技术取得了令人刮目的成就。

日本的政府以"教育立国"为基本国策，日本的劳动者平均受教育程度较高，这也是日本产业界具有卓越的创造性的一个原因。

作为一个企业的经营者，盛田昭夫十分注重发掘职工的创造精神。在索尼公司，总是要求职工们不要丢掉自己的独创性，一定要不断出成果。实际上，如何充分发挥潜藏于每一个人身上的创造精神，对一个经营者来说，是一个极其重要的课题。创造性人人皆有，要将其调动出来，并发挥其有用的价值，则不是每一个经营者都做得到的。

盛田对此深有感受，他认为，发挥独创性的首要一点，是要为自己的事业设定一个明确而具体的目标。日本人把美国的阿波罗登月计划看作是这方面的典范。

从美国阿波罗登月计划的成功中，日本的企业受到了非常有益的启发，这就是后来在日本的企业中普遍推行的质量管理计划。在阿波罗计划中，美国国家宇航局推行"无缺点运动"，致使后来的美国产品以质量精良享誉全球。日本货一向以质量不好备受冷遇。朝鲜战争期间，美国从日本订购军需物资，以严厉的质量要求令日本人对"无缺点运动"刻骨铭心。可以说，这就是刺激日本产业界在质量上腾飞的一次决定性时机。

对于工程技术人员来说，为其设定一个通过奋斗可以达到的目标，是他们成功的关键。反之，如果没有明确的目标，即使公司或政府投入巨资，也是不会有什么好的收成的。

索尼公司在研究磁带录音机之前，许多人连磁带录音机是什么样也没见过，更谈不上生产原理了。但是，大家一心想着要开发出领先时代的电子产品，也就有了动力，每个人的智慧给充分发掘出来了。家用录像机也是先定目标，按期完成开发任务。

然而，光有明确的目标，制订出可行的产品计划，并不意味着就拥有了成功的全部条件。这里面还有一个很重要的环节，就是市场的眼光。只有当技术水平、产品计划、市场眼光这三个环节有机地融合在一起时，才可能产生出具有独创性的，令消费者满意的全新产品来。反之，如果这三个环节相互脱离，或有缺漏，则指望企业获取商业方面的丰硕成果，无异于痴人说梦。

在索尼公司，要使一项发明进入产品开发程序，发明者本人必须对自己的设想从技术、产品计划、制造过程、经营管理到市场销售多方面进行通盘考虑，并将他的看法向以上各部门的专门人员陈述说明，以取得认可。因为，它不仅是一个发明而已，它终将进入生产流程，并作为企业的新产品投入市场，这就事关企业的兴衰存亡了。因而，技术开发小组的成员，不应仅仅把自己看作是公司当中的普通一员，他还应把自己放在整个企业的经营者的地位上，去审慎地考虑一切问题。

这就是索尼的"秘密"。

全球著名股神

——沃伦·巴菲特

人物档案

简　历：美国投资家、企业家及慈善家，经济学硕士，主要投资品种有股票、基金行业，被称为股神。现任伯克希尔·哈撒韦公司董事长和首席执行官。1930 年 8 月 30 日出生在美国内布拉斯加州的奥玛哈，1941 年，刚刚跨入 11 周岁，他便跃身股海，并购买了平生第一张股票，1949 年获得了内布拉斯加大学林肯分校经济学学士学位，1950 年，巴菲特申请哈佛大学被拒之门外，考入哥伦比亚大学商学院，获得了哥伦比亚大学经济学硕士学位，1957 年，成立非约束性的巴菲特投资俱乐部，1965～2006 年的 42 年间，伯克希尔公司净资产的年均增长率达 21.46%，累计增长 361156%；同期标准普尔 500 指数成分公司的年均增长率为 10.4%，累计增长幅为 6479%，2012 年 4 月 17 日患有前列腺癌，2022 年 5 月高票通过继续担任伯克希尔·哈撒韦公司董事长和首席执行官。截止 2023 年 3 月 23 日，沃伦·巴菲特以 7800 亿财富位列《2023 胡润全球富豪榜》榜单第 5 位，财富减少了 200 亿元。

生卒年月：1930 年 8 月 30 日～

性格特征：做事沉稳并有魄力，有理想，坚持不懈，崇尚慈善。

历史功过：2008 年世界首富，总统自由勋章，2022 年福布斯富豪榜第 5 位。提出"三要三不要"理财法，他的理财和投资理念已经深入人心。

名家评点：比尔·盖茨评价说："人们向沃伦学习的第一件事，当然是怎么思考投资。这很自然，因为他有惊人的投资纪录。不幸的是，太多人仅关注投资，而忽略了一个事实：巴菲特有一个很强的、商业思维的整体框架。"

少年玩家

华伦·巴菲特之所以成为举世闻名的最伟大的投资者,与他的童年生活有着相当密切的关系。

他从小就有对股票投资的兴趣。换言之,巴菲特的投资意识及商业天才,早在他孩提时代就已经初露锋芒。

华伦·巴菲特,1930 年 8 月 30 日出生在美国中部内布拉斯加州的奥玛哈。其父霍华德,是当地的一位股票经纪人,并担任共和党的国会议员。巴菲特的祖父和父亲都曾是从事杂货零售小生意的。小小的巴菲特就在商品生意的气氛中受到熏陶,耳濡目染,使他很早就懂得做生意是一项低进高出的流通活动,并在家庭的经营中学会了推销商品的方式和技巧,从中赚取利润。

巴菲特的赚钱生涯始于童年。

8 岁时,巴菲特就从家里的杂货店买来"可口可乐"饮料,然后转卖给邻居家里的小孩或大人,从每罐中赚取 5 美分。过了一年多,他已经成了远近闻名的"儿童老板"。巴菲特从小就对这种商业经营活动情有独钟,乐此不疲。他自小显露出的对商业的持久兴趣就是日后创业的良好基础。

霍华德是一个股票经纪人,家里藏有许多股票方面的书籍。巴菲特对书上的数字很入迷,每当看到排列得五花八门的阿拉伯数字,他就兴奋不已,并能轻易地在脑海里进行数学运算。

8 岁的巴菲特已经开始阅读家藏的股市书刊,而且总是很投入。那些奇怪的数字就像彩色的童话故事一样,令他陶醉。家里人,甚至连他自己都莫名其妙:小小年纪,为什么会如此痴迷那些数字呢?

11 岁那年,巴菲特来到父亲担任经纪人的哈里斯·厄普汉姆公司做股价板的记录。也就是在这一年,他平生第一次买进了自己的第一只股票,即城市服务特别股。这使他初次品尝了股票获利的甜美味道。机灵的巴菲特意识到,玩股票比从前的低进高出的小生意买卖更有意思。

从此,他的兴趣转向了股市,立志通过炒股成为一个有钱的大老板。

由于父亲任职国会,少年巴菲特迁居华盛顿特区居住。此时,13 岁的巴菲特开始自创投资事业。他一边替《华盛顿邮报》送报,一边用自己平时做生意积蓄的存款,购买了两台单价为 25 美元的半旧弹子机,并将它们放在一家理发厅里。很快,就用赚到的钱再购置了 5 台。这样,7 台弹子机每月给他带来 200 美元的利润。

巴菲特并未满足,又与一位中学同学合伙用 350 美元,买下了一部 1934 年出品的"劳斯莱斯",以每天 35 美元的价格对外出租,到 16 岁中学毕业时,他已经赚得 6000 美元。

这次合作正是巴菲特以后成立合伙投资事业的初次试验。

中学毕业后,巴菲特进入内布拉斯加州大学学习企业投资管理。他强烈地意识到知识的重要性,便时常钻进书海中,废寝忘食地求知。

当他上大二时,读到了本杰明·格兰姆的经典之作——《聪明的投资人》,真是如获至宝,到了爱不释手的程度。这部书深刻地影响了巴菲特的思想。格兰姆说:"把投资当作生意来看,是最有智慧的投资。"这句话被巴菲特一直奉为圭臬。

为了能够聆听格兰姆的真教,巴菲特一俟大学毕业,便急匆匆地离开故乡,只身来到纽约,进入心仪已久的哥伦比亚大学商学院求学,直接受教于格兰姆教授。

格兰姆真是一位好老师,他一边系统地传授自己的投资理论,一边还为巴菲特这些好学生联系实习单位。巴菲特在实习时结识了一家保险公司的财务总裁,了解到保险业务的各种运作情况。这为他投资保险业打下了坚实的基础。

由于有了扎实的保险业务基础知识,眼光敏锐的巴菲特毫不犹豫地将自己做生意赚来的 9000 美元血汗钱投资到保险公司的股份上。果然这笔投资获得了较好的回报率。巴菲特不仅赚了钱,而且也积累了这项业务的投资经验,坚定了闯天下的信心。

华伦·巴菲特在哥伦比亚大学拿到经济学硕士学位之后,辞别了恩师格兰姆,回到自己的故乡奥玛哈,就职于哈里斯·厄普汉姆公司。立志干出名堂的巴菲特在求知路上永无满足,仍是争分夺秒地继续研究学习;忙完每天的职务工作后,便全身心地阅读各种金融书刊。

巴菲特一有空就去光顾内布拉斯加州府林肯市的图书馆,查阅各种保险业的文献及统计资料。细心的巴菲特不但学到了许多保险实际业务知识,还了解到全美国保险业的发展情况,并且发现了美国保险业中存在的许多未被人们注意的数据;这为他以后拓展保险业务提供了依据。

巴菲特的勤奋好学是远近闻名的。他从恩师格兰姆那里学到了许多投资理论和财务分析方面的知识,从图书馆和实践当中又学到了不少东西。此外,他还从一个名叫菲力普·费歇的学者那里学到了股票操作的方法学知识,使他能够准确地判断出较好的长期投资,以便获取更加丰盈的利润。

华伦·巴菲特之所以成为举世闻名的最伟大的投资者,与他青少年时代的勤奋好学精神是分不开的。巴菲特成功后没有忘记精心浇灌自己的园丁,他把格兰姆和费歇两位恩师看作是自己的"精神父亲"。并用爱戴和感激的口吻说:"我自己有85%像格兰姆,有15%像费歇。"

巴菲特确实是一位博采众长的人。他从不放过任何一个学习机会。

巴菲特的儿媳妇玛丽·巴菲特在《巴菲特原则》一书中写道:

"当我们剖析华伦投资哲学时,你会看到他是:

部分的本杰明·格兰姆。他学习本杰明以企业前景为重点的投资哲学,及强调价格是选择投资的主要动因。

部分的菲利普·费歇。费歇是神话般的资产管理人,也是华伦奉为圭臬著作的作者,他的著作主要影响华伦思想的是,'只有最优异的企业经营与远景是唯一值得投资的商业价值',以及'没有一个时间适合将最优秀企业脱手'的理论。

部分的劳伦斯·彭博。彭博是30年代的思想家及作家,他的'消费独占企业'

是最佳投资价值的理论影响了华伦。

部分的约翰·布尔·威廉氏。威康氏是 30 年代的数学家与财务哲学家,以及哈佛大学出版公司出版的《投资价值理论》的作者。

部分的罗德·肯尼士。肯尼士是有名的英国经济学家。华伦吸取他'着重组合概念'及'认真研究某一领域虽重要但不可失之一偏'的理论。

部分的艾格·史密斯。史密斯是《长期投资股票》一书的作者。

最重要的是部分的查尔斯·慕格。慕格是一位法学家及一家财务公司主持人。他是华伦的朋友及合伙人,他说服华伦把焦点更集中在精算购买优异企业的买价,而不是只单纯地跟随格拉罕式的买价论。

这是一群不墨守成规的人,他们在股票投资上的思想年限横跨 100 多年。"

从巴菲特儿媳妇的分析中可以看出:巴菲特并不是一夜之间变成投资天才的,他的聪明才智是持续不断地撷取各家思想精华而来的。

青胜于蓝

华伦·巴菲特擅长于吸取别人成功的经验,不仅潜心于研究格兰姆、费歇等人的投资策略,而且还阅读大量的书刊,内容涉及较广。难能可贵的是,他常把别人的经验、理论加以翻新,注入自己的想法,并在实践中形成了自己独特的、较为完整的投资理论体系。

众所周知,格兰姆和费歇之间的差异极为明显。

格兰姆强调的是数量分析问题,只注重那些能够被测量的因素,即固定资产、流动盈余和股利。他研究的重点是公司的档案和年报。格兰姆并不主张去拜访顾客、竞争者或管理阶层。他只对那些能够被一般人接受的投资方法有兴趣。为了减少风险,格兰姆建议投资人将手上的投资组合尽量分散化。

费歇的投资理念是:重视特质的分析,强调那些能增加一个公司价值的因素,如对未来成长的预期和管理阶层的经营能力等。

格兰姆只对购买便宜的股票感兴趣,费歇却只购买实质价值有潜力长期成长的公司。与格兰姆相反,费歇会花许多精力和时间,进行广泛的面谈,去发现可能改进其选择过程的任何蛛丝马迹,还比较喜欢集中组合投资于少数股票。

巴菲特受惠于这两位投资大师,认为两位老师的投资策略虽有不同,但是,最终的目的是一样的。而且他俩的投资方法在投资世界里是并驾齐驱,有着同等的重要地位。

巴菲特卓越的投资成功,就是建立在综合二者的基础上的。他兼收二者投资策略的优长特点,在创新的基础上形成了自己的独特投资理念。

青出于蓝而胜于蓝。巴菲特在投资世界超过了自己的所有老师,成为"后来居上者"。

和巴菲特的儿子离了婚的玛丽说:"华伦是第一个,也是最崇高的一位商业专业领域的思想家、哲学家。他能结合财经与商业界最伟大的哲学,并能就这样的结合提出一个崭新的方法。他的方法有许多方面与华尔街精神完全不同。"事实上,巴菲特的方法与自己最尊敬的老师也不尽一致。

格兰姆是巴菲特投资生涯中最具影响的人,作为格兰姆最得意、最杰出的学生,巴菲特成了格兰姆实质价值投资法的公认的传人。巴菲特的名字几乎就是实质价值的同义词。

然而,对于一些公司的投资,像美国运通(1964年投资)、华盛顿邮报(1973年投资)、首都/美国广播公司(1986年投资)、可口可乐公司(1988年投资)、威尔斯法哥公司(1990年投资),以上这些企业没有一家能够通过格兰姆的财务检验。巴菲特却大量地投入了资金,而且获得了巨大成功。这说明:巴菲特在格兰姆投资理论的基础上,又进行了发展和完善,已经超过了格兰姆。

在早期的股票投资生涯中,巴菲特的确致力于格兰姆投资方法的实践,可他以格兰姆严格的数量指导方针所投资的一些股票,竟是没有利润的投资。巴菲特在格兰姆——纽曼合伙公司工作期间,开始深入研究各类财务报告,希望了解是什么因素导致公司股票下跌。巴菲特终于明白,许多他曾经以低廉价格买进的公司股票之所以便宜,是因为其所属公司的营业状况正面临着危机。早在1956年,巴菲特就开始注意到格兰姆买进廉价股票的策略并不实用。

为了使格兰姆的投资策略有效,巴菲特认为,必须有人扮演流通者的角色。如果市场上没有人扮演流通者,就必须有其他的投资人乐于购买你的公司的股票,这样,才会使股票的价格上涨。

巴菲特解释说:"假如投资者支付800万美元给一家开价1000万美元的公司,而投资者又能适当地卖掉这笔投资,那么他将会有一笔可观的收入。然而,此时公司潜在的营运状况不佳,而需耗费10年的时间来销售该公司,那么,投资者的总利润有可能低于平均水准。时间是绩优企业的朋友,是平凡者的敌人。"巴菲特从自己早期投资的失误中总结教训,不再严格遵守格兰姆的投资策略。他开始既注意公司的量化层面特征,更重视公司的质化特征,寻找低于实质价值的投资。

1969年,巴菲特又发现一块"宝石",即费歇的著作。它引导着巴菲特卓有成效地发现一个又一个的优秀企业。

巴菲特从费歇那里学到了区别企业类型的方法,知道了经营管理阶层的好坏能影响潜在的企业价值。

费歇认为,为了完全了解企业的资讯,投资人必须全面调查公司及其市场竞争力。巴菲特从中得到了启示,认识到了"葡萄藤"资讯网络的价值。后来,巴菲特不惜花巨资建立起接触面十分广泛的网络,以协助评估不同类型的企业。

费歇不主张过分的投资多元化。他说:"把资金投进各个不同企业中就可以减少风险是一种误导。""购买太多种类股票的缺点,是使投资者顾此失彼。而投资者的风险在于:他们对比较熟悉的公司的投资显得太少,却对陌生的公司投资得又太多了。这种贸然买进一家未经透彻了解的公司,很可能要比有限的投资组合冒更大的风险。"巴菲特理解并记住了费歇的这些话语。

华伦·巴菲特对格兰姆和费歇两位导师十分推崇。如果没有理解导师的学说,巴菲特就不可能有今天如此巨大的成功。但更为重要的是,巴菲特活学活用,做到了取长补短,将两位导师的学说融为一体,并在实践中完善、发展,从而使巴菲特的业绩远远超过了所有的投资者。

格兰姆给予巴菲特投资的思想基础:安全边际。靠着他的方法,巴菲特能从容自如地掌握自己的情绪,以便于在市价的涨落中把握机遇,从中获利。玛丽小姐的话很能说明问题:

"我们都是人类,也都认同群众心理,所以我们常常在自己的情绪起伏中牺牲,也因为一般人情绪的起伏经常影响股市波动,使得像华伦一样掌握规律的投资人获利匪浅。当道琼斯工业指数大跌 508 点时,许多受惊吓的人都仓皇跳下船,但是企业前景投资的信念让华伦有信心在一片抛空中默默买进。"

费歇又教会了巴菲特最新的、可行的方法学,使他能够判定出好的长期投资。

巴菲特除了良好的学习、综合、创新能力之外,他还敢于实践,说干就干,该出手时就出手,能将自己的投资策略不失时机地付诸实践中。

深谙其道

知识使巴菲特的翅膀日趋坚硬,具备了独自进入投资行业搏击的能力。为了大展宏图,25 岁的巴菲特毫不犹豫地开始了他的有限合伙投资事业。

合伙公司初始,由 7 个有限责任合伙人一起出资 10.5 万美元。主要的合伙人巴菲特从 100 美元开始投资。其他有限合伙人,每年回收他们投资的 6%和超过固定利润以上的总利润的 75%。巴菲特的酬劳则是另外的 25%。

以后的 13 年,巴菲特的资金以每年 29.5%的复利往上增长。尽管道琼斯工业指数在 13 年中,有 5 年是下跌的,但是巴菲特的合伙公司利润却依然持续增长。

华伦·巴菲特向他的合伙人保证:

"我们的投资将以实质价值而不是热门股作为投资的选择基础。"

巴菲特由于有了自己独特的一套投资理论,因而在波涛翻滚的股市中如鱼得水、稳操胜券。

在合伙期间,巴菲特不仅只买下较冷门的股票,也尽量保持对许多公营企业和私人企业的兴趣。

1961 年,他买下了丹普斯特米尔制造公司。这是一家生产农业设备的公司。

1962 年,巴菲特开始购买柏克夏·哈斯威纺织公司的股票。当时,这家公司营运艰难,一般投资者决不会把钱压在这样的企业上。而巴菲特却看中了这家公司的长期效益及潜力,大胆地收购它的股票。

后来的事实证明巴菲特确实高人一筹。人们无不佩服他的先见之明。

随着巴菲特知名度的攀升,有越来越多的人要求巴氏替其管理财务。随着投资人的陆续加入,越来越多的合伙关系也跟着建立起来了。到 1962 年,巴菲特决定重组合伙关系,成为一个合伙体。同时,他把合伙营业处,从家乡搬迁到奥玛哈的威特广场。

搬迁意味着合伙事业的兴旺发达,更预示出新的腾飞即将到来。

经过一番拼搏,到1965年时,巴菲特的合伙体资产已达到2600万美元。

当断即断是巴菲特的一贯作风。1969年,巴菲特敏锐地发现市场里充斥着投机风气,而真正有价值的投资却相对难寻,他马上拍板:结束合伙投资。

在合伙之初,巴菲特曾经立下目标,希望每年的获利平均超过道琼斯工业指数报酬率10个百分点。在1957年至1969年他的确做到了。当然不只是10个百分点,而是22个百分点。这足以说明巴菲特深谙股道。

当合伙体解散之时,投资人各自收到他们投资比例的利润,皆大欢喜。

更能说明巴菲特聪明才智的是:他将其股份投资在柏克夏·哈斯威,并用2500万美元的股份控制了该公司。这样,巴菲特有了干大事业的基石。

在此后的20年间,巴菲特和柏克夏的财富都在持续猛增。

把握时机

华伦·巴菲特是一位洞悉股海潮起潮落的哲学家。他从一个一文不名的普通人成为世界级大富豪的秘密就在于善于把握时机。

1967年3月,柏克夏·哈斯威公司以总价860万美元购买了总部设在奥玛哈的两家绩优保险公司的股权,它们是国家偿金公司和全国火水保险公司。这是巴菲特传奇般成功的序幕。是这些保险公司为他打下了辉煌的江山。

保险公司是一流的投资工具。巴菲特早就知道这一点。保险客户支付保费,提供了经常性的流动现金,保险公司就把现金加以投资。保险公司倾向于投资表现能力高的有价证券,主要是股票和债券。巴菲特插手保险业,不只是取得了稳健经营的保险公司,还获得了将来投资所需的丰厚资金来源。

1967年,国家偿金公司和全国火水保险公司拥有价值2470万美元的债券以及720万美元的股票投资组合。在两年之内,巴菲特使它们的股票和债券总值达到4200万美元。这真是一次典型的成功运作。

在60年代后期,保险是个利润颇佳的行业。1967年年底,国家偿金公司在收到的1680万美元担保费中,就净赚了160万美元。到了1968年,净利上升到220万美元,保费则增加到2000万美元。

如前所述,巴菲特在保险业中尝到过甜头,因而对拓展保险领域更是不遗余力。在70年代,他不失时机地买下了3家保险公司,还购并了5家保险公司。

尽管保险市场竞争激烈,但巴菲特坚持合理公正的价格,从来不做赔本生意。

而巴菲特的竞争对手们则用低于成本的价格来提高市场占有率。但连年的亏损使他们在市场上纷纷消失。

巴菲特一再强调,他领导的柏克夏始终坚持做一个稳定的保险供应商,但只做价格合理的生意。他的这种与众不同的经营方法被人称为"保险业的安定剂"。

巴菲特解释说:"当市场供应量不足的时候,我们加入大的供应量;而当市场供应充裕的时候,我们略欠竞争力。当然,我们不是因为要做稳定剂而遵循这个政策,是因为我们相信:稳定的价格政策是最合理、最有利的企业经营方式。"

巴菲特为柏克夏的保险公司构建了十分健全的财务结构,使其在市场上形成自己独占的力量。

巴菲特扎实的投资专业知识,以及运用知识于商业决策中的优良作风,使得柏克夏·哈斯威的经济盈利稳步增长。

柏克夏·哈斯威股份有限公司在 70~80 年代以控股公司闻名于世。除保险公司之外,巴菲特还不失时机地收购了报纸、糖果、家具、珠宝、百科全书出版社、真空吸尘器,以及制造业和销售服务业的公司。

巴菲特取得这些不同类型企业的决策过程非常有趣,他用以评估被购买的公司的标准,竟然与评估柏克夏·哈斯威股票投资组合的标准相同。这些公司还给巴菲特提供了实际的经营经验,这对他后来收购股票是极为有用的参考资讯。

柏克夏·哈斯威在 60 年代末开始购买蓝筹印花公司的股权,到 1983 年便取得了该公司的全部股权。

1972 年,巴菲特用 2500 万美元买下了实价 3000 万美元的喜诗糖果公司。1993 年,喜诗有 2.01 亿美元的销售额,而且回馈给柏克夏 2430 万美元的营业净利。

1982 年,有人向巴菲特出价 1.25 亿美元,想购买喜诗糖果店,这是 1972 年买进价格的 5 倍,巴菲特不为高价所动,坚持不卖。许多人表示不能理解。事实上,这又是巴菲特一个明智的决策。后来的 10 年间,喜诗已回馈给柏克夏 2.1 亿美元的税后盈余。

早在孩提时代,巴菲特和童年的朋友曾一起出版过一份报道赛马消息的小报——《马童快讯》,那时的"小报童"巴菲特时刻梦想着拥有一家大都市的报社。

1973 年,蓝筹印花公司以 3300 万美元的价格买下了《水牛城新闻报》,柏克夏·哈斯威的媒体业初具规模。巴菲特重视报业发展,《水牛城新闻报》成为全美国新闻报道量最大的报纸之一。这又圆了巴菲特的一个梦。

自 1982 年起,巴菲特开始在柏克夏的年报上刊登广告,收购准备出售的企业。他的收购标准是:

1.税后盈余能力一直维持在千万美元以上的公司。

2.负债不太多的企业。

3.股东权益报酬率较好的公司。

4.组织结构简单、可以了解的企业。

巴菲特还希望自己收购的公司里的员工中有经营管理人才,他并不想要供应管理技术。收购后,巴菲特通常会要求那些成功管理企业的经理,继续留在公司服务。出于税务方面的考虑,柏克夏购买公司的大部分股权;但先前的公司所有者仍保有少数的股权。巴菲特仅过问资金的分配和高层管理人员的报酬等事宜。除此之外,公司的一切事务,都由经理自己做决定。

柏克夏收购的公司名单一年比一年多。到1993年,非保险事业的总销售额达到20亿美元。柏克夏的税后盈余净值为1.76亿美元。

1983年,巴菲特盯准时机,下令柏克夏·哈斯威一举购买全美国最大的家用家具店——内布拉斯加州家具店90%的股权。世人闻之,无不震惊。巴菲特胸有成竹地让原先的所有者掌握10%的股份,总经理并未易人。该店的销售额和税后净利一直是扶摇直上。

巴菲特自1986年买下费奇海默公司84%的股权后,从未去过公司总部。公司经营者仍是原班人马。大把大把的美钞却源源不绝地流进了巴菲特的腰包。

1986年,巴菲特还迈出了勇敢的一步。他支付3.15亿美元的巨款买下了司各特——费泽公司,使其成为柏克夏收购行动中最大的企业之一。这个重大的购并举措令周围人困惑不解。可后来的事实证明:巴菲特又做对了!收购的好处远远超出了巴菲特自己最乐观的期望。后来,司各特——费泽的收益是柏克夏非保险业盈余的35%。

巴菲特先生是怎样把握收购时机的?

这是巴菲特本人秘而不宣的。

据巴氏周围的人讲,巴菲特只专注于为数不多的自己心仪的大企业,等待时机。

当这些大企业有暂时性的麻烦或股市下跌时,巴菲特就来个迅雷不及掩耳,毫不犹豫地买下它们的股票。

巴菲特指挥柏克夏·哈斯威大宗投资华盛顿邮报公司、CEICO公司、首都/美国广播公司、可口可乐公司的举措更是显示出巴氏把握时机、当机立断的英雄本色。

众所周知,这几家大型企业都是拥有很强的经济潜力的知名企业。巴菲特把它们看作是柏克夏·哈斯威坚实的保障,一旦时机成熟,便马上投入资金。他主张应持有这些企业的永久性的普通股。

华盛顿邮报公司是一家综合性媒体,包括报纸、电视广播、有线电视系统和杂志。巴菲特看好这家公司,既有主观感性决断因素,更具有理性的目光审视。他早就了解、掌握了公司的历史、经营情况及其长期前景。1973年,巴菲特向该公司投资1000万美元,到1977年,他的投资额又增加到3倍,1994年时,已投入4.4亿美元。而华盛顿邮报公司向柏克夏的回馈已远远超出其投资数额。巴菲特收益颇丰。

CEICO是一家保险公司,当巴菲特打算投资之时,该公司面临破产,一般投资人躲它唯恐不及。而巴菲特决然投资,以平均每股318美元的价格买进1294308股。后又陆续将股金增加到17亿美元。CEICO起死回生,巴菲特又赚了一大笔。

巴菲特十分了解首都/美国广播公司的经营史,并看好其远景。因而,在他认为的一个有利时机,便放出22亿美元购买该公司的股票。

1988年,巴菲特认为投资可口可乐的时机成熟了,便出手1400万美元购买它的股票。1993 年,巴菲特又出人意料地掏出了 41 亿美元进行大收购。

柏克夏·哈斯威仅此 4 项持股就占了其整个投资组合的 76%。这 4 家公司为巴菲特的成功提供了十分重要的条件。

企业定律

巴菲特的儿媳妇玛丽·巴菲特说:

"我开始发现华伦就像一个收藏家,但他并不像一般有钱的富翁搜集名画、豪宅、百万游艇,或其他华丽的生活品。他搜集的是经营最有潜力的好公司。在这一生中他在花相当多的时间寻找好的企业投资。"

此话一点不假,巴菲特为寻找世界上的好企业绞尽了脑汁。他提出的"企业定律"对炒股的芸芸众生极有参考价值。

巴菲特认为,全面收购一个企业与购买该企业的股票,基本上没有差别。巴氏比较注重于直接拥有整个企业,只有这样,他就能够直接参与如资本分配等重要的决策。如果无法直接收购,他则选择以购买该公司普通股的方式来占有公司股份。

无论是收购整个企业,还是只持有企业的部分股票,巴菲特都遵守同样的权益投资策略,即寻求他自己所了解的、有利于长期投资的公司。另外,公司的管理阶层必须是诚实的,并且要有充分的才能,最重要的一条是:价格要吸引人。

玛丽·巴菲特在《巴菲特原则》一书中写道:

"华伦就像其他收藏家一样,对任何一个他要收藏的企业的买价非常在意。事实上,价格决定他是否买该企业。我并不是说他负担不起,这是必要条件,简单地说,他就是要找到值得投资的好价钱。华伦的方法是,先找出他想买的企业,然后考虑价格是否值得投资。"

巴菲特曾说,人们在投资的时候,要把自己看成是企业分析家,而不应该是市场分析师或总体经济分析师,更不是有价证券分析师。他本人在评估一项潜在交易或是买进股票的时候,首先是以企业主的观点出发,衡量该公司经营体系所有质与量的层面、财务状况及收购价格。

在巴菲特看来,股票是一种抽象的概念。他不主张以市场理论、总体经济概念或产业的趋势等等去思考问题。恰恰相反,巴氏的投资行为只和该企业的经济状况有关。他说,如果人们的投资行为只是基于一些表面的东西,而完全不了解企业的基本情况,那么,他们很容易在出现一点点情况时,就显得慌乱无主。在这样的情况下,十有八九是要赔钱的。

为了知彼知己,巴菲特把注意力集中在尽可能地收集他有意收购的企业的相关资料上。

"首先,你心仪的企业应是简单的和容易了解的。"巴菲特常常这样说。"投资者财务上的成功和他对自己所做的投资的了解程度成正比。只有真正全面了解一个企业,才会做到有的放矢。"

这些声不惊人的话语正是巴菲特成功的关键所在。

大多数的炒股人抱着投机心态，以所谓的"企业走向"作为选股的依据，整天抢进抢出，基本上没有深入了解自己持股的企业，只是跟着感觉走。他们理所当然赚不了大钱。

在几十年的经营中，巴菲特一直拥有加油站、农场开垦公司、纺织厂、连锁性的大型零售商、银行、保险公司、报社、石油，以及有线和无线电视公司。巴氏或者拥有企业决策权，或者只有公司的部分股票。但不管是哪一种情况，他都明确地掌握这些企业的运作情况。他了解所有柏克夏持股公司的年收入、开销、现金流量、劳资关系、定价弹性和资本分配等情形。

由于巴菲特只在他了解的范围内选择企业，所以，他对柏克夏所投资的企业有透彻的了解。透彻的了解还是他正确决策的保证。巴氏多次建议投资者只在自己熟悉的圈圈里选股。

巴菲特的一片好心好意常常遭人误解。许多人指责他"划地自限"、保守，也有人惋惜他没有机会接触科技工业等具有极高投资潜力的产业。

巴菲特曾说，投资的成功与否并非取决于你了解的有多少，而是在于你能否老老实实地承认自己所不知道的东西。投资人并不需要做对很多事情，重要的是能不犯重大的过错。根据自己的经验，巴菲特指出，以一些平凡的方法就能够得到平均以上的投资成果，而主要是投资者如何把一些平凡的事，做得极不平凡。

"其次，稳定的经营史决定着一个企业的发展前景。"巴菲特不仅这样说，而且是将这一观点贯彻到具体操作中的。巴氏对那些复杂的企业敬而远之。他从不对那些因面临难题、或因为先前计划失利而打算彻底改变营运方向的企业报有兴趣。根据自己的经验，巴菲特说，报酬率高的公司，通常是那些长期以来都持续提供同样商品和服务的企业。"彻底改变公司的本质，往往会增加犯下重大错误的可能。"

巴菲特认为，重大的变革和高报酬率是难以交汇的。遗憾的是，大多数的投资者往往忽视这一点。当许多投资人拼命地抢购那些正在进行组织变革的公司时，巴菲特却稳坐钓鱼台，并发表一番自己独特的见解：

"基于某种不可理解的原则，投资人往往被一些企业将来可能带来好处的假象所迷惑，而忽略了眼前的企业现实。因此，把精力花在以合理的价位购买绩优的企业，远比以较低的价格购买经营困难的公司更为合算。"

有一次，身旁人劝巴菲特收购一家改革中的企业，巴氏十分幽默地说：

"我还没有学会如何处理难以应付的企业问题。我学会的只是避开它们。我们之所以能够成功，并不是因为我们有能力清除所有的障碍，而是在于我们专注地寻找可以跨越的障碍。"

"再次，企业的长期前景还要看好。"按巴菲特的认识，昨天、今天赚钱的企业，明天不一定能赚钱。"经济市场是由一小群享有特许权的团体和一大批商品企业团体所组成的。"巴菲特一再强调，大多数的商品企业是不值得投资的，而小部分拥有特许权的团体是值得投资的。

怎样区分这两类企业呢？

巴菲特将拥有特许权的团体定义为提供如下商品和服务的企业：

（一）有消费需求的。

（二）无近似替代性产品的。

（三）不受法律规范的。

因为具有这些特点，能使有特许权的经营者可以持续提高其产品和服务的价格，而不用担心会失去市场占有率或销售量。

如无意外，有特许权的经营者甚至在供过于求，以及潜能未完全利用的情况下，也能提高商品的价格。像这样的价格变动能力是有特许权的经营者的重要特征之一。这使得他们获得较高的资本投资报酬率。此外，有特许权的经营者拥有极高的经济信誉，这使得他们有较强的耐力去承受通货膨胀所带来的影响。

通常而言，商品企业的报酬率都不高，获利不易。巴菲特指出："既然商品企业的产品基本上没有什么不同，那么它们只能在价格上互相较量，拼命地把产品的价格压低，仅比成本高不了多少。除此而外，只有在商品供应紧缺的时候能够赚些钱。"

那些拥有特许权的经营者，也都占有经济上的优势，最主要的优势是，它们拥有随时抬高价格，以及在投资资本上赚取高额利润的能力；其次是他们能够在经济不景气的时候生存。巴菲特说："特许权经营者能够容忍经营不善的失误，不当的管理会减少特许权经营者的获利，但还不至于造成致命的伤害。"

巴菲特这位投资智者当然也发现了特许权经营者的一些弱势。巴氏说："他们的价值不会永久不变。他们的成功难免会吸引其他人进入市场，竞争会随之发生。当这样的情形发生时，良好的经营能力的价值和重要性将大大提升。"因此，巴氏主张，在选择特许权经营企业时，还应注重经营能力良好的。

经营定律

华伦·巴菲特为何能神奇地从不同形式的企业的股票中获利？细心的玛丽小姐发现了秘密：巴菲特最喜欢的方式是拥有管理优良、财务健全、远景看好的企业的 100% 的股权。

巴菲特在考虑收购企业时，很重视管理阶层的品质。他对企业管理人员的最高赞美是：

"永远以身为公司负责人的态度作为行事与思考的准则。管理人员把自己看成是公司负责人，就不会忘了公司最主要的目标，即增加股东持股的价值。同时，他们也会为了进一步达到这个目标，做出合理的决定。"

另外，巴菲特很是器重那些能以自己肩负的责任为重、完整而翔实地向股东公开一切营运状况，以及有勇气去抵抗盲从法人机构，而不盲目地追随同僚行为的管理人员。

巴菲特一再告诫自己的心腹："凡是柏克夏所收购的公司，都必须有值得我们依赖的德才兼备的管理人员。"巴氏所考虑的主要有以下几点：

第一，管理人员在管理上的理性必须很强。巴菲特指出："分配公司的资本是很重要的经营行为；资本的分配直接决定股东的价值。因此，决定如何处理公司的盈余，即转投资或是分股利给股东，这是涉及逻辑与理性思考的严肃课题。"

巴菲特认为，怎样把握盈余与公司目前所处的生命周期的关系，是非常重要的。随着公司的发展，其成长率、销售、盈余以及现金流量都会发生很大变化。在发展阶段，开发产品和建立市场要花去不少财力和物力。紧接着的快速成长阶段，公司开始获利，但快速地成长可能会使公司无法负担，所以公司又通常不只保留所有的盈余，同时，也以借钱和发行股票的方式来筹措成长所需要的资金。

到了成熟期后，公司的成长率减缓，并开始出现除发展和营运所需之外的现金盈余。

最后一个阶段就是衰退期，此时公司面临销售和盈余的双重萎缩，但仍产生过剩的现金。

在成熟期与衰退期之间，特别是在成熟期阶段，公司通常面临的问题是，应该怎样处理那些盈余？

如果把过剩的现金用在内部转投资上，而能获得平均水准以上的股东权益报酬率，即高于资本成本，那么就应该保留所有的盈余作转投资，这只是基本的逻辑罢了。如果用作转投资保留盈余比资本的平均成本还低，这么做就完全不合理了。

只有其投资报酬是在平均水准以下，但却一再产生过多现金的公司，可以有以下三种选择：

1.它可以忽视这个问题，以低于平均的报酬率继续做转投资。

2.它可以购买成长中的企业。

3.把盈余发放给股东。

这几点就是巴菲特判断管理阶层优劣的重要关键。不良的经营体系因缺乏理性思考，而运作不佳。

一般情况而言，管理阶层会在认为报酬率过低只是暂时的情况下，选择继续做转投资。他们相信以自己的能力，一定可以帮助公司赚钱。股东往往也会被管理人员的预测、公司情况一定会改善所迷惑。假如公司一直忽略这个问题，现金将逐渐被贬值，股价也会下跌。一个经济报酬率低，现金过剩，股价偏低的公司将会引来入侵者，而这通常就是丧失经营权的开始。为了保障自身的利益，主管人员一定会采用第二个选择，即可以购买其他成长中的企业，促使公司成长。

公开收购计划可以令股东振奋，同时，也能阻止入侵者。然而，巴菲特对于那些需要靠收购以换得成长的公司持怀疑态度。原因是：成长需要付出极高的代价；管理新的企业容易犯错，而这些错误对股东来讲就是付出昂贵的代价。

针对这些情况，巴菲特的观点是，对于那些过剩现金不断增加，却无法创造平均水准以上的转投资报酬率低的公司而言，唯一合理且负责任的做法只有将盈余回归给股东。

巴菲特指出，以购回股票的方式处理盈余，报酬率会增高许多。如果当时的股票价格低于它的实质价值,那么购买股票是很正确的做法。假设一家公司的股价是 50 元,而它的实质价值应该是 100 元。那么每花 1 元钱购买股票,所获得的实质价值就有两元钱。这种交易的本质对于选择继续投股的股东而言,是很有利的。

巴菲特还说,如果企业主管积极地投入股市买回自己公司的股票,就表示他们以股东的利益为第一优先,而不是只想草率地扩展公司的架构。这种立场带给市场利多的讯息,会吸引另外一批投资人,他们寻找能够增加股东财富的绩优公司作为投资目标,一般正常情况下,股东们会有两次的获利。一次是初次买入股票时,以及在股市投资人对这股票感兴趣时。

第二,坦诚。这是巴菲特对企业管理层人员的基本要求。他对那些完整而翔实报告公司营运状况的管理人员极为赞赏,尤其是对那些不会隐瞒公司营运状况的管理者更是器重。这些人把成功分享给别人,也敢于承认错误,并且永远面对股东保持坦诚的态度。

财务会计标准只要求以产业分类的方式,公布商业讯息。而有些管理者利用这些最低标准,把公司所有的商业活动都归类为同一个产业类别,借此混淆投资人的视听,使得他们无法掌握有关自身利益的个别商业动态。巴菲特主张,无论是否属于一般公认会计原则的资料,还是超出一般公认会计原则要求的资料,只要它能够帮助具有财务方面知识的读者回答下列三个重要问题,就应该公布。一是这家公司大概值多少钱?二是它未来的发展潜力有多大?三是从过去的表现来看,管理者是否能够充分掌握公司的营运状况?

第三,管理阶层是否能够对抗"法人机构盲从的行为"?

如果资本支出的配置只是如此简单而合乎逻辑的事,怎么会有许多资金运用不当的事情发生呢?巴菲特认为其错误关键是"盲从法人机构"。就好像旅鼠盲目的行动一样,企业的管理者会自然而然地模仿其他管理人员的行为,而不去考虑那些行为是否能达到预期效果,这种没有主见的盲目效仿的行为在经营中是极其可怕和愚蠢的。

巴菲特指出三个他认为对管理阶层行为影响重大的因素:(一)大多数的管理者不能够控制他们行事的欲望,这种希望极度活跃的行为,通常在购并接管其他企业时找到空间。(二)大多数的管理者常常会和同业及其他产业的公司比较彼此之间的销售、盈余和高层主管人员的薪酬。(三)大多数的管理者对自己的管理能力过分自信。

还有一个常见的问题是拙劣的资金分配。巴菲特认为,公司的行政总裁通常因为是在行政、工税、行销或生产等方面有杰出的表现而升到目前的职位。因为他们在资金的运用上缺乏经验,而转向他们的幕僚、顾问或投资银行寻求意见。从这里,盲从法人机构开始介入决策过程。巴菲特针对这一现象,明确指出,如果行政总裁想要从事一项投资报酬率必须达到 15%,才能算是投资成功的收购行为。而令人惊讶的是,他的幕僚会完全从容地给他提供一份报酬率刚好是 15.1% 的评估报告。

盲从法人机构是一种不经过大脑思考的模仿行为。如果有三家公司的营运模式相同,那么,第四家公司行政总裁也会认为他的公司采用相同的模式也一定可行。巴菲特指出,并不是唯利是图或愚蠢的行为,使得这些公司失败,而是盲从法人机构的压迫性力量,使得它们难以抗拒注定失败的命运。巴菲特有一份列有 37 家投资失败的银行机构名册。他说:"尽管纽约股市交易量增长了 15 倍,这些机构还是失败了。而这些机构的总裁们都有着非常高的智商,而且努力工作,对于成功更是有着非常强烈的欲望,然而,他们却败得很惨。原因就是他们同行业之间不经大脑的仿效行为所致。"

财务定律

巴菲特用来评估经营效益和经营绩效的财务定律,都是根据典型的巴菲特式原理为基础。他不太重视年度的营运绩效,而把焦点放在每 4 年或 5 年的平均值上。他指出,创造营业收益所需的时间,通常不大可能与行星绕太阳一周的时间相吻合。他对于那些用以捏造辉煌业绩的会计手法非常反感。他遵循以下几个定律:

第一,将注意力集中在股东权益报酬率,而不是每股盈余。

一般而言,分析师由观察每股盈余来评定公司全年度的表现;而巴菲特认为,每股盈余只是一层烟幕。既然大多数公司都以保留部分上年度盈余,作为一种增加公司股东权益的手段,那么对于平均每股盈余这种表面的数据,又有什么大惊小怪的呢?如果一个企业在每股盈余增加 10% 的同时,它的股东权益也成长了 10%,那就不足为奇了。巴菲特解释说,这和把钱存入银行后,就会获得利息没什么区别。

因此,巴菲特主张,成功的经济管理绩效,是获得较高的股东权益报酬率,而不只是在于每股盈余的持续增加。

第二,计算"股东盈余",以得知正确的价值。

巴菲特以股东权益报酬率,即营业盈余,与股东权益之间的比例,作为评估公司年度表现的依据。而要想使用股东权益报酬率这个数据,有必要对以下几方面进行调整。

首先,所有可出售的有价证券应该以成本计,而不是以市价来计算。因为股市价格可以对特定企业的股东权益报酬率产生很大影响。比如,假如股票市场在一年内狂涨,在此情况下,即使经营表现极好,股东权益报酬率还是会因股东权益的大量增加而减少。因为股东权益增加降低了其数值。相反,股价下跌会减少股东权益,这样,就算是不怎么样的业绩,看起来也会比实际业绩要好一些。

其实,投资者必须有能力控制那些会影响营业盈余的各种不寻常因素。巴菲特排除了所有的资本利润和损失,以及其他任何可能增加或减少营业盈余的不寻常项目。他努力设法独立划分出企业各种特定的年度绩效。他希望了解在拥有特定的资金可供运用的情况下,管理阶层能为公司创造多少的营业收益。这才是判定经营绩效最好的一个依据。

巴菲特认为，好的企业或投资决策不需要其他举债的帮助，就可以产生令人满意的经营成果。此外，高负债的公司在经济衰退期间非常容易受到伤害。

但巴菲特在借资的时候并不畏惧。与其在急需用钱的时候才去借款，他宁可在事先预知用款需求时，就开始行动。他指出，如果在决定收购企业的时候正好有充裕资金，那是最理想的。可是经验告诉他，情况总是刚好相反。货币供给宽松会促使资产价格上扬。紧缩银根，利率调高则会增加负债的成本，同时压低资产的价格。当低廉的企业收购价格出现的同时，借款的成本很可能抵消此机会的吸引力。正因如此，巴菲特认为公司应该将它们的资产与负债分开，进行个别管理。

先借款以求将来可以用在绝对好的商业机会上的经营哲学，虽然会导致短期盈余的损失。但是，巴菲特只在有充分的理由相信，收购企业之后的盈余可以超过偿还贷款所需花费的利息费用时，才会采取行动。

第三，寻求拥有高毛利率的公司。

针对股东盈余，巴菲特提出忠告，投资人应该了解会计上的每股盈余只是评估企业经营价值的起点，绝对不是终点。而首先要知道的是，并非所有的盈余都代表相同的意义。那些必须依赖高资产以实现获利的企业，倾向于虚报公司盈余。因为高资产的企业必须向通货膨胀付出代价，这些企业的盈余通常只是虚无缥缈的虚幻。故此，会计盈余只在分析师用来估计现金流量时才用。

巴菲特还忠告说，即使是现金流量也不是度量价值的完美工具，相反，它常常会误导投资者。现金流量是一种适合于用来衡量初期需大量投资资金，随后只有小幅度支出的企业，如房地产业、油田以及有线电视公司等。相反，制造业需要不断的资金支出，若使用现金流量就无法得到准确的评估结果。一般地讲，现金流量的习惯定义是，税后的净值加上折旧费用、耗损费用，分期摊还的费用和其他的非现金支出项目。巴菲特说，此定义的问题出在它遗漏了一个重要的经济因素，即资本支出。公司必须将多少的年度盈余花费在购置新的设备、工厂更新及其他为维持公司经济地位和单位产品价格所需的改善费用上？根据巴菲特的估计，大约有95%的美国企业所需的资本开销，大约等于该公司的折旧率。

巴菲特指出："现金流量常被企业中介的掮客和证券市场的营业员用来掩饰经营上的事实，以促成一些原本不可能成立的交易。当盈余无法偿还垃圾债券的债务，或为不合理的股价提出辩解的时候，设法将买主的注意力转移到现金流量还真是一个好方法。"但巴菲特又警告说，除非你愿意抽出那些必要的资本支出，否则把注意力全部放在现金流量上绝对是死路一条。

巴菲特很清楚，如果管理当局无法将销售额转换成利润，任何再好的投资都是枉然。他的经验证明，需要高成本营运企业的经营管理者则会设法节省开支。巴菲特极其反感那些不断增加开销的经营管理者。

巴菲特赞赏威尔斯法哥银行、首都/美国国家广播公司。因为它们毫不留情地删减不必要支出。"他们极度憎恶过多的冗员，即使是在利润创纪录的情况下，也会和承受压力的时候一样，拼命地删减支出。"

第四，每保留一块钱的盈余，公司至少得增加一块钱的市场价值。

一个企业在经济价值上具有吸引力之外，还有企业的管理经营能力如何完成创造股东持股的价值这个大目标。巴菲特选择公司的标准是，长期发展远景看好，且公司由一群有能力和以股东利益为第一的优秀的管理者所经营，它们将随着日后公司市场价值的增加而获得真正的成功。

巴菲特说："总括而论，在这种公开拍卖的超大型竞技场里，我们主要的工作，是要选择那具有下面经济特性的公司：即可将每一块钱保留盈余，确定转换成至少有一块钱的市场价值。"

市场定律

企业定律、经营定律及财务定律，都围绕着一点，即是否购买该公司的股票。任何处在这个决策点上的人都要衡量两个因素：这家公司的实质价值以及价格吸引人的程度。

股市直接决定着股价。而股票的价值则由分析师来决定，他们在衡量过去各种有关公司的营运、经营管理及财务特性等已知资讯后，做出判断。

股票的价格与其价值并不一定相等，有效率的股市，股票价格将会立刻反映出各种有利的讯息。当然现实状况并非简单如此。证券的价格会受到各种因素的制约和影响，在公司的实质价值附近上下波动，而且并非所有的涨跌都合乎逻辑。

就理论上而言，投资者的行动取决于股票价格和实质价格之间的差额。如果公司股票的市场价格低于该公司股票的实质价值，一个理性的投资者应该会购买该公司的股票。反之，如果股票的市场价格高出它的实质价值时，则投资者不会考虑购买。随着公司经历各个不同发展阶段，分析师依各阶段的特性，以市场价格为比较基准，重新评估公司股票的价值，并以此决定是否买卖及持有股票。

评估企业价值，有三种普遍的方法：清算法、永续经营法及市价法。

清算法是指变卖企业所有的资产后产生的现金，并扣除所有负债后的净值。运用清算法，并不考虑企业未来的获利盈余，因为假设该企业不再存活。

永续经营法则对股东可以预期得到的未来现金流量进行预测。这些未来现金流量会以适当合理的利率，折算成目前的现值。

当未来的现金流量难以估算的时候，分析师通常使用市价法，即与其他相类似的公开上市公司做比较，运用适当乘数计算出企业的价值。

巴菲特告诉人们，企业的价值等于运用适当的贴现率，折算预期在企业生命周期内，可能产生的净现金流量。

他强调指出，企业价值的数学计算是非常重要的，类似评估债券价值的模式。债券未来的现金流量可分成每期息票支付的利息，以及未来券到期发回的本金两部分。如果把所有债券息票的利息加起来，且以适当的利率折现，就可以得到债券的价格。为了决定企业的价值，市场分析师估计在未来的一段时间内所能产生的

"息票"折现到目前的现值即为公司的价值。

巴菲特说："只要加入适当的变数、现金流量和适当的贴现率,确定公司价值就很简单。"如果他对预测评估企业未来现金流量没有十分的把握,他就不会试着去评估一个公司的价值。虽说他承认微软是家极有活力的公司,对比尔·盖茨也非常推崇,但他也承认,自己没有办法预估这家公司未来的现金流量。

如果企业简单而且易于了解,并拥有稳定的盈余,巴菲特就能够以高度的确定性来决定未来的现金流量。他所提及的"竞争优势圈"观念也反映在其预测未来的能力上。在巴菲特看来,预测现金流量应该具有像是在债务中所使用的"息票似的"确定性。一旦巴菲特决定了企业未来的现金流量,接着就是应用贴现率将其折现。一旦人们了解到巴菲特所使用的贴现率,只是美国政府的长期债务利率,不是什么其他别的东西的时候,许多人会感到惊讶,而这正是任何一个人所能够达到的最接近无风险利率水准。

巴菲特拒绝购进那些负债问题的公司,来避开与债务有关的财务风险。他将注意力集中在盈余稳定且可预测的公司上,可以降低投资风险。他说:"我将确定性看得很重要。如果你这么做,则所有造成风险的因素对我而言都没有意义。风险来自你不知道自己在做什么。"

格兰姆曾教导巴菲特:"只有在价格与价值之间的差异高过安全边际的时候,才可购买股票。"

老师的安全边际的原则以两种方式协助了巴菲特。

首先,使他避免受到价值上的风险。如果巴菲特所计算的企业价值,只稍微高于它的每股价格,那么他就不会购买该公司股票,他推论说,如果公司的实质价值因为他错估未来的现金流量而有些下降,股票价格终究也会下跌,甚至低到他所购买的价钱。但是,如果存在于购买价格与公司实质价值之间的差价足够大,则实质价值下跌的风险也就比较低。

如果巴菲特准确无误地辨别出一个拥有高经济报酬率的公司,长期之后该公司的股价将会稳定地攀扬,反映出它的报酬率。股东权益报酬率持续维持在15%的公司,它的股价的上涨程度将会超股东权益报酬率10%的公司。不仅如此,由于使用安全边际,如果巴菲特能够在远低于实质价值的价格下收购这个杰出的企业,柏克夏将会在市场价格进行修正的时候,额外地赚一笔钱。巴菲特说:"交易市场就像上帝一样,帮助那些自助者,但是和上帝不同的是,交易市场不会原谅那些不知道自己在做什么的人。"

在巴菲特的投资哲学体系中,最明显的特点是他十分清楚地领悟到,拥有股份就是拥有企业,不是仅仅拥有一张纸。巴菲特强调,不了解公司业务的营运情况,包括该公司提供的产品与服务、劳资关系、原料成本、厂房设备、资本转投资的需求、库存、应收款项和营运资金需求等,就贸然购进股票,是极其不合理的行为。这种心态反映在企业管理阶层与股东对分红的态度上。本杰明·格兰姆在《聪明的投资人》结束语里写道:"最聪明的投资方式就是把自己当成持股公司的老板。"巴菲特对此十分赞赏:"这是有史以来关于投资理财最重要的一句话。"

拥有股票的人可以选择成为企业的所有人，或者只当自己持有一些可以交易的有价证券。认为自己只是拥有一张纸的股票持有人通常都不在乎公司的财务状况，在这些人眼里每天涨涨跌跌的股市成交价，比公司的损益表和资产负债表更能够正确地反映股票的价值。他们买卖股票就像是掷骰子一样。

　　巴菲特认为，一般股票的持有者与企业经营者之间是密切相关的，两者应同等看待企业的所有权。他总是说："因为我把自己当成是个企业经营者，所以我成为更优秀的投资人。因为我把自己当成是投资人，所以我成为更优秀的企业经营者。"这正反映出他的经营投资的主导思想。

　　对于购买什么类型公司，巴菲特说："首先我会避开那些让我缺乏信心的一般商品企业和经营管理阶层。我只购买我所了解的公司类型。而那些公司多半具有良好的体质，以及值得信赖的经营管理阶层。而且好的企业不一定都值得购买，但是我们可以从中选择适合的投资对象。"

独具慧眼

　　"华伦·巴菲特有一双与众不同的眼睛。"世界各地的炒股人都这么说。

　　是的。巴菲特的目光是敏锐的、深邃的。

　　巴菲特是一个极善于把握投资机遇，而且从不犹豫的投资人。他看好的行情往往会令其他投资人深感疑惑，不可思议。

　　事实是最具说服力的。

　　巴菲特的独具慧眼、另辟新径的投资策略是有其道理的。他之所以成功，也就在于他的与众不同的投资思维模式，加上理性地看待市场。

　　玛丽小姐对此说得十分清楚：

　　"我了解到华伦很少用典型华尔街的工具，他似乎不在乎道琼斯工业指数的走势，他也不理会所有市场分析师的预测。事实上，他的操作似乎根本没有股市存在。他从不看线图。如果有谁报名牌给他，他一定要他（她）闭嘴。他尤其是攻击市场效率理论。他认为市场效率理论简直是荒谬绝伦。他只是高度关注个别企业本身。"

　　作为巴菲特的儿媳妇，玛丽小姐的观察是准确的。

　　早年良好的教育和自己多年来在股市上的摸爬滚打，炼造出巴菲特的一双火眼金睛。

　　格兰姆先生曾教导巴菲特说：

　　"投资人和投机客之间的基本差异，在于他们对股价的看法。"

　　格兰姆认为，投机客试图在价格的起伏之间获益；与此相反，投资人只寻求以合理的价格取得公司的股票。

　　格兰姆发现，成功的投资人常常有某种特殊的气质。他说过："要知道，投资人的最大的敌人不是股票市场，而是自己。投资人不管在数学、财务、会计等方面有多么优异的才能,可是,如果不能够掌握自己的情绪,就无法从投资过程中获利。"

巴菲特从老师的教诲中受益匪浅。

巴菲特发现:长期以来,一个公司的经济价值逐渐上升,那么其普通股价格也将提高。反之,如果公司经营不善,股价也就会反映出问题。他提醒股东们:

"成功的必要条件是必须具有良好的企业判断力,要保证不受市场先生所掀起的狂风所害。为了与市场先生保持距离,必须要有相当的耐力面对市场先生所制造的某些诱惑,甚至是假象;只能用自己的各种定律、测算行事。"

巴菲特还相信了格兰姆的话:"离华尔街越远,你就越会怀疑那些所谓的股市预测或时机。"

巴菲特掌管的柏克夏在奥玛哈,离纽约很远。可见,巴氏根本不相信市场预测。巴菲特承认自己无法预知短期内股价的变动,当然也不相信有任何人可以做到准确无误的预测。他幽默地说:"股市预测专家存在的唯一价值,唯就是使算命先生更体面而已。"

巴菲特的注意力不在预期股票市场的变动。他说:"我们只是设法在别人贪心的时候保持谨慎清醒的态度,唯有在所有的人都小心谨慎的时候,我们才会勇往直前。"当然,了解其他大多数人的想法,并不能够代替自己本身的思考。要想获得大量收益,你就得小心评估各个公司经济面上的基本特质。凭热情拥抱目前最流行的投资方式或情况,无法保证自己一定成功。

无知的投资人会在购买期货时,存有大捞一把的贪妄想法。而且由于购买期货所需的保证金不高,常会引来一些形同赌徒一般的投资者,企图能在短期内获得暴利。这种抱短线的心理,正是低价股票、赌场赌博以及彩券促销者一直能够生存的原因。巴菲特分析这种现象后明确指出:"要想有一个健全的投资市场,我们需要的是寻求长期获利,并以此为投资策略的长期投资人。"

近来有一种说法,认为散户在投资市场中被迫与大型法人投资机构竞争,对其极为不利。巴菲特认为这个说法并不正确。事实上,因为大型法人机构的投资者常有一些反复无常的和不合逻辑的行为,散户只要能够把握企业的基本因素,十分容易获利。巴菲特说,散户唯一的弱势是,他可能被迫在不适当的时机,出售手中的股票。他认为,投资人必须在财务上和心理上,都有充分的准备,以应付市场的变化无常。投资人应该了解,股价波动是常有的事。巴菲特说:"除非你能够眼睁睁地看着手中的股票跌到只剩买进价格的一半而还能面不改色,否则,你就不该进入股票市场。"

巴菲特是一个精明的投资者,因为他总能够在整个华尔街都厌恶某个企业,或者不把它放在眼中的时候,看到它所具有的潜力,进而采取收购的行动。当巴菲特在80年代购买通用食品和可口可乐公司的股票时,大部分华尔街的投资人都觉得这些交易缺乏吸引力。

一般人都觉得,通用食品是一个没有大的发展的公司。而可口可乐给人的印象并不很好,并且作风保守,从股票投资的角度来看,也同样缺乏吸引力。

巴菲特收购了通用食品公司后,在管理上进行了调整,由于通货紧缩降低了商品的成本,加上消费者购买力增加,使得该公司的盈余大幅度成长。到1985年,美国一家香烟制造公司收购通用食品公司的时候,巴菲特的投资成长了3倍。

在柏克夏于1988年和1989年收购可口可乐公司股票后,该公司股价已经上涨到了4倍多。

这些事例表明,巴菲特能够毫不畏惧地采取购买行动,这种魄力非常人能比。

1973年到1974年间为空头市场的最高点,巴菲特收购了华盛顿邮报公司。他在CEICO公司面临破产时,将其购买下来。他在华盛顿公共电力供应系统无法按时偿还债务的时候,大量购买它的债券。在1989年垃圾债券市场崩盘的时候,收购了许多RIR奈比斯公司的高殖利率债券。

巴菲特说:"价格下跌的共同原因,是投资人抱有悲观的态度,这种态度有时是针对整个市场,有时是针对特定的公司或产业。我希望能够在这样的环境下从事商业活动。并不是我喜欢悲观的态度,而是因为我们喜欢它所制造出来的价格。换句话来说,理性投资人真正的敌人是乐观主义。"

长期的投资生涯,使巴菲特发现一个很奇怪的现象,那就是投资人总是习惯性地厌恶对他们最有利的市场,而对那些不易获利的市场却情有独钟,而且极有兴趣。在潜意识中,投资人很不喜欢拥有那些股价下跌的股票,却对那些一路上涨的股票非常着迷。

高价买进低价卖出当然赚不到钱。

在巴菲特购买威尔斯法哥银行的时候,其股票的价格由其最高点跌到只剩下一半。尽管巴菲特在较高的价格就开始收购威尔斯法哥银行的股票,但是,他还是很乐意看到股票下跌的情形,并且把握这个机会作为低价投资组合加码的手段。按巴菲特的说法:"如果你期望自己这一生都要继续买进股票,你就应该学会这种接受股价下跌趁机加码的投资方法。"

巴菲特还说:"只要对你持有的股票的公司深具信心,你就应该对股价下跌持欢迎的态度,并抓住这个机会增加你的持股。"巴菲特能够打破股票价格和价值的迷思。他总结说:"对我而言,所谓的股票市场并不存在,它只是一个让我看看是否有人在那里想要做傻事的参考罢了。"

巴菲特做的都是长期投资。因此,短期的市场波动对他根本没有影响。尽管大多数人对于下跌的股价总是难以忍受,巴菲特却总是信心十足。他相信自己比市场更有能力评估一个公司的真正价值。他指出:"如果你做不到这一点,你就没有资格玩投资游戏;这就好像打扑克牌,如果你在玩了一阵子后,还看不出这场牌局里的凯子是谁,那么这个凯子肯定就是你。"

在巴菲特看来,股票市场只是一个可以让你买卖股票的地方而已。巴菲特拥有波珊珠宝、喜诗糖果公司、《水牛城新闻报》已经多年了。他完全不在乎每天的成交价格的涨跌情况。"公司本身经营得很好,和股市完全没有关系。"而对可口可乐公司、华盛顿邮报、CEICO和首都/美国广播公司,巴菲特却将注意力集中在这些公司的销售、盈余、利润和资本投资的需求上。对这些公司的营运情况,巴菲特都了如指掌,如同自己的私人公司一样清楚。

成千上万的炒股人把每天的股票市场成交价看作重中之重。而巴菲特对它大有不屑一顾的意思：

"就算股票市场关闭10年，我也无所谓。因为股市对我造不成任何影响。"

巴菲特不相信所谓的市场时机，他当然就不会投入任何资源来判断经济上的周期变化。

巴菲特曾不无幽默地说："就算联邦储备委员会主席亚伦·格林斯潘偷偷地告诉我未来两年的货币政策，我也不会改变自己的任何一个所作所为。"

事实上，巴菲特完全不花时间去考虑失业率、利率或汇率等数据，也不会让政治因素干扰他投资的决策过程。

巴菲特还把经济的景气与否看作是正常的事，他说："就像是赛马场上奔驰的马，有时候跑快一些，有时候又跑慢了一点，不应大惊小怪。"

有了这样的心态，什么样的事情就都好办了。

股票市场，风云变幻。

1987年正当成交量攀升之际，《华尔街日报》《华尔街周刊》突然报道"空头股市"即将来临，于是道琼斯工业指数大跌，许多人惊恐万状，纷纷抛股。而巴菲特先生好整以暇，等着便宜。他以极低的价格买进他中意的股票，正如他投入10亿美元资金，买进可口可乐股票一般。

在那个时候，他并没有卖股票换现金，也不仅是袖手旁观而缺乏行动。在他的眼中所看到的尽是机会，而其他人只看到恐惧。

巴菲特买回家的股票，给他带来了绝佳的投资报酬。

巴菲特不盲目从众的作风已有口皆碑，不再赘述。当务之急是应进一步探讨他不盲从的原因。

巴菲特的老师格兰姆给学生讲了一个寓意深刻的故事：

有一位石油勘探者在升天堂时，圣彼得告诉他一个不好的消息：天堂已经客满，再无法安插人了。

石油勘探者没有沮丧，而是请求允许他跟天堂里的人说一句话。圣彼得答应了。

于是，他便大声喊道：

"地狱发现石油了！"

话音刚落，所有的人蜂拥而出，奔向地狱。

圣彼得见天堂里空空如也，便请他进天堂。可是，这位石油勘探者犹豫片刻后说：

"不，我还是想跟那些人一起去地狱好了。"

格兰姆的这个寓言既幽默，又深刻，是用来反映投资人的非理性行为的。

巴菲特对老师的这番讲解心领神会，引以为戒。

在格兰姆的启发下，巴菲特又把投资人的非理性行为看作是和自然界的旅鼠迁徙那样。

每隔3~4年，旅鼠要来一次集体大迁徙。这个迁徙活动在人类看来是十分古

怪的:

　　它们越聚越多,惊慌失措,强行越过一切障碍,挑战天敌,最后争先恐后地冲向大海,结局是:悲惨死亡。

　　在风云变幻的股市中,细心的巴菲特发现:绝大多数的投资人往往是人云亦云,盲目从众。

　　华尔街上尽是一些受过高等教育,并拥有丰富经验的投资专业人员,他们却没有办法在市场上凝聚一股更合乎逻辑和理性的力量。这就像旅鼠旅行一样令人费解。

　　巴菲特指出:"股价的大幅度波动,跟机构投资人旅鼠般的盲目行为有着很大程度上的关系。股市的剧烈变动,产生盲从效应。"

　　美国绝大多数的基金经理人员,总是在华尔街出现新情况时,迅速更改手中的持股。巴菲特对此发表评论:

　　"他们的投资组合不断地在那些主要的大企业之间进行多角化风险分散,他们之所以这样做,其目的很大程度上是为了使自己跟上市场,却很少是因为他们意识到那些公司有良好的经济价值。"

　　巴菲特具有一种特殊的能力,他完全可以超凡脱俗,可以漠视那些对公司只有暂时影响的大环境事件。在这关键时刻,他十分清醒,能力排众议,做出明智的决定。

　　世界各地的成年男性,大概都知道制造与行销刀片、剃刀方面的霸主厂商——吉列公司。

　　有一段时间,吉列财政发生了困难,经营者忧心忡忡。目光犀利的巴菲特不仅没有和大多数人一样抛股,而是伸出了援助之手。

　　1989 年 7 月,吉列发行 6 亿美元可转换特别股给柏克夏。巴菲特收到年配息 8.75%、10 年之内必须强制赎回的可转换股权证,和以每股 50 美元的代价转成普通股的权利,价格高于当期股价的 20%。巴菲特的心房里荡漾着喜乐洋洋的纤细的波纹,他说:

　　"吉列的生意的确讨我们的欢心。因为我们了解公司的经济状况,因此相信我们能对它的未来可以有合理而聪明的猜测。"

　　独具慧眼的巴菲特在大量收购当时并不为世人看好的联邦住宅贷款抵押公司的股票后,满怀信心地说:"只有当优良的公司被不寻常的讯息包围,导致股价被错误评价的时候,才是真正大好的投资机会。"

　　1994 年,全美股票市场的报酬率走低,许多人为此一筹莫展。巴菲特在这年却忙得不亦乐乎。

　　人们发现,每当市场不景气时,巴菲特就会大张旗鼓地收购众人抛出的股票。说来奇怪,喜欢盲从的大众却不敢随从巴菲特。

　　柏克夏在 1994 年下半年,进行了 4 个重要而特别的收购。

　　一是买进了加内公司——美国最大的报纸发行企业 4.9%的股份。

　　二是买进匹兹堡的大型地方银行——匹兹堡国民银行 8.3%的股份。

三是在所罗门公司投下巨资,在 7 亿美元的可转换特别股基础上,又购下了 660 万普通股。

四是柏克夏转换手上的美国通用特别股为普通股。巴氏在通用公司投资了 13.6 亿美元。

投资组合

华伦·巴菲特是管理投资组合的高手,他在对投资组合的认识和操作上有自己的独特风格。

众多的股市弄潮儿都主张分散风险,把资本分配到不同类型的投资上,免得因为欠缺足够的智慧和专长,使得投资在少数企业上的巨额资金竹篮打水一场空。在实际操作中,他们尽量多地多买几家的股票。

巴菲特不赞成这样的做法:"这只像把各类的飞禽走兽关在同一座动物园里,而不像股票的投资组合。"

巴菲特认为,分散投资风险是必要的,但是如果把它当作投资的主旨就未免过当了。他了解投资人因为担心把所有的鸡蛋放在同一个篮子里不安全,所以就把鸡蛋分装在不同的篮子里,结果是大篮子里的鸡蛋还是破掉了。因为要同时关照这么多篮子里的鸡蛋,小心翼翼地不能有闪失实在是不可能!投资人太过于执着地分散风险,以至于握有一堆不同的各类持股,而对他们所投资的企业少有了解,这实在是有些盲目。

可是,那些自以为睿智的投资人把巴菲特的忠告当成耳边风。他们常常把绝大比例的资金,投资在自己几乎不了解的公司股票上。如果要他们投资一两家企业,他们定会嗤之以鼻。他们还轻信股票经纪人或营业员的名牌,讲场买进那些很糟糕的股票。

巴菲特选购股票,首先是要确认各个企业的长期表现特质,其次判断各个公司的管理品质,最后以合理的价格买下绩优的公司。他说:"我没有兴趣去购买城里每一家公司的股权。"

为了优化投资组合,柏克夏第一个大量收购的是华盛顿邮报公司的股票。1973 年,巴菲特在该公司投资了 1000 万美元;到 1977 年,增加到 3000 万美元。巴菲特认为广告、新闻、出版事业有利可图,所以,于 1986 年又大规模地投资首都/美国广播公司。

巴菲特是从投资保险业发家的。1978 年,他以 2380 万美元收购 SAFECO 公司。根据巴菲特的分析,它是当时全美国最好的保险公司,所以才毫不犹豫地投资。

柏克夏的股市投资,几乎有 2/3 都集中在金融和周期性消费产业上。

1980 年,柏克夏拥有 18 家市场价值超过百万美元的公司。除广告、广播、出版及保险业之外,还有底特律全国银行、通用食品公司、美国铝业公司、凯塞尔铝业化学公司、克利夫兰——克里夫钢铁公司等等。这些就是巴菲特最多元化的投资组合状况。

1987年,柏克夏的持股总值首次超过20亿美元。可令人大为吃惊的不是20亿美元的天文数字,而是巴菲特手中仅持有三种股票:

一是价值10亿美元的首都/美国广播公司。

二是7.5亿美元的CEICO股票。

三是3.23亿美元的华盛顿邮报公司。

奇闻!天下奇闻!世上再没有第二个人像他这样:把20亿美元的投资全部集中在三种股票上。

1988年,巴菲特又打了一个漂亮仗。他先是出色地收购了1400万美元股价的可口可乐股票。年底,他在可口可乐的投资高达5.92亿美元。次年,又增加了9175500股折股权,使得柏克夏在可口可乐公司的投资超过了10亿美元。

这个果敢的行动给巴菲特带来了高额利润。到1989年底,柏克夏在可口可乐的未实现收益高达7.8亿美元。

到1993年底,巴菲特有9家公司的股票,具体为:

可口可乐公司,41亿美元。

CEICO,17亿美元。

吉列公司,14亿美元。

首都/美国广播公司,12亿美元。

威尔斯法哥银行,8.75亿美元。

联邦住宅贷款抵押公司,6.81亿美元。

华盛顿邮报公司,4.4亿美元。

通用动力公司,4.01亿美元。

健力士,2.7亿美元。

在柏克夏的普通股投资组合中,52%是从事日常消费产品的生产,29%是金融业,15%是周期性消费产业,而4%是资本商品。

巴菲特之所以能够成功地管理柏克夏的投资组合,主要是他能以不动制万变。当大多数投资人都难抵诱惑,并不断在股市中抢进抢出时,巴菲特却很理智地静观,以静制动。当他在纽约工作的时候,总是有人跑来跟他报名牌,告诉他哪一家公司稳赚不贴。他们都自诩为股市经纪人最好的客户。这些相似的情况给巴菲特许多冷静的沉思。他认为,投资人总是想买进太多的股票,却不愿耐心等一家真正值得投资的好公司,而每天抢进抢出绝不是聪明的方法。

巴菲特常想,买进一家顶尖企业的股票然后长期持有,要比一天到晚在那些不怎么样的股票里忙得晕头转向,绝对是容易得多。巴菲特觉得自己没有那种一天到晚在本来体质不佳、只靠股市涨跌来运作的公司之间打转的才能。有许多投资人一天不买卖就浑身难受,而巴菲特却可以一年都不去动手中的股票。他说:"近乎怠惰地按兵不动,正是我们一贯的投资风格。"

巴菲特一再强调说:"投资人绝对应该好好守住几种看好的股票,而不应朝秦暮楚,在一群体质欠佳的股票里抢进抢出。"

事实证明,巴菲特的成功主要是建立在 9 家成功的大宗投资上。他说,投资人应该假设自己手中只有一张可以打 20 个洞的投资决策卡。每做一次投资,就在卡片上打一个洞。相对地,能够作投资决定的次数也就减少一次。巴菲特就此推断:假如投资人真的受到这样的限制,他们就会耐着性子等待绝佳的投资机会的出现,决不会轻易抉择。

由于资本所得必须课税,因此,巴菲特认为,以财务利益的观点来看,他这种长期持有的策略,比起抢短线的投资方式更为容易。巴菲特举例说:"假如我们做了一个每年成长一倍的一块钱投资,如果我们在第一个年度结算时出售,我们的净收益为 0.66 元(假定累进税率为 34%)。如果我们继续以每年加保的速度投资,并不断出售和支付税金,然后将收益转为投资,20 年后我们的获利是 25200 美元,所支付的总税金为 13000 美元。但是,如果我们购买了这项每年成长一倍的一块钱投资,而后放在手中 20 年都不动,那么我们的总收益将高达 692000 美元,所付的税金为 356000 美元。"

巴菲特正是认识到长期持有的优势所在,所以在他的投资生涯中,注重长期持股。

巴菲特从自己投资的经验中得知,体质优良、经营得当的企业通常价格都较高。而一旦见到价格低廉的绩优企业,他会毫不犹豫地大量收购。而且他的收购行为完全不受经济景气及市场悲观气氛的影响。只要他相信这项投资是绝对具有吸引力的,他就会大胆购买。巴菲特的这种集中投资的策略,使他获益甚丰。

巴菲特非常欣赏凯恩斯的一段话:

"随着年岁增长,我越来越相信,正确的投资方式是把大量的资金,投入到那些你了解,而且对其经营深具信心的企业。有人把资金分散在一些他们所知有限、又缺乏任何买点的投资上,以为可以以此降低风险。这样的观点其实是错误的……,每个人的知识和经验毕竟是有限的,而我也很少能够同时在市场上发现两家或三家以上可以深具信心的企业。"

人格魅力

华伦·巴菲特从投资 100 美元起家,到 1998 年,已经拥有了 330 亿美元的财富,富可敌国;被誉为"人类历史上最伟大的投资者",是当之无愧的。

他成功的秘密在哪里呢?

首先在于他对投资的悟性。他热爱他所做的一切,喜欢与人相处,习惯于阅读大量的年刊、季刊和各类期刊。作为职业炒股人,他制定了一系列的纪律和规章。他有极大的耐心和勇气,对自己认定的事情充满着信心。他细心观察,总是在寻找没有风险或风险极小的投资。

其次,他极精通机率的计算,而且总是稳操胜券。他对数学计算的热情持久不衰;杂乱排列的阿拉伯数字是他最喜欢看的东西。他总能在数字组合中发现商机。

再次,他有积极参与的精神。他最喜欢在股海中摸爬滚打。在高风险的保险和再保险行业里的长期实践培养了他超凡的承受能力。他对那种机会小、而实际报酬却很可观的冒险很感兴趣。

最后,他是一个耿直的人,从不误导炒股者;他还敢于列出自己的失败和错误纪录,却不做任何辩解。

巴菲特是一位杰出的商业研究者,他能在短暂的时间内决定某项投资是否做,并只根据几天的研究,就能判断出何时该进行重大投资,并能随时做好准备。

巴菲特勤奋好学,其自学精神和适应环境的能力极强。无论是学生时代,还是工作以后,他都是图书馆的常客。在50年代,他花钱去学卡耐基课程。90年代初,他又开始学习电脑,不久便能够从电脑网络上撷取数以万计的资料和信息,作为投资研究的参考。

巴菲特不仅是机智过人、聪明绝顶的天才,更是性格温和、仁慈又诚实、热情洋溢,富有人情味的平常人。

玛丽小姐在描述巴菲特的家庭生活时写道:

"华伦非常喜欢教导家人潮起潮落的哲学。在每个圣诞节的早餐,他会给每一个家庭成员一个装有1万美元的信封作圣诞礼物。就像先前那些志得意满的亿万富翁一样,他会大笑地说:'圣诞快乐',并把信封给家中每一个兴奋地接礼物的人。之后,他又强烈地认为,大家应该支持家庭事业,因此又以他最近的投资事业的1万美元等值股票,和我们每一个人交换刚才发出来的1万元现金。"

玛丽认为:"这些股票的意义超过圣诞礼物本身,它们代表的是华伦带领我们去关心一个投资企业的方法。"

巴菲特的家庭是温馨的。

巴菲特不仅是投资赢家,也是投资怪杰。

他运用独特的投资策略为自己和他的投资人创造可观的财富。

这个所谓的独特的投资策略,是巴菲特早已公布于世的一些常识性定律。他从不隐瞒,从不撒谎。

假如有人问他:"应选择一个什么样的企业股票来投资?"

巴菲特定会诚实回答道:

"要看企业是否简单且易于了解;是否有稳定的经营史;长期的发展前景如何;经理阶层是否有理性;对股东是否坦白;是不是跟着市场随波逐流……"

巴菲特的回答看似简单,尽是一些常识或基本知识。然而,大多数人一旦在投资股票时,就会忽略这些;只在意短期的股价变动、资金的聚散、人气的起伏,以及种种技术指标的分析,情绪也随之上下波动。

可见,大多数人不易做理性的判断。他们都受到现有的股票交易方式的影响和限制,只知道在买进和卖出之间追逐价差,而忘了买卖股票原本只是转移股权,持有股权就是股东。股东的权益则是来自于企业运营所获致的利润。作为股东原本是希望能从企业不断获利,不断成长,及源源不断地收取成功的经营成果。

股票市场只是方便股东转移股权,但是由于现代化的股市运作,买卖股票赚取价差反而成为投资股权的重要目的。

巴菲特的独特投资策略扭转了这种不正确的投资观念及操作手法。虽说他的投资策略很独特,但却浅显易懂。因为根据常识,多数人会和他一样重视那些层面及定律,运用和他一样的手段操作。但是,就是因为整个证券市场已经发展成另一种面貌,以另一种模式运作,才使多数人已经以不同于巴菲特的方式策略进行所谓的投资;因而巴菲特的普通投资定律及策略才显得独特。

巴菲特之所以取得伟大的成功,就是因为他的精明和一套简洁易行的定律及策略。投资者要赚钱,首先头脑要清楚。然而股市的确是个不理性的市场,是情绪的聚积场所,各式各样人的喜、怒、哀、乐、兴奋、抑郁大量汇集激荡。许多人不能理性地面对股市变化。股市很热,股价明显攀升了才进场,可是,只要有一丝风吹草动,看到有人抛售股票,也就跟着疯狂地杀出。前者是贪,因贪所以追高;后者是怕,因怕所以杀低,这样做的结果赚少赔多。

而巴菲特从股市实践中,总结了一整套行之有效的规律、策略,小心谨慎地进行着每一项投资。他在挑选永久股、收购企业、投资固定收益有价证券的过程中,及时把握时机,总是冷静而有理性的。

他的成功投资,证明了投资赚钱不需要高深的股票投资"专业知识"或技术,只要冷静、理性,然后运用果断就可以获得成功。

巴菲特运用简单的投资定律创造了庞大的财富,而且他的投资又仅限于自己所了解的企业。由于拒绝投机,他的这种做法基本上没有风险。

巴菲特在经营和投资上,显示出其卓越的才能;他的领导风格同样也是令人钦佩的。从他与朋友的交往中,可以看到他所表现出的亲切是很真诚的。他平和、坦率、正直、真诚。他既有超人的商业智能,又有幽默的一面,他推崇合乎逻辑的事理,但不能忍受愚笨。他喜欢简单明了,烦厌复杂冗长。

在柏克夏·哈斯威年报上,巴菲特轻松地在自己的文章中引用《圣经》、凯恩斯等人的话语。从中可以看到他的敬业精神和幽默智慧及丰富的知识。

巴菲特是一个诚实的人。

他十分坦率:对柏克夏的优势和弱势,毫不避讳地加以强调。他认为股东都是公司的参与者,因此,他有义务告诉他们全部资讯。

巴菲特所领导的柏克夏公司,其实就是他个人人格、管理哲学以及其生活方式的体现。巴菲特的重要特点,几乎全体现在他的管理之中。这些特点就是他寻找投资的准则,而且随处可见柏克夏·哈斯威投资公司。同时,他的投资策略也散见于公司非凡的令人耳目一新的企业政策:慈善捐款决策过程与管理阶层薪酬计划。

巴菲特采用绩效来衡量主管的薪资报酬。薪资报酬与企业大小与年龄及柏克夏的整体利润均无关。巴菲特所注重的是每个单位的绩效都应该受到奖励,不管柏克夏的股价是上扬还是下跌。主管应依其责任范围内预定目标的达成率计算,如增加销售额,缩减费用或冻结资本支出。

到年终的时候,巴菲特并不分配股票选择权,而改以签发支票方式作为员工奖励,有些支票金额相当庞大。主管可以自由支配这些现金,大部分人用它购买柏克夏的股票,愿意与公司股东承担同一风险。

巴菲特允许高额的薪资。一位经营保险事业的主管在 1992 年,年薪高达 2600 万美元,而巴菲特本人的薪资加上红利每年也不过 10 万美元。

以股份比例捐款的方式,体现出巴菲特独特的行事作风。分配慈善捐款的方法被称作"股东指定专案",股东依股份比例可以决定慈善捐献的受款人。对大多数企业而言,慈善捐款的分配是行政主管与董事会的特权。通常他们选择自己最中意的慈善机构,而给钱的股东却没有发言的余地。

在柏克夏,股东指定慈善机构后由公司负责签支票。1981 年,慈善捐款指定专案实施的第一年,柏克夏共捐资 1700 万美元给 675 家慈善机构。接下来的 12 年中,柏克夏共捐资 6 亿美元给数千家慈善机构。1993 年又捐了 9400 万美元给 34 家慈善机构。

巴菲特所领导的柏克夏·哈斯威股份有限公司是家综合性的企业,但是不复杂。它拥有许多企业,包括保险公司及其他子公司,以及其他用保险金收益汇集的现金流量所购买的公开上市公司。

一视同仁是巴菲特的经营风格,不管是他欲购入的公司,或是正在评估是否投资其股票的公司,或对自己企业的经营管理等,他都同等看待。

不论什么时候什么情况下,巴菲特总是保持乐观情绪。

他不仅和家里人其乐融融,而且和所有的同事和睦友好。他十分真诚地对自己的伙伴们说:"你们能每天来公司上班,让我感到兴奋、顺心。看到你们,我有一种出自内心的喜欢感。"

巴菲特是一个十分热爱生活的人。他说:"我生活中所想要的正好在这儿,我爱每一天。我的意思是说,我在这儿跳着踢踏舞并和我喜欢的人们一起工作。在这个世界上是没有任何一种工作比经营柏克夏更有趣,我觉得自己能在这儿工作真是很幸运。"

巴菲特把自己的理论精华几乎全都运用在柏克夏公司。柏克夏作为本世纪投资业最具典型的成功形象,就像金字塔顶端的一颗耀眼的宝石。而巴菲特也和柏克夏一样,他的名字不但令投资界熟知,更值得广大股民们崇拜和认真研究。

财经理念

美债违约已然成为一个令全球市场谈之色变的话题,但在评级商穆迪看来,这仍然是小概率事件。"财政部不支付到期国债的可能性微乎其微,"穆迪首席执行 RaymondMcDaniel 称,"希望举债上限能在 17 日前提高,但即便没有,我认为财政部仍将实现兑付承诺。"

如今,美国民主、共和两党"战火"已经烧至美债,2013 年 10 月 17 日,美国将迎来提高债务上限的考验。"这(如果美债违约)就像一颗核弹爆炸一样,后果简直不堪设想。"巴菲特上周在接受《财富》杂志采访时如是说。巴菲特表示,毫无疑问全球经济正在放缓,但美国比欧洲稍好。同时,巴菲特还表示美国住宅市场已经回转,随着房市复苏,与住房相关的公司都将受益,如家具和地毯业。巴菲特透露,他趁着富国银行股票下跌之时,在过去一周中购入了更多的该股票。在过去一月中,富国银行的股票下跌了超过3%。

截至2013年6月30日,伯克希尔哈撒韦公司报告其持有超过4.11亿股,价值近140亿美元。巴菲特说这还不够,并将继续买入。巴菲特认为银行仍是一个很好的行业,但在信贷危机解决以前银行股票不会盈利。巴菲特表示,在2012年两起潜在价值200亿美元的收购因为价格问题告吹后,他对购买一些公司的前景仍感兴趣。伯克希尔哈撒韦公司拥有400亿美元的现金,但价格不合理,而且伯克希尔哈撒韦公司不会加入竞购战。他计划盯住一家60亿美元的金融类公司,但是他没有提及这是一起潜在的收购。巴菲特重申了自己长期以来持有的观点,认为股市是资金最好的投资场所,并表达了对IBM长期前景的信心。

2011年,伯克希尔哈撒韦公司购入了约110亿美元的IBM股票,巴菲特表示还将加仓到那个水平。至于伯克希尔哈撒韦控股的另一只大股票宝洁,巴菲特承认近几年来的盈利表现确实不佳。但巴菲特称赞董事长兼首席执行官鲍勃·麦克唐纳是个杰出的人物。麦克唐纳的领导力在今日颇受非议。巴菲特透露,伯克希尔哈撒韦已经出售了一些宝洁的股票。巴菲特还对美联储主席伯南克连任第三届表示强烈支持,并称伯南克的工作做得极好,除他外没人能够更好地胜任美联储主席的职位。巴菲特认为,如果总统提出邀请,伯南克将会同意连任。不过,巴菲特表示他对于美联储不断扩大的资产负债表略有担忧。他的直觉是应该反对美联储的QE3经济刺激计划。同时,巴菲特认为美国极有可能在短期内脱离财政悬崖的风险。每个人都知道应该为美国的债务问题做什么,国会仅仅需要推动执行就可以了。巴菲特预计,无论谁当选总统,经济都将在未来四年内得到改善。

2011年8月,美国著名投资人沃伦·巴菲特当地时间15日说,最富有的美国人应当缴纳更多所得税,为改善国家的财政状况做出贡献。有"股神"之称的巴菲特当天在《纽约时报》发表题为《停止宠爱超级富豪》的文章说,那些贫穷和中产阶级美国人在阿富汗为国家作战,大多数美国人在窘迫度日,而像他这样的富豪却仍在享受特别减税优惠。这番话一语道破超级富豪财富秘密:分配不公的一个主要表现就是资本在分配中所得过多,而劳动在分配中所得过少。巴菲特15日在《纽约时报》的文章中的一些话令人深思。该文的标题是《停止娇惯富豪们》,直接把苗头对准富豪。有人会说,巴菲特是不是故意讨好奥巴马总统,非也!不论是财富还是年龄,他都不需要讨好任何人和任何权力。这是巴菲特的一贯作风和思想。这番陈辞,同样值得中国的富豪们反省。

2011年12月,巴菲特对2012年股市做了五大预言,称股市还将大幅波动。

第一,世界还会很不确定,但我还会坚定持股优秀公司。

第二、股市还将会大幅波动,我会利用股市过渡反应低价买入好公司。

第三,未来还会有各种坏消息,但我会继续买入优质银行股。

第四,股市大跌,有些优质大盘股已经出现买入良机。

第五,欧洲债务危机不同于美国金融危机,要解决还需较长时间。

慈善活动

2006 年 6 月 25 日,沃伦·巴菲特在纽约公共图书馆签署捐款意向书,正式决定向 5 个慈善基金会捐出其财富的 85%,约合 375 亿美元。这是美国和世界历史上最大一笔慈善捐款。巴菲特准备将捐款中的绝大部分、约 300 亿美元捐给世界首富比尔·盖茨及其妻子建立的"比尔与梅琳达·盖茨基金会"。巴菲特的慷慨捐赠一夜之间使盖茨基金会可支配的慈善基金翻了一番,达到了 600 多亿美元,比全球第二大基金会福特基金(110 亿美元)的资金多 5 倍。自 2006 年开始,比尔与梅琳达·盖茨基金会将在未来的每年七月,收到全部款项的 5%。尽管巴菲特尚未决定是否将积极参与运作,但确定将加入盖茨基金会的董事会。

同时,巴菲特也宣布,将其余价值约 67 亿美元的波克夏股票,分别捐赠给苏珊·汤普森·巴菲特基金会以及他三名子女所成立基金会的计划。这是因为巴菲特的前妻在 2004 年过世时,已将绝大多数的遗产,价值约 26 亿美元,移转到巴菲特基金会。巴菲特的子女将继承他财产的部分,比例并不会太高。巴菲特曾表示:"我想给子女的,是足以让他们能够一展抱负,而不是多到让他们最后一事无成。"

自 2000 年开始,巴菲特透过线上拍卖的方式,为格来得基金会募款。底价 2.5 万美元起拍,以获得与巴菲特共进晚餐的机会。在这些线上拍卖中,最高成交价为中国人赵丹阳的 211 万美元。2009 年 06 月 30 日巴菲特一年一度的慈善午餐拍卖在 eBay 结束,拍出 168.03 万美元。这个价格不及创纪录的 210 万美元,不过在数十年来最严重的衰退背景下也不算太低。

2006 年 9 月,巴菲特将他的福特林肯座车拍卖,以资助格罗斯公司的慈善活动,该车在拍卖网站 eBay 上面,以美金 ＄73,200 元卖出。巴菲特被美国人称为"除了父亲之外最值得尊敬的男人"。美国亿万富翁巴菲特再捐出 19.3 亿美元的股票给 5 个慈善基金,这是巴菲特 2006 年开始捐出 99% 资产以来,金额第三高的捐款。

根据美国证券管理委员会收到的申报书,巴菲特 2011 年 7 月 3 日捐出手上保险与投资公司"波克夏哈萨威公司"B 股 2454 万股股票。这笔捐赠的金额在 2009 年是 15.1 亿美元,但波克夏哈萨威公司 B 股于 2011 年 7 月 3 日收盘价为 78.81 美元,上涨 35%,使得捐赠总金额膨胀到 19.3 亿美元。波克夏获利来自经济情况改善、保险部门灾难理赔不多、衍生性商品投资账面损失减少与持有的美国运通及富国银行等公司股票价格上涨。

巴菲特 2010 年捐赠约 16 亿美元波克夏股票给比尔暨梅琳达盖茨基金会。这是由微软创办人比尔·盖茨与其妻子共同创立的基金,目的在解决教育、卫生与贫穷问题。其他股票则捐给以巴菲特已故妻子命名的苏珊汤普森巴菲特基金及两人共育的孩子霍华德、彼得与苏珊所成立的基金。

巴菲特捐赠给盖茨基金的总额约80.3亿美元。申报书显示，2010年捐赠之后，巴菲特仍持有439亿美元的波克夏股票。根据定期申报书与捐赠当日波克夏股票收盘价，巴菲特2006年捐赠总额19.3亿美元、2007年21.3亿美元、2008年21.7亿美元与2009年15.1亿美元。根据这项原则，2010年捐赠金额稍微超过2006年的总额。巴菲特1月进行股票分割，将1股分成50股之后，他捐赠的股数每年减少5%。

美国股神巴菲特一年一度的2011年午餐会、慈善、义卖竞标活动又将登场，预订6月5日美国东岸晚间10点半起，在电子湾慈善网站正式开始，至6月10日晚10点半结束。2011年结标价为262.6万美元，备受瞩目。

北京时间2012年6月9日上午10点30分，股神巴菲特一年一度的午餐拍卖以近346万美元的价格豪华落锤，再次大幅度突破前一年纪录。2018年8月15日，据国外媒体报道，2018年第二季度，"股神"沃伦·巴菲特（Warren Buffett）旗下的伯克希尔·哈撒韦公司（Berkshire Hathaway Inc.）继续大笔购进苹果公司股票。根据周二提交给证券监管机构的一份最新申报文件，2018年第二季度，伯克希尔·哈撒韦增持1240万股苹果股票（价值约20多亿美元），使该公司截至6月底共持有约2.52亿股苹果股票，比第一季度的2.396亿股上升约5%。在纳斯达克周二交易中，苹果收盘于209.75美元，较上一交易日上涨了0.42%，按照这一收盘价，伯克希尔·哈撒韦持有的苹果股票价值达528.57亿美元。2021年5月1日，在伯克希尔·哈撒韦股东大会上，对于Robinhood，巴菲特认为其已经成为赌场性质组织的一部分，取得的成就不值得骄傲。2022年，股神巴菲特（Warren Buffett）旗下的伯克希尔哈撒韦公司（Berkshire Hathaway）对苹果公司（Apple）的押注可能最终成为他最成功的投资之一，账面收益超过1,200亿美元。当地时间2022年4月19日，美国最大公共养老金加州公共雇员退休基金（CalPERS）向美国证券交易委员（SEC）提交文件表示，计划投票支持伯克希尔·哈撒韦公司的一项股东提议，该提议将解除沃伦·巴菲特的董事长职位。提交文件显示，将在4月30日举行的伯克希尔股东大会上投票支持一项股东提案，提案内容为罢免巴菲特的伯克希尔董事长职位，但仍可继续担任CEO。2022年5月，据路透社报道，伯克希尔·哈撒韦公司股东以接近9比1的比例投票支持巴菲特（Warren Buffett）继续担任董事长和首席执行官。当地时间2022年6月17日，2022年巴菲特慈善午餐拍卖结束，中标价格1900.01万美元（折合人民币12762万元），创下"巴菲特午餐"拍卖最高纪录。这是最后一次举办"巴菲特午餐"拍卖。

金钱魔术师

——乔治·索罗斯

人物档案

简　　历：匈牙利出生的美国籍犹太商人；著名的货币投机家，股票投资者，慈善家和政治行动主义分子。他是天使与恶魔的化身，二者不可思议的结合体。1947 年移居英国，1956 年移居美国，为他管理的国际投资资金积累了大量财产。2023 年 6 月 12 日，现年 92 岁的金融大鳄乔治·索罗斯宣布，将把 250 亿美元（约合人民币 1800 亿元）金融帝国的控制权移交给 37 岁的儿子亚历山大·索罗斯。

生卒年月：1930 年 8 月 12 日~

性格特征：性格坚毅，处事精明。

历史功过：1968 年创立"第一老鹰基金"，1979 年，索罗斯在纽约建立了"开放社会基金"，1984 年在匈牙利建立了东欧基金会，1987 年建立了苏联索罗斯基金会。索罗斯曾获得牛津大学和耶鲁大学的名誉博士学位。索罗斯的量子基金在其近 30 年的投资历史中，取得了让世界瞩目的优异业绩。1993 年登上华尔街百大富豪榜首，1992 年狙击英镑净赚 20 亿美元，1997 年狙击泰铢，掀起亚洲金融风暴。

名家评点：《媒体研究中心商业》杂志创立者博泽尔评论说："这个数字非常惊人，2016 年至 2020 年 1.31 亿美元，可能比世界上任何实体、任何基金、任何人资助得都多。"

喜欢和强手对抗

　　1930 年，匈牙利首都布达佩斯城的一个中产阶级家庭里，一个犹太男孩呱呱坠地，索罗斯的父亲叫提华达，母亲叫伊丽莎白，他还有一个比他年长两岁的哥哥保罗。然而这个家庭的成员却命运多舛，经历了无数的磨难。在乔治的童年和少年时代,他们已家道中落。父亲提华达的价值观对索罗斯影响很大。

童年的小乔治似乎并没有表现出与同龄人太多的不同,在两次世界大战之间相对平静的整个 30 年代,小乔治几乎都在离布达佩斯不远的鲁巴岛上度过。虽然看不出小乔治有什么特别天才的表现,但几乎所有人都认为他聪明,并且人们都记得他的所作所为常常会出人意料。

小乔治聪明伶俐,喜欢出风头,有很强的求胜欲望。他在童年的游戏活动中,喜欢寻找刺激,越是富有挑战性的活动,他越是愿意参加。童年的乔治喜欢玩一种从匈牙利传统儿童游戏"强手棋"演变过来的游戏。他在游戏中每玩必赢。屡战屡胜使小乔治感到游戏变得枯燥,而他天生喜欢冒险和刺激,于是制定了新的游戏规则,增加了游戏的难度。上初中后,可能是受到父亲的影响,小乔治竟然把股票交易的内容搬到了游戏活动中来,更改后的规则之一便是游戏中出现了证券交易所,吸引了许多孩子的兴趣,甚至一些比索罗斯大得多的孩子,也参加到了游戏中来。索罗斯给这种游戏取了个好听的名字,称它为"资本家"游戏。

父亲的话启发了他

1944 年 3 月 19 日,德国入侵匈牙利。乔治·索罗斯一家当时正在鲁巴岛上,人们不知道德军能够在这里占领多久,也不知道厄运何时降临列自己头上,更不敢想象自己能否活到战争结束的时候。提华达异常镇静,他鼓励和保护孩子们,要他们拿出男子汉的勇气去面对现实。小乔治记得父亲曾对他这样说过:"情况越是危急的时候,镇定就显得越重要——这是一件无价之宝——如果你不想成为一只被滚烫的拉丁鱼烫伤的猫的话。"在纳粹的统治下,除了少数不得不露面的时候之外,犹太人最好是躲避起来。早在战争打来之前,提华达一家就有了准备——他们一共准备有 11 个藏身之处!提华达利用律师的身份先后给儿子、自己以及妻子搞来了说明他们不是犹太人的假身份证,把他是犹太人这个事实掩盖起来。这段时间,乔治·索罗斯成了杰诺斯·吉斯。小乔治对父亲的做法有些疑问,提华达就利用躲在地窖里闲着无事的时间给儿子讲,在社会秩序正常的情况下,应该守规矩,用合法的办法,解决正常的问题。但在非正常的情况下,就应该用非正常的办法解决想解决的问题。提华达郑重地告诉儿子:"这是无法无天的占领,正常的法则不再适用。你必须忘记在正常社会中应有的行为,因为这是异常情况。"在这种异常的情况下,虚伪不实,甚至犯罪都是合情合理的。其本意也就是随机应变,讲究实用主义。提华达教给儿子的这些本领,是任何书本上都难以学到的。战时特殊的行为方式,对于索罗斯后来的投资事业不能说没有一点启发,这使他感受到了,在特殊情况下,善于搞投机者,机智聪明者,就能够得到自己想得到的结果,而那些循规蹈矩、安于本分的人,很有可能是死路一条。

扎实的哲学思维

战争终于结束了,苏联控制了匈牙利。在斯大林社会主义模式下,索罗斯所喜欢的冒险和投机不仅受到限制,而且受到打击。在父亲的引导和刺激下,索罗斯逐渐打定了到伦敦去寻梦的念头。索罗斯喜欢伦敦这座城市,喜欢它的繁华和自由,但遗憾的是,他无法享受这一切,因为他太穷了。父亲虽然偶尔寄一点钱来,但他在伦敦主要的资金来源却是姑妈。伦敦是富人的世界,靠姑妈提供的那一点点钱单单生活已极度困难,同时他形单影只,没有钱,也没有朋友,尽管如此,他相信自己能够在黑暗中找到光明。他从父亲那里学到的求生之道发生了作用,他反而自嘲道:"那不是很棒的感觉吗?"索罗斯在打工中求学,坚持了几个月,就补习完了必要的文化课程。他原来的基础很好,再加上天资聪明,接受能力很强。因此,尽管条件艰苦,他还是顺利获得了入大学注册的资格。他选择了著名的伦敦经济学院,这是一所以人文科学、社会科学和经济科学为主的高等学府,在英国高校中的地位仅次于牛津和剑桥,也是世界的顶尖学府之一。伦敦经济学院是一个学术气氛很浓的自由空间。在这里既可以讲解带有社会主义色彩的经济学,也可以讲自由市场经济;既可以讲经济和金融理论,也可以讲自然科学和哲学问题;如果有兴趣,教师们还可以来这里讲文学、艺术、历史和政治等问题,只要有学生听你的课,什么样的思想都可以来这里展示一番。进入伦敦经济学院后,对于索罗斯影响最大的不是经济学方面的问题,而是哲学的思辨。

在他后来的经历中,不管是做股市分析员,还是自己直接操纵投机事业,在做分析判断时,都少不了哲学的思维。而他的哲学思维的基础就是在伦敦经济学院打下的。"哲学和经济学的最大差异也许在于,前者告诉人们的不仅是理论知识,更重要的还有思维方法;而后者教给人们的除了知识,还是知识。"索罗斯的一位大学同学哈勃·多利瓦记得他曾经这样评论。对于一个追求新奇思想的学生来说,理论或逻辑思维能力越强,就越是喜欢哲学的探讨,而不满足于一些平淡无奇的经济学知识。索罗斯在学习中产生出喜欢哲学更胜于经济学的倾向,也许是出于这样的原因。

喜欢创新想象

走出大学校门的青年索罗斯在英国仍然是孤独无援的,找到一份满意的工作并不容易。刚开始,他做的是一份业务代表的工作。这项工作的具体任务是,为一个从事批发业务的客商搞促销活动,索罗斯负责在威尔士海滨度假区向零售商推销他们的产品,而且有一辆福特牌 T 型汽车供他使用。但当时英国的商业网络已经形成了完备的控制势力,各供应厂家,早已划定了自己的控制范围,各零售商店一般只接受固定厂商提供的货物,而对于那些突然冒出来的推销商往往不予理睬。索罗斯在威尔士海滨度假区没能成功,受雇主的委托,他又到伦敦进行试探。他在伦敦的结局更惨,当那些零售商得知他是为别人推销东西之后,就让他连个停车的位置也得不到。于是,他为别人做业务代表的工作以失败告终,他最后把车和工作一起交了回去。当业务代表失败了,但是为了生活,索罗斯还必须去找点工作干。在当时,最好找的工作之一,就是当推销员。索罗斯在找不到其他工作的情况下,只好试着再去干一干推销员工作。当然,这又是一次失败的经历。

心灰意冷的索罗斯开始对各种行业细加观察和研究,他发现投资是个赚钱的行当,经过一番考察和思量,他决心到投资银行去发展。

几经周折,索罗斯开始从事股票经纪这个行当,就是为人介绍股票,代他们买卖。在这方面,他终于取得了成功。后来,索罗斯拉了他认识的几个大客户,成立了索罗斯基金。索罗斯基金后来改名量子基金。从此开始了他呼风唤雨的历程。

韩国商业巨子

——郑周永

人物档案

简　　历：韩国现代的创始人，出生于现属朝鲜的江源道通川郡贫农家庭。四次离家出走的他，追逐汽车梦想的执着使他踏上了成功之路。2001年3月21日，韩国现代史上的传奇人物郑周永在汉城一家医院病逝，享年86岁。

生卒年月：1915年11月25日～2001年3月21日。

安葬之地：韩国京畿道的郑氏家族墓地。

性格特征：吃苦耐劳，认真刻苦，恪守诚信。

历史功过：白手起家创建了包括造船、汽车、房地产、冶金、化工、运输、电子、金融等行业的韩国最大综合企业——现代集团，是韩国首富，曾经在1992年竞选韩国总统，"现代"不仅仅是韩国经济的支柱，也是政坛的幕后支持者。

名家评点：四次离家出走的他，追逐汽车梦想的执着使他踏上了成功之路。郑周永的去世惊动了韩国朝野，总统金大中等政界要人和经济界知名人士纷纷发出唁电以示哀悼。韩国最大的企业联合组织韩国经济人联合会甚至要求为他举行国葬。这位尽享哀荣的人被称作"在韩国现代史的每个重要关头都留下足迹的时代巨人"。

少年志大　不言放弃

1915年11月25日，郑周永出生在通川区松中地区的峨山村。郑周永的父亲有一块4英亩的土地，种植水稻和蔬菜。收成通常很不好，一家人生存很是困难。

1931年3月，郑周永从松田小学毕业。在那里，他主要学习了中国历史、诗歌、书法和音乐。当时，他梦想成为一名小学教师，但是只有富人才有财力进一步深造，而他只能继续帮父亲干农活。郑周永曾在他祖父——村里的一位严厉而顽固的老学究——开办的儒教学校中短期学习过。后来他感激祖父对他完善个人价值体系的深远影响，并为他提供了一种"建立在东方哲学基础上的对宇宙和伤生的透彻的理解"。从这些教诲中，郑周永领会到了坚定不移的重要性：一个人必须永不放弃。

因为家庭困难，郑周永不得不放弃学业。但是，他也厌烦农活，并想要过更好的生活。于是，他想到外面的世界闯荡，先后三次离家出走，都无功而返。

1934年，18岁的郑周永第四次出发，寻找他的财富，这次，他的目的地是汉城。

一踏上汉城的土地，郑周永就开始做他能找到的一切工作。最初，他做搬运工，在充满臭虫的仁川港的一个小屋子里，郑周永明白了一个道理：只要坚持就一定能获胜。接着，他又在一个淀粉糖浆工厂找到工作，做了将近一年的杂工。最后，他在福兴商会的粮米购销商行做粮食发放员。这是他的第一份长期性的工作，他干得非常出色。

1937年，店主身患重病，他决定将米店传给勤劳的郑周永而不是他自己不负责任的儿子。

构筑诚信　艰难创业

郑周永欣然接受了这个机会。22岁的他，现在是一个店主了。很快，他的五个弟弟和一个妹妹都来到汉城，为他们的长兄工作。南于郑周永继续保持诚实和守时的信誉，他们的生意很兴隆。他一次又一次地认识到信任对一个米商的重要性，它的价值超过了金钱。

随着第二次世界大战的临近，日本殖民势力加紧了对朝鲜社会的控制。由于害怕失去对食物和其他战略供应的控制，1939年初，殖民政府剥夺了朝鲜人对米店的所有权。郑周永丢了买卖，却一点补偿都没有。

郑周永回到了他的家乡，并且用他的一些积蓄为父亲的农场买了更多的土地。直到现在，他才意识到，他注定了不能仅仅做一个商人，而要做一个企业家。

他想要开始新的生意。最后他决定进军修理行业。虽然最近的法律只让日本业主销售汽车和汽车配件，但是却允许朝鲜人修理汽车，而且在郑周永看来，修车厂投资少却增值快。当一个朋友向他提供了一个买汽车维修厂的机会时，他欣然接受。

郑周永用从一个好心的大米磨坊主那里贷来的款创建了亚都汽车维修厂。郑周永靠着别人的专业技术和别人的钱使修车厂开张了，而他提供的是经营策略，使一切运转起来。他成功经营修理厂的策略很简单：亚都修汽车比别人更快。某个维修在他的竞争者那里需要20天，而郑周永要求在亚都只需要5天就够了——通常是晚上也要工作。然后他可以为优质的服务向顾客提更高的价格。

郑周永的生意遭到了日本官员的反对。作为初始经营者，郑周永拒绝从日本殖民政府那里获取允许修车厂经营的必要执照。当地的日本警察反复要求郑周永关闭店铺，并且威胁他如果不购买执照就让他进监狱。

郑周永的对策是，每天早上都到当地警察局长家门前去拜访他。郑周永带着送礼的点心,恳求局长允许他的修车厂经营。局长拒绝收他的点心,并且重申要他关闭店铺的警告。郑周永仍然每天清晨都来到这里,反复要求局长的支持,这样来了一个月。最后,警察局长终于接受了他的请求。

此后,郑周永就回去好好管理他的生意,它发展得很快,以至为了满足需要,郑周永还增加了夜班。从这件事上郑周永明白坚持和精明可以克服大部分障碍。经过4年时间,郑周永通过经营赚取了相当大的利润。

但是,由于当时的形势,亚都最终倒闭。郑周永再一次从头再来。在为一个朝日联营的建筑公司做了短期转包商后,郑周永在战争末期离开了那里——而那个建筑公司很快就倒闭了。他带着5万元积蓄,很快回到了他北方的老家,并考虑他的下一次行动。

返乡创建土建社

第二次世界大战以后韩国获得了独立。当从日本人的控制下解脱出来获得自由后,郑周永1946年4月从峨山村回到汉城,又重新进入修车业。他给他的新公司命名为现代汽车服务公司。郑周永想传递给顾客一个清楚的信息,那就是他的公司是具有最新技术发展水平的公司。

他的大多数生意是修理撤退的日本政府官员留下的旧日本汽车。因为汽油供应不足,所以修理这些车通常意味着把它们变成烧木炭的交通工具。日本人走了,生意机会变得少了;但是郑周永很快发现,美国人有钱消费,而且他们还在为他们的占领势力修建设施。他还注意到,建筑公司比汽车修理厂更赚钱。他决定进入建筑界。1947年,在郑周永31岁的时候,他创建了现代土建社。他的理由是,许多建筑工作与修理有关,并不是与他的汽车修理工作毫不相干。对于郑周永来说,建筑业是他从前生意的合理拓展。

在1950年,郑周永已经从美国人那里获得了足够多的生意,于是将他的汽车修理生意并进了他的建筑公司,并且改名为现代建筑公司。

朝鲜战争爆发后,郑周永被迫放弃了他的建筑工地,从银行中取出存款,和他的弟弟仁永一起,前往南方的釜山,等待机会。

仁永能说英语,在那里他遇到了一个刚刚从美国来的美军中尉汉克·麦卡利斯特,就给中尉做翻译。麦卡利斯特是工程师,被派到美国第8军总部的最高指挥司令区工作,他负责为随着战争进程南北移动的军队修建新的基地。几天后,仁永就把他的哥哥介绍给了麦卡利斯特。那时郑周永有一辆牛车和5个工人,只要能找到的活他都干,包括为美军基地修建帐篷底座。

与此同时,郑周永不断周旋于朝鲜交通部,直到得到一个承建釜山港边上的外资仓库的合同。郑周永在新建的仓库打桩时创建了现代商运公司,在朝鲜东南部航运食品。

郑周永和郑仁永于1950年9月28日返回汉城,并与在撤退的混乱中被留在汉城的家人联络。然后他回到峨山村,营救从战争开始就被困在那里的父母和亲属。当安置好家人后,郑周永在汉城重整自己的事业。

郑周永试图从第8军获得尽量多的建筑工作。他很轻易地就获得了这一个以及其他的军事合同,在每项工作中可收益500%到600%。郑周永成功的策略很简单。他清楚地知道,对于美国人来说钱并不重要。

郑周永和现代集团从他们的美军合同中得到了很大的帮助和支持。作为起步者,他们从美军那里学会了如何按照广为使用的国际标准去准备工程投标。建筑经营和质量管理技术也使他们受益匪浅。最后,他们利用战争剩余的建筑器械,使他们的操作机械化。在以后的岁月里,郑周永在全世界经营了许多更大的生意。他多样化发展,开发了广阔的产品和服务。

微软公司创始人

——比尔·盖茨

人物档案

简　　历： 全名威廉·亨利·盖茨三世,简称比尔或盖茨。1955年10月28日出生于美国华盛顿州西雅图,企业家、软件工程师、慈善家,微软公司创始人,中国工程院外籍院士。曾任微软董事长、CEO和首席软件设计师。比尔·盖茨13岁开始计算机编程设计,18岁考入哈佛大学,1975年与好友保罗·艾伦一起创办了微软公司,比尔盖茨担任微软公司董事长、CEO和首席软件设计师。2000年,比尔·盖茨成立比尔和梅琳达·盖茨基金会,2008年比尔盖茨宣布将580亿美元个人财产捐给慈善基金会,2014年比尔·盖茨辞去董事长一职并重回世界首富。2015年9月29日,微软公司创始人盖茨凭借760亿美元净资产,连续22年高居《福布斯》榜首。

生卒年月： 1955年10月28日~

性格特征： 富有个性,勤奋好学,坚持不懈,幽默,待人真诚,具有冒险精神。

历史功过： 创立了微软公司,1995~2007年连续13年蝉联世界首富,连续20年成为《福布斯》美国富翁榜首富。

名家评点： 美国前总统克林顿评价说："比尔·盖茨赚的钱比人类历史上所有人都多,他在努力把钱捐献出去。大多数人也许会把钱用在别的地方,或是只捐出一点点,并希望别人给他们别上勋章,而不是像比尔·盖茨那样,把全部的时间都用在寻找真正行之有效的东西。这就是他毕生的工作。"

电脑顽童

1955年10月28日,雨过天晴。

西雅图的天空艳阳高照,大地苍翠碧绿、明亮洁净。

在西雅图著名的风景区华盛顿湖边住着一户教师和律师组成的家庭:玛丽·

就在当晚的9点钟，他们唯一的儿子——比尔·盖茨出生了。当时谁也意识不到拥有空中明星"波音公司"的西雅图，将会因为这个才出生的婴儿而拥有"微软帝国"而成为更加辉煌的"梦幻之城"；谁也没有预料到这个才出生的婴儿将会成为全美乃至全世界家喻户晓的人物。

小盖茨出生后不久，小比尔·盖茨已开办了一个律师事务所。于是，玛丽·盖茨辞去了学校的工作，全心全意操持家务。

当小盖茨3岁时，玛丽又带着小儿子投入了社区自愿服务事业。她承担的第一个自愿服务工作是为西雅图历史和发展博物馆做讲解员。于是，小盖茨同那些年龄比他大许多的小学生们一同接受本地区的文化和历史教育，母亲一次又一次的讲解使小盖茨对文明的理解与向往逐日深化，终于孕育了一个崇高的心理。在比尔·盖茨还是一个小学童时就写下了这样的日记：

"人生是一次盛大的赴约，对于一个人来说，一生中最重要的事情莫过于信守由人类的理智所提出的那种至高的诺言……""也许，人的生命是一场正在焚烧的'火灾'，一个人所能去做，也必须去做的，就是竭尽全力要在这场'火灾'中去抢救点什么东西出来。"

一个需要巨人的时代终会产生巨人的。即使还是一个孩子，也同样拥有巨人的抱负和志向，这是一个天才的素质。

在比尔·盖茨小学四年级的时候，一次老师让全班同学写一篇20页内的故事，令师生们吃惊的是，盖茨写出的故事洋洋洒洒竟长达100页。他就是这样执着而富于进取。

父亲的律师工作和母亲的社区服务使童年时代的比尔·盖茨有更多的人际交流经验。父母总是鼓励和提供机会，使他尽可能多地参加社区活动，来锻炼提高自身素质。

1967年秋，11岁的比尔·盖茨开始了他人生的第一个关键性里程：进入湖滨中学。

湖滨中学是一所专收男生的私立预科学校，这是一所在西雅图最优秀的学校，教学上高标准、严要求，并且把教学目标直接放在大学预科上，学风浓厚，教学严谨。

当然，名校高收费。湖滨中学是全市收费最高的一所学校，每期学费高达5000美元，每年只收300名学生就读，是一所名副其实的贵族学校。

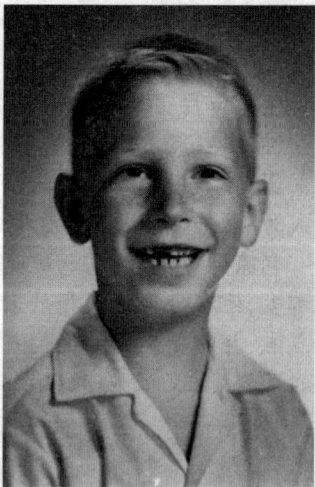

1965年，比尔·盖茨9岁照片

湖滨中学极为重视个别在某个方面独树一帜表现突出的学生。她乐意给予这些学生许多特权、自由和随意活动的空间，允许他们去做他们愿意做的任何事情，有时，甚至超出学校规定范围之内的事情。

正是这所学校激发了比尔·盖茨那出人预料的智慧火花和天才般的创造力。

她如同一个伟大的熔炉,既铸造了盖茨未来的性格,又锤炼了他理智的素质。正是这里,使比尔·盖茨身上禀赋的一切:精力、热情、理智、坚韧、进取心、执着、竞争精神、渴求、经商才能、企业家风范和运气等得到了有效的提炼和融汇。湖滨中学因培养出比尔·盖茨这样的杰出人物而蜚声海内外,被誉为"微软的摇篮"。

1968年,湖滨中学对计算机的飞速发展给予了特别的关注,做出了一项具有重大意义的决定:租用通用电气公司的PDP—10型计算机,让学生去涉足这个崭新和令人兴奋的计算机世界。

由于昂贵的经费无法解决,所以学校本身只买了一台价格相对便宜的电传打字机。使用者可以在电传打字机上输入指令,让它通过电话线与PDP—10型计算机联网,通用电气公司按学生使用计算机的时间向学校收费。

在当时,计算机的使用费也是十分昂贵的。

湖滨中学学生们的母亲成立了一个母亲俱乐部。热心社会活动的玛丽·盖茨召集了一群妇女兴办了一次拍卖活动,为孩子们使用计算机筹资,第一次拍卖活动筹集了3000美元,终于使学校里的电传机成为PDP—10型计算机的一个终端。

伟大的母爱令比尔·盖茨激动万分,终生难忘!

比尔·盖茨对计算机可以说是一见钟情,计算机神奇的运算能力和严正的逻辑让偏爱数学的小盖茨着了魔似的。于是,学校的计算机房成了对他最有吸引力的地方,那台通用电气公司的PDP—10型计算机成了比尔·盖茨的魂魄。

从此,比尔·盖茨开始了他神奇的计算机生涯。

在这以后的学校生活中,计算机占去了比尔·盖茨全部的空余时间。他全身心投入操作和练习,这引起他的数学老师保罗·斯托克林的注意;斯托克林承认:"对于这台机器,我只是在最初的那天比盖茨了解得多,不过,仅仅是那一天。"后来,比尔·盖茨曾回忆道:"有一次,斯托克林不小心在机上做了一个死循环,结果一次花了近60美元。他感到很震惊,因为他根本没想这么做。"

狂热迷恋上计算机的比尔·盖茨如饥似渴地到处寻找计算机方面的资料和书籍,在家中每天早晨起来做的第一件事就是坐在一大堆计算机书籍面前急切地翻阅……一到学校,总是迫不及待地寻找机会到高学部去,把自己关在计算机房,去实践从书本上学到的计算机知识。

在湖滨中学,比尔·盖茨很快在计算机房发现了一群同他一样对计算机如痴如醉的小伙伴,计算机又使他们很快成为好朋友,其中的保罗·艾伦、麦克唐纳、韦兰、拉森等等都成为卓有成效的计算机专家。

由于计算机方面的才能,比尔·盖茨很快在湖滨中学享有盛名。尽管他是低学部的学生,但高年级的同学也纷纷向他求教有关计算机方面的问题。当然,也有人向他挑战。但所有的问题和难题都被他一一解决了。

然而,仅两个月的时间,母亲俱乐部筹集的3000美元已花光了。没有钱就不能使用计算机。盖茨真是心急如焚。

1968年秋天,西雅图成立一家计算机中心公司,这是一家西雅图私人公司,几乎垄断了整个西海岸的计算机租用业务。湖滨中学使用的PDP—10型机已由通

世界富豪

图文珍藏版

用电气公司转到计算机中心公司。

第一项让比尔·盖茨高兴的成就竟是向中心公司"偷"上机时间。中心公司成立不久,盖茨及其伙伴们发现了中心公司 PDP—10 计算机软件程序与湖滨中学使用的软件程序有差异。很快,这群孩子们通过计算机中心给他们的汇编语言手册破译了计算机中心的操作系统指令集。于是,他们在湖滨中学计算机房上机。不使用 PDP—10 原来的程序,而直接调用计算机中心的其他指令操作,按他们的程序来工作,并且让使用计算机的时间保持不变。这样计时费用就不会像以前那样没完没了地高上去。

由于解开了机器码的奥秘,盖茨他们"偷"时间的办法也多起来了。有一次,盖茨为了调出计算机中心公司的存档文件,最终破坏了 PDP—10 的安全系统,找到了他们个人的财单,并且修改了他们使用计算机的时间记录。盖茨当时为这一"绝招"的成功得意了很长一段时间。

"我们为何不让计算机中心正当地送一些时间给我们?",比尔·盖茨曾问他的伙伴。他要向计算机中心公司挑战。

早期的计算机程序是用 BASIC 语言编制的。有一次,盖茨为中心公司 PDP—10 计算机编写了一个 BASIC 程序,他把这个程序命名为"比尔"。第一次,当他打开计算机,把"比尔"输入计算机时,结果是整个计算机系统遭到破坏。第二天,盖茨再次将"比尔"从计算机系统调出时,结果,整个系统又遭到破坏。以后几天,重复输入,重复破坏,每次都使中心公司的计算机系统导致了崩溃。

"要断掉这台 PDP—10 计算机是何等容易。"盖茨兴奋地对伙伴们讲,因为他知道通过"比尔"字符,他就可以亲自破坏这台大型的计算机,他有了一种做计算机真正主人的自信心。

计算机中心公司的专家们很快就发现了能破坏计算机系统的盖茨。为了计算机系统能有更好的安全性和可靠性,中心公司不得不接收湖滨中学的计算机来做测试工作。中心公司给了盖茨和他的伙伴们一个机会,他们可以得到他们想要的所有免费使用计算机的时间;作为交换,盖茨他们必须试着去破坏计算机系统,并让其恢复,而且必须认真写出他们发现导致系统安全性危机的书面材料。

这是一个让计算机迷激动的交易。盖茨用"久旱逢甘露"来形容自己的喜悦心情。

于是,每天放学后,湖滨中学的一群计算机迷就背着书包,披着残阳余晖,急匆匆地赶往位于华盛顿大学的计算机中心公司。他们在那儿呆得很晚,有时要干到午夜 12 点钟以后。

母亲开始抱怨儿子早出晚归了。盖茨这样回答母亲:"中心公司让我们获得了免费使用计算机的时间,我们可以真正进入计算机世界,我绝不放弃。作为一个计算机迷,我日日夜夜想着的是计算机的事。"

没过多久,由盖茨和艾伦记录的《问题报告书》已增至 300 多页。同时盖茨对计算机系统的破坏性测试取得了一些结果。盖茨极具破坏天赋,他发明了一种叫"画线者"的计算机病毒。通过它盖茨就能够控制整个系统,甚至导致该系统全面崩溃。公司一位著名的计算机程序编制员说："我们想了解这些病毒，这样，我们才能排除它们。"

由于中心公司系统安全性一直得不到可靠的保障，再加上财务方面的原因，1969年底，计算机中心公司不得不提出破产申请。

这是一件让盖茨感到非常伤心的事。1970年3月的一天，当盖茨、艾伦等人在中心公司编写程序时，突然许多人闯进屋，强行从他们的屁股底下抽走椅子。在这里，盖茨头一次知道了破产的含义。

中心公司破产后的9个月时间里，比尔·盖茨再也没有玩计算机了。

盖茨的父母发现沉迷于计算机的盖茨似乎忘掉了生活中的其他，他们担心这会使孩子目光短浅，没有能力去认识真正的世界。"为什么你就不能把这件事放一放呢？"父母坚决要求他这样。盖茨服从了。

在没有计算机的9个月里，盖茨疯狂地读书。自然科学、数学、历史、文学什么都看。其中有两本书影响了盖茨后来的发展与成就。一本是人物传记《拿破仑传》，他读得非常投入，拿破仑一生的言行引起他的共鸣，拿破仑在政治生涯结束时，有了一个反思一生作为的机会，他对自己所做的总结，盖茨看后暗暗叫绝。另外一本是塞林格的长篇小说《麦田里的守望者》，16岁的主人公考菲尔德因对生活腻烦透顶，就逃学、离家、流浪，最后精神崩溃，被送进医院……表现青少年不希望自己长大成人，对成长有排斥心理，但是却不能不面对因长大而面临的种种现实问题。盖茨感到自己正是书中的人物。

1971年初，一家"信息科学公司"总裁汤姆·迈克雷林翻山涉水、跨州过府，从俄勒冈州到西雅图，慕名来找被称为"电脑神童"的盖茨和艾伦，请他们代公司的客户编一份工资表程序，酬劳是价值1万美元的电脑"机器时间"。这段"机器时间"足够他们玩一整学年的课余时间。

与信息科学公司的这笔交易使盖茨学到了许多经营之道，同时也表现了他非凡的商业才能。

首先，他将他的小伙伴们组成湖滨中学计算机程序编制小组，以正规的合作团体与信息科学公司交易。

然后，盖茨为这项工作安排了一个时间表。当复杂的工资单程序完成之后，盖茨、艾伦、伊文斯和韦兰到信息科学公司总部与董事们进行了一次真正商业意义上的谈判。盖茨的经商意识是足以令人们吃惊的，因为他还是个中学生时，他就知道提出自己的条件——按版权抽取利润。也就是说，除了以前议定的1万美元的电脑"机器时间"以外，他们还额外地以法律的形式获得信息科学公司销售该程序收入的10%，作为湖滨中学计算机程序编制小组的版权费。

1971年秋季，艾伦从湖滨中学毕业，考入华盛顿大学攻读电脑专业。

入大学不久的艾伦在一本电子杂志上发现一篇关于世界上第一个微处理器Intel4004芯片的报道后告诉盖茨："这种芯片肯定会越做越好，而价格会更便宜，意味着我们也能购买好性能的电脑。"果然，没多久英特尔公司推出了Intel8008芯片，速度快两倍但价格却更便宜。于是盖茨与艾伦合资360美元，买了一个8008

微处理器。

他们非常珍惜这块包在铝箔中的芯片,几乎不敢碰它。

他们自己动手安装了一台简易电脑。盖茨提出:"我们可以用 8008 作为一台专用电脑的心脏来分析交通流量。"艾伦表示同意。

就这样,他们成立了他们的第一个公司:交通数据公司。他们把它叫作"Trafe—Date"。

根据两人的不同兴趣,盖茨和艾伦实行分工合作,艾伦负责利用华盛顿大学的 PDP—10 小型电脑,用组合语言编写一个程序,模拟 8008 的功能,盖茨再在这个作为模拟器的程序的基础上开发应用程序,用来分析交通资料。

尽管 Traf—o—Date 工作得不是很成功,但是它是两年后生产微软第一个产品的雏形。

不久,他们的交通流量分析软件开发成功了。产品一出世,他们就到处发信推销自己的第一个劳动成果。西雅图市、马里兰州和不列颠哥伦比亚等地分别与 "Traf—o—Date"公司签订了合同,盖茨和艾伦在这笔生意中总共赚了 2 万美元。

1973 年 1 月,华盛顿州的 TRW 公司找到了盖茨。

TRW 公司当时是国防项目承包商,接了一项电脑监控系统工程,这个系统用来管理西北太平洋地区包括哥伦比亚盆地的水库,使水库的发电量能够充分配合当地的用电需要,而这套系统是由几台 PDP—10 小型电脑联合运行的。TRW 技术人员在使用 PDP—10 时经常出现程序上的错误,"病毒"较多。他们偶尔从原西雅图计算机中心工作人员那里得知盖茨和艾伦能解决这个问题。于是,找到了盖茨,要盖茨等帮助该公司检测电脑的错误。

湖滨中学为盖茨打开了绿灯。很快盖茨和艾伦一行前往温哥华。

他们在 TRW 公司所做的工作极具专业性,但是所获得的报酬只是工读学生的水平,每周 165 美元。但他们不在乎酬金的多少,认为这是在利用自己在计算机编制程序方面的经验和知识来挣到"真正的钱"。

1973 年夏天,盖茨告别了湖滨中学。

崭露头角

盖茨迈入哈佛大学是顺理成章的事,但出乎人们预料之外的是:他在哈佛大学攻读法律。

1973 年秋,盖茨离开故乡西雅图,来到哈佛大学所在地附近的坎布里奇。他为什么没有攻读电脑专业,这确实是一个不大不小的谜团。

盖茨的父母担心儿子玩物丧志,但盖茨选择了专业,这让他们又惊又喜。特别是做律师的父亲内心无比快慰,子承父业意味着盖茨家族的荣耀。因此,他们对比尔·盖茨的起点定得很高,要他攻读部分研究生课程。

在哈佛,盖茨很快就陷入了极为痛苦的内心矛盾中,表面上学法律,内心思考着创办自己的软件公司的宏伟计划……

虽然在哈佛盖茨除了法律以外还选修了许多数学、物理和计算机科学方面的课程，但被动的学习仍使他感到十分沮丧，没有创造性的工作去做，心里发痒。彷徨中的盖茨很快找到了另一件刺激性的事情：赌牌。

赌博对男人来说是极具刺激的：机智、运气、胆识……而这一切似乎很适合比尔·盖茨，所以他玩起牌来所表现出来的巨大热情，就仿佛他正投身于一场真正的商战。盖茨成了赌桌上的一位真正高手。

"我玩得还可以。"盖茨很自信。他一上桌就要从白天玩到黑，连续 24 小时赌下去，并且喜欢不时提高赌局的筹码，善于察言观色下大赌注。

如果不是计算机，精于计算机的盖茨也许会成为一个赌王。

盖茨在赌桌上认识了攻读应用数学学位的斯蒂夫·帕默尔。两人都同样是精力充沛，性格相似。虽然帕默尔对计算机没有太多的热情，但他非凡的数学天赋和社交才能赢得了盖茨的信赖。12 年以后，盖茨请帕默尔进入微软公司。在公司，除了总裁盖茨之外，他成了第二号最有影响的人物。

这时，在华盛顿州立大学的艾伦正感到厌烦，想退学办一家公司。1974 年初，艾伦在盖茨的劝说下转到波士顿地区的一家公司做程序员工作。

于是，平日晚上的课余时间和周末，艾伦便去学校看望盖茨。他们经常谈到的一个话题是：什么时候可以成立一家电脑公司。

盖茨和艾伦都敏感地意识到计算机业的革命将是计算机的普及化，这场革命导致了千千万万计算机用户，计算机服务业即将面临巨大的商业机会，不计其数的家用计算机都必然需要运行软件。

他们在急切地等待着他们伟大梦想的实现。

机遇只偏爱那些有准备的头脑。

1974 年 12 月圣诞节前的一个寒冷早晨，寒流中的波士顿显得平静了许多。艾伦像平常一样到哈佛大学找盖茨。

艾伦在穿过剑桥边的哈佛广场时，习惯性地走向书报亭看看有些什么最新的电脑杂志。当他拿起一本《大众电子》杂志时发现了一篇封面文章"世界上第一台具有商业竞争力的小型电脑工具"。文章是描述一家名为"密特斯"（MITS）的小公司在新墨西哥州的亚帕克基市推出了一种叫"阿尔泰"的微电脑（Altair 8800）。

这篇文章开始改变了盖茨和艾伦的命运，由此也开始改变了世界上许多人的生活。

艾伦在书报亭旁看着这篇文章，他在凛冽的寒风中久久站立着。一个熟人拍拍他的肩膀，他才从沉迷状态中清醒过来，立即掏钱买了这本杂志，然后欣喜若狂地向哈佛大学跑去。

当艾伦找到盖茨时，那种兴奋的心情还难以平静，不等盖茨开口，艾伦的第一句话脱口而出：

"我们终于有机会运用 BASIC 做一点事情了。"

接着，他一边指着《大众电子》杂志的封面标题给盖茨看，一边激动地说：

"这是有史以来第一套可以和专业小型电脑媲美的微电脑,我们可以用它来编程序!"

早在 1968 年初,美国新墨西哥州亚帕克基市开张了一家小小公司,创办人爱德华·罗伯茨为它起了个很长的名字:"微型仪器与自动测量系统公司"(缩写MITS)。"密特斯"创立本意是制造台式计算器,谁知拥有集成电路发明权的德州仪器公司以其雄厚的实力于 1974 年大举"进犯"计算机市场,密特斯面临灭顶之灾。然而,别具慧眼的罗伯茨很快发现了英特尔 8080 芯片所具有的潜在意义。于是,他把英特尔 8080 芯片与另一块容量仅 256"比特"的存储器芯片组合在一起,形成微型电脑组件,设有输入键盘,用开关来实现二进制"0"或"1"的输入,几个小灯泡的明灭作为输出显示。这就是世界上的第一台微型电脑"阿尔泰"(牛郎星)。

"阿尔泰"电脑的出现,使盖茨原来想象不到的东西变成了活生生的现实。

艾伦的激情感染了盖茨,两人决定为"阿尔泰"电脑来开发 BASIC 语言程序。为"牛郎星"电脑配上一件"织女"软件。这正是他们通过走向大众化的电脑获得商业发展的梦想。

罗伯茨开发"阿尔泰"时使用的是"机器汇编语言"来编写程序,这种语言难度很大,让大多数人敬而远之,因而电脑的应用就受到很大的局限。BASIC 相对而言比较容易明白和掌握,很容易将"阿尔泰"推向更广阔的用户市场。

几天以后,盖茨和艾伦以"交通数据"公司的名义打电话给罗伯茨,声称可以用简单的 BASIC 语言为"阿尔泰"编程。罗伯茨大喜过望,马上提出必须在 1975 年 2 月提交成果。他们谁都清楚,如果没有易用的编程语言,"阿尔泰"将是一个废物。无论价格多么便宜(阿尔泰当时的售价是每台 397 美元),电脑爱好者也不会问津。

盖茨和艾伦马上投入了"阿尔泰"BASIC 语言程序的开发工作,先是在波士顿四处寻找"阿尔泰"微电脑而无所得,正在犯愁。

天无绝人之路。艾伦在翻阅《大众电子》杂志时突然发现了一篇介绍 8080 微处理器操作手册的文章,如获至宝。他马上想起他们开办交通数据公司时,曾用过的一种工作方法:用大型机器仿真处理机工作,在大型机器上开发微处理机适用的软件。

很快,盖茨和艾伦达成共识:马上动手在 PDP—10 小型电脑上模拟设计一个 8080 的微处理器,然后再在这个环境中设计 BASIC 语言。

PDP—10 小型电脑在哈佛大学的计算机实验室就有。艾伦将《大众电子》上那篇 8080 操作手册熟记了一遍,然后用了近两个星期的时间搞了一个 8080 模拟器。

就是这时,罗伯茨再次来电话催促他们,要他们三个星期后将开发的 BASIC 软件带到亚帕克基,在"阿尔泰"电脑上演示。

这无疑给盖茨和艾伦增加了压力。

以后的三个星期中,盖茨和艾伦没有睡过一次安稳觉,日日夜夜在实验室里工作,疲倦了就在电脑前小睡一会儿;实在撑不住了,才会去宿舍躺一躺,补充了精神又回到实验室。有一次，盖茨打盹，头撞在键盘上，他醒后看一眼屏幕，紧接着就在键盘上输入数据。艾伦说，盖茨一定有在梦中编程的本领。

"阿尔泰"电脑的内存只有 4K，限制了 BASIC 语言的程序长度。盖茨绞尽脑汁，一个字节一个字节地压缩原程序，终于满足了硬件要求。比尔·盖茨的 BASIC 语言，后来被行家戏称为"4KBASIC"，因设计奇巧而大受行家赞赏。

从此以后，比尔·盖茨对 BASIC 一直有一种特殊的感情，这种感情一直持续到现在。1989 年，早已成名的盖茨在纪念 BASIC 语言诞生 25 周年之际，曾在《Byte》杂志上自称他至今仍是 BASIC 的狂热爱好者，为了证明 BASIC 之树常青，他甚至提出挑战：为解决任何问题，程序员们可选用任何工具编程，而他一定用 QOICK BASIC 编出同样的程序。在微软公司，还流传着这样的笑话：当任务不能如期完成时，人们常常自嘲道，把任务交给比尔·盖茨，他会在周末用 BASIC 去完成。

盖茨仿佛在 BASIC 方面有特异功能。

1975 年 2 月下旬，交货的时间到了。就在艾伦乘飞机去亚帕克基市的前夜，工作还没有完全完成，到凌晨 1 时，盖茨让艾伦去睡觉。第二天早上，他把录有 BASIC 语言的纸带交给艾伦。盖茨此刻心中没有把握，他说："谁知道行不行，愿上帝保佑我们交好运。"

艾伦坚信盖茨的能力；不过，飞机在亚帕克基降落前半小时，艾伦突然发现还缺一个装入程序，赶紧抓过几张废纸来写程序，飞机着陆时，程序刚好写完。

罗伯茨开着一辆小货车到机场接到了艾伦。艾伦起初认为他将进入一家大公司富丽堂皇的办公室，可罗伯茨把他领到一个门面很窄的店铺前，罗伯茨指着前面的门说：

"这就是密特斯公司的开发实验室。"

第二天早上，就在这个简陋、小气的实验室里，艾伦开始试验"阿尔泰"电脑上运行 BASIC 语言。忐忑不安的艾伦慢慢地输入程序，时间一分一秒地过去。罗伯茨在一旁用怀疑的目光注视着这个毛头小伙子的操作。显然，罗伯茨把他的商业机会赌在这个 BASIC 程序上了。突然，微电脑有了动作，在与其连接的电传打字机上写下了"准备"一词，这表示电脑可以接受他们输入的 BASIC 语言程序了。

这一瞬间，艾伦紧张得屏住了呼吸。

"大功告成！"罗伯茨兴奋得大声叫起来。

艾伦深深地呼出一口气，他从紧张中缓过来，他非常激动，手开始颤抖，他努力把自己稳定下来，然后迫不及待地继续把程序输入电脑。

幸运之神降临了。世界上第一个用于微电脑的 BASIC 语言一次运行成功。

这一瞬间，钉牢了比尔·盖茨和后来微软公司的路标。

艾伦做完测试之后，首先把结果告诉了盖茨。焦急不安的盖茨的那颗久久悬起的心终于放下了。他在电话里兴奋地对艾伦说：

"这是我人生最关键的时刻，我已确定了今后发展的方向！"

天有不测风云。

在亚帕克基的成功，很快给盖茨带来了一个不小的麻烦：哈佛大学的行政管理人员发现盖茨和艾伦一直在利用学校计算机中心的 PDP—10 计算机开发一种商业产品,他们认为这违背了公共教育的设施不得被利用来牟利的大学精神。盖茨因为个人赚钱而使用计算机,也因为把大学之外的艾伦带进计算机中心,受到了校方的严厉批评,并被告诫:不可再犯!

法律专业的盖茨给哈佛大学董事会写了一封信,为自己的行为辩护:

"教授们可利用学校图书馆著书立传并由此获得版权收入,为什么学生就不能使用学校的计算机研制出一种商品?"

盖茨事件在哈佛大学沸沸扬扬。校方此后加强了对计算机使用的管理,还制定了一项书面规则,如果学生用学校计算机研制出了一种商品,哈佛大学有权分享由此带来的利润。

正当盖茨陷入计算机风波之时,罗伯茨开着他那辆蓝色货车巡回美国各大城市,为阿尔泰电脑摇旗呐喊。在他的车里,如今有了一件最能吸引观众的法宝:买一件"牛郎星"电脑,可以配上一位"织女"BASIC 软件。这就引来各界人士驻足观望,纷纷踊跃购买。当罗伯茨的"MITS 大篷车"莅临加州的硅谷时,数百名微电脑"玩家"浩浩荡荡集合前往,阿尔泰配上的 BASIC 简直令他们倾倒。

这一年,罗伯茨卖了密特斯公司所能生产的全部阿尔泰电脑,共计 2000 台机器,比罗伯茨最乐观估计的 800 台翻了一番还要多。

同年 5 月,艾伦应罗伯茨之聘成为密特斯公司的软件部经理,负责软件开发方面的事务,他刚好 22 岁。

与此同时,盖茨产生了从哈佛退学,而与艾伦一道干计算机事业的想法。

很快,这个想法让父母知道了。二位老人先是大吃一惊,后来便是气愤之极。母亲认为儿子正在准备做学业上的自杀行为,她死命反对这种"愚蠢的行为",希望儿子无论如何应先得到世界知名学府的毕业证书后,再去发展商业不迟。

父亲也极力反对儿子辍学,这对在西雅图知识界享有盛名的他来说是一场闹剧,他很难想象人们将会怎样看待他和他的儿子。

由于父母的极力反对,比尔·盖茨没能马上退学。

1975 年 7 月,比尔·盖茨和保罗·艾伦做出了对整个世界电脑业的发展产生了重大和深远影响的决定:创办自己的公司。两位年轻人认为。与其替别人赚钱,不如自己干!罗伯茨在他那破烂不堪、摇摇欲坠的总部办公楼里为盖茨和艾伦提供了一间办公室。

这是一间由清洁间隔出来的办公室,清洁间在前面,办公室在后面,到办公室必须经过放置了许多吸尘器的清洁间。

正是在这间破旧的办公室诞生了影响整个世界的企业:微软公司。

开始,盖茨和艾伦的想法仅是继续启用他们的交通数据公司。一次,盖茨再为与密特斯公司签约准备合同文本时,无意识地写了这样一句话:"保罗·艾伦和比尔·盖茨为做微型软件而工作。"

回到波士顿之后,他们两人煞费苦心地为公司起名字。

就起"艾伦和盖茨公司"吧!不妥。因为像 DEC 和 IBM 并不是用个人特征来命名的,它们将会比创办人具有更长的寿命和更耀眼的光芒。

左思右想,还是叫它"微软"吧! 微软出自"微电脑软件"之意。

虽然,盖茨并不认为构思一个名字是一项成就,但是他对这个由他亲自替公司起的名称颇为自鸣得意。他觉得,"微软"之名用于一个专业开发微电脑软件的公司最贴切不过,何况整个电脑软件业才刚刚兴起;因此,盖茨和艾伦创立这家公司的宗旨是:要为各种各样的微电脑开发软件。

微软公司成立之时,比尔·盖茨还不到 20 岁。

微软公司成立之后,年轻的盖茨经常来回奔波于波士顿哈佛大学和亚帕克基微软公司之间。

密特斯公司开发的"阿尔泰"电脑是盖茨、艾伦所接触的第一种微电脑,微软公司的第一个生意伙伴自然就是密特斯公司。

1975 年 8 月,微软公司与密特斯公司签订了一份转让 BASIC 语言的合同。

这份合同使盖茨不仅懂得了要靠技术发展事业,也要依仗法律手段来转让软件。

两家公司的合约是由盖茨父亲推荐的一位律师起草的。哈佛法律专业的学生盖茨为这份合同做了很多工作,使他在法律方面的家学和哈佛法学院的严格训练小试锋芒。

合同订得严密、准确,对微软公司十分有利。

合约中规定:密特斯公司和其他公司一样,可以拥有微软的技术授权,但并不等于拥有软件的全部权利,微软公司可以向其他公司再次技术授权,而最终用户只有使用权而不能够复制供他人使用。

这份合同的特别可贵之处是,它为未来软件技术转让提供了一个示范,为建立了计算机商业领域的法律程序提出了最初的标准。

比尔·盖茨的 BASIC 语言以授权的形式转让给密特斯公司,微软公司将收到 3000 美元作为协议的订金,并按每个拷贝收权利金:4K 版本 BASIC 每个拷贝 30 美元;8K 版本 BASIC 每个拷贝 35 美元;扩展 BASIC 每个拷贝 60 美元。这种按拷贝收权利金的软件转让方式在当时是罕见的。是比尔·盖茨开了一个先例。他们以此总共向密特斯公司收取了 18 万美元作为权利金。

可以作为对比的是,之后不久问世的微电脑的编译型 BASIC 转让给以姆赛公司时,后者获得了无限的发行权而只付出一台自产 8080 微电脑的一些外设作代价。软件开发者尤班克斯还像占了大便宜一样向人夸耀:"他们还给我一台打印机呢!"

两相对比,足见盖茨的高明。

当时,由于盖茨在 BASIC 开发方面做的工作很突出,所以微软公司的股份中盖茨占 64%,艾伦占 36%。在与密特斯公司的这笔交易中,盖茨个人获利 11 万余元。

随着工作的开展,他们学会了许多事情:雇员工、租房子、订合同……等等。

他们经常工作到深夜,盖茨老是喜欢睡在桌子底下,开会时他干脆躺在地板上动脑筋,有时会议一结束,就进入了梦乡。

有一次,来了一个客户向他们请教 BASIC 语言编程问题,他们竟由于过度劳累而在客户面前呼呼大睡。

第一批被微软公司雇用的员工,大多数是盖茨在湖滨中学的伙伴。

自 1975 年的秋季起,微软公司授予密特斯公司销售 BASIC 语言程序软件的权利,可是到了 1976 年初,微软公司发觉收入少得可怜。盖茨发现:在电脑爱好者之间已把软件的复制拷贝当成理所当然的事。复制、翻版之风盛行,完全没有自律和法律的约束。特别是他的 4KBASIC 大受欢迎,因而非法复制现象大量涌现,电脑"发烧友"喜欢微软的 BASIC,但却不愿意付钱给开发者。自由拷贝软件是电脑爱好者的传统。

微软公司总部

也曾是电脑爱好者,甚至当过电脑"黑客"的比尔·盖茨以软件开发者的身份勇敢地站了出来向不良的传统挑战。

1976 年 2 月的《"阿尔泰"微电脑用户通讯》上发表了盖茨的一封公开信:

"你们是电脑'发烧友',谁都知道电脑硬件是要花钱买的,而电脑软件则可以彼此分享,然而,你们可曾为软件的开发者想过,他们艰辛的劳动是否得到合理的回报呢? 将他们的作品随意复制传播,是不是一种盗窃行为? 谁愿白做工? 谁愿意花上 3 年的时间去设计程序,检测程序的错误,编写程序操作手册,随后一觉醒来却发现自己的心血结晶被人轻而易举地拿去复制散播?"

"对软件事业发展更大的障碍还在于大多数人未能深刻认识这一道理:如果没有合理的回报,就不会有任何人或公司愿意去开发真正有用的软件。"

可以说,在知识产权保护方面,盖茨早在 20 年前就显现出敏锐和远见。

比尔·盖茨的微软公司生意越来越红火,但他在哈佛大学的学业还没完成。学校与公司相距遥远,飞来飞去不是长久之计。

1976 年 12 月,盖茨不顾父母的强烈反对,毅然退学,全身心地投入微软公司的软件事业上。

20 年后,比尔·盖茨给一位电脑爱好者回答了退出哈佛的真实想法:

"我很留恋大学生活的乐趣,很希望当年有更多时间容我完成学业,然而时不我予。当你听到或看到不少退学人士在事业上取得成功,可能会认为创业应优于学业,但是,我却不这样看,除非那人有一个非做不可的构想,而且认定除此之外不会再有更美妙的机会。"

盖茨离开哈佛的真正理由,不是厌倦哈佛,而是另有远大前程,他不能错过那个最为成熟的创业机会。可见,退学实属一种无奈的选择。

有趣的是,由两个辍学的大学生创办的微软公司,很少聘用中途退学的大学生为自己的员工。

微软的发展还算顺利。没过多久,在微软公司的客户名单上,有了通用电器公司、安讯公司、德州仪器公司、日本理光公司、美国银行等知名公司。

然而,没有多久,一场版权官司却困扰了微软公司。其胜负,直接关系到微软公司今后的发展。

1977 年 5 月 22 日,罗伯茨把密特斯公司卖给了专门生产磁盘和磁带机的佩特克公司。

当时的佩特克公司财雄势大;兼并密特斯公司时,罗伯茨为了抬高身价,竟然声称已付给微软公司 20 万美元的版权费,因而完全拥有 BASIC 语言软件的版权。佩特克为了名噪一时的"阿尔泰"电脑和愈来愈受欢迎的"4KBSIC"语言,竟花费了 600 万美元来收购密特斯公司,为了收购顺利,佩特克还答应了罗伯茨在公司保留个人股、保留自己的私人研究和发展实验室。

佩特克公司经理曾明确说过,他们的收购意向主要来自那批前景看好的 BASIC 软件,而不是日渐衰落的阿尔泰电脑。

当佩特克公司兼并密特斯公司后,立即向外公布,今后有关 BASIC 语言软件的版权转让必须由佩特克签署。

正忙于与德州仪器公司商谈为他们生产的家用电脑开发编程语言的盖茨和艾伦,听到这个坏消息后,很气恼,来不及细想与德州仪器公司的谈判之事,匆匆地报了 9.9 万美元的价格。德州仪器公司高兴地同意了这个报价。

与德州仪器公司的合同签订后,盖茨马上做出了反应,声明要起诉佩特克公司。

盖茨向计算机行业宣称:在与密特斯公司合作之前,他和艾伦已经设计了 BASIC 语言的核心部分。这批软件的所有权应当属于微软公司,密特斯公司仅接受微软公司的授权代理软件的销售,密特斯公司并非独家拥有 BASIC 语言软件的版权,这完全可以用微软与密特斯所签合同、许可作证。

佩特克公司当时根本不把两个小孩的微软公司放在眼里,他们从容地接受了微软的挑战,并大度地提出"和解"。然而,两个小孩更看重的是自己的权利和独立发展的未来。

在这场官司中,盖茨父亲不断鼓励儿子,为他分析这宗官司胜诉的各种因素,并且向他推荐亚帕克基市的一位优秀律师为他办理此案。

法院在受理此案后不久,宣布在诉讼结束前,微软公司不得动用销售 8080 版 BASIC 语言软件的收入。

这让微软陷入了严重的财务危机之中,当时资金拮据到了连律师费都付不起的地步。争取早日裁决是微软公司两个年轻人的最大愿望。

他们焦急地等待着……

9 个月后,法院通知即将由仲裁员在近日做出评断。

盖茨和艾伦的心悬起来了。因为这是决定他们"生死"的裁决。

1977 年 12 月,仲裁员研究各方面提交的材料后做出裁决,严厉斥责罗伯茨和佩特克公司,指责他们肆意践踏原先的合同,然后判决密特斯公司只有 BASIC 语言的使用权,而微软公司完全有权按照自己的想法去销售这套软件。

盖茨终于通过法律保护了自己的合法权利。法律专业的肄业生盖茨又上了一堂生动的法律见习课。这场官司的胜诉使盖茨真正获得了对 BASIC 语言程序的专利。他们准备迎接新的机遇和挑战。

1977 年,微软公司营业额达到 50 万美元。

官司过后,微软公司开始考虑搬迁问题。

盖茨情绪激动地对微软员工们讲:

"我们再也没有理由让微软公司在亚帕克基徘徊。"

有些员工劝盖茨将微软公司迁往加利福尼亚的硅谷,这有利于微软公司的发展。

硅谷位于加利福尼亚州的旧金山之南约百余公里处的帕罗阿图镇。这里有许多高科技公司,诸如闻名世界的惠普、苹果、英特尔公司。在 70 年代末期,硅谷的扩展速度是十分惊人,在不到 1300 平方英里的土地上,数以千计的公司,星罗棋布,成片的办公大楼、厂房掩映的茂密的油加利树、水杉和棕榈树之间。许多年轻的大学生赤手空拳来这里创业,不出数年,他们就成了百万富翁。

迁往硅谷的理由是充分的,硅谷是电脑业精英云集的地方,同行之间的交流与合作,对自己公司的发展不无好处,何况附近又有斯坦福大学和加州大学,这些知名学府有充足的科技人才满足公司的需要。

对故乡西雅图十分怀恋的艾伦,则力争把公司迁回故乡,他恳切地对盖茨说:

"我们公司不断扩充发展,开始面临人才短缺的问题。亚帕克基位于偏僻的沙漠中央,很多人都不愿到这地方来,现在是转移的时候了。何况在亚帕克基工作和居住了 3 年,我也很想念故乡,那儿有丰润的水土,有茂密的园林,对工作、家居最适宜不过。西雅图的科技人才也不难找到。至于硅谷,人才是多,但因为公司多,他们干上一年半载就跳槽,不利于我们建立一支相对稳定的技术队伍。"

这时,盖茨的父母也力劝微软迁回西雅图,他们认为,在西雅图他们能实实在在地帮盖茨一把。

1978 年夏季,盖茨向员工们郑重宣布:微软公司迁往西雅图。

岁末,微软公司完成了搬迁西雅图的工作,新办公室是租用近郊贝拉雄国家银行大厦里的写字楼。

1978 年,微软公司的营业额突破 100 万美元,可谓是风调雨顺的一年。

1979 年春天,微软公司乔迁大吉,在新产品开发上取得重大进展,他们为当时最先进的英特尔 8086 微处理器编写 BASIC 语言程序,以完美的声誉走向市场。

8086 是英特尔公司研制的一种 16 位微处理器。对微软公司有意义的是,英特尔公司这次推出 8086 微处理器,不再是等着人家为它去开发相应的程序,而是迫不及待地通告微软公司。这意味着,最先进的芯片制造商选中了微软公司担任软件行业先驱者的角色,这让微软公司站在了占领市场上的最优越的地位上。

盖茨喜不自胜地夸下海口:

"我们会在三个星期之内完成 8086 的 BASIC 语言程序新版本的开发。"

然而，天下哪有这么容易的事情，开发工作用了将近半年时间。

微软最终还是获得了成功。到 1979 年底，微软的年营业额已达到 250 万美元。除了他们的 BASIC 已成了个人电脑的工业标准外，还开发了个人电脑的 FOR-TRAN 和 COBOL 语言，手中握有好几种拳头产品。

志向高远的盖茨摩拳擦掌，准备大干一场。

挑战巨人

1980 年，对微软公司和盖茨本人而言，都是个值得纪念的年份。

这年 6 月，盖茨在哈佛大学的牌友斯蒂夫·帕默尔进入了微软公司，担任总裁特别助理。

帕默尔具有天生的经商才能、组织才能而且很有鼓动性。听帕默尔讲话好像是在聆听上帝的福音。有人说："此人如果不干这一行，肯定会成为洗礼会的牧师。"帕默尔加入微软公司，把盖茨和艾伦从经销琐事中解放了出来，这位曾攻读过斯坦福大学商业管理硕士的总裁助理到位后，很快就让迁回西雅图不久的微软公司各项事务系统化、有条不紊。

盖茨对人介绍他的这位助手时沾沾自喜：

"帕默尔的到来让微软开始了一个转折点。"

为了吸引这位高才生，盖茨让帕默尔拥有了微软 5% 的股权。

1980 年 7 月的一天，天气炎热难熬，而工作狂盖茨仍旧在他的办公室闭门研究为一家名叫"阿塔里"的公司研制一种 BASIC 语言事宜，以便第二天与这家公司的董事长进行商谈。

突然，他接到一个神秘的电话，对方称自己是国际商机公司代表，要盖茨尽快安排一次会晤。

"时间定在下个星期怎么样？"盖茨漫不经心地问。

那位商机公司的代表回答说："两个小时后我们的人就要乘飞机到你那儿去，明天到。"

盖茨这才感到事情非同小可，一家年营业额达 280 亿美元的巨型企业，居然愿意与微软这个年营业额不过 250 万美元的小公司商谈业务，而且对方又显得那样急迫，这是盖茨始料未及的。

尽管盖茨尚不清楚将要与国际商机公司商谈的具体内容，但直觉告诉他：微软公司发展的机会到来了。他马上答应了对方的要求，并立即通知秘书取消第二天和阿塔里公司董事长的约会。

国际商机公司由于其著名标志采用蓝色，公司职员工常穿着蓝色西服，加上在 30 年间非凡的成功，常常被人恰如其分地称作"蓝色巨人"。特别是国际商机公司的英文缩写 IBM 已成为计算机业界的标志。IBM 已成为计算机的代名词。

IBM 一向以严谨保守、稳健著称。在微电脑市场群雄逐鹿、如火如荼的年代然而,"将计算机还给人民"的微电脑浪潮势不可挡,很快,个人计算机已不再是电脑"发烧友"的玩艺儿,从车库里诞生的苹果计算机,正在领导着一场计算机的群众运动。这无不强烈地冲击着在计算机业界要独揽一切的 IBM。

"蓝色巨人"迈向微电脑市场的一天终于到来了,因为那里有取之不尽的财富,诱惑力实在太大!

"为什么我们 IBM 不能拥有最好的微电脑呢?"

IBM 总裁约翰·奥佩在 IBM 的一次高层会议上这样发问,他认为研制个人电脑的时机已到来了。他深感如果依旧沿袭蓝色巨人昔日的组织结构和企业文化,还是搞不出成功的个人计算机的。他决定打破 IBM 的传统框架,另外成立一个部门全权负责个人电脑生产、程序开发、销售,这个部门也有权选择、决定跟 IBM 公司以外的任何软件、硬件生产或销售商合作。

IBM 公司确定了进军微电脑市场的方案,把这个方案取名为"跳棋计划"。

该计划的领导人杰克·山姆组建了由 13 名 IBM 精英组成的"跳棋计划委员会"。他们首先研究苹果公司成功的原因,有两点是十分明确的:要用不断更新先进的芯片来装备产品,同时,要开发自己的软件操作系统,建立相对开放的软件流通环境。

于是,英特尔公司和微软公司成了 IBM 的"跳棋计划"合作的候选人。

其实,给盖茨打电话的正是山姆本人。

盖茨接到电话后,把艾伦和帕默尔找到办公室。

"喂,我说史蒂夫,"盖茨说,"IBM 的人明天到,国际商机公司可是家大公司哦。最好别让他们小瞧我们。"

当时,他们的分析是国际商机公司要购买他们的 BASIC 软件。"蓝色巨人"用微软软件这正是盖茨盼望的,他的心情不禁激动起来。

然而,他们谁都没有猜中国际商机公司的目的。作为计算机领域内的领袖企业,IBM 如果仅仅是想购买一种软件,哪怕是世界上最好的,也用不着费那么大劲。事实上,他们有自己的打算,而且他们更有着自己的行为方式。

第二天,盖茨、艾伦和帕默尔心情特别紧张。为了尊重穿白衬衣、蓝外套的"蓝色巨人"代表,他们一改习惯了的圆领衫、牛仔裤和耐克运动鞋,郑重其事地穿上了笔挺的西装,盖茨打趣地望着衣冠楚楚的帕默尔说:"真漂亮,为什么不到好莱坞去扮演一位博士?"

"我认为你像是衣冠楚楚的顽童。"帕默尔回敬道。

IBM 来微软公司商谈的是山姆和詹姆斯,山姆一开始就拿出一份文件,要求他们共同签署,可是文件并没有涉及双方的利益问题,只是单方面提出苛刻的要求:微软公司不得在任何情况下泄漏双方会谈的任何内容,微软公司不准在将来任何情况下向 IBM 公司提出法律诉讼。

山姆向盖茨解释:国际商机公司要用这种办法来保护自己,避免以后的司法纠纷。

盖茨这才从中嗅到了某种特殊的气味,他很清楚,如果国际商机公司只购买他的 BASIC 软件,是不会拟出这种协议来的,好戏肯定在后头!

盖茨很快就签了这份神秘的协议。

山姆行事十分谨慎,没有谈及合作的问题,只问到盖茨他们对微电脑行业一般情况的看法,微软公司在电脑语言方面开发的成果,以及要盖茨解说为什么微软公司在软件行业中能够走在前头。会谈没有接触到实质性的问题,好像是一次市场调查。临离开前,山姆说:

"我们会再和贵公司联络,请不要首先来电话或来信。"

事后,盖茨兴奋地对帕默尔和艾伦说:"伙计们,机会来了,虽然我还不太清楚,走着瞧吧!"

同样,山姆和詹姆斯也显得十分兴奋。他们认为,年轻人盖茨是一个出色的人才,拥有对软件令人难以置信的丰富知识;有微软的合作,"跳棋计划"就有成功的希望。他们马上起草了一份给 IBM 总部的报告推荐盖茨及微软作为合作的伙伴。在报告中写道:

"从第一次会面中感觉他们可以对我们的要求负责,他们对我们所提问题的回答是诚恳的且富于进取的,他们很适合做我们的工作。"

随后的一个月内,"跳棋计划"委员会如期搞出了 IBM 的"苹果机"样本,这就是后来驰名的 IBM PC 机;同时,总部批准了山姆他们的建议书。

8 月下旬的一天,山姆打电话约盖茨进行第二次会谈,并提出 IBM 一行 5 人,其中有一名律师,希望微软也要有律师参加。

盖茨马上就同意了。

这次会谈仍在西雅图进行,当盖茨他们走进会场,互相问好并入座之后,IBM 代表首先拿出一份协议要微软公司代表签字,内容和上次一模一样。盖茨在不知道对方意图的情况下乖乖地顺从了对方,他们只是从直觉上认定 IBM 公司会给微软公司带来巨大的利益。

"这次会谈是国际商机公司有史以来所做的最非同寻常的事。"山姆开口的第一句话就让盖茨他们呆住了。

山姆开始给盖茨等人介绍"跳棋计划"的内容,以及才开发出的 IBM PC 样本的技术方案,并提出几个问题:

假如 IBM 公司的个人电脑产品可以运行市面上的所有通用软件,最快要多久推出?

如果将一个 8 位电脑规格交给微软公司,微软公司是否可以根据这个规格开发储存在只读芯片内的 BASIC 语言程序?如果能够,是否可以在 1981 年 4 月完成?

山姆解释道:

"IBM 公司要打一场闪电战,迅速占领市场,唯有采取非常手段。"

盖茨明白 IBM 意图后,看了看设计图,便开始发表自己的见解:

"我认为,作为'蓝色巨人'研制的 IBM PC 机不能停留在 8 位计算机的水平上，虽然8位的个人电脑是目前市场上的主流，但是8位的微机处理器可分配的内存容量只有64千字节，8位的微处理器显然限制了程序设计的天地。"

盖茨越说越兴奋，显得十分自信：

"8位个人电脑的用户增长极限即将到来。我和艾伦都深信在不久的将来，16位的个人电脑会成为市场的主流，8086芯片可分配的内存容量可以达到1兆字节。两年来，我们一直为8086设计BASIC和FORTAN语言程序。如果IBM公司采用8086及其现成的程序开发技术，一定会掀起个人电脑热潮，促使这个市场提早到来。"

山姆一边听着盖茨的分析，一边微微点着头，他从内心深处佩服盖茨的远见卓识。突然，一个更大胆的想法涌现了出来。不仅要与微软合作开发IBM PC机的程序语言软件，而且要与微软合作开发一种新的操作系统。当时流行而大受欢迎的操作系统是CP/M。

山姆试探地问盖茨：

"微软能否将CP/M操作系统卖给我们？"

听说IBM对CP/M操作系统感兴趣，盖茨心中不是滋味。因为这个系统不是他的，而是属于加州的数据研究公司。

最后，微软公司与国际商机公司仅签署了一份咨询协议。

第二天，IBM的代表到了加利福尼亚州，他们想跟数据研究公司的基尔代尔教授商谈购买CP/M操作系统事宜。然而基尔代尔摆弄计算机纯粹是满足智力的好奇，而不是商业利益。因此，生意没有谈成。

山姆一行离开加利福尼亚后，马上又到了西雅图，微软公司的机遇又失而复得了。

这次在微软公司的会谈中，山姆明确表示IBM要购买微软的操作系统用于IBM PC机，同时还要购买几种语言：BASIC、COBOL、FORTRAN，他们都要。

盖茨这下犯难了，因为他拿不准是否同意为IBM做一个操作系统出来。

数据研究公司和微软公司多年来已形成某种默契，前者开发操作系统，后者从事语言的开发。如果答应IBM，那就井水犯了河水，更重要的是，微软公司如何绕开当时十分受欢迎的CP/M操作系统而开发更先进的操作系统？

犹豫了数日后，盖茨终于下定决心开发操作系统了。这意味着，微软走向了大飞跃的关键日子，也意味着：微软向计算机软件"霸主"位置迈进了。

由于微软当时无力开发操作系统，艾伦向自己的好友、西雅图计算机制造公司的副总裁帕特森购买到了Q—DOS操作系统的使用权。

艾伦还没有与西雅图计算机制造公司做完交易，盖茨和帕默尔就迫不及待地向IBM公司出售Q—DOS的许可证。

结果，微软公司只花了2.5万美元就成功地买到了Q—DOS操作系统软件。

48小时后，盖茨一行匆匆忙忙启程去向IBM提交报告。

下飞机后，盖茨才发现自己忘了戴领带，急忙找商店买了一条又继续上路。

到了IBM公司，他们被领到一个不大的会议室，里面密密麻麻坐满了人，14个

IBM 的工程师严阵以待。领头的是公司副总裁艾斯特里奇。

在一整天的会谈中,盖茨回答了工程师们提出的几十个问题,面对一个个质询,盖茨显得从容不迫、严谨而自信。这让第一次与盖茨打交道的艾斯特里奇深感惊喜。

1980 年 12 月,双方签订了合同。

在微软公司与 IBM 公司的合同中规定,微软公司按照"跳棋计划"的安排,做未来的 IBM PC 机所有软件工作,而报酬仅有 18.6 万美元。

价钱确实是很低,但盖茨并不看重 IBM 的这个报价,他清楚知道微软公司的软件将成为 IBM PC 机的衍生物,只要 IBM 公司成功地销售了它们生产的机器,用户必然要到微软公司谈开发应用软件事宜,对微软来说,修改软件是很容易的事。特别是这样一来,其他微电脑也可以用微软公司的软件。

签完合同后,盖茨激动地说:

"这真是一个巨大的机遇。"

年底,又传来好消息:1980 年微软公司的营业额达到了 600 多万美元。

但盖茨并没有因为这个成绩而激动,他现在最关心的是与 IBM 的合同能否按期完成。

微软公司的软件开发工作进入前所未有的紧张状态。

盖茨和帕默尔选定微软公司八楼的一间小房作为软件开发室。IBM 极端重视保密,专门送来了保密文件锁。并经常派人来做安全检查,为了联系的可靠安全性,还专门设立了一套专用电子通信装置。

合同的第一项订货正是操作系统。操作系统的重要性犹如乐团的指挥。因而盖茨最关心的正是操作系统的开发,可他本人又不擅长操作系统。

盖茨毅然决定起用新人。新人就是精于软件设计的年轻人奥尼尔奥尼尔和另一名设计师考特尼为操作系统的开发日夜工作。整个年底都泡在机房里,甚至圣诞节也没回家。

1980 年圣诞节,IBM 公司向微软公司提供了一台 IBMPC 机的样机,这台机器装的不是 8086 微处理器,而是英特尔公司的最新产品 8088 微处理器,其内部仍以16 位运算。

正当奥尼尔在 IBM PC 样机上编写操作系统程序时,发现了不少预料不到的问题。1981 年 1 月 5 日,奥尼尔写信给 IBM 公司"跳棋计划"负责人艾斯特里奇,希望 IBM 公司重新设计主机电路板,以发挥 8088 微处理器应有的效能,同时希望IBM 公司延迟微软公司的交货时期。

奥尼尔的信引起了 IBM 公司的高度重视,他们不时派工程师千里迢迢从东部飞到西部,与奥尼尔进行紧急磋商。最后,IBM 同意微软公司延期交货。

与此同时,盖茨和艾伦则努力将原为老型阿尔泰机设计的 BASIC 软件改进为能用于 IBM PC 机上的软件。除了 BASIC 软件之外,按合同还要完成 COBCL、FORTARAN、PASCAL 的软件转化工作,这意味着要进行 4 万余条指令的设计。盖茨、艾伦以及其他程序编制人员为各种语言转换的工作忙得不亦乐乎。

盖茨虽然与父母近在咫尺，也难得见上一面。

1981年4月12日，在美国历史和人类的历史上都是一个重要的日子。美国航天飞机"哥伦比亚"号将载两名宇航员首次试飞，计划经过54个半小时的飞行，绕地球36周后着陆，这标志着人类空间技术的一个新阶段开始了。

这是一个隆重而神圣的日子，崇尚技术的微软人多么想去佛罗里达看一下航天飞机的发射情景啊！

他们对盖茨要求道："比尔，你也应该去看一看，否则会遗憾终生的。"

盖茨和艾伦迫于国际商机公司的合同任务很重，一直拒绝同意人们的请求。

"绝对不会影响工作，而且我们还会提前完成一些工作，再去佛罗里达州。"奥尼尔等人坚持要去目睹这自阿波罗登月以来人类航天史上最伟大的科技进步场景。盖茨同意了。

于是，微软公司的所有程序设计师不分昼夜地一连干了5天，拼命地完成了一定量的工作后，于1981年4月11日早上，乘飞机去佛罗里达州观看航天飞机的发射。

这是微软公司接下IBM的订单后，唯一的一次短暂休假，时间为36个小时。

为了微软的前途，艾伦挖来了Q-DOS操作系统的开山鼻祖帕特森。盖茨为此兴奋不已，决定将开发中的操作系统命名为MS—DOS。MS正是微软的缩写，这个MS—DOS新生儿将会在计算机操作系统中叱咤风云、独霸江湖，形成DOS时代。

微软公司在与IBM公司的合作中，软件设计水平与能力迅速提高，队伍也逐渐壮大，到1981年中，微软公司员工已增加到100人。然而，IBM公司还是担心微软公司人手不够，并为每一个微软公司的程序设计师安排了一名测试人员，采用一切先进的手段测试微软公司的软件。在IBM公司的帮助下，微软公司把软件设计推向一个全新阶段。

比尔·盖茨曾把当时与IBM的合作称为"鱼跃龙门"。其实，IBM也从合作中获得了好处。

这期间，盖茨通常是把自己关在办公室工作，几乎是足不出户。但是，IBM公司的工程师们频繁地往来于西雅图和佛罗里达州的伯卡拉顿之间，这引起传播媒介的兴趣，有关IBM公司将有大举措的消息时有报道。这使盖茨惊慌失措，唯恐IBM公司误以为是微软公司泄漏消息的。

盖茨忧心忡忡，除了忧心于IBM公司改变"跳棋计划"外，还特别担心于一个法律问题。

艾伦从西雅图计算机制造公司购得的Q—DOS操作系统，实质上仅取得了使用权，制造公司还可能将此系统转让给其他客户。这意味着，从Q—DOS开发的MS—DOS有重大的隐患，只有独占其操作系统的标准才能获得更好的商业利益。

盖茨将这一棘手的问题首先交给艾伦去探一探路。

当时西雅图计算机制造公司已针对8086微处理器开发出了Q—DOS的升级操作系统86—DOS。艾伦写信给布洛克，告诉他微软想得到86—DOS的完全转让权，以便完整直接地对付基尔代尔的加州数据研究公司的CP/M操作系统。

布洛克清楚地知道微软公司在语言软件开发上有很强的实力,他很想让微软公司为他的 DOS 操作系统配上各种高级的语言软件,以利占领市场,他答应微软公司唯一被允许使用 86—DOS 操作系统。但盖茨将"唯一被允许使用"改成"拥有"。这意味着不是转让专利,而是出售整个操作系统的专利权。布洛克犹豫了。

为了说服布洛克,帕默尔首先为这项买卖出价 5 万美元,是购买 Q—DOS 使用权的两倍。帕默尔在谈判中许诺,西雅图计算机制造公司不仅可以继续使用现有的 DOS,更可以免费运用 DOS 的升级版本,看起来西雅图计算机公司将一无所失而净得 5 万美元。在这种看似诱人的条件面前,布洛克同意了。

布洛克显然没有领会到整个事件的核心所在。盖茨已看到了这种为 IBM PC 机所使用并推广的操作系统变成行业标准的可能性,这就意味着 MS—DOS 将不仅是 IBM PC 机的操作系统,将成为计算机通用的一种操作系统,由此建立整个行业的技术标准。盖茨他必须成为这个标准的主人,拥有 DOS 的所有权,这种美好前景才有意义。

当时,布洛克是不可能知道盖茨的真实想法的。

1981 年 7 月 26 日,布洛克在微软公司签订了这份转让合同。

这样,微软拥有了自己的操作系统,这为后来微软的辉煌迈出了决定性的一步。

盖茨为此欣喜若狂。

不久,又传来 IBM 公司马上会将 IBM PC 个人电脑正式推出市场出售的好消息。

盖茨所有的忧心问题全部解决了。兴奋不已的盖茨破例地在西雅图一家大餐厅摆下了庆功宴。微软员工们痛痛快快地高兴了一番。

庆功宴之后,微软公司的设计师们再度进入紧张状态,继续完成 MS—DOS、BASIC、CLBOL、FORTRAN、PASCAL 等开发收尾工作。

1981 年 8 月 21 日,国际商机公司向全世界宣布 80 年代电脑界最大的一项新闻:新一代个人电脑 IBM PC 机正式问世了。

这标志着第三代个人电脑的问世,也同时表明计算机个人电脑的成熟:

第一代是 1975 年由罗伯茨的密特斯公司生产的"阿尔泰"8080 微电脑。

第二代是乔布斯的苹果公司生产的"苹果 2 号",这是 8 位计算机的杰作。

第三代是以 IBM PC 机为始祖,采用 16 位微处理器的兼容性个人电脑。

在推出 IBM PC 个人电脑的同时,IBM 公司接受了微软公司开发的 MS—DOS1.0 版,将这个由 4000 行汇编语言写成的、占用 12KB 内存的软件作为 IBM PC 个人电脑的操作系统。

虽然出现过市场竞争,但 MS—DOS 在社会上犹如天女散花,铺天盖地而来。微软在用户的心中正式成为 IBM PC 个人电脑软件方面的供应商。微软越来越多地开发各类应用程序来满足 IBM PC 个人电脑的需求。由于 IBM PC 个人电脑的销量日增,MS—DOS 便成为开发的标准和基础。

比尔·盖茨成了最大的赢家。

这时的盖茨已成为美国电脑软件开发行业举足轻重的人物了。可大名鼎鼎的盖茨年仅 26 岁。

1981 年,微软公司的收入增加到 1600 万美元。

这仅仅是发展的开始。

脱颖而出

1982 年初春,西雅图艳阳高照,百花吐艳。微软公司的员工们个个笑逐颜开,搭载 IBM PC 个人电脑航船出海的战略初战告捷,除了 MS—DOS 如日中天之外,微软的触角已伸入到诸多语言领域——BASIC、汇编、FORTRAN、COBOL、PASCAL……,公司的巨大盈利,使盖茨这位年轻的新星引起美国公众的注意。比尔·盖茨的照片第一次上了《财富》杂志的封面。

1982 年中,DOS 几乎统治了美国 IBM PC 市场。

盖茨和艾伦把注意力转移到了欧洲新兴的个人电脑市场,希望再建新功。

天有不测之风云,人有旦夕之祸福。

正当艾伦与几个微软成员在法国巴黎进行一次商业旅行时,他突然感到发烧得厉害,脖子上长出了一个小肿块。几天之后,仍不见好转。他只得中止旅行,回到美国。

医生几次诊断的结果表明,艾伦有某种癌变,应立即进行化疗和放射性治疗。

被病魔折磨得筋疲力尽的艾伦只得离开除了工作还是工作的微软公司。

盖茨对艾伦的离去深感不安,但又难以拒绝,左右矛盾:

"我们都想你回来工作,但回到微软又没有挂职一说。在这里,你得玩命地工作,任何人都一样。"

这样,"元老"艾伦离开了自己心爱的工作,不得不开始"好好生活"。但他仍是微软的董事,拥有微软 9.6% 的股份。艾伦目前拥有 70 亿美元的资金,仍是世界富豪之一。

1982 年,联邦政府司法部撤销束缚了 IBM 公司 13 年之久的反垄断法诉讼,IBM 如释重负,马上兴建了一座自动化工厂,大量生产 IBM PC 机,价格急剧下降,IBM PC 机销售量直线上升,以每月 3 万台的速度增长。

IBM PC 机的发展,带动了 MS—DOS 的迅速发展,在 MS—DOS 取得稳固地位后,年轻的盖茨张开了幻想的翅膀,他开始"想入非非",暗自策划了一个新的战略——策马挥戈,攻向应用软件的广阔天地。

他的第一个目标是,瞄准了不可一世的"维赛计算"软件,一种称为 Visi Cale 的电子表格软件。

这是美国哈佛大学 26 岁的硕士研究生布里克林开发的真正商业软件。它的问世促成了苹果 2 型计算机的畅销。1982 年,"维赛计算"的销售量达到 50 万套之巨。布里克林自办的企业已发展成营业额高达 4 万美元的软件制作公司。

盖茨深知,商场如战场。如果没有顶尖的人才,就不可能取得胜利。他的眼光盯上了举世闻名的硅谷。1982年2月,一位名叫查理·西蒙的杰出人才转到微软公司担任应用软件开发处处长。

　　盖茨把构想中的电子表格命名为"多元计划",微软的电子表格必须具有多窗口操作和多重工作表格功能的多种用途。

　　"多元计划"的目标是战胜"维赛计算"。西蒙在多元计划中的最大贡献是首创了"菜单"为用户创造了一个简单方便的操作环境,同时,也为后来诸多软件提供了一种设计典范。

　　1982年8月,"多元计划"第一次出现在苹果2型电脑上;两个月之后,IBM正式销售这套软件。

　　正当盖茨因多元计划而踌躇满志的时候,半路杀出了个"莲花1—2—3"——一种全新的电子表格软件。多元计划败阵了。

　　虽然在电子表格软件上的开发失败了,但微软的MS—DOS在1982年大显身手,风头尽占,商业利润一直上扬。

　　1982年底,微软公司年收入已增至3400万美元,雇员达200人。

　　微软取得了显著的成就,而全美国的其他计算机公司同样也是战绩斐然。整个计算机产业就像一匹脱缰的野马势不可挡。

　　美国最负盛名的《时代》新闻周刊,在它创刊55周年的1983年元旦,不同寻常地宣布1982年的新闻人物为:一台个人计算机。

　　信息革命终于来临。

　　信息浪潮的迅猛高涨,加剧了计算机产业的激烈竞争。软件产业,风云变幻,群英荟萃,群雄逐鹿,谁主浮沉?

　　1982年才宣布成立的莲花公司,在1983年初就被IBM公司所青睐。IBM公司确立"莲花1—2—3"在IBM PC个人电脑上正统电子表格软件的地位。于是,"莲花"风行美国。卡波拥有的资金达到5000万美元。莲花公司便登上全美国第一大软件公司的宝座。

　　盖茨深受触动,他意识到:软件领域藏龙卧虎,一不小心便会落伍。

　　幸运的是:有心栽花花不开,无意插柳柳成荫,"多元计划"虽在美国本土失利,却成功地在欧洲开辟了"第二战场",成为英国、法国、德国等地的畅销软件。

　　然而,年轻气盛的盖茨委实难以咽下这口气,他发誓要报一箭之仇。他决不放弃软件市场这块风水宝地,他把目光已转向了文字处理软件。

　　最早的文字处理工作并非使用软件,而是70年代末期流行的IBM、王安、CPT等文字处理机,它们都是办公室的好帮手。

　　1978年,一位辞职的员工鲁宾斯坦自己创立了微处理公司,开展软件发行业务。他倾家荡产,终于推出"文字之星"的软件,成为软件业中文字处理先锋。

　　"文字之星"冉冉升空,顷刻大放光明。"文字之星"以它强大的编辑功能征服了用户,1982年,"文字之星"的销售量超过1000万套。

　　但是,"文字之星"毕竟属于早期的文字处理软件,操作起来不尽人意,用户必须熟记30个键的组合,颇为麻烦,市场上要求改善软件功能的呼声日高。

审时度势的盖茨正是看中了文字处理软件的广阔市场和"文字之星"的先天不足后,当机立断,马上部署应用软件的第二场重大战役——挑战"文字之星"。

首战未捷的西蒙仍然坐镇中军,执掌设计软件框架的"帅印"。

没多久,就开发出了以"微软文字"命名的文字处理软件,各方面功能都优于"文字之星"。

1983年的康迪斯电脑大展3月在亚特兰大隆重揭幕。一想到"多元计划"的失利,盖茨决心这次挽回面子。

盖茨旗开得胜。成千上万的观众的确被"微软文字"的新功能所倾倒:第一次让人在"鼠标器"前感到了魔幻般的惊奇,第一次能在屏幕上显示各种变化的字体;第一次可以驱动激光打印机打印文章……诸多的"第一次"使"微软文字"就像一颗正在曝光的"超新星",把"文字之星"湮灭在它的光亮的背后。

为了造成强烈的轰动效应,微软为"微软文字"的上市策划了一种史无前例的销售计划,盖茨形象地将其比喻为"集团轰炸"。

那一年,著名的《个人计算机世界》杂志正在着手编辑一册介绍畅销软件的专辑,并设想选3~5个软件制成盘片随杂志赠送给订户使用。得知此事后,微软的销售经理立即登门造访,大包大揽,独家购买了全部盘片的录制权,付出35万美元的巨额代价。

随后,45万张"微软文字试用版"的磁盘准备就绪,所谓"试用版",是指它具备"微软文字"正式版全部功能,唯独不能用来打印文章。这种宣传方式,后来被各大公司竞相仿效,成为新软件上市的一种约定俗成的促销手段。

万事俱备后,《个人计算机世界》一声令下,杂志专辑飞向四面八方,"微软文字"顿时插上翅膀,从西雅图开始,一直"炸遍"整个美利坚。

盖茨焦急地等待着"轰炸"的捷报传来。然而传来的消息令盖茨失望。

盖茨狂轰滥炸之时,另有一种新的文字处理软件"完美文字"不但质量上乘,更重要的是无钱轰炸的老板巴斯坦雇佣了大批大批的大学生上门服务加示范表演,这种近似"原始"的商业方式获得了惊人的成功。"完美文字"已占31%的市场,雄居榜首,"文字之星"还占有16%的领地,而花费巨额财力的"微软文字"只获得11%的市场和排名第五的"业绩"。

两次出击,无功而返。盖茨越发着急……

1983年9月,盖茨秘密地安排了一次小型会议,把微软最高决策人物和软件专家关在西雅图的汇狮宾馆,开了整整3天的"头脑风暴会"。盖茨宣布会议的宗旨只有一个,那就是尽快推出世界上最高速的电子表格软件。

青年学者克朗德自动请缨,要主持这套软件的设计。

从不论资排辈的微软,将机会给了克朗德。由此,克朗德脱颖而出。

会议透彻地分析和比较了"莲花1—2—3"和"多元计划"的优劣,议定了新的电子表格软件的规格和应具备的特性。

盖茨没有隐瞒设计这套电子表格软件的意图,从最后确定的名字"超越"中,谁都能够嗅出挑战者的气息。

超越，首先意味着要超越自我。

1984年元旦，计算机史上一个影响深远的个人电脑诞生了：苹果公司推出了以独有的图形"窗口"为用户界面的个人电脑，乔布斯将其命名为"麦金塔"。"麦金塔"以其更好的用户界面走向市场向IBM PC个人电脑挑战。

1984年3月，正当克朗德和程序设计师们挥汗大干、忘我工作，使"超越"电子表格软件已见初形之时，盖茨正式通知克朗德放弃IBM PC个人电脑"超越"软件的开发，转向为苹果公司"麦金塔"开发同样的软件。

"比尔，"克朗德急匆匆地闯进盖茨的办公室，"你简直把我搞糊涂了！我没日没夜地干，为的是什么？莲花是在IBM个人电脑上打败我们的！微软只能在这里夺回失去的一切！"

比尔·盖茨耐心地解释事情的缘由："麦金塔是目前最好的用户界面电脑，它代表计算机的未来。而且具有512K内存，能够充分发挥我们"超越"的功能，这是IBM个人电脑不能比拟的。我们想，先在麦金塔上取得经验，正是为了今后……"

克朗德恼火地打断盖茨的解释，嚷道："我绝不接受！"一气之下，年轻气盛的克朗德向盖茨递交了辞职书。无论盖茨怎么挽留，他也毫不松口。

不过设计师的职业道德驱使着他尽心尽力地做完善后工作，他把已写好的部分程序向麦金塔电脑移植，制作了几盘如何操作"超越"的录像带。9个月后，克朗德头也不回走出了微软的大门。

克朗德离开微软后，在西雅图谋职未果，准备前往加州碰运气。在火车上，小偷乘他睡觉的时刻，将其全部财物洗劫一空。克朗德身无分文，只得沮丧地返回出发地。

当可怜的克朗德出现在微软大门时，盖茨松了一口气："上帝，你可总算回来了！"

此后，克朗德专心致志地把"超越"认真收尾完工，无意中还为它加进了一个非常实用的功能——模拟显示。

此时的莲花公司在"莲花1—2—3"的基础上乘势推出了"交响乐"软件，拼装了文字处理和通讯、表、库、图、文、通，五位一体，堪称集成软件之大全。最让盖茨担心的是：莲花公司也正为"麦金塔"电脑开发软件，名为"爵士乐"。

微软决心加快"超越"的研制步伐，抢在"爵士乐"之前吹响"超越"的号角。

1985年5月的一天，盖茨一行千里迢迢来到纽约中央公园附近的一家宾馆，隆重举行"超越"新闻发布会。

可头天的彩排又出波澜。在预演时，"超越"的演示程序竟不听使唤。这可急坏了盖茨，他命令操作人员立即删掉部分演示程序。

正式演示还算顺利。苹果公司的乔布斯亲临讲话以示支持。此后，苹果公司的麦金塔电脑大量配置超越软件。许多人把这次联姻看成是"天合之作"。

莲花公司的"爵士乐"比"超越"慢了5个星期。这5个星期就决定了它失败的命运。到1987年时，市场报告表明："超越"以89%比6%的悬殊比分，远远超过了"爵士乐"。

这次成功,使盖茨雄姿英发,信心百倍。

"视窗"风暴

早在 MS—DOS 搭载 IBM PC 个人电脑成功后的 1981 年 9 月,嗅觉灵敏的比尔·盖茨就得知加州硅谷施乐公司的 PARC 研究中心有一项新技术:"图形用户界面",并由此设计出了一种有窗口、图标和鼠标器的新型电脑:Star 计算机。

于是,盖茨在帷幄之中开始运筹一个宏伟的计划:

设想在 MS—DOS 和应用软件之间,增加一个个人电脑的"界面管理者",如果能树立界面标准,就会有更多软件开发商为微软的图形环境编写应用程序,也可以说服个人计算机制造厂商在其出厂机型中捆附"界面管理者"软件。倘能如此,微软将执软件行业的牛耳。

1982 年,微软集中了 20 名程序设计员,开始了"界面管理者"项目设计,但进展迟缓。

早在盖茨之前,苹果公司的乔布斯就注意到了 PARC 的这项新技术,便不惜重金,从 PARC 挖走了一批科技精英,研制以"图形界面"概念设计的个人计算机。

1983 年元旦,苹果公司以"图形界面"设计的第一台个人电脑"丽萨"问世。随后,"麦金塔"的成功把"图形用户界面"这项技术的优点发挥得淋漓尽致,深受制图、绘表、广告美术设计之类用户欢迎。

可见,微软在这项技术开发上落后了。

就在盖茨一筹莫展之时,微软公司负责公共关系事务的副总裁罗兰德·汉森又一次抨击了技术思维式的"界面管理者"命名。他建议更名为"窗口"。这就是日后鼎鼎大名的"视窗"的由来。

1983 年 11 月 10 日,微软公司为"视窗"召开第一次产品发布会,宣布第二年年初就把它交付给用户使用。盖茨来了个"先声夺人"。

这一次,盖茨给新闻媒介夸下了难以兑现的海口。

开发新一代的"窗口"软件谈何容易。要知道,当时个人电脑的内存量只有256K,而视窗所需内存远不止这个数,个人电脑里的 8088 微处理器的速度太慢,……,微软公司无奈地多次宣布,交货时间推迟。

面对人们的责问,盖茨急得像热锅上的蚂蚁,幸好微软公司聘任不久的新总裁谢利调兵遣将,充实研究队伍,日夜不停地忙碌,据说,有位担任测试工作的程序员尼威,把自己的睡袋也搬到了实验室,整整一个月足不出户。

"视窗"小组的天才设计思想在"窗口"里体现得淋漓尽致。这套程序的 85%是用 C 语言编写的,其余的关键部分则直接采用汇编语言写作。事后,有人对开发这个最初"视窗"版的设计时间进行过统计,它总共耗费 11 万个程序工作小时,其难度可窥见一斑。

"视窗"软件的"窗口"最能显示微软的风格。微软的"窗口"一改交叠的排列方式,仿佛把各种档案整整齐齐地放置于桌面,看上去井然有序。为了展示"视窗"的强大功能,微软的程序师们也仿照麦金塔电脑,编写了诸如写作和打印等应用程序,还给它增加了日历、计算机、名片等各式常用工具。

　　1985 年 5 月,盖茨终于能带着演示版"视窗"软件,出现在当年的康迪斯电脑大展上,向成千上万的观众表演同时用鼠标和键盘打开或关闭"窗口"的效果。同时,他代表微软公司宣布:"视窗"1.0 版软件仅标价 95 美元。1 个月后,微软公司对外发放了"视窗"1.0 的测试版。

　　盖茨的这一炮不仅打响,而且声威震撼了美利坚大地。

　　"超越"软件开发成功、"视窗"一炮打响,自己的办公大楼破土动工……

　　谢利总裁建议盖茨董事长发行股票。

　　3 月 13 日,微软公司的股票在纽约股票交易所上市,开盘价为 25.17 美元。第一次收盘时,共成交 360 万股,收盘价为 29.25 美元。上市获得成功,让美国商界震惊。

　　"成千上万的人发疯似的争相将钞票塞进微软的腰包中"。这是《华尔街金融时报》的报道。

　　一周内,微软公司的股票狂涨至 35.50 美元,此时,盖茨的财富达到 3.9 亿美元,一年后,即 1987 年 3 月,微软公司的股价上升到每股 54.75 美元,盖茨的个人财富也因而增至 10 亿美元,成了举世闻名的"一夜暴富者"。这时,他才 31 岁。

　　微软公司股票一上市就取得惊人的成绩,这标志着微软公司进入一个辉煌的时期。1986 年 3 月,公司的新办公园区在华盛顿州雷特蒙落成,公司的形象焕然一新。

　　盖茨决定突破麦金塔电脑的圈子,杀向 IBM PC 个人电脑市场。这样一来,微软公司的产品遇到的第一个劲敌就是老对手"莲花 1—2—3",盖茨决定用视窗版的超越"与它决一雌雄"。

　　视窗版的"超越"作为一颗抛向莲花软件公司的"重磅炸弹"。盖茨对向美国软件霸主挑战怀着不可名状的激动与期盼,他命令原班人马重新集结,扩充兵马,设计小组共扩至 50 人,这一次,他亲自担任"三军主帅"。

　　1986 年底,测试版的视窗"超越"终于产生了,微软公司立即向美国和欧洲的一些公司提供了这种测试版,获得良好的反应。

　　1987 年 8 月,各公司的财政年度报告纷纷出笼。16 日,微软公司的各级主管得知微软公司已取代莲花公司成为全球最大的软件公司后,不禁欢呼雀跃起来。

　　1987 年 10 月 6 日,视窗版"超越"正式问世。它一横空出世,就令软件界大开眼界,一致公认它达到了软件技术的最佳专业水平,一家软件杂志经过比较测试后,竟不惜黄金版面,用一系列醒目的照片为"超越"义务宣传,声称"超越"代表着人类计算机工具史上的一个里程碑。

　　盖茨为了宣传视窗版"超越",投进数以百万计的广告费。在强大的攻势面前,微软的宿敌莲花公司节节败退,丧失了 12% 的"领地"。

战胜莲花后,盖茨又开始向自己提出新的挑战:从"蓝色巨人"的阴影中走出来,独领风骚。

早在1985年夏天,微软公司就与IBM公司签订协议,打算再度携手合作,开发全新的操作系统——OS/2。

可是在联合攻关中,双方不时争执……以严谨著称的IBM公司其企业文化的取向与微软自由自在的精神风格是难以调和的。

盖茨决定抛开IBM公司,独自搞视窗1.0版的升级版来真正取代MS—DOS,但目前条件还不成熟。在他的心目中,微软已足够壮大,可以同时从事于既同IBM合作开发OS/2,也独自开发自己命名为视窗的新操作系统,前者不妨虚张声势,后者倒可以韬光养晦,待时机成熟后再说。

盖茨表面上不动声色,但暗中将大量精兵强将派往视窗软件的开发,只有很少的人还在为OS/2工作。

在开发OS/2项目时,盖茨不顾IBM技术人员的反对,坚持用既复杂又粗糙的汇编语言为其编写程序,而不是用利于建立图形界面的C语言编程。这正是盖茨的一个计策,他要把OS/2作为探测市场的牺牲品,为真正的新操作系统投石问路。

1988年,OS/2正式面世。但市场并不像IBM设想的那样乐观。

OS/2惨遭失败。这正中盖茨下怀。

就在这个时候,康柏这家机会主义大师公司推出英特尔80386芯片的微电脑,从而成为微电脑市场上最先进机型的拥有者。

康柏386一上市,便联络一些做兼容机的硬件商,宣称将在其所售机型中捆附微软的视窗操作系统。这是盖茨精心策划的联手共御战略,IBM受到软、硬夹击。

IBM觉得盖茨是个忘恩负义的人,而盖茨确实不想把自己捆绑在IBM这一辆战车上,他要使微软公司成为不再受制于人的软件王国,因而千方百计地扩张自己的地盘,无论走哪一条路,只要达到目的就在所不惜。这正是比尔·盖茨"我要赢"的生存哲学使然。

盖茨曾经直言不讳地说:

"软件工业发展所需的条件早已存在于美国的价值观和风俗习惯内。美国文化是好赌之人,勇于冒险的资本家,投入百万计的资金作长线的尝试。他们把事业前途作赌注,优秀的人才放弃稳定的工作,追求理想或加入一些具有创造性意念的小型公司,纵使最终失败收场,美国人也会为曾付出的努力庆祝一番。一般对待失败的态度是:再来一次吧!"

在与IBM公司的挑战中,微软公司获得了飞速的发展。1988年底,微软员工已达2800人,会计年度营业额达到5.9亿美元。而到1989年底,微软员工达到3400人,年度营业额为8.1亿美元,利润1.7亿美元。

一个"微软帝国"真正地在美利坚的土地上崛起了。

为了进一步建成一统天下的霸业,微软加快了"视窗"3.0版的开发。微软公司25名优秀的程序设计师,组成一个名为"胜三团"的开发班子,在两年半的时光中潜心编写程序,开发成功了"视窗"3.0版。

成功的日子又一次来到了。

1990 年底,世界著名的电脑杂志《PC 世界》发表热情洋溢的文章:"当我们要替 1990 年编写年度报告时,5 月 22 日无疑是一个值得纪念的日子。就是在这一天,微软推出了'视窗'3.0,IBM 个人电脑及其兼容机从此迈进了一个新的纪元。"

为了轰动效应,盖茨出手 1000 万美元做宣传,在全球掀起了一股强劲的"视窗风暴"。

"视窗"3.0 顿时成为超级的畅销软件,以每月 10 万套以上的速度向全世界发售,1990 年创下累计 100 万套的纪录,雄踞世界软件排行榜榜首。1992 年以前发行已达 700 万套。

与此同时,微软的股票再度牛气冲天,盖茨已朝世界首富的位置稳步前进。

由于微软股票不断攀高,到 1991 年,微软的市场价值高达 219 亿美元,甚至已超过了久负盛名的通用汽车公司。

自 1986 年开始上市以来,微软的股票已开始涨了 12 倍,微软造就了 3 个 10 亿美元级的大富翁(盖茨、艾伦和帕默尔)。微软公司有 2000 名雇员魔术般地成为"百万富翁"。

1992 年,盖茨拥有 70 亿美元的资产,已成为世界上最富有的人。这时,他年仅 37 岁。

时代骄子

"微软帝国"建立以来,微软公司在软件市场上所向披靡,自然是树大招风,竞争对手对他的一举一动都盯得很紧,甚至在它所到之处布下了诉讼陷阱。

1990 年开始,美国联邦贸易委员会接到了许多微软公司的对手们的控告信,于是司法部门开始调查微软公司。他们发现这一案件极其复杂且牵涉面广,但控告人都有一个共同的呼声:微软公司在操作系统软件市场上超越经营权限,利用其他公司的技术偷梁换柱,占领市场。

1993 年夏,美国联邦委员会因证据不足结束了调查。

后来,联邦贸易委员会又着手调查微软公司的违反竞争行为。微软公司虽无破坏自由竞争的罪名,但必须改变推销软件的手法。

1994 年底,微软公司宣布斥资 20 亿美元兼并一家软件公司——直觉公司。

1995 年 4 月,美国司法部提出诉讼,指控微软公司和直觉公司合并将使有关产品价格上升,以及使增长中的个人电脑财务软件市场失去创新的机制。

5 月 21 日,微软公司不得不宣布取消与直觉公司的合并计划。

在"视窗"3.0 之后,微软公司于 1992 年推出支持多媒体的"视窗"3.1 版,又于 1993 年推出支持网络的"视窗"NT 版,都大获成功。

至此,"视窗"已发展成了一代新的操作系统。图形操作系统工业标准已非"视窗"莫属。

微软公司又一次领导了潮流，各大软件公司又纷纷向"视窗"靠拢，正像当年向 MS—DOS 靠拢一样，包括莲花公司在内的著名软件公司纷纷把自己的畅销软件标上"视窗"印记。为"视窗"开发的应用软件数以万计，而且还在与日俱增。

"视窗"还在不断发展之中。1994 年，微软将"视窗"新 3.1 版命名为"芝加哥"；1995 年，将推出"视窗"NT 的新版本以"开罗"命名。微软公司给"视窗"的未来版本两个地名，寓意深远，表明"视窗"的目标远大，路程漫长，要一个驿站一个驿站地走下去。

1993 年 11 月，美国的著名赌城拉斯维加斯举行了一年一度的世界秋季康迪斯大展。在金碧辉煌的阿伯丁剧场，盖茨娴熟地演示了"芝加哥"的测试版，当显示器屏幕上出现芝加哥的美丽风光时，电脑爱好者都为"视窗"的未来而热烈鼓掌。

"视窗 95"是针对目前电脑操作的复杂化而来的，他的图形界面，即插即用功能，多任务操作。这无疑是使电脑操作更简单化。社会大众似乎以一种迎接软件救世主的心态来期盼全新的电脑时代降临。

"视窗 95"并不只是一个软件，同时也是反映个人电脑用途和趋势的榜样。

盖茨正是用"视窗 95"来实现他"将计算机还给人民"的愿望。

"视窗 95"被称为"世纪软件"。

在美国历史上，从没有任何单一事件，像"视窗 95"上市那样引人注意。盖茨的 2 亿美元宣传费又一次引发了轰动效应。

1995 年 8 月 24 日，"视窗 95"正式发行。奇迹再次出现了。

当天，就在美国销售了 30 万套，4 天内，全球销售突破 100 万套，1995 年底达 3000 万套。

这年，微软公司年度营业额高达 270.4 亿美元，年收益 17.8 亿美元。盖茨的个人资产达到 134 亿美元。1998 年，盖茨的个人财富多达 510 亿美元。

盖茨从无到有，从一文不名到富甲天下的创业历程，正好 20 年，也就是说，这期间他平均每天赚 180 多万美元。

目前，盖茨领导的微软公司，有 16000 名雇员，其中，百万富翁有 2000 多人。

这种如有神助的奇迹，在当今世界堪称绝无仅有。

未来之神

20 世纪末，人类社会进入了知识经济时代。盖茨是知识经济时代的宠儿。

为了知识，他一年两次离开工作，作为"思考园"。在华盛顿州的一处住所，他一个人前往，孤独地思考着、阅读着、写作着，琢磨着未来的蓝图。他展开了《未来之路》的构想与写作。

"追赶信息技术，并与之一起前进。"盖茨作为知识经济时代的巨人发出了时代的最强音。

在 20 年前，他和艾伦在创建微软公司时曾梦想"在每一个家庭中，在每台办公桌上，都有计算机"的美好前景。20 年来，他努力"把计算机还给人民"，为此，他推出的"视窗"操作系统完成了一场深刻的革命，他是计算机"新教"运动的马丁·路德。

市场反应灵敏，应变能力强，把握未来的发展趋向。这是盖茨驾驶的"微软战舰"的一个显著特点。

盖茨很清楚，随着未来世界利益联结在一起，如果想再次像这 20 年一样在微软取得成功，他必须再造辉煌。这么一位有影响的人物，刚过 40 岁。相对年轻的年龄优势，确实使他利剑在手，前程无量。

盖茨有强烈的学习愿望和进取心，他能适应外部世界的变化，敢于接受新的挑战。

盖茨总在不断地学习，对于一个承认他在哈佛大学极少听课的人来说，这实在很有意思。

盖茨的办公室很大，看起来没有什么摆设。在座椅的那一头，一幅巨大的奔腾芯片悬挂在墙上。另一面墙上则挂着爱因斯坦的相片。书架上摆着两个水晶球，一个地球仪以及各类文选书籍。

他习惯于在他的办公室里伏案撰写专栏文章由纽约时报发表，并被 100 多家报纸转载。他与人合著的《未来之路》描绘了他未来的蓝图。这本书已于 1995 年 11 月在世界各地发行。

1995 年 11 月 13 日，沙漠上的美丽赌城拉斯维加斯再次迎来了计算机世界的盛会：康迪斯大展。计算机业界巨头再次聚会，再次掀起信息革命高潮。

这次参展的巨头们都不约而同地把目光投向了一场更具深远意义的革命：网络时代的到来。这次盛会的重头戏将是"蓝色巨人"IBM 总裁郭士纳及"微软帝国"老板比尔·盖茨所发表的演讲。

为了打好网络市场争夺战，IBM 公司先声夺人，于 1994 年 11 月推出了更适应网络时代的操作系统 OS/2Warp。1995 年 6 月，IBM 以 35 亿美元之巨购买了美国著名的"莲花"软件公司。莲花公司专家如云，软件似海，如以群体概念设计的软件 Notes 是很具有革命性的，被称为"未来的软件"，它可广泛用于通信、数据共享及移动通信等当今最热门的领域。显然，IBM 把矛头对准了微软，把战场移到面向未来的网络时代，打一场真正意义上的世纪之战。

在可容纳 15000 人的阿拉丁酒店的大剧场，IBM 总裁郭士纳率先发表《走入网络时代》的讲演。接着比尔·盖茨大谈《电脑时代的幻想曲》。

两位时代巨人讲演的风格尽管不同，但都充满着激情和信心。听众无不拍手称快！

盖茨以乐观的态度注视着未来风云，他有信心让"微软帝国"大厦永远雄伟地屹立于计算机世界，由他为人类开启通向未来的道路。

虽然他身上科学家的成分在减少，管理者的成分在增加。但他对科学的热爱却与日俱增，他用 3080 万美元购买了达·芬奇一部自然科学的原著。他要像达·芬奇一样，用科学的成果和精神影响人类未来几个世纪。1998 年 11 月 24 日，盖茨宣布将向西雅图图书馆捐资 2000 万美元。

中国之行

盖茨向往中华大地的古老文明。敏感的盖茨把目光投向了拥有巨大市场潜力的中国。

1994 年 3 月,盖茨第一次来到了中国。江泽民主席亲切会见了这位"时代骄子"。

1995 年 9 月,盖茨再次来到中国。这次,他与江泽民主席交谈热烈,涉及家庭、文化、软件、网络等一系列问题。

1996 年 3 月,微软公司在北京推出备受瞩目的"视窗 95"中文版。

1997 年 12 月,盖茨又一次来到了中国。

12 月 12 日,他悄悄地来到清华大学。

清华园里刮起了"盖茨旋风"。

容纳 500 人的会议厅挤进了 1.5 万名学子。他们无不为能亲眼目睹这位软件巨子而感到兴奋。

盖茨轻松走上演讲台,身材颀长,面带微笑,娓娓道来,时而双臂交叉,时而靠立桌边,时而单脚支地在高脚椅上,未加修饰但很清爽的头发下,闪烁着单纯而机敏的目光。

"他就像我们的大师兄,一点也没有世界首富带给人的压迫感。"一位学生说。

盖茨向学生们介绍计算机的发展趋势,在演示屏上,盖茨手上没有鼠标,面前也没有键盘,他完全通过自己的动作来控制电脑。点头,电脑便是"Yes"!摇头,电脑便"No"!——看着他幽默的表情和电脑的神奇技术,会场上爆发出热烈的掌声。

自由提问开始。有学生问:"您还未毕业就离开哈佛,我们是否也应如此?"

盖茨说:"我离开哈佛只不过是请了一个长假。"并请同学不要盲目效仿。

会后,清华园里的大学生到处都在争说盖茨:

"我们对盖茨有提不完的问题。我们全班 30 人,人人都有一本《未来之路》。"

"当今的世界,如果不知道比尔·盖茨,简直不可思议!"

"盖茨说,成功的要素首先在于专注,我们应坚信自己的目标!"

"智慧与市场效应的完美结合,这是盖茨给我们知识分子最大的启示!"

……

"盖茨旋风"说明:古老的中华大地已体会到了知识经济时代的脉搏。中华儿女已做好了准备,决心在知识的海洋里冲击、拼搏!

正式退休

2006 年 6 月 15 日,微软创办人比尔·盖茨宣布了他个人的退休计划,由技术长 Ray Ozzie 继任他原先担任的软件架构长一职,而他将在 2008 年退出微软日常运作,但仍将继续担任微软董事长。

软件架构长,是 Bill Gates 在 2000 年卸下执行官一职(由同窗好友 Steve Ballmer 接任)之后所发明的职务,掌管一切技术架构,产品开发等,以确保微软技术架构具竞争力。

虽然宣布退休计划后微软的股价并不受多大影响,但类似 Bill Gates 这样在宣布退休时会引起广大讨论的人,全世界可能不多。20 岁创办微软至今 31 年,他对全人类的影响既深且远,并不仅限于 IT 行业。

而所有的动力都来自他个人的信仰:"想象未来每个人的桌面上都有一台电脑"。微软在 Bill Gates 的意志下,自始至终都朝这个方向全力前进,从操作系统开始一直到办公室应用软件,以及其他。

每一个世代的人都具有一种眼光,能看出上个世代的人所看不出来的事情,笔者称为"世代之眼"。Bill Gates 远在 1970 年代大型主机电脑当道时就敢做这种梦,是因为相信自己看到了别人没看到的事情。

历史上出现过很多这种具有"世代之眼"的个人或群体。他们在上个世代的人的各种质疑声浪中奋力前进,反而击溃上个世代的巨人,影响下个世代的生活。

每一个"世代之眼"的执念都非常单纯,用一句话就可以描述。除了 Bill Gates 之外,还有例如:"想象未来每个人的电脑都可以互相连线";"想象未来每个人都可以自由使用软件"。

上述的"世代之眼",前者诞生了环球信息网与后来的 Netscape,Yahoo!以及今日的 Google,成就了你我今日熟悉的互联网世界。而后者则催生了开放原始码运动,让微软居然必须捍卫自己的软件是值得付费的。

这就是时代的巨轮。永远有一群不知哪里冒出来的小伙子改变了世界。Bill Gates 伟大之处在于他具有"世代之眼";然而,当年如果不是由他来推动时代巨轮,自然会有别人来推动。换言之:"每个人的桌上都有一台电脑,乃历史上不可避免之发展,只是透过 Bill Gates 完成"。Bill Gates 的问题在于他已失去那样的眼睛,却仍然继续坐镇在微软掌管所有技术架构与产品研发的位置上。

在 IT 行业够久的人应当都记得,1995 年 Netscape(网景)声势如日中天,浏览器的市占率高达 90% 以上。Bill Gates 如梦初醒,宣示微软将大力拥抱互联网。1997 年的时候,微软 IE 浏览器的市占率已经达四成。

巨人的意志力是惊人的,只要他决心改变。当年 41 岁的 Bill Gates 主导了所有的组织变革,产品研发方向,IE 3.0 版以后浏览器功能大幅革新,终于追上最后击溃以 Netscape 为首的竞争力量。

41 岁的 Bill Gates 仍有眼角余光看见互联网,然而 Google 可能看得比 51 岁的 Bill Gates 还清楚。关键在于上个世代的巨人能否很快的跟上脚步,将自己的视野融入全新的世代中。

微软的问题,在于必须找到(或者能运作成)兼具有洞察力以及意志力的个人(或者组织)。从迎击 Netscape 的过程中,我们看见了 Bill Gates 个人意志力的展现,如果不是他,组织是不可能动起来的。

如果真的找不到新的眼睛(Bill Gates 把希望放在 Ray Ozzie 身上),那么起码要能让组织运作成可以让创新由下而上的环境,以群体的眼睛取代过去的个人的眼睛。

微软面对由 Google 所带来的新一轮竞争,其实是组织竞争。Google 以小团体为单位的组织方式,既庞大又灵活,开发速度惊人又富创意。Google 并不倚赖类似 Bill Gates 这样的皇帝,而是众多的技术天才。

反观微软,经历数十年的发展组织日益庞大。当年曾经很骄傲于从基层员工到执行官最多四个层级的微软,已经陷入叠床架屋的困境,这才是造成产品延迟,竞争力丧失等主要因素。

大刀阔斧的组织改造需要巨人的意志力,然而 Bill Gates 却选择在这个时候淡出,将烫手山芋留给 Steve Ballmer。组织基因若不改变,产品延迟上市,或产品不符市场所需等情况,将一再出现。

不论如何,没有人能够否认他的贡献。由他领头的个人电脑行业,让你的桌面上有了一台电脑,使你能看到这篇众多讨论 Bill Gates 功过的文章之一,进而发发牢骚或者发发思古之幽情。

北京时间 2008 年 6 月 27 日 12:00 消息(美国东部时间 6 月 27 日 00:00),微软创始人、董事长比尔·盖茨(Bill Gates)将于今日正式退休,淡出微软日常管理工作。现任 CEO、盖茨大学好友史蒂夫·鲍尔默将全面接掌微软大权。比尔·盖茨将把自己财产全数捐给其名下慈善基金"比尔与梅琳达·盖茨基金会",一分一毫也不会留给自己子女。同时,盖茨本人也将全身心投入到慈善事业中。此后,盖茨每周只会到微软上班一天,其他时间将放在慈善事业上。前不久,盖茨在接受美国《华尔街日报》采访时曾表示,自己"退休以后 20% 时间给微软,80% 时间做慈善"。据海外媒体报道,盖茨曾表示,作为全职慈善家,他要去的第一个站就是中国。告别演讲 33 年前创建微软时,盖茨也是一名开发人员,而微软能有今天的行业老大地位,也要归功于 Windows 操作系统的开发人员。在开幕演讲上,盖茨并没有忘记这些功臣,"微软的成功在于我们和开发人员的关系。"

盖茨还简短地谈到自己将于 2008 年 7 月 1 日退出微软日常管理工作,全心投入和妻子成立的比尔和梅琳达·盖茨基金会,他表示感到有些仓促,"(慈善事业)将把我推向一个新领域,这是自我 17 岁以来第一次真正意义上的换工作。此前,我完全沉溺于软件开发之中。"

美国软件业巨擘微软公司创始人比尔·盖茨计划自 27 日下午起,从微软"一把手"执行董事长的位置退休,转任非执行董事长,自此全身心投入慈善事业。这对微软意味着一个时代即将结束，但对世界却意味着多了一个全职慈善家。盖茨表示，他将 2008 年慈善活动的第一站定为中国，并且计划参加北京奥运会。

据《人民日报》报道，2008 年夏季开始，盖茨将成为全职慈善家，他表示将 2008 年慈善活动的第一站定为中国。比尔与美琳达·盖茨基金会将在中国推行几个关键的健康计划，包括 HIV/艾滋病预防、乙肝疫苗接种和戒烟等，并设法将中国农业知识带到非洲去，改善非洲的农业。

盖茨说："中国是个有趣的国家，它一方面接受其他国家的援助，另一方面它也援助其他更贫穷国家。他们有能力这么做，他们的经济已经改善了很多，他们能够为帮助更贫穷国家出一份力。"

中国的烟民也很多。盖茨基金会打算推出一项新计划，帮助中国人戒烟。盖茨说："了解中国戒烟行动的力度将是一个非常有趣的事情。在采取戒烟举措前，美国的财富水平相对来说更高一些。我相信，中国有机会也有能力和美国一样做好这样事情。"盖茨将亲自验收中国的戒烟成果。他说自己打算到北京看奥运。

对于中国的乙型肝炎疫苗接种，盖茨基金会也同样伸出援助之手。据统计，中国乙肝患者大约占总人口的 10%。在农业方面，盖茨基金会将启动一些相关计划，将中国的农业技术引入非洲，帮助提高当地的农作物产量。全球两大水稻研究中心分别在菲律宾和中国。盖茨基金会正与亚洲水稻研究人员合作，重点放在非洲对更多的水稻品种和耐旱等特点的需要上。盖茨说："有些情况下，他们只是与我们合作，任何活动都不需要我们提供资金。也有另一些情况，我们会提供资助，以便他们把关注的焦点放在非洲显露出来的一些问题上。"

盖茨基金会在北京开设了一个办事处，开始着力解决中国的艾滋病问题，请来了美国疾病控制中心前任驻中国主管 RayYip 领导这项计划。它为这项计划的前期投入已达 5000 万美元。盖茨表示，基金会在这个计划上与中国卫生部有密切合作。他说："有些计划，像艾滋病，他们很欢迎我们，我们合作很愉快。它取决于你与政府在这些事情上的合作有多深。"

微软宣布，从 2008 年 7 月开始，董事会主席比尔·盖茨将不再负责公司的日常管理，盖茨是全球 PC 产业最为重要的人物之一，一直紧跟着科技发展潮流。但他并非永远正确，以下是盖茨在微软的十大失误。

1. 微软 BOB

BOB 是微软 1995 年发布的产品，微软希望通过 BOB 改善 Windows3.1 程序管理的界面，或许这个概念没有问题，但 Bob 还没有真正流行就已经被取代。客观来看，Bob 并非恶评如潮，但它的消失也没有引来多少人的慌惜和怀念，因为它解决的问题还没有带来的问题多。有趣的是，BOB 开发项目的主管是盖茨的妻子梅琳达。

2. Windows me

这或许是微软迄今为止最失败的 Windows 版本，2000 年推出后不久，就出现了一大堆安装和兼容方面的问题。随着 WindowsXP 于 2001 年上市，Windows me 很快就销声匿迹。当然，Windows me 也并非一无是处，比如该产品最先具有的系统恢复功能随后应用在 WindowsXP 中。

3.平板电脑

也许仍然有很多平板电脑的支持者，但这项技术却存在很多问题，而且成本过高。从市场表现来看，平板电脑无疑是一款失败的产品。微软已经决定将平板电脑功能作为 WindowsVista 操作系统的基本组成部分，而不再作为单独的 SKU 发布。

4.SPOT 手表

尽管第一块智能个人目标技术(SPOT)手表原型进入市场已经有三年的时间，但这一产品体积过大、外形死板的问题仍未解决。此外，SPOT 手表缺乏有吸引力的应用提供支持，不能让花费数百美元购买这一产品的用户感到物有所值。

5.微软 Money

如果微软 1995 年收购 Intuit 的计划没有遭遇反垄断方面的阻碍，该公司也许已经获得 Quicken 软件，并使自己的网络银行产品成为市场领先者。但事与愿违，微软只能自行设计和开发财务软件 Money，最终被 Intuit 远远甩在后面。

6.DOS4.0

提到微软，就不能不谈一谈 Windows 操作系统的前身 MSDOS。在所有的 MS-DOS 版本中，MSDOS4.0 无疑是最失败的一个，对微软而言它简直是缺陷百出的梦魇。根据维基百科提供的资料，MSDOS4.0 主要基于 IBM 的代码库，而不是微软自己的代码库。

7.微软电视

微软曾多次试图进入数字电视领域，但并没有成功。还有人记得微软 20 世纪 90 年代初推出的视频点播项目 MicrosoftTiger 吗？不过，微软并没有放弃在这方面的努力。微软 CEO 史蒂夫·鲍尔默表示，在不久的将来，IPTV 将成为促进微软股价上涨、推动微软利润增长的主要动力之一。

8.MSNBC 合作伙伴关系

微软同 NBC 之间的合作几乎就从来没有顺利过。2005 年 12 月，微软基本退出了同 NBC 的合作。不过，微软并没有放弃向内容提供商方向发展的努力，该公司正在招聘博客、电视团队以及其他方面的媒体人士，希望打造 MSN 媒体网络。

9.实时网络会议软件

微软网络会议产品 LiveMeeting 主要基于从 PlaceWare 收购的技术，尽管已经推出多年，但很多人都认为它是一款失败的产品。当然，微软并没有放弃在这方面的努力，该公司承诺新版 LiveMeeting 将会更加出色。

10.未能推出微软 Linux

微软应当推出自己的 Linux。微软可以收购一家 Linux 经销商，甚至直接将 Windows 的一个分支命名为微软 Linux。与此相反，微软投入了大量资金同整个开放源代码社区对抗。微软应当加入开放源代码阵营，而不是试图击败它。

慈善事业

慈善事业也是非常重要的（当然的）。他和他的妻子 Melinda 已经捐赠了 34.6 亿美元建立了一个基金会，支持在全球医疗健康和教育领域的慈善事业，希望随着人类进入 21 世纪，这些关键领域的科技进步能使全人类都受益。到今天为止，盖茨和他的妻子 Melinda Gates 建立的基金已经将 17.3 亿美元用于了全球的健康事业，将 9 亿多美元用于改善人们的学习条件，其中包括为盖茨图书馆购置计算机设备、为美国和加拿大的低收入社区的公共图书馆提供互联网培训和互联网访问服务。此外将超过 2.6 亿美元用于西北太平洋地区的社区项目建设，将超过 3.8 亿美元用在一些特殊项目和每年的礼物发放活动上。

比尔·盖茨于 2008 年 6 月 27 日退休，他在微软同事的心目中是一个什么形象呢？这个当属与他一起共同执掌了微软 31 年之久的 CEO 鲍尔默最有话语权了。"他是一个比较内向的小伙子，不太爱说话，但浑身充满了活力，尤其是一到晚上就活跃起来。当时的情况是，经常在我早上醒来时，他才准备睡觉。"鲍尔默在接受《华尔街日报》采访时，如此形容比尔·盖茨。鲍尔默说的对，也许只有活力才是成功的最关键因素，这是比尔·盖茨留给大家最好的礼物！

截止 2008 年 6 月盖茨正式退休，他的遗嘱中宣布拿出 98% 给自己创办的以他和妻子名字命名的"比尔和梅林达基金会"，这笔钱用于研究艾滋病和疟疾的疫苗，并为世界贫穷国家提供援助。《福布斯》杂志 2009 年 3 月 12 日公布全球富豪排名，比尔·盖茨重登榜首。重大慈善活动来看，比尔和梅林达·盖茨基金会出手阔绰，例如曾向纽约捐款 5120 万美元，用以建立 67 所面向少数族裔和低收入阶层子弟的中学；捐资 1.68 亿美元，帮助非洲国家防治疟疾；向博茨瓦纳捐资 5000 万美元，帮助那里防治艾滋病。

盖茨基金会，在中国的四川发生特大地震的时候，向中国卫生部捐赠 130 万美元（约合 910 万人民币），捐款将用于支援卫生部对地震灾区的水源安全控制和疾病控制工作。

2010 年 1 月 29 日，比尔和梅琳达·盖茨在达沃斯论坛媒体发布会上表示，盖茨基金会将在未来十年之内为世界上最贫穷的地区提供疫苗研究、开发与应用支持。

2010 年 9 月 29 日，备受各界瞩目的盖茨和巴菲特慈善晚宴在北京昌平拉斐特城堡庄园举行。据主办单位表示，当晚赴宴的企业家约有 50 人，并未像此前预测的那样"有一半富豪拒绝出席"。且"巴比"信守此前承诺，并未借助慈善晚宴对中国富豪"劝捐"。

时隔 250 天后，比尔·盖茨再次来到中国，和 2010 年一样，他为慈善而来。但是，和 2010 年 9 月那场轰动全国的"巴比来华"相比，这次盖茨的到访显得相对低调了很多。6 月 11 日晚，盖茨离京，飞往伦敦，匆匆而来匆匆而去。据盖茨身边的工作人员表示,盖茨来华的时间安排已经精确到分,但无疑,这一次,这位已经变身为"世界首善"的前世界首富,摆出了更加积极的姿态,开始了更多的行动。

2017 年 11 月,比尔·盖茨当选中国工程院外籍院士。2019 年 1 月,入选美国杂志评选出"过去十年影响世界最深的十位思想家"。2020 年 2 月 26 日,以 7400 亿元财富位列《2020 胡润全球富豪榜》第 3 位。2020 年 3 月 13 日,比尔·盖茨退出微软董事会。北京时间 2021 年 5 月 4 日凌晨,比尔·盖茨与梅琳达·盖茨宣布结束长达 27 年的婚姻关系。5 月 17 日,微软董事会决定,比尔·盖茨应当离开董事会。8 月 2 日,华盛顿金县高级法院的一份文件显示,比尔·盖茨夫妇正式离婚。近三年分别以 1,340 亿美元、1,290 亿美元和 1,020 亿美元财富位列本年度美国富豪榜 2021 年、2022 年第 4 名和 2023 年第五名。

世界传世藏书 图文珍藏版

世界名人大传

董飞⊙主编

线装書局

目 录

科学巨匠

巾帼女杰

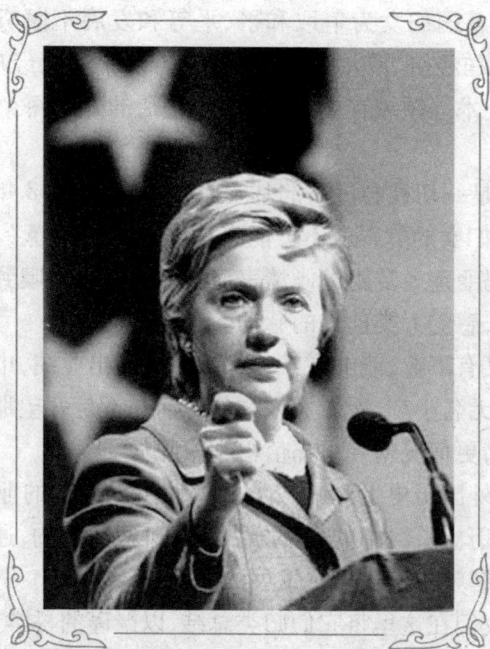

导　语

　　过去的 100 年,是妇女解放、女权伸张、女性群星璀璨的 100 年。"英国的历史是男性的历史,不是女性的历史。"英国女作家弗吉尼亚·伍尔芙曾经感叹说,关于我们的父亲,我们总能知道一些事实、一些特征;但是,关于我们的母亲、祖母、曾祖母,又留下了一些什么印象呢? 除了某种传统之外,她们一无所有。

　　100 年前,1910 年,德国妇女运动先驱克拉拉·蔡特金提议,为纪念 1909 年 3 月 8 日美国芝加哥妇女举行的大罢工而设立"国际妇女节",这是"国际妇女节"的缘起。100 年来,世界各国妇女为争取和平、平等和发展不懈努力,从未停歇;100 年来,我们看到,不但在经济、政治和法律领域,男女平等已经成为现代社会的共识,包括科学、文化、艺术等领域在内,人类社会生活的几乎每个角落,都有杰出的女性大放异彩。

　　妇女权利的扩大是一切社会进步的基本原则。早在 1868 年,马克思就在致友人的信中断言:"没有妇女的酵素就不可能有伟大的社会变革"。透过罗莎·帕克斯拒不让座的坚持、玛丽莲·梦露的倾情表演……我们可以嗅到酵母发酵的味道,看到社会变革的萌芽,感受人类前进的脉动。

　　女性既有家庭,又有事业,能够在某一领域做出突出业绩,巾帼不让须眉,实在令人佩服。我们这些无名小卒,看看大人物的生活并不是奢望那种地位,而是作为知识了解也未尝不可,更何况精神可嘉值得学习呢!

　　本卷是一部记叙外国历史上影响较大的女性杰出人物的业绩的人物小传,本卷所写的仅仅是世界历史长河中的一部分。窥一斑而知全豹,通过对她们的了解,也许会有助于我们了解整个世界历史发展的进程。

　　本卷图文并茂,我们在这里将它们归类总结,以严谨的科学方法和认真负责的态度对此加以描述、分析、诠释,力求客观、全面、真实地反映她们的一生,还其本来面貌,给世人以真实的世界。

菲律宾的"铁蝴蝶"

——伊梅尔达

人物档案

简　　历：菲律宾前第一夫人，是一位极富传奇色彩的世界级名女人。出生于菲律宾。1954 年 5 月同马科斯结婚，1965 年，马科斯成为菲律宾总统后，开始活跃世界政坛。1986 年马科斯下台，一起流亡夏威夷，1993 年被菲律宾反贪法庭判处18 年到 24 年监禁，剥夺公职权利终身。

生卒年月：1929 年 7 月 2 日~

性格特征：冷酷无情，善把时局，极度奢华，晚年热衷于救济穷人和慈善事业。

历史功过：成为总统夫人之后，疯狂掠夺菲律宾国库。采用开白条的形式来操纵和诈取国家的公共经费为其享受，导致国库亏空，最终倒台的命运，其私人财产在倒台前达到 16 亿美元。

名家评点：菲律宾的"铁蝴蝶"。

1975 年《世界主义者》杂志称其为"世界上 10 名最富有的女人之一"。

蒙受苦难

1929 年 6 月 2 日凌晨，伊梅尔达·雷梅迪奥斯·维斯坦森·罗穆亚尔德斯降临了人世。当时，罗氏家族不但在经济上日益发达，在政治上也声望大振，显赫一时。

小伊梅尔达在幸福中度过了自己的童年，然而，就在她的童年刚刚度过，不幸便降临到她的头上。

1938 年 4 月 8 日,伊梅尔达的母亲雷梅迪奥斯在被送到诊疗所不到 24 小时就因肺炎病故。差不多在雷梅迪奥斯死后的第 7 个月,也就是 1938 年 11 月,索拉诺将军镇的房子被拍卖了,人们开始戏弄曾经腰缠万贯的罗穆亚尔德斯。他把家里所有的家具摆设,除了一张长条紫檀木桌子外,全都卖掉了,就连那辆汽车最后也被汽车商们拖走了。

从此伊梅尔达的家成了马尼拉的罗穆亚尔德斯富有家族的穷亲戚。家庭地位的改变在伊梅尔达的成长过程中起了关键作用,使她的志向和抱负更加坚定了。

当时伊梅尔达全家住在一个临时搭成的摇摇欲坠的木屋里,这种房子同卡莱雷亚尔的大多数街坊们的房子一样,缺乏最起码的舒适感,伊梅尔达经常拿他们家那简陋的厕所和用作洗澡间的破棚子取乐。

可以说,伊梅尔达的少年时期是在苦难中度过的。正因为伊梅尔达经受过这样的苦难,才会引发后来她的无限膨胀的欲望。

闪电婚姻

在 20 世纪 50 年代,没有什么比马科斯向伊梅尔达求婚并结婚更具有马尼拉特色的了,负责社交版画的编辑们叹息道:这桩婚事太罗曼蒂克了。引起公众各种想象的并不是马科斯与伊梅尔达喜结良缘的政治目的,而是一位精力充沛的国会议员如何在 11 天内从求爱到得到这位美丽的马尼拉小姐的传奇故事。这就是它的独特之处。

1954 年 4 月里一个温柔的夜晚,在菲律宾立法大楼的自助餐厅里,当一位叫何塞·格瓦拉的国会记者把马科斯介绍给伊梅尔达时,统治菲律宾长达 20 年之久的合股经营就拉开了序幕。美丽的马尼拉小姐陪着她的堂嫂帕斯去迎接当时的临时议会议长丹尼林·罗穆亚尔德斯。由于事先来不及准备,伊梅尔达只穿了便服和拖鞋,但幸运的是,这位议长带信让帕斯和伊梅尔达在自助餐厅等候他。虽然马科斯在有关马尼拉小姐的争论中听到过一些伊梅尔达的消息,但是直到这个时候他才有幸见她一面。他立即被她的美貌所打动,但心里却怀疑记者的引见会不会引起伊梅尔达对他的重视。于是他又请求国会议员哈科沃·冈萨雷斯为他作了第二次介绍。在伊梅尔达站起身来时,马科斯注意到他仅比伊梅尔达高半英寸。他二话没说,直截了当地请求伊梅尔达同他结婚。

在 1954 年那个决定了命运的春天里,他们向世界展示了一幅照片,它向人们表现了一位容貌漂亮、富有天赋的女人同一位才华卓越、进取心极强的男人之间的"美满姻缘"。

合股经营

一开始的时候,伊梅尔达在社交方面并没有取得很大的成功。她非常渴望能够成为人们谈论的中心。尽管她极其天真地宣称马科斯将要参加菲律宾总统竞选,可这也没给她帮多少忙。

在马科斯参加参议院议长竞选之前,伊梅尔达那所谓的非凡政治才能还没有显露出来。

竞选期间,马科斯还需要两张选票才能夺得 1963 年的参议院议长职位,即曼努埃尔·麦纳罕参议员和劳尔·曼格勒潘斯参议员的选票。伊梅尔达首要的任务是赢得他们的选票,她以极其固执的个性和热忱做着这项工作。"曼格勒潘斯和我有时竟被伊梅尔达的热忱搞得不知所措。"康妮·麦纳罕说,"有一次在晚会上当她看到我们站在那儿时,她亲自拿来椅子让我坐下。"如果一个样子颇似帝王的女人把椅子送给别的女人坐这种现象极为不自然的话,那么这一点恰恰表明了伊梅尔达正在不惜一切地帮助马科斯成为参议院议长,这是登上总统宝座的关键的一步。在整个竞选活动中,伊梅尔达赢得了两位女人的欢心。她把食品作为礼物送给她们,这使她们感到不好意思。有一次,在她去看望住在医院里的康妮时,竟然号啕大哭起来,结果护士们都把她误认为患者的母亲或姐姐。伊梅尔达这种按意愿流泪的能力是她的一种天赋,她开始在这场竞争中磨炼自己。

在参议员的竞选中,伊梅尔达起到了支持扶助的作用,但胜利主要还要归功于马科斯奸诈的政治手腕。在随之而来的总统竞选中,伊梅尔达这位集拉票者、中介人、女演员及大明星于一身的女人则成为胜利的主要原因。

第一次投票结果已表明马科斯获得了 541 张选票,在候选人中名列前茅。紧跟其后的对手是前副总统埃玛纽尔,他获得了 381 票。

第二次投票结果马科斯获得 777 张选票,而埃玛纽尔则获得 444 张。这是一次不同以往的政治混乱,过分吹嘘的反马科斯联盟未能实现他们的愿望。来自全国各地的代表们已经把他们的选票投给了马科斯。

当宣布马科斯为获胜者时,伊梅尔达激动不已,流出了幸福的热泪。在这些眼泪流淌之际,她的心里充满了再次从事政治使命的力量。

1965 年的选举结束了梅凯佩高总统的统治,昔日的谋杀嫌疑犯成了今日的总统,并被期望能给菲律宾带来自由。昔日受苦受难的乡村姑娘偕同她那野心勃勃的丈夫来到了马拉卡南宫,开始了对菲律宾 4500 万人民的统治。

敛成巨富

的确,权力赋予马科斯的几乎是一种魔力,并为伊梅尔达成为世界上最富有的女人铺平了道路。

伊梅尔达一心所期望的是绝不允许任何人小看她,哪怕是未来的英国国王。场景和登场人物可以改变,但是莱特省的美艳绝伦的伊梅尔达却依然如故,在众目睽睽之下为争取她的位置而奋斗着。她用巴黎和罗马价值连城的珠宝首饰和高级时装把自己装扮起来去征服世界。每次出访归来,举行过冠冕堂皇的记者招待会之后,伊梅尔达就会把她的挚友找在一起,给他们讲那些幕后活动,特别是她是如何用她的魅力来哄骗和迷惑那些所谓的世界领袖人物的。

伊梅尔达作为马科斯的合作伙伴和未来的继承人,要求得到开白条子的权力以便能买到幸福和快乐。这张白条子便是菲律宾国库。在革命后发现的一系列备忘录上指示菲律宾国民银行总裁从一个"情报账户"上拨给伊梅尔达经费,马科斯就是如此操纵和诈取公共经费来供给他妻子的"零用钱"。但是那个即将成为"世界上最富有的女人"所要求的并不只是一点零钱。为了与别人,具体来说与欧洲的王室之类的人物比阔斗富,就需要千百万美元。她要与希腊船王欧纳西斯家族、洛克菲勒家族和全世界的王室的实业和产业相抗衡。

她的私人财产在宣布实行军事管制 1 年以后估价为 2.5 亿美元;1975 年上升为 3.5 亿美元,倒台前夕估计为 16 亿美元。金额无法确定的财富来自世界银行与国际货币基金组织出资兴办的巨型开发项目。有关这些至关重要的贷款的一切管理事宜连同出资者本身都落入伊梅尔达的手中。

1975 年 12 月,《世界主义者》杂志上登载的一篇文章称伊梅尔达为"世界上 10 名最富有的女人之一"。她已经跻身于英国女王伊丽莎白二世、戴娜、梅利尔、克利斯蒂纳、欧纳西斯、巴巴拉·哈顿、荷兰女王朱丽安娜、阿迦·汗公主、桃丽斯·丢克·玛德林·达萨尔特和阿尔巴公爵夫人的行列。

事情总是会有败露的一天。国库的亏空让菲律宾人民意识到了伊梅尔达夫妇在任上的不轨。1986 年马科斯下台,2 月伊梅尔达同马科斯一起流亡美国夏威夷。

美国历史上首位女国务卿

——奥尔布赖特

人物档案

简　　历：原名玛丽·亚娜·科尔贝洛娃，出生于捷克的布拉格，捷克犹太裔。1948 年移居美国。1955 年进入韦尔斯列女子学院。1969 年获哥伦比亚大学政法学博士学位，1992 年克林顿当选总统，任美国驻联合国大使；1997 年 1 月至 2001 年 1 月任美国第 64 任国务卿，是美国历史上第一位女性国务卿；曾任乔治敦大学埃德蒙·A·沃尔什外交服务学院教授。2022 年 3 月 23 日奥尔布赖特因为癌症去世，终年 84 岁。美国总统拜登下令，白宫和其他联邦政府大楼等场地降半旗，直至 3 月 27 日。

生卒年月：1937 年 5 月 15 日 ~ 2022 年 3 月 23 日。

安葬之地：华盛顿。

性格特征：办事果断，聪慧、强悍，盛气凌人，有时也随和友善，以爱穿红裙、坦率坚决的个人形象和性格特点著称。

历史功过：1978 年协助卡特签订《戴维营协议》。1991 年海地危地，她主张出兵 6000 对海地动武，这是联合国第一次对一个主权国家实施武力。一手扶持安南任联合国秘书长。力主轰炸南联盟，推动北约东扩，奥尔布赖特一生贴满"战争"标签。

名家评点：美国总统拜登称赞奥尔布赖特是"一股力量"，"她的双手改变了历史的浪潮"。

追根溯源

捷克的波希米亚是古代国王们居住的地方,那是个美丽富庶的地区。1879年6月7日,玛德琳·奥尔布赖特的祖父阿诺斯特·考贝尔出生在该地区一个叫库奇切的小村庄里,村子里的村民世代以农业为生。阿诺斯特娶奥尔加·普泰科娃为妻。婚后,他们生了3个孩子:大女儿玛吉塔,二儿子杰恩,小儿子约瑟夫。约瑟夫就是后来玛德琳的父亲,出生于1909年9月20日,出生证明上写着"犹太人,合法出生"。他是个左撇子,人很聪明。

老考贝尔是个成功的商人。火柴厂是当地的主要工业,他给当地一家火柴厂供应所需木材。他与火柴厂合作,火柴远销布拉格,收益颇丰。考贝尔一家工作勤奋,在当地颇有声望。他们的家庭生活中没有很强的宗教色彩;他们和镇上其他人一样欢度圣诞节,和工人们一起唱圣诞颂歌。人们对考贝尔是犹太人这一点好像一无所知,也感觉不到他身上有一丝一毫的犹太味。当地的人们是不太喜欢犹太人的。

第一次世界大战奥匈帝国战败。1918年10月28日,捷克斯洛伐克共和国从奥匈分离出来,人们对建设一个独立的民主国家充满梦想。当时,约瑟夫9岁,目睹民主共和国的诞生,他受到极大的影响,立志要为捷克斯洛伐克的民族兴盛而奋斗。

阿诺斯特·考贝尔坚持让自己的孩子们接受良好的教育。1919年五年级时,约瑟夫被列为品学兼优的学生。他不仅功课好,而且为人诚实。约瑟夫12岁时开始在附近的城镇上中学,他学习认真,并积极参加学校的各种活动,还是校剧团的成员。年纪很轻时,他就渴望成为一个外交官、新闻记者或政治家。

在中学里,约瑟夫爱上了同校女生安娜·斯皮格洛娃。她也出身于犹太人家庭,父亲开了一家综合商店,父母给她取了一个捷克昵称:安杜拉。安杜拉美丽又大方,充满活力又不落俗套,非常爱笑,性格直爽,想说就说。一次,约瑟夫称安杜拉是"捷克斯洛伐克东部最健谈的女人",她给了他一耳光。安杜拉是个聪明姑娘,十几岁时,父母送她去瑞士日内瓦学商业秘书,想把她培养成一位有教养的新娘,找一个有远大前途的丈夫。后来她做了约瑟夫的妻子——玛德琳的母亲。

约瑟夫中学毕业后,去巴黎学习一年,在巴黎大学文理学院学法语和文理科课程。。1929年,他回到布拉格,开始接受特别训练,为日后成为外交官打下基础。他在著名的查尔斯大学学国际法和经济学。假期里,他请私人教师教他德语和法语,因为他知道外语是一位外交官不可缺少的工具,1933年5月,他获博士学位。1934年11月22日,约瑟夫25岁时成为捷克斯洛伐克外交部工作人员。

约瑟夫·考贝尔英俊潇洒，身高5英尺9英寸，浓密的棕色卷发，四方脸，下巴微凹。他衣着考究，一派绅士风度。1935年4月20日，他和中学时的恋人安杜拉结婚，婚礼在布拉格举行。在结婚证明书上有一栏需填写各自父母的宗教信仰，他俩都填"无宗教信仰"。约瑟夫称他的新娘为曼杜拉，意为我的安杜拉，安杜拉终身都用曼杜拉这个爱称。

他们的婚姻是理想而美满的。新婚夫妇住在布拉格新艺术派公寓。那里，他们有许多朋友。约瑟夫是外交部的一名外交官，他工作很忙。曼杜拉是一位悠闲的家庭主妇，她做一些家务或到市里咖啡厅等游乐场所打发时间。约瑟夫比曼杜拉更聪明，但他特别欣赏妻子对人的一种直觉。她不仅富有同情心，而且足智多谋，约瑟夫有时依赖妻子出谋划策。

1937年元月，约瑟夫被派往捷克斯洛伐克驻贝尔格莱德大使馆任新闻官。这一职位不是十分重要，但对年轻而有抱负的约瑟夫·考贝尔来说，接触使馆的内部事务是一个很好的锻炼机会。曼杜拉也去了贝尔格莱德，当时她已怀孕6个月。他们一起在那里学习塞尔维亚语。在分娩前，曼杜拉回到了布拉格，因为她的家人可以帮助照顾新生的孩子。

1937年5月15日，星期六，一个温暖的日子，天空中不时飘着细雨。远处，透过城市的喧嚣，传来一阵阵圣·瓦克拉夫教堂钟楼响亮、优美的报时钟声。玛丽亚·简·考贝洛娃降生在布拉格的一家医院。

战火难民

小玛丽亚的降临使家人兴奋万分，她给所有的亲人带来了幸福。考贝尔夫妇在女儿出生证明上的宗教信仰一栏填了一个"无"。小玛丽亚的名字是以曼杜拉姐姐的名字命名的。她的祖母奥尔加叫她迈德拉，后来很快就叫成玛德琳卡。尽管这个小女孩长大以后，全世界的人都知道她的名字:玛德琳·考贝尔·奥尔布赖特，但她童年的名字叫玛德琳卡。

玛德琳卡是个健康的女孩。她是考贝尔夫妇未来的幸福、希望和梦想的化身。来看望的人都是经过挑选的，不能让其待得太久，以免使骄傲的母亲劳累。祖母奥尔加带着约瑟夫的姐姐玛吉塔的女儿达格玛前来探望，达格玛只有9岁。在婴儿摇篮里，一个小婴儿紧紧包在一床柔软的白色毯子里，只有小脸和小手露在外面。"她像个小玩具娃娃。"小表姐说。达格玛想抱小玛德琳卡，但未被允许，这使她很失望。

几个月后，曼杜拉带着小玛德琳卡回到了贝尔格莱德与约瑟夫团聚。有了前程似锦的职业，家中又添一个小宝贝，约瑟夫和妻子更觉未来一片光明。他们年轻,生活美满,幸福无比。

约瑟夫·考贝尔被公认为是有抱负,恪尽职守的年轻外交官。作为新闻外交人员,他的工作是在贝尔格莱德组织有关捷克斯洛伐克历史和文化方面的研究,负责安排捷克斯洛伐克的电影上映;还负责协调塞尔维亚和巴尔干民主反对党领导人的秘密会议。最令他愉快的是战前贝尔格莱德的社交晚会。在各国大使馆的聚会上,国际外交使团颇有影响力的要人们相互交流信息,边喝鸡尾酒边聊天。考贝尔夫妇是出入外交晚会的常客。约瑟夫喜好交际,爱和女人们调笑,反应机敏,他在贝尔格莱德有很多朋友,特别是艺术家。由于是新闻外交官,他周围总是围着新闻记者。他与一位叫德拉·里布尼卡的女士处得不错,她丈夫是塞尔维亚《政坛报》主编。她说约瑟夫像一块磁铁,但并不是那种向女人献殷勤的男人。"他魅力十足,所有的女人都喜欢他,但他不是唐璜,绝对不是。"里布尼卡说。

然而,政治风云变幻莫测,一股冰冷的潜流从考贝尔夫妇的生活中流过,冷却了他们温暖的家。他们暗暗祈祷,希望灾难不要发生。前方的路充满荆棘,世界将变得暗无天日。约瑟夫·考贝尔的世界不再是昼夜更替,没有了温暖的太阳,也没了多情的月亮,唯有满目灰色的军服和肆虐无情的战火。

约瑟夫·考贝尔是犹太人,这在外交界并不是秘密。战前,出身犹太家庭很正常,没有人认为这有什么特别。但是,纳粹德国的阴影笼罩着捷克斯洛伐克。希特勒着手实施征服欧洲的计划,他认为只有通过战争才能争得日耳曼民族的生存空间。而且,希特勒仇视犹太人。约瑟夫·考贝尔跟所有欧洲犹太人一样,将成为希特勒的猎杀物。作为外交官,他的命运也与自己的祖国联结在一起。

捷克斯洛伐克是从奥匈帝国的废墟上建立起来的。新诞生的共和国是个多民族的国家,人民都沿袭不同的历史传统。人口最多的少数民族是日耳曼民族,约三百万,占捷克斯洛伐克总人口的近1/4,他们大都住在苏台德地区。希特勒正是利用了居住在苏台德区的日耳曼人,把他们作为德国干涉捷内部事务的借口。为了掩盖其"用武力粉碎捷克"的目的,希特勒制造了苏台德事件,捏造捷克压制与虐待日耳曼民族的事实,企图肢解捷克斯洛伐克。捷克人民群情激昂,人们高喊:"给我们武器!"捷克贝奈斯总统宣布实行军事动员,体格健壮的男人们都穿上了军装。约瑟夫·考贝尔也成了捷克斯洛伐克军队的一名预备役军官,他把曼杜拉和玛德琳卡留在贝尔格莱德,自己回国到军队报到。但是,在慕尼黑,英法把捷克斯洛伐克出卖了,贝奈斯被迫宣布接受"慕尼黑协定",停止抵抗。

慕尼黑协定敲响了捷克斯洛伐克的丧钟。英法两大国最后都设法逃避了应承担的义务。捷克斯洛伐克四分五裂,成为英法绥靖政策的牺牲品,变成纳粹德国的吞噬物。

1938年10月5日,贝奈斯辞去捷总统职务,捷克政府为纳粹德国的傀儡所控制。1938年11月,对约瑟夫·考贝尔常与南斯拉夫反对派来往而不悦的南斯拉夫首相,要求布拉格当局召回约瑟夫。布拉格的法西斯报纸也攻击约瑟夫是"贝奈斯的人"。不久,纳粹的傀儡政权让纳粹的同伙取代了约瑟夫等人在外交部的职位。贝奈斯流亡巴黎,他的支持者们列出一份48位身处险境的前政府人员名单,其目的是组成一个成员核心,成立临时政府。名单全部送给友好的政府机构,请求他们给名单上的人发签证。在这一名单上,约瑟夫·考贝尔被列为"部长级参赞"。约瑟夫刚回到布拉格就得知他处境危险。因为两条罪状:第一,他是犹太人;第二,他是贝奈斯的被保护人。如果想挽救自己和家人的生命,就必须设法让全家离开捷克。他想利用在南斯拉夫的关系,从一家南斯拉夫报社得到一份常驻伦敦的记者工作,这样全家就可以逃离,他也可以靠近贝奈斯和筹划中的流亡政府中的政治人物。

德国占领了整个捷克斯洛伐克,约瑟夫·考贝尔一家不可能马上离开。布拉格一片混乱,通讯中断,银行关闭,许多朋友被捕,约瑟夫本人也在被追捕之列。逃跑危险重重,又很难弄到签证,去西方的大门已经关闭。为了安全起见,约瑟夫想先去贝尔格莱德,那里有他的朋友,他不会孤立无援。他清楚,如不尽快逃出去,他将永远也出不去了——这种情况发生在了许多犹太人身上,情况十分危急。

约瑟夫和曼杜拉把蹒跚学步的玛德琳卡送到距布拉格40英里她外祖母那里。他们搬出了公寓,天天在布拉格的大街小巷转来转去,希望在拿到签证前不被发现。靠着所有可行与不可行的计划,靠着朋友们的帮助,靠着运气乃至贿赂,最后计划终于成功。1939年3月25日,约瑟夫·考贝尔一家拿到了伪造的签证。签证是用捷语写的,允许他们离开捷克斯洛伐克。当晚8点,他们带着玛德琳卡,告别父母,登上了去贝尔格莱德的火车。那是怎样的一种告别啊!生离死别,柔肠寸断,苦不堪言。悲惨的告别在当时的整个欧洲不断地重演。

考贝尔一家到了贝尔格莱德,因需住处,他们去找老朋友里布尼卡一家请求帮助。但当时南斯拉夫政府已站到德国人一边,老朋友的来往也很谨慎,里布尼卡家为考贝尔家的到来担惊受怕,可朋友的忙还是要帮。逃亡的计划在绝对秘密的情况下商讨,德拉·里布尼卡只知道丈夫帮了他们,但不知道做了些什么,也不知道考贝尔一家的逃跑路线。由于计划周密,考贝尔一家安全离开贝尔格莱德,去了希腊,再转道去英国。1939年5月,他们到达英国。玛德琳卡两岁就做了小难民。

考贝尔一家没有很多时间来恢复他们往常的生活,也没有时间使自己适应英国的文化。他们和许多避难者一样,生活整个变了样。约瑟夫的哥哥杰恩·考贝尔已先于他们到了伦敦。1939年9月,德国侵略波兰,英国和法国被拖入了战争。德国经常空袭伦敦,玛德琳卡,一个快活的、胖胖的、很早就会说话的小女孩,才两岁时就接受了战火的洗礼。

颠沛流离的生活,使约瑟夫·考贝尔一家饱尝艰辛。刚到伦敦的几个月里,他们非常压抑,住进了一个又小、又阴森可怖的公寓。他们觉得高兴的是,还能付得起不贵的房租。曼杜拉不会讲英语，每天都在寻找一个能让玛德琳卡高兴的公园。约瑟夫很快便和外交部的同事们联系上了。他们在外交部长杰恩·马萨里克租的寓所里建立了临时办公室。曼杜拉为此极为高兴，丈夫有机会离开那令人悲哀的环境，重新开始他的职业生涯，融入他心爱的工作。

没多久，他们又搬进了王子门25号的一幢红砖8层高的公寓楼，距海德公园很近。在新居里，小玛德琳卡有自己的卧室。一家人靠从捷克带出来的钱生活，他们还得到了英国政府专为捷克避难者设立的信托金。约瑟夫非常溺爱自己的女儿。由于没有小伙伴，约瑟夫常带玛德琳卡去办公室，把她介绍给同事们。同事们很喜欢她，说她天真可爱，天资聪明，将来一定是个实干家，一定能成就一番事业。长时间与成人待在一起，玛德琳卡活像个小大人。

一天，约瑟夫·考贝尔带小女儿去观看检阅，一队捷克斯洛伐克士兵排成方队，准备上前线和英国皇家空军一起参加对德作战。一个士兵抱起玛德琳卡，当地一家报纸的摄影记者拍下了这一镜头。这张照片后来登在报纸上，并附有解说词："父亲告别女儿。"考贝尔为此大为光火，可玛德琳卡却问："那位父亲是谁？"

考贝尔一家虽生活在英国，但他们大部分时间还是和捷克人一起。他们没能融入英国社会，而只做了旁观者。

1939年3月，德军开进布拉格时，贝奈斯致电英、法、苏、美领导人，抗议德国违背慕尼黑协定。1940年7月，贝奈斯在伦敦成立了捷克斯洛伐克临时政府。约瑟夫·考贝尔参与组建了捷流亡政府的情报部。1940年，他被指派为广播处的负责人，负责临时政府在英国广播公司播放节目。英国广播公司允许捷流亡政府主办独立的新闻节目，使用他们的波段把有关战争的振奋人心的消息，传达给国内的人民。该节目在与国内联系方面起了非常重要的作用。当3岁的玛德琳卡从广播中听到父亲的声音，她问："爸爸怎么进到广播里去了？"

约瑟夫·考贝尔的工作处境很不好，但他工作却干得很出色。他是个有才能的外交家，和蔼可亲，反应机敏，但必要时，也很会挖苦人。他对同事一贯公正，那些被拒绝上广播者定会被告知原因。他工作很投入，很勤奋，又有才干，能把不同阵营不同政治观点的人聚到一起。在政治上，他始终追随贝奈斯的民主阵线。很多人认定他是捷克外交官中最有才华的，定能飞黄腾达。

约瑟夫·考贝尔没有任何宗教倾向，他一直试图隐瞒他的犹太血统。只要有人开始谈论有关犹太人的话题，他就像紧闭的百叶窗，一言不发，或者就把话题岔开。成千上万的犹太人在欧洲的悲惨遭遇，考贝尔仿佛无动于衷。他害怕涉及任何犹太人的话题。他是个有抱负的人，想成就一番事业，他想避开自己犹太人身世是由于它所带给他的记忆。有些人想忘却这些记忆，而他想忘却所有的记忆。他尽量疏远其他犹太人。他并不否认自己是犹太人，只是对此问题不感兴趣。他是个世俗的、无宗教信仰的犹太人，从不参与任何与犹太人有关的活动。但是，一个无法回避的事实是,他的父母都是百分之百的犹太人。

当约瑟夫举家逃跑时,他的父母留在了捷克斯洛伐克,并落入了纳粹手中。他们被闷罐车送往集中营。他的姐姐玛吉塔及姐夫由于没有丝毫的外交关系而搞不到签证,也留在了捷克。但为了他们的两个女儿能活下去,他们预订了专门为孩子们发的一辆专列车票。列车是一位英国证券经纪人为组织捷克犹太人的孩子们避难而赞助的。因妹妹摔断了胳膊,达格玛独自登上了去伦敦的火车,凄然离开父母,去投靠她的亲戚考贝尔一家。达格玛被送到一所有名的私立女子学校读书,考贝尔全家有时去学校看望她,她也常常去照看她的小表妹玛德琳卡。

1940 年,欧洲大陆战争形势严峻。6 月 17 日,法国沦陷,英国迅速做出反应,抵抗德国的入侵。从 8 月 15 日开始,纳粹的飞机一次又一次地飞临英国上空,对其进行攻击。夏季结束时,令人恐怖的夜间空袭开始了,伦敦遭到重创。每当晚上空袭开始时,考贝尔一家常带着被褥,退入公寓大楼下的地下室。如果空袭不太严重,孩子们可以舒服地睡一会儿。达格玛常把玛德琳卡抱在腿上,仿佛保护神一般。

约瑟夫·考贝尔与同事们在那种富有冒险和戏剧性的环境里,讨论他们的广播节目,对工作倾注了他们全部的激情。公寓里的邻居中有知识分子,也有政治上老练的外交家和军官,他们常长时间躲在地下室里。玛德琳卡当时是个不到 4 岁的姑娘,长得像个可爱的活宝,是防空洞里所有人的乐趣。当轰炸结束时,人们爬到公寓顶上,看见到处在燃烧的房屋,然后又回到防空洞。实际上,人们差不多天天晚上都在防空洞里睡觉。红十字会曾拍过有关防空洞的生活片段,小玛德琳卡在片中扮演一位小女孩,片酬是一只长耳朵、粉红色、毛茸茸的玩具兔子。

强烈的紧张感压迫着人们,他们对危险的迹象随时保持着高度的警觉,也想尽量保持正常的生活方式,但怎能做得到呢?人们能在第二天早上相见,彼此都会很高兴。早上,曼杜拉经常拉着小玛德琳卡的手,步行去买东西或是上公园,在人们眼里,那也是一幕极为动人的画面。玛德琳卡多像和平天使,蹦跳着向他们走来。

德国的空袭从 1940 年秋持续到冬天。冬季恶劣的气候条件限制了德国的飞机轰炸。但第二年 2 月底,当天气好转时,德国人对伦敦等城市的疯狂空袭就如暴风雨一般。由于德军对伦敦的轰炸不断升级,伦敦已不适宜居住。为了安全起见,约瑟夫·考贝尔把家搬到了乡下,住在他哥哥杰恩家里,距伦敦有 20 英里。农舍的环境优雅,有花木藤草装点,一个很大的英式花园通向水渠。附近有一片树林,考贝尔一家常去散步。在这里,约瑟夫·考贝尔一家处于寄人篱下、低人一等的地位。考贝尔兄弟一同乘火车去伦敦上班,但弟兄俩相处并不很融洽。周末,考贝尔家就成了捷克朋友们的避难所。从饱受战争创伤的城市来到这里,人们得到暂时的喘息,大家都感受到一种特有的温馨。小玛德琳卡好像是天堂里的天使一样快乐,她到花园里去捉美丽的蝴蝶,到树林里去听小鸟唱歌,还跟鸟儿学唱。

在伯克汉姆斯特德小镇，考贝尔一家改信了罗马天主教。1941年5月31日，镇上圣心教堂一个秘密的仪式上，约瑟夫、曼杜拉、玛德琳卡和约瑟夫的哥哥杰恩接受了洗礼。当时玛德琳卡刚好4岁。一位天主教方济会的捷克斯洛伐克神父专程从伦敦赶来主持洗礼仪式。小玛德琳卡站在教堂后面靠近门口的凳子上，头向前伸，神父在她的头上洒了三勺圣水，然后举起双手进行祈祷，神父给玛德琳卡施了洗礼。犹太人改信天主教一事并不多见。约瑟夫·考贝尔改变宗教信仰一事，马萨里克外长却感到吃惊，骂他是个懦夫。马萨里克同情犹太人的遭遇，痛恨纳粹对犹太人的迫害。约瑟夫·考贝尔改信天主教两年后对一位朋友说，他和曼杜拉改变宗教信仰，是想使生活更平静，是为了孩子。那时，捷克人绝大多数是罗马天主教徒。

1942年10月7日，玛德琳卡的妹妹凯茜出生，家里人都叫她"凯卡"。家中添一个婴儿，曼杜拉比以往更加忙碌，玛德琳卡有时也帮着照看妹妹。

玛德琳卡6岁开始在因戈玛学校开始上一年级。学校的座右铭是"公平诚实"。姑娘们夏季的校服是一套浅棕色带白条的棉布童装，一件棕色运动上衣和一顶巴拿马帽子。由于是战时，每个孩子都携带一个装有防毒面具的小铁箱。当空袭警报拉响时，孩子们都在体育馆等着被送到地下室。回家时，玛德琳卡会经常在人行道上看见灼热的弹片。曼杜拉非常喜欢接女儿回家，看到可爱的女儿，仿佛看见太阳从云雾中跳出。

后来，约瑟夫·考贝尔一家从哥哥杰恩那里搬了出来，在伦敦以南28英里一个叫沃尔顿的小镇租了一栋房子，与一个叫古尔德斯达克的犹太人一家共用，他们处得很不错。

玛德琳卡经常骑着小童车陪父亲去车站，父亲送她到学校，放学后，她就自己骑车回家。下午，她在房子对面的草坪上打曲棍球，有时翻过篱笆去邻居家喝茶。她家后院养了些鸡来补充战时的食品供应。一天，妈妈让她给鸡喂水，玛德琳卡往牛奶瓶里倒了半瓶水，把瓶放在外面。"你想鸡怎么能喝到水呢？"曼杜拉问她。"它们有长脖子啊！"她争辩。玛德琳卡还常自己玩神父的游戏。她有个祭坛，一些蜡烛，一个小银杯，她用银杯扑灭蜡烛上的火焰。

约瑟夫·考贝尔是镇上的空袭民防队长。由于灯火管制，有一晚他撞在砖柱上，撞碎了眼镜，眼睛也被割伤。每当晚上，人们还得进防空洞。1944年6月12日，德国人开始发射V—1火箭攻击伦敦及其他地区，这种炸弹杀伤力极强。考贝尔与古尔德斯达克买了一张装有厚钢板的桌子，放在餐厅里。这张桌子大小和一张单人床差不多，两家人吃饭时，空袭开始，他们就迅速往桌子底下钻，两对父母和3个孩子爬进去，挤成一团，没事了又爬出来。战争制造了多少闹剧。

在漫长的6年战争岁月里，考贝尔一家与成千上万的人们一起，与炸弹的危险做斗争。小玛德琳卡也经受了战争的锤炼，她刚毅的性格是战争练就的。

亲人遇害

德国入侵给捷克斯洛伐克人民造成巨大的损失。捷克人在物资和经济方面付出了高昂的代价,他们不得不为纳粹的工厂做工,还有一些人被运到德国。捷克的社会精英受尽了迫害,政治人物和知识分子成为盖世太保捕杀的对象,因为他们常常成为反抗运动的组织者。犹太人更是遭到惨无人道的屠杀。战后,捷克斯洛伐克的犹太人所剩无几。

纳粹占领布拉格之后,犹太人的日常生活被完全打乱,社会和娱乐活动被禁绝,财产被登记。纳粹规定:出入公共场合的犹太人必须佩戴印有大卫星的黄布条,上面印着"犹大"二字。犹太人无法取存款,犹太人的商店、工厂、公司被抢走,孩子们被赶出学校,各类专业人员被迫停业。所有的东西都被抢走。后来,犹太人甚至被禁止出现在任何公共场合,禁止外出,禁止从一个城市到另一个城市,禁止从一个村子到另一个村子。家人和亲朋好友不能相会。犹太人已经和正常社会彻底隔绝。

1941 年 9 月 27 日,德国党卫军头目莱因哈德·海德里希成为纳粹在捷克的摄政者,这是犹太人不祥的预兆。他开始大肆搜捕,把犹太人移送到东边波兰的奥斯威辛等集中营。作为希特勒大规模屠杀犹太人计划的一部分,海德里希命令剩下的犹太人住在布拉格北 40 英里的要塞小镇特雷津。1941 年 11 月 24 日,那里也建起了犹太人的集中营,德语叫塞雷谢恩斯达德,它简直是个活地狱。

1942 年 7 月 30 日,玛德琳卡的祖父母被送到塞雷谢恩斯达德集中营。不久,祖父阿诺斯特就死去了。1944 年 10 月 23 日,祖母奥尔加又被转送到奥斯威辛集中营,死于毒气室。1942 年 10 月,玛德琳卡的表姐米莲娜和她的父母也一起被送到塞雷谢恩斯达德集中营,也都死在集中营里。另外,玛德琳卡的外婆也在波兰的一个集中营死去。

亲人们的惨死,小玛德琳也许一无所知。她的父亲,约瑟夫·考贝尔作为流亡政府内主管新闻的一名局长,应该知道内幕,因为,英国广播公司捷克台播出了谴责大规模屠杀犹太人的严正声明。

二战结束,约瑟夫·考贝尔作为流亡政府成员,先家人一步乘飞机回国。曼杜拉带着孩子们随后飞回布拉格。17 岁的表姐达格玛怀着悲喜交加的心情返回祖国,走下飞机时,她四处寻找亲人的身影,没有任何家人和别的亲戚,只有约瑟夫舅父,她意识到发生了什么。她的全家被害,留下她孤苦一人。约瑟夫·考贝尔被指定为达格玛的监护人,她父母双亡,无依无靠,就和考贝尔家住在一起。在听到很多亲人被杀的消息时,每个人都受到了巨大的精神创伤,但在家里,很少有人谈论此事。约瑟夫从未和达格玛谈论过有关她父母的事,但却告诉过她一定要接受现实。考贝尔一家给了达格玛感情上的支持。

大使千金

考贝尔一家在赫拉德昌民广场附近的一个山顶小公园租了一套5个房间的大公寓。公寓在一栋17世纪时专为贵族建的大房子的2楼上,颇有点富丽堂皇。

时年35岁的约瑟夫·考贝尔和很多同事一样,想尽快适应捷克的新社会。战后的政治气候远不是战前考贝尔所熟悉的那样。1943年12月,贝奈斯与苏联签订了友好条约,捷克政府把捷克共产党组合进它的政治体制中。1945年春,贝奈斯返回捷克,捷克政府几乎完全按慕尼黑事件前的体制重组,共产党加盟临时联合政府,并拥有极大势力。约瑟夫·考贝尔担任了捷克外交部的办公厅主任。1945年9月底,他被任命为捷克斯洛伐克驻南斯拉夫公使。1946年公使馆升级为大使馆,考贝尔被任命为捷驻南第一任大使。

1945年9月28日,考贝尔带全家飞往贝尔格莱德赴任,他们家在捷克大使馆内有一套宽敞的住宅,十分豪华。

玛德琳卡的教育成了令人关注的问题,考贝尔夫妇不愿让女儿和南斯拉夫的孩子们同坐在公立学校教室里读书,他们带了一位捷克家庭教师,每天在家里指导她学习。玛德琳卡感到孤独,她几乎没什么在一起玩的伙伴,没事时就和家庭教师一起散步。暑假给玛德琳卡带来些许欣慰,他们一家常去亚德里亚海一个旅游胜地度假一星期,然后去布莱德再呆数日。布莱德城内有个大湖,玛德琳卡喜欢在里边游泳。

10岁时,玛德琳卡在学习方面超过了与她同龄的孩子。她被送到瑞士日内瓦湖边的一个小城——谢克斯布莱斯的波列普琳娜学校。玛德琳卡大发脾气,她不想到瑞士,但她却不能不去。因患皮疹,她晚了两个星期到校。她不会说法语,也不认识任何人,像来到一个陌生的孤岛。

学校给她取了一个新名字——玛德琳,她的世界连同她的名字都变了。开始时,她痛恨这一切。圣诞节,她没有回家,父母觉得她应该留在学校。那个假期无聊极了,大部分姑娘们都回家了,玛德琳被送到附近的德语学校,她不会德语,不喜欢那儿的环境,她觉得很难过。那年冬天,妈妈在贝尔格莱德又给她生了一个弟弟,名叫杰恩·约瑟夫。弟弟像王子一样出现在家里,玛德琳觉得自己非常可怜。

考贝尔的1946年夏天是在法国度过的,作为驻南斯拉夫大使,他是捷克参加巴黎和会的代表团成员。他想带玛德琳一起乘飞机去巴黎,但玛德琳拒绝了,她对战后从伦敦飞往布拉格颠簸的航程记忆犹新。考贝尔在巴黎和会期间担任巴尔干国家和芬兰经济委员会主席,他曾在法律学校学过国际经济专业。1年后,他获得捷克斯洛伐克政府奖励的"一级军事勋章"。

在捷克斯洛伐克,共产党的势力正在扩大,并控制了许多重要部门。苏联插手捷内政。1948年1月,约瑟夫·考贝尔回布拉格看望贝奈斯总统,想试探一下当时的政治气候,总统对捷国内形势充满信心。1948年春,捷克政府让约瑟夫·考贝尔代表捷克参加联合国印—巴问题委员会,考贝尔被任命为主席。

1948年2月25日,共产党在布拉格接管了政府。5月初,捷国民议会通过一个新宪法,规定共产党政权高于一切,贝奈斯拒绝在文件上签字,于6月辞去总统职务,由共产党人哥特瓦尔德接替,很多捷克斯洛伐克官员提出辞职以示抗议。约瑟夫·考贝尔作为贝奈斯的亲信,和捷克共产党政府隔阂越来越深,他深知前程未卜,但并没有立即与共产党政府一刀两断。他作为捷克官方代表,此时仍在巴黎联合国印—巴问题委员会工作。他把这一工作看成是逃跑的唯一机会。像很多捷克斯洛伐克外交官一样,他面临着一个痛苦的决定:或者是回祖国,或者是放弃一切,一无所有。

再度流亡

约瑟夫·考贝尔1948年春便计划逃走。他5月办好了去美国的签证,给在贝尔格莱德的妻子打电话,由于怕被窃听,用密语告诉她:"你们去度假,要带上需要的东西。"妻子心知肚明,着手准备逃走。初夏一个炎热的日子,曼杜拉带着小女儿凯茜和儿子杰恩,在贝尔格莱德登上火车,开始了漫长的旅行。到了瑞士,他们下车去看望寄宿在学校里的玛德琳。在洛桑逛街时,玛德琳教妹妹凯茜如何吃泡泡糖。在洛桑做短暂停留后,曼杜拉和两个年幼的孩子继续再乘火车去伦敦。到了伦敦,他们暂住在老朋友古尔德斯达克家。古尔德斯达克知道如果考贝尔再回捷克将处于极度危险的境地,他没有问他们一家的计划,但十分确定他们将去美国,因为联合国总部在美国纽约。

伦敦又一次为考贝尔家提供了避难所。曼杜拉把家安在了伯爵公寓大楼一楼的一套公寓里,她忙于照看两个孩子,凯茜只有6岁,杰恩1岁半。约瑟夫·考贝尔秘密却有效地为坐船去美国做好安排。不久,玛德琳也从日内瓦飞到伦敦与全家团聚。那年秋天,玛德琳又在伦敦一家法语中学注册入学,校内的课程均用法语讲授。在经历了一场逃出贝尔格莱德的情绪波动后,曼杜拉觉得身边的孩子们越发难以相处,一家人不再像前一阵子那样充满欢乐。

1948年11月5日晚,曼杜拉和她的3个儿女,在英国南安普敦登上了亚美利加号轮船前往美国,还带了一位20岁的南斯拉夫姑娘范茜·梅森格尔做女仆。因为是外交官的家人,他们坐了头等舱,航途中,由于轮船颠簸,曼杜拉和女仆都一直呕吐,玛德琳就得照看弟妹了。漫长的旅途真是难熬。

当家人乘船去美国时,约瑟夫自己仍留在巴黎联合国印—巴委员会。他与曾在伦敦流亡政府广播局共事的共产党人,后来成为他的上司的副外长克莱门提斯见了两次面,他们间的谈话使两位朋友产生了对立情绪。克莱门提斯询问了考贝尔对捷克共产党政府的态度和他未来的计划,考贝尔说不喜欢共产党及其政权,并计划要去纽约与家人团聚。1948年12月12日,考贝尔被捷克政府免去在联合国委员会的职务,公民身份被剥夺,所有国内财产被没收。5天后,他在南安普敦登上英国邮轮玛丽女王号去美国。在联合国机构接到考贝尔被免职的通知前,他早已到达美国。

在对祖国的热爱和对家人的关怀之间,考贝尔选择了后者,对家人的爱和责任占了上风。他决定找一条通往安全世界的道路,以免家人遭殃,以便孩子们有更大的发展。考贝尔不愧为一个精明的外交官,他的实用本能和技巧令人佩服。他和家人得以安全脱身,而留下来的许多持不同政见者都遭到了不同程度的迫害。

约瑟夫于1948年12月22日来到美国与家人团聚,合家欢喜。不太会英语的曼杜拉正努力适应新生活。圣诞节到了,他们隆重地庆祝了全家的团圆。

考贝尔一家在纽约市郊安顿下来,租了一处花园小屋。他们不再似以前那样荣华富贵了,而是流落他乡的流亡者。女仆范茜不久离去,曼杜拉只好自己操持家务。但由于没做过饭,她不知道怎样挑选锅碗瓢盆,也不懂怎样买食品。他们从1949年开始了一种全新的生活。玛德琳和凯茜进了离家约1英里的阿伦德尔小学。家里没有电视,玛德琳就只好到邻居家去看节目。

11岁的玛德琳已长成了一位标致的姑娘,稍胖的身材,淡黄的卷发,灿烂的笑容,活泼又可爱。跟父亲一样,她已能说数种语言,最流利的是捷克语、法语和英国口音的英语。按年龄,玛德琳该上六年级了,但校方认为她是外国人,不熟悉美国的生活方式,只该上五年级。但测试后发现,她的成绩足以上七年级,考虑各种因素后,校方让她插入六年级。最初玛德琳没注意到自己的发音与众不同,有一天唱圣诞歌曲《我们相聚在一起》时,她听到一个不和谐的声音竟是自己的,她决心改掉英语中的英国口音。善于模仿善于学习的玛德琳处处留心美国口音。玛德琳不仅口音与他人不同,穿着打扮也不同,外套不是太宽就是太窄,裙子不是太长就是太短,从来就没有合身的时候。她从不参加同学聚会,上学家里没车接送,她与别人大不一样,父母对她很严格,她不能像其他孩子一样随心所欲。

玛德琳渴望新的环境接纳她。多年来,她一直与众不同——一个饱经战火,在异地他乡过流浪生活的女孩,原是一个享有特权的外交官的女儿,眼下却是身处美国的小小流亡者。她的童年是在"我是外国人"的感觉中度过的。

约瑟夫·考贝尔虽已被捷政府解职,但他仍继续在联合国工作到1949年2

月。他从联合国发布的公开信中获悉他被停职后,立即采取行动,以确保他及亲人能在美国呆下去。1949年2月12日,他给美国驻联合国代表写信,请求在美国政治避难,1949年3月初,杜鲁门政府批准了考贝尔的政治避难请求,这位前外交官舒了一口气。考贝尔得到美国人士的帮助,在丹佛大学得到住校教授一职,教授国际关系,并着手修改充实他的《南斯拉夫外交经历》一书。

虽在8年前就已皈依了天主教,约瑟夫和曼杜拉清楚地意识到有必要更进一步融入美国主流社会。许多欧洲犹太移民发现,生活在美国的犹太人受到盎格鲁·撒克逊新教主流文化的压制,新教文化带有浓厚的反犹主义色彩,非犹太人更容易被社会所接纳,更易获得圆美国梦的机会。这种情形使一些欧洲来的犹太人感到愤怒,而更多的则选择放弃犹太习俗以融入新环境。

在美国半年后,玛德琳从六年级毕业,学校为毕业生举行了毕业典礼。毕业典礼后,考贝尔一家又一次打点行装,再度搬迁,目的地是美国的西部。

中学时代

考贝尔家决定定居于美国西部城市丹佛。怀着美好的憧憬,他们用微薄的积蓄买了一辆福特轿车,于1949年6月离开纽约上路。刚到丹佛时,他们又搬迁了几次,6个月后,终于在丹佛南区安顿下来。他们住在丹佛大学简陋的校舍内,曼杜拉称他们的住处为"糟透了的破房子"。考贝尔夫妇的卧室及小书房设在地下室,玛德琳在楼上有自己的屋子,凯茜和杰恩合用一间。约瑟夫决心不让寒碜的条件影响心境,经常邀学校的同事与家人共进晚餐。曼杜拉给客人看手相取乐。

玛德琳上了莫雷初级中学,她很喜爱这所学校。热爱学习,善交朋友,她很快就融入她所处的环境,变成了一个地道的美国少女。她对弟妹很负责任,清早送他们步行上学,然后自己再坐巴士去学校。周末,她带他们去看电影。

约瑟夫在丹佛大学教国际关系和苏联东欧政治,他很快就赢得了学生们的爱戴。曼杜拉外出工作,先在丹佛公立中学做秘书,后在一家投资公司干活。尽管回到家已疲惫不堪,她还得做饭,玛德琳和父亲负责洗涮。每周五下午,他们一边欣赏莫扎特的曲子,一边打扫卫生,约瑟夫和玛德琳干粗活,凯茜擦从捷克带来的珍贵玻璃器皿。玛德琳经常跟母亲发火,她讨厌打扫卫生。

作为父亲,约瑟夫非常严厉,他不许孩子们有粗鲁无礼行为,规定晚上早睡,要求穿着得体,自己作为表率,衣着穿戴一丝不苟。晚餐很正规,得准时就餐。不准用电话跟朋友聊天。考贝尔是个严厉的欧洲式的家长,孩子们从不敢违抗,做错了事就得挨罚。

此时的玛德琳对罗马天主教很虔诚,定期参加教义问答,做忏悔,领圣餐。她喜欢上教堂，经常拽着别人跟她一起去。那时的教堂用拉丁文做礼拜，祈祷书有一半是英文，一半是拉丁文，早慧的玛德琳更喜欢拉丁文。

在丹佛安定下来后，每逢周末，考贝尔全家就驱车到山里去野餐，曼杜拉准备的食物是土豆色拉，大块肉汉堡。他们拾蘑菇煮食，玛德琳开玩笑说有朝一日大家会食物中毒。约瑟夫还坚持全家一同去散步，他称之为"家庭团结"，他们感到自己是异国人，一家人总是形影不离。夜晚，约瑟夫辅导孩子们做历史功课，鼓励他们好好学习，争取好的成绩。

3个孩子中，玛德琳功课最好，评分大多是 A。她参加过一次洛杉矶地区联合国知识竞赛，按字母次序背出联合国成员名称，获第一名。

玛德琳该上高中了。父母想让她在私立学校就读，以便接受比公立学校更好的教育。女儿很不愿意，她跟父母发生争执，然而决定权终归在父亲手里。玛德琳上了肯特女子中学，该校是最有名气的私立中学，位于市郊，距丹佛市中区 5 英里。玛德琳所在的班上有 16 名女生。

玛德琳很长时间才适应肯特学校，刚进肯特时她一点也不快乐，第一眼看到就憎恨它。她是全校唯一的天主教徒，其他人都信奉新教，每个人都知道她靠奖学金上学，她家没有别人有钱。好在女生全穿校服，她不必为衣物发愁。她始终觉得自己不应该是那个圈子里的人，总显得格格不入。因此，她小心翼翼，谨慎行事，表现老成，人缘极好，是每个人的朋友。她给人性格沉静内向的感觉。春天放假，别人参加花样翻新的旅游，她只待在家里；夏天，同学游山玩水，她还是待在家里。肯特学校的女生每周五轮流做东吃便餐，但却从不光临玛德琳家，她像个局外人。她努力不受这种情形干扰，形成了极强的独立意识，决心走自己的路，也从不怀有丝毫的妒忌。

玛德琳学习很用功，她知道自己该做什么。她是那种不服输的女孩，要用自己的勤奋使自己在学习上比别人强。班上的女孩个个聪明伶俐，玛德琳不是最聪明的，却是最全面的，她成绩非常优异。玛德琳有一种坚忍不拔、敢作敢为的性格，这在运动场上完全表现出来。她是位曲棍球手，在赛场上猛打猛冲，锐不可当。她虽不是球星，但能力强，意志坚定，打球就要拼命赢。

玛德琳有时也很逗的。她开过一个有水平的玩笑，她说："我是捷克人，要嫁捷克汉，会生下一群捷克仔。"但她不贫嘴，也不粗俗。她不仅能领略事情严肃的一面，也能领会轻松的一面。

玛德琳精力充沛，广泛参与社会事务。她为学校附属教会委员会服务，还加入唱诗班。升入高年级后，她还担任了学生会主席。她总是抽时间参加政治研讨和辩论，跟父亲一样，她是民主党的拥护者。而她的同学及家庭基本上是共和党的拥护者。肯特学校简直就是共和党的天下，上肯特学校的都是有钱人家的子女，理所当然是共和党的拥护者。

玛德琳具有自由政治倾向。她敬慕父亲的才华,受其民主观念的熏陶,餐桌旁接受的已变得根深蒂固的思想观念,在与同学们的谈话或辩论里自然流露出来。她总是陷入重围,但也会与全校的共和党拥护者背水一战。

玛德琳性格倔强,但中学时代没有经历过叛逆阶段。她与父母为上私立学校争执服输后,从未与父母发生什么大的冲突,有的也顶多是因回家太晚跟父母顶几句而已。高中最后一年,她曾试过抽烟,但终因不喜欢而没学会。肯特学校虽不再如以前那样令她憎恶,但也并未成为她生活的中心,她认为那段日子不可思议。

考贝尔家的孩子们都对历史及国际关系感兴趣,这是他们的生长环境造成的。餐桌边三句话不离外交政策和历史人物事件,他们耳濡目染,饱受熏陶。约瑟夫有时邀请大学里的教授到家,一边喝鸡尾酒,一边谈论政治和历史,这对孩子们的影响也不小。

在丹佛大学,考贝尔成了知名的教授。人们对考贝尔具有学者和教师双重才能赞叹不已,这在学术界是令人称羡的结合。他写了三大部学术专著,同时又是超一流的教师。他开拓学生的想象力,激发他们的好奇心和求知欲。学生觉得他才华横溢。但考贝尔最专心的学生,最忠实的崇拜者是大女儿玛德琳。她认真聆听父亲的高谈阔论,细心揣摩他的每一句话。约瑟夫在孩子们的心目中简直是英雄。

曼杜拉活泼,热情,是位爱护孩子的好母亲。她对家庭无限忠诚,无私奉献,她具有应付和解决几乎任何问题的能力,这些对玛德琳及弟妹产生了很大影响。

考贝尔夫妇对孩子们呵护备至。上十年级时,有个男生邀玛德琳参加中学生舞会,约瑟夫不让女儿坐那男生的车,把玛德琳气得要死。后来,父女俩达成协议:玛德琳可以跟那男生同坐一车,但父亲开车跟踪他们。玛德琳为此极为恼火,但她还是明智地避免跟父亲争吵,他那坚定的目光容不得她有任何的争辩。

走进大学

1955 年秋,高才生玛德琳同时向 5 所大学发出入学申请,它们是:斯坦福大学、宾夕法尼亚大学、芒特·霍尔约克大学、丹佛大学以及韦尔斯利女子学院。她需保证能得到奖学金,而且,父亲要她上奖学金额度最高的学校。

一周时间里,她同时被 5 所大学录取。斯坦福大学的接纳信最先交到她手上,可是信件对奖学金一事却只字未提,玛德琳为此很失望。韦尔斯利女子学院为她提供了最高金额的奖学金,韦尔斯利学院丹佛俱乐部还替她支付到校路费。她选择了韦尔斯利,但却恋恋难忘声名卓著的斯坦福大学。

玛德琳于 1955 年 9 月 19 日到达韦尔斯利女子学院。该校毗邻沃班湖,是美国最美丽的校园之一。玛德琳住进一幢新生宿舍楼,被称作"家宅"。她的室友是玛丽·简·邓福德,一位文静、金发碧眼的高个儿女孩。

从到校的第一天起,玛德琳的认真劲和上进心就给老师同学留下了深刻的印象。她具有讲数种语言的能力,然而学法语时却遇到了麻烦。她法语讲得极漂亮,但语法知识却太差,第一次作业老师给她评了个D,外加评语:"你的语法一团糟。"玛德琳的室友擅长语法而口语却不行。两位姑娘互相取长补短,玛丽修改玛德琳的作业,玛德琳纠正玛丽的口音。玛德琳来韦尔斯利不是为了参加社交聚会的,她不想虚度时光,她父母对她寄予了极大的希望,她努力学习,力求上进,以便不辜负父母的期望。

玛德琳是全校仅有的5名外籍学生之一,5人中只有她操一口纯正流利的美式英语。她似乎谙熟交融之道,待人接物挥洒自如。朋友们喜欢她,拿她的外国人身份逗弄她,她们带她到波士顿的法林地下商场选购新衣,还给她取了一个她自己讨厌但却流传至今的绰号——玛迪。在美国生活多年后,玛德琳早变成了地道的美国人,在美国化的历程中,她的性格及爱好渐趋成型。从玛德琳当时的照片看,她一副齐耳卷曲的短发,脖子上戴着一串珍珠项链,青春又美丽,一个地道的美国少女。

大多数韦尔斯利女生喜爱这所学校,并为能跻身这样的名校而倍觉自豪。韦尔斯利学院的校训是:"不需别人照顾,但要照顾别人。"学院期望年轻的韦尔斯利毕业生要做到处世不惊,充满自信,口才出众。要学生"走出韦尔斯利,让世界有所不同"。学院当时还有一项内容是拍"姿势照",数所名校都对学生有此要求。大家排好队,一个挨一个拍裸体照,照片用来研究个人姿势,矫正同学的动作。来韦尔斯利的学生,部分是为了获得良好的教育,而主要原因则是结识附近的名牌大学里最有资质和前途的年轻男士。学校的出版物也替学生家长着想,为女生们能遇上理想的男士出谋划策。

玛德琳对上大学的感受比多数女生强烈得多。她在饱受战争创伤的欧洲度过童年,在奋力跻身美国主流社会的努力中送走少年时代。她眼里的韦尔斯利学院是汇聚知识和交际乐趣的一片绿洲。她总觉一切都那么美好,像在做甜美的梦。

玛德琳在校内的朝圣者洗涤公司打工挣零花钱,每周把洗好的亚麻制品送回寝室,她还需要打开一包包脏床单、脏枕套数件数核实编号。当她写信告诉父母时,他们惊呆了,并回信说:"我们家也许不宽裕,但没有必要让你给别人洗洗涮涮。"

玛德琳对国际事务和政治有浓厚兴趣。她担任《韦尔斯利新闻报》的撰稿人,渴望成为一名新闻记者。上二年级时,她当了校报的通讯员,写过一篇论述美国学生学外语的重要性的文章,刊在头版。1958年玛德琳担任新闻版副主编时,写了一篇有关约翰·F.肯尼迪连任参议员组织竞选活动的报道,她已掌握新闻报道的写作模式。玛德琳是一位热衷于美国政治的学生。她仿佛是父亲的翻版,与其父有着共同的兴趣,不同的只是侧重的国家不一样。

玛德琳不仅学习认真,热心政治,而且也懂得如何开心。她有时也和同学打桥牌。冬天,她们在雪地上滑"托盘",脚踏从食堂"解放"出来的托盘,呼啸而过。玛德琳有一位在普林斯顿大学就读、名叫埃尔斯顿·梅休的男友,他是她在丹佛认识的比她高一届的男生。她喜欢炫耀一件"战利品"——他的黑黄两色的普林斯顿大学的围巾。

女儿在韦尔斯利就读期间,考贝尔夫妇全身心投入到丹佛大学的工作中。约瑟夫·考贝尔是不可多得的教授,正忙于筹建一所国际关系研究院。1957 年 3 月25 日,在移居美国 8 年多后,约瑟夫和曼杜拉·考贝尔在丹佛地方法院举行的仪式上,成为美国公民。1957 年 8 月 14 日,玛德琳获准加入美国国籍。

美好姻缘

二年级暑假在《丹佛邮报》见习期间,玛德琳遇上了乔·奥尔布赖特,一位标致帅气的年轻人,一个报业帝国的继承人。玛德琳当时在《丹佛邮报》资料室汇订剪报,答复订户提问。乔来查资料,他左手无名指上戴着年级戒指,玛德琳还以为他结婚成家了。有一回,他主动跟她攀谈:"你上学吗?""我在马萨诸塞的韦尔斯利女子学院读书。"乔听后笑了,他说:"我上马萨诸塞州的威廉斯学院。"

起初,玛德琳对乔的背景一无所知。他们约会时,母亲坚持玛德琳和乔各自出钱,分担约会的费用。乔就住在考贝尔家附近,曼杜拉喜欢这个年轻人,经常请他到家吃饭。

玛德琳仍继续跟埃尔斯顿·梅休约会,乔到家里来会让她很尴尬。但乔给她与家人的印象很不错。他们家墙上有许多油画,乔对油画的评论,让约瑟夫刮目相看。乔还跟约瑟夫谈及哈里·杜鲁门,他发表了自己持批评态度的看法,起初约瑟夫很反感,但最后认为他很有才智。

乔·奥尔布赖特是个严谨的年轻人,他童年虽不像玛德琳四处漂泊,但也受过挫折。乔的生父杰伊·弗雷德·里夫,是芝加哥一家有影响的法律事务所的投资人,母亲约瑟芬是《纽约每日新闻》出版商的女儿。乔 7 岁时,父母离异,这给他心灵造成不小创伤。两年后,母亲再嫁画家伊万·勒·洛雷因·奥尔布赖特。乔和妹妹随母亲到了奥尔布赖特家,乔的名字改为约瑟夫·奥尔布赖特("乔"是"约瑟夫"的昵称)。

乔的姨妈艾丽西亚·帕特森是家族的贵妇人,没有生育,她是个善于交际,喜爱冒险的女人,她和丈夫古根海姆共同拥有、共同经营《每日新闻》,这是长岛的一份内容活泼,前途看好的报纸。她把乔当儿子一样对待。

暑假乔到《丹佛邮报》做实习记者,与玛德琳相遇并爱上了她。1958年他的毕业论文是有关外祖父约瑟夫·梅迪尔·帕特森的生平,这是一篇极优秀的作品。然而,乔的母亲对儿子题写的论文献词恼怒万分,献词是:"献给玛德琳……"

玛德琳和乔对政治和新闻有着共同的偏好,可谓志趣相投。这使得两位青年人相遇后,很快就走到了一起,并真诚地相爱。乔被玛德琳聪颖、美丽可爱的魅力所吸引,他决心娶玛德琳为妻。

又一个暑期结束,返回学校的玛德琳让朋友们大吃一惊。她被"带上了别针",这是订婚的前奏,由男生把自己带有金链的大学生联谊会徽章送给已确定关系的女友别在胸前。玛德琳进教堂时,身穿一件红色的毛线衫,乔送的那枚徽章在她的胸前格外显眼。乔向她求过婚,但她决定先走"带别针"这一步。

玛德琳准备去见乔的家人。为了让她有思想准备,乔告诉了她自己的特别背景。她来到芝加哥时髦的东湖湖滨见了她未来的婆婆及别的人。1958年12月29日,乔和玛德琳订婚的消息刊登在《纽约时报》上,附带登了一张玛德琳的照片,玛德琳齐耳入时的短发,宽宽的颧骨,甜甜的笑容,分外地青春动人。

玛德琳向家人宣布自己已恋爱并打算结婚,而且为了恋人要放弃天主教改信新教圣公会。父母对女儿的选择倍感欣喜,他们非常喜欢乔。

乔比玛德琳早一年毕业,住在芝加哥,他们一月见一次面。玛德琳在大学四年级忙于筹划婚礼及撰写毕业论文。她的论文以犀利的笔触详尽叙述了捷克左翼社会民主党人兹丹尼克·费尔林格的一生,其人出于对苏联的敬仰和忠诚,背叛了自己的祖国。论文的题目是:《兹丹尼克·费尔林格在捷克斯洛伐克共产化历程中的作用》,并以此论文献给父母及未婚夫乔。

这篇论文是严谨研究的成果。玛德琳花了大量时间阅读用英文和捷文记载的文献资料,还跟父亲探讨他曾经历过的那时的政治气候。她生动描绘了一幅民主在捷克斯洛伐克消亡的画卷。但她未涉及希特勒屠杀犹太人的话题,这仿佛是个禁区,一种潜意识使她避免探讨这一主题所涉及的人与事。1959年6月8日,玛德琳获得毕业证书。

韦尔斯利毕业证书和一只结婚钻戒使玛德琳的生活放射出美好的光彩。她是个好女儿,没有辜负父母付出的牺牲和对她的期望。她的前程似锦,她对未来幸福的生活充满憧憬。玛德琳毕业3天后就嫁给了她的意中人乔。婚礼是在韦尔斯利村的圣·安德鲁新教圣公会教堂举行的。玛德琳一身洁白漂亮的婚纱,纤腰紧束,脖子上戴一串雪白的珍珠项链,手捧一束玲兰玫瑰,容光焕发。

对于玛德琳来说,筹划婚礼相当困难。乔的家庭不仅极为富有,社会地位也高高在上。而玛德琳家经济状况困窘。按传统,考贝尔应负担婚礼费用,没有钱就难以操办与乔家庭相称的体面婚礼。玛德琳自己操办了婚礼,她把在读书时打工挣的钱拿出来为乔买了一块手表作为结婚礼物,另外还支付了大部分婚礼费用。由男方负责的婚礼晚宴极其精美，奥尔布赖特家把人们请到波士顿最高档的饭店——约瑟夫餐厅参加宴会。

婚礼后，新婚夫妇在加勒比海度蜜月。在1周时间里，他们从一个岛屿飞到另一个岛屿，欣赏一望无垠的白色沙滩，品尝新婚的甜蜜。

奥尔布赖特家族，是令人生畏的富有的名门望族。玛德琳发现自己踏入的这个阶层很看重社会地位。要适应新家庭对新嫁的玛德琳来说绝非易事，相处中不可避免要出现不和谐。婆婆约瑟芬·奥尔布赖特饮酒无度，有时相当苛刻，对玛德琳的态度不很好。

蜜月后不久，乔报名参加了预备役部队，在密苏里的一个要塞开始6个月的军旅生活。此间，玛德琳搬回丹佛住在娘家。玛德琳想找临时工干，费尽周折，最后在一个汽车订票处找到了。6周后，她到密苏里州跟乔团聚，夫妻俩租了一套公寓。玛德琳在当地的几所学校当秘书，不久找到一份记者差事，为密苏里州罗拉的《罗拉每日新闻》做事，周薪35美元，她非常喜欢这工作。

乔服役期满，夫妇俩回到芝加哥。乔在《太阳报》重操旧业。玛德琳想在芝加哥的某家报纸做记者，乔的同事们却不以为然，其中一位建议她别这样干，要待在家里做个好太太。玛德琳没有抱怨。乔的同事们的话在那个时代具有代表性，男人占据大多数工作岗位，妻子应本分地、快乐地追随丈夫，不能妨碍丈夫的前程。

玛德琳在《大不列颠百科全书》编辑部谋到一份工作，任研究员，这一职位从来就由女性担任，工作内容是找到购买者可能提出的问题的答案。

乔在《太阳报》干得特别出色。艾丽西亚姨妈向他施压，把他招到自己的麾下，为总部设在长岛的《每日新闻》效力。乔和玛德琳在临近的加登市租下一套公寓。乔在报社不同科室巡回供职，人们一致认为他是个正派人，一个勤奋的职员。尽管他特别富有，又有显赫的家庭背景，同事们觉得他很好处，都喜欢他。乔在很短的时间内就得到提拔，担任了编辑部的改写员，修改即将付印的文章。

玛德琳怀孕了，腰身变得越来越粗，她开始步行减肥，通常走上5英里，然后停下来喝杯咖啡，再调头走回家。玛德琳一直想学俄语，学俄语要求会认西里尔字母，这使得本来就拗口的俄语更加难学。有一天，在去附近城镇看医生的路上，她无意中看到霍夫斯特拉大学开设俄语班的广告。俄语班每天开设8节课，共8周，6月开学。然而小宝贝将在8月的第一周降生。玛德琳即使学也没法坚持到底。她非常惋惜不能利用这次机会。

医生检查出玛德琳怀有双胞胎。1961年6月17日，玛德琳产下一对双胞胎女婴。婴儿早产6周，两个体重都只有3磅多，而且肺部萎缩。医生告诉奥尔布赖特夫妇，如果48小时内婴孩的肺仍不能充气的话，就活不下来，即使能活下来，她们也必须住在医院直至体重达5磅，因为体质弱容易感染，就是母亲也不许接触婴儿。24岁刚做母亲的玛德琳吓坏了，但无能为力，只能透过玻璃门看她的女儿。

年轻的母亲从此充满了牵挂和母爱。双胞胎女儿一个取名叫安妮,一个叫艾丽丝。

由于自己没有可干的事,也为了分散注意力,玛德琳·奥尔布赖特报名参加了她先考虑过的俄语班,这让她有事可做了。恰逢考贝尔外出讲学顺路看望他们,玛德琳用俄语向他问候,这使父亲感到惊喜,也有几分骄傲。

尽管玛德琳重新回到学校,但她注定将来要从政。她的世界跟大多数家庭主妇没什么两样,整天围着婴儿转,围着丈夫以及他的职业转。可是,她却在不停地思考自己该干些什么。《大不列颠百科全书》为她提供了一份不太受约束的工作,在报刊专栏内搜寻稀奇古怪的资料,但这工作由韦尔斯利学院的高材生来做,未免有点屈才。奥尔布赖特一边读书看报,看连续剧,喂小宝宝,涮瓶子,一边心里在想:我得做点正经事。她常打网球,他们家后院有个网球场。她不时设晚宴,客人一般是丈夫《每日新闻》报社的同事。但有个问题一直搅得她心绪不宁:我的生活该怎么过?她有当教师的想法,想在长岛的大学谋一份教职。

几个月后,乔被调到华盛顿,专门报道国务院的情况。乔接受了做一名报刊出版人的训练。但新闻报道才是他真正的强项。与写作相比,他更善于挖掘新闻素材,并最终选择了令人上瘾但日常事务杂乱的新闻报道。

玛德琳和乔·奥尔布赖特搬到了华盛顿,住在第34大街一座小房子里,与加德纳家做邻居。理查德·加德纳32岁,但当时已担任国务院助理国务卿,职责范围涉及联合国事务,职位引人瞩目。一切似乎令人难以置信,在华盛顿做记者的感觉好极了,生活很精彩,他们是新闻机构的生命线,比编辑和出版人更讨人喜欢,他们的权力很大。

丈夫做了报道国务院情况的记者,玛德琳的社交圈子也开始扩大。邻居丹尼尔·加德纳出生在意大利,和玛德琳·奥尔布赖特一样,也曾煞费苦心成为地道的美国人。两位女士性情相投,并成了亲密的朋友。加德纳家和奥尔布赖特家的葡萄牙女仆是姐妹俩,家里有佣人是富有与社会地位的象征,女主人很少做家务。这是一种舒适的生活,一种当时典型的美国首都上流社会的生活。两家经常聚在一起吃晚餐,谈话一般围绕时事进行。玛德琳关注海外的风吹草动,而乔出于记者本能会从加德纳先生口中打探独家新闻。

1961年1月,约翰·F.肯尼迪从艾森豪威尔手中接过权柄,成为美国有史以来最年轻的总统。这个时期的人们对日益强大的苏联充满恐惧和疑虑,有关核战争可能性的讨论经常占据报刊的大幅标题。新闻本身也够刺激,战争与和平,核毁灭等重大问题使美国这个对二战及朝鲜战争仍记忆犹新的国家忧心忡忡。这是一段让华盛顿新闻界产生飘然感觉的时期。"柏林危机"和美国卷入越南战争,使美苏关系极度紧张。

在华盛顿,当天的头条新闻便是人们谈论的话题。玛德琳与乔时常出入权势集团的圈子,他们的话题就更是如此。创造历史的人物就住在他们隔壁。他们去相同的教堂做礼拜,孩子上同一所学校,互相在家设宴款待对方。美国人多数对苏联知道得很少,会俄语的更是寥寥无几。玛德琳·奥尔布赖特的经历及她父亲对她的影响,使她对苏联有一种深切的理解,因而,她的高谈阔论总会使人折服。

攻读研究生

1962 年秋,玛德琳·奥尔布赖特作出一个不同寻常的决定,到华盛顿的霍普金斯大学的国际关系高级研究院攻读研究生,专业是侧重国际关系的政治学科。作为年轻的母亲,家里有女仆照料孩子,因而玛德琳参加了全部课程的学习,她选俄语作为外语。美国和变化中的世界是必修课,选修课有:苏联国家发展史、比较法律体制、东欧各国及中国大陆研究。

那一年,玛德琳可谓步履维艰。朋友们多次问她攻读学位是否合适。家中双胞胎女儿只有 1 岁,丈夫乔做记者也劳神费心,人们期望女人顺从丈夫,有性感有魅力,而不是要女人满腹经纶。许多同龄人,不论男女,对她的行为持不赞成和批评态度。但玛德琳执意攻读学位。她的学习动机是过上一种有趣的生活,干一些有益的事,而不是成天待在家里。对国际事务及政治的兴趣,以及当一名教授的想法给她以动力。玛德琳觉得自己是独立的女性,跟丈夫是伙伴关系而不是从属的关系,她要做一个完整的人,从某种程度上说,她是一个女权主义者。

1963 年 7 月 2 日,乔的姨妈患腹部溃疡,死于术后并发症。她丈夫主持《每日新闻》商务版,需要一个有编辑经验的人协助,便任命乔担任出版人助理。显然,乔是明确无疑的继承人。乔和玛德琳搬到了纽约。刚刚在外面的世界迈出尝试性的第一步的玛德琳,中断了研究生学业以追随丈夫,她像她的母亲一样,无怨无悔地随丈夫迁徙。

玛德琳·奥尔布赖特一家在一座漂亮的白色的房子里住下来,房子坐落于布鲁克维尔雷姆森路边,有 4 个卧室,后院有个游泳池。这是一个富人住宅区,是理想的住所。玛德琳和乔喜爱他们的新家。孩子们由保姆照料,他们自己侍弄庭院。

1963 年 9 月,玛德琳在哥伦比亚大学文理科研究院注册继续攻读学位。她每学期学习数门课程,每周驱车 23 英里到纽约市上两三次课。撰写论文期间,她经常早晨 4 点半起床,趁孩子们熟睡时赶写文章。她精力高度集中,既要照料家庭,又要学习外语。要成为外交事务专家需要付出难以想象的精力。

学习之余,玛德琳照料孩子,打网球,举办家庭聚餐,哈里·古根海姆姨父是常客,玛德琳喜欢烹饪。她从不乱花钱,常跟人去平价商店买东西,依赖奖学金的经历和心理,使她很是节俭。但奥尔布赖特夫妇对朋友慷慨大方。多年来,数以难计的朋友曾在他们家寄宿。玛德琳和乔不仅热情接待朋友及家人,还常带他们一同出去度假。

1966 年,玛德琳又怀孕了,凸起的大肚子让医生认为又是双胞胎。玛德琳跟朋友开玩笑说,她好像"诺亚方舟",成双成对地生孩子。她怀孕 6 个月时,医生给她做了 X 光检查,发现怀的不是双胞胎。而是发育不良的孩子,原因是她患羊膜积水。双胞胎女儿在此期间又得麻疹,玛德琳心神不定,忧心忡忡。她向医生询问了堕胎的情况,但医生告诉她为时已晚。堕胎会危及她本人的生命。玛德琳只能苦等婴儿降生,束手无策,这是她一生中最难熬的时光。玛德琳终于分娩了,孩子是个死胎,奥尔布赖特夫妇异常悲伤。但玛德琳同时也如释重负。

乔担任出版人助理深感力不从心。姨父开始寻求有知名度的强力人物经营《每日新闻》,他选中了比尔·莫耶斯,此人曾任林登·约翰逊总统的新闻秘书。对乔·奥尔布赖特而言,这不啻是一个沉重的打击。他在大众面前蒙受了耻辱,因而极度伤心失望。朋友们对乔也深表同情,玛德琳更是为丈夫的失意难过。

生活的其他方面也不尽人意。玛德琳仍艰难地适应着奥尔布赖特家族的生活方式。他们家反犹太主义及孤立主义的观念可追溯到其祖父从英国移民美国的19 世纪,他们家跟玛德琳父亲坚持的政治主张和社会价值观相去甚远。玛德琳的公婆伊万和约瑟芬·奥尔布赖特比一些亲戚要宽容一点,但和睦融洽地相处仍很困难。为了消除儿子与贫困的小难民联姻的看法,老奥尔布赖特夫妇大肆渲染玛德琳的欧洲外交官的家庭背景。

玛德琳和乔感情深厚,他们夫妻关系是稳定的,玛德琳和那个时代的许多女性一样,将追求个人理想的愿望深埋心底,他们夫妻从未发生大的冲突。他们是互谅互让的一对儿。玛德琳经常忠告婚姻出现裂痕的朋友夫妻团结的重要。她和乔就是这样的,他们和睦相处,互相理解,在抚养孩子等许多问题上意见都是一致的。

1967 年 5 月 5 日,玛德琳生下三女儿凯蒂,她的双胞胎女儿安妮和艾丽丝已能在兰花盛开的美景中嬉戏。她已是 3 个孩子的妈妈了。

1967 年夏,玛德琳和乔决定去东欧旅行,她迫切地想回到故乡布拉格去看一看。与他们同行去东欧的有玛德琳研究生班上的同学斯蒂文·戈尔德及他的妻子马西娅·伯瑞克。斯蒂文和玛德琳一样来自东欧。他们沿途经罗马尼亚、保加利亚、匈牙利、南斯拉夫等国,最后到达捷克斯洛伐克。20 世纪 60 年代中期的东欧各国谈不上是旅游胜地。三流的旅馆很少装有空调设备,房间里苍蝇飞舞,让人心烦。他们开玩笑说像是在"猪圈"中旅行。途中一些美妙的时刻也让他们开怀不已。但是,旅行中也有令人伤感的时候,在贝尔格莱德,他们绕着玛德琳曾和父母一起生活过的捷克大使馆观看,玛德琳想去地下室找一些当年举家逃难时的遗留物作纪念,但这些东西已永远地遗失了。

到了布拉格,他们参观了考贝尔一家战后从英国回归时居住过的公寓。当年小玛德琳的卧室里,现在挤着一家人,这情景让玛德琳感到一阵阵的悲凉。他们在布拉格期间,当地的局势极度紧张,整个东欧周期性地发生排斥犹太人及犹太组织的浪潮。1967年,以色列和邻国爆发"六日战争",排犹运动进一步在东欧高涨。玛德琳的身世早已在捷克当局的掌握之中,她受到了监视。有一个下午,她冒险去看望一个犹太人,一个犹太家庭唯一的幸存者,这家人在1938年纳粹侵入捷克时掩护考贝尔一家逃出了魔掌。玛德琳看望的人叫彼得·诺瓦克,出身于一个有名望的犹太家庭,是个神童大提琴手,十几岁时曾在欧洲各地巡回演奏大提琴。二战中,他在纳粹集中营饱受摧残,他的手腕被割开,腕神经被切断,全部亲人被杀。后来,他又受到捷克当局的迫害,而且患胃癌濒于死亡。玛德琳看望彼得后,回到旅馆颓然倒下,失声痛哭。恩人的遭遇使她肝胆俱裂。她朝思暮想的故乡,竟深藏这么多悲伤的故事!

哥伦比亚大学政治学专业有两位巨擘,一位是马歇尔·舒尔曼,另一位是兹比克祖·布热津斯基。玛德琳·奥尔布赖特发现布热津斯基对她具有特别的吸引力,因为他们同是东欧人,都有强烈的反共意识,她佩服他敏锐的才智及率直的品性,他总是迫使学生们更加努力。奥尔布赖特夫人已磨炼出一种不可思议的、坚韧不拔的本领,成为布热津斯基最得意的门生。他看重她的组织才能及接物待人的落落大方。他们对自己的专业领域东欧和苏联有透彻的研究,坚持美国应对苏联采取强硬路线,认为加快军备竞赛将使美国领先于苏联而处于优势地位。1962年古巴导弹危机中,布热津斯基致电总统顾问,催促采取行动,建议尽快利用苏联犹豫不决的机会轰炸设在古巴的苏联导弹基地。

奥尔布赖特是研究生中少数女生中的一个,她知道要获得重视,就必须比男生付出更大的努力。1965年,她选修了布热津斯基讲授的《共产主义比较》。她还拜读了他的每一部作品。

20世纪60年代末是美国的政治生活充满对抗的时期,学潮席卷了校园。奥尔布赖特对示威活动漠不关心,甚至有几分厌恶。她在此期间写了一篇论文,对铁托和胡志明进行对比,指出共产主义体系的差异。1968年春,她被授予政治学专业的硕士学位。

拿到硕士学位后,奥尔布赖特继续攻读博士学位。读研究生对她身心都是一种挑战。她是3个孩子的母亲,丈夫的工作要求每隔几年就需举家全迁。她三次中断学业,但最终获得博士学位,论文选题是研究1968年在捷克发生的"布拉格之春"事件中新闻媒体所起的作用。想到上一年夏天去布拉格时,由于心事沉重而未顾及当时高涨的持不同政见者发起的运动,她非常后悔。

在哥伦比亚大学求学期间,奥尔布赖特结识了几位访美的捷克斯洛伐克持不同政见者,其中一位是布拉格驻纽约记者基里·迪恩斯特皮尔。他愿意帮助她完成博士论文,他是个反社会主义者,奥尔布赖特一直与他保持联系。1989年11月,"丝绒革命"推翻了捷克共产党政权,瓦茨拉夫·哈维尔出任捷克总统,任命迪恩斯特皮尔为外交部长。后来,奥尔布赖特通过这位外交部长结识哈维尔总统。

玛德琳·奥尔布赖特始终热心政治。她是参议员罗伯特·F.肯尼迪的崇拜者。1964 年,肯尼迪竞选参议员到《每日新闻》报社寻求支持,奥尔布赖特结识了他,觉得他富于献身精神,而且精明强干,是个极具魅力的人。他参加 1968 年的总统竞选,以挑战约翰逊总统推行的越战政策。肯尼迪简直成了奥尔布赖特心目中的政治英雄。那一年,肯尼迪在举足轻重的加利福尼亚选区民主党初选中获胜。但悲剧发生了,肯尼迪在发表胜利演说时头部中弹。他死亡的消息传出,奥尔布赖特万念俱灰。

1968 年,奥尔布赖特一家搬到了华盛顿,纽约长岛的房子租给别人。在华盛顿,他们买下了一栋别致的 3 层红砖房。凭着乔·奥尔布赖特家族的关系,他们很快打入了首都灯红酒绿的社交圈。他们在新居举行了反就职典礼晚会,理查德·尼克松入主白宫,使他们支持的民主党成为在野党。

奥尔布赖特夫妇将女儿送进首都最知名的私立学校比维尔小学。像当时许多妇女一样,玛德琳·奥尔布赖特在空余时间积极参与社区事务。她参加了比维尔小学的理事会,并成为理事会的第一位女主席。人们评价她是委员会中最出色的主席。她博于学识,敏于理财,精于政治。她还发动了一场改变比维尔小学教学结构的运动,想以此扩大学校规模,并以吉恩·皮亚盖特的理论为基础设计课程,但计划没有成功。奥尔布赖特在学校从事的其他活动都卓有成效。

1968 年夏,哈里·古根海姆健康状况越来越差,又患了前列腺癌,古根海姆与比尔·莫耶斯间的关系濒于破裂。随着健康状况的恶化,他变得越来越令人难以捉摸,且越发偏执。他决定将《每日新闻》转让给拥有《洛杉矶时报》的时代镜报公司。雇员们都寄希望于持有《每日新闻》股份总额 49% 的奥尔布赖特家族收购该报。乔的母亲约瑟芬·奥尔布赖特从意大利旅行回来给姐夫打了好儿次电话,都没能说服他改变主意。当古根海姆与《洛杉矶时报》出版人奥蒂斯·钱德勒达成协议后,乔要求钱德勒让他经营该报,但遭到拒绝。奥尔布赖特家就把他们的股份以 3750 万美元转让给时代镜报公司。1971 年 3 月,乔·奥尔布赖特宣布辞职。

初试锋芒

由于奥尔布赖特夫妇的社交圈里腰缠万贯的朋友比比皆是,加上她在比维尔小学表现出来的资金筹措能力,马斯基的顾问麦克弗森邀请玛德琳·奥尔布赖特帮助筹划为马斯基筹措资金举行的晚宴,马斯基是缅因州参议员,是 1972 年民主党总统候选人提名的热门人物。尽管 4 年前马斯基被尼克松击败,但他仍以头脑清醒,稳健可靠的政治家形象出现在政坛,并获强势竞选者的声誉。玛德琳·奥尔布赖特成为马斯基竞选总部的成员。但有人认为她当时只是个"实习生",是个志愿者。

马斯基在初选中败北并退出竞选后,他请求玛德琳继续在他的参议员工作班子里效劳。但她的孩子尚小,而且正忙于写博士论文,因而签约做了一名兼职志愿者。1975年,马斯基着手竞选第3任参议员的准备工作。他遇到了强大的潜在对手威廉·科恩。他选中了在筹措政治活动经费中表现非凡的玛德琳,他欣赏她有条不紊的工作作风和简明扼要地阐释问题的能力。1975年,奥尔布赖特接替别人担任马斯基的外交及国防事务助理。她的专长是外交事务,但她实际上起到了多面手的作用。她还关注诸如邮政、健康、老龄、福利、社会保障及政治事务等国内问题。有奥尔布赖特效劳,马斯基参议员花在外交政策方面的时间减少了。奥尔布赖特忙得不可开交。在处理各种国内政策问题时,她还负责办公室的立法事务,负责审批马斯基写给其他国会议员的信件,监督核查涉及所有问题的来往信件及议会采取的一般性行动。

马斯基是个抱有陈旧观念的人,不习惯跟职业女性打交道。奥尔布赖特为此感到很烦恼,但她从不流露,也不抱怨。当她的许多朋友为妇女运动而大声疾呼时,她更倾向于融入这个由男人主宰的工作世界,对男同事的玩笑也开怀大笑,没有咄咄逼人的气势使他们感到不安。奥尔布赖特混迹于男人之中如鱼得水。在男人主宰的世界里,女性需要的是参与而不是抗议。当时的女权主义者都是走上街头争取平等,而不主张女性融入男人的世界,与男人打成一片。奥尔布赖特则是凭实力打入男人主宰的天地而争得一席之地。

奥尔布赖特作为马斯基参议员的助手,是当时美国为数不多的在高级职位上的女性之一。马斯基是个正直的人,尊重他的助手,但他也有名副其实的"最难伺候的参议员"的名声。他头脑敏锐清醒,但脾气暴躁,从不遮掩。马斯基要求工作人员简明扼要地组织材料,他以审问的方式考验下属,对他们盘问不休,大嚷大叫,为工作几乎把每个人都整哭过。奥尔布赖特很能在办公室控制自己的感情。马斯基有时冷酷无情,他跟助手奥尔布赖特发生的摩擦有时近乎一场战争,争吵没完没了。奥尔布赖特会嚷道:"你以为我是谁?是一管任你挤了又挤的牙膏吗?"偶尔,在侮辱性的攻击、斥责令任何人都无法忍受时,奥尔布赖特也会噙着泪退缩到办公室的洗手间。但马斯基欣赏奥尔布赖特的工作方式和能力,总的来说他们之间相处较为融洽。

是什么使奥尔布赖特与众不同呢?她披戴着怎样的感情或智力的盔甲而使她得以在对抗时不仅坚守阵地,而且越战越勇呢?在那种环境中坚持主见反映出奥尔布赖特相当稳定的心理素质及相当聪明的手段。她的思维过程和方式对马斯基的独立思想具有吸引力,她总是从实际的角度考虑问题,总是主动钻研复杂的问题以便给老板提供必要的资料,有时候,她也会求助于同事中的专家。她最擅长的是处理外交事务,并利用自己的专长为马斯基出谋划策。奥尔布赖特跟这么一个苛刻的人物和睦相处并深受其影响。

尽管引发了许多争论,但妇女解放运动仍产生了广泛影响。由于个人的不懈努力,加上妇女解放运动的影响,奥尔布赖特开始在华盛顿放射出耀眼的光芒。

就在此时,奥尔布赖特的父亲约瑟夫·考贝尔 1977 年 6 月因患胰腺癌在丹佛逝世。她最敬爱的人,她心目中的英雄,她家的保护神,她终身的良师从此谢世,她肝肠寸断。

民主党出乎意料的政治命运,很快把奥尔布赖特带到华盛顿的宾夕法尼亚大街 600 号的白宫。民主党人吉米·卡特在 1976 年总统选举中以微弱多数获胜。如果说卡特竞选时迎合了选民的心愿的话,那么,入主白宫后,他在国会压根就没有几个知音。卡特没能和国会两党建立起友好、富有成效的关系,这对他的内外政策的实施和制定都不利。奥尔布赖特是位有国会工作经历的民主党人,曾做过参议员马斯基的助手,恰是卡特急需用来跟国会沟通的人选。总统卡特任命奥尔布赖特读研究生时的老师布热津斯基为国家安全事务助理,统率国家安全委员会。布热津斯基对国会的了解仅限于书本知识,他需要了解国会运作的人的支持。1978 年 3 月,布热津斯基邀请奥尔布赖特担任国家安全委员会的国会联络员。奥尔布赖特紧紧抓住这个机遇,白宫的大门为她打开,她很愿意涉足这个男人的天地。能跻身白宫让她兴奋不已。

奥尔布赖特在马斯基的工作人员中以勤奋著称,她已相当了解国会审议国内立法事项的内情,知道在议员们眼里,外交政策问题是可以讨价还价的商品,他们乐意拿选民不感兴趣的国外事务做交易,换取对涉及国内事务议案的支持。在白宫工作也并非像传闻那样多姿多彩。奥尔布赖特在白宫西侧地下室分到一间鸽笼似的办公室,还得与人合用。但白宫是寸土寸金之地,对能置身这个场所,她深感满意,她看重接近总统的重要性。但初来乍到的她显得很拘谨,有时甚至很笨拙。她在发言时犹犹豫豫,没有接到明确的邀请,即使期望她到场,她对参加会议也踌躇不决,而且经常迟到。

在同事们眼里,奥尔布赖特是个不招摇自己社会地位,不吹嘘自己社交生活的人,尽管她很有钱。这种品质在华盛顿政治圈里实属罕见。

奥尔布赖特负责协调与国会关系的决定最初在白宫并不受欢迎。她觉察到了这种敌意,但她没有理会有的同事的态度,很快与白宫其他工作人员建立起牢固的工作关系,并表明她将发挥国会联络员的作用。她很快投入到美国向中东出售武器引发的争论中。这一问题将对卡特在动荡的中东地区寻求和平起到举足轻重的作用。奥尔布赖特与同事们并肩工作,预测投票,留神政坛上的风吹草动,搜寻政府可以用作跟有的议员讨价还价的筹码。他们为政府资料汇编搜集信息,为国会工作人员组织召开简况介绍会,参与制定立法战略。结果,政府策略奏效,政府武器出售一揽子建议得到多数议员支持。1978年9月，《戴维营协议》签订，这是卡特任内为数不多的亮点之一。奥尔布赖特在其中起到了关键作用。国会如果不批准武器出售计划，就不可能举行戴维营会谈。

构筑关系网对奥尔布赖特而言并不陌生，她作为国会联络员的职责便是协调机构内部的立法活动，把各部门负责国家安全立法的人员聚到一起制定立法战略。奥尔布赖特负责就关键问题在国会的进展情况，为布热津斯基提供参考建议。为让安全委员会了解最新情况，她邀请他们参加国会议员及助手联合举行的非正式会议。每周六上午，她撰写报告，讨论1周来相关的立法活动，并散发给委员会其他成员。在立法报告中，奥尔布赖特就国会讨论的各种问题及立法项目向布热津斯基作简要汇报，提出可行战略，以促使国会批准政府对外交政策的立法提案。几个月后，奥尔布赖特已能自如地给有时傲慢无礼的布热津斯基出谋划策对付他人，而且越来越顺手。

奥尔布赖特是联系卡特白宫与国会的重要环节，她努力结交被自由民主党人忽略的保守共和党人。她明白卡特不仅需要重视共和党人，而且还需要讨好他们。政府与国会常出现分歧，但由于她了解国会议员的想法，因而能弥补这些分歧。她是向行政部门传达国会意图的理想使节。她最出色的能力之一是促使人们对问题达成一致的看法，非常善于在不同的人们之间找到共同点，把看法相去甚远的人们拉拢到一起，找出一些共同的立场。

由于布热津斯基未能跟国会议员保持经常性会面，损害了总统与国会的关系。奥尔布赖特想方设法促使老板与国会的沟通，与参、众两院议员建立起更富有建设性的关系。

伊朗人质事件给卡特政府造成最严重的信任危机。国务卿万斯辞职，暴露出卡特的外交政策支离破碎。卡特任命埃德蒙·马斯基取代万斯。布热津斯基和马斯基很快视彼此为对手。奥尔布赖特夹在两位良师益友间左右为难，她摆脱困境的方法不是与两人都保持距离或者在两者间做出选择，而是运用在国会工作期间练就的外交手腕，把与国务院及国家安全委员会之间的来往公开化，并在此间起到桥梁作用。

1980年，卡特在总统竞选中败北，奥尔布赖特也随之离开白宫。她的经历让她认识到挑选那些白宫有把握解决、无须总统操劳又能增添总统政绩的问题很重要；还有，必须确定应优先考虑的外交政策问题。这些教训对她日后做国务卿大有裨益。她还认识到有时有必要迁就国会议员们的自负。此外，奥尔布赖特的工作经历让她对父亲的一番话体会更深。考贝尔强调领袖人物的言行必须强而有力，他曾批评捷克斯洛伐克总统贝奈斯软弱。而奥尔布赖特在卡特总统身上也找到了同样的缺陷。

日复一日，年复一年，正如当年在丹佛家里餐桌边受父亲熏陶而关注于东欧政治一样,奥尔布赖特在华盛顿的政治文化氛围中耳濡目染,积累经验。然而,美国的外交政策领域仍旧是男人的领域。男性垄断外交部门,这对奥尔布赖特每前进一步都构成障碍。她不停地冲击"玻璃房顶"。奥尔布赖特非常敏锐,天资极高,博学多识,工作卖力,但她的工作性质只是执行,离决策相去甚远。被排斥在圈外的感觉影响了奥尔布赖特发挥自己的才干。如能了解更多的信息,她会把工作干得更出色。性别歧视让奥尔布赖特烦恼,但她从不流露出来。

婚变袭来

一些朋友私下担心,奥尔布赖特在白宫工作过于卖力,没有足够的时间跟丈夫待在一起,会造成感情裂缝。但玛德琳却似乎从来没有意识到这样的危险。1980年,一位朋友不经意瞅到乔的身边有一位"显然不是他妹妹"的女人,她没给奥尔布赖特提及此事。从表面上看,朋友们的担心仿佛是多余的,奥尔布赖特夫妇总是亲密无间。

但1982年1月13日,乔突然告诉玛德琳他想离婚,因为他已爱上了别人。"我们的婚姻已经死亡。"他说。晴朗的天空突起乌云,奥尔布赖特被这突如其来的打击打懵了,她被深深的悲凉吞噬了。她永远也忘不了这个日子,这个让她个人生活遭灭顶之灾的日子!她所深爱的人无情地将她推下感情的悬崖,把她的一份真爱摔得支离破碎。

她想哭,也想怒吼,她想找朋友倾诉⋯⋯为了成为奥尔布赖特家族的成员,她奋斗了几十年,最后却被彻底地拒于门外。她所深爱的人抛弃了她,她像穿破的鞋一样被人不经意地蹬掉。她愤怒,但更多的只是伤心。

乔·奥尔布赖特1980年遇上了一名叫马西娅·孔斯德尔的年轻女记者,比他小10岁,他对她产生了爱慕之心并赢得了她的爱。乔决定跟玛德琳离婚,以便与马西娅结合。

玛德琳面对婚姻危机,变得心神狂乱,陷入难以名状的悲哀之中,颇让朋友们担心。当男人离开女人,或女人离开男人时,被遗弃的一方的自尊会遭到重创。自尊心极强的玛德琳更受不了这种打击,她被摧毁了。一段时间里,她变得消瘦,憔悴不堪,她身穿白色服装,衬着一张苍白的脸。

1983年1月31日,玛德琳和乔·奥尔布赖特正式离异。玛德琳的伤心和愤怒溢于言表,她的哀诉没完没了。人们理解她对乔的怨恨。她对与乔分离毫无思想准备,她深受精神创伤,而且她多年苦心经营的社会关系也将毁掉。她四处向朋友倾诉心中的怨恨,说乔妒忌她的成功,不能面对一个有实力的女性。最后,她自我解脱说,分手也好,不然她不会有多大作为。她就是没有问过自己是不是对乔的感情生活和他们间的关系关心不够。

玛德琳为婚变而心力交瘁。她去希腊莱斯汉斯岛与朋友多德森相聚。两人一起游泳,一起晒太阳,一同探讨人生。坚强的玛德琳告诉朋友,这将是她人生的一个转折点。返回华盛顿后,她开始考虑未来。财产的分割使玛德琳腰缠万贯,成为百万富婆,她还得到了华盛顿乔治敦优雅的三层红砖房以及弗吉尼亚的周末农庄,3个女儿的抚养权也归了她。

离异给她以极大震撼,她开始重新审视自己。但同时,婚变也给她增添了力量。她坚强地挺过来,并勇敢地往前走。

走出低谷

45岁时的奥尔布赖特经受了婚姻解体的打击,那可是个最易受伤害的年龄段。作为单身母亲,她需要照顾她的3个女儿。小女儿凯蒂才15岁,有时她深夜迟迟不归使母亲吓得丢魂失魄,急得在住宅附近盲目乱转。

共和党人罗纳德·里根入主白宫,民主党被放逐在外,奥尔布赖特接受了乔治敦大学外交服务院的一个教职。这所学院的位置离她家只有三个街区,可以步行回家吃饭。奥尔布赖特在行政管理方面的资历给人印象极深,但却毫无教学经验,而且除博士论文以外,她几乎没写过什么学术性的东西,只写过几篇文章,没有专门论著。但奥尔布赖特在竞争中获得了这个教职,这是个跨学科的教职,很看重实际经验。

像30多年前她父亲一样。她已重新开始,她的生活正发生一次新的、从未预演过的转变。从一开始,奥尔布赖特在教室里就挥洒自如,就像父亲在丹佛大学的感觉一样。1982年9月,她开始教授现代外国行政管理课程,她把这门课讲活了,学生们很喜欢她。后来,奥尔布赖特从本科生教学中分出来为研究生开设外国政策制定、美苏关系及当代国际关系等课程。奥尔布赖特成为乔治敦大学最受欢迎的教师之一,她连续3年被选为杰出教师。她还担任学院的妇女外交事务项目的指导,组织各类研讨班,邀请学生们到她家参加非正式的晚餐讨论课。对朋友总是十分慷慨的奥尔布赖特,对学生们也同样豪爽。

奥尔布赖特私下里开始同男人约会。对离婚者来说,这是一种尴尬的局面,哪怕是在最温馨的时刻也是如此。1982年7月,她去位于杜邦中心的巴瑞·卡特尔家参加鸡尾酒会。外表英俊、脑瓜灵活的巴瑞是乔治敦学院的教授,他比奥尔布赖特小4岁,是单身汉。他曾在尼克松政府的国家安全委员会工作过,还担任过其他政府的高层工作。他在外交政策、国家安全、贸易等方面有广泛的背景。不久,他邀请玛德琳到一家餐馆共进晚餐。她喜欢与卡特尔相伴,后来大部分时间都和他在一起，一般都是在乔治敦的家中。

大学成为奥尔布赖特生活的轴心。她帮助学校启动了乔治敦领袖人物研讨会，以此填补因亨利·基辛格不再主持的哈佛领导人夏季研讨班而造成的空缺。哈佛大学国际研讨会曾将世界各地负责外交事务的中层官员、外交官、记者召集到一起。这是让美国政界和国际接触，从而有希望成为世界领袖的一种颇具想象力和创新力的做法。乔治敦大学的研讨会取得了巨大的成功，演讲者包括乔治敦大学的精英，以及被校方拉拢的华盛顿新闻人物。从一开始，奥尔布赖特就是颇具名声的参与者，并成为委员会的成员。从1984年到1993年，她在演讲者名单上年年榜上有名。研讨会使奥尔布赖特把教书的乐趣同建立关系网的机会结合到一起，而这一网络对她未来岁月起到了十分重要的作用。

奥尔布赖特还参加了乔治敦大学的另一项目，这是公共广播公司主办的每周30分钟名为"美国利益"的外交事务"脱口秀"节目，由政策专家们就不同的外交政策问题进行辩论。这使得奥尔布赖特得以在美国政治中变得日益重要，并在媒体中频频露面。1985年该节目被"重大决策"节目系列取代。奥尔布赖特经常参加该节目，并树立了自己的自由派形象。20世纪80年代末，最突出的外交政策问题是关于戈尔巴乔夫在苏联进行的改革。奥尔布赖特虽对自己专业领域十分了解，却并非一个卓有成就的评论家。然而，她那种朴实无华的演讲风格渐趋完善，并成为后来她外交生涯中最大的财富。

奥尔布赖特在"重大决策"节目中表现有很大进步，她的话题涉及毒品战、中美洲、中东、中欧、日本在内的诸多问题。这对她极具个性的演讲风格是很好的演练。她的自信逐渐增长。同时，奥尔布赖特开始为美国之音作每周评论，这是另一个为她提高评论技巧并倾听自己的意见观点而提供机会的媒体渠道。

然而，奥尔布赖特在乔治敦大学也受到了冷遇。她从未被邀在行政管理系参与投票，这件事激怒了她，但却从未流露。乔治敦大学高层对她不够好，他们对她任职的时间要求比同样职位上的男性更为苛刻。校方按传统方式规定奥尔布赖特去留的时候到了。按规定，她可以得到终身职位，但还得等7年，否则就干脆走人。她很清楚，除非发表一些实质性的学术著作，否则，她得不到终身职位。奥尔布赖特进行了一番思考，为什么要终身职位呢？钱不是问题，总会有一些自己感兴趣的事可以去做。于是，她决定离去。

奥尔布赖特从不让逆境耗尽自己蕴藏的能量和热情，相反，她会把目光投向新的挑战，无论这种挑战是要征服神秘的领域，克服已知的障碍，或者同一个意想不到的人交友。

20世纪80年代早期是奥尔布赖特的个人调整时期，她将自己的精力都投到了新的事业上去。当她为当一名教师和塑造一个电视形象而苦练技术时，她是在发展自己的事业。孩子们几乎都大了，反思和调整生活重心实属必要。过去，乔和孩子们是她生活的重心,现在,玛德琳自己就是重心。

1984年7月,民主党在旧金山召开提名大会,吉哈尔丁·费拉罗接受本党提名,成为第一位女副总统候选人。奥尔布赖特被任命为费拉罗竞选班子的外交政策顾问。作为副总统候选人,外交政策是一个需要慎重对待的领域,她需要对提问做出敏捷而自信的答复,就要求应有一个机智的教练,奥尔布赖特很对她的胃口。一开始,费拉罗和奥尔布赖特就彼此喜欢对方,她们年龄相近,俩人都是做母亲的人,而且两人都同样雄心勃勃。卡特尔和奥尔布赖特在一起工作,共同辅助这位候选人。

但是,费拉罗因为是女性,常受到新闻媒体刁难性的提问,由于在辩论会上表现也不够好,她在竞选中一直处于守势,结果竞选以失败告终。但这成为一个分水岭,它刺激政界妇女开始向权力阶梯顶端攀登。奥尔布赖特是为费拉罗做政策顾问而闯进公共生活领域的,她首次尝到了成为全国关注中心的醉人滋味。

1985年9月,费拉罗出访苏联,奥尔布赖特作为助手陪同,并在正式会议上做她的翻译,她们的友谊进一步加深。几年来,费拉罗、奥尔布赖特、米考尔斯基、肯尼利这些女名人,组成了一个可以被称为女校友会的网络系统。这是一个亲密的妇女团体,她们有共同的生活情趣和政治抱负,她们成为密不可分的朋友。她们都来自移民家庭,都在天主教堂长大,年龄大致相同,有着共同的价值观念和信念,在生活中有大致相同的经历,从同样的角度看问题。

在里根执政的8年里,奥尔布赖特已把自己锻炼成为民主党政治圈里的一个行家里手。她经常在乔治敦自己的家中举办系列工作晚餐,在野的民主党人都到她那儿去议论时事。她的自信与日俱增。她去民主党全国妇女俱乐部发言,镇定自若,滔滔不绝,表现出吼狮般的性格。她也开始对自己的演讲才能充满自信。

奥尔布赖特在家中毫无头绪的表现却让朋友们吃惊。她边走边脱衣服,东西扔到哪儿就是哪儿,管家会赶过来收拾。但管家不敢动奥尔布赖特办公室的任何东西,因而办公室简直是乱七八糟。她的朋友给她的办公室拍了一张照片,送给她做礼物,并为此提出忠告。奥尔布赖特知道某人提意见是出于好意时,她总会听的。她请来建筑师,把办公室从起居室旁边搬到了3楼。如果她需要修正一些做得不好的事,她以改变方向的办法进行,或者从头开始。

奥尔布赖特是在1988年迈克尔·杜卡斯基的总统竞选中崭露才华的。她是总统候选人杜卡斯基的主要外交政策顾问。杜卡斯基对外交政策的熟练程度只能说是刚刚过关。他对世界缺乏综合的了解。当了解到发展中国家正面临基本的经济问题时,他却不能给美国的外交政策提出相应的战略计划。奥尔布赖特深厚的外交政策专业知识和经验、保守的国际观点、东欧背景以及她对建立一个强大美国的信念,都给杜卡斯基带来声誉,她有应付马斯基和布热津斯基自大狂的多年经验,这使得她也能够对付杜卡斯基的凌人气势。

奥尔布赖特是外交政策系列的高级成员，但她从不以权势欺人，而是与手下齐心协力为候选人工作。她使杜卡斯基在国家核军事力量上采取较微妙的姿态，支持从南韩的撤军计划，并扭转了他对许多新的战略武器系统所持的反对意见，因为她认为美国强大并积极参与国际事务是件好事。

奥尔布赖特给杜卡斯基辅导，带其他外交政策专家来见他，让他开阔视野。她的关系网越来越大，从她的那些在政治活动与研究院之间跳进跳出的朋友中，她发展出一个队伍，他们都是光顾她家庭沙龙的常客。

杜卡斯基在竞选中大部分时间都落后于布什，但在6月的民意测验中，他曾一度领先于布什17个百分点。杜卡斯基的一些外围顾问由于不乐意跟一个负责外交事务的女人打交道，也不愿把她放在眼里，就试图绕过奥尔布赖特呈报意见书。人们很嫉妒她，意识到她可能在未来的政府中发挥关键作用，这是他们不能容忍的。这里面有政治斗争的因素，也因为性别差异。

由于总统候选人杜卡斯基固执己见，拒绝竞选班子内部的许多政策建议，工作人员常常被弄得一筹莫展，只好找到圈外人比尔·克林顿来做杜卡斯基的辩论顾问。这是奥尔布赖特第一次遇上比尔·克林顿。克林顿是个更为机敏的政治家，他敏感地注意杜卡斯基置若罔闻的问题。

迈克尔·杜卡斯基在竞选中被布什打败，又使民主党在政治荒野中再流浪4年。奥尔布赖特的政治命运也系在民主党的马车上。奥尔布赖特还没有完全从离婚的刺痛中解脱出，她依然品味着被遗弃的伤害。她的私生活也很失意。1985年元月，巴瑞·卡特尔宣称要离开她，这使她万分震惊，她又一次体验了被抛弃的感觉。1989年10月，她母亲曼杜拉逝世，她陷入深深的悲哀之中。奥尔布赖特，一个坚强的女人，一个野心勃勃的女人，在感情和政治的熔炉中，在一次次深切的痛苦打击中，练就出超凡的性格和能力。她必将脱颖而出。

1989年，她被推举为一个叫国家政策中心的小智囊团的主席。对她来说，这一过程并不是自然降临的，像她一生所有的东西一样，她都必须争取。政策中心成为奥尔布赖特公共外交技能的实地训练场，一个发表其外交政策和政治观点的场所，是她的政治大舞台。她想真正树立自己中心超党派领袖的形象。

任女大使

在杜卡斯基竞选活动中与比尔·克林顿相识之后，奥尔布赖特与克林顿的关系不断发展。1989年，克林顿想进入外交关系委员会，奥尔布赖特推荐了他。该委员会让克林顿进入美国外交政策部门的精英层，当然，他不会忘记是谁帮了忙。

1992年11月，克林顿当选美国总统。奥尔布赖特对能否得到一个要职并没有把握,因为在竞选中,她并没起多大的作用,她只是个圈外人物,加上有些男人千方百计排挤她。他们为什么要拒奥尔布赖特这个外交政策新星于千里之外呢?奥尔布赖特从事民主党竞选活动20多年,她建立了一个复杂而又庞大的朋友、顾问联络网,她的表现出众,成绩斐然。如果让奥尔布赖特介入,国务卿的职位可以说非她莫属了。这是许多男人们所不能接受的。

其实,克林顿非常喜欢奥尔布赖特,博得克林顿赏识的是奥尔布赖特的秘密武器——强悍。克林顿本人娶了一个强悍的女人为妻,他与希拉里的结合是公认的强有力的政治联盟。克林顿曾道出了与像奥尔布赖特这样强悍的女人一起工作感到舒心的真言。然而,克林顿的白宫里,男人们仍起主导作用。在高层的一些妇女受到的只是被恩赐的待遇,事业发展远不如她们的男同事,为此,她们深感失望。

选举结束后,克林顿要求奥尔布赖特负责国家安全委员会的转换交接工作,说明他是很敬重她的。但是她并未在新政府要职人员名单中居于榜首之列。新总统起初任命罗纳德·布朗为美国驻联合国大使,可布朗不想担任此职。克林顿又考虑过另两位人选,都是男性。总统周围,包括他的妻子在内的许多人,都认为内阁里应有妇女。最后,克林顿选择了当时是对外政策小组成员之一的奥尔布赖特任美国驻联合国大使。此职是美国政府内阁成员之一。

1992年12月,克林顿在小石城向媒体介绍自己的内阁成员时,奥尔布赖特向大家介绍了自己是个捷克移民,还讲到她的父亲,并称能在联合国代表美国她是多么的自豪。她的话使在场的许多人流下了眼泪,其中包括她的女儿们和新当选的总统。她庄严地用圆体字在黄色法律文书上签了字。

几天后,奥尔布赖特在乔治敦家中的圣诞晚会变成了她的任职庆祝会。一位年轻的参议员助理告诉她,在任命听证会上,她将面临许多困难,她为此深感不安。而詹姆斯·鲁宾将她拉到一边宽慰她说。预计参议院会全票通过她的任命,并主动提出帮她为听证会做准备。奥尔布赖特顺利地通过了听证会,鲁宾的预测是正确的,她被参议院全票通过。为此,她邀请鲁宾做她的顾问和新闻发言人。1993年2月3日,奥尔布赖特作为美国常驻联合国代表宣誓就职。

奥尔布赖特去纽约联合国总部与其他常任理事国代表首次会晤,由卡尔·因德弗斯陪同。到了拉瓜迪亚机场,奥尔布赖特才意识到她的生活发生了多大的变化。实际上,她已跨越了主要的分界线。在华盛顿任职多年,她一直精心辅佐他人,让他们去闯一番事业,现在,她终于成为华盛顿的圈内人,总统的内阁成员之一。此外,她还有一个引人注目的头衔——大使。一辆闪闪发光、装备齐全的防弹加长黑色轿车正在机场恭候。

奥尔布赖特的办公室虽在纽约,但她不愿意放弃华盛顿这个根据地,打算尽可能多地待在华盛顿。克林顿除了授予她内阁头衔外,还任命给她几个顾问头衔。在一些关键性、涉及国家安全的问题上,还得由她向总统提出最终意见和建议。以往的美国驻联合国代表,很少参与美国外交政策的制定,都没能得到克林顿给予奥尔布赖特这么大的权力。当然,和前任一样,她也得听从国务卿,接受其指示和命令,但是作为主要的首脑之一,她在起草这些指示和命令时是有发言权的。

高级首脑会议的成员有国务卿、国防部长、国家安全事务助理、参谋长联席会议主席、中央情报局长、联合国大使。奥尔布赖特参加会议经常是观点明确,态度坚决,但也不愿和同事们进行无休止的争论。

奥尔布赖特为了在她不在的时候仍能保持在华盛顿的影响,她选择了精干的工作人员留在首都。鲁宾等成为她的耳目,他们关注她的利益,围着她的计划转,确保她在政治上和社交上始终在白宫内,并强有力地保护她的声望。舒卡斯像一头母狮,鲁宾像头公牛,乔治则是一名侍从官。他们的共同之处就是都是单身,都是工作狂。很快就像一家人,非血缘的4人联合。

奥尔布赖特一开始就非常喜欢联合国大使这一职位,她搬进了沃尔多夫塔每月27000美元的大使套房。奥尔布赖特每天只睡4至5个小时,有时早上4点半就起床,那拼劲就像当年攻读研究生时。她读《纽约时报》《华盛顿邮报》《华尔街金融时报》,晚上11点才休息。上床后,她有时打电话跟朋友聊天,开玩笑说:"我睡在布什的床上。"布什总统也曾任过美国驻联合国大使。

冷战时期,联合国因美苏之间的激烈争夺而几乎丧失功能。奥尔布赖特主张联合国应发挥积极作用,并称之为"强力多国主义"。但联合国的行动在索马里和波斯尼亚惨遭失败后,这个词使她成为"笑柄"。奥尔布赖特是她任职期间安理会中唯一的女性,她常开玩笑说,关于这段经历,她将写一本名为"十四套西服和一条裙子"的书。

奥尔布赖特的安理会同事都是些难以对付的专业人员:他们对新任的美国代表十分好奇,不知她是否好相处。奥尔布赖特的工作风格逐渐显现出来,同事们非常喜欢她的好胜性格和自贬式的幽默,也欣赏她在需要解决问题时的主动交谈方式。她算得上一个交际花。她性子有时很急,而且易怒,但很快就过去了,这种性格容易给人们留下深刻的印象。她善于雾中看花,但更喜欢单刀直入,击中要害。她讲话的语言从不会产生歧义和误解。联合国秘书长安南对她的评价很高,他欣赏她不转弯抹角的直率。她立场鲜明,也有达成共识的能力。有时,她完全是在使用一种感情敲诈。

许多外交官通常只坚持自己的观点,而不管别人的意见,而奥尔布赖特则不同。一次,俄罗斯代表尤里·沃罗特索夫与奥尔布赖特谈到制裁的问题,沃罗特索夫表示通过限制贸易和旅行来惩罚国家的做法效果不大,结果是惩罚了手无寸铁的老百姓,而不是该国的领导人。奥尔布赖特不同意,她坚持认为制裁是有效的,如果民众不满现状,他们应学着将领袖赶下台。沃罗特索夫说,民主制社会里这种方法是奏效的,但独裁政权呢? 奥尔布赖特不再争辩。

奥尔布赖特喜欢有益的辩论,但在安理会的许多会上,她不喜欢积极参与辩论,以至于她到任几个月后,理事国的代表仍对她不太了解。有一次,沃罗特索夫在做一个他认为很重要的报告,他吃惊地发现她拿下了同声翻译耳机。报告结束后,他有些恼怒地问道:"你对我的讲话不感兴趣?!"她的回答却让他大吃一惊:"我在听!"她用纯正的俄语回答道。他竟不知道她有不低的俄语水平。

在美国驻联合国使馆内,奥尔布赖特是绝对的老板。她经常邀她的工作人员周六或周日到她的寓所召开战略研讨会。她很喜欢事先计划。实际上,每周同别人吃饭都有其外交目的。奥尔布赖特常同其他国家的常驻代表共进午餐,当发现参加联合国大会的代表中只有7名是女性时,她便组织一月一次的妇女聚会,每人轮流做东。7位代表开玩笑说,她们是西方"七国集团",有计划、有规则的妇女聚会使一些男性大使非常恼怒。

奥尔布赖特与克林顿的其他高级外交政策顾问有所不同,在分析美国的形势时,她比克里斯托夫善辩。在设计和规划美国军队时,她非常自如。美国是否应动用武力解决波斯尼亚种族冲突,成为媒体的焦点,这是美国政府遇到的最棘手的外交问题。在高级首脑会议上,有人坚决反对动武,认为美国只能在确信通过武力可达到目标的情况下,方可实施军事干涉。而奥尔布赖特却坚决主张对波斯尼亚实施武装弹压。1993年8月3日,奥尔布赖特递交给克林顿一份措辞强硬的备忘录,她分析了美国在波斯尼亚的利害关系,坚持认为武力是取胜的唯一途径,还强调用宏观的政治观点来看待这个问题。克林顿非常欣赏奥尔布赖特的这份备忘录。

克林顿总统想在外交方面做些尝试,奥尔布赖特的观点被彻底理解并采纳。1995年9月,以美国为首的北约对波斯尼亚塞族军事目标进行了3周的空袭。轰炸把波斯尼亚塞族人推到了俄亥俄州代顿的谈判桌前。奥尔布赖特为此赢得了声誉。

奥尔布赖特喜欢把大部分时间花在华盛顿,这使联合国的同僚们很失望。更让他们恼火的是开会她总是迟到,已结束的讨论还得重新开始。有人质问她,她就不高兴,并说有位是美国总统内阁成员的美国大使对他们有好处。她的飞扬跋扈可见一斑。

奥尔布赖特在联合国还被人称为"坏脾气女王"。有一次,她把安理会的会议时间拖到下午4点达成协议为止。还有一次她称伊拉克副总理的讲话是在联合国听到的最可笑的发言。她还曾告诉法国的国防部长劳达德留意自己的工作。伊拉克人称她是女巫,一位反制裁的格鲁吉亚妇女给她寄了一把扫帚,她还把它当作奖品陈列在办公室。伊拉克新闻界称她是条蛇,她便佩带一个蛇形胸针在安理会出入。

1994年1月,奥尔布赖特陪同克林顿一同访问布拉格。一下飞机,国务卿克里斯托夫就打破常规的外交礼节,要求她将克林顿总统引荐给她的朋友、捷克总统哈奥尔布赖特经常出访，在她任大使期间的前两年，她访问了埃塞俄比亚、索马里、苏丹、莫桑比克、克罗地亚、塞尔维亚、摩尔瓦多、格鲁吉亚、亚美尼亚和阿塞拜疆等，主要了解那里的维和情况。

美国参谋长联席会议主席经常邀请奥尔布赖特参观美国的海外维和部队。作为联合国大使的奥尔布赖特深知，要实现她在白宫所倡导的干预，是非常需要武装支持的。她喜欢戴蓝白相间的联合国头盔，喜欢和士兵聊天，喜欢出访而使她成为焦点人物。当美军部署部队时，她亲自飞临摩加迪沙，身穿防弹衣，坐在装甲车里穿越城镇。在柬埔寨，她乘坐摇晃的俄国直升飞机沿越南边境视察日本的维和部队。她还头戴钢盔，身穿防弹衣视察萨拉热窝。1996年3月，她去位于斯洛文尼亚已遭破坏的城市乌克圭，塞族示威者们辱骂她是"母猪，母狗"，人群中还有人向她的车队扔石块。

在联合国，她有爱说俏皮话的名声。1996年2月，当奥尔布赖特读到古巴飞行员讲话的译文——夸口要拿掉美国人的"睾丸"时，奥尔布赖特说："太不像话了，老实说，这不是睾丸，是软蛋！"一句机智的俏皮话，产生了轰动效应，同时还有潜在的男人气概。克林顿非常喜欢这句话。奥尔布赖特在希腊与朋友多德森在餐馆吃饭时，附近的一群商人来到她面前说："大使夫人，为你的直率和敢说'睾丸'干杯。"

人们佩服奥尔布赖特处理和完成棘手工作的能力。1991年，海地军队以不正当手段将民选总统阿里蒂德赶下了台，引起难民危机，联合国干涉没有奏效。在以贸易制裁一个军事管制的穷国效果甚微的情况下，奥尔布赖特在安理会主张出兵6000对海地动武，由美国提供大部分兵力。她准备好了全部数据，说服其他代表。联合国第一次为重建民主制度，对一个主权国家实施武力。

奥尔布赖特与基辛格有惊人的相似之处。她有欧洲背景，比多数美国政府官员了解外国历史、传统、文化和思想。她认为南斯拉夫民族的一大特点就是倔强。她父亲在贝尔格莱德供职时，她在那里生活过，她知道同米洛舍维奇打交道是多么困难。奥尔布赖特的观察和判断能力很强，她有广博的理论知识，了解斯拉夫人的思路。奥尔布赖特对外交政策的精通，给沃罗特索夫等人留下深刻的印象。1994年在安理会开会时，沃罗特索夫告诉她说，她将是美国下一位国务卿。

奥尔布赖特由于缺乏对问题细节的关注，使联合国的同事失望。专业外交家总以透彻理解问题的细节而自豪，而奥尔布赖特则喜欢从宏观上来陈述和分析形势，然后用简短而有力的幽默语言来定义和概括，这种做法让他们难以容忍。

奥尔布赖特和联合国秘书长加利关于联合国在国际上的作用和组织内部的管理有根本的分歧。在加利5年任期的最后1年，奥尔布赖特便打算不让这位有主见、不听话的埃及人再继续留任。1995年10月，奥尔布赖特发动了一场运动，意在不让加利连任联合国秘书长。她采用强硬手段逼加利离位,并暗中支持科菲·安南。在联合国,奥尔布赖特像这样来对待秘书长,使许多外交官都感到震惊,并认为这是她和加利间的个人恩怨所致。1995年11月,安理会对加利是否连任进行投票,结果是14∶1,奥尔布赖特是唯一反对加利连任的代表。由于常任理事国拥有否决权,奥尔布赖特的反对票使加利连任失败。克林顿政府竭力推选安南任下届秘书长,奥尔布赖特使出浑身解数使安南获得通过。那些预言奥尔布赖特正在把美国外交引向惨败的外交官们重新估价了她的作用。她一箭双雕,既把绊脚石加利赶下台,又一手扶持心腹安南上了台,都是她一手操纵。

奥尔布赖特在联合国任职几年中完全变了。以往那位友好、随和的女人开始变得专横,目中无人,甚至是顺我者昌,逆我者亡。但她也是个双面人,有时发号施令、盛气凌人,有时也和过去一样随和、友善。在华盛顿的她和在纽约是焦点中心的她判若两人。这位曾经腼腆、羞怯的助手已变成了一位武断而自负的高官。她不仅执行而且还制定政策。

奥尔布赖特深知,要获取更高的职位,她必须花时间和那些能够影响决策的人打交道。1995年9月,联合国在中国召开第四届妇女大会,奥尔布赖特率美国代表团参加。她邀请第一夫人希拉里作为名誉主席一同前往,与希拉里出尽了风头。她们结伴而行,互相交流观点和看法,审慎地交谈,彼此增进了解。

奥尔布赖特知道自己什么时候该在什么地方。1995年,联合国在哥本哈根举行社会福利政策的各国高级首脑会议,她对该会议的议题一点不感兴趣,但当得知副总统戈尔将参加会议,她也就飞往哥本哈根去捧场。

1996年7月,奥尔布赖特陪同希拉里一起访问东欧,表示对那里刚刚兴起的民主制度的支持。她把希拉里介绍给捷克总统哈维尔。3人像好朋友一样在布拉格度过了一段快乐时光。

女国务卿

总统大选临近,奥尔布赖特与朋友谈及她的前程,她有成为下任国务卿的想法。但是,她也知道此职不会轻易到手,"那些男家伙们不会让这事实现的。"她说。1996年11月,克林顿再次当选总统,奥尔布赖特被列入了接替克里斯托夫的几个候选人名单之中,人们都认为,奥尔布赖特与第一夫人的关系起了极大的作用,她与希拉里的关系超过克林顿对她的赏识。她与希拉里几乎无所不谈,她们谈一些国际问题,奥尔布赖特给希拉里提建议,还送给她备忘录和材料。她们还谈及母校韦尔斯利女子学院的一些事情,由此关系套得更近。她们成为志同道合的好朋友。

奥尔布赖特是那种与总统或副总统一起工作,并能让他们感到舒心的女人,他们相信她的判断力,喜欢她的表达方式。克林顿与戈尔都与她密切地合作过。另外,克林顿生性爱耍花样,做一些具有象征意义的事情,性别问题也不例外。当然,克林顿选择奥尔布赖特当国务卿,不简单地因为她是一名妇女,但她的性别会对他大有好处。他知道在竞选中妇女的选票起了多大的作用。他很希望挑选一位女性,但她的工作方法和态度要强硬,奥尔布赖特是合适的人选。1993 年 5 月,克林顿在寄给奥尔布赖特做生日礼物的合影照片上曾写道:"在外交方面,你是杰弗逊当之无愧的接班人。"

与奥尔布赖特竞争国务卿的大部分人员,都被新闻界描述为与美国实力派人物有牢固关系。在商谈人选时,政府里的好几位官员都认为提名奥尔布赖特是个大错,她论才智还不能胜任国务卿这一职位。也有人认为她虽很机敏,但对她把握美国外交政策的大局和国防上层建筑的能力表示怀疑。她的偏爱强硬和专横的作风也被认为是简单和鲁莽,这是女人为让人相信她们不会被人轻易摆布而刻意强调的性格。但克林顿却有不同的看法,奥尔布赖特知道私下里如何与人沟通,她与上司克里斯托夫的协调配合给他留下了深刻的印象。他觉得她是位不错的伙伴,一位可结伴而出、性格乐观、友善的朋友,一个不装腔作势并敢于开男人玩笑的女人。

克林顿很欣赏奥尔布赖特解释她以外交政策为依据做出的决定,并列出决定可能的政治影响。她善解人意,才能非凡,在复杂的情况下能协调好各方面的关系。奥尔布赖特阻止加利连任,为她在白宫和国会赢得信任。克林顿还注意到在促使美国对波斯尼亚武装干涉上,她的预示也领先于别的官员。奥尔布赖特给他的关于加强对波斯尼亚进行武装干涉的备忘录,是他读过的条理清晰,最具说服力的备忘录。她还赢得了美国干涉海地的联合国授权,而当时国防部官员认为这是不可能的。

奥尔布赖特与竞争对手们比起来,对政治斗争和钩心斗角的权术要老练得多,她总是小心从事。她知道在国务卿候选人中,她很有优势,但这不能说胜券在握。她深知不能为这个职位游说,这会给总统施加压力,也会在白宫引起反感,起反作用。

克林顿为国务卿人选问题也苦恼不安,他决心要避免在人们间产生积怨,正是那种积怨分裂了前几任总统的阵营。克林顿想在第二个任期内,营造一种以他为主要政策谋划人,其他人来执行政策的氛围,使外交政策方面更显活力。总统对国务卿一职细斟慢酌,使奥尔布赖特感到不安。她深知白宫和外交政策机构有不少人反对她,许多人就是不相信一位女人能担此重任,特别是一个以专横为荣的女人。还有人认为,内阁会议上奥尔布赖特的平平表现就证明她不能被任用此职。

但是,奥尔布赖特的那些有权势的朋友们却为她行动起来了。温迪·谢尔曼指挥整个行动计划。女议员们的电话,妇女组织的电话响彻白宫,应接不暇。她们给总统和副总统打电话,还在白宫餐厅做第一夫人的工作。克林顿虽然对游说极为反感,但还是跟着感觉走,最后选定了奥尔布赖特,并把决定告诉了夫人希拉里。

1996 年 12 月 3 日黄昏,克林顿新任的办公厅主任给美国驻联合国大使馆打电话,通知奥尔布赖特次日上午 9 点在家接总统的电话。奥尔布赖特掩饰不住自己的喜悦,于当晚 9 点乘飞机飞回华盛顿。第二天早上 9 点 45 分,克林顿打电话到她家中,告诉了任命她为下任国务卿的决定。

1996 年 12 月 4 日,在白宫庄严典雅的椭圆办公室里,充满激情的克林顿宣布他选定奥尔布赖特为国务卿。奥尔布赖特激动万分,用俏皮话对上届国务卿克里斯托夫说:"我希望我这嘎嗒嘎嗒的高跟鞋能合你的拍。"国际外交圈对此反应是温和的。奥尔布赖特在联合国与上百名外交官一起工作过,在国际访问中又结识了许多外国领导人。在华盛顿的高级使节她几乎全都认识,他们纷纷向她表示祝贺。

奥尔布赖特顺利地通过了任命听证会,参议院的投票结果是 99:0 全票通过。1997 年 1 月 23 日,在副总统戈尔的主持下,她宣誓就职。第二天,在她的第一次工作介绍会上,奥尔布赖特概括了她最主要的工作重点:控制大面积杀伤性武器的扩散;保持中东和平进程和加强波斯尼亚和平;进一步密切关注拉美、南亚和非洲动态;与国际恐怖主义、毒品走私和跨国犯罪做斗争;为人权、民主发展和健康环境而努力工作。她还做了一个题为"如何划分不同国家:奥尔布赖特看世界"的演讲。她指出:国际社会可分为四大阵营,第一大阵营是了解国际外交准则和法则的国家,第二大阵营是那些愿成为国际制度一部分的民主国家,第三大阵营包括那些扰乱国际制度,自视很重要却又缺乏责任感的国家,第四大阵营是那些失败的国家。介绍会开得非常成功。

当天晚上,奥尔布赖特出现在电视节目中,谈论美国对外政策问题。"人们总认为外交政策就是枪",她说,"实际上,外交政策问题是普通老百姓关心的问题"。

奥尔布赖特成为引人注目的名人,是美国政府官职最高的妇女,她实现了人们认为几乎是不可能的梦想。她变成媒体的焦点人物。她拒绝所有的采访,但却同意了《华盛顿邮报》记者道布斯的电话采访,他想写一篇报道她身世的文章。

道布斯到捷克调查了奥尔布赖特的身世,并采访了她的表姐达格玛。于是,奥尔布赖特是犹太人,她的祖父母及另外一些亲人在二战中死于集中营大屠杀等鲜为人知的事实水落石出。在 2 月 3 日美联社记者施威德的采访中,奥尔布赖特还坚持说不知道自己的家史,她说她刚刚获悉她父母都是犹太人,她的祖父母死于大屠杀。1997 年 2 月 4 日,《华盛顿邮报》发表了道布斯写的长达一版的文章,题目是:奥尔布赖特家庭悲剧终于大白于天下。文章写得非常精彩,但也迅速发展成让她难以面对的新闻追踪。

雪片一样的新闻报道向奥尔布赖特提出许多使她难堪的问题:作为一名热心的东欧研究者,怎么能这么长时间对自己的家庭背景一无所知? 人们指责她要么在撒谎,要么就是无知得让人可怜。作为新上任的国务卿,她的信誉受到了威胁。人们表示对奥尔布赖特不了解自己家史不理解,那些曾和考贝尔家一起度过战争岁月并活下来的朋友,还有表姐达格玛,都未曾想到她会对自己的犹太血统一无所知。奥尔布赖特坚持说她父母从来没有向她谈及家族是犹太血统的事,她不知道家族中有人被纳粹杀害。她说,道布斯的发现使她感到震惊。

美国的犹太人特别气愤。他们坚持认为奥尔布赖特理所当然知道她的犹太血统,她在否认他们所称颂的祖先和传统,这对他们是一种侮辱。如果他们能够承受反犹太主义负担和枷锁,那么,她也应该能够承受。有人指责她否认家史是为了选择一种轻松的生活。

对奥尔布赖特来说,当选国务卿不仅代表她职业生涯的辉煌,更是她人生的胜利。家庭背景消息的公布及由此而引起的关注和好奇,使大功告成的她陷入困境。很多人不相信她,而她在就任国务卿的第一天就向全美国宣告她对人权等问题要讲"实话"。

奥尔布赖特决定让弟弟约翰和妹妹凯茜出马寻找家庭背景的事实。她很关注犹太出身这件事,跟15年前她对待自己失败的婚姻一样。这两件事都非常残酷地揭开了她神秘的面纱,使她的感情原原本本地袒露出来,变得异常脆弱,在晚宴上与朋友聊天,她总是对此事说个不停。

1997年夏,捷克总统打算授予奥尔布赖特捷克最高荣誉奖——白狮勋章。奥尔布赖特在7月初马德里北约高峰会结束的当天飞往布拉格,她邀请达格玛表姐参加了颁奖仪式。这次访问捷克使她有机会瞻仰平卡斯犹太人教堂,因为墙上刻着死于大屠杀中她祖父母的名字。

奥尔布赖特的犹太血统毋庸置疑,它是事实,痛苦的、众所周知的事实。

奥尔布赖特当上国务卿后,新的工作使她充满自豪和兴奋。她上台后的第一项任务就是物色自己的工作班子。邀请上届的助理国务卿斯特诺布·塔尔伯特继续留任,又吸纳新成员斯亚特·艾森斯坦和汤姆·皮克林担任重要的职务,他们是两位经验丰富的公务员。她任命了自己的亲信杰米·鲁宾为新闻发言人,让他担任每日发布新闻的重任。温迪·谢尔曼任奥尔布赖特的顾问,处理国务卿特别关心的、敏感的、实质性的问题。奥尔布赖特的知己好友伊莱恩·舒卡斯被提升为国务院办公厅主任。奥尔布赖特参照参议员办公室安排自己的工作人员,并组织起一个美国现代历史上最精明强干的行政班子。这都归功于她的坚强的个性。

玛德琳·奥尔布赖特的名字在美国已家喻户晓。美国国家公共广播公司的"汽车谈"节目把明亮的车灯比喻成国务卿。她是克林顿政府中的一颗明星。除了基辛格博士,她具备担任国务卿这一职位的外交政策方面的知识和经验,比任何美国国务卿都多。绝大多数国务卿,即使是那些有丰富外交政策背景的人,都是律师出身,而奥尔布赖特却是在外交政策的熏陶下成长起来的,她早已把许多基本的要素都编写在自己的"软盘"里。奥尔布赖特的哲学是抓住要点,这是外交成功的关键。

对奥尔布赖特来说,工作便是娱乐。作为学者,她涉猎面广,并能从简报中广泛地汲取信息。像克林顿一样,她也喜爱通过闲谈解决问题。她的方式是苏格拉底式的,在翻阅了所有文件后,她常召集助手们进行讨论。当她说,"现在我想问个非常愚蠢的问题"时,助手们总是身子前倾,屏住呼吸,认真听她讲话。奥尔布赖特的问题一点也不愚蠢,而总是根本的问题,总能切中要害。

奥尔布赖特想方设法接近共和党人,努力培养两党在对外政策上的配合,而这是大多数民主党人所不为的。她做了国务卿后的第一次旅程不是去欧洲或亚洲,而是到得克萨斯拜访前总统布什和前国务卿贝克,赞扬他们在中东和谈中取得的成就。奥尔布赖特还花相当精力笼络参议员赫尔姆斯,他是参议院的外委会主席,也是克林顿主动外交的最坦率的批评者。她出席赫尔姆斯妻子的生日晚宴,并送给参议员一件蓝色的 T 恤衫,上面印着"国务院某人爱我"的字样。她到赫尔姆斯的母校讲演,并与他携手并肩而行。

奥尔布赖特在任职的第一年就到了许多国家,结识各国的领导人。1997 年 2 月,她刚任国务卿,就进行了广泛的访问,11 天去了 9 个国家。戴着她的宽边牛仔帽,她来到了中国与中国领导人探讨人权问题,到俄罗斯商讨有关北约东扩的问题。华盛顿的反应是:奥尔布赖特作为国务卿的第一次访问非常成功。她对外交政策了解甚深,访问卓有成效。

1997 年 5 月,奥尔布赖特向前南斯拉夫领导人表示,他们应对波斯尼亚的暴乱负责。她指责克罗地亚总统没有遵守代顿和平协议,并责问为何没能阻止对返乡的塞族难民的袭击,并用了外交界极少听到的"厌恶"这个词。她与米洛舍维奇会面时,历数塞尔维亚违背了一系列和平条款而不容对方解释。

奥尔布赖特设法培养与俄罗斯外长普里马科夫的关系,他是个主持过克格勃情报局工作的很难对付的人。普里马科夫看重奥尔布赖特及她坚韧的性格,称她为铁女人。他们俩的关系发展到直呼其名的程度。奥尔布赖特与英国外交大臣罗宾·库克也保持着亲密的关系,库克连与妻子分居的事也毫无顾忌地向她吐露。

在国内,奥尔布赖特履行了使外交政策与美国人民息息相关的诺言。上任后,她在国内进行了 10 多次旅行,努力说服选民相信,外交政策不仅与遥远的国家爆发的危机有关,与他们的工作也同样有关。她到美国中部地区向人们解释政府威胁向伊拉克动武的原因,人们对她报以冷淡的反应,并提出许多尖锐的问题,表示对美国动机的怀疑。但是,奥尔布赖特精于与传媒打交道,不仅学会了说什么,而且知道何时、何地、如何说。她知道窍门就是用选民理解的语言进行有效交流。

1997年4月,在美国参议院对化学武器条约进行投票前,奥尔布赖特接受了全美国十几家地方电视台的个人采访,她用简明的语言说服选民。结果参议院以74:26票通过该条约。

奥尔布赖特任职的第一年,中东、波斯尼亚的局势恶化。在中东,随以色列右翼政府在大选中获胜,以色列与巴勒斯坦间的一切和平努力归于失败。奥尔布赖特告诫双方通过谈判达成协议,她用了外交家不常使用的生硬言词对内塔尼亚胡说:"以色列拖欠巴勒斯坦政府数百万美元税款的决定,怎么可能是项安全措施呢?我无法理解。"

1997年11月对奥尔布赖特外交手腕及耐力都是严峻的考验,伊拉克与美国对峙,驱逐了联合国武器核查人员中的美国人。为了迫使伊总统萨达姆让步,奥尔布赖特飞往中东寻求阿拉伯世界的支持。美国联合英国对伊拉克实施了空中打击。

克林顿注意到奥尔布赖特的自信与日俱增,并对她大加赞扬。奥尔布赖特成为克林顿政府中最有人缘的内阁成员,她靠自己的努力形成了一定的势力。

奥尔布赖特办事高效,精力充沛,不知疲倦,工作对她来说是一种乐趣,实现艰巨的目标的过程同样也是一种乐趣。她凭自己的一腔热忱去工作,去为自己的理想奋斗。她不仅能解释在欧洲相互裁军以保持力量平衡的重要性,而且能准确说出"战斧四号"携带的巡航导弹数目。更重要的是,她流露出对真实世界的理解。1997年12月到非洲的旅程中,她因掩盖与她会晤的领导人的非民主做法而受到指责,但绝大多数美国人记忆犹新的是那张她把濒死婴儿放入摇篮的照片,一位国务卿能以这种姿势出现在公众面前,是非同寻常的。

奥尔布赖特把妇女问题提到了国际日程上来,她要求世界各地的美国外交官,注意妇女权益在美国外交政策中具有优先地位。她在美国国务院举行的世界妇女日仪式上说:"提高妇女地位不仅是道义上的责任,也被积极融入美国的外交政策中。"但具有讽刺意义的是,美国国务院中许多职业女性却感到失望,她没有把她自己的话付诸实践,未把更多的妇女提拔到外交机构的高级职务上去,她们甚至觉得她虚伪。她总是寓言般地向妇女许诺,但却未在她自己的工作人员配备上体现出来。她可能是被老朋友的关系网左右。一些外交政策机构的成员开始怀疑奥尔布赖特是否用人恰当,她过分依赖舒卡斯和谢尔曼,她们的对手称她们为"小女人"。

奥尔布赖特非常自信,她对公众的演说颇具说服力,能非常自信地控制国际媒体的注意力。她有时也非常傲慢。1997年6月,在布拉格捷克总统府,她和捷克总统哈维尔共同出席了电视直播的记者招待会,她想方设法羞辱紧张的翻译人员,有意公开卖弄她的捷语比她的官方翻译说得更好。

奥尔布赖特在外交事务方面的知识渊博,她对全球的各种问题能准确把握。克林顿第二届政府比上届政府更出色的原因之一,就是因为她在外交事务上避免了上届政府所犯过的错误。奥尔布赖特任职1年,各方面对她便大加赞扬。但是后来也有许多人指责克林顿政府的外交班子用歇斯底里取代了政策。

从1997年开始，南斯拉夫联盟共和国科索沃地区发生了塞族与阿族的民族冲突，1998年局势继续恶化，并爆发了流血事件，引发"科索沃危机"。3月8日，奥尔布赖特在罗马和意大利外长迪尼发出共同呼吁："必须对科索沃发生的危机找到政治解决办法。"她认为科索沃问题具有爆炸性，可能引起巴尔干乃至东欧地区动荡，极力主张利用外部力量进行干预。美国把矛头指向南联盟政府，认为南联盟当局使用武力，对阿族人过于强硬恶化了局势，美国国务院正式收回向南联盟所做出的缓解对其制裁的承诺，美南关系恶化。奥尔布赖特习惯于用强硬手段干预国际事务，她主张以强力遏制南联盟。1999年3月，以美国为首的北约对南联盟实施空中打击，把南联盟当作美国新式武器的实验场。奥尔布赖特把铁女人的形象表现得淋漓尽致。

耀眼明星

奥尔布赖特是幸运的，她达到了美国历史上任何女性从未达到的权力顶峰。根据美国法律，国务卿是位于总统之下的第4位最有权力的人物。她是一颗耀眼的明星。

奥尔布赖特的归宿将是什么呢？她的任职即将届满，她所享有的权利及地位使她不可能悄然引退，去欣赏古玩或带孩子玩耍。新闻媒体把一条新闻炒得沸沸扬扬：说奥尔布赖特将回到捷克角逐下届总统。确实，她是个地道的捷克人，她的声望和地位使她完全可以参选捷克总统；而她也早就是捷克总统哈维尔相中的总统人选，哈维尔曾多次提及让她回国竞选总统一职。一时间，奥尔布赖特将出任捷克总统的消息传遍了全美国和全世界。各种询问电话和记者穷追不舍，这让美国国务院和奥尔布赖特本人十分为难。2000年3月1日，奥尔布赖特打破沉默，公开表示不参加捷克总统竞选，她只想为美国服务。此话是真是假，未可知也。

奥尔布赖特是当然的领导人，但美国只允许在本国出生的公民才能参加总统和副总统竞选，她不可能成为美国总统候选人。

奥尔布赖特是个女强人，她的未来仍握在她自己的手里。2020年11月25日，前国务卿奥尔布赖特被美国总统特朗普从美国国防政策委员会撤职，美国国防政策委员会是一个由前国家高级安全官员组成的外部顾问小组，他们基于美国国防部长和国防部副部长的具体任务，就国防政策事项提供独立的建议和意见。2022年3月23日，奥尔布赖特因为癌症去世，终年84岁。美国总统拜登下令，白宫和其他联邦政府大楼等场地降半旗，直至3月27日。拜登在华盛顿国家大教堂举行的葬礼上发表重要讲话，称赞奥尔布赖特"扭转了历史潮流"，"蔑视传统，一次又一次地打破障碍"。数百名华盛顿政治和外交精英出席仪式。

美国政坛黑珍珠

——赖斯

人物档案

简　历：美国政治家，曾任美国总统国家安全事务助理和美国国务卿，是美国历史上第一位非洲裔女性国务卿，也是世界历史上第一位据此权力的非裔女性，被称为"黑珍珠"。全名康多莉扎·赖斯，其中康多莉扎源于意大利的音乐术语，意思是"甜蜜的"，朋友们都昵称她为"康迪"。出生于阿拉巴马州伯明翰。19 岁获得政治学学士学位。1981 年取得博士学位，成为斯坦福最年轻的助理教授。1988 年进入布什政府安全事务委员会，2000 年布什当选总统，担任了国家安全事务助理，2005 年当选为国务卿。2009 年辞任国务卿。2014 年 4 月 27 日，湖南涉外经济学院在北京丽思卡尔顿酒店聘请她担任学院荣誉教授。

生卒年月：1954 年 11 月 14 日~

性格特征：她绝顶聪明，不屈不挠，强硬但不发火，微笑但不认错，性格上温和，但观点上坚定。

历史功过：她是俄罗斯武器控制问题的专家。有着强硬对外政策。她主张"教训法国，忽略德国，宽恕俄罗斯"的政策。2004 年~2005 年连续两年登顶《福布斯》年度全球最具影响力女性 100 强榜首，2006 年屈居次席，2007 年位居第 4 位，2008 年降至第 7 位。

名家评点：有小布什总统"政治夫人"之称，被称为"万王之王"的卡扎菲折服与她的美貌，用她的照片做成了一本相册，并命名为"我亲爱的"。更让人惊讶的是，曾有人透露美国总统小布什也给妻子坦白过自己对赖斯有仰慕之情。她至今一直未婚，曾被评世界最有权势女人。

立志高远

1954年11月14日,康多莉扎·赖斯出生在美国种族隔离制度盛行的阿拉巴马州伯明翰,小名康迪(Condi)。赖斯父母分别来自赖斯家族和雷家族,其祖先都是奴隶的后代。赖斯的父亲在取得神学硕士学位后,接管了由其父亲创立的教堂,后来他担任了丹佛大学副校长,也是伯明翰历史上首家黑人大学校长。她的母亲安杰丽娜则是一名音乐和科学教师。到赖斯出生时,这个黑人家族已有了比较高的社会地位。赖斯家相信一条严酷的真理:只有当孩子们做得比白人孩子高出两倍,他们才能平等;高出3倍,才能超越对方!

赖斯是在一个追求上进、事业有成的黑人中产阶级城区里长大的。她的父母致力于教育,追求成功,对音乐充满热爱,均为教育家。他们用音乐术语 condolcezza 给她取名为康多莉扎,意为"甜美的"(这是个意大利的音乐术语),是希望小赖斯长大后能够成为一名杰出的钢琴演奏家。

赖斯是父母唯一的孩子,是当地的一个"女神童"。年仅3岁的她跟着当小学音乐教师的母亲学弹钢琴,4岁时就开了第一个独奏音乐会。在童年时光里,她还学习芭蕾、花样滑冰、法语和西班牙语,看橄榄球比赛。父母时常在她床边的桌子上不停更换书籍,一直以优秀的标准要求她,赋予她"加倍出色"的能力,使得她能在种族隔离的南方与白人平分秋色。她的学习也很出色,连跳了两级。

但这位"女神童"在学业上并非一帆风顺,而是经历过多次挫折。1969年,她随父亲迁居丹佛后,第一次在学习上遇到了困难。学校的顾问对赖斯的父母说,赖斯"不是一块上大学的料",赖斯听说后惊呆了,但她还是以"加倍地好"为目标继续努力。

父母还通过让赖斯参加各种公共活动来扩大她的眼界,使她获得不同的社交和受教育经验。父母要求她在每一所学校都尽力而为,超出人们的期望,交出优秀作业,永远争取名列前茅。

除了这些专业技艺的培养和学习上的要求,赖斯从父母那里得到的最重要的精神食粮,就是不向现实困难低头的勇气和坚定果敢的意志。尽管他们生活在充满种族歧视的地区,但是父母却尽量不让孩子因为肤色而受到伤害。当孩子偶然听到种族主义言论时,父母就会告诉康迪不必为此担忧:"这不是你的错。"在伤害不可避免时,他们又勇敢挺身而出,坚决捍卫自身的尊严和权力。

1961年的一天,在市中心的一家百货商场,安杰丽娜母女看中了一款裙子。于是,安杰丽娜进去要求售货员拿下来让康迪试穿。但是,那位女售货员却理直气壮地把康迪拦在了试衣室门口,声称:"这个商店的试衣室都是给白人提供的,黑人不得入内"。那个售货员要把小赖斯带到了据说是"专为黑人而设的"储物仓库,让她在里面试衣服。

安杰丽娜当即拒绝了售货员并叫来了值班经理,直截了当地声明:"要么让我们去那个'白人专用'的试衣室换衣服,要么我们就走人!"

在妈妈的据理力争之下,康迪最后走进了"白人专用"的试衣室!

许多年过去了,这件事深深地印在赖斯的脑海里,让她永生难忘。赖斯懂得:父母不仅给了她生命,而且还在那个最困难的、备受歧视的时代给她弱小的心灵以莫大的保护,父母的确是她心目中的英雄。

那时候,对很多伯明翰的黑人孩子来说,还有一项痛苦的回忆,就是不能到本地的儿童游乐园去玩。这座只让白人享用的游乐园每年只有一天向黑人开放。平日里,那里的摩天轮、棉花糖般的小亭子、碰碰车等等一切好玩的东西都永远提醒着人们:这是一座充满种族歧视的城市。安杰丽娜和约翰想方设法让这种游乐园的遗憾从康迪的脑海中消失。父亲利用自己到哥伦比亚大学进修的机会,带康迪到纽约布鲁克林的科尼岛去玩,他使因去不成伯明翰儿童游乐园而失望的孩子相信,那儿没什么了不起的。他对康迪说:"只要你好好努力,我们还可以到迪斯尼乐园去玩!"

父母不断用事实向康迪解释,在伯明翰以外还有更多的机会,只要她愿意,只要她勤奋学习、力争上游,就会得到回报。他们努力让赖斯能够摆脱任何枷锁的束缚,不管是精神上的还是身体上的束缚,

赖斯回忆道,"伯明翰光怪陆离,种族隔离无以复加,但黑人社区建立了自己的世界。我学钢琴,上过芭蕾舞课,学过法语,还上过礼仪课。"她说:"父母非常有远见。我小时候他们就把白人孩子所能得到的都给了我。"

1965年,11岁的赖斯跟随父母来到了首都华盛顿。他们在宾夕法尼亚大道上散步,最后在白宫大门前停下来,因为肤色,他们不能进去参观。他们在那座举世瞩目的建筑物前徘徊很久,父亲鼓励她长大后要当美国总统。最后,赖斯转过身平静地告诉父亲:"我现在因为肤色而被禁止进入,但总有一天,我会在那间屋子里工作的。"

在赖斯的印象中,父母从来没有被面临的种族歧视打倒过,她说:"我父母总是很清楚地让我知道,受到歧视并不是我的错,是那些歧视我们的人心理有问题。"

谈起父母对自己的帮助,赖斯充满感激:"我的父母非常有战略眼光。我充分完善了自身,将白人世界所推崇的事情做得非常好,因此种族歧视者不能拿我怎样。我可以用白人社会的方式来对付他们。"

良好的家庭教育,让赖斯很小的时候就显得比同龄的孩子成熟稳重,同时也塑造了她从不在困难面前低头的顽强个性,在学习、生活和工作的道路上从不怨天尤人,而是坚定地迎接挑战,尽快找出解决问题的方法。

决心从政

　　1969 年,赖斯的父亲到丹佛大学任教,全家也随之搬迁到丹佛。康迪进入圣玛丽学校读书,这是一家不实行种族隔离的私立天主教学校,与她以前在亚拉巴马州所上的任何一所学校都不一样。康迪的优秀在白人学生中同样突出,她的成熟在女生中也十分独特。她当时的数学老师回忆说:"我知道她的兴趣主要在语言方面,如英语、社会研究、历史等等,并且在这些方面很有天赋。她非常非常沉静。那时她就很漂亮,有魅力,向上有一种难以压倒的气质,这在十六七岁的女孩身上是少见的。在我们的每一次接触中,她都显得很有淑女风度。在她的内心深处,她知道自己想要什么,并愿为此做出牺牲。我想在她心中,那些并不是牺牲,而是为了实现目标必须做的事情。"

　　在丹佛期间,康迪开始学习网球和花样滑冰,玩得都很出色。为了不占用学习时间去练习滑冰,她每天早上 4:30 就起床,到溜冰场练习步法、旋转、侧滑、前冲、穿越、踮脚、组合动作和双人滑冰。在练滑冰的同时,钢琴仍然在康迪的生活中处于主导地位。她每天都练琴到很晚,而且经常到丹佛大学的琴房去练习。

　　高中最后一年开始时,她已完成了毕业所需的全部课程。父母认为她不应浪费时间,而应提前去丹佛大学攻读学位。但放弃高中不符合康迪的想法,她希望与班上同学一起毕业。赖斯说,"这是我第一次不顾一切地与父母争执。我当时的感觉是,从社会交往的角度出发,我应该读完高中。"于是赖斯一家这样达成妥协:康迪用业余时间开始读大学课程,同时在圣玛丽学校读完高中。这样,康迪的日程就变得十分残酷了:天亮之前她去参加花样滑冰课程;然后到大学里上两堂课,接着,整个下午在圣玛丽学校上课。

　　但是,那时的中学课程对康迪来说已经很轻松了,同时上中学和大学对她并不是一种困难,康迪轻松地完成了在圣玛丽学校的学业,并且在美国青少年钢琴大赛中获得了第一名,这使她有资格与丹佛管弦乐队共同表演莫扎特的 D 小调钢琴协奏曲。

　　赖斯 16 岁进入丹佛大学音乐学院学习钢琴,梦想成为职业钢琴家,少年时代,这种愿望就像激光聚集的中心,让康迪的一切事情都围绕着它而进行。但在大学二年级和三年级期间,她精心构造的计划被打碎了。

　　那年夏天,康迪参加了著名的阿斯本音乐节,在这里她遇到了有生以来最残酷的竞争。"我碰到了 11 岁的孩子,他们只看一眼就能演奏我要练一年才能弹好的曲子,"赖斯后来回忆说,"那时我就想,我可能还能在酒吧或诺德斯特姆百货商场弹琴,但不可能有在卡内基大厅演奏的那一天了。"

既然不能成为一名著名演奏者,不能在世界著名的舞台上与管弦乐队一起演奏莫扎特和贝多芬的曲子,康迪毅然决定放弃自己的音乐计划,重新选择自己的人生目标。

于是,有一天,赖斯鼓起了她17年生命中所有的勇气向她的父母解释说:"对不起,我改变主意了,我不再想成为一个钢琴家。"父母们虽然非常失望,但他们还是表示接受女儿的决定。

放弃钢琴后如何再次选定专业方向,这个问题困惑了赖斯。但开学后的某一天,一场主题为"斯大林时代与政治"的讲座彻底改变了这一局面。

主讲人是约瑟夫·科贝尔,著名的苏联和东欧问题专家,美国前国务卿玛德琳·奥尔布赖特的父亲。通过这场讲座,赖斯突然发现"苏联政治居然那么有意思"。这场讲座唤起赖斯除了音乐以外,其他事物难以激发的热情。"我当时幸福的感觉就像堕入爱河一般。我就知道我跟定它了。我不光很想知道苏联的政治,更渴望知道苏联的所有!"

同时,科贝尔博士也被赖斯的聪明和激情所感染,鼓励她到自己创立的国际关系学院读书。这位学识渊博的知名国际事务专家提出的真知灼见,为赖斯打开了音乐之外的另一扇门,让她发现了自己人生中另一个的更大更重要的舞台——国际政治与外交。

任职教授

苏联研究对于一直以钢琴为中心的赖斯来说是一个全新的领域,但是它的挑战性和神秘性也正是赖斯所要寻找的。严格的学术训练和外语能力的要求,让"半路出家"的赖斯为此需要付出比其他学生更多的热情和努力。她确实这么做了,从此沉浸于"苏联政治和苏联的一切"。她大量阅读了关于二战和有关军事冲突的书籍。她还读了很多俄罗斯小说家的作品,如陀思妥耶夫斯基和索尔仁尼琴。除了历史书和小说之外,康迪开始学习俄语,帮助自己洞悉俄罗斯的文学和文化。她拼命为了解苏联这一课题而努力,并把广泛阅读视作一种历险、一个令人喜爱的艰苦劳动。

也许是命运注定赖斯的一生要与政治结缘,与政治相伴。她19岁获得政治学学士学位,又顺利地进入了研究生的课程学习。她选择了拥有全国最好国际政治系的学校之一——印第安纳州的圣母大学继续深造。该校国际研究系有一个全国闻名的苏联研究中心,该中心是由一个来自欧洲的避难者斯蒂芬·D·克尔台兹创办的,他像丹佛大学的科贝尔一样,被聘来帮助美国提高俄罗斯和苏联历史研究水平。

赖斯在圣母大学的新导师是乔治·布林克利。布林克利细致地帮助赖斯制定了一个学习计划，以充分展现她的专长，引起她的兴趣。他回忆说，在开始，赖斯和其他学生一样，对俄罗斯研究没有太多了解。然而，由于康迪先前对于苏联这一课题进行过大量阅读，让她很快脱颖而出。布林克利发现，她学习领会快，并且有很高的天赋。"我们关于苏联和东欧的研究生课程有很多必修课，但是她非常聪明，因此她比大多数学生显得更有准备。"

　　随着课程的进展，布林克利慢慢地对她有了进一步的了解，开始理解赖斯父母在培养她非凡的自信心和学术研究能力中发挥的重要作用。"她是一个很自觉的学生，"他说，"当她还是个很小的孩子的时候，她就产生了自我价值意识。这种意识来自某种经历。她父亲给她灌输了这种观点，不管童年时代生活状况如何，有些重要的东西，比如教育，能够使她实现愿望，并且不管涉足什么领域都取得成功。"

　　布林克利还评价了赖斯学习俄语的方法。"在进入圣母大学之前她就学习了一些俄语。"他说，"但是我的感觉是，她领会能力非常快并且具有天分。在一些对我来说非常难的地方，她能够十分从容地领会。"

　　赖斯对俄罗斯和俄语的热爱，在这时候也已经是"不能自拔"。她自己也无法解释为何对世界上的那块土地有如此深的迷恋。布林克利除了给她安排了一些普通的研究生课程，另外通过指导阅读让她进行大量独立研究工作，为她提供了挑战的机会。布林克利说，"我看到她是一个高度自觉的学生，并进行了大量的阅读。如果她自学，会有许多获益机会。而且她也愿意那么做。"所以，康迪在独立研究方面比别的学生做得多得多。她可以直接与布林克利教授合作，先是确定一个课题，然后开出一个读书单进行广泛阅读，布林克利教授再给她上相关的辅导课。这种学习方法使她不仅获得了高度集中、高度独立的学习经历，还获得了这位苏联问题专家的一对一指导。

　　博士学习期间，康迪重返丹佛，跟随科贝尔。科贝尔评价赖斯在国际关系研究院中是出类拔萃的，因为她拥有从事苏联研究全部的优点——学习优秀、自我驱动力强、有俄语背景。在这期间，赖斯不仅继续学习俄语，而且还开始学习捷克语。

　　1981年，27岁的赖斯取得博士学位后，来到斯坦福大学，成为校园里最为年轻的女助理教授，专攻苏联的军事事务课程。

　　课堂上，这位助理教授看上去就像22岁的学生一样年轻，但她提出的忠告却实实在在表明她的丰富阅历。她鼓励学生在研究冷战问题时不要感到无所作为，因为解决任何问题做出的贡献，不管多小，都是有价值的。"你在面对庞大、艰巨、十分吓人的问题时，所要做的就是做出贡献。如果你只是为了要解决问题，而不是为解决问题做点贡献，恐怕你最终会在庞大的任务面前瘫痪，什么也做不成。"并且，她还提醒学生好好珍惜时间，"人们说我们的时间正在消逝。我们所能做的就是希望我们能有时间，并能持续工作，确保很好地利用时间。"

在各路名家学者云集的斯坦福校园里，赖斯是个受欢迎的老师。她讲授的课程通常被学生超员预定，主持的讲座经常是座无虚席。她还获得了斯坦福大学里两项最高的教师荣誉，堪称斯坦福校园中最被推崇的知名人物！

在忙着教书授课的同时，才气逼人的赖斯还在斯坦福著名的胡佛研究所作国际问题研究工作；同时，积极在一些重要杂志和文集中发表文章。她有关苏联及其军队的学术论著，使其在80年代中期获得了五角大楼分给的一份工作——在著名的防务和对外事务问题专家、时任参谋长联席议会主席的威廉·克罗上将手下，参与核武器战略计划的研究。

1986年时，30岁刚出头的她已经是学术界公认的一名苏联研究专家，学识渊博，谙熟俄语，分析冷静。她在斯坦福期间写了3本书，第一本是《不确定的联盟：苏联与捷克斯洛伐克军队》；第二本是《戈尔巴乔夫时代》，是有关俄罗斯和苏联历史的论文集，与亚历山大·达林合编，1986年由斯坦福大学出版社出版；第三本书与菲利普·泽利克合著，题为《德国统一与欧洲变迁：对政治手腕的研究》。她把自己在老布什政府工作时的经历写了进去，还引用了大量政府机密文件。此书于1995年由哈佛大学出版社出版，获得评论界好评。

1987年，赖斯成为一名杰出的教授，当时她年仅33岁。那时候，不只是学生被她的杰出演讲才能、过人的分析能力所打动，连教授专家们也都对赖斯杰出的国际政治分析能力产生敬意。曾和赖斯共事过的布兰克说："赖斯是一个受过良好教育的教师，她在教授别人的过程中从不会表现得骄傲自大。我认为，乔治·布什应该会对她解释世界的方法感到满意。"

步入政坛

赖斯对布什家庭政治圈的闯入，起源于她从政路上的"伯乐"——两届美国国家安全事务助理布伦特·斯考克罗夫特。

1987年，身为斯坦福大学国际关系教授的赖斯，33岁时就已经以苏联研究专家身份著称于学术界，并同时吸引着政治家们的视线。在斯坦福大学一次国际关系研讨会后的晚宴上，赖斯以其简短而有特色的致辞、尖锐而又深刻的提问，引起了曾任福特总统国家安全事务助理的斯考克罗夫特的注意。从她的讲话中，斯考克罗夫特发现：赖斯对苏联的看法与他的政治现实主义不谋而合。"她知道美国能在哪些方面与苏联合作，在哪些方面则不能够合作"。

1988年总统大选之后，斯考克罗夫特成为老布什总统的国家安全事务助理，开始着手挑选将与他在白宫共事的人。他想到的第一批人中就有赖斯。由于斯考克罗夫特的提名，赖斯进入了布什政府安全事务委员会，负责处理俄罗斯事务。赖斯的华盛顿政治生涯由此正式拉开序幕。

在国家安全委员会工作的 2 年期间,赖斯的政治才能赢得了老布什总统的器重,很快就成为乔治·布什总统及其夫人芭芭拉亲密的私人朋友。她还常到老布什家中做客,老布什把她当做女儿一样看待。

老布什对赖斯外交风格和学识欣赏有加。他在 2000 年给记者的一封信里写道:"康迪很出色,但她与外国领导人会见时从不炫耀这一点……她的气质是:与他人打交道的能力令人惊讶,她可以提出自己有力的观点,同时不与持异议者发生不快……她具备一种令大人物折服的风度和举止。"

在老布什总统任期内,苏联解体,东欧发生剧变,柏林墙倒塌。赖斯为此在幕后出过不少力。老布什曾说:"我对苏联事务的所有知识都是她传授给我的。"老布什卸任后,赖斯离开华盛顿重返斯坦福。在这期间,她于 1993 年被任命为斯坦福大学教务长,地位仅次于大学校长,而当时的她只有 38 岁!

赖斯由此创造了斯坦福 102 年历史上的两个新纪录——她是斯坦福有史以来最年轻的教务长,也是第一位黑人教务长。

1995 年,小布什当选为得克萨斯州州长。老布什感到赖斯可能对儿子的前途有帮助,于是便安排赖斯与小布什见面。同为体育迷的小布什与赖斯一见如故,聊了很多关于棒球的轶事。此后,他们互相赢得了对方的尊重和友谊。小布什曾这样评价赖斯:"美国将会发现她是一个聪明人,我相信她的判断力。"

1998 年,小布什开始筹备总统竞选班子。面对布什家族的盛情邀请,赖斯依然再次辞去斯坦福的教职,开始担当小布什外交上的"家庭教师"。作为总统候选人的外交政策智囊,她的主要任务是加强候选人对全球事务的把握,向世界证明候选人能胜任总统职位。赖斯能担任如此重要的职位,小布什对她的学识和能力的赏识毋庸置疑。

同时,小布什也喜欢她的"教学"方式,似乎只有她能以小布什偏好的简洁明了的方式来解释复杂的国际问题。小布什形容她是这样一种人:"她可以用我理解的方式解释外交政策问题。"此前多年的执教生涯,让赖斯懂得如何迅速抓住复杂问题的要害并让学生知晓要害所在。这种"简洁明了",也正是赖斯在华盛顿获得尊敬的最重要的素质之一。"她有简洁明了的非凡能力,"一名欧洲驻美外交官在《时尚》杂志的一篇人物特写里这样描述她。"她阐述一系列复杂问题的能力相当强,"与赖斯一起在老布什政府共事的菲利普·泽利克也持相同观点。他说,"赖斯吸引布什的重要方面之一,是她可以非常实际地切中问题要害,在外交政策领域工作的人往往不擅长于此。"

除此之外,赖斯带着从经验中积累的自信来处理工作。她有在老布什政府工作的经验,有在斯坦福大学的教学经历,这都使她获得一种从容不迫的感觉。她始终保持头脑清晰,条理清晰地为小布什深入讲授国防、武器扩散、欧洲和其他问题。

赖斯与小布什之间的默契使得"课程"进展很顺利,他们在处理问题时也时有相同的方式。自从竞选开始,赖斯就和总统候选人关系密切,经常向他进言。

当时还是州长的小布什毫不掩饰自己对赖斯的赏识:"我喜欢和她在一起。她很有趣。我喜欢轻松的人,不喜欢那些认为自己很重要、难于相处的人。而且,她很聪明!"

进入白宫

2000年,小布什成功当选总统,这让赖斯的努力也获得了回报:她水到渠成地担任了国家安全事务助理。在美国,从来没有一个黑人妇女能掌控如此大的权力。2001年,47岁的赖斯入主白宫,并成为美国历史上第一位黑人国家安全事务助理时,《纽约时报》周刊声称:赖斯的青云直上,能让一代在"呆在监狱会比在某个公司的董事会中任职更有前途"这种信仰下成长的美国年轻黑人明白,"黑色力量"意味着什么。

在赖斯担当安全助理的4年期间,在国家安全问题上,小布什对赖斯相当倚重,无论是处理"9·11"危机、打击"基地"组织、还是美国先后对阿富汗和伊拉克用兵,赖斯都是关键的决策者。当初,美国不顾国际社会的反对,执意发动伊拉克战争,导致美国与欧俄之间出现龃龉。布什对此一筹莫展。赖斯给他支了三招:教训法国,忽略德国,宽恕俄罗斯。后来,布什采纳这一"妙计",在一定程度上分化了法德俄之间的一致立场。

赖斯一方面有着强硬对外政策和现实主义理论,一方面有着独特的个性。她经常笑容满面,很少高声说话,但骨子里充满了坚定的决心和力量。一次,前国务卿基辛格没有预约就突然来到总统的椭圆形办公室,想向总统进谏,没想到被赖斯挡了驾。她说:"今后一切涉及美国外交的事都得经过我,任何人都不得例外。"基辛格气得吹胡子瞪眼却又无可奈何。赖斯因此得了一个响亮的外号——"好斗的公主"。

白宫对外事务委员会普遍流传着这样的看法:总统会听取切尼的意见,对鲍威尔的提议也给予重视,但总是在和赖斯商量后,做出最后决定。无疑她日益成为小布什内阁中的核心人物。

与此同时,大家也从不忘记形容她也是小布什亲密的红颜知己,从白宫到国外出访,从德州的牧场到戴维营,人们总能在总统身边看见赖斯的身影。"她和总统在一起的时间,仅次于第一夫人劳拉。"茱丽亚·瑞得在美国《时尚》杂志中写道,"和赖斯在一起时,总统的语言和举止是那么的放松。"

像布什圈内的政界人士一样,赖斯是一个性格坚强的人,善于在男人主宰的世界里保持自己的性格。面对美国历史上在外交和国防领域经验最丰富的副总统切尼,面对观点鲜明对立的鹰派代表拉姆斯菲尔德和鸽派的鲍威尔,赖斯始终尽量站在中立的立场,协调和综合各方观点。在外交班子讨论会上,她通常不轻易发表个人倾向的意见,但是谁也不能否认她在国家事务上的影响力。"她有着安静的性格",斯考克罗夫特说,但是有谁"认为他们可以随意驱使她,就会发现只能这样做一次"。

平日里,赖斯是一个令人愉快的人,她富有魅力,平易近人,一旦情况需要,她能像钉子一样强硬。中央情报局前局长罗伯特·盖茨回忆起一段有意思的故事。当时赖斯在白宫工作,是一名负责国家安全的主任。财政部的一名官员试图贬低她的权威,"她面带笑容地将他教训了一番。"盖茨说,"他一下就老实了。"

赖斯的其他同事认为,坚定的性格再加上智慧,是保证她登上权利顶峰的有力武器。她在圣母大学的教授乔治·布林克利,用这番话对她进行了很好的总结:"她不仅仅是一个抱负非凡和智力超群的人,而且有着推动她进步的出色性格。"

手握重权

2004 年 8 月,《福布斯》杂志首度推出"全球最有权力女性排行榜",赖斯名列榜首,摘取了"世界上最富有权力的女人"的桂冠!

一直以来,在有关赖斯的报道中,美国媒体不约而同不遗余力地选取"卓越""极富才华""无与伦比的智慧""超级智囊"等等赞美之词来形容这位政治女明星。

2005 年 1 月 26 日,美国参议院以 86 票赞成,13 票反对的表决结果,正是通过连任总统小布什对康多莉扎·赖斯的提名,从此,赖斯正式接替鲍威尔出任美国国务卿。她是继马德琳·奥尔布赖特之后美国历史上第二位女国务卿,也是世界历史上第一位握此权力的非裔女性。

上任伊始,赖斯相当一部分时间都在不同时区间穿梭,走起路来也一阵风似的,这和她在日出之前散步的风格一脉相承。赖斯上任后的最初 3 个月中,出访时间加起来长达一个月,总旅程超过 11.7 万公里,差不多相当于环绕地球 3 圈。赖斯的首次出访就覆盖了欧洲和中东的 10 多个国家和地区,让人们见识了这个工作中无比敬业的黑人女性的杰出才能。

2005 年以来,在世界外交舞台上,不论是冲突不断的巴以地区、重建中的阿富汗,还是战火纷飞的伊拉克,都能看到赖斯匆忙的身影。

对于赖斯的任命,各国也都给予了不同的反应,有正面的,也有负面的。

正面的意见表示:没有人怀疑这个女人渊博的学识和超人的智商。她给予了她的岗位前所未有的学术和政治经验。她有魅力,有教养,能倾听,能理顺关系并且谈判有耐心。她也果断,有针对性,严肃而有雄心。她对欧洲了解很多,尤其是德国和俄罗斯。她懂得大西洋彼岸的关系并采取相应的政策把美国带回到联合国和多边政治中去。她足够聪明,深谙美国对欧洲的政策,支持近东和中东的和平。

反面意见却是:作为小布什的"顾问",她对注定要失败的伊拉克战争负有责任。她作为超级大国的安全顾问鼓吹先发制人,至今还没有任何明确的标识表明她当初的态度(谁不支持我们就是在反对我们)发生了改变。针对欧洲那些反对伊拉克战争的国家的口号("惩办法国,无视德国,原谅俄罗斯")虽然没有摆在桌面上,有什么理由认为赖斯的看法会突然发生改变呢?

当然还有其他的一些说法。作为美国外交的主角,赖斯正在接受严峻的考验。她会给美国外交一次机会并且改变口号吗?她会与欧洲和全世界走和解路线吗?如果她这样做的话,这将是外交杰作。跨大西洋关系正常化,结束在伊拉克的失败,让两河流域真正自由地选择和平道路,重新启动以色列和巴勒斯坦的和平路线图计划。无论如何,她将会作为美国第一任黑人女国务卿写入美国历史。

与传统的"灰姑娘"故事不同的是,赖斯的成功不是来自"白马王子"的爱情。事实上,她至今还是一个待字闺中的单身女人,她的成功完全是靠她的奋斗。虽然至今还没找到感情归宿,赖斯并没有放弃对婚姻的向往。她说:"没有结婚是因为没有机会,我不是独身主义者。"她还表示:"我确信,如果上帝安排我和某人结婚,就一定会把那个人带到我面前。"

赖斯在斯坦福大学任教时也曾有过一段罗曼史。当时赖斯是政治学教授,而男友华盛顿是体育事务专员。两人认真地交往了一段时间后最终还是分手,恋情虽然结束,但友谊长存。

不少人认为,过于成功的事业已经成了赖斯组建家庭的阻力。就像《莫斯科新闻》在赖斯刚出道时评价的那样,"男人们都不免奇怪:她应该忙于做饭和使她的爱慕者发疯,但她却能迅速地从口中蹦出导弹和坦克的数目以及多次首脑会谈的日期"。赖斯对事业的进取心让不少男士望而却步,但她自己并不认为事业影响了她的个人生活。还有人认为,赖斯身边的男人都太优秀,令其他男士颇感自卑。在这些年的从政生涯中,赖斯的知己都是美国政界的巨头,如布什、斯考克罗夫特、舒尔茨等。她说:"我不成家是因为我从来没有碰到过任何想与之共同生活的人。我认为,我在生活中保持了平衡。我不是一个工作狂,我也有休闲时光。"

2005年初,由于赖斯的民意支持率颇高,共和党内部和白宫均有意让赖斯参加2008年的总统大选,但赖斯在接受美国国家广播公司/NBC时也表明了自己拒绝参选的决心。"我不知道有多少说'No'的方式,我不是一个想当总统的人,我对成为一些事情的候选人毫无兴趣。"

赖斯说:"我从来没想过竞选任何职位……我只想做一名非常出色的国务卿。"

赖斯,展现了一个优秀女性所拥有的一切:聪慧、优雅、干练、才华横溢,从而无可厚非地成为当今世界年轻性生的杰出榜样。

2008年11月5日，美国国务卿赖斯祝贺奥巴马当选新一任美国总统。赖斯评价奥巴马当选总统是美国在努力消除种族歧视道路上"非凡的一步"。

赖斯当天上午在美国国务院对媒体记者说，作为一名非洲裔美国人，我尤其感到骄傲。赖斯说，经过漫长的旅途，克服了历史的伤痛，美国人朝着社会中不再有种族歧视的隔阂努力。尽管这个工作并没有完成，但昨晚显然是历史进步中非凡的一步。赖斯保证说，美国国务院将努力工作确保向奥巴马政府平稳过渡。赖斯在谈话中称奥巴马是一位富有灵感的领袖，她同时称赞麦凯恩是一位高尚、伟大的爱国者。赖斯表示，美国将会继续创造惊奇，因为美国人在没有创造完美的联邦政体之前是不会满足的。因为那种完美的政体是永远不会出现在眼前，所以我们必须继续为之努力和尝试！

2009年1月20日，赖斯卸任国务卿。

几天后，作为美国前国务卿，赖斯已与好莱坞的威廉·莫里斯经纪公司签约，由该公司为其安排演讲、出书以及在电视上露面。此次签约使赖斯成为布什政府成员中首批走向商界的要人之一。根据合约，威廉·莫里斯经纪公司将为她安排出书、演讲、进行慈善活动以及进军媒体和体育产业。

实际上，赖斯即将出版两本书，一本有关其外交生涯，另一本有关她的父母。赖斯称她的父母为"教育的福音传道者"，因为他们坚持让女儿接受最好的教育。

威廉·莫里斯经纪公司的运营总监韦恩·卡巴克说，该公司之所以对赖斯有兴趣，是因为她不但拥有"令人惊叹的履历"和弹奏钢琴等才能，还是美国国家橄榄球联赛的忠实球迷。他认为，作为斯坦福前教务长，赖斯可以在电视上宣传与古典音乐、资助贫困学生有关的活动，并帮助美国儿童变成"世界公民"，但她将不会变成一个政治分析家。

同时，赖斯披露，她正在寻找爱人。赖斯在卸任后突然有大量时间可以自由支配，她计划将更多的时间花在找对象上。

与许多身处高位的妇女一样，赖斯发现她不得不在个人生活和布什总统左右手的重任之间做出取舍。她不得不为工作而放弃个人生活，但她现在做好了将时间和精力集中在个人生活方面的准备。54岁的赖斯在任国务卿的4年期间曾访问了84个国家，访问的旅程超过了100万公里，她从未有时间去专注发展感情。不过，在她卸任并且重返斯坦福大学教书后，这一切都将发生变化。

赖斯在参加美国早间电视谈话节目时称："人们说，你工作得如此努力，你把那么多的时间和精力用在发展自己的事业，你真的在简化自己的个人生活，但事实的真相是，我从未遇到一位我想嫁的人。这并不意味着我将来遇不到那样的人，只是说到目前为止我还没有遇到那样的人。"曾在20世纪70年代短期订婚的赖斯披露个人生活的一些细节，这可能是为了吸引未来的男性伴侣。

以香港为家的政治明星

——范徐丽泰

人物档案

简　历：本名徐丽泰，籍贯浙江省宁波市镇海区，香港建制派政治人物，香港特区首任立法会主席。出生在上海。4岁全家迁到香港，1964年考入香港大学，1974年到香港理工学院发展，1983年以教育界委员议员身份进入立法局，1997年当选为临时立法会主席，同年7月1日宣誓就职；2008年3月在第十一届全国人民代表大会第一次会议当选为常务委员会成员。她当选后向全国人大常委会请假，继续担任立法会主席，至同年9月正式卸任。1998年获香港特区政府金紫荆星章，2007年获香港特区政府大紫荆勋章；2011年5月，前港区人大代表吴康民提出的"铁三角论"，建议由范徐丽泰出任下届行政长官，唐英年继续担任政务司司长，行会召集人梁振英出任财政司司长，同年11月13日，范徐丽泰宣布将不参选行政长官选举。

生卒年月：1945年9月20日～

性格特征：平和温婉，干练洒脱，聪慧、沉静、公正。

历史功过：不畏英美的阻挠，坚决遣返越南船民。为了维护香港的利益，不畏惧港督彭定康的强权，坚决辞职。公正无私，忠于职守，赢得了其他议员的尊重。

名家评点：被称为"香港第一个女议长"，获得"是非官学太平绅士"，被评为"香港No.1好老婆""女强人"，被称为"政坛黄飞鸿"。

快速转型

　　1945年9月20日，范徐丽泰出生在上海一个富裕家庭里。20世纪40年代，好莱坞女明星丽泰·海华丝风靡一时，父亲徐大统和家人商量，以丽泰为名。长大后,范徐丽泰发现自己相貌和个性与这位性感女星相去甚远,"我更喜欢清秀的奥黛丽·赫本,夏萍也不错"。

4岁时,范徐丽泰举家南迁香港。父亲与友人一起开办了一家银行。母亲是典型的上海女人。

快节奏的生活,使她在具有海派女人的平和温婉之余,更多了几分职业女性的干练和洒脱。这一点,与她童年时代的反叛性格不无关系。

刚到香港时,由于年龄小还不能上学,父亲徐大统就给她聘请了一位家庭教师做辅导。老师名叫许佩,是香港优秀的音乐老师,在教她中文、英文和数学的同时,还开了钢琴课。但范徐丽泰却自称"五音不全",对凡是涉及音乐方面的事都"毫无兴趣"。所以,在其他课程都学得很好的情况下,直到今天她也很少在公众面前唱歌。

童年时,家住在山上,每天下了公交车后需要经过高高的台阶路上山回家。但小范徐丽泰却不爱走台阶,而是经常独辟蹊径挑更难爬的或没人走的路,以至于回到家经常在衣服或脸上留下"痕迹"。虽然父亲屡次劝阻,但她还是照爬不误。这种颇有些男孩子性格的举动,不能不说为日后她很好地在政治舞台上摸爬滚打起到了磨炼的作用。

而小时候,范徐丽泰可没想过要从政,她的愿望是要当一名大货车司机,可以一边开车一边听音乐。浪漫是浪漫了点,但一个女孩要当大货车司机,恐怕现在都很罕见。

20世纪五六十年代,香港还没有现在这么开放,范徐丽泰的父亲也是相对传统的人,所以当在圣士提反女子中学读书的女儿要参加篮球比赛时,父亲明确表示了反对。反对的原因很简单,就是他不能接受一个女孩子穿着短裤打比赛。说来奇怪,在一个传统的家庭出生长大的范徐丽泰却偏偏就不爱梳妆打扮,而酷爱爬山、打篮球这样的运动。最后,父亲做了妥协,因为是他当初答应女儿参加校篮球队,范徐丽泰使出的"杀手锏"是父亲曾经的教诲—信守诺言。

范徐丽泰小时候很喜欢读书,选择的书目也和其他女孩子有所不同,她偏爱的是武侠、侦探等方面的书,当然偶尔也读些爱情类的。其中,对金庸写的书都非常喜爱。当时,她不会想到这位她崇拜的作家,在若干年后会成为自己参加直选的提名人之一。

圣士提反女子中学是一所基督教学校,在其附属小学毕业后,范徐丽泰在这里度过了中学时光,直到1964年考入香港大学。上香港大学时,男同学笑话范徐丽泰不会打羽毛球。徐丽泰就发狠一定要拿羽毛球单打冠军。这样倔强和叛逆的个性,范徐丽泰到了30岁后才发现一些负面效果。"过去我想,如果我多花一点时间努力,就可以做得更好。如果事情像打羽毛球那么简单,当然可以做得更好,你自己努力,去捉摸,当然可以做得更好。"

因害怕人体解剖,范徐丽泰没有听从母亲的话报考医学院,而是学了化学和物理。这自然和政治相隔千里。拿到香港大学理学学士学位后,在攻读硕士学位时,她选择的是社会科学。1973年,范徐丽泰从香港大学取得社会科学硕士学位后,翌年到香港理工学院发展,并在这一年嫁给了同学的哥哥范尚德。她的婚姻的开端,和她的穿衣打扮一样,肇始于童年惯性,母亲反对,于是,她结婚了。

在香港理工学院,她曾任学生辅导处主任、处长和香港多种工艺学院副院长等职。有关这段经历,很少有见诸媒体的详细报道,但几乎人人都知道她从政前的另一个身份:"资深教育家"。

就是这么一个从未想过从政、也不热衷政治的人,却在人生旅途步入第38个春秋之后开始了"快速转型"。其改变幅度之大、速度之快令熟悉她的朋友都备感惊讶。

"他们认为这条路完全不适合我。"回想起当年的选择,范徐丽泰对大学同学的观点记忆犹新。在同学的印象中,她快人快语,与政治人物通常"说一套做一套"的"标准形象"完全不符。

"30岁以前的我是一个不太快乐的女孩,对自己要求高,对别人经常板起面孔,恶性循环之下,变得很孤独;30岁之后,经过种种工作上的磨炼,开始学懂了:无论遇到什么事,只要能笑笑口对着别人,问题就容易解决。50岁以后,我更加清楚,快乐是要自己找寻,别人并没有义务让你快乐。"

30岁,成为范太人生的转折点。她开始笑对人生。

进入政坛

"偶然发生的事,往往影响人的一生。"这是范徐丽泰在自己的"随笔"中写下的一句话。后来她得以走上政治舞台,过程的确充满了偶然。

是一个看似偶然的机会,改变了她的人生轨迹。

1983年正值香港立法局换届,到外地休假的范徐丽泰返回香港,意外地收到了当时港督尤德的约见通知。

"香港能干的人很多,为什么要找我?"面对担任立法局议员的邀请,范徐丽泰满脸的茫然。

"你别问这些,只是请你考虑是否愿意为港人服务。"因尤德出差在外地,负责临时约见范徐丽泰的署理港督夏鼎基把问题抛给了她。

关键时刻,丈夫范尚德的一番话给了范徐丽泰以信心,并对她以后的从政经历一直发挥着重要影响。每逢有记者采访,范徐丽泰都会一次次提起范尚德的鼓励——"我们在香港成家,我们的事业也在香港;香港给了我们很多的益处,所以应给予回报。既然你有这个机会,去做一些公共的服务,我首先支持你!""就这样,一个从来没想过参政,也不了解何为政治的平凡女性'范太',偶然地步入了政坛,在不经意之中选择了下半生的从政之路。"

多年以后,范徐丽泰在随笔中这样写道。

以教育界议员的身份进入立法局后,对"老本行"的关注成为范徐丽泰工作的头等大事。直爽的性格,使范徐丽泰在赢得港人尊敬的同时,也不可避免地与当时的港府发生摩擦。为了提高小学教育经费,她甚至还曾与港督尤德对簿公堂。当时范徐丽泰提出提高小学教育经费的建议,而港督认为不能单独开小灶,理由是"中学和小学同样重要。"

"当我说使用右手拿筷子的时候,绝不是说左手可有可无。我要强调的是,当务之急、重中之重是改善小学教育的条件和素质。"范徐丽泰对此做出的回应,充分展示了她敏捷的思维和出色辩论的才华,而这也正是一名成功的女政治家不可缺少的素质。几个回合的唇枪舌剑,最后港督终于认输。从当年起,港府拨给小学的教育经费增加了7个百分点!

20世纪80年代中期,香港社会出现动荡,起因是英国坚持在1997年后继续管制香港,所以中英关于解决香港问题的第二阶段谈判毫无进展,导致1983年9月24日出现了市民抢购狂潮,被媒体称为"黑色星期六"。

时值财政司彭励治任内,香港年年财政赤字,经济面临严峻考验。为了开发新税源,彭决定征收海外存款的利息税。范徐丽泰认为此举有违香港税制"盈利来自本港才课税"的原则,在"1984年税务(修订)条例草案"表决中投了弃权票。

孰料不久以后,彭励治又抛出了税务修订第2号草案。当时进行上诉的纳税人很多,应收未收的税款数目也越来越大。彭以"为防止纳税人滥用上诉程序,拖延时间"为借口,认为政府须先收税款。而范徐丽泰则觉得这种做法对上诉的纳税人"不公道",因此立即发言表示反对。

"自己认为对的事,只要不偏私,不为个人喜恶,经过客观分析,如果依然觉得是对的,就应该坚持立场,无须顾虑得失成败。"范徐丽泰的这种行事风格,在刚开始担任议员时就表现了出来。

虽然当时未能左右大局,但两年后,政府最终还是删除了这一规定。这种"初生牛犊不怕虎"的劲头和"讲真话、做实事"的风格,一直带到她后来当选全国人大代表时。

2003年,范徐丽泰和其他港澳代表一道,公开批评内地干部"官风"不正,还与其他两位香港代表"联手"列举内地一些干部的"毛病":暴发户心态、唯利是图、带头破坏市场制度、搞形象工程等等。她认为要求干部依法办事需先"放弃人治",而这"要经过长期的培训和教育"等等。

声名鹊起

真正令范徐丽泰声名鹊起的事件,是在解决有关越南难民、船民问题时她的挺身而出。

从1975年起,越战结束后,大量越南难民、船民纷纷出逃,难民们的目的地是美国,但却先涌向东南亚国家和香港等第三地做中转。而美国根本没打算接收全部难民,所以他们大量滞留香港,给香港社会带来了沉重的负担。截至1985年5月,已经有14500名越南难民在港定居,成为困扰社会和发展的一大难题。

为了解决滞留难民问题,很多议员提出遣返的动议,但遭到英美等国的强烈反对。这些国家自己不接收迫切想逃往他们那里的难民,却对香港有关难民的管理方式和即将采取的遣返计划说三道四。当时英国还是香港的宗主国,但在这个问题上,英政府根本无视港人的利益,而是站在盟友美国一边。

"我年轻气盛,觉得太不公平了,决定不平则鸣。"当时在立法局中担任保安小组召集人的范徐丽泰挺身而出,带领代表团亲自前往美英等国去理论。1988年9月,在赴美国参加有关越南难民的研讨会前,她对香港《东方日报》表达了"明知山有虎,偏向虎山行"的心声,决心要为香港讨个说法!

会上,她直指美英采用双重标准:对自己国家百般保护拒绝难民入境,却让香港无限制收留难民;对逃到香港的中国大陆难民即抓即解,越南难民却被以所谓"政治难民"身份进行保护。"这是欺骗香港的行为!"

"会后,我感到有一点点自豪。一个香港的女人,来到一个陌生的地方,接受一批并不友善的人的质询,我凭理据、说事实,没有退缩,也没让对方得到半点便宜,也算是有交代了,没有失香港人的面子。"范徐丽泰在随笔中这样描述自己当时的心情。

虽然难度很大,但从那时起,范徐丽泰不放弃任何一个场合,据理力争,讲述香港的实际困难。经过几年的各种大小辩论、四处奔走,1991年,难民遣返计划终于被国际社会所认同,越南难民、船民开始被分批遣返。

这些为港人争利益的行侠仗义之举,使范徐丽泰获得了"政坛黄飞鸿"的雅号。但从小就节省饭钱买武侠小说看的范徐丽泰,私下里表示,她最喜欢的还是《笑傲江湖》里的令狐冲,理由是"喜欢他的真实"。

对抗港督

英国在香港的最后一任港督是彭定康,他曾与当时的英国首相梅杰、外交大臣赫德被并称为"三驾马车",这三个人也是 1990 年 11 月英内阁的"倒撒(撒切尔夫人)"事件中的主角。梅杰出任首相后,彭定康担任了保守党主席。然而不幸的是,这位主席却在 1992 年 7 月的英国国内选举中遭遇"滑铁卢",不得已,被委派至香港出任末代港督。

彭定康到香港赴任前,范徐丽泰曾在英国与之会面过一次,当时的范徐丽泰已经在港英政府一身担二任(立法局议员和行政局议员)3 年半了。她原本以为彭定康是想了解一下香港的社会、经济发展状况,但对方对这些却闭口不谈,而是一味大讲"如何对付中国"的话题,这让范徐丽泰隐隐感到了不快。

当时香港回归祖国已经是大势所趋,所以被港人称为"肥彭"的彭定康到任后,如何平稳过渡才是各方关注的焦点。但当彭将前任总督卫奕信时期几乎所有的计划都弃之一边,尤其是已在立法局达成一致的政制发展方案也都一笔勾销时,范徐丽泰渐渐"心中有数"了。

在统治香港一百多年的历史中,港英政府一直都是由英方独断专权,临到即将将香港交还中国之前,彭定康显然想复制当年在印度撤走前的一套,以所谓"政改"留下一个烂摊子,以利于日后继续插手香港事务。

道不同不相为谋。1992 年 10 月 7 日,刚刚送子女到加拿大求学返回香港的范徐丽泰,因"个人感到疲倦,对一些政治秀、政治上的虚伪也未能接受",将早已拟好的"辞职书"交到了彭定康手中。

当天下午,彭定康在立法局发表施政报告,抛出了所谓"政改方案",从此被指为"千古罪人"。

从港英政府辞职后,范徐丽泰还多次和港督彭定康过招。其中,关于"破窗"的故事最为人们津津乐道——

那是 1994 年的春天,彭定康在立法局煽动自己抛出的政改方案时说:"不能因为人家以后要打烂我这个窗,而现在我自己连窗都不装了。"范徐丽泰听到这个说法后,也用窗打了一个比喻:"政改方案好比做窗,彭定康这个承建商将窗装上后便对香港人——这间屋的住户说,这个窗多好多靓。但是,却不告诉住户这个窗违反了 3 年半之后的建筑条例。而 3 年半后(指九七回归)的建筑条例生效,业主为了守法,必须将这个窗拆掉,再按照法定的规划装上新窗。可见,彭定康这个承建商是有心违法,3 年半之后,彭先生钱也收了,人也走了,要付出代价的是业主! 我们香港人能接受彭定康这个承建商留下的'窗'吗?"

这次针锋相对的表态在香港流传甚广,也让人们看到了范徐丽泰爱国爱港的激情。

重出江湖

"辞职后觉得好轻松"的日子仅仅过了半年多，范徐丽泰再次迎来了"必须站出来"的机会。

1993 年，由于英方强行推出"三违反"的政改方案，破坏了原有"直通车"的安排，中国政府决定"另起炉灶"，成立香港特别行政区筹备委员会预备工作委员会，并向范徐丽泰发出了邀请。为了维护香港的平稳过渡，范徐丽泰决定"重出江湖"。

1996 年 3 月，香港特别行政区筹备委员会决定成立香港各界庆祝香港回归祖国活动委员会，范徐丽泰是"庆委会"负责人。为了把庆祝活动搞好，她费尽了心思。没有经费，就到处募集筹款，后来还将两位闻名中外的音乐家谭盾和马友友请到了庆祝活动现场。

1997 年 1 月 25 日，范徐丽泰又被选为临时立法会主席。

"当时的临时立法会主席，大家都知道不好做。在当时香港和西方的传媒中，我是一个非常不受欢迎的人物，甚至是令他们讨厌的人物。但对这些压力我事先都考虑过，我自觉承受得来。"在 5 年后一次接受香港记者采访时，范徐丽泰谈起当临时立法会主席时如是说。

当时的临时立法会不被港英当局承认，组织活动受到百般阻挠，甚至连在香港租会场都很困难。不得已，每周的开会地点选择了深圳。范徐丽泰和议员们每周六到深圳开会，下午或晚上返回，这种状况一直持续到 1997 年 6 月 30 日。

1997 年 7 月 1 日，香港女人范太带领一群香港立法委员上台宣誓。

短发、金边眼镜、黑色套装、琥珀色围巾、黑高跟鞋，把 53 岁的女人凸显得沉稳而自信。一路上，她默默提醒自己，挺起腰板，一个一个字念清楚；最后，她缓慢举右手，在董建华面前宣誓道："我，范徐丽泰就任香港特别行政区临时立法委主席。"

范徐丽泰的努力，香港各界有目共睹，香港人也将他们的信任给了这位面目慈爱的官员。香港特区政府成立以来，范徐丽泰连续担任立法会主席，这使得很多人猜测她是否有什么"背景"。

"我连续当选立法会主席，有人就有了误解，以为是大家都想选我。"范徐丽泰在一次和东南大学学生座谈时提起了这个话题，"其实从成立香港临时立法会开始，一直有一个民主派的人在跟我竞争。"

竞争对手从临时立法会选举开始，与范徐丽泰一直角逐到 1998 年和 2000 年两届立法会主席选举，不过分别落败。

范徐丽泰读大学时因不满同学对她羽毛球技术不精的揶揄，苦练一年终于取得学校羽毛球女单冠军，那时她被称为冠军"黑马"。现在连续当选立法会主席并始终工作出色，又使她赢得了"女强人"的称号。对后者，范徐丽泰坦言："不喜欢。"

"强人就强人，为什么要加上一个'女'字？"以女性身份参与社会工作，往往被误解为"赚钱买花戴"，欠缺远大的抱负和志向。范徐丽泰显然不认同这样的观点，"面对种种不解和疑惑，女性需要对自身树立信心，需要比男性付出更多的努力，需要主动争取机会。"

香港地域小，自然资源匮乏，生活节奏快，人才济济，"你只有比别人更努力，要不然（机会）轮不到你。"

三任主席

2000 年，范徐丽泰再度循选举委员会连任议员并续任主席。2004 年 10 月 6 日，香港第三届立法会举行成立以后的首次会议，会议的一项重要议程就是选举立法会主席。在 60 名议员参与的投票中，范徐丽泰梅开三度，以 34 票绝对优势成功当选，自香港回归祖国以来连续担任此职。在当选后的发言中，范徐丽泰和前两任就职时一样，表示自己"将一如既往，以无畏、无偏、无私的精神，主持会议并执行议事规则"。虽然他讲话时的神态似乎都和前两次没有任何分别，但这一次的当选，却是她勇于向自己挑战的结果，其心中的韵味自然是和过去有所不同。此前两个半月前的 7 月 21 日，香港特区政府第二届立法会完成了历史使命，范徐丽泰也就此结束了自临时立法会成立到第一、二届立法会为止连续 7 年半的主席任期。此前 3 天，由查良镛（金庸）、荣智健等香港众多知名人士提名，范徐丽泰正式对外宣布，将参加 9 月 12 日举行的香港第三届立法会港岛区地区直选。

根据基本法和附件的规定，按照实际情况和循序渐进原则，香港特区立法会的 60 名议员最终将全部由普选产生。而 2004 年第三届立法会选举的地区直选议席，要从上一届的 24 席增加到 30 席，和功能团体选出的议员数目一样多。

早在两年前，范徐丽泰就曾公开表示，若健康情况许可，会参加 2004 年的直选。而这意味着从原来由 800 名代表组成的选举委员会进入立法会的她，需要直接面对所在选区选民的直接评判。

"参加直选，是我心愿。香港岛的选民，请你为我决定，是否继续在立法会服务！"这是范徐丽泰在个人选举网站首页上的话。卸下立法会主席的头衔，她再次昂然向立法会直选迈进了！

虽然对直选毫无经验，但能有机会参加立法会直选，的确是范徐丽泰一直以来的心愿。她表示会以边学边做的态度参与，不计较成败。"参加直选的候选人一般很有实力，我未必一定选得到。不过，我一向认为，做人要输得起，输就输了，无所谓。"在选前回答记者提问时，范徐丽泰曾如此笑着作答。

因她除了曾在新界沙田住过3年外，其余时间都在港岛区居住，所以，尽管港岛区是选情最激烈的选区，她仍决定在一个自己熟悉的选区参选。"没有做过的事情，难度越高的事情，越想尝试。"面对新的挑战，范徐丽泰透出一股豪气。

但直选毕竟是相对残酷的竞争。从7月18日范徐丽泰宣布正式参选开始，她所在的港岛区6个直选议席竞争异常激烈。由于无党无派的身份，与民建联、民主党等拥有党派背景的候选人相比，范徐丽泰看上去似乎有点形单势孤，但她多年来为香港竞选业的付出毕竟人们有目共睹。而且，家庭的力量在她的竞选中也起到了相当关键的作用。

当时尚健在的范徐丽泰的丈夫范尚德，身患肝硬化已十多年，在选举开始不久前查出腹内及颈部淋巴核生了不明硬块。范太太一度想退隐江湖，多点时间陪伴丈夫。但范尚德却积极鼓励妻子参选。他反倒安慰范徐丽泰，"你又不是医生，整天留在我身边有什么用？"他坚持要"还太太一个心愿"。选举当前，范尚德还一马当先担任助选团团长，统筹一切竞选事务，帮太太派发宣传单。身为儿科医生的女儿和做会计师的儿子，也一改平时低调的作风，抛头露面出现在公众场合为妈妈打气。全家总动员，为她打气助威。拥有这样的亲人，难怪范徐丽泰将家庭比喻生命的根，将政坛的得失看作点缀的花朵。

"我的策略是以诚待人。"面对实力强大的民建联主席马力、民主党主席杨森和"四十五条"关注组成员余若薇等人的凌厉攻势，范徐丽泰稳扎稳打，不仅全家上阵，各个小组助选团成员也是分头行动，她自己更是多次上街拉票。在8月初一次街头亲近选民时，导致香港天桥地区大塞车，其在港人心中强劲的个人魅力一览无遗。在她专门印制的名片上，写满了她的3个地区办事处联系办法，其中"立根社区，携手共进"8个字尤其醒目。

9月12日晚，立法会直选投票结束。翌日中午，在全部6个选区中，港岛区投票结果最后一个揭晓，范徐丽泰以65661票成功当选第3届立法会议员。一个月后，她再次蝉联香港立法会主席！这已是她第3次担任香港立法会主席！

以一个无党无派的女性身份，闯荡香港政坛20余载并广受拥戴，这在范徐丽泰小时候也许就可以看出端倪。

铁面无私

根据《基本法》规定，香港特别行政区享有立法权，而立法会就是特区的立法机关，主要职能除了制定法律外，还包括审核及通过财政预算、税收和公共开支，以及监察政府工作、获授权同意终审法院法官和高等法院首席法官的任免，并有权弹身居这样一个"位高权重"部门的主席,范徐丽泰深知包容的重要性。第二届立法会每周三召开例行大会,从下午 2 点半开始,经常开到晚上 10 点甚至 12 点。坐在主席位置上的范徐丽泰,面对时时出现的不同意见之间激烈的辩论,总是面带笑容,忠于职守。其不偏不倚的态度,赢得了其他议员的尊重。

"一国两制""港人治港"是全新的事业,因而第一届立法会做的都是开创性和基础性工作。由于基本法和香港的其他法律分属不同的法系(前者属于大陆法系,后者属普通法系),所以,按照基本法裁决时,对基本法一些用词的准确理解和把握提出了更高的要求。

"在标准出来后反而容易了,按规矩办事嘛。"范徐丽泰认为后来的人大释法,更有利于立法会对基本法的把握。

第 2 届立法会经历了更多的风风雨雨,观点的碰撞,不同政见的争端,作为立法会主席,范徐丽泰表示,主席不同于议员,不能把自己的观点立场带到主席位子上去。

"说得好听一些,我是'铁面无私',说得难听些是'六亲不认'。"范徐丽泰这样自嘲她自己的"照规矩办"4 字底线。

2004 年 11 月,刚当选第 3 届立法会议员的梁国雄(绰号"长毛")在立法会议事厅开会时,在未经主席同意的情况下,屡次打断香港政制事务局局长林瑞麟的发言,当范徐丽泰对其做出提醒和劝诫后,却指范徐丽泰"不公道而浪费时间",并称范徐丽泰"执行议事规则时没有标准,对他有偏见"。范徐丽泰在暂停会议期间,邀请梁国雄到办公室解释她的判决,但对方仍不知悔改。而此前"长毛"已屡次挑战立法会议事规则底线,范徐丽泰按议事规则的规定,将梁国雄逐离了议事厅。

当年那个第一次以议员身份登台发言时声音颤抖到听不见的"新兵",经过 20 余载岁月的磨砺,已经对驾驭各种复杂的局面游刃有余。

香港回归以来,范徐丽泰认为"一国两制"已得到落实,"这是不容置疑的。"但"可以进步的地方还很多",有待社会各界的共同努力,把香港建设得更美好。

"中国人要有中国心,不能忘记'一国两制'的'一国'是中国,不能忘记自己是中国人!"她说。

谈到自己,范徐丽泰在一次与上海大学生座谈时表示,"不能把'伟大'和我联系在一起,我只是一个很平常的住在香港的中国老百姓。我够不上政治家,只是一个参与政治的人物,我最认同'公仆'这一称谓。"

不再参加 2008 年立法委主席选举,当选为全国人大常务委员会委员

2007 年 7 月 17 日,在连任 3 届主席之后,范徐丽泰宣布不再参加 2008 年的香港立法委主席选举。

理由有三："一、提早一年宣布,可以让有意角逐者做好准备;二、长江后浪推前浪,应让位给新人;三、香港回归十年,已平稳过渡,将在适当时候退下。"

这天,距离范徐丽泰就任立法委主席一职有 11 年;这天,在立法委这栋年代久远的英式建筑内,她工作了 25 年。25 年时间,历练了范徐丽泰,作为一名女人的整个政治人生。

1983 年,一个电话让她意外地步入立法委;2008 年,她选择离开,则出于一个理性的决定。

2008 年 7 月 13 日,已担任香港立法会主席一职 10 多年的范徐丽泰,她在告别议案中主动提及对下任主席的期望。

范徐丽泰先是笑称,担任立法会主席已 11 年,最近发现自己有"打瞌睡"的习惯,认为是时候退位让贤。她寄语,新一届立法会主席,不要怕被人控告,面对批评亦可以一笑置之:"因为如果全体立法会议员被告,立法会主席要代表应讯。"

范徐丽泰最后引用一段出自潘源良《离别的时候》的文字,诉说个人离别的心情,虽有千言万语,但亦不必说,只要握手互道珍重,期望来日有缘再见:"我的朋友,到了离别的时候,虽然千言万语,但是……甚么都不用说,让我们握握手,互道珍重!虽然依依不舍,但是……你我都还有路要走,让我们挥挥手,说声再见!珍重再见!来日有缘再见!"

就在范徐丽泰宣布正式休会,所有议员实时站立拍掌以示感谢,也标志着范徐丽泰即将担任全国人大常委会委员一职。

香港回归后,范徐丽泰首次参选全国人大代表,并于 1997 年 12 月 8 日成功当选为第 9 届全国人大香港区代表。其后分别于 2002 年 12 月 3 日获连任第 10 届全国人民代表大会香港区代表,2008 年 1 月 25 日再获连任第 11 届全国人民代表大会香港区代表。

2008 年 3 月 15 日,范徐丽泰在第 11 届全国人民代表大会第一次会议上当选为常务委员会委员。由于全国人大常委会拥有对《基本法》的解释权,为避免与立法会主席的职务发生角色冲突,她当选后向人大常委会请假,继续担任立法会主席,直至 2008 年 7 月第 3 届立法会会期结束为止。

顾家女人

在香港,少有人怀疑范徐丽泰的平民性。原因或许很简单:25 年前,范徐丽泰就任第一天,旧式的衣服遭到媒体嘲笑;25 年过去了,她还是那身不时髦的打扮。她没有变,媒体的态度却变了。

有一个很早的故事:1983 年 9 月的一个下午,正在大学上班的范徐丽泰又被突如其来的电话打搅。她被告知 2 个小时后去立法委宣誓就职。

从九龙到中环，来不及回家换衣服，新议员匆匆上场了。短袖衬衣、大花裙子、凉鞋一双，事隔 20 多年，范徐丽泰还清晰记得当日的装束。她走上宣誓台，下面的人都直直地看着她。

第二天，报纸出来，她看到自己的照片，才知道被批评了。38 岁的她，因不注意服装，成为第一次上报的话题。随后，她的打扮被称为"香港江青"。

范徐丽泰说："我曾经想过，是不是要改变一下？"但是，她还是没有改变。"如果需要穿套装的场合，我就穿套装，可是那些套装是要符合我自己的爱好，而不是什么高贵名贵啊这一类。我觉得自己只不过是做一份工作嘛，还是要有真实的我。"

第一次曝光经历给范太的政治生涯上了形象的一课。作为公众人物，她随时成为被议论的焦点。裙子事件，让她明白自己要做什么样子的人；"不会为了工作改变自我"，即便这是份政治工作。

无论在香港还是在内地，范徐丽泰的名字都可谓家喻户晓。很多人喜欢以"铁娘子"形容她，并把她与希拉里、撒切尔夫人相提并论。

工作之余，范徐丽泰还喜欢开车。"我以前常常自己开车从香港到深圳。"即使到国外旅游，下飞机后她也喜欢租辆车，载着家人四处游览。"自己开车有很高的灵活度，我喜欢这种自由自在的感觉。"

范徐丽泰是非常"顾家"的传统中国女人，谈起家庭时常常感到"心中有愧"。范徐丽泰曾表示过，如果家庭需要，自己可以立即放弃事业。

工作的繁忙，使范徐丽泰没有太多心力照料家庭。尤其是一儿一女都很小的时候，她陪伴在孩子身边的时间很少。他们多数时候只能在电视新闻中看到妈妈忙碌的身影，"我们在电视里看到你的时候多，在家里看到你的时候少。"

其实，在范徐丽泰心目中，"家才是自己的王国，一个人最重要的，是有一个和谐的家庭！"她轻轻扶了一下眼镜，"无论你遇上挫折还是处境顺利，无论你做过什么事情，家都不会改变对你的看法。"

1994 年，范徐丽泰在加拿大读书的女儿患了急性肾炎，需要换肾。范徐丽泰了解到，社会上可供移植的肾很少，而母亲的肾移植给女儿的成功率很高。她当即决定，将自己的肾脏捐献给女儿。

"我想任何一个妈妈都会这样做的。我并没有什么不同之处。"说起这个传扬一时的美谈，范徐丽泰认为把肾移植给女儿是自己的幸运，"在女儿需要的时候，我的肾刚好符合她的要求。结果让我做了人生中最难得、最幸福的一件事，这是上天赐给我的福分。"她告诉记者，自己和女儿同月同日生，一切巧合似乎都是命中注定。

病好后，范家在香港文华酒店大摆宴席，庆祝女儿毕业和母女生日。这是范家第一次，也是唯一的一次公开请客。

能够安心为香港服务，范徐丽泰坦言，最感谢的是丈夫和婆婆。

"若说我今天成功，我认为70%功劳是归于我丈夫，他是个一等一的好人，从来不给我半点难看的面色。"

2006年底，在香港电台市民选举中，范徐丽泰被评为香港"No.1好老婆"；范徐丽泰分外惊讶，因为她结婚30来年，炒一份叉烧炒蛋都不及格，为什么是她？然而范太处理家庭危机的风格，犹如其政治生涯，赢得了人心。

而此时，这名好老婆已失去了先生范尚德两年了。2001年，范尚德患肝癌。范徐丽泰随行看病，查出乳腺癌，全家再次陷入危机中。做完手术，范徐丽泰依然正常上班，因为后面一切有丈夫支持。

2004年，在范太成功连任立法委主席时，丈夫病逝。丈夫去世后，她从300多平方米的房子搬走；不久，又因照顾婆婆身体，再度搬家。除了每天在床头丈夫的照片前上香、念《心经》，外界所看到的范徐丽泰的生活没有大改变。一年365天，她几乎有300多场活动要参加。工作，似乎永远不会随着病情和死亡有所停止。范式微笑，依然挂在她的脸上。

丈夫去世1年后的一天，范徐丽泰发现自己"有点不正常"了。她回到家，发现家里桌上放满了各种各样的收据、账单，"我才发现有好多个月自己什么都没有整理，什么都没有做。"而在有范尚德的日子里，一切井然有序。

平日里，除了得到当时健在的丈夫的支持外，范徐丽泰还直言自己"有一个好婆婆"，"她帮我把家管得很好，让我不用操心，可以忙自己的事情。"范徐丽泰的婆婆跟她们一家住在一起，将家里的一切事情都打点得很妥当，两个孩子也是婆婆一手带大的。范徐丽泰说，在家里，很多情况下她的婆婆更像一个母亲，而她像是孩子们的朋友。

2007年，范徐丽泰前额的头发越来越稀少了，女儿主动把自己的长发剪下9英寸，给母亲做假发。说到这，范太表现出和年纪不相符的羞涩，"我只要她6英寸，她却给了我9英寸。每次看到她的短发，我都有一些不好意思。"

她说自己有一个梦想，退休后，能到处旅游，把过去的时光补回来。

美国历史上最有实权的第一夫人

——希拉里

人物档案

简　　历:美国律师,美国民主党籍政治家,第67任美国国务卿,纽约州前联邦参议员,前美国第一夫人。1973年毕业于耶鲁法学院。1974年到阿肯色大学任教,1975年10月11日与克林顿结婚,1993年克林顿当选总统,她就成了第一夫人;2005年当选纽约州参议员;2009年1月21日成为美国历史上的第3位女国务卿,成为2011年和2013年美国最受欢迎的政治人物;2016年7月28日希拉里正式获得美国民主党总统候选人提名,成为美国总统选举历史上首位获得主要政党提名的女性;在同年年底的美国总统大选中,虽然她领先对手美国共和党总统候选人唐纳德·特朗普近三百万张民选得票,但最终在选举人团制度票数败给对手,与"美国首位女总统"失之交臂。

2011年希拉里成为乔治城大学妇女、和平与安全研究院创始名誉主席。2020年1月受邀担任英国贝尔法斯特女王大学名誉校长。

生卒年月:1947年10月26日~

性格特征:性格强势,咄咄逼人,善于言辞,进攻性和表现欲强。

历史功过:曾在阿肯色州制定了该州第一个学龄前儿童的家庭教育规划。第一夫人期间,替妇女穷苦人民说话,提倡全国性的卫生保健、学校进步,扩大学龄儿童教育计划。美国大选历史上首位获得主要政党提名的女性,同时获得民主党总统候选人提名。

名家评点:美国《名利场》杂志盛赞希拉里是"从总统候选人到游荡在外的民间英雄";《纽约时报》称她是"拥有熟悉面孔的全新的民间英雄","在那场旷日持久的战争中被击倒后,她以令人意想不到的速度重归平静";《时代》周刊将希拉里列为 2016 年度第二人物，评语为"普选的赢家，留下复杂的遗产"，同时将希拉里比作"美国的摩西"。

学生时代

　　1947 年 10 月 26 日，希拉里出生在一个中产阶级家庭。在她出生前两年，第二次世界大战刚刚结束。战后的繁荣如期而至，中产阶级兴起，只要你足够努力并承担责任，谁都可以得到工作机会。

　　希拉里的母亲全名多萝西·豪厄尔·罗德姆，一名家庭主妇；父亲叫休·E·罗德姆，小生意人。希拉里是他们的第一个孩子。此后他们又生了两个男孩。希拉里的母亲童年时孤单寂寞，父母对她很冷淡。才三四岁时，她就得学会自己照顾自己。后来，父母离婚，她跟奶奶住，她没钱买衣服，只有一件衬衫，搭配唯一的一条裙子，天冷时就穿上仅有的毛衣。她后来到了芝加哥，找了一份文书的工作，每周干 5 天半活，赚取微薄的 13 美元周薪。

　　希拉里的父亲和其他美国男人一样，为国效力后返乡担起养家糊口之责。那是一个乐观主义的时代，虽然美国和苏联、东欧展开冷战，但那一代人不觉得有什么危险，依旧充满希望。经济的繁荣和乐观情绪的泛滥，使得婴儿潮出现，希拉里就在这种气氛下出生。

　　童年的苦难经历和战争让希拉里的父母变得坚强，他们相信辛勤工作，不问回报；相信自力更生而非自我放纵。毫无疑问的是，这些观念也在日后深深地影响了希拉里。

　　在希拉里小的时候，母亲就鼓励她要有自己的梦想并不懈努力。一年暑假，母亲帮希拉里在一个大纸箱里堆砌出一个梦幻王国。她们用镜子当湖泊，用枝条当树木，希拉里还编了一个童话故事让洋娃娃们演出。母亲重视教育，希望孩子们多读书以增长知识，她每周都带希拉里上图书馆。母亲也痛恨那些因为自己的种族优越而自以为是的人，她让希拉里和弟弟们懂得人人都是平等的。

　　希拉里的父亲是一个对孩子管教很严格的人。战后，他开了间印染厂，雇了些日工，等希拉里和弟弟足够大时，他们就在父亲的要求下，开始为印染厂干些力所能及的活。在父亲看来，劳动是一个孩子成长的必要过程。

　　因为经历过大萧条的考验，希拉里的父亲无法忍受挥霍浪费。希拉里曾在她的回忆录中提到，小时候，碰到特殊的开支，比如说买参加高中毕业舞会的服装，她必须和父亲商议数周。1960 年前后，全家才开始去麦当劳，在此之前，希拉里根本不知道快餐是什么。如果家中的哪个孩子刷完牙忘了旋紧牙膏盖子，即使是下雪天，父亲会把盖子丢到窗外，叫他们到外面找！他希望借此提醒孩子们不要浪费。

小时候的希拉里曾有段时期比较软弱。4 岁的时候，母亲发现希拉里不爱出去玩，有时还哭着回家，说街对面的小女孩苏西老是推撞她。母亲担心这么下去的话，希拉里会懦弱成性，于是，当有一次她又跑回家，被母亲拦住。

"回去！"母亲说，"若苏西打你，我允许你回击，你必须学会保护自己，我们家容不下懦夫。"希拉里回去了，几分钟后，她昂头挺胸地回家。"男孩子们愿意和我玩了，"希拉里说，"而且苏西愿意和我做朋友！"

在小学时，她被认为是个假小子，常站出来帮女同学出气。因为由此确立的名声，希拉里被选为纠察队的队长之一。希拉里从小对政治感兴趣，刚刚 9 岁，她就试图弄清艾森豪威尔是否是个比杜鲁门更好的总统；14 岁时，她对为什么只有男孩子才能当宇航员提出了质疑。

希拉里喜欢和朋友切磋辩论技巧。她经常和朋友就世界和平、棒球比赛或任何主题展开论辩。四年级起就与希拉里同班的里基茨说希拉里对任何事情都有鲜明的看法，"她是个了不起的辩论家，有时她只是因为辩论的乐趣而持相反的观点。"在放学回家的路上，她们一起谈论政治，讨论当时发生的所有事件。她曾是班委会、学生会、文化标准委员会的成员，担任过低年级学生会副主席、班报记者、体操队长，获过科学奖，参加各种演讲和辩论会。

上中学的时候，在学校里有各种各样的团体，它们相互敌视、泾渭分明。中学三年级时，暗藏的紧张终于爆发，不同的团体放学后在停车场厮斗。学校迅速介入，并成立一个叫作"文化价值委员会"的学生团体，由各个群体选派学生代表组成。校长邀希拉里加入委员会，这让她有机会和不同观点的人打交道。委员会提出一些互相包容、缓解紧张的具体建议。希拉里后来说，这是她第一次通过有组织的努力，宣扬多元主义、互相尊重和理解等美国价值。

但希拉里的中学岁月并非一帆风顺。1963 年 11 月 22 日，正在上几何课的希拉里听到了肯尼迪被暗杀的消息，这件事情让她很悲伤，"当时我为国家感到难过，希望多少能帮点忙，尽管我不知道从何帮起。"她说。

高中快结束的时候，希拉里开始考虑上哪所大学，两位老师建议她申请史密斯或韦尔斯利，这两所学院都属于"七姐妹"女子院校。希拉里和父母商量，父母都说尊重希拉里的选择。结果，希拉里同时被两校录取。

根据两校提供的照片，她决定选择更美丽的韦尔斯利学院。

学生主席

1965 年 9 月 12 日，希拉里迈进了韦尔斯利学院。

学院热烈欢迎她们，并对自己的声望满怀信心，确信学院有能力把这些来自中上层家庭的精英女子,培养成令人印象深刻的妇女领袖。从韦尔斯利学院开始,希拉里开始走向更大的成熟。进韦尔斯利的第一天,校方说她们大家是"凤毛麟角"。希拉里在这里开始明白,自己不必因为身为女性就屈居第二位。

不过,刚刚入学的新生希拉里并不觉得愉快,这个身材苗条、体格健壮而又敢于标新立异的女孩子觉得孤单和不知所措。新同学中很多人非常优秀,而希拉里看起来则糟糕得多:数学与地质学让希拉里叫苦连天;法文课上,教授则客气地跟她说:"小姐,你的天分在别的地方。"开学一个月的时候,她甚至想过退学,但母亲阻止了她。这是个关键性的决定。

希拉里决定恢复自信,而她确实很快就做到了!

完全的女子学院让希拉里可以专心于取得好的学习成绩和培养课外领导能力。

希拉里的一位同班同学回忆说:"她不是在化妆打扮和穿着上花费很多时间的女子。"希拉里的同学罗杰斯对希拉里的最初回忆,便是她们在她的寝室里谈论政治,罗杰斯说:"她是个对政治学废寝忘食的学生,她是那么认真,那么有兴趣,对世界上正在发生的事情那么了解。"

女孩们开始对韦尔斯利古板的规定感到无法忍受,她们在此时已是学生自治会主席的希拉里的带领下向校方施压,要求取消那些严加管束的规定,最后校方终于同意取消。希拉里也积极向校方呼吁,传达她们对于限制招收黑人学生的不满。此后,韦尔斯利努力招收少数民族的教职员和学生,并在20世纪70年代见到成效。

这段经历让希拉里颇为自豪,多年后仍津津乐道。

希拉里在大学一年级当选韦尔斯利"青年共和党"主席,不过,此时她对于共和党和共和党的政策越来越无法认同,"尤其是它对民权与越战的态度。"她后来回忆说。希拉里从高中时开始读《纽约时报》,阅读鹰派、鸽派和其他派别的文章,这促使她拓宽对世界的理解。不久,希拉里就发现,自己的政治观已经不再与共和党相同,她随后辞去了学校青年共和党主席一职。

到大学三年级时,希拉里已不再是当年支持共和党的女孩,而是支持反战的明尼苏达州民主党联邦参议员尤金·麦卡锡。

20世纪60年代末的美国社会,处于急剧动荡的历史时期。1968年4月,美国著名黑人领袖马丁·路德·金遭暗杀;林登·约翰逊总统不顾国内急剧的通货膨胀和经济危机的急速到来的事实,继续加深在越南的军事卷入。就在金遇刺两个月后,联邦参议员罗伯特·肯尼迪6月5日也遭枪杀身亡。这加深了希拉里对层出不穷的国内事件的绝望,因为"在国家如此需要强有力而又不失风范的领导人之际,我们竟然失去了罗伯特·肯尼迪。"

希拉里和朋友们经常讨论和争论越战问题。她们无休止地讨论如果自己是男生该怎么办。后来希拉里回忆说，有关越战的争论，表明的不只是她们对战争的态度，而且涉及对这个国家的责任与爱。"对许多有思想、有见地的年轻人来说，问题不如想象的简单，爱国之情也可以用各种不同的方式来表达。"

这期间，希拉里还在华盛顿进行了为期9周的暑期实习。学生被安排到国家各机构及国会的办公室里，亲眼看看政府如何运作。这次实习深深地影响了希拉里，多年后，当她作为女主人进驻白宫时，还深情地回忆自己当实习生时的场景。

希拉里的毕业论文，是关于社团活动项目和与贫穷斗争的地区社团组织。她的指导老师谢克特的评语是这样的："这是一篇属于自由主义的、进步的论文，但绝不是激进的论文。她是进步的，但又是持批判态度的、务实的。她今后整个职业生涯所遵循的道路正是如此。"

希拉里在韦尔斯利学院的最后一次荣誉，是在毕业典礼的那一天，她作为学院有史以来第一个学生代表致辞。

灰褐色头发、不施脂粉、戴着一副大大的眼镜、目光凌厉、叫人生畏的希拉里，在离校的最后一刻，又一次成功地开启了韦尔斯利的新传统！

就读法学

1969年秋，耶鲁大学法学院共录取235名学生，希拉里是其中27名女生之一。在这之前，她还接到了哈佛法学院的录取通知。不过，她不喜欢那里对女性的轻视，而最终选择了耶鲁。

希拉里的聪慧、美丽、热情，使她像在韦尔斯利一样赢得了众多的关注与支持。其中之一，就是她后来的丈夫，也是后来的美国总统的比尔·克林顿。

早在她读中学的时候，和年轻的希拉里经常联系的琼斯牧师就看出了希拉里吸引男孩子的独特魅力。"男孩们喜欢她，不是因为她卖弄风情。她不是绝代佳人，但却十分漂亮。她吸引周围小伙子的是她的人品，她乐意同他们交谈，平等相待。"

在韦尔斯利学院时希拉里学习非常用功，约会对象靠朋友介绍或在联谊舞会上认识，多半是与她同龄的哈佛学生或其他常春藤名校学生。这期间，希拉里曾认真交往且带回家给父母认识的男友共有两位，后来希拉里回忆说，父亲对待他们的态度与其说是礼貌性寒暄，不如说是下马威。两位男友虽然都过了父亲那一关，但最后仍然分手。

克林顿第一次注意希拉里，是在上政治和公民自由课的时候。穿着法兰绒裙子、戴着副厚眼镜的希拉里吸引了克林顿的目光。此时的比尔·克林顿也很难令人忽视。那年，他从牛津大学学成归来，刚进耶鲁法学院，体型高大，长相还算英俊。

希拉里后来回忆说,自己第一次注意克林顿是在法学院的学生休息室,当时,克林顿对着一群听得出神的同学讲演,当希拉里经过时,听到他说:"不只那样,我们家乡种了全世界最大的西瓜!"希拉里问朋友:"他是谁啊?"

"哦,他是比尔·克林顿。"朋友说,"从阿肯色州来。"

此后有一段时间两人没再见面,直到1971年春天最后一次上课,两人才有机会再度交谈。

上完课后,希拉里要去注册办公室确定下学期的课,克林顿说他也正要去。注册办公室的学生很多,等到两人排到队伍前头时,那位管注册的人说:"比尔,你在这儿干什么?你不已经注册过了吗?"把戏被揭穿了,于是,克林顿干脆要希拉里陪他走一走,到耶鲁美术画廊去看展览。

"花园里有一个巨大而美丽的女子坐像,希拉里坐在女子的腿上,而我就坐在她的旁边,我们就这样聊着。不久之后,我就俯下身去,把我的头放在了她的肩膀上。这是我们的第一次约会。"克林顿回忆说。

随后的一个周末,希拉里去了佛蒙特,去看望一个一直在跟她约会的男友,因为这是很早以前就约定了的,克林顿对此焦急万分。紧接着,希拉里病了,克林顿于是给她带去一些鸡汤和橘子汁。小礼物产生了巨大的作用,因为"从那时开始,我们就分不开了。"

后来有人问起希拉里:是克林顿的什么吸引了你?她回答说:"是他不害怕我。"这无疑是个十分有趣但又真实准确的答案,它至少说出了两人之间的"势均力敌"。

希拉里带克林顿去见她的父母,克林顿教养好,又肯主动帮忙洗碗,深得希拉里母亲赏识;同时在玩扑克牌、看电视转播的球赛中,和她的父亲也慢慢熟悉起来。希拉里周围朋友都喜欢克林顿,希拉里一个儿时玩伴的母亲对她说:"我不管你用什么办法,绝对要留住他,我见过这么多人,他是唯一能让你笑的!"

1973年春,希拉里从耶鲁法学院毕业。克林顿带她首次去欧洲旅行,重温当年他这位罗德学者在英国的游历之处。随后,希拉里在众议院司法委员会当律师,参与了"水门事件"的调查和尼克松弹劾调查小组工作。这个新毕业的年轻女人工作出色,颇得新闻界喜爱。

1974年冬,希拉里到阿肯色大学任教。此时,克林顿已经在这所大学任教1年多,两个年轻人终于生活在一个城市。阿肯色大学所在的费耶特维尔城的人民很喜欢这个新来的年轻女教师,希拉里对《阿肯色新闻报》说:"我喜爱费耶特维尔,也喜爱阿肯色。我不知为什么,但我确实感到温暖如家。"

这个"温暖如家"的地方,1年后终于成了她的婆家。

1975年10月11日,星期六,离希拉里的28岁生日还差15天的时候,希拉里两个都很强悍的人彼此征服了对方,他们随后要做的就是"征服"美国人民,虽然他们当时并没这个打算。

总统夫人

1976 年,比尔·克林顿第一次当选全州性的公职,他轻松击败两名民主党对手,被选为阿肯色州最年轻的司法部长,时年 30 岁。

丈夫新的工作要求希拉里迁居小石城。虽然当时任何一家大的法律事务所都没有一名女律师,希拉里仍被享有盛名的罗斯法律事务所聘用了,成为该州参加主要法律工作的首批妇女之一。

克林顿的事业也蒸蒸日上。1979 年 1 月 10 日,32 岁的他宣誓就任阿肯色州州长,成为美国历史上最年轻的州长之一。宣誓仪式在阿肯色州议会大厦众议院会议厅举行。宣誓仪式上的希拉里手握《圣经》,戴着大眼镜,自豪地微笑着。此时,这位年轻的州长夫人既要努力与律师事务所的同事共事,又要尽到州第一夫人的职责。一切都是全新的开端,但希拉里应付自如。

1980 年对希拉里来说,是一个悲喜交加的年份。这一年的 2 月,女儿切尔西降临人世;同样是这一年,克林顿竞选州长连任。但这是一次非常棘手的竞选,克林顿最后竞选失败。克林顿为此伤心欲绝,连任失败的这段日子,在希拉里后来的回忆中就像冬天一样寒冷。不过,克林顿没有一蹶不振,两年后,就在切尔西两岁生日那天,克林顿宣布将再次参加州长竞选,而希拉里也正式改名为希拉里·罗德姆·克林顿。

这次克林顿成功了,他再次来到他曾分别发表过一次就职演说和一次告别演说的州议会大厅,发表他第二次担任州长的就职演说。比尔·克林顿任命希拉里领导新成立的阿肯色州教育标准委员会,这项任命及时得到通过,没有引起反对。希拉里·克林顿在教育标准委员会进行了大刀阔斧的改革,使得阿肯色州制定了该州第一个学龄前儿童的家庭教育规划。

1987 年 1 月 13 日,比尔·克林顿就任阿肯色州第四届 4 年期州长(1987~1990)。

这一年,罗纳德·里根总统的第二届任期将满,一些民主党巨头纷纷鼓动克林顿投入 1988 年总统大选,但是最终克林顿拒绝了。他对记者说,他和希拉里经过了细致的分析和认真的讨论,"我们的女儿才 7 岁。竞选总统使得希拉里和我两人都将不得不长时间离开她。这对她、对我们都没有好处。"

不过 5 年后，他改变了主意。1991 年 10 月 3 日，阿肯色州老议会大厦，周围地区被一支由举着横幅标语、旗帜和摄像机的人们组成的大军围得水泄不通。大约有 4500 人的人群参加了比尔·克林顿宣布竞选总统的仪式。克林顿的演说词的开头是这样的："感谢今天诸位的光临，感谢你们的友谊和支持，给了我担任 11 年州长的机会。我要特别感谢希拉里和切尔西，在我们的生涯中迈出了如此重要的一步……我所做的一切都是为了她们的幸福。"演说完毕，比尔转过身，紧紧拥抱着自己的妻子和女儿。

克林顿的竞选机器迅速开动。这台机器是由众多的政治、经济、外交等各方面的专家或精英人物组成的，其中当然不能缺少他的夫人希拉里·克林顿。

希拉里再次改变了自己，她发誓，如果克林顿当选总统，她将辞去律师之职，全力持家。她甚至应战现任总统老布什的夫人，准备在一次做糕点的比赛中获胜。在纽约麦迪逊广场花园内，人们还来不及转身，一个由克林顿夫人设计配制的巧克力小点心便送到面前，显得她非常熟谙烹调和善理家务。

选举结果是出人意料的，阿肯色州的毛头小子打败了伊拉克战争英雄，1992年 11 月 3 日，克林顿当选美国第 49 届第 42 任总统！

希拉里就要搬家了，新家在华盛顿，名字叫白宫。

1993 年 1 月 20 日，美国华盛顿，就职仪式于 11：30 分开始。所有的主要领导人都按照礼宾顺序，在国会护卫队的陪同下来到主席台上。老布什走在克林顿的前面，海军陆战队的乐队为他们两人奏起了《领袖万岁》的曲子。随后，克林顿与首席法官及老布什总统握了握手，接着拥抱了一下希拉里和切尔西，告诉她们，他爱她们。然后，参议员温德尔·福特请他"作为美国总统"走上演讲台。

从这一刻起，州长夫人希拉里变成了美国第一夫人希拉里。

饶恕丈夫

第一夫人希拉里很快喜欢上了白宫的生活，不过，他们全家随意的生活状态以及 24 小时可以工作的习惯，还是让白宫的工作人员吃惊，就像希拉里夫妇还不太习惯白宫的礼节一样。

希拉里在入主白宫前就做好了迎接各种批评的准备，她翻阅了好几位前第一夫人的传记，她阅读美国 200 多年的历史，目的是希望寻找一位自己可以效仿的楷模。此后的几年中，希拉里也把自己做到了楷模的地位。

她是克林顿身边举足轻重的顾问，她同丈夫和他的其他 3 位最亲密的顾问坐在一起，讨论决定内阁成员人选。她直截了当地参与一切。她主张政府用人要兼容并蓄和多样化。她提倡全国性的卫生保健、学校进步，甚至主张改进住房制度。

她替妇女、穷苦人民和少数民族说话。她是儿童的辩护人,提倡进一步搞好儿童保育工作和产前护理工作,扩大学龄前儿童教育计划。

比尔·克林顿曾对《纽约日报》的记者说:"她在这些决定上向我提出建议,就像在以往的20年中,她对我做出的所有其他决定都提出过建议一样。"

1996年11月,克林顿再次当选总统,此时的希拉里变得更强有力、独立自主和自信。无论在私人生活还是在公共事务中,她都是丈夫的平等伙伴。

然而,可惜的是,上帝并没有让这个强悍的女人总是一帆风顺,就在克林顿第二个任期的时候,一个女人闯进了她的世界,她叫莫妮卡·莱温斯基。

1998年1月23日(星期三),克林顿一大早便把希拉里叫醒,然后对她说:"今天报上登了一些你该知道的事。"克林顿说他必须坦承与莱温斯基有过不正当关系,但不过是逢场作戏,还说他之所以先前不向希拉里说实话,是不愿让希拉里受到伤害。

希拉里早就预料到会有这么一个痛苦的时刻,但她还是禁不住愤怒了。她无论如何也想不明白,为什么克林顿一再因为私生活问题而遭到共和党的攻击,他本应该吸取教训,但却屡教不改,这一次无疑将会给他的政治生涯抹上永难洗去的污点。

事实上,希拉里早已习惯了克林顿的风流成性,为了自我安慰,她总是把对克林顿的任何指控,都看成是政敌们制造出来的邪恶丑闻。关于克林顿的丑事实在不一而足,从被指控为贩毒到与小石城一个妓女生下一个小孩等等。因此,在遭遇到"莱温斯基"事件之初,她是镇定自若的,她以为实习生插曲终究只会是小道新闻史上的一个注脚,但她错了,克林顿欺骗了她。

克林顿的背叛导致希拉里的私人情感与政治理念激烈交锋。

她在回忆录中说,如果仅作为他的妻子,"我真恨不得拧断他的脖子。""但他不只是我的丈夫,他同时也是美国的总统。无论如何,他领导美国与国际社会的风范依然让我衷心敬佩。我也认为,不管他做了什么,都不应蒙受政敌的百般凌辱。"她对克林顿痛心而失望,但历经长时间独处反思后,她承认自己依然爱他。她回忆说"我必须抚平百感交集的心绪,专注于亟待处理的切身要务,且要以不同的角度来考虑事情,做出不落窠臼的判断,履行对自己及国家的义务。"

比尔能否保住其总统职权?美国宪法可否维系于不坠?这一切殊难逆料。但希拉里知道,这段时间她的一切言行,都将影响克林顿及国家的未来。她还没有决定是否为自己的婚姻而战,但已下决心为总统而战!

希拉里振作精神重拾起生活。她和克林顿定期参与婚姻问题咨询会,以权衡应否挽救他们的婚姻。希拉里相信克林顿是个好人,更是个伟大的总统。同时,最关键的是,针对克林顿的政治斗争已势如燎原烈火,"我必须站在比尔这一边!"

此时的希拉里决定饶恕克林顿,拯救他的政治生命。她选择了维持,选择了与

巾帼女杰

图文珍藏版

比尔站在一起迎受记者和公众的质问,这自然是旁观者心头的一个难解的谜,一种不易被理解的妥协行为。但在她的心中,依然是因为爱,因为还活在心中的爱。

夫妇俩在白宫的国家祈祷早餐会上与宗教界领袖面谈,克林顿满怀诚心地告白自己的罪过,同时祈求美国人民宽恕。他也表明不会辞职下台:"只要我真诚且持续不断地忏悔,国家、我个人以及我的家庭,就能得享善果。"美国民众也对克林顿的致歉声明做出了正面的回应,在此次危机期间,美国人民对于总统的施政满意度一直稳定没有下降。

9月9日,独立检察官斯塔尔的副手们开了两部面包车前往国会山,提交11万余言的"斯塔尔报告",还附上36箱的辅助说明文件。希拉里的回忆录中说"斯塔尔的盛大其事着实骇人听闻,报告恣意贬低总统、使宪法蒙羞,国会还擅自将其对外公布。""这无疑是美国历史上屈辱的时刻!"

一些法律专家认为,由共和党人控制的国会利用白宫绯闻案一再向克林顿发难,主要是想羞辱总统,抓住他的"把柄",以制约其处理内政外交的权力。

最终,比尔·克林顿逃过了他生命中的又一次劫难。1999年2月,参议院否决了总统弹劾案,并否决了独立检察官斯塔尔对克林顿的指控。

克林顿胜利了,希拉里也胜利了。

这个受到伤害的女人因为自己的坚毅、宽容和镇定,赢得了人民的尊重。关于希拉里的民意调查支持度攀升至历史新高,将近百分之七十!"这证明美国人民基本上是公正且富同情心的。"希拉里说。

2001年1月20日,两任期满的克林顿卸任。希拉里向自己住了8年的白宫和自己第一夫人的头衔说再见。

不过,希拉里没有告别政坛,此时的她已经有了一个新头衔,只是这次,她的身份和克林顿无关。

一步之遥

早在1999年,希拉里就决定参选纽约州的联邦参议员,尽管面临种种困难,比如她是位女性,不是纽约当地人,而且当地的共和党人早就对她恨之入骨,会趁竞选的机会尽力把她丑化等等,但是她仍然决定试一试!

为了这次选举,希拉里跑遍了纽约州的62个县。有1年多的时间,她都搭乘一部被媒体戏称为"希拉里快车"的汽车在纽约州各地奔波,她的竞选成为媒体最感兴趣的热点新闻,媒体对她的竞选活动的报道甚至超过某些总统候选人。最后的结果是,她以55%:43%的成绩大胜共和党候选人拉齐奥,成为美国历史上第一位赢得公职的第一夫人。

2001 年 1 月 3 日，此时还是第一夫人的希拉里宣誓就任纽约州参议员，成为美国国会参议院 13 位女性议员之一。之前过去的一切都结束了，希拉里清醒地意识到，自己虽然曾有"第一夫人"的名声，但缺乏从政的实际经验，必须广泛联络和多方求教，这样才能立住阵脚。

　　希拉里迅速地由一名高高在上的第一夫人，转变为一名勤奋、谦虚的参议员。她的角色转换十分成功，不少参议员评价她没有一点前第一夫人的架子，称赞她非常勤奋、极具智慧、平易近人，和众、参议员关系十分融洽。她很快建立了自己的朋友圈子，并在参议院中崭露出锋芒。

　　"9·11"事件发生后，她更是每周工作超过 70 小时。希拉里为纽约州申请了 215 亿美元的灾难补助金；她还说服了 EPA（环保协会）对零基地空气质量进行调查；她甚至还会见了戏剧工作者，提出吸引观众重回百老汇的计划。她说："现在对我而言，最重要的是能使纽约从'9·11'中苏醒。那是我的首要工作。"

　　2002 年 9 月和 2003 年 9 月，希拉里多次出席"9·11"事件的纪念活动，悼念那些惨案中的死难者。此时的纽约已经在"9·11"惨案后苏醒，其中有希拉里不容抹杀的功劳！

　　2003 年 6 月 9 日，希拉里的回忆录《亲历历史》（Living History）在美国国内上市，当天就卖出去 20 万本。在曼哈顿举行亲自签名售书时，数千人蜂拥而上。最后走出簇拥的人群时，兴奋的希拉里只说了一句话："我的手都要签断了！"《今日美国》报认为，此书可望成为当年"出版界和政坛的头号大事之一"。

　　中文版权的争夺大战更是在中国闹得沸沸扬扬，最终被译林出版社以 2 万美元购得。中国读者很喜欢她的自传，这本书自在中国出版以来，已至少印刷了 4 版，发行了 20 多万册。

　　不过，人们更感兴趣的不是她的回忆录，而是她的未来。

　　早在 2003 年 6 月，希拉里在她的全国大城市巡回新书《亲历历史》签名活动中，就受到支持者夹道欢迎，很多人希望她能够参加竞选，成为美国第一位女总统。希拉里在 2004 年 7 月 9 日表示，她仍然对竞选总统不感兴趣，但将不排除 2008 年参选的可能。她还表示，她与大家一样很想在自己的有生之年看到美国出现一位女总统。

　　自从克林顿离开政治舞台后，希拉里就成了民主党最耀眼的明星！

　　2004 年 4 月 19 日，美国《时代》周刊推出"当今世界最有影响力 100 人"名单，克林顿和希拉里均为"民主党银河里最耀眼的明星"，双双入选"思想家"行列。"克林顿夫人"的印象似乎在慢慢淡化，她作为一个独立的政治家的身份，开始为越来越多的人所接受。

　　更对她有利的是，民主党总统候选人克里在 2004 年的总统大选中败给了小布什，这无疑更加突出了希拉里在民主党中的位置。

这个拥有政治洞察力、高智商、野心和公众影响力的前第一夫人、现参议员，是否会再创造一个新的纪录，成为美国历史上第一位女总统呢？

2006年12月底，有好事媒体评选各国名流趣闻，希拉里当选"最严厉的老婆"。希拉里为了不影响自己的政治前途，甚至对老公克林顿的讲话内容也要审查一番。是年阿联酋公司计划收购美国几大港口管理权事件在美国政坛掀起不小波澜，希拉里对收购事宜表示强烈反对，但克林顿却对此大表支持，而且还积极为阿联酋公司支着！此事被媒体得知后，觉得大失颜面的希拉里甚为恼怒，干脆对丈夫来了个讲话审查，以后夫妇两人在外讲话观点不一致时，以希拉里的话为准！可怜克林顿的日常活动也要被妻子的手下人检查。

2007年1月，希拉里正式宣布参加总统选举。她的参选标志着2008年总统选战正式拉开序幕。美国国内至少有17000个以她为主题的网站，好评铺天盖地，恶评汹涌如潮，绝无中间路线。希拉里若能实现夫妻先后任总统的"美国梦"，显然比布什父子总统还要过瘾。几年来，希拉里一直就是媒体关注的焦点，关于她的报道总能吸引无数眼球。爱她的人爱得要死，恨她的人恨得要命。不管怎样，全世界都感觉到——这个女人不平凡。

美国2008年总统选举重要竞选人、民主党参议员希拉里·克林顿不愧"筹款机器"的称号，她在2007年获得的助选资金总额超过1亿美元。但这一成绩并不能让希拉里沾沾自喜。因为，希拉里与民主党内劲敌贝拉克·奥巴马在筹款进度上不相上下。

但希拉里最终败给了黑人奥巴马。

民主党初选投票程序在2008年6月3日结束，奥巴马当天晚间公开宣布自己获得足够党代表票，将成为民主党参选总统提名人。但希拉里当晚拒绝承认失败。

民主党内大老经过3天的磋商与安排，希拉里与奥巴马两人6日在参议员范士丹家中私下会谈。随后晚间各大媒体引用希拉里阵营消息人士表示，希拉里会在7日的造势活动中承认败选。

6月7日，希拉里在华盛顿国家建筑博物馆宣布退出参选，黯然挥别她的支持者。希拉里在演讲中声情并茂地回顾了自己的参政历程，阐述了她作为一个女性，用自己的行动争取美国社会赋予女性与男性同等的政治权利和参政机会，她承认自己竞选活动的失败，并号召所有的支持者转而支持稳获民主党2008年总统大选提名人的奥巴马。希拉里号召支持者，用全部能量、所有激情和坚韧，尽一切努力支持奥巴马成为新一届美国总统。希拉里说，人生是如此短暂，生命是如此珍贵，我希望用自己的参选让全国女性获得和男性一样的尊重，一样的参政和把握国家的机会。尽管败选，但她自己依然坚信，未来美国的历史上，选民必将会成功将女性送上白宫的总统宝座。

民主党的初选事实证明没有失败者，在棋逢对手的对决中，可以说她不但赢得了支持者的拥护,更赢得了对手的尊敬!让我们拭目以待看看最强的奥希配的美国会是什么样。我们有理由相信,一个具有无穷魅力的女性会赢得美国人的赞誉,同时也期望中美关系能更上一层楼!

2008 年 12 月 1 日,纽约州联邦参议员、美国前第一夫人希拉里被当选总统奥巴马正式提名为下届国务卿。

2009 年 1 月 21 日,希拉里在美国首都华盛顿宣誓就任美国国务卿。美国参议院当天以 94 票对 2 票的绝对优势,批准奥巴马总统关于希拉里担任国务卿的提名。美国新政府当务之急必须在伊拉克和阿富汗两个战场、中东暴力冲突和伊朗核计划等敏感问题上开展工作。

当今世界唯一的超级大国美国国务卿希拉里的新故事正在展开……

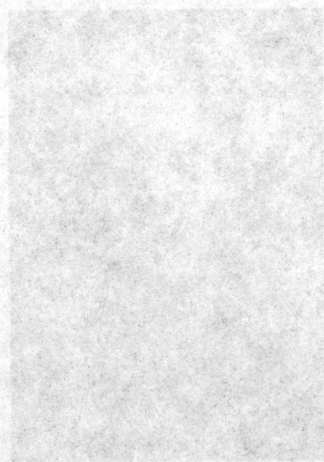

创造好莱坞"神话"的性感女神

——玛丽莲·梦露

人物档案

简　历：原名诺玛·琼，出生在加利福尼亚州洛杉矶市，美国女演员、模特、制片人。小时饱尝了人们的歧视和污侮，18 岁时开始在杂志封面上频频亮相，然后进入好莱坞拍戏；1948 年出演了电影处女作《斯库达，嚯！斯库达，嗨！》；1950 年出演了剧情片《彗星美人》；1952 年主演了爱情歌舞片《绅士爱美人》；1953 年 11 月 5 日主演的爱情喜剧片《愿嫁金龟婿》上映；1954 年 9 月 1 日开始拍摄爱情喜剧片《七年之痒》，并凭借该片获得了第 9 届英国电影和电视艺术学院奖电影奖-最佳外国女演员提名；1956 年 3 月 3 日领衔主演的爱情喜剧片《巴士站》开拍，凭借该片获得了第 14 届美国电影电视金球奖电影类-音乐喜剧类最佳女主角提名；1957 年 6 月 13 日主演的爱情喜剧片《游龙戏凤》首映，由此获得了第 11 届英国电影和电视艺术学院奖电影奖-最佳外国女演员提名；1958 年 8 月 4 日主演的爱情喜剧片《热情似火》开拍，并凭借该片获得了第 17 届美国电影电视金球奖电影类-音乐喜剧类最佳女主角奖；1961 年 1 月 31 日主演的西部爱情电影《乱点鸳鸯谱》首映；1962 年 4 月 23 日主演的喜剧短片《濒于崩溃》开拍；1962 年 8 月 5 日玛丽莲·梦露在洛杉矶布莱登木寓所的卧室内被发现去世，终年 36 岁。1999 年被美国电影学会评选为"百年来最伟大的女演员"第 6 名。

生卒年月：1926 年 6 月 1 日~1962 年 8 月 5 日。

安葬之地：皮尔斯兄弟西林村纪念陵园。

性格特征：温柔美丽，脆弱而且有些神经质，情绪不稳定。

历史功过：通过努力不断地学习，使自己的演技不断提高，给观众带去了精彩的影片。从身世凄凉的贫穷少女,成为一位好莱坞巨星,被喻为"好莱坞制造的神话"。

名家评点:凤凰网娱乐评:"在一组照片中,玛丽莲·梦露展示出了完全不同于以往的各种风情,将自己清纯、随性的一面淋漓尽致地展现了出来。麻花辫、牛仔裤、亚麻裙,各种风格的造型将生活中梦露随意可爱的一面完美地呈现出来。"

行李儿童

1926 年 6 月 1 日,在洛杉矶总医院的公共产房里,格拉迪丝·帕尔生下一个长着一对蓝色大眼睛的女婴。格拉迪丝为漂亮的女儿起名为诺玛·琼,她就是日后的好莱坞巨星玛丽莲·梦露。格拉迪丝此时尚未正式结婚,因此小梦露其实是个私生子。

在梦露的童年时代,母亲格拉迪丝一直住在精神病医院,因此梦露从一出生,就过着寄人篱下的生活。她像被托运的"行李"一样,被"从这一家拎到那一家",领养她的人家不断变换着,有的人家甚至只领养她三四个星期。她在 9 岁时,被送到孤儿院当洗碗工,11 岁时与母亲的一位朋友住在一起。

小梦露在辗转途中,饱尝了人们的歧视和污侮,甚至有一次被奸侮。但坎坷的生活并没有泯灭小梦露对于生活的热情和渴望,相反,她对每一户领养她的人家都心存感激。1942 年,小梦露刚满 16 岁就从中学退学,与 21 岁的飞机装配工吉姆·多尔蒂结婚。但这段婚姻也是不幸的,两年后,两人分道扬镳。小梦露开始了她不平凡的人生。

白痴美人

1.封面女郎

1944 年底,第二次世界大战已接近尾声,梦露在一家无线电厂当工人。一个为军队服务的电影制片厂的战地摄影记者戴维·康纳弗,奉命为《扬基》杂志到她工作的那个工厂来拍摄几张能鼓舞士气的漂亮女郎的照片。当康纳弗看到年仅 18 岁的梦露时,不觉眼前一亮,觉得她与众不同。于是康纳弗在装配线上给她照了几张照片后,又请她换上红毛衣照了几张,并坦率地告诉她不宜在工厂工作,她应是属于杂志封面的。

她很快获得了成功。不久,诸如《吹牛先生》和《贵族》等杂志封面上陆续出现

巾帼女杰

梦露在杂志封面上的频频亮相，引起了好莱坞的注意。在1946年8月，梦露与20世纪福克斯电影公司签订了为期一年的合同，并正式改名为玛丽莲·梦露。

2."白痴美人"

玛丽莲·梦露开始在摄影棚里学习演技并接受训练，拍了无数张照片。尽管她十分认真，对此倾注了全部热情，但她的表演仍不见起色。大半年过去了，梦露作为影片公司的合同演员，还没有演过一个角色。1947年2月，梦露初上银屏。当她接到片约时，她还以为是主角，实际上却是连片头字幕表上都排不上的小配角。在这部名为《斯库达，呼！斯库达，嘿！》的影片中，她扮演一位农妇，她的台词只有一句：

"哈罗，莱德!"

接着，她又在《爱的欢乐》里饰演了一个总共只说8个词儿的小角色，又在《危险的年纪》中出演了一个只有几个镜头的小角色，此后便是漫长的等待。

三部影片公映后，观众赞赏梦露富有女性的魅力，尤其"富于性感"，但否定她的表演，认为她毫无表演才能。影片公司看中的就是梦露的女性魅力，有意将她塑造成"性感象征"，让她出演漂亮、但头脑简单的金发女郎。梦露不满足于这类形象，她向公司申请改变形象，尝试其他类型的人物，但公司却置之不理，因为让梦露出演那类形象正是公司赖以赚钱的资本。

3.演员的梦想

玛丽莲·梦露后来曾经说过："我当时幻想当一名好演员，但是我有自知之明，明白自己不过是个三流角色，缺乏天赋，就好像我在外面穿得华丽，而里面却是件蹩脚廉价的衣服。但是，我的上帝啊！我多么想学习，想改变，想提高！我什么也不需要，我既不要男人，也不要钱，不要爱情，我只求我有演戏的能力。"

为了提高自己的演技，梦露抓紧时间读书，尤其是关于电影艺术的书籍，甚至攻读了西方电影演员很少接触的斯坦尼斯拉夫斯基的《演员自我修养》一书。此外，她还悄悄去南加利福尼亚大学电影系听课。她认真听讲，尽力记笔记，因而功课相当不错。

1948年3月，梦露拜哥伦比亚制片厂的头等戏剧指导娜塔莎·莱特丝为师，接受正规的戏剧表演训练。

在梦露16年的从艺生涯中，她不断地向当时非常著名的影星拜师学艺，如康斯坦斯·科利尔、斯特拉斯伯格、克拉克·盖博等人。不断地学习奠定了玛丽莲·梦露成为世界著名影星的基础。

4.好莱坞巨星

1949 年元旦,玛丽莲·梦露在一次晚宴上结识了好莱坞的大股东约翰尼·海德。海德当时已 53 岁,患有严重的心脏病,但他却深爱着梦露。在他的鼎力相助下,梦露终于走上了成功的道路。

1950 年 6 月,海德向青年导演约翰·休斯敦推荐梦露出演《柏油丛林》。这是一部标准的警匪片,梦露扮演一个老年罪犯的妻子,表现得有声有色。《纽约时报》和《纽约先驱论坛报》以及《时代》杂志都盛赞她的"无懈可击的表演"。梦露从此受到电影界的瞩目。

1953 年,导演亨利·哈撒韦首次启用从未饰演过主角的玛丽莲·梦露,担纲主演他的新片《尼亚加拉》。在这部影片中,梦露扮演漂亮、性感的女一号罗斯,并在片中唱了一首名为《吻》的插曲。她的出色表演获得了影评家的一致赞誉,成为她电影生涯的新起点——她由三流演员一跃而成为一流明星。

1953 年 4 月,玛丽莲·梦露同珍妮·拉瑟尔共同主演了福克斯影片公司的音乐舞蹈巨片——《金发女郎,君子好逑》。该片是 50 年代好莱坞音乐舞蹈片的佳作,是一部喜剧巨片。梦露和拉瑟尔配合默契,相得益彰;无论是她们的双人舞,还是单人表演,都极其精彩,受到各界的好评。梦露在影片中向人们展示了她能歌善舞、善于驾驭歌舞片中妙龄女郎的才能。

1956 年,梦露出演《公共汽车站》。在片中,梦露的演技发挥得淋漓尽致,将歌女谢丽这一角色的情感渐变过程,诠释得有声有色、令人信服。正是由于这部影片,梦露才被知识阶层和电影行家欣赏和赞同,她开始被认为是"一位真正的表演明星"。

当风华正茂的玛丽莲·梦露正处于艺术生涯的高峰、并欲再攀新的高峰——成为出色的演技派明星——而大加努力的时候,她却猝然离世!

情感生活

玛丽莲·梦露作为好莱坞的"性感巨星",其生活受到了广泛的关注。从她 16 岁嫁给多尔蒂算起,她一共经历了三次婚姻。在此期间,她还拥有众多的"情人",其中包括导演、演员、商人甚至总统。

1.与棒球明星的短暂婚姻

在美国,棒球是传统的体育项目,而棒球明星更为广大棒球爱好者所崇拜。50年代初期,美国棒球界有位传奇英雄,他便是祖籍意大利的乔·迪马吉奥。

玛丽莲·梦露对棒球一窍不通，但她却为芝加哥棒球队拍过广告照片。照片上的她英姿飒爽、神情专注，那丰满的体态、漂亮的容颜和挥棒的姿势，深深地吸引了乔·迪马吉奥。1952年2月，离婚不久的迪马吉奥开始悄悄约会梦露，后来又邀请她观看自己的告别纪念赛。赛场上，迪马吉奥的勃勃英姿和精彩球艺，深深地吸引了梦露。

1954年1月14日，梦露与迪马吉奥在旧金山宣布结婚。婚后的玛丽莲像只勤劳的蜜蜂，热衷于家务。尽管她的名气随着影片《尼亚加拉》的上映越来越大，但她仿佛更乐于做一个称职的妻子。

《尼亚加拉》一炮走红，梦露也身价倍增，演出活动和商业宣传也越来越多。梦露为了票房穿得也是越来越暴露。比如梦露为影片《七年的渴望》的宣传活动，飞抵曼哈顿，做了该片中著名的"在地铁口乘凉"这场戏的公开表演。当时到现场观看的人很多，当迪马吉奥看到妻子的裙子高高扬起，三角裤一览无遗地形象时，他的脸上是"死一般的表情"。

迪马吉奥无法忍受妻子暴露的着装，他们为此而争吵。终于，愤怒的迪马吉奥将妻子狠狠地揍了一顿。两周以后，梦露将一份离婚意向书交给迪马吉奥。9个月的短暂婚姻宣告结束。

2.与著名剧作家阿瑟·米勒的婚姻

阿瑟·米勒是50年代美国好莱坞著名的剧作家，著有《推销员之死》《桥头远眺》等剧本。

梦露与米勒相识于1950年，那时她还是一个三流演员，米勒曾给过她艺术上的指导。1956年，刚刚离婚的梦露与年届40、正处于婚姻危机的米勒再度重逢。这次重逢激起了梦露内心深处的爱慕之情，她不顾一切地扑到米勒的身旁。而梦露那种独特的女人味，则使米勒难以抗拒。他们相爱了。梦露的脸上又重新绽放出笑容。

1956年6月29日，米勒与梦露在康涅狄格州举行了婚礼。

梦露很认真地对待这次婚姻，她似乎做一个贤妻良母了。她为米勒准备了一个安静的书房，每天给他准备早饭，照料他的两个孩子。舒适的家庭生活使米勒感到非常幸福。

而米勒对于妻子，不仅在生活上爱护备至，对妻子的演艺事业更是鼎力相助：他经常陪着梦露出席各种首映式或大型舞会；对妻子的着装，也从不刻意限制；他还经常给梦露以演技上的指导。

1958年初，米勒夫妇来到长岛的阿曼甘塞特，租用海滩边的一间小屋居住。在这里，米勒开始为梦露"度身裁衣"，创作电影剧本《不合时宜的人》。与此同时，梦露应邀参加了《热情似火》一片的演出。但是她此时已有了身孕，米勒认为只要小心,不会有什么大问题。

　　紧张的拍摄,令梦露苦不堪言,加之早孕的各种反应,使梦露在片场总显得力不从心,情绪十分紧张。终于,她腹中的胎儿流产了,极度的沮丧、烦躁和疲惫,使梦露开始不分昼夜地服用安眠药,身体状况极为糟糕,幸亏有米勒的精心照顾,她才得以恢复。

　　《热情似火》拍完不久,梦露第二次怀孕。然而仅隔3个月,腹中的胎儿再度流产,梦露的情绪跌入低谷,开始接受精神治疗。

　　1960年7月,《不合时宜的人》开拍。此片的大部分内容选自米勒离婚的经过以及与梦露再婚后的生活。这令梦露大为不悦,并为米勒将自己写成"第三者"而愤慨。拍摄在极为艰苦的条件下进行,梦露由于过量服用安眠药,精神状态陷入不可遏制的恶性循环之中。

　　1960年11月,《不合时宜的人》拍摄结束,玛丽莲·梦露与阿瑟·米勒的婚姻也宣告解体。这对于梦露来说是致命的打击,她的精神顿时处于崩溃的边缘。

3.与肯尼迪兄弟的致命恋情

　　在玛丽莲·梦露的一生中,始终是绯闻不断。她的名字与众多的男性联系在一起:哈里·科恩、约翰尼·海德、伊莱亚·卡赞、克拉克·盖博、哈尔·谢弗、约翰·肯尼迪、罗伯特·肯尼迪,等等。这些人或在艺术上对她有所帮助,或在金钱上对她有过资助,而她与肯尼迪兄弟的恋情,不仅没有使她获得任何好处,反而导致了她的毁灭。

　　1953年春,总统办公室秘书劳福特结识了玛丽莲·梦露。之后不久,他便决定把她介绍给喜欢追逐漂亮姑娘的约翰·肯尼迪。1954年夏,劳福特邀请肯尼迪参加一个招待会。在招待会上,肯尼迪的双眼始终紧紧盯着梦露。梦露的丈夫迪马吉奥发现了这一点,几次要带她回家,但梦露装出一副全然不知的样子。1955年初,当法院还未就梦露与迪马吉奥的离婚案做出判决时,梦露就已开始与肯尼迪幽会,此时的肯尼迪还没有入主白宫。

　　约翰·肯尼迪当选总统后,梦露便成为肯尼迪家宵夜上的常客。他们还经常在宾·克罗斯比棕榈滩的别墅里,度过愉快的周末。

　　随着与肯尼迪的关系日趋密切,梦露开始相信肯尼迪第一届任期期满后,他就会抛弃杰奎琳而同自己结婚。梦露曾问密友卡门:"你想我会成为第一夫人吗?"卡门对此无言以对。

　　1962年6月,在度过同肯尼迪惬意交往的最初时光后,梦露愈感到受人玩弄,她最终明白,同其他许多女孩一样,自己只不过是肯尼迪的"玩物"。在后来的一系列交往中,劳福特和肯尼迪更加肆无忌惮。起初,只有经过精心筛选的人才能同总统共进晚餐。后来晚餐的格调变了,他们越来越"放肆无礼,无所顾忌",有时甚至邀请高级应召女郎一起进餐。

约翰·肯尼迪的种种手段,使梦露时而多情,时而恼怒。每当感到肯尼迪试图要疏远自己时,梦露就陷于失望之中。她往白宫打电话找肯尼迪,给他写去一封封"哀婉动人"的信件,均如石沉大海。最后梦露没有办法,威胁肯尼迪要向社会公开二人的关系,肯尼迪只好把梦露"让"给自己在司法部当部长的弟弟——罗伯特·肯尼迪。

很快,梦露与罗伯特又相爱了,甚至到了谈婚论嫁的地步。美国联邦调查局用磁带录下了两人之间发生的一切,黑帮也做了同样的工作,但罗伯特对此毫不理会。直到梦露怀孕了,他才感觉到问题的严重性。梦露此时虽未断绝与其他男人的来往,但她能肯定孩子不是总统的,就是罗伯特的。她给司法部打电话并将这件事告诉了罗伯特·肯尼迪。罗伯特不但没有表示出一点高兴之意,反而表现得很冷淡,并令接线员换掉了电话号码,这样梦露就再也联系不上他了。梦露再次感到受了愚弄,因此,她每天晚上要服用大量的安眠药使自己入睡;每天早上则要喝大量的香槟酒使自己振作。最令人焦虑不安的威胁是梦露向罗伯特发出了最后通牒:如果罗伯特不向她当面解释断绝关系的原因,她就举行记者招待会披露他们之间的关系。

8月4日,星期五,晚上劳福特带梦露去他家附近的一家餐馆与新闻专员帕特·康共进晚餐。这天晚上,梦露喝得酩酊大醉,回到家中又吃了许多安眠药。8月5日凌晨,玛丽莲·梦露猝死在家中。

猝死之谜

香消玉殒,英年早逝,好莱坞红星玛丽莲·梦露之死是轰动世界的一大疑案。这个疑案至今都没能破解,也许永远都无法破解。

毋庸置疑,在梦露死后,便有人立即巧施手段以严守梦露之死的核心秘密。首先,令人诧异的是,警察是在梦露死后数小时才接到报案的;其次,梦露的女仆默里和医生的关于梦露死因的证词,显而易见是经过精心设计的,然而却又漏洞百出,其中的破绽有待探究。最后,梦露死后的第二天早晨,联邦调查局就派人搜走了窃听梦露电话的录音带。此外还有一点,就是劳福特为保护肯尼迪兄弟做了他力所能及的一切事情,他并为此求助于侦探奥斯塔。

1972年,在梦露逝世10年之后,有人发现梦露的尸体解剖报告漏洞百出。梦露的最后一位情人——斯莱茨提供梦露并非自杀而是谋杀的新证据,而后又有两位证人提供了同样的证词。22年后,劳福特对《洛杉矶时报》发表讲话说:"别指望我把梦露与肯尼迪的关系说出来,即使那些猜想属实。我就是这样一个人,别忘了我有 7 个子女,我永远不会让我的子女们陷入困境。"

　　正值盛年的玛丽莲·梦露猝然离世,使人扼腕长叹。其死因,无论是自杀抑或谋杀,都导致了她生命悲剧性的终止。这幕悲剧所诠释的女主人公的故事,留给人们的是深深的思考。

欧美流行天后

——麦当娜

人物档案

简　历：全名麦当娜·路易丝·西科尼（Madonna Louise Ciccone），1958 年 8 月 16 日出生于美国密歇根州底特律，意大利裔美国女歌手、词曲作者、演员。1982 年签约华纳唱片公司，以《一起上》一曲成名。1983 年，发行首张个人专辑《Madonna》，从而正式出道；1984 年，发行第二张个人专辑《Like a Virgin》，并举办"宛如处女"巡回演唱会；1986 年发行第三张个人专辑《True Blue》，并凭借 2 千 5 百万的唱片销量，成为 1980 年代单张唱片销量最高的女歌手；1987 年凭借专辑《True Blue》获得日本金唱片奖西洋部门的"年度最佳国际艺人"奖[5]。1991 年 1 月，凭借单曲《Vogue》获得全美音乐奖"最佳舞蹈歌曲"奖；1997 年凭借人物传记片《贝隆夫人》，获得第 54 届金球奖"最佳音乐剧女演员"奖；1999 年 2 月凭借专辑《Ray of Light》以及同名单曲，获得第 41 届格莱美奖"最佳流行声乐专辑"、"最佳舞曲录制"以及"最佳短篇音乐视频"奖项。2003 年 9 月出版首部童话故事书《英国玫瑰》；2007 年 11 月凭借专辑《Confessions on a Dance Floor》，获得第 49 届格莱美奖"最佳电子舞曲专辑"奖项；2008 年 3 月入选美国"摇滚名人堂"；2012 年 1 月凭借献唱单曲《Masterpiece》获得第 69 届金球奖"最佳电影原创歌曲"奖项；2013 年 11 月，麦当娜·西科尼入选《福布斯》杂志"全球最吸金音乐人"榜，以 1.25 亿美元资产位列第一名；2016 年 12 月麦当娜·西科尼被《公告牌》杂志评为年度女性人物"；2018 年，麦当娜执导电影《飞行记》，这是她第三次担任长片导演；2019 年 6 月 14 日，第十四张录音室专辑《Madame X》发行，并于发行首周拿下公告牌两百强专辑榜冠军。出道 30 多年来，一直在不断地改变自己。

生卒年月：1958 年 8 月 16 日~

性格特征：性格直爽，敢爱敢恨，个性鲜明，造反与叛逆，感性而浪漫

历史功过:流行乐超级巨星,80 年代的时尚女王,娱乐界商业经纪人。男女平等主义者,女人意志的代表人,传统伦理道德的反叛者,流行世界的叛逆女王。通过音乐和角色来敦促人们保持自我,积极看待生活和爱自己。

名家评点:搜狐音乐评论说:"从 1997 年开始,麦当娜·西科尼就成为时代音乐的'弄潮儿',她的歌曲造就了时代的一个个经典,也引领了全世界的流行指标,她创造的不单是音乐的流行,更是时尚衣着的风向标。麦当娜·西科尼并不靠年轻取胜,无论她是 50 岁还是 60 岁。"

恋爱情史

1958 年 8 月 16 日,麦当娜出生于美国密歇根州底特律市的一个天主教人家庭,取名叫麦当娜·路易斯·西科尼,家里人都叫她"小诺妮"。父亲是克莱斯勒汽车公司的工程师。

在麦当娜 5 岁时,母亲因病去世了。这对幼小的诺妮是个很大的打击。而且母亲一走,小诺妮连同兄弟和妹妹都被轮番送到亲戚家寄养,最可怕的是,父亲娶了家中的女管家为妻。作为家中的长女,麦当娜显得格外地独立、坚强和早熟。孩童时的麦当娜也找到了快乐,那就是沉浸在歌唱之中,她的一切烦恼似乎都没有了。

20 世纪 60 年代中期,西科尼一家搬到了密执安的罗切斯特。1970 年,麦当娜升入了罗切斯特·亚当斯高级中学。麦当娜也在这里找到了她的"爱情"。

上六年级时,麦当娜看上了一个很帅的爱好体育的男生格林·麦格雷尔。

为了赢得格林·麦格雷尔的好感,麦当娜在他每次比赛时,都大喊大叫,十分引人注意。不久,麦当娜就给麦格雷尔写了一张约会的纸条,要他放学后到某个公园见面。麦格雷尔当晚应约前往。从此,麦当娜和麦格雷尔进入了热恋。然而,麦格雷尔的父亲不久就知道了儿子和麦当娜的越轨行为。麦格雷尔的父母在当地是较有名望的人,他们担心儿子会做出难以想象的事来,于是举家搬迁。麦格雷尔的离去,使麦当娜受到沉重打击。

在麦克法林和洛里·萨金特的帮助下,麦当娜很快就投入到新的追逐中去。一年一度的圣安德鲁业余歌手演唱会开始了,麦当娜穿了一身浅色的比基尼装,身上又涂上一层闪闪发光的绿色颜料,她一出现在舞台上就使人们惊赞不已。

后来麦当娜回忆说:"我很小时候就懂得这样一个道理:作为一个女人,施展出女性特有的魅力,可以得到很多东西。我为了得到自己想要的东西,也尽可能地这样做……"

一生的转折

1972 年,麦当娜在罗切斯特芭蕾舞学校开始了她一生的转折。

麦当娜的舞蹈老师克里斯长弗·费林 42 岁,比麦当娜大了 28 岁。麦当娜在学舞蹈时,十分刻苦。上完芭蕾舞课后只有麦当娜继续留在练功厅里苦练着。费林赞叹地对麦当娜说:"你真是太美了。"费林的话触发了麦当娜生命的激情,使她以后获得了巨大的成功。很快,麦当娜就和费林悄悄地热恋起来。

费林预测麦当娜完全有可能成为一个明星,所以他大力培养。也正是他让麦当娜离开大学去纽约闯荡,开辟远大的前程。

费林不仅是麦当娜最好的情人,同时也是麦当娜最好的老师和朋友。1978 年 7 月,麦当娜启程去纽约。她非常清楚,纽约是一个令无数人向往和憧憬的地方。后来,麦当娜感慨地说:"我是平生第一次乘飞机,第一次坐出租车,一切的一切都是第一次,我来到这里衣袋里只有 35 美元。我的目的就是要征服这座城市。"

麦当娜又开始探寻新的人生道路,为走向成功进行着坚持不懈的努力。麦当娜提出要加入吉尔罗伊兄弟俩的乐队。麦当娜不仅给乐队带来了财富,而且比吉尔罗伊两兄弟更会做生意。为了乐队,麦当娜整天都在奔忙着,很快就结识了一大批音乐制作人、俱乐部老板、代理人、经理等。麦当娜不费吹灰之力,就谈成了几笔大买卖,把吉尔罗伊兄弟都震住了。麦当娜并不满足这么一点小生意,还想做一番大动作。麦当娜加入了乐队后,他们给乐队取名为"早餐俱乐部",推出了几场爵士音乐会,反应都不错。掌声和鲜花都冲着麦当娜抛来,麦当娜占尽了风光。

面对麦当娜的行为,吉尔罗伊兄弟俩告诉麦当娜,要她在演出时收敛一些。但是,麦当娜却不愿听吉尔罗伊兄弟们的话。吉尔罗伊被逼无奈,只好找了一个理由,和麦当娜分手了。离开吉尔罗伊后,麦当娜又开始另谋生路。

1980 年初,麦当娜组建了自己的乐队——"艾咪"乐队。麦当娜邀请到了麦克·莫纳汗来做她乐队中的鼓手,又请到了加里·伯克做她乐队里的低音吉他手。麦当娜想将乐队命名为"百万富翁乐队",后来改名为"艾咪"。在寻找演出机会的过程中,麦当娜又一次显示了她那天生的商人独特的机智。她在和一家夜总会谈论报酬的时候,对方坚持只能付以前乐队报酬的四分之三,而且时间不能减少。这家夜总会的老板也想和麦当娜签约合作,但是作为一个精明的商人,他不想屈就麦当娜,而是想让她自己谈出条件。麦当娜心目中最要紧的,就是谈妥这笔交易,不能让自己和伙伴们没事干。麦当娜从夜总会老板眼中看出了赞许,她提出了自己的建议:"我要求的报酬得和以前乐队一样多,但可以再多干一小时。"因为麦当娜十分清楚,自己的乐队目前还没什么活可干,重要的是他们先得有吃饭的收入来源。

那个老板当场签约，规定每晚付 25 美元给"艾咪"乐队。1980 年春天，麦当娜率领自己的第一支乐队——"艾咪"乐队开始演出了。不久，麦当娜又将乐队改名为"麦当娜乐队"。并且自己身兼数职，唱歌、跳舞，有时还要充当鼓手。

超级巨星

无论是成功或是失败，麦当娜都有男人伴随着。然后，又一个个被她甩掉了。

他们都曾经是麦当娜的恩人，是他们在麦当娜处于困难之时帮助了她。麦当娜为了向新的高峰挺进，必须和更厉害的人结盟。麦当娜深知这一道理，因此也毫不隐讳这一点："我是踩着男人去攀上事业顶峰的。"麦当娜之所以能够成功，一方面得益于她的艺术天赋，另一方面是她的个人奋斗。

在金碧辉煌的大厅里，麦当娜的歌声有一种穿透人心的力量，她的舞蹈狂野大胆，表现生命的本色和冲动，把观众撩拨得神魂颠倒，气喘吁吁。人们从来没有见过这么新鲜的歌舞，更没有受过如此强烈的冲击。整个大厅成了一个激情的海洋。麦当娜的名声大振，舆论界把她称为"摇滚明星"，而这正是麦当娜梦寐以求的。

她的唱片也十分畅销，人们争相购买，成为上至政界要人，下至平民百姓的一大热门话题。华纳公司由此发现了麦当娜的巨大潜力，于是这家拥有亿万资产的公司决定投资培养和包装麦当娜。董事会准备出资 1500 美元为麦当娜拍一部录像片。这笔钱对麦当娜而言，也是一个不小的数目。为了取得成功，华纳兄弟唱片公司让艾德·斯坦伯格来负责为麦当娜出口录像片。在录像带的带动下，歌曲《一块上》攀上排行榜第一名，并位居流行音乐排行榜第一百名。1983 年春天，麦当娜成了一名日益走红的歌星，她没有就此止步，而是立即又开始了新一轮的攻势——成为电影明星。麦当娜早在中学时代就拍过《祭》等片。

1983 年 9 月，彼得斯又准备拍摄一部名为《追梦》的影片。影片的男女主人公都找到了扮演者，只空着一个夜总会女歌手的小角色。彼得斯决定邀请她来扮演。麦当娜高兴地接受了。她不在乎角色的大小，只要能够上银幕就行。她说："导演和制片不想找一个外行来演，也不想让一个不会唱歌的女演员来演。我一读到剧本，就感到我一定能胜任这个角色。我想我当然是最合适的。"她在影片里把人物演得活灵活现。唱歌本来就是她的老本行，所以她演起来得心应手，十分顺利。麦当娜从不肯放过抛头露面的机会，因为此时她虽然在流行歌坛已经红起来了，但还想让自己更红火，成为超级巨星。麦当娜从威尼斯返回纽约不久，就听说奥赖恩电影公司在筹拍一部《誓死找回苏珊》的影片，并决心将它拍摄成一部上乘之作，要选择一个有号召力的明星来演主角。

麦当娜毫不犹豫地把一曲《得心应手》提供给了导演塞德曼。她不仅把歌曲编进了影片，还让音乐电视台同时播出，使麦当娜锦上添花。《誓死找回苏珊》1985年4月在全国各地上演，迅速成了本季度最赚钱的影片。麦当娜在拍摄电影期间录制的几张唱片集，都获得了极大的成功。麦当娜在拍完电影《追梦》后，刚回到纽约，就开始为自己第二张唱片集《像个处女》做准备。1984年春天，麦当娜又专程奔赴威尼斯，拍摄《像个处女》的录像片。并对《像个处女》寄寓了很高的期望。录音师奈尔·罗杰斯没有辜负麦当娜的重托，当《像个处女》录完播出以后，人们听起来"真的是要激动得窒息而死"。1985年4月，麦当娜的全国巡回演出开始了。从西雅图到圣·弗兰西斯科，从圣·弗兰西斯科再到底特律，再到纽约，总共席卷了28个大城市，麦当娜自然是大获成功。麦当娜在全国巡回演出时，特意去底特律演了一场。看到麦当娜今天的成功，费林百感交集。

26岁的麦当娜已经是一个全国闻名的摇滚歌星和电影明星了。

再创佳绩

1992年，麦当娜和时代—华纳公司签订了一项合约，包括麦当娜的录音、音乐图书出版、影视和销售公司——麦沃瑞克。同年10月，麦沃瑞克公司发行了音乐录影带《色情》和同名歌曲专辑。为了保持与《色情》主题一致，她的公司的第一个出版行动就是《性》，里面的图片展示了赤裸裸的性历险过程，而这些只有麦当娜自己才能扮演。1992年底，麦当娜又开始了新片《身体的证据》的拍摄。1993年9月至12月，麦当娜进行了她的第四轮巡回演出，取名为"脱衣秀（脱衣舞表演）之旅"。"脱衣秀之旅"巡演于9月25日在伦敦的温布利体育场拉开帷幕。随后麦当娜从英国辗转法国、以色列、土耳其、加拿大、美国、澳大利亚、波多黎各、阿根廷、巴西、墨西哥等国。在麦当娜与其他明星之间，有一个鲜明的对比。麦当娜认为自己是年轻的追星族的一个模范，她认真看待这种责任，通过音乐和角色来敦促人们保持自我、积极看待生活和爱自己。同时，麦当娜身上体现出来另一个方面，就是她极力渲染女人味儿，就是女人的形象也变得像男人一样粗糙厚重。1994年，麦当娜为影片《荣耀之光》演唱歌曲《我记得》，再次创下佳绩。另外，麦当娜还出版了新的专辑《枕边故事》。1995年，麦当娜出版新歌加精选集《回忆》，选入的是清一色的慢歌，受到各种口味歌迷的普遍欢迎。1996年，麦当娜主演反映前阿根廷总统庇隆的夫人伊维塔生平的影片《庇隆夫人》。这部影片上映后极为走红，获得很高的票房收入。《庇隆夫人》是麦当娜转型期间的一个巨大成功，她在片中的造型得到了人们的认可。而且，她为演唱那些抒情、浪漫的歌曲而专门学唱歌剧所下的功夫也没有白费。

麦当娜的女儿如期顺利降生了，初为人母，麦当娜感到前所未有的幸福和充实，使得她更多了几分温柔和稳重，显得更加和蔼可亲，充满成熟女人味道。1998年初，麦当娜推出了她的新专辑《光束》。这张专辑是1997年麦当娜在加州大学城的录音棚中录制的13首歌，大多数歌曲都是与著名制作人共同制作。对于这张使麦当娜改头换面的新专辑，真是众说纷纭，莫衷一是。

　　那个"坏女孩"开始以"大地母亲"的形象展现于世人面前。

世纪时尚女皇

——可可·香奈尔

人物档案

简　历：法国时装设计师，香奈儿品牌的创始人。出生于法国的索米尔，从一个贫穷的孤女，奋斗成为著名的服装王国的开创者。6岁时母亲离世，父亲更丢下她和4个兄弟姐妹，由她的姨妈抚养成人。1914年Coco开设了两家时装店，影响后世深远的时装品牌Chanel宣告正式诞生。1954年Coco重返法国，以她一贯的简洁自然的女装风格，迅速再俘虏一众巴黎仕女。1983年香奈儿逝世后的第十二年，香奈儿集团由Karl Lagerfeld接班出任时尚总监，但至今每一季新品仍以香奈儿精神为设计理念。

生卒年月：1883年8月19日~1971年1月10日。

安葬之地：瑞士洛桑。

性格特征：性格自由、开朗，标新立异，崇尚自由，女人味十足。

历史功过：现代主义的见解，男装化的风格，简单设计之中见昂贵，成为20世纪时尚界重要人物之一。她倡导女权，既赋予女性行动的自由，又不失温柔优雅。品牌经典的2.55手袋就起源于香奈儿决心用细链条来解放女性拿包的双手。她对高级定制女装的影响令她被时代杂志评为20世纪影响最大的100人之一。

名家评点：传记作家丽莎·钱妮评价说："香奈儿不是天使，但也不是间谍。我很了解他所使用的那些文件。世上有很多设计师，其中不乏比她富有者，但没有一个像她那样，改变了自己的时代。她经常被贬损为一个设计裙子、珠宝与手袋的名人，有着不雅的私生活——她被描述成那种典型名人，但这解释不了为何她是了不起的，也妨碍我们从'人'的角度去了解她。对于一个在现代世界形成中扮演了重要角色的女人，这有失公允。"

成长经历

"我从不为处境而烦忧,我就乐意驱散它们。"

——童年的阴影伴随着香奈尔一生,她时刻都在驱散这种恐惧。并且最终战胜穷困、恐惧取得辉煌的成绩。

1883 年 8 月 19 日,香奈尔出生于法国罗亚尔河畔的索米尔小镇,原名盖布莉埃·香奈尔,她的父亲是一名兜售杂货的小贩,长年在各地贩卖物品,母亲则是一名村妇。香奈尔出世的时候,父母尚未正式结婚,一年之后,他们才正式举行了婚礼,香奈尔对自己是个私生女这件事始终耿耿于怀。

由于父亲长年在各地奔跑,家里的重担都落在了母亲一个人的肩上。香奈尔 12 岁的时候,母亲去世了。这时候的香奈尔还未成年,父亲又不见人影,她只好住进孤儿院。在那里,香奈尔度过了五年的黯淡时光。17 岁的时候,她来到另一个小镇,进入了修道院,学习一些社交礼仪、家政管理方面的知识。

在任何时候,一个没有好家境的女孩子要想在社会上生存,是非常艰难的。孤儿院的生活使香奈尔明白,一手过硬的技术对于她来说是多么的重要,她必须有一样扎实的技术来养活自己。在修道院里,香奈尔学到了一手扎实的缝纫技术。18 岁的时候,她离开了修道院,几经周折,尝试各种不同的工作,甚至有一小段歌唱生涯,据说她的名字可可·香奈尔也是在那时候取的。后来在修道院院长的推荐下,她来到镇上一家服饰店做助理缝纫师。周围的成年妇女穿的工作服使香奈尔相信,妇女需要的不是烦琐的装扮,而是适合她们生活方式的宽松舒适的衣衫。

这时候,她开始尝试着自己设计衣服,黑色的帽子、白色的短衫、领口雅致的黑领结、简单素洁的短上衣。在她工作的小镇,有许多驻兵,她与那些驻兵尤其是骑兵结下了很深的友谊,并且学会了骑马,那些朝气蓬勃的骑兵制服给她留下了深刻的印象。

初露锋芒

华丽的反面不是贫穷,而是庸俗。

——香奈尔简洁的设计在任何场合优雅适宜,这是她设计的理念。

命运转机

25 岁的时候,香奈尔遇到了生命中的第一位情人:巴桑。巴桑是一位贵族的后裔,风度翩翩的他令芳华正茂的香奈尔倾倒不已。然而,由于各种客观的原因,他们无法结合在一起。但巴桑带领香奈尔进入了上流社会,聪明的她很快就周旋于王孙贵族之间,这使她的命运发生了转机。

经过巴桑的介绍,香奈尔邂逅了她一生的挚爱——卡佩尔。卡佩尔出身卑微,是一个情妇的儿子。凭借自己的奋斗,他在商场上大展宏图,并且在第一次世界大战后当上《凡尔赛条约》的政治秘书,成为一介名流。然而,像香奈尔一样,对于自己卑微的出身,他耿耿于怀,发誓要取一位名门闺秀。虽然对香奈尔一片真心,但最终还是舍弃了她,远赴伦敦与一名爵士千金成婚,此举给了香奈尔重重的一击。

1910 年,为了弥补对香奈尔在感情上的愧疚,卡佩尔给困境中的香奈尔提供了一笔经济上的援助。香奈尔用这笔钱在巴黎坎朋街 21 号开了她的第一家帽子店。帽子店开始了香奈尔不平凡的一生,她在自传中写道:"因为卡佩尔带我去赛马场,我注意到当时的帽子都比头小,戴上后还要别上帽针才能固定,并不实用。所以决定设计没有太多繁缛装饰的帽子。"香奈尔的帽子简洁、大方,尤其是硬草帽和圆顶狭边的钟形帽,受到了许多妇女的欢迎。

1912 年,《时装》杂志以完整篇幅刊载香奈尔的帽子,并由明星示范,使这位名不见经传的年轻姑娘在巴黎初露锋芒。同年,香奈尔趁热打铁,在法国上流社会的度假胜地——诺曼底海边小城开了自己的第一家服装店。因为当时她租巴黎坎朋街那家店面的时候,合约上明令禁止她从事服装设计,原因是她的邻居是一位服装设计师。

这时候,一战的阴影已经在世界各国蔓延开来。但是,法国上流社会的妇女们依然以高规格的服饰来炫耀丈夫的地位,她们穿着波烈式的羽饰、长裙出席各种各样的晚宴。香奈尔凭着天生的敏感,推出了第一种女装款式:针织羊毛运动装,这是一款妇女户外活动的休闲装。她的服装理念与早年卑微的生活有着莫大的关联,孤儿院穷苦的生活深深地印在她的脑海当中,也渗入了她的设计风格:朴素端庄、简明大方。香奈尔认为:"女人为造成她们举止不便的服饰所束缚,从而被迫依赖于仆人和男人。"因此她设计了各式运动衫、开领衬衫、短裙等式样简洁的服饰。

针织羊毛运动装是源于板球运动装,造型简朴素雅,与当时服装界盛行的华丽服饰形成了鲜明的对比。因此,香奈尔推出这款服饰的时候,颇受非议。不过香奈尔并没有在意这些,她经常穿着这样的羊毛衫,配上简单的短裙,骑马散步。

声名鹊起

1918 年,第一次世界大战已经进入白热化的阶段,无数父亲、兄弟、儿子都遇难了,留下妇女在苦苦求生。香奈尔的亲密爱人卡佩尔在这一年因为车祸遇难,这使她更加深刻地体会到那些丧失亲人的妇女们的痛苦。在无数女性沉浸在悲痛中的时候,香奈尔依然坚强地站立了起来,更加雄心勃勃地发展自己的事业。

香奈尔的服装有着强烈的个性，在她看来，女人不再是男人的"花瓶"，同样是担任社会重任的公民。她说："要把妇女从头到脚摆脱矫饰。"她要创造一个年轻的形象，一战的爆发给她提供了这个机遇。

战争使得整个法国社会发生了巨大的变化，男士都上战场了，女性责无旁贷地负担起持家的工作，那种宽大拖沓的时髦服装，已经不适宜更多的社会活动，只会对人们的行动造成阻碍。在那之后，职业妇女渐渐兴起，因此需要较为实用的服装，香奈尔的服装正好符合这个趋势，她的事业也蓬勃发展。

1924年，香奈尔推出了著名的黑色小礼服，掀起了世界服饰的革命。从这种简单、直线条、颜色不鲜艳的服装中，可以了解到香奈尔的设计风格。她强调的是舒适性、方便性和实用性，加上她的个性和感性，因此她的服装是年轻自然的，直线条剪裁简单优雅，并不一味强调曲线，纤细且实用。香奈尔有时也喜欢男性打扮，据说，一个寒冷的天气，香奈尔借了情人的套衫，束起腰，卷起袖，形象非但不滑稽，而且潇洒迷人。随后她在自己的设计上融入男装的风格，设计出了更加新颖的女装，这种偶然的装束竟成为时髦一时的香奈尔装，被人竞相模仿。

香奈尔用水手装和水手裤来替代女式长裙，用质地薄软的内衣面料创造出浪漫的渔夫式套装。香奈尔具有爆炸性的创造力，随便一件衣服在她的手上都可以成为一时的风气。

战争为诺曼底带来无数富豪，也使香奈尔的时装店扩展成为大公司。香奈尔一头闯进了法国时装界这个高傲无情的领地，她的时装和她本人一样迷住了那个时代。

享誉全球

1918年年底，第一次世界大战结束，香奈尔已经是著名的时装设计师了。她手头的订单尽是西方上层社会有名气的女人，如伊丽莎白·泰勒、英格丽·褒曼等著名的演员。巴黎人喜欢这个苗条的女时装设计师，她是那么的生气勃勃，嗓音温柔。她的服装和她的为人一样，坦率、自由，裙子为齐膝短裙，上衣为宽松直线形外套，舒适自然，不再刻意强调胸部和臀部的曲线。她设计的毛呢料长外套，去除花哨的装饰，简朴得像男装一样。

香奈尔主张造型简洁、朴实、舒适自如、素雅的服装，她喜欢黑白两色。她的两件套装样式被视为经久不衰的时代风格。1920年，一张巴黎报纸评论说："这是位令人惊愕的天才，她的服装富有女性美的艺术，是匠心独运的充分展示。"

香奈尔改变了时装的概念，使服装艺术真正迈入了20世纪。她自己说："我使时装的观念前进了四分之一世纪，我凭什么呢？因为我懂得如何解释自己的时代。"

随着战后重建工作的蓬勃兴起，香奈尔认为手工定做服装已经不适合大众需要,她决定投入成衣市场。事实证明她是对的,这让香奈尔企业稳固发展,茁壮成长,最终成为国际上数一数二的服饰大企业。

1920—1924 年,香奈尔享誉全球,已经成为当时时装界的"女王",她的公司是巴黎最重要的服装公司,她的设计沙龙在巴黎坎朋街 31 号开业。香奈尔在服装界的地位相当于画坛中的毕加索。香奈尔时装俨然是 20 世纪 20 年代的主流,她宛如新时代的化身:经济上独立,恋爱自由,生活全凭自己的喜好方式。评论家甚至说:"女性已完全消失了,剩下的全是香奈尔创造出来的男性。"

事业顶峰

"100 岁,长生不长。"

——87 岁的时候,香奈尔以自己的出生日期 19 号为新款的香水命名,当记者问到她多大岁数时,她如是回答。

香奈尔 5 号研制

事实并非评论家所言,香奈尔的服饰将女性魅力掩藏起来,赋予了男性化。事实上,香奈尔是一位极其爱美的女士,她曾说:"我不能理解女人为何不能只是为了表现礼貌,出门前都好好打扮一下,每一天谁知道会不会是命中注定的大日子?"她的设计将女性从繁缛的服饰中解脱出来,体现一种自然简洁的美。

1920 年,香奈尔开始提倡整体形象,她认为女人的美应该是从头到脚的,甚至还包含配件,如化妆品、香水。香奈尔觉得,一个女人不该只有玫瑰和铃兰的味道,一个衣着优雅的女人同时也应该是个气息迷人的女人,香水会增添女性无穷的魅力。

香奈尔对女性的体味深恶痛绝,她喜欢香水,喜欢女人散发出的香味,而且她非常认同诗人瓦莱里的话:"不洒香水的女人不会有未来。"

像所有的著名设计师一样,香奈尔也体会到时装与香水的共通之处,两者结合必然有利可图。当时著名的时装公司,如伍尔德时装屋有他自己的"夜里"香水;波赫推出的是"我心已狂"香水;李龙有一种以自己名字命名的"全然李龙"香水。只是,所有的香水都是以自然花香为主,没有人想到花香以外的香味。

香奈尔的朋友当中有一位叫作柯莱特,是一位作家,长香奈尔 10 岁,两人都属于麻雀变凤凰的类型,地位平等,有着共同的工作态度。通过他,香奈尔认识了恩尼斯·鲍,后者在格拉斯有一间实验室。

当香奈尔开口要恩尼斯替她开发合成香水时,恩尼斯还心存疑虑。不久之后,他发现香奈尔意志坚定,敢于创新,而且决心要独树一帜。香奈尔对恩尼斯说:"我不要有一丝玫瑰或铃兰的味道,我要人工合成的味道。在女人身上闻到自然花香反倒不自然,这是一种矛盾,也许自然的香味该以人工合成。"

香奈尔在格拉斯的实验室中呆了数天,凭着她灵敏的嗅觉辨别茉莉、保加利亚玫瑰、麝香以及木兰的香味。

最后,恩尼斯将样品删减至七八种,由香奈尔细细品味,逐一比较,经过一番斟酌,她挑选出了五种样品。"这就是我要的,一种截然不同于以往的香水,一种女人的香水,一种气味香浓、令人难忘的香水。"

香奈尔5号出炉

香奈尔香水出炉了,她邀请恩尼斯以及几位朋友到高级餐厅吃饭,在桌上放了一个喷雾器。每当有高雅的女士经过桌旁,她就会喷一下香水。"效果太神奇了,只要有女人经过我们的桌旁,她就会停下来闻闻看。当然,我们装成一副视若无睹的模样。"香奈尔回忆的时候,依然兴奋不已地说。

香奈尔从格拉斯带回了许多小瓶装的样品,慷慨赠予来店里购物的顾客,又让店员将香水喷在试衣间里面。事隔不久,就有回头客寻问哪里可以买到这样的香水。"就是我前几天给你的那个小瓶啊!"香奈尔装出一副思索的样子说,想半天然后说,"亲爱的,我可不卖香水,这些香水是我在格拉斯偶然的机会中买到的,连香水制造师的名字我都记不得了。我当时是想将它当作小礼物分送给朋友的。"

当香水慢慢消失了,店员又会重新洒上香水,然后接二连三地有顾客前来寻问香水的来源。"你认为我应该将这种香水拿来自己卖吗?"她问客人,"你真的喜欢我的香水?"香奈尔一边紧锣密鼓地展开自己的促销活动,一边不断发电报给恩尼斯,要他火速增产。

等到恩尼斯回信说他已经开始生产,香奈尔改口对客人说:"也许你说得没错。"或者说:"好,我接受你的建议,我会多拿些你喜欢的那种香水来卖。"

几周之后。第一批香奈尔香水出现在几家指定的店内。在前期的宣传攻势下"香奈尔5号一炮打响。"我真没想到会那么轰动。"香奈尔的一位朋友回忆道:"好像是中了彩票一样。"

当著名的好莱坞影星玛丽莲·梦露用性感而充满磁性的声音对全世界说"夜里,我只'穿'香奈尔5号"时,全世界都为之疯狂了。

五号香水使香奈尔名声大振,这是全世界最为闻名的香水。香奈尔5号以它清爽淡雅的芳香,结合全新现代特色的包装设计,精致地诠释了女性独特的妩媚、婉约、热烈而浪漫的情怀。香奈尔5号的瓶子设计是一贯的长方体,简洁、干净,像是早期的药水瓶,属于立体主义,简洁高雅明亮,很符合香奈尔的风格,因此这种设计又称为香奈尔风。

优雅谢幕

时尚开始成为一个笑话,设计师们似乎已经忘记是女人们穿着裙子。大部分女人穿衣服要么为了讨好男人,要么为了引起羡慕。但是她们必须要动起来,进入车子里而不要将衣服的合缝处撕开。服装必须有一个自然的形状。

——香奈尔一向认为,服装要能随着身体活动才行。尽管女人的身材各不相同,但裁剪合适的服装人人合穿。

击败对手

香奈尔 5 号香水让香奈尔名声大振,也加速了时尚大师保罗·波烈的失败。其实,在波烈全盛时期,香奈尔已经开始向他宣战。在一次歌剧演出会上,她看到妇女们都穿着波烈设计得十分绚丽的东方礼服,便愤愤地声称:"这将不能继续下去,我将会使她们全都穿上黑色。"那个时候,她已经视保罗·波烈为自己强劲的对手。

在香奈尔的服饰刚推出来的时候,屡遭批评,波烈曾经撰文讥讽她创造了一种"高级的穷相"。他说:"从前女人富有立体感,像是船首,非常华美。而现在,她们像是营养不良的电报打字员"。

巴黎的男人也抱怨:"20 世纪的女装可以说丧失了一切"。当时的波烈占据着服装市场的主导地位,他不允许任何不同于他的革新。他继续用高级丝绸和天鹅绒,以更加奢侈的主题顽强应战。

然而他失败了,1906 年以后,他的服饰明显地开始不适应潮流。他不得不承认:"我们应提防一个'男孩'头脑的混乱,那是从她不可思议的帽子里带来一切该死的变化,对服装、发型、珠宝和运动衫。"然而,到了 20 年代,这个"高级穷相"的可可·香奈尔,却比被誉为"社会之狮"的波烈更胜一筹。

高级穷相

如果说香奈尔的时装被讥讽为"高级穷相"的话,那恰恰证明,她是第一个真正理解 20 世纪变化的人。第一次世界大战改变了世界,也带来了一个新纪元。战后,资本主义经济的复苏与文化的繁荣,把 20 年代推向一个刺激而狂乱的年代。

所有的一切都在发生着翻天覆地的变化,各种新的艺术逐渐取代了传统的行为,如明星取代了贵妇的社会地位,她们更能引领时尚潮流。1911 年,舞蹈家爱莲·嘉斯尔从纽约巡回演出来到巴黎,她的青春简朴的打扮,成为当时青春派时装流行的契机。

香奈尔天才的秘诀就在于她把握住这个时代的脉搏，"某一个世界即将消逝的同时，另一个世界也正在诞生，我就在那个新的世界。机会已经来临了，而我也掌握住了，我和这个新世纪同时诞生"。她骄傲地称："我是第一个生活在这个世纪里的人。"

香奈尔的"高级的穷相"或曰"豪华的贫穷"改变了当时浓烈的色彩和繁缛的服饰，这恰是20年代的典型风格。20年代末，巴黎时装界涌起了不少后起之秀，如爱德华·莫利内克斯和让·帕杜。后者设计的低腰款式总体上来说源于香奈儿的创造，所以他们基本上无法与香奈尔匹敌，香奈尔已经有了广泛的市场空间，而且她本人就是最好的模特，自己的衣着就保证了她的作品稳操胜券。

然而，随着狂嚣的20年代的结束，到30年代，社会开始步入一个迷惘的历史时期，人们对黑色的狂迷开始消失，富丽奢华又成为追求的目标。年轻的女设计师夏帕瑞丽明显对香奈尔构成了威胁，她所带来的巴洛克风和艳丽色彩，夺走了不少顾客。

四十多岁的香奈尔并没有却步，她用高雅的白色系列，同夏帕瑞丽的设计对抗。1931年，香奈尔应邀赴美国好莱坞设计服装，在《永驻今宵》等电影里，她的设计大获成功。尽管美国明星目空一切，香奈尔设计的套装却成了美国职业女性的标准服饰，至今都成为女性独立、自尊、自强的象征。

到1938年，香奈尔的盛名达到顶点。然而，这也预示着衰退的到来。20世纪30年代中后期，世界经济政治格局不断变化，法国的政局在这中间也动荡不安。失业问题和大萧条带来的影响继续存在，法西斯恐惧主义在巴黎的上空也笼罩了一层阴郁的气息。

流行趋势的瞬息万变，时装界的变幻莫测，竞争者的虎视眈眈，再加上时局的动荡，这一切让年过半百的香奈尔备感不安。1939年9月，二次大战爆发，香奈尔举行了最后一次时装发布会，宣布时局已不适合追求时尚。后来关闭了她的时装店，隐居在她的寓所。

战后归来

1945年，二战结束，许多城市一片废墟，曾经极端显赫的欧洲陷入贫苦之中。在战争中屡屡遭挫，使得欧洲的时尚地位，尤其是巴黎在时尚界的引领作用开始受到质疑。二战的最大债主——美国开始成为价格昂贵、风格独特的时尚服装最重要的买主。

1947年，克里斯汀·迪奥创造了自己传奇般的"新款"：紧身内衣，宽大的裙摆长及脚踝，这是将传统的风格进行了一番改造。香奈尔备感沮丧，她怎么也没有想到，时尚正在向她之前的服装概念倒退。在她看来，流行的新款荒唐至极。最重要的是，香奈尔觉得，让妇女们重新回到紧身胸衣的束缚中去是一种倒退，根本不合时宜。

然而,大多数人非常喜欢新款的服装,这是对多年来的制服和简单朴素格调的一种自然反弹。人们对 20 年代香奈尔的风格嗤之以鼻,曾经被认为是时髦和前卫,而如今却被认为丑陋不堪。这是前所未有的,历史上从来没有哪个流行过的时尚受到过如此严厉的指责。

香奈尔是富裕的,但她的心情却苦闷到极点。她怀念工作,怀念曾经的光荣,她接受不了时装界的这种倒退行为,她决定东山再起。1954 年 2 月 5 日,已经 70 岁的香奈尔举行了"公开的归来"时装发布会。在那之前,她悄悄地离开巴黎,在瑞士默默无闻地度过了八年自我放逐的生活。

重振雄风

人们无法理解已经古稀之年的她为什么还要重开时装商场,她说是为了给妇女们穿着舒适、合身的服装的自由。她的时装重新受到了人们的欢迎,但是香奈尔本人却受到了时装界的挖苦和讽刺。他们认为年纪大了,就该在家颐养天年。年迈的老人不应该再出来,应该活在人们的历史回忆当中,保持自己美好的形象。媒体批评年老的香奈尔"土里土气",认为她的复出必将是一次惨败。

香奈尔十分坚强,她头脑冷静,对待媒体的攻击不予答复,埋头着手下一次的时装发布会。在忙碌的工作中,香奈尔重新找到了曾经的感觉,找到了安慰。她像年轻时候那样孜孜不倦地工作,并将其含蓄随意的风格融入 50 年代的时尚格调之中。

事实也证明那些华丽的服饰必将成为历史,二战后出生的年轻人并不喜欢那些紧身衣服,她们喜欢香奈尔服装的随意简练。经过改进的香奈尔款式穿着方便,大方优雅,很快受到了美国白领女性的欢迎。

美国的《生活》杂志这样评价她:"71 岁的香奈尔创造的不仅是一种时尚,而是一种革命。"的确,她每次创造的时装,都不仅仅是简单的样式的改变,而是对人们生活重大变化的回应。从 20 年代到 50 年代,她不停地创造奇迹,改变了整个时尚世界。

铿锵玫瑰

"我爱过的男人,永远会记得我。"

——香奈尔的神话,也体现在她的爱情上。她的朋友罗莎琳后来回忆说:"可可称不上绝色,但认识她的男士无不为她痴迷。"

情感生活

虽然童年很不幸,但成年的香奈尔却是一位亭亭玉立的美人,乌黑的头发,小巧的身材,楚楚动人的眼睛,小而翘的鼻子和一张任性的嘴巴。她的美丽,俏皮和孤高自赏、自由自在的个性,勾画出一幅新女性的肖像。香奈尔衣着平常,极少装饰,通常只是藏青色上装和白色衬衣。20世纪初,姑娘们都将自己装扮得花枝招展,相比之下,香奈尔更显得别具一格,不同凡响,处处渗出新时代女性的巾帼豪气。

香奈尔的事业取得了非凡的成就,但感情生活却远没有她的事业成功。香奈尔情感丰富,聪明、机智,个性独立,这样的性格并不容易被男性接受。1919年她一生的挚爱卡佩尔死于车祸之后,围绕这位奇特聪颖女子周围的,总是显赫的人物:流亡法国的俄国沙皇亚历山大二世的长子狄米提·帕夫洛维奇,公爵的爱情,使她的设计陶醉在斯拉夫的情调里。

后来她同英国首富威斯敏斯特公爵保持了六年的情人关系,这期间是她设计生涯的鼎盛时期。30年代后期,年已五旬的香奈尔,容貌和事业都达到完美的境地,各种各样的邀请纷至沓来,香奈尔出席各种社交场合,都被视作一种恩赐。许多著名艺术家都成为她的挚友,在毕加索、斯特拉文斯基、海明威、雷诺阿、莫朗、达里、高德温等等人的世界里,她扮演着新世界的缪斯,一个漂亮、风流的女名人,其事业、魅力和逸闻都是记者穷追不舍的内容。

法国作家萨西这样描写她:"当她一出现,所有人都被她的娇小身影而吸引,她很苗条,浓密的乌发,眉毛靠得很近,小巧的鼻子和深色的眼睛,她几乎总是穿着同样的打扮,非常简朴和不同凡响的黑色。她总是把手插在口袋里开始谈话,她讲话快而断断续续;她给人的印象是既不胡思乱想,也不轻易被偶发的思绪干扰而放弃自己目标的人……"

独立个性

人们常常对她有那么多的机会却不出嫁发出疑问,对此她总是耸耸肩,俏皮地回答:"大概因为我没有找到一个能和'可可·香奈尔'媲美的漂亮名字。"

然而,人们认为,她的独立、自尊和警惕,是早年生活遭遇的结果,她永远没有从童年的坎坷和不安全中恢复过来。她18岁时,姐姐自杀;以后她的情人卡佩尔死于车祸,两次经历了感情上的打击。所以,她一生中总是像猎物那样的充满恐惧。她承认,一生中遇到三个不同类型的男人,能给予她最大的安全感,卡佩尔、威斯敏斯特公爵、伊利伯,但她没有同他们任何一个结婚。

在自传中,香奈尔写道:"按中国人的方式推算,我出生那年恰好是虎年,因此我的命中注定独立,无法与个性比我强的男人相处。"这些话并不足以解释她力量的神秘性。莫朗说她具有"革命所需要的那种强烈的报复念头"。香奈尔憎恶把女人当作物品,她反对男人主宰一切,包括时装世界。

勤奋工作

她说:"上帝知道我渴望爱情。但若要我在心爱的男人和我的服装之间做出选择,我仍会选择服装。"倔强的香奈尔从来没有想过放弃自己的事业,香奈尔为众多男人所倾倒,可她却只与她的事业联姻,她这样坦白:"工作令我着迷,虽然我不知道香奈尔的生活里没有男人会是什么样子。"

她是个工作狂,她把自己所有的精力、时间都献给了自己的事业。香奈尔通过自己的服装理念倡导了一种妇女新的生活方式——简单、自然、舒服。她说:"当我想到工作,我想到的是我要装扮的妇女们,而不是时装店,一旦我能够帮助解放妇女,我会坚持下去的。"

香奈尔不仅凭借智慧和灵感,更多的是依靠锲而不舍的实干。香奈尔一旦工作起来,便要求完美无瑕。她说:"当你开始工作,就必须继续下去,如果你不用心去做,你将一事无成。"她常常为周末中断工作而生气,她说过:"我的生活是一个长久的战斗。"一旦投入战斗当中,她就全神贯注,忘记了一切。

生命终结

香奈尔不仅具有现代女性的美丽、诙谐、乐观、引起争论的气质,而且她勇于面对现实,有坚强的独立性,正像她说的:"诚如拿破仑所言,他的字典中没有'困难'两字,我的字典中也找不到'不成功'三个字。"一个新时代女性的形象:自由、骄傲、藐视传统,她既是建立时装王国的女强人,同时又是娇弱多情的女性,这就是她与众不同的天赋,就如同她神奇多彩的一生一样。

她用自己的事迹证明:妇女们可以干成任何事情,一个女人可以自食其力,选择自己所爱的人,过自己想要的生活。从一个贫穷落魄的孤女,奋斗成为一个著名的服装王国的开创者,她在一个由男性一统天下的社会里,潜心经营,最终获得了胜利。她是战后所有女性的抱负和渴望凝聚而成的一个成功的神话。她改变了我们对于服装的认识,对于女性的认识,对于人生的认识。

她是时装设计师中为数不多,能走完艺术生命全程并获得永久性成功的天才,她比其他设计家的艺术生命更长,国际时装界推崇她为世界三大服装设计师之一。她是一个传奇,她不会作画或素描,但她看衣服一眼就知道好坏,看出哪里还需要改进,哪里还需要加工,她的天才在于她的双手和眼睛。

有人说,任何一个小裁缝都不难仿制一套香奈尔时装,言下之意就是香奈尔服装简单。实际上,她的服装不仅外形简洁,舒适自由,而且她对剪裁的精确和细节的精微,都是刻意求工的。香奈尔反对肤浅的装饰性,追求内在个性的自由、开放。

不管她的设计理念源于何处,但通过精确的构思,创造成崭新的服装,这无疑是一个伟大的创造。

1971年1月10日,香奈尔独自为即将到来的时装发布会工作到很晚,凌晨时她服用安眠药睡了,从此再也没有醒来。她穿着喜欢的套装,戴着项链,带着她的机智和俏皮,安然长逝了,结束了她传奇的一生,终年88岁。

雅诗兰黛的创始人

——艾丝蒂·门泽尔

人物档案

简　历: "雅诗兰黛"化妆品王国的创始人,被誉为"化妆品女王"。艾丝蒂·门泽尔的前半生大都是一个谜,1907年7月1日出生于一个匈牙利犹太移民家庭,父亲经营五金店。她是家里的第九个孩子,因一直拥有富贵梦,她生来就厌恶自己的犹太移民身份,一直拼命想成为百分之百的美国人。1946年凭借着想为每个女性带来美丽的渴望与丈夫共同创立了雅诗兰黛品牌,主要面向大众人群消费者。美国化妆品的半壁江山都归于其下,为了表示对她的尊敬,美国人将她的传奇一生拍成了电影。2004年4月24日,因心肺骤停,在寓所中逝世。1998年《时代》杂志评出的20世纪20位最有影响力的商界精英中,她是唯一的女性。2018年12月,世界品牌实验室编制的《2018世界品牌500强》揭晓,雅诗·兰黛排名第227;2022年12月15日,雅诗兰黛中国创新研发中心在上海正式揭幕,研发中心凝聚科研力量,融合本土创意灵感,依托对中国和亚洲消费者的深刻洞察,将开启高端美妆领域创新"加速度";2023年6月,以17737(百万美元)营收,入选2023年《财富》美国500强排行榜,排名第230位。

生卒年月: 1907年7月1日~2004年4月24日。

安葬之地: 美国纽约曼哈顿。

性格特征: 聪慧独立,勤奋乐观,高贵亮丽的外表,古典精致的五官,极具创意的生意头脑,卓越的领导才能及果断利落的处事作风。

历史功过: 开创了洗送赠品,洗发试用产品的先河,占据了美国知名化妆品品牌的半壁江山。历经半个多世纪它以领先科技和卓越功效在全球赢得广泛美誉。

如今雅诗兰黛的护肤彩妆及香水产品系列已在全球 130 多个国家销售,坚持为每个女性带来美丽的初衷致力于科研的突破和创新保持与顾客良好的交流这些优秀传统延续并成为未来发展的宝贵基础。经过勤奋努力的推销,创下了世人瞩目的帝国。

名家评点:艾丝蒂·门泽尔和许多商业领袖一样,做过亏心事。她当年起家靠的就是舅舅的六合一冷霜。即使以后,她靠自己研究的青春露征服了世界,但她还是感慨地告诉别人说:"想不到我的一生居然建立在一瓶雪花膏上面。"有医学院皮肤科博士评价她舅舅的冷霜说:"这的确是一种有功效的产品,安全,值得信赖。"

小家碧玉

"我的未来从此写在一瓶护肤膏上。"

——任何成就一番事业的人都少不了一样东西,那就是热情。成就事业的人对某方面的东西向来都有着与众不同的热情,并且能够长期地坚持下去。

1907 年 7 月 1 日艾丝蒂·门泽尔出生在美国纽约皇后区一个匈牙利犹太移民家庭,皇后区居民大多是低收入阶层,艾丝蒂的家庭是一个普通的工人家庭。父亲依靠经营一家小五金店来养活一家十来口人,从小艾丝蒂对美有一种特殊的兴趣和敏锐。她是家里的第九个孩子,家人喜欢唤她小名艾丝蒂,后来就沿用下来。她最早对化妆品的接触得益于皮肤科专家的叔叔。6 岁那年,艾丝蒂的叔叔给她带来了神奇护肤膏,艾丝蒂从此把唯一的梦想与它联系在一起,她表示:"我的未来从此写在一瓶护肤膏上。"

艾丝蒂的叔叔化学知识非常渊博,平日里喜欢在家里调制一些化学试剂。20 世纪 30 年代,他在自家房子后面一间小屋里搭建了简陋的临时实验室,自己调制脸霜,他总是在一个煤气炉前不停地忙来忙去,将架上的瓶子换去换来,在他的手中奇妙地出现一种成分与另一种成分混合的东西,艾丝蒂越看越着迷。当叔叔耐心地将各种成分混合起来,一种非常细腻爽滑、洁如白雪的东西便产生了,让人爱不释手。这时她不禁惊呼起来:"啊!叔叔,您真了不起!"叔叔对她微笑着说:"这是雪花膏,可以赚大钱哟!"

叔叔发现艾丝蒂对化妆品有特别的兴趣和想象力,还有灵敏的嗅觉和灵巧的双手,她的天赋不应该被埋没。从此,叔叔在配制化妆品的过程中,总是和颜悦色,不厌其烦地向她详细讲解其原理与作用。

"这种雪花膏既可以保护皮肤,又能洁净皮肤,其中含有一种油脂,能清除皮肤上容易堵塞毛孔的过剩油脂与污垢。"叔叔说。

艾丝蒂决心要像叔叔那样,也配制一些化妆品。她开始在叔叔身边忙开了,既当学生,也当助手,学会了一些基本的化妆品制作方法,经常得到叔叔的夸奖,叔叔称她有一个"神鼻子",会辨别各种香味。一次叔叔配制出一种特别的雪花膏,对她说:"这种产品不仅香,滋润皮肤,还能消除脸上的红斑立竿见影"。

艾丝蒂将这种雪花膏带到学校,让班上一位脸上长有红斑的女同学擦了一些。过了几天,果然好了很多。她和全班的同学都惊奇不已。许多女同学都向她要这种神奇的东西,她送掉了几加仑的雪花膏,并将它取名为"超级全能雪花膏"。

长大一点以后,艾丝蒂就帮忙叔叔销售雪花膏。她把产品带到美容院,给那些闲坐着等头发吹干的女人们做免费演示,其中许多人后来成了她的顾客。曼哈顿第五大道集中了各种奢华品牌专营店,艾丝蒂有时候就在那里拦住过路的女性,请她们试用自己的产品。后来,她又按照配方自己动手调制,制作出产品,然后卖给纽约曼哈顿美容沙龙里的那些女顾客。

琴瑟和鸣

"我们的工作就是让所有的女性展现最完美的一面。"

——女性的爱美是毋庸置疑的,但是怎样才能展示出一个女性的美好一面,却需要众多的技巧。艾丝蒂通过她的努力做到了,她清楚地明白,如何让女性知道自己是美丽的。

创业之初

1930 年,艾丝蒂和一名经营服装的商人约瑟夫·劳德结婚,三年后有了一个儿子,里昂纳多。1939 年,劳德和约瑟夫离婚,独自一人前往佛罗里达。很多年后,她回忆起这 段经历时说:"我在很年轻的时候嫁给了约瑟夫,你们一定以为我错过了生命中的某些东西,但我后来发现其实我拥有的是世界上最可爱的丈夫。"

1942 年,艾丝蒂印证了她后来的这段话,她和约瑟夫复婚,有了第二个儿子罗纳德,并和丈夫一起经营他们的事业。他们效仿叔叔,自己开了一个美容院,一边为人美容,一边配制一些简单的化妆品进行出售。工作之余,她潜心研究叔叔交给她的秘方,尝试新的化妆品配制方法。艾丝蒂后来回忆说:"我不断在自己身上试验产品,在所有的部位进行试验。我的房间从来没有安静过,厨房里更是如此。在那里,我除了要给家人做饭外,其余所有剩余时间都来制作护肤品,我感到这是一种其乐无穷的工作。"他们在一个从餐馆改装成的工厂里自己研制配方,生产出护肤品,并把它们装进漂亮的瓶子里出售。

一天,一位烫着卷发、美丽动人的女士来到艾丝蒂的美容厅。她衣装雅致,颇有品位,引起了对美有着特殊爱好的艾丝蒂的注意。艾丝蒂称赞她衣服漂亮,并询问衣服购自何处。谁知这位女士眼也不抬,冷冷地说:"告诉你又有何用? 难道你穿得起这样的衣服吗?"

艾丝蒂满脸通红，默默地走开了。正是这位女士，改变了艾丝蒂一生的事业。艾丝蒂决心要开创化妆品事业，1946年，艾丝蒂和丈夫约瑟夫·劳德在纽约用5万美元创办了自己的公司——艾丝蒂·劳德公司，也就是后来中文译名的"雅诗兰黛"公司。经过一次次试验，对产品百余次的推敲，终于在皮肤科专家叔叔的帮助下，他们配制出了清洁油、润肤露、泥浆面膜和全效润肤精华素四款产品。

派送赠品

公司起步的时候，艾丝蒂没有足够的资金来支付广告公司费用，产品也没有打入大型商场，艾丝蒂公司的产品几乎无人问津。艾丝蒂很着急，尽管她聘用了容貌美丽又口齿伶俐的小姐来担任售货员，但每天依旧卖不了几瓶化妆品。

一天，从商店回来，艾丝蒂来到一家杂货店买东西。她是这家店的老顾客，和店主非常熟悉。刚走进门，老板娘就热情地招呼她："劳德，我家保姆刚从俄罗斯带来了一些俄式烤肠，味道非常不错，送给你几根尝尝。"她边说边从冰箱拿出烤肠，让劳德带回家去品尝。

晚餐时，艾丝蒂边吃烤肠边想着化妆品的事情，"妈妈，这种肠的味道真是很特别，哪里买的？"女儿的话打断了艾丝蒂的思索。"味道是不错，以前怎么没吃过？"丈夫也说道。望着女儿和丈夫，劳德忽然想到了一种促销方法。

凭着一个女人的直觉，她相信：在适当的时候，把试制的化妆品样品作为礼物送人，其推销效果会更好。这也是她著名的推销策略之一：随卖附赠试用品。她用源源不断的赠品代替宣传。她坚信："当你设法把产品塞到顾客手中，只要产品质量好，它自然会替自己宣传。"

第二天，劳德在自己的柜台前写上了"免费试用"的大幅招牌，这在当时是从没有的一种促销方法。既然是免费试用的，自然有好多女士乐意到雅诗兰黛柜台前看看。同时，劳德还组织一些店员拿着化妆品去一些美发店、公共场所进行赠送。很多女性使用雅诗兰黛化妆品后，感觉效果真的不错，她们不知不觉间喜爱上这种能带给她们美丽的产品。随后，她们又会将其介绍给她们的亲人和朋友，这样雅诗兰黛的影响面越来越大。事实证明这种销售方式非常有效，雅诗兰黛公司在开业不到半年时间便达到了可观的营业额。

即便是在化妆品已完全被消费者认可和进入销售的全盛时期，艾丝蒂也依然坚持向众多消费者提供免费试用品，许多女性对这种特有的销售方式非常喜欢，因为通过试用，她们能够找到哪种产品最适合自己的皮肤。她相信，通过这种方式可以告诉她的顾客，她的产品是最好的，而使用它们的人也是最棒的。

当艾丝蒂得知纽约最豪华的第五街萨克斯百货公司的助理采购员姆斯小姐由于汽车事故而使脸上留下难看的疤痕时，艾丝蒂主动把自己生产的雪花膏给她送去。几个星期后，这位小姐脸上的疤痕基本消失了。没几天，萨克斯公司的化妆品采购员主动找上门来，向艾丝蒂订购了一笔货。艾丝蒂回忆说："当时我高兴地大后来,在一次舞会上,艾丝蒂认识了当时纽约美容业的名家海达娜·鲁宾斯坦夫人。在仔细端详了这位夫人之后,艾丝蒂很有礼貌也很直率地对她说:"很荣幸能认识你。你长得很漂亮,也很可爱,但是如果你的脖子上再擦上一点雅诗兰黛粉饼,那就更美了!"说完,艾丝蒂随即赠送了一盒雅诗兰黛化妆品给海达娜·鲁宾斯坦夫人。已故好莱坞明星、摩纳哥王妃格蕾丝·凯利是艾丝蒂的好朋友,她曾回忆说:"我和她并不太熟,但她老是送这些东西来。"

就这样,或赠送,或邮寄,或在慈善活动时免费派发,或随购买的商品一起赠予顾客,艾丝蒂赢得了成千上万的顾客。她的坚持推销终于有了回报。1948 年,她说服了一个采购商下了相当分量的订货单。她和丈夫两人在餐馆改装成的作坊里亲手调制订单上的所有脸霜,并装在漂亮的罐子里,产品出货后在两天内出售一空。

雅诗兰黛在艾丝蒂的推销下产生了巨大的经济效益,但她并没有满足。她迫切需要以优秀的口才宣传她的产品,为产品增加光彩。一次,她对顾客由衷地说,"世界上最美的脸,是谁? 不是别人,而是你!"这凝聚了整个公司精神的美妙语言,打动了她的顾客,更打动了她自己。她决定把展示艾丝蒂公司精神和个性的口才凝固下来,于是,艾丝蒂·劳德化妆品公司形成了这样的广告语:"世界上最美丽的脸是谁? 伊丽莎白·泰勒吗? 不是。克里斯蒂·布林克利吗? 不是! 布鲁克·布尔茨吗? 也不是。那么是谁呢? 是你。"

公司起步

雅诗兰黛的产品使美容专栏作家、经销商及消费者都赞不绝口。就这样,艾丝蒂迈出了成功的第一步。接下来,艾丝蒂就要为产品的销售找路子了,她开始为产品销售终日奔波。

一次,一名女顾客付完美容费后,向她建议道:"希望你的化妆品能在萨克斯百货公司买到! 那里可以记账。""我正在努力!"艾丝蒂在回答时,心里涌起了浪花。萨克斯百货公司位于繁华的纽约第五大街,如果她的商品能在那里出售,不仅方便顾客,更会提高产品的身价,何愁不能发家致富?

为了在纽约第五大道的 Saks 开第一个专柜,她每天都去该店要求见总经理,但是都被婉言谢绝。然而她没有灰心,相信自己总有一天会获得成功。

后来,姆斯小姐亲自带来一个带着面纱的女人,并向艾丝蒂介绍:"这是公司总经理的女儿,脸上长满红斑,特别来向您求助。"艾丝蒂非常仔细地观察,用灵巧的双手对她进行美容,最后擦上一种特别的化妆品。几次下来,总经理女儿的脸变得白白净净,柔嫩无比,总经理一家人非常高兴。艾丝蒂终于被允许在该百货商场内设立了化妆品专柜。

雅诗兰黛作为高档美容护肤品品牌的知名度从此直线上升。由于对自己产品的品质及效用深信不疑，艾丝蒂经常亲自带着产品到处推销。无论是发型屋还是百货公司柜台，她都热心地拉着顾客试用其产品。因为她认为，只要产品能接触到顾客便已成功了一半。除此之外，艾丝蒂开创了向顾客派发试用产品的先河，结果产品的销售出奇的理想，而这种市场策略也为其他公司纷纷效仿。

凭着敏锐的市场触觉及创意十足的商业头脑，雅诗兰黛公司在20世纪50年代营业额已达到每年80万美元，这在当时是一个十分惊人的数字。公司业绩十分理想而且不断稳步上扬，但艾丝蒂却从不放松对产品及服务素质的要求。她十分注重员工的服务态度，深信亲切热情的态度是成功销售的关键。所以，当约瑟夫在当地经营时，艾丝蒂则常常亲自飞到各地的化妆品专柜或专卖店巡视业务，培训员工，更亲自教授员工销售技巧，她常对员工亲切地说："让我教你怎样向客人介绍产品吧！"她认真和务实的处事作风正好贯彻执行了她"大胆想象，切实执行"的座右铭。

公司腾飞

"每个女人都可以美丽。"
——信念看似不可捉摸，飘忽不定，但她带给一个人的却是无往不胜的决心和勇气。只要有了它，梦想的翅膀终会飞上云霄。

青春之露

20世纪50年代以前，香水是极其奢侈的用品。当时美国的社会风尚是：妇女很少到化妆品柜台上购买自己需要的香水等化妆品。大家都保持着传统的方式，美国男人为了向女人献殷勤，主动买香水送给她们，女人习惯等着接受赠送品，如果哪个女人自己到商店买香水是没有脸面的。

50年代，雅诗兰黛结合当时的文化，为香水带来了戏剧性的影响。1953年，雅诗兰黛推出"青春之露"，这是一种香氛沐浴油，它飘逸着花果清香，洋溢着青春气息，可以当香水使用。让人感到轻松、随意。

艾丝蒂将这款香水隆重登场地摆上专柜，专柜四周持续地散发出一种芬芳浓郁的田园般诱人的香气，沁人心脾，使人们流连忘返。原来她早已将"青春之露"揭盖，让自然香味四溢。不断有顾客前来询问，艾丝蒂不厌其烦地向顾客介绍该产品的用法与好处，让她们动手打开观察、试用。传统的香水销售总是密封式的，更不允许试用，艾丝蒂的新营销方式惹得女士们兴趣盎然，问价声此起彼伏。"不卖，赠送给你们！"艾丝蒂非常大方地说。爱美的女士们带走了她的礼品，也带走了艾丝蒂·劳德公司的名称和她的经销地址。

艾丝蒂把这一产品作为女性的日常用品打向市场，并向人们传递这样一种理念:它不必到节日时才购买,更不是珍贵的礼物,就如同时装一样可以时时更换。就这样,青春之露打破了只有在隆重场合才使用香水的惯例,改变了人们对香水的认识,使香水能够为越来越多的人所拥有。青春之露上市后大获成功,打破了法国香水一直雄霸世界的局面,使得高档香水不再是少数贵妇才能使用的奢侈品,而雅诗兰黛也获得了创新和优质的美誉。

从此以后,雅诗兰黛的香水一直颇受时尚界推崇。比如它的 beautiful 香水,其广告一直以新娘为主角。据说,beautiful 香水的创作灵感源自艾丝蒂此生最美好的回忆,以及令人感动的誓言:"我不希望 beautiful 闻起来像是玫瑰花、栀子花或是任何一种单独的花香,我要令 beautiful 成为世上最奇妙、最丰富、最和谐的千百种花香调集于一身的香氛。"艾丝蒂说。

当时,艾丝蒂也成了世界上少数的调香师之一,60 年代青年反叛思潮兴起,摒弃传统称为时尚,年轻人视香水为时装。香水也开始追求前卫风格,出现了异彩纷呈的流派。

70 年代,女权运动高涨,女士们开始脱下裙装,换上长裤,涂起男用淡香水。富于清凉柑橘味儿的 EauSauvage 最受时髦女性的青睐。迎合社会思想,迪奥公司的 Diorelle 和香奈儿公司的 Cristalle 相继问世,带给妇女新感觉。表现妇女高雅风格,别致不凡的 Chloe、Oscar、Noire 也颇受欢迎。这个时代,香水中的杰作当为伊夫·圣罗兰的"鸦片",散发出诱人的东方之香,其名称惊世骇俗。1978 年雅诗兰黛推出了白麻,里面加入了茉莉、玫瑰、铃兰和柑橘等香料,成为高贵而爽朗的香水,让人发现到香水也可以是日常用品,并非特别场合才可以使用。

海外市场

艾丝蒂是靠贷款来扩大自己的事业,负债经营让她不敢有一丝松懈。创业初期,她花了 5 万美元进行赠送,这是相当冒险的行为。然而,她成功了,并引发了行业的效仿,形成化妆品行业的惯例之一。

为了进一步拓展市场,她总在尝试一种新的联营体系。她不辞劳苦地到全国各地进行考察,确定产品销售代理人或自己开设分店,并坚持只在第一流的商店出售的原则。在所有的经营商店中,她都要亲自挑选和培训女售货员,要求她们都成为产品的"活广告",并有严格的纪律和规范,如借助演示来宣传产品的性能和优点等。她通常会在新开业的商店里,亲自上阵进行一周的示范。

为了达到收支平衡,她对每一分钱都非常节省,进自助餐厅、乘坐公共汽车等等,尽量节省每一分钱并将它用在公司的投资上。艾丝蒂多次受到打击,但她总能灵巧应付,化险为夷。20 世纪 90 年代,雅诗兰黛雇员近 1 万人,年营业额超过 10 亿美元,艾丝蒂终于成为"美国化妆品大王"。

20 世纪 60 年代,雅诗兰黛开始大举拓展海外市场,先后进入英国、法国、德国、加拿大、澳大利亚,包括亚洲的日本。

一天，她带着自己的产品来到巴黎拉德脱埃公司的门口，此时正是下班时间，购买物品的人群川流不息。她看准时机，将10多瓶香水全部打碎在公司的地上，顿时，芬芳馥郁的香味四处弥漫。人群如潮水般地涌来，七嘴八舌："奇香无比""灵魂开窍""妙不可言"……记者纷纷报道这一盛况，称"一种神奇的香水征服了巴黎"。从此，艾丝蒂的香水在巴黎名声大振，许多百货公司也纷纷邀请她加盟。

公司还不断扩充自己的产品线，1964年推出男用香水和美容护肤产品。1968年，为了解决女性皮肤干燥、过敏的美容难题，雅诗兰黛公司建立实验室，研制生产经过抗过敏试验、不含香精的美容护肤产品，最终开发出经过医学过敏性测试的化妆品品牌，即众所周知的Cliniquc——倩碧。1990年，为了适应全球环保潮流，成立了Origin有限公司，该公司研制的产品，强调纯天然的植物配方，不经动物实验，所有包装皆可循环使用。在这里，美被赋予了更自然、健康的含义。

事实上，无论是东方的窈窕淑女，还是西方的金发碧眼，不同时代的审美标准都有一个相同的标准："清水出芙蓉，天然去雕饰"。

新世纪初人们明确认识到，清洁才是获得美丽肌肤的第一步，也是最重要的一步。不合适的洁肤品反而会对肌肤造成伤害，有些洁肤品总让人觉得不干净，有些虽然洗去了污垢，却也带走了保护肌肤的脂质屏障，干性肌肤因此变得干燥不适，油性肌肤更容易出现油污。为了解决这一问题，雅诗兰黛研制推出了一系列全新的洁肤品，给各类皮肤恰到好处的洁净对待，全新的柔软洁面乳有清爽的牛奶香，洁净的同时也提供适当的滋润；平衡油脂保湿洁面凝胶，给油性肌肤清新舒爽的感受；细致的丰盈水化清洁乳，能明快地除去彩妆及油污，给肌肤一次次彻底舒适的洗礼，这些，都来自美和健康的传播者——雅诗兰黛。

高端路线

雅诗兰黛公司的总部坐落在纽约曼哈顿第五大道上的通用汽车大厦的40层，这里就是雅诗兰黛缔造流行秘密的蓝色帝国。蓝色代表着冷静沉稳。大海般的蓝色不仅在整个公司内部不断闪现，更是雅诗兰黛商品包装的专用色调。1962年，雅诗兰黛曾用这个色彩来装饰意大利著名的LaScala歌剧院，将产品在意大利首次推广，那情景仿佛是一次华丽的盛宴，雅诗兰黛夫人同她的蓝色一起，款待了整个意大利，也征服了整个意大利。

在寸土寸金的曼哈顿，办公室的豪华程度往往不是以室内装修材料的质地来衡量，而是以其所处的高度和窗外景观而论。艾丝蒂的办公室两面有窗，向南看，中央公园郁郁葱葱；向西看，曼哈顿城中林立的高楼尽收眼底。室内摆满艾丝蒂与美国多位前任总统、欧洲国家的王室成员和各界名流的合影。艾丝蒂总是坐在这间明亮的办公室里，细细闻着各种香水的味道。

许多去过雅诗兰黛总部的人都赞叹，这里可以说是每个女性梦想上班的地方，因为这里的办公室既是工作的地方，又是家庭成员聚集的地方，艾丝蒂将工作和家庭天衣无缝地结合在一起。曾经有人由衷地夸奖说,艾丝蒂的管理方式非常有创造力,她处理事情就如同和风细雨,让人很舒服,她的会议厅像个聚餐厅,每件东西都很完美、精致。人们在她的办公室里工作,就如同在自己家里做家务一样,总是能心情愉悦。

雅诗兰黛的专柜大多设在高档百货店内,如伦敦的哈罗德、巴黎的老佛爷等。越是时尚昂贵的地方,就越合艾丝蒂的心意。雅诗兰黛最为经典和大牌的护肤保养品该属 ANR 系列,内含果酸。自推出 20 多年来,一直保持经典的琥珀色玻璃瓶包装,创下全球每十秒销售出一瓶的佳绩。该产品的那句广告语"如果你 16 年前已经用上了 ANR 系列,那么 16 年后的今天,你的皮肤依然和 16 前一样细腻娇嫩"深入人心。

1995 年雅诗兰黛公司在纽约证券交易所挂牌上市。如今,雅诗兰黛产品已经在全球 130 个国家和地区广为销售,2004 财年公司的净销售收入为 57.9 亿美元,是名副其实的化妆品帝国。雅诗兰黛、倩碧、波比·布朗、阿拉米斯、马克等品牌都归雅诗兰黛旗下,占据了美国知名化妆品品牌的半壁江山。在美国,雅诗兰黛已经是时尚完美的典型代表,这一品牌在全球高端化妆品领域的地位牢不可撼。

个人魅力

"我生命中工作的每一天无不是在推销中度过。如果我相信什么东西,我就把它推销出去,而且推销得很卖力。"

——没有辛勤的播种,哪来成功的收获。世界上没有一个人的成功不出自勤奋。勤奋是成就事业的最基本准则。

善于推销

雅诗兰黛如今已是全球著名的美容用品品牌,从 1946 年面世至今,其系列产品遍布世界 100 多个国家。如此出色的业绩,艾丝蒂立下了汗马功劳,她仅仅凭着一个梦想,就白手起家建立起了雅诗兰黛化妆品王国。艾丝蒂作为公认的化妆品行业里最富传奇的女人,谈起她成功的原因,或者可以用她最著名的那句话来解释:"我生命中工作的每一天无不是在推销中度过。如果我相信什么东西,我就把它推销出去,而且推销得很卖力。"

艾丝蒂随时做好准备,知道去把握每一个机会。她不仅对时尚趋势有着敏锐的洞察力,而且在生意场上也是营销高手。她在化妆品推销上有两大创举:一是免费派发小包试用装,因为她相信"好产品会为自己说话";另一个是购买产品的时候,顾客可以获得同一品牌的赠品。这些创举在今天,已经成为化妆品营销的经典手段。

在艾蒂丝的办公楼里到处都是亲和微笑的员工与淡淡的香气，记载着光辉历史的走廊中的一面墙柜，展示着从签着雅诗兰黛夫妇名字的第一张生意单，到最近一次商业盛事的照片，它们告诉人们，这是一个典型的美丽故事，简短、成功、灿烂、传奇。

每个女人都可以美丽

1946 年，艾丝蒂在创办公司时，就怀有一种不可动摇的信念，那就是："每个女人都可以美丽"。到 2004 年她去世的时候，这一简单理念几乎改变了化妆品世界的面貌。

具有商业头脑的艾丝蒂同时还是一位堪称完美的女人，她的优雅、精致、聪慧体现在很多方面。自从进入化妆品领域以来，艾丝蒂总是关注着她身边的世界，特别是妇女们的变化。她喜欢思索美容问题，常常想着如何才能给女士们一个感到美丽的机会。就像劳德 1967 年出席全美 100 位最有成就的女性颁奖晚会时说的："作为自己的服务宗旨，我们的工作就是让所有的女性展现最完美的一面。"

就像"雅诗兰黛"的品牌定位，艾丝蒂致力于追求一种奢华、高雅的"上流阶层"生活。她的房产分布在美国纽约曼哈顿最繁华时髦的街区、棕榈滩的海边、伦敦的富人区和法国南部别墅带。另外，从她的交际圈也可以看出她在化妆品行业里的地位显赫，温莎公爵夫人、摩纳哥公主以及众多的社会名流都曾是劳德家中的座上宾，当时驻美国的法国领事这样评价她："艾丝蒂身上具备我们法国人最钦佩美国人的东西——智慧和精神。"

勤奋

在美国，作为时尚完美生活的典型代表，雅诗兰黛公司一直深受喜爱和关注，艾丝蒂女士赤手空拳打造出一个顶尖的化妆品帝国。这一过程，她经历过许多艰辛，正如她的儿子对母亲最经典的一个评价"Ambition（雄心）"。艾丝蒂在雅诗兰黛公司的发展过程中始终充满雄心和热情，从来不愿意落于人后，而且总是勇于创新，不断奋斗。即使在事业经营了 40 年之后，艾丝蒂仍然坚持走访雅诗兰黛公司每一个新开的柜台或者商店，哪怕这些地方远在俄罗斯或者其他东欧国家。

作为一个赫赫有名的商界奇才，艾丝蒂·劳德总结出了大量行之有效的品牌营销"高招"，她的销售方式相当令人称道。如今，雅诗兰黛公司已经拥有了极其出色的销售策略和销售队伍，公司不仅同时经营着众多的不同品牌，而且每一个品牌都有自己独特的形象，销售人员、产品包装以及柜台陈设等方面也都各具特色。更具体一点，各个品牌销售培训手册的内容也不尽相同，其中的对话和推销技巧都是根据品牌特点度身定制的。丰富优秀的产品加上个性化的营销，促进了雅诗兰黛公司的不断发展壮大。

1994 年臀部受伤后，艾丝蒂就隐身于社交界。1995 年，艾丝蒂退休了，但她还是没有停止在化妆品王国跋涉、奋斗的脚步，她经常为公司新产品的推出活动四处奔波。每到周六，她还要去孙子的曼哈顿店，亲自教导孙子如何进行销售，直到后来身体情况不允许才停止。

家族管理

20世纪90年代，艾丝蒂就已经拥有了16亿美元的资产，与其他公司不同的是，她的公司的股票全部是她的家族所拥有，财富全是家族私有财富。艾丝蒂的成功是依靠她的创新能力和勤奋的努力，她对产品的色调、香味，甚至广告与营销都牢牢把关。她自称有一种第六感觉，善于抓住市场，推出新的营销体系、合理的价格策略等等，这使她在男性垄断的行业中脱颖而出，并获得各种荣誉和桂冠。

基业长青，常常仅是一个美好的祝愿。家族企业的长青，更是罕见，在中国有一句谚语："富不过三代"，这句话其实在全球也是通用的。这并非仅是对于豪门的偏见，实际上，在全球1000强企业中，仅有79家是家族企业，由家族继承人掌控；另外，仅有20%的家族企业可以跨越60年后依然生存。

雅诗兰黛要打破这一"魔咒"，劳德家族不相信这一盛衰规律。1946年以艾丝蒂·劳德名字命名的"雅诗兰黛"的大权至今还一直牢牢掌控在劳德家族手中，保持着浓厚的家族色彩，其最高管理层中有4人是家族成员，他们分别担当着董事会主席、碧倩试验室总裁、首席运营官、公司高级副总裁的要职。

1982年，艾丝蒂之子里昂纳多·劳德接手公司的执行总裁职务，并使"雅诗兰黛"进入到21世纪依然历久弥新。2005年，雅诗兰黛集团净销售额突破63.4亿美元，净盈利为4.06亿美元。

2004年4月24日晚，艾丝蒂·劳德女士因心肺骤停，在其纽约曼哈顿的寓所逝世。就像她创业的坚持一样，她的坚持运用在保守年龄秘密上也很成功。在她去世时，外界推测她的终年岁数颇费了点劲。据其传记作者李·伊斯雷尔的说法，她的生日是1907年7月1日，据此推算其终年为97岁。这番周折全因艾丝蒂终生对自己的真实年龄讳莫如深。引领无数女性追求美丽、追求完美生活的优秀"化妆品女王"已经远离人世，但她打造的顶尖美容产品以及那些商界传奇将永远留在人们心中！

欧洲最富有的女人

——莉莉安妮·贝当古

人物档案

简　　历：欧莱雅集团创始人之女。从
15 岁起在欧莱雅公司实习，1957 年在其父亲
去世后继承公司。2011 年 10 月 17 日，在与亲
生女儿弗朗索瓦丝·贝当古·梅耶尔的三年
艰苦争斗中输掉了官司，失去了对自己 150 亿
欧元财富的控制权，随后逐渐淡出公众视线。
2017 年 9 月 20 日至 21 日的夜间，在巴黎去
世，享年 94 岁。

生卒年月：1922 年 10 月 21 日~2017 年 9
月 21 日

安葬之地：不详。性格特征：独立自信，严肃热情，乐观开朗。

历史功过：十分热衷慈善、社会公益事业，每年赞助捐款达 400 万~800 万美
元。成立"贝当古—舒莱尔基金会"，宗旨帮助世界上不幸之人。为此被授予荣誉
骑士勋位。

名家评点：纪梵希评价道："那时我还拥有自己的时装店，她时常来看服装款
式，然后再来选购，我为她的简练、高贵和她的品位所折服。"

乖女成长

乖戾处世之人，生命永远都不会美好。所以说，有时间改善自己灵魂资产的人
享有真正的闲暇之乐。

——财富能够带来很多，但是永远带不来内心的安宁，修炼自己，让自己的内
心更加完美、宁静，那才是真正的幸福。

幼年丧母

莉莉安妮于 1922 年 10 月 21 日出生在巴黎第 7 区。从她出生的那天起,就注定了是欧洲的女首富。在她出生的时候,她父母的生活已经很舒适了。她的父亲欧仁·舒莱尔是世界上第一支染发剂的发明者。1907 年,欧仁·舒莱尔为他的第一个发明申办了专利,并将它取名为欧莱雅。几年以后欧仁·舒莱尔成功地完成了一个化学家向企业家的转型。舒莱尔是一位敬业、勤奋的企业家。后来,他的生意越做越大,逐渐成为头发护理产品的旗舰企业。最后,他创建了世界上最大的化妆品集团——欧莱雅。

1996 年 11 月 18 日,莉莉安妮·贝当古在化学专科学校百年校庆的讲话中谈到她父亲的创业史,这所学校后来成为巴黎国立高等化学学校。她说:"有一天,有位理发师请奥热教授给他推荐一名能帮他在头发方面做些探索工作的研究员……没人愿意,只有我父亲举起了手。理发店在巴黎的另一边,我父亲每周两个晚上得步行赶到那边。过了几个月,他向奥热教授宣布他将安顿下来在'自己家'做实验搞研究。就这样在自己家的厨房里,他发明了第一批染发剂……"

莉莉安妮的父亲是白手起家的典范。1914 年第一次世界大战爆发时,欧仁·舒莱尔刚结婚,本来他因身体缘故可以免服兵役,他却自愿入伍。开始军队并不接收他,继而改变主意留他做化学专家,最后把他分配到勒芒 31 炮兵团。

在欧仁·舒莱尔上前线的时候,他的妻子、岳母在一位老助手的扶持下,一起努力经营着他的生意。战前她已经是他的得力助手,由于连年战事,她一直照管他们的公寓兼实验室,而且他们还不停地搬迁住所,这注定了莉莉安妮的童年生活与众不同。莉莉安妮的母亲还是一个天生的音乐家,当时她在市政府教授乐理。她弹钢琴,会唱歌,她被描述为:"一旦她的声音嘶哑,整部歌剧因此而暗淡无光。"

莉莉安妮是家里的独生女,不过她没来得及了解母亲这方面的才能。1927 年,在莉莉安妮五岁的时候,母亲就被肝囊肿夺去了生命。莉莉安妮长大后依然清晰地记得那个晚上:"我夜里被仆人唤醒,只见父亲跪在母亲的床边抽泣……她去世以后,家里就再也没有音乐了。"

母亲过世后,莉莉安妮与父亲相依为命,父女感情极其深厚。不过,虽然舒莱尔先生极其宠爱女儿,却一点也没有放松对莉莉安妮的管教。他不是那种娇惯孩子的父亲,他已经 40 出头,是能够跟上时代步伐的男人,那时的男人没有习惯显示温柔的一面,他们把感情放在心里。

家教严谨

欧仁给女儿制定的是一套严格的生活规律,努力认真,一丝不苟……她将这些习惯一直保留至今天。她从不迟到,而且时间安排是精确到分钟的。父亲很严厉,有时甚至很苛刻,连给她介绍某本书的时候也是在谈工作。读书时她在修道院寄宿,在那儿生活了 10 年。度暑假之前,他便把她留在欧莱雅做 3 个星期的实习生。

莉莉安妮与其他小孩子不太来往,父亲的一位朋友是开电影院的,莉莉安妮经常去那里看电影。稍长一点时,她看起来有些矜持,不太容易与人交流。她爱弹钢琴,读过很多书,偶尔听听音乐会,她的社交生活相当规矩。

在假期的时候经常跟父亲一起乘坐私家海船出海,在父亲惬意地划船时,莉莉安妮就游泳,散步,骑车……"她穿着露背游泳装从镇中心经过,就是给欧莱雅的太阳琥珀防晒霜做得最好的广告。"当地居民说。

从 15 岁起,她就开始利用假期在父亲的公司实习,先从给产品贴标签开始,后来又到技术中心工作,后来才慢慢进入公司的管理层。

美满婚姻

在二战刚刚结束不久,25 岁的莉莉安妮被检查出患有肺结核,由于长期服用磺胺治疗,莉莉安妮留下了后遗症——轻微耳背。1947,莉莉安妮前往瑞士疗养,在美丽宁静的瑞士度假胜地,她遇到了生命中最重要的人,后来成为她丈夫的安德烈·贝当古。两人一见钟情,坠入爱河,甜蜜的爱情令莉莉安妮原本虚弱的身体很快得到康复。三年之后,他们结婚了。

安德烈·贝当古 1919 年 4 月 21 日出生于滨海纳省的圣莫里斯岱特兰,是家里六个孩子当中最小的一个,是个真正的富人。他出生在一个老式的资本家家庭中,是大家族链中的一环,也是一个典型的贵族。在他们的家谱上,贝当古家族中有将军,甚至还有过一名战争年代的部长,有自由职业者。虽然没有企业家,但是以诺曼底人的深谋远虑,他们学会了致富,最终攀登上了外省的富人阶层,他们有自己的做事原则,也有高贵的出身。

安德烈长期活跃于法国政坛,是历任法国政府部长要职的政治家,1951 年当选议员,后又在几届政府里担任过部长。与许多亿万富翁不同,莉莉安妮非常注重家庭,她不仅是欧莱雅集团的董事长,也是一位好妻子、好母亲。在安德烈近 20 年的政治生涯中,莉莉安妮一直陪伴在他的身边。她陪同他参加各种官方旅行、社会活动、开幕式等,还陪他一起接受他在政治上受到的攻击。莉莉安妮对她的朋友们说,维持了 50 年的美满婚姻是她一生中最大的财富。

法国前总统蓬皮杜夫人曾回忆道:"1968 年,我们跟随这对受人尊敬的夫妇,去伊朗和阿富汗进行一次官方访问。当时正值 5 月革命期间,旅行条件非常艰苦,但莉莉安妮始终陪伴在她丈夫的左右。"这对夫妻的亲密与恩爱可见一斑。

"莉莉安妮以她的美貌和魅力,陪伴她的丈夫走过他的政治生涯,她有一点像杰奎琳·肯尼迪。"欧莱雅总裁欧文·中曾这样赞许地说道。

1964 年,当法国决定与新中国建交的时候,安德烈飞到北京进行筹备。6 年之后,他作为总理的部长级代表率团到中国访问,并成为第一位受到毛主席接见的法国部长级官员。中法两方都很重视这次接见。安德烈的哥哥后来回忆起这段往事时说:"当毛泽东主席得知莉莉安妮也在时,便让人去请她。"他还提供了一张当年夫妇二人访问中国的照片,照片中有毛泽东和周恩来,还有部长夫妇,莉莉安妮·贝当古夫人站在中间。

放权管理

遇到值得依赖的人,你就下定决心把事情交给对方吧! 要知道,授权对于对方来说,是一种骄傲、一种自豪;而对于你来说,则是一种生命的减负、一种轻松。

——只有懂得放权,懂得信任别人的人,才能获得真正的轻松,才能更自在地享受人生。

继承遗产

"我从来没说过要取消遗产的继承。儿子们总是要继承遗产的,可他们不能继承管理。我再说一遍,将军的儿子不见得一定是将军,不要因为你是老板的儿子所以你就是老板。"欧仁·舒莱尔从来没想过把欧莱雅的大权交给莉莉安妮——他唯一的孩子。1957 年,在欧仁·舒莱尔去世之前,他已经把一部分权力交了出去,并选择了接班人。莉莉安妮当时不到 35 岁,她不愿像伊丽莎白·阿尔当那样接管父亲的事业。她只是冷静而通情达理地服从父亲的决定。

在父亲的葬礼上,莉莉安妮伤心到极点,没人能安慰她。她周围的人解释说,她对欧仁·舒莱尔有一种发自肺腑的热爱与敬仰,她比别人更深刻地了解父亲的毕生杰作。莉莉安妮成为圣殿的守护神,包括家族的企业和精神,除此之外,她还要极力维护好欧莱雅创业者的形象。她不放过任何一次机会来纪念这位伟人。

欧莱雅,是父亲一手打造的,也是她的孩子,从年轻的时候,她就在这里实习。父亲把一生都投入在他的工作和生意上了,这也是她的参照系。1939 年,全体股东大会的出勤表显示,那时她已经是公司的主要股东并同她父亲一起管理公司。

莉莉安妮并不满足于仅仅做欧莱雅第一夫人这一角色,她在公司里投入了很多精力并了解市场上的情况。"欧莱雅,她完完全全沉浸在其中。"她的一位好友这样说。

作为合作人,她每一次私人去国外旅行从不放弃到该地分公司视察的机会。她好像是一位当地的商人,去城里的商店看一眼,看看柜台是如何摆设和展示家族品牌的,其实也是去感受一下未来的发展趋势。

在欧莱雅近 100 年的历史当中,一直只有一个大股东,而且一切事务的进展都是以此为前提的。这也是莉莉安妮骄傲的事情之一。

懂得放权

莉莉安妮作为唯一的继承人进入了董事会,因为之前已经在公司实习过很长时间,对公司内部非常熟悉,所以她能够非常内行地为公司发展出谋划策。

莉莉安妮并不是一个权力欲很强的女人,她或为欧洲首富,控制欧莱雅集团完全只是命运使然。在正式继承父亲的事业后,莉莉安妮便任命1942年就在公司工作的一些老职员担任经理,把经营管理的事情委托给他们。公司的三位总裁都是她任命的,在这一点上显示出她的智慧,三任总裁分别是:弗朗苏瓦斯·达勒、夏尔莱斯·兹维阿克和林塞·欧文中,事实也证明三人都不负她的众望。而私底下,莉莉安妮同这3个人都保持着亲密的工作关系与深厚的友谊。

1968年,欧莱雅上市,如今它的股本已是原来的好几百倍。1966年,对兰蔻的收购使欧莱雅进入护肤、化妆品及香水领域。1996年,欧莱雅又收购了曾经生产了第一支睫毛膏的美国化妆品公司美宝莲。自此,欧莱雅进入了销售鼎盛期。

当莉莉安妮·贝当古夫人任命集团的管理层时,她总是牢记自己的角色是集团的大股东,没有必要专注于集团的行政管理事务,平时只是以股东的身份参加董事会的工作。"在主持会议时,她会给专家们一些建议,但决定仍然是由大家做出的。"一位公司行政管理的人员曾经这样说道。

1985年,莉莉安妮开始担任欧莱雅公司总经理。在她的领导下,公司的销售额连续19年实现两位数增长。欧文中经常给她汇报集团主要领导人的看法,他们的优点、缺点以及对他们的希望,她也向他提出问题,两人一年中要碰好几次面。从1995年起,她不再出席集团的行政委员会和主持管理委员会,但她经常与欧文中先生就公司的各类事务进行交流。"我会向她展示一些新的产品和有关的广告,她的观点对我来说是很珍贵的。"欧文中曾经这样说。欧文中还强调最大股东永远性的支持对他来说有多么重要。"她在经营上给予真正的帮助。每次面对有可能丧失资本的艰难选择时,比如1996年我们要到中国进行投资,她都给予我们极大的支持。"欧莱雅集团于1995年收购美宝莲前夕,领导人十分犹豫,因为只有出高价才可能买下来。"我们可能竹篮打水一场空"。其中有人这样说,莉莉安妮马上说:"如果是个好的选择,那就不要犹豫。"

林塞·欧文中

莉莉安妮持有欧莱雅27.4%的股票,她的财产从20世纪80年代才开始升值的。而这几乎全都来自欧文中执掌欧莱雅公司后股票的升值。

1984年,莉莉安妮任命欧文中担任欧莱雅首席执行官,欧莱雅的开拓创新开始向着全球化全面推进。

欧文中出身于英国利物浦附近一个名不见经传的小镇Wallasey。在牛津大学读书时,欧文中结识了一位法国同学,这位同学是法国前总统的弟弟,他推荐欧文中去全球最优秀的 Insead 商学院继续深造。在那里,欧文中认识了一位法国女友,自此他留在了巴黎。

欧文中从欧莱雅的基层做起。从最初在诺曼底美容店推销产品,到 1978 负责欧莱雅意大利的业务;1981 年开始管理美国分公司。当时,巴黎的同事无不视美国为畏途。欧莱雅的兰蔻要想打入雅诗兰黛和露华浓掌控的美国高档化妆品市场,被认为是几乎不可能。但欧文中说服了当时美国最大的百货公司之———梅西百货,在其主要化妆品柜台区,获得了与雅诗兰黛同样的销售面积。这一年,兰蔻便获得了 25% 的销售额增幅。

在欧文中先生的办公室里,在一个十分显眼的地方放着一张贝当古夫人的黑白照片,上面有她的题辞:信任与友爱。莉莉安妮对于欧文中的任命充分显示了她的用人智慧。

执掌欧莱雅之后,欧文中沿袭过去的品牌拓展战略:收购品牌,打造一套法国式的优雅包装,然后推向国际市场。同时,欧莱雅也增加了研发力度,积极地推出对时尚敏感的新产品。欧莱雅对旗下所有的各种品牌进行精确的市场定位,极少重合,这样便可以以不同的形象接触差异性很大的不同客户群体。

在他执掌欧莱雅的十年当中,欧莱雅收购了 5 个美国品牌,其中改造最为成功的当属美宝莲和 Soft Sheen/Carson。这家百年老字号从前不过是美国中部田纳西州一个生产唇膏和指甲油的中档化妆品公司。1996 年欧莱雅将其收购时,它 3.5 亿美元的年销售额中只有 7% 来自美国以外的市场。

欧文中认为,美宝莲要想打入国际市场,首先必须走出自身的窠臼。1996 年,欧莱雅将美宝莲总部从孟菲斯迁到纽约。从此,在海外市场,美宝莲商标的后面增加了"纽约"两个字,这是仿效欧莱雅主打产品,以凯瑟琳·德纳芙为形象代言的"欧莱雅·巴黎"。因为在世界许多地方的消费者看来,纽约这个大苹果是西方花花世界的象征,其产品应该代表最新的时尚。一些还在美宝莲研发实验室里的成果被迅速推向了市场。美宝莲的产品引起消费者的狂热购买,事实证明欧文中的战略无比成功。2001 年,美宝莲为欧莱雅创造了 10 亿美元销售额,其中有 56% 来自包括 90 个国家的海外市场。

公司氛围

和莉莉安妮本人一样,欧莱雅企业文化中洋溢着宽松和谐的人情味,以及浓厚的国际化氛围。在欧莱雅总部大楼一层的咖啡厅里,可以听到五大洲各个国家的语言,法语、英语、德语以及亚洲国家的语言。

据说,在欧莱雅公司 400 名高层管理人员中,有 40 个西班牙人,70 个意大利人,40 个德国人和 35 个英国人。而员工则来自五湖四海,包括 45 个民族,在 4.8 万名员工中,有 3.6 万在法国以外。欧莱雅的人员流动率相当低,据统计,员工平均服务时间为 14 年。在欧莱雅 8000 名经理人中,有 2000 人享有股票期权。

欧莱雅的人性化惠及到每一个基层员工,即使是在工厂工作的最底层的一线员工。在德国的一家欧莱雅工厂,顶棚和四周墙壁都是玻璃板,这样工人可以享受美好的阳光。这里没有忙碌不休的流水线,而是分隔开的一个个车间。这样,车间经理人可以与每一位员工亲切交流,他每天的第一件事是与员工握手。他说,当车间需要增添新设备时,一线工人们拥有最终的决定权。

坐拥财富

我能在财富与爱情之间的钢丝线上将平衡术掌握得驾轻就熟,从而让爱情成为我生命中最大的一笔财富。

——平衡术是一项非常重要的技巧,事业与婚姻对于一个女人来说尤其如此,为了事业牺牲爱情,对女人而言绝对不是幸福的事情。在这一点上,可以想见莉莉安妮是多么智慧的一个女性。

恬淡生活

贝当古夫妇是巴黎社交界的名人,他们常常被邀请参加一些盛大的宴会,旅游与社交在他们的生活中占了很大的比重。虽然行事低调,有些腼腆,但是贝当古夫人总能在社交场合游刃自如,并且获得大家的好感。作家 Alain Robbe-Grillet 曾经说:"一天晚上,我们参加由法国银行总裁举办的晚宴,当我们在酒店豪华的茶室里喝咖啡时,贝当古夫人轻声地对我说她很喜欢我的作品。"

每次出门,贝当古夫人总是要穿上森特·洛兰特、香奈尔、恩加罗、朗万等名牌服装。巴黎最高级的时装店里有她的上半身尺寸,她就穿这些店的高级时装,有专人秘书负责选各种服装样式。正如纪梵希所说的:"那时我还拥有自己的时装店,她时常来看服装款式,然后再来选购,我为她的简洁、高贵和她的品位所折服。"然后这位时装专家不无夸张地总结道:"她能使穿在身上的服装充满活力,她是个引领潮流的人。"

尽管行事低调,装扮高雅而古典。但作为时尚品牌的掌舵人,莉莉安妮也有前卫的一面。除了一些经典的传统服装外,有时她还会选择一些比较大胆的服装。20 世纪 70 年代初,她是她的生活圈子里第一个穿裤装的女性,那是由伊夫·圣·洛朗及其女顾问贝蒂·卡特鲁于 1968 年所设计的女式长裤套装。"在参加一个仪式时,她穿着特别漂亮的乳白色长裤套装来到现场。"原蓬皮杜艺术中心主任埃莱纳·阿尔韦莱这样回忆道。不过大多数时间,莉莉安妮会选择优雅的香奈儿礼服,与丈夫形影不离地出现在公众场合。

莉莉安妮非常喜欢观看时装表演,比如在安卡罗时装表演会上,人们考虑到她的地位,总安排她坐在前排。她全凭兴趣给予评论,正如她在惠尔曼展览会上所说,倾心于"样式简单,细节高贵而隐秘"的服装。

贝当古夫妇喜欢旅游,特别是到温暖的海边度假。一到圣诞节,他们就飞到法国南部或者印度海岸。莉莉安妮喜欢在通往塞纳河的小路上漫步。在古老的圣莫里斯市,他们有一幢安德烈祖父建造的两层小楼,贝当古家的第五代人曾在那里担任市长,莉莉安妮很喜欢那所老宅子。在阿尔库厄斯特,她会长时间待在朗纳弗兹的小教堂里。在巴黎,每天早上她会去巴加特勒的公园转一圈。

贝当古夫人非常注意自己的健康,她非常喜欢游泳。与其说这是一种兴趣爱好,不如说是一种生活习惯。这种习惯和她的身体素质有关,20世纪80年代,莉莉安妮乘坐小型飞机去位于布列塔尼的庄园,当飞机正要起飞时突然丧失气密功能,一扇机舱门撞坏了莉莉安妮的膝盖。从此莉莉安妮开始了长年的住院、手术、康复训练。飞机失事使得她的身体虚弱,必须得时刻注意自己的健康。

低调处事

虽然从出生开始,就享有巨额财富,但贝当古夫人一生并不顺畅,5岁丧母,25岁患上肺结核,后来又遭遇飞机失事,生活中的坎坷使莉莉安妮更加坚韧、谨慎,这也许是她低调处世的原因之一。不过,这种低调、羞涩与她亿万富翁的形象相去甚远。

虽然贵为欧洲首富,但是在法国提起莉莉安妮,很多正在超市选购欧莱雅产品的法国人都会露出一脸迷茫。这与百年品牌的女主人、法国女首富的作风有很大关系。用《福布斯》杂志的话说,莉莉安妮·贝当古是一个"在媒体面前表现腼腆的富翁"。

莉莉安妮起得很早,做事有条不紊,时间表安排得很精确。她和丈夫喜欢享受家庭的乐趣,哪怕是同其中一个外孙面对面地吃顿饭,也觉得幸福。两人都嗜书如命,读古典作家、现代作家和历史方面的著作。2000年夏天从圣彼得堡回来后,贝当古夫人便埋头读了皮埃尔·尔格朗写的一本传记。

莉莉安妮一生接受过的专访次数屈指可数。早在20世纪90年代初,在与妮珂·维斯尼亚克一本著名杂志《自私者》女主编的访谈中,莉莉安妮就说过:"我需要隐退、安静和距离感。"每年人们只能在固定的一些新闻里读到她的名字:《福布斯》富豪排行榜和贝当古·舒莱尔基金会的颁奖和捐赠仪式上。

莉莉安妮·贝当古夫人就是这样一个人:她的巨额财富可以使她做任何想做的事。她可以卖掉她所有的产业,移居瑞士。但她却继续待在法国,交她的所得税,这一切都是她自己选择的。她选择踏踏实实地做人,而不是向人们炫耀什么。这就是平凡生活中最真实的莉莉安妮·贝当古。

慈善事业

一个人生活在世界上,最大的幸福莫过于事业的成功,最大的快乐莫过于帮助他人。

——赠人玫瑰,手留余香。被生活厚爱的莉莉安妮在享受生活的同时,不忘帮助他人,将自己的幸福之花撒播出去。

慈善事业

莉莉安妮最关心的不是集团生意额,有时候她甚至不知道自己钱包里装了多少钱。她拥有将近27.4%的欧莱雅股票和瑞士雀巢公司大约3%的资产。实际上,莉莉安妮的财产是从20世纪80年代开始大幅增加的,接下来的10年则迅猛上升。1963年,欧莱雅股票刚上市时,贝当古夫人所拥有的股份市值只有1000万美元,到了1988年,她的股票市值已上升到1.3亿美元。

此外,欧莱雅的股票每年还给她带来丰厚的股息。2000年,她从欧莱雅集团和雀巢公司获得1亿美元的收入,这还没加上她作为欧莱雅股东的收入,以及在巴黎富人区纳伊·絮尔塞纳的豪宅和分布法国3处的3栋房产。据英国的欧洲商业杂志报道,她拥有近1270亿法郎的资产,并且还以每年100多亿法郎的速度增长,她是名副其实的"欧洲最富有的女人"。

在享受生活之余,这对"法国最富有的夫妇"的最大爱好就是做慈善。贝当古夫人十分热衷于社会公益事业,她是最积极的赞助者之一,也是最慷慨大方的一个。贝当古夫人每年通过中间人所赞助的款项就达400万~800万美元。其中一半以上的资金,都用于医药研究和预防最严重的流行病,特别是艾滋病。

贝当古基金会

1987年安德烈·贝当古去世,为了纪念相濡以沫多年的丈夫和自己的父亲,莉莉安妮成立了"贝当古—舒莱尔基金会",并任基金会主席。这个基金会的宗旨是帮助世界上不幸的人,它曾援助过波黑和科索沃的难民。"当需要紧急援助时,她总是很快地给予帮助,如科索沃危机。"法国国务卿热让·波尔曾这样描述道。

贝当古基金会的捐助主要用于人道主义,她曾参与资助安置无家可归人的活动;也经常资助医学研究方面,如对抗流行病、艾滋病等的研究、与白血病抗争的协会等等;还有在文化领域的奖励,如欧莱雅公司经常颁奖给年轻的科研工作者,为合唱比赛颁发总额高达5万美元的奖金以及历史遗产保护等众多的方面。

对于因乐善好施而得过的诸多奖项和荣誉,贝当古夫妇很少谈及,相关的照片也少有公开。唯一的一次对外宣传是在为那些身怀祖传手艺的工匠们所设立的"智慧之手"奖的颁奖活动期间。"她是一个喜欢干实事,而不喜欢张扬的人。"她的朋友们如此评价她。莉莉安妮行事低调,很少接受记者采访,也不热衷于参加各种庆典等活动。贝当古·舒勒基金会设在旺多姆广场,办公室坐落在巴黎环城高速公路边上的克里希。可法国电信公司的话务员根本查不到这家基金会一丁点儿踪迹!巴黎和上塞纳省都找不着。这个基金会在很多方面拥有它的缔造者们的风范:隐而不露。

"慈善不惹事,惹祸不善慈",莉莉安妮的丈夫安德烈经常挂在嘴边的话。基金会秘书长让·保罗·德拉特对此的解释是:"这免掉了无休止的、繁琐的和乱七八糟的应酬。"

贝当古·舒莱尔基金会根本不用做任何广告,它不必像其他类似的机构一样到处筹钱,其资金完全来自家族的捐赠,而这一切活动也全部由基金会来支付。在法国所有的私立基金会中它所得到的捐款是最多的,也肯定是最慷慨的一个。2002年1月1日,莉莉安妮在法国卫生部新年嘉奖会上被授予荣誉骑士勋位。

温和慷慨

平淡是对生活的一种积极态度,有了平淡就有了快乐,而这种快乐是没有瑕疵的,是纯正的快乐。

——生活原本不复杂,简单地享受生活,每个人都可以做到。

在媒体上刊登过的为数不多的几张莉莉安妮·贝当古的照片中,人们能感受到这位化妆品帝国女王的风格:简约而典雅,干练而温和。她是一位天生就能引起人们好感的夫人,她总是向人们报以礼貌的微笑,脸上还略带羞涩。身材修长,气质古典,举止高雅。头发挽在脑后,露出宽大的前额。总是戴着一条丝巾、长围巾或披肩,在脖子上打个结,将围巾甩在肩上,似乎想要隐藏某种脆弱。

一些人描写她率直、羞涩、严肃;另一些人却说她热情、热衷于医学和心理学、好奇还有些浪漫。这和她不同的身份有关,她是欧莱雅集团的所有者——法国最富有的私人企业的董事长;同时也是几次当选法国部长的政治家安德烈·贝当古的妻子。这一切注定了她不可能永远一个面貌,实际上,也没有人永远是一个模样。虽然每个人见到的莉莉安妮形象有所差异,但是,有一点是共同的,那就是——慷慨。莉莉安妮身边的朋友都特别提到了她的"慷慨"。他们说:"她是一个热爱生活的人,也是一个被生活厚爱的人"。

2009年《福布斯》全球富豪榜数据显示,贝当古夫人的财富总额约为200亿美元。她在全球十大女富豪榜中名列第三,在欧洲女富豪榜中位列榜首。2017年《福布斯》全球富豪榜的数据显示,贝当古凭借近400亿美元资产位列第14位,也是全球最富有的女性。2017年9月20日至21日的夜间,全球最大化妆品企业欧莱雅集团继承人、法国女首富利莉亚娜·贝当古在巴黎去世,享年94岁。

文坛泰斗

导　语

这是一卷关于世界文豪绚丽多姿而又光怪陆离的人生写真集,作者以生动的笔触将莎士比亚、拜伦、莫泊桑、劳伦斯、帕斯捷尔纳克等几十位世界级文学大师的本来面目完全真实地展现在读者面前。

以前对世界文豪的介绍,往往显得比较平面化,大多是正面描写,有时也有侧面剪影,但很少有背面印象。尤其是在教材和针对青少年的读物中,这些世界文豪或者世界文学大师大多根据需要而进行了"美容":他们一般都具有先进的思想、高雅的情趣、健全的人格和美好的品行,其作品自然也具有进步意义。

其实,这些世界文学大师是与凡人没有两样的普通人。他们大多既有光彩照人的一面,也有色彩平淡的一面,还有色泽阴暗的一面。本卷就从各个角度,自正面或侧面或背面分别把历史上的世界文学大师真实地再现出来。

与其他传记类作品不同,本卷摄取了世界文豪人生中的华彩乐章和精彩特写,叙述的趣味性更强。难能可贵的是,本卷不为尊者讳,除了弘扬正面积极和催人奋进的精神之外,对一些文学巨匠"光环"背后的庸俗卑劣、风流放荡等隐私和病态也进行了客观的披露和评价。值得关注的是,国外近年来发掘和解密的许多最新资料将在本卷中同广大读者见面。此外,一些世界级文学大师的中国情结,以及他们对中国人民反侵略斗争的支持,也将拉近他们同中国读者的距离。

本卷所收录的文坛泰斗,就是世界文学的一部分,而且是重要的一部分。而编撰本卷书,集外国文学名流于一堂,则是一项颇有意义的工程,有利于我们开展外国文学的教学与研究,也是在为世界文学的传播和形成铺路搭桥。

英国戏剧之父

——莎士比亚

人物档案

简　历：英国文艺复兴时期伟大的剧作家、诗人、欧洲文艺复兴时期人文主义文学的集大成者。1564 年 4 月 23 日，出生于英国沃里克郡斯特拉福镇。1571 年～1579 年，进入斯特拉福文法学校读书。1587 年开始演员生涯，并开始尝试写剧本；1591 年创作的戏剧《亨利六世中篇》《亨利六世下篇》首演；1592 年创作的戏剧《理查三世》首演；1595 年创作的戏剧《罗密欧与朱丽叶》《仲夏夜之梦》首演；1596 年创作的戏剧《威尼斯商人》首演；1601 年创作的戏剧《哈姆雷特》首演，引起文坛关注；1603 年创作的戏剧《奥赛罗》首演；1605 年创作的戏剧《李尔王》首演；1606 年创作的戏剧《麦克白》首演；1614 年离开伦敦返回故乡。1616 年 4 月 23 日，在故乡去世。

生卒年月：1564 年 4 月 23 日～1616 年 4 月 23 日。

安葬之地：斯特拉福镇的圣三一教堂。

性格特征：乐观开朗，充满智慧，极富正义感与政治远见，活泼好奇，好幻想。

历史功过：莎士比亚的历史剧具有史诗的宏大规模，虽然讲的是英国过去的历史，却写出了文艺复兴时期的英国社会和当时人们所关心的问题，并具有鲜明的民族特点。他写过 37 部戏剧，154 首 14 行诗，两首长诗和其他诗歌。

名家评点：法国作家维克多·雨果评价说："莎士比亚这种天才的降临，使得艺术、科学、哲学或者整个社会焕然一新。他的光辉照耀着全人类，从时代的这一个尽头到那一个尽头。"

少年时期

　　在英国中部、伦敦西北面的沃里克郡,有一个古老的小镇,名叫斯特拉福。它表面看来很普通,然而在漫长的三个半多世纪中,斯特拉福一直是个举世闻名的小镇。每天都有许多世界各地的游人来此造访,这不仅是因为斯特拉福风景如画、绮丽宜人,更因为有一个人曾经出生、成长、辞世并安葬在这里。这个人的文学作品三百多年来,一直激荡着生活在地球上的世代人们的心灵和智慧,他就是伟大的戏剧家威廉·莎士比亚。斯特拉福是莎士比亚的故乡,这使它成为一个名城。

　　1564 年,世界著名的戏剧家和诗人威廉·莎士比亚就诞生在这里,因此人们称他是"埃文河畔的天鹅"。他在历史大转折的时期到来,又以自己的作品反映了这个伟大的时代,因而又被后人称誉为"时代的灵魂"。

　　威廉的父亲约翰·莎士比亚本来住在离斯特拉福 3 英里以外的斯尼特菲尔德,家里原是自耕农。约翰是一个精明能干、雄心勃勃的人,他眼看着斯特拉福日益兴旺,许多青年人学手艺、经商,都变得富裕起来,便放弃农活,离开斯尼特菲尔德,来到斯特拉福学手艺。几年以后,他成了制作软皮手套的能手。后来,他攒了一笔钱,自己开了一家铺子,做皮手套生意,同时兼营谷物、木材、肉类、麦芽一类买卖。他的生意越做越兴隆,成了斯特拉福的一个富裕市民。1556 年,他在当地买了两栋带花园的房子。1557 年,他娶了当地乡绅罗伯特·阿登家的玛丽小姐为妻,又得到一笔为数不少的陪嫁(60 英亩土地和 6 英镑现款),增加了他的财产。他是一个为人正直、热心公益的人,因而受到市民的爱戴。1557 年,也就是他结婚的那年,开始参加市政委员会的工作。起初,做麦芽酒检查员,后来,被地方民事法庭陪审团指定为治安官,1561 年,又担任市里两个财务官之一。

　　约翰和玛丽生了 8 个孩子,4 个女孩,4 个男孩。前两个都是女孩,而且都夭折了。1564 年 4 月 23 日,正是英国守护神圣乔治的节日,他们得到了第一个男孩,这就是未来的作家威廉·莎士比亚。

　　威廉的童年,正是他父亲生意兴隆、飞黄腾达,在斯特拉福的地位不断提高的时期。1565 年,约翰当选为市参议。按照习俗,他平时可以戴特制的戒指,教堂里有为他专设的座位,他的住宅门口可以挂上特制的灯笼。在星期日和节庆的日子,他还可以穿着镶皮裘边的黑袍上街。人们见到他,都尊敬地称他是"莎士比亚先生"。在正式文件上,他的名字下都挂有"阁下"的称呼。这副派头,在当时的小城里,真够神气的了。

　　1568 年,约翰当选为斯特拉福市政委员会执行官(相当于后来的市长)。这时,他所穿的镶皮裘边的袍子,也按规定由黑色改为绛紫色,每当他去市政委员会开会的时候,一路上有卫士为他开道。他变得更加神气了。在那个社会大变动的时代,封建关系正在崩溃,新的资本主义关系正在成长。约翰·莎士比亚是这个时代的幸运儿,他乘着时代的机遇,凭着自己的才干和努力,从一个农民变成富裕市民,而且登上了政坛。

作为市长的儿子,威廉无忧无虑地度过了他的童年。他性格活泼、好奇,好听故事,好幻想。他喜欢市郊的大自然,喜欢从乡亲们那里打听各种事情。他听到许多关于花草树木的知识,还听到许多民间故事。譬如,森林里有仙王、仙后,他们俩喜欢打打闹闹;森林里还有许多小精灵,有一个最调皮的精灵叫迫克;另外,还有发生在古堡里的历史传说和骑士故事,亚登森林里侠盗泰戈尔汉劫富济贫的故事,都使他听得津津有味。

在童年时代,最使他难忘的,是发生在1570年夏天里的一件事。那年,他5岁,有一个剧团来到斯特拉福。他父亲正当市长,热情地接待了剧团,还同剧团在市里演戏。这在斯特拉福是破天荒第一次。当时英国有些城市的执政者信奉清教,主张清心寡欲,讨厌一切娱乐,不准剧团在他们管辖的地方演戏。约翰比较开明,所以接待了剧团。按照惯例,剧团每到一地,首场演出是专门招待当地市政委员会的头面人物和他们的家属的。他高兴地接受了剧团的邀请。

演出在圣十字互济会教堂举行。剧团早已为官员们准备好舒适的座位,安排在最好的位置。那天下午,约翰带着妻子和威廉,穿戴得整整齐齐,来到教堂看戏,威廉坐在父亲的身边,聚精会神地观看演出,他完全被舞台上的精彩表演吸引住了,从来没有像今天这样高兴过。散戏之后,他也不知道怎样跟着父母回家的,脑子里满是舞台上演出的情景。这次看戏,在他幼小的心灵中埋下了一颗戏剧的种子。

1571年,威廉7岁,到了该上学的年龄。父亲把他送进了斯特拉福的文法学校"爱德华六世国王新学校"。在中古时期,英国只有天主教教会办学,目的是培养神职人员,一般平民没有读书识字的机会。16世纪以来,英国进行了宗教改革,从欧洲大陆兴起的人文主义思潮也传到了这里。天主教的神学统治被冲垮了,学校教育也发生了根本变化,出现了世俗性的学校,即所谓文法学校。这类学校不是由教会开办,而由城市自治机构主办,免费招收市民子弟;它不是培养神职人员,而是为市民服务。文法学校的学习课程以拉丁文为主,此外还有会话、修辞、写诗等。总之,这是不同于中世纪神学教育的一种新学。威廉上的就是这种新学。

斯特拉福文法学校是一所办得比较好的学校,历任校长都是牛津大学或剑桥大学的毕业生,学校的校规也比较严。校址设在当地市政办公处的楼上,楼下就是他父亲的办公室。入学那天的清晨,父亲把他领到学校,托付给老师,这位老师叫西蒙·亨特,是牛津大学的学生。他看到威廉长着高耸的前额,炯炯有神的双眼,一副聪明机灵的样子,高兴地抚摸了一下他的头顶,把他接受了下来。

文法学校的纪律很严。每天早上 6 点钟上课,11 点钟回家吃午饭,下午 1 点钟返校,一直到 5 点钟才放学。在学校,学生天天要背课文,学习拉丁文法。学生必须严守校规,老师手里拿着教鞭,督促那些不守规矩的孩子。小威廉入学以后,感到这种学习生活枯燥无味,实在没有兴趣。每天早上,他总是一边呜咽,一边像蜗牛爬一样拖着缓慢的步子,从家里走向学校。下午放学时,却像鸟儿一样撒开两腿往家里飞跑。

几年之后,情形就不同了。那时,他学完了拉丁文基础,已经可以自己看书了。老师也开始让他们学习一些较为复杂的课文。课本里有古代罗马作家的一些作品,像西塞罗的演说词,维吉尔的《埃涅阿斯纪》与《牧歌》的片段,奥维德的《变形记》节选等。为了让学生练习对话,老师也让他们学习古罗马戏剧家普劳图斯、泰伦斯的剧本。这些课文本来是作为语言规则的实例来学习的,但是对于威廉来讲,它们更适合他爱幻想、爱听故事的脾气。他从这些古典文学作品中,找到了极大的乐趣,尤其是奥维德的《变形记》和普劳图斯的剧本,他读得爱不释手。太阳神阿波罗与女神达芙尼斯的爱情故事,爱神维纳斯与美少年阿童尼的故事,特洛伊战争的故事等,他都读得津津有味,深深地印在脑海里,一直到几十年后,仍然记得。他如饥似渴地读着古典文学作品,认真地练习写诗、写文章,于是,学校生活再也不是枯燥无味而变得十分有趣了。他当然也不会想到,多少年之后,他将从这些训练和阅读中获得丰富的营养,成为他接受人文主义新思想和进行诗歌戏剧创作的极其重要的文化基础。

学校里有一门课程是威廉十分感兴趣的,那就是雄辩术。老师教他们演讲词的写法,训练他们的思维能力和论辩才能。有时还组织讲演比赛、戏剧表演等活动。他的写作练习经常得到老师的夸奖。有一次,亨特老师组织学生排演普劳图斯的剧本《孪生兄弟》,他担任主角之一。他演得很认真,相当不错。亨特老师意外地发现他有一副好嗓子,发音响亮,吐字清楚,而且有节奏感。不久,学校举行节庆活动,邀请家长参加,亨特老师让学生给家长表演《孪生兄弟》。威廉还担任原先排练的角色,他演得比上次更加精彩,得到了家长们的称赞。演出结束,亨特老师拍拍他的肩膀,对他说:"你表演得不错,想不到你还会演戏。"他不好意思地回答说,自从 5 岁那年看过一场戏以后,他就喜欢戏剧,老想看戏,这几年来,差不多每年都有剧团来斯特拉福演出,他每次都看,一场不落。他还和剧团里的一个演女角的男孩子交了朋友。出于好奇,他让那个孩子教他念台词,做动作,有时真想自己能上台试一试。老师让他演戏,正好给了他这个机会。

1577 年,威廉·莎士比亚 13 岁那年,父亲在生意场上遇到了挫折,家里的经济境况一下子跌落下来,几乎到了破产的境地。他经常看到有人登门来向父亲要债,父亲只得把一批产业抵押出去,借债度日。艰难的处境使父亲顾不上市政委员会的工作,连市政会议也不常出席。

家庭经济情况的剧变，使他无法继续上学，只得留在家里帮助父亲干些活儿，或者找一些临时的工作，挣些钱来贴补家用。他学会了宰牛，学会了做羊皮手套，还当过助理教师教小孩子认字母。

离开学校，放下书本，曾经使威廉感到沮丧。但是，当他经受了一段磨炼，熟悉了城里一切的时候，他感到自己的独立生活能力得到了锻炼，感到了生活的充实，也懂得了生活中要脚踏实地，面对现实。生活的变化在他好幻想的性格中增添了求实的精神。

威廉在18岁那天，与安妮·哈撒薇结了婚。新娘比他大8岁，婚后的生活并不美满。再说，家里不断增添人口，收入却入不敷出。心情郁闷的他很想离开斯特拉福，到外面去谋生，为父亲分担一下家庭经济重担。

一天，他在路上偶然碰到了文法学校的同学理查·菲尔德。他记得菲尔德比自己大两岁，是一个鞋皮匠的孩子，住在离他家不远的地方。几年前，菲尔德离开家乡去了伦敦，此后，他俩就一直没见过面。两人巧遇，亲热地攀谈起来。原来他到伦敦之后，在一家印刷所里当徒工，老板是法国移民，叫托马斯·服道利尔。他和老板、老板娘都处得不错，前不久，老板去世，他便和老板娘结了婚，现在成了这家印刷厂的老板。他的印刷厂出版了一些好书，在伦敦已经有了一些好名声。菲尔德还告诉他，伦敦地方大，工厂店铺多，什么活儿都有，许多青年人在那里学徒、干活儿，都过得不错，有的碰到好运，当上小老板，开一家店铺，雇几个工人，可以挣不少钱。不管怎么样，伦敦总比斯特拉福强。他一再劝威廉到伦敦去碰碰运气，还说，到了伦敦，他一定会尽力帮助威廉。

与菲尔德邂逅，使威廉看到了生机，他的耳边不断地响起菲尔德的声音："到伦敦去吧！到伦敦去总比待在斯特拉福强。"他几次想要开口与父亲商量，但是，一看到父亲那副愁眉苦脸的样子，便知道自己不该离开困境中的父母，也就放下了去伦敦的主意。

1587年是奇怪的一年，斯特拉福成了剧团热衷的地方。往常，这里每年有一个剧团来演戏，这一年，女王供奉剧团、莱斯特伯爵供奉剧团、艾塞克斯伯爵供奉剧团、斯塔福德勋爵供奉剧团等5个剧团相继而来。有的剧团因为缺少演员，一边来演戏，一边还招募演员。莱斯特伯爵供奉剧团已经是第三次来斯特拉福了。这次，来的人不全，因为有些演员渡海到大陆去演戏了，剧团感到人手不足。威廉在看戏时，认识了剧团里的一个演员。在交谈过程中，他说到自己远走他乡的想法，那演员就告诉他，剧团现在正缺人，不妨趁此机会参加剧团演戏，到各地走走，秋天，再跟着剧团到伦敦。那里的人最爱看戏，新近城外盖起了剧场，天天可以演戏，不像在外地演戏要临时搭台。伦敦还有好几个剧团，大家比赛着演好戏，哪像这小城里这样冷冷清清。那演员还对他说："你嗓子不错，又懂戏，上台准能演好，将来成了正式演员，可以做剧团的股东，每年不少挣钱。你还读过书，会写诗，要是能写写剧威廉被他说得动了心。他原本就爱好戏剧,至今还记得亨特老师的鼓励,自信能当个好演员。但是,一想到家里的状况,实在难以下这个决心。自己是长子,父母正需要帮助,他们是不会同意自己离家出走的。几天后,莱斯特伯爵供奉剧团离开斯特拉福,去往别处演戏。威廉送走了那个演员朋友,自己仍然留在斯特拉福。

但是不久,人们看到威廉背着简单的行囊,匆匆地离开了斯特拉福。他父亲流着泪把他送到城外去伦敦的大路上。关于他这次出走的原因,他家的人守口如瓶,谁也打听不出来。后来,街上传出这样的新闻,心情郁闷的威廉为了解闷,到郊外去打猎,无意中闯进了托马斯·路西爵士的庄园。这位贵人有权有势,为人霸道,他家的庄园是禁止外人进去打猎的。威廉不但闯了进去,而且在里面射死了一头鹿。这一下闯了祸。家丁们把他抓了起来,送到路西爵士那里。爵士命人把他毒打一顿,他怒不可遏,便写了一首讽刺诗,把路西爵士平时的恶行丑事痛痛快快地揭露了一番。这一来,祸闯得更大了。路西爵士扬言要进行法律追究。他见势不妙,只得逃离斯特拉福。

剧团生涯

1587 年左右,莎士比亚离开了曾度过童年、少年和青年时代的故乡斯特拉福,踏上去首都伦敦的行程。

莎士比亚来到伦敦时正值英国历史上最激动人心的时刻之一。有人阴谋杀害伊丽莎白、救出苏格兰女王玛丽并借助西班牙把她拥上王位。伊丽莎白迫不得已同意于二月间处决她的表妹玛丽。她留在世上对女王来说实在是太危险了。战争迫在眉睫,西班牙国王腓力二世不顾德雷克对加斯的闪电般的袭击,正在建立一支舰队,如果今年不行,明年肯定会出航,因此伦敦正在紧张准备对付即将到来的侵略。

不管莎士比亚来伦敦的动机是什么,这时他明白了他的真正职业应是为剧院写作。这条道路能把他渴望写出的诗句变成他这一行所需的材料。但是剧本还没有写出来,于是他得想法糊口。明智的道路是参加一个剧团,因为那样他可以从内部学习本领并能替他的产品找到一个可能的市场。

一个剧团约由八人组成,大家投资购买剧本和服装并按投资比例分享利润,因而有"股东"之名或者更形象化地叫作"全部投机者"。他们雇有两三个童工,加以训练扮演女角,因为几乎一个世纪以后公共舞台上才有女演员,他们还得雇几个新手或不投入资本的老手来演配角。莎士比亚开始找到的工作可能就是一个"雇佣演员",可能是在女王剧团,就是罗伯特·格林刚开始为之写作的那个剧团。

不出所料，我们没听说这个默默无闻的演员和胸有抱负的剧作家最初几年的情况的他如果没有演出或排练他必须学习的各种角色的话，我们只能设想他是在替他的剧团"润色"和改编旧剧并试写新作。因为一周内每个下午的戏目都不相同，大约每两周就得有一部新戏列入他们的保留节目。春季他们在公共剧场演出，多半是大剧院；夏天他们外出巡演，1589年远到卡来尔。秋季回到伦敦演出，冬天躲进格雷歇斯街的某一个旅店里排练那些准备进宫演出的戏剧。

这时一个新的时代已经开始，英国的文学突然空前繁荣起来。

就在这样一股大演历史剧的热潮中，莎士比亚来到伦敦，走进剧团，尝试写剧本，当然不免卷入这股热潮之中。这就是他在创作初期集中地写了一批历史剧的原因。

1587年，贺林西德《编年史》的增订版出版了，人们争相阅读，莎士比亚也抱着浓厚的兴趣读了这部书。听说这部书中的许多材料来自霍尔的著作，他又找来那部著名的《两望族结合记》，如饥似渴地把它读完。从这些历史著作中，他了解了自己民族走过的道路，深深地为自己国家在百年战争和玫瑰战争时期所经历的忧患而感到痛心。他恨透了那些置国家民族利益不顾而热衷于争权夺利的大贵族，更懂得了一个英明君主在当前是何等的重要，因而由衷地爱戴伊丽莎白女王。他感到玫瑰战争时期民族危机已经达到了极点，同时又是国家由乱到治的转折点，决定先从这里着手。他相信这些惨痛的史迹足以震撼国人的心灵。

1590年到1591年，莎士比亚写了两部历史剧，《克与兰开斯特两望族的争斗》和《理查·约克公爵的真实悲剧》，这两个剧本由潘布罗克伯爵供奉剧团在玫瑰剧场上演。演出获得意外的成功，这一成功启发了他。

他决定把百年战争和玫瑰战争的史实全部搬上舞台，在已经完成的剧本之前和之后，再多写一部剧本，构思一套四联剧，从亨利六世继位开始，一直写到玫瑰战争结束。前三部作品都是写的亨利六世时代的事情，冠以《亨利六世》的总名，分上中下三篇，后一部剧本以玫瑰战争时期最后一个国王理查三世为中心人物，描写他从篡位一直到失败的过程，取名《理查三世》。

在莎士比亚之前，英国舞台上也曾上演过一些不成熟的历史剧，剧本结构松散，只是按照时间顺序，把历史事件搬上舞台，很少注意人物形象的刻画。他的《亨利六世》也是这样，它们插曲式地扮演历史事件，缺乏整体性和连贯性，没有中心人物。当时，英国戏剧发展得很快，特别在学习了古代希腊、罗马作家的作品后，悲剧的艺术水平大大提高，历史剧作家又吸收了悲剧的艺术经验，注意对戏剧冲突的构思，把众多的事件集中在一个中心人物身上。他的《理查三世》就是一部在艺术上更加成熟的作品。这种独创，是他对系列性历史剧的构思，这样的构思能够把历史的长卷搬上舞台，表现更为广阔的场景。这一构思的成功，又促使他在下一阶段产生了编写新的历史剧的创作动机。

在写历史剧的同时,莎士比亚还努力学习古典剧和"大学才子"们的创作,学习意大利的戏剧,试着写作喜剧和悲剧。1592 年写出的喜剧《错误的喜剧》就是在学习古代罗马作家普劳图斯的《孪生兄弟》的基础上写成的,1593 年写出的《泰特斯·安德洛尼克斯》是学习罗马悲剧的产物。他在学习的同时,不满足于单纯的模仿,力求有自己的创造。《错误的喜剧》虽然是从普劳图斯的《孪生兄弟》脱胎而来,但是它在面貌相似的一对主人公之外,又加上了一对面貌相似的仆人,于是错上加错,引出更多的笑料和奇趣。《泰特斯·安德洛尼克斯》虽然从奥维德的《变形记》和塞内加的《梯厄斯忒斯》等罗马作品中取材,但剧中以杀戮与复仇为特色,这又是他从当时英国作家那里学到的东西。伦敦的观众喜欢新奇的情节,爱看带有强烈刺激性的场面。所以,他的这些习作性剧本虽然水平并不很高,却总能在伦敦舞台上走红。

莎士比亚初露锋芒便取得了成功。他像一颗突然升起的明星,使得伦敦戏剧界的某些人感到意外。有的曾经取得一些成就的人,见到他的声誉超过了自己,很不服气。罗伯特·格林对于他的成名就很不以为然。他认为他从一个打杂工突然成功,混进剧作家的队伍,不过是接受前人的恩惠而发迹的暴发户。他在临死前不久所写的一本名为《千悔换一智》的小册子中,劝他的朋友不要相信演员。格林的小册子在当年的 10 月,即在他死后一个月由出版商亨利·切特尔出版。书中对于莎士比亚的恶语中伤引起了人们的不满,切特尔不得不在他为 12 月间出版的一本书所写的序言中,向莎士比亚道歉。

戏剧作品

当伦敦的各个剧团恢复活动,莎士比亚重返剧坛时,他发现剧作家的队伍已经发生了变化,许多剧作家离开了剧坛。这就是说,"大学才子"们的活动已经结束。早先活跃于伦敦剧坛的戏剧家中,只有他自己还在从事创作活动。当然,有一批新的剧作家已开始崭露头角,其中最杰出的要算本·琼生。后来,他也成了莎士比亚的好朋友。

莎士比亚所在的宫内大臣供奉剧团虽然刚刚回到伦敦,是新建的戏班子,但是,它拥有当时伦敦最出色的演员,像悲剧演员理查·伯比奇,喜剧演员威廉·肯普等。他加人之后,剧团又有了当代最优秀的剧作家。这样,宫内大臣供奉剧团真可谓兵强马壮,在伦敦剧坛上首屈一指了。事实也确实如此,剧团很快就在伦敦站住脚,取得了戏迷们的信任。

经过几年的舞台实践和写作练习,再加上近一两年间与骚桑普顿伯爵结识而经受的文化熏陶,莎士比亚感到自己的内心非常充实,写作也得心应手。意大利文艺复兴时期的文学、美术与音乐作品,使他感受到一种活力。他觉得那里所描写的现实世界与人是美好的,充满生气的;人与天神一般,具有优雅的体态,无穷的才智,充沛的精力;现实世界有绚丽的大自然,壮丽的事业,幸福的生活,人可以依靠自己的努力去谋求现世的幸福而不必把希望寄托于来世。

他正当而立之年,精力旺盛,才华横溢。在剧团中,他白天排戏,演戏,看戏,晚上看材料,写剧本,十分勤奋。他时时产生创作冲动,一当构思成熟,拿起笔来,恨不能一口气便把脑子中酝酿成熟的意象全都倾洒在纸上,化作文字。他写得很快,一场戏一气呵成,几乎没有什么修改,仿佛写慢了就抓不住头脑中那些活跃的形象和诗句。

1594 年,莎士比亚写成了悲剧《罗密欧与朱丽叶》全剧贯穿着爱与恨的斗争,美好的爱情与封建伦理道德之间的冲突。莎士比亚在历史剧中,一再谴责封建纷争的危害。在这部作品中,他把青年人的爱情与整个城市的和平安宁联系在一起,说明封建世仇、无谓纷争造成了城市的不幸,也摧毁了青年人之间的美好的爱情与友谊。在他看来,这个悲剧充满着新旧两种思想的斗争,而不是什么情欲过度遭到的毁灭。为此,他努力把罗密欧、朱丽叶塑造成两个新人的形象。

剧本写完,莎士比亚感到从未有过的满意。剧中浓郁的诗情画意,优美动人的诗句,幽默机智的对话,深刻动人的性格刻画,悲剧因素与喜剧因素的结合,使剧本独具风貌。他觉得自己完成了一个真正的创造。这是一部伦敦舞台上从未有过的、真正莎士比亚式的剧本。

《罗密欧与朱丽叶》由宫内大臣供奉剧团在帷幕剧院演出,受到观众的狂热的欢迎,尤其是年轻人。伦敦出现了一批《罗》剧狂,他们凑在一起,只谈《罗密欧与朱丽叶》,别的一概不感兴趣。他们还把剧中那些自己喜爱的诗句抄录在箴言本上。他们认为,伦敦舞台上从来没有上演过像《罗密欧与朱丽叶》这样形象优美而思想深刻的剧本。

继《罗密欧与朱丽叶》之后,莎士比亚又写了两出别具特色的喜剧,《仲夏夜之梦》和《威尼斯商人》。

1594 年,骚桑普顿伯爵的母亲再嫁,婚礼异常隆重。宫内大臣供奉剧团应召为婚礼活动演戏。莎士比亚为自己的保护人献上了一出新戏《仲夏夜之梦》。为了写好这出戏,他从古希腊历史学家普鲁塔克的作品中,从英国文艺复兴时期第一位大诗人乔叟的作品中选取素材,又加上英国民间传说和他自己的创造,把它们巧妙地糅合在一起。

婚礼的线索贯穿始终。全剧充满了神话性的美好幻景和喜庆的欢乐气氛。莎士比亚把丰富的想象、现实生活、梦幻美景以及粗俗的平庸事物等都奇妙地结合在一起,把抒情性、幻想性和现实性自然地融合在一个剧本之中。从这部剧本中,他摸到了自己写喜剧的独特的路子——抒情浪漫喜剧。

后来，他创作了《威尼斯商人》。

《威尼斯商人》的主要情节是犹太人夏洛克设计谋害安东尼奥的故事。

剧本的主要素材来自 14 世纪意大利作家乔万尼·菲奥伦蒂诺的小说《蠢货》。其中穿插的三匣择婿的故事在中世纪欧洲各国已经流行，早在 13 世纪的一部故事集《罗马纪事》(作者已不可考)中已有记录。在莎士比亚之前，已有人把这两个故事糅在一起，写成一部叫作《犹太人》的剧本。当他决定改写这个剧本时，希望按抒情浪漫喜剧的路子，把新本子改成一部对于青年人纯真的友谊与爱情的颂歌，这是他在这一时期最感兴趣的主题。他要写出青年人的美好感情和幸福生活如何受到夏洛克一类自私、残酷的人的阻碍，他们又是如何依靠自己的才智战胜夏洛克，赢得胜利和欢乐的。为此，他把美好的品质赋予了安东尼奥、巴萨尼奥，特别是鲍西娅，他设计了法庭一场好戏，把原来作品中只是一提而过的事，写成了整整一幕(第四幕)。当在场的男子全部拿夏洛克毫无办法时，鲍西娅出场，以机智和雄辩扭转局势，战胜了夏洛克，这一形象就此大放异彩。莎士比亚并不想为夏洛克辩护，但是，要想写出一个现实生活中存在的活生生的人，就应该让人物按照自己的思想逻辑思考和行动，而不能按照某种定式把现成的东西强加在人物身上。于是，他感到夏洛克几乎要喧宾夺主，超过那些为自己的幸福而积极行动的青年人了。但是，他又感到这是一种新的尝试，把人写活，按照现实生活确实存在的样子来写人，比单纯地追求形式上的完美匀称也许更加重要。于是他便放手写去，写完之后感到这一尝试是成功的，夏洛克的形象确实是一个有血有肉的、有自己的思想和感情的活生生的人。它的复杂性正说明它的合理性。从这一次成功的尝试中，他更体会到塑造人物的重要和塑造人物的途径。他以前写过一些理想化的人物，现在他更知道如何描写现实性的人物。

《罗密欧与朱丽叶》《仲夏夜之梦》和《威尼斯商人》的成功，标志着莎士比亚已经超越了学习模仿，跨入到自己创作的成熟阶段。在舞台上树起了莎士比亚式的独特风格，在当时伦敦剧坛上，可称得上是"全国唯一的'摇撼舞台者'"。所谓"全国唯一的'摇撼舞台者'"，本是格林对他的讥讽，他本人并不曾产生过这种奢望。有趣的是，格林的讥讽却成了事实，成了一句违反他本意的预言。

阴暗喜剧

莎士比亚创作成熟期的几部悲剧，反映了他对人文主义的信仰危机，暴露了他的悲观厌世情绪。

这种悲观情绪也反映到了他在这一时期创作的三部喜剧：《特洛伊罗斯与克瑞西达》(1602 年)、《终成眷属》(1603 年)、《一报还一报》(1603 年)。回想莎士比亚早期的喜剧,都是青春力量的释放,充满了快乐和笑声。如今的这几部喜剧的主题虽然仍是爱情,但往往与阴谋欺诈交织在一起,对社会罪恶和伪善习气作了揭露,因而内容与气氛比较严肃,解决矛盾的方式多是宽恕与调和。早期喜剧中的乐观主义和浪漫主义已不复存在,所以评论家称莎士比亚的这类喜剧为"阴暗喜剧"或"悲喜剧"。

《特洛伊罗斯与克瑞西达》是一部以特洛伊战争为背景的作品,剧中人物原型来自荷马史诗的《伊利亚特》,故事情节则源于英国诗人乔叟的同名爱情长诗。莎士比亚之所以选择这个古老的题材,是因为看到老对手亨斯洛老板在他的玫瑰·剧场连续上演了《特洛伊复仇记》《阿伽门农》和《俄瑞斯忒斯:复仇女神》等希腊故事,观众反映很不错,精明的莎士比亚立刻想到"他山之石,可以攻玉"的道理,便也创作了一部希腊题材的作品,果然大受欢迎。

戏一开头,希腊人攻打特洛伊的战争已经持续了七年,原因是特洛伊的帕里斯王子抢走了墨涅拉俄斯的王妃海伦。此时最年轻的特洛伊王子特洛伊罗斯,和已投降希腊的特洛伊祭司之女克瑞西达相爱。生性轻浮的克瑞西达与王子夜间幽会,信誓旦旦。第二天清晨,克瑞西达被送到希腊营地与父亲团聚,两位情人被迫分离。特洛伊罗斯在爱情的驱使下,决定每晚都偷入敌营与克瑞西达相会。但万没想到的是,克瑞西达竟转眼投入希腊将领狄俄墨得斯的怀抱,特洛伊罗斯因克瑞西达的背叛而痛苦绝望。这时战火又起,敌方大将阿喀琉斯杀死了特洛伊罗斯的兄长赫克托。再次受到重创的特洛伊罗斯发誓要用他的剑来复仇,把希腊夷为平地。

莎士比亚笔下特洛伊罗斯与克瑞西达的爱情是失败的,远没有罗密欧与朱丽叶之间的感情那样纯洁深刻,这主要是因为克瑞西达的负心与轻薄。她是一个美貌与灵魂分离的女子,同哈姆莱特的母亲克莱西德十分相似,她们经受不住诱惑,情感极易变化,难怪哈姆莱特会痛苦地大叫:"脆弱啊,你的名字叫女人!"而特洛伊罗斯则是个理想主义者,他追求真正的爱情、完美的道德,可是在私欲横流的现实生活中,这些只能是徒劳枉然,结局也只能是他爱情理想的落空和道德理想的破灭。特洛伊罗斯的理想幻灭反映出了莎士比亚的矛盾心态。这时的莎士比亚对人生、对社会的认识更全面、更深入,他对生活中存在的道德危机感到忧虑,在作品中自然透露出对现实社会的不满和对理想社会的向往。

这种人物的非英雄化,到了20世纪现代派文学中被普遍应用。莎士比亚在该剧中对人生意义的大胆质疑和无情审视,使它成为莎剧中最"现代化"的一部,引起了人们极大的兴趣。

1602年~1603年,莎士比亚乘兴又创作了一部阴暗喜剧,并借用了一则英国谚语作为剧名:"all is well that ands well",意思是只要结局好一切都好,译作《终成眷属》。剧中女主人公海丽娜,是一个平民少女。她的父亲医术高明,但过早离开人世,把海丽娜托付给了罗西昂伯爵夫人。伯爵夫人的儿子勃特拉姆少年英俊,一表人才,海丽娜深深地爱上了他。虽然她天生丽质,却因出身低微,寄人篱下,迟迟不敢表露自己的爱意。正好国王患了一种疑难病症,久治不愈,海丽娜用父亲遗留的妙方治好了国王的痼疾。作为赏赐,海丽娜被许可自己选择丈夫,她当然选中了意中人勃特拉姆。没想到勃特拉姆却虑及身份地位的悬殊,拒绝娶她为妻,后来迫于国王的压力,才勉强与海丽娜举行了婚礼。仪式刚过,勃特拉姆便离家出走,捎信给海丽娜说除非她能得到他手上的戒指并且由他受孕,否则永远不能称他为丈夫。海丽娜意冷心灰地独自去朝圣,路过佛罗伦萨时,她发现丈夫正欲以卑鄙手段诱奸一家店主之女狄安娜。海丽娜立刻计上心头,她向店主母女说明了自己的身份和遭遇,在她们的帮助下,冒充狄安娜与勃特拉姆幽会,不仅得到了戒指还有了身孕。待勃特拉姆回国后,海丽娜与他对质,声明自己已做到了丈夫所提出的苛刻条件,勃特拉姆这才明白那晚与自己同床共枕的是海丽娜。他羞愧万分,悔恨不已,请求海丽娜原谅自己,并发誓永远爱她。

《终成眷属》中男女主人公之间的爱情十分波折多磨,而且海丽娜是采用了欺骗手段才达到目的的。整部作品过半的内容是展示生活中的矛盾与不顾,只是到了结尾处才"团圆喜今夕,艰苦愿终偿"。这不是一部严格意义上的喜剧,但文申·德·波维此人曾在《梅伊阿的镜子》一文中下了一个典型的定义说:"喜剧是一种诗,使一个悲哀的开端得到幸福的结尾。"他的观点一语中的,揭示了莎士比亚喜剧的实质是把烦恼变成快乐的故事。但这部作品中也提出了一些与莎士比亚当时的悲观情绪相吻合的思想,比如一个人物在对白里说:"人生就像是一匹用善恶的丝线交错织成的布;我们的善行必须受我们的过失的鞭挞,才不会过分趾高气扬;我们的罪恶又赖我们的善行把它们掩盖,才不会完全绝望。"看来,对于人生的思考、善恶的评判是莎士比亚脑海中挥之不去的念头,而这时莎士比亚作为一个成熟练达的中年作家,积极地探寻生活真谛,不懈地求索人生真理,也是他义不容辞的职责。

莎士比亚于1604年又创作了一部"阴暗喜剧",名曰《一报还一报》,又译为《请君入瓮》。此时莎士比亚的思想更见成熟,接触到的英国社会的残酷现实也远比过去深刻。人民备受压迫,法律难以施行,正义不能伸张,邪恶嚣张肆虐,遍布于社会的种种丑行恶德令莎士比亚无比震惊,他将看到的一切丑恶表现在《一报还一报》中。莎士比亚创作于第二时期的"阴暗喜剧"中都多多少少蕴含着悲观主义因素,暴露出莎士比亚这个锁链中的巨人与现实之间的不调和,以及他的人文主义美好理想与资本主义原始积累时期冷酷现实之间矛盾的激化。莎士比亚虽然是位敢于批判现实的作家,但他并不是个言辞尖刻、鄙视世人的恨世者,或是个"人性恶"论调的宣传者,他也热爱人类、热爱生活,但就如同形与影永远相随一样,世间的真、善、美总伴以假、丑、恶出现,不能不让人感到心寒。尤其是在资本主义原始积累时期,金钱成为操纵一切的杠杆,甚至可以让亲人变仇人。

悲剧名篇

　　1601 年到 1608 年,莎士比亚的生活与创作有所进展。他不仅在伦敦买了房子,而且还把钱投资到斯特拉福,买了 107 亩上好的土地,购置了些房产,添置一些家具,为将来退休做了准备。莎士比亚虽然使他的家庭兴旺了起来,但却始终没有把因穷困典当出去的他母亲的土地赎回。他的父母于 1601 年和 1608 年先后去世。1607 年他的长女苏姗娜嫁给一位剑桥毕业的知名医生约翰·霍尔博士。苏姗娜只生了一个女孩子,名叫伊丽莎白,身体很不健康。谁能料想,伊丽莎白死前,竟让人把在斯特拉福的老屋子里的所有木材和书籍统统烧毁,这真是一次历史上的文物浩劫,给后人研究莎士比亚造成了极大的困难。

　　在这段时期内,正是伊丽莎白统治的最后几年。詹姆斯一世接位的初期,王朝更替、社会动荡。新旧贵族和广大人民之间严重对立,政治斗争激化,封建君主专制反动势力加强,旧世界的邪恶势力和新兴的资产阶级矛盾交织在一起,使社会生活大大逆转了;正义的、进步的力量受到了压抑,广大的人民群众陷入了苦难的深渊。面对人民的贫困和社会上的不公平,作家乐观的心情没有了,特别是艾塞克斯事件给他的刺激很大。1601 年,莎士比亚两位好友,艾塞克斯勋爵和骚桑顿勋爵,立志改革,发动叛乱,结果因势单力薄而宣告失败。艾塞克斯被送上绞刑架,骚桑顿被投入了塔狱,这个莎士比亚曾寄以希望的集团被粉碎,使得他的理想也跟着幻灭了,他既感到悲哀绝望,又感到无比愤怒,这就是他为什么在这一个时期写下了大量悲剧的原因。

　　莎士比亚的悲剧给我们描绘了一整个时代的波澜壮阔的生活图景,从国家的动荡不安到社会的风貌、个人的思想感情和精神状态,人们之间的种种关系,以及各种力量的千变万化,在悲剧里都有着深刻的形象的反映。悲剧展示了广阔的人生战场,在这个战场上,你可以听到强者的咆哮,弱者的呻吟,胜者的欢呼,败者的哀鸣。不同的人,怀着不同的目的,不同的人生观,冲进了悲剧世界,卷入了斗争的旋涡。这种斗争,也就是作者对人生的刻画,对现实的体会,对灵魂的剖析。

　　莎士比亚悲剧的冲突场面宏大,斗争针锋相对,参加的双方人数众多,矛盾尖锐复杂,情节错综曲折,场面惊心动魄。在戏剧史里,再没有什么比这更震撼人心,或者更悲惨的东西了。他把戏剧的紧张场面拉紧到极限,使人物显露出他们的真实性格。

　　莎士比亚的悲剧的一个重大特点是内在冲突大于外在冲突。主人公的最后命运,常常出现在第五幕的可怕场景,人们谓之为"死床"。所有莎士比亚的悲剧没有一个主人公在终场时活了下来,如果主人公免于一死,不管他生前遭受到多大的苦难,就莎士比亚的意义来说,那就不是悲剧了。有价值的人被毁了,卑污小人也毁了,同是毁灭,但善良却赢得了道义上的胜利,正义和美德却流芳百世,而邪恶却失掉了人心,遗臭万年。

这段时期,一般被称为莎士比亚创作的第二个时期,即悲剧时期。《哈姆莱特》创作于1601年,是这个时期所写的第一部悲剧。这部悲剧的诞生不仅标志着作家思想的深刻发展和艺术的高度完善,也给世界文学面貌带来了巨大变化。

主人公哈姆莱特有着最复杂的性格。他是最有社会理想和人文主义色彩的青年。他的正直的父亲被暗害,母亲被霸占,王位被篡夺,爱人被离间发疯后致死。一切打击,一切不幸,都先后落到他的身上。但哈姆莱特并没有被灾难所压倒,在个人的不幸中,他觉悟到这是整个社会的不幸,是不合理的社会造成不合理的人生。他清醒地意识到:"是一个颠倒混乱的时代",世界就是"一所很大的牢狱",从而要"负起重整乾坤的责任",和反社会、反人类的恶势力进行生死的斗争。把个人遭遇和整个人类命运紧紧联系在一起,是哈姆莱特这个不朽典型的最大思想意义。

当然,由于历史条件限制和主客观的原因,哈姆莱特只能是道义上的胜利者,而不可能在生活中取得事实上的胜利。最后他不仅与敌人同归于尽,而且,家庭、爱情、事业,也全都遭到毁灭,就连自己的祖国也名存实亡,政权落入外人之手,这当然是人类生活中最大的悲剧。

《哈姆莱特》是莎士比亚一生最重要的作品。从它开始,他写下了一系列伟大的悲剧,特别是有口皆碑的"四大悲剧"。每一悲剧都有着自己特殊优越之处,在某一方面,可能这个悲剧胜过另一悲剧,但是在性格的深刻方面,心理的刻画方面,反映生活的本质方面,以及人文主义的社会理想方面,没有一个悲剧能与《哈姆莱特》相匹敌,它是莎士比亚创作的顶峰,也是世界文学中少有的伟大作品。

灵魂永驻

1609年,莎士比亚45岁,已接近知天命的年纪了,两鬓也是早生华发。他在思想认识上已经完全成熟,对社会也看得更透彻。他意识到人文主义理想在现实生活中是无法实现的,但他又不愿放弃自己的信念,于是就逃遁到幻想的境界中去。在经历了青年时代的挣扎和中年时代的抗争之后,神情疲惫的莎士比亚不再写那些反应激烈的社会冲突、具有严峻的社会批判性的悲剧,更写不出明媚灿烂、男欢女爱的喜剧,他为自己选择了一条新的道路。

经过乐观主义时期和悲观主义时期之后,莎士比亚的创作进入第三阶段(1609

年~1613年）。他突如其来地改变了写作方向，开始转向富有浪漫色彩的传奇剧，所以这一时期称为浪漫主义时期。代表作品有《泰尔亲王佩里克利斯》（1608年）、《辛白林》（1609年）、《冬天的故事》（1610年）和《暴风雨》（1612年）。莎士比亚在推出"四大悲剧"杰作之后，已攀登上了悲剧艺术的巅峰，他转而把自己的艺术发现和艺术成果提供给他人使用，自己却独辟蹊径，这不能不说莎士比亚慷慨大方，但恐怕只有天才人物才敢冒这样的风险。同时我们也应体察到，莎士比亚改变文路也有他的隐衷。

从早期剧中的欢乐情绪、对人文主义理想的坚定信念，到中期悲剧中的沉重心情、在世态炎凉面前理想的幻灭，直至晚期传奇剧中把希望寄托在乌托邦式的空想世界中，莎士比亚作为一名资产阶级知识分子，思想上经历了追求——反抗——幻灭三个阶段。

莎士亚的消极遁世不是没有原因的，相反正是他后期精神状况的反映。这一时期，詹姆士一世的统治暴露出专制王朝的本来面目，加强了对言论自由的压制，人文主义者所抱有的理想与现实之间的距离更难弥合。莎士比亚在悲剧创作时期经历了一场思想危机之后，如今只得从现实转入了幻想，把实现人文主义理想的希望寄托于梦幻。此外，这时伦敦的剧坛上流行着一种迎合宫廷趣味、供贵族们消遣玩乐的作品，只重情节的曲折和离奇，缺乏严肃的思想内容。宫廷内部这种奢侈淫乐的生活风气也蔓延到了戏剧舞台上。但出于对统治阶级道德败坏的不满，莎士比亚只好把视线从污浊的宫廷与城市转移到清新、纯朴的大自然和富有异国情调的海外。

莎士比亚的传奇剧大都情节相似，充满人世的悲欢离合。剧的开头往往矛盾重重，主人公遭逢种种不幸，后来由于某种偶然的原因，得到大团圆的结局。在这些作品中也有对黑暗现实的揭露，但作者不再是抗议、批判的态度，而是宣扬仁爱、和解与宽恕，明显地表现出一种阅尽人世沧桑后所特有的淡泊与宽容。莎士比亚始终保持人文主义者的信念，相信通过道德的改善人类会有美好的前途，并把希望寄托在青年一代的身上。但由于这种信念缺乏现实基础，所以传奇剧的故事总是发生在幻想的神奇的环境中或一个理想的世界里。幻想的境界、传奇的色彩、理想的光芒，使这类作品仍然具有强烈的艺术魅力。

伦敦的冬天格外寒冷，在这样恶劣的天气里要吸引观众到露天剧场来，几乎是不可能的，大多数剧团都生意惨淡。但这不等于说伦敦的观众冬天没法看戏、得不到这种娱乐，莎士比亚是绝对不会允许此类事情发生的，他所在的"国王的供奉"剧团刚刚买下的"黑僧"剧院就是人们隆冬赏戏的理想场所。这是一个供室内演出的剧场，设备齐全，以照明为例，它有挂在墙架上的火把、灯笼，有插在烛台上的蜡烛，还有沿着舞台周边安放的脚灯。在这样的灯光条件下，很容易营造一种神秘、浪漫、朦胧的氛围，莎士比亚的传奇剧在这里上演，真是相得益彰。"黑僧"剧院的票价偏高,所以来这儿看戏的大多是资产阶级和上层社会的人员。他们的欣赏趣味自然与"环球"剧场的平民观众不同,他们一般喜欢梦幻和传奇色彩的故事,这也是影响莎士比亚后期创作风格的原因之一。

莎士比亚的第一部传奇剧《泰尔亲王佩里克利斯》并不是灵感突发之作,而是为了修改旁人的拙作才诞生的。1608 年,"国王的供奉"剧团收到了蹩脚文人乔治·威尔金斯的一个剧本,主角名叫佩里克利斯。虽然剧本写得不敢恭维,但剧团急需补充新的剧目,所以莎士比亚就信手拈来,进行加工修改。不久,"黑僧"剧院就上演了一部新戏——《泰尔亲王佩里克利斯》。这出传奇剧算是尝试性作品,没想到竟决定了今后剧本新潮流的走向,从此以后,莎士比亚就开始用这一格调写作了。

这部作品宣扬了正义压倒邪恶的主题,但失去了悲剧中的力度。最终善战胜恶,不是依靠的现实力量,而是借助了超现实的神力。这表明莎士比亚改变现实的信心发生了严重的动摇。如果说《泰》剧是莎士比亚由悲剧向传奇剧转折的过渡性作品,那么接下来的这部《辛白林》则迈向了成熟。

在此剧中,莎士比亚从人文主义出发,既批判了社会丑恶,又体现了仁爱精神,他把时代的极端罪恶与人类的至美至善糅合在一起,体现出这一时期剧作家的特殊心态。据说《辛白林》的剧情无意中与当时一桩轰动性新闻不谋而合。

莎士比亚等人恐怕也不希望舞会上的悲剧与生活中的经历如此相似。莎士比亚学家们曾不止一次地表达过这样的观点,即莎士比亚的最后两部传奇剧——《冬天的故事》和《暴风雨》,体现了他的失望情绪,标志着他已经否定现实生活,走向了幻想的境界。

莎士比亚在《冬天的故事》一剧中寄予了深刻的寓意。当时,英国的社会矛盾更趋尖锐,王室的统治越来越专横暴虐,莎士比亚深感自己的人文主义理想与冰冷世界之间的矛盾难以解决,但他仍未放弃对人类美好未来的信念,寄希望于年轻一代的思想在这部戏剧中表现得特别明显。从题目上看,"冬天"这个地冻天寒、万物肃杀的季节很容易使人联想到当时严酷的社会现实,不过莎士比亚写的虽是冬天的悲哀的故事,但他内心是多么希望描绘人类幸福美好的春天啊,正如英国诗人雪莱吟咏道的:"冬天已经来临,春天还会远吗?"。

莎士比亚接下来创作的《暴风雨》,是他晚期传奇剧中的精品。这部充满梦幻色彩的作品自问世以来,受到不同时代、不同国度的人们的共同喜爱。就是在当时,它也带给莎士比亚不小的荣光,据英国宫廷《宴乐记事》记载,此剧在 1611 年的万圣节之夜(11 月 1 日),曾由莎士比亚所在的剧团在王宫白厅为国王詹姆士一世演出过。

在《暴风雨》中,莎士比亚饱蘸浪漫主义的墨汁,曲折地反映了社会现实矛盾,普洛斯彼罗所代表的正义力量与安东尼奥所代表的邪恶势力的斗争,正是 17 世纪初英国社会矛盾的写照。莎士比亚用"暴风雨"象征人生,认为人生是冲突混乱与精神力量的矛盾统一。这出戏也反映出了莎士比亚晚年的思想活动,他厌恶丑恶现实,向往理想世界。幻想以道德感化来化解矛盾。

虽然莎士比亚在该剧中有对腐败社会和邪恶人性的揭露与否定,但这些并没有动摇他对人类的赞美:"神奇啊!这里有多么好看的人!人类是多么美丽!啊!新奇的世界,有这么出色的人物!"莎士比亚这番赞美是送给青年人的,他认为人类美好的未来完全属于他们,米兰达和斐迪南就是莎士比亚笔下理想的下一代的楷模。

一直以来,许多批评家都认定《暴风雨》中的普洛斯彼罗就是莎士比亚本人的象征。这个人物聪明好学、仁慈和善、为人正直、胸怀坦荡,这俨然就是生活中的莎士比亚的化身。尤其是剧中的普洛斯彼罗在完成了神圣的使命之后就放下了他的魔杖,而莎士比亚本人在创作完这部戏剧之后也告别了舞台。普洛斯彼罗在收场诗中的自白就像莎士比亚告别剧坛、告别观众的谢职演说一样:"现在我已把我的魔法尽行抛弃,剩余微弱的力量都属于我自己……我再没有魔法迷人,再没有精灵为我奔走。"又因为这部作品集中反映了莎士比亚晚期的思想,因而被称为"诗的遗嘱"。

《暴风雨》作为莎士比亚精心创作的最后一部作品,以其炉火纯青的艺术造诣,为莎士比亚辉煌灿烂的戏剧生涯画上了一个完美的句号。

《暴风雨》是莎士比亚的最后一部作品,有意思的是,在收场诗里,他向观众告别,明确表示要退出舞台,要求给他"以自由",让他"重返故乡"度晚年。在这最后一部作品里,他也把自己对生活的观察做了总结,如同写下自己遗嘱似的。在他的时代里,生活被不合理的制度歪曲了,人们的灵魂受到了腐蚀,受到了创伤,好人受气,坏人得逞,但他希望这只是历史过程中一段短短的噩梦而已。"暴风雨"的轰响将惊醒这可怕的噩梦,"暴风雨"将冲刷这污浊的大地,"暴风雨"将带来一个新鲜的、干净的、美好的世界,一在这个世界中,年轻一代,像米兰达和斐迪南那样,都将会有自由的锦绣前程,将要过着一种全新的、人们从没有过的美满幸福的生活。

莎士比亚在戏院大约工作了二十五年之后,于1612年退休,回到自己故乡斯特拉福养老。未过上几年清静的生活,他的最后时刻就意想不到地到来了。他在一六一六年三月间写遗嘱时,"健康和记忆还很不错"。在遗嘱中把他的财产分赠给亲友,当然在斯特拉福和伦敦的大部分财产都归于苏姗娜。遗嘱中规定把家中第二个最好的床给他的孀妇哈撒薇,对这点很多人怀疑是不是莎士比亚对他妻子的嘲弄,或者关系不好,但更多的人认为这正是他对她的爱的表示,因为这第二张好床是他们结婚的床。至于第一张最好最大的床,有的说是苏姗娜夫妇留着,也有的说,像在他这样人的家里,习惯上是把最好的床留给客人用的。如果把它遗赠给自己妻子,那不就把她看作外人了?遗嘱里还想到他的剧团的伙伴们:"约翰·海明、理查·倍伯奇和亨利·康德尔,一人二十六镑八便士,给他们每人买一枚戒指。"在遗嘱中他还写上"希望和坚定地相信,我的灵魂将被派为永恒生命的一部分",也就是说,他的生命将是不朽的。1616 年 4 月 23 日,正是第 52 个生日那天,莎士比亚在斯特拉福镇与世长辞。

莎士比亚在短促而匆忙的一生中,一共写下了两首长诗,四首杂诗,一百五十四首十四行诗和三十七个剧本。如果把过去有争议而现在通过科学手段证明确是他写的《托玛斯·摩尔》也算进去,那就是三十八个剧本了,这是人类一笔最可宝贵的财富。但是在他生前,虽然受到人民欢迎,作为演员作家,却并未享受到多大荣誉。死后,他一直沉睡了一百五十多年,默默无闻。十八世纪中叶,才有人去凭吊他,那是由于著名演员加里克提倡的结果。到这时,也只有少数学者开始对他进行研究。几乎又沉默了一世纪,到十九世纪中叶,人们才对他狂热起来,成为最伟大的剧作家;大文豪、大诗人,而世界性的一门热门科学——莎学,也由此形成。可是与这幸运的同时,却又产生了一种不幸,盛名之下,引起不少人对他的怀疑、否定,甚至贬辱。但这些只不过是学者们的无聊的谬说,耸人听闻而已。每遇到有人攻击或诽谤时,马克思、恩格斯都奋起迎击,严厉驳斥,保卫莎士比亚这一人类共有的伟大遗产和骄傲。诚如莎士比亚同时代的大戏剧家本·琼生所说,莎士比亚是"时代的灵魂",他"不属于一个时代而属于所有的世纪"。

跨越两个世纪的诗人

——歌德

人物档案

简　　历：18 世纪中叶到 19 世纪初德国和欧洲最重要的歌剧家、诗人、思想家。出生于美因河畔法兰克福,魏玛的古典主义最著名的代表。而作为诗歌、戏剧和散文作品的创作者,他是最伟大的德国作家之一,也是世界文学领域的一个出类拔萃的光辉人物。他在 1773 年写了一部戏剧《葛兹·冯·伯利欣根》,从此蜚声德国文坛。1774 年发表了《少年维特之烦恼》,更使他名声大噪。1776 年开始为魏玛公国服务。1831 年完成《浮士德》,翌年在魏玛去世。

生卒年月：1749 年 8 月 28 日~1832 年 3 月 22 日。

安葬之地：安葬在公侯墓地席勒墓旁。

性格特征：爱整洁,性格特征复杂、矛盾、有个性。

历史功过：完成大量文学作品,辅佐魏玛公国,进行科学研究;在文艺理论、哲学、历史学、造型设计等方面,都取得了卓越成就。他的创作把德国文学提高到全欧的先进水平,并对欧洲的文学发展做出了巨大的贡献。

名家评点：恩格斯评价说:"歌德有时非常伟大,有时极为渺小,在他心中经常进行着天才诗人和法兰克福市议员的谨慎的儿子、可敬的魏玛的枢密顾问之间的斗争。和黑格尔各在自己的领域中都是奥林匹斯山上的宙斯。"

伟大之初

1749 年 8 月 28 日,约翰·沃尔夫冈·歌德出生在法兰克福城。他的父母共生了6个孩子，但是活下来的只有小约翰和比他小一岁的妹妹科内莉娅。

在父母的关爱下，幼小的歌德逐渐长大。家庭的浓郁的文化气氛给小歌德留下了深刻印象。歌德的父亲不刻意追求房屋外表的雍容华贵，却花了大量精力布置他的藏书室，装备一个收藏同时代艺术家作品的画廊。老歌德的足迹遍及世界各地，因此世界各地的土产和纪念品点缀了"三把七弦琴"的各个房间和宽敞明亮的前厅。在这个小小的博物馆和艺术展览厅内，最最吸引歌德的是一套皮拉内西风格的罗马风景画。这位驰名世界的意大利铜版画家、考古学家和建筑师用强烈的黑白对比、精湛的造型技艺表现了气势博大的古代与巴洛克风格的建筑群。歌德久久流连在文化艺术的珍品之中，逐渐陶冶了他不凡的艺术气质。

歌德与父亲始终有一种距离感。童年的歌德讨厌父亲那刻板的、吹毛求疵的习性和对人对己都铁面无情的态度。但是歌德常常十分谨慎地提起父亲，因为他不可避免地越来越像他的父亲，不仅在外表上，而且在许多生活习性上，尤其是特别爱整洁这一点上。

与理智的父亲相反，歌德的母亲天性活泼快乐。她的性格使胆怯的孩子更愿意与她亲近。她有很强的调节能力和善于体察别人心情的本领，因而成功地避免了儿子与父亲多次严重的冲突。孩子们喜欢母亲的另一个原因是她有编造故事的专长，歌德成年后认为这是造成他诗人气质的重要因素。母亲那乐天性格使歌德终生难忘，他总是不知疲倦地谈到他对母亲的爱。

妹妹是少年歌德的唯一骨肉同胞，也是他的唯一知己。小时候兄妹两人一起生活、玩耍、学习、成长，所受的教育也完全一样。歌德认为他与妹妹可以看成是双胞胎，可见两人的亲密程度。随着身体的发育和道德观的形成，他们中间仍然保持着这一种生活的共识性与相互信赖感，只是青春期的趣味、性别而形成的个性差异与青年人的神秘感使原本应更亲近的兄妹反而疏远。成年后的歌德痛悼年轻的妹妹的早逝，他想只有写一部完整的诗作才能召回妹妹的亡灵。

按照当时所有的上流家庭的惯例，歌德从很小的时候起，就受到了精心的家庭教育。他有优秀的家庭教师，尤其注重学习人文科学。他对拉丁文和希腊文有惊人的理解能力。有一次，这位8岁的孩童不无骄傲地在作业本上注明，正式文科中学最高学年的拉丁文练习是他主动抄写下来并翻译出来的。学完古代语言之后，他开始学法文、英文和意大利文，后来又学希伯来语。10岁的时候，他开始阅读伊索、荷马、维吉尔和奥维德的作品，《一千零一夜》，笛福的《鲁宾逊漂流记》，施纳贝尔的《石堡孤岛》。他也阅读德国民间故事，如《奥伊伦施皮格尔》《士德博士》《美丽的马洛妮》《福图纳图斯》以及《永世流浪的犹太人》之类的作品。

除了读书和学习之外，社会发生的重大事件都深深地震撼了幼小的歌德。1755年11月1日，里斯本发生了一次大地震，这作为18世纪最大的自然灾害之一而载入册的地震对歌德的精神发展具有巨大的意义。歌德第一次看到自然的恐怖之神如此迅速、如此猛烈地施展它的可怕淫威，因而对与天地的创造者和维护者的上帝由此而产生了怀疑。《圣经》里的上帝是那样的贤明和仁慈,在地震中却让好人和坏人一起毁灭,丝毫表现不了一点慈父的心怀。从此歌德的宗教信仰发生了动摇。

1756年,普鲁士和奥地利爆发了7年战争。里斯本地震之后,6岁的歌德开始怀疑上帝的仁慈,如今他又对公众的正义心开始怀疑。歌德生来喜欢敬重别人,如今他对某种值得尊敬的事物的信念动摇了,可见普奥战争对他的影响之大。从前他一直以为要求他们举止得体、行为端正的人一定也是正派的人,但事实恰恰相反。最伟大、最显赫的功绩常遭到了诽谤和敌视,最高尚的行为即使不被否定,至少也被歪曲和贬低,而这种卑劣的行为却是由于出自上层社会。一些政治关系上司空见惯的小事常常引起他深深的思索。

1759年1月,法兰克福遭到奥地利的盟友法国人的突然袭击。法国占领该市后,歌德家住进了法国市政管理局的一位官员。少尉弗朗索瓦·德·托朗伯爵在楼房二层住了近两年半的时间,与幼年的歌德差不多成了忘年交。伯爵十分喜欢艺术,曾大量订购了以荷兰风格进行创造的法兰克福等地的画家如约翰等人的作品。大部分作品由画家直接来家里进行创作,耳濡目染,歌德很早便熟悉了绘画艺术。

由于与伯爵的友情,当法国剧团到法兰克福演戏时,歌德便得到了优惠。他经常去看戏,11岁的歌德不仅由此熟悉了拉辛和莫里哀的作品,而且有机会与演员直接接触。歌德对戏剧的兴趣是幼年时由于木偶剧团启发起来的,此刻兴趣越发浓厚,这一切都在他的作品《威廉·迈斯特的戏剧使命》中反映出来。

在法军占领法兰克福市期间,歌德已经尝试写诗了。1759年1月起,他毫不费力地写了大量的诗,有的是献给他的亲人的。

歌德在那些早年的诗歌中构筑了宏大的场面,对罗马大帝约瑟夫二世的加冕的描写为诗歌增添了夺目的光彩。

游学岁月

歌德想上格廷根大学,甚至为自己描绘了一条人生之道,专攻语言学、文学、历史。1765年10月,在书商弗莱舍尔陪同下,他欣然前往莱比锡。

歌德的父亲预计每年给他1000塔勒作学费和生活费,这当然是相当可观的数目。歌德希望一年200~300塔勒就够用了,当时一个泥瓦工一年的收入也不过200塔勒。他在介于新、旧市场街之间的"火球公寓"里住下。安顿好以后,他便连忙拿着介绍信去见宫廷顾问博麦。

博麦作为历史学家和宪法学者,对于一切带有文学气味的东西都表示憎恶。歌德只好学法律。根据博麦给他定好的课程,歌德先听哲学、法律史和罗马法及其他两三种课程,但他仍坚持经常听格勒特讲授的文学史和参加他的文学习作课。

令人烦恼的是学习。哲学对他没有什么启发作用,逻辑学使他觉得很奇异。法律的讲授更是"糟糕",他跟父亲学到的东西,在此不过重温一次而已,他感到极其无聊。格勒特教授虽然深受青年人欢迎,但是他重视散文。鄙弃诗歌,并且不大高兴上文学习作课。于是由克罗狄阿斯教授来填补。有一次,歌德的舅舅结婚,家里人来信要歌德写首贺诗。歌德写了一首以希腊众神议论婚事为内容的诗。他自我欣赏之余,便抄了一份,恭呈这位教授,企图博得教授的称赞。谁知教授看后,在课堂上宣读出来,并且将这首诗批评得体无完肤,指出滥用神话是种陋习,有些用语太高深,有些又太浅薄。教授大刀阔斧地删改之后,已经是满纸红墨水了。

至于神学,歌德更是反感。歌德对宗教向来持怀疑态度,视圣经为宗教教条,使人思想僵化。

对上述的不满和失望,对新知识的渴求,使歌德转向适用的学科。从第二学期起,他便去听化学课和解剖学课,学习生物学、物理学等自然科学,学习绘画艺术。

他的生活更放荡了。

他陪同乡、未来的妹夫施罗塞尔在布路尔街的一家小旅馆吃饭,认识了掌柜舍恩科普夫一家。他女儿安娜·卡塔琳娜(1746~1810)年方20岁,歌德一见钟情,称她为安妮特,或凯特馨。歌德在自传中回忆道:她是"一个美丽可爱的女孩,我很喜欢她,可以有机缘来互送友谊的眼波"。为了天天能见到她,歌德干脆在这家饭馆吃饱饭。

歌德受到等级观念的束缚。他是法兰克福市参议员的儿子,他家是该市的第四富豪,而她是一个小饭馆老板的女儿,年龄比他大3岁。他经常出入上流社会,怎么会娶她做妻子呢?

他不敢告诉父母,只是在1767年8月用法语给他妹妹写的信里顺带提了一下,而且遮遮掩掩。就在这一年秋天,他和她在一棵老菩提树下幽会。

可是到了冬天将尽的时候,他好发脾气,找岔子来呕她,使她不快。

两个月之后,歌德病倒了。一天夜里,他剧烈地咳血,脖子的左边长了一个肿瘤。一连几个星期卧床不起。他以为自己得了肺病,而医生们的诊断也相互矛盾。

狂飙突进

他卧病在床,幸好画家的女儿弗里德里卡·奥塞尔照顾他,给他不少安慰,使他慢慢康复。就在他满19岁的那一天,他登上邮车回家乡了。

1770年歌德前往斯特拉斯堡去完成他中断的学业。病中休养生息使他的精神面貌焕然一新,斯特拉斯堡的大教堂在他眼里显得那么庄严壮丽、崇高,令他叹为观止,顶礼膜拜。当时哥特式建筑正声名狼藉,歌德却从中领悟到古代建筑师们在他们的作品中显示的博学宏识。愉快安谧的晚霞辉映着简朴而庞大的建筑群，由千万个和谐的群体构成的完整而巨大的印象强烈地激荡着歌德的心灵，他意识到在事业、经历和写作上他将有一个新的开端。

歌德的学习是认真而又紧张的，除了法学外，他去听医学和社会学的课，还研究了许多历史、哲学、神学和自然科学问题。他不仅仅只是读书，还尽可能充分观察事物，把它们印在脑子里，然后有的放矢，运河钻研那些能给人指明方向的学问，从中得到真正的哲学和健全的逻辑。

歌德结识了许多朋友，这使他的眼界脱开狭小的圈子，视野更加广阔。他了解到文坛上各种新的尝试，从而彻底摆脱了思想的束缚。在朋友们的影响下，歌德开始了创作的"最早的记录"。

歌德想取得一个法学博士的学位作为他在斯特拉斯堡学业的终结，但开始并不顺利，原因是他交了一篇法律系看起来十分棘手的论文。不过她们允许他换一种方式答辩。在导师的帮助下，他重新确定了答辩的论点，虽然有些观点被他的同学拿来作笑柄，但这场用拉丁文进行的答辩还是十分轻松愉快地通过了。

刚从斯特拉斯特拉堡归来，歌德被委任为法兰克福陪审法庭的律师，时年22岁。他父亲期望他很快闯出名声，可惜事与愿违。在法兰克福四年的时间里，年轻的律师只办了28件诉讼案，歌德心不在焉，他所关注的是法律以外的事务。

这时刮起了一阵狂飙，它很快席卷整个德国。这就是德国文学史上的"狂飙突进"运动。它是以莱辛为代表的启蒙运动的继续和发展。由于它主要涉及文学，仍然是文学革命运动。"狂飙突进"来源于剧作家克林格尔（1752~1831）的剧本名，这个剧本描写了两个英国家庭从结怨到和解的过程。剧本于1776年出版，翌年上演，效果并不佳。但是这批青年作家掀起的文学运动却有如狂飙（暴风），势不可挡，故得此名。

这个运动的纲领是崇尚自然，推崇天才。作家们也以天才自命，他们要求个性解放，要求民族的发展。因此，他们反对封建专制，反对模仿法国文学，要求创造德国自己的民族风格。

"狂飙突进"运动大致始于1770年，赫尔德尔就是这个运动的纲领制订者和理论家。他在斯特拉斯堡从1770年9月一直待到1771年4月，才去比比堡任牧师之职。他在这一年写出了《莎士比亚》一文，两年后才发表。

在斯特拉斯堡，歌德认识到法国文学是"老耄的，高贵的"，追求自由和享乐的青年不喜欢，人们戏称名噪一时的伏尔泰为"老顽童"，对他表示嫌恶。正在歌德要求摆脱法国古典主义束缚之时，赫尔德尔介绍他读莎士比亚，正是一拍即合，歌德写了《莎士比亚命名日》一文。在1771中10月14日，他当着妹妹及妹妹的几个朋友的面，发表了以此为题的演说："我初次看了一页他的著作之后，就使我终身折服；当我读完他的第一个剧本时，我好像一个生来盲目的人，由于神手一指而突然获见天光。"

他接着说:"我没有片刻犹疑拒绝了有规则的舞台。我觉得地点的统一好像牢狱般的狭隘,行动和时间的统一是我们想象力的讨厌的枷锁。我跳向自由的空间,这时我才觉得有了手和脚。……因此,要是我不向他们宣战,不每日寻思着去攻破他们的牢狱,那我的心要激怒得爆裂了。"

这篇讲话就这样成为"狂飙运动"的宣言,成为向封建社会挑战的"宣战书",成为唤醒在所谓文雅趣味的乐园中熟睡的人们的号角。

赫尔德尔受到了邀请,但未赴会。歌德没有辜负赫尔德尔的期望。一个月之后,他就全力投入剧本《铁手骑士葛兹·封·伯利欣根》的创作了。

一天晚上,歌德回到家里,对母亲说,他在公共图书馆里找到了1731年出版的《葛兹自传》。他要把它编成一个剧。他极力使情节生动,并详细给他娃娃听。她鼓励他把剧本写出来。

在默尔克的帮助下。1773年6月他将剧本自费出版。剧本引起很大的反响。

歌德写的剧本基本上反映了德国农民战争前后的历史。但是他发挥了剧作家的想象,增添了情节,虚构了魏斯林根这个叛徒和阿德尔海特这个风流寡妇,并且让葛兹和农民领袖济金根攀上了姻亲关系,将结尾改成葛兹为自由而死。这些改动和不拘泥于史实的做法,显示了歌德驾驭素材,展开戏剧性冲突的技巧和才华。但是他写了59场,未免太长了,不适宜于演出,只适合作为文学阅读剧本。尽管如此,1774年它仍在柏林和汉堡上演了。

青年歌德有着充沛的精力和旺盛的创作力,还在构思、撰写、改动、印刷和发行《葛兹》的时候,在歌德的脑海里,别的创作计划和设想已经纷至沓来。计划之中就有剧本《普罗米修斯》和长篇小说《少年维特之烦恼》。这时,狂飙精神已从歌德身上几乎消失了。他谨小慎微地在《诗与真》里解释说:"巨人普罗米修斯扰乱天庭的反抗精神对于我的诗的描写并没有供给什么素材。我觉得适宜于我的描写的,是巨人一方面承认比自己更高的威力的存在,但同时又想与之比肩,以平和的、忍耐的努力同他对抗一事。"

著作《维特》

1772年5月至9月,歌德遵从父命,去法兰克福北边的韦茨拉尔,在帝国高等法院实习。这是一个有四五千人的小城。在帝国法院1689年从施派尔迁来这里后,与帝国法院有关的人就约有900人。其实,这里并非最好的进修之地。只不过因为歌德的外祖父在这里工作了10年,歌德的父亲也曾拜访过,而有点老关系罢了。他的如意算盘是想让歌德找到晋升之阶,可是他没有想到歌德对司法工作没有什么兴趣。在这里歌德参加公开举行的庭审,去听法学家专为实习生讲的课。此外,还是《法兰克学者汇报》的撰稿人。

同年6月9日歌德去离该市2里地的福尔佩特豪森参加舞会。正好克斯特纳（1741~1800）和夏绿蒂（1753~1828）也去跳舞。于是他们互相认识了。

她也很喜欢跟歌德做伴，很快歌德就为她的魅力所吸引和迷醉。然而，这一开始就注定歌德的爱恋只能是单相思，因为她已是情有所钟。她的未婚夫克斯特纳在不来梅公使馆工作，"是一个非常正直和相信人的男子"。他下班回来，总看见歌德厮守在未婚妻身旁。虽然他不存芥蒂，但是歌德还是感到不自在。

克斯特纳也未明显地表现出吃醋。他仍然保持同歌德的友谊，信任自己的未婚妻。夏绿蒂也明确表示她只能给歌德以友谊，而不能以身相许。她始终坚定地忠实于对克斯特纳的爱情。克斯特纳的这种豁达宽厚的态度既赢得了未婚妻的爱，也使歌德很不好意思。他们三人经常在一起。歌德深知他们的三角关系渐趋紧张。他思想斗争很激烈，甚至萌生自杀的念头。但是他的理智终于占了上风，他抛去一切忧郁病的妄念，决心活下去。他不辞而别。

正好默尔克约他去莱茵省看望他们共同的朋友。于是，他第三次从他的心上人身边逃走，但是这次逃走与前两次不同。前两次是他抛弃了多情的女子，而这次是他自己被人抛弃了。

一星期后，他已经坐在莱茵河畔科布伦茨附近一幢漂亮的别墅里了。别墅的主人索菲·封·拉罗歇是一位刚成名的德国第一个女作家。她曾与诗人魏兰德有过一段恋情，现在是特里尔选帝侯的枢密顾问格奥尔格·米歇尔·弗朗克·拉罗歇的妻子。她身旁站着16岁的大女儿玛克西米利安妮。她那开朗的脸，白皙的皮肤，乌黑的眼睛，使歌德一见之下，就想起夏绿蒂，不知不觉地爱上了她。

但是这个少女却拒绝了歌德的追求，第二年在其父亲做主的情况下，她嫁给了一个比她大15岁的、并且有四儿一女的老鳏夫彼得·安乐·勃伦塔诺——一个侨居法兰克福的意大利富商。

1774年1月中旬，这个年轻的继母走进这个富商家的时候，一群孩子包围了她。最大的男孩安东11岁，最小的女孩保娜才4岁。

歌德回到法兰克福以后不久，他竟意外地在街头遇见了克斯特纳。两人又热烈地拥抱起来。

克斯特纳不久同夏绿蒂结了婚，歌德买了结婚戒指送给他们。他附上一封信，写道："你们不要到法兰克福来，这会令我心情舒畅。你们来，我就走。"直到1816年秋夏绿蒂才与67岁的歌德在魏玛重逢。歌德友好而有礼貌地接待了她，但双方都感到陌生和疏远了。

正在歌德痛不欲生的时候，克斯特纳写信告诉他耶路撒冷自杀的消息。耶路撒冷是歌德在莱比锡大学时的同学，"身材中等，身体健美，英俊可亲，长脸带圆，金发碧眼，穿着蓝色的常礼服，浅黄色的背心和裤子，以及褐色头的长靴。"他在布伦瑞克公使馆当秘书。据说他热恋一个朋友的妻子，但绝没有看见他跟这女人公开在一起。他爱好英国文学，性格有些孤僻内向。

耶路撒冷的自杀,歌德自身的体验和遭遇,使歌德不用费多大劲,就构思出完整的情节。甚至维特写书信的日期都与歌德给夏绿蒂的信相差无几。但是,歌德并不等于维特。维特死了,歌德却活着。

歌德花了4个星期的时间,写成了这部书信体小说。在歌德离开夏绿蒂,回到法兰克福一年半以后莱比锡书店来信索稿,歌德将书稿寄去。1774年秋,《少年维特之烦恼》这本小说出现在书展上,立即引起轰动。这位25岁的青年人一下成为新闻人物。

一本很平常的描写三角恋爱的小说,为什么竟然轰动一时呢?

根据歌德自己的分析,这与当时的社会有关。当时德国还是一个封建社会。人性受到压抑,个性没有解放,恋爱没有自由,青年人受到各种封建观念的束缚。他们的种种热情得不到满足,根本不可能从外部受到鼓舞去干一番事业,只能在精神空虚的市民生活中彷徨,感伤,厌世。所以,这部小说受到有时代精神苦闷的青年的热烈欢迎,甚至与维特有同样遭遇的青年读者竟然步维特的后尘,穿上蓝上衣、黄背心,仿效维特而轻生自杀。

德国文坛高度评价了这部作品。老一辈的诗人莱辛、魏兰特虽然提出了一些批评意见,但都赞扬歌德的天才。狂飙突进运动的作家们都热烈赞扬这部作品的革命精神。伦茨把维特称为"被绑在十字架上的普罗米修斯"。毕尔格尔写信告诉歌德,说他读了《维特》之后,夜里做梦,梦见自己在歌德的怀抱里大声恸哭。可见小说感人之深。

《维特》成了当时的畅销书。封建卫道士们慌了手脚,不许让这本有伤风化的小书流行。当时作家尼古尼拉为了对抗歌德,竟写了一本214页小说《少年维特之喜悦》,篡改结局,让维特用灌上鸡血的手枪自杀未遂,最后与夏绿蒂结婚。这使歌德大为恼怒。

鉴于有些青年仿效维特走上轻生之路,歌德深感自己的小说受到了误解。在1778年再版时,歌德在扉页上题了一首诗,这就是那首著名的诗《夏绿蒂与维特》。郭沫若在1922年首次翻译了这部小说,诗的译文如下:

青年男子谁个不善钟情?

妙龄女人谁个不善怀春?

这是我们人性中之至圣至神;

啊,怎样从此中有惨痛飞进!

可爱的读者哟,你哭他,你爱他,

请从非毁之前救起他的名闻;

你看呀,他出穴的精灵正在向你目语:

请做个堂堂男子吧,不要步我后尘。

这本小说已译成各国语言,中文译本已有20种以上,其印数之高,居世界第一。

《少年维特之烦恼》问世前后几年,是歌德文学创作的绚丽多彩时期。他酝酿了如此多的诗歌创作计划,以致他只要信手采撷生活中的花絮,便可塑造成诗的形象。歌德的创作欲望极盛,如果他不写剧本,他就得毁灭。白天的所见所闻,所思所想,无不在梦中凝聚成形,幻化成第二天清晨歌德笔下新的艺术形象,他的想象力空前活跃。

1775 年是歌德在法兰克福的最后一年。他邂逅了当地一个富商的女儿,16 岁的莉莉·舍内曼,他度过一段终生难忘的幸福时光。新的热烈的爱情使两个人的关系迅速发展到正式订婚阶段,但不同的生活方式和宗教信仰间离了他们,双方父母的不认可更给两人相爱带来了重重阻力,起决定性作用的是歌德自己的踌躇和犹豫,因此造成了他们的最终分手。歌德既爱莉莉,却又觉得投入一种家庭幸福的生活很难得到满足。从这件情感事件的处理上,歌德发现摆在他面前有两条道路:或者身穿镶金银边的上衣和搭配得当的华服出入在社交场合,在富丽堂皇的枝吊灯和壁灯微弱的灯光辉映中与一迷人的少女相逢,怀着浅薄的兴趣,去伴随这样一个俊俏的金发少女,去听音乐会,参加舞会,去满足世俗的虚荣心和生理的欲望。或者身穿灰色的海獭皮衣服,围一条褐色的丝绸围巾穿一双高筒靴,在二月轻柔的微风里感受着大自然,面对着一个广博而充满魅力的世界,永远追求着自己心中的目标,工作不息,奋斗不止,把青年时代天真无邪的感情谱成短小的诗篇,把生活中浓郁的趣事写成新颖的剧本,不迎合任何世俗,只需深深体味反复磨砺自己的所思所想,在工伤中完善自身,同时代精英共享人生。歌德认为后者才是最大的幸福。

1775 年初夏,歌德接受了施托尔贝格兄弟的邀请,陪他们一道去瑞士。他试一试是否离得开莉莉,他试用通过环境的变换克服心头的危机。他身着"维特服"走遍了如诗如画的瑞士。当他站在歌特哈德山巅考虑是否继续到意大利去旅行时,对莉莉的思念、再次强烈地占据了他的心灵。他返回法兰克福,又一次陷入情感不能自拔。在痛苦的抉择中,他再一次清醒地认识到:必须离开莉莉!傻瓜才让别人束缚住自己!沉溺于情感会窒息他所有的力量,会夺走他灵魂的全部勇气。他必须离开,到自由的天地中去!

1774 年 12 月,歌德认识了萨克森·魏玛·埃森纳赫的王储卡尔·奥古斯特。1775 年秋天,王储为了公主的婚礼路过法兰克福,邀请歌德到魏玛去住一段时期。歌德接受了这个邀请。这是歌德生活中的转变。歌德认为这转变来自一种神秘莫测的巨大力量。他像是被无形的精灵所鞭策,由日神的骏马拉着命运的轻车疾驰而过。他想不起他来自何方,也不知即将驶向哪里,只有鼓足勇气,紧握缰绳,避开岩石和悬崖一往直前。

魏玛从政

1775 年 11 月 7 日，歌德来到了魏玛公国。这是一个不到 6000 人的宁静小城。公国的统治者是女公爵安娜·阿玛利娅。在丈夫早逝后，这位能干的统治者极其精明地治理了公国达 17 年之久。尽管财力有限，尽管 7 年战争造成普遍的不稳定局面，安娜仍然在自己的周围多方位地成功地促进了科学与艺术的发展。歌德把她称为具有完美人性的完美君主。

歌德在魏玛居住了 50 多年。当他刚到魏玛的时候，他自己也没有想到他会在卡尔·奥古斯特宫廷里逗留更长的时间。固然，安娜女公爵创建了"缪斯宫廷"，给她两个儿子担任教师的是即兴诗人兼作曲家冯·艾因西德尔和冯·塞肯多夫等人，还有被称为"童话之父"的文科中学教师穆佐伊斯和出版家贝尔图赫。这种人文人才的组合会对整个德意志祖国产生意义重大而富于生气的影响。

不仅如此，歌德逗留在这里，还希望在过了一段无拘无束的自由文人生活之后，能承担社会具体任务和责任。他给友人的信中说，从政即使只有几年的时间，也总比呆在家里空有远大志向却无所事事好。他曾经到过几个公国，现在他来到这个早已使他感兴趣的魏玛公国，希望为这里贡献自己的才智。

歌德留在魏玛的另一个重要原因是由于年轻的公爵。1775 年 9 月，安娜·阿玛利娅的长子卡尔·奥古斯特到了法定年龄，接替她掌握了大权。歌德刚到魏玛时，奥古斯特才 18 岁，他整晚整晚地坐在歌德那里，推心置腹地畅谈艺术和自然的话题，谈论种种趣事。他与歌德很快便处得亲密无间，两人谈话常常到深夜，奥古斯特疲倦了就紧挨着歌德的沙发睡着了。他们两人都年轻，都处在精力极充沛状态中，往往干一些近似疯狂的事情。白天，他们经常骑着烈马，跳过篱笆和沟壑，涉水爬山，直到筋疲力尽。夜间常常在旷野露宿，在森林中生起一堆篝火。与爵位继承人相处，歌德也产生过忧虑和不安，然而很快看到奥古斯特那出类拔萃的天性不久就得到了净化，形成了最美的品质。与他在一起生活和工作，令歌德感到愉快。他看到年轻的公爵对国务充满了热忱，他完全理解公爵。

1776 年 6 月，歌德正式进入魏玛宫廷当了枢密顾问官。被委此重任，理所当然遭到非议。最受宠幸的宫廷顾问弗里德里希·冯·弗里奇就是竭力反对者之一。但是具有远见卓识的奥古斯特公爵坚持他的任命。他认为对一个才干出众的人，不把他放在最能发挥他的才能的地方去使用，就是糟蹋这个人才。世人的判断是根据偏见，而他和每一个愿意尽职尽责的人的所作所为不是为了沽名钓誉，而是为了对得起公国和自己的良心。

歌德进入枢密院，很快卷进了几乎全部政务活动和国家管理工作中。他的工作范围极广，从承担制定防火条例的小事直至参与争夺王位继承权的巴伐利亚战争期间欧洲各宫廷之间的高层政治谈判。此外,他还主持过政府的某些部门的管理工作。

能够担此重任,不仅出于公爵对他的充分信任,还主要是由于歌德不懈的努力。他渴望投入工作,锻炼和考验自己的能力和才干,十分认真地对待那些被人不屑一顾的小事。起初,也许只想试一试能否出任重要职务,仅过了半年他便改变了看法,把是否称职当成了道德上的考验。他认真对待每一项工作,克服重重阻挠和困难努力完成这些任务。歌德遇事冷静而敏锐,思想坚定,确信只要坚持到底就有希望。解脱了压力,灵魂就会懈怠,就会追求生活享受。歌德认为饱食终日无所用心才是最令人痛苦的。责任心驱使歌德从事繁芜庞杂的事务,即使到最小的村庄和荒凉的小岛,他也会孜孜不倦。

歌德利用空余参加了许多活动,这使他的诗歌才能和戏剧才能得到了很好地发挥。朗诵晚会,假面舞会,假面游行,特别是宫廷戏剧爱好者的演出,都由于有他的参加而增色不少。他写的《兄弟姐妹》(1776)、《莉拉》(1777)、《感伤的凯旋》(1777)、《耶吕和贝特吕》(1779)、《渔妇》(1781)等戏剧在蒂福尔特公园演出时气氛特别热烈。

由于歌德的介绍,不少有名望的人物慕名来到魏玛,著名的文学家艺术家云集在这宁静而美丽的公国,形成了鼎盛一时的人文景观。

在宫廷,歌德又认识了许多新朋友,宫廷夫人夏绿蒂·冯·施泰因以开朗、娴静的性格成为他生活中不可缺少的重要因素。他们之间始终保持着心灵相通的友谊。

在夏绿蒂夫人的影响下,歌德内心开始发生了一个根本性的转变。在努力摆正自己对公职的态度的同时,他也力求在处理个人生活时保持清醒、节制的镇定。他要超越他青年时代的理想,从自我中心的主观主义里解脱出来。要做到这一点,他就必须追求纯真。

要改变自己是痛苦的。歌德渴求达到理想,在灵魂痛苦的磨炼中,他像医生观察病人一样真实记载了他的所得所失。他时而宁静坦率,时而烦躁不安,他感到很受拘束,却同时又觉得真正舒畅。思想情感的复杂多变使他的剧本丰富多彩,心灵的风暴宣泄后,他才获得了真正的平静。

1779 年 2~3 月,歌德去公国各地视察新兵的招募工作,这本是他最头疼的事,他却干得十分出色。他顺便考察了为数不多的公路状况。在这期间他完成了《伊菲革涅亚在陶立斯岛》的第一稿。是神圣的使命使他精神焕发,是创作使他深深体味了纯真。他有了新的体验,通过戏剧人物庇拉得斯之口为他代言:纯真的定义是洁白无瑕。歌德在戏剧中告诫人们,小心谨慎以挫败阴谋诡计。一个纯洁的灵魂是不搞阴谋诡计的。戏剧表现了歌德的品质,他蔑视卑劣的行径,不去飞短流长,也不说东道西。他相信只要安稳和正直,一切才会顺利。戏剧最后由伊菲革涅亚呼吁:"让我们带着纯洁的手,带着纯洁的心安然地死去,洗掉我们家门的罪过吧!"

魏玛从政牵涉了歌德过多的精力,但是对无暇顾及的艺术也并不完全是空白。他恰恰是通过从政的积累使自己最重要的一部作品具有了坚实的基础。除了完成散文体的《伊菲革涅夫》以外,他考虑了《威廉·迈斯特》的开篇,构思了《塔索》,对《浮士德》作了种种设想。此外,他的抒情诗的创作也相当可观。冬夜,当伊尔姆河水漫上了他住房四周的草地时,他写下了《致月词》;在伊尔美瑙上边的墓克尔汉山上的孤独的猎人小屋的板壁上,有他的《群山之巅一片寂静……》的匆匆笔迹;1777年12月,在魏玛到戈斯拉尔途中,他在马背上草成了《哈尔茨山冬旅》;每天履行公务则构成了《人类的界限》和《神性》两首诗的背景。

歌德的天才还表现在他对自然科学的广泛研究上。无论他干什么,他都试图成为这方面的专家。担任了开发伊尔美瑙矿山的总监,他就深入研究地质学和矿物学方面的知识;在耶拿大学担任职务,他就深入探讨了比较解剖学的问题,他成为当时能专门说明一切生物的原形态和亲缘关系的专家。1784年他证明了人的颚间骨的存在,更新了人们只认为动物有颚间骨的旧说。他甚至提出了生物进化的学说设想,这个思想大约比达尔文早100年。

研究自然科学,使歌德感到了极大的快乐,他越发觉得有必要从烦琐的政务中解脱出来。1786年,他向公爵请了不定期的长假,在秋天的日子里他突然启程,悄悄地来到了心仪已久的意大利。

摆脱困境

当初歌德踌躇满志地来到魏玛,但从政以后逐渐感到,这个封建公国是绝不容许他进行真正的改革的。他实施的每项进步措施都遇到重重阻力,这使他苦恼已极。因此,他决定到意大利去钻研古代艺术并进行科学研究,以摆脱眼前的困境。于是,1786年,他带着一张填着假名的护照独自逃到了这个以古代文化著称的国家。

在意大利他相继访问了威尼斯、佛罗伦萨、那不勒斯、米兰等文化中心,甚至还去过西西里。在罗马他停留了较长的时间。南国的美丽风光使他陶醉,人民热情开朗的性格和丰富多彩的生活开阔了他的心胸。相形之下,他愈感魏玛宫廷的枯燥无味和官场生活的单调迂腐。在近两年的南国生活中,他努力研究古代文艺典籍,临摹古代绘画的范本,进行自然科学考察,同时还从事文学创作,主要成果是剧本《哀格蒙特》(1788)、《在陶里斯的伊菲格尼》(1787)和《塔索》(1789)。其中《哀格蒙特》描写的是十六世纪尼德兰伯爵哀格蒙特反抗西班牙的民族压迫,最后因斗志不坚而被敌人逮捕处死的故事。该剧于一七七四年就已动笔,因此从中尚可听到狂飙突进运动的余音。而后两个剧本则是严格按照古典戏剧的形式写成的。

歌德曾激烈地反对过三一律,何以此时竟给自己带上那沉重的镣铐?这同样是由他思想感情上的变化所造成的。歌德犹如身陷封建浊流中的顽石,终被渐渐磨去棱角。于是,随着《普罗米修斯》的反抗精神和《五月歌》里火热激情的消失,代之以《对月》中的自我解脱和《迷娘曲》中对世外桃源的憧憬。而到意大利后,他更倾心于宁静、和谐的古典艺术风格,沉醉于古典艺术那种"庄严的单纯和静穆的伟大"的理想境界。因此,他在《在陶里斯的伊菲格尼》里就借用远古关于伊菲格尼的神话来宣扬理性的高贵和人文主义的力量。而《塔索》则通过文艺复兴时期宫廷诗人塔索和一位大臣的争执,表明了歌德自己不得不与现实妥协的苦闷。如此的艺术内容就必然要求严格的古典艺术形式。这样,歌德青年时代的狂飙突进精神经过十年的从政,终于在意大利过渡到以人性论为最高理想的古典主义。因此,文学史上把歌德来到意大利这一年,即 1786 年作为德国文学古典时期的开始。

1788 年 6 月 18 日,歌德在意大利逗留 683 天之后,回到了魏玛。两次在罗马这个"永恒之城"逗留的日子多么难忘。

兴冲冲地回到魏玛准备大干一番事业的歌德,虽然很快抛出了他的诗剧《伊菲革涅亚》和《塔索》,《罗马狂欢节》和《意大利游记》片段,但是都没有多大反响。相反地,卡尔·菲利普·莫里茨在卢梭的《忏悔录》影响下写出的《旅行家安东》、克林格尔的小说《浮士德》、哲学家康德的三大批判书,席勒的《强盗》与《堂·卡尔洛斯》倒是很有市场。

歌德从 40 岁到 45 岁从事很多科学研究工作。他研究植物形态学、骨学、矿物学、光学、颜色学。科学研究工作占去的时间甚至超过了创作。

不朽名作

歌德最后 8 年一般都蛰居家中,足不出户,也很少去外地。上午在两个小房间里工作,下午在豪华的大厅里接见来客。晚上同两个小孙子和一个孙女玩,享受着天伦之乐,或者在家举行交谊会,接待客人。

歌德一直生活在狭窄的小圈子里,被禁锢在小城市里。他同外界的接触多半是靠客人来访。他们给他带来各种消息。

1830 年 10 月 27 日歌德的独生子奥古斯特因脑溢血死在罗马。噩耗传来,老人痛不欲生。他大咯血,诊断是食管静脉出血,但是他出人意料地很快复原了。12 月 2 日的日记写道:"夜。考虑《浮士德》,有所进展。"

歌德知道自己的时日已屈指可数了,他加紧工作,终于在 1831 年 7 月基本上完成了他最后一部巨著《浮士德》第二部。他的日记写道:"大事已完成,最后定稿本。全部誊清装订好。"(1831 年 7 月 22 日)

如果说,小说《少年维特之烦恼》使歌德一鸣惊人,给他带来世界性声誉,那么,诗剧《浮士德》是使歌德能与但丁、塞万提斯、莎士比亚齐名而永垂不朽的作品。

德国 16 世纪出版有《浮士德博士的故事》(1587)。据汉斯·亨宁 1959 年发表的文章,浮士德在历史上实有其人。1480 年浮士德出生在符腾堡附近的克尼特林根。约于 1540 年或 1541 年死在弗莱堡的布莱斯高。他从未上过大学学习,却妄称硕士和博士,所以称浮士德博士是无根据的。1507 年他在弗兰茨·封·济金根处当过教师,1513 年当过算命先生。在埃尔富特给学生们讲授荷马,据说能用法术将荷马史诗中的人物召唤至听众面前。当时他被教会视为异端,于是他从 1520 年开始漫游,到过德国境内许多城市,也到过布拉格,维也纳、威尼斯和巴黎,他在威尼斯当众表演过飞行。他在南德做过星相学家,1536 年他向朋友预言查理五世将对法国国王弗兰茨一世进行战争,因而声名大振。但是他并不能每言必灵,渐渐有人说他是骗子。马丁·路德曾多次指责他搞骗人的魔术,是魔鬼的亲戚。他死后,人们越传越神。这本民间故事书有 68 章 230 页。《浮士德博士的故事》就说他用自己的血签字与魔鬼订立为期 24 年的盟约。在盟约有效期间,魔鬼为浮士德服务,满足浮士德的一切要求。其交换条件是:浮士德必须放弃基督教信仰。条约期满后,浮士德必须死去,死后灵魂属于魔鬼。这本书的目的是劝人信教,不要相信异端邪说,但客观上却起到了反作用。通过浮士德同魔鬼上天入地,探讨天堂、地狱、宇宙形成等奥秘,促使人们反对黑暗的中世纪的宗教愚昧和禁欲主义,鼓励人们去追求和探索。

英国戏剧家马洛在本书出版的第二年就写了《浮士德博士的悲剧故事》,德国的戏剧之父莱辛写过《浮士德片段》(1755),海涅向歌德谈及自己打算写浮士德,还曾引起歌德的不高兴。歌德觉得海涅太狂妄。海涅不知道,歌德正在写《浮士德》第二部。《浮士德》是一部充满矛盾辩证统一、充满幻想的伟大作品,也是一部充满浪漫主义气息、稀奇古怪的作品。里面不仅有天帝和魔鬼,还有各路神仙和精灵以及各种神话人物和怪物。

歌德写作《浮士德》的 60 年间,科学技术有了显著的进步和发展。电动机问世了,巴拿马运河动工开凿了。浮士德回到书斋,培育出了一个"何蒙古鲁士"(一个"人造人",即今天的试管婴儿,不过这个幻想出来的"人造人"比今天的试管婴儿还要先进)。

《浮士德》概括了上下 3000 年的人类历史,用许多艺术形象概括了各类人和事。

歌德并没有把浮士德创造成绝对的善良人,也没有把魔鬼靡非斯特看作绝对的恶。浮士德代表积极向上的力量,靡非斯特代表否定的精灵,"作恶造善的力之一体"。在浮士德身上有善也有恶。有两种精神居住在我的心胸,一个要想同另一个分离!他同靡非斯特形影不离,等于是他心中的恶。"善恶一念间","人之善恶,存乎一心"。这种哲学理论在《浮士德》中通过各具性格的形象表达出来。

歌德也深知他自己写了"一部怪书,超越了一切寻常的情感,……浮士德是个怪人……靡非斯特的性格也很难理解","要想单知解力去了解它,那是徒劳的",

"谁要是没有四面探索过，没有一些人生经验，他对下卷就无法理解。"他在辞世前几天给威廉·封·洪堡写信说："……我确信我为这一稀有的事业而付出的正直的、长期进行的努力将会得不到什么补偿，将会像在海难中被粉碎的船舶那样被冲上海岸并首先被时间的流沙所湮没。"（1832年3月17日）事实证明，这部名著仍拥有读者。虽然它不易读懂，但在新中国成立后，已出了5个中文译本。

　　歌德完成《浮士德》第二部这件大事后，心情轻松愉快。为躲避人们对他82岁华诞的盛大庆祝，他带着两个孙儿瓦尔特和沃尔夫冈及仆人，到伊尔梅瑙去了。在生日前夕即8月27日，他把仆人和孙儿们安排在林区看烧炭工人、樵夫和吹玻璃工人如何干活，便由山区视察员约翰·克里斯蒂安·马尔陪同，吃力地爬上小丘，向猎人小屋走去。小屋的南窗旁，窗子左边有歌德曾用铅笔写的一首诗。

　　一切峰顶的上空
　　静寂，
　　一切的树梢中
　　你几乎觉察不到
　　一些声气；
　　鸟儿们静默在林里
　　且等候，你也快要
　　去休息。

　　歌德反复吟诵，泪流双颊，他缓慢地从他深褐色棉布上衣里掏出雪白的手帕，擦干眼泪，以柔和伤感的口气说，"是呀，且等候，你也快要去休息"。他沉默半分钟，又望了望窗外幽暗的松林，随后转身向身边的人说了一句："我们现在又可以走了"。

　　6天以后，歌德在9月4日写信给音乐家泽尔特，提到这件事，信一开始就说："这6天是整个夏天最晴朗的日子，我离开魏玛到伊尔梅瑙，我往年在那里做过许多工作，可是长期没有再去了。在周围都是枞树林。最高山顶上一座孤单的小木板房壁上我找到那首1783年9月6日的题词，你曾使这首歌驾着音乐的翅膀传遍全世界；那样亲切地抚慰着人们。……过了这么多年，真是阅尽沧桑。有持续着的，有消逝了的。成功的事物显露出来使我们高兴，失败了的都忘记了，在痛苦中忍受过去了"。

　　一个多愁善感的诗人在自己的生日前后三次来这个小屋，而且头两次相距30年，后两次相距20年，前后相距50年，怎不感慨万千呢？50年来，多少成败，多少是非，多少朋友已经作古，他还健在，而他已是年过八旬的老人，他曾从意大利、从耶拿、从格尔德米勒、从玛丽恩巴德，一次又一次获得新生，获得青春。他还能像浮士德那样，喝魔汤而返老还童吗？决不会有了。他俯视群峰，树梢，小鸟，从无生物到生物，都一片静寂，稍等候，他也要休息。当年来此是为了"躲避城市的喧嚣，人们的怨诉，无法改善的混乱"，求得身心的安宁。这次说不定他也要永久安息了。

第二年,他感到自己不久于人世。他向老朋友米勒立下了遗嘱,全权处理他的作品和出版全集事业,也向爱克曼就出版《浮士德》第二部做了交代。歌德在家待了整个冬天,感到心情烦闷和急躁。他急于到室外活动一下,渴望春天。3月15日他乘马车去外面散步,结果着了凉,患了重感冒。这时他身体已经不行了,他已成了一个干瘦驼背的小老头。他胸部头痛,两眼深陷,面色如土,不得不卧床休息。

过了几天,病情有所好转,但是随即病情又转重。他在床上躺不下去,只好斜靠在沙发上。

3月22日早晨,他还翻阅了一本谈论法国七月革命的书。他问了日期,随即入睡,口说胡话。他还想到老友席勒,又似乎见到了漂亮女子的卷发。他睁开眼睛,看到窗帘被拉上了,便望着窗户喊道:"打开百叶窗,让更多的光进来。"

垂危之时,他用手在空中舞动着,据在场的人说,好像他写了一个大写字母"B"字,但人们百思不得其解。正如"更多的光"引起许多解释一样。

正好在他出生的时刻,这位伟大的诗人在沙发上溘然长逝了。翌日公布了他的死讯,由儿媳署名发了讣告。在举行遗体告别仪式之后,举行了隆重的葬礼。

现代法国小说之父

——巴尔扎克

人物档案

简　历：奥诺雷·德·巴尔扎克，法国19世纪伟大的批判现实主义作家、小说家，欧洲批判现实主义文学的奠基人和杰出代表，被誉为"现代法国小说之父"和"文学界的拿破仑"。生于法国中部图尔城一个中产者家庭。1816年入法律学校学习，毕业后不顾父母反对，毅然走上文学创作道路；1829年发表长篇小说《朱安党人》，迈出了现实主义创作的第一步，1831年出版的《驴皮记》使他声名大振。1834年，完成对《高老头》的著作，这也是巴尔扎克最优秀的作品之一。《人间喜剧》被誉为"资本主义社会的百科全书"。但他由于早期的债务和写作的艰辛，终因劳累过度于1850年8月18日与世长辞。被誉为"现代法国小说之父"和"文学界的拿破仑"。

生卒年月：1799年5月20日~1850年8月18日。

安葬之地：巴黎拉雪兹神父公墓。

性格特征：执着、顽强、坚持不懈，毅力惊人，创作出可比拟拿破仑的成就。每天只睡几个小时，用大量咖啡提高注意力，直率、尖刻，政治立场坚定。

历史功过：巴尔扎克在他二十余年的著作生涯中，以惊人的毅力创作了大量作品，写出了九十一部小说，塑造了两千四百七十二个栩栩如生的人物形象，合称《人间喜剧》。

名家评点：法国作家维克多·雨果评价说："他的一生是短暂的，但却非常充实，他的作品比数不清的日子还要丰富。悲哉！这位力量惊人、从不疲倦的工作者，这位哲学家，这位思想家，这位作家，这位天才，在我们中间经历了所有伟人都不能避免的那种充满风暴和斗争的生活。今天，他在平和宁静之中安息了。现在，他超脱了一切争吵和仇视。在同一天，他进入了坟墓，但也进入了荣誉境界，他将继续在飘浮于我们头顶的云层上面，在我们祖国的众星中间闪耀光芒。"

悲剧童年

奥诺雷·德·巴尔扎克于 1799 年 5 月 20 日诞生于扎尔市一个中等资产阶级家庭里，出生的时候，巴尔扎克夫妇就把儿子托给别人喂养，奶娘是圣西尔一卢瓦尔村一个宪兵的妻子。第二年，即 1800 年 9 月 29 日，妹妹洛尔出世后也和他寄养在一起。

对母子分离生活的这种做法巴尔扎克永远不能原谅母亲，他曾写道："我母亲的冷漠使我的身心遭受到多么不良的影响！难道我只是义务的产物，偶然的产物？……我被寄养在农村，被家里人遗忘了三年，我回到父母身边的时候，他们一点也不把我放在心上，以致引起了外人的同情……"实际上巴尔扎克夫人只是由于自己哺养的第一个男孩夭折，而照当时的习惯去做而已。不过必须承认，尽管孩子们离得很近，她却很少去看望他们。

4 岁时他回到图尔的父母身边。他母亲不善于培养和孩子间的感情。其实巴尔扎克是个"非常可爱的孩子，性格活泼愉快，美丽的小嘴带着微笑，褐色的眼睛明亮而温柔，高高的前额，乌黑的头发，使他在散步时十分引人注目"。这个漂亮、天真、惹人喜爱的小男孩遇到的却是他母亲那道咄咄逼人的严厉目光。她"不懂得抚爱、亲吻和纯朴的生活乐趣，不会为别人创造幸福的家庭气氛"。她一味追求奢侈，摆阔，讲排场，这损害了她的性情。

巴尔扎克和他的两个妹妹落到一位可怕的家庭女教师——德拉埃小姐手中。他们整天提心吊胆，既害怕母亲深蓝色眼睛的严厉目光，也害怕家庭教师的谎言。她认定奥诺雷厌恶这个家，说他并不是傻，而是心地阴险。她嘲笑他那么好奇地瞧着天上的星星。巴尔扎克很小的时候就会编一些小故事逗妹妹们开心。洛尔回忆道："他可以整整几个小时地拨弄一只红色小提琴的琴弦，脸上得意扬扬的表情说明他认为自己弹出了美妙的曲调，我恳求他停止这种音乐的时候，他吃惊地问：'你没有听出这曲子多么好听吗？'"奥诺雷天生有生活在幻觉世界中、倾听唯有他能听到的仙乐的本领。

他童年生活中最重大的事件是去巴黎的一次短期旅行。外祖父母萨朗比耶想见见他们的小外孙，巴尔扎克夫人把孩子带去了。漂亮的小男孩把老人们迷住了，他们对他百般爱抚，送给他各种礼物。他从来没有受过这样的宠爱，回家后对妹妹们讲个没完。

不幸的是这次旅行以后几个月，老外公因患中风去世了。巴尔扎克非常伤心。不久，外婆就到女儿家里来住了。她给这家人带来五千法郎的年息，可惜的是她将一些本钱交给女婿去做一桩"可以发大财"的买卖，结果亏损了四万法郎。要不是女儿严厉，萨朗比耶老夫人准会把外孙们宠坏的。母亲一说起要管管儿子的学业，巴尔扎克便当真吓得发抖。不知怎么他倒更喜欢他父亲的严肃的谈话和别出心裁的俏皮话。巴尔扎克夫人把女儿们送进伏盖寄宿学校，将儿子送到勒居埃学校当走读生，每个月花六个法郎进修一门阅读课，教理讲授由拉贝奇神甫担任。巴尔扎克夫人在圣加蒂安教堂"订了自己的座位"，每次都带儿子去做礼拜。正因为她知道自己的行为并不是无可指责，所以表现得格外虔诚。

巴尔扎克八岁那年，巴尔扎克夫人决心将他送进旺多姆学校住读。必须指出，那时候她正怀孕，人们传得沸沸扬扬，说这个孩子是冉·德·马尔戈讷的。巴尔扎克非常不愿意离开他的好妹妹，她是他"忧患中"的伴侣。也许他过于敏感地夸大了童年时代的不幸，后来他甚至写道："我从来没有过母亲。"这太过分了，他是在盛怒之中写下这句话的。但这两个孩子确实曾经感受到极大的痛苦，即使事实上并不这么严重，毕竟他们自己是这么感觉的。有一些明明是合法婚姻所生的孩子，因不理解自己为何不受宠爱，便想象自己是私生子，得不到父母的认可。他们为了弥补内心的感伤，比一般人有更强烈的追求成功和荣誉的欲望。

求学生涯

1807 年，在母亲的安排下，8 岁的巴尔扎克进入旺多姆学校读书。旺多姆学校是天主教的奥拉托利会成员创办的一所学校。

奥诺雷·巴尔扎克刚进旺多姆学校的时候，是一个脸上红润、腮帮滚圆，神情忧郁而文静的小男孩。幼儿时期家庭生活缺乏亲情和温暖，给他的生活打上了永远的烙印。

他渴望摆脱孤独，渴望得到亲情、友情，渴望得到温暖与母爱。在旺多姆学校，巴尔扎克在同学当中缺乏威望，别人瞧不起他。因为他母亲出于审慎，连一个铜板都舍不得给他，他很少参加同学间的游戏活动。同学的父母都来参加学校的发奖仪式，只有他的父母从不光临。从 1807 年到 1813 年，整整六年时间，母亲只看望过他两次。

旺多姆学校的一位老师——勒费弗尔神甫对少年巴尔扎克的成长产生了重要的影响。他早年的学习笔记中有不少对这位老师的钦慕之辞，说勒费弗尔神甫"有头脑，有才能，记忆力好，想象力比判断力更强，他相信奇迹和神机妙算"。巴尔扎克和这位老师一样也喜欢奇迹，他曾经天真地认为，自己是被贬谪到地上来的，有朝一日上天会在他身上创造出奇迹。勒费弗尔神甫受巴尔扎克的父亲之托，辅导他学习数学。但这位老师的教学风格和气质更像诗人而不像那些刻板、守旧的教学家，他辅导数学时并不是让学生捧着厚厚的数学书不放，而是采取较为开明的态这样,师生二人形成了一种默契,巴尔扎克从不向人抱怨学不到东西,而勒费弗尔则对他所借的书保持沉默,不妄加评论。奥诺雷阅读的书范围极广,涉及好多学科。他对知识的渴求是无止境的,就像一块巨大的海绵在广阔的书海里贪婪地吮吸着它丰富的养分。

广泛的阅读使巴尔扎克获取到异常丰富而杂乱的知识,正是这些杂乱的知识帮助他形成了早熟而独特的思想。他曾说:"我幼年的时候经常像安德烈·谢尼耶一样拍着自己的脑门说:'这里面还有点东西!'我觉得自己有某种思想要表达,有某种体系要建立,有某种学说要阐释。"他在设想着自己的远大前程。当时,在他的老师和同学眼里,他与众不同的地方只是他对书籍的爱好和一种似乎毫无根据的自负。

受勒费弗尔神甫的影响,他写下了几首小诗。在一首歌颂印加人的诗中有这样的句子:"啊,印加! 啊,不幸的多灾多难的国王!"

他的诗写得并不成功,同学们纷纷取笑他,并给他起了个"诗人"的绰号。起初他对这个绰号还有点沾沾自喜,但他不久发现,他的作品难以得到老师和同学的认可,而且确实蹩脚,他便开始追求一种神秘的、天真的哲学。由于在肉体上和感情上都经受了深深的创伤,他"躲进了思想为他开启的天国里"。他阅读了欧洲神秘主义作家的大量著作,这使他"习惯于灵魂上的强烈反应,而凝神沉思既是这方面的手段又是其结果"。

巴尔扎克从不盲从书本里的知识,他有自己的思考和判断。说他是一个并不虔诚的学生,倒也符合实际。在做晚祷的时候,他是在"叙述或倾听白天的业绩";星期日做弥撒时,他内心算计着口袋里少得可怜的几个零用钱"可以从学校小卖部琳琅满目的货架上买些什么东西"。伏尔泰的信徒贝尔纳—弗朗索瓦的儿子也不是那种既不思考也不问个究竟就盲目信奉上帝的孩子。他因善于独立思考,经常勇敢地提出问题,使那些口口声声称颂"全能的上帝"的神甫答不上来,惹得他们伤透了脑筋。

从小他就如饥似渴地读书,不加选择地涉猎各种类型的著作,包括宗教的、历史的、哲学的、物理的大部分著作。他阅读的速度之快,他的博闻强记令人咋舌。他可以一目十行,并能敏捷地捕捉住书中的内容,往往只需抓住句子中的一个单词就能使整个句子的意思了然于胸。他可以真切地记住那些从阅读中获得的思想和与别人交谈时获得的灵感。

在巴尔扎克12岁的时候,他的想象力因不断地开发和运用,已达到异常发达的程度。从书本中了解到的知识清晰地印在他的脑海中,如同目睹了一样。他也许善于举一反三,也许先天赋有第二视觉的本领,能够统观大自然。

1813年巴尔扎克从旺多姆回来的时候,就被送进图尔中学了。但是巴尔扎克夫人更重视"灵魂的教育"。他以自己的教学里的虔诚谨慎地弥补丈夫对上帝的不敬。她带大儿子去教堂。孩子逐渐熟悉了圣加蒂安教堂周围的古老房屋,街上漂亮的牌楼,甚至神甫同他们的房东老小姐之间的争吵。在圣加蒂安他嗅到一种"神圣的气息",常常独自来到教堂内院,"在阴湿静穆的气氛中"徘徊。巴尔扎克在父母家里住的是四层顶楼,穿的是"寄宿生的破旧衣衫"。洛尔写道:"我母亲认为一切教育的基础就是学习,她对作息时间规定得非常严格,从不让儿子有一刻空闲。"

大概她曾把巴尔扎克送进巴黎伯兹南—岗赛学校寄宿过几个月,1814 年 3 月又接回图尔了,因为她害怕盟军开进首都。总之从 3 月到 7 月,巴尔扎克在家单独补课,拉丁文有所进步。

1814 年 1 月,巴尔扎克进图尔中学当走读生,重新从三年级读起。在那里他获得了"授予奥误雷·德·巴尔扎克"的百合花徽章。其实这并不说明他学习成绩出色,而是因为王室复辟还不巩固,需要收买年轻的一代。在图尔中学,巴尔扎克像在旺多姆一样,吃尽了母亲无意识的吝啬的苦头,她在大开销上挥霍浪费,却在小处斤斤计较。同学们大吃大嚼家里送来的香喷喷的熟肉酱,小巴尔扎克则在一旁啃他的干面包。同学们嘲笑地问他:"你真的什么也没有吗?"很久以后还有个同学称他为"可怜的巴尔扎克"。他感到受了羞辱,伤了自尊心,发誓总有一天要以自己的光辉成就在他们面前炫耀一番。什么样的成就呢? 他还不知道,但他感到自己身上有一种超人的力量。他早熟的判断力甚至令他的母亲十分吃惊,她呵责他说:"你一定不懂你自己在说些什么,巴尔扎克!"他却只是狡猾地微微一笑,嘲讽中含有善意。这无声的辩解使巴尔扎克夫人有点恼火,她不能容忍自己膝下有这么聪明的孩子,他懂得的事情太多了。听见他蛮有把握地说:"有一天巴尔扎克这个小鬼会震惊世界的。"妹妹们都直乐,在震惊世界之前,他首先得研究这个世界。

在他那非凡的头脑里,记录着一件件事物和一个个形象。都兰地区的优美风景,郁郁葱葱的河谷,山坡上星星点点的小村庄,壮丽的卢瓦尔河上滑过的悠悠白帆,圣加蒂安教堂上哥特式的钟楼,古色古香的彩色玻璃窗,神甫们的表情以及经常来访的客人们的谈话,全一一存入脑中。他不仅记得这些人和事物,而且还能有声有色地描绘出来,当时他只是积累材料,并不知道要用它们建造什么。

那时他父亲隐隐约约还有让他攻读理工科的想法,给他增加了一些自然科学方面的辅导课。于是他聪明的头脑成了各种知识的大杂烩,其中有精确的科学知识,父亲的奇谈怪论,外婆的迷信和母亲所热衷的光明异端派信仰。暑假要结束的时候,他应邀去冉·德·马尔戈讷在萨谢的城堡小住几日。这时白杨树已开始落叶,树林披上了暗淡的秋装。在乡下他又遇到了几个在图尔的舞会上曾经使他倾倒的年轻女子。他渴求一切,包括爱情和荣誉。

巴尔扎克进勒彼特学校住读,这是一所私立的保王派天主教学校,创办人雅克·弗朗索瓦·勒彼特是个跛子,挂着拐杖,很像路易十八。这个人在大革命时期参与过保王派营救玛丽·安东奈特王后的行动，因此波旁王朝返回的时候他颇有点威望，并获得了荣誉勋位绶带。其实勒彼特跟贝尔纳——弗朗索瓦一样，在困难的年代也竭尽看风使舵之能事。他的学生都到查理曼中学去听课，校址设在丢兰纳街九号的一所贵族宅邸"快乐大厦"里。学校看门人是个"地地道道的走私犯，玩牌戏的能手，夜出晚归的学生的亲信，禁书出租者"。他还向学生出售牛奶咖啡，在拿破仑时代，这是贵族才能享用的早餐，因为从殖民地来的咖啡价格昂贵。巴尔扎克有时身边没钱了，就在这个看门人那里赊账。对于王宫市场的烟花女子，他只能做一番梦想，比他更有钱更大胆的同学则可以到那"爱情的乐园"去领略女性的妩媚，"在那里解除童贞的疑团"。据米昔莱说，勒彼特的某些寄宿生对那些"相当漂亮的男孩"公开表示有特别浓厚的兴趣。

1815年"百日"期间，勒彼特难以控制那些仇视君主政体的学生们的示威行动，他举起拐杖威胁捣乱分子，但无法慑服拿破仑皇帝的狂热信徒。到第二次王政复辟，重新实施"镇压"的时候，很多学生被开除了。巴尔扎克到9月29日才带着战斗的荣誉离开学校，结业证书上还表扬他学习勤奋、品行端正。很可能他也跟其他学生一样，带着强烈的关切和希望注视着拿破仑的最后一场战役。至于波姆勒将军，因为他过分忠于拿破仑，在王室第二次复辟的时候被放逐了。贝尔纳·弗朗索瓦比较谨慎，平安地度过了这场斗争。

这时候巴尔扎克来到了冈赛神甫的寄宿学校，年轻的巴尔扎克在那里读了一年，读完了修辞班，他的拉丁文考了第32名，为此他母亲写信狠狠训了他一顿，还罚掉他一次外出机会。那时每个星期日他都在"可靠的监护"下到神庙街学跳舞。巴尔扎克太太希望自己的儿子是个天才，而不是懒虫，她待儿子特别苛刻是因为她爱儿子有她自己的方式。那时巴尔扎克的文笔已经相当流利，洛尔保存的家庭档案中有一篇他的作文《布鲁图斯的妻子在儿子们被判刑以后对丈夫说的一席话》，这不过是一篇修辞课的习作，辞藻华丽，但是写得不错。

1816年，他成绩平平地念完中学回家。

无悔抉择

直截了当的劝阻，不能阻止儿子那"有辱门楣"的抉择，巴尔扎克的母亲并不死心，她盘算着，要用精心策划的下一步计谋让儿子回头。这天，母亲告诉巴尔扎克："既然你决心已定，我也就不再强求了。"明天我要亲自到巴黎去，给你租一间房子，让你安心地去写作。第二天，母亲从巴黎市内回家，果然如期交给巴尔扎克一张租房卡，房址为：莱斯堤尼尔街九号房。

巴尔扎克拿到房租卡，就像握着自己的生命一样，既紧张又兴奋，"我的新生活就要开始了，我将一如既往，走向光明。"他心里在默默地喊着。

第二天,天刚蒙蒙亮,巴尔扎克就带着简单的行李离开了家,他几乎走遍了整个巴黎城,好不容易才找到房租卡上的地址——全城最脏乱、最窄小的一条街道,全街道里最破旧的一座五层楼房。

楼梯黑洞洞的,弥漫着霉臭味。巴尔扎克只好捂着鼻子,深一脚浅一脚地摸到五层,又从五层楼的拐角处爬上一节只能容得下一人的小窄梯,来到了自己的住所。"上帝啊!"巴尔扎克大叫一声,被眼前的情景惊呆了。展现在眼前的是仅有八九平方米的小亭子间,屋顶低得让人直不起身,正面有一方框是门框,但门已被拆走,背面有一小方洞算是窗户,也残破不堪,屋内尘土有几寸厚,墙上到处结挂着蛛网,墙皮剥落,仰头上望,屋顶上的瓦都裸露着,有几块不是缺角就是半截,斜刺里射进一缕缕光线来。

好个伟大作家的"创作室"。巴尔扎克忽然想起了欧瑞多学校的小黑屋,他也立刻悟出了母亲的良苦用心。等他对这牢房一样的屋子厌烦了,就会重新回到舒适的律师事务所去。想到这,巴尔扎克冷冷地笑了,他捋了捋头发,"走着瞧吧!"自语中充满了自信。

巴尔扎克把从图书馆翻阅来的材料作为重大题材,投入了全部精力,进行着艰苦的创作劳动。

整整八个月的时间,他每天仅睡三四个小时,平均每周下一次楼,买点食品,或者到圣米赤尔广场的喷泉处弄些水来。妹妹捎信让他参加她的婚礼,他都忘了。他疯狂地写啊写,写得太阳穴悸动,手指发烧。夏天,屋里闷热难耐,他推开小窗,看一眼灯火辉煌的奥迪翁剧院和黑黝黝的平民区,遥对着圣贤祠的雄姿出一会儿神,吸几口凉爽的夜气,回过头来又继续工作。冬天,斗室里八面来风,没有火炉的楼顶出奇地冷,他把所有的衣服被褥都裹在身上,仍然敌不住巴黎的寒夜,以前在教会学校时冻伤的双手旧病复发,疼痛难忍,但他咬紧牙关,用几块旧手绢将手缠住,依旧没有放下手中的笔,有时实在坚持不下去了,他就钻出屋,站到阁楼的小阳台上,伸伸胳膊,狂喊几声,提提精神,压压疼痛。

巴尔扎克发誓一定要用一部惊世杰作来打响第一炮,要使他的悲剧成为国家与民族的传世之作,否则宁肯将生命搁置在这试验的沙滩上。一年后,巴尔扎克的作品就要完成了。

1820年5月的一天,巴黎郊区的巴尔扎克家中,一派热烈而隆重的气氛,客厅打扫得干干净净,亲戚朋友济济一堂,像过节一样,尤其是巴尔扎克的母亲,结婚生儿子都不曾这么激动过。她高声地指挥大家,将一个个圈椅摆放成美丽的月牙形,月牙形圈椅的前方,摆放着供巴尔扎克朗诵与表演的一张小方桌。

时间差不多了,巴尔扎克的母亲开始清点来宾,也是听众。拿克卡尔——巴黎王家医药会秘书,也是巴尔扎克家的家庭医生;德·苏维尔——巴尔扎克的妹夫,一位很有势力的桥梁工程师;萨郎比耶老太太——巴尔扎克的外婆;另外,还有巴尔扎克的父亲佛兰苏;妹妹罗尔和两个未成年的弟弟妹妹。朗诵马上要开始了,门外"辘辘咕咕"地又响起了马车声,热心的铁器商人达伯兰翁也专程从巴黎赶来了。

母亲又一次满意地审视了自己的精心安排,认为无一疏漏,便郑重宣布:"剧作家巴尔扎克处女作朗诵表演,现在开始!"好像她已预感到,只等儿子表演完毕,一颗文学新星,便耀眼地镶嵌在巴尔扎克和萨郎比耶的家族史上。

一直被母亲安排在幕后的巴尔扎克终于登场了。他从不注意修饰,今天却有意地打扮了一番,贫民街亭子间的工作服脱掉了,重新换上与家庭地位相符的装束,新浆洗过得硬领白衬衣配上一条带金丝边的红格领带,显得格外精神,黑色的燕尾服显然是刚熨烫过,笔直挺括。平日蓬松而不驯服的头发,已梳理得整整齐齐,且泛着发蜡的光亮。由于是伟大的处女作表演,一出场,巴尔扎克神采奕奕,又由于是初次表演,他怀里不由得又像揣了只兔子,惴惴不安。刚刚站到桌子前,巴尔扎克拿稿的一只手便开始抖动,另一只手胆怯地也不知放在哪儿好了。本来挺明亮的一双眼睛,这时也显得有些彷徨疑惑。"第一幕,第一景……"连声音都颤悠悠的。可是,很快他就加快步伐念了下去,立刻,诗句像山泉溪水一样汩汩而鸣,声韵如流波般滑进安静的会场。

巴尔扎克的这篇作品,名为《克伦威尔》。他的朗诵表演一共持续了四个小时,尽管他在朗诵时,脸激动得绯红,可老外婆不知什么时候,已仰靠在圈椅里睡着了,两位小听众也早已溜得不知去向了,其他观众尽管听得发窘,却又不好意思离开,只得疲倦地坚持到最后听完。

巴尔扎克礼貌地向诸位鞠躬行礼,算作谢辞。母亲作为总设计师意欲听听大家的评价,可当她把征询的目光刚一放出,却又停住了。眼前的听众:一个军队的给养官、一个桥梁工程师、一个内科医生、一个铁器商人……别说他们不懂文学,即便懂得文学,靠他们来吹捧巴尔扎克,能有多大的效应呢? 这时,她才发觉了自己的疏忽,一个不可饶恕的疏忽,怎么就忘了邀请一位"文学顾问"呢? 她马上把招待客人用餐的任务交给丈夫,叫上女儿,拿起巴尔扎克的手稿,坐着马车直奔法兰西学院,去求助一位以前认识的文学教授。

巴尔扎克的处女作是部诗剧。上学时,巴尔扎克曾经写过诗,但对韵律却是一无所知,写剧作需要舞台知识,他又是一无所知,他之所以能闷头写了十八个月,并不是胸有成竹,他过于急切了。他急于摆脱家庭的奴役,急于自立,急于成为一位知名作家,他过低地看待了文学,过高地看待了自己。

过了几天,那位文学教授回信了。他忠告巴尔扎克夫人:"我真不愿叫令郎气馁。请转告令郎,如果他想更好地珍惜时间,请他一定不要搞文学,他在文学上是毫无出息的。"

巴尔扎克的文学梦遭到打击后,曾有一段时间,他整天漫步在广场和街头,并随意浏览了书摊上五花八门的小说。回到楼顶小屋,一种难以言状的愤慨之情油然而生,书摊上的小说算什么东西,竟然也能堂而皇之地出笼,作者还能名利双收,我巴尔扎克费尽精力撰写伟大的历史史诗,却遭到失败。为什么? 为什么上帝这么不公平？难道我这文学之船当真要搁浅了！困惑之际，母亲派人捎信来，说让他务必于年底之前搬出莱斯堤尼尔街的房子，否则，就终止他的生活费用。此时的巴尔扎克面临着文学失败和经济无助的双重危机，近乎穷途末路了，怎么办？退却吗？向母亲妥协吗？不！决不！自小就养成的在困难面前绝不让步的顽强性格告诉他，要与命运抗争，向生活挑战。他考虑了下一步的计划，必须想法挣钱，自己养活自己。

事情往往就是这样。当一个人失意彷徨时，常常会有一个"魔鬼"来靠近你，它利用你的迷惘、徘徊，向你灌输一些似是而非的思想，使你稍不留神，便误入歧途。巴尔扎克迫于生活无奈，与他人合作开起了"小说制造公司"。

母亲不再承担任何生活费用，第一部小说还没有制造出来，无处可留，巴尔扎克只好暂时回到家中，"小说制造公司"也随着人走家搬。父子、母子见面，父母自然又在催促儿子尽快到律师事务所去报到。他们不能容忍儿子游手好闲，同时也看不惯，二十多岁的人了，没有工作，不能养活自己。不料，巴尔扎克一句话，惊得他父母好半天没说话："你们放心好了，我不再需要别人养活，不信就等着瞧，不出一个月，我就能挣回一千法郎来。"

一个月后，巴尔扎克果然把一千法郎放到了母亲面前。母亲惊呆了，她知道，过去她一年供给巴尔扎克的费用也不过就是一千法郎。可今天，这个怪孩子一个月就挣回来了。

两个月后，巴尔扎克又把两千法郎放在了母亲面前。好家伙，这下，巴尔扎克在家中的地位陡然涨高了起来。一向看重金钱的父母万万没有想到，他们曾经鄙视的文学，竟然也能挣来大把大把的钞票。于是，父亲——这个性情温和的老绅士心满意足地说：

"我真诚地希望你能够取得更大的成就。"

母亲当然比父亲要精明，乖巧得多，她主动找儿子说："巴尔扎克，妈妈年轻时也有一些文学功底，我们一起办小说公司吧！"巴尔扎克当然不会应允。母亲满脸不悦，愤愤地说："巴尔扎克太自负了，他把别人的感情都伤害了。"实际上，她哪里知道，巴尔扎克根本不是自负，是不敢让那些见不得人的东西被家里人知道。

有一天，巴尔扎克兄妹二人在妹妹的屋里海阔天空地神侃。聊了一会儿，巴尔扎克禁不住又向妹妹罗尔吹起牛来："亲爱的妹妹，你知道吗？今年年底，我将要挣到两万法郎。我要坐上自己买的马车，在大街上到处兜风，那时，人们便会惊讶地大声喊道：瞧啊！那就是罗尔的令兄。"

妹妹撇了撇嘴，说："我才不稀罕借你的亮发光呢。过去你写书的时候，我最支持你，现在书写成了，连送我一本都不肯，真小气。"巴尔扎克听了妹妹的话，脸"腾"地红了，他马上闭住吹牛的嘴，跑回自己的屋子。然后，又紧紧地插上了门。他怕妹妹万一感兴趣，突然闯进来，那就糟了，他的桌上正摆着一本书稿，书名为《比拉克的嗣女》。就在他写完书后，自己信手在一张纸上写道：这实在是一本下流的作品。既然如此,他怎么敢让妹妹看自己写的书呢?

家里的人都知道巴尔扎克在写小说,但谁都没有得到过他赠阅的小说,谁也没有在市场上见到过署名为奥诺雷·巴尔扎克的小说。

商海冒险

三年过去了,巴尔扎克一直沉溺于"小说制造公司"的事业上。昔日的抱负,艺术的良知,有时也隐隐在心中掠过,但很快又被金钱的诱惑掩盖了。后来,他竟然又招兵买马,办起了"分公司",他廉价地雇佣了一批"文学帮工",由他向他们讲述杜撰的荒唐故事,然后,一人承揽一部分写作任务,最后再由巴尔扎克串联成书。

为了得到些微的物质保证,巴尔扎克只好不断地出卖自己的笔,并且不断受着出版商的剥削。在写给妹妹的信中,他痛苦地自责:

"我希望靠这些小说发财致富,这有多么堕落!为什么我没有一千五百法郎的年金,使我能够体面地工作。可我总得独立起来,为此就只有用这样的方法。"

他哀叹道:"我看见有个东西在向我招手,只要物质条件稍稍有所保障,我一定要脚踏实地地工作。然而,现在却不得不把精力消耗在如此荒谬的勾当上,这多么令人难过……我那些辉煌灿烂的计划破裂得多么惨呀!"

巴尔扎克又穿起笔挺的西服,皮鞋也擦得锃亮。清清的塞纳河在身边淙淙流淌,巨伞状的梧桐树筛下斑斑点点的光点,仿佛一枚枚金币。巴尔扎克在这金币般的光点上,悠闲地走着。制造书摊小说,使他的钱袋子鼓了起来,不必投入任何资本,他只用一只鹅翎笔和几摞稿纸,一年就能收入几千法郎。来之容易的金钱,像个魔套,逐渐吊起了巴尔扎克的胃口,毕竟,他那未来的文学事业大厦太需要金钱做地基了。他感觉到,既然像现在这样一本一本地写书,一个字一个字地计算稿费,能挣得不少的收入,为什么不可以冒险地投入几千法郎,干桩大买卖呢?

1824 年冬末,巴尔扎克揣着刚写完的一部小说,来到书商康奈尔的店铺。交谈之中,他流露出对图书出版商的羡慕。

"怎么,想改弦易辙了?"康奈尔五十多岁,是个混迹商场多年的人物,他诡秘地眨巴着一双小眼睛,同巴尔扎克打趣。

"不完全是吧?"巴尔扎克不置可否,继续说道:"凭我巴尔扎克的精力,写作之余,总还应该再做点什么。"

"也不完全是吧?"康奈尔效仿着巴尔扎克的语气,俨然一副商场老手的姿态,"是想用兜里的钱去滚雪球吧?"

说着,康奈尔做出一副神秘的样子,凑近巴尔扎克:"老弟,咱俩今生有缘,今天,你算撞上财星了。"

巴尔扎克马上感到精神一振,也赶忙往康奈尔身边凑了凑。康奈尔告诉他,目前,有一桩很有赚头的出版生意,那就是为暴发户的资产阶级出版一批书籍。

"出版哪类书呢?"巴尔扎克问道。

"古典主义作家全集。"康奈尔坚定地说。

"能行吗? 那样的书会有人看吗?"写惯了书摊文学的巴尔扎克不大相信正统的著作会有市场。

"看不看咱们不管,只要他们买就行。"康奈尔告诉巴尔扎克,那些暴发起来的资产阶级是不看书的,但是,他们有了钱就想爬上上流社会,而要进入上流社会就必须进行包装,书是不可缺少的重要装饰。康奈尔还颇显内行地告诉巴尔扎克,怎么印这些书籍也大有文章。他打算采取缩印的形式,把一个著名作家的全集印成一本,打破过去一大套几十册的惯例。这样,放到书架上,既省地方,又新潮,如果再把封面印得精美一些,肯定更受欢迎。

善于幻想的巴尔扎克,立刻被老出版商的鼓吹吸引了,他马上恳求康奈尔,要求加入一个股份。

从出版商那里回来,巴尔扎克一反晚上写作的习惯,早早地躺在了床上,顺着康奈尔的计划往下幻想。他带着美好的幻想进入了梦乡。

他梦见,古典主义作家全集缩印本出版了,他清清楚楚地记得,是莫里哀的著作,封面装潢美观别致,文字是用上等的白纸排印的,还装饰着许多插图。他还看见,巴黎以及外省各地的书店门前,像蚂蚁一样,密密麻麻地涌集着成千上万的人,千万双手高高地举着,一手交钱,一手递书。霎时间,有钱人家的客厅里,郊外的别墅中,以及街头巷尾,公园绿地,人人都在爱惜地抚摸着新买到的书。在康奈尔先生的店铺里,书商盈门,订货单像雪片一样,脚夫们出出进进,一包包沉重的书籍压得他们哎哟哎哟直喘气。要盘点了,成千上万的钞票从钱柜里溢到了地上。他有了丰厚的收入,坐在所相当讲究的工作间里,宽大的百叶窗遮住了耀眼的阳光,不时从窗外飘来阵阵花草的香味,新买的写字台光滑平整,散发着淡淡的好闻的油漆味,坐在桌前的真皮转椅上,他一边写作,一边喝着上等的咖啡,神气极了。

梦醒了,他发现自己仍躺在原来的家里。但是,梦中的辉煌依然在他眼前进射。他激情难捺,早饭也顾不上吃,就跑到康奈尔的店铺,慷慨大方地说:"我马上给你三千法郎,作为我的股份。另外,我还要无偿为将要出版的书作篇序,一定要让这桩生意带来划时代的成功!"

另外有一位太太,一位告老还乡的官吏,听了康奈尔的游说,也参加了进来,他们每人的股份是一千五百法郎。

合同签订了才一个多月,其他三位,包括康奈尔在内,便嗅出了苗头不对,纷纷退了出去,唯有巴尔扎克执迷不悟,在别人退却的地方,他却大举进攻。"既然是白手起家,索性干得又大又辉煌的好。"他居然把全部股份都承揽了过来。

书印成了,测算一下成本,每本必须售价二十法郎。可买书的人寥寥无几,一年到头只卖出几十本,余下的全部堆在仓库里,书价只得一降再降,一直降到了每本十法郎,可仍然卖不出去,最后不得不把所有的存货全部甩卖出去,眼看到了破产的边缘。巴尔扎克做梦发了大财,而实际的生意却赔了老本。

任何一个人,只要经过一次严重的挫折,都会低头思过,深思谨行。而巴尔扎克却不是这样,生就的倔脾气,天生的犟眼子使他做任何事情都不爱认输。在出版图书的失败面前,他不但没有急流勇退,反而把终点当成了起点,拼了血本又盘过来一家印刷厂,接着又加上一个铅字铸造厂。雄心勃勃的巴尔扎克,发挥出写作上非凡的想象力,满以为这样一来,从撰稿到排字、印刷、出版,一人独揽,不使旁人从中渔利,就能大功告成。

但不到半年,这座倒霉的工厂就名誉扫地了。工厂行将倒闭,放债人要追回贷款,纸商要归还财物,书贩们要清理账目。工人要索取工资。巴尔扎克只好于1828年4月宣告自己丧失了偿还债务的能力。结账之后,他净赔五万九千法郎,从此,债台高筑,拖累终身。

巴尔扎克已经三十岁了,还是一事无成。时髦的作品,浪费了他的精力;工商业破产,使他负债累累。在他那五尺之躯中,只剩下了不知屈服的顽强性格,奇妙的想象和蕴藏丰富而急待开发的生活矿藏了。于是,他又重整旗鼓,回到文学事业中来,再起宏图。他想用自己的不朽作品,征服巴黎、法国和欧洲,并偿还自己拖欠的巨额债务。这是一场新的十分艰苦的鏖战。他像一位既无粮草又无皮靴的共和主义的将军,只能凭借自己天才的智慧和刚毅果断的精神,凭借自己的勤奋劳动和钢铁般坚硬的性格,来压倒一切"敌人",指挥着这场赢得欧洲文坛盛誉的战役。

1828年6月左右,巴尔扎克开始专心致志地研究有关舒昂党的叛乱文献、回忆录和军事报告。九月初,他风尘仆仆地来到他父亲的老朋友德·彼迈列尔将军家里(他买不起全程的火车票,最后一段只好徒步而行),听这位老人讲述如何镇压这次叛乱的往事,并前往布列塔尼作了实地调查。五六个月的构思明确了,成熟了。在他的眼前浮动着各式各样的军旗,稀密浓淡的硝烟,飞奔急驰的马群和耀眼闪光的军刀,耳边震动着连珠炮似的轰鸣嘶叫声和兵士们的连天杀喊声。

1829年3月《舒昂党人》正式出版。这是第一部用"奥诺雷·巴尔扎克"的署名发表的历史长篇小说。它标志着作家现实主义技巧经过反复的磨炼而趋于成熟。作品以叛军的领导人孟多兰和维尔纳尔的爱情为主线,在广阔的历史背景下,真实地描写了1800年法国共和政府武装镇压由保皇党人煽动而爆发的叛乱。作者当时的政治倾向是鲜明的,他把以于洛将军为首的共和党人,视为"勇敢的爱国者",在他们的正义行为中看到了祖国的未来,认为这些人是一批"提着路灯的旅行家",在黑暗中为人类照明了"自由与独立的原则";而那些闹哄哄的乌合之众的叛军,都是为了皇恩与特权,才走向背叛的道路上去的。最后,叛乱被平息了,叛军头子孟多兰在临死之前,给他在英国的弟弟留下的遗言是:"不要拿起武器反对法兰西,但也不能抛弃对国王的忠诚。"作家拥护君主的政治倾向在这句遗言中充分地流露了出来,难怪他不久便参加了正统派的保守党。《舒昂党人》以它的历史的真实,结构的严谨,人物性格的鲜明和语言的流畅,获得了成功,博得了人们赞扬,得到了社会的承认。1829 年 7 月 10 日他出席了在雨果家里举行的朗读会,并相继认识了法国文学界的名流梅里美、大仲马、贝朗瑞、缪塞、乔治·桑和批评家圣——佩韦等。从此,巴尔扎克在现实主义艺术宽广的道路上,急驶猛进,奔向险峻而光辉的顶峰。

拼命之即

巴尔扎克回到巴黎后,立即从幸福的云端栽到债务缠身的俗世的烦恼之中。"我发现这里的一切比我预期的还要坏,欠我钱的人,保证要付给我钱的人,都没有履行诺言。只有我母亲始终如一地帮助我,可是我知道她自己并不宽裕。"但是他捞到了一根救命稻草,再一次获得了一次喘息的机会。因为他居然找到了一个出版商,一个名叫夏尔·富歇的漂亮而富有的寡妇,她愿意支付 2.7 万~3 万法郎买下他总标题为《风俗研究》的一套选集的版权。这套选集共计 12 册,其中包括重印的《私人生活场景》《外省生活场景》《巴黎生活场景》。合同签订的当日,他高兴得快要跳了起来:"这笔款子足以叫所有那些游手好闲的懒鬼、只知骂人不会干事的无能之辈和一帮文人统统气红了眼!"虽说他还无法还掉借他母亲和贝尔尼夫人的钱,但是现在至少能够偿还那些催索得最急的债权人的债务了。尽管两个星期以后他还掉一笔欠款后,又变得"实实在在一文不名了",然而他并没有因此而发愁。正如他所说的,他对"此等小小的战斗"已经习以为常,他明白经过两三个月的艰苦工作,就能够赚得更多的钱。他不久的日内瓦之行意义太重大了,或许会决定性地影响他以后的命运。因此,对他而言,当前的问题就是认认真真地写作,日日夜夜地写作。"我一定要赢得在日内瓦的两个星期的幸福——这句话老是出现在我的眼前,好像已镌刻在我脑门上了。它给了我平生从未体验过的勇气。"

在 1833 年 10 月到 12 月这两个月的时间里。巴尔扎克拼命似的致力于《欧燕妮·葛朗台》《切莫触摸刀斧》(后来改为《朗热公爵夫人》)、《塞拉菲塔》等几部小说的写作。"我投入战斗以来已经坐毁了两把椅子了,我正在出卖我好几年的寿命。"与此同时,他没有忘记趁热打铁。他无意让爱情冷却下来,所以每个早期都要给他的"夏娃"寄去至少一封热情洋溢的信,既表示问候,又倾诉衷肠。在这些信里,更显亲密的"你"已经取代了较正式的"您"字,他告诉她说,在他身上,"新的快乐生活"已经开始,她是他在这个世界上唯一钟情的女人,他崇拜她的一切,"你的口音,你那惯说好话并为我祈福的双唇"。每当他意识到自己的生命已经完全隶属于她的时候,强烈的幸福感使得他"全身颤抖起来"——"在这整个世界上除了你,没有其他的女人了。"他再三声称自己是一个"天怜的奴隶",对她言听计从,是一个胆敢窥视崇高主妇的农奴。他捆绑着手足向她投降,任凭她发落。这真是开天辟地以来最动人的情书,有哪一个怀春女人不会为这种热情所激励和感动呢!他还向她庄严地保证:"三年来我的生活一直都像少女那样的纯洁。"说出这句话的时候,不知道巴尔扎克是否脸红,或者有一丝的内疚,因为不久前他还和一个叫玛丽·路易斯·弗·达米诺瓦的年轻女子有染,并生下一个私生子。他曾得意地将此事告诉他的妹妹洛尔·絮尔维尔夫人,并把他正开始创作的《欧燕妮·葛朗台》献给了她。既然有这样的风流韵事,他如再说什么"如少女般纯洁"之类的话,确属荒唐可笑了。这不能不说,巴尔扎克从法国上流社会沾染上的不良习气是何等的根深蒂固!虽然这并不影响他作为一个伟大作家所取得的成就,但也总是他私生活上抹不去的瑕疵。

在这期间,巴尔扎克除了写下通过博雷尔小姐转交给韩斯卡夫人的大量秘密信件外,还写了一些可以同时给她丈夫看的"公开的信",彬彬有礼地以"您"和"夫人"相称,这分明是企图博得男爵先生的好感和信任,因为男爵不见这位在纳沙泰尔认识的友好的法国作家的来信一定会觉得奇怪,甚至会起疑心。于是,抒情的笔调在这类信中便转换成了客套和玩笑式的语气:"夫人,我想韩斯基一家不至于拒绝巴尔扎克为感谢他们盛情友好的接待而赠予的一份菲薄礼品吧!"巴尔扎克所送的礼物中,一件是简朴的首饰,上面镶嵌着安娜小姐拾来的小石子;另一件是意大利作曲家罗西尼的手迹,它们分别赠送给安娜小姐和韩斯基先生。巴尔扎克写道:"夫人,请向韩斯基先生转达我亲切的友谊和怀念,并以我的名义吻吻小安娜的前额,请接受我最崇高的敬意。"

到了12月,一切准备就绪,巴尔扎克一直寄予厚望的《欧燕妮·葛朗台》得以顺利出版,并大获成功,连最敌视他的几位文学评论家也不得不惊叹这部小说高超的艺术成就。他由此获得了一笔数目可观的收入,旅行费用的问题自然迎刃而解了。1833年圣诞节那天,巴尔扎克抵达日内瓦,喜滋滋地住进了夏娃琳娜·韩斯卡为他在"弓箭"旅馆订的一个房间。这家旅馆离主教场街她和她丈夫下榻的米拉波公馆很近,楼顶上有一个美丽的弓箭形风标,箭头指着风的方向。这里的环境十分幽静,称得上是情人会面的一处好所在。在他的房间,他首先看见的是夏娃琳娜派人送来的一枚戒指和一张问他是否爱她的便条。这是无须怀疑的,巴尔扎克当即做了回复:

我是不是爱你?可我已经来到你身边!哪怕再困难一千倍,为你受再多的苦,我也是要来的。现在我们终于赢得了一个月或许两个月的时间。我不是要一次而是要千百万次地亲吻你,我是如此幸福,以至我不能比拟写得更多了。

回头见!我的房间很好,戒指像你一样。我的爱,它多么精致美丽!

巴尔扎克在日内瓦的逗留持续了43天。由于韩斯基先生完全被蒙在鼓里,只待他当作好朋友看待,因此,米拉波公馆和弓箭旅馆之间的来往畅通无阻。他们互赠礼物,如奥尔良产的木瓜酱咖啡、茶叶、孔雀石做的墨水瓶等等。尽管近在咫尺,你来我往的书信也没有间断,而且一日数封。巴尔扎克越发喜欢上他的夏娃了。

她也对他的哲理小说《塞拉菲塔》表现出深厚的兴趣和深刻的理解力,这令他非常欣慰,要知道,巴黎的众多文人是不喜欢它的。两相比较,夏娃琳娜岂不是他的红粉知己!

《欧燕妮·葛朗台》销路极好,得到吉拉尔丹夫人等名媛的热烈颂扬。她写信给巴尔扎克说:"欧燕妮·葛朗台非常可爱,还有大个子拿侬,葛朗台老爹。真是天才,天才。噢!伟大的巴尔扎克!我妹妹、我母亲,还有我,我们全家都着迷了。您的作品没有一部像这样成功的。"受这部作品的成功所鼓舞,同时又受到爱情力量的激励,巴尔扎克便以神奇的速度在不太长的时间里创作出许多部文学作品来。有好几部最优秀的小说都是他在这时期先后完成的。

每天他只睡上5个小时,然后就像"赌徒上赌场"一样地连续工作15到18个小时,"只有亡命徒才有这股狂热。"不久前他的头发还乌黑油亮,现在却一天天地变白,一绺一绺地脱落。好心的纳卡尔医生一再警告他,不要十分拼命,应注意劳逸结合,否则他就会垮下来。有时候他自己也担心:"我开始发抖了。恐怕在我所忙着营造的建筑物竣工之前,我自己就会被过度的劳累和困乏所压垮。"他的肝部开始隐隐作痛,可是他又不能中断他雄心勃勃的写作计划。"站住,死神!你要是非来不可,就来给我加重负载吧!我还没有完成我的使命呢!"他不顾一切地写出一部又一部的作品,他的想象力"从来没有在这么多的领域里活跃过"。完成了《朗热公爵夫人》后,他在1834年6月到9月的"一百个夜里"又写出了《绝对之探求》,10月开始写《塞拉菲塔》,11月动手写《高老头》,而且在40天内就完成了它的初稿。在12月和其后的几个月里,他接连写出了《海滨惨剧》《豌豆花》《改邪归正的梅英特》《金跟女人》以及《三十岁的女人》的另外一些章节,他还草拟出《赛查·皮罗托盘衰记》和《幽谷百合》的提纲。说起来简直不可思议,而实际上这还不是他在十多个月的时间里所写的全部作品呢!与此同时,他还改写了《舒昂党人》等早期的几部长篇小说,拟好了《都兰趣话》第三辑的十个题目,和儒勒·桑多合写了一部叫《领班小姐》的剧本,编选《十九世纪法国作家通信集》,与出版商们在几番艰难的讨价还价后签订合同。

《人间喜剧》

人间喜剧是模仿天父上帝的作品。

1841年,巴尔扎克与一伙出版商(杜博歇、菲讷、赫哲尔和保兰)签订了一项合同:在《人间喜剧》的著名标题下出版他的全部著作。他已经不止一次给一组组作品冠以共同的标题,意在造成一种印象,也就是说,一套鸿篇巨制如果有一个总称,将有助于在人们心目中形成概念。因此产生了《私人生活场景》《巴黎生活场景》《风俗研究》《哲理研究》以及本该补充前两项《研究》的《分析研究》,但是除了《婚姻生理学》以外,这一部分始终停留在计划之中。事实上有不少作品时而编在这一组,时而又被编入另一组,说明这种分类法多少有些随心所欲。他曾设想以《社会研究》作为总标题,后来在但丁的《神曲》启发下,他想出了《人间喜剧》。1839年他给赫哲尔的一封信中,第一次提到了这个标题。

《人间喜剧》却不是出版商耍的什么花招。巴尔扎克想要把他那数量众多的小说汇编成集各种人物典型之大成的全景。他来得及完成吗?他不知道。但是到了1841年,完成的部分已经构成一个井然有序的世界。和真实的世界一样,它自身还在不断地繁衍,有时以对应的形式(如《外省伟人在巴黎》激发了研究《一个巴黎大人物在外省》的兴趣,这一题材在《莫黛斯特·米尼翁》和《外省的诗神》中有所表现),有时则以类似的形式出现(如《婚约》引出了《死后财产清单》,不过该作品一直没有写成)。这种自身繁衍的方法,使创造力获得了不可思议的增长。莫里斯·巴尔台什指出:如果把巴尔扎克的锦囊中其余的写作计划也一同包括进去加以考察,《人间喜剧》的脉络将显得更为明了,在《路易·朗贝尔》中,天才因思维过旺而损寿,与此相对,《克汀病患者》则描写因头脑空空而长寿。

斯波贝奇·德·洛旺儒公布了巴尔扎克的五十三篇只有计划却尚未动笔的小说标题。其中几篇甚至留下了某些线索,如《布瓦鲁热的继承人》《伟人》《济贫院与民众》《学者之间》《戏剧真相》《一个主意的经历和遭遇》《教师队伍剖析》。在这份清单之上还应该再加进一百来个类似简短注文的草稿。整整一个大千世界在头脑里骚动,纷繁的主题推推搡搡,抢着要降生人世。请看这两个精彩的私人生活场景:穷苦的年轻姑娘为了弄到一个丈夫,装出一副非常富有的样子,结果跟一个以同样手段蒙骗了她的穷鬼结了婚……一位青年女子为一个男子的殷勤所惑,自作多情,以为被爱上了,其实不然,因而对他产生怨恨。而他却又真的爱上了她……“从这些拥挤躁动的题目中,从人物和题材的温床上,可以衍生出形形色色的想象。这里面也反映出作者的多产、对精力的肆意挥霍以及对生命的置之度外。”如果巴尔扎克能活到七十岁,我们将有幸看到描写他的主人公们的晚景的小说,想到这一点,真令人难过。

为了保证他苦心经营了十年之久的创作在这次出版时一举成功,赫哲尔要求他写一篇序。巴尔扎克由于劳累过度建议再版达文的原序。赫哲尔生气了:“出版您的全集,对您的作品来说是最重大的事了,在它与读者见面时怎么可以没有几句您自己的话呢?”巴尔扎克让步了,在这一长篇前言中,他试图阐明自己的创作动机。他说,建造这座大厦的念头,开始是在他研究圣伊莱尔的时候产生的。我们还记得,巴尔扎克有感于人世间存在着形形色色的人物类型,恰似自然界中不同类别的动物一般。工人同商贩、海员同诗人之间的区别,和狮子同驴、鲨鱼、山羊之间的区别性质是一样的。

只是《人间喜剧》远比动物界的喜剧复杂。首先,在动物界中,雌雄相配总是在同类之间进行的,雄狮同雌狮相配;而在人间,雄狮却可以同母羊或雌虎结成配偶。再者,动物须经历千万年后才可进化为更高一级的动物;而在人类世界,一个杂货店老板几年之内就可以一跃而成为法兰西贵族院议员,一个公爵却会沦落到社会底层。最后,人类有灵巧的双手和思维能力,他创造出工具、衣服、房屋等,这些都随着文明的进化而演变。因此,研究人类的博物学家既要描绘男人、女人,也要描绘事物。

瓦尔特·司各特已经成功地把小说提到历史的高度,但他还没有想到把他的一部部作品连为一体。巴尔扎克的第二个光辉特点在于创作了一部概括当代风俗的完整历史,其中每一章就是一部小说。他塑造了两三千个不同身份的人物,足可以和警察局的户籍档案媲美,他按不同的社会等级和职业将他们组合成社会。整套作品的内在联系如此紧密,要想充分体验它的魅力,就得一本不漏地读完。

唯有读完之后,人们才会发现这个帝国的疆域如此辽阔,在这片疆土之上,智慧的太阳永不落。恩格斯曾说:"我从巴尔扎克的作品里学到的东西要比从任何职业的历史学家、经济学家和统计学家那里学到的全部东西还要多。"《人间喜剧》既是一幅最真实地描绘了永无休止的人类生活的画卷,同时又是波旁王朝复辟时期最精彩的风俗史。它包罗万象,如贵族和资产阶级,政府和军队,还有银行信贷、商业交通、新闻出版、司法、政治和社交界的内部机制。这绝不是浮光掠影的勾勒,却是像拆卸一部具有明显的齿轮系统的庞大机器一样,把它的零件一个个拆下来展览。

他无所不知,城市、家庭、巴黎的每一个区,他都了如指掌。"这位夜行的荷马用魔怪的火焰照亮了一个骚动不安之城的地下室和巷道,那里正上演着一部令人毛骨悚然的话剧。"他深入到大学生食堂、剧院后台、公爵夫人的内室、交际花的卧榻。他创造的人物都由现实生活中的真人提供装束。裁缝斯笃布为吕西安·德·日邦泼雷置装,布依松(也就是巴尔扎克自己的裁缝)为夏尔·葛朗台做衣服;美丽的拉布丹夫人在黎塞留大街 76 号的福森珠宝店购置煤玉制成的葡萄串。至于外省,昂古莱姆、勒阿弗尔、里摩日、阿朗松等地各种不同的社会圈子,他全都知情。这些城市中因 1789 至 1830 年间政治动荡的影响而产生的无法缓解的、褊狭的敌对情绪,巴尔扎克了解得比谁都清楚。读者如果看不到法国社会植根于怎样的历史土壤就无法理解王政复辟时期的法兰西,"真实的生活都是有因可循的。"此外,巴尔扎克所使用的人物再现手法,赋予他的虚构人物以第四维的深度——时间的深度。

然而他的目标绝不仅仅是描绘一个社会。在他看来,作家非但不亚于政治家,或许还能超越政治家,因为作家能"对人间的事情做出决断"。假如说巴尔扎克意识到自己是最伟大的小说家,这可不仅仅是由于他塑造出如此众多的栩栩如生的人物形象(可以设想,一个勤奋而平庸的作家也有可能塑造出大量人物),而是由于他在塑造人类时融进了他自己的思想精髓,他认为集中于一个特定目标上的意志能够产生巨大的能量,不过这种意志是受到限制的。在他看来,每个民族如同每个人一样,都有那么一张驴皮;要想延长民众的寿命,必须减少他们的生命运动。因而巴尔扎克主张建立稳定的政体和法规。"我在两条永恒真理的照耀下写作,即宗教和君主政体。"在政权问题上,巴尔扎克总想扮演魔鬼的角色。他说:"一个正直的政治家,好比一部有情感的蒸汽机,或者一个边掌舵边做爱的驾驶员,他们是注定要翻船的。"可是深知巴尔扎克的乔治·桑说:"在令人痛心的罪证和良心的责备面前,他身上的恶魔势力便在他心灵深处那纯真善良的天性底下彻底崩溃。他会握着你的手默默无言,或者掉转话头谈起别的事情。"使用权谋、不择手段是他身上理智的一面,而宽厚大度才是他的内心所固有的。

院士之梦

巴尔扎克又一次以他杰出的文学天才,赢得人们的关注。当时,法国有个最权威的学术机构——法兰西学士院。这个学士院从来只固定保持四十个院士的名额。所有获得院士资格的人都是终身制,只有每逝世一个,才能补充一个。由于这个地位的崇高,人们称所有的院士为"不朽者"。

巴尔扎克发誓:千方百计也要闯进学士院的大门!

1848年9月4日,一个秋雨绵绵的日子。巴尔扎克去看望卧病已久的学士院院士夏多勃里昂先生。

夏多勃里昂七十多岁了,身染重病。听到仆人的声音,闭着的眼睛睁开了,昏黄的眼珠放出喜悦的光彩。他示意巴尔扎克弯下腰,伸过头来。然后,紧贴着巴尔扎克的耳朵告诉了他若空有满腹经纶,不应合时俗,照样得不到应得的社会地位。并从枕头下面摸出一张写好的推举信,交给巴尔扎克。

巴尔扎克回到家,展开夏多勃里昂的信看着。他又想起曾经有过的三桩往事。

1839年,巴尔扎克凭其卓越的文学成就被列入院士候选人。凑巧的是,雨果也同样是候选人,怎么办?尽管自己早就立过誓言,然而,这次的竞争者,恰恰是执法国浪漫主义文学牛耳的雨果,一个文品和人品俱佳的学者,思来想去,他决定把名额让出去。于是,在竞选的那一天,他出国旅游去了。

1841年,他又用同样的方法把又一次机会让给了阿尔弗雷德·维尼谦。

1844年,院士诺及埃去世。死前也曾表示,希望巴尔扎克应该顶替自己的席位。结果,从不愿向世俗低头的巴尔扎克,选举时眼睁睁看着,一个三流作家戴上了院士的桂冠。

这次怎么办?巴尔扎克有点动摇。他知道,由于自己毫无节制地写作,以及大量饮用浓咖啡,心脏和肺部早已被侵蚀得不成样子了,说不定什么时候就可能停止呼吸,属于自己的时间不会太久了。再说,争取到院士的地位,就可以享受固定的经济收入。这对于负债累累,又要构造《人间喜剧》大厦的他来说,也太有实际意义了!

他在屋里反复地踱着步,脑子里翻来覆去地琢磨着。怎么?难道让我巴尔扎克揣着金币,挨着门乞求。那么,我那轰动文坛的《人间喜剧》,又作何用途?

不!阿谀奉迎不属于巴尔扎克!

不久,夏多勃里昂去世了,就在选学士院院士的节骨眼上,巴尔扎克租车上俄罗斯去了。车上,他还一直在想,爱谁是谁。社会黑暗了,真正的金子别人也会以为是石头涂上了金粉,我为什么还要自己再贬低自己呢!

果然,巴尔扎克仅得了两票,他又一次落选,但是,增补的新院士更令人猜疑:他有过什么作品,法国人都不知道,人们只知道他是个有钱的绅士。

没过几天,巴尔扎克落选的原因也冠冕堂皇地传了出来:

"他太穷了,学士院哪有负债的人?"

"他太傲慢了,评选前跟我们连个招呼都不打。"

"哼!"投了赞成票的雨果愤愤地说,"这哪是在评选学者,倒不如说是在评选暴发户和势利小人。"

同年时间,法国爆发了二月革命,路易·菲利普被赶下国王的宝座。在这次革命中,诗人拉马丁当上了临时政府的外交部长。拉马丁熟悉巴尔扎克的才能,极力鼓动他投身政治,参加议员竞选。

他绞尽脑汁,写成了一篇竞选发言,又马不停蹄地赶往冈伯莱地区。在一家小报社里,他找到了报主拜托尔。拜托尔早年曾在他的印刷所里干过排字。他拜托拜托尔帮忙在报纸上宣传他的事件以便竞选。

为了说服拜托尔,巴尔扎克张开那张惯于演说的大嘴,云山雾罩地侃了一气,拜托尔总算应承下来,但一再吩咐巴尔扎克,要他一定尽快给他们的小报写部小说。

巴尔扎克似乎觉得胜券在握。

巴尔扎克走了,他还是想再冒一次险,这是他人生中的最后一次冒险。

竞选结果出来了。全国四百五十九个地区,他仅得了二十票。这一下,他是真的彻头彻尾地灰心了。

他总结说:"人们总是根据本身来衡量别人。他们只能投票选举那些在精神和道路上与自己不相上下的人。因此,从来没有一个天才人物,在他生前被放到应有的位置上。因为大多数人是平庸之辈。他们只会选出一些庸才。"

当然,他并没有看透那个社会的本质。但是,他最后的哀叹却足以令人同情:"伟人势必不幸!"

曲终人逝

巴尔扎克一生都过着苦行僧式的生活。然而,他绝不是禁欲主义者。他在从事艰苦卓绝的文学创作的同时,常常诱发出对金钱、名誉和爱情的憧憬。四十五岁时,他在金钱和名誉上,遭受过一连串的打击之后,又着魔似的爱上了一位名叫韩斯卡的俄罗斯贵夫人。

韩斯卡的丈夫是个伯爵,家中极端的富有。韩斯卡本人生性自私,又图慕虚荣。她所以对巴尔扎克感兴趣,完全是因为钱多得发愁,想用巴尔扎克的盛名来炫耀一下自己,以填补空虚的灵魂。况且,她的丈夫大她二十多岁,她们之间根本没有真正的感情。而巴尔扎克却动了真情,一直追了五年,直到韩斯卡的丈夫去世。

五年之后,一个寒冷的冬天,凛冽的北风把成排的梧桐树,剥得只剩下光秃秃的树杈,河面上结起了厚厚的冰层。在福禄街巴尔扎克的住所里,拿克加尔大夫正在同巴尔扎克展开激烈的争论:

"你难道不知道你的身体状况吗?"

"可爱的大夫,你难道也不理解我的心情吗?"

二人针锋相对地争执着。

"你无论如何也不能去俄罗斯!"

"不! 我无论如何也要去俄罗斯!"

"你的身体非常糟糕,严重的肺病已经侵害了你的心脏,你的身体像婴儿一样的脆弱,西伯利亚的寒风会给你带来更恶劣的结果。"

"我的精神更加糟糕。这个丑恶的社会令我窒息,尔虞我诈的人们伤害了我的每一根神经,我就是要远离他们。我相信,爱情之火会帮助我战胜任何寒冷的!"

这一年,巴尔扎克已经五十岁了,身体状况非常不好。他已经八个月不能坚持写作,那件珍爱的白袍子"写作服"也早已束之高阁,宏伟的创作计划也只有在脑海里酝酿了。他整天关在屋里,病稍微轻了点,就下床走走;重了,只好卧床休息。仆人阿果多斯尽量把壁炉烧得热气腾腾,但是,他依然觉得浑身冰凉。

不能写作的痛苦,经济上、政治上的惆怅,人世间的冷酷,桩桩件件,都如同室外的阵阵寒流,冻结着他那颗多病的心。他只能又一次地生起幻想,希望爱情给他带来温暖,复苏他的心灵,健壮他的肌体。

壁炉一直热气腾腾地燃烧。拿克加尔大夫的一番苦口婆心,尽管如壁炉般的火热,但是,还是没有阻止住巴尔扎克一意孤行的念头。拿克加尔大夫只好连连地摇头。

正月里,零下二十八度的高寒,把俄罗斯的土地冻裂开二十多公分。在那呵气都能冻成冰的日子里,巴尔扎克在两位德国医生的陪伴下,凭着美好幻想的支撑,来到了俄罗斯的维埃曹尼亚,正如他自己所说,横渡了地球的四分之一的面积,来向那个自私的贵夫人求婚。

韩斯卡得到仆人的报告,慢慢悠悠地踱出客厅,来到大门口。当她一看到巴尔扎克时,突然一个愣怔,不由自主地倒吸了一口凉气。

记忆中,巴尔扎克那白白胖胖泛着红光的面容不见了,浓重的青紫色布满枯槁的脸庞,两腮塌陷,一对颧骨醒目的凸出着。身上裹着初次到这里来时她送给他的那件黑皮大衣,像只一个星期都没有找到食物的狗熊,身体在不断地抖动着,随时都有倒下来的可能……

看到韩斯卡,巴尔扎克的眼睛赫然放出了光芒,他想急走几步,握住她的手。但是,身体抖动得越发厉害,两条腿直打战,怎么也迈不开步。他想热情地说上几句话,可是,惯于调侃幽默的那张大嘴,也随着身体直哆嗦,就是说不出半句话。

看到这情景,本来对他并不经意的韩斯卡此时也生出了几分怜意,她吩咐仆人:"快!赶快把巴尔扎克先生扶进屋去!"稍顿,又冲着仆人的背影嚷道:"记着,再做些吃的。"

巴尔扎克在仆人和医生的照料下,吃过饭和药,倒在床上便睡下了,一下子就昏睡了两天两夜。这两天里,除了仆人和医生的照料,韩斯卡很少来过。

这天下午,从昏睡中刚刚醒过来的巴尔扎克喝了几口水之后,说想要见见韩斯卡。仆人赶快去告诉了韩斯卡,她依然是慢慢悠悠地走进房间,又吩咐仆人搬过一把椅子,在与床上的巴尔扎克保持一定距离的地方坐下来。

韩斯卡刚一进屋,巴尔扎克一阵激动,挣扎着探起身子,但看到韩斯卡已经远远地坐下。他马上又像只泄了气的皮球,无力地躺下了。

"奥诺雷,你这是何苦来嘛! 大冷天拖着个病身子来回地跑。"韩斯卡没有任何问候,便直通通地指责起巴尔扎克。不过还好,她总算当面称他巴尔扎克。实际上,她在背后对别人讲起巴尔扎克来,总是称他"那玩意儿"。

"艾芙林娜,"巴尔扎克亲切地称呼她:"听到你丈夫去世的消息,你不知道我有多么兴奋。噢,对不起,我不是诅咒他,我是想起来你曾经答应过我,等到你的丈夫去世以后,就嫁给我。这一天我终于盼到了!"

巴尔扎克很激动,也很虔诚,一连串的话语之后,禁不住反复地咳嗽起来。

韩斯卡敏感地用手捂住嘴和鼻子,身子微微后倾,慢条斯理地说道:"是啊,我是答应过的。可你看看现在你的身体。嗯! 还有,在我未嫁给你之前,你总得买套房子吧! 我可是听说,你为了躲债,连个自己的窝都没有。"

"不是的",巴尔扎克又一阵激动,竟然"腾"地坐了起来,"我早已在巴黎为你买下了最好的房了,内部装饰全是仿照凡尔赛宫来的。"

巴尔扎克说的是实话,这个忠于感情又爱慕虚荣的巴尔扎克,后来写书赚来的钱,没有用于还债,而是全部用在了买房和装修上,足足花了三十万法郎。但是这所豪华的房子,很少有人知道。

"艾芙林娜,答应我,请接受我衷心的祈求,我们结婚吧,不然我会伤心死的。"巴尔扎克真想使劲握住韩斯卡的手来苦苦相求,但可惜,他够不着。

一个月过去了。只要韩斯卡来看他,巴尔扎克总要向她求婚。

韩斯卡终于动了恻隐之心,她答应了他。但绝不是因为巴尔扎克的虔诚,她担心就巴尔扎克那副病样子,再受点什么刺激,一旦死在她的庄园里怎么办?她可以不把他当回事,可他毕竟是全欧洲有名的大作家啊!

很快,韩斯卡和巴尔扎克在附近的教堂里,悄悄地举行了婚礼,然后共同回到巴黎。

回来的路上,巴尔扎克紧紧地靠在韩斯卡身上。车轮在坎坷不平的山道上颠簸,他迷迷糊糊地睡着了,做着美好的梦。

他梦见,自己坐在那所精心布置的书房里,构思着《人间喜剧》的后五十部小说。韩斯卡,不,是他的艾芙林娜,温存地陪伴着他,为他穿好"白袍子";为他准备好大鹅翎笔;为他在大墨水池里注满墨水,为他调制好黑咖啡……他们幸福地送走一个个长夜,迎来一个个黎明。一部部撩人之作在巴黎街头被争相购阅……

再美好的梦也终究是梦。巴尔扎克的梦想只能在他的小说中去实现。一切美好的生活,在现实中,离巴尔扎克太远了。

回到巴黎,巴尔扎克就病倒了,彻底地病倒了。心脏和肺部的病情越来越重,眼睛已完全失明,听力也明显地下降,可他的艾芙林娜却一天也不肯守护着他。这个冷酷无情的女人整天在贵人家的沙龙里转悠,甚至拿这样的话在众人面前说她的新婚丈夫:"'那玩意儿'比什么时候身体都坏,他已经不能够走路,浑身都在痛苦地痉挛着。"说完,还不屑一顾地莞尔一笑,一副漫不经心的样子。

一个令人难忘的夜晚,月亮慢慢地透过云层,发出冷冷的光亮,照在巴尔扎克卧室的床上。床头,一支蜡烛已经燃到尽头,闪着微弱的光亮,一块块的蜡油,像大串大串的泪滴,散落在桌子上,巴尔扎克躺在床上,痛苦地呻吟着,他的心脏在微弱地跳动着。

1850 年 8 月 17 日夜 10 点 30 分,享誉全欧洲的大作家巴尔扎克离开了人间。

一颗伟人的心脏停止了跳动,一个崇高的心灵威武雄壮地走入另一种生涯。他本来扇着天才看得见的翅膀久久地盘旋在人们上空,却忽而展开另一种看不见的翅膀骤然投入了不可知的境界……不!不是不可知,不是黑夜,而是光明!不是结束,而是开始!不是虚无,而是永生!他永恒的生命从此开始了新生。

现代俄国文学的创始人

——普希金

人物档案

简　　历:俄国著名的文学家、伟大的诗人、小说家,现代俄文学创始人,被誉为"俄国文学之父"。1799 年 6 月 6 日,出生于莫斯科一个贵族地主家庭。1811 年 6 月考入皇村学校;1814 年 7 月诗歌《致诗友》发表在《欧洲通报》上;1817 年 3 月出版了第一本诗集《亚历山大·普希金诗集》;7 月完成诗歌《自由颂》,造成一定影响;1819 年 7 月写出诗歌《乡村》;1820 年 3 月完成第一部长诗《鲁斯兰和柳德米拉》,引起文坛关注;1821 年完成长诗《高加索的俘虏》;1825 年完成短诗《假如生活欺骗了你》;1828 年完成诗体小说《叶甫盖尼·奥涅金》;1830 年参加《文学报》的编辑工作;1833 年 10 月完成长诗《青铜骑士》;12 月 30 日,被尼古拉一世任命为宫中低级侍从;1836 年 10 月完成小说《上尉的女儿》。1837 年 2 月 10 日因决斗负伤而死。

生卒年月:1799 年 6 月 6 日~1837 年 2 月 10 日。

安葬之地:圣山(今名普希金山)镇教堂墓诗人母亲的墓旁。

性格特征:正直和勇毅便是其性格的精髓。

历史功过:他诸体皆擅,创立了俄国民族文学和文学语言,在诗歌、小说、戏剧乃至童话等文学各个领域给俄罗斯文学提供了典范。

名家评点:俄国作家果戈理评价说:"一提到普希金的名字,马上就会突然想起这是一位俄罗斯民族诗人。他像一部辞书一样,包含着我们语言的全部宝藏、力量和灵活性。在他身上,俄罗斯的大自然、俄罗斯的灵魂、俄罗斯的语言、俄罗斯的性格反映得那样纯洁,那样美,就像在凸出的光学玻璃上反映出来的风景一样。"

诗人世家

　　1799 年 6 月 6 日,谢尔盖耶维奇·普希金诞生在莫斯科一个家道中落的贵族世家。他父亲当过近卫军军官,自幼爱好文学,善于写诗,有一间私人藏书室,里面收藏着大量的名著。他的叔父是当时彼得堡的知名诗人,他也想把侄儿培养成伟大的诗人。

　　普希金的家里经常有许多文学名流来往,在这种环境的熏陶下,8 岁的普希金就开始用法文写诗,他已能背诵许多法国和希腊的古典长诗了,同时他又从保姆那里学到丰富的俄罗斯人民语言。他也非常地热爱民间文学和诗歌。

　　在今天看来,普希金的幸运不仅在于他"生得逢时",也在于他在儿时遇上了一个好奶妈,这个来自生活底层的俄罗斯妇女,生性快活,感情纯朴善良,阅历丰厚,并且她还富于艺术家的气质和才华。她语言丰富、生动,满脑子都是民间传说和故事,她在用乳汁和肉汤哺育小普希金的时候,也在不知不觉地用民间文学的养料浇灌着未来诗人的心田。

　　奶妈阿琳娜·罗季昂诺芙娜是一个农奴的女儿,她刚满一岁的时候就成为那个"阿比西尼亚黑人"汉尼拔的奴隶,此后就作为这个家庭的"私有财产"遗传到普希金的母亲的手下,成为这个家族第三代人的奶妈。

　　每当小普希金被母亲训斥得无所适从时,奶妈就会悄悄地把他领走。常常,在奶妈阿琳娜·罗季昂诺芙娜光线昏暗的卧室里,小普希金进入了另一个世界。这里有留雪白胡子的魔术师,有身材如胡蜂一般的王子,有脚登软底鞋、身挎弯刀、高衣领上绣有花边的游侠骑士,有奇形怪状、行走如飞的各种妖精,有身披黑袍、口中念念有词的巫婆,有灯火通明的宫殿,有幽暗恐怖的古堡……奶妈阿琳娜·罗季昂诺芙娜用生动的语言讲述着,孩子用纯朴的心灵感受着,他的想象力随着奶妈声调的起落而飞翔,他的理解力在真善美与假丑恶的较量中悄悄增长。

　　普希金后来回忆起他的童年时代所留下的印象时,写下过这样几句话:"我记忆中最早的事件和人物是:尤索波夫家的花园、地震、奶妈……"可见奶妈在他童年生活中的印象是多么深刻。另外,他记住的唯一的地方,也是他常同奶妈一起散步的那座尤索波夫家的花园。至于地震,指的是他三岁多的时候莫斯科发生的一次大地震。

　　小普希金在慢慢地长大,也变得越来越调皮了。他的家庭教师像走马灯似的换个不停,有的是主动辞职,有的则是胜任不了这个调皮但聪明绝顶的孩子的教育。普希金 10 岁时,父母不让他留在奶妈身边,而把他交给他们的贴身男仆尼基塔·克兹洛夫照料。这个满脸胡须的庄稼汉,带着普希金到处游玩,从伊凡大帝的钟楼到市民居住的小街小巷,从宫廷仪仗队表演的教堂一直到民间艺人演出的广场,整个莫斯科几乎都留下了他们的足迹。这样的生活给普希金的成长带来不少益处,而最大的益处就是使他接触了人民的生活和语言。

然而这样的生活并不长久,父母打算把普希金送进学校读书。1811 年,沙皇下诏要在彼得堡建立一所皇村中学(现为"普希金城"),按照沙皇的规定,这所学校主要招收"将要担负重任的年轻人,这些人要从大户里选拔"。普希金的父亲和伯父通过各种关系,终于让 12 岁的普希金进了这所学校。

1811 年 9 月 22 日,沙皇亚历山大批准了皇村中学首届学员名单,名单中一共有 30 人,普希金的名字列在其中。10 月 13 日,普希金正式入学,一位学监把普希金领到一间宿舍门前,门上写着:"14 号,亚历山大·普希金。"

1811 年 10 月 19 日,皇村中学举行开学典礼,普希金正式成为了这所贵族学校的学生,而这个日子也被他铭记在心中。

开学典礼举行得十分隆重,沙皇亚历山大一世也出席了开学典礼。据当时在场的人回忆,当点到普希金的名字时,只见一个"活泼、鬈发、眼睛机灵的男孩"从一群学童中走了出来。这是亚历山大一世第一次看到普希金。

普希金进入皇村中学的第二年,俄罗斯取得了对拿破仑的卫国战争的胜利,这是普希金一生中所经历的最伟大的历史事件。普希金和皇村中学的学生们一道,欢送过开往前线的部队,也为拿破仑火烧莫斯科城惊恐不已,更为俄罗斯的胜利而热泪盈眶。

皇村中学,它却是当时最进步的学校之一。卫国战争的胜利使俄罗斯人民情绪高昂,民族自尊心和自豪感得到前所未有的弘扬。与此同时,西欧的进步思潮也大量插入。而一部分进步的贵族知识分子,特别是转战欧洲、亲眼看见和亲身感受到欧洲文明的一批青年贵族军官,便很自然地成为进步思潮的传播者。在皇村中学,普希金接受了进步教师所传播的先进思想,逐步形成了自己的社会政治观点和文学观点。

在学校的进步教师当中,对普希金影响最大的两位老师是库尼金和加里奇。

库尼金是一位年轻的哲学副教授,他同时还教授道德、自然法和政治经济学等课程。在皇村中学开学典礼上,他曾以一席热情洋溢的讲演,赢得一片掌声。当着沙皇和各级官员的面,他只字不提皇帝陛下,而是号召同学们热爱祖国,去争取荣誉。这丝毫没有官方的陈规俗套的讲话,给包括普希金在内的学生留下极为深刻的印象。加里奇也是普希金热爱的老师之一,他教授拉丁文和俄文。加里奇崇尚德国哲学家康德和谢林,对哲学和美学都颇有研究,写过两本著作:《学体系史稿》和《美学试论》。他心地善良,平易近人,和学生的关系是朋友式的。

由于他的著作被人指控宣传无神论,他后来被校方除名,最后在贫困中死去。

皇村学校也是少年普希金的诗歌摇篮。他和他的同学们一道开始写诗,而流传在学校中的手抄刊物便是他们诗作的园地。在皇村中学,普希金的诗才日益蓬勃地显露和发展着,很快地从一大批学生诗人中脱颖而出,成为公认的最有才华的

文坛泰斗

诗人。1814年,在第一首正式发表的诗作《致诗友》中,15岁的普希金就认定写诗是他终生的事业:

> 我一旦做出决定,就不再变心,
> 要知道,我是命中注定,才选择了竖琴。
> 就让世人去说三道四好了——
> 生气也好,谩骂也好,反正我是诗人。

1815年1月8日,学校举行升级公开考试,当时最负盛名的诗人杰尔查文也应邀前来。关于这次考试,普希金后来有过详尽的描述:"我一生只见过杰尔查文一面,但我终生难忘。……杰尔查文显得老态龙钟,他身穿军服,足登软底鞋。考核工作使他显得十分疲劳。他坐在那里,一只手托着头,满脸皱纹,看不出是什么表情。他目光迷离,嘴唇下垂。他那张身穿睡衣、头戴便帽的正面画像和他本人十分相像。他坐在那里瞌睡,直到俄国文学答辩开始。这时,他醒了,两眼放光,似乎完全变成了另外一个人。当然,我们是在朗读他的诗作,然后进行分析,并加以赞扬。他十分仔细地听着,后来,轮到我了,我站在离杰尔查文两步远的地方朗读我的《皇村的回忆》……"

> 沉郁的夜的帷幕,
> 悬挂在微睡的天穹……

刚读几句,也许是那洪亮的声音打动了杰尔查文,他抬起了头,注视着这个站在他面前的年轻人——这是一个皮肤深黑、鬈发蓬乱的小家伙。诗歌是用"杰尔查文体"写成的,这是当时流行的颂诗体。他听下去,小诗人正在描写皇村花园,就诗的格调来看,他觉得有点熟悉,那正是他自己的风格。可听着听着,他似乎又觉得这诗有点异样,这诗中有一种谐和感,舒适感,与他的诗的庄严感、高贵感不太一样,但得承认这诗中有一种动人的力量,杰尔查文的脑袋禁不住随着诗的节奏摇晃起来:

> 杰尔查文……在铿锵的竖琴上,
> 曾经歌唱过这些英雄。

当杰尔查文听到小诗人提到他的名字,一下子便兴奋起来,……眼睛里闪出光芒。小诗人把他带进了一场战争,一场在不久以前才结束的战争:

> 在俄罗斯的广阔的原野,
> 像急流,驰过？敌人的铁骑。
> 幽暗的草原躺在深沉的梦里,
> 土地上缭绕着血腥的热气……
> ……
> 敌人冲撞着——毫无阻拦,
> 一切都被破坏,化为灰烬……

杰尔查文的心紧缩起来,他的脑海中出现小诗人描绘的那幅悲惨的情景,还没有哪个诗人的诗句这样深深地打动过他。他自己曾描绘过战争,颂扬过沙皇的战功,但他笔下的战场却没有这样扑面而来的火焰和热浪。这时,诗的调子骤然一变:

战栗吧,异国的铁骑!
俄罗斯的子孙开始行进。
无论老少,都奋起迎击强敌,
复仇的火点燃了他们的心。
战栗吧,暴君!你的末日已近,
你将会看见,每一个士兵都是英雄。
他们不是取得胜利,就是战死沙场,
为了俄罗斯,为了庙堂的神圣。

以下杰尔查文听到小诗人在歌颂人民的战士,歌颂古老而伟大的莫斯科,甚至还听到了沙皇亚历山大的名字。此时他又开始摇头晃脑起来,他感到他面前的小诗人又回到他的风格上来了。听,小家伙又提到他了:

啊,俄罗斯灵感的歌手
你歌唱过浩荡的大军,
请在友人的围聚中,以一颗
火热的心再弹起你的金琴!
请再以你和谐的声音把英雄们弹唱,
你高贵的琴弦会在人心里拨出火焰,
年轻的战士听着你战斗的颂歌,
他们的心就会不住地沸腾、抖颤。

当普希金读完最后一行,老杰尔查文已颤巍巍地站了起来,他老泪纵横,晃动着双手,想拥抱和亲吻普希金,可又高兴又害羞的普希金早已跑到花园里去了。杰尔查文感叹:"我不会死,这就是要接替我杰尔查文的人。"

《皇村的回忆》揭开了普希金公民诗的序幕。这首充满爱国主义情感的颂诗,无论从内容还是从形式上看,都是普希金抒情诗中最具"古典主义"的作品。作为俄罗斯帝国的一个公民,小诗人的眼中似乎只有俄罗斯子孙的浴血奋战,只有莫斯科的大火,只有拿破仑的"异国的铁骑"的战栗和俄罗斯人民的骄傲。国家的利益和民族的情感压倒了一切,尚未涉世的少年诗人在回忆人民的光荣历史时,甚至都没有提起过他们的被焚烧的破旧茅屋。诗作所采用的形式也是上一辈诗人常用的颂诗体,虽说其中有些写法也别开生面,但从总体上说仍没有脱尽模仿的痕迹。

15岁的普希金在皇村中学成了引人注目的人物,一些著名作家卡拉姆辛、茹科夫斯基、巴丘什科夫先后来到皇村中学欣赏这个诗坛的新秀,并鼓励他"要像雄鹰那样翱翔,切勿在飞翔中停止不前"。每当这样的时候,普希金总是一反平常桀骜不驯的神态,屏住呼吸在同学们的注视下羞涩地低着头。

1816年俄国安娜·巴甫洛夫娜公主要和法国的奥朗日王子结婚了,皇后玛丽亚·费多罗夫娜想找人写一首颂歌。著名诗人卡拉姆辛把这一任务交给了普希金,普希金很快完成了诗稿。在盛大婚宴上,这首诗被谱上曲子由宫廷乐队演唱,皇后对这首诗很满意,送给普希金一块带链的金表以示酬谢。

少年普希金渐渐地明白了,诗歌不只是考场上的荣誉,宴会上的点缀,还可以把它当作生存的保证和斗争的武器。

普希金已经是高年级学生了,这位崭露头角的少年诗人已经能够得心应手地运用诗歌这把利剑参与现实生活了。

在皇村中学的老师中最受欢迎的就是年轻的哲学教授库尼金,他在课堂上公开抨击沙皇政府的农奴制度,主张"天赋人权",这个激进的自由派给同学们灌输了新的思想,同学们也喜欢他那狂热的言辞和通俗易懂的讲演。多少年后普希金写诗赞美他说:

红心,美酒,

献给库尼金,

他培养了我们,

他把我们心中的火种点燃!

然而沙皇的鹰犬是无处不在的,皇村中学的学监皮列茨基就是警察局的一个密探,他千方百计地迫害进步教师,最后同学们爱戴的库尼金老师被迫辞职。义愤填膺的普希金给学监皮列茨基写了一封辛辣的诗体信:

你为所欲为,指鹿为马,

说讽刺就是诬陷,

说讲理同煽动是一家,

说作诗是恶习,说库尼金就是马拉!

从以上爱憎分明的两首诗中我们可以看出普希金绝不是一个搔首弄姿,风花雪月的无聊文人,从他步入诗坛的那一天起,他就把诗歌当做斗争的武器,勇敢地指向敌人。

普希金在学生时代就疾恶如仇,决不向恶势力低头。一次上自习课,普希金的同桌蓝眼睛的杰尔维格正在专心致志地写一首诗,学监皮列茨基悄悄地走过来,从后面把那首诗拿走了,杰尔维格满脸羞愧,眼睛里涌出了泪水。普希金气愤地站起来指责皮列茨基说:"您无权拿走我们的作品,这样您以后还会到抽屉里去拿我们的家信呢。"

同学们对这位学监皮列茨基既痛恨又害怕,他曾经赶走了同学们热爱的库尼金老师,现在又要限制大家的写作自由。于是反对学监的同学们团结在普希金周围,夜间他们秘密串联。第二天在饭厅里普希金就当着辅导老师的面,向全体同学列数皮列茨基的罪行,同学们明白了事实真相,就把皮列茨基拥到了阶梯教室里,大家要求他辞职,否则同学们就集体退学。皮列茨基害怕了只好辞职,后来这位学监在彼得堡警察局侦查处得到一个职位,这个秘密警察的狰狞面目终于暴露了。这是普希金一生中组织的第一次也是最后一次胜利的斗争。

皇村中学的第一批学生确实涌现了一大批出类拔萃的人物,有普希金这样的伟大诗人,有著名的国务活动家,更有一些鄙弃功名利禄献身于人民事业的十二月党人普希钦、久赫尔别凯等,这些优秀人物的出现是和培养他们的教员分不开的。

在法国资产阶级大革命时期,有一个雅客宾派的重要领袖人物,叫马拉。他的弟弟布德里就是皇村中学的教师,教普希金法国古典文学课。这个教授是与法国革命保持着现实联系的人。在课堂上他毫不忌讳地向同学们讲自己那位为法国资产阶级革命英勇献身的哥哥,讲大名鼎鼎的罗伯斯庇尔,讲法国资产阶级革命时期的风云人物。这个身材矮小却很健谈的法国教师,无形中在学生们心里播下了热爱自由的种子。他是个严肃积极的教育工作者,非常喜欢朗读艺术作品,普希金是他的得意门生。

此外,热情、正直、博学的加利奇老师,也深受同学们欢迎。他不是诗人但他喜欢读诗,精通诗律。普希金在日记中写道:"我有缘遇到善良的加利奇,感到十分高兴,他鼓励我沿着自己选择的道路走下去。"

1817 年是普希金在皇村中学的最后一年,这一年他结交了一些新的朋友,他的思想也发生了巨大的变化。

22 岁的骑兵少尉恰达耶夫是普希金最要好的朋友。他白皙的面庞,明亮的蓝眼睛,高高的额头上覆盖着柔软的金发,长得就像女孩子一样清秀。但是他的经历却非常丰富,他参加过鲍尔金诺的激战,他也跟随着沙皇从莱比锡打到巴黎城下。戎马倥偬的生活使他的目光显得特别冷峻,他对人民的贫困生活感到担忧,希望学习西方,重新安排祖国的命运,推翻专制统治,让全国人民生活在自由和欢乐之中。恰达耶夫的这些观点,让普希金感到眼花缭乱,他毕竟才 17 岁,这是多么富于理想的年龄啊,在恰达耶夫的影响下年青的诗人普希金又吹响了推翻专制统治的号角。他在《致恰达耶夫》的诗中写道:

> 我们的内心正燃烧着自由之火,
> 同志啊,相信吧:幸福的星辰就要升起,
> 放射出迷人的光芒,
> 俄罗斯要从睡梦中苏醒,
> 而在那专制暴政的废墟上,
> 将会写上我们姓名的字样。

普希金这充满激情的战斗的诗篇,鼓舞着年轻的朋友们,也震撼着沙皇的统治。

恰达耶夫比普希金大五岁,能流利地讲四国语言,他知识渊博,对英国文学和哲学很感兴趣,对诗歌也很有研究,可以说他是普希金成长道路上的良师益友。有时,他拿出一本诗集,给普希金读上一段,然后评判作者使用的字眼、表现的主题。

在朋友的指导下，普希金明白了写诗并不是一种消遣而是一项严肃的工作，从此普希金对自己要求更严格了。

一天恰达耶夫给他朗读杰尔查文的《旅行家》，诗中有这样两句：

漆黑的夜晚，月光闪烁，旅行家驾一叶扁舟一闪而过。

普希金说："这两句写得多美啊！押韵自然语言明快，创造了一种新的意境。"

恰达耶夫立即反驳说："你不要迷信名人，你没有发现这两句诗有明显的矛盾吗？"

普希金愕然了，他的确没有想过伟大作家的诗还会有不足之处。

"你看，既然月光闪烁，那就不会是漆黑的夜晚。"恰达耶夫指着诗文说。普希金真的服了，他开始认识到写诗不仅要追求韵律的整齐，辞藻的华美，更要讲究语言的准确、真实。

1817 年 6 月，毕业的日子临近了，皇村中学立即沸腾起来，学生们是多么急切地盼望着这一天。整整六年与世隔绝的生活，繁重的功课都要结束了，他们多么希望早日踏上人生新的征程。然而要和朝夕相处了六年的伙伴们分手了，从此他们将各自东西，想到这些同学们心里又无限惆怅，年轻人含着眼泪，互相拥抱，海誓山盟，题词留念，皇村中学的生活对他们每个人都是十分美好的回忆。

1817 年 6 月 9 日皇村中学举行毕业典礼，沙皇亚历山大一世第二次驾临，皇帝讲完话之后普希金朗诵了一首诗歌。同学们一起合唱了自己作词作曲的毕业歌《六年弹指一挥间》老师和同学们流着热泪歌唱着，皇帝也很感动。最后颁发毕业证书。根据考试成绩普希金名列第十九名，他和好朋友普希金钦、久赫尔别凯一起被分配到外交部任职。在普希金的衣箱里和那金光闪闪的毕业证放在一起的是他中学时代的自选诗集，一共有 36 首，全是他中学时代的优秀作品。诗集的封面上赫然写着《亚历山大·普希金诗集——1817 年》几个大字。

年轻的普希金，带着他的诗集，带着他对生活美好的憧憬，踏上了人生的征程，然而在前面等待他的是什么呢？

自由颂歌

1817 年，普希金从皇村学校毕业，被派到外交部去任十二等的小官职，这是一个有官无职的衔位。普希金是一个本来就不适于在公家任职的人，他对此毫无兴趣。他这样一个翩翩少年，就随波逐流，被卷进了酒绿灯红的彼得堡上流社会的旋涡里去了。

不过，他很快从这上流社会的泥潭挣脱出来，反省自己的放纵行为和过失，这在他后来写的诗中可以看得很清楚。

随着他踏进社会的门槛，面对着日益黑暗的社会现实，经历了短暂的"沉沦"，他的思想和艺术都开始成熟起来,他的天才迅速地成长着,很快地脱去了古典气味。其实,早在 1815 年写作的《致利金尼》一诗中,他就开始告别《皇村的回忆》中的古典情感而转向现实。

1817 年写作的著名的《自由颂》是诗人抒情诗中的重要作品之一,这是一首名副其实的"政治抒情诗"。诗一开头以非同凡响的气势,向诗人向诗歌提出了新的使命:

来吧,请摘下我的桂冠,

打碎这娇弱的七弦琴——

我要向全世界歌唱自由,

使王位上的恶人胆战心惊。

普希金这里提出了这样一种见解,那就是为了消除"人民苦难的阴影",必须使"强大的法律"与"神圣的自由"相结合。他用历史上有名的暴君路易十六和保罗一世都先后遭到惨死作为例子,来警告当今的君王,并呼吁他们服从法律:

君王们! 不是自然,是法律

把王冠和王位给了你们,

你们虽然高居于人民之上,

但永恒的法律却高于你们。

自然,普希金在这里提出的纲领还是一个比较缓和的纲领,但最引人注目的,也是最使沙皇专制政权感到害怕的,是下面的诗句:

战栗吧! 世间的暴君,

无常的命运暂时的宠幸!

而你们,匍匐着的奴隶,

听啊,振奋起来,觉醒!

这样的诗在当年是不可能公开发表的,它以手抄本在社会上广泛流传,产生巨大影响。它也是沙皇政权要流放普希金的主要"罪名"。这首诗在 1856 年首次正式发表于国外,而在俄罗斯则到 1905 年才得以发表。

1818 年,普希金创作了《致恰达耶夫》,这也是他另一首最著名的"政治抒情诗"。

这一首赠诗所表达的并非个人的情感,而是一代革命青年的共同心声。普希金写过为数不少的赠诗,它们多半是表达个人的感情,或者是怀念友谊,或者是表示爱慕,或者是颂扬德行。其中,抒情主人公几乎都是以单数第一人称的"我"出现。自然,"我"所表达的情感也许是典型的带普遍意义的,能够引起读者的共鸣的,普希金有不少的赠诗(以及其他的抒情诗)都是这样的。

1919 年,普希金创作了另一首有名的诗作《乡村》,在这首诗中,诗人转向了另一个重大的社会主题即农奴制问题。但作品不是一开始就直奔主题的,它的前半部分极富于牧歌情调:

祝福你,荒远僻野的一角,

闲适,工作和寄兴的所在,

是在这里,我的日子悄悄流去了,

沉湎于快乐和遗忘的襟怀。

我是你的:我爱这一座花园,

幽深,清凉,各样的野花开遍,

我爱这广阔的绿野,洋溢着禾堆的清香,

一些明澈的小溪在树丛里潺潺喧响,

无论放眼哪里,我都会看见生动的面面,

啊,到处是劳作和富裕的景象。

诗人在这里描绘的田园风光是充满诗意的,这种视角也十分符合诗人的身份,大自然美丽宁静,"成群的牛羊","旋转着的风车"和"谷场冒着的青烟",勾画出一幅乡村"劳作和富裕的景象"。一方面,诗人的描绘和感受是真实和自然的,而且,这种描绘和感受也感染着读者,唤起读者某种美妙的和美好的期望;另一方面,诗人的描绘和感受又是一种衬托,一种伏笔,甚至可以说是一种"假象",随着诗人笔触的深入,出现了与前面的景象极不协调的画面:

这里有野蛮的地主,

一不守法,二无感情,仿佛命中注定

他们该是人们的灾星,

对于眼泪和哀求一概不顾,

只顾用强制的鞭子掠夺

农民的财产、劳力和时间。

这里的奴隶听从无情的老爷的皮鞋,

伛偻在别人的犁上,被牵着绳索,

瘦弱不堪地苟延残喘。

这里,一切人毕生是负着重轭的马牛,

没有希望,谈不到一点心灵的追求,

就是青春少女的娇艳

也只供恶棍无情的摧残。

这幅"愚昧的令人心痛的情景"才是这块土地上的"真相",才是诗人要着意描绘的,才是诗人要特别加以强调的。随着诗人的笔触的推进,田园风光顿时失色,牧歌情调也消失殆尽,一种沉重感、压迫感油然而生,而后又代之以疾声的呼吁、抗议和深深的思索。

这部作品以全新的,以前从没有过的风格出现,轰动了俄罗斯的文坛。普希金的作品开始产生广泛的影响,许多诗章以手抄本形式流传,其中有不少是针对沙皇当局的讽刺诗。这激怒了沙皇亚历山大一世,皇上决定把他流放西伯利亚,只是由于一些有影响的朋友的说情,才改为以调动职务为名流放到俄国南部的叶卡杰林诺斯拉夫去。

普希金初到南方的日子,就是在与拉耶夫斯基一家愉快的相处中度过的。三个月后,他返回了英佐夫新迁的驻地基希尼奥约夫。英佐夫将军像迎接亲生儿子一样迎接青年诗人,当时普希金已身无分文,将军就让他住在自己的府邸,在各个方面都尽量照顾他,并且还为普希金争取到700卢布的月薪。不过,这位善良的将军也暗暗为普希金担心,生怕他又闯出什么新的乱子。

南方的大自然以其雄奇、瑰丽和盎然生气吸引和感染着普希金,同时也激发了他对自由的渴望和向往。他与南方秘密团体的成员——未来的十二月党人的结识,更加强了他的反抗情绪。这些思想和感受,在他这个时期的创作特别是抒情诗中得到鲜明反映。

1823年6月,普希金被调到奥德萨,在接替英佐夫的奥德萨总督沃隆佐夫的办公厅任职。

1824年,沙皇秘密警察截获普希金的一封私人信件,其中涉及无神论的观点,这在沙皇看来是大逆不道的,再加上沃隆佐夫多次上书告发普希金,亚历山大一世便对普希金施以更严厉的惩罚。普希金被撤销公职,遣送到他父母的领地米哈依洛夫斯克村流放,受当地政府、教会以及他父母的监督。同年7月,普希金离开了奥德萨。

南方四年的流放生活,不但没有压垮普希金,思想越来越成熟,对自由的渴望越来越强烈。这四年也是普希金的创作迅速成长的时期,除了写作了大量的抒情诗以外,诗人还创作了多部长诗,其中《高加索的俘虏》(1821)、《强盗兄弟》(1822)、《巴赫切萨拉伊的喷泉》(1823)和《茨冈》(1824,这部长诗是到米哈依洛夫斯克村才最后完成的)等作品,是俄罗斯浪漫主义诗歌的重要成就。

长诗问世

把写诗视为自己"天职"的普希金,早在皇村中学时期就有过创造一部大型作品的念头,并且对这部作品还有了初步的构思。到外交部后,他一方面频繁地进行社交活动,同时也利用一些零碎时间来写作这部作品。后来,普希金为了集中精力完成这部作品,还隐居到乡下,全身心投入到创作之中。这部作品最后于1820年完成,它就是长篇叙事诗《鲁斯兰和柳德米拉》。

这是普希金第一部大型作品,也是他早期创作的最大成就。作品充分吸取了民间文学的养料,大量运用了人民的语言,创造出美丽动人的画面,塑造出鲜明的富于俄罗斯特点的形象。它以别开生面的奇想突破了古典主义的框范,又以明朗的生活气息摆脱了浪漫主义的虚幻,给俄罗斯诗坛送来了一股清新的空气。

长诗除题词、序诗和尾声外，共分六章。在著名的序诗中，脍炙人口的诗句便把读者引进了一个美妙神奇的童话世界：

　　海湾上有棵青青的橡树，

　　橡树上牢系着一条金链，

　　一只博学的猫不分昼夜

　　紧跟着金链老来回兜圈，

　　向右边走——便唱一首歌子，

　　向左边走——便讲一个故事。

这部长诗的序诗在俄罗斯是家喻户晓的，它是普希金到米哈依洛夫斯克村后为长诗补写的。

就情节而言，《鲁斯兰和柳德米拉》并无多少新鲜之处，和许多欧洲或俄罗斯的童话一样，它讲述的是一个"英雄救美女"的故事，自然其中还少不了真善美与假丑恶的斗争，少不了善恶有报，少不了"有情人终成眷属"的结局。但普希金给这样一个古老的故事注入了新的血液，赋予它以新的灵魂，从而点石成金，让它大放异彩。

在俄罗斯诗坛上，像《鲁斯兰和柳德米拉》这样的题材，古典主义诗人一般都会不屑一顾，即使偶尔问津，也只会注目于王权的威严和德行，并要尽量地削弱其中世俗生活的成分。浪漫主义诗人倒是对这类故事颇为倾心，但他们多半会强化或夸大其中的神秘因素，并以主观性的幻想给它蒙上一层虚饰，使它变得扑朔迷离。而普希金既把传说的因素与历史的因素相结合，又剥去故事的神秘色彩，强化其中的世俗生活的成分，使幻想与现实并存、让严肃与戏谑共在，既打破了古典主义的传统，又抛弃了浪漫主义的俗套。

自然，就外部情节来看，《鲁斯兰和柳德米拉》与茹科夫斯基的长诗《十二个睡美人》有相似之处，并且正是在《十二个睡美人》问世的时候，普希金开始写作《鲁斯兰和柳德米拉》的。普希金自己并不忌讳这一点，在长诗第四章一开头，他就直接说明了他这部长诗与《十二个睡美人》的关系。

在很长一段时间里，他们一直颂扬普希金是《鲁斯兰和柳德米拉》史诗的作者。而反对派的代表——那些崇尚古代文风的人对这一作品的问世非常愤慨。诗中没有提到无神论的话，但他们却十分注意这一点。对诗中所表现的优美诗句、理智、审美观和灵感等，他们却视而不见。

普希金在寻求如何跳出因循守旧的框子。他生活在贵族阶层，但却想了解农民的私生活。

诗体小说

诗体长篇小说《叶甫盖尼·奥涅金》是普希金的代表作品。从 1821 年冬天到 1830 年秋这将近 8 个年头的时间,正是诗人逐步走向人民、对现实和历史进行深刻思考的时期,也是诗人在艺术上走向成熟的时期。可以说诗人是把自己的思想、情感、才华全都倾注到了这部作品之中,它是诗人的呕心沥血之作。别林斯基认为,《叶甫盖尼·奥涅金》"是普希金最真诚的作品,是他幻想的宠儿,很少作品能这样充分、明确、清晰地反映一个诗人的个性。我们在这里看到他的全部生涯、他的心灵、他的爱情。我们也看到他的种种情感、观念和理想。"批评家进一步明确指出:"衡量这样一部作品意味着衡量诗人的全部创作活动。"

从俄罗斯文学和欧洲文学发展史的角度看,《叶甫盖尼·奥涅金》也是一部具有重大意义的作品。它是俄罗斯现实主义文学的奠基之作,是公认的俄罗斯文学的典范之作。同时,也是欧洲现实主义文学最早出现的重要作品之一,他与司汤达著名的被认为是欧洲现实主义文学"开山之作"的《红与黑》在同年(1830)完成,它甚至比巴尔扎克和狄更斯的现实主义代表作品早问世好些年头。

诗体小说的主人公奥涅金是一个贵族青年,正当他对上流社会的生活感到厌倦的时候,他那年迈的伯父突然病故,于是他因继承遗产来到伯父的庄园。在乡下,奥涅金与另一位贵族青年连斯基结为朋友,并认识了邻村地主的两个女儿——大女儿达吉雅娜和小女儿奥丽嘉。达吉雅娜爱上了奥涅金,她一时感情冲动,给奥涅金写了一封充满天真、纯洁的感情的信,可遭到奥涅金冷淡地拒绝。这时,连斯基正狂热地爱上了奥丽嘉。而奥涅金在一次舞会上,故意不断地找奥丽嘉跳舞,和她表示亲近,这便激怒了连斯基,于是他提出要与奥涅金决斗。奥涅金在决斗中打死了连斯基,良心受到谴责,便离开庄园到四处漂泊。几年以后,当他回到上流社会,在莫斯科的一个晚会上重又见到达吉雅娜时,达吉雅娜已成了一位将军夫人。这时,奥涅金心中燃起了爱情,也写了一封充满感情的信给她。可达吉雅娜回答他说,她承认她还爱他,但出于道德和尊严而不能属于他。这以后奥涅金又离开上流社会四处漂泊。

作为一部现实主义作品,《叶甫盖尼·奥涅金》再现了 19 世纪 20 年代俄罗斯广阔的社会生活,别林斯基曾称它为"俄罗斯生活的百科全书"。20 年代,正是俄罗斯解放运动第一代战士——贵族革命家成长的时期,同时也是十二月党人革命的酝酿、爆发和失败的时期。当时,俄罗斯经历了 1812 年反拿破仑入侵战争的胜利,民族意识普遍觉醒,广大人民特别是农民对农奴制的不满和反抗情绪日益高涨。在这种情势下,贵族青年中开始出现政治上的分化:一部分人渴望为祖国做一番事业,要求改变现存制度,这些人就是十二月党人;另一部分人仍然过着骄奢淫逸的生活,企图永久保持贵族特权地位;而第三种人则是贵族青年中的大多数人,他们感到时代的风暴即将来临,不甘心和贵族阶级一道灭亡,但阶级的局限又使他们没有勇气与能力去参加革命斗争,也看不见社会发展的前景,因此终日彷徨苦闷、焦躁不安,即染上了当时人们所称之的"时代的忧郁病"。

普希金笔下的奥涅金正是后一类贵族青年的典型。他是一个退职官员的儿子,从小受着传统的贵族教育,在法国籍家庭教师的管教下长大。当他到了"心猿意马的青春"时期,便终日在上流社会中鬼混,成了一个纨绔少年。

他开始沉湎上流社会的花天酒地的生活,最后他终于也厌倦起来,害上了"时代的忧郁病"。他对什么都不感兴趣,对什么都漠然置之,既看不起周围的朋友,也不满意自己。他开始逃避上流社会,但这并没有使他摆脱这种"忧郁病",反而病入膏肓,几乎是无可救药了。

但他毕竟还是受到了时代精神的感染和进步思潮的影响。他读过亚当·斯密斯的《国富论》,反对抵押土地,主张重农主义,并且还在农村进行过自由主义改革;他还与连斯基争论过有关历史、政治和科学等问题;甚至卢梭的民主思想也鼓舞过他。这些都说明奥涅金比那些醉生梦死、沉湎于灯红酒绿的贵族青年要高出一头。

普希金通过奥涅金的形象提出了当时最重大的社会问题之一,即贵族知识分子脱离人民的问题。

像奥涅金这样的徒有聪明才智、在社会中找不到自己的位置、在爱情中也遭失败的贵族青年,在当年的俄罗斯是很多的,所以这一文学形象具有极大的概括性。赫尔岑曾说过"像奥涅金这样的人在俄罗斯每走一步路都会碰见他",赫尔岑还承认:"我们只要不愿意做官或当地主,就多少有点奥涅金的成分。"别林斯基称这类人为"聪明的废物"。后来人们都把这类人称作"多余人"。

在俄罗斯文学中,所谓"多余人"是一个人物系列,虽说这一称谓是在屠格涅夫1850年发表中篇小说《多余人日记》之后才广为流传的,但这类人物的基本特征在奥涅金身上就已确定下来了。杜勃罗留波夫曾指出,"多余人"是"我们土生的民族的典型,所以我们那些严肃的艺术家,没有一个是能够避开这种典型的"。而奥涅金在某种意义上可以说是"多余人"的鼻祖,在后来的文学作品中相继出现的"多余人"的典型,诸如莱蒙托夫笔下的皮巧林、屠格涅夫笔下的罗亭、冈察洛夫笔下的奥勃洛莫夫等,他们身上无一不或多或少地有着奥涅金的影子。"多余人"人物系列是19世纪俄罗斯文学独有的成就,同时也是19世纪俄罗斯文学的最高成就之一。

诗体长篇小说的女主人公达吉雅娜是一个拥有一个"俄罗斯灵魂"的迷人的艺术形象。别林斯基曾指出普希金的伟大功绩之一是"在达吉雅娜身上给了我们关于俄罗斯女性的诗的描绘"。作为小说的女主人公,达吉雅娜的形象在许多方面与男主人公奥涅金的形象形成鲜明的对照,同时他们又相互烘托,相互解释。

如果说普希金在奥涅金身上着重突出的是他与人民的脱离，那么在达吉雅娜身上，诗人则着意表现的是她与人民深厚的联系。诗人给女主人公取了一个平民化的名字达吉雅娜，这个在当年丫鬟们才使用的名字便暗示出她生长于远离城市的乡村和淳朴的人民之中。古老的俄罗斯民间风习，富于民族传统的家庭氛围，老奶妈在静夜所讲述的美丽的民间故事，培养了她与俄罗斯人民相通的感情。她热爱俄罗斯民歌和故事，相信民间的古老传说，相信梦，甚至还相信纸牌占卜和月亮的预兆，这些都是和俄罗斯人民淳朴的气质一脉相承的。

在达吉雅娜的生活中，大自然始终是她最亲密的朋友，它培育了女主人公真诚、善良的感情，造就了她淳朴、美好的气质。她喜欢在黎明之前在露台迎接朝霞，喜欢在幽静的花园里散步，她爱俄罗斯的夏夜的美妙，更爱俄罗斯冬天冰雪的灿烂。在她出发到莫斯科之前的时候，她是那样深情地和故乡的山丘、溪流、树林告别，就像和自己最好的朋友告别一样。在莫斯科，她已成为一位高贵的太太，但她却"憎恨上流社会的忙乱，梦想着乡下的生活，梦想着乡村和贫苦的农民，梦想着那流淌着清澈小溪的幽静的角落。"

自然，普希金多少也描写了当时席卷着欧洲和俄罗斯的社会思潮对达吉雅娜的影响，不过应该指出，从总体上看，诗人基本上是在道德的范畴中特别是在个性解放这一点上表现这种影响的，这与当时俄罗斯女性无权参与社会活动的地位是相符合的。

作为一部特殊的"诗体长篇小说"，《叶甫盖尼·奥涅金》在艺术上总的特色就是诗与散文的有机结合。

在普希金以前的俄罗斯文学中，虽也出现过有一定的人物和情节的长诗，但其中基本上没有性格的创造，更不必说到典型性格的自觉的塑造。普希金第一个在俄罗斯文学中把诗的抒情性和散文的叙事性有机地结合起来，从而创造出他自己所称之的"自由的形式"的"诗体长篇小说"，其中既有浓郁的抒情性，又有对性格的精细的刻画。这是一种全新的独创性的艺术形式，是普希金在艺术形式上对俄罗斯文学的重大贡献。

具体说来，《叶甫盖尼·奥涅金》的最显著的艺术特色便是它的抒情性，或者换一种说法，就是作品中始终贯穿着诗人自己的形象，贯穿着"作者的声音"。作品中出现大量的"抒情插笔"，较大型的"插笔"有 27 处之多，只有两三句的"插笔"竟有 50 多处。这些"抒情插笔"，有时是作者对人物的贬褒，有时是对事件和场面的评论，有时是对往事的追忆；有的严肃庄重、富于哲理，有的尖锐激烈、锋芒毕露，有的诙谐幽默、妙趣横生，有的画龙点睛、入木三分；有些"插笔"，与人物和情节的发展息息相关、丝丝入扣，有些"插笔"，看似与人物或事件无关，其实并未离题万里。正是这些大量的多角度多层次的"抒情插笔"，扩大了作品的容量，深化了作品的内涵，加强了作品的感染力。

但《叶甫盖尼·奥涅金》毕竟又是一部长篇小说，作为大型的叙事作品，它在再现社会生活的广度和深度上、典型性格的塑造上、环境和场景的描写上都达到了当时俄罗斯文学的最高水平，也不逊色于欧洲现实主义奠基者司汤达、巴尔扎克、狄更斯等人的作品。别林斯基说它是一部"百科全书"的原因正在于此。在诗体长篇小说中。普希金围绕人物性格的塑造这一主线，巧妙地穿插着上流社会的场景和乡村的风俗画面，这些初看起来仿佛是诗人信手拈来的无意之笔，却包含着真正的艺术家的着意安排和匠心。如作品中描写地主庄园中农奴少女边采果子边唱歌的片段，就包含着真正的讽刺力量和幽默效果：

　　……只有一群使女

　　在花园，在山坡的丛林间，

　　一面采野果，一面合唱：

　　（这歌唱是遵照主人的命令，

　　她们唱着，主人才能放心，

　　因为这样，就没有狡猾的嘴

　　能够得空偷吃他的野果：

　　请看，村的智谋也推出色！）

　　我们看到，普希金以诗歌特有的抒情效果赋予作品以一般散文作品难以达到的感染力。

溘然而逝

　　1828 年 12 月，普希金在莫斯科一个舞蹈教师家的舞会上，结识了公认为"莫斯科第一美人"的娜塔莉娅·尼古拉耶芙娜·冈察罗娃。两人一见钟情，不久便正式结婚。当时普希金在沙俄外交部供职，他的夫人经常出入上流社会。1834 年，一位法国波旁王朝的亡命者乔治·丹特斯来到普希金夫妇所在的彼得堡，在沙皇禁卫军骑兵团任职，风流潇洒的丹特斯很快就结识了冈察罗娃，并且开始如痴如狂地追求她。在这种忍无可忍的情况下，普希金为了维护自己的荣誉而向丹特斯要求决斗。在决斗场上，丹特斯趁诗人还没有做好准备就首先开枪，使普希金受了致命的重伤，不久便溘然而逝。彼得堡有数万人到诗人生前的住处吊唁，报纸在刊登噩耗时说："俄罗斯诗歌的太阳陨落了！"在《诗人之死》的诗文中写道："一个法国纨绔子弟，用罪恶的手，扼杀了美、自由和诗。整个俄罗斯在哭泣，整个俄罗斯愤怒了：交出丹特斯！还我普希金！"

　　"新的、陌生的一代……"已经崛起。普希金尸骨未寒，俄国已经听到一位新的天才诗人——莱蒙托夫——的声音，后者在自己那些神奇的诗篇中仿佛秉承了倒下的诗人的遗志，向扼杀"自由、天才和光荣"的刽子手们大胆挑战。彼得堡大学文科学生伊凡·屠格涅夫前来向普希金遗体致敬。"对于我和我的许多同龄人说来,普希金当时不啻是个半神。"——他后来这样回忆道。对外贸易司年轻职员伊·亚·冈察洛夫在班上获悉普希金的死讯,立即痛哭失声,从办公室里跑出来:"我无法相信,这位想象中我匍匐在其脚前的人竟停止了呼吸……"在遥远的慕尼黑,年轻的俄国使馆人员丘特切夫(他的诗普希金临死前曾刊登在《现代人》上)为被杀害的诗人写了那首著名的献诗:"每一颗俄国人的心不会忘记你,像不会忘记自己的初恋……"另一个在普希金杂志诗歌栏上已经被介绍过的初露头角的诗人,沃龙涅什的歌手科尔卓夫用一句话表达了这场巨大的损失给俄国诗人们留下的深切感受:"太阳陨落了!……"

普希金很快就进入世界文坛。他的作品最早的译文出现于1823年(译成德文和法文),早在1827年,歌德就通过茹可夫斯基把自己的鹅毛笔作为礼物送给这位《取自〈浮士德〉的场景》的作者。还在普希金生前,国外出的文集和游记就对这位年轻的俄国诗人有所评论,说他把艺术家的卓越才能及性格上的高尚和独立不羁融汇于一身。这些忠实地反映出普希金创作风貌的特点构成了西方进步评论界以及接踵于其后的全世界进步读者对他的认识基础。密茨凯维奇、普罗斯佩尔·梅里美、马克思和恩格斯在评价普希金时,都把他看作一个热爱自由的诗人、思想家和语言艺术大师。两位科学社会主义的奠基人是根据《叶甫盖尼·奥涅金》来学习俄语的,并盛赞这部著名的诗体小说在思想上和艺术上都有所革新。1899年,艾米尔·左拉向俄国作家们祝贺这位"现代俄国文学之父、博学者、卓越的诗人及自由与进步的真正朋友"诞生百周年纪念日。1937年罗曼·罗兰用如下一句话来表示自己对普希金的"衷心的"赞美:"我希望,他的光荣进一步得到发扬。"1949年,国外一些进步的、对这位世界大诗人备极崇敬的文化活动家齐集莫斯科,异口同声地发表了许多赞颂性的演说。"普希金,为自己那个巨人般的民族所珍视,也为世界上所有的民族焕发出异彩。"——智利诗人巴勃罗·聂鲁达这样说道。中国著名作家萧三告诉人们,"普希金的纪念碑骄傲地耸立在被中国人民解放军彻底解放的上海黄浦江畔。""普希金属于全人类。"——黑人歌手保罗·罗伯逊这样赞扬他道。最老的无产阶级作家达尼·马丁·安德尔森—涅克肖把普希金比作走在队伍最前头、用歌声来鼓舞士气的古代北欧吟唱诗人。

诗人的名声已经不仅传遍"整个伟大的俄罗斯",也传遍世界上所有进步国家。作家中,普希金是第一个用自己的作品证实列宁后来关于俄国文学具有世界意义这个著名论断的人。此后一切俄罗斯文学家都从普希金那里汲取营养,他无愧于"现代俄国文学之父"的称号。

普希金短促而又悲惨的一生标志着俄国思想和语言发展史上一个前所未见的大转折。俄国语言从此焕然一新,它把清新流利与铿锵有力融会在一起,这是他的前人们所不曾知晓的事。俄国诗坛从此异彩纷呈,诗的语言从未显得如此灵活劲遒,各种新的诗歌体裁和韵律以最广阔的规模在他笔下结合得如此和谐,具有极高的表现力。诗歌在俄国第一次成为威胁着"不义的当局"并用自己火热的词句捍卫着那些无权的、"没落的"人们的政治讲坛。对现实中的一切高度关心、高度敏感的诗人在自己作品中留下的是一幅完整的社会画面,这个社会在法国大革命的思想启迪下有所发展,而又在十二月风暴的冲击下分崩离析。作为一个艺术家兼思想家,他从过去中去发掘那发生在他眼前的政治悲剧的根源,并不断通过自己作品中所描绘的斗争场景和英雄人物来展示这个俄国的过去;而作为一个真正伟大的诗人,他在历史的发展进程中捍卫的则是人民群众为之奋斗的那个光辉的未来。

法兰西的"莎士比亚"

——雨果

人物档案

简　　历:法国浪漫主义作家,人道主义代表人物,19 世纪前期积极浪漫主义文学运动的代表作家,被人们称为"法兰西的莎士比亚"。1802 年 2 月 26 日生于法国贝桑松,13 岁时与兄长进入寄读学校就学,16 岁时已能创作杰出的诗句,21 岁时出版诗集,声名大噪;1845 年法王路易·菲利普授予雨果上议院议员职位,自此专心从政;1848 年法国二月革命爆发,法王路易被逊位。雨果于此时期四处奔走宣传革命,为人民贡献良多,赢得新共和政体的尊敬,晋封伯爵,并当选国民代表及国会议员。三年后,拿破仑三世称帝,他对此大加攻击,因此被放逐国外。此后 20 年间各处漂泊,此时期完成小说《悲惨世界》。1870 年法国恢复共和政体(法兰西第三共和国),雨果结束流亡生涯,回到法国。1885 年 5 月 22 日,雨果辞世,于巴黎举行国葬。

生卒年月:1802 年 2 月 26 日~1885 年 5 月 22 日。

安葬之地:巴黎的先贤祠。

性格特征:性格坚毅,有主见,不受任何人的束缚。节俭、勤奋、聪慧。

历史功过:雨果的创作历程超过 60 年,其作品包括 26 卷诗歌、20 卷小说、12 卷剧本、21 卷哲理论著,给法国文学和人类文化宝库增添了一份十分辉煌的文化遗产。

名家评点:法国诗人保尔·瓦雷里评价说:"雨果是力量的化身,只需探讨一下在他周围出现的那些诗人,为了能在他身边站稳脚跟,不得不另辟蹊径,便足以估量出他的价值来了。"

少年诗迷

1802年2月26日,莱奥波特·雨果家刚出生的婴儿瘦弱不堪,助产士预言他活不成。然而,在母亲的精心哺育下,他居然活了下来。小家伙排行老三,大哥阿贝尔4岁,二哥欧仁2岁。他受洗时的教父是维克多·拉渥列将军,教母是一位副官夫人玛丽·德勒莱太太。父母给他取名为维克多·雨果。

维克多的父亲莱奥波特·雨果长得高大魁梧、气宇不凡,是法国大革命中一名忠诚而又骁勇的战士,后来成为拿破仑麾下的军官,南征北战,屡建战功。叔叔路易·雨果也是一位军人。母亲原名索菲·特列宾莎,身材娇小,是位刚毅而聪慧的布列塔尼姑娘。她是波旁王朝的拥护者,伏尔泰君主主义的信仰者。由于父亲的缘故,维克多的童年是在颠沛流离的军旅生活中度过的,这种不安定的生活使雨果夫人苦不堪言,更为孩子们未来的教育而担忧。

1809年,雨果夫人独自带了三个孩子在巴黎定居,开始了与丈夫长期的分居生活,从而严重影响了夫妻感情。他们借住在一座破败的斐扬丁纳女修道院里,这里有一个草木葱茏的大花园,是孩子们的乐园,放学后他们便在灌木丛中捉虫子、打仗。阿贝尔进了寄宿中学,两个小的则在还俗神父拉里维埃办的学塾学习。后来维克多对这段生活回忆道:"在头发蓬松的童年时代,我记得我有三个老师:母亲、神父和一座幽静的花园。"

在维克多童年时代,曾随父亲到过意大利和西班牙,而印象最深的要数后者。1811年初春,雨果夫人带着三个孩子动身去西班牙。此时拿破仑之兄约瑟夫已当了西班牙的国王。在征服西班牙的战争中,莱奥波特功勋卓著,被国王封了伯爵,提升为将军,被任命为三个省的总督。这次旅途漫长而艰险,由于西班牙游击队经常袭击法国入侵者,他们乘坐的马车必须与有军队武装护送的商队同行。一路上雨果夫人担惊受怕,孩子们却对旅途中的种种见闻兴趣盎然、惊叹不已。经过3个多月的长途跋涉,雨果夫人一行终于抵达了马德里。他们住进了富丽堂皇的总督府——原先的王府马斯拉诺宫。雨果将军安排长子当国王的宫廷侍卫,把两个小的送进马德里的贵族学校就学。学校的校舍像阴森的监狱,教师是两名黑衣教士,在校的当地孩子都公开反对拿破仑,使小兄弟俩备感压抑。但他俩的语言能力和知识远远超出同龄孩子,不断往高年级升。西班牙人民的反法情绪越来越强烈,物质生活又严重匮乏,冬天发生了饥荒。法国人在此的日子越来越难过,雨果夫妇不仅在政见上水火不容,就是在对孩子的教育方式上也有根本的分歧,两人的决裂在所难免。双方争执的结果是,阿贝尔留在父亲身边,两个小的随母返回巴黎。

回到巴黎,他们仍然住在那座宽敞幽静的宅院里。宅院里的花园成了小维克多的教师,不仅使他获得了无限的乐趣,而且也引导他走进了一个幻想世界。花园里各种各样的花草和树木,形形色色的昆虫和飞鸟,干涸的水槽,僻静的角落,都似乎包含或隐藏着无穷无尽的秘密,吸引着小维克多的注意,勾起他奇妙的情趣和神异的遐想。

维克多的母亲喜爱博览群书,对孩子的教育也注重其爱好和个性的培养。对于信仰,她不伤害孩子们的灵魂而代他们去选择宗教;关于读书,她也同样不去干涉他们的志趣而加以种种限制。为了读书,母亲同一家出租书店有着长期的租借关系。她常常让两个小兄弟去书店代她取书。有了这样两个勤快的书籍选择人,母亲再不会出现书荒了,同时也大饱了两个小兄弟的眼福。书店有一个专门收藏思想过于激进的书籍的亭子间,这里是从来不让孩子们涉足的。可是,母亲却认为,书籍是不会产生什么坏影响的。于是,两个小兄弟破例地掌握了亭子间的钥匙,游入了一个新奇的书的海洋。这间屋里到处都是书,他们干脆躺在地上贪婪地、毫无选择地看了这本看那本。看到兴处,一看便是几个小时。就在这里,小维克多读到了卢梭、伏尔泰、狄德罗等人的著作。

维克多的父亲1815年9月被贬而回到巴黎。这时,他把自己的注意和兴趣转移到了孩子们身上,他感到需要为孩子们前途打算了。于是,他把维克多和他的小哥哥送入了巴黎一所修道院学塾去学习。

当时的法国诗风盛行,几乎人人都喜欢诗,都作诗,维克多更是一个小诗迷。学校的主课虽然是数学和拉丁文,但是维克多的兴趣却是诗歌和戏剧。孩子的母亲又是一位素来主张应该按照孩子自己的志趣自由发展的人,因此非但不阻止他们写诗的行动,反而成为他们的诗友和良师,常常为他们寻觅诗题,帮助他们推敲诗句。可是学塾的教师出于对他主课的关心,也夹有对他诗才的妒忌,时时监视着维克多,并用拉丁文和数学课占满了他的时间。但是,一切强硬的手段都不能压制住维克多的创作激情。教师只能强迫他准时上床,准时熄灯,却不能强迫他准时入睡,折断他诗的想象的翅膀。他常常利用这漆黑的夜晚躺在床上寻诗觅韵,把白天老师指定他熟读的贺拉斯的拉丁文短歌和维吉尔的农事诗,默默地一首一首地译成法文。有一次在游戏中维克多碰伤了膝盖骨,这使他卧床几个星期。在这段时间里,课不上了,数学题不用做了,他把全部时间和精神都倾注在诗歌上,诗歌成了他养伤的伴侣。就这样,在三年时间里,他写过短歌、讽刺诗、牧歌、咏怀诗等各种样式的诗歌,积累了十多本诗稿。

夏多布里昂是法国当时的反动浪漫主义诗人。他以颂扬、维护反动君主制和天主教的诗歌而蜚声文坛。这时期的维克多由于经常生活在母亲身边,而他的母亲又是一个积极拥护波旁王朝的保皇主义者和天主教的忠实信徒,所以,虽然在他的血管里流着共和主义者的父亲的血液,但是,在他的灵魂里却信仰着母亲的保皇主义和天主教思想。

1817年,波旁王朝的法兰西学士院征文,维克多·雨果以《读书乐》一诗而获奖,得到了国王路易十八发给他的每年一千法郎的奖学金。1817年维克多·雨果与诗人维尼等人合办《文学保守者》周刊,在这个刊物上,他发表了许多颂扬波旁王朝、宣扬保皇主义和天主教思想的诗歌,因此,他再次受到了路易十八的赏识和奖励。1820年他创作了小说《布格·雅加尔》。这篇处女作,以1791年法属殖民地圣多明哥的黑奴暴动为题材,揭发了黑奴制的残忍和暴虐,表现了他同情被奴役者的人道主义思想。但是,保皇主义者的立场又使他歪曲了起义者的形象,美化了法国殖民主义者,反映了雨果早期思想的保守性和复杂性。后来雨果在回忆这一时期的思想时,曾有过深刻的自我否定,认为这是"年轻时的成见、轻信和错误",是"永远也不会忘记的"。

维克多在诗坛上屡获成果的同时,他的爱情之花也在悄悄开放。每当傍晚休息之时,维克多和欧仁常常陪同母亲到富歇家去串门。维克多在幼年时代就因父亲辈的友谊而结识了阿黛尔·傅兰的姑娘。此时,阿黛尔已长成一个风姿绰约的少女。乌黑的大眼睛,鲜红的樱唇,像西班牙女郎一样美,使弟兄俩心荡神驰。而少女呢,显然只属意于维克多。这位青年,金褐色的长发披肩,高高的额头,纯净的目光,对自己的前途充满了信心。她暗地里一直关注着维克多的成功。晚上回到家,维克多就给恋人写信,向她倾诉自己火样的爱情。这对少男少女的恋情不久被家长发觉了,阿黛尔的父母不反对这门亲事,但索菲坚决不同意,她怕过早的婚姻会影响儿子的远大前程,勒令儿子同阿黛尔断绝交往。维克多非常沮丧,只得把恋情埋在心里里。

此后,维克多的社交活动面逐渐扩展,结交了一批文艺界的青年朋友,其中一位身为御林军少尉的诗人维尼成了他的崇拜人物,更令他兴奋的是,结识了他心中的偶像夏多布里昂。1820年2月的一天,贝利公爵——路易十八的侄子被刺,维克多写了一首长诗《悼贝利公爵》,对"鬓发斑白的君主"深表同情,对凶手进行了谴责。此诗刊登在二月号的《文学保守者》上,得到了大诗人的赞扬,说他是个非同凡响的孩子。于是,在母亲的鼓励下,维克多怀着忐忑不安的心情叩响了大诗人的大门。他终于见到了敬仰已久的诗坛大师。这是一个弯腰曲背的干巴老头儿,但其脸上那种"威严高傲的神情"使维克多感到窘迫。后来拜见的次数多了,才使他的敬畏之心逐渐减弱。夏多布里昂对年轻的诗人颇为赞赏,后来出任驻柏林大使时本想把他作为大使馆的随员带走,但维克多不忍抛下老母,也无意于仕途,未能从行。

继爱情不幸之后,维克多又经受了一个更沉重的打击。1821年6月27日,母亲病故。兄弟三人把她的遗体送到沃吉拉尔公墓之后,维克多倍感孤独和痛苦。在他的生活中母亲是他唯一的依托。母亲的去世,从真正意义上说结束了维克多的少年时代,他必须独自担起生活的重担了。失去了母爱,对阿黛尔的爱情更成了他精神上的归宿。自从家长们阻隔了他俩会面之后,他只好借助于《文学保守者》的传媒,用诗文来表达对阿黛尔的眷恋之情。索菲亡故之后,傅兰家对维克多颇多关怀,这勾起了他的一往情深。于是,他鼓起勇气写信请阿黛尔的父母允婚,富歇夫妇同意了,条件是一定要等他经济上能够自立后才准许结婚。

维克多·雨果为了争得经济上的独立,尽快地与阿黛尔结婚,他以雄狮一般的勇敢投入到创作的激情当中,开始了永不停歇的奋斗,正像一座高炉,一旦燃烧了便永远不会熄灭一样。

成功永远是奋斗者的宠儿。1822年,雨果出版了《短曲初集》,在得到八百法郎的稿费同时,他再次得到了路易十八的奖赏。于是,1822年10月14日,在巴黎的一所教堂里,这对苦恋的情人终于举行了简朴而庄严的婚礼。

在雨果和阿黛尔相恋的日子里,雨果曾在他的情书里真挚而深刻地表达了他对诗歌、对爱情可贵的看法和探索。他认为,良好的灵魂和华美的诗才几乎是分不开的,真正的爱情是两个灵魂间热烈而纯洁的相互摸索和团结。这个在政治上还保持着王权思想的青年,在爱情的追求和诗歌的探索中,已经冲决了封建主义的樊笼和古典主义的桎梏。

新婚夫妇暂住女方父母家,维克多全力以赴地投入创作活动,希望能多挣点钱,以过真正独立自主的生活。1823年,维克多的诗集《颂歌集》修订本和中篇小说《冰岛魔王》相继问世。报刊上对诗评价较高,国王又给他增加了1000法郎的年俸,这样他就有足够的资金租一套房子,从岳父家搬出来了。小说由于情节怪诞恐怖,评论界贬大于褒,批评家诺地埃中肯的批评引起了作者的重视,两人由此相识交往。

从1824年元月起,维克多参加了以诺地埃为核心的"阿尔塞纳诗社"(即后来所谓的第一文社),每逢星期天他和一批文艺界的朋友在诺地埃家集会。诗社办了一份杂志《法兰西缪斯》,以夏多布里昂为精神领袖。诗社成员们的文艺观不尽相同,但在反对沿袭旧传统、探讨新的文艺形式等方面却是一致的。这年春天,传来了英国浪漫派诗人拜伦在希腊病逝的消息,维克多写了一篇纪念文章刊登在《法兰西缪斯》上。他赞扬拜伦是"新学派的诗人",批评矛头直指泥古不化的保守派。

1824年秋,路易十八病逝,其弟继位是为查理十世。此人比其兄还要反动,但为了笼络保王派诗人,他赐予维克多以荣誉团勋章,诗人对此颇为自豪,而雨果将军对儿子的荣誉更为看重。自母亲去世后的两年光景,维克多同父亲的关系已逐渐改善。失势的父亲在声誉日炽的儿子身上得到了慰藉,失去了母爱的儿子也希望重新获得父爱。1825年4月,维克多带着妻子和长女蒂蒂娜到布卢瓦去看望父亲,并在那里小住了几天。当他看到白发苍苍的老父在花园里浇花的身影时,特别感动。

这年5月,维克多应邀到兰斯去参加查理十世的加冕大典。加冕那天,他穿着华贵的礼服,身佩宝剑,气宇轩昂地来到兰斯大教堂。他看到场面豪华,气氛肃穆,但查理十世有点像在演戏一样做作,尽管诗人已失却往昔那种保王热诚,但为了应酬仍写了一首《加冕颂》面呈新国王。国王十分高兴,其答谢礼物是授予诗人之父以中将头衔。

1826年10月,维克多的《颂歌集》新版问世,有三大卷之多,除原先写的那些颂歌外,又增加了许多古老的神话和民间传说。诗集充分显示了诗人娴熟的艺术技巧,已不再受古典主义规范的制约,洋溢着浓郁的浪漫主义气息。著名评论家圣伯夫在《环球》杂志上发表了一篇洋洋洒洒的评论文章,对这部诗集大加赞扬。新版《颂歌集》为维克多·雨果告别古典主义、开创浪漫主义的一代新风奠定了基础。

称雄剧坛

1827年春,《旺多姆圆柱颂》的发表,标志着维克多·雨果的创作开始进入了一个新的境界。诗人听到法兰西帝国的元帅在奥地利使馆受辱的消息后义愤填膺,立即写下了这首诗。矗立在旺多姆广场上的这个圆柱本是为纪念拿破仑的成功而建造的,以往雨果对它不屑一顾。如今在诗中,他以歌颂的笔调,缅怀了拿破仑时代征讨欧洲封建君主国的丰功伟绩,并以自己出生于这个时代而感到骄傲。由此表明,诗人已开始同过去的信仰决裂。

雨果不满足于在诗坛上的地位,还想征服剧坛。他认为"剧院就是讲坛,戏剧就是演讲",戏剧的社会效果要比诗歌快捷、明显。这年秋天他完成了剧作《克伦威尔》,自云这一悲剧系模仿莎士比亚,而非拉辛。剧本在沙龙朗读时完全征服了听众,可惜剧本太长,不宜搬上舞台。然而,稍晚为剧本写的序言却在文艺圈内引起了轰动效应。"序言"大力推崇莎士比亚,称其是"戏剧的顶峰"。它追述了浪漫主义的起源,提出了美丑对照的浪漫主义创作原则,认为"滑稽丑怪作为崇高优美的配角和对照,要算是大自然所给予艺术最丰富的源泉"。同时,它对古典主义的"三一律"大举挞伐,认为粉碎这些艺术创作羁绊的时机已到,要"重新缔造艺术"。这篇"序言"成了声讨古典主义的檄文,倡导浪漫主义的宣言。戈蒂埃后来回忆道:"它引起了一个类似文艺复兴的运动。"

雨果把这个剧本献给他的父亲。仰仗儿子的威望和关系,莱奥波特的将军军阶和伯爵封号均已恢复。他把家也迁到了巴黎,同小儿子的关系更亲近了。1828年1月28日晚上,雨果夫妇同父亲在一起谈论《克伦威尔》及其序言所引起的反响,父亲为儿子的成就而骄傲,心情特别欢畅。就是这天夜间,雨果将军患脑溢血亡故,雨果十分悲伤。

1829年初,雨果的诗集《东方集》出版。诗集描写的重点是他童年时旅居过的西班牙以及拜伦为之献身的希腊。诗歌瑰丽的想象、奔放的热情,把他的朋友们完全征服了。当然诗人对希腊民族独立斗争的同情也惹恼了某些官方的批评家。

一个月后,雨果又匿名发表了中篇小说《死囚末日记》,假托在监狱中找到一个死囚临刑前一刻写下的一本笔记,雨果早就对死刑的问题十分关注。童年时在西班牙看到过许多被处死者的尸体,给他留下了恐怖的印象。在巴黎街头他也亲眼目睹了死刑犯临刑前惊恐万状的神情。他决心用笔呼吁社会取消死刑。为了写这本书,他实地考察了死囚牢房,同死囚犯谈话,了解他们临刑前的心情。显然,作品的指导思想是人道主义。可以说,这部小说是后来写的巨著《悲惨世界》的一块基石,从《东方集》和《死囚末日记》可以看出,雨果的政治态度已完全从君主主义转向自由主义了。

1829 年夏,雨果的诗剧《玛丽蓉·德·洛尔姆》脱稿。朋友们对剧本赞不绝口,好几家剧院要求上演这个剧。但在政府部门审查时,由于剧中有嘲讽路易十三的话而宣布禁演。尽管作者亲自求见国王也无济于事,国王给了他 4000 法郎作为损失补偿,雨果当即拒收这笔赏赐,以示抗议。

雨果不愿善罢甘休,决定再写一个剧本。新剧本仅用一个月的时间便完成了,取名《欧那尼》。作者把童年时途经西班牙的一个小城的地名用作了剧本中男主人公的名字,此剧以 16 世纪西班牙为背景,讲述了一个贵族出身的绿林大盗,为报父仇谋反国王的故事。剧本从内容到形式都与古典主义相悖。在人物形象上,国王卡洛斯是个卑鄙的暴君,而强盗头子欧那尼却成了被歌颂的英雄;古典主义在悲、喜剧之间划定了不可逾越的界限,而此剧则悲、喜剧成分参合;在情节结构安排上,完全摒弃了“三一律”,充分体现了对照原则。剧本提交法兰西剧院后,很顺利地通过了。

不过政府检查机关对此剧本有意刁难,长时间扣压不批。后经作者多次交涉,加上《玛》剧的禁演风波未平,检查机关最终不得不做出让步。

《欧那尼》演出的成功,宣告了浪漫派在剧坛上的胜利。由此,雨果无可争议地成了法国浪漫派文学的领袖。连不可一世的桂冠诗人夏多布里昂也甘拜下风,他在写给雨果的信中说:“我已看过《欧那尼》的初演,我平日钦佩之忱,你所素悉。我的虚名,要附骥于你的诗才,这是不言而喻的。我将去矣!而君方来,唯盼阁下诗神勿忘区区。虔敬的荣誉人当为已死者作祈祷。”

《欧那尼》之战结束后,雨果把家迁居到爱丽舍区的一座独家院,因为他的那些装束奇异的朋友把原房东太太吓坏了,同时《欧那尼》带来的可观收入也可使他的家住得更宽敞些。雨果是在贫困中度过自己青春岁月的,养成了勤俭持家的习惯。尽管他现在财路广了,但他要求家里在开支上要节俭有余,因为他深深体会到,有了金钱才能保证作家创作的独立性。

传世名著

距《欧那尼》演出只有五个月,巴黎便暴发了“七月革命”。雨果对这次革命寄以深切的同情和热烈的支持。这位曾经在戏剧界高举革新的旗帜进行了战斗的勇士,又用诗歌来赞美七月的日子,讴歌年轻的法兰西,为那些在斗争中身亡的革命者创作安魂曲。

但是,人民的欢乐并没有维持多久,革命的果实被一小撮大银行资本家和高利贷者所窃夺,路易·菲利浦建立了反动的七月王朝。这使追求人道主义的雨果深深地失望了。"七月革命"虽然流产了,但是雨果却孕育和创作了法国文坛上里程碑式的浪漫主义杰作——《巴黎圣母院》(1831)。

《巴黎圣母院》的背景是一四八二年的巴黎,这正是法国的封建王权和反动教会相勾结,残酷地统治人民群众的黑暗时期。小说通过艾斯梅拉达的悲剧故事,暴露和控诉了封建贵族和反动僧侣惨无人道、虚伪卑鄙的丑恶本质,描写和歌颂了平民百姓善良互助的可贵品格和反抗精神,宣扬了爱和善必将战胜丑和恶的人道主义思想。

小说女主人公艾斯梅拉达,是个热情善良、纯朴美丽的吉卜赛姑娘。她因失去亲人而流浪街头,尝尽了人间的艰辛困苦。她的性格善良而富有极大的同情心,为了救助误入"乞丐王国"的诗人甘果瓦,她甘愿同他结成名义夫妻;出于对被污辱与被损害的无助者的同情,她不计曾经抢劫过她的宿怨而给在烈日下口渴如焚的加西莫多送去一注清泉。她热情纯朴,用优美的舞姿和清脆的歌声给人民带来了欢乐;慰藉了下层人民被压抑的灵魂。在她饱含着爱的心灵里,也容纳着强烈的恨。她越是爱善良,便越是恨邪恶,她对无助者越是同情,对暴虐者越充满无比的愤懑。虚伪残忍的克罗德副主教,就是她所憎恨最强烈的一个。在他面前,无论是引诱还是威逼;她都无所动摇。正是这样一个天使般的少女,却为黑暗的旧势力所不容。反动的教会和专制政权的代表者——副主教、法院以至路易十一,对她必置之死地而后快。终于,这微弱的、善良的、人性的火花,被伪善的、残酷的黑暗势力所扑灭了。在尝尽了人间的辛酸而刚刚获得母爱的片刻间,她被送上了绞刑架。小说《巴黎圣母院》正是通过了艾斯梅悲剧的一生完成了反王权、反宗教的人道主义的主题。

如果说艾斯梅达是人性的天使化身的话,那么加西莫多便是在人性的感召下由愚昧而向开化、由被动的残暴面向主动的良善转化的代表。加西莫多是一个丑陋的弃儿,在副主教克罗德的收养下长大成为巴黎圣母院的敲钟人,他遭受着人们的鄙弃和讥笑,他也仇视着周围的人们。他只能从洪亮而悠扬的钟声中领略瞬间的欢乐和满足。他因受克罗德指使去抢劫艾斯梅达而被逮捕并遭受了残酷的刑罚。当他被绑在头手枷上得到了艾斯梅哈尔达的救助时,他被人性和善行所感化。后来,当艾斯梅达因遭诬陷而即将被处死时,他又把她从刑场抢走并送到巴黎圣母院里避难。在这里,他对她关怀备至,体贴入微,同时寄寓着无私的爱,这爱使他忧郁的眼神变得欢跃温柔了。在爱的安抚下,加西莫多被扭曲了的人性又复归了。最后,当他认清了他所尊敬、信仰的副主教克罗德原来是谋杀艾斯梅达的元凶时,他疯狂地向克罗德扑去,用两支巨大的手把他从钟楼上推了下去。他,也陪伴着被绞死的艾斯梅达长眠在蒙特佛贡深邃的藏尸所里。小说通过加西莫多性格的变化,宣扬了作者以道德感化为救世处方的社会理想。他力图让人们相信,爱情、善良和仁慈等道德力量,能够战胜仇恨、邪恶和残暴的社会势力,社会的进步只有得力于人道主义的思想。

和艾斯梅达、加西莫多相对照,作者还着力刻画了副主教克罗德和侍卫长法比这两个反面角色。

克罗德是一个在宗教禁欲主义桎梏下培养出来的变态儿。他外表道貌岸然,骨子里却极端贪欲残忍。为了占有艾斯梅达,满足他的兽欲,明夺暗抢,软硬兼施,当这一切阴谋诡计都破产之后,又亲手把她交给了刽子手,置她于死地。他看着她被送上绞刑架时,脸上迸发出"一个魔鬼的笑,一个不复是人类所能有的笑"。克罗德的形象无疑是对伪善残暴的反动宗教的最深刻地揭露。

如果说克罗德对艾斯梅达的追逐是一种在宗教禁欲主义桎梏下变态的、狂热的兽欲的爆发的话,那么法比对艾斯梅达的倾心,则是贵族子弟玩弄女性的惯技的表演。法比身材伟岸,风度翩翩又执掌军权,这一切足可使一个幼稚无助的弱女子对之产生爱慕之情。艾斯梅达对法比的爱是真诚而炽热的,但是法比对她的占有只不过是逢场作戏,为满足一己的淫乐而已。因此,当艾斯梅达惨遭诬害、身陷图圄时,他非但坐视不救,而且又一头栽入了佛勒赫·得·李小姐的怀抱。如同克罗德的形象暴露了教会的丑恶和残暴一样,法比的所作所为完全揭示了贵族的丑恶灵魂和反动本质。这一形象的塑造深化了《巴黎圣母院》反封建、反宗教的主题。

《巴黎圣母院》出版后曾遭到出版商的夫人和保守派报纸的激烈反对。他们当众宣言,出版这本书是上了大当,得了教训,以后不读作品决不先买书的版权。有的还在报纸上发表攻击文章,认为这样的书只配淹没在塞纳河里,然而,这些无知的偏见和愚蠢的敌视,并不能抵消小说的巨大成就和异乎寻常的反响。小说一版又一版地重印,出版商一个接一个前来约稿。雨果手里没有小说,他们就要求给一个书名,或者任何可以当作诺言的东西。《巴黎的秘密》的作者欧仁·苏在读了《巴黎圣母院》后曾写信给雨果,认为人们谴责这部小说,是因为它的内容太丰富了的缘故,是雨果卓越的才能引起了卑鄙的嫉妒所致。

《巴黎圣母院》的成功,是作家辛勤劳动的结果。雨果为了履行同出版人的合同按期完成作品,他把自己闭锁在房间里,除了吃饭和睡觉,决不离开书桌一步。创作的乐趣和在想象中形成的十五世纪的巴黎尘世风云,占据了他的全部身心,他忘却了身体的疲乏和冬寒的来临。雨果夫人在回忆他书稿完成后的情形时写道:"写完《巴黎圣母院》,雨果感到清闲无聊,快快不乐。他和书中人物厮混已熟,一旦扔下,像失去了老朋友一样的悲哀。"正因作家经历了这样身同亲受、潜心其中的创作过程,才为我们提供了这感人至深的艺术珍品。

进军政坛

　　雨果虽然从未参加过任何政党,但从少年时代起,他的创作就同政治密切相关。此时,他强烈地意识到文艺的社会作用是间接而缓慢的,如果文学家能直接参与政治活动,对社会的影响肯定要大得多。他觉得现在是实现少年时志向的时候了——成为夏多布里昂。此人不仅是诗人,还是法兰西贵族,当过大使和外交部长。当然,参政的最好办法是当议员,可是在七月王朝的时代,一个没有固定资产的文人,就失却了当众议员的"财产上的资格"。要当参议员又必须有贵族封号,而作家中的贵族封号只赐予法兰西学士院的院士。显而易见,雨果唯一的进身阶梯是当法兰西学士院的院士。

　　1836 年,法兰西学士院出现了一个空缺名额,雨果乘机申请入院,但落选了。次年,二哥欧仁在疯人院去世了,其子爵封号由雨果继承,这有利于他踏进法兰西学士院。但 1830 年、1840 年连续两次申请仍未成功。诗集《光与影》(1840 年出版)中有一首叙事诗:《奥林匹斯山神的悲伤》,借喻了当时他不得志的心情。直到1841 年第四次申请他才入选了。

　　雨果从敲响法兰西学士院的大门起,到踏进这扇具有无上权威的大门,奋斗了6 个春秋。由此开始,雨果进入了他人生道路上的新里程——向政坛进军!

　　雨果久久企盼的时刻终于来到了。1841 年 1 月 7 日,他以多数票当选为法兰西学士院院士这天,尤其使他感到荣幸的是,奥尔良公爵夫妇也光临了学士院。雨果神采奕奕、仪态威严地步入大厅,登台讲话。他既赞扬伟大的拿破仑及其建立的帝国,又赞扬君主制和国民议会,他既赞颂文学界的老前辈,又赞颂当今的执政者;最后,赞美了"精神权利的主要中心之一"的法兰西学士院。总之,雨果以折中调和的姿态对待各派政治力量之间的斗争,因为他心中有数,如发表激烈言辞,是进不了学士院的。对他的演说,舆论大哗,有的说他的发言是一篇施政纲领,"是通向议会讲坛的第一步"。不管怎么说,雨果应当成为法兰西的"不朽者"。雨果当选为院士的这一天,正是拿破仑的遗骨从圣赫勒拿岛运回巴黎的同一天,巴黎人民以空前的仪式来迎接这位作古了的英雄的归来。

　　雨果当了院士后,生活上发生了很大变化。他经常出席各种会议和宴会,也常在家里举行招待宴会。他依然要求两个家庭勤俭持家,但自己却比以前讲究穿戴了。雨果还是很关心自己的家庭的,他让阿黛尔当沙龙女主人,两位千金、特别是长女是他的掌上明珠。两个儿子在寄宿学校读书,他时常过问他们的功课。当小维克多在通考比赛中得到翻译奖金时,他非常高兴,特意赶到家里设宴庆贺。

　　1842 年,雨果的旅途随笔《莱茵河游记》问世了。雨果对莱茵河情有独钟,曾三度到此旅游(1838,1839 和 1840)。这是一部独特的游记,它把对民族问题的思考,融汇于对大自然诗情画意的描绘中,以及古老动人的历史传说的描述中。诗人看到法、德两国的民族矛盾越来越尖锐,便写道:"莱茵河应当是两国团结的河,而不应当把它变成一条使之分裂的河。"并且以开阔的历史视野提出了和平解决民族争端的方案:把两国的利益统一起来,重新划分莱茵河两岸的国土,甚至提出了把未来的欧洲统一起来的远景设想。当然,作品中这些天真的政治构想必然会成为一些人攻击的口实,但作为一部散文作品,评论界不得不叹服,承认它是法国少有的一部散文杰作。

1844年,雨果已坐上了学士院主席的交椅。在遴选新院士方面,他非常豁达大度。尽管一些老朋友如巴尔扎克、维尼、大仲马等有段时间对他不甚友好,但他不计前怨,真诚希望他们入选,然而,雨果在同国王的关系上及私生活上也有着不少被人非议的口实。自奥尔良公爵因车祸遇难后,他失去了有力的靠山,于是转向国王献殷勤;而国王为了收服他当王室的御用文人,于1845年4月赐予雨果以法兰西贵族称号。雨果终于如愿以偿,当上了贵族院议员。共和派的报纸对此事极尽讽刺挖苦之能事:"维克多·雨果已死,向雨果子爵、法兰西抒情诗的贵族致敬!"有的预言:"作家雨果马上就会销声匿迹,他的才华已经干涸。"与此同时,雨果的风流艳遇也影响了他的声誉。

当然,雨果并非真的江郎才尽了,他把注意力集中在政坛上的同时,并没有完全放弃写作,在巴尔扎克的《人间喜剧》和欧仁·苏的《巴黎的秘密》等长篇社会小说的影响下,他萌生了写一部关于穷人的长篇小说的念头。1840年他列出了这样的提纲:"一个圣徒的故事。一个男人的故事。一个女人的故事。一个女孩的故事。"书中的几个主要人物,几乎都有生活中的原型。圣徒的兰本是狄尼城修道院以仁慈闻名的朱欧利斯主教。一个男人的故事来源于因偷窃面包而被判苦役的彼埃尔·莫连的案件。至于女人和小孩的不幸命运,在法国是普遍的社会现象。对他印象最深的是他亲身经历过的一件事。有一天晚上,他在赴宴回家途中,见一处街角的路灯下站着一个冻得瑟瑟发抖的卖笑女郎。一个无赖汉恶作剧地把一个雪团塞进了她的领口,女郎同此人扭打了起来,结果她被警察逮住,要罚她蹲6个月牢房。雨果不怕累及自己的声誉,挺身而出替她作证,才解救了她。在繁忙的社会活动中,雨果挤时间开始了这部巨著的创作。

1849年5月,立法议会举行了新的选举,雨果仍旧当选。在新产生的国民议会的大厅里,以梯也尔为首的王朝时期的当权派如今摇身一变又成了共和国国民议会的掌权者,而自称山岳派的共和派明显处于劣势。雨果自称无党派人士,成了"苦难的人们"的代言人。同年7月,他以充分的论据就国家的贫困问题发表了演说。8月,国际和平代表大会在巴黎召开,他被当选为大会主席,在致开幕词中,为实现国际和平而大声疾呼。而此时法国正在向罗马共和国出兵。1850年5月,在议会里,雨果为坚决反对梯也尔等制订的关于取消普选法的法律草案而斗争。从1850年到1851年两年间,雨果在多次尝到痛苦的教训之后,对路易·波拿巴能改

文坛泰斗

变法国的幻想终于破灭了。他在政治上经历了一次大转折——从赞同君主立宪的自由主义立场转向左派的共和主义立场上。《时事报》也改变了对执政昔的支持态度。

1848年后,雨果由于忙于政治活动,几乎停止了写作,但他同几位共和派作家,如欧仁·苏和乔治·桑等依然保持着密切联系,对自称保皇派的巴尔扎克也保持着友谊。巴尔扎克两次申请院士均被否决,但雨果一直投赞成票。1850年5月巴尔扎克去世后,他在公墓前致悼词,高度评价了这位伟大的作家。他认为"巴尔扎克是伟人中最杰出的一个,是优秀人物中最突出的一个……他所有的作品就是一本书,一本活生生的、辉煌而又深刻的书"。

路易·波拿巴上台后仍不称心,还想把共和国变成他的帝国。他决定先从修改宪法入手,向国民议会提交了修改宪法并延长总统任期的草案。1851年7月17日,议会开会时雨果率先登上讲台反对修改宪法。他一矢中的地戳穿了国王的阴谋企图:延长任期就是终身执政,其结果便是建立帝制。由于梯也尔等实权派也反对这个草案,修改宪法的提案被否决了。雨果这回可是大大得罪了执政者,《时事报》被查封,他的两个儿子和朋友先后被司法部拘捕监禁。雨果天天到狱中去探望他们,同他们一起进餐。他心里很清楚,往前走,是"一条立着十字架的道路,有着殉难者的晕光圈"。每天夜里,他都在等候警察的到来。

12月1日,执政者见立法道路走不通,就急不可耐地发动了武装政变。头天晚上军队就占领了国民议会,抓走了一批议员、将军和部长。多数右派议员由于1852年大选在即,明哲保身。左派议员成立了一个由6人组成的抵抗委员会,雨果任主席。雨果等人一面四处张贴反对路易·波拿巴的传单,一面冒着政府军的枪林弹雨穿行在街道上,发动人民起义。4日清晨,大仲马给抵抗委员会发来了一封急信:"……当局对扣押或击毙雨果的人,奖以25000法郎。你们知道他在哪里,千万不能让他外出。"但是,雨果不能躲起来,他要跟战斗的人们在一起。在这动乱的日日夜夜里,朱丽叶时时追随在雨果的左右,准备必要时挺身而出保护他,并为他精心安排了休息藏身之处。起义又被武装到牙齿的政府军镇压了下去,几位左派议员也倒在了血泊之中,雨果的处境更加险恶了!

12月11日,朱丽叶通过朋友弄到了一张名叫雅克·菲尔曼的护照,还有一张去布鲁塞尔的火车票。这天夜间,北风呼啸,雪花飘舞,雨果头戴鸭舌帽、身穿黑色旅行服,化装成工人模样,冒名顶替离开了巴黎。

流亡生活

1851年8月12日,雨果开始了长达19年的流亡生涯。

在整个流亡期间,雨果都把自己打扮成一个破产者,并且劝告自己的家人和他一样省吃俭用。比利时总理看到这位天才诗人生活是那样艰苦,就给他送来一批衬衫,雨果欣然接受了。其实,他的财产,法国当局并未触动。阿黛尔不仅可以照常代他领取作家协会的薪金,还有法兰西学院给他的每年一千法郎的津贴。就在雨果来到布鲁塞尔不久,阿黛尔很快又把他的三十万法郎的法国公债转到他的手下,雨果马上将它们换成比利时王家银行的股票。

流亡中的雨果从未停止战斗。

到布鲁塞尔的第二天,雨果就开始动笔。一种神圣的怒火在胸膛燃烧,越烧越旺。他原来想把十二月的事变公诸于世,题目就叫《一桩罪行的始末》。后来他暂时放弃这个想法,因为还缺少一些见证和资料,便决定先写一本抨击性的小册子《小拿破仑》,以泄心头之愤。

《小拿破仑》首先在伦敦出版。法国政府驻比利时代办忠于职守,设法弄到一本寄给外交部长,部长则及时将书转呈路易·波拿巴。法国官方舆论马上行动起来,对《小拿破仑》展开"批驳",并立即宣布其为禁书。

真理是查禁不了的。人们将这本小册子印在薄型书写纸上,夹在各种各样的东西里运进法国。有一次,为了逃避检查,人们特地做了一个路易·波拿巴的塑像,在塑像的空洞里,塞得满满地都是《小拿破仑》。这才是从里到外货真价实的小拿破仑的塑像。在都灵,大仲马手捧小册子,高声朗读,在场的个个欢欣鼓舞,就和当年《欧那尼》取得胜利一样。

短短几个月《小拿破仑》在世界各地陆续印了一百万份。正义向武力宣战,"墨水瓶"摧毁了"大炮"!

在写作《小拿破仑》时,雨果还写了一系列声讨这个伪君子的诗篇。从历史上来看,流亡往往使流亡者思想与行动脱节,但也可能由此造就伟大的诗人。佛罗伦萨的流放已经造就了但丁,如今,法国又在造就雨果。尽管离开了法国,雨果仍关注着法兰西的一举一动:"我觉得波拿巴已开始发出臭味来了。他逞狂的时间没多久了……我将加快写。"

1853年春,雨果将这些诗篇汇集一起,将一首《黑暗》置于卷首,一首《光明》放在卷末。路易·波拿巴的罪行令人发指,诗人却从黑暗中看到了光明。在诗集中,诗人把英雄的叔叔与强盗的侄子进行对照,对血腥的镇压,美好誓言被践踏以及跪着接受当局恩典之徒的无耻宣布"惩罚",把他们统统打入苦役犯的监牢。

《惩罚集》立刻在泽西岛上传播开来。岛上的报纸,不管是法文,还是英文的,满篇都是从《惩罚集》中引来的诗句。

和《小拿破仑》出版时的情况一样。法国政府又马上宣布《惩罚集》为"非法"印刷品,予以查禁。

但是,也和《小拿破仑》一样,入境的走私活动也大显神威。妇女们把书塞进胸衣里,男人们把书夹在雨伞里,甚至有人塞在裤裆里,到1854年1月,已有四万册《惩罚集》在法国明里暗里到处流传。

最得意的是雨果："这坏蛋以前只是一面受到灼烧，现在我在炉算上将他翻了个身。"是的，一部《小拿破仑》，一部《惩罚集》，两面烘烤，将路易·波拿巴烤了个体无完肤，焦头烂额。

《悲惨世界》

1855 年，雨果再迁英吉利海峡的英属盖纳西岛。他靠《默想集》预支的稿费，在这风光如画的小岛上买下了一所名叫奥特维尔府的古老别墅。在这里他一直住到 1870 年。雨果的新居面向波涛汹涌的大海，透过迷茫的海雾，可以看到法兰西的国土。身在异国，心向故土的雨果，怀着对祖国的眷恋，对人民的思念，奋笔疾书，创作获得了第二次大丰收。他先后出版了诗集《默想集》(1856)、《街头与森林之歌》(1865)，长篇小说《悲惨世界》(1862)、《海上劳工》(1866)、《笑面人》(1869)以及文艺批评专著《莎士比亚论》(1864)等。这期间的创作在思想和艺术方面都获得了更高的成就，其中《悲惨世界》无论在法国和世界文学史中都是一部不可多得的伟大杰作。

雨果创作《悲惨世界》是以一个真实的故事为蓝本的。1801 年一个名叫彼埃尔·莫的农民，迫于饥饿而偷了一块面包，因此被判处了五年徒刑。刑满出狱后，由于他身上戴着标志着"劣迹"的黄色身份证而到处找不到工作。这一真实的故事深深地打动了雨果，他决心以这个故事为素材写一部长篇小说。

雨果构思和写作《悲惨世界》前后几乎用去了二十年的时间。早在 1845 年他便开始构思，1847 年便把作品中的某些情节读给朋友听过。按照原来的构思，小说以米里哀主教为中心展开情节，主题集中在对善良和仁慈的说教上。由于 1848 年革命的影响，雨果对现实严肃的观察和深邃的思考，使他不满意于原来的设想了，于是他深入开掘和进一步发展了小说的主题，把对人性的改造产大类进步的思考，同现行社会制度和法律结构联系起来，使《悲惨世界》成为一部探讨社会问题的长篇巨著。

《悲惨世界》通过对苦役犯冉·阿让漂泊街头的弱女子芳汀以及她的不知双亲的女儿珂赛特悲惨遭遇的描述，在广阔的生活背景里展示了贫与富、善与恶。劳动与资本、专制与民主的尖锐矛盾，愤怒地控诉和谴责了造成这一切不公平、不合理现象的现存法律制度。在全部描绘和叙述中，作者始终把同情和赞美给予了广大的、被污辱与被损害的下层人民，使作品具有了现实主义的思想内容，充满了民主主义和人道主义的精神。

《悲惨世界》深刻的思想意义不仅在于它生动而真实地再现了巴黎下层人民的悲惨生活，而且还表现在它满怀激情地反映和讴歌了巴黎人民的革命斗争。小说以激昂慷慨，火热悲壮的语言记述了 1832 年巴黎人民的六月暴动，颂扬了战斗在巴黎街垒中的共和主义英雄。作者细致地刻画了八十岁老人马白夫，为了升起被敌人排枪打落的革命红旗而壮烈牺牲的场面；十几岁的流浪儿伽弗洛什。为了给起义者搜集子弹而冒着枪林弹雨，在敌人死尸间穿行飞跑的情景。这一老一小的英雄形象，起到了以一当十的作用，使整个起义连成了一体，使革命的真谛熔铸在形象里，显示出更深刻的含义。雨果关于巴黎人民起义的艺术描写，使作品充满了乐观的、积极向上的革命精神，使他的积极浪漫主义达到了同时代的高峰，同时也使他笔下的现实主义具有了强烈的鼓舞力量。

诚然，深刻的思想和丰富的内容没有珠联璧合的艺术形式也是无从表现的。而《悲惨世界》在艺术上也是成功和伟大的。在这部小说里，作者继承和发展了他一贯倡导的艺术对照原则，使得主要人物在自我比较和相互对比中跃然纸上。冉·阿让原本是一个好用心思、富于情感的人，但是十九年监禁后，他成为一个老气横秋、憎恨一切的人。在米里哀主教仁慈和道德感召下，他又成为一个心地善良、乐善好施的人；他在狱中 19 年没有流过一滴眼泪，可是当主教用灿烂的光辉照亮了他的心灵后，他哭了，哭得比妇女更柔弱，比茧子更慌乱；在这自我性格的前后对比中，既丰富了冉·阿让典型形象，又深化了作品的主题。围绕冉·阿让，作者写了米里主教和沙威警长两个对立的性格。

米里哀主教是善的化身，他信奉着以善感人的道德原则，他是冉·阿让灵魂的拯救者；沙威警长是恶的典型，他默守着冷酷残忍的法律信条，时刻要把冉·阿让重新打入黑暗的深渊。米里哀主教以 82 岁高龄入圣，沙威警长因精神崩溃身亡。两相对比中，两个性格善恶弥彰，两种信仰优劣分明。作者在现实主义的人物描写中也不时地给以浪漫主义的夸张。冉·阿让不仅体质强壮而且具有神奇超凡的力量和本领。他可以代替千斤顶，用肩头撑住脱榫的半吨重石柱；他能够利用背部和腿弯的伸张力量，直登陡壁，妖魔似的升到楼顶。他曾只身扛起一辆重车，救助了横卧车下的一位老人。他曾背着珂赛特翻越一堵高墙，逃避了沙威的追捕。这些神来之笔，使冉·阿让高尚的灵魂和超凡的躯体相得益彰而成为一个感人至深、令人崇敬的形象。

小说的情节亦富有传奇色彩。全书时而有出奇制胜的艺术描绘，时而有化险为夷的情节穿插，读起来扣人心弦，怡人眼目，使作品具有引人入胜的艺术魅力。小说的语言也色彩绚烂、格调高昂。大段的抒情议论，热情洋溢、激越慷慨，使人在领悟深刻的哲理的同时不乏艺术的享受；大段的场景描写，情溢笔端、力透纸背，令人在感受艺术魅力的同时产生丰富的联想。叙述故事娓娓动听，刻画人物历历在目。对丑恶的嘲笑，辛辣苛刻，使人称奇叫绝；对善良的赞美，情真意切，催人泪下。雨果，不愧为语言的巨匠、浪漫主义的艺术大师。

《悲惨世界》第一卷于 1862 年 4 月 3 日出版，其成功远远超出了作者的预料。街头巷尾、深宅大院都在谈论芳汀和冉·阿让，人们迫不及待地等着看下一卷出版。麦利思在给雨果的信中写道："已经 6 天了，巴黎发狂地阅读着《悲惨世界》。"

报刊上一些帝国的帮凶文人对此书大加讨伐。有的指责它"比一本社会主义的论著危险得多";有的狂喊《悲惨世界》的作者是"法兰西的头号蛊惑分子";马德里的教权派报刊把雨果视作恶魔;作者的老朋友拉马丁对文学家雨果大加赞扬,而对哲学家雨果横加指责。不过,圣伯夫还算说了些公道话,他在反驳丹纳对此书的抨击时说:"要知道雨果……是在握有生杀予夺之权的政府鼻子底下搞创作,他却取得了我们时代最大成功。"更重要的是广大读者欢迎这部书。小说很快被译成欧洲各种文字。布鲁塞尔的朋友们为此书的出版举行了隆重的酒会。《悲惨世界》是雨果早年的《死囚末日记》和《克洛德·格》作品主题思想的扩展和深化,是一部浪漫主义和现实主义高度结合的杰作,的确是雨果创作艺术上的一座高峰。

1865 年,严肃的评论家又恢复了浪漫诗人的本色,雨果出版了诗集《街头与林间之歌》。这里选的多数是诗人年轻时写就的礼赞爱情的诗。这部诗集又成了政敌们攻讦他的口实,但诗集炉火纯青的艺术技巧使文人们不得不折服。

在盖纳西岛的一张石椅上,他正在写一部小说,主人是一位与大自然斗智斗勇的传奇式英雄。岛上渔民和水手与大海搏斗的大无畏精神,给他以创作灵感,英吉利海峡各岛的民间传说、歌谣为他提供了创作素材。新小说原名《深渊》,后定名为《海上劳工》。1866 年 3 月小说问世,法国名画家丢勒为书做了精彩的插图。小说出版后很快被抢购一空,鱼也成了巴黎的时髦。饭店的菜单上新添了"名菜"鲜鱼,巴黎女郎时兴戴鳟鱼形的帽子。盖纳西岛上的水手读了这本书后,给作者写了一封感谢信。

从拿破仑三世专权后,雨果的戏剧再也没在巴黎登过台。1867 年,万国博览会在巴黎举办期间,法兰西戏剧院重新上演了《欧那尼》。出于谨慎,演出本作了适当修改。演出取得巨大成功,票房价值创最高纪录。首次公演时,阿黛尔带病亲临剧院,渴望重温当年捍卫《欧那尼》的激动场面。昔日的浪漫派旧部已所剩无几,尚健在的大仲马和戈蒂埃等都到了场,但这次演出已没有人喝倒彩了。贺信像雁群般从巴黎飞向盖纳西岛,一批青年诗人对这位诗坛泰斗特别崇拜,令雨果分外欣慰。

1869 年 9 月 14 日,世界和平大会在洛桑召开,雨果任主席,并在大会上讲话,人们向他报以热烈的掌声。他又宣扬建立一个欧洲合众国或世界共和国的乌托邦理想。会后,他前往布鲁塞尔看望两个小孙孙乔治和让娜。

此时,拿破仑三世的统治已呈现出风雨飘摇的颓势。为了稳定时局,皇帝又一次下令大赦。

雨果依然抗拒到底,实现了他在《惩罚集》中的诺言:如果只剩下一个人,"我发誓,那就是我!"

长河落日

1870年7月14日,是法国大革命攻陷巴士底狱的纪念日。

普法战争爆发了。这是一场酝酿已久的大战,德、法双方的皇帝都想争夺西班牙空缺的王位。形势很快急转直下,法国由主动变为被动。9月1日在色当战役中,麦克马洪元帅奉拿破仑三世之命率部向普鲁士投降。

祖国的危急时时牵动着流亡者的心,这位银须老人多么想象当年那样穿着国民自卫军的制服去为祖国而战!于是,雨果毫不犹豫地携带着他的无价之宝——三箱手稿前往布鲁塞尔静候形势的变化。9月4日,法兰西宣告共和国成立。5日下午,雨果登上了布鲁塞尔直达巴黎的列车。傍晚时分,腰板笔直、目光炯炯的老诗人走下列车,只见站台上挤满了欢迎的人群。他们高呼着"维克多·雨果万岁!"的口号,迎接祖国的英雄儿子归来。雨果当即发表了演说,向巴黎人民致谢。他兴奋地说:"公民们,我曾经说过,'我要在共和国回来的那一天回国。'现在我回来了……我回来是要履行我的天职……"从车站乘马车到下榻的寓所,道旁的人们不断拥上前来向他欢呼,雨果一直走了两个多钟头,他激动得热泪盈眶,不停地向两旁的市民们招手致意。他对同行的人说:"这一个钟头就可以抵偿我20年流亡的痛苦。"

看到美丽的巴黎满目疮痍,听到敌人的枪炮声昼夜不停,诗人忧心如焚。他发表了《告德国人民书》,呼吁德军立即放下武器停止战争。当然,这只能是白费劲。雨果的爱国行动不仅仅停留在笔头上,若不是朋友们的坚决阻拦,他早就穿上国民自卫队战士的服装上前线去了。他把《惩罚集》新版本的稿费和剧院演出他作品的全部收入,捐献出来铸造大炮,其中两门分别取名为"雨果"和"惩罚"。

敌军重重围困中的巴黎正处于最艰难的时期。这年冬季出现了零下20摄氏度的严寒,食品严重匮乏;篱笆、桌椅都成了燃料,猫和狗也成了人们餐桌上的美食。雨果家的生活同样十分艰苦。幸亏动物园的园长时而给他送来一块熊肉,时而送来一条羚羊腿,帮了他的大忙。然而诗人很达观,仍然作诗。家里就餐时,他亲自分发少得可怜食品;客人来了,他仍高高兴兴地接待。

1871年1月28日,卖国政府同普鲁士签订了停战协定。由于和约条款必须由国民议会批准方可生效,紧接着政府当局便宣布选举国民议会议员。雨果当选为巴黎代表,所得票数居第二位。国民议会定在波尔多举行,雨果在家人的陪同下赴会。会上右派议员控制了议会,雨果等少数左派议员企图力挽狂澜,但无济于事。梯也尔任政府首脑,国民议会通过了法国割地赔款的和约条件。雨果在大会上发言,坚决反对这个和约,强烈谴责德国侵略者。他清楚地意识到左派势单力薄,内部意见又不一致,只得愤而辞职。3月13日,正当雨果决定带领全家返回巴黎的前一天,查理因脑溢血猝亡。3月18日,雨果把长子的灵柩运回巴黎,安葬在拉雪兹公墓雨果将军的墓穴中。就在这天,巴黎发生了震惊世界的巴黎公社革命。

然而,当巴黎公社革命失败后,社员们遭到政府军的血腥屠杀之时,雨果立即站到了社员们的一边。5月26日,在《比利时独立报》上他发表了一封公开信,声明开放他在布鲁塞尔的住宅作为逃亡社员的避难所。次日深夜,雨果的住宅遭到暴徒们的袭击,幸而未伤及家人。比利时当局拒绝对此事件进行任何调查,而且对雨果下了驱逐令。此时,雨果不宜返回巴黎,只得带了家人到卢森堡去,在一个环境清幽的小镇上暂时安顿了下来。但是,巴黎不断传来的社员们遭逮捕、枪杀的消息又使他的心无法平静,诗人义愤填膺,根据自己的所见所闻写下了一系列诗篇。这些新诗篇连同巴黎保卫战时写的诗汇成了一本诗集《凶年集》,这是1871年法兰西严峻的一年的诗体实录。

1871年10月1日,雨果携家回到巴黎。此时的巴黎充满了火药味和血腥味。政界的右派和教权派分子将他视作眼中钉。波拿巴分子公然扬言:如果他们再次掌权,雨果将是他们第一批要处死的敌人之一。而那些公社社员的母亲、妻子和姐妹们纷纷写信向他求援。为此雨果在报上载文大声疾呼:"大赦!大赦!不要再流血,不要再牺牲!"当权派自然充耳不闻,公社社员们的鲜血依然在法国大地上流淌。

1872年,国难家灾依然跟踪着雨果。由于他对巴黎公社社员们的同情,在6月份的议会选举中他落选了。他的小女儿被人从加拿大找了回来,但已形容枯槁、精神失常,只好把她送进了医院。小维克多又得了肺结核,日益憔悴。巴黎的喧嚣、忙乱与剑拔弩张的政治斗争,使雨果无法集中精力和时间写作。在朱丽叶的鼓动下,雨果于8月初携家又来到了盖纳西岛。

雨果在流亡时就想写一部关于1793年法国大革命的小说,那时由于忙着别的写作而搁下了,现在正是动笔的时候了。这部小说展开情节的主要场景是布列塔尼森林,他的父亲年轻时曾作为共和军的蓝衫部队战士,在这里同旺岱叛乱分子进行过殊死战斗。在卢森堡时雨果又特意到当年父亲战斗过的要塞——提翁维尔做过一次短期旅行,自豪地倾听当地的老人向他讲述雨果将军英勇抗敌的事迹。《九三年》重现了1793年那急风暴雨般的革命年代。讴歌了像他父亲那样英勇无畏的共和军官兵。当然,这部小说的主旋律仍然是人道主义,但作者把人道主义提得更高了,把它置于绝对正确的革命原则之上。

1873年夏,《九三年》刚刚完稿,从巴黎传来了小维克多病重的消息,雨果带着朱丽叶回到了巴黎。在照顾重病中的儿子的同时,他继续为"大赦"社员而奔忙。同年12月26日,小儿子病故。雨果的后代中只剩下了一对孙儿女了。

白发人送黑发人,雨果极为悲痛。长歌当哭,他怀着对儿子们的无限深情,通过对往日温馨的回忆,写了一本《我的儿子》,作为纪念。

由于长女及一双儿子先后辞别人世,小女儿又虽生犹死,雨果对晚辈的爱集中在孙辈乔治和让娜身上。他常常跟他们一起游戏,一起画画,还给他们演木偶戏。为博得孩子们的欢笑,他尽力做个好祖父。1877 年他出版了诗集《做祖父的艺术》。这是一首首洋溢着温馨爱心的摇篮曲,一篇篇充满了对童心礼赞的优美诗章。有的评论家认为,在艺术和诗歌中,儿童的主题正是由雨果开始的。

1878 年 6 月 17 日,巴黎举行国际文学家代表大会。雨果任主席。他在大会的发言中强调文学创作对一个国家的重要性,在其尾声部分又呼吁大赦公社社员。1880 年 7 月 3 日,雨果在参议院发表演说。他提议,为纪念 7 月 14 日巴士底狱攻陷日,议会应通过一项对公社社员大赦的法令。这回由温和派共和主义者掌权的参议院总算通过了大赦法令。

1881 年 2 月 26 日,巴黎一派喜庆气氛,隆重庆祝著名诗人雨果的寿辰。这天,雨果住宅门口摆着一株金黄色的月桂。人们列队经过他的住宅,高呼"维克多·雨果万岁!"的口号向诗人致敬,队伍中有巴黎市民、外省代表,还有外国使者。银须银发的老人穿着一件朴素的黑上衣,站在敞开的窗口旁,搂着一对孙儿女,欣喜地接受人们的祝贺。他的双眼模糊了,高高举起了他的手向人们呼喊:"共和国万岁!"这个破天荒的祝寿队伍,在他的窗下一直行进了 6 个小时,人数达 60 万之多。

1883 年,雨果在友人麦利恩的协助下,仍不断从他的书箱中取出珍藏的诗作,整理出了一部又一部的新诗集:1881 年,《精神的四种风尚》出版;1883 年,《历代传说》(续集)出版。评论界高度赞扬雨果晚期诗歌臻于完美的艺术技巧和异常充沛的创作活力。

1885 年 5 月 18 日,一个令人忧虑的消息在巴黎传开了——雨果病重,肺炎,心力衰竭。与他患难与共的友人麦利恩和瓦凯里一直守护在他的病榻前。几天来,不仅巴黎,整个法国都在关注着诗人病情的发展,报纸上每天刊登有关他的病情公告。患病期间,雨果神志清楚,对死神的降临毫无惧色。在他病情危急之时,他最想见到的是他的孙儿女。当他看到这一对可爱的孩子时,脸上浮现出了最后一丝笑容。

1885 年 5 月 22 日,雨果终于走完了他那漫长而又光辉的人生道路。他去世的那个夜晚,巴黎狂风大作,暴雨倾泻,大自然又一次以其最庄严的仪式为这位伟大的诗人壮行。是日,法兰西第三共和国宣布全国致哀。雨果住宅区所在的街道和广场的路牌上换上了雨果的名字。

给全世界儿童讲故事的人

——安徒生

人物档案

简　　历：丹麦作家、诗人，因为他的童话故事而世界闻名。

生卒年月：1805年4月2日~1875年8月4日。

安葬之地：阿西斯滕斯公墓。

性格特征：坚韧刻苦，乐于助人。

历史功过：他的作品已经被译成150多种语言，成千上万册童话书在全球陆续发行，他的童话故事还激发了大量电影、舞台剧、芭蕾舞及电影动画制作。

名家评点：威廉·托姆森说："这位诗人的羡慕者的圈子也许比当代任何作家都要大"。

童年艰辛

　　1805年4月2日，丹麦海港城市欧登塞，风和日丽，晴空万里。海风吹拂着家家门前悬挂的丹麦国旗。市民们穿着节日盛装，涌到街头，载歌载舞，纪念四年前的那场著名海战，弘扬丹麦人民在海战中表现的昂扬爱国热忱和大无畏的民族气节。就是这一天，在这个城市的一家穷苦人家里，一个男婴哇哇地来到了人间。这家人家是那么默默无闻，可谁会想到，这个男婴就是后来闻名世界的大作家汉斯·克里斯蒂安·安徒生。

　　安徒生的父亲叫汉斯·安徒生，生于1782年。他是一位鞋匠。这间住屋也是他的工作间。晚间睡觉的那张床，白天折叠起来，就是他的工作台。屋里还摆了一张安徒生睡的小床。这间几乎被工作台、床头毛巾和婴儿床挤得满满的小屋，就是安徒生童年时代的一个小天地。别看房间很简陋，可墙上贴满了有趣的图画。工作台的上方，窗子的旁边，摆着一个旧柜子，上面放着几个玻璃玩意儿。柜子里面装满了各种各样的书。在以后稍长一点的安徒生看来，这间房子简直是一个顶有意思的画廊和书屋。他酷爱文学艺术的幼小心灵，第一次在这里得到滋养。

童年的安徒生如同孤儿一般。父母迫于生计而整日忙碌，抛下他无人照管。他跑到外面玩耍，但那些富人家的孩子一见他就拳打脚踢，讥笑谩骂，说他"生得丑"，"穿得破"，"是下贱人的崽子"。父亲见此境况，异常难过。为了抚慰儿子，他有时不得不丢下活计，亲自陪安徒生游玩。他们来到欧登塞河畔观赏那如画的美景。这河水是这么清，清得可见水底的游鱼；这河水又是这么静，静得几乎纹丝不动。几只天鹅怡然自得地缓缓游过；欢腾的鸭群在水上玩耍嬉闹，叫个不停。河岸上柳暗花明，燕舞莺歌，真是诗意盎然。这时父亲给他讲起了《一千零一夜》中那些动人的故事。故事中那迷人的情节，和眼前欧登塞河的美丽景色交织在一起，启发了他的想象力，陶冶了他那幼小的心灵。

但父亲陪他玩的时间毕竟有限。为了使儿子不至于太寂寞，父亲给他制成了一些木偶玩具。从此，安徒生就和木偶结下了不解之缘。一日，他异想天开要成立一个傀儡戏班。他用破布片缝了一些花花绿绿的衣服，把一个个木偶装扮成英俊的王子、美丽的公主、骇人的巫师、有钱的绅士……他又请父亲当了这个戏班的"顾问"，自己任"编剧"和"导演"，整天演出各式各样的节目。

安徒生的祖母知道孙子生活很孤单，因此常来看他。祖母自己忍饥挨饿，用乞讨来的钱买点糖果、玩具送给安徒生。她每次来时都尽量把自己装扮得体面一些，免得孙子看出她是在讨饭而难过。但安徒生知道了真情，每当他从老祖母手中接过那些礼物时，心中十分痛楚。但为了慰藉祖母，他故意装作非常高兴的模样。祖母每次走时，他都依依不舍地送她很远很远。

一天傍晚，安徒生送走祖母后回家。在欧登塞河边，他看见饥饿、疲劳的母亲还在冰冷的河水里洗衣服。她头发散乱，面容憔悴，冻得浑身发抖，只见她打开随身携带的酒瓶，呷了一口，暖暖身子，随后又挣扎着洗下去。突然，一阵狂风袭来，母亲实在支撑不住，几乎一头栽倒在河里。安徒生急忙跑上前扶住母亲，母子俩抱在一起失声痛哭。生活是多么艰难啊！过了一会，母亲平静下来，给儿子拭去眼泪，拉着他一起跪在河边虔诚地祈祷，幻想上帝能赐福给他们。

但是，上帝不仅不赐福给他们，反倒进一步捉弄他们。当时，拿破仑和英国正在大肆火拼。丹麦投靠法国，也卷入战争。国家财源耗尽，人民啼饥号寒。父亲的鞋匠生意也做不成了。单靠母亲洗衣养活不了一家。父亲走投无路，只好到拿破仑的军队去当一名雇佣兵。这个穷鞋匠当时还幻想入伍后能时来运转，捞个一官半职，以彻底改变家庭的困境。可是事与愿违，父亲在军队中出生入死地干了两年，不仅没当上什么军官，倒染了一身重病。1815 年，拿破仑一败涂地，战火平息，父亲总算活着回了家。但他已是面黄肌瘦，病入膏肓了。母亲见此状况焦虑万分，不惜一切代价，到处求神问卜，寻遍巫医，希望能得到什么灵丹妙药，以使父亲的病体转危为安。结果家中债台高筑，而父亲却于 1816 年 4 月故去了。

父亲死后,母子俩生活愈加艰难。母亲只好把安徒生送到一家裁缝作坊去做工。在作坊里,他受尽奚落,最后一气之下跑回了家。

母亲为了在生活上有所依靠,不得已改嫁了。安徒生的继父也是个穷苦的手艺人,但他不喜欢安徒生,平时少言寡语,这使安徒生倍感无聊和寂寞。只有那些忠实的伙伴——木偶才给他一点点慰藉。这时,他编了一出又一出傀儡戏。其中有个悲剧是他的得意之作,剧中男主角阿波尔和女主角艾丽薇拉彼此相爱,可是厄运将他们活活拆散,这对恋人终于毁灭了。

通过编傀儡戏,安徒生迫切感到学习文化的重要。他央求母亲送他去读书。母亲虽然知道那些学校都是为富人的孩子开设的,但她还是领着安徒生来到一所教会学校申请入学。校长见安徒生身材过高,两臂过长,浓黑的眉毛下两眼深陷,凸出的颧骨衬着凹进的两颊,愈显得骨瘦如柴,身着破旧的衣衫,使人感到分外寒酸。于是,他皱起眉头,表示不能接收。但由于母亲苦苦哀求,他总算发了善心,答应让安徒生留下来。可是这所学校根本不教文化课,整日翻来覆去地向学生传经授道。安徒生感到无聊极了,加之学校里上至校长、下至同学,都歧视和嘲弄他,于是一气之下又回了家。

转眼间,安徒生快满14岁了。按照基督教的规定,孩子在满14岁时要受坚信礼,加深对宗教的信仰。同时,这也标志孩子已经成人,不应该继续依附父母了。可是,安徒生能干些什么呢?母亲有些发愁了。她想让儿子学裁缝吧,但就在这时,发生了一件决定安徒生命运的事。

这时,哥本哈根有一伙演员来到欧登塞作巡回演出。有一位在剧团帮忙的熟人,常把安徒生带到后台去看戏,这使安徒生大开眼界。那些平平常常的人,一到戏台上就变成了威严的国王、娇艳的王后、英俊的王子和美丽的公主……真是太奇妙了!这时他才知道,世界上还有这么美好的艺术。这比他的傀儡戏可优美、生动得多了。他一边看戏,一面模仿演员们的表演,背诵他们的台词,简直入了迷。同时他也暗下决心,将来一定要做个演员。

事有凑巧,有一次剧团正好缺几个群众演员,人们就临时把他拉来充数,让他扮演一个马车夫。安徒生既高兴又紧张,他在剧中并无半句台词,但他排练起来极其卖力。演员们都还未到,他早已化好妆在等候了。有个演员见他如此积极,就拍着他的肩膀笑着说:"唤,多么热心,真该到哥本哈根去,这么勤奋的小伙子应该进皇家剧院。"不料这句玩笑话使安徒生动了心。对!要想成为著名的演员,必须进第一流的剧团。于是他又下了第二个决心,到哥本哈根去进皇家剧院。

不久,他满14岁,接受了坚信礼。他感到自己业已成人,应该去哥本哈根皇家剧院做演员了。但他在那里举目无亲,安徒生发起愁来。不过,他很快就想出了好主意。他知道本地有位名叫伊凡尔生的绅士与皇家剧院有些来往,何不请他推荐一下呢?本来,他与这位绅士素不相识,但还是鼓起勇气前去拜访。伊凡尔生一见这位不速之客,十分诧异,待他弄明白安徒生的来意之后,忍不住哈哈大笑起来,心想,这个又穷又丑的孩子,实在太荒唐了。不过,为了显示自己,他还是写了一封引荐信,让安徒生去找全国著名的女舞蹈家沙尔夫人。

安徒生收起信,如同得到了无价之宝,心想这回当演员可是万无一失了。但他还有一件难事,就是如何说服母亲放他走。他试探着把自己的想法告诉了母亲。母亲以为他在开玩笑,不加理睬。不料儿子竟然拿出伊凡尔生先生的引荐信给她看,这使她大吃一惊,原来儿子早已做好了准备,不过在她看来这简直是胡闹。她反复劝说儿子丢掉这个荒唐的想法,老老实实地去学裁缝。但儿子也反复劝说母亲,说有了伊凡尔生的引荐信,他就会成为沙尔夫人的学生,进京后一切都会有保障。最后,母亲答应求签问卜,根据占卜的结果再作最后决定。

这一天,母子俩找到一位算命女人。算命女人开始端出了一壶咖啡渣,然后拿出一副扑克牌,煞有介事地摆弄了半天。她向咖啡渣又看了一眼,脸上立即现出了十分惊异的神色,连称:"怪哉!怪哉!"母亲急忙询问缘故。算命女人察言观色,顺水推舟,满脸堆笑地说,她从来没有算过这么好的卦。安徒生如能进京,必将大吉大利,飞黄腾达,一步登天,老年荣归故里,全欧登塞的居民都要悬灯结彩,上街恭迎。母亲听罢,转忧为喜,立即决定放儿子走。安徒生高兴得手舞足蹈,并和母亲商定了启程的日子。

为了节省路费,母亲想方设法联系了一辆免费搭乘的邮递马车。同行的还有一位家住哥本哈根的夫人,名叫赫曼生。

安徒生带了三十个银毫子,提着一卷破行李上路了。祖母和母亲都哭着来送行。她们千叮咛万嘱咐,在车夫一再催促下,安徒生吻别了祖母和母亲,挥泪上路了。

曲折道路

1819 年 9 月 5 日,安徒生乘坐的邮车终于到了哥本哈根的城门口。然而,这座陌生的城市没有安徒生想象之中那么美好。

安徒生到后的第二天,便找出自己最好的衣服,换上一双新皮鞋,把它擦得锃亮,然后又把头发梳得整整齐齐。现在,他要去办一件顶顶重要的事情:去拜访首都著名芭蕾舞明星沙尔夫人。他打算向她做一番舞蹈表演。"她一定会对我感兴趣的。没准儿,她会把我介绍到剧院去呢!"安徒生高高兴兴地上路了。

安徒生来到沙尔夫人的住所,刚巧碰到一个提篮子的女仆从楼上下来。安徒生冲她笑笑,准备上前说话。可谁知,那女仆上下打量了一下他,然后从口袋儿里掏出几枚硬币,塞到他手中,还说着:"拿去吧!拿去吧!可怜的孩子!"然后便要走开。

"我是要见沙尔夫人的,她怎么能把我当作是要饭的呢?这可是我最好的衣服了呀!"安徒生一下儿自卑起来,但他并没有放弃这个机会。他追上那个女仆:"求求您,我想见见沙尔夫人!我会跳舞,我不是讨饭的。"

同情安徒生的女仆一听这话,倒很乐意为他帮忙,要知道,沙尔夫人并不是每一个来访者都会见的,安徒生却被女仆带进了会客厅。安徒生第一次走进这种装饰华丽、高贵的地方,不觉有些紧张不安起来。他来到漂亮、尊贵的沙尔夫人面前,向她深深鞠了一躬:"夫人,请让我为您表演一下我的舞蹈。"

还没等沙尔夫人开口说什么,他就脱掉鞋子,把帽子摘下来拿到手里作手鼓,边唱边跳起来,模仿的是舞剧《灰姑娘》中的一段。

沙尔夫人惊讶地看着这个行为古怪的少年,他把她吓坏了:"这孩子不懂礼节且不说,跳的这叫什么呀!一点舞蹈的素质都不具备,一点儿节奏感也投有,还想当演员?"但安徒生越跳越起劲,滑稽地跳个不停。她生气了,站了起来,呼唤她的仆人。两个女仆进来,按她的吩咐,把这个不受欢迎的表演者赶出了屋子,连让他解释一下的机会都不给。他一出来,只听得门"呼"的一声关上了。那位夫人简直把他当作了有精神病的叫花子。她正庆幸摆脱了这位不速之客的纠缠,安徒生却两眼泪汪汪,心里委屈得很。但他又能去向谁诉说呢?

安徒生带来的钱眼看就要花光了,可他还是一点儿赚钱的门路都没找到。他盘算着下一步该怎么办,不过他并不灰心丧气,现在正是要看他有多大勇气的时候,他决定去拜访皇家剧院的经理。

安徒生再次说服看门人去通报主人。他被接见了。

"年轻人,"经理看着跟前这位陌生人,问道:"你有什么事这么着急?"

"尊敬的经理先生,我想当一名演员。我会朗诵莎士比亚的作品……"安徒生向他讲了自己的抱负,他多么想成为一名演员,乡亲们如何高度评价他的歌唱和舞蹈才华,如何鼓励他到首都来,求得发展。他激情满怀,一五一十做了陈述。

经理反反复复端详着这个有着像仙鹤一样的细长身材的年轻人,然后断然地摇头说:"不行!小伙子,你太瘦了,舞台上没有适合你的角色,你还是回去吧!"说完,便埋头审剧本去了。

再任凭安徒生怎么说,经理只以摇头作回答,再后来干脆走进另一间屋子,关门再也不出来了。再次碰钉子的安徒生只得离开。

已身无分文的安徒生得赚钱吃饭,于是他来到一个木匠家里当学徒。木匠老板开始倒还和气,后来看他身体实在太瘦弱,根本承担不了木匠家里繁重的劳动,只得把他解雇了。

他又流落街头,茫然不知所措。不久前,他曾在报纸上看到意大利歌唱家西博尼教授在哥本哈根演出和开办歌唱学校的消息。他想,不妨去找他,也许能得到他的帮助。于是,他又不顾一切地闯进了西博尼教授的家。

这一天,教授家里高朋满座、名流如云。在座的有著名作曲家惠斯,丹麦民族歌剧的创始人贝格生和其他一些有声望的音乐家。丰盛的酒宴过后,客厅里欢声笑语,琴声悠扬。西博尼教授正在高谈阔论,向大家介绍意大利音乐的辉煌成就。这时,女管家进来通报,说前厅有人求见。教授忙问是哪位贵宾,女管家说是一个从欧登塞来的穷孩子,已在前厅等了半日,接着她又把这个穷孩子来哥本哈根奋斗的经过叙说一道——这是她刚刚从安徒生的自我介绍中得知的。贵宾们听了后都很好奇,一致同意见见这位不速之客。

安徒生被带进客厅。面对这么多的著名音乐家,一时竟噤若寒蝉。不过他很快就看出,人们对他非常和善。西博尼先生笑容可掬地称他为"同行",一再鼓励他镇静下来给大家唱个歌。安徒生鼓起勇气,唱起了歌剧《乡村之恋》中的一个咏叹调,由西博尼教授给他作钢琴伴奏。他虽然没有受过声乐基本训练,但嗓音还是不错的。唱着唱着,他联想起自己的痛苦生涯,感情愈加充沛。唱到最后他十分激动,禁不住热泪滚滚。在座的音乐家们都深受感动。大家看得出,这孩子对音乐还很无知,但素质很好,特别可贵的是他对艺术怀着深厚的感情。贝格生预言这孩子将来大有作为。惠斯先生尤其感慨万分,因为他从前也是个穷孩子,独自跑来哥本哈根,苦斗多年后才成名的,所以,建议西博尼收下安徒生。西博尼点头同意,他说:"对每一个真诚地热爱缪斯的人,我西博尼从来都是竭诚相助的。"这突如其来的成功,使这位"热爱缪斯"的穷孩子一阵晕眩,几乎跌倒,加上饥饿、紧张、激动,简直快要虚脱了。惠斯立即察觉了。他说:"该好好招待一下我们捡来的孩子。"西博尼立即吩咐款待他的新学生。惠斯乘大家高兴,提议众人慷慨解囊,筹集安徒生的生活费用。大家一下子就凑了七十块钱,够安徒生用半年的了。从此,安徒生就进了西博尼的歌唱学校,他的生活和学习总算有了着落。

在歌唱学校里,安徒生刻苦钻研,进步很快。他还经常去惠斯教授家里阅读莎士比亚、歌德、席勒的名著以及丹麦的古典作品。他踌躇满志,以为这回当演员的愿望就要实现了,但命运似乎专门和他作对。这年冬季他一直是病魔缠身,长期的剧烈咳嗽严重地损害了他的声带。第二年春天,西博尼教授明确告诉他,他学声乐已毫无希望。安徒生强忍着巨大的悲痛,默默走出了歌唱学校。

但是,他献身艺术的决心并未动摇。学唱歌不行,学舞蹈还是可以的吧,他决定去找新近认识的诗人古尔登堡,请他把自己介绍到舞蹈学校去。古尔登堡拿出了一套干净衣服叫他换上,然后写了封引荐信,让他去找芭蕾舞学校的负责人达朗。达朗也被安徒生的苦斗精神所感动,于是把他留下来,让他学一些简单的舞蹈动作。一八二一年四月,沙尔夫人主演了芭蕾舞剧《亚美达》。安徒生在剧中扮演了一个侏儒,这不过是跑跑龙套的角色,但他却非常高兴,因为他毕竟同沙尔夫人同台演出了。而且,他坚信自己以后也会成为第一流的舞蹈家的。但是好景不长,当教师再教他一些较难的动作时,他的手脚就再也不听使唤了。不久,达朗又明确告诉他,学舞蹈也毫无前途。安徒生又一次强忍着巨大的悲痛,默默离开了舞蹈学校。

这接二连三的挫折,仍没有使安徒生灰心。他又去找古尔登堡教授帮忙。好心的教授又把他介绍给一位老演员，让他鉴定一下安徒生去舞台上是否还能演点什么。经过一段时间的考察，安徒生又一次失败了。这使他懂得，他要当演员的理想是不可能实现了。不过，四年来的艰苦奋斗，使他积累了丰富的生活经验。通过博览群书，他又爱上了写作。童年时他就善于编傀儡戏，现在何不把自己对人生的体验写成剧本呢？那不是同样可以为艺术做贡献吗？当然，在创作道路上也会遇到艰难险阻的，但只要能以莎士比亚、歌德、席勒等伟大作家为榜样，勇于奋斗，百折不回，那就会攀上文学的高峰，赢得巨大的成就。于是他满怀信心地拿起了笔。

1822年，安徒生一口气写出了剧本《维森堡大盗》和《阿芙索尔》。脱稿的那天，他激动得夜不能寐，盘算着如何请一位权威人士来鉴定他的作品。想来想去，他决定去找莎士比亚剧作的翻译家比得·吴尔芙。次日，天刚破晓，他就起身，也顾不上吃饭，就带着文稿一头闯进了吴尔芙的家。这位翻译家正准备用早餐，突然见一个陌生人冒冒失失地闯了进来，竟吃了一惊。安徒生简单地说明了来意后，就打开《阿芙索尔》读了起来。主人看到他那饥饿和疲倦的神色，就打断了他，邀请他共进早餐。但安徒生求教心切，哪里有心吃饭。他谢过主人的好意，就又滔滔不绝地读了下去。吴尔芙不禁感到好笑，但随即就被作品的内容吸引住了，一直听他把全剧读完。安徒生合上文稿后，像在法庭上听候宣判似的，急切地等待着吴尔芙的评价。吴尔芙沉思片刻。他明白，这个莽撞的小伙子还缺少文学素养，作品颇为粗糙，但内容甚为可取，有些句子也写得很美。特别可贵的是，他有严肃的写作态度和烈火般的创作激情。于是他称赞了安徒生的作品，肯定了他的才能，鼓励他继续写下去，并欢迎他今后常来。安徒生得到了如此的好评，真有说不出的高兴。他谢过主人的指点，急忙跑回去吃点东西，然后就又写了下去。不久，一家刊物对《阿芙索尔》也发生了兴趣，选出了其中一场刊登出来。一位友人还把此剧推荐到皇家剧院，希望能够上演。

皇家剧院的经理拉贝克教授收到了《阿芙索尔》。当他看到封面上署着安徒生的名字时，不禁皱起了眉头。这不是那个到处乱跑乱闯，而终不成器的莽撞小伙子吗？他也能写剧本？他好奇地打开第一页，鼻子里"哼"了一声，果不出所料，文理不通，韵律不整，无一是处。但再往下读，他那紧皱的眉头就有点舒展了，嘴里"嗯"了一声：还有点意思，剧本的内容很可取。又读了一阵，他眉开眼笑，频频点头，读到最后，就像发现了一颗新星似的连连拍案叫绝。当时皇家剧院正缺少编剧的人才。剧院经理拉贝克心想，旧的剧本演来演去已不受欢迎，看来这个莽撞小伙子以后会拿出新花样来。拉贝克决定把安徒生的情况报告给国王，为他申请一笔皇家公费，然后送他进学校深造。这位经理在《阿芙索尔》上批道："尽管文化水平极差，缺乏普通的文化知识，但却是一个非常有才华的人。"接着，他就去找剧院的另几位负责人商讨为安徒生申请皇家公费的问题。

几天以后，皇家剧院另一位经理约那斯·柯林把安徒生叫去详细询问了他的生活和学习情况。

之后，柯林先生的奔波有了结果。国王弗雷德里克四世答应在若干年内每年给安徒生一笔一定数量的款项。通过柯林的关系，拉丁学校的董事们准许安徒生到斯拉格尔塞的初中免费受教育。

这对安徒生来说是一个天大的好消息。他高兴得简直无法形容。上拉丁学校的梦想就要成为现实了。这将成为他成功道路上多么重要的一个阶段啊！过去所受的一切屈辱都成了过眼烟云，欺负过他的所有人们在他心目中已无影无踪了。眼前的情景有多美好啊！这个世界有多美好啊！安徒生内心充满了激动，充满了对在困境中向他伸出救援之手的人们的感激之情。

他特别感激柯林先生，再次去向他表示感谢时，柯林先生热情地说："你需要什么，就不客气地写信给我吧！请你常常告诉我你的情况怎样，好吗?"以后柯林先生一直是最关心和爱护他的人，并且长期给他以经济支援。

学校磨炼

1822 年 10 月 26 日，安徒生乘邮车离开哥本哈根去斯拉格尔塞上学。一个大学生坐在他旁边，他是回家去看望父母的，见安徒生才去上初中念书，对安徒生说，他要是像安徒生那样大了才念初中，那真是太不幸了。可是安徒生却为眼前展现的前景而欢欣鼓舞。他认为，他母亲接到他写的一封喜气洋洋的信也会非常高兴的。要是他父亲和老祖母还活着，能听到他上拉丁学校念书的消息，那该多好啊！

傍晚时分，他到达了斯拉格尔塞，找一家小客栈暂住一夜。

安徒生第二天就到拉丁学校报名入学了。他被编到二年级，这所拉丁学校的主任名叫西蒙·梅斯林。他是一位翻译家，在古代语言方面造诣很深。他还写悲剧，参加国内的文学论争。安徒生觉得，他将是自己的一位好的导师，师生两人都喜欢诗歌，都写悲剧，一定有共同的语言。

可是这位主任脾气古怪，喜怒无常，说话尖酸刻薄，特别喜欢挖苦人。上课时学生对他提的问题回答得不好，都要受到他的讽刺与责备，好像只有这样才是对学生严格要求似的。

安徒生在这以前没有上过正规学校，好多东西都没学过，拉丁语知识几乎等于零，希腊语、几何学，甚至地理课对他来说也全是新的东西。刚到学校时，站在地图前面都指不出哥本哈根在什么地方。在这所学校学习，对他来说不是一件轻松的事情。

安徒生的学习决心很大。上课时聚精会神听讲，竭力不放过老师讲的每一句话，努力弄清老师讲的内容，晚上认真复习，打瞌睡时，就用冷水洗头，或者一个人在房后的花园里跑上几圈，让头脑清醒过来，又继续复习，努力去领会书本上的内容。

安徒生听说学识渊博的巴斯托尔姆先生住在附近，他曾经是斯拉格尔塞的《西兰岛报》的编辑，找了个休息时间去拜访他，把两部早期作品呈送给他。他于1823年2月1日非常诚挚地写了封信给安徒生。信里说："我的青年朋友，我已经读了你的序言。我必须承认，上帝赋予了你生动的想象力和一颗富于同情的心，但你的智力仍然需要培养，这是可以达到的，因为你现在有一个实现它的好机会。你坚定的目标应当是努力以最大的热忱完成你的学业，而且为了这个理由，你应当抛开一切庞杂事宜。"信后面又写道："在你目前的求学时期，我劝你少写点诗，只在你需要抒发感情时才写。不要去写你还得挖空心思和搜索枯肠的东西，只是某种念头激发了灵感以及真挚的感情使你的心激动时才写。"最后告诉他："仔细观察自然，观察生活和观察你自己，你才可能获得你的诗歌的素材。从你周围的事物中做出选择，以各种观点反映你所见到的事物，拿起笔来就像你不知在你之前世界上还有过什么诗人似的，或者就像你不必向任何人学习似的，保持那样高尚的思想，那种纯洁、崇高的精神，没有这些，诗的花冠是不会戴在一个凡人的头上的。"安徒生很佩服巴斯托尔姆先生，他的劝告是多么真挚中肯啊！"提出了一个可能使人们永远铭记在心的真理"。

拉丁学校第一年的学习生活结束了。安徒生没有白下功夫，各门课程都获得了所期望的成绩，除希腊文只得"良好"外，其他各科都得了"优秀"。希腊文得到"良好"已经是最高指望了。每个月的操行都获得"非常好"的评语，只有一个月得了"很好"的评语。日子过得很快，新学期开始了，他又回到了闭塞的斯拉格尔塞。现在，他是三年级的学生了。三年级的学习更加艰苦。他最害怕的是希腊文课。

安徒生的希腊文本来就没有基础，再加上他课余时间喜欢写写诗，自然就成了被挖苦的主要对象。说实在的，每次上希腊文课，安徒生都是做了充分准备的，常常把一课书背得滚瓜烂熟，但一到课堂上，看见老师像猫盯老鼠似的盯着他，他的一颗心就扑扑跳起来，到向他提问题时，他全慌了神了，连好好掌握了的东西都回答错了。

暑假来了。他利用假期回欧登塞一趟。安徒生的继父去世了，母亲现在又孤单单一人了。她已老态龙钟，背也驼了。家里的那个铜制的鼓形大火炉，作为税款的抵押，被官方没收了，据说可以用它来铸造硬币。家中只剩下一些破旧衣服，一张小桌子，两把旧椅子，一只旧松木箱子，几件瓷器和玻璃器皿了。这就是全部家当了。母亲的生活困难极了。

但他母亲一看见儿子回来，显得容光焕发，好像年轻了许多。她同儿子走在街上，人人都注视着她儿子，有的开门出来观看，有的打开楼上的窗子探出头来看。

"你瞧，鞋匠婆的儿子，现在是皇家公费生了，"一个邻居说，"这真是没有想到的事。"

"可惜他的老祖母去世了，"另一个说，"要是还活着，看到小孙子今天的情况，该有多高兴啊！"

过去这只没几个人瞧得起的丑小鸭。现在是人人羡慕的皇家公费生了。欧登塞还没有第二个皇家公费生啊！邻居们把他当作与众不同的大人物看待。他所到之处，都受到盛情接待。做母亲的为他高兴，感到自豪。

安徒生登上一座高塔，从那儿俯瞰全城和周围的乡村。他看到下面济贫院里一些他小时候认识的老太婆，她们发现了站在塔楼窗口的安徒生，纷纷高兴地向他招手致意。安徒生似乎感到，他现在不是站在塔顶上，而是站在幸福的顶峰上。

安徒生去拜访古尔登堡上校。古尔登堡上校和闻讯赶到古尔登堡家看望安徒生的主教一家，一同陪他和他母亲在欧登塞的河上扬帆游览。安徒生跟他们畅谈小时候的情况和这几年在外的见闻。母亲看到儿子"像伯爵的孩子那样受到尊敬"，兴奋得流下了眼泪。

安徒生在欧登塞探亲访友之后，告别母亲和乡亲们，来到哥本哈根继续度暑假。他在这儿有许多朋友。

柯林是他的保护人，是最关心和爱护他的人。他把安徒生看成自家人，告诉他可以随时到他家来，就像在自己家里一样。安徒生处处受到柯林的关怀和照顾，使他非常感动。不过，柯林的两个孩子——爱德华和英格葆对他似乎并不热情，似乎明显地把他看成外人，在他们面前，安徒生总有一种格格不入的感觉。他们对他的诗也不感兴趣，说他太多愁善感喜怒无常。但安徒生并不在意，竭力和他们交朋友。

安徒生住在吴尔夫大尉家里，吴尔夫就是前面讲的莎士比亚作品的那位译者。他的一家对安徒生很热情。吴尔夫夫人以母亲般的慈爱关心安徒生，她听了安徒生倾诉梅斯林对他的粗暴待遇，一方面同情他，鼓励他具有自己的独立观点和见解，一方面劝他放弃急于当诗人的"不幸的古怪念头"。吴尔夫的女儿凯莉·艾达（家里人管她叫爱达）对安徒生尤其热情。这位跟艾弗森的大孙女同名的小姑娘人好，心好，十分温柔。可是造物主对她很不公平——她是个驼子，安徒生很可怜她，但她并不觉得自己可怜。她的性格是那么开朗，那么乐天。她讲话机智生动，特别喜欢听安徒生念诗。她有着一颗非常可爱的童心，善于发现好笑的事情，喜欢作离奇古怪的幻想，憧憬着种种美好的事物，又那么爱读书。她的好些性格因素和安徒生那么相似。和这小姑娘在一起叫他感到特别高兴。

在吴尔夫家里，安徒生见到了许多才智出众的人物，其中有最受他尊敬的丹麦诗人爱伦士雷革。一天晚上，安徒生穿着破烂的衣服在吴尔夫家做客，不好意思见来访的这位著名诗人，悄悄地躲在长窗帘后面，但机灵的爱伦士雷革发现了他，主动走到他跟前，伸出手来热情地握着安徒生的手，和他交谈起来。这给安徒生留下了十分美好的印象。

在哥本哈根度过那些美妙的日日夜夜之后，安徒生怀着继续在痛苦中磨炼的心情回到斯拉格尔塞，投入新的一学期的学习。这已经是 1825 年的秋天了。出乎意料，老师对安徒生的态度完全变了，对他温和起来了。

在新的气氛下,安徒生的希腊文学习顺利多了。其他几门功课就更不用说了。各科成绩都很好,特别是丹麦文的作文十分突出。他写起文章来总是胸有成竹,思路清晰,形象生动。文章写得有情有理,情理结合,现实与幻想巧妙地交替着。同学们很佩服他,一个个到他住宿的地方请他帮助写丹麦文作业。

安徒生乐于帮助同学,同学们也热心帮助他学习他感到困难的拉丁语。

安徒生心情好了,激起一股新的创作热情。他打算写一部历史小说。他要写的是17世纪克里斯蒂安二世时代的事。这位皇帝因镇压不驯服的贵族,被反抗的贵族和主教抓起来,关在监狱里,在那儿度过了漫长的岁月。结果,他在民间倒获得了好名声。后来,他爱上了一位贫苦人家的少女。他的恋爱史很富诗意。当然,最值得表现的是那些人民大众受苦受难的场面,那是多么惊心动魄啊!格局已经构思好了,连许多细节都呈现在脑海里了。

1825年10月末,安徒生住到了梅斯林家里。安徒生的朋友都认为他太老实了。他们断定老师是别有用意的。

斯拉格尔塞这个小地方,有一点什么事情左邻右舍全知道,成为议论的话题。皇家公费生安徒生从关心他的善良的房东汉涅堡夫人家搬到刻薄的老师家去住,在这小城里就算一件不小的事了。

头几个月,老师先生对待安徒生的确不错,温和、体贴、容忍,给他讲一些有趣的奇闻轶事,帮助他复习当天的功课和预习第二天的功课。老师太太也像关怀儿子那样关怀他。

老师先生早已不满足斯拉格尔塞拉丁中学主任的工作,他在谋求赫尔辛格拉丁中学校长的职位,那个位置正空缺着。那所学校比他工作的这所学校有名得多,赫尔辛格市也比斯拉格尔塞大得多。

老师先生达到了目的。他把这件事告诉安徒生,热情地对他说:

"你也转到那所学校去吧,那儿比这儿好多了。你还住在我家,我亲自给你补习拉丁语和希腊语。这样,你就一定能考上大学。你写封信征求一下柯林先生的意见如何?"

柯林先生同意安徒生转到赫尔辛格拉丁中学学习。

安徒生随老师一家,乘一辆满载旅客和货物的轿式马车,离开这个差不多生活了4年的小城,行驶在一片绿色的原野上。梅斯林先生显得特别精神,老师太太哼着轻快的小调,安徒生有点伤感地回忆着在小城里度过的日日夜夜,特别是和朋友们依依惜别的情景。朋友们送给他一本满是诗画的纪念册,用诗和画表达对安徒生的真挚感情。

第二天,他们抵达了赫尔辛格。的确,这儿比斯拉格尔塞好得多,花花绿绿的大街任你漫步,不远处港湾的片片白帆勾你幻想,学校的教室宽敞而明亮,同学们既活泼又有礼貌。安徒生很愉快,很兴奋。

老师兴致勃勃地来到赫尔辛格拉丁中学当校长,满以为能很好施展抱负。但他既没有行政领导才干，又缺乏经济管理能力。在斯拉格尔塞那所小的学校当主任还勉强凑合，到赫尔辛格这样一所大的学校当校长，才干和能力的欠缺，一下子就暴露出来了。这儿的老师和学生，本来期望来一位好校长，没有想到来的是一个饭桶。他很快就惹得他们讨厌了。

安徒生的老师的心境越来越坏。他家里也越来越脏乱，连女仆都不愿意在他家工作。这边的生活费用又比斯拉格尔塞高得多，他家在经济上越来越入不敷出。他对安徒生又怒目而视了，把闷气一股脑儿发泄到他身上。

安徒生住在他家一间又潮又冷的小房间里。上学时教室又明亮又暖和，下学后一进这房间，简直像进了囚室一样。他向梅斯林夫人抱怨住的条件太差，影响他学习。校长夫人狠狠地训斥他说：

"你想住好地方！我问你，你有多少钱！有地方给你住就不错了。你应该感到高兴才是！"

校长夫人为了节省生活费用，就拼命在安徒生身上打主意。安徒生不仅饭食不好，而且顿顿吃不饱。他已经瘦得皮包骨了。可校长夫人还常说：

"你个子这么高，饭量这么大，简直要把我们吃穷了！"

到赫尔辛格以来，安徒生的数学课学得不错，总是得"优秀"分数；丹麦文作文课就更不用说了，这是他的强项。但拉丁语和希腊语就不行了，校长先生不但不实现诺言帮助他学习，相反，对他的恶狠狠的挖苦和训斥有增无减。

他每天都骂安徒生笨，就像骂一个傻子或低能儿那样。弄得他心灰意懒，每月都向柯林先生报告说，自己对学习已经没有信心了。柯林要校长向他报告安徒生的学习情况。校长于1826年7月18日给柯林先生写了一份报告书。报告书说：

安徒生有丰富的想象力和热情，努力全面地学到了一些知识。大体说来他取得的进步使他有资格不断地从低年级升到他目前所属的最高年级。

"我不得不说，对于别人的关心，对于在他学习过程中至今一直在经济上接济他的人们的关心，他是当之无愧的。他各方面的才能都是高的，在某一方面甚至是出众的；他的坚持不懈的努力和来源于充满深情的气质的品行，可以使他成为任何学校学生的典范。可以进一步说，通过继续不断的值得称赞的勤奋努力，他将能于1828年10月升入专门学校。

一个导师所希望的，但在同一个学生身上很少发现的三种品质，即才智、勤奋和优良的品行，无疑为安徒生所具备。

考虑到这一点，我必须把他作为一个很值得支持、使之能继续他的学业的人来推荐。由于这种支持，即使他年龄大，也不允许他退却……"

安徒生并不知道这份报告书的内容。这份报告书对安徒生的评价和校长先生平时在课堂上对他的评价截然不同。在课堂上梅斯林把他说得一无是处，因此他是那么沮丧，对自己完全失去了信心。柯林先生完全不知道他的真实处境。他给安徒生写了封信热情鼓励他：

"别丧失勇气,亲爱的安徒生!把你的心神安定下来,镇静些,理智些,你会发现一切都会好起来的。校长对你怀有好意,他也许采取与别人不同的指教方法,但无非是为了达到同一目的。"

1827年4月18日早晨,安徒生去向梅斯林先生告辞,感谢他曾经给过他的关照,暴躁的梅斯林把安徒生大骂一通:

"不幸的蠢驴!你到地狱里见鬼去吧!"他恶狠狠地说,"你永远也不会成为一个大学生的!你的诗将在书店的地板上发霉,你本人将在疯人院了此一生!"

安徒生带着校长先生的这样的临别赠言,永远离开了这位校长家的"魔窟"。他在拉丁学校的学历到此为止。

10年之后,安徒生在哥本哈根遇见了校长先生,当时他的作品《即兴诗人》刚刚出版。校长先生以和解的态度向安徒生伸出手来。

"你在拉丁学校学习时,"他说,"我错待了你,那是我犯的一个很大的错误。"

"我在那儿吃了点苦头,但还是学到了不少东西。"安徒生宽厚地说,接着又补充一句:"那也是一种磨炼。"

安徒生以后把他的坎坷的人生道路,看成是丑小鸭成长道路上的种种磨炼。他尽管在校长管束下吃尽了苦头,但他的精神生活却是按自己的轨道发展着。在那些艰难的日子里,他也的确学到了不少东西。他刻苦学习各门课程,看课外书籍,做了大量笔记,摘录了丹麦文的、德文的、拉丁文的、希腊文的(校长的课没有白上!)、法文的、英文的、意大利文的一大堆笔记。他最感兴趣的是文学,摘录最多的是歌德的作品,其次是席勒、霍夫曼、莎士比亚。

成功起飞

来到春光明媚的哥本哈根,对安徒生来说,不啻脱离牢笼,获得了自由,还有什么比这更惬意的事呢!

在哥本哈根,他租了阁楼上的一个小房间住,那笔公费开支他非常的节约,因为公费现在已不能保证他的全部生活开支。他每星期到一些有名望的人家中吃饭,只有星期二自己做着吃。

每星期一和星期三他去吴尔夫人家吃饭的,这时她的小女儿总喜欢缠着安徒生讲故事她非常喜欢听。

几年以后,安徒生把民间流传的五斗橱的故事加工改造,写进了他的童话《开门的钥匙》里。他的好些童话的创作过程都是先在脑子里编好后,讲给孩子们听,然后再加工写出来的。

从1828年底到1829年初,安徒生继续独自写作。目前他需要做的是摆脱经济的困扰。他已是大学生了,穿着上必须在某种程度上与他所交往的圈子相适应,而出版《徒步旅行》,弄一笔稿酬,又远水不解近渴。于是他提笔给剧院翻译了几出戏——《四旬节》和《十六岁的女王》,他借用意大利戏剧家戈西的假面喜剧中的一出歌剧的主题,用了几个星期的课余时间,写了歌剧剧本《大乌鸦》,把它交给当时没有什么名气,但很有才华和气魄的青年作曲家哈特曼作曲(哈特曼后来成了丹麦首屈一指的作曲家)。安徒生又为另一位青年作曲家布雷达尔整理了华特·司各特的《拉默穆尔的新娘》。

这两出歌剧都在舞台上演出了。后一出歌剧赢得了喝彩,颇受欢迎。

安徒生在哥本哈根大学受到同学们的高度尊敬,在学习功课之余,他的创作欲望更大了,皇家剧院的舞台一直是他向往的地方。现在他决计向皇家剧院舞台进攻了,不是去当演员,而是写剧本上演。他不想写悲剧,他读了自己过去写的悲剧,觉得那只是华丽辞藻的运用,太浅薄了。海堡的轻松喜剧写得优美、尖刻、生动,自己的性格和文风倒是和他相吻合的,不如写写轻松喜剧看看。这种体裁自己没有用过,不过通过大量阅读和习作,使他摸索出文学创作上的一些规律。现在,他要投身到创作实践中去,开始他的文学生涯了。这一时期,他经常拜访的知名人士有翻译家吴尔芙、皇家剧院经理古林和喜剧作家海堡。海堡对安徒生的诗作很感兴趣。他从中挑选了两首,即《傍晚》和《垂死的孩子》,在他主编的刊物上发表了。结果竟获得了好评。1828 年,安徒生考取了哥本哈根大学。但是,他对大学的课程不感兴趣,仍是藏身于小阁楼里专心致志地写作。

1829 年,他发表了浪漫主义的幻想游记《阿马格岛漫游记》。书中有这样一个情节:一位诗人茫然地走着,突然有一位天真活泼、两颊红润的美丽姑娘和一位夫人拦住了他,并把他带到了另一个方向。这部作品与当时流行的所谓崇高的悲剧性的题材恰恰相反,表明安徒生要开创一个新的文学创作的倾向。这部游记语言幽默,情调活泼,充满了新奇的幻想,洋溢着浓郁的乡土气息,读来令人耳目一新。作品第一版发行后,立即获得成功。有个出版商见有利可图,就不辞劳苦地爬到安徒生的小阁楼上来,主动要求为安徒生出第二版。几个月后,他又写出了喜剧《尼古拉耶夫塔上的爱情》。这次皇家剧院把它接受下来,并于 1829 年 4 月 25 日首次公演。安徒生亲眼看到自己笔下的人物都出现在舞台上,感到无比欣慰。演出结束后,他急忙跑到了古林的家,一进门就号啕大哭起来。古林夫人见此情景慌了手脚,以为他是因演出失败而难过,忙走过来安慰一番。不想安徒生又破涕为笑,弄得老夫人莫名其妙。原来演出获得了空前的成功。观众一再向他鼓掌欢呼。是啊!过去他经历了一次又一次惨痛的失败,今天终于获得了初步的成就,他怎能不为此激动万分呢!

童话之王

　　安徒生从十九世纪三十年代起开始写童话,最初写了《火镰》《豌豆上的公主》《人鱼公主》和《皇帝的新装》等。由于他不是贵族出身,因此很难在当时的上流社会站稳脚跟。卑微的出身给他带来许多的麻烦,加之以他的童话的社会内容,一开始就受到上层文人的排斥、反对,但他却得到当时一些欧洲大作家如海涅、狄更斯以及巴尔扎克等的支持,因而很快地在国内外的读者中获得声誉。安徒生的创作极盛时期是三十年代与四十年代。这一段时期他写出了许多著名的童话,如《坚定的锡兵》(1838)、《夜莺》(1843)、《丑小鸭》(1843)、《雪女王》(1844)、《卖火柴的小女孩》(1845)、《影子》(1846)、《老房子》(1848)和《母亲的故事》(1848)等。

　　安徒生的创作思想有一个发展过程。三十至四十年代初的童话,浪漫主义的色彩浓重一些,并且主要建立在民间体裁上,它们较适合于儿童阅读。后来作者逐渐转向现实主义,并把这个时期的作品称为"故事"或"新童话"。这些故事多取材于现实生活,思想性也加强了,已经很少有童话中的幻想成分。作者自己也曾指出,有些作品如《影子》,不只是给儿童,同时也是给成年人写的,而且只有成年人才能评价它们的讽刺用意。当然就是在其浪漫主义童话的形象里,也充分再现了现实生活的内容,赋予作品严肃的社会意义。作者笔下的聪明、勇敢的主人公差不多都是拒恶扬善的形象,如《火镰》中的士兵惩办了作恶多端的女妖,并把得到的许多财物分给穷人;在《小克劳斯和大克劳斯》中,也是贫穷、弱小的小克劳斯战胜了贪婪、残暴的财主——大克劳斯。这些作品中的讽刺、寓意的锋芒显然都是指向上流社会的贵族老爷和形形色色的市侩的。

　　《皇帝的新装》和《夜莺》等是脍炙人口的童话名篇。这些作品涉及了封建君主制度现实的许多方面,揭露最高统治者的愚蠢和可笑,抨击贵族宫廷的种种虚伪和阿谀奉承。作者以极其幽默和辛辣的讽刺描写了无耻献媚者自欺欺人的种种丑恶行径。

　　高贵者最愚蠢,卑贱者最聪明。这是安徒生许多童话的基本主题。在他的作品中,我们可以看到社会中各种不同阶级的人,有皇帝、大臣、地主贵族,也有普通的劳动者。作者以笑作武器,对统治阶级、强者的愚昧无知、野蛮残暴、自私虚伪、吹牛拍马等等进行无情的讽刺、鞭笞,另方面对弱者、对普通老百姓却寄予满腔的同情,表彰他们的勇敢、聪敏、机智。正是作者的这一基本政治立场,使他的童话具有无限的生命力,一百多年来一直受到全世界少年读者(也包括进步的成年读者)的衷心喜爱。

　　《卖火柴的小女孩》(1845)是安徒生最出色的作品之一。这个作品与其说是童话,毋宁说是一个现实主义的短篇小说。在这个作品里作者已经排除了那种所谓童话必须有幸福的尾巴的传统写法。作品中的小主人公完全以一个剥削制度下不幸的牺牲品的形象呈现在读者的跟前。作者以细腻而动人的笔触，描写了圣诞节之夜一个卖火柴的穷孩子的悲惨遭遇。作品尖锐地把节日之夜富家人的灯红酒绿同流落在街头的可怜无助、饥寒交迫的小女孩的悲惨绝境对照起来，活生生地描绘出一幅"朱门酒肉臭，路有冻死骨"的社会画面，从而对那个万恶的不平等制度提出血泪的控诉。

在安徒生后期的作品中，如《柳树下的梦》《老单身汉的睡帽》等，作者已很少使用夸张、幻想的手法，而是不动声色地叙述现实生活中手艺人、穷店员等的悲哀身世，真实地反映了剥削制度的残酷和人世间的冷酷无情。《园丁与主人》(1872)是安徒生晚期的一个代表作。作者以对比的手法，真实地塑造了劳动者与剥削者两个决然对立的形象。世界上的一切鲜花蜜果都是勤劳、智慧的"园丁"培植出来的，它却给不劳而获的"主人"享用，而"主人"还可以随时解雇"园丁"，惩罚"园丁"。这是为什么？作者最后要求读者"好好地想一想"。这个作品反映出晚年的安徒生思想上有了新的进展，哲理性加强了。读完故事后会使读者不由地思考一下不平等的社会制度问题。

安徒生的童话，想象丰富、思想深刻，充满诗意和幻想，鸟兽虫鱼、花草树木，整个大自然乃至家庭中的家具、玩具等都被赋予了生命，注入了思想感情，生动活泼，引人入胜。大胆的幻想超越了时间空间的界限，好奇的求知欲穿透了大自然的秘密；神奇的火镰帮助小兵做了国王，丑小鸭变成了美丽的天鹅，疾厉的东风驾着勇士来到智慧的发祥地和幸福的岛国，夜莺倾吐的歌声制服了死神。不可能成了可能。总之，在安徒生的童话世界里，大自然的景物都同人一起进入了社会生活，既是神话的世界，又是现实的生活，二者紧密地交融在一起了。

1835年，安徒生出版了第一本童话集。此后每年的圣诞节他都出版一本童话，作为送给孩子们的礼物。他这样写了近四十年，共发表了一百六十多篇作品。人们通常以1847年为界，把他的童话分为前期和后期：前期多幻想故事，称童话；后期多现实故事，称故事。通常所说的"安徒生童话"则是它们的总称。也有人按照题材和表现手法，把他的童话分为超人的童话，如《海的女儿》；拟人的童话，如《坚定的锡兵》；常人的童话，如《卖火柴的小女孩》等。

安徒生童话中的人物虽然多是超人的仙子、精灵，或拟人的动物、玩具等，其故事情节也大都虚幻而离奇，但归根结底是当时的现实生活，即十九世纪丹麦社会状况的反映。安徒生曾说："最奇异的童话是从真实的生活里产生出来的"，"故事和真实没有什么很大的分界线"。

安徒生怀着无限的同情，在童话中描写了劳动人民及其子女的苦难和不幸。《卖火柴的小女孩》是这方面的代表作。在那新年前夕的夜晚，富人们都摆上了丰盛的宴席，欢度除夕之夜尽情享乐。谁也没有注意到这时有一个卖火柴的小女孩正赤着双脚在大街上挨饿受冻。她整天没有卖掉一根火柴，因而不敢回家。她只好躲在一个墙脚里用火柴发出的微光取暖。火光引出了她天真美丽的遐想。美味的饭菜、美丽的圣诞树、已故去的慈爱的祖母都出现了。她觉得自己和亲爱的祖母一起飞到天国去了。可是第二天太阳升起，人们却发现了她冻僵了的尸体。作者以满腔悲愤，揭露了社会的不平等，描述了穷苦儿童的悲惨命运。一百多年来，这篇作品在全世界广为传诵，唤起了人们对苦难孩子们的深切同情。《丑小鸭》中的那只小鸭，因生得难看而受尽凌辱和奚落。但他一心追求美，追求光明，坚持不懈，毫不气馁。最后他来到美丽的天鹅中间，并发现自己也变成一只美丽的白天鹅了。这时，他"却感到非常难为情。他把头藏到翅膀里面，不知道怎么办才好。他感到太幸福了。但他一点也不骄傲。因为一颗好的心是永远不会骄傲的。"这实际上是作者自己奋斗经历的真实写照。

安徒生对劳动人民充满了同情，并尽情加以歌颂。而对统治阶级，从地主、神甫、官吏、贵族、大臣直至皇帝，他都以憎恨和鄙视的感情极力加以鞭笞。这方面最脍炙人口的作品是《皇帝的新装》。作品中那个穷奢极欲的皇帝既不关心人民，也不料理国事。唯一感兴趣的是如何把自己打扮得漂亮。他每过一个钟点就要换一次衣服，几乎整天都泡在更衣室里。一天，来了两个骗子，自称能织出最精美的衣料，能裁制最漂亮的衣服，这种衣服还有一种奇异的特性，即凡是愚蠢的和不称职的人都看不见它。皇帝拿出了大批财物让两个骗子赶制新装。他们把财物放进自己的腰包，然后在空织布机上装出忙碌的样子。"新装"制成后，他们把它拿给皇帝和大臣们看。皇帝和大臣们明明什么也没看见，但为了不暴露自己的愚蠢和"不称职"，都煞有介事地称赞"新装"的精美。最后，皇帝穿上了这件"新装"，赤身露体地举行游行大典。他和大臣们在人民群众面前丑态百出，出尽了洋相。

安徒生在童话中还批判了当时腐朽罪恶的社会制度和是非颠倒的社会意识。在《夜莺》里，作者描写了一个中国皇帝和他的侍从们。他们愚蠢到连什么是夜莺也不知道，竟把牛叫蛙鸣当作夜莺的歌声。他们欣赏不了自然界真正夜莺的优美歌唱，却把一个人工的假夜莺当成珍宝，真是是非颠倒，黑白混淆。作品深刻地揭露了当时统治阶级腐朽的社会意识，它极力排斥真正的艺术作品，包括作者的作品在内，而大肆推崇那些矫揉造作，内容空虚的东西。在《一滴水》里，作者借用微生物间互相吞噬的搏斗，来揭露当时城市里人与人互相倾轧，你死我活的争斗。在《大克劳斯和小克劳斯》中，安徒生揭露了乡村的恶棍们为谋钱财而无恶不作的丑恶本质，同时描绘了乡村牧师外表上道貌岸然，实际上却男盗女娼的两面派嘴脸。作者就是这样用他的童话反映了丹麦社会的全貌，从宫廷写到社会的最底层，从城市写到乡村，把社会的种种弊病揭示在读者面前。

但是，安徒生在诊断出社会的弊病之后，却开不出医治的药方来。他看不到人民群众的力量，而把改革社会的希望寄托在上帝身上。这里的上帝不等于宗教上的上帝，而是真、善、美的化身。安徒生相信真、善、美终究要战胜假、恶、丑。在《干爸爸的画册》中，他预言："真、善、美总会获得胜利的。"在《海蟒》《新世纪的女神》

中,他歌颂科学和进步;在《海的女儿》和《野天鹅》中,他赞美了博爱和正义;在《丑小鸭》和《拇指姑娘》中,他肯定了对光明和美好事物的追求。但仅仅停留在这一点上,毕竟有些抽象和迷茫。安徒生自己也意识到这一点。因此,随着对社会认识得越来越深刻,他在作品中所流露的哀怨和忧郁的情绪就越来越浓烈。最后他竟然幻想富人们在真、善、美的感召下改恶从善,和穷人们携起手来,共同促进社会的发展。

安徒生从民间文艺中吸取了丰富的营养。因此,他的童话中融汇了大量的民间文学素材。有些作品,如《豌豆上的公主》《打火匣》等,就是在民间文学的基础上创作出来的。所以它们就像民间故事一样清新自然。安徒生又具有扎实的生活基础和丰富的想象力。因此他能捕捉儿童们喜闻乐见的日常事务,如陀螺、铝兵等玩具,小鸭、蝴蝶等动物,把它们创造成反映生活本质的生动形象。这些童话来自现实,却具有强烈的浪漫色彩,是现实主义与浪漫主义相结合的产物。它们向人们展示了一个奇丽无比的世界:美丽的人鱼在蔚蓝的大海中漫游;戴金冠的天鹅在辽阔的天空中翱翔;会说话的夜莺在园林中尽情歌唱;背插刀叉的烤鹅在餐桌上蹒跚起舞,……真是琳琅满目,美不胜收。安徒生又能根据不同的故事内容,赋予它们以不同的艺术形式。所以他的童话文体多样,手法各异。有朴实无华的民间故事;有情节紧凑的短篇小说;有发人深省的寓言;有意境优美的散文;有情意盎然的散文诗。安徒生又是位高超的语言艺术家。他能根据儿童的特点,尽量使语言具有鲜明的形象性。他虽不能直接唱歌给孩子们听,不能当面跳舞给孩子们看,但他能把这些都生动地描绘出来,使孩子们一打开书,那婉转的歌声就在耳边,优美的舞姿就在眼前。他的语言千锤百炼,朴实自然。可以说,他的童话不是写给孩子们读的,而是讲给孩子们听的。当然他也考虑到成年读者。他曾说:"当我在写一个为孩子们读的故事时,我永远记住他们的父母也会在旁边听。因此我也得给他们写一点东西,让他们想想。"于是他的某些童话寓有深刻的哲理,写出了精辟的警句,如"清白的良心,是一个温柔的枕头","勇气是一件很强的武器","一颗好的心是永远不会骄傲的"等等。

安徒生在创作童话的同时并没有终止长篇小说和剧本的写作。1836 年至 37 年,他连续出版了长篇小说《欧·多》和《只不过是一个提琴手》。1840 年,他的剧本《穆拉托》公演,在国内外都引起了极大的轰动。

光耀万代

19 世纪 60 年代的后两年,安徒生继续笔耕不已。1868 年,他发表了《小小的绿东西》《树精》等 6 篇童话故事。还写了《童话的来源与系统》一文,对童话创作作了理论探讨与总结。1869 年,发表了《创造》《阳光的故事》等 6 篇童话和一部喜剧作品——《西班牙人在此的时候》。

安徒生在童话里说，从前有一个年轻人，他渴望当一个诗人。可他又写不出东西来，觉得没有什么可写。他叹息道："唉，我们这个时代不是作诗的时代！我要是生活在中世纪，就会一帆风顺了……"最后，他去请教别人，找到一个住在草场入口处旁边一间小屋子里的巫婆。这个老太婆比那些骑马坐车的显贵聪明得多。她明白这青年人的意思，知道他碰到了什么困难。她于是借给他一副眼镜和一个听筒。这年轻人戴上眼镜和听筒，周围的一切都活跃起来了。世界上充满了各种色彩和声音，它们那么新鲜，那么多样。每件东西——马铃薯也好，野李子也好，蜜蜂窝也好……里面都是趣味横生的。大路上的过往行人，都源源不断地给他带来各种各样的有趣故事，一个比一个新鲜、生动。这位年轻人几乎要成为诗人了。可是，老太太把眼镜和听筒要了回去。这一下，他再听不见，看不到任何值得注意的东西了。

这就是安徒生在童话《创造》里讲的故事。安徒生在 1852 年春天访问德国魏玛时，曾对作曲家李斯特谈到过，他对艺术也像对诗一样，主张三要素：智力、想象和感情。（这里说的"诗"是广义的，指具有诗意的文学作品。）这篇童话里讲到的"神奇的眼镜和听筒"，就是文艺创作时的想象，他用这个童话故事生动地讲明了文艺创作三要素中的想象的重要性。俄国著名批评家杜勃罗留波夫曾高度评价安徒生写童话时的想象力，说他那被现实生活所激发的想象，"使想象富有诗意地带有幻想的性质"，它表露出一种可贵的童心，而又"并不用可怕的怪物和种种黑暗势力来吓唬儿童的意识"。

1869 年安徒生去法国旅行一次，在法国港口城市尼斯市过圣诞节。当圣诞树上的灯全点亮了时，一起过圣诞节的一位绅士说：

"我们从世界各地相会在这里。在我们中间有一个人，他使我们度过了许多幸福的时光。让我们以我们自己的名义以及孩子们的名义向他表示感谢吧！"

这时，在大家的愉快掌声和欢呼声中，一个小女孩把一个巨大的月桂花环套在了安徒生的脖子上。

安徒生于 1870 年 3 月份回到丹麦。回国后写了他最后一部长篇小说《幸运的皮尔》。主人公皮尔是一个出身于穷苦人家的孩子，出生时嘴里衔着一个银匙子。他有着杰出的音乐舞蹈才华，长大后担任主角演出他自己创作的歌剧《阿拉丁》获得巨大成功，在接受观众热烈鼓掌欢呼时，心脏病突然发作而死在舞台上了。

这一年安徒生发表了《曾祖父》等三篇童话。

1871 年至 1873 年，他到过挪威、意大利、瑞典等国旅游。这几年，他出版了最后一批童话集。其中有《舞吧，舞吧，我的玩偶》《园丁和主人》等一大批童话。

安徒生一直没有自己的住宅。这位不知疲倦的作家，长期以来不是住旅馆，就是住在朋友家。1865 年他给一位叫马丁的朋友写信说："像你那样有自己的住宅，那是多幸福多美好啊！"而他自己却"像一只孤独的候鸟似的，总是在别人的屋檐下找安身的地方。"到了 70 年代里，他心血来潮，想为自己盖一幢房子了。他闭门在家，做了一番计划：房子要大些，要有玻璃屋顶，有一套工作室。工作室里要摆上丹麦著名作家的半身塑像。要有一个像样的写作台，室内铺上优质的东方地毯，再布置一些装饰品。他这幢房子要盖得别具一格，不和别人所有的房子雷同。

他算了算他在银行里的存款，盖这样一幢房子是足够的了。这些年来，他的稿费收入已经相当可观了。不过，这盖房子的设想只存在他的脑海里，他并没有把它变成现实。

安徒生的身体越来越不好了。除了牙痛的老毛病外，还常常咳嗽，两腿浮肿。他患病的消息不胫而走，牵动着成千上万人的心。一个委员会要为筹备他的 70 寿辰而募捐。安徒生接到一封征求他的意见的信。他回信说：

"我的亲爱的朋友们不应该以为我是一个贫穷的、无人照顾的老年人，在为自己每天的面包而担心，连自己病弱的身体也照顾不了。上帝对我很好，四周都是爱我的朋友——我不能接受个人捐助的任何钱物。"他谢绝了这个委员会的好意。

1875 年 3 月 29 日，著名雕塑家萨拜把准备在哥本哈根市中心公园里建造的安徒生纪念碑的设计草图送来征求他的意见。图上画着这位童话作家，他四周簇拥着许多孩子，有的孩子还爬在他肩上。安徒生不赞成这个设计。

萨拜于是另外设计了一个纪念碑：安徒生坐着，左手拿着一本书，右手挥起来，正在向广大听众讲故事。

4 月 2 日是安徒生的 70 寿辰。前一天，国王派华丽的专车，把安徒生接到王宫，给他极其热情的祝贺，并再次授予他一枚勋章。

寿辰那天，为他举行了盛大宴会。宴会之后，他又被请到皇家剧院，观看了他的两出剧的专场演出。

这天，他收到了许多礼品。其中有一份是用多种语言出版的伦敦《每日新闻》专号，上面刊登着传记作家威廉·托姆森写的专论——《〈母亲的故事〉，15 种语言出版》。专论赞誉安徒生说："这位诗人的羡慕者的圈子也许比当代任何作家都要大。"

生日庆典之后，他由于身体衰弱，加上天气闷热，不得不离开哥本哈根，到他的朋友的一个叫"憩园"的别墅去休养。

安徒生已经病入膏肓了。无论是空气清新的别墅，海峡秀丽的风光，还是女主人的热情照顾，都不解决什么问题了。

"没关系，不会病很久的，"他向照看他的女友口授一封信给约那斯·柯林说，"等我身体好一些，我们还到别的地方旅游去。"

约那斯心想，老人家的旅游计划未必能实现了。

安徒生一直卧床不起了。6 月 19 日以前他还坚持写日记，尽管他身体已经很弱了。在这以后，他连亲手写日记的力量也没有了。到 7 月末，他连口授的力气也没有了。

8月3日傍晚,他发起高烧来,折腾了好久,眼前出现种种幻景。……后来,他心情轻松了,表情越来越安详。他睡着了。

8月4日早上,安徒生还在熟睡,睡得很安静,能听出他的平静的呼吸声。11时起,他的呼吸渐渐微弱了,越来越微弱了,后来就完全停止了。这时,时钟指针指着11时5分。

女主人在日历上记下了这么几句话:"这盏灯熄灭了。多么幸福的死啊!我们的亲爱的朋友在11时5分安息了。"

俄国文学泰斗

——托尔斯泰

人物档案

简　　介：俄罗斯19世纪中期批判现实主义作家、政治思想家、哲学家，出生于贵族家庭，1844年入喀山大学，1847年退学回故乡在自己领地上作改革农奴制的尝试；1851~1854年在高加索军队中服役并开始写作；1854~1855年参加克里米亚战争；1855年11月到彼得堡进入文学界；1857年托尔斯泰出国，看到资本主义社会重重矛盾，但找不到消灭社会罪恶的途径，只好呼吁人们按照"永恒的宗教真理"生活；1860~1861年，为考察欧洲教育，托尔斯泰再度出国，结识赫尔岑，听狄更斯演讲，会见普鲁东；一生创作颇丰，特别是1889~1899年创作的长篇小说《复活》是他长期思想、艺术探索的总结。晚年力求过简朴的平民生活，1910年10月从家中出走，11月20日病逝于一个小站，享年82岁。

生卒年月：1828年9月9日~1910年11月20日。

安葬之地：雅斯纳亚·波良纳庄园。

性格特征：性格活泼，热爱一切事物但又多愁善感。有着博爱精神和鲜明的贵族气息。

历史功过：19世纪后半期俄罗斯最伟大的作家，他的《战争与和平》《安娜·卡列尼娜》《复活》等都是举世闻名的文学巨著。

名家点评：列宁称颂他具有"最清醒的现实主义"的"天才艺术家"，还称他为"俄国革命的镜子"。高尔基称"不认识托尔斯泰者，不可能认识俄罗斯。"

早年经历

1828 年 8 月 28 日,列夫·尼古拉耶维奇·托尔斯泰出生。在莫斯科以南、离图拉城不远的一座风景优美的贵族庄园——雅斯纳亚·波良纳。这里繁花似锦、绿树成荫,一片郁郁葱葱的森林更惹人注目。在林中空地的中央,是宽敞、古老的地主宅邸。

托尔斯泰出身显赫,其先祖曾任彼得大帝时代的国务大臣和枢密院首脑,祖父曾任喀山省省长。托尔斯泰的父亲早年也曾从军,参加过 1812 年抵抗拿破仑的卫国战争。

托尔斯泰在三个哥哥中,最爱最敬的是比他大五岁的大哥尼古拉,而对二哥谢尔盖则是钦佩与赞赏。二哥有漂亮的外貌、优美的歌喉,并且有绘画天赋。他甚至赞赏二哥那种毫不掩饰地利己行为。他模仿二哥,希望成为与二哥一样的人。他后来回忆说,这是由于自己的个性,总是琢磨着别人对自己的感觉和看法,从而毁了生活的乐趣,所以,才特别赞赏二哥那种"自信的"利己主义。但说到底,钦佩不等于爱,他最爱的是大哥。

幼年的托尔斯泰性格活泼,热爱一切事物,但又多愁善感,喜欢沉思。他总是像一道亮光一样,带着愉快的微笑跑来跑去。他喜欢开玩笑。遇到挫折时,他虽然伤心,却从不哭泣,反之,别人抚爱他时,他却会流泪。他很爱哭,也就是说,他很容易受感动,所以外号叫"哭孩子"。他喜欢搞出些不同凡响的事情,让大家惊讶不已。

在他七八岁时,他渴望飞翔,并且不知为什么自以为已经掌握了飞翔的奥秘,认为只要用双手使劲地抱住膝盖从高处往下跳,就会像鸟儿一样在空中飞。有一天,在大家都去吃饭时,他爬上顶楼的窗口,朝院子里跳去。当有人发现他躺在院子里时,他已失去知觉。幸而没有摔伤骨头,只是有些脑震荡,在睡了十八个小时后又醒过来了。这真是万幸,不然的话,稍有差池,伟大的《战争与和平》《安娜·卡列尼娜》等作品,就会从那古老的窗口消失了……

从很小的时候,他就为自己的丑陋而难过,凡是涉及他的外貌的话题都使他非常难受。他曾失望地想,像自己这样有着扁鼻子、厚嘴唇和灰色小眼睛的人,在世界上是不会得到幸福的。他祈求上帝,为了一副漂亮的面孔他愿意付出一切。开始读书后,他的功课也不好,一位辅导过他们兄弟学习的人说:"尼古拉敢想又敢做;谢尔盖敢想,但不敢做;列夫则既不敢想也不敢做。"

托尔斯泰一家住进莫斯科一幢宽敞舒适的住宅。他们的生活与在雅斯纳雅·波良纳差别不大,仍然养着自家的马匹,仍是那些农奴仆人服侍他们。男孩子们跟家庭教师学习。托尔斯泰学习仍旧不好,他最大的兴趣是跟大人去逛街,去看那一幢幢古老建筑。最让他神往的是克里姆林宫。

来到莫斯科的第二年,父亲有事到图拉省,在街上突然觉得头晕,跌倒在地上,再也没有醒过来。人们传说,他是被身边的两个仆人毒死的。他随身携带的钱和文件都不翼而飞。葬礼在雅斯纳雅·波良纳举行,托尔斯泰没有参加。在很长一段时间里,他不相信父亲已经死了,总觉得父亲还会突然归来。祖母也不相信这个噩耗,她伤心万分,无法忍受这种痛苦,忧郁成疾,不到一年便去世了。

祖母死后,由姑母亚历山德拉担任五个孤儿的法定监护人。为了压缩开支,亚历山德拉让两个大孩子留在莫斯科,跟她住在一起,准备考大学;另外三个孩子回到雅斯纳雅·波良纳,由达吉亚娜姑母照看。

达吉亚娜姑母是托尔斯泰家的远亲,她幼年失去双亲,一直寄养在托尔斯泰家,由托尔斯泰的祖父祖母抚养成人。少女时代的达吉亚娜长得很美。她爱上了托尔斯泰的父亲,但她知道自己寄人篱下,这种爱情只是一种梦想,因而避开了。托尔斯泰的母亲去世后,父亲曾向达吉亚娜求婚,她没同意,但却答应抚养那五个年龄尚幼的孩子,她特别喜欢托尔斯泰。托尔斯泰童年时期的快乐,大部分来自这位善良温柔的女性。后来托尔斯泰曾称赞达吉亚娜姑母是一位果敢、坚定、精力充沛而又富有自我牺牲精神、具有崇高道德品质的女性。他还认为,达吉亚娜姑母对他一生影响最大。从他幼年时代,她就教给他爱的精神是一种快乐。她不是用语言教,而是用她整个人,使托尔斯泰看到和感到了她怎样喜欢去爱别人,于是懂得了爱的欢乐。

1841年夏天,亚历山德拉姑妈去世了。这时,托尔斯泰兄妹们的直系亲人只剩下小姑妈彼拉盖娅了。已经是大学生的大哥尼古拉向远在喀山的小姑妈提出了请求,请她抚养他的弟妹们。小姑母同意了,但要求他们到喀山去。这年冬天,他们告别了达吉亚娜姑妈,前去喀山。分别时,达吉亚娜和孩子们都感到痛苦。托尔斯泰后来在给达吉亚娜姑妈的信中说:"在离别的时刻,我突然内心一颤,明白了你对我们的意义……"的确,到喀山后,小姑妈对孩子们的培养教育一点都不感兴趣,完全放任自流。十三岁的托尔斯泰感到孤独和苦闷。"没有人给我灌输过任何道德观念,绝对没有。""我一心一意希望成为一个好人,但是我年幼无知,情欲旺盛,而且是独自一人,完全是独自一人在寻求善。"他开始阅读和思考,想一些与他的年龄完全不相称的事情。有一阵,他迷上了怀疑主义哲学,以为宇宙间的一切其实并不存在,只是在自己注意它们时它们才存在,所以,存在的不是物体,而是人与它的关系。他甚至开始怀疑上帝的存在。

1844年6月,托尔斯泰报考喀山大学东方语言系,初试有三门不及格,后经补考被录取为阿拉伯土耳其语专业的学生,这年仅十六岁。

托尔斯泰的大学生活很不顺利。开初的新鲜感过去后,他很快就发觉自己对东方语言学并没有多少兴趣,而课程的枯燥乏味在他看来是惊人的。于是,他的热情转移到社交方面。作为一个有地位的青年,他受到各种显贵人家宴会、舞会的欢迎,但他一直无法像其他贵族青年那样如鱼得水地周游于交际场,他不善于和妇女交际,有一种奇怪的笨拙与羞怯。有意思的是,正因为此,他反而很受人注目,成为一个处处受欢迎的客人。

由于厌恶课程和社交活动太多,大学一年级结束时,他未能通过考试。他离开东方语言系,转入法律系。然而法律系的教学方式与东方语言系是一样的,很快又引起了他的反感。

托尔斯泰在法律系勉强上到第二年。他反对考试,讨厌教授们的讲义,蔑视各种学规,教授们当然不会给他好成绩。恰在这时,托尔斯泰兄妹所继承的产业已经分好,按照习惯,将全家居住的庄园雅斯纳雅·波良纳分给了最小的儿子托尔斯泰,包括五千四百英亩田地和330个农奴,还有农奴的家属。托尔斯泰没等到五月份的考试,便以"健康不佳和家事"为由而退学,回到庄园。没得到学位,使他耿耿于怀。他决心展开大规模的自学,一是提高自己,二是为了取得大学学位。

在大学的最后一年和离开大学后,他读了许多书,包括《马太福音》、卢梭的《忏悔录》与《爱弥尔》、狄更斯的《大卫·科波菲尔》。他通读卢梭的二十本一套的全集,包括《音乐词典》。他很早就崇拜卢梭,十五岁时,曾贴身戴着一个有卢梭画像的纪念章。

分家时,在他的强烈要求下,达吉亚娜姑妈同意永远留在雅斯纳雅·波良纳,和他一起生活。退学的托尔斯泰决心改善自己,除了读书学习,还要管理财产,改进农奴的生活。他购置了脱壳机、播种机等农用机械,开办农场。他把一部分树林划给农民经营,并常到村里了解农民的生活状况,还想方设法给一些贫困户以救济。然而,他的改革并没有什么效果,农民们对他怀着疑惑的态度,买来的机械因无人用很快成为废物,一年过去,农民的生活状况丝毫没有改变,而他的改革措施却引起了附近其他地主的不满。

经营农事的失败使托尔斯泰大为丧气。于是,他埋头于学习课程,沉迷于音乐,有时弹钢琴,一弹大半天。1848年10月,他将庄园交给妹夫管理,去了莫斯科,来年初又到了彼得堡,目的是考取学位。他考了民法和刑法两门课,取得良好成绩,然而不久,他又改变主意,不想考学位了。他对取得大学学位所做的努力,至此才完全放弃。

1848年秋天,咀嚼着失败苦果的托尔斯泰离开了家乡到了莫斯科。他不想在无望的努力中浪费自己的青春,他要像别的贵族青年一样去享受生活和幸福。

莫斯科是仅次于首都彼得堡的俄国第二大城市,这里名流云集、物欲横流,它的繁华热闹是喀山无法相比的。20岁的托尔斯泰没有职业,也没有学位,但他有伯爵的头衔和每年一万到两万的收入,这是他进入上流社会的通行证。

在举目无亲的莫斯科,托尔斯泰生活得无忧无虑、也乱七八糟。每天他打扮得漂漂亮亮,穿着熨得笔挺的礼服参加舞会,出入剧院。后半夜两点才回家,第二天11点起床,吃早餐,然后计划着到哪里打发晚上的时光。像所有的贵族青年一样,他过着上流社会纸醉金迷的懒散生活。

不久，他结交了一帮"朋友"，他们一起赌博狂饮。在灯光幽暗乌烟瘴气的赌场里，狂热、好冲动的托尔斯泰一掷千金。不精于牌局的他，被开始的小胜冲昏了头脑，最后输得一塌糊涂。为还赌债他请求二哥谢尔盖尽快给他三千五百卢布。

二哥谢尔盖看到不争气的小弟弟如此挥金如土，十分气愤，把托尔斯泰狠狠地教训了一通。就这样年轻的托尔斯泰决心痛改前非、重新开始生活，他时时解剖自己，真心实意地忏悔自己的过错，直到他人生的终结。

1850年底已经成为炮兵军官的大哥尼古拉从高加索到莫斯科休假。见到了阔别几年的大哥，托尔斯泰心花怒放，他从小就崇拜博学的大哥，大哥很像母亲温和而又善良。高加索的海风使大哥的脸上又增加了几分阳刚之气。那黑黑的髭须恰到好处地覆盖在鲜红的嘴唇上，黄色的绶带、笔挺的军装、锃亮的马靴使大哥显得那么威武雄壮。托尔斯泰决心和大哥一起去高加索参军，开始一种崭新的生活。

军旅生涯

尼古拉大哥在高加索服兵役。托尔斯泰在大哥建议下，于1851年5月到了高加索。从此开始了他一生难忘的戎马生涯，更重要的是，在这里也正式开始了他的文学创作生涯。

高加索山脉是亚洲与欧洲的分界，许多山峰海拔在5000米以上。在高加索群山环抱的山村里，住着强悍的本地山民，他们不甘于沙皇的统治。沙皇的军队驻扎在此。就是为了对付他们，以防骚乱的发生。

1851年的6月，托尔斯泰平生第一次参加了战斗。他战胜了内心的恐惧，表现得十分勇敢。为此，总司令接见了他。

在总司令的特许下，托尔斯泰正式参军，成了四等炮兵下士。

没有战斗的时候，托尔斯泰常常躺在营帐外面，嘴里嚼着甜丝丝的草根，仰望着浩瀚无垠的天空，眺望巍峨的崇山峻岭，聆听草丛中蟋蟀的鸣叫。多么美啊！托尔斯泰一直想把自己内心的真切感受写下来，告诉别人，也让大家分享他的这份感受。一种强烈的创作欲望冲击着他。

他终于决定写小说了。

1851年11月12日，托尔斯泰在给塔季扬娜表姑的信里报告了他开始写作的情况。他说："亲爱的姑妈，您有一次建议我写小说，还记得吗？告诉您，我接受您的劝告了。我过去信里对您提到过我所做的那件事，就是写作。我还不知道写的东西是否会问世，但我在从事的这件工作已经和我结下不解之缘，欲罢不能了。"

早在1851年1月18日他就萌生了写《童年》的念头。他在这天的日记里写道："写我的童年故事。"

1851年夏他着手写。这时他的想法已具有小说的明确艺术轮廓,书名叫作《发展的四个时期》。1851年末,第一稿写到主人公的少年时期。这时托尔斯泰决定小说分成三部,第一部就叫作《童年》。誊写手稿的工作把他累得疲惫不堪,他亲手抄了三遍,最后让一个誊写员誊清。

1852年7月3日,托尔斯泰把《童年》寄给了《现代人》杂志。署名是他的名字和父称的缩写:列·尼。他在给杂志主编涅克拉索夫的信里说:"我怀着焦急的心情等着您的评判,这一评判也许将鼓励我继续做我心爱的工作,也许将使我把已经写好的东西付之一炬。"

同年8月29日,托尔斯泰收到了涅克拉索夫的回信。回信通知他《童年》已被采用,并说:"我不知道续篇的情况,所以不敢武断,但我觉得作者是有才气的……请将续篇寄来。您的小说和才气都使我颇感兴趣。"

同年9月30日,托尔斯泰收到了涅克拉索夫第二封来信:"尊稿已经发排,将刊登在《现代人》第九期上。我仔细读了校样(而不是字迹不清的手稿),觉得这部小说要比我第一次读时好得多。我可以肯定作者是有才气的。我认为对您这样一个初学写作者来说,深信这一点,目前比什么都重要。"

不言而喻,这两封信使托尔斯泰受到了极大的鼓舞,坚定了继续从事写作的信心和决心。他接着写出了《一个地主的早晨》《袭击》和《一个台球记分员札记》。

但美中不足的是,作品发表了,却不见寄稿费来——托尔斯泰由于生活放纵、赌博常输,手头总是缺钱。他在日记里写道:"只见赞扬,不见钱来。"涅克拉索夫10月30日来信解释,说照杂志规定,第一篇作品是不给稿费的,但以后所有作品若被杂志采用,则将按最高标准支付,即一印张三十银卢布。

《童年》发表后,在彼得堡文坛引起很大轰动。

托尔斯泰初试笔锋,就获巨大成功。于是,他一鼓作气完成了童年的续篇《少年》和《青年》,这是充满激情的三部曲。同时他还创作了《一个地主的早晨》《袭击》等作品。

托尔斯泰把《童年》寄给涅克拉索夫主编的《现代人》杂志,由于信心不足,所以只署上自己姓名的缩写。不料,涅克拉索夫对这位素昧平生的青年作者的作品大加赞赏,并劝他不要隐匿自己真实的名字。1852年《童年》在《现代人》杂志上发表了。

《童年》通过主人公尼古连卡·伊尔坚耶夫充满着欢乐与忧伤的情感,回忆起"无比幸福而又长逝不返的童年时光",描写了旧贵族家庭中孩子们的生活。作品把人生最美好的童年时代写得绚丽多姿,亲切感人,充满了迷人的诗意,同时,也揭露了生活的阴暗面。许多评论家认为写童年生活,很难从俄罗斯乃至世界文学中,再找到可以同它相媲美的作品。

《童年》发表时,书报检查机关进行了粗暴的删节,特别是删掉了有关娜塔丽雅·萨维什娜的爱情故事,这使作家大为不满。尽管这样,他还是十分珍重自己的处女作,兴奋得简直喘不过气来。他津津有味地读着赞扬自己作品的一些评论文章。在身旁听他朗读的哥哥和其他军官,起初还不知道报上称赞的就是他。

《童年》仅仅是长篇小说的第一部。继《童年》之后,作家还要创作《少年》《青年》等。人们从小说主人公的身上,可以清楚地看到托尔斯泰童年时代的许多特点,在其他人物身上,也可以看到托尔斯泰的亲人、朋友和教师的影子,连小说中的环境,也与雅斯纳雅·波良纳极其相似。当然,它并不是作家个人家庭的编年史,因此,他始终不赞成编辑部把小说题目改成《我的童年的故事》。作家后来曾说,《童年》的创作是"朋友们和我自己的童年生活的不相协调的糅合"。

塔吉雅娜姑妈读了《童年》,来信鼓励他"要具有真正的、完整特征的天才,以使像《童年》这样不太使人注目的情节写得饶有风趣"。此后,托尔斯泰的创作,如奔腾的江河,一泻千里,相继发表了短篇小说《袭击》(1853)、《伐木》(1855)和中篇小说《少年》(1854)。在这些早期作品里,作家继承并发展了俄国文学的优良传统,充分显露出卓越的创作才华,立即引起了俄国进步文艺界的瞩目。

1853 年 10 月,俄国向土耳其宣战。第二年土耳其联合英、法一起进攻俄国,战火蔓延克里米亚半岛。这时,敌军无论在装备上,还是在人数上,都压倒了俄国。可是,在俄罗斯危急的关头,一些贵族还在举行盛大的酒宴。由于沙皇政府的腐败、军队统帅的无能、军官的相互倾轧,致使战局急转直下,连吃败仗。这激起了国内人民和广大士兵的无比愤慨,托尔斯泰忍无可忍,和一些爱国军官一起草拟了改组连队的计划,建议成立来复枪营,出版《军人之页》杂志,这使他的上司大为恼火。1854 年秋,敌人开始向塞瓦斯托波尔推进,并逼近这个要塞。俄国被迫开始了长达 11 个月之久的城市保卫战。

被围困的塞瓦斯托波尔要塞当时成了举世瞩目之地。托尔斯泰出于强烈的爱国热情,毅然决然地要求把他调到战火纷飞的最前线。11 月 7 日,他来到了被包围的塞瓦斯托波尔,指挥第十四炮兵旅第三炮兵连。1855 年 4 月,他又奔向最危险、距敌最近的第四棱堡。在这里,他看到了普通士兵、水手和居民的英雄气概和高涨的爱国热情。他在给哥哥的信中提道:海军中将拉希莫夫巡视军队时,不是喊:"弟兄们好!"而是问:"决战时候到了,弟兄们,你们敢死吗?"士兵和水手们齐声回答:"我们敢! 乌拉!"托尔斯泰从这里看到了俄罗斯人民伟大的精神力量。八月初,战争进入空前残酷激烈的阶段。敌人几百门大炮同时向塞瓦斯托波尔要塞猛轰,整个城市笼罩在硝烟火海之中。人民为战争付出了血的代价,城市保卫者每天都有成千人牺牲。8 月 27 日,敌人一连发动了十数次冲锋,托尔斯泰指挥着炮兵连英勇反击。最后由于寡不敌众,在敌人强大的攻势面前,塞瓦斯托波尔要塞终于陷落。托尔斯泰是最后一批撤出这个城市的。这一天——8 月 28 日,恰好是他的生日,可他在精神上承受了多么大的痛苦啊! 此刻,他不得不告别这座英雄的要塞和流血的城市。他眼里噙着悲愤的泪水回过头来,就在这时,一面法国旗帜插上了烟火弥漫中的棱堡。他再也无法控制自己,不禁失声恸哭……在保卫塞瓦斯托波尔的战斗中,托尔斯泰表现出了最大的勇敢,因而获得了四级安娜勋章以及其他奖章。

就在战争紧张推进的日子里,托尔斯泰也没有停止写作。他把在战地捕捉的直接印象,写成了三篇小说,后收在《塞瓦斯托波尔故事集》中。作家没有把战争描写成旌旗招展、战鼓喧天、将军策马向前的"壮观"图画,而是实实在在地表现了战争的本来面目。应该说,对战争做这样直接、真实的现实主义描写,这在俄国文学史上还是第一次。

塞瓦斯托波尔陷落后,托尔斯泰穿着军大衣来到彼得堡,第一次踏入了文学界,先后见到了团结在进步杂志《现代人》周围的许多有重大影响的作家:涅克拉索夫、屠格涅夫、冈察洛夫、亚·尼·奥斯特洛夫斯基和车尔尼雪夫斯基等人。他们热烈地欢迎这位从战地归来的英雄,殷切地关怀这位初露锋芒的作家的成长。但这时《现代人》的作家在一些重大问题的看法上出现了分歧。《现代人》坚持艺术上的唯物主义观点,强调艺术对社会生活的巨大作用,保卫果戈理的现实主义传统;而最早退出《现代人》并另行主办《阅读丛书》的自由主义者德鲁任宁等人,则极力诋毁这种传统,把普希金等人的创作说成是"纯艺术"的。这就是当时果戈理派和普希金派的论争。托尔斯泰一度接受了后者关于"纯艺术"的错误理论。后来,他识破了这种主张势必引导作家走上远离生活与违背人民群众利益的邪路。在追求真理的过程中,他坚持走自己的路。

在这之前,托尔斯泰和屠格涅夫建立了亲密的友谊。1856年,托尔斯泰离开了戎马生涯,这使屠格涅夫感到十分高兴。因为屠格涅夫很早就规劝比自己年轻十岁的朋友能专门从事文学创作,使他的才智能够得到更大的发挥。但他们中间也时常发生争论和吵架,托尔斯泰"往往在争吵中表现得非常尖刻和缺乏自制",有一种水牛般的倔强性格,所以屠格涅夫时常风趣地称托尔斯泰为"暴怒的野蛮人"。

退伍办学

托尔斯泰脱离军旅生活后回到雅斯纳雅·波良纳。这时,他对农民被奴役的现状更为不满。他继续进行农业改革,同时博览群书,创作《青年》。

1857年初,托尔斯泰第一次出国旅行。他乘一辆邮车直奔华沙,然后乘火车抵达巴黎。在巴黎,他目睹了一个人被推上断头台的恐怖场面。就在那暴虐的时刻,一架机器把一个身强力壮的人撕裂成肉块。机器斩首这件事使他无法平静,他一刻也不想再在巴黎逗留了。之后,他来到了瑞士。在瑞士的琉森镇,又有一件事情把他激怒了。那是一个阴霾的夜晚,月儿钻进了云层。托尔斯泰刚刚从外面回到旅馆的房间,忽然飘来阵阵悦耳的琴声和歌声。他走下去一看,原来一个流浪歌手正在一家饭店的阳台下，一边弹奏六弦琴一边演唱着一支动听的歌曲。一些华服盛装的贵妇人和领子白得耀眼的阔佬，围坐在那里笑眯眯地欣赏着。流浪歌手唱了许久，最后举起帽子，希望得到几个赏钱，托尔斯泰很快掏出钱来给了他。可是，那些有钱人个个收敛了面孔，竟没有一个人肯赏一个生丁。托尔斯泰心中愤愤不平。他见歌手满面愁绪，怏怏地离开了，于是激动地喊了一声，追了上去。他把歌手请到餐厅坐下，要了饭菜和香槟酒来款待他。这时，餐厅里的一些人又站在一旁讪笑。托尔斯泰怒不可遏，认为这是"当今历史学家应该用千秋史笔加以叙述的事件"。于是，他立刻写成了短篇小说《琉森》。小说愤怒地揭露了资产阶级"文明"的野蛮和道德的卑下，同时也表现出作家完全否定了现代文明的进步意义和从抽象道德观念描写生活的弱点。

从国外归来，他处处感到人世间的不合理。俄国广大农民的贫困、愚昧和落后，尤其使他焦灼不安。他找不到出路。一回到雅斯纳雅·波良纳点缀一新。大自然是如此神奇、美妙，托尔斯泰每天都能从大自然中发现瞬息万变的美。不管风雨阴晴，他都坚持到大自然中去散步。那美好的春天终于迈着姗姗的脚步来临了！他惊喜地观察着大地复苏、春风吹绿、万象更新、百鸟啼鸣的景象。走过田园，他看融化的雪水，正滋润着干旱的大地；走进森林，他看见白桦树正在吐绿，夜莺正在安静地栖息……

这时，他来到附近的庄园，那里有他的亲友，有他一度热恋过的瓦莱丽雅。虽然这支爱情插曲早已结束，但是，曾经在作家心灵上震颤过的旋律，却仍在耳畔萦绕，这促使他用艺术形式把它再现出来。1858年，他开始了长篇小说《家庭幸福》的创作。小说写得很顺利，1859年4月脱稿，并于同年发表在《俄国通报》上。这是一部试验性的作品，它表达了作家对婚姻、家庭和妇女地位的见解，为作家后来史诗性巨制中的妇女形象的创造做了准备。

1856年11月26日，他获准能以炮兵中尉衔退伍，他改善农奴状况的方案已宣告失败。他这时闲云野鹤，了无牵挂，便决定出国游历。这次出国1月29日出发，8月8日归来，历时半年，游览了法国、瑞士、德国一些地方。

1857年1月29日，托尔斯泰乘驿马离开莫斯科去华沙，从莫斯科到华沙1269俄里，托尔斯泰走了五天，路上思考了《失落者》的写作问题。

旅行回来以后，托尔斯泰精力充沛，同时动手抓了以下五部作品的写作：《发疯者》《逃亡的哥萨克》《狩猎场》《青年》第二部、《旅游日记》。

轰动一时的《塞瓦斯托波尔的故事》之后，托尔斯泰1856年发表了短篇小说《暴风雪》、中篇小说《两个骠骑兵》、中篇小说《青年》、短篇小说《被贬为列兵的人》《一个地主的早晨》，1857年发表了短篇小说《卢塞恩》，1858年发表了短篇小说《三死》《阿尔别特》，1859年发表了中篇小说《家庭幸福》。这些小说并没有像以前那样引起轰动，而且有的作品还得到了不好的评价。这种情况不可能不对托尔斯泰的创作热情产生负面影响。

1859 年 11 月,托尔斯泰决定在亚斯纳亚·波利亚纳为农奴的孩子创办一所学校。

托尔斯泰开始办学遇到的最大问题是农奴不信任他,农奴们起初都不敢送孩子来上学,学校不收学费,从来没有这种好事。托尔斯泰办学的一个基本原则是给学生和老师充分自由。学生可以根据自己的愿望,愿意来就来,不愿意上课就走。教师有权不让某个学生进教室。课外师生是平等的朋友。托尔斯泰课外常跟学生开玩笑,游戏,角力,散步,滑雪橇,晚上常送学生回家。

他还拿出一俄亩地来供愿意耕种的学生耕种,收获归耕种的学生。这样的学生有八个人,托尔斯泰就把这一俄亩地分成八份。学生在自己分得的地上种了亚麻、豌豆、荞麦、胡萝卜、芜菁,等等。

学校的课程有:读书、书法、语法、创世纪、数学、绘画、制图、唱歌,后来又加了俄国历史故事和自然科学漫谈。

上午课是必须来的,但丝毫不强迫,全靠学生自觉。下午课,大孩子家里有活儿,可以不来,小孩子家里没有活儿都来。夏天农忙时放假,让学生帮助家里干活。

开学时学生是 22 个,到 1860 年 3 月发展到近 50 个。学校的事情越来越多,于是托尔斯泰便开始物色助手。1860 年 6 月,他终于物色到一个,此人叫彼得·瓦西里耶维奇·莫罗佐夫,是图拉神学校的毕业生。托尔斯泰 1860~1861 年出国期间,学校的工作就由他负责。

在托尔斯泰从 1861 年 5 月到 1862 年 5 月担任调解人期间,学校从最初一所发展到 21 所,分布在亚斯纳亚·波利亚纳周边地区。校舍都是因陋就简,设在农舍里,教师有的也跟农民住在一起。教师大多是被开除的大学生,工资很低,教一个学生每月 50 戈比,平均一个教师有二三十个学生。除工资外,如在《亚斯纳亚·波利亚纳》杂志上发表文章,可以得稿费。尽管生活很艰苦,但在托尔斯泰的热情感召下,教师都爱上了自己的工作。

学生们学习成绩很好。有的学校,孩子们入学第一天就学会了读写字母,两星期以后就能慢慢地读童话。有的农民甚至请学过土地测量课的学生去帮助测量土地。

为了推广办学的经验,宣传办学的心得体会,听取批评,展开讨论,托尔斯泰决定创办以亚斯纳亚·波利亚纳命名的杂志。

1861 年 6 月,托尔斯泰就得到批准杂志出版的通知,8 月各报刊上就出现了新杂志出版的广告,说新杂志将于 10 月 1 日开始出版。

1862 年 1 月,这份杂志的第一期稿件通过了书报检查机关的审查。2 月正式出版。

办学取得了成功,这使托尔斯泰受到了鼓舞,他想创办一个国民教育协会,进一步在俄国推广教育事业。当然他的这个计划不会被批准。

学校存在到 1863 年秋天。从 1862 年结婚后,托尔斯泰就失去了原先那种办学热情。这可能跟他的夫人反对有关系,在托尔斯泰创办的学校里工作的那些大学生失去了托尔斯泰的领导和鼓励,便不能坚持生活在艰苦的农村环境继续从事教学工作,也就纷纷离去了。

《战争与和平》

托尔斯泰不能长期沉湎于家庭生活和生产管理事务中,他已决定关闭他创办的学校和杂志了。结果,他又开始文学创作了。

1863年2月中篇小说《哥萨克》发表,3月中篇小说《波利库什卡》发表。《哥萨克》受到文学界尤其是费特和屠格涅夫的好评,使托尔斯泰颇受鼓舞。这不能不对托尔斯泰走向《战争与和平》的创作起一种推动作用。

这时,他的精神状态也对他创作《战争与和平》这样的鸿篇巨制颇为有利。1863年秋,他给堂姑亚历山德拉·安德烈耶夫娜的信里说:"我已经是个有妻室并且做了父亲的人。我对自己的境况十分满意,而且我对这种境况已经十分习惯。……这种情况为我提供了施展才能的广阔天地。我从来也没有感觉到自己的智力,甚至整个精神力量,能这样任意驰骋,这样有利于工作。"

1860年,他在国外游历时曾遇到过他的同外曾祖父的姑舅兄弟、从西伯利亚被赦免回来的著名十二月党人沃尔孔斯基,同沃尔孔斯基的长谈使他产生了写一部描写十二月党人的小说的想法。1861年3月26日,他从布鲁塞尔写信给赫尔岑说:"我四个月前开始构思一部长篇小说,主人公是从西伯利亚回来的十二月党人。我本想同您谈谈此事,可是没来得及。我写的这个十二月党人应是一个狂热者、神秘主义者、基督徒,1856年带着妻子和一儿一女回到了俄罗斯。他用严厉的多少有些理想主义的眼光来衡量新俄罗斯。这种题材是否适合时宜,请把您的看法告诉我。我给屠格涅夫读了开头,最初几章受到了赞扬。"这部小说只写了三章就放下了。

1863年重新动手写下去,结果便演变成了我们今天看到的《战争与和平》。

《战争与和平》开头部分共有15种草稿。最初一份草稿的标题是《三个时期》。这时他想写一部关于十二月党人的三部曲《即1812年,1825年和1856年》,这个开头他放弃了。开头部分第十二稿题目是《从1805年到1814年。列·托尔斯泰伯爵的长篇小说。1805年。第一部》。从这一稿开始,托尔斯泰才形成这样一个想法:写一部俄国同拿破仑交战时期的历史小说。预计要写几部,第一部叫《1805年》,后来又写了三稿,第十五稿才是我们现在读到的《战争与和平》的开头。

1864年11月,小说还在润色修改的时候,托尔斯泰就给《俄罗斯导报》出版者卡特科夫去信,表示希望小说能在《俄罗斯导报》上发表。后来小说的第一部果然以《1805年》为题发表在《俄罗斯导报》1865年第一、二期上。

第一部写完之后，对小说的内容和结构仍在不停地探索着。1865 年 3 月 19 日，托尔斯泰在日记里这么记载着："入迷地阅读拿破仑和亚历山大一世的历史。我想可以写一部关于拿破仑和亚历山大一世的心理历史长篇小说。可以写一个大东西的想法，使我现在欣喜若狂。要写他们周围的人和他们自己的全部卑鄙、全部疯狂、全部矛盾。"托尔斯泰在这篇日记里接着列出了要写的关于拿破仑和亚历山大一世的重点事件。这里罗列的内容并没有完全包括到《战争与和平》中去，可见他当时是想单写一部小说的。直到这时为止，他并没有想到在这部小说里要写拿破仑、亚历山大一世等历史人物。可是在这年暑期休息之后重新开始写作的时候，他却决定把亚历山大一世和拿破仑的"心理历史"包括到正在写的这部小说中去了，这样在创作上就引起了一些新的困难。托尔斯泰 1867 年在《〈战争与和平〉的序》(草稿)中自己说过："有时，我觉得我初时所用的手法微不足道；有时，我想把我所认识到和感觉到的那个时代的一切全都写出来，但我又知道这是不可能的；有时我觉得这部小说的简单、平庸的文学语言和文学手法很配不上它的庄严、深邃而全面的内容。"以前他把《1805 年》称为长篇小说，现在他担心这部作品"既非长篇小说，又非中篇小说；既非叙事诗，又非历史。"经过苦苦思索之后，他决定冲破欧洲文学里长篇小说、中篇小说写作框框的束缚，需要怎么写就怎么写，不管它像什么。

写历史遇到的第二个困难就是他在写作时发现，这段历史的真相不仅没人知道，而且人们所知道的和所记载的完全与事实不符。他决心要写人民的历史，向传统的以写帝王将相为主的历史学提出挑战。为此，托尔斯泰下很大工夫阅读了大量历史著作、回忆录、档案，等等。他自己曾说过："我的小说中历史人物的言论和行动，我在任何情况下都没有虚构过，我都有资料根据。我在写作中搜集的资料构成了一个完整的图书馆。"

托尔斯泰就这样在探索、创新和克服困难的道路上前进着。

1865 年 12 月，小说的第二部和第三部相继脱稿。第二部发表在《俄罗斯导报》1866 年第二期和第四期上，标题仍是《1805 年》，只不过多了个副题《战争》。他决定从第三部开始不再在杂志上发表，自己找印刷厂分册出版。1867 年，他同莫斯科的里斯印刷厂签订了合同，并请《莫斯科文库》主编巴尔捷涅夫代表他同印刷厂打交道。

托尔斯泰的写作态度历来是严肃认真、一丝不苟的。在写《战争与和平》的过程中表现得尤为明显。他对自己的手稿不仅在写作过程中反复修改，甚至重写，而且在脱稿后发表前仍然抓紧一切机会进行修改。

1868 年 9 月，托尔斯泰写第四部的时候，为了生动准确地描写鲍罗金诺会战的情景，不满足于文字资料的记载，特意到鲍罗金诺去了一趟，在那里住了两天，作了调查研究。鲍罗金诺会战是在凌晨打响的。为此，他特意凌晨到那里去实地观察会战开始时的当地景物。他画了原野略图，标出了附近农村、河流的位置，并记下了"能见度为二十五俄里"，太阳升起时能看到森林、建筑物和山冈的阴影，"太阳是从俄军的左后方升起的,法军面对太阳"。他在实地观察中还发现了任何军事历史学家都未曾发现的俄军实际部署和原定部署之间有很大差别,这个发现对研究鲍罗金诺会战的全过程具有重要意义。他把实地观察得到的印象同以前研究历史得来的认识结合起来,创造了一幅鲍罗金诺会战的壮丽画卷。

托尔斯泰写《战争与和平》时表现出来的虚心求教、认真对待批评的态度,我们在他以往的写作中是未曾见过的。在创作过程中以及在作品发表之后,他都不断写信征求意见。1868 年 4 月 10 日,《俄国残废军人报》刊登了拉奇诺夫的题为《谈托尔斯泰伯爵的新小说》的文章,对《战争与和平》第四部给予高度评价,同时对托尔斯泰的军事历史观点提出了异议,指出了某些历史时间和战役描写不准确的地方。拉奇诺夫的这篇文章是用姓名的缩写字母署名的。一般这种署名是不引人注意的,可是托尔斯泰第二天就给该报编者写信,向作者致谢,并请作者把真实姓名告诉他,允许给他写信讨教。托尔斯泰在这封信里坦率承认:"如果我写作时能听到他的建议,我会避免许多错误的。"

1869 年 12 月,《战争与和平》第六部出版了,第二版也几乎同时印出来了。《战争与和平》出版后,得到了文学界和广大读者的好评。托尔斯泰难能可贵之处在于他能非常自觉地克服骄傲自满情绪。1873 年,修订《战争与和平》时,他把自己修订过的稿子送去请斯特拉霍夫审订和修改。他为此多次给斯特拉霍夫写信,1873 年 6 月 22 日的信写得尤其恳切:"兹寄上修改完的《战争与和平》样本,不知修改得是否好,但确实涂画得又脏又破,我求您给以审订,不要光说,要用实际行动帮助我,这就是说,请您审读我修改的地方,并说出自己的意见:哪里好,哪里不好(如果您认为哪里改得不好,我给您权利勾掉我的修改,并请把您认为不好的地方加以修改)。"

托尔斯泰之所以能写出《战争与和平》来,是跟他的丰富多彩的生活经历分不开的。他的女儿亚历山德拉说得好:"谁知道,如果托尔斯泰本人没有做过战,他能否描写战争? 如果他本人不曾在牌桌上输掉大笔钱财,他能否描写赌徒的心理? 如果说他本人不属于上流社会,他能否了解这个阶层的心理? 他的主人公的骑士荣誉感、豪迈、勇敢、狂饮,如果他本人没有这些特色,他怎么能理解? 如果他本人不热衷于打猎,他又怎么能了解猎人的狂热和冲动?"我们从《战争与和平》里,不难看出他的经历、他所接触的人、他所听到的故事在他的创作里留下的影子。大概可以这么说,没有托尔斯泰的出身、家庭、经历、亲友,就不会产生《战争与和平》这样的作品。

《安娜·卡列尼娜》

托尔斯泰夫人 1870 年 2 月 24 日在她的生活札记里写道:"昨晚他对我说,他脑子里出现了一个上流社会失足的妇女形象。他说,他的任务是把这个妇女描写得可怜而无辜。还说,这个形象一出现在他眼前,以前出现的所有人物和男人典型统统各得其所,集结在这个女人周围"。第二天,托尔斯泰就写出了《安娜·卡列尼娜》的第一张草稿。可是并没有接着往下写,可能构思还不成熟,而且这时他还在考虑写另一部作品。

这另一部作品是关于彼得大帝时代的。写完《战争与和平》之后他马上就考虑写这么一部作品。他之所以要写这么一部作品,第一,是因为彼得大帝时代同他所处的时代有相似之处。他认为两个时代都是俄国历史转折时期。显然,他想通过描写彼得大帝时代来阐明废除农奴制后俄国所发生的变化。第二,他想通过这部作品反驳 1860 年流行的历史观点——俄国接受欧洲文明完全是靠沙皇的努力,俄国人民在这方面未起任何作用。托尔斯泰在写《战争与和平》的时候已认识到人民群众在历史事件中所起的巨大作用,因此他坚决反对这种观点。

开始时,他想把这部作品写成戏剧,不久就改变主意,决定写成小说。

他承认彼得大帝完成了"一件伟大必要的事业",开辟了通往欧洲文明的道路。但彼得大帝丝毫没有把欧洲文明机械移植到俄国土壤的想法。用托尔斯泰的话来说,他明白"不需要拿文明来,只需要把文明的工具拿来发展本国的文明"。

托尔斯泰认为,俄国人民就是这么做的。俄国人民是历史的创造者,是一切财富的创造者。任何其他历史观都会受到他的驳斥。著名历史学家索洛维约夫在其多卷集史学著作里把一切坏事都归咎于人民,所有好事都归功于政府。托尔斯泰读了这部著作后,非常愤慨。

归根到底,关于彼得大帝的小说在托尔斯泰的意识里其实就是一部关于作为历史推动力、创造力的人民的小说。

整个 1870 年,托尔斯泰都在努力研究彼得大帝的时代,动笔几次,可是只写了些零散的草稿,并没有接着写下去。1871 年,他忙着编《识字课本》,没有动笔写这部小说。1872 年以及 1873 年初,他又下功夫要写这部小说。他在给各种人的信件里常常谈到它,有什么原因使他觉得这部小说写不出来。

这一年夏天,托尔斯泰带着全家到萨马拉新庄园去度暑期。他去过萨马拉几次,不仅喜欢那个地方,也喜欢住在那里的淳朴的巴什基尔人。

萨马拉那几年收成不好,一连三年干旱造成歉收。当地居民已在遭受饥饿的折磨。托尔斯泰不能熟视无睹,无法安心写作。他要设法救济饥民,考察了直径 70 俄里的地区,深感饥荒的严重。他立即写信给《莫斯科新闻》,呼吁开展赈灾活动。

1873 年至 1874 年,总共为萨马拉省筹得现款 1887000 卢布、粮食 21000 普特。

1873 年春,托尔斯泰的妻妹塔尼娅的大女儿达莎夭折。

同年 11 月 9 日,他们的小儿子彼得夭折。

这些不幸不可能不影响托尔斯泰的写作。

1874 年 2 月中旬，托尔斯泰通知斯特拉霍夫，小说第一部已可付印。

1874 年 6 月 20 日，托尔斯泰家里又蒙受了一次沉重打击——达吉亚娜姑母逝世了。托尔斯泰在一封信里说："我一生都和她生活在一起。没有她，我感到可怕。"

1874 年 4 月 22 日，托尔斯泰家又生了个儿子，取名尼古拉，可是只活了 10 个月，就因水肿死了。这对托尔斯泰一家又是一次沉重打击。

两年失去了两个儿子，使托尔斯泰夫人感到心灰意冷，不愿再怀孕了。农村生活单调，她向往社交活动，想听音乐……她感到苦闷。她不知道怎么办，不知道，除了家庭之外，哪里能找得到可以充实她生活的东西。

但是这年秋天，托尔斯泰未能写作。先是他的夫人从孩子们那里传染上百日咳，百日咳好了，又得了严重的腹膜炎，接着 11 月 1 日托尔斯泰夫人有病早产生下的女儿死了。12 月 22 日，佩拉格娅姑妈又去世了。

直到这年仲冬，托尔斯泰才重新执笔写《安娜·卡列尼娜》。该把这部小说结束了。第一部已经在《俄罗斯通报》1875 年前四期发表；1876 年 1 月，该杂志才继续刊出《安娜·卡列尼娜》。

托尔斯泰写《安娜·卡列尼娜》时跟写《战争与和平》时一样，对自己要求极为严格，始终保持谦虚谨慎的态度。4 月初，他写信给斯特拉霍夫说："我胆战心惊地感到自己正在转入夏季状态（无法写东西），对写好的东西感到厌恶，而此刻桌上却放着四月号的校样，真担心能否改好。都写得很糟，必须重写，将排好版的全部重写，全部涂掉，全部抛弃，改弦更张。并且声明：抱歉得很，今后决不再重蹈覆辙，尽力写点像样的东西，不像现在写的东西这般松松垮垮，非驴非马。我现在正在进入这样状态，很是可喜。请拿出真诚的友谊给我看，要么对我的小说只字不提，要么只谈其中的败笔。我疑心自己的才能正在衰退，如果真是这样，也请告诉我。我们这个污浊的写作行业风气很坏，每个作家都在自己周围拉拢一帮吹捧者，所以他不知道自己的作用以及衰落情况。我不想误入歧途，不想堕落。我请您在这方面帮助我，您不必拘束，不要以为您的严厉谴责会妨碍一个有天才的人的活动。"

照例托尔斯泰夏天是不写东西的。随着夏天的到来，《安娜·卡列尼娜》又停下了。

6 月初，他带着妻子到莫斯科去看病，不过没检查出什么大病来。

整个夏天，他看书，跟来庄园做客的斯特拉霍夫讨论哲学问题，到萨马拉省和奥伦堡省去买马。直到 9 月份才在亚斯纳亚·波利亚纳坐定，等灵感到来。他从萨马拉省和奥伦堡省回来快两个月了，本想快些把这部小说写完，好开始新的工作。可就是力不从心，什么也写不出来。他说："精神上尚处于休眠状态，苏醒不过来。身体不适，意气消沉。我对自己的能力已经绝望。命运给我安排的是什么，我不知道，但活在世上而不尊重生命（只有从事某项劳动才是尊重生命）是莫大的痛苦。甚至连思考的精力都没有。这不是才思枯竭就是大干之前的休整。"

12月中旬，托尔斯泰把《安娜·卡列尼娜》后续几章送往莫斯科，准备在《俄罗斯通报》12月号上刊出。

《安娜·卡列尼娜》最后一部准备在次年《俄罗斯导报》前四期上发表，可是这时托尔斯泰跟该杂志主编卡特科夫在塞尔维亚——土耳其战争（1876～1878）中俄国是否该出兵支援塞尔维亚人的问题上出现了分歧，《安娜·卡列尼娜》里的列文认为不该出兵，卡特科夫要求加以修改，托尔斯泰不同意。托尔斯泰根据斯特拉霍夫的建议，决定把小说的最后一部即第八部用单行本出版。

小说出版后，无论莫斯科还是彼得堡，人们纷纷议论它，像往常一样，既有赞扬，也有批评。

1877年5月7日，斯特拉霍夫写信给托尔斯泰说："关于《安娜·卡列尼娜》每一部分的出版情况，各报报道得如此之快，议论得如此之热烈，就好像是报道和议论一场新的会战或俾斯麦的一句新格言一样。"

《复活》

1887年，雅斯纳雅曾来过一位特殊访问者——著名的司法界人士、上诉厅总检察长科尼。科尼同时还是一位作家，他与许多文学大师有交情，如涅克拉索夫、屠格涅夫、陀思妥耶夫斯基等。在工作中，科尼了解许多案子的来龙去脉，引起托尔斯泰的极大兴趣。有一次，他给托尔斯泰讲了一个十分离奇的故事：

70年代初，当科尼在彼得堡区级法院当检察官时，一位上层社会的青年人来找他，向他申诉，说监狱里的人不许他把一封信交给一个名叫罗扎莉娅的女犯人，除非由监狱的人先拆开看过。科尼向他解释，这是规定，于是青年人着急地说："那么请您看完信，吩咐把信交给她。"原来那位女犯人是一位波兰妓女，被控告偷了一个喝醉酒的嫖客一百卢布，法庭审决她四个月的徒刑。科尼对青年人说："这样吧，我可以不拆看你的信，请你简单告诉我信中写的是什么。""我向她求婚，希望快些举行婚礼。"科尼很奇怪，问他："你是个贵族吧？"他回答说是的，并说出了俄罗斯一个古老贵族的姓氏。科尼问他能否问他几个问题，他同意了。科尼问："你是在哪儿认识罗扎莉娅的？""在法庭上。""她的什么地方使你入迷，长相吗？""不是。""那你为什么要娶她呢？你了解她的过去吗？""她的案子我清楚，我是这个案子的陪审员。""你和她结婚后怎样生活？你能和她共同出入社交场合吗？你父母同意吗？假若她故态复萌怎么办？而且你们悬殊这样大，怎么会有共同语言，那不是双方都感到痛苦吗？"青年人站起来，焦躁不安地在屋里走来走去，用自己颤抖的手倒了一杯水，稍稍镇静了一下，断断续续地说："您说的我都想过，但我还是要娶她。"科尼劝他是否再好好想一下，虽然拯救一个堕落的女人是一种高尚的行为，但用结婚这种办法也许不会有任何结果……科尼把信转给罗扎莉娅后，很快就收到了她文理不通的回信,她同意结婚。作为名检察官,科尼认为有责任避免那位神经发热的贵族青年陷入不理智的行为,所以坚持必须在四个月刑满后才准许女犯人同青年结婚,而且很快地,斋期来临,在斋期中是禁止结婚的,所以立即举行婚礼的事只好放下了。在等待的时间里,青年人时常去看望罗扎莉娅,她因为疯狂地用下流话骂同牢犯人,被关入单人牢房。青年送给她许多结婚礼物,她十分高兴。然而,斋期结束时,罗扎莉娅突然得了斑疹伤寒,死了。从此,科尼再没见过那位青年。过了几个月,一个偶然的机会,科尼从一位看管女牢房的可敬的老婆婆那里得知了罗扎莉娅的历史。罗扎莉娅是一位孤女,她父亲死时,把她托付给庄园主,一位阔太太。她长到十六岁那年,来了一位庄园主的亲戚,就是那位贵族青年,他看上了罗扎莉娅,并诱惑了她,当这事被发现时,庄园主太太不是按常理赶走贵族青年,而是赶走了姑娘。后来,青年人也抛弃了她。她生下孩子,送到育婴堂,一步一步堕落下去。终于有一天,命运使贵族青年做了陪审员,参与了对罗扎莉娅的审判,他认出了她,他知道这个女人的堕落完全是他的责任。于是,经过激烈的思想斗争和心灵煎熬后,他知道,唯一的选择就是与她结婚……

托尔斯泰认真地听了这个真实的故事后,第二天早上对科尼说,他晚上考虑了很久,建议科尼将这故事写出来,交给"中间人"出版,科尼答应了。托尔斯泰在给朋友的信中说:"科尼为人很亲切,他答应给中间人出版社写一个短篇,我对此抱着很大希望。因为情节十分精彩,而他又很有才能。"然而过了不久,1888年4月12日,托尔

托尔斯泰庄园博物馆

斯泰又写信给比留科夫:"请您问问科尼,他答应写的那个短篇是否已经写了,如果还没开始写,那他是否可以把这个短篇的题材让给我,因为这个题材非常好,非常需要。"在给索菲娅的信中,托尔斯泰也说:"妙极了的题材,要是能让我写就好了,真想写。"后来托尔斯泰直接写信给科尼说他想采用罗扎莉娅和她的诱惑者的故事,这个创作意图使托尔斯泰一直不得安宁。1888年6月1日科尼回信说:"我热切地请求您不要放弃这个念头。经过您的手笔,这个故事一定会让铁石心肠的人看了也会受感动,最不动脑子的人看了也会开始思考起问题来。"

托尔斯泰喜欢这个故事的原因是很清楚的。这是一个人性、良心"复活"的故事,是一个人通过非凡的努力走向"天国"的故事,也是一个揭露了社会黑暗,指出现存制度不合理的故事,这种故事是晚年的托尔斯泰唯一感兴趣的。

《复活》是1889年开始动笔的,直到1899才完成,前后写了十年。为了写这部小说,托尔斯泰做了大量的社会调查。他曾借助于一位司法界人士达维多夫的帮

助,多次出席法庭的会议,翻阅法庭的记录,考察监狱的生活情况,与被告和囚犯谈话,犯罪者中有许多妓女。他还为犯案的人奔走说情,宣传他的勿以暴力抗恶的思想。有一天,他没通过任何人准许,来到莫斯科布蒂尔基监狱,在监狱附近,他碰到一个人,就问他是否看守,对方回答是典狱官,他问:"您能不能给我提供一些关于囚犯生活的材料?"那人回答说这是严格禁止的。但当知道问话者是谁时,那人便把托尔斯泰请到家中,尽其所能地回答了问题。谈了一个多小时,托尔斯泰告别时,请这位典狱官有空到自己家去。他的名字叫维诺格拉多夫。后来,在整个1899年冬天,他们经常见面。托尔斯泰请维诺格拉多夫看《复活》的校样,请他指出监狱生活的描写中有哪些不准确的地方。维诺格拉多夫指出了一些诸如监狱服装的错误等,最重要的是,指出政治犯和刑事犯从来不关在一起,连接触也不可能,这使托尔斯泰对小说第四稿作了根本性的改动,把女主角玛丝洛娃认识政治犯的时间改在她去西伯利亚的时候。为了真实性,托尔斯泰甚至跟着押解犯人的队伍一直从监狱走到车站。

《复活》最后完成时速度很快,"就像炮弹接近地面时一样"。

1899年底,经过书刊检查机关大量删改的《复活》终于在《原野》上连载完了。几乎与此同时,契尔特科夫和比留科夫在国外创办的《自由言论》杂志上,刊完了完整的《复活》。在12月18日的日记中,托尔斯泰写道:"写完了《复活》。不好,没改好。"

《复活》出版后,立即产生了巨大的社会影响,美国、法国、英国、德国很快就出了译本,在日本,《复活》成为托尔斯泰最畅销的作品。著名评论家斯塔索夫认为:"整个19世纪还不曾有过像这样的作品。它高于《悲惨世界》,因为这里没有一点幻想的、虚构的、编造的东西,全都是生活的本身……这是一部铁面无情的书。"

《安娜·卡列尼娜》许多章节有十二种稿本,《复活》的开头部分有二十种稿本。特别是他为《生活的道路》一书所写的序言,竟有一百零五种稿本。

托尔斯泰虽然在1901和1903年患过重病,但是他的身体一直很健壮七十岁仍能溜冰,七十五岁参加自行车运动,直到八十二岁还能骑马。

晚年岁月

19世纪末叶,雅斯纳雅·波良纳即成了独特的文化中心。许多作家、艺术塞、科学家和社会活动家从俄国和世界各个角落来到这里。二十世纪初,世界文学史上两位巨人——年迈的托尔斯泰和年轻的高尔基会见了,索菲雅为他们拍下了为后来广泛流传的照片。

托尔斯泰一生的文学创作和社会活动赢得了全世界进步人类的敬仰,引起了沙皇、教会和形形色色反动分子的咒骂和攻击,但他们却不敢公开镇压。一个将军说:"他的声望太大,俄罗斯的监狱容纳不下他。"俄国教会疯狂叫嚣要封住他的嘴,宣布对他"革除教籍"。但这一切不仅无损于伟大的艺术家托尔斯泰,反而加速了他作品的传播,赢得了各阶层人民的广泛同情和衷心爱戴。

而在 19 世纪 80 年代出现的托尔斯泰学说的信徒,所谓托尔斯泰主义者,这时也像苍蝇一样密密麻麻地包围着他。有些人对他妻子的关系,作家本人也深为自己的世界观与生活之间的矛盾而痛苦不堪。尽管他早已放弃了庄园财产事务的处理权,开始了平民化的生活尝试,但他毕竟还置身在贵族生活的圈子里,农民还是毕恭毕敬地称他为"老爷"。特别是当他看到妻子在管理田产、森林所采取的措施和从出版他的作品中获取收益时,更使他焦躁不安。而他的妻子不仅在复杂的生活处境中苦苦地挣扎,同时也在作家和那些形形色色的"弟子"的亲密交往中感到穷蹙、窒息。她匆匆如有所失,几乎像被遗弃了一样。

索菲雅在日记中痛苦地写道:"魔鬼已经抓住我所热爱的人了。但愿能保持我祷告的力量。"索菲雅指的魔鬼就是契尔特柯夫。契尔特柯夫身材修长,生有一个舌象鹰喙的弯鼻子,为人固执冷酷。他原是一名豪门望族出身的军官,年轻时生活放荡,事事成就无多,后来接受了托尔斯泰的学说,从事慈善事业,放弃了贵族生活的特权,成为托尔斯泰学说的忠实信徒。索菲雅开始对他毫无戒心,可是不久,他就在作家的生活中占据了特殊的重要地位,甚至把托尔斯泰最小的女儿莎萨也争夺过去了。索菲雅孤独得很,感到她的全部生活都被人夺走了。她的眼睛哭肿了,精神崩溃了。她变得越来越不能忍受。最后,围绕作家的遗嘱,终于酿成了一场大风暴。

托尔斯泰曾在一八九五年的日记中表达过有妻子和契尔特柯夫等人参加的处理他死后文稿的遗嘱性愿望,但后来作家在契尔特柯夫影响下制定正式遗嘱时,却把自己的妻子排除在外,明确指定契尔特柯夫为自己一切作品的主编和出版人。并根据当时继承权只能转让某个人的法律规定,他指定了和他观点相近的最小的女儿莎萨为法定的继承人。遗嘱规定他的作品不是某个人的私有财产,而应为全体人民大众所共有。每个人都有权无偿地出版和翻印他的一切著作。最后一份手续完备的正式遗嘱是在森林中秘密写成的。

索菲雅猜测到了这样的结局。这个与托尔斯泰共同生活了四十八年,生了十四个子女(活着九个)的人,这个被高尔基称为托尔斯泰"唯一的朋友"和"工作的勤劳的助手"的人。当她发现"自己占据了半个世纪的地位给外人剥夺了,非常气愤,她便不大尊重那些道德的栅栏了"。围绕遗嘱,契尔特柯夫要拼命地保护它,封锁它;索菲雅则千方百计地想发现它,废弃它。在这二人角斗的背后又各有一群人,就连作家的子女也各自站在父亲一方或母亲一方。

1910 年 10 月 27 日,托尔斯泰整天都在读陀思妥耶夫斯基的长篇小说《卡拉玛佐夫兄弟》,他对陀思妥耶夫斯基抱有好感,特别是在这位作家去世之后,他经常以阅读作家的作品来弥补未能与之谋面的遗憾。

晚上 12 点半左右，托尔斯泰熄掉书桌上的两只蜡烛，走进卧室，躺下休息。迷迷糊糊地过了两个多小时，托尔斯泰听到书房里有蹑手蹑脚地开门声和脚步声。他醒了过来，透过门缝，看见书房里有灯光，并听到索菲雅在那里沙沙地翻检纸张的声音。这种情况已经持续有几个晚上。托尔斯泰知道，这是索菲雅在寻找他的遗嘱，并监视他的行为。过了一会儿，索菲雅小心翼翼地走了。托尔斯泰感到"无法遏止的厌恶、愤懑"。他本想再睡一会儿，但躺在床上翻来覆去近半个小时，就是无法入睡。于是就点着了蜡烛，坐了起来。这时，索菲雅把门推开，走了进来，一面习惯性地向托尔斯泰问好，一面惊异于屋里的灯光，待了一会儿，自觉无趣，转身离开了。厌恶和愤懑的情绪越来越强烈地感染着托尔斯泰，他数了一下自己的脉搏，是 97 下。不能再躺了他终于下了最后的决心——离家出走，并立即握笔给索菲雅写了一封这样的信："我的出走会使你伤心，我为此感到遗憾，不过请你理解我、相信我，我没有其他办法。我的处境正变得而且已经变得令人无法忍受。除了其他原因，我无法继续生活在曾经生活过的奢侈的环境里，我所采取的是像我这样年纪的人通常都会采取的行动——离开尘世生活，在孤寂中度过余生。"

"请你理解这一点。即使你得知我在哪里也别来找我。你的到来只能恶化你和我的处境，但不会改变我的决定。

感谢你在我身边度过了 48 年忠诚的生活，并请原谅我所做的一切对不起你的事情，就像我真心实意原谅你可能有对不起我的地方一样。我的出走改变了你的处境，我劝你安于这种处境，劝你不要对我怀有恶感……"

托尔斯泰走出屋子，到马房去叫人套车。此时，已是 28 日凌晨，正是黎明前的黑暗那一段时间，外面一片漆黑，还下着蒙蒙细雨。深秋的天气，凉气袭人。托尔斯泰在通往马房的小路上迷失了方向，走进小树林里，撞在树上，摔了一跤，把帽子也弄丢了。他好不容易回到屋里，又拿了另一顶帽子，打着手电筒，与杜尚一起到了马房。莎萨和瓦丽娅把路上用的东西吃力地往马房搬。托尔斯泰激动得浑身发抖，唯恐索菲雅发觉后大吵大闹，加以阻挠。终于，一切都准备就绪。托尔斯泰和杜尚上了车，直奔谢金诺车站而去。

当托尔斯泰在车厢内坐定、火车开动以后，他才觉得自己安全了，索菲雅再也追不上他了，他高兴地对杜尚说，他觉得非常舒服。很快，托尔斯泰就睡着了，一个半小时后，杜尚叫醒了他，给他端来热气腾腾的咖啡，两人一起喝了。这时，托尔斯泰又挂念起在波良纳的索菲雅来："索菲雅·安德烈耶夫娜现在不知怎么样了？我可怜她。"

此时，索菲雅还在睡梦中。由于前一天晚上她睡得很晚，所以直到 11 点才起床。而托尔斯泰离家出走的消息几乎已经传遍了全家，佣人们在交头接耳，交换着对伯爵出走和与伯爵夫人关系的看法：索菲雅快步跑进餐厅，冲着莎萨喊道："爸爸在哪儿？""走了。""去哪儿？""我不知道。"说着，莎萨把父亲的信递给母亲。索菲雅迅速把信扫了一遍，她的头在颤抖、双手打着哆嗦，将信扔在了地下，一边喊着：

"走了,彻底走了,永别了!莎萨!我投水去。"一边向外跑去。莎萨和布尔加科夫怕出意外,在她身后紧紧追赶。索菲雅跑到花园里的池塘边,纵身跳了下去,莎萨和布尔加科夫也紧跟着跳了进去,俩人一起把索菲雅高高地举起来,交给跟着跑过来的仆人们。

托尔斯泰秘密出走,以为外界根本不会知道,其实,警察密探从他离开雅斯纳雅·波良纳之时,就暗中紧紧地跟踪着他。这时新闻记者也追了上来。可是托尔斯泰究竟到哪里去,他们谁都猜不透。因为作家本人开始也没有确定的计划,他只想到南方租幢农民的茅屋住下来,以求永远摆脱贵族的生活,在千千万万的农民中间度过自己的残年。不幸的是,秋天阴霾的天气使他在旅途中着了凉,82岁高龄的老人经受不住旅途的颠簸,终于病倒了,中途只好决定在阿斯塔波沃火车站下车,人们把他抬到车站站长的住宅里。经医生诊断,他患了肺炎。

作家病倒的消息立刻传遍了全世界,小小的车站成了世人瞩目的中心。作家的家里也收到了千百封慰问电函。索菲雅闻讯后,乘"专列"星夜赶到阿斯塔波沃。但人们唯恐她的到来对托尔斯泰产生致命的后果,被阻在车厢里。她心急如焚,眼里噙着泪水等待着丈夫身体的转机,一天、两天……直到最后她才被允许同丈夫会见。她极力控制着自己的感情,走进室内,静静地来到他的床前,跪下来吻了他的手。遗憾的是,托尔斯泰已不省人事了……医生紧张地为他做人工呼吸,但那呼吸却越来越微弱,最后终于停止了,这时正是1910年11月20日的清晨。

文明古国里的诗歌守护神

——泰戈尔

人物档案

简　介:印度诗人、文学家、社会活动家、哲学家和印度民族主义者。1861 年 5 月 7 日,出生于印度加尔各答一个富有的贵族家庭,13 岁即能创作长诗和颂歌体诗集。1878 年赴英国留学,1880 年回国专门从事文学活动。1884 至 1911 年担任梵社秘书,20 年代创办国际大学。1913 年,他以《吉檀迦利》成为第一位获得诺贝尔文学奖的亚洲人。1941 年写作控诉英国殖民统治和相信祖国必将获得独立解放的遗言《文明的危机》。1941 年 8 月 7 日,泰戈尔在加尔各答病逝。

生卒年月:1861 年 5 月 7 日~1941 年 8 月 7 日。

安葬之地:加尔各答。

性格特征:性格文静,富有想象力和好奇心,遇事处之泰然,善于控制喜怒哀乐,从不过悲过喜,能及时调节心理活动。

历史功过:一生共写下了 50 多部诗集、30 余种散文著作、12 部中长篇小说、近 100 篇短篇小说、20 多个剧本、2000 多幅画、2000 多首歌曲以及其他方面许多论著创作。1913 年他获得诺贝尔文学奖,是第一位获诺贝尔奖的亚洲人。

名家点评:周恩来评价他说:"泰戈尔不仅是对世界文学做出了卓越贡献的天才诗人,还是憎恨黑暗、争取光明的伟大印度人民的杰出代表。"蒋介石评价他说:"耆贤不作,声委无闻,东方文明,丧失木铎,引望南邻,无任悼念。"

逃学诗人

印度加尔各答市中心有一个名为乔拉桑戈的地方,那里有一座豪华的府第,这便是泰戈尔家族的旧宅。

图文珍藏版

主人代温德拉纳特·泰戈尔(1817~1905),人称大仙,因为他是一位宗教哲学家,热衷宗教事务,过着简朴而纯洁的生活,喜欢静坐或去山林中漫游,酷似印度古代净修林中的仙人,所以被人尊称为大仙。他就是著名诗人罗宾德拉纳特·泰戈尔的父亲。

女主人夏勒达·黛维是一位普通的印度家庭妇女,主持这个大家族的内务。她不爱显露自己,却以一颗慈爱之心凝聚着这个四代同堂、上百口人的大家庭。她本人没有什么名望,也没有留下永恒的东西,但却以她14个孩子而显得不同寻常。子孙中成为名人的能上两位数,其中最耀眼的当然是她的最小的儿子,也就是我们的主人公。

1861年5月7日,伟大诗人罗宾德拉纳特·泰戈尔诞生在这个既传统又文明的大家庭里。

由于是父母最小的儿子,罗宾德拉纳特——家人都亲切地称他为"罗宾"——便成为整个家庭中所有成员都钟爱的小孩子,可是,大家又从不溺爱他。

泰戈尔家族生活富裕,但泰戈尔的童年生活是俭朴的。他回忆说,"我在童年几乎不知奢侈为何物","膳食是没有什么美味的"。泰戈尔家的孩子在衣食住行、谈话和娱乐等方面与长辈距离很远,他们在满10岁之前无论如何也穿不上鞋袜,冬天就在布衣上加一件棉布外褂。不过他们从来没有想过这样算是寒碜,"心灵没有受到不断的娇养、奢侈和盛饰的迷惑"。也许正是这种教养,使泰戈尔日后能够对印度的贫穷和农民的苦难有清醒的认识。

泰戈尔自小聪慧。他在东方学校读书时,接受一位老师用孟加拉语的考试,得到最高分数却被控告考试有徇私,第二次再考,校长坐在考官旁边,结果还是考了个第一。当然,天才也需要诞生和成长的土壤。泰戈尔自己说:"我生于1861年。这一年在历史上没有什么可以大书特书的,但在孟加拉却属于一个伟大的时代。在那个时代里,国家生活中出现了三个运动。""我家的成员全都积极投身于当时兴起的这三大运动。""我在这三大革命运动汇合在一起的环境中诞生、成长。"(《艺术家的职责》)这三个运动就是宗教改革运动、文学革命运动和民族主义运动。它们汇合起来,构成伟大诗人泰戈尔诞生和成长的土壤。

幼年的泰戈尔大部分时间在外院东南角的下房里度过。有一个叫夏玛的仆人,为了从看管孩子的灾难中脱身,把他放在房中一个选好的地方,用粉笔划一个圆圈,警告他说,"不要走出这个圆圈,走出去会被魔鬼抓走"。泰戈尔听过《罗摩衍那》的故事,知道悉多因为走出罗什曼那所画的圆圈而被魔王抢走了,所以很害怕,从来不敢走出去,只能沿着圆圈走到窗前,观看外面的景物。

长到七八岁,那个粉笔魔圈便圈不住他了。泰戈尔自己找到一个能够躲避寮中的嘈杂和喧闹,驰骋自己的想象和幻想的所在。

爱幻想本是儿童的天性,然而小泰戈尔似乎更善此道,家中的各个角落,一草一木都曾激发他的想象和幻想。

家中小小的内花园成了小泰戈尔的乐园,初秋的黎明,他一醒来就跑到那里去。他感觉到一阵露湿的花叶香气迎面扑来,带着早晨的清凉的阳光,从花园的东墙上,椰棕颤动的穗叶之下向他窥视。房子北面的一片空地,早年曾当过谷仓,这块人迹罕至的荒芜之地对小泰戈尔却有着无穷的魅力,他在这儿可以充分发挥想象力,进行自由的游戏。

小泰戈尔默默地忍受着家庭和仆人的管束。不是由于他天性温顺,而是由于他的想象力和好奇心,使他在细小的事物中也能寻出自己的乐趣。管束的魔圈可以圈住他的身体,但圈不住他的心灵,他的遐想冲破时空的限制自由飞翔。这种好奇心,想象力和能够在平凡的生活体验中获得快乐的能力,是他成为诗人的不可缺少的心理条件。

不许走出家门,甚至没有走遍全部屋子的自由。越是这样,小泰戈尔对外面的世界越感到神秘;越觉得神秘,便越发向往。稍微长大些后。他被允许到屋顶凉台上去玩,他总是伫立凝望,目光穿过内花园的椰子树,看到外面的形式不同高低错落的屋顶,反射着中午的阳光,远处房子通向凉台的楼梯,看上去就像有人伸出一只手指头向上指点,并且使着眼色,暗示它们里面的秘密。有时从天空的深处,传来一只鸢鸟的微小尖锐的叫声;卖镯子的小贩走街串巷,在午憩的寂静中唱着:"镯子,亮晶晶的镯子!"这时候,小泰戈尔多么羡慕那个小贩啊!他一点儿也不受拘束,可以自由走动、随意吆喝。

被束缚的痛苦和对自由的渴望,使他痛恨一切的桎梏和压迫,同情失去自由的各种生命。有一段时间,加尔各答流行养鸟,泰戈尔的嫂子养了一只画眉,又要养松鼠。泰戈尔提出反对和抗议,没有见效。于是他趁嫂子不在,偷偷把两个小东西给放走了。为此他们吵了一架。

其实外面的世界也不都是好的、自由的,对此泰戈尔后来才有所体验。有一天,他看见比他大两岁的六哥和外甥坐上马车去上学。自己从来没坐过车子,没出过家门,因此非常羡慕。特别是外甥萨提亚,放学回家后眉飞色舞地讲述经过浮夸的外面的故事,泰戈尔在家里再也待不住了,哭着闹着要去上学。家庭教师打了他一个耳光,说道:"你现在哭着要上学,将来你会为摆脱学校哭得更凶!"后来的事实说明,这位教师是很有预见性的。

10岁那年,泰戈尔被送进英国人创办的孟加拉中学,希望他在那里学好英语。这里的学生令他讨厌,因为他们经常对他进行恶作剧式的骚扰。那时,泰戈尔经常旷课,惧怕考试,功课常常考不及格。这些事成了家庭中的谈笑资料。他在1935年4月13日给去英国留学的孙女南迪达的信中说,希望她大学入学考试不及格。如果她顺利通过了考试,那么她那曾考试不及格的祖父还有什么脸面再见人呢!

填鸭式的家庭教育,机械呆板的学校生活,使泰戈尔的身心备受"教育的折磨"。他对学校深恶痛绝,把它比作"病院""监狱""磨坊"和"制造读书写字工具的工厂",把学习看成是安达曼群岛上的苦役。为了摆脱这种苦役,逃学便成了泰戈尔的唯一选择。

　　不过,在儿童时代中,有一件事给小泰戈尔带来过极大的快乐——那就是8岁时他写了自己的第一首诗。事情是这样的:有一天比他大8岁的堂兄乔迪要他写诗玩,依乔迪的说法,世上没有比写诗更容易的事了,只要有一个个的字填入十四个音节的模式里,一首诗就成了。于是,小泰戈尔也就依法炮制,果然他的第一首诗就诞生了。诗人后来追忆道:"立刻一朵十四音诗句的莲花就开放了,而且有蜜蜂飞了上来。诗人与我之间的距离开始消失了,从那时起就一直消失下去。"

　　就在经历过这次偶然的"游戏"之后,泰戈尔感到生活中有一扇快乐之门向他打开了,写诗简直使泰戈尔着了迷。他找到一个蓝色的笔记本,在上面写满了自己的诗句,拿着自己的诗不断地找人请教,"就像一只小鹿以新生的嫩角到处乱磨,我也以萌芽的诗歌到处去麻烦人。"泰戈尔很快地被人们视为一个小诗人,他在家中常常朗诵自己的诗作,家人们都以年仅6岁的小诗人感到骄傲。有一回,泰戈尔写了一首诗,大意是这样的:在水面上漂浮着一朵可爱的莲花,有人为了采摘它,跳进河中游泳过去,可是莲花却被他激起的波浪越推越远,无奈的人永远不能得到那美丽的莲花。诗作表现了一种悲哀的感情。长辈们听了这首诗后,脸上都露出喜悦和笑容,一致夸奖这小孩有着与生俱来的诗才。

　　后来,泰戈尔会写诗这件事传到了老师的耳中。一天,老师唤来泰戈尔,要他以一句名言为题材作诗。第二天,泰戈尔拿出了诗稿并遵照老师的意见当场朗读给同学们听。不幸的是这首诗并没有成为泰戈尔确定天才的明证,反而令所有在场的学生嫉妒或猜疑,大家认定这是抄袭之作。诗人日后回忆起这件事时,幽默地说:"关于这首道德教诲诗,唯一值得赞扬的是,它很快就消失了。这首诗留下的道德影响,离开道德教诲十万八千里。"

　　1873年泰戈尔暂时中断学业,随父往喜马拉雅山旅行途中,在第一站桑地尼克坦歇息的时候,躺在一棵小椰树下写成了他的第一部诗剧体的英雄诗篇,描写穆斯林打败国王纳兰什·帕勒塔维的故事。可惜它的手稿已经散失了。同年,在回到加尔各答以后,他又写了他的第一首题为《心愿》的长诗,第二年刊登在泰戈尔家族创办的《哲学教育杂志》上,但没有署名。1875年2月,他在孟加拉的英文周报《甘露市场报》上,第一次署名刊登了他在"印度教徒集会"上朗读的爱国诗歌。不久,他又在另一个文学集会上,朗读了题为《自然的游戏》的诗作。3月他的母亲去世后,他的五哥乔迪楞德拉纳特·泰戈尔带他到自己在孟加拉东北部拉什依德赫的庄园去旅行。泰戈尔在那里曾经别出心裁地想用花朵的香汁写诗,并亲自设计了制造花汁的机器,但没有取得成功。他在《回忆录》中说,"在我的生活里就是这一次,我企图插手工程技术。"同年,他在《知识幼苗》文学杂志上发表了题为《野花》的第一首长篇叙事诗。

　　在喜马拉雅山上一住就是几个月,终于到了该回家的时候了。父亲派了一个仆人将小儿子送回到加尔各答的家乡。然而逃脱了学校枯燥无味的生活的这几个月,不仅使泰戈尔身体健康、精神愉快了,更使他在实际生活中得到了锻炼,了解了外面的世界,增长了许多知识。在泰戈尔的心目中,喜马拉雅山之行是他童年时代一段最幸福最完美的日子。这段美好的时光给了正在成长的少年泰戈尔以深刻的印象,他真正的启蒙教育,并成为他创作的丰富源泉。

从喜马拉雅山归来之后,泰戈尔从英国普通学校转到孟加拉中学读书。此时的泰戈尔,对学校教育已感到无法忍受,他想尽一切方法来逃避学校生活。后来,家人便把他送到圣维尔中学,这已是泰戈尔就读的第四所学校了。可是,这里的空气同别处一样凝滞乏味,并且还固守宗教习俗。泰戈尔后来回忆起这里的教育时称它为"机器推动的磨石式的"教育,他说:"这个教育机器是无情而有力,再加上宗教的外面形式的石磨,年轻的心就真正地被碾干了。"

1875 年,14 岁的泰戈尔终于不愿意上学了。家人们对他作了一段时间的劝说后,也感到无能为力了,于是便不再责备他。

摆脱学校教育的樊笼以后,泰戈尔并没有停止学习,他天性中爱读书和写作的才华逐渐显示出来。

1877 年,泰戈尔在文学月刊《婆罗蒂》(或译《婆罗多》)上发表了长篇叙事诗《诗人的故事》。到 1879 年(或 1878 年),他的朋友帕勒鲍塔钱达拉·考什偷偷地把它送去印刷成书,因而成为泰戈尔最早成书的一部作品。长诗叙述一位在大自然怀抱中长大的少年诗人,由于逐渐增长的空虚感而在森林里不安地游荡,由此邂逅一个名叫纳莉妮的姑娘;两人一起生活,诗人逐渐由快乐转生厌倦,于是抛弃情人出走,去寻找另一个爱的世界;诗人失望归来时,纳莉妮已经因思念成病而至病危,这时他才发现自己徒劳地去寻找爱,其实对纳莉妮的爱一直埋藏在自己的心底;可惜为时已晚,纳莉妮病逝,使诗人陷入对人类之爱的沉思中。

以上这些,可以看作是泰戈尔诗歌创作的前奏。其间,大约经过 6 个年头。

暮曲晨歌

泰戈尔一生的诗歌创作,除了上述那个必要的准备阶段之外,可以划分为三个时期。1878～1900 年为早期,1901～1918 年为中期,1918～1941 年为后期。早期的诗歌创作又可以划分为 4 个阶段。1878～1883 年是第一阶段,其成果包括《帕努辛赫诗抄》《晚歌》《晨歌》三部诗集。

虽然《帕努辛赫诗抄》是 1884 年出版的,成书比《晚歌》(1882)和《晨歌》(1883)要晚,但它的写作是三者之中最早的,所以应该把它摆在前头。前已提及,泰戈尔 12 岁的时候,得到刚刚出版的由阿卡夏叶·钱达拉·萨尔加尔和沙尔达·吉尔那·米特拉选编的《毗湿奴古诗集》,就爱不释手。他在《回忆录》中说,"诗选中的曼塔利混合语是令人费解的,可能正因为如此,我不屈不挠地努力进入这个领域。正如我对隐藏在树苗里的幼芽,对埋在地底下没被发现的秘密,一直抱着好奇心一样,我对毗湿奴古诗的创作,也抱着极大的兴趣。撩开幕布,在陌生的宝库里发现一颗半粒的诗歌宝石的希望,始终鼓舞着我;当企图从渗透着深水的难以通行的神秘黑暗中探寻诗歌的珍宝时,一种渴求揭示那个被神秘莫测的幕布裹着的自我奥秘的希望。曾使我着了魔。"与此同时,泰戈尔又从他的老师和挚友阿卡夏叶那里,听到过12岁开始写诗的英国神童查特顿(1752～1770)的故事。这位神童曾经模仿古诗,写了一批仿古诗,但是大部分读者都不懂得这些诗的真实含意,曲高和寡,终于使这位神童在18岁的时候抱恨自杀。这个故事使得泰戈尔下决心除开自杀,努力使自己成为第二个查特顿,与神童争辉。这就是泰戈尔从16岁到18岁开始写作《帕努辛赫诗抄》的缘由。一天晌午,天空乌云密布,泰戈尔沉浸在瞬息万变的阴云带来的欢愉里,走进自己的卧室,躺在床上,在一块石板上挥笔写下:

春天来了,

蜜蜂飞舞的林野披上碧绿的绸袍。

这就是《帕努辛赫诗抄》第一首的第一句。大概是由于《帕努辛赫诗抄》里面的诗,都是仿古诗,不是现代诗,有些研究泰戈尔的论著根本没有提到这个诗集。其实这个诗集里面的诗,不乏佳作。如第20首,不仅把拉达与黑天的爱情描写得缠绵动人,而且表达了诗人对黑天的景仰和眷恋。所以诗的最后一节说:

姑娘们问你究竟是谁?

日日频擦思念的泪水。

帕努决意把犹豫抛舍,

一生在你莲足下度过。

泰戈尔在这首诗中显露出来的诗歌创作才能,曾经使他的父亲和哥哥们感到又惊又喜。泰戈尔像其他虔诚诗人一样,在诗的最后一行写上自己的名字。不过,可能是查特顿自杀的阴影犹存,泰戈尔没有用自己的本名,而写上了"帕努辛赫"这个化名。在孟加拉语中,"帕努"意为"太阳",而泰戈尔本人的名字"泰戈尔德拉纳特"的第一个音缀同样意为"太阳",化名和本名之间的关系原来是比较明显的。但泰戈尔开了一个极大的玩笑。有一天,他对一位朋友说:"我从'梵社'图书馆里寻到了一本陈旧的古书,从中摘录了古代毗湿奴诗人帕努辛赫的一些诗章。"然后,他就念给那位朋友听。那位朋友听罢深受感动,表示要把它交给阿卡夏叶先生,让他选入《毗湿奴古诗集》里出版。从1801年到1802年,《帕努辛赫诗抄》陆续在文学月刊《婆罗蒂》上面刊载。泰戈尔在"附言"中说,他在梵杜图书馆查书时,发现了这位15世纪诗人的手稿。德国有一位先生,写了一本比较印度抒情诗与欧洲抒情诗的小册子,其中竟把"帕努辛赫"的诗视为印度古典诗歌的典范。这位先生就凭这本小册子获得了博士学位。玩笑开得太大了,不过由此亦可见,《帕努辛赫诗抄》确实有较高的水准。

泰戈尔17岁那年,父亲采纳二哥的建议,决定送他去英国留学。二哥先把他带到孟买，送到一个留英归来的物理学博士家里，目的是让他提高英语会话能力，熟悉英国的习俗，为留学做好准备。博士的女儿爱娜就成了他的辅导老师。她比泰戈尔稍大些，到过英国，受过良好的教育，而且长得十分标致。爱娜很快迷上了这位英俊潇洒的才子，在他面前不断展示自己的魅力，以博取泰戈尔的欢心。她要求泰戈尔给自己起个独特的名字，年轻的诗人便为她取名"纳莉妮"，这是他不久前出版的《诗人的故事》中女情人的名字。还为她写诗一首，将这个名字嵌入诗中，并用委婉动听的"晨调"唱给她听。爱娜听后感动地说："诗人啊，我想假如我躺在临终的病榻上，你的歌声也能使我起死回生。"她赞扬泰戈尔相貌出众，深情地叮咛他，永远不要留胡须，免得遮住了动人的脸庞。有一天，她给泰戈尔介绍英国的社交礼仪，告诉他一个秘密：在英国，谁能偷到熟睡女人的手套，谁就有权吻她。接着，现场演练开始了。由爱娜扮演英国女人，她将手套放在茶几上，靠在安乐椅上"睡着了"。过了一会儿，当她满怀希望地睁开双眼时，却发现手套原封不动地放在那里。那位天真纯洁、憨态可掬的诗人，压根儿就没有进入角色，他被这突如其来的爱情游戏惊呆了，以至于没有理解它的真正含义。片刻的沉默和犹豫，放飞了已到唇边的吻，给自己留下了终身的遗憾。

泰戈尔到达英国后，先进入白里顿公立学校学习法律。但他对法律毫无兴趣，二哥又将他送到伦敦大学，改学英国文学和西洋音乐。他寄宿在司科特教授家里。房东家的三姑娘喜欢音乐，热心地教泰戈尔唱英国歌曲，和他一起玩家庭游戏。泰戈尔也欣然答应教她孟加拉语。由于两人年纪相仿、志趣相投，很快就建立了深厚的友谊。这期间，泰戈尔写了许多书信，赞扬英国妇女健康、热情好客、关注社会。这些书信发表在他家办的《婆罗蒂》杂志上，引起了恪守传统的父亲的不安，他担心泰戈尔继续留在英国，迟早会出麻烦。于是，令他中断学业，随二哥回国。泰戈尔不敢违抗家长的命令，只得结束17个月的留学生活。

1880年2月，泰戈尔两手空空回到了家乡。他既未取得文凭、学位，也没有获得任何荣誉称号，成了一个无业游民。当时，他家庞大的工商业陷入了困境，濒临破产的边缘。父亲决定让泰戈尔挑起重振家业的重担。但是，要让他静下心来管好家产，就得先给他成个家。当时，奥利萨邦有个王公，愿意把公主嫁给豪门之子泰戈尔，她是70万卢比遗产的继承人。泰戈尔由五哥领着，前去相亲。依照王宫的规矩，由两位年轻女子出面接待。一个妩媚动人，聪明伶俐，说一口漂亮的英语，还懂音乐，会弹钢琴；另一个相貌平平，在一个角落里缩成一团，沉默不语。兄弟俩不约而同地相中了那个容貌出众的女子。这时，王公进来了，他指着那位花容月貌的姣娘说："这是我老婆！"又转向那位腼腆的少女说："这是我的女儿！"哥俩听了，面面相觑，惊恐万状，连忙逃离了王宫。泰戈尔又一次受到了爱神的嘲弄。

泰戈尔的父亲在许多问题上都很开明，但在儿女婚嫁方面却显得非常保守。他认为未来的儿媳必须是门当户对的婆罗门种姓。家中的妇女们按照他的指令，而不是泰戈尔本人的意愿，开始为他物色对象。当嫂子们唠唠叨叨地议论他的终身大事时,泰戈尔却若无其事地说:"你们愿意怎么干就怎么干,我对于这个问题没有概念。"一个由娘子军组成的寻亲远征队很快形成了,由两个嫂子率领,开到了吉夏兰小镇。在那里,她们选中了一个叫帕兹达列妮的小女孩。她相貌寻常,没有文化,几乎是个文盲。泰戈尔的婚姻大事,就这样草率地定了下来。而他本人居然唯命是从,不假思索地默认了这门亲事。

　　1883年9月11日,22岁的泰戈尔同这个11岁的小姑娘结了婚。诗人称她是"小媳妇"。新娘的原名有些陈旧,诗人给她起了个美丽动听的新名,叫默勒纳利妮。他们的结合纯属传统习俗的产物,是一种没有爱情的婚姻。但是,泰戈尔却无怨无悔。他像辛勤的园丁一样,耐心地培育着这棵爱情的幼苗,等待她的茁壮成长。令人欣慰的是,"小媳妇"没有辜负丈夫的期望,终于成为出色的家庭主妇。她用温存、高尚品质和操持家务的非凡才干,弥补了自己的不足,赢得了丈夫的爱和家人的尊重。她辛勤操劳,为丈夫养育了5个儿女;通过刻苦学习,不但掌握了孟加拉语,还学会了梵语和英语,甚至把梵文的简易读本《罗摩衍那》译成了孟加拉文;她还粉墨登场,成功地演出了泰戈尔的剧本《国王与王后》。她和丈夫同舟共济,度过了近20年的艰难岁月,成了他的得力助手和精神支柱。不幸的是,她在30岁时便离开了人间。在妻子卧病不起的最后两个月里,泰戈尔不肯把她交给护士去护理,而是亲自守候在病床前,昼夜不停地为她摇着扇子。妻子去世的那天晚上,他不让任何人靠近自己,通宵达旦地在阳台上踱来踱去。"小媳妇"为他献出了一切,还没有来得及回报,她便匆匆离去了。悲痛欲绝的诗人,为表达对妻子的思念之情,挥泪写下了27首诗,于1903年汇成《怀念集》出版。

佳作出世

　　1890年底,父亲让泰戈尔接替大哥去照管祖传的庄园产业。父亲认为,作为大家庭中的儿子,泰戈尔应当承担他应有的责任。

　　一种新的生活开始了,这是他一生中的一件意义深远的大事。起初,泰戈尔并不非常乐意接受这份工作,后来他才发现庄园生活不仅为他提供了观察孟加拉农村生活的机会,还使他变换了一种生活节奏,并且让他得到一种满意的生活方式。

　　而且尤为重要的,激发出泰戈尔创作热情的是普通农民的乡村生活,耳闻目睹他们艰辛的日常劳作,在社会习俗与外国统治压抑之下的艰难境遇与他们执着的斗争,泰戈尔才感到自己真正了解了人民的生活。泰戈尔还搜集了不少民歌民谣,并且对民间口头创作也情有独钟。

　　泰戈尔热爱这些勤奋朴实的人们,并且深情地关心着他们的生活。为帮助农民们,他鼓励农民自立,帮助农民掌握科学技术,树立信心。起先,泰戈尔在自己家的领地里实施一个开发计划,后来又在"和平之乡"附近的一个地方建立了专门的实验场所。他利用自己有限的财力与物力，进行各种有益于农民的改革，譬如建学校、医院等公益机构，修筑道路和水利工程以方便生产、生活，此外还设置自治组织，并严禁高利贷。

西来达的庄园生活，使泰戈尔的创作激情喷发而出，他的文思宛如水流倾泻而下。从 1894 年到 1900 年的 7 年中，他创作了几个剧本、为数不少的短篇小说和其他散文，此外他还出版了几部比较重要的诗集。

在短篇小说写作上，泰戈尔并无前人可资借鉴，因此可以说他的创作完全是他自己努力发掘传统、细致观察生活的结晶。不能不承认，短篇小说是泰戈尔对印度现代文学的一项巨大贡献。

泰戈尔大部分的短篇小说是他在帕德玛河上四处巡视父亲的庄园时所写就的。在乡村期间，他遇到了一些成年人和幼稚的孩童们，正是这些心地单纯善良的普通人，为他的心灵带去无限的感动，给他的创作提供了大量的素材。

泰戈尔在他的一生里始终关注着妇女的命运。他在两次旅英期间都曾撰文宣传西方女性自尊和独立的生活信念，并且鼓励印度妇女也来摆脱传统的束缚和桎梏，走向自强的新生。而且，在写于 1878 年的一篇随笔中，诗人还曾充满智慧地巧妙反驳了当时传统习俗轻视妇女的倾向。那些人认为妇女的作用等于"0"，而泰戈尔则机智地做了三个位置的移动，他说，将"0"放在代表男人的"1"字的后面，男人就有了十倍于自身的力量；而倘若把"0"置于相反的位置，"1"就被女人变作了微乎其微，势力单薄的"0.1"。

在那时的印度，妇女仍然没能得到解放，她们的生活和遭遇往往十分不幸。《河边的台阶》里的女主人公古苏姆就面临着同样的命运，而那静静地躺在河畔的石级便成为她苦难一生的忠实见证人。7 岁时，天真烂漫的古苏姆被迫出嫁，一年之中仅和丈夫见过一两次面的她，随后就做了寡妇。回到故乡 10 年之后，她渐渐出落成如花般的少女。这时村中来了一位苦行僧，有人议论他酷似古苏姆那个出走了的夫君。古苏姆每日谛听苦行僧的讲道，然而有一段时间她一直未在庙中露面。后来苦行僧派人来找她，在再三询问之下，古苏姆承认自己爱上了苦行僧。僧人茫然若失，恳求古苏姆将他忘记，然后就永远地离开了这个村落。可怜的古苏姆选择了投水，在月夜中她缓缓走下河边的石阶，静立之后就举身直赴清流，将她从童年起就深爱的河水作为收容她苦难生命的最后一处归宿。

在泰戈尔德拉纳特·泰戈尔宽广博大的胸怀里，一直藏有对孟加拉妇女的无限同情与关心。在他的短篇小说中，我们还可以发现，在那些寂然无声地忍受着社会与命运捉弄的平凡的女性身上，也潜藏着强烈的反抗的个性。

泰戈尔的小说中还有许多令人同情的身处社会最底层的妇女形象，同时他也描写了不少善良、忍辱负重的农民的形象。他满怀深沉的人道情感和对社会残忍与不义的激愤，以敏锐的艺术感受，观察和描绘他身边那些形形色色的人们，深刻地揭示了他们的性格与命运。诗人为那受挫的理想和未及开花就先凋谢的青春而悲悯,也对人间的自私、冷酷和人为的不平等加以藐视和讽刺。泰戈尔心中充盈着对贫苦人们深刻的眷恋和无私的爱,正是在这种人道主义的情感驱使之下创作出这么多不朽的杰作。

在短篇小说中,泰戈尔那诗人的天才亦时时透露出来。深入细致的情感与心理描写,行云流水般自然流畅的情节结构,以及带有浓郁抒情意味的景物描绘,这些都使得他的作品像一首首打动人心的美妙的抒情诗章。

1901 年,泰戈尔结束了自由自在的谢利达田园生活。他渴望寻找一个宁静优美、便于接触大自然的地方,作为自己的安身之地。嘈杂混乱的城市加尔各答显然不适合于他,于是便选择了离加尔各答 100 多英里的桑地尼克坦。这里原是一片荒野,1863 年他的父亲买下这片土地,作为他静思默想的场所,后来建起一幢住宅和一座花园,并大力植树造林,使荒野变成了花木葱茏的大园林。父亲给它取名为桑地尼克坦,意为"和平之乡"。

泰戈尔将妻子和 5 个孩子接到这里定居,开始肩负起家庭生活和子女教育的重担。诗人在童年曾饱尝英国式旧教育制度的苦头,因此,当自己的子女到了上学年龄时,他便萌发了进行教育改革的念头。他认为,教育的目的不光是传授知识,还要使儿童的身心获得自由和健康的发展。他把古代印度哲人林中栖居修学的传统和现代的社会需要结合起来,于 1901 年在和平之乡创办了一所小学,起名叫婆罗门修身所。开学时,共有 5 个学生(包括诗人的大儿子)和 5 位教师。这所学校具有许多特点。学校里没有教室和桌椅,课堂就设在大树下或广场上,上课时师生席地而坐,充分接触大自然;将体力劳作、社会实践同思维训练结合起来,让学生通过五官获得感性认识,再通过头脑获得理性认识;把知识教育和文学艺术结合起来,以激发学习的兴趣。教师大都是艺术家或富于艺术气质的人,教科书同时也是文学艺术作品;学校设在农村,强调与群众打成一片,与社会生活紧密相连,树立为社会和公众服务的观念;让孩子首先学习母语,以培养爱国主义精神,反对一开始就强迫学生学英语的奴化教育。

泰戈尔改革殖民地教育制度的大胆实验,却遭到一些人的强烈反对。保守派攻击他违犯印度教教规,亵渎传统习俗。激进派斥责他因循守旧,沿袭古制。这些言论严重影响了学校的筹资和招生工作。为了维持学校的开销,诗人不得不卖掉自己的部分房产和藏书。他的妻子也变卖了自己的全部首饰。泰戈尔不仅参加了全部管理工作,而且亲自执教和编写教科书。这所小学不断发展壮大,终于在 1921 年成为了著名的国际大学。

20 世纪初,印度民族解放运动进入了新阶段。1905 年,印度总督寇松在任期的最后一年,宣布了将孟加拉省划分为两个行政区的决定,成为印度反英斗争的导火线。在这场爱国斗争中,泰戈尔挺身而出,发表了激烈的反英演说,创作了大量的爱国歌曲,并亲自领导了印度历史上第一次大规模的示威游行。

随着斗争的不断深入,泰戈尔的思想也经受了严峻的考验。作为一个真诚的

文坛泰斗

图文珍藏版

爱国主义者,他渴望实现民族独立。但是,当时他还是一个改良主义者,既反对极端派的暴力斗争观点,又反对温和派的妥协退让政策。主张从文化教育入手,通过心灵和社会的改造,实现民族独立的目标。这种教育救国的方针,遭到了爱国群众的强烈反对;群众性的暴力斗争和恐怖活动使他感到害怕;他和那些只会空喊口号、不做建设性工作的国大党领袖之间,也发生了意见分歧。这一切都使他感到失望。于是便在1907年急流勇退,脱离了爱国斗争,回到了和平之乡,继续致力于文学创作和教育改革事业。

泰戈尔回乡之后,爱国群众指责他临阵脱逃,背叛了祖国和人民;殖民当局也将他视为危险分子,实行严密监视,并暗中下达指令,禁止政府职员送子女到他的学校读书,或给予他任何方式的援助;诗人的家庭也连遭不幸,从1902年至1907年,6年间先后失去了患难与共的妻子、才华横溢的二女儿、88岁的老父亲和年仅13岁的小儿子。空前的政治压力,对现实的失望,以及失去亲人的巨大悲痛,使泰戈尔遭到一生中最沉重的精神打击,陷入了极度苦闷和困惑之中。然而,泰戈尔并没有从此消沉下去,也没有因个人的痛苦而玷污自己的崇高事业。相反,经过斗争的洗礼,他认真反省和清理了自己的思想,提高了认识。伴随着这段充满刺激的艰难岁月,泰戈尔的文学创作也进入了成熟时期。从1901年至1918年,先后出版文学作品51部,其中中长篇小说和散文诗占着主要地位。

优秀的长篇小说有《小沙子》(1903)、《沉船》(1906)、《戈拉》(1910)、《家庭与世界》(1916)等。对殖民主义和封建主义的揭露和批判,对国家前途问题的深入思考和积极探索,构成了这些小说的基本思想倾向。

《沉船》是泰戈尔的代表作之一。小说以情节的传奇性和出色的自然描写而著称。它通过沉船事件的发生,暴露了封建包办婚姻所造成的爱情悲剧,表现了腐朽的封建道德规范与民主思潮的尖锐冲突。

《戈拉》是泰戈尔最优秀的长篇小说,被誉为反映印度近代社会生活的史诗。

《戈拉》以19世纪后半叶的孟加拉社会为背景,反映了当时极端派和温和派围绕国家前途问题的一场激烈的论战。小说中的主要人物,是一群民族资产阶级的爱国知识分子,他们的思想争论和爱国斗争,构成了小说的主要情节。小说对19世纪末印度民族民主革命从政治上进行了总结,严厉批判了复古主义、民族虚无主义、教派对立和脱离群众的错误倾向,给一切爱国主义者指出了一条前进的道路,那就是冲破种姓制度和教派偏见,不分宗教、教派和种姓,联合起来,为争取民族独立和民族解放而斗争。小说团结反帝、反帝必须同时反封建的主题,对当时印度民族民主革命运动的健康发展,具有重要的现实意义。

如果说这一时期的小说大都表现外部世界的矛盾冲突,那么,他的诗歌则转向了内心世界的探索。其中最有代表性的作品,是由泰戈尔编辑并译成英文的4部散文诗集。《吉檀迦利》(1912)是追求人生理想的诗集,表现的是在有限中达到无限境界的愉悦。这是泰戈尔的代表作,它为诗人赢得了世界声誉。《园丁集》

（1913）是一部关于人生和爱情的诗集，写出了爱情的痛苦与欢乐，也体现了诗人对美好人生的执着追求。《新月集》（1913）是一部关于儿童的诗集。诗人把天真、纯洁、欢乐的儿童世界比作新月，表现出对儿童的厚爱和对美好生活的向往。但新月高悬空中，可望而不可即，儿童终归要变为青年，进入这黑暗、污浊的社会，因而诗人又流露出淡淡的哀愁。《飞鸟集》（1916）是一部哲理诗集。它记录了诗人的心路历程，揭示出许多朴素的人生真理。这些诗集都产生于斗争失败后的苦闷时期，具有精神和哲理探求的共同倾向，是泰戈尔进行思想反思的产物。在形式上，它抛弃了传统的格律，代之以内在的韵律和节奏感。由于内容的现实性，感情的真实性和形象的可感性，形成了清新、质朴的艺术风格。

1911 年 12 月，泰戈尔创作了著名歌曲《人民的意志》，献给当时召开的国大党会议，表达诗人渴望民族觉醒、人民团结和祖国独立的美好愿望。由于它充满爱国激情，唱出了印度人民的共同心声，印度独立后被定为国歌。1912 年，诗人出版《回忆录》，回顾了自己从童年到青年时代的成长过程。

1913 年 11 月，泰戈尔的诗集《吉檀迦利》荣获诺贝尔文学奖，从此诗人开始驰誉世界文坛。这是泰戈尔一生中最风光的一年，但从创作成果来看，却是最贫乏的一年，只写了一些歌曲，未出一本孟加拉语作品。

1914 年 7 月，正当诗人在喜马拉雅山区度夏时，第一次世界大战爆发了。泰戈尔认为，这是对全人类的疯狂挑衅，必须用战斗来保卫人类的尊严："前进，斗士们！把战旗高高举起；昂起头，歌手们！让战歌在云霄响彻！"

由于诗人获得了国际荣誉，英国殖民当局也不得不向他表示敬意了。1915 年 3 月，孟加拉省督卡迈克尔勋爵参观了和平之乡。泰戈尔怀着复杂的心情，恰如其分地接待了他。警告政府官员不要把孩子送进诗人的学校的日子，从此一去不复返了。

1916 年 5 月，泰戈尔去日本讲学。当时正值第一次世界大战期间，日本趁机从德国手中夺取了中国的山东半岛。泰戈尔公开发表谈话，指出日本尽管可以得到一个地方，但将失去一个朋友——中国，日本将自食其果。这些话登在日本报纸上，触怒了日本统治阶层。在他刚抵达时向他表示的种种热情，一夜之间烟消云散，再也没人请他讲演了。日本报刊甚至称他是"战败国的诗人"。

同年 9 月，诗人第二次访问美国。他奔走于美国各地，受到各界的热烈欢迎。他的讲演和诗歌朗诵倾倒了广大听众，不少崇拜者狂热地追踪诗人，甚至在大街上紧紧尾随其后。这次访美的主要目的是为他的学校筹款，因此，他不得不忍受着疲劳和屈辱到处演讲。他在给美国人门罗的信中写道："我像一头关在笼子里供人观赏的狮子——我已经失去了自由。……但是，我还是尽量装出高兴的样子，跟着你们的美元的节奏跳舞。"

1917 至 1918 年，印度民族解放运动重新高涨起来。诗人在革命浪潮的感召下，再度被卷入政治斗争的漩涡。但是，他和爱国群众的矛盾依然没有消除，再加上他所宠爱的长女贝拉于 1918 年 5 月不幸去世,使他情绪更加沮丧,便又一次回到了和平之乡。

充实晚年

泰戈尔在 1913 年获得诺贝尔文学奖之后,不仅走向社会,积极投身于爱国斗争,而且越出国界,走向了世界。在此后的 20 多年时间里,他先后 12 次远渡重洋,风尘仆仆地访问了五大洲的 26 个国家,所到之处,他寻求友谊,宣扬东方文明,谴责法西斯,支持各国人民的正义事业,成为名副其实的"世界公民"。

1921 年泰戈尔访问德国时,出现崇拜英雄的疯狂场面。当诗人在柏林大学发表演讲时,有的姑娘为抢占座位昏厥过去。没有挤进大厅的人是如此之多,以致次日他不得不重复这一演讲。在一个星期天,主人陪他去城外一个公园散步,不一会就在他周围集聚起 2000 多人,他们用歌声对诗人表示敬意和祝福,使泰戈尔深受感动。

1924 年四五月间,泰戈尔应梁启超的邀请来华访问。他说:"中国和印度是极老而又极亲密的兄弟","到中国便像回故乡一样"。中国学者梁启超应泰戈尔的请求,给他起了个中国名字,叫"竺震旦",意为中印友好。诗人先后访问了上海、杭州、南京、济南、北京、太原、武汉等城市,历时 40 天。在华期间,诗人先后 11 次发表演讲。演说的内容可归纳为五大类:(一)盛赞中华民族的勤劳智慧和中国文化的辉煌成就;(二)渴望恢复中断已久的中印友好往来与文化交流;(三)号召东方大国发扬固有的精神文明传统,以对抗西方的物质主义和侵略行径;(四)呼吁中国人民"快学科学","东方所缺而又急需的就是科学";(五)希望中印两国联合起来,共同为东方新纪元的到来而奋斗。1925 年,这些讲演汇集为《在中国的谈话》一书出版。

1930 年 9 月,泰戈尔访问了苏联,并在莫斯科举办了个人画展。1931 年出版了访苏见闻录《俄国书简》。他在这本书中写道:"到底到俄国来了,我所看到的一切都是奇迹,兴奋的,是教育正以惊人的速度普及着,……俄国人民大众已充分享受了免费教育的福利。这种福利改善着他们的人性,使他们成为永恒的骄傲者。"诗人也明确指出了苏联存在的弊病,认为它过分强调社会的要求,而忽视了个人的权利。

晚年的泰戈尔,积极参加了国际反法西斯斗争。1919 年 6 月,诗人的老朋友罗曼·罗兰给他寄来一份《精神独立宣言》,号召各国知识分子不要为本国政府的侵略政策服务。泰戈尔积极响应,郑重地在宣言上签上了自己的名字。1934 年,意大利法西斯军队入侵阿比西尼亚(埃塞俄比亚),泰戈尔立即表示严厉谴责。1936年,西班牙发生了反政府叛乱,诗人坚决站在共和政府一边,痛斥法西斯分子佛朗哥的罪恶行径。1939年，当德国悍然发动世界大战时，诗人应欧洲朋友的请求，撰文抨击德国法西斯头目的侵略暴行。

在第二次世界大战期间，诗人时刻关注着饱受法西斯蹂躏的世界各国的命运，尤其是对中国人民的抗日战争，给予了格外的关心和支持。他曾多次发表谈话、写公开信、创作诗歌，揭露日本军国主义的侵华暴行。他还组织国际大学师生义演，发起募捐运动，支援浴血奋战的中国军民。1938年4月，诗人发表《致中国人民书》，坚信英勇顽强的中华民族，一定能取得抗日战争的最后胜利。而诗人在致日本军国主义作家野口米次郎的信中，却这样写道："敬祝我所热爱的贵国人民不成功，只懊悔。""我对日本人民的友爱，并不包括对其统治者侵略政策的赞同。"

泰戈尔在反法西斯斗争中，还写下了许多政治抒情诗。大都是谴责法西斯侵略、支持各国人民正义斗争的作品，它充分体现了诗人的政治观点和人道主义、国际主义精神。著名的有《礼佛》（1937）、《非洲》（1937）、《忏悔》（1938）等。这类诗歌分别收录在《非洲集》（1937）、《边沿集》（1938）、《天灯集》（1939）、《新生集》（1940）和《生辰集》（1941）等诗集中。泰戈尔在周游列国过程中，眼界大开，胸怀更加宽广。

他逐渐萌生了一个大胆的设想，那就是"全球国家的创造"。在他看来，西方物质文明比较发达，东方精神文明博大精深，二者如能取长补短、完美结合，就会出现一个和谐统一的"大同世界"。实现这一目标的主要途径，就是加强东西方之间的文化交流。为了在东西方之间架起一座沟通的桥梁，泰戈尔于1921年在和平之乡创办了国际大学。他选用古老的梵文诗句，作为学校的办学宗旨："整个世界相会在一个鸟巢里。"也就是说，要让世界成为一家。也许是偶然的巧合，诗人的名字本身，就含有东西方结缘的象征意义。在孟加拉语中，泰戈尔是太阳的意思。太阳每天出自东方，落入西方，连结着东西两个世界。它驱走黑暗与严寒，给人间带来光明和温暖。所以，诗人在晚年曾自豪地说："在我这里，东方和西方结下了友谊。我在生命中实现了我的名字的含义。"

国际大学招收不同国家、民族和肤色的学生来校学习，并邀请东西方各国的学者和艺术家来这里讲学、研究和创作，成为名副其实的世界文化的汇合点和交流中心。泰戈尔十分热爱中国文化，1937年在国际大学里设立了中国学院，专门研究中国的文化艺术，先后邀请了中国学者兼作家许地山、诗人徐志摩、画家徐悲鸿、教育家陶行知等人来校讲学。学校还为中国留学生设立了奖学金。中国留学生魏风江到达国际大学时，泰戈尔亲自接见，他说："你是从中国飞到国际大学的第一只小燕子，欢迎你在这里筑巢。"

国际大学为泰戈尔带来了崇高的荣誉，也给他造成了沉重的经济负担。诗人不仅把自己在和平之乡的土地、房屋和其他财产全部捐献出来，而且将孟加拉文著作的版权也赠给了学校，但仍不能维持学校的开支。为拯救这所大学，泰戈尔落到了四处乞讨的狼狈境地。但只得到少得可怜的施舍，有时甚至一无所获。为了筹措经费，只得把学生训练成演员，组成演出团体，到全国各地巡回演出他创作的各种节目。

晚年的泰戈尔，是在众多的社会活动、不间断地旅行访问和繁重的教育工作中度过的，是他一生中过得最充实的一段时间。但在百忙之中，始终笔耕不辍。在20多年间，他总共写出各类作品和论著72部。由于诗人思想认识的不断提高，他的文学创作从内容到形式都发生了明显的变化。文学视野更加宽广，思想倾向越来越鲜明，而且充满了政治激情。为了反映这个数变的时代，广泛采用了散文诗、自由体诗的形式。散文和政论文也急剧增加。

戏剧创作取得了显著成就。泰戈尔堪称印度的戏剧大师。从童年到老年，他经常粉墨登场，演出自己的剧本。他的剧作几乎涉及所有的戏剧门类，并创造了音乐、舞蹈、诗歌浑然一体的戏剧形式。在他的众多的剧作中，有一半是在后期创作的。其中最优秀的剧作是《自由的瀑布》(1922)和《红色夹竹桃》(1926)。

自我肯定

1936年2月，泰戈尔在加尔各答作了三次有关教育问题的讲演之后，就着手把自己早年的剧本《齐德拉》改编为歌剧，并亲自指导排练。此剧在加尔各答的上演赢得了赞誉。诗人接着带领剧团访问北印度，作巡回演出。当剧团抵达首都德里时，市政府提出为泰戈尔举行市民欢迎大会，可是英帝国的行政长官竟然驳回了该项建议。恰巧此时也在德里的圣雄甘地，目睹年老体弱的诗人为给自己的大学筹款如此艰辛地巡回演出，感到万分不安，于是他捐款6万卢比给桑地尼克坦的国际大学，对此泰戈尔非常感激。

从德里归来之后，泰戈尔担任了加尔各答群众大会主席，在10月2日，为庆祝圣雄甘地的诞生日，他组织桑地尼克坦神庙的特别祈祷。这之后，他埋头将以前的一首诗作《报答》改编为歌舞剧《夏玛》，并在当月下旬亲自参加了该剧在加尔各答的演出。

这一年泰戈尔出版了两部散文诗集——《叶状器皿》和《沙摩里》。前者的题名意即以树叶作为杯盘，后者则指对大地的赞颂。值得一提的是前者之中的《非洲》一诗，在这首诗中，诗人愤怒谴责了法西斯独裁者墨索里尼。

1937年9月10日傍晚，年已75岁的诗人在椅子上休息时，突然不省人事，昏迷了两昼夜才渐渐苏醒。后来，他把这种知觉的中断和恢复的感受，写成一首诗，后把它收入第二年出版的诗集《边沿集》中。

1939年，第二次世界大战爆发了。曾经历过一次大战的诗人，看到人类的悲剧再次上演，感到异常的悲痛。这一年圣诞节，他写了一首诗，表达了他对战争狂人的愤恨和谴责。

1940 年 2 月，圣雄甘地夫妇来到桑地尼克坦拜访诗人，泰戈尔在和平之乡宜人的芒果林里热烈地欢迎他们。诗人在致辞时向甘地表达了崇高的敬意："我把您作为我们自己的人，属于全人类的人来欢迎您。"这是甘地与泰戈尔的最后一次会晤，双方都感到十分愉快。

这一年的 5 月，在喜马拉雅山的蒙铺，泰戈尔在梅特丽娜·黛维夫人家里，最后一次参加了自己生日的庆祝会。

泰戈尔很高兴，当天下午写了三首题为《生命》的符。其中的最后一首诗说，"下午，山民来了被邀请参加诞辰宴乐。一个接一个，他们献给我花束，带着自己的祝贺。……这是我的生日的圆满实现，在这一天，星星遮蔽了辽阔的天空，在日月星辰的财富中难道这无与伦比的光荣在别处出现过？"这在泰戈尔可以说是新的思想境界。可惜第二天他又接到侄儿苏伦去世的消息，当天晚上他又写了一首题为《死亡》的诗，与三首生日诗一起送给杂志。

同年 8 月 7 日，英国牛津大学授予泰戈尔博士学位，授予仪式在桑地尼克坦举行。9 月，泰戈尔在喜马拉雅山的葛林堡休养时，突然爆发前列腺炎，到加尔各答治疗近两个月才返回桑地尼克坦，但已经不能再自由走动。泰戈尔躺在病床上回忆、思考和想象，然后奋笔疾书。这一年，他出版了《新生》集、《唢呐》集和《病榻》集三部诗集。

在《新生》集里面出现了一些颇为独物质的意象，不过借此表现的还是泰戈尔自己的心绪。如 1939 年 3 月 10 日写成的一首诗，描写一只歇在书架上的蝴蝶，默默地注视着书架上的诗集，"诗集中蕴含的真理在它的眼里并非颠扑不破，而是一片螟色"，因为"欲望之外的它不知不晓"。其实诗人描写这只蝴蝶，只为引出自己。所以诗歌接着说，"心灵在我的宅第自觉地筛选着真理。不能认识的暂且更变为它周遭的虚幻。它时时在探索世间究竟有些什么。哪知其不知的人，此刻，也许是它的里邻，也许栖于我悟性疆界之外的内心世界的形象殿宇。只是我迄今未看见照耀他华屋的光焰。"由此可见，泰戈尔毕生创作的诗歌，都是探索真理和追求真理的。而 1940 年 3 月 28 日写成的一首诗，则直写"生命是一列夜车，向彼岸行进，风驰电掣——车内装满酣睡"。"夜车隆隆行进天穹下片刻不停。昏睡的愚蒙期待着昏睡心灵的黎明"。泰戈尔念念不忘的，始终是人民的觉醒。

在《唢呐》集（或译《木笛》集）里，人们又看到 1938 年 6 月 20 日写成的《药叉》一诗，再三再四地描写药叉的爱情。诗中说，"尘世是它的史诗，'云使'的格律是注释。宏大凄凉的背景前朗诵意味深长的欢乐台词。药叉的相思中燃烧着创造之火，他为此极为荣幸"。诗歌最后说到药叉的妻子，"皓月常临，百花常开，她看来是人间莫大的悲哀。她不愿鸾颠凤倒的美梦被侵扰而苏醒。财神药叉的云使一下子敲着她的门，欲将她从沉阿的天宫送进绿荫奇妙、五彩缤纷、光辉灿烂的世界，送进柔波轻漾的生活之河。"这真是艺高人胆大了，即使再三描写，也能够写出新意。而泰戈尔 1940 年 1 月 10 日写成的《神话》一诗，更说出其中秘密。诗云，"我心里没有我失去的羁勒,我心里有一支支歌曲在奋翻飞渡神话的浩瀚的海洋,我在欢语沉寂的海滨迷失方向——我心里弥漫着我熟稔的占布花的芳泽。当夕阳西坠,暮云上绽开霞光的花蕊,我偕同七海的白沫向远方漂泊,在心里你敲击仙娥关闭的圜阖"。这就是说,由于诗人的艺术想象经常在神话中遨游,并不断探索神话深处的奥秘,纵然他再三再四地描写同一题材,也能常写常新。

《病榻》集主要收集了泰戈尔从 1940 年 9 月再次发病至 11 月的诗作。在他发病之后,9 月 25 日泰戈尔还写了一首诗,赞美他的休养地噶林堡(或译迦梨摩旁)。这首诗写得很美,很动人。诗云,"青青的地板,青青的山峦,用相同的韵律缔结天地的姻缘。秋日金色的阳光为森林沐浴,紫褐的蜂群在橙黄的花丛间采蜜。我置身其中,听浑圆的天穹无声的掌声。我的欢愉里交融着色彩、音调——这,迦梨摩旁,你可知道?巍巍群山的宝库里积敛了无尽的时日。我的一天曾把花环挂在它的颈脖,为把这个喜讯用绵远的音乐传遍天庭,黎明的金钟当当敲响——这,你可知道,迦梨摩旁?"诗人对大自然的美景是恋恋不舍的。而在同年 11 月 28 日晨写成的第 27 首诗里,泰戈尔又真切地表达了他的生的意志。诗云:"把门打开!吹散笼罩蓝天的阴霾;让好奇的花香飘进我的病房;让初露的曙光在我周身的血管里奔流;我还活着,让我在绿叶飒飒中听见热烈的祝贺。黎明,你以轻柔的雾纱遮覆我的梦魂,如同遮盖嫩草芊芊的绿野。空间吹拂的风中,我听见平生所得的爱在无声地絮语。我用它的圣水行灌顶大礼。仰望高远的青天,我看见绵亘的真切的生命犹如一串璀璨的珠链。"这是生命的颂歌,热爱生命者的恋歌。

1941 年,德国法西斯的军队践踏着苏联的国土。人民的不幸和世界的灾难使泰戈尔感到精神上的痛苦,这种精神痛苦使泰戈尔的病情进一步恶化。他感到剧烈的疼痛,不仅无法走动,连在床上坐起来都不可能。在无法手书的情况下,采用口授的方式,泰戈尔仍然坚持进行诗歌创作。他像童年时期坐在祖居的窗前眺望水池旁的大椿树那样,躺在床上凝视着泥茅屋前面的老椿树,依然感到诗兴勃发。1941 年 4 月 14 日,在孟加拉的新年期间,泰戈尔在桑地尼克坦请别人代他宣读了最后一份公开声明,即题为《文明危机》的遗嘱。声明说,"命运的车轮总有一天会迫使英国人放弃对印度的帝国统治。但是,他们怎能把印度抛在自己身后?怎能在它上面涂抹可怜的色彩?当他们统治二百年的潮流永远干涸时,他们将要把多少污泥、多少垃圾抛在自己的身后。一当我环顾四周时,我看到了一个高傲文明的废墟,我没有在人类中犯下丧失自己尊严的可鄙罪过。我倒一直等待着,它将依赖服务和牺牲,净化环境并在结束混乱的历史里开始新的篇章的时刻到来。"

在他生命的最后一个年头,泰戈尔再完成了三个诗集的创作任务,那就是《生辰》集、《康复》集和《最后的作品》集。

《生辰》集显示出泰戈尔新的思想境界。其中 1941 年 1 月 21 日在桑地尼克坦写成的第 10 首是非常著名的,本书的引言部分已经介绍过了。当然,诗集也显露出泰戈尔重病中的心境。如《薄暮》一诗说,"有天黄昏我骤然看见'死'的左臂揽着'生'的颈项,一条红绸连结'生'与'死'的手腕——这是我熟识的伉俪。新娘——死亡右手抱着贵重的妆奁——新郎'死'的无价聘礼,从容地走向时间的极终"。这是把"死"升提到哲理的高度,从而达到心境的宁静。

《康复》集也显示出泰戈尔新的思想境界。其中1941年2月13日写成的第10首诗也是非常著名的,它和《生辰》集第10首是联系在一起的。诗歌描写"历代的战胜者一队队奔向渺远的往昔",虽然"英国凶残的军卒"到处蔓延他们的暴虐,但是"我知道时间将淹没他们走过的路,冲决遍布印度的帝国统治的网罟。"而"我俯视下层社会,历代的黎庶成群结队","他们永世在船上掌舵,他们永世扶犁耕播","劳动的号子、歌声,昼夜充斥时代的进程,生活雄壮的交响乐激荡着忧喜交集的朝夕。万千帝国的废墟上他们照常劳忙"。这种英国殖民统治必败、劳动者是历史的真正主人的思想,体现出泰戈尔晚年思想发展的最高境界,是极其宝贵的。一个世界知名的诗人,在80高龄,在生命行将结束时,竟然能够跃登最新最高的思想境界,这是古今罕见的。

《最后的作品》集或译《最后的诗》集,汇集了泰戈尔一生最后的诗作。其中第10首写于1941年5月6日晨,即泰戈尔的最后一个生日的寿辰的前夕。这首诗说,"今天,逢到我生日的辰光,我已经没有指望。我要我的朋友靠近我——要他们的手温柔地抚摸我。我将随身带走——大地的最终的爱,人生的离别的礼物,人的最后的祝福。今天我的袋子是空空的,一切我必须给的,我统统都给掉了。我每天接受的小小礼物——一些友爱,一些宽恕——我将随身带走,那时我将坐在我的小舟里,作我最后一次横渡,迎我终点的无声节日"。这充分显示出泰戈尔心境的宁静和人格的高尚。

泰戈尔后期诗歌创作第二阶段的特点,主要是直接抒发个人的和民族的生活感受,部分升华为哲理的思考,但基本上没有使用宗教的形式。

1941年7月2日,泰戈尔被送到加尔各答去。7月2日上午,泰戈尔口授了《太阳》一诗,诗云:"出世那天的太阳问道:人世间新的降生者,你是谁? 没有回答。时间一年年飞逝。西方的海滩,沉寂的黄昏,临终一天的太阳提出最后的问题:'你究竟是谁?'仍没有回答。"这是很玄妙的一首诗。诗人的真意是说,人生下来自然只是一张白纸,到临死的时候,自己究竟成了一个怎样的人,自己不好回答,最好还是请人民和历史来回答。7月30日,泰戈尔动手术了。上手术台之前,上午9时半,他创作了自己最后一首诗,也就是《最后的作品》集的最后一首诗。这首诗说,"呵,你这狡猾者,你用奇怪的迷惑之网覆盖你创造的道路。你一双熟练的手在朴素的生活里挖掘伪信的陷阱。你把'虚伪'的印记烙在'崇高'上,但你不曾为他留下诡秘之夜。你的明星昭示他心中的路——永远透明的路,纯真的信仰使之永远辉煌的路。他表面上隐晦,内心是耿直的。这是他的骄傲。人们说他是苦恼的。他用自己的光热,在心里濯洗他寻到的真理。没有什么能将他欺骗。他把最后的赞礼藏进自己的宝库。他宽仁地容忍权术,在你的手里赢得永不磨灭的安宁的权利。"这是泰戈尔最后一次自我回顾,也是最后一次自我肯定,为自己诚挚的信仰、内心的耿直和品性的宽容而自豪。

手术后,泰戈尔的病情继续恶化,知觉逐渐丧失。至 1941 年 8 月 7 日中午 12时 13 分,一代伟人在加尔各答市的乔拉桑戈祖居停止了呼吸。不过他深信,死亡只是通向永生的阶梯。

在手术前,泰戈尔创作了一首歌,并嘱咐人们在他逝世时唱这首歌。8 月 7日,人们在桑地尼克坦唱了这首歌;以后,每逢泰戈尔的逝世纪念日,人们都唱这首歌:

前面是宁静的海洋,

喔,舵手!

放下船!

你将成为永恒的同伴

把我抱在怀里,

在无限的道上,

点燃永恒的星火。

解放者!

你的宽恕,你的慈悲,

成为我无限旅途的永恒侣伴,

让死亡的桎梏消灭,

让广大的世界伸臂把我抱在怀里,

让我内心获得对巨大未知的认识。

无产阶级革命文学导师

——高尔基

人物档案

简　　介：原名阿列克赛·马克西姆维奇·彼什科夫，是苏联无产阶级作家、诗人、评论家、政论家、学者。诞生在伏尔加河畔下诺夫哥罗德镇的一个木工家庭。4 岁时父亲去世，他跟母亲一起在外祖父家度过童年。10 岁时开始独立谋生，先后当过学徒、搬运工、看门人、面包工人等。1884 年参加民粹党小组，阅读民粹党人著作和马克思的著作，投身于革命活动。1905 年高尔基加入了俄国社会民主工党；1906 年高尔基受列宁的委托，由芬兰去美国进行革命活动，在美国出版长篇小说《母亲》，后定居意大利卡普里岛；1913 年高尔基从意大利回国，从事无产阶级文化组织工作，主持《真理报》的文艺专栏；1921 年 10 月高尔基出国疗养；1928 年高尔基回到苏联，在斯大林的安排下，他在俄罗斯作了两次长途旅行观光后决定回国定居；1936 年 6 月 14 日，高尔基因病逝世，享年68 岁。

生卒年月：1868 年 3 月 28 日~1936 年 6 月 14 日。

安葬之地：克里姆林宫的红墙中。

性格特征：信念坚定，意志顽强，智力超群，情感丰富，敏感冲动，执着坚强。

历史功过：苏联作家协会主席，参与俄罗斯帝国社会主义革命。代表作有《海燕之歌》，自传体三部曲《童年》《在人间》《我的大学》。

名家点评：列宁评价他说："高尔基是社会主义现实主义文学奠基人，无产阶级艺术最伟大的代表者，无产阶级革命文学导师，苏联文学的创始人之一，政治活动家，诗人。"

苦难童年

　　1868年3月28日（俄历3月16日），在俄国伏尔加河畔的尼日尼——下诺夫戈罗德（今高尔基市），伟大的文学巨匠，被列宁称为无产阶级艺术最杰出的代表——高尔基诞生了。

　　高尔基的祖父曾经是沙皇时代一个残暴的军官，由于他残酷地虐待部下，被沙皇尼古拉一世降了职。他不仅在军队残暴，在家庭中也是个暴君。高尔基的祖母在高尔基父亲9岁时就死去了。据《高尔基自传》说，他的父亲马克西姆·萨瓦季耶维奇·彼什科夫时候经常遭受鞭打的惩罚，由于不堪忍受祖父的惩罚，从10岁到17岁，从他祖父身边逃跑过5次。最后一次，父亲成功地逃离了家庭。高尔基的父亲是个聪明善良、乐观开朗的人，最初在尼日尼——下诺夫戈罗德城的一家木器店里学徒，20岁已经成为一个上好的细木匠、裱糊匠和装饰匠。22岁时，他就得到了伏尔加轮船公司驻阿斯特拉罕的轮船营业所经理的职务。高尔基的母亲名叫瓦尔瓦拉·瓦西里耶夫娜·卡希琳娜。高尔基的父母是自由恋爱的，虽然卡希琳娜的父亲百般阻挠，但最终结了婚。

　　1871年春，也就是高尔基3岁那年，全家搬到了阿斯特拉罕城。几个月后，高尔基染上了霍乱，父亲和母亲日夜照顾他，高尔基的病虽然好了，可是照顾他的父亲却传染上了霍乱，就在高尔基4岁的时候，他的父亲去世了。后来，为了纪念他，高尔基选择了父亲的名字马克西姆作为笔名，他的原名是阿列克赛·马克西莫维奇·彼什科夫。

　　父亲死后，高尔基和母亲回到了故乡下诺夫戈罗德的卡希林家。在下诺夫戈罗德，高尔基开始了新的生活。这里的生活与阿斯特拉罕高尔基家温暖和睦的生活迥然不同的。

　　高尔基的外祖父家，是一个典型的小市民家庭，外祖父卡希林是一个贪婪残暴、不信任人的干瘦老头。他曾是伏尔加河上的一名纤夫，经过三次航行，他成了商船队里的一个领班。后来他从事染布业，发了财，就在尼日尼开办了一家大规模的染坊，两个舅舅也在外祖父的染坊里干活。当时，由于机织棉布生产的发展和机器印花布的普及，排挤了家庭手工印染业，这种情况严重地威胁着卡希林一家，它使得家庭成员中的每一个劳力都拼命想为自己多保留些一度兴隆的作坊的剩余产业，因而就引起了争吵和野蛮的打架。而卡希林家所不喜欢的马克西姆·彼什科夫的儿子高尔基，很显然在这个家也同样是不受欢迎的。

　　在外祖父家里，无论是大人还是小孩，高尔基都不喜欢。在这个家庭中，人与人之间好像有深深的仇恨，大人们都中了仇恨的毒，连孩子们也都受了"毒害"。高尔基觉得自己在他们中间是陌生人。特别是外祖父，他那怀有敌意的眼神，使高尔基产生了一种莫名其妙的畏惧。

在高尔基刚到外祖父家不久，两个舅舅就和外祖父吵了起来。有一天，在厨房里吃饭的时候，两个舅舅把身子探过桌子，冲着外祖父大吼大叫，要求分家。外祖母痛苦地说："全都分给他们吧！分吧！"而两个舅舅之间不知又发生了什么，忽然米哈伊尔舅舅扬起手打了他弟弟一个耳光，弟弟大吼一声，揪住了他，两个人在地板上打成一团，发出一阵喘息、呻吟、辱骂的声音。

他们刚开始吵架的时候，高尔基就吓得跳到炕炉上躲起来。后来，高尔基问外祖母，大人们为什么打架，外祖母告诉高尔基：

原来高尔基母亲来以前，她的两个弟弟正在坚决地要求分家。她突然回来，使他们分家的愿望更加强烈了。他们害怕高尔基的母亲讨回那份本来给她预备、但是因为她违背外祖父的意志自己做主结婚而被外祖父扣留了的嫁妆。舅舅们认为嫁妆应当分给他们。此外还为了谁在城里开设染坊，谁到奥卡河对岸库纳维诺村去，彼此早就无情地争论不休了。

从此以后，高尔基就经常看见两个自私自利的舅舅为了争夺家产而大打出手。

高尔基的母亲认为高尔基的病是他父亲致死的原因，在回到尼日尼不久，她就离开了卡希林家，离开了高尔基。

在染坊里，大人们使布料变色，这使刚到外祖父家不久的高尔基很惊奇。为什么黄色布浸到黑水里，就变成深蓝色了；灰布在红褐色的水里涮一涮，就变成樱桃红色了。高尔基觉得很好玩，并想亲自动手染一染。高尔基把这个想法告诉了雅科夫舅舅的儿子萨沙。萨沙告诉高尔基白色最容易上色，并劝说高尔基从柜子里把过节用的白桌布拿出来，把它染成蓝色。

每星期六晚祷之前，外祖父总是从水桶里捞起长长的树条子，把在这一星期中犯有"过失"的孩子痛打一顿。因为萨沙把高尔基染桌布的事告诉了外祖父，这一次小高尔基也要挨打了。

高尔基记得，当时"外祖母向我扑过来，两手抱起我喊道：'我不给你！不给，你这魔鬼！'外祖父向她猛扑过来，推倒她，把我抢过来，抱到凳子上，我在他手中挣扎，拉他的红胡子，咬他的手指，他狂吼着，夹紧了我，最后，向长凳上一扔，擦破了我的脸。我记得他粗野地叫喊：'绑进来！打死他！……'"

这一次，外祖父把高尔基打得失去了知觉。接着小高尔基就病了一场。在生病的那几天，是高尔基一生中印象非常深刻的日子，他感觉长得很快，并且有了一种特别不同的感觉。从那时起，小高尔基就怀着一种不安的心情观察人们，对于一切屈辱和痛苦，不论是自己的或是别人的，都有难以忍受的感觉。

在外祖父家里，高尔基还经常看见他的两个舅舅开一些无聊的、残忍的、侮辱性的玩笑。有一天晚饭前，米哈伊尔舅舅想跟那个快瞎的工人格里高里开个玩笑，叫9岁的侄儿在蜡烛上烧师傅的顶针。萨沙用烛花镊子夹着顶针烧起来，把它烧热后，偷偷地放在格里高里的手底下，这时正巧外祖父想干活，于是就把外祖父的手烫伤了。他们有时还用火烧格里高里的剪子把儿,有时在他坐的椅子上插一个尖朝上的钉子,或者把颜色不同的料子偷偷地放在这个半瞎的老人手边,他把它们缝成一匹布,这样他就会挨外祖父的骂。对于儿子们的这些把戏,外祖母总是捏着拳头,吓唬他们,骂他们是一群不要脸的东西、恶鬼!

每天晚上,外祖母和高尔基睡在一起,睡前外祖母总是给他讲童话。

她念起诗来特别好听,有一首诗是讲圣母巡视苦难的人间情景的;还有些诗是讲神人阿列克谢的,讲战士伊凡的;还有关于大智大慧的瓦西莉萨,关于公羊神甫和上帝教于的童话。外祖母记得的童话、故事和诗歌,多得数也数不清。

她一讲起上帝、天堂和天使,就变得非常和蔼,湿润的眼睛里闪烁着特别温暖的光芒。而高尔基也总是一动不动地、专心致志地听那永远讲不完听不厌的故事。

有一天,高尔基从米哈伊尔舅舅的房门前走过,看见纳塔利亚舅母浑身是素白衣裳,两手按住胸口,在屋子里乱窜乱喊,声音不高,但很可怕:"上帝,把我召回去吧,把我领走吧……"

高尔基看见,纳塔利亚舅母无神的眼睛底下有几块青疙瘩,嘴唇青肿着,就问外祖母:"舅舅打她吗?"外祖母叹着气回答:"他偷着打她,这个该死的!外祖父不许他打她,可是他每天夜里打,他凶极了。"

由于矛盾纷争,没有好的解决办法,这一年春天,外祖父只好让两个舅舅分家了。雅科夫留在城里的染坊中继续从事染纺业,米哈伊尔搬到河对岸。外祖父在田野街买了一所挺漂亮的大宅子,整所宅子住满了房客,外祖父和外祖母住在阁楼里。

在一个炎热的夏天,外祖父开始教高尔基认字了,高尔基认得很好,外祖父很高兴地说:"死去的纳塔利娅说他的记性不好,这话不对,谢天谢地,他的记性像马似的。"

很快高尔基就能拼音念诗篇了。有一天晚上,喝过茶后,高尔基和外祖父坐下念诗篇,忽然雅科夫舅舅闯了进来,说米哈伊尔舅舅在他家喝醉了,打碎了碗碟和窗户,把一块染好的毛料撕得一块一块的,现在他正往这边来,要杀死外祖父。

米哈伊尔舅舅被外祖父他们拖出门外,他慢慢地站起来,全身衣服都撕破了,他拾起一块大卵石对着大门扔去。

米哈伊尔舅舅是外祖父的长子,按理说外祖父的染坊应该由长子继承,但是外祖父不喜欢他,偏心雅科夫舅舅,把染坊给了雅科夫,米哈伊尔舅舅心里不高兴,所以经常找茬捣乱。

外祖父在田野街那所房子里住了不到一年的光景,但名声却很大了,几乎每星期都有一群小孩跑到大门口,他们满街欢呼着:

"卡希林家又打架了!"

米哈伊尔舅舅每天天一黑就来了,他整夜地埋伏起来窥视外祖父的住宅,弄得全院子都提心吊胆,有时他还找两三个助手,他们从山沟溜进花园,一棵不留地拔掉了所有的树苗和醋栗,把浴室给捣毁了,把浴室里能够弄破的东西——蒸浴架、长凳子、水锅全弄破了,把炉子拆散开来,掀掉好几块地板,把门窗也拆掉了。有一次,舅舅手持一根粗大的木椎,从院子里向过道冲来,他站在台阶上打门,在门后等着他的是拿着大棍子的外祖父、拿着尖头长棍子的两个房客、拿着擀面杖的酒馆主人的妻子——一个高个子女人。外祖母在后面央求着说:"你们让我出去见见他,我来和他说句话。"外祖母跑到外祖父跟前时,他默默地用肘子推她,用脚踢她。4个人杀气腾腾地站在那里做好准备,舅舅拼命地毁坏着门,很奏效,门已经摇晃了,外祖母扑到墙上的一个小窗户,让她的儿子快跑,舅舅照着她的胳膊就是一木椎,把外祖母的胳膊打坏了。

后来,高尔基的母亲回来了。过了不久,母亲开始积极地教高尔基"世俗体的"文学。因为他开始学的是斯拉夫的教会文。所以不认识"世俗体的"文字,她买了几本书,从其中的一本《国语》小学教科书里教高尔基识字。高尔基费了几天工夫,学会了读世俗体文学的本领,可是,母亲马上让他学背诗。从此,高尔基就烦恼起来。她开始让高尔基背更多的诗,高尔基觉得记忆越来越坏,记不住那些均匀的诗行,常常想把那些诗行另换一个说法,使它变样,配上其他字眼,这个愿望越来越强烈。但是,不需要的字眼蜂拥而来,很快就跟需要的而书本上没有的字眼弄混了。于是,在同这种书面诗歌作品的"斗争"中,产生了高尔基最早的口头创作。

母亲越来越愁眉不展,用陌生的眼光看一切。高尔基看到而且感受到母亲在外祖父家生活是多么难。这使高尔基很难受。

外祖父想把母亲嫁给一个一只眼睛的钟表匠,母亲不同意,于是外祖父和母亲吵了起来,之后母亲到房客家里去了。外祖父看到母亲走了,就拿外祖母撒气,他冷不防地跳进厨房来,跑到外祖母的跟前,照着她的头就给了一下:"你这个老混蛋!"外祖母整整被打歪的帽子,回敬他说:"你所有的主意,凡是我知道的,我都要告诉她。"

外祖父向她扑过去,拳头像雨点似的落在外祖母的头上。后来高尔基把外祖母沉甸甸的头发分开一看,一根发针深深地扎进她的头皮里,高尔基拔出它,又找到一根。

外祖母开始用她那灵巧的手指,在又黑又厚的头发里自己摸索。高尔基鼓起勇气又从皮肉底下拔出两个戳弯了的粗发针。

高尔基第一次亲眼看见外祖父这样可恶又可怕的打外祖母,屈辱在高尔基心中火烧似的翻滚沸腾,高尔基恨自己想不出适当的方法报仇。

两天以后,高尔基找到了机会,他趁外祖父没注意,把外祖父最喜爱的十二张圣像图拿走了,从外祖母的桌子上拿起剪子,爬到吊床上,就动手剪圣人的头,但高尔基还没来得及剪掉第二张的时候,外祖父发现了,由于母亲挡着,高尔基才没有挨打。

高尔基 7 岁的时候,母亲送高尔基进了初级学校。在那里学了 5 个月,他讨厌学校的规矩,也讨厌同学们。后来,高尔基在学校里染上了天花,中止了学习。

这之后不久,高尔基的母亲嫁给了一个贵族大学生,并把高尔基接去,送他进了库纳文诺初级学校读书。这是一所城市贫民学校,高尔基上学时穿的是母亲的皮鞋。高尔基学习很好,但是神学教师因为高尔基没有《新旧约使徒传》课本,还因为高尔基学他的口头语,他要把高尔基赶出学校。但是,下诺夫戈罗德的主教赫里桑夫来库纳文诺到初级学校视察,发现高尔基聪慧过人,他非常诧异地注意到,这个学生竟能用诗体给他背诵出民间的故事来。他很欣赏高尔基,这样,高尔基才保住了学籍。

高尔基的后父是个赌棍,很快就把母亲的嫁妆输光了。他们的感情很不好,而且常常打母亲。

有一天,高尔基听见后父在打母亲,就跑进屋子,看见母亲跪着,背脊和肘弯靠着椅子,挺着胸,仰着头,口里发出呼呼噜噜的声音,眼睛闪着可怕的光;后父打扮得干干净净的,穿着新制服,用他那长长的腿踢她的胸脯。高尔基拿起桌上切面包的刀,向后父的腰刺去。

这样,高尔基就又被送回到外祖父家。外祖父把钱借给了一个犹太商人生利息,结果那个犹太商人破产了,外祖父也就破产了。外祖父破产以后,变得更加吝啬,他和外祖母完全分开过了,甚至连茶叶也要一片一片地平分。家里只有靠外祖母给人织花边来维持生活。从那时起,为了增加收入,高尔基也开始挣钱了。

每逢星期天,一大早高尔基就背着口袋走遍各家的院子,走遍大街小巷去捡牛骨、破布、碎纸和钉子。然后,把它们卖给旧货商换些钱交给外祖母。但是,在学校里,高尔基却受到同学们的嘲笑,叫他捡破烂儿的、要饭的。有一次,高尔基和他们争吵起来。吵过架后,他们告诉老师,说他身上散发着一股垃圾坑的味道,他们不能坐在高尔基身旁。这个控告深深地污辱了高尔基。因为每天早晨高尔基总是非常细心地把身上洗干净,从未穿过在捡破烂时穿的衣服到学校去。

后来,高尔基终于读完了三年级,由于他学习成绩好,得到了学校发给他的奖品——一本福音书,带封面的克雷洛夫寓言诗,还有一本不带封面的书《法达——莫尔加那》,还发给他一张奖状。当小高尔基把这些奖品拿到家里的时候,外祖父非常高兴,非常感动,他说这些东西必须保存起来,他要把书锁进自己的箱子里。

那时,外祖母已经卧病好几天了,她没有钱。高尔基虽然喜欢书,但还是把书拿到小铺子里卖了55戈比,把钱交给了外祖母。奖状被他题了一些字,弄脏了以后才交给外祖父。外祖父把奖状珍惜地藏了起来,后来这张奖状被保存下来了,这是流传到我们这个时代的高尔基亲手写的第一件东西。在这一年,高尔基由于贫穷的缘故,没有读完学校中的课程,就离开了学校。

母亲在这时因急性肺结核死去了。高尔基在埋葬了母亲之后,外祖父就对他说:"你又不是一枚勋章,挂在我的脖子上,这儿没有你的位置,你去闯闯人间吧!"11岁的高尔基只得离开外祖父的家,走进了"人间"。从此开始了独立地直面人生风雨的吹打和考验。

高尔基坚强、善良的性格，是在同生活中"铅样沉重的丑事"的斗争中，是在汲取他周围环境的一切好的东西的过程中形成的。在《童年》中，高尔基写道："我把自己想象成为一个蜂窝，一些普通、平凡的人们像蜜蜂一样，把自己的知识和关于生活的想法的蜜送到那里，每个人尽自己的力量，慷慨大方地充实着我的心灵。这种蜜往往是肮脏而苦涩的，但一切知识仍然是蜜。"在他的周围，有很多好人，善良的人，有意思的人，这些人都给了高尔基很大的影响。

对高尔基影响最大的是聪明、善良、慈爱、快乐的外祖母。在卡希林家中，真正关心与爱护他的只有外祖母，她是高尔基童年唯一的保护人。在卡希林家中，她显得与众不同，她像残酷生活昏暗背景上的一缕明亮的光，她那丰富、生动、优美的童话故事和民间歌谣使高尔基神往，她把自己对俄罗斯大自然的热爱，对童话、民歌的热爱传给了高尔基，成为高尔基文学天赋的启蒙人。

高尔基后来在《童年》中刻画了令人难忘的外祖母形象：外祖母说话好似在用心地唱歌，字字句句都像鲜花那样温柔、鲜艳和丰润，一下子就牢牢地打进我的记忆里，她微笑的时候，那黑得像黑樱桃的眼珠儿睁得圆圆的，闪出一种难以形容的愉快光芒，在笑容里，快活地露出坚固、雪白的牙齿，虽然黑黑的两颊有许多皱纹，但整个面孔仍然显得年轻、明朗。她的衣履全是黑的，但通过她的眼睛，从她内心却射出一种永不熄灭的、快乐的、温暖的光芒。……在她没来以前，我仿佛是躲在黑暗中睡觉，但她一出现，就把我叫醒了，把我领到光明的地方，用一根不断的线把我周围的一切连接起来，织成五光十色的花边，她马上成为我终生的朋友，成为最知心的人，成为我最了解、最珍贵的人，是她那对世界无私的爱丰富了我，使我充满了坚强的力量以应付困苦的生活。

外祖母不仅激发了年幼的高尔基对民间文学的爱好，并且使他产生了对正义事业和美好生活的憧憬。

高尔基的外祖母年轻时曾经是巴拉赫纳的一个织花边的女工，那个地方的织花边女工们的手艺和她们的民歌同享盛名。在她们的记忆中，保存了大量的民歌。她给高尔基讲的每一个童话、每一个故事，都使高尔基神往。在这些美好的故事里都蕴藏着对光明的真正的生活的幻想。

在夏天和初秋，高尔基和外祖母经常到森林里去采集青草、野果、蘑菇和核桃，用卖这些东西的钱糊口和施舍穷人。她还懂得坏事是由生活的困苦而产生的，她对这种困苦的生活了解得十分清楚。高尔基深深地热爱他的外祖母，因为她有那么多光明的、人性的东西。她以自己做人的道德力量，对人生真挚的热爱为高尔基扎下了不惧邪恶、追求真理的精神的"根"。

这一年秋天，他再也读不起书了，只好开始谋生。他当过鞋店的学徒，制图师家的佣人，做过伏尔加河轮船上的洗碗工、圣像铺的小伙计，干过工地的领工人，戏院的跑龙套。几十年后，高尔基曾这样反视这五六年的生活："在我周围，一锅不干

文坛泰斗

图文珍藏版

净的粥沸腾着,我觉得我要给慢慢地煮烂了。"

支撑着他,使他免于被煮烂的,是书籍。高尔基当"善良号"船上洗碗小伙计时幸运地遇到了厨师米,阿·司穆雷,后者有满满一箱子书,一有空就叫高尔基读给他听。这些良莠混杂的书,引发了高尔基对读书的强烈兴趣。

痛苦初恋

1884 年,高尔基到喀山。工业危机、失业工人、破产农民、满街的流浪汉,可怕的现实很快打破了他上大学的幻想,甚至谋生也成了问题。在喀山的四年,他一方面为生计拼命干活,另一方面也接触了许多先进思想。因为喀山当时是流放政治犯的必经之地,许多政治犯、主要是民粹派党人,在这里同喀山的大学生们一起从事革命宣传。高尔基一次看到了一种超出个人温饱、要改变所有劳动人民的生存条件的生活信念,他感到自己的命运可以和这些人联系在一起,兴奋极了。他还在这里读到了车尔尼雪夫斯基和马克思的著作。这个来自社会底层的小伙子尝试着反抗了,在他受雇的面包坊里组织了一次罢工,但以失败而告终。他慢慢临近了一次严重的精神危机。当时的俄国,民粹主义、资产阶级自由主义和早期马克思主义不分轩轾,社会上还泛滥着其他形形色色的思想。年轻的高尔基努力探索着,却怎么也看不到出路,他在他曾想将命运与之连在一起的大学生们当中也找不到朋友。就这样,他陷入了封闭性的孤独的苦闷之中,无法解脱,决定自杀。1887 年 12 月 12 日,他朝心脏开了一枪,所幸未打中,又被救活。

自杀事件之后,在革命者罗马的帮助下高尔基重新振作起来。

不久,他忘记了精神痛苦,怀着同样的激情,爱上了一位比他年长 10 岁的有夫之妇奥莉加·卡明斯卡雅。她回俄国定居前在巴黎生活,有一个 4 岁的可爱的女儿。

特别是当他的"心上人"对他说,她对他的爱情并非无动于衷时,他一下子就振奋起来,要她和自己一起生活。奥莉加委婉地说他疯了,她提起了他们之间的年龄差异,还说如果她离开丈夫,他会多么绝望,最后,她劝这位年轻的求爱者不要再来看她了。

身体病弱、几乎发疯的高尔基离开这座城市,离开追求无望的女人,离开令他失望的纸上谈兵的革命知识分子,以及忘记爱情、文学和政治上的失意。他想,只有做一次穿越俄罗斯的漫无目的的长途旅行,才能洗净那些从童年起就不断堆积在他心头的污垢。像过去一样,23 岁的他感到需要到处看看、放松一下,需要理解俄国人民,不是书本上的俄国人民,而是在先辈的土地上整天忙碌受苦的俄国人民。1891 年 4 月,他在漆布褡裢里放进几件衣服,从下诺夫戈罗德步行出发,踏上了发现祖国、同胞和使命的漫漫旅途。

创作生涯

　　回来后,高尔基在律师拉宁处谋职,公务繁忙,只有在夜深人静时写作。这一时期,他得到了柯罗连科的指导和鼓励。1893 年,描写流浪汉的现实主义短篇《叶美良·皮里雅依》在《俄罗斯新闻》上发表了。此后一年多的时间里,他在《伏尔加纪事》报上发表了一些寓言和小说。后来,柯罗连科在《萨马拉日报》替他谋到一个专栏作家职业,使他能从事专业创作。在这里,高尔基结识了他一生中的伴侣叶卡捷琳娜,并于 1897 年结婚。

　　在《萨马日报》上,高尔基以叶古杰·赫拉米达的笔名用小品文无情地讽刺、抨击社会黑暗面,磨炼了他犀利的政论文笔。同时,他还在该报发表小说,其中《伊则吉尔老婆子》(1895)是他早期浪漫主义小说的代表作。他在这篇小说中刻画了将自己燃烧的心掏出来照亮大众道路的英雄丹柯,这也正是高尔基此时心境的写照。这一年,他还通过柯罗连科的力荐,在《俄罗斯财富》上登出了中篇小说《切尔卡什》,小说塑造了不乏反抗精神的小偷切尔卡什和卑鄙贪婪的农民加夫里拉。前者与官方所宣扬的俄罗斯民族的驯顺性格相反,后者与民粹派对农民的拔高相左,因而这篇小说的发表被一再拖延。事实证明,正是高尔基的"慧眼"看到了事物的本质。这篇优秀的作品成为高尔基早期现实主义作品和流浪汉小说的代表作。

　　流浪汉小说在高尔基早期的创作中占有很大比重。这一则是由于当时俄国资本主义的发展将大量城乡劳动者抛上街头,流浪为生;再则与高尔基的生活经历有关,在喀山时他也曾一度成为流浪汉。二十多年后,这些小说对拉美文学产生了明显的影响,拉美人用"高尔基式的广度和深度"评价他们自己的优秀的流浪汉文学。

　　1898 年,高尔基出版了两本题为《散记与短篇小说》的集子,这是他早期创作的总结,还存在着拖沓和语言造作的毛病,但却揭开了资本主义发展正处旺期的俄国社会中底层人民生活困苦而又顽强反抗、争取光明的一面,改变了以往小说中底层人被歧视或只作为受怜悯者而存在的境况,受到了人民的普遍欢迎,从而初步奠定了高尔基作为俄国和世界无产阶级文学开创者的地位。

　　1899 年,高尔基来到彼得堡,在《生活》杂志上连载了《福马·福马杰耶夫》后,他将它的单行本题献给他已经结识并从少年时代起就挚爱的著名作家安东·契诃夫。1900 年,他终于见到了 11 年前拜谒未遇的托尔斯泰。高尔基在给契诃夫的信中动人地描绘了这位个子矮小的巨人身上的力量和优美,并写道:"一看到他,就非常愉快地想到自己是一个人,并且意识到,一个人也可以成为列夫·托尔斯泰的。"的确,在不久的将来,在对俄国文学的影响上,高尔基成了几乎可以与这位巨人并肩的人物。

　　在加斯卜拉时,高尔基又和这位巨人朝来夕往过一段时间,然而,高尔基与这位托尔斯泰主义者毕竟是背道而驰的。1901 年,高尔基发表了《海燕》,对暴风雨的呼唤同道德的自我完善实在无法相提并论。

高尔基,这个来自尼日尼的底层人,是在对自己、对广大底层人的生活出路的探索中走上文坛的。从到喀山起,他就和革命者保持联系,还几次因此入狱。唯其如此,高尔基才敏感地看到了革命即将来临的征兆,塑造了海燕——暴风雨的报信者这样一个新时代的预言家,得到了列宁的高度评价。不久,高尔基因为替工人购买革命宣传用的油印机一事,被判流放。流放之前,1901 年,他在病中写出了剧本《小市民》,通过剧中的火车司机尼尔之口,鼓励劳动者做自己生活的主人。剧本在莫斯科艺术剧院上演,由著名戏剧家斯坦尼斯拉夫斯基扮演尼尔。虽然沙皇政府对剧本大肆砍伐,但演出仍取得了巨大成功。1902 年,《小市民》获得了格利鲍耶陀夫剧作奖。

1902 年,高尔基又在流放地阿尔扎马斯,根据自己对底层生活 20 年的观察,创作了剧本《底层》。作品艺术地表现了被资本主义发展抛出生活常轨的小偷、戏子、妓女和手艺人等,抨击了当时仍在蒙蔽人们的资产阶级的虚伪人道主义的安慰哲学,启发人们"真理才是自由人的上帝"。契诃夫写信给高尔基说:"您的戏读过了,这无疑是新型而优美的作品。"这个剧本是高尔基戏剧中的代表之作,后来在欧美各国上演,为他赢得了世界性的声誉。

接着,高尔基创作了一系列剧本,主要有《避暑客》(1904)、《太阳的孩子们》(1905)、《野蛮人》(1905)、《敌人》(1906)。高尔基站在时代的前沿,用他那鹰一样的眼睛,锐利地扫视俄国社会生活中的各阶层人,剖析各种矛盾,探索人生的道路。写《避暑客》时,高尔基说:"我想赏同行们几个耳光。"这个剧本批判了俄国自由派知识分子在社会革命中的各种丑陋心态,认为知识分子只有同人民大众建立血肉联系,才不会孤独,才能有所作为。剧本演出时,顺彩与倒彩齐鸣,高尔基走上前台,一言不发,横眉怒目,捍卫自己的作品,结果镇得全场哑然。《太阳的孩子们》和《野蛮人》顺着这个主题更进了一步。写于旅美时期的《敌人》,第一次将布尔什维克领导下的工人阶级同资产阶级的斗争搬上了舞台,通过有力的形象,在剧终工人失败之时,仍然预示无产阶级的光明未来。这部作品情节集中,冲突尖锐,对话简洁,是又一部优秀之作。

高尔基的远见,不仅是由于他本身的因素,也与革命导师列宁的影响有关。早在 1900 年,高尔基便帮助列宁创办了《火星报》,1905 年,又协助他办《新生活》,两人都在《新生活》上发表政论文章,法国《人道报》便将这份报纸称作"列宁和高尔基的报纸"。就在这一年,他们在彼得堡第一次见了面,开始了风风雨雨的友谊。高尔基回忆这一段生活时,说:"真正的革命性,我正是在布尔什维克那里,在列宁的文章里,在跟着列宁的那些知识分子的演说和工作里感觉到的。"革命的真理,赋予了高尔基解剖社会的手术刀,预见未来的千里眼。正如茨威格所评价的:"这双慧眼看得既准确又清楚,而且准确无比,清楚得惊人……高尔基这种慧眼的由来就是真理。"正是凭着这种慧眼，高尔基才能够高瞻远瞩地反映社会生活。

伟大友谊

1905 年，高尔基参加了莫斯科十二月起义。起义失败后，他遵照党和列宁的决定，出国筹集经费，争取国际支持。由于当时国际形势不利，他没能完成这些任务，但他在文学创作上取得了丰硕的成果。在美国期间，他不仅写出了一组痛快淋漓揭露资本主义所谓文明的政论文和剧本《敌人》，还创作了一部划时代的作品。世界无产阶级文学的奠基之作——长篇小说《母亲》。

这部小说高度艺术地概括了 19、20 世纪之交的俄罗斯大地上波澜壮阔的革命斗争，既表现了工人阶级在布尔什维克领导下的迅速觉醒，也描写了农民流动和农村分化的情景。小说塑造的巴威尔是世界文学史上的第一个成功的布尔什维克典型，而母亲——尼洛夫娜·符拉索娃，一个从逆来顺受到终于随儿子巴威尔走上反抗道路的普通俄罗斯妇女，这一感人至深的形象。高尔基通过这个普通母亲的形象，写出了俄国无产阶级革命的深度和广度。

这部小说是以 1901~1902 索尔莫渥被镇压的"五一游行"为基础写的，又写于革命低潮期，但高尔基在书中还是满怀信心地预见了未来。小说首先在美国发表，随后在欧洲以各种文字出版，极大地鼓舞了俄国工人阶级和世界无产阶级。德国戏剧家布莱希特说："《母亲》即使不写得这样动人，仍然不失其巨大的意义与影响。"列宁赞许这是一本"非常及时的书"。

高尔基是一个与人民息息相通的作家，他的大部分作品都取材于人民中发生的真实事情，写出了人民的真情实感。30 年后，当他再也不能写时，母亲的原型、87 岁的安娜·克里洛芙娜·扎洛莫娃在电台发表了演讲，她是这样结束对这位文学巨人的悼念演讲的："别了，阿辽沙！别了，儿子！"

由于高尔基在国外的革命宣传，他无法回国。1906 年，高尔基到意大利的喀普里岛侨居。

高尔基在意大利受到了隆重的欢迎。1907 年，在布尔什维克伦敦代表大会上，高尔基又见到了列宁，相见甚欢。17 年后，这一幕在高尔基的回忆录《列宁》中，得到了生动地再现。但是从伦敦回来后不久，高尔基就因为办党校的事被列宁误解，双方停止通信，这一时期高尔基的作品《忏悔》，也确实流露出"造神论"的一些倾向，受到列宁的严肃批评。后来高尔基又因党校分裂，情绪十分低落。列宁得知真实情况后，主动写信来解释和鼓励，两人言和了。

但是与另一位巨人列夫·托尔斯泰，高尔基似乎离得越来越远了。1908 年，高尔基拒绝参加托尔斯泰的庆祝委员会。他在给友人的信中说托尔斯泰"他的谦逊是虚伪的，他想受苦的愿望是可憎的"。"我理解了列夫·托尔斯泰的'出走'，是为了实现他的夙愿,把'列夫·托尔斯泰伯爵的生活'变为'俄国贵族列夫圣者的生活'"。也许,高尔基的"慧眼"是太不容情了。但是,一旦这位巨人的逝讯传来,一切都改变了:"我绝望地大哭,整天一直在哭,——我有生以来第一次哭得这样伤心,这样难受,这样厉害。"高尔基说,"溘然长逝的是一个囊括整个俄国和一切俄国东西的伟大灵魂——除了列夫·托尔斯泰,对谁还能这样讲呢?"

死亡,在高尔基的生涯中,往往是引发友谊与爱的契机。八年之后,当列宁遇刺时,高尔基深受震动,立即抛弃了与列宁的分歧,回到了列宁身边。

而现在,在失去了契诃夫后(高尔基在1904年7月失去了这位严师益友),又失去了托尔斯泰的俄国文坛,高尔基感到"孤苦伶仃",但他却写出了他最有特色的作品《意大利童话》和自传体三部曲之一《童年》。

在此之前,高尔基主要写作了《夏天》(1909)、《奥古洛夫镇》(1909)、《玛威特·柯日麦金》(1910~1911)等。前者塑造了俄国文学史上第一个农民布尔什维克的形象,后两部小说都以奥古洛夫镇为背景,继续他一贯的对小市民心理的探索,对市侩习性的批判。小说发表后,"奥古洛夫精神"成了顽固守旧势力的代名词。剧本则有《最后一代》(1908)和《瓦萨·日兹诺娃》(1910)等。

《意大利童话》(1911~1913)是一曲人性美的赞歌,它由27个彼此独立的故事片断组成,在艺术上显出综合的倾向,兼容并包了现实主义、浪漫主义和象征主义,将散文与诗融为一体,在结构上既有传统特色,又运用了现代技巧。这部作品是高尔基在美学上的新探索。

1913年写成的《童年》中,既有一个童年的苦难的阿辽沙,也有一个现在的对过去的时光做高屋建瓴的俯视的高尔基,同一个人的两个不同时期在书中的同步存在,给了这部自传体小说以特殊的艺术魅力。正是因为有了现在的高尔基,童年的阿辽沙所生活的"铅一样沉重"的环境才显出亮色。高尔基写出了当时俄罗斯这层"充满了种种畜牲般的坏事的土壤上"所依然生长着的"鲜明、健康、奋发有为的事物""富有人性的事物",塑造了一批颇具审美价值的人物形象,其中外祖母卡什林娜是俄罗斯文学最有诗意的妇女形象之一。

写完《童年》后,高尔基回到了阔别已久的祖国,住在彼得格勒(彼得堡已改名)附近。沙皇不敢逮捕他。

在喀普里岛时,高尔基亲自处理来自俄国的向他请教的大量稿件,回国后他更是带病进行这项繁重的工作,编辑出版了《无产阶级作家文集》,培养新人;创办了大型杂志《纪事》,给逆境中的马雅可夫斯基以有力的支持;他还以高度的责任感,筹备在他领导的《帆》出版社出版一批青少年读物,为此,他写信请罗曼·罗兰写贝多芬的传记,从此开始了长达二十余年的深厚友谊。罗曼·罗兰的巨著《约翰·克利斯朵夫》和《欣悦的灵魂》都从高尔基那里获益匪浅。后来,罗曼·罗兰曾这样动情地回忆他们的友谊:"……我的根碰到了高尔基的根,两个人的根在地下亲热地交错在一起。这会儿,我们这两个处在欧洲两端的同志的血都混在一起了。"

高尔基这一时期发表了很多短篇小说。1916年，他又创作了自传体三部曲之二《人间》，载于《纪事》。小说描写了少年的阿辽沙到"人间"谋生的不幸遭遇和艰难的成长过程，像《童年》一样，在对丑恶和不幸的描写中仍然放射着乐观和理想的光芒。《人间》比《童年》更广阔更严正地展现了俄罗斯底层人的生活，是高尔基的又一部优秀之作。

但是，就在这一时期，像29年前在喀山一样，高尔基再次陷入了一场精神危机。第一次世界大战中，国际上有一股主张民主力量同资产阶级政府合作的思想潮流，高尔基也同意这个看法，并撰文宣传。这遭到了列宁在《远方来信》中的严厉批评和责问："毫无疑问，高尔基是一个伟大的艺术天才，他给全世界无产阶级运动做出了而且还将做出很多贡献。但是，高尔基为什么要搞政治呢？"批评是对的，但责问却未免有失宽厚与公正。

1916年7月，高尔基给妻子彼什柯娃的信中说："我生活在内心矛盾之中，除了文化工作外，看不到别的出路。"他创办了一系列文化事业单位，对工人农民进行文化教育，以为这是解决社会危机的途径。1917年11月至1918年5月，他在《新生活报》（并非以前的《新生活》）上发表了一组题为《不合时宜的思想》的文章，表达他的忧虑和困惑，其中不幸而言中了后来苏联社会生活中的一些悲剧，但主要的观点是错误的。列宁便下令封闭了《新生活报》。

1918年8月，列宁被社会革命党人刺伤。高尔基在震惊中认识到自己所持的资产阶级人道主义的软弱和错误，他当即去电慰问列宁，随后亲往看望，承认自己是一个"迷过路的人"。高尔基主动恢复了与列宁的友谊，也走出了精神危机，积极担任了许多社会工作，进入了新的时期。

1918～1921，高尔基以卓越的宣传才能和组织才能，全力从事恢复高等学术机关、团结知识分子、保护文物、出版普及读物、组织科研等工作，为刚刚创建的苏维埃的文化事业付出了辛勤的汗水。

在工作的间隙，他在《共产国际》上发表了很多政论，并写出了《回忆列夫·托尔斯泰》，以娴熟高超的技巧，再现了矛盾的巨人的风采。他还写出了这位一语千钧的泰斗对自己的否定："再讲您的语言，它很巧妙，但过于做作，这是不行的。……您在戏里把自己的话说得太多了，所以您的戏里并没有人物，所有的人物全是一样的。您大概不了解女人，您没有写成功一个女人，连一个也没有！"高尔基就是这样一个纯洁而坦率的人。

事业丰碑

1921年，因肺病严重恶化，高尔基在列宁的力劝下，到德国、捷克斯洛伐克和意大利治病，后来住在意大利的索伦托。治疗期间，也是他一生总结性的创作时期,高尔基写出了《我的大学》(1923)、大部头《阿尔达莫诺夫家的事业》(1925)和史诗性的巨著《克里姆·萨姆金的一生》(前两部 1926~1928)以及大量回忆录、短篇小说。

《我的大学》是自传体三部曲之三,写阿辽沙喀山时期的生活,结构似乎不如前两部精致,但风格还是与前两部一致的。总的说来,高尔基的自传体三部曲不愧是俄罗斯文学史上自传体小说的里程碑。

列宁在他一生的最后几天,听人读了这部小说。36 年前,列宁也在喀山,他正是年轻的阿辽沙所要寻找的那个人。但是,在他逝世后,高尔基才真正找到他。

早在 1894 年,柯罗连科就预言高尔基:"您是一个现实主义者,可同时也是一个浪漫主义者!"现实主义者和浪漫主义者高尔基一生都在寻找一个理想的英雄人物,一个"大写的人"。在列宁逝世之后,在回忆这位同自己的关系几经风雨而友情弥笃的逝者时,高尔基终于找到了这个"长着苏格拉底式的前额和一双洞察万物的眼睛"的英雄。他数次修改写列宁的回忆录,终于塑造了一个极富艺术魅力的"大写的人"。

《阿尔达莫诺夫家的事业》是 26 年前开始的以《福马·福马杰耶夫》为起点的对俄国资本主义的探索的总结,它通过阿尔达莫诺夫一家三代的历史,形象地说明了俄国资本主义产生、发展和衰亡的全过程,描绘了农奴制改革后、十月革命前的半个多世纪的俄国社会生活的独特的历史风貌。小说中最成功的人物是第一代伊利亚这个"建设者"兼"贪财者",罗曼·罗兰称伊利亚是一个"刻画得不朽的形象"。这部小说是高尔基晚年的一部力作。

《克里姆·萨姆金的一生》(分四卷,第三卷完成于 1933 年,第 4 卷没有最后完成)是一部史诗性的巨著,是高尔基探索知识分子心灵和生活道路的总结。作品在俄国十月革命前四十年间的动荡广阔的社会背景上,塑造了一个高度概括的个人主义的资产阶级市侩型知识分子萨姆金这个"孤独人群中的一个孤独人"的形象。正像"阿 Q 精神"是中国民族劣根性的代名词一样,在苏联,"萨姆金精神"也成为知识分子特别是资产阶级知识分子劣根性的象征。资产阶级知识分子因而骂高尔基:"知识界差不多用自己的乳汁喂壮了高尔基这条毒蛇,而他现在却用布尔什维克的牙齿来咬破这只乳房了。"然而,克里姆·萨姆金可以毫无愧色地走进世界著名文学典型画廊。这部作品是高尔基一生的压轴之作。

高尔基的一生是探索型的,他的小说也主要是沿着对人物的精神的探索来谋篇布局。对人物的心理的细致描写是高尔基小说的特征之一。在心理描写手法上,他受到了列夫·托尔斯泰和陀思妥耶夫斯基的影响,注意描写人物的心灵律动和梦幻。同时,早期的漫游培养了他对自然景观的敏感,在小说中,他往往用自然景观来表现人物的内心生活。这一点,与屠格涅夫相似。

另一方面,高尔基极大地拓展了小说的题材和主题,他第一个将无产阶级作为主人公带进了文学,生动而富含洞见地表现了无产阶级和资产阶级的斗争,替世界文学开辟了新的道路。在这个意义上,他堪称世界无产阶级文学的但丁。

笔耕不辍

1928 年,高尔基回到苏联,受到了英雄凯旋般的欢迎。他回来后立即拜谒了列宁墓,默默站了很久才离去。

1928 年 3 月,高尔基六十岁了。高尔基本人虽然这时不在国内,但庆祝他的六十周年诞辰的演讲和文学,其热烈的程度,并没有因此而减退。他在意大利的索伦多接到了各方面的祝词和各报以及各种著名周刊为他寿辰所发的专号……他出于诚意虽对此铺张的庆祝行为并不赞赏,但在他三十五年的文学工作努力之后,大众对他的如此认识感到欣慰。大众对他的祝贺,不仅仅把他看作作家,并且把他看作是朋友。他和世界上的许多名人一样,受到了国家、公共机关,以及各种民众团体和个人的崇敬和祝贺。

1928 年春天,在一个阳光明媚的日子里,高尔基回到了久别的祖国。祖国的人民非常隆重地欢迎他,在莫斯科、列宁格勒及其每个城市的车站上都有成千上万的群众迎接他。

高尔基投入了苏维埃的新生活。他经过那些四十年前步行经过的土地,在他所经过的每处都更加清楚地看到,苏维埃国家正在迅速地成长和壮大着,在这里,聪明代替了愚昧,勤劳代替了懒惰,新建工程代替了满目疮痍,新辟的良田代替了贫瘠的土地……

高尔基回到祖国以后,他掌握了苏联文学生活的舵轮。高尔基进行着广泛的通讯工作,莫斯科邮局的第六十九分局派出一个特别的邮递员为高尔基服务。他创办并且编辑了几种杂志、发起编印《工厂史》和《内战史》。

1931 年,他完成了《耶戈尔·布列乔》这一剧作。

1932 年 9 月 25 日,为了纪念这位六十四岁还在继续创作的伟大作家的功绩,苏联举行了世界上从来没有过的盛大的庆典。9 月 26 日苏联塔斯社从莫斯科发出这样的一个电讯:

1934 年,高尔基主持第一次苏联作家代表大会,做了题为《苏联的文学》的报告,并当选为苏联作家协会主席。他对访问他的年轻人说:

"生活的意义在于为革命服务"——高尔基用这话来教育苏维埃人民,鼓励年轻的文学工作者。在他的论文中,在他所组织的苏维埃作家代表大会上,他说道:"在弗拉基米尔·伊里奇·列宁的天才所照亮的国家里,在约瑟夫·斯大林的铁的意志不倦不息与神奇地工作着的国家里,生活和斗争是欢乐的。"

1925 年到 1936 年花了整整十年的时间写成了一部具有史诗性质的长篇巨著——《克里姆·萨姆金的一生》。小说反映了从十九世纪七十年代末到 1917 年间,俄国发生的重大历史事件,如民粹派的破产、马克思主义的传播以及它对形形色色敌对思潮的斗争、1905 年革命风暴、第一次世界大战、二月革命等。高尔基在他的最后十年里,写了大量的随笔和论文。

高尔基在《英雄的故事》里,描写了最普通的人物:红军战士和男女集体农庄的农民,表现出他们为建设新生活辛勤劳动的高度热情。

高尔基以自己的真挚情感,在作品中号召苏维埃的全体人民热爱祖国,以创造性的劳动建设自己的新国家。他写道:

"在这样一个国家里生活和斗争是十分愉快的,在这里,党的伟大智慧和党的领袖约瑟夫·斯大林的钢铁意志,永远使人类摆脱了旧日万恶的习惯和偏见。

同志们,大家和谐地生活在一起吧,热爱你们第二个母亲,我们的强大社会主义祖国吧……"

高尔基晚年所写的一系列的政论文是刺向形形色色的敌人的匕首和投枪。

他在自己的论文里,谈到纸醉金迷的欧美富翁和饿得要死的失业贫民,他揭穿了各资本主义国家奴役人民的真相以及资本家如何妄图阻碍殖民地各国经济和文化的发展。高尔基愤怒地抨击兽性的、血腥的法西斯主义匪徒在美国政府的支持下杀害罢工工人、压迫黑人的罪行。

高尔基也因此引起了苏联一切敌人的憎恨。托洛茨基、布哈林一伙决定迫使高尔基沉默。他们认为只有死才能使高尔基沉默,所以决定杀死他。

1936 年 5 月高尔基病发,他顽强地与病魔抗争,全国人民关注着高尔基病情的发展。然而敌人派遣的凶手医生,却在慢慢地杀害着这位伟大的作家。

6 月 8 日,斯大林、伏罗希洛夫、莫洛托夫等布尔什维克领导人到医院去看望病中的高尔基,不料,这竟是他们的最后一次会见。

6 月 12 日,高尔基倾听着这天播出的斯大林签发的《宪法草案》。他说:"现在在国内……连石块都唱歌了",眼中闪烁着欢欣的眼泪。

1936 年 6 月 18 日,高尔基逝世了。莫斯科苏维埃大厦上插上了丧旗,噩耗传遍了世界的每一个角落。

科学巨匠

导　语

　　科学是全人类的科学,从古埃及和巴比伦的建筑奇迹,到今天的核电站、激光和宇宙航行,经历了漫长而又艰巨的发展道路。为了摆脱愚昧、探求知识,人类已经走过,并且还在继续走着一条漫漫的艰难路程,在这条道路上,那些残缺不全的知识不断被更加完备和更加精辟的新知识所取代。

　　回首千年,慨叹人类的文明犹如疾速而行的列车一般朝着那无名的终点永无休止地奔跑着。我们很骄傲,骄傲有了文明的推动我们发明了文字,再也不用为了记录而结绳记事;我们很庆幸,庆幸有了文明的进步我们可以乘坐火车、飞机甚至宇宙飞船,再也不必为那遥远的旅途而长途跋涉;我们也很感叹,感叹因为文明的发展我们可以借助卫星来传递讯息,再也无须爬上那高高的山顶来烽火传递。

　　徜徉在世界历史的长河之中,有多少智者才俊凭借其超人的智慧为人类文明的进步而开拓创新。在科技高度发达的今天,在享受着先人恩惠的同时,追思他们的事迹会使我们如沐春风,更能激励着我们当下为了推动人类文明的进步而不遗余力。伟大的哲学家、物理学家亚里士多德曾说过:"给我一个支点,我就能撬动整个地球。"我们也应该相信站在这些巨人的肩膀之上,我们也会推动着人类从一个文明走向另一个文明。《科学巨匠》就为我们了解这些巨人进而站在这些巨人的肩膀之上提供了一个很好的平台。该卷以其简洁的叙述为我们介绍了来自科学思想、数学及信息科学、物理科学、地球科学、生命科学、医学及生理科学、天文学以及技术发明等诸多领域的世界级科技巨匠。

　　人类文明的火车头不知不觉地驶入了新的时代,我们要感恩,要珍惜,因为我们沐浴在先人的阳光之下享受到了科技带给我们的温暖,也背靠在巨匠们的大树之下品味到了它带给我们的阴凉。但是,我们更要开拓创新,不断进步,因为历史的车轮总是滚滚向前,而文明的脚步也是永不停歇。幸运的是,由于这些历史巨匠们的努力,他们已经为我们的发展奠定了良好的基础,因此这使得我们人类文明的继续发展成为可能,也成了永恒。因为我们能够站在他们的肩上来开拓、来创新,也因为我们站得更高,所以我们能够看得更远!

古希腊的骄子

——阿基米德

人物档案

　　简　　历:伟大的古希腊哲学家、百科式科学家、数学家、物理学家、力学家,静态力学和流体静力学的奠基人,并且享有"力学之父"的美称,阿基米德和高斯、牛顿并列为世界三大数学家。8岁完成叙拉古学校全部课程。11岁留学亚历山大,公元前240年,回到故乡叙拉古。公元前212年被罗马士兵杀害。

　　生卒年月:公元前287年~公元前212年。

　　安葬之地:西西里岛。

　　性格特征:认真好学,态度严谨,喜欢探索。

　　历史功过:兴修水利,设计提水机械"水蜗牛",又称"阿基米德螺旋"。揭示了杠杆原理,并写出了杠杆定律。发现了阿基米德定律,即浮力定律。制造新型武器——回转起重机。被世人称为"数学之神""力学之父"。

　　名家评点:美国E·T·贝尔评价说:"任何一张开列有史以来三个最伟大的数学家名单之中,必定会包括阿基米德。而另外两人通常是艾萨克·牛顿和卡尔·弗里德里希·高斯。"

11 岁的留学生

　　阿基米德的父亲菲迪拉斯是叙拉古一位颇有名望的天文学家和数学家。古希腊时代,哲学和自然科学是互为一体的,几乎所有的哲学家、思想家同时又都是自然科学家。菲迪拉斯给儿子取名"阿基米德",在希腊文中的意思就是:杰出的第

　　阿基米德没有辜负父亲的期望。他自幼就喜欢读书识字,喜欢写写画画,更喜欢跟随父亲在静谧的夜晚出去观察天象。家里来了客人,他就乖巧地坐在一旁安静地听着。虽然那些数学家和天文学家的话题对他来说实在太深奥,但是使他从小便感受到在数和形的世界里遨游的乐趣。

　　8岁上学的阿基米德仅仅用了三年工夫,就把叙拉古学校的全部课程都学完了。作为世界五大文明发祥地之一的古希腊,曾有"科学家的摇篮"之称。可是随着希腊的衰落,雅典的世界文化中心地位渐渐被埃及的亚历山大里亚所取代。为了寻找更为广阔的知识天地,11岁的阿基米德不怕远离父母,独自一人漂洋过海,前往亚历山大里亚求学。

　　位于尼罗河口的亚历山大里亚城,是埃及托勒密王朝(公元前305~公元前31年)的首都。它是埃及政治和文化的中心,是地中海和东方各国进行贸易和文化交流的集散地,也是当时世界上最大的文化学术中心,堪称智慧之都。这里有世界历史上建立最早的亚历山大里亚博物馆。博物馆内有一个当时世界上藏书最多的图书馆和一个天文台、一个动物园、一个植物园和几个解剖室。图书馆内藏书数十万卷,珍藏着古希腊和东方古国的重要经典著作、科技资料,以及名家手稿、艺术品等。这个博物馆既是学校,又是研究机构。在这里,云集了研究各种不同学科的学者、研究人员和当时科学技术界的顶尖人物,同时也吸引了很多从四面八方慕名来此拜师求学的留学生。一大批科学文化巨人,例如美学的鼻祖毕达格拉斯,原子能的先驱德谟克里特,几何学的创始人欧几里德,科学、思想、文化的集大成者亚里士多德等,差不多都是在这里脱颖而出的。一句话,这里是群英荟萃、藏龙卧虎之圣殿! 正如哈佛大学的数学家库利奇所赞叹的:"当年,在那个国度里一时涌现了多少天才!"

　　来到亚历山大里亚的阿基米德,如鱼得水,犹似久旱的禾苗遇到了甘露,贪婪地吮吸着知识和智慧之泉。他进入欧几里德创办的数学学校学习,把欧几里德的数学典范《几何原本》从头读起,潜心钻研,直至烂熟于心。他拜亚历山大里亚图书馆的馆长埃拉托塞尼为师,向他学习天文学、地理学、力学和数学。埃拉托塞尼不仅将自己的全部知识毫无保留地传授给阿基米德,还为阿基米德提供了亚历山大里亚图书馆所能给予的最好条件。

　　书山有路勤为径,学海无涯苦作舟。在亚历山大里亚的图书馆里,人们经常可以看到阿基米德孜孜不倦的身影。早晨常常是他第一个来这里,晚上总是他最后一个离开。

　　要知道,当时还没有发明造纸,人们还不懂印刷术。古希腊时代的书是用鹅毛管削成笔尖,蘸上颜料,写在一张张羊皮上的。这样的书读起来不方便,买起来更昂贵。还有一种书是用纸莎草纸写成的。所谓纸莎草纸,其实是一种生长在尼罗河下游的草本植物纸莎草的叶子,它经过特殊处理后,便能在上面写字,写完后人们将其一片片粘合起来,再用一根根木棍将它卷起来收藏。即使是这样的书,也不便宜。

阿基米德买不起如此昂贵的书,也买不起更多的纸来记笔记。他只能拼命地把那些公式、定理,一遍一遍地牢记在自己的脑子里。但是学数学不单单是背诵定理和公式,还要画大量的图,做大量的演算,没有纸怎么行呢?

事在人为。阿基米德把火盆里的炭灰收集起来。到了需要演算的时候,就把炭灰铺在地上,然后用木棍或手指作笔进行作图或演算。

这还不够。有一回,他正在洗澡,可脑子里总离不开那些几何题。一个新的思路突然从脑瓜里跳出来,他忍不住连忙用手指在自己身上演算起来。于是刚刚抹过香膏的皮肤上便留下了清晰的算式。阿基米德瞅着这清晰可辨的算式,突然喜出望外:哈哈,原来这抹上香膏的皮肤也能当纸用!从此,他就经常用这种方法进行演算,常常忘了自己正在洗澡。

当然,身体上可用作演算的皮肤实在是太有限了。火盆中的炭灰也同样是有限的。更多的时候,阿基米德的大量演算题是跑到海滩上去完成的。无边无际的沙滩,是大自然赐予阿基米德的一张天然大草纸,阿基米德随手捡起一个贝壳,就能在这张大草纸上任意作图、任意演算。他常常就这样蹲在那里,几个小时几个小时不停地写呀、画呀、思考呀、演算呀,太阳悄悄躲进了海面,晚霞的余晖把海水渐渐染成了金黄色、灰色,直至黑色,他还蹲在那儿,浑然不知。

有人说,阿基米德对大海有一种特别的缘分。一点不错,他喜欢大海,大海的浩瀚无边、奔腾不息,赋予了阿基米德无限广阔的胸怀,无穷无尽的智慧和力量;他喜欢海滩,阿基米德的无数几何图形、命题、定理,都是在海滩上诞生的。阿基米德一直保持着在海滩上思考和演算习题的习惯,就连他生命的最后一刻,都是在海滩的怀抱中走完的。

阿基米德螺旋

阿基米德不仅是个数学家,更是一个实践家,一个心中装着人民大众的科学家。

在埃及,每年从5月开始,都要刮起可怕的热风暴。这种热风暴从撒哈拉大沙漠吹过来,昏天黑地,一刮就是五十多天,刮得人们抬不起头来,刮得耕地都裂开了嘴,刮得庄稼全耷拉下脑袋。总算盼来了雨季,赶走了灼人的热浪,可是这倾盆大雨又来得过于凶猛,哗哗地下个不停,冲击着干枯已久的土地,挟裹着大量泥沙,最后,全部流进了尼罗河。

于是,刚刚摆脱了干旱的人们,又陷入了洪涝之灾。

要想改变这一切,只有一个办法:兴修水利。尼罗河沿岸,至今还遗留着不少阿基米德时代修过的石坝工程，也流传着阿基米德如何把自己学到的数学和力学方面的知识应用到实际生活中去，帮助埃及人民兴修水利的故事。

最生动的当然要数"阿基米德螺旋"的故事。

尼罗河上的堤坝虽然解决了洪水泛滥的问题，可是在久旱不雨的季节，如何从河里取水灌溉农田，仍然是个难题。尤其是那些离河较远且地势又高的农田，只能靠人力一桶一桶地提水浇灌。

每当阿基米德看到那些前去尼罗河边打水的人，他总是停下脚步，对他们呆呆地望上一会儿。难道就没有更好的办法吗？阿基米德在琢磨着。

他想起了古埃及人如何把石块运送到高高的金字塔上——斜坡，对！顺着斜坡可以省力。阿基米德在沙滩上画出了一个斜面。可是，河堤是直上直下的，这么长的斜坡怎么装进直上直下的取水井筒里去呢？

他又想起了自己与埃及人一起修筑大坝，把大石块运送到高高的堤坝上时，有时遇到斜坡太陡的话，就在斜坡上多拐几个弯，形成一个"S"形，可以省去不少力气。于是他就在沙滩上画了一个"S"形的斜面。

可是水和石头毕竟不是一回事，石头可以多拐几个弯运到斜坡上，水怎么能顺着"S"形斜面爬上井筒呢？还是不行。

就这样，阿基米德在沙滩上画了一个又一个图形，最后都被自己给否定了。他的眉头锁成了一个疙瘩，不停地在沙滩上走来走去。

突然，阿基米德的脚丫被什么东西重重地磕了一下。他低头一看，啊，原来是个海螺。这样的海螺满海滩都是，平日里阿基米德就用它在海滩上演算习题，画几何图形，可今天是怎么回事？它却好像顽皮地冲着阿基米德在挤眉弄眼，在扮鬼脸，连它都在笑话他的脑袋如此不中用！阿基米德气不打一处来，蓦地伸出右脚，重重地向海螺踢去。海螺从海滩上跳起来，"嗖"的一下在空中划了道弧线，随即跳舞般地不停地旋转起来。

在夕阳的辉映下，这精灵一般的海螺显得那么漂亮，那么炫眼。阿基米德愣愣地望着，望着，突然惊喜地瞪大双眼，兴奋地跳起来，扑上前去，捡起那枚海螺，细细端详起来：不是吗？你瞧这海螺上的螺纹，一圈又一圈，是那样地匀称而有规律，它仿佛沿着一根看不见的轴，从底部一直绕到顶端，多么奇妙的螺旋线啊！

"啊，这不就是一个盘旋而上的斜面吗？"阿基米德兴奋地叫道。

一个创造性的思想突然闯进了他的脑海。就凭这个灵感，阿基米德成功地设计出了一种省力的提水机械：在一根长约 4 米~6.5 米的圆柱形空心管内，安装上一个有叶片的螺旋轴，把管子的一端放在水里，另一端搁在岸上，只要人们不停地摇动螺旋轴的轴柄，河里的水就可以源源不断地被抽到岸上来。这样的机械可以为农民们省去多少力气啊！

这种提水机械，有人称做"水蜗牛"，有人称做"埃及蜗牛"，更多的人把它叫作"阿基米德螺旋"。

直至今天，阿基米德的发明原理仍然具有广泛的使用价值。轮船和飞机上使用的螺旋推进器，工厂里的传送机和搅拌机，都是从阿基米德螺旋发展而来的。

力学之父

如果说，当初 11 岁的阿基米德来到亚历山大里亚，是因为仰慕这座世界科学文化的最高峰，那么当他决定离开亚历山大里亚的时候，他已经站在了这座高峰的顶巅之上。他已经成了一位与欧几里德齐名的"几何学大师"和"数学之神"了。

公元前 240 年，阿基米德回到了阔别多年的故乡叙拉古。

因为祖国需要他。远方的游子满怀一腔报国热情担任了希艾罗国王的顾问，为治理国家出谋划策，为发明各种各样的精巧机械，解决各式各样科学技术和生产问题殚思竭虑。这时他已经是个快 50 岁的人了，他觉得时间对于自己已经不那么富裕了。他要让自己有生之年的每分每秒都派上用处。他对学术上的研究和技术上的发明，简直到了走火入魔的地步。平日里，家人把饭菜全部摆上了桌子，可老是不见阿基米德过来，他的妻子只好一次次地去找，一遍遍地去催，好容易让他坐到了桌边，可吃着吃着，忽然拿起叉子，在火盆里的灰烬上又画起了三角形、四边形，边作图边思考，经常弄得一顿热气腾腾的晚餐，让他变成了冷冰冰的早点。

人们都认为阿基米德是个"怪人"。历史学家普鲁塔克这样说："阿基米德是一个中了邪的人，以致对饭食和自己的身体全然不放在心上，整日沉湎于那些虚无缥缈的游戏幻想之中。"阿基米德怎么回答呢？他说："是的，我是中了邪术了，我是受了一个几何女妖的甜蜜引诱，才神情恍惚，并陶醉在其中的，这种邪术令我心驰神往，这种邪术使我留连，这种邪术让我回味无穷。这种乐趣你们是无法同我分享、也是永远体味不到的。"

阿基米德不仅揭示了杠杆原理，还导出了杠杆定律。他在发明可以改变力的方向的定滑轮之后，又发明了一种能使人们节省一半力气的动滑轮。他将这些杠杆和滑轮结合在一起，设计制造出了一套复杂的杠杆和滑轮系统。

那一年，希艾罗国王给埃及国王托勒密造了一艘大船。这是一艘三桅大船，船身有 45 米长、6 米宽。宽敞明亮的客厅，迂回曲折的回廊，威武高耸的瞭望塔，光是划桨就有三层，每层有 150 多面桨，真是个庞然大物。工匠们冒着烈日，花了将近一年的时间才把这艘船造好。希艾罗国王和大臣们巡视参观后，都赞不绝口。

可是等到大船下水的日子，一个个都高兴不起来了。因为这艘船造得实在太大了，当工匠们把船体下的垫木敲掉以后，大船却纹丝不动。即使把船坞里干活的奴隶全部集合起来，还是无法将它推下水去。

怎么办呢？只有把阿基米德请来。希艾罗国王问阿基米德："你有什么好办法？"

"只要给我一个支点,我可以撬动整个地球。"阿基米德回答说。

"那好吧,阿基米德,我现在就把这艘船交给你。若真的像你说的那样,你能把这艘大船给我送下水的话,我就下一道命令,让全城的人今后全部听从你的吩咐。"希艾罗国王嘴上虽这么说,心里却是将信将疑。

阿基米德二话没说,来到船坞,亲自指挥工匠们,在船的两侧架起了许多粗大的木桩,用最快的速度把他的那些滑轮、绳索、螺旋、螺杆一一安装完毕。

那天,海岸边的船坞周围,人山人海,人们就像赶庙会似的从四面八方前来观看阿基米德将怎样把这庞然大物送进水里去。

阿基米德最后检查了一遍他的全部机械装置,胸有成竹地走到希艾罗国王眼前,把一根绳索郑重其事地交给他说:"您一个人就可以把这艘大船送到水里去。"

希艾罗国王疑惑地接过了阿基米德递给他的绳索,使劲儿一拉。天哪! 奇迹果真像阿基米德说的那样发生了,那艘大船竟然如变魔术般地被国王给拉了起来。只见一只只滑轮在转动,绳索在缩短,这艘巨大的三桅船缓缓地离开了造船架,一步步向大海滑去,直到稳稳当当地浮在辽阔的海面上。

全场的人都齐声高呼起来:"阿基米德! 阿基米德!"

浸入水中的皇冠

一年一度的祭神节,是叙拉古人民的传统节日。

希艾罗国王为了参加这个盛大隆重的祭神典礼,取出了一块上好的纯金,命工匠定制了一顶金王冠。可当他把新王冠戴在头上时,却听到了周围不少人的议论,怀疑工匠手脚不干净,偷梁换柱,盗去了部分黄金而掺入了白银。为此,他专门召见了阿基米德,要求立即弄清这顶金王冠的纯度。

在当时,这实在是个非常非常难的难题。阿基米德苦思冥想了好几天,还是毫无结果。这使他沮丧极了。一连几天,他茶不思饭不想,没有睡过一夜囫囵觉,没有洗过一次澡,眼睛熬红了,人也瘦了一圈。

这天上午,希艾罗国王又派人前来催他去复命。阿基米德对着镜子,看看自己这副蓬头垢面的样子,摇了摇头,决定先洗个澡,换件衣服,然后再去见国王。

走进浴室,阿基米德还在想着那个难题,一边往浴盆里注水,一边还在琢磨着那个王冠。不知不觉间浴盆里的水灌得满满的。他双脚才跨进盆去,水立即溢出盆来。身子越往下沉,漫出的水就越多。他若有所思地站起身来,水面立刻降落下去。他再坐下身子,水面又升起来。蓦地,阿基米德跳出浴缸,赤身露体冲出大门,穿过大街,直往王宫奔去。一边奔,一边口中还不住地兴奋地高喊着:

"攸勒加! 攸勒加! ……"

守护在王宫门口的卫兵没有人不认得大科学家阿基米德,全用一种惊异的目光瞅着他。这"攸勒加"的希腊语就是"我找到了"的意思，谁也弄不明白他究竟找到了什么，为什么弄成这副狼狈相。幸亏阿基米德的仆人抱着主人的衣服从后面气喘吁吁地追了上来，这才解了阿基米德的窘态。

阿基米德对希艾罗国王说："尊敬的陛下，请您马上把众大臣叫来，也把那个金匠给传来，我这就给大家当场做个实验，看看这金王冠有没有掺假。"

阿基米德首先取来三个陶罐，在每个陶罐里都灌满了水。然后将陶罐分别放在三个大盆里，并在盆子旁边同时准备好三个同样大小的杯子。

实验开始了。阿基米德取出王冠，再称出一块与皇冠重量相等的纯金和一块与王冠重量相等的纯银，把它们分别放进三个陶罐里。不用说，水立刻就分别从三个陶罐里溢了出来，流到了大盆里。阿基米德小心翼翼地将大盆里的水分别收集到三个同样大小的杯子里，然后把这三个杯子一字儿摆放在桌子上。

结果是：从白银块陶罐里溢出来的水最多，金王冠陶罐里溢出来的水次之，纯金块陶罐里溢出来的水最少，几乎只有白银的一半。

一切都明白了：虽然纯金、白银和金王冠的重量都是相等的，但纯金的体积最小，其次是金王冠，白银的体积最大，几乎要比纯金的体积大一倍。如果这只金王冠是纯金做的，那就应该是溢出来的水跟纯金块溢出的一样多，而现在显然是在里面掺进了白银，金匠从中盗走了部分黄金。

这是科学史上一次十分著名的实验。这次实验不仅揭开了金王冠之谜，并由此解答了大自然的一个重要秘密，即构成世界的各种物质的密度（或比重），发现了物理学上一个重要科学原理，这就是著名的阿基米德定理，也称浮力定律。即：浸在液体里的物体，其所减少的重量，等于被排出的同体积的该液体的重量。

阿基米德定理是流体静力学的基本原理。因此，人们把阿基米德尊为流体静力学的创始人。上面说到的"攸勒加"，这个阿基米德在发现浮力定律后奔跑时所喊叫的词，从此成了全世界的共同语言，它专门用来表示人们在突然获得某种发现时的惊呼。为了纪念这位科学伟人，直到今天，人们仍然把测定固体密度时所使用的一种仪器叫"攸勒加罐"。

"神火"焚战船

如果你读过世界地理的话，你一定知道意大利半岛很像一只皮靴，而叙拉古所在的西西里岛就好比是这靴尖上的一个小绒球。当时最强大的罗马奴隶制共和国就坐落在这只大皮靴上。它依仗自己拥有一支规模庞大、装备精良的军队，恣意横行霸道、贪婪成性。

公元前214年，罗马共和国发动了对叙拉古的侵略战争。强大的罗马军队在赫赫有名的马塞留斯将军的率领下，以四个军团的兵力从海陆两路开始围攻叙拉古。

国家兴亡,匹夫有责。阿基米德不顾自己年事已高,体弱多病,在祖国最危急的时刻,毅然决然地站到了保卫祖国的最前线。在强敌压境的情况下,运用他的无与伦比的智慧,指挥叙拉古人民,不分昼夜地修筑防御工事,建造作战武器。

公元前213年,被历史学家称为"古代战争史上的奇观"的叙拉古保卫战开始了。傲慢而不可一世的马塞留斯将军高高地坐在马背上,亲自指挥着这场战斗。一声令下,浩浩荡荡的罗马军队发起了向叙拉古城的进攻。

突然,从城内飞出成千上万的石块,铺天盖地袭来,把罗马士兵砸得死的死,伤的伤,呼爹喊娘,抱头鼠窜。

身经百战的马塞留斯还从未遭遇过这种场面。连忙收拾残兵败将,派出侦探调查是怎么回事。

原来这就是阿基米德发明设计的石弩抛石机在发挥巨大的威力。这种石弩抛石机利用杠杆原理,能把几十以至几百斤的石块投射到1000多米远,几乎相当于18世纪大炮的射程。

马塞留斯还在学生时代就知道阿基米德是位声名卓著的学者,原以为这老头只是个性格怪僻、光会画几个几何图形的书呆子,没料到还会来这一下子。不过,他马塞留斯将军也不是个软柿子。他立即下令调集来一批攻城机,重整旗鼓,与阿基米德一决高低。

这攻城机是马塞留斯的骄傲。它是马塞留斯亲自设计的一种封闭式战车,类似现在的坦克,有个十分坚固的外壳。士兵借助于这个壳体的掩护,足以抵挡石弹箭雨的攻击,然后来到城墙下面,用攻城机的"攻城锤"把城门敲开一个缺口。这时候,骑兵们就可以像潮水般涌进城去。马塞留斯就是靠着这个法宝,无城不克,无坚不摧,屡试不爽。

然而这一回,意想不到的事情又在马塞留斯眼皮底下发生了。就在攻城机顺利地来到城下,伸出攻城锤开始敲打城墙时,只见城墙上突然伸出两根顶端装有铁钩的桅杆,形如"手臂"灵活地来回转动,等到铁钩对准"攻城机"时,杆顶突然滑下一个大夹钳,钳住"攻城锤"迅速往上提。马塞留斯看得目瞪口呆,惊讶得一句话也说不出来。这究竟是怎么回事?

原来,为了对付"攻城机",阿基米德专门制造了一种新型武器——回转起重机。

顷刻间,没等马塞留斯回过神来,一台台攻城机全都被阿基米德的"铁爪"抓了起来。嘿,刚才还不可一世的攻城机,现在只能在半空中挣扎,随后,有的被重重地扔在地上,稀里哗啦像一堆烂泥,更多的则被吊进城里,受叙拉古人民的诅咒。

现在,如果你看到一架起重机把庞大的火车头或其他什么重家伙轻轻吊起来,请别忘了,这还是来自两千多年前伟大的科学家阿基米德的智慧哩。

罗马军队在一片抱头鼠窜的混乱中,又一次败下阵来。马塞留斯甚至差点丢掉了性命。

　　陆上攻不下来，马塞留斯决定改从海上进攻。更准确地说，他准备采用海陆夹攻的方式。他一面指挥陆军继续攻城，一面调动一支拥有60艘船只的舰队，从地中海向叙拉古进发。

　　晌午，阿基米德站在海边察看。地中海上罗马的战舰黑压压连成一片，每艘船上都配备了武器和大炮，乘风破浪、浩浩荡荡，像一群饥饿的困兽，虎视眈眈地直逼而来。阿基米德心里非常清楚：此刻，城内的士兵和青壮年都正在城墙上抗击敌人，自己的周围只剩下些老人、妇女和儿童……用什么方法去打败这些战舰呢？石炮打不着，挂钩吊不翻……

　　他把目光投向远方，天气晴朗，蔚蓝的海面在阳光的照耀下，泛着粼粼光芒，一道耀眼的光带掠过海面直至天边。望着这条炫目的光带，突然，他兴奋地叫了起来："嘿，威力无比的太阳神不就可以帮助我们吗？对！"要知道，阿基米德不仅是个数学家和物理学家，同时还是个天文学家。他曾精心研究过光的反射作用，写过一本叫作《论反射》的书，还多次研究过取火镜。于是他立刻命令所有的人，马上回家去把自己家里的铜镜全部取来。

　　不一会儿，手举铜镜的男男女女、老老少少全部集中到了岸边。阿基米德让大家按他指定的位置站好，然后一起高举手中的铜镜。刹那间，一束束刺眼的光柱从港口射出，就像天上同时出现了几个耀眼的太阳。

　　铜镜反射出一道道强烈的光束，正好照在罗马的战船上。开始时，罗马士兵不知道是怎么回事，眯着眼好奇地呆望着。不一会儿，人人觉得灼热难耐，于是东躲西藏，纷纷逃进了船舱。谁也没想到，这灼热的光束，犹如叙拉古人民愤怒的目光、复仇的怒火，死死盯住领头那艘战舰的船帆。

　　不一会儿，船帆上出现了一个闪烁的小光斑，光斑越来越亮，越来越小，突然迸出了一簇火苗。白帆冒出了青烟，船身也冒起了烟。接着，一阵海风吹来，蹿起了众多火苗；火借风势，火舌迅速蔓延开来；一只、二只、三只……所有战船都着了火，越烧越旺，越燃越烈，滚滚浓烟席卷所有战舰，覆盖了整个海面。

　　顿时间，地中海上犹如火山爆发。罗马士兵以为叙拉古人请来了天上的"神火"，惊恐万分，哭着喊着往海里跳。有的侥幸逃生的，也是焦头烂额，狼狈不堪。

　　马塞留斯见到这种情景，自知回天无力，只得信服地低下头，悻悻地说："他悠闲地坐在海边，随意地摆弄我们的船只，把我们弄得莫名其妙、措手不及……唉，简直比神话传奇中的百手巨人的威力还要高出好多倍……"

　　他说的正是阿基米德。他虽然对阿基米德恨之入骨，却又不得不打心眼里佩服这位盖世英才的无与伦比的智慧。

等一下杀我的头

由于阿基米德的智慧和叙拉古人民众志成城的战斗决心,叙拉古城保卫战经历了将近三年之久。最后,终因孤军作战,长期得不到增援,双方力量对比过于悬殊,被罗马军破了城。

这是公元前212年。又到了一年一度的祭神节。趁着人们欢天喜地、放松警惕的时候,罗马军队神不知鬼不觉地爬过城墙,突破城防,打开了叙拉古的城门。

当人们从甜蜜的睡梦中惊醒的时候,发现自己的城市已经落在了敌人的魔掌里。马塞留斯将军率领着罗马大部队长驱直入,疯狂掠夺,血腥屠杀。也许是出于对阿基米德的某种钦佩或敬畏,马塞留斯进入叙拉古后,立刻派兵四处寻找阿基米德,并下令任何士兵不许伤害阿基米德。他希望尽快找到这位"几何学妖怪",把他奉为上宾,为自己所用。

阿基米德并没有离开叙拉古。眼看国家沦丧,山河破碎,生灵涂炭,这位75岁的老人的心在流血。如果不是因为放不下那些个还不曾被他解开的几何题,他早就祈求上天赐他与这个城邦同归于尽。

只有这些变化无穷的奇妙的几何图形,才是他无法舍弃的至爱。

这天,像往日一样,与太阳一同起床的阿基米德,独自一人来到海滩,聚精会神地呆在那儿演算着一道数学题。一个圆内有三条割线巧妙地交于一点的新命题,把他带进了一个只有直线和曲线的奇妙世界,那里没有战争,没有血腥,只有想象力和创造力的自由发挥。

突然,一个黑影挡住了阿基米德的光线。他正要抬起头来,一双粗大的脚把他的几何图形踩坏了。阿基米德非常生气,大声喊道:"喂,你没长眼睛吗?还不走开!"

那人非但没有走开,冲着阿基米德哇啦哇啦地怒吼了一顿,然后就拔出了刀剑。

阿基米德这才回过神来,从他的数学王国回到现实中来。他看清楚了站在他面前的不是别人,正是罗马士兵。这个无知的罗马士兵显然被激怒了,挥舞着手中的刀剑,就要朝阿基米德砍来。

"等一下,"阿基米德连眼睛都没眨一下,镇静自若地迎着利剑,用异常平静的语气说,"请等一下砍我的头。再给我一点时间,让我把这条几何定律证明完。我可不愿意给后人留下一道还没有求证完毕的难题!"说完,他看也不看这些入侵者一眼,又手托下巴,陷入了沉思。

这个该死的十恶不赦的侵略者,根本就没听阿基米德在说什么,蛮横地挥舞着手中的刀剑,歇斯底里地在阿基米德的几何图上画了一个大大的"×";似乎还不过瘾，又用脚重重地踩了几下。阿基米德怒不可遏地扑向这愚蠢无知的家伙，怒吼道："不许动我的图！你给我滚开！"

丧心病狂的士兵手起刀落，一刀结束了阿基米德的生命。

一个伟大的身躯就这样倒下了。

阿基米德之死，激起了叙拉古人的无比愤慨，举城悲悼。马塞留斯立刻张榜公告，一边表示对这意外深感遗憾，一边为阿基米德举行隆重的安葬仪式。

阿基米德生前曾经多次十分认真地说过："将来在我的墓碑上，不必刻我的名字，只要有一个球和它的外切圆柱体就行了。"因为"高和底面直径相等的圆柱体的体积，等于同它内接球体积的一倍半"，这是阿基米德生前最引以为自豪的发现。人们遵照他的遗嘱，果然在他的墓碑上什么都没有写，仅仅刻上一个内接球体的圆柱体图案，以此纪念这位伟大科学家的丰功伟绩。

两千多年过去了，阿基米德的墓早已无影无踪了。直到 1965 年，人们准备在西西里岛的叙拉古旧城址上兴建一座大宾馆，工人们在挖掘地基时，竟然让这块独一无二的墓碑重见天日。于是，阿基米德那无数个堪称奇迹的发现和一个个富有传奇色彩的故事传说，又一次浮现在人们的眼前。这些不朽故事将一代又一代地流传下去，并连同那个还没有画完的几何图形，永远永远地铭刻在人们的心里，吸引和激励后来的科学家和青少年不断地去探索，不断地去创造，不断地去发现。

英国科学巨人

——牛顿

人物档案

简　历：英国物理学家、数学家和天文学家，英格兰人。1643 年 1 月 4 日诞生于英国林肯郡的一个小镇马乌尔斯索普的一个农民家庭，牛顿出生之前，他的父亲就去世了，从小跟着祖母生活。牛顿自幼性格倔强，喜欢组合各种复杂的机械玩具、模型。他做的风车、风筝、日晷、漏壶等都十分精巧。牛顿在中学时代学习成绩并不出众，只是爱好读书，对自然现象有好奇心，并有很好的技巧，喜欢别出心裁地做些小工具、小发明、小实验。牛顿中学时期的校长及牛顿的一位叔父独具慧眼，鼓励牛顿上大学读书。牛顿于 1661 年以减费生的身份进入剑桥大学三一学院，1665 年毕业并获学士学位。1669 年，年仅 26 岁的牛顿就担任了剑桥大学的教授，1672 年他被接纳为英国皇家学会会员，1703 年被选为皇家学会主席。牛顿于 1727 年 3 月 31 日逝世，国葬于伦敦威斯敏斯特教堂。

生卒年月：1643 年 1 月 4 日～1727 年 3 月 31 日。

安葬之地：伦敦威斯敏斯特教堂。

性格特征：性格"古怪"，孤僻高傲，甚至伴随有间歇性精神病，善于发现，争强好胜，不屈不饶，永不服输，聪明、刻苦、努力、憨厚。

历史功过：发明"牛顿日晷"计时仪，发现"二项式定理"。发现"万有引力定律"，发明了反射式望远镜。著有《自然哲学的数学原理》。

名家点评：恩格斯评价说："哥白尼在这一时期的开端给神学写了挑战书，牛顿却以关于神的第一次推动的假设结束了这一时期。"

少年时代

在英格兰东部的林肯郡,有个名叫伍耳索普的小村庄。

这是一个小得几乎没有人知道的小村庄,在一般地图上根本就找不到。如果不是因为牛顿诞生在这里,谁也不会记住这个小村庄的名字。

牛顿的父亲是个地地道道的庄稼人。据说他的祖上曾是远近闻名的农场主,可是到了他父亲一代,只能靠自己的力气养活家庭。这个不幸的庄稼汉,还在儿子出世前两个多月,突然染上病毒性感冒,并发肺炎,不治而亡。

1643 年 1 月 4 日早晨,一个科学巨人牛顿降生了。

上帝并没有赐福给这个庄稼汉的遗腹子,牛顿生下来时只有 3 磅,还不及别人家婴儿的一半重。虽然后来我们都知道,牛顿最终活到 85 岁的高龄,而且死前只掉落一颗牙齿,可是在他来到人世的最初日子里,他的母亲和他周围的人都着实为他担足了心。

"看他,连哭的声音都没有呢!"牛顿的母亲不止一次地叹息说,"真不知这可怜的孩子能不能活下来!"

由于生活所迫,两年以后,牛顿的母亲改嫁了,嫁给了邻村的一个牧师。2 岁的牛顿从此与年迈的外婆相依为命。

牛顿确实是个苦命的孩子。他的童年除了令人怜悯,实在没有什么值得炫耀的地方。没有漂亮的童装,没有营养丰富的花色点心,更没有开发智力的玩具,但这一切并没有妨碍一个孩子天性的发展。

应该感谢伍耳索普。这个在地图上无法找到的英格兰东部乡村,尽管名字不起眼,可景色却十分迷人。一条发源于英格兰高地的威莎河,从南而北流过它的身旁,在伦敦入海。一年四季,从草长莺飞的春天到百虫争鸣的夏天,从五彩斑斓的秋季到银装素裹的冬日,这里就是上帝赐给小牛顿的乐园。

几乎任何一个伟人都曾在大自然的怀抱中尽情地汲取过天才的养分和生命的灵感。孩子是大自然的天然朋友。从阿基米德到牛顿,从爱因斯坦到爱迪生,从达尔文到法布尔,无一不在孩提时代接受大自然的滋养和熏陶,从而奠定了对世界的最初感觉,并进而孕育成一种投身于创造世界的强大的精神力量。

夏天,是威莎河最美丽的季节。小牛顿往往一大早就来到河边,尽情玩耍,自由探索,甚至都忘了回家。玩累了,就趴在草地上。人们常常看见,小牛顿用手托着腮帮,望着天空,望着田野,望着河水,痴痴地想着什么。

"鸟儿在天上飞,为什么不会掉下来?"

"虫儿钻在草丛中,它怎么度过寒冷的隆冬?"

"鱼儿没有手也没有脚,为什么在水中游得那么快?"

……

太多太多的问题,小牛顿怎么想也想不过来。

想得太累了,不知不觉在草地上睡着了。

在睡梦中,小牛顿梦见自己长大了,把一切的一切都弄明白了……

直到外婆把他唤醒,拉着他的小手回到家里。

在饭桌上,小牛顿还不忘把那些装在脑子里的问题连同自己的梦说给外婆和舅舅听。外婆总是付之一笑,而舅舅——哦,对了,说到牛顿的舅舅,不能不在这里重点介绍一下。

牛顿的舅舅威廉·艾斯考夫毕业于剑桥大学,被英王指派回乡当牧师。威廉舅舅特别怜爱这个外甥,每次总是不厌其烦地给他讲解各种自然现象,帮助培养他的兴趣,启发他的观察力,后来还教他识字。威廉舅舅是小牛顿的第一个启蒙老师。

最初理想

穷人的孩子早当家。几乎是从刚懂事起,小牛顿就跟着大人们在田里摸爬滚打,帮着干农活。小小的年纪,地里的很多活他都能干,很多农具他都学会了使用。

农具使用时间久了,总免不了有不听使唤的时候。小牛顿就会自告奋勇地伸出小手说:"我来修!"有时候是瞎捣鼓,有时候还真让他给修好了。这时候,真不知他有多高兴!从此就更喜欢上了修理农具。

那回,独轮车坏了。不知天高地厚的小牛顿,又一次显示出他那争强好胜的个性,抢着把这活揽了过来。这可不是省心的活,别说是个孩子,就是个老木匠,也不是两下三下就能修理好的。从此,一连几天,外婆不见小牛顿的影子,却只听见家里顶楼的大储藏室里不断传来"丁丁哐哐"的声音。小牛顿把自己关在那里,不分白天黑夜,连吃饭睡觉都顾不得。"我的小木匠,"外婆心疼地爬上楼去,叫唤道,"你还要不要吃饭哪!"

小牛顿正在使劲把一枚钉子钉到一个木头接口上,看见外婆上来,正好就擦了擦额头上的汗水,向外婆讨钱。他好容易积攒下来的零花钱,已全部用来买了铁钉,现在正需要一把锯子。外婆说对了,他确实想当一名木匠,没有锯子怎么当木匠呢?他不仅要把这独轮车修好,把所有缺胳膊断腿的农具全都修理好,还要自己动手造出新农具呢!

瞧着孩子这股认真劲儿,外婆还能不答应吗?

牛顿上的小学就在村子上。村子小,学校也小。全村的孩子,从六七岁到十一二岁,全都在这里学习。教室只有一间,老师也只有一个。小牛顿一门心思全放在木匠活上,对学校里枯燥乏味的功课一点不感兴趣,所以他的成绩一直很糟糕。

牛顿的外婆和舅舅对此都很心焦。

学习成绩虽然很糟糕，可小牛顿的木工活却越干越好。那辆独轮车早已被他修好了，他不过瘾，又把它进行了改装，成了四个轮子的。四个轮子当然要比一个轮子稳当，也容易驾驭，笑得外婆连嘴巴都合不拢了。

生理学家说，手是第二大脑。一点不错，脑筋越动越聪明，双手越动越灵巧；大脑指挥手，手的活动回过头来又帮助大脑的发育。直到很多很多年以后，牛顿的家乡还流传着"牛顿日晷"、"彗星风筝"和"老鼠磨坊"的故事。

当时的英国农村还相当贫穷，钟表虽已发明，但仍然进不了普通的农家。没有钟表，不知道时间多不方便啊！9岁的牛顿找来一个石盘，石盘中心竖起一根木棍，根据太阳的投影，刻出时间标记，这就是后来被历史学家们称之为"牛顿日晷"的计时仪。这个"牛顿日晷"直到牛顿故世以后很久很久，伍耳索普的乡亲们还在使用。

乡间的孩子都爱放风筝。牛顿也不例外。有一天晚上，伍耳索普的乡亲们一个个大呼小叫地跑出家来，抬头瞅着天空中一颗闪闪发光的"星星"在指手画脚，议论纷纷。谁也闹不清是怎么回事，还以为是彗星落到地球上来了呢！原来是小牛顿做了一只风筝，风筝下挂了一盏小灯笼，为的是黑夜里能看得清楚，谁料却引起了一场小小的轰动。

威莎河边有不少磨坊。怎么把麦子磨成面粉的呢？那时候还没有电动机，有的靠风车，有的靠水力，也有的用牛或马拉动磨盘。小牛顿做的"磨坊"既不用牛拉，也不用马拉，而是套上一只小老鼠。拿几颗麦子撒在磨盘上，老鼠受到惊吓，撒腿就能拉动磨盘不停地打转。

小牛顿对自己的这个创造特别得意，把它带到学校里。果然，他的身边立刻拥上了一大堆人。那小老鼠一见这许多人，吓得"抱头鼠窜"，跑得更快了。

平日里，小牛顿是个性格内向、自卑自闭、落落寡合的孩子，耳朵里能听见的不是老师的批评声，就是同学们的嘲弄声，只有今天，他才真正体会到受称赞的滋味。人一得意，就会忘形，更何况是一个孩子。谁也记不清当时小牛顿说了什么，做了什么，脸上是什么表情，竟引起了一个比他高出半个头的高年级学生的妒忌，这家伙冷不防伸手在一个小同学身后推了一把，使小同学一个趔趄，没站稳，就把地上的"老鼠磨坊"踩坏了。

小牛顿急得噌一下从地上站起来，找到那个故意滋事的家伙，涨红了脸，用一种从没有过的目光瞪着对方。

"怎么？想打架吗？"那个同学撇了撇嘴角，并不把牛顿放在眼里。

小牛顿迎上一步。

"读书读不进去，考试老吃鸭蛋儿，想拿这臭玩意儿来显摆自己聪明，活该！"

小牛顿又上前一步。

那家伙仗着人高力大，先下手为强，一脚踹在小牛顿的肚子上。

小牛顿吃了个趔趄,站稳后,就像一头发怒的公牛,一头撞上去,直把那家伙撞倒在一片烂泥地里。

同学们都看呆了。

这是牛顿平生第一次打架,也是最后一次打架。这一架把牛顿周围的同学们都打懵了,也打醒了。大伙这才第一次睁开眼认识了这个看似懦弱的孩子,从此再没有人敢瞧不起他,也再没有人敢欺负他了。

这一架也把牛顿自己打醒了。在此之前老师和同学们之所以瞧不起他,还不都是因为自己的学习成绩太差,我真的就不如他们吗? 从此,牛顿发奋学习,终于成为全班数一数二的好学生。

中学时代

牛顿的中学是在金格斯中学读的。这所中学位于格兰萨姆镇上,离伍耳索普有20多公里,他只能寄宿在妈妈的好朋友克拉克先生家里。克拉克先生是位药剂师,经营一家药店,脾气很好。他的夫人和女儿斯托丽都待牛顿像自己家里人一样。克拉克先生看到牛顿喜欢动脑筋,一双手特别灵巧,就让他在药店里帮忙,一边教他怎么配药,一边给他讲述有关的化学知识。

那些琳琅满目的瓶瓶罐罐和五颜六色的药品一下子就把牛顿吸引住了,神奇的化学反应更引起了他的莫大兴趣。牛顿从此爱上了化学。虽然后来他的主要成就并不在化学方面,但是他对化学的兴趣一直未减。

克拉克先生趁热打铁,送给他一本名叫《空气和自然的奥秘》的小册子。这是一本专教中学生们动手制作并讲述科学道理的书,牛顿如获全宝,从中很快学到了很多东西。

如果说,小学里牛顿制作的那些玩意还仅仅是儿童玩具,那么,这以后的手工制作就有一定的科学实验意义和实用价值了。

水钟是他在这期间的第一件得意作品。

这水钟由一个大容器和若干个小容器组成。将大容器的底部钻个小洞洞,容器里的水就会不住的滴进小容器,积满一杯需要一个时辰,积满两杯就是两个时辰,依此类推。这玩意儿道理挺简单,可是既要准确计时,又要循环不息,做起来就不是那么简单了。

第二个作品是为克拉克先生的药店做的风车。这风车安装在药店的房顶上,一年四季,转动不息,成为药店的一个特有标志。

"瞧这风车,做得多漂亮! 咱全镇子还没有一家的广告能跟它比呢!"

"听说是住在克拉克先生家的一个小中学生做的,真了不起!"

"还真稀罕! 这会儿连一丝儿风都不见,它是怎么转的?"

"这就叫聪明呗！"

……

就这样，牛顿成了格兰萨姆镇上的知名人物。直到很多很多年以后，这个风车还在药店的房顶上不停地转着。

牛顿没有辜负克拉克先生的栽培，不仅手工越做越好，读书成绩也一天比一天好。可是天有不测风云，人有旦夕祸福。上天就像是有意要磨炼磨炼这个苦命孩子似的，就在牛顿越来越想要读书的时候，家中突然送来了不幸的消息：他的继父死了，可怜的母亲带着三个年幼的弟妹回到了伍耳索普。这日子怎么过呢？牛顿考虑再三，义无反顾地中断了学业，回到伍耳索普与母亲共同挑起了养家糊口的责任。

虽然离开了学校，但是牛顿的心却没有一天离开过书本，离开过他梦寐以求的科学知识。

清晨，牛顿挑着担子来到小镇叫卖。担子里满是新鲜的蔬菜和妈妈的手工编织品。赶集的时候总是卖的人来得早，买的人来得晚，牛顿看看没有人过来买，就掏出一本书来看。昨晚上看书看得太晚，实在太困了，一个难题没能解出来，这会儿正好没人打扰，一定要把它弄个明白！谁想这难题还真不是三下两下就能弄明白的，他转头朝左右扫了一眼，只见那墙角边有块泥地，就捡了一块碎瓦片，蹲在那里又画又算起来。

等到他好容易弄明白了这个难题，兴高采烈地回到那担子前，太阳早已升至中天，赶集的人都散得差不多了。唉！总不能原担子来原担子回啊！没奈何，只得咬咬牙，来他个大甩卖——三钱不值二钱，卖掉算啦！

这样的事几乎是家常便饭。有一次还闹了个大笑话！

也是一个晴朗的早晨。吃过早饭，母亲让牛顿把一袋小麦送到磨坊去磨成面粉。母子二人把那袋麦子搬到马背上。牛顿牵着马缰绳就出门了。

走着走着，牛顿又走神了。等到他走到磨坊门前，回头一看，哪里还有什么马什么麦子啊？只是手里一根缰绳还死死地握着。这一急，还真把他急出一身汗来！一匹马对一个农家来说，可是一笔不小的财富，绝不是一担蔬菜、几件手工编织品可以相比的；耕地、运输，哪一样少得了它！牛顿一路狂奔，一路寻找，直到上气不接下气，脸色煞白地沿原路奔到家门口，才发现那匹马正静静地站在自家的院子里。幸好，马背上的麦子还在，只是挣断了的缰绳拖在地上。

瞧，老马尚且识途，它比牛顿还能干呢！

类似的故事真是太多了！每次都叫母亲哭不得又笑不出来。天下的母亲都有一个心愿：巴望自己的孩子有出息。牛顿的母亲终于一天比一天更清楚地意识到，牛顿不是属于伍耳索普，不能只图眼前的利益而葬送了他的美好前程。

于是牛顿又回到了金格斯中学。

回到了金格斯中学的牛顿，这时才发现自己是那么渴望读书。虽然耽误了两年,很多功课不得不从头开始,但是如饥似渴的他更加珍惜这来之不易的机会,比任何人都要刻苦和努力,很快就补上了落下的功课,成了全年级最好的学生。

牛顿不是上帝的宠儿,比起其他的孩子,他没有父母为他创造的优裕条件,但他拥有很多孩子所不具备的品质,那就是专心致志,认定了目标,就一步一个脚印地走到底。

就因为专心致志,他学得比别人多,学得比别人快。

人们一般只知道牛顿是个大科学家,成天只跟数字和公式打交道,殊不知他还会画画,还会作诗。他的素描画画得相当有水平;他的诗也极有品位。若谓不信,抄录一首供你欣赏:

我蔑视那些世俗的冠冕

就像是蔑视

我的脚下那飞扬着的尘土一般

虽然在那些庸庸碌碌的人的眼里

它们虚无缥缈高不可攀

可我的眼里

它们却沉重得难以接受

与其这样

我不如接受一顶用荆棘编就的冠冕

虽然扎手

但我却觉得心中充满甘甜

那就是我眼中

最光荣的所在

虽然用荆棘编就

但却幸福无边

……

这便是牛顿中学时代的作品。这就是中学时代的牛顿。

1661 年夏天,牛顿中学毕业。在毕业典礼上,金格斯中学的校长这样说:"我们把毕业班里最优秀的学生称号授予伊萨克·牛顿。"

年轻有为

有人说:一个人的人生道路是漫长的,但是关键的往往只有几步。

一点不错,早在金格斯中学的时候,牛顿在舅舅的影响下,就把考取大学认定为自己的目标。

"我一定要考取剑桥大学!"他暗暗地对自己说。因为那是当时英国乃至世界上最好的高等学府。要想考取剑桥大学，第一关是拉丁文。从未学过拉丁文的牛顿就先攻拉丁文，然后再向历史、《圣经》和希腊语发起进攻。

果然，牛顿如愿以偿地考取了剑桥大学三一学院。

剑桥大学有最好的老师，有最好的图书馆。每天晚上，当剑桥的学生宿舍中只有一盏灯还亮着的时候，不用说，那准是牛顿。

在这里，他成了"欧洲最优秀的学者"巴罗教授的最得意门生。

大学四年级的时候，22岁的牛顿实现了自己科学生涯中的第一个重大突破——他发现了"二项式定理"。这个定理直到今天仍然广泛地应用于数学、天文学、物理学以及现代工程学技术。

1665年暑假，戴上了学士帽的牛顿被学校留用，聘为选修课研究员。

没料想，正当牛顿满怀信心、精神抖擞地站在科学圣殿的门口，准备向更高的科学顶峰攀登的时候，一场可怕的灾难爆发了。

这是英国历史上最为可怕的一次鼠疫。伦敦城仅仅在三个月内就死掉了十分之一的人口。剑桥大学不得不关上了大门，顿时间几乎成了一座空城。

牛顿于是又一次回到了伍耳索普。中国人有句成语叫"塞翁失马，焉知非福"，失去了好不容易得到的职位，回到偏僻的乡野，对别人来说也许是个沉重的打击，可到了牛顿身上，没想到反而成了他闭门思考、潜心研究的机会。正如他自己所说："在伦敦发生鼠疫我回乡的那一年时间里，我度过了一生最为美好的时期。那时我的思想最为活跃，精力也最为旺盛，所以才会有那些发现。"具有划时代意义的数学微积分理论是这个期间发现的，牛顿对物理学和天文学的最伟大贡献——万有引力定律是这期间发现的，把阳光分解成七色的光谱也是在这期间完成的。

微积分属于高等数学，比较难懂；苹果落地的故事早已选进小学的课本；在这里我只讲一个七彩光的故事。

其实呀，很多伟大的发明，最初的时候都有几分偶然性，可又不尽是偶然。最早引起牛顿对这问题的兴趣是从吹肥皂泡开始的。孩子们谁没有玩过吹肥皂泡？小时候牛顿玩过，现在他的弟弟妹妹又在玩。一个个肥皂泡从小妹妹嘴上的一根麦秆里吹出来，阳光一照，五颜六色。牛顿瞧着，瞧着，突然夺过妹妹手中的麦秆，自个儿吹起来。对着太阳吹呀，再吹，没有个完。

"这是怎么啦？"妈妈望着犯傻的儿子，自言自语地说。

"该不是出什么毛病了？"邻居们担心地说。

牛顿只顾一个劲儿地吹个不停。突然，他奔进房间，取出一块纯净透明的水晶石，放在太阳光下——瞧，可不！同样会闪耀出五彩缤纷的色彩。这些美丽的颜色是从哪里来的呢？牛顿一定要解开这个谜！

从这天起，牛顿把自己关在那个小阁楼里，几天不出来。他在干吗呢？

"那是多么难忘的日子呀！"牛顿后来在一些著作中这样回忆说，"我把窗户用一块厚厚的布——那是从妈妈那里找来的，遮得严严的，屋里黑暗一片。然后我在中间开了个小洞,放一缕阳光进来。再后,我把心爱的三棱镜放在光线的入口处,让光线通过棱镜再折射到对面的墙壁上。当我回头去看被折射了的光线时,奇迹产生了……"

我忘了交代,这心爱的玻璃三棱镜,就是牛顿仿照水晶石的形状自制的。牛顿就这样一会儿愁眉苦脸,一会儿欣喜若狂地研究着他的发现,经常是一待就是一个白天。

"喂,你这孩子,钻在伸手不见五指的屋里,到底在干什么呢?"

牛顿顽皮而神秘地把妈妈、妹妹和弟弟带到自己的实验室里。

门给关上了。厚厚的窗帘也拉上了。墙壁上出现了一个亮亮的光点。

突然那个光点竟然变成了一条由红、橙、黄、绿、蓝、靛、紫七种颜色镶成的彩带。

"哇,天上的彩虹怎么会落到墙壁上来了!"妹妹第一个叫起来。

三个人同时回头看,只见牛顿手里拿着一个三棱镜,正挡在那个小洞眼上,光线就是通过那个三棱镜折射到墙壁上的。

"孩子,你手里拿的是什么?难道是根魔棍吗?"妈妈忍不住问。

现在没有人不知道,这不是什么魔棍,也不是什么魔术,这是科学。白色的太阳光通过三棱镜后,分解成七色光谱,如今连幼儿园的孩子都知道这个知识。可是在此以前,谁也不知道这个秘密。没有非凡的观察力和杰出的想象力,怎么可能发现呢?

读完这个小故事,你不觉得发明和发现原来是那么有趣而令人神往吗?是的,请听一听牛顿是怎么说的:

"我好像是一个在海滩上玩耍的孩子,时而为拾到几块晶莹的石子,时而为捡到几片美丽的贝壳而欢呼雀跃。"

为了更进一步证实这个发现,牛顿又磨制了第二个三棱镜。一束阳光照射在第一个三棱镜上,在光屏上就可以看到类似彩虹的色带。然后,他又让这色带经过第二个三棱镜,结果,正如他预料的那样,七色光经过第二个三棱镜后,又还原成了白色。

白色的太阳光实际上是由多种光色组成的,这个谜终于让牛顿给彻底解开了。

功成名遂

科学是个神秘的王国,因为神秘而充满乐趣。牛顿在这个神秘的王国中探索着、寻觅着,他是那么的倾心,那么的专注,甚至连丘比特的爱情之箭悄悄射中了他的心窝,他也浑然不觉。

你一定记得,早在牛顿的中学时代,借住在克拉克先生家里的时候,牛顿的勤奋和聪明就赢得了克拉克先生一家的好感。当牛顿从剑桥学成回到伍耳索普时，克拉克先生的女儿斯托丽小姐也来到了伍耳索普，说是与牛顿母亲做伴，其实是为牛顿而来。

当年的小姑娘，如今长成了亭亭玉立的淑女。应该说，他们原是天生的一对。可当时，牛顿正为万有引力问题理不出个头绪来，成天苦思冥想，神魂颠倒。他满脑子装的都是那些数字和公式，跟斯托丽一见面，就自言自语地唠叨那些听不懂的东西。真让姑娘扫兴！

大概牛顿也感觉到不对劲，那天终于下决心向斯托丽求婚。可是，当他拉住姑娘的手，说着说着，脑子里突然又拐到他那个苦苦思索而还没找到答案的思路上，又走神了，直到姑娘痛苦地大叫一声，他才清醒过来。你道怎么回事？原来他竟把姑娘的手指当成通烟斗的通条，使劲往自己的烟斗里塞，这叫人家姑娘怎么受得了？事后，牛顿十分抱歉，他自嘲地说："天哪，看来我这辈子活该是个打光棍的命！"果然，牛顿一辈子没结过婚。他得到了他的万有引力，却失去了他的爱情。

你别笑话，几乎所有大科学家都有这类笨拙而可爱的小故事。一个人倾心专注于一项事业，是会到达这种走火入魔地步的。

有一次，为了家里养的两只猫，牛顿在墙角挖了大小两个洞，意思是：大猫走大洞，小猫走小洞。邻居提醒他，小猫也能从大洞里进出，不必如此麻烦吧？他这才如梦初醒，尔后还一个劲地感谢邻居，夸奖邻居聪明，一直把邻居都夸得不好意思起来。

这就叫大智若愚。一生憨厚的牛顿，不失大科学家的幽默。

种瓜得瓜，种豆得豆。牛顿终于以自己非凡的智慧和杰出的科学成果赢得了崇高的荣誉。

1667 年复活节不久，牛顿返回剑桥大学。25 岁的牛顿被任命为鲁卡斯讲座的教授。这是一个多少人为之梦寐以求的职位。

1668 年，26 岁的牛顿发明反射式望远镜。这架望远镜放大率达到 40 倍，消除了折射望远镜中普遍存在的色散现象，能清楚地看到木星的卫星。这架望远镜至今陈列在英国的皇家图书馆内，上面刻着一行小字："牛顿爵士亲手制作的世界上第一架反射式望远镜。"

1670 年，28 岁的牛顿成为英国皇家学会最年轻的会员。

1687 年，代表牛顿力学经典的划时代著作《自然哲学的数学原理》出版。

1696 年，牛顿被任命为英国造币厂监督，1699 年升任厂长。

1703 年，他当选英国皇家学会会长。

1727 年 3 月 31 日，牛顿病故，遗体葬于伦敦威斯敏斯特教堂。古老的威斯敏斯特教堂历来是英国皇室成员以及国家元勋的安息之地，牛顿是第一位安葬于此的学者。

"我不知道世上的人对我怎样评价。但在我自己看来，我不过就像是一个在海滩上玩耍的孩子,时而为拾到几块晶莹的石子,时而为拾到几片美丽的贝壳而欢呼雀跃。可是,对于面前的那一片浩瀚无垠的大海,他却一无所知,而那才是真理之所在。"

　　这就是这位近代最伟大的物理学家和数学家留给我们的最有价值的遗言。

　　曾经有人问牛顿:"你获得成功的秘诀是什么?"

　　"假如我有一点微小成就的话,没有其他秘诀,唯有勤奋而已。"

蒸汽机发明家

人物档案

简　　历:英国发明家、企业家,第一次工业革命的重要人物,与著名制造商马修·博尔顿合作生产蒸汽机。1736年1月19日生于格林诺克市,8岁在姆亚与学校上学,1754年18岁中学毕业,1755年在伦敦拜师学艺。结束后回家工作,1757年再次回到格拉斯哥任命其为正式"数学仪器制造师"。1776年制造出第一台有实用价值的蒸汽机。以后又经过一系列重大改进,使之成为"万能的原动机",在工业上得到广泛应用。1819年8月25日,83岁的瓦特于英国斯塔福德郡的汉兹沃斯的家中去世。

生卒年月:1736年1月19日~1819年8月25日。

安葬之地:家乡汉兹沃斯的圣玛丽教堂后的公墓。

性格特征:从小性格就很倔强,好奇心强,善于观察,善于思考。

历史功过:发明了第一台有实有价值的蒸汽机,又发明了自动调节蒸汽机运转速度的离心式调速器、压力计、计数器、节流阀以及许多其他仪器。

名家评点:在瓦特的讣告中,对他发明的蒸汽机有这样的赞颂:"它武装了人类,使虚弱无力的双手变得力大无穷,健全了人类的大脑以处理一切难题。它为机械动力在未来创造奇迹打下了坚实的基础,将有助并报偿后代的劳动。"

少年瓦特

詹姆斯·瓦特1736年1月19日出生于英国苏格兰格林诺克市镇一个造船工

匠的家里。他的父亲经营着一个制造、修理船用设备和各种相关仪器的小作坊,他的母亲出身望族,有着良好的家世与教养。瓦特是他父母生下的第六个孩子。

18世纪初期的英国,从环境保护情况到卫生医疗条件,都是比较落后的。煤炭和矿产资源的大量开采,纺织、印染、造纸、机械等各种手工业的大肆发展,给生态环境、特别是英国的水资源,造成严重破坏和污染。城市人口的急剧增加,住宅条件的异常恶劣,造成疾病盛行,瘟疫不断,严重威胁着人们的生命安全。也不知道是由于当时的这种社会环境,还是由于他父亲的遗传基因存在某种先天性的弱点,先于小瓦特出生的4个哥哥和1个姐姐,都在很小的时候便死去了。5个孩子的相继夭折,给他们的父亲带来了极大的悲痛。特别是小瓦特的母亲,她从20多岁嫁给詹姆斯以来,尽管丈夫对她关怀备至,但是,接连不断的怀胎与分娩,沉重的家庭负担,已经压得她喘不过气来;而一个个孩子在他们来到这个世界没有多久的时候,便突然地离开人世,使她再也看不到那一张张可爱的小脸,听不到他们召唤母亲的哭声,更使她要忍受难以想象的揪心痛苦。孩子毕竟是母亲身上的一块肉啊,丢一个也不舍得,何况连续失去5个!

作为父亲的老詹姆斯,自从1730年告别了工匠师傅,自己独立门户之后,便开始营业制造木器家具和木船,整天忙得不可开交。他既是老板,要招揽生意,应酬客户,管理账目,负责盈亏;又是工匠,要亲自设计,选择木料,着黑画线,指挥加工。更多的时候,他是同请来的工人们一起干着拉锯、刨木、凿孔、组合等木工活。因为多年学徒,加上年轻有文化,为人又诚实厚道,老詹姆斯很快便在格里诺克站稳了脚跟。他住宅后院直达克莱德河畔的那片空地,则成了他的木工作坊,在那里搭起了一排工棚,摆放着木工用的长凳、长桌等工作台;工棚外面,还有造船用的船台及木架。在这块天地里,老詹姆斯是核心人物,一切都要围着他转。好在他从他父亲托马斯那里继承了一副好脾气,可以整天不紧不慢地埋头工作。家里的事,则全都交给他的那位贤内助。就连孩子生病,他也没有时间去帮助照顾。孩子死了,作为父亲他心里自己也很难过,可又有什么办法呢? 给死去的孩子精心制作一只小棺材,就算是尽了他做父亲的心意。男人,毕竟要面对生活。

母亲艾格尼丝在5次怀胎分娩和丧儿丧女的折磨与打击下,身体明显的不如过去了。可是,在她34岁那年,他又怀上了第六胎。人到中年,她和丈夫一样,多么希望能有一个孩子啊! 她默默地向上帝祈祷,希望能保佑腹中的孩子平安地诞生,健康地成长。也许是真诚祈祷的结果,圣诞节过后不到一个月的时间,她的第六个孩子出世了! 是个男孩,用什么名字给他在教堂里的出生簿上注册呢? 父亲想了一想,高兴地说:"就用我的名字给他登记吧! 叫詹姆斯,小詹姆斯!! 圣经里叫詹姆斯的,可都是些了不起的人物啊!"母亲面带笑容表示同意。她轻轻地吻了一下刚刚来到人世的小詹姆斯·瓦特,满怀深情地说道:"只求小詹姆斯能像他父亲那样强壮,长大了能接他父亲的班,我也就心满意足了!"

由于先他出生的孩子一个个因身体太弱而夭折了,而瓦特又自幼身体很弱,他的父母很为他的健康担心,生怕养不活他,因此,他们对小瓦特呵护有加。瓦特天生十分胆小,忧愁善感,不像其他孩子那样终日奔跑嬉戏。一转眼瓦特到了该上学的年龄了,父母考虑到他的体弱多病,不忍心让他冒着风雨去上学,便依旧让瓦特待在家里,由母亲教他读书写字,父亲教他书法或算术。好在瓦特聪明好学,爱动脑筋,没多久便认识了不少字。就这样,瓦特在家里接受了他的启蒙教育。

受家庭的影响,瓦特从小就爱摆弄机械,他常在父亲的作坊里玩耍。大人们修理东西时,他常站在一旁,摸摸这,问问那,大人们嫌他碍手碍脚,就让他到一边去玩。可小瓦特却没有心思去玩,他的求知欲很强,什么事都想弄明白。他常默默地一个人在房边拾些边角废料模仿着摆弄,这些便是他幼年最喜欢的玩具。

瓦特8岁时身体稍好些,被家人送到学校去上学。在学校他表现得沉默寡言,并不引人注意,他甚至一直被认为是一个"愚钝不聪明的孩子",常被其他淘气的孩子弄哭,被他的同学骂作"软蛋包""不中用",连女孩子也嘲笑他"像个孤独的稻草人,又在哭啦",这可能与他孤僻的性格和不善言辞有关。

小瓦特在姆亚当学校待了两年,日子虽然不太好过,却是从家庭到学校、从父母教育到教师教学、从封闭的安乐窝到开放的小社会的必然应合。这种跌打碰撞,对于他的意志锻炼是大有好处的。儿童的可塑性毕竟很大,通过这段学校生活,使他逐渐去掉了一些娇气,对集体生活开始适应起来,学习成绩也有了一定的提高。

在瓦特13岁那年,他终于完成了小学的学业,开始进入中学了,考进了格里诺克市威克尔刻街的那所文法学校,这在全市算是最好的一所中学了。

在这所文法学校里,小詹姆斯的聪明才智开始显露出来了。他不仅遵守纪律,懂得礼貌,而且在学习成绩方面也总是名列前茅,所以深受老师们的喜爱。校长约翰·马尔对小詹姆斯特别赏识,因为他对马尔教授的数学课领会得很快,在历次考试中,他的数学成绩都是全班的第一名。这使他的数学老师对他赞不绝口:"这个孩子呀,以后很有出息!"

因为当时局势的动荡,外面社会很乱,所以直到上中学的时候,父母仍然不允许他随便出去活动。每天放学以后或在假日期间,他都只能待在家里。好在瓦特是个性格内向和好静的孩子,他也能够在家里待得下去。除了复习功课和阅读杂书以外,他最有兴趣的是待在他父亲的工作间里,或者站在旁边观看大人们干活的情景,或者给大人们当个小帮手,而他在作坊里潜移默化所学到的东西,也许比在学校里从书本上所学到的全部知识对于他后来的工作都有着更为深远的意义。

也不知是出于应和孩子的兴趣,还是来自培养孩子的目的,老詹姆斯专门给他儿子安排了一个工作台,一些常用工具,还有一个铁匠炉。由于瓦特对各种手艺活都有着深厚的兴趣,加上秉性聪敏,悟性较高,又有父亲的耐心指导,所以,小詹姆斯的手艺进步很快。最初,他通常是学着制造某些简单的东西,例如炉灶上的吊钩、儿童玩的小风琴,或者用一枚银币打成一把小饭勺等等。后来又学会了修理船上用的指南针、象限仪及其他航海仪表,而且这些从废品堆里捡来的仪器、仪表,经他修理后都在他父亲的造船工场里派上了用场。作坊里的工人叔叔看到他小小年纪竟有这么高超的技术，常常夸奖他有一双巧手。小詹姆斯的心灵手巧，使得他后来比较容易地说服父亲，让他离开家门去寻师学徒，以便日后能成为一名仪器仪表制造者。这在当时的各种工匠中，地位和收入都属最高的一行，因而最受人们羡慕。

英国过去的文法学校，是一种专为那些准备将来升入大学的学生开设的中学，入学学生必须经过严格的考试，只有那些得分最高的学生才被录取。好在詹姆斯·瓦特在威克尔刻街的那所文法学校里，学习成绩一直名列前茅。校长约翰·马尔和老师们，普遍期待着他能顺利地步入大学，成为一名受过高等教育的知识分子。他的父母更是望子成龙，希望他能成为一名给瓦特家族争光的接班人。

可是，"天有不测风云，人有旦夕祸福"。就在小詹姆斯中学毕业的前夕，他的家庭连续遭到了几场意外的劫难。先是他父亲的一艘木帆船在去美洲的途中，不幸遇上了坏天气，被风浪打得粉碎。船上的人，全都落水身亡，包括他的弟弟约翰。

约翰的死，给这个家庭带来了巨大的悲痛。特别是对他的母亲，更是一场致命的打击。这位可怜的母亲艾格尼丝·米尔黑德，在所生的 8 个孩子中只有后 3 个，詹姆斯、约翰及小女儿玉存活了下来。在这位母亲的精心照料下，3 个孩子逐渐长大了，母亲的心血也差不多熬尽了，她再也经受不住沉重地打击了。可偏偏就在这个时候，小约翰在大西洋里遇难的消息传到她的耳朵里，使得她如疯如痴，一病不起，终于在 1753 年告别人世，年仅 52 岁。

对于父亲詹姆斯来说，除了丧妻丧子之外，所遭受的打击还有经济上的巨大损失。他的一只可以跑远洋的大帆船被打碎了，船上的货物全都损失了，还有船员们的死亡抚恤，所有这一切，都要落到他这个船主身上。他只好变卖家产，该赔偿的赔偿，该抚恤的抚恤，咬着牙把这个苦果吞咽下去。

小瓦特在母亲去世以后，似乎一下子变得懂事起来。他同母亲的关系非常融洽，连做梦也没有想到，一直疼爱他的母亲会突然地离开他，而且是一去不返。

埋葬了母亲之后，他便主动提出要放弃学业，出去拜师学徒，以便能学到一门赖以谋生的手艺。他的父亲在百般无奈的情况下，也只好放弃了原来准备供他念大学的打算，同意他去学门手艺，以便将来能回格里诺克继承他的事业。

学徒生涯

1754 年的 6 月，18 岁的詹姆斯·瓦特在中学毕业以后，便立刻收拾行装，动身到格拉斯哥去。然而遗憾的是，在这样一座著名的城市里，竟然找不到一位有资格做他师傅的手艺人。最初，他跟着一位自称光学仪器商人干了一些时候，但很快便发现那位"师傅"不过是一名普通机匠而已，他能教的手艺技术，瓦特早就掌握了。

但是，瓦特在格拉斯哥待的这段时间，并没有白白浪费。他住在外祖父的家里，认识了这个家族里一位名叫乔治·米尔黑德的远房舅舅，当时在格拉斯哥大学任人文学教授。他经常带着瓦特去参加一些活动。通过这种关系，瓦特结识了苏格兰的一些最有学问的人。这所大学的教授们，也都很喜欢这位年轻人。那些教授们看到他小小年纪，竟有着那么渊博的知识，而且头脑敏捷，记忆力也强得惊人，可以非常准确地说出某件事情的来龙去脉，所以无不为之赞叹。那些欣赏他的教授当中，有一位是物理学教授罗伯特·迪克博士。迪克博士邀请瓦特到物理系去，帮他安装一批刚刚运到的教授天文学用的仪器。在完成这项工作任务期间，瓦特表现出的聪明热情和熟练的技巧，给迪克博士留下了深刻的印象。瓦特对这位既有高深学问又很平易近人的教授，也从心眼里敬佩不已。就这样，他们俩成为终生的好朋友。

迪克博士显然认为瓦特作为一个急需拜师学艺的年轻人，继续在格拉斯哥待下去，是没法得到进一步提高的。为了学到真本领，他必须到伦敦去，因为伦敦集聚了一批举世闻名的仪器制造商，只有拜他们为师，才能学到真手艺。他把这种想法告诉了瓦特，并且表示如果瓦特能够取得父亲的同意，他将给瓦特写一封介绍信，也许人家会收留他。

1755 年的 5 月，瓦特回到格里诺克，找他父亲商量去伦敦拜师学艺的事。他的父亲高兴地说："既然有迪克博士引见，那你就及早动身去吧，因为能跟那些大名鼎鼎的仪器制造商学徒，是一件非常难得的事情。"很快，他就给儿子准备了足够的盘缠。

6 月 7 日，詹姆斯·瓦特骑上父亲给他准备的一匹马，动身到伦敦去。

瓦特是第一次出远门，到一个完全陌生的地方去。在他的衣袋里小心翼翼地装着迪克博士的一封介绍信。这封推荐函是写给著名的仪器制造商詹姆斯·肖特的。

整整用了 14 天的时间，瓦特终于到达了伦敦。

首都伦敦是一个繁华的大都市，从小地方初来的瓦特，从开始就遇到了不少的困难。他费了好大劲才找到了詹姆斯·肖特，把迪克博士的那封荐举信恭恭敬敬地交给了他。肖特虽然很友好地接待了瓦特，但却不肯收他为徒。他指点瓦特去找了另外几名仪器制造商，得到的回答却都大致相同。他们不肯收留瓦特的主要原因，是因为他没有正式学过徒，而现在才开始当学徒工显得年龄太大了。而如果把他作为一名出了徒的工匠留下干活，他又不符合当时雇佣规定。

可怜的瓦特在伦敦街头白白跑了一个月，失望了一次又一次。但是，功夫不负有心人，他那种坚持不懈、忍辱负重的精神，最后终于得到了如意报偿。在瓦特的真诚恳请下，科恩希尔地区芬奇巷的仪器制造商约翰·摩根，终于同意留下他当一年学徒工，条件是要付给他 20 个便士的学费，还要为他无偿地干一些活。为了学艺瓦特痛快地答应了他的条件。

摩根是一位学者,是当时伦敦有名的数学家,同时又是掌握操作技术的手艺人。在仪器制造业这个行当里,像他这种理论和实践都在行的能手并不多见,自然他会成为一名佼佼者。

也正由于摩根的名气大,才有足够的胆量,敢于藐视时钟仪表制造商行会那些神圣的规定。伦敦的这个行会曾明文规定,任何外来人,不管他是外国人还是英国人,都不准加入仪器仪表制造商行会,也不许在这一行业里当学徒。很明显,他们是想通过技术垄断,来为自己谋取高额利润。

瓦特在伦敦找到肯收留他的师傅以后,心里非常高兴。在给他父亲的一封信里,瓦特曾这样谈论他的师傅摩根:"虽然他主要是一位黄铜匠人,但在这门行当的很多方面,他能够教我学会不少东西,例如各种产品的规格、比例和象限等。"

瓦特在伦敦12个月的学徒期间,曾给自己的生活节奏安排得十分紧张。他决心要在这为时一年的学徒生涯中,掌握别人通常要用3—4年的训练才能学会的技艺。为此,他必须兢兢业业,埋头苦干。师傅的耐心指点,加上他原有的功底,再加上他的刻苦努力,勤学苦练,使得他的手艺进步很快。

年近20岁的瓦特,已经懂得生活的艰辛。他知道父亲为他提供的生活费用来之不易,因此必须在生活上精打细算,每周只安排8个先令的花销,决不浪费一个铜板。他每周要在芬奇巷摩根的店铺里工作5天,每天都是从清晨一直干到晚上9点钟。尽管这么长的工作时间,往往会把他累得精疲力竭,但在回到寝室以后,瓦特仍然不肯马上休息。他要利用夜晚和清晨上班前的时间,揽点零星的修理活来干。

经过几百个日日夜夜的努力瓦特以惊人的速度学到了手艺。

辛勤的劳动,终于结出了丰硕的成果。为时一年的学徒生涯,现在到了结束的时候了。1756年7月学徒期满,告别那位尊敬的师傅,并且永远离开他那个狭窄的工作间,瓦特感到非常快慰。带着采购来的价值20英镑的金属材料,收拾好平时为自己制造的一些小工具,还特地买来了一部宝贵的由斯通翻译的尼古拉斯·拜昂的专业教科书《数学仪器的制造和使用》,风华正茂的詹姆斯·瓦特,踏上了返回苏格兰的漫长道路,去迎接新的生活挑战。

初试蒸汽

很快,瓦特回到了阔别一年的家乡,见到了深爱他的父亲并且在家里休养了一段时间,身心得到了放松和恢复。为了开始新的生活,瓦特首先到了格拉斯哥,想去见见他在大学里的那些老相识,特别是那位德高望重、乐于助人的良师益友迪克博士。说来也真凑巧,不早不晚,正在这个时候,有一位名叫亚历山大·麦克法兰的富商,给他的母校格拉斯哥大学,捐赠了一批天文仪器。这批刚刚运抵格拉斯哥大学的天文仪器,在漫长的海运过程中,显然是由于保护不周而遭到损坏。负责接受这项捐赠的迪克博士,决定把清洗和修理这批天文仪器的工作,交给瓦特来干,并且在这所大学的自然科学教室楼附近,给他找了一个工作间。急于试试身手的瓦特,自然很高兴地接受了这项任务。

瓦特在这个工作间里,埋头工作了两个多月。他把麦克法兰捐赠的这批天文仪器,一件一件地擦洗干净;对于那些受到损坏的部件,也都设法加以修理,或者换上新的配件。这批天文仪器从拆卸、清洗,到修理、组装,全部都是他一个人干。学校当局给了他5英镑的劳务报酬,这在当时算是一笔可观的收入。更重要的收获也许不在于这笔酬金,而是通过修理这批精密仪器,显示了他高超的工匠技艺,从而把他和这所大学更加紧密地连在一起。

当瓦特在格拉斯哥大学完成了那批天文仪器的修理任务以后,一年一度的圣诞节也快来临了。

瓦特告别了他在格拉斯哥的亲戚和朋友,又回到了格里诺克他父亲身边。

瓦特的父亲老詹姆斯,自从3年前心爱的妻子死去以后,也显得衰老了许多。他本来想让小瓦特去念大学,因为他身体单薄,生性怯弱,不是块经商做买卖的材料,只好随着他的爱好,让他去多啃几年书本,将来好在知识界里混碗饭吃。他对瓦特的弟弟,也就是那个身体健壮、生性好动、机灵活泼的小约翰,十分喜爱。他想能够接自己的班,继续经营好他的作坊和商务业务的,只有小约翰一个人了。也许正是为了培养这个儿子,他才同意让小约翰随着他的一条船去美洲。本来想通过这次远洋旅行,可以增加他的阅历,锻炼他的意志,万万没有想到的是,偏偏让他遇上了那场海难。商船被风浪打碎了,儿子和老船长葬身大海,生意赔本了。接着,几十年朝夕日夜相处的妻子也撒手人寰。这接二连三的严重打击,使得老詹姆斯这位意志坚强的汉子,也有些经受不住了。

现在,老詹姆斯只有小瓦特这一个儿子了。不管愿意还是不愿意,都得靠他来支撑老一代开创的事业了。詹姆斯也看透了父亲的心意,为了能在家照顾年近花甲的父亲,他决定留在格里诺克,就地开创自己的事业。

然而,事情并不尽如人意。像瓦特这样一位有着高超手艺的仪器工匠,除了在重仪器制造和修理行业里修理以外,港湾停泊的船只有些仪表仪器需要,其他方面的主顾便寥寥无几。看到这种情况,老詹姆斯再也不能沉默下去了。他通情达理地对瓦特说道:"儿子,你不能总这样待在格里诺克,否则,会荒废掉你来之不易的手艺。到格拉斯哥试试看,能闯出局面,就留在那里,实在混不下去,再回来也不迟。好在我还不算太老,一时也用不上你来照顾。"

瓦特经过再三的考虑,终于接受了父亲的劝告。

1757年的8月2日,瓦特又回到了格拉斯哥,再次受到了那批有影响的朋友们的欢迎和帮助。

在帮助迪克教授修理和安装好麦克法兰捐赠的那批天文仪器之后,詹姆斯·

瓦特变成为这所大学的"知名人士"。人们都知道他是曾在伦敦跟着名师学过徒的一名工匠,而且通过修理天文仪器,已经表现出他果然技艺高超。任何一所文理医工各科齐备的综合性大学,都有许多教学和科研用的精密仪器,需要经常有人负责维修。因此,像瓦特这种工匠,正是格拉斯哥大学急需的人才。加上他所结识的那些教授们的帮助,学校当局终于同意在校园里给他一个工作间,并且给了一个"大学数据仪器制造者"的头衔,成了这所大学的"编外员工"。

大学的环境对于瓦特来说,显然是非常有益的。他失去了上大学读书的机会,但却交结了几位大学教授和一批有学问的朋友。同这些当代精英相处,可以学到知识,开阔眼界,活跃思路,知道很多外部世界的事情。所有这一切,都对瓦特的工作有着长远的影响。

他后来借以成名的蒸汽机,从一开始就是在这批有头脑的朋友们的支持、鼓励和帮助下,通过他的刻苦钻研改进成功的。瓦特蒸汽机这项伟大的技术成果,之所以能够转化成震撼世界的生产力,也是他周围那批有眼光的朋友们,坚定地把他赶出工作间,逼近他自称毫无兴趣的商业领域的结果。

瓦特是一个性格内向的人,好静不好动,这也是他喜欢大学环境的一个原因。他在大学里的那间工作室,成了他工作、读书、会友的小天地。他在这里虽然过得愉快,但在经济上却相当拮据。他不是这所大学的正式员工,没有固定工薪可领。仅靠大学里的修理活显然难以维持生计。

1759 年,瓦特同格拉斯哥的一位名叫约翰·克雷格的建筑师,合伙在盐市大街开了一家经营仪器制造和修理业务的店铺。这家商店的开业资本,主要是由克雷格提供的,而日常的仪器制造、修理和销售业务,则由瓦特来全面承担。

格拉斯哥大学里最爱到瓦特店里来的人中,有一位叫约翰·鲁宾逊的。他是个才华横溢的青年,尤其是在科学方面,更是一位热心的研究者。

这一天,鲁宾逊来找瓦特,对瓦特说:

"瓦特先生,我有一个特别的生意想和你谈谈!"

"噢? 什么特别的生意?"瓦特好奇地问。

鲁宾逊说:"你知道,在古代,人类尚未具有高智慧的时候,只知道凭借自身的力量办事,到人类渐渐地变聪明后,就想到利用动物的力量了。"

"譬如说搬运东西,最初人类是把东西扛在肩背上来搬运的,到了明白把东西放在车子上用马来拉的时候,人类的力量已增加了几倍,甚至几十倍了。"

"但是这还不行,除了动物之外,必须再想出其他更强的动力来移动车子。究竟有没有这种动力呢?"

说完,鲁宾逊等待瓦特的答复,可是一看到瓦特默然不语,鲁宾逊又继续说下去。

"有的,我想是有的,那就是蒸汽的力量。我想,用蒸汽来推动的车子一定会被发明出来的。"

用蒸汽来推动车子前进，这简直是异想天开！

瓦特把眼睛睁得圆圆的，望着他的脸，可是鲁宾逊越讲越有劲儿，又继续说了下去。

"用蒸汽来推动车子的构想虽然让人感到诧异，可是那绝不是梦想啊！不是早就有纽可门所发明的抽水蒸汽水泵，被人们普遍使用着吗？使用于抽水的动力和用作推动车子的动力原理是相同的啊！"

"你说得挺有道理的。"瓦特听得津津有味。

事实上，我不过是今天才学到有关纽可门蒸汽机的知识的，虽然对于它的原理与构造方面都已有所了解，但是，这种了解是无济于事的。要想从中产生一种新的东西来，非得具有非凡的想象力与发明能力不可。

"瓦特先生，只要我们两人肯合作，哪有办不到的事情？你想不想尝试以蒸汽推动车子呢？"

"当然想！"瓦特对这一新的目标产生了浓厚的兴趣。

不知不觉地，工厂里面已经慢慢地暗下来了，兴致正浓的鲁宾逊和瓦特，在没有灯光的屋子里，还在滔滔不绝地谈着。

第二天，瓦特马上跑到格拉斯哥大学的图书馆，找出有关蒸汽机械的书籍，然后根据原理开始实验起来。

他设法找到一个蒸煮器（就是现在高压锅的最初的雏形），把它用作产生蒸汽的装置，他把一个装有密封活塞块的小注水器连接到蒸煮器上，并在蒸煮器和注水器之间装上一个阀门，这个阀门可以朝上、下两个方向转动；根据阀门的转动方向，既能使蒸汽进入汽缸（即小注水器），也能把它全部排放出去。

瓦特将阀门扭动，蒸汽进入汽缸，小活塞被蒸汽往上顶，居然举起了7公斤重的东西。

"啊，动起来了！动起来了！"瓦特和鲁宾逊都控制不住自己的惊喜。

正当他们打算同心协力大干一场的时候，鲁宾逊毕业了，他要去海军服役，离开了格拉斯哥大学。瓦特只好独自继续蒸汽机械的研究。

要想真正改进前人的不足之处，最有效的办法就是先了解前人的研究成果，瓦特深深地明白这一点。因此，他最先要了解的自然是蒸汽机械的来历。

最早利用蒸汽的力量的人名叫巴巴恩。他设计的装置很简单，只是一个由铁制的汽筒、活塞以及活塞杆组成的简单机械，连锅炉都没有。他在汽筒里面放入一些水，底下用火烧，水慢慢就沸腾而变成蒸汽，这些水蒸汽就把汽筒里的活塞往上推。活塞上升到汽筒顶部时，就用活塞杆的一头把它拴住。这时把水移掉，而汽筒内的水蒸汽就会自然地冷却凝结，汽筒内就变成真空了。把活塞拴在活塞杆上的检子除掉，活塞就被强有力的大气压回汽筒底部去了。

如果将活塞用一条铁链通过一个滑轮与一个汲水装置相连，当活塞被大气压力压下去的同时，活塞向下拉动铁链，铁链另一头已经汲满了水的桶就被吊起

　　巴巴恩用这种方法做了个大的装置,想利用它来抽取煤矿坑道内的积水,结果,它的速度太慢,而且汽筒里容易漏进空气,根本不能使用。

　　那个时候,英国的矿业界最感到苦恼的就是矿坑内的排水问题。开矿的时候,在地面上挖,或者是往横的方向挖,都不成问题,但是当挖到地表下面几公尺时,从坑内不断渗入地下水,因此时常发生矿工被淹死的事情。

　　"谁能够发明一种替代人力抽水的机器,把水从矿坑里抽出来呢?"矿山的工人们发出了求助的信号。

　　应声而起的是汤玛斯·舍巴利,他对巴巴恩的机械加以改进,配备了两个锅炉。

　　锅炉一大一小,大的锅炉只加入三分之二的水,并与一个汽筒相连。

　　大锅炉中的水加热沸腾之后,待水蒸气一满,就移动它与汽筒之间的阀门,把蒸汽导入汽筒。然后关上阀门,往汽筒里注冷水,水蒸气一凝结,汽筒内就成了真空,汽筒上的活塞又会下落了。两个锅炉可以轮流使用,这就使速度加快了许多。

　　正为排水问题焦头烂额的矿区立即采用了这种装置,确实方便了许多,矿工也能到较深的地方去作业了。

　　但是随着矿井越挖越深,需要的蒸汽压力也越来越大,而高温度的锅炉由于直接承受的压力过强而爆炸了。

　　这时,一个叫纽可门的人又做了改进。

　　首先,他用一个可以转动横梁代替了滑轮,随着活塞的一上一下,横梁就像跷跷板一样运动,将另一头的汲水装置提升,再放下。

　　另外,为了增大蒸汽压力,他增加了汽筒的长度,并采用冷水喷射装置,使蒸汽更快地冷凝,大大加快了速度。

　　这样,就制成了纽可门的蒸汽机械,但它只应用于矿区的抽水工作。而且,纽可门式发动机燃料消耗量很大。但是纽可门式发动机确立了科学原理的实际应用,就是大气具有重压作用。

模型启示

　　了解了蒸汽机械的历史,瓦特迫切要看到的就是纽可门的机械。

　　刚好就在这个时候,瓦特听说格拉斯哥大学的标本室里,有一架纽科门机的模型。

　　正在此时大学的自然教授突德森在四处托人修纽可门式发动机操作模型,找了许多人修理但发现它仍然转动不了。因此,安德森便派人把这台小型模型转送到了瓦特的作坊,并吩咐他使其恢复正常运转。不难想象,瓦特对于这一突如其来的天赐良机感到喜出望外,精神振奋。对瓦特来说,手头有了这么一台模型,要比只看一下与原物大小一般大的发动机要宝贵得多。他通过阅读资料,获得了知识,这就使他很快能让这台发动机运转起来,但是他对这台发动机的运转情况却很感失望。

瓦特发现这台发动机模型耗费的蒸汽如此之多,以至超出了那只使之运转的小锅炉的能力,而一次只能完成几个冲程而已。他决心要找出造成这种状况的原因,而他解决这个问题的方式与前人相比,则要根本得多,科学得多。在此之前,德萨古列斯并没有对如此过度耗费蒸汽这一问题给瓦特提供过完整的答案,但他意识到在做深入研究之前,他必须从已知的常数中确定某些测量的基础。在大气压力下,一定数量的水能产生多少数量的蒸汽?而要蒸发这样数量的水又需要多少热量?并且在产生了这样数量的蒸汽之后,又需要多少冷水才能使蒸汽冷凝还原为水?

瓦特的第一次试验是用一把水壶,从壶嘴上接一根管子,通进一个带刻度的并盛有冷水的烧瓶里。然后,他把水壶里的水烧开,直到烧瓶里的水的温度达到沸点,此时就再也没有一点蒸汽会冷凝了。他注意到烧瓶里的水的数量已增加了1/6,这便是蒸汽冷凝下来的水。由此他做出了正确的推算:如果要把水变成蒸汽,那么在水达到沸点时,它就能比原来它本身的体积增加 6 倍。然后,他又把这一结果转换成温度的形式,他的办法是把 1 克水从零摄氏度提高到 100 摄氏度所需要的热量,作为 100 个热量单位。试验开始的时候,烧瓶里冷水的温度是 11 摄氏度,因此要把这 1 克水的温度提高到沸点,就需要 89 个热量单位。然而,这项试验却表明:从水壶里出来的蒸汽,能够将与其等量水的温度提高到沸点,并使其体积增加 6 倍,其结果是所耗费的热量单位为 534 个。瓦特无法对这现象做出解释。

瓦特想到解决的办法,是在偶然的机会里,一个星期天下午散步时产生了灵感。

那是一个美丽的四处漫溢草香的 1765 年 5 月。和风徐来,吹动格拉斯哥草地上的低矮丛林。这是一块河边的广阔草地,羊群在这儿啃食青草。洗衣妇们都在这儿晒床单。工作之余,大家也都来这儿沿着河岸散步,并且享受新鲜的空气。由于苏格兰严格规定星期天不准工作,于是瓦特会穿上他星期天的最佳行头,离开他的工作台,和其他人一样,来到河边草地呼吸新鲜空气。

"我走过那家老洗衣房,然后又通过夏洛特街尽头的大门,进入了这个公园。当时,我正思考着那台发动机的问题。当走到赫德剧场时,有一个想法浮现在我的脑海里:由于蒸汽是一种具有弹性的物体,因此,凡是有真空的地方,它就无孔不入;如果在汽缸和排气室之间有一条通道的话,那么蒸汽就会涌进这个排汽室里,并且可能在那里冷凝而不需要冷却汽缸。然后我又领会到,如果我使用一个像纽可门式的发动机上的那种喷嘴,我就准能解决冷凝蒸汽和注水的问题。为了做到这一点,我想到了两条途径,其一,如果能制成一条向下延伸三十五六英尺长的排水管,那么水就可以从这条管道流走,而所有的空气则可由一个小气泵抽出;其二,制造一个大到足以把水和空气一起抽走的泵……当我还未走过高尔夫球场的时候,对这件事情的整个安排便已经胸有成竹了。"

瓦特的这一重大构思就这样形成了,他急得手指发痒,跃跃欲试,想先搞出模型来,可是出于对苏格兰安息日的考虑,他不能马上就到他那个靠近牛肉市场尽头的一个小院中的小作坊里去——这个小作坊就是他当时进行试验工作的地方。第二天,他便开始动手制造了一个装置,尽管这个装置设计简单、制作粗糙,但却能够使他对他的新理论进行检验。

他首先是往冷凝器里倒冷水。只要临时去掉气泵缸上的活塞,就能够做到这一点。然后,他使蒸汽通过一条管子以及与汽缸顶部相连接的管子注入汽缸,里面要排除的空气便从冷凝器顶上一个简单的单向阀泄出。当蒸汽开始从这个阀门喷出时,就表明汽缸里已经充满了蒸汽。于是关闭蒸汽开关,气泵活塞便升起,在冷凝器里造成部分真空。这就使得蒸汽从汽缸进入了冷凝器,并在这里通过冷却,水得到冷凝,这样就在活塞上部的汽缸里造成了真空。由于在蒸汽缸套里处于大气压下的蒸汽是与活塞下面的汽缸相通的,所以必然会把活塞推向汽缸顶部。当蒸汽再次进入汽缸顶部时,活塞两面的压力便均衡了,结果,加在活塞杆上的重压就会使活塞再次返回底部。于是,这种循环就又开始了。

显然,这个小模型用这种方式只能运转几个冲程而已,因为冷凝器里的水很快就会变得太热,从而无法使蒸汽有效地冷凝下来。不过这运转几个冲程,就足以向这位欢欣鼓舞的发明家证明:他的设想是行得通的,他使两种看来互相对立的条件一致起来,即既要保持汽缸的恒热,又要在汽缸里造成有效的真空。

瓦特在证实了自己的观点之后,他的当务之急便是设计和制造一个高效率的冷凝器。蒸汽冷凝器有两种:一种是喷射型的,另一种是表面型的。纽可门运用的是喷射原理,他采取喷洒冷却水的办法,使发动机的汽缸里的蒸汽冷凝。表面型冷凝器原理,是给进入的蒸汽提供最大的冷却面积。它除了冷凝的是蒸汽而不是冷却水之外,其他的功能和设计都与汽车上的散热器类似。

瓦特采用了喷射式冷凝器,然而,他最初试验的却是表面型冷凝器,它是用马口铁皮焊成一些小桶,在小桶上安装着小圆管或狭长形的槽,冷水可以通过它们而循环流动。这就是瓦特最早发明的分离式冷凝器。

这期间,瓦特非常兴奋和自信,以为他的发明成功了,从他对朋友罗比森的讲话中可以看出:"老兄,你就用不着再操这份心了;我现在已经制成了一台一点蒸汽都不会浪费的发动机了。它将全部沸腾发热,咳,要是我高兴的话,还可以注进热水。"

瓦特高兴太早了,他虽然已经取得了重大的发现,但是他所提到的那台发动机,只不过是一个并不完美而且粗糙的玩具而已,它仅适于说明一个理论罢了。要将这个玩具变成一台大功率的、实用的机器,还需要很多年的时间。瓦特在这段充满了困难、沮丧和挫折的岁月里需要从他的朋友那里得到一切帮助和鼓励。

寻求资金

从设想到现实之间，有着漫长而艰险的道路。瓦特经过无数次的科学实验后，极力想寻求一位既有商业头脑，又有经济实力的人合作。把他的蒸汽机推向市场。

如果说"科学"是发明之母，那么"资本"就应该是发明之父了。

瓦特由于专心于发明，店里的生意也清淡了，他在数学仪器上所赚的钱都用光。此外向迪克博士所借的钱也有1000英镑了，可是瓦特的蒸汽机械还没有完全成功，为了新装置的实验，还得用上一笔庞大的费用，这笔钱由谁出呢？

有一天，迪克博士对瓦特说："对于你的发明，只要我能做得到的，绝对给予帮助，但可惜的是，我已经没有资本了。"

"我只是对你感到不好意思……"瓦特感激而歉疚地说。

"这样吧，你认不认识罗伯克博士？"迪克博士打断了瓦特的话问。

"哦！就是那位有名的化学学者……"瓦特说。

"是的，我跟他很熟，他是一个了不起的实业家，慷慨而且不畏困难，我想，作为你发明的支持者，绝没有比他更适合的人了！"迪克博士兴奋地说。

罗伯克是一家名叫加伦铁工厂的创始人，有着雄厚的资本。那个时候，他正在从事煤矿事业，所以非常关心煤坑内的排水问题。

这是一个多么难得的机会啊！

由于迪克博士的介绍，罗伯克与瓦特建立了合作关系。

瓦特高兴得马上着手实验新的模型，直至新的模型也试验成功。

"这样准没有问题了，马上去申请专利吧！"

瓦特就在那年的8月，到伦敦去申请专利。

之后，1769年初，瓦特的蒸汽机的专利被批准下来。

那时瓦特已经33岁了，从最初开始实验起，足足费了将近10年的悠长岁月。这10年间，瓦特忍受经济上的压力，承担着生活上的困苦，碰到了许多困难和挫折，但是他并不气馁。因为他深深地知道，这种新机器将是伟大而有用的发明。

他决定在罗伯克的一所大房子里进行新机器的改进和制造。那座房子位于山谷中的小河边，用水方便，而且不被人注意。

材料方面，一部分从格拉斯哥的瓦特工作室运来，另一部分则从加伦铁工厂运来。

可是，由于工人技术不熟练的缘故，工作进行得非常缓慢。

1769年9月，花了6个月的时间，好不容易才把第一台机器完成了。

但瓦特的第一台蒸汽机并不成功。

凝结器的作用不大好,加伦铁工厂所送的气筒,也因铸造不良,根本不能使用。最大的困难在于保持活塞的紧密,瓦特把软木、油布、麻布、旧帽子、牛皮纸,统统用来包活塞。但是蒸汽照样漏出来。那些方法一点用处也没有。瓦特十分灰心。

他的朋友鲁宾逊写信来鼓励他:"这次的失败,过错并不在你的发明,这完全是工厂的制造技术太差的缘故。只要有可靠的工人,一定会成功的。"

瓦特这才鼓起勇气,打算重新开始。而这时,支持他的罗伯克却因做生意赔了钱,不能再资助他了。

瓦特不由叹息自己:"我现在已经35岁了,在这个世界上,所做的事恐怕还不值35个便士呢!"

其实瓦特的这种悲叹,只是过度地热衷于发明的一种感慨而已,并非是真正的失望。

瓦特具有一种绝不后退的意志,在研究蒸汽机械期间他还从事着其他方面的研究和发明呢!

但是,这种多方面的研究或发明,在金钱上根本就得不到什么报酬。

发明家陷入了真正的困境。他不得不去从事一些测量师、工程师的工作来维持家庭的生计。

偏偏这时候,他的妻子也因生病离开了人世。瓦特坠入了人生的最低谷。但他却仍然热心地从事蒸汽机的研究,因为,这才是他的人生目标。

功夫不负有心人,瓦特的艰苦努力终于引起了一个大事业家的注意。

他是罗伯克的朋友博尔顿,他接替了罗伯克的位置与瓦特合作,使得瓦特终于有机会再一次制造他的蒸汽机。如果说博尔顿把具有发明创造天才的瓦特,看成是一棵取之不尽的"摇钱树"的话,那么,瓦特则把具有商业头脑和开拓精神的博尔顿,比作为能够点石成金的"魔术师"。这一对伙伴的结合,注定了他们会取得丰硕的成果。

是的,有了千里马,还需要遇到伯乐。否则,再好的神马,也只能老死荒漠,一事无成。现在可喜的是,瓦特这匹千里马,已被博尔顿这位伯乐发现。只是把这匹千里马弄到手,还需要经过耐心的等待。对于瓦特来说,眼前也还有一段漫长曲折的路要走。

在1769年前几个月内写给威廉·斯莫尔的一些信件中,瓦特屡次抱怨缺乏进展和健康情况不佳,这表明他确实意志消沉,但事实上,这一时期他已经在三个方面取得了一定的进展。罗伯克答应了给马修·博尔顿为斯塔福德、沃里克和德比三郡制造蒸汽发动机的权利;1月5日已向瓦特颁发了具有历史意义的蒸汽发动机专利证书,并且决定从卡伦炼铁厂里挑选几名协助人员在金内尔公馆后面一间屋里,建造一台大型的瓦特式发动机。

无论是在1769年春夏之际在金内尔制造这台发动机的过程中,还是在9月完工后紧接着的试转过程中,都充满了对粗糙工艺缺陷无休止的争斗。瓦特曾对铁匠工作的低劣质量怨声不绝，但又一次感到最难办的事情，仍然是制造安装在 18 英寸汽缸里的那个活塞。成败在此一举。除了他常用的那种特制胶纸板之外，瓦特还用过软木和其他材料作为活塞的衬垫，但是所有这些材料，都只能经受几个冲程而已。在人们懂得了汽缸筒必须是椭圆形的这一道理时，这也就没有什么可惊奇的了。后来，他又试图采取在活塞上部油封的办法来改进这种情况，他安装了一个小油泵，把通过活塞流到汽缸底部的油，送回汽缸的顶部。但是，他所能够取得的油只不过是在蒸汽作用下乳化了的，用瓦特自己的话来说，变成了"白色浓粘胶状"的东西。这种乳胶不能起到封闭的作用，而且还会堵塞泵筒并流到冷凝器里去。瓦特把这件事和有关这些试验的许多情况通过信件都告诉了斯莫尔，而斯莫尔又肯定会转告博尔顿。从博尔顿所表达的意见来看，瓦特的这些困难并不使他感到意外。

瓦特在金内尔进行这项工作期间，时而信心百倍，时而沮丧失望，情绪在两个对立的极端之间波动。斯莫尔为了鼓起他朋友的勇气继续前进，曾把伦敦的一位亚麻布商人取得了一种蒸汽车的发明专利权的消息告诉了他，瓦特当时反驳说："如果亚麻布商人穆尔不用我的发动机来驾驶他的四轮车，那他就不可能是用蒸汽发动机来驱动的；如果他真用了，我就要加以制止。我猜想他由于进展迅速，自鸣得意，过分轻浮，因而是危险的。"

然而，他不久却用大不相同的口吻说道：

"我遇到了很多扫兴的事情。如果没有罗伯克博士的支持，那我一定会因此受到压抑而消沉的。现在，我这台发动机已接近于完工；但是我却不像 4 年前那样，接近于我所希望得到的消息。在人生一切事情中，没有比搞发明创造更愚蠢的了。"

很显然，罗伯克在经济上的支持，并不像他所预期的那样慷慨，他仍然坚信博尔顿能被说服成为这个项目的合伙人。

罗伯克向博尔顿提出给他 1/3 的股份，要他在一年之内做出选择，支付的代价不少于 1000 英镑，但是博尔顿却拒绝了这一建议。他希望在这项发明中获得较多的利益，否则就不干。在金内尔制造发动机的工作就这样停顿下来了。在 1769—1770 年的晚秋和冬季期间，瓦特完全忙于为那条 9 英里长的蒙克兰运河勘测线路，这条运河旨在把拉纳克群的产煤区同格拉斯哥连接起来。直到 3 月份，才在金内尔做了进一步的试验，这次使用的是瓦特于 11 月份设计的一种新式管型表面冷凝器。

这些试验也是仅仅取得了部分成功。试验证明瓦特的原理是正确的，但由于技术条件不足，使得他的这些努力仍旧归于失败。很显然，在这台发动机能够进行实际工作之前，还有许多事情要做。然而，用新式冷凝器进行的试验，的确使瓦特向前迈出了重要的一步。在此之前，他一直认为，由于有那么多的空气同蒸汽一起进入冷凝器，因此，要取得完好的排气效果，就必须在发动机每一个冲程之间用水灌满冷凝器。要做到这一点,就意味着要使用一个或几个空气泵,这些泵又很大,因此,要消耗发动机很大一部分的输出功率。此时,他终于发现这样重复灌水是不必要的,而只要用一个小得多的空气泵,就可以保持有效的真空。

4月初,瓦特动身去北部为一条运河勘测路线,这条运河从珀思穿越斯特拉斯莫尔,经过库巴安古斯到达福法尔。瓦特在珀思曾写信给罗伯克,建议对金内尔的那台发动机再做些改进,不过这些改进是否有效却是令人怀疑的。罗伯克曾力劝瓦特回来继续进行他的试验,但却枉费心机。在瓦特的斯特拉斯莫尔勘测之行结束之后,瓦特想得很周到,打算继续进行试验,可是他一回到格拉斯哥,却改变主意,接受了委托,对改善克莱德河及格拉斯哥港口和码头的情况,进行了勘测并提出了报告。在此后的4年里,瓦特把全部精力都投入到土木工程工作之中,在他的朋友们看来,他准是永远不会再搞蒸汽机了。

不仅博尔顿和斯莫尔,而且还有伊拉兹马斯·达尔文和乔赛亚·韦奇伍德以及英格兰中部其他一些有影响的人物,都从来没有对瓦特的发明功绩丧失过信心,他们仍然迫切盼望他的试验能够取得成果。对于他们来说,似乎瓦特的这种做法既是不可理解的,又是令人恼火的;然而说句公道话,他们对瓦特处境的困难并不完全了解。在这个时候,只有他才知道罗伯克的经济情况已经变得多么不稳定。因此,不久便出现了瓦特被迫由自己来支付后来的试验费用的情况。所以当试验的结果表明要迅速取得成功是毫无希望时,为了要维持妻室儿女的生活,谨小慎微的瓦特,就感到自己没有勇气再进行深入的试验了。此时,他只能用通过担负一些短期的勘测任务的办法,才可以在举棋不定的两种职业之间避免做出最后的抉择。然而,目前出现的情况,又使他非做出决定不可。等到他的克莱德河勘测工作完成时,蒙克兰运河工程也得到了批准,并向他提出签订一项监督修建这条运河的长期合同,瓦特接受了这项合同。

假如瓦特真是像他所指的那样多病和无能,那么显然他就绝不可能完成他于1770年至1774年间在苏格兰所承担的勘测工作项目。任何一个身体虚弱的人,都无法经受得起常常在骇人听闻的气候条件下在苏格兰高地进行的勘测工作。1771年,他勘测了埃尔港,他所提出的改良措施得到及时采纳执行。同年,他还勘测了从吉尔背湖修到克雷格尼什拥的克里南运河。此外,他还勘测了一条类似"捷径"的运河线路,那就是从洛蒙德湖畔的阿罗查尔通往朝湖畔的阿德里斯海格。1772年,他为他的故乡格里诺克勘测了一套新的供水系统,这项工程在第二年根据议会批准的法案予以实行。1773年,他比过去更忙,曾经为福思河、古迪河和德文河的航道改良工程以及从佩斯利到赫利特、从坎具尔镇穿越金蒂尔海峡到马奇里哈尼什的新的运河线路进行过勘测工作。这些计划虽然没有实现,但是,苏格兰唯一的一条公共窄轨铁路终于建成,穿过金蒂海峡。他在1773年秋季承担的最后也是最大的一项工程,是为那个没收财产管理委员会勘查一条运河线路,这条运河线路是从因弗内斯经过大格伦通到威廉堡的。尽管瓦特的这项计划和估算又一次被搁置起来,但是在后来,约翰·伦尼和托马斯·特尔福德都请教过他。负责实际修建卡里多尼亚运河的特尔福德,曾经采用了与瓦特的计划很接近的线路。

然而,所有这些活动和他所表达的种种见解,都没有能够阻止瓦特继续进行创造。像他这样的人是永远也不会满足于现状的。不管他遇到什么任务,都总是立刻为做好这件工作而思索改进工具和方法。他总是很快就全神贯注地思索去另辟蹊径。因此,他在这一时期写给斯莫尔的信里,谈的都是对他的勘测仪器和水平仪所做的改进,即对叉线远距离测量仪,也就是他所说的"微距计"以及用作制造精密天平的分度机所做的改进。可是对于他那台放在金内尔土棚里已生锈的倒霉的蒸汽机,他却似乎没有花费什么心思去考虑。

瓦特在1773年虽然为他的勘测工作忙得如此不可开交,但是,实际上他的运气却坏到了极点。1772年至1773年的商业金融大恐慌使得苏林兰所有的私人银行几乎家家破产。蒙克兰运河工程停工了,他的朋友罗巴境也在1773年3月破产了,并且从此一蹶不振,在穷困潦倒中默默无闻。他在博内斯的那宗时运不济的投机买卖已使他日益濒临破产,这次金融危机终于使他不堪一击而垮台。瓦特想要帮助朋友却无能为力,这使他陷入极度痛苦之中。他力所能及的只能是向罗伯克退还按照协议的条款他所应该支付的全部款项,然后取回在金内尔的那台发动机。他在5月份通知斯莫尔说,他正在把这台发动机拆卸装箱,准备运到伯明翰这个"唯一适合完成试验的地点"。

马修·博尔顿耐心等待已久的时机现在即将来临,然而,他却仍在踌躇不前。尽管罗伯克欠了博尔顿及其合股人福瑟吉尔大约1200英镑,但博尔顿不愿显得他在乘朋友之危或借此利用其他债权人的股份。因此,在罗巴克同他的债权人达成了结债务的协议而且他能够同罗伯克财产托管人谈判以前,他一直在等待。正如瓦特所说,罗巴克的财产托管人对于蒸汽机的发明专利并不重视,而福瑟吉尔也拒绝参与此事。于是,博尔顿在1773年8月终于把这项专利的2/3的股份集中到了他的手里。

9月,最后一次沉重的打击落到了瓦特身上。当他正在大格伦进行勘测的时候,传来了关于他妻子病危的消息,当时她正怀着第五个孩子。瓦特闻讯后,立即冒着倾盆大雨动身赶往威廉堡。第二天他到了蒂恩德拉姆,第三天,也就是28日,他在晚上10点抵达丹巴顿,他在那里写道:"我必然丧妻的预感是如此的确切强烈,以至我再也不能继续往前走了。"次日上午,卡伦公司在格拉斯哥的代理人吉尔伯特·汉密尔顿乘坐一辆轻便马车前来接他。瓦特说:"从他的黑色外衣和他的面部表情可以看出,我已不能抱任何希望了。"他把车赶到汉密尔顿在格拉斯哥的家里,因为正如瓦特伤感地写道的那样:"回到已失去了欢迎我的亲人的地方,我感到心惊胆战。"当威廉·斯莫尔听到这个消息后,他恳求瓦特说:"请您尽快到我这里来。"而瓦特则回答说:"我并不感到孤独和悲伤,但是我对这个世界,甚至对我自己的发明物,几乎都已失去了深切的爱。我十分渴望见到您,想听听您的闲聊,也和您谈谈我自己的想法；但是，眼下还有那么多的事情要做，可我又是这样的穷困。我对这片故土感到十分沮丧。"

从他那些经常怨天尤人的信件来看，瓦特对自己的故乡并不喜欢。但是，他却始终不那么愿意做出深谋远虑的决定，以至使人会问：如果不是由于他妻子的去世而使他对周围熟悉的环境产生痛苦的感情的话，那么他是否会真的狠心离开那熟悉的环境呢？虽然他料理事务要花去一些时间，但他还是在 1774 年 5 月 17 日动身到伯明翰去了。在那里，友善的博尔顿把他安顿在自己的纽霍尔路他的旧居。不久他把留在格拉斯哥亲戚家的两个年幼的孩子，即小女儿玛格丽特和 5 岁的詹姆斯接来住在一起。

移居伯明翰这件事，在瓦特一生中是一个重大的转折点。此时他已 39 岁，然而，前面仍然困难重重。

收获成功

当瓦特于 1776 年去苏格兰时，带回了在苏格兰安装第一台瓦特式发动机的订货单。这就是为邓弗姆林附近托里伯恩的彼得·科尔韦尔制造一台 44 英寸抽水发动机。虽然这台发动机在 1778 年 1 月之前并未投入使用，但瓦特早在 1776 年就把设计准备好了。作为第一台新型发动机，它的特点是开始把瓦特为蒸汽吸入和排出而设计的分别下落式阀门，安装在前面已经说过的单摆式扇形阀的地方。这些下落式阀门的动作是由"塞杆"控制的，而塞杆又与穿过蒸汽阀室里的密封垫伸出来的轴和联轴器相连。阀门、阀座和操作装置的设计，后来经历了很大的变更和改进。但是，应用分别下落式阀门的原理，现在已成为所有瓦特发动机上的标准设计方法。这种改进是合理的。虽然扇形阀是极其精巧的，但在当时要不使这阀门和气门把接口处蒸汽泄出，那一定是很困难的。此外，单一阀的根本缺陷是，它有可能在一项功能起作用的时间有所改变时，不影响另一项功能的作用。后来代替它的滑动阀也同样有不足之处。由于使用了分立式的阀门来控制蒸汽的吸入和排出，发动机的工作和经济实用性得到了改善，因为这些阀门的相关出口能够独立地定时，从而提供了最佳效果。在有必要用手控制机械阀装置来操纵这些阀门时，这种新的阀门便使得启动发动机这个并不简单的任务，也变得方便起来了。

为托里伯恩制造的那台发动机，在其汽缸底下装有一个小火炉。但是，瓦特决心保持他的汽缸热度的这一模式，并没有固定下来，而且后来人们认为蒸汽套本身，就足以达到这一目的。现在，冷凝器已经接近于它的标准形式，即将冷水注射到一个排气管里，在这个排气管外面，也用冷水喷注。排气管弯曲地卷进一个冷水槽，它的终端是一个与双联气泵底部相连的匣子。这两个气泵把热气抽上来，通过单向阀门进入与气泵筒顶端相连的第二个匣子里，再用水泵把热水从第二个匣子里,送到锅炉加水的水箱中去。

在这里,还必须提到另外两个发动机,因为它们表明:即使是马修·博尔顿,也不能完全制止瓦特对试验的强烈欲望。在 1776 年至 1777 年,威尔金森在新威里建造了第二台瓦特式发动机,用来把水抽回到为一台镗床提供动力的轮机内。这台发动机的详细说明和图纸,现在都不存在了,但大家都知道,那是一台按照瓦特的早期试验模型演化而来的发动机。也就是说,它没有横梁,活塞杆直接与泵杆相连。当博尔顿与瓦特采取行动反对爱德华·布尔在康沃尔制造类似发动机时,这台机器曾被戏称之为"一团糟引擎",但由于后来没有再提到它,所以显然前途无望。

第二种试验,更是别出心裁,富有情趣。那是一种蒸汽膨胀的尝试,并且得到博尔顿的全力支持。这台发动机有一个 33 英寸的汽缸,是 1777 年在索荷安装的,用来把水抽回到水轮机,像先前在金内尔的发动机一样,因此,它在索荷被称之为"小引擎"。这第二台索荷式发动机的运转情况,与任何其他的瓦特式发动机截然不同,其设计似乎是来自瓦特提出的使用独立下落式阀门的想法。两个这样的阀门控制着进入汽缸上部,蒸汽再从那里排出进入冷凝器。在活塞下面,汽缸下部始终通向冷凝器,进气阀提前关闭,用瓦特自己的话来说,这样可以使"蒸汽只在(活塞)下降的阶段被吸入,在冲程的其他时间内则靠蒸汽的弹力发挥作用"。当活塞完成向下冲程且膨胀的蒸汽已排入冷凝器时,汽缸上部由此而产生的真空就形成了必要的平衡状态。在这种情况下,活塞就能在泵杆重量的作用下又被提升起来。

在人们了解它的前途,并认为它取得了极有希望的进展时,瓦特对这台发动机的运转情况不满意。他认为这台发动机还不如他早期所设计的那么经济实用,它的运转不仅是没有规律,而且还如此猛烈,因而索荷的工人们给它起了一个名字叫"恶魔号"。十分奇怪的是,博尔顿这位商人却更有效地掌握利用蒸汽膨胀所能取得的好处,因此,他当然不愿像瓦特那样去指责这台"恶魔号"。瓦特虽然在理论上对膨胀作用的优越性十分明了,但不可思议的是,他自己总是表现出不愿承认它的实用性。他曾向博尔顿表示过这样的意见:如果把进气减量,不过早切断,从而让少量蒸汽进入整个冲程的话,那么,这台"恶魔号"的运转就会比较平稳,并且还能节省消耗。后来,只是在那些同瓦特竞争的工程师用了或威胁要用蒸汽膨胀的办法作为避开他的发明专利权的一种手段时,他才又回到这个设计的想法上来。这种消极的态度,毫无疑问是与瓦特拒绝使用高压蒸汽的做法有密切联系的,因为在他所偏爱的低压冷凝发动机里,由膨胀作用所获得的益处是被公认为很小的。

1782 年,瓦特又获得"双动作蒸汽机"专利。1784 年,瓦特在他的一份专利里提出"平行连杆机构",有了它,蒸汽机具有更广泛的实用性。4 年后,瓦特又发明离心调速器和节气阀。1790 年,他又完成汽缸示功器的发明。到此,瓦特才算完成了对蒸汽机的整个发明过程。到 19 世纪三四十年代,蒸汽机已在全世界广泛应用,人类社会进入所谓的"蒸汽时代"。

瓦特成功了！瓦特的成功是靠他强烈的求知欲和勤奋的精神换来的。尽管他从小身体就弱不禁风，性格也比较内向，但他确实是一个勤奋学习的人，他的聪明才智在他所喜爱的工作中得到了充分的发挥。他对许多事情都有着强烈的兴趣，也正是这种兴趣成了他不懈前进的动力。

瓦特除了蒸汽机的发明外，还发明一种先进的液体比重计，一种新的信件复印机，他还最先提议用螺旋桨来推进轮船，第一个采用"马力"作为功率的单位。

荣誉纷至沓来。他在1784年当选为爱丁堡皇家学会会员，翌年又被选为伦敦皇家学会会员。格拉斯哥大学于1806年授予他法学博士荣誉学位，他谢绝了由首督提议的封他为利物浦勋爵的准男爵勋位。他于1814年得到了一项最大的荣誉，那就是当选为法国研究院的8名外国成员之一。马修·博尔顿有一次曾对一位来索荷的参观者说："我向人们提供的是他们最需要的东西——动力"，而现在当蒸汽机有节奏的转动正在到处加快改变着人们生活的方式的时候；当汽船已经诞生，而火车头则刚刚出现在地平线上的时候，人们会以崇敬的心情把詹姆斯·瓦特誉为这种动力的创造者。

成功与赞颂，对于瓦特的影响是不容忽视的。在通常情况下，逆境和困难将锻炼一个人的性格并激发出一个人的最优良的品质；而财富、荣誉、奉承和对英雄的崇拜，则往往会使人堕落，仿佛酸性物对优质物品腐蚀之后剩下的只是徒有其原来那华丽而自鸣得意的外表而已。然而，对瓦特却是适得其反。财富给他带来的是心境安宁，头脑冷静和自知之明，而承认给予他的是极大的尊严，以及保持谦虚而无丝毫傲慢和装腔作势的作风。

晚年余晖

在瓦特和他的合伙人博尔顿上了年纪后，他们迥然不同的性格，表现得再清楚不过了。性格内向的瓦特是极不愿意离开他那与世隔绝的工作室而去涉足于繁忙的经商领域的。因此在他取得成功之后，就首先抓住机会，重新退居到自己先前的那个小天地去了。瓦特虽然把自己大量的精力耗费在他那个阁楼工作室里，但若以为他变成了一位隐士则大错特错了。恰恰相反，在他的一生中，老年时期比他先前任何时期旅行的地方都多，也更好交际。在1802年的那个昙花一现的亚明和约期间，他和后来的妻子曾走遍了比利时，并沿着莱茵河北上到了法兰克福，又从那里去斯特拉斯堡，然后才经巴黎回英格兰。他回故乡苏格兰是很频繁的，他在爱丁堡和格拉斯哥的大学既重叙旧谊，又结交新友。他的足迹遍布英格兰和威尔士的许多地方。在霍恩布洛尔和马伯利打输了那场官司之后，原来的发动机专利税的欠款都交付，这使瓦特得到一笔相当可观的资金，他决定用它在乡间购置房地产。瓦特曾对德文郡、多塞特和蒙默思郡的房地产都进行过了解，最后才在多尔窦罗德购置了一幢农场住宅和一些田地，那是位于拉德诺郡的拉亚德和纽布里奇之间的怀河上游河谷。退休后，他曾在这个优美的环境里，度过了夏天许多愉快的时光。然而，每次住留的时间都不长，因为对他来说希思菲尔德工作室的吸引力简直太大了。

迁居到希思菲尔德后所度过的岁月，无疑是瓦特漫长一生中最幸福的时光。然而，在这期间也伴随着一份最大的不幸，那就是他失去了续弦后所生的两个孩子。他的女儿珍妮特于 1794 年 15 岁时死于肺结核病，此后不久，她那已进入青春期的前途远大的哥哥格雷戈里也开始染上同样可怕的病症。他于 1804 年 10 月在埃克塞特夭折，年仅 27 岁，被葬于当地的一座大教堂里。他父亲的悲痛尽管没有这样外露，但感情显然也是同样深切的。瓦特把他儿子所有的书籍、手稿和图纸都收藏在一只箱子里，并把它保存在那间阁楼工作室里离他最近的地方，一直到去世。他写道："每当我望着我儿子的书籍、手稿和图纸时，我总要自言自语地说:想出这些东西的那个头脑和做出这些东西的那双手，现在何方?"

由于小詹姆斯·瓦特还没有结婚，因此格雷戈里的死意味着这位伟大的工程师已经没有传宗接代的儿子了。在他的孩子中唯一有后代的是他前妻生的女儿玛格丽特。他的曾外孙詹姆斯·吉布森，于 1856 年经皇家许可增加了瓦特的姓。

在当时曾经夺去无数年轻人生命的可怕的肺结核病，虽然现在几乎已经被消除了，但是没有任何一门科学或技术，能够减轻对老人造成的一种无法逃脱的折磨——减轻因失去老友与同辈而带来的悲恸。

约瑟夫·布莱克于 1799 年去世，当瓦特听到这一消息后，便给罗比森去了一封信，信中写道："我可以这么说，我所取得的成就大部分应归功于他。他曾在自然科学方面教我推理和试验，他是一位挚友……"罗比森并未比布莱克活得长多少，他的生命停留在 1805 年，瓦特曾用这样的话来描述过他："他是一位头脑最清楚的人，而且是我认识的人中最有学问的，他对我的友情，在持续了近半个世纪之后，只是随着他的生命结束而告终的。"与此同时，"月亮社"的队伍也很快缩小了。达尔文于 1802 年逝世，而侨居在宾夕法尼亚州的普里斯特利，也于次年去世。最后一位，虽然并非是没有料到的，但对于瓦特来说，却是最沉重也是最终一击的，就是他那位奋斗到底的伟大伙伴博尔顿，于 1809 年 8 月逝世，享年 81 岁。随着博尔顿的去世，瓦特便成了"月亮社"的最后一名幸存者。当瓦特听到马修·博尔顿亡故的噩耗时，他正在格拉斯哥附近的格伦纳巴克，他随即给在索荷的小博尔顿去了一封哀悼信。他写道："具有他那种才能者为数不多，而像他那样发挥自己才能者更是寥寥无几。但即使在他们身上增添了他那种对待他人的彬彬有礼、豁达大度和满腔热忱的品质，也难以造就二个能与他媲美的人物来。"

一场风暴就这样过去了，这位明智、慈祥而又令人爱戴的老人继续在人生的旅途上跋涉。

晚辈们对瓦特的友情与赞美，弥补了他由于老朋友们的去世而产生的失落感。

瓦特那活跃而敏捷的思维一直持续到他生命终止。1819年7月,当他83岁的时候,他还去伦敦游览了一次。但回到希思菲尔德之后不久,他就病倒了,而且情况很快便表明他的日子不多了。8月19日,他安详地离开了人间,葬在汉兹沃思教堂,也就是离他的伙伴马修·博尔顿不远的地方。

瓦特去世后,他所发明的实用蒸汽机,不断地被后人发展应用于各种工业和交通部门,从而使生产方式和生活方式都发生了翻天覆地的变化。

电话大王

——贝尔

人物档案

简　　历：著名的苏格兰裔美国发明家、企业家。出生在爱丁堡，14 岁在爱丁堡皇家中学毕业后，曾在爱丁堡大学和伦敦大学听课，主要靠自学和家庭教育。1864 年开始声学研究，1872 年在波士顿开办培养聋人教师的学校。1922 年 8 月 2 日，贝尔在加拿大巴德克逝世。

生卒年月：1847 年 3 月 3 日～1922 年 8 月 2 日。

安葬之地：不详。

性格特征：热爱科学，诚实好学，勤奋刻苦。

历史功过：贝尔从事的范围极广，曾获 18 种专利，还和其他人一起获得 12 种专利，其中 14 种为电话、电报，4 种为光电话机，1 种为留声机，5 种为航天飞行器，4 种为水上飞机，还有两种为硒光电池。

名家评点：被誉为"电话之父"。

语音学世家

近代电子技术的发明，使人类的生活日趋便利。而在一切的电子技术发明中，若从其应用最普遍，生活最必要而言，实以电话为首。穷乡僻壤可以没有火车和汽车，但电话总是比较常见的。电话缩短了地与地之间的距离，也缩短了人与人之间的距离，可以说它大大地方便了人的感情的交流和信息的传递。今天，当我们享受着电话带给我们的方便时，我们不应忘记它的发明者为此付出的努力与辛酸。作为一个惹人瞩目的创举，苏格兰人亚历山大·格雷汉·贝尔在进行电话的研究和宣传中，承受了许多来自外界的嘲笑和诋毁，但这是不足为怪的。因为从科学发展的曲折性来看,一项新的科学技术成果在得到社会承认之前,总会或多或少地受到来自外界的压力。可是,若一个现代文明社会的成员在得益于电话所给予的方便时,却不知这种现代化通讯工具的发明中所包容的发明者付出的艰辛,甚至不知是谁发明了此物,那么这将是发明者莫大的遗憾,也将是使用者的莫大耻辱。

1847年3月3日,贝尔生于苏格兰的爱丁堡城。他的祖父是个心地善良的语音学家,他发现失聪、失语给许多人带来了不便,很同情他们的境遇,于是便把许多聋哑者组织起来,对他们进行特殊的语言训练,以使他们尽可能弥补由于生理障碍带来的不便。这些聋哑人也十分感谢贝尔的祖父给予他们的帮助,并把老祖父当成了他们的救世主。贝尔的老祖父谢世以后,贝尔的父亲子承父业,继续从事着帮助这类残疾人的慈善事业。他凭借自己的爱心和在语音学方面的才能,对人体发声器官的构造、功能和人的听觉特点等都进行了深入的研究,并创造出了一套借助手势、口型来表达思想感情的"哑语",给语言和听力有障碍的人带来了很大的方便。

贝尔生活在这样的环境中,从小就受到了来自父辈的潜移默化的影响。有一次,父亲把贝尔叫到身边,对贝尔说:"孩子,世界上最痛苦的是那些有残疾的盲人、聋人、哑人。他们同为人类而眼不能见、耳不能听、口不能言。我们穿漂亮的衣服,欣赏美丽的花草,但盲人们看不见。我们能听音乐,听笑话,使心情愉快,但失聪的人就享受不到这种福气。我们能谈笑自若,心有所思则可发之于声,但是哑人就被剥夺了这种权利。想起来,我们的幸福,真与他们有天壤之别。我们除应感谢上帝外,同时必须尽一己之力,同情他们,安慰他们。你长大成年以后,希望能救救这些受苦之人!"类似的教谕,贝尔经常能够听到。正是在父亲这个善良的语音学家的谆谆教导下,小贝尔不仅渐渐地对语音传递方面的知识产生了浓厚的兴趣,而且还成了一个对残疾人充满爱心的好孩子。这为他后来发明电话打下了很好的基础。

不过,贝尔并不是神童。虽然此时贝尔已在语音学方面算个小内行了,但他对其他功课却不感兴趣。因为他的心思本来就不在枯燥的课堂上,这使他许多功课总是跟不上。在他人看来,贝尔这孩子太淘气,太贪玩了,书包里常常装着麻雀、老鼠之类的小动物。有一次,教师正在讲解《圣经》,小贝尔一不留神,把放在书包里的老鼠给放了出来,教室里顿时乱成一片,同学们对老鼠你追我赶,喊声、叫声和笑声混成一片,气得教师手足无措,脸色发白。课后教师给贝尔的父亲发出了通牒,贝尔为此结束了在小学的学习生活。

离开小学后,贝尔被祖父接到了伦敦,由这位语音学专家直接管教。贝尔的祖父是一个很有教育经验的倔老头,他虽然很疼爱自己的孙子,但是对贝尔的要求非常严格,这使贝尔再也不敢对功课漫不经心了。尽管长了一脸白胡子的祖父起初很使贝尔望而生畏,但贝尔后来还是喜欢上了他。因为祖父不仅在威严的后面埋藏着深深的爱意,而且知识渊博,这使与他一起生活了一年多的贝尔,学到了不少教科书中没有的东西。后来,贝尔在回忆这段生活时说:"祖父使我认识到,每个学生都应该懂得的普通功课,我却不知道,这是一种耻辱。他唤起了我努力学习的愿望。"就是这种被唤醒的求知欲,不仅使贝尔这个曾经十分顽皮的孩子逐渐对学习产生了兴趣,而且也激发了他强烈的发明创造热情,这些为他以后踏上探索科学真理的道路奠定了坚实的基础。

从祖父的住处伦敦回到故乡以后,贝尔把他对发明创造的热情又带到了家乡。在贝尔的家附近有一座磨坊,用一种笨重的老式水磨磨面。这个磨坊由父子两人共同经营着,由于操作这种老式水磨十分费劲,需要有很好的体力才行,因此。磨坊中的老父亲随着身体的日渐衰弱,不得不逐渐把操作水磨的工作让给了儿子。然而,不幸的是这个青年被迫应征入伍了,只留下孤苦无依的老父亲独自生活。水多时,老人尚能借助水之力,完成磨米工作,以度生活。而水少时,水车就会停下来,而老人又无力推磨,只得时常忍饥挨饿。由于苏格兰人天性勤劳,故贝尔从小就养成了恶逸喜劳的秉性,再加上他来自遗传的善良天性,使他对老人的不幸很是同情。于是,他便组织了几个小朋友一起去帮助这个可怜的老人。起初几日,小朋友们都觉得操纵水车十分好玩,所以大家都很愿意出力。到了后来,孩子们渐渐厌倦了推车这种机械的、简单的又比较累的工作,他们便逐渐退出了帮助老人的活动。最后,只剩下了贝尔一个人,有水时尚可;无水时,单凭贝尔一人之力,是绝不能将水磨推动的。贝尔回到家里,躲在父亲的书房里翻阅图书资料,想找到一种能使磨推起来省力的方法。经过一个月的反复琢磨,他设计出了一种改良水磨的草图。图画得虽不怎么好,但原理很巧妙,得到了好几个工匠师傅的称赞。贝尔托人很快按此图制出了一个新水磨,应用的效果甚佳,就连小孩子都能推得动。这座新磨不但使磨坊老人摆脱了困境,也给村上的其他人带来了收益,大家争相仿效去制造新磨。一时间,小贝尔成了人们心目中的英雄。

这次创造的成功极大地激发了小贝尔进行科学技术的学习和实践的热情。他跟周围的小朋友们商量了以后,决定成立一个"少年技术协会",并制订了协会的章程。章程规定,每个协会会员需负责一门自己感兴趣的学科,每周对研究的所得进行一次公开的讨论。贝尔当时负责的是语音学和生物解剖学,他还把父亲书房顶上的阁楼开辟成了他们的"讲演厅"。这段充满了幻想的令人难忘的时光,在使贝尔各种基础知识获得长足进展的同时,也使他们闹出了不少的笑话。

有一天,贝尔的一个小朋友在路旁看到了一只小死猪,已经死了好多天了。这时贝尔主持的解剖学专题,对虫、蛙之类的小动物早已解剖过多次了,并且也渐渐地厌倦了对小动物的研究,正想找一只比较大一点的动物来进行实验研究。可以说。这只小死猪发现得正是时候,于是,他们便把这只小猪抬到了他们的实验室。贝尔一边讲解着小猪的生理特点,一边拿起了刀,准备进行解剖,可此时心不由得怦怦直跳,但他还是把刀刺向了小猪的腹部。由于猪已死多日,内脏已经腐烂,肚中涨满了气体。随着贝尔的刀子的插入,这肚中的臭气便从刀口溢出,腐烂的内脏也随之而出。顿时,满屋臭气熏天,贝尔周围的协会成员一个个都捂着鼻子跑开了,而只有贝尔一个人坚持着把猪解剖完了。这时的贝尔显示出了一股不达目的决不罢休的韧劲。

出众的教授

贝尔在罗耶尔中学毕业后,进入了爱丁堡大学学习。这所大学是英国北部的重要学府,有不少著名的学者都在这里读过书,比如麦克斯韦等人。贝尔受祖父和父亲的影响,选择了语音学作为自己的主攻专业,立志运用语音学的研究成果去帮助聋哑人解脱痛苦。在爱丁堡大学,贝尔系统地对人的语音以及人的发声机理和声波振动原理这一类专门知识进行了学习和研究。贝尔把理论知识和直接、间接的实践经验有机地结合了起来,所以在语音学方面,很快就取得了长足的进步。

1867年,20岁的贝尔以优异的成绩从爱丁堡大学毕业。为了继续深造,他毅然放弃了待遇优厚的工作机会,又进了伦敦大学,还是主攻他心爱的语音学。正当他踌躇满志,希望在语音学上大干一番的时候,不幸降临到了贝尔的家里。由于当时英伦三岛流行肺病,贝尔的两个兄弟相继害了肺病,过早地夭折了。两个爱子的早逝对贝尔父亲着实是一个沉重的打击,他一度十分消沉,并把病因归为英国该死的阴冷潮湿的气候。为了使自己剩下的唯一的儿子——贝尔不再遭到同样的不幸,他决定离开故乡,举家远渡重洋,迁到加拿大去。

这次举家搬迁,虽然使贝尔不得不结束其在伦敦大学的学习生活,但对贝尔一生的事业却产生了意义深远的影响。因为当时加拿大的近邻美国正处在工业革命时期,宽松的研究氛围和生产发展的实际需要,为发明创造提供了有利的条件。爱迪生的上千项发明就是这个时代的产物。也正是这种有利于发明创造的氛围为贝尔继续研究语音学,并最终发明电话提供了契机。

贝尔随父迁居到加拿大以后,他除了继续研究语音学外,还在一所中学里进行了有关语音方面的实践。理论与实践的有机结合,使贝尔在语音学方面出众的才华很快显露了出来,并逐渐引起了专家们的重视。1869年,22岁的贝尔接受了波士顿大学的聘请,成了该学院最年轻的语音学教授。

贝尔的成名离不开父亲的谆谆教导。在贝尔进入波士顿大学,并在语音学方面小有名气之时,贝尔的父亲已经成了闻名北美的著名语音问题的专家。相同的专业方向,促使父子二人对语音学问题经常展开探讨和争论,这种研讨方式使两人都受益匪浅。在进行研究、探讨的同时,父子二人还积极地参加了语音科学的普及工作。他们经常接到进行语音学演讲的邀请,他们总是有邀必应,欣然前往。由于贝尔不但精通语音专业知识,并且从少年时代就有过演说的经历,积累了丰富的演讲经验,所以演讲起来,一点也不比他父亲逊色,很受听众欢迎。随着语音学知识的广泛传播,父子二人的名声越来越大,并很快传遍了大西洋的西岸。后来,父子二人又在波士顿开办了一所聋哑学校，一边教聋哑人克服不能说话的困难，一边研究、试验助听器。因为用语音学研究的成果，为有听、说残疾的人服务，一直是贝尔父子的心愿。

当时，由莫尔斯发明的电报已经被广泛地应用，成了一种很受人欢迎的新兴的通讯工具。但是，电报传递的只是一种电码，它用于通讯还有一定的局限性。能不能进一步发展人类的通讯工具，用电流直接传送声音呢？这个问题引起了很多发明家、科学家的兴趣。人们冥思苦想，进行了长达二十余年的探索，都没能取得突破性的进展，因为发明电话要比发明电报困难得多。用电线传递电码，只要按规定截止、导通，有两种信号就够了；可是语音所引起的声波振动相当复杂，声波怎样才能从导线上传送呢？这个问题一直困扰着有志于此的人们。几年来，贝尔也一直在关注着这个问题。这是因为进行语音学研究是他们家族的传统，语音学又是他的专业，所以贝尔认为研究用电线传递声音不仅仅是自己美好的理想，也是自己义不容辞的责任。正是认识到了这一点，贝尔这位才华出众的青年学者勇敢地承担起了研制电话的重任，并最终发明了电话。

苦尽甘甜来

虽然贝尔一直关注着有关电话发明方面的问题，并几次跃跃欲试，但真正使他下决心放下手中工作，把自己的全部身心投入到电话研究上来的动因，则是一次偶然实验给他的启发。

有一天，贝尔正在研究聋哑人用的一种"可视语言"。按照他的设想，是在纸上复制出语音声波的振动，好让聋哑人从波形曲线看出"话"的意思。由于识别曲线很不容易，设计一种"可视语音"的尝试没有实现。但是，贝尔在实验中却意外地发现了一个很有趣的现象：即电流导通和截止的时候，螺旋线圈发出了噪声，就好像发送莫尔斯电码的"滴答"声一样。这个细节虽然很多人都碰到过，但都没太留意。而贝尔则是个有心人，他发现了这个现象之后，又进行了多次重复试验，结果都是一样。由此，一个大胆的设想便在贝尔的脑海里逐渐形成了：在讲话的时候，如果能够使电流强度的变化模拟出声波的变化，那么，用电流传送语音不就能够实现了吗？这个思想成了贝尔后来设计电话的理论基础。贝尔的这一发现，看起来是偶然的，实际上则是其长期酝酿之后的灵感的显现。

由于自己对电学方面的知识不甚精通，于是贝尔决定把自己这一大胆的设想虚心地向一些电学界的专家请教。可真正能理解贝尔的人却不多，有的人不以为然，有的只是付之一笑，更有甚者是一个"学者"竟讽刺贝尔说："你所以产生这种幻想，是因为缺少电学知识。你只要多读两本《电学入门》，导线传送声波的妄想，自然就会消失了。"

碰了钉子的贝尔一点也没有泄气。他很有信心地说："我相信这是可以办到的,我一定想出办法来!"他还相信,要是莫尔斯还活着,一定会支持他的。为了寻求对自己设想的支持,贝尔又动身去华盛顿,向电学专家约瑟夫·亨利请教。

亨利是电学史上的一位杰出的人物。他曾经同法拉第各自独立地发现了电磁感应现象,还发明过摆动式电动机、继电器。莫尔斯电报机的发明就是以他提出的原理为依据的。亨利为人谦逊,不重名利。他一生发明创造颇多,但却不愿申请专利。由此,许多本来应该由他享有的荣誉,却成了他人的桂冠,并且在相当长的时间里,他一直默默无闻。只是在后来,人们才逐渐发现了他的伟大不在法拉第之下。为了纪念他的卓越贡献,1893年在美国芝加哥举行的国际电学家会议上,决定在实用单位制中,用他的名字"亨利"作为电感的单位。就是这位具有高尚人品的专家支持了贝尔的设想,坚定了贝尔战胜困难发明电话的信心。

1873年,当贝尔去拜访亨利时,亨利已经是一个73岁的老人了。他虽然从来没有见过贝尔,但他对贝尔一家以及他们十分出色的聋哑教学法早就知道了。老人很客气地接待了这位充满朝气的来访青年。

贝尔向亨利讲了他的发现,并且详细地解释了有关用电传送声音的设想。在讲述时,贝尔是如此激动,以至于两眼闪闪发光。老教授也被贝尔激动的情绪感染了,他仔细地听着贝尔的讲述,并不时地发出赞叹声。

贝尔讲完以后,怀着忐忑不安的心情向亨利问道;"先生,您看我该怎么办呢?是发表我的设想,让别人去干,还是我自己努力去实现呢?"

"你有一个了不起的理想。贝尔,干吧!"老科学家慈爱地鼓励说。

"可是,先生,在制作方面还有许多困难,而最困难的是,我不懂电学。"

"掌握它!"这位慈善的老人斩钉截铁地说。

老科学家虽然话不多,但这一字千金的鼓励之辞对这位青年发明家产生了巨大的影响。以致在很多年以后,贝尔还这样认为:"没有这三个令人鼓舞的大字,我肯定是发明不了电话的。"

这的确是贝尔的肺腑之言。因为一个初出茅庐的年轻人,十分需要他人的特别的鼓励与呵护,尤其是当他面临着人生的重大抉择的时候。在科学技术史上,确实曾经出现过许多像亨利这样胸怀大略的老将,他们甘为人梯,甘为铺路之石,为后来的人开辟道路。戴维提携了法拉第;第谷把凝结了毕生心血的资料全部赠给了开普勒;亨斯罗教授对达尔文给予了悉心的培养与呵护。正因为这样,法拉第、开普勒、达尔文等人才能够很快地脱颖而出,这与他们能有幸站在巨人的肩上是分不开的。

对于亨利的鼓励,贝尔终生都没有忘记。在后来,贝尔也同样以仁爱的态度,鼓励和帮助过年轻的学者。

贝尔的试验

　　贝尔返回波士顿后,立即开始了向电学知识的进攻。像莫尔斯当年改行时一样,专心致志地研读起了电学知识来,他把业余时间全部放在了电学研究上。这时的贝尔才26岁,精力充沛,刻苦用功,再加上搞语音学实验时接触过电磁器械,所以经过两年左右的时间,他掌握了从事电话研究所需的大量的电学知识,而这些知识在通常的情况下需要学习六至七年的时间。可见,在此段时期内,贝尔付出了超过常人几倍的努力。

　　必备的电学知识有了,语音学又是自己的特长,至此贝尔可以去实现自己发明电话的宏愿了。他决定摆脱一切干扰,把全身心投入到电话的研制中去。1873年的初夏,贝尔辞去了波士顿大学语音学教授的职务,正式搞起了实验来。他开始了电话的设计和实验工作,但还需要有人能够把他的设计制成机器。于是贝尔决定找一个机械师与自己合作,这个机械师除了具备高超的制造机械技能和聪敏精明的头脑之外,他还需懂一些电学方面的知识。合乎要求的人虽然很难觅,但功夫不负有心人,贝尔最终找到了一个比较理想的合作伙伴,这个人就是年纪只有18岁的电气技师沃特森。两人一见如故,沃特森对贝尔十分崇拜,对他的理论的可行性深信不疑,并表示愿意对贝尔的事业鼎力相助。沃特森后来的确履行了诺言,他终生不渝地跟随着贝尔,成了贝尔最亲密的战友。

　　波士顿近郊公寓的一间狭小闷热、尘土飞扬的小屋,成了他俩的实验室和卧室。研究的东西是看不见的电波和音波,所以他们的用心之苦,绝非一般情况可比。他们整天关在屋子里,一边研究电声转换原理,一边设计实用的机器。贝尔一有新的构思,沃特森便马上把草图制成机器。沃特森的制造十分仔细,他制造出的机器总是很好地体现了贝尔的设计意图,这使贝尔十分满意。他们研究的电话是前所未有之物,没有什么实物可做参考之用,只能反复试验,摸索着前进,从失败中积累经验。贝尔绞尽脑汁,连做梦都在想着电话的设计。有时,睡梦中来了灵感,他便立刻从床上爬起,把想法画出来,而沃特森则连夜把机器制造出来。

　　就是这样努力着,一转眼就两三个月过去了,接着六个月、八个月、十个月,时光荏苒,二年的光阴逝去了。他们究竟试过多少个方案,有过多少次失败,已经无法统计。这期间,他们有过失望和徘徊,但最终还是挺过来了。他们总把希望寄托在下一次上,认为"这次一定会成功的!"正是这种坚定的信念鼓舞着他们,使他们不断从失败中总结教训,再重新制造,重新设计。最后,制成了两台粗糙的样机,其构造是在一个圆筒底部蒙上一张薄膜,薄膜中央垂直连接一根炭杆,插在硫酸液里,人讲话的时候,薄膜受到振动,炭杆同硫酸接触的那个部位,电阻发生变化,电流随着变化,有强有弱,接收处利用电磁原理,再把电信号复原成声音。这样就实现了用电流传递声波。

为了验证机器的效果，他们把导线从住房架到公寓的另一头。房间狭小破旧，为了做到隔音，虽然在盛夏，他们还得把门和窗户紧紧地关起来。试验开始了，贝尔和沃特森对着自己的装置大声呼喊，他们折腾得满身是汗，可是，机器毫无反应，他们听到的声音不是从墙壁中传来，就是从房顶上传来的。就这样他们一连试了好几天，连嗓子都喊哑了，但通话还是没有成功。好心的邻居们一直在默默地忍受着他们的大喊大叫，从内心里希望这两个年轻人能早日获得成功。

为什么会失败？他们苦苦地思索着，是设计思路不对，是制造精度不过关，还是用电流传递声音的设想果真行不通？

夜幕降临了，万籁俱寂，心事重重的贝尔难以入睡，他望着窗外闪烁的繁星，眼前浮现出了亨利亲切的面孔。他仿佛又一次听到了老科学家那坚定的声音："你有一个了不起的理想，年轻人，干吧！"贝尔正凝神苦思的时候，忽听到沃特森的呼唤："先生，您听！"贝尔困惑地转过身去，望着喜形于色的助手。沃特森用手指着窗外，兴奋地又说："先生，您听！"贝尔侧耳细听，这时，窗外隐约传来了一阵吉他的声音，那叮叮咚咚的音响，像山泉般在夜空里荡漾。贝尔听着、听着，突然醒悟过来。他欣喜若狂，不知所措，猛地朝年轻的技师击了一拳说："有啦！有啦！沃特森，你真行呀！"

原来，他们所制造的机器中的送话器和受话器的灵敏度都很低，所以传送的声音很微弱，很难辨别。吉他运用音箱发出的共鸣之声给了他们启发，于是贝尔马上设计了一个音箱的草图，希望借助于音箱来提高受话器的灵敏度。可由于是深夜，他们一时找不到制造音箱的材料，索性把床板拆了。他俩一起动手，连夜赶制，等音箱做好后，天已经亮了。接着他们又改装机器，又连着干了两天两夜。到第三天傍晚，机器终于改装好了。虽然连日的劳累使他们面露倦色，但他们却异常兴奋，此时，两人的心里都感到了，曙光就在前头！

他们把改进的机器装在了电线上。贝尔在实验室里，关严了门窗。沃特森在隔着几个房间的另一头，把受话器紧紧贴在耳边。准备完毕，贝尔一面调整机器，一面对着送话器呼唤起来。沃特森屏息静气地听着，受话器里的声音起初细如游丝，后来竟突然传来了贝尔的清晰的喊声："沃特森先生，快来呀！我需要你！"原来贝尔在操作机器的时候，不小心把硫酸溅到腿上，剧烈的灼痛，使他失声大喊，要求沃特森的帮助。贝尔的这句情不自禁地对着话筒的呼唤求助，竟成了人类通过电话机传送的第一句话。沃特森听到以后，惊喜万分，急忙呼叫着贝尔的名字，向贝尔所在的实验室跑去。"贝尔！贝尔！我听见了！听见了！"

这时贝尔也感觉到了成功的来临，他也推开了房门，也顾不上腿的疼痛了，飞快地向沃特森跑去。两人在走廊里相遇了。狂欢与兴奋使他们紧紧地拥抱在一起，热泪像断线的珠子一样洒到两个人的肩上。历史记下了这难忘的时刻，这是1875 年 6 月 2 日傍晚，将落的夕阳对这二位伟大的发明家散发出感激的光芒。当时的贝尔 28 岁,沃特森 21 岁。

当天夜里,贝尔怀着激动的心情给妈妈写信,希望她能分享自己成功的快乐。他在信中写道:"今天对我来说,是个重大的日子,我们的理想终于实现了!我觉得,就像把自来水和煤气送到各家一样,把电话安到用户那里的日子就要来到,朋友们不用离开家就可以互相交谈了!"

第一台电话实验成功以后,贝尔和沃特森趁热打铁,立即对样机做了改进。8个月以后,制成了第一台实用的电话机,人类最初的用电传送声音的梦想实现了。1876 年 2 月 14 日,贝尔到美国专利局,为发明的电话申请了专利。

电话机发明以后,波士顿大学随即授予贝尔理学博士学位。成功的喜悦使贝尔对电话的前途十分乐观,他认为,如此方便的机械,一定会被人们争着买去使用。然而结果恰恰与其始料相反,人们由于受到习惯势力的影响,对电话这项新发明也抱着怀疑、观望的态度。

事实使贝尔很快地明白了,发明电话只是成功的一半,要使电话被社会承认,还必须经过一场艰苦的奋斗。从此,贝尔便踏上了宣传、推广电话的征程。可以说,贝尔和沃特森二人的真正苦闷这个时候才开始,并一直持续了数年时间。

1876 年 5 月,在美国艺术与科学学会的一次会议上,他首次进行了一次"特技表演",为的是引起人们的议论。

在会议上,亚历山大按了一下讲台上的按钮,与会者听见桌上的盒子内传出的圣歌的曲调,都惊讶不已。

这条街上的另一幢房子里,梅布尔的表兄威廉正弹奏着一台"电报风琴"。琴键通过电报线与讲演厅里的盒子连接起来。风琴将每个音符以其特定的频率传送到盒子内一定音高的簧片上,使它们发出相应的声音。

来自学术界的保守的听众们因敬慕而沸腾了——贝尔理所当然成了新闻人物。但他所演示的并不是电话,而是谐波电报原理的一种巧妙运用。

1876 年在费城举行的世纪博览会给贝尔带来了出名的机会。19 世纪下半叶,大型贸易和工业展览会常常举行。厂商们借此机会推出他们最新的产品,而参观者们也能了解有哪些新产品已经问世。那些展览会为新发明提供了特殊的展示机会,而且展览会组织者还为最有前途的展品颁奖。

世纪博览会对美国有特殊的重要意义。人们企图通过它来庆祝美国自从脱离英国的控制后取得的成就和南北战争后的迅速恢复,并展示美国正在飞速追赶英国、法国和德国,成为世界上最先进的工业国之一。博览会将引起全世界的注意,这对贝尔而言是千载难逢的机会。

在世纪博览会上发生的一件事后来在贝尔的晚年生活中成为一再重提的故事。博览会在星期天是不对公众开放的,但 6 月 25 日,它却对小组尊贵的参观者敞开了大门。他们安静地四处参观着,这群人中包括一些美国科学家、巴西皇帝佩德罗二世和著名的苏格兰科学家威廉·汤姆逊爵士(后来被封为开尔文勋爵)。

贝尔记得,参观者们缓缓地在大厅中浏览,并在伊莱沙·格雷的展台前停留了许久。他们似乎有些疲倦,准备结束这一天的参观,这时有人建议他们去看看贝尔的展品。

贝尔的展品中有谐波电报,还有一台电话受话器。受话器通过电线与100码开外的话筒相连接。他布置了一圈椅子,邀请参观者们坐下。在解释和演示了谐波电报后,便轮到电话了。他请威廉·哈伯德主持展览现场,自己走到话筒边。威廉·汤姆逊爵士把听筒举到耳边。令他惊讶不已的是,他听到了一段歌曲,然后是贝尔的问话:"你知道我在说什么吗?"

轮到巴西皇帝来体验这个奇迹了。贝尔为他朗诵了莎士比亚《哈姆雷特》中的著名片段"生存还是死亡"。皇帝吃惊得跳了起来,大叫道:"我听见了,我听见了!"

那时和现在一样,报纸都热衷于报道皇室成员的行踪,皇帝大吃一惊的消息在第二天费城的各家报纸上被炒得沸沸扬扬。但最令贝尔得意的,还是他的苏格兰同乡兼科学家同行威廉·汤姆逊爵士的反应。威廉爵士问他是否能带夫人来参观。最终,威廉爵士成了贝尔的电话在大不列颠销售的代理人。

然而对电话的实用性地真正考验,是看它能否通过电线电报线长距离地清晰地传送声音。贝尔开始逐渐拉大试验距离,他和沃特森相互通话相隔的距离从2英里(32公里)拉大到5英里(8公里)、16英里(0.6公里)。

公众真正意识到电话的实用性是在1877年2月,当时接近而立之年的贝尔在马萨诸塞州的塞勒姆演示了如何使用电话。沃生在14英里(22.4公里)外的波士顿,他们俩唱歌、交谈,并首次通过电话交换新闻。第二天《波士顿环球报》刊登了这条新闻,并配以如下标题:"电话传送——通过电线以人的声音发送的第一条新闻"。这条消息在北美各家报纸上互相转载,欧洲的科技杂志上也有报道。

但不是所有人都对之报以积极的态度。失败者伊莱沙·格雷对贝尔的电话不屑一顾。"它只能在科学界里制造小轰动,"他写道,"作为一件科技性的玩具,它很精致。但是我们早已能用电报在特定的时间做更多的事。"他坚信电话将永远无法超越电报。他对费城博览会中的演示也毫无兴趣。他说自己只听说过"不见其人,只闻其声"的情形。有些人觉得电话中传来的声音神秘,超自然,甚至是邪恶的。一份美国报纸甚至宣布称电话是魔鬼的工具。一个发明常常需要冲破来自陈旧观念的重重阻碍才能问世,这不是第一次,也不是最后一次。

另一个必须解决的问题是设计一个更易于使用的电话装置。贝尔做演示时用的电话模型要求说话者对着放在桌上在盒子大喊大叫,然后弯下腰,把耳朵凑近盒子听回答。

贝尔对他的模型进行了改进,但首先普及的电话模型是由另一个发明家威廉·钱宁设计的。它是一种二合一的产品,既可当作话筒,又可当作听筒。人们通过这种电话交谈的速度相对快了,但它也带来了一些使用的麻烦。

1877 年 4 月 4 日，一个曾雇佣过沃生的电气工程师，查尔斯·威廉姆，成为首位永久性电话用户。一根电话线架设在他家与他的波士顿的店铺之间。很快，更多的人希望自己家里也拥有这种新式发明，这就带来一个商业问题——用户们是该租用这些电话呢？还是当即买下它们？最终决定采取租用方式，尽管这意味着贝尔和他的合伙人在短期内不会有大笔收入。

　　要建立起电话系统就必须有线路网络。贝尔与西方联合电报公司的协商以失败告终，电报业巨头担心由于与电话共享线路，会耽误电报的发送，从而损害电报业。

　　在贝尔申请了电话专利的其他国家里，他的公司遇到了最大的敌人——公众的漠视。其实，这正是一种新产品进入市场时常常会发生的情况。人类生来谨慎。电视用了好几年时间才吸引到足够的消费者，与电影抗衡。而最新的激光唱片在刚问世时无人问津。这种不愿使用新产品的想法，一半是为了等待价格下降，另一半则是为了等待产品的进一步改进。

　　就当时的电话而言，的确有许多地方有待改进。最初的电话线，是直接联在两地之间的。一部电话的主人（或者说"用户"，因为他必须为电话线路付租金）只能与电话线那头的用户交谈。那时还没有将一个用户与其他许多用户连接起来的交换系统，但是这一点不久就实现了。

　　又是两年过去了。1878 年。贝尔决定在相距三百公里的波士顿和纽约之间进行首次长途电话通讯实验。这场公开实验的目的，一是试验新改进的电话对长途通话的适用性，更主要的便是借此向人们展示电话可用于长途通讯的巨大的实用价值，以促使人们早日接纳电话这个发明家族中的新成员。

　　这次试验和当年莫尔斯在华盛顿和巴尔的摩之间进行的电报试验一样，都是十分成功的。不过两次试验的气氛却不完全一样，莫尔斯 34 年前的那次电报试验，带有浓厚的剪彩气氛，已经开始得到了人们的承认，而贝尔和沃特森他们举行的这次电话长途通讯的试验，则是一场极富戏剧性的科学普及宣传会。贝尔在纽约、沃特森在波士顿，同时进行电话知识的宣讲，然后做互相通话的试验，并欢迎两地现场的听众试听试讲，自由交谈，以期活跃气氛，并达到宣传的目的。

　　按原来的计划，有一项是贝尔和沃特森两人每人聘请一名歌手，在试验达到高潮的时候，要用电话传送民歌的歌声。但是，事到临头，却出了问题。原来，沃特森聘请的黑人歌手，突然听到话筒里传来的贝尔的声音大吃一惊。他想声音传得这样远，一定不是人声，是鬼在作祟了。所以，当沃特森催促他快到话筒前唱歌时，他竟全身颤抖起来，一点声音也发不出来。面对众多观看通话表演的好奇的人们，贝尔急中生智，在电话里叫沃特森出马顶替。他对沃特森说："喂！怎么？赶快唱呀？来宾等久了，要是黑人不肯唱，就你自己唱罢！总要快一点。"他一次次地催促着。凑巧，这一天本地女学校有许多女学生都来看通话表演，沃特森是个二十多岁的小伙子，在这么多小姐面前，放开自己那并不动听的歌喉，这使沃特森十分为难。但事实上,除了他自己唱以外,又有什么别的办法呢?最后,沃特森为了他们呕心沥血多年的试验的成功,他鼓起了勇气,高声地唱了起来。电话里顿时传出了对方的欢呼声和掌声,试验按原计划顺利地进行完了,并获得了极大的成功。

第二天,波士顿一家报纸用头条新闻报道了这次试验,并且发表评论说:"这项发明,有一天可能使长途电信业务完全改观!"

为了扩大战果,推广普及电话,贝尔和沃特森随后又在美国的许多大城市之间东奔西走,巡回表演电话的长途通讯功能。他们不屈不挠,不辞劳苦地四处奔走,获得了很多的赞扬和同情。可是,他们活动的一切费用都依靠自己的积蓄。所以,没过多久,这两位发明家已经囊中空空了。在无可奈何的情况下,贝尔决定卖掉发明专利权,把艰难的推广、宣传工作坚持下去,决不能使自己的工作半途而废。

他们首先和当时一家最大的电报公司接洽,希望该公司能够买下他们的专利,对他们的宣传工作给予支持。然而,这个公司由于害怕担风险,拒绝了贝尔他们的要求。这时的贝尔和沃特森已经到了山穷水尽的地步了。

在这一生中最困难的时刻,贝尔并没有气馁。作为一个发明家,贝尔坚信电话总有一天会普及。为了这一天的到来,他不惜献出自己的一切。没有经费,实验工作中断了,推广普及活动也受挫了,他们就一面募捐,一面维持讲演宣传活动。

天无绝人之路,俗话说:"自助者,天助之!"贝尔和沃特森这种披荆斩棘、锲而不舍的顽强精神,赢得了很多人的尊敬和帮助。其中有一名叫休巴顿的贵族,他的两个孩子因为耳聋曾经得到过贝尔父亲的帮助。休巴顿一直感激在心,这时他看见贝尔因为经费困难壮志难酬,遂特别同情,慷慨解囊,为贝尔他们提供了一大笔钱,作为推广电话的费用。

贝尔非常感激,在一个月后,他用这笔钱成立了一个公司,即"贝尔电话公司"。这个时候,贝尔的兴奋,比发明成功的那天有过之而无不及。

波士顿报纸的预言应验了,人们多少年来关于"顺风耳"的幻想实现了!电话很快在北美各大城市盛行起来。在1880年,美国投入使用的电话机已达4.8万部。

通过和休巴顿先生的密切往来,贝尔熟悉了休巴顿的爱女梅布尔,第二年,贝尔便向这位可爱的小姐求了婚。老富翁休巴顿对此女十分宠爱,现又有这样一位大发明家向女儿求婚,真把他高兴得不知所措。他不但爽快地答应了贝尔的求婚,还把结婚的一切事情全按贝尔的意见去办。一年后,他与梅布尔小姐结了婚。

美谈不止一桩。1880年,法国政府赠予他勃鲁太奖金一万法郎。三年后,又赠予他雷群·大纳鲁十字奖章。然而,贝尔并没将这些钱装入私人的腰包。他把这些钱拿出来,设立了勃鲁太研究所,研究如何医治聋病。

在发明电话的5周年纪念日里,贝尔和沃持森望着布满全城的电话线,无限感慨。贝尔学着五年前那天晚上青年技师的语调,轻轻地说:"沃特森,你听!仔细听!"

沃特森侧耳仔细地听着,两眼熠熠发光。贝尔激动地继续说:"这电话的声音真像一曲颂歌啊!"

"这歌声永远不会停止!"那位年轻的技师说。

"对!因为这是对生活和对斗争的颂歌,而生活和斗争是永远不会停止的。那飞越蓝天的钢线,正在把生和死、成功和失败的消息,从一个地方传到另一个地方,甚至传遍全球。"

贝尔的"传遍全球"的理想真正实现了。30年以后,北美的电话机的数量已增加到了700万部。一百多年以后的今天,全世界已有将近两亿部电话机在工作。其中,美国平均不到两个人就有一部。电话成了人类日常生活中不可缺少的通讯工具。随着生产技术的突飞猛进,电话事业获得了惊人的发展。新的产品,给电信事业开辟了更广阔的前景。

在贝尔后来的研究中,最有价值的便是光电话。贝尔在晚年时称之为最重要的发明。这种仪器以光束传播声音,但能传播的距离从未超出600英尺。运用激光和玻璃纤维,都是贝尔当时不可能得到的。当时,意大利科学家马可尼正在研究无线电信号,并将它的发射范围扩展到几英里,而光电话的传播距离只能以英尺计。于是,无线电成为20世纪初占统治地位的通讯方式。贝尔始终坚信光电话的可行性,但到1897年,限于当时的条件,光电话实验中止了。

1922年夏季,贝尔这位伟大的发明家以75岁的高龄,寿终于别墅之中。贝尔虽然永远地离开了我们,然而贝尔所开创的事业却仍在继续向前发展。1925年贝尔电话公司设立了贝尔电话研究所(也称作贝尔电话实验室)。这个研究所成立50多年来,共取得技术专利一万七千多项。其中有不少重大的发现和发明,如新闻传真、晶体管、信息论、激光理论、可视电话、光缆通信等,在电子工业和其他科学技术领域,产生了重大的影响。

最伟大的科学家和发明家

——爱迪生

人物档案

简　历:世界著名的发明家、电学家、物理学家、企业家,被誉为"世界发明大王"。拥有众多知名重要的发明专利超过 2000 项。1847 年 2 月 11 日出生在俄亥俄州米兰镇。1869 年与友人合设"波普·爱迪生公司"。1870 年在纽约自设制造厂,1880 年成立纽约爱迪生电力照明公司,1894 年在纽约开创第一家活力电影放映机影院。1931 年 10 月 18 日凌晨 3 点 24 分,在美国新泽西西奥兰治的家中逝世,享年 84 岁。

生卒年月:1847 年 2 月 11 日~1931 年 10 月 18 日。

安葬之地:靠近美国新泽西西奥兰治的一棵大橡树下。

性格特征:性别刚强、坚毅,有着极强的进取心和好奇心。努力学习,大胆想象,勤于思考,爱好实验,敢于创新,爱问为什么,爱动脑筋。

历史功过:他除了留声机、电灯、电报、电影等方面的发明和贡献以外,在矿业、建筑业、化工领域也有不少著名的创造和真知灼见。一生共有约两千项创造发明,被传媒授予"门洛帕克的奇才"称号,为人类的文明和进步做出了巨大的贡献。

名家评点:美国第 31 任总统胡佛评价说:"爱迪生是美国最负盛名的人,是美国的国宝,也是人类的恩人。"

巨人降世

　　1847 年 2 月 11 日,在美国俄亥俄州的一个叫米兰的小镇上,一个长着圆脸蛋、蓝眼睛、淡色的头发的小男孩降生了。这个小男孩就是后来闻名世界的"发明大王"托马斯·阿尔伐·爱迪生。爱迪生祖居荷兰,父亲山墨尔是个勤劳耕作的农民,母亲当过乡村教师。他在家中排行第七,是最小的一个孩子,因此备受妈妈的宠爱。

爱迪生从小体质比较弱,后来在妈妈耐心周到的照料下,身体一天天壮实起来。爱迪生体质虽弱,却爱动脑筋。他的好奇心特别强,老爱问为什么,看见想不明白的事情就问,问了就转着眼珠想。"为什么锅上冒蒸气?""为什么凳子四条腿?""金子是什么?"父亲常常被儿子的问题弄得张口结舌。

小爱迪生爱"打破砂锅问到底"的兴趣得到了妈妈的充分肯定。妈妈当过小学的教师,她知道,好奇是打开神秘知识宝库的一把万能钥匙,没有好奇心的孩子成不了大器。所以每当爱迪生问她为什么时,妈妈总是微笑着,细心地开导他,把其中的道理讲给他听。这个时候,爱迪生总是歪着大脑袋,睁大眼睛听着,听完后,还会有一大堆新的"为什么"从他的头脑中冒出来。

爱迪生不仅爱问为什么,而且什么事都想亲自试一试,也闹过不少笑话。

四岁的时候,有一次,他和小伙伴们一起在大树下玩儿,不知是谁发现了树杈上有一个马蜂窝。

爱迪生一心想弄清楚其中的奥秘,于是找来一根长树枝,硬是把马蜂窝给捅了下来。顿时,一群大马蜂都向爱迪生涌来。片刻之间,爱迪生已被马蜂蜇得满脸红肿,几乎连眼睛都睁不开了,即使这样,他还要把蜂巢的构造看清楚。

还有一次,那是六岁的时候。一天早饭后,妈妈正在做针线活儿,爱迪生"咚"一下撞开了门,连跳带蹦跑进来了,吓得妈妈把手都扎了。

爱迪生气喘吁吁地问:"妈妈,大母鸡趴在鸡蛋上做什么呀?"

妈妈笑着说:"在孵小鸡呀! 鸡妈妈就是用自己的体温、用自己的身体一天天将鸡娃娃孵出来的。"

"噢,原来是这样,太有趣了。"爱迪生拍拍大脑袋,一脸恍然大悟的表情,推开门出去了。

到了中午吃饭的时候,也不见爱迪生的踪影。妈妈很着急,一家人四下寻找。一直到傍晚时分,大家才发现这个小家伙竟然在后院鸡舍旁边做了个"窝",里面放了几个鸡蛋,他正小心翼翼地趴在鸡蛋上,一动也不动。

妈妈看他专心致志的样子问:"孩子,你在做什么呢?"

"我在孵小鸡呢!"他一本正经地回答。

一家人笑得前仰后合,想不到他居然饿着肚子,从早到晚趴在鸡蛋上,整整"孵"了一天。就是如此浓厚的兴趣以及超人的耐心,成了爱迪生一生事业成功的重要因素。

爱迪生一家不久就被迫离开了米兰。铁路的铺设导致了河运和运河运输的萧条,米兰也就失去了其原来作为粮食经营中心的作用,工商活动中止了。1854 年,小山墨尔·爱迪生全家搬迁到休伦埠市,在那里开始经营粮食和木材。

爱迪生的童年就像他的同龄人一样,无忧无虑地在欢乐中度过。孩子们都喜欢在休伦埠巨大粮仓附近的码头上玩耍,但时常由于不小心而掉到运河里,通常他们总是由一些偶然的过路人救起,爱迪生也没有幸免。他很善于观察,从小就喜欢画画儿,而且画得不错。可以想到,他在孩提时曾做出了与他的年龄极不相称的大胆和不够谨慎的事来。但他在幼年所遭受的挫折,使他学会了谨慎和肯思索。他由于用火不小心,无意中把父亲的粮仓点着了,于是就在市场上当众受责打。他在用斧子截皮带时,把一个手指剁去了。他常进行非常危险的化学试验,而这些试验只是由于偶然的原因才没有以悲剧告终。因此,爱迪生在幼年起就逐渐接触"实践",积累了对于他的发展极为有利的也往往是痛苦的经验。

爱迪生年龄越大,他对各种试验就越感兴趣,而对各种游戏和娱乐越来越淡漠。在爱迪生已成为著名发明家时,他父亲对他所做的评语是:"托马斯·阿尔伐·爱迪生没有童年。拨弄蒸汽发动机和机械就是他幼年的娱乐。"援引这一评语是很有意义的,即使这种评语有点过分渲染,但小孩子兴趣的总方向,在这里还是十分明显地表现了出来。

艰难经历

爱迪生对实验的兴趣一天比一天浓厚。渐渐地,妈妈给的零花钱已经不够用来购买实验药品了。这可怎么办呢?思来想去。爱迪生终于想出了一个好主意。

那时,小镇上刚通了铁路,许多人到火车上做买卖。爱迪生心想,我要是能去火车上卖卖报纸和糖果,既能到城里图书馆看书,又能挣钱买实验用品,多好的事啊!

于是,爱迪生将自己的想法告诉了妈妈。

听了儿子的想法,妈妈有些心酸,可一想到爱迪生是这样懂事的孩子,又欣慰地笑了。妈妈千叮咛万嘱咐,才不舍的放儿子走了,爱迪生当时只有12岁。

到城里后,他先去报馆买厚厚一叠报纸,接着再去图书馆,找个座位,埋头看他心爱的书籍。饿了啃几口面包,渴了喝几口水。直到天快黑了,图书馆只剩下他一个人时,他才不得不离开。然后慌忙跑到火车站,挤上返回的列车。

车厢里,又响起爱迪生清脆的吆喝声:"看报!看报!看今天出版的新报!"

从此,12岁的爱迪生学会了自立。他用自己挣来的钱购买实验用品,每天晚饭后,就一头钻进他的小实验室做实验。

爱迪生在火车上跑来跑去又卖水果又卖报,渐渐地,和车站上的工人以及列车上的乘务员都混得很熟。他机灵勤快,大家都很喜欢他。

于是,他灵机一动,请求车长把他的实验搬到火车上来做。看到爱迪生这么好学,老车长同意了。

听了老车长的话,爱迪生高兴得不得了。他立刻跑回家,把他的那些东西搬上了火车。

过了几天，老车长到行李车上一看，哟，简直像新开的药店。各式各样的大瓶小罐，粗细不一的玻璃试管，以及里面装的五颜六色的液体、粉末等。小爱迪生看看这个，拿拿那个，一会儿看看书，一会儿又摆弄摆弄他那些玩意儿，一个人忙得不亦乐乎。老车长欣慰地点了点头，心想：有出息的孩子！

就这样，爱迪生在风驰电掣的火车上建成了他的实验室。每天，报纸和水果一卖完，爱迪生就乐滋滋地躲进行李车厢里，做他的化学实验。

爱迪生的学生时代特别短。他共上了几个月学，就由于他常提无数各种的问题而使老师们感到厌烦，同时由于他当时对学习表现得不特别努力，而被认为是不聪明和愚蠢的学生。他的学生时代，确切些说，就是那几个月的学习生活就这样结束了。此后，就由母亲来教他。母亲是一位很有学问的妇女，一位教师。由于母亲的耐心和温柔态度，爱迪生学会了识字和算术。他的字练写得工整秀丽，他养成了工整记笔记的习惯。他的"系统"教育，实际上只是这样。后来，在进行设计工作时，他常常感觉到他所受教育的不足，而不得不随时在工作过程中弥补这一缺陷。在这位发明家的以后工作中，很需要物理、化学、数学和电工学等方面的理论知识。这些方面的不足，不能不给他的工作造成困难。当他需要深入和全面了解某一问题时，他就开始研究它，以此来弥补自己所受教育的空白。

流浪岁月

爱迪生从 12 岁就开始独立工作挣钱了。最初，他在来往运行于休伦埠和底特律间的火车上卖报纸、杂志、糖果和水果。父母没有阻挡他从事这些工作，而使他完全能够按照自己的志向行事。不久他就开始出版了世界上第一份在火车运行时印刷的报纸。在各中间站上，担任"本报通信员"的少年们给他送来了当地新闻。而有的消息则是他从车站报务员那里得到的。他这样小的年纪，在这里就第一次接触到电报，并对电报的众多优点和可以大加运用的范围做出了很高评价。

爱迪生这个小孩，就这样成了记者、编辑、排字工人、校对员、印刷工和报童。报纸的发行份数达到了几百份。该报不只是报道地方新闻而且还报道最有意思的世界时事（这时是美国 1861 年爆发的国内战争的前夜）。爱迪生在自己的报纸上，刊登了他从书中所摘抄来的技术资料，报道了各种技术和科学新鲜事物。

爱迪生在进行出版工作的同时，仍继续做生意。爱迪生在铁路上工作了一段时间后，便在休伦埠开设了两个售货商亭：一个是出售报和其他刊物的售货亭；另一个是卖蔬菜、浆果、油等物品的售货亭。当国内战争开始时，爱迪生关闭了第二个售货亭，因为对报纸的需求量增长了，因此爱迪生赚得的钱也大大增多了。爱迪生后来就再也没有从事过写作和出版工作。因此，应把他的报业工作，评价为他少年时代就已有首创精神和踏踏实实要干一番事业的愿望的表现，而且他的这种首创精神和愿望是经过深思熟虑和合理的商业性核算后才产生的。看来，他一生中这一时期最重要的成果是，他熟悉了电报机并开始对电和电工技术感起兴趣来。

爱迪生称自己是化学家，而且说一向使他最感兴趣的是化学。每当爱迪生乘坐他的"印刷厂"所在的那个行李车厢去旅行的时候，他总是在那里进行各种不同的化学试验。一次，由于磷起了火，车厢里失火了，火被乘务员扑灭。而到下一个站上，爱迪生的所有试验用品被从充满浓烟的车厢里全抛了出来。试验者本人也随同试验用品一起被抛了出来。这是爱迪生青年时代最痛苦的时刻，直到很久，他也没有忘掉这一不愉快的事件。

在这件令人不快的但结局还比较满意的事件之后，年轻的爱迪生就很少从事化学试验，不久他就停止出版报纸，而改为学习电报业务，开始担任报务员工作。

虽然报务员这个工作在当时很吃香，但他总是在一个地方没干几个月就被辞退了。主要原因是：爱迪生在工作的同时，总是搞一些创造发明。他利用一切机会学习新知识，做各种实验，这在老板眼里无疑是"不务正业"。然而，爱迪生也并不满足于做一个电报员，他的理想是要当一个给人类造福的发明家。所以他也并不在乎在哪里工作，工作挣钱只不过是作为他搞实验的经费来源而已。

爱迪生在被休伦港铁路局解雇后，先在盛因堡做了两个多月的白班报务员，之后又通过考试，被西方联邦公司录用为白班电报员。

爱迪生的工作是白班业务，晚上他应该踏踏实实地在家里好好休息。偏偏他是个闲不住的人，他想多学一点儿。每天晚上，他都替换晚班的报务员接收通讯稿。这可是晚班报务员求之不得的事儿。

刚开始。爱迪生收发报的速度还能跟上对方。没过多久，对方换了一位高水平的人，他可就应付不了了。真是"天外有天，人外有人"，连爱迪生拥有这么好的技术都有点儿招架不住了，怎么办呢？爱迪生发明创造的天分又开始蠢蠢欲动。

爱迪生想出了办法。他把两台接收电码的仪器安装在一起，一台按原来速度接收，另一台转换成他可以接受的速度，从而将速度降到大约一分钟 25 个字左右。这就是二重电报机。这一发明确实解了燃眉之急，可只能是暂时的，到关键时候就出问题了。

那一年正赶上美国总统大选，有关大选的消息如同雪片般飞来，二重发报机招架不住了，爱迪生更是有点儿手忙脚乱。最让人着急的是消息都是第二天要发的，报纸正等着呢。新闻部门的人催了一遍又一遍，几乎踏破了门槛儿。

事情终于传到了公司经理那儿，经理大怒，他可容忍不了这既有损公司声誉又影响公司收入的事。就这样，随着二重电报机命运的终结，爱迪生又开始寻找下一个栖身之地。

他从事过电报业的地方有：斯特雷特福（加拿大）、休伦埠、印第安纳波利斯、新奥尔良、路易斯维、孟菲斯和美国的其他许多地方。实际上他是一个流浪报务员。他用莫尔斯电码收发的技能,达到了炉火纯青的地步。他的薪金微薄,但他紧缩日用必需品的开支,而把大部分薪金用于电工技术试验。爱迪生很少注意生活享受,对于他来说,电的研究和试验以及制造各种仪器和装置的尝试,越来越成为他生活中的主要事情了。

爱迪生的这种漂泊生活持续了5年。1868年,他迁徙到波士顿,在那里他在一家电报公司找到电工技师的工作。他作为报务话务员的生涯永远结束了。

早期发明

由于亚当斯的帮助,爱迪生被准许参加美国最大电报业"西部联合电话电报公司"的招收职员的考试。一向不注重衣着外貌和刚刚从外省来的爱迪生,使所有参加者和列席者在测试爱迪生时都认为他必定名落孙山,更何况在测试线路的另一头坐着本公司一位最有经验的报务员。但爱迪生在收发报的质量方面超过了对方,出人意料地被录用了。

这个时期,爱迪生把所有业余时间都用在他和亚当斯所居住的斗室里进行各种试验。他得到一本麦克尔·法拉第的著作,开始仔细地研究它。爱迪生喜欢这位天才的科学家、电学奠基人的著作,因为这些著作说得一清二楚,对于像爱迪生这样理论基础差的人来说没有难于理解的数学计算方法。研究法拉第著作及了解他的试验和推论,对爱迪生来说具有巨大的意义。当时他产生了要把电应用于各种实际目的的一个又一个想法。他特别敏锐地感到有必要进行某些设计,但他没有能力建立自己的能进行设计工作的工厂,因为他既无资金,又无地盘。

波士顿电学家这时已组织了一个相当大的团体。他们经常相聚,交换自己的意见和经验,有时还相互进行力所能及的帮助。不久,爱迪生就得到了波士顿著名的电工学家查理·威廉士的许可,在他的工厂里对自己的设计进行研究。1868年底以后,爱迪生的全部空闲时间经常是在威廉士的工厂里度过的。这一年,可以被认为是爱迪生的发明家生涯的正式开始的一年。他毕生研究自己的技术设想,并以一种经过精心研究而得出的适宜于采用的设计形式加以实现。他私人的家务事,总是被他放到次要的地位。爱迪生的生平活动可以分为三个时期,每一时期都有一定的特点。第一时期包括从发明活动的开始(1868年)到他在门罗园建立实验室和工厂(1876年)为止。第二时期(1876年~1887年)是他进行了极其重要的一些发明,并从此而被科学家、技术人员和广大的社会各界人士称之为"门罗园的魔术师"的时期。就在门罗园他用新原理和新方法开始并展开了自己的工作。第三时期(1887年~1931年)是最长的时期,这一时期他的工作都是在他西奥伦治市(新泽西州)内他所建立的工业化发明活动中心进行的。

爱迪生第一时期的活动,就是准备力量,积累经验,着手组织大规模的发明工作。在电报局供职,使爱迪生有机会实地研究这一领域,学会报务员工作,获得报务技艺高超的名望。他在这一时期所进行的一切发明,就其结构原理来说都与电报有密切关系。1868年他在波士顿工作,而1869年他就来到了纽约。他这时已获得了第一个发明即投票记数机的专利特许证,这种投票记数机可以大大加快计票程序,在投票时随时都可以准确地计算出"赞成"和"反对"的票数。爱迪生表示愿把这一机器供给美国国会,但他的建议未被采纳。尽管爱迪生第一次取得专利权的发明没有得到应用,而且也没有给他带来任何好处,但他还是毅然决定要继续从事发明活动,然而只限于在那些确实能够使他得到利益的领域里进行。

在纽约,爱迪生曾在交易所一片混乱的困难时刻运用了自己电报学方面的知识,修理了损坏了的交易所黄金行情标示机。在顺利完成了这一任务之后,"布劳德大街劳斯黄金行情标示公司"给爱迪生提供了固定工作,因为他在紧要关头使这个商行免遭破产。

爱迪生不想再继续当一名普通的电工技师。他为了求得独立自主,总想自个儿办一个企业。他在空暇时,致力于改进交易所行情标示机。他成功地把这一种标示机改造成能打印出字码的机器。劳斯公司被一个搞竞争的同行"黄金股票电讯公司"所吞并。该公司经理姆·勒斐兹用为数40000美元,从爱迪生那里买来了使用这一发明及其他某些发明的专利权,其中包括一种可以从一个中心把所有发报机发出的读数都转换成零的仪器,这对于检验各发报机是否正常工作是很重要的。这一交易使爱迪生能够再从事某些新的发明。为了生产所发明出的各种仪器,爱迪生和弗兰克利翁·列奥纳尔德·鲍普以及《电讯报》杂志的编辑约翰·艾希礼一起组建了一个电学技术和电学咨询处。卖交易所行情自动记录机所得的款项,能够购买某些用来生产仪器的机器设备。这就促使爱迪生建立一个他自己曾在纽瓦克市(新泽西州)所开办过的那样的工厂,以接受订货。订货踊跃,业务扩大,工厂定员增加到150人。在爱迪生的助手中出现了一些多才多艺的机械专家:约翰·克留济、济掐蒙德·伯格曼、济格蒙德·舒克尔特、约翰·奥特。

根据美国自动电报公司的建议,爱迪生致力于改进英国人约翰·利特尔的自动装置,这种装置可以充分利用电报传送能力和提高电报线路利用率。爱迪生彻底改造了这一装置,使它达到了能够用字母记录电文的水平,使它适于在商业上使用。试验得到成功,但在美国没有得到推广。爱迪生因而没有从这次发明中得到物质利益。所以爱迪生就到英国(1873年)去演示经过改进的这种装置,试验很成功,但爱迪生还是没有从中得到物质利益。

在研究改进利特尔装置过程中,爱迪生需要为记录机弄到比较结实的纸张,以便拍发电文和接收电文。这一装置中的纸带应该快速移动。爱迪生对各种纸作了各种各样的试验,其结果是石蜡纸最适合使用。有几名助手其中包括他的未婚妻斯季尔韦尔·梅丽,都参加了这些试验。

1871年圣诞节,24岁的爱迪生结了婚。据说,结婚那天他因为埋头实验,把举行婚礼的时间都忘了。

也是在这个时期，从休伦港家中来了一封电报：妈妈去世了。

这个消息令爱迪生非常难过。妈妈去世了，曾经引导他进入科学世界的最好的老师，世界上最好的妈妈，没见上他一面，便离开了这个世界。

他日夜兼程，赶回家乡。在妈妈的墓地前，爱迪生默默地低着头。妈妈不仅给了他生命，而且教育了他，培养了他。在他退学时，妈妈没有责怪他，一直鼓励他，理解他，帮助他自学。在他小时候因为做实验而闯祸时，妈妈从来没有责怪过他，而是耐心地教导他。在他12岁开始独自一人出外谋生时，妈妈在他身后一直关注着他，妈妈就是他的强大后盾。是妈妈的爱和理解保护了他又动脑筋、又动手的天性，这对他的发明创造无疑是极大的帮助。没有妈妈，就没有我们今天所熟悉的发明大王——爱迪生。

爱迪生在妈妈的墓碑前暗暗地发誓：一定要再发明些大众需要的东西，来报答妈妈的养育之恩。

妈妈对爱迪生的期望没有落空。1872年到1875年短短几年中，爱迪生经常是睡在实验室里，很少回家，废寝忘食地工作，先后发明了自动电报机、四重发报机，还和别人合作完成了世界上第一台英文打字机。

1874年秋，爱迪生一直研究的四重发报机终于与大众见面了。为了检验其性能，爱迪生决定在纽约和另一个城市之间进行测试。好像上天想故意考验这件"作品"，实验那天是个大风暴天，这给实验带来了困难。

"要么改日再试吧？"有人向爱迪生建议说。

如果换了别人，也许会改日进行，新发明毕竟还很"脆弱"，万一它经不住考验，不就前功尽弃了吗？但爱迪生坚持按原计划进行。他认为，一个成功的"作品"应该是不受气候影响的。

为此，他做了周密的安排。他选派了最出色的电报员执行这一不同寻常的任务，并叮嘱他们："你们是最出色的电报员，如果遇上风暴天，千万不要慌。"

实验伴随着风暴开始了。爱迪生虽然嘴上那么说，可心里也敲着小鼓，毕竟它是新鲜事物。渐渐地，爱迪生一直紧皱的眉头松开了，四重发报机依然清晰、迅速、准确，它没有受风暴的影响，完全经受住了考验。

观看的人们脸上都露出了笑容。实验一结束，爱迪生立即忍不住紧紧地拥抱了两名电报员。

青年发明家爱迪生在电信领域崭露头角，大显身手。

改良电话

1876年托马斯·爱迪生迁居到门罗巴克公园，在以后的10年中，这个村庄已为全世界所熟知。北美合众国的这个小小角落很快就成了吸引全世界的学者、演员、艺术家、实践工作者的中心。

爱迪生在他一生中都保持了青年时代的散漫而无规律的自由生活习惯。他的全部生活,他的全部力量都集中于一个目的。这个目的就是工作,就是专心致志搞发明创造。

爱迪生在门罗公园做的第一项工作就是电话。

电话的发明,也和其他许多重大发明一样,不能完全归功于某一个人。

我们应该当承认亚历山大·格雷厄姆·贝尔是电话的发明者。贝尔(生于1847年,逝于1922年)是英国人,他一生的大部分时间是在美国度过的,曾在波士顿任教授。贝尔经过5年的顽强工作,终于制成了可以实际应用的电话,以后,又不断改进它。

1876年3月7日,贝尔的申请经过审核,承认了其发明权并准予登记。但是,在贝尔和格雷之间发生了长期的诉讼案。只是到了1888年,美国最高法院终于肯定了贝尔的新发明具有优先权。

爱迪生于1876年迁至门罗公园时,贝尔正好在这一年获得了电话机的专利权。爱迪生在他的新实验室着手解决第一批问题之一,就是改善贝尔的发明。

要在商业方面采用贝尔电话还存在的困难,这就是传送过来的电话声音微弱,并由于种种原因电话线里有不相干的噪音。

最大的不便之处是不能把听筒和发话机连接在一个筒上。必须一会儿把听筒送到嘴边,一会儿又送到耳边。正在说话的人听不到对方声音,听话的人不能答话。

贝尔继续为改善自己的电话机而努力工作。他向西方联合公司建议,出让自己的专利权,但遭拒绝。贝尔一步步地改善自己的电话机并获得了金融界的支持。对电话发明的兴趣逐渐增强,许多企业开始以电话通讯代替电报通讯。贝尔的背后,有一个大工业公司组织起来了。

西方联合公司感到电话与电报竞争的威胁并且看到电话的发展前途日益宽广,便去找爱迪生,答应他在5年之内,由公司给他每周150元,以获得首先使用在电话方面做出的新发明的权利。因为他在纽瓦克时已开始进行这方面的一些试验,而在门罗公园又大大向前推进了这些试验,所以爱迪生高兴地接受了这个建议。

爱迪生所做的改善工作,从电话的原理了解开始。

送话器和电话是借助于电流把人的声音传送到任何距离去的主要机器。为了把声波振动传送到远距离,首先必须把声波振动转变为电流振动。这项任务是由送话器执行的。这样一来,送话器就成为传声器了。传声器是由装满炭黑的金属盒制成的,盒盖是用硬碳制成的薄片(薄膜)。在薄膜振动时,送话器里的电流性质也在变化。比如,在炭精送话器里,薄膜对与它接触的炭粒压力发生变化时,连接送话器的电路抗阻也在变化。连接送话器的电路抗阻变化使电路的电流发生变化。电流的这些变化恰好与声波施加于薄膜上的压力变化相符并作用于电话和磁体。电话是接收器,它由薄膜(形状像一个小圆铁片)和磁力系统构成。这两件装置——送话器和电话——是由铜线连接起来的,沿着这些导线传送电流。

电流的变化作用于电话的磁体。磁体对薄膜的吸引力一忽儿强,一忽儿弱,并使它振动。这些振动与送话器薄膜的振动完全符合,耳朵可以听到声音。所以整个说来,我们接触到这样一个过程:声音通过电流又变为声音。

爱迪生在成功地设计出可以实际应用的第一个炭精送话器之前付出了不少劳动,因为这个送话器并非一次就能制成的。他曾试验过用水、海绵、湿纸、毡、石墨薄膳等作为送话器盒的填充料,但结果均不佳。爱迪生一连数月继续进行试验。有一天,爱迪生看到煤油灯罩上的烟炱,便想用烟炱做试验。最初几次试验结果不错,采用了纯炭精解决了问题,声音扩大了很多。爱迪生制出了第一个可以实用的电话受话器。但并非所有问题都解决了。

最初制成的送话、受话器有着很弱的抗阻。谈话在这些送受话器中电流波动更减弱了。因为爱迪生做出一件新发明而有了很大改进:在电话中安装了一个感应线圈(变压器),把送话器电路的低压电流改为高压交流电,从而轻而易举地克服了导线的抗阻现象。

由于采用感应线圈,传输功率大大增强。这次改进使得建立长途电话通讯成为可能,并给电话技术的发展奠定了基础。

由于爱迪生所做的各项改进,贝尔电话的声音扩大了。采取这些措施后,电话事业迅速发展起来了。布达佩斯的西奥多、普斯加斯首先建议成立中央电话局。到处都在建立中央电话局连接的电话网。各电话公司竭尽全力要把人的声音在技术上可能达到更遥远的地方去。

西部联合公司买下了爱迪生的各项专利权,以便来与成立于波士顿的贝尔企业进行竞争。

爱迪生把自己的发明权以 10 万元售予西部联合公司,他向这个公司建议于 17 年内分期付款,每年支付 6 千元。后来,爱迪生提到此事时说到"我的功名心比手中的钱多再多。我知道,如果这笔钱一都交给我,我会一次全部都花在试验上,之所以我要这样安排,就是为了在 17 年内,保证在生活上不致遭遇太大的困难。"

在英国使用电话的人逐渐增加,爱迪生委派古罗上校(搞自动电报时期的老搭档)去那里担任代理人,成立了专门的公司,准备好大量电话机。

爱迪生想到的不是自己究竟能拿多少钱,而是只要以后能有足够的经费,保证他安心地做实验、搞创造发明就够了。他从来不在钱的问题上与人计较,他在乎的是能否为人类创造出有用的东西。这也是这个伟大的发明家的高尚之处。

爱迪生的新式电话音响效果特别好。因此,在市场上备受欢迎。没承想,这一发明却又引起了爱迪生与贝尔之间的一起纷争。

原来,贝尔创建了贝尔电话公司,生产并出售他自己发明的电话,市场一直看好。可是,爱迪生经过对电话的改造,也将其产品推向了市场。这样两个人之间不可避免地产生了矛盾。

在彼此的"交战"中,爱迪生曾在公开场合说过:"我研制这台设备并不是想和贝尔的电话对着干……"他想与贝尔言归于好,他认为改造电话机是为了更好地为大众服务,而不是为了与贝尔争什么。但是他们俩之间还是没有避免正面交锋。

那一天,首先是两位电话发明人展示自己电话的功效。有人朗诵了一首诗,然后又唱了一首歌。在使用贝尔电话时,声音只有主席台上那位把听筒贴在耳边的人才能听到。而使用爱迪生的送话器则效果明显不一样,在设备附近的人都可以听到。

接下来是爱迪生和贝尔各自登台讲述电话的原理。贝尔出身教育世家,修养极深,又是一个大学教授,他特有的讲课技艺吸引着听众,由不得你不为之喝彩。而爱迪生则没有贝尔的"风度翩翩",既不讲究服饰,也谈不到气质,只是他那双异常生动的眼睛,活泼而充满生命力。他自有他的与众不同的风度,观众同样为之倾倒。

这一仗下来,他们彼此间谁的电话也没有占绝对的优势,只是看起来似乎是爱迪生略胜一筹。虽然贝尔的电话送话器欠缺一些,但他的听筒性能却很优越,这一点爱迪生的听筒是比不上的。

爱迪生与贝尔进行了长达三年的斗争,但后来他们合好了,并将贝尔的"好听筒"配上爱迪生的"好送话器",这一回电话可称得上完美了。两个伟大的发明家就这样从斗争走向联合,并且二人携手成立了联合电话公司。

机械录音机

爱迪生关于电报转发、电话机、扬声电话机对声波与膜片振动之间的关系进行深入的研究,使他产生了一个想法:把声波引起的膜片振动记录下来,然后再把它重播出去。爱迪生想制造一个能记录人的声音并把它重播出去的机器。爱迪生这一想法给世界献出了一个最出色的新发明——机械录声机。

1877 年,爱迪生发明的机械录音机先在伦敦后在美国的专利局进行了登记,这时他仅 30 岁。但他发明的机械录声机在登记后的 10~12 年间经不断改进才臻于完善。与此同时,爱迪生发明的录音机及其各种元器件共获 200 项专权。

第一台机械录音机是由爱迪生的一位同事约翰·克鲁济技师制成的。克鲁济接受爱迪生给他的任务和图纸(爱迪生在图纸的边缘上注明了做这项工作的报酬是 18 元)时并不知模型的用途是什么。克鲁济几乎是废寝忘食地连续工作 30 个小时制成了世界第一台机械录音机。在伦敦的工业知识博物馆,现在还可以看到这台机械录音机。这台世界上最初制成的机械录音机播出在当时流行的一只歌曲时，只有时断时续的微弱声音。

机械录音机的出现首先使得实验室的同事们大为吃惊。第二天爱迪生携带机械录音机去纽约，在《美国科学杂志》编辑部编辑比奇办公室演示了机械录音机。次日清晨各报刊登了对机械录音机的详细描述。参观者潮水般地涌入门罗公园，火车站增开了特快列车。

不久，爱迪生成立了专门生产和推广机械录音机的公司。第一批在市场出售的机械录音机是由纽约的齐格蒙特·伯格曼制造的。伯格曼在爱迪生设于纽瓦克的工场工作，表现了出色的工作能力，伯格曼挣到一笔钱，就把它投入自己经营的企业用来制造爱迪生的机械录音机和炭精送话器。后来伯格曼成了设在柏林以他的名字命名的电气公司的创始人。

1879年，爱迪生因要在电气照明和电工学方面进行一些新的实践研究，所以暂时中断了机械录音机的研究工作，但在1887年又恢复了这项工作。爱迪生在他一生中把机械录音机看作是自己最喜爱的宠儿。1926年，在我们拜访爱迪生时，看到他正在为改进机械录音机、留声机及其个别部件而继续工作。我们根据下列事实可以判断爱迪生在80年代末是怎样为机械录音机紧张工作的。1888年6月，他用了五个昼夜的时间夜以继日地进行试验。截至1893年止，在机械录音机方面，爱迪生获得了65项专利，而到1910年止，已获得100余项专利。

能发出声音的神奇机器引起人们极大惊讶。爱迪生的任何一件发明也没有使欧洲和美洲留下如此深刻的印象。

1878年3月11日，著名的物理学家德蒙塞尔在法国科学院召开的会议上演示爱迪生的机械录音机时，出席会议的院士布约为这位发明家的勇敢的行为所激怒，突然从座位上跳起来大声喊道："恶棍！骗子！你们以为我们会容忍能腹语者欺骗我们吗！"同年9月30日重新讨论机械录音机时，布约仍然不相信对机器做过试验的专家们的结论，并且说。"难道能设想可鄙的金属会发出高尚的人的声音吗！"

机械录音机首次在俄国公开演示时，"会说话骗人的机器"的主人竟然被法庭判处三个月监禁和巨额罚款。

但不久，机械录音机就开始胜利地进入市场。

1888年，机械录音机第一次在伦敦演示时，出席仪式的有格莱斯顿。机械录声机播出了爱迪生实验室的致词、发明家的致词和他对伦敦各报刊的致词。

虽然早期的机械录音机在播音时发出一些杂音，但它还是作为播送歌剧和音乐会的工具逐渐推广了。

在未知的路上探索。像爱迪生这样经历过无数次失败的痛苦，最终却还能经得住考验的人确实不多。

有一回，爱迪生和他的助手们进行一项实验，这项实验已经做了几千次，依然一无所获。一个年轻的助手失去了耐性，发起牢骚来："这样重复、重复、失败、失败,真是浪费时间。"

爱迪生听了,语众心长地对助手说:"不要这样想,我们是有收获的,至少我们明白了这条路无法通行,那么再试下一条路,也许就成功了。"

"就这样一次次试下去,什么时候才是个尽头啊?"年轻的助手叹了口气。

"只要我们有耐心,肯努力,没有完不成的事情。"爱迪生鼓励他说。

"可是经历了太多的失败,我总是不能看到成功的希望。"

谈到失败,爱迪生对年轻的助手讲了自己的看法:"成功与失败只有一步之遥。别灰心,别丧气,坚持住,你就会成功。"

助手从爱迪生的一番话中受益不少。他又重新拿出勇气,全身心地投入了实验中。功夫不负有心人。在他们又经历了无数次失败后,成功终于向他们招手了。助手高兴得手舞足蹈,激动地对爱迪生说:"我终于明白了,科学研究需要耐心与毅力。只要肯坚持,就一定会达到目标的。"

爱迪生见这个年轻的助手终于懂得了从事科学工作的正确态度,不禁会心地笑了。

从此,年轻的助手以爱迪生为榜样,在科学的道路上摸索前进,也有了不少的发现。

发明电灯

60 年代,电报是使用电气的主要领域。而 70 年代却是电气照明的时代。

不断发展的城市里的高楼大厦和工厂厂房需要新的光源来提供更充足的照明工具并分配给众多的分散用户。

照明逐渐成为使用电气的主要领域。同时,电气照明导致了工业型发电机的制作和中央发电站的建立,并且给电力打开了通往工业动力的道路。

在电气初期胜利发展的道路上,爱迪生的工作起了重要作用。首先,爱迪生被誉为现代电气照明之父。

爱迪生最初对电灯的研究开始于 1877 年秋天。当时,已有众多的科学家为电力照明耗尽了毕生心血。直到 18 世纪末,美国科学家富兰克林用放风筝的方法引发出电的火花,人们才看到了电世界的曙光。1831 年,英国科学家法拉第成功设计出的一架发电机,才从根本上解决了电源不足的问题。

可是,真正能为大众夜间照明的发明依旧没有重大突破。虽然有些灯已被发明用来照明,可大多数都是价钱太高,寿命不长,无法走入寻常百姓家。他想发明一种大众夜间用的而且不贵的电灯。

在当时,对瓦斯灯最有研究的是另外一位发明家露沙,他不但自己有实验室,还写了许多有关瓦斯灯方面的文章。

有一次,两人在一个偶然的机会相遇,爱迪生便向露沙询问了许多自己不知道的有关瓦斯灯知识。

露沙非常吃惊,他想若是对瓦斯灯没有相当的研究或缺乏这方面的实际经验一定不会问出这样的问题。他说"你是我遇到过的第一个对瓦斯灯知识掌握得这么多的人。"随后,两人就许多问题进行了分析探讨。

经过这次研讨,爱迪生解决了许多问题,他仍觉得自己的知识还不足以进行新的试验。因此,他还是尽量收集有关论述瓦斯灯的书籍,并对瓦斯灯的材料玻璃,炭棒等深入的研究。

这种积累大约持续了1年多,到1878年初,爱迪生认为可以进行实验了,这时,他才开始真正对电灯进行研究。

对瓦斯灯的学习结束后,他认为应该首先解决的问题是,如何使炭棒通电后仍保持原状。

原来瓦斯灯是根据炭棒通了电流之后就会因发光而制成的。但是,当时炭棒通了电流后因为电阻非常大而产生高热以致热化而成为蒸气,因此,碳素就会化成灰。

爱迪生研究发明电灯,也是按此原理。他利用相同的方法,在真空的玻璃管中做实验,结果,成功了!

他按照这一方法去做,使燃烧的时间变长了,但是没有超过8分钟。白热电灯的原理在这种情况下产生了。此时,是1878年,爱迪生32岁的时候。

虽然这种原理是正确的,但是还不能算是完全的成功。因此,他更加努力地按此思路继续实验下去。

他先在玻璃管中放入通电用的芯,而要使之在2000度上不融化,为此,他不知花费了多少心血……

为了找到这种材料,爱迪生真可谓呕心沥血了。

他翻阅了大量的书籍,又重新开始了有关材料学的学习与研究,许多坚硬的物质他都思考试验过,但都无法达到预期的效果。

有时,他也十分苦恼,甚至扪心自问,这种物质是不是不存在,或者是根据自己现在的知识还发明不了电灯。但只要他一想到他在亚克灯厂所看到的一切,一想到这种新式照明工具对人类的作用,他便又振奋起来,一头钻进书本和实验中去。

不分四季,不分昼夜,爱迪生在不断研究探索着,他几乎每天都泡在实验室里钻研,在1878年的一年时间里,他共实验了1600多种材料,平均每天实验5种之多。

正是在这种忙碌中,爱迪生迎来了新的一年。他暗自祈祷:但愿在新的一年里,他能找到合适的物质。

面对各方面的压力,爱迪生和他的助手们没有退缩。他们继续关在实验室里,夜以继日地干着。实在需要休息的时候,他们就在实验室的桌子上躺一会儿。爱

科学巨匠

迪生虽然还年轻,身强力壮,可由于劳累过度,两眼常常布满血丝显得疲惫不堪。

还记得麦肯基站长吧?他就是那个教会爱迪生电报技术的人。爱迪生将他接到了门罗公园。此时,麦肯基已经上了年纪,爱迪生为了报答他的情谊,特地接他来门罗公园,表面上请他来实验室工作,实际上不过是让他挂个闲职养老罢了。

有一天,爱迪生正在为灯丝材料冥思苦想,麦肯基走进了实验室。他那满脸的红胡子,不由得使爱迪生眼睛一亮。

"老站长,为了电灯实验,能不能借用您的一样东西?"

"你需要什么?只要我能做得到的,我一定会帮你。"老站长依旧像十几年前那样。

"不是别的,我看上了您的胡子,也许这是一种好的灯丝材料。"爱迪生笑着对老站长说。

"这当然没问题。"麦肯基站长立刻用剪刀剪下一撮胡子来。

爱迪生怀着极大的兴趣挑选了几根粗胡子,先进行炭化处理,然后装进灯泡里做实验。

麦肯基站长在一旁津津有味地看着。他想看看爱迪生能用这胡子搞出什么名堂来。

遗憾的是,实验结果表明,用胡子做灯丝,效果也不理想。爱迪生脸上露出失望的神色。

"不要失望,要不,再试试我的头发吧!"麦肯基把胸口一拍说。

"不用了,头发和胡子的性质一样,不必再试了。"爱迪生看着这位老人,心想他的献身精神是感人的。

爱迪生正深情地望着麦肯基,目光偶然地落在了他的粗线外套上。青年发明家立刻对助手喊起来:"快!找一卷棉线来。"

麦肯基听了,毫不犹豫地解开外套,从里层撕下一大截粗线,递给爱迪生。

助手们看见爱迪生接过棉线时候的激动神情,每个人脸上都露出了兴奋的神色。他们知道,每当爱迪生有了新的发现时,他总是这种表情。

爱迪生对棉线进行炭化处理,一丝不苟。大家目不转睛地看着他操作。然而,炭化棉线又细又脆,一碰就断,爱迪生试了几次,都没有能够将炭化棉线放进灯泡里。直到第三天傍晚,这一任务才顺利完成。

这时夜幕已经降临,窗外漆黑一片,实验室里只有微弱的煤油灯光在闪烁。爱迪生让人把煤油灯熄灭。

激动人心的时刻就要到来了。爱迪生接通电源,顿时,他们日夜盼望的情景出现在眼前,灯泡放射出明亮的光芒!

爱迪生沉醉在巨大的欢乐之中。他和助手们坐在那里,出神地看着那盏灯继续燃烧着,如同小心看护自己刚出生的孩子。他们忘记了十几个月来的失败,忘记了连续苦战的疲劳,一直守着这盏灯。灯泡燃烧的时间越长,他们越觉得情绪亢奋。电灯持续亮了 45 个小时。每个人都没有休息，静静地坐着，心满意足地注视着那盏倾注着心血和汗水的电灯。

这一天是 1879 年 10 月 21 日，诞生了人类第一盏有实用价值的电灯。后来人们就把这一天定为电灯发明日。

爱迪生没有陶醉，为了进一步提高电灯的寿命，他继续寻找更有效的灯丝材料。经过两年的努力，在试验了世界上 6000 多种植物纤维后他们发现日本的竹子做灯丝材料最好，电灯的寿命提高到了上千小时。

1882 年春天，第一批实用的电灯问世了。爱迪生还在纽约创建了发电所，正式向用户供电。

人们对新发明都有个接受过程，像留声机一样，电灯开始也遭人拒绝。

爱迪生供电所给用户架好电线后，一夜间都被割断了。

"大家为什么要这么做呢？"爱迪生不解地问着人们，"架好电线，通了电，夜晚将不再黑暗，而同白天一样光明，这样不好吗？"

"你们这样，扯的空中都是电线，会把雷电引下来伤人的，"有个比较胆大的人回答说。

"噢，原来是这样。大家不要害怕，其实电线和打雷完全是两码事儿……"爱迪生给大家讲了一些关于电的知识，然后还补充说："凡是愿意使用电灯的人，可以免费使用 3 个月。"

听了爱迪生的解释，再加上这一项优惠，人们热烈地鼓起掌来。

看着一家一户逐渐安上了电灯，爱迪生心里别提有多高兴了。他一心想着要为大众进行发明创造，他的理想慢慢地实现了。

夜幕降临，望着千家万户点点灯光，爱迪生想起了死去的妈妈："妈妈，我没有辜负您对我的期望。如果您还活着，见到这明亮的灯光，您一定会为我高兴的。以后我还会在这条路上继续努力，发明出对大众更有益的东西。"

每有一项新的发明，爱迪生都会想起妈妈。是妈妈将爱迪生领进了科学之门。他怎么能忘记伟大的妈妈呢！

晚年悲剧

爱迪生的晚年是在炮声中开始的。1914 年，第一次世界大战爆发。一开始，美国并没有卷入战争，而是在一旁观战。

爱迪生是一个讨厌战争的人，他希望世界尽快变得和平起来。

但是，战争所涉及的国家越来越多。最后，美国也加入战争。

一天，美国一位海军官员找到爱迪生，对他说："爱迪生先生，我们想邀请您出任海军顾问一职，并想请您帮忙研究战争武器。"海军官员抱着希望而来，没想到爱迪生严肃地说:"我对战争武器深恶痛绝,制造杀人的东西与我的天性格格不入。我最想做的是发明一些能为大众所使用的东西,使人们的生活更方便,更幸福。"

海军官员一听,爱迪生还是个倔强的老头儿,得想办法说服他才是。"爱迪生先生,我知道您总是为了大众着想,可是战争已经危及了我国人民的生命安全,您能看着置之不理吗?"

"是你们那些爱好战争的人,把美国人民推入了火坑!"爱迪生气愤慨地说。

"事实不是您想象的那样。是敌人先打沉了我们的船我们才不得不反抗的。现在我们的人民正处在水深火热当中,您能眼睁睁看着他们受苦受难吗?"

听了这位官员的一席话,爱迪生犹豫了。作为一个美国人,他深深地爱着自己的祖国和人民。在这个时刻,他将做出怎样的决定呢?

爱迪生背着手,在客厅里踱来踱去,考虑了很久。然后他说道:"为了我们的国家和人民,我愿意把我的时间贡献给政府。"

海军官员听了,非常高兴,说:"我们会给您最优厚的待遇。"

"不需要。我愿意将我的全部时间无条件地献给海军研究出有用的武器,保护我们的人民。"

海军官员深深知道,爱迪生是一个热爱祖国和人民的人,为了祖国和人民,他会牺牲自己的一切的。

不久,一座海军实验室就建成了。这座实验室里聚集了全美的人才,由爱迪生率领,着手改良军备设施,研制新式武器。

爱迪生首先进行了水下蓄电池应用的试验,并成功地将新型蓄电池用在了潜水艇上。接着改进了鱼雷……

在这座实验室里,爱迪生他们搞出了许多新发明,其中被军方采用的就有40多项。这些发明大大增强了海军战斗力,为美国取得胜利做出了贡献。

进入晚年的爱迪生,看到了战争的残酷。无数将士为战争送了命,很多难民亲人失散,无家可归。他体会到了亲情的重要性。

是啊,几十年来,他一直全身心地投入他的发明研究,几乎没有闲暇和家人及朋友共享天伦之乐。大家一直认为他冷漠,不近人情,实际上爱迪生是一个内心充满温情的人,他一直向往温馨的生活,但时间对于他来说真是太宝贵了。

"那么,我该怎样补偿一下我的亲人和朋友呢?"爱迪生在问自己。"对了,不如去旅行吧!"

他把这个想法告诉了亲人和朋友:"这么多年来,我一直专心搞研究,把时间都给了实验室,而给你们的是那么少。现在,不如我们一起去旅行,一方面可以增进彼此间的感情,另一方面也为圆我多年的梦想。"

"好主意!"大家都举手赞成。

爱迪生共组织了三次旅行。旅行使他展现了自己的内心世界,他有孩子般的纯真、活泼和质朴,以及对友情和亲情的珍惜。

跨入晚年后的爱迪生由于精力有限,从事发明研究的项目少了,但他仍以顽强的毅力坚持工作。

　　75岁时,有个记者冒冒失失地问爱迪生:"爱迪生先生,您什么时候告老退休啊?"

　　爱迪生风趣地说:"在出殡以前的那天。"

　　记者笑了:"您要多保重,大家都关心您的身体。"

　　爱迪生乐呵呵地说道:"请转告大家,我的身体还很好呢!"

　　在爱迪生80岁高龄的时候,他又满怀信心地开始了一项崭新的研究项目,这就是研制橡胶轮胎。为此,他又在实验室里,进行着不懈的努力。

　　1931年10月4日,爱迪生由于劳累昏倒了。从此,他的健康状况开始恶化。

　　爱迪生叫人将一位朋友叫到了病床前:"我不想离开这个世界,我还有许多事没有做完,还有许多未完的实验等着我去做……"爱迪生已经苍老的脸上,充满了无奈。

　　"我知道。你还是好好休息吧!"朋友见爱迪生在生命垂危的时刻,还想着他的实验,还继续想在科学之路上探索,他感动地落下泪来。

　　"不,我还有一件事,你一定要答应我。"爱迪生紧紧拉住朋友的手,好久不放。

　　"只要我能做到,我什么事都答应你。"

　　"你知道我正在研制橡胶轮胎,现在,我恐怕不能再继续研究了,我希望你能够完成这项工作。"爱迪生一副期待的眼神,等待着朋友的回答。

　　"嗯,我答应你。你放心吧!"

　　这就是爱迪生最后的嘱托。在生命的最后时刻,他还念念不忘他所研究的橡胶。他把他的一生都交给了他的发明事业。

　　1931年10月18日,世界著名科学家和发明家爱迪生,走完了84年的人生旅程,带着满足的微笑,永远地闭上了眼睛。

　　10月21日,隆重的葬礼在美国举行。那天晚上,全国人民为表达对爱迪生的尊敬和感谢,决定在部分城市熄灯一分钟为爱迪生默哀。全国人民陷入悲痛之中。

　　爱迪生虽然离开我们了,但是他留给人类的不仅仅是一批发明创造,使人们常常怀念他的却是对科学锲而不舍,对真理永远执着的精神。如今这种精神已经成为丰富的人类文化遗产,永励后人。

放射性现象的研究先驱

——居里夫人

人物档案

简　历:法国著名波兰裔科学家、物理学家、化学家。全名玛丽亚·斯克沃多夫斯卡·居里,1867 年 11 月 7 日生于波兰王国华沙市一个中学教师的家庭,6 岁进入私立寄宿学校。14 岁转入俄国管理的公立中学,17 岁回华沙,在城内担任家庭教师。24 岁赴巴黎求学。26 岁获物理学学士学位。在她的指导下,人们第一次将放射性同位素用于治疗癌症。由于长期接触放射性物质,居里夫人于 1934 年 7 月 4 日因再生障碍性恶性贫血在法国上萨瓦省逝世。

生卒年月:1867 年 11 月 7 日~1934 年 7 月 4 日。

安葬之地:巴黎的先贤祠。

性格特征:淡泊名利,珍惜时间,献身科学,探讨真理,生活简单,保持安宁,不图财富,爱好和平。

历史功过:一生两度获得诺贝尔奖,第一次获诺贝尔物理学奖,第二次获诺贝尔化学奖。10 项奖金、16 种奖章、104 个名誉头衔。研究放射性现象,发现镭和钋两种天然放射性元素。被称作镭的母亲。

名家评点:哈定总统在热情洋溢的致词中赞扬居里夫人是一个"高尚的人、忠实的妻子、慈爱的母亲。除了她那极艰辛的工作之外,还尽到了妇女的全部天职"。

童年失学

居里夫人原名玛妮雅,1867 年 11 月 7 日生于波兰华沙。她的父亲乌拉狄斯拉

·斯可罗多夫斯基是位中学数学和物理学教师,懂八国语言,有着渊博的知识。她的母亲受过良好的教育,曾担任一所女子寄宿学校的校长,还是位音乐家。

玛妮雅是这个波兰家庭中最小的孩子,她有四个哥哥姐姐。小玛妮雅从小做什么事都很专心,有惊人的记忆力。那一年夏天,全家都去乡下度假,8岁的姐姐布罗妮雅觉得独自一个人念字母太乏味,就跟小妹妹玛妮雅一起玩拼字游戏。姐姐将写着字母的纸板随意地在草地上排列成单词,一边排,一边认。

一天,父亲检查孩子的功课,对布罗妮雅说:"我来看看,你的书念得怎么样?"

布罗妮雅打开书本,结结巴巴地拼读着单词。冷不防小玛妮雅在一旁听得不耐烦,夺过姐姐手中的书本,很流利地读起来。

斯可罗多夫斯基和夫人同时惊奇地望着洋洋得意的小女儿。要知道,小玛妮雅当时才4岁,还没有上过一天学哩。她心里准在想,爸爸妈妈一定会美美地夸自己一番。没料想当她抬起头时,只见他们彼此交换了一下眼色,妈妈用一种虽然平静、却是不容违拗的口气对她说:"行啦,孩子,去玩你的积木吧!"

小玛妮雅当时还不能理解爸爸妈妈为什么不让她念书识字。对波兰人来说,那是一个最困难时期。她的祖国被普鲁士、奥地利和俄国一分为三,华沙属俄国统治。沙皇下令把俄语规定为正式用语,波兰人不准再讲他们的民族语言。每所学校都有俄国学监。谁胆敢反对俄国统治者,就要被处死刑,或被流放到冰天雪地的西伯利亚去。谁家父母不指望孩子早读书、多读书?就因为小玛妮雅太聪明,童言无忌,爸爸妈妈怕她过早地接触书本,懂得的事太多,会惹出祸来。

话虽这么说,但是小玛妮雅毕竟生活在这样一个知识分子的家庭里,怎么可能躲开书本呢?每天,斯可罗多夫斯基家的孩子都围坐在大书房的一张桃花心木的法国式大写字台周围,在那里做功课。斯可罗多夫斯基常说:"罗马征服了世界,但希腊文化征服了罗马。"要想热爱祖国,就要努力学习知识,用丰富渊博的知识报效祖国。

小玛妮雅多么希望自己快快长大,也能在那个大写字台旁有一个属于自己的位子啊!

书房里的墙上有个气压表,每隔几天,爸爸总要当着孩子们的面拨正那镀金指针,并把它擦得干干净净。那里还有一个特别的玻璃橱,里面摆放着许多漂亮别致的小天平、矿物标本、玻璃器皿,甚至还有一个金叶检电器……小玛妮雅常常睁大了一对好奇的眼睛,踮起脚尖注视着它们,问父亲它们叫什么名字。

"这是物理仪器。"父亲爱抚着她的头说。

"物理仪器?"小玛妮雅重复着这个名字,并牢牢记住了这有趣的名字。她怎么也想不到自己在以后的日子里会一辈子和它们结下不解之缘。

爱国少年

满6岁,玛妮雅进了学校。虽然她比班上的同学小两岁,但是她的成绩比任何同学都要好。只要有考试,她总是考第一:算术第一,历史第一,文学第一,德文第一,法文第一,教义问答第一……

这是一堂历史课。历史老师虽然长得算不上美丽,但她是波兰人,她正在偷偷地用波兰语给孩子们讲波兰历史。

25个学生听得那么出神。他们一只耳朵在听老师讲波兰王奥古斯特的故事,另一只耳朵却随时在倾听走廊上的动静。

"玛妮雅·斯可罗多夫斯基。"

"到!"

"请你告诉我们斯塔尼斯拉斯·奥古斯特的事迹,好吗?"

"1764年,斯塔尼斯拉斯·奥古斯特被选为波兰王。他受过良好的教育,智慧过人。他爱自己的国家,他了解这个王国一天天衰弱下去的种种弊病,他要为它寻求拯救的方法。但是不幸的是,他是一个缺乏勇气的人……"

突然,从楼梯平台那边传来了一阵轻微的电铃声。

"动作快一点,同学们!要镇静,不要害怕。"老师立即下令收拾所有桌子上的书籍、笔记本,把它们全包裹在五个学生的围裙里,溜出通向宿舍的后门,悄悄藏好。

当这五个同学喘着气回到自己的座位上时,教室的门打开了。

戴着金边眼镜的霍恩堡先生腆着他的大肚子出现在教室里。他是沙皇派来的督学——华沙城内私立寄宿学校的视察员。站在他旁边的是校长西科尔斯卡女士。

视察员看见25个小女孩都毫不例外地低头做针线,手上戴着针箍……校长从容地用俄语对视察员说:

"督学先生,这些孩子每星期有两个小时的缝纫课。"

这位督学先生连看都不看一眼校长。

"那是一本什么书?"他盯住女教师。

"克雷洛夫寓言。"女教师镇静地把书本递给督学。

督学当然认识书本上的俄文字。他把脸转向全体学生,看得出他要考察一下女教师讲的是不是真话。女教师抢先一步,目光落在玛妮雅的脸上:

"玛妮雅,请你给督学先生背诵一段克雷洛夫寓言。"

"不。"督学突然打断说,"还是背一遍祈祷文吧!"

这是沙皇的发明。强迫波兰孩子每天用俄语背诵天主教祈祷文,以便将俄罗斯文化不知不觉地渗透到他们的信仰之中。玛妮雅虽然一百个不愿意,但还是满足了督学先生的要求。

"好。"没料到督学先生还不满足,"再回答我,从叶卡捷琳娜二世起,统治我们神圣俄罗斯的皇帝是哪几位?"

"叶卡捷琳娜二世,保罗一世,亚历山大一世,尼古拉一世,亚历山大二世……"

"现在,谁在统治我们?"

玛妮雅紧紧地咬着嘴唇。校长和老师同时低下头去,玛妮雅明白,这是为了掩饰他们的愤怒。

督学生气了,提高了声音:"我在问你,现在,谁是我们的最高统治者?"

"亚历山大二世陛下,全俄罗斯的皇帝。"玛妮雅声音打战地说。

督学走了。教室里又恢复了往日的平静。但是玛妮雅却哭了,哭得那样地伤心。她恨自己不得不撒谎,更恨那些令自己受屈辱的侵略者。

童年,本该是天真烂漫、无忧无虑的岁月,可是带给玛妮雅的似乎尽是噩梦和悲哀。

6岁时,她父亲因为为一个学生说话,顶撞了俄国校长,被撤掉了副校长的职务。

9岁那年,她的大姐姐被斑疹伤寒夺走了娇嫩的生命。

10岁的时候,可恶的肺结核又夺走了她的母亲……

多少次她颤抖地跪在上帝的面前,祈祷上帝把生命和健康赐给她最亲爱的人,她愿意用自己的生命代替他们的死,可是上帝始终没有听到她的声音。

是的,她的力量实在太单薄了,她的声音太微弱了。看来,她唯一能做的只有读书。只有在她埋头读书的时候,她才能忘掉这一切烦恼和痛苦。她坚信"罗马征服了世界,但希腊文化征服了罗马"这一真理。

无论是在教室里,还是在宿舍里,同学们都能看见她,玛妮雅那么用心专注地在读书,以致同学们高声地喊她,跟她说话,她都听不见。一天,一些寄宿生和她的姐姐们共同策划了一个恶作剧,悄悄地在她周围用椅子搭起了个"脚手架",两边各放一张,后面放上一张,头上再加一张、两张、三张,把她夹在中间,然后神不知鬼不觉地离开,看她怎么办。

过了很久,玛妮雅看完了书,抬起头来,那个庞大的"建筑物"轰然压在她的头上、肩膀上,于是招来一片笑声……

1883年,玛妮雅从克拉科维中学毕业。由于成绩优异,她得到了一枚金质奖章。

科学巨匠

图文珍藏版

永恒学生

中学毕业的玛妮雅多么渴望上大学啊！可是，当时的波兰当局规定，女孩子不能上大学；要上大学只能到国外去。可到国外去，得花一大笔钱。父亲挣的那点微薄工资怎够供得起呢？她的姐姐布罗妮雅就是因为没钱上大学，不得不去做一名补习教师。

16 岁半的玛妮雅也像姐姐一样当上了补习教师，专门为一些成绩不好的学生补课。这份工作不好干，一小时才半个卢布，还常常受气。一天，玛妮雅对姐姐说：

"布罗妮雅，我把事情仔仔细细想了一遍，照这样下去，只怕咱俩一辈子都别想上得了大学。"

"难道你有什么更好的办法？"

"你不是已经积蓄了一笔钱，够你去巴黎的旅费和一年的大学生活费？还等什么呢！你先去，我留在这里，找一户供我膳宿而又不花钱的人家去当家庭教师，你以后几年的生活费由我每月按时给你寄去。"

"这不行！这太委屈了你。"

"我的傻姐姐，我不是白供你，等你大学毕了业，当上了医生，回头再帮助我完成大学学业。这不是两全其美吗？"

"可是，我的小玛妮雅，为什么我应该先去？你的天资这么好，先走的应该是你。"

"傻姐姐，你真糊涂！你都 20 岁了，我才 17 岁，你已经等了很久了。我不急。等你开了业，你就可以往我身上撒金子了。这事我已拿定主意了，咱别再争了！"

就这一决定，使玛妮雅付出了 6 年的代价。6 年中，她用当家庭教师挣得的一个个卢布，既帮助姐姐完成了学业，也为自己积蓄了一笔前往巴黎的路费。

1891 年 11 月 3 日，玛妮雅终于坐在巴黎大学理学院的教室里，取得了听课的权利。不过，从这天起，她不再用玛妮雅的名字，因为这个名字用法文念起来很拗口，她用法文拼写成玛丽。这个名字一直沿用到她成为居里夫人——玛丽·居里。

从这天起，巴黎大学宽敞的物理实验室里，每天都可以看到一位年轻的金发姑娘，穿着灰色的实验工作服，或者在聚精会神地探身注视着曲颈瓶，或者埋头在摆满仪器的长桌上记录数据。她一向是来得最早的人，也是最晚离开的人。

从这天起，每天晚上，人们都会在图书馆里见到她，不到关门的时候她是不会离开的。

起初，玛丽住在布罗妮雅姐姐家里。布罗妮雅已经结婚，姐夫是她的波兰同学，也是个医生。一个医生的家里，随时会闯进个病人，使得玛丽无法安静读书。加上离开学校又远，她不愿把宝贵的时间浪费在路上，后来就在学校附近租了一间房子。

这是七层楼上的一间小阁楼。斜屋顶上有一个天窗透进光线,没有煤气,没有水,更没有暖气。全部的家具就是一张折叠铁床、一只大箱子、一张松木桌子、一把椅子、一个脸盆、一个火炉、一盏油灯和一个木桶;木桶是用来到楼梯口的公共水龙头去打水。要是来了客人,她就把那只装衣服用的棕色大箱子拉出来当椅子,上面能坐两个人。

为了省下买取暖木炭的钱,天一黑她便跑到图书馆去看书,那里有煤气灯,而且比较暖和,一直用功到图书馆关门。回到家里,只要灯里的油足以点到凌晨2点就够了。

有一天晚上,实在冷得不行,她把箱子里的所有衣服都拿出来堆在被子上。半夜里还是把她冻得醒过来,只得将那唯一的椅子拖过来压在最上面。这么一来,你想象得出,她还能动弹吗?她就这么个一动不动地蜷缩着过了一夜。

吃的就更加马虎。常常一连几个星期,只吃些抹了黄油的面包,喝茶。有一次,晚饭只啃了几个萝卜和半磅樱桃,然后用功到清晨3点多,只睡了4个小时,就去学校做实验了。回到家里,看到桌子上有几个小萝卜,抓在手里才啃了几口,就昏过去了。

用今天年轻人的眼光看来,或许你会说:这也太苦太亏待自己了!不,玛丽在给哥哥的信中写道:我只惋惜一件事,日子太短,过得太快。她在一首诗里这样自豪地写道:

……啊,这个女学生的青年时期过得何等顽强,

而她周围,别的青年正以一种有增无减的热情

贪婪地把轻易得到的快乐找寻!

可是在孤独中

她过着默默无闻然而非常幸福的生活,

因为她在自己的小屋子里找到了

出自她那宽广胸怀的热诚……

人们称玛丽为"永恒的学生"。学生永远是年轻而贫穷的,愈是贫困的学生常常愈有出息。为了迎接老天将要降大任于他们,他们甘愿尝遍人世间苦难,付出任何代价!

1893年和1894年,玛丽先后以物理第一、数学第二的成绩,取得了物理和数学学士学位。不久,她又获得了两个硕士学位。

夺镭之战

玛丽一生的最大成就无疑是镭的发现。说到镭的发现,必须要提到另一个人。

这就是比埃尔·居里。

比埃尔·居里是巴黎市立理化学校的实验室主任。玛丽在攻读硕士学位期间,在李普曼教授的实验室里从事各种钢材磁性的研究。由于需要测定的金属样品实在太多了,李普曼教授的实验室实在容纳不下,可巧居里的实验室比较空,在巴黎大学朋友的介绍下,玛丽把那些金属样品搬到他那儿去。真是天赐良机,此时居里也正在准备磁学方面的博士论文,由于共同的志趣,两人情投意合,成了终身伴侣。

从此,玛丽小姐成了居里夫人。

尽管成了居里夫人,而且很快有了第一个孩子,但是并没有影响她从事科学研究的决心。当时,世界上还没有一个女博士,她居里夫人执意要成为第一位女物理学博士!

在准备博士论文的日子里,居里夫人读到了法国物理学家贝克勒尔的最新实验报告。贝克勒尔第一次发现铀在黑暗中放射出一种射线,能穿透物质。居里夫人立即将自己的博士论文研究课题定为:这射线从何而来? 经过大量测试研究,居里夫人发现,这种射线来自铀原子的本身。除了铀,还有钍也能释放出这种奇特的射线。她于是把这种现象称作"放射性",把铀和钍称作"放射性元素"。

不久,她又发现,沥青铀矿石中,不只是一种放射性元素,还含有另外的放射性元素。

这一发现引起了比埃尔·居里的极大兴趣,他连忙放下原先的研究工作,与夫人并肩战斗,全身心投入新元素的研究。

1898 年 7 月,居里夫妇发现了第一个新元素。为了纪念居里夫人的祖国波兰(Poland),这种新元素被命名为"钋"(Polonium)。

1899 年 10 月,他们又发现了第二个新元素"镭"。

一口气发现了两个新元素,对年轻的居里夫妇来说,该心满意足了? 不,居里夫人仅仅把这看成是工作的开始。她立刻给自己提出了第二个目标:一定要提炼出纯净的镭!

要知道,沥青铀矿中镭的含量少得可怜,要把它分离出来,至少要几吨重的矿石。而沥青铀矿又非常珍贵,在欧洲,当时只有奥地利的波希米亚才有,价格昂贵,居里夫妇哪能买得起? 好不容易通过维也纳科学院的说情,奥地利政府才同意让出几吨提取过铀之后的废矿渣给他们做实验。

原料有了,工作场地呢? 他们四处奔走,终于在巴黎理化学校找到一间被遗弃的木板房。从此,就在这间连搁尸体都不合格的棚屋内,这一对科学伴侣开始了持续四年之久的夺镭之战。他们成天穿着被酸腐蚀的旧工作服,在熏眼和呛嗓的烟雾中工作着。就像居里夫人自己写的:

"洛蒙街的棚屋里,夏天,由于房顶是玻璃的,闷热得像温室。冬天——不知究竟是雨水还是严寒更可怕些。"

"我每一次炼制 20 公斤左右的原料,不得不使整个棚屋塞满了装溶液和沉淀渣滓的大罐子。从早到晚搬挪容器,倾倒溶液,在铁锅边一连几小时地搅拌熔浆。"

"但是,就在这个破旧简陋的棚屋里,度过了我们生活中最幸福的年代,我们的全部精力都用在工作上。有时候我一整天都在院子里搅拌煮沸的溶液,使用的搅拌棍跟我的个子一样高。到傍晚,我累得站也站不住了。"

就这样,日复一日,年复一年,经过 45 个月的鏖战,他们终于在 1902 年 3 月提炼出了 0.1 克纯净的镭。为了得到这 0.1 克镭,他们总共处理了 8 吨沥青铀矿渣。这个新发现的金属,原子量为 226。

那是一个值得纪念的夜晚。居里夫人照看女儿睡着后,下楼来到比埃尔的身边。看得出来,白天提取到镭的那种兴奋还无法平静下来。

"难道真的过去四年了吗?"她激动地望着比埃尔说。

"别去想它了,现在需要休息。睡一觉,明天早上你又可以看到你的宝贝镭了。"

"明天?为什么不是今晚呢?我们再到棚屋去看看好不好?"

其实,比埃尔又何尝不想现在就去,去看看那个结晶体!于是他们穿上外衣,走向棚屋。打开门时,他们故意没有开灯。黑暗中,一幅奇异的景象呈现在他们的眼前:只见盛镭的玻璃管内放射出美丽的蓝色荧光,宛如神奇的宝石一般,足以能看书写字。对,镭拥有的热能是煤的几十万倍。这就是凝聚了他们四年的心血才诞生的宝贝!

他们把这宝贝装在一个小玻璃管内,放在铅盒里保管,因为只有铅才能挡住镭的射线。然后激动地相互拥抱起来。

任何语言都难以形容此时此刻这对科学家的心情。就像居里夫人后来回忆说:"就在这间可怜的破棚屋里,我们度过了一生中最美好、最幸福的时刻。……我将永远——直到生命终结——也不会忘记这个荧光之夜。"

镭的发现和提炼成功,具有划时代的意义。从此,不仅诞生了一门新兴科学——放射学,还为人类打开了探索原子世界奥秘的大门,引发了科学和哲学研究的新突破。

在此以前,科学家认为,原子是物质的最小组成单位。居里夫人的镭和她关于放射性来源的研究,为人们打开原子结构这扇大门提供了一把钥匙,大大地缩短了人类通往核时代的进程。

镭的用处太大了!利用镭的射线,可以治疗癌症。还可以制成各种混合剂,用作钟表和仪表刻度上的发光涂料,用作地质勘探等。如何获取镭,这个秘密只有居里夫妇知道,很多人建议他们申请专利权,从而获得最大利益。居里夫人不假思索地拒绝了这个建议,她说:"科学是属于全人类的。我们发现了镭,又把它据为己有,这违反科学精神。再说镭能治病,我们就更该无条件地献出它的秘密。""镭不应该使任何人发财致富。镭是化学元素,应该属于整个世界。"她毫无保留地把提取镭的全过程公诸于世。

当时,1 克镭价值 75 万金法郎,10 万美元,比最贵重的珠宝还要昂贵。但是居里夫妇毫不犹豫地把它们贡献了出来。

勇敢战士

1903 年 6 月,居里夫人获得了物理学博士学位。同年 11 月,英国授予居里夫妇戴维金质奖章;12 月,瑞典斯德哥尔摩科学院颁发诺贝尔奖,一半授予贝克勒尔,一半授予居里夫妇。

崇高的荣誉改变了居里夫人的科学研究条件,他们惜别了简陋的小棚屋,搬进巴黎大学的实验室大厅。

正当他们全力以赴投身于新的研究工作时,不幸的事发生了:比埃尔·居里在大街上被一辆载货的马车夺去了生命。噩耗传来,如晴天霹雳。可怕的打击,没有把居里夫人击倒,她拒绝接受给予她的抚恤金,认为自己是个还可以工作的人,她要将她和比埃尔共同而未竟的事业继续下去。她接过巴黎大学为比埃尔·居里设立的教席,走上讲台。

在当时,还从没有一个女人走上大学讲坛。这一天,巴黎大学的阶梯教室内,120 个座位座无虚席,后来者只好站在过道上、走廊里甚至广场上。

1911 年 12 月,居里夫人由于在化学方面所做的出色成绩,第二次获得诺贝尔奖。

居里夫人的声誉传遍了五大洲。她的书桌抽屉里装满了名誉博士学位证书和外国科学院通讯院士的证书。她是法国医学科学院的第一位女院士,同时被聘为其他 15 个国家科学院的院士。她的一生中共获得 10 次科学大奖,16 枚奖章和勋章,先后有 25 个国家授予她 104 个荣誉职位。可是她从没有把荣誉当回事。

有一天,她的一位女朋友来她家做客,忽然看见她的小女儿正在玩英国皇家学会刚刚奖给她的一枚金质奖章,不觉大吃一惊,忙问:"玛丽,能够得到一枚英国皇家学会的奖章,是极高的荣誉,你怎么能给孩子玩呢?"居里夫人笑了笑说:"我是想让孩子从小就知道,荣誉就像玩具,只能玩玩而已,绝不能永远守着它,否则就将一事无成。"

难怪爱因斯坦说:"在世界所有的著名人物中,居里夫人是唯一没有被盛名宠坏了的人。"

1914 年 7 月,居里夫人亲自主持设计并建造的镭研究院终于竣工了。视科学为生命的居里夫人正准备大干一场的时候,第一次世界大战爆发了。眼看德军一天天向巴黎逼近,作为一个母亲,居里夫人没有跑去同自己的女儿们待在一起,而是毫不犹豫地锁上了实验室的门,带着病弱的身体,同许多勇敢的法国妇女一起,投入了保卫祖国的战斗。因为法国是她的第二祖国。

当然，居里夫人不可能拿枪上战场。"让我的科学知识为法国发挥出最大的效益。"她这样对自己说。

当时所有前线和后方的医院，还都没有 X 光检查设备，而恰恰只有 X 光可以帮助医生迅速准确地找到射入人体内的子弹或弹片。战地医院最需要这种设备。居里夫人利用自己的名望，四处奔走和动员，用最快的速度装备了 20 辆 X 光轻便流动车、200 个 X 光检查室，培养了 150 名专业人员，救助的伤病员总数超过 100 万。

在战地救护所或野战医院的战士们，人人都熟悉这位两鬓斑白的白衣战士。她亲自为伤员透视，在暗室里一干就是几个小时，有时甚至几天。整个前线都认识她的汽车，战士们都亲切地称呼它为"小居里"。她把第二次获得的诺贝尔奖奖金全部捐给了国家，却从不要求别人对她格外优待。忙得顾不上早餐或午饭，就随便啃一个干馒头；夜里错过了住宿点，就胡乱裹一件军大衣睡在汽车里或随便支个露天小帐篷对付过去。

她常常自己开车，亲手清洁油污的汽化器。有人看见她冒雨站在泥泞的马路上，在敞开的汽车头前弯腰检查冷凝器；也有人看见她用自己瘦弱的身体吃力地压住千斤顶，给汽车换轮胎。

有一次，她坐的汽车翻到沟里去了。车子里装满了 X 光片和各种仪器、药品，大大小小的匣子立刻把她埋了起来。那个年轻的司机看不到居里夫人，急得叫道："夫人！夫人！你死了吗？"她醒过来，第一个念头不问自己伤到没有，而只顾问："那些 X 光片子，还有那些仪器，是不是摔坏了？"

战争持续了四年，居里夫人一直战斗在最前线。使她尤感欣慰和自豪的是，她 17 岁的大女儿伊伦娜成了她的助手，始终与她并肩战斗。

万众敬仰

战争终于结束了，居里夫人又回到了她的实验室。镭研究院虽然可以正式启用了，但是由于战争带来的创伤，百废待兴，经费短缺，连他们研究的对象——镭，原先全法国就这么 1 克镭，也在战争时用于医学治疗了。居里夫人尽管四处奔走，发表演说，仍是杯水车薪，无济于事。

1925 年 5 月，一位著名的美国新闻记者麦朗妮夫人访问居里夫人，问她："如果现在把世界上所有的东西任您选择，您愿意要什么？"

"一克镭。"居里夫人说，"以继续我的研究。但是我买不起，它太贵了。"

这位记者深深地为居里夫人的朴素心愿感动了，她一回到美国，就到处写文章和发表演说，发起了一场空前规模的为镭的发现者募捐活动。

一年后，早已忘记了那次谈话的居里夫人突然接到来自美国的邀请信："款已凑足，镭是你的了。合众国的总统将在白宫亲自把1克镭赠给你。"

1921年4月27日，巴黎为居里夫人举行了盛大的欢送仪式。

几天之后，奥林匹克号轮船把居里夫人和她的两个女儿带到了美国。码头上，成千上万的群众穿着节日盛装，手持鲜花，举着巨幅标语："欢迎人类的造福者"。

5月20日，美国政府高级官员、陆海空将领、大学生代表以及各界杰出人士云集白宫，举行了具有历史意义的赠镭仪式。哈定总统在热情洋溢的致词中赞扬居里夫人是一个"高尚的人、忠实的妻子、慈爱的母亲。除了她那极艰辛的工作之外，还尽到了妇女的全部天职"。然后亲手将一把用以打开锦匣的金钥匙连同一卷用三色带扎着的文件，授予居里夫人。

锦匣内装着1克镭。那文件是赠送证书，头天晚上居里夫人就看到了这个证书，她阅读后坚决要求予以修改。她说："美国赠送我的这1克镭，应该永远属于科学。在我有生之年不必说，它将被完全用于科学研究。按照现在的说法，就意味着我死之后这克镭将成为私人财产，即我女儿们的私产，那是绝对不行的。"麦朗妮夫人只好连夜找律师把证书做了修改。

也许居里夫人自知不久于人世，从美国回来以后，她的身体一直很糟糕。长期的镭辐射损害了她的身体，导致白血病。但是居里夫人依然没有停止她的研究工作。

1934年7月4日，一颗伟大的心脏停止了跳动，居里夫人走完了光荣的一生，终年66岁。

第二年，在她众多的科学著作中又多了一部不朽巨著——《放射学》。

如果居里夫人地下有知，她一定会感到欣慰，由她开创并领导的镭研究院的科学家们，从1919年到1934年的15年间，共发表了483篇科学报告。他们的研究成果越来越令世界瞩目。其中包括居里夫人的大女儿伊伦娜和她的丈夫弗雷德里克·约里奥，由于他们在人工放射方面的出色研究成果，而被授予诺贝尔奖。居里夫人的二女儿伊芙的丈夫亨利·拉布伊斯，由于在联合国儿童基金会的出色工作，获得1965年度诺贝尔和平奖。一个家庭之中居然有这么多的人得到这一被公认为世界上的最高荣誉，不能不算是一个奇迹！

相对论的创始人

——爱因斯坦

人物档案

简　历：美国和瑞士双国籍的犹太裔物理学家。出生于德国乌尔姆市。1886 年在慕尼黑公立学校读书。1888 年在路易波尔德高级中学学习。1896 年进苏黎世联邦工业大学师范系学习物理。1901 年取得瑞士国籍。1905 年获苏黎世大学物理学博士学位,并提出光子假设、成功解释了光电效应(因此获得 1921 年诺贝尔物理学奖);同年创立狭义相对论,1915 年创立广义相对论,1933 年移居美国,在普林斯顿高等研究院任职,1940 年加入美国国籍同时保留瑞士国籍,1955 年 4 月 18 日,于美国新泽西州普林斯顿逝世,享年 76 岁。

生卒年月：1879 年 3 月 14 日~1955 年 4 月 18 日。

安葬之地：遵照爱因斯坦的遗嘱,他死后并没有举行任何丧礼,也不筑坟墓,不立纪念碑,遗体便依照遗嘱被火化了,骨灰撒在永远保密的地方。

性格特征：淡泊名利,慧眼识才,不拘小节,拥有宗教信仰,热爱和平。

历史功过：狭义相对论的创立,广义相对论的创立,还有物质不灭定律,即能量守恒定律。发现光电效应,以及宇宙常数。揭示了微观物体的波粒二象性。获得诺贝尔物理学奖,参加反战和平运动,被美国《时代周刊》评选为"世纪伟人"。

名家评点：在《相对论简史》中,霍金曾写道:"在过去的 100 年中,世界经历了前所未有的变化。其原因并不在于政治,也不在于经济,而在于科学技术——直接源于先进的基础科学研究的科学技术。没有别的科学家能比爱因斯坦更代表这种科学的先进性。"

童年岁月

　　1879年3月14日,阿尔伯特·爱因斯坦诞生在德国南部符腾堡的仅有3万居民小城——乌尔姆。这是一座位于施瓦比亚阿尔卑斯山麓、多瑙河畔的古老城市,其历史可以追溯到公元4世纪。中世纪它曾是斯瓦比亚城市联盟中最负盛名的政治经济文化中心。16世纪,乌尔姆已建成为一个庞大的要塞。城周围高高耸立的12座炮台和要塞塔楼与阿尔卑斯山和多瑙河交相辉映,远远望去恍如世外仙境。直到近代,乌尔姆还完整地保存着古老城市的遗迹和遗风。狭窄弯曲的铺着石板的街道,带尖顶的哥特式的房屋,从建于15世纪的大教堂的160米高的塔楼上,可以一览无余地鸟瞰郊外广阔的平原、丘陵和森林。无论从自然环境上还是从人文环境上看,乌尔姆不失为一座美丽幽雅的城市,这里清新的空气和明媚的阳光对爱因斯坦的最初成长无疑将产生有益的影响。

　　爱因斯坦的双亲都是犹太人。父亲赫尔曼·爱因斯坦,早年跟随家人从符腾堡的另一个小城市布豪迁居到乌尔姆。爱因斯坦的祖父曾在这里定居过10多年,所以附近地区有不少的亲朋好友。爱因斯坦的堂叔鲁道夫·爱因斯坦就住在距乌尔姆25公里的海明根,他的一个女儿艾尔莎后来成为爱因斯坦第二次婚姻的妻子。1878年,赫尔曼·爱因斯坦与富有的斯图加特面包商的女儿波林·科赫结婚,两人的新家从原居处穆斯特广场迁到班霍夫大街一所不大的临街房子里。第二年,阿尔伯特·爱因斯坦就降生在那里。这位未来的物理学天才降生到人间的时候,确实有些不寻常,爱因斯坦的头颅比一般的婴儿稍大一些,并且头骨棱角凸出,这种头型终生没有改变,后来成为爱因斯坦相貌的特征。家里的人对小爱因斯坦的头感到惊奇和不安,当祖母看到长孙的头颅时,也低声嘀咕道:"太重了,太重了! 小小的身躯怎能支撑这么大的脑袋。"后来事实表明,家人的担心是多余的,爱因斯坦正是有了这个超乎寻常的头脑,才产生出伟大的思想,创立了超群的理论。然而,爱因斯坦诞生的故居却在纳粹德国招来的战祸中,在1944年盟军连续的空袭下变成一片废墟。

　　爱因斯坦的父亲在数学上很有天赋,中学毕业后本想进大学深造,但因家道中落,没有钱供他读书,不得不弃学经商,在乌尔姆开了一家电器商行。爱因斯坦家族热爱数学的传统,也表现在他的叔叔雅科布·爱因斯坦身上。他是一名数学功底很深的电气工程师,其数学才能曾使少年爱因斯坦受到最早的数学启蒙教育。雅科布长时期住在哥哥赫尔曼家里,兄弟俩合作经营电器商行,闲暇时,雅科布经常教爱因斯坦数学知识。有一次教代数方程式时,他形象地给爱因斯坦讲:"阿尔伯特,数学可是一门有趣的科学,当我们没有找到我们猎取的动物时,我们暂时叫它 X;我们继续搜索猎物,终于把它捕获了。"于是,爱因斯坦开始在数学天地里打猎了,在解题的过程中,为了求得结果,独立思考,另辟蹊径,培养了他的创造性思维能力。许多年以后,爱因斯坦在《自述》中回忆起雅科布教他平面几何的情节和感受时,写道:"有位叔叔(即雅科布·爱因斯坦)曾经把毕达哥拉斯定理告诉了我,经过艰巨的努力以后,我根据三角形的相似性成功地'证明'了这条定理,在这样做的时候,我觉得,直角三角形各个边的关系'显然'完全决定于它的一个锐角。在我看来,只有在类似的方式中不是表现得很'显然'的东西,才需要证明。而且几何学研究的对象,同那些'能被看到和摸到的'感官直觉的对象似乎是同一类型的东西。这种原始观念的根源,自然是由于不知不觉存在着几何概念同直接经验对象的关系,这种原始观念大概也就是康德提出的那个著名的关于'先验综合判断'可能性问题的根据。"雅科布叔叔教爱因斯坦的毕达哥拉斯定理不仅使他初识几何学知识,而且也使他领略了唯物论的一个古老哲学命题,即思维与存在的关系。一个直角三角形,两条直角边的平方相加等于一条斜边的平方,这个关系不是显而易见的,但能用数学思维来证明它,这是多么奇妙啊!这件事对爱因斯坦的幼小心灵是一个很大的震撼。后来爱因斯坦的数学天赋形成是与他的父亲和叔叔的影响分不开的。

赫尔曼与雅科布共同开办的电器装配厂,对于正处在童年长知识、对世上任何事物都好奇的爱因斯坦来说,也是一个天天耳濡目染的科学启蒙的教育场地。工厂里各种机械、电器,对他认识物理世界无疑是一种最初的感性体验,其中,使爱因斯坦难忘的一件事,就是5岁的时候,父亲给他看一个指南针,这件对于一个孩子来说很平常的小东西,却引起有心的小爱因斯坦不小的惊奇。为什么指南针一头指南,一头指北呢?无论怎样改变其方向,它最后还是静止在原来的地方,这与任何无生命的事物根本不同。他后来在《自述》中写道:"这只指南针以如此确定的方式行动,根本不符合那些在无意识的概念世界中能找到位置的事物的本性的(同直接'接触'有关的作用)。我现在还记得,至少相信我还记得,这种经验给我一个深刻而持久的印象。我想一定会有什么东西深深藏在事情后面。"从那时起,爱因斯坦养成对一切事物后面隐藏的秘密进行思索的习惯,当然,爱因斯坦本人没有谈到这件事的意义与他后来的科学研究的关系,但这一点是显而易见的,爱因斯坦终生对"空虚"之中的时间与空间、引力场与电磁场的奥秘不懈地追求和探索,要解决的不正是他童年时代对指南针的疑惑吗?

爱因斯坦的母亲玻林·科赫,出身于一个富裕的家庭,受过良好的教育,爱好文学和音乐。同时,她也像大多数犹太女性一样,贤惠能干,对爱因斯坦的影响很大。母亲弹钢琴的优美旋律,从小就陶冶着爱因斯坦的心灵。他3岁的时候就经常伏在凳子上,歪着脑袋全神贯注地倾听母亲弹奏的贝多芬奏鸣曲,在美妙和谐的音乐世界里遨游。当母亲弹完琴起身后发现,爱因斯坦仍呆呆地站在那里,就惊讶地说:"瞧,你一本正经的,像个大教授!亲爱的,怎么不说话呀?"爱因斯坦在母亲的影响下,从6岁起就开始学习拉小提琴,14岁时已能登台伴奏。他对音乐有着异常的兴趣,小提琴就成为他终生的伴侣。爱因斯坦不仅小提琴演奏得很好,而且钢琴弹得也不错。他不止一次地风趣地对人讲:"音乐是他的第二职业。"莫扎特在音乐上对他所起的作用与欧几里得几何在科学上对他所起作用是一样的。的确,音乐在爱因斯坦那里不仅仅是一种娱乐和享受,而且还是一种有特殊功能的体验。每当他紧张思索一个物理难题,思想陷入困顿的时候,他就会不由自主地拿起小提琴拉起来,琴弦源源流出的优美和谐、令人充满遐想的旋律,使他的思想立刻轻松活跃起来,迸发出灵感的火花。优美而和谐的旋律往往能激发爱因斯坦探索宇宙奥秘的想象力和灵感。小提琴对于爱因斯坦太重要了,他常对人讲:"一个人除了提琴、床、桌子和椅子之外,还需要什么!"他不仅平时在家,就是外出参加各种重大科学会议,也要随身携带小提琴。爱因斯坦喜爱音乐,利用音乐,为我们留下了许多趣闻轶事。

1919 年 11 月,爱因斯坦应布拉格科协的邀请去那里发表演讲,他在座无虚席的十分肃静的报告大厅里,竟出人意料地拿起小提琴走上讲坛,对台下的听众不无幽默地说:"女士们,先生们,这儿气氛太严肃了。让我先向大家演奏小提琴吧,那将更愉快、更易理解。"这场艺术与科学结合在一起的别开生面的学术报告,给在座的每一位听众留下了终生难忘的印象,是音乐把他们引入理论物理学的深奥玄妙的天地里。

1920 年,爱因斯坦接受荷兰的邀请,成为莱顿大学的特邀教授,住在好友物理学家埃伦费斯特家里。两位物理学家聚在一起,免不了对一些物理问题进行讨论和争论。当两人唇枪舌剑交锋之后,能够统一各自的观点当然是皆大欢喜的事,但遇到一时无法统一的争论,双方只好表示暂时休战,这时埃伦费斯特就会打开钢琴盖,弹起钢琴来。他是一位十分出色的钢琴家,美妙的琴音一响,爱因斯坦就情不自禁地拿起小提琴与埃伦费斯特合奏起来。有时,演奏中途爱因斯坦会突然用琴弓敲击琴弦,示意停下来,这是音乐旋律触及了灵感,打开了思想之门,讨论又会重新开始。当争论又卡在一个难点上时,爱因斯坦会立即走到钢琴边,用双手弹三个清脆的和弦,像叩击智慧之门,又像向天地发问:"怎——么——办?"在经过两人思想交锋之后,难点越过了,这时两人就会意地大笑,同时欢快的乐曲又响起来了。

在柏林科学院,爱因斯坦经常同量子理论创始人、著名的物理学家普朗克一起演奏贝多芬的作品,是科学界里广为流传的佳话。爱因斯坦童年养成的音乐品性,使他在后来的科学研究中,把两者密切结合起来,把理论物理学建立在完美、和谐的美学原则基础上,认为完美是自然和真实的。"凡是在数学上是美的,在描述基本物理方面就很可能是有价值的。"他对时空与物质、引力与电磁力本质的艰苦探索,实质上就是对宇宙的整体美、统一与和谐的追求。科学巨人爱因斯坦的思想和品格就是在这种高雅的音乐氛围中孕育成长起来的。

爱因斯坦的父亲虽然在文学和数学上很有素养,使家庭里的书香和文风很浓,但他在赚钱谋生方面缺乏犹太人善于经营的精明、诚实温和的秉性,加上漫不经心的生活气质,免不了在生意场上屡遭挫折。到 1880 年,赫尔曼·爱因斯坦在乌尔姆的电器商行已维持不下去了。在雅科布的建议下,他们决定迁居巴伐利亚首府慕尼黑,兄弟俩又在这里合伙开办了一家电器作坊。起初,生意还不错,生活日见起色。就在阿尔伯特·爱因斯坦 5 岁的时候,举家迁到慕尼黑郊区赞德林。他们几乎拿出全部积蓄,在那里盖了一栋房子,开办了一个装配发电机和测量仪表的电器小工厂。尽管赫尔曼·爱因斯坦为这个小工厂竭尽全力,奋斗了 14 年,但从总体上来说,在慕尼黑的生意是惨淡经营的,并饱尝了艰辛与苦涩。所以,从事业上讲爱因斯坦一家在慕尼黑的生活没有什么值得留恋的,然而,对于刚刚启蒙、个性正在形成的爱因斯坦来说,慕尼黑的这段生活经历对他后来的成长是十分重要的。

爱因斯坦 6 岁进小学。当时德国的启蒙教育归教会管理,学校是按各种宗教信仰设立的,学童必须接受一种宗教教育。爱因斯坦本应入犹太学校,因该校离家太远,不得不进一所离家较近的天主教学校,所以爱因斯坦幼年时受到的宗教教育主要是天主教教义的灌输。他的零散犹太教教义的学习是在家里由一位远房亲戚来传授的。因此他对犹太宗教、文化、礼仪知之甚少。由于童心的单纯和天真,他完全信仰了学校讲解的天主教教义和家庭讲解的犹太教教义。12 岁以前,可以说他是一个虔诚的宗教信徒。他不仅自己严格遵守教规和教义,而且对父母亲不做祷告、吃猪肉等对宗教的不虔诚态度感到不满。但是这种强烈的宗教情绪,在他12 岁那年,很快就消失了,因为这时爱因斯坦阅读了布赫纳的《力与物质》和伯恩斯坦的《自然科学通俗读本》,使他认识到《圣经》里有许多故事是不真实的,而且这时外界反犹排犹浪潮也波及学校,对犹太人的敌视和迫害,也伤害了爱因斯坦的宗教感情,使他对宗教产生了怀疑。晚年,他在《自述》中写道:"这种经验引起我对所有权威的怀疑,对任何社会环境里都会存在的信念完全抱一种怀疑态度,这种态度再也没有离开过我。"

爱因斯坦很快抛弃了世俗宗教的信仰,当他在中学读书的时候,不但对上帝和宗教失去了兴趣,而且还产生一种对犹太宗教的厌恶情绪,他说:"犹太教中上帝不过是一种虚无缥缈的迷信,是一种对不存在的东西做出的幻想。它也是一种企图将道义的法律建立在恐惧之上的努力,这是一种可悲而又不可信的努力。"他也没有按犹太教的习俗举行成年礼。在柏林时,他曾拒绝缴纳规定的犹太社团的宗教税,以此表达对宗教的反感。虽然他也有宗教感情,正如他一再表白的那样:"我还是深深地信仰宗教……你很难在造诣较深的科学家中间找到一个没有自己的宗教感情的人。但是这种宗教感情同普通人的不一样。"当有人问爱因斯坦:"你信上帝吗?"爱因斯坦坚定地回答:"我信仰上帝,我信仰斯宾诺莎的那个存在事物的有秩序的和谐中显示出来的上帝。"即"理性的上帝",上帝在爱因斯坦那里就是"自然秩序"和"自然规律"的同义语,对上帝的信仰就是对自然界秩序与和谐的理解和领会,是"对经验世界中所显示出来的高超的理性和坚定信仰,这就是爱因斯坦的上帝的概念"。

爱因斯坦对斯宾诺莎的"上帝"的忠实的爱和追求,即求得自然界秩序与和谐的理解。他相信,在人类之外存在一个巨大的世界,它离开我们而独立存在,它在我们面前就像一个伟大而永恒的谜,然而少部分的是我们的观察和思维所能及的,他将对于这个世界的深思和探索,力求解开其中的奥秘,奉为自己科学人生的最高目标。他正是在追求宇宙中存在的至高无上的规律和本质的过程中,将宗教的感情与科学的理智结合起来,把世俗的宗教的迷信演绎出一种有价值的科学探索的信念和动力。1930年,他在《宗教与科学》一文中指出:"我认为宇宙宗教感情是科学研究的最强有力、最高尚的动机。""这里提出的对宗教的解释,意味着科学对宗教态度的一种依存关系,在我们这个物欲主义占优势的年代,这种关系真是太容易被忽视了。固然科学的结果是同宗教或者道德的考虑完全无关的,但是那些我们认为在科学上有伟大创造成就的人,全都浸染着真正的宗教的信念,他们相信我们这个宇宙是完美的,并且是能够使追求知识的理性的努力有所感受的。如果这种信念不是一种有强烈感情的信念,如果那些寻求知识的人未曾受过斯宾诺莎对神的理智的爱的激励,那么他们就很难会有那种不屈不挠的献身精神,而只有这种精神才能使人达到他的最高的成就。"

那时,学校里的犹太孩子是少数,他们受到周围孩子们的歧视和欺凌。这种环境也是爱因斯坦逐渐形成沉默寡言的孤僻性格的一个重要原因。他躲避同伴,也不参加他们的喧闹和嬉戏,独来独往,在自己的精神园地里驰骋,把大量的时间用在读书和思考上。正是爱因斯坦的这种童年生活,使他后来深有体会地感受到:"一个修养有素的人总是渴望逃避个人生活而进入客观直觉和思维的世界,这种愿望好比城市里的人渴望逃避喧嚣拥挤的环境,而到高山上去享受幽静的生活,在那里,透过清寂而纯洁的空气,可以自由地眺望,陶醉于那似乎是为永恒而设计的宁静景色。"

在慕尼黑,尽管工厂的生意不景气,但爱因斯坦全家没有改变定期到城郊游玩的习惯,有时邀请许多亲戚一道参加这项活动。鲁道夫·爱因斯坦也常常携带女儿艾尔沙从海明根赶来聚会。爱因斯坦居住的赞德林郊区本来就是一处绿树环抱、浓阴蔽日、充满田园风光的美丽地方。如果从这里再往远处去,景色就更美了,眼前不仅有蜿蜒在田野上的伊萨尔河,而且还能远远地看到天边的阿尔卑斯山蔚蓝色的山峦。明媚的阳光、清新的空气,使大家完全陶醉在大自然的静穆和神秘中。每当这个时候,爱因斯坦就紧闭双目,独自一人体会着大自然的美和神奇,长时间地陷入沉思,他的思想进入了一个排除人世间一切烦恼和忙碌的清净纯洁的境界里,深深感到人在大自然中的渺小和由此产生的一种无名的孤独感。爱因斯坦对大自然的热爱和神往,使他后来养成了一种贴近自然和设身独处的个性。从某种意义上讲,这种个性正是爱因斯坦作为一个"孤独的旅客",在物理学领域里独来独往,自由思考,不为别人的意见、习惯和判断所左右,孤军奋战,不达到目的决不罢休的精神的体现。也正因为如此,爱因斯坦不论在德国还是在美国,选择住地时首先考虑的不是生活的方便,而是环境的宁静和优美。在柏林工作的时候,他住在哈裴尔河畔的四面绿荫环抱的小房子里。在美国普林斯顿工作时,他的住房就选在远离工作地点的一座大花园里,小房子坐落在偌大的园林中,犹如停泊在绿色海洋上的一叶孤舟。

爱因斯坦从小养成的超然物外、落拓不羁、独往独来的性格,在许多人的眼中,被看成是爱因斯坦的孤独怪僻,但了解爱因斯坦为人的人却认为这恰恰是他的一种刚正不阿、不从世俗的独立人格。他本人在《自述》一文中对此也做了诠释:"当我还是一个相当早熟的少年的时候,我就已经深切地意识到,大多数人终生无休止地追逐的那些希望和努力是毫无价值的。而且,我不久就发现了这种追逐的残酷,这在当年较之今天是更加精心地用伪善和漂亮的字句掩饰着的。"从这里我们可以看出,爱因斯坦对日常生活中物欲横流、争名夺利的世风世俗是多么厌恶。他与他们保持距离,洁身自好,就是要保持一种搞科学研究所必备的淡泊恬静的心态。后来,爱因斯坦在《我的世界观》一文中指出:"在这个意义上,我从来不把安逸和享乐看作是生活目的的本身——这种伦理基础,我叫它'猪栏的理想'。照亮我的道路,并且不断给我新的勇气去愉快地正视生活的理想,是真、善、美……人们所努力追求的庸俗的目标——财产、虚荣、奢侈的生活——我总觉得都是可鄙的。"

爱因斯坦的人生观不正是从事科学研究工作的科学家应具备的品质吗?以享乐为重的人是搞不了科学的,因为科学研究工作的实质就是吃苦和奉献,这正如马克思指出的:"在科学上没有平坦的大道,只有不畏劳苦沿着崎岖山路攀登的人,才有希望达到光辉的顶点。"难以想象一个满脑子功利思想、追逐名利的人能在科学研究中取得辉煌成就。所以爱因斯坦说:真正的科学家都是一些"相当怪僻、沉默寡言和孤独的人"。尤其从事理论物理学研究的人,他们终生单枪匹马地在抽象逻辑思维中进行艰苦的探索,如果没有一种心无旁骛、义无反顾地投身科学事业的执着精神,则将一事无成。

科学巨人爱因斯坦,在童年的启蒙时期,就已经为他的巨人的品格和事业深深地打下了根基,的确,真正的人生是从小学教育开始的,小学时期的经历和接受的观念,往往能影响一个人的终身。

1888 年 10 月,爱因斯坦从慕尼黑国民学校进入路易布尔德中学学习。这是一所古典中学,受普鲁士军国主义专制传统影响很深,严格的纪律和对学生思想的管制,使学校俨然成为一所军营。所谓的古典教育,就是死记硬背拉丁文、希腊文的语法和记忆干巴巴的历史大事记。后来爱因斯坦在回忆这段时光时说:"对我来说小学老师好像是士官,而中学老师好像是尉官。"总之,教师仿效军官的样子,把教学变成军训,不允许学生有任何独立性和创造性。爱因斯坦是一个善于动脑筋思考的学生,在课堂上常常提出一些难题使老师不知所措,同时他的自由主义也引起教师的不快,嫌他"生性孤僻、不守纪律、想入非非"。有一次,一位教师公开地对他讲:"如果你不在我的班上,我会愉快得多。"还有一次,赫尔曼·爱因斯坦先生问学校的教导主任，自己的儿子将来应该从事什么职业。这位主任毫不客气地说："做什么都没有关系，你的儿子将是一事无成的。"

学校呆板枯燥的教学方式和教师的官僚教风，不仅没有满足爱因斯坦旺盛的求知欲，使他学到多少感兴趣的知识，反而伤害和抑制了他的年少好动和思想活跃的天性。爱因斯坦对学校这种环境十分厌倦并感到难以忍受。为了摆脱学校的死记硬背式的僵化教育对自己思想的束缚，他在私下里自学起自己喜欢的数学来。这时，正巧有一位波兰籍的穷医科大学生塔尔梅走进他的生活里，成为爱因斯坦一家的常客。塔尔梅每星期五到爱因斯坦家用晚餐，这是流行在犹太人中间的生活互助的古老习俗。塔尔梅知识渊博，他不仅对自己的医学专业造诣较深，而且在自然科学和哲学方面也有深厚的基础。爱因斯坦读汇集动植物学、物理学、化学、天文学和地理学知识的数卷本的《自然科学通俗丛书》，就是在塔尔梅的建议和帮助下完成的。爱因斯坦从书中吸取了大量有关自然科学的最新知识，并初步掌握了自然科学各个领域的研究成果。这本书激起他对认识和探索大自然奥秘的兴趣，更重要的是，这本书的知识都是在自然界各种事物和现象相互联系和相互依存的辩证关系中阐述的，这对爱因斯坦日后分析问题的方法和逻辑思维能力的培养很有帮助。不久，爱因斯坦又搞到毕希纳编著的《力和物质》一书，这是一本关于物理学知识的初级读物。书中在阐述物质世界时肯定了世界的物质性，但是，对物质的结构层次和运动形式的复杂性及其相互联系的解释有很大的局限性，尽管如此，贯穿全书的朴素唯物论观点对爱因斯坦的影响是深远的，它彻底推翻了他在小学和中学教育中接受的《圣经》关于"创世说"的荒诞说教，从宗教迷信中解放出来。爱因斯坦对哲学也有浓厚的兴趣，他从13岁开始攻读康德的《纯粹理性批判》，从中吸取了理性批判的精神，为日后打破经典物理学的束缚，步入现代物理学殿堂之门准备了条件。

在爱因斯坦12岁那年，学校开设了代数课和几何课。数学对于爱因斯坦并不陌生，他在雅科布叔叔和塔尔梅的辅导下，中学课程中的数学知识早就学会了，几何课的知识也学到不少，塔尔梅送给爱因斯坦那本关于欧几里得平面几何的小册子，使他在这个学科里顿开茅塞，其印象终生难忘，后来爱因斯坦把这本书美其名为"神圣的几何小书"。总之，爱因斯坦在中学学习期间，所学到的对他以后工作十分有用的数学和物理学知识，大部分都是在课余时间里自己涉猎的。他在《自述》中总结道："在12~16岁的时候，我熟悉了基础数学，包括微积分原理。这时，我幸运地接触到一些书，它们在逻辑严密性方面并不太严格，但是能够简单明了地突出基本思想。总的说来，这个学习确实令人神往，它给我的印象之深并不亚于初等几何，好几次达到了顶点——解析几何的基本思想，无穷级数，微分和积分的概念。我还幸运地从一部卓越的通俗读物中了解到整个自然科学领域里的主要成果和方法，这部著作几乎完全局限于定性的叙述，这是一部我聚精会神地阅读了的著作。当我17岁那年作为学数学和物理学学生进入苏黎世工业大学时，我已经学过一些理论物理学了。"事实上,爱因斯坦在青少年时代,经历的音乐熏陶、罗盘针的惊奇、数学的狩猎、几何的证明和自然科学知识博览约取,使他在人生的最初道路上,一步一个坚实的脚印,最终步入理论物理学的知识海洋中,扬起科学远航的风帆。

1894年6月,由于父亲经营的电器工厂长期亏损,又一次面临破产,不得不与雅各布叔叔重谋出路。这时一位名叫加罗尼的意大利人建议把工厂迁到意大利。另外,那里有爱因斯坦母亲的娘家亲戚——热那亚富有的面包商,答应给予资助。这样,他们决定搬到意大利的米兰去碰运气。由于爱因斯坦中学尚未毕业,父亲要他仍留在慕尼黑完成中学学业并拿到毕业文凭,为进大学获得电机工程师资格做准备。这是父亲为他安排的未来的生活道路。这样,爱因斯坦寄居在一位房东老太太家里,还要在那所兵营式的学校里继续他的学业。由于家人远在异国他乡,性格孤僻的爱因斯坦没有交一个知心朋友,加上学校环境与他的性格格格不入,他备感孤独,越发渴望辍学与家人团聚。

1895年春天,爱因斯坦因想家心切,在没有同父母商定的情况下,私自决定离开德国去意大利与父母团聚。他从一位认识的医生那里搞到一张因神经衰弱必须休学半年的病假证明书。本来爱因斯坦想用这种办法暂时逃出学校的牢笼,回家轻松一下。没想到学校已走到他的前头,还没有提出请假,教务主任就把他叫到办公室,以不守校纪、有损学校形象为由,勒令爱因斯坦退学。这时离毕业仅剩一个学年了,学校没有发给他毕业文凭,只给了一份学习成绩单。当然,这份成绩单除了他喜欢的数学和物理成绩优异外,其他学科成绩平平。爱因斯坦知道这样离校的严重性,不仅对家人无法交代,而且对未来继续求学将增加更多的困难,因为没有中学文凭就没有资格参加大学入学考试。尽管如此,但对心烦意乱的爱因斯坦来说还是有一点安慰,这就是他终于离开了那所营房式的中学,心中的感觉好像出笼的小鸟一样自由舒畅,因而没有一点离别慕尼黑的伤感之情。而且他对德意志专制制度如此厌恶,以至他在离开德国前往意大利米兰前夕曾向父母请求要放弃德国国籍。

爱因斯坦来到意大利米兰市时,心情是复杂的,一方面意大利的自由政治气氛和人民豪放的感情与德国死板、呆滞的官僚专制社会面貌截然不同。他一踏上意大利的土地就对那里的古罗马建筑、博物馆、各种文艺复兴时期的绘画和雕刻着了迷。在不到一年的意大利生活期间,精神的自由和个性的发挥一刻也没有离开过他;另一方面父亲的工厂每况愈下,几乎耗尽了家里的全部积蓄。父亲不得不把家境破落的实情告诉爱因斯坦,今后家里拿出钱供他念书将越来越困难了。父亲的意见是要爱因斯坦尽快找一份工作,同时强调要从事电机工程师的职业。然而,爱因斯坦有自己的志愿,他仍坚持继续搞他的数学和理论物理,父亲对他迷恋与挣钱糊口毫无关系的数学和物理学十分生气,指责说:"把你哲学上的胡思乱想统统扔掉!想办法学点实实在在的东西,将来当个电机工程师吧!"

　　爱因斯坦不得不接受家人的意见，进技工学校学习，毕业后做一名电机工程师。然而，全家在选择学校时又犯了难，因为爱因斯坦没有中学毕业文凭，难以进大学学习。另外，还要考虑语言问题，除了德国外，这里很少有用德语授课的学校。最后，他们终于发现在瑞士的苏黎世有一所联邦工业大学，那所学校不仅用德语授课，而且在当地也颇负盛名。这样，全家决定他到那所学校读书。

　　1895年秋，爱因斯坦又一次告别双亲，来去匆匆地登上开往苏黎世的列车，奔向人生的下一个驿站。

咖啡馆大学

　　爱因斯坦来到苏黎世后，一切还算顺利，通过母亲的关系找人帮忙，获准参加联邦工业大学入学考试。考试科目大多是爱因斯坦平时最头疼的靠记忆才能学好的课程，如文学史、政治史、德文、法文、作文、图画、生物学，而理科课程只有数学、几何、物理学和化学。考试结果是在意料之中的，非理科的科目考得不好，但爱因斯坦的长项数学和物理考得十分出色，并引起该校校长和教授们的注意。尽管如此，考试总评成绩还是不及格，他落榜了。后来爱因斯坦在《自述片段》一文中，对自己做了清醒客观的剖析："1895年既未入学也无教师的情况下，跟我父母亲在米兰度过一年之后，我这个16岁的青年从意大利来到苏黎世。我的目的是要上联邦工业大学，可是一点也不知道怎样才能达到这个目的。我是一个执意而又有自知之明的年轻人，我对那一点零散的有关知识主要是靠自学得来的。热衷于深入理解，但很少去背诵，加之记忆力又不强，所以我觉得上大学学习绝不是一件轻松的事。怀着一种根本没有把握的心情，我报名参加工程系的入学考试。这次考试可悲地显示了我过去所受教育的残缺不全，尽管主持考试的人既有耐心又富有同情心。我认为我的失败是完全应该的。"

　　著名的物理学家韦伯教授出于惜才之心，特地派人转告他，如果他不离开苏黎世，学校可以破例允许他到自己的课堂上旁听物理课。校长赫尔措格教授也对爱因斯坦非凡的数学才能十分欣赏，出于对爱因斯坦的厚爱，为帮助他摆脱当前的困境，建议他在瑞士找一所中学补上所缺的一年课程，毕业后再来投考工业大学。同时校长为他推荐了离苏黎世不远的阿劳镇州立中学，这所中学不论在教学条件上，还是在教师配备上都是一流的。最后，爱因斯坦接受了校长的善意忠告，但想到重新回到中学读书，内心不禁有些犹豫，因为在慕尼黑中学的读书经历给他留下的阴影现在还没有消散，不愿意刚从一所中学逃离出来又进另一所中学，但目前无所事事地在外游荡也不是长久之计。为了不再伤父母的心，他还是不情愿地插入阿劳中学的毕业班，寄住在阿劳中学历史教师温特勒先生家里。温特勒是一位很懂教育心理学的人，善于根据青少年性格特点，进行启发式教育，因此他不放过任何与爱因斯坦培养感情的机会,假日里带着爱因斯坦和自己的妻子、孩子一起到附近的山上旅行,并采集动植物标本。阿劳是一处依山傍水、景色迷人的山区小镇,而且那里富有民主自由的政治传统。这对于生性喜欢在宁静自由的大自然里漫游的爱因斯坦来说,是一个理想的生活和学习的环境。爱因斯坦很快就喜欢上这里一切,对中学的成见和在异国他乡的孤独抑郁心情一扫而光,他与温特勒一家交上了朋友,相处得十分融洽,感受到了家庭温暖。

阿劳中学民主自由之风很盛,没有任何陈规陋习的束缚,也没有对权威的强制依附。学生们完全自己管理自己,学校尊重学生的自主性,师生之间关系是平等的,教师的责任就是向学生传授知识,引导他们独立思考、培养他们的创造性,所以学生们把上课看成是一桩乐事,他们在物理和化学实验室里独立操作实验仪器,在动物解剖室里亲自使用显微镜和手术刀进行工作,这样自由轻松的学习环境使爱因斯坦平生第一次迸发出青春的朝气和活力,他的自信心和勇气在讨论课上充分地表现出来。他的同学后来回忆道:他的"不顾是否会冒犯别人而敢于表达自己意见的大无畏方式",给我们留下了深刻的印象。爱因斯坦用不太熟练的法文写的一篇短文——《我的未来计划》也反映了这一点,他写道:"我若有幸考取,我就会到苏黎世联邦工业大学去读书了。我会在那里待上4年,学习数学和物理。我想象自己成了自然科学中这些部门的教师,我选择自然科学理论部分……我倾向于作抽象的和数学的思考,而缺乏想象力和实际工作的能力。我的愿望也在我心中激发了这样的决心。"所以,爱因斯坦对阿劳中学这段生活终生难忘,对这所学校评价很高。他指出:"这个学校以它的自由精神和那些毫无依赖外界权威的教师们的纯朴热情给我留下了难忘的印象;同我在处处让人感到受权威指导的路易波尔德中学的6年学习相对比,我深切地感到,自由行动和自我负责的教育,比起那种依赖训练、外界权威和追求名利的教育来,是多么地优越啊……人不是机器,要是周围环境不允许他襟怀坦白、畅所欲言的话,人就不会生气勃勃!"

正因为阿劳中学的环境使爱因斯坦如鱼得水,在一年的学习期间,他选择自然科学理论部分的研究方向,并以实际行动对理论物理学进行了最初的科学探索,他的第一篇理论物理学论文《关于磁场以太状态的研究》就是在阿劳中学完成的。同时,他在那里的自由宽松的学习环境中,开始根据经典物理学的运动相对性原理,大胆地琢磨这样一个不被人们所注意的问题:假如一个人以光速跟着光波奔跑,那将会发生什么事情呢?是不是这个人处在一个不随时间而改变的波场中,对他来讲,时间就停止了。但实际看来不会有这样的事情,这又是为什么呢?在阿劳中学学习期间,这个问题始终困扰着爱因斯坦。从那时候开始,他十分注意有关光学理论研究方面的书籍,并对这些书籍进行认真的阅读和思考。所以,上大学读书之前,爱因斯坦已经有目的地学习过一些理论物理学知识。但是上述问题的答案,是在他经过10年艰苦努力后才找到的,这就是他后来所创立的闻名世界的狭义相对论。

　　1896 年秋,爱因斯坦以优异的成绩从阿劳中学毕业,拿到了中学毕业文凭,不久他被免试录取到苏黎世联邦工业大学教育系。其实该校教育系是培养物理学和数学教师的,也就是物理——数学系。爱因斯坦从 1896 年 10 月至 1900 年 8 月的 4 年间,一直在这里学习。爱因斯坦像其他刚进大学校门的新生一样,以好奇和强烈的求知欲选修了许多课程,包括数学、解析几何和画法几何、物理学、天文学、投影、康德哲学、经济学、地质学、历史和歌德的著作与世界观等五花八门的课程。但是,不久爱因斯坦就发现把一些乱七八糟的东西塞进自己的脑子里,去应付考试,是一种无法忍受的学习方式。后来他深有感触地说:"大学教育不总是有益的。无论多好的食物强迫吃下去,总有一天会把胃口和肚子搞坏的。纯真的好奇心的火花会渐渐地熄灭。"爱因斯坦开始有选择地去听课。但是爱因斯坦却很少去听他的专业主课物理学和数学。讲授物理学的韦伯教授,尽管是一位杰出的电工学家,但讲授的课程内容陈旧,有许多知识是爱因斯坦早就熟悉的,所以他把大部分时间用于攻读电磁学大师麦克斯韦、玻耳兹曼、赫兹等人的著作,把对物理学的兴趣从普通物理转向理论物理,并对当时理论物理的有争论的前沿问题十分关注,如当时流行在物理学界的以太问题,他苦思冥想很长时间,对充满整个宇宙的看不见、摸不着的神秘物质,总想找个办法证明它的存在和性质。他一连几天在实验室里聚精会神地设计一种测量仪器,用来测量地球与以太的相对速度。仪器倒是设计出来了,当他将图纸送给韦伯教授看时,教授皱起了眉头。韦伯教授是一位实验物理学家,对于理论物理学的抽象思维和概念很不以为然。由于爱因斯坦常常不去听他的讲课,加上爱因斯坦平时不会客气,对他的称呼不像其他同学那样称教授先生而是称韦伯先生。韦伯教授对爱因斯坦这种不礼貌态度早就感到不满,认为这个穿着十分邋遢的青年人过于自负,不听教导,偏离科学的主流思想,向传统物理学理论挑战。现在又发现他在课外想入非非搞这些不务正业的玩意儿十分生气,对爱因斯坦的设计未置可否。他把图纸递给爱因斯坦,不客气地讲:"爱因斯坦先生,你很聪明,可以说聪明绝顶。可惜,你有一个缺点:你不让人教你!"说完起身就走了,从此师生之间关系疏远了。

　　数学课是由胡尔维茨、闵可夫斯基这样的著名数学家讲授,尤其后者是相对论数学工具的创立者,但是他们的课也没有引起爱因斯坦的兴趣。因为爱因斯坦已经认识到数学领域的高深莫测,分枝太多太细,每一个细小分枝都可能使研究者耗费他的一生,所以,他改变了原来对数学的看法,把主要精力投向理论物理学的学习和研究上。由于爱因斯坦经常旷课,所以一到期末数学考试时就十分焦虑不安。幸好,他的学友马尔塞尔·格罗斯曼对数学有浓厚的兴趣,他总是准时地去听高等数学课,并认真地做好课堂笔记。所以每当考试时格罗斯曼的数学笔记,就成了爱因斯坦的"救命的锚"。考试前借来格罗斯曼的数学笔记突击复习,应付考试倒也管用,不过为了考试而硬着头皮去学习数学是一件很苦恼的事。多年以后,爱因斯坦仍然深有体会地对当时学校这种考试方法评论道:"这种强制使我如此畏缩不前,以至在我通过最后的考试以后整整一年对科学问题的任何思考都感到扫兴。不过我应当指出,我们在瑞士苦于这种窒息真正科学工作的强制,比其他许多地方的大学生要少得多。一共只有两次考试,除此之外,你或多或少可以做你想做的事。谁要是像我这样有一个朋友认真地去听全部课程并仔细地整理讲课的内容,那就更好了……事实上,现在的教学方法还没有把神圣的求知欲完全扼杀掉,这差不多是个奇迹,因为这株脆弱的幼苗,除了需要鼓励之外,首先需要自由——没有自由它将不可避免地会夭折。"有意思的是,从此爱因斯坦与格罗斯曼结下了数学合作之缘,直到后来这种合作关系也没有中断。1900 年,爱因斯坦毕业后苦于长期找不到工作,还是格罗斯曼为他奔走,在伯尔尼专利局为爱因斯坦安排了工作。爱因斯坦在他为广义相对论制作数学工具的时候,也邀请格罗斯曼参加。

爱因斯坦在大学学习期间,利用学校上课的一些自由,形成了一套适合自己兴趣的行之有效的学习方法,这就是他长期以来坚持的自学方法。爱因斯坦为了争取更多自学时间用来学习自己需要的知识,他有目标地筛选学校的课程。对他喜欢的、有新意的课程,每堂课爱因斯坦都以浓厚的兴趣去听;而对一些知识陈旧或偏离自己确立的努力目标的课程,就撇开不上,把时间用来自学理论物理学大师们的专著,因为在这些著作中拥有大量的最新的、革命性的见解,能把这个领域的学习引向深入。爱因斯坦的这种学习态度和学习方法,使他在浩如烟海的科学知识中吸取了许多最新观点和信息,这对他后来破除物理学领域里的传统权威理论的束缚是至关重要的。然而,在那些思想保守的教授们看来,爱因斯坦是离经叛道、胡思乱想、不守规矩的糟糕学生,能否毕业都成问题。有一次,爱因斯坦在实验课上没有按教师规定的程序操作,结果试管爆炸,他的右手受伤,任课教师看到这种情形后,十分无奈地叹气说:"唉,你为什么非要学物理学呢? 你为什么不去学医学、法律和语言学呢?"这位教授认为在学校里不能循规蹈矩的学生,将来在物理学领域里是成不了大器的。同样,数学教授闵可夫斯基先生,在自己的课堂上也没有看出来相对论的未来创立者,只是在相对论提出并轰动世界后,他才知道这位物理学大师,原来就是自己教过的那个经常旷课的大学生并惊讶不已。

在大学期间,爱因斯坦虽然与教师关系不太融洽,但他结识了许多志同道合的朋友。当时,苏黎世也像瑞士的其他城市一样,聚集了不同种族的侨民大学生,这些来自不同国度的青年学生,大都是为了逃避本国的专制统治或民族压迫,而来到瑞士这个富有民主自由传统的中立国的。他们无一例外都具有强烈的民主主义思想,他们的政治和科学热情与爱因斯坦的政治理念一拍即合,所以爱因斯坦与许多侨民大学生接近。其中有一位来自奥匈帝国的沉默寡言、举止稳重的塞尔维亚姑娘米列娃,虽然她的才华和相貌在大学生中并不出众,但由于她学的专业也是物理学,对阅读物理学家著作的兴趣,使她与爱因斯坦亲近了。爱因斯坦经常与她交谈阅读名家专著的感想和看法,她能耐心地面对爱因斯坦坐很长时间,听他滔滔不绝地发表自己的宏论,成了他的忠实的听众和朋友。爱因斯坦其他的好友还有前面

科学巨匠

已经提到的格罗斯曼、路易·科尔罗斯和雅科布·埃拉特,他们的家都住在苏黎世。当时爱因斯坦住在从一位熨衣妇那里租来的房间里,平时在家与这位妇女无话可谈,除了爱因斯坦有时拉拉提琴使这位喜欢音乐的女人快活外,其余时间大多到同学家里做客。有一次,爱因斯坦患了感冒,因外面天气寒冷,没有围巾保暖,他顺手从屋橱取下一块长条桌布围在脖子上,就这样来到了埃拉特家,当埃拉特的母亲看到他脖子上的怪模怪样的围巾时,不禁哈哈大笑起来。

爱因斯坦同朋友们的聚会除了在家里以外,还经常到苏黎世一家名叫"都会"的咖啡馆里。他们每人要一杯热咖啡,边喝边聊,话题从科学到哲学、从艺术到人生,凡是青年人感兴趣的话题,无所不谈。当然谈得最多的还是物理学。在"都会"咖啡馆里,交流和讨论的气氛十分热烈,同学们能了解到许多在学校里学不到的知识和信息。爱因斯坦阅读的恩斯特·马赫的《力学及其发展的历史批判》,就是在这家咖啡馆里从意大利同学贝索那儿搞到的。可以说,爱因斯坦学习马赫的思想是在"咖啡馆大学"里进行的。

马赫是奥地利物理学家和哲学家,在物理学领域里成就卓著。他提出的关于光学、力学和声学的许多重要原理,尤其是被称为"马赫原理"的惯性理论,指出惯性对于孤立的物理实体来说是没有意义的,惯性仅仅是作为一个物体和宇宙中甚至与其相距极为遥远的其他物体之间相互作用函数来应用的。这一理论对爱因斯坦建立相对论有直接的启示作用,所以马赫被爱因斯坦称为"相对论先驱"。在哲学上,他是经验批判主义的创始人之一。尽管在认识论上,他的哲学实质是唯心主义的,但是他在批判科学哲学领域里对当时流行的机械论自然观,发挥了积极的作用。这种机械自然观认为,牛顿力学规律是自然界唯一正确的客观规律,一切现象在本质上都是力学现象。认为物质世界从原子到宇宙,任何物体的所有运动都可以由计算者通过力学规律的公式概括出来。马赫对这种束缚人思想的形而上学观点进行猛烈抨击,强调对世界怀疑态度的独立性和认识的相对性,彻底摒弃对世界认识的机械决定论的观点,采取大胆的怀疑态度,对以往的任何权威提出挑战,这就为相对论和量子力学的建立扫清了思想障碍,从而对 20 世纪初一大批科学家产生了间接或直接的影响。马赫的经验批判主义思想也直接影响爱因斯坦物理学新思想的形成。

"都会"咖啡馆大学里的同学们读了马赫的《力学及其发展的历史批判》一书后,牢牢掌握了马赫提供的思想批判武器,使咖啡馆里的学术讨论已深入到关键性问题,他们开始向统治物理学界有 200 年历史的牛顿经典物理学体系发起冲击。贝索用马赫的观点对牛顿绝对时间和绝对空间提出质疑,他激动地说:"牛顿在他的《自然哲学的数学原理》中说,时间是绝对,空间也是绝对。绝对的意思就是和一切事物都没有关系,既然空间、时间和任何事物都没有关系,你怎么知道空间和时间存在呢?"爱因斯坦进一步指出牛顿机械论自然观的缺陷,他说:"从牛顿到康德都为独立存在于人类之外的神留下存在的空间,牛顿把这个归结为神的意志。

康德把神视为先验,而空间与时间的概念又是先验的。一旦躲进了先验的神山,我们的物理学家就无能为力了。要把绝对空间和绝对时间从先验的神山上拉下来,用我们的经验来检验它们!"

后来爱因斯坦在回忆这一时期的学术活动时,对物理学情况做了如下的描述:"当时,在各个细节问题上,虽然成果累累,但在原则问题上僵化教条仍居于统治地位。假如真有所谓'开始'的话,那么一开始是上帝创造了牛顿定律及其必不可少的质量和力,这就是一切,其余的一切,都可以用演绎法根据适当的数学方法推演出来。"在那个时代,几乎所有的物理学家都把古典力学看作是全部物理学,乃至所有其他自然科学的牢固的和最终的基础,这种形而上学的机械自然观,从伽利略、笛卡儿和牛顿开始,到1870年前后达到了顶点,从而主宰了科学领域里的一切,成为理论物理学每个研究工作者的指导思想和行动准则。

19世纪关于以太问题的理论探讨和实验研究,实际上就是物理学家在机械自然观的支配下,把经典电磁学和光学归结到经典力学基础上的持续不断的努力,为此他们挖空心思,千方百计地构造以太机械模型。尽管物理学家这种努力没有得到令人满意的结果,但直到19世纪末,大多数物理学家没有放弃力学基本定律应当是整个理论物理学的基础,每一种物理学都应该归结到经典力学体系上的观念。但到19世纪80年代和90年代,由于麦克斯韦的电磁理论和洛伦兹的电子理论深入发展,使机械自然观陷入矛盾重重的困境,出现了所谓的"物理学危机"。种种迹象显示,整个物理学界新的重大变革的发生是不可避免的。

1897年,实验物理学家测定了电子通过阴极射线的电荷与质量比的关系,也确证了塞曼效应(1896年荷兰物理学家塞曼发现,置于磁场中的光源所发射的光谱线会分裂成频率稍有不同的两条或多条谱线的现象。)理论分析的结果,这样,洛伦兹电子论预言的基本粒子——电子找到了。1900年秋,普朗克又发现了热辐射具有原子和量子结构。理论物理学界这些令人眼花缭乱的新发现和新理论,彻底动摇了牛顿经典物理学体系的基础。这股新思潮也波及学校,当时正在大学读书的爱因斯坦不能不受其影响,他的思想被打上了时代的烙印。他早在阿劳中学读书的时候,就在当时学术界激动不安的情绪感染下,小试身手,写了一篇不够成熟的有关理论物理学前沿问题的论文——《关于磁场以太状态的研究》,提出把光线发送到载流导线附近,用来检测以太弹性变形。在工业大学期间,爱因斯坦把大部分时间消耗在实验室里,迷恋于同经验直接接触,用观察和实验来探讨物理学的主要问题。

后来,爱因斯坦在总结物理学发展的这一转折时期的各种思潮的影响时,对马赫的经验批判主义采取了一分为二的分析方法。他在写给贝索的信中指出:"就马赫而论,我想把他的一般影响和对我的影响区别开来……特别是在《力学》和《热学》中,他总是努力证明概念是怎样来自经验的。他令人信服地采取这样的立场:认为这些概念,甚至是最基本概念,都只能从经验知识中得到它们的根据,它们在逻辑上绝不是必然的……我看他的弱点正在于他或多或少地相信科学仅仅是对经验材料的一种整理；也就是说，在概念的形成中，他们没有辨认出自由构造的元素。在某种意义上他认为理论产生于发现，而不是产生于发明。他甚至走到这样的地步：他不仅把'感觉'作为必须加以研究的唯一材料，而且把感觉本身当作建造实在世界的砖块，因此，他相信他能够克服心理学和物理学之间的差别。只要他把这些想法贯彻到底，他就必然会不仅否定原子论，而且还会否定物理实在这个概念。至于说到马赫对我的发展的影响，的确是很大的。我记得十分清楚，在我学习的最初年代里，你曾使我注意到他的《力学》和《热学》，这两本书给了我深刻的印象。"

爱因斯坦在联邦工业大学4年的学习生活中，从他的心路历程来看，当时他的学习方式已经开始偏离学校的主流方向，这是爱因斯坦不从世俗、不随大流性格的最初表现。他的这种生活方式和学习方式，在当时学校风气比较保守的情况下，不能不影响到师生之间关系，但是，他对这一切不以为然。后来他在《自传》中对这4年的大学生活作了简要的总结：

"1896~1900年在苏黎世工业大学师范系学习。我很快发现，我能成为一个有中等成绩的学生也就该心满意足了。要做一个好学生，必须有能力去很轻松地理解所学习的东西；要心甘情愿地把精力完全集中于人们所教给你的那些东西上，要遵守秩序，把课堂上讲解的东西用笔记下来，然后自觉地做好作业。遗憾的是，我发现这一切特性正是我最为欠缺的。于是我逐渐学会抱着某种负疚的心情自由自在地生活，安排自己去学习那些适合于我的求知欲和兴趣的东西。我以极大的兴趣去听某些课。但我'刷掉了'很多课程，以极大的热忱在家里向理论物理学大师们学习。这样做是好的，并且显著地减轻了我的负疚心情，从而使我心境的平衡终于没有受到剧烈的扰乱。这种广泛的自学不过是原有习惯的继续；有一位塞尔维亚的女同学参加了这件事，她就是米列娃·玛利奇，后来我同她结了婚。我热情而又努力地在H.F.韦伯教授的物理实验室里工作，盖塞教授关于微分几何的讲授也吸引了我，这是教学艺术的真正杰作，在我后来为建立广义相对论的努力中帮了我很大的忙。不过在这些学习的年代，高等数学并未引起我很大的兴趣。我错误地认为，这是一个有那么多分支的领域，一个人在它的任何一个部分中都很容易消耗掉他的全部精力。而且由于我的无知，我还以为对于一个物理学家来说，只要明晰地掌握了数学基本概念以备应用，也就很够了；而其余的东西，对于物理学家来说，不过是不会有什么结果的枝节问题。这是一个我后来很难过地发现到的错误。我的数学才能显然还不足以使我把中心和基本的内容同那些没有原则重要性的表面部分区分开来。

"在这些学习年代里，我同一个同学马尔塞耳·格罗斯曼建立了真正的友谊。每星期我总同他去一次马特河口的'都会'咖啡店，在那里，我同他不仅谈论学习，也谈论睁着大眼的年轻人所感兴趣的一切。他不是像我这样一种流浪汉和离经叛道的怪人，而是一个浸透了瑞士风格同时又一点也没有丧失掉内心自主性的人。

此外,他正好具有许多我所欠缺的才能:敏捷的理解能力,处理任何事情都井井有条。他不仅学习同我们有关的课程,而且学习得如此出色,以致人们看到他的笔记本都自叹不及。在准备考试时他把这些笔记本借给我,这对我来说,就像救命的锚;我怎么也不能设想,要是没有这些笔记本,我将会怎样。

"虽然有了这种不可估量的帮助,尽管摆在我们面前的课程本身都是有意义的,可我仍要花费很大的力气才能基本上学会这些东西。对于像我这样爱好沉思的人来说,大学教育并不总是有益的。无论多好的食物强迫吃下去,总有一天会把胃口和肚子搞坏的。纯真的好奇心的火花会渐渐地熄灭。幸运的是,对我来说,这种智力的低落在我学习年代的幸福结束之后只持续了一年。"

爱因斯坦在大学的学习生活,从他的《自述》中可以看出已经偏离了当时大学教育的传统,学习方式与众不同,但更与众不同的是他的物质生活条件。爱因斯坦在大学读书的时候,正是家境最困难的时期。1896 年爱因斯坦进入联邦工业大学的当年,父亲与叔叔在帕维亚合营的电器工厂又倒闭了。清理债务后,发现家里投入到工厂里的资金,大部分已经赔光了,雅科布叔叔对办企业已经完全丧失信心,他到一家大公司另谋职业,而父亲仍不甘心,决定再回米兰重整旗鼓。爱因斯坦已清楚地看到其中的风险,力劝父亲放弃这个成功希望十分渺茫的计划,然而赫尔曼对晚辈的意见没有理睬。这样,爱因斯坦就不得不为这个处境艰难的家庭操心,他专程到住在德国的另一位叔叔那里,要求他不要再向父亲提供资金的援助,然而,这位叔叔也没有听他的劝告。不久,爱因斯坦父母又迁回米兰,工厂是办起来了,但两年后又重蹈覆辙,不得不关门。这一切使正在大学读书的爱因斯坦十分难过,当时他给妹妹玛雅的一封信中袒露了这种矛盾痛苦的心情:"可怜的父母亲多年没有一刻的幸福之时,我们的不幸使我的心情十分沉重。作为一个成年人而只能消极旁观……对此丝毫也无能为力,这也使我深为苦恼。对亲人来说,我只是一个负担……我不活着,肯定还好受些。年复一年,我不让自己有半点欢乐。靠了这种思想,也就是一种分心的办法,我才得以挨了过来,常常使我不致失望的也一直是这种思想。"

爱因斯坦在大学里过着几近苦行僧的生活,一方面他感到自己已是成年人了,这样是对因仍是家庭的负担而产生对双亲的负疚心理的一种排解;另一方面,父亲的事业屡败不爽,家境十分艰难,已经拿不出一分钱给爱因斯坦了。他在大学读书期间,全部费用都是依靠几位舅舅每月 100 瑞士法郎的接济,这点钱扣除生活费用和房租外,爱因斯坦还要勒紧腰带,每月节约 20 法郎储蓄起来,作为将来加入瑞士国籍的费用,因为加入瑞士国籍需要交纳一笔数量可观的钱财。爱因斯坦在这样的经济条件下读书,生活的艰苦是不言而喻的。他从熨衣妇那里租来的陋室里,除了房东配给的一张桌子、一把椅子和一张床外,当时他的财产就是一把小提琴和到处堆放的书籍。爱因斯坦所谓在家读书就是在这种环境里苦读不辍。当他读书读到头昏眼花、饥肠辘辘的时候,才想到要吃点东西,于是他就到巷子里的一家小饭馆或一家咖啡店里,胡乱地填饱肚子,总之越简单越好,有时他干脆把每日三餐合并为两餐。他这样做是为了节省时间,尽量把时间用到读书上,当然每天少吃一顿饭也是爱因斯坦在经济上的考虑。然而,长期的劳累和饮食不周,使他患上了严重的肠胃功能紊乱的疾病,一直到晚年都困扰着他。

1900年秋,爱因斯坦通过了毕业考试,并取得了毕业文凭。他的考试成绩按6分制:理论物理5分;物理实验5分;函数论5.5分;天文学5分;毕业论文4.5分;总评成绩4.91分,达到优良水平。虽然爱因斯坦大学学业成绩不错,在学校里又有优秀研究者的名声,但由于他的桀骜不驯的性格和独树一帜的学习方式,使他不能融入联邦工大的教育传统主流中,所以他不能指望像格罗斯曼、埃拉特等同学那样留校任教。爱因斯坦不得不离开工大,步入漫长而艰难的求职历程。

为了在瑞士找到一份固定工作,就必须加入瑞士国籍。1902年2月,爱因斯坦花掉了自己多年的全部积蓄,填写了各种表格,回答了有关祖辈的健康和性格的质询,并向当局保证不酗酒后,才获得了瑞士国籍。这位应服现役的适龄新公民,没有被征入伍,因为医生发现他是平足,还有下肢静脉曲张,不符合参加瑞士联邦军队的条件。

爱因斯坦虽然成为正式的瑞士公民,但他的生活处境没有多大改善,仍为失业而苦恼。为了生存,他不得不为几个小钱打短工。他曾在苏黎世联邦观象台做过计算工作。1901年5月间,爱因斯坦又在温特尔城的职业技术学校做了两个月的代课教师。尽管爱因斯坦接到通知书时喜出望外,快乐得"像一只小鸟",高兴地要徒步沿着斯普留本山脉去上任,"以便把接到令人高兴的职务和娱乐结合起来",但高兴得没有多久,1901年秋,爱因斯坦又失业了。为了生活他又奔波到夏富豪森。因为在这座莱茵河畔的美丽的小城里,他的联邦工大的同学哈比希特就住在那里,在老同学的帮助下,爱因斯坦进了一所私立寄宿中学,为毕业班学生应付考试补习数学。爱因斯坦对这件工作是愉快胜任的,他在教学上破除了那些使他童年曾受其害的陈规陋习,进行了富有创造性的改革,使数学学习变得十分轻松有趣,但是他的教学自主性和创造性引起思想保守的学校总管纽易莎的不满,这样,爱因斯坦又被解雇了。

爱因斯坦再次失业,而且无望在短时期内谋到一个教师的职位,他一时有些惶惑了,也许我的失业与工大留下的阴影有关?或许是由于自己的出身?他带着这种困惑,于1902年春,回到意大利米兰市父母那里谋生活出路。4月,他在给格罗斯曼的信中写道:"我已在父母这里住了3个星期,为了从这儿寻找一个大学助教的工作。如果不是韦伯搞阴谋反对我,我早就可以找到工作了。但,不管这个,我决不放过任何一种可能性并且也没有失去幽默感……上帝创造了驴子并且给了它一张厚皮,这使驴子的处境比我有利。"爱因斯坦在失业的贫困和屈辱中从不低头,不向任何人乞求怜悯。他的乐观态度也使生活充满了快乐。但日益破落的家境是不容回避的现实,当时贫病交加的父亲不能不为不幸的家庭和爱因斯坦的前途担

忧,他瞒着儿子,给联邦工大奥斯特瓦尔德教授写了一封求情信:

亲爱的教授:

请原谅一个父亲为了他的儿子的事情来打扰您。

……我的儿子目前失业,这使他深感难过。他越来越觉得,他的事业已经失败,再也无可挽回。而最使他沮丧的是,他感到自己是我们的负担,因为我们的境况不好……

这位教授接到这封充满长辈对晚辈一片深情的求助信后,是否回信已无从稽考,但有一点是肯定的,这一切是不会有什么结果的,"因为我原先的教授中没有一个人曾认为我是好样的",然而,不无讽刺意味的是:奥斯特瓦尔德教授本人怎么也没想到,9年之后,就是"这位被认为不是做学问的料子"的爱因斯坦,在日内瓦同他并列站在一起,接受名誉博士学位,并且不为尊者讳,是他第一个提议爱因斯坦为1921年诺贝尔物理学奖的提名人。

爱因斯坦毕业后经过两年的失业生活,备尝人间的艰辛和苦恼,他终身没有治愈的肝炎就是在这个时期患上的。但他的表现一直十分达观而不失幽默感,他没有气馁和失望,对将来从事理论物理学研究的决心始终没有动摇。在他生活最困难的时期,也没有中断对物理学的研究和理论思考,向对他紧闭的科学大门发起一次又一次的冲击。早在1900年12月,他就完成了第一篇关于分子之间相互作用的科学论文,题目为《由毛细血管现象所得到的推论》,发表在莱比锡的权威学术刊物《物理学》杂志上。在温特图尔技术学校代课的两个月中,他在课余时间里,致力于气体动力学理论研究,思考物质相对以太的运动。他给人写信说:"每天上午教完5~6小时的课之后,我依然神清气爽,下午或是去图书馆更进一步自修,或是在家研究一些有趣的问题。"1901年9月,他在夏富豪森私立住宿中学代课,他说:"在这所学校教学活动的头两个月中,我撰写了一篇以气体动力理论为题的博士论文。"

1902年4月,爱因斯坦在写给格罗斯曼的信中对这一段生活做了这样的概括,他在排解因长期失业而萦绕心头的挥之不去的苦闷心情,同时他一刻也没有忘记在科学上的思考和探索,他说:"现在我们这里正是最美妙的春天,整个世界带着如此幸福的微笑在瞧着你,这使你不得不抛弃任何忧郁。此外音乐的聚会也使我免于闷闷不乐。在科学方面——考虑几个美妙的思想,但是它们还需要好好琢磨……"当时爱因斯坦所考虑的"美妙的思想",就是分子引力关系。关于分子引力的问题,他在信中有这样一段话值得我们注意:"感觉到在直接知觉中呈现出是互不相关的诸现象的整个综合体的统一性是多么美妙啊!"爱因斯坦一生中孜孜追求的描述整个宇宙规律的和谐与美妙的统一场论,在其发展的历史轨迹中追根溯源,我们不难发现真正的发端就是在这种居无定所、为挣钱糊口而到处奔波的困难时期。从某种意义上说,1905年的狭义相对论和1915年的广义相对论的发现,正是这一永恒探索的阶段性成果,爱因斯坦在此后近50年中,就是沿着这条崎岖道路艰难跋涉的。如果一个人没有对科学的至爱和对真理的追求,如果没有超人的坚强毅力,一切将无从谈起。

1902年2月,爱因斯坦的生活发生了根本转变,这缘于他的好友和后来科学研究的合作伙伴格罗斯曼的帮助,他在伯尔尼瑞士专利局找到一份固定工作。从此,爱因斯坦结束了近两年的游离不定、居无定所的生活。他迁居伯尔尼,并于同年6月,受聘为伯尔尼瑞士专利局的试用三级技术员,年薪3500瑞士法郎。1904年9月转为正式三级技术员。爱因斯坦后来,对这件事做了较详细的记载:"马尔塞罗·格罗斯曼作为我的朋友给我最大的帮助是这样一件事:在我毕业后大约一年左右,他通过他的父亲把我介绍给瑞士专利局(当时还叫作'精神财产局')局长弗里德里希·哈勒。经过一次详尽的口试之后,哈勒先生把我安置在那儿了。这样,在我最富于创造性活动的1902~1909年这几年中,我就不用为生活而操心了。即使完全不提这一点,明确规定技术专利权的工作,对我来说也是一种真正的幸福。它迫使你从事多方面的思考,它对物理的思索也有重大激励作用。总之,对于我这样的人,一种实际工作的职业就是一种绝大的幸福。因为学院生活会把一个年轻人置于这样一种被动的地位:不得不去写大量科学论文——结果是趋于浅薄,这只有那些具有坚强意志的人才能顶得住。然而大多数实际工作却完全不是这样,一个具有普通才能的人就能够完成人们所期待于他的工作。作为一个平民,他的日常生活并不靠特殊的智慧。如果他对科学深感兴趣,他就可以在他的本职工作之外埋头研究他所爱好的问题。他不必担心他的努力会毫无结果。我感谢马尔塞罗·格罗斯曼给我找到这么幸运的职位。"

当时,格罗斯曼在联邦工大刚当助教,尽管他对爱因斯坦的工作焦急,但没有能力在大学里为他找到一席教职。所以他求助于父亲帮忙,由于爱因斯坦与格罗斯曼的长期交往,使老格罗斯曼对爱因斯坦有较深的了解,于是答应帮忙,他找到自己的好友哈勒。哈勒是一位在实践中苦干成才的工程师,为人坦率实在,办事果断,他对老朋友介绍来的人是信得过的,满口答应帮这个忙,不过必须按正常程序通过考核才能录用。

1901年12月10日,报纸上登出伯尔尼专利局"征聘启事",爱因斯坦立即赶往伯尔尼,呈交了应聘申请书并接受了面试考核。在局长办公室里,爱因斯坦面对办公桌后面的哈勒局长那双敏锐深邃的目光,心里紧张得怦怦直跳,因为他知道这次考核对他今后人生的重要,决不能丧失这次难得的机会。他的父母希望他过安定的生活,而相处很久并与之订婚的米列娃也期待他有个固定职业,准备日后建立一个新家庭。他自己对专利局工作的专业性质也感到满意,因为技术研究在许多方面对他有帮助。专利局对源源不断送来的各种发明的动力学原理的巧妙设计、工艺、方法的评价和研究,成为日后爱因斯坦从事科学研究的技术基础。

哈勒局长当面交给他几份专利申请书,要求他当场提出意见。爱因斯坦缺乏工程技术的实际知识,搞不懂每一个技术细节问题,这点瞒不过内行的眼睛,但爱因斯坦对新事物、新思想的敏锐反应和做出正确判断的能力,也引起了局长的特别注意,这是从事专利工作的人必备的素质。考核完毕后,哈勒局长与爱因斯坦谈起了物理学,从牛顿谈到麦克斯韦,交谈中虽然哈勒的理论素养不高,但他凭自己长期在专利局积累的辨别真伪的实践经验,洞察出老朋友给他介绍来的这位年轻人没有使他失望,决定录用爱因斯坦。

未来的理论物理学大师终于走上了通向事业辉煌之路的起点。

奥林比亚科学院

1902 年 2 月,爱因斯坦来到伯尔尼,在一栋破旧的小房子里安顿下来。哈勒局长通知他,工作的安排还需要一段时间,待专利局一有空缺,就可以正式上班。在待职期间,可以从事私人授课,赚钱糊口。爱因斯坦接受了局长的忠告,在小报上登载了一则广告:

爱因斯坦毕业于苏黎世工大,讲授物理学,每小时 3 个法郎。

广告刊登后,招引来的学生却寥寥无几,这使爱因斯坦大失所望。然而令人欣慰的是,在 3 月底,他结识了一位应广告而来求学的罗马尼亚学生莫里斯·索洛文。他在伯尔尼大学学习哲学、文学、数学、物理学、地质学,还在医学系听课。他对阐明自然界一般观念的理论物理学深感兴趣,所以特地来听爱因斯坦的课。第一次上课,双方就发现他们的观点和兴趣完全一致,由于志同道合,两人的会面接连不断,后来他们干脆以长时间的讨论代替了上课,他们之间的关系很快就超越师生关系而成为朋友。几个星期后,爱因斯坦的联邦工大的同学哈比希特也参加了进来,他来到伯尔尼是为了完成自己的大学学业。这样,爱因斯坦的私人授课就变成了三个青年学生的学习"沙龙",三人一起读书和讨论,进行思想交流。他们通常在工余和课后见面,用爱因斯坦的话说,就是 8 小时在专利局工作,然后 8 小时的"悠闲"时间在寓所里自修和研读。他们或在室外散步,或在咖啡馆里聚会,生活丰富多彩,紧张而有趣。

从 1902~1905 年的 3 年间,这三个人的小圈子一直团结友爱如初,共同的思想志趣,相互切磋学习,形成了一个坚强的集体。他们给这个小集体取了个名字:"奥林比亚科学院"。"奥林比亚"是他们晚上经常聚会的小咖啡店的名称。

据索洛文回忆:朋友们谈够和吸够烟之后就恭听爱因斯坦演奏小提琴,有时也去散步,在途中继续讨论。他们还在午夜后攀登位于伯尔尼南面的古尔腾山。夜空的星辰把他们的思想吸引到天文学问题上,于是谈话又以新的话题重新开始了。他们在这里待到天明并观看日出。他们看见太阳如何从地平线上冉冉升起,黑压压的隐约可见的阿尔卑斯山的轮廓染上一层迷人的绯红色彩,巨大的山国以深沉的宁静感召着一群新时代精英的灵魂。清晨来临了。几个年轻人走进小饭馆,喝过咖啡,大约9点钟以前才下山,他们疲惫而幸福。有时,他们徒步到20公里外的图恩城去。步行从早上6时持续到中午,他们又置身于阿尔卑斯山脉之中。朋友们谈论着地球的历史、山脉的形成等地质学问题。他们在城里用过午饭,然后在湖畔坐下并度过整个下午,傍晚才乘火车回伯尔尼。这时的爱因斯坦,整个身心都沉浸在深深的思考中,周围一切都视而不见。

索洛文还回忆道,有一次,爱因斯坦的生日那天请大家到他那里吃饭。索洛文和哈比希特带去了他从未品尝过的鱼子酱,这也是爱因斯坦早就想品尝的东西。吃饭之前,大家一直谈着惯性原理的话题。朋友们入席后,爱因斯坦仍滔滔不绝地讲着惯性问题。他把鱼子酱送到嘴里,仍在继续评论:

"牛顿说,物体的惯性是对绝对空间讲的。马赫说,物体的惯性是对遥远的星系讲的。到底谁对呢?"

鱼子酱吃完了,演讲的人停下来,用手在桌子上画了一个大问号。朋友们问他:

"请问爱因斯坦先生,你知道你刚才吃的是什么吗?"

"不知道,是什么东西?"爱因斯坦反问道。

"是鱼子酱。"朋友们齐声告诉爱因斯坦。

"怎么? 哎哟,是鱼子酱呀!"爱因斯坦惋惜地叫了起来。沉默片刻后,他又说:"不必请我这样的家伙尝什么山珍海味,他反正也不知道它的价值。"

朋友们都大笑起来。

"奥林比亚科学院"虽然是年轻人的志愿组合,日常活动丰富多彩,学术空气自由随和,但科学院仍有严格的纪律,作为院长的爱因斯坦不允许任何人无故缺席。有一次,索洛文搞到一张音乐会的入场券,原定当天晚上在他的寓所里聚会,为了去听音乐会,他先把充当晚餐的煮鸡蛋做好,然后在桌子上留下一张便条:"亲爱的朋友们——请吃鸡蛋,并致敬意与歉意!"第二天,爱因斯坦见到索洛文怒气仍然未消,大声呵斥道:"坏蛋! 你竟敢为了什么音乐会忽视了科学院会议! 外国佬,蠢货! 再有这种狂妄行为,你就要被开除了!"

爱因斯坦和他的同伴们,就是在这种自由而欢快的气氛中,一起广泛地研读和讨论了大量的自然科学哲学著作,其中包括:斯宾诺莎的《伦理学》、休谟的《人性论》、马赫的《感觉的分析》和《力学》及他的《力学及其发展的批判历史概论》、彭加勒的《科学与假设》、毕尔生的《科学规范》、安培的《科学的哲学经验》、黎曼的著名演讲稿《论作为几何学基础的假设》,以及亥姆霍茨、戴德金和克利福德的论文,等等。此外,他们还涉猎名家文学作品,在一起读过索福克勒斯的《安提戈涅》、狄更斯的《圣诞节的故事》、塞万提斯的《堂吉诃德》,等等。

对于思想活跃、求知欲特别强烈的青年来说,不论自然科学还是社会科学,乃至文学艺术,都会如饥似渴地博闻强记。他们对新思想、新见解着了迷。他们一连几天对某一页、某一句话进行争论,甚至达到废寝忘食的地步。米列娃从苏黎世搬来之前，爱因斯坦的生活俭朴，经常不做饭，有时三个人为了简单地填饱肚子，午间在一起吃灌肠、干酪、水果，再喝一杯加蜂蜜的茶，就算一顿大餐了。爱因斯坦授课的收入少得可怜，刚够糊口，有时，他开玩笑地说，也许走街串巷演奏小提琴更好些。但清贫生活对这些乐观好学的年轻人算不了什么，当索洛文谈及这几年生活的时候，曾引用过伊壁鸠鲁的名言："欢乐的贫困是最美好的事。"

后来，"奥林比亚科学院"又陆续增加了新成员，一个是爱因斯坦的同事，意大利人，工程师米盖朗琪罗·贝索，他还是爱因斯坦在阿劳中学读书时的老师的女儿安娜·温德勒的丈夫，还有一个是爱因斯坦的妹妹玛雅的丈夫泡利·温德勒，他也是爱因斯坦在阿劳中学的同窗。贝索于1904年由爱因斯坦介绍进入伯尔尼专利局。两人早在"都会"咖啡馆大学里就成为好友，现在又成为同事，两人过从甚密。贝索在哲学、社会学、医学、数学和物理学方面都有渊博的知识，他与爱因斯坦的学术交流使两人受益匪浅。所以爱因斯坦在《论动体的电动力学》这篇著名的论文的结尾加上这样一句话：

最后，我要声明，在研究这里所讨论的问题时，我曾得到我的朋友和同事贝索的热诚帮助，要感谢他的一些有价值的建议。

他在评价贝索时说，他具有接受新思想和给他们增加某些非常重要的欠缺的线条的惊人能力。而贝索在评价爱因斯坦时说：

这只鹰用自己的双翼把我——麻雀——夹带到辽阔的高空。而在那里，小麻雀又向上飞了些。

"奥林比亚科学院"人数始终不多，存在的时间也不算长，但是在爱因斯坦的科学生涯中所占的地位极其重要。爱因斯坦大学毕业后，又在"奥林比亚科学院"中进行了3年之久的自学进修。在这种独立自主、富有创造性的特殊学术氛围中，没有任何权威和陈规束缚的情况下，爱因斯坦研读了许多名家最新的自然科学与哲学专著，并接受了怀疑的经验论和唯理论的哲学观念。这一切为他在物理学领域进行革命性变革，做了思想上和学术上的充分准备。这一时期是爱因斯坦学术交流最频繁、思想最活跃、科研成果最多的时期。他在"奥林比亚科学院"期间，创立了具有划时代意义的理论物理学研究成果——狭义相对论并非偶然。爱因斯坦直到晚年还留恋这段峥嵘而美好的时光。1953年，他写信给索洛文：

致不朽的"奥林比亚科学院"：

你在自己的短暂生涯中，曾以孩子般的喜悦，在一切明朗而有理性的东西中寻找乐趣。我们创立了你，为的是要同你的那些傲慢的老大姐们开玩笑。多年细心的观察使我确信，我们是多么正确啊！

我们全部三个成员都表现得坚忍不拔。虽然现在都已经有点老态龙钟，可是你那纯朴天真的、朝气焕发的光芒至今仍照耀着我们孤寂的人生道路，因为你并没有同他们一起衰老，而却像萬莒根那样盛发繁茂。

我永远忠诚于你，热爱你，直到学术生命的最后一刻。

信中所指的"傲慢的老大姐",是对当时传统的学院式的学术环境和保守的理论权威的拟人化。"奥林比亚科学院"的年轻人对当时物理学界沉闷迂腐的学术空气所开的玩笑,就是要冲破经典物理学的思想樊篱,以怀疑的经验论和唯理论为思想武器,向一切旧的保守顽固势力挑战。

"奥林比亚科学院",是诞生相对论的摇篮。

1902 年 6 月 16 日,爱因斯坦正式得到伯尔尼专利局的任命,从此直到 1909 年 10 月,爱因斯坦在专利局工作了 7 年多。尽管他是应聘二级工程师,结果降为三级,实际上就是技术审查员,年薪仅 3500 百法郎。爱因斯坦对这一切已经感到很满足了,因为他有了固定的职业,不必再为生计操心了,并且在工作之余可以专心致志地研究他喜爱的物理学了。爱因斯坦在克拉姆胡同 49 号租了一套便宜的住房,考虑成家的问题。在这之前爱因斯坦就有和米列娃结婚的打算,两人相处几年了,但爱因斯坦的双亲极力反对这门亲事,因为米列娃是塞尔维亚的东正教徒,按照犹太教教义规定,犹太人不能与基督教徒结婚,但没有宗教意识的爱因斯坦根本不在乎这些,为此与母亲闹得不和,他母亲始终都不喜欢米列娃。1902 年,爱因斯坦的父亲患了心脏病,并于同年 10 月 10 日病故。父亲在临终前终于同意了儿子的婚事。

1903 年 1 月 6 日,爱因斯坦与米列娃在伯尔尼结婚。婚礼十分朴素简单,证婚人是科学院的伙伴索洛文和哈比希特。喜宴结束后,爱因斯坦带着新娘回克拉姆胡同的新家,走到家门口才发现忘记带钥匙了。爱因斯坦只好让新娘站在门口,自己去找钥匙。米列娃早就知道爱因斯坦有忘带钥匙的老毛病,在苏黎世读工大的时候,爱因斯坦的邻居就经常听到他深更半夜站在门口,压低嗓音向门缝里喊:"房东太太!我是爱因斯坦!对不起,我又忘记带钥匙了!"

一年多后,米列娃生下一个儿子,起名叫汉斯·阿尔伯特。儿子出生后,给爱因斯坦带来了不少的欢乐,但也带来了额外的负担。家庭开销的增加并没有对爱因斯坦带来多大影响,因为他对生活要求不高,再苦的日子也过得去。当 1906 年爱因斯坦晋升为二级技术员,年薪提高到 4500 法郎时,他一时不知怎么办,竟然说:"拿这么多钱干什么用呢?"家庭给爱因斯坦带来的真正的负担就是他的工作为孩子所累。从此以后,这位年轻的父亲左手抱着儿子,右手在纸上做着计算,在孩子的哭叫声和自己哄孩子的"嗯嗯"声中,进行着科学研究。在街上经常有人看到这位专利局的小职员,推着婴儿车沿着马路若有所思地慢慢迈着步子,每走十几步就停下来,从上衣口袋里拿出纸片和铅笔,写下几行数字和公式,然后低头看一眼睡着的儿子,抬头看一看钟楼上的那座大时钟,又向前走去。时间到了,已经尽到了做父亲的职责。于是他转身返回克拉姆胡同,把儿子交给米列娃,自己就钻进书房里做他未完成的计算了。

爱因斯坦结婚后家庭负担重了，但"科学院"的聚会从没有因此间断过。大家在爱因斯坦家里学习和讨论时，米列娃总是礼貌地坐在一边，专心默默地听他们激烈的争论。由于专业方向和爱好的不一致，爱因斯坦所研究的理论物理学领域，离米列娃越来越远了。另外米列娃作为生活型的现代妇女，因为性格和志趣的原因，对爱因斯坦经常在外郊游、野餐或在家里举行各种聚会也不合心意，久而久之，就心存芥蒂。后来，米列娃患上骨结核和严重的神经衰弱，在慢性病的长期折磨下，她的病态的猜忌心理与日俱增，脾气越来越暴躁。爱因斯坦的慢性子和对家事的漫不经心的态度，使米列娃越来越反感。他们之间的感情开始疏远了，在伯尔尼期间，他们的不合还没有达到以公开尖锐的形式表现出来的程度，也没有影响到他们之间的正常生活和工作。

爱因斯坦每天早晨从克拉姆胡同步行到专利局，爬上4楼到86号办公室里，开始一天8小时的工作。他不像专利局的其他工程师那样，把椅子往后一仰，双腿跷到桌子上，悠闲自在地审查着各种发明的图纸。爱因斯坦不习惯那样的做法，他工作就像工作的样子，他喜欢伏案紧张工作。

当时，正值世界兴起以电力的应用为特征的第二次科技革命的时代，生产力突飞猛进地向前发展，同时也激发了人们的发明欲望，专业的、业余的发明家，工人和大学生，都在开动脑筋搞各种发明设计，以获得专利权。每天呈报上来的各种新发明的图纸有一大堆，但大部分都是细枝末节的小玩意儿。

爱因斯坦以锐利的目光审视一件件新发明的图纸，用他物理学知识的深厚功底和灵敏的直觉，选出那些有价值的新颖发明，一针见血地提出意见，写出准确的鉴定书，然后归档。至于那些异想天开制造所谓永动机的荒唐玩意儿，不值得在那上面浪费时间，而抛到一边。这样，爱因斯坦一天的工作，用半天就完成了。后面要干的就是自己的物理学研究。他像往常一样，拿出资料卡片，埋头于物理学的计算中，他迅速地写出一行行数字和一个个公式。一张纸片很快就写满了，一张张地写下去，很快就堆成一叠。专利局规定上班时间不准搞个人副业，爱因斯坦偷闲研究物理学是违反行政纪律的，所以他在眼睛盯着卡片的同时，耳朵还要听着门外，一有局长走来的脚步声，他就急忙地将卡片藏到抽屉里。

下班后，回到家里继续在班上的物理难题的探讨。他在以太、原子、光量子、时间和空间等困惑物理学家多年的概念中，迂回曲折、周而复始地上下求索。在伯尔尼的岁月里，有多少次在理论谜团中奋力拼搏，似乎已经接近成功的大门，但因一个难题没有解决而重新坠入黑暗中。经过彻夜不眠、殚精竭虑的苦思后，第二天他会轻声告诉"奥林比克科学院"的同伴们："以大问题的大门仍没有打开。"在下班路上，他拖着疲惫的脚步对贝索说："不行，不行！一切都是错误的，徒劳无用！"这意味着几天或几个月的辛勤劳动白费了，一切还要重新开始。这需要多大的决心和毅力啊！没有锲而不舍的科学钻研和献身精神，是不能坚持到底的。

在19世纪和20世纪之交，探讨物理学前沿问题的不仅有爱因斯坦，还有世界各国的学识渊博、声名赫赫的大科学家。他们都以各自的路径和方式向这些诱人的理论堡垒进行冲击。事实上，这场已经发生的物理学革命是一次物理学家的智力和思想素质的竞赛。有的人已开始走在研究领域的前面，但没有摆脱传统思想的束缚，多年来在原地踏步不前。普朗克早在 1900 年就提出光学理论中光量子说，认为它的数值取决于基本作用量 h——"普朗克常数"。但这一发现与传统的光学波动理论不相容，他就再没有向前迈出一步。另外，普朗克还通过分析热辐射，探索热学和电磁学之间的联系，将物理学中这两个领域的彼此不相矛盾地统一起来。在研究过程中又发现了某些辐射的不连续的量子特性。光量子理论已经在普朗克那里成熟到呼之欲出的地步，但由于普朗克学术思想的保守性，当他发现光量子理论无法纳入经典物理学体系中的时候，他不能突破经典物理学所设定的界限，而是煞费苦心地寻求一种方法和途径把自己的新发现与经典理论调和起来，没能迈出最后的一步，与该理论的创立失之交臂。

英国物理学家彭加勒早在 1900 年以前，就掌握了建造相对论的必需材料，已经提出类似狭义相对论的两个基本原理，但他并认识到牛顿的绝对时空观必须改革。他发表的《时间的测量》一文中，提出了光速不变的假设，甚至惊人地预见了新力学的未来图景："在这个全新的力学内，惯性随速度而增加，光速会变为不可逾越的极限。原来比较简单的力学依然保持为一级近似，因为它对不太大的速度还是正确的，以致在新力学中还能够发现旧物理学。"彭加勒早在爱因斯坦之前，使狭义相对论发展到水到渠成的程度，但是他最终没有迈出最后一步。究其原因，彭加勒和普朗克一样，遵循传统的机械论的自然观，当一系列新实验的结果与经典力学基本观念发生矛盾的时候，他不是积极地谋求变革经典理论的框架，而是力图把新事实纳入旧框架之中。

就在这时，一名默默无闻的伯尔尼专利局的小职员——爱因斯坦，既没有名师的指引，也没有在大学和研究机构里占一席之地，甚至连起码必备的图书资料都没有，完全利用业余时间进行理论研究。他游离到当时物理学研究的主流之外，不敬畏任何权威，不因袭陈腐的教条，独辟蹊径，出人意料地在物理学的光电效应理论、布朗运动理论和狭义相对论等三个未知领域里，齐头并进，都取得了重大突破，最终捷足先登辉煌的顶点。从 1905 年 3 月到 9 月的短短 6 个月内，爱因斯坦连续发表了 5 篇论文，这在科学史上不能不说是一个奇迹。

爱因斯坦之所以独具慧眼，取得如此辉煌的成就，其根本原因除了他勤奋地学习和掌握了理论物理学的最新研究成果之外，就是他在"奥林比亚科学院"期间研读了马赫和休谟等人的批判的经验论哲学著作，掌握了科学批判的锐利武器。

休谟是 18 世纪英国最著名的怀疑经验论的哲学家之一。他认为，人们的一切观念都来自感觉，我们的一切知识都起源于经验。在他看来宗教迷信和独断论的形而上学，应该统统加以怀疑。他旗帜显明地指出："在人生的各种事情上，我们还是应当一概保持怀疑的态度。"休谟的怀疑的经验论思潮，在 18 世纪激励了康德批判哲学的形成,在哲学领域掀起了一场"哥白尼式的革命"。20世纪初这股思潮又促使爱因斯坦在物理学领域里掀起一场同样的革命。而马赫这位19世纪的奥地利物理学家、哲学家对爱因斯坦的影响,就是使他依据马赫的经验批判主义哲学,"把那些从经验领域里排除出去,而放到虚无缥缈的先验的顶峰上去的基本观念,一个个地从柏拉图的奥林帕斯天堂拖下来,揭露出它们的世俗血统,再把这些观念从强加给它们的禁忌中解放出来"。所以爱因斯坦在评价这两位怀疑的经验论哲学家对自己的影响时指出:"至于说到马赫对我的发展的影响,的确是很大的……就我所意识到的来说,休谟对我的直接影响还要大些。"

爱因斯坦阅读大量的批判性科学哲学著作,并不是兼收并蓄,而是以批判态度吸其精华,去其糟粕。他对怀疑的经验论的狭隘性,即只承认感觉和经验,轻视和排斥理性思维的作用的缺陷作了扬弃。所以爱因斯坦利用怀疑的经验论作为武器批判机械自然观的同时,他又吸取了荷兰的唯理论哲学家斯宾诺莎的观点,即肯定人的理性思维的作用。斯宾诺莎认为,理性认识能够求得对自然界的统一性和规律性的理解。爱因斯坦很赞赏这一观点,他说:"我始终是这位哲学家及其教导的诚挚的赞美者。"怀疑的经验论和唯理论在爱因斯坦那里经过结合和改造,成为他认识世界和改造世界的世界观和方法论,爱因斯坦与同时代的其他科学家相比,在认识论和方法论上得天独厚。这一切表明,他在向传统经典物理学冲击的时候,已经拥有了一个哲学批判的头脑,因此站得高,看得远,并且高屋建瓴地对物理学"理论基础作批判思考",以便弄清"鞋子究竟是哪里夹脚的"。

从1905年爱因斯坦发表的5篇论文的先后顺序来看,无疑是当年3月最先发表的《关于光的产生和转化的一个启示性观点》一文。在以后的几年中,他还发表了几篇有关光量子学说的论文。

爱因斯坦在光量子理论中,以普朗克1900年提出的假设为基础,认为在热辐射过程中,能量的释放和吸收都是以不连续方式进行的;能量的最小数值叫"量子",它的数值取决于基本作用量 h——"普朗克常数"。每次放出和吸收的辐射能都是这个数值的整数倍。爱因斯坦以他最少保守的思想,大胆地向各种权威和因袭的教条挑战。大大发展了普朗克的思想,在他停步的地方,勇敢地向前迈出决定性的一步,认为光虽然在空间传播是连续的波动现象,但光能集中于特定地点,产生物理作用,所以光具有不连续的粒子特性,即"光子"。从而揭示了光的"波粒二象性"的本质。

爱因斯坦的光量子学说,以最简练的方式成功地阐明了19世纪末发现的"光电效应"。这种效应的基础,是光与电子之间进行能量交换,这就是为什么光束照到金属板上,能从金属表面打出电子的原因。而打出电子的多少不取决于光照强弱,因为光的强弱只说明射出光量子的多少;它取决于光的频率,频率越高,光量子能量越大,打出的电子就越多。由于光量子理论的提出成功地解释了"光电效应",因此爱因斯坦荣获了1921年诺贝尔物理学奖。

在爱因斯坦光量子理论的启示下,法国物理学家德布罗意把这一理论推广到一切物质粒子领域中,即认为一切物质粒子都具有波粒二象性,并在1924年提出物质波理论,几年后实验物理学家证实了物质波的存在。奥地利物理学家薛定谔在此基础上建立了描述支配微观亚原子粒子运动状态和规律的波动方程式,并很快被证明是正确的。随后,在一些杰出物理学家,如普朗克、玻尔、玻恩、海森堡、泡利和狄拉克等人的共同努力下,最后形成了正确反映微观世界的物理性质和规律的理论体系——量子力学。薛定谔的波动方程是量子力学的基本方程,而爱因斯坦的光量子理论则为这一理论体系的建立,发挥了革命性的开拓作用。光量子理论对现代物理学的发展具有划时代的意义。

同年4月和5月,爱因斯坦发表了《分子热运动所要求的平静液体中悬浮粒子的运动》和《分子大小的新测定法》两篇论文。前者用统计方法分析原子、分子运动问题以及运动与热之间的关系,把概率作为热力学和数学的演算基础,并在统计力学研究中有许多重要发现。爱因斯坦用研究分子运动的成果和方法,揭开1827年英国植物学家布朗发现的微小花粉粒子在水中的不规则运动,即布朗运动的奥秘。爱因斯坦用统计学和力学相结合的方法,论证了悬浮粒子的运动速度及其颗粒的大小与液体的黏滞系数之间,存在着可用实验检验的数量关系。认为布朗运动是液体分子运动的表征,并且做出数学表述,科学地解释了布朗运动,为尚处在争论阶段的原子论的正确性提供了证据。1908年法国物理学家皮兰通过试验,证实了"布朗运动的爱因斯坦定律"。他因此项工作荣获了1926年诺贝尔物理学奖。

爱因斯坦在《分子大小新测定法》一文中,提出测定分子体积的方法,并且运用他推导出来的布朗运动的计算公式,精确地数出分子的数目,取代了过去人们使用奥地利物理学家格斯米德发明的近似法。爱因斯坦以这篇论文获得苏黎世大学博士学位。

1905年6月,爱因斯坦在德国权威性的学术刊物《物理学年鉴》上发表了长达30页的论文——《论动体的电动力学》。这篇论文宣告了狭义相对论的创立。9月,他还是在这个杂志上发表了《物体的惯性同它所包含的能量有关吗?》一文,对上文做了重要补充。这两篇论文从根本上否定了牛顿力学的绝对时空观,引起了时空观念的革命,也带来了整个物理学的革命,对20世纪的人类生活产生了深远影响。他还揭示了作为物质存在形式的时间和空间在本质上的统一性,从而揭示了力学运动和电磁运动在运动学上的统一性,提出关于物体的质量与能量的相当性的推论,并得出著名的质能关系式:$E=mc^2$,这一切成为不久以后发展起来的原子核物理学和粒子物理学的基础,并且在理论上预示了人类原子能时代的必然到来。

19世纪末,统治物理学领域的牛顿力学中的以太理论遇到了麻烦。1877年,美国物理学家迈克尔逊和莫雷两人通过实验证实,对光"以太"的存在产生怀疑。根据牛顿力学机械论观点,如果光沿着地球运动的方向和与地球垂直方向传播,由于受到"以太"的影响，速度应该不同，但试验结果证实，光无论沿着哪个方向传播，速度都一样。这就使"以太"说从根本上发生了动摇，这也必然波及牛顿力学的另两根支柱，即绝对时间和绝对空间的地位，使经典力学发生了危机。为了力挽经典物理学的大厦于即倾，许多科学家不是大胆地突破旧理论框架，而是提出各种假说进行修补和维护。荷兰物理学家洛伦兹提出所谓"收缩假说"，并导出从"以太"参考系的时空坐标到运动参考系的时空坐标的变换关系，即"洛伦兹变换"。这个假说已经走到新理论体系的边缘，但洛伦兹最终没有从牛顿绝对时空观中摆脱出来。这种情况正如爱因斯坦指出的那样："当时物理学在各个细节上虽然已经取得了丰硕的成果，但在原则问题上居统治地位的是教条式的顽固。"

然而，具有批判头脑的爱因斯坦，虽然尊重牛顿力学在宏观低速运动物体上所取得的辉煌成就，但他并不盲目崇拜，墨守成规，认为理论不应当同实验相矛盾，如果两者产生矛盾，应该用事实证实理论、发展理论。他大胆突破牛顿经典力学的框架，勇于创新，把分析绝对时间和绝对空间作为突破口。他首先根据迈克尔逊关于地球运动不影响光速的实验结果，把"以太"假说从物理学领域清除出去，取而代之电磁波理论，从而建立了"无'以太'物理学"，这是爱因斯坦相对论研究取得的第一个成果。其次，既然光速不变，光速有限，那么，同时性概念就不是绝对的，时间和空间也就是相对的，而相对时空观中自然就没有牛顿绝对运动的藏身之地。这样，爱因斯坦提出两个基本原理：相对性原理和光速不变原理。相对性原理认为，物理学定律在所有惯性系中是相同的，不存在一种特殊的惯性系。光速不变原理认为，在所有的惯性系中，真空中的光速具有相同的值，并把它纳入自然常数。

根据这两个相对性原理，爱因斯坦利用洛伦兹变换和麦克斯韦方程得出两个所谓"佯谬"：一个是快速运动着的尺子，它与静止状态相比，在运动方向上长度缩短；另一个是快速运动的参考系中的钟，与静止参考系中的钟相比，它走慢了，即时间的"膨胀"。

爱因斯坦的相对论在提出两个"佯谬"的同时，又得出两个结论：第一个结论是质量与运动的辩证关系，即物质随运动速度的增加而质量变大，达到光速时就变成无穷大。1901 年物理学家在进行高速运动的电子试验时，证明了电子质量随着速度增加而变大。第二个结论是质量与能量的辩证关系，即质量与能量的等价原理，并且导出质能关系式 $E=mc^2$，质能相互转换。在《论动体电动力学》发表不久，爱因斯坦写给哈比希特的信中说："我还在琢磨有关电动力学研究的结论，根据相对论原理连同麦克斯韦方程的要求，就可以用质量直接度量物体所含的能量；光可以转化为质量。铀元素必然会产生质量显著减少现象。"爱因斯坦的质能等价原理，使长期以来彼此分立的质量守恒和能量守恒定律，合并为一条定律，即对于一个闭合物质系来说，质量和能量的总和在所有过程中不变。

1905 年爱因斯坦的相对论宣告了机械自然观的彻底破产，这是自然科学发展史上的一场重大革命，也是唯物辩证法在物理学领域中的一次伟大胜利。它深刻地改变了人类对物质世界的认识和理解，并成为现代物理学的理论支柱之一。相对论所产生的划时代意义正如著名物理学家普朗克在一次演说中所指出的："爱因斯坦时空观的勇敢精神，的确超乎自然科学研究和哲学认识论上至今所取得的一切大胆成果。"

狭义相对论的发表，虽然在理论物理学界引发了巨大震动，开始了20世纪初物理学的第三次革命。但是作为相对论的创始人爱因斯坦的工作和生活始终没有任何变化，他仍然生活在平民的圈子里。他作为伯尔尼专利局的一名小职员照常上下班，然后回到家里听米列娃越来越厉害的絮叨和抱怨，生煤炉子或带孩子到河边散步，日子像河水那样静静地、单调地流逝。已经打开现代物理学大门的爱因斯坦，正要大展身手的时候，而自己面对无法改变的生活现实，却一筹莫展。就在狭义相对论发表后不久，爱因斯坦在写给索洛文的信中满腹牢骚地说："……我快不能动弹了，无所建树，似乎到了只能对年轻人的革命精神发牢骚的年纪了。"当年，爱因斯坦只有26岁。

有一次，普朗克的学生劳厄特地慕名赶到专利局拜访爱因斯坦。他回忆道：在空荡荡的走廊里他遇见一位身穿格子衬衫，领子半竖半躺着，头发乱得像一团草的人，正在来回踱步。年轻人问他："爱因斯坦博士在哪里办公？"那位梦游般的先生似乎半天才领悟到这句话的含义，不好意思地说："对不起，本人就是。"劳厄惊讶了，在他心目中的相对论创立人不应该是这个样子。

还有一次，另一位学者劳布到伯尔尼拜会爱因斯坦，遇到的场面更使人尴尬。当时，爱因斯坦正跪在自家的地上点煤炉子，看到劳布进来，他摊开两只乌黑的双手，不无幽默地说："你看，我和人谈热辐射，可是这倒霉的炉子，怎么也辐射不出热来。"

更使爱因斯坦感到难过的是，1905年就在他的科学事业发展如日中天的时候，他的伙伴哈比希特和索洛文先后离开了伯尔尼，富有创造性的"奥林比亚科学院"结束了辉煌的日子，他陷入长期的伤感和孤独中。1906年5月，他写给索洛文的信中说："你去后，我再没有同什么人交往，甚至同贝索在回家途中惯常的谈话也中止了。"

尽管，1906年4月专利局将爱因斯坦晋升为二级技术员，年薪提高到4500法郎，物质生活有了改善，但他仍然不安于这种生活。要改变自己目前的生活状况，摆在爱因斯坦面前的唯一选择就是申请大学"编外讲师"职位，然后再按规定一步一步地取得教授的职位。但编外讲师没有薪金，唯一的收入就是听课学生付给的很少一点听课费，这是拉家带口的爱因斯坦迟迟不能下决心到大学任教的原因。

1907年爱因斯坦终于决定，在兼职专利局工作的同时，向大学提出了"编外讲师"的申请。1908年2月，伯尔尼大学接受了爱因斯坦的申请，承认他的学术地位并授予大学授课资格，这样，一直游离在大学圈外的爱因斯坦终于成为圈内的一员。这时，爱因斯坦的过于超前的学术成就也慢慢被学界普遍接受。1909年7月，爱因斯坦第一次获得学术荣誉——日内瓦大学名誉博士学位,并被邀请出席这所加尔文创办的古老学府的 350 周年校庆。9 月他又赴萨尔斯堡参加"德国自然科学家和医生协会"第 81 届年会,第一次与学术同行相聚,就在这次会议期间与量子力学之父普朗克教授见面。10 月,苏黎世大学聘任爱因斯坦为该校物理学副教授。10 月 22 日,爱因斯坦告别了生活 7 年的伯尔尼和一起共事的贝索及哈勒局长,带全家迁往苏黎世,定居在穆桑街 12 号。

1910 年布拉格大学聘任爱因斯坦为理论物理学教授,全家又从苏黎世迁到布拉格。但 1912 年 10 月,爱因斯坦又被母校——苏黎世工业大学聘为物理学教授,这样,爱因斯坦的全家又从布拉格回到苏黎世。家庭的不断搬迁,再加上米列娃对丈夫的工作不理解,他们之间的关系越来越紧张了。1913 年 7 月,爱因斯坦当选为普鲁士皇家科学院院士,同年在普朗克的推荐和邀请下出任新成立的威廉皇帝物理研究所所长和柏林大学教授。1914 年 4 月,爱因斯坦迁居柏林,并且在那里一直定居到 1932 年 12 月。这一次迁居,米列娃没有跟随,他们之间紧张的关系公开化,最终导致家庭的彻底破裂。

优美的纪念碑

爱因斯坦离开伯尔尼来到苏黎世后,开始了真正繁忙的职业学术活动。爱因斯坦是编外副教授,薪金比编内副教授低得多,他在联邦工大的年薪也是 4500 法郎,和专利局一样,但是,副教授的头衔却要有副教授的花费。这样,手头的拮据,使米列娃不得不在家里安排几个学生住宿,用其所得贴补家用。尽管爱因斯坦的经济生活比较困难,如他对朋友开玩笑时所说的那样:"在我的相对论中,空间的每一点,我都放上一只表,可是在生活中,连自己口袋里放一只表,我都办不到。"但对于这位过去一直从事业余科研活动的专利局小职员来说,在大学工作真是如鱼得水,爱因斯坦认为他在苏黎世这段生活是美好的。

爱因斯坦为每天安排的授课而忙碌着。他在大学讲坛上的讲课与众不同。汉斯·坦奈在这期间听过爱因斯坦授课,对他特有的授课方式印象很深。他回忆道:"当爱因斯坦身着半旧上衣,下穿过短的长裤登上讲坛的时候,我们发现他胸前挂着一条铁制表链,我们对新教授不免心存怀疑。但他一开口讲话,就以其独特的讲授方式征服了我们变冷的心。爱因斯坦讲课时用的讲稿是一个如名片大小的笔记本。上面写明他在课上想要阐述的各个问题。可见,爱因斯坦讲课的内容都是来自个人的脑海,我们也就成为思维活动的目击者了。像这样的方法对大学生来说更有吸引力,虽然我们习惯风格严谨的四平八稳的讲课,这些讲课刚开始吸引过我们,但在老师和学生中间却留下一种隔阂感。而在这里,我们亲自看到科学的成果是通过什么样的独创方法产生的。课后我们觉得,我们自己似乎也能讲课了。"

更令人难忘的是爱因斯坦主持的每周一次的别具一格的物理讨论课,这是他与同学之间亲密随和关系的最突出的表现。坦奈写道:"爱因斯坦常挽着学生的手,用最亲密无间的方式来讨论未弄清楚的问题。课后,讨论余兴未尽的爱因斯坦就会问道:'谁陪我上塔拉斯咖啡馆?'在那里他们继续讨论,经常从物理学问题和数学问题转向各种不同的科学问题和生活问题。有一次,天色已晚,到了苏黎世所谓的'警察时间',咖啡馆关门了,爱因斯坦把两名学生带回家,让他们读普朗克新近发表的两篇论文,要他们找出其中的错误,而自己走出房间给他们煮咖啡。当咖啡煮好后,错误还是没找出来。爱因斯坦指着错误说,错误是纯数学上的,并不影响物理学上的结论。就此,爱因斯坦兴致勃勃地阐述了自己对数学方法和物理理论的见解。

爱因斯坦繁忙的学术活动除了例行课堂授课和参加各种学术会议外,余下的时间全部投入到科学研究上。1905年爱因斯坦创立狭义相对论后,在人们对20世纪这一革命性理论的一片赞扬声中,爱因斯坦却保持着清醒的头脑,他一刻也没有停止过对这一理论的再思考。这是爱因斯坦在大学工作的另一面,在课余时间里表现出他往日的深沉和孤独,常常独自一人陷入深深的思考之中。普朗克回忆说,有一次,他约爱因斯坦一起去参观波茨坦天文台。他们说好在指定时间在一座桥上会面。普朗克正巧有些琐事,担心不能准时到达。

爱因斯坦说:"没关系,我在桥上等你就是了。"

"不过这回耽误您的时间了。"普朗克不安地说。

"一点也不!我不论在什么地方都可以做我的事。难道我在桥上考虑问题会比在家里少吗?这不可能。"爱因斯坦有他自己的道理,他养成了随时随地思考问题的习惯。

1907年开始,爱因斯坦研究工作已经进入一个新的阶段,他全力以赴地创立广义相对论。因为狭义相对论有使他无法满意的两个内在缺陷:一是狭义相对论必须保留惯性系的优越地位,即只在匀速直线运动范围内有效;二是不可能以自然的方式把引力理论同狭义相对论联结起来,即把引力质量与惯性质量等同起来。爱因斯坦在解决狭义相对论内在缺陷的过程中,经过长期艰苦的思考,他从一个既平凡又不被人注意的经验事实中,发现其中所包含的深刻物理意义。他在《相对论发展简述》一文中写道:"在引力场里,一切物体都以同一加速度下落,或者说——这不过是同一事实的另一种讲法——物质的引力质量同惯性质量在数值上是彼此相等的。这种数值上的相等,暗示着性质上的相同。"引力与惯性能够是同一的吗?这个问题直接导致广义相对论的建立。爱因斯坦依靠他独特的哲学领悟和物理直觉,就在当年发表了一篇极为重要的论文《关于相对论原理和由此得出的结论》。

在这篇论文中,爱因斯坦总结了狭义相对论的思想内容及其内在缺陷,提出了广义相对论的两条基本原理,即广义相对性原理和等效原理。他写道:"是否可以设想,相对性运动原理对于相互相对做加速运动的参考系也仍然成立……我们在下面将假设，引力场同参照系的相当的加速度在物理上完全等价。"这一断言就是广义相对论的起点。这中间的发展过程表现出爱因斯坦思想方法的特征，他创立狭义相对论是从消除存在于麦克斯韦电动力学理论中的一个相对以太静止的优越参考系这一内在缺陷入手，成功地打破了相对于以太静止的参考系的优越地位，但却不能不保留惯性参考系的优越地位，从而满足不了爱因斯坦的更基本的要求："物理学的定律必须具有这样的性质，它们对于无论哪种方式运动着的参考系都是成立的。"不存在任何优越的参考系，这就是爱因斯坦创立广义相对论的出发点，也是他毕生的科学信念。

爱因斯坦考虑将引力自然地引进相对论的理论框架里，探索引力的结构和实质，寻求从根本上解决引力问题的途径。然而，他发现在传统物理学体系中使用欧几里得几何学这个数学工具，在建立广义相对论的过程中已不适用了，因为当引力场存在时，几何学就不是欧几里得几何学。由此看来，要解决引力问题，必须从非欧几何中找到一个合适的数学量来描述引力场。幸好，爱因斯坦对高斯的曲面论很熟悉，因为他在工大学习时对微分几何很感兴趣，他后来回忆道："盖塞教授关于微分几何的讲授吸引了我，这是教学艺术的真正杰作，在我后来为建立广义相对论的努力中帮了很大的忙。"经过长期艰苦的探索，爱因斯坦终于发现："高斯的曲面论与广义相对论间最重要的接触点就在于度规的性质，这些性质是建立两种理论概念的主要基础。"度规就是他寻找多年的描述引力场的数学量。这样，爱因斯坦把两个先前完全不相干的课题——度规和引力融为一体。将"引力问题归结为一个纯数学的问题了"。下一步的关键问题就是建立引力场的微分方程。为了解决这一难题，他的老同学格罗斯曼再次向他提供帮助。格罗斯曼这位数学教授在文献资料中找到了四维空间非欧几何学和张量分析，为广义相对论提供了适宜的数学工具。

1913 年，两人合作发表了《广义相对论和引力理论纲要》。这篇重要论文分两部分，物理学部分由爱因斯坦执笔，数学部分由格罗斯曼执笔，这是把爱因斯坦深刻的物理思想与同它相适应的数学方法巧妙地结合在一起的典范。爱因斯坦高度评价格罗斯曼在建立广义相对论过程中的作用，他在《广义相对论的基础》一文中赞扬道："他不仅代替我研究了有关的数学文献，而且在探讨引力场方程方面也给我以大力支持。"1915 年 11 月 25 日，爱因斯坦终于建立起广义协变的引力场方程，这是一个辉煌的成就。他在 11 月 28 日写给朋友索末菲的信中流露出内心的喜悦："上个月是我一生中最激动、最紧张的时期之一，当然也是收获最大的时期之一。"1916 年他完成了长达 50 页的总结性论文——《广义相对论的基础》。这篇论文在《物理年鉴》上的发表，宣告广义相对论的诞生。

广义相对论是关于空间、时间与万有引力关系的理论，指出空间、时间本身就是物质的存在形式，它们不能离开物质独立存在，空间的结构和性质取决于物质的分布，从而提出了与牛顿引力论本质上完全不同的广义相对论的引力论，揭示了四维时空与物质的统一关系。真实的空间并不是平坦的欧几里得空间,而是弯曲的黎曼空间。光线在引力场中传播时,因引力场作用而发生弯曲,亦即物质告诉时空必须如何弯曲,而时空告诉物质必须如何运动,等等,这一切将人类认识引进一个全新的奇妙的物理世界,这是人类思想史上最伟大的成就之一。广义相对论创立之后,爱因斯坦根据引力场中时空弯曲的概念,建立了一个宇宙模型。但爱因斯坦很快发现他的广义相对论的方程式并不能描述一个在时间和空间上没有变化的宇宙,而是要么扩张、要么收缩的动态宇宙。为了设计一个他心目中的静止永恒的宇宙和谐理论,不得不通过加入"宇宙项"的办法捏造一个等式。"宇宙项"的排斥作用能在宇宙中永久地平衡物质间的引力作用。1917 年,他发表的《根据广义相对论对宇宙所做的考察》一文中,提出一个有限无边的静态宇宙理论。这个理论与实际观测到的不断扩张的宇宙不相符。后来,爱因斯坦承认"宇宙项"是一生中犯的最大错误。然而,广义相对论所提出的三个可供实验论证的著名推论,即水星近日点的运动、光的引力频移、光线在引力场中的偏移,都先后得以证实。

1919 年 5 月,英国天文学家爱丁顿带领的两个考察队,分别在西非普林西比岛和巴西北部的索布拉尔,对 29 日发生的日全食进行观测,观测结果完全证实了广义相对论关于光线在引力场中弯曲的效应,而且两地观察的平均值在误差范围内与广义相对论的预言基本相符。观察结果发表后,引起整个世界的轰动。爱因斯坦创立的广义相对论,的确"是人类思索自然中的最伟大的功绩,是哲学领悟、物理直觉和数学技巧最惊人的结合","应该作为 20 世纪数学物理学的一座最优美的纪念碑"。

当爱因斯坦科学成就达到顶峰的同时,他的生活的另一面,家庭与身体健康出现了问题。1914 年他迁居柏林 4 个月后,第一次世界大战爆发了。德国作为战争的发动者,军国主义和民族沙文主义思潮席卷全国,城市里全副武装的军人队伍堵塞了街道。爱因斯坦是一个和平主义者,他反对战争的态度招来了许多人对他的攻击,精神十分压抑。在战争期间极其困难的物质条件下,他在科研上仍然苦干不辍,研究成果累累。就在一战期间,他出版了一本专著并发表了《广义相对论的基础》等 50 多篇重要论文。然而,爱因斯坦在苏黎世和伯尔尼的穷困生活中搞垮的身体,终于支撑不住了。1917 年初,爱因斯坦病倒了。1917 年 2 月,他在写给埃伦费斯特的信中说:自己已患肝病,病情很重,不能去荷兰访问了。医生严格的饮食控制和卧床休息,使爱因斯坦情绪低落,体力不支。两个月里,体重竟减轻了十几公斤。医生劝他到环境较好的瑞士疗养,但爱因斯坦有碍于米列娃的关系,他拒绝了医生的劝告。

幸好,孤独的爱因斯坦病中得到堂姐艾尔莎的悉心照料,使他大难不死。艾尔莎自幼就熟悉爱因斯坦。那时,在乌尔姆的两家人经常聚会,一起到郊外游玩。后来,艾尔莎与丈夫离婚。带着两个女儿来到柏林住在她父亲家里。她是一位举止温柔、质朴能干、善于理家的女人。她有许多与爱因斯坦相同的爱好和志趣,并理解爱因斯坦孤独的个性，尊重爱因斯坦的意志。在爱因斯坦病重期间，艾尔莎对他无微不至的护理，使两人的感情日益接近。

1917年夏，为了艾尔莎护理的方便，爱因斯坦从威特尔贝彻大街搬到哈伯兰大街，住到艾尔莎一家的隔壁。在艾尔莎的精心调理下，爱因斯坦的健康恢复得很快。12月，爱因斯坦给朋友的信中写道："多亏艾尔莎的精心护理，我一夏天重了4磅。他亲自给我烧饭，看来也需要这样做。"但到年底，由于气候的寒冷，爱因斯坦又患上胃溃疡，病情突然加重，不得不在床上又躺了几个月，直到1918年4月，医生才允许爱因斯坦下床活动。1918年5月，爱因斯坦胃溃疡病情好转，但肝病又出现了黄疸。很明显，爱因斯坦长期的劳累和饮食不周使他的身体彻底垮了，他甚至对自己的身体状况失去了信心。这年12月，在写给埃伦费斯特的信中说：自己可能再也不会恢复健康了。

1919年2月14日，爱因斯坦病愈后，到苏黎世办理了与米列娃正式离婚的手续。判决书中规定，爱因斯坦将来的诺贝尔奖奖金全部归米列娃，但米列娃恢复娘家姓氏未被允许。这个女人在最后一刻不仅要彻底摆脱爱因斯坦，而且还要透支爱因斯坦未来的钱财，由此可见米列娃的为人。两人感情的破裂，孰是孰非，一直是许多传记作家见仁见智的问题。然而，爱因斯坦本人对其评价是始终如一的，认为米列娃是一个十分难以相处的女人，她从来不相信别人，心理阴暗狭隘。爱因斯坦多年以后谈到米列娃时说："她从不原谅我们的分居和离婚，她的性情使人联想到古代的美荻亚（古希腊神话中恶毒的女巫）。这使我和两个孩子的关系恶化，我对孩子向来是温情的，悲观的阴影一直持续到我的晚年。"家庭的不幸影响了爱因斯坦的终身。1948年米列娃病逝于苏黎世。

1919年6月2日，爱因斯坦与艾尔莎结婚。新家选在哈伯兰大街5号一套有9个房间的高等住宅里。爱因斯坦与艾尔莎及其两个女儿住在一起，后来爱因斯坦的母亲因病迁居柏林，也住在这栋房子里，她于1920年去世。

爱因斯坦是个生活上马马虎虎的人，这也与米列娃持家无方、一切搞得乱糟糟有关。可是在哈伯兰大街5号的新家，艾尔莎把一切安排得井井有条，甚至爱因斯坦每天抽多少烟都给准备妥当。爱因斯坦在一封信中给家庭主妇下了一个有趣的定义："好的家庭主妇既不是肮脏的母猪，也不是打扫房间的洁癖女人，她应该站在两个极端的中间。"米列娃接近第一个极端，艾尔莎则与第二个极端相近。

爱因斯坦每天早上8点左右起床，穿上晨衣便鞋，坐在钢琴前面，等待浴缸放满水。当妻子说"阿尔伯特，准备好了"，他就走进浴室，艾尔莎随后赶紧关上门，因为爱因斯坦自己经常忘记关门。早饭后，他装满烟斗就走进自己的工作室。他在阁楼上的工作室里写作、阅读，而更多的是思考。有时，他把头垂向右边，把一绺白发绕在手指上，爱因斯坦不时从放在他面前的填满烟草的三只烟斗中，拿起一只叼在嘴里。爱因斯坦一天到底工作多少时间，自己也说不清，因为对他来说工作就是思考，而思考对爱因斯坦来说是随时随地进行的。有时他问朋友："您一天工作多少小时?"当对方回答是 8 小时或 10 小时的时候,他耸耸肩说:"我可不能干那么长时间。我一天工作不超过四五个小时,我不是一个勤奋的人。"

爱因斯坦生活极其简朴,不注意穿着打扮,不修边幅。因为长期不理发,蓬乱的头发引起一个 13 岁小女孩的关注,她童言无忌地写信给爱因斯坦说:"爱因斯坦伯伯请你理理发,那样更好看些。"他常年身穿咖啡色旧皮夹克,这是艾尔莎的礼物。天冷时加一件灰色的英国羊毛衫,这也是艾尔莎的礼物,并且也是很旧的了。有时,有客人来拜访,他会光着脚走到客厅里,或者不穿袜子把脚塞在那双磨歪了后跟的旧皮鞋里,坐在招待客人的大餐桌旁。艾尔莎有时佯装生气,向他提出抗议,他就会笑眯眯地说:"不要紧的,夫人,客人都是熟朋友,对吗?"

1936 年,爱因斯坦的密友和学生英费尔德到美国普林斯顿的研究院拜访他。当时在场的还有一位年近 60 岁的意大利数学家勒维·契维塔。英费尔德回忆道:"当他们指着黑板上的公式,自以为在讲英语时,我仔细地观察从容沉着的爱因斯坦和那位使劲做手势的瘦小的勒维·契维塔。这样的场面,加上爱因斯坦不时提一提裤子(没系腰带或吊带)的模样是如此之妙,如此滑稽,以致我大概永远也不会忘记。"

有人曾问英费尔德,为什么爱因斯坦不理发,穿一件不可思议的上衣,不穿袜子,不系吊带、腰带和领带的时候,英费尔德就以爱因斯坦要摆脱日常琐事为由来解释:"答案是简单的,也可以从爱因斯坦的孤独、从他减少同外部世界的联系中得出。在把自己的需要减少到最低限度的同时,他力求扩大自己的独立性、自己的自由。须知,我们乃是万事万物的奴隶,而且我们的奴隶的依赖性愈来愈增长……爱因斯坦决心把这种依赖性减少到最低限度。长发使他免除经常找理发师的必要性,不穿袜子可以将就,一件皮夹克可以在许多年内解决上衣问题,没有吊带确实就像没有衬衫和睡衣一样过得去。爱因斯坦实现了最低限度的纲领……"

而爱因斯坦本人在《我的世界观》一文中,则从更深的道德思想的层面上予以说明:"我每天无数次地提醒自己:我的外部和内在的生活都依赖于我的同时代人和我们先辈的劳动;我必须尽力以同样的分量来报偿我正在领受的东西。我深感必须俭朴,并且时常痛心地发觉自己占有了比需要更多的我的同胞的劳动产品。"当然,这种高尚的道德品质的形成,也与爱因斯坦出身于平民家庭和青少年时代长期在困难生活和紧张工作的环境中拼搏所养成的勤俭爱物、珍惜时间的习惯有关。

尽管,爱因斯坦建立的第二个家庭还算美满,艾尔莎深深地爱着他,无微不至地关怀着他,把自己的一切都献给了这个家庭。而爱因斯坦也豪放大度,不计较琐事,与艾尔莎的两个女儿关系也很融洽,艾尔莎对自己的二次婚姻是满意的。但有心人一看就会发现,爱因斯坦与艾尔莎的关系并不是那么亲密无间的。艾尔莎卧室在楼上,隔壁是两个女儿的卧室,而爱因斯坦的卧室则在楼下大厅里。平时两人之间总是保持着一定礼貌的距离。有一次,艾尔莎给埃伦费斯特的信中说,爱因斯坦的意志是"难以揣测的"。爱因斯坦也不隐瞒这一点,他在许多场合流露出作为一个结过婚的人，对神圣婚姻是有保留的。爱因斯坦在《我的世界观》一文中坦率地承认："我实在是一个'孤独的旅客'，我未曾全心全意地属于我的国家，我的家庭，我的朋友，甚至我最接近的亲人。在所有这些关系面前，我总觉得有一定距离并需要保持孤独——而这种感觉正与日俱增。"所以1955年3月在爱因斯坦去世的前一个月写给挚友贝索家人的信中，再次流露出自己在婚姻问题上的遗憾："我最钦佩贝索的是，作为一个人，他多年来不仅与爱人和平相处，而且一直相亲相爱——很惭愧，我每次都没能做到这一点。"然而，事实上，爱因斯坦与艾尔莎的关系是融洽的，他始终把艾尔莎作为理想的生活伴侣，直到1936年12月20日，艾尔莎于普林斯顿病逝。

也许，爱因斯坦深邃的思想和抽象思维的工作特点，太需要孤独了。长期以来，他把自己封闭在孤独的内心世界里，无法全身心扑在常人的那种家庭生活中。他一再表示，一个修养有素的人总是渴望逃避个人生活而进入客观知觉和思维世界里。这就像他常年置身于书房里一样。这是一间由堆放杂物的阁楼改建而成的，房内一张圆桌上堆满书籍、杂志和纸张，四壁都是放满书的书架，自己一人光着脚，只穿一件薄毛衣和毛线裤子，坐在安乐椅里，从窗户望出去，是一片屋顶的海洋，他仿佛在一个孤岛上。这里除了助手外，谁都不准进去。爱因斯坦需要这种与世隔绝的、离群索居的个人世界。在这种孤独中，他的思想才能和整个宇宙融为一体，在自己的科学研究的崎岖道路上默默地攀登着。这种孤独对创立相对论时期来说，是理论超前的科学家的孤独，而对他后半生来说，则被认为是迷途和偏离当时科学发展主流的孤独，总之，这是一位终生探索宇宙奥秘的科学巨人所具有的独特的品格。

爱因斯坦在完成广义相对论后不久，就开始了他后半生建立统一场论的工作。他在绞尽脑汁地思考，如果把引力和空间的弯曲看成是统一的，那么可否找到空间的另一些几何属性，把它和除引力场以外的另一些力场看成是统一的呢？可否用这种方法把所有的力场归结为统一的几何关系式，并把它们统一到表现为空间的某种几何属性的统一场之中呢？即建立一个引力场和电磁场的统一理论，作为现代物理原理的基础。建立统一场论的意义就在于此。

20世纪20年代中期，反映微观世界运动规律的量子力学创立起来。其后不久，在认识论的原则问题上，爱因斯坦与几位主要的量子力学家产生严重的意见分歧。爱因斯坦虽然对玻尔和玻恩为代表的量子物理学家的成就十分钦佩，但他又不满足于微观世界的测不准关系，即越精确地确定基本粒子的位置，就越无法精确地判断它的速度，反之亦然。他认为量子统计力学所具有的偶然性，并非什么新东西，只不过是我们长期以来还不能"完整地描述事物"而采用的权宜之计，这是无法让人接受的。他指责玻恩说，他信仰的是"掷骰子的上帝"。但是爱因斯坦既不能以自己的观点说服玻尔等量子力学家，也不能使海森堡等年轻的量子物理学家心悦诚服。当时爱因斯坦的统一场论所遇到的困难正如海森堡指出的："这个气势宏伟的尝试似乎一开始就注定要失败。在爱因斯坦致力于统一场论问题的那段时间里,新的基本粒子不断被发现,而与此同时也发现了与之相应的新的场。其结果,对于实现爱因斯坦的纲领来说,还不具备牢固的实验基础,爱因斯坦的努力也就没产生什么令人信服的成果。"爱因斯坦本人也承认:"对我来说,对科学兴趣限于研究原则性的东西,最好用这一点来解释我的活动的特点。我发表的东西这样少,原因就在于上述情况:认识原则性的东西的强烈愿望,导致了我把大部分时间耗费在无结果的努力之中。"

爱因斯坦从 1923 年起,主要致力于试图进一步推广相对论,建立一个包括引力场和电磁场的统一场理论,用以解释物质的基本结构。对此,他先后提出过不少设想和方案。1929 年发表的《统一场论》、1945 年发表的《相对论性引力论的一种推广》和 1954 年发表的《非对称场的相对论性理论》等论文,虽然在理论上取得一定进展,但都停留在数学的表述形式上,没有得到具有物理意义的结果。1948 年爱因斯坦写给索洛文信中对自己的工作总结道:"我完不成这项工作了,它将被遗忘,但是将来会被重新发现。"他把自己的理论研究成功的希望寄托在未来一代科学家身上。

这样,爱因斯坦离同时代的理论物理学家的主流思想越来越远了,支持爱因斯坦的人越来越少了。这使玻恩、玻尔这样的老朋友感到惋惜和遗憾。玻恩说:"……这对爱因斯坦本人、对我来说都是悲剧,因为他在孤独地探索他的道路,而我们则失去了领袖和旗手。"

1953 年,爱因斯坦在为他 74 岁诞辰举行的记者招待会上,对建立统一场论工作做了总结,他说:"广义相对论刚一完成,也就是在 1916 年,出现了内容如下的新问题。广义相对论极其自然地得出引力场论,但是未能找到任何一种场的相对性理论。从那时以来,我尽力寻找引力定律的最自然的相对论性概括,希望这一概括性的定律将是一个场的普遍理论。在后来的年代里,我成功地获得了这一概括,弄清了问题的形式方面,找出了必需的方程。但是,数学上的困难不允许从这些方程中得出可以同观察对比的结论。在我有生之年,完成这件事希望甚微。"直到爱因斯坦去世,统一场论始终未取得具有物理意义的结果。

20 世纪 70 年代,发现了这样一些基本粒子,这种粒子很容易嬗变为其他粒子,相应的场也转变为另一种场。统一场论现在是从量子观念中成长起来的,一种场向另一种场的转化——这是一种场量子向另一种场量子、另一种类型的基本粒子的转化。我们可以设想,一种关于超相对论性效应的"亚量子"世界的思想和统一场论,将汇合为某种作为宇宙基本过程的基本粒子嬗变的完整理论。近年来,爱因斯坦统一场论的思想重新受到物理学界的重视,并取得一些有意义的研究成果。

20 世纪 20 年代后爱因斯坦与物理学研究相对沉寂相比,他对当时世界政治问题越来越关注,影响也越来越大。由于广义相对论的创立,以及随后英国天文学家对日全食观测结果证实了广义相对论所预言的光线在引力场中的弯曲效应,广义相对论被人们普遍誉为"人类思想史中最伟大的成就之一",从而掀起了世界性相对论热。1919年11月后,世界各地发来的请帖像雪片般地飞来,爱因斯坦伉俪风尘仆仆,从一国首都赶往另一国首都,成为穿梭访问的巡回大使了。

1920年夏,爱因斯坦访问了斯堪的那维亚半岛。10月,访问荷兰莱顿,接受莱顿大学的邀请并兼任特邀教授,发表《以太和相对论》演

爱因斯坦于伯恩的故居

说。爱因斯坦访问教授第一任期为3年,可是后来任期一延再延,一直到1952年9月才正式结束。

1921年1月,他访问了布拉格和维也纳。2月赴阿姆斯特丹参加国际工联会议。4月至5月,同魏茨曼一起首访美国,为耶路撒冷的希伯来大学创建募集资金。在白宫接受了美国总统哈丁的接见,并在芝加哥、波士顿和普林斯顿等地就相对论作了4次讲学。6月又访问了英国伦敦,拜谒了牛顿墓。

1922年3月至4月,爱因斯坦夫妇访问法国,为促进德法关系正常化而努力。10月从法国马赛乘轮船赴日本访问,途经科伦坡、新加坡、香港和上海做短暂停留。

1923年2月,从日本返回途中,到巴勒斯坦访问,成为特拉维夫市的第一个名誉公民。从巴勒斯坦回德国途中,又访问了西班牙。7月,到瑞典哥德堡接受1921年度的诺贝尔奖奖金并做了相对论的讲演。

这个时期,爱因斯坦像一个宣传推广相对论的使者,到世界各地弘扬科学与民主。所到之处人们把他看作宇宙的化身来欢迎和崇拜,刮起了爱因斯坦旋风。他走到哪里,哪里的记者、摄影师、画家和无孔不入的商人前簇后拥。新闻媒体的评论、报道为相对论热推波助澜,市场上立即出现了什么"相对论牌香烟"和"爱因斯坦式雪茄",使爱因斯坦啼笑皆非。他对新闻媒体和商业炒作如此反感,有一次记者正在为他拍照,他突然冲着镜头吐出了舌头,结果照片上脸的中部是一条巨大的舌头,爱因斯坦这张鬼脸照片在新闻界盛行一时。他说:"我从不擅长说'不'。但现在,报界文章和信件不断地向我询问、邀请和要求,我每晚都梦见自己在地狱里被火焚烧。"

传奇般的经历给爱因斯坦带来荣誉、声望,也带来了苦恼和愤懑。而20世纪30年代初德国纳粹分子出于种族主义的需要对犹太科学家攻击和迫害,给名人爱因斯坦所带来的则是另一种危险的经历了。

巨人的品格

　　1914 年 4 月,在优厚的条件下爱因斯坦接受了普朗克的邀请,不顾米列娃的阻挠去了柏林,并且在柏林一直定居到 1932 年 12 月被德国纳粹分子逼迫出走美国为止,整整生活了 18 年。爱因斯坦从青少年时代就对德国社会上歧视和排斥犹太人的现象十分反感,他在中学尚未毕业离开德国去意大利时,毅然放弃了德国国籍。而这一次赴德国,爱因斯坦的心情自然是复杂的。尽管出于对普朗克的一番盛情和优厚条件,以及为自己的科学理想和生活理想考虑,他接受了邀请,但是他对德国的隐隐的忧虑和不安心情一刻也没有消失过。他去德国后不久给苏黎世的朋友们写信说:"柏林的先生们把我当成豢养产卵的鸡,可连我自己也不知道,我还能不能下蛋。"

　　爱因斯坦到德国 4 个月后,第一次世界大战爆发了。德国是这次战争的主要策源地,整个国家上下弥漫着狂热的军国主义和民族沙文主义情绪,在疯狂的战争叫嚣中,当时德国许多著名科学家如普朗克、哈伯、伦琴、海克尔等人起草了一个《告文明世界书》,公开为德国的侵略暴行进行辩护。而作为民主派左翼的爱因斯坦坚决反对德国的君主政体,反对战争。就在战争鼓吹者的包围中,他直言不讳地公然声明自己是和平主义者。1914 年 10 月中旬,包括爱因斯坦在内的 4 人签署了《告欧洲人民书》,这是欧洲第一个反战政治宣言。11 月爱因斯坦又作为创始人之一参加了在柏林创建的反战知识分子政治组织——新祖国联盟,并与法国著名作家、反战的社会活动家罗曼·罗兰建立了战斗友谊。他们两人发表的许多反对战争、维护世界和平的言论,在狂热的战争年代里是唯一的理性的声音,对一代人的思想产生了深远的影响。

　　1917 年 11 月,列宁领导的俄国十月社会主义革命取得了胜利,引起世界资本主义一片恐慌,咒骂围攻无所不用其极。而爱因斯坦很快就理解了十月革命胜利的划时代意义,他作为当时德国唯一的一位著名的自然科学家,对十月革命的胜利表达了由衷的喜悦和对无产阶级革命家列宁的崇敬心情。他著文说:"我崇敬列宁,因为他是一个为争取实现社会平等而献出自己一切的伟人。虽然我认为暴力革命的手段欠妥,但有一点应该肯定,像他这样的伟人是人类良心的再造者和捍卫者。"爱因斯坦对十月革命的手段的看法有一定的保留,这是当时知识分子普遍存在人道主义的一种天真的想法,但这也不能抹杀爱因斯坦对无产阶级革命的难能可贵的同情和支持。1921 年初,列宁派往德国的文化使者菲德斯曼教授来到柏林拜会了爱因斯坦,他转告爱因斯坦,年轻的苏维埃俄国在国内极端困难的条件下,列宁提出将出版一批科学技术书籍,其中就有您的大作《相对论》一书。爱因斯坦十分感动,他握住客人的双手说:"请替我问候列宁。"他没有想到正在挨饿受冻的俄国无产者,在革命胜利之初百废待兴的困难时期,对他的抽象的相对论十分关注,说明无产阶级革命家的远见卓识和广阔的胸怀。爱因斯坦对来访者表示:"你们伟大的社会主义政治实践,对全世界有决定性意义,谁都应该帮助你们。"此后,爱因斯坦一直以实际行动支持和帮助被资本主义包围的苏俄。当时苏联派到德国学习的留学生、科学工作者经常受到一些对俄国有偏见的人的冷落和歧视,但爱因斯坦不论在学校里还是在家里对他们都予以热情的接待。

1918年秋天,德国爆发了工人和士兵的革命,前线崩溃了,威廉二世皇帝被迫退位,仓皇出逃。魏玛共和国诞生了。爱因斯坦对德国共和国成立感到无限的喜悦并寄予厚望。11月10日,他给居住在瑞士的母亲写信说:他第一次在柏林感到心情舒畅。德国军事上的失败却创造了政治上的奇迹。但德国的战败,割地赔款、丧权辱国,使全国上下笼罩在一片悲观失望的气氛中,加上来临的冬季的严寒与饥饿,共和国一诞生就面临着严峻的挑战。这时正在患病的爱因斯坦,收到从瑞士的苏黎世和荷兰的莱顿等中立国发来的热情洋溢的邀请信,但那里的优厚报酬和富裕的生活条件没有打动爱因斯坦,他是一个忠实守信的人。1919年9月,他在写给埃伦费斯特的信中说:"我答应普朗克,决不背弃柏林……我在政治上的希望正在实现,如果不必要地出走,这是小人的行径……在大家感到屈辱的时刻,离开那些对我有深情厚谊的人们,将使他们加倍痛苦。"然而,严酷的事实使爱因斯坦天真的想法碰壁了。

魏玛共和国成立后不久,政府的领袖们向反动势力投降并与他们同流合污,这使爱因斯坦再次陷入失望。由于战争期间,爱因斯坦的反战言论和他的犹太人身份,激怒了德国民族主义知识分子,他成为反犹主义分子的攻击重点,一场迫害爱因斯坦的阴谋正在酝酿。第一个信号就是1920年2月,柏林大学右翼大学生在爱因斯坦讲课的课堂上捣乱。8月一批反犹主义分子成立了一个名叫"德国自然哲学家研究小组",其活动宗旨就是攻击爱因斯坦,搞臭相对论。爱因斯坦面对战后德国掀起的反犹、排犹恶浪,尽管自己孤立无援,但他以大无畏的精神起而迎战。他作为人类进步事业和犹太人平等权利的勇敢卫士,在报刊上以及各种会议的场合里,与形形色色反犹主义分子展开了针锋相对的斗争。

爱因斯坦作为犹太民族的一员(他从不回避自己的犹太身份),发现不仅德国、法国,而且整个欧洲的反犹活动都十分猖獗,严峻形势使他开始关心犹太民族未来的命运。他认为欧洲的犹太人被排斥在主体民族之外,隔离在歧视性的犹太社区里,在这种情况下提出与当地民族同化的主张纯属一种梦幻。他说:"我已经从我的许多犹太朋友身上看到那种不讲尊严的同化的渴望和努力,这常常使我恼火……我反对民族主义,但是我赞成犹太复国运动。"他认为犹太民族的真正出路就是在祖居的巴勒斯坦建立犹太共同体。所以爱因斯坦积极参与犹太复国主义运动。为此,1924年,爱因斯坦参加了"柏林犹太教全体以色列人大会",成为缴纳会费的会员。虽然他没有参加犹太复国主义组织并担任任何职务,但是他认为犹太复国运动是世界犹太人争取民族生存和解放的最重要的斗争形式。他对巴勒斯坦最初的犹太移民所创建的集体农场——基布兹给予高度评价。长期以来犹太人被剥夺了拥有土地的权利，而回到土地上劳动是犹太人世世代代的梦想。他们在巴勒斯坦提出这样的口号："让我们来建设这块土地，也让这块土地来建设我们。"所以他说："犹太复国主义运动在犹太人中恢复了共同体意识。这种共同体意识所实现的事业超过任何人们能期待的。遍及全世界的自我牺牲的犹太人都做出了贡献，在巴勒斯坦的这种事业，把我们很大一批兄弟从极其悲惨的困境中拯救出来。"

然而，爱因斯坦对政治复国倾向提出了自己独到的看法。他说："只是在分治问题上我还要讲一点个人意见。我非常愿意看到同阿拉伯人在和平共处的基础上达成公平合理的协议，而不希望创立一个犹太国。除了实际考虑以外，我所认识到的犹太民族的本性是同犹太国的思想相抵触的，而不管它的边界、军队和世俗权力多么有节制。我怕从内部损害犹太民族——特别是由我们自己的行列里发展起来的一种狭隘民族主义所造成的损害——会持续下去，甚至没有犹太国的时候，我们就已经不得不同这种狭隘的民族主义进行坚决的斗争。"后来历史发展的事实证明，犹太立国方案没有体现爱因斯坦的理性信念，以色列国在巴勒斯坦建立之初，民族沙文主义猖獗，这不仅破坏了犹太共同体的传统本性，而且它的存在彻底打破了中东地区的和平格局，使那里的犹太人和阿拉伯人陷入了长期的血腥冲突中，爱因斯坦对犹太政治复国的担忧不幸被言中。也正因为如此，1952年11月，以色列第一任总统凯姆·魏茨曼逝世后，以色列政府总理本·古里安再三邀请爱因斯坦继任总统职位，爱因斯坦还是婉言谢绝了。

1925年以后，爱因斯坦很少出远门旅行了。除了每年例行去荷兰莱顿大学作访问教授进行学术交流，夏季夫瑞士海边休养外，他的大部分时间都是在柏林自己家里度过的。其间，爱因斯坦于1926年接受了苏联政府授予的科学院院士头衔。1927年，爱因斯坦参加国际反帝大同盟，被选为名誉主席。当时在柏林反犹排犹活动十分嚣张的情况下，柏林市政府为了安抚爱因斯坦，在他的50寿辰时准备送一套别墅作为生日礼物，但是具有反犹倾向的市议会没有通过。这样，爱因斯坦为了躲避反犹排犹活动的骚扰，寻找一块安静的地方从事自己的科学研究。1929年末，在波茨坦附近的卡普特村，自己掏钱建了一栋别墅。建房花费了几乎全部积蓄，花钱买安全。正如艾尔莎对普朗克所说的："现在，我们没有钱了，但有自己的房子。这使我们感到更安全了。"爱因斯坦的房子在村子后面，周围是茂密的森林，门前离湖滨只有几分钟的路程，在湖畔小码头旁停靠着一艘小游艇，爱因斯坦经常乘坐游艇，扬起风帆，在湖面上几小时几小时地漫游，观赏恬静宜人的湖光山色，陷入深深的科学遐想中。这里是爱因斯坦的不通电话、无人造访的避难所。

1930年初夏，爱因斯坦在瑞士的小儿子爱德华患了日益严重的精神忧郁症，苏黎世以及后来的维也纳的精神病专家都未能遏制住他的大脑功能的迅速衰退，病情不断恶化，康复无望。爱因斯坦返回柏林后骤然苍老，郁郁寡欢。

1930 年 12 月,爱因斯坦以访问学者的身份第二次赴美国加利福尼亚州立理工学院做学术交流。这次旅行本想消释心中郁积的颓丧情绪,在加利福尼亚待了整整一个冬季,但是没有达到预期目的。他在美国仍然是"身穿黑色大衣,头发斑白蓬乱,心慌意乱,脸色苍白的人"。1931 年春,爱因斯坦夫妇返回柏林,但年末又赴美国。这一时期爱因斯坦之所以频繁访美,除了与美国校方签有协议外,主要原因是德国纳粹分子活动的日益猖獗,使爱因斯坦有一种大灾难正在逼近的直觉。他去美国就是想通过长途旅行抹掉在柏林不愉快的印象,并为将来移居美国做准备。这一次赴美途中,他在日记中写道:"我决定不再定居柏林,变成一只飞鸟度过余生。"这就是他当时这一心态的真实写照。

1932 年春,爱因斯坦从美国又回到德国。此时的柏林在 30 年代初席卷世界经济危机的沉重打击下,工厂倒闭,失业大军流落街头,人民陷入水深火热之中。然而,早就觊觎国家政权的纳粹党头子希特勒视国难为夺取政权的天赐良机,而德国大资产阶级也为希特勒上台铺平了道路。魏玛共和国已处在风雨飘摇之中,法西斯势力在柏林的活动已成黑云压城城欲摧之势。爱因斯坦清楚地认识到德国已经没有自己的立足之地了。12 月,他与艾尔莎离开卡普特别墅再次赴美时深有预感地说:"这次你好好看一眼你的别墅吧! 你再也看不到它了。"

1933 年 1 月 30 日,魏玛共和国垮台了。希特勒上台执政,开始了法西斯统治。冲锋队、党卫军到处横行,暗杀、拷打、抄家、焚书,犯下种种滔天罪行,整个德国笼罩在一片恐怖之中。作为犹太人科学家爱因斯坦首当其冲地成为他们的攻击目标。柏林开始了对爱因斯坦的缺席审判,查抄了卡普特别墅,没收了他的财产,焚毁了他的著作,并悬赏 2 万马克杀害他。

3 月 10 日,爱因斯坦在美国加利福尼亚通过《纽约世界电讯报》发表声明,抗议希特勒的法西斯暴行。3 月 28 日,爱因斯坦夫妇从美国乘船抵达比利时,来到布鲁塞尔德国大使馆,他们把德国外交部签发的护照交给德国大使,正式声明放弃德国国籍。同日,爱因斯坦发表退出普鲁士科学院的声明。与德国法西斯势力进行了顽强不屈的斗争,充分表现了一位科学伟人不顾个人安危、肩负人间道义的品格和气节。爱因斯坦一生都坚持这种崇高的道德立场,在社会灾难面前,知识分子不能放弃自己的社会责任感和正义感,更不能与恶势力同流合污。所以爱因斯坦后来对希特勒统治时期留在德国的著名科学家,不论是自愿还是被迫屈服于希特勒的,深感失望和不满。甚至在科学界德高望重的普朗克,也天真地去劝说希特勒不要迫害犹太科学家,但遭到一顿粗暴的臭骂。所以,他说只有劳厄一人有气节,没有向希特勒投降。

1933 年 10 月,爱因斯坦应聘新泽西州普林斯顿高级研究院研究员一职。1940 年,爱因斯坦加入美国国籍,定居在普林斯顿梅塞街 112 号一栋二层楼的住宅里。他在美国的 22 年中继续为人类的进步事业而奋斗。

第二次世界大战爆发后,爱因斯坦成为世界著名的反法西斯战士,与世界各国人民并肩战斗。早在 1931 年中国"九·一八"事变爆发后,爱因斯坦强烈谴责日本帝国主义的侵略罪行,呼吁世界各国人民联合起来,用经济抵制办法来制止日本对华的侵略,并以各种方式援助中国。1937 年,爱因斯坦又声援中国人民的抗日战争,并谴责国民党反动派迫害知识分子的"七君子事件"。

1939 年 1 月 17 日,他从柏林《自然科学》杂志发表的哈恩、施特拉斯曼合著的《论铀在中子轰击之下……》一文中,得知德国正在研究原子武器后,作为科学家他深知问题的严重性,因为根据他导出来的相对论著名质能关系式 $E = mc^2$ 这种武器一旦发明出来威力无穷,对整个人类文明将是一大威胁。于是,他与费米等科学家在同年 8 月上书美国总统罗斯福,建议美国应抢在法西斯德国之前研制出原子弹。总统在爱因斯坦建议下实施了曼哈顿计划,加紧原子弹的研制工作。1945 年,当原子弹制造出来后,此时爱因斯坦担心的不是德国法西斯用原子弹轰炸美国,而是担心美国用原子弹轰炸别的国家了。法西斯国家只有日本仍在战争中做最后的顽抗,所以爱因斯坦又给罗斯福写信,竭力阻止对日本实施原子弹轰炸,但没有达到目的。这种非理性地利用理性的科学成就造成的原子弹悲剧,使爱因斯坦长期陷入痛苦之中,他经常对人讲:1939 年写给罗斯福总统建议发展核武器的信是他"一生中最令人痛心的回忆",并一再发出警告:"战争是赢得了,但和平却还没有。"对人类社会的责任感使他在战后始终不渝地积极投身于反对美国核讹诈和军备竞赛的斗争中,直到 1955 年 4 月 11 日,爱因斯坦去世的前一个星期,还与英国数学家、哲学家罗素等 12 位学者(其中 10 位是诺贝尔奖获得者),联名发表了《科学家要求废除战争的宣言》,即《罗素·爱因斯坦宣言》。这个最后的政治宣言充分体现了爱因斯坦毕生追求人类社会美好和谐的崇高理想,并为实现这一理想,鞠躬尽瘁,死而后已的精神。

爱因斯坦作为一位成就卓著的自然科学家,他的难能可贵之处,不仅仅在于为世界和平进步事业呕心沥血,贡献了毕生的精力,为世人树立了学习的楷模,而且他作为一名普通的科学工作者所走过的不平凡的人生道路及其所表现出来的独特品格,也为人类文明宝库中留下一份珍贵的精神财富。

正是因为爱因斯坦有正确人生观,他的生命之树永葆青春。死就死得自然,活就活得有声有色,生活快活而充实,俗中见雅,平中见奇。无论他在逆境中还是在顺利的时候,他都保持着生活的乐观态度。这一切表现在他无所不在的幽默,幽默使人年轻。1936 年在美国普林斯顿,艾尔莎在他最后的日子里曾对人说过:"由于受内心渴望与外部作用的支配,我们全部与日俱变……相反,阿尔伯特却犹如童年时一样。"

作为一个著名的科学家,爱因斯坦有一颗永不泯灭的童心。一个最典型的事例就是在 1920 年 9 月,他到斯图加特讲学逗留期间,他的妻子艾尔莎邀请她的表亲一起去游玩。遗憾的是他没有把他们的孩子一起请来。爱因斯坦知道其中有一位 8 岁的伊丽莎白·莱的小女孩很幽默,因此他于 1920 年 9 月 30 日给她寄去一

张明信片。这张明信片被收藏至今:

亲爱的莱小姐:

艾尔莎告诉我,你因为没有见到爱因斯坦叔叔而很不满意。请允许我把自己的模样告诉你:苍白的脸,长长的头发,肚子有点鼓。另外,走起路来显得有些笨拙,嘴里叼着一支雪茄(如果凑巧有一支雪茄烟的话),口袋里揣着笔,有时握在手里。但他既没有肉赘,也不是罗圈腿,因此看上去还挺帅的呢——再说他手上也不像丑八怪那样长满了毛。因此你没有见到我的确是一件憾事。

致以热烈的问候!

你的叔叔:爱因斯坦

还有一次,那是 20 世纪 30 年代末在普林斯顿,邻居有一个 12 岁的小女孩放学回家后,总会到爱因斯坦家里玩。她母亲发现后,狠狠训斥孩子说:你怎么能浪费爱因斯坦的宝贵时间呢? 然后带着孩子亲自到爱因斯坦家道歉。爱因斯坦笑着说:"噢,不用道歉。她带甜饼给我吃,我帮她做算术题。我从她那儿学到的东西,恐怕比她从我这儿学到的东西还多呢!"

1933 年,柏林的街头巷尾随处可见以 2 万马克之价悬赏爱因斯坦头颅的告示。在生命受到严重威胁的时刻,他仍以惯有的幽默对妻子说:"我以前也没想到,我的脑袋能值那么多钱!"甚至在他弥留之际,他还像孩子一样问医生:"临终时是否会很痛?"

在爱因斯坦的一生中,不管是在学生时代,还是在伯尔尼专利局工作时期,及其后来成为世界著名的大科学家,他都始终如一地过着简朴甚至可以说是清贫的布衣生活。在晚年,爱因斯坦地位高了,钱也多了,但他淡泊明志,不骛名利,生活需要仍然不变,还是那几样:一支笔、一张纸、一个烟斗,加上小提琴和散步的好环境。他反对任何生活的特殊化和奢侈。在金钱万能的现代资本主义社会中,爱因斯坦从不看重个人钱财,但并不否认金钱的重要性。

1933 年 10 月,当爱因斯坦应聘普林斯顿研究院教授时,院方向他征求工资收入的要求,爱因斯坦提出的年薪收入只有 3000 美元,不如一个普通工人的工资水平,并且补充道:"倘若在普林斯顿一年生活费不需要 3000 美元,还可以再低一点。"这就是说爱因斯坦向院方要求的只是基本生活费。这使院方十分为难,世界著名的大科学家给如此低的薪水怎样能对世人说得过去呢? 经过再三地协商和说服,爱因斯坦总算接受了 16000 美元的年薪,这个收入标准也不过是当地教授的低收入。尽管如此,爱因斯坦在伯尔尼专利局养成的一种习惯,即工作之外的时间才是属于自己搞研究的时间,从苏黎世到柏林这段时间,讲课时间越来越少,但总还是有一些。在普林斯顿作为专业研究人员拿薪水心里总感到不安。对此,英费尔德回忆说:"他多次对我说,他倒是乐意干体力劳动,从事某种有意义的手艺,比如,制鞋手艺,而不是靠在大学教物理学挣钱。这些话背后蕴藏着深刻的思想。"正因为如此,爱因斯坦的一些关于钱的趣闻轶事流传甚广。有一次,他把 1500 百美元的支票当书签用而未察觉。有人提出作一小时报告付给 1000 美元,他说我不需要钱。当年,专利局把他的年薪从 3500 法郎提高到 4500 法郎,他说不知道怎样用这么多钱。1931 年春访美归来时,友人赠送的礼物只要不是太贵重的,他都收下。只是谢绝像古尔涅尔小提琴那样的无价之宝,他说:"应该由真正的大师来用它演奏。"但是 1944 年,在堪萨斯州,他将 1905 年狭义相对论论文手稿以 600 万美元拍卖,然后把这笔钱全部捐献给世界和平事业。

爱因斯坦从来就把生活中的各种繁复的礼节和偶像崇拜看得荒唐可笑。1929 年 3 月 14 日,是他的 50 岁寿辰。人们都在为生日的祝寿庆典奔忙,他在寿辰的前几天看到一群一群的身挂照相机、手拿采访本的记者时,吓得逃之夭夭。他躲到柏林近郊的一个花匠的有独门独院的小屋里,而通向那里的小路只有身边最亲近的少数几个人才知道。生日那天,艾尔莎和他的女儿们带来爱因斯坦喜欢吃的午餐,这使他非常快乐。

他也讨厌参加葬礼,因为那里经常出现不真诚的肃穆,这使他反感。有一次实在难以推脱,不得不参加一次葬礼。在葬礼上,爱因斯坦对站在他身旁的一位助教语惊四座地说:"参加葬礼只是为了使人高兴,它本身并没有意义。我觉得,这就像人们每天干劲十足地把靴子擦干净,从而周围的人就不会说,这人穿着一双脏靴子。"他在生活中有时甚至不拘小节,在朋友家吃饭,灵感来了,没有纸就在主人家的新桌布上写下一行行公式。

正因为爱因斯坦有上述的品格,这就使他再也没有什么比由于财产和地位而妄自尊大更使他厌恶。他不喜欢被安排到显赫的上流社会的地位上。有一次在去纽约的途中,人们为他准备的客舱,同其他旅客的舱位不同,那是一套有舒适和方便设备的房间,原以为爱因斯坦会高兴,但事实全然不是如此。他强烈抗议这种特权,反对脱离同行的旅客。经过一番耐心的解释,说这是轮船公司想使他高兴,而他的拒绝会得罪人后,才平静下来。终身喜欢一切都自然的爱因斯坦反对骄奢造作,喜欢发自内心的真正有人情味的社交生活,他谈话时绝不以科学家自居,什么都说,说话的语气不会因为对方是总统或乞丐而有所不同。

爱因斯坦平时的穿着打扮十分随便简单,反对在衣着上费神。他平时穿的那件过时陈旧的皮夹克和毛线裤子成为他十几年不变的形象特点。他在专利局上班时米列娃总是责怪他穿着太随便。爱因斯坦反驳道:"这没关系,那里每个人都认识我。"此后不久,爱因斯坦去参加科学家大会,他的夫人认为这次实在不能穿得太马虎,但爱因斯坦却嚷起来:"这没关系,那里还没有人认识我。"爱因斯坦嘲笑世俗礼仪的同时,拿出时间阅读他喜欢的名家文学作品和哲学专著,他有收藏各种图书的癖好。特别对音乐的钟爱,爱因斯坦把科学与音乐最完美地统一在一起。他把音乐当作劳动之后的消遣,或者是新工作开始之前的娱乐。

总之,爱因斯坦一生的为人是平凡与伟大的统一体,正如 1943 年大哲学家罗素所评价的。他写道：

> 同爱因斯坦交往可以得到异乎寻常的满足。他虽然很有天才，满载荣誉，确保持着绝对的朴实，没有丝毫的优越感……他不仅是一个伟大的科学家，而且还是一个伟大的人。

爱因斯坦50岁生日那天收到了世界各地寄来的生日贺礼和信件有几大筐，但最使他关注的礼物是一位失业工人用节省下来的几个硬币给他买的一小盒烟草。爱因斯坦并不缺烟，但他被这些小礼物深深地打动了，第一位收到他致谢回信的就是这位失业工人。当有人问这位老人这样一个问题："对爱因斯坦科学著作内容毫无所知的人为什么如此仰慕他呢？"老人回答说："当我想到爱因斯坦教授的时候，我有这样一种感觉，仿佛我已不是一个孤单单的人了。"这充分说明爱因斯坦的心始终与人民的心连在一起，他是平民百姓中的普通一员。

爱因斯坦老了。自从1917年那场大病以来，他一直有胃痉挛、肝炎和头晕恶心的毛病。1945年和1948年接连做了两次手术，在手术中还发现了腹部主动脉瘤。

1955年4月13日，爱因斯坦右腹部感到阵阵剧痛。医生的诊断是腹部主动脉瘤病情发作，并建议手术治疗。爱因斯坦拒绝了。当医生告诫他，那个主动脉瘤可能随时破裂时，爱因斯坦微笑着说："那就让它破裂去吧！"爱因斯坦已经知道自己的身体不行了，自己应该走了。他的生死观是豁达大度的，这是一生从事宇宙空间、时间与物质三者之间的联系及其本质的研究，在对自然界和人生的认识大彻大悟之后，所达到的一种超越自我的崇高境界。爱因斯坦对人生意义和价值有如此深刻的认识和理解，他的生命和广大人民融为一体，在人类生生息息的历史长河中看待生死问题，一个人的生命的存在或消失又算得了什么呢。

爱因斯坦生前受到唯理论哲学家斯宾诺莎的思想影响，他对斯宾诺莎这句话话特别欣赏："自由的人最少想到死，他的智慧不是表现在对死而是在对生的研究中。"爱因斯坦在人的生死问题上讲了许多寓意深刻的话，表达了他的生死观和人生观。当有人问他："你在临死之际会如何回答这样一个问题：您的一生是成功的还是虚度的？"爱因斯坦像往常一样毫不在意提出这样的唐突问题，他坦率地回答道："无论在临死之际还是在临死之前，这类问题都不会使我感兴趣……我不过是自然界的微不足道的一小块东西罢了。"他还说："我同所有活着的人是融为一体的，所以在这个无穷无尽的人流中，个别的成员开始了和终结了，我觉得都无关宏旨。"

有一次，他对英费尔德谈到生命问题时说道："生命——这是一出激动人心的辉煌壮观的戏剧。我热爱生命。但如果我知道过3小时我就该死了，这不会对我产生多大影响。我只会想，怎样更好地利用剩下的3小时。然后，我就会收拾好自己的纸张，静静地躺下，死去。"这句话说明爱因斯坦热爱生命，珍惜生命，然而，他没有把生命看得高于一切，他对生命的意义的理解有与众不同的地方，这就是活着为了工作,事业重于生命。1917年爱因斯坦大病之后坦然对朋友讲:"我死不死无关紧要。广义相对论已经问世了,这才是真正重要的。"所以,这次爱因斯坦住进医院后,就立即打电话给家里人,要他们把他的老花镜、钢笔、一封没有写完的信和一个没有做完的计算,送到医院里来。当他把这一切应做的事做完后,爱因斯坦松了一口气,嘴角浮起一丝满意的微笑,对周围的亲人们说:"没什么,这里的事情,我已经做完了。"在这人生的最后时刻,充分反映了爱因斯坦品格的光辉独特之处。

1955年4月18日凌晨1点10分,住在医院里的爱因斯坦的呼吸突然感到困难,护士急忙找医生来,便向房门走去,但听到爱因斯坦用德语说了几句话,护士没听懂,便走到床前。就在这一瞬间,他深深地呼吸了两下,便溘然长逝了。

上午8时消息对外公布,当天早晨,遗体解剖的结果表明。死因是"主动脉大破裂,它像一根用旧了的内部管道,终于爆破了"。下午3点半,爱因斯坦的遗体被悄悄地送到特伦顿附近火化,没有举行追悼仪式。跟随灵车的只有儿子、女儿以及几位最亲近的朋友。尸体被悄悄火化,骨灰撒在未向外界透露的秘密地方。火化前,在一个古朴的小教堂里,爱因斯坦遗嘱执行人那旦教授走到棺椁前,讲了几句悼词,然后轻轻地吟诵了一首《席勒丧钟之跋》中歌德为悼念挚友席勒而写的诗:

我们全都获益不浅,全世界都感谢他的教诲;那专属于他个人东西,早已传遍了人类。他像行将陨灭的彗星,光辉四射,把无限的光芒洒向四方。

世界著名的物理学家狄拉克教授高度评价爱因斯坦,他说:"爱因斯坦的工作从根本上带有开创性的特征。他从意想不到的方向打开新的思路,他创造了奇迹。其他物理学家然后发展了他的思想。爱因斯坦做出了三大革新:(1)狭义相对论;(2)波与粒子的关系;(3)广义相对论。每一个革新都意味着一个新纪元的肇始,都在科学史上享有不朽的地位。我们把这三个成就全部归功于爱因斯坦。"

葬礼之朴素,仪式之简单,如同他生前一样俭朴平常。这符合他生前的遗愿。他的遗嘱要求不举行宗教仪式,不举行任何官方仪式。按照他的愿望,甚至下葬的时间和地点除了护送爱因斯坦遗体去火葬场的12位最亲近的亲戚朋友外,一概没有通知。他去世前还一再叮嘱,切切不可将梅塞街112号变成朝圣的纪念馆,他在研究院的办公室一定要让给别人使用。不要设立坟墓、不要建立纪念碑,并希望死后将他的大脑献出来进行科学研究。除了他的科学理想和社会理想之外,一切都将随着他一同死去。

爱因斯坦本想做一个默默无闻的人,安安静静而去。但他走后,世人却不容他平静,许多国家报纸在头版登出了大幅的讣告和悼词,各国学术刊物出版纪念爱因斯坦的专号。中国科学院机关报《科学通报》发表了爱因斯坦的学生、中国物理学会理事长周培源教授写的纪念文章。当时正在印尼万隆召开的亚非会议临时增加了议程,举行了特别追悼仪式。在仪式上,参加会议的周恩来总理代表中国人民致了悼词。

现在,我们以崇敬的心情回眸这位隐没在历史深处的、不愿为喧闹所打扰的睿智的老人时,我们的耳畔会萦绕他生前的那句名言:"死去的我们将在我们共同创造的于我们身后的事物中得到不朽。""政治是暂时的,而方程式是不朽的。"同时,我们也会看到爱因斯坦所创立的相对论等科研成果在 20 世纪已造福人类,下个世纪必将继续造福人类。他的光辉业绩与日月同辉,与永恒的宇宙共存。

世界传世藏书
图文珍藏版

世界名人大传

董飞 · 主编

綫装書局

目 录

艺术大师

导　语

　　人类的生活离不开艺术,艺术可以愉悦人的心情,陶冶人的情操,艺术能够开拓人的视野,启发人的智慧,培养人的创造才能,它是人类不可或缺的精神食粮。

　　人类在生产劳动的同时也产生了艺术,千百年来,无数艺术家在精心创造艺术,把自己全部的生命献给艺术事业。

　　国外的艺术大师太多了,他们的作品丰富多彩,简直就是艺术的海洋。达·芬奇、伦勃朗、维米尔、委拉斯凯支、米开朗琪罗等一个个伟大的名字,他们的成就高不可攀。能把他们的原作看个遍就足矣。从文艺复兴到两次工业革命,艺术对经济文化,特别是对人的思想产生了很大的影响。

　　为使后人对大师们的经历和成长过程有更进一步较全面系统的了解,现《艺术大师》卷付梓出版,可谓弥足珍贵,书中详细介绍了他们的生平、作品、创作、流派及评价,从不同角度展示了本卷的严谨和权威。全卷资料翔实、视角独特,对于中国广大的艺术爱好者了解西方艺术,尤其是对近当代艺术,有着很好的借鉴作用。

　　人们在领略大师们传世佳作的同时,认识巨匠们的历史作用、研究大师们的成长规律、更深层次地挖掘他们的贡献,必然对推进艺术事业的向前发展有着积极而较深远的意义。

文艺复兴中的博学者

——达·芬奇

人物档案

简　　历:意大利文艺复兴时期画家、自然科学家、工程师,与米开朗基罗、拉斐尔并称"文艺复兴后三杰"(又称"美术三杰")。1452 年 4 月 15 日出生于意大利佛罗伦萨附近的一个小镇。童年时就对绘画表现出极大的兴趣。15 岁左右到佛罗伦萨拜师学艺,师从韦罗基奥,逐步成长为具有科学素养的画家、雕刻家。同时是军事工程师和建筑师。1482 年应聘到米兰公国后,在贵族宫廷中进行创作和研究活动。1513 年起漂泊于罗马和佛罗伦萨等地。1516 年侨居法国,受法王弗朗索瓦一世礼遇。1519 年 5 月 2 日病逝。

生卒年月:1452 年 4 月 15 日~1519 年 5 月 2 日。

安葬之地:法国中部的卢瓦河谷的昂布瓦兹。

性格特征:性格聪明伶俐,勤奋好学,善于观察、研究,兴趣广泛。

历史功过:是一位博学者,在绘画、音乐、建筑、数学、几何学、解剖学、生理学、动物学、植物学、天文学、气象学、地质学、地理学、物理学、光学、力学、发明、土木工程等领域都有显著的成就。创作了诸多精湛的绘画作品,其杰作《蒙娜·丽莎》是意大利文艺复兴时期最出色的肖像画之一,也是人类文化宝库中最珍贵的瑰宝之一。

名家评点:恩格斯称赞达·芬奇是"巨人中的巨人",他"不仅是伟大的画家,同时也是伟大的数学家、力学家和工程师,他在物理学各种不同的部门中都有重要的发现"。

童年早慧

时代召唤巨人。达·芬奇走来了。

意大利离佛罗伦萨不远的地方,有一个起初并不怎么显眼的小镇,名叫芬奇镇。镇上有一个身材伟岸、相貌堂堂的公证人,他名叫皮耶罗·达·芬奇。他和一位乡村姑娘不知不觉地热恋并同居,他使这位美丽而纯朴的乡村姑娘未婚先孕了。

1452 年 4 月 15 日,芬奇镇这位纯朴的乡村姑娘在草屋里生下的这个儿子,却真是一到世上就又活泼又天真,显得十分聪明可爱。他就是皮耶罗·达·芬奇和这个普通农家女生下的非婚儿子——列奥纳多·达·芬奇。

虽然皮耶罗·达·芬奇很爱这位乡村女子,但后来他却没有与她结婚,以致使小达·芬奇从小就没有生活在亲生母亲身边。

后来,皮耶罗娶了一位温柔的富家小姐为妻。于是,小达·芬奇就把那位叫阿丽琵耶拉的女子喊成了母亲。后妈温柔善良,把母爱全给了小达·芬奇,因此,他们母子的关系十分融洽。小时候,小达·芬奇不管去哪儿玩,总要采撷一些鲜花,带回家中,撒满后妈的头、脖颈。他觉得,后妈美如天仙,是那样疼他,爱他,关怀他。她常常独守门前,等待着这位可爱的美孩童从远处玩耍回来,然后热烈地拥抱着这位撒鲜花的儿子,把锅里的饭菜端出来,里面有新鲜的奶渣干酪,有芹菜油炸包子,有好香的猪肉,有浓浓的甜酒。那些,都是小达·芬奇最喜欢吃的东西。

他的亲生母亲却渐渐地被人遗忘了。

小时候,达·芬奇真是生活在蜜水里。

关爱他的不仅是后妈,还有一个慈祥的老祖母。

从史料上看,芬奇镇是一个手工业比较发达的地方,资本主义已经萌芽。西方"人文主义"的哲学思想已经产生,反对禁欲主义,反对封建教会,反对"神学",要求思想解放,恢复人的尊严,颂扬自然界的美丽,宣扬人类本性,相信自己力量无穷。这样一个时代,很适合诞生伟大的艺术家。用今天的话来说,就是艺术创作的外部环境比较宽松。

早在达·芬奇出生之前,芬奇镇及意大利其他地方的艺术家们,就已经致力于写实主义的探索和创作了。他们把《圣经》人物表现为现实生活中的常人,把呆滞的面孔改为和蔼的状貌,在人物的背景方面加上一些自然环境的描写。在达·芬奇之前,已有了契马勃、乔托、杜卓、提香、威罗内塞、丁托来托等画家,声名开始传播。

达·芬奇从懂事起,就常常听祖母讲些善良人的故事,其中也有画匠的坎坷动人的故事。

芬奇镇风光美丽,山水灵秀。家家户户建造在水边的小屋,飞檐翘角,极其精致。门前屋后多有竹、山楂林、草坪。石板街光溜溜,街两面是一爿爿门面,生意十分兴隆。有打铁的,有卖水果的,有补皮鞋的,也有养马卖马的。更兼有一些热爱音乐的小伙,常在晨空里或夜幕下,吹奏起悠悠的长笛,或弹起动人心弦的曼陀林琴。牛车从石板街骨碌碌地滚过去。

小达·芬奇就生长在这样的氛围里。

小芬奇和祖父的感情并不好。他知道是祖父拆散了父亲和母亲,也是祖父硬把母亲嫁给了现在的酒鬼丈夫。每当祖父叫他做什么的时候,他总是不情愿听。

到7岁时,他进了学堂读书,他也不大听老师的讲课,当时,老师给他们讲的是枯燥的拉丁文法。

他时常一清早就出门去了,但没到学校去,而是到一个长满芦苇的荒凉的峡谷中。他整天地在山上游荡,看到了无边无际的草地、树林、田野,然后精疲力竭地回到家中,全身都是灰尘,脸上晒得黑黑的,像个野孩子一样,但心里却很快活。

在学校里,小芬奇也跟别的同学不一样,他从不和同学们一起玩。同学们玩的那些游戏,他觉得一点意思也没有。有一次,他看见同学们捉来一只蝴蝶,把它的翅膀拔掉了,害得蝴蝶飞不起来,只能在地上爬来爬去。同学们都开心得嗷嗷直叫,他却呆呆地站在一旁,脸色发青,露出一副怜悯的神情,最后低着头走开了。

夏天的夜里,小芬奇常常趴在田野上,观察小小的萤火虫。这小镇的田野上,萤火虫真多,就像是仙女提着一个一个的灯笼。他想象着,这萤火虫,多么像奶奶故事中的那位公主的眼睛呵!那么,它是怎么发亮的呢?小芬奇追赶着,捉住几只萤火虫,认真地研究起来。啊,原来是它们的屁股上都有了盏灯,多好呵!这样,走夜路就不怕鬼了。他胡思乱想着。

广泛观察,实际上就是一种积累,是生活的积累,也是知识的积累。小芬奇的观察,与一般人确实是有些不同的。他是从小就养成了一种搜索性观察。凡是他感到好奇的或者是有趣的东西,他必定要搜索式地用儿童的目光扫过去,作儿童式的幻想,细致地研究一番。他是个兴趣十分广泛的人。一片石子,一株山花,一抹晚霞,一泓清泉,河边一景,山中一隅,街头一角,男人的皮衣,女人的帽子,一哭一笑,一只虫子,一只鸟,一条鱼,一只蝙蝠……他都会感兴趣。他是神童吗?显然不是。但他确实比一般孩子早慧。

观察,就是艺术家的生命!

达·芬奇是个左撇子。写字用左手,画画用左手,就连吃饭也是用左手。儿童时代的达·芬奇,可以说是无忧无虑。他常常抓起地上的木炭,就在木板上涂涂画画。有时候,他就悄悄地,跪到画匠那儿,摸了画匠的彩色颜料,带回来画。他画呀画呀,似乎永远有画不完的东西。蜻蜓,蝙蝠,青蛙,小鸟……就在这种大自然的启蒙中,他不知不觉地,长到了9岁。这之前,谁敢相信,他竟然还没有上过学校。

一天,他看见父亲的工作室窗口,有一只美丽的彩色蝴蝶,飘飘然地飞进去了。那是一只罕见的大蝴蝶,个大,翅宽,色彩缤纷,真是美极了。达·芬奇第一次心惊胆战地推开父亲工作室的门,父亲正专注地在写公证词。他看见那只美蝶在窗玻璃上碰撞、挣扎着。美蝶儿不愿意走入这个沉闷的工作间,它要寻找光明。当下,达·芬奇就从教堂里正在劳作的画家那里,找来了各种颜色的画料,他居然把这只美丽的大蝴蝶画下来了。连画家们都停下了修补圣像的活计,一齐欣赏这小孩童的佳作了。

自小涂涂画画,这是达·芬奇的一个癖好。这位天才,几乎无师自通。阿丽琵耶拉,那位真心爱护他的后妈忽然患了一种怪病。她不再在门口坐着等他放学归来;她郁郁寡欢,沉默起来;她不再邀请和她几乎差不多高的儿子,去花园里扑蝶,去采花;她的身子越来越虚弱。当地医生给她看了病,诊断说,她患了一种热病。渐渐地,后妈躺在床上,再也起不来了。

年轻活泼、可敬可爱的后妈的逝去,无疑给达·芬奇一家以沉重的打击。在这个打击面前,祖母常常独自饮泪,郁郁寡欢;父亲仿佛一下子老了许多,再也打不起精神来。工作之余,父亲不再待在家中,而是在外面寻欢。他想用这种办法来排除他失去爱妻的痛苦。

而父亲的续弦,对于达·芬奇来说,也是一种提心吊胆的事儿。后妈如果对他不好,那么他将在这个家里就待不长了。他暗暗下决心,如果万一……那么,他就远走他乡,去求学,去画画儿。

但这一切担心,都在父亲领回一个少女的时候烟消云散。这少女,就是良家女子、住在乡村的佛朗切斯卡·朗费尔姬妮。我们把她的名字简称为姬妮。

姬妮羞羞答答来到公证人家的时候,她才刚满 15 岁。

她娇小玲珑,身材苗条,但比前妻的儿子达·芬奇还矮。她长相姣好,眉清目秀,一头金发。她天真无邪地笑着。在达·芬奇一家人眼中,她简直就还是个小姑娘。

姬妮的微笑是很有魅力的。达·芬奇很喜欢她笑,这微笑,令达·芬奇想起那些大师们绘制、塑造的圣母的微笑。她对这位新认识的儿子微笑着;他也对这位新妈妈报以腼腆一笑。渐渐地,他们就熟悉了,并在一起玩耍了。捉小鸟,摘野花,翻河里的螃蟹,摸鱼儿……笑声又回到了他的家。

新婚后不久,父亲便决定,举家迁移,义无反顾地朝意大利名城——佛罗伦萨出发了。

佛罗伦萨,世界一流艺术的荟萃之地。由于战乱,古希腊罗马艺术很多地方未能保全下来,而意大利则基本完好地保存了这些艺术遗产。佛罗伦萨是当时意大利精神文化活动的中心,这里的人艺术造诣高深;贵族爱艺术,老百姓爱艺术,地方官、银行家们也十分推崇艺术。这座艺术之城,聚集了来自各地的科学家、艺术家。艺术之火呈燎原之势。

青年论画

　　达·芬奇一家迁至佛罗伦萨城之后，小芬奇依旧对新城市的人和事、物品、动物等都留心观察。他常常去著名学者，在意大利有名的数学家托斯卡涅里的住所，并拜他为师，学习数学，科学家教给了他人生哲理和数学。

　　见达·奇一个劲的迷恋上了数学，他的父亲皮耶罗却十分着急。父亲是十分了解儿子的。儿子喜欢唱歌，骑马，跳舞，用泥巴捏个小鸟小人儿什么的，也喜欢玩昆虫，逛小街，但他更喜欢涂涂画画，而且已经表现出这方面的天才。父亲深深地知道，人的精力是十分有限的。人生短暂，不可能把所有的知识都学到手。但如果能发挥特长，扬长避短，有效地组织和运用自己的特长知识，那么，就可成大器。父亲久经风雨，且在学术方面也有所研究，他自然明白这一点。

　　父亲有些失望了。

　　儿子对他的公证职业一点都不感兴趣。因此，要靠儿子继承父业，看来是一点希望也没有了。

　　儿子究竟学什么好呢？

　　让他胡来，学科学吗？显然，儿子已经被那位奇怪的数学家所吸引了。数学家住在与世隔绝的地方，只有少数几个人在那儿炮制着那些异端邪说。儿子跟着他，会成功吗？

　　父亲苦苦地思索起来。达·芬奇的父亲，是一个善于进行逻辑推理的人。他苦苦地思考着。一般来说，人的能力与他所学习、所爱好、所从事的职业活动有关。儿子从小就喜欢画画，且已有天赋，为什么不给他找一个画师呢？在意大利，画匠艺术家，也是备受人尊重的呀！

　　对，让儿子学绘画。

　　父亲皮耶罗，当下决定去找一个画师，给儿子做老师，让儿子学画。父亲想起了他的朋友维洛启奥。维洛启奥是佛罗伦萨著名的画家、雕塑家。在当地，艺术家可以成为上流人物。儿子一表人才，仪表非凡，气宇轩昂，如果成为艺术家，打入宫廷去，谋个一官半职，也可光宗耀祖了。想定之后，父亲把达·芬奇送到了维洛启奥的工作室里来。

　　达·芬奇的成才，首先是因为他遇到了一些最重要的老师。这些老师，就像长明灯一样，一辈子照耀他前进的艺术之路。画家、雕塑家维洛启奥就是其中的一个。维洛启奥（1436~1488），著名画家和雕刻家，也是生于佛罗伦萨。他曾经是多那太罗的学生。他笔下的大卫，形态优美，自然而毫无拘谨。他的其他作品，也足以与老师的作品媲美。同时，他又是出身首饰匠，因而表现手法精巧美丽，他的银质浮雕头像等作品都是十分有名。他所开设的工场和画室，是意大利的艺术中心，在这里，他培养了许多颇有才华的艺术家。达·芬奇有幸拜他为师，在他这里得到最初的绘画和雕塑训练。

他对达·芬奇说，很少有一种单一的劳动和技能能够使人成为一个好的画家。不研究"人"这个自然，在塑造人的时候，就难于找到身体的正确比例。

在他的画室里，弟子们都在勤奋地作画。

他大声地教导他们："画好骨骼！在上面，嗯，在上面画上肌肉和腱，最后再用皮肤覆盖在上面，嗯，好了。"

他带头画。他画的是《圣约翰》。约翰的银质浮雕头像，学生们可以见到他虔诚的眼睛。他的手，青筋暴露，肌肉鼓起，健美而清晰。这是一双与岁月风雨战斗过的劳动之手。

达·芬奇继续在佛罗伦萨生活着。在维洛启奥的工场里，他交了几位好朋友。

有个叫洛佐伦的同学，年龄比较小，体弱多病，芬奇经常帮助他，有时师父叫他去采买物品，芬奇就代他去买。洛佐伦十分感激，处处以达·芬奇为榜样，连走路、说话和一些细小的动作都模仿达·芬奇。别人都说他是芬奇的影子，他也不争辩，反倒报以自豪的一笑。

一个叫波提切里的青年常常到工场里来，他以前也是师父的学生，后来自己开了画室。虽然他比达·芬奇大8岁，但他虚心地向芬奇学习，后来画出了闻名于世的作品。他给但丁的《神曲》画了90多幅插图，还画出名作《维纳斯的诞生》，成为文艺复兴时期著名画家之一。他善于观察，想象力丰富，达·芬奇也从他那儿学到了许多东西。

不过，和达·芬奇关系最亲密的还是师父。他俩既是师生，又是好朋友。

转眼间，达·芬奇已在维洛启奥的工场里学习七八年了，长成了一个20多岁的壮实而漂亮的小伙子。他不仅相貌俊美，而且一举手一投足，都有一种语言无法表达的安详和娴雅，风度翩翩。有个认识他的人说道："他的全身如此之美，一见了他连最忧愁的灵魂也要快活起来。"

他满20岁了。他回了一次故乡。

他的祖母已去世。后妈也发胖了，性格冷漠。父亲也老多了。他发现故乡已无法容下他这个多才多艺的游子。他的事业在山外。

20岁时被艺术家们公认为是他天才创作的作品，是在他的老师作品《洗礼》上，画了一个跪着的天使，他的老师因此而不再提动画笔。达·芬奇可谓不鸣则已，一鸣惊人。

到了达·芬奇自己独立开画室时，他已经是28岁了。在此之前，他在1473年至1475年间，完成了板面油画《受胎告知》。

《受胎告知》这幅画虽然不是十分著名，但它已充分显露出年轻画家的才华。画面上一位美丽少妇怀孕了，她羞涩地将这喜讯告诉她最相知的人。背景似是客厅，窗外风景如画，宝塔、古树，历历在目。

1475 年,达·芬奇还完成了板面油画《加罗法诺的圣母》。

以后的几年间,他在他的家中完成了油画《贝诺亚圣母》。

这些作品,大多是画圣母。作品里弥漫着成熟母性的爱。但这些作品,都未引起较大的反响。可以看出,这些作品,与达·芬奇儿时的生活体验有关。尤其是第一年后妈对他的爱和呵护,给他留下了永不磨灭的印象。

28 岁,达·芬奇已经开始名扬整个佛罗伦萨的艺术界。

他的订货单如雪花一样源源不断地飘飞而来。

他开始进行板面油画《圣哲罗姆》的绘制。圣哲罗姆,即一个基督教苦行僧。而这一时期,他开始在自办的画室中绘制的比较有名的是两幅《报喜节》。

选择了当时艺术中最流行的题目之后,达·芬奇摒弃了那种把圣母的形象描绘成威严的、感伤的或者沉思的样子的传统画法。他塑造的圣母,大多是欢乐的、充满真善美的,纯粹是尘世罕见的美感的形象。

达·芬奇首先依据光学规律,广泛运用了明暗技术,使这种技法不仅成为造型的方法,而且也成为使画面人物"鲜活起来"的一种手段。

他为国王编织的一条豪华的地毯图样,其中设计了亚当和夏娃。亚当与夏娃的周围,是许多珍禽异兽,以及奇花异草。画家把这些东西画得惟妙惟肖,显示了他长期修炼的艺术功底。比如他画的棕榈树,袅袅婷婷,柔美至极!他逐步走向艺术家的成熟。

长期以来,达·芬奇在笔记本上积累了速写、草图,以及各式各样的趣事、歌谣、笑话、评价、哲学思考、讨论等等,他留下了洋洋 7 万页的笔记。广泛搜索,厚积博取,这是他成功的经验之一。

第一幅《报喜节》画的是圣母在露天下面的凉台口得知喜讯。美好的时刻——令人欢欣的风景,有盛开的百合,如画的树林,小山脚下蜿蜒的河流。圣母跪着,望着微笑的天使。

第二幅《报喜节》,不同于第一幅。画面上天使若有所思,而且严肃。圣母听到这一喜讯时十分惊喜。圣母的衣褶,打开的书本,小桌,都是用装饰纹样艺术地描绘出来。

达·芬奇在自办的画室中挥洒自如,创作大获丰收。

达·芬奇的成名作《拈花圣母》画的是一位美丽的母亲在和孩子玩耍,并用鲜花逗这孩子快乐。这位美丽少妇,看上去大约二十八九岁,她对生活充满幸福感,脸上是欢欣的微笑,她注视着自己的作品——孩子。孩子富态毕露,小手胖墩墩的,他正在揪住母亲手里的鲜花。全面看此画,你可以感觉到一种人间温情。如柔水脉脉流淌,清溪般的纯真。母子被年轻的画家描绘得栩栩如生。达·芬奇总结经验:从明部到阴影的过渡,要像轻烟一样美妙。他把这话记在笔记本上。

这是他在个人开的画室中的最高成就。

在办个人画室之前和求学这段时间,达·芬奇少不了还要靠那做公证人的父亲来资助他。

这段时间，达·芬奇创作《魔术师的崇拜》，但未最后完成。这幅绘画，形象众多，他画了大量的草图。现在能见到的，只是一个基色调。

他的素描越来越多，大多是风景。故乡芬奇村近郊的优美景色，在他的素描本上占很大的比重。山岭，树林，河流，城墙……

达·芬奇已开始独立谋生。

这段时间，达·芬奇还画了《丽达圣母》。这幅画概括性、综合性很强，他把生理上的美与灵魂上的美完善结合在一起。人的外表与心灵之美获得了和谐和统一。他断言："如果灵魂是杂乱无绪的，那么，具有这个灵魂的人体本身也必定是杂乱无绪的。"

跳槽米兰

1478 年，佛罗伦萨城发生了一件大血案，轰动一时。

美弟奇是佛罗伦萨的统治者，他的家族是城里第一大家族，城里的另一大家族是巴茨家族，两家为了争占上风斗得死去活来。巴茨家族被摧毁了，几百人被判处死刑。大街上，不少尸体吊在绞架上，在风中摇晃着。

达·芬奇的心灵又一次被强烈地震撼了，血淋淋的现实使他觉得无法忍受，他不顾一切地想离开佛罗伦萨。

无论到哪里去都可以，只要能离开这个城市。达·芬奇甚至托人介绍，想到中东一个国家去当宫廷建筑师，结果没去成。

一件偶然的事发生了。达·芬奇发明了一种银琴，形状有点像马脑袋，上面有很多根弦，样式和声音都很新鲜。美弟奇本人很喜欢这件乐器，想把它献给米兰的公爵。他叫人招来达·芬奇，说道：

"听说你想离开佛罗伦萨，是吗？""尊敬的先生，我在这个城市住了十多年，想出去换换空气。"

"不用瞒我了，你想走，我给你一个机会，你把银琴送到米兰公爵那里去，他一定会喜欢的。上次我和他见面，他曾说过手下没有好的音乐家，你要是运气好，他会留下你。""谢谢您，尊敬的先生。"达·芬奇鞠了一躬，冷静地致谢。能离开佛罗伦萨，他当然很高兴，不过，这次到米兰去，他不是作为艺术家或学者，而是到那里去当宫廷音乐家，将来会怎么样，还不得而知。

1482 年，达·芬奇终于离开佛罗伦萨到米兰去。达·芬奇希望以自己多方面的才能，在米兰实现自己的一番抱负，而不是仅仅靠当宫廷音乐家过日子。

30 岁，正当而立之年，正是干大事业的宝贵年龄。然而，著名的艺术家达·芬奇却背起行囊，跳槽走了。佛罗伦萨所有热爱他、喜欢他的人都无一不为他感到惋惜。他们在街头巷尾议论着说："又走掉一个优异的人才！"

达·芬奇的跳槽米兰，是因为他对米兰充满了向往。实际上，他是离开了这个洛伦佐暴君，而又投靠到另一个米兰大公暴君名下。他仍然是暴君的工具，这是他一辈子的悲剧。但是，米兰大公与洛伦佐却不同。米兰大公久闻他的大名，十分敬仰他，而且珍惜他。米兰大公要他心情愉快地为他服务。于是，达·芬奇毅然前往米兰。他希望在米兰一展才华，实现理想。

当时的意大利，四处动荡不安，强者食弱者，叛乱迭起，狼烟遍地，到处都是阴谋、圈套、狡诈、纷扰。

而米兰，由于莫罗掌权，强者执政，得到短暂安宁，还颇为兴旺。但是莫罗，口是心非，叛乱起家，残忍凶暴，使米兰又危机四伏。

达·芬奇觉得，所有暴君，都要他为其服务。但他要选择的暴君，必须有较大的能力、财力，使他的理想得以实现。

达·芬奇走的是借助暴君外力来完善艺术的路子。

如此环境下进行艺术创作，真是谈何容易。

达·芬奇不得不常常被迫放弃手头的艺术创作，被召入宫廷。

当然，又是谈些取乐、过节、跳舞之类的小事。

达·芬奇为此十分痛苦，但他必须忍耐这种痛苦。

《哺乳的圣母》完成于1885年左右。

这是幅堪称艺术瑰宝之作，今藏于列宁格勒艾尔米塔什博物馆。

作画之前，泽慈莉娅曾经向达·芬奇表述过这样一个心愿：她愿意永远做画家的圣母模特儿。她希望画家能够以她为模特儿，画一张圣母领着圣子的充满了母性之爱的作品。当时，达·芬奇满口答应了她。

《哺乳的圣母》表现的就是母性之爱。柔美、温和的慈母，她正在哺育一位天使般的圣子。圣子的金发拳曲，光彩照人。而母亲的生命之泉乳房，被画家渲染为一片白光，洁白无瑕。圣母满心欢悦，她亲切地、慈爱地望着怀中的圣子。圣子显然是已经得到了极大的满足，他吃饱了乳汁，而嘴唇脱离了乳头，正望着圣母。他的眼神，是那么好奇，那么天真……

背景则是两扇窗户。

这幅表现人间真爱的母性题材的画。画成之后，立即引起反响。前来画室参观者络绎不绝。艺术家以其真善美的自然流露打动了千万观众的心。

《抚貂女人》是在构思著名作品《蒙娜·丽莎》之前的一幅代表作。在创作这幅画时，达·芬奇就已经意识到，他一定会画出一张更单纯更美妙的少妇的笑脸。那张笑脸不会有大公莫罗的阴影。

而《抚貂女人》，艺术成就也轰动一时。

而在这同幅肖像作品中，杰出的艺术家，着重表现出年轻女子天真单纯，积极向上，对生活充满美好向往的精神世界。

由于这幅《抚貂女人》一举成功，使达·芬奇在宫廷乃至在贵族阶层都引起了轰动。在米兰妇女界，人们纷纷谈论着年轻而俊美的艺术家。达·芬奇成了米兰妇女心目中崇拜的偶像。连日来，找他画女人肖像的人川流不息。几乎所有的名门贵族，知名女士，都想有一幅由达·芬奇——她们最崇拜的艺术家画的自己的肖像。

达·芬奇显得十分平静。他又有钱了。一则宫廷莫罗在美女泽慈莉娅的催促之下，拨给了他大笔赏钱；二则，他的画的订货者纷至沓来，他简直应接不暇。但他仍然保持了平静。

名盛时期

《岩间圣母》画于1440～1449年间，艺术家从构思到作画，历时较长。此画现存在巴黎卢佛尔博物馆。

按照合同，此画的本意是要把圣母画成在圣徒们的环绕之中。这是一般的平庸的宗教作品。达·芬奇没有这样作画。

他一个人悄悄地在工作间构思、描绘草图，作成此画。连他的那些学生都不知道他要画成什么样子。达·芬奇工作的时候，他喜欢一个人。

这本是一幅世俗性的作品，但达·芬奇创作的技艺的娴熟，使之几乎无懈可击。画面上的一切都是新的。对情节的处理十分精当，风景与人物的有机结合十分妥帖，采光十分自然而流畅，人物形象被某种特别的高尚的灵光普照而栩栩如生，光彩照人。

1493年初春之时，米兰人看见广场上那座塑像终于揭幕。这是几乎耗尽达·芬奇精力的弗西斯科·斯福查塑像。

从刚来米兰的时候，达·芬奇就差不多接手了这座"巨型塑像"的工作。这是莫罗祖父骑马全身塑像。泥塑模型于1493年完成，并在公爵城堡广场展出。要浇铸的话，得80吨铜。塑像浇铸一直没有实施，模型惨遭毁坏。1499年法国军队占领米兰，把模型当成了射击的靶子，这当然是后话了。

眼下，在隆重的开幕式上，这座高6米的塑像被安放在凯旋门下。

人们川流不息地前往参观。

塑像下面，人们看见艺术家达·芬奇写的字刻在上面：

"心灵在颤抖：塑像快竣工。"

另一行字刻的是：

"让沸腾的铜水听得一声喊：上帝哦。"

艺术家发出了痛苦的鸣叫。

然而，决定米兰的命运的事越来越迫近了……

达·芬奇有一个花园,花园里有许多桃树。

为了做试验,他把毒花液注入桃树中。除自己和学生外,他不准任何人接近这个桃园。这时,米兰全城突然传说姜·加列阿卓公爵病情严重是因为达·芬奇用有毒的桃子害了他,实际上是他要好的叔叔之妻下了毒。姜正慢慢地死去。他终于死了,全城居丧。

他十分忧伤地想,他在米兰怕是待不长了。

《最后的晚餐》作于1495年~1497年间,这幅画现存圣马利亚·德拉·格拉齐耶隐修道院食堂之壁。

根据莫罗夫人的要求,既要快又不加修改地画这幅壁画。这使艺术家开始有些为难。这样大型壁画,他快不来。

他画了无数草图,确定一张后,他试着把颜料和土混用,这就决定了作品的悲惨命运。土粘不住色彩,色彩脱落。壁画绘制在艰难中进行。修道院院长看见达·芬奇几个钟头不动地在画幅前冥思苦想而不动笔画画。

艺术家回忆起自己来米兰之后的所见所闻。

他需要的是不同凡响的形象:凝神沉思的思想者。他们当中,又有两种面孔,一种是完美的化身,超凡脱俗,充满无边的爱;一种则完全与之相反,变节,贪财,自私,残忍……

文艺复兴早期的画家们在《最后的晚餐》结构中,一般都使一排人坐在桌子后面,互不相干,同一种姿势重复出现。而把叛徒犹大隔开,单独安排到桌子的另一面。

但杰出的艺术家达·芬奇摒弃了这种结构。

莫罗看见,艺术家把被他们中间隐藏着叛徒的消息震惊人们展示出来了。

照新约的传说,桌后面,耶稣和12门徒举行最后一次晚餐。达·芬奇的高明之处,就在于他选择的是晚餐中最令人激动的一瞬间,耶稣对门徒说:"你们当中有一人将出卖我。"

他说完此语,便无可奈何地把手放在桌上,沉默下来。

一石击破水中天。这话引起周围12弟子的强烈反响。艺术家面临的是:要塑造出听到此话后12门徒灵魂深处掀起的波澜,塑造出性格迥异的人物,而绝不雷同和重复。

这就要求每个人表现出来的感情,都要符合他的性格气质。

达·芬奇高明地把叛徒放在一群可爱的门徒之中,像是我们常常见到的这种尴尬场景:叛变的人以朋友身份出现,藏隐在一群朋友之间,让你一下看不出来,尤其是未加提防的人。

犹大阴暗的侧面轮廓,被从明媚的日光照耀的其他人面孔中明显地突出起来。他紧握着装钱的钱包,紧张地等待着叫他的名字。

艺术家一语破的:"灵魂应该通过手势和动作来表现。"

这幅画的群像,布置得十分合理。画家以几何学的精确性确定了构图的中心——耶稣像。像被窗外散射进来的光线突出出来,它的突出点便是他的头部。门徒对称坐在两旁,每边 6 人,照例是 3 人一组。

莫罗为之震惊:"简直是不可思议! 我现在才明白,你为什么在这墙上下这么大的功夫! 这是一幅无可比拟的杰作啊!"

但这幅壁画最后的命运不佳。

由于此画放在食堂墙壁上,正中还有一门。后来那修士敲厨房的门,使画受震,画的下部遭到破坏,墙也受到损坏,颜料层脱得厉害,加上厨房蒸汽落到画面上,加速了作品的破坏。后来人们进行过拙劣的修复工作,极大的歪曲了原作。

1443 年法军在轰炸米兰时,因炸弹落到修道院院子里,这座食堂被炸毁了。而画了《最后的晚餐》的这面墙得以保全下来。

此建筑物于 1446 年修复。1454 年,专家使用最新方法,成功地复原了这幅画,弄掉了后来画上去的东西,显示了由达·芬奇的手画上去的颜色,终于使这幅轰动米兰的杰作,恢复了原貌。

混乱的米兰使艺术家觉得惶惶不可终日。

是该动身的时候了。

达·芬奇在米兰第一时期即将结束。

这是他的全盛时期。标志这期间的辉煌艺术成就的就是壁画《最后的晚餐》。

他还为宫廷演出"丹娜族"戏而设计了布景。

值得一提的是:数学家、教授卢卡·巴却里迁居米兰,与他结为挚友。

到 1499 年法国人统治米兰止,这是达·芬奇艺术、科学硕果累累的"第一米兰时期"。

《蒙娜·丽莎》

回到佛罗伦萨后,达·芬奇开了个画室,并接受了几件订货。

一天,达·芬奇接到佛罗伦萨著名银行家佐贡多的邀请,到他家为他的夫人画像。

佐贡多先生年约 45 岁,人看上去很有精神,一个亮光光的秃顶。他礼貌地接待了达·芬奇,然后叫他的夫人蒙娜·丽莎出来和画家见面。

当美丽的夫人走进客厅时,连见多识广的达·芬奇也暗暗吃了一惊。她穿一件华美的连衣裙,卷曲的长发披散在双肩,有一种清水出芙蓉的韵味。她的脖子上、手上挂着一些贵重的宝石,显得雍容华贵。她腼腆地向画家走来,报以礼节性的微笑,这一瞬间被达·芬奇捕捉到了,这种微笑正是他一直在寻找的微笑。

"以后请您到这里来为她画像吧!"银行家说道。他已经结过三次婚,前两位夫人都在结婚不久去世了,第三次才娶了丽莎小姐,比他小十多岁,他一直以年轻的美妻为荣。"我可以为她画像,但不能在这里。要画肖像,必须有专门的画室,还是到我的画室去吧!"达·芬奇说道。

从此,蒙娜·丽莎常常和一个女仆来到达·芬奇的画室,让他画肖像。为了避免她在画像时感觉无聊,达·芬奇请来乐师、歌手、说书人和小丑到画室来,为她表演;同时,也可以使笑意能长久地保持在脸上。

达·芬奇细致而耐心地画着,3年过去了,还没有画完。到了后来,达·芬奇和蒙娜·丽莎之间似乎有了一种微妙的联系,她的脸上最微细的变化,都逃不过达·芬奇的眼睛。

一个晴朗的日子,蒙娜·丽莎坐在达·芬奇面前,略低着头,抚摸着她心爱的白猫,那纤细的手指在柔软的皮毛映衬下,显得格外温柔。达·芬奇拿起画笔开始工作,突然,他停住了。

"夫人,"他问,"您今天有什么不舒服吗?"

丽莎夫人抬起头,安静地看着达·芬奇,"是的,有一点儿,女儿生病了,我整夜没有睡觉。"她说的女儿并不是自己亲生的,而是丈夫前妻的女儿。

"您今天也许疲倦了,这样坐着是很累的,我们今天不画了吧?"

"不,不要紧,这样好的天气,不画,您会难过的。"她望着达·芬奇,脸上带着一丝理解的笑意。

达·芬奇点点头,又拿起了画笔。长期以来,两人中间,无须说一句话,只需示意一下,便能相互了解。

"讲个故事给我听吧!"丽莎夫人请求道。她不再需要达·芬奇为她请什么歌手和小丑之类,就喜欢听他讲故事,尤其喜欢听他讲自己的回忆、游历、自然观察,以及绘画计划等。他常常用简单的小孩子般的字句,配着轻轻的音乐,将这些故事讲给她听。

于是,达·芬奇给她起了美丽的"维纳斯"的故事。

达·芬奇轻轻地讲着,丽莎夫人那双明亮的眼睛望着他,好像已经脱离了现实,来到一个美丽的神话世界。那种神秘的微笑不知不觉又浮现在她的脸上,这是一种完全透明的、非常深沉的、任何人都不能探究到底的静水般的微笑。达·芬奇抓紧时机,全神贯注地画着……

达·芬奇看出来,丽莎夫人不仅想成为他的肖像画上的主人公,还想成为他生活中的朋友。但她已经是别人的妻子了,而自己的年龄又比她大许多。他克制着自己的感情,仅仅以一个画师的身份出现在她面前。

这时候,达·芬奇接到宫廷里传来的一个通知,让他离开佛罗伦萨,去管理一个正在紧张修建的运河。这是一件十分重要的事,必须很快出发。达·芬奇知道自己将要暂时离开丽莎夫人,心情很不平静,明天就是最后一次为丽莎夫人画像了,他觉得自己竟有些舍不得离开她了。

第二天是个画像的好天气,这天,丽莎夫人准时来到画室。但和往常不一样的是,这次她是单独一个人来,没有带女仆,她那明亮的眼睛,此时像有一丝水雾在幽幽地飘着。

画室中只有他们俩人。

达·芬奇认真地画着,丽莎夫人带着微笑,直盯着他的眼睛,这也是以前没有过的。突然,他发现丽莎夫人脸上闪过一种奇异的阴影,就好像一个人在镜面上吹气所留下的痕迹一般。他停下来,问道:

"怎么啦?"

她不作声。很久才反问:"您要到运河上去,明天动身吗?"

"不,今天夜里就得走。"

"噢,我马上也要离开这里了。"她说。

达·芬奇看着她的眼睛,明白了,她之所以要离开佛罗伦萨,是因为知道了他要离开。

"佐贡多先生为了一件生意上的事情,要到外地去住三个月,我让他带我去,秋天才回来。"她解释说。

"好吧,"达·芬奇放下画笔,说道:"三个月后,我再来画。"

油画《蒙娜·丽莎》

"不,经过三个月,我也许完全改变了,甚至您都会认不得我了。您说过,人的面貌,尤其是女人的面貌,改变得很快。所以,您不如今天就完成这幅肖像。"

"啊……"达·芬奇久久地看着丽莎夫人,说不出一句话来。他们都有一种预感,这次分别将是永久的,就像死去一样。他和丽莎夫人将来唯一的联系就是眼下这幅肖像了。

"是时候了,再见,达·芬奇先生。"丽莎夫人站了起来,同往常一样平淡地说道。她的眼神中似乎含着一丝责怪,责怪达·芬奇三年来在感情上的过分克制。

达·芬奇的杰作《蒙娜·丽莎》是文艺复兴时期最出色的肖像画之一,也是人类文化宝库中最珍贵的瑰宝之一。

这幅肖像画最重要的特征是蒙娜·丽莎的微笑。

那么,达·芬奇为什么一定要画蒙娜·丽莎的微笑呢?这里蕴藏着画家极为可贵的创作意图:在中世纪的黑暗岁月,西欧人经历了1000多年残酷蒙昧的封建统治和基督教禁欲主义的精神摧残,早已丧失了思想自由和幸福生活的权利。现世生活的一切喜怒哀乐都会被视为触犯上帝的天条。所以在中世纪的画像中,圣母、耶稣也好,普通的肖像也好,总是那样呆板、僵硬,面部毫无表情。文艺复兴的时代来了!一切都在发生变化,绘画中变化最明显最典型的标志,便是丧失已久的笑容又回到人间，特别是回到获得解放的妇女们的脸上。那笑容里充满着新时代新人物的自信和乐观，洋溢着他们对未来、对真善美的渴望。达·芬奇作为一个与时代休戚相关的艺术家，敏锐地感受到这一点，并天才地表现了这一点。他一扫过去肖像画上那郁郁寡欢、像幽灵一般的阴影，绘出自由的明朗笑容。他用艺术形象表明，人从禁欲主义下解放出来，它不再是徒具形质、没有七情六欲的模具，人能够向人微笑了！所以《蒙娜·丽莎》具有了强烈的特征，而且成为文艺复兴时期女性美的原型，成为画家可以放开手脚倾心颂扬真善美的象征，成为西欧人结束了漫长中世纪痛苦生活的标志。

另一说认为，"蒙娜·丽莎"这个名字可能是取自马童娜（Madonna——即圣母马利亚）的简写"Mona"，马童娜本来是圣母的画像（或雕像）的通称，这样《蒙娜·丽莎》便多少带有圣母画像的含义了。

如果这一说符合历史的事实，《蒙娜·丽莎》这幅画的意义仍然不因此而减少。因为在"黑暗的中世纪"里，传统的宗教题材霸占了整个的画坛，形成抽象化、概念化的公式。那里的圣母画像，历来是头上戴着"圣光"，冰凉而毫无生命。文艺复兴的大师们，特别是达·芬奇，敢于向这种僵死的传统挑战，他们把神圣不可侵犯的教义变成平易近人的通俗故事，开始把宗教与世俗生活联系起来，使艺术只是披着宗教的外衣，反映的是现实的生活呼唤世俗的思想感情，目的是向人民群众进行人文主义的宣传教育。把宗教题材世俗化，这是狂飙突进的文艺复兴时期的一个浪潮。达·芬奇在《蒙娜·丽莎》中抹掉了圣母头上的圣光，使冰冷的圣母具有"人性化"的特征，用"人性"代替了"神性"，或者说，人也可以具有神的特质，这就更是一个了不起的成就了。

狄德罗说过："所有模仿的艺术都能在自然里找到它的模型。"达·芬奇创作杰作《蒙娜·丽莎》时，为了表现她那种似笑非笑的微妙特征，不仅运用解剖学的知识深入研究了隐藏在皮肤下面的脸部肌肉的活动特征，而且十分细微地观察了许多自然现象。他终于从微风吹起湖水的涟漪中得到启发，创作了蒙娜·丽莎的谜一般的微笑。你看她那配合着微微斜视的柔和明亮的眼神，抿着的嘴角微微翘起，形成轻盈的笑靥，这种非人工所为的线条和韵味，我们只能从"风乍起，吹皱一池春水"中找到类比。蒙娜·丽莎的微笑中显示出温雅、高尚、快乐，但不失其端庄、宁静。这是寓有深刻意义的最美的微笑。

这幅画，改变了蒙娜·丽莎的命运，她由一个庸俗的贵族妇女，重返天真无邪的少女时代。她默默地爱上了达·芬奇。但她又不敢表达，心灵承受着封建社会的重压。她不到30岁的时候，竟为爱情忧郁而逝。而达·芬奇，心中永远地爱着她，竟终身未娶。在他晚年病重的时候，画家叫学生把他画架上的绸布揭去。灰尘飘去，展现在他眼前的是永久的微笑！啊，《蒙娜·丽莎》，他的画中人，在她如花年龄时就忧郁而逝了。银行家的后人，将这幅画卖给了法国国王。而国王又把这幅画交给达·芬奇去修复。接到这幅画时达·芬奇全身颤抖，眼泪夺眶而出……

浪迹天涯

　　油画《蒙娜·丽莎》的美打动了无数人的心,达·芬奇又一次在故乡获得了极大的声誉,但他的内心却含着痛苦。这时,米兰人也在想念着他,经过法国总督的请求,佛罗伦萨执政官允许达·芬奇请几个月假,到米兰走一趟。

　　1506 年的春天,达·芬奇又一次来到米兰。他带了一幅在佛罗伦萨画的《纺纱圣母》,画的是幼时的耶稣把小脚伸进盛毛的提篮里,他笑着,调皮地抓住纺锤,要把它从母亲手中拿去。这幅作品在米兰引起了轰动,达·芬奇接到了大量的订货。

　　达·芬奇几乎忙不过来,连总督也请他为自己画肖像。几个月假期很快就到了,总督写了一封信,派人送到佛罗伦萨,信上说:"我们还需要达·芬奇在这里工作一段时间,因此,请给达·芬奇无限期延长假期,使他能在米兰再停留一些时间。"

　　佛罗伦萨的执政官看到这封信后,大发雷霆,骂达·芬奇是"米兰骗子"。

　　达·芬奇曾在米兰生活和工作了十多年,佛罗伦萨有些官员对此很不满,说他对故乡缺乏爱恋,现在,更多的责骂声向达·芬奇飞来。

　　这种情况下,达·芬奇不能回佛罗伦萨,只好继续留在米兰。统治者总是把他当作仆人一样,要他尽可能地为自己的利益服务,并且为此钩心斗角,这是达·芬奇晚年漂泊的主要原因。他的心情变得十分沉重。

　　1513 年 9 月,由于米兰的局势动荡不安,达·芬奇带着弟子从米兰动身往罗马去,结束了他的"第二米兰时期"。但罗马的情形也好不到哪儿去,如果不是弗朗西斯科继承了父亲的遗产,拿钱帮助他的话,他可真要揭不开锅了。

　　第二年夏天,达·芬奇害了一场疟疾,这是他一生中第一次生重病。他不让徒弟们去请医生,唯有弗朗西斯科在床前照顾他,竟使他的病好转起来。达·芬奇非常喜欢这个小徒弟,他觉得是上帝派了这个孩子给他,做他的最后的朋友,做他的守护天使,安慰他的无家可归的老年生活。

　　这时,罗马教皇向达·芬奇预订了一幅小画,他却在想着研制一种永久性颜料。他的伟大作品《最后的晚餐》颜色逐渐变暗、发霉,使他决心发明一种色彩鲜艳持久的颜料。他和徒弟们全都投入了这个工作,日夜不停地进行试验。

　　达·芬奇在罗马陷入困境时,法国国王给他发来了邀请信。法王带兵出其不意地攻下了米兰,要举行一个盛大的庆祝会,请达·芬奇去参加筹备工作。

　　庆祝会举行那一天,一只威武的机器狮子出现在大殿上。它一步一步地走着,走到国王面前停下来,后脚直立,前腿高高地跃起。只听"哗啦"一声,它的胸前开了一个洞,一束鲜艳的百合花落在国王面前。顿时,全场掌声雷鸣,庆祝会达到了高潮。

这个机器狮正是达·芬奇制造的,他的声誉得到了很大的提高。大街小巷中,到处都有人在谈论达·芬奇和他制造的机器狮。

最后归宿

法王决定聘请达·芬奇,给他 700 块金币的年薪,并拨了一个小城堡给他住,达·芬奇接受了。1516 年初,他带着徒弟们离开米兰,前往法国,这一年,他已经 64 岁了。

达·芬奇的身体已经很衰弱了。每天下午,弗朗西斯科扶着师父走出门去,沿着幽静的小路走进树林深处,找一块石头坐下来。弗朗西斯科躺在草地上,读书给他听。在大自然的美景中,达·芬奇仍在不倦地思考着人和自然,他说过:

"人不是玩偶,大自然应该躺在他脚下。人本身就是大自然的一部分。人的生活,就是同大自然斗争,人得作很多努力,才能成为大自然的主人。"

其余的时间里,他仍旧待在画室里,画一幅《施洗约翰》。他感到了生命的紧迫,抓紧时间作画。

一天,达·芬奇正在画室里工作,听见窗外传来了脚步声和说话声。他对弗朗西斯科说道:"不要放人进来,什么人都不许进来,听到了吗? 你去告诉他们,我害病或者出门去了。"

弗朗西斯科来到大门,准备挡住那些不速之客,但他惊呆了,来人正是带着几个随从的法王。他一见国王,就恭恭敬敬地鞠了一躬,开门让他们进来了。

国王走进画室,达·芬奇也吃了一惊,差点来不及遮盖立在《施洗约翰》旁边的那幅画了。以往每次有人来,他都仔细地把那幅画遮盖起来,还没有其他人知道这幅画画的是什么。

国王穿着一身华丽的衣服,达·芬奇要依照礼节下跪,国王伸出手阻止了他,自己反而向达·芬奇鞠躬,还友好地拥抱了他一下。

"好久不见了,达·芬奇先生,您好吗? 有什么新画吗?"国王问道。

"身体不大好,还没有画完。"达·芬奇指着那幅"约翰"像说,同时伸出一只手想把旁边那幅画推走。

"这是什么?"国王指着这幅画问。

"一幅旧画,没什么,陛下。"

"让我看看,您的画,每一幅都是好看的。"

达·芬奇犹豫起来,这时国王的随从走上前,把遮布揭开了,露出蒙娜·丽莎夫人的肖像。达·芬奇的眉头皱起来了。

"真神奇啊!"国王叫人拿过一把椅子坐下,看了半天,终于像从梦中醒过来一样,说道:"这个女人真美,我恐怕还没见过这样美的女人,她是谁呀?"

"蒙娜·丽莎夫人,佛罗伦萨人,她……已经去世了!"

"陛下,"旁边一个随从插话道,"听说达·芬奇先生这幅画画了许多年,还没画好,至少他自己说还要继续画下去。"

"什么? 还没画好?"国王吃了一惊,差点从椅子上跳起来,"还有什么没画上去的? 她就跟活的一样,只差会说话了。"

国王又打量了一番画,对达·芬奇说道:"这两幅画我都要买,《施洗约翰》和《蒙娜·丽莎》,您开个价吧!"

"陛下,"达·芬奇小声地说道,"这两幅画确实都还没画完,等我……"

"不对,《施洗约翰》还没画完,我可以等着,可这幅《蒙娜·丽莎》,您再不要碰了,她已经很美了,我要马上带走,你只管开价,放心吧,我是不还价的。"国王大声说道。

达·芬奇沉默着,《蒙娜·丽莎》是他一生中最宝贵的,无论如何也不肯卖出去,可他怎样向国王解释呢?

国王以为达·芬奇不开口,是怕开出的价钱不合适,就自己开了个价钱:

"四千块金币怎么样? 达·芬奇先生,大概够了吧?"

几个随从一阵交头接耳,露出非常吃惊的样子,在这以前,还没有人出这样高的价钱来买一幅图画。

达·芬奇更加说不出话来了,慌乱得几乎要给国王跪下去,但国王却以为达·芬奇同意了,就站起来要走,还再一次拥抱了达·芬奇。

到了夜里,达·芬奇叫上弗朗西斯科,举着火把,匆匆赶往国王落脚的地方。他已经下了决心,不能让这幅画离开自己的身边。

见到国王后,他直截了当地说道:"陛下,我请求您一件事,不要从我那里拿走《蒙娜·丽莎》。我答应您,这幅画是您的,钱嘛,我不要,只请求您准许它再跟我一段时间吧,直到我死的时候……"

留住了《蒙娜·丽莎》,达·芬奇松了一口气。他终生没有结婚,进入晚年后,每时每刻都在想念着心中的她,一个有着神秘的微笑的女人,一个或许会在天国等待着他的女人。

随着时间的流逝,达·芬奇的身体一天比一天衰弱,他继续工作着,思考着。他的一生探索了人类知识的许多领域,尤其是在科学和艺术方面做出了空前的成就,现在,他像一个哲学家一样思考着:

"白天过得好,夜里睡觉也安稳;同样,一生活得充实,死时也平静。"

现在,他感到平静吗? 不,他觉得自己还有许多事没做完,连《施洗约翰》都还没最后完成,更别说从前的许许多多多事情了。要是还有精力,他一定会夜以继日地工作,思考宇宙间的一切秘密。

一天夜里,他做了一个梦,梦见自己还没有死便被人埋葬了,在地下醒过来,不能呼吸,拼命地拿双手去推棺材盖。第二天,他叮嘱弗朗西斯科,他死后要在床上放三天,才可埋葬。

他生病了,他知道,自己最后的归宿就要到来了。

他开始整理自己的笔记,那里面记录了他一生的观察和思考的结果。他知道,里面写下的发现可以缩短人类几百年的研究工作,可以改变人类命运,同时他又明白,这项整理工作自己也无法完成了。他觉得自己好像永远在开始,又永远无法完成。

达·芬奇的绘画是他留给后人的主要成就。在科学方面,他一生勤于思考和探索,有过无数的发现和构想,都记录在他的笔记里,在当时没有引起人们太大的注意。直到19世纪达·芬奇的笔记公诸于世,人们才开始重新认识达·芬奇,才知道他在人类科学的许多领域里都有杰出的发现。近代科学上的许多发明,其实在达·芬奇那里都得到了预见,并有了一定的研究结果。

他开始立下遗嘱,他的一切书籍、科学仪器、机器、手抄本,以及王室欠他的薪水,都赠送给他最亲爱的徒弟弗朗西斯科;城堡里的家具和半个葡萄园赠送给跟随他多年的老仆人,还有半个葡萄园赠送给他的另一个徒弟。1519年5月2日,达·芬奇躺在病床上,头枕在徒弟弗朗西斯科的手臂上,停止了呼吸,享年67岁。

达·芬奇这个名字,将在世界艺术史和科学史上永放光彩!

古典主义音乐作曲家

——莫扎特

人物档案

　　简　　历：古典主义时期奥地利作曲家，维也纳古典乐派代表人物之一。1756 年 1 月 27 日出生于奥地利萨尔茨堡，天生就喜欢音乐，青年时期开始歌剧创作。1791 年 12 月 5 日卒于维也纳，终年 35 岁。

　　生卒年月：1756 年 1 月 27 日～1791 年 12 月 5 日。

　　安葬之地：维也纳圣·马克斯墓地。

　　性格特征：天真活泼，机智幽默，独立不羁，坚强不屈。

　　历史功过：西方音乐史上公认的最伟大的音乐家之一，与海顿和贝多芬共同将维也纳古典主义乐派的成就推向顶峰。最出名的歌剧是《费加罗的婚礼》《唐璜》和《魔笛》。

　　名家评点：慕尼黑的《德国年谱》记下了这样一段话："如果莫扎特不是在温室中成长的花朵，他一定会成为历史上最伟大的作曲家之一。"

天才嗜好

　　莫扎特 1756 年 1 月 27 日生于奥地利的山城小镇萨尔斯堡，起名为沃尔夫冈·阿马德乌斯·莫扎特。他 3 岁开始学钢琴和小提琴，5 岁涂鸦时竟写出一首钢琴协奏曲，6 岁随父亲赴英、法、德等国旅行演出，一时轰动了全欧洲，8 岁就写出第一部交响乐曲。

　　由于莫扎特是个天生就爱好音乐的孩子，所以当他 5 岁时提出要和成人一起拉完六首小提琴三重奏曲子时，父亲也只能答应了。

1758 年的一天，不知是因为地处山城还是这一天太阳特别明亮，萨尔斯堡小城像镀了一层金黄色，让人感到特别心旷神怡。一位年约 40 的中年男子从洛赫尔广场散步回来，正朝着自己所住的公寓走去。那是一栋五层楼的分租公寓，整个公寓建成方形，而中间是一片草地。整幢公寓的外表刷成了米黄色。这天，在和煦阳光的照射下，更显得金光闪烁，连这位男子心中也涌起了一种自豪感。

一个 8 岁小女孩身后的长辫子飞舞着，嘴里嚷着"爸爸，爸爸"向这位中年男子跑来。

突然，那位男子停下了脚步，把目光从女儿身上移开，并抬起了头，注视着公寓三层楼那三扇正对着洛赫尔广场的窗户，可女儿在身边，家里怎么传出悦耳的钢琴声？他也顾不上女儿，飞快地向家中跑去……

再说屋里那个 3 岁的小男孩，脑袋出奇地大，漂亮的金发下是一个宽阔的前额，一双从容的蓝色大眼睛特别逗人。他就是莫扎特。比他大 5 岁的南内尔当时正在学钢琴。每当悦耳的琴声从姐姐的手指间流出时，在地板上玩积木和小汽车的莫扎特就会松开手中的玩具，慢慢地把脚步挪到钢琴旁，站着听上好一会。有时等姐姐走了，他还会在琴上按上几下。

那一天，莫扎特看到姐姐弹完琴到下面去玩耍了，就坐上了琴凳弹了一个三度和音。那声音是如此动听，莫扎特高兴得咯咯地笑起来了。但他毕竟太小了，双手要举在头上弹钢琴，于是，莫扎特跑到爸爸的书房里，从胡桃木做的书架上使劲抱出一本精装的图书，放到琴凳上，然后又拿了第二本、第三本。莫扎特扶着钢琴，爬上了琴凳，坐在厚厚的书本上。于是，琴声就传出了窗外。

爸爸跑进屋里看见莫扎特双脚在琴凳上悬荡着，心里什么都明白了。看到进门的爸爸和姐姐，莫扎特高声叫道："姐姐，我们来弹一首二重奏，好吗？""你刚会弹出几个音符，就想弹二重奏，真是异想天开……"姐姐笑着说道。

这时，女管家特蕾莎嚷着吃午饭了，可莫扎特却久久地不愿从琴凳上跳下来……

莫扎特只是草草地吃了几口就离开了餐桌。然而，他并没离开厨房，他口中嚷道："你们大家先别走开，我来给你们表演一个节目！"于是，他拿过十几个杯子，并在里面装上了多少不等的清水，然后拿起一个钢叉，在杯沿上敲打起来。说来奇怪，那杯子伴着钢叉的颤抖，一曲莫扎特刚才弹过的钢琴练习曲竟又从杯沿上跳跃起来，而且那声音是如此美妙，如此动听。

莫扎特的父母利奥波德和安娜·玛丽亚是萨尔斯堡最漂亮的一对夫妻。利奥波德是萨尔斯堡宫廷乐团的小提琴手，以后又成为宫廷作曲家和歌咏队副指挥，而且还著有音乐理论书籍。他 37 岁时，也就是莫扎特出生那年，还出版了《小提琴演奏的基本原则》一书。

利奥波德夫妇生过 7 个孩子，而 7 人中有 5 个却夭折了，只剩下 1751 年出生的南内尔和最小的莫扎特。利奥波德的工作决定了他对音乐的偏爱。而奥地利人又有一个共同的嗜好,在他们眼中,音乐是第一位的,而上帝则是第二位的。正因为有了这三个因素,所以利奥波德更想把两个仅存的孩子培养成音乐天才。

利奥波德知道,光把孩子教成一个演技非凡的神童并非难事,而要把儿子培养成具有创作能力的音乐家却是很困难的。利奥波德要莫扎特从小树立不要让技巧妨碍流畅的思想,不要因为成功而自我陶醉,只有虚怀若谷的人才知道自己的真正价值。不要由于失败而退步不前……在父亲的指点下,莫扎特全身心地投入了音乐世界。

一天下午,做完祈祷的利奥波德回到家里发现家里怎么听不到钢琴声了,这真是有些破例了。他急急地推开了门,只见莫扎特在父亲的写字桌前坐着,手里拿着鹅毛笔,桌上铺着五线谱,墨水瓶里的墨水已经用完,而莫扎特的脸上手上全是墨水。"你在做什么呀?"父亲故意不解地问。

"写钢琴协奏曲!"莫扎特自豪地回答。

"哟,写钢琴曲,而且是协奏曲,你把曲子写在五线谱上还是写在脸上啊?"父亲又问。

莫扎特似乎没听见父亲的戏言,一边用沾满墨水的手拉着父亲往钢琴边走,一边说道:"这曲子很难,所以叫协奏曲,我弹给你听听!"琴声响了起来。

利奥波德拿过五线谱,只见满纸涂鸦,但仔细看下去,却发现曲子不仅符合创作的规律与要求,而且有充实的内容,真像莫扎特所说,很难,因为曲子里有很深的演奏技巧。

看着看着,父亲的双眼睁大了,泪水在他的眼眶里滚动,他太激动了:"这孩子真的写出了一首协奏曲,而且一般的人很难演奏它!"

"对,这叫协奏曲,所以难,但练得熟练了就不难了。"莫扎特用大人的口吻一本正经地说道,惹得父亲哈哈大笑起来。

姐姐知道这事后,把弟弟最初的创作手稿保存了下来。

莫扎特的童年生活是愉快的,无忧无虑的。他像小天使般在亲人身边跳来跳去。他非常听话,又很温顺;他非常可爱,又很聪明,所以谁见了他都很喜欢他。在莫扎特的童年生活中,从来没有为了达到某一种目的而撒娇,或是在地板上跺脚、狂叫。只要莫扎特在家里,窗户里总要飘出阵阵钢琴或小提琴声。有时音乐停止了,这是莫扎特在学习简单的数学,有时则在"作曲"。

1761年9月,也就是莫扎特5岁的时候,莫扎特已经受人邀请而开始了"演出生涯"。

当时,萨尔斯堡中学为了庆祝年终而排演了一台节目。这台节目需要150名孩子同台演出,而莫扎特就是其中之一。虽说这种演出也许只是让孩子在台上热闹一下,但作为父亲的利奥波德却非常重视这种让孩子参与能吸引公众注意力的活动,而且这种活动能给孩子以一种艺术熏陶。

利奥波德看到了莫扎特罕见的音乐天才,在经过一段时期的培养以后,他开始考虑一个旅行演出的计划。这种计划有两方面的考虑,一是可以让孩子在旅行演出中提高演奏的技巧,二是可以让孩子早日出名。因为一个6岁的孩子的旅行演出极易引起轰动,而孩子只要在慕尼黑等地一出名,消息很快会传到萨尔斯堡,这样又可以有两方面的收益:一是孩子出了名,今后的生活就不用愁了;二是孩子的出名,无形中提高了父亲在大主教西吉斯蒙德面前的地位。这对父亲在宫廷乐团中的地位是很有影响的。于是父亲正式决定,让孩子到慕尼黑、维也纳等地开始旅行演出生活。

1762年9月利奥波德的更大的计划就要实施了。

维也纳是奥地利的首都,由于这里的人们特别喜爱音乐,所以历来有"世界音乐之都"的美称。加上赫贝尔斯坦和帕尔费伯爵已在首都为这两个神童做了最直接最见效的宣传,所以整个维也纳的上层社会都急切地盼望早日一睹小神童的风采。首次的宫廷演出之后,莫扎特成了宫廷中的常客,他与同龄的王子公主成了好朋友。他们经常在宫廷后院的草坪上打羽毛球,玩转轮子游戏,还在假山花丛中捉迷藏。

莫扎特姐弟俩在宫廷的成功,立刻在贵族中刮起一阵旋风,大家争相邀请莫扎特到家中演出,并以邀请到的先后及排场的大小来比阔气,这真使利奥波德的大口张开得无法合拢了。

街头卖艺

应该说,除去莫扎特患猩红热之后的一段经历,维也纳的旅行演出是极其成功的。

在这一段时期里,利奥波德已在千方百计地搞一些能晋见小王朝统治者的推荐信,他知道,有了上层社会的推荐信,他就能被皇族贵族所召见。召见以后,凭着莫扎特姐弟的天才,他就可能得到有力的资助。那么,更大的成功和赏赐也就随之而来了。认识到这一点,利奥波德每次搞到推荐信,总把它们与皇族的赏赐珍藏在一起,以备日后之需。

在一切准备就绪之后,考虑到贵族通常在夏天离开首都,利奥波德于是选择了一条去乡间拜访他们的路线,并于1763年6月9日,开始了第三次旅行演出的生活,这次的最终目的地是巴黎。

父子二人在大街上漫步。经过几天阴沉多雨的讨厌天气之后,天空放晴了。利奥波德深情地欣赏着在狭窄的街道上行驶的一种华丽的敞篷四轮马车,上面坐着的王公们个个穿得阔绰,女士们人人打扮得时髦。他弄不明白,如此的豪华摆阔怎么能与这有损健康的污秽、积垢的街景协调一致。比较而言,萨尔茨堡要比这里干净多了。

从他们到达之日起,迄今没有人争着邀请他们。他一面在等待时机,一面鼓励孩子们要勤奋练习。他没有必要让孩子们为此而感到焦虑不安。尤其对莫扎特来说,他应该在乐谱前度过一生,并努力在音乐中找到快乐和消遣。

孩子越来越迷上了作曲。对他父亲给他的乐曲——尽管为了不引起他的不满,而绝口不说——他从内心觉得它们太平淡乏味和太陈旧了,他渴望得到新的乐曲。他请求王公们或者是相识的作曲者们给他提供主旋律,以便能够围绕这些主旋律像雕石琢玉般地精心推敲出小的曲子来。他对新的音乐很感兴趣,沉迷于对一个名叫约翰·舍伯特的德国人的作品的研究学习中。这个德国人把创新的想法,充满诗情画意的激情,以及忧伤的情感,在他的音乐中发挥得淋漓尽致。这种迷恋令利奥波德大为不快。

"这是恶劣的作品。"利奥波德大声申斥着,"相信我,孩子,如此失败的作品是没有前途的。你要记好,作曲是为了乐趣,而不是为了寻求刺激或引起轰动。这个舍伯特!真是一个下流坏……"

莫扎特仍然私下里偷偷地喜欢他。利奥波德的心情变得忧郁起来。他们长途跋涉到巴黎来,难道是为了吃闭门羹。他开始寻思是否直接去伦敦更为明智一些。日复一日没有独奏音乐会,使他们的积蓄日渐减少。小玩意儿、表、画像、鼻烟壶抵了他们平日工钱,可是这些东西在放债人那儿根本就值不了几个钱。

回到德·巴维耶尔大使临时给他们安排的位于郊外的鱼贩街的住处后,利奥波德看到了一份由信差送来的报纸。读着这张报纸,他露出了微笑。他的同胞梅尔基奥尔·冯·格里姆男爵,奥尔良大公的秘书,一份办得很成功的文学杂志"论坛"栏的撰稿人,他在报上写道:

"真正的神童是比较少的。萨尔茨堡的王宫诗班领班莫扎特先生带着他的两个孩子刚刚抵埠。他的十一岁的女儿弹管风琴的指法非常出色。而她的弟弟,只有七岁,更是一个难得的奇才。最难弹奏的曲子对他来说都算不了什么。难以置信的是,看他一丝不苟地认真演奏一个小时,并通过对他的才华的认识,便能感悟出令人陶醉的乐思。他谱写乐曲轻松自如,既不需要走近管风琴,也不需要和音。"

冯·格里姆的文章终于招来了举荐和邀请。其中就有来自国王路易十五本人的,是请他们在圣诞节期间去凡尔赛宫演出。一种难以描述的自豪——同时也是一个最大的慰藉——攫住了利奥波德的心。他终于达到目的了。在得到此殊荣之后,毫无疑问,整个巴黎都会争先恐后地来聆听他的两位小天使的演奏了。

凡尔赛!让人眼花缭乱的凡尔赛!欧洲何处还会有这样的王宫?这是古典建筑艺术的名副其实的交响曲。

莫扎特和南内尔被眼前的豪华排场惊得张大了嘴巴。路易十五国王彬彬有礼、宽宏大度,王后非常和善,始终以极大的兴趣在欣赏他们的演奏。

像利奥波德所预料的,这次演出给他们带来了期待已久的名声和声誉。各个沙龙争先恐后地请他们演出。利奥波德,作为细心的管理人,懂得从这声誉中最大限度地获取所有的利润。有史以来第一次，莫扎特的四首管风琴奏鸣曲被印刷出版了。可是，又该上路了。

1764年夏，伦敦也开始充满了好奇地接待莫扎特一家了。他们很快便被邀请到白金汉宫进行演出，国王乔治三世和王后对莫扎特赞不绝口。上层社会的名流、显贵们十分怀疑，认为这是一出闹剧。一个八岁的小童能对一切过目成诵，能不加区别地为小提琴、管风琴，甚至管弦乐队作曲，这太不可思议了，绝对地不可能！但是他们不得不屈服于事实，莫扎特的情况没有任何商业上的欺诈，而且他们很快被这个可爱的、朴实稳重的小男孩征服了。

后来，他们与巴赫相遇了，并且他们相处得很融洽，并经常联袂为社会名流们演出。

很快十五个月过去了，他们要启程去海牙了，在路上姐弟俩都生了场大病，不过他们逐渐地恢复起来了。

他们决定，最终还是可以去阿姆斯特丹，因为那里大家都在等着他们。他们在那里举行了多场音乐会，赢得了赞颂，受到了热烈欢迎，甚至还挣了一点钱。

利奥波德明白，此次大胆的远行应该结束了。更何况他的主人，希基斯蒙德王爷已经很不耐烦地催促他们回去了。这次的冒险旅行并没能使他获得惊人的利益，但是，至少，他儿子的名字已经为全欧洲所知。他期待凭借这人所共知的声誉，说服他的主人，把唱诗班领班的位子委任给莫扎特。

他当即决定荷兰是最后一站，完事就带着孩子们踏上返乡之路。

在经过荷兰的时候，那品种繁多的郁金香使莫扎特姐弟大开了眼界。

1766年11月15日，莫扎特一家踏进了慕尼黑市区。选帝侯想知道相隔三年后的莫扎特到底又变成怎样的孩子了，所以致函相邀。莫扎特一家在选帝侯家进餐时，选帝侯故意很随便地哼了几小节旋律，而且他知道这时的莫扎特正在与新朋友聊天呢，选帝侯然后对莫扎特说："你能马上用我刚才哼的旋律谱成一曲吗？""那就让我试试吧，尊敬的殿下。"莫扎特随即用侍从拿来的纸笔在一边谱写起乐曲来，只转眼工夫，莫扎特已经把乐曲写成。

选帝侯接过乐谱，仔细地看了看，然后对利奥波德说："你以这个孩子为傲是完全理所应当的！"然后，选帝侯要侍从把他所钟爱的一些陶艺品拿出来，对莫扎特说："这些陶艺品是东方的友人送给我的，我很喜欢，今天我很高兴，请你挑一个留作纪念吧！"从这以后，利奥波德珍藏的值得骄傲的赏赐中就又多了一份东方的瑰宝。

打响罗马

意大利是人们熟悉的从中南欧向东南伸入地中海的形状像一只大皮靴似的多

山的岛国,岛上的维苏威火山和比萨斜塔在世界上都享有盛名。从 13 世纪开始,该国就成为西方世界的文化中心,其中特别是她的音乐,已成为世界音乐成就中的塔顶。当时的人们已形成一个共识,只有在意大利的大城市中受过音乐训练并获得成就的人,才能被承认为真正的音乐家。

当时,世界上所有著名的音乐家、歌唱家可以说都是意大利人。如果不是意大利人那也是由意大利所培养的,如果不是意大利所培养的,那至少也是在意大利出名的。利奥波德就是想让莫扎特至少在世界音乐天堂的最顶层打响并大放异彩。

所以在莫扎特结束三年的德国、英国、法国、荷兰等地的旅行演出之后,爸爸又在故乡认真地让孩子学习了对位法,并把巴赫、亨德尔、哈塞和埃贝林的作品作为范例,认真研究,反复模仿。这样大约学习了两年的时间。

1767 年 9 月,莫扎特 12 岁的时候,那不勒斯年轻的国王将和玛丽娅·特蕾莎皇后的女儿玛丽娅·约瑟夫结婚,他们邀请莫扎特一家前往出席婚礼的庆典活动。利奥波德认为这是一个不能错过的千载难逢的好机会,就决定第二次去维也纳。但上路后第一天在高桥街上的旅馆过夜时,有人就告诉他们说维也纳正在流行天花,这是一种由病毒引起的烈性传染病。这种病传染性猛烈,病势凶险,会出现全身性中毒症状。初时皮肤出现斑疹、丘疹、疱疹,以后化脓直至结痂脱痂。在化脓期间,往往并发肺炎、衰竭、血压下降等症状,因此此病的死亡率很高。最有效和简单的方法就是预先接种牛痘。由于孩子最容易传染上天花,所以有人又对利奥波德说,应该让孩子马上去接种牛痘。但利奥波德却说:"我两个孩子的健康已经委诸于神的恩惠,我在上路时已为他们祈祷过了。"他们又出发了。

第二天,从维也纳过来的朋友告诉利奥波德,要做新娘的公主玛丽娅·约瑟夫也得了天花于日前去世了。但皇后又把次女玛丽娅·卡罗莉娜嫁给新丧爱侣的新郎,所以还是等着莫扎特的到来。但谁能想到,当天晚上,莫扎特就发起了高烧,双手冰凉,全身发起抖来,还不停地讲呓语,当地教堂长老会会长听说莫扎特得病了,立刻把他们接到教堂里住下了。莫扎特的眼睛也渐渐失明了,这可是件令人焦急万分的事情啊,于是爸爸又不断地用教堂里的圣水为莫扎特洗眼睛。八天以后,南内尔也得病了,也不能用眼了。他们只能躺在床上,轻轻地哼些乐曲,用音乐驱赶着身上的病魔。

也许是孩子长期的旅行生活有了一定的免疫能力,也许是教堂的祈祷和圣水的魔力,加上孩子们用音乐调整了自身的活力,几个星期之后,两个孩子竟奇迹般地康复了,而且只是视力受到些损害,其他什么病症也没留下。

1768 年 12 月 23 日,莫扎特一家来到了维也纳。当两个孩子重新迈入宫廷时,他们再也不是当年那种什么都新奇,什么都不懂的山城孩子了,他们的步伐是那样地老练,他们的目光只看着前方……

不久,约瑟夫二世让莫扎特为歌剧剧本《装痴卖傻》(K.51)写音乐总谱,莫扎特很快就完成了。有人见莫扎特把总谱写得有板有眼,怀疑这本来就不是小孩子的作品，就认定这是一对父子骗子。而且当时的维也纳歌剧院里明争暗斗，乐团演员去听一个乳臭未干的孩子的指挥，这不明显是降低自己身价的事情吗？所以当时维也纳的整个音乐界竟会掀起巨浪，抵制这部歌剧的演出。

约瑟夫明明知道这个歌剧总谱写得不错。因为莫扎特已在伦敦受到巴赫和曼佐利的指点，已经能写出像样的歌剧了。约瑟夫也明明知道，这是音乐地狱动员了一切力量，企图阻止一个孩子的天才得到普遍的承认，但迫于他当时尚未牢牢地控制住维也纳的艺术界，所以当利奥波德向其发火时，他也没有摆出理由，只是让剧院经理阿弗利乔付给利奥波德 100 个金币作为赔偿。就这样让这场在维也纳掀起一场轩然大波的事件平息了。

然而，有人把这一切都看在了眼里，而且感到非常地气愤，并力图帮助莫扎特。著名医生安东·梅斯梅尔大夫为了安慰莫扎特，特意出资让莫扎特谱写一出小歌剧——《巴斯蒂恩和巴斯蒂娜》。当莫扎特很快完稿后，梅斯梅尔又在他自己的私人剧团里为歌剧的演出提供了经费和场地。

不久，《装痴卖傻》的风波让故乡的西吉斯蒙德大主教知道了，他感到这出歌剧应该上演。于是让《装痴卖傻》在宫廷歌剧院上演了，并任命莫扎特为宫廷的"乐队指挥"。尽管这是一个较低的空有其名的职位，他只是常常要应召谱写些教会音乐，但这对莫扎特来说，却有了一个较早的接触教会音乐的机会。

1769 年 12 月，莫扎特跟随父亲由米兰向南进发，直插意大利半岛，而南内尔则留在了故乡。

来到罗马，利奥波德与莫扎特在一个星期三的下午去瞻仰西斯廷教堂。

西斯廷教堂是罗马 16 世纪 20 年代时期的最杰出的瑰宝，人们除了赞赏她的建筑之外，更惊叹于她的壁画。

西斯廷教堂中的礼拜堂是人们最常到达的地方，它的天顶总共有一千多平方米，天顶上面的画以旧约《创世纪》为题材排列而成。组画共分三组：叙述世界的创造；叙述人的堕落；叙述诺亚的故事。组画两侧各有 6 个高 280 公分的先知和巫女。

这些画是著名画家米开朗基罗花了 4 年 3 个月，每天爬在 18 米高的脚手架上，仰着脖子完成的。当杰作完成之后，他的颈椎已经向后变形，看书时只能把书放在身体的正上方才能阅读，而他只有 37 岁的人却已形如老翁。他那宏伟壮丽的组画让整个罗马为之轰动。人们感谢上帝让米开朗基罗与他们生活在同一个时代。

欣赏着那一幅幅形象逼真的画面，莫扎特赞叹着罗马艺术的伟大。突然，教堂里传来一阵悦耳的歌声，那是教堂唱诗班正在演唱著名的多声部赞美歌《愉快的圣咏》。这不正是莫扎特奉若神明、梦寐以求的乐曲吗？莫扎特多么想把曲谱借来一睹为快。然而，按照教规，教徒和演唱者是不得将圣咏的任何一部分带出教堂的，否则将立即遭到教会的驱逐。

这时的莫扎特,再也无心去欣赏宏伟的教堂,只是紧张地、全神贯注地倾听着唱诗班的演唱,表面上如同发呆的莫扎特却把每个音符都镌刻在他的记忆中了。圣咏一结束,莫扎特父子就急急地赶回旅馆,莫扎特迅速地找出纸笔,然后坐在桌子前,把整个《愉快的圣咏》乐谱全默写出来了。隔了一天,正好是星期五耶稣受难日,莫扎特又来到西斯廷教堂,再仔细地聆听了一遍《愉快的圣咏》,他发觉有两个地方的音符错了,而其余则完全准确。从此之后,这个"绝密的"从不外传的秘曲就再也不是什么秘密了。

这一奇迹成了当时人们的美谈,莫扎特也为此事感到得意。

命运多舛

应该说,莫扎特在意大利的成绩是喜人的,而且,在这一年不到的时间里,他还学习了意大利很多优秀歌曲的作曲方法和音乐知识,这对他的创作都将产生很重要的影响。这时,菲尔米安伯爵请莫扎特为米兰的宫廷庆典创作一部歌剧,莫扎特欣然应命。

1770 年夏末秋初,莫扎特把大部分时间用来谱写宣叙调,然后把乐谱寄给了米兰的导演。导演对莫扎特的乐谱非常满意,随即,莫扎特父子于 10 月 18 日来到米兰,准备完成歌剧《海洋之王,莱特里达特》(K.87)。由于莫扎特这时已受到了意大利歌剧的熏陶和名师的指点,再加上他已有过创作小歌剧的经验,所以写作进行还很顺利。但由于这个歌剧反映的是古代的一个悲剧,所以谱写乐谱必须进入感情,这甚至影响了他的情绪。莫扎特在创作中有时沉入了深深的思考,这时,他就又会写些家信以调节自己的情绪。莫扎特的烦恼和祈祷是有道理的,因为他要用音乐的音符达到叙述故事情节的目的,还要用音符表现出人们的对话,有时甚至要和剧中人说话吟诗的韵律相一致。

啊!终于完稿了,这是莫扎特真正掌握歌剧创作技巧后的第一部作品,也是他的即将正式上演的第一部歌剧,人们可以把这部歌剧看作是莫扎特歌剧创作上的处女作。这一炮到底能否打响呢?作者和音乐爱好者都翘首以待。

舞台上的大追光灯亮起来了,它首先照在饰有花纹的绛红色幕布上,帷幕渐渐拉开。追光灯又慢慢地照向舞台的一侧,一个矮小的身影向舞台中央走来,追光灯尾随着追向舞台中央。当那个身影刚刚站定,舞台上万盏灯火齐放光明,啊,那是个小孩,是个尚未成年的少年,那不是莫扎特吗?今天的首场公演难道让这个孩子担任指挥吗?喔,是的,一点也不错,莫扎特不但上台担任指挥,而且接受他指挥的是大名鼎鼎的意大利乐队。剧场里响起一阵热烈的掌声。

演出开始了,人们被剧情和音乐所陶醉,当演员每唱完一段时,台下就发出一片欢呼,有人狂喊:"大师万岁!"有人则把身上所喜爱的东西掷到台前。剧场里天天都是这种情景,这个歌剧连续演出了20场,场场满座。"大师万岁"的欢呼声也随着20场的演出,回响在剧场的上空。

莫扎特的歌剧,还使那些一向比较贫困的乐谱抄写员乐得合不拢嘴来。因为演出一旦成功,来自各方的人士就会索要歌剧的乐谱,那么抄写员就得拼命地抄写乐谱,然后是出卖、分送给各方人士,最后,他们这一次的所得竟比乐队指挥还多。这真是一个奇迹啊!

1771年,莫扎特在米兰创作了歌剧《路齐奥·西拉》(K.135),这出歌剧细节安排巧妙,乐曲配器丰富饱满,成为莫扎特歌剧创作中的一个里程碑。

这年8月,奥皇后的儿子费尔丁南德大公看到莫扎特音乐有成,但职位却卑微,就提议想聘请莫扎特为宫廷作曲家。但他的母亲玛丽娅·特蕾莎却很耿直,她对四处宣传小神童的莫扎特的父亲的做法非常反感,她痛恨那种四处攀结贵族的商贾作风,那种把儿子当作商品推销给各王侯的做法,因此她坚决不同意这一提议。皇后在信中说:那种"像乞丐似的在世界各地到处游荡的人,是会败坏宫廷风气的无益的人"。这使莫扎特错过了一次直接为宫廷服务的好机会。

然而,对莫扎特来说,他唯一追求的就是创作。这时,他在故乡完成了C大调弥撒曲"圣三位一体的祝日弥撒"。这使新主教非常满意。

1773年,莫扎特受海顿音乐的影响,做了6首弦乐四重奏曲。这时,莫扎特已先后创作了二百多部乐曲,然而,这对他来说,仅仅还是一个开始。

不久,莫扎特又在慕尼黑写出了歌剧《扮成园丁的姑娘》和《牧羊的国王》。

1775年1月13日,《牧羊的国王》在慕尼黑首次公演。这场公演之后,慕尼黑的《德国年谱》记下了这样一段话:"如果莫扎特不是在温室中成长的花朵,他一定会成为历史上最伟大的作曲家之一。"

1778年7月3日22点21分,莫扎特的母亲永远离开了他,母亲的去世使莫扎特悲痛不已。因为母亲是为了让自己去巴黎谋职业而陪着来巴黎的,她是在吃住和医疗条件都极差的情况下死在远离故乡的一个小旅馆里。莫扎特束手无策地一步步看着母亲走上死亡之路的,这使莫扎特心里更加难受。

母亲的去世,使莫扎特只身一人在巴黎谋生了,他的脑子里一下子要考虑的事情多了,他也一下子好像大了几岁,变得更懂事了。

旅行求职失败了,回萨尔斯堡又是无可奈何的,但莫扎特很害怕回故乡的时候,人们看到这个一事无成的年轻人回来了,都会从窗口伸出头来,指指点点地议论他。所以莫扎特在路过斯特拉斯堡的时候,就让堂妹陪着他回家乡,并给父亲写了一封很简短的信,他告诉父亲:"如果我的堂妹同意的话,我们将搭乘20日的快速驿车到家。"

利奥波德接到儿子的信,在约定的那天一早,他就早早地等在了山城的大路上,翘首盼望着儿子的归来。那是1779年1月的天气。北风在山镇上肆虐着,可父亲的心却是那样地热烈和急切。正在这时,利奥波德看到远处扬起了尘土,接着听到了马蹄的得得声,随后是马鞭的啪啪声,最后,随着车夫的一声吆喝,马车终于在身边停了下来。眼看着儿子和侄女从车厢里出来,利奥波德疾步地走向前,他刚一拥抱到儿子的身躯,就禁不住老泪纵横了。利奥波德想说些什么,但却一点也说不出来。

第二天,莫扎特就在父亲的陪同下来到了大主教的身边,他现在成为萨尔斯堡宫廷的正式雇员了,他将领取宫廷管风琴师的薪水。

任职当天,大主教就对莫扎特宣布了两条规定:第一,没有主教的允许,不得擅自离开萨尔斯堡;第二,没有主教允许,不得外出到任何地方演出。

从报到那天起,莫扎特就成了赫罗尼姆斯主教的仆人,每天清晨,莫扎特必须与仆人一起恭候在主教门前的走廊里等待分配一天的工作。吃饭的时候,莫扎特得和一帮他平时极其鄙视的宫廷乐师同桌,还有那些厨师、仆人和杂役也同桌进餐。莫扎特鄙视他们,倒并非是因为他们的社会地位低下,而是因为在这帮人中有不少是非常平庸、愚蠢、粗鲁的,所以莫扎特与他们坐在一起别说谈话的内容不同,就是吃的口味也截然不同,所以每当进餐莫扎特吃的谈得都很不高兴,就如同把他置于针毡之上。所以他拼命地干活,他写了大量的宗教音乐和许多交响曲,还写了一些钢琴作品,宫廷里规定要干的事情他都干了,而且有的还超额完成了。莫扎特似乎已经和萨尔斯堡人没有什么区别了,他也一样工作,他也一样参加消遣和玩乐,然而莫扎特只是在等待时机和消磨时间,他并不投入,也没热情。

一天,有个旅行剧团到镇上来演出,莫扎特就和导演埃马芬埃尔·席卡纳德尔聊了起来。那导演虽然很粗鲁,但却很有生意人的头脑。他看到莫扎特对音乐很内行,两人就一起尝试着创作一部东方情调的神话歌剧,这事虽然最终没能成功,但席卡奈德尔却与莫扎特结识了,后来他为莫扎特写作歌剧《魔笛》出了一份应有的贡献。

一天傍晚,利奥波德看到儿子非常高兴地闯进屋来,这使父亲感到很奇怪,因为儿子回到萨尔斯堡后很少有这样高兴的神情。莫扎特挥舞着一封来自慕尼黑的有选帝侯封印的信封对父亲说:"选帝侯要我为明年慕尼黑的华年狂欢节写一部新歌剧,题目是《克莱塔之王,伊罗曼诺》(K.366),这是根据古希腊传说而改编的。克莱塔王伊罗曼诺自从特洛伊战争凯旋之后非常高兴,然而在归国的海上却遇到了暴风雨。为了平息海神的愤怒,伊多曼诺发誓,如果平安登陆,他将杀死他所遇见的第一个人而献给海神。誓言过后,海上果然平静下来了。但是,当伊罗曼诺上岸时,他遇到的第一个人却是前来迎接他的儿子。父亲当然不忍心亲手杀死儿子,他就设法蒙骗海神。海神发怒了,他让伊多曼诺成了疯子,最后伊多曼诺在疯狂中还是将儿子杀死了。莫扎特改编的新歌剧则按意大利歌剧的习惯,以幸福圆满来结局,他让海神宽恕了伊多曼诺,他的儿子也成了海神的祭司。"

1781年,为了去慕尼黑宫廷剧场首演《克莱塔之王,伊罗曼诺》,莫扎特向赫罗尼姆斯请假。不知是选帝侯的作用还是主教发了善心,莫扎特居然没碰到什么困难就去了慕尼黑。那年的 1 月 27 日,歌剧在慕尼黑首演成功,第一次显示了莫扎特对歌剧艺术的精深造诣和对于戏剧技巧及风格上的自信。

莫扎特天性文雅,与当时的传统和社会都很合拍,但也有灵魂的孤独,他原以为去向内侍索讨工钱是很正常的一件事,但内侍却只给了莫扎特很少的一点报酬,还争吵了一场。大主教闻声过来以后,凶狠地对莫扎特说:"你是我见过的人中最没有责任感的又是最不忠于职守的人,如果你再要争吵的话,我就终止支付你所有的薪水。就领取薪水的身份而言,你是一个多么不知羞耻而又低能的人呵!"

莫扎特与主教针锋相对。阿尔科伯爵见状,飞奔过来,一脚把莫扎特踢出了屋子,滚下了楼梯,莫扎特只觉得眼前一黑,就失去了知觉。这以后,莫扎特大病了一场。

然而,这一脚对莫扎特来说,却踢开了自由的生活,自由的创造,使他感到世界不一样了,他可以挺直腰杆了;这一脚,也踢开了维也纳的音乐之门,因为厄运虽然给人以无情的打击,但厄运也给人以抗衡无情打击的力量,莫扎特已经迈出了人生抗争的第一步,他不再能忍受人格的被侮辱。

莫扎特发誓,再也不回到萨尔斯堡宫廷中去了,除非让莫扎特踢回这一脚。

莫扎特这一年已经 25 岁了,现在,在人们眼中,已经是一个站直了的年轻人了,如果再回到主教身边,那么也就没有了莫扎特一生中音乐成就最辉煌的时期;如果再回到主教身边,那么也就没有了我们的莫扎特了。

歌剧创作

奥地利皇帝约瑟夫二世为了迎合人民的愿望,积极发展本民族的歌剧,1778年他成立了维也纳民族剧院。有了剧院,当然要有新的歌剧,有人就来找莫扎特,要他创作一部新的德国歌剧。莫扎特就以土耳其的爱情故事作为素材,准备写作这部新歌剧《后宫诱逃》(K.384)。

想到此剧的成功,也就有了结婚的费用时,莫扎特工作更有劲了。

1782 年 7 月 16 日,德国第一部喜歌剧《后宫诱逃》正式上演了,而且剧中的女主角被允许定名为康施坦莎。前两次演出,剧场内嘘声不断,可他们还是压不过咏叹调演唱时观众的高声喝彩声,最后,那些阴谋者逐渐地散去,转而去危害别人了。

《后宫诱逃》的大获成功,使莫扎特又在考虑一个新问题了。为了所爱的姑娘,为了她的名誉,为了莫扎特自己的健康,为了摆脱父亲的管束,为了过上美满的家庭生活,结婚是势在必行的事了。然而父亲对莫扎特的哀求仍然是不理不睬,这使莫扎特也只能听其自然了。正当观众在欣赏着歌剧《后宫诱逃》,高兴地想向莫扎特贺喜时,可莫扎特早已来到了康施坦莎居住的神目旅店,莫扎特在窗下扔下了一颗小石子,然后把康施坦莎"诱逃"了。

1782年8月3日莫扎特26岁时,他与康施坦莎订了婚约,婚礼在第二天,也就是8月4日,在维也纳的修德芳教堂里举行。由于莫扎特原先打算把结婚作为一种摆脱,但家里又都持不同意见,所以后来莫扎特把他的结婚称为"神目诱逃",在写了《后宫诱逃》后不久于神目旅店"诱逃"了康施坦莎。原先那种志忑不安的情绪,在"诱逃"成功后,一切似乎都平静了,而且还充满了亮色。

"神目诱逃"成功了,莫扎特对人说:"我的新生活才刚刚开始。"

《后宫诱逃》成功了,莫扎特的名字在维也纳打响了,欢乐的黎明踮起了脚尖,已经站在雾漫漫的山头了。结婚似乎为莫扎特解决了一切困难,结婚确实也不失为一种灵丹妙药,莫扎特已经把阳光引进了自己幸福的小家庭。

1784年,莫扎特和妻子康施坦莎从萨尔斯堡看望父亲,回到维也纳以后,也许是旅途给了莫扎特以灵感,他一到家就写出于他所有典雅的钢琴曲中最柔美的一首——两架钢琴合奏的C小调赋格曲(K.426)。这首钢琴曲写得真是如两位小情人在窃窃私语,让人感到一种难得的吸引力。也许正是因为作者自己也对此十分钟情,所以四年以后,莫扎特又把这首赋格曲改编成一首弦乐四重奏。而比莫扎特小了14岁的贝多芬当时就把这首曲子原原本本地抄录过一遍。那位被人称为"乐圣"的贝多芬为什么对莫扎特的作品那么偏爱呢?原来在贝多芬6岁时,曾到维也纳遇到过著名的音乐家莫扎特。莫扎特也已经注意到这个孩子的才能,并称赞勉励了小贝多芬,这使贝多芬对音乐更加痴迷了。

就在抄写莫扎特作品的当年,贝多芬风尘仆仆地从他的家乡德国波恩来到维也纳,来拜访他少年时就敬仰的音乐家莫扎特,而这时他自己也是一个成名的钢琴家了,那年贝多芬才17岁。

我们知道,歌德是一位伟大的德国诗人、剧作家和批评家。他一生创作各类剧本七十多部。他的《少年维特之烦恼》使他一举成名,他的《浮士德》使他留名于世,他的小说《威廉·麦斯特》表达了他晚年乌托邦式的社会理想和教育主张,这是一部能与《浮士德》媲美的另一部巨著。

还在歌德14岁时,他在母亲的陪伴下在法兰克福观看了7岁的莫扎特的演出。他曾入神地听着这个戴着涂了粉的假发、身挂佩剑的"小魔术师"的演奏。对艺术的热爱和成绩的突出,使歌德和莫扎特成了好朋友。1773年,歌德准备取材16世纪的一个民间故事,写成诗剧《浮士德》。

歌德提出,应该让莫扎特来为此剧配曲。后来,歌德前后断续花了60年时间,才写完了全长12111行的诗剧,使歌德在那个时代就站在了反对封建桎梏,渴望走出书斋的高峰。该剧也因此被称为与荷马史诗、但丁的《神曲》、莎士比亚的《哈姆莱特》齐名的欧洲文学的四大名著。

1785年,莫扎特看到了歌德的一首抒情诗《紫罗兰》。草原上生长着一朵美而壮丽的紫罗兰,一朵可爱的紫罗兰。而走来一位牧羊女,她轻盈的身体在草原上跳跃,手里拿着一只小竹笠,嘴里唱着歌。那紫罗兰想道,我将要成为世界上最美丽最幸福的花朵。如果她把我采下,紧贴着她的胸膛,只要短短的一刻。她并没有留神走上前,一脚把我踩在她脚下。我虽然死了,但我仍然是死在她脚下,可怜的花,那是朵可爱的紫罗兰!

真是太美了,莫扎特忍不住铺开五线谱稿纸,在纸上写下了曲谱。其实,莫扎特这一时期写的器乐作品越来越多,他正想谱写些声乐作品,以自我安慰和表达自己的心情。而歌德的这首《紫罗兰》确实给莫扎特以一种美的享受。有了这种享受,莫扎特又写了四首声乐作品,而这五首声乐作品,成了莫扎特谱曲的最优美的德国歌曲。

1785 年春夏期间,莫扎特忙碌得和利奥波德几乎没有联系,后来才得知莫扎特正着手创作另一出新歌剧《费加罗的婚礼》,他非常投入,根本没有时间做其他事。

《费加罗的婚礼》原来只是一个喜剧剧本,但经过罗伦佐和莫扎特的改编配以音乐,就显得更加吸引人了。

在音乐表现上,莫扎特用于近似道白、以古钢琴伴奏的"干念式"宣叙调将剧中的曲目贯串起来。莫扎特的音乐不仅表达了喜剧的气氛,描绘出人物的性格,莫扎特还安排了多种形式的重唱和规模宏伟的终场来发展戏剧冲突,刻画人物的心理状态。

完成了剧本的改编,谱写了音乐曲谱,得到了皇帝的恩准,《费加罗的婚礼》投入了紧张的排练。这时,那些阴谋家又四处活动了。

一天,皇帝的宠臣罗森贝格把罗伦佐叫去:"听说你们的剧本里有一段芭蕾舞,可皇帝是禁止在他的剧院里出现舞蹈场面的呀!"

"阁下,我们不知道这一禁令。"罗伦佐说。

"好,那么你必须把这段舞蹈去掉!"罗森贝格还把写有芭蕾舞跳法说明的两张手稿烧了。

彩排开始了,皇帝想先睹为快,也到场了。聪明的罗伦佐又重新设计了一段芭蕾舞,莫扎特则指导苏珊娜的扮演者南希·斯特拉斯要把旋律唱得细腻婉转,娇嗔甜蜜,表现出少女的千种柔情。在苏珊娜和马尔斯琳的对唱中,莫扎特又要南希把苏珊娜表现得像一只凶恶的小猫。莫扎特最后还为苏珊娜安排了一段《快来吧,别迟延》的新娘之歌。彩排中,皇帝对这些歌曲和舞蹈非但没提出什么疑问,而且还不住地点头,这使罗伦佐、莫扎特感到了一种信任。歌剧中还有很多歌也是动人心弦的,其中咏叹调《爱神,请听我的祈求》《美妙的时光哪里去了》《加冕弥撒》《可知什么叫爱情》等都成为人们公认的最动听的歌典。

1789 年 5 月到 12 月,《费加罗婚礼》重复演出了九次,直到另一出歌剧也大获成功为止。没过两年,莫扎特的《费加罗婚礼》完全被喜新厌旧又善变的维也纳民众所遗忘了。

事实上,真正首肯莫扎特的天分,并给他合理待遇的城市不是维也纳,而是波希米亚的布拉格。维也纳有以格鲁克和海顿为首的许多伟大作曲家,莫扎特仅是他们中的一位,但在布拉格,他被视为第一。自从 1783 年布拉格民众听了《后宫诱逃》之后,他们的耳朵非莫扎特莫属了。当《费加罗婚礼》首次于 1786 年 12 月在布拉格演出时,造成空前的轰动。剧院场场爆满,循环往复不停地演出,甚至有人从听众席顶层楼座,将自己的诗作丢下舞台,表示热情的敬意。

1787 年春天,一个 16 岁大、短小精悍、皮肤黝黑的男孩拜访莫扎特,他就是路德维希·范·贝多芬。他被人送到莫扎特处拜师学习,但遗憾的是仅两周后他就不得不因母亲病重而返家。莫扎特深知这男孩的特殊才华,但又腾不出时间指导他。因为他要忙着写《唐·乔凡尼》。

现在莫扎特的工作压力相当沉重,但产量也相当丰富。工作之外,他还有家庭责任:健康状况不佳的老婆,6 个小孩,还有经常的经济危机。种种压力使他再度病倒,甚至一度暂停《唐·乔凡尼》的创作工作。

此时,他听到父亲病重的消息。利奥波德在 5 月 28 日去世,临终时有南内尔在身边,还好有个亲人陪伴。而莫扎特则病得根本无暇他顾,甚至连葬礼也没能参加。

莫扎特于 10 月偕康施坦莎来到布拉格,继续创作《唐·乔凡尼》,而将 3 岁大的卡尔留在维也纳。歌剧原定在 10 月 14 日演出,但没能及时完成,最后将日期定在 10 月 29 日。首演前两天,莫扎特尚未将序曲写出来,他的一些朋友十分担忧,但他们越是焦急,莫扎特就越冷静且觉得有趣。

首演这个关键时的前一晚,举行了一场盛大的晚会,莫扎特玩得兴趣盎然,毫不理会大家对他尚未完成序曲的批评。

到了深夜,他就不见踪影了,原来是躲起来写序曲去了,康施坦莎陪伴在他身旁。她为他泡了一大壶水果酒,并在他工作时讲故事给他听,免得他睡着了,不过他仍打了好几个小时的瞌睡,因为实在太疲倦了。清晨 5 点,康施坦莎将他叫醒,7 点时,序曲总算完成。

对于莫扎特神速的写曲才能,有一点是值得一提的。他将音符写下来以前,早就打好了腹稿,剩下的工作,不过是将记忆里的东西抄录下来罢了。

此剧再度受到疯狂的喜爱,布拉格为莫扎特的音乐再度疯狂、沸腾。

著名的歌剧作曲家格鲁克在 11 月 15 日与世长辞。他所担任的宫廷作曲家职位需要人替补,于是莫扎特急忙奔回维也纳,希望接替这个职位。因为他知道所有的意大利音乐家都觊觎这个位子,并将千方百计加以阻挠,不让莫扎特坐上这个位子,所以他来不得半点轻视。况且,这可能是他在宫廷最终能获得长期任用的一大机会。

这次他的期望总算实现了,沃尔夫冈·阿马德乌斯·莫扎特终于被指派为皇家宫廷作曲家。令人伤心的是,此时利奥波德已去世 6 个月而无缘目睹。

《魔笛》响起

这已经是莫扎特生活中的第 34 个年头了,但他怎么感到越走越昏暗了呢? 是黄昏到了吗? 还是因为远离了宫廷而感到暗淡无光了呢? 还是因为自己的才能确实枯竭了? 这一切都使莫扎特感到昏昏然。喔,他这时总感到有些不舒服,从来只知道照顾妻子和别人的他,现在多么希冀得到一点别人的照顾啊! 譬如有人常常陪伴在身边;譬如吃些富有营养的好食品,没有好食品有足够的面包也行。莫扎特还感到想安静地躺一会,他实在太累了。他现在已是远离宫廷的平民百姓中的一员,他考虑的只是有吃的有睡的,至于原来出入于宫廷墙门,得意于贵族捧场的荣耀早已成了过眼烟云,所以选帝侯当年赐他的佩剑,如今也被扔到了一边。如今,莫扎特的生活中什么都可以不要,可以减少,然而,他对祖国的忠诚和对音乐的热爱却更强烈了,当然,还有对妻子的爱情,这些已成了莫扎特赖以生存的支柱。

出于对生活中这些有特殊意义的人和物的热爱,莫扎特又想到了创作歌剧。当年他曾对父亲说过,要是我在音乐领域内提高德意志民族在世界舞台上的地位,人们该会多么喜欢我啊! 而在这方面,我是一定会成功的。他已成功地创作了歌剧《费加罗的婚礼》和《唐璜》,现在,他又想写《魔笛》了,而且这一次创作,莫扎特想用德语写作。按当时的习惯,创作歌剧一般都是用意大利语的,因为歌剧要请的演员一般都是意大利演员。而现在,莫扎特要用德语创作,也就是用自己国家的演员,从传统的习惯上也体现出了莫扎特对祖国的忠诚,这就是很不容易的事了。

这时,10 年前在萨尔斯堡搞巡游演出的经理人埃马努埃尔·席卡奈德尔又与莫扎特相遇了。奇怪的是,这个经理每到穷途末路时,总会遇到莫扎特,而且莫扎特又总会帮他的忙。

《魔笛》的原作者是剧作家维兰德。剧情是很简单的。一位埃及王子塔米诺被巨蛇追赶,逃到了夜后的国度。他拿着夜后的嫔妃送给他的具有魔力的金笛,历尽了千难万险,在依细柳神的大司祭那里找到了夜后的女儿帕米娜,他们相爱了。一对恋人走进了依细柳光明的庙宇。光明终于战胜了黑暗。

正当席卡奈德尔还在紧张抄写剧本的时候,一个消息却泼了他们当头一盆凉水:利奥波德市民剧院正在上演一部歌剧,剧名为《吹笛子的塔米诺》,或称做《魔琴》。显然,他们用的是同一个剧本。

唯一的办法就是修改剧本,于是,夜女王从一个善良的天使变成了一个善使妖术的巫婆,本是一个心狠手辣的术士萨拉斯特罗摇身一变成了女神依细柳手下一位高贵的教士。他们还给夜女王和萨拉斯特罗各配上一批形影不离的侍从,这样,莫扎特的合唱就有了发挥的天地。为了保证莫扎特尽快地创作完歌剧总谱,席卡奈德尔让莫扎特住到离剧院不远的一座小凉亭里去工作,听起来这是关心莫扎特,实际上是席卡奈德尔控制莫扎特的一种手段。不过,当这部歌剧出名时,这个凉亭也成了人们流连忘返的"魔笛凉亭"。

1791年9月30日,《魔笛》举行了首场公演。作为创作音乐总谱的莫扎特,当然最关心的是演出效果如何了。但是第一幕结束了,可观众仍没发出过一下掌声。也许是歌剧的新颖形式使观众一时还没从瞠目结舌中缓过神来,所以都成了木头人。然而,当第二幕开始不久,几个聪明的观众已经"解冻"了,他们开始鼓起掌来。接着,更多的人理解了,鼓掌了。到演员谢幕时,观众竟向演员和乐队人员报以热烈的掌声。

已经演出10天了,可观众还是争相从远处赶来。最后,连那些上流社会的贵族小姐也赶到了小剧场来,想一睹那新奇而令人惊讶的音乐曲调。最后,莫扎特这位指挥当然又成了热门人物。

《魔笛》是莫扎特歌剧创作中的重要代表作,贝多芬认为这是莫扎特最杰出的歌剧。它成了德国民族歌剧发展的重要里程碑。

《魔笛》的成功使席卡奈德尔干瘪的衣袋又鼓得装不下了,席卡奈德尔笑裂了嘴,而脸色苍白的莫扎特又晕倒了……

人们绝对不会想到,《魔笛》竟是莫扎特去世前上演的最后一部大型歌剧。

最后十年

莫扎特生命的最后十年里,世界发生了巨大变化。18世纪末的最后20年间所发生的剧变,深远影响着我们的生活、思想和政治。在那20年间,欧洲的封建制度——领主蓄奴制——终于被1789年的法国大革命所粉碎。数以百万的农民参与暴动,对抗他们所痛恨的社会制度,痛恨这种建立在传统特权上的社会制度,而取得这种特权,不是看你的美德或成就,而是看你血统如何。若生在农家,很可能毕生只能当个贫农。我们看到莫扎特一直在与这样的制度对抗,他和同时代的人一样,认为一个人的荣耀取决于他的心灵、头脑和能力,而不是与生俱来的血统或爵位。

这种思想的变革正在整个欧洲蔓延,并首先在法国爆发,不过这次革命没有得到预期的成功,发生了不必要的恐怖流血冲突,自由、平等、博爱的宗旨湮没在暴力中。

莫扎特的婚姻生活在1782年开始进入动荡时期,从此风波不止。尽管康施坦莎生活散漫,不识家务,轻浮又自私,莫扎特仍深爱着她,不过她的这些习性不能为莫扎特创造一个他最需要的快乐的家庭环境。康施坦莎不是个坏女人,但嫁给一个活力充沛又善变的天才实非易事。对莫扎特而言,他是娶错新娘,但对她而言,何尝不是错嫁郎君。

婚后一个时期，莫扎特进入一个成就辉煌的时期。他并不看重没能在宫廷中拥有一个安稳的职位，他怡然自乐地做一个自由的作曲家。虽然意大利人试图在第一幕以嘘声和喝倒彩来破坏他的歌剧《后宫诱逃》的首演，但对他的生活仍旧毫无所损。他有不少的学生，可以靠教学为生，只不过得牺牲宝贵的晨间时光教学，因为他最喜欢在早上作曲，可是现在都得用来教学了。在维也纳的最初几年里，他经常在早上6点起床，然后上课上到下午2点才用餐，如果没有公演，便利用傍晚和晚上来作曲。

但是当他声名鹊起，到处受邀时，他发现个人自由一点也没有了。莫扎特善于交际，并且喜欢参加舞会、宴会，他和康施坦莎在婚后的头一个冬天举办一场舞会，从晚上6点持续到第二天清晨7点。

1783年6月，莫扎特的长子出生，就在康施坦莎的身体恢复到可以旅行时，他们便决定回萨尔茨堡一次。这将是她第一次和公公见面。他们将儿子留给养父母照顾，这种不近人情的做法，在18世纪是很风行的。但三个月后，当他们返回维也纳时，发现他们的小宝贝已经死了。两人非常难过，不过丧子在当时属平常之事，因为不适宜的婴儿食品和不良的卫生习惯，使得当时的婴儿夭折率是现代的十倍。莫扎特有六个小孩，只有两个存活下来。

冬天来了，莫扎特的生活更加忙碌。1784年初，他决定将自己的作品做一番整理。他的手稿相当凌乱，唯有登记列表才好管理。在他的记忆中，大概已写了450部作品，但要他仔细一一记起是不可能的，所以只好从现在开始至死亡为止，将所创作的曲目列在清单上。他毕生大概写了620部以上的作品。

莫扎特在这年冬天的晚上举办音乐会，为此，他得不断创作，本来就非常繁忙，这会儿必须创作到上台前最后一秒钟。有时，他为别人伴奏时，就当场即兴演奏自己的部分。

春天的时候，莫扎特病倒了，而且病情相当严重，症状是剧烈的腹痛，最后导致剧烈呕吐和急性关节风湿症。这场大病使莫扎特的肾受到致命的伤害，我们看到了七年后他的死亡的原因。

有生以来，这是最严重的一场疾病，花了一整个夏天休养，身体状况才恢复。复原后不久，康施坦莎又生了第二个小孩——这孩子最后活了下来，取名为卡尔。

利奥波德于1785年1月抵达维也纳，刚到就被自己出了名的儿子推进维也纳音乐世界的漩涡之中。第一天晚上他就去听了莫扎特的音乐会，被那高水准的管弦乐团、歌手和观众席上一大群的王公贵族迷住了（不愧是利奥波德）。隔天晚上，莫扎特又将父亲介绍给到家中参加音乐会的海顿认识。莫扎特已充分发挥天分甚至荣获一位伟人的盛赞，宣称莫扎特比自己更伟大。对于海顿的赞词，莫扎特以那年秋天由阿塔利亚所出版的六部弦乐四重奏：K.387、K.421、K.428、K.458、K.464和K.465。

时间流逝，利奥波德眼见儿子的成就蒸蒸日上，他喜欢听到掌声，但是这样紧张兴奋的日子,给这位老人身上增加的压力正一天天显现。

利奥波德再也承受不了这么紧张的生活节奏,所以虽然口里说玩得很愉快,他还是在 5 月时离开维也纳;回到萨尔茨堡和那令人厌恶的柯罗瑞多大主教身边。父子俩告别时,可没想到这将是莫扎特与父亲以及萨尔茨堡的永别。

对于那些值得赞赏的人,莫扎特总是慷慨发出赞美之词但是对于那些自命不凡的平庸之辈,他则非常轻蔑。莫扎特终其一生对虚伪的赞美感到不屑一顾,单单这一点就让他交结不少推心置腹的好友,但自然也树敌不少。

从《堂·乔万尼》之后,布拉格人第一次想起了他。为了几个星期后的利奥波德二世加冕波希米亚国王的庆典,剧院向他预约了一部歌剧。指定的主题滑稽可笑——一个憨厚的王特赦两个想要杀死他的年轻人。但莫扎特非常高兴这一机会的到来。他的苦难好像快到尽头,一只无形的手正在把他朝光明的地方拉。

没有停止对《魔笛》的创作,他马上又开始了《蒂托的仁慈》的创作。他以同样的激情同时创作这两部歌剧,日夜工作不辍。一个大风的黑夜,莫扎特受人之托谱写了一首《安魂曲》。

停下他的其他预约,莫扎特全身心地投入到《安魂曲》的创作中。在随后的日子里,这部作品完全攫住了他,日夜萦绕在他的心头,这种过度操劳只能加重他的头痛病,但他能战胜痛楚,直至要昏倒。被老师的行为举止弄得张皇失措的居斯迈尔甚至在想,他的老师是否已经丧失了理智。有时他消沉、低吟、目光呆滞,对周围一切都失去了兴趣。他越来越经常地把湿毛巾扎在前额,真的像个疯子一样了。"大师,您耗尽了您的体力,休息一下吧! 这都是因为工作过度……"

"我必须完成这首《安魂曲》。否则人家不会原谅我的……我不是个行骗者。这个奇怪的人,这份奇怪的预约……这是要我的命呀! 我是在给我自己创作的!"

没有任何理由让他歇手。时光荏苒,希卡内德和布拉格剧院的经理十分不安地看到他忽视了他们预约的歌剧。莫扎特违心地投入到《蒂托的仁慈》的创作中,终于在 9 月初,于法兰克福首场演出前几天完成了这部作品。它得到的反响一般。莫扎特返回维也纳,神情沮丧、躁动不安。

在整个旅行当中,他不停地往本子上记他对《安魂曲》的构思,尽管康施坦莎一再劝慰,他根本就不注意休息。他又瘦了许多。他的蜡黄脸色让人害怕。昔日充满笑意的眼中现在流露出来的是悲凄和消沉。

计划中的《安魂曲》共有 12 个乐章。莫扎特很珍惜从"另一个世界里借给他的时间",怀着无比的激情,争分夺秒,要完成他自己的丧曲。前两个乐章《进台经》和《慈悲经》完全是莫扎特自己完成的。以后的 6 个乐章莫扎特也已基本写成。在莫扎特病重期间,他的学生居斯迈尔也得到了莫扎特的口授,只要做些技术上的添补,也就完成了。第九、第十两个乐章《耶稣经》《献祭经》居斯迈尔根据莫扎特留下的粗略提纲写成的。最后两个乐章《圣哉经》和《降福经》则完全是居斯迈尔根据莫扎特的意思续完的。居斯迈尔完全根据了莫扎特的愿望以及莫扎特临终时口授的构思作为全曲的概括、高潮和结尾。

　　要理解《安魂曲》，就要懂得《末日经》里弦乐器逐渐增强的咆哮声的含义，那是一个人在劫难逃的神谴末日；要理解《安魂曲》，还要能听懂《洒泪经》里小提琴所托出的两个简洁、缓慢的小调旋律；要理解《安魂曲》，还应当明白，乐曲中明朗、欢快的空心和弦，正是莫扎特不愿垂头丧气地向亲朋好友洒泪挥别，而是带着欢乐的心情为自己那备尝艰辛的一生画上了个句号。任何一位有同样感受的人，听到这首《安魂曲》，都会得到无比的宽慰。世间有生必有死，这本是历史发展的必然观念，莫扎特则使死亡变成了超脱了空间的限制而与人们同在的一种东西，他使死亡升华到了一个比生存的地位更高的境界。

　　莫扎特的《安魂曲》成了人类永恒的一首史诗。

　　5 日凌晨 1 点,莫扎特那佝偻的身躯裹着厚厚的棉被,倒向了墙边,已经停止了呼吸。

开浪漫主义先河的音乐伟人

——贝多芬

人物档案

简　　历：维也纳古典乐派代表人物之一，欧洲古典主义时期作曲家。1770 年 12 月 16 日诞生在德国。4 岁时就因弹奏钢琴而名声大噪，15 岁开始作曲，22 岁开始终生定居于维也纳。1827 年 3 月 26 日，贝多芬于维也纳逝世，享年 57 岁。

生卒年月：1770 年 12 月 16 日~1827 年 3 月 26 日。

安葬之地：奥地利首都维也纳东南郊的维也纳中央公墓。

性格特征：性格倔强，敏感激动，情绪不稳定，时好时坏。

历史功过：一生创作 9 部交响曲、11 首管弦乐曲和戏剧配乐、5 首钢琴协奏曲、1 首小提琴协奏曲、16 首弦乐四重奏和其他形式的重奏曲、32 首钢琴奏鸣曲以及小提琴、大提琴奏鸣曲、变奏曲等。主要作品有：升 c 小调第十四钢琴奏鸣曲（月光奏鸣曲）、d 小调第九交响曲、c 小调第五交响曲、降 E 大调第三交响曲（英雄交响曲）等。

名家评点：罗曼·罗兰评价说："贝多芬的一切，他的敏锐，他对世界的感受，他那独特的智慧和意志，天公对他的独特构造方法，他的理想，还有他身体中的特有物质，他的脾性等等，都是欧洲那一特定时代的代表。"

天才少年

1770 年 12 月 16 日，路德维希·凡·贝多芬诞生在德国莱茵河畔波恩城一宫廷歌手的家里。

贝多芬的曾祖父本是法兰西人,后因生意潦倒而迁居德国波恩。贝多芬的祖父路德维希年轻时就是位小名气的音乐家,他在具有候选德国皇帝资格的侯爵宫廷里担任歌手。祖父对小贝多芬的降生感到十分高兴,他决定以自己的名字——路德维希为小贝多芬命名。贝多芬的父亲约翰继承了祖父的天赋,深通声乐,也做了宫廷歌手,并为那些达官显贵所赏识。贝多芬的母亲有很好的家世,她是在寡居后与贝多芬的父亲相识并结婚的。贝多芬是这个家庭中的长子,他的血管中融合了法兰西人和德国人的血液。贝多芬3周岁的时候,和蔼可亲的祖父去世了,祖父的离去,不仅使贝多芬失去了一份疼爱,更重要的是改变了贝多芬的命运。

自从祖父去世后,贝多芬一家的生活就只靠父亲从宫廷里所领取的微薄的薪水来维持,生活不够富裕。贝多芬的父亲不仅酗酒成性,而且性格固执、暴躁。本来,他在担任宫廷歌手之余,还兼任家庭音乐教师正作,这样可以适当增加一些收入,来补充家庭生活之需。可是,由于他的任性和放纵,往往是在一个家庭做了短短的一段音乐教师后就被辞退了。因此,父亲的家庭教师工作总是处于不稳定之中,家庭的全部负担都落在母亲身上。后来,贝多芬的弟弟安东·加斯巴·卡尔又出生了。这样,母亲不仅要照料终日酗酒的丈夫,还要照料两个不懂事的小男孩儿。童年的家庭生活给贝多芬留下的印象,除了祖父温和的笑容,就是父亲烂醉如泥和暴跳如雷的样子,以及母亲忙忙碌碌的身影。

1774年,小贝多芬4岁的时候,莫扎特已名声大噪,人们都已知道这位杰出的钢琴演奏家的名字。10岁的莫扎特相继在奥地利、德国、法国、意大利等地举行音乐会,收入相当可观。莫扎特的成功提醒了贝多芬的父亲,他决心要把贝多芬培养成像莫扎特一样的天才少年,以便能为他赚一笔钱。从此,小小的贝多芬成了他父亲暴力教育的对象。小贝多芬多么想象别的孩子一样到草地上捕蜻蜓和蝴蝶,到小河边捉小鱼啊!可是,父亲只让小贝多芬整日坐在钢琴前练习。有时,小贝多芬因为手指弹疼了拍子慢下来,也要遭到父亲的责骂甚至痛打。

1777年3月26日,7岁的小贝多芬举行了一生之中的第一场钢琴演奏会。这场演奏会是贝多芬的父亲一手安排的,地点在库恩城的音乐学校大厅,在演出海报上,父亲有意把贝多芬的年龄写成6岁,目的在于让人们把贝多芬看成是"神童音乐家"。演出获得了成功,这不仅给小贝多芬带来了声誉,而且也为他父亲带来了可观的收入和兴奋的情绪。后来,小贝多芬也偶尔被父亲带到外地去举行旅行演奏。

小贝多芬就是这样被埋在音乐之中,他没有体会过小孩子的游戏,也没有可以一道玩的小伙伴。陪伴着小贝多芬童年的,除了音乐,就是莱茵河在他心中形成的梦境——那拂着水面的白杨和细柳、那神秘肃穆的教堂、那矗立着的古堡……

几年的时间过去了,小贝多芬的钢琴演奏技巧不断提高。面对着小贝多芬,严厉粗暴的父亲觉得自己再也没有能力继续担任小贝多芬的钢琴教师了。于是,父亲先后请了几位技艺高明的朋友和自己从前的老师来指导小贝多芬。但不久,这些老师看着小贝多芬娴熟的技法,听着小贝多芬指下流泻出的流畅乐曲,便都自动告退了。

1780年,小贝多芬10周岁了。尼菲老师走进了他的生活。尼菲老师是个学识渊博的人,他是宫廷风琴演奏师。小贝多芬成为尼菲老师的学生后,不仅学钢琴和风琴的演奏技巧,更重要的是尼菲老师对音乐的独特感受和理解深深地陶冶和启蒙了小贝多芬。在尼菲老师的指导下,小贝多芬逐渐了解了音乐的美妙和深度,也体会出学习音乐的乐趣。

尼菲老师可以说是个真正的音乐教育家。这个长着一双灵活的大眼睛,看上去很风趣的中年人还很体谅小贝多芬的想法和需要,他采取了适用于孩子的亲切、耐心的教学方法。他了解到小贝多芬学钢琴是吃了许多苦头的,知道小贝多芬对音乐还没有产生浓厚的兴趣,只是在被迫学习,于是,尼菲老师经常带贝多芬去塞纳河边看落日,去郊外森林听小鸟唱歌……一边看,一边走,尼菲老师就一边向贝多芬讲解自然的美、生活的美,讲优美的音乐旋律是怎样表现自然之美、生活之美的。尼菲老师通过聊天向小贝多芬讲述音乐的神圣和迷人,有时,他还要像介绍神话中的英雄那样,向贝多芬介绍一些著名音乐大师的事情。就是在练琴时,尼菲老师也总是先向贝多芬讲解乐谱所表现的精神和情感,然后,再让贝多芬根据自己对音乐的理解去练习演奏技巧。

1781年,贝多芬和母亲在年底前往鹿特丹,贝多芬结束跟新任宫廷管风琴师尼菲的通奏低音、作曲和键盘课程。11岁的贝多芬在1782年代理尼菲的管风琴师职位,这对年轻人来说属于很困难的任务。翌年,曼海姆的哥兹将这位少年以德累斯勒的进行曲写成的钢琴变奏曲出版,这是他第一首付梓的作品。在3月2日克拉马的《音乐杂志》上,我们可以读到有关评价贝多芬的一篇文章:"路德维希·范·贝多芬,前述男高音之子,是个11岁的男孩(其实是12岁),很有发展前途。他弹奏钢琴优雅从容,且底气十足。一看乐谱便能视奏出尼菲先生给他的巴赫《平均律钢琴曲集》。熟悉这套以各种调性写成的前奏曲与赋格的人就会理解这句话的意思。尼菲先生在其他工作允许的情况下,指导他演奏通奏低音。现在尼菲先生在教他作曲,……这位年轻的天才应该拿一份津贴,让他通过游历去开阔视野。如果他保持起步时的神速进展,必然会成为第二位莫扎特。"

这样,在尼菲老师的良好的教育下,本来对音乐并不喜欢的贝多芬,内心却渐渐充满了对音乐王国的无比激情。他的全部兴趣都被音乐吸引了,他身上潜在的音乐天赋被尼菲老师发掘出来。兴趣使小贝多芬自发产生了强大的动力,他主动勤奋地投入到学习中去。

1783年,由于尼菲老师的推荐,13岁的贝多芬成为宫廷管弦乐团的大键琴演奏者;第二年,贝多芬又成为宫廷礼拜堂风琴演奏者的助手,并且得到了相当的年俸。天天醉醺醺的爸爸对此十分高兴,他瞪着蒙眬醉眼对贝多芬说:"路德维希,你能成为一个音乐家,我太高兴了,但你不要忘记,是我把你教育成音乐家的!你能有今天,得感谢我。"对于爸爸的话,贝多芬内心无法接受,他自幼形成的对爸爸的印象不会改变的。倒是妈妈那慈爱的眼神,使贝多芬从心里感到温暖和欣慰。

1783年10月14日,史贝尔的波斯勒出版了贝多芬截至当时最重要的创作曲,三首《选帝侯》钢琴奏鸣曲,献给"我高贵的君主"——马克西米利安·弗里德里希。

波恩岁月

于是,贝多芬开始对作曲产生了浓厚的兴趣。他开始体味和揣摩乐曲的旋律、节奏、意境以及乐曲的表现力和感染力。

1783年,贝多芬15岁那年,又发生了一件使贝多芬名声大噪的事。

受难节那天,贝多芬在教会为一位歌手伴奏《哀歌》,演唱正在进行,贝多芬的脑中突然产生了一个念头:如果能稍微改变一下伴奏的节拍,这首曲子也许会更有生气。想到这里,贝多芬的双手已在琴键上弹出了新的节奏。那位歌手不得不也改变了唱法。演唱结束后,那歌手抓住贝多芬,生气地说:"你这小鬼,为什么要这么做?"贝多芬说:"真对不起!可是,可是我觉得改变后的曲子旋律更美妙了。"歌手暴跳如雷,他向选帝侯报告了此事,但贝多芬并没有受到处罚,反而因此更加受到人们的关注。大家都似乎感受到这位"天才少年"的潜力。转眼到了1787年。17岁的贝多芬又面临着一个新的人生驿站。

一天,尼菲老师郑重地对贝多芬说:"你的演奏技巧已经比我高明,你不能再留在这里了。你必须到维也纳去!必须去拜莫扎特为师!"

"去见莫扎特!"贝多芬兴奋得说不出话来。

"是的!莫扎特。只有莫扎特才能使你充分地发挥你的音乐才能。"尼菲老师目光炯炯地向年轻的贝多芬说明自己的意见。

到维也纳去!见莫扎特先生去!对贝多芬来说简直是想都不敢想的事啊!要知道,自从贝多芬第一次坐在高大的钢琴前,他那幼小的还不成熟的意识里,莫扎特就成了崇拜的偶像。至于音乐之都维也纳,更是无时无刻地以她特有的神奇魅力吸引着贝多芬。

尼菲老师的计划让贝多芬兴奋得彻夜未眠。经过紧张的准备,贝多芬怀着兴奋和好奇来到维也纳。

当这个满怀敬慕和期待的小伙子站在莫扎特面前时,莫扎特以冷漠的态度问了贝多芬几个问题后,漫不经心地说:"你能演奏一曲给我听听吗?"莫扎特的态度大大刺伤了贝多芬的自尊心,他对这位大名鼎鼎的音乐大师产生了强烈的敌意。于是,情绪激动的贝多芬说:"老师,请您给我主题。"

"出个主题？你能用我出的主题演奏即兴曲？"莫扎特惊讶地问,然后稍加思索便出了个主题。贝多芬坐在琴前,根据自己对主题的理解和心里的感受弹起来。一曲完了,贝多芬抬起头,两眼盯着莫扎特,他从莫扎特的眼中看到了惊讶。果然,莫扎特连连说:"不错,不错！你具有了不起的音乐才能！"贝多芬笑了,他从心里感到一种满足:莫扎特承认了我的天赋！贝多芬获得了莫扎特的赞赏,莫扎特对维也纳音乐圈里的权威们说:"你们注意那个叫贝多芬的少年,他肯定有一天会成为震撼世界的伟大音乐家。"

由于当时莫扎特正在赶写一部大型歌剧,没有时间收贝多芬为学生。这时,贝多芬又收到了父亲的一封信,信上说母亲病情加重。贝多芬心急如焚,决定马上启程回波恩。

马车离波恩城愈来愈近了,贝多芬的心紧张得跳个不停。马车刚刚抵达家门,贝多芬立刻从车上跳下来,直跪到母亲的床前。幸好母亲还没有断气,看着匆匆赶回来的贝多芬,勉强支撑起虚弱的身子,眼中溢满了泪水。

"妈妈！"贝多芬扑在母亲怀里,紧紧地拥抱住她。

"路德维希,我的孩子,你回来了,太好了……我每天都在盼着你……真好,我能活着见到你……"母亲用瘦弱的手温柔地抚摸着贝多芬的头,一股强大的悲哀压得贝多芬说不出话来。

贝多芬的母亲得的是肺结核,这种病在当时是医生们都感到束手无措地。那段日子里,贝多芬心里装着哀忧和恐怖,默默地承担了家庭生活的全部担子。

白天,他去给别人家的孩子上音乐课,还要请医生、买药;晚上,他时时刻刻守在母亲身边。看着一天天衰弱下去的母亲,贝多芬心痛极了,他咬紧嘴唇,任泪水默默地流淌,却不敢哭出声来。

然而,贝多芬的祈祷和爱心并没能挽救重病的母亲。1787 年 7 月 17 日,操劳一生的母亲,带着对丈夫的哀怨之情,带着对未成年的孩子们的牵挂离开了人世。贝多芬此时已经 17 岁,仍继续加厚他的各方面素养。尼菲对德国文学的兴趣,以及与布鲁宁一家和华尔斯坦伯爵的交往,不仅使他发现其他文学流派,甚至广泛涉猎科学、哲学和政治。虽然他在 10 岁时便离开学校,没有接受高等教育,但这并不能影响他到波恩新成立的大学去旁听哲学课程。

这种对知识的追求在波恩的文化气息中得到有益的滋养,即使在马克西米利安·弗朗茨登基后也没改变。1785 年的嘉年华会上演了莱辛和席勒的剧作,以及加里克、伏尔泰、博马舍、莫里哀、谢里丹及莎士比亚等人经翻译过的作品(上述这些作品皆是老选帝侯时代的保留剧目),紧接而来的有其他活动,主要是一系列的歌剧,包括格鲁克的《阿尔塞斯特》和《奥菲斯》,以及萨利里的《阿米达》、帕西埃洛的各种作品和法国作品。1788 年,波恩计划成立国家剧院,吸收了知名的所有演员,剧院乐师(多达 31 人)包括尼菲(钢琴手及歌剧舞台经理)、约瑟夫·莱夏(监督)、弗朗茨·里斯及安德瑞斯·罗姆伯格、伯纳德·罗姆伯格、西姆罗克(圆号手)及安东·莱夏(长笛手)都恰逢盛时。贝多芬拉中提琴(选帝侯的乐器),同时兼任管风琴师。在此后的音乐季中,贝多芬必然丰富了许多与一群优秀乐师在管弦乐团中合作的经验。

到了1789年,贝多芬通过很多方式广结贵族及社会地位崇高的家庭,他希望擢升自己地位的欲望开始在许多方面萌动出来。该年年底时,他成为一家之主,得以将他父亲一半的薪俸加到自己的薪俸上。此时约翰已是风烛残年,加之继续酗酒,贝多芬时常要从警方手中把他领回来,因此宫廷方面解除他的职务在所难免。除在管弦乐团演奏或履行其他的宫廷义务之外,贝多芬利用一切时间作曲。在1790年,他写了两首康塔塔,一首纪念约瑟夫二世溘然长逝,另一首则是为利奥波德二世即位所写。他还依据美因兹选帝侯宫廷乐长黎基尼的主题,写了一组24首的变奏曲,献给哈兹费尔德女伯爵。接着在1791年3月6日嘉年华会的星期天,表演了一曲骑士芭蕾,这是描述"古代日耳曼人喜爱征战、狩猎、爱情与饮酒"的假面哑剧,但属佚名之作。其他的作品包括歌曲、钢琴及室内乐。草稿簿(贝多芬早在当时便已使用草稿簿)上记载着一首小提琴协奏曲和双簧管协奏曲的构想。另外记录他很久就想写作的一些大型作品,比如C小调交响曲(Op.67)早在1788年至1789年便已开始构思。

至于出版物,哥兹于1791年8月在《维也纳日报》发表《黎基尼》变奏曲。斯特克尔神父是当时盛名的键盘乐手之一,他看到了这首变奏曲。大约一个月后与贝多芬见面时,便怀疑这位年轻的作曲家是否真的能够弹奏这些曲子。贝多芬面对这种诘难,以他惯有的桀骜不驯的态度,"不但尽可能凭记忆弹奏这些变奏曲(因为斯特克尔找不到谱),而且还完美地弹了其他同样难度的曲子,令听众大感意外,而且他在演奏的气势上和斯特克尔一样迷人。"

不久之后,贝多芬以宫廷管弦乐团的团员身份沿着他最喜爱的莱茵河旅行,前往摩根特姆,马克西米利安·弗朗茨在此担任条顿骑士团的最高长官,举行骑士与司令的会议。

第五届戏剧季在10月份开始,也是贝多芬在选帝侯管弦乐团演奏的最后一季。然而旧日秩序发生了变化,气氛比较紧张,失去了往日的轻松欢乐。对法战争打了一段时间后,美因兹和莱茵河左岸失陷,波恩街头挤满了难民和葬礼行列,有钱人家被迫收拾细软,急忙撤离,贝多芬去维也纳投靠海顿,时为1792年11月2日,从此告别了波恩。

多产年代

自1792年11月2日,贝多芬离开波恩前往维也纳后,便一去不复返,再没回来过。

为了适应维也纳的新生活,他分秒必争。当时的维也纳似乎就是欧洲的心脏,富丽辉煌,如磁石般吸引着才子和名流。这位身形矮胖,衣衫褴褛的年轻人买了几身新衣服,花钱精打细算。他还去上舞蹈课,可他从没在舞池里成功过。

可是,他到达维也纳后没多久,就收到一封信,说他父亲去世了。这是一段悲伤又令人忧虑的时光。他担心父亲死后,他那笔抚养孩子的养老金也将付之东流。贝多芬马上写信给选帝侯,结果令他宽慰的是这笔钱不但不会停发,而且还要增加一倍。可见,选帝侯还在期待他能返回波恩。虽然他的音乐当时还不很受听众接纳,《维也纳日报》仍然报道"著名的贝多芬获得大众衷心的赞赏"。

次日还有另一次慈善演出,这次贝多芬即席演奏,他长期沉浸在这项艺术中,颇见他的艺术功力。三重奏(Op.1)代表着卓越的成就,1795 年的夏天由阿塔利亚出版,预约名单达 123 人。正如罗宾斯·兰登所说,这名单囊括奥匈贵族精华,这些人都在贝多芬的生涯中起过重要的作用。结果共计卖出 241 份,贝多芬获益不少。在他来自波恩的经济援助停止之后,赞助人之一的李希诺夫斯基亲王帮了不少忙,使他脱离经济窘境,并不断给他鼓励,使贝多芬获得一种安全感。就目前所知,他并没有要求贝多芬承担什么义务。1794 年,拿破仑率领的法国军队横扫欧洲。科隆的选帝侯——贝多芬昔日的雇主被赶出波恩。他和贝多芬的许多老朋友——法兰兹·魏格勒,瓦尔德斯特伯爵,史蒂芬·冯·布朗宁等都定居维也纳。

1795 年,二十四岁的贝多芬第一次公开露面,这与以往在宫廷或私宅里举办的音乐会大相径庭。面对观众,他的反应可能有些局促不安,听说他在音乐会结束时站了起来,大喊大叫并爆发出大笑。谁知观众们对此却泰然处之,认为这不过是艺术家的气质和风度而已。

同年,他发表了他的作品 1 号——三首钢琴三重奏曲。紧张而忙碌的一年即将结束,贝多芬最终获得了公众的认可。

贝多芬的作品独特、具感召力、令人震惊。他堪称是一位深受欢迎的钢琴家。1796 年他两次到布拉格、德累斯顿、柏林和匈牙利巡回演出。

可在他周围——争夺欧洲的战争还在继续,拿破仑率领的军队所向披靡。1797 年,奥地利被迫与法国签订和平条约。从此贝多芬和他的许多朋友一样,不再把拿破仑视为敌人,而视他为一个把欧洲从保守、狭隘的道路上解救出来,并给他们带来新的自由和希望的英雄。

1797 年,26 岁的贝多芬染上了一种很危险的病,叫斑疹伤寒。不但发高烧,还神志不清,胡言乱语,这病影响着他的一生——但只要他感觉好些,他就会重新回到紧张的教课、音乐会和作曲生活中。他需要为音乐工作,他还需要收入。

1797 年贝多芬有更多的作品问世:两首大提琴奏鸣曲(Op.5)于 2 月出版,加上歌曲《阿黛莱德》。同年 10 月有羽管键琴或钢琴的大奏鸣曲,献给巴贝提·冯·克格勒维兹伯爵夫人,此曲表现独特,以其古典主义色彩以及更前卫的持续音部分著称。贝多芬教女伯爵弹钢琴,根据她侄子描述,贝多芬"习惯奇特,其中之一是因为他住在她对门,居然穿着睡衣、拖鞋、睡帽就来授课"。1796 年 9 月 23 日保罗·瓦尼兹基的芭蕾舞剧《林中少女》在肯特纳门剧院上演,贝多芬以其中的俄罗斯舞曲谱成变奏曲,大受欢迎。这些变奏曲是献给安娜·玛格丽特·布朗伯爵夫人的,她是最早订购钢琴三重奏 Op.1 的人之一。

1797 年有两场音乐会。4 月 6 日星期四,包括舒帕契赫在内演奏贝多芬钢琴及管乐五重奏(Op.16),这首作品师法莫扎特,献给贝多芬另一名早期的赞助人约瑟夫;史瓦森伯格亲王,玛格达莲娜·威尔曼在这场音乐会中独唱。她是贝多芬在波恩的故交,贝多芬可能向她求过婚,不过被拒绝了,原因是贝多芬长得丑陋,还有那不拘小节的性格。11 月再度演出他于 1795 年完成的迷人的舞曲,这又是一项成就。

1798 年是高潮迭起的一年,3 月 9 日贝多芬及舒帕契赫再度参加慈善音乐会,演出贝多芬尚未完成的小提琴奏鸣曲(Op.12)中的一部分(这作品到 1798 年底发表,阿塔利亚注明是献给萨利里的)。那个年代里,音乐家一般只在私人沙龙而很少在公众场合演出,因此这种演出自然不比寻常。

交响回旋

1800 年 4 月 2 日,贝多芬的第一次个人音乐会上,他公开献上了自己的第一交响曲。当时他才二十九岁。

对贝多芬来说,这一年是他最忙的一年。他发表了第一交响曲,独奏奏鸣曲,几篇钢琴小品,一首圆号奏鸣曲,六首弦乐四重奏曲,一首七重奏曲和三首协奏曲。而贝多芬自己特别喜欢他的第 22 号奏鸣曲。

另外,他还受托为芭蕾舞剧《普罗米修斯》写曲,他以前没有为舞台剧写曲的经验。这个剧一年内演了二十三场,这在当时那个时代可是个了不起的数字。亲王李赫诺夫斯基从此每年付给贝多芬一大笔钱,但它并不是贝多芬的唯一收入来源。他还通过作曲、举办音乐会和教学生来挣钱。他虽然获得很大成功,但情绪始终不稳定,时好时坏,性格怪怪的。

甚至在李赫诺夫斯基举办的家庭音乐会上,贝多芬都要在进门前把"头伸进去看看有没有他不喜欢的人",否则不进门。其他作曲家在这样的场合都会穿着优雅,贝多芬却"衣冠不整,头发乱蓬蓬地披在脸上"。据说他说话时鼻音很重,而且举止粗野、傲慢——不错,如果他不情愿时,便拒绝钢琴演奏。

虽然贝多芬体格健壮,骨架子大,肌肉发达,但多年来,他一直被反复发作的胃病折磨,体力逐渐不支,影响了工作。那时没人懂得这些,但这很可能影响了他体内维他命和蛋白质的吸收,从而加重了他的动脉疾病。

就在他经受反复发作的病痛折磨时,更严重的问题发生了。他开始注意到自己的听力在衰退。贝多芬变得越来越焦虑,他认为自己的耳聋多多少少和他的胃病有关,很可能是这样。可当他的胃病治愈之后,他的听力却愈发差了,这时他害怕起来。

对于他这样一个声音比任何事物都重要的人来说,即将面临的却是一个永久寂静孤独的世界,这多么可怕啊!

名医法兰兹·魏格勒是贝多芬在波恩时的朋友。他不遗余力地帮助贝多芬,建议专家为他会诊。可是到了1801年,贝多芬的听力更差了。7月里,贝多芬告诉魏格勒说他的耳朵"嗡嗡作响,日夜不停"。人们正常的谈话声他几乎听不清,可人们朝他大喊又令他痛苦,忍无可忍。他求魏格勒替他保守秘密,不要把耳聋的事告诉别人——以免别人取笑他。

到了11月,贝多芬似乎高兴了许多,他再次写道"我现在过着一种较惬意的生活,我可以经常出去找我的朋友。你一定想象不出我最近两年的生活有多么沉闷,多么悲伤。听力极差,这就像幽灵一样,无时无刻不在缠绕着我,我尽量回避人们。我看上去很像个厌世者,尽管我绝不是这种人"。

到1802年,他又写道:有一个"可爱迷人的姑娘,她爱我,我也爱她"。他一直梦想着结婚,但她比他的社会地位高出太多,在那个年代社会地位的悬殊可不是儿戏。

这位姑娘就是琪丽哀太。

他的希望和幸福是短暂的。他和琪丽哀太之间究竟发生了什么人们并不清楚,不过看得出他们在一起是不会有什么结果的。

他们心平气和地分手了,但不少人认为贝多芬那年夏天之所以显得痛苦不堪,与失去琪丽哀太有关。

然而,在后来的几年里,他告诉一位朋友说,这次分手是再好不过的了。因为他的全部生活都是音乐,已容不下爱情和家庭生活。对他来说,音乐是"更高尚,更好的事业"。

不过这件事肯定令他很伤心,才使他放弃了结婚的梦想。1802年夏天,他像前两年一样,到他所热爱的乡下生活了几个月。他在海里根城找了个住所,开始写他的第二交响曲。

可这次,无论是音乐还是他对乡村的热爱,都无法驱散他对未来的忧虑。他对全聋的前景提心吊胆。

贝多芬工作孜孜不倦,殚精竭虑。到了1804年春天,他的第三交响曲——《英雄》问世了。

这部交响曲本来是打算献给拿破仑·波拿巴的,可当他听说拿破仑从教皇手上接过皇冠称帝时,感到无比失望。这个他一直视为大英雄的人,竟是如此贪婪、狂妄和自私。他一气之下,把题有"为纪念一位伟大人物而作"字样的扉页撕得粉碎,只定名为《英雄交响曲》。

这部交响曲是在维也纳剧院排练和首演的。接着的一年是贝多芬一生中的创作高峰期。1805年,他埋头创作唯一的歌剧《菲岱里奥》。9月份,这部歌剧完成,但由于种种原因推迟至11月才上演。《菲岱里奥》是一次失败——不光是因为战争的影响,而是因为要它具备舞台形式及产生舞台效果还需做大量的修改。人们提出的一切,贝多芬都反对,直到最后,还是长期受累的史蒂芬·冯·布劳宁将它修改定型。

1806年,这部歌剧加了一段新的序曲(莱奥诺拉)No.3后,该剧又重新上演了。就是在1806年这年,贝多芬写下了伟大《拉苏莫夫斯基弦乐四重奏》。

拉苏莫夫斯基伯爵是位业余音乐家,他在家里设立了一支长期的四重奏乐团,这类乐团在奥地利是独一无二的。它后来成了贝多芬的乐团,演奏者全部由贝多芬指挥,也正是和他们在一起他才创作出了一些经典之作。这个时期,他已开始写第五交响曲,可他又把它搁到一边,先完成了这部轻松快活的第四交响曲,这部作品可能与他和泽雷特·冯·布伦斯维克的交往有某些偶合。

不久,贝多芬告别了泰丽莎、法兰兹和宁静的马尔顿巴加耳,回到维也纳,埋头于音乐创作。

从1807年到1808年,贝多芬陆续完成了《第五号交响曲·命运》和《第六号交响曲·田园》。《命运》是贝多芬用全副精神和心力完成的力作,也是世界音乐史上的不朽之作。首次公演时是由贝多芬亲自指挥的,那时他的听力几乎接近于零,但是,他以心灵去感受乐队,他站在台上很激动,不留心把乐谱架上的蜡烛都打翻了。全曲表现了一种与命运抗争、冲破痛苦、烦恼而获得喜悦的过程。对这首曲子,贝多芬进行了长期构思和酝酿,他用近四年的时间才完成了它。

《命运》正是贝多芬顽强精神的再现。

第一乐章整章的基调是四个具有预示性质的音符,人们称之为"命运在敲门"。人们以前从未听到过这样的音乐。

这个乐句反复出现,贯穿整个乐曲,起着连接各乐章的作用,这种作曲法被后来的作曲家们采用。

第二乐章呈献给我们的是一段轻快的旋律和进行曲般的主题,两种旋律交替出现,浑然一体。我们从贝多芬这一乐章的手稿中可以看出,为了寻找他所期望的东西,他曾进行过怎样的艰苦奋斗。

他的作品来之不易。他冥思苦想,写了再写,有时参考若干年前做的笔记。这部作品是非凡的。这些年来他的创作激情不断高涨,他此时又开始了第六交响曲的创作。

1807年和1808年的夏天,贝多芬在巴登和海里根乡村度过;第六交响曲《田园》是在海里根城写的,这部作品倾吐了他对乡村的无限眷恋和热爱。

任何对乡村生活有概念的人,都可以不借众多标题而了解作曲家的意念,而且如果没有标题,整首曲子将被视为更侧重于感受性而不仅是音乐。1809年,法国军队再次攻入奥国,不久维也纳又陷入法军手中。由于时局的紧张,维也纳物价飞涨,尤其是生活必需品的价格上涨极快,维也纳市民的生活苦不堪言。贝多芬虽然照例每年拿到四千格尔登的年俸,但由于物价上涨,贝多芬生活并不富裕,加上战争期间,乐谱无法拿到国外去卖,本国的销售量又不高,所以,贝多芬的生活又陷入困窘之中。

由于战争给人们造成的压抑气氛,加上工作的疲惫,以及失恋和耳病带来的痛苦,贝多芬性格变得越来越急躁,和周围的人相处得不够融洽,因而,也更加时常产生孤独感。他曾经对好朋友说:"我懂得一个人在还能做事时,绝不可以自杀。不然我早就自杀了。"这说明贝多芬的内心多么苦闷。

就这样,生活在动乱之中的维也纳,贝多芬觉得就好像是一只漂泊在暴风雨中的小船,无依无靠,不知什么时候,在什么地方才能靠岸。只有他酷爱的音乐才能把贝多芬从痛苦中暂时解救出来。

这一阶段,贝多芬创作收获较大。1812 年,他完成了《雅典的废墟》《史蒂芬王》《第七号交响曲》《第八号交响曲》和《小提琴奏鸣曲》等震惊世人的优秀作品。

到了 1822 年仅五十二岁的贝多芬,这时已在全欧洲被公认为最伟大的活着的作曲家了。这样一来各界名流纷至沓来,争相拜见他。他们都对心中偶像出人意料的和蔼形象感到惊讶。他饶有兴趣地了解他们的工作,鼓励他们,并且对他们的作品加以赞赏。

维也纳人的心,像少女的心一般变化莫测,当时他们正钟爱闪烁着音乐才华的罗西尼。可当贝多芬最终完成了《第九交响曲》并威胁说要在柏林首演时,维也纳人又急忙请求他在维也纳首演。于是,在 1824 年《第九交响曲》初演于维也纳。

这部交响曲似乎总结了贝多芬一生中所经历的和信仰的一切。通过乐曲他似乎在讲述人类的遭遇——迷惘、彷徨,这是超过了人类所能承受的莫大压力。

演出结束时,观众热烈欢呼鼓掌,是一位年轻的女低音歌唱家扶着他的手臂把他转向观众,他才看到了这狂热的场面。

最后乐章

1825 年的新年,贝多芬接到了奈特的来信,告诉他《第九交响曲》已经到达当地而预备演出。

贝多芬想去指挥演出,并带去一首新曲给他们。英国社会对他赞不绝口,对伦敦交响音乐会反响十分强烈。一宗财产仍在等候着他,贝多芬答应他们在 18 个月中完成《第九交响曲》虽然他们在接到抄本之前,此曲已在维也纳演奏过了,但英国人也还是表示出了一种宽宏大度。

1826 年,贝多芬偏爱四重奏,他喜欢这四种简洁的声音。当 1824 年《第九交响曲》完成之后,四重奏变成贝多芬的全部生命了,一直持续到他去世。他为圣彼得堡的加力金王子写了三首四重奏:第一首为《降 E 大调弦乐四重奏》(作品第 127号),完成于 1824 年;第二首为《A 小调弦乐四重奏》(作品第 132 号);第三首《降 B大调弦乐四重奏》(作品第 130 号),都是在当年年底完成的。

到 1825 年 5 月,贝多芬又在病中写成第四首《A 小调弦乐四重奏》。人们从中不难看出贝多芬对古典宗教音乐形式的爱好。他把《A 小调弦乐四重奏》中慢板乐章的标题改为"感谢上帝使衰弱的人能够痊愈"的赞美诗。仿佛是神的恩典使他恢复了新的力量,重振了他的雄风。

转眼秋天已经过去,树叶飘落,天气也越来越冷。有时冷得厉害,贝多芬就会喊叫着,让约翰买些木材来取暖,可约翰总是买一点点,结果,贝多芬常常因断柴而受冻。但为了抓紧工作,贝多芬有时忍耐着这一切,积极作曲。《弦乐四重奏》很快完成了。他又开始谱写早已酝酿许久的《第十号交响曲》。

1827 年春天,贝多芬进行了两次抽水手术。但到了 3 月下旬,贝多芬的双脚、双腿已肿得很厉害,而且腹泻不止,胃部发炎,几乎吃不了多少食物,全身已经骨瘦如柴。

3 月 23 日,痛苦中的贝多芬感到死亡已经来临。但是,一闭上眼睛,一个念头突然闪现:我要死了! 对了,我要修改一下遗嘱。贝多芬最后一次修改了遗嘱。

贝多芬伸出皮包骨的手,颤颤地拿起笔,用力地在纸上写着:

我指定侄子卡尔为我的财产继承人。我的遗产均由他和他的子孙及他指定的财产继承人继承。

现在他已经到了接受最后一次洗礼的时候了,如果他愿意的话。

贝多芬同意了。仪式就在 3 月 26 日举行。他最后一次写下了自己的名字,同时将《升 C 小调弦乐四重奏》(作品第 131 号)的所有权送给了司格脱,并再次表示了对伦敦交响音乐会的感谢。大约在一小时之后,司格脱从梅耶那里取来了一瓶莱茵酒,将它放在病床边的桌上。贝多芬看见了,喃喃地说:"可怜,可怜,太迟了……"这是他所说的最后一句话。

3 月 29 日,悲哀笼罩着维也纳。这天,全维也纳的人们为贝多芬举行了隆重的葬礼。

法国雕塑艺术家

——奥古斯特·罗丹

人物档案

简　历:法国雕塑艺术家。1840 年 11 月 12 日出生于法国巴黎拉丁区一个普通雇员家庭。1854 年他进入波提特设计学校学习,与雕刻结下不解之缘。1862 年进入圣体隐修道院,完成了院长艾马尔胸像。1875 年他到意大利旅行,并细心研究了多那太罗、米开朗基罗等人的作品,深受其启发。1886 年他为文学家雨果塑像。1898 年完成为文学家巴尔扎克的塑像。1916 年他把自己的全部作品捐给法国政府。1917 年 11 月 17 日,罗丹去世,享年 77 岁。

生卒年月:1840 年 11 月 12 日~1917 年 11 月 17 日。

安葬之地:自己别墅的花园里。

性格特征:伟大的人格,面对命运不屈服的精神。

历史功过:欧洲雕刻"三大支柱"之一。主要作品有《思想者》《加莱义民》《青铜时代》《手》《雨果》《吻》《巴尔扎克》等

名家评点:布歇评价说:"罗丹的雕塑技巧是显而易见的,对此提出疑义是愚蠢的,或者是有意的。"

少年罗丹

1840 年 11 月 12 日,伟大的雕塑家奥古斯特·罗丹在法国巴黎诞生。他的父亲是一名下级警务部门的公务员,母亲做女佣和洗衣工。他们为这个到了 38 岁才得到的唯一的儿子而激动不已,希望他能成为一名有文化的高级警官,但罗丹却从小喜欢画画。

小罗丹5岁时，父亲便把他送到附近的耶稣会学校。这是所专为穷人孩子开办的学校，以宗教教育为主，此外还讲授算术和拉丁文等。前者他理解不了，后者他十分讨厌，而他唯一喜欢的画画，学校却是禁止的。

一次，小罗丹画了一幅罗马帝国的地图，戒尺就狠狠地落到了他的手上，使他有一个星期不能拿笔。老师第二次抓住他画画时，用鞭子狠狠地抽了他一顿，但他并不屈服，反而把老师那毫无人性、铁板似的面孔画成了漫画，心里感到一阵说不出的痛快。

其实，小罗丹很想做个听话的孩子，然而画画却是他唯一爱做的事情。他常常偷偷拿来妈妈买食物拿回来的包装纸，趴在地板上画妈妈的手、爸爸的皮鞋。为此，妈妈只好每次都将包装纸藏起来，但小罗丹总能想办法找到东西来画。爸爸的皮鞋也毫无用处，最后爸爸精疲力尽，一见他就不住地唉声叹气："唉，我算养了个白痴儿子！"

罗丹14岁时，爸爸认为他该找个工作了。"问题是，干哪一行？"爸爸说："要是你识字的话，我还可以在警察局给你找份差事，可你……"

"我不想当警官，我想学画画！"罗丹镇定地说。

爸爸忍了好一会才没有又抽他一顿皮带。

"爸爸，他也许该去学美术的。"一向温顺而忧郁的姐姐玛丽开了口。

"不，"爸爸说："光是巴黎就有几千名画家，可他们有几个能吃上这样的饭菜？"他边说边嚼着一大块牛肉。

的确，艺术是个苦行当。在当时只有少数为官方所喜爱的画家才能过上富裕的生活。

玛丽说："我知道有一所免费的美术学校，就是工艺美术学校。这所学校培养的是描图员，不是画家。奥古斯特毕业了，就可以当一名雕刻师或家具木工。况且，我可以卖宗教纪念章供他上学。"

温柔的玛丽终于说服了固执的父亲，罗丹得以进了工艺美术学校。

工艺美术学校是1765年法国国王路易十六的情妇蓬巴杜尔夫人宠幸的画家巴歇利埃创办的，是一所学习装帧艺术的学校。后来的印象派画家凡天拉图尔、卢古罗、埃德加·德加以及官派雕刻家达鲁都和罗丹一道是从这所学校毕业的，他们的导师就是奥拉斯·勒考克。

勒考克十分讨厌美术学校，他认为那个地方已经变成了一所古典主义的学校，循规蹈矩的已没有什么创造力和生命。然而在当时，法国的艺术是由政府主管的，美术学校、法兰西学校和沙龙控制并指导艺术工作，画家的作品必须经过艺术官员组成的评选团评选通过方能展出，所以许多不满足于一味模仿古典主义作品而有所创新的画家经常受到压制和打击。

勒考克第一次见到罗丹就说："这里有两种学生，一种是制图员，他们要画直线，虽然自然界并没有直线；他们想循规蹈矩，虽然生活中并不存在规矩。他们通常的结局就是考上美术学院,临摹古典名作。但是,还有第二种学生,他们是难得的几个,你永远也不知道他们从哪里来。就是这些人,像伦勃朗一样,学会了通过自己的眼睛去观察事物。"

罗丹沮丧地意识到自己从未认真观察过什么东西,但他想到了爸爸,他便根据记忆画出爸爸听到他想学画画时生气的样子。勒考克见了说:"很丑。画不一定都得漂亮——但必须有生气。"罗丹得到了极大的鼓励。

罗丹的学习生活走上了正轨:上午在工艺美术学校上课,下午同其他人一起到卢浮宫去临摹大师的名画,每周有两个晚上做人体写生。

当罗丹第一次在卢浮宫看到达·芬奇、提香、拉斐尔、鲁本斯、伦勃朗和米开朗琪罗的作品时,他激动万分,他最喜欢的是米开朗琪罗和伦勃朗。米开朗琪罗的作品生气勃勃、苍劲有力,而伦勃朗的作品充满感情、不落俗套。多年以后,罗丹游历了荷兰和意大利,专程去看这两位大师的作品,这对罗丹一生的创作都有至关重要的影响。

罗丹的进步很快,他的素描很快过关了。该画油画了,然而罗丹没钱买颜料,他只能在找到一些有钱的学生扔掉的颜料管时才能画,但最好的颜料总是被挤得光光的,他只有不停地画草图。罗丹越来越感到绝望,他打算退学,勒考克阻止了他。罗丹是他最好的学生之一,他不能看着这个孩子因缺少几个法郎而断送了前途。他说:"到雕塑室吧?罗丹,你是个身强力壮的小伙子,即使不能成为一名雕刻家,也能成为一个很好的造型工或铸工。"

然而当他来到雕塑室时,他就明白自己不会只成为一名铸工,这里的一切吸引着他。那一座座完美而有力感的著名雕像复制品、那一堆堆粘土和一块块大理石使他浑身充满了新的激情。"我要成为一名雕塑家。"从那一刻起,他就非常清楚自己该做什么了。

当他把打算当雕刻家的决定告诉家里时,爸爸叫起来:"你疯了!当雕塑家需要多长时间?一年?"

"五年,如果我有进步的话。没有什么可以打保票的,爸爸,但却是免费的。"

玛丽主动地说:"跟以前一样,我替他付食宿费。"

"你也是个傻瓜,像他一样。"爸爸转而对罗丹说:"记着,一定要学会石匠的活,要不你死的时候将会比我还穷。"

在此后的几年里,罗丹没日没夜地学习,每天工作学习18个小时。他几乎没钱吃午饭,经常疲惫不堪,但他不能不以近乎疯狂的速度工作——他要报考美术学院,虽然勒考克及已经上了美院的巴努万、凡天·拉图尔等把美院说得一钱不值。但罗丹还是给自己加油:要学习、学习!雕塑、雕塑!

三年后,他感到自己可以考美术学院了,他想受到正规的教育。勒考克虽然反对美术学院那一套,但他还是给罗丹找到了美术学院的推荐人。他连续考了三年,第一年按自己对模特的理解塑,落选了;第二年按美院那种光滑但毫无生气的罗马人物像塑,也落选了;第三年他以传统的希腊风格进行创作,当整个塑像完成时,他看到别的考生都投之以忌妒的目光,但主考官又在表格上写下了"落选"两字,并在旁边加了一行字:"此生毫无才能,继续报考,纯属浪费。"——就因为罗丹是勒考克的得意门生。

罗丹绝望了,他感到,作为雕塑家,他的生命已经结束了。为了生活,罗丹到一个叫克律歇的装帧师那儿以少得可怜的工资替他工作。做装帧工作主要是点缀美化楼房建筑,这可不是雕塑,但除了雕塑外也就算是最好的工作了。

他依然不时地来听勒考克和解剖学家巴里的课,但总有一种遭流放的感觉。他怀疑自己成不了真正的雕塑家,但又发现要他放弃雕塑已经不可能了。哪一天他不花上两个小时用粘土进行创作,他就觉得问心有愧,好像虚度了年华。每次下班后,他都在自己的房间里一直工作到深夜。

生命总是充满着磨难。生活上的艰辛并不能摧毁罗丹追求艺术的决心,可精神上的重怆却差一点断送了罗丹的艺术生涯——玛丽死了! 他最亲爱的姐姐终于没能逃脱失恋的痛苦折磨,郁郁病故。22 岁的罗丹无法接受这残酷的现实,他再也没有勇气去面对工作,再也无法进行热爱的雕塑了。玛丽虽然是一个普通的年轻女孩,但她在精神上与罗丹是相通的。她一直是他艺术追求上最有力的支持者,是他的知己、他的慰藉,是他在生活中唯一可以信赖的人。玛丽的死对罗丹来说是前所未有的重怆,他无法再待在家里,这里的一切都会引起有关玛丽的回忆。罗丹决定去修道院,他没有勇气去向勒考克辞行,他知道他肯定会发怒的。

1862 年的冬天,一个下雨的日子,罗丹开始了在圣雅克街上圣餐长老会的修道院里的修道士生活。修道院院长艾玛神父,是一位尊严的、享有学者盛名的年长教士。他那宽宽的额头、沉思的双眼和刚劲的下巴,具有罗马人严峻的特征,但当他微笑时,脸上好像焕发出某种光泽,显得神采奕奕。他同罗丹打过招呼后,问他:"你是位雕塑家吧,奥古斯特兄弟?""神父,我只不过是个学生,"罗丹不安地动了一下说,"艺术对我来说已经无所谓了。"艾玛神父睁大了眼睛:"如果上帝赐予一个人艺术才能,他就不能草率地将它抛弃。一个人可以同时为美和上帝服务。菲利波兄弟和巴托洛米欧兄弟就曾同时为两者服务,他们得到了荣誉和盛名。慢慢的你就会知道你是不是适合当个教士,不管怎样,一个人不应当把出家看作是逃避现实,而应当看作是履行职责。"

事实正如艾玛神父所预言,罗丹虽然努力遵守教规,希望在苦行和顺从中、在孤寂和祈祷中寻求安慰,但他心里越来越清楚他无论如何摆脱不了雕塑制作的欲望。

他的苦闷被艾玛神父看在眼里,他给罗丹拿来了新版的但丁的《神曲》,上面有多雷的蚀刻画。多雷的蚀刻画有一种奇特的魔力。奥古斯特·罗丹坐在修道院的图书馆里,画着自己想象中的《神曲》,比多雷的画更优美,更富有感性,几个月来,他第一次感到满足。

艾玛神父看了一眼他的画,说道:"好!好!你没有白费时间。"他意识到罗丹需要用他的手进行创作,因此安排他到花园里去干活,并给他拿来粘土,罗丹非常感激和理解。就在这个花园里,罗丹给他所崇敬的艾玛神父塑了一个胸像——这是罗丹签了名的第一件作品。这个胸像没有美化艾玛神父,就像艾玛本人一样干而瘦弱、硬而优美、平凡而坚定、严肃而仁慈,瘠薄的面孔紧绷在突起的颧骨上,两颊被太多的忧患拉扯得隐落下去,额骨高而阔、眼睛大而明亮,流露出爱的凄悲神色。它显露出艾玛神父宗教感很深的性格,似乎他专为了走艰难坎坷的道路而来到人间的。当艾玛神父看到自己的胸像时,他说道:"这是个很好的塑像。它使我看到了我普普通通的长相,使我免于自负,但它又充满了感情,使我感到我是个人,真正的人。"

艾玛神父明白修道院不再适合罗丹呆了,罗丹的生命在他的艺术创作里,他劝罗丹还俗:"你现在需要的不是安慰,而是信仰和希望。"

几天之后,罗丹带着对艾玛神父的深深敬意离开了修道院,他在那里待了一年时间。

不能忽视罗丹的这段修行生活,短促的修行生活培养了罗丹的宗教情操。激烈的宗教使他对生命、对艺术都看得更为严肃。宗教感对他以后的创作过程起着重要的影响,引导罗丹一次一次地倾向人生悲苦情感的体验,使罗丹的作品,从整体来看,是悲剧的内省。

献身教会有一定的象征意义,忽略这一点,就不能透彻地了解罗丹,也就不能充分了解西方文化许多关键的地方。

艰难前行

重感情的罗丹回到久别的家里,目睹姐姐玛丽的遗物,伤感郁闷,不得不离家另居。

他在埃尔梅尔大街,租了一间小小的鸽子笼般的屋子安顿了下来。他是为剧院做装饰雕刻,工作显得单调而乏味。他仍旧使用着布瓦博德朗的工作室,而且每周有几个晚上要到著名的动物雕塑家巴里那里学习。

1864 年,一批在沙龙落选的画家,来到盖尔布瓦咖啡馆聚会,商议对策。他们通过报刊的呼吁,亲朋好友和知名人士的游说,终于使拿破仑三世决定在有名的工业宫辟出一个地方展出这些落选作品,称作"落选画家展览会"。在朋友的感染、激励下,年轻的罗丹精神大振,决定塑一尊头像参加展出。

"落选画家展览会"上交预展作品截止的当天,罗丹仍在重塑那个头像。

以后的几周,罗丹更加努力地工作。他的父亲已经退休,只拿半薪,母亲有病,他需要帮助父母,还要维持自己的生计,购买粘土,支付老仆人的酒饭钱等等。一有空闲,他就疯狂地雕塑,常常干到深夜。许多晚上,他本来想躺下休息一会儿再干,但却和衣睡着了。

一天,罗丹正在为一家剧院雕刻门楣和柱子上的叶饰,一位叫康士坦的工匠在旁边看着。他对罗丹说:"罗丹,你不要这样干,你雕的叶子都显得平板,看起来不像真的。做叶子时应该把它的尖端突出来朝着你,这样观众看到叶子才有立体感。"罗丹听了很高兴,于是就按照康士坦说的去干,果然植物叶子显得活生生了。

康士坦又继续郑重地说:"好好记住我的话吧!以后再做雕塑时,千万不要只看形体的宽度,而要特别注意它的深度。要把物体的表面看作体积的一端,看成是向着你的具有深度的一个尖端。这样,你就学会科学的雕塑了。"

康士坦关于"雕塑的科学"这一番话,对于罗丹来说,真是个终生难忘的收获。他很快就掌握了雕塑的深度、空间、体积等要领。他还发现,古代的艺术大师就是严格遵循这一雕塑原则,才使他们的作品那么优美,那么富有长久而迷人的生命力。

新法雕刻叶子的启迪,使罗丹对老仆人的形象产生了全新的想法。他刻苦地研究了荷兰艺术大师伦勃朗晚年的各种油画。他很感兴趣地发现,老仆人的脸上不仅留着凄苦、衰老和劳累的痕迹,执着的追求和抗争更使整个面部斑痕累累,前额内倾和鼻梁下陷。伦勃朗的高超技术对他的创作也有很大的启迪。罗丹利用周末休息的机会,请求老仆人在支架的支持下,连续坐了4个小时。经过长久的探索,他又发现老仆人的面孔是充满波动和起伏的,光在他的额头上恬静地移动。啊!静是根本不存在的。他苦苦思索着,明白了即使是死也都是在变化,宇宙的一切都在运动。基于这种发现,罗丹又用了一个多月的时间,对老仆人的塑像进行加工和雕琢。阴影运用得当,使塑像活了起来。

这时,已经到了1864年的年末,罗丹赶忙送去沙龙展出。评选委员会成员看着这个头像惊骇不已。那塌陷的边缘成钝角的鼻子,增加了脸上无限痛苦的神情,使面庞洋溢着无限的生命力。如果把它拿在手里旋转,就会使人惊讶地看到头像各个侧面的不断变化,而这种变化又不是偶然、犹豫或模糊的。整个头像上没有一根线条、一个交错点、一个轮廓,不是经过罗丹的深思熟虑创作出来的。

这尊塑像的生动活泼的处理手法,与官方学院派所欣赏的那种流行的完善、冷漠和静止的形式感,大相径庭。继惊叹不已之后,有些人愤怒了,有些人加以冷嘲热讽,最后以"粗俗、古怪、丑陋"拒绝了它。

罗丹痛苦万分,决定再也不塑头像了。不论当时评选委员如何对待《塌鼻人》,但几年以后就被他们接受了。《塌鼻人》和《艾马尔神父》,是公认的罗丹早期的代表作。作品尽管还不够成熟,却已显示出罗丹深入观察和特异的表现对象的非凡能力。

一天,罗丹正在剧院门口雕刻花饰的时候,突然看见一个优雅健美的女工正走过来,强烈的事业心使他停下手中的活计,两眼盯住姑娘。同大多数肤色灰黄、身材矮小的巴黎女子不同,她身材修长,两颊红润,好像刚沐浴过似的。她戴一顶无檐女帽,穿一身深蓝色的衣服,走路潇洒,昂首挺胸,很有风度,是个理想的模特儿。

他们相互通了姓名,便分开了。罗丹得知她叫玛丽·罗斯·伯雷,法国洛林地区的农村人。

第二天,他们如约相见,罗丹领着她来到布瓦博德朗的工作室,罗丹点好灯,生好炉子,搬好凳子,让她坐下来,然后开始工作。

在以后的几周里,罗斯一有空便到工作室来,她一遍又一遍地观看了草图,一次又一次地抚摸着自己的头像。她深信罗丹是个勤奋、俭朴而又有前途的画家、雕塑家,她从心坎里爱上了这个年轻的小伙子。他们在两个月的工作时间内,没有轻浮的调情,没有情人之间的甜言蜜语,而两人的配合又是那么的融洽。罗斯感到奇怪,他精心为自己塑着头像,但对她并不是那么富有深情。尽管如此,罗斯并不轻易放弃这个勤奋而又英俊的青年人。

由于贫困,由于专注于雕塑的驱动力,罗丹暗暗地打定主意,现在必须笼络住她,等头像一定成,再各奔东西。

在无可奈何的情况下,6月的一个星期天,他顺从了罗斯的要求,来到卢森堡公园。那里有巴黎最好的户外塑像,离工作室也很近,如果过一会儿他想继续雕塑的话,也不会浪费太多时间,而对罗斯来说,有罗丹在身旁,只要他不把自己当成模特儿而当成一个女人看待,也就心满意足了。

1864年10月,在朋友们的帮助下,罗丹在勒布伦大街找到了一个旧马厩,建起了自己的工作室。

几天以后,马厩焕然一新。一天晚上,罗斯把她从洛林带来的小皮箱搬进了工作室隔壁的小屋,他们同居了。

被称为《女祭司》的塑像在不断完善,罗丹对雕塑完美的追求是那样的执着,竟始终没有向罗斯说过一句"我爱你"。但这句话却是罗斯渴望的。

就这样,罗丹与罗斯边工作边享受着爱情与快乐,很快他们就有了爱情的结晶。

1866年1月18日,罗斯在产科医院生下一个男婴,泰蕾丝姨妈和罗丹对她照顾得很周到,使她很高兴。在区里登记时,罗丹将小孩写成了奥古斯特·伯雷。

等到罗斯可以活动时,罗丹又继续雕塑《女祭司》,可是工作进行得并不顺利。罗斯总是惦记孩子,思想不能集中。对于罗丹来说,塑这样的全身像还是第一次,难度够大的了。他为了让《女祭司》能及时在今年的沙龙上展出,对罗斯摆不好姿态竟发起了脾气,结果使罗斯和孩子都大哭起来。罗丹在这种情况下,决定把儿子送给母亲抚养。为此,罗斯心里很难过,最终只能服从雕塑工作的需要,勉强地同意了。

小奥古斯特出生40天,就送交他祖父母抚养了。罗丹的父亲因为他们没有正式办理结婚手续对儿子大为不满,但得知是个男婴也就转怒为喜了。母亲因为女儿玛丽的去世,一直心情郁闷,当见到可爱的红头发的孙子时,也高兴了起来。罗丹答应每周都同罗斯回家看孩子,所以罗斯也比较安心了。

在那以后的日子里,罗丹和罗斯之间的恩爱达到了高峰。那尊《女祭司》也获得了新的生命。罗丹以极大的热情继续创作。他们决心将《女祭司》塑成无忧无虑,充满生命活力的女神,送交沙龙展出。这尊《女祭司》终于完成了,它有两米来高,神态活泼,无拘无束。《女祭司》塑像的成功,受到了许多艺术家的祝贺,也招来了一些顾客的光临。

为了招揽更多的顾主,罗丹在朋友们的鼓励下,花了比原房价高一倍的价钱,在蒙帕纳斯大街找到了一间比较满意的工作室,但他付了房钱之后,已经没有搬家的钱了。

于是,罗丹通过爸爸借到一辆旧马车,由达鲁、莫奈、雷诺阿、德加等朋友帮助拉车搬家。5月的一天早晨,这几位艺术家,罗丹的作品、衣被、工具一件件往车上装,当揭开湿布看到《女祭司》时,雷诺阿大叫起来:"看她那完美的骨盆,漂亮的胸脯,丰满的臀部,微笑的小口,真是太动人了。"

大家说笑着上路了,身强力壮的莫奈帮助罗丹拉着那辆装得满满的大车,雷诺阿捧着《女祭司》的头像,德加拿着《塌鼻人》,达鲁拿着几件工具,其他的人帮助推车,有说有笑,热闹异常。

他们拐了两道街,上了一个小山岗,再往下走200米的行程,就要到达目的地了。大家兴高采烈,像打了胜仗似的。突然一声爆响,一个车轮飞出车身,车子翻了,《女祭司》掉下来撞在一根灯柱上,摔成了碎片。

罗丹惊呆了,站在路上发愣。

艺术家们怀着遗憾的心情,告别了罗丹。

罗丹像丢了魂似的,几乎丧失了继续工作的勇气。

1870年7月19日,野心勃勃的法国皇帝拿破仑三世对普鲁士宣战。法军初获胜利,以后却接连败退,战场转入法国境内。普鲁士军队长驱直入,9月19日包围了巴黎。巴黎危在旦夕,法国人民组织国民自卫军,奋勇作战,抗击侵略者。在国家危亡的关键时刻,罗丹同许多法国青年一样,怀着爱国激情应征入伍,加入国民自卫队,决心好好教训野蛮的普鲁士人。可是他却被编入后备军团,因为他认字能读,所以被任命为下士。

普军对巴黎进行猛烈轰击,并以饥饿迫使法国投降。停战后,法国精简军队,罗丹因近视,被迫离开了军队。

1871年初罗丹含泪告别亲人,同比莱斯去到普法战争的中立国——比利时。

1871年3月,法国爆发了内战,巴黎公社控制了巴黎。此后一个多月,公社社员同拿破仑三世的军队爆发了血腥的巷战。传到布鲁塞尔的消息令人毛骨悚然。饥饿更为严重,巴黎同外界的联系完全被切断。有流言说巴黎许多市区已被夷为平地,又说罗丹家所居住的地区已变成一片坟墓。他想到家里的人可能遭到残害,终日惶惶不安。他想回去看个究竟,但既缺路费,又因通往巴黎的道路已被拿破仑三世的军队严密封锁,任何人也不能进入。他只好在异国他乡焦急度日。

一天,屋门被突然打开了,他惊奇地发现来的是约瑟夫·范·拉斯布尔。那是他在比莱斯工作室的一个伙伴,荷兰人,年纪比他稍大一些。他听说罗丹被解雇了,认为这是一件大好事。他说他早就想离开比莱斯的工作室,但需要一个伙伴,没想到比莱斯竟把罗丹给送来了。范·拉斯布尔讲清楚两人合伙,挣钱平分。罗丹主要负责搞设计、做雕像,他张罗找买主,在比利时卖出的作品上刻范·拉斯布尔的名字,在法国卖出的作品上刻罗丹的名字。随后,他们签订了合同书,他并给了罗丹50法郎现金,任他支配。

到1871年底的严冬,罗丹的妈妈死了。罗丹为此感到孤寂、痛苦,甚至达到不能忍受的程度。他急不可待地想见到罗斯。

1872年2月,天气逐渐温暖一些,罗斯风尘仆仆来到比利时的出了布鲁塞尔火车站,她依然为妈妈戴着黑纱。罗丹听说,所有在法国的塑像也运来了,他异常高兴,吻了罗斯,久久说不出话来。

罗斯住在租赁的小屋里,做饭、洗衣,生活过得倒也惬意。她挤出时间还做些剪裁缝纫的活计,以增加收入。他们定期向巴黎的泰蕾丝姨妈寄钱,因为父亲和儿子都住在那里,由她照顾着。

在范·拉斯布尔的建议下,罗丹把《塌鼻人》送交1872年布鲁塞尔沙龙,作品被接受了。这是他第一个被沙龙接受的展品。但是,这个塑像并没有引起人们的注意。他决定雕塑一个大型作品,塑什么,他心里没有谱,他感到苦闷,心里充满了悲愤之情。范·拉斯布尔了解到罗丹的烦闷,建议他到荷兰,去看看伦勃朗的作品,并给了他100法郎,作为临别赠礼。

罗丹一到荷兰首都阿姆斯特丹,便径直来到国家博物馆,欣赏他从未见过的伦勃朗的原作。他认真细致地观看,欣喜万分,几乎到了如痴如醉的境界。罗丹从《女祭司》被毁坏之后,一直处于休眠状态的创作欲望,第一次被伦勃朗的作品和精神激发了起来。他感到有一种压倒一切的冲动,促使他投身于新的创作。

几个星期以后,罗丹回到了布鲁塞尔。他精神大振,工作格外刻苦,把大部分时间用于雕塑头像,而且每次都同时塑好几个。但是,他仍很不满意,觉得始终塑不出一个像样的头像来。直到1875年,他再也待不住了,告诉拉斯布尔说,要到意大利亲眼看看米开朗琪罗的作品。拉斯布尔了解罗丹的性格,知道只要是他已经决定的事情,是谁也改变不了的。只好给他预支了工资,让他到遥远的意大利去参观米开朗琪罗的作品。

在佛罗伦萨,罗丹参观了所有的大型美术陈列馆,但他并不满足,又来到了美术学院。突然间,米开朗琪罗的《大卫》原作呈现在他的眼前。他细心地观察着,感到一种纯粹的人体美。

这是一个年轻的裸体巨人,高5.5米,气魄雄伟,头和手臂与身体相比稍大一些。这个巨人正准备战斗,全身肌肉突起,显得十分健壮有力。他英俊的面孔非常严肃,双眉紧皱,眼睛凝视前方;左手握着搭在肩头的武器——投石器。这是一个为正义而战的英雄形象。

在以后的一个星期里,罗丹观看了能见到的每一件米开朗琪罗的作品。

他又来到西斯廷教堂,那里挤满了成群的旅游者。他挤在人丛中看那些油画,直看得精疲力尽。正当他要走开时,他看到几个人躺在地板上往上看米开朗琪罗创作的巨型顶壁画。他也以同样的方式躺下仰脸向上看着。他情不自禁地笑了,米开朗琪罗对肌肉和血管的位置,研究得多么细致入微啊!不管是什么姿态和动作,都极为自然流畅。他用自己的方式,赋予了人物以新的生命。

罗丹一连几天在博物馆,在西斯庭教堂里临摹大师的作品,忘记了吃饭,忘记了时间。他完全被这些肌肉、人体和力量所征服。他说:"米开朗琪罗使我跟学院派彻底决裂。他给了我全面对抗学院派的立足点,他向我伸出了有信心的手。我能从一个圈子转到另一个圈子,正是由于这座桥梁,引导我向前的正是这位强有力的巨人。"

由于盘费有限,罗丹不能在意大利久留,只好恋恋不舍地告别了这个艺术之乡,赶快又回到了比利时。

雕塑风波

罗丹在从意大利返回比利时的途中,经济的困扰,对巴黎的怀念,对自己创作起伏的回忆,再一次激起他对普法战争的愤恨。

国家割地赔款,自己生活困扰,创作停滞,母亲死亡,这些悲惨的遭遇,使他深深认识到被征服者的痛苦。他觉醒了,他开始塑造一个称之为《被征服者》的裸体像。这是一尊与真人一般大小的塑像,塑的是一个体型修长、多愁善感的青年。他站立着,右手痛苦地抓着脑袋,左手紧张地塑着一根长杆,表现出失败后极度的痛苦和反抗。

罗丹白天仍在工作室和范·拉斯布尔合作工作,利用晚上和星期日争分夺秒地塑这个全身像。模特儿的名字叫奈伊,是个对艺术一窍不通的青年。经过好几个月的训练,奈伊才自然起来。当罗丹要他光着身子摆架子时,他感到受到了莫大的侮辱,认为这是十分卑下的勾当。不过奈伊已经被他自身复制品迷住了。罗丹胸有成竹地握着,胶泥在他手中好像活了一样。经过 18 个月,他在塑像的脖子和肩膀上塑了最后一个凹部,塑像完成了。

罗丹以成功者的态度,审视着这尊塑像,认为它不像《大卫》那样英雄,但它是个活人,是每一个在战争后敢于面对失败的勇士。

奈伊仔细地打量着完成的塑像。他吃惊地睁大眼睛说:"这是我所见过的最像活人的塑像。你把它展出以后,我就不敢在布鲁塞尔大街上行走了。每个人都会认出我的。"

他穿好衣服,又瞟了《被征服者》一眼,说道:"这个塑像赤裸裸的一丝不挂,肯定会引起人们说长道短。我现在都能这样感到。"

奈伊的疑虑使罗丹很烦恼,他请范·拉斯布尔来鉴赏,罗斯也被请来了。他们站在工作室门口,惊讶得目瞪口呆。罗斯简直不相信自己的眼睛,大声叫道:"太像真人了。"

《被征服者》被1877年荷兰沙龙接受了。

罗丹在范·拉斯布尔和罗斯的陪同下,到艺术广场去参观展览。他们找呀,找呀,最后终于在展览室的最后一间屋子里,找到了《被征服者》。它被安放在一个黑暗的角落,人们只能从正面看。当时塑像周围一片混乱,一群人在像前大声说笑着、讥讽着。塑像上还挂着一块牌子,上面嘲讽地写着:"本铜像是按模特儿之身体浇铸而成。"

罗丹感到前途毁灭了,名誉扫地了。他绝望地低下了头。但罗斯却推开众人挤进去,把牌子撕个粉碎,然后带着往日的骄傲,挺着胸膛,大步回到罗丹的身边。罗丹拉起罗斯的手,同范·拉斯布尔一起走了出去。

很快,关于这尊塑像的诽谤性的文字在布鲁塞尔各家报纸上相继出现了。罗丹给报社写信,说明塑像并不是用真人身体浇铸成的,但他抗争越多,遭到的漫骂愈加激烈。

展览会结束了,《被征服者》被运回工作室。罗丹拿起一根铁棍就想将它打成碎块。这时,站在门口的范·拉斯布尔一个箭步窜到罗丹面前,阻止住他。并说:"这样,你无损于攻击者一根毫毛,只能损坏了你自己。"

"我现在在大街上走着,就有人在耻笑我。"

"它能引起公众的议论,就是你的成功,就是你的胜利。但雕像还有缺点,它的名称不适于比利时的国情,我给他起了个新的名字,叫作《青铜时代》。那根长杆是否削弱了人物的形象?我看应该突出人物的大山压顶不弯腰的精神。"

几个星期以后,罗丹露出了笑脸。他一句话也没说就取下了那根长杆。

1877年一个晴朗的冬日,罗丹兴高采烈地回到巴黎。

罗丹经过多种渠道,打通了关节,几天之后,沙龙接受了《青铜时代》,梦寐以求的理想将要实现了。但是他的作品又一次被安放在靠近后面的一间窄小的展览室里,没有谁注意到它。而且这个塑像又是那么高,和周围的作品完全不成比例,结果给人留下的最深刻的印象,竟是它那赤裸裸的身体。

《青铜时代》又一次交了厄运。接着,巴黎一家报纸重复了布鲁塞尔报刊的腔调,对《青铜时代》进行了恶意的诽谤,指责这尊铜像是用活人的身体浇铸而成的,并加油添醋地说它"庸俗、放肆、下流"。

第二天,在塑像旁边,罗丹差点被大喊大叫的人们挤倒,到处都是讥讽声和蔑视的诅咒声,人们都把这座塑像当作是伤风败俗的裸体像。罗丹渴望得到公众的承认,但招来的却是公众的辱骂。罗丹成了十恶不赦的坏蛋,成了欺世盗名的骗子。沙龙评选团被这轰动一时的丑闻搞得十分尴尬,便命令把《青铜时代》搬出了展室。

罗丹跑遍了整个巴黎,想找个工作室安放这尊塑像却找不到。他的美术界的那些朋友,也被攻击得无地容身,当然爱莫能助了。当服务人员正在为搬走《青铜时代》做准备时,罗丹突然发现布瓦博德朗老师正站在塑像的面前。他对罗丹说:"如果你愿意的话,可以把塑像存放在我的工作室里。至于因《青铜时代》引起的轰动,这在今天来说是很自然,很有必要的。"

罗丹向美术部提出抗议之后,引起了不少麻烦。他不得不交出制造塑像的铸型和模特儿的照片,不得不供出模特儿的姓名、住址,供他们去调查了解,但都未得到满意的答复。

一个星期天,布瓦博德朗邀请罗丹和一些艺术家到他的工作室会面。他说:"这是为《青铜时代》正名而成立的一个委员会。"

艺术家们再次审视着《青铜时代》,他们面对的塑像,是一个大梦初醒的年轻男子。他侧仰着脸,右手抓头,似乎是要用手臂遮挡还不习惯的炫目的阳光;左手握拳,手臂弯曲;健壮的胸腔,正在吸收清新的空气。

一天,欧仁·纪尧姆带着布歇等5名雕塑家组成的评选团来到了工作室,他让罗丹即兴创作。

对于宿敌纪尧姆的阴险,布歇早有警告。这次创作是罗丹对于敌人刁难的回敬,意义重大,关系未来。他胸有成竹地按照意大利人佩皮诺典雅而迷人的姿势塑了起来。他往骨架上堆塑着躯干。随着整个形象逐渐逼真起来,人的结构似乎源源不断地从他的想象中涌现出来。这使布歇等人惊叹不已。

罗丹似乎忘记了评选团在场。他把臀部塑得十分准确而无粗糙之感,使这个难以处理的部位十分突出显明。他发挥着在布鲁塞尔练就的独特风格,努力地塑造。悲愤、委屈的感情消失了。

他让塑像左腿跨前一步,并着重表现了随着腿部的运动而引起腹肌的变化。他忘记了时间,发疯似的创作着,直到把两条腿和躯干部的动态全部塑完才停了下来。时间已经过去了几个小时,但他心里感到舒畅和愉快。

纪尧姆挑剔地说:"没有头,也没有胳臂,这尊像塑完了吗?"

"作为即席创作,完了。"罗丹停了一下,又接着说,"但作为一件完整的艺术品,当然还差得很远。没有哪件像样的雕塑艺术品是可以一次完成的。"

纪尧姆又说:"你对赤裸裸的人体着了迷?"

"艺术从本质上说来自人体。贝尼尼用男性人体装饰宫殿的大门,米开朗琪罗在西斯廷教堂画满了赤裸人体,还有提香、鲁本斯和波提切利等。你看过他们的画吗?"

纪尧姆当众受到羞辱,满脸通红,尴尬地站在那里。与此同时,布歇却一边审视着塑像,一边评论说:"这是个真正的人,有运动,有生命,还有不加美化的真实感。"他又强调说,"罗丹的雕塑技巧是显而易见的,对此提出疑义是愚蠢的,或者是有意的。"

纪尧姆仍挑剔说:"他虽然能够即席创作,但这尊像缺少静感。"

罗丹被激怒了,他反驳说:"在自然界中就不存在静态,连死亡也不是静止的。尸体的腐烂也是一种运动。宇宙、自然、我们自己,都在运动。即使我们处于熟睡状态,我们的心脏还在跳动,血液还在流动,大脑还在漫无边际地漫游。"

纪尧姆无言以对了。沉默了一阵,他问道:"那你把这尊塑像叫什么呢?"

"《散步的人》。好了,现在请您谈谈对《青铜时代》的指责吧!我是用活人浇铸的吗?"

纪尧姆让步了,他说:"我们从来没有那样说过。那是报纸上无根据的责难,你现在已经用事实否定了那种说法。《青铜时代》将重新展出。如果不引起什么骚动的话,政府将把它买下来。"

评选团大部分成员离开了。只有布歇留了下来。他再次审视着这个《散步的人》。他觉得,正是由于他没有头,没有双臂,"走"的姿态才更突出,更强烈。他刚健、猛壮,大步前行,好像任何障碍都阻挡不住。即使只剩下断躯,也要阔步向前。

追求探索

罗丹的工作方法很独特。在他的工作室里,常有好几个裸体的模特儿,有男有女,来回地走着,或者坐着。

罗丹雇佣这些模特儿,是要他们经常供给他各种裸形的意象,用生命的全部自由来活动的裸形的意象。他不断地静观默察,长期地积累,以使自己和这些运动着的肌肉的景象相熟悉。古希腊的人体雕塑,之所以那种准确、娴熟,正是因为他们细心观察竞技场的演习、投铁饼、戴手套的角斗、拳击和赛跑等,从而获得了有关人体的丰富而娴熟的知识,使这些艺术家们能够自然地讲"裸体的语言"。

人的面部,通常被看成是灵魂的唯一的镜子。而实际上,没有一条人体的肌肉不表达内心的变化的。对罗丹来说,人体是富有"表情"的,一切肌肉都在表示快乐和悲哀、兴奋与失望、静穆和狂怒……伸展的双臂、斜倚的躯干,和眼睛与嘴唇同样能温柔地微笑。这也是罗丹酷爱人体雕塑的原因。

《夏娃》原是《地狱之门》上的一个形象,罗丹选择了一个已怀了孕的模特儿。为了塑这个像,他让模特儿不停地来回走动,以便观察她那丰腴的身体,但应该采取什么样的姿势还一直确定不下来。一天,他让模特儿一动不动地站在那儿,而他则摸着她的肚子以确定曲线的精确位置。女模特儿本能地用双臂遮住了脸部和乳房,显出一种害羞的样子——这正是罗丹所寻求的姿势。她膝关节上那条升高了的曲线使人想到她的羞涩和窘迫,这正是被驱逐出伊甸园的夏娃的形象!

维纳斯和夏娃,是西方描写女体的两个重要题材。维纳斯来自希腊思想,她是属于理性的又是享世的,她是纯美的,又是有诱惑性的,这种诱惑性并不排斥她的神性。而夏娃来自基督教教义,她带有原罪,是诱惑的罪过,她被驱逐出伊甸园,她的肉体将要受难。

罗丹的《夏娃》正是做了这样一种选择,一种有别于维纳斯光洁完美的躯体的选择。罗丹的《夏娃》不但不是处女,而且不是少妇。她的身体不再丰润,而是粗壮厚实。这是一个成熟的女体,也是一个正在一步步走向人世间准备用容忍和坚毅来捍卫未来的生命的母体。而对将至的艰辛和苦难,她有迟疑,也有坚定;有屈辱,更有倔强。这粗糙的皮肤,如老树根般盘扭的肌肉、宽厚的躯体、遮羞的动作就是罗丹所理解的人体的"表情"。

作为一个雕塑家,罗丹比别人更热爱女人美丽的面孔及躯体。他认为女人的身体可以唤起种种不同的意象。有时像一朵花:体态的婀娜仿佛花茎,乳房和面容的微笑、发丝的辉煌,宛如花萼的吐放;有时像柔轻的长青藤;有时像劲健的小树;有时人体向后弯曲,好像小爱神射出无形之箭的良方;而坐着的女人,那背影的曲线又像一只轮廓精美的花瓶……罗丹盛赞女人,并塑造了一系列青春美丽的女人体,但他不仅仅注重发现形体的外在的美,他更注重内含的实质美,这种美就是人的形体、肌肤及动作所传达出来的情感及思想。所以罗丹不仅塑了《纳达依德》《吻》《永恒的春天》等一系列以青春美丽的女人体为主的雕像,而且也塑了粗壮的并不美丽的中年女人《夏娃》,而在几年之后,罗丹塑了更为老丑的女人《老媪妓》。

这是一个曾经年轻美貌、容光焕发的姑娘,然而现在,她的肌肤松弛无力,包在隐隐可见的骷髅上,僵硬的关节在遮盖的皮下显露出来——在摇动、战栗。老女人弯着腰偎踞着,她望着自己干瘪的胸膛、堆满皱纹的肚子,双臂枯藤般地下垂着,回想当年的青春与美貌,悲哀而绝望。

当这件作品展出时,许多人扭过头去,不愿意看她。他们不理解为什么罗丹要雕塑出这样一个又老又丑的女人,这与他们一贯的审美观相去太远了。但一些有见识的艺术家却认为这是一件真正好的艺术作品,因为她真实、自然、有独特的性格,在艺术中,有性格的作品,能给人以深切的感受引起人强烈的感情的作品就是美的。文艺复兴时期的西班牙画家委拉斯凯兹画了菲利浦四世的侏儒赛巴斯提恩,他的目光使人看了,立刻明白这个残废者内心的苦痛——为了自己的生存,不得不出卖他作为一个人的尊严,而变成一个玩物、一个傀儡……他内心的痛苦越强烈,给人的感受越深。19世纪的法国画家画了一个扶锄的农夫,一个被疲劳所摧残的、被太阳所炙晒的穷人,像一头遍体鳞伤的牲口似的呆钝,扶在锹柄上微喘,在这受奴役者的脸上,画家刻画出了他任凭命运的安排的神态。可见,艺术的美丑是不以自然的美丑为衡量标准的。艺术的美在于性格、在于力量。

艺术大师

《老媲妓》就是这样一尊有着悲剧性格和力量的作品。它同中年的《夏娃》一道构成了罗丹所刻画的人的历史及命运悲美的一景。

1883年,罗丹在其艺术生涯的辉煌时期,碰到了他人生旅途中的第二个恋人迦密儿·克劳岱尔。当时罗丹的工作室已经有好多学生和助手,所以当他的朋友布歇说有一个女学生将要跟他学习时,他很不耐烦,的确,这种事他已遇见好多了。然而,当19岁的克劳岱尔站在他面前时,他不由暗暗吃了一惊。她非常漂亮,亭亭玉立,而且热情洋溢。

共同的兴趣和追求、相互的仰慕,使他们很快坠入爱河,一向严肃而深沉的罗丹变得有点不顾一切,狂热的爱情使他以克劳岱尔为模特塑了一系列充满春青热情的塑像:热情奔放的《彩虹女神》、细腻温柔迷蒙期待的《思》等。而更多的则是燃烧着爱情火焰的双人裸像——《永恒的春天》《吻》《诗人和女神》《山林女神的游戏》《永恒的偶像》等等。

这些表现男女情爱和性爱的大理石雕像,过去人们有过许多的误会。每次展出,都会遭到一些"色情"或"不道德"的诽谤。这些作品是罗丹和克劳岱尔炽烈爱情的结晶,他把人间转瞬即逝的感情之水,物化为一种凝固的崇拜物,凝固成为《吻》、成为《永恒的春天》。

可这炽烈的爱情依然无法把罗丹从雕塑创作中拉回到一般意义的现实生活中。让克劳岱尔无法忍受的是,罗丹常常因为忘情地工作而无视她的存在,而且常常忘记他们之间的约会。一次,在克劳岱尔又为罗丹答应好的约会而空等了一场之后,她怒气冲冲地走进罗丹的工作室,而罗丹却兴致勃勃地给她讲正在塑的两果缘,克劳岱尔气愤地说:"我真想把它们砸掉!"又有一次,当罗丹陶醉于《吻》中克劳岱尔美丽的脊背时,克劳岱尔悲哀地想:"他热爱雕塑中的肌体多于热爱我的。"

克劳岱尔不仅仅是罗丹的学生、模特和情人,而且也是一位天资聪颖的雕塑家。她博学多才,没有传统的偏见,雕塑的作品不落俗套,艺术才能丝毫不让须眉,是罗丹的学生中最有前途的雕塑家之一。她雕塑的罗丹的头像就是一件杰作。在这里,罗丹的特征和性格都被有力地刻画出来了:强有力的额头、寻索的鼻子、稚趣而肯定的目光。她认识他比任何人都更深。在这座雕像里,我们可以感觉到她对罗丹如痴如醉的爱。克劳岱尔似乎就为了塑出这一件优秀的作品而献出了一生,就为了爱而且歌颂这一个情人而烧毁了自己。

克劳岱尔追随罗丹整整15年,给过罗丹无数的创作灵感。而最终,他们的爱情以悲剧告终。作为一个美丽的女艺术家,克劳岱尔有一颗完整专一的心,要求绝对,而这种绝对是罗丹无法给予她的。他们之间还有罗斯,她曾坚强地和罗丹分担过穷困、忍耐和遥远的希望,罗丹无法抛弃她。于罗丹来说,罗斯是一泓温柔沉静的潭水,而克劳岱尔则是一条急湍奔腾的小河;罗斯是值得信赖的女人,而克劳岱尔是值得珍爱的女人。罗斯给他温和无言的等待,而克劳岱尔则给他无尽的激情和灵感。在这二者之间,罗丹无法做出取舍的选择。敏感而自尊的克劳岱尔终于选择了离去,而罗丹也坠入痛苦的深渊。

与罗丹分手后,克劳岱尔隐退到巴黎塞纳河中央圣路易岛的一所古屋里去,初期她还在继续雕刻,但过了不久,这一个热烈而敏感的心灵就完全崩溃了,她把手边的作品全部捣毁,陷入神经错乱的状态。1913年被送入疯人院,1943年死于疯人院。克劳岱尔的变故给罗丹以巨大的打击,她的死更是使老年的罗丹变得沉郁。

这两位雕塑天才的爱情是一场悲剧,然而这段爱情留给后人的却是永恒的青春的偶像。

在罗丹的工作室里,有一座法国政论家亨利·罗歇福尔的胸像。他突出的额头像是一个好斗的、常和同伴打架的孩子的额头,火焰似的头发好像发出起义的信号,因讥笑而弯着的嘴,愤怒的须,表现出一种不断的反抗,人们一眼就能认出这是副暴动者的面孔。罗丹认为批评和战斗的精神本身就是一个值得赞美的形象。这个形象反映出19世纪70年代一大批法国人的精神状态。

1871年的巴黎公社起义,对法国人精神世界的影响是重大的。虽然这次起义很快就被残酷地镇压了,然而它为反抗暴政而不屈不挠的斗争精神却给欧洲乃至世界的无产阶级的革命都带来了深远的影响。

罗丹一向不太关心政治,也不懂巴黎公社革命对世界无产阶级革命的意义。然而,当1883年他重新遇到刚刚被大赦从英国回来的老友达鲁时,他深深地为达鲁那因革命和流亡而饱含忧患的面孔所打动了。

达鲁是罗丹在工艺美术学校的同学,同罗丹一样,是位天才的优秀雕塑家,他也曾和罗丹一样,为开创自己独特的艺术风格而不为官派艺术所接受,他们同当时的印象派画家们一起经受贫困但仍不屈不挠地进行抗争。1871年,达鲁积极地投身于如火如荼又悲壮惨烈的巴黎公社革命。巴黎公社革命失败后,他被判处流亡,饱经沧桑与苦难。

罗丹激动地为达鲁塑了一个胸像,胸像是以裸露的上身、倔强地昂扬起的脖子的形象来展现达鲁悲愤与忧患的气质的。雕像上有高傲的挑战似的头面、郊区瘦弱儿童露出青筋的脖子、手工艺人凌乱的胡须、紧皱的眉头和当年巴黎公社社员的粗眉毛深隐憔悴却充满力量的眼。这是一个饱经沧桑而又高贵的头颅,它充分显露了革命者高傲的不屈的神气。

这个完美地体现了人物性格特征的作品,因其对象是流亡的革命者而招致官方严厉的批判与无端的攻击。他被诬为"红色政治的工具",一度受到当局的监视。

后来达鲁投机而成了官方所宠爱的雕塑家,成了罗丹的对立派。然而,罗丹在其《艺术论》中还是评价达鲁是位"伟大的艺术家","他的许多雕像有着壮丽的图案意味,这使得他这些作品能和17世纪最美的作品放在一起。如果他没有贪图官方地位的弱点,那么他所做的,也许都是些杰作"。

罗丹认为,同时做两种事业,对一个艺术家来说是不可能的。费尽心力地去拉拢有利益的关系,以及想扮演一个重要的角色,对于艺术是无补于事的。艺术需要虔诚,需要专注。执着、专注、顽强地坚持自己的追求探索,这也许就是罗丹成为一代雕塑大师的原因。

思想体现

1880 年,罗丹在夏庞蒂埃夫人的沙龙里,认识了维克多·雨果。他在法国,不仅是一位诗人、小说家、剧作家,而且是一位政界领袖。他为了抗议第二帝国的拿破仑三世,流亡到格思西岛。他是反对第二帝国的精神领袖,也是共和体制的象征。他在许多法国人的心目中,已经被神化了。

当年,当罗丹远远地看到这位老人时,被他那丰满的嘴唇、充满激情的双眼和那布满皱纹的面容迷住了,他欣喜地想着:"这是一个多么值得雕塑的脑袋啊!"

1883 年春天,在亲友的劝说下,雨果同意给他雕塑头像。一个叫维林的平庸的雕塑家接受了这个任务。雨果每天都要一动不动地坐上几个小时,为了塑这个头像,他整整坐了 8 次,害得这位 83 岁的老人腰酸背痛,头昏眼花,他发誓不再搞塑像了。当罗丹畏怯地表示给他做塑像时,雨果皱起眉头说:"我不能阻止你的工作,但是我告诉你,叫我再一动不动地坐着可不行! 你不能干涉我的行动,你要怎么处理都可以。"同时,他还提出,工具和粘土也不能弄到屋里来,以免影响他的工作。这些要求,对已经塑过他头像的罗丹来说,是不困难的。于是他痛快地允诺了。

工作开始后,罗丹每天都要到雨果家里来。雨果或在书房伏案写作,或在花园散步,或在客厅会客,罗丹都在一边默默地细心观察,或用铅笔从不同角度画下多幅草图。并试将雨果的形象牢记心中,然后赶快跑到放着粘土和工具的凉台上,把刚才一刹那得到的印象、感受,固定在黏土上。但是,往往有这种情况,他一走开,印象便模糊了。他不得不又回到雨果身边,再次观察。就这样,来回往返了不知多少次。

凭着训练有素的默记能力,凭着艺术家的敏锐眼光和对雨果的崇敬,罗丹终于完成了《雨果》胸像的雕塑任务。《雨果》低着头,聚精会神地思索着,好像在吟哦一首诗歌。他双眉紧皱,头发如同白色的火焰。他双肩耸起,前胸凹陷,肌肉起伏,那茂密的大胡子,突出了充沛的生命力。

当胸像送给雨果过目时,老人看看胸像,再望望镜中的自己,不禁向罗丹投以惊异的目光。他为罗丹特殊的塑造方式,为他这样直率的雕塑语言和深刻的洞察力所深深感动。

罗丹用了两年时间,雕塑成雨果的海边坐像。可是,巴黎市政府没有接受,说这尊坐像与雨果墓的宏伟建筑不相称,不协调。

罗丹出于对伟大诗人雨果的崇敬,又以 1882 年所做的胸像为基础,创作了雨果的立像,可是仍没有结果。

罗丹没有因为官方拒绝而停止工作,为了完成《雨果》雕塑,他又创作了十几个变体稿,简直成了《雨果》的系列雕塑集成。

1888年,罗丹和莫奈联合举行艺术展。雨果的各种雕像得到了广大观众的好评。这次联展获得了很大成功,罗丹第一次获得了荣誉勋章。

1890年,罗丹获得荣誉勋章。

1900年,罗丹个人展览会又获得了好评,《雨果》塑像受到了国内外人士的赞扬。

但后来,迫于社会舆论的压力,巴黎市政府将《雨果》的坐像安置在卢森堡博物馆里,并为此举行了盛大的揭幕典礼。

《巴尔扎克》

1891年法国文学家协会委托他雕塑该协会创始人巴尔扎克的雕像纪念碑。早在1883年,巴尔扎克逝世33周年纪念时,法国文学家协会就提出了要为他建立纪念碑。最早承担这个任务的是一位学院派老雕刻家夏彼。可惜纪念碑尚未完成,夏彼就去世了。1891年文学家协会主席,著名作家左拉建议把这项光荣而艰巨的任务,交给当代最优秀的雕塑家罗丹。左拉一向支持勇于创新的艺术家,过去他曾为遭受排斥和打击的印象派画家大声疾呼,如今他也深刻理解罗丹雕塑的生命力。虽然文学家协会内部有人反对左拉的提名,但是投票表决的结果,罗丹还是中选了。

罗丹十分激动地接受了为巴尔扎克雕塑纪念碑的任务,并表示:"我要做一番非同寻常的事业。"

经过7年的努力,《巴尔扎克》纪念碑终于完成了。

1898年沙龙,可以称为"巴尔扎克沙龙",人们都想去看一看。人们争夺预展的请帖简直像发了疯。展览会上还展出了卡里埃、沙晼创作的一些作品。开馆才10分钟,就有几千名观众,包括许多没有得到请帖的观众,都拥进了陈列室。他们很快就把《巴尔扎克》《吻》和罗丹围个水泄不通。呈现在观众面前的《巴尔扎克》是漫步于不眠之夜的文豪形象:他被莫大的幻想所迷惑,抖动着他的病体像抖动他的睡衣一样,由于病魔使他失眠,逼他受苦。《巴尔扎克》苦恼地仰首凝视,那蒙眬的睡眼,紧闭的嘴唇和蓬乱的头发,都表现出一种被失眠折磨得无可奈何的神态,但又好像在静静地构思,推敲着关键的词句。一条人生的哲理即将脱颖而出,一句讥诮的话语顷刻就要流于笔端。罗丹把握住这"欲飞而未翔"的瞬间,用那宽敞的睡衣缠绕着屹立的躯体,使塑像的整体形式达到完美的统一。这完全摒弃了一般纪念碑雕塑表面的庄重和均衡,而着力于表现巴尔扎克丰富的内心世界和敏感、易于激动的气质。用极其简练的手法,将这位批判现实主义大师顽强的毅力和火一样的热情塑造出来了。罗丹这尊不同凡响的石膏塑像震惊了观众,人们望着这位才华横溢的批判现实主义大师的塑像,仿佛能感觉到他那颗伟大的心脏在怦怦地跳动。

罗丹在展出《巴尔扎克纪念碑》的同时,还展出了他在1886年制作的大理石雕《吻》,其目的是说明自己创作的艺术道路,用实物来教育青年艺术家,给他们指出应遵循的创作方法。

1939年,罗丹逝世22年后,法国正在筹办国际博览会。在社会舆论的影响下,罗丹的《巴尔扎克》被复制成铜像,树立在巴黎市中心,塞纳河左岸的蒙巴纳斯大街和拉斯巴依大街交叉口的林荫中。伟大作家的不朽形象,受到川流不息的人们的礼赞。罗丹生前的预言终于实现了,真理终于战胜了保守和愚昧。

巴黎正在准备空前规模的1900年国际博览会,以迎接20世纪的到来。罗丹决定用所有作品参加展览以回敬敌人。

当时,法国国内的和解取代了分裂,爱国主义热情高涨。成千上万的观众都要来看一看未塑完的《地狱之门》,都想来目睹一下那被说成魔鬼的《巴尔扎克》,但人们最感兴趣的是那些成对的裸体像,特别是《吻》。

仍然有人在恶毒辱骂罗丹,但对法国之外的世界,罗丹却成了法兰西第三共和国的光荣。琳琅满目的展品震动了来自世界各国的艺术家。

正在巴黎的俄国沙皇尼古拉二世参观了罗丹的展览厅。英国王储威尔士亲王在这里整整度过了一个下午。共和国总统卢贝也兴高采烈地来了。

各国的博物馆争先恐后地抢购他的作品,这使罗丹的作品成了国家的骄傲。哥本哈根博物馆购买了罗丹价值8万法郎的作品,费城博物馆购买了《思》、芝加哥博物馆购买了《吻》,布达佩斯、德累斯顿、布拉格、伦敦等地的博物馆也都从罗丹那里购买了很多的作品。

私人收藏家向他提出了多得难以接受的订货项目。当他企图通过提高价格来阻挡那些不愿意接受的项目时,他的作品反倒更使人垂涎了。他要的价格越高,收藏家买得就越多。得到一件罗丹的作品竟成了时髦的事情。

此次展出给罗丹带来了极高的声誉,法国美术家协会也肯定了罗丹的雕塑艺术是一个重要的学派。

1900年5月,法国政府又给他颁发了一枚荣誉勋章。

展览会后,罗丹集中精力进行《地狱之门》的雕塑。

1902年,一天下午,里尔克问道:"为什么你不把坐在《地狱之门》顶上的那个男性裸体像单独搞个塑像呢?"

"你指的是那个诗人但丁吗?"

"他看起来不像个诗人,相貌凶悍,肌肉发达,更像个野蛮的人。"

罗丹拿不准这个批评是使他反感,还是使他高兴。他坐下来思考着,用手托着下巴，两肘支在膝上。

"先生，你现在的样子就很像、就像你在用心思索。"里尔克突然叫起来。

"思索"，啊！对了，思索就是斗争，而这个塑像正在用全力思索。罗丹忽然得到了极大的启发。从那时起，诗人但丁的塑像，就逐渐被改塑成《思想者》了。

左拉死了，亨利也死了，凡天也去世了，泰蕾丝姨妈也病故了。朋友和亲人的相继去世，使罗丹感到孤独，感到痛苦。他用创作来排除自己的苦闷。

他把全部精力都倾注在《思想者》上。但他遇到了新的难题，常常感到精力不足，但他决心要和衰老抗争。他决心把《思想者》雕塑成能震撼人们灵魂，鼓舞人们思索的巨作。

他反复做了修改，将塑像的右臂支撑在左腿上面，并对此进行了反复推敲。他着重表现《思想者》那种苦思冥想而坚定不屈的力量，他突出地塑造了那个用来思索的大脑袋和那承受着巨大重量的大手。他用六七英尺高的规格，塑造了这个《思想者》，以显示思索的艰巨和伟大。当《思想者》逐渐变得栩栩如生时，罗丹也越来越感到精疲力尽了。

《思想者》在1904年沙龙展出了。开展那天上午，观众很快就将《思想者》围住了，展现在他们眼前的是一个强有力的男性裸体巨人，痛苦地弯着腰，屈着膝，右手托着下颚，嘴咬着自己的粗手，俯瞰着大地，在苦苦地思索。他的鼻子在呼吸，心在跳动，内心充满痛苦和斗争。他已完全沉浸在冥想之中。在沉重的思想压力下，在那强壮的躯体上，每一块肌肉都因专注的思考而紧张地隆起，甚至连脚趾也翘了起来，似乎他不仅用脑子，而且是用全身的细胞、力量在思索。这种内在的痛苦情感，通过对面部表情和四肢肌肉起伏的艺术处理，生动地表现了出来。那突出的前额和眉弓，使双目凹陷，隐没在阴影之中，增强了苦闷沉思的表情。那紧张收屈的下腿肌腱，是一种隐藏于内的苦痛。《思想者》坐在那里，陷入永不停息的思索。在《思想者》的感召下，人们把它看成自己的化身，去瞻仰、去歌颂、去探讨、去思考。

罗丹创造的这个形象，是19世纪末知识分子思想苦闷、彷徨、苦苦寻求出路的化身。到了20世纪初，欧洲各国革命思潮空前高涨，《思想者》又成为鼓舞理性思考和采取行动的象征，具有更加积极的意义。

《思想者》充分体现了罗丹自己的思想，所以后来他要求在他死后，把这尊塑像作为他的墓石和碑文。

生命不朽

1907年，罗丹获得了牛津大学的荣誉学位。

1908年，罗丹搬进了比隆公寓。比隆公寓坐落在僻静的瓦雷纳大街上，是一座已改成住宅的18世纪的幽雅城堡。著名的舞蹈家伊沙多拉·邓肯和野兽派画家马蒂斯等都住在这里。这是一个很好的工作环境，罗丹下决心要在这里度过自己的晚年。

然而，事情并不像他想象的那么如意。罗丹被告知说，他必须搬出去，因为国家决定把比隆公寓以600万法郎的价钱卖给一个商号。他刚刚能安下心来进行创作，并且已经上了年纪，而不想再搬来搬去。他找到了克列孟梭总理，要求政府的理解。克列孟梭虽然觉得他的想法很天真，但他还是答应尽力而为。

最后，政府花了差不多600万法郎买下了这座公寓。罗丹以为就此安心了。然而，不久他就接到命令让他三个月之内搬出比隆公寓，因为有人指责伊莎多拉·邓肯在这所以前的女修道院里举行那些"放荡"的舞会。

快要71岁的罗丹对卷入另一场没完没了的争斗的前景厌倦透了。现在他的精力已经不足以忘我地进行创作了，他不想把这仅存的精力花在这些扯皮的事情上去。于是，他想出了一个简单的计划——把他所有的作品都交给法国，以此换得他晚年的安静。

罗丹渴望宁静。但是，1914年的夏季，第一次世界大战爆发了。几个星期之内，德国人打到马恩，离佯峒不远了。政府命令他撤走。他们不能让他当俘虏，他是国家的财富。他发现自己成了法兰西的财富，感到很滑稽。

1915年，罗丹被请去为教皇塑像，他为此感到欣慰，他将走上米开朗琪罗所走过的道路；最重要的是，这将使他有机会去影响教皇本尼迪克十五世，让他看到法国的事业是正义的。这位教皇迄今为止还令人痛苦地保持着中立。

但他的想法很快就被证明是天真的。教皇是一个很傲慢的人，他不肯为罗丹坐很久，不肯像其他模特儿一样走来走去，更不肯让罗丹像对待其他人那样去摸教皇的脸以取得轮廓线，他坚持要坐在一个造得像御座似的高台上。而且，教皇丝毫不理会罗丹关于战争的想法。这个至尊的教皇像也终于没有如愿地完成。

战争平息下来，双方处于对峙的局面中。凭记忆，教皇的胸像很难完成。每件作品都很难完成。他根据卡缪初次和他相见时的那个样子为她雕塑了一个头像，同时还雕塑着《基督》像，但好几个月过去，这两个头像还是没有塑完。

他时常被迫躺下休息，以保存他那逐渐衰竭的精力。但他的心他的创作欲望却使他无法安下心来。不管怎样躺着，他的身体都感到疼痛。

罗丹在巴黎发现了一个上面钉着耶稣的巨大的中世纪栎木十字架，就花了几百法郎把它买了下来。就在他调整着十字架的位置时，突然感到脑袋像刀扎般地疼痛起来，来势之猛竟使他不得不扶住十字架来支撑自己以免摔倒。

1917年11月12日，他77岁生日的那天，他又犯了支气管炎，不得不再次躺在床上。他望着屋子对面的耶稣，突然失去了知觉。

在以后几天里，随着体温的升高，肺部出现了瘀血，他觉得自己好像漂泊在汪洋大海上。在他面前出现了很多面孔，玛丽、爸爸、妈妈、埃马尔神父、毕比、皮诺、勒考克，但迦密儿和罗斯在哪儿呢？他找不到她们。难道她们终于抛弃他了吗？

随即，他又仿佛听到罗斯的悄悄细语："没有我，他可怎么办呢?"就像她临死前那样。但所有这一切都漂浮在白茫茫的雾海中，他找不见罗斯。他回忆起同爸爸商量要进工艺学校的事情——多么激烈的一场争论啊！他又想起了他见到的第一个裸体模特儿。他还看见迦密儿，神情激动而兴高采烈，人的一生太短暂了，他发现自己这样想着。

接着他又一次看见《巴尔扎克》《雨果》《加莱义民》和《地狱之门》了。他不凭空捏造，而是观察自然，要按照自然雕塑：一个女人、一块岩石、一个脑袋，都是按照同一原理塑成的。

他感到自己什么也说不出来，正在忽忽悠悠地离开这个世界。

他闭上了双眼，进入了无梦的长眠，看起来颇像他自己的雕塑作品。

六天以后，他的宿敌——法兰西学院把他选为院士。

罗丹的作品带给人的是一种将美好的东西砸碎了让人看的悲壮感。美学家里普斯说："我看到悲痛，但是同时看到为悲痛所打动的爱。"正是这种悲怜的深切的爱，使罗丹的作品不朽于世。

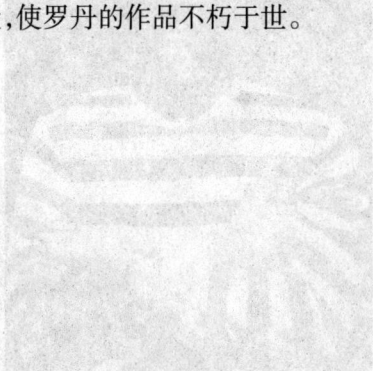

现代艺术的创始人

——毕加索

人物档案

简　历：西班牙画家、雕塑家。是现代艺术的创始人，西方现代派绘画的主要代表，当代西方最有创造性和影响最深远的艺术家，是 20 世纪最伟大的艺术天才之一。1881 年 10 月 25 日出生在西班牙的马拉加，童年是在充满关怀和溺爱的环境里度过的。受父亲的影响，绘画、看斗牛成了毕加索后来一生的嗜好。1973 年 4 月 8 日，毕加索于法国穆然去世，享年 91 岁。

生卒年月：1881 年 10 月 25 日~1973 年 4 月 8 日。

安葬之地：法国南部的沃温那格堡。

性格特征：性格开朗、乐观，尖刻挑剔，清高孤傲，喜欢画画，喜欢模仿。

历史功过：具有源源不断的创作灵感，为后世留下了几万件作品，其中包括油画、雕塑、陶瓷作品、铜版画、石版画、麻胶版画、素描等，被誉为"美术界的爱因斯坦"。

名家评点：菲利西昂·法格斯称赞毕加索"是位名副其实和富有魅力的画家，他那善于识破事物本质的才能足以证明这一点"。

童年岁月

　　1881 年 10 月 25 日晚上 11 点 15 分，毕加索出生在西班牙的海港城市——马拉加。他一离开母体，几乎就成为一个死婴，既听不到他啼哭，也看不到他运动。尽管接生婆采取一切挽救措施，可是毫无效果。正当全家人处在绝望之时，这个婴儿的叔叔——东·萨尔瓦多医生匆匆赶来。他对着婴儿的鼻孔使劲喷了一大口雪茄烟,霎时间,婴儿缓过气来,突然哇哇啼哭起来。全家人都高兴得不得了。

第三天,他的父亲满心欢喜地来到马拉加市政局,给儿子报了户口,登记注册。市政局的新生婴儿注册簿上写有这样一串名字:帕布洛·迪戈·约瑟·弗朗西斯科·保罗·瑞安·纳波缪希诺·西伯里安诺·德·拉·山迪西马·特里尼达。后来,又在这孩子的姓名中加上了他母亲的姓——毕加索。他真正使用的名字是:帕布洛·毕加索。

毕加索的母亲——玛丽娅·毕加索·洛佩斯出生在意大利的热那亚,是位有犹太人血统的女人。她随父母迁居到西班牙南部。她父亲早年前往安的列斯群岛,一去就没有回来。残酷的生活在幼小的玛丽娅心灵上留下了深深的创伤。她的母亲承担了抚养4个女儿的重担。她的大姐英年早逝,母亲为教养女儿们吃尽了苦头。

毕加索的父亲——约瑟·理兹,出生在一个大家庭,他们兄弟姐妹共有11人,他排行老九,他有两个姐姐和两个妹妹。他父亲死后,他的哥哥帕布洛·理兹就成为家中的顶梁柱。他这位哥哥是马拉加大教堂牧师会的成员,是一位牧师和神学博士。他为人开朗、善良,既善解人意,又肯无私地帮助别人,因此,他在这个大家庭中享有很高的威信。不幸的是,他46岁就离开了人世。他的死亡给这个大家庭带来了痛苦和悲伤,约瑟更是痛心疾首。理兹比约瑟大6岁,他是约瑟的精神支柱和靠山。

约瑟·理兹如醉如痴地热爱绘画,并且深深地陶醉在绘画艺术之中。他的这位长兄积极支持他学习绘画,鼓励他对艺术的追求,为他提供资金。约瑟的绘画水平有了很大的长进,因此在工艺美术学校得到了一个职位。

在约瑟的长兄帕布洛·理兹逝世之前的几个月,他的10个兄弟姐妹曾建议约瑟应该尽快解决自己的婚姻大事。他自己也认为,是到了该结婚的时候,他已经是接近40岁的人了。他们这一辈人中尚未添过男孩。家里人都希望约瑟能与他的堂妹艾莉娅结合。可是约瑟却看上了堂妹的女友玛丽娅·毕加索。两个人一见钟情,这对年轻人很快坠入情网。玛丽娅·毕加索比约瑟小17岁,她体格短小健壮,长着一双动人的黑眼睛,上嘴唇上长着一颗小小的黑痣。她遇事沉着冷静,很有主见,从不轻信别人的花言巧语。这位沉稳的姑娘接受了约瑟的求婚。他的长兄帕布洛·帕布洛打算让他们尽快完婚,可是他却于1878年10月病逝。他们的婚期被推迟了,因为全家人都陷入了悲痛之中,约瑟不能在这种悲痛的气氛中结婚。约瑟还觉得,自己在学校拿到的工资太微薄,不足以维持一个家庭的生活。约瑟必须寻找新的收入来源。长兄去世后,他的弟弟萨尔瓦多成为全家人心目中的家长。

萨尔瓦多当时是马拉加市一家第一流医院的主治医生,同时还兼任牧区卫生检查官。在萨尔瓦多的帮助下,约瑟在刚建成的马拉加市博物馆谋到馆长的职位。

1880 年 6 月约瑟开始了博物馆馆长的生涯,同时为结婚做准备。

约瑟和年方 25 岁的犹太女郎玛丽娅·毕加索于 1880 年 12 月 8 日在圣地亚哥大教堂举行了婚礼,当时约瑟已经 42 岁。这对新婚夫妇搬进了梅尔赛德广场附近的一套舒适的公寓,一年之后,20 世纪的天才绘画大师帕布洛·毕加索就出世了。

毕加索的童年是在充满关怀和溺爱的家庭环境中度过的。在这个家庭中除了他母亲玛丽娅,还有他的外祖母多娜·伊妮丝。两个尚未出嫁的姨妈和一个女佣人。她们简直把毕加索视为掌上明珠,对他百依百顺,关怀备至,满足他各种不合理的要求。

应该指出,当时这个家庭并不十分富裕,毕加索父亲的工资也不高。他父亲除了要养活毕加索这个娇儿,还要供养岳母、两个小姨子和一个女佣人。人生中往往祸不单行。有一天,毕加索父亲所担任的市博物馆馆长职务突然被撤销了。这对于本来就不怎么富裕的家庭来说,无疑是雪上加霜。这一家的生活当时遇到了极大困难。他们只好借债度日。

约瑟向市议会提出抗议,要求恢复他的职务。新的市议会研究了他的抗议书后,决定恢复他的馆长职务,并且提高了他的薪俸。

这样一来,约瑟一家的生活勉强可以维持,但是仍然比较困难,不得不长期拖欠房租。在这种情况下,房东只好同意以约瑟先生的绘画作品代替房租。

尽管生活艰难,但是全家人并没有减少对帕布洛的疼爱;小帕布洛仍然是全家人的关爱中心。他母亲常常满怀慈爱的心情,凝视着他那双炯炯有神的大眼睛和他那毛茸茸的满头黑发。母亲时常自豪地说:"他简直漂亮得既像天使又像魔鬼,谁都忍不住想多看他几眼!"

1884 年 12 月 24 日,西班牙突然发生了强烈的地震。当时约瑟·理兹正在马拉加城的一家药店里。他顿时感到大地摇晃起来,药架上的药瓶子哗啦啦掉在地上。他立即跑出药店,向家里奔去。小帕布洛还清楚地记得,他爸爸急急忙忙奔回家中,一只手挽着当时已有孕在身的母亲,一只手抱起他,匆匆从家里跑出来。帕布洛的两个姨妈和外祖母也都跑了出来。

他们一家人,暂时住在约瑟朋友的一所很坚固的房子里。当天晚上,小帕布洛的妹妹劳拉出世了。全家人都十分欢喜,3 岁的帕布洛更是兴奋不已。劳拉的出世,给这个不富有的家庭增加了开支。全家人只能靠辛苦的劳作来维持略高于普通人家的生活水平。当时毕加索的父亲已是一位颇有名气的画家,他特别擅长画花草鱼虫之类的风景动物画。他的绘画作品能换回一笔笔收入,对家庭的经济生活也是一项重要补贴。

毕加索从刚刚学会说话的时候起,就喜欢在梅尔赛德广场上的沙坑里画出各种奇怪的图画,过路人见了都赞叹不已。

毕加索的父亲常常把他带到自己博物馆内的画室,让儿子观看自己作画。约瑟·理兹是位有天赋的画家,他继承了西班牙人热爱现实生活的传统。他非常喜欢画鸽子。为了使画面结构和谐、严谨,他常常在单张纸上画出姿态不同的鸽子,然后把它们剪下来,再在画上配贴。

小毕加索在观察父亲作画过程中,逐渐受到艺术熏陶,并且懂得借用各种材料和手段进行艺术创造。小帕布洛4岁时,就开始使用剪刀制作各种花草和动物图片。他甚至剪出小姨妈偷偷爱上一位年轻美男子的剪纸图片,并且把剪纸投影到白色墙壁上。他的这一举动引起了家里人一片哄堂大笑。小帕布洛更喜欢用铅笔绘画。

毕加索的父亲约瑟·理兹除了带他常去观看他的绘画以外,还带他去看斗牛。父亲的爱好也传染到儿子的身上。绘画、看斗牛成了毕加索后来一生的嗜好。帕布洛·毕加索从孩提时代起就受到斗牛场气氛的感染。在他的眼里,斗牛场不仅充满悲壮的气氛,而且表现出西班牙民族的大无畏的英雄主义气概。有一次,父亲带他去看斗牛士闪高斗牛。斗牛结束后,毕加索却要求父亲带他去抚摸闪高的斗牛士服装,父亲开始没有答应,他就大哭不止。约瑟·理兹没有办法,只好带他找到斗牛士闪高的住处,请求那位斗牛士允许他儿子摸一摸他的斗牛服。

1887年10月30日,帕布洛的第二个妹妹孔塞茜昂出世了,当时他已经满6周岁。小妹妹的出世,又给小帕布洛内心增添了喜悦。

毕加索是一个非常好动的孩子,因此,他对学校的刻板的学习生活很是反感。他觉得,坐在教室里,静静地听老师讲课,简直是一种磨难,他对学校的规章制度深恶痛绝。他在小学学习的时候,是个有名的淘气鬼。上课的时候,小帕布洛常常随意站起来,走到窗前,一边用手轻轻地敲着玻璃,一边望着窗外的风景。

每天早晨,当父亲把他送到小学校的门口时,小毕加索总是悒悒不乐地走进教室。他仿佛觉得,教室就是牢房。他望着空中飞行的一群群鸽子,内心里充满自由飞翔的渴望。

有时在课堂上,毕加索全神贯注地望着挂在教室前面墙上的那架时钟,盼着钟上的指针走得快一点儿。他后来回忆说:"我就像傻瓜似的盯着挂钟,两眼朝上,脑袋来回摆动……几乎与白痴一样。……我当时也拼命想集中自己的注意力。我常常对自己这样说:现在我要集中注意力了,二加一等于……啊,一点钟啦!顷刻间注意力又分散了。我满脑子只想着回家的时间,考虑家里人是否会忘记接我。接着,我未经允许就去上厕所或前往其他地方。"小毕加索对于学习算术和认字毫无兴趣,但是他却很喜爱画画,喜欢模仿。在这一方面,他父亲及其一些画家朋友的绘画生活给予他极大的影响,他们是小毕加索学习绘画的启蒙老师。

在毕加索8岁的时候,他就画了第一幅油画《马背上的斗牛士》,上面画了两个男人和一个女人,画面显得协调、明快、清晰。不过,这幅画中人物的眼睛都被毕加索的妹妹用针刺破了。在他9岁的时候,他画了一幅鸽子和斗牛场面的图画:一群鸽子翱翔在斗牛场的上空。

1890 年年底，毕加索的父亲失去了马拉加市博物馆馆长的职务，因此也失去了博物馆内的画室，因为市政府财政拮据，决定撤销市博物馆的馆长编制。这样一来，毕加索的一家就陷入了困境。

翌年 4 月，毕加索的父亲被任命为科鲁尼亚美术学院的人物画和装饰画教授。科鲁尼亚是位于西班牙西北的一个海港，这里风景秀丽，环境优美，一年四季分明，属于海洋性温带气候，终年潮湿多雾。这个小港口又是加利西亚省的省会，濒临比斯开湾。

1891 年 10 月，毕加索一家迁往美丽的海港城市科鲁尼亚，而他们的亲戚朋友都留在马拉加，在这里他们举目无亲。不过，小毕加索倒很喜欢这个城市。不久，他就找到了自己的乐趣和玩耍的伙伴。在这里，毕加索开始进入中学学习。他与同学们在学校前面的广场上组织特殊的"斗牛"比赛，他和小伙伴们在大街上追逐野猫，邻居们纷纷告状，玛丽娅只好严加管教自己这个不听话的儿子。

艺术之光

1892 年 9 月，毕加索已经跨入自己生命的第十一个年头。他进入父亲执教的那所美术学院的装饰画班，接受正规美术训练。小毕加索很快适应了插班的紧张学习生活，他和同学们一起临摹石膏像，进行人物写生。他在学习实践中显示出惊人的才华和洞察力，考试成绩不是"优"就是"特优"。小毕加索在自己的画册中已展露自己的独创性，他把自己的独创画法与传统画法和工笔画法巧妙地融合在一起。他画的大力神赫克勒斯显得雄心勃勃，甚至有点肆无忌惮。他为妹妹劳拉画的肖像画《老两口》，就体现出这种特点。1895 年伊始，毕加索的小妹妹孔塞茜昂得了白喉病。1 月 10 日，他眼睁睁地看着活泼可爱的小妹妹永远闭上了眼睛。

同年，父亲约瑟·理兹布被巴塞罗那美术学院聘为教师。在搬家之前，父亲为毕加索组织了一个画展，地点选在一家小商店及其后堂。这是为小毕加索第一次举办个人画展。所有展品都是他创作的肖像画，大多为女人的肖像，如戴着黑色纱巾的劳拉和女仆的肖像画。

1895 年夏天，毕加索一家决定先回马拉加度假，然后再前往巴塞罗那。他们到了马拉加后，就住在他叔叔萨尔瓦多医生的家里。叔叔一家人非常喜爱小帕布洛，他当时仍然是他们家族这辈人中的唯一男孩。4 年多不见，小帕布洛长大了。离开马拉加时他还是一个考试不及格的调皮的孩子，如今他已经是个 14 岁的少年，并且能画一手好画。他父亲把他带回来的一些绘画作品，如《裸脚姑娘》《加利西亚女人头像》《加利西亚老人》《老香客》等，都挂在萨尔瓦多家里的墙壁上。全家人都惊喜地看到了小帕布洛在作品中所表现出的不同凡响的才华。他叔叔十分高兴，于是就在卫生局给他腾出了一间房子作为画室，并且雇请了一位老海员给小帕布洛当模特。小毕加索就是在这间画室里创作出一幅老海员的肖像画,这幅画画得很出色,后来成为被广泛复制的一幅名画。

毕加索一家迁入巴塞罗那之后,父亲决定让小帕布洛转入巴塞罗那美术学院学习。但是进入这所学院需要进行入学考试。考试的方式是校方让帕布洛在一个月内完成一部绘画作品。小帕布洛提前完成了两幅画的创作。他顺利地通过了考试,升入高年级班学习。他要在这所学院学习两年。

小毕加索来到巴塞罗那不久,就创作了一幅人物画卷,题名为《基督赐福魔鬼》。从这幅画上可以看到,基督头部四周闪烁着光环,他伸出左手为一个受宠若惊的魔鬼赐福。1896年,他15岁时创作了一些有关宗教题材的画,例如,圣母教子读书,基督会见修女,基督接受天使崇拜等作品。

巴塞罗那美术学院不仅为毕加索的绘画创作打下了坚实的基础,而且也结识了不少朋友,其中马缪尔·帕拉利是他结识的最要好朋友。他经常去毕加索家做客,他们一起讨论艺术问题。后来帕拉利回忆毕加索时写道:"他非常有个性。他有极强的感染力……他掌握任何事物都非常快,对于教授所讲的东西毫不费力就掌握了。""不论在什么事情上,他都与众不同……有的时候,他非常激动;在另一些时候,他可以连续工作好几个小时而一言不发。他会立即生起气来,但马上又会平静下来。看起来,他经常处于犹豫、沉闷之中,仿佛在思索某种悲伤的事情,他的脸上笼罩着阴云,而他的眼睛则变得更幽暗。"帕拉利说,他作为毕加索的朋友,只好迎合他的情绪和任性的要求,甚至在1896年巴塞罗那的狂欢节上,他们俩人竟然乔装成为漂亮的女郎。就在这期间,他和帕拉利经常光顾有歌手演唱的伊登乐厅咖啡馆,在那里又结识不少新朋友,其中有安琪·索托、拉蒙·雷万多、雕塑家马图——安琪·索托的哥哥。他们一起逛大街,出入酒吧、咖啡馆,过着无忧无虑的放荡生活。但是成为名画家的欲望又迫使他勤奋地学习,疯狂地创作。

1896年4月举行的巴塞罗那全市美术展览会上展出了他的作品《第一次圣餐》。次年,他又在马德里美术展览会上展出了他创作的《科学与博爱》,并且获奖,尔后该作品又在马拉加市美术展览会获得金像奖。从这幅画上,可以看到躺卧在病榻上的一位母亲,她那憔悴的脸上一双失去光泽的眼睛正在凝望着一个护士怀里抱着的孩子,在她身旁坐着的老医生在为她量脉搏。这幅画的主题所表现的是一位垂危的母亲仍然在关怀着下一代,体现出伟大的母爱精神。

1897年的秋天,毕加索第一次孤身一人离开家前往马德里。由于《科学与博爱》这幅画获奖,毕加索在首都的绘画界已小有名气。

毕加索的父亲希望儿子能进入当时西班牙的最高艺术学府——马德里圣费南多艺术学院继续深造。他父亲的一位朋友恰巧在该学院任教,由于这位先生的周旋和毕加索的绘画才华,他被学院破格录取了。

毕加索进入圣费南多艺术学院不久,就开始对这里的学习生活感到厌倦,对一些教师枯燥无味的讲授感到很失望,于是他就经常不去听课。从此他开始懒散起来，经常睡到中午才起床，然后就去蹓大街、逛公园，很少坐下来作画。亲属们得知毕加索这种放荡不羁的生活作风之后，都很失望，萨尔瓦多叔叔、姨妈、姑妈等亲属停止了对他的经济资助。

1898 年春天，毕加索病倒了，他患上了猩红热。稍微康复了一点，他就离开了马德里，回到巴塞罗那父母的身边。他一边在家里继续养病，一边开始练习作画。这期间他创作了自画像《彷徨中的毕加索》，画中的毕加索容颜憔悴消瘦，一双眼睛忧虑地注视着未来。

毕加索痊愈之后，就和自己的朋友帕拉利前往霍尔塔乡村——帕拉利的家乡。这是毕加索平生第一次真正接触乡村生活。他很喜欢这里旖旎秀丽的风光和纯朴的民风，乡民和工匠的真诚纯朴感染了他的心灵。他同这里的乡民和工匠一起劳动，向他们学习耕作和手工技术，亲身感受到人与人之间那种亲密的关系。他在这里自由自在地度过了 8 个月的田园生活。

毕加索及其朋友帕拉利和一位吉卜赛青年一起前往桑塔巴巴拉山中去探险，起初在此山的一个洞穴里住了几天，然后继续向更高的波兹米斯特拉山攀登。到了山上之后，他们在一口山泉附近的一个山洞里住下来。帕拉利的弟弟每隔几天就骑着骡子上山给他送来些食物。

那位吉卜赛青年教他们俩如何适应野外大自然的生存环境，向他们传授自然界的许多知识，教他们分辨各种鸟类的叫声和花草树木。毕加索与这位吉卜赛人结下了深厚的友谊。在毕加索的眼里，他简直成了神秘世界的化身。按照古老的习俗，毕加索和他的这个新朋友用刀子割破了手指，让他们俩的鲜血溶合在一起，以此来表示两个朋友彼此之间的忠诚。

3 个朋友每天的多数时间都在山上临摹，作画。毕加索深深地陶醉在大山之中。在这里他描绘了美丽的山川风光，创作了一批质朴而隽秀的山水画。

1899 年 2 月，17 周岁的毕加索一个人回到了巴塞罗那的家里。父亲本打算让他进入劳嘉美术学院学习，可是他拒绝了父亲的安排。他自己在一家小服装店里租了一小间画室。这期间，毕加索创作了一些反映死亡的画作，如《死亡之吻》《牧师探望垂死人》《死亡临近》，等等。这类作品反映出他当时那种忧郁、悲观的心态。

毕加索与父亲的关系开始紧张起来，他居然离开家人，搬到巴塞罗那郊区一家妓院去居住。那里环境十分恶劣，既没有电，也没有自来水，床铺很脏，床单污秽不堪。可是他竟然在这里住了几个月，以表示自己对旧习俗的反叛。

这一年毕加索结识了乔马·萨巴泰。他是一位诗人和作家。这位加泰隆人对天才人物十分崇拜，决心使毕加索成为一位闻名于世的大艺术家。此人在 40 多年后的回忆中写道："我仍记得自己首次前往他画室的情景……毕加索站在通往大门的画室走廊里。在我走上前去向他道别时，我不由得为他周身散发的那种神奇的魔力所惊呆，这是一种魔术师般的神力，散发着令人惊讶和充满希望的才气。"

1900 年 1 月，毕加索与新结识的朋友卡尔斯·卡萨吉马合租了一间大画室。毕加索在他们的新画室正面墙壁上画上了表达他们希望所拥有的东西：一张漂亮的床铺、一张摆满各种美味佳肴的餐桌、一个保险箱和男女仆人。他甚至把女仆的乳房画得出奇地大。

同年 2 月 1 日，在巴塞罗那的四猫酒店举行了一次毕加索画展，这次展出的大都是人物画。这次画展没有取得预期的效果。劳嘉美术学院的一位助教著文评论说，毕加索虽然有"超凡的手笔"，但是他还"缺乏经验，粗制滥造"。

此时的毕加索非常向往巴黎。即将在那里举行的世界美术大展对他更是一个极大的诱惑，况且他创作的《最后的时刻》将代表西班牙参加这次大展。约瑟·理兹节衣缩食，为儿子凑足了前往巴黎的费用。这期间毕加索创作了许多斗牛场面的画。这些充满活力的画面，反映出他重新振作起来的精神面貌。

巴黎之行

1900 年 10 月末，毕加索来到法国首都巴黎。当时的巴黎已成为西欧最繁华的大都市，其建筑艺术水平之高，是巴塞罗那和马德里所无法相比的。就在这一年，巴黎举行了国际博览会，展示出欧美各国经济发展的新水平。卢浮宫、大剧院、美术展览、卡巴莱酒店、灯红酒绿的妓院，令这位 19 岁的画家毕加索目不暇接；在咖啡馆和酒吧间，对对情侣当众接吻，在街巷中和公园里巴黎人在引吭高歌；大街上车水马龙，小贩的叫卖声不绝于耳。在巴黎，毕加索仿佛呼吸到真正自由的空气，他真正体会到巴黎人的性自由之风。不久，毕加索也过起了放荡不羁的生活，频繁地出没于妓院，尽情地发泄自己的一腔欲火，同时增强了他的自信心。毕加索在这期间创作了一些男女情人热烈拥抱的肖像画，其中的一幅画透露出男人高大身躯蕴含的一种粗野的性欲气息，仿佛这一对男女已融为一体，人物显得放荡、疯狂。

就在毕加索沉湎于与女性欢爱之时，与他住在一起的好朋友卡萨吉马却爱上了一个女模特——吉玛妮，可是他钟爱的吉玛妮并没有响应他的爱，因此，卡萨吉马陷入了绝望之中。他已经不再作画，整天酗酒，嘴上叨咕着要自杀。毕加索知道，他在巴塞罗那曾经有过一次未遂的自杀，所以对他时时加以保护，甚至不敢离开他。

没过多久，毕加索的密友帕拉利从巴塞罗那来到了巴黎。在这个朋友的规劝下，毕加索的放荡生活开始收敛了一些。

在巴黎，毕加索认识了一位名叫皮尔·曼雅克的艺术品收藏家。此人善于组织画展，愿意辅佐年轻的艺术人才。很快，曼雅克与毕加索达成协议：曼雅克收买毕加索的作品，每月支付给他 150 法郎，并且充当他在巴黎的保护人。从此，毕加索在经济、生活上有了保证，摆脱了贫困的境遇。

1900 年 12 月 20 日,毕加索、帕拉利和卡萨吉马一起取道巴塞罗那回到了马拉加。他们在马拉加过得并不快活,毕加索的家人和亲戚看不惯他那新潮画派的穿戴,对他留着长长的头发也很反感,因此,他们不但没有受到礼貌的接待,而且还发生了争吵。

为了改善失恋的卡萨吉马的心境,毕加索带他去观看舞女演出,进出妓院,企图浇灭他对吉玛妮的一腔爱火,可是这一切都无济于事。在狂欢滥饮之后,卡萨吉马孤身一人悄悄地返回巴黎。在卡萨吉马离开马拉加之后,毕加索心情低沉,他一边挥毫作画,一边继续寻欢作乐,经常出没于妓院和酒吧间。这种自由放荡的生活很快使毕加索感到厌烦,于是他决定前往西班牙的首都马德里。

到了马德里之后,毕加索就去拜访当时住在马德里的几位他在巴黎结识的朋友。毕加索和他的作家朋友弗朗西斯科·阿西斯·索勒决定创办一个文学杂志《青年艺术》,毕加索担任该杂志的美术编辑。正当他们筹备创刊号时,毕加索收到了巴黎的来信:他的朋友卡萨吉马自杀身亡。卡萨吉马的母亲得知儿子死亡的噩耗,也在悲痛中离开了人世,这对毕加索来说,是双重的打击。

1901 年 3 月 10 日,《青年艺术》面世了。先锋派的这本杂志只出版了 5 期,后来因为缺少资金而被迫于 7 月停刊了。毕加索为这 5 期杂志创作了精美的封面和插图。《青年艺术》停刊后,毕加索的情绪十分消沉,他决定离开马德里这座使自己心情沮丧的城市。

1901 年 3 月,毕加索回到巴塞罗那自己的家里。他创作了不少作品。不久,他的保护人曼雅克从巴黎写信来说,他准备近期在巴黎给他举办一个画展。1901 年 6 月,毕加索返回巴黎,在四猫酒店结识的老朋友杰马·安德鲁·彭索姆,此时与他形影不离。曼雅克让他们住在克里奇大街 130 号的一间画室里。这套画室里有一个大房间和小门厅,还有一个卫生间。不久,曼雅克也住进这套画室。毕加索在这里为曼雅克画了一幅肖像画,画中曼雅克系着红领带,一双眼睛望着前方,显得雄心勃勃,傲视一切。

曼雅克是一位爱惜人才的文人,并且很有远见。他不仅购买毕加索的作品,而且把他介绍给位于维克多·马斯大街 25 号的一个展览馆的主人——博萨·薇尔,人们称她为"薇尔小老太"。这个展览馆是巴黎艺术界的一个有影响的中心,这位"小老太",其实并不老,实际上还很年轻。这位女馆长矮小健壮,朝气蓬勃,乐于助人。

曼雅克还把毕加索介绍给巴黎一位有名的画商伏拉。伏拉是位谨慎而挑剔的画商,他看了毕加索的作品之后,一反他那谨慎小心的态度,立即答应为毕加索组织画展。

1901 年 6 月 24 日,画展开幕了。这次画展很成功。诗人兼评论家菲利西昂·法格斯在《艺术报》发表评论,称誉毕加索"是位名副其实和富有魅力的画家,他那善于识破事物本质的才能足以证明这一点"。通过这次展览,终于实现了毕加索梦寐以求的社会承认，几乎所有的报刊都对他施以赞美之辞。在这次画展上，毕加索又结识了一些文艺界的新朋友，其中就有迈克斯·雅各布。他是一位年轻的画家、诗人兼文艺评论家。雅各布出生在布里塔里的一个犹太人之家。这位文质彬彬、穿戴入时的年轻人，对于毕加索的精彩绘画作品十分欣赏，赞不绝口。从他们相识那一天起，两个年轻人就结下了深厚的友谊，这种友谊一直保持到雅各布于1944年死在纳粹集中营里为止。迈克斯·雅各布从各方面关心和帮助毕加索，几乎给予他所需要的一切。

10月，毕加索的朋友乔马·萨巴泰和马图·索托从西班牙来到法国巴黎，他们来到巴黎后，经常去毕加索的那个画室里。大部分时间，他们都待在一起。几周之后，马图·索托居然也搬进了毕加索的画室。萨巴泰也常来他们那里。三位朋友一同吃午饭，晚上大都在咖啡馆里度过，回到毕加索的画室，就以书当枕，以衣服当被子，打地铺，度过一个个寒夜。

随着朋友们的到来和欢聚，毕加索的忧郁心情有所好转，但是愉快的情绪不久又消逝了。代之而来的仍然是悒郁不乐和沉闷不安。他与曼雅克的关系也开始冷淡起来，因为巴黎人根本不欣赏毕加索创作的那些消极的、不健康的作品。他们不理解，为什么毕加索不创作色彩明快、健康向上的作品。

毕加索目睹社会的贫富差别和种种尖锐的矛盾，自己又无法解释上述现象。他内心里充满了忧伤和愤懑，他就用忧郁沉重的目光看待世界和表现世界，因此，从这个时候起，他就大多采用蓝色的色调描绘世界，他创作了许多充满悲怆、荒凉、孤寂的作品。蓝色是低沉的色调，蓝色适应表现忧郁的美。这就是他创作生涯中的"蓝色时期"（1900～1903）的由来。他在巴黎创作的一幅最大的油画《卡萨吉马的葬礼》，犹如一扇屏风一样，挂在他的画室里。他还在他这位朋友生前住过的画室里创作了几幅卡萨吉马躺在棺木中的画。从上述画中可以看到，朋友之死对毕加索内心深处的震撼多么强烈。

1901年12月1日之前，毕加索终于解除了与曼雅克的契约。这样，就中断了他的经济收入来源。他只好给父亲写信，要父亲寄给他返回巴塞罗那的车费。接到父亲寄来的车费后，毕加索就踏上了归国之路。他与曼雅克的亲密关系就此宣告结束，对此曼雅克感到很惋惜。

毕加索回到巴塞罗那。现在，他不再为吃住发愁，可以无忧无虑地生活在父母的身边。可是，不久，他又感到心情很沉重。20岁的人仍然像孩子一样依靠父母生活，他觉得自己受到了伤害，因此，他的内心又骚动不安起来，他实在不愿意在家里待下去了。几乎每天晚上他都和朋友去逛咖啡馆和夜总会，尽量避免与父母见面。白天，他就邀请萨巴泰去他的画室陪他作画。

1902年的春天，毕加索在巴塞罗那经历了生活中的一段浪漫插曲，他深深地爱上了女演员琪丽托。毕加索为这位女演员的娇艳所倾倒，他画了许多幅琪丽托姑娘的画像，从各个不同的角度勾画出她美妙动人的身姿。他的朋友萨巴泰在回忆这段生活时写道:"那位美丽的舞蹈家、歌唱家的魅力使毕加索深深为之着迷。他唯一能解脱自己的办法就是不停地画那些素描。他的那些素描是如此的精巧、美妙、充满魅力,它们忠实地记录了毕加索对那位女演员的印象,并为他提供了无限的遐想。每一幅素描都是一气呵成,详尽地描绘出那位女性优美、炽热、温柔、性感的身体及一切的一切!"

毕加索的心情越来越烦躁,他开始思念法国的朋友迈克斯·雅各布,又开始向往法国首都巴黎。他从朋友的来信中得知,曼雅克已经放弃了艺术经纪人的工作,回到了巴塞罗那。巴黎对毕加索来说,就更加具有吸引力了。

这时,毕加索已经到了该服兵役的年龄。但是他又不想去当兵。因此,父亲和萨尔瓦多叔叔为他凑够了一大笔款,于是他前往征兵站缴纳了免服兵役费。1902年10月19日,毕加索和画家约瑟普·拉卡罗一起,登上了开往巴黎的列车。

他们到了巴黎后,在拉丁区一所"学校旅馆"里租了一个房间。几天后,他们又住进一间更便宜的房间——实际上是房子顶层的一间阁楼。一张大铁床几乎占据整个房间,所以他们两个人中必须有一个人坐在床上工作。当时这两位画家十分贫困,甚至有时都没钱填饱肚子。

毕加索的朋友迈克斯·雅各布不久发现,毕加索生活在极端贫穷之中,于是就让他迁出了与拉卡罗合住的那间阁楼,搬进了他租住的一个房间。迈克斯·雅各布在一家百货商店找到了一份工作,因此,他们的生活才有了一些改善,但是仍然比较困难。这位朋友租住的房子虽然比较宽敞一点,可是仍然比较简陋,甚至连起码的生活必需品都买不起,他们两个人只好轮流睡一张床:晚上迈克斯睡觉,毕加索作画;白天毕加索睡觉,迈克斯到商店里上班。后来,毕加索经常讲起说明当时他们贫困境况的一件往事:有一次,两位朋友用仅有的一点钱买了一根大香肠,带回来准备煮一下再吃。他们把香肠放在锅里一煮,香肠一下子就破裂了,一股难闻的臭气冒了出来。再一看锅里,香肠不见了,只剩一点点皮。

毕加索这次来巴黎后,身心蒙受了很大的伤害。在为自己画的一幅裸体画上,他显得很憔悴和虚弱,简直是一个迷茫、困惑而潦倒的形象。

1902年11月,"薇尔小老太"为毕加索的新画举行了一次展览,但是在这次展销中一幅画也没有卖掉。不久,迈克斯·雅各布又失去了商店的工作。这两位朋友的生活又陷入困境。对于毕加索来说,继续在巴黎住下去已经没有意义了,曾经一度令他兴奋的巴黎仿佛也变得冷漠了。1903年1月,他终于卖掉了自己创作的一幅画——《海边母亲》,这样就有了返回巴塞罗那的车费。他把其余作品带到蒙马特尔他的一位朋友家里,请他代为保管。回到巴塞罗那之后,毕加索就在从前与卡萨吉马合用过的那间画室里继续从事创作。在他没回来之前,他的朋友安琪·索托已经住进了这间画室。1903年5月毕加索就在这间画室创作出了一幅画——《生活》,这是毕加索"蓝色时期"的代表作。

在《生活》这幅巨型作品中,卡萨吉马穿着三角裤,站在画室的中央,一位全身裸露的少女偎依在他的身上,她的头靠在他的身上。画室的背景墙上挂着两幅油画:在上面一幅油画上是拥抱在一起的两个裸体,下面一幅油画上是一个蜷缩成一个胎儿形状的裸体。这幅画的右边是一位赤脚古装的中年妇女,怀里抱着一个婴儿。她用一双责备的目光望着卡萨吉马,而卡萨吉马则微微地向这个中年妇女伸出了左手的食指。这幅画实际上表达了毕加索本人的困惑,表达了他企图寻找一个合适的性对象的渴望,并让站在一旁的母亲不要干涉他的性生活。

毕加索亲自经历了苦难,也目睹了人生的种种悲伤、痛苦、疾病和死亡,对穷苦不幸的人民由衷地同情。这些古老的问题在这个时期他所创作的作品中充分地反映出来,例如,《穷人之家》《病孩子》《海边的穷人》《老人与孩子》《禁欲者》,等等。

1904 年春天,雕塑家加佳罗获得了去巴黎留学的一笔奖学金。毕加索就租下了他的画室。他的朋友萨巴泰也在同一条街上租了两间阁楼。两位朋友经常聚在一起。毕加索在他的这位朋友房间的墙上画了一幅壁画:一个半裸体的摩尔人被吊死在一棵树上,而在下面一对裸体的男女正狂吻热恋。他还在高处的窗子上填上了几笔,把它变成了一只眼睛。

1904 年 4 月,毕加索还创作了一幅素描画,画中是一个赤身裸体的男子正纵身跃入虚无缥缈的云雾之中。这幅画表达了他决心闯荡未知世界的愿望。4 月 12 日毕加索第四次前往巴黎。

生活和创作

毕加索来到巴黎,就住在被称之为“洗衣舫”的一座破旧的楼房里。这座建筑位于蒙马特尔山西南的一个斜坡上。这座楼房从远处看上去,就像塞纳河上供妇女洗衣服用的一艘船舫。这座楼房最上面一层与外面的地面平行。它的入口处是在顶层。只能从顶层的入口处进去后,才能下到下面的 3 层。毕加索的画室就在最顶层。他第四次来巴黎的最初 5 年,就是在这里度过的。毕加索在这里还养着两只小狗和一只大白鼠。

毕加索住进“洗衣舫”不久,他以前在巴黎结识的朋友就纷至沓来。毕加索兴奋地生活在朋友们的包围之中。当时蒙马特尔大街上歹徒恶棍成帮结伙,时常发生抢劫流血事件。因此,毕加索夜晚出去总是身不离枪,而且要有朋友陪伴。他的挚友迈克斯·雅各布实际上成了他的贴身保镖。为了帮助毕加索摆脱困境,改善他的生活条件,迈克斯·雅各布和安琪·索托四处奔波,为毕加索推销画,可是他们的努力收效甚微。巴黎的许多画商对毕加索的画作不屑一顾。

在“洗衣舫”,毕加索有幸结识了令他心动的姑娘奥莉维娅。她有一头浓密的褐色秀发、一双俊俏的淡绿色大眼睛。1904 年夏天,费南蒂·奥莉维娅和自己的女友坐在“洗衣舫”对面的古多广场一棵大树下乘凉。突然下起了滂沱大雨。她们急忙跑进"洗衣舫"避雨,当时她们的衣服已被大雨淋湿。在过道里费南蒂遇见了年轻的毕加索。他当时怀里抱着一只小猫,半玩笑似的挡住她的去路,一双乌黑发亮的眼睛深情地凝视着费南蒂。随后毕加索领她走进了自己的画室。费南蒂一走进去就看到一幅蓝色巨型画挂在墙壁上,桌子的抽屉里养着一窝白色的小老鼠。这次避雨使23岁的费南蒂成了毕加索后来6年的生活伴侣。她出生在巴黎,父母亲都是犹太人,专门做帽子生意。她母亲死后,她就搬到姑母家去住,但是后来她与姑母闹僵了,17岁时就离开了姑母,和一个名叫保罗·伯契伦的店员同居,生下一子,后来与保罗正式结了婚。不久,保罗带着儿子出走了。后来她又和雕塑家加斯顿·拉鲍曼结婚,没多久,她又离开了拉鲍曼。

这次幸遇,给毕加索的生活带来了温馨和愉悦。这也是他与异性首次建立真正爱情关系的开始,是他第一次对于一位他所钟爱的女人承担义务。费南蒂是一位富有创造精神和自然美的健壮女性,她情意绵绵,激情似火。费南蒂在"洗衣舫"公开地成为毕加索的情妇。有这样一位娇媚迷人的女人在自己身边,毕加索内心里感到兴奋。他喜爱她的娇艳、服饰,常常为她那优美的身段所陶醉。1904年秋天,他们正式同居了。"洗衣舫"的画室成了他们爱情的天堂。毕加索把这间画室布置得优雅而又极富浪漫色彩,屋里挂着费南蒂的一幅画像,旁边放着一个淡蓝色花瓶,瓶内插着一束假花。画像旁边挂着那件在他们相识那天费南蒂所穿的白色罩衫,上面别着一枝红色玫瑰花。

费南蒂的青春美貌和性感魅力,是维系他们两人关系的基石。娇艳的费南蒂可以满足毕加索那种无拘无束的性生活要求。令毕加索愉悦的性生活使他激动不安的情绪稳定下来;费南蒂的自然平静又安抚了他的焦躁心绪,她的豁达乐观情绪又是医治他那消沉心理的良药。

毕加索和费南蒂虽然幸福地生活在一起,但是他们当时的生活却十分清贫。费南蒂回忆说,当时她甚至没有鞋子穿,因此不能走出画室。在冬季的一天,燃料用尽了,他们只好待在床上,相互拥抱着取暖,直到好心的邻居给他们送来取暖用的煤炭。

贫困拮据的生活,并没有妨碍毕加索与朋友们的欢聚。他周围的一群朋友仍然保持着乐观浪漫的生活气氛,他与朋友相处十分融洽。毕加索的朋友们十分钦佩他的创造才华,都在尽力帮助他。他的朋友——雕塑家帕科·杜里奥得知毕加索断炊了,就悄悄地在他的门口放了一条沙丁鱼、一个面包和一公斤酒。

尽管费南蒂不是一个十分勤快的女人,但是她很会烧菜,她能在一个小炉子上做出美味可口的菜肴。她烧的菜很受毕加索及其朋友们的欢迎,而且花费不大,每天花两个法郎就使他们吃得很满意。

在毕加索所结识的众多朋友中,有一名荷兰作家席尔佩罗特,他对毕加索的艺术才华很欣赏。1905年夏天,席尔佩罗特邀请毕加索前往荷兰斯库列丹他的家里去做客。当时毕加索没有路费,他的朋友迈克斯·雅各布手头也没有钱,于是他跑到门房借了20法郎,给毕加索做路费。就这样,毕加索只带了20法郎就踏上去荷兰的路。毕加索在荷兰住了一个多月。他在荷兰欣赏到了秀丽的自然风光和身高体壮的荷兰姑娘。他带回了几幅描写荷兰姑娘的画,其中一幅是《美丽的荷兰姑娘和戴帽子的裸女》。画中的女性身材都很丰满,乳房画得很大,显然,作者有意突出了母性的特征。

1905年秋天,毕加索在他的朋友克劳维斯·萨格特的家里结识了利欧·斯坦和杰特鲁·斯坦兄妹。从此这兄妹俩就成了毕加索的挚友和生活保障人。杰特鲁·斯坦富有男人的气质,她不仅说话的声音像男人,而且走起路来也雄性昂然。她有一笔可观的收入,她的产业在美国由她弟弟管理。这位29岁的姑娘在完成医学学业后就从美国来到巴黎。她的兄长利欧则一直在佛罗伦萨研究绘画。一天晚上,兄妹二人与毕加索幸会。毕加索把自己的新作《提花篮的小姑娘》作为礼物送给了他们。此后,兄妹二人开始大量收集毕加索的画,并且从经济上给予他极大的援助。

杰特鲁后来回忆他们之间的友谊时说:"我们拥有他的第一幅作品,不管是叫'玫瑰期'还是'五彩期'之作,就是那幅《提花篮的小姑娘》。这幅作品创作于毕加索'玫瑰期'的全盛时期,充满优雅美妙的笔调,非常富有魅力。在此之后,毕加索的作品一点点强硬起来。他的作品线条简洁明快,色彩更加活泼绚丽。"

1906年春暖花开的时节,毕加索请求杰特鲁·斯坦允许为她画一幅肖像,杰特鲁欣然同意了。杰特鲁一连数小时坐在破旧的扶手椅子上,毕加索身穿沾满各种颜料的蓝色工作服,手拿调色板,在画布前作画。一天下午,毕加索终于画完了一幅头像画,杰特鲁看过后很满意,可是毕加索却不以为然。后来,毕加索突然把那幅头像给涂掉了。到了秋天,毕加索凭借记忆和想象又画了一幅杰特鲁的头像,并把它送给了杰特鲁·斯坦。这位美国女士很满意地收下了这幅画像,并且一直把它带在自己的身边,直到她逝世前才把它献给了纽约市艺术博物馆。认识杰特鲁的人们看了这幅肖像画,都认为这幅肖像画非常像她本人,简直惟妙惟肖。

这个时期毕加索还创作了自己的一幅肖像画。画中的毕加索身穿一件白衬衫,手里拿着一小块调色板,一双大大的眼睛,透露着自信的神情。

这期间在毕加索的生活中突然出现一件十分重要的事情。一天,毕加索正在"洗衣舫"内与迈克斯·雅各布及青年诗人安德莱·萨尔门闲聊。这时阿波利纳尔带来了一位来访者,他就是巴黎有名的画商费拉德。前几年,迈克斯曾经向他推荐过毕加索的一幅山水画,可是当时他看了一眼,就说"画上的钟楼歪了",说完拂袖而去。可是,这一次来访时,他一下子就买走毕加索的30幅作品,付给毕加索3000法郎。这在当时是一笔很大的数目,足够毕加索3年的生活费用。毕加索当时激动得两眼噙着泪水,一句话也说不出来。这笔巨大的收入,使毕加索告别了贫困。

1906年夏天,毕加索带着费南蒂回西班牙巴塞罗那探亲休假。一过边境,毕加索就判若两人,他兴高采烈,神采奕奕,与他平时的性格形成了鲜明的对比。他兴致勃勃地向费南蒂介绍自己的成长之地巴塞罗那、昔日漫步游玩的小巷、过去自己的画室,热情地把费南蒂介绍给自己的父母和亲朋好友。如今的毕加索已是一个经济独立、功成名就的大画家了,昔日穷困潦倒的毕加索已经不复存在。可是他与父亲更加疏远了,只有母亲玛丽娅还深深地眷恋着儿子。

毕加索只在巴塞罗那逗留了很短的几日,随后就带着费南蒂前往比利牛斯山区的高索尔村。这里有白雪皑皑的高耸入云的卡迪山峰,有清新明朗的蔚蓝色的天空,有善良朴实的村民。白天,毕加索一行去山中探险,晚上,回来听村民讲述民间的传说趣闻。在这里,毕加索创作了一系列赞美费南蒂美貌的油画,其中最优秀的一幅就是《梳妆》,画中的费南蒂裸露着美如白玉般的身体,正在借助于女仆拿着的镜子梳理头发。

这次高索尔村的愉快度假,被村里突然发生的流行病——伤寒打断了。毕加索一行只好匆匆地离开小山村,取道艾克斯返回了巴黎。

这期间,画家马蒂斯和安德莱·德莱恩也搬到蒙马特尔来住,加入了"洗衣舫"的艺术圈子。德莱恩和毕加索年龄相仿。他们每天除了作画就是讨论绘画问题。

马蒂斯在回忆录中写道:"在雷纳大街上,我经常路过一家旧货店,它的橱窗里常常陈列着一些神态各异的黑人雕像。一天,我被这些人物的个性和纯正的线条所吸引,并买下一只送给当天来拜访的杰特鲁·斯坦看。随后毕加索也来了,他立即迷上了这只小雕像。"这是毕加索第一次见到黑人木刻像。整个一晚上他都在看着这个黑人木刻像。第二天,迈克斯·雅各布走进毕加索画室的时候,他看到画室的地上铺着画布,上面分别画着同样的雕像:女人的脸上只有一只眼睛,长长的鼻子一直伸到嘴中,一缕长发垂到肩上,这就是立体主义的萌芽。

1907 年春天,毕加索在画了大量素描之后决定画一幅大型油画,而且只用了几天就画完了。画中 5 个裸体女人的肉体色调在一片蔚蓝色的背景的衬托下显得非常突出。最左边的那一个女人用左手拉住赭红色的帷幕,似乎想让人们观看她右边姊妹的形象,而她自己侧面的表情显得很严肃。她们那娇嫩的粉红色肉体与蓝色的背景形成鲜明的对比。这 3 个女人的形象虽说不够文雅,但还算沉静,与右边的两个女人很不同,右边的两个女人简直就像从阴曹地府冒出来似的,面孔简直奇形怪状,蹲在下面的那个女人用两只直瞪瞪的蓝眼睛扭着头向前看,她的面孔与她们那粉红色的肉体格格不入。这幅将近 8 平方英尺的巨型油画就是《亚威农少女》。

毕加索的朋友们看了这幅画之后,几乎都持否定的态度。但是乔治·布拉格在 1907 年观看这幅画时才认识了毕加索。这位比毕加索小 7 个月的年轻画家,一看到《亚威农少女》,就知道毕加索向往革命。这幅画即使他感到吃惊,又使他受到空前的震撼。就是这位布拉格成了毕加索的亲密朋友,他们两人成为 20 世纪绘画艺术革命的先锋闯将。布拉格是一位英俊潇洒的小伙子,他父亲是位画家,他从小跟随父亲学绘画。1907年他与马蒂斯一起举办画展时,他的所有作品都销售一空。他很快就加入了"洗衣舫"艺术家们的行列。

毕加索圈子里的朋友越来越多了。诗人简·莫利斯尤、青年女画家玛丽·劳伦辛和德国画家威格尔也成了他的朋友。玛丽·劳伦辛年仅22岁,经毕加索介绍,她认识了诗人阿波利纳尔,后来她成为他钟爱的情人和他创作美妙诗篇的灵感源泉。

1908年6月的一天晚上,天气很闷热。当时毕加索正在自己的画室里作画,他的爱犬费利卡突然跑进来向他叫起来。毕加索跟着小狗跑出去,发现他的朋友威格尔已在自己画室里自缢身亡。威格尔的悬梁自尽,使他久久不能忘怀,他从内心里感到死亡的可怕。毕加索想摆脱"洗衣舫"的环境,于是就在费南蒂的陪同下前往巴黎以北30英里一个名叫"丛林幽径"的小村庄去解闷。这里的房舍比较简朴,但是还比较宽敞,房前有一个较大的庭院,可以用来作画和招待客人。这个村庄附近的森林和草地令毕加索陶醉。他在这里创作了一些充满田园山野风格的作品。

1908年11月,在维格农大街卡思维勒美术馆举办了一次画展,其中展出了毕加索和布拉格的几幅作品。这次展出可以称之为立体派的第一次画展。毕加索和布拉格都备受鼓舞。毕加索全身心地投入到与布拉格共同创作的立体派艺术之中。他们两人密切合作,共同成为立体派艺术的首创者和推动人。

1909年夏天,毕加索在费南蒂的陪伴下回到西班牙度假。途经巴塞罗那时,回家探望了父母并在这里小住了几日。每天都与父母共进午餐,随后就同朋友们去漫游,攀登高山,观赏这座城市。几天之后,毕加索告别了父母,同费南蒂一起冒着高温酷暑,前往偏僻宁静的霍尔塔山村。在这里毕加索仿佛获得了新生,焕发了青春活力,同时也汲取了新的艺术灵感。他与当地农民聊天,在咖啡馆里听老板弹奏吉他,玩多米诺骨牌。在这里他与费南蒂生活得十分融洽和幸福。

毕加索在这个小山村度过了一个美好的夏季。他在这里创作了大量作品。这些作品体现了毕加索创作的新风格。画商伏拉一改以前的犹豫不决的态度,很快就在自己的画廊里展出了这些作品。一个名叫谢尔盖·什楚金的俄国艺术收藏家一下子就买去了毕加索的50幅作品。从此毕加索真正告别了一个穷画家的生涯。毕加索终于有了迁出肮脏的"洗衣舫"的经济实力,搬进了位于皮加尔广场附近的克里希大街11号一幢公寓。这是一套豪华漂亮的公寓,里边有一间画室,一间卧室,一个餐厅,一间女佣住房。后来,他们真的雇用了女佣人。

毕加索搬进新居之后,开始购买一些新家具。他和费南蒂晚上很晚才睡,可是第二天几乎要睡到中午12点才起床。不久,女佣人也习惯了。毕加索从来不让女佣人去打扫他的画室,他不愿意让人去惹那些讨厌的灰尘,免得它们飞起来,落在他那些尚未干的画布上。毕加索全身心地扑在他与布拉格共同推动的新立体主义艺术的创作上。他们每天都见面,彼此观赏对方创作的画。他们那种亲密无间的关系成了毕加索生活中的主题。

这期间,毕加索和费南蒂已不像以前那样亲密,他们开始有些疏远了。毕加索的富有和名望已经开始腐蚀他们在艰苦岁月里建立起来的那种富有浪漫主义气息的爱恋关系。毕加索仿佛忘掉了在艰难的"洗衣舫"时期费南蒂对他的支持和帮助。毕加索全神贯注地从事创作,但他又常常感到苦闷忧郁,觉得自己的内心世界与现实十分遥远。有时他吃得很少,甚至把酒也戒掉了。

悲离恋歌

1910 年是毕加索苦苦探索的一年。他企图寻找到一个对人的身体和面部进行创作的新方法。杰特鲁·斯坦后来写道,"毕加索是西班牙人,他始终明白人是他唯一感兴趣的东西⋯⋯对他来说,生活的全部现实就是人的头颅、面部和身体"。

这一年年底,他创作了一幅卡恩威勒的肖像画,他在这幅画中肢解了人体的形态,抛弃了通常画法中那种追求人物的情感和比例的纯现实的东西,这种肢解人体形态的试验在这幅肖像画中表现得十分成功。毕加索为他的画商朋友卡恩威勒创作的肖像画,成为分析立体主义风格的典型代表作品之一。可是,当时的许多人,其中包括一些画家、艺术商人和收藏家,都不理解毕加索创作的分析立体主义的作品。他们几乎都不收购立体派的艺术作品,就连愿意接受新生事物的马诺洛也公开说:"我从来就不理解立体派艺术,也不知其为何物。在观看毕加索最初创作的立体派作品后,我就想,假如第二天他要去车站接母亲,结果他母亲却以立体的形象出现在他面前,那他将何言以对!"

1911 年夏季到来了。毕加索带上自己的宠物一只猫和一只猴子及画布和画笔离开了巴黎,前往西里特 18 世纪一座废弃的修道院,这里距比利牛斯山不远。他的朋友马诺洛早已发现这处幽静的地方,并与妻子在这里住过 3 年。毕加索来这里不久,布拉格和迈克斯也来到这里。这个小市镇成了立体派画家休息和创作的一个营地。小镇的街道两旁长着遮天蔽日的大梧桐树,山里的农民赶着骡马挤满了狭窄的街道,骡马从咖啡店门前经过时,满座的顾客就可以听到叮叮咚咚的铃铛声。城外是绿油油的沃野,一片片杏树林和葡萄园点缀其间。毕加索的一位朋友买下了那座旧修道院。看起来,这是 18 世纪一座很豪华的建筑。周围是一个大花园,里面古木参天,一道急湍山溪流下来,绕过这座修道院。马诺洛夫妇已住在这里。毕加索这次没有带费南蒂来,但他还是占用了整个两层楼。他就在那间面对花园的大画室里工作,常常到靠近西班牙边界的山坡上的葡萄园和杏树林中去散步,在小镇的大咖啡馆里的阳台上招待他的朋友们。

8 月初,毕加索就不再迷恋这里的风景了,于是他开始思念起费南蒂来了。8 月 8 日他给费南蒂写了一封充满深情爱意的长信:

我亲爱的费南蒂：

昨天一整天没有接到你的来信，今天也是如此，这使我很失望。我是多么盼望你的来信。但愿今天下午我能如愿以偿。

今天上午接到布拉格的来信，得知 K 早已到了巴黎。因此，希望你能尽快来这里。

这里气候凉爽，景色宜人，对你的身体和情绪会大有好处。

别为我操心，坐我乘坐的那列高级火车来。你会很快来陪伴我的，对吗？

我的住处到马翁那里还有一段距离。如果你准备白天出发，就应该带上遮阳伞。

猴子非常可爱，我们给了它一块白铁皮盖子，结果它对着那上面自己的影子呆呆地看了一整天。

我现在仍在创作同样的作品，创作进行得很顺利。

吻你爱你的帕布洛

费南蒂接到这封信后，很快来到了毕加索的身边，他们之间的关系又亲密起来。两个人在这个田园式的小镇上又度过了二十几天浪漫温馨的甜蜜生活。9月5日，他们离开修道院返回了巴黎。

毕加索一回到巴黎就被卷入了与《蒙娜丽莎》被盗有关的一起事件。事情是这样的：1907年一个名叫格雷的比利时冒险家从卢浮宫偷出了两尊西班牙、罗马雕像。与冒险者相识的阿波利纳尔当时劝毕加索买下这件雕像。1911年的一天，那个比利时人来向诗人阿波利纳尔求取经济帮助，同时带来了从卢浮宫偷来的另一尊雕像。这个比利时人声称，他偷这件东西不仅仅是为了好玩，而且也想证明国家的艺术品看管得不好。阿波利纳尔出于善意，并没有赶他出去，而是劝他退还那件雕像，可是那个比利时人没有听劝。没过几天，卢浮宫里的名画《蒙娜丽莎》不翼而飞了，这个消息闹得巴黎满城风雨。

盗窃《蒙娜丽莎》的嫌疑自然落在那个比利时人的头上，尽管他与此事无关。可是他还是很惊慌，于是他就前往《巴黎日报》社，把他所了解的情况卖给了该报社，并把他手里的那件雕像留在了编辑部，然后他就逃出了巴黎。

他在越过法国国境后，每天都从新的地址给巴黎警察局写一封信，声称是他偷走了《蒙娜丽莎》。阿波利纳尔当时很紧张，于是就来警告刚刚回到巴黎的毕加索，他已经不记得从格雷手中买下的那件雕像放在什么地方了。经过一番寻找，最后在碗橱底下找到了，当时两个朋友惶恐不安起来，不知如何是好。最后他们俩决定，把雕像也送交《巴黎日报》匿名退还。可是格雷在逃出巴黎之前再一次来找阿波利纳尔，想从他那里多弄一点钱。阿波利纳尔把他送到了里昂火车站上了火车。因此，警察就怀疑起这位波兰诗人了。9月7日的报纸报道了30岁的波兰作家阿波利纳尔被捕的消息，罪名是伙同国际艺术品盗窃集团盗窃雕像和窝藏罪犯。

两天后的一个早晨，毕加索住宅的房门响起了敲门声。费南蒂没等女佣人下楼,亲自打开了房门。一位便衣警察亮了一下身份,走了进来,他要求毕加索跟他走一趟。

毕加索被带到警察局,没过多久,阿波利纳尔也被带进来。两位朋友都蓬头垢面,衣冠不整,在公堂上见面了。阿波利纳尔对警察说,毕加索不晓得他购买的古董是从卢浮宫里偷出来的;毕加索则说,他面前这位受审查的人是"当代最伟大的诗人"。检查官释放了毕加索,但警告他不要离开住所,以便随时听从传唤。阿波利纳尔被关押了5天,多次受审。格雷从报纸上看到阿波利纳尔被捕的消息后,就给巴黎警察局寄去了一份详细而坦诚的自白书,说明了事实真相,这样此事才算告一段落。9月12日阿波利纳尔被释放。这个事件使他蒙受了极大的屈辱,内心深处受到了很大震动。毕加索心里也很难过,他开始感到自己的身体每况愈下,食欲大减。

随着1911年冬天的逼近,毕加索与费南蒂的关系也发生微妙的变化。他们的朋友们,如杰特鲁·斯坦已经察觉到这对有情人关系的恶化。两个人争吵的次数增加了,费南蒂经常不戴耳环,因为她把耳环抵押给了当铺。为了生计,她还教一些美国朋友学习法语。

他们迁居到克里希大街后关系更加紧张。费南蒂感到特别痛苦的是,在贫苦的岁月里她与毕加索相依为命,忠实相伴,如今他富有了,她却不知道应该如何相处。当初毕加索对她怀有的那种炽热的爱恋,已经开始变得淡漠。

毕加索经常在克里希大街上的艾米塔奇酒店与朋友们相聚。在那里,他结识了玛茜尔并且深深地坠入了情网。玛茜尔比毕加索小4岁,出生在巴黎东郊,玛茜尔受过很好的教育,并且天赋很高。与费南蒂相比,她显得年轻娇媚,举止温文尔雅。毕加索随着与费南蒂关系的疏远,与玛茜尔的关系越来越密切。她在与毕加索相爱之前,曾经是青年画家马库斯的情人。但是马库斯整天忙于绘画和与朋友们的聚会,顾不上与玛茜尔卿卿我我,因此,玛茜尔感到很孤寂和痛苦。可是,她在马库斯身上得不到的,却在毕加索身上得到了。

这时费南蒂与毕加索的关系越来越恶化,为了引起毕加索的忌妒,费南蒂频繁地与一个年轻的意大利画家幽会,并且故意让毕加索知道,但是毕加索毫不理会。于是费南蒂竟采取了一个大胆的举动:在一个凉风习习的夜晚,她与那个意大利画家远走他乡了。可是毕加索对费南蒂的出走如同卸掉了重担一样,他请玛茜尔搬过来与他同居。玛茜尔的到来,使毕加索的生活发生了很大的变化,这一对有情人充分享受着炽热爱情的欢乐。毕加索为了表示对玛茜尔的珍爱,给她起了"伊娃"的名字。

5月,毕加索带着玛茜尔来到比利牛斯山脚下的那个小镇。可是他在这里遇到了他的老朋友皮乔特一家人。他们为毕加索与费南蒂决裂一事而谴责他,并且掀起一场风波,因为这一家人都很喜欢费南蒂。在这种情况下,毕加索只好带着玛茜尔匆匆离开这个小镇,前往西里特。

当费南蒂发现自己的出走并没有引起毕加索的注意时,她觉得自己失算了。她匆匆回到了克里希大街毕加索的家里,但是他已经不在了,她立即动身前往西里特。费南蒂很快到来的消息,使他感到既恼火,又心神不宁。1912 年 6 月 12 日,他在给一位朋友的信中写道:"此事真使人心神不安。首先,我不愿意让自己对玛茜尔的伟大爱情遭受由此引起的麻烦,另外,我也不愿让她受到任何伤害。此外,我还需要一段平静的生活从事创作。"

不久,费南蒂真的来到西里特来寻找与她共同生活了 7 年的毕加索。费南蒂从责问、发火到诱惑、恳求,几乎使出了全身的解数,可是毫无结果,她不得不承认,她失败了。她与毕加索长达 7 年之久的事实婚姻生活结束了。

毕加索深深地爱着玛茜尔,他把"伊娃"的名字写在许多幅立体主义的绘画上。"我的丽人"这首情歌也被写在一些油画上,并且还配上了音乐符号。

起先,毕加索和玛茜尔躲在佩皮尼昂,后来又来到亚威农附近的索格斯。索格斯是亚威农以北 6 英里处的一个小镇,是一个幽静的便于隐居的好地方,位于通向巴黎的要道上。毕加索花 90 法郎租下了一座别墅,并在这里住了下来。毕加索和玛茜尔的蜜月生活十分甜美。新的隐居环境,明媚的阳光,绿茵茵的果园,斗牛表演,伊娃的绵绵深情,使他焕发出新的创作活力。不久,他的老朋友布拉格从巴黎赶来看他。这使他欣喜若狂,有一周的时间,他都没有进入画室,整天与布拉格聊天、散步、谈论艺术问题。

1912 年 9 月,毕加索和伊娃回到了巴黎,此前,他已请朋友们帮他把家搬到了蒙帕纳斯区斯拉培尔大街 242 号。这条大街已成为来自世界各地的艺术家们新的聚居之地。诗人、画家、流亡政治家常常聚会,讨论热门话题。此时战争的阴云已经笼罩着巴黎的上空。毕加索的内心里充满了矛盾和斗争。1912 年他在创作的一幅抽象派的作品《战斗打响了》中第一次使用政治性的题目,这既表示巴尔干战争的爆发,也表示他内心新与旧斗争的开始。

在毕加索的性格中有一种强烈的占有欲和支配欲,不论是与女人的关系中还是与朋友们相处中,他都要突出自我中心主义。他的这种性格特点也体现在他与父亲的关系中,毕加索从童年时代起就想成为主宰自己命运的主人,父亲的慈爱和严管,使他很反感,所以,他一直与父亲很疏远。1913 年 5 月 2 日,他在西里特得知父亲病危,次日他父亲病逝,毕加索匆匆赶回去向父亲做最后的告别。这一年,对毕加索来说,真是祸不单行,夏天,伊娃病倒了,毕加索也染上了疾病。巴黎的报纸连续几天报道他生病的消息,可见,他已从一个默默无闻的小人物成长为一个知名度较高的大画家了。

9 月,他和伊娃一起迁入了舒尔切大街,当时伊娃仍然身患疾病。

毕加索成为巴黎艺术圈中的杰出人物,他的声誉在迅速增长。1913 年他的绘画作品先后在慕尼黑、柏林、科隆、布拉格和纽约展出。1914 年 3 月 2 日在德鲁奥特宾馆举行的艺术品拍卖会上,毕加索于 1908 年以 1000 法郎售出的《萨尔蒂巴格》竟以 11500 法郎的高价卖掉。从此之后,他创作的绘画成为人们竞相购买的对象。

1914 年 8 月,战争爆发了。与所有达到服兵役年龄的普通法国人一样,艺术家们当然也在服兵役之列。布拉格等画家已应征奔赴前线,一些在法国定居的外国人也参加了义勇军,卡恩威勒及其德国同胞逃往中立国去了,波兰诗人阿波利纳尔申请法国国籍,志愿加入了炮兵部队,他希望以此来表明自己对法国的热爱。

毕加索后来回忆说:"我送布拉格和德莱恩到拉维尼翁车站,我以后再也没有见到过他们了。"

战争开始几周后,整个巴黎发生了巨大变化。11 月毕加索和伊娃回到巴黎的时候,这座城市几乎人去楼空,他的朋友中只剩下迈克斯·雅各布、杰特鲁·斯坦和瑞安·格利斯了。

毕加索作为中立国西班牙的公民,没有参战的义务。这期间他创作的作品减少了,而且有些作品呈现出严肃的风格,其中的一幅画画的是一个瘦高挑的小丑,其面部表情显得憔悴不堪。1914 年夏天,毕加索开始创作一幅极端立体主义的作品《画家与模特》。一天晚上,他和杰特鲁·斯坦在斯拉培尔大街上散步,忽然看见一队伪装的炮兵部队,当时他对杰特鲁说:"这就是我的杰作。"

1914 年的冬天,毕加索开始学习起俄语来,他简直对俄语着了迷,废寝忘食地读着写着俄语词句,因为当时他被俄国姑娘芭罗娜斯迷住了。他对这位漂亮的俄国作家一见钟情,为了能经常与她单独在一起,他请芭罗娜斯当他的俄语老师,让她教自己学习俄语。芭罗娜斯是俄国青年画家谢尔盖·法拉特的妹妹。每当毕加索跟他的俄语老师学习俄语的时候,可怜的伊娃就一个人孤零零地待在舒尔切大街的寓所中,而且常常咳嗽得很厉害。性格温柔而又内向的伊娃,对毕加索的这种行为毫无办法,只好以泪洗面,默默地忍受着。一天夜晚,毕加索、伊娃、杰特鲁和艾利斯在费罗鲁斯大街的一家餐馆聚餐。当时伊娃的病情渐渐加重,肺结核病折磨得她不得安宁,她一阵紧似一阵地咳嗽着,并且常常伴着咯血,为了不让毕加索知道,她不断地从餐厅跑进卫生间。突然外面响起了空袭警报,4 个人急匆匆跑到楼下躲避。伊娃和艾利斯感到很困倦,就先回家了。而毕加索与杰特鲁却兴致勃勃,一直聊到次日凌晨两点。毕加索与杰特鲁仍然继续保持着十分亲密的关系。

当时肺结核病几乎是不治之症。伊娃病得越来越严重,已无法再掩饰自己的病情。这一年的秋天,她不得不住进位于巴黎郊区的一家医院。毕加索不得不把许多时间花费在往返郊区医院的路上,可是他还是没有停止创作。

1915 年 12 月 14 日,伊娃离开人世。伊娃的病逝,使毕加索感到十分悲痛。1916 年 1 月 8 日,他在写给杰特鲁·斯坦的一封信里说:"我可怜的伊娃去世了……我悲痛已极……她向来待我那么好。"接着又写道,"你我别来已久,我也很想见你。我真想和你这样一位朋友畅谈别后之情。"杰特鲁是一位勇敢的唯物主义女性,同她过去的交往引起了毕加索对蒙马特尔的眷恋之情,同时又令他振奋,因为她思想自由豪放,行动朝气蓬勃。

漫漫的冬季长夜,使毕加索感到十分孤独。一个偶然的机会,使毕加索结识了嘉比·莉比娜丝。这位美丽动人的巴黎少妇,也住在斯拉培尔大街,当时她才 27 岁。他与嘉比相爱,使他的生活又充满了欢乐。他在一幅描绘嘉比娇媚的画上题写道:"嘉比,你是我的天使,我亲爱的宝贝。我心里只有你,我发誓不会使你悲伤,不会使你失望,我愿让你抛弃其他东西,只是盯着厨房。我和你在一起是那样幸福……要知道,我是多么爱你,我们的爱地久天长。夜已深了,快睡吧,宝贝。一心爱你的毕加索。"

此时在毕加索的世界中,嘉比成了唯一光明的角落。只有这个光明的角落里才充满阳光、温馨和欢乐。这个角落也成为他创作灵感的源泉。他千方百计不让外界洞察到他与嘉比的热恋关系,因此外界对此一无所知。

毕加索曾经说过,"艺术家必须精通使别人相信诺言的方法"。事实上,他在向嘉比表示只爱她一个人时,他也请求一个美丽的黑人少女与他同居。他与嘉比的热恋关系不久就结束了,那位黑人姑娘也悻悻地离他而去。

与芭蕾舞团合作

1916 年,常来毕加索住宅拜访的客人中有一个刚从前线回来休假的年轻诗人。这位聪慧潇洒的年轻人名叫约翰·科克蒂。此人与俄国芭蕾舞团有过密切的合作关系。早在 1912 年由他设计的第一个芭蕾舞剧《蓝色的上帝》,就由俄国芭蕾舞团在巴黎及伦敦公演过。几个月来,科克蒂一直在为俄国芭蕾舞团设计第二个剧目。他请作曲家伊利克·萨蒂为芭蕾舞剧谱曲。当 1917 年春天剧本准备就绪时,他请毕加索设计服装和背景,并且向毕加索介绍了法国作曲家伊利克·萨蒂。于是毕加索开始投入紧张的服装和布景设计工作。1917 年 2 月 16 日,毕加索带着科克蒂来到杰特鲁·斯坦家拜访并宣布第二天就要去罗马参加演出设计。

毕加索和科克蒂到了意大利之后,找到了芭蕾舞团领导人达希列夫和舞蹈设计人马西奈。他了解到,原剧名为《展览》,里边安排了 4 个角色:一个中国杂技演员、两个艺人、一个女孩。毕加索建议再加上 3 个角色:两个剧团经理——一个法国人和一个美国人,还有一匹马。两个经理要由身材高大的人来扮演,在他们高大体形的衬托下其他演员简直就像侏儒一样;他设计的服装、布景、道具都带有立体主义的色彩。

在毕加索这一段的生活中,充满了浪漫主义的绯红色彩。在达希列夫芭蕾舞团中有 60 位舞蹈演员,其中有一位端庄秀丽的女演员,使毕加索为之倾倒。此女名叫奥尔加·科克洛娃,年方 25 岁。奥尔加使他忘掉了伊娃、嘉比以及许多与他只有一夜之交的女性。她是俄国陆军上校的女儿,从小喜欢芭蕾舞。她在 21 岁时进入达希列夫芭蕾舞团,曾经演过《贤良淑女》。

对于生活放荡不羁的毕加索来说,他已尝试过妓女、女模特、女画家、娇媚的情人和肤色黧黑的姑娘的滋味。奥尔加的平易近人对他具有极大的吸引力,这位具有异国情调的俄国女芭蕾舞演员给他一种神秘的感觉。毕加索本人对俄国的一切都感到好奇。1917年春天俄国发生的革命,沙皇的被推翻等等,都使毕加索备感兴趣。

对于奥尔加来说,毕加索那双炯炯有神的黑色大眼睛,一头黑色的头发,一双灵巧的双手,极富魅力,甚至使她着了迷。但是,奥尔加对绘画毫无兴趣,对于放荡不羁的生活方式也很反感,她是位极具自我克制能力的女性,不会被那种动物般的吸引力弄得神魂颠倒。

当时毕加索和达希列夫等人住在"俄罗斯"宾馆,而60名舞蹈演员住在"明诺娃"旅馆。为了拜访奥尔加,毕加索每天都要往返于两个旅馆之间。科克蒂也爱上了俄国芭蕾舞团的另一名演员。

俄国作曲家斯塔文斯基3月份也来到了达希列夫芭蕾舞团。从此他与毕加索成为一对要好的朋友。在为意大利红十字会举行的一次晚会上,达希列夫指挥乐队演奏了斯塔文斯基创作的《伏尔加船夫曲》《火鸟》和《烟花》。

1917年3月中旬,达希列夫的芭蕾舞团离开罗马前往那不勒斯演出,毕加索和斯塔文斯基一同前往,这期间他们的友谊也在发展。4月30日,毕加索和斯塔文斯基跟着舞蹈团来到了巴黎。巴黎的春天是美丽的,毕加索和奥尔加的热恋也像春天的兰花一样,散发着醉人的芬芳。这两个月他被卷入爱情的漩涡里,他感到无比的开心快活,他过去对女性有过炽热的性爱,也曾有过许多次与女性的一夜之欢,但是事过境迁之后,他把她们的名字和面孔几乎都忘记。不过,奥尔加却是一位纯洁的少女,她没有与男人的性生活体验,可是她作为一位女性,本能地懂得应给予对方一些甜蜜,而又不伤女性节操。她的愿望是想成为毕加索的妻子,而不是与他非法同居。毕加索当时已经36岁,但是他曾成功地逃避了婚姻的纠缠,这一次,他当然也同样想主宰自己的命运。

1917年5月18日,由毕加索设计服装和布景的舞剧《游行》在巴黎首次公演了。可是,这出戏却遭到了法国观众的咒骂,他们根本不理解这种在情节上简单而在服装、舞蹈等方面又体现立体主义艺术特色的舞剧。巴黎演出之后,达希列夫芭蕾舞团前往西班牙首都马德里,尔后又去了巴塞罗那。毕加索也与剧团一起同行。

毕加索回到家乡,受到老朋友们的热情欢迎。他已经有五年没回家乡了,他的父亲已经过世了,母亲住在刚结婚不久的妹妹家里。这次回来后,他住在港口附近的一家旅馆里。

这期间,毕加索画了许多肖像画,大都是为奥尔加画的。奥尔加要求毕加索用自然主义的风格为她作画,她希望自己能从为她画的肖像画中认出自己来。根据她的要求,毕加索还为她画了一幅戴披肩的肖像,在这幅画中,奥尔加露出了勉强的微笑,并且体现出她性格中的坚定刚强和富有占有欲的神色。在《戴披肩的奥尔加》及此时在巴塞罗那创作的《狂牛顶伤马》的那幅作品中,都透露出一种疑虑和忧郁感。

这时的毕加索一改以前的心态,他娶奥尔加为妻的念头越来越坚定。毕加索的母亲对奥尔加的到来表示欢迎,并且亲自去观看她的演出,但是她深知:任何女人和她儿子结婚都不会幸福,因为他是个只为自己而不管别人的人。

达希列夫芭蕾舞团即将赴拉丁美洲去演出了。奥尔加面临着两种选择:去南美洲或去巴黎。去南美洲,意味着她继续漂泊不定地生活,而且不能结婚,去巴黎,则意味着与毕加索结婚,过着富有而稳定的生活。她选择了后者,因此,她和毕加索搭上了驶往巴黎的列车。

同年 11 月,毕加索和奥尔加回到了巴黎,住在蒙特鲁日的住宅里。他们两人一起生活并不轻松,他们之间的交流也很困难,他们只能用带有一点儿俄国腔的西班牙式的法语交流。但是毕加索已为她定做了一橱柜的衣服,并让他的朋友为他们在巴黎寻找一套更宽敞的豪华住宅。

毕加索很理解奥尔加的思乡之情,于是在圣诞节前夕画了一幅雪景画,送给自己的未婚妻,作为圣诞节的礼物。这幅画十分生动地描绘出一个北方城市郊区的乡村风光,大地上覆盖着厚厚的积雪,天上闪烁着点点星光。

出身于贵族家庭的奥尔加,无法容忍再住在蒙特鲁日的小住宅里。他们新居的装修工作又拖得很久。所以春天一到,他们就搬到当时豪华的鲁特蒂娅宾馆里。

1918 年 7 月 12 日,毕加索和奥尔加在巴黎的达鲁大街上的俄国教堂举行了隆重的结婚典礼。参加这次婚礼的有阿波利纳尔、迈克斯·雅各布、科克蒂、马蒂斯、达希列夫、马辛、保罗·罗森伯格等朋友。

这对新婚夫妇在婚礼之后就前往距离西班牙20公里的比亚里茨去度蜜月。他们住在爱拉苏里夫人的一栋漂亮的别墅里,这里远离战火,毕加索在这里生活得十分快活。他在这里创作了不少作品,其中的一幅画的是沙滩上面的一群年轻女人,其中的一些女人只穿着泳装——使用的都是线条——体现出一种单纯的线形美。

比亚里茨风景秀丽,气候宜人。大西洋的潮汐每天涨落两次,把沙滩冲洗得洁净细腻。毕加索与奥尔加在这里生活得很愉快。毕加索为爱拉苏里夫人的不少朋友画了肖像。

毕加索从这里写给他的朋友阿波利纳尔的一封信中说:"我用你的诗篇装饰了我的房间。我在这里算不上不愉快,正如我告诉你的那样,我仍在搞创作。不过,请你给我多写几封信,再对你的妻子说几句最动听的话。献上我最纯真的友谊。"

阿波利纳尔从巴黎给他回信说:"听到你用那种特殊方式来装饰别墅的墙壁,我很高兴。我为自己的诗句也能上墙深感自豪。我现在创作的诗篇会更加密切地与你目前关切的事物相联系。我正想更新诗歌的韵律。"

阿波利纳尔的头部在战争中受过伤,他的身体十分虚弱。此时的阿波利纳尔已经病入膏肓。在欧洲大陆盛行的西班牙流行感冒把他击倒了。1918年11月16日这位年轻的诗人与世长辞了。

他的一位朋友打来电话,通知他阿波利纳尔死亡的消息。当时毕加索正在鲁特蒂娅宾馆的卫生间里刮脸。他从镜子里看到自己的表情时感到十分惊愕,于是他本能地迅速为自己画了一张肖像。画上那种不加掩饰的怪异神态凝视着他。这幅画简直就是死亡的象征。这幅自画像表达了两层意思:第一,他的一位好友去世了,为此他痛苦不堪;第二,他对死亡十分恐惧。从此之后,毕加索放弃了画逼真的自画像的习惯。

阿波利纳尔的去世,是毕加索人生中亲人突然消逝的又一次经历。他的小妹、卡萨吉马、伊娃和阿波利纳尔相继离开了他。亲人的每一次死亡都使他心碎。

1918年11月18日,停战协议公布了,战争结束了。巴黎的街头彩旗招展,人们正在庆祝胜利,可是一大批敬佩阿波利纳尔的英勇果敢的朋友却沉浸在哀伤的气氛里。

上流社会的才子

第一次世界大战结束后,毕加索开始混迹于巴黎菩提大街的绘画商人和艺术馆之间。毕加索与奥尔加迁居到菩提大街新住宅后,曾经为奥尔加画了一张素描画。在这幅画里,奥尔加躺坐在一尘不染的会客室里,萨蒂、科克蒂和英国评论家克利夫·贝尔分别坐在椅子上,房间显得舒适而整洁,卧室里放着两张铜床,给人以豪华之感。奥尔加严格的管理约束了毕加索,迫使他的工作局限在一个房间里。于是毕加索只好在楼上又租了一套房子,作为他的画室和仓库,他的画室里很快就堆放起大量草图、画稿、黑人面具、各种书报等杂物。这些东西有的靠在墙上,有的放在地上。满地的烟蒂、灰尘和画迹,画室显得杂乱无章。这个房间的大门是关闭的,就连奥尔加和女佣人也不能随便进入。

1919年春天,达希列夫的芭蕾舞团正在为夏季演出《三角帽》做准备。这部舞剧的脚本出于马提尼兹·西拉的手笔。马缪尔·法拉为这舞剧谱写了乐曲,毕加索承担了布景和服装设计的任务。

夏初时节,毕加索携奥尔加前往英国首都伦敦参加《三角帽》的彩排。19年前他离开家乡巴塞罗那时,他还是一个穷困寒酸的小青年,访问伦敦只是他的一个美好的梦想。如今,梦想已变成了现实。这一次他来到伦敦的时候,他已不再是忍饥挨饿的艺术家,而是备受人们尊敬的高贵的嘉宾。他和奥尔加住在高级宾馆的豪华套房里,频频参加时髦的聚会,他定做大量华贵的服装,马甲口袋里装着金壳怀表,西装革履,穿戴入时,一展花花公子的气派,他在各种聚会和宴会中简直成为人们注目的焦点。

　　1919 年 7 月 22 日,《三角帽》在阿尔哈布剧场举行首次公演。毕加索工作十分投入,在开演前几分钟他还在布景和演员的服装上增添最后的几笔。这出舞剧在服装、布景、舞蹈和音乐等各方面都获得了巨大的成功,受到观众的热烈欢迎。毕加索身穿晚礼服,腰系宽腰带,向观众频频点头致意,绅士般的优雅表情蕴含异国的风韵,他显示出傲视一切的自信,俨然是位天才的艺术家。在众多赞美他的评论家的眼里,在众多抢购他作品的画商眼里,他简直是一个奇才,他们之所以赞美和购买他的作品,是因为那些作品出自奇才的手。从此之后,就不再是人以画而出名,而是画以人而出名。

　　在回到巴黎的最初一段时间里,毕加索除了创作一些立体主义的静物写生画外,他把主要精力都投入到新古典主义艺术的创作之中。

　　在 1919 年的盛夏时节,他前往科特达祖尔度假,回来时他带回来大批画稿。保罗·罗森伯格为他举办了一次大型的个人画展。这次画展获得了很大的成功,不仅他的许多作品被买走,而且使观众看到了毕加索绘画艺术的不同面貌。画展给人们留下了惊奇而深刻的印象。人们已经清楚地看到毕加索的才华:他那只创作过难以理解的立体主义作品的手,也可以创作出令人陶醉的容易看懂的美妙图画。

　　1919 年 12 月末,《三角帽》在巴黎大剧院的上演,更是赢得了一片赞扬声。尔后又在米希娅·舍特举办的大型晚会上演出过。当时阿瑟·鲁宾斯坦演奏了作曲家马缪尔·法拉的乐曲。毕加索一时心血来潮,拿起米希娅的眉笔,在法拉的秃头上画了一顶桂冠。来宾们对此举惊叹不已。

　　1920 年 2 月,毕加索从前的经纪人卡恩威勒回到了巴黎,他以他的合作者安德莱·西蒙的名义开设了一个艺术馆。可是毕加索对他的艺术馆并不热心,他仍然与保罗·罗森伯格继续合作,因为毕加索这样做对自己有利,他可以向保罗·罗森伯格索取更高的价钱。卡恩威勒对毕加索的做法很不满意。

　　在科克蒂的引见下,毕加索夫妇进入了巴黎灯红酒绿的上流社会之中,并且很快被列入浮华社交界的贵宾之列,其中就有波莉娜公主。在这位公主富丽华贵的沙龙里,云集着众多的才子佳人、富豪名流。伊蒂恩·比蒙伯爵是一位仪表堂堂的风雅之士,是他开创了战后舞风的先河,前不久,他才与翻译家艾蒂丝·泰森结婚。毕加索和奥尔加应比蒙夫妇的邀请,经常参加他们举办的舞会。

　　在上层社会的沙龙中,毕加索十分欣赏米希娅·舍特。在他们之间存在着一种心照不宣的密切关系。米希娅与约瑟·马利亚·舍特同居 12 年后才和他结婚。她在结识毕加索之后,承认她丈夫不是一个有才华的画家。在这种上流社会中,相互挖苦、讽刺中伤、造谣诬蔑已成为一种时尚。在这种冷嘲热讽、阿谀奉承之中,毕加索总是妙语横生,应对自如。尽管他也经常参加舞会和各种聚会,但是他只是应酬而已,并没花费太多的精力。他具有很强的自制能力,他总是强制自己集中精力进行创作。奥尔加则与他不同。她热衷于社交活动,为此投入的精力绝不亚于芭蕾舞的训练。她常常为参加舞会而选购衣帽,举办家庭宴会答谢朋友们的盛情。除此之外,她还要坚持每天锻炼身体,以保持体态的苗条。毕加索的许多朋友都被她拒之门外,她所接待的都是富豪和名流。

1920 年年初,毕加索与达希列夫开始第三次合作。毕加索担任芭蕾舞剧《普辛尼拉》的舞台布景设计,舞剧的乐曲是由斯塔文斯基谱写的。达希列夫对舞台设计和音乐不是很满意,但是这出剧在巴黎大剧院的首场演出还是获得巨大的成功。《普辛尼拉》是毕加索与达希列夫合作的几部芭蕾舞剧中令他最满意的一部作品。

《普辛尼拉》首场演出之后,举行了一个盛大而隆重的晚会。晚会的地点选在巴黎郊外罗宾逊村的一个小城堡里。晚会由波斯王子菲罗茨主持。参加这次晚会的有:比蒙伯爵夫妇、舍特夫妇、科克蒂和他的小情人,还有尤吉娜·莫拉特公主、简·雨果及其夫人凡伦汀·格罗丝,当然还有毕加索夫妇、达希列夫、马辛、斯塔文斯基。毕加索的魅力和俏皮话,也像他的绘画一样,常常令他的朋友叹为观止。

不久,毕加索携夫人离开巴黎,前往宁静的朱安莱潘小住。奥尔加怀孕了。数年来她一直保持着苗条的身材,可是现在她那怀孕之身已经显得臃肿不堪,为此她深感不安。

1921 年 2 月 4 日,毕加索的儿子出世了,夫妻俩给儿子取名叫保罗。在毕加索的眼里,保罗简直是个小天使,他长得十分迷人。毕加索望着自己的儿子,满心欢喜,把一切烦恼都置于脑后,连续画了许多幅素描,不断地画自己的儿子。此时的奥尔加几乎把自己的全部精力投在小保罗的身上。

5 月 22 日,达希列夫指导的芭蕾舞剧《古阿德罗费拉门科》开始公演了。

本来,达希列夫已经委托瑞安·格利斯为该剧设计布景和服装,可是 4 月份格利斯到达剧团时,却发现毕加索揽走了这项工作。原来是毕加索采取了不光彩的手段,夺走了为该剧设计布景和服装的任务。他到处散布说,格利斯已经身患重病,不能承担这项工作。他把《普辛尼拉》的舞台布景设计加以改造,作为新剧的布景草图拿给达希列夫看。达希列夫竟然接受了他的方案。《古阿德罗费拉门科》的演出并没获得预期的效果,也没有给毕加索带来多少益处。他这样做的唯一动机是出于对瑞安·格利斯的忌妒。看到格利斯带着惆怅和难言的悲哀离开剧团所在地时,毕加索感到很开心。

1921 年毕加索已经是西欧显赫的艺术家了。此时他已经名利双丰收。这一年他的收入已达到 150 万法郎。

1921 年夏天是毕加索创作的丰收季节。正是在这个时期他创作出了惊世之作。有两幅画都叫作《戴面具的三乐师》,都是画着三个乐师戴着面具,他们在一张长桌后面坐成一排,其中的一幅色彩比较暗,画面上一个乐师犹如小丑,在吹奏管乐器,另一个弹奏吉他,第三个是僧人模样,手里拿着乐谱,桌子下面趴着一条狗。第二幅画中的两个小丑交换了位置,原来弹吉他的那一个现在拉小提琴,僧人则拉奏手风琴,桌子下面的小狗不见了。毕加索用严谨的立体主义综合技巧描绘了三个乐师,在此之前他还从没用过这种手法。其中的一幅现藏在纽约现代美术馆,堪称毕加索的最富有代表性的成功之作。摩里斯·雷纳尔在评论这幅画时写道:"《三乐师》颇像一个富丽堂皇的橱窗,陈列着立体派的革新和发现,它是智慧和诗意相结合的杰作。毕加索用这幅画总结了他所描绘的许多意大利喜剧中的人物,他曾用愈来愈抽象的形式处理这些人物,而在这里达到极限。"

1921年9月14日,毕加索还画了一幅粉笔画,其用意是表现自己那双富有创造性的手。那是一双瘦骨嶙峋而看上去却十分有力的手,这双手足以担负起画家的重任:去发掘和创造。

1922年6月,毕加索和奥尔加带着小保罗前往游览胜地迪纳尔去度假,那里有沙滩、有晴朗的碧空,是一个迷人的好地方。那里还有两个俱乐部和一个大旅馆,周围有许多棕榈树。旅馆的环境舒适,每天晚上有舞会。毕加索在这里画了一些风景画和一些女人及孩子的画像,其中有一幅是描绘母性温柔的作品,温和的粉红色和灰色透露出"玫瑰时期"创作的神韵。

奥尔加突然病倒了。毕加索只好中断在迪纳尔的休假。他们急匆匆赶回巴黎。经医生调治,奥尔加才好起来。

科克蒂根据福克利斯的原著改编成芭蕾舞剧《昂蒂贡》。他请毕加索为该剧设计布景,毕加索欣然同意了,因为此剧揭露了成年人浮华世界的腐朽,并且是以对抗官场为主题的。这很符合毕加索的叛逆性格。科克蒂请保罗·霍尼格为此剧作曲,请柯科·查诺尔负责服装设计。

1922年12月20日,《昂蒂贡》的首演式在蒙马特查尔斯·都灵的一家剧院举行,演出十分成功,台下的观众热情赞扬这出剧的艺术创作。毕加索以娴熟的绘画技巧用了两天的时间,就创作出一幅令观众惊叹的舞台布景:这幅布景使整个舞台变成了一个大山洞,紫蓝色的基调透露出一种神秘感,近台形成了三个支柱,粉红色的山崖造成逼真的大理石效果。服装设计师柯科·查诺尔,也因该剧的演出成功而大出风头,她是米希娅·舍特的好朋友,她是在一次晚会上第一次结识毕加索的,当时她立即被毕加索迷住了。查诺尔的名字从此成为巴黎女子服装店时髦的象征,她那套装饰豪华的公寓对毕加索昼夜开放,她甚至还为他单独准备了一个房间。毕加索随时都可以来住。毕加索对于这位来自穷苦山村的才女也十分敬佩。查诺尔很快成为富姐,她的名字在巴黎已经家喻户晓。

《昂蒂贡》的成功,使毕加索的名望更加提高了。长篇专题采访录刊载在纽约的《艺术》杂志上。

1923年夏天,毕加索和奥尔加带着保罗去昂蒂布休假。他的母亲第一次来到他的身边,老人见到小孙子,十分高兴。不久,杰特鲁·斯坦和艾利斯·托克勒斯也来拜访毕加索,这里顿时又热闹起来。他们聚在一起,看着小保罗在沙滩上做泥饼,谈论着毕加索的天赋和创作。

毕加索在这里为母亲和妻子画了不少肖像画。他画的这些亲人们的肖像画,简直风姿绰约,楚楚动人,甚至远远地超过她们本人的相貌。

毕加索全力投入他的最后一部芭蕾舞剧《贼神》的舞台设计。萨蒂承担为《贼神》的作曲任务,被达希列夫解聘的马辛担任舞蹈设计。1924年6月14日,《贼神》的首演式开幕。呈现在观众面前的是一个全新的奇妙的布景,许多自由的画面由铁丝牵动着,整个舞台形成了一个神奇的富有动感的世界,毕加索的这种创造性的布景设计又一次使观众惊叹不已。《贼神》的舞台设计是毕加索告别芭蕾舞的最后之作,他与芭蕾舞的浪漫合作已经结束,但是他对芭蕾舞并没有失去兴趣,他和奥尔加时常去观看芭蕾舞演出。虚荣心很强的奥尔加更想借此向自己的同伴们炫耀自己的富贵,她不仅拥有漂亮的洋房、华贵的服饰,而且还买了一辆汽车,这在当时是富贵人家的象征。

生活在荣华富贵中的毕加索,又回到真实而孤独的自我创作天地之中。奥尔加与他的这种生活格格不入。她不仅对他的过去耿耿于怀,挖空心思地消除他生活中其他女性的痕迹,而且简直有点气急败坏。她甚至私拆毕加索的信件,毁掉阿波利纳尔和迈克斯·雅各布的来信,因为这些信中提到了费南蒂。有一次,杰特鲁·斯坦在她的家里给大家朗读她写的"洗衣舫"回忆录,当读到关于费南蒂时,奥尔加竟然大发雷霆,拂袖而去。

这时,毕加索和奥尔加之间出现了裂痕,他们的婚姻开始走下坡路。奥尔加的权力欲已发展成为占有丈夫的强烈欲望,她要求毕加索给予她更多的关心和爱护,可是她得到的却越来越少了,因此,她愤懑,她怒不可遏,她的这种粗暴和蛮横,深深地刺伤了毕加索的心。

这时,毕加索得知他的朋友拉蒙·皮切死了。他心里十分悲伤。这时,一种愤懑正在他心里形成:由对生活的不满和对奥尔加的不满引发他对所有女人的不满。他恨吉玛妮,卡萨吉马是因为她而自杀的,皮切也是被她毁了,因为她是皮切的妻子;他恨奥尔加,因为她太专横;他恨过去纠缠过他的所有女人。这种愤懑最终造成了一幅画作的问世。1925年春,毕加索完成《三个舞蹈家》的创作,这是他对人体进行残酷分解的开始。他曾对他的朋友说:"《三个舞蹈家》其实应该叫作《皮切之死》。"

1926年,毕加索创作了一幅大型拼贴画《吉他》,其主要材料是被钉子刺透的一块抹布,许多钉子尖儿凶狠地从画面上戳露出来。这幅画是毕加索内心狂怒的表现,他的狂怒既来自社会,也来自家庭,他的家庭正孕育着一场风暴。

玛丽·蒂蕾丝

1927年1月是巴黎最寒冷的季节,毕加索的心情犹如这阴云布满的天气一样,郁郁寡欢，闷闷不乐，他不愿意走进令他烦恼的家庭，于是就在大街上慢悠悠地踱着。突然，从地铁的出口处走过来一位亭亭玉立的少女，这位金发碧眼的少女名叫玛丽·蒂蕾丝，她在毕加索的眼里显得十分娇媚动人。毕加索立即走向前去，猛地抓住对方的手，自我介绍说："我是毕加索，你将和我一道创造伟大的奇迹。"蒂蕾丝虽然感到唐突，但她无法抗拒毕加索的诱惑。第三天，他们又在原来相遇的地铁站会面了，毕加索向这位少女作了自我介绍，并直言告诉她，自己已经结了婚，蒂蕾丝对此并不太在意，他们一起看了一场电影。蒂蕾丝1909年7月13日生于法国南部的皮鲁斯。她的母亲是瑞典人，对古典文学有很深的造诣，还喜欢弹奏钢琴古曲。她父亲是一位画家，但是在她的出生证上写着：父亲不详。蒂蕾丝喜欢游泳、骑车、体操，全身洋溢着青春活力和矫健之美，蒂蕾丝所具有的那种天真迷人的性感美，使毕加索着了迷。1927年7月13日，是蒂蕾丝的18岁生日，也是他们两个人恋爱史上一个重要的日子，这一天他们开始同床了，从此之后，毕加索与蒂蕾丝开始了秘密的性生活。这年的7月中间，在迪纳尔山脚下的海滨举办了一次少年夏令营活动，玛丽·蒂蕾丝以此为掩护先期到达那里，毕加索和奥尔加带着小保罗及他的英国保姆也来到这里。这种安排使毕加索十分得意，在这里，毕加索可以欣赏青春健美的情妇在海里游泳、在沙滩上戏耍，然后他们钻到一个小木屋里，尽情地享受性爱的欢乐。这个时期的毕加索简直无法无天了。当时蒂蕾丝尚未达到法定的婚龄，按当时法国的刑法，"引诱少女"是要被判处重罪的。可是毕加索公然蔑视法律，对抗传统的道德。

1928年元月，毕加索创作了一幅拼贴画，画面上是一个奇特的人身牛头怪物——米诺陶。它是古代神话中的一个吃人怪兽，它生活在地下迷宫里，双目失明，两只手在黑暗中摸索，鼻子伸向天空。它正夹着生殖器拼命地逃窜，巨大的头和腿混为一体。这一形象反映出毕加索当时的心绪：回避奥尔加的蛮横，排解心中的痛苦，企图在与玛丽·蒂蕾丝的疯狂性关系中求得解脱。

他创作的素描《玛丽·马格达琳》表现了女性的极端痛苦和疯狂：她赤身裸体，在绝望中抽搐，头和双臂几乎联为一体，她的鼻眼就像是置于阴部的男性生殖器，整个画面构成疯狂、性感的混合体。

1930年2月，毕加索创作了一幅轰动画坛的作品——《耶稣受难像》，画中的所有人物——基督、盗贼、兵士等都被扭曲了。画面上见不到同情和怜悯，就连圣母玛利亚的面上都显露着残忍和愤怒。

就在这个时期，毕加索在诺曼底附近租到了一座16世纪的小城堡，里面有一座哥特式的小教堂，后面是一大片郁郁苍苍的树林。在主要建筑物的对面，是一个长形大马厩，毕加索把它作为雕塑室，铜版画印刷机就安装在这里。

这个远离巴黎的小城堡为他的创作提供了一个安静的场所，还可以名正言顺地逃避奥尔加，也为玛丽·蒂蕾丝提供了隐蔽场所。到了秋天，毕加索竟然让蒂蕾丝住进了菩提大街44号的一套公寓，这里与他和奥尔加的住所只隔着一条马路。

他这样做,不仅为了节省时间,而且显示他无所不能,尽管奥尔加忌妒成癖,他仍然可以在她的鼻子底下金屋藏娇而不露风声。

1930年10月25日是毕加索49岁生日。这一天他完成了一幅蚀刻画《丘比特与希米尔之恋》。古代神话传说中的民女希米尔爱上了丘比特,请求他显示出全部光辉和威力,当丘比特这样做时,他的神火把她烧成了灰烬。显然,在这里毕加索把自己比作丘比特,蒂蕾丝就是希米尔。对于玛丽·蒂蕾丝来说,毕加索就是丘比特,也是古代印度神话传说中的牧女罗陀眼里的黑天,蒂蕾丝对毕加索一往情深,百依百顺。

毕加索名画《耶稣受难像》

1932年是毕加索最繁忙的一年,他要为夏天的"毕加索绘画作品回顾展"做准备。6月15日至7月30日展览在巴黎的小乔治艺术馆举行,9月又要在瑞士的苏黎世艺术馆举行。两次展览都引起了很大震动。

1933年夏,正当西班牙内战愈演愈烈的时候,毕加索携家人前往巴塞罗那,他一家人的故乡之行自然引起了不小的反响,当地报纸对此进行了报道。当他回到巴黎时,离开他22年之久的费南蒂在他的平静生活中掀起了波澜。费南蒂写的回忆录《毕加索和他的朋友们》的节选连载在《晚报》和《商神》两家报纸上。毕加索私生活的帷幔被稍稍撩开了一道缝,这使读者对这位名人的性格有了更深一步的了解。毕加索感到自己受到了打击,他非常气恼,有一次,他简直失去了理智,竟然向奥尔加发泄,他抓住她的头发在地上拖拉。1934年7月,他的愤怒达到了极点,一系列斗牛场面的作品抒发了他的心情,在他的笔下,奥尔加成为马的形象,成为他发泄愤懑的对象:在画面上一头受伤的公牛正吞食着从马腹中掏出的内脏,作为受伤斗牛士形象出现的玛丽·蒂蕾丝正骑在五脏流出的马背上。

8月末,毕加索又携带家眷前往西班牙,这一次故乡之行自然又赢得了一片赞扬声。在家乡他可以掩饰自己的苦恼和恐惧,但他无法从内心里将其抹去。回到巴黎后,他创作了一幅极富感染力的蚀刻画——《失明的米诺陶》。失明的米诺陶在海滩上挣扎着寻找道路,一个手捧鸽子的小女孩在向他指点迷津。小女孩的相貌看上去,很像玛丽·蒂蕾丝。

这时玛丽·蒂蕾丝已经怀孕了,毕加索开始考虑如何摆脱奥尔加了,于是他提出了离婚上诉。

奥尔加的律师说服法院暂时查封了毕加索那间位于菩提大街上的画室,这样,他就无法在结案之前再接触自己的作品。1935年7月,奥尔加带着小保罗离开了这个家,毕加索在菩提大街的家里第一次孤身一人度过了1935年的夏天。怀孕6个月的蒂蕾丝和母亲住在巴黎郊外的公寓里,毕加索向她许诺,在孩子出生前后他们就可以结婚了。9月5日,玛丽·蒂蕾丝生了一个女孩,毕加索为她取名为玛丽娅·孔塞茜昂,家里都叫她玛娅,可是在女儿的出生证上却写着父亲不详。小女儿的出世,令毕加索感到宽慰和满足,他有时会去为女儿洗那些肮脏的尿布,他这样做,一方面是为了补偿自己不经常在女儿身边之过,另一方面也是为了排遣心中的烦恼和孤寂。

这个时期,毕加索的创作与超现实主义的潮流越来越接近,他与超现实主义的诗人米歇尔·雷利及其妻子与保罗·艾吕雅夫妇来往频繁。1936年1月,毕加索作品回顾展在巴塞罗那举行,年轻诗人艾吕雅专门赶来参加开幕式,并且在电台上发表了讲话。此后这个展览又在西班牙的其他两个城市展出。无疑,这次展览又一次提高了毕加索在他祖国的声誉。

1936年3月25日,毕加索与玛丽·蒂蕾丝带着他们的女儿秘密地前往朱安莱藩小住,他想逃避眼前的烦恼,好好休息一下。这里的环境给人以清新、宁静的感觉,没有菩提大街那样的烦躁纷乱,每天晚上有10个小时的睡眠,白天到海港观赏渔舟,沐浴阳光。玛丽·蒂蕾丝在这里的主要活动是游泳,给女儿喂奶。

玛丽·蒂蕾丝是毕加索生活中唯一的一个愚昧卑微的女子,她从18岁起就被卷入性欲享乐的狂涛之中,除了性生活之外,她没有使毕加索感兴趣的地方。随着他对玛丽·蒂蕾丝的厌烦,在他画笔下的米诺陶开始由顽皮转为暴怒了,在5月4日他创作的一幅素描中,蒂蕾丝那赤裸裸的身体由两个裸体女人抬着走,其中一个女人长着朵拉·玛尔一样的黑色卷发。

这位朵拉·玛尔是毕加索在杜克·马果酒吧新结识的一位年轻优雅的女士,她的父亲是一位南斯拉夫建筑师,母亲是法国人,她当时是个职业摄影师。在毕加索的眼里,她是一位既聪明又长得十分好看的女人:淡蓝色的眼睛,一头黑亮的卷发,椭圆形的脸蛋,高高的颧骨,给人以高雅秀美之感,毕加索为她的美色和聪慧所倾倒。

1936年夏天,西班牙内战爆发了。毕加索坚定地站在共和政府的一边。西班牙共和政府任命他为普拉多博物馆的名誉主席。不过,当时半个西班牙已落入佛朗哥的手中。

8月初,毕加索独自一人乘坐他的轿车前往离坎城几英里的一个小山村莫京。这次毕加索选定的这个村子,是艾吕雅推荐的,艾吕雅和妻子娜什以及朵拉·玛尔早已在那里等候了,朵拉·玛尔出于谨慎考虑,还是住在一位朋友的家里等待邀请。

到达莫京几天之后,毕加索与艾吕雅夫妇等朋友一起前往朵拉的居住地,表面上,他们是去朵拉的女友家吃饭,而实际上是邀请朵拉去他的住地。他们吃过午饭后,毕加索与朵拉留在海滩上散步。朵拉在这里跨越了自己生活中的一道鸿沟,变成毕加索的公开情妇。

在这里,毕加索喜获新的情人,真是春风得意,每天去海滩散步,在葡萄架下和一天中午,毕加索乘坐自己的轿车从县纳回来时,与迎面开来的车子相撞,幸亏,他伤得不太严重,没有伤着骨头。他刚一康复,便又和朵拉、艾吕雅夫妇一起乘车到附近各个村庄去漫游。在一个村庄里,他看到了古老的制陶工艺。从而他萌发了探索制陶艺术的念头。

毕加索回到巴黎后,他与奥尔加关于财产分配的纠纷从法律上已经有了结果:那座曾经是玛丽·蒂蕾丝独占领地的古城堡,判归了奥尔加,菩提大街上的那套住宅判给了毕加索。

毕加索把自己的愤懑都发泄到多年来作为管家和朋友的萨巴泰身上,指责他干预法律诉讼,说他帮助奥尔加,并嘲笑他无能。萨巴泰忍无可忍,开始反抗了,毕加索于是翻了脸,把萨巴泰赶出了这个家。

来自莫京村的两个美丽的姐妹,接替了萨巴泰的管家差事。姐姐也叫萨巴泰,负责做饭;妹妹名叫英妮,做侍女。从此后,英妮作为女友和管家成为毕加索生活中的固定成员。这姐妹俩是毕加索在莫京村休假时认识的。她们俩是被毕加索和朵拉带回巴黎的。

毕加索在距凡尔赛10英里的一个村子里租了一个带花园和谷仓的老式宅院,他把玛丽·蒂蕾丝和女儿安顿在那里,每周去看望她们母女两到三次。其余时间,他都和朵拉生活在一起,朵拉在各方面都胜过玛丽·蒂蕾丝一筹。毕加索更羡慕她的勇气、才智和独立精神。

随着毕加索与朵拉关系的日益加深,他在写给玛丽·蒂蕾丝的信中就更加不断地表达对她炽热的感情。蒂蕾丝相信他的表白,并不是因为她愚昧,不了解另一个女人的存在,而是因为她已无路可走。她默默地接受了一个痛苦的现实:她虽然是毕加索的正式情妇,但是她不是,而且也不可能是他唯一的情妇。

战争期间

1936年年底,西班牙的战局进一步恶化了。在希特勒和墨索里尼的支援下,佛朗哥的军队紧紧地挤压民主共和政府的军队。

在这种形势下,毕加索于1937年年初愤慨地写一首讽刺佛朗哥的诗《佛朗哥的梦幻和诺言》,把他描写成一个令人恶心的脏乎乎的蛞蝓。同时诗文配有18幅蚀刻画来加以说明。诗画表现了反动派的疯狂和残暴。

1937年4月29日,佛朗哥雇用的德国法西斯的飞机轰炸格尔尼卡古城的消息传到了巴黎。格尔尼卡7000居民中有1600人丧生,古镇70%的建筑物被炸毁。毕加索得知这一消息后,义愤填膺,满腔怒火。法西斯的暴行激发了他创作的灵感,于是他用一个月的时间完成一幅大型油画《格尔尼卡》的创作。这幅巨型油画在巴黎世界博览会的西班牙馆展出前夕，毕加索在艾吕雅的帮助下发表了一个严正声明。他在声明中说："西班牙进行的是反动势力对抗人民和自由的斗争。作为艺术家，我将把毕生精力用于反抗反动势力和置艺术于死地的行径。现在居然有人认为我赞同反动和死亡……通过正在创作并将称之为《格尔尼卡》的油画和近期所有艺术品，我明确表示了对军事特权阶层的仇恨，是它使西班牙深陷死亡的苦海。"

《格尔尼卡》的展出引起了极大的反响，当时出的一期《艺术手册》，几乎全是评论这幅油画的文章，《格尔尼卡》的艺术感染力是不可估量的，这是他 40 年绘画艺术的顶峰。毕加索的这幅油画被评论家称之为毁灭的不朽，是被天才之灵秀夸大的恐怖的怒吼。

在他创作《格尔尼卡》的过程中，朵拉·玛尔一直陪伴在他身边，形影不离地为他拍工作照。实际上，这幅杰作不仅是他个人智慧的结晶，而且也是他与朵拉合作的产物，朵拉启发他着力渲染祖国的悲剧性，有时甚至亲自动手去画上几笔。有一天，他们正在格兰奥古斯丁大街的画室作画，被冷落的玛丽·蒂蕾丝突然闯进来并对朵拉大声说道："我和他已经有了孩子。在这里陪伴他的应当是我。你走吧！"

朵拉镇静地回答说："我有充分的理由待在这里。我虽然没给他生过孩子，但这又有什么关系呢？"

这时候蒂蕾丝对毕加索说："你决定吧，看我们谁应该走？"

他继续作画，对两位情人的争吵置若罔闻。后来他回忆说："这真是个难下决断的决定。她们两个人我都喜欢，但却出于不同的原因。我喜欢玛丽·蒂蕾丝，是因为她温柔可爱，叫她怎样她就怎样，我喜欢朵拉，则是因为她聪明。我对在她俩之间做出选择不感兴趣，她们的现状已令我满意，我要她们自己决定。于是，她们开始扭打在一起。这是我记忆中最精彩的片段之一。"此时的毕加索，在艺术上正踌躇满志地创造辉煌，但在生活中却放荡不羁地戏弄人。当他的两个情妇在他的画室里大打出手的时候，他却心安理得地继续创作以强烈的感染力谴责人类战争的油画。

在画完《格尔尼卡》之后，毕加索带着朵拉·玛尔再次前往莫京去会见艾吕雅和娜什夫妇。在那里毕加索仍然过着放荡的生活，在艾吕雅的怂恿和朵拉无可奈何的默许下，他继续与娜什私通。在他为朵拉画的一幅画上，只有卖花女，却不见买花的人，这幅画的寓意是显而易见的。

回到巴黎后，毕加索又投入创作。1937 年 10 月 26 日，他完成了《哭泣的女人》。这是一个女人的侧面像，眼睛很像朵拉·玛尔，她身着华贵的盛装，戴着一顶蓝红两色的帽子，上面装饰着一朵蓝色的小花，可是她的两眼流下痛苦的泪水。这幅故意扭曲他的情人朵拉的头像，竟成为 20 世纪的艺术杰作之一，这是他强加给朵拉头上的一种幻影。

1937 年 11 月 27 日，他独自前往瑞士。他对别人说，他是去度假，并顺便处理一件意外的事情,实际上,他是为了处理他 16 岁的儿子保罗抢劫一家珠宝店的事情。他通过各种手段和关系证明:他儿子患有精神病,于是保罗·毕加索被送进一家为富翁们开的医院。

1937 年 12 月中旬,毕加索致电美国艺术家代表大会。他在电报中声明:"值此我愿意再一次向各位表明,我一直相信,现在仍然相信,以高尚的精神从事创作和生活的艺术家,面临这场人类文明的最高成就遭到危险的斗争,不能也不应该无动于衷。"这是毕加索坚持正义,反对邪恶的政治宣言,他对于人类的不幸寄予了深切的同情。

1938 年 4 月的一天下午,毕加索在街上散步时遇见了离开他一年之久的萨巴泰。他热情地邀请萨巴泰到他家里去。可是萨巴泰被他驱逐的屈辱的创伤仍在隐隐作痛,因此就借口有事匆匆离去。6 月 30 日毕加索正式发信函,请萨巴泰来相聚,7 月 5 日萨巴泰重新回到了毕加索的身边。

夏天,毕加索又和朵拉及艾吕雅夫妇前往莫京去度假,几天后,玛丽·蒂蕾丝带着小女儿玛娅来到莫京;不久,奥尔加也赶来了。

1938 年 8 月,世界笼罩着法西斯恐怖的阴云。德国法西斯占领了捷克,佛朗哥准备把西班牙拱手相送。毕加索在旅馆里画了一幅风景画,画面是如此灰暗,显然,他想突出破坏与混乱的主题。8 月 21 日他完成一部惊世之作——《耶稣受难图》。在画面上可以看到,圣母玛利亚正在贪婪地喝着从儿子身体中流出来的鲜血,玛娅·马格达琳站在一旁,用手紧紧抓住耶稣的生殖器。这幅画强烈地表现出厌女癖的主题。

12 月 20 日早晨,萨巴泰就像每天一样早早地来到毕加索的画室。他看到毕加索已不能起床,坐骨神经痛使他无法坐起来。经过 3 个月的传统的治疗,按摩、热敷毫无效果。艺术品收藏商人皮尔·劳伯建议请他的叔叔克劳兹医生为他进行麻痹神经手术。当医生把一切都准备就绪时,毕加索心里十分恐惧。随后奇迹出现了:毕加索突然从床上爬起来,一只脚着地转了一圈,然后另一只脚也做了同样的动作,随后犹如马戏演员一样,鞠了一躬,说道:"现在不痛了,现在不痛了!"

12 月末,西班牙的内战将近结束。共和国军队的失败已成定局。1939 年 1 月26 日,巴塞罗那被佛朗哥军队攻陷,50 多万难民和败兵被迫逃入中立地区。1 月13 日,即巴塞罗那陷落前 13 天,毕加索的母亲去世了,享年 85 岁。他没有前去参加母亲的葬礼。

1939 年 7 月,毕加索来到位于地中海海滨的昂蒂布度假。早晨他下海游泳,下午工作,晚饭后和朵拉到海边散步,有时还登舟去垂钓。

此时的国际形势已经紧张。希特勒占领了捷克,下一步就会侵占波兰。人们担心,巴黎会遭敌人的轰炸,巴黎笼罩在战争的气氛之中。他回到巴黎后发现,他的许多法国朋友都已应征入伍,艾吕雅已经离开巴黎,加入了自己的部队。毕加索忧心忡忡,不知道该怎么办。在听到各种相互矛盾的传言后,他决定抛下这里的一切,离开巴黎。9月1日他带着朵拉和萨巴泰夫妇前往鲁瓦扬,蒂蕾丝当时正带着玛娅在那里度假。9月3日战争爆发了。正当法国全民动员准备迎战的时候,毕加索正在为他的画展忙碌着,11月份,纽约现代艺术博物馆要举办毕加索40年艺术成果回顾展,这期间,他两次返回巴黎,目的是办理暂住鲁瓦扬的特别许可证和购买画布。回到鲁瓦扬后,他继续来往于他的两位情人朵拉和蒂蕾丝之间。

战争爆发后,美国驻法国大使馆曾邀请他和马蒂斯前往美国,可是他们拒绝了。对毕加索来说,中断他在法国的生活,离开他钟爱的女人们是不可思议的。

1940年的巴黎弥漫着恐怖气氛。德国法西斯军队已占领了波兰,并且侵占了丹麦和挪威。4月,毕加索返回巴黎,把自己的作品及收藏品寄存在银行中。5月,当德国军队越过中立国荷兰、比利时和卢森堡,把英国军队赶往大海并迫使法国军队向南败退的时候,毕加索匆匆乘火车赶回了鲁瓦扬,只比难民早一步离开巴黎。6月,德军开进了鲁瓦扬。战争改变了他的生活场景,他回到德军占领下的巴黎,继续使用两处住宅。他最初住在菩提大街,每天回格兰奥格斯丁大街工作。没过多久,他就搬到格兰奥格斯丁大街的住宅。大战期间他一直在这里生活和工作。

1940年年底,玛丽·蒂蕾丝和玛娅也返回了巴黎。她们原先的住处被德军占领。毕加索把她们娘儿俩安排在亨利四世大街上的一个住所里。他只在星期六和星期天去看望蒂蕾丝和玛娅。

1941年1月14日,毕加索为自己画了一幅肖像:一个戴着老花镜的谢顶老人正在写作。他把这幅肖像作为他创作的剧本《尾巴捕获到的愿望》的卷首插图。这幅用钢笔画成的肖像画说明,毕加索已经意识到自己的衰老。

1942年法国的抵抗运动蓬勃发展,并且取得一些战斗的胜利。这期间,毕加索深居简出。这时英妮和她丈夫来到他的身边,他们被安排在格兰奥格斯丁大街宅院下面的一个单元里。英妮开朗、漂亮、能干,她的到来使毕加索的这个家变了样:这个家像个真正家的样子了。她不但会管家,会做饭,而且更知道毕加索的习惯和性格,从不去整理他堆放东西的画室。

从1943年5月开始,德国军队被赶出北部非洲,墨索里尼的军队面临着崩溃,盟军已深入意大利腹地。法国的抵抗运动迅速发展壮大。在巴黎秘密组织也十分活跃。

5月的一个晚上,毕加索带朵拉出席了法国著名演员阿兰·库尼举行的晚餐会。在这次宴会上,毕加索认识了一位年轻美丽的女画家费朗索娃。对他来说,费朗索娃是突然闯入他生活中的一位令他倾倒的奇美女性。费朗索娃经常来他画室欣赏他的作品。1944年2月,费朗索娃经过犹豫徘徊,最后终于走进了毕加索的生活,从此,22岁的她成为62岁的毕加索所钟爱的情人。

1944年8月,随着盟军的进攻,战斗逼近了巴黎。当时巴黎的全城一夜之间筑起了防御工事,成千上万的男女参加战斗。有一次,毕加索从窗户向外看了一下,一颗子弹从他的耳边呼啸而过。尽管外出是危险的,但是他还是坚持前往一公里远的玛丽·蒂蕾丝的住所去。每天在那里以画女儿玛娅的肖像来消愁解闷。

不久，巴黎解放了。毕加索也与巴黎市民一样，兴高采烈地欢庆胜利。

在德军占领期间，有许多地下抵抗运动的人员曾经在毕加索画室里聚会。因此，这位战时不屈服的艺术家的画室就成为反抗法西斯的象征。这时，他不仅是举世闻名的艺术大师，而且成为一个传奇式的人物，成了战胜敌人、赢得胜利的象征，成为欧洲人的骄傲，成为人们仰慕的一座丰碑。每天来向他表示敬意的人们挤满了他的接待室。他对来访者说："这不是一个允许富有创造性的人失败、畏缩和停止工作的时代。除了严肃认真、全心全意地工作，为生存而斗争，平静地与朋友交往及渴望自由外，我们没有别的事要做。"他的这番谈话立即被报道了。在世人的眼里，毕加索几乎和戴高乐将军一样，成为法国解放斗争中的伟大人物。

在战争年代，与毕加索同甘苦共患难的人们，在抵抗运动的斗争中表现出大无畏精神的人们，大多数是法国共产党人。共产党的力量在战争年代大大增强，共产党员的英勇果敢的战斗气概，忘我的牺牲精神，赢得了人们的尊敬。一批批新入党的人们相信，共产主义是一条使人们摆脱灾难的唯一的光明大道，法国共产党在群众中的威信很高。当时共产党领导的苏联又是一个与法西斯德国英勇作战的国家。因此，许多著名的知识分子、艺术家、诗人都加入了共产党的行列，如，诗人艾吕雅、路易斯·阿拉贡等都加入了共产党。

1944年10月5日，《人道报》发表了毕加索加入法国共产党的消息。10月24日《新大众》刊载了该报对毕加索的采访录，稍后又在《人道报》上转载。毕加索对记者说："加入共产党是我全部生活的合乎逻辑的结果。因为我可以很高兴地说，我从来认为，作画并不只是给人乐趣的艺术或一种消遣。素描和色彩是我的武器，我要用它们来不断地进一步洞察世界和人们的意识，以使这种洞察所得每天都可以更进一步解放我们……这些年来，可怕的压迫已向我证明，我不但要为我的艺术进行斗争，而且应以我的全部生命进行斗争。所以，我加入共产党，没有一丝一毫的犹豫，根本原因是我一开始便与它结下了不解之缘。阿拉贡、艾吕雅等我所有的朋友都知道这一切，而我以前没有正式加入共产党则完全是出于'单纯幼稚'；因为过去我常认为，有我工作和我心之所归的真实就足够了。不过，共产党现在已是我自己的党。难道共产党不尽最大努力，以求理解和塑造这个世界，帮助我们及我们的后代变得更清醒、更自由、更幸福吗？在法国、苏联以及在我自己的祖国西班牙，有谁比共产党更有大无畏的精神？还有什么能使我犹豫徘徊？我很想再找一个故乡，我一直是个离乡背井被流放的人，现在我再也不是了。在西班牙能够最后欢迎我回去之前，法国共产党对我张开双臂，我在这个党里找到了所有我最敬重的、最伟大的科学家，最伟大的诗人，还有所有我在8月那几天看见的武装的巴黎人美丽的面容。我又一次回到自己的兄弟们中间！"

毕加索的这番话是富有感情的，他的行动源于他内心的一种强烈的愿望。他希望真诚的友谊，以此排除他内心的孤独感。加入共产党的行动，使他得到了志同道合的满足感和一片喝彩声。党内的许多同志为有像他这样一位大艺术家作为党内同志而感到兴奋和骄傲。

1945 年的夏天，欧洲的战争基本结束。从法西斯集中营里返回来的一些人，陆续回到了法国，其中大多数都骨瘦如柴，许多人患有结核病。毕加索看到了这样的人们并从他们那里听到了许多惨无人道的事件。毕加索心灵受到了震撼。于是他萌发了创作一幅类似《格尔尼卡》的作品——《停尸间》。这幅画没有采用别的色彩，只用黑白两色。灰色的画面上是一张白色的桌子，桌子上是一块起皱的布、水壶和汤锅，还有食物；桌子下面躺卧着一堆尸体：有男人，有女人，还有婴儿，他们血肉模糊，双手被捆绑着。这是一幅使人产生极大绝望感的作品，真正体现了立体派的风格。

这幅画创作于胜利的时刻。它向人们昭示的，正是我们人类惨遭屠杀时代的现实。它是一首无人吟唱的挽歌，是一个无人哀悼的葬礼。

战后生活

1946 年上半年，毕加索与朵拉的关系越来越冷漠了。5 月底，费朗索娃终于下定决心在格兰奥格斯丁大街毕加索的家里住下来。费朗索娃的到来，对英妮和萨巴泰都是一场巨大的考验。格兰奥格斯丁大街本来是英妮的领地，现在却住进了一位女王来。通常，英妮的脸上总是挂着美丽而迷人的微笑，自从费朗索娃住进来之后，她的笑容越来越少了。萨巴泰倒是挺高兴，因为费朗索娃能帮助他处理毕加索的许多繁杂的事务。

起初，费朗索娃大部分时间都在观看毕加索作画。毕加索在画布前一站就是七八个小时。她对毕加索的这种充沛的精力赞叹不已。有一次，她问毕加索是否觉得累。毕加索回答道："不会，这就是为什么画家多能长寿的原因。"

不久，费朗索娃就怀孕了。这使 65 岁的毕加索仿佛又恢复了青春，他满面春风，心里充满了喜悦之情。1946 年冬，还有一件事使毕加索感到十分高兴，美国的一个画商萨姆·库茨在圣诞节过后从纽约赶来，他是毕加索的一位狂热崇拜者，他希望能购买几幅毕加索的画来为他的美术馆增加光彩。毕加索热情地款待了萨姆·库茨，并且卖给他 9 幅他自己选择的画作。后来萨姆·库茨写道："我们举办了一个画展，1947 年 1 月中旬，画展正式开始了。为了维持秩序，警察排成了人墙。下午 3 点左右，我们已将画全部销售一空……我连夜把这个消息用电话告诉了毕加索，他既吃惊又高兴，但当我说起想回巴黎大量收购他的画时，他竟勃然大怒起来。这给了我一个很好的教训，我立刻明白并吸取了，那就是，毕加索喜欢自己做决定。"

1947 年 5 月 17 日，费朗索娃为毕加索生了一个儿子。起初，毕加索曾建议费朗索娃给儿子取名巴柏罗,可费朗索娃不赞成,因为奥尔加生的孩子叫保罗,而西班牙语中的巴柏罗就是法语中的保罗,这样两个孩子就重名了。费朗索娃建议给孩子取名为克劳德,毕加索表示同意,因为历史上有一位画家叫克劳德·吉罗。

年过66岁的毕加索为自己又一次做父亲而感到兴奋不已,他对费朗索娃更加恩爱。克劳德有一双黑色的眼睛和方形的脸,长得极像他父亲。毕加索简直被这孩子给迷住了。不久,毕加索一家就前往朱安湾了。

1947年夏天,多米尼德·德桑蒂几次前往朱安湾去看望毕加索一家。她在回忆中写道:"他们两个人的反差之大,简直令人瞠目。一个是天姿国色,一个是突兀孟浪……他说话咄咄逼人,毫不留情,一味在别人面前贬低她,出她的洋相,但她却能充耳不闻,格格一笑,全当耳旁风,就这样淡淡地将矛盾化解了……在外人面前,她从不流露愤怒或羞辱的脸色,总让人感到他们是在演戏。"

在朱安湾的海滩上,或在饭店用餐的时候,毕加索一旦高兴,就会给自己装上一个假鼻子,学着卓别林的样子,用手指蘸上酒在餐巾纸上作画,他用芥末或咖啡画成非常醒目的图案。每当少女走过来请他签名时,他就把他的名字签在她们裸露的皮肤上。每当这时候,费朗索娃就会一边冷眼旁观一边和克劳德玩耍。这对老夫少妻的良辰美景是他们晚上在一起独处的时候。此时,费朗索娃会给他朗读诗歌;他也会为费朗索娃朗读自己喜爱诗人的诗,他朗诵最多的是他的朋友艾吕雅的作品。

有一次,在观看斗牛回来的路上,毕加索与费朗索娃争论起"不公正"的问题来。毕加索说:"不公正是神圣的。"费朗索娃反驳他说:"我最大的人生目的,就是要具备完全的人性,并在肉体上表现出来。要具有人性并非易事,但这是我的追求。那就是要理解别人,关心别人,光明磊落,平等待人。"毕加索说他事实上喜欢,而且确实喜欢不公正,因为这样可以使他更像一尊原始的神。

1947年8月,在瓦洛里经营马杜拉陶器厂的乔治和苏珊·拉米埃夫妇来朱安湾看望毕加索,并邀请他去观赏他去年做的三件小艺术品,毕加索去了并且留了下来。一种新的艺术表现手法令他着了迷,他全身心地投入了陶器的设计制作,陶器厂使毕加索感到很惬意。他的多才多艺,他那魔术般的创造力,在这里都得到充分的发挥,一个一码多高的花瓶坯胎,经他那双灵巧的手三捏五捏,就变成了一个优美的女神。

这一年,毕加索向巴黎现代艺术博物馆捐赠了10幅画,为了表示感谢,法国全国博物馆总馆长乔治·萨尔决定,先把这10幅画送入卢浮宫展出,并且于12月份邀请毕加索参观了卢浮宫。这样,毕加索就成为历史上有幸在卢浮宫看到自己作品的第一位画家。

第二次世界大战虽然结束了,但是世界并不太平。1948年6月,印度支那又爆发了战争。反对战争、保卫和平成为世界进步力量的强烈呼声。苏联作家伊利亚·爱伦堡给毕加索寄来邀请函,请他出席在波兰首都华沙举行的世界和平大会。

毕加索接受了这一邀请,于是他带着自己的助手马希尔飞往华沙,参加了世界和平大会。大会结束后,波兰共和国总统授予他波兰文艺复兴金星司令十字勋章,以表彰他对人类艺术事业的杰出贡献。

10月,毕加索为费朗索娃画了一幅肖像画,画中的费朗索娃穿着他从波兰为她买来的刺绣外套。这幅画是表现主义阶段的一幅作品,画中透露出祥和宁静的气氛。

11月,法国思想馆举行了一次大型陶艺展览,毕加索为这次展览提供了149件作品,法国观众对他的陶器作品褒贬不一。展览并没有产生太大的反响,因此,毕加索十分失望,从此他对制陶艺术的热情也冷了下来。

1949年4月19日,第二届世界和平大会在巴黎召开,毕加索作为特邀嘉宾出席了这次大会。他为宣传和平大会的召开而画的招贴画——《和平鸽》,已贴满了巴黎的大街小巷。

就在大会开幕的当天晚上8点钟,费朗索娃为他生了一个女儿。智利诗人巴柏罗·聂鲁达为他的女儿诞生写了如下诗句:

毕加索的和平鸽在飞翔,

飞向世界各个地方,

任何力量也不能使它们

停止飞翔。

——为安·帕罗玛·吉洛特所作。

“帕罗玛”是毕加索为小女儿起的名字,“安”是费朗索娃祖母为她的重外孙女取的名字。

就在帕罗玛出生两周之后,毕加索的儿子保罗也做了父亲。毕加索的第一个孙子,跟祖父一样,也叫帕布洛,但家里人都叫他帕布利托。这小家伙的出世丝毫没有改变毕加索与保罗的紧张关系,多年来,毕加索一直为儿子的不争气而愤懑不已。战争期间,保罗一直住在中立国瑞士,因而逃避了服兵役,战后他才回到巴黎。他没有工作,只靠父亲的一点补贴来维持生活,可是他已染上了酗酒吸毒之癖。

1949年6月,毕加索一家离开巴黎,搬回瓦洛里了,保罗便又和他们生活在一起。保罗住在马希尔饭店,一天夜里,保罗和他的一个朋友把在一家酒吧里结识的两个姑娘带回了饭店,次日凌晨,喝得烂醉的保罗和他的朋友想把两个姑娘从窗口扔出去,两个姑娘连喊救命,结果警长赶来了,制止了保罗的行动。几小时后,警长来见毕加索,向他讲述了他儿子扰乱治安的行为。警长走后,毕加索命令费朗索娃把保罗叫来见他,吓得浑身发抖的保罗跟着费朗索娃走进来,毕加索一见到儿子,就怒气冲冲地操起身边的东西,向他劈头盖脸地打去,费朗索娃护挡着保罗,自然她也挨几下打。毕加索大发雷霆,大声骂保罗是“下流坯”,是“世界上最令人讨厌的儿子”“资产阶级无政府主义者”,等等,骂完之后,他感到身心疲惫,一言不发地在床上整整躺了一天。

这期间,玛丽·蒂蕾丝和玛娅正在朱安莱藩度假,那里离毕加索的新居只有十几英里。每个星期四和星期六,马希尔都要开车把毕加索送到那里去。费朗索娃觉得再也不应该躲在一堵虚假的墙后面生活了,于是她就建议毕加索请玛丽·蒂蕾丝带着孩子过来见一见克劳德和帕罗玛,毕加索同意了。1949年夏天,玛丽·蒂蕾丝与费朗索娃见面了,当毕加索的这两个情人单独在一起的时候,蒂蕾丝对费朗索娃说:"不管你怎么挖空心思,你也无法破坏我们之间的关系,你根本无法取代我!"费朗索娃坦然地说:"我根本就没有想取代你。我现在所处的位置本来就是空的。"费朗索娃心里十分明白,玛丽·蒂蕾丝不是敌人,也很理解她的处境和心情。13岁的玛娅突然见到了一个小弟弟和一个躺在襁褓中的小妹妹,以及一个生活在父亲身边的陌生女人,她感到难以容忍。不过,过了一些日子,一切都变了,她倒成为两个幼儿的好姐姐了。玛娅的相貌极像她的父亲,性格也活泼好动,为人聪颖乖巧,很快她与费朗索娃交上了朋友。在费朗索娃的努力下,她现在已成为父亲那块天地里的一部分,对此她深表感激,费朗索娃也很喜爱她。玛娅经常给弟弟讲各种故事,她讲起故事来有声有色,十分动听。

费朗索娃在自己的生活中似乎已经应有尽有,她有一个才华横溢的丈夫,一双天真活泼的儿女。可是,她渐渐地开始明白,她自己的优势正在消逝,生下帕罗玛之后,她的身体就没有复原,经常流血,因此,她感到很虚弱。可是,毕加索对她却漠不关心,甚至还会责备她说:"我讨厌生病的女人!"费朗索娃伤心地说:"我开始感到,这一切多么不公正啊!为了满足他的需要,我一直在竭尽全力,从生孩子到生炉子。但我的努力不但未使我们的关系日益成熟,而且适得其反。"在帕罗玛出生之前,费朗索娃总是和毕加索在一起,现在,他却突然宣布,他要去巴黎几天,于是费朗索娃只能孤零零地和孩子们待在一起。费朗索娃说:"真没有想到,我们的生活会变成这样。以前,我对毕加索一往情深,忠贞不贰,因此,只要他不在身边,我就会感到窒息。过去,我是完全彻底追随帕布洛的;现在,我要重新寻找自我。"这时的费朗索娃已经调整了自己的心态,于是她集中精力从事自己的绘画事业和照顾自己的孩子。

这时,费朗索娃与卡恩威勒签订了一份关于收购她的绘画作品的合同,从此她第一次获得了经济上的独立。与此同时,费朗索娃与毕加索保持着一种不过分亲密的保护性距离。

1950年8月6日,许多人聚集在瓦洛里的中心广场上,参加毕加索赠给法国共产党瓦洛里市政会的《人与山羊》铸像的揭幕仪式。为答谢毕加索的馈赠,瓦洛里市长宣布授予毕加索瓦洛里市荣誉市民的称号。为铸像揭幕剪彩的共产党领导人劳伦·卡萨诺娃激动地高呼道:"向我们的老大哥毕加索致敬!"当地的报纸写道:"毕加索不但是一个伟大的艺术家,而且是一个热心的人。"

同年11月,毕加索被授予列宁和平奖。不久,他来到了英国伦敦的维多利亚火车站,前来参加在谢菲尔德举行的第三届世界和平大会。

毕加索从英国回来不久，就着手创作一幅名为《朝鲜大屠杀》的画，在这幅作品中他表达了对美国士兵屠杀朝鲜人民的愤懑和抗议。这幅画的右边是一群头戴钢盔的武装行刑士兵，一个带剑的军官正在下令向左边的一群人射击，这群人都是裸体的女性，有的带着孩子，有的怀孕在身。

亲朋离异

1951年10月25日，瓦洛里全城人民为毕加索庆祝了70岁生日。可是在他的朋友中唯独不见了马希尔，原来马希尔被毕加索解雇了。原因是，他在一个星期天开车带着妻子和女儿到巴黎60英里外的一个风景区去游玩，一不小心把车撞在了一棵树上，车被撞坏了。费朗索娃费尽口舌企图劝毕加索不要把马希尔赶走，她说："你不能仅仅因为出了那样一桩事故就把他解雇，千万不能解雇像马希尔那样对你忠心耿耿的好人，他已经给你干了25年，不能把他一脚踢出门外，那种事故任何人都有可能遇上。"可是毕加索根本不听劝告。马希尔大声对毕加索说道："我毕竟一直追随着你，可你现在居然什么机会也不给就把我辞退。太没有良心了，你将不得好报，我们走着瞧吧，你会把身边的好人一个个赶走，下一个就该轮到小姐她本人了。"马希尔所说的小姐就是费朗索娃，他总是这样称呼她。毕加索依然我行我素，只是又买了一辆汽车，他对儿子保罗说，要想得到更多的钱，就得当驾驶员，保罗毫不犹豫地同意了。

生日过后，毕加索多年没犯的腰痛病又犯了，他只好卧床休息。

毕加索晚年的生活并不是一帆风顺的，一方面是因为他经常犯腰部风湿痛，另一方面是因为他意识到自己确实到了垂暮之年。他经常显得精疲力竭、闷闷不乐。两个孩子又都得了慢性支气管炎，经常发出一阵阵咳嗽。整个家中笼罩着一种抑郁沉闷的气氛。

此时，费朗索娃正在忙于作画，为明年卡恩威勒为她举办的画展做准备。她仍然努力保持着她与毕加索共同生活的各种形式，对自己内心的痛苦毫不流露，从不提自己的要求，但是她对毕加索越来越冷淡，越来越疏远。

1952年4月1日，费朗索娃美术展开幕了。美术馆里有一本顾客留言簿，封面是路易·雷瑞斯亲笔所书:《费朗索娃·吉洛特画展》。画展开幕后不久，费朗索娃就收到国家计划收购她的静物画的通知，因为有一位美术检查官对画展上展出的那幅画特别赞赏。考克图评论说:"费朗索娃的绘画，用的是毕加索的句法，女人的词汇，优美而典雅。这一句法是她绘画的脊梁。"由于受到这次画展的鼓舞，费朗索娃在绘画方面倾注了更多的精力和时间，孜孜不倦地埋头于绘画创作。

1952年，根据瓦洛里市教堂的请求，毕加索开始创作《战争与和平》的巨型壁画。他一共用了两个月的时间，就完成了这组画。壁画的右边画的是棺材通过时那种令人震惊的场面,还有一匹备了鞍的战马,这就是战争部分;在和平部分,画的是鸟笼和鱼缸。这些画曾经在罗马举行的毕加索画展上展出,然后被移放在瓦洛里市的教堂里。这组画无论是在思想性上还是在艺术性上都无法与《格尔尼卡》相媲美。

1952年10月,毕加索宣布他要去巴黎,费朗索娃也要求和他一块去,但是被毕加索拒绝了,于是,她警告说,他们分开的次数越多,她离开他的可能性就越大。毕加索听了哈哈大笑起来,并且轻蔑地说:"我相信,谁也不会离开像我这样的人。"毕加索说完就一个人去了巴黎,并在那里住了几个星期。他回到瓦洛里后,费朗索娃对他说,他们的结合再也没有任何"深刻的意义",因此,她看不到自己有"任何继续留下的理由"。而毕加索却以胡作非为的行动制造让她离开的理由:一个70多岁的老头子在乡间到处寻花问柳,每次回来时,他都是满脸的疲惫相。费朗索娃开始厌恶他了,她说:"他把一个我所钟爱的人变成了一个我所讨厌的人,对此我不能饶恕他。他忽然之间变成了一个脏老头子,这是多么地奇怪,多么地荒诞啊!我竟然全无醋意了。"

1952年年末,费朗索娃离开瓦洛里去了巴黎,她是为明年春天上演的芭蕾舞剧《赫拉克利》的道具和服装设计之事去巴黎的。她在巴黎给毕加索写了一封长信,她在信中讲了当面难以启齿的一些话:他不停地用各种手段玷污和亵渎他们的神圣的爱情,他给她造成了种种心灵上的痛苦和烦恼,最使她难以接受的是,他对他们生活中出现的第三者矢口否认。她最后写道,如果他不洗净双手和说出事实真相,她决不再回瓦洛里,决不再回到他的身边。

毕加索接到这封信后,匆匆赶到巴黎,以忏悔的态度请求费朗索娃原谅他,并且向她保证立即停止一切寻花问柳的行为,他哭了。这是他第一次哭着请求费朗索娃宽恕他,费朗索娃虽然不相信他会痛改前非,但是她还是决定再给他一次悔改的机会:决定留下来。回到瓦洛里后,她不再围着毕加索及其工作打转,开始专心做自己的事,毕加索就以自杀相威胁。可是费朗索娃却坦然地说:"毫无疑问,这是目前解决你所有问题的一个行之有效的办法,我决不打算阻止你。"毕加索听后气得直翻白眼。

1953年3月末,费朗索娃前往巴黎,为芭蕾舞剧设计服装和道具。在巴黎,她结识了柯斯塔·阿克西洛,两个人开始默默地相爱了。

4月底,毕加索带着孩子也来到巴黎,并且出席了《赫拉克利》一剧的首演式,演出结束时,费朗索娃走向舞台,向舞蹈设计和乐队指挥表示谢意。当她走向后台时,等在那里的柯斯塔·阿克西洛走向前来吻了她,向她表示祝贺,随后就消逝在夜幕中了,费朗索娃和毕加索一起参加了当天晚上的庆祝宴会。

费朗索娃对毕加索说,她想一个人在巴黎多住一段时间,毕加索便带着孩子回瓦洛里了。6月的一天晚上,费朗索娃和柯斯塔一起去看电影《于洛先生的假想》,只看一半,他们就退场了,那个晚上,他们这一对异性朋友终于变成了一对情侣。

回到瓦洛里后，费朗索娃收到了柯斯塔寄来的大量情书和电报。当毕加索询问她时，她坦诚地向他讲了事情真相，并说，她已决定9月30日带着孩子离开这里。毕加索却不相信她会离开他。

在炎热的夏天，拉萨姆伯爵夫妇来访问毕加索，并且邀请毕加索和费朗索娃前往佩皮尼昂去小住。费朗索娃拒绝了，但是毕加索却接受了邀请，因为他为那位身材高大的伯爵夫人的娇媚所吸引。8月的大部分时间和9月，毕加索都是在瓦洛里和佩皮尼昂两地度过的。9月29日，他从佩皮尼昂回到家里，自我吹嘘说，他和伯爵夫人已达到难分难舍的程度，费朗索娃对他的行径早已置之不理，当天仍然忙于收拾行装。次日，出租汽车停在了门口，司机帮她装好行李，孩子和费朗索娃先后上了汽车。毕加索始终都没有说一句话，直到汽车开动后，他才骂了一句："他妈的！"从此，他们的多年同居生活结束了。

1954年圣诞节前夕，费朗索娃安排毕加索的两个孩子去陪他过节。复活节前夕，她给毕加索写了一封信，说她想去看看他并把孩子带回来，毕加索同意了。费朗索娃回到瓦洛里，跟孩子们在一起待了两个星期。在她即将带着孩子们离开的时候，毕加索对她说："你走后，我寂寞极了。也许，我们的共同生活是有些别扭，但分居对我似乎更艰难。"可是费朗索娃并不相信他会洗心革面，她只是希望能与他保持朋友式的关系，他们约定，7月初她再带着孩子回来住一个月。

自从费朗索娃出走之后，大多数时间都是雅克琳陪伴着毕加索。1954年6月3日，毕加索创作了3幅雅克琳的肖像画，其中的一幅抱着手，另一幅拿着花，第三幅盘腿坐着，三幅都题写E夫人的头衔。当7月份费朗索娃来瓦洛里的时候，那位E夫人便退居到第二线了。

应毕加索的要求，费朗索娃主持了为他举行的一次斗牛活动，当她骑着一匹骏马走进斗牛场，并且让马踩着舞步绕场一周后宣布：为了向毕加索表示敬意，斗牛活动开始。这时全场响起了"帕布洛万岁"的欢呼声，毕加索非常高兴。他对费朗索娃说："你真棒！绝对使人崇敬。你是唯一让我感到痛快的人。这次你该留下来。"但是，费朗索娃心里明白，毕加索之所以赞扬她，就是因为她自己的生活之马是按照她自己的意志行进的。她是绝不想留下来的，当天晚上她就回巴黎了。

1954年12月，毕加索的儿子保罗在动过赫尼亚手术后患上了肺塞症，生命垂危。大夫给毕加索拍发了一份电报，请他赶快来医院，可是他却置之不理。1955年2月11日，当保罗还处在康复状态之中时，他的母亲奥尔加却在夏纳的一家医院里病逝了。她患肺癌已经很久了，而且身体的局部已开始瘫痪，她晚年受尽了折磨，死的时候孑然一身。安葬她的时候，只有她的儿子保罗和拉米埃夫妇在场。此时的毕加索正在巴黎绘制他的闺阁仕女画像。

有一天，费朗索娃给毕加索打了一个电话，告诉他，她要去看看他，并且还要通知他，她就要和鲁克·西蒙结婚了。

毕加索听到这个消息后简直气得不得了，过了一会儿，他突然消了气，并且和颜悦色地跟费朗索娃聊起天来了。费朗索娃来看他的目的,就是想解决孩子的托管问题。她提出,由鲁克和毕加索作为孩子的托管人,因为他们没有正式的父亲。万一她发生什么不幸,孩子们就会有人照顾了。毕加索听了费朗索娃的想法之后又生起气来了,并说她忘恩负义,说完就把她送给他的手表还给了她,而费朗索娃也照此办理,把他给自己的手表也还给了他。此时,两个人都觉得他们的行为太滑稽可笑了,于是两个人同时又笑起来。

毕加索在戛纳的一个山中看上了一幢漂亮的大别墅——拉加利福尼,于是就把它买了下来。这个建筑群原属于久负盛名的莫哀家族,站在这座别墅的上层,可以观赏到戛纳城的全景。从此毕加索和雅克琳就迁到这里来住了。

1955年夏天,维克多利娜电影制片厂的制片商乔治·克劳佐来到戛纳,与毕加索商定拍摄一部关于毕加索的纪录片,这部影片定名为《神秘的毕加索》。这并不是关于毕加索的第一部影片,但却是当时最长的一部彩色影片。在拍摄这部电影期间,雅克琳和玛娅一直在制片厂里陪伴着毕加索。这时,雅克琳的女儿埃格利娅也在拉加利福尼定居下来。英妮也经常出入毕加索的画室,经常来拉加利福尼小住。

在毕加索搬到拉加利福尼定居的第一个夏天,费朗索娃派人把克劳德和帕罗玛送到他们父亲身边度暑假了,她和鲁克仍然留在威尼斯度蜜月。她事先嘱咐玛娅在拉加利福尼照顾两个孩子。不久,费朗索娃从玛娅拍来的电报中得知,帕罗玛患了急性阑尾炎。费朗索娃立即于当天飞回,赶往瓦洛里毕加索的家里。她发现屋子里只剩下几张床和一些椅子。园丁告诉她,几天前雅克琳来这里,把所有的画,包括她的画、她的书籍和信件以及个人用品全带走了。费朗索娃当即给拉加利福尼打电话,质问毕加索为什么要这样做,毕加索回答说:"你和我在一起的时候,一切都是属于你的;你离开了我,什么都不是你的了。"她听了十分震惊,觉得再没有与他讲理的必要,只是让他把帕罗玛立即送来,可是他却根本不予理睬。她又拨通电话,威胁要派警察去找他,这样,他才让保罗把帕罗玛送到瓦洛里。当时费朗索娃立即把女儿送往戛纳市的一家医院去动手术。

帕罗玛一痊愈,费朗索娃就带着两个孩子返回巴黎了。她从来都没有要求毕加索寄钱来抚养孩子,她继承了祖母的一笔遗产,她自己画画还赚一些钱,她生活并不困难。可是,毕加索现在的表现令她十分生气,他对待自己的孩子根本不像一个父亲。于是她通过自己的律师为两个孩子争得了一笔抚养费。此时的玛娅已是个20岁的大姑娘了。她亲眼目睹父亲多年来对待母亲的态度:许诺、奚落、撤退,她不想再成为像母亲那样的牺牲品,因此她也走了。

玛娅走了之后,雅克琳终于成了毕加索的管家、秘书和剪报人,而毕加索则成为她赖以把自己意志强加于人的工具,成为她赖以施展权力的手段,但她主要的角色还是充当他的情妇和看门人。

1956年,在毕加索75岁生日的前几天,他做了一个梦:突然一个人闯进来,告诉他狮子已经不中用了。这个噩梦令他十分不安,并预示着:他这头狮子快完蛋了。

1958年年初,毕加索为设在巴黎的联合国教科文组织的总部画了一幅巨型壁画,并为这幅画举行一次隆重的揭幕仪式。可是当幕布揭开的时候,兴高采烈的人们突然变得鸦雀无声了,人们简直不敢相信:这一幅巨大的信手涂抹而成的画真的是出于大师的手笔。这幅画给人留下的印象是:死亡赢得了胜利,这是人们公认的毕加索生活最后25年中绘画创作上一系列败笔之一。

1958年秋天,毕加索把18世纪沃雯纳格侯爵曾经住过的一座宫殿式的别墅买了下来。这是17世纪的一座古建筑,位于圣地维克多利山下的一个幽深的峡谷中。这处别墅十分美丽而幽静。毕加索把收藏在巴黎的名家的画作和自己的作品都运到这里,又从拉加利福尼拉回来不少雕塑作品。1959年2月他迁往新居,没过几个月,新的居住地带给他的新鲜感很快消逝了。于是他又买了一处别墅,它位于法国南部诺特丹姆德维的一座小山的斜坡上,这里有层层松柏和橄榄树环绕。

1960年夏天,在巴黎举行了毕加索作品回顾展,这次画展引起了强烈的反响,报刊杂志把毕加索捧为本世纪的天才,称其作品为不朽之作。

1961年3月2日,年近80岁的毕加索秘密地与雅克琳结了婚。从此后雅克琳从情妇变成了夫人,于是她开始对付起毕加索的孩子们来了。她不断地向毕加索讲述孩子们的坏话,说孩子们对他如何不关心,如何受他们母亲的唆使;克劳德14岁就吸毒,不应再让他来和全家人过复活节等等。孩子们有时来看望他们的父亲,雅克琳总是千方百计地羞辱他们,而且只让他们住很短的时间。

1961年10月28日,瓦洛里市为毕加索80岁生日举行了一次集会。参加庆祝集会的有法国共产党的代表、几个人民民主国家的代表、制陶工人工会的代表、地方群众组织的代表,还有文学艺术、电影、音乐界的知名人士等等。

从此之后,毕加索开始进入与世隔绝的状态。诺特丹姆德维别墅装上了电动大铁门,门上安装了用于识别来访者的通话装置,还养有警犬。

1963年年末,孩子们最后一次和他过圣诞节。他的子女们都认为雅克琳不好,保罗的女儿玛丽娜说:"婚后,祖父就像失去了人性一般,我们根本无法见到他,从他那里什么也得不到。我认为,这主要是因为雅克琳,不可能是别人。"其实,雅克琳只不过是毕加索的一个附属品,在毕加索的内心世界里始终存在着黑暗和光明的斗争。但是他选择雅克琳这样一个女性陪伴他度过余生,这就使他大多数时间都站在黑暗的一边,两个人一起割断了人性情感的纽带,排斥了亲情之爱。

1964年夏天,费朗索娃撰写的关于她与毕加索共同生活的回忆录片段在《大西洋》月刊上连载。1965年年初,法文、德文、西班牙文版的《与毕加索生活在一起》一书相继出版。毕加索以该书侵犯了他的私生活为由向法院提起诉讼,3月22日,毕加索败诉。3月25日,他要求法院禁止法国出版这部回忆录,可是法院经审理后宣布拒绝立案。两次起诉失败后,他并不死心,5月20日,他再次起诉,要求法院没收和销毁这部书。经过法院审理后,毕加索的起诉被驳回,法庭最后裁决:"毕加索常常曝光于众,以满足他们的好奇心。他深知宣传所起的作用……她并不是故意诽谤或以复仇的愿望来满足自己。"在费朗索娃获胜的第二天,毕加索竟出人意料地给她打了电话:"你再次获胜了,祝贺你。你知道,我只喜欢生活中的胜利者,我无法容忍失败者。"

费朗索娃回答道:"谢谢。可你却费尽心机地想使我成为失败者。"

垂暮之年

1965 年 11 月,毕加索秘密地住进了纳伊的一家美国医院,并且接受胆囊和前列腺手术治疗。虽然他很快康复了,但这种康复却是表面的,他的身体日益衰弱。可是他却更加狂热地拼命画起画来。工作慢慢成为他生活的全部内容。他说:"我只剩下一个愿望,那就是不停地工作。绘画对我来说就像呼吸一样。"

1967 年春天,位于格兰奥格斯丁大街上他的房子被市政府收回去了,为此他感到难过极了。

1968 年 2 月 13 日,他的老朋友萨巴泰去世了,这使他感到死亡的可怕。他继续为亡友作画,以此寄托着自己的哀思。毕加索的身体越来越虚弱,他四肢无力,呼吸困难,听力衰退,视力很差,睡眠也很不好,他确实病了,而且心理的疾病要比肉体的疾病更可怕。他仿佛看到了死亡的阴影正在一步步向他逼近。

毕加索的亲人和热爱他的人们,都企图把他从自我封闭状态中解救出来。他的女儿玛娅曾带着两个儿子来到莫京那座电动大门前,但是得到的回答是"毕加索先生外出了",她几次打电话,都得到同样的回答。克劳德带着年轻的美国妻子也来到电动大门前,他的父亲仍然拒绝见他们。在过去的 30 年间,毕加索每个月都按时给玛丽·蒂蕾丝寄去一张支票,但是现在却突然停止了。玛丽·蒂蕾丝在绝望中给毕加索写了一封充满忧伤和爱恋的长信。可是毕加索却无动于衷。玛娅得知这一情况后,就给自己的一位艺术商人朋友帕尔斯写了一封信,向他述说这一切,并想请他帮助卖掉妈妈手中的一批毕加索的画。两天后,帕尔斯从洛杉矶飞到巴黎,在亨利四世大街见到了玛娅的母亲玛丽·蒂蕾丝。

1969 年 2 月 6 日,帕尔斯和另一位艺术商人来到毕加索的住所。帕尔斯打开皮箱,请毕加索在他创作的这些画上签字,因为玛丽·蒂蕾丝急需用钱。毕加索说:"好的,好的,我会签字。你们把画留下来我签,明天字迹就会干的,到时你们就可拿走。"

帕尔斯正在犹豫时,雅克琳忽然从隔壁房间冲出来,并且厉声叫道:"不许你签名! 这些画是你的,只不过让玛丽·蒂蕾丝代为保存罢了……如果她需要钱,可以去当女佣人嘛。"她说完就冲出房间走了。毕加索灵机一动,装出一副可怜相,说道:"哎,我该怎么办呢?你们已看到她是多么恼火。我满心希望能助玛丽·蒂蕾丝一臂之力,我也希望能帮你们一把,但实在是爱莫能助。"实际上,他根本不想为玛丽·蒂蕾丝的那些画签字,可是他却为另一位艺术商人带来的那些平版画签了名。

玛丽·蒂蕾丝在走投无路的情况下只好去找律师。通过律师双方达成了协议:玛丽·蒂蕾丝同意在毕加索在世期间不出售他的作品,毕加索给她写一封信,承认帕尔斯拿回去的那些未曾署名的作品归玛丽·蒂蕾丝个人所有。毕加索虽然没在那些画上签名,但他的这封信却可以证明,那些作品是出自他的手,因而就具备了应有的价值。毕加索被迫同意恢复每月寄给玛丽·蒂蕾丝的赡养费,而且略有增加。

1970年5月,在亚威农举办了毕加索的画展。艺术品收藏家道格拉斯·库珀出人意料地批评了毕加索的作品。他说,他曾经"长时间地研究"毕加索的作品,"但是所看到的只是一位垂死而疯狂的老人的信手涂鸦"。在他众多的崇拜者中,对他的生活和作品持批判态度的也不乏其人。

1971年10月25日是毕加索的90大寿。巴黎没有像1966年那样为他举行隆重的庆祝大会,但是却在卢浮宫的大画廊中挂起了毕加索的8幅作品。毕加索没有到场,只派他儿子保罗代表他去参加法国总统主持的揭幕仪式。

1972年6月30日,他从镜子里看到了自己那张充满恐惧的脸,于是就把它画了下来。这是他最后一幅自画像,是一幅充满痛苦和恐惧的令人生畏的脸谱画。

两个月后,毕加索的长孙帕布利托骑着摩托车来探拜祖父,他在门口出示了身份证,可是却遭到拒绝。帕布利托坚持要进去看望爷爷,这时警犬被放了出来,结果这位长孙被轰走了。

1972年秋天,毕加索由于肺部感染而被送进医院,他的朋友比侬夫妇几次打电话,家里都没有人接。几天后,他们才接到雅克琳派人送来的一张纸条:"一切都好。"尽管毕加索夫妇不愿意把他生病的事对任何人讲,可是巴黎人却在悄悄议论毕加索即将寿终正寝了。

1973年4月1日,毕加索给玛丽·蒂蕾丝写了一封信。他在信中说她是他毕生所爱的唯一女人。人们不晓得,这是他的肺腑之言,还是一个愚弄人的玩笑?

4月8日是星期天。早晨,雅克琳给住在巴黎的毕加索的心脏病医生伯纳尔打了一个电话,问他道:"你准备什么时候来我们这里?你将和我们一起过复活节,对吧?"

这位医生说:"不,很抱歉,5月份之前我不能去。复活节之后我要去美国。"

"那可太晚了……"雅克琳说。

"你是不是希望我马上就去?"医生问道。

"是的,这会使他感到意外的惊喜,他很想见到你。你来吧!"

伯纳尔医生上午赶到诺特丹姆德维时,当地的医生已守候在毕加索的身边。

他穿着睡衣,痛苦地坐靠在枕头上,艰难地喘息着。伯纳尔对他进行了仔细的检查。他脸色发青,四肢浮肿,心电图上显示:他的两肺都不正常,左肺上出现大面积的肺塞现象。伯纳尔医生把雅克琳叫到隔壁房间,告诉她,毕加索的病已无法医治。

这时,毕加索的心脏急剧衰竭,他的嘴唇嚅动,看来,是想说话,但是已经说不出来。他拼命地喘息着,11 点 45 分,伯纳尔发现他的心脏停止了跳动。这位艺术大师永远离开了人世,享年 92 岁。1973 年 4 月 10 日,毕加索的遗体被安葬在沃雯格那座庞大的建筑群之中,墓地上竖起一尊手捧花瓶的女人青铜像。这座雕像原来是毕加索于 1933 年制作的,模特儿就是玛丽·蒂蕾丝,可是毕加索夫人雅克琳并不晓得。

毕加索的长孙帕布利托于 1973 年 7 月 11 日与世长辞了。他的长子保罗 1975 年 6 月 6 日死于肝硬化。

毕加索在身后留下一大笔遗产,据不完全统计,总价值为 2.6 亿美元,其中有作品 45129 件:绘画 1885 件,雕刻 1228 件,瓷器 2880 件,版画 18095 件,平版画 6112 件,素描和速写 11748 件,亚麻油毡浮雕 3181 件。

1977 年 9 月法院审定了毕加索遗产继承案件,确定 6 个人为他的遗产合法继承人:雅克琳继承遗产的 30%,玛娅、克劳德、帕罗玛各继承 10%,保罗的一对子女——玛丽娜和伯纳德各继承 20%,其中有 10% 是从祖母奥尔加那里按照第二继承序列继承的。

毕加索生前曾经说过:"我不怕死亡。死亡是一种美。我所怕的是久病而不能工作,那是对时间的浪费。"的确像他所说的那样,他一生中从来没有浪费过时间。他孜孜不倦地工作了 70 多年,为人类的艺术宝库增添了不少艺术珍品,在世界艺术史上留下了光辉灿烂的一页。人们对他的绘画作品,可能,还对他的个人生活会做出不同的评价,也许会褒贬不一,但是他那种永不停止的创新精神是永远值得后人学习的。

印象派大师

——梵·高

人物档案

简　历:早年的他做过职员和商行经纪人,还当过矿区的传教士最后他投身于绘画。他早期画风写实,受到荷兰传统绘画及法国写实主义画派的影响。1886 年,他来到巴黎,结识印象派和新印象派画家,并接触到日本浮世绘的作品,视野的扩展使其画风巨变。1888 年,来到法国南部小镇阿尔,创作《阿尔的吊桥》;同年与画家保罗·高更交往,但由于二人性格的冲突和观念的分歧,合作很快便告失败。此后,梵高的疯病(有人记载是"癫痫病")时常发作,但神志清醒时他仍然坚持作画。1889 年创作《星月夜》。1890 年 7 月,梵高在精神错乱中开枪自杀(一说,两个年轻人不小心走火开枪击中),年仅 37 岁。

生卒年月:1853 年 3 月 30 日~1890 年 7 月 29 日。

安葬之地:法国瓦兹河畔的奥维尔小镇。

性格特征:忧郁自责,焦虑不安,自扰。

历史功过:19 世纪的最后十年现代画坛的一位大师,被称为后期印象主义画派最杰出的代表。代表作品有《向日葵》等。

名家评点:中国画家丰子恺评价说:"梵·高的全生涯没入在艺术中。他的各时代的作品完全就是个时代的生活的记录。在以艺术为生活的艺术家中,可说是一个极端的例。"

少年追梦

1853 年 3 月 30 日,温森特·梵·高生于荷兰北部一个牧师家庭中。

自幼梵·高性格孤僻,木讷而又羞怯。在家庭神秘宗教气氛的熏陶下,他表现得与绘画并不是特别有缘,手里拿的不是画笔,而是上帝的教科书《圣经》。在家里,只有弟弟提奥是唯一理解他的亲人。

据说他9岁时表现出了喜欢绘画的天性,他画过一些实物速写,并临摹看中的石版画,然而,并不宽裕的家境以及浓郁的宗教氛围却没有为梵·高提供进入艺术学校的机会。中学毕业后他被送到海牙一家美术商店当学徒,不久他又先后来到巴黎总店和伦敦分店卖画。年仅16岁的梵·高,就这样天天接触美术品,耳濡目染,认识和欣赏能力渐渐增强。可是这并没使他的工作受到赏识,得到认同。一次,一位有钱的妇人为自己的新居购画,她一边喋喋不休地胡乱发着议论,一边尽挑那些在梵·高看来十分庸俗、低水平的画作,还自鸣得意地大声说:"瞧,我选的都挺不错吧!""你即使闭上眼睛,也不会比现在挑得更糟了。"梵·高忍不住顶了她一句。他觉得这位目空一切,浅薄无知的太太实在令人讨厌。难怪那妇人听见此话,顿时大怒:"天哪!你不过是个乡巴佬而已!"店老板闻声赶来,训斥梵·高不要毁了他的生意,警告他再不改过,便只好让他走人。梵·高却生气地打断老板的话,说:"怎能为了赚钱向这种愚蠢的人卖画?""还有,为什么这不懂艺术的人有资格到这儿来,而那些对优秀艺术真正有鉴赏力的穷人,却拿不出一个铜板去买张画挂在自己的墙上呢?"这件事发生后不久,他不辞而别,回到家里。

1869年2月的一个上午,梵·高的父亲新教牧师西奥多勒斯·梵·高带着长子温森特和次子提奥步行到雷斯勃根去看望病人。

西奥多勒斯牧师已经连续多次带温森特出去工作,其目的是很明显的。温森特很快就16岁了,到了该工作的年龄。而梵·高家族是世代相传的基督教家庭,牧师从温森特的身上看到了自己少年时代的影子,温森特有一种天生优良的品质,就是同情和关心穷苦的人,这使得他具备了做一名传教士的潜质,而且他对父亲的职业有一种独特的兴趣。他没有更多的爱好,除了呆呆地看某一种他认为美丽的自然界的景致,或者用棍子在地上画一匹驮稻草的马和一只流泪的狗(当然大多数时候他安不好动物的四条腿)。然后就是带着他的小跟屁虫提奥往穷人的地里钻,帮助他们挖土豆或者给蔬菜浇水。

金秋十月,一个阳光很好的日子。牧师带着温森特和提奥到海牙去拜望他的弟弟——与他的长子同名同姓的温森特·梵·高。温森特是伦敦古比尔艺术公司的股东,在海牙有一家经营绘画作品的分店。小温森特被叔叔店里陈列的绘画惊呆了。他停留在法国画家德·格鲁的(穷人的长椅)前面,泪流满面。牧师被儿子这种感情深深打动。小温森特抽泣着对父亲说:"我看到了一种难以言说的凄凉景象,排着长队等待施舍的穷人,他们是多么不幸啊!"而小提奥却在父亲和叔叔面前表现出了惊人的记忆力:他能闭上眼睛一口气数出二十多幅作品的名称和价格,使温森特叔叔对小侄儿发生了浓厚的兴趣。正像西奥多勒斯对长子所产生的兴趣一样。温森特并没有满足父亲的愿望去继承他的衣钵,父亲为此得了一场病。父亲是他们六兄弟中唯一接任爷爷职位的人。温森特为此感到内疚。

温森特叔叔帮助温森特获得了在古比尔公司当职员的权利,使他有机会接触更多的画家和他们优秀的作品。温森特对这个职业非常满意。

1871年5月,14岁的提奥从家乡赶到哥哥的画店里,这是温森特盼望已久的事情。两兄弟相聚,格外亲切。

温森特每次给家里写信,都要单独给小提奥写一页纸,几乎都是热情邀请弟弟到画店去看看。小提奥对哥哥选择的职业举双手赞成,如果说他心中有什么偶像的话,那就是温森特。况且提奥对自己将来的职业已经有了明确的选择。他得做一个画商,像温森特叔叔一样,甚至比他更加出色。

温森特向提奥喋喋不休地提起他购买和收藏的画。他喜欢那些描写下层人物的作品,那些东西能引起他的共鸣,牵引着他柔弱的情丝。他不厌其烦地向提奥讲他所崇拜的画家,比如米开朗琪罗、丢勒、伦勃朗、德拉克洛瓦、米勒等等。

窗外正下着雨,柏树和杨树被洗涤很像一个个精神抖擞的小伙子,两旁镶嵌着鹅卵石的小方砖道路闪闪发光,这是乌云开始撤退的象征。

"也许我们能看到美丽的彩虹!"温森特兴奋地说。

雨过天晴,彩虹真的出现了,装饰了温森特的窗口。温森特忽发奇想,他觉得如果把窗户以及它所包含的景致割下来会是一件多么神奇的作品啊!

温森特决不会放过自然界任何美好的景观,他拉着弟弟的手,沿着雷斯维克的小道奔跑。

他们来到旧运河旁边的一座磨坊里,一个老婆婆坐在里面,老婆婆的孙女在磨坊外的干草堆旁边挤牛奶。奶牛被拴在一棵柏树上,一切都显得那么宁静安详。

老婆婆请温森特和提奥喝鲜牛奶。温热的牛奶清醇可口。温森特忽然记起了海牙画家魏森勃鲁赫描绘一座磨坊的画,那幅风景画历历在目,他觉得魏森勃鲁赫画的正是这座磨坊。他一下子涌上一股激情,便问老婆婆和小姑娘。

"你说魏森勃鲁赫先生呀,"小姑娘抢着说,"我们村子里的人都叫他'愉快的魏斯',他经常在这儿画画。"

温森特还是第一次走入画家所画过的景物中一时激动得难以形容。他拉着提奥围着磨坊转圈子,转了一圈又一圈,然后他说:

"亲爱的提奥,你看画家们多么伟大,他们理解大自然,热爱大自然,并且教导我们去欣赏大自然。谁要是真正热爱大自然的话,谁就能随处发现美的东西!"

提奥瞪大眼睛,看着温森特,认真地说:"据我看温森特,你像艺术家一样伟大,你就是一个艺术家,至少你以后一定是!"

温森特被提奥的话惊呆了。

温森特一直在心里回味着小提奥的话,涌动着莫可名状的激情。但同时他觉得那些他所崇拜的众多的艺术家,都站在亚洲的喜马拉雅山上,高不可攀。

1877年5月,温森特来到阿姆斯特丹,住在海军中将约翰尼斯·梵·高叔叔家里。经姨父斯特莱克牧师引荐在著名的牧师和学者曼德斯门下学习拉丁文和希腊文。

1878 年 8 月中旬，温森特背着行李，来到了布鲁塞尔教会学校，他是放弃了在阿姆斯特丹神学院的学习后来到这里的。

这是一所比利时福音传道委员会开办的新学校，只收了三个学生，学校的负责人也是三个，他们是布林克校长和德容以及皮特森牧师。

温森特牢记父亲要学会宽容和忍让，多听朋友的叮嘱，努力想和另外两名同学建立感情。那两个都是不满 20 岁的小伙子，他们一拍即合，而与温森特却无法融洽，而且为了加强他俩之间的友谊，常常取笑温森特。令温森特气愤的是，他们的教师波克马先生居然和那两个学生站到一起，公然拿温森特取乐。

温森特觉得自己的口才缺乏先天性的优势，他渴望能够具备庄严地、动人地、流畅地、自然地向群众演说的能力，他越是心急，越是出乱子，因为波克马先生禁止他使用演讲稿。

于是，他和他的教师以及两个同学之间产生了不可弥合的分歧。

11 月 14 日，他的两个同学被校方批准毕业，并被委派到两个教区去当传教士，而温森特因为波克马的"拒绝服从教导和不能即席演讲"的评语而不予安排工作。

1880 年 10 月，温森特因为环境等一系列的原因，告别了相处近两年的"黑色王国"，来到布鲁塞尔，主攻透视关和解剖关。同时，在布鲁塞尔有机会饱览一些展出的油画和素描，那些高档次的作品常常使得他激动亢奋，激起他新的创作灵感。第二年年初，饱经风霜的游子回到故乡埃顿，已经白发苍苍的父亲虽然不满意儿子的所作所为，但温森特毕竟是他曾经疼爱的长子，温森特的归来使他感慨万端，他原谅了这个固执的儿子。而经历了岁月磨炼的母亲见到面目全非的温森特，柔肠寸断，她把儿子搂在怀里，竟至于泪雨纷飞。

布拉邦特熟悉的乡情和父母弟妹们的温暖使温森特身心愉快，身体渐渐康复，绘画的渴望重在心头萌动。

他每天在农舍近郊的土地上徘徊，观看伐木工人在一片森林里忙碌，他常常对着一棵树痴呆地看上半天，并且从不与任何人搭讪。伐木工人们都知道他是西奥多勒斯牧师的儿子，他们常常在抽烟的空隙把温森特当作闲谈的话题，并且一致认为牧师的儿子在失踪六七年以后整个地变了，至少是在外面患上了痴呆症。从前活泼可爱的一个少年，变成了一个怪物。他们一方面为西奥多勒斯牧师感到惋惜，另一方面对温森特怀着猜忌和畏惧的心理。绕过他身边时总要用眼角的余光警惕他的举动，看看他的手里是否捏着石头什么的，谁也不能担保他不会猝然发难，去伤害一个无辜的人。

好在温森特从不伤害任何人，工人们对他的防备也开始松懈，认为他至少是一个善良的疯子。而这一切温森特不知道，他在专注于某一物体的时候，身旁的东西全消失了。

终于有一个晴朗的早晨,温森特的举动有了变化,他拿了纸和笔,坐在伐木工人不远的地方,专心致志地画着一根老树干。这使得工人们对他又多了一层防备。

温森特一坐就是一整天,忘记回去吃午饭。盘根错节的老树干上布满风雨剥蚀后留下的痕迹,看上去沟壑纵横,伤痕累累。他从树上看到了波里纳日矿工们饱经沧桑的脸,这使他想起了梅里恩,他力图在这张素描中表现出一种深沉的苦难。

开始父亲和母亲看到他致力于绘画,都有一种欣慰的感觉,母亲立即告诉他要学画可以到海牙去找毛威,毛威是海牙画派的代表人物,著名的风景画家,而且是温森特姨妈的女婿。她说毛威的作品每件可以卖到 600 个荷兰盾。父亲也认为这至少是一份可以谋生的职业,比游手好闲无所事事强得多。

温森特觉得他们都是从生计上考虑的,忽视了他作为一个有远大抱负的青年对艺术的一种执着追求。

这总是一个遗憾。

温森特把全部的时间和精力都投入到他的学习中。天气晴朗的时候,他背上画夹到村外去,更多的时候是到荒无人烟的野外树林里去,这是因为镇上的人仍然认为他古怪,并且跟他保持着一种距离。而家庭的温暖仅仅是人的本能所焕发出来的一种公式化的亲情,他觉得无论是在镇上其他地方,还是在自己家里,谁也不能真正理解他的内心。所以,他心灵深处仍然感到一种可怕的孤独。在荒地上他能体味到一种人与自然相互和谐的快乐,自然界美好的事物是诱发人灵感的绝妙因素。所以他甚至在荒地上动手盖了一个小茅屋,这是他灵魂得到安慰的场所。他就在茅屋附近画古老废旧的磨坊,画郁郁青青的榆树,画远处伐木工人劳动的身影,尽管他们仍然回避他,但对他的行为习以为常,并不继续笑话他。

天气坏的日子,他就在家里画素描,三个姐妹中最小的威莉敏性情温和,与其他姐妹相比对他倾注了更多的同情。她是一个正在学习缝纫的女孩,温森特常常把威莉敏和她的一个同伴做模特画速写,威莉敏总是有求必应。

此外,他购置了画家卡萨奈的《论水彩画》,并在家里潜心钻研,为此他掌握了暗红墨水画和水墨画的知识,并琢磨出用芦苇秆削尖蘸墨水勾画线条,可以画出较粗的笔道,看上去使画面更加体现一种粗犷而雄浑的美感。

海牙之恋

海牙之行对温森特来说具有重大的意义,他决定到海牙学。但是回到埃顿以后,他看见斯特莱克姨父的女儿、表姐凯·沃斯来到了他们家。

凯在一年前死了丈夫,父母不忍心她每日沉浸在对甜蜜往事的回忆之中,建议她换一个环境,到科莉尼亚姨妈家散散心。

温森特在走近自己家门的时候,远远地看到表姐柔弱的身躯倚在屋前的一棵榆树干上,微风吹过,她美丽的身姿像树叶一样发抖,她的面前有一个小男孩,那一定是凯和沃斯的儿子简,凯的目光被儿子牵引着,那里面有一丝凄婉的笑意。

四年以前,温森特在阿姆斯特丹神学院学习时第一次见到了凯,从此,表姐高贵而美丽的形象在他的心里打上了烙印,他记得他们在一起谈论过伦勃朗,凯具有一种卓越的天赋,他认为她是艺术圈子以外唯一能感受艺术之美的人。

在简短的交谈中,他们对伦勃朗达成了共识。然而那只是一束短暂的火花,为此他嫉妒过那位风度翩翩的表姐夫沃斯。凯的到来使温森特心潮起伏,他忘记了去海牙的事,有一种责任感在他心里萌动,他觉得他必须安慰和照顾她,使她重新获得快乐。况且还有一个更令他欣慰的理由:凯是迄今为止唯一能够真正理解他的人,和凯在一起,他的信心将会更加充足。

所以,温森特每天背着画箱,邀凯带着简一起到野外去写生。他们带上午饭,在森林里一待就是一整天。凯在充满生气的树林里,要么和简追逐嬉戏,要么伏在草地上,嗅着花草和泥土的芬芳。忧伤逐渐从她的脸上消失,她的苍白的脸上渐渐涌上了红潮。温森特因为有凯在身边,还有一个活蹦乱跳的小孩,心情格外愉悦,他甚至体会到一种小家庭的温暖,然后因此而产生了一种无法遏止的创作热情。他的脸与画板之间老是出现凯凄美的面容。凯有一张椭圆形的脸,一双充满哀怨、像碧潭一样深不见底的大眼睛,她的皮肤细腻而苍白,悲哀使她的美显得深沉而成熟。

每当这时候,温森特的创作灵感来得特别快,而且久久缠绕着他,令他激动不已。他的画也显示出异乎寻常的出色,炭笔在他手指间轻灵地盘旋,线条流畅而柔和,这简直是一个奇迹。

偶尔她不在他身边的时候,他感到坐立不安,灵感被她带走了,所有的焦灼向他袭来,他无法完成任何一幅习作。这时候,他清楚地意识到,他恋爱了。

他回顾自己走过的 28 年,是那么孤单寂寞,他觉得一个男人最悲哀的是莫过于在他的生活中没有一个他爱的和爱他的女人。从来没有一个女人哪怕是用一根柔滑的手指轻轻刮过他的脸颊,或者在他眼前吹气如兰,轻轻地对他说:"温森特,我爱你!"这是多么不幸啊!

温森特把自己的爱情告诉了弟弟提奥:

我现在开始恋爱了,我始终爱着她,一直要等到她最后爱上我。瞧吧,你将要发现还有另外一种力量促使我们行动,那就是充满爱情的心,你一定会大吃一惊的。我迫不及待地需要发泄自己的感情,否则锅炉就会爆炸。

温森特选择了一个适当的时间,把他的恋爱告诉了他的父亲和母亲。父亲曾经为温森特和凯能够和睦相处甚感欣慰,所以温森特对父亲充满信心。但令他失望的是,母亲对此缄默不语,父亲脸上却毫无表情,他像没有听到温森特的话一样。他想,父亲是不是神经质了? 父亲和母亲都不正面触及这个问题,好像这是一件与他们无关的事,这使温森特感到很伤心。但这并不能减少一丝一毫他对凯的爱。

他终于控制不住了，正像他说的，锅炉爆炸了。

那天他在他的小茅屋旁边画画，一种巨大的冲动使他不能自持，简枕在凯的腿上睡觉，凯用一种平静的眼光凝视着温森特的方向，实际上她没有看她眼前的东西，她只是注视着一个虚无的空间，从这种虚无里搜寻她甜美的往事。她的神态使温森特悲痛欲绝，他觉得她不应该把自己束缚在往事的痛苦之中，应该正视现实，因为现在他爱她！

温森特扑上去，张开双臂把凯柔弱的身子紧紧拥在怀里，像疯子一样发出呓语，他把所有的热情连珠炮一样发射出来，使凯惊恐万状。

最后他说："凯，我爱你胜过爱我自己，我一刻也不能离开你！"

凯在惊骇之后表现出极大的愤怒，她几乎是咬牙切齿地说："不！永远！永远不！"然后她挣脱身子，抱起大哭不止的简飞快地跑了。

猝然的打击把温森特的心碾得粉碎。

凯在第二天就打点行李回阿姆斯特丹去了。

一种强烈的思念凯的情绪笼罩着温森特，使他夜不能寐。他赶到了阿姆斯特丹，他要见凯一面，听听她亲自表态。尽管在埃顿她已经说了，但他坚信那不是她内心所想的，她只是一时惊愕而措辞不当，说出了违心的话。

斯特莱克牧师并不理睬他。他的身子像一座山一样挡在温森特面前，然后自个儿背起那封信来，那听起来就像一件公文，或者是例常的传道讲经。

餐桌上点燃着的一盏汽灯，惨白的光正像温森特的脸。温森特把他的焦躁强压在心底，他用最大的耐心恳求姨父："尊敬的姨父，我爱凯，爱您的女儿，我将用我的全部身心温暖她，照顾体贴她，给她幸福。您是侍奉上帝的，那么请您看在上帝的分上发发慈悲吧，请您给我一个机会，让我赢得她的爱！"

姨父一脸的冷漠，"这是不可能的，温森特。凯根本不爱你，你的出现对她只能是一种伤害。"

"尊敬的姨父，您听着，如果表姐是一个天使，那么我就攀不上她，我无法设想我能与一个天使恋爱。但我认为她是一个具有正常情感的纯粹的女人，而我十分爱她，这是天经地义的，我怎么会伤害她呢？"

此后，姨父拒绝回答温森特的任何问题，他像面对着一个无赖一样用一种置之不理的态度对他。

温森特气得浑身发抖，他觉得他的面前不是斯特莱克姨父，而是一堵教堂的冷冰冰的、坚硬的白色墙壁，那是无法逾越的障碍。但是他决不会因此而放弃。他突然像一头暴怒的雄狮，跳起来奔向那盏汽灯，他伸出左手插入汽灯的火焰上烧着，说："我宁可烧焦我的手，这种疼痛还不如我的心灼痛得厉害。我一定要看到她，哪怕是我的手能够在火苗中坚持的那么一点时间。"

他手背上的皮肉立即变黑，又变红，一缕烟冒出来，伴随着皮肉烧灼的吱吱声，他的牙齿紧咬着，手臂始终一动不动。斯特莱克牧师忍受不了他那森森的目光和那惨烈而残酷的炙烤。他在惊愕之余一掌打掉了汽灯,他气得说不出话来。

温特森在阿姆斯特丹三天,天天呆在姨父家里,但这样对抗毫无结果,他的精神几乎崩溃了,希望越来越渺茫。

在小旅馆里,他把自己像垃圾袋一样扔到床上,然后怔怔地反省自己。他想我一定是在什么地方搞错了,要不然为什么谁都反对我?是我不正常,还是他们不正常?我快30岁了,但我从来没有尝过女性温热的肉体之欢,那一定是妙不可言的,我来到这个世界并且生为男人,我就应该有享受女人的权利,我一定要去找一个女人,哪怕是一个妓女!

眼泪与鼻涕在窗外透入的灯光下闪耀,到后来他竟至于泣不成声。

后来有一天,梵·高去酒店喝酒时,碰上了妓女克里斯汀。她已经不年轻了,也不算美丽,现在靠洗衣为生。她有五个孩子,现在肚子里还怀着一个。

他们俩聊得很投机。就这样,克里斯汀走入了梵·高的生活。她每天给他当模特,给他做晚饭,给他洗内衣,上街买东西。

梵·高每天付给她一个法郎。他知道这超出了他的支付能力,但是他喜欢她陪伴。他喜欢在新煮的咖啡气味中醒来,喜欢看一个态度亲切的女人在炉子周围忙碌。这是他头一回有个家了,他发现有个家是很惬意的。

等到他画她画得对她身体的线条了如指掌时,就决定画一幅道地的习作了。他让克里斯汀裸体坐在火炉旁的一小段圆木上。画面上,她那骨节粗大的手放在膝盖上;脸埋在瘦得皮包骨的臂弯中;稀疏的头发披在背后;松弛干瘪的乳房下垂到精瘦的腿上;踩在地上的扁平的双脚给人一种不稳定感。他给这幅画题名为《哀伤》,这是一幅生命力已被榨干的妇女的生动写照。

素描倒数

就这样两个人彼此相爱了,并且梵·高向克里斯汀求婚了。几个月后,克里斯汀的小孩生下来了。梵·高很高兴,虽然这个孩子并不是他的。

1885年3月,温森特回到家乡的第三个年头(第十六个月),父亲西奥多勒斯因意外事故去世。提奥回来参加了葬礼,温森特也搬到家里住了一个时期。

因为巨大的悲痛缩小了温森特与弟弟科尔以及其他妹妹的距离,哀伤过后,全家人的关系较父亲在世时融洽多了。但是为了不妨碍弟妹们的正常生活,温森特还是决定搬出去住。他认为这样也许是维持他们之间友好关系最长远的明智之举。

从家里走出来,温森特租住在一个工人家里,他的邻居是一户农民,主人叫德格鲁特,是个五口之家。他们全都下地干活,脸晒得黑黑的。德格鲁特有一个17岁女孩叫斯蒂思,性格开朗,整天疯疯癫癫的,挺招人喜欢。她穿一件满是灰尘并打了补丁的蓝色裙子，一件紧身胸衣，由于田野的风与太阳的影响，她的服装看上去比城市贵妇人的服装更加优美。温森特经常请她做模特。

德格鲁特一家以土豆为主食，偶尔能喝上一杯清咖啡，过节的时候卖点土豆换一小块咸牛肉。种土豆、挖土豆和吃土豆就是这一家子的全部生活。

温森特每天晚上都到德格鲁特家里串门，他们对他很友好。他经常观察他们吃蒸土豆，一边想着一些问题。

那是一间被烟火熏得黑乎乎的小屋子，一屋子五口人脸色黝黑，围着桌子，占去了房子的大半空间，给人一种透不过气的感觉。桌子上摆着一盆热气腾腾的蒸土豆，硕大的土豆爆裂开它们的皮，香气从裂缝的地方浓郁地弥漫开来，充溢了整个房间。

他开始着手画这幅画，在闪着金黄色火苗的灯光下，一家五口人在吃着土豆，他们曾用伸进盘子里的同一双手去锄地，他们用诚实的劳动挣到了他们的食物。他们翘起的鼻尖在灯光下放着光，相互谦让传递着土豆。这种情景是和谐而宁静的，有一种朴素的幸福与温馨。

油画完成以后，他给起的标题为《吃土豆的人》。因为还没有干透的原因，他不能够立即进行一些必要的修改，又怕弄坏了，所以把画寄放到一个徒弟家里，并叮嘱他千万要小心，不要把画弄坏，干了以后他再去修改。

过不了多久，温森特到他朋友的家里，取出了那幅《吃土豆的人》，画面已经干了，上面布满灰尘，而且密密麻麻地粘上去许多苍蝇。温森特用刀子刮着这些"为艺术而献身"的小生灵的时候，竟把自己和它们比较，他感到非常有意思。

然后他做了一次细致的加工，画上最后收尾的笔触，再用蛋清涂上去，阳光下一幅成功的作品显示出了它勃勃的生命力。他觉得自己终于捕捉到了那正在消逝的事物中存在着的具有永恒意义的东西。从此，布拉邦特的农民获得了不朽的生命。

温森特决定在这个时候去安特卫普，那是比利时的艺术中心，他希望在那里能获得正规的教育。弟弟提奥邀他去巴黎深造，他觉得还为时过早，但总有一天，他得向巴黎进军的。对一个画家来说，安特卫普真是一个百花园。

温森特在激情催促下迅速投入了工作。一方面与美术学院取得联系，争取入院学油画，另一方面在街头或酒吧寻找模特。

他在一家咖啡馆里雇到了一个陪酒女郎，那是一个漂亮的姑娘，性格开朗、机智幽默。温森特已经越来越习惯于在作画时和模特谈话了，谈话时模特的脸部能保持着活泼的表情。

"你是一个非常快乐的姑娘，和你谈话是一种享受！你是否对喝酒感到惬意？"

"对我来说，香槟酒不是快乐，而是忧郁。"

温森特被这句富有哲理的话深深打动，自己观察人物竟是多么地缺乏洞察力。他由此懂得了在表现某种趋于表面的欢乐的同时，更应该着重刻画内在的悲哀和痛苦。

然后他准备为她画另一幅画。第一幅是一个巨大的头像,她的快乐像水一样清澈地在画面上流淌出来,他把那幅画送给了她。她对这件温森特认为是失败的作品还是感到很满意的,她说:"画面上的我能冲淡我的痛苦。"

第二幅作品并没有画完,咖啡馆的老板严禁温森特影响他们的工作,他用近乎粗暴的举动把他赶走,并不准姑娘上门找他。

温森特就在自己租的画室里对着镜子画自己。他第一次画出了两幅自己的肖像。

在安特卫普只有一个多月,这个曾因为被人称做"船长"和"铁厂工人"而自豪的温森特就日渐消瘦下去了。

他的牙齿越来越多地掉了,最多还剩十个,吃东西的时候,他尽可能不使用它,一骨碌就吞下去,以免不小心磕碰下来一颗。此外,为了不至于太强烈地感到肚子饿,所以他抽很多烟,弄得咳嗽加重,还有可恶的胃病,这些病症弄得他看上去像一个四十多岁的人。他对弟弟提奥写信说:

谁要是想画画,他一定要设法活下去。

所以他为了自己的身体去看病,医生说,这是一种全面的衰退,一定要注意保养。

不过温森特并不太伤感,众多的艺术家都有类似的经历:缺乏金钱,健康不佳,遭受歧视,孤立无援,终生受罪。德拉克洛瓦说过:一个画家只有在牙齿掉光,头发全无的时候,才能弄明白成功的奥秘。看来,掉牙齿或许是接近成功了。

他决定三个月学习期满,就到巴黎去。

印象画派

巴黎称得上是欧洲的首都,虽然第三共和国提倡自由、平等、博爱,但作为艺术家,应当有艺术家的气质。有的艺术家在作品不被人理解的艰难时期穷困潦倒,成名以后还是会讲究起来。比如印象派,经过十多年的努力,已经拥有了越来越多的赞扬者,莫奈的处境就已经逐渐改变,经常改建他的画室。

当然这些话温森特几乎听不进去,他的心思是到古比尔画店去看印象派画,然后结识一些画家。提奥告诉他,继首批印象派画家之后,巴黎已越来越多地聚居了一批更年轻的画家,以印象派为楷模,并力图在其基础上有所创造。这才是温森特最感兴趣的事。

蒙马特尔林荫大道显得宽阔而壮观,兄弟俩晃过高大豪华的百货商场和富丽堂皇的酒店,来到古比尔公司分店。店内陈列的作品很快就吸引了他的注意力。

被称为印象派画家们的作品在琳琅满目的古典派与学院派作品中显得孤单而

固执,它们仅仅占了一楼与二楼之间的楼厅。

温森特完全傻了眼!这些画无处不表现出一种对传统艺术的背叛。他从少年时代起,就接触那些死气沉沉的绘画,虽然构图稳定均衡,线条清晰优美,每一处都经过精雕细琢,但是画面上没有笔触,颜色之间的交接平淡冷漠,好像不是画出来的,而是用石头把颜色磨成了这个样子。

而你看他们!印象派的画,坚决大胆地否定了传统的黑色阴影,阳光的普照波及世间每一个角落,阴影的处理用青、紫色代替,在光波环绕中物体的氛围感表现得妙到极致!题材呢?天哪,甚至连题材都降低到服从于绘画色调的地位!

莫奈的《圣拉扎尔火车站》,描绘了溶解大气中的烟雾以及蒸汽中光的反射,敏锐地捕捉到了阳光下变化多端的空气的形状,并把这种自然现象解剖出来,就像解剖某一具血淋淋的动物的尸体,引发了人们心目中熟悉而又难以言状的感觉。如果说提奥的介绍趋于抽象,那么眼前的作品令温森特仿佛身临其境了。

另外两幅作品在掌握了色彩变化的同时,又注意了整体的气氛,笔触潇洒,构图巧妙,画面上人物神情自如,韵律无穷,两幅画看样子出自一个人之手,以完全不同的色调表现出了各异的情境,作品色彩的基调相当明亮。这是雷诺阿的《磨坊舞会》和《游艇上的午餐》。

此外还有德加的芭蕾舞演员、毕沙罗的农家女子折技图、塞尚的静物、西斯莱的乡村风景等等。

温森特在这些作品中徘徊,隐隐感到有某种不适,那是脖子酸痛的缘故。他没有时间去寻找和改善它的处境,他为整个这些新型的作品激动不已。他们发现了空气而且表现了它,表现得淋漓尽致。现在温森特为自己在安特卫普学生们中的表现羞愧得无地自容,他的作品与其他呆板的学生作品固然不同,他认识到作品中要表现鲜活的空气的流通,但他只是停留在梦想阶段,自己的作品是多么晦涩阴沉!

"请问,梵·高先生!"他自言自语,"黑咕隆咚的画面上能够看到空气的流通吗?那是梦想吧?"

光!色彩!它们才能使空气活灵活现!

想这些问题的时候,他忘记了自己已经坐到了地毯上。温森特思索一阵,又站起来,重新逐件审视那些作品。半个小时以后,他发现了新的奥秘,在这同一派别中,实际上存在两种类型,一种重光和色彩,探求光与色的独立的审美价值,其典型代表是莫奈;另一种注重室内光,以光的转换表现迅速变化的运动,使静止的画面产生动感,并用光大胆地加重色调的反差,典型代表应首推德加。

温森特每天照常到科尔蒙画室去上课,画模特,这和在安特卫普画院没有两样。

温森特毅然从狂热中抽退出来,好在除去提奥的关系,朋友们大都不把他当作顶梁柱之类的人物来重视。其实,朋友们那种为某一个观点纠缠不休的状况令温森特深感厌恶,而温森特直率的性格也同样使一些人讨厌。也许他天生就是一个孤僻的人。

温森特向提奥提出了离开巴黎的想法,理由是他并不是一个城市画家,他的天地在田野与荒地,他希望找到一个燃烧着炽热的太阳的地方。因为他的心里有一团熊熊燃烧的欲望之火,随时要蹿出来呼应着太阳一起升腾。

他还知道,只要他离开巴黎,他就无法安排好自己的生活。提奥在他的能力范围之内寄再多的钱也只能是钱,一种人们通常称作货币的物体,它与面包和事业三者之间永远无法合理搭配。

但是,温森特决定走。他告诉朋友们的时候,劳特莱克和高更赞成他的举动,而高更也有同样的想法。

在这段时间里,他竭尽全力把自己的调色板往更令他满意的亮度上提。他初步考虑去非洲赤道附近的某一个地方,那么调色板就要力求达到燃烧起来的程度。他选择了阿尔。

红发疯子

阿尔是法国最南端罗讷河畔的一个小城镇。

雪一直下着,下了火车以后,积雪深到膝盖,影响了温森特徒步行走观赏雪景。马车即使在更深的雪地里也仍然拉客。

在到达阿尔之前,温森特看到了一个由巨大的黄色岩石组成的村子,看上去庄严而且气势雄伟。村子旁边有一排小树,橄榄绿色的树叶与雪景相映成趣。村前是一马平川,种着一溜一溜的葡萄树,树根下露出一小圈没有被雪覆盖的红色土地。放眼望过去,雪中的风景,极白,天空像白雪一样亮丽,融化了天与地的分界线。温森特很激动,这正像日本画家所画的冬景。

有一种更奇特的景象使温森特为之倾倒——野地里零星开着一些杏花,与大雪斗艳。

马车经过一座小吊桥的时候,车夫告诉他,远处山脚下的镇子就是阿尔城。温森特跳下来,伏在吊桥的栏杆上朝下看,纷纷扬扬的雪花飘进河中,迅速融化,河水湛蓝湛蓝,缓缓流去。看得久了,桥下的水就成了静止的,而桥身载着他往后游去,游去。

温森特沉浸在无与伦比的亢奋之中,他想,雪化以后,他就立即来画杏花和阿尔的小吊桥。

遗憾的是冬天里见不到他梦想的太阳。

两个月以后,天气逐渐转暖,太阳升上碧蓝的天空,光辉夺目,雪吸收着热量。在阳光中迅速融化,西北风狂啸着吹过来,残余的冷气从人们衣饰的每一个缝隙里钻进去,除了头顶的一点暖意,所有人全都浑身起鸡皮疙瘩。

温森特到阿尔以后住在一家旅馆里,到达的第一天就投入了工作。阿尔的时间对他来说太重要了,在巴黎猛醒后的反思使他更觉出一种紧迫感,这是区别于以前只要求进取而不顾忌生命长短的做法。那个送他来的马车夫的话多少让他有点心悸。他固然轻视生命,但没有生命就会断绝追求,而人一旦失去了他终生舍命相搏的目标,就变得没有半点意义。就是说,在没有画出令自己心满意足的画以前,他将死不瞑目!

老天是多么善解人意,他放下行李以后雪就停了。旅馆的侍者送茶水上楼去的时候,与背着画箱匆匆而下的温森特撞个满怀。侍者立即跑去告诉老板:阿尔又来了一个疯子!

第一幅画是雪地上的两株杏树,还有一幅背景画着阿尔城雪地风景画,这是两幅钢笔画的素描,这样的风景其实更适应用芦苇笔画。这些雪地风景的印象在头脑中是那样鲜明,他想以后一定得把它们画成油画。

那天他结识了一个同样在雪地上画画的丹麦人,他名叫莫里阿·佩特生,他住在阿尔的另一家豪华的旅馆,有足够的钱过好日子。

这真是一个好兆头,来到了阿尔找到了初步的好印象结识了朋友。温森特一生中是难得有这种机缘的。

天黑下来以后,雪地上还是显得很光亮,有走在月光下的感觉。回到旅馆,他强烈地觉出很有食欲,温森特知道他当不起富翁,他得计算着花钱,结果第一个晚上熬过去了。第二天在街上到处转转,满街都有廉价的饭馆。最后他在郊外的农民家里买些鸡蛋,每天早晨吃两个,晚上吃两个,外加点咖啡和牛奶。当然常常不能满足胃的需求,但对他来说,能够这样,已经很不错了。

天气转暖的时候,他已经画了大量习作,包括五本素描、速写画册子以及一些油画。他最满意的是那幅《阿尔的吊桥》:万里无云的碧蓝色天空与同样色彩的河水相映成趣,黄色的桥身和河堤,上面长出了绿草,一群穿着罩衫,戴着五颜六色帽子的阿尔女人在一只浸了水的破渔船边洗衣服。温森特想起经过这条小桥的情景,在桥上画了一部小马车。每天莫里阿与他一起出外画画。那是一个老好人,他的作品在温森特看来刻板、规矩,好像是用一根绳子把后脚捆绑在一起画出来的,显得很拘谨。他对温森特的作品一味地称赞,当温森特饶有兴趣地想要继续倾听他的高见时,就没有下文了,那种恭维看上去只是一个老好人随意表露的自然心境,不是感受,而是客套。因为他对温森特使用色彩的胆魄大为吃惊,它夸张到了令人难以置信的程度。温森特往往被这种客套打断创作思维,但他仍然是高兴地应酬着。对他来说,失去一个朋友容易,得到一个朋友却相当艰难,这是他经历过无数次失败的惨痛教训。

休息的时候,他们在一起谈论印象派。这是莫里阿首先提起的话题,因为他去年在巴黎参观了拉斐德路的印象派第八次画展,所以他看到温森特的作品以后,就说:"你是印象派!"一句话把他们的距离拉近。莫里阿喜欢读莫泊桑和龚古尔兄弟的小说,两个人在这一点上达到了共鸣。

阿尔的空气使温森特感到身心愉快,烈日与星空,甚至有时候看来可恶的西北风,都能在他的身上引发一种奇妙的振奋,就像阿尔的一小杯白兰地同样使他陶醉一样,他常常觉得自己体内的血液像沸水一样翻腾不止。

他每天早晨四点半左右起床,背着画箱匆匆上城,沿着罗讷河畔或者随便的一条小溪流行走,他喜欢逆流而上,流水与步行的反差造成行动神速的感觉令他尤为兴奋。他的行动永远是激进的,超乎一个常人应有的闲适的心态。然后他被某一个地方牵引住,迅速支好画架,双眼牢牢地、紧张地攫住他所发现的景致,就像一个钓鱼的人发现了浮标被鱼牵动时的眼神,他得屏声静气,全神贯注地捕捉到它。

他成了一个机械的人,他根本不考虑自己在干什么,为什么这样干,他只是不厌其烦地一幅接一幅地画着。春暖花开的时节,乡村的自然景色太美了,他只感觉到时间的紧迫,他觉得应该把这些东西全部画下来,甚至在睡梦中常常半夜惊醒,全身虚汗淋漓,他梦见阿尔的果树花一瞬间被西北风卷起,消失在地中海的上空、留下一片黑暗和荒凉。这是人的自然属性,就如同贪心的淘金者忽然在某一个地窖里找到一个金库,而他又无法一下子搬走它,所以逐批拼命地运载一样。这种占有欲是永不会满足的。

整整八年的时光,他在逆流中奋然击水前行,周围没有船只和同伴,衰弱了的只是皮肉与容貌,力量却在枯槁而孱弱的外表下与日俱增。阿尔的飓风能像鞭子一样把这座城市抽打得狂乱不安,摔烂窗户,折断树干,但奈何不了温森特,他在与风的搏斗中同时享受到一种乐趣:人和绑好的画架在风中颤抖,他在颤抖中找到一种明快的节奏感。他觉得自己就像一把薄薄的刀片,刃口迎着风,悄然屹立,风狂啸着扑过来捕捉他,但反被他劈作两半,拖着绵绵不绝的受到伤害的躯体,嚎叫着逃走。

阿尔春天的果树园几乎画完了,那是 20 幅一组、25 幅一组和 30 幅一组的油画,此外还有一些自然风物和大量的素描与速写。旅馆的床下已经塞得满满的了,但是他没有运费寄给提奥。他给提奥写信,说他画完这些画,几乎累坏了,但是他仍然觉得不尽兴,"如果能完成它的两倍,对我来说也不算太多。"

阿尔城里的人每天都在中午和下午 2 时左右看到他背着一个沉沉的箱子,浑身色彩斑斓,像一个油漆匠,急急前行,不知道他上午是什么时候出去的,从哪里回来,又不知道他下午到哪里去。他的样子又怪怪的,目光呆滞,但神情激奋,从不与人讲话,他的手伸向前方,很急切的样子,好像是整个躯壳的向导或指挥官。他常常由于兴奋而手舞足蹈,跟自己打手势,或者以一种做结论的语调跟自己讲一句什么话,把经过他身边的某一个人吓一大跳。阿尔人从各种迹象中得出结论,这个红头发的人绝对是一个疯子。他们叫他疯子,一些流浪儿把发现和给他编顺口溜当作寻找物质以外的最大乐趣,他们跟在他后面十码远的地方,拍着手,跺着脚像小学生朗诵诗文一样整齐划一地喊。

"红头发!"一部分人喊。

"疯——子!"另一部分人呼应。

一个人发疯,在阿尔是正常现象,正像罗林说的,"谁都有点儿神经错乱的。"

又过了几个星期,温森特重新开始在太阳下画画,冬天的太阳更加辉煌灿烂,但他不能过分地操劳,画一画素描和小花小草,按时作息,避免过度的劳累和兴奋。阿尔人都以一种平常淡然的眼光看待他,倒没有人再叫他疯子,好像只有疯了以后才能在阿尔取得正常人的地位。

在这之后,意外的情况又一次发生了。那天早晨他清醒地产生一种不祥的预感,一种需要吵架的欲望强烈地在心头萌动。他背着画箱在外游荡了一整天,什么也没有做,然后走到一家小饭馆里吃晚餐。侍者把他的食物端上桌以后,他瞪着恐惧地眼睛再三审度餐盘,然后突然怒吼着扑向侍者,揪住他的衣领。"你在汤里放了毒! 你为什么要毒死我!"

人们七手八脚地把他抬到医院里。

两个星期以后,他又恢复正常。但是从此阿尔人对他采取了一种防范态度,他的行为超出了阿尔人能够理解的范围,他们认为他发疯是因为喜欢画画。如果他空着手走在路上,他们觉得很安全,这会儿一定是正常的,而假如背着画箱子,那就得提防他了。但大多数时候他都是背着一个画箱的,所以阿尔居民对于温森特与他们生活在同一个地方感到一种日益逼近的危机,说不定这家伙哪天会变成一桶火药,点着了往你身前一滚——不难想象那是一个残酷的结果。

于是,有八十多个阿尔居民联名向市长写了一封请愿书,把温森特描写成一个随时都会伤害别人,不宜于自由行动的人。

市长下令警察局把温森特监禁起来。

温森特没有为自己做丝毫辩解,虽然第二次出院后近一个月来他从未出现任何神经错乱的现象,但是他感到这次打击是巨大的,而且令他非常伤心。

阿尔许多怯懦的人纠集在一起,倚仗警察局的势力反对一个虚弱的病人,并且往他的脑门上猛击拳头,这实在是无法忍受的。温森特觉得自己随时有被再次逼疯的危险。

温森特觉得生与死并不可怕,但如果一个人神志不清,面对美丽的大自然而无动于衷,那才是最可怕的事。所以他心灵深处萌发了一种痛苦,他把这种痛苦写信告诉了提奥:

许多画家变成疯子,竟成为事实! 至少可以说,是生活使人变得精神恍惚。如果我能重新以全部精力投入绘画该多好,但不祥的预感时时侵袭着我,我总会发疯的。

三个月里,他画了大批新画。

艺术大师

百年孤独

病魔果然如期而至,这让梵·高失去了康复的信心。一种巨大的恐惧不时袭击着他:也许有一天突然发生大病,可能永远破坏他作画的能力!

一天,大夫把梵·高叫到办公室,交给他一封厚厚的挂号信,里面是一张400法郎的支票、一张报纸和提奥的一封信。信上说,梵·高的《红葡萄园》被人以400法郎买下了。而乔安娜生了个儿子,并以梵·高的名字命名。

"祝贺你,梵·高!"大夫脸上很平静,声音却显得很兴奋。梵·高木然地回到房间里,他不相信在希望接二连三地破灭之后,这个世界还有能令他兴奋的事情。他又把报纸打开来,有一篇文章这样写道:

温森特·梵·高全部作品的特色就在于那非同寻常的力量和强烈的表现力,在他对事物本质的绝对肯定之中,在勇猛的斗士。

梵·高回到巴黎。乔安娜原以为这个让丈夫牵挂了一生的哥哥是个虚弱的病夫,却不料梵·高面色红润,笑容满面。她给梵·高也留下了好印象。她有一双像母亲安娜一样温柔的褐色眼睛,充满善良。

四个月大的孩子在摇篮中蹬着小腿。见到伯父,他居然停止了活动,一双清澈的眼睛静静地瞪着他。这就是梵·高家的后代!梵·高顿时百感交集。因为他自己还孤身一人!

第二天早晨,提奥上班去了,乔安娜把婴儿车推到了街上,给孩子晒太阳。梵·高呆在屋里,只穿着衬衫望着墙壁走走停停。满墙都挂着他的画,饭厅壁炉上方的《吃土豆的人》,起居室挂着《阿尔的吊桥》和《罗纳河夜景》;卧室里是《开花的果园》。一种冲动促使他立即进行了一次大规模的搜寻。

"我要举行一次完全是我个人的画展!"

他把自己的画分成了三类:炭笔画集中在一个房间,水彩画集中在另一个房间里,油画集中在剩下的房间里。

中午,提奥和乔安娜带着孩子进门的时候,梵·高堵在门口,满脸诡秘,举手投足都掩饰不住莫名的兴奋。

"我打算带你们去看一个梵·高画展!"他说,"你们要经得起考验哟!"

"一个画展,在哪儿?"提奥问。

梵·高把门推开,三个人走进了门厅。提奥和乔安娜被室内魔幻般的色彩惊得半晌说不出话来。

夫妇俩按照梵·高引导的顺序,从一个房间到另一个房间,看到了这位艺术家哥哥缓慢而痛苦的人生和艺术进程,看到了他对绘画的执着追求。提奥和乔安娜流下了感动的泪水。

提奥把梵·高送到了加歇大夫那里。

把他留给我,我知道怎样对付画家们。我一个月之内就可以使他成为一个健康人。我要让他工作,这可以治好他的病。我要让他给我画像,下午就开始。大夫说。

于是,梵·高当天下午就投入了工作,他很快就画出了两幅画。而大夫就站在他旁边喋喋不休。

几天后,梵·高为大夫画了一幅肖像——《加歇大夫》。大夫对这幅画像简直喜欢得发了疯,并且坚持要梵·高再画一幅送给他。梵·高只好答应了。

时间很快流逝。梵·高感到活力已经从画中消失了,他作画只是出于习惯。十年繁重劳动的强大的惯性继续把他往前带动了一点儿。但过去曾经使他为之兴奋为之战栗的自然景象,如今只让他觉得平淡无奇。

而出人意料的是,提奥的孩子病了,公司也威胁提奥要把他解雇。这让梵·高魂不守舍,全身乏力。

但加歇大夫却还让他拼命地画画,他完全不了解梵·高的内心世界,反而以为这样有利于梵·高的康复。梵·高的心情非常烦躁。

一天,他拿上画架和画布,爬到了山上,在墓园对面黄色的麦田里坐下来。

中午,火热的太阳晒到他头顶时,天空中突然出现一大片乌鸦。它们哇哇叫着,遮暗了太阳,像厚厚的夜幕把梵·高盖住,逼得他透不过气来。

梵·高继续画下去。他画了黄色麦田上的乌鸦。他不知道自己画了多久,但是当他明白自己已经画完时,他在画布的角上写了《麦田里的乌鸦》几个字。

之后,他背起画架和油画,回到旅馆,倒头就睡。他觉得自己的生命就要结束了。醒来后,他提笔给提奥写了一封信,信中这么写道:

我在努力作画,但我几乎不敢相信我始终有着现在这么清醒的头脑。

从巴黎一回来,我感到很凄凉和极端的孤独,并且越来越觉得我在威胁着你,十年如一日。

我仍然十分热爱艺术和生活,正像我强烈地需要一个妻子和孩子。

画家们愈来愈走投无路。我的作品是冒着生命危险画出来的,我的理智已经垮掉了一半。

可惜你不是一个有实力的大画商。亲爱的提奥,你可以继续走你自己的路,怀着对艺术的爱与仁慈的心,继续走下去。

而我,该向这个世界告别了。

这是他对这个世界最后的表白!信里的内容杂乱无章,几乎没有说明一个什么问题,但可以反映出梵·高当时的苦闷心情。对艺术的苦苦追寻使他几近痴狂,而现实中的种种困难又使他身心饱受痛苦。他终于难以承受了。

梵·高抬起头,仰面对着太阳。他用左轮手枪压住自己的腹部,扣动扳机。他倒下去了,脸埋在那肥沃而散发着刺鼻气味的泥土之中。大地的儿子又回到了大地母亲的怀抱。

几个小时以后,梵·高又醒过来,返回人间做最后的告别。1890年7月29日,梵·高在伤心欲绝的提奥的怀中安详地离去。一位艺术巨匠走完了他的生命历程,一个孤独而躁动的灵魂从此获得了永恒的安息。

加歇大夫在他的坟墓周围种满了向日葵。

梵·高的逝世让提奥终日沉浸在无法减轻的巨大哀痛之中,精神崩溃了。六个月后,他追随哥哥去了天国。

乔安娜把他葬在了哥哥的墓旁。提奥在梵·高繁茂的向日葵花的荫庇下安然长眠。

兄弟俩在母亲温暖的怀抱里永不分离……

37岁的温森特·梵·高和这个他热爱着的世界永别了。

美国喜剧大师

——卓别林

人物档案

　　简　历： 英国影视男演员、导演、编剧。1889 年 4 月 16 日出生于下伦敦南沃克区东沃尔沃斯大街。从 1915 年开始卓别林开始自编自导自演，甚至还担任制片和剪辑。1931 年来到伦敦，转年才返回，1952 年移居瑞士。1967 年他拍摄了他的最后一部影片《香港女伯爵》，1977 年 12 月 25 日圣诞节早上于瑞士家中逝世，享年 88 岁。

　　生卒年月： 1889 年 4 月 16 日～1977 年 12 月 25 日。

　　安葬之地： 瑞士沃州科西尔·苏·沃韦村的一块墓地里。

　　性格特征： 性格坚强，奋发进取，心境开朗，胸襟坦荡，刚中有柔，柔中有刚。

　　历史功过： 英国电影和电视艺术学院奖终身成就奖，威尼斯电影节终身成就金狮奖，奥斯卡金像奖荣誉奖。代表作有《摩登时代》《城市之光》《大独裁者》等。

　　名家评点： 萧伯纳称赞他是"电影界独一无二的才子"。

五岁登台

　　1889 年 4 月 16 日夜晚 8 时，伦敦沃尔沃斯区一对年轻的喜剧演员家中添喜，娇小玲珑、能歌善舞的哈娜·希尔生下了一个男婴。身为父亲的卓别林先生，为孩子取名就叫查尔斯·卓别林，亲称查理，也跟做父亲的一样。

　　小查理睁眼看世界的时候，家境尚可。他父亲每周挣 40 个英镑，这在一般艺人中算高的了。一家人住了 3 间房子，还雇了一个女仆。

然而好景不长,他1岁时父母离婚。其中父亲每日嗜酒如命是主要缘故。在当时的英国,歌舞剧演员不喝酒反而是一件不容易做到的事。雾都伦敦所特有的潮湿空气和较长时间的低温寒冷,使得酒业发达、酒馆林立。所有的戏院里都设有酒吧,演员们演完戏后总要习惯性地在酒吧里泡一泡才回家。卓别林先生是其中一位典型人物,连每天演出之前都不吃饭,只吞下红葡萄酒浸泡的几个生鸡蛋。卓别林先生外表潇洒、个性安静、喜欢沉思,他嗓门洪亮,被称作次中音,这些当然都遗传了小查理。但他一沾酒,就如中了魔法似的暴躁易怒,有时甚至动武。每次因此而与妻子发生冲突,然后禁不住到街上酒馆举杯消愁。如此恶性循环的结果是,小查理满了1岁后,老查理搬出了这个舒适的家。

小查理的母亲哈娜活泼幽默,直率热情,充满爱心与责任感,同时敢作敢为。哈娜与卓别林先生分手后,勇敢地独自一人带着两个孩子过日子,大的叫雪尼,与查理同母异父。她甚至连查理的赡养费都没向法院申请要卓别林先生出。她那时很走红,每周可拿到25英镑包银;而且1先令和1便士也不送进酒馆酒吧,她对杯中物已深恶痛绝。

20多岁的哈娜·希尔常常在周末把雪尼、查理打扮起来,给雪尼穿上一套贵族公立学校——伊顿中学校服式样的学生套装,给小查理穿上一件蓝色天鹅绒外套,加一副蓝色手套,然后整洁精神地出门。秀发垂肩、年轻漂亮的少妇打着花伞,领着两个手拿风车、气球、活泼可爱的孩子,沿着威斯敏斯特桥路漫步而游,那情景就像是一幅美术名作。

那是一些使小卓别林感到快乐开心的日子,跟着母亲乘坐游艇在泰晤士河上观光,走过古老的威斯敏斯特桥到水晶宫游乐场看杂耍。即使是搬到了兰贝斯区的肯宁顿路上,小卓别林的生活还是那么开心:可以去坎特伯雷杂剧场坐在红丝绒椅子上看表演,可以花6便士在娱乐场的木桶中摸彩。然后在夜色中坐着马车,在剧团乐手的号角和马蹄声、铃铛声还有大人们的嬉笑声中,回家做个甜蜜的好梦……

1894年的一天,在伦敦一个俱乐部里一个孩童为大家表演节目,这时,剧团一位工作人员赶快出来,笑着帮孩子捡起散落在台面上的便士。

孩子却着急起来:"先生,您可不能捡着归自己呀,这些都是给我的啊!"

他急巴巴地紧跟在工作人员的屁股后面,直看着他把钱交给了刚才那位女演员后,才又心满意足地回到台前,接着唱起歌来。

观众被这小顽童的举动逗坏了,都笑得前仰后合,又有雨点般的便士在欢笑声中飞向孩童。直到演唱结束,女演员带着孩童出来谢幕,那掌声还不曾停止。

这5步的孩童便是我们的主人公查理·卓别林,而那位女演员便是卓别林亲爱的妈妈。

第一次登台就大获成功,使5岁的卓别林终生难忘。这拉开他"舞台生涯"的第一次大幕,但却是他母亲舞台生涯的最后一次。时令转入冬季,哈娜的嗓音不能恢复。寒冷使她无法登台,平时积攒起来的一点钱就只能流水似的花光。家境拮据起来,一搬再搬,那两年中房子从3间到2间到1间。哈娜的首饰和值钱的东西,也陆续出卖。她可以帮人家带孩子或找别的活干,但一箱子戏装绝不送进当铺。她顽强支撑着自己重返舞台的信念,期望有朝一日嗓子能恢复如初。她甚至为此而求助于上帝,信仰天主教,常去威斯敏斯特路教堂做礼拜。当巴哈的风琴乐曲悦耳地奏起来时,小卓别林看到了母亲跟中的虔诚的泪花……

　　8岁的查理结束了他留恋的学校生活。离开学校是查理所不愿意的,但贫穷的生活和母亲的操劳使他服从了这个选择。八童伶班顾名思义就是8个少年儿童组成的戏班,他们穿着木屐跳舞、演滑稽戏,有时和马戏班同台演出,是当时伦敦比较受欢迎的戏班。一旦入了这个行当,查理身上潜藏着的天赋就如粘合剂一样渗出来。他卖力地练习各种基本功,舞蹈、杂耍、翻跟斗、走软索,什么本领他都想学一点,摘出点名堂。他想在滑稽戏里耍杂技,就自己攒一点钱买了4个皮球和4个白铁盆子,每天站在床头连续练习几个小时。戏院早晨一开门,他就去练习翻跟斗和走软索……

　　在兰开夏八童伶戏班这一段演艺生活中,卓别林有幸看到了英、法一些著名丑角、喜剧演员的表演,并曾陪伴其中几个演出。如在喜剧中扮演流浪汉耍杂技的名演员查莫,训练非常严格,演出专注认真。他还爱给别人摸骨看相,他说卓别林无论学什么都会记得牢,而且会很好地利用这些知识与本领,这鼓舞查理练起功来十分刻苦投入。专门把狄更斯小说中的人物搬上舞台的威廉斯也很吸引查理,他将《大卫·科波菲尔》中的市井无赖希普、《雾都孤儿》中的恶棍比尔、《老古玩店》中的老者刻画得栩栩如生。这激起了卓别林对文学的兴趣,他买了这几本书来看,然后琢磨和模仿那几个角色。法国马戏名丑马塞林的滑稽戏新鲜奇特,他演钓鱼,鱼上钩后,他欣喜若狂地转着圈扳钓鱼竿,最后竟从水中提出来一只能模仿人动作的小狗。这使查理不愿在台上机械地重复每场演出的那套动作,他也要创新出奇。于是他在新开张的伦敦马术表演场,扮演马塞林上演的哑剧《灰姑娘》中的猫时,大胆地来了点新名堂。他带着猫的面具转到狗的后面去嗅狗的屁股,然后装出吃惊的样子举起一条腿,逗得观众大笑。而舞台监督急得跺脚,因为"你这样,皇家宫内大臣会封了我们的戏院!"

　　卓别林就是这样,具有想象力,不愿墨守成规,想把母亲教给他的技巧,想把他自己琢磨出来的新鲜名堂都表演出来。他不甘心跳集体舞,他很想成为一个演丑角的童伶,能演独角戏。自己1个人演1场,既可以多挣一些钱养家,又可以实现自己梦寐以求的理想——那就是成功的扮演一个流浪汉,剧名叫"百万富翁流浪汉卓别林和布里斯托尔",剧中将集中他认为能够招来观众笑声的一切噱头。他被自己这个设想所激动鼓舞,他努力模仿《老古玩店》中的老者,杰克逊先生发现后,惊喜地当着戏班其他孩子的面宣布"查理是一个天才演员"。

　　这时候把自己当成了成年的男子汉,他要做工养家。他一再争取,总算从母亲手中借了1先令。星期天下午放学后去花市买了两大束水仙花,分开扎成一些小束,然后到酒馆去向一些太太小姐推销:"买水仙花呀,太太""小姐,买一束花吧"。她们看到这小孩臂戴黑纱,一脸哀愁,知道他是为父亲戴孝,都争着买并多给几便士。靠哀伤的标志、酒馆的市场、太太小姐这些消费者,他一个下午卖了5先令,以后几天如法炮制。一天,他在一个酒馆卖完花,快步出门,竟撞到母亲的怀里。哈娜这个基督教徒,看到儿子在酒馆里卖花,坚决不许:"喝酒已经害死了你爸爸。在这种地方挣的钱只会给我们带来灾难。"

从10岁多到12岁半,小卓别林干过许多行当,诸如杂货店跑腿的小伙计、私人诊所的侍应生、有钱人家的小佣人、书报经售店的小报童、吹玻璃的小工友、制玩具的小贩子、印刷所的小工人,全都是临时性的。诊所的候诊病人很喜欢这个机灵的孩子,但清擦3米高的窗户却是他力所不逮。有钱人家的仆人也都欢迎这个聪明的孩子,但他在地下室把一根铁管子作喇叭吹时,马上就被主人辞退。在玻璃厂吹玻璃,一天没干完就被热气熏昏。在印刷所码纸,天没亮就去上工,只干了3周就患了流行性感冒。哈娜不愿让儿子做这样重体力劳动的童工,逼着他辞了这份工作重新上学。

从13岁起,卓别林在伦敦戏剧界渐为人识。1905年《福尔摩斯》的改编者、美国演员吉勒特来到伦敦续演此剧,剧团邀请16岁的卓别林为吉勒特配戏,继而在正剧中也用他饰比利一角。戏在伦敦西区上演,西区是上流社会所在,当了西区的演员,就意味着身份不同于那些小剧团了。卓别林跨过了泰晤士河,出入于约克公爵戏院。吉勒特的福尔摩斯一演而大红,后来欧美一些画家就以吉勒特的形象,为《福尔摩斯探案》作插图。就连希腊国王及王后也驾临约克公爵戏院观看这出戏。

演完这出戏后,卓别林又在一个马戏团待了一段,当过杂耍演员。然后在歌舞短剧和笑剧中,饰演一个名闻18世纪英国的大盗和一个以不流血施行外科手术著名的博迪医生。他在外形上把自己打扮得跟博迪医生惟妙惟肖,并竭力刻画一个学者和教授式人物的性格。虽然是取笑而已,但他已在注意将自己训练成喜剧演员了。同时从16岁起,他每天练习小提琴、大提琴4~6小时,每周都请戏院的乐队指挥或乐手教他。

卓别林的青春期自然也在这一时期开始,他向往那些富有热情、轻率莽撞的事情和浪漫惊险的生活。在当时那光怪陆离的社会环境中,有时难免想入非非、陷入空茫。例如那时犹太喜剧演员在伦敦最叫座,他就从美国笑话书里摘编出歌曲和对话,带上一大把假胡子模仿犹太人说话,排了一出轻歌舞。没想到在台下排起来还不错,一登台就不行了,假胡子遮不住他的青春年少,那些笑话观众早已耳熟能详;他的犹太口音听起来也别扭,更要命的是剧中内容是反犹太人的,而他竟不知道。于是与他5岁登台时相反,人们扔上台的不是便士而是橘子皮。他恐慌地从台上逃也似的下来,连那几本笑话和音乐书都没带走。

这可怕的一晚,给少年得志的卓别林一个教训,使他认清了自己,知道自己不属于演轻歌舞剧的喜剧演员类型。

闯荡海外

1909年春，卓别林第一次出国，固然非常激动，还有一点因素，就是他以前听一位叔叔夸耀说：英国的卓别林家族，是一位18世纪初法国将军的后裔。在"花都"巴黎豪华富丽、金碧辉煌的女神剧院观看他们演出的，有珠光宝气的印度王子、趔趔武夫的土耳其军官、美丽优雅的法国太太、小姐。

大名鼎鼎的德国作曲家、印象主义派音乐创始人德彪西，在看了卓别林的戏后，把他请到包厢见面，夸他"是一位天生的音乐家和舞蹈家""是一位真正的艺术家"。卓别林诚惶诚恐，他知道自己距离真正的艺术家还有一段路程，因为他连德彪西这样一位真正的大音乐家都还不知道呢。

这时，他觉得自己那几下子不过是雕虫小技，在英国的发展似乎到头。他很早就辍学打工，没读过什么书。如果老是在英国演丑角，一旦失败除了去干一些粗活以外，就没有什么机会去做别的事了。但若能换一个环境，例如越过大西洋去美国，去那个独立了106年的新兴的移民国家，说不定有更光明的前景。

恰在此时，卓别林主演的新编短剧《溜冰》正走红时，卡尔诺剧团美国分部经理里夫斯回到英国。他来物色一个喜剧演员，准备带到美国去演出。他看了卓别林的戏后，向卡尔诺先生提出要这个人。卡尔诺便挑选卓别林和《银猿》这出戏，赴美国演出。那年9月，卓别林随戏班乘船经加拿大到了美国纽约。

他们一路演出经过温尼伯、西雅图、亚特兰大等地，看到很多英国人移民到了这些城市。1910年，他们到达加利福尼亚州，看到经历了1906年大地震的旧金山已奇迹般地恢复了，城市充满了活力，充满了乐观向上和奋发有为的精神。哪怕是在剧场，也反映了这种鼓舞人的精神。《银猿》虽然沉闷，观众却都热情，场场客满、笑声不绝，戏报上第一次单独登出了卓别林的名字。

回到纽约之后，卡尔诺剧团被人留下来，在第42街美国音乐厅里演出所有的剧目。如此，6周的演出大受欢迎。卓别林另一个人生转折点的信号在这儿发出，可惜他当时没接受到。一个年轻人和他的友人为消磨夜晚时光，在街上散步时进入音乐厅，看到了《英国游艺场之夜》中卓别林扮演的醉鬼，这个年轻人当场说："若是我有一天当了老板，就要邀请那个角色来演戏。"此人即两年后（1912年）好莱坞启斯东电影制片公司的创办人，也是粗鲁滑稽的启斯东喜剧电影的导演塞纳特。

赴美演出结束后回到英国，25岁的哥哥雪尼在车站接车时告诉弟弟，他已经结婚成家，兄弟俩原来租住的房子已经退掉了。卓别林在祝贺兄长时，又感到心灵上受到一次沉重打击。家没有了，母亲也还在疯人院里，他成了一个无家可归的人。兄弟俩把母亲转入了一家有名的私人医院。经济上,卓别林已无后顾之忧,只是一天天感到孤寂。然后,他在浪漫可爱的春末夏初度过了21岁生日。

他很爱自己的祖国,更爱自己的母亲。但是在当时的社会环境中,总有一些人对别人的出身门第、社会地位,存有一种落后的势利偏见,喜欢划分阶级、区别社会等级。卓别林心中总是感到不安,认为自己虽红极一时,但今后终将郁郁不得志。他还是要去美国发展,寻找属于自己的那片天地。

卡尔诺剧团1913年再次应邀赴美。在各地巡回演出时,卓别林总是单独租住在外面,以便多学习一些东西。他说,当时他是带有一点虚荣心才这么做的。他之所以要获取一些知识,并非是出于爱好知识,而是想用学到的东西作护身符,免得因为读书少而无知被人瞧不起。当然,随着时间的推移,他这种想法转变了。他找了不少书,如著名的美国作家马克·吐温、惠特曼、霍桑、欧文,著名的哲学家和诗人爱默生、被称为"伟大的不可知论者"英格索尔、英国的文艺批评家黑兹科特、著名的德国唯心主义哲学家叔本华等人的作品。

独立制片

卓别林自编自导的第一部影片是《遇雨》,它只有一本(胶片长度在290公尺左右)。在无声片即默片时代之初,一部影片一般都是一本,10多分钟时间。《遇雨》很卖座,从这时起,卓别林在启斯东影片公司享有百分之百的创作自由。他主演的片子,都由自己编、导和组织演员班子。他埋头工作,在公司里钻研演技、导演技巧、摄影风格、剪接艺术。他学会了不少玩意儿,也向同仁们传授了不少东西,如舞台艺术。早期的电影首先是模拟戏剧表演,如哑剧表演手法,有情节的无声片即哑剧,卓别林在这方面显然占有自己的优势。

1914年他拍了35部笑片,其中2/3是一本,1/3在两本以上。有《遇雨》《夏尔洛跳舞》《夏尔洛当牙医》《夏尔洛当画家》《夏尔洛当看门人》《他的史前生活》等,他还在《忙碌的一天》中反串一个泼妇。这些影片都很受观众欢迎,1915年初《纽约日报》评论说"卓别林热看来取代了壁克馥热(即玛丽·壁克馥,时称'美国甜心小姐')"。实际上,卓别林还是刚刚开始塑造这个滑稽幽默的闹剧人物。

卓别林大名一出,就是各种各样要求做广告的联系函件,也使他应接不暇。如书籍、服装、香烟、牙膏、玩具、蜡烛等,还有今天一叠明天一堆的影迷来信。更有甚者,有次洛杉矶《考察家报》给卓别林打了一个紧急电话,转告一家公司拍来的电报电文:愿出2.5万美元请卓别林来纽约马戏场登台,每晚15分钟,为期两周,此举并不妨碍其正式工作。这诱使卓别林向安德森先生请假2周而未果,但答应只要卓别林再给埃山奈公司拍一部2本的笑片,就由这公司偿付这2.5万元。雪尼与启斯东公司的合同一满,赶紧过来帮弟弟的忙,做他的经纪人。

埃山奈影片公司把卓别林喜剧片的拷贝，成百上千的卖向市场。1915 年卓别林在这家公司拍了 12 部片子，1916 年拍了 2 部，1918 年还给他们拍了 1 部，共 15 部喜剧片。除了《公园里》《在海边》是一本的长度，《卡门》是四本的长度外，其他均为 2 本。这其中就有让人笑得肚子痛的《流浪汉》《赛拳》《夏尔洛当水手》《游艺场之夜》等片。

《夏尔洛当提琴手》《夏尔洛拍电影》《夏尔洛溜冰》《当铺》《流浪汉》《移民》《越狱》一部一部的精品推出来了。在《夏尔洛在游艺场》一片中，他大胆尝试一身兼演绅士与懒汉两角色。从 1916 年 4 月至 1917 年，他为互助影片公司共创作、导演、主演了 12 部 2 本以上的喜剧片。技巧上日渐成熟，对影片结构与影片的社会功能的把握也加强了，历史感与社会批判已渗入到追打笑闹之中，体现在流浪汉与他人的关系上。

1918 年的春天来临。1 月 21 日，卓别林的电影制片厂落成揭幕，他成了好莱坞也是世界上第一个真正独立制片的艺术家。他也像锡德·格劳曼那样在厂门前新铺上湿水泥路面，穿着那双出了名的破皮鞋踏了个印记，然后又用他那根出了名的手杖在路面上签下"查尔斯·卓别林"的大名。怀着对电影艺术和个人事业的美好希望，他还在 5 英亩绿地上种植了柠檬、橘树、桃树和花草⋯

当时，各国一些到洛杉矶演出、拍片和游历的艺术家、名演员，都慕名拜访了卓别林，参观了他的制片厂。这些操着各国语言的艺术家们，同时也带来了本民族的文化、本门艺术的精华。

卓别林通过观看各门类艺术代表人物的演出，通过与这些享有世界声誉的名家们的交往，触类旁通，了解学习了各门类艺术的特点和不同的表现力，获益匪浅。

后来卓别林在不是练习芭蕾的年龄练习芭蕾，竟也跳得十分好。有些难度动作如双脚腾空连续击打等，竟能达到舞蹈专业水平。而他在影片中的流浪汉形象，不管多么引人发笑，只要略一停顿转换，那遭到伤害或不幸之后仍然和善忧郁的目光，就能使观众潸然泪下⋯⋯

1918 年卓别林拍了 4 部片子（其中一部是为埃山奈公司拍的），《狗的生涯》是在他的新制片厂摄制的第一部片子。他开始从结构的意义上来构思一部喜剧片：第一组镜头是失业者夏尔洛，为了争取生存权利在职业介绍所同其他找职业的人打架的场面。同时，介绍所门外的街上，一群大狗正围住一只衔了根骨头的小狗在咬。这样，引出了下一组镜头，当受了屈辱又没被介绍职业的夏尔洛，走出介绍所时，从打架争食的群狗中救出了那条可怜的小狗。接下去的一组镜头是夏尔洛训练了这条小狗，带着它进行错综复杂的冒险活动，从卖夹肉面包的商人（卓别林哥哥雪尼饰）等老板眼皮子底下偷东西吃⋯⋯当来到一家酒店中准备冒险时，又引出下一组镜头：他看到了一个也过着"狗的生活"的美丽姑娘（艾娜饰），为生存不得不卖唱，却受到老板欺负。他带着狗智斗老板，救出姑娘。这又引出了下一组镜头，卖唱的姑娘对夏尔洛产生好感⋯⋯后来，夏尔洛与卖唱女战胜了恶霸、老板，并巧妙地从两个窃贼那里偷来一些钱。他们带着狗来到乡下,结婚安家,自食其力。夏尔洛做了农民,沿着犁沟用手指挖洞播种。片尾闪出字幕"当梦想成为现实的时候",夏尔洛与妻子幸福地在一起看着摇篮:里面是他的那条狗刚生下的几只小狗崽……

这部3本的影片不只是结构方面的杰作,他的思想性是有目共睹的。第一次世界大战自1914年7月28日爆发以后,开始人们估计它大概几个月后就会结束,结果整整持续了4年。真正吃亏的是广大的老百姓和士兵们,千百万人从战壕中、工厂里、田野里,发出了"我们是人不是狗"的反抗呼声。1912年沙皇在俄国被赶下台,法、德的工人、士兵、学生、妇女也在反战,英、美大罢工的群众也喊出同样的口号。卓别林是在年底构思这部片子,在1918年初拍摄,4月开始发行的。

法国评论家路易·德吕克曾把《狗的生涯》称作电影界的"第一部完整的艺术作品"。虽不无夸大,但有一定的道理。如片中,夏尔洛与妻子兴奋地笑着俯身向着摇篮,而摇篮中蠕动着几只可爱的狗崽的镜头,是蒙太奇思维运用得非常好的镜头。当观众看到前一个镜头时,都认为夏尔洛与姑娘结了婚、播了种,应收获爱情的结晶——孩子了。摇篮也提示了这个信息,结果呢却是一窝小狗崽。这个镜头既出人意料又符合情理,暗示出他们自己的孩子睡在摇篮中是迟早的事。

"电影艺术的基础是蒙太奇"(电影艺术家普多夫金语)。"蒙太奇"来自法语,借用到电影艺术中即组接、构成的意思。它是电影反映生活与现实的独特的形象思维方法,是电影的基本结构手段、叙述方式,包括分镜头和镜头、段落的安排与组合的全部艺术技巧,以及电影剪辑的具体技巧和技法。电影获得了自己这个独特的表现方法,才成为一门独立的艺术。20世纪上半叶,特别是在三四十年代,电影形式的探索主要表现在对蒙太奇的探索。

作为最早的探索者之一的卓别林,不仅这部片子中的这个镜头,常被各国电影教科书作为蒙太奇的典型例子,而且他更早一些的片子中的镜头、场面、段落,也常被理论家、导演们奉作范本。

卓别林于是与相同境况的好友道格拉斯、玛丽·壁克馥和格里菲斯联起手来,在原财政部长、威尔逊总统女婿麦克·阿杜的支持下,于1919年4月成立了联美影片公司。由于有三大明星的金字招牌,联美成了好莱坞第一流的影片公司,在全球各地成立了分公司。

衣锦还乡

休息段时间后,他在1921年8月拍成《有闲阶级》一片。另一部片子的故事情节他也已构思好了,取名为《发工资的日子》。但这时,他感到身心疲惫,再也无法集中精力和思维了。连续工作多年的卓别林觉得,此时自己的心在急切地向往一个地方那个生他养他的国家。

1921 年 9 月初，查理·卓别林乘坐当年来美的"奥林匹克"号轮船返回英国。

拼搏了 8 年的他，终于有一刻清闲是属于自己的了。他可以悠闲地躺在甲板的休闲椅上，观看海上的日落日出；也可以倚在船舷边垂钓，与上钩的大鱼来个"拉锯战"；他还可以进到船上的小酒馆中享受各式各样的美味……然而，名人的清闲只是短暂的，他竟然在船上发现了纽约两家大报社的跟踪报道他的记者！于是各类电报像成群结队的飞鸟一般落到这漂行的轮船上：

"卓别林衣锦还乡！沿途将有欢迎盛况！"

"客轮每天沿途发布的新闻和查理在船上的活动，均由本社每小时从船上发出简报，并在街头出售号外，介绍这位大名鼎鼎、小矮个子、撇着一双怪脚的演员。"

"《查理，我的亲爱的》这首在英国广为传唱的歌曲，具体表现了一周以来，整个英国对卓别林的狂热，这种狂热随着这艘'奥林匹克'号的逐渐驶近，而不断加剧。"

"'奥林匹克'号今晚将在浓雾中停靠港口，已有大群影迷聚集该地，欢迎这位矮小的喜剧演员。警察局为此正忙于安排，以维持现场秩序。……一如既往，举行游行时，我报将报道：在什么地点，什么角度可以最清楚地一睹这位游子的风采。"

'奥林匹克'号深夜横渡英吉利海峡，卓别林辗转难眠。虽然妈妈已移居美国，他离开洛杉矶之前还探望了老人。然而，他此时的心情就如漂泊的游子去见母亲。

祖国啊！您就是母亲，伦敦啊，您就是妈妈……卓别林是如此激动，直到远处的钟声响过 4 下，船靠岸了，听到英国人说话的声音了，他这才觉得一阵倦意袭来，赶忙抓紧时间打了个盹儿。

天亮了，卓别林像只快乐的鸟儿一样从床上跳到地上。侍者把当日早报送进舱内，大黑体字母组成了通栏标题"喜剧演员归国盛况不亚于狂欢节""卓别林抵伦敦将受到盛大欢迎"；另一版是"伦敦家家户户谈卓别林来访"，还有一条"看啦，我们的儿子"……

大群大群的影迷守候在卓别林下榻的旅馆前的草坪上欢迎他，卓别林发表了简短的致词，卓别林回到楼上的房间后，又听到影迷们在下面喊："查理，好样的！"

"查理，你为英国人争了光！"

"查理，走出来吧！我们想见见你！"

于是他几次走到阳台上，向人们挥手致意，还将一大把玫瑰花扔了下去。可马上就有一个胖警官气喘吁吁地跑上来：

"什么也别扔，卓别林先生，楼下的人为抢您的花打起来了，有人会被踩死的！这我们可负不起责任啊！怎样都行，可别扔花，不，什么也不能扔，我可求您了！"……

一直到下午 4 点，卓别林的房间里还是坐满了记者，这可把他愁坏了：我回祖国,可不是为了来陪记者先生们聊天的呀!

忽然,他灵机一动,长长地打了个哈欠,又挪了挪坐进沙发里的屁股。

"记者先生们,从昨天到今天下午,我还一直没合眼呢,我想你们也有些累了吧!请侍者带你们去楼下随便用些咖啡,吃点儿点心,我也好忙里偷闲,小憩片刻。各位意下如何?"

记者们见卓别林没下"逐客令",只是"暂停"采访,也乐得休息一下,于是便离开了他的房间。

一见记者们走了,卓别林立即改换行头:脱掉黑色礼服,换上普通衣服,扣了一顶帽子一直遮到眼睛。他悄悄地开启房门,左右看看——走道里并没有人,便一转身带上房门,乘了运行李的电梯下楼,从后门悄悄溜了出去。

卓别林来到那所时常在梦中出现的旧阁楼前,抬头看到顶楼的窗户紧紧地闭着。当年,妈妈就是站在这扇窗子旁,教自己如何观察路上的行人的。他走上嘎嘎作响的楼梯,敲开顶楼的门。这个房间跟他为拍摄《寻子遇仙记》搭的房间布景一样,与10年前他和母亲离开时相比,没什么变化。

卓别林下了楼,又去了肯宁顿公园,那是他幼时身着蓝色天鹅绒外套游玩过的地方,现在那里的草地仍然一片葱郁。他又走进号角酒馆,当年一些好心人曾在那里为治父亲的病组织过义演。他又去过肯宁顿学校,在运动场上回忆了往昔短暂的学校生活……

面前的一切使卓别林有一种恍如隔世之感,却又觉得如此地亲切与熟悉。

在旅馆里,闹剧还在上演着。记者们慌忙地找寻着卓别林的踪迹时,打字员小姐们却在卓别林秘书的指点下,把寄给卓别林的7.3万封信、明信片、电报、包裹分门别类。这其中2.8万封是请求援助,借钱的,从20先令到1万英镑的都有。几千个女子吐露爱慕之情,671人想与他攀亲。有一个人竟然寄上当票,请求卓别林赎出他祖母典当进当铺的假牙(金子做的)!更有甚者,有人向卓别林索要7先令6便士,因他在旅馆楼下抢扔下的玫瑰花时,挤掉了帽子!……

避开狂热的影迷不提,卓别林此次回英,结交了一些作家、艺术家、戏剧家、画家、演员和建筑师。他们有的因在某一领域的成就巨大,而被英国皇家册封为贵族封号。他们开拓了卓别林的眼界,使他获得了新知,也影响了卓别林今后的发展道路。

卓别林是在事先并未声张的情况下,前往法国巴黎的,但这也未逃脱影迷们敏锐的触觉。他们高呼着"夏尔洛万岁!",冲破警戒线,热情地拥挤着。卓别林几乎是被警察举起来,塞进汽车,送到旅馆的。

卓别林在法国受到了全国人民的欢迎。法国政府副总理甚至为他佩戴了文艺勋章。奖状上面的字样是"查尔斯·卓别林:戏剧家,艺人,民众教育学士"。能得到如此的光荣,卓别林感到十分荣幸与快乐。

接下去,卓别林想工作了,旧地重游已了却了一桩心事。虽然他舍不得离开祖国,但他的事业在美国。想到深情厚谊的影迷和朋友们,想到盛情款待他、给予他表彰与赞扬的名流、艺术家们,他觉得,只有埋头工作,拿出更多更好的作品来,才会感到生活方向明确,对他们有所交代。

《寻子遇仙记》和《巴黎一妇人》的成功,并未使卓别林沾沾自喜、坐享其成。朋友们和影迷们又是那么热烈地盼望他主演下一部片子,而他在息影了一段时间后,也决定为联美公司拍摄一部笑片。并且是由自己主演,标准是比《寻子遇仙记》艺术品位更高,更有震撼力。

他集中思想、精力,寻找题材与主题,构思剧情与人物。心中不断地催促和激励自己"下一部影片一定要拍成一首史诗!一首最伟大的史诗!"

他整整构思了半年之久,设计了主要的人物、情节和大部分镜头。他给这个动作喜剧片取片名《淘金记》,开头字幕写道:在阿拉斯加形成疯狂般的淘金热潮时期,成千上万的人从世界各个角落蜂拥而来。但是,很多人从来没有想过,在艰苦、严寒、缺乏食物和冰天雪地、人迹罕至的这块地方,不知道要经受多么大的困难。但是,等待他们的就是这样的困难。《淘金记》成了1925年至1926占年最走红的影片。影评家评述它:真实而夸张地描写了发生在北极圈的淘金热潮,及淘金者面对危险和暴力的奋斗态度,影片是肯定人类意志的。影片在艺术上也非常成功,诙谐、幽默、夸张、滑稽,每一部分都有悬念和各自的情调、节奏,具有音乐的结构特点。如第二部分——谐谑曲,第三部分——快板,第四部分——慢板,第五部分——由慢板到快板。而查理的"小面包舞"、煮吃皮鞋、查理与吉姆在小木屋里的几场戏,成了电影艺术史上的经典场面。

总之,《淘金记》在卓别林的艺术生涯中具有承前启后的意义。它既是这位喜剧大师和电影艺术家前期作品的总结,又为他中、后期更成熟的作品奠定了基础。

整个电影界为之侧目,各国演评家为之倾倒。法国评论家吕西安1926年在巴黎的《电影杂志》上写道:"如果设立诺贝尔电影奖金,卓别林应当得奖。""卓别林热"再次掀起,欧、美、澳一些观众甚至一连看几遍《淘金记》。《淘金记》在商业价值上也是非常成功的作品。拷贝总共卖了600多万美元,给卓别林带来了200万的进账。同时《寻子遇仙记》放映后,分给他的红利也达100万美元。

1928年,他创作、主演了他一生中最杰出的艺术片之一《城市之光》。这部影片后来在好莱坞庆祝它诞生一百周年的时候,由著名的电影史学家、影评家组成的评委会,把它评为美国电影史上的"十佳影片"之一。

这一年即1931年,卓别林又登上"奥林匹克"号轮船,去伦敦主持《城市之光》在欧洲的首映。《城市之光》在伦敦西区首映相当成功。虽然那天暴雨如注,交通不便,但伦敦的观众争相先睹为快,冒雨前往。影院座无虚席,丘吉尔、萧伯纳等名人高士莅临首映式。卓别林是第一次在自己的国家出席自己的影片首映,心情非常激动。他与萧伯纳并肩坐在楼座前排,观众们纷纷向大文豪和喜剧大师不停地鼓掌示意。他俩只好一同站起来鞠躬,这又引起了观众们的欢笑。

艺术大师

萧伯纳看了卓别林这部自编、自导、自演、自己作曲、自己指挥、自己制片的电影，称赞他是"电影界独一无二的才子"。有些评论家则评论喜剧和悲剧达到高度融合的《城市之光》，不仅在卓别林的创作道路上，同时在世界电影艺术发展史上，都是一座卓越的历史丰碑。

1932年的秋天起，卓别林构思写作一部他称为"第五号作品"的《群众》（暂名）。他边写边设计各个角色与场景镜头，到1934年夏他第一次独自写出完整的分镜头剧本，把它更名为《摩登时代》。

秋高气爽的10月，《摩登时代》在好莱坞开拍。重场戏外景则在洛杉矶的码头区设置，卓别林在那里不惜工本，花50万元搭起了面积为2公顷的工厂区与街道……10个月过去，到1935年7月拍摄完，然后在两个朋友帮助下，谱写、整理音乐与配器。试片后，再剪辑一次。全片耗费7万米胶片，制成后全长2320米。

夏天里，几年来他第一次破例在制片厂举行了记者招待会，宣布创作、拍摄3年的作品名字。年轻的新闻界人士看到卓别林制片厂的建筑后，均有昨日黄花之感。因为大公司设在好莱坞的制片厂，全都已拥有巨大的摄影棚，成为电影企业了。唯有卓别林仍保留着17年前的、手工业式的矮小厂房，全世界也只有他一个人在拍无声片。《摩登时代》是卓别林在艺术上最大胆的一部作品，是世界上最后一部无声故事片。但在片中，他运用了很多音响效果。虽然人物没有对白，但在影片尾声，他让观众第一次听到他唱的歌，一首国际闻名的流行曲《我在寻找蒂蒂纳》。他混用英、德、意、俄、西班牙，可能还有犹太文的单词来合成这首歌的歌词。各国报刊、电台纷纷报道"夏尔洛终于开口！""流浪汉第一次发出了声音""卓别林以一首歌来告别他的无声时代"。

《摩登时代》放映后，群众和观众说，影片诅咒了大资本家为榨取高额利润，不断增加工人劳动强度。影片表现了很强的社会责任感。各界人士评说，卓别林以极其高明的艺术技巧和极其荒诞的艺术形式，揭露了大机器时代制度的荒谬、反常，具有很强的思想深度和认识价值。它描写了"本来应该使人摆脱繁重劳动的完善的机器，却把人变成了机器的奴隶"的过程。有的评论家说，可以从这部影片中，学习到"比听哲学家的学术演讲的更多的东西"。有的评论家说，这影片是艺术形式的《资本论》有的人甚至编了这么个故事，说爱因斯坦看了这部片子后，曾写了一封信给卓别林，信中说"亲爱的查理，你的电影《摩登时代》世界上每个都能看懂，你一定能成为一个伟人"。

但是1937年的世界局势，使他最终放下了上述计划与已经在创作的关于俄罗斯贵族后裔的剧本。

1937年下半年，他秘密地创作后来被命名为《大独裁者》的剧本。到1939年春，他用3个月的时间完成了分镜头剧本。他构思设计了相貌相似的托曼尼亚国独裁者、双十字党党魁兴格尔，和犹太理发师两个主角，均由分扮演。一个犹太姑娘哈娜，由宝莲扮演。而巴克特里亚总统拿帕隆尼，是隐喻轴心国之一的意大利的独裁者墨索里尼的。随着战争阴云的逼近,卓别林决定写一个反对战争,讽刺希特勒的剧本。这是一部有声影片,他可以在戏中扮演两个角色,一个是以希特勒为原型的独裁者兴格尔,他可以当着观众胡说八道,另一个是依旧不开口的流浪汉犹太理发匠。

这位有良知和大无畏精神的艺术家,就这样决心以天下安危为己任。他说:"一场战争正在酝酿中……阿道夫·希特勒这个丑恶的怪物,正在煽起战争狂热,不应再沉迷于爱情故事和浪漫生活,让我们运用手中的武器进行反抗吧!……"

而他的武器,便是他那受到全世界反法西斯人民喜爱的影片《大独裁者》。

一些报刊发表了《大独裁者》的初稿。德国为如此露骨地反对希特勒纳粹主义的内容大为光火,对这个卓别林恨之入骨。

一天,卓别林正在拍摄《大独裁者》,一个脸色发白的工作人员,气喘吁吁地冲进摄影棚,递给卓别林一个厚厚的牛皮纸信封:

"查理,这是刚才在大门口捡到的。"

纳粹分子在这封信中,用赤裸裸的语气叫嚣:"如果你不停止拍摄这部电影的话,将来无论在哪个城市,哪座影院放映它,我们就要在哪里放臭气弹,向银幕开枪!"

面对这种凶焰万丈的嚎叫,制片厂的人们不安的心头和脸上又添了几分紧张:同样内容的恫吓、威胁信件已经塞进卓别林的住处。

人们似乎看到了游荡在制片厂门外,卓别林的别墅周围和影院中那些冷酷凶恶的面孔,和他们怀中藏掖着的刀、枪、铁条、臭气弹……

人们为卓别林担心,片场中的寂静令人难受,人们的心跳都似乎彼此可闻。

正当盛年的卓别林压下满腔怒火,把那些恫吓的信轻轻扔到废纸篓里。他嘴角边浮起一丝轻蔑的微笑,耸耸肩说:"没什么了不起,那就让他们开枪吧!我非要嘲笑希特勒不可!这就是我的回答。来,各部门准备,开拍!"…

第二次世界大战全面爆发。这时,需要同仇敌忾地唤起全世界人民反对法西斯的意志,需要充分揭露希特勒战争狂人的可恶嘴脸,需要增强战胜人类共同敌人的信心。

原本因为受德国威胁,还有些犹豫的美国发行商,现在恨不得一天之内,在所有的影剧院上映卓别林的《大独裁者》。

影片要放映了,卓别林却又担心起观众们的安全来。他找到一个工会会长,想请几十位工人到时帮忙维持秩序。会长一听哈哈大笑:

"我不相信事情会闹成那样,查理,你有的是你自己的观众去对付那些坏蛋,只要有他们维持影院的秩序就够了,何况那些是纳粹分子写的,在美国,他们是不敢在光天化日之下出现的!"

卓别林勇气大增,1940年影片正式上映。其轰动效应持续了几年。先是纽约人如痴如狂地争看,两家影院一起连续放映了三个多月。然后,影片运到英国,尽管是在战时,但观看影片的盛况空前。第二次世界大战期间和结束之后,它陆续在世界各地上映,受到了空前的欢迎和好评,给全世界人民增强了战胜法西斯的信心与力量。

卓别林在影片中极为出色地串演了一个悲剧角色和一个滑稽角色。他扮演的犹太理发师使人笑中含泪,他扮演的独裁者使人笑中带恨。他那样辛辣、尖刻,看似信手拈来却又合乎情理地讽刺、嘲笑、挖苦、抨击独裁者,简直将生活中的希特勒批驳得体无完肤。这使盟军战士和全世界的观众看了之后,大快人心。

有的文艺理论评价《大独裁者》,是一部"笑与怒的史诗"。

难怪在得知影片拍摄完毕之后,不可一世的战争狂人希特勒暴跳如雷,竟下令处死远在大西洋彼岸的卓别林。他恼羞成怒地挥舞手掌,本来口吃的嘴里喷出泡沫:

"可恶,可恶! 这个该死的小丑!"

是的,按角色分工来说,卓别林在影片中扮演的人物是丑角。所不同的是,在历史长河中,在人生舞台上,希特勒是一个遗臭万年的真正小丑;而卓别林却是一个名垂青史的伟大的喜剧电影艺术家。

1954 年 6 月,世界和平理事会在柏林举行。卓别林因为他的"丰富多彩的活动对和平事业及各国人民之间的友谊,做出了特殊的贡献",被评为国际和平奖获得者。

卓别林的第 79 部影片,是在安宁的新居完成的。莱莱湖畔环境幽静,但后来常常听到附近的排炮声,原来是瑞士军方在那修了个大炮发射演习场。乌娜曾对此提出过抗议,答复是"不能把卓别林先生的工作放在瑞士国防之上"。但在乌娜委婉而执着的交涉下,军方做了让步,表现了对文化人的最大尊重。第 29 部影片片名是《一个国王在纽约》68 岁的卓别林和乌娜带着 3 个孩子出席了首映式。8 岁的约瑟芬在人群中挤丢了,一个门卫找到了她,把喜剧皇帝的小公主送进父母的包厢,引得观众们齐声欢笑……翌日起,影院外排成长蛇队形的购票者有增无减。

9 月下旬,卓别林夫妇到意大利乡间小住,并为罗马报界放映《一个国王在纽约》,又引起不小的轰动。

影片在法国的首映式,10 月 23 日在欧洲最大的影院"高蒙宫"举行。5000 多热情的观众出席。放映结束后,5000 多人声震"高蒙宫":"好啊,夏尔洛! 下次再见!"最公正、宽容的观众和电影评论家,总是在法国。

《一个国王在纽约》被电影史学家乔治·萨杜尔和法国影评家认为,是一部莫里哀式的喜剧杰作。它与卓别林其他巨片,一齐在世纪的影坛上放射着灿烂的光华。

永恒形象

从 1958 年开始,69 岁的喜剧皇帝退出影坛。他潜心在德邦别业庄园撰写他的自传,笔耕不辍 5、6 年,据说出版商觉得它太长,结构也乱,几次要他压缩或重写,但有时奏效,有时效果不大。这期间,1962 年英国历史最悠久的大学牛津大学授予他名誉博士学位。同时,乌娜给他生下第 8 个也是最后一个孩子。

《卓别林自传》于 1964 年在伦敦,由博德利·黑德出版公司出版。他在此书扉页上写道:献给——乌娜。《卓别林自传》内容真实、史料丰富、文字优美、语言流畅,既详细地叙说了本人的不平凡的身世家事,又生动地描绘了 20 世纪上叶的电影概况。自传中所涉他对电影艺术的见解,尤其是对喜剧艺术的钻研。和对人物形象的塑造,颇有研究意义。至于书中不少篇幅提到的,他与各国政要、科学文化名人、艺术大师、财阀富翁等的交往,也很有历史价值。尽管自传中也有语焉不详之处和疏漏遗珠之憾,如很多重要事件发生的时间没有记下来,也没有记清创作年表,几部巨作如何诞生行世只点到为止,等等。但它仍不失为卓别林的又一部巨作,和了解研究卓别林一生及其电影的宝贵史料。因此它在全球范围被翻译成各种文字的版本(译成中文即 42 万 7000 字),极受各国读者、影迷欢迎。

75 岁的卓别林完成了他人生的一件大事:出版了自传后,如他所说"我永远不服老"那样,艺术灵魂又不安分起来,决定重出江湖。当年为拍摄《大独裁者》放弃的那部作品,他在 1964 年 10 月至 1965 年 10 月又将它重新修改编写出来。因为他发现正走红国际影坛的意大利女影星索菲娅·罗兰,很适合演他剧本中的女主角。

这是他的第 80 部电影,名曰《香港女伯爵》。影片仍由他自己导演、作曲,只是他不再担任男主角,他出演只有几个镜头的客轮老侍者。他聘请了索菲娅·罗兰担任女主角,一个沦落香港的俄国女伯爵。男主角、一个美国驻外大使,系著名美国影星马龙·白兰度饰,他是卓别林二儿子雪尼的朋友。雪尼在影片中即饰大使密友(雪尼 1948~1952 年与几个好友在好莱坞创建了一家影剧院,卓别林曾帮他导演了几部戏),卓别林与乌娜生的第一个孩子杰拉尔丁也在影片中饰一小孩。1922 年 9 月在第 33 届威尼斯国际电影节期间举行的"卓别林影展",一共放映了他 80 部影片中的 73 部,就更令他感慨万千了。

3 年后,英国皇室在 1975 年 1 月,宣布册封卓别林为"爵士"。他的姓名中间嵌入"斯宾塞",成了查尔斯·斯宾塞·卓别林爵士。85 岁高龄的老艺术家视觉、听觉、行走与说话能力减退,阳春三月,他是坐着轮椅飞回祖国、进宫晋见伊丽莎白女王二世的。女王在授封仪式上对他说:"您的电影我全看过了,它们实在太好了。"卓别林激动得只能以手势答谢女王。他事后对人说:"我一句话也说不出来,真的说不出来。"

关于卓别林生平和作品的影片《流浪汉先生》,经过几年的准备、拍摄,由美国R.B.C制片公司制片,由理查德·帕特逊编剧,由著名的莎士比亚剧演员劳伦斯·奥立弗和沃尔特,马太解说,于1977年3月上映发行。

1977年12月25日,西方欢乐的圣诞节。就在这天清晨4时,20世纪最卓越的喜剧电影大师、伟大的批判现实主义艺术家、反法西斯的和平、民主战士卓别林,留下80部电影组成的"人间喜剧"丰碑,在瑞士洛桑莱蒙湖畔的别墅中,静静地、安详地告别了人世,终年88岁。

思想伟人

导　语

　　一个民族的伟大与没落,本质上体现在文化上。比如在 19 世纪的俄罗斯就涌现出了一大批如日月星辰般的作家、诗人、画家、音乐家、哲学家、思想家、教育家,闪耀着民族的鲜明个性和人类永恒的精神之光,奠定了俄罗斯民族作为世界伟大民族的基础。俄罗斯从此开始了令人炫目的崛起。

　　改革开放 40 多年来,中国大地的物化景观有了巨大的变化,出了数以百万计的超级富翁,但却从未诞生一个举世公认的具有广泛国际影响的哲学家、思想家、教育家、艺术家,这是民族的最大不幸和悲哀! 一个没有思想文化巨匠的民族注定是要衰亡的,因为它不知道探索与创新,不知道忧患和危险在哪里!

　　本卷将让你领略"世界思想伟人"的感染力,教你更深刻地认识现代教育、现代社会、现代人生,透视科学、国家、女权等等,看穿诸多谎言与真理,提升生命,张扬个性,超越命运,成为一个真正的现代强者。

　　希望通过阅读本卷,能让世界尤其是中国产生更多的思想巨匠,为地球生命,尤其人类社会健康发展不为欲望自我毁灭指明方向。

古代最伟大的思想家

——亚里士多德

人物档案

简　历：世界古代史上最伟大的哲学家、教育学家，西方科学史上第一个对运动进行分类的科学家。柏拉图的大弟子。曾担任亚历山大的宫廷教师。总结了古希腊哲学发展的成果。开创了逻辑学、伦理学、政治学和生物学等学科的独立研究。

生卒年月：公元前 384 年～公元前 322 年。

安葬之地：马其顿王国优卑亚岛(位于今希腊)

性格特征：聪慧睿智，思维敏捷，求知欲强，胸襟开阔。

历史功过：写下了多部著作，如《工具论》《物理学》《形而上学》《伦理学》《政治学》等。创建人类文化史上第一个动物园，建立图书馆、博物馆，创立哲学、政治学。

名家评点：康德称亚里士多德逻辑"是一门完整的科学"，被称为逻辑学之父。马克思曾称亚里士多德是古希腊哲学家中最博学的人物，恩格斯称他是古代的黑格尔。

从师柏拉图

希腊的北方，气候比较严酷。苍蓝的天空，深沉得近乎阴郁。北爱琴海的冷风徐徐吹来，夕阳渐渐黯淡了。在枝丫舒展的橄榄树下，一位少年一动不动地端坐着。他好像沉醉了，又好像在思索什么。他手中拿着一卷柏拉图对话录的手抄本，正摊开在膝盖上。他这样痴迷地诵读已经有好几天了。这时,他自言自语道:"我一定要去寻找他……"

这位少年叫亚里士多德。他以后的卓越成就使他和他的老师柏拉图、柏拉图的老师苏格拉底齐名,被称为古希腊三大思想家。亚里士多德对后来西方哲学和自然科学有极深远影响,因而被认为是"古代最伟大的思想家",是古希腊"最博学的人物"。

公元前384年,亚里士多德出生于希腊北方的小城斯达吉拉。当时希腊北方在马其顿的统治下。亚里士多德的父亲尼哥马可斯是马其顿国王阿敏塔斯的宫廷医生,与国王有较深友情。母亲家族在优卑亚岛的卡尔基斯城广有财产。亚里士多德的家庭不光富有,而且还很有地位。亚里士多德幼年丧父,由他的叔父普罗克塞米抚养长大。

亚里士多德身材颀长,有一双聪慧睿智的眼睛。像当时希腊最流行的风尚一样,他非常注重体育锻炼。尽管由于肠胃消化不良,他的身体显得比较瘦削,但总的来说,还比较强壮。由于家庭环境的影响,他自幼受到良好的教育,并开始接触到医学、解剖学、生物学和文学。这对他后来从事科学研究在知识和方法上都打下了很好的基础。他对于任何事情都有一种穷根究底的探索精神,又非常注重实际的观察和研究,因此,培养成了一种头脑清楚,思维敏捷的思考习惯。

最近,他从朋友那里得到了一卷柏拉图对话录。这是从雅典柏拉图学园传出来的讲稿。他看得津津有味。柏拉图所演说的人生哲理,所讲述的关于苏格拉底的灵魂不朽的学说,都是他闻所未闻的。这对他来说,既新鲜,又深刻。他的心被鼓荡得不能自持,他的热血好像在沸腾。

于是,他来到叔父那里,激动地说:

"亲爱的叔叔啊!我想到雅典去。我想到柏拉图学园去学习。"

普罗克塞米看见侄儿那么兴奋的样子,笑着安慰说:

"学习是件好事情,我当然应该支持你。不过你现在才17岁,还小了一点,出远门独立生活的能力还不够,是不是过一二年以后再去。"

"叔叔,您老人家不知道,我读了柏拉图老师的作品以后,恨不得马上就能见到他,向他请教学问。我甚至愿意舍弃一切财产,将我整个灵魂和生命投入到柏拉图式的生活中去。希望您能理解我的这种强烈愿望,请您答应我吧!"

普罗克塞米看到亚里士多德这样坚决,也就同意了。他深深知道这位侄儿不同寻常的禀赋和智慧,他的思想如同长了翅膀的鸟儿正想翱翔飞舞,斯达吉拉小城已不能满足他的求知欲望,如果能到希腊的中心城邦雅典去学习,前途将是不可估量的。但是,他还是叮嘱自己的侄儿,不要忘记家乡和马其顿。

公元前367年,刚刚17岁,求知欲极强的亚里士多德告别姐姐、姐夫,离开故乡,负笈游学,到了当时的文化中心雅典,投入正处在鼎盛时期的阿加德米学园,师从柏拉图。当时的雅典,虽然在政治、经济方面已不是繁荣地区,但在文化上仍然是全希腊的中心。这是每一个期望受到最高文化熏陶，以期在政治上一鸣惊人的希腊青年所向往的地方。

亚里士多德到来之时，雅典有两所著名的学校，一所是由著名演说家伊苏格拉底所创办的修辞学校，另一所是柏拉图所创办的哲学学校。这两所学校相互竞争着，但它们的目标是相同的，都是为全希腊各个城邦培养从事社会政治活动、管理国家的人才。只不过两个学校的教育方法不一样。伊苏格拉底偏重实用，向学生讲授修辞方法，训练论辩技术；柏拉图则注重理论培养，他全部哲学的核心，孜孜以求的目标，就是想"使哲学家成为君主，或者使这个世界上的君主王公具有哲学的精神和力量。"但为了满足学生的需要，阿加德米也开设修辞、论辩之类的课程。不过柏拉图更重视的还是理论问题的探讨，培养人们自我反思的素质，发展学生的抽象思辨能力。

柏拉图（公元前427—前347年），是古希腊的大哲学家、大思想家苏格拉底（公元前469—前399年）的学生。美国出版的《世界名人大辞典》和英国1985年出版的《人民年鉴手册》都把柏拉图和亚里士多德列入世界十大思想家之中。柏拉图出身于贵族世系、经济富裕的家庭。富裕的生活没使他沦入纨绔子弟追逐声色犬马的恶行之中。在少年时，就表现出了聪颖的禀赋和多方面的才能。他风流倜傥，气度不凡，严肃深思，勤于探索，才学兼优。哲学问题、政治伦理、科学进展、战争风云，无一不是他深感兴趣的领域。因受苏格拉底的影响，后来成了哲学家。他的名言是"哲学家是那些喜欢洞见真理的人"，"哲学家在任何时候都热爱真理"。他本想从事政治活动，但看到雅典贵族政治堕落为寡头政治，民主政治也是江河日下，特别是他所敬重的老师苏格拉底被处死，这使他痛心疾首，感到政治生活里到处都充斥着不义、罪恶和丑行。于是他重新选择了自己的人生道路，放弃了仕途，走上学者之路，要用哲学理想来改造社会。

柏拉图一生做了两件大事：一是创立学园，开办教育；二是弘扬理性，推崇哲学。柏拉图有如中国的孔丘，二人有某些相似之处。孔丘是中国历史上首创私人办学的教育家，柏拉图是西方历史上首创学园教育的教育家；孔丘对中国传统文化的发展有极其深远的影响，柏拉图在西方传统文化的发展上占有崇高地位。

柏拉图于公元前387年创办了学园。他办的这所学园位于雅典城外西北方，取名为"阿加德米"（意为学园）。这所学园历经沧桑，久盛不衰，直到公元529年东罗马帝国皇帝查士丁尼下令关闭为止，前后持续长达916年之久。这所学园可以称得上是欧洲历史上第一所固定的学校，为晚期希腊和罗马时期的文化发展做出了杰出的贡献，抚育了不少在西方文化史上占有卓越地位的学者，甚至对近代欧洲形成和发展起来的学院和大学都有影响。当年，这所学园主要是讲授哲学，对数学也很重视，据说在讲堂的门前写着这样的话："未学几何学者不得入内"。学园没有教学大纲和课程表留下来，亚里士多德说，他的老师讲课从来没有准备好的讲稿，他从来没有写过一本教科书，也一再拒绝为他的哲学建立一个体系。他认为，整个世界太复杂了,难以压缩到一个预先想好的书本模式里面去。所以学生们在学园学习了哪些课程,后人无从知晓。如果把柏拉图在《国家篇》第7卷中提出的培养哲学生的教学规划看作是学园所实施的课程的话,可以推断,学生们要学习算术、平面几何、立体几何、天文学、声学等(按柏拉图的说法,数学由于其抽象性和普遍性,能把人的心灵拖离可感世界去思考永恒存在),此外还要学习社会、政治、伦理等方面的知识。当然,这些课程只是为学习辩证法奠定基础,是学习哲学的前奏曲。在柏拉图看来,最高深、最高尚、最根本的学科是哲学。

亚里士多德初入学园时,柏拉图正在西西里岛访问。据传,柏拉图返园后,见到这位文雅、英俊的青年,已有几分喜爱,攀谈后就更加喜欢了。亚里士多德衣冠楚楚,举止文雅,风度翩翩,长于口才,头脑清晰,思维敏捷,喜好争论,谈话时富于说服力,机智锋利,妙趣横生,来学园不久就显示出惊人的多方面的才能。大约在公元前360年,学园与伊苏格拉底学校进行了一场论战。伊苏格拉底学派批评柏拉图学园崇尚虚谈,徒托空言,无益于政治和法律这类实际事务。亚里士多德作为柏拉图学园的代表,在论战中崭露头角,有力地批驳了伊苏格拉底学校过分注重实用的观念,指出对方在理论上思想贫乏,强词夺理,以唇舌争一时之胜负,难登学术大雅之堂,从而为柏拉图学园争得了荣誉。他勤奋好学,学业精湛,才华横溢,超群拔萃,是一个思想深刻、抽象思维能力极强的人。他的头脑容纳了让人难以置信的知识,对政治学、伦理学、修辞学、逻辑学、历史、心理学、生物学、物理学、数学、医学、天文学、自然史、戏剧、诗歌等都有研究,且有成就。柏拉图很赏识亚里士多德的才学,誉为"学园之精英",并在他的住处题上"读书人之屋",后来提他为学园的教师,讲授修辞学。不过对他奔放不羁的思想也不放心,对其要用"缰绳"加以驯服。

柏拉图学园设在雅典近郊凯菲索区的阿卡德米体育场。这里的环境优美怡人,树木葱茏,溪流潺潺。阿卡德米原是一位希腊传奇英雄,后人为了纪念他,才将体育场、学园用他的名字命名。因此柏拉图学园又被称为阿卡德米学园。柏拉图是在40岁之后,有感于以往坎坷的生活,没有能够实现他的政治理想,故而仿照他的老师苏格拉底的做法,在雅典创办学园,广收门徒,试图通过教育,传播自己的学说。

柏拉图学园的学生大多是贵族子弟。主要课程是数学和哲学。教学方式是讲演、对话和考问等等。这个学园在柏拉图的主持之下,盛名远播,成为当时希腊文化的中心。

亚里士多德刚到雅典,一下子便感到这里的生活与北方完全不一样。这里气候温暖,土地肥沃。地中海的热风暖雨使这里的大麦、小麦、橄榄、柠檬、棕榈都能得到茂盛的成长。雅典地区好像没有冬天,一年四季都是夏天的景色。湛蓝透明的天空,明净纯真的空气,还有那终年柔和的阳光,浓绿覆盖的山峦,这一切总是那么清新怡人。亚里士多德常和同伴到海边去看日出日落,领略那幻而灿烂的光照,水晶似的浪花,宝蓝色的海水,这里的山山水水使他心醉神迷,仿佛置身在仙境。

美好的自然环境使希腊人感到这好像是神明特别的钟爱和恩赐。古希腊人所崇尚的自由的学术空气,使得他们在哲学、科学、文学、艺术等方面取得了辉煌的成果。所以诗人欧里庇得斯就说:"你们从古代起就是幸福的,极乐的神明把你们当作亲爱的孩子……你们从乡土得到的果实就是光辉灿烂的智慧;你们走在阳光底下永远感到心满意足……"

柏拉图学园的课目内容和教学方式,是使学生在听课之外有相当时间独立进行研究和思考,同时在师生之间、学生之间也经常展开广泛深入的探讨。希腊人本来就喜欢探幽索微,讲玄论道。他们把那种热心探索研究哲学的精神看作人和野兽的区别之一,希腊人与别的落后民族的区别之一。他们对于学问的研究就像一个喜欢打猎的人并不在乎猎获,喜欢旅行的人并不在乎明确的目的地一样。更何况雅典人还习惯于把公众的事情交给公众自由讨论,人们经常聚合在广场上听那些哲人学者的演说和舌战。这种普遍关心社会生活的管理就形成了希腊早期的民主政治。

亚里士多德在这样良好的自然环境和学术环境中学习、研究。亚里士多德禀赋很高,智力过人,思维敏捷,谈话机智雄辩,用词清晰明畅,虽然有点口吃,但平时讨论问题时,他总有一种很强的说服力。他的求知欲特别强,学习非常刻苦用功。在柏拉图学园期间,他就已开始独立研究各种学问,并且卓有成就。

亚里士多德常常和同伴们在练身场上,在廊庑下,在林间小道上,三三两两讨论问题,孜孜不倦。那些在智力和学识上远逊于亚里士多德的人中间,有的因为在讨论中输了理,有的因为嫉恨,就攻击他是个夜郎自大的家伙,傲慢而蛮横。但是更多的朋友赞赏他,理解他,因此他也拥有更多的友情,并对自己的研究充满信心。

亚里士多德因为家庭富裕,平常很讲究衣着打扮,注意仪表修饰,因此在生活上也很惹人注意。当时一般希腊人的穿着很简单,男人们平时光着头,赤着脚,穿一件单袖的短褂,或披上一件长袍。据说以前的苏格拉底也只有赴宴时才穿便鞋。而亚里士多德却是另一副模样,他蓄着一头卷曲的短发,这是当时最流行的新潮发型,戴着戒指首饰,穿着华丽的衣服,英俊聪慧,风度翩翩,一派贵族子弟的气派,在学园里招摇而过。虽说他是一个温文尔雅、和蔼可亲的人,但有人却把他看成是花花公子,惹得他的老师柏拉图也很不满意,批评他说:

"你呀!太注意衣饰打扮了,都超过你对智慧学识的爱好了。"

但是柏拉图又特别欣赏他的这位高足的不凡才华,因此又幽默地说:

"看来,我的学园是由两部分构成的:一部分是我的学生的身体,一部分是亚里士多德的头脑。"

亚里士多德在柏拉图学园的研究工作,渐渐博得老师和同学们的好感。齐诺克拉特斯和从小亚细亚的阿塔尼斯来的赫米亚斯都是他在这个学园里结识的至交,他们经常在一起切磋学问。这是一些聪明而又醉心于思辨探索的?

求知本性

　　我们说亚里士多德是古希腊哲学的集大成者,并不是说他建立了一个无所不包的科学体系,宣示了几条永恒不变的真理,而是因为他把希腊哲学爱智慧、尚思辨的精神,也就是追求知识、探索真理的精神充实了,具体化了,发扬光大达到高峰。亚里士多德的哲学尊重经验,跟随现象,最后归于理智和思维。他认为,求知是人的本性。正是他这一思想,使他成为世界上著名的大思想家。

　　不求仕途,专心学问的学者,其著作、学术成就就是他的历史,他追求的结果。亚里士多德的名言是:"求知是人的本性。"这反映了他的人生态度,也反映了他的人生历程。亚里士多德终其一生都受一个不可遏止的欲望——求知的欲望所支配。他的整个生涯和各种活动都表明他最为关注的是发现真理、增加人类的知识量,同时他认为求知不只是他个人的欲望,他真诚地认为爱好知识,寻求真理乃是人所共有的本性。在他看来,理智的活动即是生活,"获得智慧是愉快的;所有人都在哲学中感到自由自在,希望花时间研究它而将其他事情搁于一旁"。这就是说,在亚里士多德看来,哲学并不是在学园中所研究的抽象科学,而是对知识的追求。爱因斯坦说过:"如果把哲学理解为在最普遍和最广泛的形式中对知识的追求,那么,哲学就可以被认为是全部科学之母。"亚里士多德正是这样理解哲学的。他坚信,人类光辉灿烂的未来,只有通过持久不懈的学术研究,逐渐积累知识才能达到。他告诫人们说,按求知的欲望行事,实现自我乃是人生最崇高的目标,从事理智活动,进行思辨的生活才是真正幸福的生活。

　　亚里士多德说,人们都喜好感觉,因为它最能使我们识别事物并显示出区别。比感觉高一级的认识是记忆。感觉是一切动物都有的,记忆只是部分动物才有,这些动物更为聪明,更善于学习。由记忆获得经验,经验产生技术。技术高于经验,懂技术的人"之所以更有智慧并不是由于实际做事情,而是由于懂得道理,知道原因"。(《形而上学》)这个一级比一级高的认识阶段,还不是真正的智慧,还没真正体现出人的本性。智慧是关于原因的知识,是关于第一的、最普遍原因的知识。它不像技术是为了实用,而是为知识而知识,是理性。人之所以为人,就在于有理性,不受任何限制和束缚。这种思想发展到黑格尔那里就成了"绝对理性"。所谓绝对,就是无条件,不受限制。

　　什么样的知识才是智慧? 亚里士多德指出:①通晓一切;②知道最困难的东西;③最明确地讲述原因;④为自身而求取,而不为结果而求取;⑤在诸科学中占据主导地位。这样的知识实际上就是哲学。追求这样的知识必须是在有了温饱,有了闲暇之后才能进行。由于对某些事物好奇而去探讨,开始是对身边不懂的东西感到好奇,继而是对重大的事情,如月亮的盈亏,太阳和星辰的变化以及事物的生成等表示惊异。一个感到困惑或好奇的人，会觉得自己知识不足，为摆脱这种困境就要进行哲学思考。显然，这是为了知识而去追求知识，而不是为了其他的效益。

为求知而求知，这是最纯正的古希腊精神。它与中国传统知识分子以做学问为手段，以做学问为当官的敲门砖是大不相同的为求知而求知，是显得单调，因而有人就此说哲学枯燥无味，谴责哲学无用，甚至把哲学作为贫穷的代名词，搞哲学求学问就意味着贫穷。亚里士多德反对这种观点，他在《政治学》一书中讲了一个故事，说明搞哲学同样可以富有。故事说，米利都学派创始人、古希腊哲学家泰勒斯通晓天象，有一年还在冬天的时候就预测到来年橄榄要大丰收，于是他将自己的钱租来了丘斯和米利都的全部橄榄榨油器。由于当时没有人和他争价，所以租金很低。到了第二年收获季节，橄榄真的大丰收，自然需要很多榨油器来榨油。泰勒斯就按自己定的高价转租榨油器，从而他获得丰厚的利润。这样他就向世界证明哲学家要富起来是极容易的，如果他们想富的话，然而这不是他们的兴趣所在。西方世界第一个哲学家就这样严肃地把哲学与钱分成互不相干的两件事。苏格拉底提出"德性就是知识"，把"知"与"德""无知"与"恶"相等同，认为人的头等大事就是"认识自己"，这样就会达到"我自知我无知"的境界，从而舍弃世俗，心无旁骛，专心求知。柏拉图推崇哲学，说哲学家是那些喜欢洞见真理的人，同样把知识看作比一切都重要。亚里士多德在先人思想的基础上提出"求知是人的本性"这一响亮口号。他把人生的意义归结为知识，把求知当作人性的表现，人格高低的象征，这深刻地影响了西方人的求知态度。无疑，这是古希腊哲学家对西方文化所做出的巨大贡献。

热爱真理

柏拉图是一位德高望重的大师。他学识渊博，在哲学、政治、经济、教育、伦理、美学等方面都有重要论述。他在 20 岁时拜年逾六旬的苏格拉底为师，专心致志学习哲学。师生之间感情深厚，出入形影不离，直到苏格拉底遇害，他们一起度过 8 年。他对老师非常敬仰，曾激动地说："我感谢上帝，使我生活在苏格拉底时代，使我做了苏格拉底的学生。"

柏拉图是苏格拉底学说的继承人，并加以进一步的丰富和发展，成为与老师齐名的古希腊哲学大师。他对青年人很厚爱，他曾说："青年人好像一匹献给神明的战马，人们要任凭他们在草场上随意游荡，让他们按照自己的本性去寻找智慧与真理。"

现在，柏拉图的最优秀的弟子亚里士多德对于老师的理论提出不同意见的事情发生得愈来愈多了。柏拉图学园里隐隐出现一种不安的气氛。有人好心劝说亚里士多德，不要再和老师过不去了，总是和老师这样辩论是不好的。也有风言风语,说亚里士多德学了柏拉图的学问,现在回过头来那么无情,故意非难老师,这不是做人的正道。

亚里士多德是一个把追求知识看成生命一样的人。他只是喜欢研究学术问题,对于老师,丝毫不存半点芥蒂,所以听了这些传言,觉得很无聊,但他还是很诚挚地对他的朋友们说:

"虽然柏拉图和真理都是我所尊重的,但神圣的职责使我更尊重真理。"

这句话传播开来以后,就是我们后来所熟悉的"我爱我师,我更爱真理"这句名言。

亚里士多德怀着这种坦荡的精神,继续孜孜不倦地在吸收老师学说的同时,不断地进行新的探索。

柏拉图最著名的作品就是流传千古的《理想国》。这是一部长达23万字的著作,用对话体的形式,借苏格拉底之口,阐述他的政治理想。

当时希腊有200多个城邦,一个城邦就是一个独立的国家,互相间经常征伐攻打,经济和政治的矛盾很深刻,社会动荡不安。柏拉图对此非常不满,希望建立一个没有贫穷,没有暴虐,没有战争的社会。他认为国家的兴衰主要靠人的品质,主张根据人的不同智慧、意志、欲望分别担任不同职务,组成国家。他反对当时希腊的寡头政体、平民政体和僭主政体,主张贤人政治,造就一个至善至美的正义城邦。依照这个中心思想,他对国家的政治、经济、文化、家庭都有许多具体的设想。

亚里士多德对老师这样一个精心设计的"理想国"也发起了"诘难"。

他像柏拉图一样,真诚希望建立一个完善合理的社会。他系统考察了国家的起源、希腊已有的各种政体。他认为,人类的历史最初是由两性结合成为家庭,再由家庭组成村社,最后发展成为城邦国家。人天生是政治动物,人不能离开社会单独生活,城邦比个人更重要。他主张最好由中等阶级掌握政权。人的因素固然应当重视,必须由贤明的统治者来治理国家,但还要制订法律加以限制。因为法律是按照理性来规定的,是以知识为基础的。

亚里士多德对于理想国家的设想基本上是小国寡民的思想,反对城邦的联合,只求每个城邦自身合理的治理。

他把自己这些看法在柏拉图学园演讲。"人天生是政治动物"的名言更是传播久远,引起后来学者的重视。他公开批评柏拉图的政治理想不切实际。因为把一个城邦搞成完全公有的划一的社会是不可能的,搞财产公共和共妻共子的制度必将引起纠纷和争斗,出现各种罪恶,城邦就会不得安宁。

柏拉图听到弟子们的报告,感慨极了。他一向主张让青年像战马一样去自由驰骋。这次,他却说:

"如果齐诺克拉特斯需要马鞭的话,那么亚里士多德需要的却是缰绳。"

显然,柏拉图认为亚里士多德走得太远了。

公元前348年的一天,柏拉图高兴地接受一位弟子的邀请,去赴婚宴。柏拉图已是 80 岁高龄的老人了。柏拉图年轻时很注意体育锻炼,还曾参加过科林斯地区运动会的摔跤比赛,得到优异成绩。现在年纪虽大,但平时身体还很健康。许多弟子看见老师到来,都很兴奋。于是在向新郎新娘祝酒以后,又纷纷来向老师祝酒。

"'学园的智慧',你过来!"柏拉图是一位充满幽默机智的学者,平日戏称亚里士多德是"柏拉图学园的智慧"。这时,他看见亚里士多德端着酒杯站在旁边,想到一件事,就说道:"我最近正在写一部新的作品《法律篇》。我已考虑了你的一些意见,放弃了以前《理想国》中的财产公有、妻子公有等观点。马驹踢母马,总是因为吃饱了奶水之故吧!"老师的宽容、谦虚和真诚,使全场的人都非常感动。亚里士多德更是激动,心想,"多么高贵的人啊!在他身上,善良和德性体现得多么完美啊!"

也许因为过于兴奋,多喝了几杯酒,年老的人经受不住,在大家的嬉笑声中,柏拉图发出一声窒息的呼喊就倒下了。一代宗师就此与世长辞。

柏拉图去世后,亚里士多德写了一篇动人的挽歌,称颂"柏拉图的一生与他的思想成就证明他是世上绝无仅有的完人"。他是真心爱戴自己老师的。

可能由于财产继承的原因,柏拉图学园由柏拉图的侄子斯皮优西帕斯继任第二任主持人,斯皮优西帕斯的学术观点与柏拉图、亚里士多德都不相同,他按照自己的设想,要把学园改造成数理流派的场所,亚里士多德很不同意这样的做法。

就在柏拉图去世的那一年,传来了马其顿王腓力南下占领了奥林图斯的消息。腓力将当地居民变为奴隶,将人和财产或卖或赏赐给自己的部下。这对希腊各城邦是很大威胁。雅典与马其顿的矛盾由来已久,这时雅典城内反马其顿与亲马其顿两派势力的对立十分尖锐。由于腓力大军压境,作为希腊的中心城邦雅典,城中反马其顿的空气更为紧张。

亚里士多德面临自己前途的选择。

有些亲近亚里士多德的同事和学生对斯皮优西帕斯继任学园主持人很不满意。从学术成就来说,无疑应该由柏拉图的高足亚里士多德来担任。因此也有人劝亚里士多德不要退让,要争取。

另外也有些谣传,说亚里士多德出身北方,家族与马其顿国王关系较深。现在马其顿成了希腊诸邦的敌人,亚里士多德的态度很可疑。

亚里士多德对于这些议论和传说都不以为然。他很平静地对朋友们说:

"什么事情都要有一个适当的度,过犹不及,都不可取。在情绪方面的道德是勇敢,它的不及是怯懦,过就是鲁莽;在欲望方面的道德是节制,它的不及是寡欲,过就是纵欲;和荣誉有关的道德是高贵,它的不及是自卑,过就是虚夸;和社交有关的道德是友谊,它的不及是乖僻,过就是吹捧。一个人的幸福可以有诸种因素,但最重要的还是灵魂的活动,理性的沉思,以达到一种悠闲自适、持久不倦的境界。现在,担任不但任柏拉图学园的主持人对我并不重要。我不同意斯皮优西帕斯的观点和做法。我可以另去别处研究创造。马其顿侵入希腊与我无关,但是如果很多人暂时不理解我,我也可以离开雅典。只要我坚持对于知识的追求和理性的沉思，我总是快乐和幸福的。"

亚里士多德又说："一只燕子并不代表整个春天的到来。一天或一段时间的行善，也上不了天堂，得不到幸福。"

亚里士多德的朋友们听到他这番胸襟开阔的话，都很钦佩。这时有一位同学对亚里士多德说：

"当年学园同学赫米亚斯回到故乡小亚细亚后，听说现在已是阿塔尼斯的国王了。既然你现在有离开柏拉图学园和雅典的意思，何不去投奔他。"

亚里士多德考虑以后，觉得在雅典住了 20 年。现在出去开拓一下视野也好，既能接触更多的社会实际，又可摆脱眼前的困境。于是就派人先去联系。赫米亚斯听到这个消息，非常高兴，马上派特使专程邀请亚里士多德去阿塔尼斯。

亚里士多德要去阿塔尼斯的消息传开后，许多同学和朋友要求同去。亚里士多德只选择了少数同伴，其中有他的同学齐诺克拉特斯等。

在柏拉图去世后的第二年，公元前 347 年，亚里士多德和同伴们从雅典启程，东渡爱琴海。像透明的蓝宝石一样的海水，在船尾飞舞追随的海鸟，纯净浓密的海雾，使长期住在雅典城里的学者，不由豁然开朗，感到生机勃勃，充满希望。希腊的航海事业那时已相当发达。从雅典到小亚细亚这条航线经常有船只往返。沿线的岛屿犹如露出浅水之上的一块块形状怪异的宝石。天气晴朗的时候，几乎随时可以看得到海岸。

在爱琴海漂泊了数天之后，到了阿塔尼斯，赫米亚斯用很高礼遇来接待亚里士多德一行。赫米亚斯对亚里士多德尊重而恭敬，因为当年在学园时就是好朋友，赫米亚斯还听过亚里士多德讲课。赫米亚斯本人既是马其顿的朋友，又是哲学爱好者，对亚里士多德的学问和为人从来就是非常敬仰和钦佩的，阿塔尼斯又与亚里士多德的家族有渊源关系。由于这许多原因，赫米亚斯对于亚里士多德的到来显得特别高兴。

过了几天，赫米亚斯与亚里士多德商量后，就安排他们一行人在阿苏斯城定居。阿苏斯在阿德拉米蒂海湾的北海岸，当时属于希腊的特洛亚特，现属土耳其，是一个环境优美的海港城市。亚里士多德在这里重新办起一所学园，招收了一批门徒，讲授自己的学说。他和同伴们一起研究学问，也经常在庭院里自由讨论，一切生活需要都由赫米亚斯负责派人供给。

有一天，赫米亚斯专门宴请亚里士多德。他要把自己的侄女琵蒂亚斯嫁给亚里士多德。琵蒂亚斯是一位年方 20 的女孩子，颇有小亚细亚人的风情美貌。亚里士多德高兴地答应了。这位学究先生今年 37 岁了。他对此还有一番讲究。他从生物学原理出发，研究了男女生殖能力和种族繁衍的关系，认为男子最佳结婚年龄就是 37 岁，然后娶一个 20 来岁的少女作妻室是最理想的婚配，既有益于男女健康，又能使后代更为强健。

赫米亚斯听了哈哈大笑，说："你真是一个书呆子，什么事情到了你的手里，都有一套理论。"

亚里士多德结婚以后,夫妇相敬如宾,感情很深。他们常常到阿苏斯城那条长长的防波堤上去散步,爬到山顶上的智慧女神雅典娜神庙去游览,在凝重典雅的廊柱之间,发思古之幽情。亚里士多德长期过着紧张而寂寞的书斋生活,现在远离正在动乱喧闹的雅典城邦,在这个几乎与世隔绝的小城,有了一个温暖的家和温柔体贴的妻子,日子过得平静和美,精神上感到从未有过的放松和宁静。

亚里士多德有一个基本思想,认为人天生有所不同。主人和奴隶的关系,就像灵魂与躯体一样,应该是灵魂统治肉体,理性统治情欲。有的人赋有理智和远见卓识的才能,生来就是主人;有的人有一副强壮的体魄,可以从事体力劳动,天生就是奴隶。但是,他又说:"奴隶和自由人在本性上是没有区别的,所以,以暴力为基础的主奴关系是不公道的。"

他对琵蒂亚斯说:"我详细考察了男女的区别,男子天生比女子强壮,而女子天生柔弱,所以,男人领导,女人被领导。这个道理也同样必然地适用于整个人类。"

琵蒂亚斯说:"亲爱的丈夫,你就是我的主人。我将终生侍奉你,为你生儿育女,做你的好妻子。"

亚里士多德这种主张今天看来当然是过时了。但是,这个平时耽于沉思的学者对妻子却充满热情和挚爱。后来琵蒂亚斯生了一个女孩,取母名也叫琵蒂亚斯。亚里士多德在那里开始大规模地考察海洋生物,并进行更为详细的分类和研究工作。

光辉学说

亚里士多德是百科全书式的学者,他的天才表现在相当广博的领域中,但使他素负盛名的还是由于他在哲学上的突出贡献。亚里士多德认为哲学高于其他各门具体科学,哲学是"爱好智慧"的意思,所以是智慧之学。在他之前,没有人明确提出哲学要研究什么,是他最早提出了一些哲学应研究的问题。

亚里士多德第一次明确规定了哲学的对象。在《形而上学》第4卷中,他说有一门科学专门研究"作为存在的存在"。"作为存在的存在"即是指一般的普遍的存在,是存在自身,而一切存在的中心点就是"本体"。在《形而上学》第6卷中他还指出哲学的对象是"不动的、可以分离的奉体",这就是通常所谓的"神学"。这样,亚里士多德就认为哲学研究有两个分支:一是以研究独立的、不动的存在为对象,即神学;二是以"作为存在的存在"为对象。这两个分支是可以等同的,因为神学是首要的、普遍的。总之,亚里士多德的意思是说哲学所研究的乃是其他科学当作出发点的终极本体,是集一切经验科学知识的全体。从巴门尼德的"存在"到亚里士多德的"作为存在的存在",哲学终于确立了自己的专门领域。亚里士多德功不可没。

作为一门独立的学科,哲学必须先搞清楚自己的基本问题。在亚里士多德看来,讨论本体的人如果不知道这些问题就无法进步。它们像一个个死结,只有理解了它们的性质,才能解开这些死结,促进认识。这些问题是哲学必须探讨的。在《形而上学》中,他提出了哲学应探讨和解决的 13 个问题(有人分成 14 个问题)。

亚里士多德在哲学史上占据重要位置,与提出哲学的必须回答的这些问题有直接关系。这些问题中,有许多一直是西方哲学所争论的话题。

亚里士多德有着丰富的朴素辩证法思想,恩格斯对此给予了充分的肯定:"古希腊的哲学家都是天生的自发的辩证论者,他们中最博学的人物亚里士多德就已经研究了辩证思维的最主要的形式。"亚里士多德是"古代世界的黑格尔","辩证法直到现在还只被亚里士多德和黑格尔这两个思想家比较精密地研究过。"亚里士多德在《物理学》中讨论了事物运动变化的形式、空间和时间、有限和无限等辩证法的问题,在《形而上学》中讨论了矛盾对立等问题,在其他著作中也讲到了不少辩证法思想。列宁在《哲学笔记》中举了亚里士多德的有关辩证法观点。

亚里士多德对运动、有限无限、时间空间等问题都做了辩证的分析,他的思辨达到了古希腊哲学的高峰。

但当他探索运动的永恒性时,又抛弃了辩证法。这就是我们在前面提到的,运动的最终原因是第一推动者——不动的动者。之所以陷入反辩证法泥潭,是因为他不懂运动的根源在事物的本身,而总是到事物之外去找原因。

亚里士多德的哲学学说,就当时的科学和社会发展情况来说,其成就已达到很高的水平,其中许多理论、观点就是在今天看来仍有其一定的科学价值和认识论价值。他所以能够达到如此高的成就,客观原因指当时的理论思想基础和自然科学条件。

亚里士多德的哲学学说,继承了他以前哲学家的研究成果。他说,我们受益于前人,不但要感谢那些与我们观点相同的人,就是对那些较浅薄的思想家,也不要忘记他们的好处,因为他们的片言只语正是人们思考问题的先导,这对于后人仍是一个贡献。

哲学并非与人类俱来,而是文明时代的产物,这表明哲学的产生和发展需要一定的基础和条件。就人类思维的发展而言,哲学的产生是以人类具备一定的抽象思维能力,能对世界形成整体的概念的认识为基础的。哲学的发展除了这个条件之外,继承前人的思想是必不可少的。希腊哲学以面对外部世界,注重探索事物的本质,以求真为目的而著称古今。由于特定的自然环境以及由此形成的海洋文明的影响,使得希腊哲学逐渐形成了注重人与自然的区分,崇拜外部世界,推崇力量,重视技术,进而导致对解释力量秘密的知识的崇拜。追求知识、重视智慧,探索事物的原因和内在本质是古希腊哲学家的传统,亚里士多德在这方面表现更突出,"我爱老师,更爱真理"是这一思想的典型表现。这种探索追求精神使古希腊哲学充满了怀疑、批判和超越精神,哲学家们都是根据自己的研究得出自己的结论。他们不囿于传统,不慑于权威,而是推陈出新,独抒己见。集古希腊哲学之大成者的亚里士多德,在前人的基础上形成了自己的哲学体系,在批判与超越精神的指导下,继承和发展了前人的成果,使古希腊哲学达到前所未有的高度。

当时自然科学的发展对亚里士多德哲学体系的形成也起了很大作用。公元前5世纪,希腊城邦奴隶制发展到一个繁荣时期。随着经济的繁荣,自然科学,如数学、天文学、医学、生物学、地理学等也得到迅速发展。天文学计算出一年为365日8时57分,并编制了希腊的历法;哲学家德漠克利特创立了原子论,用原子的不同结合说明物质的构造;数学家欧多克斯研究过比例论,创立了不可通约数关系式的理论;医学家希波革拉底研究了病理学、外科医术;恩培多克勒认为血液流向心脏,并由心脏流出,人们的健康有赖于人体中四种元素(土、水、气、火)的正确平衡,初步提出有机物起源的学说。亚里士多德对一切领域都有兴趣,都有涉猎,并进行了独到的研究。对生物、天文、动物等收集了大量资料,取得了许多重要成果。自然科学的研究使亚里士多德哲学在更高的基础上发展。

亚里士多德是西方哲学史上第一个提出哲学"范畴"这个词并对它进行研究的哲学家。当然,由于当时的历史条件的限制,他不可能十分明确范畴的意义,不可能像今天这样给范畴下定义,更不会有列宁那样的深刻解释,而且他对范畴的意义的了解还有含糊和不正确的地方,更有不确切之处。但总的看,贡献是大的,在哲学史上的意义和作用是一般人所不能比的。从他对具体范畴的论述中,我们可以看到:第一,他是从范畴和客观事物的关系上来揭示范畴的实质和意义的;第二,尽管他对范畴的了解是建立在本体论的基础上,但不少地方也涉及以认识论的思想来把握。所以他把范畴看作是对客观事物的不同方面的规定和反映,他从对范畴的这种理解出发,对范畴作了首次的分类,并研究了不少的具体范畴。尽管这种研究还说不上很完美,但在两千多年前已达到在今天看来仍有相当科学价值的研究水平,是不易的,其成果是令人敬佩的。因此可以说,亚里士多德对范畴的意义以及对许多具体范畴的内容带有独创性的探讨和所取得的成果,的确是人类认识的历史长河中,大放光彩的真理颗粒。

亚里士多德把"实体"范畴看成是对客观独立存在着的具体事物的一种规定,并且作为理解其他范畴的根据。就是说,他认为实体是中心,其他范畴都附属于实体,是实体的数量、性质,"因为除了实体之外,没有一个别的范畴能独立存在,所有别的范畴都被认为只是实体的宾词"。(《物理学》)实体是一切范畴的基础,这是贯穿在亚里士多德整个范畴论中的一条主线。

亚里士多德的范畴学说具有较高的理论价值和学术价值,至少体现在以下几个方面。首先,体现了逻辑学、本体论和认识论相一致的思想萌芽。他把范畴看作是事物存在形式的逻辑规定,并试图以一个范畴系统对客观事物的多方面做全面的逻辑规定,这也就是他一再强调的范畴的种类和存在的种类一样多的意思。他不仅从逻辑学的角度揭示范畴的含义,而且从范畴和客观存在的关系上来了解和把握范畴的内容和实质。同时,还试图把范畴的排列和顺序同人们对事物认识的程序一致起来,把"实体"列在十范畴的首位,并明确指出实体不论在时间上还是在认识程序上都是第一的。这是符合人们认识规律的。

其次,体现了变化和运动的思想。亚里士多德是古希腊详尽地论证了运动这个范畴的哲学家,他不仅批判了以芝诺为代表的否认运动的错误观点,而且还论述了运动和事物的联系。就具体事物来说,其运动是有限的,有生有灭;就整个运动来说,是无限的,无生无灭。因此,每个范畴以及每对范畴之间,就从运动着的存在中获得了自己的内容和联系。他把运动、变化看成是联系质料和形式、潜能和现实的中间环节,指出从质料到形式,从潜能到现实是一种变化过程,这个过程就是运动。

第三,体现了联系和相对性思想。亚里士多德严格区分了范畴之间的界限,同时也强调了各种范畴之间的联系。他在《关系》这一范畴中,十分明确地表达了关于范畴联系和相对性的思想。

亚里士多德一生写过许多逻辑著作,主要的是《工具论》,包括《范畴篇》《解释篇》《前分析篇》《后分析篇》《论题篇》《辨谬篇》。在《形而上学》《物理学》《修辞学》《论灵魂》等著作中也有一些关于逻辑的论述,据说还有一些失传。

逻辑是关于思维形式及其规律的科学,研究概念、判断和推理及其相互联系的规律、规则,以帮助人们正确地思维和认识客观真理。远在公元前7世纪,古代中国、印度、希腊的思想家就研究了有关的逻辑问题。亚里士多德的逻辑研究更具系统,学术界公认为他是逻辑学的创始人。

亚里士多德创立了形式逻辑,但他自己并没有用过"逻辑"这一术语。他关于逻辑这门科学所用的术语是"分析的"或"由前提继随的"。他的"分析"一词,最初是指把推理分析为三段论的格,把三段论分析为命题,把命题分析为词项。这种分析就是现在讲的逻辑。

亚里士多德的逻辑学是以苏格拉底和柏拉图在这方面的成果为基础的。传统形式逻辑的基本内容,他都确定下来,后来增添的东西不多。黑格尔很推崇亚里士多德的逻辑学:"他是被人称为逻辑学之父的;从亚里士多德以来,逻辑学未曾有过任何进展。亚里士多德所给予我们的这些形式,一部分是关于概念的,一部分是关于判断的,一部分是关于推理的——它是一种至今还被维持着的学说,并且以后也并没有获得什么科学的发挥。""这个逻辑学乃是一部给予它的创立人的深刻思想和抽象能力以最高荣誉的作品。"

他是西方科学史上第一个对运动进行分类的科学家。他的分类法就是上面谈到的实体、性质、数量、地点的运动变化。这种分类不是凭空想象,也不是随意拼凑而成,他认为"有"有多少种,运动变化就有多少种。他的这种分类,并没有把事物运动变化只归结为机械的位置移动,而是看作多种多样的运动形态,同时把运动看作是个过程,这都体现了辩证法思想。他的分类也不是一种猜测,而是在一定程度上反映了他的研究水平和结果。应该说,就当时的科学发展水平来说,对运动做这样的分类,已达到相当完备的程度,也可以说是古希腊运动观的高峰。这样说,并不表示我们充分肯定他的分类法,也不表明他的分类就是完全科学的,而是说要以历史的观点看问题,要站在科学史的角度分析问题,给历史上的科学成就以应有的位置。

亚里士多德在运动观上探讨了时间和空间问题。他把空间方面的运动(位移)看作是最基本的运动。空间是物质存在的一种客观形式,由长度、宽度、高度表现出来,实际上是包围着物体的内部界限。一切物体都有空间。由于具体的物体都有边界,所以宇宙在空间上是有限的。时间也是物质存在的一种客观形式,由过去、现在、未来构成的连绵不断的系统,是物质运动变化连续性的表现。时间是计量运动的尺度,不能脱离运动和变化,离开具体事物,也就说不上什么是时间,通过运动体现时间。时间是永远存在的,现在是过去时间的终点,又是将来时间的起点,从任何一个事件出发,无论向前追溯多少年,总还有别的事件发生过,总不会遇到时间的"起点";无论往后延续多少年,总还有别的事件将要发生,总不会遇到时间的"终点"。亚里士多德在《形而上学》中这样论证时间的无限性:如果你说时间是生成的,就应该承认时间生成之前没有时间,可实际上并非如此,"在此之前"已有时间了,所以时间不是"生成"的,不然就不能有"在此之前"和"在此之后"了。亚里士多德从时间的无限性上探讨了运动的无限性。

亚里士多德在天文学、气象学、化学、物理学、生物学、心理学等领域都做过深入的探讨,进行了大量的观察并收集到许多资料。相比起来,在生物学方面成就更突出。他的声望除了是建立在哲学研究上之外,还建立在动物学和生物学研究上。策勒尔说,亚里士多德用了相当的精力"对有机界的研究,虽然为了这一目的,他无疑利用过许多自然科学家和医学家的研究成果,比方说德谟克利特的那些研究成果,但从各种迹象看来,他自己的成就大大超过了他的前辈,以致我们可以毫不犹豫地说,在希腊人中,他不仅仅是比较动物学和系统动物学的杰出代表,甚至还是主要奠基者。"他的生物学理论后来由林耐的植物分类说和达尔文的进化论所发展,直到他死后二千多年其学说才被取代。

虽然他的生物学仍有一定的价值,也许是由于内容简单、陈旧,只有生物史才去研究,而作为一个课题来研究的在中国不是很多,一些文章只是点到即止,未做进一步的分析。国外有些学者在他们的著作中做了一些论述,如德国学者 E.策勒尔,英国学者乔纳逊·伯内斯都是这样做的。

自然界的无穷奥秘使他心醉神迷,由此渐渐悟到一个道理。他把世上各种各样生物,依据复杂程度排成一个长串,就可以观察到,随着动物身体构造的复杂,运动方式的增多,生物的智慧也相应增进。同时,分工渐趋专门,神经系统出现了,大脑显著了,生物的心灵渐渐能控制环境了。这种从最低级的有机体进步到最高级的有机体,亚里士多德不只做了描述和探讨,还用科学方法作了分类。他把生物分成植物、动物和人,把动物分成有血和无血的两种,继而又细分为属和种。他认为,胎生是最完美的动物,人又是其中最完美的。因为人是具有理性的,这是人不同于其他动物的地方。

有些人讥笑亚里士多德把精力放在观察研究这些大大小小的生物身上,不做思想哲学研究,甚为可惜。因为当时人们把后者看得最为神圣。

亚里士多德回答说:"我讲一个小故事给你们听。有一些陌生人玄拜访希克利特斯,看到他正靠着厨房的火炉取暖,他们停住了。希克利特斯说:'不要怕,请进,这里也有神明。'我们对每一种动物的研究也应持同一态度,没有必要感到羞愧。因为在每一样东西背后,都有其天性及美。很明显,自然界中的一切没有一样是偶然发生的,都是有目的的,为了某种目的造成美的事物。"

亚里士多德的"天生万物必有用"这句话后来又成为传世名言。但他对生物的有些考察和经验可能带着一些主观的臆测,甚至是荒诞不经的,因而经常被人引为趣谈。有一次,他对人们讲述他对欧洲野牛的观察,他说,人们为了吃肉去猎杀野牛,"野牛的自卫是以踢脚或将排泄物排泄至大约8米远的范围来防卫自己。而这些排泄物是如此炙烫,以至能将猎犬的毛都烫掉。"

他的话引起人们的哄笑,亚里士多德自己却仍是那么认真和自信。

亚里士多德在自然科学研究上的成就,在当时是无人能与之相比的。他观察、收集有关天文学、气象学、化学、物理学、心理学的种种资料,成为这些学科的创始人和奠基者。他的最重要成就还是在动物学与生物学方面,影响所及,直到二千年后才为新的理论取代。这些伟大的研究成果的一部分是在阿苏斯和累斯博斯岛居住期间进行的。

亚里士多德在马其顿朝廷担任亚历山大的教师大约3年时间。公元前340年,亚历山大16岁,腓力宣布当他本人不在朝廷时由亚历山大摄政,主持处理国家事务。亚里士多德就在这时离开培拉,重返故乡斯达吉拉。他的妻子琵蒂亚斯病逝,他续娶海尔比里亚为妻。

亚里士多德在政治学上的主要贡献是分析研究了当时希腊各个城邦的各种政治制度,指出其利弊,做出了评价。

据说亚里士多德曾搜集了希腊158个城邦的政治法律制度及其历史沿革,并进行了详细的分析。可惜这些资料都遗失了。苍天不负有心人,1880年(也有说1890、1891年的)英国贝尔父子在埃及一农业庄园中发现了一堆故纸,内有一叠旧账本,每页背面都写有希腊文。经考证,系亚里士多德的158种中重要的一种——《雅典政制》69章的全文抄本。这部手稿详细记载了雅典政治演变的历史,从早期的军事执政官开始直到亚里士多德晚年时期止,包括从公元前7世纪开始的雅典政治制度史和对公元前4世纪雅典政治制度的记述,还阐述了当时雅典的法律和选举制度。这是我们了解当时雅典政治历史的重要资料。

创造性贡献

亚里士多德在雅典主持吕克昂学园 12 年,也是他在学术上最有成就的时期。他的大部分重要研究和著作都是在这里完成的。

吕克昂学园有充分的经费,也有丰富的学术资料来源。亚里士多德过去就有大量的资料积累,现在又得到亚历山大大帝的支持。亚历山大东征期间,从更广泛的地区有意识组织大批人力搜集政治、历史、生物、地理等资料,源源不断地送到雅典吕克昂学园,这对亚里士多德和吕克昂学园所有师生的研究工作具有十分重要的作用。

亚里士多德在吕克昂学园创建了一个相当规模的动物园。这在人类文化史上还是第一个。

他爱好收集、积累书籍资料,在柏拉图学园学习研究时,就已开始从事这方面的工作。他的寓所里总是堆满了各种书籍,他自己则被后人看成历史上第一位图书收藏家。现在,他为学园创建了一所藏书很丰富的图书馆。亚历山大死后,他的部将托勒密在埃及称王,也建立了一所很大的图书馆——亚历山大图书馆,就是依照亚里士多德的模式建立的。

他还为吕克昂学园建立了一个博物馆。

这些文化设施的创建都是亚里士多德对人类文化所做的创造性贡献。

亚里士多德在吕克昂学园就像在科学知识的海洋中游泳,是那样从容自由。他的许多研究成果都是带有创始性的。

世界上第一个将哲学当作一门独立的学科,和其他科学区别开来,并且给予很高地位的,是亚里士多德。

政治学的创始人,也是亚里士多德。他对国家起源的阐释,"人天生是政治动物"这样的经典性定义,对于后世都具有极大的影响。在广泛考察了希腊各城邦的政治法律制度及其历史沿革之后,亚里士多德提出了自己的政治理论:主张小国寡民,由贤能的君主来统治,同时又要制定相应的法律,以保证权力不至于过分集中。

动物学在当时是一门崭新的学科。亚里士多德的动物学研究为他的生物学研究奠定了基础,直到他死了二千年之后,才为新的学说取代。

逻辑学中著名的"亚里士多德三段论",被人们推崇为"形式逻辑的核心"。十八世纪德国哲学家康德称亚里士多德逻辑"是一门完整的科学"。

第一个用科学的观点和方法来阐释美学概念、研究文艺问题的人,是亚里士多德。他在《诗学》中提出文艺的"模仿说"(认为艺术是模仿或表现人类的生命活动或现实世界的),有关悲剧的经典性解释以及古典戏剧中的"三一律"(事件、地点、时间的统一性)等等,对后来的文艺理论和创作都有极为深刻的影响。

他在天体物理学、心理学、生理学、伦理学、修辞学等方面都有创造性的发现和贡献。

亚里士多德是一位科学的巨人。他是在运动不息的世界中不断有所发现和创造的一代宗师。他的知识成果是一个庞大的丰富的科学体系。不但整个古代文明在他的俯视之下，而且对于未来文明的发展也有着巨大推动作用。当时的希腊人已经开始认识到亚里士多德的杰出贡献。

公元前330年，亚里士多德应邀为希腊戴尔菲城撰写名人录。该城每隔四年都要在阿波罗神庙前举行一次运动会，优胜者的事迹将被记载下来。该城为感谢亚里士多德等的工作还特地立碑于神庙内。碑刻称："他们在此碑中记载着那些菲底安比赛的胜利者以及开创这些竞赛的人们。因此，让亚里士多德及卡利斯山尼斯享受赞美并接受冠冕吧！"

但是，当人们对亚里士多德谈到他的贡献时，亚里士多德总是说：

"我们身为个体生命，所知有限，但我们每一个人多少都会谈及自然的一些性质，而且从各种可以接触到的成果中，多少可以得到一些知识上的长进。但是，我们不但要对前人的贡献存着感激之情，即使那些观念错误或肤浅的人，我们也要予以感谢。因为他们同样有其贡献，因为他们为我们提供了许多经验与事实。"

他还以当时的诗人提摩苏斯的作品为例，说：

"没有他，我们可能缺少了许多美丽的抒情诗。但是，如果没有以前的菲瑞尼斯，那么提摩苏斯也可能写不出如此美丽的情诗。这道理对我们研究学问的人也是一样的，我们从前辈那里获得一些好的意见，我们的前辈又从前人那里发现一些真理。开始的研究可能只提供了一些很少的进展，但往往是最根本最重要的，而这正是最容易为人们所忽视的地方。这就是最初研究尤其困难的原因。"

亚里士多德关于科学研究自身的特点讲的是这样的精辟，大家十分敬服。

后世影响

公元前323年，亚历山大大帝在巴比伦去世，死时只有33岁。他的部将为了争夺继承权，互相混战，威赫一时的马其顿帝国对于希腊世界的统治面临崩溃。

当亚历山大死讯传到雅典时，全城几乎像爆炸了似的。街上都是议论纷纷的人群，人们欢欣庆祝。反马其顿势力的首领德谟斯梯尼是一位雄辩家，同时也是一位坚定的反马其顿者，他到处发表煽动性的演说，把人们的热情更加鼓动起来。自由成性、曾经做过希腊各城邦的霸主的雅典人，一直对于马其顿的统治怀着反抗情绪，现在正是最好的时机，他们决心准备战争，最终摆脱马其顿的统治。

雅典城里反马其顿的紧张气氛很快传到吕克昂学园，弟子们都非常着急，匆匆来向亚里士多德报告：

"街上已有人指控老师是亲马其顿党，是亚历山大的老师，要把你当作马其顿势力来治罪。现在街上很混乱，人们情绪很激动，没有可能向他们去做解释。老师，你还是避一避吧！"

接着，又有另一个弟子慌慌张张来报讯：

"祭司长欧里米顿已经正式控告老师了，罪名是说老师不敬神。看来，他们没有抓到老师与马其顿朝廷有联系的证据，只好罗织这么一个罪名来迫害老师了。老师，你看怎么办呢？"

亚里士多德在廊后上来回踱步沉思。不错，他与马其顿的关系是很深的，但是他从来没有在马其顿朝廷做官。亚历山大上台后在政治、军事上的所作所为，从根本上说，他是反对的。他没有做过对不起雅典的事情。他在雅典人们喜欢他崇尚自由和学术的那种富有朝气的性格。他是清白的，对雅典人是问心无愧的。他想起几年前，雅典人还为他树碑立传，记录他对雅典的友情和功绩。碑文说他"对雅典贡献良多，全心为雅典人服务，尤其为了雅典人的利益，而在腓力国王面前加以斡旋、解释"。

当他把这些想法与弟子们交谈时，他的最得力的助手泰奥弗拉斯托斯说：

"老师，你说的都是事实，我们也都这样认为，但现在不是说理的时候。在那些情绪狂乱的人们面前根本没有可能对话、解释。当年苏格拉底老师的死不也是这样的吗？人们随意诬告不正是上次事件的重演吗？"

泰奥弗拉斯托斯的话提醒了亚里士多德。他知道，指控"不敬神"比说与马其顿的关系更容易煽动群众。对于老百姓来说，嘲笑神或亵渎神的人更可怕，更不能容忍。这种莫须有的罪名加诸科学家的头上又最方便。当年苏格拉底就是以"不敬神"的罪名而被下狱毒死的。

"雅典人啊！崇尚自由和学术的雅典人啊！我不愿看到你们对哲学再犯第二次罪过。"亚里士多德深深地叹息着。他经过慎重考虑，决心离开雅典，离开这个他创建、主持了10多年的吕克昂学园。这对他来说，无疑是一件痛苦的事情，因为这个科学园地不只灌注了他的全部心血，而且也是寄托着他的感情和生命的地方。

亚里士多德将学园托付给泰奥弗拉斯托斯，请他继续主持吕克昂学园。他自己带了家属和少数几个同伴离开雅典，来到优卑亚岛的卡尔基斯城。

优卑亚岛是爱琴海的第二大岛，卡尔基斯城与希腊半岛隔水相望。海岛风景优美，环境幽静。亚里士多德母亲的家族在此颇有财产。但这一切对他来说已毫无意义。公元前323年春天，亚里士多德一行来到这里居住。他深深知道自己离开雅典，失去和吕克昂学园的联系，实际上已成为世隔绝的孤独老人，住在这里等于过着被放逐的生活。63岁的亚里士多德常常到海边漫步，朝着西南方向远眺雅典，以排遣内心的寂寞和忧伤。在优卑亚岛还不到一年时间，这位古希腊最伟大的学者就悄悄地与世长辞了。

亚里士多德的学说包罗万象、博大精深，照亮着后人前进的道路。亚里士多德在探究宇宙奥秘的过程中不断展示自己强有力的学术生命和丰富的心灵。他的高贵的学术品格和创造性的贡献，证明他是人类古代文明史上的一位科学文化巨人。

英国唯物主义和整个现代实验科学的真正始祖

——培根

人物档案

简　历：培根是英国 15 世纪新哲学的代表人物。童年时成为伊丽莎白一世的宠臣；12 岁进入剑桥大学，获得正式律师资格，后作为汤顿的代表进入国会。1613 年之后先后成为总检查长，掌玺大臣、大法官，受封外如兰男爵和阿尔本斯子爵。

生卒年月：1561 年 1 月 22 日～1626 年 4 月 9 日。

安葬之地：赫特福德郡圣奥尔本斯的圣迈克尔教堂。

性格特征：体弱多病，少年老成，智慧。

历史功过：主要著作有《新工具》《自然的解释》《论科学的增进》以及《学术的伟大复兴》《学术的进步》《新大西岛》《培根随笔》《论说文集》《论人类的知识》《论事物的本质》《小林子》等。

名家评点：马克思、恩格斯称培根是"英国唯物主义的第一个创始人"；是"整个实验科学的真正始祖"，这是对培根哲学特点的科学概括。

志存高远

　　弗兰西斯·培根，一个新哲学的代表人物，是出生在一个新世界里的。当时英国已经脱离了封建的欧洲，并且正在变成一个拥有国家教会的民族国家。亨利第八分配修道院土地的政策，是反教皇反僧侣的改革的一个部分。这次改革是由国会中的非僧侣阶层的力量所实行的，结果使大部分的地产由僧侣手中转入非僧侣手中。这种以教会为牺牲的非僧侣权力的增长,也反映在政府方面。

尼古拉·培根,弗兰西斯的父亲,是这些俗家出身的新大臣之一。尼古拉的父亲曾为伯里·圣·爱德蒙资大寺院的僧侣担任过管家。伯里·圣·爱德蒙资大寺院提供给了尼古拉上剑桥大学、研究法律和参加政治的机会。在寺院解散以后,尼古拉把属于他父亲任过管家的那座大寺的几处庄园买下来了。

在弗兰西斯出生前几年,尼古拉已经当了英国的掌玺大臣。他在城里的时候,就住在临河街的约克府。临河街原义就是河岸,这在当时是名副其实的,因为那还不算一条街,也没有一排的房舍把它从泰晤士河岸分开。弗兰西斯就降生在那里。他的母亲叫安尼,为安东尼·科克男爵之女。她是尼古拉的继室,生了两个儿子,长子安东尼比在 1561 年 1 月 22 日降生的弗兰西斯大两岁。这位母亲是当时以学问影响于世的三姊妹之一。她们都长于拉丁文、希腊文和希伯来文。也许安尼不懂希伯来文,但是她能用希腊文写信,而且在 1564 年,弗兰西斯三岁那年,她发表了她对玖埃尔主教以拉丁文所著的《辩解》一文的英译本。这是当时著名的为英国教会辩护的一部书。

安尼是一个虔诚的加尔文派清教徒,重视对自己两个儿子的教育,除了普通的慈母之爱,更有作为教育者的严格和睿智。她本身就是个出色的语言学家和神学家,因此亲自调教儿子,费尽心血。既要使安东尼和弗朗西斯有渊博的知识、虔诚的信仰,处世待人有进有退,又担心沉湎于学习与思想会损害儿子们宝贵的健康,用心良苦,好在儿子们也颇伶俐乖巧。在这样求知爱智的家中,父母常相唱和,吟诗作文,孩子们则在硕大的图书室里自由阅读,讲述科技进步和人类生活改善的书籍像磁石一样吸引了小弗朗西斯。

虽然体弱多病,培根却自小就有一个"伟大的默想",要在以后颂扬学术。除了家庭得天独厚的条件以外,也有社会影响的因素。此时的英女王伊丽莎白一世同她的父亲亨利八世一样,对宗教没有兴趣,致力于将英格兰变成最强大的近代国家。世界贸易中心随着新航路的开辟,此时已从地中海移到大西洋沿岸,伊丽莎白以准确无误的先见之明将人民的精力引向海洋,英国人首先步哥伦布后尘来到北美洲,考察和远航活动受到女王的支持,也把英国国旗和女王的光荣传遍全球。伊丽莎白终身未婚,把一生的时间与热情都投入到令英国国库和英国商人的钱袋装满的任何事情中去。她热爱英格兰,珍视头上的英国王冠。英国人因而也热爱她,甚至容忍她有时不合身份的轻佻和作为女性的神经质,她是全英格兰所有成年男子宣誓效忠的对象。她具有对人的敏锐的判断力,英国最忠心耿耿的才智之士为她献计献策,如塞西尔、莱斯特和沃辛厄姆。她的时代也是莎士比亚和本琼森的时代,文学和艺术在戏剧、诗歌中结出累累硕果,女王本人就精通拉丁文、希腊文、法语和意大利语,通晓文艺复兴时代的高雅文化。

当培根还在童年的时候,他的父亲常带他到宫廷里去。他成了女王的宠臣之一。伊丽莎白喜欢他答问时所表现的少年老成的智慧,时常叫他"小掌玺大臣"。

他除了进剑桥之外,还能有什么别的道路呢?牛津大学保留了较多的古老传统和浓厚的封建气氛,而当时的非僧侣的新教徒的国家大臣却都是在剑桥大学里造就的。培根在1573年4月入了三一学院,当时青年都很早就入大学。虽然如此,如果他的家庭不是很早就把他培育成熟的话,他是否能在12岁入大学那是令人十分怀疑的。在大学里他终于下定一个重大的决心。但是,更令人惊异的是,当他在1575年圣诞节结束学业时,他离15岁还差1个月。

后来这个决心终于在他的最出名的著作《伟大的复兴》一书中由他赋以最终的形式,可是这时他已经度过了他一生的大部分了。这本书在1620年始行出版,而且甚至在那时也只是片段,还不是全部。不过,他始终没有放弃他的理想。只有在他死后他的文稿逐渐地发表之后,特别是在19世纪很多编辑与评注者相继研究了它们以后,他的主导思想的广度,才大见分晓。

因此,当他上大学并开始研究亚里士多德的逻辑学和形而上学以及圣·托马斯的神学时,他就遭到了一种不可避免的幻灭的痛苦。希腊和中古时期的哲学以惊人的巧妙讨论了动词"是"的一切可能的意义,并且十分合逻辑地把他们所承认的存在的一切形式加以分类。"本质"与"偶然性""必须的存在"与"偶然的存在""必然性"与"可能性""内容与形式""动因"与"终极原因",对于这些观念,简直没有什么可说的了。不过现在工业革命接近了,人类希望从地里掘出矿物而用之于各种用途上。在这方面旧逻辑是无能为力的,而毕龄古乔却能帮助人们。他确实晓得如何从地里得到矿物,如何熔炼金属而根据需要把它们变成教堂的钟或是大炮。实践哲学对培根已经有了一种不可抗拒的吸引力,这也就使他对文字的哲学起而强烈反对。

弗兰西斯·培根本人总是坚持说,不要把他的哲学看作是他个人的天才的产物,而要看作是他的时代的产物。因此,当他第一次拟定他的著作的主旨时,他把他的论文定名为《时代最伟大的产儿》。这个著作遗失了,而他的既谦虚又有宏图的书名,清楚地表明,他对于他所生人的世界的性质对他的影响是意识到的,他的志向就是要宣传他的时代的一些需要和希望。

正当培根在法国孜孜不倦地为未来事业打好基础的时候,不幸的消息自海峡对岸传来,培根的父亲尼古拉勋爵弃世。是年,培根刚刚18岁。风华正茂,习惯了锦衣玉食的生活,却发现自己不仅丧失了政治上的靠山,更成了再也负担不起奢华生活的穷人,五个兄弟之中只有他没有稳定的经济来源,天之骄子的他忽然要面对空前困难的局面。

他住进了葛莱公会,开始加紧法律学习,1582年获得正式律师资格。次年作为汤顿的代表进入国会,其后又连选连任了好几届。他辩才出众,演说简洁生动,锋芒毕露。虽然国会议员没有任何报酬,年轻气盛的培根还是踌躇满志,充满了大任在肩的慷慨激昂。他敢作敢为,在国会中提倡民权与君权的相互兼顾,甚至还公开反对女王的财政计划。

培根对于自己的政治才能实在很是自信,同时他自认有比他人优越得多的政治关系。父亲在朝20年,口碑甚好,伊丽莎白总会念及老臣的功业,施恩于后生。何况他的姨父和表弟在伊丽莎白朝中都是炙手可热的红人,母亲安妮夫人也向姐夫代培根求官。培根书信的优雅的文笔和近年乞求的语气体现了他的杰出才能和望眼欲穿的企盼。

宦海沉浮

在女王伊丽莎白统治期间,培根的经历是一个长期的失望者的经历。他曾经指望得到晋升,但没有如愿。

在1589年他获得了御前会议秘书地位的继承权,但这个位置20年没有出缺。1589年以后又几年,他碰到了一个双重挫折。他希望能得到首席检察官的职位,可是在1594年3月他发现寇克得到了这个任命。这使副检察长出缺,可是甚至这个较低一级的职位,也没给培根,而在1595年10月给了托马斯·弗列明大律师。艾赛克斯就是在这个时期,坚决要送给他的朋友和导师一块在退肯南附近的土地,作为慰藉。不过,当然,价值1800镑的一笔财产,是并不能代替一笔数目大约相等的年收入的,而培根所需要的正是这样的一笔收入。

到了詹姆士即位的时期,培根想放弃做官生活而致力于著作,但他仍然想获得国王的支持。不过他所求于国王的并不是官职而是对他所计划的哲学改革的赞助。詹姆士本人是很有学问的,因此可以希望他当一位学术界的恩主。不过一位由于自满于传统的学问因而有些学究气的国王,对于创立一种新的哲学以代替旧哲学的提议会发生什么兴趣,这是没有保证的。

为了得到更高的官职,他先是投靠桑末塞伯爵,不久伯爵露出衰像,他如同那在房屋倒塌前就离开的老鼠一样机警,转而扶持后来大红大紫的威里尔兹,即白金汉公爵。这一步棋走得果断而且很有远见,桑末塞伯爵失势后,威里尔兹极为受宠,并对培根的栽培进行了报答。1613年他升任总检查长,1617年,做了他父亲曾经荣任的掌玺大臣,1618年升至权力的顶峰——大法官,并先后受封为维鲁兰男爵和圣奥奉斯子爵,他的年收入从5000镑增至为大法官时的15000镑。天底下还有谁比居高位享美名、君恩在上娇妻入怀的培根更富有、更幸福呢?

巧妇有米自然局面阔绰,1620年1月培根在约克府的家中很高兴地迎来了前来贺寿的朋友们,著名诗人本琼森也以诗为颂,参加和见证了这次盛会。

可是得意之中也该记得为了谋取高位所做的可耻的事,比如昧着良心赞同对无辜横遭猜忌的罗利爵士处以极刑,赞同与西班牙的联盟,允许剥盘人民的各项专卖权法案,听任白金汉公爵滥权干涉司法,等等。当反对的矛头瞄向他的朋友时,他就背弃了朋友的利益,他以实用的目光看待友谊,却自信到不曾想到自己也有被打击而且缺乏援手的那一天。

　　清算的日子终于来到,1621年詹姆斯一世为了筹集款项,不得不召开国会。国会在培根的死敌科克爵士的鼓动下反对国王的专卖权法案,进而要求改变司法界贿赂公行的黑暗现状,并以曾向当事人索贿的理由,要求弹劾缺乏自律的大法官培根,以图正本清源,走向司法公正。

　　培根并不否认受贿的事实,但将其归为时代的普遍风气与大胆妄为的仆人自作主张,而且竭力说明受贿的事实并未影响他最后的判决。

　　培根明白自己只是议会与国王权力斗争的牺牲品,他警告詹姆斯一世"现在打击你的大法官的人,恐怕将来也会这样打击你的王冠"。一语成谶,20多年后詹姆斯的儿子查理一世果然就被送上了断头台。

　　詹姆斯也有心要帮助培根,希望组成一个专门委员会来审理这桩案子。但议会拒绝了,国王不愿意与议员们闹得太僵,培根无奈,转而请求国王从中调停,从轻发落。当年春暖花开的五月,上院在只有白金汉公爵反对的情况下,通过了对培根的判决:罚金40000镑,囚禁伦敦塔,永远不得接近宫廷,永远不许进入国会和出任公职。

　　判决初下,培根还未丧失自信,他说"我是英国50年来最公正的法官",不过,他也承认,"这是国会200年来最公正的判决"。而且,许多被囚伦敦塔的人最后都重回政坛,例如伊丽莎白的宠臣莱斯特伯爵,培根那亲爱的姨父塞西尔等。政治人物是不可以一时之荣辱来定论的,培根不甘心从此寂寂无闻。

　　培根被囚两天即获释,罚金也被国王赦免,他也获准可以进入宫廷,只是尽管培根幻想东山再起,而且他出事之后,以前所判决的案件也没有当事人认为不公而要求平反,但不得进入国会和出任公职的禁令却不曾改动,他的政治生涯从此宣告结束。

　　幸福的家庭生活也结束了。失去了公职,丰厚的收入突然断绝,惯于挥霍的培根总是寅吃卯粮,此时负债累累,妻子的脸色也越来越难看,全不顾年过六旬的夫君体弱多病。培根搬回葛莱公会,度过了他生命中清静而成果卓著的最后几年。

　　培根在这一时期学术成果之多简直是个奇迹。此前他的作品如《论说文集》《学术的进展》《新工具》已使他在欧洲学者中享有盛名,下台后五个月就完成了《亨利七世》,同时又开始写《亨利八世》和大不列颠史的纲要等一些政治历史著作,增补《学术的进展》并译作拉丁文。他后悔没有早日回到学术事业中来,身居高位使他没有时间和行动的自由,此时他广泛的百科全书式的兴趣已超出了体力与人生剩余时间所允许的范围。

　　培根的个性是多方面的,他的天才同样在多个领域流淌,他是法学家和政客,又是科学家、哲学家、历史学家和文学家,罗素评价他为近代归纳法的创始人和给科学研究程序进行逻辑组织化的先驱。因此,尽管在伏尔泰的时代培根最知名的一些作品已经完成了为近代哲学大厦搭架子的历史使命,很少有人再读,但仍旧占有永远的重要地位。

　　培根有这样一种信念,如果要使人们有勇气与进取精神向下一阶段迈进的话,必须先让他们具有一种新的心理状态。他晓得除非把人们从习以为常的忍受中拉出来,否则的话,他们是既不能改善他们的科学也不能改善他们的物质生活的。因为培根深信他是受命于天来传这种新的"道"的人,所以他才以普罗米修斯那篇神话里的令人振奋的先知口吻来发言。这里他还只是把先知的衣钵给我们看了一看,要过了 11 年之后,他才正式接受了这个衣钵。在《伟大的复兴》一书付印之前,培根把这 11 年的工夫眼看着过去了。

　　在两本著作之间的 11 年的沉默,只有在 1612 年他的《论说文》的第二版问世时才被打破。这些论说文此时已由 10 篇增至 38 篇了。这个长期的沉默是由于他又自陷于他一部分心理总想逃脱的官职的网罗之故。1613 年他被任命为首席检察官,1616 年任枢密顾问官,1617 年任掌玺大臣,1618 年任大法官,不久又受封为外如兰男爵。关于他在这些职务内的行为我们是不能写的,要写这些东西就必须不为作者作传记而去为他的国家作史。不过很清楚,公务的压力阻碍了他个人的梦想的实现,而当他自觉年事已长因而他的宏伟的计划的出版不能再事延缓时,所发表的却只包含着他想写成的著作的片段而已。

　　水猛兽的无神论被培根认为比迷信要好得多,因为"无神论把人类交给理性,交给哲学,交给天然的亲子之情,交给法律,交给好名之心,……无神论从来没有扰乱过国家,因为无神论使人谨慎自谋。"无神论形成的原因是宗教分为多派和僧侣的失德,以及亵渎神圣的顽固风习,生当太平盛世、在人间可以得到幸福的人们也不太热衷于宗教。无神论危害则在于毁灭了人较之于兽类的尊贵,无助于人性的提高。但是,迷信在当时社会更为盛行,1484 年教皇英诺森三世颁布反巫术令,结果引起了欧洲长达数百年的搜巫狂潮,愚昧、迷信和妄想使这场丧心病狂的大迫害夺去了众多无辜者的生命和尊严,迟至 17 世纪 60 年代,一位颇有文名的布朗医生还作证使两个妇女被当作女巫处死。培根认为迷信压抑了人的本性,易使人屈服于教会和其他形式的专制势力,使人产生杂乱的狂想而丧心病狂,使宗教成为传播谬论的工具,杀戮与暴乱的理由。因此,既存在天启的真理,得自于上帝向他的选民吹吐的光明,又有见诸于科学与哲学的真理,可以为人类福祉而服务,值得人去追求。

　　《论说文集》体现了培根对禁欲主义的反对,"天性常常是隐而不露的,有时可以压服,而很少能完全熄灭的。"对于天性不可以压抑,而应以习惯变化气质,约束天性,不过也不能过高估计教化的功能,因为人的天性能够长期潜伏,在受到诱惑时就复活起来,就像《伊索寓言》中变作文静少女的猫一样,看见老鼠跑过就忍不住原形毕露了,所以人们在选择职业和修习学问时都应尽量顺应自己的天性,通过教育培养良好的习惯。

　　人不可过度节制的同时,同样不可以放纵,否则就会妨碍养生。一个人可以通过自己的观察,知晓事物是否有益,从而指导正确的行为,"因为少壮时代的天赋的强力可以忍受许多纵欲的行为,而这些行为是等于记在账上,到了老年的时候,是要还的。"

特殊的条件也会产生特别的人。《论残疾》表现了培根对人的心理的惊人的洞察力,他无疑对他那"天性凉薄"的驼背表弟罗伯特心怀怨恨,开篇首句就是"残疾之人多半是和造物扯平了的,因为造物固然待他们不仁,他们对造物也同样地不良。"但是残疾不是一种必然如此的标志,而只是一种可能的原因,残疾者因为要解救自己,往往既勇敢又勤勉,而且不容易引起别人的戒心,反而易于升迁,只要有魄力,"他们一定要努力把自己从轻蔑之中解放出来,而解放的途径不出于美德即出于恶谋。"

培根对困厄、虚伪、嫉妒、勇敢、善、美、狡猾等人们所熟知的习性和境况一一进行探讨,留下了许多隽永清秀的警句,比如"幸运所生的德性是节制,厄运所生的德性是坚忍",比如"过度的求权力的欲望使天使们堕落;过度的求知的欲望使人类堕落;但是为善的欲望是不会过度的",比如"思想中的疑心就好像鸟中的蝙蝠一样,永远是在黄昏中飞的;疑心使君王倾向专制,丈夫倾向嫉妒,智者倾向寡断和忧郁"。在基督教的旗帜之下,培根的道德哲学闪烁着马基雅维里式对于事物本质毫不留情的剖析,他认为对于恶行不应避而不谈,只有具备蛇的才智才能维护鸽子的纯洁。

科学体系

人是自然的解释者,他所能做的只是对自然进程进行观察和思想。"要支配自然就必须服从自然",不知道原因就不能产生结果。可是,培根认为人们煞有介事的沉思、揣想和诠释等等实在是离题太远,为了在经院哲学摇摇晃晃的旧址上建立新的哲学大厦,他不容分说,以排山倒海般的魄力对准自柏拉图、亚里士多德以降的"作伪的哲学家",进行了严厉的批评,说他们"以赝品取代真实","败坏人的心智",使人无法获得真理。

在《时代的勇敢产儿》中,培根称人们奉若神灵的亚里士多德为"诡辩家",可是,自然的精微又岂是最精微的论辩所能比拟的,因此,"由论辩而建立起来的原理,不会对新事功的发现有什么效用"。亚里士多德首创的逻辑流行至今,"与其说是帮助着追求真理,毋宁说是帮助着把建筑在流行概念上面的许多错误固定下来并巩固下来"。因此,培根称亚里士多德的《逻辑学》是一本"疯病手册",他的形而上学则是毫无价值可言的蜘蛛网;柏拉图也在劫难逃地被封为"狡猾的诽谤者""浮夸的诗人"和"见鬼的神学家",希波克拉底则是一个"胡吹乱夸"的人。这些过甚其词的批评并不是对古希腊人智慧的全面否定,在当时,精密细微的经院哲学已经衰落，但仍是科学发展的障碍，经院哲学家们坐而论道，脱离实际，把古人的思想成果变成束缚知识发展和普及的教条。因此，矫枉过正，培根的批判既不公允也不宽容，也正因此，他的批判具有特别猛烈的火力。培根后来在《新工具》序言中指出，"古人所应有的荣誉和尊崇并未由我而有所触动或有所降减"，因为"我的目的只是要为理解力开拓一条新路，而这条新路乃是古人所未曾实行、所未曾知道的"。亦即，新时代的新科学是不以古人为对手的新起点上的产物，建立在全新科学发展的基础之上，与古人没有可比性。

在对旧哲学无情批评的同时，培根没有忽视他那个时代对古人的尊崇，文艺复兴的浪潮复活了黄金时代的梦想，因此他选取了一个非常独特的角度来颂扬古时的智慧，以图在遥远的过去找到证明自己理论的论据。他认为古人由于抽象思维能力较差，因此选择寓言和神话来说明和表达思想，在《论古人的智慧》中，他从古希腊诗歌中选取了31个神话故事，一一分析，剥离出可以他所需要的教诲。

虽然不可能像他宣称的那样找出古老神话的最初内涵，但是培根以新颖的构思和丰富的想象赋予了这些神话以全新的意义，古为今用，为英国思想史的进程作了有意义的贡献。

旧的东西被砸碎了，新的科学该如何建立？培根在《论学术的进展》中详述了知识的重要性和新学科体系。

在《论学术的进展》第一卷中培根大力颂扬了知识的功能与价值。他讲到，即便在古代，科学技术发明的意义也远在君主的文治武功之上，人们把发明家尊为神明，而对建邦立国者、立法者、推翻暴君者等只不过给予英雄或半神的称号。这反映了古人的明智，因为后一种功业不过是一时一地的效力，前一种人的功德如上天的德化，是永久而普通的恩德。

即便是君主的征伐事业，知识同样扮演着重要的角色。亚历山大大帝是亚里士多德的弟子，学识广博，又任用许多文人做幕僚，以勇猛的征服者青史留名。即便一般资质平庸的君主，只要有知识的德化和随时提醒，也会"免于元恶大错，而不至败国亡家"。

知识不仅是促进国家强大、实现人性自我完善的动力，更重要的是，知识是认识和驾驭自然的力量。可是现实情况是，人们被所谓的知识导向思维的混乱而不是清晰。真正的知识领域被弃荒一旁，无人理睬。培根在《论学术的进展》第二卷中的主要工作就是对现在杂草丛生的知识领域进行划界定义，他提出了新的科学分类原则和知识体系新结构。

按照人类的精神能力可分为记忆、想象和理性三种，相应地，科学作为人的一种具体精神活动，也应分为历史、诗歌和哲学。正如人的精神能力不可能割裂开来一样，科学也是一个统一的知识体系。他认为，使各门学科彼此独立，老死不相往来，脱离其公共源泉、共同父祖，正是各门学科贫血而肤浅、荒谬的原因。同时，培根也强调，科学分类原则不是绝对的和唯一的，人们可以因不同的需要和不同的视野角度来采取不同的分类原则。

在三大分类之下，各自包括许多子目。

历史包括自然史、政治史、教会史和学术史。关于自然的历史，根据自然自身的力量和条件分为自由的自然历史、失误的自然历史和被束缚的自然历史。自由的自然历史包括天文学、动物学、植物学等；失误的自然历史包括怪异史和奇变史；而所谓被束缚的自然历史则是指自然被人改造而转化，即技艺史或机械史。

政治史分为纪事杂录、完全历史和古史简零等，教会史则分为记载教会发展过程的普通教会史和记述预言本身及其应验的预言史。

学术史是培根认为应当建立的一门学科，应当把学术的起源、学派、发明的传授、研究程序、兴旺之因、失没之由、变迁之迹等按照年代顺序加以记述，使学者有所借鉴，从而有利于学术的发展和学者的交流。

诗歌分为叙述诗、戏剧诗和寓言诗。叙述诗只是历史的模本，戏剧诗把历史以给人观看的形式表现出来，寓言诗则出于某种特殊的目的而表达某个特殊的观点。

培根最为重视的当然还是哲学。在哲学中有一门学科是一切科学的公共父祖，培根将其称为"第一哲学"，几何学和逻辑学的公理就是应探讨的问题，它"专门研究各种学科所共有的那种普遍的原则和公理"，"凡哲学或科学的特殊部分所不能完全包括的那些较普遍、较高级的有效观察和公理，都可以归在第一哲学内。"

再根据人类思维的朝向，分为深入至上帝的自然神学、观察自然的自然哲学和反省自身的人类哲学三种哲学。

关于自然神学，培根着墨不多，他主要强调人类可以借助自然之光，通过观察和思考而得到关于上帝的基本知识，从而驳斥无神论，因为"一点点儿哲学使人倾向于无神论，这是真的；但是深究哲理，使人心又转回宗教去。"但这种观察和思考也不足以建立宗教，因为这门学科不能提供关于上帝的完善的知识，不能使人的理性达到天国的神秘。

自然哲学分为理论和实践两部分，前者研究原因而后者产生结果。物理学和形而上学构成研究原因的自然哲学，其实践部分则分为实验的、哲学的和幻术的三部分，后来又将三部分依其来源合并为来自物理学的机械学和来自形而上学的幻术。

由于培根对于当时科学发展新的成果并不清楚，他甚至反对哥白尼的学说，对于他的私人医生哈维的血液循环理论也似乎并不了解。他所注重的科学成果其实主要是与改善人类生活的一些新技术、新发明，加之他对基础科学懂得很少，因此，他虽然大力倡导科学之昌明，但他对自然科学的论述中有许多根本性的错误。相比较下来，培根对人类哲学的阐述意义比较重大。

人类哲学分为人类个体和人类群体两部分。前者包括对人身体和心理的研究，后者包括道德哲学和处世哲学等。

医学以健康为对象，是人体功能的调音师。但当时医生们过于依赖个人经验，培根认为为了让医学摆脱旧时代的落后面貌,医生们应当多做实验,解剖尸体甚至进行活体解剖,并将实验记录在案,这样,医学的进步就不是口手相传的老一套。

心理学研究心灵的机能和作用,知性、理性、想象、记忆、欲望和意志等。同时,"哲学家应孜孜不倦地考察风俗、习惯、教育、范例、模仿、竞争、交际、友谊、赞扬、谴责、规劝、荣誉、法律、书本、学问等的力量和能量;因为这些是支配人类道德的东西;人类心理是靠这些力量来形成与驯服的。"不知不觉间,培根为后来的社会学家、社会心理学家、历史学家、教育家和政治家们开列了一个学科目录,成为 17 世纪以来社会科学发展的指向标。

作为一个讲求实际和仕途得意的人,培根不厌其烦地对"处世的智术"详加讲解,像一个唠叨而不失其精明的老人,对关于如何识人与如何自知,如何处人与防人,如何掩盖不足之处等,都有不少忠告。这是一门在人群中生存和取得成功的言行手册,表现了培根对社会与人生深刻的认识。

伟大复兴

在 1622 年的一篇未发表的著作前边所加的致兰西罗特·安德鲁斯主教的献词中,培根描写了《伟大的复兴》和他以前的著作之间的区别。他把《广学论》称为启开《伟大的复兴》之门的一个准备信息物。可是关于《伟大的复兴》他说:"它把新的想法毫不掺杂地说出来了",并说那是他所"最重视的"著作。他也曾说他"很有理由认为这本书飞得太高,飞越人们的头上了。"

在 1620 年《伟大的复兴》一书终于出版了,那时的培根可以说是才第一次有信心地而且公开地接受了先知的衣钵。这本书是由十个项目构成的一种综合性的著作。在我们考察它的内容以前,让我们先听他的秘书劳莱对他的意见:"我总是有这种想法,如果有一道知识之光由上帝那里落到现代任何人的身上的话,那就必然是落在他身上的。因为他虽然是一个博览群书的大读书家,可是他的知识不是来自书本的,而是来自他本身的理由和见解的,不过这些东西他是小心谨慎地吐露出来的。他的著作《伟大的复兴》,据他自己说,是他的著作中最主要的。这本书一点也不是他的脑子里的无价值的空想,而是一个固定了的、考虑成熟的概念,是多年的辛勤的产物。我本人至少看见过《伟大的复兴》的十二种不同的本子,都是年复一年的修改过的,这书的结构、次序就是这样年年一遍又一遍的经过了修改、补正,然后才达到付印时的那个样子的。"

书名页告诉我们,这本书是英国大法官外如兰的弗兰西斯的《伟大的复兴》。这样便较以前寒微时代的"培根先生对学术的赞美"好像堂皇得多了。培根所要传之于世的"大义"到了公布的时候,能用这样显贵的身份来发表,当然对于过去那漫长的拖延可算是一种补偿,对于争取更多的注意的读者也可算是一种保证。

书名页上的插图描绘的是当时的一只三桅船正在扬帆前进,要通过两根狭窄的柱子,一般解释为世界的尽头,即所谓"赫寇立斯的柱子"。不过这只是它们意义的一部分,作者在他的"序言"的开头几句,对它们有更充分的说明。他说,人们对他们的现状估价过高,而对于他们改善现状的能力却估计过低,这就是两根不祥的柱子,它们好像注定了要把人们封锁在一片被陆地包围的内海中,使他们永远不敢到知识的大洋上去遨游。在图片下面的铭语小框中用拉丁文写着从"但以理书"(第12章,第4章)里摘录的一句话:"必有多人来往奔跑,知识就必然增长。"在书的正文《新工具》第1卷,93页里解释说,圣经上的这个预言简直就是说,知识的增长将与因横渡大洋的航行而全球互通往来的时期相吻合。这幅插图的每一个细节都是经过仔细选择用以尽量代表作者的寓意的。我们对于书名页底下的铭语小框中的题词——"教育促成进步",已经做过评论了。

接着就是一个简短的说明,共约五六百字,是以培根在他的《几种想法与几条结论》一书中所试验的第三人称的体裁写的。在这里他把拉丁文"复兴"一字的意义交代清楚了。他说,世界上的事情最重要的莫过于把意志和事物的交易恢复到原有的完善的程度或者至少有所改进。书中强调了为何不能凭借旧哲学来达到这个目的,并且宣布把科学、艺术以及人类的一切知识加以整个的改造的必要性。

以下就是致国王詹姆士的一篇书信体的献词。和谭尼森博士说的一样,培根着手了"一项需要一位千手千眼的人来和的工作。"他知道这不是一个臣民的工作,而是一位国王的工作。因为培根所打算做的并不只是一件逻辑方法上的改进而已,这是一个人可以担任的。他所要作的用谭尼森的话就是"是决定于一部清楚而全面的自然史的。"他希望国王能够提倡并资助一部关于自然及技术的百科全书的编辑工作。若没有这部书,他深知他的计划无成功的希望。同时他也知道他计划中的这样规模的一项著作只有由世界上许多国家的成百上千的人们在统一领导下通力合作若干年,甚至也许要若干代,才能编辑成功。

在"献词"之后就是"序言",是一篇长约三四千字的非常有力的文章。正像"献词"是向国王进言的一样,"序言"是向人民说话的。文章里面有教育,有警告,有劝诫,还有诱导。对于那些相信旧逻辑的人他说:"逻辑学决不能精细到足以应付自然的地步。"为了鼓励别人,他谈出他自己的弱点。他说:"只有依靠神的援助,他才能坚定自己的意志以抵抗敌对意见的打击,和抵神的援助,他才能坚定自己的意志以抵敌对意见的打击,和抵抗他自己本人私下和内心的迟疑和顾虑,更不必说那些天性中的不明智之处了。"他表示最主要的希望是工作要以仁爱的精神来做。"最后,我向大家做一个普遍的忠告。就是大家要考虑知识的真正的目的何在,希望大家追求知识既不是为了自娱心志,也不是为了争论取胜,或是为了凌驾他人,或是为财,为名,为权力,或是为了任何这些卑的东西;而是要为了人生活的利益和用途,并且要以仁爱的精神充实和使用知识。因为我们知道有些天使们被打入地狱是由于对权力的过分欲望,人类的被逐出乐园是由于对知识的过分欲望;

但说到仁爱,那是永无过分之事的,也从来没有一位天使或者一个凡人因为仁爱而遭到危险的。"

这篇精彩的"序言"完成以后,培根就开始进行他所谓的"著作的计划"——就是如果《伟大的复兴》这本书能完成的话,他所打算包括在里边的六个部分的描写。计划中的这六个部分如下:

1.《各种科学的分类》。

2.《新工具》,或《关于自然的解释的指示》。

3.《宇宙的现象》,或《作为哲学基础的自然和实验的历史》。

4.《智力的阶梯》。

5.《先驱者》,或《新哲学的预测》。

6.《新哲学》,或《能动的科学》。

关于这六个部分,培根告诉我们第一部分还是缺少的,不过他的《广学论》第二卷可以被认为是能暂时补充了这个缺口。

这六个部分的第二部分是《新工具》,共两卷,构成现在所谓的《伟大的复兴》一书的主体。

《伟大的复兴》的六个部分中的第三部分原定为《自然和技术的百科全书》,他在该书中写了一篇关于这本书的简单描述,内有关于该书编辑的一些原则。这部分叫作"节日前夕"培根意谓当这个伟大的"百科全书"编成的时候,人类将开始进入一个新时代,一种安息日。

因为这个部分需要相当的时间,也许需要若干代,所以他又为《伟大的复兴》计划了第四部分,称之为《智力的阶梯》。这部分一点也没有印出来,不过它的目的已经很明白了。它是要表明在某种有限的但特别重要的领域内,逻辑学(《伟大的复兴》的第二部分)将如何用以解释在《百科全书》(《伟大的复兴》的第三部分)中所搜集的一些事实。

第五部分,即他称之为《先驱者》或《新哲学的预测》的部分,也是一点也没有发表过的。它的用意是要预示《伟大的复兴》完成之际行将属于人的新知识和权力的味道。这些令人先尝的"味道"可以说是在走向新哲学的道路上所拾起来的被风吹落的果实,既不可轻视,也不可把它们误认为是成熟的哲学所结的成熟的果子。

《伟大的复兴》的第六部分,即《新哲学》或《能动的科学》必须让培根本人来描写。"我的著作的第六部分是一个主要的部分,其他部分只是给它做准备的。它将显示出我所传授和准备好的一套合理的、纯洁的、严肃的调查研究方法所产生的那个哲学。不过要把这最后的一部分彻底完成是一件我的力所不及,也是我所不敢想象的事情。我希望我以前所做的,是一件不太微不足道的开端的结果如何将由人类的命运提出,这个结果也许是人们以他们目前的生活情况和他们的理解力不容易掌握和衡量的。因为问题所关系者并不仅是一种精神上的满足,而是人类幸福的真实性和人类行动的一切力量。我是大自然的助手和说明者,人的行动和理解只能用他在对自然进行工作和观察时所看到的自然的组织安排为范围,超过了这个范围,人是既无知识又无权力的。因为没有一种力量能够打破这个因果的锁链,要征服自然,就只有靠服从它的规律这个方法。因此,这两个双生的目标,人类的知识和人类的权力,在最后是合而为一的。要是不了解原因,那么就要在行动中败挫。"

这就是《伟大的复兴》的计划。它的大部分当时还没有写出来。与整个计划相较,后来培根所写出来的也并不多。

《伟大的复兴》的宗旨不仅是对哲学文献做一个贡献而已,它还是生产革命的一张蓝图。《新工具》或《自然解释指南》是构成该书的逻辑学的部分的,和从来发表过的任何其他逻辑学的书不一样。如果把这书从《伟大的复兴》的设计背景里抽出,而只把它当作一本逻辑学的著作来看,那它是很难理解的。培根著作的编辑者们有时使这种混乱更加严重。例如弗勒编的《新工具》是已出版的培根著作中最精的版本,而这部书正就是犯了这样错误。弗勒列举了培根影响后人代的十条途径,只有在第八项中他才提到"人类的生活的改善以及对于人生的安适与方便的支配力的增强。"这就是说,弗勒把培根放在榜首的事情放在接近榜尾的地方了。但是除此之外,他还犯了曲解的过错。他以责备的口气说:"培根如何坚持一定要科学的研究服从实际的目的。"这是一个严重错误。培根曾一再坚持科学的真理和实际的效用实质上的一致性。"在实践上最有用的,在理论上就是最正确的。"(《新工具》第2卷,4页)"人的心智的改进和他的生活的改进是一回事。"(《几种想法与几条结论》)。

这部书其实主要公布了培根的庞大的工作计划,至于其完成则需要世界各国的成千上万的人通力合作。培根写出来的仅是其中的第二部分《新工具》,即一种新的解释自然的方法。

《新工具》全书以箴言形式写作,第一卷有130条,第二卷有52条。第一卷的破坏性部分批判旧哲学的种种弊端,第二卷的建设性部分,培根提出了他本人唯物主义经验论的哲学立场和他的科学方法的主张。

培根再次表现了他惊人的敏锐和三言两语就建立一门新学科的本领,他对语言与思想的关系的论述正是现代自罗素、维特根斯坦开始的分析哲学的中心问题。剧场假象"是从各种各样的教条以及一些错误论证法则移植到人们心中的"。这一类假象"不是固有的,也不是隐秘地渗入理解力之中",一切公认的学说体系"只不过是许多舞台戏剧,表现着人们自己依照虚构的布景的式样而创造出来的一些世界"。剧场假象其实就是学说体系的假象,虽然比历史上的真实故事更为紧凑和雅致,但却远离了真理。依其体系不同,培根将哲学家分为诡辩的、经验的和迷信的。

亚里士多德属于这样一类哲学家,他选取过于微小的实例为权威来做判定,他并不是从经验中构建原理，"而是首先依照自己的意愿规定了问题，然后再诉诸经验，却又把经验弯得合于他的同意，像牵一个俘虏那样牵着它游行"。他是诡辩的哲学家的典型，只从经验中攫取普通事例，不加核实和考察，"一任智慧的沉思和激动来办理其余一切的事情"。

经验派哲学家进行少量实验之后，就大胆抽引和构造各种体系，将事实捏合成奇形怪状以适应其体系。培根认为炼金家就是这一类人，他们的教条得自于少数实验之狭暗，而无普遍概念之光亮。

至于第三类哲学家，把哲学与神学或传说杂糅起来，甚至要在精灵鬼怪当中去寻找科学的起源，他们的哲学是幻想的、浮夸的和半诗意的。比如古人中的毕达哥拉斯和柏拉图，培根的同代人中还有人沉溺于这种虚妄，以至于竟幻想要从圣经的某几部分上建立一个自然哲学的体系，结果不是荒诞的哲学，就是异端的宗教。培根指出，"要平心静气，仅把那属于信仰的东西交还给信仰"。在培根的时代这是新奇到几乎讲不通的发聋振聩之作，培根以此震撼了后来震撼世界的那些伟人们，以至于当年的叛逆被今人视作老生常谈。

因此，第一步工作就是"刷洗、打扫和铲平心的地面"，以便把心放在一个好的或者说是便利的位置上。追求和发现真理，只能有两条道路，"一条道路是从感官的特殊的东西飞越到最普遍的原理，其真理性即被视为已定而不可动摇，而由这些原则进而去判断，进而去发现一些中级的公理。这是现在流行的方法。另一条道路是从感官和特殊的东西引出一些原理，经由逐步而无间断的上升，直至最后才达到最普通的原理。"

这两条道路中，现有的作为心之工具的逻辑已经害多于益了，三段论式"不是应用于科学的第一性原理，应用于中间性原理又属徒劳"，它抓不住事物本身；且三段论式为命题所组成，命题为字所组成，而字则是概念的符号，概念本身如果是混乱的而且是过于草率地从事实中抽出来的，那么其上层建筑物就不可能坚固，这正是独断的演绎所造成的必然的困难。因此，最后"还剩下单纯经验这一条道路。这种经验，如果是自行出现的，就叫作偶遇；如果是着意去寻求的，就叫做实验"。真正的经验的方法应该是"首先点起蜡烛，然后借蜡烛为手段来照明道路"，亦即，不是从漫无定向的经验出发，而是首先适当地整理、摆列和类编经验，抽获原理，再由所确定的原理进至新的实验，因此，必须要有归纳法。

归纳法与人的生活经验关系密切。但作为科学方法的归纳不是无止境的简单枚举，而必须包括对材料分类和对假设筛选的技法。比如，什么是热？为了要找出发生热的原因，培根首先列出了热存在的 27 种论证，如太阳的光线、带火的流星、一切火焰、燃烧的固体、冬天地下洞穴的气体、燧石与钢猛烈撞击而产生的火花、生石灰浇上水，等等。其次，列出一个各种情况的反面事例，或者补充的观察和实验，培根的实验受到他的科学知识的局限。比如认为酒精的火焰温和而柔弱，认为衣物的摩擦起电是由于浆洗时形成了硬膜，等等，因此，第二表中的 32 个否定的事例中并不全都符合事实。第三表被培根称作"程度表或比较表",作用在于比较热这一性质在事物中的多少,"一个性质若非永远随着讨论中的性质之增减而增减,就不能把它当作一个真正的法式"。

经过三表的整理,归纳法自身就开始拒绝与排除的工作了,所有与形式不符的非本质的性质被排拒了之后,所剩下的便是一个"坚定的、真确的、界定得当的正面法式",热的性质可以简要表述为"热是一种扩张的、受到抑制的、在其斗争中作用于物体的较小分子的运动"。这一定义与现代热力学的结论非常接近,可以说是培根对自然科学的特殊贡献。

在从事科学工作的人当中,历来可分为实验家和教条家两类,培根喻前者为蚂蚁而后者像蜘蛛,蚂蚁只会采集和使用,蜘蛛只凭自己的材料来织丝网。真正的哲学家和科学家应该像蜜蜂那样,从花朵中采集材料进而加以消化,要更紧密和更精纯地结合起来实验的和理性的机能,让理论与实践携起手来,"我们就会有很多的希望。"

生命终结

弗兰西斯·培根于 1618 年 1 月被任命为大法官,同年 7 月受封为外如兰男爵。《伟大的复兴》是在 1620 年出版的。次年 1 月,他受封为圣阿尔本斯子爵。以前他时时悔恨不该把政治家和哲学家的双重任务集于一身,但是在这个时期,恐怕他有时电感觉他毕竟还是对了。他在朝中的事业是相当成功的,而他所要对人类的命运进行的革命,其计划总算是写在一本书里而且公开出版与世人见面了——不管这本书是如何的不完备。不过他的屈辱之日就在眼前。这以前他是尝到了成功的滋味,现在却要尝尝耻辱的味道了。

1622 年春,有人向上议院的司法部门告发大法官贪污案多款。关于这些告发早已有传闻,而且风声颇大。培根在最初对此颇不重视。大有付之一笑的意思。他在致巴金汉侯爵的信中写道:"我晓得我有两只干净的手和一颗纯洁的心,同时我敢说我有一所可供朋友或仆人居住的干净的住宅。不过约伯本人或任何人作最公平的法官,如果遇到有人对他们搜求罪状一如人们对我的时候,那他们也会暂时显得十分丑恶的,特别是在一个矛头指向高位,控诉成为时髦的时代为甚。"

这好像是一个无辜而负屈的人的呼声。然而培根知道,他并不是没有罪的,而且不久也就承认了。他身为法官,却曾接受过诉讼人的馈赠,有点习以为常。诉讼人的馈赠可能是没有什么的,这点任何人也不会否认。不过什么时候一件礼物才算贿赂呢?如果依照社会习惯按时送礼,以之表示崇敬之意,这种礼物或许可以算作没有什么别的其他意思的,并且也许是难以谢绝的。如果在一个案子判决之后,胜诉者送礼,那就大可怀疑了。那是对于审判公允的一种受之无愧的感谢的表示呢,还是作为对有利于自己的判决的报酬呢? 一个严谨的人是不会让自己处于这样的嫌疑之中的。可是,如果礼物是在等待判决的时间送的,那就无论是道德上或法律上都是无法为之辩护的了。做法官的也许仍然可以辩白说,他的判决并未因接受了礼物而受到影响。他这话也可能是对的,不过,他仍然是处在一种无法辩解的地位。培根接受馈赠时,上述的一切情况都有过,甚至包括最后的那一种情况。

当他看清告他的人一定要把案子进行到底、上议院很可能对他判罪时,培根在致巴金汉的私信中为自己辩护时更深刻地考虑了自己的行为,最后他写了一篇坦白书。"因此,现在我只有毫无掩饰地承认,我在了解了对我的控诉的详情以后(这些详情不是从上院正式领来的,而是通过其他渠道知道了一些内容,这些内容足以激发我的天良,促醒我的记忆的),我发现有足够的材料,使我放弃辩护,并请求各位贵族对我定罪并加申斥。"在这封坦白书中,他也认为应该提出当时的贪污之风,以稍减自己的咎戾。他说,"各位也不会忘记,不仅有个人的罪恶,也还有时代的罪恶。"

他自认有罪。国会也判了他的罪。

培根在伦敦塔内被幽禁了几天,罚款也在最后为英王豁免。这些特许意味着他仍可以从事去追求私人的志向。不过他的垮台是肯定了的。

在等待审讯和判决期中,培根身染疾病。他在此时所写的文件也证明了他的思想上和精神上的痛苦。他作了一个最后的遗嘱和遗言。他在此时所写的一篇祷文,阿迪生曾说这篇祷文简直是代表一个天使的虔诚而不是一个凡人的虔诚的。

恢复健康和工作能力以后,培根鼓起生活的勇气并对他的失败作了一些典型性的公平的判断。他一面承认曾受过不正当的馈赠,但他也否认他曾有过任何枉法的行为,而我们也确实没听说过在他下台以后他所判的案子有翻案的事情发生。他说,他是"50 年来英国最公平的法官";不过他说这话的意思只是为自己要取得一个相对的廉洁的名声而已,因为他也承认他的时代的贪污风气以及改革这种风气的必要"这是近二百年来在国会中最公平的谴责。"

这时培根可算是在道义方面还清了积欠。他的健康也恢复了,他并且终于摆脱了公务之劳。于是他就投身于他的本分事业——著作之中了。在几个月之内,他就写完了"亨利第七本纪"(1622 年)。这是他的第一篇关于政治历史的尝试,也是他能够有时间来完成的这种体裁的唯一的一部作品,同时这本东西也成为近代史学著作的里程碑。它写得很出色。著者完全掌握了他的材料。他还能深入到事实中所隐藏的原因里去。看了他的书,我们好像跨过许多世纪而回到史学发源的第五世纪的希腊去了。

继此之后,在同年 11 月又出版了《风的历史》,这是被认为是《百科全书》按月出版的第一分册。这里他又是过分乐观了。按照第一期的质和量,要每年出版十二卷是不可能的。当然,第二分册《生与死的历史》的出版,仅延期了一个月。不过那本书就是注定培根最后所能完成的一册书了。

阻碍他的并不是死亡。当时他正在努力进行《伟大的复兴》的各主要部分的写作。1623年全年,他的主要的力量是用在该书的第一部分的。他的意图是把这部分作为一项关于"科学分类"的著作,一种知识的世界的地图。以前他想以《广学论》来担当这一部分的任务。现在他因为感觉到完成这个题目的新著作已无希望,他就决心修改《广学论》以补空隙。他把全部译成了拉丁文;他删去了可能触怒欧洲大陆上信天主教的读者的词句;他增加了许多新材料,以致原来的两卷现在变为九卷了。于是出现了《广学论》(拉丁文本)。这是一本气象万千的书。

它的范围极广,书中的新材料丰富而且重要。译成拉丁文的工作有些部分是他亲自动手的,他自己没有著的部分也是亲自监督的。有些地方可以看出这部书是"速成"的,不过,它能这样快地著成是令人惊异的。它于1623年10月出版。

这部书的总目的是要对人类知识的全部领域做一番普查并带回一个关于它的成就与限制的报告来。在书的结尾处培根拟就了一个表,列举他所发现的尚付阙如的知识部门。

在1626年3月底的一个冷天,他坐车经过积雪覆盖的海革特地区。他就决定不失这个良机。于是这位老头就下了车,从一位乡下妇女那里买了一只母鸡宰了,并亲自帮忙把雪填满鸡的肚子。他马上就感到是着了凉,于是就投奔阿伦德尔爵士,因为他在附近有一所住宅。主人不在家,但他的仆人们接待了培根。看来他们对来客的尊敬使他们做了一个糊涂的决定。他们非让客人睡宅中最好的一张床不可,可是这床既没有弄热,又没有好好地透过气。培根起初还十分清醒,能够给不在家的主人写一封很有礼貌而且很活泼的感谢信,在信里没有露出对他的病情严重的感觉。他描写了他对母鸡的试验,并且愉快地把他为了科学真理而冒风寒的举动和老普林尼要在维苏威火山附近看它爆发的决心相比——这个决心要了老普林尼的命。然而,也许是床太潮湿,也许是原来的风寒较他所想的更为严重,与普林尼相比证明是太巧合了。培根是得了支气管炎,在1626年4月9日复活节礼拜日的早晨逝世了。

启蒙思想家

——孟德斯鸠

人物档案

简　历：法国启蒙思想家、法学家。在波尔多高等法院做推事；承袭伯父庭长之职成为波尔多科学院院士，后成为院长。当选法兰西学院院士英国皇家学会会员。

生卒年月：1689 年 1 月 18 日~1755 年 2 月 10 日。

安葬之地：巴黎地下墓穴。**性格特征**：兼具才情、幽默和机巧，用学识赢得赏识，以著作进阶高层，用友谊增殖友谊。

历史功过：出版《波斯人信札》，是法国启蒙运动中的重要作品，出版《论法的精神》构建"三权分立"学说。

名家评点：凯恩斯曾评价说："孟德斯鸠是一位伟大的经济学家，堪与亚当·斯密比肩。"

生平著作

孟德斯鸠，全名为夏尔·路易·色贡达·孟德斯鸠（Charles louis de Secondat Montesquisu），1689 年 1 月 18 日生于法国南部吉伦特省波尔多市离城约 10 英里的拉布莱德城堡中。

孟德斯鸠虽属世袭贵族，但其祖上的发迹之处并不在此，而是拉布莱德南面的孟德斯鸠村。孟德斯鸠的曾祖父叫雅各布·色贡达，是二等佩剑贵族让·德·色贡达的第六个儿子，他作为纳瓦拉王国皇后的内侍，提供了十分出色的服务，皇后高兴地赏赐给他 1000 利弗尔。随后，他用这笔钱与皇后交换了阿让以西 10 英里、

世界传世藏书 思想伟人

图文珍藏版

一九七

加龙河以南2英里处的一块领地,这块领地就叫"孟德斯鸠"——这块领地并不是什么土肥水美的灵光宝地,"孟德斯鸠"来自拉丁语和法兰克语,原意是一座贫瘠的荒山。站在如今的孟德斯鸠村,还能望见一座荒凉的小山顶上一座古堡的残迹。

1606年,雅各布·德·色贡达荣获亨利四世赐予的侯爵称号,"孟德斯鸠"同时晋升为男爵领地。孟德斯鸠的祖父、雅各布的长子叫让·巴普蒂斯特·加斯东。加斯东曾经任波尔多高等法院的庭长并经营一家律师事务所。孟德斯鸠的父亲雅克是加斯东的第三个儿子。据孟德斯鸠描述,他"相貌非凡,才华横溢,通情达理,但一贫如洗"。其主要原因是封建社会的"长子继承权"之规,使他无法得到爵位和领地。父亲的庭长职位和家族的领地则顺理成章地由一位兄长继承,尽管这些后来都属于了他的儿子孟德斯鸠。

孟德斯鸠排行老二,他有一个姐姐,还有一个妹妹和一个弟弟。弟弟约瑟夫后来也是颇有名气的律师。孟德斯鸠的母亲非常有才干,也有着不俗的眼光。丈夫称赞她"关心大事,对日常琐事不感兴趣"。她爱自己的孩子,但是爱而不宠,对孩子进行严格的教育和近乎苛刻的要求。为了让儿子牢牢地记住他对劳苦人应当负有的义务,她选择了乞丐做孩子的教父(也许是当地有这种习俗)。她还把小夏尔·路易送到拉布莱德的一个磨坊去哺养了三年,在那里,夏尔·路易穿粗布衣衫,吃粗茶淡饭,讲土腔土调(孟德斯鸠终身都未改掉这种土腔土调),完全和当地的平民孩子一样。

从军队回来经营土地和葡萄酒生意的父亲雅克当然也是不保守的,他很重视孩子的教育问题。在11岁之前,孟德斯鸠一直是由拉布莱德村一个叫苏韦尔维的老师传授知识。在1700年,他11岁时被父亲送进了朱伊公学,接受了当时法国最具有自由主义色彩的教育。

朱伊公学坐落在巴黎附近,当时闻名遐迩。距城堡约370英里,相对于3000多年前的交通工具而言,已经足可以说求学路之难了。

朱伊公学的教学用语是法语,但拉丁语也是重要的必修课程,再次还有希腊文。其他课程有:数学、历史、地理、音乐、绘画、马术、击剑、舞蹈等,多姿多彩,充实而有用,这在17～18世纪的法国是很难得的,它所培养的不是专攻经典的学究,而是全面发展的人才。

朱伊公学的教学安排是十分紧张的,时间表排得非常充实。正因为如此,朱伊公学吸引了大量的来自边远地区的学生,尽管交通不便,旅费昂贵,但这样的学校在当时是很少的,很多社会名流也纷纷把自己的子弟送来就读。

父亲每年给他的费用是342利弗尔,据说这对于当时的家庭收入来说,是一笔不小的开支。但尽管如此,两年之后即1702年,弟弟约瑟夫也被送到了这里。加上专门的酒钱,兄弟两人一年的支出约700利弗尔,这个数字足以说明一个商业贵族对其后代的期待与责任感。哥哥不负父望,学习刻苦,成绩优异,经常受老师的表扬,于5年后即1705年8月顺利毕业。

国外一些研究孟德斯鸠及其思想的学者认为，孟德斯鸠在朱伊公学所受的教育极大地影响了他的学术创作。首先，法国著名的理性主义哲学家、神学家、红衣主教会议最杰出的成员尼古拉·马勒伯朗士在这所学校里给孟德斯鸠很深刻的影响。少年孟德斯鸠极其崇拜这位老师，笛卡儿哲学的本体论、认识论后来几乎完全主宰了孟德斯鸠对事物的观察和思考。其次，朱伊公学的教育使他对残暴君主路易十四专制统治下的公民不自由有了真切的感受与初步的理性认识，以探索公民自由为己任的抱负此时已经萌生。而朱伊公学的历史课使他对罗马产生了浓厚的兴趣，他后来写作《罗马盛衰原因论》也非偶然。

　　从朱伊公学毕业后，孟德斯鸠到波尔多大学学习法律专业。1708 年他 19 岁时顺利地获得学士学位，并取得了律师资格。

　　1709 年，孟德斯鸠离开波尔多，来到了巴黎。在此度过了 5 年的青春时光，这 5 年是他学术生涯的最初阶段。孟德斯鸠积极活动于巴黎的社交界——也是学术界，结识了许多颇有名气的学者。更重要的是，他与启蒙运动的先驱们建立了非常密切的联系。此时，这些杰出的人物，已经举起了作为政治革命先导的思想革命的大旗。

　　孟德斯鸠在巴黎期间还经常参加法兰西科学院和铭文与语史学院这两所皇家学院每年召开的两次公开例会，主要目的是结识一些学者、扩大学术交往。当时这两家学院都处于繁荣兴旺时期。他虽然不是这两个学院的会员，不能参加它们的内部学术会议，但是，他与学院中的一些人交往密切，可以随时了解学院的学术动态。在巴黎的 5 年期间，孟德斯鸠还结识了其他的一些名人。

　　值得一提的是，孟德斯鸠在巴黎期间还通过朋友结识了一个名叫黄嘉略的中国人。黄嘉略于 1679 年 11 月 15 日生于中国的一个基督教徒家庭，在国内长期游历之后，与罗莎利主教阿尔丢斯·德·利昂纳在某地邂逅。1702 年 2 月 17 日，黄嘉略随利昂纳搭船离华，同年 10 月 31 日到达巴黎。在罗马逗留一段时间后，他在巴黎定居，他的经历后来被孟德斯鸠改写为《波斯人信札》中郁斯贝克的自白："为求知所驱使，我离乡背井，置平静生活的安乐于不顾，出来寻求贤者之道；在国人中，我可能是最早的一个。我们出生在一个繁荣的王国，但我们不要以这王国的疆界作为我们知识的疆界，也不以东方的光明，作为照耀我们的唯一光明。"孟德斯鸠初步了解了中国，对遥远的东方国家的社会、宗教、政治及其道德等问题产生了浓厚的兴趣。他与黄嘉略进行了多次交谈，对于中国的政治制度、风俗民情、宗教信仰、王权与教权的关系等反复地询问，尤其是比较特别的中国儒教方面的问题。后来他在一系列论著中，特别是在《论法的精神》中，大量地涉及了中国的问题，他抨击中国的专制主义、剖析它的统治手段、评论封建礼教、纵论王朝兴衰，从中表现出对中国非常熟悉且贴切的评论，此时便是他收集资料并认真思考的开始。

　　初入巴黎的 5 年，对于年轻的孟德斯鸠来说，意义是重大而深远的。虽然这时他在学术上尚无成名之作与影响力，在贵族沙龙中还不是深受欢迎的重要人物，但

思想伟人

是他打下了良好的基础,迈出了扎实的步伐,为成为一个伟大的启蒙思想家锤炼了必备的素质。

就启蒙而言,法国所有的启蒙思想家对民族、对世界均有着同样的贡献和意义。但是,决定他们成为启蒙思想家并使其启蒙理论具有特色的重要因素——阶级、阶层、社会地位、生活方式及思维方式却各有不同,甚至差别很大。卢梭出身于平民家庭,地位低下,经历坎坷,对封建专制深恶痛绝,主张实现人民主权;伏尔泰出身于由封建贵族转化而成的资产阶级家庭,论财富,和孟德斯鸠不相上下,但他一生与贵族势不两立,他曾因得罪贵族而两次入狱,也曾被官方通缉而逃亡。他渴慕英国式的自由、平等,但又无法与封建阶级决裂,其自由、民主的理论和政治设计带有明显的保守色彩。比起他们,孟德斯鸠生活富足,道路顺畅,学术事业稳步前进,既无流浪之苦,也无牢狱之灾。这样一个贵族青年,为什么为反封建专制、争取公民自由而矢志不移地奋斗终生并成果辉煌呢?其中最根本的原因在于他的"社会存在"——社会、阶级与阶层。

孟德斯鸠生逢路易十四(1638~1715年)封建王朝的全盛时期。路易十四在位的55年是法国近代最黑暗的时期。他实行高度集权的君主专制,大权独揽;他穷兵黩武,连年征战以至国库空虚、国力耗尽;他横征暴敛,巧取豪夺以至民不聊生、怨声载道;这一切导致的最严重的后果是制约了新兴资产阶级和一部分从事生产经营的世俗贵族或称之为"资产阶级化的贵族"进行经济活动和取得经济利益,从而影响了新的生产力的发展。貌似平静的法国社会暗藏着种种不可调和的矛盾。尽管半个多世纪后才爆发法国大革命,但这时已经有很多有着社会和时代责任感的仁人志士开始探求解决社会矛盾的方案。孟德斯鸠就是其中的有识之士。

孟德斯鸠的家族是一个没有高官要职但有庄园领地的贵族之家,以前是依靠出租和经营土地获取收益的"土地主"。但是在新兴资产阶级所从事的日趋发达的工商业的影响下,一部分这样的贵族开始插手企业活动,从事商品的买卖,渐渐变成了商业贵族。这时的法国西南重镇波尔多已经是一个国内外商贾云集、热闹非凡的商业城市,在它的周围,很多贵族在经营地产的同时,还从事葡萄酒的制造与销售。波尔多是法国最富庶的葡萄酒产地,各种红、白葡萄酒质地优良,销路畅通。由此,在法国的社会中,一个有着共同的利益和要求、同样的权利和义务的利益集团渐渐形成了,这一利益集团和英国资产阶级革命前几十年中产生的新贵族具有共同的特点:

其一,富足:土地和贸易给他们带来双倍的财富;其二,开明:经商开阔了他们的眼界,更新了他们的观念;其三,对政治关心而敏感:政府和政策与他们的利益有了更为密切和直接的关系。路易王朝的专制、独裁与腐败极大地阻碍了他们的经营与发展,他们有强烈的反感和反抗情绪。总之,他们虽属贵族,但和新兴资产阶级更为接近,有着更多的共同利益和见解,因而他们中的一些人支持和参与启蒙运动以及半个多世纪后的政治革命。孟德斯鸠就是其中的一员。

1713 年因为父亲去世,孟德斯鸠被召回拉布莱德,他继承了父亲的全部产业,也继承了父亲作为家长在家庭中的全部权利和义务以及作为封建领主在社会上的特定权利和义务。但是,他与父亲不同,他还是一个有资历的律师,还是有着另一个圈子里的朋友和关系的知识分子、并且也是有着远大的学术抱负和社会理想的青年。一边经商,一边治学,这就是孟德斯鸠今后的生活模式与道路。结果已经证明,孟德斯鸠把这两者结合得很好。他知道,为了实现自己的远大抱负,他将周游列国,常住巴黎埋头著述,而这一切都需要强大的经济实力。他更清楚,要具有强大的经济实力,除了保持和扩充财富之外,他还需要一个务实能干的妻子来帮助他。

务实的孟德斯鸠在配偶的选择上也是务实的,新娘是一个富有的贵族后代,新娘的嫁妆是 10 万利弗尔,这在当时相当贵重。1715 年 4 月 30 日,他们举行了婚礼。结婚的意义是:孟德斯鸠的财富扩大了,他有了一个理想的管家,他们共有一子二女,他的小女儿丹尼丝天资聪慧,深得孟德斯鸠的宠爱。她成年之后,常为著书立说的父亲充当秘书。

1714 年,孟德斯鸠年满 25 岁,按法律规定可以担任公职,波尔多高等法院任命他作推事。这是一个破例的行为,因为作为庭长的亲戚,他本来不能在高等法院任职。

高等法院在法国的历史可谓悠久。最初它仅是一个司法法庭,后来贵族们开始通过法院僭取政治权力,它的职能日渐扩大。孟德斯鸠时代的法院负有双重任务,它是贵族参政议政的政治机构,相当于今天的参议院,它也是管理诉讼事务的机关,也就是法院。法院院长由国王任命,院长之下有几名庭长,庭长之职世袭,可以买卖。庭长极受尊敬,有着很高的社会地位和名望。再往下是数量可观的推事,推事之职地位卑微,也可以买卖。这时的波尔多高等法院有 10 位庭长和 91 位推事。

两年后,孟德斯鸠的伯父去世了。他的伯父作为长子继承了父亲的孟德斯鸠男爵爵位、领地和波尔多高等法院庭长之职,但他没有子女,在向他弟弟妹妹遗赠部分财产之后,他立下遗嘱,将全部财产留给了侄儿夏尔·路易。夏尔·路易便继承了伯父的爵位、产业和官职。据规定,年龄不满 40 岁或者任推事之职不满 10 年不能继任庭长。孟德斯鸠则设法获取了特许,承袭了伯父的庭长之职,于 1716 年 7 月宣誓就任。

孟德斯鸠鸿福临门,财富剧增。对他更有意义的是,他接替的庭长职务使他从此在政界有了名望。

孟德斯鸠年少得志,27 岁即成为高等法院的庭长,这里面虽然有许多人为和偶然的因素,但也有其必然性。波尔多大学的法学学位和律师资格以及在巴黎 5 年的社会实践使他具有足够的能力和水平来应付一切,而且他一直悉心钻研法学著作、细心积累资料,年轻的孟德斯鸠一直在法学的园地里辛勤耕耘。

从他后来的成长道路来看,庭长一职对他来说只是一种手段而不是目的。通过这个手段,他提高了自己的地位、身份和名望,结识了许多高层次的朋友,建立了许多日后重要的关系。他是成功的,在地方的贵族和行政官员当中他被尊称为"庭长先生",在巴黎的社交界,人们也都知道他有一个庭长的官职,即使他不在场的时候,大家提到他时往往也用"那位庭长先生"来称呼他。

孟德斯鸠感兴趣的是有关法律的理论,以及如何量刑的法律条文,他对诉讼事务并不感兴趣,没有投入很多的时间和精力,他也没有把时间和精力都用于经营地产和葡萄酒的贸易。在这一段时间,他的社会生活和精神生活的重心是1716年成立的波尔多科学院。

在孟德斯鸠的时代,法国的许多城市成立了科学院,波尔多自然也不例外。波尔多科学院是在文学和音乐集会的基础上发展起来的。巴黎、卢兹和蒙彼利等地成立科学院为他们起了很好的示范作用,波尔多也向国王提出了申请,波尔多科学院宣告成立。其正式成员最初都是高等法院的贵族们,还有大量的非正式成员和候补成员。大部分人都是热爱科学的业余科学家,并且在一些领域中颇有造诣。

孟德斯鸠是1716年获选为波尔多科学院院士的,此时科学院有9位院士,孟德斯鸠充分利用了这个团体,又结交了一批重要的关系和朋友。他在这段时间还撰写了《论罗马的宗教政策》《论国家债务》等论文。

由于此时的波尔多科学院已经把研究兴趣和重点转到了自然科学领域,为了顺应科学院的"潮流",孟德斯鸠也暂时偏离了他研究的政治、法律和历史领域,转向了自然科学方面,他为了探讨自然史,还进行了一系列植物、动物实验。

孟德斯鸠在1717年11月担任科学院院长,他曾担任这一职务很长一段时间,其间他兢兢业业,恪尽职守,颇堪称道。新院长竭力想使这个地方科学院的学术气氛及其精神生活与巴黎科学院相媲美。

经过多年的观察与思考,从1717年底他开始埋头著述,历经3年,终于大功告成,写成了第一部具有重大影响的著作《波斯人信札》。这部书用的是彼尔·马丹的化名,初版也是在荷兰的阿姆斯特丹,但法国的读者立刻就知道了这是孟德斯鸠的大作,在波尔多,人们举杯庆贺他的成功;在巴黎,沙龙中的人们也开始对他刮目相看。这部书仅在第一年就十次再版。孟德斯鸠因此一举成名。

《波斯人信札》的成功,不仅是孟德斯鸠个人一生事业的里程碑,在法国文学史上,在整个思想启蒙运动中,都具有划时代的意义。

《波斯人信札》是由160封长短不同的信件组成的。最早的版本只有140多封信,从1727年该书的问世到1754年,30多年间,他不断地修改和润色,在他去世之前的几个月里,他还为《波斯人信札》增加了11封信,重新编订了《波斯人信札》。

书中记录的是波斯富豪郁斯贝克和黎伽在游历西方期间,与留在波斯的亲友之间的通信,此外还包括他们与当时也在欧洲旅游的其他朋友之间的通信,以及他们两人不在一起时相互间的通信,大部分信件谈的都是他们对欧洲社会的感受。

他们不时将其与东方社会的制度与习俗做比较，从而勾画出一幅颇具新意的法国社会生活画面。通过这些画面，作者辛辣地讽刺了当时法国极其腐朽没落的封建专制制度和风俗习惯。另外还有一部分信札，是郁斯贝克和妻妾及其监护人之间的通信，因为内容与别的信件不同，单独构成了一个故事，即有名的后房故事。这些故事向西方读者详尽地描述了东方社会的习俗风貌。

《波斯人信札》是法国启蒙运动第一重要的文学作品，它为作为启蒙文学的主要艺术形式和启蒙思想的重要艺术表达形式的哲学小说奠定了基础。它和此后的卢梭所著的《爱弥儿》《新爱洛伊特》《忏悔录》，狄德罗所著的《拉莫的侄子》以及伏尔泰的20多篇中短篇小说和故事等作品一起，用尖锐、深刻的语言表达了作者们对于黑暗势力的深恶痛绝；以形象、生动的词句描绘了美好的社会理想；以富于哲理的论述，初步构建起了新兴资产阶级的价值观念。这一切，都很好地启迪了各个革命阶层的觉悟与智慧，对建立新的资本主义制度起到了独特的作用。

在这部名著中，孟德斯鸠大量地涉及了政治与习俗，其次是探讨了宗教、哲学、历史、法律与人口等问题。书中的160封信，大致可以分为这样几个方面：有关政治问题的共计49封；有关社会问题以及风俗习惯的共43封；有关宗教问题的共20封；有关后房情况的信共有40封；其他杂信。

《波斯人信札》中涉及政治问题的内容，包括对欧、亚专制政体的批评；对法国时政的嘲讽；对法律的探讨；对战争的剖析……此外，对于诸如人口、习俗以及民族性格等社会问题的分析，也都是从政治的角度着眼的。社会政治问题构成了《波斯人信札》的主要内容。

孟德斯鸠借郁斯贝克之口指出，君主专制是一种"横暴的政制"。亚洲是世界上专制主义已经生了根的地方，亚洲和非洲一直在专制暴政的重压之下喘息。欧洲的大部分政府也都是君主专制。孟德斯鸠无情地揭露了法国的专制制度，把批判的矛头直接指向权力无限的"太阳王"路易十四。

孟德斯鸠以书信的形式讨论了法兰西法律的渊源及其包含的若干因素，探讨了国际法的发展过程，研究了刑法。在他的心目中，刑法具有极大的社会政治意义，是衡量政治是专制还是民主的一把尺子。以至在后来的巨著《论法的精神》中，他把刑法与公民自由联系起来，进行了极为详尽的考察，提出了许多有恒久意义的观点。

作者还正确划分了正义战争与非正义战争的界限。他认为，君主为了开拓疆域或满足私欲而进行的侵略战争毫无正义可言。他痛斥侵略战争，并且在"穴居人"的故事中暗示侵略者的可耻下场和正义战争的必然胜利。因为进行正义的战争时，人人都明白为什么作战，所以愿意为集体的安全和利益做出最大的贡献，甚至牺牲自己的生命。殖民主义的战争当然是非正义的战争，他极为痛恨侵略性的殖民战争。为了消除侵略战争的危机，有效的办法是各国都从事谋求人民福利的和平建设。

孟德斯鸠把民族的品格和政体的形式联系起来考察。他通过郁斯贝克之口，多次论及了世界上不同的政体形式。他的观点是：共和制是品德、荣誉和声望的真正归宿。在共和政体之下，人民才能充分发扬光大自己的品德。荣誉和自由也是不可分的，人民只有得到了政治上的自由，才可能重视荣誉。法国的自由多于波斯，人民对荣誉的热爱也胜于波斯。孟德斯鸠很欣赏英国人民，认为他们的性格比较倔强，他们在政治上争得了较多的自由，甚至可以起来赶走不称职的君主。这些论述反映了1640年至1688年的英国资产阶级革命，给了法国人民以深刻的印象，并启发了他们的革命精神。

在后来的著作《论法的精神》中，孟德斯鸠构建了他最辉煌的学术成果——"三权分立"。在谈到共和政体之时，其逻辑起点就是"人性恶"。这几乎是除了卢梭之外的一切启蒙思想家思想体系的共同的前提。在《波斯人信札》中，孟德斯鸠对理想社会进行了讨论，也是建立在"人性恶"的前提之下。他借郁斯贝克之口，讲了一个"穴居人"部落的寓言故事。他认为，既然人性恶，社会便需要一个政治权威，需要法律和纪律。若排斥它们，坚持以美德治国，只能是柏拉图式的"乌托邦"。但是，一个社会不能没有美德，不能不崇尚美德，仅仅依靠强权，社会则无法维持长久。长治久安的社会是权威、法律与道德并存共同发挥作用的社会。

作者以轻松犀利的笔锋，描绘了当时法国尤其是巴黎的社会生活众生相。他描绘的各种人物，没有一个是诚实正直的。孟德斯鸠的目的是揭露社会上的黑暗与污垢。他的讽刺是大胆的，毫不留情的，他甚至还批评了某些机关和组织。

孟德斯鸠运用大量的篇幅从政治的角度论述了人口问题，提出了很多见解。同时，他对妇女问题也进行了深入的讨论。很多观点部非常深刻，具有先见之明。

在《波斯人信札》中，关于宗教问题的内容占了很大的比重。孟德斯鸠不是一个反对一切宗教的无神论者，而是一个自然神论者。与公开批判宗教僧侣主义同时代的无神论者不同，孟德斯鸠是在宗教的名义之下来批判他十分痛恨的天主教的。作为一个启蒙思想家，孟德斯鸠明显地倾向于服务于新兴资产阶级的基督教新教。他认为新教远比天主教优越，并且从经济的角度去论证这种优越性。孟德斯鸠坚持主张宗教信仰自由，他肯定新教，但并不认为新教应该完美无缺，应该成为世界上唯一的宗教。孟德斯鸠本人从来也不是一个新教徒。他认为，对于各种宗教，应该有一种宽容精神。在一国之中，有数种不同的宗教比只有一种总要好一些。各个宗教之间应该容忍，他把犹太教、伊斯兰教和基督教做了生动的比喻，他说这三者的关系犹如树干与树枝、母亲和女儿的关系，犹太教是母亲和树干，另两个是女儿和树枝。

他对天主教的批判，在当时的历史条件下是极其进步、并且具有重大意义的。仅就这一方面而言，孟德斯鸠也不愧为是一个对人们的思想起过启迪作用的伟大的资产阶级启蒙思想家。

所谓后房故事，是指在《波斯人信札》中，两位波斯人与留在家乡的妻妾阉奴们的 40 封通信，占全书篇幅的 1/4。这些信件构成了一个凄婉、离奇而恐怖的故事。作者自己曾经说过，后房故事的材料，使读者在书中找到"一种小说"，读起来很有趣味，舍不得放下。而且后房故事是以被压迫者的胜利而告终的。这个思想与贯穿在《波斯人信札》全书中的反对君主专制、反对侵略与压迫、尊重人权、主张公民自由的精神是一致的。

《波斯人信札》的出版，使孟德斯鸠饮誉四方，一举成为文坛名士。此时的他，踌躇满志，信心倍增，他开始更加频繁地去巴黎，在 1723 年以后，孟德斯鸠每年都在巴黎住半年以上，他的真正目的就是努力涉足巴黎的社交界，广交上流社会的朋友，扩大自己的影响，以求更大的成功。

孟德斯鸠很容易就获得了成功。他通过极有权势的贝里克公爵，进入了巴黎社交界，结识了马蒂翁元帅和元帅夫人的家族——贝尔特洛家族的后代，据说有十四个家族成员与他相识。尽管这个家族在法国的政坛上丑闻百出，臭名昭著，以至被圣西门骂为："靠贪得无厌发家的人"。尤为重要的是，他与这个家族的重要人物德·普里夫人成了朋友。德·普里夫人在当时的巴黎社交界名噪一时，她的公开的情夫法国首席大臣波旁公爵使孟德斯鸠可以与法国国王进行直接的接触。

孟德斯鸠和所有的启蒙思想家一样，频频出入于当时巴黎一些最有名的沙龙。从表面上看，沙龙的学术生活与《论法的精神》没有直接的关系，孟德斯鸠其间写的几篇论文与后来的巨著也没有逻辑上和内容上的联系。但实质上，沙龙生活赋予孟德斯鸠的收获是巨大而无形的，使他的思维更加活跃，思想更加成熟。

在 18 世纪的巴黎，文人雅士们除了相聚于气氛自由、活泼的沙龙之外，还有一种也是定期举行、但比较正规、比较严肃的非官方的民间活动，这就是学术团体的活动。对孟德斯鸠来说，最有意义的、也是他经常参加的一个学术团体叫中楼俱乐部，这是一个敢于议论时政，解剖社会，时有异端邪说、警世之言的学术团体。因此，它名扬四方，是整个 18 世纪法国最惹人注目的团体之一。中楼俱乐部的成员几乎都是学术界的杰出人物，也是关心法兰西前途和命运的知识分子。起初，中楼俱乐部不仅在学术界享有很高的声望，而且政界也很欢迎它。但这是暂时的，"持不同政见"的知识分子不可能永远为专制政府所容忍、所赏识。而中楼俱乐部的成员也不可能永远为他们的论题贴上纯学术的标签，或者在一切时间和一切场合都在纯学术的意义上讨论政治问题。最后，执政者必然地要对他们严加制约与防范。1731 年，政府终于解散了中楼俱乐部，这个团体存在达 7 年之久。

1726 年，孟德斯鸠卖掉了世袭的法庭庭长职位，获得了 10 万利弗尔的巨款，对于他卖掉官职的原因说法不一。最有权威的是为孟德斯鸠作传的英国作家罗伯特·夏克尔顿用经济的原因来解释的原因，可以认为，原因是综合性的，而经济原因是首要的。在故乡又逗留了约半年左右，处理完了一些必要的事务，他于 1727 年初动身前往巴黎。此后 4 年多从未回过波尔多和拉布莱德。

1728 年，经过一番努力和斗争，孟德斯鸠当选为法兰西学士院院士。

1728 年 4 月 5 日,他告别了巴黎,开始了国外之旅,实地考察欧洲各国的政治制度、法律、风俗习惯和人民宗教信仰等社会情况,曾经先后到过奥地利、匈牙利、意大利、瑞士、德国、荷兰和英国等国家。

孟德斯鸠对英国最感兴趣,在英国呆的时间最长。1730 年,孟德斯鸠还被选为英国皇家学会会员。在英国的 500 多天,他的收获是丰硕的。英国的政治制度、公民自由、宗教宽容对他来说不再是一种外在的抽象之物,而是活生生的、美妙无比的社会现实。更何况,英国思想家的启蒙理论,拓宽了他的思维,启迪了他的智慧。他带着这一切返回祖国,返回故土,去继续他的学术思考,成就他的学术大业——为法兰西构思理想的社会政治制度,为法兰西人民寻求自由的可靠保障。

孟德斯鸠整理自己所搜集的丰富的资料,闭门从事写作。他于 1734 年发表了《罗马胜衰原因论》,这部著作通过对罗马史料的研究,阐述了孟德斯鸠的法律思想,孟德斯鸠把它看作是《论法的精神》提前发表的一部分。1746 年,孟德斯鸠被选为柏林皇家科学院院士。

1748 年,孟德斯鸠发表了《论法的精神》,这是他一生中最重要的著作,他花了将近 20 年的时间才完成,是其政治法律理论的最高成就。这部气势恢宏的百科全书式的著作对人类法律文化产生了久远的影响。全书约 60 万字,分为 6 卷 31 章,内容遍及政治、经济、历史、地理、宗教等各个领域,尤其是以独特的方式研究了法理学、宪法学、刑法学、民法学、国际法学等一系列基本法律问题,成为古典自然法学的代表作,被伏尔泰称为"理性自由法典"。

法的精神

作为资产阶级法学理论的创始人和奠基者的孟德斯鸠,一生著述丰富,对后世影响较大的有《波斯人信札》(1721 年)、《罗马盛衰原因论》(1734 年)和《论法的精神》(1748 年)。其中,《波斯人信札》是他的早期作品,基本奠定了其法律思想的倾向;《罗马盛衰原因论》是通过对罗马的有关史料的研究,阐发了他的政治法律理论。他认为社会的发展是遵循一定的规律而非人的意志所能完全控制的。但他同时把政治法律制度看成是决定社会发展的根本动力,认为罗马的兴盛是由于设立共和制度、法律开明、统治者贤智、人民风俗质朴、品德善良等原因所引起的,而罗马的衰亡则是由于实行君主专制统治、对外掠夺政策以及民风败坏等原因所致。这些观点虽然没有跳出唯心史观的局限,但在当时对于反对封建专制主义的政治法律制度具有积极作用。这部著作可以认为是《论法的精神》的前奏。

《论法的精神》是孟德斯鸠几十年辛勤探索的成果,是孟德斯鸠最重要的代表作,是具有独特风格的百科全书,也是西方法律思想史上最有影响的著作之一。其内容遍涉法律、政治、经济、宗教、历史、地理等各个领域,他以独特的方式研究了法理学、宪法学、刑法学、民法学、国际法学等一系列基本法律问题，是古典自然法学的代表作。

自然法学说的产生与发展，在不同的时代具有不同的内容和特点。资产阶级自然法的代表人物，如格劳秀斯、霍布斯、洛克、孟德斯鸠和卢梭等人，他们从人性出发，认为自然法是人类理性的体现。他们都假设人类有一种自然状态，自然法是以理性为基础的，国家起源于社会契约，这是共同之处；但是，由于他们所处的时代不同，对自然法的理解和结论也存在差异。

孟德斯鸠认为，人类最初生活在自然状态，没有国家也没有国家制定的法律，那时支配人们行为的规则是自然法。但孟德斯鸠不赞成霍布斯关于自然人之间是"人对人像狼一样"的关系、自然状态是"一切人反对一切人的战争状态"的说法。他认为，在自然状态下，人们都感到软弱、怯懦和自卑，首先想到的是如何保存生命、繁衍后代，而不是相互攻击；人们由于相互畏惧而相互亲近。他宣称，封建制度与人类理性是互相矛盾的，是违背人类自然规律的，只有资产阶级的国家和法律才是符合理性的，合乎自然规律的。按照孟德斯鸠的观点，理性就是人类社会建立前就存在着的规律，这个规律就是自然法。

他说："在所有这些规律之先存在着的，就是自然法。所以称为自然法，是因为它们是单纯渊源于我们生命的本质。如果要很好地认识自然法，就应该考察社会建立以前的人类。自然法就是人类在这样一种状态之下所接受的规律。"

孟德斯鸠是法国早期自然法学派的代表，他的思想深受笛卡儿和斯宾诺莎唯理论的影响，这种唯理论的哲学思想构成了孟德斯鸠认识论的基础。

孟德斯鸠从自然法的观点出发，他虽然否认天主教及其他宗教有神的存在，但又确认超自然的、神的始原的存在。他在《论法的精神》中写道："上帝是宇宙的创造者和保养者；这便是上帝和宇宙的关系。上帝创造宇宙时所依据的规律，就是他保养时所依据的规律。他依照这些规律行动。他了解这些规律，因为他曾制定了这些规律，他制定这些规律，因为这些规律和他的智慧与权力之间存在着关系"。

孟德斯鸠认为，上帝是宇宙的创造者，同时不肯定上帝并不干涉自然界的事务；认为上帝虽然是自然界的创造者和保养者，但是上帝必须根据客观的、永恒的、而且不能任意改变的规律进行活动。

在孟德斯鸠的自然法观点中，对于否定上帝属性的解释，是语焉不详的，并把上帝的属性和所谓存在的共同规律性混淆起来。他认为，上帝是有缺陷的，而不是充实的；上帝不受其他的限制，而要受本身的制约；上帝是万能的，但又不能改变其他事物的本质；上帝的预见和他的正义是两不相容的等等。从哲学上看，只能说明孟德斯鸠从有神论向无神论迈进了一步，但步伐还不够，这种观点显然是受斯宾诺莎的影响。

按照孟德斯鸠的理解，宇宙是物质运动形成的，因为物质运动是永恒的，受不变的规律支配的。这种观点继承了笛卡儿和斯宾诺莎的构成唯物主义。孟德斯鸠说："我们的世界是由物质运动形成的，并且是没有智能的东西，但是它却永恒地生存着。所以它的运动必定有不变的规律。如果人们能够在这个世界之外再想象出另一个世界的话，那么这个另外的世界也必有固定不易的规律，否则就不免于毁灭……这些规律是确定不移的关系，在两个运动体之间，一切运动承受、增加、减少和丧失，是取决于重量和速度间的关系；每一不同，都有其同一性，每一变化，都有其永恒性。"

在这些论点中，除了自然法的观点外，还包含了某些唯物主义的因素。这一点他同伏尔泰很接近，所以，自然法思想还不能概括其全部内容。孟德斯鸠曾经批判过苏格拉底、柏拉图和马勒伯朗士的唯心主义，他认为柏拉图的"理念世界"是脱离现实的，是人们脱离对自然界的认识而观察出来的概念。因此，他深信，原始人类起初是借助感觉来认识世界，后来逐渐借助理性来归纳感觉的材料；他还强调感觉的意义和对实物的经验认识的重要性；他又确信知识来源于经验，承认客观真理，批判唯心主义和不可知论，这些反映了孟德斯鸠认识论中的基本特点。除了这些基本特点之外，唯物主义的经验论和感觉论贯穿在孟德斯鸠的全部著作中。但是作为法国早期的自然法学派代表的孟德斯鸠，就像他的哲学前辈们一样，在哲学上停留在唯物主义的半途上，而成为自然神论者。孟德斯鸠借助于自然法这个思想武器，批评了中世纪占统治地位的神学论和灵魂不灭的宗教概念。

从理论的前提出发，孟德斯鸠把自然法的内容归纳为四条。第一条，在自然状态下，每个人都有自卑感，几乎没有平等的感觉。所以，人们需要的是和平，而不是战争。他不同意霍布斯认为人类永久处于战争状态的结论。第二条，由于人类的软弱和需要，人为了生存，就促使他们去寻找食物。第三条，人与其他动物不同，在人们先后之间经常存在着一种对自然的爱慕。第四条，人类愿望过社会生活。

孟德斯鸠在《论法的精神》一书中开宗明义地写道："从最广泛的意义上来说，法是由事物的性质产生出来的必然关系，在这个意义上，一切存在物都有它们的法。上帝有他的法；物质也有它的法；高于人类的'智灵们'也有他们的法；兽类有它们的法；人类有他们的法……由此可见，是有一个根本理性存在着的。法就是这个根本理性和各种存在物之间的关系，同时也是存在物彼此之间的关系。"

孟德斯鸠从广义上给法下了这个定义，大体上相当于人们现在所说的"规律"，严格说来，它不是一个实证意义上的法的概念，表现在它把意识形态范畴的法同客观规律混为一谈了。但是，孟德斯鸠的一般法概念至少表明，法的内容和作用都取决于它所调整的社会关系，法不是随心所欲的产物，而是一定社会关系的产物。尤其是孟德斯鸠把法反映的各种社会关系同人们的理性联系起来，为近代理性自然法学的诞生奠定了基础。

作为最广泛意义上的法，主要是由三种法所构成的，即自然法、人为法、神为法。换言之，法有自然法、人法、神法三种基本类型，其中更基本的是自然法、人法两种。从这三种法的角度具体来认识法，也就是从狭义上来认识法。

由于人类天生希望过社会生活，于是，人们建立了社会和国家。这之后有什么变化呢？在孟德斯鸠看来，人类一有了社会，便立即失掉了自身软弱的感觉，存在于他们之间的平等消失了，战争开始了。因为，每一个个别的社会都感觉到自己的力量，这就产生了国与国之间的战争状态。每一个社会中的个人开始感觉到自己的力量，他们企图将社会的主要利益掠夺来供自己享受，这就产生了个人之间的战争状态。正是这两种状态使人与人之间的法律——人法建立起来。人法是以自然法为基础，是自然法所体现出的人类理性的具体适用，其基本任务是调整人类的战争状态，处理人类之间的社会关系。

　　具体地说，人法包括三大类，即国际法、政治法和民法。

　　国际法，是调整各国之间相互关系的法律，它调整每个社会间的战争状态，其基本原则是：和平时尽量谋求彼此福利的增进，战时在不损害自身利益范围内尽量减少破坏，所以国际法也可称"万民法"或"民族法"。

　　政治法，是调整人类统治与被统治关系的法律，目的在于使人类获得自由。不仅社会之间的关系需要有法律维持，每一个社会内部的关系同样需要法律维持。社会内部的关系多种多样，其中一个重要方面的关系即治者与被治者的关系。处理这个关系需要有政府和政治的国家，而政府和政治的国家是通过政治法来维持治者与被治者的关系的。

　　社会内部的其他关系也需要法律维持，这就是民法。在孟德斯鸠看来，民法是人类在一切公民间的关系上的法律。值得注意的是，孟德斯鸠在这里所说的民法与我们今天所说的民法是有区别的。他把所有调整公民之间关系的法律都看作是民法，不仅包括今天人们所说的民法、继承法、婚姻法，甚至有时他还把刑法包含在他的民法概念中，统统称其为作为"人为法"的民法。在有的场合他还把国际法看作世界的民法。

　　孟德斯鸠所说的神法即宗教法。他认为，人为的法律在性质上同宗教的法律是不一样的。人法的性质受到所发生的一切偶然事件的支配，且随着人类意志的转移而变更。宗教法的性质则永远不会改变。人法的制定为的是"好"，宗教法为的是"最好"。"好"是有许多种类的；但"最好"则只有一种，所以是不能改变的。有些国家，法律等于零，或仅仅是君主反复无常的一时的意欲而已，但宗教的东西则是固定的东西。宗教法的力量来自人们对它的信仰，人法的力量来自人们对它的畏惧。

　　孟德斯鸠还反复强调要划清自然法、人法和神法的界限，划清人法中的政治法和民法的界限，主张应以某种法处断的事情就不应依另一种法来规定或处断。他关于自然法、人法和神法的分类的理论，同样既包含有强调规律和含义，更包含有反对专制的明显的倾向。

　　孟德斯鸠对法进行研究的重点是人为法，而在研究人为法时，又特别注重研究法的精神。按照孟德斯鸠的说法，法的精神实际上是指下列几种关系：

1.法律应该同已经建立或将要建立的政体的性质和原则有关系,不论这些法律是组成政体的政治法规,还是维持政体的民事法规。

2.法律应该同国家的自然状态有关系,同寒、热、温的气候有关系,同土地的质量、面积、地势有关系;同农、猎、牧等各种人们的生活方式有关系。

3.法律应该同政制所能容忍的自由有关系;同居民的宗教、性癖、财富、人口、贸易、风俗、习惯有关系。

4.法律同法律之间也应该有关系,法律应该同它们的渊源、同立法者的目的以及作为法律建立基础的秩序也有关系。

总之,以上这些关系综合起来就构成所谓"法的精神"。

从法律与自然地理环境的关系的角度探讨法的精神,是孟德斯鸠法律思想的重要特色之一,他在法律思想史上首次系统地研究了自然地理环境对法律的影响作用。孟德斯鸠很强调自然地理环境对法律的影响作用,他甚至认为,自然地理环境对法律的样态、制定和变革等具有决定性的影响。

孟德斯鸠认为,自然地理环境对法律的影响包括三个方面:

1.气候条件对法律有重要影响。孟德斯鸠说:"如果人的性格和内心感情真正因不同的气候而产生极大的差异的话,那么法律就应当与这些感情和性格的差异有联系。"

他首先分析了人在各种不同气候条件下有什么差异。在寒冷的气候条件下,人们有更充沛的精力,有较强的自信,有较大的勇气,因为对自己的优势有更多的了解,也就是说有较少的复仇的愿望,对自己的安全有信心,变得更加开朗直爽,而较少猜疑、耍手腕和施诡计。如果把一个人放在闷热的地方,由于上述原因,他就会感到精神萎靡。在这种情况下,如果建议他采取某种果断行动,他是不会有多大兴趣的。他的这种软弱将在他的灵魂深处产生一种失望,他什么都害怕,因为他觉得自己什么都干不了。炎热地带的人民就像老人一样胆怯;寒冷地区的民族就像青年一样勇敢。

炎热和寒冷的气候对法律的影响是不同的,在炎热的气候条件下,人们大多懒惰、怯懦、心神不定而不能维持自己的自由,这种气候适合实行暴君制,并且制定较多残酷的法律维护统治;而寒冷气候则使人意志坚强、刚毅、勇敢、自信、豪放,人们善于捍卫自己的自由。在这种气候条件下,适合建立民主共和制,并且利用法律维护自由。这时,"宜人的气候带来了坦诚的风尚,产生了和善的法律"。孟德斯鸠据此认为,亚洲多专制政体,法律多苛刻,而欧洲多共和政体,法律多轻缓,完全是由于二者处在不同的气候条件下。

2.国家所处的地理位置、地理格局和土壤条件对法律制度有重要影响。孟德斯鸠认为,肥沃的土壤、平坦的地势,使人缺乏毅力,眷念生命,不易防守,易被征服。例如亚洲有大的平原,由海洋分割成较大的板块,而且由于它比较偏南,所以水源容易枯竭,山脉积雪较少,而且河流不够大,不能形成障碍,在这种地理环境下,亚洲必须实行君主专制。在这样的国家,法律的内容比较简单和残暴;相反,在多山的地方,土地贫瘠,有险可守,人们多艰苦勇敢,崇尚自由,因此,容易建立民主共和制度,法律的基本内容多是规定投票权利、选举方式、人民参政等事项。

土壤条件对法律有重要影响。一个地方拥有良好的土地,就会使人产生对它的依赖。农民不是那样注重追求自由,他们很忙,他们的私事干不完。一个富裕的农村害怕抢劫,害怕军队,他们不反对君主政体,因为一旦他们安居乐业,任何政体对他们都是一样的。因此,专制君主政体常常出现在富饶地区,而土地贫瘠地区则为共和政体。

3.人们的谋生方式对法律有重要影响。孟德斯鸠认为,法律同各民族谋生方式关系密切,不同的谋生方式需要法律的多少、程度是不一样的。一般说来,一个从事商务和航海的民族比一个仅限于耕种土地的民族需要更多的法律,也更容易实行民主、共和、法治;而从事农业的民族比那些以放牧为生的民族更需要法律;从事放牧的民族要比以狩猎为生的民族更需要法律。不耕种土地的民族居住在没有明确界限的土地上,相互之间会发生许多纠纷,常常会因为狩猎、捕鱼、放牧等发生争执乃至战争,所以,他们更加需要国际法;而耕种土地的民族由于土地的分配,使民法的内容增加。

此外,孟德斯鸠还认为,由于自然地理环境不同而导致的民族精神的差异,也对法律有着举足轻重的影响。人类受多种事物的支配:气候、宗教、法律、执政准则、典范、风俗、习惯,结果就由此形成了一种一般的民族精神。在不违背施政原则的情况下,遵循民族精神是立法者的职责。法律因自然环境不同造成的人口、贸易、宗教、货币等差异也有密切的关系,只有处理好这些关系,才能制定出适合需要的法律。

法律政体

孟德斯鸠认为,在研究法的精神时,必须"首先研究同每一种政体的性质和原则的关系。因为政体的原则对法律具有至高无上的影响力,一旦论证得以确认,人们将会看到法律会从原则里脱颖而出,就像喷涌而出的泉水一般"。为此,他详细研究了政体的分类、定义、性质、原则、腐化及其同法律之间的辩证关系。

孟德斯鸠把政体分为三种,即共和政体、君主政体和专制政体。其中,共和政体、就是全体人民或仅仅部分人民拥有最高权力并实行法治的政体,当全体人民拥有最高权力时,便是民主政治,而当最高权力集中在一部分人民手中时,就是贵族政治;君主政体是由一个人执政,并且按照固定和确定的法律进行统治的政体;专制政体则是既无法律也无规章,由单独一个人按照自己的意志以及变化无常的性情领导国家的一切。

在民主政治里,人民在某些方面是君主,在某些方面是臣民。人民只有通过选举才能当君主,因为选举代表了人民的意志。因此,在这种政治下,建立投票权力的法律,就是基本法律。这种法律将规定组成议会的公民的数目,规定投票方式。最好的贵族政治是没有参与国家权力的那部分数目很少,贵族政治越接近民主政治,便越完善;越是近于君主政治,便越不完善。

在君主政体里,君主就是一切政治的与民事的权力的源泉。有基本法律,就必定需要有中间的途径去施行权力。最自然的中间的、附属的权力,就是贵族的权力。贵族在一定方式上是君主政体的要素。因此,君主政体的基本准则是:没有君主就没有贵族,没有贵族就没有君主。在没有贵族的君主国,君主将成为暴君。一个君主国,只有中间阶级是不够的,还应该有一个法律的保卫机构。专制国家没有任何基本法律,也没有法律的保卫机构。因此,在这些国家里,宗教通常是很有力量的。它形成了一种保卫机构,并且是永久性的。要是没有宗教的话,专制国中被尊重的便是习惯,而不是法律。

孟德斯鸠关于政体的划分是有他独到的方式的,他重视的不是权力归属,而是行使权力的方式。在君主政体中,君主按照固定的和确定了的法律行使权力。在专制政体中,君主只听从自己反复无常的性情的引导。在共和政体中人民以选举来体现自己的意志。它们的差异不在于政体组织的细节,而在于权力操纵的原则。

孟德斯鸠认为,政体的性质与政体的原则是有区别的:政体的性质是构成政体的东西,是政体自身的构造;而政体的原则是行使政体行动的东西,是使政体运动的人类的感情。政体的原则是自然而然地从政体性质那里衍生出来的。孟德斯鸠对于他提出的三种政体,每一种都赋予一种原则。共和政体的原则是品德,因为这种政体需要这种动力。在共和政体中,如果品德消逝,野心和贪婪就会钻进人们的心里。过去人们有法律而获得自由,现在要求自由,好去反抗法律,结果共和国就成了巧取豪夺的对象。贵族政治和民主政治一样也需要品德,不过贵族政治不是那样绝对地需要,构成贵族政治灵魂的是那种以品行为基础的节制。因此,节制是贵族政治的原则。

君主政治的原则是荣誉。因为在君主国里,法律代替了所有一切品德的地位,人民对品德没有任何需要;国家也不要求人们具备这些品德。由于有君主政体就要有优越的地位——品级、甚至高贵的出身,所以要求优遇和高名显爵为特征的荣誉就在君主政体中获得地位,成为君主政体的动力,代替了我们所说的政治品德。在君主政体里,它鼓舞最优美的行动,并和法律的力量相结合,达成政府的目的。作为政治原则,荣誉对君主的权力有限制作用。

专制政体的原则是恐怖。在专制的国家里,人们不知道什么是荣誉,在那里人人都是平等的,没有人能够认为自己比别人优越,在那里,人人都是奴隶。专制政体绝不需要品德,而荣誉对人都是危险的东西,专制政体需要的是恐怖。人们对抗专制君主的手段,最多只能借助宗教。

三种政体的原则就是这样。孟德斯鸠认为，不同的政体应该要有自己的原则，否则政体就不完全。

　　将政治制度与道德一起进行研究始于柏拉图，孟德斯鸠更进一步发展了这种观念，提出品德、荣誉和恐怖是使各种政体得以生存的人类属性，是使各种政体之所以成其为本身的道德原因，而且，它们并不简单地是初始原因，它们还连续不断地对社会生活的方方面面产生重大影响。这些影响主要有以下几个方面：

　　1. 政体原则同与之相关联的教育的法律

　　教育的法律是我们最先接受的法律。因为这些法律是为我们做公民而准备的。如果全体人民有一个原则的话，那么作为全体人民的构成部分的家庭便也要有这个原则。因此，教育的法律在各个政体之下是不同的。在君主国里，教育法律的目的应该是荣誉；在共和国里，应该是品德；在专制国里，则应该是恐怖。

　　在君主国里，当一个人进入社会的时候，教育才在某种程度上开始。那里就是教给人们所谓荣誉的学校。荣誉有它自己的最高规律，教育不得不适应这些规律，主要的规律是：(1)荣誉完全准许我们重视我们的财富，但是绝对不许我们重视生命；(2)当我们一旦获得某种地位的时候，任何事情，倘使足以使我们显得同那种地位不相称的话，我们就不应该做，也不应该容忍别人去做；(3)法律所不禁止而为荣誉所禁止的东西，则其禁止更为严格；法律所不要求而为荣誉所要求的东西，则其要求更为坚决。

　　君主国家的教育所努力的目标是提高人们的心智，而专制国家的教育所寻求的是降低人们的心智。专制国家的教育是奴性教育，其目的不是培养好公民，而是培养绝对服从的好奴隶。

　　共和政体是十分需要教育的。共和政体对品德的定义是热爱法律与祖国。这种爱要求人们不断地把公共的利益置于个人利益之上，它是一切私人品德的根源。这种爱是民主国家所特有的。教育应该注意的就是激发这种爱。要使共和国的儿童有这种爱，做父亲的先要有这种爱。因此，变坏的绝不是新生的一代，只有在年长的人已经腐化之后，新一代才会败坏下去。

　　2. 政体原则对法律内容的影响

　　在民主政治下，爱共和国就是爱民主政治，爱民主政治就是爱平等、爱俭朴。爱平等就是把人们的野心限制于一种愿望和一种快乐上，而爱俭朴限制了占有欲，人人只求家庭之所必须，如有所余，则归给国家。财富产生权力，但是一个国民不能用它为自己服务，如果用它为自己服务，便不能平等了。当一个社会把平等和俭朴规定在法律里的时候，平等和俭朴本身就能够大大地激起人们对平等和俭朴的爱。因此，在一个共和国里，如果要让爱平等和俭朴的话，就应把这二者订入法律。要在民主政治下真正保持平等，法律就应对平分土地；对关于妇女的妆奁；对关于赠予、继承、遗嘱，以及其他一切契约的方式等等有明文规定。要培养俭朴品德，法律就要规定平分土地，把土地分得很小，能足以养活一家人就可以了，除此之外，还应对作为经营贸易基础的国家贸易精神起维护作用,因为贸易的精神自然地带着俭朴、节约、节制、勤劳、谨慎、安分、秩序和纪律的精神。在民主国家,努力保持良好的风俗习惯,也是维护民主原则的方法。

在贵族政治下,人们的财富是很不平等的,所以不常看见有多大品德。因此,法律应该尽可能地鼓励宽和精神,并努力恢复国家在体制上所必然会失去的平等。贵族政治的国家有两个主要的致乱之源:一是治者与被治者之间存在着过度的不平等;一是统治团体成员之间的不平等。这两种不平等产生怨恨和嫉妒。怨恨和嫉妒这二者都是法律应该预防或压制的。为此,法律一方面应该使用最有效的手段,使贵族以公道对待人民,法律应该时时压制权势上的骄横,应该设立一个临时的或永久性的官职,去威慑贵族;另一方面法律应该废除贵族的长子继承权,使家族平等化,保持家族间的团结;迅速解决贵族间的纠纷,避免个人间的纠纷变成家族间的纠纷。

在君主政体下,法律应该努力支持贵族。因为,荣誉可以说是贵族的产儿,又可以说是贵族的生父。法律应使贵族世袭,承嗣虽然对其他政体并不适宜,对君主政体却很有用处。君主政体与共和政体相比有一个显著的优点。事务由单独一个人指挥,执行起来较为迅速。但是这种迅速就可能流于轻率,所以法律应该让它缓慢一些。与专制政体相比,君主政体在君主之下,有许多阶层,这些阶层是和政制分不开的,君主政体的优点在于国家比较长久,政制比较巩固,进行统治的人们比较安全。

在专制政体下,人民是不需要许多法律的,也无所谓基本法。在专制国家里,法律仅仅是君主的意见而已,在这样的国家中,权力是全部授予了受权力委任的人的。宰相就是专制君主本身,每一个个别的官吏就是宰相本身。在专制政体中,能节制君主贪欲的困难只有既成的习惯和宗教,但是宗教反而会使君主在已有的恐怖之上再加新的恐怖。

3.政体原则与法律制度的关系

君主政体的法律不能像专制政体的法律那样简单。君主国必须有法院。法院要做出判决,判决要保存起来,又要加以学习。这样,不同时期的判决才能一致,公民的生命和财产才能同国家的政制一样地安稳、固定。司法工作不仅判决有关生命和财产的事,而且也判决有关荣誉的事,所以需要谨慎。而在专制国家里是完全没有发生纠纷和诉讼的机会的。在政治宽和的国家里,一个人的生命,即使是最卑微的公民的生命也应当受到重视,共和国至少要和君主国有一样多的诉讼程序。在共和政体之下,人人都是平等的。在专制政体之下,人人也都是平等的。在共和国,人人平等是因为每一个人"什么都是",但在专制国家,人人平等是因为每一个人"什么都不是"。

一个政体越接近共和政体,裁判方式也就越确定。专制国家是无所谓法律的,法官本身就是法律。君主国是有法律的,法律明确时,法官遵照法律;法律不明确时,法官则探求法律的精神。在共和国里,政制的性质要求法官以法律的文字为依据。

严峻的刑罚比较适宜于以恐怖为原则的专制政体,而不适宜于以荣誉和品德为动力的君主政体和共和政体。在政治宽和的国家,爱国、知耻、畏惧责难,都是约束的力量,能够防止许多犯罪。在这些国家,良好的立法者关心预防犯罪,多于惩罚。

4.政体原则与节俭、妇女的关系

孟德斯鸠认为,不同的政体对节俭的看法和处理是不同的。一般来说,奢侈和财富的不均永远是成比例的。如果全国的财富都分配得很平均的话,便没有奢侈了,因为奢侈只是从他人的劳动中获取安乐而已。如果要使财富分配平均,法律就只能给每个人以生活上必需的,如果超过这个限度,就会有人浪费,有人得利,就会产生不均的现象,对共和国来说,奢侈越少,便越完善。奢侈对于君主政体特别合适,君主政体并不需要节俭法律。因为按照君主政体的政制,财富的分配很不平均,所以奢侈是很必要的,要是有钱人不挥霍的话,穷人便要饿死。奢侈在专制国家也是必要的。在君主国,奢侈是人们享受他们从自由所得到的东西,在专制国家,奢侈是人们滥用他们从奴役中所得到的好处。当一个人委派一个奴隶去对其他的奴隶进行暴虐统治的时候,这个被派的奴隶对于明天是否还能享受今天这样的幸福是不得而知的,所以他唯一的快乐就是满足于目前的骄傲、情欲与淫佚。从这一切我们可以认为:共和国亡于奢华,君主国亡于贫困。

孟德斯鸠在这里还特别讨论了古代中国对待奢侈的观点。他认为,由于特殊的理由,中国需要有节俭的法律。由于气候的影响,妇女生育力强,人口极多,而生计又不稳定,土地无论怎样开垦,只可勉强维持居民的生活,因此在中国,奢侈是有害的,并且和任何共和国一样,必须有勤奋和俭约的精神,人民只需要从事必需的工艺,而要避免那些供人享乐的工艺。在中国,奢侈经常被取缔。他还援引了一个唐朝的皇帝和一个明朝的皇帝的话来加以具体阐述。这个唐朝的皇帝说:"我们祖先的训诫认为,如果有一男不耕,一女不织,帝国内便要有人受到饥寒。……"依据这个原则,他曾命令毁坏无数的寺庙。当时资料中记载中国有22个相连续的朝代,也就是经历了22次一般性的革命。最初的朝代因为版图不大,施政明智,因此历时较长。一般来说,所有的朝代开始时都是相当好的,在朝代之初还能保持品德、谨慎、警惕,到朝代之末便没有了。开国的皇帝是在战争的艰苦中成长起来的,他们推翻了沉于逸乐的皇室,当然是尊崇民德,害怕淫佚;因为他们曾体会到品德的有益,也看到了淫佚的有害。但是在开国初的三四个君主之后,后继的君主便成为腐化、奢侈、懒惰、逸乐的俘虏,他们把自己关在深宫里,他们的精神衰弱了,寿命短促了,皇帝衰微下去,权贵兴起,宦官获得宠信,登上皇帝宝座的都是一些小孩,皇宫成为国家的仇敌,住在宫里的懒汉使劳动的人们遭到破产,篡位的人杀死了皇帝,又另外建立一个皇室,这皇帝到了第三、四代的君主又再把自己关闭在同样的深宫里了。这就是古代中国因奢侈而必然产生的后果。

在不同的政体中,对妇女的要求和妇女的地位是不同的。孟德斯鸠分析认为,如果妇女们失掉品德,便会有许多的缺点继之而来,她们的整个灵魂将会极端堕落,而且在这个主要点失掉后,许多其他方面也会随之堕落。所以在民主政体的国家,淫乱之风就是这种国家最后的灾祸。因此,共和国良好的立法者总是要求妇女要有一定程度的庄重的美德。在共和国里,妇女在法律上是自由的,但要受风俗的奴役。在那里摒斥奢侈,腐化和邪恶也一齐被摒弃。在君主国里,妇女很少受到拘束,奢侈总是时常伴随着妇女。在专制国里,妇女并不产生奢侈,但她们本身却是奢侈的对象。

法律自由

孟德斯鸠深信,一个国家,没有法治就没有自由,主张建立法治国家,这种思想是同他的分权学说相联系的。关于建立资产阶级法制原则的问题,对于西方法律思想的发展,具有重大的影响。

所谓法治国家,就是按照资产阶级的法律原则精神建立起来的国家,在这样的国家中,似乎行政权没有专横垄断的余地,似乎是由法律和法治来统治的。法治国家理论是同专制主义国家针锋相对的,它为资产阶级自由主义、资产阶级民主自由思想开辟途径,这种思想在资产阶级夺取政权中,曾起过某些暂时积极的意义。在18世纪时,资产阶级主张建立法治国家,是因为资产阶级在经济上为了摆脱这种境遇,认为建立法治可以限制君主专制的权力,分享国家权力,所以法治理想就应运而生;孟德斯鸠同其他资产阶级学者一样,竭力主张建立法治,反映了资产阶级的利益要求。法治国家的思想特点,就是宣扬资产阶级民主自由是纯粹的"和超阶级的",它标榜着以法治国,法律凌驾于国家之上,这种观点是反科学的,特别是当资产阶级夺取政权后,就逐渐失去了原来反对封建专制的意义。

建立法治的思想也是孟德斯鸠法律思想体系中的重要组成部分,法治是和实行与保障政治自由有机地联结在一起的。也就是说,就是把政治自由理解为实现法治的手段和表现形式。

他认为,"没有一个词比自由有更多的含义并在人们意识中留下不同印象了。"他说:"有些人认为,轻易罢免他们曾赋予专制权力的人,就是自由;另一些人则认为,有权选举他们的长官,就是自由;还有些人把自由视为拿起武器并能施行暴力的权利。又有一些人认为,自由就是只受一个本民族人统治或者只受自己法律约束的特权。某一民族(例如俄罗斯人)在很长时间中把留长胡子的习俗当作自由。另外有些人把自由这个名词和某一政体联系在一起,而排斥其他政体。崇尚共和政体的人说共和政体有自由。喜欢君主政体的人说君主政体有自由。最终每个人把符合自己习惯或爱好的政体的统治叫作自由。"

  他继续分析认为，"它像在一个共和国内，人们抱怨苦难时，往往看不清也不太注意产生痛苦的原因，而且在那里甚至法律的呼声很高，而执行法律的人却很少讲什么法律。因此，人们通常认为共和国有自由，而君主国无自由。在民主国家里，人民仿佛是想干什么就能干什么，因此，人们认为这类政体有自由，而把人民的权力与人民的自由混为一谈。"

  按照他的看法，自由有两种：一是哲学上的自由，二是政治上的自由。所谓"哲学上的自由，是要能够行使自己的意志，或者，至少（如果应从所有的体系来说的话）自己相信是在行使自己的意志。政治的自由是要有安全，或者至少自己相信有安全。"政治上的自由又可以分为两类：一类是同政制相联系的自由；一类是同公民相联系的自由。孟德斯鸠重点探讨了这两类自由与法律的关系。

  1.孟德斯鸠探讨了同公民相关的法律与自由的关系问题。孟德斯鸠有一句名言："在民主国家里，人民仿佛愿意做什么就做什么，这是真的；然而，政治自由并不是愿意做什么就做什么。在一个国家里，也就是说，在一个法律社会里，自由仅仅是：一个人能够做他应该做的事，而不被强迫去做他不应该做的事。"

  孟德斯鸠进一步解释说，这里包括两层含义：一是"自由是做法律所许可的一切事情的权利；如果一个公民能够做法律所禁止的事情，他就不再有自由了，因为其他的人也同样会有这个权利"；二是任何人都不应该被任何人或势力"强迫去做不应该做的事情"。这两者是相辅相成的，只强调哪一点都不能完整地说明与公民相联系的法律与自由的关系。

  2.孟德斯鸠探讨了同政制相联系的法律与自由的关系问题。孟德斯鸠强调，理解法律与自由的关系，既要把自由与民主相联系，更要把自由同国家政制相联系。在他看来，要想保障自由，从国家政治制度角度必须限制政府权力，防止权力滥用和权力腐败。他认为："政治自由只在温和的政体里存在，不过，它并不是经常存在于政治上温和的国家，它只在那样的国家的权力不被滥用的时候才存在。但是，一切有权力的人都容易滥用权力，这是万古不易的一条经验。有权力的人使用权力一直到遇有界限的地方才休止……从事物的性质来说，要防止滥用权力，就必须以权力制约权力。可以有这样一种政体，不强调任何人去做法律所不强迫他做的事，也不禁止任何人去做法律所许可的事。"只有从政制上防止权力滥用和权力腐败，才能使政治自由在法律上不至于落空。

  孟德斯鸠的三权分立理论是其自由理论在政治体制上的继续与发展，是与立法精神、法制观点、政体原则和政治自由的思想分不开的。他在《论法的精神》序言中说："柏拉图感谢天，使他出生在苏格拉底的时代。我也感谢天，使我出生在我生活所寄托的政府之下，并且感谢它，要我服从那些它所叫我爱戴的人们。"

  理解孟德斯鸠关于法律与三权分立的关系，不能离开他所处的历史时代。在那个时代，他的思想深受英国 1688 年"光荣革命"的影响，其特征表现是，资产阶级

思想伟人

革命不彻底性、保守性和妥协性。

和洛克一样,孟德斯鸠提出分权学说的基本政治目的和要求,就是在法国实现资产阶级与封建贵族之间的妥协。还必须注意的是,孟德斯鸠在未去英国考察以前,其政治主张是模糊不清的,摇摆不定的,但是,当他实地访问英国后,才转而主张实现英国的君主立宪制度。

可是,孟德斯鸠本人也公开承认说:"探讨英国人现在是否享有这种自由,这不是我的事。在我只要说明这种自由已由他们的法律确立起来,这就够了。我不再往前追究。

我无意借此贬抑其他政体,也并非说这种极端的政治自由应当使那些只享有适中自由的人们感到抑郁。我怎能这样说呢?我认为,即使是最高尚的理智,如果过度了的话,也并非总是值得希求的东西,适中往往比极端更适合于人类。"

令人畏惧的司法权既不依附于某一些阶层,也不依附于某种职业,可以说它变得无影无踪了。法官不再经常出没在人前,人们所畏惧的是执法的机关,而不是具体的法官。

即使在某一些重大的报告案件中,也允许罪犯依据法律选择法官,或者他至少能够拒绝许多法官,而其余的就被认为是由他选择的法官了。

立法权和行政权则可以委于官员或常设性机构,因为这两种权力都不与任何人发生关系。一种属于国家的旨意,而另一种不过是执行这种旨意而已。

如果法院不是固定的,那么,判决则应是不变的,因为它的依据毕竟是准确的法律条文。如果判决只代表法官个人的观点,那么,人们生活在社会中,都不明白自己在其中所承担的义务。法官甚至应与被告人处于同等地位,即法官与被告人是同等人,这样,被告就不觉得他落到倾向于对他施暴的人的手里。

如果立法机构允许执行机构把能为自己的行为做出保证的公民监禁起来的话,这里也就无自由可言了。除非他们犯了法律认定的重罪,需要立即逮捕审讯。在这种情况下公民仍然是真正自由的,因为他们是置于法律的保护之下。

但是,立法机构认为在国家由于某种谋反或串通外部敌人的行为而处于危险境地时,它可以授权执行机构在很短的规定期限内逮捕有犯罪嫌疑的公民。这些人在某一时间内暂时失去了自由正是为了永久的自由。

在自由的国家里,每个人都被认为是精神上自由的,不受他人的支配,应该使人民集体拥有立法权。这在大国里是行不通的,即使在小国也不便实行。人民必须由他们的代表来做他们自己不能做的事情。

人们对自己所在的城市的需求比对其他城市的需求了解得更清楚,对左右邻居的才能,评价起来比对其他同胞的评价更符合实际。因此,立法机构的成员一般不应该在全国范围内选举,而是在每一个主要领域,由当地居民推举出一位代表。

代表的最大长处是有参政议政的能力。而民众则很不适宜于商议国家大事。这就形成了民主政治的一大缺陷。

经受了选民一般旨意的代表,不必每一件事情还要接受选民的具体指示。确实,事事请示选民会使议员们的发言更能反映民众的呼声。但是,这样会造成无限地拖延时间,使议员之间的沟通产生困难,而更为严重的是,在紧要关头,整个国家的权力部门都会因为某一莫名其妙的主意而陷于瘫痪。

各地区的公民都应有权投票选举代表。那些社会地位特别低微而被认为没有自我主张的人除外。

古代的大多数共和国都有一个大的缺陷,这就是民众有权通过有效决议,而且这种决议还规定了某种执行方式。这是老百姓完全不能胜任的事。他们参政的方式,仅仅应该是选举代表,这是他们力所能及的。因为,很少有人能准确了解别人的能力的大小,但是每个人都能大体知道他所选举的人是否比其他大多数人更富有经验。

代表团不是为了做出某种决议而选出的,因为这是它做不好的事。但是,代表团能够制定法律并监督它所制定的法律是否得以很好地贯彻执行。这是它能干好的事,而且只有它才能干好这些事。

贵族团体应该是世袭的,这首先是由它的性质决定的。其次它有保留其特权的强烈愿望,而且这种特权本身是令人憎恶的。然而,世袭权很容易导致追求少数人的特殊利益,这种世袭权在立法上应该只有反对权而无决定权。

决定权,是指自己制定法令或修改其他组织制定的法令的权力。反对权,是指取消某个组织做出的决议的权力。尽管有否决权,有可能又有批准权,在这种情况下的批准权只不过是他不行使否决权的一种表示,它是从否决权产生的。

行政权几乎总是要求行动快捷,雷厉风行,所以由一个人发号施令比由几个人管理要好。而涉及立法方面的问题往往由几个人处理要比一个人处理好。

如果把行政权交给立法机构委派的人,自由就不复存在了。因为这样就使两种权力合为一体,有时候会出现同样的人同时享有两种权力,而且他们永远都可以享有其中的一项权力。

如果立法机构在相当长的时间里不召开会议,自由也就不再存在了。因为这时候就会有下列两种情况中的一种出现:一是不再有立法机构的决议,使国家陷于无政府状态;二是由行政机构做出决议,行政权就会变成专制统治。

立法机构总是开会也无必要。这不仅给代表们造成不便,而且会过多地占用行政官员的时间和精力,这些行政官员则不思政务,只考虑如何保住自己的特权以及施政的权力。

再说,如果立法机构连续开会,那么,只有用新议员去顶替死去的议员。在这种情况下,立法机构一旦腐败,就无可救药。假如立法机构的人员可以由一批接替另一批,那么,对本届立法机构不满意的人,还可以寄希望于下一届。相反,如果立法机构一成不变,人民一旦看到它腐败了,就不再会对它所制定的法律抱有任何希望。民众就会为之愤怒或变得麻木不仁。

　　如果行政机构无权制止立法机构的侵权行为,立法机构就会变成专制。因为它会把它所能想象到的一切权力都归于自己,而毁掉其他的一切权力。

　　但是,立法机构不应有对等的限制行政机构的权力。因为行政权从性质上规定了它的权限范围,所以用不着再为它划界。此外,行政权的实施总是表现在迅速地处理事务上。

　　当然,在一个自由国家中情况就不同了,立法机构不应有阻止行政机构处理行政事务的权力,但它有权,而且必须有权检查它所制定的法律的实施情况。这正是英格兰政府的高明之处。但是不管如何检查,立法机构不应该有权审判行政官员本身并因此而审查他的行为。他本身应该是神圣不可侵犯的,因为行政官员不受侵犯对于国家防止立法机构走向专制是很有必要的,行政官员一旦受到指控或审判,自由就不复存在了。

　　这三种权力本应形成静止或无行动状态。然而由于事物必然的运动迫使它们前进,因此它们只好协调一致地前进。

　　行政机构只能通过行政反对权参与立法,而不能参与立法问题的辩论。它甚至不需要提案,因为它既然总是可以不批准决议,它就能够否决它所不希望人们提出的议案。

　　如果行政机构能够对国家征税做出决定,而不只是表示同意的话,自由将会不复存在,因为在立法的最重要问题上,行政机构则会变成立法机构。

　　如果立法机构对税收的认定不是逐年进行,那么,立法权就会有丧失自己的危险,因为这样行政权就不再依赖于立法权了。军队一旦建立,就不能直接受立法机构的管辖,而应听命于行政机构,这是由事物的性质所决定的。因为军队更多的是注重行动而不是言论。如果军队处在由立法机构控制的情况下,有一些特殊的情况防止了政府变成军队政府,不过还会遇到其他难题,这就是下面的两种结局,二者必居其一:不是军队推翻政府,就是政府削弱军队。如果是由政府削弱了军队,那么一定是由一种必然的原因所引起的。它说明了政府本身的虚弱。

　　当立法机构比行政机构更腐败的时候,这个国家就会灭亡。一个国家可以由两种形式引起变化:一种是由于政体的修改,另一种是由于政体自身的腐败。如果国家保持了原则而改变了政体,那就是修改了政体;如果国家丧失原则,政体发生了意外的变化,那就是政体走向腐败。

　　往往会有这种情况,一个国家不知不觉地由一种政体过渡到另一种政体的时候,比在单一的一种或另一种政体下更为繁荣昌盛。这是因为那种情况下国家政体的所有组成部分都处于高度的紧张状态,所有的公民都有自己的主张。人们或者互相抨击,或者握手言欢,相互友好。维护衰落政体的人与提倡新政体的人之间有一种微妙的竞争。

　　如果司法权和行政权集中在同一个人之手或同一机构之中,就不会有自由存在。因为人们会害怕这个国王或议会制定暴虐的法律并强制执行这些法律。

如果司法权不与立法权和行政权分立，自由同样也就不存在了。如果司法权和立法权合并，公民的生命和自由则将任人宰割，因为法官就有压制别人的权力。

如果同一个人或者由显著人物、贵族和平民组成的同样的机构行使以上所说的三种权力，即立法权、司法权和行政权，则一切便都完了。

刑法思想

在《论法的精神》中，孟德斯鸠还探讨了一系列关于刑法的理论，例如，关于审判、量刑、刑罚等问题的理论。

孟德斯鸠认为，刑法的繁简同政体是相互联系的。在共和政体和君主政体中，刑法繁而且多，因为在这样的国家里，"即使是最卑微的公民的生命也应当受到尊重。他的荣誉和财产，如果没有经过长期的审查，是不得剥夺的；他的生命，除了受国家的控制之外，是不得剥夺的。国家控诉他的时候，也必须要给他一切可能的手段为自己辩护……在这两种政体之下，对公民的荣誉、财富、生命越重视，诉讼程序也就越多"。所以，在共和政体和君主政体之下，为了保障公民的生命、财产和自由，刑事法律就必然要多一些。与此相反，在专制政体下，刑法少而且简。因为这时君主掌握绝对的权力，对公民自由蔑视，所以不需要更多的刑法，在专制政体下，君主或者代表君主的法官本身就是法律，所以，不需要制定更多的刑法。

孟德斯鸠主张法官应按照法律的明文规定断案，因而他特别强调制定明确的法律，以做到有法可依。他认为，没有任何法律做根据的断案，就只能是武断，这是一个弊病。他说："专制国家是无所谓法律的，法官本身就是法律。君主国是有法律的，法律明确时，法官遵照法律；法律不明确时，法官则探求法律的精神。在共和国里，政制的性质要求法官以法律的文字为依据，否则在有关一个公民的财产、荣誉或生命的案件中，就有可能对法律做有害于该公民的解释了。"良好的法律，对于罪行的处罚是有明确规定的，古代罗马的法律和英国的法律就是如此。他认为，如果法律不完备，法律的条文含混不清，那就会产生许多流弊，带来无穷的恶果。例如，所谓"邪术""异端"以及"大逆罪"就是如此。

他认为，对于某些控告（如对"邪术""异端"的追诉）要特别和缓、审慎。这是因为，在愚昧无知的社会里，有许多"世界上最好的行为，最纯洁的道德"往往被别有用心的人斥责为"邪术"和"异端"，从而使许多善良的人们受到迫害。针对这种情况，孟德斯鸠强调，在惩罚"邪术""异端"时要非常谨慎，否则就会酿成"无穷的暴政"。他认为，"有一条重要的准则，就是对'邪术'和'异端'的追诉要非常慎重。""这两种犯罪的控告可以极端地危害自由，可以成为无穷尽的暴政的源泉，如果立法者不知对这种控告加以限制的话。因为这种控告不是直接指控一个公民的行为，而多半是以人们对这个公民的性格的看法做依据，提出控告，所以人民越无知,这种控告就越危险。因此,一个公民便无时不在危险之中了,因为世界上最好的行为,最纯洁的道德,尽一切的本分,并不能保证一个人不受到犯这些罪的嫌疑。"实际上,所谓的"邪术""异端"罪。往往都是一些莫须有的罪名。

孟德斯鸠曾经在《波斯人信札》中给"大逆罪"下了一个定义:"大逆不道并非别的,不过是最弱的人在不服从最强的人时所犯的罪,无论他在什么方式之下表示不服从。"在《论法的精神》一书中,孟德斯鸠谈到了中国封建时代的情况。"中国的法律规定,任何人对皇帝不敬就要处死刑。因为法律没有明确规定什么叫不敬,所以任何事情都可拿来做借口去剥夺任何人的生命,去灭绝任何家族。"他还列举了两个典型的例子:"有两个编辑邸报的人,因为关于某一事件所述情况失实,人们便说在朝廷的邸报上撒谎就是对朝廷的不敬,二人就会被处死。有一个亲王由于疏忽,在有朱批的上谕上面记上几个字,人们便断定这是对皇帝不敬,这就使他的家族受到史无前例的恐怖的迫害。"因此,他感慨说:"如果大逆罪含义不明,便足以使一个政府堕落到专制主义中去。"

孟德斯鸠反对滥用"亵渎神圣罪"和"大逆罪"这两种罪名。他指出,把大逆罪名加于非大逆的行为,这是一种极大的流弊。在这方面他列举了古代欧洲的许多例子。

孟德斯鸠反对以思想定罪。他说,在古代,甚至有的人因为做梦割断了皇帝的咽喉而被处死的,其理由是:"说他如果白天不这样想夜里就不会做这样的梦。"他认为,"这是大暴政,因为即使他曾经这样想,他并没有实际行动过。法律的责任是惩罚外部的行动。"

孟德斯鸠还反对以不谨慎的言辞定罪,尤其是定死罪。他说:"如果不谨慎的言辞可以作为犯大逆罪的理由的话,则人们便可最武断地任意判处大逆罪了。""言词并不构成'罪体'",即"证罪物"。如果可以根据言语给人定罪的话,那么,就"不但不再有自由可言,即连自由的影子也看不见了"。他认为,"言语和行为结合起来,才能具有该行为的性质。因此,一个人到公共场所鼓动人民造反即犯大逆罪,因为这时言语已经和行为连结在一起,并参与了行为。人们处罚的不是言语,而是所犯的行为,在这种行为里人们使用了这些言语,只有在准备犯罪行为、伴随犯罪行为或追从犯罪行为时,才构成犯罪。如果人们不是把言语当作死罪的征兆看待,而是以言语定罪的话,那就什么都混乱了。"

关于以文字定罪问题,孟德斯鸠说:"文字包含某种比语言较有恒久性的东西。但是如果文字不是为大逆罪做准备而写出的话,则不能作犯大逆罪的理由。"

他谴责封建专制主义的株连政策。他说:"父亲获罪要连坐儿女妻室,这是出自专制狂暴的一项法条。这些儿女妻室不当罪人就已经够不幸了。然而君主还要在他自己与被告人之间放进一些哀求者来平息他的愤怒,来光耀他的裁判。"

孟德斯鸠考察了各种审理案件的方式即"裁判方式"。在他看来,各种不同的政体采取的裁判方式是不同的。在君主国,法官们所采取的是公断的方式:"他们共同审议,交换意见,取得协调;改变自己的意见,以便和别人的意见趋于一致;而且少数又不能不服从多数。"而古罗马和希腊的共和国就不同了:"法官们从来不是共同商议的。每个法官用以下三种方式之一发表意见,就是:'我主张免罪'、'我主张定罪'、'我认为案情不明';因为这是人民在裁判或者人们认为这是人民在裁判。但是人民并非法学者,关于公断的一切限制和方法是他们所不懂的。"

对君主是否可以当裁判官的问题,孟德斯鸠认为,在专制的国家里,君主可以亲自审理案件的,这是不言而喻的,而在君主国家里,君主则是不可以亲自审判案件的。孟德斯鸠列举了许多理由。最主要的理由是:如果君主是可以亲自审理案件的话,"政制将被破坏,附庸的中间权力将消失,裁判上的一切程序将不再存在,恐怖将笼罩着一切人的心,每个人都将显出惊慌失措的样子,信任、荣誉、友爱、安全和君主政体,全都不存在了。"此外,还有一些其他的理由:"在君主国,君主是原告,控告被告,要被告或被处刑或被免罪。如果他亲自审判的话,那么君主既是审判官,又是诉讼当事人了。"不仅如此,"如果君主当审判官的话,他便将失掉君权最尊贵的一个标志,就是特赦。他做出判决又取消自己的判决,岂不是荒谬吗?他一定不愿意如此自相矛盾"。此外,"如果他当审判官还会引起一切思想上的混乱;一个人到底是被免罪,还是被特赦,就弄不清了"。"由君主做判决将成为不公正和弊端无穷无尽的源泉;朝臣们将通过啰唆的请求向君主强索判决。有些罗马皇帝有亲自审理案件的狂热;他们的朝代的无与伦比的不公正,使全世界为之惊愕。"他认为:"法律是君主的眼睛;君主通过法律,可以看到没有法律时所不能看见的东西。如果他想行使法官的职权,他将不是为自己而劳碌,而是为那些对他进行欺骗的奸佞之辈而劳碌。"

总之,孟德斯鸠认为封建君主们是不可以亲自审判案件的。他发表这些长篇大论的主要目的是为了限制君主权力。他这方面的观点在他的三权分立思想中更有集中的体现。孟德斯鸠认为,"单一的审判官"这种职官是在专制政体才会有的。而在君主国则是不容许的。因为这种职官必然会"滥用权力",必然会"藐视法律,甚至违背自己所制定的法律,"对法律做"不公正的解释"。

孟德斯鸠反对拷问罪犯。他认为,英国就是一个"治理得很好的国家。它禁止拷问罪犯,但并没有发生任何不便。因此可知,拷问在性质上并不是必要的。"但他也认为,"拷问可能适合专制国家。因为凡是能够引起恐怖的任何东西都是专制政体最好的动力。"在孟德斯鸠看来,政治宽和的国家对罪犯是不进行拷问的,只有专制国家才使用拷问这种不人道的手段。他反对严刑峻法:"严峻的刑罚比较适宜于以恐怖为原则的专制政体,而不适宜于以荣誉和品德为动力的君主政体和共和政体。"这是因为,在君主政体和共和政体这样一些政治宽和的国家里,"爱国、知耻、畏惧责难,都是约束的力量,能够防止许多犯罪。对恶劣行为最大的惩罚就是被定为有罪"。因此,"在这些国家里,一个良好的立法者关心预防犯罪,多于惩罚犯罪,注意激励良好的风俗,多于使用惩罚"。

孟德斯鸠认为刑罚必须有教育意义。他写道:"治理人类不要用极端的方法;我们对于自然所给予我们领导人类的手段,应该谨慎地使用。""让我们顺从自然吧! 它给人类以羞耻之心,使以羞耻受到鞭责。让我们把不名誉作为刑罚最重的部分吧!""如果一个国家,刑罚并不能使人产生羞耻之心的话,那就是由于暴政的结果。只有暴政才会对恶棍和正直的人使用相同的刑罚。"他在《波斯人信札》中也阐述过这种思想。

孟德斯鸠在讨论量刑的理论时强调罪与罚一致的原则,提出了"依据犯罪的性质量刑"的理论。他认为,"依据犯罪的性质量刑"是有利于自由的。他把自由与刑法结合起来加以考察。他写道:"如果刑法的每一种刑罚都是依据犯罪的特殊性质去规定的话,便是自由的胜利。"因为要是这样,"一切专断停止了,刑法不是依据立法者一时的意念,而是依据事物的性质产生出来的;这样,刑罚就不是人对人的暴行了"。孟德斯鸠认为,只有暴政才对恶棍和正直的人使用相同的刑罚。而且,如果不执行"依据犯罪的性质量刑"的原则,如果对罪犯的刑罚没有区别的话,那就必然会带来一些消极的作用。他说:"在我们国家里,如果对一个在大道上行劫而又杀人的人,判处同样的刑罚的话,那便是很大的错误。为着公共安全起见,刑罚一定要有一些区别,这是显而易见的。"他举出了中国和俄国两个相反的例子来加以说明:"在中国,抢劫又杀人的处凌迟,对其他抢劫就不这样。因为有这个区别,所以在中国抢劫的人不常杀人";"在俄罗斯,抢劫和杀人的刑罚是一样的,所有抢劫者经常杀人"。

与上述情况相联系,孟德斯鸠提出了他的关于"罪行的赦免"的理论。他说:"在刑罚没有区别的场合,就应该在获得赦免的希望上有些区别。在英国,抢劫者从来不杀人,因为抢劫者有被减为流放到殖民地去的希望,如果杀人的话,便没有这种希望。"可见,刑罚的赦免在"政治宽和的国家里"是有极大的用处的。他认为,如果君主谨慎地使用他所掌有的赦免的权力,那是能够产生良好的效果的。而专制政体则不同,它的原则是"不宽恕人,也不为人所宽恕,因此就没有这些好处"。

为了具体贯彻"罪与罚一致"的原则,把"依犯罪的性质量刑"的理论付诸实行,就要先确定犯罪的性质,并对犯罪进行分类,科以不同的刑罚。孟德斯鸠认为,有四个种类:第一类是危害宗教罪,第二类是危害风俗罪,第三类是危害公民安宁罪,第四类是危害公民安全罪。法律应该按照各种犯罪的性质来确定科处相应的刑罚。

1.危害宗教的犯罪,指的是"直接侵犯宗教的犯罪,如一切单纯的亵渎神圣罪之类"。对于这种"亵渎神圣罪"的刑罚应当是:"剥夺宗教所给予的一切利益,如驱逐出宇宙;暂时或永久禁止与信徒来往;避开罪犯,不和他们见面;唾弃、憎厌、诅咒他们"。也就是说,把罪犯革出教门。在孟德斯鸠看来,那些"为上帝复仇"的做法,比如给渎神者判处"剥皮罪""火刑"的做法是错误的。"我们应该荣耀神明,而不应为他复仇。"

2.违反风俗的犯罪:"例如破坏公众有关男女道德的禁例或个人的贞操,亦即破坏有关如何享受感官使用的快乐与两性结合的快乐的体制。"对于这类犯罪的刑罚应该是:"剥夺犯罪人享受社会所给予遵守纯洁风俗的人们的好处、科以罚金、给予羞辱、强迫他藏匿、公开剥夺他的公权、驱逐他出城或使他与社会隔绝,以及一切属于轻罪裁判的刑罚,已足以消除两性间的鲁莽行为。"

3.危害公民的安宁的犯罪,是指单纯的违警事件。"这类犯罪的刑罚应依事物的性质规定,并应采取有利于公民的安宁的形式,例如监禁、放逐、矫正惩戒及其他刑罚,使那些不安分子回头,重新回到既定的秩序里来。"

4.搅扰安宁同时又危害安全的犯罪。这一类犯罪的刑罚"就是真正的所谓'刑',是一种'报复罪',即社会对一个剥夺或企图剥夺他人安全的公民,拒绝给予安全"。孟德斯鸠认为,"这种刑罚是从事物的性质产生出来的,是从理性和善恶的本源引申出来的。一个公民应该处死,是因为他侵犯他人的安全到了使人丧失生命的程度,或是因为企图剥夺别人的生命。死刑就像是病态社会的药剂。侵犯财产的安全也可以有理由处以极刑,但是对危害财产安全的犯罪以丧失财产作为刑罚不但好些,而且也较适合于犯罪的性质。如果大家的财产是公共的或是平等的,就更应该如此。但是,由于侵犯财产的人常常是那些自己什么财产也没有的人,因此就不能不用体刑作为罚金的补充。"

历史贡献

孟德斯鸠是 18 世纪法国启蒙思想家,法国大革命的思想先驱,欧美各国特别是美国政治体制的奠基者,理性主义自然法学即古典自然法学的主要代表之一。

孟德斯鸠作为一个思想大家,对近代法学的贡献之一在于,他系统地提出和运用了比较的方法和历史的方法,独立地进行法学研究。在他以前,人们对法、法律、法律思想乃至法学的一些问题进行了无数次考察和研究,然而,人们并没有研究这门学问应该如何进行的方法。

孟德斯鸠主张研究法学运用历史的方法,也就是运用历史的观点和历史材料进行法学研究,在他的著述中大量采用了这一方法。《罗马盛衰原因论》就是运用历史的方法进行法学研究的代表作。该书不仅描述罗马国家盛衰的历史,而且历史地考察罗马国家政治法律制度盛衰的原因及其教训。在《论法的精神》中,孟德斯鸠又进一步对具体法律制度,包括各个部门法制度及其思想成因作历史的研究,他在著者序言中提出适用法学的历史方法的原则是:"当我回顾古代,我便追寻它的精神之所在,以免把实际不同的情况当作相同,或者看不出外貌相似的情况间的差别。""我建立了一些原则。我看见了:个别的情况是服从这些原则的,仿佛是由原则引申而出的;所有各国的历史都不过是由这些原则而来的结果;每一个个别的法律都和另一个法律联系着,或者依赖于一个更具有一般性的法律。"

孟德斯鸠是自己时代的伟大之子,他站在时代的前列为自己国家的现代化转型、为自己所属的那个阶级利益、为人类进入一个全新的发展时期贡献了一生。他的一生是一个战士的一生,他用自己犀利的文笔,机智而勇猛地抨击了腐朽、反动的封建专制主义和宗教愚昧主义。他的一生又是一个学者的一生,他毕生孜孜不倦地探索了很多科学领域的课题,撰写了不少很有价值的著作。他是在社会科学思想史上揭开了新篇章的杰出思想家,他为新兴阶级提出了一系列进步的社会理论,在促使旧社会的死亡和新社会的产生方面起了重要的作用。他和同时代的法国著名人物伏尔泰、卢梭、狄德罗等人一起,同属于那个革命时代的思想先驱。

孟德斯鸠生活的时代离1789年法国大革命尚有近半个世纪,生活矛盾还没有积累到非爆发不可的程度,他的勾画充满了温和妥协色彩。作为一个出身于贵族家庭和新兴阶级在政治上的温和派的代表,他一方面对封建专制主义进行了无情的揭露和深刻的批判,而另一方面主张同它进行妥协,提出君主立宪的主张;他一方面对宗教愚昧主义展开斗争,而另一方面并不是一个无神论者,而是一个自由神论者;在社会历史观方面也是如此,他比其他许多启蒙思想家更深刻地提出了社会发展的规律性和动力问题,但他并不是一些人们所期望的唯物主义者。这些对极端激进主义来说,不免感到遗憾,而对温和的渐进主义来说,这又不啻为他的明智所在。因此孟德斯鸠虽然受到人们的普遍尊崇,但在很多情况下,却又是个有争议的人物,对他的评价充满着保留的字眼。

对一种学说、一种思想,不同的人们有不同的眼光和不同的解释,这也是很正常的。孟德斯鸠去世后,他的思想在不同的人们中间很自然地引起了不同的反应和不同的对待。

俄国女皇叶卡捷琳娜二世(1729~1796)曾经为了追求"开明女皇"的荣誉,公开宣称自己是孟德斯鸠的崇拜者。她力图利用孟德斯鸠思想中的温和性和妥协性来为自己的政治目的服务。她特别赞赏孟德斯鸠关于幅员辽阔的国家似乎宜于建立封建专制制度的主张,同时也为了招揽民心而大谈特谈孟德斯鸠关于发展工商业、关于宽容异教和关于发展教育事业等具有积极意义的启蒙思想。她还谈到了法律面前人人平等和立法、行政、司法三权分立这些原则,声称要使俄国成为文明的法治国家。

孟德斯鸠的社会政治思想,尤其是他的法治思想、三权分立思想以及君主立宪思想,对德国古典哲学家康德、谢林、黑格尔也产生过不同程度的影响。

康德接受了孟德斯鸠关于法治的思想和三权分立的主张。在《永久和平论》中,他把国家看作是"许多人依据法律生活而组织起来的联合体"。他把文明社会和法治等同起来,只有法治社会才是文明社会,只有严格实行立法、行政、司法三权分立,才能消除专制主义。

孟德斯鸠的法治思想和三权分立思想也曾对青年时代的谢林产生过重大影

响。谢林把新兴资产阶级倡导的法治思想当作是直接反抗封建专制主义的武器。他把法治的普遍实现看作是资产阶级的自由发展的条件和保证。他说:"普遍的法治状态是自由的条件,因为如果没有普遍的法治状态,自由便没有任何保证。"在他看来,法治国家就是实行三权分立的国家。

孟德斯鸠的思想对黑格尔的社会历史观点有着极大影响。黑格尔《法哲学原理》中主张建立的君主权(单一)——行政权(特殊)——立法权(普遍)相结合的政治制度,就是对孟德斯鸠三权分立学说进行加工改造而成的。黑格尔也主张君主立宪,这也直接受到孟德斯鸠的影响。黑格尔在《哲学史讲演录》中,赞扬孟德斯鸠的《论法的精神》是"一部美妙的著作"。

孟德斯鸠的三权分立思想和君主立宪的主张,对日本明治初期的启蒙思想家西周(1829~1897年)和明治时期的唯物主义者与无神论者中江兆民(1847~1917年)也产生了一定的影响。被人们称为"日本近代哲学之父"的西周是西方哲学的最初的移植者和传播者,他曾把孟德斯鸠的君主立宪和三权分立思想介绍到日本,并要求它们为促进日本的"三宝"(健康、知识、富有)而服务。

俄国大诗人普希金把孟德斯鸠看作是机智而优秀的法国人民的最光荣的代表,是法兰西民族的骄傲,认为他的"每一行字都将成为后世的珍品"。

马克思和恩格斯对孟德斯鸠也给予高度评价,把他看作是一位反对中世纪经院哲学的英勇战士,是一位在法国为行将到来的革命启发过人们头脑的杰出的启蒙思想家,是那些"不承认任何外界的权威"的"非常革命""伟大人物"之一。与此同时,他们也指出了孟德斯鸠的观点中的那种"历史局限性"。马克思说:"孟德斯鸠不是把宗教的美德而是把政治的美德宣布为国家的最高品质。……《法国拿破仑法典》并不起源于《旧约全书》,而是起源于伏尔泰、卢梭、孔多塞、米拉波、孟德斯鸠的思想,起源于法国革命。"恩格斯也说:"在法国为行将到来的革命启发过人们头脑的那些伟大人物,本身都是非常革命的。他们不承认任何外界的权威,不管这种权威是什么样的。宗教、自然观、社会、国家制度,一切都受到了无情的批判;一切都必须在理性面前为自己的存在作辩护或者放弃存在的权利。思维着的悟性成了衡量一切的唯一尺度。"

孟德斯鸠的思想对后世思想家们理论的形成是具有重大影响的。孟德斯鸠对封建专制主义和宗教愚昧的批判,他的自然法理论以及他关于自由、平等、私有制的论断等等,曾经对法国唯物主义者狄德罗、霍尔罗赫、爱尔维修等人产生过重要影响。

爱尔维修接受了孟德斯鸠的自然法理论,但比他更前进了一步,对自然法理论的一些原则进行新的引申,并得出新的更为激进的结论。他不同意孟德斯鸠的地理环境决定论,而认为人是社会环境的产物,人的个性是他周围环境的产物,他说:"人们不是生来就是他们现在的那个样子,后来的样子是后来逐渐形成的。"这种形成人的个性的环境,首先就是政治制度和法律制度。与孟德斯鸠那种强调地理环境作用的理论相比，爱尔维修的这个观点是相当激进的。因为以爱尔维修的这个原理会得出消灭封建专制制度这样的革命性结论。

也有一些人从孟德斯鸠学说中引申出一些歪曲利用的结论。如美国资产阶级社会学家亨廷顿（Huhtington.E 1876~1947）则从孟德斯鸠的气候环境学说的某些论断中得出种族主义、殖民主义的结论，认为居住在南方国家的人们没有能力发展文化，他们应该由北方民族的支配等等。想要论证美国这个"北方民族"是应该拥有支配权力的优秀民族。

孟德斯鸠的理论在实践上对世界性的资产阶级革命运动产生过巨大而又深刻的影响。他的理论曾经被欧美诸多革命家、政治家用作反对封建暴政的锐利武器，尤其是他关于分权和法治的理论更为一些资产阶级国家所直接采用过。

美国独立战争（1775 年~1783 年）前后，美国的资产阶级报刊就曾大量介绍孟德斯鸠的著作，特别介绍了《论法的精神》。独立战争的领袖们还把其中的分权理论写入了宪法。汉密尔顿竭力宣扬美国"三权分立"的总统制。麦迪逊认为，立法、行政和司法权置于同一人手中，不论是一个人、少数人或许多人，不论是世袭的、自己任命的或选举的，均可公正地断定为虐政。1787 年 5 月在费城召开的制宪会议上（会议主席由华盛顿担任），正是在被美国资产阶级奉为宪法理论"权威"的汉密尔顿领导下，依据孟德斯鸠的三权分立学说制定美国宪法的。

法国杰出的革命家罗伯斯庇尔也受到他的法治思想和三权分立学说的巨大影响，在谈到制定宪法的原则时说道，"要使任何人不能同时兼任几种职务"，"要使权力分散"，"要使立法领域和行政领域彼此仔细分开"等等。他们主持制定 1793 年法国新宪法时，采用了孟德斯鸠关于立法、行政、司法三权分立的思想。此外，在 1789 年 8 月 26 日法国通过的《人权宣言》中，宣布没有分权就没有宪法，宣布私有财产作为人的权利是神圣的，显然是深受孟德斯鸠思想影响的典型例子。

孟德斯鸠的理论，对 19 世纪爆发的其他革命也都有着相当的影响，对中国近代革命运动也产生过很大影响。

孟德斯鸠及其思想很早就被一些具有先进思想的中国人和进步刊物介绍到中国，并在中国获得了广泛的传播。从时间上来讲，大约是在 19 世纪七八十年代传入我国。早期维新改良派人物马建忠曾经介绍过三权分立之制，他说这种制度使政事"纲举目张"，他对君主立宪制度尤为赞赏。

维新派的主要代表人物康有为主张效法英国、日本三权鼎立之制，建立君主立宪制。谭嗣同也主张实行分权制。

严复是中国近代的启蒙思想家、维新派的重要理论家和著名的翻译家。他翻译了大量的西方社会科学著作，其中就有《论法的精神》（当时的译名叫《法意》）。他把君主立宪制看作是最理想的政治制度，要采用西法，实行新法制，重要的一条就是实行三权分立之制。梁启超也积极介绍孟德斯鸠的学说。

孙中山先生在肯定三权分立的基础上，发现三权分立仍存在着严重的缺陷，即人民没有直接民权,容易出现议会专制。于是,他提出了五权分立和五权宪法的理论,就是在三权分立之外,另立考选权和监察权。

　　孟德斯鸠的著作,尤其是他的《论法的精神》是整个人类进步的重要组成部分和整个人类极其珍贵的文化遗产。孟德斯鸠的名字,将与他的不朽的著作一起,在人类文明史上永放光辉。

科学社会主义的创始人

——马克思

人物档案

简　历:伟大的革命家、科学家、科学共产主义的奠基人。1818 年 5 月 5 日出生于德国普鲁士莱茵省特里尔城的一个律师家庭。1835 年考入波恩大学,次年转入柏林大学,攻读法律和哲学。1841 年在耶律大学获博士学位。1842 年进入《莱茵报》当编辑,该报被查封后移居法国。1845 年迁居布鲁塞尔,在此期间与恩格斯建立了深厚的友谊。1847 年与恩格斯一起加入正义者同盟,并将该同盟改为共产主义者同盟。1849 年移居伦敦,1864 年成为第一国际的创始人和领导人,1883 年 3 月 14 日逝世于英国伦敦。

生卒年月:1818 年 5 月 5 日～1883 年 3 月 14 日。

安葬之地:伦敦北部的海格特公墓。

性格特征:是一个充满生活光彩的人。他诙谐幽默,性格坦诚直率,喜欢说俏皮话。丢开书本和稿件时,他会与朋友聚会,且喜作"机敏的答辩"。他的黑眼睛似乎总是在浓密的眉毛下"快活地嘲弄地闪动"。

历史功过:创刊《德法年鉴》,出版《资本论》《共产党宣言》。发起科学社会主义,创立马克思主义,创建第一国际,发现人类社会历史发展的客观规律。

名家评点:习近平主席对马克思作了高度评价:"马克思是全世界无产阶级和劳动人民的革命导师,马克思主义的主要创始人,马克思主义政党的缔造者和国际共产主义的开创者,近代以来最伟大的思想家。"

青少年时代

　　1818年5月5日,卡尔·亨利希·马克思诞生在普鲁士莱茵省特利尔城的一个律师家庭,他的父亲亨利希·马克思是一位犹太人,担任特利尔高等上诉法院的律师,在当地受到人们的尊敬。亨利希学识渊博,熟悉法国启蒙思想家的学说,马克思的女儿爱琳娜在回忆她的祖父时,称亨利希·马克思"是一个真正的18世纪的'法国人'……他能背诵伏尔泰与卢梭的作品"。另外,他对洛克、莱布尼茨、莱辛等人的著作也十分熟悉。亨利希·马克思向往国家统一,崇尚宪政和代议制,其政治思想带有明显的自由主义倾向。他虽然出身于一个拉比的家庭,但由于启蒙思潮的影响,持宗教自由的思想。他原先信奉犹太教,在卡尔·马克思出生前不久,即放弃犹太教,改信路德教。

　　在马克思的心目中,父亲是一位令人崇敬的人。因为他不仅在生活上关心马克思的成长,而且在知识、思想和人格上也给予马克思以深厚的影响和恩泽。所以,马克思后来在追忆自己的父亲时,称其为一个"以自己的纯洁品格和法学才能出众"的人。马克思"异常推崇他的父亲"(据爱琳娜的回忆),对父亲始终怀有深深的敬意,父亲去世后,他把父亲的一张照片珍藏在自己贴胸的口袋里,直到马克思逝世,恩格斯才把这张马克思生前所一直钟爱的照片放入马克思的棺内。

　　马克思的母亲罕丽达·普勒斯堡是荷兰人,一生养育了9个孩子,是一位典型的贤妻良母。她没有学问,却把全部精力都用于操持家务,照顾家人的日常生活。尽管她没有在思想和学问方面成为马克思的启蒙者,但正如马克思的父亲在给马克思的信中所说的:"她的一生整个儿的贡献给了爱与忠诚。"

　　马克思共有3个兄弟和5个姐妹。长兄莫里茨·大卫在马克思出生第二年就夭折了。两个弟弟和两个妹妹也死得很早。只有姐姐索菲亚、妹妹埃米莉和路易莎活得比他长久。马克思同她们一直保持来往。

　　马克思自幼聪慧可爱,深得家人的宠爱。他是一位讲故事的能手,常常讲述或编造一些充满想象力的故事或童话,成为小伙伴们的中心。他还喜欢玩一些富有创造力的游戏。在童年伙伴中,有一位美丽的小姑娘,她就是后来成为马克思的恋人和夫人的燕妮。她是马克思邻居、马克思父亲的密友、枢密顾问官路德维希·冯·威斯特华伦的爱女。父辈的友谊充当了两个家庭的子女之间友谊的桥梁和纽带。童年的马克思经常到威斯特华伦家的大花园去同燕妮和她的弟弟埃德加尔一起玩耍。燕妮的父亲同亨利希·马克思一样,也是一位学识渊博的人。他非常喜欢这些孩子,经常给他们讲一些古典神话故事,谈他对荷马和莎士比亚的惊人知识,对孩子们心智的发展产生了深远影响。马克思正是从威斯特华伦那里第一次接触到空想社会主义者圣西门的思想和学说。后来,马克思就把自己的博士论文献给了这位"父亲般的朋友"。

1830年10月,12岁的马克思到特利尔中学读书,1835年8月中学毕业。在中学阶段,马克思的学习成绩不算出众,但在需要独立思考和发挥创造力的地方,他总是表现得出类拔萃。毕业证书说马克思能够很好地翻译和解释古典作品最艰深的地方,特别是那些在内容和思想的逻辑关系方面极其复杂而深邃之处;他的拉丁文作文表现出丰富的思想和对题意的深刻理解。马克思的数学成绩良好,而且显示出语言的天赋。他学习并基本掌握了希腊语和拉丁语,另外还学了法语。

中学时代的马克思就已经有了自己的远大志向和宏伟抱负,甚至孕育着后来思想的萌芽。这集中体现在他的中学毕业作文《青年在选择职业时的考虑》之中。这篇作文反映了马克思强烈的拯救意识和牺牲精神。马克思写道:"在选择职业时,我们应该遵循的主要指针是人类的幸福和我们自身的完美。……人们只有为同时代人的完美、为他们的幸福而工作,才能使自己也达到完美。"而"如果一个人只为自己劳动,他也许能够成为著名学者、大哲人、卓越诗人,然而他永远不能成为完美无疵的伟大人物"。这位17岁的青年人在作文的最后揭示了这种牺牲和拯救的力量源泉:"如果我们选择了最能为人类福利而劳动的职业,那么,重担就不能把我们压倒,因为这是为大家而献身;那时我们所感到的就不是可怜的、有限的、自私的乐趣,我们的幸福将属于千百万人,我们的事业将默默地、但是永恒发挥作用地存在下去,而面对我们的骨灰,高尚的人们将洒下热泪"。马克思的一生,可以说是真正实践了他的这一选择。马克思最喜欢说的一句名言就是:"为人类工作。"

尤其值得注意的是,这篇中学毕业作文,不仅确立了马克思的人生志向和崇高理想,而且透露出马克思未来思想的端倪和天才萌芽。例如,马克思写道:"我们并不总是能够选择我们自认为适合的职业;我们在社会上的关系,还在我们有能力对它们起决定性影响以前就已经在某种程度上开始确立了。"对这种限制的自觉,乃是马克思后来在思想上实现由"天国"回到"人间"、由"彼岸性"回到"此岸性"、由"理想主义"转向现实批判的契机。而且这种社会关系对人的存在的制约的见解,也构成后来的社会存在决定社会意识思想的开端。特别值得指出的是,在这篇作文中,马克思明确提出了"精神原则"和"肉体原则"之间的斗争问题。这实际上意味着马克思已经把人的存在的二重化的悖论揭示出来了。从某种意义上说,马克思一生的思想都不过是为了消解人的存在悖论所做的尝试和努力而已。

1835年秋天,马克思离开特利尔城,来到波恩大学求学,主攻法学。进入大学后,马克思如饥似渴地吸收知识、钻研学问。他除了学习法律方面的课程外,还修文学艺术课程。马克思的父亲在给他的信中对马克思的用功表示关切,担心"超过身体和精力所能支持的限度"。当然,青年马克思也有玩世不恭的时候,他甚至因在夜间酗酒喧闹而被大学法庭判处禁闭一天。这除了反映马克思当时的苦闷心情之外,是否也折射出他的叛逆性格呢? 有一次,波路西亚同乡会的一个成员对马克思进行侮辱和挑衅,马克思同他进行了决斗。马克思的父亲对此感到担心和忧虑,在第二个学期结束时就决定让马克思到柏林继续求学。1836年10月,马克思来到柏林大学学习,继续攻读法学。但他对那里的课程似乎不感兴趣。在9个学期里,他只选修了12门课程,主要是法学必修课。马克思主要对历史和哲学有浓厚的兴趣,认为这些课程才真正值得用功。但即使这类课程,马克思也主要是通过自学来掌握。可以说,早在大学时代,马克思就已经具备独立思考和研究问题的能力,并独自开始严肃的学术探究了。

大学时代的马克思表现出对诗歌的特别偏好。这实际上不过是他的诗人气质的自然流露而已。在这一点上,他同恩格斯存在着很大的差异。按照李卜克内西的说法,"恩格斯明哲智慧,丝毫没有浪漫和温情的色彩"。恰恰与恩格斯的这种性格相反,根据马克思的女婿拉法格的回忆,"马克思具有丰富的诗意的想象力。他最初在文学上的尝试就是诗。他的夫人曾小心地保藏着她丈夫少年时代的诗作,但不给任何人看"。早在波恩求学时期,马克思就开始写诗,并加入大学的诗歌小组,这个小组同哥廷根大学的诗歌小组有着通信联系。来到柏林大学之后,他的诗歌创作进入了一个高潮。他写了3本十四行诗献给他的恋人燕妮,除此之外,还写有大量的其他题材的诗歌,如叙事诗、抒情诗、讽刺诗等,甚至还写过剧本和小说。1841年初,马克思在1837年写的题为《狂歌》的两首诗《小提琴手》《夜恋》,发表在《雅典娜神殿》杂志上。新发现的布鲁诺·鲍威尔在给马克思的信中曾经谈道:"我祝贺你荣获《法兰克福会话报》授予的诗坛桂冠,你的卓越才能值得嘉奖!"

马克思与燕妮的爱情,也是马克思大学阶段生活的一个组成部分。马克思与燕妮可谓青梅竹马。燕妮1814年2月出生,比马克思大4岁。她是一位端庄秀丽、聪明智慧,且富有古典美的女性。马克思为她的美丽动人所倾倒。马克思后来从特利尔城给燕妮的信中写道:"做丈夫的知道他的妻子在全城人的心目中仍然是个'迷人的公主',真有说不出的惬意。"他写给燕妮的大量爱情诗可谓情真意切。其中一首这样写道:"燕妮!笑吧!你一定会觉得惊奇:为何我的诗篇只有一个标题,全部都叫作《致燕妮》!须知世界上唯独你才是我灵感的源泉,希望之光,慰藉的神。这光辉照彻了我的心灵,透过名字就看见你本人。"燕妮年轻貌美,出身于名门望族,周围不乏追求者。以世俗眼光看来,她无疑应寻求与贵族结合。然而,燕妮却唯独钟情于马克思。这不仅是由于她与马克思从小就建立了纯真的友谊,而且是由于她对马克思的才华由衷地钦佩,更是由于他们两人志同道合。1836年暑期,马克思在去柏林之前,回家乡度假期间,同燕妮秘密订婚。因为这对恋人的婚事受到女方贵族亲属的阻挠,他们订婚后过了7年才结婚。那时他们的父亲都已离开人世。

马克思在柏林大学读书期间,除了研究法学、历史、艺术理论和学习外语,还开始认真钻研哲学。柏林作为普鲁士王国政治、经济、文化的中心,各种社会矛盾都集中于此。马克思切身感受到了容克地主的飞扬跋扈、资产阶级在政治上的软弱无能、人民群众生活的艰辛困苦……而对法学的深入研究,使马克思也越来越感到对哲学前提加以清算的必要。现实和理论的双重需要,使得马克思把目光投向了哲学。当时的柏林大学是黑格尔哲学的中心。黑格尔在这里讲过学。尽管马克思到来时,黑格尔已经去世,但他的影响仍然巨大。马克思一开始对脱离现实生活的思辨哲学反感,所以并不喜欢黑格尔的思想。然而,由于进一步深入的了解,他终于被黑格尔哲学那巨大的逻辑力量所征服,成为黑格尔的信徒。虽然马克思在来柏林读书之前对于黑格尔的思想已有所了解,但系统地阅读黑格尔的著作却是从1837年开始的。由于马克思的勤奋,他的健康状况变得糟糕起来,以至于不得不在1837年暮春开始休养。马克思离开柏林,来到斯特拉劳,在那里度过了整整一个夏季。这正好为马克思研读黑格尔提供了机会。此间他把黑格尔的著作从头到尾地读了一遍,还读了他的许多门徒的著作。随着对黑格尔哲学了解的加深,马克思参加了"博士俱乐部",是其中的活跃成员,不久之后就成为这个组织的精神领袖之一,尽管这位大学生在其中的年龄最小,但他的知识和智慧征服了俱乐部的其他成员,赢得了大家的尊重。"博士俱乐部"是由青年黑格尔派的知识分子组成的,其宗旨是通过思辨的批判来实现对现实的改造。这种批判由宗教批判进一步过渡到政治批判,最后被归结为针对普鲁士专制制度的意识形态批判。由于马克思致力于实践和现实批判,所以他同青年黑格尔派终于分道扬镳。但马克思与俱乐部的关系,毕竟为马克思后来思想的发展提供了必要的资源和准备。正如马克思后来所坦率承认的:"对宗教的批判是其他一切批判的前提。"马克思当时在哲学上所达到的水准,得到了人们的高度评价。例如,青年黑格尔派学者莫泽斯·赫斯1841年在给他朋友奥艾尔巴赫的信中写道:"……请准备认识这位伟人,也许是当今现有的唯一的伟人,真正的哲学家……我所崇拜的马克思博士还是一个很年轻的人(他大概不到24岁),他将要给中世纪的宗教和政治以最后的打击。在他身上既有最深奥的哲学的严肃性,也有最机敏的智慧;请你想象一下,卢梭、伏尔泰、霍尔巴赫、莱辛、海涅和黑格尔结合成一个人;我所说的结合不是机械的混合——这将会使你得到一个关于马克思博士的概念。"

1839年初,马克思开始撰写他的博士论文。他选择的题目是《德谟克利特的自然哲学与伊壁鸠鲁的自然哲学的差别》。马克思对晚期希腊哲学的兴趣,主要是受青年黑格尔派影响的结果。马克思研究晚期希腊哲学的动机,主要在于寻求自由的真谛,揭示哲学与现实世界的关系,论证自我意识在变革世界中的作用,批判宗教意识形态。晚期希腊所处的时代,乃是一个自由个性被蔑视的时代。伊壁鸠鲁主义主张人们在普遍压抑中保持个体的精神自由和心灵宁静,以对抗外在力量的支配。这恰恰吻合了马克思当时对德国基督教和封建主义专制进行批判的需要,因而引起了他的共鸣。马克思在古希腊哲学中找到了两个典型——德谟克利特和伊壁鸠鲁。在马克思看来,前者从自然科学的实证立场出发,按照知识论的要求,发现的只能是世界的必然性,从而未能给人的自由意志提供可能性的根据;后者则从哲学的视野出发,在承认偶然性的基础上为自由意志保留地盘。所以,他们作为两个相反的形象,代表了两个相反的方向。"德谟克利特不满足于哲学而投身于经验知识的怀抱,而伊壁鸠鲁却轻视实证科学,因为按照他的意见,这种科学丝毫无助于达到真正的完善。"马克思认为,伊壁鸠鲁提出的"原子偏斜说",实际上就意味着偶然性的存在,而"'偏离直线'就是'自由意志'"。所以,"自为存在是伊壁鸠鲁哲学唯一的、直接的原则"。马克思通过对哲学史的研究,事实上提出了经验与超验及其关系问题。在他看来,对于确立哲学视野而言,超验性带有优先地位。因此,马克思认为,尽管伊壁鸠鲁的学说在实证科学的意义上是不合理的,但这并不妨碍人们从他的物理学说的不合理中去探索哲学上的合理性。因为"他的解释方法的目的在于求自我意识的宁静,而不在于自然知识本身"。在《博士论文》的序言中,马克思援引普罗米修斯的话说:"老实说,我痛恨所有的神。"因为"这些神不承认人的自我意识具有最高的神性",所以"不应该有任何神同人的自我意识相并列"。而普罗米修斯则成为马克思心目中的偶像。马克思甚至称"普罗米修斯是哲学日历中最高尚的圣者和殉道者"。在这篇论文中,作者还进一步确立了哲学的最高理想:"哲学的世界化同时也就是世界的哲学化,哲学的实现同时也就是它的丧失。"可以说,这构成了贯穿马克思一生孜孜以求的崇高目标。

1841年春天,马克思完成了自己的博士论文。当时在柏林大学占统治地位的是为官方所御用的意识形态,加上答辩程序复杂,需要花费不少钱,所以马克思把自己的论文送到耶那大学答辩。论文受到高度评价,"该博士论文证明该候选人才智高超、见解透彻、学识渊博"。1841年4月15日马克思获得博士学位。

思想酝酿

拿到博士学位的马克思回到了自己的故乡特利尔。出于生计的考虑,马克思与燕妮推迟了婚期。他只在家乡逗留了两个月,就前往波恩。这位年轻的博士踌躇满志,打算到大学谋得一个教席,开始学者生涯,这也符合他父亲的愿望。然而,由于形势的变化,马克思未能如愿以偿。这主要是因为普鲁士国王弗里德里希·威廉四世对自由的压制,使得学术空间日益缩小。青年黑格尔派的骨干成员鲍威尔甚至被柏林大学革除教席。普鲁士王朝专制统治的加强,使青年黑格尔派对宪政改革的理想幻灭了。这一背景构成马克思由学术转向政治的契机,它使马克思担当起战士的角色。

马克思以反对普鲁士专制制度和争取民主自由为己任,积极投身于对现存政治的揭露和批判。他写了大量政论文章,发表在当时的反对派报纸《莱茵报》上。后来,马克思由这家报纸的普通撰稿人成为该报的主编。马克思的文章主要涉及对书报检查制度的抨击,对有关法律制度虚伪性的揭露,对政治上和社会上备受压迫的贫苦大众利益的同情与捍卫。这种对现实问题的关注和研究,使马克思越来越感到整个国家都是保护私有制的。马克思自己就承认,他对林木盗窃法和摩塞尔河地区农民处境的研究,推动了他由纯政治转向研究经济关系,并进而走向社会主义。

《莱茵报》的批判姿态,使普鲁士政府极为恼火,1843 年 4 月该报被勒令停刊。于是,马克思决定离开德国,打算到巴黎同卢格一起合办一份杂志。按照马克思的想法,这份杂志的宗旨应当是"对现存的一切进行无情地批判",而且应当是把这种批判同政治批判和实际斗争结合起来,把它和实际斗争看作一回事。在动身前往巴黎之前,他先来到莱茵省的一个小镇克罗茨纳赫,因为他的未婚妻燕妮和她的母亲此时正住在这里。燕妮·冯·威斯特华伦也无时无刻不在思念她的恋人。在马克思到来之前,她曾写信给马克思,信中写道:"你现在对于我是比以往任何时候都更为亲切可爱和珍贵,可是,每当你和我告别时,我总是万分激动,我多么想把你叫回来,以便再次告诉你,我多么爱你,我如何全身心地爱着你……我真不知道,在我心灵的深处你是多么珍贵。如果你此刻能在这里,我亲爱的小卡尔,你在你的调皮而又可爱的姑娘身上会感受到多少幸福啊!"1843 年 6 月 19 日,马克思与燕妮这对相互倾慕已久的恋人在克罗茨纳赫举行了婚礼。他们沿着莱茵河做了一次短暂的新婚旅行,然后回到克罗茨纳赫,一直住到是年 10 月。可以说,这段短暂时光是马克思的一生中难得的安宁幸福的时光。但马克思并没有沉湎于新婚的幸福之中,而是以更加勤奋和积极的姿态从事创造性的劳动——思想活动。其成果就凝结在他的著作《黑格尔法哲学批判》当中。马克思深深感到,要对他在《莱茵报》工作期间所获得的种种见解做出科学的说明,就不能不对黑格尔的国家哲学和法哲学进行批判性的反省和清算。为此,他除了对历史进行广泛的研究之外,还仔细阅读了马基雅弗利、卢梭、孟德斯鸠、兰克、费尔巴哈等人的著作。在此基础上,马克思写了 5 本笔记,即《克罗茨纳赫笔记》。这些工作为马克思弄清国家和法、国家与市民社会的关系提供了必要的准备。马克思的结论是:不是国家决定市民社会,而是市民社会决定国家。"家庭和市民社会是国家的前提,它们才是真正的活动者;而思辨的思维却把这一切头足倒置"。这标志着马克思开始从理论框架和视角的层面上摆脱黑格尔的影响,向唯物主义历史观迈进。

为了筹备出版德国和法国民主主义者的机关刊物《德法年鉴》,马克思偕新婚夫人燕妮于 1843 年 10 月从德国的克罗茨纳赫来到法国首都巴黎,过上了政治流亡者的艰苦生活。马克思原本打算写一部经济学巨著,所以来到巴黎后研究了英国古典经济学家亚当·斯密和大卫·李嘉图以及其他经济学家的学说。同时,他继续阅读空想社会主义者圣西门、傅立叶、欧文等人的著作。马克思还用大量的时间来研究法国革命史特别是议会史。

1844 年 2 月,经过马克思苦心筹备的《德法年鉴》第一、二期合刊号终于问世了。这一期杂志发表了马克思的两篇论文:《论犹太人问题》和《〈黑格尔法哲学批判〉导言》。另外,还刊登了恩格斯的《政治经济学批判大纲》和《英国状况》以及其他的文章。

马克思的《论犹太人问题》探讨了"人类解放"与"政治解放"的关系,重要的是提出了"人类解放"的问题。这篇著作表面看来是马克思同"博士俱乐部"成员、青年黑格尔派首领布鲁诺·鲍威尔的论战之作,实质上它涉及一个更深刻更广泛的问题。鲍威尔认为被剥夺政治权利的德国犹太人只要摆脱了宗教的桎梏,就意味着他们的真正解放。马克思认为这种观点仍然带有思辨哲学的局限性,因而是不能接受的。马克思进一步从对犹太人解放问题的考察出发,提出了人类从政治压迫和社会压迫中解放出来这样一个更本质的问题。马克思认为,"政治解放"不过意味着人们从封建制度的束缚中解脱出来,实现了资产阶级的民主和自由。同前资本主义社会相比,这无疑是一大进步。但"政治解放"本身还不是"人类解放"。因为这种"政治解放"并没有触动资本主义私有制,相反是以维护和捍卫私有制为其前提和特征的,从而具有很大的历史局限性。因此,"政治解放"是不彻底的。在马克思看来,人类要想获得真正的解放,就必须打破"政治解放"的局限,消灭私有制,扬弃人的异化。只有这样,"人类解放"才能最后完成。

在《〈黑格尔法哲学批判〉导言》中,马克思进一步揭示了"人类解放"的历史途径和力量源泉。如果说《论犹太人问题》主要提出了"人类解放"的必要性问题,那么《〈黑格尔法哲学批判〉导言》则主要提出了"人类解放"的可能性问题。实现人类解放的历史使命究竟由谁来承担呢? 马克思认为,它有赖于形成一个被彻底的锁链束缚着的阶级,而这个阶级就是无产阶级。因为在马克思看来,无产阶级如果不从其他一切社会领域解放出来并同时解放其他一切社会领域,它就无法解放自己。也就是说,无产阶级只有解放全人类,才能最后解放自己。由此决定了只有无产阶级才能担负解放全人类的历史使命。因此,马克思得出的结论是:"哲学把无产阶级当作自己的物质武器,同样地,无产阶级也把哲学当作自己的精神武器。"因为"批判的武器当然不能代替武器的批判,物质力量只能用物质力量来摧毁;但是理论一经掌握群众,也会变成物质力量"。

由于《德法年鉴》的无产阶级立场和共产主义倾向,普鲁士政府唆使法国基佐政府查封杂志并逮捕编辑。尽管这一阴谋没有得逞,但马克思毕竟遇到了极大的困难。加上马克思同他的合作人卢格在根本立场上的分歧,《德法年鉴》只是出了第一、二期合刊后就夭折了。在这一挫折面前,马克思没有丧失信心,而是继续他的理论思考。这个时候,马克思已经揭示了市民社会与国家的关系,那么市民社会的实质究竟是什么呢? 他认为,理论只要彻底就能说服人,而所谓彻底就是抓住事物的根本。对市民社会及其本质的解剖应当到政治经济学中去寻找。于是,从1844 年春天开始,马克思把研究的重点转移到了经济学领域。这一时期,马克思的研究成果主要体现在 1844 年 4 月到 8 月写的 3 篇未完成的经济学和哲学手稿当中。这些手稿马克思生前没有出版,直到 1932 年才以《1844 年经济学哲学手这部《手稿》虽然没有完成，但却包含着马克思鲜活的思维创造和重要理论贡献，在马克思新世界观的创立过程中占有非常重要的地位。贯穿其中的一个根本思想，就是马克思的劳动异化学说。这个学说构成马克思当时全部思想的基础。因为在他看来，人的解放就是异化的扬弃。异化的历史生成和历史扬弃，乃是马克思说明人类社会发展的根本框架。

"异化"这个范畴并不是马克思的创造，它在西方思想史上早就有了。甚至有人追溯到原始的基督教观念。应当承认，作为一个哲学概念，"异化"只是到了黑格尔那里才真正被使用。在黑格尔看来，异化就是客体作为主体的产物与主体相分离并反过来控制和决定主体。在《精神现象学》中，黑格尔揭示了主体(绝对精神)异化为世界历史的过程。费尔巴哈在《基督教的本质》中，则继承了黑格尔的有关思想，描述了主体(现实的人)异化为上帝的过程。在《1844年经济学哲学手稿》中，马克思向人们揭露了主体(劳动者)异化为物的力量这一市民社会的基本事实。

在市民社会也就是资本主义社会条件下，存在这样一个普遍现象，即工人本来是社会财富的创造者，其结果竟然是工人创造得越多，他们得到的反而越少。马克思从这一现象出发，逐步揭开了其中的奥秘。所以，马克思的异化劳动学说不是从思辨逻辑出发，而是从现有的经济事实出发得出来的。这鲜明地体现了马克思思想的一贯风格和特点。

马克思认为，人们只要从事劳动创造产品，就必然实现对象化。在这个意义上，任何劳动过程都是对象化的过程。问题在于，在资本主义制度下，这种对象化总是表现为异化。这就是工人同他的劳动产品之间的异化。原本是工人创造的产品，结果不再属于工人，而是沦为一种对于工人来说是异己的、反过来支配和压抑工人的敌对力量。这就造成了这样一种后果："工人生产得越多，他能够消费得越少；他创造价值越多，他自己越没有价值、越低贱；工人的产品越完美，工人自己越畸形；工人创造的对象越文明，工人自己越野蛮；劳动越有力量，工人越无力；劳动越机巧，工人越愚钝，越成为自然界的奴隶。"马克思由这种产品的异化也就是物的异化，进一步过渡到人的自我异化，即工人同自己的劳动过程本身的异化。劳动者的自我异化表明，工人自己的体力和智力、他的个人生命，变成不依赖于他、不属于他，而是反过来反对他的东西，劳动产品的异化，归根到底不过是劳动过程本身异化的必然结果。马克思认为，劳动产品的异化和劳动过程本身的异化，标志着人的类本质同人相异化。因为人的类本质就是人的自由自觉的活动，它通过人的实践活动来得到表达和确证。然而，劳动产品的异化使人无法在对象中肯定自己，以便实现其本质。同样，劳动过程的异化也使得人的自由自觉的活动被降低到了维持肉体生存的手段。这就意味着人的类本质同人相分裂、相异化。马克思指出："人同自己的劳动产品、自己的生命活动、自己的类本质相异化这一事实所造成的直接结果就是人同人相异化。"

马克思在提出异化劳动的思想时，还指出了异化的根源，这就是私有财产。他认为，私有财产制度，既是异化的基础，又是异化的表现和结果。但是，在《1844年经济学哲学手稿》中，马克思并没有充分揭示异化与私有财产之间的关系及其具体机制。然而，马克思毕竟已经把异化的扬弃同共产主义的实现及人的彻底解放内在地联系起来。

从某种意义上说，不了解恩格斯和他同马克思的交往，特别是两个人之间的思想交往，就不能够更深入更全面地理解马克思。因为他们在思想上的友谊，共同缔造了一个伟大的学说。1844年8月底，恩格斯在从英国回德国时，绕道巴黎会见了马克思。这是他们的第二次会面。与1842年在科伦的冷冰冰的会见不同，这次会见是建立在他们的思想日益接近的基础上的。正如恩格斯后来所回忆的："当我1844年夏天在巴黎拜访马克思时，我们在一切理论领域中都显出意见完全一致，从此就开始了我们共同的工作。"从这个时候开始，马克思和恩格斯这两位伟人就一起并肩战斗了。

恩格斯也是普鲁士莱茵省人，1820年11月28日生于巴门市，比马克思小两岁。他的父亲是一位纺纱厂主，笃信宗教，思想保守。按照父亲的要求，恩格斯中学未毕业就来到父亲的营业所里工作，后来又被派往不来梅的一个商行当练习生。经商赚钱并不是恩格斯的志向，年轻的恩格斯充分利用业余时间，刻苦自学历史、哲学、文学、语言学和外国语，并在19岁时就为报纸撰稿，抨击封建专制制度和宗教蒙昧主义。1841年9月，恩格斯到柏林服兵役，在闲暇时间去柏林大学旁听哲学课，与青年黑格尔派有接触。1842年3月，他开始在《莱茵报》上发表文章，显示了他的民主主义立场。同年11月，恩格斯来到英国的曼彻斯特，到他父亲经营的纺纱厂所属的一个公司工作。通过对工人阶级生活状况的亲身了解，加上恩格斯对英国的经济和国家制度的研究，以及对经济学的刻苦钻研，写出了《政治经济学批判大纲》，发表在《德法年鉴》上。马克思对于这部著作给予很高评价，并在自己的著作中大量援引。

马克思和恩格斯在巴黎的历史性的会见，为他们的友谊和合作奠定了基础。他们在巴黎合写了一本书，叫作《神圣家族》或《对批判的批判所做的批判——驳布鲁诺·鲍威尔及其伙伴》，于1845年2月出版。这本书主要是由马克思完成的。在这本书中，马克思和恩格斯借助于费尔巴哈进一步清算了青年黑格尔派，特别是布鲁诺·鲍威尔的观点，为马克思已经揭示的市民社会与国家的关系，提供了一种哲学的说明。鲍威尔等人把整个世界看作是人的自我意识的产物，对世界的变革取决于自我意识的改变。在马克思看来，这就完全颠倒了存在与意识的关系。马克思认为，历史的谜底不在于人的观念和意识之中，而是在于特定历史时期的工业和生活本身的直接的生产方式之中。这一思想已经包含着唯物史观的内在特征了。

新世界观诞生

1845 年 2 月,马克思来到布鲁塞尔。不久,恩格斯也从巴门来到这里,与马克思一起并肩战斗。

马克思曾经打算写一部系统论述新世界观的哲学著作,并拟定了一份提纲。这就是马克思于 1845 年春在布鲁塞尔撰写的《关于费尔巴哈的提纲》。尽管这是他为了进一步研究的需要而写的仅供自己使用的笔记,但却是马克思对自己的哲学思想所做的首次概括,因而在马克思主义哲学史上具有里程碑性质和划时代的意义。正如恩格斯所指出的:"这些笔记作为包含着新世界观的天才萌芽的第一个文件,是非常宝贵的。"因此,恩格斯非常重视马克思的这个《提纲》,经过修改,把它作为自己写的《路德维希·费尔巴哈和德国哲学的终结》一书的附录,以"马克思论费尔巴哈"为题于 1888 年公开发表。

从某种意义上说,《提纲》是介于马克思《1844 年经济学哲学手稿》和《德意志意识形态》之间的一个内在的思想环节。如果说马克思在《1844 年经济学哲学手稿》中主要是清算黑格尔,那么《提纲》则主要是清算费尔巴哈。所以马克思和恩格斯后来在《德意志意识形态》中明确指出:"我们这些意见正是针对着费尔巴哈的,因为只有他才多少向前迈进了几步,只有他的著作才可以[认真地]加以分析。"只有这两个方面的批判完成之后,新的世界观才能够真正诞生。它的成果集中体现在《德意志意识形态》之中。

可以说,《提纲》是马克思所有重要著作中篇幅最短的一个,但它的重要性和丰富性丝毫不因此而逊色,相反,它包含的内容极其丰富。

《提纲》首次确立了"新唯物主义"亦即"实践的唯物主义"的基本立场和视野。马克思基于人的实践这一立场,一方面深刻地批判了以费尔巴哈为代表的旧唯物主义的致命缺陷,另一方面,又充分揭露了唯心主义哲学的根本错误,向人们昭示了扬弃这二者外在对立的前提和途径。马克思认为,从前的一切唯物主义的主要缺点是:对对象、现实、感性,只是从客体的或直观的形式去理解,而不是把它们当作感性的人的活动,当作实践去理解,不是从主体去理解。如此一来,就必然造成旧唯物主义的根本局限性。因为它既无法显示出人在掌握世界的方式上超越动物的特质,也无法真正反驳来自唯心主义的挑战。与此相反,唯心主义则过分夸大人的精神的作用,从而把能动的方面抽象地发展了。显然,只有立足于实践,才能真正超越旧唯物主义和唯心主义各自的偏执。一旦脱离了实践这一基本立场,就有可能陷入旧唯物主义的误区,或者陷入唯心主义的误区。因此,马克思确立的"把感性理解为实践活动的唯物主义",不仅超越了旧唯物主义和唯心主义的对立,而且从理论基因上杜绝了陷入这两种误区的可能。

在实践的基础上，马克思进一步揭示了环境的改变与人的改变的辩证统一。应当指出，18世纪法国启蒙思想家和唯物主义哲学家已经自觉地提出了人与环境的关系问题，并做了初步的哲学反思。但从总体上说，他们只是提出了问题，却未能真正解决问题。孟德斯鸠作为"地理环境决定论"者，不仅认为地理环境决定人的性格，而且认为地理环境通过对人的性格的影响进一步决定一个国家的法律制度。爱尔维修进一步认为，人们在精神上的差异，是由他们所处的不同环境和所受的不同教育所决定的。同孟德斯鸠相比，爱尔维修更注重社会环境和文化环境对人的塑造。然而，当法国唯物主义者进一步追问人类历史发展的动因和动力时，却陷入了一个循环论证的怪圈：他们忘记了自己曾经作为前提肯定的"环境决定意见"的观点，又提出"世界为意见所支配"。因此，18世纪法国唯物主义者必然导致二律背反：人们的意见为环境所决定；环境又为意见所决定。这一难题只有在马克思那里才获得解决。马克思明确指出：人创造环境，同样环境也创造人。马克思的真正贡献，不在于指出了人与环境之间的互动关系，而在于揭示了消解人与环境之间悖论的契机和基础。在马克思看来，要走出这一怪圈，就必须诉诸于人的现实活动，即人的实践。所以他说：环境的改变和人的活动或自我改变的一致，只能被看作是并合理地理解为革命的实践。因为只有实践才是在逻辑上比环境与人及其关系更原始的范畴，而且只有在实践那里，环境所体现的外在尺度和所体现的内在尺度才能真正达到统一，也只有实践才能使人与环境的对立通过人类历史的无限发展而得到彻底扬弃。

马克思从实践出发，进而合理地说明了人的本质。《提纲》明确指出：人的本质不是单个人所固有的抽象物，在其现实性上，它是一切社会关系的总和。马克思之所以能够把人的本质归结为人的一切社会关系的总和，归根结底是由于他的哲学的基础与其他哲学不同。按照马克思的说法，旧唯物主义的立脚点是市民社会。而新唯物主义的立脚点则是人类社会或社会的人类。我们知道，从西方历史发展的进程看，典型的市民社会是由商品经济塑造而成的。商品经济作为人在肉体层面上的自我肯定方式，它所凸显和强化的不过是人的物质利益和动物学的需求。同时，作为商品经济赖以存在的绝对前提之一的社会分工，也日益使人走向片面化和抽象化；商品交换所实现的价值和使用价值的剥离，造成了作为现实活动的抽象，所有这些都掩盖了人的丰富的社会关系，使人沦为日益单向度发展的贫乏的抽象符号。旧唯物主义既然立足于这种市民社会来展开对人的本质的分析，那么就不可避免地导致人的抽象化和生物学化。所以，尽管费尔巴哈试图发现活生生的人，但却无法避免唯物主义的庸俗化。例如他把人解释成一种抽象的孤立的人的个体，而且把人的本质归结为人的肉体属性和纯粹的自然联系。马克思则通过人的实践及其所形成的交往，揭示了人的本质的历史生成，从而真正标识出人之所以为人的特质。

另外，马克思还通过回到人的实践，说明了哲学的真正功能。《提纲》的最后一条指出:哲学家们只是用不同的方式解释世界,问题在于改变世界。这一论断实际上揭示了实践唯物主义的最后归宿。马克思以前的哲学不乏对世界的解释,也不乏对世界的批判,但唯一缺乏的就是对世界的"改变"。青年黑格尔派一贯主张批判,但他们所谓的批判仅仅是一种思辨的逻辑批判。他们痛恨宗教异化对人的否定,认为只要置换几个逻辑范畴,那么整个现存世界就会为之改观,焕然一新。马克思认为,这种批判是苍白无力的,只要不铲除派生宗教的社会根源和物质基础,而是仅仅就作为结果的宗教加以否定和批判,是永远也无济于事的。因为物质的东西只能用物质的力量才能摧毁。要扬弃产生宗教的物质根源,就必须通过实践的物质力量才能真正实现。这也正是马克思何以同青年黑格尔派分道扬镳的一个重要原因。与这种逻辑批判不同,还有一种道德批判,主要是空想社会主义和费尔巴哈的人本主义所采取的哲学立场。空想社会主义对资本主义的控诉、揭露,可谓淋漓尽致,但却无法向人们揭示一条现实的解放道路;费尔巴哈的人本主义由于陷入了单纯的道德谴责,同样沦为"爱的梦呓",在现实面前缺乏真正的力量。所以,马克思主张由"说"回到"做",他特别强调实践的批判,也就是实际地反对和改变现存的一切。只有通过实践批判,才能真正实现实践唯物主义所追求的"世界的哲学化和哲学的世界化"这一哲学理想。

1845年11月至1846年8月间,马克思和恩格斯一起,又投入到一部新的著作的写作之中。这就是《德意志意识形态》。正是在这部著作中,马克思主义的历史观才首次得到系统而完备的表述,因此它标志着马克思主义哲学作为一个完整的科学体系的真正诞生。从一定意义上说,《德意志意识形态》的思想乃是马克思《关于费尔巴哈的提纲》的进一步丰富、发展和完善。这本书共分两卷,第一卷是"对费尔巴哈、布·鲍威尔和施蒂纳所代表的现代德国哲学的批判",第二卷是"对各式各样先知所代表的德国社会主义的批判"。

在《德意志意识形态》中,马克思和恩格斯提出了关于"交往"的思想。在他们看来,交往就是人的存在方式,因而是一个广义的范畴,包括物质交往和精神交往、国际交往、普遍交往、民族内部交往和外部交往、个人与个人的交往、世界交往,甚至包括战争和征服在内。可见,"交往"涵盖了人的存在的所有层面。正因为这样"交往"在马克思主义学说中第一次成为哲学范畴。它在马克思和恩格斯的哲学建构中,具有举足轻重的地位和意义。首先,交往对于生产力的保存和发展起着积极的作用。马克思认为,某一地方创造出来的生产力,特别是发明,在往后的发展中是否会失传,取决于交往扩展的情况。因此,只有在交往具有世界性质,并以大工业为基础的时候,只有在一切民族都卷入竞争的时候,保存住已创造出来的生产力才有了保障。这也正是后来马克思提出俄国跨越"资本主义卡夫丁峡谷"建议的一个重要理由。因为在马克思看来,它在生产力层面上可以通过移植资本主义的一切"肯定成果"而不必完全重演资本主义所经历的一切过程。其次,世界范围内的普遍交往的形成,乃是共产主义赖以实现的历史前提。马克思指出:共产主义只有作为占统治地位的各民族"立即"同时发生的行动才可能是经验的,而这是以生产力的普遍发展和与此有关的世界交往的普遍发展为前提的。

通过对意识形态的揭露和批判,马克思和恩格斯还进一步揭示了人的"异化"的历史生成和历史扬弃的内在必然性。他们认为,旧式分工是导致这种异化的最深刻的历史根源。因为当分工一出现之后,每个人就有了自己一定的特殊的活动范围,这个范围是强加给他的,他不能超出这个范围。这种分工的外在强制性通过私有制的强化,使人们不仅日益从属化和片面化,沦为单向度的人,而且日益受制于一种异己的外在力量的钳制。也就是马克思和恩格斯所说的:只要分工还不是出于自愿,而是自发的,那么人本身的活动对人说来就成为一种异己的、与他对立的力量,这种力量驱使着人,而不是人驾驭着这种力量。这就是马克思所说的"异化"。而意识形态则是异化的典型表现。马克思主义认为,意识形态是一种本末倒置的"虚假意识"。所以,马克思和恩格斯指出:如果在全部意识形态中人们和他们的关系就像在照相机中一样是倒现着的,那么这种现象也是从人们生活的历史过程中产生的,正如物象在视网膜上的倒影是直接从人们生活的物理过程中产生的一样。从历史上看,意识形态对自身物质根源的遮蔽,恰恰是人的本质、历史的真实被异化所扭曲和掩盖的一种折射和反映。因此,不批判意识形态,就不可能完成人的解放和自由的使命。而这种意识形态批判,在马克思和恩格斯那里,不再是思辨的批判和道德的批判,而是实践的批判。它一方面通过哲学的反思,把意识形态的真实根源揭示出来,另一方面又通过人们的现实活动,来实际地改变现存事物,从而在前提意义上彻底消解派生意识形态的物质基础和历史条件。唯其如此,才能真正在逻辑和历史双重意义上扬弃异化,从而使人能够以一种全面的方式占有自己的全面的本质。

在马克思那里,"共产主义"是一个哲学概念。它标志着人的彻底解放、人的自由的充分实现和人类历史的最后完成。作为目标,马克思和恩格斯强调它的理想性。他们把共产主义理解为"自觉社会"。他们明确指出:只有在共产主义这个阶段上,自主活动才同物质活动一致起来,而这点又是同个人向完整的个人的发展以及一切自发性的消除相适应的。因为各个个人的全面的依存关系、他们的这种自发形成的世界历史性的共同活动的形式,由于共产主义革命而转化为对那些异己力量的控制和自觉的驾驭。只有彻底消除了异己规定的外在强制,人们才能实现自己支配自己,从而达到自律状态,也就是既自然而然、又自由自觉。这不仅表现在个体的人的存在方式上,更重要的是表现在整个社会的宏观层面上。作为过程,马克思和恩格斯把共产主义理解为一种"现实的运动"。正如他们说的:我们所称为共产主义的是那种消灭现存状况的现实的运动。这既是指这个运动的条件是由现有的前提产生的,同时又是指共产主义的实现不是一种逻辑完成,而是一种历史的完成。它只有通过人们的现实的历史活动才能变成"经验的存在"。所以,马克思和恩格斯特别强调:实际上和对实践的唯物主义者,即共产主义者来说,全部问题都在于使现存世界革命化,实际地反对和改变事物的现状。因此,马克思首先是一位革命家,他的一生的革命实践恰恰是他的这一哲学信念的践履。在"共产主义"问题上,马克思和恩格斯坚持"过程"与"目标"的内在统一,充分体现了逻辑的东西与历史的东西相统一的原则,从而使他们既超越了空想社会主义、浪漫主义只固守于空洞的价值理想,而找不到通往理想境界的现实解放道路的局限性,又超越了实证主义、经验主义、黑格尔的逻辑宿命论片面强调具体途径及其必然性,而遗忘了合理价值目标建构的偏执。

据考证,在《德意志意识形态》中,马克思和恩格斯首次也是唯一一次提出了"实践的唯物主义"这个概念。这个概念的提出,意义重大。因为它意味着马克思主义哲学视野和立场的确立。只有抓住实践唯物主义,才能真正理解马克思在人类思想史上实现的伟大变革所具有的真实含义。马克思和恩格斯在描述自己的哲学立场时指出:这种历史观和唯心主义历史观不同,它不是在每个时代中寻找某种范畴,而是始终站在现实历史的基础之上,不是从观念出发来解释实践,而是从物质实践出发来解释观念的东西。所以,马克思所说的"实践的唯物主义"中的所谓"物",不再是旧唯物主义意义上的那种与人的存在无关的抽象的孤立的客观实在,而恰恰就是表征人的现实存在的人的实践活动本身所固有的客观实在性。按照实践唯物主义的立场,马克思和恩格斯认为:意识在任何时候都只能是被意识到了的存在,而人们的存在就是他们的实际生活过程。正是这一立场,使马克思和恩格斯发现了意识形态的秘密,找到了意识形态批判的切入点。实践本身所固有的生成性和创造性特征,内在地要求实践唯物主义者不能局限于"达到对现存事实的正确理解",而是应当进一步通过实践活动来"推翻这种现存的东西"。这种实践的批判,既是实践唯物主义的逻辑前提,同时又是它的确证和表征。

马克思和恩格斯着重论证了物质生活资料的生产在人类社会发展中的最终决定作用,指出:"人们为了能够'创造历史',必须能够生活。但是为了生活,首先就需要衣、食、住以及其他东西。因此第一个历史活动就是生产满足这些需要的资料,即生产物质生活本身。"在此基础上,他们进一步考察了生产力与交往方式之间的辩证运动及其在历史进程中的展开。马克思和恩格斯得到的结论是:"一切历史冲突都根源于生产力和交往形式之间的矛盾。"这种矛盾"每一次都不免要爆发为革命,同时也采取各种附带形式——表现为冲突的总和,表现为各个阶级之间的冲突,表现为意识的矛盾、思想斗争等等、政治斗争等等"。正是这种矛盾运动,推动了人类历史走向共产主义。

人格的力量

马克思的恒久魅力不仅仅在于他的思想和学说的博大精深,更在于他的人格力量。因为马克思真正是他自己的理论和信念的忠实践履者和体现者。在这个意义上,他首先是一位革命家和实践家,然后才是一位思想家和学者。正如恩格斯所说的:"马克思首先是一个革命家。以某种方式参加推翻资本主义社会及其所建立的国家制度的事业,参加赖有他才意识到本身地位和要求,意识到本身解放条件的现代无产阶级的解放事业,——这实际上就是他毕生的使命。……他进行斗争的热烈、顽强和卓有成效,是很少见的。""知"与"行"的内在统一、为学与为人的完美一致,恰恰是所有真正的伟人和大师所共有的特征。马克思的传记作家梅林说得好:"无疑的,马克思之所以无比伟大,主要是因为思想的人和实践的人在他身上是密切地结合着的,而且是相辅相成的。同样无疑的是,在他身上,作为战士的一面是永远胜过作为思想家的一面的。"

马克思为了把自己的学说诉诸实践,十分注重理论与工人运动的实际相结合。马克思认为,为了使工人阶级由自在阶级变成自为阶级,仅仅有理论上的准备还是不够的,除此之外,还必须建立一个强有力的工人阶级政党。这个政党应当是摆脱了民族局限性的国际组织。为此,马克思和恩格斯同各国的社会主义者建立起广泛的联系,最大限度地结识志同道合者。

1846 年 2 月,马克思和恩格斯一起,在布鲁塞尔建立了共产主义通讯委员会。它的目的是要让德国的社会主义者同法国和英国的社会主义者建立联系,使外国人经常了解德国不断发展的社会主义运动,并且向德国国内的德国人报道法国和英国社会主义运动的进展情况。通过这种方式,可以发现意见分歧,从而得以交流思想,进行无私的批评。马克思认为,这是文字形式的社会运动为了摆脱民族局限性而应当采取的一个必要的步骤。

马克思和恩格斯以及比利时的共产主义者菲利普·日果共同组成布鲁塞尔共产主义通讯委员会的领导核心。该组织的其他主要成员有:约瑟夫·魏德迈、威廉·沃尔弗、斐迪南·沃尔弗、埃德加尔·威斯特华伦、载勒尔、海尔堡等人。有一个时期,威廉·魏特林也曾是布鲁塞尔委员会的成员。

布鲁塞尔共产主义通讯委员会成立以后,开展了大量的工作。首先,他们试图扩大自己的影响,加强同其他地方共产主义者及其组织的联系,先后同英国宪章派、正义者同盟在伦敦的领导人、正义者同盟巴黎支部,以及德国的科隆、爱北斐特、威斯特伐利亚、西里西亚等地的共产主义小组,建立了通讯联络。经过马克思和恩格斯的努力,各地纷纷成立了自己的通讯委员会。在他们的领导下,布鲁塞尔共产主义通讯委员会成为当时共产主义运动的思想中心。对于工人阶级思想觉悟的提高,以及工人阶级政党的建立,发挥了重要作用。

在为建立工人阶级政党而奋斗的过程中,马克思展开了同以魏特林为代表的空想社会主义和宗派主义的斗争。布鲁塞尔委员会成立伊始,马克思就觉察到,这些思潮的存在,妨碍了革命世界观的传播,造成了工人运动中的思想混乱。显然,不可避免的是,马克思主义"在其生命的旅途中每走一步都得经过战斗"。

裁缝工人出身的魏特林是德国早期工人运动的活动家，是正义者同盟的领导人之一。他在 1842 年出版的《和谐和自由的保证》一书，揭露和控诉了资本主义私有制给人间带来的不平等和奴役，主张财产公有，平均分配，使整个社会达到"和谐与自由"。马克思曾给予高度评价，称其为"史无前例光辉灿烂的处女作"。然而，魏特林不懂得社会发展的客观规律，否认在德国进行资产阶级革命的必要性，反对德国工人阶级同资产阶级民主主义者结成同盟，甚至为自己的平均主义的共产主义披上宗教外衣，打上神秘色彩。1846 年他来到布鲁塞尔后，马克思和恩格斯曾竭力挽救他，但此时的魏特林刚愎自用，拒绝任何批评和帮助。在 1846 年 3 月的一次布鲁塞尔委员会上，马克思同魏特林的分歧公开化了。魏特林在会上听到人们对他的批评后，发言谴责"书房里的理论家"，对此，马克思反驳说："无知从来没有帮助过任何人！"这标志着他们之间的彻底决裂。

在批判魏特林的空想主义的同时，马克思和恩格斯还同"真正的社会主义"思潮展开了针锋相对的斗争。这种斗争早在《德意志意识形态》一书的写作时就已经开始了。"真正的社会主义"把费尔巴哈的抽象人道主义和法国的空想社会主义结合起来，宣扬抽象的"人性"和"爱的宗教"，鼓吹"我们都是兄弟，我们都是朋友，我们都是人"，企图用"爱的梦呓"代替工人运动的阶级斗争。这种思潮的主要代表人物有卡尔·格律恩、赫尔曼·克利盖、莫泽斯·赫斯、奥特·吕宁、赫尔曼·皮特曼等。1846 年 5 月，马克思和恩格斯写的反对克利盖的通告，就是他们批评所谓"真正的社会主义"的重要成果。

后来，马克思还同普鲁东主义进行了论战。普鲁东作为一个小中产阶级的改良主义者，反对社会革命。早在 1840 年写的《什么是财产？》一书中，提出了"财产就是盗窃"的口号。但他反对对私有制采取革命的方式，而是主张用"文火烧毁私有制"，"从而使私有制获得新的力量"。显然，这些观点同科学社会主义的立场相去甚远。普鲁东于 1846 年出版了他的《贫困的哲学》一书，宣传他的观点。为了清除普鲁东主义的消极影响，马克思写了《哲学的贫困》一书，于 1847 年 7 月出版。在这本著作中，马克思对唯物史观的基本原理，再次做出了经典表述。就经济学方面而言，马克思后来也承认："在该书中还处于萌芽状态的东西，经过二十年的研究之后，变成了理论，在《资本论》中得到了发展。"《哲学的贫困》在马克思的思想发展进程中，占有重要地位。恩格斯称之为"我们的纲领"。

马克思和恩格斯开展的同种种非马克思主义和反马克思主义思潮的斗争，进一步扩大了他们学说的影响。对于工人运动的健康发展起到了积极作用。正是在这一背景下，正义者同盟领导人及其他成员的思想发生了变化。正义者同盟原本是侨居巴黎的德国工人于 1836 年成立的一个组织。1840 年以后，这个组织的中心转移到英国的伦敦，成为一个国际性的工人组织。它提出的口号是"人人皆兄弟"，其宗旨是"使世上一切人享受自由，使任何人都不比别人生活得好些或坏些"。这个组织深受魏特林空想主义、"真正的社会主义"、普鲁东主义的影响。随着马克思主义的日益深入人心,加上马克思和恩格斯的耐心帮助,正义者同盟发生了性质的改变。1847年6月2日至9日,正义者同盟在伦敦召开了第一次代表大会。马克思因经济原因没有出席这次会议,但是恩格斯作为巴黎支部的代表参加了。恩格斯按照他同马克思事先商定的方针,对会议发挥了决定性的影响,为大会起草了《共产主义信条草案》,阐述了科学共产主义的基本思想。在这次大会上,正义者同盟易名为"共产主义者同盟";原来的"人人皆兄弟"的口号被"全世界无产者,联合起来"所代替。这次代表大会之后,马克思和恩格斯进一步开展革命活动。1847年8月在布鲁塞尔成立了共产主义者同盟的支部和区部,马克思亲自担任这两个组织的领导人。另外,为了加强同工人群众的联系,还建立了德意志工人协会。马克思经常参加协会会员的聚会,利用这一机会向工人们宣传共产主义思想,工人们亲切地称这位29岁的青年为"马克思老爹"。工人协会的成立,从组织上进一步强化了共产主义运动。

为了促进共产主义者同民主主义者的团结与合作,使他们并肩战斗,马克思和恩格斯参与了布鲁塞尔民主协会的创建工作。1847年9月,协会正式成立。马克思当选为协会的副主席。马克思和恩格斯还试图创办一份刊物,但未能如愿。后来经过马克思的努力,把《德意志—布鲁塞尔报》改造成共产主义者同盟的喉舌,实际上相当于同盟的机关报。

1847年10月,共产主义者同盟中央委员会决定于是年11月29日召开第二次代表大会,以通过同盟的章程和纲领,从思想和组织上加强同盟的凝聚力。后来的大会经过讨论,通过了共产主义者同盟章程。另外,大会还委托马克思和恩格斯起草一个打算公布的同盟纲领。这就是后来马克思和恩格斯撰写的《共产党宣言》。这部《宣言》于1848年出版。它运用唯物史观,深刻地考察了无产阶级的历史命运及它所肩负的历史使命,昭示了共产主义理想社会的合法性。正如列宁所评价的:"这部著作以天才的透彻鲜明的笔调叙述了新的世界观,即包括社会生活在内的彻底的唯物主义、最全面最深刻的发展学说辩证法以及关于阶级斗争、关于共产主义新社会的创造者无产阶级所负的世界历史革命使命的理论。"可以说,《宣言》乃是科学社会主义的第一个纲领性文献。

当时的欧洲正孕育着一场大规模的资产阶级革命。反对封建专制制度,摆脱异族压迫,建立民族国家,成为欧洲资产阶级民主革命的基本任务。由于形势的需要,共产主义者同盟中央委员会决定将权力移交布鲁塞尔区部,这将有利于及时指导欧洲大陆的革命。马克思担任在布鲁塞尔新成立的新中央委员会负责人。马克思的革命活动,引起了比利时政府的反感,警察当局在3月3日勒令马克思离境。马克思也希望早日来到革命的中心,于是在3月5日马克思抵达巴黎。3月10日,马克思同沙佩尔、莫尔、亨·鲍威尔、威·沃尔弗等人一起,又建立了新的中央委员会,马克思任主席。3月18日,柏林的工人、手工业者和其他小资产者发动革命,成立了资产阶级内阁。为了指引革命的正确方向,马克思和恩格斯代表共产主义者同盟中央委员会,提出了一个行动纲领,叫作《共产党在德国的要求》。

1848年4月,马克思和恩格斯回到德国,直接参与革命。马克思在科伦想创办一份报纸,再就是建立一个德国工人党,以便组织和领导这次革命。5月31日,《新莱茵报》问世,马克思亲自担任主编。该报的副标题是《民主派机关报》,这显示出马克思在特定历史条件下的必要灵活性。报纸的使命是:"向公众介绍当前形势、研究变革的条件、讨论改良的方法、形成舆论、给共同的意志指出一个正确的方向。"巴黎工人6月起义失败后,欧洲革命的形势进入低潮。1849年5月,《新莱茵报》停刊。由于形势的变化,马克思建议解散共产主义者同盟。1852年11月17日,同盟做出决议,接受了马克思的建议。

19世纪50年代末60年代初,欧洲工人运动走出低迷状态。出现了一次新的高潮。在马克思的参与下,"国际工人协会"于1864年9月在伦敦成立。马克思为协会写了《成立宣言》和《章程》。马克思和总委员会领导国际工人协会开展了一系列实际活动,如支援欧洲各国工人罢工、声援被压迫民族的解放运动、开展反对巴枯宁的无政府主义的斗争等等。虽然马克思只是协会的一般委员、德国和俄国通讯书记,而不是首脑,但他事实上却发挥了一个真正领导者的作用。恩格斯甚至这样说:"叙述马克思在国际中的活动,就等于编写这个协会本身的历史。"

1870年7月19日,普法战争爆发。仅仅一个多月的时间,法国军队战败,拿破仑被俘虏。这引起了法国人民的强烈不满和愤怒,从而诱发了国内矛盾的激化。9月4日,巴黎燃起了革命烈火,其结果是法兰西共和国的成立。法国临时政府实际上是一个卖国政府。巴黎人民很快就认清了它的真实面目,曾先后举行过3次起义,最后获得了胜利。1871年3月18日,巴黎人民接管了旧政府,成立了公社。这就是历史上有名的"巴黎公社"。这是人类发展史上第一个无产阶级的政权,它的意义的深远可想而知。所以,马克思对于巴黎的起义者给予高度赞扬:"这些巴黎人,具有何等的灵活性,何等的历史主动性,何等的自我牺牲精神!……历史上还没有过这种英勇奋斗的范例!"他认为巴黎公社是一个"具有世界历史意义的新起点"。

马克思始终关注巴黎公社的命运,并对它提出建议和进行指导。然而,巴黎公社的领导人并没有认真听取和采纳马克思的意见。在凡尔赛政府军的反攻倒算下,仅仅存在了不到三个月的巴黎公社失败了。马克思写的《法兰西内战》一书,科学地总结了巴黎公社的经验教训,揭示了它的性质以及它的历史地位和历史意义。马克思写道:"公社的真正秘密就在于:它实质上是工人阶级的政府,是生产者阶级同占有者阶级斗争的结果,是终于发现的、可以使劳动在经济上获得解放的政治形式。"

巴黎公社失败后,梯也尔政府实行白色恐怖政策,对巴黎公社成员进行血腥镇压和残酷迫害。不少人不得不流亡国外。在那腥风血雨的日子里,国际工人协会自身的活动也日益艰难。在十分困难的情况下,马克思和恩格斯仍然尽全力帮助流亡者。马克思不仅组织捐款资助受迫害者，而且想尽一切办法为公社成员逃往国外提供方便。马克思和恩格斯一起，在一些国家争取流亡者的政治避难权。

贫病交加

马克思一生几乎大部分时间都受到贫困和疾病的困扰和折磨。正是在这种常人难以忍受的生活磨难中，我们清晰地看到了一个真正的普罗米修斯形象。他牺牲了个人的健康和幸福，把自己的一切统统奉献给了人类解放事业，自己却没有得到一丝一毫的世俗享乐。所以，马克思的力量不仅仅是来自他的思想，更是来自他的人格和境界。这一点，就连他的敌人也不得不承认。

马克思一生没有固定职业，因而没有固定收入。他要么依靠撰稿挣得一点非常有限的稿费，要么依靠朋友主要是恩格斯的接济，来维持最低的生活需要。为了解决燃眉之急，马克思有时不得不放下手头的理论研究，而去赶写其他的著作，以换取一点稿费。其实，马克思得到的稿费是十分有限的。有一次他曾对拉法格说："《资本论》甚至将不够偿付我写作它时所吸的雪茄烟烟钱。"而且由于政治的原因，马克思的许多著作被拒绝出版或发表。在许多关键的时候，幸亏得到恩格斯的无私资助，马克思才能渡过物质匮乏的难关。恩格斯的慷慨解囊，使马克思能够不至于因生活的窘迫和拮据而中断自己的思想和事业。马克思一家 1845 年初来到布鲁塞尔后，遇到了严重的生活困难，贫困的阴影伴随着马克思的全家。恩格斯在莱茵省他的朋友当中为马克思募捐，甚至把自己写作《英国工人阶级状况》一书的稿费寄给马克思，使马克思一家暂时渡过了生活的难关。恩格斯写信给马克思说："至少，不能让那帮狗东西因为用卑劣手段使你陷入经济困境而高兴。"直到 5 月初，马克思全家才在工人住宅区同盟路 5 号找到了一所固定房子，安顿下来。列宁曾经说过："如果不是恩格斯经常在经济上舍己援助，马克思不但不能写成《资本论》，而且定会死于贫困。"这句话丝毫也不带有夸张的成分。

对于马克思的一家来说，生活上最困难的时期也许是他们流亡伦敦的那些日子。当时，马克思的夫人病了，大女儿也病了，他家的保姆琳衡得了一种神经热。由于手头紧张，马克思请不起医生。他们全家有时一连几天甚至一周都只是靠一点有限的面包和马铃薯勉强度日。而且是否能弄到这些东西，也并没有保障。对于马克思一家来说，赊账几乎是家常便饭。马克思常常是不得不在负债中艰难度日。有时甚至把日常生活必需品包括衣物、鞋子都送进了当铺。马克思甚至因为把自己的礼服当掉而无法出门。他在寄手稿的附信中说："小册子的作者因无裤子和鞋子而被囚禁在家里，他的一家人过去和现在每分钟都受到确实极端贫困的威胁。"马克思还经常因负债而受到干扰。有一次，他在给恩格斯的求援信中写道："……现在，四面八方都在袭击我了。……最好和最理想的是能够发生这样的事：

女房东把我从房子里赶走。那时,我至少可以免付一笔二十二英镑的款子。但是,未必能够指望得到她这样大的恩典。此外,还有面包铺老板、牛奶商、茶叶商、蔬菜商,还有欠肉铺老板的旧账。怎样才能还清所有这些鬼账呢?"马克思有时甚至受到债主的起诉。

马克思常常因经济困难而订不起报纸,买不起稿纸和邮票,有时以至于连邮寄稿件的邮费都支付不起。1859年初,马克思在写完《政治经济学批判》一书之后,写信给恩格斯,希望他能够寄来些钱,以便把书稿寄走。马克思在信中说:"倒霉的手稿写完了,但不能寄走,因为身边一分钱也没有,付不起邮资和保险金;而保险又是必要的,因为我没有手稿的副本。"即使在如此困难的境况下,马克思也不失幽默地说:"未必有人会在这样缺货币的情况下来写关于'货币'的文章!"人们很难想象,马克思的那些伟大著作是在如此艰难的条件下诞生的。

经济困境经常使马克思不得不停下手中的工作,这是令马克思最为苦恼的事情。有一次马克思曾经这样写道:"我在泥沼中已经挣扎了八个星期,而且,由于一大堆家务琐事毁灭了我的才智,破坏了我的工作能力,使我极端愤怒;像这样的泥沼,甚至是我最凶恶的敌人,我也不希望他在其中跋涉。"

1849年秋到1850年4月,马克思全家在伦敦西南郊彻尔西区安德森街4号租到一所小套间,全家人挤在这个狭小的空间里。即使这样,还是由于未能及时支付房租,而被房东赶了出来。燕妮,马克思在给魏德迈的信中描述了当时凄惨的情景:"由于我们手头没有钱……于是来了两个法警,将我不多的全部家当——床铺衣物等——甚至连我那可怜的孩子的摇篮以及眼泪汪汪地站在旁边的女孩子们的比较好的玩具都查封了。他们威胁说两个钟头以后要把全部家当拿走。那时忍受着乳房疼痛的我就只有同冻得发抖的孩子们睡光地板了。我们的朋友施拉姆赶忙进城去求人帮忙。他上了一驾马车,马狂奔起来,他从车上跳下来,摔得遍身是血,被人送回我们家来……第二天我们必须离开这个房子。天气寒冷,阴暗,下着雨。我的丈夫在为我们寻找住处,但是他一说有四个孩子,谁也不愿收留我们。最后有一位朋友帮了我们的忙,我们付清了房租……当我们卖掉了一切家当,偿清了一切债务之后,我和我的可爱的孩子们搬到了莱斯特广场莱斯特街1号德国旅馆我们现在住的这两间小屋。在这里我们每星期付五个半英镑才凑合住下来了。"后来,马克思一家不得不又多次搬迁。1850年6月他们搬到第恩街64号。半年后,他们又搬到28号的一个有两个小房间的住宅里。这里的条件十分简陋,而且处于人口稠密的市区,加上霍乱流行,并不适合居住。然而,马克思一家在这里一住就是近6年的时间。只是到了1856年秋,燕妮·马克思得到了母亲的一笔微薄的遗产,才有条件在伦敦最好地区的哈佛斯托克小山梅特兰公园格拉弗顿坊9号租到了一所住房。在这里一直住到1864年春。即使是这里,条件也并不尽如人意。由于这里是新建区,垃圾成堆,没有路灯,一遇雨天,道路泥泞,甚至无法通行。

对于马克思来说,物质生活的贫困同失去孩子相比,也许还是可以忍受得了。

由于生活极端困难，马克思的7个孩子中只有3个得以幸存下来。孩子的夭折，乃是马克思和他的家庭所遭遇的最大的不幸。马克思家庭的不幸接踵而至。1850年11月，刚满一周岁的男孩亨利希·格维多死于肺炎。使人感到特别不幸和悲痛的是，这个孩子成了家庭生活困难的牺牲品，他的死是由于物质上的原因，而不是由于照顾不周。1852年4月，马克思的小女儿弗兰契斯卡也因病去世。小女儿去世后，马克思一家甚至连给她买棺材的钱都没有。马克思的夫人曾痛苦地回忆说："1852年复活节，我们可怜的小弗兰契斯卡得了严重的支气管炎。可怜的孩子和死亡搏斗了三天，受了许多痛苦。失去生命的小尸体停放在后面小房间里。我们都搬到前面房间来，晚上我们睡在地板上——三个活着的孩子同我们睡在一起，我们都为停放在邻室的冰冷而苍白的天使痛哭。可爱的小女儿在我们生活上最穷困的时期死去了。我们的德国朋友们这时候无力帮助我们。当时经常在我们家待很久的厄内斯特·琼斯曾答应帮助我们。但连他也没有办法……当时我迷惘地跑到一个住在附近、不久前曾拜访过我们的法国流亡者那里，求他接济我们。他立刻极友善而同情地给了我两英镑。这样才付清了小棺材的钱，现在可怜的孩子安然地躺在里面。小女孩出世时没有摇篮睡，而死后也好久得不到小棺材。当我们把我们的小女儿送进坟墓时，我们是多么伤心啊！"3年后，马克思的8岁的儿子埃德加尔又因患严重的胃病不幸去世。埃德加尔聪明、好学、很有天分，深受马克思夫妇的宠爱。这个孩子的死给马克思带来的巨大悲痛，使他再也难以承受。他在给恩格斯的信中写道："我已经遭受过各种不幸，但是只有现在我才懂得什么是真正的不幸。"

其实，马克思也并不是没有改善生活窘境的机会和能力，但他却拒绝了。因为他不愿意为此而放弃一个思想家的独立人格和一个战士的角色和姿态。从某种意义上说，恰恰是马克思为了高尚的目标而主动选择了贫困。这才是一种名副其实的牺牲、一种无私的奉献。马克思说过："我必须不惜任何代价走向自己的目标，不允许资产阶级社会把我变成制造金钱的机器。"例如，在英国，马克思曾有谋得一个有固定收入的中等职位的机会，这个职位可以给他带来比较丰厚的收入，但马克思在征得夫人的同意之后坚决地放弃了。这使得很多人感到惋惜和不理解。马克思之所以做出这样的选择，是因为一旦接受这个职位，他就难以继续全身心地投入他所热爱的事业。马克思从来也不后悔他所做出的选择。正如他自己所说的："我已经把我的全部财产献给了革命斗争。我对此一点不感到懊悔。相反地，要是我重新开始生命的历程，我仍然会这样做。"

为了丈夫的理想和事业，燕妮·马克思同样做出了巨大的奉献和牺牲。然而，她对此毫无怨言，相反，这位高尚而伟大的女性同马克思一起分担并承受了马克思所面临的严峻挑战。在那些不堪回首的岁月里，她始终坚信："苦难磨炼我们，爱情给我们以支持。"

由于生活条件的恶劣，加上勤奋的工作，马克思的身体健康受到了严重的摧残。长期以来，马克思处于病痛的折磨之中。马克思患有严重的肝病，另外还有痛病、痉挛性的胸痛、风湿病、胆囊炎、失眠症、慢性支气管炎、脑充血症等。特别是由于过度疲劳，马克思的肝病和痛病经常发作，使得他不得不暂时中断工作，给马克思带来了极大的苦恼。马克思在撰写《资本论》第二卷的过程中，就受到身体健康状况的极大限制。例如，他在给丹尼尔逊的信中，就曾提道："我的医生警告我，要我把我的'工作日'大大缩短，否则就难免重新陷入1874年和以后几年的境地，那时我时常头晕，只要专心致志地工作几小时就不能再坚持下去。"

然而，各种各样的疾病并没有征服马克思。马克思忍受着病魔的巨大折磨，仍然投身于紧张而艰苦的理论研究之中，而且还亲身参与实际斗争。这需要怎样的毅力和勇气啊！

伟大与平凡

马克思的伟大，来自他的人格、学问、思想和智慧。马克思虽然是一位了不起的思想家和革命家，但却仍然保持着常人的一面，仍然具有平民的立场。

马克思在思想的劳作之余，经常同孩子们做各种游戏。其中有一种是当时德国和英国很流行的"自白"游戏。马克思对自白游戏中的问题所做的回答，从一个侧面反映出马克思的性格、志向和品质。我们从中不难看出马克思的伟大的一面。问题和答案是这样的：

您最珍重的品德：对一般人来说——朴实，对男人来说——刚强，对女人来说——柔弱；您的主要特点——目标始终如一；您对幸福的理解——斗争；您对不幸的理解——屈服；您最能原谅的缺点——轻信；您最不能容忍的缺点——奴颜婢膝；您最讨厌的人——马丁·塔波尔（英国诗人，马克思认为他是鄙俗的化身）；您喜欢做的事——啃书本；您所热爱的诗人——莎士比亚、埃斯库罗斯、歌德；您所热爱的散文家——狄德罗；您所热爱的英雄——斯巴达克、刻卜勒；您所热爱的女英雄——甘泪卿；您所热爱的花——月桂；您所喜欢的颜色——红色；您所喜欢的名字——劳拉、燕妮；您所喜欢的食品——鱼；您所喜欢的格言——人所具有的我都具有；您所喜爱的座右铭——怀疑一切。在这些答案中，可以折射出马克思的人格魅力。

马克思对于自己的一生做出的选择从来都是无怨无悔，充满自信。他曾援引但丁的诗："走你的路，让人们去说吧！"唯其如此，他才能够应对来自各个方面的各种压力，才能够做出常人所难以成就的伟大事业。

马克思的天才和伟大，在很大程度上是来自他的勤奋。马克思有时风趣地对朋友说："我们在努力争取8小时工作制，可是我们自己却常常一昼夜做超过两倍于8小时的工作。"为了掌握更多的第一手资料，马克思非常重视对外语的学习。

他甚至说:"外国语是人生斗争的一种武器。"所以,马克思常常挤出时间学习外语。他在青年时代就对希腊语和拉丁语有了相当熟练地掌握。他精通德语、法语和英语,另外还能阅读俄文、西班牙文和意大利文的著作。这固然表现出马克思的语言天赋,但离开了勤奋要想掌握如此多的语言却是不可想象的。为了写作《资本论》,马克思还到当时藏书最为丰富的大不列颠博物馆图书馆去查阅大量资料。马克思几乎每天从上午9点到下午7点都在博物馆阅览室里搜集第一手资料,他除了紧张地阅读之外,还做了许多摘录、提要和札记。研究的内容十分广泛,主要涉及政治经济学、经济思想史、科学技术史、殖民统治史,甚至包括人口问题、农业化学、地质学等方面。有一天,图书管理员好奇地问马克思:"博士先生同时可以研究好几十种科学吗?我们的教授通常只能攻读一种专业!"马克思风趣地回答说:"亲爱的朋友,所以也有很多教授戴着遮眼罩呀!如果人们要认识世界和改造世界,人们就不要只在一块草原上去赏花啊!"除了研究各种各样的历史和理论,马克思还十分重视资本主义在当时的最新进展。所以,他特别关注英国的现状。马克思每天都注意阅读报刊,甚至包括交易所的报告和国会的"蓝皮书",以追踪资本主义经济的动向。据说英国上院和下院的许多议员们只是把这些"蓝皮书"当作手枪射击的靶子,看子弹一次能够穿透多少页纸张,以检验手枪的威力;还有的议员竟把"蓝皮书"当废纸按斤两卖掉。可是马克思却从这些书中寻找出十分有用的数字和资料。让我们看一下李卜克内西当年的感受吧:"学习!学习!这就是他经常向我们大声疾呼的无上命令。他自己就是这方面的榜样,你只要一见这位伟大的智者永不停息的顽强的学习精神,也会有这样的感觉。"

马克思经常是通宵达旦地工作,工作起来可以废寝忘食,以至于达到忘我的境界。正如拉法格所说的:"工作变成了马克思的一种癖好,他是如此专心工作,以致废寝忘食。他常常要被呼唤好几遍才下楼到餐室去,而且不等咽下最后一口饭就又回他的书房去了。"马克思在给恩格斯的信中也说:"我现在发狂似的通宵总结我的经济学研究。""我的工作量很大,多半都工作到早晨四点钟。""我经常夜间工作,工作时虽然只喝些柠檬水,但是抽了大量的烟。"

马克思的博学是有名的。拉法格在他的回忆录中曾经说过:"无论何时,无论任何问题都可以向马克思提出来,都能得到你所期望的最详尽的回答……他的头脑就像停在军港里升火待发的一艘军舰,准备一接到通知就开向任何思想的海洋。毫无疑义,《资本论》向我们展示了一颗最有魄力和学识方法的心灵。但是在我看来,也像一切熟知马克思的人看来一样,无论《资本论》或是他的其他任何著作,都不能把他的天才和学识的伟大完全表现出来。"马克思对数学情有独钟。从19世纪50年代开始,他就研究数学。这除了经济学的需要,还是马克思的一种积极的休息方式。后来他竟在微积分领域内有了独到贡献。马克思还十分喜爱文学,在他的著作中有着对文学名著的大量援引。阅读文学名著也是马克思的业余爱好。繁重的工作之余,他常常倚靠在沙发上读小说或其他文学作品。马克思非常喜欢荷马、但丁、歌德和海涅的作品,甚至能够大段地背诵。另外,他还推崇古希腊的埃斯库罗斯、英国莎士比亚的作品,认为这些作品的作者都是极其伟大的剧作家。他也爱读现实主义的作品,如法国的巴尔扎克、英国的狄更斯和菲尔丁的小说。文学爱好不仅使马克思保持了他的诗人气质,而且使他从这些文学作品所反映的社会生活中得到了他所解剖的对象。

真诚和坦率是马克思人格的一个重要特点。马克思最厌恶的就是虚伪和做作。在自己的理论研究中,马克思从不埋没他人的工作和成绩。这体现了一个真正思想家的风范和境界。这在一个唯利是图的资产阶级社会,更显示出马克思人格的魅力。不管是否著名的作者,只要他的著作对于人类认识的发展做出了贡献,马克思发现后都要加以援引并注明出处。马克思认为,一个喜欢在科学上招摇撞骗的人,在政治上也往往是不坚定的、无原则的,这种人渴望虚荣,追求眼前的成功,一时的风头。

无论是生活的艰辛,还是工作的紧张,抑或是身体的病痛,这一切都没有压垮马克思,没有使马克思消极低沉。相反,马克思心中充满乐观主义的坚定信念。"在任何时候,甚至在最可怕的时刻,他从来不失去对未来的信心,仍然保持着极其乐观的幽默感。"在他的感染下,马克思一家洋溢着乐观的气氛和温馨和谐的氛围。这一点,给马克思的同志、战友和朋友留下了极其深刻的印象。

马克思非常喜欢同孩子们交流,尽可能与家人共享天伦之乐。马克思既是孩子们的慈祥的父亲,同时又是他们的良师益友。和孩子们在一起,马克思会感到特别愉快。他们因为马克思的黝黑的脸庞和乌油油的头发而称他为"摩尔"(希腊文"黝黑"之意)。马克思的夫人和孩子们还亲昵地称其为"老尼克"或"山神"。在孩子们的眼里,马克思是他们"最好的游伴"和"理想的朋友"。他们喜欢同马克思一起玩骑马和马拉车的游戏。孩子们轮流骑在马克思的肩上,要么就让马克思把自己套在椅子上当马车,给他们带来了无穷的乐趣。令孩子们难忘的,再就是星期天的郊游了。有时,马克思一家利用周日的空闲,一起步行来到伦敦郊区的汉普斯泰特的山丘,他们在这里尽情地玩捉迷藏、赛跑、摔跤等游戏,还有骑毛驴、摘野花、打毛栗子等,真是其乐无穷。

马克思还注意引导孩子们培养学习和思考的兴趣,常常给他们讲一些故事。正如爱琳娜所回忆的那样:"摩尔不光是一匹出色的马,他还有更大的本领。他是一位了不起的讲故事的能手……他一面散步一面讲故事给姐姐们听。(我当时还很小)这些故事不是以题来分段而是以里来计算的。两个小姑娘要求他说:'再给我们讲一里吧!'至于摩尔讲给我听的那些无数的奇异故事中,最奇妙的要算'汉斯·吕克尔'了。这个故事一个月一个月地继续下去,成为一整套故事了。"除此之外,马克思还经常给孩子们朗诵文学名著,如《一千零一夜》《尼伯龙根之歌》《唐·吉诃德》,还有荷马和莎士比亚的作品。爱琳娜说:"至于莎士比亚的作品,那是我们家必读的书,我们常常阅读并谈论这些作品。我六岁的时候就已经能背诵莎士比亚剧本中许多场的台词了。"这些故事和文学作品陶冶了孩子们的情操,在他们幼小的心灵中培养了爱憎分明的是非观念,同时也开阔了他们的视野,增长了历史和文化知识。

马克思不仅关爱自己的子女,而且对穷人的孩子也给予了同样的爱护和同情。马克思在同自己党内同志一起走访贫民区住宅时,他就会马上被那里的孩子们包围起来,因为他们对这位长着长头发、大胡子、有一双慈祥的淡褐色眼睛的大朋友有着最真挚的好感。马克思对待穷人的孩子,总是和蔼可亲,就像磁石一样把他们吸引到自己的周围。这充分反映出马克思所具有的博大胸怀。

思想界巨人

马克思一生写了大量的著作,但最具代表性的莫过于《资本论》这部巨著了。这是马克思穷几十年之心血写出来的一部划时代的著作。正是这部著作,奠定了马克思思想巨人的地位。为了撰写这部著作,马克思付出了沉重的代价。马克思在给友人的信中这样写道:"我一直在坟墓的边缘徘徊。因此,我不得不利用我还能工作的每时每刻来完成我的著作,为了它,我已经牺牲了我的健康、幸福和家庭。"

《资本论》的写作,充分反映了马克思严谨的科学态度。马克思在《资本论》法文版序言中指出:"在科学上没有平坦的大道,只有不畏劳苦沿着陡峭山路攀登的人,才有希望达到光辉的顶点。"正是马克思自己真正实践了这一点。为了使《资本论》尽快问世,恩格斯曾建议马克思把《资本论》手稿分期分批地寄给出版商,但马克思没有采纳这一建议。马克思的理由是:"我不能下决心在一个完整的东西还没有摆在我面前时,就送出任何一部分。不论我的著作有什么缺点,它们却有一个长处,即它们是一个艺术的整体;但是要达到这一点,只有用我的方法,在它们没有完整地摆在我面前时,不拿去付印。"马克思的严谨工作态度由此可见一斑。

其实,马克思早在《莱茵报》时期,就已开始关注社会经济问题。因为那时他需要对物质利益问题发表意见。到了1844年,为了解剖市民社会的秘密,马克思开始研究国民经济学。后来他打算写一部经济学巨著,并定名为《政治和政治经济学批判》。1857年7月至1858年5月,在不到一年的时间内,马克思写出了《资本论》的第一稿,约有50个印张的篇幅。在这部草稿中,马克思首次建立了剩余价值理论。按照恩格斯的说法,马克思一生有两个最重要的发现,即唯物史观和剩余价值理论。如果说,唯物史观的基本原理是在《德意志意识形态》中确立起来的话,那么,剩余价值理论则是在《资本论》草稿中提出来的。因此,《资本论》草稿在马克思的思想发展中占有重要地位。从1861年到1863年,马克思又写出了第二稿,篇幅约有200个印张。接着,马克思于1863年到1865年写了《资本论》的第三稿。

这时,全书3卷的理论部分的草稿已全部完成。1866年1月,马克思对这部草稿的第一卷进行了最后一次加工润色。1867年9月14日,《资本论》第一卷终于出版了。作者在给朋友的信中指出:这本书"无疑是向资产者(包括土地所有者在内)脑袋发射的最厉害的炮弹。"

马克思完成《资本论》第一卷之后,希望在一年后完成第二卷和第三卷。但由于马克思投身于实际的革命斗争,忙于《资本论》第一卷德文版的修订和法文版的校改工作,加上马克思对待自己著作的严肃科学的态度,马克思并没有实现他的这一计划。恩格斯说:"只要列举一下马克思为第二卷留下的亲笔材料,就可以证明,马克思在公布他的经济学方面的伟大发现以前,是以多么无比认真的态度,以多么严格的自我批评精神,力求使这些伟大发现达到最完善的程度。正是这种自我批评的精神,使他的论述很少能够做到在形式和内容上都适应他的由于不断进行新的研究而日益扩大的眼界。"因此,马克思为了使自己的作品臻于完善,不得不一再推迟出版时间。例如,在撰写"地租"这一章的时候,马克思为了了解俄国土地所有制的特点,他又学习了俄语,以便阅读并掌握第一手俄文资料。

遗憾的是,马克思生前没有能够完成《资本论》第二卷和第三卷的写作和定稿工作。马克思在逝世前不久,让他的女儿爱琳娜把《资本论》的未完成的手稿移交给恩格斯,委托这位他最信赖也最有资格接受这一任务的战友来完成《资本论》的整理和出版。恩格斯放下自己手头上的工作,把主要精力用于《资本论》的整理和润色,出色地完成了这一任务,实现了马克思的夙愿。1885年《资本论》第二卷出版;1894年第三卷出版。

在《资本论》中,马克思把商品这个资产阶级社会的经济细胞作为分析和考察的起点,揭示了商品的二重性即价值和使用价值,进而发现了生产商品的劳动本身的二重性,也就是抽象劳动和具体劳动。马克思认为,这是理解政治经济学的"枢纽"。商品价值的大小是由生产商品的劳动时间决定的。这是古典经济学已经得出的结论。马克思的新发现在于揭示了商品的价值不是由个别劳动决定的,而是由社会必要劳动决定的。在此基础上,马克思已经昭示了个人劳动同社会劳动之间的矛盾。这是商品生产所蕴含的基本矛盾。在资本主义生产方式中,它表现为雇佣劳动和资本之间的矛盾、生产的社会性和生产资料的资本主义私人占有性之间的矛盾。所以,凡是资产阶级经济学家看到物与物之间关系的地方,马克思在《资本论》中都揭示了被物的关系所掩盖着的人与人之间的关系。

马克思把商品流通中的价值增殖额也就是超过原价值的余额叫做剩余价值。马克思进而发现了剩余价值的来源和秘密。马克思以前的经济学家无法解释商品流通过程中的价值增殖现象。贱买贵卖和供求关系的变动都不足以合理地说明商品流通中货币以增殖的方式回流这一事实,因为从社会经济的总体着眼,无论是贱买贵卖还是供求关系变动,都不可能使财富在总量上得到增长。那么,剩余价值究竟来源于哪里呢?马克思敏锐地发现,劳动不等于劳动力。劳动力是一种特殊的商品,因为它本身能够创造价值。也就是说,"这样一种商品,它的使用价值本身具有成为价值源泉的特殊属性"。资本家支付给工人的工资所购买的不是工人的劳动,而只是劳动力。劳动力在生产过程中所创造的价值总是大于劳动力本身的价值,而超出的部分就是马克思所谓的剩余价值。马克思依据他对剩余价值秘密的揭露,科学地揭示了资本的本质。在马克思看来,资本归根结底并不是物,而是以物为载体并通过物所表现出来的人的特定社会关系。马克思指出,生产资料本身并不是资本,只有当它被用来作为榨取工人剩余劳动时间,从而形成剩余价值时,生产资料才具有资本的规定和功能。在这个意义上,资本不过是资本家与雇佣劳动者之间历史地形成的一种生产关系而已。

除了揭示剩余价值的本质,马克思还用定量分析的方法考察了剩余价值的数量关系。这不仅揭露了资本主义生产方式的贪婪本性,而且揭露了它的残酷无情。他指出:"资本是死劳动,它像吸血鬼一样,只有吮吸活劳动才有生命,吮吸的活劳动越多,它的生命就越旺盛。"由此就决定了资本主义生产越发展,那么两极分化就会越严重,最后导致雇佣劳动者同资本家这两大阶级之间对抗性矛盾的爆发,它预示着资本主义丧钟的敲响和社会主义革命时代的来临。

马克思还从历史发生的角度进一步揭示了劳资关系赖以形成的发生学前提,即资本的原始积累。马克思认为,所谓原始积累不过是使生产者同生产资料相分离的历史过程。这种"分离"是通过"剥夺"来实现的。因此,马克思说:原始积累"这种剥夺的历史是用血和火的文字载入人类编年史的"。这就戳穿了资产阶级学者所塑造的资本家靠勤俭节约而致富的神话。

以上这就是马克思在《资本论》第一卷中告诉我们的主要结论。

在《资本论》第二卷中,马克思接着考察了资本的流通过程,发现了资本流通所采取的3种形式,即货币形式、生产形式和商品形式。货币是资本的最直观也是它的最原始的形式。它是生产过程的前提。然而,任何一个生产周期,都必须依次经历货币资本、生产资本、商品资本这三种形式。通过对资本的循环和周转的考察,马克思进一步揭示了资本主义经济危机的内在机制。而《资本论》第三卷的主要目的则在于"揭示和说明资本运动过程作为整体考察时所产生的各种具体形式",如产业资本、商业资本、金融资本等等,以便了解资本运动过程的具体表现形态和剩余价值在不同的资本家集团中所做的分配。特别值得指出的是,马克思在《资本论》第三卷中,提出了他的理想社会目标,这就是"自由王国"。在这样一种理想社会,由于人的异化被历史地超越了,人们不再受到外在必然性的支配和奴役,而是完全回到自身的内在尺度上来,达到那种既自由自觉又自然而然的境界。因此,在社会的宏观层面上,就消除了自发性的束缚,实现了由必然王国向自由王国的历史性转变。按照马克思的设想,这种社会也就是"自由人的联合体",即共产主义社会。

事实上,马克思的《资本论》不仅仅是一部经济学著作,它同时还是一部哲学著作。列宁曾经评论说:"虽说马克思没有遗留下'逻辑'(大写字母的),但他遗留下《资本论》的逻辑……在《资本论》中,逻辑、辩证法和唯物主义的认识论[不必要三个词:它们是同一个东西]都应用于同一门科学,而唯物主义则从黑格尔那里吸取了全部有价值的东西,并且向前推进了这些有价值的东西。"其实,在马克思那里,哲学和经济学是没有什么严格界限的。在马克思的许多重要著作中,我们很难明确划分哲学、政治经济学、科学社会主义的界限,相反,它们是融会贯通、高度整合的。这恰恰构成了马克思方法论的一个鲜明特色。谁又能够分清马克思的《1844 年经济学哲学手稿》《资本论》之类的重要经典著作,究竟是哲学的,还是经济学的,抑或是科学社会主义的? 正是这一特点,使马克思一方面超越了英国古典经济学的局限性,同时又超越了德国古典哲学的局限性。同古典经济学相比,马克思的研究可能不如亚当·斯密、大卫·李嘉图他们研究和描述得那样细致,但却比他们更具有哲学的洞察力和形而上学的睿智。同古典哲学相比,马克思的研究又比黑格尔的思辨哲学更具有历史感和现实感,更具有实证的功夫。就此而言,马克思同时超越了这两者。这正是马克思以前的思想家难以企及的地方,是马克思比他们高明的地方。

永远不朽之人

　　长期以来的紧张而艰苦的工作,加上生活的颠沛流离,以及因经济拮据而带来的营养不良,严重摧残了马克思的身体。晚年的马克思一直受到多种疾病的折磨和困扰。不仅如此,马克思在暮年还经受了多次失去亲人的折磨。

　　与马克思患难与共的燕妮·马克思因患肝癌,于 1881 年 12 月 2 日病逝。燕妮·马克思的死,给了马克思以致命的打击,无论是在精神上还是在身体上都是这样。因为马克思与燕妮之间的深厚感情,恰恰是支撑和维系马克思以坚韧的毅力应对一切艰难困苦并坚定地活下去的巨大力量。可想而知,这对相依为命的伴侣一旦永远地分手,将会给活着的那一位带来怎样的痛苦和悲伤啊! 恩格斯在参加完燕妮·马克思的葬礼之后,见到马克思的时候说:"摩尔(马克思的昵称)也死了。"

　　燕妮·马克思去世后,马克思的身体越来越虚弱。1881 年秋天,马克思就患了胸膜炎,并发支气管炎和肺炎。这对于一位孱弱的老人来说,不啻是最危险的信号。安葬了燕妮之后,由于身体的原因,医生甚至禁止马克思走出自己的房间。燕妮去世后,马克思夫妇的同志和朋友纷纷发来唁函,表达了真挚的悼念之情,特别是恩格斯不仅亲自料理燕妮的后事,而且在《社会民主党人报》上撰写悼念文章,称燕妮是"无产阶级社会主义、革命社会主义的老战士队伍"中的代表。《平等报》上还发表了恩格斯在燕妮墓前的讲话。恩格斯在讲话中说:"我们将不止一次地为再也听不到她的大胆而合理的意见(大胆而不吹嘘、合理而不失尊严的意见)而感到遗憾。"所有这一切,都给了马克思以莫大的安慰。尽管如此,巨大的悲痛还是极深重地摧残了马克思的身心健康。

为了尽快恢复工作,恢复正常的思考和理论研究,马克思企盼着自己的身体状况能够迅速好转。他的慢性支气管炎引发的剧烈咳嗽,加重了他原本就已十分严重的失眠症。1882年初,马克思和女儿爱琳娜来到威特岛的文特诺尔,希望来自海洋的湿润而清新的空气有助于马克思身体的恢复。

马克思健康状况稍有改善,他就回到伦敦,投入到紧张的工作中去。然而,伦敦的恶劣气候对马克思的健康十分不利,医生不得不让马克思到外地去休养。按照医生的建议,马克思于1882年2月20日来到阿尔及尔,但在旅行途中患了重感冒。阿尔及尔的天气令人失望,那里并不是风和日丽,而是狂风和暴雨,加上寒冷。马克思在给长女的信中说:"最近十年来,阿尔及尔从没有过这样糟糕的冬季。"糟糕的天气不仅没有改善反而进一步损害了马克思的身体。马克思的支气管炎更加严重了,胸膜炎也越来越恶化。

当然,疾病的折磨和恶劣的天气,并没有妨碍马克思发现大自然的美。这从一个侧面反映出马克思的诗人气质和浪漫情怀。阿尔及尔的自然风光,使马克思想起了《一千零一夜》的神话。只要身体状况许可,马克思就外出散步,把自己投入大自然的怀抱。他尽情地欣赏阿尔及尔港湾的景色和临海起伏的山峦,远眺高耸的雪峰。在给恩格斯的信中,马克思写道:"再也没有比这里早晨八点钟的景致、空气、植物——欧洲和非洲奇妙的混合——更迷人的了。"他还参观了阿尔及尔的植物园,赞赏那里的"非常美丽的……大林荫路"。

然而,马克思并没有完全陶醉于阿尔及尔的自然景色之中,而是亲身体验到了这个法国殖民地所特有的社会矛盾和民族矛盾。马克思的人文关怀,使得他对周围的社会环境总是有着一种特别的敏感。这也是一个革命家和思想家所应有的素质和优势。他同老共和主义者、被放逐到阿尔及尔的政治犯费莫法官的交谈,使马克思了解到当地土著居民的受奴役状况。马克思对殖民主义者造成的悲剧表现出强烈的憎恶和愤慨。

到了4月中旬,在阿尔及尔医生的努力下,马克思的胸膜炎症状竟然消失了,但支气管炎仍未能彻底好转。阿尔及尔的气候越来越不适合马克思。于是,马克思决定遵从医生的意见离开那里,到法国的里符耶腊去。5月初,他抵达蒙特卡罗。也许是由于旅途的劳顿,他的胸膜炎又发作了。马克思不得不在摩纳哥接受一个月的治疗。

6月初,马克思离开蒙特卡罗,来到阿尔让台同他的大女儿和外孙们团聚。这期间,马克思由劳拉·拉法格陪同,到瑞士过了一段时间,参观了日内瓦湖,并同老朋友贝克尔会了面。9月底,马克思又返回了阿尔让台。马克思急于投入工作,在医生的许可下,他回到了英国伦敦。在那里,马克思继续埋头理论研究,考察原始社会史、俄国的土地关系以及其他一些问题。整个10月份,马克思几乎都是在梅特兰公园路自己的家里度过的。随后,他又来到威特岛,继续从事研究工作。

　　1883 年 1 月，又一个不幸的消息降临在马克思的头上。在文特诺尔，他得到了大女儿燕妮病重的消息。马克思的咳嗽越来越严重，甚至出现了危险的痉挛。1月 12 日，马克思获知 38 岁的心爱的大女儿燕妮已于前一天病逝了。垂暮之年的马克思再也承受不起这样的打击了。在极端悲痛的心境中，马克思再次回到了伦敦。马克思深知，上苍留给他的时间已经不多了。

　　回到伦敦后，马克思一度曾试图校对《资本论》的清样，然而由于健康状况日益恶化，他只好打消这个念头。马克思的支气管炎更加严重，喉头炎使他出现吞咽困难，很长时间以来只能靠喝点牛奶维持生命。2 月，医生又诊断出肺脓肿。马克思的身体日益消瘦，越来越虚弱。尽管家人及恩格斯还有医生尽了最大努力，但还是没有能够挽救马克思的生命。

　　1883 年 3 月 14 日，65 岁的马克思与世长辞。这天下午两点半钟，恩格斯照例来到马克思家探望马克思的病情。一进家门，恩格斯就发现马克思的家人都在掉泪。马克思从这天早晨开始出血，接着就出现身体衰竭。海伦上楼到他的房间时，看到马克思坐在安乐椅上处于半睡状态。她马上下楼请恩格斯到病人那里去。恩格斯后来回忆说："当我们进去的时候，他躺在那里睡着了，但是已经长眠不醒了。脉搏和呼吸都已停止。在两分钟之内，他就安详地、毫无痛苦地与世长辞了……医生或许还能保证他勉强拖几年，无能为力地活着，不是很快地死去，而是慢慢地死去，以此来证明医术的胜利。但是，这是我们的马克思绝不能忍受的。眼前摆着许多未完成的工作，受着想要完成它们而又不能做到的唐达鲁士式的痛苦，这样活着，对他来说，比安然地死去还要痛苦一千倍。"

　　马克思去世后，得到世界各地来自不同国度、不同阶层、不同职业的人们的高度评价。马克思以其人格、思想、事业，赢得了人们的爱戴和崇敬。哪怕是与马克思的立场和观点相左的人们，同样表达了对马克思的尊重。例如，澳大利亚的资产阶级报纸《新维也纳日报》1883 年 3 月 17 日强调指出："卡尔·马克思应该列为当代最重要和最杰出的人物。"资产阶级激进主义者毕斯理在给爱琳娜·马克思的信中写道："他是个真正杰出的人；虽然我不同意他的观点，但我高度评价他的动机，并且非常尊重他。"

　　对于马克思的逝世，恩格斯悲痛而惋惜地说："人类却失去了一个头脑，而且是它在当代所拥有的最重要的一个头脑。"恩格斯还说："我们之所以有今天，都应归功于他；现代运动当前所取得的一切成就，都应归功于他的理论的和实践的活动；没有他，我们至今还会在黑暗中徘徊。"在马克思的葬礼上，恩格斯指出："这个人的逝世，对于欧美战斗着的无产阶级，对于历史科学，都是不可估量的损失。这位巨人逝世以后所形成的空白，在不久将来就会使人感觉到。""他的英名和事业将永垂不朽！"

　　就马克思的思想和学说对人类历史进程的改变、对人类历史命运的影响、对人类思想史的重建而言，马克思都具有恒久的魅力。马克思的思想和事业早已融入了当代的历史进程。在 20 世纪末，人们纷纷回眸马克思，这绝不是偶然的。这一事实意味着马克思的思想仍然具有当代价值。即使过去了一个多世纪，人们仍不得不从它那里汲取智慧和寻求启示。在这个意义上，马克思是不朽的。

马克思与中国

马克思诞生在西方，他的思想也是西方文化发展的产物。然而，由于马克思的"世界历史"的眼光，他同样以极大的热情和严谨的科学态度关注东方、关注中国。例如，马克思晚年曾经对东方社会的特点进行研究，并在给俄国女革命家查苏里奇的回信中，提出俄国有可能利用东方社会的独特性质，跨越资本主义的"卡夫丁峡谷"，直接进入理想社会，以避免资本主义所曾经历过的痛苦。同样，马克思对鸦片战争给中华民族带来的灾难表示深深的同情，对侵略者的强盗行径表示强烈的谴责，对这场战争给中国传统社会的变革注入的活力也给予充分的肯定。马克思与中国的关系不仅仅表现在这里，更重要的是在于马克思的思想和学说通过自身在中国的广泛传播，直接地改变了中国社会发展的轨迹，参与了对中国现当代历史进程的建构和塑造。

对于中国来说，马克思的学说属于"舶来品"。随着近代"西学东渐"之风的日益强盛，马克思及其思想也开始传入中国。

根据有关考证，中国人最早知道马克思的名字，大概是在 1898 年。这年夏天，英国来华传教士李提摩太托人将英国人克卡朴写的《社会主义史》一书译成中文，并以《泰西民法志》之名由上海广学会出版。该书专设"马克思"一章，指出："马克思是社会主义史中最著名和最具势力的人物，他及他同心的朋友昂格斯（即恩格斯——引者注）都被大家承认为'科学的和革命的'社会主义派的首领。"1899 年 2 月和 4 月，英美传教士在中国创办的中文刊物《万国公报》第 121 号和 123 号出版，上面发表了《大同学》，系李提摩太摘要翻译的英国社会学家颉德写的《社会演化》一书。其中多次提到马克思的名字及其学说，如"以百工领袖著名者，英人马克思也"；"试稽近世学派，有讲求安民新学之一派为德国之马克思立于资本者也"；"德国讲求养民学者有名人焉，一曰马克思，一曰恩格斯"。在中国最早系统介绍马克思和他的思想的，是日本人福井准造著、中国人赵必振翻译的《近世社会主义》一书，该书于 1903 年 3 月由上海广智书局出版。它比较系统地介绍了卡尔·马克思（书中译作"加陆马陆科斯"）的生平和思想，以及他的革命活动。重点介绍了《哲学的贫困》《政治经济学批判》《资本论》等著作，称《资本论》是"一代之大著述，为新社会主义者发明无二之真理"云云。

中国人自己写的著作中最早提到马克思及其思想的，要数梁启超了。1902 年 9 月，梁氏在《新民丛报》第 18 号上发表《进化论革命者颉德之学说》一文，简单介绍了马克思："麦喀士（即马克思——引者注）日耳曼人，社会主义之泰斗也。"后来,梁启超在一些著作中陆续提到并进一步介绍马克思的生平和学说。

另一种更重要的介绍方式,乃是直接翻译马克思和恩格斯的著作。早在五四新文化运动之前,就有人翻译《共产党宣言》《资本论》等著作的片段。五四时期,以《新青年》《每周评论》《国民》《晨报》副刊等杂志为代表的进步刊物,刊登了不少马克思和恩格斯著作的译文,对于马克思主义在中国的传播发挥了重要作用。当时,流行于中国的思潮和学说可谓多种多样,如无政府主义、实用主义、基尔特社会主义、三民主义、合作主义、托尔斯泰泛劳动主义、新村主义等等,为什么只有马克思主义被逐渐选择下来,成为中国社会发展的主导思想呢? 从历史和文化背景以及社会发展的大趋势看,这种选择并不是偶然的。

尽管在俄国十月革命爆发前,马克思的学说已经被介绍到中国,但是并没有产生什么实质性的影响。毛泽东曾经指出:"十月革命一声炮响,给我们送来了马克思列宁主义。"重视"效验"的中国传统文化,特别看重一个理论的历史效果。由于俄国十月革命的成功,证明了马克思主义的实践威力,所以,中国的先进分子选择了马克思主义。五四新文化运动时期,成为马克思主义在中国传播的第一次高潮。在马克思主义中国化的过程中,李大钊、陈独秀、瞿秋白等人发挥了重要作用。他们都是中国马克思主义的先驱。马克思说得好:"理论在一个国家的实现程度,决定于理论满足这个国家的需要的程度。"马克思主义从学理上为中国社会变革提供最有说服力的合法性,恰恰适应了现代中国的内在需要。可见,中国选择马克思主义,也就是顺理成章的事情了。这是历史发展所造就的势所必至的结果。

当然,马克思主义在中国的传播也不是没有遇到阻力和挑战。即使在五四时期,就展开了问题与主义、社会主义问题、无政府主义问题的论战。20世纪20年代,又出现了科学与玄学、国家主义问题、戴季陶主义的论战。到了30年代,又爆发了中国社会性质问题、唯物辩证法问题、形式逻辑问题等的争论。这些论战不仅没有妨碍马克思主义在中国的进一步传播,反而通过论战更加扩大了马克思主义的影响。在中国共产党内,毛泽东写出了《实践论》《矛盾论》,批评了对马克思主义的教条主义和经验主义的理解。

大规模地对马克思和恩格斯思想和著作的介绍,还是中华人民共和国成立之后的事情。通过中共中央马恩列斯著作编译局的系统翻译,《马克思恩格斯全集》中文版共50卷和《马克思恩格斯选集》中文版共4卷由人民出版社出版。它极大地促进了人们对马克思主义的系统学习、宣传和研究。

总之,从实践上说,马克思的思想构成中国共产党的指导思想和根本的理论基础,在马克思主义的正确指导下,建立了新中国,使社会主义制度在东方这片古老的土地上变成现实。从理论上说,马克思主义同中国革命的具体实践相结合,形成了毛泽东思想;而马克思主义同中国建设的具体实践相结合,则诞生了建设有中国特色的社会主义理论。正是这个理论指引着我们的现代化之路,昭示着中国社会在21世纪的光明前景。

西方现代哲学的开创者

——尼采

人物档案

简　　历：。德国著名哲学家,西方现代哲学的开创者,语言学家、文化评论家、诗人、作曲家、思想家。出生于普鲁士萨克森的洛肯村,父亲卡尔·尼采是一个路德教的牧师。他的著作对于宗教、道德、现代文化、哲学以及科学等领域提出了广泛的批判和讨论。

生卒年月：1844 年 10 月 15 日～1900 年 8 月 5 日。

安葬之地：德国莱比锡城南部的洛肯小镇。

性格特征：性情孤僻,多愁善感,自卑。

历史功过：主要著作有：《权力意志》《悲剧的诞生》《不合时宜的考察》《查拉图斯特拉如是说》《希腊悲剧时代的哲学》《论道德的谱系》等,尼采的著作对于宗教、道德、现代文化、哲学、以及科学等领域提出了广泛的批判和讨论。他的写作风格独特,经常使用格言和悖论的技巧。尼采对于后代哲学的发展影响很大。

名家评点：著名心理学家弗洛伊德曾评价尼采是“最独特且最伟大的思想家之一”。鲁迅评价尼采是“个人主义之至雄桀者”。

求学之路

弗里德里希·尼采 1844 年 10 月 15 日出生于普鲁士萨克森的洛肯村。父亲卡尔·尼采是一个路德教的牧师。

卡尔的父亲也是一个神职人员,曾担任教区监督,勤勉尽职。为消除法国大革命、康德哲学和无神论带给宗教的不良影响,他写过不少东西来安抚和教诲信徒们。如果他老人家得知自己的孙子成了天下第一的反基督主义者,一定无颜在上帝的天国那里安息下来。

卡尔曾当过阿尔滕宫廷四位公主的家庭教师,他的牧师教职是弗里德里希·威廉四世国王恩准的。由于身体不好,常有头痛症状和神经质,他要求到一个乡村任职,于是来到洛肯。这里偏僻而贫穷,但他喜欢这地方,喜欢过一种安静的与世无争的生活。

小尼采是卡尔的第一个孩子。这时牧师先生已经年过 30 岁了,中年得子,乃人生一大喜事。更让他高兴的是,孩子竟生在国王诞辰这一天,这真让一向性格沉稳、不苟言笑的牧师欣喜若狂。他以国王的名字"弗里德里希·威廉"为孩子命名,并在教区登记册上写下他此时激动的心情:"啊!十月,神圣的十月!总是让我沉浸在欢乐之中!在所有这些欢乐中,最深沉、最美好的莫过于我为我的第一个孩子作洗礼。我的孩子——弗里德里希·威廉,这将是你的名字,以纪念与你同日诞生的高贵的国王恩主!"

尼采的父亲是一个文弱可亲的人,在教民中很得人心,可惜体质虚弱,天生多病,他出生于轰轰烈烈的拿破仑战争席卷欧洲的 1813 年,在 1848 年风云再起的革命浪潮中患脑软病,不久死去,遗下高堂老母与一双儿女。

新寡的母亲披上了黑衣,带着尼采和小他两岁的妹妹伊丽莎白,靠着每年不到两百马克的抚恤金供养全家人的生活,祖母和两个姑姑也与他们住在一起。六口人中,五岁的小男孩从此成了家中唯一的男丁,因而自小即有与众不同之感,父亲更在女人们的描述中变成一尊男性的偶像。

不久,祖母决定迁往附近的小城瑙姆堡,但那里的人群和声响令尼采不适。遗传自父亲一方的虚弱体质暗示着不祥的预兆,他眼睛近视,头痛症不时发作,母亲想尽千方百计给他治疗,常常带他到安静的草地树林去散步放松。孤独而自尊、静默而内蕴,小小年纪的尼采已经注定与人群的喧嚣无缘。

在女人飘摇的衣袂和轻柔的细语中尼采渐渐长大,体弱而聪慧,由母亲教他读书,罗莎丽姑姑给他上宗教课。虔诚的女人们把宁静生活中所有的期盼都寄托在尼采身上,疼爱而不娇纵,在把知识、信仰灌输给他的同时,也把善良、深沉传给了他。

六岁那年,尼采到镇上的一间私立学校念书。谁能想象得到一个来自柔弱虔诚的女性家庭的男孩子,为了要适应喧闹顽皮的同龄人要付出多大的代价?当这些又脏又闹的小淘气们忙于爬树捉鸟、斗殴说谎时,尼采更愿意独自一人去读圣经,或者激情满怀地朗诵其中庄严的篇章给大人听。但不管怎么说,尼采在学校里还是交了两个好朋友,其中一位在几年后的自传中把尼采描写为一个忧郁早熟的孩子,喜欢独处深思,常常沉溺于自己发明的游戏,思考一些与年龄不相宜的严肃问题。

生活在平静地流淌着,似乎没有什么波澜,不过仍有一些事件发生。1855 年夏,姑姑奥古斯特因肺病去世。第二年,76 岁的祖母也去世了,她在遗嘱中把自己的财产留给了尼采和妹妹伊丽莎白。家里又少了两口人，母亲带着两个孩子搬到一个公寓里住。

时间过得飞快，1858年暑假到了，尼采已经读完小学，即将度过他的14岁生日，要成为一个大孩子了。这个假期他还跟往常一样，同妹妹到乡下外祖父母家。这个村子就在萨勒河旁，每天早晨他都到河里洗澡，清冽的河水让他有说不出的畅快，可以减轻头痛病和眼疾，也可以满足他喜好洁净的习惯。

1858年10月，尼采进入瑙姆堡附近的普夫塔文科中学学习。这是一所著名的学校，历史悠久，学风严谨，有着修道院式的规章制度。学校出过不少杰出人物，大哲学家费希特就在这里读过书。

尼采很高兴自己能进入这所名校。不过这里要求住宿，从此他就主要生活在学校，开始脱离家中那个以女性为中心的环境。新到乍来，学校要求严格，又处在由清一色的男性组成的社会之中，自然有一种不适应。

每个星期他只能在星期天下午获准外出，母亲、妹妹和小学的两个朋友宾德、克鲁格在校门口等着他，然后他们一同去附近的小饭馆。这情景真有点类似在军营探亲。拿现在时髦的话说，普夫塔学校搞的是封闭式教学。

普夫塔中学重视古典文化教育。在六年时间里，每星期都有六节希腊文课程；拉丁文课程，在前三年是每星期十一节，后三年是每星期十节。这样分量大而扎实的课程训练，为尼采以后的古典文化研究打下坚实的基础。

进中学前，尼采就学过拉丁文和希腊文。开始他感到困难，特别是希腊文，后来逐渐克服了困难，并且通过学习，开始对荷马产生兴趣。根据荷马的史诗，他还和朋友宾德合写过一个短剧"奥林匹斯山上的众神"，由他和宾德、克鲁格扮演其中的主角。

尼采在宾德家常常见到宾德的父亲，这是一个很有文学修养的人。他向尼采推荐歌德的作品，向他讲解德语作品的诗韵之美。从这时起，尼采对歌德的喜爱和尊崇就再也没有改变。

尼采也接触到了歌德的作品，初次领略到了德国诗歌之美。另一样新宠则是音乐，尼采欣赏到了门德尔松和贝多芬的杰作，母亲特地为他买了一架钢琴，请当地最好的一名女琴师向他教授演奏。因此，尼采进入瑙姆堡附近知名的古典主义教育中心普福塔中学时，14岁的他已经具备了一定的古典文学与音乐素养，这所学校因培养过浪漫主义诗人和剧作家诺瓦利斯、梵文研究专家及莎士比亚作品的翻译家施莱格尔和哲学家费希特而名噪一时。尼采在六年学习期间如鱼得水，奠定了以后作为古典语言学者和诗化哲学家的基础。

然而，疾病与死亡一直在威胁着这个家庭，祖母和奥古斯塔姑姑先后去世，尼采本人又困于眼疾、头痛。在生之困顿的压抑之中，勃发的青春活力使本性温良的尼采竟然屡屡爆发出叛逆之举，他像粗鲁的水手一样畅饮烈酒，整夜不睡，用拉丁文撰写和誊抄冗长的论文，争强好胜，不守校规，完全不像昔日宁静谦逊的洛肯少年。生命中长期缺失的男性的声音越来越强烈地刺激着他,使他产生出神经质的自我考验的欲望,他折磨自己的身体,以肉体的痛苦修炼精神的忍耐,他越感到自己的柔弱善良,就越希望得到希腊英雄般的神力。其实,连他这种神经质的自我折磨,也带有一种女性歇斯底里的气质,正因为如此,他才更渴望像个真正的威猛男儿。

宗教是这个反叛少年的第二个目标。他热爱文学,熟知古代英雄不合道德规范的悲剧故事,倾心于从暴烈到澄明的歌德的那片天空,享用席勒的睿智,拜伦的激情,和莎士比亚的壮美。文学告诉他之伟大与人之独特,从而使他对基督教的热情渐渐淡化,对所谓上帝、灵魂不死、彼岸等教义产生怀疑。上帝禁绝了思考,上帝代表着粗鲁专横的强权,强加给人们以所谓的原罪,因而良心上的忏悔是不必要的,人生的经验与宗教的教条是两码事。总之,与家族传统对立,他决定将来不再献身于宗教了。

1864年,尼采从普福塔中学毕业,来到波恩大学注册学习哲学与神学。他在这里热心于社交,自由探索的大学生活更使他远离了路德派宗教信仰。第二年四月,他回到瑙姆堡与母亲、妹妹共度团聚时,拒绝按照传统仪式领受复活节圣餐,甚至深爱他的母亲也不能够使他有稍许妥协。

年轻时的岁月似乎总可以分一些出来,奢侈地耗费在饮酒作乐的放纵生活中。尼采在波恩大学一度热心于交友,和一大帮普福塔中学的校友们纵情享受,把过剩的精力慷慨虚掷。

人群中原来最寂寞,风流云散才痛感内心的空荡,不久尼采就又回到了惯常的孤单中。其实只有这时,生命才倍显充盈,孤单却不孤独。他钟爱寒夜孤灯下诵读悲剧诗篇的古今同情,也沉湎于黑白琴键上即兴演奏时的个性张扬,素福克勒斯和埃斯库罗斯是他古代的先驱,瓦格纳则是现代最令他神清气爽的艺术家。

尼采原想在莱茵河畔过一种无忧无虑的"正常的"大学生的生活,但这一企图以失败而告终。而在莱比锡,他作为一个离群索居者,更加专心于自己的研究,回到了他所喜欢的生活方式上来。宁可离群索居,而又不失傲气。不久,他就在导师李奇尔的指导下获得了令人瞩目的佳绩,成了一名合格的语文学家。李奇尔希望成立一个语文学协会,得到了尼采的响应。他中学时代就渴望成立"日耳曼尼亚"的想法,现在在大学的天地里又变成了现实。没有多久,尼采就能够在大学的一个小范围里授课了。1866年,他第一次(后来还进行过多次)开讲梅格拉的泰奥格尼斯的诗作新版本。讲演很成功,在此事的激励之下,尼采把论泰奥格尼斯的著作送李奇尔过目,受到嘉许,并建议把原稿加工出版。

尼采是幸运的。在波恩的年华逝去以后,他遇到了一位恩师,这个人不仅具有很高的威望,而且对他恩宠有加。但尼采之所以会接受这一威望,是由于根本说来李奇尔并不是一个专业庸人,而更是一个艺术型人士。他的学术著作显示某种火花和美学意义。正是由于这个特点,尼采对自己的导师抱有好感,可以说,尼采受教的主要部分,都要归功于他。尼采所做的另一个报告,讲的是有关亚里士多德著述的目录。根据李奇尔的建议,大学为这项研究设立了基金。尼采获得了这项基金,后来文章又在《莱茵博物馆》上连载了若干期。接着,其他作品也相继问世。

这样一来,尼采的大名在本专业的学术界很快传开,并因此而获得了合格的年轻的学术家的声名。1869 年大学毕业以前,也是由于李奇尔的建议,被推荐到巴塞尔大学任副教授。

对泰奥格尼斯残稿的研究,所收获的不仅仅是语文学上的成果。尼采开始把已经属于古代的古希腊诗人理解为贵族。他在泰奥尼格斯那里找到这样一句话:

"在高贵的人那里,你可以学到高贵的东西;假如混迹于庸众之中,则会丧失你占有的真意。"

这句出自公元前 8 世纪的格言,若同尼采联系起来,那简直就等于《查拉图斯特拉如是说》的序言中主人思想的模式。因此,我们可以认为,对泰奥尼格斯的研究和得了奖的关于亚里士多德的论文,必然为导致与第欧根尼·拉尔修的邂逅,这唤起了尼采对哲学的嗜好。至少,这些东西在尼采求学时期,使他对哲学问题情有独钟。在莱比锡大学的第一个学期,由于阅读了叔本华的著作,这导致了尼采与哲学的决定性汇合。李奇尔和语文学给他提供了不可少的时而令人喜悦而多数是难啃的劳作,然而叔本华却唤起了尼采的天才。如果冷静分析一下,这种激励是把这位大学生抛到了要创立自己的世界观的境地,他立论的基础是叔本华的思想,但开始还很不成熟,很幼稚。

如果说,对尼采来说瓦格纳是音乐先锋的代表人的话,那叔本华的著作就可以看成是合乎时宜的世界观的表现,因为当时尼采对除柏拉图以外的其他伟大哲学家的著作尚未拜读过。他之所以如此并不是认真的研究使然,而是纯个性的、沉埋于他天性中的各种条件促使其进行这一发现的。他原来想利用对语文学的钻研,来克制自身的浪漫主义倾向,可后者却对这种克制施以报复,通过对叔本华著作的研究益发不可收拾了。

至高信仰

在尼采看来,信仰某种东西要比探究真理容易得多,信仰总是被亲友和许多杰出人物视为真理,无论它是否真是这样;它植根于我们的生活,是我们习惯的东西,给我们带来安慰。

而对真理的探究却是一条艰难的道路。我们在怀疑和孤独中斗争:由于精神苦闷,由于一反平素习惯的东西。我们往往将自己置于绝望的境况。即使这样,我们仍须不停息地探索通往真善美的新的道路。

尼采认为,一个真正的探索者,不应该去恢复那些我们熟悉的关于上帝、现世与赎罪的种种观念,而应该指向某些全然不同的东西;他要获得的不是安宁与幸福,而是真理,哪怕这真理是痛苦的、可怕的。

最后尼采对妹妹说:"人生的道路就有这样的不同,如果你祈求灵魂的安宁与幸福,就去信仰吧;如果你要做一个真理的追求者,就得去探索!"

显然,尼采本人是坚定不移地走探索者的道路,决不会成为一个盲从的信仰者,即使他早已经知道走这条路的艰险。这就注定他今后一生要饱受种种常人不堪忍受的磨难。

大学的第一年就要过去了。尼采已经决定离开波恩,转学到莱比锡大学。直接的原因是他的导师李奇契尔教授要去莱比锡大学任教,他不想离开这位学业上的导师,准备随导师一同去那里。

李奇尔之所以要离开波恩大学,是因为他跟另一个学术带头人扬的矛盾很大,彼此的激烈争吵几乎成了大学里人人皆知的丑闻。正所谓一山不容二虎,李奇尔教授要去莱比锡另打码头。

跟随他而去的学生尼采,离开波恩的深层原因同样是人际关系问题。他来这里整整一年,竟没有结交上一个知心朋友。在小学有宾德和克鲁格,在中学有杜森和戈斯多夫,而在波恩什么人都没有。越是离群索居的人,越是需要一两个知心密友。尼采在大学的第一年感受的是一片友谊的沙漠。

尼采坐船离开了生活一年的波恩。这是他临离开时的心境:"一切都干涉我,我无法有效地主宰周围的一切。我觉得自己对于科学无所作为,对于生活无所事事,只是以各种谬误充塞自己,想到这些,我感到心情沉重。轮船驶来,载我离去。在潮湿阴暗的夜色中,我一直站在驾驶台上,注视着那些勾勒出波恩城河岸的小灯渐渐消失,一切都给我一种逃亡的感觉。"

尼采一来到莱比锡就马上去莱比锡大学注册。他来的这天正好是学校的校庆日,校长正在向学生们训话,他告诉学生们,在一百年前的今天,歌德曾经和他们的前辈们一起在这里注过册。"天才自有其各自的道路,"这位谨慎的校长随即补充说:"沿着这些道路走是危险的。歌德不是一个好学生;在读书时代,你们不要以他为榜样。""嗬!嗬"!青年人欢快地高呼,被人群淹没了的尼采恰好在这样一个纪念日到达莱比锡,这种巧合使他感到十分快活。

他烧掉了一些夹在作业本里的诗,重新投入学习,并训练自己以极其严密的方法研究语言学。可是,唉,厌倦不久就卷土重来。他害怕波恩那一年的情形重演,他的书信和笔记里又写满了大段大段相同的抱怨。好在过了不长时间发生了一件解救他灵魂的大事。从而结束了这些抱怨。他在书摊上偶尔看到一本书,这是当时对他来说还很陌生的亚瑟·叔本华所写的一部著作《作为意志和表象的世界》。他看了几页,就被那文章的风格、美妙的词句所感染。他写道:"我不知道是什么精灵在对我悄悄耳语:'带上那本书回家去吧!'刚跨进房门我就打开这本这样得来的宝贝,并渐渐感受到那种充满激情而又极其忧郁的天才之强大力量。"

图文珍藏版

这本书的序异常丰富,其中包括那位被忽视的作者在间隔较长的时间里分别为1818年、1844年和1859年三个版本所写的三篇序。这些序文傲慢而尖刻,但是没有丝毫焦虑不安,它们富于深刻的思想和辛辣的讽刺,呈现出歌德诗歌的抒情风格与俾斯麦敏锐的写实主义相结合的倾向,它们具有那种在德国文学中罕见的典雅而富于韵律的美。尼采被书中的高尚气质、艺术情感以及纯粹的自由精神打动了。

在其后的两个星期中,他一直陷于对叔本华哲学的反复阅读和思考。这个狂傲而不幸的人,这个被家庭、学院抛弃而他以更激烈的语言和更彻底的方式疏离社会的人,这个地地道道的德国人却不放过任何机会抨击德国,他的一切都如磁石般吸引着尼采。

叔本华是这悲惨世界的代言人,而尼采在他的书中也观照出内心忧郁的本质,在一段时间内,他与要好的朋友一起研读叔本华哲学,并放弃了生活中的享乐,节衣缩食,律己甚严,以至于不许自己每天睡眠超过四个小时。

其实叔本华这种阴沉的基调一直存在于尼采心中,即便他以后否定了叔本华的隐忍放弃,而把悲观主义弘扬为悲剧英雄主义,但是哲学家的平静心绪始终与他无缘。也同叔本华一样,尼采始终认为音乐是最有哲学深度的艺术门类,音乐解放精神,为思想添上双翼,"抽象概念的灰色苍穹如同被闪电划破;电光明亮足以使万物纤毫毕露;伟大的问题伸手可触;宛如凌绝顶而世界一览无遗。"

尼采是个天生的布道者。在他的宣传下,妹妹伊丽莎白、戈斯多夫、杜森都成了叔本华哲学的信仰者。这位叔本华迷几乎可以在一切地方看到他所敬仰的大师的踪迹。当朗格的《唯物主义史》出版时,尼采十分兴奋,认为它是为叔本华哲学张目的,在哲学史上具有划时代意义。其实朗格在这书中宣扬的是康德哲学,一种新康德主义,同叔本华的东西区别很大。

这一年复活节尼采回到瑙姆堡,他的心中充满欢乐。在给戈斯多夫的信中他描述了自己的心境:"有三件事成了我的安慰,多么难得的安慰啊!这就是叔本华、舒曼的音乐以及孤独的散步。"

尼采从叔本华的哲学中获得一种类似佛教的顿悟。虽然在大约十年以后,他开始与叔本华彻底分手和决裂,把叔本华视为最大的颓废者,但直到他有理智生活的最后两年,在谈到叔本华时,他仍然承认叔本华是自己的先驱,自己是他的继承者:"我的先驱是叔本华。我深化了悲观主义,并通过发现悲观主义的最高对立物才使悲观主义完全进入我的感觉。"当然,他同时又是彻底的批判者。他对于叔本华的批判是一种扬弃,而不是简单的抛弃。原因就是,在骨子里,他和这位悲观主义大师有着无法分割的同一性。

由于叔本华,原先枯燥单调的语言学课程再也不是不可忍受的了。尼采以愉快的心情投入到这种专门的研究活动之中:

李奇尔教授向他的学生提出一个建议:成立一个由爱好语言学的学生组成的

思想伟人

语言学研究会,以此来推动这一方面的学术活动的开展。尼采积极响应导师的号召,参加了筹备工作。

1866年初,语言学研究会成立,共有11名成员。在尼采的感觉中,这个组织有些类似他在中学自发建立的"日耳曼尼亚",是可以视为由一批志同道合的朋友在一起进行自由精神活动的场所。

尼采的书斋生活在语言学与哲学之中消磨,他是李奇尔教授非常赏识的一个学生,然而又像被叔本华勾走了魂一样迷恋他的哲学。当他准备攻读博士课程时,来自军方的一纸命令将这个文弱书生招入军队。

由于尼采骑马出了事故,军训提前结束了。他前胸受伤,痊愈很慢。因此,直到服役期满,尼采都在休病假。现存一帧摄于那时的照片,他满身戎装,手握一柄出鞘的军刀,这模样可能很适合当时的照相习俗。这是一位乔装打扮的学者的留影。尼采可以利用他的病假去学习紧张的语文学专业。1868年秋,他胸有成竹地又回到莱比锡度过了最后一个学期。他的学业已近结束,然而李奇尔的嘉许仍然惠顾于他,他展望将来有一个教学生涯。正如他对罗德所承认的,他对此没有任何"奢望"。当然,他视在大学授课的前程为一种能使自己有闲暇进行研究的生活,也会在政治上、社会上得到保障。

尼采不仅理所当然地抱有这种希望,而且比他预期的时间来得更加迅速。1868年至1869年的冬季,当他计划同罗德一起到巴黎旅行的当儿,在李奇尔的倡导下,他被推荐到巴塞尔大学担任古典语文学副教授。

1869年2月,在尚未取得博士头衔之时,他就接到了去巴塞尔大学就职的正式聘书。于是,莱比锡大学据尼采已发表的著述,未经其他考试就授予他博士头衔,同时还免去了去巴塞尔大学任教资格的种种手续。这样,尼采以34岁半的年龄,在大学学习过后未经任何过渡就出任了副教授之职,一年之后转为正教授。

初识瓦格纳

1869年4月,尼采来到巴塞尔大学,就任语言学副教授之职。巴塞尔是瑞士的城市,尼采很自然地加入了瑞士国籍,成为一个瑞士公民,他对于此点没有什么不安。在他的印象中,他既属于德国,也属于整个世界。他的先祖就是一个斯拉夫民族的波兰人。

正像以前每到一个新环境一样,开始时尼采努力适应新情况,参加各种社交活动,宴请、舞会、拜访同事,但不久他就感到厌烦,满目所见都是无聊和庸俗。他对同事的态度渐渐冷淡了下来,别人自然对他也热乎不起来。于是他又把自己放在一个孤独的境况之中。

到巴塞尔不久,在给洛德的信中反映出他此时的心绪:"除了您以外我再没有更亲近的人可以谈心了,我生活在一片孤独的灰云里,特别是在聚会的时候,我无法拒绝人情应酬的压力,不得已在会场上和形形色色的手拉在一起。在这样的聚会里,我总是听到吵吵嚷嚷的声音,而找不到自己的知音。这些人称呼我教授,他们自己也被这头衔冲昏了,他们以为我是太阳底下最快乐的人。"

为了排遣心中的烦闷,尼采常常一个人去附近的峡谷和森林散步,在大自然的环境中,他的心情稍稍感到好一些。童年在乡村度过的那一段美好幸福的时光浮现在回忆中,成为对孤寂生活的一种抚慰。

5月2日,尼采在巴塞尔大学博物馆主厅作了就职演讲,题目是《荷马与古典语言学》。在这里,他一开始就提出了自己以后一直坚持和努力深入的基本学术思想:语言学不是一门纯科学,而是与艺术紧密交织重叠在一起的。它的新颖性给听众留下了印象,反响是热烈的,这次演讲奠定了他在巴塞尔大学的教师地位。尼采每星期有六次课,关于古希腊文,但选修这门课的学生并不特别多。

作为教师,尼采在巴塞尔大学是受到欢迎和尊重的。一年后他被提升为正教授,以后又给他加了薪水。1872年由于他拒绝受聘到另一所大学,作为回报,巴塞尔大学又把他的薪水提高到四千法郎。

年轻的尼采教授现在已经有了一个人们通常会羡慕的地位和前程。如果他安于现状,循此渐进,就会有一个安稳、舒适、受人尊敬的生活条件,在学术界也会像他的恩师那样成为这个专业的权威——李奇里契尔教授在给巴塞尔大学的推荐信中所预言的那样。

但尼采没有顺应这个预言,他的天性使他注定要走另一条道路,那是充满孤独、坎坷、困苦的道路。他从来不是一个肯安分的人。

对尼采来说,这期间比较重要的友谊是同比他年长31岁的理查·瓦格纳的交往。当时瓦格纳住在卢塞恩·的特里普森,不久有了同瓦格纳重叙友情的机会。1869年,尼采到瓦格纳家中做客,当时为瓦格纳操持这个非同寻常家务的是考西玛。考西玛·冯·比洛夫是李斯特的女儿,是瓦格纳一个任乐队指挥的朋友之妻,尚未与瓦格纳成亲。1866年,瓦格纳的前妻去世,为躲避经济、政治及社会诸方面的困境(这种情形曾发生过多次)由慕尼黑迁居瑞士。紧随其后,考西玛带着她的孩子达尼拉和布兰迪内·冯·比洛夫,又带上她与瓦格纳所生的伊佐尔德来到瑞士。1867年,他们二人又生下了女儿埃娃,两年之后又生下儿子齐格弗里德。

理查·瓦格纳和考西玛对这位年轻的学者颇有好感,双方很快密切起来。没有多久,尼采就在一定程度上成了这个家庭的一员,而且可以长期使用两个房间,随时随地进进出出,留居悉听尊便。在这里,他不只是接近了这位备受尊敬的音乐天才,而且也在这个非小市民家庭气氛中感到十分惬意。早在学生时代,尼采就崇拜瓦格纳的音乐作品,这时则对瓦格纳的为人也很醉心。

尼采被这种友谊弄得着了迷。他自童年到现在第一次有了宾至如归的感觉,他陶醉了。瓦格纳的性格有着阴暗的一面:专横跋扈,自私自利,肆无忌惮,挥金如这种宾至如归的幸运,对尼采来说持续到了1872年的4月,也就是说将近三年时光。后来,瓦格纳迁居拜罗伊特。尼采于同年5月22日为参加音乐节大剧场的奠基仪式才又在那里拜访了瓦格纳。这种相处在1870年8月至10月才告中断。这短短几年却是尼采生命中弥足珍贵的记忆,他分享瓦格纳儿子出生的喜悦,还应邀在瓦格纳家度过了他在巴塞尔的第一个圣诞节,参加了拜律特剧院的奠基仪式,在音乐与哲学的欣赏中共同探讨艺术与人生,愉快的时光,可爱的人们,这样的快乐为什么总是不长久呢?

思想的凝聚

在对希腊文化和瓦格纳越来越深厚的情感中,尼采构思着他的第一部著作,关于悲剧艺术的古代辉煌与现代重生。对古籍的分析加深了他对现代文化的做作虚伪的反感,而他选择的领域是德国人相当熟稔的希腊文化。18世纪以来,相继出土的古代遗址备受关注,温克尔曼《古代艺术史》开启了哲学家与艺术家研究美学问题的新视野,歌德、席勒均以人与自然、理性与感性的和谐来解说希腊艺术繁荣的原因。尼采则另辟蹊径,指出希腊人看清了人生的悲剧意义,其内心的矛盾冲突激荡不已,方才产生了作为调和的艺术。

艺术的持续发展是同日神与酒神的二元性相关的。日神阿波罗是光明之神,是一切造型力量之神,同时是预言之神,支配着内心幻想世界的美丽外观。酒神狄奥尼素斯的精神体现在春日照临、万物欣欣向荣的激情之中,物我两忘、沉醉狂欢的境界。日神如梦,酒神如醉,梦与醉的艺术世界结合起来,产生了阿提卡的悲剧作品。

在《悲剧的诞生》中,尼采将日神与酒神的美进行对比又对等视之"像玫瑰花从有刺的灌木丛里生长开放一样",希腊民族如此敏感,欲望又如此强烈,因而特别容易痛苦,酒神的护伴西勒诺斯对找寻世间最好的东西的国王说,那最好的东西是世间众生根本得不到的,这就是"不要降生,不要存在,成为虚无",而次好的就是"尽快去死"。因此,唯有在日神精神的明丽阳光下,人才会渴望生存下去,像荷马的英雄一样悲叹与生命的分离。静穆柔和的梦境,时刻保持着美丽光辉的尊严,日神本身被看作个体化原理的神圣形象,他的表情和目光向人们表现着外在的全部喜悦、智慧及美丽。日神文化体现为希腊的史诗、雕刻和绘画艺术,这完美的静观世界诞生于苍茫的宇宙,升起了一个幻觉般的新的世界,"它闪闪发光地飘浮在最纯净的幸福之中,飘浮在没有痛苦的、远看一片光明的静观之中"。

《悲剧的诞生》是尼采对古籍深入钻研后的一部学术著作,文学味十足,毫无学究气息,其想象力与洞察力被20世纪英国古典主义学者称为"整整一代的学术所望尘莫及之作"。然而当时一般古典学者对此书都表现冷淡,其中第二部分大谈悲剧的重生与瓦格纳的音乐,招来许多人不满,标新立异、才高招嫉的现象再一次出现于尼采身上。一时间,他陷于孤立被动的局面,虽然有朋友为他出面辩护,哲学界却敌意难消,尼采的学生甚至也被动员不来上课。表现最兴奋的则是瓦格纳自己,尼采把艺术的理想寄托在他的身上,认为他的歌剧是德国文化的希望,《悲剧的诞生》的现实意义即在于此,所以,瓦格纳在看到这部书后,在给尼采的信中高度评价这部书:"我从来没有读过一本像这样好的书,简直伟大极了!"

在《悲剧的诞生》的基础上,循着对于科学和知识问题的思路,尼采深入探讨了哲学的功能、性质和特点。

尼采认为,哲学的主要功能就是对知识冲动进行约束和控制。自苏格拉底以来,人类求知的欲望形成了一股狂潮,知识被滥用为可以解决一切、压倒一切的东西,由此给人类带来错觉和灾难。科学不惜任何代价冲向一切可认识之物,而哲学思维总是立足于对事物本质和核心的认识。它说:"只有这才是伟大的,只有这才值得认识!"由此来提升人类超越自身盲目无羁的求知欲,把它限制在一定的范围内。

尼采并不一般地反对科学和知识,而只是在它们遮蔽了生命本能的情况下他说:"为了反对中世纪,历史和自然科学曾是必不可少的;知识反对信仰。我们现在用艺术来反对知识:回到生命!控制知识冲动!加强道德和美学本能!在我们看来,德意志精神将由此获得拯救,从而再次成为拯救者。"

哲学凭借什么来控制知识冲动?凭借它的体系中的艺术因素。一个哲学体系只是一个幻想,一个骗过知识冲动和仅仅暂时满足它一下的非真理;在这种满足中,哲学的价值与其说来自知识王国,不如说来自生命世界。生命意志利用哲学以达到更高形式的存在,哲学仅仅证明了幻想的必要性和艺术的必要性。

哲学的性质介乎艺术和科学之间。就目的和结果说,它是艺术;但它又与科学使用同一种手段——用概念表述。因此,哲学有时是科学,有时是艺术。

不仅如此,就哲学是超越经验的创造、神秘冲动的继续而言,它与宗教也有血缘关系。哲学同宗教一样,有着自我消费的功能,也就是可以在内部得到一种满足,而这在科学和艺术中是完全不可能的。

哲学与这几种因素都有不可分割的关系,同时对它们实行制约:它用艺术控制知识冲动,反对科学独断论,又用概念控制宗教的整体冲动,反对宗教造成的自然形象的混乱。

真理问题显然是哲学的根本问题,尼采对此做了大量思考,而且有许多非同一般的见解。在尼采看来,世界上唯一的真理就是根本没有真理这回事。世界作为一个盲目的意志的体现,人类根本无法参透它。存在的形而上学意义、伦理意义和美学意义全部都是不能证明的。我们平素所说的真理,根本不是指的这个。

我们通常说的真理,只不过是我们已经忘掉其为幻想的幻想,或忘掉其为谎言的谎言。它们实际上是一种人类关系，或是共同的约定，或是通行的隐喻，在长期存在之后，由于无意识和健忘，人们把它们当成了真理。它们与人类其他的幻想和谎言没有任何实质的不同。

但人总是感觉到自己有一种寻求世界真理的欲望，相信自己最后总会找到真理。其实他渴望的不是真理本身，而是对真理的信仰，因为这种信仰可以给他带来的快乐。一个人如果不相信自己拥有真理，就不可能有纯洁和高尚的生活，因此他需要信仰真理。人的真理冲动具有明显的道德因素或起源。

从这个意义上说，根本就没有什么真理和知识冲动，实际上只有对真理信仰的冲动。尼采指出，人在本质上是不诚实的，因为他是乐天的，作为个体他具有必然毁灭的命运，而他竭力逃避这一不可避免的结局；他永远也不可能知道世界的真谛，而他却深信通过认识能够达到真理；但认识不过是使用最称心的隐喻，是一种不再被认为是仿制的仿制，它无法达到真实的深处。他需要对真理的信仰；没有这个，就既不会有社会，也不会有文化。

人类一切信以为真的东西，都是幻想，都是谎言，不过在这些幻想和谎言之间还是有区别的。尼采对艺术特别推崇，尽管它也是一种幻想，因为艺术家是把幻想当作幻想，而不是把幻想误认为真理。艺术家仿佛是对睡梦中的人说："让他继续把梦做下去吧！不要去叫醒他！"因为人既然已经活在这个世界上，他就得继续活下去。

然而哲学却把幻想当作真理，充满真理感的哲学家仿佛在对睡梦中的人喊道："快醒来吧，不要再做梦了！"其实当他相信自己是在唤醒沉睡者时，哲学家本人却在沉入更深的奇异睡眠中：他也许梦到了不朽或理念。而这不朽或理念，恰恰与人的最根本的真实——人终有一死——相反。

视幻想为幻想，视谎言为谎言，这才是唯一的真实；而这，只有当人处于酒神状态，以悲剧来观照人生时，才可能做到。只有把整个世界都当作一个幻想来思考的人，才有资格不带任何愿望和冲动看待它。尼采的真理观同他的整个哲学思想是一致的。

通观尼采这一时期的哲学研究，与写《悲剧的诞生》的时候相比，深入了许多。有不少是属于自己独创性的见解。当然，这种研究也继续发挥了以前的若干基本思想，如酒神意识，反科学主义等等。不过有一个方面似乎没有什么新的发展，这就是对于艺术的态度。在这一时期，如同以前一样，尼采仍然相信，艺术是体现了生命本质的活动，是人唯一的形而上的慰藉。

1872 年，作为尼采生活中的一个转折点，不仅在于他在精神上开始求变、求新，完全跳出了语言学专业的束缚，还在于由此开始，他的身体健康也每况愈下了。此外在瓦格纳离开托里普森后，尼采的人际关系也发生了许多变化。

5 月 22 日，尼采出席了拜洛特举行的奠基仪式。在这个活动中他最大的收获就是结识了一个新朋友玛尔维达·冯·梅森布格。玛尔维达五十多岁，也是瓦格纳的崇拜者。7月，瓦格纳的《特立斯坦》在慕尼黑公演，尼采去了，再次同玛尔维达见面，一起度过愉快的几天。通过深入的交谈，他们成了知心的朋友。玛尔维达是尼采唯一的女性挚友，像大姐姐那样关心和帮助着他。他们的友谊一直保持到尼采去世。

10月，尼采休假后回到巴塞尔。这时他同大学的同事奥弗贝克和罗蒙特的关系已经十分密切了。在给洛德的信中他写道："奥弗贝克和罗蒙特是我生活和思想的同伴，是我世界上最好的朋友，和他们在一起我不再感到忧伤和愤怒。奥弗贝克是极其严肃和没有偏见的哲学家，也是最单纯可亲的人。他有那种激进的勇气，而一旦人们缺乏这一点，我就无法同他友好相处。"

转眼到了1873年，尼采准备写他的题为《不合时宜的思想》系列论著的第一部，材料都弄得差不多了，做了大量笔记。5月初，正要开始动笔写的时候，突然身体变得很坏：头痛剧烈发作、眼睛不能经受任何光线，几乎成了瞎子。他完全无法工作。

在众口一词的颂歌声中，尼采写作了著名的《不合时宜的思想》，由四篇很长的论文组成，对现代德国文化进行了深入的剖析和尖刻的批评，矛头直指向普法战争以来德国人当中弥漫的那种粗俗的傲慢。

第一篇《耶稣传》曾经传诵一时，作者施特劳斯以因果关系来研究圣经故事，由其中的逻辑矛盾说明，耶稣的神性并不可靠，他的所谓独特性、完满性、绝对性等说法也不成立，《耶稣传》历史地考证圣经文书，不再赋予它神化色彩，在基督教国家中引起了轰动。然而岁月流逝，昔日活跃的思想纳入了寻常的轨道，沸腾的血温凉了，1872年，施特劳斯出版了他的最后一部著作《旧信仰与新信仰》，宣称要建立一种积极的有教养的人的世界观，提出"以艺术代宗教"，通过艺术欣赏来获得感化与提高，为此他用很大的篇幅向人推介"我国的伟大诗人""我国的伟大音乐家"。在尼采看来，施特劳斯的广泛影响在教育上造成了平庸化，以庸俗化为代价拉近了艺术与人生的距离，在德国人心中造成了一种呆笨的自以为是，扼杀了活力洋溢的思想，德国的教育"无意义、无实体、无目的"，是一种纯粹的所谓"公共舆论"。

这部书的第二部分《历史对人生的利弊》之不合时宜在于它"指明了我们科学活动方式的危险性"，现时代的非人化齿轮装置、工人的非人格化、劳动分工毒害了生命的因素，而德国知识界仍然埋头于烦琐的历史文物当中，兢兢业业地证明每个时代所谓固有的权利和条件，以便为这个现实世界将来要面临的审判做好准备。但是，历史的研究应当回应挑战，尽管让弱者经受不住历史的考验，随时间流逝如灰飞烟灭去吧，却要促进强者的发展和人格的升华。

第三篇《教育家叔本华》把矛头对准了各所国立大学，叔本华的遭遇证明了一点，哲学的发展一贯是在学院高墙以外进行的，而国立大学支持低劣的哲学家已成习惯，御用的大学教授只知致力于低劣的人生价值的灌输。在这种管理机构之下，

思想伟人

学者只剩下了政治狂热症患者和形形色色的写作匠,在呼吁提高群众整体水平的同时反而降低了个人的价值。

《瓦格纳在拜律特》是这本书中最富激情的部分。尼采分析现代文化的危机,指出人类的语言因为"远离那种它本来在完全的质朴性中能够加以满足的强烈感情冲动",而变得成为一种"自为的暴力",没有人能朴素地说话,人们成了词语的奴隶,尤其在现代教育体制下,很少有人能保持住自己的个性。音乐与人生的关系不但是一种语言与另一种语言的关系,而且是以完美的听觉世界对全部视觉世界的关系,现代人的生活贫乏而枯竭,外表却五光十色。

尼采的身体每况愈下,他曾在 1870 年作为瑞士公民参加了救护工作,结果染上赤痢,很久才恢复过来,失眠症、眼疾、头痛和胃病,几乎从来没有离开过他。造成疾病的一个重要原因是过度劳累,他在巴塞尔大学的课业很繁重,每周要在大学和附属高中共代课 13 个小时,还要忙于准备新的讲座,以及从事著述。另一个原因或许是孤独,他有一些朋友,可以切磋思想,讨论问题。可是他没有爱情的阳光,他的目光太深邃了,似乎没有女子可以照亮它。他没有财产,没有健康,没有经验,更没有勇气去承受一个女人。他爱过,可是失败了,对方像是森林中受惊的小鹿一样逃离了这个其实更纤细的心灵。

1876 年,尼采在病中口述完成了关于瓦格纳的论文,之后就去拜律特去会见瓦格纳,参加了《尼伯龙根的指环》的彩排。由于眼疾,他只能闭目欣赏,结果极为失望,整个剧都充满了基督教的气息,一部初创时具有革命精神的剧作成了作者费尽心机制造戏剧性效果的成功典型。彩排还没有完,他就退出了,独自徘徊在幽静的森林中,承受着偶像破灭的打击,构思着批判瓦格纳的纲要,几天后,他又回到了拜律特,这里已经成了瓦格纳新崇拜者的圣地,皇家贵族和悠闲的富人是拜律特主人的座上宾,在尼采看来,这些人有着同样的逻辑:"谁让我们躺倒,谁就是强大的;谁把我们举起来,谁就是神圣的;谁让我们忐忑不安,谁就是深刻的。"四年前,拜律特奠基礼时,尼采参加了,一些真正理解和喜爱瓦格纳的人参加了,那时的参加者是不合时宜者,四年后,拜律特光彩焕发,向全欧洲的有产阶级敞开大门。而尼采重又做了一回不合时宜者,他从拜律特逃走了,一个字也没有留给瓦格纳。

尼采随后获准到意大利去休病假。在索伦托,他又碰到了瓦格纳,后者已经是德国乐坛的大师了,津津乐道于他正在创作的新剧《帕西法耳》,还表现出对宗教活动的积极热情。作曲家已经衰老了,叛逆的齐格飞换成了圣徒帕西法耳,正如年轻时的革命精神一变而成为基督徒的救赎情怀,一系列激烈反犹的言论表明他的思想已经中毒很深,而尼采方才在彻骨的心痛中清除了一厢情愿的幻想,向着属于自己的巅峰进发。

在意大利期间,尼采完成了《人性的,太人性的》,尼采称这部书是"危机的里程碑",也是"无情自我驯化的纪念碑",开始摆脱叔本华哲学的影响,从而迈出了走向自我的重要一步。这书正好在伏尔泰逝世百年的纪念日发行,尼采认为这不仅仅是个巧合——伏尔泰是一个精神贵族，而他本人也是。从此之后，这种精神贵族的语言态度就成了尼采作品的一大特色。

正是从《人性的，太人人性的》开始，尼采达到他的思想的完全成熟期。他让自己最终从叔本华的形而上学、瓦格纳的美学、基督教的信条中解放出来，获得精神上的充分自由和完全独立。

此后，他几乎在每部重要著作里都要批判瓦格纳，在精神崩溃前夕还发表了两本专门与瓦格纳为敌的小册子《瓦格纳事件》和《尼采反对瓦格纳》。他称瓦格纳是解剖现代病的"难得案例"，瓦格纳的艺术是颓废的、病态的，而尼采自认为是这个时代的颓废产儿，因此对瓦格纳的批判也是他的"自我克服"。尼采后来写道："在我一生中最大的事是恢复健康，瓦格纳是我唯一的病痛。"

当尼采寄给拜律特两册《人性的，太人人性的》时，他也收到了瓦格纳的一本精美的《帕西法耳》，两本书交相互赠，像是两柄剑在空中交锋，发出不祥的响声。尼采与瓦格纳自此绝交，在瓦格纳，这不过是一个忠实门徒的消失，在尼采，却不仅与瓦格纳一刀两断，而且由此看穿了名利，看到了自己的天赋绝不止是在巴塞尔做一个兢兢业业、皓首穷经的学究。属于聪明人的路，永远坎坷而寂寞，但是尼采已经走出偶像的阴影，他的王国在风光无限的峰顶。

1888 年 11 月，已经遭到精神病侵袭的尼采在自传中还这样写道："因为在这里忆及我生活中的某些安慰，我应该对那件给我带来最深刻、最可爱的欢乐的事情——即我和瓦格纳的亲密关系说句感激的话。我与其他人之间的关系可以姑且不论，但我根本无法把在托里普森的那段日子，那些充满信任、欢乐，闪耀着崇高的思想异彩的时光——那些最深沉的幸福的时光从我的生活中抹去。我不知道在别人眼里瓦格纳是谁，但我们的天空中可从来没有过一丝阴云。"

这一时期，病毒无止无休。尼采不得不一再请假停止授课。由于结婚终成泡影，余下只有他曾提出过的第一条路了，即请辞巴塞尔的教职。另外，1878 年夏，尼采的生活变得更加艰难。6 月底，设在巴塞尔的家解体了，其妹去了瑙姆堡母亲那里，长期不能回来。1879 年年初，尼采健康状况更加恶化。剧烈的头痛、眼痛和呕吐经常发作。这样，尼采在 5 月 2 日不得不向巴塞尔行政当局提出辞呈。六周之后宣布去职，大学以真诚的惋惜之情免去了他的职务。尽管困难很多，但人们仍对尼采取得的成就予以很高的评价，并每年发给他 3000 法郎的退休金。他在 1878 ~ 1879 年冬季学期做了最后两次授课，内容是《希腊的抒情诗人》和《柏拉图研究导论》。尼采先是携其妹到伯尔尼附近的布雷加滕宫旅行。不久，伊丽莎白又不得不回到母亲那里，由奥弗贝克住在苏黎世的岳母照顾他。

在生命中最暗淡的日子里，尼采完成了《漫游者及其影子》，第二个冬天，他的身体未有好转，但伴随着极度虚弱而来的愉快和灵性促成了《朝霞》的问世。在热那亚的海滩上，像安详而愉快的海兽在岩石间享受着温暖的阳光，尼采沐浴着海风，与海洋秘密地交谈。孤独是可怕的，而"我仍要重归于孤独，独与清朗的天空，孤临开阔的海洋,周身绕经午后的阳光。"

南方明快亲切的阳光使《快乐的科学》同样语调温和,流露出生命之喜悦,在第三部分中,尼采以寓言的方式,借狂人之口宣告"上帝死了"。原来上帝早已毁灭,只是人们还不知道罢了。于是,狂人大清早提个灯笼跑进街市里,不住地嚷着:"我要找上帝,我要找上帝!"他的话引起了一片哄笑,不信神的人们喧笑着:他迷路了吧,还是他怕我们,藏起来了?狂人于是跳到人们中间,叫喊着:"上帝死了!上帝死了!我们杀死了他!"可是这件可怕的事尚在途中,还没有到达人们的耳中,人们沉静着,望着他,于是狂人说,"我来得过早,我的时间还没有到。"

但是尼采的新人即将诞生,当尼采穿过瑞士西尔瓦波拉纳湖边宁静的林带,注视着兀立不语的高山岩石,在一张纸上写下"距离人与时间的彼岸6000尺"时,查拉图斯特拉的影子忽然像飞鸟一样掠过。不久之后,尼采爱上一位年轻美貌的女士莎乐美,却不幸陷入了一场三角恋爱,最后莎乐美与他的朋友一起离开了罗马。为了追求莎乐美,尼采还与妹妹伊丽莎白发生了冲突,伊丽莎白不喜欢看到尼采的思想染上了莎乐美的影响,而尼采对她的骄傲自大同样不能容忍,两人一度中断通信联系。

清风了无痕

1882年冬,尼采独自一人来到热那亚附近的拉帕罗海湾。这年冬天,南方的阳光几乎不见踪影,霪雨霏霏,天气寒冷,他在海边的小饭店里居住,在大海的怒潮中夜不能寐,总之一切状况都与愿望相反,然而就在这"逆境"中产生了最伟大的作品。每天上午和下午,尼采都沿着两条不同的路线漫步到可以看得见海的高山松林,漫步到静谧的海湾岬角,在孤独而悠长的路程中,他不时掏出笔记本,记录下来一闪即逝的灵感。

"孤独者的岁月悠悠过去,他的智慧与时俱增,终于因着过多的智慧而感到痛苦。

我这股切的爱泛滥如洪流,下注于朝阳与落日:自寂静的高山与痛苦的风雷中,我的灵魂冲向溪谷。

"从高崖倾注之流的激响,我将以我的言辞投向深谷。"

1883年2月14日,尼采在极大的快慰中完成并誊好寄出《查拉图斯特拉如是说》第一卷,得知瓦格纳已于前一日去世。他离开意大利,到瑞士风光秀丽的西尔斯玛丽亚完成了第二卷书。秋天回到瑙姆堡,却发现妹妹伊丽莎白追随著名的反犹分子佛斯特,帮助他收集25万人签名的反犹请愿书,两人还准备结婚,并将去南美巴拉圭建设殖民地。在极为反感的情绪中他只待了四周,就去尼斯过冬,最终在1884年冬天完成了《查拉图斯特拉如是说》全部四卷书的写作。这是一部杰作,尼采认为在自己的所有著作中它真正散发着高山冰雪之气，这是书中至尊，从无限光辉之源和幸福之源缓缓流溢出来。

然而，书的第一部分被推迟印刷，出版商正忙于交付大量的《圣歌集》，接着又要印许多反犹太人的小册子，至于第四卷，尼采只好自费印刷了40本，七本送了人，没有一个人肯称赞。像尼采说的，这真的是一本"写给所有人的书，也是无人能读的书"，这世上没有什么人对他是至关重要的了，他下定决心保持独立到生命的最后一刻，而他的身体状况使他相信那一刻就在不远的前方。于是他继续在瑞士和意大利之间游荡，在经历了查拉图斯特拉的袭击之后，他的使命就是要重估一切价值。他在尼斯安顿下来，构思写作《善与恶的彼岸》，这是对当时科学、艺术乃至政治的批判，指责基督教理想是奴性种族的产物，尼采自己提出了一套颇为奇异的道德体系。

这本书一印出就遭到了学者们的攻击，甚至他的朋友们也不能容忍他反对一切的狂热劲头：在空前的孤独和病痛中，他自知死期将至，反而在生命力极衰弱的一年间连续写成了《偶像的黄昏》《反基督》和讽刺性自传《瞧！这人》在他的文稿中还留下大量散乱的格言，都是为尚在计划中的《强力意志》和《重估一切价值》做准备。

可是，偏偏是这些著述和有争议的《权力意志——重估一切价值的尝试》，对醉心尼采的信徒们，一直具有神奇的吸引力。因此，尼采如同荷尔德林，受到不少误解。如荷尔德林的崇拜者，就曾把他最后的诗作看作是一种特殊的启示。纯臆测的诠释在哲学上可能是合法的，但在描绘一幅生活图景时，则是要求严谨的。

他死于1900年8月25日，葬于洛肯镇墓地，埋在他父亲身边。

精神分析学派创始人

——弗洛伊德

人物档案

简　历：奥地利精神病医师、心理学家、精神分析学派创始人。1873 年入维也纳大学医学院学习，1881 年获医学博士学位。1882—1885 年在维也纳综合医院担任医师，从事脑解剖和病理学研究。然后私人开业治疗精神病。1895 年正式提出精神分析的概念。1899 年出版《梦的解析》，被认为是精神分析心理学的正式形成。1919 年成立国际精神分析学会，标志着精神分析学派最终形成。1930 年被授予歌德奖。1936 年成为英国皇家学会会员。1938 年奥地利被德国侵占，赴英国避难，次年于伦敦逝世。

生卒年月：1856 年 5 月 6 日~1939 年 9 月 23 日。

安葬之地：美国得克萨斯州休斯敦。

性格特征：自小聪明伶俐，勤奋好学，嗜书成癖，学业成绩非常优异，有很高的语言天赋，致力于研究工作，感情专一。最突出的性格特征是思维创意性高，胸怀大志，做事持之以恒，意志坚强。

历史功过：他的作品包括《梦的解析》《性学三论》《精神病理学和心理疗法新讲义》等。他开创了潜意识研究的新领域，促进了动力心理学、人格心理学和变态心理学的发展，奠定了现代医学模式的新基础，为 20 世纪西方人文学科提供了重要理论支柱，对人类思想和文化产生了深远的影响。

名人评点：美国心理史学家 E.G.波林说："在西格蒙德·弗洛伊德身上我们看到一个具有伟大品质的人。他是一个思想领域的开拓者，思考着用一种新的方法了解人性……"

少年时代

西格蒙特·弗洛伊德 1856 年 5 月 6 日生于摩拉维亚的弗莱堡（当时是奥匈帝国的领土,今属捷克）。

弗莱堡是摩拉维亚东南部的一个小镇,居民约 5000 人。只有几条街道,几十家小型工厂。弗洛伊德一家是在德国革命期间由离这里不远的西里西亚迁到这里来的。

弗洛伊德的父亲叫雅克布·弗洛伊德,是一个拥有微薄资本的毛织品商人。1855 年,他 40 岁,与比他小 20 岁的姑娘艾米莉·娜旦森结婚。艾米莉是雅克·布的第三任妻子。雅克布与他的前两任妻子各生有一个儿子。大儿子叫伊曼努尔,比弗洛伊德大 23 岁,二儿子叫菲利浦,比弗洛伊德大 19 岁。弗洛伊德是雅克布和艾米莉的第一个孩子。后来他们又生了 6 个孩子。

弗洛伊德的父亲诚实、善良、单纯。弗洛伊德在谈到他父亲时说,他像狄更斯的小说《大卫·科波菲尔》中的人物米克伯一样,是一个乐天派,"始终都充满希望地期待着未来"。

弗洛伊德的母亲艾米莉年轻时美丽、聪慧。原来住在德国东北部的加里西亚,后来在俄国的敖德萨度过童年,再后来随父母迁往维也纳。

弗洛伊德的父母都是犹太人。这一犹太民族的出身对于弗洛伊德一生的生活和科学研究发生了重要的影响。自公元 70 年犹太教的圣殿被破坏之后,犹太人陆续流落到中亚、西南亚、欧洲等地。他们保持着自己的宗教信仰、语言文字、生活方式,以不屈不挠的斗争精神、辛勤的劳动顽强生存着,发展着,与其他民族的人民一道,为世界的文明和进步做出了自己的贡献。但是,2000 多年来,在欧洲这个民族遭受了太多的不公:来自异族、异教、统治者的轻蔑、侮辱、欺凌和压迫,就没有间断过。在弗洛伊德在世的 80 多年中,这一情况不仅没有改善,相反,在某些时期,还表现得格外突出。犹太血统在带给弗洛伊德诸多不幸的同时,也带给了他一些好的、有益的东西。这首先是积淀于这个民族精神深处的那种为正义事业而斗争的献身精神。他曾说:"我经常地感受到自己已经继承了我们的先辈为保卫他们的神殿所具备的那种蔑视一切的全部激情;因而,我可以为历史上的那个伟大时刻而心甘情愿地献出我的一生。"此外,这个民族特有的受屈辱地位极大地激发了他的自尊心和正义感,培育了他那决不向邪恶势力低头、永不在逆境中退缩的斗争精神。他说:"我永远不能理解为什么我得为我的祖先而感到羞耻,或如一般人所说的那样为自己的民族感到羞耻?! 于是,我义无反顾地采取了昂然不接受的态度,并始终都不为此后悔。"这是一笔宝贵的精神财富,它在弗洛伊德一生的科学研究中结出了丰硕的果实。

弗洛伊德的父母笃信犹太教,生活和做事严格遵守犹太教的法规。弗洛伊德从小受到犹太教教育。在父亲的教育下,他很小就熟悉了《圣经》。使3岁以前的小弗洛伊德受到宗教熏陶的还有他的保姆。这位保姆信奉天主教,经常抱着小弗洛伊德到教堂去,给他讲有关天堂、地狱和《圣经》中的故事。弗洛伊德尽管自幼受到宗教的教育和熏陶,但他后来并没有成为有神论者。在生活中,他遵守着本民族的宗教信仰,而在科学活动中,他却坚持了无神论的世界观。

1859年弗洛伊德一家离开弗莱堡迁到萨克森的莱比锡去,1860年又迁往奥地利的维也纳。

维也纳从很早以来就是欧洲的文化名城。这里有古老的维也纳大学,欧洲乃至世界各地的知名学者云集于此。19世纪中叶到第一次世界大战期间,是维也纳发展的全盛时期,在音乐、哲学、文学、经济学、数学等方面,维也纳都取得了闻名世界的成就。维也纳深厚的文化沉积和文化氛围为弗洛伊德的学习、科学研究提供了良好的条件。

弗洛伊德一家在维也纳刚住下的一段时间里,家庭经济比较紧张,他和父母的情绪都不很愉快。弗洛伊德在谈到他3岁至7岁的生活经历时说,那是很艰难的时期,不值得回忆。

弗洛伊德的小学教育是在家中完成的。他父亲承担了教育他的任务。他父亲文化水平不高,他的知识一部分来自犹太教法典,一部分来自他的生活经验。弗洛伊德有很强的学习能力,对于父亲教给他的每一种知识,都能很好地理解。他从能读书的时候起,就表现出对文学和历史的浓厚兴趣。弗洛伊德9岁时具备了过人的智力,加上他平时努力自修,以优异成绩通过了中学入学考试。他就读的中学实行8年一贯制。除了一般中学所学的全部课程外,还包括大学预科的基本知识。弗洛伊德在整个中学阶段一直是优秀学生。他在《自传》中说:"上大学预科(中学)时,我的学习成绩连续七年为全班第一名。我享有特别的待遇,几乎从不用参加班里的考试。"弗洛伊德17岁时,以"全优"的成绩中学毕业。

在中学期间,弗洛伊德表现出强烈的求知欲。他除了学好各门功课外,还喜欢看一些课外读物。他从不感到读书是负担,总是孜孜不倦地读书。他学习的范围包括历史、文学、地理、数学、物理、化学等。他尤其喜欢读歌德和莎士比亚的文学作品。他怀着很大的兴趣读了歌德的《浮士德》《少年维特之烦恼》。他特别注意发现和吸收这些作品中那些包含人生哲理的思想。弗洛伊德在《自传》中引用过《浮士德》中这样的句子:"对科学的广泛涉猎是徒劳无功的,每个人只能学到他所能学到的东西。"弗洛伊德还经常大声朗诵歌德的如下诗句:"怯懦的思想,顾虑重重的动摇,女人气的踌躇,忧心忡忡的抱怨,都不能扭转苦难,不能使你自由。对一切的强力,自己要坚持反抗;永远不屈服,表示出坚强,呼唤过来群神的臂膀!"诗句所包含的思想,不仅使少年弗洛伊德深获教益,而且惠及其终身。弗洛伊德一生追求真理、目标专一、信心坚定、百折不挠、一往直前,这些品格的形成恐怕不能不与歌德的思想有关。

弗洛伊德具有极强的学习语言天赋。中学期间他刻苦学习语言，为后来掌握多种语言打下了基础。弗洛伊德一生掌握的语言有：拉丁语、希腊语、法语、英语、希伯来语、意大利语、西班牙语等。

1873年，弗洛伊德中学毕业前夕，面临着一生职业的抉择。后来他在《自传》中说：他的父亲坚持让他按照自己的爱好选择职业。弗洛伊德当时和后来对医生这一职业都没有特殊的偏爱。他受一位好友的影响，曾想研究法律，将来从事社会活动。当时正流行达尔文理论，他被它深深吸引住了。恰在这时，他听了卡尔·布鲁尔教授在一次讲演中朗诵歌德关于自然界的优美散文，对了解自然界发生了浓厚兴趣，于是，决定做一名医学院的学生。也许他以为，研究医学是认识自然界的一条途径。

大学时光

1873年秋，弗洛伊德刚满17岁。他顺利地进入维也纳大学医学院，开始了紧张而有序的大学学习生活。

头两年里，弗洛伊德每周都要上20多节课，他学习的课程主要有解剖学、化学、物理学、植物学、动物学、生理学、矿物学等。生理学课是布吕克教授讲授的。布吕克是对弗洛伊德后来走上科学研究道路起过重要作用的人物。

按照维也纳大学当时的规定，维也纳大学的学生，即使是非哲学系的，也要学习哲学，在哲学方面达到较高的水平。医学院的学生要学习三年的哲学课。弗洛伊德从第三学期开始听哲学课。他听的是奥地利天主教哲学家弗兰兹·布伦坦诺讲的被中世纪经院哲学家托马斯·阿奎那歪曲和改造了的亚里士多德哲学。弗洛伊德在学习亚里士多德哲学的同时，还研究了其他哲学派别的哲学。弗洛伊德精通希腊文、拉丁文和英文，可以直接阅读各种文本的亚里士多德著作和其他哲学家的著作，这使他能够学到哲学家们本来的思想。

此时的弗洛伊德，心无旁骛，专心致志地学习各种知识。他总是努力弄清楚老师讲的所有内容，但并不以此为满足，还要尽量寻找一些有关的参考书来读，独立钻研。教授们严谨的治学作风深深影响了弗洛伊德。他在没有完全弄清楚某种观点之前，从不轻易做出肯定或否定的结论，在弄清了一种观点之后，也从不盲从，而是独立思考，创造性地加以理解。

弗洛伊德喜欢读书，总是力求多读一些书。当时他家经济上不宽裕，父亲劝他少买书。为此，弗洛伊德和父亲之间曾发生过一次小小的不愉快。不过，总的说来，弗洛伊德的父母还是全力支持他的学习的。弗洛伊德家里人口多，房间较少，在这种情况下，弗洛伊德还是得到了一个独立的小阁室作为卧室和书房，可以不受干扰地在这里读书和思考问题。当时还没有使用电灯,别的房间里晚上都是点蜡烛,为便于弗洛伊德夜晚读书,父母把全家唯一的一盏油灯放到他的房间,让他使用。弗洛伊德的母亲为培养女儿学习音乐,给女儿买了一架钢琴。钢琴虽放在离弗洛伊德的房间较远的地方,琴声还是干扰了弗洛伊德的读书和思考。他要求把钢琴搬走,父母虽不情愿,最后还是满足了他的要求,妹妹却因此失去了学习音乐的机会。

1875年暑假期间,弗洛伊德经父亲同意到英国旅游了一趟。访问英国是弗洛伊德多年来的夙愿。这不仅是因为,英国是他所景仰的莎士比亚、达尔文和克伦威尔的故乡,还因为,英国不像德国和奥地利那样排斥犹太人。再有一个原因就是:英国住着他的异母哥哥伊曼努尔和菲利浦。他想见到幼时的好友——伊曼努尔的儿子约翰和女儿保莲。在曼彻斯特,弗洛伊德受到大哥一家的热情接待。保莲,这位标致的少女勾起了他许多美好的回忆,他对保莲产生了一种奇特的感情:把她当成了他所迷恋着的弗莱堡少女吉夏拉的化身。

1876年,弗洛伊德上大学三年级了。他在克劳斯教授的安排下进行了一系列基础研究活动。首先,弗洛伊德分别于春季和秋季两次到里雅斯特动物实验站实习。这个实验站是1875年由克劳斯教授倡议建立的,它是当时世界上第一所动物实验室。克劳斯提议每年要从维也纳大学选派一些优秀的学生到那里去实习两次,每次几个周。弗洛伊德就是第一批被选派去实习的学生之一。

其次,从这一时期开始,弗洛伊德开始进入布吕克教授开设的生理学研究所。这在弗洛伊德的科学研究生涯中是具有重大意义的事情。因为,后来他的科学事业正是从研究一般动物的生理机能和神经系统开始的。弗洛伊德在这里的工作一直持续到大学毕业后的一段时间。在这里他不仅进行了为未来的科学研究奠定基础的工作,还遇到了学习的榜样:布吕克教授。从他身上学到了一个科学工作者应该具有的品格和精神。弗洛伊德在《自传》中说:"在恩斯特·布吕克的生理研究所里,我才找到了归宿和充分的满足,同时,也找到了我应该尊敬并可奉为楷模的人。他们是:伟大的布吕克本人,他的助手西格蒙特·艾克斯纳和恩斯特·弗莱斯契·冯·马克索。"

弗洛伊德在这里研究的第一个题目是雄鳝鱼的生殖腺结构问题。这是一个自古以来没有解决的生理学难题。弗洛伊德解剖了400多条鳝鱼,在显微镜下发现了一种小叶状的生殖腺结构。他认为这就是鳝鱼的睾丸。这一成果虽需进一步证实,但这却是当时这一问题上最高的研究成就。这对于一个三年级的大学生来说是了不起的。这一研究显示出弗洛伊德卓越的科学研究才能。

1876年秋,该是弗洛伊德升入四年级的时候,布吕克教授让他做自己的正式助手,并交给他一个研究题目:神经系统的组织学。具体一点说,就是研究神经元的结构,探讨高等动物的神经系统的构成细胞与低等动物神经细胞的差别。弗洛伊德一边听别的课程,一边进行研究。在研究中,他改进了观察技术,取得了重要的研究成果。这项研究的最后成果是形成了一个长篇实验报告。这个报告,首先于 1878 年 7 月 18 日在奥地利科学院发表,接着又于 8 月份在生理学学报上发表。报告的论点没有引起任何疑义,其意义得到普遍认可。弗洛伊德获得了巨大成功。1879 年至 1881 年,弗洛伊德又研究了另一题目——蝲蛄的神经细胞。1882 年在一次学术报告中发表了他的研究成果。报告的题目是:《神经系统的基本结构》。

1879 年,德奥两国和俄国为争夺巴尔干半岛发生了战争,弗洛伊德应征入伍。服役期间有许多空闲时间,他利用这些时间把英国哲学家、经济学家斯图阿特·穆勒的五篇著作由英文译成德文。译文融会贯通极为流畅。这些著作中有一篇论述古希腊哲学家柏拉图的。后来弗洛伊德谈到,这次翻译使他接触到了柏拉图的著作,柏拉图的"回忆说"给他留下了深刻印象。

1881 年 3 月,弗洛伊德以"优秀"成绩通过了医学院的考试,获得学位。弗洛伊德在《自传》中说:"医学本身的各个分支,除精神病学外,对我都没有吸引力。我明显地放松了我的医学课程的学习,因此,直到 1881 年,我才获得了那姗姗来迟的医学博士学位。"

开业行医

1881 年弗洛伊德从维也纳大学医学院毕业后,仍留在布吕克生理学研究所。他在从事研究的同时还担任了大学助教的工作。从 1881 年 5 月至 1882 年 7 月,他顺利地完成了研究项目和助教教职。

1882 年弗洛伊德生命中的另一件重要事情发生了:恋爱、婚姻提上了日程。这年 4 月的一个晚上,他下班回到家时意外地发现一位美丽的姑娘正坐在餐桌旁愉快地谈话。这次弗洛伊德没有像往常一样径直进入自己的书房继续他的研究,而是坐下来参与她谈话。弗洛伊德发现他爱上了这位姑娘。在经过一段时间的交往之后,于 6 月 17 日他和这位姑娘订婚了。

这位姑娘叫玛莎·柏内斯,生于 1861 年 7 月 26 日,比弗洛伊德小 5 岁。父母都是犹太人,虔信犹太教。父亲叫柏尔曼,是一位很有学问的商人。她的哥哥埃力曾是弗洛伊德的好友,1883 年同弗洛伊德的大妹结婚。玛莎一家是 1869 年从汉堡迁到维也纳的。玛莎十分聪慧,受过良好教育。弗洛伊德很满意玛莎的美貌,他跟玛莎说:你在你自己的面貌和身段方面所体现的,确实是很令人陶醉的。你的外表,表现出你的甜蜜、温柔和明智。我自己对于形式上的美,总是不太在意;不过不瞒你说,很多人都说你很美丽。

弗洛伊德是一个在爱情上十分严肃的人。他对玛莎的爱专一、热烈而深沉。自 1883 年 6 月起,玛莎一家迁往汉堡,在他们分居两地的三年中,弗洛伊德竟给玛莎写了900多封情书。

弗洛伊德在《自传》中说:"1882年是我的转折点,我的老师——我对他充满最崇高的敬意——考虑到我窘困的经济状况,极力劝我放弃理论研究工作,从而纠正了我父亲高尚而毫无远见的想法。我听从了他的劝告,离开生理学研究所进入维也纳全科医院做了一名临床助理医生。"

这里弗洛伊德说的这位老师是布吕克教授。在他的劝告下,弗洛伊德于1882年7月底正式到维也纳全科医院上班。

在全科医院,弗洛伊德先在外科工作了两个多月,之后转入诺斯纳格诊疗所,在此工作半年之后又转入梅纳特的精神病治疗所。西奥多·梅纳特是著名的神经病学专家,弗洛伊德上大学时就听过他的课,从那时开始弗洛伊德就对神经病学发生了兴趣。弗洛伊德在这里工作5个月后又转入皮肤科,3个月后又于1884年1月转入全科医院的神经科,他在这里工作了14个月,曾被任命为该科的负责人。后来由于与神经病科主任舒尔兹发生矛盾,只得于1885年3月从这里转入眼科。弗洛伊德在眼科工作了3个月又转入皮肤科。弗洛伊德在维也纳全科医院工作的3年里,频繁地从一个科转到另一个科,其实,他的主要兴趣却在神经系统的疾病方面,这一时期他诊疗之外的研究也集中于神经系统方面的问题。这一时期他发表的学术论文有:《蝲蛄之神经纤维及神经细胞的构造》《神经系统诸要素的结构》等。

弗洛伊德在神经科比在别的科表现出更大的工作兴趣和热情。他查阅大量资料,寻找提高治疗神经精神病疗效的药物,发现了可卡因这种植物的药用前途。1884年4月21日,他在给玛莎的信中表示,决心深入研究可卡因的药用价值,并把这项研究的成功看作他们结婚和在维也纳安家所需费用的担保者。1884年7月,他把初步的研究成果写成《论可卡因》一文发表。他还要继续进行研究,目标是澄清可卡因的麻醉作用和证实它在局部外科手术中的麻醉功效。达到这一目标需要做一些实验。恰在这时,他得到了一个探望未婚妻的机会。他与玛莎已有1年4个月没有见面了,饱尝相思之苦。他把实验的计划交给了一位朋友,并提示他在眼科手术中试验可卡因的麻醉性。遂于1884年9月匆匆赶到汉堡去见玛莎了。4个星期后他回到维也纳,发现可卡因的研究计划已属落空。因为10月17日卡尔·科勒在海德堡召开的眼科大会上宣读了他在牛眼睛上实验可卡因麻醉的效果。大会公认可卡因的局部麻醉作用是科勒发现的。弗洛伊德为了爱情而痛失了可卡因麻醉作用的发明权。他在《自传》中写道:我之所以在青年时代没有成名,正是因为我那时的未婚妻的缘故。

由于弗洛伊德在神经系统疾病的研究和治疗上已获得了显著的成果,1885年春,他在他的三位老师布吕克教授、梅纳特教授和诺斯纳教授的推荐下,被任命为维也纳大学医学院神经病理学讲师。

弗洛伊德在担任维也纳大学医学院讲师之后不久,又由布吕克教授推荐享受一笔数目不小的留学奖学金。1885年秋,弗洛伊德结束了维也纳全科医院的工作,前往法国巴黎,成了沙尔彼得哀尔医院的一名学生。

这所医院有一位闻名世界的人物,他就是神经病学专家沙考特。由于他,这个医院当时有"神经病学圣地"之称号。做沙考特的学生当时被认为是一件了不起的事情。成为他的学生就等于获得了终生的"护身符",可以畅行无阻地出入于医学界而受到尊重。弗洛伊德有幸成了沙考特的学生。在这里,弗洛伊德主要学习的是神经病治疗学。

弗洛伊德在医院聆听沙考特的讲演,参加沙考特组织的实验,观摩沙考特对病人的治疗,还与沙考特进行个别的交谈。沙考特对工作的强烈责任心和高度热情、严谨的治学和工作作风使弗洛伊德深受感动。弗洛伊德深深佩服沙考特的杰出才能。弗洛伊德在写给未婚妻玛莎的信中说:作为一位老师,沙考特是极其完美的鼓舞者。他的每一次讲座都是结构方面和文章方面的典范。他的文体优美而高度完善,他的讲演是如此生动和深刻,以致久久地在身边留有回声,而他的实验操作过程则可以栩栩如生地在你的眼前保留很多天。

在这里,弗洛伊德第一次看到了催眠术的神奇功能,看到了精神刺激对于身体的控制作用,以致人的肉体可以不自觉地、无意识地接受精神刺激的摆布。从这时起,弗洛伊德开始思考无意识存在的可能性。

弗洛伊德在《自传》中说:"在我跟沙考特一起工作的日子里,给我印象最深的是他对于歇斯底里的最新研究,我亲眼见到其中一些研究的完成。例如他证明了歇斯底里的真正症状和规律性……证明了男性歇斯底里的经常发生,证明了催眠暗示可产生歇斯底里的麻痹和痉挛,并且这种人为的结果直到最小的细节上都显示出与自发性发作具有相同的特征,而且发作时还常常伴有外部创伤。沙考特的许多演示,一开始便引起我和其他访问者的惊讶和怀疑,这时我们便竭力用当时的某一种理论进行辩解。他总是既和善又耐心地处理这些疑问,同时也非常果断。正是在这样的一次讨论中……他说:'理论并不妨害存在。'这句话给我留下了不可磨灭的印象。"

在法留学期间,弗洛伊德主动地承担了把沙考特关于神经系统的疾病,尤其是歇斯底里症的新讲义译成法文的任务。沙考特对弗洛伊德的工作十分满意,特赠送给弗洛伊德一套他自己签名的著作全集以示感谢。

1886年2月,弗洛伊德完成了在法国的学习计划返回维也纳。他在返回途中去柏林拜访了著名小儿科专家巴金斯基。他在柏林逗留了几个星期,向巴金斯基学习关于小儿科疾病的知识。据说这事与种族歧视有关。凭弗洛伊德的学识和临床经验,他完全有资格到维也纳大学医学院所属的精神神经病诊疗所担任要职,但他得知维也纳的排犹情绪使他无望到那里就职。恰在这时,一位小儿科专家同意弗洛伊德到儿科疾病研究所的神经科工作。为适应未来的工作,才有弗洛伊德途中逗留之事。

弗洛伊德回到维也纳后开办了自己的诊疗所。1886年4月25日,在维也纳的日报上登出这样一则广告:"维也纳大学医学院讲师西格蒙特·弗洛伊德博士,刚从巴黎留学6个月后归来,现设诊所于拉多斯特拉斯街7号……"这天是复活节,又是星期天。弗洛伊德之所以选在这天登广告,是因为他认为人们在节日里更有闲暇看报,更容易记住他的名字。一个多月后,弗洛伊德又被马克斯·卡索维斯邀请到他的儿童医院去兼职,让他任这个医院神经病科的主任。弗洛伊德在这里工作了许多年。

这段时间,弗洛伊德每天工作18小时。当他完成了一天的工作,夜深人静时,就给远在汉堡的未婚妻玛莎写信,向她描述病人及其病例,告诉她候诊室里座无虚席时的愉快心情。他与玛莎订婚已4年多了,他该结婚了,可是,此时的弗洛伊德身无分文,甚至还因留学而借了债。弗洛伊德不忍心让玛莎再等下去,同时他也希望快点结束这在不利的环境中长期"孤军奋战"的日子,他向玛莎提出了成家立业齐头并进的计划,玛莎同意了。玛莎的姑姑和叔叔赠了一笔不小的嫁资,1886年9月14日他们举行了婚礼。1887年10月,他们的第一个孩子——大女儿出生。至1895年12月他们共生育了6个儿女。他们的日子不富裕,却是温馨的。

1886年4月,在弗洛伊德忙于张罗开办诊疗所时,他挤出10天时间写了一份"留学报告",呈报给教育部,算是对教育部为他提供留学资金的一个交代。可是,几个月过去了,教育部却毫无反应。10月份,弗洛伊德又把报告改写为一篇论文:《论男性歇斯底里症》,递交给维也纳医学协会。10月15日,弗洛伊德在医学协会的学术报告会上宣读了这篇论文。出乎他的意料,他的报告受到了冷遇。原因是,他的报告中有关于男人患歇斯底里症、催眠疗法等内容,当时维也纳的医学界,包括一些医学"权威",尚不能接受这些新的知识和观点。医学协会主席巴姆伯格等人竟宣布弗洛伊德报告的内容"令人难以置信"。

尔后,弗洛伊德按照他学到的新知识和疗法进行诊断时,甚至招致医学"权威"们的嘲笑。新的知识和先进的疗法把弗洛伊德置于孤立的地位。他在相当长的时间里找不到可以讲授讲义的地方,于是不得不从学术生涯中退了出来。当然,这一"退却"是暂时的。我们将看到,弗洛伊德科学研究兴趣的火焰很快就重新燃烧起来,而且愈燃愈旺。

在开业行医的头几年里,弗洛伊德用来治疗神经精神病的方法有两个:一是电疗法,二是催眠术。电疗法是他从德国神经病理学权威维·耳伯的教科书中学来的,在治疗实践中弗洛伊德很快发现这一方法毫无效果,于是果断地放弃了。至于催眠术,对于治疗有较好的效果,但他发现他对这一技术的使用还有不满意之处。为使这一技术更趋完善,他于1889年夏前往法国南锡,试图向多年运用催眠术的法国医生们求教。在那里,弗洛伊德亲眼看到了伯恩海姆在他的病人身上所做的惊人实验。弗洛伊德又一次受到深刻启示。他在《自传》中说:"当时我得到了一个最深刻的印象:很可能在人的意识之后,还有一个相当有力的思想过程尚未被人们发现。"这个"印象"非同小可,它包含着弗洛伊德一生伟大理论成就的萌芽。

弗洛伊德在《自传》中对其开业行医以来的头几年做了这样的概括:"在 1886 年到 1891 年这一期间,我没做什么科学研究工作,也几乎没有发表什么文章。我忙于确立我在这一新的职业中的信誉,并保障我自己的和迅速发展的家庭的物质生活。"

理论研究

1891 年 8 月,弗洛伊德一家搬到了柏格街 19 号,先是租了二楼的几个房间,次年又租了楼下的三个房间。二楼是弗洛伊德家人居住的地方,一楼是弗洛伊德的工作室,一间是诊所,一间是书房,另一间是接待室。弗洛伊德在这里住了 47 年。弗洛伊德那些创造性的伟大理论成果就是在这里诞生的。

柏格街是维也纳的一条著名街道。街道两旁是 18 世纪建造的古典式住宅,零星分布着一些店铺。弗洛伊德工作之余就沿这条街道散步。按照维也纳市的一贯传统,凡有名医居住的街道都要以名医的名字命名,1930 年市议会提议把这条街道命名为"西格蒙特·弗洛伊德街",但主要因为政治方面的原因,未获通过。直到 1949 年 2 月 25 日市议会才通过更名议案。1954 年,世界心理卫生联合会为纪念弗洛伊德还在他居住过的房子前立了一块纪念碑。

弗洛伊德的生活极简单,除工作外几乎没有别的什么。他每天工作 13 个小时以上。通常上午 7 点多别人把他叫醒,匆匆吃过早饭后,8 点开始看病,直至 12 点。下午 1 点左右吃午饭,休息几分钟后到街上散步。有时顺便到商店或邮局。下午 3 点至 9 点,又是看病时间。晚饭后与家人一起散一会儿步,回来后便钻进书房读书和写作。12 点或凌晨 1 点睡觉。星期天是休息日,他与一两个家庭成员去看母亲,有时去拜访朋友。假日里弗洛伊德喜欢和孩子们外出旅游,尤其喜欢到郊外去采蘑菇。

弗洛伊德有动笔的好习惯,只要有时间,他总喜欢写,写临床报告、写文章、写信……他文笔优美、朴实自然。他不刻意追求文章的形式,因为他认为文章是表达思想的,过分注重形式会影响思想的表达。

如果说弗洛伊德有什么特别的生活情趣的话,那就是他喜欢搜集古董。早在 19 世纪 70 年代,他还是大学生时,就趁到亚德里亚海滨作科学考察之机搜集了一些古董。这个习惯他一直保持着。在他的书房里,接待室里到处都摆放了他搜集来的古董。他把它们当作艺术品来欣赏,更重要的是,他要在对它们的鉴赏中追索那凝结于其中的人类精神。

19 世纪 90 年代的最后几年里,弗洛伊德很少有时间进行社交活动,也很少到戏院或者音乐厅去。他曾参加了维也纳的一个犹太人组织的"伯奈伯利兹社",约每两周参加一次这个社团的集会。他曾在这个社团的集会上做过关于梦的学术报告。在这里他听过他一向心仪的美国大作家马克·吐温的精彩报告。

1895年以前弗洛伊德治疗精神病所采用的方法是催眠术。在维也纳使用这一方法的还有布洛伊尔。布洛伊尔是维也纳的著名医生,又是一位卓越的科学家。曾写了好几部关于呼吸器官和平衡器官的生理学著作,1868年当了维也纳大学的荣誉讲师,从1871年起当私人医生,1894年当上了维也纳科学院的通讯院士。他比弗洛伊德大14岁。弗洛伊德对他非常钦佩。19世纪70年代末弗洛伊德与布洛伊尔在生理研究所首次认识,他们很快成了好朋友。在弗洛伊德经济上困难的日子里,布洛伊尔曾向他伸出援助之手。80年代以来,他们在科学上有比较一致的兴趣和观点,在医疗实践中彼此交流经验、心得,共同切磋。

弗洛伊德在《自传》中谈到,在他去巴黎之前,布洛伊尔跟他谈过一个病例:布洛伊尔在1880年到1882年间用催眠术成功地治疗了一个女患者的歇斯底里病。这种方法使布洛伊尔对歇斯底里症状的起因和意义有了深入的了解。弗洛伊德当时有一种印象:布洛伊尔所叙述的情况比以前的任何观察都更接近于对神经症的理解。弗洛伊德对此很重视。他在巴黎学习期间把这个病例告诉了沙考特,但沙考特不感兴趣。弗洛伊德从巴黎学习回来后,又详细询问和认真研究了这个病例,找出了其中所包含的有科学价值的东西,打算进一步推进布洛伊尔的研究成果。弗洛伊德说:"最紧迫的问题是:是否可能从他在单一病例上所发现的东西之中,概括出一般性结论来。"在以后的几年中,弗洛伊德结合自己的医疗实践,努力进行研究,证实了布洛伊尔在上述病例中所出现的东西具有普遍性,为把它贡献出来以丰富科学事业,弗洛伊德向布洛伊尔提议合写一本书。

1893年他们首先发表了序言性的通信《关于歇斯底里现象的心理机制》,接着又于1895年出版了合著的《歇斯底里研究》。

弗洛伊德说,这本书"就其材料内容的全部要点来说,是布洛伊尔的思想成果","至于书中所提出的理论,我负部分责任"。这本书不是要确定歇斯底里的性质,而只是对歇斯底里症状的病因有所阐明。因此,它强调情绪生活的意义,强调区别无意识心理活动和有意识(或者确切地说是能够意识到的)心理活动的重要性;它采用了动力因素的概念,假设某种症状的发作是因为某种情感的抑制;它采用了经济因素的概念,认为同一症状实际上就是人体一定能量转换的结果,否则这种能量会通过某种其他方式而发挥作用(后面这一过程被描绘为"转换")。

弗洛伊德还说,在这本书中,布洛伊尔把他们治疗神经病的方法称作"宣泄法",他解释说,这一方法的治疗目标,是要把走错了道路而造成症状的一定量的情感,引上正确的道路,它只有沿着这条道路才可能得到释放(或发泄)。宣泄法的临床效果令人相当满意。直到后来才知道它的明显的不足之处和催眠疗法的不足之处是一样的。

弗洛伊德还指出,本书中讲的宣泄法理论并没有太多地论述性欲问题。在他本人提供的那些病例中，虽谈到性因素起一定作用，但是对于性欲的注意程度和对其他情绪刺激的注意程度基本上是相等的。而在布洛伊尔提供的病例中，他曾提到那个姑娘的性发育还很不成熟。这样一来，从这本书中就很难看出性欲在神经症病源学中到底起着多大的重要作用。

我们可以做出这样的结论：(1)在《歇斯底里研究》中，弗洛伊德已把心理活动区分为意识和无意识两部分，并强调二者的区别，而这就是他精神分析学的基本观念；(2)他已初步表达了心理能量、压抑等概念的思想；(3)他已接触到了性欲在精神活动中的作用的思想。因此，可以说，这本书是弗洛伊德精神分析学的诞生地。

1896 年弗洛伊德在发表的法语论文《歇斯底里的病因》中首次正式使用"精神分析学"一词。至此，精神分析学———一种崭新的学说在人类历史上出现了。可是，这还是一个很不健全、很不完善的学说。它的体系需要完善，它的理论需要丰富，它的观点需要论证。在尔后的约 10 年中，弗洛伊德顶住种种压力，克服重重困难，单枪匹马，奋斗不息，以罕见的创新精神和卓越的创造才能，建立起了自己独具特色的精神分析学理论大厦。

梦的解析

《歇斯底里研究》给弗洛伊德带来的不是名誉和地位的提高。书摆在书店的书架上，很少有人问津。(书共印 800 本，13 年中才售出 600 多本)医学界大多不接受书中的观点。当时德国一位著名的神经病学家阿道夫·冯·斯居姆佩尔对此书进行了严厉的批评。只有维也纳大学的一位文学史教授从文学艺术角度给予了肯定的评价。医学界把这本书讥讽为"一本侦探故事集"。总之，医学界兴起的是一片冷嘲热讽。弗洛伊德被推到了"密集的大多数"的对立面，成了孤家寡人。特别令弗洛伊德深感痛惜的是，他因此丧失了布洛伊尔的友谊。布洛伊尔对德国医生对本书的严厉批评感到沮丧，更受不了来自医学界的冷嘲热讽。况且，他与弗洛伊德在学术观点上本来就存在着分歧，随着弗洛伊德学术思想的进一步发展，分歧越来越大。布洛伊尔很快疏远了弗洛伊德，直至与之绝交。对此，弗洛伊德深表遗憾：我失去了他的友谊。付出这样的代价对我来说是很不容易的，但我对此无能为力。

弗洛伊德认为，写书是为了探索科学真理，而不是为了取悦别人。对于医学界的讥讽他并不很在意。对于斯居姆佩尔的严厉批评，弗洛伊德说，斯居姆佩尔对《歇斯底里研究》缺乏理解，因此他感到可笑。在严峻的境遇面前，弗洛伊德没有灰心、气馁，没有退缩。他要在已取得的成果的基础上，继续推进自己的研究。

促使弗洛伊德坚定信心进行研究的还有追求科学真理之外的因素：一是维持家庭生计；二是治疗自己的疾病。19 世纪的最后 5 年是弗洛伊德生活历程中一个黯淡的时期。自从他发表关于歇斯底里的著作和文章以来,到他的诊所就诊的病人数量骤减。这是因为,从前好友布洛伊尔常把病人介绍到他这里来,而现在布洛伊尔与他断交了,不再给他介绍病人了。另外,弗洛伊德的病理学和治疗方法涉及性的问题,这在当时是闯入了伦理领域的禁区,弗洛伊德作为医生的名誉严重受损,甚至简直是声名狼藉了。上流社会的女病人不再来就诊。弗洛伊德的诊所门可罗雀,经济收入锐减。然而,这几年恰是他的家庭最需要钱的时候。他的孩子相继出生,妻妹也因丧夫而投靠这个家庭,弗洛伊德还要赡养老母。弗洛伊德的经济负担实在太重了。学术上的不顺利、人际关系上的挫折、家庭经济上的压力一齐降临,弗洛伊德深陷于焦虑之中,他感到他的神经官能症加重了。然而,弗洛伊德没有被这一切压倒。他清楚地知道,走出困境的关键在于事业上的成功,在于他的歇斯底里症理论的正确和治疗方法的有效。欲走出困境,只有更深入地研究歇斯底里的病因和治疗方法,别无他途。这研究是从分析自我和解析梦开始的。

1897年9月21日弗洛伊德致信好友威廉·弗里斯,说:不朽的名声,稳靠的财富,充分的独立,旅游和切实地使我的子女免受我青年时代所受的种种忧虑,这一切,全在于歇斯底里病理的疗法研究的成败。为此,我必须保持平静,甘于淡泊,撙节度日,听任忧虑煎熬。接着,他表示要进行自我分析,请弗里斯充当他倾吐的倾听者。按弗洛伊德的精神分析法,医生是病人倾吐的倾听者。这回,弗洛伊德站到了病人的位置上,他需要一个倾听者。

弗里斯是德国医生,也属犹太裔。10年前曾到维也纳来学习,那时与弗洛伊德结为好友。而今,在弗洛伊德知音难觅的时候,他成了弗洛伊德几乎唯一的一位知音。弗洛伊德的自我分析大约开始于1896年10月。1897年9月他向弗里斯宣告正式开始进行自我分析,这项活动一直接续了6年。弗里斯耐心地倾听他倾吐了6年。

弗洛伊德自我分析的直接目的是治疗自己的神经官能症。更重要的是,他要从自己这个病例中获得一些经验,以检验、确证1895年以来他所提出的歇斯底里理论和精神结构、精神活动规律的理论。特别是这样几个问题:歇斯底里病的成因、无意识存在、抑制作用、幼儿性欲等。

在六七年的时间中,弗洛伊德对自己幼年的生活经历、思想感情进行细致入微地回忆,为弄清真实情况,他向母亲仔细询问。同时他每天记录自己的梦,然后对之进行仔细的分析研究。1897年10月3日,弗洛伊德致信弗里斯,说他连续进行了4天自我分析,收获很大。他仔细回忆了幼年时的经历和情感,认为他神经官能症的第一个诱发者是他小时候的保姆。他在2岁至2岁半之间他的里比多觉醒了,并转向母亲。"从莱比锡到维也纳的旅途中,由于我睡在她的房里,大概看到了她的裸体……"这封用词谨慎、闪烁的信所表达的意思是:他2岁多时他的里比多被他的保姆唤醒,他把母亲当作性欲对象,这一感情被压抑了,由此引发了他的歇斯底里症。弗洛伊德认为这一自我分析有力地证明了他的歇斯底里症和精神结构理论。他兴奋异常,声称这几天他感受到了自我分析工作的"理智美"。至于自我分析是否有益于他的疾病的治疗,据说起到了使他保持健康的作用。

梦的解析大约是从1897年5月开始的。弗洛伊德对梦的解析与他的自我分析事实上并没有什么严格的分界线。如上所述,自我分析的一项重要内容就是对自己的梦进行分析。作为解析梦的工作,除了分析他自己的梦外,还分析了别人,特别是弗洛伊德的病人的一些梦。解析梦的目的与自我分析的目的也有一致之处,这就是:弄清神经症产生的原因,揭示心理机制的真相和精神活动的规律。

1897年11月弗洛伊德在给弗里斯的信中宣告,他要强迫自己写一本关于梦的书。在此后一年多的时间里,他分析研究自己的梦、家人的梦,结合治疗研究病人的梦,产生了关于梦的一些思想。他把这些关于梦的资料和思想写成了书的片段。1899年5月,他忽然以高度的热情决定把所写的东西发表出来。他认为这是一件对己对人都有益的事。因为这样不仅可向人宣告自己关于梦的新发现,而且可挣一笔钱养家糊口。于是,他用了几个月的时间很快地对这些资料进行整理,又补写了部分内容,9月末他就把书稿交到了出版社。11月4日,《梦的解析》就摆上了书店的货架。出版商在书上注明的出版年份是:1900年。

书出版后,弗洛伊德沉浸在成功的喜悦之中。然而,在相当长的一段时间里,维也纳报界寂然,学术界反应平淡,购书者寥寥无几。书共印了600本,用了8年才售完。弗洛伊德不仅没有挣到钱,反因无望收回工本而欠了一笔债。弗洛伊德思考书不为学术界和公众接受的原因,认为主要是书的内容庞杂,文笔晦涩。于是,他很快又改写出一个较简明的本子。这个本子保持了原书的全部思想原理,于1901年出版。在最初的一段时间里,本书仍未受到德语知识界的注意。1913年本书被译为英文和俄文,尔后又相继被译为其他各种文字,遂在世界上广泛流传开来。10年后,这本书在德语世界也流行起来。至1929年共出了8版。

《梦的解析》是弗洛伊德很看重的一部著作,认为它揭开了梦的秘密,相信它会长久流传。

在西方,对梦的传统看法是:梦似真似幻,其中仿佛传递着某种信息,因此,人们用它来测知未来的吉凶福祸。19世纪末叶的心理学家大都认为梦是一种不健康的心理活动,与健康意识无关,是一种思想的"废料",不值得研究。对梦的这两种看法和态度,弗洛伊德都不赞同。他认为梦是一种有意义的心理现象,值得认真研究。在《梦的解析》中,弗洛伊德说:"梦,它不是空穴来风、不是毫无意义的、不是荒谬的,也不是一部分意识昏睡,而只有少部分乍睡少醒的产物。它完全是有意义的精神现象。实际上,是一种愿望的达成。它可以算是一种清醒状态精神活动的延续。它是由高度错综复杂的智慧活动所产生的。"

"梦是愿望的达成",是弗洛伊德梦的学说的基本原理。他是从分析大量的梦例中得出这一结论的。他举了这样两个例子:一个是他8岁小女儿的梦。一次,他带家人外出旅游,还带了邻居家的一个12岁的小男孩爱弥尔。一天早晨,小女儿

思想伟人

图文珍藏版

告诉弗洛伊德,她梦见爱弥尔是他们家庭中的一员,也叫她的父母"爸爸""妈妈",而且与她家的男孩子们睡在一起。弗洛伊德说这是一个典型的"愿望达成"的梦,它表达的是小女儿喜欢爱弥尔。另一例子是他自己的梦:年轻时,他常工作至深夜,早上就总想多睡一会儿。"因此,清晨时,我经常梦到我已起床梳洗,而不再以未能起床而焦急,也因此使我能继续酣睡。"

梦是愿望的达成。意思是说,做梦者的无意识愿望通过梦或者在梦中得到满足。按弗洛伊德在《歇斯底里研究》中对心理结构及其活动规律已取得的成果,无意识是种种本能欲望,性欲在其中占有特别重要的地位。在《梦的解析》中,弗洛伊德仍坚持了这一无意识概念。他认为,无意识的欲望冲动总想得到发泄,或要求获得实现。这首先就要进入意识领域,披上意识的外衣。但意识有一个检查机制,弗洛伊德形象地把它叫作"检查官"。它对无意识的欲望冲动实行严格检查,不允许大部分的本能欲望冲动进入意识领域,把它们牢牢地控制在无意识领域,这就是所谓"抑制"。当人进入睡眠状态时,意识活动减弱,检查机制的作用减弱,但并没有完全丧失。一些无意识欲望冲动便乘机乔装打扮,骗过"检查官"的检查,进入意识领域,这就形成了梦。弗洛伊德说:梦是一种(被压抑的、被压制的)欲望的(以伪装形式出现的)满足。

弗洛伊德揭示了梦的内在机制。他把梦中所浮现的意象(即梦境)叫作"梦的外显的内容",即梦的显意;把隐藏在梦的意象背后的意义,叫作"内隐的梦的思想",即梦的隐意或隐念。梦的隐意即无意识的欲望。它是产生显梦的动机,制造显梦的材料。由隐梦变成显梦的过程叫作梦的工作。通过外显的梦的内容去探求内隐的梦的思想,就是梦的解析。

梦的工作包括四个程序。一是压缩。所谓压缩,是说显梦的内容比梦的隐意简单。前者好像是后者的一个缩写本。在梦中一般都有压缩作用。压缩的方法大体有三种:(1)某种隐念的成分完全消灭;(2)隐梦的许多情结中,只有一个片段侵入显梦之内;(3)某些同性质的隐念成分在显梦中混合而为一体。例如,现实中的多个人物,在显梦中会合为一个人物。由于压缩作用,梦取得了最节俭的效果。因此,一个简短的梦,翻译出来的内容可以是它的许多倍。

二是转移,转移是作为梦的隐意的欲望逃避"检查官"检查的一种手段。有两种方式:一个是一个隐念的元素不以自己的一部分为代表,而以与它较无关系的另一物来代替。其性质有点像暗喻。另一方式是,隐意的重点由一个重要的元素移置到另一个不重要的元素之上。这样一来,梦就会呈现出另一个样子。

三是视象或戏剧化,即把隐梦中的抽象的思想转换成了知觉的具体形象,尤其是视觉的形象。

四是润饰,又叫二次加工。在把隐梦转变为显梦时,经过以上三个步骤,所形成的显梦(梦境)还是混乱的、不一致的、支离破碎的,还需要对它的片段进行编排、调整次序、连接,使之成为一个连贯的整体,这一过程就是润饰。经过润饰作用产生的显梦,仍有不清晰、不合理甚至荒诞之特性。这是梦这一意识现象和真正的意识的区别之处。

弗洛伊德在《自传》中说,他试图在《梦的解析》中解决的问题是:"梦的形成是否有动力,它在什么条件下发生,梦的思想……通过什么方法才能转变成为梦……以及其他一些问题等等。"弗洛伊德以上述方式解决了他给自己提出的任务。

《梦的解析》对精神分析学建立的重要意义在于,它论证了一般人(而不仅仅是神经病人)精神过程中无意识的存在。而这是精神分析学的一块基石。当然,弗洛伊德还将从其他途径来论证这一点。

心理分析

19 世纪的最后几年,弗洛伊德可谓时乖运蹇。其神经症病理学理论和治疗方法虽都处于领先地位,但却不被守旧的医学界所认可。由于他的理论和疗法涉及性,闯了伦理禁区,他在公众中的形象不佳。学术界轻蔑他、朋友们离他而去,对此他无可奈何,但他仍然无所畏惧。他自嘲曰这是"光荣的孤立"。然而,令他最伤脑筋的是医疗业务清淡,经济收入少,严重危及他家庭的生存。怎么办呢? 放弃自己的神经症病理理论和治疗方法? 不! 那可是自己用心血浇灌出来的花朵呀! 况且,那样做岂不是在探索科学真理的道路上退缩?! 他费尽心思,终于想出了一条或许能使他走出困境的可行之路。

他看到,他的一些同行们医术并不高明,却生意红火。原因何在? 除其他原因外,他们都有教授头衔。于是,弗洛伊德决定弄个教授头衔。

1897 年,他找到了维也纳大学教授诺特纳盖尔,说出了自己的想法。诺特纳盖尔表示同情与支持。他又找了两位教授联名向维也纳大学推荐弗洛伊德当教授。学校把弗洛伊德的报告报到了教育部,弗洛伊德静候佳音。然而,一连 3 年,弗洛伊德的盼望年年落空。弗洛伊德醒悟到这不仅是由于反犹偏见作祟,而是还有别的原因。后来,几位由弗洛伊德治好了病的贵妇人主动出来为他的事奔走。她们施展种种妙招,包括施"美人计"、送礼等,终于打通了教育大臣的关节,继而获得了议会通过。弗洛伊德得知消息后,喜不自胜,赶快写信告诉好友弗里斯:"事成了……祝愿和羡慕的花朵像下雨般地霆降,事情竟这样地突然,就只为皇上已发现性欲的作用,内阁已肯定梦的意义,议会已经以 2/3 的多数通过:歇斯底里必须用心理分析疗法治疗。"显然,弗洛伊德认为,他的成功在于他的学说已为皇帝、内阁成员、议员们所首肯、接受。其实,这是一种误解。弗洛伊德很快就明白了这一点。当然,弗洛伊德也没有忘记这次成功的另外的原因,他和贵妇人们的那番"努力"。在信中,他继续写道:"如果 3 年前,我就施展诸如这般手段,可省多少烦恼……但是,此事请勿为外人道也。"不久,弗洛伊德整衣正冠,去接受皇帝对新晋升教授的接见，此时他才知道，皇帝、议员们并不了解他的学说。

弗洛伊德获得的教授衔属编外教授，不领薪水，自然与改善家庭经济状况无多大助益。获得这一头衔后他的医务也未马上焕然生色。不过，这一年，即1902年，的确是他事业和生活中的一个新转机。从这一年开始，他逐渐走出了孤立的境地。

弗洛伊德在《精神分析学运动史》中说：1902年，几个年轻的医生来到我的周围，在确定的计划下学习，使用和传播精神分析学。这动力来自一位同事，他在自己身上实验精神分析学，取得很好的疗效。我们约定一个日期，在我的家里按一定的规则共同讨论在这一领域的科研方向，并引导其他人分享我们的利益。这个小组叫"星期三心理学学会"，因为每星期三晚上它在弗洛伊德的接待室里举行活动。这个小组的成员中有后来有名的阿尔弗来德·阿德勒。这个小组是精神分析运动的萌芽，它于1908年改名为"维也纳精神分析学协会"。

弗洛伊德清楚地知道，教授头衔固然重要，但它毕竟不能增加他实际的能力，增加实际的能力靠的是踏实的科学研究。在他努力谋取教授头衔的时候，他一点也没有放松科学研究。

弗洛伊德在《歇斯底里研究》等著作中，着重研究了变态心理，其目的主要是寻找精神症的原因，以有效地治疗这种疾病。但即使这时，他的结论也没有仅仅停留在变态心理的范围内。后来他自觉地把研究的目标定在发现人类一般心理的规律上。这样，早期时变态心理的研究便成为这一研究的一个组成部分，一条特别的途径。《梦的分析》是他自觉地向着这个大目标前进的第一步。在《梦的分析》中，他既研究了变态心理，也研究了常态心理。在完成了对梦的研究之后，他意识到，梦，还是一种较特别的心理现象，它有着极其复杂的心理机制和程序，对梦的研究不具备可观察性。从研究梦中得到的关于一般人类心理规律的结论，还需要更强有力的支持。他认为为此必须开辟常态心理研究的新途径。

在研究梦时，弗洛伊德就已注意到日常心理的活动规律，已较深入地触及"遗忘"和潜抑的问题。1898年他发表了《论遗忘的心理机制》一文，但对遗忘现象还没有进行深入的探讨。于是，在《梦的解析》一书发表后，他集中地研究了包括遗忘在内的日常生活中的各种心理现象。这是他的常态心理研究的一个重要内容。

1900年，他把几年来断断续续写的一组论文编辑成《日常生活的心理分析》一书，次年在一份杂志上发表，1904年作为单行本正式出版（德文原版题为《日常生活的精神病理学》）。这本书和《梦的解析》一样，是弗洛伊德的又一名著，其思想是他整个学说的又一基石。该书的命运比前两本书要好，书出后受到舆论界好评，弗洛伊德的形象在公众中有所改善。本书（德文版）弗洛伊德在世时共出版了11版，有12种文字的译本。

在《日常生活的心理分析》中，弗洛伊德对日常生活中的一些现象——专有名词的遗忘、外国字的遗忘、名词与字序的遗忘、童年回忆与遮蔽性记忆、语误、读误和笔误、"印象"及"决心"的遗忘、"误引行为""症状性行为"及"偶发行为""错误"、双重错失行为等——进行分析,探讨它们产生的心理根源,从中发现潜意识的存在,了解"潜抑"作用的基本功能。

弗洛伊德把上述日常生活中常见的现象统称为"过失"。认为它是常态心理表现形式中的一种。它和梦、神经病症一样,不是无意义的,而是有意义的。这就是说,形形色色的过失行为或现象都是某种应当被禁止的愿望或受压抑的愿望的满足。例如,澳洲众议院议长在致开幕词时说:"诸位贤达先生! ……我就此宣布会议闭幕!"这一口误,"最可能的解释是,议长觉得这次会议于他本身殊无利益可言,原就希望它快点闭幕,而这种想法至少部分地透露出来……致使他将'开幕'误说为'闭幕',恰与原意相反。"再举一个弗洛伊德本人经验中的例子:一次,弗洛伊德妻子说了一句可笑的话,数小时后,他的一位好友来访,畅谈甚欢,弗洛伊德想重述她那句话让好友乐一乐,不料竟连一个字也记不起来了。妻子大方地重说了一遍,才解了弗洛伊德的窘境。对此,弗洛伊德的解释是:他潜意识中有一个尊重妻子不愿让她丢面子的愿望,这就是导致他这次健忘症的原因。

弗洛伊德认为,过失和偶发行为同梦、精神病症一样,都是潜意识中"那些最可厌的和被压抑了的心理因素"活动的产物,是这些心理因素竭力表现出来的结果。过失和偶发行为的机制,也和梦的形成机制相一致,二者都有"浓缩现象"与"妥协形成"或"混淆"。弗洛伊德研究过失和偶发行为等得到的一个重要结论,也是肯定人类精神中无意识存在:"在人心深处,有一股隐流存在;从前我们探究梦中隐藏的意义时,触及它惊人的力量。如今我们已拥有众多证据,发现它不是只在睡梦之间才大肆活动的——它在人的清醒状况下,也不时出现在错失行为里。"

在《日常生活的心理分析》一书中,还充分表达了他的严格的因果决定论即命定论思想。弗洛伊德早年接受了霍尔姆赫兹的机械决定论思想,多年来他一直坚持着这一思想。在这本书中他把这一思想推到了极端,使之具有浓厚的神秘主义色彩,令人难以置信。他坚持认为,我们日常生活中的任何一个行为或观念,哪怕它是最微不足道的,也都必定能在其潜意识中找到某种因素作为它产生的原因。他说,"在心智世界里,就如在其他领域中,命定论的伸张常出人意表"。一个人不可能凭着空穴来风的自由意志,去想一个数字或一个名字。

围绕《日常生活的心理分析》一书,弗洛伊德与弗里斯发生龃龉,1901 年 7 月此书脱稿时,两人矛盾已呈表面化。自此两人关系日渐淡漠,终于在 1902 年绝交。弗洛伊德为了科学又牺牲一位挚友。

弗洛伊德在发表《日常生活的心理分析》一书的那一年,还发表了一位女歇斯底里病人的病历报告,书名为《少女杜拉的故事》。书中展示了弗洛伊德用精神分析法治疗少女杜拉的歇斯底里病的具体做法和过程,展示了这一方法的特点。本书丰富和发展了弗洛伊德的歇斯底里症病理学和精神分析学理论,特别是其潜意识、压抑、俄狄浦斯情结等观念。

思想伟人

性学理论

关于性的理论是弗洛伊德精神分析学的一个重要组成部分。在建立精神分析学之初,弗洛伊德就已触及了性的问题。在写《歇斯底里研究》时,他就倾向于强调性因素是歇斯底里症的原因,只是由于迁就合作者布洛伊尔的不同意见,才没有把这一见解表述得很突出。后来,他不仅没有放弃这一见解,相反,对这一见解的信念日益坚定了。正如他在《自传》中说的:"我从我迅速积累的经验中认识到,在神经症现象背后起作用的,并不是任何一类情绪刺激,而常常是一种性本能。它或者是一种当时的性冲突,或者是早期性体验的影响。"他坚持认为:"神经机能病几乎毫无例外地都是一种性机能障碍。"在《少女杜拉的故事》中,他更明确地说:"歇斯底里病的症状不过是病人的性活动而已……我一而再、再而三地发现,性是开启心理症难题之门的钥匙。"在《梦的解析》中,更是大量地谈到性。他在这一著作中表达的一个基本思想就是:梦是一种被压抑的欲望经过改装的满足,多半是性欲望改装的满足。他发现,在梦中经常表现孩童时期的性动力和新近的性经验。

总之,弗洛伊德在早期的研究中已发现歇斯底里症和梦都与性有关,性欲望是潜意识的主要内容。精神分析学作为一种以无意识及其与意识、人的行为的关系为主要研究对象的科学,要得到充分的发展,必须深入研究性,建立完整、系统的性学理论。弗洛伊德在发表了《日常生活的心理分析》和《少女杜拉的故事》之后,便集中时间和精力来研究性,建立他的性学理论。1905 年他发表了自己的研究成果《性学三论》。这是一本赤裸裸地专谈性的书,此书一发表,在守旧的奥、德医学界和公众社会中立即引起一片斥责之声,弗洛伊德在公众中的形象刚刚有所好转,这一下又退回去了,甚至变得更糟。可是弗洛伊德为追求科学真理,根本不在乎这一切。

这本书在刚出版的头几年里,在德语世界反应冷淡,后来情况逐步有所好转。5 年以后,1909 年出版了第 2 版。在这版序言中弗洛伊德说:"再版本书的目的在于,期望其中的新颖题材能得到大家接受……"由此可以窥见,本书的"题材"还不大为大家所接受。又过了 5 年出了第 3 版,1920 年出版了第 4 版。此时本书所表达的思想已为一些同行专家深入研究并思考过,反对之声从未止息过,这几年更趋激烈。按说,弗洛伊德该听取反对意见,对自己理论的偏颇、不足之处做点修正了。可是他却执着地认为,他的理论是正确的。"我总不能迫使自己相信精神分析理论的这一部分较诸其他部分更远离事实。而发现事实之真相原是精神分析学的职志所在。"别人蛮有理由地批评他的精神分析学是"泛性主义",用性解释一切,他根本听不进去。他这样为自己辩护:精神分析学中最受到人们攻击的部分是这本书中的这样一个内容:"坚持性欲乃一切人类成就之泉源,以及性欲观念的扩展。"这一思想,其实与叔本华的人类活动受制于性冲动的思想以及柏拉图的"爱欲"观念十分相近。至于弗洛伊德所竭力捍卫的究竟是不是科学真理,那完全是另一回事。从这里我们看到的是弗洛伊德追求真理的那种执着精神:只要他认为是科学真理,他便不顾一切地去捍卫它,坚持它!

《性学三论》是由三篇相对独立的论文构成的,这三篇论文是:"性变态""幼儿性欲""青春期的改变"。本书讨论性变态的种种表现形式及其病理、心性发展过程、性动力及其在人类行为中的种种表现。阐明了性心理在人类心理活动中的重要影响及其活动规律,论证了性动力对潜意识形成的决定性作用。

性变态又叫性异常。包括性倒错和性错乱两类。性倒错是性对象方面的变异现象,主要指同性恋,此外,还有恋童症和恋兽症。性错乱是性目的方面的变异,表现形式有性虐待狂、性被虐待狂、暴露症、恋物症、窥视症等。照弗洛伊德的看法,性变态不是生殖器官及其附属器官的器质性病变引起的,而是性心理的某一特定因素的不协调、膨胀造成的。也即性心理的某一因素或多种因素逃脱意识的控制而宣泄的结果。性变态现象多数是由于正常的性欲望不能通过正常途径得到满足而发生的。弗洛伊德说:就许多例子而言,性本能或因暂时的受阻,或因永久的社会制度的障碍,而很难获得常态的满足,则倒错的状态便可引起。弗洛伊德通过对性变态现象的考察得出了这样的看法:性冲动是潜意识的诸本能冲动中最强烈、最难为意识控制的一种。

本书的另一个重要内容是性欲发展理论。为说明性欲的发展,弗洛伊德首先修改了传统的性欲概念。他在《自传》中说:"我希望大家将会很容易地理解我对于性欲概念的扩展……的实质。这一扩展具有二重性:第一,性与其最密切的联系物生殖器相脱离,而被看作一种更易理解的身体功能,追求快乐是其第一目的,其次才是为生殖目的服务;第二,性冲动被视为包括所有那些只是深情的、友好的冲动在内,可用'爱情'这一意义最模棱两可的词来表示这一用法。"

弗洛伊德认为,性欲不是像人们通常所认为的那样,是在生活史上被称为青春期那个时候突然冒出来的,而是在婴儿时期就存在的,它的发展在人的一生中经历了三个主要时期:第一时期,从婴儿到5岁。这一时期又分为三个阶段:口唇阶段、肛门阶段、崇拜男性生殖器阶段(从2岁到5岁左右)。每个阶段各有不同的动欲区,儿童从这些动欲区的兴奋和活动中获得性快感。弗洛伊德认为,幼儿期性生活有两个特征:一是它是"自体享乐"的,它在自己身体上寻找对象;二是它的每一个部分冲动,通常各自为政,互不相干,但皆致力于快乐之求取。弗洛伊德把上述第三个阶段又叫作"俄狄浦斯情结期",因为在这一时期,儿童开始向外界寻求爱的对象,男孩找到的爱的对象就是自己的母亲,他把爱的感情集中在母亲身上,为独占母亲而排斥父亲,这种恋母斥父的感情就是"俄狄浦斯情结"。而女孩则对父亲深情地专注,想取代母亲的位置。这种爱父嫌母的感情叫"伊赖克辍情结"。弗洛伊德认为这种情结非常重要,它是"宗教和道德的最后根源",也是一个人心理失常的病因。只有这种情结得到解决或压抑之后,儿童的人格才能度过这一阶段而向下一阶段继续发展。

第二个时期是从约5岁到12岁。这一时期儿童的性欲进入潜伏期。潜伏期是儿童性生活发展受到外界影响和精神力量压抑的结果,并不是性生活发展的中断。

第三个时期是青春发动期,从12岁到18岁。这一时期,潜伏着的性冲动又复活,性生活又沿着早期发展的途径前进了。

弗洛伊德说:"青春期的开始带来了改变,幼儿的性生活改头换面,终于成为习见的常态样式。在此以前性冲动多半是'自体享乐'的,如今它开始寻找性的对象。从前每一个冲动都单独作战,快感区各自在其特定的性目的上寻求快感。一个崭新的性目的如今浮现,所有的部分冲动皆合作以求取之,而各快感区则臣服于生殖区的首要性之下。由于这个新的性目的在两性身上截然有别,他们的性发展也就唯有分道扬镳⋯⋯性生活的正常性,必须借性对象与性目的这两道激流的汇合,才能得到。"

弗洛伊德认为,个体性发展如果能顺利地经过上述各阶段而进入青春期,有助于形成正常人格。如果发生"固置"或退化现象,使性生活滞留于某一阶段而不能正常进入青春期,就会出现性变态甚至精神病,产生出变态人格。

本书的第三个重要内容是性动力(原欲)理论,即关于里比多的理论。该理论是为说明性兴奋、性紧张、性冲动的起源和性质而提出来的。弗洛伊德不同意性紧张来自快感本身的意见,也不完全赞同一般人所持的性紧张产生于性物质积聚的见解。他比较赞同一种认为性兴奋拥有化学基础的理论,他说:"我们很可能相信,性腺的间隙组织会分泌特殊的化学物质,经血流的输送,造成中枢神经系统某一特定部分的变化,而带来性的紧张感。"但他同时表示,这种"化学理论"的某些内容是不能接受的。于是,弗洛伊德提出了"原欲理论"。

弗洛伊德说:"我们所提出的原欲概念,是一种多寡不定的力量,可以用来丈量性兴奋领域内诸过程及其转型⋯⋯我们从其他的精神能之中区分出原欲能量来,意在表达这样的假设:机体的性过程是经由特殊的化学变化过程得之于营养历程的,性兴奋不仅来自所谓的性部位,而且来自全身各器官。"这里的原欲即libido,又译里比多、性原欲、性动力,它是"性本能的能量"。它为性冲动、性兴奋、性紧张提供能量。当机体的性器官和全身的其他各器官中发生一种特殊的化学变化时,里比多增加,由此产生出性兴奋、性冲动。

弗洛伊德说:"我们为自己提供了一种原欲量子概念,我们称其精神表现为自我原欲。"人在儿童时期就有原欲或原欲量子,起初,儿童的性生活局限于自身,即自恋,原欲为自恋的原动力,因此叫"自我原欲"。后来,人的性生活转变为从自身以外寻找对象,原欲就成了"对象原欲"。弗洛伊德说:"只有当'精神能'用来投注于性对象上面,也即成为对象原欲时,精神分析的研究才能窥知这种自我原欲的情形。那时我们看到的是它的聚集、固置于对象上,或者它的离开那些对象而跨向别的对象,它就这样子地指引了个人的性活动;原欲也因而暂时地、部分地消失了……至于对象原欲的结局,我们也指出,它会再从对象撤回,一时飘浮于一种特殊的紧张状态,终于收回于自我之中,再度变成了自我原欲。"弗洛伊德把自我原欲比作一个"大储仓",说"投资用的能源从这里出发,又回到这里"。

总之,里比多(原欲)是性本能的能量,为一切性活动提供能量。它表现为精神能,是一切精神能的核心,是全部精神能的主要部分。它从幼儿时期就存在,伴随人的一生,支配着人的性活动及其他活动。

在《性学三论》中,弗洛伊德抱着追求"事实真相"的坚定信念,不顾世俗偏见,冒着被误解为"淫徒"的风险,淋漓痛快地讨论了有关性的一系列问题,创造性地提出了一些新见解,建立了自己的性学理论体系。当然,他的性学理论还不完善。后来他又写了一些专门论述性问题的文章,补充和发展这一理论。

至此为止,弗洛伊德已有了神经病学理论、梦的理论、性学理论,通过这些理论,他已确立了无意识存在,论述了精神生活的结构及其活动规律、无意识的核心内容,论述了潜意识对意识活动及其他活动(包括病态的和常态的)的关系,由此构成了精神分析学的理论体系。当然,精神分析学作为一种神经精神病的治疗方法和技术也已形成。总之,弗洛伊德精神分析学大厦已初步建立起来了。

走向世界

弗洛伊德在《自传》中说:自从同布洛伊尔分手之后,约10多年时间里,我一直没有追随者,完全是孤立的。在维也纳大家都回避我,国外也无人注意我。这说的是大约从1896年到1906年的情况。1906年以后的短短几年时间里,情况发生了根本的变化。弗洛伊德的学说开始走向世界,他的活动和声誉也开始走向世界。

其实转机早在1902年就出现了。那年秋天出现了世界上第一个精神分析学组织——"星期三心理学学会"。这个组织虽只有四五个成员,但一直在健康地发展着。每星期三,他们聚集在弗洛伊德的候诊室(兼客厅)里,围着一张椭圆形的桌子讨论精神分析问题。最初他们还将每次讨论的情况写成报告拿到《新维也纳日报》上去发表。1908年这个组织建立了自己的小图书馆。4月15日,该组织更名为"维也纳精神分析学协会"。弗洛伊德已不再孤独。令弗洛伊德欣慰的是,此时在国外也出现了他学说的追随者。瑞士苏黎世的荣格,原是布洛伊尔的助手,从1904年开始他就研究、应用弗洛伊德的学说,1907年2月27日从苏黎世赶来拜访了弗洛伊德。弗洛伊德深为感动,同时十分钦佩他的人格魅力。此后他们保持了6年的书信往来,在一段时间中曾表达了极亲密的感情,弗洛伊德曾一度设想把他当做"儿子和继承人"。接着,1907年12月荣格的助手和同事亚伯拉罕拜访了弗洛伊德,后来他也成了弗洛伊德的好朋友。布达佩斯人弗伦齐也于1908年2月远道来拜访弗洛伊德。他们建立了良好的友谊关系,至1933年他们之间写了1000多封信。这一时期,苏黎世的弗洛伊德追随者围绕着荣格形成了一个组织,取名为"弗洛伊德小组"。

在琼斯和荣格的提议和组织下,1908年4月26日在萨尔斯堡召开了"弗洛伊德心理学会议"。这次会议后来被认为是第一次国际精神分析学大会。参加者共有42人,其中有一半是专业精神分析工作者。他们分别来自奥、瑞、德、英、匈等国。会议只开了一天,会上宣读了9篇论文。弗洛伊德在会上宣读了题为《病症史》的论文。他从上午8点开始讲,一直讲到11点,与会者听得津津有味。弗洛伊德觉得已讲得太多,想就此结束,可是与会者一再要求他继续讲下去,他只好一直讲到下午1点。大会决定出版一份杂志,定名为《精神分析与精神病理研究年鉴》,由弗洛伊德和布洛伊尔指导,荣格任主编。该杂志一直出版到第一次世界大战爆发。

萨尔斯堡会议虽然规模不大,也不隆重,但对弗洛伊德学说的命运来说,却有十分重要的意义。这次会议之后,精神分析学开始在欧洲的广大范围之内受到重视,无可阻挡地传播开来。这真是令人欣喜的事! 然而,还有一件更令弗洛伊德欣喜的事也接踵而至。1908年12月,弗洛伊德收到了美国克拉克大学校长斯坦利·霍尔的信,邀请他次年7月去参加克拉克大学庆祝建校20周年的讲学活动。弗洛伊德喜出望外,他想,这可是一次宣传自己学说的极好机会。况且,他早就对美国这个神秘的国家有浓厚的兴趣。这回可以亲眼看看纽约博物馆里陈列的塞浦路斯的古董了,还有那著名的尼亚加拉瀑布……然则,时间有点不巧,7月正是弗洛伊德医务的旺季,他还指望这时多赚点钱。他曾说:"美国应该让我发财,而不应让我破财!"幸好克拉克大学又来信告知校庆活动改在9月初,这下弗洛伊德称心如意了。

1909年8月21日,弗洛伊德与弗伦齐一起前往美国,荣格也受到了邀请,三人同行。在轮船上,弗洛伊德偶然发现一位船员手中拿着他的著作《日常生活的心理分析》,激动不已,他相信自己会闻名世界的。弗洛伊德在美国受到了热烈欢迎。弗洛伊德并没有准备好讲稿。荣格建议他讲梦的问题,而琼斯则建议他讲一些一般性的精神分析学问题。琼斯的理由是:美国人讲究实际,他们感兴趣的是精神分析学的基本原理及其实际应用。弗洛伊德采纳了琼斯的意见。

弗洛伊德共讲了五次,首先,回顾了精神分析法的发明,讲了布洛伊尔对这发明的贡献;接着,讲自己对歇斯底里、梦、失误行为、幼儿性欲及歇斯底里病本质的研究,最后,讲了对本能压抑过分的害处,指出由于过分重视文化的健康而牺牲个人健康的弊端的严重性。

弗洛伊德的讲演,有人给予高度评价,也有人给予尖锐的批评甚至表示反感。据琼斯回忆,弗洛伊德讲完后,美国著名实用主义哲学家和心理学家威廉·詹姆斯曾揽过琼斯的肩膀说："心理学的未来是属于你们的。"而多伦多大学的一位系主任则指着弗洛伊德的讲稿说："在这里,任何一个普通读者都会概括出弗洛伊德在为纵欲辩护,而撤销一切限制,那就是倒退到野蛮状态去。"总的说,弗洛伊德的讲演还是成功的。校庆快结束时,克拉克大学校长授予弗洛伊德荣誉博士学衔。斯坦利·霍尔还与弗洛伊德师徒合影留念。弗洛伊德感动地说："对于我们的努力,这是第一次正式承认。"

弗洛伊德访美期间结识了一些新朋友,其中有哈佛大学神经病学家詹姆斯·普特南。弗洛伊德在《自传》中谈到普特南时说："他不顾年高,热心地支持精神分析,把他当时普遍受到人们尊敬的全部人格的力量,投入保护精神分析的文化价值及其目的的纯洁性之中。他是一个值得尊敬的人。"《自传》中更生动地谈到了他与詹姆斯的会见："另一个给我留下永久印象的事件,是与哲学家威廉·詹姆斯的会见。我永远忘不了当我们一起散步时发生的一幕小插曲:他突然停下来,把他携带的一个小包交给我,让我前面先走,说他心绞痛又发作了,等这阵子发作一过去,他马上就会赶上来。一年以后,他死于那种病。我常常想,我如果面对死亡来临之际也能够像他那样毫无惧色,那该多好啊!"

弗洛伊德对这次讲学是满意的。最重要的是通过这次讲学他对自己学说的信心大大增强了。他在《自传》中说："在欧洲,我感到大家好像都看不起我;但在那里(指在美国——引者)我发现那些最优秀的人物对我是平等相待的。当我走上乌斯特的讲台发表《精神分析五讲》时,我好像实现了一些难以置信的白日梦:精神分析不再是一种幻想的产物,它已成为现实的一个宝贵的部分。"

弗洛伊德的赴美讲学,对精神分析学在美国的传播和发展起了巨大推动作用。普特南编辑出版了弗洛伊德的克拉克大学讲演稿,书名是《精神分析五讲》,弗洛伊德其他著作的英译本也陆续在美国出版。布里尔、琼斯、普特南成了在美宣传弗洛伊德学说的最积极的中坚分子,他们分别在纽约、芝加哥、华盛顿、波士顿等大城市活动。由普林斯、霍尔分别主编的两本心理学杂志经常登载介绍精神分析学的文章。一般群众也对精神分析学产生了浓厚的兴趣。一些官方的精神病医生承认精神分析是医学训练的一个重要组成部分。总之,精神分析学在美国迅速流行起来。

1908 年弗洛伊德发表了五篇论文:《文明化的性道德与现代精神病》《诗人与幻想》《幼儿关于性的想法》《歇斯底里幻想及其两极性》和《性格与肛门爱》。1909年的主要论文有:《歇斯底里发作概论》《一个五岁男孩恐惧症病例分析》和《一个强迫性精神病病例的备忘录》等。此外,他还将多年来的论文汇集成《短篇论文集》一书出版。

1910 年 3 月 30 日至 31 日,在纽伦堡召开了第二次国际精神分析学大会。这次大会是两年前弗洛伊德赴美讲学时由他和荣格、弗伦齐在美国策划的。弗洛伊德在会上做了题为《精神分析治疗法的前景》的报告。弗洛伊德考虑,为了使各国精神分析学家紧密团结，更有效地推进精神分析学事业，需要建立一个共同组织。他委托弗伦齐去筹办此事。弗伦齐设想未来的共同组织的中心设在瑞士的苏黎世，荣格担任主席，他本人担任秘书。并提出这样的纲领："精神分析的观点不能容忍民主平等；它必须有精华分子作中坚，遵循着柏拉图式的哲学家统治路线。"这样做旨在维护精神分析学观点的统一性。弗伦齐的这些想法得到弗洛伊德首肯。可是，当弗伦齐把这些设想在会上公布时，不少人表示反对。尤其是阿德勒和斯泰克尔（他们都是"维也纳星期三心理学学会"成员），更是激烈反对。他们不同意共同组织的主席和秘书都由两个瑞士人担任。认为"这是无视他们为心理分析学所做的长期而无私的工作"。但是弗洛伊德却认为，这样做就会"把精神分析学的事业建立在更宽广的基础上，要比摆在单由维也纳犹太人构成的基础上更稳当"。他从有利于精神分析学事业发展的根本目的着眼，极力说服阿德勒和斯泰克尔，要他们顾全大局。为平衡荣格和阿德勒的地位和权力，弗洛伊德主动让出维也纳分会主席的职位，让阿德勒担任。并决定新办一份杂志——《精神分析学中央学报》，让阿德勒和斯泰克尔分别担任正副主编。

根据弗伦齐的提议，经大会讨论，成立了"国际精神分析学协会"，在各国设立分会。弗洛伊德安排荣格担任了协会第一任主席。

奥地利、瑞士、德国早已有自己的精神分析学会协会。纽伦堡大会以后，美国等一些国家也先后成立了精神分析学协会，并创办了自己的刊物。

与此同时，俄国、法国、意大利、澳大利亚等国出现了翻译、研究弗洛伊德著作的热潮。

1910 年的纽伦堡大会，无论在弗洛伊德个人历史上还是精神分析学发展史上都是一个重要的里程碑。从此以后，弗洛伊德的学说迅速传播到世界各先进国家，弗洛伊德因而成了一位国际性知名科学家。从此，一个被称为"精神分析运动"的国际性学术活动在世界范围内迅速兴起。

1910 年，弗洛伊德又发表了许多著作：《原始语言的对偶性意义》《恋爱生活对心理的寄托》《精神分析学论文集》《爱情心理学之一：男人选择对象的变态心理》《列奥纳多·达·芬奇对童年的回忆》等。

精神分析

弗洛伊德在《自传》中说："在欧洲，1911 年至 1913 年期间，精神分析中发生了两起分裂主义运动，领导者是以前在这门年轻的科学中起相当重要作用的阿德勒和荣格。这两起运动似乎威胁相当大，并且很快就得到大批人的响应。"

这两次分裂是在精神分析运动刚刚在世界范围内兴起的时候发生的，当时对弗洛伊德的震动是相当巨大的。当然，后来，10 年以后，事情的发展表明这两起分裂并未给精神分析运动造成严重后果时,弗洛伊德再谈起这件事,就显得轻松而坦然了。

纽伦堡大会的成功召开,使精神分析运动在广阔的世界范围内蓬勃展开。可是,这次会议也最初暴露了精神分析运动中的矛盾。弗洛伊德安排荣格任国际精神分析学协会主席,激起阿德勒(还有斯泰克尔)的强烈不满,这明显地暴露了阿德勒等与弗洛伊德、与荣格等之间的裂隙。此外,弗洛伊德在会上所做的报告,自己认为其中包含"许多值得引起注意的问题",然而,事实上却反应平淡。弗洛伊德不知原因何在。是不是因为一些人不赞同弗洛伊德的某些观点?总之,不论组织上还是理论观点上,纽伦堡大会已暴露了精神分析运动内部的矛盾。当然,这不是不久之后发生的两起分裂事件的全部原因。这两起分裂事件的原因是复杂的,是在较长的时期内形成的。

第一起分裂运动发生在 1911 年 5 月,首领是阿德勒。

阿德勒是较早加入维也纳精神分析学小组的成员之一。阿德勒和弗洛伊德在学术和政治观点上早就存在分歧,弗洛伊德对他的品质也早就颇有微词。但在纽伦堡大会之前一直未公开化。一次,阿德勒当着维也纳那个小团体的好些成员的面说,他不高兴把自己的一生埋没在弗洛伊德的阴影里。弗洛伊德以为师者的宽宏大量说年轻人公开承认自己有野心,并没有什么可责备的。因为不管怎么样,野心总是人工作的动机之一。但即使在这样的动机的主宰下,也应避免采取不正当的手段。然而,阿德勒却真有些"不正当"的做法:他与弗洛伊德争起关于神经官能症的"统一性概念"和"动力观念"等的发明权来。阿德勒说这是他的创见。这令弗洛伊德感到奇怪,他说这两个原理早在他认识阿德勒之前很久就已提出来了。另外,弗洛伊德一向对政治不感兴趣,尤其是早年更明显。阿德勒出身于知识分子家庭,关心政治,其妻子是俄国人,与流亡奥地利的俄国革命者,尤其是托洛茨基关系密切。他受妻子影响,更使他关心社会和政治问题,倾向于"社会主义",在维也纳小团体中就鼓吹"社会主义的"心理分析学。这使弗洛伊德对他反感,而更重要的分歧却在于学术观点方面。

弗洛伊德承认阿德勒的理论能力,却与其观点多有龃龉。1910 年与 1911 年之际阿德勒发表两篇论文:《心理分析学的若干问题》和《男性的抗议是神经官能症的核心问题》。文中创造了"自卑情结""向上愿望""男性的抗议"等概念,表达了一个与尼采思想相似的"人的动机只是一个权力欲"的观念,反对弗洛伊德的理论。阿德勒在 1911 年 2 月的两次协会会议上发言,表明自己的观点并公开批评弗洛伊德的理论,说"俄狄浦斯情结"概念是"捏造"的,"压抑来自文明,文明也来自压抑"的说法,只不过是"玩弄词句"。弗洛伊德针锋相对地说,阿德勒的学说是错误的,对于精神分析学的发展是危险的。并要求大家对是否承认阿德勒的理论进行"决定"。结果,这次讨论会之后阿德勒辞去了维也纳精神分析学协会主席的职务。1911 年 5 月,阿德勒彻底脱离该协会,带走了 7 个人,另立门户,他的团体名曰

"自由精神分析学协会"。至于斯泰克尔，弗洛伊德认为他学风浮躁，对他编辑杂志的工作不放心。他也于1912年离开协会。

第二起分裂运动是指1914年荣格从精神分析学协会中分裂出去。荣格是瑞士人，1900年来到布尔格霍尔兹利精神病医院做著名医生布洛伊尔的助手。从1904年起开始全面研究和应用弗洛伊德的学说。自1906年4月起他开始与弗洛伊德通信，成为弗洛伊德学说的信徒。弗洛伊德赞赏荣格的人格魅力和理论能力，一度设想让他做自己事业的继承人。1909年9月，在美国，弗洛伊德和荣格应邀到普特南家做客，席间荣格引吭高歌，引来众人赞许的目光，弗洛伊德不禁心中暗喜："选对了，他正是我的约书亚！"

荣格和弗洛伊德的分歧开始时主要是学术观点方面的。1908年4月萨尔斯堡会议上，荣格和亚伯拉罕之间发生过一场争论。荣格依据布洛伊尔的学说，认为早发性痴呆症是一种器质性疾病，而亚伯拉罕则根据弗洛伊德的学说，认为这种病不是器质性的，而是由于情绪过程遭阻塞因而心理功能受损所致。当弗洛伊德知道荣格不赞同自己的观点时，并未计较。他相信荣格会改变观点的。弗洛伊德劝亚伯拉罕尽量与荣格和解，和睦相处。为的是使荣格留在自己的营垒中。他太看重荣格的作用了。他认为只要荣格走上精神分析学的舞台，这门科学就会不再被人们看作仅仅是犹太民族的科学了。1910年，纽伦堡大会上弗洛伊德力排众议，极力荐举荣格担任国际精神分析学协会主席。

可是，1912年，弗洛伊德发现他与荣格理论上的分歧是难以调和的，二人的关系开始冷淡下来。这一年，荣格发表了《论原欲的象征》，文中公开宣布与弗洛伊德的理论根本对立。荣格坚持认为原欲（里比多）这个概念只代表"一般的紧张状态"，而不只限于性方面的冲动。这年夏荣格在美国讲学的内容中也公开表示他在理论上与弗洛伊德对立。11月，弗洛伊德与荣格在慕尼黑会谈，两人理论上的分歧不仅没有得到解决，反而更趋扩大。

1913年10月，荣格写信给弗洛伊德，正式表示辞去《精神分析与精神病理研究年鉴》主编的职务，并直截了当地表示今后不可能再同他继续合作下去。1914年4月，荣格正式辞去国际精神分析学协会主席职务。不久又宣告退出精神分析学协会。同阿德勒一样，他也带走了一批人。尔后，荣格与其追随者另立门户。

萨尔斯堡会议之后的几年，弗洛伊德学说的影响才刚发动，他多么需要一些志同道合者同心勠力，共同推动精神分析学事业的发展啊！可是，就在此时，阿德勒和荣格离开了他。阿德勒和荣格，是弗洛伊德众多弟子中的两位高足，尤其是荣格，弗洛伊德在他身上寄托了自己事业的未来和希望，而今，他们毅然决然地离开了他，他们走得绝情。弗洛伊德受到了沉重的打击。他的心情糟透了。他失望、痛惜、心酸、无奈。他纵然懂得科学发展的道路不会一帆风顺，分分合合是常事的道理，此时他的心情仍难以平静和坦然。昔日对弟子的爱，此时，也许是由于心酸和委屈，变形了，竟变成了不满和"恨"。1914年2月在荣格即将离去之际，弗洛伊德提笔疾书，一篇《精神分析运动史》很快写成了。在这里，他为自己的学说辩护，他揭露和批判"两股倒退的逆流"理论上的"谬误"，手法上的"不正当"，宣泄自己心中的怨气和不满……阿德勒、荣格批判弗洛伊德学说中的某些观点，弗洛伊德批判阿德勒和荣格的学说。究竟谁的学说更接近真理？这个问题即使今天也没有公认的答案。

1913年夏天，在阿德勒和荣格相继起来反叛弗洛伊德学说的时候，在弗洛伊德的弟子和追随者中也出现了一个捍卫弗洛伊德学说的运动。首先，由琼斯向弗洛伊德提出要成立一个"守护"弗洛伊德委员会，接着得到了兰克、查赫、亚伯拉罕等人的支持。这个委员会的主席就由琼斯担任。成员还有：艾丁根、布雷尔、斐斯特、冯·艾姆登、雷克等。至少在10年的时间中，它忠诚而卓有成效地履行着自己的使命——保卫弗洛伊德的荣誉与学说，反对对弗洛伊德本人及其学说的攻击。

在精神分析运动发生分裂的这段时期内，弗洛伊德完成了一部重要著作：《图腾与禁忌》。

1911年9月国际精神分析学第3次大会在魏玛召开。弗洛伊德从魏玛开会回来后便着手写作此书。历经20个月，终于于1913年5月脱稿。他曾想，争取在国际精神分析学第4次大会在慕尼黑召开之前出版此书，为的是把书带到大会上作为同荣格派斗争的武器。

弗洛伊德对这本著作像对《梦的解析》那样看重。书接近完稿时他给弗伦齐的信中说：我的印象，它将是我最重要和最好的著作，甚至可能是我的最后一部佳作。书出前他曾这样预言这本书的"命运"："它必然会引起我和雅利安人的所有宗教狂徒之间的崩裂，这就是必然的后果。"这是他给亚伯拉罕的信中的话。他给弗伦齐的信中又说："除了我最亲近的几个人，我想，其余人对待这部书，和对待《梦的解析》一样，将是风暴和狂怒。"

本书研究的是原始民族部落中的各种禁忌、图腾崇拜、原始宗教和原始文化。追溯这些现象的心理根源——原始人的心理活动规律。全书共分4章，分别论述：乱伦的禁忌；禁忌和矛盾感情；精灵说、巫术和思想万能；图腾崇拜现象在儿童时期的重视。

1914年7月，第一次世界大战爆发。弗洛伊德厌恶这场战争。他在给自己的一个颇有才气的女弟子安·莎乐美的信中说："人类将战胜这场战争。但我确实认识到我和我的同代人将再也不会看到一个快乐的世界。一切都是令人讨厌的。"的确，战争给弗洛伊德带来了诸多不幸。

战争爆发后不久，弗洛伊德的3个儿子就先后应召入伍，开赴战场。4年里，弗洛伊德每天都阅读4份报纸，关注战争的进展，牵挂着儿子们的生死安危。他的大儿子做了意大利人的俘虏，直到战争结束后又过了9个月才从意大利的医院里归来。

由于战争，国外的病人不能来弗洛伊德的诊所就诊，国内来就诊的病人也大大减少,他的诊所又冷清起来,他失去了大部分经济来源,家庭生活又陷入了困难。战争引发的通货膨胀,使他原有的价值15万克朗的存款几乎化为乌有。60多岁的人了,仍然一文不名。为了生存,他不得不再到维也纳大学讲课挣钱,不得不勤奋写作,赚取稿费,不得不借债。

1916年,由于战争,粮食严重缺乏,弗洛伊德的家人面临着缺粮的威胁。这年5月正是他60岁生日,没有足够的吃的东西,他患了重感冒,身体衰弱,儿子们都在前线,他的生日过得好不凄惨! 1918年冬天,天气严寒,买不到煤,没有炉火的房子里气温在零下十几度,弗洛伊德不得不穿着大衣戴着皮手套写作、阅读。弗洛伊德烟瘾很大,每天得抽20支大雪茄,可是战时常常买不到烟,无烟可抽,使他心情烦躁,难以忍受。

战争也给弗洛伊德的事业——精神分析运动的发展带来了许多不利因素。1914年冬,弗洛伊德在给琼斯的信中说:荣格和阿德勒摧毁不尽的我们的运动,已毁于国与国之间的冲突。我们的组织,名为国际,实则已无保持国际接触的可能。我们那些刊物,似在苟延,也许,我们还能使《年鉴》维持生命。凡是我们所耕耘和细心浇灌的,现在不得不任其荒芜。

两大阵营交战以来,国与国之间的边界封锁,交通通讯中断。这使精神分析运动的成员们无法联络。更有甚者,原来的一些同志,现在成了"敌人"。不同国家精神分析成员无法相互沟通,共同工作。《年鉴》本是荣格主编的刊物,他业已辞职,由于战争,只能任其荒芜着。《国际精神分析学评论》的两个主编分属英国和匈牙利,无法合作编辑。弗伦齐、艾丁根、兰克、查赫等已在军中服役,亚伯拉罕蛰居柏林,他们已难以和弗洛伊德取得联系。弗洛伊德实际上成了孤家寡人,对于国际精神分析运动的事务实在难以有所作为。

当然,弗洛伊德没有放弃为推动精神分析事业的发展而努力。此时,他所能做的就是在极其恶劣的条件下从事精神分析学理论的研究和宣传——写作、讲课。

弗洛伊德早就拟定了一个写作计划:写一组总题为《超心理学》的论文,共12篇,从1915年到1919年初完成。1915年春末夏初的6周内他写出了其中的5篇:《本能及其变化》《压抑》《无意识》《对梦的理论的超心理学的补充》和《悲痛与抑郁》。8月他给琼斯的信中说,他计划要写的12篇论文已全部完成了。但后来发表的只有上述5篇。

1916年弗洛伊德又到维也纳大学讲课。所讲的内容于1917年整理出版,即《精神分析学引论》。这是一本全面概括他的学说(到那时为止)的书,浅显易懂,对战后精神分析学的广泛传播起了巨大作用。

第一次世界大战结束前夕,1918年9月28日,中断了3年多的国际精神分析学第5次大会在匈牙利首都布达佩斯召开。中欧同盟国派官方代表参加了会议。弗洛伊德在大会上宣讲的论文题目是《精神分析治疗法的前进方向》。

战争结束后,西欧各国政府、学者和普通人对精神分析学的兴趣大大增加。国际精神分析学协会在各国的分会都有了进一步的发展。

理论建设

战争,使精神分析运动遭受了挫折。但是,战争没有摧毁精神分析运动的组织,当然,它更不能毁灭精神分析学的理论。

战争结束了,社会生活又恢复了平静。精神分析运动的发展又走上了正轨。

弗洛伊德是精神分析运动的缔造者,也一直是它的实际领导者,它的灵魂。他不仅担负着指导这个运动实际活动的重任,而且更重要的是,他担负着从思想上领导这个运动的任务。运动的发展,不仅体现在更多的人参加到这个运动中来,不仅体现在这个运动的组织更加健全,更重要的是其思想要不断从一个高度提升到一个新高度,其理论不断产生出一些新的内容。弗洛伊德清楚地知道这一点。他必须不断进行理论探索、理论创造。

20 世纪 20 年代,弗洛伊德已经是六七十岁的人了,他的身体在衰老,可是,他的头脑依然清晰异常,创造力十分旺盛。他依然一如既往地保持着一位科学家所特有的那种严谨、勤奋精神。弗洛伊德争分夺秒地工作着。

这一时期,弗洛伊德理论活动的目标是,对业已建立起来的精神分析理论进行修订、补充,使之臻于完善。同时,用精神分析学理论的一些概念、原理说明文学艺术、宗教神话以及其他社会现象,使精神分析学有更深厚的基础和更广阔的应用范围。实际上是把精神分析学由一种心理学学说转变为一种哲学学说。

弗洛伊德认为,首先需要建立的是本能理论。他在《自传》中说:"在心理学中,最紧迫的需要莫过于建立一种稳固的本能理论,然后才可能据此进一步向前发展。但是这种理论现在一无所存,精神分析只好被迫为建成这么一种理论做些尝试性努力。"为什么此时首先要建立本能理论? 弗洛伊德早就建立了潜意识学说,但至今未解决"潜意识何以能发生作用"这一问题,这个问题实际上涉及潜意识的来源、性质及其发生作用的过程等一系列重大问题。只有解决了"潜意识何以能发生作用"这一根本问题,才会有完善的潜意识理论。而这一问题的解决有赖于本能问题的解决。

本能问题,弗洛伊德早在 1915 年写的《超心理学》论文中就进行过论述。不过,这时他已不满意那时关于本能的一些论点了,所以现在重新研究本能问题。

这一时期,弗洛伊德论述本能问题的著作主要有:《超越快乐原则》(1920 年)、《集体心理学和自我的分析》(1921 年)、《自我与本我》(1923 年)、《文明及其不满》(1930 年)等。

1915 年弗洛伊德认为有两种不同的原始本能,即自我本能(自我保存的本能)和性的本能。这时他改变了这一看法,把形形色色的本能概括为两大类,一种是死的本能或自我本能,另一种是生的本能或性的本能。前者是"引导有生命的物体走向死亡的本能",这种"本能是有机体生命中固有的一种恢复事物早先状态的冲动。而这些状态是生物体在外界干扰力的逼迫下早已不得不抛弃的东西"。生的本能则"始终致力于使生命获得更新"。它包括"不受约束的性本能本身""发源于性本能的带升华性质的冲动"以及"自我保存本能"。生命呈现给我们的这幅图景是由于生的本能和死的本能共同存在而又相互对立的活动的结果。

这一时期弗洛伊德还提出了"三部人格结构"理论。这是对他以前提出的心理结构理论的重要补充。

心理结构理论(即意识与无意识理论)是精神分析学的基本内容。弗洛伊德在早期的一系列主要著作中都从不同侧面论述了这一主题。现在他又做了简明的表述:心理过程或精神系统由三部分构成:最表层的是意识,这是被知觉着的精神要素(如观念),它下面存在着一个非常之强有力的心理过程或观念,这就是无意识。就其潜伏在意识下面而言,可以叫它潜意识。无意识又可区分为两种:"一种是潜伏的,但能够变成意识;另一种被压抑的,在实质上干脆说,是不能变成意识的。"前者可以叫作"前意识",后者只能保留无意识的名称。前者与其说接近于无意识,不如说更接近于意识。无意识之所以不能变成意识,是因为有一种来自意识的力量的压抑。无意识是以性冲动为主要内容的种种本能的欲望和冲动。

弗洛伊德认为对心理过程所做的这种分析还有不足之处,所以他又提出另一种人格结构学说。这一学说认为,精神人格由自我、本我和超我三部分构成。自我是人格(心理)的表层,本我是人格的深层和主体,其内容是本能的欲望、冲动,性欲是其主要部分。本我是"里比多的大量储存器"。自我附着于本我之上,与本我的界限并不分明,其低级的部分并入本我。自我包含着知觉意识,本我则是未知的和无意识的。本我具有很强的心理能量、经常处于紧张状态,它总是在追求释放能量,减少紧张,获得快乐。它不管现实条件,也不考虑法律道德的要求,为所欲为。自我代表着理性和常识,有着对外部世界的清醒认识,以现实原则严格管束、控制着本我。自我不是要扼杀本我,而是为本我的活动寻找有利的时机,以保证其欲望的满足。人格系统的第三个部分是超我。超我是从自我中分化出来的一个高级的部分,是道德化了的自我。它是儿童时期父母对儿童进行教育时所代表的道德的要求和标准在自我中留下的积淀物。超我代表着道德的要求,以良心和理想的形式监督、指导着自我。自我同时为本我、现实和超我这三个"主人"服务,尽心竭力地调和这三者相互冲突的要求,使之达成妥协。

这一时期。弗洛伊德理论建设的另一个重要内容是,拓展精神分析学理论的适用范围。首先,他用精神分析学的一般原理和方法研究宗教现象,由此建立了精神分析学的宗教理论。

早在1912年他就发表了研究宗教问题的重要著作《图腾与禁忌》,提出了他关于宗教的一些重要思想。这时,他在已取得的成果的基础上,把研究工作又向前推进了一步。1927年他发表了《拜物教》和《一个幻觉的未来》两篇论文,1930年又发表了重要论文《文明及其不满》。

在宗教研究中,弗洛伊德首先提出了这样一个惊世骇俗的观点:强迫性神经症是歪曲的个人宗教,宗教是一种普遍的强迫神经症。这一说法无疑是对宗教的莫大亵渎,此论一发,立即引起宗教徒们的强烈愤慨和反对。可是弗洛伊德并不在意,继续研究宗教,继续发挥他的奇思妙想。

他对图腾制度有浓厚兴趣。通过对原始部落的图腾制度中禁忌的研究,他得出一个看法:图腾制度的两个禁律——不杀图腾、不与本图腾氏族内的任何妇女性交,与俄狄浦斯情结的两个要素——除掉父亲、娶母为妻——之间有明显的一致性。于是,他把图腾动物设想为部落成员的一个"父亲"(祖先)。他又研究了图腾餐,通过对图腾餐由来的推想,认定图腾餐与俄狄浦斯情结有关。弗洛伊德同意某些学者提出的基督教由原始的图腾宗教演变而来的观点。于是,他断定俄狄浦斯情结是基督教的心理基础。换言之,基督教归根到底起源于俄狄浦斯情结。这样,弗洛伊德就把精神分析学推广到了宗教领域。

与此同时,他还把精神分析学推广到文学艺术领域。弗洛伊德一向对文学艺术有浓厚兴趣。青年时代他就喜欢读歌德、莎士比亚的作品。20世纪20年代他结合着精神分析学的研究读了大量文学作品,结识了许多著名的文学艺术家,与他们建立了深厚的友谊,与他们通信、交谈,探讨文学艺术问题。

弗洛伊德以精神分析学的观点对文学艺术的研究并非仅仅在20世纪20年代。1900年发表的巨著《梦的解析》中就有不少地方谈到文学艺术问题,特别是第5章的第4节中论述《俄狄浦斯王》与《哈姆雷特》的部分,是论述文学艺术问题的名篇。20世纪的头20年中讨论文学艺术问题的作品还有:《作家与白日梦》(1908年)、《列奥纳多·达·芬奇对童年的回忆》(1910年)、《米开朗琪罗的摩西》(1914年)等。20世纪20年代他发表的最重要的论述文学艺术问题的文章是《陀思妥耶夫斯基及弑父者》(1928年),1930年发表的《文明及其不满》中也涉及文学艺术问题。在这些著作中弗洛伊德广泛论述了文学艺术各方面的问题,如文学艺术的本质、起源、目的、文学艺术家、文学艺术的创作及文学艺术的功能等。由此形成了一个较完整的文学艺术理论体系。

这个理论的重点是:在文学艺术本质问题上持"游戏说":"一篇创造性作品像一切白日梦一样,是童年时代曾做过的游戏的继续和代替物";文学艺术"起源于俄狄浦斯情结"。俄狄浦斯情结决定着作家艺术家的创作冲动、作品素材的选择、艺术形象的处理;艺术创作的目的不是纯粹为了艺术,而是"在于发泄那些在今日大部分已被压抑了的冲动"。作家艺术家是"被过分嚣张的本能欲望所驱遣着前进的人"。他从现实中脱离出来是因为他无法在现实中满足与生俱来的本能欲望的要求。于是他在幻想的生活中让他的情欲和雄心勃勃的愿望充分表现出来。但是,他找到了一种从幻想的世界中返回到现实的方式;借助于他的特殊的天赋,他把他的幻想塑造成一种新的现实；人们把它们作为对实现生活的有价值的反映而给予公正的评价。文学艺术作品是作家艺术家的白日梦。"他们创造的艺术作品，就像梦一样，是无意识愿望的想象满足。"艺术作品的创造活动与梦的形成过程相似。艺术作品的形成有类似梦的工作的那些程序：凝缩、转移、意象、二级加工。艺术的功能是很有限的。艺术不过是作为一种轻微的麻醉剂而作用于我们，它不会提供比一个使我们从生活的艰辛中逃脱出来的暂时的避难所更多的东西。它的影响不会强烈到使我们忘记真正的不幸。

拓展精神分析学理论适用范围的工作，弗洛伊德所做的主要在于宗教和文学艺术两个领域。至于在其他领域，弗洛伊德不过仅仅是开了一个头。弗洛伊德在《自传》中说：精神分析学"在德国和法国一出现，就被广泛地应用到文学和美学的各个部门，被应用到宗教史、史前史、神话学、民俗学以及教育界等中也随之开始……精神分析这些应用的大多数开端都可在我的著作中发现……后来，其他人（不仅有医生，还有各个领域的专家）步我后尘，深入到各个不同的主题之中。"

弗洛伊德独树一帜的文学艺术思想，引起文学艺术界的广泛关注、浓厚兴趣。从20世纪20年代开始，弗洛伊德的名声已远远超出了医学界和心理学界，在文学艺术界，他的声誉绝不亚于任何一位新崛起的作家或艺术家。他赢得了文学艺术界人士的景仰。不少著名文学艺术家与他建立了联系、友谊，或慕名造访。1915年著名象征主义诗人李尔克拜访了弗洛伊德。1923年法国著名作家罗曼·罗兰致信弗洛伊德，说他20多年来一直在读他（弗洛伊德）的作品。1924年5月罗曼·罗兰与德国作家史迪凡·茨威格一起拜访了弗洛伊德。1925年法国著名作家列诺曼拜访弗洛伊德。

弗洛伊德虽然没有创作过文学艺术作品，但他对文学艺术作品的研究深入细致，写的评论文章视角新颖，见解独特，思想深邃，得到文学艺术界的高度评价。弗洛伊德的文学艺术思想对文学艺术界的影响是巨大的。不少作家、艺术家从他的思想中吸取营养，用以指导自己的文学艺术创作。弗洛伊德对文学艺术的贡献是巨大的。1930年7月，弗洛伊德在发表新作《文明及其不满》之际，获得了德国歌德协会颁发的文学奖金。

20世纪的30年代，是西方现代主义文学艺术迅猛发展的时期。形形色色的文学、艺术新流派纷然涌现，有代表性的有达达主义和超现实主义文学、抽象派绘画、意识流文学、超现实主义电影、表现主义文学，以托马斯·曼为代表的现实主义文学等。所有这些流派都或多或少地受到弗洛伊德思想的影响。在西方文学艺术中，现代主义的崛起"终结"了传统的古典主义，这是历史发展的必然，也是历史的进步。当然，西方现代主义文学艺术中有不少荒谬的、腐朽的东西。这中间，弗洛伊德的功过该如何评价？这是需要认真研究的。但不管怎样，毫无疑问的是现代西方文学艺术深深打上了弗洛伊德思想的印记。

晚年生活

1921 年,弗洛伊德已经是 65 岁的老人了。此后的 18 年中,他一边顽强地同病魔搏斗,一边继续努力为精神分析事业而工作。

二三十年代是精神分析运动蓬勃发展的时期。弗洛伊德清楚地知道,尽管年老体衰,还必须为精神分析事业做许多工作:进一步发展精神分析理论并把它应用到更广阔的领域;结合科学的新成果改革精神病治疗方法;国际精神分析学协会领导机构的建设;争取国际精神分析学协会在更多的国家和地区获得发展。

1923 年,他患了口腔癌,手术后经常出血,疼痛难忍。祸不单行,同年他又失去了心爱的小外孙。这给予他的精神以沉重的打击。他以非凡的毅力默默忍受着肉体和心灵的巨大伤痛,顽强地工作、写作……

此时,国际精神分析运动又出现了新的分裂,与弗洛伊德合作多年的兰克和弗伦齐又因与弗洛伊德"正统"观点不一致,先后离去。

1925 年国际精神分析学大会在洪堡召开。弗洛伊德的女儿代父亲宣读了论文《论两性解剖学上的差异所产生的心理后果》。1925 年弗洛伊德发表了《自传》。

1926 年弗洛伊德的口腔癌恶化,并患了心绞痛。是年 5 月 6 日,是他的 70 岁生日,来了很多祝贺的人。维也纳和德国的许多报刊都登专文庆祝弗洛伊德的成就。然而,维也纳的官方学术和研究机关——维也纳大学、奥地利科学院和奥地利医学会却因排犹主义作祟而保持沉默。这天,弗洛伊德的几个学生捐给他 4200 马克的基金,弗洛伊德把其 4/5 献给国际精神分析学出版社(该出版社是几年前由弗洛伊德治愈的一个病人——布达佩斯啤酒业巨子安东·弗伦出巨资建立的),1/5 献给维也纳精神分析诊疗所。在谢辞中,弗洛伊德表达了从国际精神分析运动引退的愿望。

这年圣诞节,弗洛伊德与夫人访问柏林,造访了著名物理学家爱因斯坦。这是两位巨人之间的第一次会面。他们愉快地交谈了两个小时。

1930 年,弗洛伊德病情再度恶化,又做了一次手术。从他的手臂上割下一块皮移植到下颚部。并且术后不久他又得了肺炎。1931 年,英国伦敦大学赫胥黎讲座邀请弗洛伊德去讲学。这是给予弗洛伊德的一种崇高荣誉。然而由于健康原因,只得谢绝。

1933 年,希特勒在德国上台,开始疯狂迫害犹太人。许多精神分析学家纷纷逃离德国和奥地利。琼斯、玛丽·波拿巴特和弗伦齐纷纷劝弗洛伊德离开维也纳,他一概拒绝。他表现得很镇静,同时表现出对法西斯的极度轻蔑。他在给玛丽·波拿巴特的信中说:"如果他们把我杀了,那也好。这不过和平凡的死去一样,没有什么了不起。"5 月份柏林正式宣布弗洛伊德的书是禁书,并烧毁了所有的弗洛伊德的著作。弗洛伊德得到消息后无比愤怒,轻蔑地说:"看!时代的进步有多大!如果是在中世纪,那他们就得烧了我。现在,他们毕竟只烧掉我的书就满意了。"1933年6月,纳粹分子完全管制了法国精神分析学协会,原协会主席克列兹美被迫辞职,荣格取代了他的职位。荣格的行为遭到许多正直的科学工作者的谴责。也是这一年的3月,德国法西斯当局的"盖世太保"秘密警察宣布冻结国际精神分析学出版社的全部财产。

1934年,正值法西斯疯狂摧残弗洛伊德学说之际,国际精神分析学第13次大会在瑞士的卢塞恩召开,显然,弗洛伊德已无法参加这次会议。但他在关注着这次会议。

1933年6月以来,弗洛伊德开始构思、写作《摩西与一神教》一书。1934年9月已写成本书的三部分。9月20日弗洛伊德在给阿诺尔德·茨威格的信中谈到写这本书的缘由:"面临新的迫害,人们又开始问:这犹太民族是怎样形成的?为什么它会招上这样永世不解的仇恨?我很快就发现,正因为有摩西这个人,正因为是他创造了这个民族。于是我决定写名为'摩西其人的历史小说'。"书中表达了这样的观点:"宗教的威力不是由于真实的真理,而是由于历史的原因。"由于书中抨击了宗教,发表后肯定会引起天主教的不满,当时天主教已受到纳粹势力的大力支持,这势必招致纳粹的报复。自己遭殃事小,还会累及同事。"殃及会员人人失业,这个责任可负不起。"所以书写出后迟迟未拿出来发表。1938年6月,弗洛伊德到伦敦后,外部环境发生了改变,他才决定发表。本书1938年8月在阿姆斯特丹出版,并于1939年3月出版了英文版。

1936年5月6日是弗洛伊德80岁寿辰。他收到了从世界各地寄来的贺信和发来的电报。著名作家托马斯·曼、罗曼·罗兰、史迪凡·茨威格等都发来了热情洋溢的贺信。1936年4月21日爱因斯坦从美国普林斯顿寄来贺信。信中说:"我感到高兴的是,我们这一代有机会给你这位伟大的导师表示敬意和祝贺……迄今为止,我只能崇奉你的素有教养的思想的思辨力量,以及这一思想给这个时代的世界观所带来的巨大影响。"

1938年3月11日德国法西斯入侵奥地利。琼斯和玛丽·波拿巴特得知消息后立即赶到维也纳,劝弗洛伊德迅速离开维也纳。虽经琼斯一再恳求,弗洛伊德仍坚持留在维也纳。最后琼斯说:"在这个世界上,你并不是孤立的。你的生命对许多人来说是很珍贵的。"这句话感动了弗洛伊德。个人生死安危事小,精神分析运动的利益事大。弗洛伊德又一次从精神分析事业的大局着眼考虑问题,不顾自己年迈体衰,答应离开维也纳。

德国法西斯很快就没收了国际精神分析学协会出版社,解散了协会,冲锋队员抄了弗洛伊德的家。

琼斯等马不停蹄,多方奔走,费尽周折,终于为弗洛伊德办好了离境手续,安排妥了去处。其间利用了美国总统罗斯福和墨索里尼的关系。他们的干预对这件事情的办成起了积极作用。

1938 年 6 月 4 日,弗洛伊德同夫人、女儿安娜及两个女佣人离开居住了 79 年的维也纳,前往英国伦敦。伦敦是弗洛伊德久已向往的地方,然而,此时来伦敦定居,却是"别有一番滋味在心头"。

伦敦的报纸热情报道了弗洛伊德到达的消息。弗洛伊德在英国的朋友,还有一些陌生的崇拜者纷纷前来拜访、礼贺。有的人还带来了弗洛伊德喜欢的古董。英国的精神分析专家、著名科学家、犹太人协会的代表也接踵而至,慰问弗洛伊德。

弗洛伊德刚到伦敦不久,美国克利夫兰市还以"全体市民"的名义打来电报,邀请他去那里安家。

6 月 23 日,英国国王亲自来拜访弗洛伊德,秘书拿出一本英国皇家学会自 1660 年创立以来代代相传的珍贵纪念册,请弗洛伊德签名。弗洛伊德按捺不住激动的心情,用颤抖的手在上面写下了自己的名字。他知道,这本纪念册上有最伟大的科学家牛顿和达尔文的签字。

7 月 19 日,史迪凡·茨威格陪同西班牙画家萨尔瓦多·达利访问了弗洛伊德。达利是著名超现实主义派画家,是弗洛伊德的崇拜者,喜欢读《梦的解析》。他当场给弗洛伊德画了一幅素描画,画中尽显超现实主义风格。弗洛伊德深深叹服其艺术魅力。

1938 年秋天,弗洛伊德家里又来了三位著名学者:作家威尔斯、人类学家马林诺夫斯基、生物化学家魏斯曼。

8 月 1 日,国际精神分析学协会第 15 次大会在巴黎召开。会上有个问题没有得到解决。会后部分会员来到弗洛伊德家中,听取他对这一问题的看法。他们接受了弗洛伊德的观点,争论双方的意见终于达成一致。

1938 年《摩西与一神教》出版后,弗洛伊德又开始写另一部著作:《精神分析学纲要》。可惜这本书没有写完。

1939 年 8 月弗洛伊德病情迅速恶化。他已难以进食。9 月,他的下颚已全部烂掉。9 月 21 日,弗洛伊德已奄奄一息。他对医生舒尔说:"亲爱的舒尔……你答应过我,如果我不能坚持活下去的话,你将尽力帮忙。现在我万分痛苦,这样继续下去是毫无意义的。"舒尔理解他的心情。9 月 22 日,他给弗洛伊德注射了吗啡。次日午夜,弗洛伊德的心脏停止了跳动。

弗洛伊德走了。他给世界留下了一笔不菲的财产:伦敦版《弗洛伊德全集》共 18 卷。(詹姆斯·斯特拉奇等主编的《弗洛伊德全集》是 24 卷。)弗洛伊德还以实际行动告诉人们,作为一位科学家应当具有怎样的品格,应当怎样工作。他生前曾戏言:我从这个世界得到的很少,给予这个世界的很多。这不是戏言,而是事实。

精神分析学的创立者、精神分析运动的缔造者走了。他的学说还在传播,他的事业还在发展。

西方哲学的奠基者

——苏格拉底

人物档案

简　　历：古希腊著名的思想家、哲学家、教育家。和他的学生柏拉图，以及柏拉图的学生亚里士多德并称为"古希腊三贤"，被后人广泛地认为是西方哲学的奠基者。身为雅典的公民，据记载苏格拉底最后被雅典法庭以侮辱雅典神、引进新神论和腐蚀雅典青年思想之罪名判处死刑。尽管苏格拉底曾获得逃亡的机会，但他仍选择饮下毒堇汁而死，因为他认为逃亡只会进一步破坏雅典法律的权威。

生卒年月：公元前 469 年~公元前 399 年。

安葬之地：雅典。

性格特征：勤奋好学，性格中天生就有着自信与智慧。

历史功过：主要作品有《克堤拉斯篇》《泰阿泰德篇》《智士篇》《政治家篇》，其哲学思想对后世影响巨大且深远。

名家评点：黑格尔评价说："他的哲学活动绝不是脱离现实而退避到自由纯粹的思想领域中去"。黑格尔将苏格拉底之死视为"雅典的悲剧，希腊的悲剧"。

家境贫困

苏格拉底，古希腊著名的唯心主义哲学家和教育家。公元前 469 年，苏格拉底出生于雅典的一个手工业者家庭他的父亲是雕刻匠，母亲是助产士。

苏格拉底在幼年时期，作为雅典奴隶制国家中一个自由民的子弟，曾经受到一定的教育。长大之后，由于家境比较贫困，苏格拉底曾继承父业，以雕刻维持生计。

广收门徒

苏格拉底勤奋好学,尤其喜爱哲学研究。当时雅典是希腊文化的中心,古典唯物主义和唯心主义的斗争大多在这里展开。许多学者在公共场合发表演讲,在公民大会上展开辩论,对辩论术、语法和修辞学等都有研究,从而出现所谓的"诡辩派"。他们四处游历,广收门徒,培养有志于学习他们知识的人。苏格拉底青年时就师从于诡辩派学者,后来逐步形成自己完整的唯心主义哲学观点,成为当时雅典最有名的哲学家之一,不少有名望的人都拜他为师。著名的主观唯心主义哲学家柏拉图和雅典专制主义执政者克里提阿斯都是他的学生。

苏格拉底的门徒中,有不少人出身于贵族奴隶主家庭。苏格拉底认为,"与其自己去治人,不如训练能够治人的人更为有用"。在教授过程中,他既不直接地向学生传授他认为是真理的科学知识,也不直接地向学生讲述现成的科学原理和结论,而是用"问答法"进行教学,启发听众自己去寻找正确的答案。他经常先向学生提出问题,然后引导学生做出回答。如果答案错了,也不立即给予纠正或指出错误所在,而是根据不正确的答案提出补充的问题,使对方的答案显出荒谬,或迫使对方承认自己的无知。苏格拉底说自己像助产婆一样,虽年老不能生育,但能接生,即能帮助别人获得知识。所以人们称这种方法为"苏格拉底法",也叫"产婆术"。

公元前431年,伯罗奔尼撒战争爆发。苏格拉底曾参加了三次战役,并在波提狄亚一役中救了他的弟子——著名将领西亚比得的生命。公元前404年,伯罗奔尼撒战争以雅典彻底失败而告终。在斯巴达扶植下,以克里提阿斯为首的三十个大贵族在雅典实行专制统治,这就是历史上有名的"三十暴君统治"。从政治上来看,苏格拉底是当时雅典农业贵族思想的代表者,他拥护专制制度,坚决反对民主。因此他支持他的学生克里提阿斯的统治。"三十暴君统治"时期,施行恐怖政策,迫害民主派;当权八个月后被雅典民主派推翻,克里提阿斯本人战死。

暴君统治垮台后,苏格拉底被雅典民主政权逮捕。公元前399年,他在雅典受审。法庭以传播异说、毒害青年、反对民主的罪名判处他死刑。按照雅典法律的规定,被判死刑的人可以选择流放徒刑来代替死刑。此外包括柏拉图在内的他的几位有钱的学生多方营救,并买通了看守,如果苏格拉底愿意,他就可以逃走。但苏格拉底不肯这样做,他做好了随时去死的准备。临刑前,几个学生到监狱去看他。学生们围坐在敬爱的老师周围,苏格拉底给他们讲述关于生与死和灵魂不朽的思想。随后,他安详地喝下了刽子手给的毒酒离开了人世。

研究伦理

　　苏格拉底生前好谈论而无著作。他的哲学观点和教育观点多见于与其弟子柏拉图的一些对话,如《自辩篇》《克里多篇》《斐多篇》等。在色诺芬的《苏格拉底言行回忆录》中,也记述了苏格拉底的思想。通过这些,苏格拉底的主张为人们所熟知,并一直流传到今天。

　　苏格拉底对自然科学不感兴趣,而把全部注意力放在伦理性问题的研究上。他认为,哲学应当从怀疑开始,要把人对于物质自然也即是客观世界的求知,转化为对于内在自我也即是主观世界的求知。知识只是一种"自我认识"。教育的目的也正在于此,他认为有知识的人才有美德。苏格拉底的思想对后代有巨大的影响,是人类宝贵的精神财富。

冒险狂人

导　语

　　有些人认为我们在一生之中,有时候必须冒点险以求进步,也许你缺少的就是这样一种精神——冒险的精神。也许你读了本卷中关于世界著名冒险家的传记,你会在心中油然升起一种冒险的冲动。

　　冒险家的黄金时代是 18 世纪,他们一度操纵了世界历史的车轮。不明来历的苏格兰人约翰·罗欧,用他发明的纸币摧毁了法国的银行体系;男扮女装的德·埃昂主导了国际政治;长着小圆脑袋的内高夫男爵当了科西嘉的第一任国王;卡利奥斯特罗,一个来自西西里的农村小子,睥睨全巴黎,尽管他一直目不识丁;圣热尔门,一个不知年岁几何的祭司,居然对法国国王拥有无限的影响;化名彼得三世的普加乔夫能发动民众造反,闹得叶卡捷琳娜二世胆战心惊;还有别尼奥夫斯基、塔拉卡诺娃公爵夫人、万卡·该隐、特连克、博内瓦尔、金斯顿、扎诺维奇,的的确确是冒险家的黄金时代……

　　斯特凡·茨维格描写冒险家说:"他们穿着奇异的印度斯坦或蒙古军队的军服,使用显赫盖世的名字;伪造的珠宝,就像他们靴子上的扣环一样;他们会说所有的语言,吹嘘他们认识所有的大公和伟大人物,他们在所有的军队中服过役,在所有的大学里上过学;他们的口袋里塞满了计划,口头上却大言不惭,他们能想出抽彩和特种税收,尽管他们的口袋里连 10 枚金币都没有;他们逢人便说,他们知道点石成金的奥秘;在贪婪成性的宫廷中,他们表演新戏法,在一个地方伪装成共济会会员和蔷薇十字会会员,在另一个地方则向每一位大公推荐化学行家和杰奥弗拉斯特的著作;在贪财好色的君主面前,他们随时准备成为精力充沛的高利贷者和伪币制造者,关系广泛的皮条客和媒人;在尚武的大公面前他们是间谍;在爱好艺术和科学的君主面前他们是哲学家和蹩脚的诗人。他们靠编造占星图对付迷信的人,用五花八门的计划对付轻信的人,用作有记号的牌对付嗜赌的人,用文雅的外表对付天真的人——这一切都掩护在不可捉摸的特殊和神秘的帷幕之下,更加吊人胃口……"

闯荡世界的探险家

——马可·波罗

人物档案

简　历：世界著名的旅行家、商人。生于意大利威尼斯一个商人家庭。他在中国游历了 17 年，曾访问当时中国的许多城市，到过西南部的云南和东南地区。回到威尼斯之后，他在监狱里口述旅行经历，由鲁斯梯凯洛写出《马可·波罗游记》。

生卒年月：1254 年 9 月 15 日～1324 年 1 月 8 日。

安葬之地：威尼斯圣罗伦佐教堂的波罗家族墓地。

性格特征：敢于冒险，具有勇敢的精神和坚强的意志；品行端正，有勇有谋。

历史功过：马可·波罗的中国之行及其游记大大丰富了欧洲人的地理知识，对 15 世纪欧洲的航海事业起到了巨大的推动作用。

名家评点：最近一百多年时间里，国内外一批优秀学者纷纷加入到马可·波罗来华及《游记》真伪的讨论，其中不乏亨利·玉尔、伯希和、杨志玖、柯立夫等学界泰斗。持肯定说和持否定说的争论长达一个多世纪，且延续至今，学术与社会意义重大，影响深远。

少年期待

公元 1254 年，马可·波罗出生在美丽的水上城市——威尼斯。威尼斯是由 120 多个大大小小的岛屿组成的城市，岛屿之间架设着彩虹般的桥梁。远远望去，威尼斯就像浮在水上的海市蜃楼一样，神奇而可爱。它的水上交通四通八达，运河穿梭在鳞次栉比的大小建筑群之间,就如同马路一样。威尼斯的居民乘着凤尾舟在运河里自由自在地行驶,可以到达城市的每一个角落。

威尼斯不但以优美的水上风光而驰名,而且还是商人会聚的地方。马可·波罗出生的这一年,大约公元 1254 年,他的父亲尼可罗·波罗又出海去做生意了,小马可也就没能看到亲爱的爸爸。正当波罗家族为添了一个活泼可爱的小男子汉高兴的时候,马可·波罗的妈妈却面对孩子黯然垂泪。因为孩子的父亲杳无音信。

"多么可怜的孩子呀,若是你爸爸也在身边那该多好啊!"

就这样,伴随着母亲日复一日地担忧,马可·波罗的幼年时光如水般悄悄地流逝。马可·波罗在妈妈的精心爱护下渐渐长大了,成了一个六七岁的小男子汉。他对爸爸的渴望相见的亲情一天比一天强烈。

"爸爸和你叔叔马窦·波罗到很远很远的地方去做买卖了,他们要赚很多很多的钱给马可·波罗呀!"妈妈在回答马可·波罗问询的时候总是不失时机地对马可·波罗进行教育。"威尼斯的男子汉个个都是好样的,他们不仅有健壮的体魄,而且会做买卖……小孩子长大以后都要跟前辈学习,远渡重洋到很远很远的地方去赚大钱。马可将来长大了也要像你爸爸和叔叔那样,做一个精明的商人,为我们波罗家族带来荣誉。"

马可的妈妈虽这么说,可眼里却隐隐地含着忧虑和与亲人不能相聚的痛苦。

马可听完妈妈的话,打心眼里为有一个好爸爸而高兴。他两眼里放出奇异的光,兴奋地说:

"妈妈请放心,将来马可一定做个出色的大商人,给妈妈赚好多好多的钱回来!"

母子两个紧紧地坐在一起,相互依偎着,怀着不同的真挚盼望着。

三年过去了,马可常和妈妈到港口打听海外的情况,询问马可父亲的消息,可是每一次都很失望。

这一天刚过中午,马可和妈妈又驾驶着凤尾舟来到港口。火辣辣的太阳给码头平添了一份酷热。马可和妈妈却没有顾及这些,她们只管放眼向茫茫的海水尽头望去。连一艘船的影子也没有,马可失望地看着妈妈说道:

"我们还是见不到爸爸,他究竟去了哪里呢?"

妈妈看着可怜兮兮的小马可,她不愿让沮丧的情绪影响孩子,伸出手慈爱地抚摸着小马可的头,尽量抖擞精神安慰孩子:

"我的孩子,爸爸一定会回来的。"

这个,小马可相信,因为他不止一次地听人讲起过关于父亲的故事,都是如何称赞他父亲广博的知识的。何况,他父亲的航海技术是威尼斯的骄傲。

的确,当时马可·波罗的父亲是走得最远的商人。

又一个夕阳落山了,西边天空上的云彩被烧得火红火红的,晚霞的光彩映在马可愁懑的脸上。海风凉凉地吹打着马可破旧的衣衫,甚至掀起了他几缕头发。孤零零的马可向着大海，向着远方的圣·乔治岛，也向着遥远的爸爸默默地流着泪水。

"也许，爸爸已经不在人世了……"

他发觉自己近来常常会产生这个念头，今天也不例外，但每次都被他否定了。不会的，爸爸一定会回来的。妈妈曾经告诉过马可，爸爸的航海技术是威尼斯一流的，而且也是世界上最聪明最勇敢的人，无论遇到什么样的困难，都会迎刃而解。爸爸迟早会回到我们的身边来。

马可回首瞧见码头旁边的圣·马可教堂，正被笼罩在一片金光闪闪的晚霞之中。他心中一动，为了爸爸能够平安回来，应该为爸爸祈祷一番。

马可面向教堂，脸上现出一副虔诚和恭敬，手指在胸前规规矩矩地划了一个"十"字，然后嘴里就开始小声为父亲祈求："万能的主啊，您可怜可怜小马可吧！我已经忍受了失去父亲的15年的痛苦，请您念在马可受苦的份上，宽恕父亲的罪过，让他早日归来吧！"

圣·马可教堂的钟声响了起来，算是给予马可的慰藉。仿佛，在那缓慢而充满神秘的钟声里马可·波罗听到了一个来自远方的声音：

"不要担心，爸爸会有一天回到我们身边的。"

黄昏时分，太阳也像充满了愧疚，觉得对不起马可母子俩的殷切期望似的。海风也从海上徐徐吹来，给她们带来丝丝凉爽。马可望着妈妈消瘦憔悴的脸，心里也很不是滋味。马可大了，应该体谅妈妈，安慰妈妈，马可心想。在他为父亲祈祷的时候他就这么想。

"妈妈，我想爸爸一定会回来的，基督会保佑他平安的，你说对吗？"

妈妈的脸上掠过一丝宽慰："可是，你爸爸往日做买卖，顶多出去一年半载，可这次他们已经出海15年的时间了，怕是……"

妈妈说到这里停住了，她不敢再往下说，也不愿往下想。

终于，马可的母亲在她那间黑暗、潮湿的屋子里病倒了，并且与往次生病不同。

卧房是长形的，天花板很高。在围墙板上方的灰泥墙上，画着渔猎的情景，其间被几幅花卉和海中生物的挂轴画隔断了。

马可·波罗呆呆地注视着病中的母亲，他不敢移动。直到她的干枯的嘴唇张开了，这才使他安心地喘了口气。

以前，她也常常生病，可每次都恢复了健康，这次也会一样的。这些年来，自从仆人被遣散以后，这座老房子只有她一个人亲自照料，又拉扯着马可·波罗，她实在是太劳累了。他知道，他父亲早先寄来的钱差不多早已花光。

现在，这个小小的有心计的孩子站在妈妈的身边，他决心要更好地帮助妈妈。

母亲越来越衰弱了，但还是终于找到了微笑的力量。她说话很困难了，但还是说：

"你………完全像你父亲。"马可对之报以微笑。"这个家对你来说太小了她的双眼由于一阵痛苦发作而暂时闭上了。当她再次睁开双眼时,她又微笑了。"有一天,他(指父亲尼可罗·波罗)会……你会看到的,"她对马可说,"威尼斯人人都会尊敬他。'欢迎你回来,波罗先生。你多么富有呵,波罗先生……'"马可没有忘记这些话,许多年后都没有忘记这些话。"他会给你送礼物,给每一个人。你会为他感到骄傲的。"

她努力从枕头上抬起头来,环顾四周,其实这只是一种愿望。她的头动了动,马可立刻就明白了。

放在床边的是她结婚时置办的油漆大柜,上面摆着一堆奇形怪状的玩意儿:有珍禽异兽的木雕、牙雕和石雕,也有穿着异国服装的人物雕像,还有些鬼脸和异教徒神像。在这些玩艺当中,有一个小小的裸体波斯舞女玉雕,是马可心爱之物。在这小玉雕下,压着一封折叠的信。

他从玉雕下面抽出信,转身回到床边。他打开一张单纸羊皮信纸。因为经常反复读了又读,以致这封信纸折叠的地方都破裂了,纸也发脆了。他重新拉住母亲的手,大声念道:

"我最亲爱的妻,这封信是要让你知道我很好。当你接到这封信时,我将比那些远离亲人和故乡的人走得更远,到他们任何人都未曾去过的地方了。我不想说我们的生意是多么成功,因为说来真是难以叫人相信。昨天和前天,我们骑马整整走了两天。前天,我们通过炽热灼人的浩瀚沙漠,最后才来到现在这个城市。这个城市好像全是由喷泉和金顶宫阙修建成的。"马可低头看了看母亲,她在凝神倾听中闭上了眼睛:

他和她都非常熟悉这封信,不止读了千遍万遍,也不止听了千遍万遍。

"……我知道你思念我,如同我经常想念你并祈祷圣母玛利亚保佑你平安一样。"

"我们的孩子现在该已抱在你手上了吧?奇怪的是,我还不知道是男是女。只要一有可能,我就会回家和你在一起。但是,威尼斯人生来就注定要远游……"

马可忽然停下来,他不再听到母亲的轻微喘息了。他怀着突然的恐怖,捏压着母亲的手,但是没有反应。随之,他一直与之挣扎的眼泪倾涌而出。

他唯一的真正同伴,他的梦想的制造者和分享者已经悄然离去了。

1269 年 8 月的一个周末的中午。

虽然没有烈日当空,但低低的云层似乎将闷热的空气罩在了威尼斯的上空。树叶懒懒的奄拉着,平日在空中翱翔的鸽子也不知躲到什么地方去了。街上行人寥寥无几,整个城市仿佛都睡着了。只有教堂附近传来的阵阵呼喊,打破了浓浓的沉寂。原来小巷子里一群半大小子分成两拨,每人手拿一根木棍作为长剑,正杀得昏天黑地。

马可手叉着腰,大声命令着自己这一边的小伙伴们。马可正打得酣畅淋漓之际,忽听背后有人在叫他的名字,他一个分神,对方的木剑直劈下来,正好敲在脑袋上。马可也顾不上还击,回头一瞧,原来是姑父。

"马可,快回家,去看看谁来了。"姑父说道。

马可乖乖地放下手中的木棍,跟着姑父往家走去。姑父没有像往常一样教训他几句,只是闷头走路,马可心里忐忑不安,不时偷偷地瞄上一眼姑父,试图从他的脸上找出什么答案,可惜一无所获。无言的沉默,随着家门的临近,变得愈发沉重起来。

还没走近家门,就听到屋里一阵阵的欢声笑语,马可推门进去,发现桌旁坐着两个陌生的中年男子。他们穿着破旧的粗布衣服,皮肤被晒成了褐色,满脸的沧桑告诉人们他们往日的艰辛。他们中的一个高大挺拔、仪表堂堂,另一个很魁梧,个子略矮一些,头发已经有点灰白了,线条粗犷的脸透出一种坚韧。他们是马可的父亲尼可罗·波罗和马可的叔叔马飞阿·波罗。

跋涉东方

15年的时间对于一个孩子来说是极其漫长的。如今马可终于实现了他梦寐以求的愿望,与亲爱的父亲尼可罗相聚了,这使他感受到了有生以来的最大的欢乐。马可觉得自己简直变成了一只快乐的小鸟。

白天马可跟在爸爸和叔叔的身边,高兴地跑过来跳过去。他们三个还一起上街去推销从海外带回来的商品。夜晚他们则聚会在灯火通明的家里畅谈离愁别绪和尼可罗兄弟俩的旅途见闻。

马可对他们的东方见闻最感兴趣了。他每天晚上都缠着爸爸讲那神奇刺激的旅途见闻和经历。

"爸爸,快把你跟叔叔的旅行经过讲给我和婶婶听嘛!"

"很难用里来计算路程,我们用了三年的时间才到达大汗的都城,回来的时间就更长了。"尼可罗简单地讲述起他们的旅程。"我们的生意一直做得不错,我们想继续往前走,神秘的东方会带来更大的利润。那时正是鲍尔温二世当君士坦丁堡皇帝的时候,威尼斯共和政府还派了一名代表常驻在君士坦丁堡,完全是我们威尼斯的天下。1260年,我们自备了一艘商船,很顺利地到达了君士坦丁堡,经过长时间的考虑,准备渡过黑海,到克里米亚半岛去。我采办了许多货物和美丽的珠宝,起锚出航了。没想到热那亚人和尼西亚皇帝夺回了君士坦丁堡,奇迹般地复兴了拜占庭帝国,威尼斯人的通商特权一下被剥夺了。感谢上帝,我们的运气真不错。"

"那后来呢?"马可手托着腮,急切地问道。

"后来我们到达一个叫索尔得亚的港口,然后骑马走了好几天,到了位于窝瓦河畔的城市萨拉,这是鞑靼人强大的钦察汗国的都城。当时别尔哥汗正在城中,他对两位远方来的游客表示极为高兴,给予了隆重的接待。我们就将自己带去的珠宝献给了别尔哥汗,他对这些威尼斯风格的珠宝首饰爱不释手,对于我们的慷慨非常地惊讶和赞赏,结果他赏赐给了我们两倍于献礼的宝物。"

尼可罗一口喝干了杯中的葡萄酒,接着说起了他们经商旅途中的一次奇特的遭遇,而这次遭遇彻底改变了他们的一生。

1259 年,大汗蒙哥突然去世,其弟忽必烈与阿里不哥之间爆发了一场争夺汗位的长期战争,海都乘机称雄割据,察合台后王依违于两者之间自行其是,往东方的道路已经几乎完全中断了。别尔哥对于这场大汗谁属之争没有什么兴趣,这时他的注意力集中在高加索地区,而旭烈兀对此也是垂涎已久。1262 年,在西方的这两家蒙古统治者之间爆发了激烈的战争,波罗兄弟恰好赶上了这次大战,战乱使得波罗兄弟俩束手无策。

"很巧,有位当地的商人知道另一条路可以直达君士坦丁堡。"尼可罗继续着他们的历险记,"我们由乌克尔市渡过窝瓦河,横过里海和盐海之间的沙漠南下,用了 17 天的时间来到中亚的大都市布哈拉城,因为战争还没有结束,我们只能耐着性子等待。有一天,在驿站里,我们正好碰到了伊利汗国君主旭烈兀的使节,他奉命去元朝晋见忽必烈。"

这位使节在布哈拉看到西方人,非常吃惊,他竭力鼓动我们去元朝,说忽必烈大汗很喜欢和西方人见面。"

"你们就去了。"蒙娜有点不以为然,"那肯定是个很恐怖的地方。"

"恰恰相反。"尼可罗语调一下有点激动起来,"从威尼斯一直跟随我们的几个仆人都愿意往东方去。我们很艰难地走了整整一年,终于见到了忽必烈大汗。"尼可罗和马飞阿在讲述这一切时,脸上满是自豪和骄傲。

但当时出乎尼可罗兄弟俩意料之外的是,忽必烈不像别尔哥那样对他们的礼物表现出多大的好奇之心,他非常详细地询问了西欧基督教的情况,以及地中海的争霸,神圣罗马帝国和教廷的事情。他对教会的作风、拉丁人的风俗习惯同样表现了极大的兴趣,波罗兄弟受过一定的教育,他们简明准确的回答显然就使忽必烈非常满意,而且忽必烈对波罗兄弟流利的蒙古语感到惊讶。

忽必烈沉吟了片刻,非常果断地说他准备任命他们为访问教皇的专使,陪同一名特使立即出发。他们的任务有两个,一是带一封信给罗马教皇,同时请求教皇选派 100 名既通基督教教义,又熟谙修辞、逻辑、文法、数学、几何、天文、音乐等七艺的学者;二是要求波罗兄弟返回元朝复命时,带一点耶路撒冷墓前的圣油回来。为了保证他们行程的安全,忽必烈特意赐给他们一枚金牌,凡持有这种金牌的人和他的所有随行人员,在元朝境内,一切地方官吏都必须保证他们的安全,按站护送;他们行程所经之地,无论大小城镇、寨堡村庄,都必须保证供应他们的一切必需品。

1266 年,经过了充分的准备之后,波罗兄弟和特使及随行人员启程了。谁知走了不到 20 天,特使就一病不起。波罗兄弟进退维谷,一筹莫展。最后商议的结果是,波罗兄弟俩接过特使的任务,告别其他人,踏上了回乡的路途。由于波罗兄弟带着忽必烈的金牌,沿途省去了很多的麻烦。但是,恶劣的自然环境给他们制造了巨大的困难,严寒、风雪、洪水,让他们疲惫不堪。一共花了三年的时间,才到达了亚美尼亚的海港城市来亚苏斯。

波罗兄弟在向他们的亲人们描绘这一切时,兴奋异常,激动之情溢于言表。谁能想到去的时候,他们只是两个满脑子黄金梦的威尼斯商人,回来时居然成了肩负重任等待谒见教皇的特使。别说是波罗兄弟俩,就是家里的亲人们也为之欣喜欢呼,至于马可更是高兴得忘乎所以。

"可惜好运不可能一直走到头。"尼可罗的这句话给大家劈头浇了一瓢冷水。

原来教皇克莱门特四世已经于 1268 年去世了。波罗兄弟刚到达阿克城就听到了这个噩耗。他只好去找在阿克城内的教皇派驻巴勒斯坦的特使特巴尔多·威斯康德。威斯康德非常仔细地听取了波罗兄弟的报告,他既兴奋又有几分无奈。兴奋的是这个消息对于基督教国家来说无疑意味着一个很有利的机遇;无奈的是新教皇即位,起码得等上相当一段时间。如果没有教皇的许可,这件事就无法进行下去。于是,威斯康德劝波罗兄弟先回到威尼斯,静候新教皇的诞生。别人听了这番话兴许觉得有点扫兴,但马可依然信心十足,他不停地为父亲和叔叔鼓劲打气。

就这样,马可天天缠着爸爸和叔叔讲述他们的东方见闻。他从中知道了许多地中海以东直至遥远的蒙古帝国的事情。

"将来如果有机会,我一定要亲眼去看一看东方是个什么样子;我也要去东方做一次充满刺激充满乐趣的旅行!"

波罗家族遗传下来的勇敢冒险的精神在马可的血管里一次又一次地涌动。渐渐地,马可产生了一种强烈的甚至连做梦都向往到亚海去旅行的愿望。

爸爸和叔叔回到威尼斯已经将近两年了,可是还没有听到新罗马教皇确定下来的消息。新罗马教皇定不下来,就实现不了对忽必烈可汗的允诺,就不能到东方去旅行。这使马可非常焦急。他有时恨不得一下子飞到东方,飞到亚海去。

这一天晚上,爸爸和叔叔又摇着头叹息着从外面回到家里。马可一望就知道他们又去打听罗马教皇的事了,肯定还没有确定下来。马可也变得沉默寡言闷闷不乐了。他萎靡在床上,无心听爸爸和叔叔的抱怨,独自想着心事。不知不觉地进入了梦乡。

尼可罗和马窦正谈话间看到马可安然地睡着了,他的脸上还浮现着满足的笑容。

"恐怕这孩子将来也想随我们一起去亚海呢………"

临行的日子终于到了,马可一行三人在亲人们的眼泪和叮咛中离开了码头,马可站在船尾,默默地望着渐渐远去的威尼斯,心里暗暗念着:"别了,威尼斯,愿圣马克保佑我们。"刚才菲亚的热烈拥抱,朋友们羡慕的目光似乎就在眼前。

船飞快地向亚约里亚海驶去,他们沿着达尔马希亚海岸,经过尤利西斯岛,希腊的伯罗奔尼撒,克利特,塞浦路斯。在该途的几个重要的商业海港,他们都做了短暂的停留,一边做些买卖,一边了解近东最近的形势,沿途的社会风情,人文地理,使得马可为之激动不已,他庆幸自己坚决要求随父亲同行的决定是多么正确,否则就会像一只井底之蛙坐井观天。

每一个新的事物,每一次新的发现,都让马可惊叹,他特意买了不少羊皮纸,专门用来写旅行日记,尼可罗看着马可天天晚上在灯下埋头笔耕时,总是显出一副不屑的神情。

经过匆忙跋涉,他们终于到达了地中海东岸的阿克港,然后又取道莱西斯城几经波折来到了西莫尼亚(今天的土耳其),然后进入波斯穿过了灼热的沙漠地带,赶到了北边的克尔曼城。

对于旅途的艰险,马可他们有着充足的心理准备。他们经过艰难的跋涉穿过克尔曼,越过科比南城,又先后经过巴尔赫、巴尔赫尚等地,一路东行来到了帕米尔高原的山脚下。

马可随父亲第一次进行长途旅行,虽然有着坚强的意志,但是毕竟投有经历过大风大浪的洗礼,他的身体逐渐被拖垮了。

来到帕米尔高原根部的时候,人们发觉马可的身体极度虚弱,脸色灰暗。

马可病倒了,一病就是半月有余。尼可罗和马窦看到马可的身体虚弱已不适于长途旅行,就决定在这里好好地休养一番。

马可休养身体期间,他并没有让时光白白地浪费掉,而是以一个商人的习惯了解了这一带的风土人情及物产等。他注意到这一带出产珍贵的红宝石和金银等矿产,还了解到这里的人们种植小麦和芝麻等农作物,并出产核桃等。

马可对这里最感兴趣的是,当地人经常用弓箭到野外狩猎野生动物,然后就用狩猎到的动物的皮毛制成柔软漂亮的衣服。马可非常喜欢这些衣服,穿在身上舒适温暖。于是他同尼古拉商量买下了几件。

"我们翻越常年积雪的帕米尔高原可能用得着这些皮毛衣服呢。"

尼可罗非常欣赏马可的远见卓识,对马可大加赞赏了一番。

经过一年的休养,马可的身体完全复原了。由于他经常锻炼的缘故,看上去他的身体比以前更健壮了。

终于他们决定翻越帕米尔高原了。

马可站在高高的山巅之上,白云在身边缭绕。不远处的两山之间,卡拉库鲁湖像一面明镜镶嵌在大地上,又像一位美丽的少女默默含羞不语。一条美丽的河流从湖上发源,蜿蜒地穿越一块辽阔的平原。平原上绿草如茵,一群群野羊正在撒欢。马可抬起头来,极目远眺,四周崇山峻岭,高接云天。

一片白云从他的眼前飘过,马可真想伸手把它抓过来,当纱巾围在脖子上。这就是世界上最高的地方!我征服了它,他把手伸向蓝天。是征服了吗?身处在真正的天地之间,马可突然感到了自然的不可战胜,感到了它博大的胸怀,感到自己真像是一粒芥草,在它面前是如此的渺小无力。要认识它都这般艰难,何谈征服二字,马可暗自叹息着。

马可意识到问题的严重性,不再去研究地形地势和动植物了,和两个向导专心赶路。

海拔越来越高,山势也越来越险峻,崎岖的山路蜿蜒曲折,高山的巅峰之上是一片银色的世界,寒风在山谷中呼啸,隆冬似乎在一夜之间就降临在他们面前。向导告诉马可,这才是真正的帕米尔高原。

高原上极为荒凉,渺无人烟,甚至连一只飞鸟都见不到,马可觉得简直像被扔进了地狱,生命气息的飘失令他恐惧。

万幸的是,他们带足了路上食用的一切物品,否则除了石头和泥土,没有任何东西。

山在变高,空气在变稀薄。每个人的腿都像灌了铅似的,只听得阵阵呼呼的喘气声。马可看着父亲和叔叔那惨白的脸,看着他们迈着无力的步伐向前挪动,心里非常焦急,谁要是在这鬼地方生病,真是一点办法都没有。由于氧气含量少,燃烧点低,食物永远是半生不熟的,水也是温吞吞的,他们本已衰弱的体力,更无法得到补充。

十二天之后,马可终于感到是在向下走了。他们攀越连绵起伏的莽莽群山,涉过弯弯曲曲的河川细流,穿过人烟绝迹、寸草不生的茫茫沙地,足足用了 40 天时间,来到了帕米尔高原南方的吉吉特。

苍茫的灰色在逐渐隐去,片片绿色洒在大地上。万物复苏,重回人间。马可骑在马上大声地喊叫,他第一次感到绿色就是生命。

块块农田,片片葡萄园,袅袅炊烟,隐隐传来的牧羊人的歌声。

到了,这就是著名的西域,蒙古帝国的发源地和中心。

正当马可一行人满怀着憧憬向着元朝快速前进的时候,却突然发现正前方有异常情况。只见前面的大路上烟尘飞扬,马蹄声声。一大队人马飞快地朝他们奔来。

马可他们都很紧张,一个个剑拔弩张的样子。尼可罗见状,大声地告诫人们:

"如果是强盗,他们要什么就给他们什么,谁也不许反抗!"

马队越来越近了,连骑马人的模样都能看清楚了。原来是元朝的一队骑兵。队伍前一面金黄色的大旗迎风飘摆,猎猎作响。马背上是一个个身穿金盔金甲的武士,他们都雄赳赳气昂昂的样子,亦发显出他们的勇武和剽悍。马队来到近前,见马可他们都是外国人的打扮,便勒住马停止前进。从马队里走出一个军官模样的人,催马来到马可他们的面前问道:

"你们是从威尼斯来的波罗家族的人吗?"

"正是!"

"我是奉了忽必烈皇帝的圣旨前来迎接你们的,快随我登程去拜见忽必烈皇帝吧!"那个军官高兴地催促着马可一行。

马可他们弄清了马队的来意,心里的恐惧感立刻就烟消云散了,代之而来的是满心的欢喜。因为这样一来,马可他们就再也不用担心会有强盗来骚扰他们了。

马可虽然为以后再也不用过担惊受怕的日子而高兴,可他心里还有一个结没有解开,那就是伟大的忽必烈皇帝怎么知道他们来到了元朝的地界了呢?

原来,自从尼可罗和马窦离开元朝返回威尼斯以后,忽必烈皇帝就经常派人打探他们是否又赶回来的消息。当马可他们到达甘特以后,甘特的官员早就把他们的消息派快马千里迢迢地报告了忽必烈。忽必烈皇帝闻听大喜,即刻派了一队人马赶来甘特接应马可一行。凑巧的是,两拨人马在半路相逢了。

马可一行在元朝军队的保护下,顺利地到达了元朝的上都(即现在的内蒙古自治区的多伦),见到了元朝的皇帝忽必烈。

异乡为官

马可一行历时三年半的时间,经过了千辛万苦的跋涉,终于在1275年到达了元上都,见到了忽必烈。这一年,马可满21岁。

元朝的上都被高大的城墙围绕着,足有25公里长。皇帝的宫殿都是用大理石砌成的,美丽雄伟壮观。马可被东方的美妙建筑艺术惊呆了,他认为这简直就像仙楼琼阁一般。走进宫殿,房屋装饰得金碧辉煌。尤其是房间里悬挂着的书法、绘画艺术品,透着一股沁人心脾的墨香味,让人流连忘返。

殿阁之间有回廊曲苑相连,这些走廊也被装饰得美妙非凡。从走廊向外望去,庭院里青松古柏,修竹异草,处处显示出环境的幽雅与高贵。

马可、尼可罗和马窦三人,很快被领去见忽必烈皇帝。宫殿的走廊里铺着红色的厚厚的地毯,走上去柔软舒服。他们被领进一座最宏伟的宫殿。只见忽必烈皇帝高高地坐在龙椅上,两厢站满了文武大臣。

马可他们急忙跪倒在大殿之上,双手举着献给忽必烈皇帝的贵重礼物——水晶杯、五彩玻璃球和圣灯油等。

忽必烈高兴地收下了他们的礼物,并赞赏了他们一番,并且很感兴趣地询问了沿途的情况。可是尼可罗和马飞阿除了路途如何艰险外,说不出多少东西,因为他们心思多半放在生意上了。倒是马可用简明易懂的语言,条理清晰地叙述了一切的经过情形。阿雅斯的情况、玛木路库的史坦丁·拜巴鲁与小亚美尼亚的战争、阿津甘的喷油井、大不里士的商业、起而漫的军工制造业、忽里模子港、巴拉香宝石、帕米尔高原的险峻、西域风情以及罗布大沙漠的恐怖,等等,甚至于沙洲的殡葬仪式、哈密以妻女陪客的怪俗,几乎所有的人都被吸引住了。沿途的地形、军事要塞、行路所用时间,马可表述得清清楚楚。

忽必烈的眼里溢出柔和的笑意,他对马可惊人的记忆力和语言能力、对人文地理精确的判断力极感满意。马可告诉了他许多急于想知道的情况,因为当时海都举兵叛乱,军事威胁日益加甚,就在这年的正月,诸王火忽响应海都,南疆一带几乎失控,东西交通常常断绝。而伊利汗国和元朝关系密切,旭烈兀曾在忽必烈的汗位争夺战中坚定地站在他一边,有效地牵制住了阿里不哥及窝阔台汗国诸王。但是,伊利汗国与撒拉逊人的交战情况因交通不畅而一直不甚明了。马可的详细报告,解除了他心中很多疑问。

忽必烈高兴地对站立在下手的宰相安童说:"宰相者,明天道,察地理,尽人事,兼此三者,乃为称职。马可先生堪称是一个活地图,有几个人能走过朝廷如此多的疆域而详察地理人情呢?"他对马可说:"你要尽快把这些情况写出来,交给安童大人。朕很满意你的忠诚、热心和勤奋,特命你为怯薛,随侍朕的左右。"他又对尼可罗和马窦赏赐了很多珠宝。马可他们立刻跪下谢恩。朝堂上响起一阵轻微的议论声,所有的人对忽必烈给予这些威尼斯商人的重赏感到有点惊讶,尤其是对马可的重用。

怯薛是由蒙古贵族和其他民族的高级官僚以及地方官之子弟充质子者充当,是世袭制。怯薛是宫中近侍,最接近皇上,并公开活动于内廷与外朝之间,口传圣旨,出使地方,甚或出任高官重职。马可可算是一步登天了。

马可得以重用,一方面是因为他出众的才干;另一方面也是由于前几年发生的叛乱,忽必烈对汉人心生猜忌,转而重用色目人。

秋天来临的时候,忽必烈皇帝带着马可他们一起迁回了南边的大都(即今天的北京)。大都比上都更雄伟更壮丽,世界上的任何一个首都都没法和元朝的大都相比。

在忽必烈皇帝过寿的那一天,马可和爸爸、叔叔都被赐予了描着图腾的官服,这预示着他们也在元朝享受了官员的待遇。

马可在皇宫里亲眼看到了忽必烈皇帝赏赐手下的文武百官的场面。那场面才真叫宏伟呢!皇帝把无数的金银财宝、绸缎贡品赏赐给贵族、将军和侍臣们,一点儿都不心疼。这要放在欧洲,无论哪个国王都不敢这么做,他们简直与忽必烈皇帝没法比。马可心里说。

就这样,马可他们留在了忽必烈皇帝的身边,住了下来。

忽必烈通过多次对马可进行观察,他发觉马可·波罗是个品行端正、有勇有谋的人才,而且是个让人信赖的人。忽必烈决定让马可以游者的身份到全国明察暗访,以摸清国情。

马可高兴地听从忽必烈的命令,带了几个随从就上路了。

出京城往南约十七八里有一条河,叫芦沟河。马可带着人来到这条河的时候,被河上架设的一座石头桥深深地吸引住了。

这座桥由大理石砌成,桥面非常宽,可以容几辆车同时并进。这座桥尤为引人注目的是桥两侧的石柱上,雕刻着数不清的石狮子。这些石狮子神态各异,大小不同,塑造得活灵活现。

马可在这座桥边观察了很长时间。他深深地惊诧于中国人的创造力,他被中国人的高超的雕刻艺术陶醉了。这简直是世界上的一大奇迹。

(马可在他著述的《东方见闻录》里记述了此桥。欧洲人为纪念马可的功绩,把该桥叫作"马可·波罗桥"。但是这座桥有它自己的中国名字——卢沟桥,而且经过专家们详细研究,知道这座卢沟桥上千姿百态的石狮子共有 485 个。)

越过卢沟桥,马可·波罗又先后游历了太原和平阳,然后渡过黄河到了古都西安。

在西安,马可也游历了中国历代的古建筑和西安优美的风光。同时他还看到了老百姓安居乐业的生活。

之后,马可又巡游了成都、昆明和大理等城市,然后一路向西,走入了西藏。

从成都往西藏,山高路远,荆棘丛生,异常难走。而且常有狼虫虎豹出没,走路要特别小心。最危险的是夜晚,若宿在野外,就要防止野兽的袭击。马可在跟随父亲来中国的途中,学到了用篝火预防野兽袭击的办法。这次,他也如法炮制,点起了熊熊的篝火。火焰跳跃着,火光照亮了周围很大的一块地方。马可觉得这样就可以放心了。没有料到的是亮亮的火光,却招来了狮子的怒吼和熊的咆哮。马可他们机智地躲开了凶猛的野兽。

平常的方法用不上,这使马可有些发愁。马可在行进途中,曾遇到牧民,他向牧民讨教了对付狮子的办法。他们随身带上了许多竹子。晚上休息的时候,他们就把竹子扔到火堆里,或用火烤竹子。竹子立刻就发出噼里啪啦的声响。这一下可好了,再凶猛的野兽也只能躲得远远的,不敢靠近他们。

马可经过四个月的明察暗访,了解到元朝西南方向的许多风土人情和人们的生活状况。马可把了解到的事情都做了详细的记录。回到大都以后,他如实地把自己的所见所闻向忽必烈皇帝做了汇报。

等马可讲完,忽必烈拍了拍手,一名内侍捧来一个托盘上面金光闪闪,马可不敢细看。"马可,为了褒奖你的勇敢,朕特赐你一套子孙服。"

此后,马可越来越受到忽必烈的赏识,并且经常作为皇帝的使者到元朝各个地方去视察。

由于忽必烈对马可的信任,他交给他一个使命。对马可来说,这可真算是一个美差。他奉命要到南方去进行一次调查,去了解南方的生产、工业及农业的生产能力概况。

这时,南宋遗臣吴生,这位含蓄而博学的老人已成了马可的私人助手,他们带着一支强有力的护送队启程了。

因为要走遍南方地区要花上许多年,马可就决定考察东部地区。他们向东南方向出发,从汗八里(即大都)到了卡拉莫伦大河——汉人称为黄河——最后渡过黄河,到了江南的淮安洲。这是一个繁荣的海港和贸易中心。是早年宋元的边界,再向前就进入了富丽的蛮子省了。这一带,战争的影响似乎没有全部消除,不时可见一批批全副武装的军队守卫着道道关卡要塞。马可沿宝应、高邮、通州、真州,直抵商业城市扬州。也许是因为前两年战线推进很快,也许是因为南宋放弃抵抗,越向前,城镇保存得越加完好,尤其是扬州城,由于全国的统一,反而更为繁盛。真是天下三分明月夜,二分无赖是扬州。

马可第一次看到了长江,从前,他看到过底韬里斯河,看到过黄河,看到过许多河流,但从没有看见过一条江的江面有八里宽。

它真像大海。江面的水路交通十分拥挤繁忙,有些帆船也是他们有生以来看到的最大的船只。在东面的河港真州,马可数了一下,这一天当中就有5000只船在港口停泊,装卸货物。有一个水上官吏告诉他,这儿每年有20多万只船往上游行驶。

扬子江,是中国的主要水上商业通道,被称为长江。马可亲自做了核实。长江长3500多里,发源于神秘的吐蕃雪山,汇合700多个支流,流经16个省份,两岸有200多个城市。它浩浩荡荡,向东流去,是上天赐予中国的最珍贵的礼物。它还有一个特点也极其珍贵,那就是常年刮着逆风,船可以借风力逆流而上。

马可接着又花了三个月时间,勘测南京和襄阳府到重庆长江中游这一带工业中心。重庆上游的长江称为金沙江,淤泥中盛产金沙。马可在重庆坐船顺流而下,穿过了两岸高耸入云,史前时期就已存在的峡谷。两岸有神龛古庙,栖于悬崖绝壁之上。可爱而富于蛮荒气息的自然景色,宏伟壮观,深深印入马可的脑际,使他不能忘怀。

他乘船行驶了30天之后,又到了开阔的长江下游地区。他们一行下了船,骑马往南,到了贸易中心的镇江府。从这里,取道于盛产丝绸和生姜而驰名的美丽城市苏州,最后到达南宋的京城,汉人称为杭州的地方。苏州的意思是"地上之城",而杭州却有"天国之城"之称。博学的吴生告诉马可说,这名字不是随便取的。同样,马可也认为的确到了天堂,他足迹遍天涯,其后数年间,他多次访问过杭州,但他始终对"天、地"之称号深表赞同。

多少世纪以来,杭州就是江南的首府。它位于广阔的长江和巨大的淡水湖之间。因为杭州是和印度、阿拉伯进行贸易的首屈一指的中心,所以,从珠宝、酒类、时装到波斯地毯和舶来香料等,所有的东方财富全都在这儿陈列着。满面胡须和缠着头巾的商船船长到处可见。

杭州城为宋朝所建。宋人富有文化教养,爱好游乐。市内建有许多宏伟的府邸和宫殿,书院,庙宇,和一些公共建筑。

六月的西湖,山色叠翠,水光潋滟。他们倾盆大雨在一艘画舫里,徜徉在接天莲叶无穷碧的荷海中。推窗远望,把酒临风,环湖瑰丽的宫殿、寺庙和亭台楼阁尽收眼底,湖上三三两两的画舫载着游湖行乐的人们穿梭往来,此情此景,怎不令马可心旷神怡,醺醺欲醉。

时光飞逝,转眼间马可在杭州已住了十几天了。这天,总管派人告总诉他,大汗前来检查赋税的钦差大臣已到,请他一同前往衙门一叙。

杭州的官员逐一向钦差大臣禀报了一年来的赋税征收情况,钦差大臣边听边不时地翻阅呈交给他的各类账册。

市舶司官员开始禀报关税情况,接着又是盐税、农产税、粮赋等等,一天核对下来,马可发现,除了年收入 640 万德克(金币名)以外,杭州的其他收入竟然高达1680 万德克。这天文数字令马可目瞪口呆,他简直不敢想象大汗有多少财富。同时,马可也发现市舶对商船的什一税比较稳定外,其余虽有标准,但执行起来随意性很大,于是他准备回大都后建议大都制定合理的标准,参照南宋朝廷的档案,这样既使百姓安居乐业,而赋税又可以得到保证。

杭州视察结束后,马可一行骑马向东南方行进,经过衢州、福州,到达重要的商港泉州。与历史文化名城杭州相比,泉州是地地道道的商业世界。街道两旁满是茂盛的刺桐树,花开时节,如火一般的刺桐花将全城染成一片红色的世界。

印度的香料、宝石,波斯的地毯、银器……泉州就像一个巨大的商品博览会。来自海外的商人汇集于此,交换或购买各自的商品。港湾内,桅杆如林;码头上,货物堆积如山。市舶司的官吏们每天都忙得焦头烂额。马可对泉州最深的印象,就是整座城市像大汗的聚宝盆,说它日进斗金绝不夸张。

考虑到东南沿海似有残余的南宋军队在活动,马可准备在泉州结束这次的使命。他告别了热情相送的泉州各官员,带着三名随从匆匆北返。

1282 年,忽必烈的十二宠臣之一阿哈马遇刺身亡。

这次事件平息后,忽必烈经过仔细的调查研究,发现自己宠爱的大臣阿哈马原来是个欺下瞒上,恃弄专权的横征奸佞小人。阿哈马背着忽必烈对百姓横征暴敛,积攒了无数的财富,却置百姓于水火而不顾,使百姓处于饥馑之中;然而他在忽必烈面前,却百般献媚讨好,而且屡进谗言,搬弄是非,消除异己;并任用心腹之人,结党营私。

忽必烈知道了阿哈马的为人之后,非常后悔自己重用外邦之人,弄得朝政腐败。由于一时激愤,忽必烈下令处死阿哈马家族所有的人,并且对外邦之人逐渐变得不信任了。

马可基于忽必烈皇帝的这种态度,感到自己的处境也令人担忧了。

由于马可平时为人谨慎,处事圆滑,并没有被人抓住什么把柄。虽然如此,从皇帝忽必烈对待他们的态度也可以看出,忽必烈对待马可他们冷淡了许多。出于对马可卓越才能的欣赏,忽必烈让马可当了管理扬州的官员。

扬州地区生产出的财富是惊人的。然而,对大部分老百姓却无利可言。财富都直接进入可汗的国库和落入蒙古贵族手中。他们拥有许多工场和巨大的庄园。

中国是统一了,但江南并未得到治理,而是作为奴役劳动力的来源,单纯进行着剥削。

有一件事一直在马可的脑际萦绕着。他和马窦有一次站在港口上,看到一条货船装载大米。农民们爬上一根竹子搭的跳板,把背的大米,从袋中倒进船头很高的船舱里面。他们劳动的样子,就像辛勤的蚂蚁,排成连绵不断的行列。可汗的卫兵在监视着他们。没有暴力行动,只有无尽无休的苦役。有一个农民倒空了米袋,又从跳板上走下来。当他到了河岸边时,一个卫兵拦住了他,拿过那个空瘪的米袋,又倒了一遍。有一些米粒掉在地上。那个卫兵二话没说,打着手势,就有另一个卫兵走了过来。他们两人用长矛推戳着那个农民,把他赶进了竹林中,毫不留情地将他痛打起来。理由是,他很可能一直在计划着要藏起一些大米。那个农民默不作声。马窦这时不得不拖住他,马可才没有去干涉。

自此以后,每当马可想起那个农民,他就记起了他在蒙古人统治江南这个过程中所起的作用。他对自己过去的作为,越来越感觉不到有什么可以值得自豪的了。

此外,由于蒙古人怀疑汉人文职官员是暗地组织反抗势力的中坚,所以把他们统统黜退了。有许多本应由他们来完成的工作,现在都落在马可身上,加上还要接受诉讼,进行仲裁,做出奖赏、赈济和惩办的决定,他实在太忙太累了。但无意中他却卷入了上面提到过的"政治刺杀事件"。

这期间,由于忽必烈的重臣阿哈马被刺事件的原因,他还是受到了影响。这时节,汗八里成了死亡的都城。忽必烈的另一个重臣八思巴被授权执行对这一事件的野蛮的镇压政策。马可的几个朋友都被斩首了。他不断地恳求八思巴帮助,但是八思巴总是反复地回答他:"我没有别的办法。我必须服从大汗的旨意。他没有因为你跟刺杀阿哈马的人关系不错而惩罚你,你足够幸运的了。"

1281年,马可又领到了命令。这时,他除了服从,别无选择。

大汗命令他率领帝国出使印度和锡兰。

马可拜别了大汗,辞别了父亲和叔叔,匆匆南下,于1289年春率领一个小小的船队悄然出航了。

此次出使东南亚,马可还是很有兴趣的,因为可以全面领略一下这条航线。上次来元朝时,没有从忽里模子坐船,对他一直是个遗憾。虽然这次航程可能只会到印度,但毕竟最艰险的路就是这一段。

海蓝蓝,宁静而温柔。春风吹送着他们飞快地向南方驶去。

马可一行一帆风顺就到了印度大陆的东南端马八儿王国。马八儿的珍珠宝石、炎热的气候、狂热的宗教信徒和复杂的宗教仪式都让马可难以忘怀。当然,他和察罕不会放弃这次良机,每个人的囊中都装了不少马八儿的珍珠。

在马八儿时,马可还专程去玛德拉斯城瞻仰了圣托马斯墓。圣托马斯是耶稣的十二门徒之一,公元一世纪时,他从巴勒斯坦出发到东方传教,最后被人误杀,死在马八儿。作为罗马教皇使节的马可自然不会放过这次千载难逢的机会。

马八儿国王拒绝向忽必烈献贡，但又很担心，不想冒犯这样一个强大的君主。他发誓要和元帝国签订永久友好条约，给马可的船装上了大量珍珠和稀有的布匹。

马可感到满意后，就动身北行，到达孀妇女王黛维统治的默感菲里王国。自从她所崇拜的丈夫死后，她拒绝再婚。由于她以公正平等治国安邦，政绩斐然，成了有名的女王。她也发誓要和忽必烈修好，赠送给他一大箱子从葛康达矿采来的华丽钻石。

马可又乘船向南航行，朝拜殉道者圣·多默之墓，圣·多默受到基督徒、回教徒和婆罗门教徒的同样崇拜。他从墓地周围，拿走了一些红土。据说，这里的红土是包治许多疾病的绝对灵验的特效药。他继续向南旅行，来到这片辽阔大陆最南端的乔拉和科摩林角，最后，转向东南方向，到了神话般的锡兰岛。

他们乘着风，在归途上航行着，直接取程回汗八里。他们的安全抵达和出使成功的消息，已经事先到达了，但是当他骑马走向京城的城门时，他看到出来迎接他的欢迎行列，不禁大吃一惊。欢迎行列由忽必烈徒步领队，后面跟着八思巴和中书省、枢密院的文武王公大臣、宫廷贵族。他们徒步走在人山人海的行列前面。他们赤着脚，穿着秦衣秦袍，不戴任何饰物。

马可下了马，从鞍马袋中取出佛碗，八思巴、贵族和随从人员，以及群众中的每一个人都跪倒在地，马可小心翼翼地捧着碗，迎着忽必烈向前走去，走到他跟前跪下，将佛碗献给忽必烈。忽必烈的敬畏地接到手中，将碗递给八思巴，八思巴的手触到佛碗时，一个劲颤抖着。忽必烈扶起马可，拥抱着他，在这一霎间的激情中，过去的一切争论和分歧全部烟消云散了。

马可回到家中，尼可罗和马窦非常高兴。

一番畅饮之后，三个人又不约而同地谈起了回家的打算。

马可早就知道，父亲和叔叔急于要回去，可是大汗对他们，尤其是自己恩宠日隆，他难以启齿。但大汗毕竟年事已高，如果不在他逝世前回去，也许就得不到沿途的照应，而这对于克服长途跋涉的无数困难，保证平安地返回家乡，是十分必要的。必须趁大汗健在时，求得他的恩准。马可准备找机会一试。

谁知没多久，忽必烈动了故人之思，召见了许久未见的尼可罗和马窦。尼可罗看忽必烈心情很好，就跪伏在他面前，恳求恩准他们归国探亲。但是，忽必烈非但没有同意他们的请求，反而伤感地问尼可罗，为什么甘冒那么多的危险，而去进行这样艰难的长途跋涉？忽必烈说，如果回去的目的是为了求利，那么他马上加倍赏赐给他们现有的俸禄，并可以享尽荣华富贵。望着年老固执而又开始恋旧的忽必烈，他们还能说什么呢？尼可罗和马窦只得诺诺而退。

看来除了在家喝闷酒之外，别无良策。

山重水复疑无路，柳暗花明又一村。正当他们彻底绝望之际，一个绝好的机会来了。

1286年，伊利汗阿鲁浑王妃卜鲁罕去世。她在遗言中说，继承王妃之位的必须是同族之中的女子。于是,阿鲁浑于 1287 年特派使臣兀鲁解、阿卜失哈、火者等三人专程宋元朝,请大汗选赐卜鲁罕同族之女为妃。忽必烈很高兴地答应了他们的请求,将卜鲁罕族女 17 岁的阔阔真赐予阿鲁浑为妃。忽必烈想到阔阔真远嫁他乡,为能让她愉快地前去,也为了显示朝廷对伊利汗的礼遇,不仅专门精选了一批宫女和内侍,还准备了大量的图书典籍、金银珠宝等物,又举行了一次盛大的朝会,欢送新王妃的鸾驾启程。

1290 年兀鲁解、阿卜失哈、火者率领大队人马浩浩荡荡地出了京城,准备从中亚陆路返回伊利汗国。在西域,一切都很顺利,驿站供应极为丰厚,照顾也非常周到。但进入中亚地带后,恰好伊利汗和海都发生战争,而他们又很难绕开海都的控制区域,战火纷飞,带着这位 17 岁的准王妃风险太大。三个人商议之后,决定暂时先回元大都。八个月之后,一行人回到了皇城。

在八思巴的帮助下,在朝野选特使护送阔阔真公主到波斯这件事中,马可·波罗圆了回乡梦。

1292 年,马可一行告别了元朝皇帝忽必烈,带着公主阔阔真,率领着一支由 13 艘高大结实的组成的船队,从泉州港出发了。

扬帆回国

船队缓慢地开始驶离泉州港。

马可站在船头,向岸边送行的泉州路官员们挥手致意。马可凝望着渐渐远去的一切,望着那熟悉的山和水,那港湾中如林的桅杆,潸然泪下。这里有他的青春年华,有他的憧憬和事业,有他的爱和恨。他把自己 17 年的生命留在了这片神奇的国土上,而且是最好的时光。

别了,伟大的元朝!

马可站在船尾面对元朝方向,默默地向元朝告别。他心内激荡着一股恋恋不舍地惜别之情。直到元朝的大陆消失在视线之中,马可父子三人才含着眼泪返回船中。

马可他们率领的这只庞大的船队,由 13 艘高大豪华的船只组成,共有 60 多个船舱和 250 多名水手,船中满载着远航所必备的各式各样的物品,其中仅食物就够他们足足吃两年的。

船队离开元朝,一路乘风破浪,沿着印支米岛顺利地南下。

海上汹涌澎湃的波浪不断撼动着大船,也撼动着马可的思绪。

船队在马可父子的指挥下,绕过马来半岛来到了马六甲海峡。此时马六甲海峡的天气坏极了,强烈的逆风呼呼地刮着,引得大海也发怒了,咆哮着简直要把人吞没似的。马可见船队无法继续前进,就命令船队驶进了苏门答腊的港口避风。

长时间在热带地区航行,加上精神高度紧张,很多人得了病,这主要是阔阔真的随行人员。

从安加曼岛到锡兰,是一段枯燥漫长的航程,单调的生活乏味已极,除了常常为死去的人举行海葬,似乎没有别的事干。死无葬身之地,是一句恶毒的骂人话,现在真的要降临在这些宫女、内侍、官员们身上,不禁让他们为之胆寒。

出于对大家安全的考虑,马可只得在锡兰长时间停留。沉重的责任感令马可喘不过气来,幸好尼可罗和马窦默默地担负起了全部内务,才使他稍微轻松一些。

驶离锡兰,向西航行100公里,来到了印度大陆的马八儿。在这个炎热的佛教之国,马可遇上了一个新问题,马八儿的房屋都是用牛粪涂刷的,无一例外,地上铺着地毯,席地而坐,阔阔真怎么也不愿住进这牛粪屋,马可费尽口舌也没用,最后只好又回到了船上。

船队顺着印度海岸前进,沿途经过俱兰、马拉巴、克斯马科兰等,除了补充饮用水和给养,几个人商定,一般不再靠岸。尽可能加快速度,因为他们发觉,停留越久,反而死去的人越多,这样不如以速度来战胜死亡的威胁。

到克斯马科兰为止,都是马可、察罕走过的路。再向前,虽说情况不熟悉,但是看得出来,波斯商船越来越多,这给了大家以巨大的鼓舞。

1293年春,经过长达近26个月的旅行,他们终于越过了辽阔的印度洋,到达了波斯东南端的忽里模子港。

大家都高兴地忙着收拾行装,准备下船。

马可独自站在船舷边,望着列队上岸的人们,"一,二,三……"加上自己,上船时的600人,此刻只有十八个人活了下来。三位波斯使臣,就火者安然无恙,阿卜失哈终于没能坚持到终点。阔阔真的那么多侍女,仅剩一位。感谢上帝,阔阔真没事,父亲和叔叔没事。马可只觉得眼前一片模糊。

代价实在太大了。马可转过身,遥望着无边无垠的大海,从内心发出呼喊,安息吧,长眠于荒岛和大海中的人们。

落日的余晖将港湾染成了玫瑰红色。堤岸后的小树林肃穆地站立着,只有树叶在风中发出沙沙的响声,诉说着幸存者心中难以言述的情感。

马可他们上了港口,迎面碰上了波斯来迎接的官员。他们在波斯官员的引导下,来到了霍尔木兹城。霍尔木兹的大街上商号店铺林林总总,异常繁华,各色人种熙来攘往,川流不息。马可看到这些唏嘘不已,赞叹不止。

来到霍尔木兹的官署,马可他们却听到了一个意料不到的坏消息——波斯王驾崩了。

阔阔真公主闻听这个噩耗凄惨地哭了起来。

这怎么办呢?

霍尔木兹的官员告诉马可他们,国王驾崩后,由国王的弟弟作为王子的保护人,现在正驻在大不里士城。

马可决定先把公主送到大不里士城再做打算。在波斯军队的保护下，马可他们穿越沙漠安全地抵达了大不里士城。

波斯国王的弟弟把马可他们迎进城里，并提议让已故国王的儿子卡桑王子与阔阔真公主结为一对鸳凤。

阔阔真公主闻言也由悲转喜，被羞得满面通红。

马可作为忽必烈皇帝的使者，亦非常赞同这个建议。如此一来，阔阔真公主终身有了依靠，自己也可以交差了。

马可又把阔阔真公主送到了卡桑王子所在地西土耳其斯坦。

卡桑王子对阔阔真公主和马可的到来表现出异乎寻常的高兴，盛宴款待了马可一行。

之后，马可他们又回到了大不里士城，在那里休养了一个时期。

可马他们在大不里士城居住期间，详细地研究了返回威尼斯的路线。由于波斯和埃及正在进行战争，因此向西经地中海的归程不能走；而经特拉布松、伊斯坦布尔的归程却控制在热那亚人的手里，对于威尼斯人来说也是相当危险的。

经过深思熟虑，马可决定化装经伊斯坦布尔回威尼斯。他们把从元朝带来的物品换成了珠宝和宝石，然后又缝在了随身穿的衣服里面。就这样他们告别大不里士城向黑海海滨城市特拉布松走去。

在波斯军队的保护下，马可一行顺利地赶到了特拉布松。然而在特拉布松，马可又听到了一个令人震惊的噩耗——忽必烈皇帝驾崩了！

"忽必烈皇帝陛下！……"

马可和父亲尼可罗、叔叔马窦一齐面向东方，跪倒在地。

最后人生

少小离家老大回，乡音已改鬓毛衰。

他们重新站在圣马可广场上时，已是1295年了，在离开威尼斯26年之后，终于又回家了。

晨曦中，总督府屋顶上那面巨大的圣马可雄狮之旗在风中飘扬，雄伟的威尼斯大教堂光彩依旧，海风唤起了他们沉睡的记忆。一切是那么熟悉，那么亲切。

三个人背着行囊，穿街过巷。没有一个人说话，心中的激动全部化成了匆匆的脚步。

家，就在眼前。一切都没有变化，只是旧了些，这就是岁月留下的痕迹。

马可上门叩开了房门，里面站着一位年轻人，他吃惊地望着三个面黄肌瘦、穿着破烂的异国服装、操着怪腔怪调的口音的陌生人，愣了好一会，才彬彬有礼而又冷淡地问他们找谁。

姑父已经故去了，芙洛拉姑母已经非常老了，所以，她看了好几分钟，才认出了他们。人们多么为他们难过，最后像叫花子一样回来了……

他们的亲戚和从前的朋友接到他们重返故里举行招待会的邀请，出于宽厚仁慈前来参加。他们看见波罗父子依然穿着破旧、风尘仆仆的衣服，桌上只有面包和清汤。尼可罗、马窦和马可脱掉外衣，露出蒙古帝国王公贵族们穿戴的华贵金衣、银制腰带和宝石项链时，人们真是惊奇万分。这简直像是一个神话。

马可回到威尼斯以后，威尼斯与热那亚之间的战争越来越激烈了。马可出于对威尼斯的热爱，毅然参加了威尼斯的军队，开始与热那亚人展开了战斗。

不幸的是马可坐的战船在亚得里亚海被击沉了，马可落到热那亚人的手里，成了他们的战俘。

随后，马可被关进了热那亚的监狱。在监狱里，犯人们总喜欢马可讲他的东方之行，直到马可讲累了为止。

与马可同牢监禁的有一个比萨的俘虏，名叫鲁斯梯凯洛。他是一个小说家，尤其对写游记很在行。马可与鲁斯梯凯洛投缘，遂答应了他的要求，一同合作完成东行旅游的记录《东方见闻录》。

热那亚的官方知道了这件事后，也非常支持他们的这一行动，还特意派人从威尼斯马可的家里取来了马可的旅行日记。

马可和鲁斯梯凯洛经过几年的合作，终于完成了闻名世界的旅行日记《东方见闻录》。

尽管有这样或那样的缺陷，《东方见闻录》仍然是一部伟大的著作，是研究元朝历史和地理、文化的重要典籍，它为欧洲知识界开辟了一个崭新的天地，为欧洲人正确认识东方世界，特别是中国的真实情况，起到了巨大的作用。《东方见闻录》在社会、地理、自然环境、动植物、民族、宗教、古文明、语言等学科上，具有极高的价值。

转眼间，马可在热那亚监狱中被囚禁了快一年。

1299年8月，热那亚和威尼斯正式签署了和平协定，所有的威尼斯战俘即将获释。监狱长亲自告诉了马可这一喜讯。在这段时间里，不仅是狱卒，就连这位冷酷威严的监狱长也常常来到马可的牢房听他讲神秘的东方。

几天后，马可被释放出狱。他跨出监狱大门，忽然停下了脚步，抬头望着蓝蓝的天空，贪婪地吸了一口新鲜的空气，"自由真好。"马可发出深深的感叹。

马可和其他威尼斯人一起坐船回到了家乡。

码头上挤着一小群人，多半是妇女和孩子。他们怀着渴望的喜悦，在船靠岸抛锚的时候，引颈翘望。吉阿凡尼终于看到了他在热那亚夜夜梦想的人。人群的边上，站着一位圆脸、神情欢悦但却饱经忧患的妇女，她领着两个孩子。吉阿凡尼转向马可，好像是要告诉他什么事情，但是他只默默地张着嘴，一句话也说不出。他抓起自己的行李卷儿，就头也不回拼命冲向自己的家人。他的妻子看见他，喊叫起来,他们投入了彼此的怀抱。

马可为朋友的幸福感到高兴。当吉阿凡尼抱起他的孩子,尽力地吻着他们,想要消除他们对他离家的思念时,马可扭过头去。久别重逢的欢乐情景,只能使他感到格外地孤独。他没有妻子和孩子来迎接他。当他回过头来,目光扫过圣马克广场时,他看见威尼斯一如往昔,熙熙攘攘,好像根本就没有注意到他的归来。

他要凭吊的下一个地方,是那个被废弃不用的船坞。它现在似乎完全荒芜不用了,但是仍然可以认出,这里是他童年常常嬉戏逗留的地方。朋友们的笑声,一如遥远的往日,似乎在空中绕着。他几乎又听见了笑声。接着,他注意到了那条旧的长凳,吉里奥常常喜欢蹲在上面。他追忆着昔日的竹竿战和街头巷尾的嬉戏,回想着那只大家一起修补的、后来沉没在大湖中的船。他思念着绝望的、气喘吁吁、发着高烧死在自己怀抱里的朋友。

壁画大部分剥落了,已经模糊不清。然而,所保留下来的巴托洛米欧的艺术,就足够点燃起对上百件历历往事的回忆了。当他仔细观察他朋友画的一些神话人物时,他回想起,巴托洛米欧曾多么相信这些神话般的人物都是存在的,因为那都是他的想象力所能召唤出来的。当马可过去细细看一幅画时,他顷刻之间着了迷。那是一幅画着一个小小的,像鱼样的生物,有着美丽的流线形体态,和一副可以蛊惑和引诱圣者的花容月貌。

他发现自己又一次处在广场的喧闹生活的漩涡中了。生活在他的周围沸腾着,而他如此长久地客居他乡,人们完全忘记了他的存在。马可对此毫不介意。当一小群土耳其贵族走上广场,向巴塞里卡大公官邸前进时,马可没有跟上去和人群一起看热闹。他突然忆起了战败的南宋的一行行旌旗,他在注视着向大汗前进朝拜的伯颜,他在倾听着雷鸣般的万众欢呼声。

马可·波罗独自站在空荡荡的广场中央。他就是从这里出发,离开故乡,踏上了持续将近1/4世纪的旅程。这些旅行把他带进了西方从未听说过的异国他乡和不同的民族中。他本身的一部分已经留在了那些地方,和旅行者一起被埋葬在异乡了,送给真金了……。

他是威尼斯的公民,但又是全世界的儿子。

1299年,热那亚人为表彰马可的贡献释放了马可和鲁斯梯凯洛。他们共同著成的《东方见闻录》很快地风靡了欧洲,并被译成了多种文本,流传于世界各地。

一年后,尼可罗去世了。临终前,他紧紧拉着马可的手:"漂泊半生,赶快安定下来,也免得我挂心。"马可含泪答应了。

遵照父亲的嘱咐,马可很快结了婚。妻子多娜是小户人家的女儿,沉静而文雅,马可第一次享受到温馨的家庭生活。很快,马可就有了凡蒂娜、贝莲拉和莫雷塔三个女儿。

因为大部分财产在特烈比宗被抢,装备战舰又花去了一大笔钱,现在一下又添了四口人,马可陡然觉得拮据起来。1318年,长女凡娜嫁给了马可·布拉格登;两年后,二女儿贝莲拉也出嫁了。两次婚礼虽然让马可破费了不少,但他的负担也有所减轻。

1323年冬,一场罕见的寒潮击垮了马可。病魔折磨着他。马可感到自己越来越虚弱,看样子熬不了多久了。他把妻子喊到床前:"多娜达,你去请公证人贾凡尼·尤斯迪尼亚先生来,我想立个遗嘱。"

"马可,会好的。你经历过那么多磨难,这一次也会挺过。"马可的一些好友得知人重病在身,纷纷前来探访。他们不约而同的要求他为了灵魂的安宁,务必取消他游记中的一些似乎不可相信的事情。马可看看这些好心而无知的朋友们,苦笑了一声,但他的回答是坚定的:"很可惜,我还没有说出自己所见所闻的一半。向上帝发誓,我说的一切都是真实的。"1324年,马可70岁的时候,在众亲朋的陪伴下,安然走完了他人生最后一段路程,永远地离开了人间。

马可死了,但他给后人留下了一笔巨大的财富——《东方见闻录》。《东方见闻录》仍然是一部伟大的著作,是研究元朝历史和地理、文化的重要典籍,它为欧洲知识界开辟了一个崭新的天地,为欧洲人正确认识东方世界,特殊是中国的真实情况,起到了巨大的作用。《东方见闻录》在社会、地理、自然环境、动植物、民族、宗教、古文明、语言学科上,具有极高的价值。

可以说,马可·波罗在当时架起了欧亚两大文明之间的桥历尽劫波话沧桑,赢得不朽身后名。

新大陆的发现者

——哥伦布

人物档案

简　　历:生于意大利热那亚,卒于西班牙巴利亚多利德。一生从事航海活动。先后移居西班牙和葡萄牙。先后4次出海远航到达了西欧人认为的美洲大陆,他也因此成为名垂青史的航海家。

生卒年月:1451年10月31日~1506年5月20日。

安葬之地:遗骸多次被迁移。

性格特征:好奇心重,机灵聪明,富有正义感,固执,古怪,不相信人。

历史功过:开辟了横渡大西洋到美洲的航路。先后到达巴哈马群岛、古巴海地、多米尼加、特立尼达等岛。在帕里亚湾南岸首次登上美洲大陆。考察了中美洲洪都拉斯2000多千米海岸线;认识了巴拿马海峡;发现利用了大西洋低纬度吹东风,较高纬度吹西风的风向变化。他误认为到达的大陆是印度,并称当地人为印第安人。

名家评点:(美)莫里逊评价说:"即使不谈哥伦布所建功勋巨大意义,就论人品性格特征,这位伟大航海家也引人入胜,发人深省。他有坚定的宗教信仰,爱好科学知识与幸福理想,向往新生事物,富有审美感。……有向往与发展我们文化教育事业的一切抱负。所以,他是各个历史时期最伟大的航海探险家之一。"

成长历程

15世纪意大利的热内亚是个繁华的国际港口城市,来往于地中海的船只大多要停靠在这里装卸货物和整修。港内码头上帆船密集,桅杆林立,五颜六色的旗帜迎风飘扬。披着大红披肩的船长们威风凛凛,双手叉腰地大声吆喝着水手们干活。

刚到陆地的水手们在忙着卸货，装船，冲洗甲板，显得兴奋异常，工作十分卖力，嘴里还不停地大声唱着歌，还有的水手敏捷地在高高的桅杆上爬上爬下，惊险的动作让看的人汗毛倒竖。码头上，三五成群的水手们聚在一起，讲述着各自遨游四海的传奇经历和见闻，混杂着好几国语言的欢笑声传出好远好远。这一切都使热内亚这个港口城市显得生机勃勃。

热内亚的街道都是用碎石子铺成的，显得平坦而整洁。两旁的房屋密密麻麻，鳞次栉比。这里风景秀丽，居民富庶安乐。1451 年，世界伟大的航海家克利斯朵夫·哥伦布就诞生在这里。

热内亚的毛织品久负盛名，毛织品生产是这个城市的主要经济来源之一。热内亚街道两旁的居民房屋里，每天从早到晚都传出震耳欲聋的织布声、克利斯朵夫家也经营着一家小织布店。楼口中一家人吃饭和睡觉的地方，楼下便是堆满厂羊毛的工作场所，整日充满了令人作呕的闷臊气味和隆隆的机鸣声，羊毛尘埃到处飞扬。全家 5 口人，爸爸多米尼加·哥伦布，妈妈苏珊娜，弟弟巴托罗缪，妹妹比雅卡，身为长子的克利斯朵夫，除了襁褓中的小妹妹外，全家人都得参加织毛布的工作。克利斯朵夫和弟弟们的任务是把棉毛团用铁刷梳开成一根根的毛纱，送到隔壁房间里，爸爸和工人们把梳好的毛织穿进织布机中，咔嚓咔嚓地织成布。然后由妈妈负责把织好的布染上各种各样的颜色，才能拿出去卖，换回全家人维持生活的费用。小小年纪的克利斯朵夫做着自己的工作已经是非常常熟练的了。

小家伙从小体格就很好，比同龄的孩子们又高又壮，小脸红扑扑的，短发弯曲而有弹性，最让人喜爱的是他那双机灵的大眼睛，不停地东看西看，什么东西都想看个透。花花绿绿的世界有那么多新奇的事物。不过父亲却不太喜欢小克利斯朵夫好奇心重，他倒希望孩子能学点什么技术，就是那些扎扎实实的功夫，以便将来能过得比他自己好些。所以小克利斯朵夫比年纪轻轻的时候就坐在那纺羊毛纱的作坊里学习使用纺纱机了，他老子总觉得要当一个出色的毛纺商人就一定要先学会自己纺纱。每次小克利斯朵夫坐在纺纱机前，作坊里那些肮脏的、浑身是羊毛的帮工和学徒门就逗他："喂，克利斯朵夫，肯定有人雇佣你。小克利斯朵夫，哈哈……"确实，又黑又热的作坊里羊毛乱飞，呛人得很，真的不大适合小孩子，于是克利斯朵夫干脆听了那些帮工和学徒的话，偷偷溜到港口那里瞧新鲜去了。

如果不是家里人来找，小男孩从早看到晚也舍不得离开，这就是童年时代的克利斯朵夫·哥伦布。每当坐在家里那令人窒息的羊毛堆上，手里机械地梳理着肮脏的羊毛时，小克利斯朵夫无法抑制对这项工作的憎恨，心中充满了那与生俱来的对大海的热切向往，幼小的心灵无时无刻不在幻想着，有朝一日自己能在浩瀚的海洋中航行的情景。

每天他都想方设法从那飘满羊毛纤维的家中溜出来，跑到海边来看船。码头上的一切都让他如醉如痴，百看不厌。每当一艘满载而归的船儿出现在海平面上，小克利斯朵夫总是能从它的颜色、速度、形状，第一个喊出它的名字来，每每让水手们惊叹不已，大家都非常喜爱这个聪明的爱海的孩子。

小克利斯朵夫恨不得马上跟着水手上船,到那肉眼看不见的地方去。

他常常追着身边的人问:"那些东西是从什么地方弄来的?"水手们身上脏又臭,却神气十足地从他身边高谈阔论着走过,根本不搭理这个小孩子,这是小克利斯朵夫唯一对水手们不满的地方。间或有人抛下一句简简单单的答案:"亚历山大"或者是"丹吉尔"等等。但如果想接着问亚历山大和丹吉尔在哪里的话,那就人影都抓不着了。克利斯朵夫到港口上去了好多次,知道了一大堆地名,却一点儿也不清楚这些地方是在热那亚的哪个方向。他问过一次他的父亲多米尼加,可老多米尼加不但没告诉他,反而对他疾言厉色,以后克里斯托弗就再也不敢问他了。可怜的多米尼加自己没有商船,也几乎没有和商船上的人打交道的经历,因为他们比他富得多,多米尼加顶多是利用一些敞篷小船,就近做些交易。所以他对那似乎永远碰不到的东西有一种既尊敬、又妒忌,因而又蔑视的态度。小克利斯朵夫可不懂这些,他和别的小孩子一样,好奇心得不到满足就没完,就不服气。有什么了不起! 将来我自己去,我自己开船去!

老多米尼加·哥伦布毕竟不傻,他发现克利斯朵夫的确机灵聪明,应该让他去受受教育。不过多米尼加想让他受的教育也就是学学数学、拉丁文,还有必不可少的宗教知识。

好学校当然去不起,这不光是钱的原因;请老师到家里上课似乎又不必,1465年克利斯朵夫被送进了他父亲一阶层和职业的人所推崇,并且是最可行的学校:维科洛·帕维亚学校。维科洛·帕维亚是热那亚城的一条小弄堂,15世纪中叶的时候,呢绒工人行会为其会员的孩子在这条弄堂里办起了一所学校,居然办得很出色,热那亚人都知道它。克利斯朵夫的老师是一个60多岁的老神父,个子不太高,花白头发,满脸皱纹里夹着一双混浊的老眼,他经常弯下腰来不停地咳嗽,他又瘦又干枯的脖子上挂着大十字架,似乎就是那金属十字架把他的腰坠弯的。

克利斯朵夫深知家里拮据的经济条件和父亲的良苦用心,他特别珍惜这来之不易的学校生活,刻苦地学习。对于数学、天文学、拉丁语、地理学、航海学等课程,他更是表现出极大的兴趣,加倍用心。他一直没有忘记自己的梦想,这些知识会给他的梦想插上翅膀的!

学校里的老师吃惊地发现,这个刚入学的孩子所涉猎的知识面竟如此之广,且又如此精通。这个孩子身上所表现出来的坚定信念和顽强毅力也让老师们惊叹,可是,令他们惋惜的是,这个聪颖好学的孩子不久就退学了。家里织布厂需要他回去帮忙,而且经济条件已不允许他继续念下去了。

虽然短暂的学校生活有如昙花一现,但它对于克利斯朵夫的一生,却有着莫大的影响。

克利斯朵夫现在的工作是帮助家里推销织好的毛布。

在他14岁的时候,去了波尔托菲诺做少年见习水手。那时候每条船上都有少年见习水手,他们什么都干,在烈日炎炎或寒风凛凛中跪在甲板上用力擦洗,帮厨师做饭,给船上所有的人跑腿,被支使得团团转,累得很收入却不多。但克利斯朵夫还是去了。一方面是出于自小以来对港口和船只的迷恋,另一方面也是神父的劝导所致,神父认为他应该出去历练历练,因为航海最能锻炼人的意志与体魄,再说他希望克利斯朵夫能有所发现,以便把上帝福音传播到那里,于是克利斯朵夫在"已经长大了,应该出去闯一闯"的时候去当少年见习水手了。

那主要是在地中海内的航行,运载各种货物到东方去,再回西方,或在西方各国间贸易,几乎跑遍了环地中海各个有名的港口。有一次穿越了直布罗陀海峡,克利斯朵夫头一次见到大西洋,立刻被它的浩瀚与神秘莫测给吸引了。谁也不知道穿过大洋会有什么结果,有人说能遇上基督教徒的岛,有人说会在半路上饿死、渴死,甚至还有人说能绕到东方去,结果招来一阵嘲笑。克利斯朵夫可不在乎这些,他什么都信,又什么都不信,因为他想最好能自己驾船去试试看。

在次数众多的航行中,他很快适应了海洋的风浪和各种恶劣气候以及生活条件的艰苦,他吃最差劲的饭,干最多的活,睡在甲板上而不是船舱里。他除了尽他少年见习水手的责任外,还尽量多学些航海知识。他谦虚的外表和好学精神感动了一些人,于是他学会了掌舵、使用各种帆、使用各种仪器,并因此而掌握了许多实用的天文、地理学知识,例如他学会了使用罗盘,通过观测日蚀和月蚀确定经度(他只懂这个方法而没实践过),使用并校正沙漏计时器,还有夜星计时器等等。最重要的,是他开始粗通制图与绘图,意大利技艺高超的制图让他获益匪浅。后来克利斯朵夫又来到科西嘉,在这里的船队做了少年见习水手。

在年复一年、日复一日的风吹浪打中,克利斯朵夫长大成人了,由原来聪明好学的少年长成了一个高大结实的成年人。他有一副中等偏高的身材,红红的面孔,浅红色的头发,又高又长的鹰钩鼻子,显得高傲而倔强,再配上一双浅蓝色的炯炯有神的大眼睛,显得很威严和强悍。艰苦的海上生活和坚定宗教信仰磨炼了他的性格,他的自制力极强。他学会了与各式各样的人打交道,既看到了各种平庸,也看到了各种无知,特别是加上他对上帝少有的虔诚,使他说话矜持而自信,"仿佛他是上帝的使者似的。"有人这么评价他。但不管怎么说,他往任何人面前一站,那个人都要被他的气势逼人所打动,听他滔滔不绝的演讲。

四、五年的海上生涯中克利斯朵夫基本清楚了东西方的贸易关系,这使他对金钱有了更深层次的认识和观念。黄金白银的大量外流令他极为不安,这无疑是对欧洲基督教世界的沉重的经济打击,对将来收复控制在东方异教徒手里的圣地无疑是很不利的。克利斯朵夫不但从自身需要,而且从宗教需要上思考黄金,他觉得有极迫切地需要去发现新的黄金产地,这恰恰同当时整个欧洲的最大需要不谋而合了。

虽然有 2/3 的时间在海上,但在家中的 1/3 时间里克利斯朵夫绝不完全休息,除了给父亲帮忙外,全用来看书,这时主要看制图和数学,接着还学拉丁文、西班牙语和葡萄牙语。一个有丰富知识的航海家初长成了。

命运转折

从整个欧洲文化传统来看,大海培育了欧洲文明。有人把世界上主要的物质文明分为两类:以欧美为代表的海洋文明和以中国为代表的大陆文明。并对它们做了进一步对比,前者凭借海洋建立了商业经济模式,在氏族制度消灭之后重新组合为适应商业经济发展的社会组织形式;后者则一直把江河孕育下的农耕生产作为全部经济生活的基本方式,以血缘关系为纽带联结而成宗法社会。在哥伦布生活的海洋文明中,逐渐形成了探索进取的精神、重视观念反思的思维活动和以进取创新为核心的价值尺度。撇开这种论点是否是一种地理环境决定论不谈,我们认为,哥伦布的探索冒险精神应该归结于此,并且常年在海上航行,哥伦布获得了航海技术和与之发现美洲的合作者。据他说:"这种职业,似乎使所有干这一行的人,都产生了一种想知道世界奥秘的心情。"

总之,现实的需要和民族的特性使哥伦布的航船扯满了风帆,等他立志出海探险后,他便能够有能力扬帆出海,享誉海外。

20岁过后他参加了去马赛、突尼斯的远航。有人认为哥伦布是"海盗出身",这种说法引起过一番争论。但在《英国大百科全书》(1964)中确有这么一段文字:"无论如何,1472~1473年间,他曾在为安茹王国勒内二世服役时当过海盗。"有一种说法是:1470年他在一艘海盗船上效力。根据当时的惯例,这种船一边打仗,一边做生意,一边抢掠财物。这艘船被安茹王国勒内二世所租用,被编入海军舰队,参加安茹王国和阿拉贡王国的战争。1474~1475年,哥伦布转到热那亚大商人兼银行家黑人保罗的船队工作,航行到过热那亚当时的殖民地——希沃思群岛中的希腊岛,以及地中海东部一带,还到过西班牙、葡萄牙、英国、法国、冰岛和北海。

哥伦布继续不断到各地航行,经验越来越丰富,驾船技术日臻熟练。他从来没有为寻找航海机会而伤脑筋,邀请他出航的船长和船主一个接着一个。他的弟弟巴托罗缪一直对他十分崇拜,到处跟随着他。但他弟弟的特长似乎不在船上,他对绘画制图十分入迷。当他了解到葡萄牙的里斯本聚集着世界各地的绘图能手以后,他就赶往那里去了。

1476年,哥伦布时年25岁,在葡萄牙拉古什附近海面上发生的一场战斗,戏剧性地改变了他一生的命运。哥伦布从希沃斯群岛回到热那亚不久,参加了热那亚出动的一支武装护卫舰队,护送一批珍贵的货物去北欧。这支舰队由一艘武装军舰、三只大帆船和一只小船组成。小船为佛兰德人所有,船名"贝查拉",由哥伦布任船长。船上乘客大多数是热那亚附近的居民。当时地中海各国相互敌视,关系紧张。护航舰队的主要任务就是防备葡萄牙和法国的阻拦和抢劫。1476年5月31日,船队从诺利出发向西航行,经直布罗陀海峡沿葡萄牙南部海岸前进。两个多月以后,8月13日,在拉古什海域快要到达圣·文森特海角时,突然遭到一支葡法联合舰队的攻击。葡法联合舰队由13艘战舰组成,装备精良,占有绝对优势。热那亚船队坚持顽强抵抗,战斗十分激烈,持续了一整天,海面上浓烟翻滚,火焰腾空。将近黄昏时,三只热那亚船和四只敌舰均被击沉。哥伦布驾驶的"贝查拉"号船中弹起火,他负伤落水,幸好抓住了飘浮在海面上的一条船桨,经过长时间的奋力挣扎,泅水前进,在漂流六英里之后才在拉古什附近的海边爬上了岸。虽然哥伦布奇迹般地活了下来,但他的处境极其狼狈,衣衫褴褛,身无分文。于是从拉古什流落到里斯本,幸好被居住在那里的一位热那亚同乡收留。后来又和已经在那里经营书店并绘制地图的弟弟巴托罗缪会合,从此开始了一段新的生活。

里斯本是葡萄牙的大都市,也是欧洲的重要大港。航海王子亨利曾在这里办了一所航海学校,对印度新航线的发现做了不少贡献,是培养航海家的摇篮。可惜的是王子的愿望还没实现,就离开了人世。新国王约翰二世继承亨利王子的遗愿,继续积极发展航海事业。这样一来,里斯本的航海学校名声远播,许多国家的水手都纷纷慕名而来,寻求发展。这里的港口朝气蓬勃,呈现出欣欣向荣的新气象。

哥伦布满心欢喜自己到了一个可以继续航海事业的好地方,他决心利用这个大好时机,发展航海工作。对于一个将要出海航行的船长来说,寻找到最新而可靠的航海图是非常重要的,哥伦布在航海学校附近租了个房间,每天都十分忙碌,积极为他以后的航海事业奔走。然后,他又把弟弟巴托罗缪从热内亚叫到里斯本经营地图的生意。

在里斯本,爱情神箭射中了这位雄心勃勃的年轻人。

哥伦布是个虔诚的基督徒,无论怎么忙,星期天总要到教堂做礼拜。就在这里,他结识了一位后来成为他妻子的女孩——胡薇·莉巴。

胡薇·莉巴的父亲巴雷司特早已去世,他生前曾在亨利王子手下当过航海员,最后升为总督,统治着圣港岛。也许是深受航海家父亲的影响,胡薇·莉巴渴望着能在大海中勇敢搏击、敢于冒险的白马王子。当他们每个礼拜天在教堂见面,互相了解到眼前的这位英俊挺拔、胸怀大志的青年、这位美丽而有良好修养的姑娘正是各自心中渴盼的对象时,爱情便在两颗年青的心中萌发了。他们终于结为良缘,这是哥伦布最为幸福的时刻。他租了一个小房子,胡薇·莉巴的母亲也搬来和他们住在一起。

婚后,哥伦布惊喜地发现了故去的岳丈巴雷司特留下的许多航海日记以及海图和地图!这对哥伦布有着极大的帮助,这正是他以前所苦苦寻觅的有价值的资料。

胡薇·莉巴的母亲热爱丈夫的事业,她见女婿有志于航海探险,便把丈夫遗留下来的航海资料,全借给了哥伦布。同时,还把丈夫常讲给她的许多出海航行的种种经历,统统讲给他。由于岳母的帮助,哥伦布又获得了不少知识,这些新知识对于哥伦布以后的航海都是极为有用的,这使他非常高兴。

不久,哥伦布一家搬到胡薇·莉巴小时候曾住过的圣港岛。这也是胡薇·莉巴的父亲曾任总督统治过的地方,现在它的总督是胡薇·莉巴的妹夫寇利亚。寇利亚是个很出色的船员,曾经多次率领船只出海航行,去过很多国家,积累了丰富的航海经验。因此,他和哥伦布一见面,便觉得说话特别投机,两人都有相见恨晚之感。他赞同哥伦布的理想,支持他的事,一有空闲时间,两人总是谈起以后的探险航行。同时,在生活上,他也处处给予哥伦布帮助和照顾。哥伦布在圣港岛的日子过得非常快乐。

首次西航

婚后,哥伦布仍然十分重视参加航海实践活动。1477 年,他随一条葡萄牙商船航行去了冰岛和爱尔兰。1478 年,一位住在里斯本的热那亚商人委托他驾船去马德拉群岛购买食糖运往热那亚。1480 年以后,哥伦布再度多次出海。后来,在王室御医和一位朋友的帮助下,他被介绍给葡萄牙未来的茹安二世——约翰王子。这次见面时间很短,但他给王子却留下了良好的印象,后来就任命他为一艘皇家帆船的副船长,沿非洲海岸线去几内亚,到达了葡萄牙国王在黄金海岸建立的贸易站和圣·乔治·德·米纳要塞。在去非洲航行的过程中,哥伦布花大量时间详细记录了海岸线上的各个细节,在他的地图上补充了许多说明。

帆船回到里斯本,带回黄金、象牙、香料、胡椒,还有一批奴隶,收获很大,但哥伦布似乎并不满足。宁静舒适的家庭生活并没有泯灭哥伦布的雄心壮志,他的心就像大西洋冲击着圣港岛的波涛那样躁动难平。

1481 年,葡萄牙的阿方索国王驾崩,茹安二世即位,这位国王在位期间把葡萄牙推上了帝国顶峰的边缘。他强行把非洲海岸并入葡萄牙并加紧剥削,因为当他还是王储的时候,就规定国王的商行要独霸对非洲的贸易。在行加冕礼的 1481 年,他降旨在非洲加纳沿海为一座要塞奠基,即后来有名的圣乔治达明纳要塞。这座要塞成了葡萄牙在非洲的支柱,它是保护和保障贩运奴隶和黄金的赚钱生意的,它能阻止欧洲和阿拉伯竞争者到这些地方来,也能视需要而制服当地居民。

1481 年深秋,去修建这座要塞的舰队启航了,克利斯朵夫在一艘军舰上。第二年,他参加了要塞的建设,随后返回葡萄牙。在接下来的两年里,他频繁地随船来这里,与当地居民和驻军做生意。在这 3 年的航行中,克利斯朵夫熟悉了热带海洋。

在哥伦布的时代,人们都认为地球像一个盆子,而且认为世界只有欧亚非三大洲。欧洲西边的大西洋,被传说成是个恐怖的魔海,它的水平线是一个大瀑布,船一到那里,就会被漩下去。这样,西行的船只,都紧靠海边来往,不敢驶到大西洋里去。

也有人说在大西洋那边曾看到过岛屿,而且还有人曾在大西洋上捡到被西风吹来的刻有图案的木板。根据这些传闻,哥伦布心想,"我觉得地球应该像球一样是圆的。一般的船到印度和震旦国都是一直向东行驶,可我认为往西边行驶,也应该能同样到达。有人在大西洋上看到的岛屿,说不定就是这两个国家呢,这样的话,西行的路线就要比东行近多了。"

圣港岛的总督寇利亚也说,他曾看过在刮强西风时,有在欧洲完全没有见过的树木漂流过来,而且还有两个面貌、皮肤和欧洲人完全不同的亚洲人种男人曾被浪打到海滩上。

欧洲和亚洲是连成一片的,即所谓的欧亚大陆(Eurasia)。它包括从葡萄牙到堪察加半岛,从挪威到马来亚这一大片陆地。西班牙和葡萄牙处在这片大陆的最西边——远西,而中国和日本则处在这片大陆的最东边——远东。这东西两端的距离是如此之遥远,路途是如此之艰险,在哥伦布以前时代,很少有人能穿越它从一端平安地到达另一端。意大利威尼斯商人马可·波罗(1254~1324)是少数完成这一壮举的杰出人物。但据现有资料,在意大利以西的国家,即西班牙和葡萄牙,在哥伦布以前,迄今未发现有人到过远东。而哥伦布却立志于走一条和马可·波罗方向相反的路线,经海上从远西到远东。

也就是在 1481 年,一个名叫马丁·贝汉姆的德国人来到里斯本。此人博学多才,在航海术、地理学、制图学方面有很高的造诣。约翰国王任命他为一个专门委员会的顾问,要他深入钻研航海技术。他编制的海路图比以往的精确,他改进了造船术和航海仪器,其中包括以铜质星盘代替此前一直使用的木质星盘。哥伦布与贝汉姆的会见使他受益良多,此后不久,他就把西航的梦想逐渐变成了略具雏形的计划了。

1483 年,哥伦布从黄金海岸返回不久,他的妻子在里斯本因肺病溘然去世,对他的感情是一个沉重的打击。他对西航计划的专注使他从丧妻的悲痛中逐步得到解脱。

1484 年,葡萄牙向非洲的黄金海岸派出了一个探险队,其中一个船长叫作第奥古·坎。他在越过南纬 1 度后向东南航行了大约 700 公里,发现了刚果河口,他又向南航行了 2000 公里,沿途立碑为记,一直到达地处南纬 20 度线的西南非洲地区。消息传到里斯本,葡萄牙国王茹安二世手舞足蹈,欣喜若狂。现在胜券在握,绕过非洲到达印度的日子指日可待了!

哥伦布和他的计划立刻被置于一种极为不利的境地,事实上已被抛弃了。国王及其顾问被南方传来的好消息吸引了全部注意力,根本无暇理睬一个外国佬的冒险计划了。

哥伦布立刻陷入了绝境,计划完了,钱没有了,债主开始逼上门来。原先期待着哥伦布发大财的债主们,像豺狗一样扑向无助的猎物,甚至有些人扬言要用他的命来抵债。

葡萄牙住不下去了,也不必住下去了,这个滋养了他的才能和计划的国家,不再需要他了。

哥伦布走了。

他去西班牙。

1485 年初的西班牙王国,正处于鼎盛时期。早在 1469 年初,卡斯蒂利亚女王伊莎贝拉和阿拉冈王国费迪南王子在塞尔维拉城结了婚,两国合并后采用西班牙国名,费迪南和伊莎贝拉联合执政。1480 年,西班牙成立了宗教裁判所。1482 年 4月,国王夫妇御驾亲征,抵达科尔多瓦指挥对摩儿人的战争,但是,摩儿人战斗力很强,两人被围,幸亏加的斯侯爵及时赶到,两人才得以脱险。不久,费迪南和伊莎贝拉征服了苏丹篡位王子。1485 年 4 月 15 日,费迪南国王从科尔多瓦率大军浩浩荡荡开赴前线,这一次取得了重大的军事胜利,收复了很多失地。这样,在两人的努力下,短短 16 年,西班牙强化了王室权力,打击了贵族势力,实现了政治上的统一;巩固了基督教的统治地位,建立了宗教的权威;对外收复失地,争取实现和平;国家日趋强盛。

在这种情况下,哥伦布的伟大事业在西班牙才得以被真正重视。但是,尽管阿拉冈的费迪南拥有像伽泰隆和巴伦比亚这样具有航海习惯和经验的地区,然而,一方面他很固执己见,把注意力集中在濒临地中海的东部地区;另一方面,他把兴趣只是放在外交事务上,对于航海冒险不以为然,所以,他对哥伦布极为冷淡。不过,人们对费迪南的其他印象并不坏,这位国王身材不高,五官端正,目光锐利,体格健壮,日常生活十分简朴,他也是一位英明的君主。只是那位伊莎贝拉女王才是最为英明的,她清楚地知道,摩儿人还未被完全征服,可国库空空,无以为继,要扩充军备就必须有像哥伦布那样能够因探险而为国库增添黄金的人。看来,双王对待哥伦布的态度是有分歧的,这种分歧的产生使哥伦布的计划挫折丛生,几乎夭折。

1492 年 8 月 3 日,哥伦布为之奔波筹办了 6 年之久的探海航行终于开始了。

东方的天边刚刚露出曙光,"起锚了!"哥伦布大声发布着出发的命令,声音响彻了晨曦中的巴洛斯港。

三艘帆船满贯着季风离开了港口。码头上送行的人们一面目送着船队缓缓离开,一面议论纷纷。"这些船再也不能回来了,他们会被魔海吞掉的! 哥伦布执迷不悟,一意孤行,可怜的是那些水手。他们都要跟着他葬身大海的呀!"

拉那米达僧院的山坡上,有一个黑衣牧师正朝着大海的方向,目送着渐渐远去的船队,默默地为他们祈祷。这位牧师就是斐斯司教。

这次远航共有三艘帆船,最前面的一艘叫圣母玛利亚号,重 100 吨,有 52 名水手,由现在担任提督职务的哥伦布指挥;航行在中间的是可达号,由马露金宝逊任船长;殿后的是尼娜号,由金宝逊的弟弟宝逊托率领。

船先朝着南面前进,而后再转向西航。在哥伦布的海图上,日蚌谷的位置还要偏西些。

从远航船离开巴洛斯港开始,哥伦布的心里就没有一刻轻松过。他一直在提醒自己,一定要以身作则,给水手们做出表率,尽力使这些成分复杂的水手们能够和睦相处,通力合作,共同完成这次的探险航行。

对于西班牙和整个欧洲来说,新的时代开始了,开始了恢复精神独立、唤醒和革新理性的时期。暂时还不算万能的资产阶级的好时光到来了,只是那些按照实际事物来评价宗教和世俗权威的人们的好时光到来了。实验和试验成了科学发展的主要尺度。轮到那些人了，他们被遏止了几代的精力，能以重新获得的力量，冲向大有可为的天地。这被称为文艺复兴时期，而缔造这个时代的名人之一，现在人们可以称他为可敬的克利斯朵夫·哥伦布海军上将。

10月1日，星期一，一场暴风雨冲洗了船队，成了多风区的终结者。船队跨过了多风区，此时哥伦布公布的航程是584里格，而实际上是707里格，离他预言到达印度的750里格相差不多了。这时，哥伦布的心一直浮浮沉沉，让他充满信心的是，只要地球是圆的，只要有印度大陆存在，向西航行一定能发现陆地，这是毫无疑问的。让他所担心的是船队在即将航达陆地时，假使计划功败垂成，毁于一旦——有人挺不住了，以至于开小差，破坏了计划。另一种担心是从西班牙到印度大陆之间的距离可能远远大于估算。如果那样的话，船员们不但要付出大量的体力，而且到达大陆的心理预期也要延长。

航船继续艰苦地破浪前行，悄悄的量变正迅速转化为质变。10月7日，星期日，当太阳快要落山之时，有人发现了陆地的征兆。以前当这种征兆与自己头脑中的希望契合时，就形成了一种条件反射，人们就惊呼"陆地、陆地"，但这一次，人们只是私下里议论纷纷，窃窃私语。原因是，在这以前出现过同样的情况时，这些喊声只带给人们虚幻的高兴，一些调皮者还轻率地以此事来戏弄人。哥伦布很生气，他规定，对于喊发现了陆地而3天不能兑现者，不但剥夺国王给的赏金，即使他所说的陆地后来又果真见到了也照罚不误。这样，再没有人不见"兔子"就放"鹰"了。但是，突然，航行在最前面的"尼娜"号这时却鸣放了大炮，炮声告诉人们，前面有陆地。但是，即日下午，陆地的征兆消失，一群飞鸟从北向西南飞去引起了哥伦布的注意。这群飞鸟有可能是到陆地过冬的，由于哥伦布听说葡萄牙的许多岛屿都是顺着群鸟飞行的方向发现的，于是，他决定命令按西南方向连续航行两天再说。10月8日，星期一，海面出现了新鲜的海藻和大量田野的小鸟，船员们抓住一只，刚一脱手就朝西南方向飞去，此外，还发现了小嘴乌鸦、野鸭和信天翁，但多少次发现陆地的希望都破灭了，船员们陷入了绝望的境地，以至于他们不再提起发现陆地的事情了。

船队跟着鸟群飞翔的方向行驶。10月10日，信风加强，船速达到七节。10月11日，船队碰到强大的顺流，船速更快。陆地的迹象——树枝、绿叶、花草不断地在海面上出现。一个水手向哥伦布报告说前面发现了一根树枝样的东西，哥伦布命令舵手向它靠近，但海流太急没打捞起来。哥伦布派人驾小船把它带到船上，原来是一根粗大的带有叶子和果实的树杆。看样子是不久前折断的，"平塔"号又传来消息说捞起一根足有三英尺长的木棍，奇怪的是像一根空心的管子，上面还刻有花纹，涂有颜色。船员们的情绪因为驶近陆地而重新高涨，他们现在对海洋统帅完全信服了。

10月11日傍晚，东北信风变成了风暴，哥伦布命令保持全速前进。时限已经迫近了。晚上10点，月亮还没有升起。哥伦布站在"圣·玛利亚"号高高的船舷上，看见有一点光亮在移动着，好像是岸上有个人拿着火把在奔跑。哥伦布叫来宫廷侍从佩德罗·古蒂埃尔雷斯，对他说，那像是火光，令他细看。宫廷侍从看后表示确实如此。第二天，1492年10月12日，星期五，清晨两点钟，"平塔"号走在三条船的最前面，在前甲板上一个目光锐利的水手——胡安·德·特里阿纳看见了在船的右前方，西边地平线上一个石灰色的悬崖似的东西。他大声高喊："嗬，陆地！陆地！"这一次确实是见到陆地了。水手们卸下炮衣，装上火药，急于点火开炮，但有人叫等一等。这时云雾降下来，陆地又变得模糊起来。一直在测深的水手喊道："水深二十米。"而且随着船的前进深度越来越浅。马丁·阿隆索看清了确实是陆地以后才命令吹号、鸣炮、升旗以示庆祝。此时天色依然昏暗，虽说已经接近陆地，但岸边水下布满珊瑚礁，哥伦布不敢贸然靠拢，下令卷帆，三条船时走时停耐心等待天亮。这时厨师罗德里戈熬了一锅鱼汤，见习水手罗尔丹扛来一桶马拉加酒，让大家暖暖身子，准备上岸。见到陆地的兴奋使水手们喝起鱼汤来似乎觉得味道特别鲜美。夜色逐渐消退，天空由黑变灰，现在即使在晨雾的笼罩中也清晰地看见长长的海岸线了。船队来到一个小岛的背风面，然后绕道西行靠近一个河湾才安全抛锚。人们看见长满灌木的高耸的悬崖，河流的入海口有一片宽阔的沙滩。靠北有一块陆岬伸入海中，靠南的树林中一缕缕炊烟在升腾。鸟群被突然惊起。树林中影影绰绰，似乎有一群人向着海滩奔来。

哥伦布的船队从帕洛斯港起锚到达新世界岸边抛锚，整整十个星期过去了。历史翻开了新的一章！

哥伦布首先率领一队带着武器的水手登陆，接着宾逊船长兄弟和其余的人也在欢呼中争先恐后地跳上岸。大家又围绕着哥伦布一起跑在沙滩上，虔诚地感谢主庇护这次航海的安全和成功。同时，又有一些人跑在哥伦布面前，请他原谅过去曾企图背叛他的罪过。

哥伦布把西班牙王国的大旗一挥，大声宣布："从今天起，这岛就属于西班牙王国了！我把它命名为圣萨尔瓦多岛。""圣萨尔瓦多"，就是"救世主"的意思。土人们本来把它叫作加拿合尼，哥伦布为了感谢上帝，把它更名为圣萨尔瓦多之后，它便成了巴哈马群岛中的一个岛屿的名称。

当哥伦布他们出现在沙滩上，岛上的土人惊恐万状，吓得躲到树林中，只从树干后面偷看他们的行动。土人们赤裸着身体，有着棕红色的皮肤和短而粗的头发，身上和脸上都刺着或涂着红红绿绿的花纹，外形非常吓人。

慢慢地，见哥伦布他们的态度很友好，有些胆大的土人从林中跳了出来，七嘴八舌地嚷着，朝人们靠近。哥伦布便把从西班牙带来的玻璃首饰和各种帽子送给土人们，博得他们的欢心。土人们得到这些东西，高兴得又蹦又跳，逐渐地和哥伦布他们亲近起来了。他们好奇地摆弄着白人的衣服和剑，并拿来了不少水手们多日没吃到的水果和新鲜活鱼。

第二天，哥伦布带领大家深入岛中开始实地调查。虽然岛上风光非常美丽，让大家惊叹不已，但却看不出有出产黄金的迹象。哥伦布询问了一个鼻子上戴着黄金饰物的土人酋长,才知道出产黄金的王国还在南边。

12月24日夜,船队乘微风从圣托马斯海到圣角,即从今天的阿库尔到卡拉科尔港航行途中,"圣玛丽亚"号搁浅了。事件发生在晚上11点左右,包括哥伦布在内的全体船员都因连日劳累奔波进入了梦乡,只留下一个见习水手操舵。哥伦布是严禁在这充满暗礁和浅滩的海中让见习水手操舵的,但那晚舵手违反了这个原则。当见习水手惊呼搁浅时,哥伦布快步如飞踏上了瞭望台。哥伦布命令船长和一些船员奋力拉住后面拖着的驳船,给它下一个锚,使其固定在船尾,然而,船长和海员却驾船向"尼娜"号逃窜,"见死不救"。"尼娜"号船长做得很对,他不但没有收留这群败类,反而派来小船营救哥伦布。这时,"圣玛丽亚"号破裂,大量海水涌入。在危急关头,酋长带领众人赶来,迅速地帮助搬走了物品,其速度之快令人咂舌,其态度之认真令哥伦布感动。

酋长们用大块的黄金与哥伦布换取不值一文的铜铃等物品,他们还给哥伦布送来一个大面具,面具的耳朵、眼睛和其他部位都挂着金块。哥伦布因祸得福,梦寐以求的黄金终于出现在眼前的现实中。由于旗舰"圣玛丽亚"号遇难,哥伦布决定违反初衷,在此地留下一批人,构筑一座炮楼和要塞,外围用堑壕保护,同时提供足够的给养、辎重和构筑要塞的物资装备。这样做的目的是一方面"尼娜"号不可能装载这么多人回国,只能留下一部分人,另一方面构筑炮楼作为力量的象征,用来征服整个岛屿。哥伦布对岛民表面上使用怀柔政策,暗地里却痛下杀手的做法似乎很成功。但是,他可以欺骗那些没有武装,具有无可救药的怯懦的印第安人,却无法使他的手下在黄金欲中服从他。"圣玛丽亚"号的失事,应归咎于两个原因,一是帕洛斯造船者的粗制滥造。哥伦布已命令将"圣玛丽亚"号残骸整理到岸边,以作将来对造船者惩罚的物证。一是旗舰船长和船员背叛了哥伦布的指挥,没有及时在船尾抛锚时把它固定住,而"平塔"号的不受指挥更令哥伦布恼火。所有这些,都是可耻的王国人员在背后挑唆支持所致。

哥伦布决定返回西班牙向国王报告此次航行的收获。他相信一年后当他回到这里时,留下的这些人通过与印第安人的贸易一定会赚得一桶一桶的黄金,便更指望他们能发现金矿,保证源源不断的黄金的供应。这样,只要三年时间,西班牙君主就有财力组织起新的十字军东征,以便最终将圣地从异教徒手中解放出来。哥伦布在致国王的信中写道,我向陛下保证,这项事业中取得的所有利润都将贡献给耶路撒冷的征服。这当然是遥远的将来的事情。

哥伦布和剩下跟随他的38人登上"尼娜"号船,取道东北方向航行,以便赶上持续不断的强劲的西风,顺利返回西班牙。

1493年新年第二天,瓜卡纳加利和哥伦布举行了隆重的告别宴会。酋长款待了哥伦布和全体船员,气氛热烈友好。人们互相拥抱告别。哥伦布没有想到的是,留在纳维达德的39人同瓜卡纳加利酋长及其臣民之间的友谊只维持了一段很短的时间,随之而来的是对黄金的争夺。对土著女人的凌辱,打架斗殴,"印度"流行病以及同一些印第安部落的战争,断送了这些人的性命。哥伦布苦心孤诣建立起来的纳维达德几乎被夷为平地。

哥伦布率领船队首次返回西班牙的开航时间一般认为是 1 月 16 日。

3 月 3 日,航行中的帆船又遇旋风,将所有桅杆全部折断,帆船只有光桅航行了。此时,天空电闪雷鸣,狂风暴雨一齐袭来,情形十分危急。万幸的是,黎明时分,哥伦布已到达了里斯本市附近,市民们争相来看这些幸存的船只,因为当地海员从未见过如此暴躁不休的冬天,已有 25 条船在附近沉没,幸存的哥伦布写信给葡萄牙国王,告诉他自己是从印度大陆而非几内亚湾来的,希望国王允许他进入里斯本。

3 月 8 日,葡萄牙国王要求哥伦布去王宫一叙,目的是探探情况。3 月 9 日,哥伦布如约而去,国王用盛大仪式隆重迎接,一方面表示对哥伦布的敬意,一方面又想让哥伦布把胜利果实交与自己。尽管葡王把哥伦布当作像本地最高贵的人物克拉托修道院院长一样的贵客看待,尽管葡王在与哥伦布谈航海情况时总是请哥伦布落座,并表现出毕恭毕敬的神情。但是,一切都晚了,经过千辛万苦磨难的哥伦布绝不可能再事二主,他要把最好的东西交给赏识他的人。葡王到现在更觉得自己当初决策失误,不但伤了哥伦布的心,而且丢失了本该获得的黄金和新的领土,他追悔莫及,只好于 3 月 11 日,准许哥伦布回西班牙,哥伦布依次同王后、公爵和侯爵辞行,得到了隆重的接待。3 月 12 日,葡萄牙国王又耍花招,支持哥伦布从陆路回国,结果被哥伦布严词拒绝。

3 月 13 日,船队趁涨潮之机,于上午 8 时扬帆驶向塞维利亚。3 月 15 日中午时分,到达去年 8 月 3 日远航出发港附近的萨尔特海港。至此,首次探险胜利结束。

苦难历程

哥伦布发现新陆地归来之后许多国家的君王也都准备组织远航队向西航行,希望能发现新陆地来扩展领土,开采金矿。而西班牙因为第一次航行收获很大,因此国王和女王早就为哥伦布的第二次远航做准备了。

1493 年 9 月 23 日,哥伦布的第二次远航船队告别了西班牙,从加地斯港口鸣笛出发。这一次,他把弟弟巴托罗缪也带去了。

第二次的探险船队规模非第一次时所能比,这次的船队由 3 艘大帆船和 14 艘小帆船组成,大约有 1,500 多名水手。船上还有许多马、牛、猪等牲畜,它们便是现在中美洲牲畜的始祖。此外,船上还带了许多农作物的种籽。

第二次探险船队的规模虽然如此之大,但无论是人力还是物资,征集工作却进行得非常顺利,甚至还有一些富豪人家的子弟也主动要求参加。许多传教士也都积极加入这个行列,准备到新陆地去向土人传教。

1493 年 9 月 25 日,在哥伦布船队从加的斯港开航,数千名群众送行,气氛十分当完成补给后,10月13日,船队离开费罗岛,向"西偏南"方向驶去。因为他认为沿此方向航行,定能在中途发现陆地,但海军上将没能发现陆地,却缩短了至少一个星期的航程。这次航行历时21天,航行820里格,折合2608海里,非常接近海员梦寐以求的完美航行。因为船队只是在10月26日前夕受到一次强烈的雷暴风的袭击,被撕裂了一些船帆,摧折了少量的桅杆,但仅过4小时后,风暴就过去了,船队损失比较轻微。11月3日早晨5点左右,黎明将至的时刻,"玛丽亚加朗特"号上的一位年老的舵手在左舷船头发现了陆地。这一天正是主的安息日,海军上将把这片陆地命名为多米尼加,土著人称它为凯雷。在右舷出现的陆地称为圣玛丽亚拉加朗特岛。天亮以后,船队陆续发现了瓜德罗普岛、德西拉德岛和拉桑特群岛等。令人惊疑不已的是,德西拉德岛两边的任何一条航道都是以后历史上船队通行的咽喉要道,因为,任何错离此岛的附近航线都因信风和暗礁的影响可能使航船倾覆,这不能不说是海军上将的极大幸运,而海军上将在这次西航中发现了这样一条从欧洲到西印度群岛最远和最短的航线,更是航行探险史上的一个奇迹。

谣言和这道命令传到哥伦布这里,他既感到非常吃惊,又非常委屈。于是,他决定立刻回西班牙,向国王和女王陈述实情。

1496年,归国的船队出发了。随行的人除了老弱病残船员外,还有30多个土人,高拉波酋长也在内。哥伦布没把他当俘虏看待,而是一心想用基督教义感化他。回航时,由于强烈暴风雨的阻隔,行程受误,当粮食不够,乃至后来断绝时,哥伦布坚决拒绝了有的船员杀死土人当粮食或把他们扔下海里的建议。

三次远航

经过3个多月的航行,他们终于回到西班牙。但再也没有了上次那样的热烈欢迎场面,而且哥伦布晋见国王时,国王也对他表现出极冷淡的态度,不少大臣还在背后讥笑他,只有女王还对他仍然很客气。哥伦布虽然非常伤心,但不久,他又再次鼓起勇气进宫晋见女王,请求准许他第三次远航。女王被他的真诚和热心所感动,终于答应设法为他筹款。

又经过不知多少波折,哥伦布第三次远航探险所需的船只、物资和费用,终于筹办齐全了。这一次远航的规模比前两次都大,船队由8艘大型帆船和40艘小型帆船所组成。

1498年5月30日,第三次远航开始了。这次船队从圣卢卡港出发,他们的目标首先是阔别两年多的希斯盘纽拉岛。

航行的最初几天,虽然海上风平浪静,但天气却非常炎热,船上携带的许多食物都已变坏,食用淡水也逐渐减少,水手们的情绪也因此变得非常暴躁。好不容易克服了天热的考验,航行了两个月以后,他们才抵达了一个大岛的东南岸。岛上的景色和其他的岛屿一样,到处长满了茂密的树林,郁郁苍苍,直插云天,令第一次前来的人赞叹不已。哥伦布的船队沿着海岸慢慢航行,大家都陶醉在美丽壮观的景色之中,却绝对没有想到这座岛的对岸就是南美洲大陆。哥伦布再一次失去了直接发现美洲大陆的机会。

6月7日,船队到达马德拉群岛。多年前克利斯朵夫曾在这里生活过,并且经商赚了钱。老朋友们给他举行了一个象样的欢迎会。2次航行结束后两年来一直处于失落和孤单中的哥伦布第一次满足了虚荣心。而他则率队击溃几艘法国海盗船作为报答。

离开马德拉群岛后,分出3条船给伊斯帕尼奥拉岛送给养,克利斯朵夫领另3条船向南驶去。这次克利斯朵夫决定到赤道附近去,根据一位地理学家兼珠宝商的建议,赤道上某些热带国家有黑皮肤和棕皮肤的人,他们有数不尽的珠宝、黄金和香料。

从佛得角向南,驶去了大约100公里,船队正处于信风区中间的赤道无风区。这是一个其热无比的地带,热得好象船只和人一起被烤焦了,木桶干裂,腌肉腐烂,粮食变得像火一样灼人口舌。大家都陷入了半昏迷状态,找不到一个人能有力气到甲板下去取点水。酷热持续了8天,然后是雷阵雨。但是受尽煎熬的船员们却没有体力去收集宝贵的雨水。没被烤焦的神智还在运动,大家惊恐万状,因为中世纪的宇宙志学家们断言,太阳在遥远的南方能烤死一切生物,这里肯定就是那个地方。7月31日,克利斯朵夫知道再也熬不下去了,只好下令转向西方。

中午,他们发现了陆地,在这个岛上取水时,看见了远方长满浓密森林的海岸,那里就是南美洲大陆。统帅命名为特立尼达岛。大家高兴极了,欢乐地吟诵和歌唱起《万福啊,慈爱的圣母》,以赞美上帝和圣母玛利亚的恩赐。在欢歌声中,船队胜利走完了第三次向西航行的全部路程。

8月13日,船队通过北部的狭窄海峡驶离帕里亚湾,这里浪高流急,哥伦布称它为龙口。连续两天,船队一直沿帕里尼半岛北边航行。这里的海岸线一直延绵好像没有尽头,哥伦布此时又修整了他的看法。猜测这里可能是"一个很大的大陆的一部分"。但是他的头脑中充满了荒诞的地理概念,疾病妨碍他做出正确的判断。他中止了这一次极其重要的探险。他认为此时回到伊斯帕尼奥拉对他来说是头等大事。在船队即将到达一个他叫作玛嘉丽塔的岛屿时,他命令转向朝北行驶。他没有察觉这里是一块盛产珍珠的宝地,如果他能派人在此开采的话,所获珍珠的价值将超过伊斯帕尼奥拉所产黄金的数百倍,

在哥伦布长期不在伊斯帕尼奥拉的情况下,他的弟弟巴托罗缪下令,在岛的东南岸边奥扎马河口上建立新的首府,叫作圣多明各。这里比伊莎贝拉条件优越得多,土壤肥沃,卫生状况良好,有固定的淡水供使用,还是一个可避风暴的良港。时至今日,圣多明各仍然是加勒比地区最古老的城市,是多米尼加共和国的首都。

8月31日,哥伦布一行到达新的首府。由于缺少劳力,城市建设只进行了一半。更为重要的原因是巴托罗缪·哥伦布必须把精力集中在别的事情上。作为代

理总督,他未能赢得人心。对他的不满情绪逐渐增长,后来终于爆发了由岛上大法官弗朗西斯科·罗尔丹领导的叛乱。哥伦布到达时,罗尔丹和他的追随者正在岛屿的西南边省份哈腊瓜和当地的酋长贝西奇奥拉关系,其中还有贝西奇奥的妹妹——漂亮的安娜考纳。她是死在去西班牙的船上的酋长卡奥纳波的遗孀。

哥伦布从加纳利派出的三艘快帆船由于计算的错误未能直达圣多明各,错开的距离竟达好几百里。更为糟糕的是他们到达的地方竟是罗尔丹现在所在处。船长们不知道罗尔丹发动的叛乱,欢迎他登船,交给他给养和武器,还让自己的船员上了岸。这些人中间许多都是罪犯,罗尔丹轻而易举地把这些人收编,结果是他率领的这伙约70多叛乱分子组成的队伍大大地增强了威慑力量。

罗尔丹在哈腊瓜扎下营寨,在那里形成了一个由他发号施令的独立王国。为了壮大自己的声势,罗尔丹公开宣布全面"保护"印第安人的政策,以此来和伊莎贝拉城的巴托罗缪分庭抗礼。他所谓的"保护"实际上是把印第安人分给西班牙殖民者个人所有,成为附属于他们的私有财产。哥伦布从西班牙弄来的是劳动者,而他们在得到印第安人以后个个都当了主人,过着强迫印第安人劳动并让他们服侍自己的王公贵族般的生活。罗尔丹的这一项政策既缓和了与印第安人的全面冲突,又赢得下大多数西班牙殖民者的拥护。

这时,在西班牙国内,不断地有人在国王面前诽谤哥伦布。由于哥伦布从第三次远航以后,一直没有什么收获献给朝廷,没再讨得国王的欢心,宫廷里的大臣就乘机利用一切机会诬告他。说他和弟弟们已经独占新陆地,另立新王国啦,说他要把新陆地卖给外国啦,各种谣言不断涌到国王的耳边。听得多了,国王也就开始对哥伦布起了疑心。于是,国王便派遣全权大臣法兰西斯驾船西行,负责了解情况。

法兰西斯是个有名的残暴刚愎的人,而且他一直反对哥伦布。如今他成了国王的钦差大臣,大权在握,一些正直而同情哥伦布的大臣私下里议论此事,都不禁替哥伦布捏着一把冷汗,为他的命运担心。

哥伦布虽然深知自己并没有什么罪过,但是,法兰西斯既然是受国王之命前来逮捕他,那么他就不愿违背这命令。于是他一动不动地静静地站在门口,两眼坦然自若地看着法兰西斯。他心想:国王肯定是被小人的谗言所惑,才下令派人来抓我。自己既然身为国家海军总提督,服从国王的命令就是遵守国法。无论是什么,都不该违抗。只要回国见到了国王,问明白原因,再向国王表明自己的心迹,那么,今天受到再大的耻辱,也就不算什么了。

想到这里,哥伦布毫不犹豫地伸出双手,自动等着士兵来把自己铐住。

1501年9月3日,终于有了结果,但是,结果却令哥伦布心冷,因为国王已决定任命堂尼科拉斯·德·奥万多为印度诸岛及陆地(比森特·亚涅斯·平松和阿隆索·德·奥赫达所辖陆地除外)的总督和法官。不过,国王没有授予奥万多为副王和海洋统帅,使哥伦布略感宽慰。他所获得的是,双王命波巴迪拉对统帅的财产作一清算,让哥伦布派一位代理人到奥万多船队里去收集从贸易和采金得来的应归于他的收益。统帅这次选的人非常英明,他的代理人是原巴萨市市长阿隆索·桑切斯·德·卡瓦哈尔,此人能力强,使统帅富裕终生。

1502 年 2 月 13 日,从哥伦布头上摘走总督王冠的奥万多率一支庞大的船队从加的斯港开航,船队拥有 35 艘载重 150 吨的帆船,24 艘轻快帆船和一艘普通船只,共有 2500 人参加了这次航行。奥万多的西航,打碎了哥伦布心中的希望,因为丢掉了总督,就意味着失去了荣誉,他的耻辱达到了顶点。现在,他必须重新做出决定,选择自己的生活方式,是急流勇退、养尊处优,还是中流激水、勇往直前? 哥伦布心中十分矛盾和痛苦,他似乎失去了对此做出最后抉择的信心。

征服天堂

于是,统帅又一次把航行报告明白无误地寄给了双王。尽管双王出尔反尔,但哥伦布不能这样,他必须用百倍的忠诚来取得双王的信任和支持。他的忠诚正直、有福不享而甘愿受苦受难的性格使双王哭笑不得,以至于笑骂他老糊涂了。然而,双王知道,要摆脱这样一个富有正义感、纠缠不休而固执的恳求者的办法是只好同意。

1502 年 3 月 14 日,双王批准了哥伦布的第 4 次、也是最后一次西航。令统帅欣慰的是,他的特权不但重新得到了保护,而且他的后嗣也可继承享受,不受侵犯。双王批给了他 10000 金比索,用于装备船队及添置他所需要的枪炮弹药的费用,并希望他尽快"遗"往西方,双王用"遗"这个粗俗的字眼,让他赶快离开,实在是因为哥伦布纠缠不休,令双王既喜欢又不耐烦他的固执和老朽。此外,双王还希望哥伦布注意金、银、珠宝香料;不许买卖奴隶;找到通往印度的海峡;双王还附了一封给巴斯科·达·伽马的介绍信,希望他俩在航路上相逢;若不能环球一周,在返航时可造访伊斯帕尼奥拉岛等等。这一切都会使统帅心花怒放,因为,他的特权已被确认,航海计划已被批准。欣喜之余,他把特权书抄写了 4 遍,分别托人收藏,足见他对此有多么珍惜和重视。他在一份新遗嘱中,对阿特丽丝·恩里克思·德·哈腊纳的生计给予了安顿,而他自己将带着小儿子费迪南德,进行他称之为"高级的航海",因为这次航海是收益最小、最危险因而也是付出最多的、最昂贵的一次贵族之旅。

得到女王同意后,国王就开始挑选能够平息殖民地暴乱、压制住法兰西斯恶势力的人选,去担任新领地的总督。最后,他任命了一个叫尼古拉斯的将军。不久,尼古拉斯就出发前往伊莉莎白城了。消息传到正在盼望国王下令的哥伦布耳边,他实在想不明白,国王为什么出尔反尔,不守诺言。自己受苦受难,一心想博得国王的信任,可现在等来的却是这样的结局。可是国王命令已下,已无法逆转,哥伦布也只好默默忍受。

一连串的打击和失望,使哥伦布的精神坏到极点,整日郁郁寡欢,闷闷不乐。再加上长年海上漂泊的风吹日晒,身体在逐渐地衰弱。年仅 49 岁的哥伦布头发已经花白,身体也如风烛残年的老人一般。

虽然体力不如从前,但哥伦布勇于冒险、克服困难的精神仍然不减当年。而且,他那渴望再次远航探险的雄心反而更加强烈了。

哥伦布始终以无比坚定的信心,相信总有一天,他会克服一切困难,再次到大海上一展雄姿,开拓一片崭新的天地,把基督教的精神传播到全世界的各个角落。

他满怀发现更多新陆地的雄心壮志,苦苦寻找着能够再出大海探险的机会。他一直默默地为下一次的航海做各种筹备。

不久,这个机会果然来到了。1448年,有一个振奋人心的消息传遍了整个欧洲。葡萄牙航海家巴斯克达,发现了一条绕过非洲南端好望角到达印度的新航线,而且还从印度带回了许多的珍奇物产。

这个消息对于最早派船队出海探险的西班牙来说,无疑是个强烈的刺激。虽然哥伦布早就发现了许多新陆地,但并没有给西班牙带来显著的利益。而巴斯克达的新航线一经发现,就会给葡萄牙带来源源不断的财富。哥伦布决定力谏国王和女王让他再次率船出海。

7月末,门德斯租用的一条船来到,哥伦布和余下的人上了船。返回圣多明各的航行由于逆风逆流漫长而又艰难,一直到8月13日才到达目的地。奥万多表面上十分热情地欢迎哥伦布,但也只是场面上应付,他并没有为帮助他们做任何实实在在的事情。

此次航行是最艰难困苦的一次,被围在牙买加共一年零五天。哥伦布付出了沉重的代价,他的健康被彻底损坏了,免疫能力完全丧失。痛风病迫使他长期卧床,双眼红肿,视力几近于零。

哥伦布的第四次西航也是有成绩的,除了带回许多有关新大陆的信息外,还发现了一批新的岛屿,带回了大量的黄金。1504年11月7日,哥伦布历尽千辛万苦回到西班牙,在瓜达尔基维尔河口桑鲁卡尔德巴拉梅达港上了岸。在这里没有什么人迎接他,人们似乎已经把他忘记了,朝廷的人对他一再不能兑现许下的诺言感到厌烦。他的身体状况已经十分糟糕,由于伤痛的折磨,走动都非常困难,只能让人抬上驮轿,送往塞维利亚他的住所休养。他无法北上去晋见国王和王后,但盼望着国王和王后赐见,听取他的报告,这是远航归来的每一位船长应该受到的起码的礼遇。但宫廷迟迟没有传见的消息。对他十分不利的另一件事是一贯对他持同情态度的王后伊莎贝拉此时也卧病在床,哥伦布返回西班牙后不过十几天,11月26日伊莎贝拉便与世长辞。哥伦布本来希望伊莎贝拉王后能在她的遗嘱中“恢复他对印度群岛的所有权”,时间仓促,现在也没有指望了。这对他的精神和身体都是一个极其沉重的打击。他只好给他在宫廷禁卫军中任职的长子迭戈写信,要他在费迪南国王身边的人中寻求帮助。他决心要得到1492年他与西班牙君主达成的协议中规定他应得的利益和荣誉。迭戈是一个有责任心的人,而且作为继承人,事关他的切身利益,他确实是尽心尽力,但仍然没有什么结果。哥伦布又派他的弟弟巴托罗缪、儿子费南多和他的代理人卡瓦哈前往当时设在塞哥维亚的朝廷交涉,都没有什么进展。

　　1505 年 5 月，哥伦布奉召北上塞哥维亚，得到费迪南国王的接见。国王对他仍然是那么优礼相加。他的长子迭戈已经被任命为国王的侍卫官。他的次子费南多此次从新大陆返航归来也被授予宫廷侍卫的职务，而且领得了参加第四次远航期间的全部薪饷。哥伦布要求国王恢复"我的尊严的源泉，我对印度群岛的统治和占有"。国王对他理解，但却不愿做出任何承诺，国王对他在第一次远航以后被授予的权益的解释上与他存在严重分歧。的确，如果完全按照协议执行，哥伦布将会成为当时世界上最富有的人。国王为了与哥伦布达成妥协，曾经允诺如果哥伦布放弃他的种种要求，在莱昂省赐给他一块封地作为补偿，被哥伦布拒绝。国王把有关哥伦布的事务委托给塞维利亚大主教德萨全权处理。国王对他的态度与王后显然判若两人。德萨要对国王负责，他也没有权力重新任命这位雄心不减当年的海洋统帅为印度群岛的总督。德萨决定，关于海洋统帅的财产和年金，由律师来办，不必交给政府。这样一来，哥伦布的要求只能诉诸法律程序。

　　哥伦布的晚年一直是在为争取对他的荣誉和利益的认可的艰苦斗争中度过的。王室仍然不停地从一地迁徙到另一地，先是萨拉曼卡，后是巴利阿多利德。哥伦布只能拖着病残的身躯紧紧跟随。他在给国王的信中抱怨说："这就是我的命运。在 20 年的服务中，我经历了这么多的磨难和危险，而我的收益为零。""我尽了我的一切努力，剩下的只有仰仗上帝了，上帝总是在我需要的时候伸出援助之手"。

　　1505 年间，哥伦布不顾病痛，跟随朝廷先迁至萨拉曼卡，后又迁到巴利亚多利哥，这时的哥伦布生命垂危，伴随着他的请求正奄奄一息，但是，上帝似乎又亮起了希望之光。按照女王伊莎贝拉的遗愿，她的女儿胡安娜公主和她的丈夫奥地利大公爵应该坐上卡斯蒂利亚王国的宝座。费迪南这个老狐狸打算娶法王路易十二的18 岁侄女为王后，将来生个儿子来继承卡斯蒂利亚王位。1506 年 4 月，胡安娜公主夫妇抵达科鲁尼亚，继承了王位，粉碎了费迪南的阴谋，由于统帅自己有病在身不能前去，他就派巴塞罗缪去请求这位新女王答应哥伦布应得到的一切，因为她毕竟是老女王的女儿。

　　此时，统帅正如一盏快要耗尽了油的灯一样，疾病加剧使他处于弥留之际。1506 年 5 月 19 日，哥伦布批准了他的最后遗嘱和遗书，命迭戈为他的财产和权利的继承人，偿还掉父亲的旧债和自己在热那亚及里斯本的道义债务；捐款在伊斯帕尼奥拉岛兴建一座教堂，在教堂里举行弥撒使他的灵魂永远安息；拨一笔偿债基金用以收复耶路撒冷圣墓；使所有直系亲属包括继配阿特丽丝·恩里克思·德·哈腊纳蒙受他的仁慈福荫等等。

　　5 月 20 日，耶稣升天节的前夜，哥伦布与世长辞。

确认新大陆的第一人

——亚美利哥

人物档案

简　　历：意大利的商人、航海家、探险家和旅行家，美洲（全称亚美利加洲）是以他的名字命名的。从1499年到1501年，曾参加了由阿伦索·德·奥维达领导的探险，他的第二次航行是从1501年到1502年，是代表葡萄牙出航的。1512年在西班牙的塞维利亚去世。

生卒年月：1454年3月9日~1512年2月22日。

安葬之地：不详。

性格特征：为人正直，是个很好的人。

历史功过：他参加了去大西洋西岸的航行，发现哥伦布发现的新陆地不是亚洲，而是一块以前人们从不知道的新大陆；而这块新大陆和亚洲之间，一定还有一个大洋。他最重要的两封信：《新大陆》和《第四次航行》被出版并广为流传。

名家评点：德国地理学家马丁·瓦尔德弥勒在1507年出版的《世界地理概论》中，将这块新大陆标为"亚美利加"

航海名家

　　历史的风霜曾给这位英雄带来了诸多鄙夷不屑与责难谩骂，而佛罗伦萨市民于18世纪初刻在维斯普奇家宅的铭文则更客观些，正确些，称他为"一位高尚的佛罗伦萨人，以发现美洲而使他自己和国家的名字光荣显赫，他是世界的开拓者"。为了纪念他，在佛罗伦萨的国家博物馆门廊上，雕有他的全身塑像，意大利还发行过印有他头像的纪念币。

　　历史的玩笑使他在17世纪一度被描绘成"骗子""盗贼"，拂去历史厚重的尘埃，展现在我们面前的是完完全全真真实实的亚美利哥·韦斯普奇。

　　亚美利哥出生于1454年3月。父亲塞尔纳斯塔西奥·韦斯普奇，是个经纪人,母亲叫伊萨贝尔·米尼。他们出身于望族之家,但到他父亲时家境败落。亚美利哥的教育是由叔叔安东尼奥·韦斯普奇承担的。安东尼奥·韦斯普奇是意大利圣马可教堂的修士,很有学识,不少年轻人在他的足下学习。亚美利哥天资并不聪颖,但很好学,在叔父的教导下,接受了人文主义的教育,学习了拉丁文,还学习了数学、天文学等科学知识。塞尔纳斯塔西奥·韦斯普奇膝下有三个儿子,亚美利哥排行第三。由于家境困难,后来亚美利哥没有像他两个哥哥那样上大学,接受高等教育,而是到罗伦索·德·美第奇家的银行当了一名从事贸易工作的职员。在这里他平平庸庸、默默无闻地工作,一干就是几十年。

美第奇家族是中世纪意大利佛罗伦萨的著名家族。原是托斯卡纳的农民,以经营毛织业起家,13世纪跻身有钱贵族行列。在1340年开始的全欧经济萧条中,许多豪门大户破产,美第奇家族不仅安然无恙,反而大发其财,后来成了欧洲最大的银行家之一。美第奇家,族从1434年起在佛罗伦萨建立了自己的政权,成了这里的统治者,他们的信条是:"不掌握政权就不能过富裕的生活。"其家族对佛罗伦萨的统治一直延续到18世纪。

亚美利哥在美第奇家族银行工作的年代,正是欧洲,特别是葡萄牙、西班牙竭力想打开一条从海上到东方去的通道、积极进行地理探险的时代。美第奇家族的银行和当时的韦尔舍·富格家族银行以及德国的商人一样,为了搜集东方国家的情报和赚钱,他们在西班牙的塞维利亚,葡萄牙的里斯本等地都设有分公司,直接为各国的探险活动提供资金和设备。1492年,美第奇银行在西班牙塞维利亚的分公司里有一个职员,因犯有不轨行为被革职。为了表示对亚美利哥多年来工作的信任和鼓励,美第奇银行派他去西班牙接替那人的工作。这一年5月,年过40岁的亚美利哥来到了塞维利亚分公司。这家分公司的主要任务是为探险船队提供航海设备和必要的补给品。分公司的负责人阿诺托·贝拉尔迪,是亚美利哥的同乡。亚美利哥作为贝拉尔迪的助手,工作认真负责,办事仔细谨慎,博得了贝拉尔迪的好评。虽然分公司经营得并不算好,但两人工作协调并结下了深厚的友谊。为此,1495年贝拉尔迪在临死时留下遗言,指定亚美利哥为其遗嘱执行人,并要他做好分公司的清点工作。

但是,贝拉尔迪死后不久,亚美利哥便改变了继续经商的志向。这大概有三方面的原因:第一,可能是塞维利亚分公司的经费不足,继续维持它的业务有一定困难。特别是多年来的经商活动,使他产生了一种厌恶情绪,认为经商危险,财产很不稳定,"今天居人之上,明天可能被挤垮破产",因此他不愿再经商,这可能是主要原因。第二,可能是受到当时探险热的影响。他认为"周游世界,观其壮观景色"是最光荣、最崇高的工作。第三,也可能是想以加入寻找黄金的探险活动,来摆脱他那贫困而不得志的窘境。总之,长期从商的亚美利哥决定投入正在欧洲兴起的航海探险事业。

15世纪,欧洲一些国家的资本主义经济得到发展。随着商品经济的发展,货币越来越成为普遍的交换手段,黄金便成了一切国家和个人追求的目标。因此,马可·波罗的中国之行向欧洲人揭示的东方文明和财富,特别是东方的黄金,极大地吸引了欧洲人。于是人们纷纷东去寻找黄金,从而开始了欧洲地理探险的黄金时代。当时欧洲航海实力和技术较先进的国家应首推葡萄牙,其次是西班牙。葡萄牙早在1143年独立以后,就建立了自己的海军,训练了不少船长、水手,还聘请了经验丰富的领航员。15世纪,为了打破阿拉伯人对东西方贸易的垄断,为了到东方去寻找黄金、珠宝、香料,葡萄牙人决定另辟一条新的到东方去的海上通道。他们确定的航线是自里斯本出发沿非洲西海岸南下,绕过非洲南端再向东到达印度和中国。从1418年起,葡萄牙王室组织了多次探险航行,一批批航海家为了打开这条航线付出了巨大的代价,甚至献出了生命。经过70年的奋斗,到1488年葡萄牙的探险者们才到达了非洲南端的"好望角"。1497年经验丰富的航海家达·伽马,受葡萄牙国王的派遣,率4艘船只自里斯本出发,沿着前人开辟的航线绕过好望角,进入印度洋,顺利到达了印度西南海岸的中心港口——卡利库特港,终于打开了海上到达东方的通道。

与此同时,一条自欧洲出发向西航行,穿越海洋直达东方的探险活动也在进行。这就是意大利的克里斯托夫·哥伦布提出的航海计划。1484年,哥伦布曾向葡萄牙国王提出过向西航行的主张。他认为,为了去东方,必须先向西,而不应先向南。但是,葡萄牙国王没有采纳他的建议,于是哥伦布带着自己的独生儿子愤愤离开葡萄牙来到刚刚成立的西班牙,并向国王递交了自己的计划。但由于西班牙王国正忙于统一大业,根本无暇顾及哥伦布的计划。直到1492年西班牙王国正式统一后,随着西班牙向海外扩张的需要,哥伦布的计划才被采纳。王室和哥伦布签订了协议:封他为远征军司令、新发现的土地的总督和行政官,并决定把新土地上的金银、珠宝、香料等财产的1/10归哥伦布,9/10上交王室。1492年8月3日,哥伦布率领3艘大船离开西班牙,开始了他的第1次远征。他先后进行过4次航行,曾到达过巴哈马群岛中的华特朴岛、古巴、海地以及南美大陆的北部。尽管他几次航行中到达的地区都与马可·波罗东方之行描述的情景完全不同,而且他也未曾找到黄金、珠宝、丝绸和香料,但他始终认为已经到达了东方的亚洲,他说他的双脚已经踏上了中国的土地。直到死他还认为古巴就是中国,海地就是日本。当时不少人也都相信哥伦布的这种说法。

亚美利哥的航海生活,几乎是与哥伦布·达·伽马的探险活动同时开始的。由于他在塞维利亚分公司工作期间结识了不少船长、船员、水手,不仅对航海产生了兴趣,而且积累了不少航海知识。同时,他还有一定的天文、数学知识。因此,当一位西班牙船长受西班牙国王差遣组织探险船队时,便选中了他。这就是亚美利哥航海生活的开始,也是他的第1次航行。亚美利哥开始参加航海探险活动时并无明确的职务,后来在为葡萄牙国王服务时才有过领航员,船长的身份。在几次探险中,亚美利哥到达过中美洲的洪都拉斯一带、南美洲的巴西海岸和阿根廷,发现过拉普拉塔河口。他经常把自己在航行中的见闻记录下来,并以书信的形式发给自己的朋友。后来,当这些书信被公开发表,尤其是那封宣布自欧洲向西航行到达的陆地不是印度,而是一块新大陆的书信一发表,立即轰动了整个欧洲。亚美利哥便成了人们议论的中心,人们称他为著名的航海家。

四次航行

关于亚美利哥四次航行的记载是以书信的形式公诸社会的。但目前信的原件已无法找寻,现有的一些信件,有的说是手抄本,有的说是复制品,真伪难辨,而且也都不完整。亚美利哥曾有遗嘱把他的航海日记交给他的侄子胡安·韦斯普奇保管。胡安·韦斯普奇在亚美利哥死后曾担任过西班牙国王的导航员,但他没有保管好他叔叔这唯一有价值的遗产,手稿已经散失,致使有关亚美利哥的很多事情至今也弄不清楚。

从现有一些材料看,当时轰动欧洲的亚美利哥的信件,并没有记载4次航行的组织机构和具体人员的情况,也没有阐述有关航海的技术问题,更没有叙述对刚刚发现的新大陆的具体考察路线,主要是描写了他的一些见闻,特别介绍了新大陆原始居民的生活状况。当时参加探险的人不少,但有知识的人却不多,很多船员,水手没有文化,有的甚至连自己的名字都不会写。因此,很少有人像亚美利哥这样详细描述探险见闻和经历,包括航海家哥伦布也没有做这方面的工作,所以,尽管亚美利哥受其观点和知识的限制,记述难免有失公允和准确,但无论如何,这些信件仍是研究当时拉丁美洲社会的极为难得的材料。

本文介绍的有关亚美利哥的四次航行,是根据墨西哥国立自治大学1941年纪念哥伦布发现新大陆449周年时,印发给全体教师的资料写成的。那份材料译自原版本,即直接从意大利文译成西班牙文的。

1497年,在西班牙国王的支持下,亚美利哥·韦斯普奇参加了由比森特·亚涅斯·平松船长领导的向西部海域进军的探险队,这是他的第一次航行。

1497年5月10日亚美利哥等参加远征的船员分乘4条大船自西班牙加的斯港出发,径直向幸运岛(今称大加那利岛)驶去。在岛上他们休息了8天,加足了水、食物和其他必需品以后,继续向西南航行,37天后他们发现了一块陆地,具体方位在加那利群岛以西,西经75°,北纬16°,距加那利群岛1000西班牙海里,属热带地区,据认为是现今中美洲洪都拉斯一带。他们在这一地区停留数月,对这里的土著居民的生活情景,做了详细的观察和记述。

这一带的人,中等身材,长得很匀称。皮肤近似于红色,脸很宽不漂亮,头发又黑又长披散在肩上。他们的身体很健壮,走、跑都很轻快,尤其擅长游泳,女人比男人游得还要棒。无论男人还是女人都是裸体。

他们的生活方式十分原始。吃饭无固定时间,无论白天黑夜,只要想吃就吃。食物放在自己制作的泥罐或瓢中,随时可取。他们的主要食物是用被称为"木薯"的一种树根做成的木薯饼子以及水果和鱼。他们过着群居生活,房子是用茅草盖成的。用大树干做柱子;用棕榈叶子遮顶,既挡风又挡雨,很结实。有的房子盖得特别大,一间房能住200人,有一个村子只有13间房,但却住了400人。晚上他们睡在吊在空中的用棉线织成的大网子里,看样子很不舒服,但他们却喜欢这样睡。这里没有国王,没有领主,没有祭司也无教堂,无所谓犯罪,当然也没有惩罚。这里没有夫妻制,每个男人都可以和他喜欢的女人睡觉,但又可随时抛弃她,这不意味着男人对妇女的侮辱,女人也不为此感到羞耻。

他们没有财产观念。虽有土地,但不懂耕种,只靠庄稼自然生长。但他们懂得在一个地方住久了庄稼长不好,人也容易得病,因此他们每隔8～10年就要变换一个居住地。他们的财富的标志是各色各样鸟的羽毛以及挂在脸上、嘴唇上、耳朵上的一串串的鱼骨和白的、绿的石头。

他们手中的武器是做得很精致的弓箭,但不是用铁或其他金属做成的。个别地区用经过火烧制的标枪和制作得很好的木棍当武器。这里的男人女人都称得上是优等射手。不同部族之间也经常发生战斗,但不是由于权欲或扩张领土的野心,而是为了报仇。他们常常因为本部族的人被其他部族杀害或俘虏而相互格斗、残杀。打仗时男女一起上阵,男人厮杀,女人背东西。俘虏一般都是先杀死,然后吃其肉。

这里的人一般很少说话。他们的语言很简单,音调很低。由于他们很少和附近的部族交往,所以在方圆100里之外就有不同语言的部族。彼此很难交流思想。

他们的生活习惯是粗野的。当一个人生病快要死的时候,他的亲人便把他带到森林里,让他睡在一个挂在两棵大树中间的网子里,并在病人的头前放上能够维持五、六天的水和食物,然后便返回村子。如果病人靠自己的能力吃、喝,活下来,回村后人们便热烈欢迎他,如果病人死了,谁也不再去理睬他,那儿就是他的坟墓。

他们治病的方法也让人惊奇。探险者多次看到,他们给一个发烧的病人用冷水从头浇到脚,然后在他周围生起一堆火,让病人在火堆旁来回转身,大约经过两个小时,待病人疲劳以后,便让他去睡觉。就这样居然治好了很多人的病。其他的治病方法还有忌食,让病人3天不吃饭;放血,在大腿或胯或腿肚子上放血,有时还把野草放在病人嘴里,引起呕吐来治病。

这一带的人待客热情,慷慨大方,只要他们把你当成朋友,你要什么他们都肯给,很少拒绝。他们对友谊的最高表示,是把他的妻子和女儿献给客人。一位父亲和母亲最骄傲的是,你愿意和他的女儿,哪怕是处女一起睡觉。他们认为这是最深厚的友谊的表示。

亚美利哥一行在这里与土著居民打了多次交道,也经过几番较量,人生地不熟的西班牙人几次几乎成了这群强悍居民的箭下鬼。这里的土著骁勇好斗,虽没有铁制武器,但却有用一种奇异的植物制出的精良的弓箭,个别地区还使用经过火烧而制成的尖锐无比颇具杀伤力的标枪和木棍等武器。这里的男人女人一样身手矫健,箭无虚发,勇敢善战。每逢对阵,总是一拥齐上,一起上阵,一番混战。

有一次,探险者们发现了一个像威尼斯那样的水上村庄,大约有44间大茅屋,地基是埋在水下的大木桩。每家都有吊桥相连,村前设有一座大吊桥。一遇危险,吊桥可同时拉起,免得使全村各户同遭不测。当探险者们来到村边时,村民们立即拉起了所有的吊桥。正当探险者们为此感到奇怪时,只听从村边海上传来一片喧嚷声,人们看到有22条独木舟向他们划来。探险者们立即用各种手势向他们表示友好,并要他们靠过来,他们没有靠近,只是用手势告诉探险者们不要走开,然后把船迅速划走。过了一会,独木舟又驶回来,船上还带着16个女孩子,他们来到探险者的大船中间,像朋友那样与探险者互相交谈。在他们交谈的同时,又有许多人从海上向这里游来。突然,一座大房子门口出现一些老年妇女的大声呼喊,并从头上摘下一种什么东西扔掉(这大概是战斗信号)。霎时间,船上的女人跳进海里,独木舟迅速离去,弓箭一齐向探险者们射来,游在海里的人举着长矛不停地喊杀。探险者们举枪猛烈向他们射击。村民们丢下十几具尸体,仓皇逃走。当探险者们押着几个俘虏走进村子时,里面已空无一人,也无值钱之物。为了给这里的人留下一个好印象,他们没有放火烧毁这个水上村庄。

离开了这个水上村镇,船队向西北挺进,沿着蜿蜒曲折的海岸,他们边航行边领略这一带的自然风光。在约4000公里的航途中,他们经常登上海岸,用一些小玩物换来了黄金。可令他们失望的是,在整个航行中,换来的黄金寥寥无几,宝石、香料更是不用提了,更糟糕的是,航船出了毛病,亟须修补。

1498年7月,他们终于航行到一个"世界上最好的港湾"。为了及时修理船只,他们在此逗留了一个月的时间,这里的居民语言、习惯与前者完全不同,在海滩,约有三四千人瞪着好奇的双眼看着远远驶入的庞然大物。而当船靠近岸边时,人们立即向森林逃去,一会儿便无影无踪了。亚美利哥他们在森林深处发现了他们的茅屋,但空无一人。好不容易在一座茅屋里看见两人正悠闲地烧烤着一种食物,样子有点像蛇,还用鱼和面烤成面饼,样子像面包,香气扑鼻,令亚美利哥们垂涎三尺,食欲大增。好在这里的土著们对这些白皮肤的人很友好,按照他们的生活方式无偿地供给船员们食品和饮水,使饥肠辘辘的西班牙人饱餐一顿,享受了一下伊甸园的美馐。为了取得村民的信任,船员们吸取了以往的教训,不仅没有顺手牵羊屋里的任何东西,还予以小利,留下不少玻璃珠、铃铛等小玩意以示友好。果不出所料,此招收到奇效。当地的土著像迎接故友一样热情款待,并以一种难以描述的古怪而粗野的仪式欢迎他们,又是唱又是跳又是叫又是闹,令亚美利哥他们丈二和尚摸不着头脑,猜不透弄不清。像是高兴又像是哀号,那种异样的气氛令他们手足无措,无所适从,他们只是耐心地看着这群土著唱够跳够玩够表演的结束。为了表示友谊,当天晚上,土著还把村里的妇女献了出来。因为对他们来说,对友谊的最高表示就是将他的妻女献给客人。父母最骄傲的是客人愿意和他女儿哪怕是处女共度一宿。若客人欣然接纳,他们将喜出望外,感觉无上荣光,因为这是最深厚友谊的表示。

以后的一些日子,亚美利哥一行与当地居民建立起了"友谊",他们宣称自己是从天上降临人间周游世界的。天真无知的村民们信以为真,对他们肃然起敬,并称他们是"卡拉维",即非常有学问的男人。

不久,大船修复后探险者们又踏上远征的航程。1498 年 10 月 14 日,亚美利哥一行终于归来,回到了西班牙加的斯港,结束了第一次航行。

当他们回第 1 次航行结束回到西班牙加的斯港时,受到了热烈的欢迎。

亚美利哥的第 2 次航行是 1499 年 5 月 16 日开始的。他和船员们乘上 440 吨位、三桅帆的三艘大船,自加的斯港出发直奔绿角岛。穿过大加那利岛以后,来到人们称之为火岛。他们来到一块陆地,属热带地区,据认为是巴西海岸。这里到处是沼泽地和大的河流。他们考察了多处地方,企图沿河流登上大陆,但发现河流宽阔,水量大,流速急,小船根本无法驶入。据后来人们认为这是亚马逊河。

探险者们在一处海湾里曾经看到一只雕刻得非常好的独木舟,长 25 米,宽 2 臂,能载很多人。不过船上的人并不友好,探险者们表示愿意和他们交朋友,他们不予理睬,拼命将船划走。探险者们的大小船只一齐追赶,包围了独木舟。这时岸边上的许多名村民见此情景立即跳入海中,前来营救独木舟。探险者们和他们在海上周旋了差不多一整天,最后他们弃舟而逃。独木舟上除了两名俘虏,还有 4 个异族少年,他们是被弄来供吃人肉的,4 名少年已被阉割得没有男性特征了,样子惨不忍睹。探险者们为了取得当地人的信任,放走了他们被抓的一名俘虏,还给了他们很多铜铃之类的东西。第 2 天倒是来了不少人,足有几百名,还带着不少妇女以示友好。但当探险者们把另一个被抓的人和独木舟归还给他们时,他们立即跳入水中挟舟逃之夭夭了。

在海湾的另一处,探险者们遇上了不少好客的人,他们和善,乐于交谈。他们向客人介绍他们怎样捕鱼,怎样生孩子。这里土地肥沃,满地长的都是粮食作物,还有很多好吃的水果。这里的人会酿酒,用橄榄树的呆子酿成的酒,很像啤酒。这里还盛产珍珠,用一个铃鼓就可以换 150 颗珍珠和一点金子。

当探险者们继续往南行一段时间以后,他们在一个小岛上看到一些很丑的人。他们每人嘴里都塞满潦草,不停地咀嚼着。只见男人脖子上挂着两个葫芦,一个装满了绿草,一个装满了像石膏粉似的白色粉末。他们用蘸有唾液的小棍子,蘸点白色粉末放在嘴里,接着又把绿草放在嘴里咀嚼,这样不停地重复这个单调的动作,十分滑稽好笑。后来才知道,这个岛上缺水,人们用这种办法解渴。不过女人和男人不同,每个女人只有一个水葫芦。这里的人要喝水,只能靠接晚上落在树叶子上的露水。这里有一种大树叶,晚上可用它接露水。人们外出捕鱼、捉龟也用这种树叶遮阳。他们吃东西很简单,主要是海鱼和海龟,这里的鱼和龟又肥又大。该地没有村庄和房屋,人们在大树下遮阳,过夜,但无法避雨,不过岛上很少下雨。

有一天,探险者们为了寻找食用水,沿着在海滩上留下的大得出奇的脚印,走进了一个谷地。那里有 5 间茅屋,在一间茅屋里发现了 5 名妇女;2 名老年人和 3 名青年,她们和其他地方的人一样,也都是裸体,但他们的身材之高大使探险者们惊叹不已。妇人们待他们十分客气,给他们东西吃,并和他们亲切交谈。探险者们产生了邪念,很想把那三位女青年带回西班牙。正当他们研究带人的办法时,门外突然进来了 30 多个男人，他们比那些女人还要高大，长得既结实又匀称，身上带着弓箭和棍子。他们用敌视的目光盯着这些陌生人，探险者们只得放弃带人的念头，离开了茅屋。巨人们和他们保持着一段距离，一直跟在后面。当探险者们上船时，巨人们跳到海里向船上射箭，船上开了两炮，才把他们吓跑了。探险者称这个岛是巨人岛。

他们在这个炎热的地区几乎航行了一年，还到过几年前哥伦布发现的小安的列斯群岛中的一个小岛。在岛上他们待了两个多月，还曾与哥伦布留在岛上的天主教徒因为互相忌妒发生过冲突。1500 年 7 月 22 日，他们离开该岛，航行一个半月于 9 月 8 日回到加的斯港。

亚美利哥的第 3 次航行，是遵照葡萄牙国王曼努埃尔的命令进行的。当时亚美利哥住在西班牙的塞维利亚，葡萄牙国王先派了一个信使送给他一封信，邀他去里斯本商谈出航去找珍珠、香料产地之事，国王拟委任他为船队大副。亚美利哥碍于西班牙国王对他的器重，不愿去葡萄牙，于是便推说有病，婉言谢绝了葡萄牙国王的邀请。但曼努埃尔国王并未就此罢休，又派亚美利哥的一个朋友去塞维利亚，要他无论如何也得把亚美利哥带到里斯本。亚美利哥只得从命去葡萄牙。

1501 年 5 月中旬，在国王的亲自安排下，一个由三艘大船组成的探险队从里斯本港浩浩荡荡地出发了。

经过大加那利岛，朝佛得角方向驶去，然后沿非洲西部海岸向南航行再折向西南。亚美利哥以"天文地理学家和数算家"（天文学家）的身份参加了这次探险。天公不作美，时而飓风，时而暴雨，船队在恶劣的天气下寸步难行，在惊涛骇浪里颠簸，在骤雨急流中徘徊，在茫无边际的大海上，与险恶的风浪搏斗了整整 61 天。终于峰回路转，柳暗花明。1501 年，8 月 10 日，水落石出，陆地在远远地向他们招手，希望的曙光就在前方。这一陆地就是南美的圣罗基岛。

他们上岸时正是黎明时分。亚美利哥一行一踏上这块土地，顿时被这里优美的自然风光、秀丽的迷人风景历陶醉。和风软语轻柔拂面，心旷神怡，沁人心脾，全体船员为之神清气爽，精神抖擞，筋骨舒活，难道这就是世外桃源？数不尽的花草树木，芳香的瓜果以及五彩缤纷的禽鸟，激发起人们对人间天堂的幻想，亚美利哥由衷地感叹，"如果人间有天堂，天堂就在这里"幸甚至哉！"对于非常之多的野兽，狮、豹、野猫，都不像是西班牙的品种还有那么多狼、红鹿、猴子、猫科动物、各种山猴以及无数巨蟒，我能说什么呢？"亚美利哥只能得出异端的结论说："诺亚方舟是装不下那么多的品种的。"

然而，这里的居民却凶悍残忍，可怕可怖，亚美利哥以恐惧的心情称他们为"残暴的食人者"，还记述到："他们没有国王，没有庙宇，没有偶像神，他们之间没有商业贸易，也不使用金钱。他们相互敌对，以最残酷的手段毫无秩序地进行搏斗。他们吃人肉。我碰到一个好吹牛的家伙，他好像把吃人看作最高荣誉，他一个人就曾吃了 300 多人……"

8 月底，航船抵达南纬 8 度的圣——奥古斯丁角，海岸线由此向西南弯转。探险船队继续向西南航行,于 11 月 1 日在南纬 13 度发现了巴伊亚·德·托杜斯·乌斯·山度斯,今称圣徒海湾。1502 年 1 月 1 日,在南回归线附近,一个优良的港湾(瓜纳巴扎湾)出现在他们面前,他们误以为这是一条河的河口,于是把它称作里约热内卢即"一月河"。

2 月 15 日,船队抵达了南纬 32 度处。在这个新的地方,小熊星座已完全看不见了;大熊星座也很低,几乎就到了地平线上,只得靠南极的星星来导航。在这一带,他们也没发现什么有价值的东西,决定尽快离开此地带。他们开了一个重要会议,经过一番讨论,一致同意亚美利哥提出的航行路线,并将指挥权交给了他。亚美利哥没有推却,命令全队船员备足 6 个月的水和食物,继续向东南航行,向新的未知地进发。夜变得越来越长,4 月初的一个夜晚竟达 15 个小时,船队似乎抵达了南纬 52 度,在这里小熊与大熊星座都看不见了,天气极其恶劣,狂风巨浪袭击着船队。他们只得降下所有的桅帆,顺着风浪滑行。风暴肆虐了整整 4 天 4 夜,船员们几乎精疲力尽了。在遥远的前方,朦胧出现了某个陆地的一条模糊不清的海岸线,他们便沿着海岸航行了 100 公里。但是,由于浓重弥漫的雾气和狂暴猛烈的风雪的阻拦,迟迟未能靠岸登陆。气温无情地在一天天下降,队员们实在寒冻难耐了。冬季即将来临,于是,亚美利哥命令船队立即调头向北疾行,他们一鼓作气,齐心协力,同舟共济,以惊人的速度连续航行了 33 天,走了 7000 公里路程,以充沛的精力和坚强的意志,战胜重重难以想象的困难,终于到达了几内亚。船只由于长时间航行与跋涉已破烂不堪,其中一条因无修复的可能被付之一炬。凭借两条剩下的也是伤痕累累的半破船,拖着沉重缓慢而蹒跚的脚步,疲惫不堪、苦不堪言的队员经过亚速尔群岛,向东北方向回航,再沿非洲西海岸返回葡萄牙。1502 年 9 月 7 日,他们安全回到了里斯本。

凭着这次航行,亚美利哥宣称他到过的这片大陆是"新世界",他在给美第奇的信中(1503)谈到他从"新的地区"返回时的情况说:"应当把这些地区称作新世界……大多数古代著作家说,在赤道以南没有陆地,只有海洋,即使他们中的一些人承认那里存在着大陆,他们也不认为这是一个有人居住的大陆。然而我的最后一次旅行(指第三次)证明了他们的看法不仅是错误的,而且是全然违背事实的,因为我在南部区域发现了一块大陆,这块大陆上的人口和动物之稠密程度比我们的欧洲、亚洲和非洲有过之无不及,除此之外,那里的气候比我们所知任何一个地区都更为温和宜人。……"

亚美利哥的第 4 次航行是于 1503 年 5 月 10 日起程的。船队由 6 条船组成。船队设有总船长,亚美利哥是船长之一。这次航行的主要目的是寻找东方的被称为梅拉克查的岛屿。据说那里不仅富有,而且是一个交通要道,是所有来往于东西方船只的供应处,就像西班牙的加的斯港一样。

船队自里斯本出发以后,径直向绿角岛驶去,在那里休整了 13 天,再转向东南。总船长是个自负而固执的人,由于他执意要去塞拉里昂观光,结果使船队遇到了旋风的包围,船队在汪洋大海中与狂风巨浪搏斗了整整 4 天。然后他们不得不改变航向,折向西南。他们来到了巴西沿岸的一个称为费尔南多·诺罗尼亚的小岛。该岛长2西班牙里,宽1西班牙里。岛上风景秀丽,但无人居住。由于总船长指挥失误,他们乘坐的500吨位的大船触礁沉没。人们无暇观赏岛上的风光,只得投入紧张的抢险工作,因为整个船队的重要物资和装备都装在这艘船上。结果除了救上来3个人以外,什么也没有捞到。在大家抢救大船时,总船长命亚美利哥寻找一个能停泊船只的港口。亚美利哥离开自己的船,带一个小船去完成总船长交给的任务。他们后来找到了一个很好的港口,可以停泊整个船队的全部船只。但他们在那里等了七八天也没见总船长来,都十分着急,结果等到第80天时,才发现海上驶来一只船。大家喜出望外,但刚来的船员说,总船长已葬身海底,其余出事人员虽已获救,但未能聚集在一起。亚美利哥只好率领来船向另一个岛屿驶去,他们在这个无名岛上没有看见一个人。这里除了无数可爱的小鸟和大鼹鼠以及有两个尾巴的蛇和蜥蜴以外,别的什么动物也没有。他们加足了水和食物,还捉了一小船的鸟才离去。后来他们又在一个他们起名为万圣湾的港口停泊,一面休整,一面等待散失船只的到来。两个月过去了,连一个人影也没等到。他们又驾船沿着海岸去寻找,结果也一无所获。船员们在一个港口修建了一个据点,留下了24名基督徒,并留下两门大口径大炮和其他许多武器以及够半年吃的食物,让他们管辖那里的土著居民。由于人少、船少,无力再进行新的探险,于是他们决定返回里斯本。

1504年6月18日,亚美利哥等人顺利回到了葡萄牙。船只驶进里斯本港时,受到了人们难以置信的热烈欢迎。因为里斯本人以为他们也和总船长一样,早已葬身大海,所以对这些幸存者的归来又惊又喜,欢迎也格外热烈。

也有材料记载,1505年初,西班牙国王曾在塞维利亚召见亚美利哥要他组织一次航行,去发现香料产地。亚美利哥和另一个航海家比森特·亚涅斯·平松同时担任船长,两人一起共同做了准备工作。但后来因为宫廷的王位之争,此次航行未能实现。1508年荷兰一个印刷厂厂主曾创造了亚美利哥5次航行之说,而400年后,即1892年伦敦地理协会主席团曾郑重宣布有史料证明亚美利哥进行过5次航行,大概是以此为依据的。

4次航行以后,亚美利哥已年过半百,体力越来越差,也厌倦了航海生活。这位一直过着独身生活的航海家,晚年才结婚成家。1505年他被接纳为西班牙公民,1508年西班牙宫廷任命他为总领航员,负责西班牙国家的航海工作,年薪为75,000马拉维迪。1512年2月22日亚美利哥死在西班牙塞维利亚,终年61岁。政府为了表示对他生前为西班牙所做贡献的褒奖,他的遗孀玛丽亚·塞雷索,每年可以领取10000马拉维迪的抚恤金。

美洲命名

"亚美利加洲"是美洲大陆的全称。它是以意大利航海家亚美利哥的名字来命名的。但为什么不以先于他到达这块大陆的意大利航海家哥伦布的名字命名而却以亚美利哥的名字来为美洲命名呢？这要从16世纪初在欧洲发生的一件事说起。1503年，一封题为"新大陆"的书信，几乎同时在巴黎、佛罗伦萨等城市发表，信的作者就是亚美利哥。信虽不长，只有几页纸，但信的内容却使读者为之震惊。他一改过去人们旧有的观念，说穿越大西洋向西航行到达的陆地，不是印度和中国，而是欧洲和亚洲之间的一块前人未曾发现的、对她一无所知的"新大陆"。这顿时轰动了整个欧洲，使人们对世界的认识为之一新。以后这封信从意大利文译成拉丁文多次再版，并很快被译成德文、荷兰文、法文，收入各种文本的航海集子里。它被誉为里程碑式的信函。

这封信是1501年亚美利哥按着葡萄牙国王曼努埃尔的命令航行到达南美大陆时，给他的朋友写的。在信中他所以称自欧洲出发一直向西航行到达的大陆是一块新大陆，理由是前人没有谈起过这块土地，更没有人到达过那里。过去很多人认为这一地区没有陆地，只有无穷无尽的海洋，即大西洋，或者说即使有陆地，也用各种理由说明它无法居住。通过他的航行证明这种看法是不符合实际情况的，是错误的。在这一地区不仅发现了大陆，而且在它的某些山谷中居住着的人和动物要比欧洲、亚洲、非洲的山谷中的还多，那里的气候要比我们已知的大陆更温和宜人。亚美利哥还说，那里土地肥沃，风景秀丽。茂密的大森林里栖息着各种各样的动物，尤其鸟类的品种繁多，树木无须管理便能结出累累的美味果实。那里的河水、泉水清澈透底，海边游动着鲜嫩肥美的鱼……那里的人是铜色的皮肤，生活在完全不开化的状态之中。人们没有衣服，没有珠宝，更没有任何私有财产，一切都是公有，甚至包括妻子在内。那里没有镇压。羞愧、强制、道德等名词对那些纯朴的心灵都是陌生的。如果没有动物对人类的杀伤，那里的人可以活到150岁。亚美利哥说，如果人间有天堂，天堂就在这里。这世外桃源的景象，与充满动乱、镇压，奴役以及为金钱，权力争斗不止的欧洲，形成了鲜明的对比，它吸引着无数的欧洲人。尤其这一新大陆之说，更使欧洲人惊奇，因为直到那时人们一直认为哥伦布自欧洲向西航行到达的是亚洲大陆。这封信把人们带到一个新的领域，促使人们改变以前的观念，来重新认识世界。广大的学者、地理学家，天文学家乃至印刷厂厂主对这封信都产生了浓厚的兴趣。

在欧洲积极开展探险活动的年代，印刷厂厂主们常常以在报刊上发表探险者们的新发现和他们的惊险经历，来吸引读者，获取更多的利润。1504年意大利佛罗伦萨的一家印刷厂，为了摆脱自己的困境，出版了一本16页的有关航海的小册子。编者是威尼斯人阿尔贝尔蒂诺·贝尔塞列塞，他是第一个把所有能搞到手的叙述航海的文章汇集成册的人。本书包括达·加马以及哥伦布的第1次航行，同时还把亚美利哥的4次航行也收集在内。书名是《亚美利哥在4次航海中，从新发现的岛屿寄出的信件》。该书在序言中扼要介绍了亚美利哥的生平，接着叙述了他的4次航行，并详细介绍了亚美利哥4次航行中见到的新大陆上那些陌生人部落的生活状况以及他们在航行中遇到的各种艰难险阻。这本小册子销路很好，买者甚多。为了与其他同类书相区别,以吸引更多的读者,这位印刷厂主把书名定为:《佛罗伦萨人亚美利哥·韦斯普奇发现的新世界和新地区》。但是这个书名很容易给人一种误解,即认为亚美利哥不仅是认定那块土地是新大陆的人,而且还是新大陆的发现者。随着这本书的多次再版,这种误解在成千上万人中迅速传播开来。以后,这位印刷厂厂主竟毫无顾忌地把这本航海集的书名改为《亚美利哥·韦斯普奇》,这就更使人得出这样的印象——新大陆的发现者就是亚美利哥·韦斯普奇。

同一年(1507 年),在法国东北部的一座小城市圣迪埃出版了一本《宇宙志导论》,该书以更肯定的方式提出用亚美利哥的名字为新大陆命名,称新大陆为"亚美利加"。

圣迪埃当时是洛雷纳公国的一座小城市,公爵雷纳托二世主管该国的一切政务。他喜爱科学和艺术,这里的人民也以搜集世上的奇闻轶事而著称。公爵的牧师兼秘书高铁列·卢德,还是一个印刷厂的厂主。他组织了一个写作小组,准备修订出版一本新的《宇宙志》。因为直到那时欧洲最有名的地理书,还是托勒密(约公元 100~170 年)著的《宇宙志》,也称《地理学》。托勒密是古希腊著名的天文学家,地理学家和数学家。他的主要研究成果都是在埃及亚历山大城完成的。他所发表的地心宇宙体系(托勒密体系)使其在天文学和地理学上占统治地位长达1300 年之久。其天文学著作是《天文学大成》,共分 13 卷。其地理学著作是《宇宙志》,共分 8 卷,载有如何根据经纬度绘制地图以及用经纬度标明的欧、非,亚三洲某些地方的地理位置等。此书既有文字又有地图。欧洲的学者们一直认为这是一本完美无缺的地理书。1475 年被译成意大利文出版发行后,作为地理知识的百科字典,意大利有文化的人几乎人手一册。然而欧洲掀起地理探险热潮以来,虽然时间不长,但是一批批航海家,探险家以他们的新发现,不断扩充了人们的天文和地理知识。在这短短的时期里,人们关于这方面知识的积累远远超过过去的几个世纪。因此人们迫切希望出版一本新的既有文字又有地图的地理书籍。许多学者也都试图编辑出版新的《宇宙志》,在原有内容的基础上,进行修改和增补,并在地图上标出那些在西半球刚刚发现的海岸和岛屿。这件工作首先由高铁列·卢德领导的写作小组,在圣迪埃这座小城中完成了。这个小组里有精通拉丁文的翻译,有人文学家,有地理学家、数学家,还有诗人。需要特别指出的是,德国的马丁·瓦尔德塞弥勒,在这个小组里发挥了很大作用。他当时只有 27 岁,是个大学生,富有活力和勇气。他知识渊博,特别有绘图天才,几十年以后人们还肯定他的绘图水平在历史上属第一流。后来,他成了德意志的地图绘制家。

写作小组的作者们为了使他们这本新编的《宇宙志》富有新意以吸引更多的读者,把亚美利哥的 4 次航行作为主要素材,进行加工,整理,还虚构了一些情节。比如他们为了表达对雷纳托公爵的恭维之情,编造说,杰出的地理学家、新大陆的发现者亚美利哥是公爵最亲密,最敬佩的朋友。因为公爵年轻时也曾在亚美利哥的叔父安东尼奥·韦斯普奇的足下学习,所以从那时起公爵和亚美利哥便成了朋友。因此,亚美利哥把自己的航行见闻只寄给西班牙国王和公爵雷纳托。为了强调这种说法的真实性,他们还说亚美利哥曾用法文直接给公爵写信,后来有人把它译成了漂亮的拉丁文。经过这个小组的精心工作,1507年4月25日,他们编著的《宇宙志导论》问世。该书首先应用几何学和天文学知识,对宇宙结构做了必要的介绍,然后对亚美利哥4次航行中的发现以及近期其他人的新发现,均以平面和球形图画了出来。书的第1章是一篇用拉丁文写的献给国王的短诗和由马丁·瓦尔德塞弥勒写的序言。书的第2章在叙述了托勒密的原作之后,便介绍了亚美利哥的4次航行。由于人们对托勒密已十分熟悉,所以本章特别强调了认识和了解亚美利哥的重要性。书的第5章作者明确肯定亚美利哥是新大陆的发现者。第7章当谈到那块新发现的占世界1/4的大陆时,作者提出建议,以亚美利哥的名字为新大陆命名。马丁·瓦尔德塞弥勒在第9章用整章的篇幅阐述他的这一观点,他说:目前,欧洲、非洲和亚洲这些地区已被考察过了,而世界上另有1/4的部分是被亚美利哥发现的,因而这一地区应该以他的名字命名。既然无论是欧洲还是亚洲都是以女性名词(阴性名词)来称呼的,因此亚美利加(America)可作为新大陆的名字。同时,马丁·瓦尔德塞弥勒在该书附页的地图上印上了"亚美利加"的字样,这样亚美利哥的名字第1次印在了地图上。从此,"亚美利加"(America)便成了新大陆的名称。

1507年,他们对"亚美利加"的理解是指巴西北部及南部海岸和阿根廷地区,即当时称为下布拉西利亚的地区(远不够地球陆地面积的1/4)。在当时的地图上,这个地区的形状类似于澳大利亚,是一个大而圆的岛屿。几年后,随着对南美地区探险活动的开展,把亚美利哥本人都未到过的巴西、阿根廷和智利等地区,也全部称为"亚美利加"了。《宇宙志导论》出版15年以后,整个南美洲都用"亚美利加"的名称了。当时所有著名的地图绘制家,在他们绘制的地图上都采用了这一名称。如,西蒙·格里内乌斯在他的著作中、塞巴斯蒂亚,蒙斯特尔的平面球形地图中都采用了这个名称。以后随着科学考察工作的向前发展,证实了南北美洲是连在一起的一块大陆,因此北部大陆也用"亚美利加"来称呼了。1538年,绘图之王墨卡托,把南北两块大陆画得连在一起,并注上"亚美利加"的名字:在北部写着"亚美",南部写着"利加"。从那以后,"亚美利加"作为美洲大陆的名称得到世界的公认,并一直沿用至今。

同行交友

亚美利哥与哥伦布是同时代的人,也是好朋友。亚美利哥在西班牙塞维利亚与贝拉尔迪一起经商时,认识了哥伦布。塞维利亚分公司为哥伦布的探险航行提供了不少物资和设备。在工作中,亚美利哥与哥伦布建立了友谊。虽然没有很多材料充分说明他们之间的关系的密切程度,但从哥伦布给其儿子的信来看,哥伦布对亚美利哥的为人比较了解,也很敬重。他认为亚美利哥"为人正直","很有才干","是一个很好的人"。晚年他还曾请亚美利哥在事业上帮过忙。有人认为,哥伦布的性格有些古怪,特别是他那不相信人的性格,使他和所有同时代的同行发生过冲突,但他却称赞了亚美利哥,这足以说明他们之间的关系并非一般。

但是,当人们围绕着美洲大陆的命名问题进行辩论时,却把这对好朋友对立起来了。哥伦布是个伟大的航海家,探险家。他奉西班牙国王之命,自西班牙出发向西横渡大西洋,于1492年10月12日到达了佛罗里达东南820公里处的巴哈马群岛中的华特林岛,以后的几次航行又到达过南美大陆,这都是人们公认的事实。而亚美利哥到达美洲的时间比哥伦布要迟,即使1497年他的第1次航行并到达南美洲是确凿的事实,也是在哥伦布之后。然而,美洲没有以哥伦布而是以亚美利哥的名字来命名,这就在学者中间引起了一场激烈的争论:到底谁先发现了新大陆?到底应该以谁的名字来为美洲命名?人们一直争论了几个世纪。

率先提出取消用"亚美利加"来命名美洲的正是《宇宙志导论》的编著者之一,那位执意主张用"亚美利加"命名的马丁·瓦尔德塞弥勒自己。因为他的本意是只想把第一个提出新发现的陆地不是亚洲,而是一块新大陆的历史功绩归于亚美利哥,并以他的名字为这块陆地命名以资纪念。而当时他对新大陆的理解仅仅是指亚美利哥所到达过的巴西,阿根廷地区。但不知为什么,没过多久,他便认为自己的这种行动,对哥伦布太不公平了。所以在1513年,即《宇宙志导论》出版后6年,他出版的一幅地图中对美洲就未用"亚美利哥"的名称。但是,他的反对已经无济于事了。《宇宙志导论》一书出版后,"亚美利加"的名字已传遍世界。有人说这个词像一个征服者,一经出现,便一扫过去书上、地图上的旧名称,什么鹦鹉之地、圣克鲁斯岛,布拉西尔,西印度等都被"亚美利加"取而代之。"亚美利加"出现在所有有关的文章、书刊,地图和地球仪上。随着历史车轮的滚动,这个名称也一代一代地流传下来。

1535年意大利人米格尔·塞尔贝托对以"亚美利哥"的名字命名新大陆也提出了异议。他一向勇于对周围事物提出批评和异议,由于他对医学、地理学乃至神学都提出过不同的见解,而被革除了教籍,后来不得不隐名避居法国里昂,但这并未改变他的秉性。他把托勒密的著作根据自己的见解加了批注之后,于1535年重新出版。塞尔贝托认为:亚美利哥作为商人到新大陆比哥伦布晚得多。当然,他声明提出这个问题并不是想抹掉亚美利哥的功绩,也不是要把哥伦布和亚美利哥对立起来,只是想提醒人们不要忘记哥伦布。他确切的意思是,新大陆的发现者应该是亚美利哥和哥伦布两个人。

对用"亚美利加"命名美洲提出最强烈反对意见的是西班牙拉斯·卡萨斯主教。在哥伦布探险时期,为了向新大陆传教,他作为神父到过海地等许多拉美地区。后来荣任主教,几乎在新大陆度过了自己的大半生,到73岁才回到西班牙。他参加了对古巴和加勒比地区的征服,可以说是整个发现时期的见证人。他写的一本《西印度毁灭述略》,书中记载了西班牙征服者统治,压迫和欺凌新大陆殖民地土著居民的种种罪恶。他的父亲曾参加哥伦布的第2次航行,他以权威者的身份对用"亚美利加"命名美洲提出了强烈的反对意见。尤其当他看到当时非常流行的文章说,哥伦布仅仅发现了亚美利加海岸附近的一些岛屿和安的列斯群岛,而亚美利哥曾到达过现在所说的真正的大陆,因此完全应该把发现的新大陆用他的名字来命名时,非常气愤地说,只有哥伦布才是第一个打开这么多世纪以来闭锁着的大洋,踏上新大陆的人。他仔细研究了《宇宙志导论》中有关亚美利哥对新大陆的描述,特别对亚美利哥的第1次航行时间及其到达的地点提出了疑问。在最早的意大利文的版本中说,亚美利哥的第1次航行开始于1497年,到达了"拉里亚布"(Lariab),但在圣迪埃出版的拉丁文书中,由于有意的篡改或者印刷错误,把"拉里亚布"写成"帕里亚"(Paria)。拉斯·卡萨斯指出,这样会使人们认为,亚美利哥1497年就已经到了帕里亚,就是说他比哥伦布早一年踏上了南美大陆,从而说明亚美利哥先于哥伦布到达南美大陆,所以用亚美利哥的名字来为美洲命名是顺理成章,无可厚非的事了。但是拉斯·卡萨斯认为,亚美利哥是1499年才开始向新大陆航行的,1497年之说不可信,因为没有任何历史文献证明。而哥伦布1498年在南美洲的帕里亚登陆,是有100多位同行者可以作证的。拉斯·卡萨斯还发现,在亚美利哥的信中,关于他航行的目的,航行的时间,到达的地点等都叙述得含糊不清,而且也从未肯定地提及船队和船长的名字。同时在不同的版本中,所叙述的时间也不尽一致。这些都使人怀疑材料的真实性。

1601年,著名西班牙学者埃雷拉著的《西印度历史》一书出版,书中作者利用拉斯·卡萨斯未发表过的资料,再次说明亚美利哥是1499年而不是1497年开始的美洲之行。有材料说,1499年5月阿隆索·德·奥赫达船队受西班牙国王的差遣,进行发现新大陆的航行。奥赫达看到塞维利亚分公司的商人亚美利哥既懂天文、数学,又懂制图和丈量法,还熟悉航海知识,因此便选他参加了船队。所以,1499年才是他的第1次航行,1497年是有意的虚构。作者由此得出的结论是,亚美利哥狡猾地,别有用心地伪造了第1次航行的时间,以便盗窃美洲的发现者——哥伦布的荣誉。这一披露在学术界产生了巨大影响。1627年,佩德罗·西蒙修士十分严肃地建议:"禁止使用标有亚美利加名字的地理书和地图册。"在整个16世纪,亚美利哥被誉为新大陆的发现者、航海家,其美名到处传诵,但到了17世纪他却被描绘成一个"骗子""盗贼"、别有用心的"癞蛤蟆"、胆小鬼。说他是一个满怀妒忌之心的小商人奢求变成一个学者,探险家,但又没有勇气进行航行,只想把别人的荣誉据为己有。有人从根本上否认他的航行生活,说他的航行见闻只是从一些船长、水手那里道听途说来的,根本不是他亲眼所见。这使亚美利哥受到极大侮辱,甚至事隔几百年之后,到1856年一些学识渊博的学者读了这样一些说法的材料之后,还认为,广阔的美洲以一个盗贼的名字来命名实属罕见,用他的名字来代替哥伦布十分不光彩。

在亚美利哥遭到人们的指责,失去美好的声誉时,被人们遗忘的哥伦布又重新受到了颂扬。哥伦布晚年的处境十分尴尬,因为他的几次航行并未像他在西班牙女皇面前保证过的那样,踏上"世界上最富有的王国","带回金子、珠宝和香料"。

尽管他宣布，他已踏上了大汉国的土地，到达了中国和日本，但除了带回一些瘦骨伶仃的奴隶和梅毒等疾病外，其他一无所获。特别是当达·伽马，卡布拉尔印度之行带回来大量的金，银、宝物之后，哥伦布完全处于一个失败者的境地。他失去了女皇的宠信，遭到了冷遇，人们开始嘲笑和奚落这位热那亚人了，说他是个狂妄之徒，是个胡思乱想、脱离实际的幻想狂。学者们蔑视他，说他的地理知识荒谬、浅薄，殖民者们则因为他没有找到金山而感到受骗不浅，商人们由于他的过失丢掉了金钱……，总之对他是一片怨恨之声，人们再也不愿理睬这位航海家了。然而当一些学者们指出是哥伦布第一个敲开了新大陆的大门，光荣应归于哥伦布时，哥伦布又成了一个英雄，一个伟人。从前对他的指责不仅一扫而光，而且还给予了过去从未有过的评价，甚至那些被指责的事又都成了好事。那些反对哥伦布的文章，现在又变成了反对亚美利哥的作品了。

到了18世纪，亚美利哥的同乡们首先提出要为他恢复名誉。他们公布了一些文件并发表了文章，赞美这位著名的航海家，反对那些诽谤之词，说光荣应该属于亚美利哥。于是人们又开始翻阅西班牙、葡萄牙以及意大利档案馆中的各种文书档案，进一步考证亚美利哥的航海事迹。在葡萄牙档案馆中没有发现关于亚美利哥航行的任何材料。尽管他曾说过他的航行日记交给了葡萄牙国王曼努埃尔，但在文书档案中没有找到过一字一句。当然这也不能足以说明问题，因为许多著名的航海家在葡萄牙档案馆中也没有任何记载。

在意大利档案馆中曾发现过亚美利哥写给银行家罗伦索·德·美第奇的三封信的手抄本，信中叙述了他的新大陆之行，特别还有确认新大陆不是亚洲的那封信，有些人为此欢呼雀跃，如获至宝。但有人指出这些信件是伪造的，经研究佛罗伦萨人也不得不承认这一事实。

在西班牙档案馆里发现的材料，尽管对亚美利哥及其航海业绩的记载有自相矛盾之处，但对他也有许多肯定之处。据西班牙有关文件记载，鉴于他过去对朝廷的忠心和以便其今后更好地为朝廷效劳，1505年4月24日西班牙接纳这位意大利佛罗伦萨人加入了西班牙国籍。1508年3月22日他被西班牙宫廷任命为总领航员，成为整个西班牙航海事业的领导者，负责训练和考核舵手们对量具、星盘、指示盘等航海工具的掌握，以确认他们的理论与实践相结合的程度。在此期间，他还制作了一幅新的世界地图，把已发现的所有海岸都明确地标了出来。他成了塞维利亚的托勒密，是受国王尊敬的官员之一。起初他每月的薪俸是50000马拉维迪，后来增至75000马拉维迪。晚年过上了安逸、舒适的生活。人们认为，这是对亚美利哥的最好肯定。如果像有人指责的那样，亚美利哥从来没有指挥过一条船，更没有率领过探险队，是一个奢望变成学者，探险家，但又不敢参加航行的小商人。那么当时航海事业很发达的西班牙，绝对不会如此重用亚美利哥把整个国家的航海事业都交由他负责。航海之国葡萄牙国王也不会再三邀他为葡萄牙航海探险。因此，事实证明亚美利哥不仅是一个商人，更是一个航海家。

关于亚美利哥的航行次数和第1次航行的确切时间，人们一直争论不休，到现在也没有一个一致的意见。不过多数人的意见认为 1499 年进行第 1 次航行比较可信,因为西班牙档案馆的材料中证实,阿隆索·德·奥赫达奉西班牙国王之命进行发现新大陆的航行,在组织船队时他选中了亚美利哥。他们的第 1 次航行是 1499 年 5 月 18 日或 20 日离开西班牙的。至于有人指责他故意把第 1 次航行时间改在 1497 年,恐与事实不符。那时印刷工作很混乱,也很随便,因而由于印刷错误把日期弄错的可能性是存在的,另外就像《宇宙志导论》的作者那样,为了说明他们建议的正确性,而故意改动他第 1 次的航行时间也是可能的,更何况亚美利哥对 1507 年在法国小城圣迪埃出版的《宇宙志导论》的作者建议用他的名字命名一事一无所知。因此不存在亚美利哥想贬低哥伦布航海探险的功绩并把哥伦布发现新大陆的荣誉据为己有的问题。这一点也可以从哥伦布的儿子迭戈·哥伦布看亚美利哥"4 次航行"的小册子以后的态度中得到一定的证明。最先得到有关记述亚美利哥"4 次航行"的小册子的人之一,就是哥伦布的儿子迭戈·哥伦布。他不仅读了这些材料,而且还对与事实不符或不妥之处,如亚美利哥在他父亲之前踏上新大陆并以"亚美利哥"为新大陆命名等,都做了自己的批注。迭戈·哥伦布从不容忍任何人损害他父亲的声誉,在他的著作中总是强烈指责那些伤害他父亲的人和事。但是在谈到亚美利哥的时候,迭戈·哥伦布没有说过一句不友好的话。这使当时极力指责亚美利哥窃取哥伦布荣誉的拉斯·卡萨斯主教都为之吃惊。这位主教清楚,迭戈·哥伦布是远征军司令的儿子,而且是神志清醒的人。根据材料看,他拥有关于亚美利哥航行的书,但他没有对他尊贵的父亲所受到的不公正待遇发表任何意见。

不过也还有人坚持 1497 年是亚美利哥的第 1 次航行时间之说。直到目前还有些著作仍然采用这种提法,他们说:从各方面的情况看,亚美利哥确实于 1497 年参加了比森特·亚涅斯·平松组织的航行。

不同的记载,意见的分歧,并未影响人们对亚美利哥和哥伦布的历史功绩做出公正的评价。正如有的人所说:亚美利哥已经永远不能从人类最光荣的史册中抹掉了。……确切地说,可以概括为这样一句话:哥伦布是新大陆——"亚美利加"的发现者,但是他没有承认她。而亚美利哥不是她的发现者,但却是第一个把她作为新大陆"亚美利加"来承认的。因此人们认为,如果说 1492 年 10 月 12 日那天,哥伦布从圣玛利亚号船的甲板上遥望到华特林海岸的亮光,从而确定这一天是"新大陆"的诞生日的话,那么 1507 年 4 月 25 日《宇宙志导论》出版之日,应该被看成是"新大陆"的命名日。

葡萄牙著名探险家

——麦哲伦

人物档案

简　　历:葡萄牙著名航海家和探险家,发现麦哲伦海峡。1519 年~1521 年率领船队首次环航地球,死于与菲律宾当地部族的冲突中。虽然他没有亲自环球,但他船上余下的水手却在他死后继续向西航行,回到欧洲,完成第一次环球航行。麦哲伦被认为是第一个环球航行的人。

生卒年月:1480 年~1521 年 4 月 27 日。

安葬之地:菲律宾宿雾。

性格特征:坚强,高傲倔强,自尊心强,顽强不屈,有自我牺牲精神。

历史功过:麦哲伦的突出贡献不在于环球航行本身,而在其大胆的信念和对这一事业的出色指挥,以及他顽强拼搏的精神。他是第一个向西跨太平洋航行的人。他以 3 年多的航行改变了当时流行的观念:从新大陆乘船向西只需几天便可到达东印度。麦哲伦船队的环球航行,用实践证明了地球是一个球体,这在人类历史上,是永不可磨灭的伟大功勋。

名家评点:英国作家理查德·伊顿评价说:"(麦哲伦的航行)毫无疑问,它是如此奇特和令人惊叹,这样的壮举从未有过,未来似乎也不会再次发生。西班牙人的航行超越了伊阿宋和阿尔戈英雄们到达科尔基斯地区及之前所有的成就。"

行伍生涯

当哥伦布打着西班牙国旗横越阴暗的大洋,往西航行五周后发现大陆,消息传来,狂如晴空霹雳震动了里斯本宫廷。这简直是一个奇迹。

哥伦布史无前例的成就,先在欧洲引起一片震惊,继而发现狂和冒险狂空前风行起来。一个英雄人物的成就往往会激起一代人的热情和勇敢。凡是在欧洲对自己处境不满,而又不愿坐失良机的人——年幼的少年、没有晋级的军官、达官贵人的私生子、吃官司的落魄人——都渴望到新世界去找出路,官吏、商人、投机者都竭其所有尽量多装备一些船舰。

探险队一个接一个应运而生,仿佛骤然间烟消云散,东南西北,四面八方到处都出现了新岛屿、新地区:有的地方是冰天雪地,有的地方是椰影婆娑。在二、三十年间,数百艘小舰船驶出海湾,驶出加的斯、帕洛斯、里斯本;发现的无名土地,超过了人类有史以来几十万年期间发现的地域。

这个时代地理发现进展之神速真令人难忘,无与伦比!1498 年伊曼纽尔国王骄傲地宣布,"效忠葡萄牙王国的"达·伽马已到达印度并在卡利卡特登陆。同年在英国供职的船长卡博特发现了纽芬兰岛以及北美海岸沿岸。一年之后,平松打着西班牙国旗,卡勃拉尔打着葡萄牙国旗不约而同一起发现了巴西。一个发现接一个发现。在世纪之初有两支葡萄牙探险队——其中一支由亚美利哥·斯维普奇护送——沿南洲海岸南下,几乎到达拉普拉塔;1506 年葡萄牙人发现马达加斯加,1507 年发现毛里求斯岛,1509 年他们到达马六甲群岛,并在 1511 年占领该岛。这样一来,通往马来群岛的咽喉要地已被他们掌握。1512 年列昂到达佛罗里达,1513 年欧洲人巴尔菩亚第一个在达连湾的高地上看到了太平洋。

从此,世上人所不知的海洋不复存在。在短暂的 100 年中,欧洲舰队经过的地方增加了不是 100 倍,而是 1000 倍!世界的面貌变化如此之快,真可谓日新月异。

地图刻版师在奥格斯堡昼夜不停地工作,宇宙志出版商满足不了大量订货。此类书籍油墨未干,还未装订成册就一抢而光,印刷工人印出的图书和地球仪在书市上供不应求——人人都渴望知道新世界的消息。但是宇宙学家刚刚根据新资料精确地绘制的世界地图,新资料、新消息又接踵而至,一切都得推翻重来,因为被认为是岛屿的地方,原来是大陆的一部分,被认为是印度的地方,却原来是新大陆,只好再把新河流、新海岸、新山脉填到地图上。这有什么办法呢?不等刻版师把新地图刻好,就得去刻制另一幅经过修改、变动和补充的地图。

古往今来的地理学、宇宙学和制图学从未见过像这 50 年如痴如狂,硕果累累的发展速度。在这期间,人类自生息、思维以来第一次最终确定地球的形状和大小。在这期间,人类第一次认识到地球是圆的,而人类从古至今就随着这个圆球在宇宙中旋转。所有这一切辉煌成就都是这一代人取得的,这些航海家为后辈承担了勘察无名海洋的一切艰险,这些征服者开辟了一条条新的航路,这些英雄解决了所有的,或者说几乎所有的难题。

仅仅还有一项功绩尚待完成——最后的、最壮丽的、也是最艰巨的功绩,那就是乘同一艘船环绕地球一周,证实地球是圆的,从而驳倒过去一切宇宙学家和神学论著。这成了费尔南·德·麦哲利扬什,史称麦哲伦的毕生为之奋斗的理想和事业。

自从瓦斯科·达·伽玛在印度登陆那天起,葡萄牙立即着手把其他民族从它的土地上排挤掉。它谁也不顾，把整个非洲、印度和巴西完全看作自己的财产。从直布罗陀到新加坡和中国这一区域之内，从此不准有一条外国船只航行。在半个地球上，除了小小欧洲中的一个最小国家的臣民之外，没有任何人敢从事贸易。所以，1505年3月25日，离开里斯本港，出发去征服世界上这个最大的新帝国的第一支武装舰队场面非常壮观，因为这个舰队的出航，不是为了使某个国家、某个民族归属葡萄牙，而是要征服整个世界。20艘艨艟巨舰停在港湾里，张起了篷帆，等候国王下达起锚的命令。这已不是亨利时代的船只，不是敞篷的大划船，而是宽阔的、船头船尾都有建筑物的笨重的大帆船，有三四根桅杆和许多船员的海船了。除了几百名受过军训的水手之外，船上至少还有1500名穿着甲胄和全副武装的士兵，两百来个炮手，此外还有木匠和各色手艺匠，只要一到印度，他们就立即开始修造新的船只。

在1500名跪在祭坛旁边举手宣誓效忠的战士中间，有个24岁的青年人，名叫麦哲伦，他当时还是个无名小卒。我们只知道他诞生于1480年左右。

24岁的麦哲伦进入舰队时只不过是一名预备兵，他同水手和见习水手一起住在底舱，同吃同住，他只不过是为征服世界而出发作战的几千"无名小卒"中的一名。他们成千成千的死亡。士兵中死里逃生的人数不多，而往往最后只有一名能享受到大家共建的功绩的不朽荣誉。

这次远征中的麦哲伦仅仅是1500名普通士兵中的一员，如果想在印度战争史中找到他的名字，那是徒劳无益的。但有一点我们可以肯定，在印度的这几年对这位未来的伟大航海家是必不可少的学校。

一个预备兵是不会受到特殊礼遇的。今天派他去攻城，明天让他顶着烈日在要塞工地上挖沙子；他搬运货物，守护商栈，在海上和陆地上作战；他必须学会灵巧的使用测深锤和长剑，学会服从命令和下达指示。由于他无所不干，而且逐渐开始对他所从事的一切工作进行观察和思考，他终于成了一个多面手：他是军人、水手、商人，又是熟知各类人物、各个地区、海洋和星座的专家。

后来，命运使这个青年参与了许多伟大事件。在经过数次小冲突后，麦哲伦在科那诺尔战役中才算真正接收到战斗的洗礼。

科那诺尔战役是葡萄牙"光荣"征服史中的转折点。实力雄厚的卡利库特统治者曾经慷慨地接待了初次登岸的达·伽马，并愿意同这些不速之客建立贸易关系。但他很快就明白了，数年之后乘着装备更加精良的大型舰船卷土重来的葡萄牙人是想夺取统治整个印度的最高权力。印度教和伊斯兰教的商人吃惊地看到，这条凶恶贪食的梭鱼已闯进了他们宁静的河湾。要知道，这些外国人弹指之间就征服了所有的海洋，所有的舰船都被这些残忍的海盗吓得不敢离港出海。香料贸易骤然中断，商船队不敢驶往埃及，直至威尼斯的里阿利托港，到处都感到一只冷酷的手扯断了连接东西方的线路。

1506年3月16日，200艘卡利卡特船只企图对11艘葡萄牙船发起奇袭时，它们已做好充分的战斗准备了。

这是总督遇到所有战斗中最大的一次流血战斗,葡萄牙人为胜利付出了沉重的代价:80人被打死,200人受伤(对最初的殖民战争来说,这是一个巨大的数字)。当然,这一胜利最终确定了葡萄牙人对印度全部沿海地区的统治。

在200名伤员中也有麦哲伦,他在索法尔住了一段时间,后来就护送香料运输队回国了。1507年他与瓦尔捷玛同船回到里斯本,但是,遥远的异乡已使这个航海家神驰心往,他觉得葡萄牙并不值得留恋。在整个短暂的休假期间,他迫不及待地渴望参加下一次去印度的舰队。他将来到真正的祖国——世界。

麦哲伦重返印度时参加的这只舰队,负有特殊任务。瓦尔捷玛把有关马六甲丰富资源的情况报告给葡萄牙宫廷,并提供了他们长久以来竭力寻求的"香料群岛"的详细情况。他的叙述使里斯本宫廷深信,在没有夺取香料群岛这一宝库之前,印度并不算彻底征服,它的资源也不算完全到手。因此,必须先占领通往"香料群岛"的咽喉要道,夺取马六甲海峡和马六甲城(即新加坡)。

在1510年10月,当新任葡萄牙总督阿尔布克尔克询问皇家船长们,据他们看来,该如何包围果阿的时候,在发表意见的人当中也提了到麦哲伦。由此可见,经过五年的服役,这个普通士兵和水手终于得到了军官的头衔,并以军官的身份随着阿尔布克尔克的舰队出航。这一舰队的任务是为塞克拉在马六甲的可耻失败报仇。

1512年麦哲伦又出发去遥远的东方,去新加坡海峡。19艘巨舰组成的精锐舰队于1511年7月杀气腾腾地排列在马六甲港入口处,开始了对背信弃义的殷勤的东道主的残酷战斗。六星期之后,阿尔布克尔克才胜利地挫败了苏丹的抵抗。然而,这一次掠夺者们获得了他们甚至在天赐的印度都不曾得到的猎获品。由于征服了马六甲,葡萄牙就牢牢控制了整个东方世界。从而穆斯林贸易的主要动脉终于被切断了!几个星期之后,这条动脉已失去了血液。所有的海洋,从直布罗陀——赫拉克勒斯的两大石柱到新加坡海峡,都成了葡萄牙独占的海洋。这一前所未有的对伊斯兰最具毁灭性的打击的轰轰巨响传到中国和日本,在欧洲引起了狂热的反响。

1512年,这个因作战而疲惫的士兵返回祖国,看到里斯本和葡萄牙同七年以前迥然不同的面貌之后,感到一种十分独特的,也许是不愉快的惊讶。

远航前夕

麦哲伦不得不等了几乎整整一年。

1513年夏天,当曼努埃尔国王刚着手装备一支庞大的舰队去对付摩洛哥,给毛里塔尼亚的海盗以最后的毁灭性打击的时候,麦哲伦作为一名远征印度的久经考验的战士立即自动报名效劳,这一决定只能用被迫苦于无所事事来解释。因为麦哲伦一向在海军里服役,经过七年锻炼,已成为当时最有经验的水手之一,而在陆地战争中,不可能充分发挥他的才能。于是,在开往阿扎莫尔的庞大军队里,他又重新变成了一名最低级的军官,没有职衔和独立的地位。又像在印度时那样,他的名字没有出现在报告里,然而他自己,又像在印度时一样,总是出现在危险的地段。麦哲伦在肉搏战中,第三次受了伤。枪头刺中了他的膝关节,损伤了神经,左脚不能再屈伸。麦哲伦终生成了瘸子。

瘸腿的战士,既不能快走,也不能骑马,已不适宜在前线服役。现在麦哲伦本可以离开非洲,有权以伤残者的身份要求提高抚恤金了。但他固执地希望留在军队里参加战争,身处危险之中——这是他真正的天地。当时,有人要麦哲伦和另一个伤号担任押运军官,把从摩尔人那里掠夺来的大量胜利品——马匹等护送回国。这时,发生了一个相当卑鄙的事件。一天夜间,有数十只羊从无数的畜群里消失了,于是,立即就传出了恶毒的流言蜚语,说麦哲伦和他的伙伴把从摩尔人那里夺来的部分胜利品偷偷地卖给了敌人,要不,就是由于疏忽大意,使敌人得以在夜间从畜栏里偷走了牲口。用这样的方式指控麦哲伦做出了损害国家利益的不名誉行径是卑鄙的。这一指控同几十年后葡萄牙的殖民官员对另一个大名鼎鼎的葡萄牙人——诗人卡蒙斯的诽谤和侮辱奇怪地如出一辙。这两个人在印度服役期间,有数百次发财的机会,但他们从这个埃尔多拉多回到祖国时却穷得像叫花子。然而,他们却受到了同一可耻指控的玷污。

幸而麦哲伦比温顺的卡蒙斯更坚强。他根本不想给这些可怜的讼棍提供什么口供,也不想象卡蒙斯那样一连几个月从这个监狱被押送到那个监狱,他没有像《卢济塔尼亚人之歌》的作者那样,畏畏缩缩地任由敌人去抽打他的脊背。诽谤性语言刚开始传播,早在有人敢于公开指控他以前,他就离开军队,回葡萄牙要求雪耻去了。

麦哲伦一颠一瘸地走到国王跟前,躬身送上一叠呈文。这些材料无可反驳地证实对他的指责全是无中生有。接着他提出自己的第一个请求:由于他二次受伤失去作战能力,所以请国王给他增加月薪——半个克鲁萨多(约为现在一个英国先令)。他要求的钱数简直少得令人发笑,似乎这个高傲、倔强、自尊的军人,不值得为这几个钱卑躬屈膝。但麦哲伦提出这一要求绝不是为了价值半个克鲁萨多的银币,而是为了他的社会地位,为了他的尊严。

可是国王伊曼纽尔面色阴沉,紧皱眉头看着这个纠缠不休的年轻人。对于这个最富有的帝王来说,事情自然不在一枚小小的银币。使他生气的是麦哲伦的做法,这个人态度强硬,不是谦恭的等国王开恩加封,而是固执地一味要求升级晋爵,就象他理所应当得到似的。好吧!一定要教训这个顽固的青年人,让他学会请求和等待。平素落落大方的伊曼纽尔国王一时因为心情烦恼,竟然拒绝了麦哲伦加薪的要求。他并未料到,不久他将为省下半个克鲁萨多付出数千杜卡特金币。

此时,麦哲伦本应告辞离去,因为国王面带愠色,根本不会给他恩惠。但高傲的麦哲伦并没有就此告别,他不动声色地站在国王面前,陈述来此晋见的本意,他问国王是否能在王室给他谋个一官半职。他还很年轻,精力非常充沛,怎能靠施舍虚度一生。当时每月,甚至每日都有船只从葡萄牙港口驶往印度、非洲和巴西,让他这个熟知东方海洋的人担任其中一艘的指挥,是理所当然的事。除了老航海家达·伽马之外,在首都和整个王国再没有比麦哲伦学识渊博的人了。

但这个年轻人越往下说,伊曼纽尔国王对他那严厉的挑衅的目光就越发感到讨厌。他冷冷地拒绝了麦哲伦的要求,没有他的职位,而且今后也不会有。

麦哲伦遭到拒绝,自不待言。可是他又向国王提出第三个请求——其实也算不上请求,只不过是一个问题。麦哲伦问,如果别国为他提供优厚条件,他出国任职,国王是否怪罪。国王一脸不高兴,冷冰冰地表示这件事跟他毫不相干。不管什么地方,只要那里能找到差事,麦哲伦就可以去。

在麦哲伦像叫花子似的被赶出国王宫廷的刹那间,他恍然大悟,再不能等待和耽搁了。

麦哲伦忠诚地为自己的祖国服务多年之后,在生命的半途上才认识了自己的天职。而因为他的祖国拒绝给他实现理想的可能,他只好把理想作为他的祖国。他坚决地毁掉了自己一时的名声和公民的荣誉,把躯体溶化在自己的理想和不巧的功绩之中。

期待、忍耐和周密思考的阶段,对麦哲伦来说已经结束。1517年秋,他勇敢地把决定付诸实施。暂时让不够勇敢的伙伴法利罗留在葡萄牙,麦哲伦自己则越过了生命中的鲁比肯河——西班牙边界。1517年10月20日,同他很久以来就形影不离的奴隶恩里克一起来到了塞维利亚。

这里万商云集,船长、经纪人和各种代理人摩肩接踵。于是,国王命令在塞维利亚建立了特别的贸易公司,著名的东印度公司或一些商会里保存着一切密报、地面要图以及商人和海员的笔记。国王在这个城市里建起了专门进行海外贸易的公司,来往海外的客商都汇集在这里。

印度公司既是商品交易所,又是船务经理处——最确切地说,可称之为海上贸易管理局问讯咨询处。这儿,在当局的监督下资助海洋探险队的实业家同希望率领这些探险队的船长们谈判签订协议。凡是想率领挂着西班牙国旗的船队从事新的探险的人都得首先设法取得东印度公司的许可和支持。

麦哲伦并不急于走这必不可少的一步,这足以证明他不同凡响的沉着和善于沉默、善于等待的天才。麦哲伦讨厌凭空幻想和朦胧含糊的乐观主义或徒骛虚荣的自我陶醉,他总是准确地计算一切,是个心理学家和现实主义者。他预先权衡了自己的种种可能,认为条件还不够成熟。他知道,只有当别人的手为他按住门把手的时候,东印度公司的大门才会对他敞开。麦哲伦本人——这里有谁知道他?至于他在东方海洋里航行过七年,在阿尔梅达阿尔布克尔克指挥下打过仗,在这个所有大小酒馆里都挤满退休的冒险家和亡命徒的城市里,在哥伦布、科尔特——雷阿尔和卡博特手下进行过航海的船长们还活着的城市里,是没有多少价值的。至于说他来自国王不愿安排他做事的葡萄牙,他是流亡者,严格地说,甚至是叛逃者,这也不能多少提高他的身价。不,东印度公司里的人,对这个来历不明、默默无闻的外国移民是不会给予信任的,因此,麦哲伦决定在时机没有成熟之前根本不跨它的门槛。他有丰富的经验,他知道,此刻他必须这么办。像一切推荐新计划的人一样,他首先必须找到关系和"保人"。在跟握有权力和金钱的人谈判之前,必须赢得有财有势者的支持。

他的保人就是奥古巴·巴尔彼查,西班牙武器库长官,也是麦哲伦的岳父,这时麦哲伦可以毫不犹豫地跨越东印度公司门槛了,但东印度公司没有给他协助,就在绝望中,东印度公司经理胡安·德·阿朗达帮助了麦哲伦晋见国王查理五世,通过这次接见,获得了一切。

麦哲伦施展他的外交技巧摆脱了法利罗,法利罗自己观了星象,断定他不可能从这次航行中活着回来,便自愿放弃了航行。表面上,被客客气气打发走了的法利罗的离去安排得倒像是提升——皇帝的御旨任命他为率领第二支船队(只是纸面上有船舷和风帆)的唯一的海军上将,交换条件是法利罗把自己的地图和天文图表让给麦哲伦。这样,无数困难中的最后一个困难排除了,麦哲伦的事业重又变成了原先的样子。现在,一切重担和操劳都将落在他一个人的肩上,但他也将得到创造性个性的最大的精神愉快,因为他只对自己负责,去完成他自己选定的终生事业。

告别仪式是在"圣玛丽亚·维多利亚"大教堂举行的。

当着全体船员和肃敬地观看这一场面的群众,麦哲伦跪下宣誓,然后,从圣马尔季涅斯·列瓦总督手中接过国王御旗。此时此刻他回忆起自己第一次启航去印度前在大教堂下跪宣誓的场面,不过当时他面对是葡萄牙国旗,不是向西班牙国王查理,而是向葡萄牙国王伊曼纽尔宣誓尽忠,不惜流血牺牲。过去这个年轻的普通水兵也曾怀着虔诚的心情观看阿尔麦达上将打开旗帜,让他飘扬在跪拜的人群上空。现在,265 名船员怀着同样虔诚的心情注视着他们命运的主宰者——麦哲伦。

1519 年 8 月 10 日,未来新世界的统治者查理签署协定后一年零五个月,5 艘船只终于全部离开塞维利亚港,沿瓜达尔基维尔河下行至圣路卡巴拉麦达港。舰队将接受最后一次检验,装载最后一批粮食。

这里,在圣路卡尔迪巴拉麦达港,麦丁·西多尼大公的宫廷对面,麦哲伦正在进行航前最后检查。尽管他对所有这 5 艘船只早已了如指掌,但他仍象一个怀着欣喜而不安的心情在调弦的音乐家一样,一次又一次地检查自己的舰队。

麦哲伦结束了自己的巡查。他可以问心无愧地对自己说,凡人能估计和预料的一切,他都估计和周密考虑过了。然而,海洋征服者的大胆航行向上苍的力量提出了挑战,这种力量是凡人无法计算和估量的。一个竭力预先准确判断一切成功可能性的人,同时也必须考虑这种漂泊的十分可能的结局——一去就回不来了。因此,麦哲伦把自己的意志化为尘世的事业之后,在启航前两天也写下了一份遗嘱。

1519 年 9 月 20 日,星期二黎明,船队轰隆隆地起锚,篷帆孕满了海风,炮声——向即将隐去的土地鸣放的告别礼炮声震撼着海空。一次伟大的漫游,一次人类整个历史上最勇敢的航行开始了。

环球航行

1519年9月20日,麦哲伦的船队驶离了大陆。在那些年代,西班牙的国土远远超出了欧洲的疆界。启航六天之后,船队的五艘船开到加那利群岛的特内里费上水加粮的时候,他们仍然处于皇帝查理五世的统治范围之内。在继续开往不知何处的航程之前,勇敢的航海者们又有最后一次机会踏上祖国的可爱土地,再一次吸一口祖国的空气,听一听祖国的语言。

但这最后一次途中休息转眼就结束了。麦哲伦已准备扬帆,突然间出现了一只西班牙的轻快帆船,老远就向船队发出了信号。它给麦哲伦送来了他岳父迪奥古·巴尔波查的一封密信。秘密消息一般都是坏消息。巴尔波查通知女婿:他从可靠方面了解到西班牙船长的阴谋——在途中违背服从麦哲伦的义务。阴谋的首领是布尔戈斯主教的堂兄弟胡安·德·卡尔塔海纳。麦哲伦没有根据怀疑这一警告的真实性和正确性,但决心已经下定,面临的明显的危险只不过使麦哲伦的坚定决心变得更加坚定罢了。他往塞维利亚写了一封骄傲的回信:无论发生什么情况,他都将无条件地为皇帝效劳,他的生命就是保证。关于这封他一生中收到的最后一封信,给他带来了多么阴郁而又真实的警告,他只字未提,便命令起锚。几个小时以后,特内里费峰的轮廓便渐渐隐没在远方的天际。大多数船员最后一次看见祖国的土地。

在这次航行的一切困难中间,对麦哲伦来说,最困难的任务是率领船队中排水量和航速差别很大的所有船只紧密编队前进。只要一只船掉了队,对于船队来说,它就丢失在没有航路、茫茫无边的海洋里了。早在启航之前,麦哲伦征得东印度公司的同意,制定了一套保持船只之间经常联系的特别方法。不错,船长们和舵手们了解大体的航向,但在大海里他们必须执行一项命令:跟随领队的旗舰"特立尼达号"前进。白天,遵守这一命令完全可以办到;甚至在狂风大作的时候,各条船之间也不会失掉联系;夜间,要在五条船之间保持不断的联系就困难多了。为此目的,发明和周密设计了一套信号系统。天一黑,"特立尼达号"的船尾的灯笼里便点燃一个浸过树脂的火炬,使跟在后面的船只不至同旗舰失去联系。如果在"特立尼达号"上除了浸过树脂的火炬,又点起两盏灯,这就表示,遇到了不顺之风,其余船只应当减速或者曲折前进。点起三盏灯就是预示飓风即将降临,因而应当系紧辅助帆;如果点起四盏灯,就必须落下所有的帆;如果旗舰燃起许多忽亮忽灭的灯火或者鸣炮,就是警告要提防浅滩或暗礁。

11月29日桅楼上传来了欢呼声:巴西海岸已经在望了。

12月13日,舰队经过11周航行驶入里约热内卢湾。

在那遥远的时代,里约热内卢港恬静多娇的自然风光比之当代的都市繁华毫不逊色,对疲惫不堪的船员来说,它当然是真正的天堂。沿岸绿树成荫,郁郁葱葱,美丽多姿的小岛星罗棋布,西班牙船只在这里抛锚停泊。

他们的小舰刚一靠岸,从茅舍和树林里面迎面跑出许多土著居民,好奇而毫无惧色地观望这些全身披甲的军人。看上去他们很和蔼可亲。

几小时以后,实物交易热热闹闹地开始了。现在比加费德有了用武之地。11周的航行没有给这位渴望成名的历史学家提供多少素材,他只不过写了几篇关于鲨鱼和野禽的小故事。逮捕卡尔塔海纳的情形,他错过了机会,未能目击其事。可现在要把新世界的所有奇观怪闻都写进日记,恐怕随身带来的羽笔是勉强够用了。他对美丽风光毫无描述,他最感兴趣的是从未见过的水果——菠萝,"好象又大又圆的松球果,但味道甜美可口";其次是红薯——其味道类似栗子;还有甘蔗,使这位善良的好心人真是欣喜若狂。

当地居民卖给外国人的食物便宜得惊人,一根色竿可以换五、六只母鸡,一把梳子换两只鹅,一个小镜子换 10 只五颜六色的鹦鹉,一把剪刀换来可供 12 人吃的鱼……那里的姑娘也不值钱,比加费德羞愧地写道:

"她们唯一的衣服是长长的头发,用一把斧子或一把小刀可以换到两三个姑娘终身使用。"

船队经过 30 天停泊,于 12 月底离开这难忘的辽阔海湾的时候,麦哲伦比同时代的其他南美洲征服者可以更问心无愧地继续自己的航行。因为,即使他在这里没有为自己的国王夺得新的土地,但作为一个善良的基督教徒,他为上帝增加了臣民的人数。在这些日子里,没有使任何人受到一点侮辱,没有强使一个土著人离开家庭和祖国。麦哲伦和平地来到这里,又和平地离去。

舰队在恶劣的气候下,从拉晋拉塔湾至圣胡立安海湾行驶了两个月。船员们几乎每天都同飓风搏斗,同这一带闻名的巨大风暴争斗。暴风一起,能吹断桅杆,撕毁船帆,周围一切日渐荒凉、晦暗,海峡却依然渺无踪影。失去的几周时间正在为自己的徒然虚度而毫不留情地进行报复。

日益猛烈和寒冷的暴风雨不断袭击船只。船队同可怕的自然力进行着不倦的搏斗,勉强地向前行驶,用于整整两个月的时间才向南前进了 12 个纬度的距离。3月 31 口,在荒凉的岸边终于又出现了一个海湾。海军上将第一瞥视线里就蕴含着他最后的希望。这个海湾是否通向纵深,是否就是梦寐以求的海峡? 不对,这是个封闭的海湾。然而,麦哲伦命令船队开进去。因为根据粗略的观察就可以判断,这里不缺乏泉水和鱼类,他命令停泊。当船长们和船员们得知,他们的海军上将(不预先通知,也不与任何人商量)决定在这里,在圣胡利安湾过冬时,不仅十分惊讶,而且无不感到恐惧。这是一个地处南纬 49° 无人知道、无人居住的海湾,从来没有一个航海家到过这里,这是地球上最阴郁、荒凉的地方之一。

圣胡立安湾的乌云低垂,而且寒冷阴暗。面对这些心灰意乱的船员,麦哲伦不怕火上添油,竟然采取了节粮减酒的措施,来充分证明麦哲伦刚毅不屈的性格。全舰队只有麦哲伦一人明白,要到达富饶的热带地区,最早也得数月之后,所以他下令节约粮食,减少每日定量。已经满腹牢骚的船员,一听到骤然节粮减酒的命令,

冒险狂人

图文珍藏版

顿时便大闹一场。

事实上，后来正是这一果断的措施拯救了舰队。要不是竭力保存下一定数量的粮食，舰队怎能在太平洋上坚持赫赫有名的 100 天航行？可当时船员们对他的意图既不清楚，也不过问，只是坚决反对和限制。一种相当正常的本能使这些疲惫不堪的水兵意识到，即使这次航行能使他们的上将扶摇直上，他们至少也得有 3/4 的人为他的胜利挨饿受冻，历尽艰难而惨然丧生。他们怒气冲冲地说，如果粮食不够，就该立即返航；即使这样，他们比任何人往南走得都远了，回国后也不会有人谴责他们半途而归。他们中间已经有人冻死，而且当初受雇是去马鲁古群岛，而不是去南冰洋。

对这些叛乱者的鼓噪，麦哲伦的回答和他镇静沉着、不动声色的形象很不一致，实在令人难以置信。他说，他万万没有想到，这些卡斯提利亚人竟然如此懦弱，忘记了他们接受这次航行任务，就是要效忠皇帝，效忠祖国。他还说，他受命指挥舰队时，原指望能在他的同伴身上看到自古以来鼓舞西班牙人民的那种勇敢精神。至于他本人，他决定宁可去死，也不辱命回国，所以他希望大家耐心等待，度过严冬，他们的牺牲越大，将来国王给他们的报酬就越高。

但娓娓动听的语言从来也不能充饥。在这千钧一发之际，拯救麦哲伦的不是他那几句漂亮话，而是他不投降、不做丝毫让步的坚强毅力。

他故意挑起人们的反抗，以便用铁腕立刻将其摧毁。因为使事态迅速明朗化，要比令人难耐地长期拖延要好得多！向隐藏的敌人主动出击，胜过坐以待毙！

寒冷把船队滞留在凄凉、不祥的圣胡利安湾将近五个月了。在这个可怕而令人苦闷的远离人烟的地方待得太久了。但海军上将知道，无所事事最容易引起不满情绪，所以从一开始就让船员们不停地、紧张地工作。他命令从龙骨到桅杆仔细检查、修补损坏了的船只，大量砍伐木头，锯成木板。他甚至想出一些也许根本不必要的活计，来保持船员们心里的迷惑人的希望——航行将重新开始，他们将离开这凄凉、寒冷的荒漠，前往南海富饶的群岛。

1520 年 10 月 18 日麦哲伦下令起锚，航行至三天，前面终于出现了一个海岬，在弯弯曲曲的海岸上白色的山岸高耸入云，过了海岬，眼前展现出一个很深的海湾，海水呈暗黑色。舰队驶近海湾。

这里的景色庄严、雄伟，别具一格。悬崖陡峭，怪石嶙峋，远处则是一年多来未曾见过的景象——白雪覆盖群山。但是周围的一切多么缺乏生气啊！四野空无一人，偶尔可见稀稀拉拉的几棵小树和灌木丛，只有呼啸不息的风声，打破了这个满目荒凉的海湾的沉寂。

嫩绿还没有悦人眼目。无人居住的海岸荒凉，干坦，阴郁，冷漠，展现在他们面前的只有一片黄沙和光秃秃的岩石，只有光秃秃的岩石和一片黄沙。1520 年 10 月 21 日，航行的第三天，前方终于呈现出一个海角，异常弯曲的岸边耸立着白色的岩崖。那天正逢伟大的女殉教者的节日，为了纪念她们，麦哲伦把这个海角命名为"圣女角"。绕过这个突出的海角，眼前展现出一个深深的海湾，海水呈暗黑色。

船渐渐向前驶进。那是一幅多么独特、严峻而又雄伟壮观的自然景色！险峻的山岗形状怪异，参差错落，远处是白雪覆盖的山峰，他们已经一年多没看见这种景象了！但周围的一切又多么毫无生气！没有一个人影，有的地方长着几株稀疏的树木和几丛灌木，海湾空阔荒凉，只有海风不停地呼啸打破这死一般的寂静。船员们阴郁地凝望着深深的发黑的海水，设想紧紧夹在两山之间、像地狱里的河流一样阴森的道路会通向绿荫覆盖的海岸，或者至少通向光明灿烂、洒满阳光的南海，在他们看来是荒唐的。舵手们异口同声地断言，这个凹挡只不过是北方国家常见的那种峡湾，用测深锤勘测这个封闭的海湾，或者四出侦察，那是白费气力，是毫无意义地浪费时间。勘察巴塔哥尼亚的所有这类海湾已经耗费了好多星期的时间，但在任何海湾里都没有找到所期望的海峡的出口。够了，别再拖延了！要赶紧前进，如不能很快发现海峡，就要利用有利的季节返回祖国，或者走通常的航道，绕过好望角，进入印度洋。

但是，麦哲伦在萦绕不断的关于一个无人知晓的海峡的念头的驱使下，命令对这个海湾同样进行纵横的考察。船员们执行他的命令并不热心，他们更愿意继续前进，因为他们都认为并且说过这是一个四面封闭的海湾。两艘船——旗舰和"维多利亚号"——留在原地，对海湾连大海的部分进行勘测。给另外两艘船——"圣安东尼奥号"和"康塞普西翁号"——的命令是：尽可能地进入海湾的纵深，但最多五天必须返回。现在时间十分宝贵，而且食品也快吃完了。麦哲伦已经不能像从前在拉普拉塔河河口附近那样给予两个星期的期限。用五天时间进行侦察，这已是最后的赌注，是他还能拿来为这一最后尝试进行冒险的仅有的一切了。

于是，伟大的戏剧性瞬间到来了。麦哲伦的两艘船——"特立尼达号"和"维多利亚号"——开始在海湾的前部回游，等待"圣安东尼奥号"和"康塞普西翁号"侦察归来。然而，整个大自然，似乎对有人想夺走它的秘密宝藏而感到愤怒，再一次进行拼命地抵抗。突然风越刮越猛，顷刻间，风狂雨暴，接着就变成一场常在这些地方逞凶肆虐的骇人飓风。在西班牙古老的地图上，可以看到这样一些警告性的字句："这里没有好的季节。"海湾顿时白浪滔天，旋风大作，一片混沌。头一阵飓风就把两条船的锚链扯断了，毫无自卫能力的船只降下篷帆，听任自然力的摆布。幸好，不停息的旋风并没有把它们刮到岸边的岩石上。这场可怕的灾难继续了一个昼夜又一个昼夜。但麦哲伦担心的不是自己的命运；他的两艘船虽然被暴风雨吹打颠簸，但毕竟处于海湾的开阔部分，可以使它们与海湾保持一定的距离。而另外两艘船——"圣安东尼奥号"和"康塞普西翁号"可怎么办！暴风雨在海湾的内部抓住了它们，可怕的飓风在隘谷里、在狭窄的通道里向他们袭击，在那里既不能回游躲闪，又无法抛锚避难。如果不是出现了奇迹，它们早就被抛上了陆地，在岸边的岩石上撞成千万块碎片了。

这几天是对麦哲伦生死攸关的日子，充满了寒热病似的可怕而焦急的等待。第一天，没有任何音信。第二天，它们没有回来。第三天、第四天，仍然不见踪影。麦哲伦知道，假如两艘船连同船员都遇难沉没，一切便都完了。剩下两只船，他无法再继续航行。那么,他的事业,他的幻想就都撞碎在这些岩石上了。

最后,桅楼上终于传来了一声呼喊。但是——多么可怕啊! 观察哨看见的不是返回停泊地的船只,而是远处的烟柱。多么可怕的时刻! 这个信号只能表明,遇难的船员在呼救。这就是说,他最好的两艘船——"圣安东尼奥号"沉没了,"康塞普西翁号"也沉没了,他的整个事业葬送在这个还没有名字的海湾里了。麦哲伦已在下命令放下舢板前往海湾内部去援救那些还能够拯救的人。但情况立即发生了转折。这是胜利的一瞬,就像是《特利斯坦》中牧人号角逐渐停息的、哀伤凄楚的死亡的调子突然间高昂起来,变成了兴奋、欢乐和充满幸福的旋转舞曲。风帆! 看见船了! 一艘船! 谢天谢地——总算保住了一条船! 不,是两条,两条! "圣安东尼奥号"和"康塞普西翁号"都安全无恙地回来了。但这是什么意思? 逐渐驶近的两艘船的左舷有灯火在闪亮——一下,两下,三下,山间的回声响亮地重复着大炮的轰鸣声。发生了什么事? 为什么这些平时爱惜每一撮火药的人竟耗费火药一再鸣放礼炮? 为什么——麦哲伦几乎不相信自己的眼睛—为什么升起了所有的长旒和旗子? 为什么船长和全体船员都在叫喊,挥手? 什么事情使他们这样激动,他们在喊什么? 隔着一段距离,他还分辨不清每一句话,谁都还不知道它们的含义。但是大家,首先是麦哲伦,感觉到:这些话报告的是胜利的喜讯。

确实,两艘船带来了极好的消息。麦哲伦怀着欢快跳动的心,听取谢兰的报告。开头,两条船处境都很困难。他们远远地进入海湾深处之后,刮起了这场可怕的飓风。他们立即降下了所有的风帆,但激流不断把船往下冲呀,冲呀,一直冲到海湾的最深处,他们已经准备不光彩地死在岩石陡峭的岸边了。但突然间,在最后的一刻,他们发现,屹立在他们面前的一排险峻的岩石并不是紧紧闭锁的。在一块最突出的岩石后面呈现出一条像是运河一样狭窄的河岔子。

他们穿过这条风暴不太厉害的通道,进入了另一个海湾。这个海湾也像第一个一样,开头很窄小,而后越来越宽。他们走了三昼夜,仍然没有望到这条奇怪水路的尽头。他们没有到达海湾的出口,但这不寻常的水流绝不是一条河,水到处都是咸的,岸边来潮和退潮均衡交替。这神秘的水流,不像拉普拉塔那样离河口越远就变得越窄,相反变得越来越宽。越往前走,浩渺的水面就越加宽广,而水的深度却始终如一。因此十分可能,这条水道通向期望中的 Mardelsur,到过这些地方的第一个欧洲人努尼耶斯·德·巴尔波阿几年前曾经从巴拿马高山上看到过它的海岸。

饱经苦难的麦哲伦整整一年没得到过这样令人高兴的消息了。一听到这令人鼓舞的消息,他那阴郁的、已变得冷酷的心当然欣喜若狂。因为他已开始动摇,已在考虑经过好望角返回的可能性,但谁也不知道,他跪在地上向上帝和它的神圣侍者做过多少祷告。而现在,正当他的信心已开始消失的时刻,神圣的理想就要实现了,他的幻想就要变为现实了! 一分钟也不能再迟延! 起锚! 扬帆! 鸣最后一排礼炮向国王致敬,向海员的保佑者作最后一次祈祷! 然后,勇敢地向迷宫前进! 如果他能在这条阿刻戎河里找到通往另一个海洋的出口,他将成为发现环球航路的第一个人！麦哲伦的四艘船勇敢地向这个海峡急速前进。发现海峡那天适逢圣徒节,因此将其命名为"所有的圣徒"海峡,以资纪念。但后代人出于感激之心,把它改名为麦哲伦海峡。

他在小心、紧张的探索中度过了整整一个月。尽管他急不可耐地渴望找到出口,最终看到"南海",但他仍有条不紊,绝不贸然前进。每次碰到岔道的时候,他总是兵分两路。他仿佛知道自己命多乖蹇,不能指望侥幸成功。他在选择纵横交错的诸多水道时,从不靠运气瞎碰。为了找出唯一正确的航线,他探索、勘察了所有的水道。他之所以能成功,除了他天才的想象力之外,还靠他那最冷静、最突出的性格——顽强不屈。

胜利在望。他们征服了一个个峡谷,又穿过了一个个隘路。麦哲伦又碰上了岔路口,宽阔的水道在这里分成了左右两支,谁知道这两条水路哪一条通向大海,哪一条是堵塞无用的死路? 麦哲伦又把小舰队分成两路,"圣安东尼奥"号和"康塞普逊"号被派往东南方向探察。他本人则乘旗舰和"维多利亚"号一起驶往西南方向,约定 5 天后在沙丁鱼河口相会。这是一条小河,因为盛产沙丁鱼而得名。经过周密计划的指令已经下达给各船船长,已经该扬帆起航了。但这时发生了一件突如其来,全体船员未料到的事。麦哲伦命令各船船长到旗舰集合,他们要在继续探察前向他们了解一下口粮储备的情况,并听取他们的意见;是继续航行,还是等侦察任务一完,便回去。

麦哲伦询问军官,并非要考虑他们的意见,只不过是为了日后能证明他曾经征询过大家的意见而已。他知道时至今日,不可能再走回头路,除非凯旋荣归,否则只能葬身异乡。即使花言巧语的星卜家算出他的灭顶之灾,他也不会停滞不前,中断自己的事业。

1520 年 11 月 22 日,三艘船遵照麦哲伦的命令驶出了沙丁鱼河口,数日后穿过了麦哲伦海峡。欧洲船只从未到过的另一个大海终于出现的地平线那面,将是"香料群岛",万宝之岛;而在这些岛的那面,就是东方大国——中国、日本、印度;再过去,在一望无际的大海那面就是祖国西班牙,欧洲!

1520 年 11 月 28 日抛锚下锭升起旗帜! 三艘孤独的舰船向这个陌生的海洋鸣炮致意。这位勇敢的骑士就这样向他强大的对手表示欢迎,他将和这对手进行一场你死我活的较量。

圆的地球

"在这浩瀚无垠、人类难测其奥秘的无名海洋上的首次航行,是人类的不朽功勋之一。"这是马克西米里安·特兰西里万奴斯在他的札记中评论麦哲伦的环球旅行的。

哥伦布在一望无际的大洋上航行,曾被时人乃至后人视为史无前例的业绩。

但就是哥伦布的功绩,单就其所遭受的牺牲来看,也无法与麦哲伦经过千难万险而取得的胜利相提并论。哥伦布率领的 3 艘新船,装备精良,食物充足,而且途中才行驶了 30 天。在他登陆前一周,海浪冲来的芦苇,水上漂浮的未曾见过的树枝以及飞来的野鸟,都向他预示,有一块陆地已近在咫尺。哥伦布的船员个个身体健壮,精力充沛。船上粮食充足,万一发生意外,到不了目的地,他满可以安全返回祖国。虽然他对前面的一切茫无所知,但他背后却是可靠的避难所和安身处——祖国。

而麦哲伦要去的大洋是人所不知的,他出发的地方不是故乡欧洲,不是旧居故里,而是陌生的、寒冷的巴达哥尼亚。他的船员数月以来备尝忧患,已经虚弱不堪。他们过去经历了饥饿和苦难,现在正在忍受饥饿和苦难,将来还要受饥饿和苦难的威胁。他们衣衫褴褛。篷帆破碎,绳索也磨损得不堪使用。他们好几个月未见过一张新人的面孔,好几个月未见过女人、酒、新鲜肉和新鲜面包。也许他们暗中羡慕那些比较果断的伙伴,能及时逃回家去,不在这浩渺无际的大洋上漂泊。

就这样,航行了 20 天、30 天、40 天、50 天、60 天,始终未见到陆地,而且没有任何接近陆地的迹象!又过了一个礼拜,然后又一个,又一个,又一个——100 天了,这比哥伦布横渡大洋的时间多了 3 倍!麦哲伦的舰队在荒漠无垠的汪洋大海上航行了成千上万个寂寞的小时。从 11 月 28 时起,也就是从"希望角"在雾中消失的那天起,他们便一无地图,二无测量数据了。法利罗在国内计算的那些路线没有一个是正确的,麦哲伦认为早已驶过了日本,而实际上只渡了无名大洋的 1/3。

由于洋上风平浪静,他把这个大洋称为"太平洋",并一直沿用至今。

这支由三艘船只组成的船队,孤零零地在汪洋大海里总共漂泊了三个月又二十天,尝尽了可以想象的一切苦难。甚至一切痛苦中最可怕的痛苦——希望受到欺骗时所感到的痛苦,也成了船队注定的命运。好像沙漠中干渴难忍的人看见绿洲的幻觉一样,仿佛翠绿的棕榈已在随风摆动,仿佛凉爽的绿荫已沿着陆地渐渐伸展,一连数日照得他们睁不开眼的强烈而毒辣的阳光似乎变得柔和了。他们好像已经听见了潺潺流水声——可是,当他们鼓足最后一点力气,摇晃着身子,向前扑去的时候,幻境顿即消失了,周围依旧是一片使人更加厌恶的茫茫大洋。有一次,从桅楼上传来了嘶哑的喊叫声——警戒员看见了陆地和岛屿。在度过了令人苦闷的漫长时光之后,这是第一次看见陆地。这些快要饿死和渴死的人,像疯子一样,全都涌到甲板上来了。连那些像被人抛弃的麻袋一样随地躺倒的病人也勉强站起身,从自己的窝里爬出来了。真的,真的,他们正在向一个岛屿靠近!赶快,赶快,赶快上舢板!他们兴奋地想象着清澈的泉水,幻想着河水,幻想着经过这么长时间漂泊之后得以在树荫底下休息的愉快情景。他们渴望踩在自己脚下的终于是坚实的土地,而不是在起伏不停的波浪上摇摇晃晃的木板。但这是可怕的幻觉!靠近该岛的时候,他们发现它和附近的另一个岛屿一样——原来是一座光秃秃的荒无人烟的岩礁,是没有人和动物,也没有水和植物的沙漠。变得绝望的水手们给它起名叫"不幸的岛屿"。哪怕在这座阴森的岩礁旁停靠一天,也是白白浪费时间!于是，他们又继续在蓝色的大洋里航行，老是向前，向前。在我们称之为历史的自古以来写满人类苦难和人类坚韧精神的记载里，这次航行也许是最可怕和最折磨人的航行，日复一日，周复一周，不知要延续到哪一天！

1521年3月6日，自船队从麦哲伦海峡驶入大海以来，太阳从荒凉、平静的蓝色水面上升起过一百多次，又从这荒凉、平静而又无情的蓝色水面上消失过一百多次。白天和黑夜、黑夜和白天交替了一百多次；就在这一天，从桅楼上终于又传来了喊声："陆地，陆地！"是该听到这种喊叫声的时候了。这喊叫声来得正是时候！要是在这汪洋大海上再过两三个昼夜，这一英雄功绩恐怕就不会留给后代了。载着死于饥饿的全体船员的船队就会变成水上棺材，在海面上随风飘荡，听任波涛将它们吞噬，或将它们抛在岩礁上撞个粉碎了。但是，这个新的岛屿——感谢上帝！——上面有人，也有水。渴得要死的人有救了。

一开始麦哲伦高兴极了，以为他此次旅行的真正目的地——"香料群岛"已经到达。事实上他到的并不是马鲁古群岛，他抛锚下锭之前并未弄清这是什么地方。如果这是马鲁古群岛，那么他带来的那个奴仆亨利就该懂得当地土著的语言。但这不是他同部族的人，就是说他们偶然来到了另一个地方，另一个群岛。

又由于计算上的错误，麦哲伦在太平洋上行驶的航线距离应走的路线偏北10度。这一失误却使他有所发现。正是由于这条太偏北的错误路线，麦哲伦没有找到马鲁古群岛，然而却找到一群无人知晓的岛屿，这些岛屿在他之前没有一个欧洲人提到过，谁也不知道有这么一群岛屿。

在寻找马鲁古群岛的过程中，麦哲伦发现了菲律宾群岛，从而为查理国王开辟了一个新领地。这块领地较之哥伦布等人所发现和征服的所有其他土地，由西班牙国王管辖的时间最久。

麦哲伦这个意外的发现也给他自己弄到了一块领地。因为根据协定，他如果能发现6个以上的岛屿，其中两个就归他和法利罗所有。昨日的乞丐，挣扎在死亡线上的冒险家，一夜之间竟成了自己领地的世袭总督，而且今后的这些新殖民地提供的全部收益也将永远有他一份，也就是说，他成了世界上最大的富豪之一。

经过几百个黯淡无光、徒劳无益的日子之后，这奇妙的一天，这奇妙的命运转折，终于来临！除了土著每天从苏鲁安岛给这个临时医院送来的丰富、新鲜、有营养的食物以外，安然无虑的心情也具有治疗作用，使病人精神焕发。在这个静谧的热带群岛上经过9天的精心护理，几乎所有的病人都恢复了健康，麦哲伦可以着手对临近的马索华岛进行考察了。

在最后一刻，还发生了一件令人沮丧的事件，几乎使麦哲伦幸福的喜悦黯然失色。麦哲伦的朋友、历史学家比加费德酷爱钓鱼，他在俯身垂钓时，不慎落水，而且无人察觉，环球航海的历史也差一点葬身海底，在千钧一发之际，他抓住船上垂下来的一根缆绳，随即大声呼喊，大家才赶快把他救上船来。

三艘张满帆的外国大船，刚刚靠近马索华岛，成群的岛民就涌到了岸边，好奇和友好地等待它们再次光临。麦哲伦出于谨慎，在亲自登岸之前派了自己的奴隶恩里克作为调停者先行上岸,他的考虑是很有道理的,土著人更相信黑人而不大相信长着大胡子、服装古怪、佩带武装的白人。

但这时却发生了一桩料想不到的事。半裸身子的岛民们,边嚷边叫,团团围住了刚上岸的恩里克,这个马来亚奴隶顿时警觉地听了起来。他听懂了个别的单词,他明白了,这些人是在对他说话,他也明白了他们的问话。许多年前他从故乡的土地上被人带走,现在他又听到了家乡话的片言只语。多么值得纪念的难忘时刻,这是人类历史上最伟大的时刻之一:自从地球在太空自转以来,人,一个活人,在绕行地球一周之后,第一次重新回到了家乡!他是一个毫不出众的奴隶,但这一点并不重要,这里的伟大之处不在于人,而在于他的命运。因为我们只知道这个微不足道的马来亚奴隶,在失去自由之后才叫恩里克,他是被鞭子从苏门答腊岛赶上遥远的征途的,他经过印度和非洲,被强行运往里斯本,到了欧洲。他是地球上数十亿人中的第一个人,经过巴西和巴塔哥尼亚,越过所有的大海和汪洋,如今又回到了人们用他的母语说话的故乡;他去过几百几千个民族、种族和部落聚居的地方,那里的每一个概念都有自己独特的词汇来表达。而现在,他是绕过不断转动着的地球一周之后,又回到了他唯一能听懂其语言的民族那里的第一个人。

这时,麦哲伦全明白了:他的目的达到了,他的事业完成了。他从东方出发,现在重又进入了马来亚语地区,而在12年以前,他就是从这里向西航行的;要不了多久,他就可以把健康无恙的奴隶恩里克送回买下他的马六甲了。是明天,还是更晚一些时候实现这个愿望;是他本人,还是由别人代替他到达这个朝夕思慕的群岛,已经无关紧要了。因为他的功绩已基本完成,他第一次一劳永逸地证明:谁能始终不渝地在大海上向前航行——无论背着太阳,还是迎着太阳——谁就必然会回到他出发的地方。

几千年来,大智大慧的人们所预计的,科学家们所幻想的,现在由于一个人的勇敢已变成了不容置辩的真理:地球是圆的,因为已经有人绕地球走了一圈!

启碇返航

马萨弋是菲律宾群岛中一个不知名的芝麻小岛,在普通地云雷电业已消散的时候,他的功绩便放射出灿烂的光芒。多年来麦哲伦为之付出了全部思索和劳动的无与伦比的伟大事业终于完成了。麦哲伦找到了从西面通往印度的航路,哥伦布、维斯普奇、卡博特、宾松以及其他航海家也寻找过这条路,但都失败了。麦哲伦发现了在他以前从没有人见过的许多国家和海洋。他不只是开天辟地以来第一个成功地横渡这个无人知晓的大洋的欧洲人,也是人类中的第一个。在广袤的地球上,他深入的地方,比任何一个凡人都要远。对他来说,剩下的不多路程,与业已英勇完成和胜利达到的这一切相比,又是多么微不足道,多么轻而易举。有了可靠的领水员,总共只需要几天路程就可以到达马鲁古,就可到达世界上最富的群岛了。

到那时,向皇上立下的誓言就可以实现了。到了那里,他将感激地拥抱鼓起他勇气、指给他航路的朋友谢兰,然后他将给每艘船的船舱装满各种香料,——启碇返航,经过印度和好望角,沿着熟悉的海路回家;这条路上的每一个海湾、每一个港口都已铭刻在他的记忆里了!回家去!他将戴着永不凋谢的光荣桂冠,作为一个胜利者、凯旋勇士、富翁、省长和总督,穿过地球的另一半地区,回到西班牙去!

因此,不必匆忙,不必着急;现在终于可以休息一下,享受经过几个月漂泊到达目的地之后的真正幸福了。胜利的海上冒险家们正在怡人的港湾里静静地休息。奇妙的景色、美好的气候、尚未度完自己黄金时代、和蔼可亲的土著人,他们热爱和平、无忧无虑、悠闲自在。这些部族人生活在公正、幸福、恪守中庸的世界里,爱好和平、休憩和安宁。

1521 年 4 月 14 日,麦哲伦的幸运闪出了落日的霞光——西班牙人欢庆自己最伟大的胜利。城里的集市广场上支起了富丽堂皇的帐篷,帐篷下铺着从船上卸下来的地毯,上面放着两把有丝绒罩的座椅——一张给麦哲伦,另一张给拉吒。帐篷正面布置一个很远就看得见的烟火缭绕的祭坛,数千名皮肤黝黑的土著人围站在祭坛四周,等待有趣的场面出现。麦哲伦把自己的出场故意安排得像演戏那样豪华。在这以前,他出于周密细致的考虑,从未上岸,一切谈判均通过毕加费塔进行。40 名士兵全副武装走在他的前面,后面是一名高举查理皇帝绸旗的旗手。这面旗帜是在塞维利亚教堂交给海军上将的。此刻,在西班牙一个新省上空第一次飘扬。旗手后面才是麦哲伦。他在几名军官的陪同下迈步而来,他从容不迫、镇定自若、神态威严。他一踏上岸,几艘船上就响起了大炮声。被礼炮吓坏了的观众顿时四散逃跑,但由于拉吒(事先已把这次雷鸣审慎地通知过他了)依然端坐在椅子上。所以他们又赶紧跑了回来,又高兴又惊奇地观看在十字架前接受“神圣洗礼”的场面。在广场上树立着高大的十字架,他们的君主、王储和其他人深深低着头,麦哲伦行使教父的权利,为他取名卡洛斯——用以代替他过去用的异教名字胡马波纳,以纪念他强大的国君。王后则叫胡安娜,她长得十分美貌,即便在今天也完全可以出入于上流社会之中。她的双唇和指甲涂着鲜红的颜色,因而比欧洲和美洲姐妹先进了 400 年。两位公主也被授予西班牙王国的名字:一个叫伊丽莎白,一个叫卡捷林娜。不言而喻,宿务岛和邻近诸岛的贵族们也不甘落在拉吒和首领的后面,船队的神父两手不停地为纷纷前来找他的人画十字,一直忙到深夜。关于这些神奇外来人的消息不胫而走。第二天,其他岛上的居民听说了外来魔法师举行的玄妙仪式,也成群结队地涌向宿务岛。几天之后,这些岛上的所有酋长都宣誓效忠西班牙,都在洒圣水的刷子下低过脑袋了。

麦哲伦的所有目的均已达到。海峡找到了,地球的另一面也考察了。新发现的一些最富绕的群岛已归西班牙国王所有,无数多神教的信徒改信了救世主;所有这一切——一个接一个的胜利——没有流一滴血就得到了。

这是上帝保佑他的奴仆。上帝使他摆脱了任何人都未曾经受过的沉重灾难。现在他充满一种近乎虔诚的信心,在备受磨难之后,他还会遭受什么痛苦?在大获全胜之后,还会有什么能使他的事业毁于一旦? 他谦逊地深信,他为上帝和国王的荣誉而承担的一切任务定能完成。

正是这一信念才使他难逃劫运。

即 1521 年 4 月 26 日这一夜,当麦哲伦和 6 名士兵分别乘坐几只舢板,渡过把各岛分割的窄长海峡时,有一只样子很像乌鸦的神秘黑鸟歇在一座茅屋顶上,真的,所有的狗一下子都吠叫起来。迷信程度并不亚于天真无邪的自然之子的西班牙人,纷纷害怕地画起十字来。但是,一个进行世界上最勇敢航行的人,难道会因为附近有一只什么乌鸦在乱叫,就不去同光着身子的啰酋长以及他那些卑贱的喽们较量了吗?

但是,遇到了一件不幸的事:特殊的海岸线竟成了这位酋长的可靠盟友。密集的珊瑚礁挡住了舢板,使它们无法靠岸。这样一来,西班牙人能给人留下深刻印象的一手——枪声一响就能迫使土著人狼狈逃窜的火枪和前膛火枪的致命火力——从一开始就失去了作用。没料到会失去这一掩护的 60 名士兵,背着沉重的武装(其余的西班牙人都留在大船上),在麦哲伦的带领下——用毕加费塔的话来说,他"是个从不离开自己羊群的好牧羊人"——纷纷跳进水中,他们在齐大腿深的海水里走了好一段距离,才走到岸边。而一大群土著人的军队,正在岸上疯狂地吼叫着,挥舞着盾牌等着他哩。敌对双方一下子就打开了。

战斗持续了一个多小时,一个土著用竹矛刺中了麦哲伦的脸。他勃然大怒,立即把自己的长矛刺进了这个野人的胸部,矛头扎在死者身上拔不出来了。他正要拔剑再战,但已来不及,敌人用梭镖打中了他的左手,再也不能动弹。

土著们见此情景,蜂拥而上。一个岛民用刀砍伤了他的左腿。麦哲伦倒在地上,这些岛民们向他猛扑过来,用长矛和其他各种武器一齐向他刺来。他们就这样杀死了麦哲伦。

这位历史上最伟大的航海家,在最光辉的伟大胜利时刻,在同一群赤身裸体的岛民的小冲突中,毫无意义地牺牲了。这位征服了大自然,抗住了暴风雨,并具有战胜敌人才能的天才,却被一小撮野人、西拉布拉布的"军队"打垮了。

但是这一荒谬绝伦的偶然事件,只能夺去他的生命,并不能夺去他的胜利,因为他那伟大的事业即将完成。在他这番超群绝伦的事业之后,个人的命运已无多大意义。

可惜的是,在这场英勇牺牲的悲剧之后,接踵而来的却是一出讽刺剧——几小时以前还以教徒自居,傲视马坦岛土王的那些西班牙人,竟堕落到如此卑躬屈节的地步:他们不但不立即派人增援,夺回自己首领的遗体,反而吓得丧胆落魄,向西拉布拉布派去一名使者,要求赎回尸体,他们想用几串小玩意儿或几块花布买回上将的尸体。

但是这位赤身裸体的胜利者却比麦哲伦这些胆怯的战友懂得尊严,他拒绝了这笔交易,不论是镜子,还是玻璃珠子,或是美丽的天鹅绒,他都不换。他坚决不卖这件胜利品。因为各岛都在议论纷纷,说伟大的西拉布拉布轻而易举地,象打一只鸟或捕一条鱼一样,打死了有雷霆万钧之力的异族首领。

无人知道,这些可恨的野人是怎样处理麦哲伦的遗体的,是火烧的,水葬了,土埋了,还是放在那儿任凭其烂掉了。没有给我们留下一点遗迹,连一座坟墓都没有。这个探索出茫茫大洋最后一个秘密的人的踪迹,就这样神秘地湮没无闻了。

1913年秋季的一天,威尔逊总统在华盛顿一按电钮,打开了巴拿马运河的水闸,把大西洋和太平洋这两个大洋永远连接起来。麦哲伦海峡更是多余的了。它的命运已注定无可挽回,它的价值降到只不过是一个历史和地理上的概念而已。

麦哲伦朝思暮想的这个海峡,并没成为成千万条船只通过的航路,也没有成为通往印度去的最近、最短的航道。海峡的发现没有使西班牙致富,也没有使欧洲的势力强大;而且直到今天,从巴塔哥尼亚到火地岛一带的美洲海岸,仍然以世界上最荒凉、最贫瘠的地方之一而闻名。

但是历史上一桩伟大功绩的精神意义,从来不能用其实用价值来衡量。只有帮助人类认识自己,提高其创造自觉性的人,才能使人类的知识不断丰富起来。就此意义而言,麦哲伦建立的功绩,胜过当时其他一切功绩。

麦哲伦的功绩之所以使我们觉得伟大,还因为他不像大多数领袖人物那样,为了自己的信念牺牲千万人的生命,而他仅仅牺牲了个人的生命。由于这种英勇的自我牺牲精神,5艘破旧不堪、孤零零的小船敢于去向无人知晓的海域挑战。这种非凡的胆略是不会被人忘记的,他本人也不会被人忘记。

他是第一个提出环球航行这个最大胆想法的人,而且是他的最后一艘船实现了这一理想。

几千年来,人们一直在探索地球的形状,但始终一无所获。现在人类查明了地球的形状,同时第一次看清了自己能量的大小。麦哲伦征服了如此辽阔的海域,第一次帮助人类愉快而勇敢地重新认识自己的伟大。这个人的成就可算是登峰造极,堪为后代楷模。虽然麦哲伦的事业行将被人们遗忘,但它却有力地说明:一种思想,一旦受到天才的鼓舞,一旦得到激情的不断推动,它的威力足以战胜自然界的一切力量。而一个人在他短暂一生中,能把数百代人看来难以实现的梦想变成现实,变成永恒的真理。

俄罗斯海军中的丹麦探险家

——白令

人物档案

简　历: 维图斯·白令,原籍丹麦。1704年起在俄国海军服役。由于他才能出众、效忠沙皇而深受彼得大帝的赏识。

生卒年月: 1681年8月25日~1741年12月19日。

安葬之地: 科曼多尔群岛的一个无人居住的小岛上,即现在的白令岛。

性格特征: 耿直,镇定自若。

历史功过: 他是一位卓有贡献的航海探险家。尽管他的探险活动和沙皇俄国的扩张政策紧密联系在一起,但他为人类认识北极而做出的贡献,还是应该充分肯定的。

名家评点: 后人为了纪念他,把他去世所在的那个小岛命名为白令岛,把他发现的海峡取名为白令海峡,把阿留申群岛以北,白令海峡以南的海域命名为白令海。

加入探险队

1681年,白令出生在丹麦的一个叫霍尔森斯的风光如画的海边小镇。它三面环山,一面临海。镇上的居民多数以捕鱼为生。每当他们扬帆出海的时候,总有一大群孩子跑前跑后,欢呼雀跃。维图斯·白令似乎对打鱼没有多大兴趣,他喜欢一个人坐在海边的峭壁上,望着茫茫大海出神。没人知道小白令在想什么,只觉得他有点郁郁寡欢,不太合群。殊不知这个不愿做渔民的孩子,孤僻的内心世界对大海却充满了神奇的幻想,他憧憬着海那边该是怎样的一个世界,渐渐地萌生了一个愿望……

白令从小就不是一个循规蹈矩安于平淡的人,他的心中充满了激情和渴望。

虽然在霍尔森斯这个丹麦偏僻的海边小镇,白令平平淡淡地日出而作,日落而息,捕了多年的鱼,做了多年的渔夫,但白令的内心是不平静的,对于大海,对于朝阳,他都充满了渴望,他更热爱那不怕风雪、不惧浪涛、勇敢顽强的海鸟。在白令眼中它们代表一种精神,一种对待生活的态度。

1700年,19岁的白令一心想看看外面的世界是如何精彩,他来到了荷兰,参加了荷兰海军。当时号称"海上马车夫"的荷兰拥有强大的海军力量,军舰在各大洋上巡弋。白令的舰队不久就开到了印度,多年的海上征战,使白令练就了一身娴熟的航海技术。他很快由一名见习水手升到了大副、船长,直至总指挥。可白令并没志得意满,他反而陷入了无尽的烦恼之中,因为这并不是他所向往的生活。无休止的东征西战、烧杀劫掠,呈现在他面前的只是人与人之间残酷无情的倾轧和弱肉强食。他渴望的是征服自然,征服穷山恶水,而不是去征服异族,征服自己的同类。

三年后,白令不顾上级的竭力挽留,毅然退役,回到了荷兰,在阿姆斯特丹海洋学院做研究员。在他眼里,大海的蔚蓝已渐失其纯净,而变得殷红似血。百无聊赖的白令,工作之余只有混迹于酒肆之中,借酒浇愁。

1724年12月对于白令来讲是他人生的转折点,也是他日后被载入史册的光辉起点。

1724年的彼得大帝身体已大不如以前了,常年的征战、繁忙的公务以及无情的岁月,都削弱了彼得大帝的健康。在深秋,彼得大帝为救芬兰湾一艘搁浅的战船上的士兵而受了风寒,病情日益严重了。当时的俄国,经过他强有力的改革之后,国势已大大增强。政治、经济、文化教育各方面都呈现出前所未有的繁荣,军事力量也得到了强化,他按欧洲国家军队模样进行改组,建立陆军和海军,到这时,已发展成一支庞大的常备军,拥有20万陆军和由48艘军舰和800只小型战船组成的海军。他凭借强大的军事实力,发动过一系列战争,占领了芬兰湾、里加湾、卡累利阿等地区,从而夺取了波罗的海的出海口,使俄国从一个内陆国家变成了濒海国家。

但是彼得大帝并没满足于他所取得的巨大成绩,在这重病缠身的晚年,他还想到了俄国更远的发展前景。他打算同中国、印度建立直接的海上关系,准备在库拉河口建立大型基地,同东方各国进行贸易,而这必须寻找一条经北冰洋通往东亚的航道。彼得大帝是深信有一条名叫"安尼恩"的航道的,于是他发起了一场大规模的地理考察活动。

1724年底从俄国到阿姆斯特丹为彼得大帝组建海军选拔人才的克鲁斯上将相中了他,并带他到了俄国。白令成为初创的俄国海军一员。白令热情高涨,他清楚地认识到在这改革的浪潮中,凭他的才干是一定能获得些什么的。白令一直努力着,他从一名普通士兵升到了波罗的海舰队中最大一艘战舰的舰长,而且彼得大帝也知道了他的情况。正当白令在舰长的位置踌躇满志,希望获得更大的荣耀时,他却受到了冷遇。不知是海军部里的人对这个来自外国的军官有成见,还是因为有人嫉妒,从中搞鬼,反正白令再也没得到过提升。白令耿直的性格受不了任何歧视和无端的冷遇,愤然辞了职。

1725年1月,一生致力于开疆拓土的彼得大帝已病入膏肓,弥留之际,他突然想起一件未尽的心愿。他对病榻旁的近侍说:"我想寻找一条经过北极海通往中国和印度的道路。我面前这幅地图上标明有一条名叫安尼恩的通路,这其中一定有些道理。"(弗·阿·戈尔德《俄国在太平洋的扩张 1641～1850 年》)为了证实这条通道,彼得大帝亲手起草了一项关于堪察加探险的敕令,来考察美洲与亚洲之间的那片未知的神秘世界。

维图斯·白令听到这个消息后,欣喜不已,他预感到自己又将面临人生中又一次重大的抉择。一个神秘的世界撩拨着一颗沉寂已久的心,白令连夜写就一份言辞恳切的申请书,主动请缨,要求参与探险,并向海军部递交了科学翔实的考察计划。他的申请很快得到了批准,在海军中将西维尔斯的极力保荐下,白令被任命为探险队的总指挥,并给他派了丹麦人斯潘贝格做副手和俄国人阿·奇里科夫。谕旨是在 1725 年 1 月签署的。自此,白令担当起了这个使他名垂千古并让他为之付出生命代价的伟大使命。

穿越西伯利亚

白令接受命令时的兴奋与激动很快便被烦琐的准备工作替代了。首先,探险队员的招募费了白令的很多心思,要任命有关的海军军官,招募有经验的水手,决定随团出征的各类专家,如大地测量学家、造船家和领航员。其次,得准备大量的物资,粮食、武器等。幸好,由于海军部等部门的大力支持,经过一个月的准备,白令于 1725年 2 月 5 日率领着探险队从圣彼得堡出发,向那遥远而神秘的未知地方前进了。

白令的计划是穿越西伯利亚,到达堪察加半岛,再以堪察加半岛为探险队的大本营。

西伯利亚幅员辽阔,气候寒冷,冬季许多地方都结着坚固的冻土层,而其北部更是遍布着永冻土层。一到夏季,冻土层纷纷融化,加上夏季的暴雨,泥土中的水分含量过高,于是成为一片片泥泞而危险的沼泽,人一不小心陷进去将很难逃脱厄运。沼泽地还生满了蚊子、苍蝇,让人招架不住。西伯利亚险恶的自然条件制约了勤劳的人民对它的开发。这片荒芜的土地,只有被历代统治者当成天然的大监狱,用来流放许多所谓罪大恶极的罪犯。这一人为因素更增添了西伯利亚的恐怖色彩。

可想而知,白令所遇的困难有多么大。9 月 29 日,历经磨难的探险队到达了伊利姆斯克。时令已届寒冬,天寒地冻,冰封的河床使白令的船只无法航行,漫漫长路上没有村庄,物资补给也极为困难。没有办法,白令只好下令在此过冬。

西伯利亚冬天冗长乏味,白令经常到当地居民家中做客,以闲聊作为消遣,同时也让他获得了不少关于堪察加的情况。竟然有传说说勇敢的俄国人早在上世纪中叶就发现了亚洲与美洲之间的海峡。这多少让他有些欣喜,只是传说太久远、太模糊了,对于白令没什么实际价值。

第二年5月，春天才降临到伊莉姆斯克，白令下令船队沿勒拿河向雅库茨克前进。经过一个冬天的休息，探险队员们士气都很高昂，对于所遇的困难毫不在乎。等顺利到达了雅库茨克，已经是6月中旬了，离鄂霍茨克只有一千俄里了。白令和他的探险队员们没料到巨大的打击在等着他们了。

真正的磨难现在才刚刚开始。从雅库茨克到鄂霍茨克这段路虽然只有一千俄里，但斯潘贝格所率领的二百多条铁打汉子却险些饿死当途。

原来，这一年的冬天来得特别早，8月中旬，已是大雪纷飞，天寒地冻。白令将探险队分成三个分队，斯潘贝格率领一支分队乘船沿勒拿河行驶，中途便被浮冰冻住，寸步难行，只好弃船上岸，又花了1个月时间，做了100多个手拉雪橇，来搬运那些笨重的考察器材和粮食。人拉着雪橇，在膝深的雪地里蹒跚前进，速度之慢可想而知。为了节省体力，他们只得扔掉一些用处不大的器材，轻装前进，但速度并未因此加快多少。因为他们的粮食已消耗殆尽，许多人不得不靠吃自己的长皮靴筒、草根和马肉来维持生命。一些人掉队走散，永远地消失在茫茫雪原。还有一些索性打道回府，折回雅库茨克。直到12月中旬，仅剩的90多名队员和白令派来的接应队伍会合，才死里逃生。

与斯潘贝格相比，白令率领的分队要幸运得多。他们走的全是陆路，只用了45天的时间，就到达了鄂霍茨克，并开始着手建造仓库和过冬的住房。只是他们带的200多匹马冻死饿死，已所剩无几，全部辎重和所需建材只得用人力从十里远的地方背来。

到达鄂霍茨克，白令的探险队损失了一些物资和辎重，也牺牲了一些队员，但主力还存在。于是他们在鄂霍茨克一边补给物质，一边着手建造横渡鄂霍次克海的船只。1727年6月，探险队乘刚修建的"幸运"号渡过鄂霍次克海，在堪察加半岛登陆，并花了一个冬天将所需物质用狗拉雪橇运到了堪察加河口，准备从那儿下海。

1727年8月，白令和他的探险队员乘坐幸运号和洛季亚号船，渡过鄂霍茨克海，在堪察加半岛的博利沙亚河口登陆，并花了一个冬天来将他们探险所需的物资用狗拉雪橇运到东海岸的哥萨克村子奥斯特洛格——这是他们这探险的大本营和起点。

与美洲失之交臂

1728年7月13日，新建的"格布里尔"号下水了，经过三年半的准备与跋涉，白令的探险队终于航行在这陌生而又新奇的大海上了。

年近半百的探险队队长独自屹立在船头，海风吹动着他那花白的头发。只见朝阳染红了整个海面，海鸟在船的周围盘旋、鸣叫，仿佛在欢迎这陌生的伙伴。白令深深地被这壮丽的景观所感动了，他觉得希望就像这轮朝阳，不知什么时候就会突然地从地平线上冒出来。

"格布里尔"号沿着亚洲东海岸航行，沿岸陡峭高耸的山脉披着皑皑白雪，不断向后退去。7月的大海友善地对待了白令一行,但转眼就到了8月份。这时的大海性情暴躁,它一会儿刮起强劲的风掀起巨浪,一会儿又下起暴雨,一会儿漫起弥天大雾,探险船只俨然成了他手中的玩物,不能自已。幸好,白令及全体船员都是航海好手,对这种局面已司空见惯。他们团结一心,一丝不苟地执行白令的命令。他们感觉到在与大海的斗争中白令是个可靠的指挥官。白令以他的镇定自若,精湛的航海技术赢得了船员的尊敬。

在与风暴巨浪的斗争中,"格布里尔"号缓慢地向北方前进。路上他们发现了两个海湾,把它们命名为圣十字湾和圣像湾,并在圣十字湾补充了淡水。8月8日,探险队到了楚科奇岬——西伯利亚的边陲,并与当地的土著——楚科奇人进行了接触。楚科奇半岛位于北极圈内,半岛上是广阔的冻土层,没有森林,只有苔原。楚科奇人以捕鱼和捕捉海豹为生,善于饲养驯鹿。驯鹿既是他们在冰原上极好的交通工具,又是他们的衣食来源。楚科奇人友好地款待了这些远道而来的客人,他们还告诉白令,大海上有个岛上面居住着一些楚科奇人。

8月11日,在浮满了巨大冰块的海域上,探险队发现了一个岛,白令把它命名为圣劳伦斯岛,并派人到岛上考察。岛上冰雪覆盖,只有苔原才显示着它们顽强的生命力。一些海豹在礁石口懒散地晒着太阳,海鸟云集在浅海。被派去考察的队员回来报告,岛上没有发现楚科奇人,但留有几处火烧的痕迹和一些鱼骨头,大概楚科奇人怕见生人都躲起来了。白令有些失望,因为他一直希望岛上的楚科奇人能提供一些关于海峡的情况。

8月13日,船上仪器显示,格布里尔号已经来到北纬65度30分的地方,可四周除了阴晦的海就是灰蒙的天,找不到丝毫陆地的迹象。连续数天的阴雨雾霾,使不少船员的情绪一落千丈。白令也很沮丧,因为根据他从楚科奇人听到的判断,他们已经到达并越过了楚科奇人聚居地的最东头,可陆地依然了无踪影,冬天就要来了,他得为全队人员和船只停岸过冬早做打算。于是,他决定召开一次会议,征求大家的意见。会议出现了明显的分歧。斯潘贝格认为希望已经很渺茫,再往北找也不会有什么收获,不如索性折回。而另一个副手契里科夫不同意,他坚持认为:"假如我们还未到达科雷马河的河口,或者只是被一些浮冰挡住,谁敢断言,美洲与亚洲是被海洋相隔的,要知道,在北太平洋,浮冰简直数不胜数。"(弗·阿·戈尔德《俄国在太平洋的扩张 1641~1850 年》)

真理与谬误往往是一墙之隔的邻居,可惜,白令却走了偏门,他倾向于斯潘贝格的意见。

当"格布里尔"号到达北纬 67°18′、东经 193°07′的地方时这是白令首次勘察探险时达到的最北端。黑沉沉的大海依旧茫茫无边,漫天大雾使"格布里尔"号举步维艰。船帆和桅杆都遭到了很大的破坏,难道就让船只在这样的环境下乱闯吗?白令下令返航,他认为北方不可能有大陆存在。

白令的这一决定令后人为他扼腕不已。因为他当时离美洲阿拉斯加海岸只有几海里。如果天气晴朗,白令甚至可以看到令他朝思暮想的阿拉斯加高耸入云的山峰。仅仅因为老天爷的恶作剧，使得白令与之失之交臂。

探险队带回了许多资料，绘制了俄国东海岸的地图，搜集了大量有关西伯利亚、远东、堪察加和楚科奇等地的情报，更重要的是他们穿过了分隔亚美大陆的海峡。后人为了纪念他就把该海峡命名为"白令海峡"。

1730年白令回到圣彼得堡，在他向女皇叶卡捷琳娜二世递交的航海报告中称："8月15日，我们来到北纬67°18′的地方，我根据所有的迹象断定，光荣不朽的皇帝敕令已经完成了。我根据事实做出的结论是：北边再也没有陆地了，也没有任何陆地同楚科奇半岛相连，但是，一条东北向的航线是确实存在的，倘若人们没有受到北冰洋的阻隔，那么可以从勒拿河驶向堪察加，再从那儿驶向日本、中国。"

后人评价说，白令第一次海洋探险解决了亚洲与美洲是否相连的问题。

发现北美大陆

圣彼得堡的春天依然透着寒冬的丝丝凉意。1730年3月，白令回到了阔别五年的圣彼得堡。没有鲜花，没有掌声，白令自己也有些遗憾，毕竟他没有亲自看到或踏上北美大陆来证明海峡确实存在。但他仍坚持认为自己是一个胜利者。

回到圣彼得堡后不久，白令就去莫斯科向枢密院汇报探险经过，把他的航海日志交给了海军学院，并向新继位的安娜·伊万诺夫娃女皇和海军部呈递了他的考察报告。在报告中，他对这次北太平洋探险做了总结，他说："8月15日，我们来到北纬67°18′的地方，我根据所有的迹象断定，光荣的不朽的皇帝敕令已经完成了。一条东北向的航线是的确存在的。倘若人们没有受到北冰洋的阻隔，那么可以从勒拿河驶向堪察加，再从那儿驶向日本、中国和东印度。"

但是，枢密院对白令的探险经过丝毫不感兴趣，那些彼得大帝从西欧招募来的老学究，关心的只是堪察加半岛外面那块臆想出来的"耶索之地"和"茹安·达·伽马之地"，因而只是一味地责问白令为什么没有找到。海军部对白令的报告也不满意："为什么不从东南角继续向西北航行，去寻找那可能存在的陆桥？"白令只得一再解释道："我是根据这一事实做出结论的，即北边再没有陆地了，也没有任何陆地同楚科奇或东北角连接在一起，所以我才回来了。假如我再朝前走而遇见逆风的话，那年夏天恐怕就回不来了。要在那地方过冬简直不可思议，当地的土著人野蛮剽悍，又不属俄国管辖。"可那些官员仍喋喋不休地指责他的失误，1000卢布奖金两年后才发给他。

"世事短如春梦，人情薄似秋云"，满腹郁闷的白令在圣彼得堡度日如年。他可以慨然面对自然的一切险风恶浪而无所畏惧，却无法忍受人间的世态炎凉，污浊不堪的官场更使他倍感窒息。何时能冲出这樊笼，奔向自由的海阔天空？白令期待着能再次扬帆出海，来证明自己并不是一个仅有丰富想象力的船长。

在一些朋友的劝说和帮助下，白令终于决定再度出山。他倾尽毕生学识，拟出一项庞大的探险考察计划。它包括从堪察加出发去探寻美洲的海岸；探索和寻找通往日本的航线；查明俄国北部的海岸线和海域情况以及探察西伯利亚的广阔腹地。这项计划不仅反映了白令个人的壮志雄才，更与安娜女皇的殖民扩张野心不谋而合。因为当时俄国势力已向东扩张到了太平洋沿岸，但中间这片绵延数千英里的疆土并未得到认真的考察和开发，甚至在当时的地图上，西伯利亚北部的海岸线还是一条直线。所以，当计划送到上级部门审批时便被层层加码，进一步扩充，包括在沿途建立炼铁厂、造船厂，创办海洋学校，推广畜牧业等等，从而使白令的计划带上了地理发现、殖民扩张、科学考察等多重意义。

1722 年 12 月，枢密院正式批准了这个"为了女皇陛下的利益和俄罗斯帝国的荣誉"所进行的规模空前的探险计划。白令被授予海军中校衔，统领这次探险，并给他派了两名助手斯潘贝格和契里科夫，组成了一支有 800 余人，5 支小分队的庞大探险队，称为"白令——契里科夫堪察加第二探险队"。他们吸取了第一次远征的教训，除一些重要仪器由圣彼得堡运出，其余一般性物资和辎重均由沿途当地政府供给。

西伯利亚仍如上次一样冷酷地迎接了白令一行。斯潘贝格运气总是那么坏，他又损失了大量的物资和一些队员。当奇里夫遵照白令的指令运送大批粮食物资到达鄂霍茨克时，这位军官不由为眼前狼藉的景象怒火万丈。在去年夏天就已到达霍茨克的斯潘贝格把整个准备工作搞得一团糟，甚至连探险队居住的营房都未建好，到处是低矮破旧的帐篷。而用来储放物资的仓库更是建造得粗糙无比，许多房子连房顶都没盖上。太阳下，探险队员三三两两地躺着晒太阳，他们见到奇里科夫，竞相围上诉苦。奇里科夫以他带来的充足物资安抚了愤愤不平的队员们，并着手建造船只。1735 年秋，当白令带领更庞大的探险队到达时，对眼前的景象十分满意。而斯潘贝格对白令却日渐不满，甚至还给圣彼得堡写了控告信。

在鄂霍茨克紧张忙碌的白令意料不到有一种危险正悄然向他们袭来，并差点断送了这次伟大的探险活动。事情是这样的，1738 年 9 月，女皇秘书厅对探险队事务进行了审查，他们对探险队缓慢的行动大为不满，认为 5 年多的准备工作几无进展，而国库亏空，加上一些人的诽谤，他们感到白令不适合领导探险队，改由斯潘贝格来担任会更为合适。幸亏奇里科夫及海军大臣等人顶住了女皇秘书厅的压力，成功地捍卫了这次探险活动。

1740 年，探险队建成两艘探险船"圣彼得"号和"圣保罗"号。白令率领船队来到阿瓦恰湾过冬，在那儿修建了营房和教堂，并把它命名为彼得罗巴甫洛夫斯克。1741 年 6 月 4 日，当海面上刮起西风，堪察加半岛外的海面解冻时，白令的船队出发了。

"圣彼得"号和"圣保罗"号穿越堪察加与千岛群岛之间的海峡，绕过洛帕特卡角，驶入太平洋。太平洋上的天气坏透了，阴雨绵绵，而且风向也不稳定，狂风卷起巨浪毫不留情地向两艘船撞击。情况危急！白令下令收拢风帆，以保持船身稳定，他坐镇驾驶室，亲自掌舵。镇定的脸上每条皱纹都紧紧地拧着，冷峻的目光紧盯着翻滚的大海，双手有力地掌着舵，不失时机地控制着船向左向右航行；并不时发出急促、坚定的命令。60岁的白令，此时俨然如一名骁勇的战将。

几个星期过去了，他们一无所获，白令隐隐有一种不祥的预感，他仿佛又体会到上次探险时那种无功而返的焦虑和沮丧。"这才刚刚开始，千万不能丧失信心！"白令心里暗暗告诫自己。他决定不再浪费时间。航线折向东北，去寻找美洲大陆，这才是这次探险的主要目的，也是白令一直梦寐以求的理想。想到这儿，他的情绪又逐渐高涨起来。

同白令的心情正好相反，天气却越来越糟。起先是南风肆虐，接着东风更加嚣张，变幻的飓风挟着巨浪，城墙般向两艘船涌来，一浪更比一浪高。船就像木片一样在浪峰翻滚，在浪谷盘旋。白令顽强而熟练地指挥他的船员投入了战斗。狂风恶浪，对他来说并不算什么。正如将军不能没有战场一样，40多年的航海生涯，他已习惯了这种场面，并且把这桀骜不驯的大海当作了他生命中不可缺少的部分。此时此刻的白令，已不再是一个白发依稀、已近暮年的老人，而俨然如一位横刀跃马、驰骋疆场的骁将。

几天后，风暴终于过去了。可风平浪静的海面上，白令怎么也找不到圣保罗号的影子，两艘船走散了（后来圣保罗号成功地到达美洲，并顺利返回）。

圣彼得号继续他孤独的旅程。7月，一些陆地的迹象开始出现：波涛的微妙变化，海水中不同寻常的海草和海藻，飘浮的木头以及陆岸才有的野鸭。白令据此判断，北美大陆已近在眼前。他设置了瞭望哨，不断用铅锤探测水深。船在夜间也只张小帆，随风漂流，缓速前行。

7月18日，对瞭望员切特列夫来说，是一个值得纪念的日子。这天清晨，他第一个发现了美洲大陆——锯齿状的海岸伸入海面，突兀的崖壁陡然耸立，远处迤逦的群山上覆盖着皑皑白雪，一座山峰（圣伊莱亚斯山）巍巍直冲天际，片片针叶林从山腰一直延伸到海边。

白令对这胜利的到来显得有些不知所措，他不敢相信眼前这块土地就是他魂萦梦牵的美洲大陆。几年前，当他因拿不出证据证明美洲大陆的确切方位而备受指责时，他就开始期盼这一天的到来。如今成功了，白令反而有种茫然若失之感。也许对他来说，真正的喜悦不在胜利本身，而在于取得胜利的过程之中。喜悦只是瞬间的事，紧接而来要面对的则是更加残酷无情的现实——淡水！蔬菜！仓库里这些东西正一天天少下去。当初在阿瓦恰湾所埋下的隐患——运输船沉没，劳工逃跑，因时间紧迫而没有带上足够的新鲜蔬菜和淡水，与贮藏有大量蔬菜和肉类的圣保罗号失去了联系，现在终于爆发了出来。

回到大海的怀抱

"圣彼得"号沿着北美海岸缓缓行驶，为的是寻找一个停泊的海湾。近在咫尺的北美大陆是这么的壮美,夕阳中归巢的海鸟"呱呱"地叫着,整群整群地飞向绿树覆盖的小岛或海边峭壁。探险队员们在甲板上举行庆祝会,他们拿出一瓶瓶珍藏的烈性酒互相喝上一口,倚在船舷上对北美大陆指指点点,时而爆发出一阵阵快乐的笑声。

对白令来说欢乐是短暂的,现实是严峻的。现在不知道船航行在哪里。沿着海岸西行,后来,他们发现了一个可供停泊的小岛,白令派人到岛上侦查情况。军官很快返回,他发现岛上有淡水和动物可供食用。还发现有篝火及茅草房,茅草房里陈设着野兽的头骨和鸟羽毛。这说明岛上有印第安人居住,但因为他们惧怕"圣彼得"号这庞然大物都躲开了。探险队到岛上补充了淡水,又留下一些小礼物:绿色的玻璃珠串、小铁刀、亚麻布。探险队将该处命名为伊里角,标在地图上,继续西行。

小船一直在星罗棋布的小岛中穿行,在这陌生而危险的航线上,"圣彼得"号如履薄冰。船上的粮食只能定量供应了,队员们每天只能得到几片发了霉的硬黑面包片及一小杯发臭了的淡水。严重的营养不良和艰苦的工作损害了探险队员的健康。坏血病在船上蔓延开了。第一个被坏血病夺去生命的水手叫舒马金。为了纪念这位勇敢的水手,探险队把刚发现的群岛命名为舒马金群岛。

在"圣彼得"号准备起锚离开舒马金群岛时,多变的海洋又耍起了坏脾气。汹涌的波涛和强劲的风雨瞬间向小船铺天盖地打来。"圣彼得"号危在旦夕,幸好及时驶进一个海湾才躲过这场灾难。也许应该感谢这次风暴,在它肆虐的几天里,也给在海湾中避风的探险队带来了意外的收获。

一天早上,值班人员发现海岛上冒起了滚滚浓烟,一会儿又传来阵阵叫喊声。不久,海湾里出现了两只用海兽皮做的小船,每条船上各坐着一位印第安人。小船围着"圣彼得"号好奇地转来转去。探险队员们打着手势邀请他们上船,可他们不敢贸然上去,士兵们就扔了一些小礼物给他们。拿了礼物他们就划着小船,高兴兴地回去了。

印第安人回到岛上后,白令派一位军官率领一些士兵也乘一艘小船上了岸。不料海边的丛林中一下子钻出一大群印第安人。他们身材矮小,但强悍无比,且个个手持长矛、盾牌。他们着海兽皮,脖子上挂着一串串用兽骨、贝壳、石头做成的项链,脸涂着黑、蓝、红的颜色。缀满小石头和贝壳的头上戴着海兽皮做帽子。当"圣彼得"号上的外来人和舒马金岛上的土著碰面时,双方都吓了一跳。探险队员连忙拿出许多小礼物表示友好。

这时从印第安人中走出一个装束更奇特的人,从其神态上以判定他应该是酋长。他显然已得到刚才回到岸上的那两个印第安人的汇报,他友好地邀请探险队员们上岛做客,两名队员和一楚科奇人翻译被派遣去和印第安人接触。他们为酋长呈上一杯烈性酒,酋长接过酒好奇地喝了一口,怪叫一声跑走了。印第安人拿出许多美味的食物招待客人,还陪客人在岛上散步游玩。黄昏,返航了,可印第安人舍不得让楚科奇人翻译回去,甚至抓住了小船的缆绳。领队的军官无奈之下举起火枪朝天开了两枪。印第安吓跑了，队员们安全地返回了"圣彼得"号。

以后几天，圣彼得号完全被风牵着鼻子在阿拉斯加湾的海面上四处飘荡。天上还飘着细雨，白令拖着病体，艰难地指挥圣彼得号沿海岸线踯躅西行，并发现了阿拉斯加湾上最大的科迪亚克岛。

一个星期后，圣彼得号在浓雾中再次驶达美洲海岸——狭窄的阿拉斯加半岛。岛上群山在雾中若隐若现，宛若仙境。但水手们已无心欣赏这美景，已有26人染上了坏血症，白令自己也浑身软绵绵的，淡水供应再度告急。

此后一个多月的时间里，阴雨、狂风、迷雾和病魔始终伴随着白令和他的船员们，圣彼得号在一串串岛屿组成的迷阵中徘徊挣扎。这些"几乎无法数清的岛屿群"星罗棋布地散落在海面上，十分集中。白令先后命名了雾岛（后改为契里科夫岛）、塞米迪群岛、纳盖群岛，并将其中的岛屿用圣徒的名字命名。到后来，岛屿群越来越多，数不胜数，圣徒的名字也用完了，只好作罢。这些岛屿群在北太平洋上组成了一条群岛链，后来被称为阿留申群岛。白令也因此成为世界上第一个发现阿留申群岛的探险家。

9月，"圣彼得"号仍旧没走出由数不清的小岛屿组成的迷宫。探险队员曾经饶有兴趣地把给这些新发现的岛屿命名当作一件快乐的事，可是岛屿数不胜数，随着士兵们健康的恶化，渐渐不再去关心它们了。探险队甚至为不能摆脱小岛的纠缠而烦恼。因为水底多暗礁，给他们带来了危险。可白令他们根本想不到他们发现了一组新的大群岛。

高纬度地带的冬天来得特别早，天气变得愈加恶劣和反复无常。坏血病更加流行了，队员一个一个地死去，他们的尸体被抛入茫茫的大海。

"圣彼得"号惨不忍睹。冰雹、海风早已把风帆撕得破烂不堪，但船上已没有几个人能够工作了。船像一段漂流的腐木，任凭风浪摆布。此时的探险队已到了山穷水尽的地步。白令早已被坏血病折磨得卧床不起，但是只要精神稍微好点他就叫人把自己扶到工作室。他说他是船长，他必须对得起大家。他还安慰大家，只要发现陆地，就靠岸并在那儿过冬。这时的白令是全体队员们的精神支柱，他们非常信赖他，也许正是这种信赖才使探险队闯过一个个鬼门关，坚持到最后吧！

11月4日，水平线上显露出一片陆地的轮廓。那高耸的山脉，那曲折的岬湾，就像是彼得罗巴甫洛夫斯克郊区！全体队员欢呼雀跃，以为温暖的营房、可口的食物和甘甜的淡水都已近在咫尺，他们可以不再惧怕死亡，不再遭受大海的欺凌了。有人甚至拿出珍藏的一小桶酒来庆祝。然而，第二天当船只驶近这片陆地时，沮丧、失望如当头一棒狠狠地打击了探险队。这片陆地并不是堪察加，也不是阿瓦恰湾的彼得罗巴甫洛夫斯克，这是一个陌生荒凉的岛屿。

人心大乱，白令决定弃船登岸。他清楚，他们再也没力量航行了：主桅杆已断，风帆破碎，且即将断粮！

岛上的荒凉让探险队员的心变得冰冷了。冰雪覆盖的小岛上长满了苔藓，没有树林，没有人烟。幸好岛上有很多北极狐和肥硕的海豹、海獭。队员们在冰冻的土地上挖出一个个地窖,上面用破船帆搭成帐篷,就算一个窝了。白令身上紧紧地裹了几层布,被安放在一个土窖中。他已经病入膏肓,常常昏迷不醒,在岛上痛苦地挣扎。

1741年12月8日早晨,荒岛上空阴密布,劲风怒吼。在白令看来,这天的天实在糟糕到了极点,这是他40年航海生中从未经历过的。"好冷,啊!"躺在土窖里的白令的身体剧烈地颤抖着,风将土窖四周冰冷坚硬的沙土刮落不少,薄薄地覆盖在的身上。用"圣彼得"号上破旧的船帆搭建起来的帐篷对于荒岛暴戾的风雨和冷酷的严寒来说简直是形同虚设。风呼啸着,白令的耳中除了风声,听不到任何其他的声音;气温已经降到零下四十几度了,但白令感到,它还在下降,下降……

几天以来白令常常处于昏迷状态,但今天,他反而有些精神了。几个军官走进帐篷,给白令带来了一小块海豹肉和几片僵硬的黑面包及一小杯水。白令竟然产生了食欲,这对他来说是个奇迹,因为这几天他几乎滴水未沾。但虚弱的白令已咬不动食物了,他不无惋惜地放下了海豹肉和黑面包片。一个军官拿起杯子给白令喂了点水,白令感到很满足。但他也看到了军官们脸上深重的忧愁。是呀,在这天寒地冻,陌生荒凉的地方,又怎能不让人忧愁白令根本没感觉到军官们眼光中的另一种忧愁,那是对他们可敬的指挥官的忧愁啊!

透过帐篷的破洞,白令的目光久久地停留在巨浪滔天的海面上。那因寒冷而变得发黑的海水那么桀骜不驯,一刻不停歇滚着。"真像年轻时的我",白令想,我总是这么鲁莽冲动,不平淡的生活。40年来,我出生入死在大海中奔波,斗争,斗争,一直与大海斗争着,我胜利了吗?是的,我已完成了女皇的命令,我带回了那片大陆的许多资料,可是我病了,老了,再也没力量去征服大海了,可恶的坏血病一定要让我留在荒岛上。彼得罗马甫洛夫斯克,我可爱的家园……。在最后一刻,白令突然明白了他心中那种与生俱来的热情和渴望,那是对理想对有价值的人生的渴望,他微笑着,永远地合上了双眼。

许多年以后,这个荒岛被命名为"白令岛",以纪念长眠在岛上的那位叫白令的探险家。

"圣彼得"号幸存者于1742年8月27日在军官斯台勒等人指挥下返回堪察加。而另一艘失散的曲奇里科夫率领的"圣保罗"也于1741年7月15日到了北美,并于10月10日回到堪察至此,白令领导的两艘船都成功地到达了北美大陆。

一个人与海的最完美的结合,莫过于白令了。白令生于海边,长于海边,奋斗在大海,献身在大海。海与人,人与海,最后就这样再也分不开了……

逝者如斯。已化为地理坐标,与大海、岛屿永存的白令指引着更多的人为理想去探索,去冒险,去奋斗。

冒充王子获得王位

——高墨塔（伪巴尔狄亚）

人物档案

简　历：或称伪斯梅尔迪士或伪巴尔狄亚，高墨塔是米底人，是一名波斯拜火教僧侣，相传曾被居鲁士砍去双耳。在公元前 522 年 9 月 25 日高墨塔篡位七个月后，被人杀害。

生卒年月：？~公元前 522 年 9 月 25 日。

安葬之地：不详。

性格特征：善用骗术。

历史功过：在当时人们还不知道巴尔狄亚已经遇害的情况下，伪称自己是巴尔狄亚，发动了高墨塔政变，推翻了冈比西斯的统治，自称为波斯王。

名家评点：关于高墨塔说法不一，一说是琐罗亚斯德教（即拜火教，也是金庸小说里明教的原型）的祭司，一说是魔术师。传说此人在居鲁士大帝死后，冒充其子巴尔狄亚篡位。数月后，被大流士一世推翻，入狱处死。这一段历史被克泰夏斯记述在《波斯史》中。

王子被杀

米提亚麻葛（祭司），冒充居鲁士的被冈比西斯暗杀的幼子巴尔狄亚（公元前522 年），被以大流士为首的密谋集团推翻并杀死。

波斯王冈比西斯是居鲁士王的儿子，他性情暴躁，睚眦必报。他认为自己的兄弟巴尔狄亚是自己的竞争对手，于是下命令暗杀他。暗杀得手之后，他重赏刽子手，并且在自己的宫中举行庆祝宴会。乐师奏乐，歌手放歌，诗人诵诗——所有的人都赞美统治者英明仁厚。

过了一些日子，冈比西斯便把被杀的兄弟忘到了九霄云外。他大权在握，设立法庭，滥施刑罚，接见使臣，东征西讨。冈比西斯征讨埃及时，他的残酷无道和愚昧野蛮到了无以复加的地步。他毁坏埃及人的庙宇，屠宰他们祭神的牲灵。当年的埃及碑文记载道:"全国上下笼罩在一片前所未有的恐惧之中。"但是,上天似乎也只能等待时机,惩罚这个亵渎神灵的人。时机终于到了。

死而复生

巴尔狄亚死而复生。

当时,波斯帝国的首都有两兄弟知晓魔法的奥秘。冈比西斯指定其中的一个人在他自己离开王宫期间担任王宫总管。那个人的兄弟高墨塔祭司,长得酷似已故的巴尔狄亚。

总管决定利用这种外貌上的相似。他劝兄弟假冒巴尔狄亚登上王位,把政权夺到自己手中。然后,广泛发布消息,号召臣民拥戴巴尔狄亚为王。

其时冈比西斯正在埃及军中,波斯使臣前来向所有的人宣诏:今后大家应该服从的不再是居鲁士的儿子冈比西斯,而是居鲁士的另一个儿子巴尔狄亚。

冈比西斯不相信自己的耳朵。惊惧仓皇之中,他召来了当时奉命杀死巴尔狄亚的普列克萨斯普责问道:"你就是这样执行我的命令的吗?"

刽子手在大帐门口伸开双臂,抬起头说道:

"大王啊,这个消息是伪造的! 我亲自执行您的命令,埋葬了巴尔狄亚。"

冈比西斯愁眉不展,只有他同刽子手确切知道,巴尔狄亚已经被杀死,现在窃据波斯王位之上的人是冒牌货。

几天之后,正当冈比西斯打算回兵讨伐假冒他兄弟的人时,偶然用剑伤了自己的一只脚。不久他就死了。

冒牌国王

因此,假冒巴尔狄亚的人,成了大权在握的国王。全国各地纷纷上表表忠,军队也站到他的麾下。因为国内再也没有第二个人是王族的后裔,再也没人有能力执掌全波斯的统治权了。

全国对新国王的称颂之声充斥于市,赞美之辞载之于道。他为自己的子民免除了三年的赋税和兵役。只不过在贵族们中间,有一种无声的疑惑和不满日益滋长,为什么新国王从来足不出宫? 为什么他从来不接见任何一位达官显贵? 莫非这个人——他不是巴尔狄亚?

一位朝臣怀疑是麻葛高墨塔篡夺了王国的最高权力。但是这个念头太可怕了,他不敢把它公开说出来。这位大臣有个女儿在后宫,他决定通过宦官给她带一封密信。

"费蒂玛,我的女儿,"他写道,"现在做你丈夫的人真的是居鲁士的儿子吗?"

"我也不知道，"女儿回信说，"我们在后宫不认识其他的男人。再说，过去我从来也没有见过巴尔狄亚。"

第二天，手上拿着叮当作响的钱币，嘴里骂骂咧咧嘟嘟哝哝的宦官的胸前又揣上了一封新的密信。

"如果你本人不认识居鲁士的儿子，"大臣写道，"那你就问问阿托萨，她与你共事一夫，因为她十分清楚自己的兄弟。"

女儿回信说，她现在同其他的嫔妃们一句话都说不上。"不管这个人是谁，他一登上王位，就把我们彼此分隔开了。"

这就奇怪了。不过麻葛高墨塔有一个不难辨认的标记，居鲁士曾经因为一件过失割去了他的两只耳朵。

"待他睡着时，"大臣在信中对自己的女儿写道，"你摸摸他的耳朵。如果他的耳朵是好的，那么就能肯定你的丈夫是居鲁士的儿子。如果他没有耳朵，那么与你同床共枕的人就是麻葛。"费蒂玛很长时间都害怕做这件事，如果这个人真的没有耳朵，让冒名者察觉自己的秘密被揭穿，他毫无疑问会杀人灭口。终于又轮到她侍寝，费蒂玛决定试一试。

第二天早晨，大臣弄清楚了，打着国王幌子的那个人没有耳朵，他是麻葛高墨塔。

这个大臣没有马上下定决心向自己的朋友们揭穿这个秘密。第二天，六个最亲密的人会集到他的家里。在向他们公开自己打探清楚的秘密之前，大臣要求他们发誓严守秘密。他们对天盟誓，保证彼此忠诚。听到这一可怕的新闻，他们全都惊慌失措，六神无主。"我最好是没有到过这里，什么都没有听说过！"每个人心中都这么想。

马上就公开反对麻葛是不可能的。他们既不掌握兵权，又没有忠诚可靠的帮手。然而在积聚力量之前，推迟惩处也不可能。如果让麻葛得知他们的密谋，那么等待他们的就是可怕的死亡。当然并不是他们所有的人，其中告密的一个人将被麻葛赦免。因此现在对于每一个不想被别人捷足先登的人来说，走出这道门就得急忙直奔王宫。大家都存着一样的心思，只是心照不宣。这层心思让王宫卫队长之子、亦是他们中的一员的大流士捅破了：

"我们应该今天就采取行动，"他说道，"如果错过今天，我自己就会向麻葛和盘托出！"与此同时，麻葛和他的兄弟也没有白白浪费时间。他们猜得出来，他们的秘密可能已被揭穿，他们正面临着灭顶之灾。经过认真计议，弟兄俩得出结论：他们必须使普列克萨斯普成为自己的朋友和同盟者。他受冈比西斯的气受够了！残忍的国王曾一箭射死了他的儿子。麻葛哥俩知道，普列克萨斯普在波斯人中间德高望重，他们也清楚，只有他知道居鲁士的儿子冈比西斯的兄弟的命运的真相。

他们邀请普列克萨斯普进行了一次密谈，许给他一大笔财宝，如果他同他们站在一起的话，普列克萨斯普发誓说，决不向波斯人吐露事实上是什么人高踞于宝座之上，他将鞠躬尽瘁执行麻葛兄弟所吩咐的一切。麻葛兄弟当即向他布置第一件任务："明天我们在王宫前的广场上集合波斯人，你登上塔楼，向人群宣布，现在执掌波斯政权的是巴尔狄亚,是居鲁士的儿子,不是其他任何人。号召他们不要相信有关方面的任何传言。"

普列克萨斯普登上了塔楼。成千上万双眼睛一齐盯着他。麻葛哥俩也目不转睛地盯着他。普列克萨斯普从居鲁士的先辈说起,然后讲到居鲁士本人,这位国王为波斯人做了多少好事。麻葛兄弟焦躁不安地等着他说出那些能扫清波斯人疑窦的话来。

然而,普列克萨斯普却出人意料地大声宣布说,居鲁士的儿子巴尔狄亚已经不在人世,当今的统治者是麻葛兄弟。"你们将不得不遭受磨难,波斯父老乡亲们,如果你们不摆脱他们,除掉他们的话。"他以这句话结束了自己的演说,然后跳楼自尽。

在此同时,以大流士为首的密谋者们已经开始朝王宫开进。他们还不知道王宫广场上发生了什么事情。当他们得知普列克萨斯普的演说以及他为此而自尽的消息后,他们开始商议,此刻广场上人山人海,是否要向麻葛兄弟发起进攻。他们最后决定,不能坐失这一良机。

他们都出身于名门贵族,所以卫兵也不敢对他们加以阻挠。但是通往内宫的路被仗剑执戈的宦官们挡住了。密谋者们当即就地杀死内宫侍卫,冲进内室。麻葛兄弟俩正在宫内商讨对策,听到门外的喊叫和兵器撞击声,他们马上猜到出了什么事。兄弟俩一个抓住弓箭,另一个抓住长矛,一齐投入搏斗。他们用长矛刺中一个密谋者的眼睛,击中另一个人的侧肋。但是弓箭不适合近战,因此拿弓箭的麻葛逃进隔壁的房间,随手把门关上。大流士和另一个密谋者赶紧追上去,他们追上麻葛,又是一场搏斗。

昏暗中,大流士的伙伴和麻葛都跌倒在地板上,两个人都想战胜对方却相持不下。大流士举着剑站在他们旁边,犹豫曹谋者们当即就地杀死内宫侍卫,冲进内室。麻葛兄弟俩正在宫内商讨对策,听到门外的喊叫和兵器撞击声,他们马上猜到出了什么事。兄弟俩一个抓住弓箭,另一个抓住长矛,一齐投入搏斗。他们用长矛刺中一个密谋者的眼睛,击中另一个人的侧肋。但是弓箭不适合近战,因此拿弓箭的麻葛逃进隔壁的房间,随手把门关上。大流士和另一个密谋者赶紧追上去,他们追上麻葛,又是一场搏斗。

昏暗中,大流士的伙伴和麻葛都跌倒在地板上,两个人都想战胜对方却相持不下。大流士举着剑站在他们旁边,犹豫不决,不知如何是好。

"你快出剑啊!"同麻葛搏斗的那个密谋者叫道。

"我会杀死你的!"

"哪怕把我们两个人都刺死,但是麻葛应该死掉!"

大流士挥剑刺死了麻葛。

恢复正统

格劳多特这样记述这段奇异的历史。大流士当上了波斯国王,今天,在德黑兰至巴格达沿途的大山的岩石上还能见到记载这一事件经过的石刻。这些铭文是奉大流士之命篆刻的。铭文的结束语是"大流士剑劈麻葛,登上王位"。格劳多特的故事是最早记述冒名顶替者的篇目之一。

　　大流士在贝根斯山崖上记载自己的统治史,就从这一功劳说起。这段记载非常珍贵。铭文附有浅浮雕刻成的国王和九个有关的冒名者,他的双脚踩着其中的一个人(这个人就是这段特殊的短文记述的伪巴尔狄亚)。

最淫乱的教皇

——巴尔塔扎尔·科萨

人物档案

简　历：贝兰特伯爵，伊斯基亚和普罗岑塔统治者，罗马教皇（1410～1415年）。衰败时期最淫乱的教皇之一，以诸多风流韵事闻名于世。

生卒年月：1365年～1419年12月22日。

性格特征：至死一直对美色兴趣不减。

历史功过：他青年时期当过7年海盗，曾被宗教法庭判处火刑。越狱逃跑后重当海盗，曾又被捕。乌尔班六世任命他担任教皇军队司令。接受高职后，在教廷中担任最高职务。1410年5月17日被选举为教皇，5月25日举行加冕典礼，定约翰八世为自己的称号。

名家评点：迪特里赫·冯·尼姆这样写道："巴尔塔扎尔在罗马期间想出来的'花样'是闻所未闻，无可比拟的。淫荡、乱伦、不忠、强奸以及其他种种为上帝所愤慨的脏脏下流的罪行，无所不做。"他还写道："仅仅在博洛尼亚，科萨就勾引了200多名妇女。他到那里去是受教皇委派解决涉及教会和政治的各种问题的，但与此同时他也不忘记抽空去寻花问柳。他的情妇有有夫之妇、寡妇、姑娘和修道院的修女。其中有的人是因为爱他，甘愿当他的情妇，但是有一些却是在修道院里被粗暴强奸的。"

科萨家境

　　贝兰特伯爵，伊斯基亚和普罗岑塔统治者，罗马教皇约翰三世（1410～1415年）。衰败时期最淫乱的教皇之一，以诸多风流韵事闻名于世。他青年时期当过海盗，后来在博洛尼亚学习法律，上大学时曾被宗教法庭判处火刑。越狱逃跑后重当海盗，曾被捕。乌尔班六世任命他担任教皇军队司令。接受宗教高职后，在别涅迪克特九世教廷中担任最高职务。在大衰败时期任教皇。1415年康斯坦察大教堂要求他退位。他潜逃在外，但被抓获。稍后，马尔廷五世任命他为图斯库兰斯堡主教和红衣主教联合会会长。

在巴尔塔扎尔出世之前,他的家族已经传至第四十代。科萨家族早年是罗马贵族,后来被封为贝兰特伯爵,领有那不勒斯湾的一大片土地。但是到 13 世纪末,家道中落,一贫如洗。祖上传下来的家产只剩下伊斯基亚岛上的几个村庄。这些产业的收入仅够贝兰特伯爵一家勉强度日,巴尔塔扎尔的大哥加斯帕尔厌倦这种日子,当了海盗,因多次打劫而臭名昭著。

海盗生涯

加斯帕尔很长时间都没有同意带 13 岁的弟弟去参与打劫,最后他还是在一次打劫中看见了科萨,他终于明白科萨能够在打劫中自己保护自己。小科萨喜欢他的新营生,转眼之间就有一大笔钱财到手。

不过,比起货物和财宝来,巴尔塔扎尔更喜欢他们从打劫的海船上俘获的或者从居民点抢来的漂亮姑娘。她们同所有的俘房一样,手无寸铁,没有能力自卫,于是科萨任选一个,第二天再换一个新的,而到第三天则把两个都送给朋友,因为他自己又有了下一个目标。

科萨活了 54 岁,他至死一直对美色兴趣不减,与他共过枕席的情妇,从未成年的小姑娘到成年的贵妇人,不计其数。后来,康斯坦察天主教大教堂审判他时,这一事实是起诉的主要罪状之一。

巴尔塔扎尔当了 7 年的海盗,要不是母亲的干预,他本不想放弃这个营生——根据母亲的建议,他进了博洛尼亚大学,该校的神学享誉全意大利。

出色学生

无论老师还是学生,大家很快就发现了科萨的才干。他被认为是系里最出色的学生,是技艺超群的击剑运动员和最受女性青睐的人。大学生们都把巴尔塔扎尔奉为自己的头头。凡校园内发生的冒险行为和各种稀奇古怪的事情,领头人必定是他。

巴尔塔扎尔非常喜欢冒着风险,同博洛尼亚的美女们幽会,这些美女们受到亲属或者丈夫的严密看管,因而特别愿意幽会。对于巴尔塔扎尔而言,穿过所有的城堡和紧锁的门户,同一个又一个情妇过夜,是最高的享受。

成功越狱

有一次,巴尔塔扎尔赴幽会回来的路上,遭到一名雇佣杀手的袭击,全靠身手灵活,这位未来的神学家才免于一死。他只是伤了一只手,但是也没能抓住凶手,凶手借着夜幕的掩护躲进了狭窄街道的迷宫。大概,这个强盗以为把巴尔塔扎尔吓得够呛,他的足迹再不会进入危险地区了。但是,第二天,前海盗依然照旧去赴约。他后来查明,那天的袭击是他过去的一位情妇安排的,她想借此报复他。

对失意女子的惩罚十分残酷。巴尔塔扎尔当着她的面,杀死前来护花的丈夫,接着把前情妇脱得一丝不挂并捆起来,用三棱匕首尖在她的胸脯上划出一个鲜血淋淋的五角星。但是,他没来得及马上脱身,仆人们听见响动和叫喊及时赶到了。

为了摆脱追捕,他跑进一个花园,在里面藏了起来。追赶者从旁边跑了过去。正打算离开自己藏身之地的科萨,突然发现花园深处有一幢房子。他走过去推开房门,看见一个美貌非凡的年轻女子。乍看见这个受伤的陌生人,她并不惊慌,她叫来女仆,吩咐女仆给陌生人把伤口清洗干净,包扎妥当。然后,她消失在房子里。

这个女子就是维罗那人扬德拉·杰拉·斯卡拉。她的祖父和父亲曾经先后担任该市市长,但是在1381年家庭发生了一起悲剧:扬德拉的父亲被自己的兄弟杀死,后者夺取了维罗那市的权力。为了逃避迫害,17岁的扬德拉逃到博洛尼亚,一住就是4年。因此,巴尔塔扎尔同扬德拉相会之时(1385年),她已经22岁了。

扬德拉早年对魔法、魔术、炼金术和占星术感兴趣,她会预测未来。当时,这类活动被视为异端邪说,受到宗教法庭的残酷镇压。扬德拉当时从事这些活动是在冒险,但是她受到红衣主教迪·桑托·基亚勒的暗中保护,主教爱上了她,收留她住到自己家里。

不久,科萨再次来拜访扬德拉。但是他们没来得及说话,一群宗教法庭的人闯进房子里。科萨奋力回击并打死了两个人,但终因寡不敌众,他俩还是被那些人抓了起来。

意大利大法官多米尼科·布朗塔利诺亲自审问两名被捕的人。扬德拉被指控为抛弃自己的救命恩人,而委身于一个魔鬼,把新出世的婴儿献给恶魔撒旦做牺牲;她乱伦作孽,同恶魔共枕;她烹煮并吞食人体器官。总之——为了把人们引入歧途。

接着审问了科萨。指控他在宗教法庭拘捕扬德拉时杀死了他们的两名侦探,而且他是她的情夫。

他们被判处火刑。

科萨的前情妇伊玛·达维罗娜获准探视他。她给巴尔塔扎尔带去一条令人欣慰的消息:火刑最早也要在三个月以后执行。

这条消息使巴尔塔扎尔大受鼓舞。他仗着自己的果断,被捕还不到一个月就成功越狱重获自由。科萨打死一名卫兵,穿上他的衣服逃出监狱,随即隐没到博洛尼亚街上的人流之中。

巴尔塔扎尔找到加斯帕尔,他们俩一起制定了为营救扬德拉而攻打监狱的计划。加斯帕尔手下有120名海盗,这些海盗甭说是一所监狱,就是整个城市都能拿得下来。此外,雇佣兵队长阿里别林戈·朱西亚诺还自告奋勇帮海盗的忙。只要给2000埃斯库多,他就派出自己的100名雇佣兵前来助战。兄弟俩开始等待合适的进攻时机。

扬德拉于1385年2月获救。监狱的墙里墙外爆发了一场真正的激战。巴尔塔扎尔又一次负伤。科萨和扬德拉在朋友们的陪伴下,跃上马背,冲出了博洛尼亚。

重操旧业

巴尔塔扎尔重新操起海盗旧业。科萨推辞了加斯帕尔邀请他当助手的建议,弄了三条小船,这就是他未来小船队的基础。然后同几个朋友一起,走遍海岸边的小酒馆,拉起了队伍。

这次他的海盗生涯持续了4年。起初,由于巴尔塔扎尔指挥的只是几条小船,抢劫一般在离岸不远的海面上或者干脆就在岸上。后来海盗们夺取了一条大船,不久又搞到几条,科萨的船队把自己的活动范围从地中海北海岸扩展到了南海岸。海盗利益区包括突尼斯、阿尔及尔和摩洛哥,以及西班牙、西西里、撒丁、科西嘉的沿海省份。他们既抢劫穆斯林,也抢劫同教的基督教徒。大量的战利品都运回科萨在伊斯基亚岛的老家。很快老家就堆满了各种各样的货物,其中主要的是奴隶,奴隶交易又赚回大量的金钱。

盗亦有道,海盗也有自己的荣辱观。在信仰问题上,他们特别不肯随意轻从,尽管在他们这一行当中,有不少人同时信奉上帝和财神,然而所有的人都尊重宗教信仰自由,因此,巴尔塔扎尔在兰佩杜扎岛上的行径招致了海盗圈内尖锐的谴责。

兰佩杜扎岛位于西西里岛南面,当时是地中海海盗的一块中立地带。穆斯林和耶稣信徒可以同等自愿上岛休息或者修理各自的船舶。岛上主要的名胜是一个洞穴,是信奉各种宗教的人同时膜拜的圣殿和教堂。其中的一面墙上悬挂着圣母玛利亚的画像,对面墙下则是伊斯兰教真主的墓冢。基督徒在圣母脚下献上自己的供品,穆斯林则在真主的墓前上供。所有的供品都是不可动用的。

巴尔塔扎尔·科萨打破了这一"禁忌"。他看见这些供品,就下令把供品全部搬到自己的大船上。海盗们议论纷纷,但是科萨的权威不容置疑,于是货物都被转移到了大船的底舱里。洞穴事件之后第二天,科萨的船队恰巧遇上了风暴。所有的船都超载——除了兰佩杜扎岛上的收获之外,舱内还有500名黑奴——不得不在波谷浪峰间艰难颠簸。巴尔塔扎尔和他手下的人不止一次遭遇过风暴,然而这一次遇上的风暴是一场不折不扣的飓风。结果全体覆没:船队、奴隶和货物。跟科萨一起登上小船得以生还的只有扬德拉、利涅利·古因治和独眼大汉古因达乔·布阿拿科尔萨。他们在海上颠簸漂荡了一个多昼夜,才半死不活地被抛到岸上。巴尔塔扎尔和古因达乔在小船上发下宏愿,如果获救的话,将去当神职人员。

海盗们还没来得及清醒过来,就被他们不久前抢劫过的当地居民抓获。农夫们认出来他们就是欺负过自己的人,先是将他们痛打一顿,然后把他们送往最近的诺切拉市,市里把海盗们关进了要塞。

巴尔塔扎尔被认出来就是数年来搅得那不勒斯海湾一带惊恐不安的残忍海盗。他自会得到应得的报应。

弃恶从善

然而在诺切拉,巴尔塔扎尔遇到了一个决定他的后半生的人,可以说这个人就是未来梵蒂冈当家人的教父。

这个人就是乌尔班六世教皇。

教皇当时处境困难,他受到"反教皇"势力的排挤。在乌尔班六世周围,没有一个可以放心地托付军队指挥权的人。教皇突然得知,在本市要塞关押着著名的海盗巴尔塔扎尔·科萨!"这正是我用得着的人。"——乌尔班六世拿定主意,就下令将巴尔塔扎尔押到他那里去。

乌尔班六世对科萨说,如果他和他的朋友们肯为至圣的教廷效力的话,可以免除绞刑。科萨回答说,他之所以当上海盗,实在是出于无奈,为了赎他犯下的罪孽,他早就想弃恶从善,准备当一名神甫或者修道士——只要对至圣的教廷有利。

科萨率领教皇的军队,反对教皇的敌人,以突然袭击摧毁他们,一直把他们赶出沿海地区。巴尔塔扎尔在诺切拉的战利品是缴获了敌人的十一门石弩。

乌尔班六世又交给科萨一项新的任务——调查支持克里蒙特七世的红衣主教案件。

在办案过程中,科萨不仅履行侦探的职责,而且还充当刽子手,亲自拷问上了年纪的主教和红衣主教,最终处死了18人。被授予宗教高职之后,科萨仍然继续进行调查。

查完首批最紧急的案子之后,乌尔班六世责成科萨筹组军队准备同法国人和匈牙利人开战,但是这场战争一直没有开始:从卢卡返回罗马途中,据西部教会的历史学家维奥列卓记叙,教皇从骡马背上摔下来,很快就去世了。

更名博尼法齐九世的新教皇彼得·托马切利,是那不勒斯人,与巴尔塔扎尔同岁,不过……智力相当有限,而且不识字。自然,他离不开受过教育、在意大利最好的大学上过五年学的科萨这样的人,因此,立即任命科萨为圣埃弗斯塔菲亚大教堂的修士大辅祭。大教堂位于梵蒂冈,于是,这样一来,科萨就一直是教皇的"身边人"。

据梵蒂冈书记官迪特里赫·冯·尼姆观察,博尼法齐九世没有一件事情能够独立决策,所有的事务实际上全由科萨当家做主。他撰写教皇训谕和教皇通谕,起草教皇把自己的敌人革出教门的文告,规定职务俸禄,宣布拍卖职位,想方设法充实教皇公库。

巴尔塔扎尔成了教皇宫中无可替代的人,他利用自己的地位捞取实惠。那帮在沉船事故中和诺切拉要塞跟他一道获救的朋友,也都得到了有利可图的肥缺。巴尔塔扎尔把扬德拉安排在罗马一处最豪华的官邸里,夜里去会她,同时也不放过白天同另一个女人约会的机会。

他严密监视政治生活中的背叛行为。博尼法齐九世的一个敌人科洛纳,策划反对他的阴谋。科萨亲自率领教皇军队,一举粉碎了阴谋团伙,首要分子被绞死。

1402年2月27日,为了奖励科萨的功劳,博尼法齐九世提升他为红衣大主教。科萨当时才只有37岁,他春风得意,频频大宴宾客,纵情欢娱,恣意享乐。迪特里赫·冯·尼姆这样写道:"巴尔塔扎尔在罗马期间想出来的'花样'是闻所未闻、无可比拟的。淫荡、乱伦、不忠、强奸以及其他种种为上帝所愤慨的肮脏下流的罪行,无所不做。"他还写道:"仅仅在博洛尼亚,科萨就勾引了200多名妇女。他到那里去是受教皇委派解决涉及教会和政治的各种问题的,但与此同时他也不忘记抽空去寻花问柳。他的情妇有有夫之妇、寡妇、姑娘和修道院的修女。其中有的人是因为爱他,甘愿当他的情妇,但是有一些却是在修道院里被粗暴强奸的。"

1403年初,科萨被博尼法齐九世派往博洛尼亚。到了那里,他想找到已经18年未曾谋面的伊玛·达维罗娜。但是,伊玛不在博洛尼亚。据她过去的女仆说,她出嫁后已经移居米兰。

科萨从博洛尼亚赶往费拉拉,召集起军队,很快占领了博洛尼亚、雷焦和帕尔马——这些教皇国之外的城市,归当地的封建主管辖。在这次战役中,巴尔塔扎尔灵活运用阴谋、欺诈和背叛,表现出不仅是一个能干的军事指挥官,而且是一个出色的政治家和杰出的外交家。结果,1403年8月25日,博洛尼亚、佩鲁贾和阿西西——教皇国中最富庶的教区,都归到了教皇特使巴尔塔扎尔·科萨的管辖之下。

在所有的军事征讨中,巴尔塔扎尔都有两名老海盗陪侍左右——利涅利·古因治和古因达乔·布阿拿科尔萨。前者懂得神学,由于支持科萨,成为法诺的主教。古因达乔只当了一名普通神职人员,因为甚至连科萨也没有打算给予他更高的职位。

1406年11月,巴尔塔扎尔被告知,印诺坎迪七世教皇因中风猝死在罗马。印诺坎迪七世是博尼法齐九世的继任者,在位只有两年。

埃·凡切利写道:"众所周知,印诺坎迪七世教皇因嫉妒自己特使的政绩,一直想剥夺他对博洛尼亚的管辖权。一旦他死去,说他是被科萨及其同伙下毒致死的传言便不胫而走。随着时间推移,这种传言得到了证实。"

1406年11月,选举教皇会议推选安哲罗·科拉利罗为教皇,他更名为格里高利十二世。巴尔塔扎尔·科萨第一个在选举记录上签字。

格里高利十二世处于权力无边的红衣主教的掌握之中。他事事都要同他商量,把他作为自己的特使留在博洛尼亚。这是教皇国中最显赫最重要的职位。因此,科萨成了第一红衣主教。但是,格里高利十二世渐渐感到科萨的监护是一种累赘,为了削弱他在高级神职人员中的影响,又任命了一批新人担任红衣主教。教皇同第一红衣主教之间的关系急剧恶化。格里高利十二世宣布将巴尔塔扎尔·科萨革出教门,剥夺了他的特使头衔和权力。博洛尼亚和罗马的居民摆脱了忠于科萨的誓言的束缚。

科萨则宣布,在他过去以教皇的名义治理的教区,他自己是绝对独立的主宰。除此之外,他还把国内对格里高利十二世的统治心怀不满的神职人员和俗家官员联合起来。

1409 年 6 月 15 日,10 名追随主管阿维尼翁的贝涅迪克特十三世教皇的红衣主教,和 14 名拥护格里高利教皇的红衣主教,在比萨集会,讨论废除两位教皇并选出一人担任教皇。科萨做了大量充分的准备,与会的多数教会显贵都发言赞成最高司祭由他们之中最称职的巴尔塔扎尔·科萨来担任,但是他拒绝了这一荣耀。他拒绝的理由是,担任这一高级职务另有更为称职的候选人——希腊人彼得·菲拉尔格,此人其实是他的傀儡。

科萨的威望发挥了应有的作用,1409 年 7 月 7 日,彼得·菲拉尔格成为亚历山大五世教皇。罗马教廷的一位历史学家就该事件写道:

"科萨早就能被选为教皇了,但是他决定拒绝登上教皇宝座,而宁可将彼得·菲拉尔格置于危险之中,明知他登上教皇宝座之后,会成为握有实权的博洛尼亚红衣主教兼特使手中的驯服工具。科萨之所以这么做,主要是为自己和自己的亲属着想。他的三个兄弟,都是大名鼎鼎的海盗,都在教皇国中占据高级军事要职。科萨本人,作为亚历山大五世的顾问和指导老师,权势更加强大,他开始掌管教廷的对外政策。而且,一旦老迈的亚历山大五世去世,就该由他继位了。"

在这些日子里,科萨又见到了伊玛。得知高级神职人士聚会的消息,她劝说丈夫到比萨去。在比萨市住了 10 天之后,她秘密前往科萨的住所会见情人。

科萨在市里租下了一处最好的宫室,用来同伊玛幽会。他们的安逸日子持续了一个月,扬德拉跟踪并打探出了这对奸夫娼妇。她雇了一名杀手,四次用三棱匕首袭击伊玛。凶手被抓获并被迫交代了谋杀指使人的名字。尽管伊玛受的伤并不致命,科萨还是毒杀了扬德拉……

当上教皇

惊人巧合的是,教皇亚历山大五世也于 1410 年 5 月 3 日与扬德拉同一天死去。现在已经没有任何人挡住科萨通往圣徒彼得宝座的道路了。然而,他首先除掉了自己的老朋友法诺主教。他对科萨忠心耿耿,但是又是扬德拉的情夫,是他向扬德拉通报了伊玛的住址,而科萨对此不能容忍。他在法诺家的卧室里处死了他,然后才去张罗自己的选举。

选举教皇的红衣主教会议于 1410 年 5 月 17 日在比萨召开,出席会议的有 17人。其中大多数都已被科萨买通,为了换取这些人的支持,他向他们许诺各种特权和优惠。未曾出现意外:前海盗当选为教皇。加冕典礼定于 5 月 25 日举行。科萨决定以约翰八世作为他的称号,因为他崇拜在自己之前一百年登上教皇宝座的约翰七世。

当上教皇之后,科萨的当务之急是充实自己的金库,因为侍奉自己的前任亚历山大五世,以及收买红衣主教的选票,他的金库已经消耗殆尽。

科萨巧立名目设了多种"专项税",出卖赦免各种罪行的免罪券。比如,某人杀死了母亲、父亲或者姐妹,他买上一个杜卡特金币的免罪券,就可以抵消这桩罪行,杀死妻子支付 2 杜卡特,一名普通神职人员的命——4 杜卡特,一条主教的命——9 杜卡特,投毒罪——1.5 杜卡特,通奸罪——8 杜卡特,而兽奸——12 杜卡特。

诸如此类"税"种名目繁多,数不胜数,约翰八世的财产不是与日俱增,而是与时俱增了。

新教皇已经 45 岁,他为国务缠身,不堪重负,但是他多年以来对女色的喜好却丝毫不减。约翰八世越是耽于淫乐,在人前和上帝面前犯下的罪孽就越多——竟把 14 岁的孙女也变成了情妇,在此之前还勾引了自己的妹妹和母亲。

教皇同孙女迪诺拉的奸情维持了两年,后来约翰八世将这位孙女情妇派上了新用场。由于他早就同那不勒斯国王弗拉迪斯拉夫交恶,他决定用迪诺拉来改善这种状况,派她去当那不勒斯国王的姘妇。

弗拉迪斯拉夫喜欢上了这位美人儿,待他让她同自己亲近起来之后,约翰八世吩咐自己的药剂师配好春药,派人给迪诺拉送去。照教皇的话说,这种药应该使弗拉迪斯拉夫同迪诺拉彼此更加如胶似漆。实际上这是一种毒药,服用过后,迪诺拉同弗拉迪斯拉夫双双命归黄泉。约翰八世除掉了一个政治上的对手,付出的是迪诺拉之死加上一个佛罗伦金币——这笔钱正是他请药剂师配药的花销。

然而这类勾当,从来不会让巴尔塔扎尔·科萨良心发现,知罪悔过。这时,伊玛来到了他的身边。为了与情夫长相厮守再不分离,她离开了丈夫。科萨获得了充分的心灵平静,着手处理紧急国务。

1414 年 11 月 16 日,在帝国自由市康斯坦茨,在约翰八世教皇主持下召开了教会会议。欧洲各地有 150 名代表前来参加。

与会代表中散发了关于科萨罪行的通报。约翰八世获悉后,秘密派信使去找自己的同盟者弗里德里赫·奥夫斯特里斯基伯爵,请求在他逃出康斯坦茨后提供一个避难所。

会议决定,从今以后,最高教会机构将是教堂主教(即大教堂)代表大会,教皇也要服从代表大会。1415 年 3 月 20 日,约翰八世感觉到自己地位不稳,换上马夫的服装,逃往沙夫豪森市弗里德里赫·奥夫斯特里斯基的官邸。到达那里之后,住在一个易守难攻的城市要塞里,他给西吉兹蒙德皇帝写了一封信,通报了自己已经出逃的事实。约翰八世指望,这一消息会导致解散会议,因为教皇没有出席……

会议没有解散,而是派了一个谈判使团来见教皇,使节们的使命是劝说他返回康斯坦茨。使团同时提醒教皇，就在不久前教皇曾经答应过，如果逊位对教会有利的话他将退位。康斯坦茨方面认为现在正逢其时，他应该逊位了。

但是约翰八世为自己逊位提出的要价很高：将博洛尼亚及其附属的土地留在他的名下，他应该保留红衣主教的职务及三万金杜卡特的年俸，给他提供一张免罪券，赦免他所有的罪责——不仅包括他已经犯下的，而且包括他将来可能会犯的罪过。

听完教皇的要价，使节们立即返回康斯坦茨，并将谈判情况原原本本向西吉兹蒙德皇帝陛下做了汇报。皇帝是一个坚决果断的人，他下令准备同弗里德里赫·奥夫斯特里斯基开战。主教大会一致支持西吉兹蒙德。由于主教们的坚持，会议将弗里德里赫革出教门。时隔不久，西吉兹蒙德的三万大军即开赴沙夫豪森。

约翰八世同弗里德里赫逃往市外，而全城无条件向皇家军队投降，军队开始毁坏并抢掠弗里德里赫的领地。

与此同时，康斯坦茨的主教大会继续进行。有两次会议专门传讯科萨罪行的证人。证人们提供的证据，甚至连见多识广的侦查员们也无法全部将其列入起诉书，如果逐条叙述，内容总共有 54 条之多。

但是，所有这些指控却投诉无门，因为约翰八世仍然逍遥法外。由于拥有极大的财产，他争取到了几个大封建主，其中包括勃艮第和洛林的统治者。但是力量仍然不均等，很快，教皇的同盟者一个个都向西吉兹蒙德投降。

约翰八世从沙夫豪森逃往弗里堡，1415 年 5 月 17 日，他在弗里堡被俘。而在三天之前，在大会的一次专门会议上，教皇被剥夺了所有的权力并移交给司法机关。5 月 29 日，法院就约翰八世案件做出了终审判决。判决书中称前教皇为不可救药的犯教规者、道德沦丧的色鬼、小偷、杀人犯、乱伦者、破坏教会和平与统一的人。

科萨被关押在瑞士王国因尔高市的哥得列宾要塞。等待免职教皇的是一间简单的牢房，有一个窗户朝向要塞走廊。同外界的一切联系均被禁止，现在科萨唯一能看见的人就是给他送饭的狱吏。

新教皇马尔廷五世命令把自己从前的朋友转移到更加可靠的曼海姆市监狱，应该将他置于科萨从前的敌人、普法尔茨侯爵路德维希三世严密不懈的监视之下。

曼海姆的监禁条件十分严酷。科萨由两名德国人看守。巴尔塔扎尔又不懂德语，对他而言关押变成了折磨。如果不是伊玛买通看守经常来看他的话，他未必能经受住突然压到自己身上的磨难。

过了几年之后，在伊玛的帮助下，科萨同普法尔茨侯爵商定，以 38000 佛罗伦金币换取侯爵释放他。钱的数目相当大，但是，生死攸关，也顾不得讨价还价，况且科萨在各个年代用各种手段掠夺来的财产不计其数。

开始，科萨同伊玛一起搬到勃艮第，后来又搬到萨瓦，从萨瓦搬到了意大利。他在利古里亚区的一座城市停下来。科萨派伊玛带信到佛罗伦萨去见自己的前红衣主教现教皇马尔廷五世。在当时那种场合，如果教皇由于某种原因不看信的话，伊玛就会按照科萨的指示,请求佛罗伦萨有头脸有影响的人物到马尔廷五世面前去说情。

伊玛把所有的事都做得准确到位,因此科萨获准来到佛罗伦萨。教皇接见了他,他请求教皇饶恕,并答应永不觊觎圣彼得的宝座。但是他固执地请求马尔廷五世的保票。他得到了——红衣主教的帽子——第一红衣主教的帽子。

接下来的也是最重要的事情就是索还过去交给佛罗伦萨一位可敬的公民保管的钱财。那位公民叫焦瓦尼·美第奇,即后世著名的美第奇府邸的奠基人之一。科萨,准确地说是教皇约翰五世,在赴康斯坦茨参加会议之前,把自己的一笔巨额财产就是交给了他保管。当他见到焦瓦尼并请他还钱时,焦瓦尼毫不犹豫地回答说,他没有什么可还的,因为当时他拿的是约翰五世的东西,要还只能还给约翰五世……据说,正是这些钱,成了美第奇家族牢靠的基础。巴尔塔扎尔·科萨继续同伊玛一起住在自己佛罗伦萨的宫里,一直到 1419 年 12 月 22 日死去。过了一些时候,佛罗伦萨统治者柯西莫一世美第奇责成与多纳杰罗齐名的多纳托·尼科洛·贝托·巴尔第在科萨墓上修建了一座小教堂。

基石上镶着科萨的青铜镀金头像,头像下面是约翰八世的徽章,徽章下面是大理石雕的红衣主教帽子和教皇三重冠及铭文:

“巴尔塔扎尔·科萨,前教皇八世的遗骸安葬于此。”

假冒英国国王之子

——彼尔金·沃尔贝克

人物档案

简　历:冒名者。假冒英国国王爱德华四世之子,觊觎亨利七世的王位,曾受到法国和苏格兰国王的接见。他的一生是世界史上最具传奇色彩的典型再造形象之一。为亨利七世下令处死。

生卒年月:? ~1499 年 11 月。

安葬之地:不详。

性格特征:具有随机应变的能力。

历史功过:爱德华四世的姐妹玛格丽特·勃艮第利用他假冒爱德华四世之子,想推翻亨利七世的王位,但最终未成功,被下令处死。

王位之争

假冒英国国王爱德华四世之子,觊觎亨利七世的王位,曾受到法国和苏格兰国王的接见。他的一生是世界史上最具传奇色彩的典型再造形象之一。为亨利七世下令处死。

爱德华四世国王驾崩后,留下两个尚未成年的儿子——爱德华和理查德。指定为保护人的理查德·格洛斯特清除了夺权斗争中的竞争对手,以理查德三世的名义自立为英国国王。他声称,爱德华四世系非法窃据王位,因为事实上他并不是约克公爵的儿子,由于这一原因,他的两个儿子都不能继承王位。爱德华五世和理查德被关押在伦敦塔,过了一段时间即在那里遇害。1485 年理查德三世的妻子去世,人们怀疑国王为了娶爱德华四世的妹妹伊丽莎白而毒死了她。越来越多的英国人赞同亨利·里士满伯爵反对当今国王的立场。1485 年,他在法国的帮助下发起攻击,在博斯沃尔特近郊的战斗中,理查德三世受了致命伤。随着他的死去,普兰塔格涅特王朝的男系传承至此中断,都铎王朝的奠基人里士满以亨利七世的名义登上英国王位。很快他就迎娶了伊丽莎白。王冠刚刚到手,亨利就不得不投入保住王位的争斗。

爱德华四世的另一个姐妹玛格丽特·勃艮第对于都铎王朝掌权不肯善罢甘休。她不让亨利七世稳坐江山，到处散播流言，说爱德华四世的第二个儿子理查德·约克公爵没有被绞死在伦敦塔——在他的哥哥被杀之后，刽子手们良心发现，悄悄地释放了弟弟。玛格丽特把这些流言散布到了国外。同时，她的密探们四处活动，寻找一名漂亮英俊、身材匀称、能冒名顶替理查德·约克公爵的男性青年，最终如愿以偿。

飞黄腾达

彼尔金·沃尔贝克，拥有气度高贵的外表和优雅的举止，年龄也与理查德相仿。沃尔贝克从早年起到过很多地方，因此很难确定他出生在何地及他真正的父母是何许人。还有一点相当重要：爱德华四世国王曾是他的教父，这名男青年（据说）出生于托尔尼市，外号彼得·沃尔贝克。他是一名受过洗礼的犹太人的儿子，其洗礼教父是爱德华国王本人。不错，国王曾是一名犹太人的教父，而那名犹太人并不是彼尔金。但是，沃尔贝克可能当过上述那名犹太人的教子、雇佣的手艺人、仆人或者养子——他以其中一种身份进入了他的家庭。沃尔贝克同爱德华四世国王很熟，完全可能也熟悉宫廷生活的某些规矩，能扮演好冒名顶替的角色。爱德华驾崩之时，他已经有 10 来岁了。

事情的经过是，约翰·奥斯贝克和他的妻子叶卡捷琳娜·德法罗有一个儿子名叫彼得。彼得长得柔弱娇气，因此，大家都把他当小孩子，叫他彼得金或者彼尔金。至于他姓沃尔贝克是随便猜的，不过彼得正是凭着这个姓才名声大噪，飞黄腾达。

他还是小孩子的时候，跟随父母回到托尔尼。稍长大一点之后，他被送到安特卫普的亲戚家去受教育。于是，小男孩有不少时间是在安特卫普至托尔尼的路上度过的。彼尔金长期生活在英国人中间，英国话说得极好。玛格丽特·勃艮第的密探在安特卫普找到了他。看到他高雅的气度和讨人喜欢的举止，爱德华四世的姐姐想道，终于找到了一大块绝佳的大理石料，可以用他雕塑出一个约克公爵来。

玛格丽特对他的存在讳莫如深。她培养彼尔金优雅的举止，教导他如何保持庄重高贵，但又不失历尽磨难困苦而烙上的谦逊温顺；然后详细讲述他将扮演的理查德·约克公爵。她描述了国王和王后——他虚幻的父母、他的哥哥和姐妹、他童年时身边的其他许多人的爱好、举止和外貌，以及在爱德华国王生前发生的、能够印在小男孩记忆中的一些事件。她还讲了国王驾崩之后发生的事情，至于监禁在伦敦塔、哥哥牺牲的情景和他自己的逃脱，她知道，在这些情节上能够揭穿他的人并不多，因此她只局限于为他编了一段似乎是真实而且他又不应该回避的故事。

阴谋家们还考虑到，他应该讲一讲自己在异国他乡浪迹天涯的遭遇。玛格丽特教他绕过他将面对的种种可能别有用心的问题。况且，彼尔金具备这种随机应

图文珍藏版

变的能力，她在许多方面都可以相信他的智慧和机灵。最终，玛格丽特·勃艮第以某些现在的赏赐和将来更多的许诺激发他的想象力，绘声绘色地描述如果一切顺利，王冠将带给他荣耀和财富，并许诺如果他们的计谋落空的话，她将在自己的宫中给他提供可靠的避难所。

玛格丽特认为，这个从路上找来的爱德华四世的儿子在爱尔兰亮相的时机，应该是亨利七世国王同法国开战的时候。如果他突然从弗兰德来到爱尔兰，那么人们便会想到这件事不无她的参与。此外，1490年英法两国的国王还在进行和平谈判，因此，彼尔金假冒别人的名义同英国女子布兰普顿夫人以及自己的陪同人员先到了葡萄牙。彼尔金应当先在那里隐居起来，等待女后台老板的进一步指示。玛格丽特本人则同时在爱尔兰王国和法国朝廷，为他准备接纳和承认的基础。

彼尔金·沃尔贝克在葡萄牙呆了一年左右，待英国国王召集议会向法国宣战的时候，他立即出发前往爱尔兰。

沃尔贝克到达科克市时，立即被一群爱尔兰人包围起来。看到他衣着华贵，当地居民议论纷纷。一些人说他是克拉伦斯公爵，他以前到过那些地方；另一些人说，他大概是理查德三世的私生子；还有些人说他是理查德·约克公爵，是爱德华四世的第二个儿子。照彼尔金的话说，他似乎都想拿着福音书起誓，他既不是克拉伦斯公爵，不是爱德华四世的私生子，也不是爱德华的二儿子，但是他的话没有人听。事实上，他一到爱尔兰，马上就装出是约克公爵的样子，开始招集同盟者和追随者。他分别给德斯蒙德伯爵和基尔德伯爵发出信件，呼吁他们帮助他，加入他的政党。彼尔金在爱尔兰亮相以及当地对他的接待，使得苏格兰国王有充分的理由不急于同亨利七世签订永久和平协定。

玛格丽特把深受亨利七世国王信任的仆人斯特凡·弗来昂争取到了自己一边。他当时担任国王的秘书，是一个积极肯干但永不知足的人。弗来昂离开亨利七世，投奔法国国王卡尔并为他效劳。卡尔弄清了彼尔金的意图，加上他自己也不反对利用任何机会来侮辱英国当权者，马上派遣弗来昂和一个叫卢卡斯的人去见彼尔金，让他们给他带话说，法国国王对他很有好感，并且愿意帮助他向篡夺英国王位的亨利国王、法国的敌人索回自己的权力，同时邀请他前往巴黎。

彼尔金受到鼓舞，精神振作起来。他通知自己在爱尔兰的朋友们说，听到了命运的召唤，遂动身前往法国。

冒名者在巴黎受到国王最高规格的接见。国王欢迎他到访，尊称他为约克公爵。卡尔安排他住进富丽堂皇的宫室，并派人对他予以特殊保卫。朝臣们都参与了国王玩的这场游戏（尽管他们装假的水平不高），因为他们看出其中有国家的原因。在那一段时间内，彼尔金的住处门庭若市，登门拜访的有许多英国贵族：乔治·涅维尔爵士、约翰·泰勒爵士以及其他上百来人。而斯特凡·弗来昂成了沃尔贝克主要的顾问和所有活动的参与者。然而这一切，只不过是法国国王为促使亨利国王服输求和设下的诡计。况且，出于珍惜自身荣誉的考虑，法国国王不愿意把冒名者交给亨利国王（这是英国方面一再坚持的），只是警告沃尔贝克说有危险，把他从王宫搬了出去。

彼尔金自己也想离开，他担心自己会遭到秘密绑架。他匆匆忙忙赶往弗兰德去见勃艮第公爵夫人。在那里，他以一名命运多蹇屡遭不幸的流放犯人的身份出现，驾着自己的独木舟驶遍天涯海角想找到一处安全的港湾。与此同时他装作第一次来到弗兰德的样子。而玛格丽特也假装仿佛是看一个陌生人似的看着自己面前的这个异乡人，并当众宣称，她首先必须细细盘问这个年轻人，核实站在她面前的是否真的是约克公爵。

听完他的回答，她摆出一副既惊讶又高兴同时又害怕相信他能奇迹般地逃生的架势。终于，她激动地叫道，大难不死，必有后福，上帝不会白降奇缘救他一条活命，肯定为他安排好了伟大而幸福的未来，她欢迎他死里逃生。至于他被驱逐出法国一事，正好证明了他的伟大不凡，因为法国与英国媾和，只有在卡尔抛弃彼尔金之后才有可能，自然，不幸的王储只能成为两位强势君王虚荣心的牺牲品。而且，彼尔金本人也学过许多礼节和国王礼仪，他回答任何问题都沉着自如，使他博得了所有在场人的欢心，他优雅的悲哀以及对所有不相信他的人的藐视，使得所有的人都认定他就是理查德公爵。此外，由于长时间习惯于冒充另一个人，由于经常重复谎言，他本人几乎完全进入了角色，并对自己的骗局深信不疑。所以，公爵夫人似乎抛开了最后的怀疑，给予他与国王身份相称的礼敬，始终用自己侄子的名字来称呼他，甚至授予他英国最高的白玫瑰爵位，为他配备了一支卫队，这支卫队体面排场，由30人组成——清一色的执斧钺兵士，身着镶金边银饰绣着天蓝色花朵的深红色制服。而且对他表示恭敬的还有她所有的臣下，不论是佛拉芒人还是外国人。

约克公爵仍然活在人世的消息迅速传遍英国。人们说，理查德起先旅居爱尔兰，后来移居法国又被法国出卖，现在他被弗兰德所承认并被待为上宾。

人们开始指责亨利七世，说他欺骗人民，凌辱贵族，并为他丧失布列塔尼与法国媾和给他记上一笔账。但是指责他最多的是，至今尚未承认伊丽莎白王后有登基的权力，现在民间都在传说，上帝向世间出示了一名约克家族的男性后裔，他不会有好下场。这些流言传播如此之广，使得王宫侍卫大臣威廉·斯坦利爵士、菲茨沃特勋爵，塞蒙·蒙特菲尔德爵士和托马斯·特维茨爵士很快就密谋串通起来维护理查德公爵的利益，但是他们任何人都没有公开表态，除了罗伯特·克利福德和威廉·巴尔利，他们两人受阴谋党人派遣出使弗兰德。鉴于罗伯特·克利福德爵士是享有盛誉的世袭贵族，他的到来特别让玛格丽特夫人高兴。同他谈话之后，她带他去见彼尔金。他后来同彼尔金有过多次长谈。最终，也许是听信了公爵夫人鼓舌如簧的劝说，也许是相信了彼尔金惟妙惟肖的表演，他给英国写信说，他了解理查德·约克公爵就像了解自己一样，这个年轻人无疑就是那个人。这样一来，这个国家的造反暴动一切准备就绪，而在弗兰德和英国的阴谋家们之间，建立起了紧密的联系。

寻找证据

亨利七世需要揭露这个冒名者和那群阴谋家。为此,他必须找到证明约克公爵确实被杀的证据,或者证明彼尔金是个冒牌货。

能够确证约克公爵已被杀死的只有四个人:理查德国王的佣人詹姆斯·蒂雷尔爵士,最后的仆人(两个刽子手及行刑人)约翰·代顿和迈尔斯·弗雷斯特,以及埋葬死者的人——伦敦塔的神甫。这四个人当中,迈尔斯·弗雷斯特和神甫已经死亡,活在人世的只有詹姆斯·蒂雷尔爵士和约翰·代顿了。国王下令把这两个人关进伦敦塔,审讯两位无辜王子的死亡详情。

他们供称,理查德三世国王关于杀死两位小王子的命令下达给了伦敦塔要塞司令布莱肯伯雷,但是司令拒绝服从命令,于是国王转而命令詹姆斯·蒂雷尔爵士从要塞司令手中接管伦敦塔的钥匙,执行国王的特别命令。

詹姆斯·蒂雷尔爵士当即在仆从的陪同下赶到伦敦塔,他站在楼梯口,派这群恶奴上楼去执行国王的意志,他们窒死了两位熟睡的王子。两位王子的尸体就地埋在楼梯下,上面用石块覆盖。

当向理查德国王报告他的意志已被执行时,他向詹姆斯爵士道了谢,但是不赞成埋葬地点,因为他认为这个地点对于国王的儿子们来说太低了。因此根据国王的新命令,伦敦塔的神甫在第二天夜里又把两具尸体刨出来,埋到了另外一个地方。由于神甫在那之后很快就死了,所以那个地方没有人知道。

亨利七世在所有反对彼尔金的声明中都没有使用这些供词,因为在审讯之后,事情依然混乱不清。于是,国王想从查清冒牌货的身世入手。他向几个国家甚至包括法国派出了自己的探子,其中几名探子伪装向彼尔金投诚,混到了他的身边,其他人则以各种借口开始打听搜集彼尔金的父母、出身、性格、爱好……简而言之,凡是有助于澄清他的身世的细节。

亨利七世重赏了自己的探子们,要他们保证随时向他通报他们打探到的一切情况。最机敏的一名探子奉命骗取弗兰德党头目们的信任,探听清楚在英国和国外都有哪些人是他们的同盟者和代理人;每个人陷入阴谋有多深;他们还打算争取哪些人,以及在可能的情况下探清彼尔金及阴谋家们全部秘密的底细。

依靠这些间谍,国王对英国国内每一个参与阴谋的人都掌握得一清二楚。而且他还搞到了罗伯特·克利福德爵士的部署。亨利七世在国内广泛散布消息,揭露冒险家彼尔金及其关于自己身世凄苦流离漂泊的谎言——这些都是通过宫廷小道消息的方式一传十,十传百地传播出去,这比颁布正式文告有效得多。到了这一步他才当机立断,派使臣去见弗兰德的菲利普大公,劝说他不要再抱住彼尔金不放,赶快打发他出宫。

经过短暂的廷议,给了使臣如下答复:出于对亨利国王的爱,大公不会以任何方式帮助伪公爵,他将竭尽全力维护同国王的友谊。至于孀居的公爵夫人,拥有在作为嫁妆划归给她的土地上专断独行的权力,他也不能强迫她放弃自己的意见。

对这样的答复,亨利七世绝对不会满意,因为他十分清楚,嫁妆并不包括主权,尤其是招募军队的权力。除此之外,使臣们告诉他,据他们观察,在菲利普的议会中支持冒牌货的势力十分强大,而且尽管大公想使事情看起来似乎他只是不阻碍公爵夫人窝藏彼尔金,实际上是他自己在帮助和纵容他。

国王知道彼尔金倚重在英国国内的朋友和同盟者更甚于依赖外国军队,他决定,他应该严厉惩罚国内的一些主要阴谋分子,以此来消除弗兰德党的指望。

国王召见了几位得力的顾问和克利福德。克利福德扑到他的脚下,乞求饶恕,国王当即答应了他,何况在此之前他已经秘密答应了饶他不死。接着,克利福德供出了他所知道的一切,并且告发了王宫侍卫大臣威廉·斯坦利爵士。

泰勒在自己的《苏格兰史》中,就1494年12月22日得到亨利饶恕的克利福德爵士的供词写道:"这一揭发对于约克家族来说是一次致命的打击。他们的打算显然是趁他们为数众多的同盟者在爱尔兰准备起义时,宣布彼尔金为英国国王;同时苏格兰国王率领军队越过边界,迫使亨利分散自己的兵力。但是,边境地区氏族公社的首领们按捺不住拉开了战幕,过早地侵入英格兰境内。对沃尔贝克来说不幸的是,正当好斗的自由逃民,包括阿姆斯特朗、埃里瓦尔德、克罗萨尔、维格姆、尼克松、亨利松带着人马汇集到都柏林,准备发动支持冒名的约克公爵的起义时,克利福德的叛变揭开了阴谋的全部细节,抓捕和处死首恶分子,使得人人自危,彼尔金的事业由此陷入穷途末路。"

这些死刑,特别是处死侍卫大臣、阴谋分子的骨干,让彼尔金和他的同盟者们大为震惊——他是被他们极为信任的罗伯特·克利福德爵士告发的。

沃尔贝克依然指望普通人对约克家族的怀念。他以为,普通人不像显贵人物那样贪得无厌,要争取他们的怀念,只需在空地上竖起一面大旗即可。他选择肯特海岸作为自己将来的出击地点。

当时,国王以狡诈有远见著称,而且每一起成功结局的事件,都被认为是他的远见卓识的功劳。后来传说,国王收到彼尔金打算在柯克登陆的秘密情报,决定引他上钩,故意北上远行,向冒险家敞开侧翼,迫使他靠近并向自己进攻。

彼尔金的军队基本上由乌合之众组成,其中有破了产的无业游民、小偷或者抢劫犯之类。他带着这支军队渡海出发,于1495年7月初靠近森得维奇与迪尔之间的肯特海岸。

他在那里抛了锚。肯特郡的居民们明白,英国贵族不支持彼尔金,他的军士都是异乡人,比之夺取全国来,更善于快速清除郊区,居民们找到本郡的贵族们宣誓效忠国王,希望贵族们调遣指挥他们,以更好地维护国王的利益。

经过商量,贵族们派出一部分力量来到岸边,打信号把彼尔金的士兵骗上陆地,好像是为了跟他们会合,而吩咐其余的人分散在海岸各处,制造仓皇撤退的假象,引诱他们登陆。

但是彼尔金已经知道，听命于当局的人民经过商量，然后排成行军队形，像起义者一样从各个方向杂乱地涌向首领。同时冒险家还发现，他们的武器精良。彼尔金决定在没有弄清楚一切都万无一失之前，不离船登陆。

明白他们再也骗不了人之后，英格兰人扑向那些已经登陆的人，对他们又杀又砍。

在这场冲突中（除了因逃跑被砍杀之外）抓获俘虏150多人。

国王得知暴乱者登陆的消息后，本想中断自己的行程，但是在接到暴乱已被粉碎的通报之后，他向肯特郡的理查德·吉尔德福德爵士发了贺信，继续北行。

为了杀一儆百，亨利七世下令把所有的俘虏全部绞死。俘虏像一辆车套几匹马似的用绳子绑成一串押送伦敦，分别在伦敦和维宾格，在肯特、塞谢克斯和诺福克的海滨被处死，他们的尸体被就地用来当航标和灯塔。

彼尔金再次返回爱尔兰。他在爱尔兰喘过气来之后，决定向年轻豪爽的苏格兰国王雅科夫求助。雅科夫同贵族和平民都相处融洽，是亨利国王的敌人。当时同英国国王交恶的还有马克西米利安和法国国王卡尔，他们牵挂沃尔贝克的成败，他们两个都向苏格兰国王发出秘密信件和公函推荐他。

彼尔金带了一大批随员来到苏格兰，受到国王礼貌的欢迎。1495年11月20日他抵达达斯特林。

接进王宫

彼尔金被隆重接进王宫。国王当即由群臣陪同在国王议事大厅亲切接见了他。沃尔贝克走近国王，微微鞠了一躬，接着后退几步，声音洪亮地发表演说词。

雅科夫国王致答词时许诺说，不论客人是什么人，他决不后悔把自己交给他支配。苏格兰人从那一刻开始，要么是为彼尔金迷人可爱的礼节所折服，要么是相信了两位伟大的异国国君的推荐，要么是愿意利用这个借口同亨利开战，开始把他当成理查德·约克公爵来对待。而且，为了消除最后的怀疑，证明他把他当成一位伟大的国君，而不是一个冒牌货，国王同意公爵娶叶卡捷琳娜·戈登勋爵小姐为妻，她是亨特利伯爵的女儿，也是国王本人的近亲——还是一名倾国倾城品德高尚的处女。

很快，苏格兰国王陪同彼尔金率领一支庞大的基本上是由边境地区居民组成的军队开进了都柏林。

然而，彼尔金关于团结在他周围的号召，并没有得到民众的响应。于是，苏格兰国王转而采取偷袭手段，以火与剑把都柏林伯爵领地夷为平地。得知派出军队来迎击他的情报，他带着大批的战利品返回到苏格兰。据说，彼尔金看见苏格兰人动手毁坏村庄，义愤填膺地去见国王，要求他不要进行这种野蛮战争，因为他不需要以使他的国家破产流血的代价换来的王冠。

在这种时候,苏格兰国王和英格兰国王开始进行媾和谈判。但是,他们很快走进了死胡同。主要的障碍是亨利七世要求把彼尔金作为不受国际法保护的人交给他。雅科夫断然拒绝这样做。他说,在彼尔金的权力方面,他是个不高明的法官,不过,他把他看成是一个申请人,把他视为一名失去了家园的流亡者予以保护,相信他是一名国君,把自己的一个近亲嫁给他为妻,以武力帮助他,所以现在出于名声,不能把他交给敌人,因为这意味着把他对他说过的话和做过的事都一笔勾销,并承认这一切都是谎言。

但是,苏格兰国王在不改变自己在彼尔金问题上的正式立场的同时,经过同英格兰人和其他证人多次的谈话之后,开始怀疑彼尔金是个冒牌货。雅科夫召见了他,历数了他所给予他的种种恩惠和仁慈,建议彼尔金考虑一下自己的去留,选择一个更加合适的流亡地点,并补充说,他并不想说这些话,但是英格兰人向苏格兰民众揭发了他——他已经两次询问过自己所有的亲信,他们之中没有一个人站在他的一边。但是他将履行自己的诺言,为他提供船员。

彼尔金答复国王说,看来,他的时机尚不成熟,不过,不论他的遭遇如何,他想起或说起国王时都将给予他应有的尊敬。沃尔贝克没有去弗兰德,因为他担心,自从一年前大公同亨利七世签署条约之后,这个国家变成了他的陷阱。冒险家带着妻子和一批忠实的同盟者,移居爱尔兰。

康沃尔不久前的群情激昂,似乎不再向着彼尔金了,虽然他的告示许诺废止苛捐杂税和种种收费,打动了忠诚的心弦,康沃尔人也怀念他的好处。在彼尔金到达之前,康沃尔曾经被俘后又获释的叛乱分子们,以及许多从俘获他们的士兵手里按每人2先令12便士的价格赎身的人返回了自己的家园。国王的仁慈给予他们的与其说是理智,莫如说是勇敢——他们开始彼此串联并煽动恢复造反。他们中的某些人听说彼尔金在爱尔兰,向他传话说,如果他到他们这里来,他们将为他效力。

彼尔金开始同三名主要的顾问商议:赫恩,一个逃债的丝绸商,裁缝斯凯尔顿和录事埃斯特利。他们对他说,如果在民众起义的时候,他能幸运地出现在康沃尔,那么就已经等于是在威斯敏斯特给他举行加冕典礼了,因为所有这些国王都会为了一双皮鞋而出卖可怜的王子。而他应该依靠民众,因此必须尽快赶到康沃尔去。

彼尔金带着80名士兵,乘坐4艘船前往康沃尔。他停靠在维特森德贝海湾。在博德明,投奔他的壮丁达到3000人。

冒名者贴出告示,以慷慨的许诺迎合民众,以抨击激励他们反对国王的政府。彼尔金开始自称是英国国王理查德四世。顾问们给他出主意,要他控制某个防务坚固的城市,这样一来,第一,让自己的人体会到丰厚的战利品的愉悦并靠这些战利品吸引新兵;第二,有一个可靠的立足之地,在战事不顺的时候可以退守。9月17日,起义者包围了当地最强大最富裕的城市埃克塞特,接近埃克塞特时,他们开始大叫大唱,企图吓唬城里的居民,接着又答应如果他们首批承认国王,那么国王会把埃克塞特变成一个新伦敦。但是民众没有听信他们的挑拨。

9月21日，彼尔金解除了包围，移兵顿顿，他一只眼睛盯着王冠，但是另一只眼睛已经转向旁边神圣的立足之地，尽管康沃尔对天发誓要与他同生死共存亡直到最后一滴血。撤离埃克塞特时，他有六七千人，其中许多人是被有关他的事业正轰轰烈烈的传闻和丰厚的战利品所吸引，在他兵临埃克塞特城下时投奔他的。但是在他解除包围之后，有些人开小差偷偷溜掉了。逼近顿顿时，为了显示自己的勇敢无畏，整个白天都做出一副准备投入战斗的样子，但是到了半夜，却置康沃尔于不顾，在30名骑士的陪伴下，跑到了纽弗雷斯特的比优利，然而这样一来，他就抛弃了他的誓言，暴露了他的普通人的温情与软弱。他之所以临阵远遁，是为了不看见他手下的人流血牺牲。得知彼尔金逃跑的消息，亨利七世派出500名骑兵要抢在他到达海上或者他们称作圣地的那个小岛之前抓到他。不过骑兵队赶到时为时太晚。因此他们只好把彼尔金的栖身之地团团包围并看守起来，等待国王进一步的命令。

亨利七世派出一个代表团去同彼尔金谈判，彼尔金高兴地同意了这个条件，因为他已经被俘，失去了一切指望。彼尔金被带进王宫，却没有被介绍给国王，尽管国王为好奇心所煎熬，有时候隔着窗户观察他。彼尔金虽可以自由行动，但却处于不间断的监视之下。

新的冒险

但是彼尔金又开始策划新的冒险。1498年6月9日，星期六，圣灵降临节前夕，他骗过看守逃脱，跑到海边，可是他害怕后有追兵，不得不原路返回。他潜入沙因修道院的维夫列姆宫（该宫有圣地特权），向这个修道院的院长投诚。院长以圣行闻名于世，当时备受各方面的敬重。他去见国王，并请求国王保全彼尔金的性命，至于他的命运的其他方面，悉听国王处置。亨利七世身边的许多人都劝说他抓住彼尔金并处以绞刑，但是国王至高无上的地位不容许他憎恨他藐视的人，他决定抓住这个骗子，给他钉上足枷。于是，答应修道院院长保全冒名者的性命，他命令院长去完成使命。

6月15日，彼尔金戴上镣铐，去宫内威斯敏斯特宫的断头台上钉上了足枷，并示众一整天。第二天又在奇普赛德十字路口示众，在这两个地方，他都大声宣读自己的忏悔书。在奇普赛德示众之后，他被押往伦敦塔拘禁。

到伦敦塔不久，他就开始讨好看守自己的人——伦敦塔要塞司令约翰·迪格比爵士的四名仆人。他许诺送给他们金矿山，以此引诱他们，好寻机逃跑。但是他明知自己的命运如此卑微不堪，他不能心存幻想。当时，沃里克伯爵爱德华·普兰塔格涅特是伦敦塔的在押犯，正在千方百计捕捉逃脱的机会。彼尔金用计把这位伯爵拉到自己一边，他想，即便这几个仆人不为他本人所诱惑，也会被一位年轻的王子所吸引。他通过几位仆人传递字条，事先征得伯爵同意逃跑。他们约定，由这四个人夜里暗杀自己的主人——伦敦塔要塞司令,把他身边的钱财据为己有,取出伦敦塔的钥匙,释放彼尔金和伯爵。

然而,阴谋败露,彼尔金只是一个引诱沃里克伯爵上钩的诱饵。

无论如何,彼尔金越狱未遂,已是他第三次犯罪,不能特赦,他被送交法庭审判。1499 年 11 月 16 日,他在威斯敏斯特被奉命进行审讯的审判员判决有罪,基于他登上王国本土后犯下的多起背叛罪(因为审判员建议,应该把他当一名外国人予以审判),他被判处死刑。几天之后在泰本执行,刑前他又一次诵读了自己的忏悔书,并确认其确凿无误。

以奥克斯福德伯爵为首的法庭对不幸的沃里克伯爵提起公诉,他之所以被指责有罪,并不是因为他企图逃跑(因为企图尚未成为事实,而且,按照法律逃跑不能与背叛等同,而且伯爵也不是因为背叛被囚禁监狱的),而是他同彼尔金一起策划挑动叛乱并谋杀国王。他承认指控是公正的,并很快在伦敦塔断头台被斩首。

西班牙征服者

——艾尔南·科泰斯

人物档案

简　历：西班牙征服者，1504～1519 年在古巴任职，1519～1521 年率领远征侵略军抵达墨西哥，建立西班牙统治。1522～1528 年担任总督，1529～1540 年担任新西班牙(墨西哥)船长。

生卒年月：1485 年～1547 年 12 月 2 日。

安葬之地：他的遗体被埋葬在塞维利亚，但后来又被多次埋葬。

性格特征：过于任性妄为，血气方刚，粗鲁暴躁。

历史功过：1524 年为寻找太平洋至大西洋的海上通道横穿中美洲。

他参加了镇压印第安人起义的军事行动，征服了古巴等地。

名家评点：编年史作者贝尔纳里·迪亚斯这样描写科泰斯："他是个优秀的拉丁语专家，同学者们交谈时可以同他们讲拉丁语。显然，他也是个法学博士。他还是个小有名气的诗人，写过一些好诗，以及一些相当出色的文章。"

勇敢非凡

西班牙征服者，1504～1519 年在古巴任职，1519～1521 年率领远征侵略军抵达墨西哥，建立西班牙统治。1522～1528 年担任总督，1529～1540 年担任新西班牙(墨西哥)船长。1524 年为寻找太平洋至大西洋的海上通道横穿中美洲。晚年显示出自己的殖民天才。

两个著名的征服者都是西班牙埃什特雷马杜拉省人。艾尔南·科泰斯出生于麦德林市；弗朗西斯科则出生于特鲁希略市。他们两个人之间还有亲缘关系：科泰斯是马丁·科泰斯·德·蒙罗和卡塔琳娜·毕萨罗·阿尔塔马利诺太太的儿子，科泰斯、蒙罗、毕萨罗、阿尔塔马利诺都是古老的贵族姓氏，因此科泰斯的父母都属于西班牙贵族。按照西班牙习惯，这位未来征服者的全名是艾尔南·科泰斯·毕萨罗。

科泰斯家族和毕萨罗家族都以勇敢非凡著称，两家都出天才的领袖人物和冒险家,此外,两家都从生活条件严酷的高山之国埃什特雷马杜拉招募优秀人才。

喜爱冒险

艾尔南·科泰斯的父亲本想让独生子当律师。小伙子14岁时被送进萨拉曼卡市立大学。但是,两年之后,艾尔南回到了家中。

编年史作者贝尔纳里·迪亚斯这样描写科泰斯:"他是个优秀的拉丁语专家,同学者们交谈时可以同他们讲拉丁语。显然,他也是个法学博士。他还是个小有名气的诗人,写过一些好诗,以及一些相当出色的文章。"

离开大学之后,科泰斯无所事事,虚度光阴。他过于任性妄为,不能容忍别人领导自己。这位血气方刚、粗鲁暴躁的年轻人,那个时候就已经在向往戎马生涯,打算当一名职业军人了。但是他还得在塞维利亚再等上两年。

1504年,19岁的科泰斯到了埃斯帕尼奥岛。在该岛的海地,科泰斯向圣多明各申请给予他公民权,并分给他土地。他到这块新大陆来,并没有落地生根成家立业的打算。但是,由于环境的原因,他不得不碰碰当自治市镇官吏和地主的运气。奥万多总督分给他一块土地和一批印第安人劳工。此外,科泰斯作为一名律师,还得到了新设立的阿苏阿市议会书记官

古文明遗迹

的委任,他在那里待了六年。然而,科泰斯抑制不住自己喜好冒险的天性,他参加了镇压印第安人起义的军事行动。

1511年,迭戈·维拉斯科斯开始征服古巴。科泰斯放弃了自己的自治领地和安稳平静的地主生活方式,投入了充满冒险的征服者生涯。在远征古巴期间,他凭着自己开朗乐观、充满朝气的个性和勇敢大胆,结识了许多朋友。科泰斯受到新任总督维拉斯科斯的赏识,甚至当上了这位靠山的私人秘书。他定居在古巴的第一个西班牙城镇圣地亚哥—德巴拉瓜,两次当选为法官(市审判员)。当地主时,他在繁育羊、马、牛方面成绩斐然。在往后的岁月中,他全力以赴投入自己各处庄园的工程建设,依靠分给他的印第安人,从山上和河里淘到了大量的黄金。

他的个人生活也发生了变化:在圣地亚哥,由总督主持,科泰斯同出身于格拉纳达小地产贵族的卡塔琳娜·苏亚雷斯举行了婚礼。

在古巴度过的那些年头中,科泰斯学到了很多东西。他懂得了出卖西班牙官衔在殖民者职业中起着重要作用。尽管不时发生男女私情和其他的恶作剧导致同

维拉斯科斯的口角冲突,他依然继续得到性格怪僻的地方官的垂青,这种状况充分说明这位未来的征服者善于随机奉迎,外交手腕灵活。

率队远征

维拉斯科斯任命科泰斯为中美洲远征军总司令。艾尔南·科泰斯毫不迟延,立即动手组建船队。他倾家荡产,并向圣地亚哥的几位富翁举债,当借款也消耗殆尽时,又用上了他的朋友们提供的贷款。科泰斯的声望,以及有关新开发的国家遍地生财的消息,促使大批冒险家纷纷聚集到他的旗下。终于装备妥六条船,有300多人应征参加远征军。

但是,维拉斯科斯想限制远征军的规模,人员和舰船的数目都不要大,而远征军的目的则是继续发现,好让他以后亲自向那些国家殖民。准备工作的规模引起了总督的不满,于是他解除了科泰斯的远征军指挥职务。

在这次不同寻常的变故中,科泰斯表现出了快速决断的才能。他的这种才能后来不止一次挽救远征军免遭灭亡。尽管船上人手不齐,装备也不全,艾尔南·科泰斯还是秘密下达了张帆的命令,小船队于半夜起锚。科泰斯冒着杀头的风险,只有远征成功才能挽救他。

11月18日,舰队到达马卡卡。这个小港位于圣地亚哥以西约80公里。远征军成员都认为这个小港让总督鞭长莫及。科泰斯在特立尼达补充了给养,命令升起自己的黑天鹅绒军旗,旗上绣着一个白色和蓝色火舌环绕的红十字,上书一行拉丁字"Inhoc signo vinces"("高举这面大旗我无往而不胜")。已经有一批声名显赫的西班牙贵族汇集到了科泰斯的麾下,因此,前来参加远征军的人络绎不绝。最终,在征服墨西哥时,参战的西班牙人大约有两千人左右。科泰斯率领这支队伍踏上最冒险最艰难的征途,开启了自己的时代。

1519年2月10日,船队前往既定的集训地点圣安东尼奥。远征军有11艘大船。2月18日在开往尤卡坦途中,负责记述远征的士兵贝尔纳利·迪亚斯·杰利卡斯提略这样描写自己34岁的总司令:"至于科泰斯的外貌,他长得很有魅力,体格匀称,强壮有力。他的脸呈浅灰色调,非常漂亮,脸型略长……面部表情大致说明他性情快乐。他的眼神大多是严肃的,不过如果他想的话,他能让自己的眼睛充满礼貌和热情……他是一个高明的骑手,无论在徒步或者马队战斗中,都会熟练使用任何兵器,然而最主要的是他具有勇敢精神,面对任何强敌或者艰难险阻都不退却……如果科泰斯具备了某种信念,那就不可能迫使他背弃它,特别是在军事方面……"

他就是这样一个人,西班牙骑士们都愿意把自己的身家性命托付给他,他有能力成为他们的领袖,率领他们投入最伟大,他们在自己最大胆的想象中都无法想象的冒险。

小船队出发时天气晴好,接着就碰上了加勒比海每年这个时期常有的飓风。船队被刮得七零八落,科泰斯乘坐的旗舰"船长"号最后一个到达集训地点——科苏梅尔。

远征军终于到达里奥塔巴斯科河口,这条河又叫里奥格里哈里瓦,以纪念它的首位发现者。西班牙人占领了塔巴斯科省的首府,很快他们就后悔投入这次冒险,因为大批印第安人队伍正在向城市逼近。

科泰斯经过反复考虑,决定同敌人开战。在远征一开始就退却,会败坏他手下人的士气,从而鼓舞印第安人。1519 年 3 月 25 日是报喜节,远征军成员做完弥撒,接着就投入了战斗,虽然土著居民的力量大大超过西班牙人,西班牙人还是取得了胜利。以前从未见过马的印第安人,惊惶失措地夺路逃跑,而科泰斯亲自率领的骑兵发出"圣地亚哥!"的吼叫声,追在他们身后冲杀过去。后来在胜利之地建起了一座新省城,名叫圣玛利亚—维多利亚。

西班牙人的损失不大。牺牲了几千人的塔巴斯科居民同西班牙人缔结了和约。首领们献上礼物,其中有 20 名印第安姑娘。给她们授过洗礼之后,科泰斯把姑娘们分给了各船的船长。其中有一个叫马琳娜的为科泰斯生了一个儿子。为了纪念祖父,给孩子起名叫唐·马丁·科泰斯。后来这孩子当了骑兵团长,获得雅各骑士勋章……

远征军继续前进。在圣胡安—德乌卢阿同势力强大的墨西哥统治者孟特祖马举行了第一次会谈。据印第安使臣讲的情况,可以判断出阿兹特克帝国的伟大和权力。要用一支 600 人的队伍,以武力去征服一个有 200 万军队的国家,这种想法狂妄至极,根本行不通。要征服墨西哥,只能运用政治外交手段,灵活利用印第安人内部的裂痕。

一个星期之后,孟特祖马的使者又一次来到西班牙人的营地。一百名壮丁向征服者送上了主人的礼物。让印第安人大吃一惊的是,科泰斯竟然对一种取自矿山的黄色金属大感兴趣。印第安人自己把黄金称作"天帝的垃圾"。

孟特祖马指望靠这种贵重金属,企图使这些外来人放弃占领墨西哥首都的计划。统治者没有料到,正是他的贵重礼物更加吸引西班牙人向着这些宝贝的源头前进。黄金制品所能排除的威胁墨西哥的危险,并不比孟特祖马派来的一批批巫师术士的咒语多。

在向墨西哥腹地深入之前,艾尔南·科泰斯在海边修建了一个小镇——委拉克路斯。为了维持合法的外表,科泰斯赋予由他自己指定的市议会全套权力,并请求辞去总司令职务。迭戈·维拉斯科斯总督的权力由委拉克路斯议会所取代。为了遮人耳目,先讨论了一段时间,接着科尔特斯来到议会面前,由议会向他宣布,他们找不到比他更出色的候选人来担任远征军领导人。科泰斯成了最高法官和大将军。但是,为了让这一决定具有合法效力,必须得到西班牙国王的首肯。艾尔南·科泰斯利用自己善于辞令的天赋,把维拉斯科斯的盟友都争取到了自己的一边,在他的远征军里,这种人为数不少。

在决定进入墨西哥帝国神秘首都的过程中,科泰斯找到了意外的却又是求之不得的同盟军——墨西哥人的敌人托托纳克人。这个部族的印第安人建议科泰斯访问他们的首府森波阿鲁。

为了把托托纳克人拉得更紧,科泰斯命令扣留5名墨西哥税务官。在这当中他要弄两面手法,因为他又命令自己的人悄悄释放了这几名阿兹特克官员并要他们给孟特祖马带去一封表示友好的信件。这样,科泰斯博得了托托纳克人的好感,另一方面又赢得了墨西哥人的感激之情,使他们不再怀疑西班牙人有什么阴谋诡计。

然而征服者还必须事先取得西班牙国王的支持,才能避免维拉斯科斯可能的制裁。科泰斯放弃了他应该得的所有战利品的五分之一,也劝说士兵们放弃自己的份额,全部献给国王。

1519年5月,船队中最好的一条船,乘着顺风抵达西班牙。艾尔南·科泰斯的使者在王宫受到接见,就是他的巨大成功。国王表达了感激之情,并同大臣们一起交口称赞新大陆的艺术品。国王承认征服者的行为合法,同时下旨再装备三条船去增援科泰斯。

1519年8月16日,西班牙征服者同托托纳克人一起向墨西哥首都特诺奇蒂特兰进发。在科迪勒拉陡坡下安营扎寨。

第四天,队伍终于进了山,开始向防御坚固的城邦艰苦攀登,迪亚斯在自己的笔记中把这座城市称作索科奇马。有两条在陡坡上开凿的阶梯小路通向山下,非常易于防守。但是当地的酋长接到孟特祖马的命令放西班牙人上山。

接下来的三天,西班牙人行走在"由于贫瘠、缺水和严寒而空无人烟的沙漠上"。走出沙漠,他们到达一排小山岗。山口有一座小神庙,"像一座路边小教堂",整整齐齐垛着一捆捆木柴。科泰斯把这个地方称作普埃尔多列尼亚(干柴门)。很快,军队到达一座大城市,城内的石头房子用石灰涂得一片雪白,在阳光下炫目刺眼,让这些异乡人想起他们的故土西班牙的南部。贝尔纳里·迪亚斯写道,他们给这座城市起名叫卡斯基里布兰科(白色要塞)。现今它叫萨乌尔塔。在托托纳克印第安人的城乡不遗余力传播信仰的随军首席神甫巴尔托罗密欧法师,不允许在这里立十字架:他被祭祀仪式的规模震惊了。这里有13座印第安神庙,每座庙中都堆着一堆白森森的人头骨。贝尔纳里·迪亚斯估计这里作为供奉而牺牲的人数在一万名以上。

科泰斯需要同盟军,而森波阿鲁居民又向他保证特拉斯加兰人的亲善意愿,他们的家园就在前面。科泰斯派了四名印第安人作为使者先行,他自己则进入伊赫塔卡马赫奇特兰城。三天之后,队伍穿过山谷向山地进发。

进入山口,征服者们踏上了敌意如火的土地。往后的事件,贝尔纳里·迪亚斯这样写道:"两支人数约在六千名左右的军队,长声大叫着擂响战鼓迎面而来。随着号角响起,他们放箭矢,掷梭镖,斗志踊跃,勇猛异常。"土著人少有的战斗开始时没有遇到反击——科泰斯有时间用手势表示自己的和平意图,甚至通过翻译向印第安人解释。然而土著人最终还是发起了冲击,这时科泰斯自己率先喊出了原先的战斗口号"圣地亚哥"！在第一次强攻中,杀死了大批印第安人,包括三名首领,接着他们退入森林,特拉斯加兰首领希科坚卡特尔带领四万名士兵埋伏在森林里。起伏不平的地形不利于使用骑兵。可是当西班牙人把印第安人驱赶到开阔地段时,形势立即大变。于是科泰斯把他们的六门大炮投入战斗。然而即使使用了大炮,战斗还是持续到日落。印第安人比西班牙人及其同盟军的数量多许多倍,而且在希科坚卡特尔的手下有五名首领,他们每个人都指挥着上万名士兵。

据贝尔纳里·迪亚斯报道,科泰斯同特拉斯加兰人的第一次冲突发生在1519年9月2日,三天之后又爆发了一场大的战斗。科泰斯在写给国王的信中一再确认,印第安人共有13.9万之多。战斗在平原上进行,骑兵和炮兵都可以展开。特拉斯加兰人一群一群地发起冲击,用炮火轰击他们一轰一大片,如同割草一样,而经受过战斗锻炼的西班牙士兵突入敌人群中有如罗马军团。但是,西班牙人很快只剩下12匹马。全靠步兵锋利的刀刃为科泰斯赢得了胜利。此外,这一次特拉斯加兰人的营垒出现了裂痕:希科坚卡特尔的两名军事指挥官拒绝同他一起出战。结果四小时的战斗以彻底粉碎印第安人而告终。

贝尔纳里·迪亚斯写道:"我们感谢上帝。"西班牙人只牺牲了一名士兵,虽然有60人受伤,但是伤势并不能动摇征服者的军心。

后来,特拉斯加兰人改用小队形进攻,各小队相互比赛,以生俘西班牙人为荣。然而外围的首领们已经开始到营地来议和了。战斗过后两天,50名印第安人来到营地。他们向士兵们推销他们的玉米面饼、火鸡肉和樱桃。科泰斯接到警报说,来者都是间谍,而且他自己也发现,来人对防御哨位部署很感兴趣,于是下令把他们全都抓起来。审讯时他们承认,他们来进行侦察的目的是为夜间偷袭做准备。砍掉他们的双手之后,科泰斯放他们返回特拉斯加拉,随即开始准备反冲击。

夜间偷袭营地的大约有一万人。祭司们向希科坚卡特尔担保说,西班牙人一到夜间就会失去英勇精神。不幸这与事实不符:科泰斯把自己的军队调到野外的玉米地里,等着迎击印第安人。特拉斯加兰人不习惯夜战,顷刻之间便被打得落花流水。连遭败绩的首领不仅向西班牙人保证永远友好相处,而且还邀请他们进城,同时还抱怨长期以来饱受孟特祖马的欺压。

这时,孟特祖马又派了一个使团来找科泰斯——六位首领带着200名随从,给科泰斯带来了黄金作为贺礼,祝贺他旗开得胜,更重要的是带来了一个消息:在西班牙人不进入墨西哥首都的前提下,孟特祖马不仅准备成为西班牙国王的附庸,而且岁岁纳贡。

这既是贿赂,又是交易。这样,科泰斯得到了玩微妙游戏的机会。他仍然不信任特拉斯加兰人,却承认,"对双方都会继续给予关照,暗中感谢每一方的友好,表面上却装出对孟特祖马比对特拉斯加兰人更热乎的样子,反之亦然"。

科泰斯进入了特拉斯加拉,从而不仅占领了这个有三万人口的城市,而且占领了整个民族区"周围的90个部落",因为特拉斯加拉是这个可以称为共和国的国家的首府。用科泰斯的话来说，这个城市"比格拉纳达更大，而且也更坚固得多"，位于丘陵的低处，环绕在首都周围的山丘如同屏障。为了先得到西班牙人的友情，首领们提出送给他们几名人质，而且为进一步巩固友情起见，送去的是自己的女儿——五名处女，但是要抛弃自己的偶像，停止祭祀仪式，他们则不愿意。

科泰斯在特拉斯加拉收集有关墨西哥首都和墨西哥人的情报。特拉斯加兰人告诉他，大坝上有多少座吊桥以及湖水有多深。他们估计墨西哥军队的人数，仅仅孟特祖马一支就拥有 15 万兵力。特拉斯加兰人相信，西班牙人是他们反抗孟特祖马的唯一指望。因此，科泰斯得到举国一致的支持。

不清楚哪些心思和疑虑缠绕着征服者：他总是刻意掩饰自己的情感。但是清楚的是，他一定要顾及民心向背，在没有得到他们支持的情况下，千万不可轻举妄动。

科泰斯又一次处于何去何从的十字路口。特诺奇蒂特兰位于正西方，是直接去，还是听从孟特祖马使者的建议绕道乔鲁拉？特拉斯加兰人担心地提醒他乔鲁拉有陷阱。正在科泰斯绞尽脑汁拿不定主意的节骨眼上，又来了一群孟特马祖的使者，四位首领带着礼品——价值两千比索的黄金饰品。他们也警告科泰斯说，特拉斯加兰人在等待恰当的时机，要抢夺西班牙人的财物，把西班牙人全部杀死。这种离间他同新同盟者关系的企图，是显而易见的，科泰斯将他们的警告置之不理。

1519 年 10 月 12 日，西班牙军队加强了 5000 名特拉斯加兰人之后，开进了 40 公里之外被认为是特诺奇蒂特兰忠实同盟者的乔鲁拉。这座城市里有许多气象恢宏的神庙，艺术和各种手工艺非常发达。

10 月 13 日早晨，乔鲁拉居民列队欢迎西班牙人。这些从出现之日起就被奉若神明的异乡人身边弥漫着熏赶蚊虫的树脂香味。根据首领的请求，科泰斯的辅助队伍印第安人在城外安营，而西班牙人则被安排在乔鲁拉城内驻扎。但是科泰斯怀疑这是给他们设下的圈套。

他请来了当地的首领，装出打算明天离开城市的样子，请他们派出两千名脚夫。首领们欣然同意。

一大早，脚夫以及应邀接受辞行的当地首领来到西班牙人驻扎的院子里。科泰斯把首领们叫上前来，指责他们耍阴谋诡计。特拉斯加兰人收到信号，涌进城内，四处放火抢劫。乔鲁拉遭到残酷惩罚的消息传遍阿兹特克帝国各省。孟特祖马的担忧得到了证实，墨西哥统治者决定在首都接见征服者。

1519 年 11 月 1 日，西班牙人排着严整的队列向墨西哥首都方向进发。号称"阿兹特克人的威尼斯"的特诺奇蒂特兰，给欧洲人留下了规模宏伟的印象。然而惊讶之余，欧洲人的不安也越来越强。据贝尔纳里·迪亚斯记道："偌大一座墨西哥城耸立在我们面前，而我们才有不到四百名士兵。"

孟特祖马鞠躬欢迎这批异乡人，接着相互交换礼品。西班牙人的队列由孟特祖马的父亲阿萨亚克特尔陪同开向王宫，接见将在王宫举行。

科泰斯明白，一旦切断吊桥，城市将变成他的部队的陷阱。因此，他的当务之急是要建造四条帆船,以便他不致非依赖大坝上的这条路不可。

科泰斯既利用政治手腕也利用军事手段来实现自己的计划。印第安人在委拉克路斯杀死了几个西班牙人,其中包括指挥官艾斯卡兰特。1519年11月14日,科泰斯下令直接在宫内逮捕自己殷勤好客的主人孟特祖马,指责这位统治者策划了委拉克路斯的袭击。西班牙军官们把住王宫所有的出口,接着,孟特祖马被一乘没有任何装饰的普通轿子由一群武装士兵押送着抬到了自己已故父亲的宫中。这样,这位"世界主宰"成了西班牙人的阶下囚。

在向卡尔五世的报告中,科泰斯把自己的暴力行为称为保证西班牙人安全和维护国王利益的必要措施。被俘的君主成了他的士兵的安全保障,要知道在这个专横独断的国度里,没有孟特祖马的许可,任何人都不能做出反对欧洲人的决定。

"世界主宰"吩咐自己的臣民保持平静,他声称宁可居住在离自己的欧洲朋友更近的地方。实际上是科泰斯在发号施令,献给阿兹特克君主的贡赋也由他转交。西班牙人表面上依旧尊敬孟特祖马的国王称号,承认他有权对外象征最高当局。

科泰斯的下一步是要孟特祖马正式退位。1519年12月,帝国上层要人参加通过了一个正式决议,向西班牙君主宣誓尽忠,经过公证人庄重证明向卡尔五世的最高当局称臣。鉴于国王不能到场,由艾尔南·科泰斯代表。

大权交给科泰斯之后,孟特祖马两手空空一无所有,只好把父亲的珍宝拿来赏赐异乡人。印第安人只珍爱做成了精巧饰物的黄金,西班牙人则把珍贵的艺术品化成金锭并打上国王的印记。

1520年5月初,在到达特诺奇蒂特兰六个月之后,从海边传来一条让科泰斯不安的消息,一支由潘菲罗·纳尔瓦埃斯指挥的讨伐队来到墨西哥。讨伐队受迭戈·维拉斯科斯派遣,前来惩罚不驯服的科泰斯。

征服者面临着两线作战的威胁。同纳尔瓦埃斯谈判的尝试没有取得结果。

科泰斯知道纳尔瓦埃斯的军队在数量上占有很大的优势,然而他还是把自己本来就为数不多的部队分出一部分。小小的支队神不知鬼不觉地潜入讨伐支队盘踞的托托纳克首府,给了对手一个措手不及。古巴总督的军队放下了武器。从而,不久前还只是个捣乱分子、一小撮冒险家的头头的科泰斯,成了迄今为止新大陆上前所未有的一支独立军队的首领。

然而这时,科泰斯接到一条特诺奇蒂特兰传来的令人扫兴的消息,阿兹特克人袭击了驻防部队,况且,墨西哥人趁科泰斯不在的时机进攻特诺奇蒂特兰的西班牙人有足够的理由:俘虏他们的元首、毁坏宫殿、掠夺金银财宝、亵渎庙宇并损毁神像,他言而无信,不兑现在船队抵达后离开城市的诺言,以及他同不共戴天的死敌特拉斯加兰人沆瀣一气,这一点大概最让特诺奇蒂特兰人视为奇耻大辱。

1520年6月24日,正当西班牙人在特诺奇蒂特兰处于绝境的时候,科泰斯又一次来到墨西哥首都。他率领自己的队伍进入阿萨亚卡特尔的宫殿,便陷入重围。留在特诺奇蒂特兰十分危险,然而所有的吊桥都已经拆掉,如何突围出城呢?

科泰斯命令制造一座可以用来渡过护城河的便携式木桥,在证人的监督下,他

冒险狂人

下令把他献给国王的五分之一的战利品用麻袋装好,并指定心腹军官妥为押送。

1520 年 6 月 30 日,科泰斯下令突围出城。7 月 1 日凌晨,西班牙人正在过桥时,印第安人向征服者发起了攻击,给了他们致命的打击。在这个不堪回首的"悲伤之夜",西班牙人损失了全部武器、80 匹马和 459 个人,失去了全部辎重和大部分仓促抢夺的财宝。科泰斯也差一点性命不保。

1520 年 7 月 7 日,在奥托姆潘,或者是如西班牙人所称的奥图姆巴附近,科泰斯遭遇一支墨西哥大军,大约有 20 万兵力。可是西班牙人已经没有一件火器,然而,西班牙人和特拉斯加兰人却斗志如虹,争先恐后地冲向占绝对优势的敌人。科泰斯率领骑兵队突入密集的敌群,用长矛扎穿了穿着华丽服饰的阿兹特克人首领。印第安人看见自己的军旗被西班牙人夺到手,顿时阵脚大乱,惊惶失措地拼命夺路逃窜。

受成功的鼓舞,科泰斯决定重新占领墨西哥首都。他下令建造 13 条帆船,试过水后再拆开,由印第安人脚夫走山路运到特斯科科湖边。在距岸边 800 米处将帆船重新组装;同时有四万名左右印第安人赶着开挖一条通向湖边的水渠。这些准备工作几乎延续了七个月。

1520 年 12 月 28 日,科尔特斯率领自己的军队浩浩荡荡开往墨西哥。他在荒山野岭上选择了一条荆棘丛生,但是安全无虞的道路。进攻特诺奇蒂特兰之初,科泰斯有 650 名步兵,194 支步枪,84 名骑兵和有 24000 人的印第安人辅助部队,以及 15 门野炮。

1521 年 5 月 20 日,攻击墨西哥王城开始。帆船消灭了所有的印第安独木舟队。然而,攀登大坝时却损失惨重,因此科泰斯决定团团围住特诺奇蒂特兰,在有生力量上拥有强大优势的墨西哥人继续反抗。科泰斯两次奇迹般地从印第安人手中逃脱,靠的是自己士兵的勇猛。但是他继续建议阿兹特克人缔结和约。

1521 年 8 月 13 日,西班牙人打垮守军的抵抗,进入城内。据统计,有 24000 至 70000 墨西哥人死于饥饿和疾病。西班牙人的牺牲也无法确切统计,至少有 100 人被俘并当做牺牲祭神,死亡者大约也在此数。同盟军的牺牲将近一万人。

包围持续了 75 天,据科泰斯报告,没有一天不同印第安人作战。阿兹特克人首领考特莫克逃跑时被西班牙人俘虏,戴上镣铐后被带到科泰斯面前。

但是,这场大战役的目标——财宝却消失得无影无踪。大概,印第安人把自己的一部分财宝沉进湖里,其余的藏到了别的什么地方。考特莫克甚至在严刑拷问之下,也拒不招认孟特祖马将自己的宝物藏在何处。

到 1524 年,西班牙征服者在墨西哥建成了几座城市。科泰斯大部分时间在考尤阿坎,亲自领导特诺奇蒂特兰重建。在这些年中,他显示出一个天才的殖民者的能力。按照西班牙人的意愿,通过古老的美洲文明同基督文明的融合,应该产生一种新的伊比利亚—美洲文明。在推动印第安人改信基督教方面取得了巨大进展,科泰斯请求国王派遣大批"善良和模范生活"的传教士来。

科泰斯本人一生都受到当地土著人的信任,他经常为他们当辩护律师,据目击者证明,当地人非常尊敬他崇拜他。但是,西班牙宫廷对这位征服者的不信任,以及国王派驻墨西哥的官吏对他根深蒂固的猜忌,不容艾尔南科泰斯实现自己的理想——把西班牙的权力扩展到南方的海洋和亚洲去。就在那时,他把一个强大的国家作为战利品敬献给国王,却被一批心怀嫉妒的人指责为企图同西班牙王冠分道扬镳。

返回祖国

科泰斯动身返回西班牙晋见国王。1528年5月末,科泰斯带领一大群随员在帕洛斯港上岸。在王宫按照全套礼节接见了他。科泰斯发誓对国王忠贞不渝。1529年7月6日,国王封他为"德瓦勒·瓦哈卡侯爵",授予他一枚圣雅科夫大十字勋章,并赐给他大片的墨西哥土地。但是,这一次他没有得到新西班牙总督的职位。科泰斯被任命为新西班牙和南海群岛大将军,他没有看错,今后新的远征军只有在首先发现者拥有总督全权的情况下,才能取得成功。

1530年7月,又在瓦哈卡首府划给征服者一片新土地。科泰斯成了拥有22处庄园和23000名附属印第安人的领主。他娶了阿基拉尔伯爵的女儿、贝哈尔公爵的侄女胡安·苏尼加之后,艾尔南就打开了进入西班牙上层贵族豪门的通道。他送给年轻的新娘的礼物中有一件是一对雕刻成玫瑰花形状的祖母绿(墨西哥工匠的手艺),简直巧夺天工,让整个宫廷惊叹不已。征服者声名远播,传遍全欧洲和新大陆,因此在科泰斯同时代的人看来,其荣耀可与亚历山大·马克顿斯基统帅媲美,其财富可与克勒兹匹敌。

1530年春天,他在夫人和自己年迈的母亲卡塔琳娜太太的陪同下,回到墨西哥,他在那里主要是致力于殖民使命。他从古巴带去了甘蔗,推广繁养美利奴细毛羊,开采金矿和银矿。但是这些和平事业不能满足他崇尚冒险的本性。

1532年、1533年,他装备起两支小舰队。他企图在加利福尼亚建立居民点。但是做这种事情需要大量的金钱,而且没有任何回报。1535年,科泰斯亲自参加远征军,深入加利福尼亚湾到北纬30度。他在加利福尼亚半岛南部建起了圣克鲁斯市,即今拉巴斯。1539年有三艘船没有回来,给科泰斯造成的财产损失总共约20万金杜卡特。

但是地理发现相当可观。由此确证,加利福尼亚不是一个岛,而是大陆的一部分。科尔特斯终于查清了美洲大陆西海岸的大部分地段和加利福尼亚湾。尽管困难重重,他有意让自己的儿子堂·路易斯指挥新的远征军。但是新大陆第一任总督安东尼奥·门多斯自己想争这方面的发现权,不赞成这件事。科泰斯满心气愤,决定去见国王。

1540年,他由自己的儿子堂·马丁·科泰斯陪同回到西班牙。国王不在国内,但是首都隆重接待了科泰斯。在印度事务委员会举行仪式亲切欢迎他,然而侯爵没有取得明显成效。

1541 年,科泰斯同儿子一起参加了卡尔五世征讨阿尔及尔的战役。这次战役令人难忘。在导致部分战船沉没的风暴中,侯爵的大桡战船也成为大自然的牺牲品,科泰斯幸免于难。

科泰斯父子在西班牙多方活动,但是在贵族中间找不到一个知音,这令他们十分遗憾。刚刚返回国内的国王也不支持他把西班牙帝国的疆界扩张到新发现的大陆全部领土的计划。经过三年的期盼等待,艾尔南决定返回墨西哥。

但是他只走到塞维利亚就病倒了,他得的是痢疾。科泰斯还有时间处理完自己的尘世事务,在 10 月 11 日签署了遗嘱。他死于 1547 年 12 月 2 日,终年 62 岁。临终前不久,他从市里搬到比较安静的村镇卡斯捷略哈·德拉库埃斯塔。

起先,这位征服者被埋在麦迪那·西多尼公爵家族墓室。15 年之后,他的遗骸被迁往墨西哥,埋在特斯科科一座圣芳济派教堂里。1794 年,他的石棺被迁到拿撒勒由科泰斯创办的伊苏萨医院。坟前的普通墓石上放有一尊青铜半身雕像。1823 年为免遭毁灭曾秘密取出其遗骨。最终安放在那不勒斯,征服者的曾孙女的后裔特拉奴奥夫—蒙特利昂公爵家族的墓室中。科泰斯遗嘱所述想在考尤阿坎找到一个栖身之地的最后愿望未能实现。墨西哥伟大的征服者,安葬在远离他功成名就的地方,远离与他的名字永远相连的国家。